PRÉCIS
DE LA
GÉOGRAPHIE
UNIVERSELLE.

TOME V.

PARIS. — IMPRIMERIE DE BOURGOGNE ET MARTINET,
rue Jacob, 30.

PRÉCIS
DE LA
GÉOGRAPHIE
UNIVERSELLE

OU

DESCRIPTION DE TOUTES LES PARTIES DU MONDE

SUR UN PLAN NOUVEAU

D'APRÈS LES GRANDES DIVISIONS NATURELLES DU GLOBE;

PRÉCÉDÉE

DE L'HISTOIRE DE LA GÉOGRAPHIE CHEZ LES PEUPLES ANCIENS ET MODERNES,
ET D'UNE THÉORIE GÉNÉRALE DE LA GÉOGRAPHIE MATHÉMATIQUE,
PHYSIQUE ET POLITIQUE;

ACCOMPAGNÉE

DE CARTES, DE TABLEAUX ANALYTIQUES, SYNOPTIQUES, STATISTIQUES ET ÉLÉMENTAIRES,
ET D'UNE TABLE ALPHABÉTIQUE DES NOMS DE LIEUX, DE MONTAGNES,
DE RIVIÈRES, ETC.;

PAR MALTE-BRUN.

CINQUIÈME ÉDITION

REVUE, CORRIGÉE, MISE DANS UN NOUVEL ORDRE, ET AUGMENTÉE
DE TOUTES LES NOUVELLES DÉCOUVERTES.

PAR M. J.-J.-N. HUOT,

Membre de plusieurs Sociétés savantes
nationales et étrangères; continuateur de cet ouvrage, et l'un des collaborateurs
de l'Encyclopédie méthodique et de l'Encyclopédie moderne, etc.

TOME CINQUIÈME.

ASIE ORIENTALE ET AFRIQUE.

PARIS

AU BUREAU DES PUBLICATIONS ILLUSTRÉES,
RUE DU BATTOIR SAINT-ANDRÉ-DES-ARTS, 19.

1845.

AVERTISSEMENT DU CONTINUATEUR.

Les motifs qui nous ont porté à faire quelques retranchements et de nombreuses additions à la description de l'Asie occidentale, telle que l'a donnée Malte-Brun, nécessitaient des changements non moins importants pour le reste de l'Asie : aussi ce volume a-t-il subi des augmentations encore plus considérables que le précédent.

Les travaux des savants russes sur la constitution physique de la Sibérie et sur la richesse minérale de cette immense contrée : tels que ceux de MM. J. Kovanka, Ermann, Hedenstrom, Dwiguleski et autres ; des écrits récents publiés par différents voyageurs russes sur les mœurs et la géographie de ce pays, nous ont mis à portée de la faire mieux connaître.

Les voyages de MM. Timkovski, Poutimstef, Igoumenof, ceux du capitaine Laplace, les publications du P. Hyacinthe Bitchourine, de M. Bunge, de M. J. Davis, de M. de Rienzi, et les différents Mémoires d'Abel Rémusat et de Klaproth sur les diverses parties de l'empire chinois nous ont guidé dans nos descriptions. La population de cet immense empire a été le sujet de nos recherches. Si quelques auteurs l'avaient trop exagérée, d'autres l'avaient trop restreinte. Les savants Mémoires qu'a publiés M. Biot fils sur le nombre des habitants de la Chine à diverses époques ; les entretiens que nous avons eus avec ce savant sur ce sujet, nous ont conduit à des résultats tout différents de ceux qui ont figuré dans les précédentes éditions du Précis, où nous avions conservé sur cette question les opinions de Malte-Brun et les documents dont il s'était entouré. Les calculs que nous avons établis sur la superficie de la Chine et les comparaisons que nous avons faites entre la population probable de cette contrée et celle de la France et de la Belgique, nous ont présenté des résultats qui indiquent que les derniers recensements faits par ordre du gouvernement chinois ne sont point erronés, bien qu'ils puissent être entachés de quelques erreurs.

Les travaux que le savant orientaliste Klaproth a publiés d'après les auteurs japonais et chinois, la relation du voyageur hollandais Van-Overmeer-Fisscher, nous ont fourni des notions exactes sur l'empire du Japon.

Les documents que l'on doit à M. Prinsep, au capitaine Murray, au général français Allard, sur le Pendjab et le Lahor; ceux de M. Wade, sur le Bédestan ; les relations des voyages de MM. Christie, Elphinstone, Pottinger et autres, sur le Kaboul, l'Afghanistan oriental et le Beloutchistan, nous ont fourni les détails les plus récents et les plus authentiques.

La dernière relation de Burnes sur les rives de l'Indus, le journal de Victor Jacquemont et les détails fournis par plusieurs autres voyageurs récents sur la partie occidentale de l'Hindoustan ont été mis à profit par nous. Enfin, l'Hindoustan anglais a éprouvé des corrections importantes qui ont réduit de beaucoup l'ancien texte de Malte-Brun, et ont rendu plus importantes encore les modifications que nous lui avions fait subir dans les éditions précédentes. Il en résulte pour toute la presqu'île occidentale de l'Inde des augmentations aussi considérables que dans les autres parties de l'Asie.

En conservant, après l'avoir corrigée, la plus grande partie du texte de Malte-Brun, relatif aux contrées qu'il comprenait sous le nom d'Indo-Chine, et que nous avons proposé d'appeler presqu'île orientale de l'Inde, nous l'avons augmentée de tout ce qu'ont publié de plus intéressant M. Hamilton, les savants évêques Hébert, Braguères et Pallegoix, ainsi que MM. Crawfurt, Barrow, Hiram Cox, Michel Symes, Clémenceau, et plusieurs missionnaires français.

AVERTISSEMENT DU CONTINUATEUR.

La description de l'Afrique, commencée par Malte-Brun en 1813 et terminée en 1821, a éprouvé d'importants changements et de nombreuses additions dans les deux précédentes éditions que nous avons données. En 1841, de nouveaux documents publiés sur cette partie du monde ont dû contribuer à nous y faire faire d'autres changements non moins importants.

Tout en respectant le plan de Malte-Brun, nous avons dû modifier plusieurs de ses grandes divisions, soit en adoptant quelques unes de celles qu'a proposées M. Ad. Balbi, et que nous avons données dans l'*Abrégé de géographie* dont il a rédigé la partie physique; soit en adoptant les trois grandes divisions de l'Afrique orientale, proposées par M. d'Avezac, et appelées *Sénégambie, Ouankarah* et *Congo*. Mais ces changements, bien qu'ils soient importants, ne nous ont point empêché de conserver en tête de la plupart des livres ces élégantes introductions dans lesquelles Malte-Brun sait si bien exposer en peu de mots les grands traits qui caractérisent un pays.

Nous avons donc fait au texte de ce savant géographe toutes les additions, suppressions et corrections qui nous ont paru nécessaires; mais les nombreux passages que nous avons conservés ainsi modifiés, nous ne les donnons point comme nous appartenant; nous ne considérons comme tels que ceux que nous avons ajoutés, et que l'on reconnaît à la simple vue, parce qu'ils sont sans guillemets.

Parmi les nombreux renseignements que nous offrent les voyageurs récents, tels que MM. Mollien, Cailliaud, Champollion jeune, Pacho, Rüppel, Caillé, Laing, Oudney, Clapperton et Denham, Gräberg de Hemsö, Washington, Pearce, et l'infortuné Richard Lander, qui a éprouvé le même sort que Mungo-Park et que le major Laing, nous n'avons pris que les faits les plus intéressants, afin de ne pas dépasser les bornes prescrites par le plan même de cet ouvrage.

Cependant cette dernière édition a dû subir des modifications assez notables : ainsi, pour donner une idée exacte de l'Egypte, ce petit coin de l'Afrique, qui depuis plusieurs années tient une place si importante dans les débats de la politique, nous avons dû mettre à profit l'histoire sommaire qu'en a donnée M. Félix Mengin, les documents qu'a publiés M. Jomard, et ceux tout récents qu'on doit au médecin français connu sous le nom de Clot-Bey.

Les voyages en Abyssinie de M. Rüppel, ceux de MM. Combes et Tamisier, ainsi que la correspondance publiée par M. Lefèvre, nous ont fourni de nouveaux détails sur cette contrée.

L'Algérie, cette belle conquête faite par la France au profit de la civilisation, devait recevoir d'importants développements. Malte-Brun l'avait décrite en trois pages, nous lui avons consacré un livre particulier. Mais grâce à l'obligeance de M. Laurence, membre de la chambre des députés et directeur des affaires de l'Algérie au ministère de la guerre, nous avons pu mettre à profit les documents officiels publiés chaque année depuis trois ans par le gouvernement.

Les renseignements récents livrés à la publicité par le ministère sur nos autres colonies africaines, et ceux que le gouvernement anglais a fait distribuer au parlement, nous ont servi à former des tableaux statistiques exacts sur ces possessions.

Enfin l'excellent ouvrage du savant géographe prussien Ritter, sur la géographie comparée de l'Afrique, nous a fourni de nombreux détails relatifs à la description physique de cette partie du monde encore incomplètement connue.

PRÉCIS
DE
LA GÉOGRAPHIE
UNIVERSELLE.

LIVRE CENT TRENTE-QUATRIEME.

Suite de la Description de l'Asie. — Sibérie ou Russie d'Asie septentrionale. — Tableau physique général.

« Les formes de nos descriptions doivent varier d'après la nature des pays. Il est des contrées, comme la Turquie d'Asie, par exemple, où la différence de niveau réunit dans un étroit espace des températures, des productions, des habitants différents; il y a d'autres régions où, sur un immense territoire, les mêmes causes physiques reproduisent constamment les mêmes phénomènes. La Sibérie, ou, ce qui revient au même, l'Asie septentrionale, est dans ce cas. D'ailleurs, en Syrie ou en Asie mineure, des villes, célèbres dans les annales du monde, ont réclamé notre attention; même dans la Perse, une petite province offrait souvent de l'intérêt historique. Ici, nous n'éprouvons plus aucune tentation de ce genre; en Sibérie, nous sommes hors du domaine de l'histoire; le souvenir des événements passés ne prête plus aux objets une grandeur illusoire; la nature sauvage, âpre, indomptable, prédomine encore sur une civilisation ébauchée. Il nous est donc permis, et de réunir dans un seul tableau physique ces vastes régions, et de glisser avec rapidité sur leur topographie, qui d'ailleurs est très connue et exposée avec tout le détail possible dans des ouvrages traduits de l'allemand et du russe.

» Les anciens Grecs et les Romains étendaient leur *Océan Scythique* sur l'espace qu'occupe la Sibérie. Ptolémée, plus instruit, place au nord-est de la mer Caspienne une vaste *terre inconnue;* mais les derniers rayons de la géographie ancienne atteignent à peine les monts Ouraliens. Dans le moyen âge, les voyageurs, et entre autres Marco Polo, entendirent les *Tatars* parler vaguement d'un pays riche en pelleteries et couvert d'éternelles ténèbres [1]. En 1242, des Tatars fondèrent aux bords de l'Irtyche et de l'Obi un khanat qui, de sa capitale, prit le nom de *Sibir*, et d'une rivière voisine, celui de *Toura*. Le nom de *Sibérie*, malgré une prononciation presque identique [2], n'a donc rien de commun avec le mot russe *Sévéria*, c'est-à-dire pays du nord. La conquête de ce royaume par les Cosaques fut suivie, ainsi que nous l'avons dit dans l'endroit convenable [3], d'une série de découvertes qui étendirent la domination russe et les connaissances géographiques jusqu'à l'extrémité orientale de l'Asie. Le nom

[1] Voy. notre vol. Ier, p. 236. — [2] On prononce en russe le *b* comme *v*. — [3] Voyez notre vol. Ier, p. 271, et ci-après le *Tableau chronologique des découvertes en Sibérie*.

de Sibérie fut vaguement appliqué à tous ces pays nouvellement connus ; il fut même étendu aux royaumes tatars d'Astrakhan et de Kazan, incorporés long-temps auparavant à l'empire russe d'Europe. Cette acception trop vague doit être bannie de la géographie. Pour peu qu'on lise avec réflexion le plan d'une description de l'empire de Russie, inséré dans les Actes de l'académie de Pétersbourg, on verra que cette société savante a senti que la chaîne des monts Ouraliens, en même temps qu'elle divise naturellement l'empire russe en deux grandes parties, fixe invariablement les bornes de la véritable *Sibérie*. Ajoutons que d'Anville, sur sa belle carte d'Asie, Busching, dans sa Géographie, et Georgi, dans sa statistique de la Russie, ont également restreint la dénomination de Sibérie aux contrées situées à l'est des monts Ouraliens.

» Circonscrite dans ses bornes, la Sibérie est limitée au nord par l'océan Glacial ; à l'Ouest par les monts Ouraliens ou la chaîne de l'Oural, qui la séparent de l'Europe ; au sud-ouest par une chaîne de collines isolées et hautes de 5 à 600 pieds, appelée par les Russes *Alghinskoe khrebet* ou *Ayaghinskoe khrebet*, et par les Kirghiz *Dalaï Kamtchat*, chaîne très peu importante en comparaison de celle que l'on a l'habitude de figurer sur les cartes sous le nom d'*Alghidīn tsano* ou *Alghidīn chamo* ; au sud par les chaînes Altaïques, Sayaniennes et Daouriennes, qui marquent la frontière de l'empire chinois ; enfin à l'est par la mer d'Okhotsk, la mer et le détroit de Bering, qui sépare l'Asie septentrionale de l'Amérique du nord. »

Comprise entre le 47e et le 76e degré de latitude septentrionale, et entre le 55e degré de longitude orientale et le 172e de longitude occidentale, la Sibérie a environ 755 lieues dans sa plus grande largeur du sud au nord, c'est-à-dire au point où s'avance dans l'océan Glacial le cap Sévéro-Vostotchnoï, et environ 1660 lieues de l'ouest à l'est. Dans ces limites nous croyons devoir comprendre le pays de Tchouktchis, entre le golfe d'Anadir et l'océan Glacial, et celui des Kirghiz de la steppe d'Ichim au nord du Turkestan. On ne peut pas évaluer la superficie de cette vaste contrée au-dessous de 670,000 lieues géographiques carrées : ainsi elle surpasse de plus d'un tiers celle de toute l'Europe.

Les chaînes de montagnes, les grandes plaines et les rivières principales demandent maintenant toute notre attention.

« Les monts Ourals, qui séparent la Sibérie de la Russie d'Europe, se dirigent du nord au sud pendant l'espace de 500 lieues ; leur largeur varie de 20 à 40. Peu élevés entre le Bas-Obi et l'Ousa, affluent de la Petchora, ils acquièrent vers le 58e ou le 60e degré de latitude, près Solikamsk et Verkhotourié, une hauteur considérable ; ils s'abaissent et s'aplanissent dans le parallèle d'Iekaterinebourg, mais ils prennent de nouveau de l'élévation dans le pays des Baschkirs, à 54 ou 55 degrés de latitude. »

Le nom d'Oural, mot tatar, signifie *ceinture* ; *Poyas* en russe a la même signification : de là vient la dénomination de *Kammennoï-Poyas* (ceinture de rochers) que les Russes donnent à cette chaîne de montagnes.

Nous avons fait voir dans les généralités sur l'Asie, que l'on avait considérablement exagéré la hauteur de cette chaîne et de tout le système qu'elle forme avec ses ramifications, et que ses points culminants, le *Pavdinskoï-kamen* et le *Kvarkouch* ont, le premier 1,123 et le second 1,607 mètres au-dessus du niveau de la mer. Examinons sa composition géognostique.

Sur le versant occidental de l'Oural on voit le gypse et le grès rouge s'adosser sur un calcaire de transition ; cette superposition est très visible, surtout à Zlatooust, et près de la mauvaise forteresse de Klenovskaïa. Ce calcaire s'appuie sur des alternats de schiste argileux et de calcaire, à peu de distance de la forteresse de Kirghichanskaïa, et dans d'autres localités sur les bords de l'Oufa, ainsi que sur plusieurs cimes de l'Oural. Plus au nord, sur la rive gauche de la Kama, à peu de distance de Solikamsk, sous le 60e parallèle, on voit se succéder, en descendant vers la rivière, le calcaire secondaire, un grès riche en cuivre, des marnes rouges salifères, puis un grès cuivreux, et enfin un calcaire qui parait être secondaire. Des montagnes considérables de diorite et de porphyre amphibolique dominent toutes ces roches. Près des riches mines de cuivre de Bogoslovsk, des grès houillers recouvrent des schistes et des psammites, tandis que sur le versant oriental, sur le bord de la Sozva, on voit reparaître des roches de diorites à côté de masses de granit que recouvrent du calcaire alpin et des marnes rouges salifères (¹). Les montagnes des environs d'Obdorsk, près de l'embouchure de l'Obi, sont composées de diorites qui s'appuient sur des syénites et des porphyres syénitiques recouverts de granit.

Les explorations de M. Protossoff, dans la partie septentrionale des monts Ouraliens, ont donné une idée de sa composition géognostique. Il est parvenu jusqu'au 63e degré de latitude septentrionale, malgré les obstacles que fait naître sous un climat glacé le défaut de routes et d'habitations. Ses recherches, qui avaient pour but de s'assurer si cette région comprenait des dépôts diluviens aurifères, ont eu lieu principalement entre les rivières de la Grande *Talmiia* et de la *Lozva*. Cette expédition a prouvé que le nord de l'Oural n'est pas moins riche en or que le midi. Le cours supérieur de la première des deux rivières traverse des syénites, tandis que le reste se fait au milieu de calcaires. Les autres parties de l'Oural septentrional se composent de diorites. Les rivières de la *Bilnaïa*, de la *Chapcha*, de la *Malinovka*, de l'*Olenaï* et plusieurs autres, coulent au milieu de dépôts aurifères. Ces dépôts recouvrent les diorites, et sont couverts d'alluvions non aurifères et d'une couche de tourbe. Sur le Chapcha et l'Olenaï, une couche d'argile repose entre la tourbe et les alluvions aurifères.

Les formations les plus développées sur la pente orientale de l'Oural sont celle de calcaire et celle de diorite : c'est même ce qui principalement distingue la partie du nord de celle du sud, riche en granits et en roches schisteuses. Le calcaire dont il s'agit est de couleur blanc-jaunâtre ou grisâtre, sans stratification apparente, et renferme quelques fossiles, parmi lesquels les encrinites semblent le classer parmi les formations secondaires. Dans l'île de Veigatch, que l'on peut considérer comme une dépendance du système ouralien, le granit et le schiste argileux y alternent avec des grauwackes ou des psammites. Dans la double île appelée *Novaia Zemlia* ou Nouvelle-Zemlie, les roches calcaires paraissent dominer : elles se montrent à nu presque partout.

(¹) Ad. Hermann · Voyage autour de la terre par l'Asie septentrionale et les deux Océans.

Sous le 55e parallèle, le versant occidental, en partant de l'usine de Verkhné-Troïzk et de Nijnii-Troïzk sur les bords de l'Aï ou de l'Ik, montre le calcaire secondaire, et plus haut des sommets granitiques; et dans la vallée de Zlatoust du gneiss, qui repose sur le granit. Dans le district de Zlatooust, M. Redikortsoff a remarqué que les roches se succèdent dans l'ordre suivant : des schistes argileux, des calcaires, des serpentines, des alternances de schistes siliceux et de brèches siliceuses; des quartzites, des porphyres, des schistes argileux, des calcaires et des diorites. Les alluvions aurifères paraissent devoir être attribuées à la décomposition des filons quartzeux que l'on remarque au milieu des schistes.

Sur la rive gauche de l'Ouachkovsk, affluent du Miask, règne une petite chaîne granitique, tandis que sur la rive opposée s'étendent des montagnes de schiste argileux. Enfin celles de *Tachkou-targavsk* et de *Maldakaevsk* sont composées de diorites, de schistes talqueux et de granit à grains fins.

Vers le 51° degré de latitude, entre Orenbourg et les sources de l'Ik, on remarque des psammites et des calcaires de transition bordés de grès rouges et d'autres roches agglomérées. Sur les bords de l'Oural la montagne appelée par les Russes *Magnitnaïa-gora* (la montagne de l'Aimant), présente des amas de fer oxidulé, ou d'aimant, associé avec du porphyre, du calcaire coquillier et des diorites; mais les serpentines se montrent riches en métaux : elles contiennent du cuivre, que l'on exploite à Rissajova, et c'est sur ces roches que repose le terrain de transport aurifère à Miudjak, où des lavages d'or sont établis.

Dans la région méridionale, les monts Ouraliens atteignent la hauteur de 1,000 à 1,100 mètres, et se composent à peu près des mêmes roches que celles que nous venons de désigner, c'est-à-dire les unes schisteuses, les autres cristallines ou calcaires; enfin, à leur extrémité méridionale s'élèvent des sommets de granit.

M. Tschaikovsky, ingénieur des mines russes, paraît avoir étudié avec beaucoup de sagacité la partie des monts Ourals qui appartiennent à l'arrondissement d'Iekaterinebourg. Le granit lui a paru constituer la base de toutes les autres roches, sous la forme d'îles flanquées de tous côtés de roches schisteuses. Le granit s'y étend en quatre bandes considérables. Le calcaire se présente, selon lui, au milieu de roches schisteuses, sous la forme d'amas allongés; le calcaire y est souvent superposé au granit. Cette dernière roche est à grains fins, et se compose de feldspath, de quartz et de talc micacé: ce qui semblerait, selon nous, la rapprocher des *protogynes* et lui assigner une origine moins ancienne que le granit commun. Les roches granitiques se trouvent partout soulevées au milieu des ophiolites et des roches schisteuses, et tout porte à croire, d'après des observations récentes, que les calcaires que ces roches supportent ont été modifiés après leur formation par la chaleur des masses granitiques qui les ont soulevés ([1]).

Dans sa description géologique de l'arrondissement des usines de Bogoslovsk, M. Karpinski fait observer que la roche dominante de cette partie de l'Oural sur l'un et l'autre versant est le schiste talqueux qui, sur les pentes, est remplacé par des aphanites, et ensuite par des amphibolites. Quelques cimes composées d'aphanite compacte, passant quelquefois à l'amphibolite, ont évidemment percé les couches de schiste talqueux. Dans cet arrondissement, le versant oriental des monts Ourals est formé de trois branches distinctes. La plus rapprochée de la chaîne principale est composée du même schiste talqueux dont nous venons de parler, mais il passe par des nuances minéralogiques presque insensibles au schiste chloriteux et à l'amphibolite, roches sur lesquelles il est placé. D'autres fois il passe au schiste argileux, au schiste chloriteux et au schiste ardoisier. La seconde branche est formée d'abord de talcschiste, auquel de grands cristaux de feldspath blanc donnent l'aspect porphyroïde; mais vers son extrémité cette branche n'est plus composée que de diorite. Enfin la troisième branche est composée uniquement d'amphibolite et de diorite ([2]).

Dans l'arrondissement de Perm, le granit se change en protogyne et en amphibolite; les sommets qu'il forme sont couverts de neige même en été. Les couches de calcaire, toujours associées aux schistes, sont inclinées de 30 à 60 degrés.

Entre Iekaterinebourg et Bogoslovsk s'élève la montagne de *Blagodat*, dont nous avons déjà parlé ([1]), mais sur laquelle M. Archipoff, géologue instruit, a fourni de nouvelles observations. Le nom de cette montagne signifie *Grâce de Dieu;* d'après ses mesures, elle s'élève à 1,008 pieds anglais au-dessus du niveau de la mer : la roche dont elle se compose est le porphyre. Depuis environ un siècle elle fournit annuellement la quantité énorme de 11,360,000 kilogrammes de minerai; celui-ci n'est point en filons, mais forme des masses séparées au milieu du porphyre: il contient, terme moyen, 57 pour 100 de fer d'excellente qualité. Tandis que la chaîne de l'Oural abonde en blocs considérables de quartz, la montagne de Blagodat en est complétement dépourvue. Le porphyre dont elle est formée paraît être la roche la plus supérieure de tous les monts Ourals : il repose sur le calcaire compacte.

Au sud-ouest du Blagodat, la montagne de *Kameschet* (petite pierre) n'est pas moins curieuse, mais sous d'autres rapports. Elle a 1,986 pieds anglais de hauteur; elle est terminée par trois cimes escarpées, composées de serpentines qui sortent des porphyres syénitiques et dioritiques qui les environnent. Ces cimes sont remplies de fissures qui les traversent dans tous les sens; le porphyre syénitique paraît avoir rempli deux de ces fissures. La serpentine semble être sortie des porphyres dans un état d'ignition. Ailleurs M. Archipoff a remarqué deux grands rochers qui doivent avoir éprouvé l'action des feux souterrains: ils sont composés de feldspath compacte d'un gris verdâtre ou jaunâtre, traversé de fissures et de fentes, dont quelques unes sont remplies d'une espèce de scorie qui n'est composée que d'une roche appelée amphibolite, altérée par le feu, et dont les cavités renferment une sorte de ponce ([2]). Bien que les monts Ouraliens portent l'empreinte de l'action ignée, on n'y trouve cependant pas de basalte.

La chaîne des monts *Ilmène*, qui se prolonge parallèlement à celle de l'Oural sur une longueur de 20 lieues, en est séparée par le cours du fleuve Oural. Elle se compose, suivant M. Teploff, ingénieur des mines, de deux formations : l'une de granit-gneiss, et l'autre de schistes. La première y prédomine partout et renferme des granits, des gneiss, des syénites, des eurites, des pegmatites, des mica-

---

([1]) *Gornoï Journal* (Journal des Mines, russe), n° 4, 1833. — ([2]) *Gornoï Journal*, n° 2, 1833.

([1]) Tom. IV, liv. cxxi, p. 400. — ([2]) *Gornoï Journal*, n° 3, 1833.

schistes, des schistes talqueux, des diabases ou diorites, des calcaires grenus et des quartzites. La seconde, qui forme les embranchements de la chaîne du côté du nord-est, est composée principalement de micaschistes, de schistes argileux, de schistes chloriteux, de serpentines et de quartzites [1].

Nous n'avons jusqu'à présent considéré le système ouralien que sous le rapport des roches qui y dominent: jetons un coup d'œil sur les principaux minéraux qu'elles recèlent. Et d'abord se présente ici une observation importante par sa généralité, que M. Al. Brongniart a faite sur le gisement des substances minérales dans les différentes montagnes de ce système: c'est que les espèces de minerais et de minéraux que l'on trouve tant à l'est qu'à l'ouest des monts Ourals, sont plutôt disséminés dans les couches des roches cristallines qu'implantés dans de véritables filons: manière d'être que ce savant minéralogiste a eu occasion de signaler dans la position des minéraux du nord de la Skandinavie, et qui se présente, dit-il, avec les principales circonstances caractéristiques et à peu près sous la même latitude dans l'Amérique septentrionale, et l'on pourrait ajouter aussi en Écosse. On remarquera qu'en Sibérie il y a bien peu de minerais dont le gisement appartienne soit aux terrains de calcaire de transition, soit au terrain trachytique, genre de terrain plus dominant vers les zones tempérées et tropicales que dans les zones froides, comme le prouvent la Hongrie, l'Amérique méridionale, etc. Les pierres précieuses, telles que le corindon, le béryl, le zircon, etc., sont dans le nord de la Russie, tandis que le sel marin, le fer limoneux et le phosphate de fer se trouvent dans les parties méridionales, circonstances que l'on remarque également dans les montagnes Ouraliennes [2].

Suivant M. G. Rozé, le fer oxidulé ou l'aimant forme des masses coniques dans le diorite des monts Ourals; le cuivre natif, le cuivre oxidulé, et le cuivre vert carbonaté, ou la malachite, se trouvent dans le calcaire grenu en contact avec des bandes de diorite. La serpentine est le principal gisement du fer chromaté; et dans les environs d'Iekaterinebourg, les granits recèlent le minéral peu commun auquel on a donné le nom de *diaspore*. Le platine et l'or que l'on exploite par le lavage sont dans des dépôts d'alluvions qui occupent des vallons entourés de sommités composées aussi de diorite, roche qui passe à la serpentine dans les monts Ourals comme dans les Pyrénées. Mais les sables aurifères de ces montagnes ressemblent aux mêmes gisements d'or connus dans les différentes contrées de la terre, tandis que les sables platinifères offrent un aspect et une apparence de composition nouvelle. A Nijnii-Taghilsk, où se trouve le plus riche gisement de platine de la Sibérie, ce métal est accompagné d'or, d'iridium osmié, de chromate de fer, d'aimant, de fer hydraté, de titane oxidé, d'épidote, de grenat, de quartz hyalin, et quelquefois de diamants; on trouve dans ces sables des fragments de quartz, de jaspe et de diorite.

Dans le schiste talqueux des environs de Bérésof on a compté jusqu'à 150 filons aurifères. Dans d'autres localités il contient du cuivre. Cependant on a remarqué qu'il existe une certaine alliance entre les gîtes cuivreux et aurifères: ces derniers accompagnent presque toujours les autres. Les roches schisteuses sont surtout fort riches en silicate de manganèse que l'on exploite depuis long-temps. Le calcaire qui forme des amas allongés au milieu des roches schisteuses est un gisement très riche en fer. Nous avons vu, par l'exemple du Blagodat, que le porphyre est souvent très riche en fer. Le granit recèle des filons de quartz contenant des améthystes qui, lorsqu'elles sont belles, sont plus estimées que celles du Brésil. La pegmatite, qui alterne avec le granit, renferme habituellement la topaze, la tourmaline rouge et la tourmaline noire, l'aigue marine et le grenat. Cependant le granit est remarquable aussi par les béryls et les topazes blanches ou jaunes que l'on y trouve; quelquefois il est traversé par des filons de quartz dans lesquels on trouve l'or natif en lames ou cristallisé en cubes et en octaèdres. C'est aussi dans ces filons que se trouvent de riches minerais de plomb, principalement le carbonate et le chromate de ce métal. La roche appelée amphibolite est tout-à-fait dépourvue

---

[1] Consultez le Bulletin de la Société géologique de France, années 1832 et 1833, et le *Résumé des progrès des sciences géologiques* en 1833, par M. *A. Boué*.
— [2] Rapport fait par M. *Al. Brongniart* à l'Académie des sciences de l'Institut, le 14 octobre 1833, sur une collection de minéraux de Russie, donnée à l'Académie par l'empereur Nicolas Ier.

d'or, mais elle contient, suivant M. Karpinsky, beaucoup de kaolin que l'on exploite en grand. Dans la plupart des contrées où cette substance si précieuse pour la fabrication de la porcelaine est utilisée, elle provient de la décomposition d'une autre roche, la pegmatite. Le micaschiste des bords du lac Bolchoï, à une vingtaine de lieues d'Iekaterinebourg, offre des nids de béryls et d'émeraudes. On ne connaissait, il y a peu d'années, qu'une variété du minéral appelé diaspore, qui est composé d'alumine, d'eau, et d'un peu de fer : à cette variété, qui se présente sous la forme laminaire, il faut en ajouter une nouvelle qui est en cristaux noirâtres, et qui se trouve dans les environs d'Iekaterinebourg. Dans les monts Ourals on trouve fréquemment le quartz limpide renfermant en si grande abondance le titane en aiguilles, qu'on le taille en cabochons sous le nom de *cheveux de Vénus*. Les calcédoines, les onyx, les jaspes et les agates y sont aussi très communes; ces dernières sont même quelquefois d'un volume extraordinaire : on taille assez souvent d'un seul morceau un vase en agate, de plus d'un pied de diamètre et de plusieurs pieds de hauteur. Le silicate d'alumine et de magnésie, appelé *pyrophyllite* par M. Hermann, avait été regardé jusqu'à présent comme un talc fibreux, mais il se distingue de celui-ci en ce que, soumis à la flamme du chalumeau, il se boursoufle en éventail. Peut-être devons-nous citer aussi, d'après Georgi, une substance dont il ne donne pas exactement les caractères, que les Sibériens nomment *beurre de roche*, qui paraît être alumineuse et se trouve en efflorescence sur les schistes alumineux, et qui mériterait d'être examinée attentivement, parce qu'elle est employée par le peuple comme un remède contre les diarrhées et les maladies vénériennes (¹). Nous citerons aussi un minéral bien connu, l'asbeste ou l'amiante, que l'on trouve dans les monts Ourals en longs filaments soyeux, qui rivalisent par leur longueur et leur beauté avec l'asbeste du nord de l'Italie; le conseiller Demidoff fit tisser, avec celui que l'on recueillit sur ses terres en Sibérie, des toiles, des bonnets et d'autres tissus.

Le granit des monts Ilmène est riche en belles substances minérales : ce sont des corindons d'un bleu vif, dont les prismes ont jusqu'à 2 pouces de diamètre, des zircons d'une parfaite transparence, dont quelques uns sont aussi d'une grosseur extraordinaire, la tantalite ou columbite, en cristaux réguliers, ce qui est rare pour cette substance ; l'éléolithe ou la néphéline compacte, l'ouvarovite, dont la composition est encore imparfaitement connue, la kancrinite, nouveau minéral d'une belle couleur bleue et qui a été dédiée au ministre russe, M. de Kancrine, chargé du département des finances, et la glaukolithe, qui semble avoir de grands rapports avec la substance précédente.

Nous ne nous proposons point de donner en ce moment un aperçu de la richesse métallique des monts Ourals; mais pour compléter l'énumération des principales substances minérales qu'on trouve dans ces montagnes, nous n'oublierons pas de mentionner celles que M. le professeur G. Roze a signalées comme se trouvant plus ou moins abondamment dans les dépôts de transport aurifères et platinifères. Ce sont des zircons blancs ou incolores cristallisés, des rubis, des saphirs, dont les cristaux sont implantés dans des masses de feldspath compacte, le spinelle zincifère ou le ghanite, le pléonaste ou la ceylanite, le grenat, le titane anatase de couleur jaune, le titane rutile en cristaux simples ou doubles, le fer magnétique, le fer oligiste, le fer chromaté, ordinairement en masses garnies de cristaux ; du sulfure de fer cristallisé et changé en oxide brun ; substances qui se trouvent mêlées avec des morceaux de cristal de roche, de quartz, de serpentine, et de différentes autres espèces de roches. Les diamants trouvés dans les terrains de transport aurifères de l'Oural sont plus intéressants sous le point de vue géologique que sous celui des avantages pécuniaires que l'on pourrait en retirer.

Nous venons d'examiner le système ouralien, passons aux autres montagnes de la Sibérie. En suivant la frontière méridionale de cette contrée depuis les chaînes et les rameaux du système altaïque, c'est-à-dire depuis Sverinogovloskoï, ou depuis le 65ᵉ méridien oriental jusqu'aux montagnes du système altaïque, au lieu des monts Alghiniques ou Alghidīntsono, appelés aussi Alghidīn-tsano, que l'on voit figurer sur la plupart de nos cartes, bien que ces noms soient entièrement inconnus aux Kirghiz ou Kazaks de Troïtzk et d'Orenbourg,

(¹) *Georgi*, t. III, p. 202, 297. — V 126.

commence une région remarquable de lacs dont nous parlerons plus tard, et qui s'étend jusqu'aux petites montagnes qui commencent vers les sources de l'Ichim et se continuent jusqu'aux bords de l'Irtyche. Mais on voit une chaîne de petites montagnes appelées par les Russes *Alghinskoe khrebet* ou *Ayaghinskoe khrèbet*, et par les Kirghiz ou Kazaks, *Dalaï Kamtchat*. Son versant septentrional fournit plusieurs affluents à la rive gauche de l'Ichim. Elle paraît élevée, parce que ses sommets de 5 à 600 pieds, et quelquefois du double, dominent partout une plaine unie. Elle commence au nord du lac *Naourloun-koul*; ses promontoires forment des plaines peu inclinées et argileuses, couvertes de fragments de schiste calcaire, de grès, de gypse, d'albâtre et d'argile durcie; l'une de ces collines, appelée *Oulou-tau* ou la Grande montagne, est assez élevée, et couverte de forêts en quelques endroits [1]. C'est là que l'on voit le Kourgantagh, riche en galène argentifère, et l'Altiintoubé avec ses cuivres natifs, ses malachites, et sa précieuse dioptase, silicate de cuivre d'un vert plus foncé que l'émeraude, et d'une égale transparence [2]. Ces montagnes peu élevées peuvent être considérées comme une chaîne du système altaïque.

Le groupe de l'Altaï est un des plus importants de l'Asie: il entoure les sources de l'Irtyche et du Ienisei, et prend à l'est le nom de Tangnou, puis ceux de monts Sayaniens, de Kentaï, de monts de Daourie, et comprend même le Iablonnoï khrebet, le Khingkhan et les monts Aldan, qui s'avancent le long de la mer d'Okhotsk.

Le mot *altaï* est turc, et le nom d'*Alta-iin-oola*, que lui donnent les Mongols, signifie le *mont d'Or*, de même que *Kinchan* en chinois, ce qui s'accorde bien avec la richesse métallique qu'il recèle. Dans la Grande Géographie de la Chine dont M. Klaproth a publié des extraits, on voit qu'il se développe sur une étendue de 2,000 li, ce qui fait 250 lieues communes de France. Sa hauteur est si grande, disent les géographes chinois, qu'elle atteint la voie lactée, et que pendant l'été même, la neige accumulée sur ses cimes ne fond pas. Il faut tenir compte ici de l'exagération poétique du narrateur, puisque, ainsi que nous l'avons dit dans les généralités sur l'Asie, les sommets de l'Altaï ont environ 3,000 à 4,000 mètres. Sa cime la plus élevée est au nord du lac *Oubsa-noor*: il est probable que c'est celle que l'on nomme en mongo *Altaiin-niro*, c'est-à-dire *sommet de l'Altaï*. Plusieurs branches, dont quatre principales s'en détachent; l'une va droit au nord en suivant le cours de l'Irtyche; une autre au nord-est borde la rivière du Tes sur une longueur de 1,000 li ou 125 lieues [1]. Un des sommets de l'Altaï, appelé *Iyiktou* (mont de Dieu), et en kalmouk *Alas-tau* (mont Chauve), paraît avoir 3,508 mètres de hauteur: il est situé sur la rive gauche de la Tchouïa, et séparé par la rivière de l'Argout ou l'Argoun, des colonnes gigantesques de la *Katounia*. Cependant la plus haute station de l'Altaï russe paraîtrait être au mont *Koksoun*, où l'on voit une source qui est à 3,148 mètres au-dessus du niveau de l'Océan.

Tout ce que nous venons de dire de l'Altaï se rapporte à la partie de ce groupe qui appartient au territoire sibérien, c'est-à-dire à ce que les géographes sont convenus d'appeler le *Petit Altaï*, car le Grand Altaï se trouve plus au sud, sur le territoire de l'empire chinois, ou, pour parler d'une manière plus précise, dans la Kalmoukie.

Les trois principales divisions du Petit-Altaï sont des branches de montagnes, importantes sous plus d'un rapport. Les *monts Kolyvan*, appelés par les Russes *Gori-Kolyvanskoï*, se dirigent du nord-ouest au sud-est sur une étendue d'environ 25 lieues; leurs plus hauts sommets ne dépassent pas 900 mètres; elles sont très riches en or, en argent, en cuivre et en fer; leurs flancs sont couverts de forêts peu considérables. Quelques géographes ont donné à ces montagnes le nom de monts *Métalliques*. Les dernières expéditions que les mineurs russes y ont faites ont prouvé que les roches qui y dominent sont des schistes argileux, des talcschistes, des calcaires, des quartzites et des diorites. Les *monts Kouznetz*, entre l'Obi et l'Irtyche, ressemblent aux précédents, mais renferment principalement des houillères et du fer; l'un de leurs plus hauts som-

---

[1] *Klaproth*: Extrait du Voyage de Bardanes dans la steppe des Kirghiz. — [2] *A. de Humboldt*: Fragments de géologie et de climatologie asiatiques, t. I, p. 40 et suivantes.

[1] *Klaproth*: Description du mont Altaï, extraite de la Grande Géographie de la Chine.

mets est le *Sabyn-tabou*, dont la cime est presque toujours couverte de neige. Quelques unes des puissantes couches de houille des monts Kouznetz brûlent depuis près d'un siècle, et passent pour avoir été allumées par la foudre. Les **monts Salaïr** sont formés de roches porphyriques. L'argent s'y trouve dans un filon de quartz qui traverse le porphyre, mais il y est disséminé, accompagné de fer limoneux, de cuivre oxidé et pyriteux, de sulfure et de carbonate de plomb. Des recherches récentes ont prouvé qu'il existe aux pieds de ces montagnes des dépôts d'alluvions aurifères : on les a signalés sur une longueur de plus de 10 lieues.

Les **monts Sayaniens** où *Sayanskié*, comme les Russes les appellent, forment la frontière de la Sibérie et de l'empire chinois. Ils prennent naissance sur le versant occidental d'une chaîne qui se détache du Tangnou et se dirige à l'est vers le lac Baïkal. Leur longueur est d'environ 140 lieues. Autour de ce lac s'étend une chaîne qui se détache de celle du Tangnou, et qui conséquemment se divise en deux branches : celle de l'est suit le cours de la Lena, et se termine, en diminuant de hauteur, par un large plateau à couches horizontales ; celle de l'ouest borde la rive droite de l'Angara, et s'abaisse vers le nord dans une immense plaine marécageuse. Ces montagnes peuvent prendre le nom de **monts Baïkaliens**. Elles sont assez élevées et très escarpées ; le mont Bourgoundou est couvert de neiges perpétuelles. Leur surface est irrégulière, et comme bouleversée par des soulèvements ; les roches dont elles sont formées sont le granit, le schiste, du calcaire, des brèches siliceuses et des grès. On y trouve de la houille, du soufre, des sources sulfureuses, du cuivre, du plomb, du fer et quelques minéraux précieux, tels que le lapis-lazuli. Dans leurs flancs gît une espèce de pyroxène particulière à ces montagnes, et que l'on a appelée *baïkalite* : c'est un silicate de magnésie et de chaux. Une partie des monts Baïkaliens est nue, tandis que d'autres sont couvertes de pins, de bouleaux et de mélèzes.

Sur la rive droite de la Selenga, les **monts Iablonnoï** sont en quelque sorte un prolongement du Tangnou. Cette chaîne se continue sans interruption jusqu'au cap oriental, sur le détroit de Bering ; elle occupe une longueur de 1,200 lieues, espace sur lequel elle change plusieurs fois de noms : celui de *Iablonnoï-Khrebet*, c'est-à-dire *chaîne des pommes*, qu'elle porte d'abord, lui vient de la forme arrondie que présentent ses sommets. Les Mongols la nomment *Daba*, nom très remarquable en ce qu'il rappelle celui de *Tabis*, par lequel Pline et Pomponius Mela désignent un promontoire qui terminait au nord-est la Scythie asiatique. Près de Nertschinsk elle prend le nom de cette ville (*Gory Nertchinskié*) et celui de *monts de Daourie* ; vers les sources de la grande rivière de l'Aldan, on lui donne celui de *monts Aldan* ; au-delà de ce cours d'eau elle commence à porter celui de *monts Stanovoï*, puis celui de *monts Khingkhan* qu'elle conserve jusqu'aux bords de la mer d'Okhotsk, où elle prend, selon quelques voyageurs, la vague dénomination de *monts d'Okhotsk*, et quelquefois celle de *monts des Lamoutes*. Cette immense chaîne sépare le grand versant septentrional de l'Asie du versant oriental, c'est-à-dire celui de l'océan Glacial de celui du grand Océan. Selon Patrin elle présente des traces volcaniques, et il a même remarqué sur les bords de la Chilka deux cratères éteints. Toutes ces montagnes sont en partie formées de granits, de porphyres et de jaspe, et sont fort riches en métaux précieux.

Dans la vallée qu'arrose la rivière d'Ouda ou d'Ounda, entre Oudinsk-Kavikoutchi et le village de Malichéva, se trouve un dépôt d'alluvions aurifères. Ce dépôt occupe à plus de 12 lieues de la rivière le point le plus étroit de la vallée, c'est-à-dire un endroit qui n'a que 180 mètres de largeur, tandis que la vallée est généralement large de plus d'un quart de lieue. Selon les renseignements que l'on possède sur cette localité, la couche aurifère assez mince consiste en un sable mêlé de cailloux roulés de différentes roches, telles que le granit, le porphyre, le gneiss, le schiste siliceux et le quartz blanc ; elle n'est recouverte que par le gazon, et repose sur des galets formés des mêmes roches. On a pratiqué des sondages sur un espace de 960 toises en remontant la rivière, et de 580 en la descendant, et presque partout on a constaté la présence de l'or ; mais les parties les plus riches n'en contiennent que $\frac{7}{96}$ de solotnik (gram. 0,875) sur 100 pouds ou 1,637 kilogrammes de sable. L'or y est en paillettes très minces et si fines qu'on les aperçoit à peine à l'œil nu; elles sont même si légères qu'elles surnagent sur l'eau. Les montagnes qui bordent la rivière ne présentent aucune roche analogue à celles qui forment les galets du dépôt. Elles sont exclusivement composées de différentes espèces de granit, dans lesquelles on ne trouve ni couches ni filons étrangers, ni même de minéraux particuliers. Il faut supposer, dit M. Koulibine, que ce dépôt de transport doit son origine à la destruction des roches qui jadis recouvraient ces montagnes, ou que celles-ci contiennent des veines aurifères si minces, qu'elles ne laissent aucune trace de leur décomposition sur la surface nue des rochers, car on trouve de l'or tout près de ceux qui bordent la vallée, et l'on en a même découvert au fond d'un puits creusé dans le granit décomposé [1].

Suivant M. Hedenstrom, le mont Odon-Tchelon, dans le district de Nertchinsk, renferme des aigues-marines vertes, bleues, ou d'un jaune d'or : ces dernières sont les plus rares. Quelques unes sont d'une grandeur extraordinaire. On y trouve aussi des topazes qui, par leur couleur, rivalisent avec celles du Brésil, mais d'une qualité supérieure. On les connaît dans le pays sous le nom de *tiagelo-vece* ou de *poids lourd* [2].

A trois journées de marche du confluent de la Vitime et de la Lena, se trouvent dans la branche des monts Baïkaliens qui s'élèvent à l'est du lac, les importantes carrières de mica, d'où l'on tire de grandes feuilles de ce minéral, qui ont jusqu'à une archine (72 centimètres) carrée. Ces lames sont employées, comme chacun le sait, à remplacer les verres de vitre. M. Zlobine a décrit les montagnes du district de Iakoutsk; il y signale, outre les roches granitiques, cinq espèces de calcaire secondaire, y compris un calcaire bitumineux, du gypse, du grès bigarré et du grès rouge [3]. Le même géologiste russe a observé les terrains qui s'étendent sur les bords du Courbe, de l'Onon et de la Selenga.

[1] M. *Koulibine*: Description d'un dépôt aurifère au lieu appelé Oudinsk, traduite du *Gornoï Journal*, 1830, n° 1, p. 1. — Mémoires géologiques et palæontologiques, publiés par M. *A. Boué*, tom. I, 1832. — [2] Bulletin de la Société impériale des Naturalistes de Moscou, t. II, p. 197. — [3] *Gornoï Journal*, n° 10, p. 17.

Près de la première de ces rivières, il a signalé un fait géologique assez curieux : c'est une mine de cuivre placée sur du calcaire à gros grain que recouvre le granit. Il paraît même que dans tous les environs on remarque la superposition du granit au calcaire; la première de ces roches contient des couches de micaschiste renfermant de l'étain, des béryls et des grenats [1]. Dans les environs d'Iakoutsk, M. Zlobine a reconnu en 1831 des dépôts de transport reposant sur un calcaire coquillier, au-dessous duquel se trouve de la houille [2].

En général, les montagnes que l'on peut comprendre sous les noms de monts Iablonnoï ou Stanovoï, sont peut-être, de tout l'empire de Russie, celles qui sont les plus riches en métaux et en pierres précieuses. Au-delà du 60e parallèle, elles diminuent de hauteur, et vers le 65e un de leurs rameaux, qui passe entre la Penjina et l'Anadyr, va se joindre à l'est aux montagnes du Kamtchatka. Celles qui se prolongent jusqu'au cap oriental, ou *Tchoukotzkii*, ne paraissent pas atteindre le rivage qui, selon Billing's, est bordé de basses collines.

Sous le point de vue physique il ne nous semble pas possible de ne pas comprendre la presqu'île du Kamtchatka dans la Sibérie. Ce qui nous autoriserait encore à réunir ces deux

[1] *Gornoï Journal*, 1833, n° 3. — [2] Un puits creusé à Iakoutsk en 1831, a présenté à M. Zlobine les couches suivantes :

	ÉPAISSEUR.	
	Sagènes.	Mètres.
1° Terre sablonneuse noire.	2	4.27
2° Sable vaseux fin.	2 1/2	5.33
3° Sable vaseux mêlé de débris de bois, de racines et de petites branches.	1/2	1.07
4° Gravier mêlé de petits cailloux.	5 1/3	11.38
5° Calcaire coquillier avec des veines de fer hydraté.	1/6	0.36
6° Sable fin siliceux de couleur de cendre et d'une saveur alcaline et astringente.	1	2.1
7° Sable fin aggloméré traversé par de petits filons de houille et contenant des rognons de sulfure de fer renfermant un morceau de houille.	2 2/3	5.69
Total.	14 1/6	30.23

pays, c'est que le gouvernement russe ne forme de tout le Kamtchatka, avec les îles Kouriles et d'autres dispersées sur ses côtes, qu'un seul district dans la division politique de la Sibérie orientale. Cette grande péninsule touche au nord au pays de Tchoutkotsk et au district d'Okhotsk. Elle est baignée à l'ouest par la mer d'Okhotsk, et à l'est par celle de Bering et le grand Océan. Elle s'étend du nord au sud depuis le 61e degré de latitude septentrionale jusqu'au 51e, et de l'ouest à l'est elle est comprise entre le 152e et le 171e degré de longitude orientale. Sa longueur est de 170 lieues, sa plus grande largeur d'environ 120 lieues, et sa superficie peut être évaluée à 13,000 lieues carrées. Ses golfes les plus remarquables sont ceux d'*Alioutorskoï*, de *Kronok* et d'*Avatcha*, sur la côte orientale; la côte opposée ne présente que de petites baies : on n'y voit aucun cap important, tandis que sur la côte de l'est on doit citer les caps *Karaga*, *Oukinskoï*, *Ozernoï*, *Kronotzkoï*, *Kamtchatkoï*, *Chipouninskoï* et *Piriskar*; mais le plus remarquable est celui de *Lopatka*, qui termine au sud le Kamtchatka.

Cette presqu'île est traversée dans toute sa longueur par une double chaîne de montagnes, dont l'occidentale est composée de roches anciennes, et dont l'orientale est volcanique et se continue encore au sein de l'Océan pour aller former les îles Kouriles. La première, peu élevée et presque partout de la même hauteur, incline doucement vers la mer d'Okhotsk ses flancs unis et boisés; la seconde, au contraire, offre une suite de pics escarpés qui forment du côté de l'Océan des rivages abruptes: Plusieurs de ces pics, dit M. Léopold de Buch, brûlent encore à présent, et ceux qui ne sont point en éruption offrent tous les caractères des volcans. L'atlas de Krusenstern en retrace parfaitement l'ensemble, et montre ce qu'ils ont de particulier dans leur forme. Ce sont de véritables fourneaux élevés au-dessus de la crevasse qui traverse l'intérieur de toute la contrée (¹).

Ces volcans sont au nombre de 17, ou du moins offrent 17 cratères. Le *Krasnaïa-sopka*, ou le *Schveloutch* est, suivant le commodore Billing's, près des sources de l'Iltchouch et du Bakous qui se jettent dans le Kamtchatka. Le *Kamtchatkaïa* est un des plus hauts pics de la presqu'île (¹). Le *Klioutchevskaïa-chapka* passe pour être aussi élevé que le pic de Ténériffe; par un temps clair on l'aperçoit de 70 lieues en mer; une bande de rochers escarpés entourent sa cime comme la Somma au Vésuve; une énorme masse de glace couvre ses flancs, et ce qu'il y a de plus remarquable, comme le fait observer M. de Buch, c'est que c'est le seul glacier que l'on connaisse d'une manière certaine en Sibérie. Souvent les laves qui coulent de la bouche du volcan sont arrêtées par les glaces qu'elles brisent et poussent devant elles en faisant un bruit qui porte l'épouvante à 25 lieues à la ronde. Le cratère a un quart de lieue d'étendue, mais sa forme varie souvent; il lance continuellement des flammes, des étincelles ou des vapeurs blanches et épaisses : celles-ci sortent en grosses boules qui se transforment ensuite en anneaux et disparaissent dans l'atmosphère. Au mois de février 1821 ce volcan eut une forte éruption, accompagnée de secousses si violentes, que le cône de la petite île d'Alaït, l'une des Kouriles, en fut affaissé des deux tiers (²). Le *Tobaltchinskoï*, depuis 1793 qu'il était en grande activité, rejette constamment de la fumée (³). Le *Kamskaikoï-sopka*, dans le voisinage du précédent, a depuis 1728 éprouvé de grandes et fréquentes éruptions, dont quelques unes ont lancé des cendres à la distance de 300 kilomètres. Le *Kronotzkoï* est situé à l'est du lac Kronotzkoé, d'où il tire son nom (⁴). Le *Choupanovskaïa-sopka*, à l'embouchure du Choupanov, paraît, selon Chappe, lancer fréquemment des flammes. Le pic *Strelochnoï*, ou *Strelochnaïa-sopka*, est connu de quelques navigateurs sous le nom de Volcan d'Avatcha; on n'est pas d'accord sur sa hauteur : M. Keferstein lui donne 8,200 pieds d'élévation, et le docteur Horner 10,704; s'il faut s'en rapporter à MM. Mougez, Bernizet et Receveur, qui l'ont gravi en septembre 1787, il aurait, suivant leurs observations barométriques, 8,199 pieds de hauteur. Sa plus grande éruption est celle qui eut lieu en 1737; elle fut accompagnée d'un violent

---

(¹) L. de Buch : Mémoire sur la nature des phénomènes volcaniques des îles Canaries, et sur leurs rapports avec les autres volcans de la surface de la terre.

(¹) Il est situé par 55°10' de latitude N. — (²) Situé par 56° 10' de latitude. — (³) Situé par 55° 30' de latitude. — (⁴) Sous le 54°50' selon Steller.

tremblement de terre qui fit refluer la mer à une assez grande distance dans les terres. Le capitaine Clerk, en 1779, fut témoin d'une autre éruption, enfin, en 1787, La Pérouse vit continuellement de la fumée et des flammes sortir de son sommet. Le pic *Avatchinskoï*, ou volcan d'*Avatcha*, est au nord-ouest du golfe de ce nom. Le pic de *Vilitchinskoï* ou *Paratunka-sopka*, a, suivant les calculs de Horner, 6,444 pieds de hauteur (¹). Le pic *Porovotnoï* n'est pas d'une grande élévation (²). Le pic *Kocheleff* ou *Opalskaïa-sopka*, ainsi appelé du nom de l'Opala, rivière qui sort de sa base et va se jeter dans la mer d'Okhotsk, passe pour plus élevé que le pic de Ténériffe ; il sert de point de reconnaissance aux navigateurs ; les Kouriles, qui vivent dans son voisinage, l'ont en grande vénération et le croient habité par des génies qu'ils nomment *nammouls*. Après une longue interruption, il a recommencé, dit M. de Buch, à entrer en incandescence vers la fin du siècle dernier (³). Cette montagne se rattache à plusieurs autres pics dont les noms ne paraissent pas être connus autrement que sous la dénomination de *second*, *troisième* et *quatrième* pics (⁴). Enfin, le *Krachénine-Kova*, observé pour la première fois en 1824 par M. Stein, a été dénommé par ce savant naturaliste (⁵).

On connaît peu la minéralogie du Kamtchatka : on sait seulement que parmi ses produits volcaniques anciens se trouvent deux sortes d'obsidiennes, l'une opaque et l'autre transparente, que les minéralogistes connaissent sous le nom de *marékanite*, substance qui n'est qu'un silicate d'alumine ; cependant la découverte qui a été faite depuis peu de quelques belles améthystes dans les environs du bourg de Tighil ou Tighilskaïa, sur les bords du Tighil, fait espérer que cette contrée renferme d'autres minéraux.

Après ce coup d'œil général sur les montagnes de la Sibérie et sur leur richesse minérale, il ne sera peut-être pas inutile de présenter un Précis historique sur les développements que l'exploitation des mines a pris en Russie depuis son origine jusqu'à son état actuel.(¹).

On sait que, dans plusieurs parties de l'empire russe et dans des siècles très reculés, des mines ont été exploitées ; mais par quels peuples et à quelle époque, quelle fut l'origine de cette industrie, quand a-t-elle été interrompue : c'est ce que l'on ignore (²). On sait seulement que les anciens Permiens ou Biarmiens, auxquels ces travaux doivent être attribués, étaient d'origine finnoise ou *tchoude*, et qu'on voit encore dans les monts Ouraliens et Altaïques des traces de leurs exploitations. L'histoire ne dit même pas si, du temps du tzar Ivane III Vassiliévitch-le-Grand, le projet de la rétablir reçut une complète exécution ; la première mention qui en soit faite porte qu'en 1482 ce prince demanda au roi de Hongrie, Mathias Corvin, des maîtres mineurs habiles à exploiter l'or et l'argent et à faire le départ de ces métaux d'avec les substances qui leur servent de gangue (3). Il paraît que cette demande n'eut point le résultat qu'on en espérait, puisque les instructions données au Grec Trakhanioti, envoyé en 1490 comme ambassadeur près de l'empereur d'Allemagne, portaient, entre autres recommandations, de chercher dans ce pays et d'engager au service de Russie d'habiles artistes, tels que des mineurs et des architectes (⁴). Ce fut probablement par suite de ces tentatives, et parce que le bruit courait depuis long-temps que les contrées septentrionales de la *ceinture de rochers*, c'est ainsi que les habitants de Verkhotourié nomment encore la chaîne de l'Oural, abondaient en métaux, que deux mineurs allemands (⁵), accompagnés d'André Péroff et de Vassili Boltine, furent envoyés en 1491 vers les sources de la Petchóra sur le versant occidental de la chaîne, pour y chercher des

---

(¹) Il est situé par 52°39' de latitude, et 158°21' de longitude E. — (²) Il est par 52° 22' de latitude, et 158° 52 de longitude E. — (³) Latitude 51° 21', longitude E. 157°. — (⁴) Le *second* est à la latitude de 51° 32'; et à la longitude E. de 157°·5'; le *troisième* est par 51°·35' de latitude, et 157° 31' de longitude E.; le *quatrième* par 52° 2' de latitude, et 157° 52' de longitude E. — (⁵) Nous n'en connaissons pas la position. Quant à celle des autres volcans du Kamtchatka, elle est prise du méridien de Greenwich.

(¹) Les matériaux nécessaires au Précis historique que nous allons entreprendre sont en grande partie tirés d'un mémoire manuscrit qui nous a été adressé de la part de M. J. Kovanka. — (²) *Ermann* : Histoire abrégée des mines de Russie. — (³) *Karamsine* : Histoire de Russie, t. VI, p. 164 (en russe). — (⁴) *Idem*, *ib.*, t. VI, p. 265, traduction française. — (⁵) Ces Allemands se nommaient Jean et Victor ; ils avaient probablement été enrôlés par Trakhanioti.

mines d'argent. Au bout de 7 mois ils revinrent à Moscou, et annoncèrent qu'ils avaient trouvé des gisements d'argent et de cuivre près des rives de la Tsülma, à 5 lieues de Kozma, à 75 de la Petchora, et à 875 de Moscou, sur une étendue de 2 à 3 lieues. « Cet événement
» important, dit Karamsine, combla de joie
» le monarque, et c'est à dater de cette époque que nous avons commencé à extraire
» nous-mêmes les métaux, à les fondre, à
» battre des monnaies d'argent et même d'or
» russe. On voit, sur la première monnaie
» frappée alors, saint Nicolas, en habits pontificaux, donnant sa bénédiction de la main
» droite, et tenant un livre dans la gauche.
» D'un côté se trouve l'image du Sauveur, de
» l'autre celle de la Vierge. L'inscription annonce que le grand prince a fait fondre ce
» *thaler* de son propre or et qu'il en a fait
» hommage à sa fille Théodosie (*Feodosia*) (¹). »

La nouvelle de la découverte de mines d'or et d'argent dans les possessions septentrionales du prince moscovite se répandit bientôt en Allemagne, et y produisit une sensation d'autant plus grande que l'Amérique n'était point encore découverte, et que l'Europe éprouvait le besoin des métaux précieux que l'on disait exister dans les environs de la Petchora. Aussi un Allemand, nommé Michel Snoups, arriva-t-il, vers l'an 1493, à Moscou, porteur d'une lettre adressée au prince par l'empereur Maximilien et par son oncle Sigismond, archiduc d'Autriche, qui priaient Ivane Vassiliévitch de permettre à ce voyageur de parcourir la Moscovie et de s'instruire de tout ce que ce pays renfermait de curieux. Ivane lui fit le meilleur accueil; mais, sous prétexte qu'il était dangereux de visiter les bords de l'Obi, il lui refusa l'autorisation de voyager dans des contrées aussi sauvages et aussi lointaines. Il est probable, dit à ce sujet Karamsine, qu'Ivane ne vit dans cet envoyé qu'un espion chargé de s'enquérir de l'importance de la nouvelle source de richesse qui venait de s'ouvrir pour la Russie.

Il n'existe aucun document sur la nature des travaux entrepris dans ces mines, ni sur leurs produits, soit sous le règne d'Ivane Vassiliévitch, soit sous celui de son successeur Vassili Ivanovitch. Mais il est certain que le

(¹) *Karamsine* : Histoire de Russie, t. VI, p. 281 trad. française).

gouvernement russe ne perdit pas de vue ces établissements, puisqu'en 1569, sous le règne d'Ivane Vassiliévitch, surnommé *Grosnoï* ou *le Terrible*, on vit venir en Russie, par ordre de ce prince, quelques mineurs anglais qui eurent la permission d'établir une colonie sur les bords de la Vouïtchegda, dans le gouvernement de Vologda, pour y exploiter les mines de fer, à la condition qu'ils enseigneraient leur art aux Russes et qu'ils paieraient une *denga* de droit par livre de fer exportée en Angleterre (¹). Dans les années 1571 et 1573, le tzar pria le roi de Suède de lui envoyer des ingénieurs des mines (²). Cependant ces différentes tentatives n'aboutirent à aucun résultat bien important; une circonstance heureuse eut une influence plus directe sur l'accroissement de la richesse minérale de la Russie.

Cette circonstance fut la conquête aventureuse d'une contrée presque inconnue et restée même ignorée jusque là des nations éclairées de l'Occident. Nous voulons parler de la Sibérie, où la Russie devait trouver des métaux précieux, des pierreries estimées, des forêts encore vierges, des animaux couverts de riches fourrures, des plaines fertiles, des fleuves navigables, des lacs immenses et poissonneux, enfin un nouveau monde offrant, malgré la rigueur de son climat et sa faible population, tout ce qui peut suffire à la vie de l'homme. Long-temps avant sa conquête, on avait vu s'établir dans ce pays des Russes attirés par les avantages du commerce qu'ils faisaient avec les peuplades à demi sauvages qui l'habitaient. Au nombre de ces colons se trouvaient Jacques et Grégoire Strogonoff, dont le père s'était enrichi en établissant des salines sur la Vouïtchegda, et qui le premier avait ouvert des relations commerciales au-delà des monts Ourals. Le chef de cette famille, qui occupe aujourd'hui un rang distingué parmi la noblesse russe, était un illus-

(¹) Le mot russe *denga* signifie *argent*, et avait autrefois une valeur monétaire fixe de deux deniers sterling : c'est du moins ce que dit l'Anglais Hakluits, qui rapporte ce traité (pag. 427). — *Karamsine* : Histoire de Russie, t. VIII, p. 167. — *Ermann* : t. I, p. 2.
— (²) Histoire de Russie, par le prince Stcherbatoff, tom. II, p. 295 et 296 (en russe). Voyez aussi l'acte des archives du collège étranger des affaires de Suède, à la suite de la même histoire, tom. V, 2ᵉ partie, p. 154 ; la Bibliothèque russe de 1773 (août, n° 2), enfin l'histoire de Russie, par *Karamsine*, tom. IX ; p. 192 (en russe).

tre mourza de la horde d'Or, baptisé sous le nom de Spiridion, qui enseigna aux Russes l'usage de calculer à l'aide du *chott*, instrument composé de grains enfilés. Les Tatars, irrités contre lui, l'ayant fait prisonnier dans un combat, le mirent à la torture et le rabotèrent jusqu'à la mort, d'où est venu, dit Karamsine, le nom de Strogonoff, donné à son fils, du mot russe *strogot*, raboter. Son petit-fils contribua, par la fortune qu'il avait acquise, à racheter, en 1446, le tzar Vassili, surnommé l'aveugle (*temnoï*), prisonnier à Kazan (¹).

Ivane Vassiliévitch, sentant tous les avantages qu'il aurait à retirer de la conquête de la Sibérie, et combien les opulents Strogonoff pourraient lui être utiles dans l'exécution de ce projet qu'ils avaient déjà conçu, leur accorda, par actes authentiques, la concession à perpétuité des terres incultes situées sur les bords de la Kama et de la Tchoussovaïa; leur permit d'y construire des forteresses, d'entretenir à leurs frais de l'artillerie et des gens de guerre, de prendre à leur service tous les hommes libres, d'exercer sur eux une justice indépendante des gouverneurs et des magistrats de Perm, de bâtir des villages, d'établir des salines, de défricher les terres et de faire pendant vingt années le commerce de sel et de poisson sans être assujettis à aucun droit. De leur côté ils prirent l'engagement de ne pas exploiter les mines métalliques qu'ils pourraient découvrir, comme celles d'argent, de cuivre ou d'étain, mais d'en informer sur-le-champ les trésoriers du tzar. Les Strogonoff fondèrent, en 1558, la petite ville de Khankor, vers l'embouchure de la Tchoussovaïa, sur le versant occidental des monts Ourals, puis en 1564 la forteresse de Kerghedan; enfin, cinq ou six ans après, quelques bourgs fortifiés sur la même rivière et sur la Sylva, l'un de ses affluents. Ils peuplèrent ces établissements d'aventuriers et de vagabonds qu'ils attirèrent en offrant au travail des uns des moyens d'existence assurés, et à l'audace des autres une part dans le butin qu'offraient les combats contre les peuplades sibériennes qui venaient attaquer ces possessions.

Les succès des Strogonoff contre l'un des principaux princes qui possédaient la Sibérie,

engagèrent, en 1574, le tzar à leur concéder les terres de l'ennemi et à leur accorder le droit d'exploiter, pendant un temps limité, les mines de fer, d'étain, de plomb et de soufre qu'ils découvriraient. Dès lors les opulents Strogonoff pouvaient légitimement porter le fer et la flamme au-delà des monts Ourals mais ce ne fut que six ans après que Jacques et Grégoire étant morts, leur frère Siméon put accomplir, à l'aide de ses deux neveux, les projets de ses aînés. Une troupe de 5 à 600 Kosaques et de 2 ou 300 Tatars, Lithuaniens et Allemands rachetés de leur captivité chez les Nogaïs, et commandée par cinq Russes exilés sur les rives du Volga, entreprend, sous le seul protectorat des Strogonoff, une expédition en Sibérie. Le courage de cette petite troupe, la témérité de son chef Iermak, l'usage des armes à feu, inconnu des peuplades qu'ils eurent à combattre, et qui étaient nombreuses en comparaison de si faibles forces, servirent à accomplir en peu de temps une conquête qui rappelle celle du Mexique par les Espagnols : la Russie eut dans cette circonstance son Iermak, comme l'Espagne venait d'avoir son Pizarre (¹).

Dès cette époque le théâtre des richesses minérales des tzars s'agrandit, et les investigations qui s'étaient arrêtées jusque là sur les pentes occidentales de la *ceinture de rochers* vont s'étendre graduellement jusqu'aux limites de l'Asie. Sous le règne du tzar Fœdor Ier Ivanovitch, la soumission de la Sibérie fut accomplie; et ce prince s'empressa de publier, en 1585, un édit par lequel il invitait des maîtres mineurs de l'Italie à venir exploiter l'or et l'argent de ses Etats (²).

On ignore si cette invitation eut de plus heureux résultats que celles qui l'avaient précédée, et si les Anglais, à qui on avait accordé l'autorisation de fondre du minerai de fer, en tirèrent de grands avantages; mais c'est au règne du tzar Michel Fœdorovitch qu'il faut faire seulement remonter l'origine de la richesse minérale de la Russie. Ce fut en 1628 que le gouvernement fit construire la première usine de fer à Nitzinsk, arrondissement de Tourinsk, dans le gouvernement de Tobolsk, et en 1631 que la fonte que l'on y obtint fut livrée au commerce. Malheureuse-

---

(¹) *Karamsine* : Histoire de Russie, t. IX, p. 475 (trad. française).

(¹) *Karamsine* : Histoire de Russie, t. IX, p. 489.
— (²) Bibliothèque russe, t. XV, p. 126, édit. de 1790.

ment cet etablissement fut consumé par le feu en 1631, et bien qu'il ait été reconstruit, il fut abandonné peu de temps après (¹). A peu près vers la même époque, on découvrit près des bords de la Yaïne, sur les terres des Strogonoff, la mine de fer de *Chouchgoursk*, que l'on exploitait encore vers l'an 1660, et dont le fer était fondu dans l'usine de Puiscor, qui venait d'être fondée aux environs de Solikamsk. La tradition ne dit pas pourquoi cette mine fut abandonnée (²).

On découvrit ensuite dans le même district, sur le bord de la Kama, la mine de cuivre de Grogoroff, dont l'exploitation fut confiée par le gouvernement à des étrangers, mais qui fut abandonnée par suite du siége de Riga, où l'on envoya tous les mineurs, ainsi que les maîtres et les ouvriers forgerons de Puiscor. En 1722, il n'existait plus que de faibles restes de cette usine; mais deux ans après elle fut remise en activité (³).

L'exploitation des métaux devait faire naître en Russie les différents genres d'industrie par lesquels on les met en œuvre. Mais dans un pays où la civilisation ne faisait que de naître, l'impulsion devait être donnée par le gouvernement : ainsi, en 1639, celui-ci fonda les usines de fer de Toula et de Kachira; et en 1656 celles du district de Maloiaroslavetz furent fondées par le Danois Marcelius et le Hollandais Akemo, que le commerce avait conduits à Moscou. Ce fut dans un de ces établissements que Pierre-le-Grand, en 1722, forgea de ses propres mains 18 pouds (294 kil. 70 c.) de fer. Les 18 altines (monnaie d'argent de 3 copeks) que le maître de forge lui paya pour son travail furent employées par ce prince à acheter une paire de souliers (⁴). Dans ces manufactures on fabriquait du fer en barre, de la tôle, des canons, des lames de sabre, des ancres de navires et différents ustensiles d'un usage habituel.

On ignore l'époque précise de l'ouverture des mines d'Olonetz; on sait seulement que sous le règne d'Alexis Mikhaïlovitch elles fu-

(¹) Ermann : Histoire des mines, t. I, p. 3.—(²) *Idem*, ib., t. I, p. 3 et 4. — (³) Documents concernant la nouvelle organisation et la direction des mines, 1re partie, p. 6 et 7. — Ermann : Histoire des mines, p. 4. — (⁴) Voyez les *Documents concernant la nouvelle organisation*, etc., t. I, p. 7 ; l'Histoire des mines, par Ermann, p. 4 ; et le Cabinet de Pierre-le-Grand, section I, p. 48 à 50 (édition de 1800).

rent concédées au Danois Rosenbuch, sous la condition qu'il fournirait par an un certain nombre de canons, de mortiers, de boulets et de grenades en fonte. C'était à 133 verstes (83 lieues) d'Olonetz, dans les usines de Petrovsky, que l'on faisait fondre le minerai (¹).

Pendant les années 1671, 1672 et 1676, le gouvernement expédia des mineurs allemands pour aller à la découverte des gisements d'argent dans les monts Ourals; mais les deux seuls qui eurent quelque succès dans leurs recherches ne rapportèrent à Moscou que des morceaux de minerai de fer, de cuivre, et encore donnèrent-ils peu d'espoir de réussite dans l'exploitation de ces métaux, attendu les difficultés qu'offrait l'état sauvage de ces contrées. Ces rapports refroidirent le zèle que le gouvernement avait mis jusque là dans ses explorations; ce ne fut que sous Pierre Ier qu'il se renouvela. Ce grand homme avait deviné tout le parti qu'un jour on pourrait tirer des richesses métalliques que devaient receler les montagnes de la Sibérie; il comprit donc la nécessité de diriger l'industrie des Russes vers les trésors que renferme la terre et vers leur utile emploi (²).

En 1699, ce prince charge la chancellerie des affaires étrangères d'inviter des mineurs à venir utiliser leurs talents en Russie; l'année suivante, il établit à Moscou une administration spéciale sous le titre de *chancellerie des mines*, et publia la première ordonnance qui ait été rendue sur cet objet, par laquelle il autorise tous les Russes et tous les étrangers à se livrer à la recherche des métaux. En 1719, cette chancellerie fut remplacée par un collége des mines établi à Saint-Pétersbourg, pour diriger ces recherches et organiser une sorte de corps de mineurs. A cette occasion parut un manifeste, stipulant les droits et les prérogatives des mineurs et des personnes qui découvriraient des mines. Ces mesures sages et prévoyantes eurent pour résultat d'attirer des étrangers, entre autres quelques Grecs, mais principalement des Allemands, dans les différentes parties de l'empire, où ils se livrèrent à des recherches minérales et établirent des usines; les Russes profitèrent de leurs leçons, et cette branche importante de

(¹) Ermann : Histoire des mines de Russie, t. I, p. 9.— (²) *Idem*, Précis historique sur l'exploitation des mines en Russie, t. I, p. 7.

la richesse nationale se trouva établie sur une base solide.

Ivane Vassiliévitch s'était servi d'une riche famille de négociants pour peupler et civiliser les parties orientales de l'empire; Pierre, pour réaliser son projet de multiplier les usines et les exploitations dans la chaîne de l'Oural et en Sibérie, jeta les yeux sur deux hommes capables de comprendre ses desseins : l'un était le général-major d'artillerie de Henning, et l'autre un maître de forge de Toula, Nikita Demidoff, à qui avait été confiée la manufacture d'armes de cette ville, et qui, par les services qu'il rendit à l'Etat, mérita des lettres de noblesse et devint le chef d'une des familles les plus opulentes de l'empire.

Le gouvernement avait fait construire à Verknii-Neviansk, sur la Néva, une usine de fer qu'il vendit en 1702 à Nikita Demidoff, et qui est aujourd'hui la plus ancienne de toutes celles qui existent en Russie, et dans laquelle on met annuellement en œuvre plus de 2 millions de kilogrammes de fer en barres.

L'impulsion donnée par Pierre-le-Grand était telle que vers l'an 1700 on comptait déjà 121 localités différentes où l'on avait trouvé des mines plus ou moins riches en fer et en cuivre. Dans la chaîne de l'Oural, la montagne d'aimant, appelée Magnitnaya, venait d'être signalée comme le plus riche dépôt de fer connu; dans le gouvernement d'Irkoutsk, la mine d'argent de Nertchinsk, qui avait été découverte en 1691 par des mineurs grecs, n'avait encore fourni, en 1704, qu'environ une livre de métal [1]; mais en 1719 on comptait déjà dans tout l'empire *une* usine d'argent, *cinq* de cuivre et *vingt-six* de fer. Dans le seul gouvernement de Kazan, il y avait 36 hauts-fourneaux, et 39 dans celui de Moscou [2]; le seul Nikita Demidoff construisit, pendant le règne de Pierre Ier, dix usines. D'un autre côté, Henning, envoyé par l'empereur en Allemagne, en Angleterre, en Hollande et en France, pour y perfectionner ses connaissances sur les machines en usage dans les mines et dans les usines, et pour engager dans ces différents pays des maîtres et des ouvriers habiles, établit à son retour, à Olonetz, des usines où l'on fabriqua de l'acier, de la tôle, des ancres, du fil d'archal, des clous, au moyen de martinets et d'autres machines mues par l'eau, et porta la fonte des canons à un tel degré de perfection que, soumis à la plus forte épreuve, il n'en crevait que 3 sur 1,000. Envoyé en Sibérie en 1722, muni de pleins pouvoirs, il termina la construction de plusieurs usines, fonda la ville d'Iekaterinebourg, y établit des hauts-fourneaux, des martinets, des tréfileries et des machines pour couper le fer, donna plus d'extension à l'usine de cuivre de Polevskoï, en construisit pour fondre le fer à Verkn-Isetsky, à Lailinsky et à Yagachikinskoï, acheva celles d'Outkouski et de Verkn-Ouctousk, mit en meilleur état celle d'Alapaïefsky, et perfectionna celle de Koumensky. Les succès de Henning furent tels que dans l'espace de six années toutes les dépenses qu'il avait faites se trouvèrent remboursées par les métaux que l'on avait extraits des mines. En 1726 et 1727, il livra par an 9 à 10,000 pouds de cuivre, et 140 à 150,000 pouds de fer en barres, outre une grande quantité de fer-blanc, d'acier, de fil d'archal et d'ustensiles de cuivre. Animé d'un esprit philanthropique, il fonda à Iekaterinebourg une école pour les enfants des maîtres de forge et des employés subalternes. Il publia aussi pour les établissements de mines un règlement qui eut longtemps force de loi [1].

La belle fonderie de cuivre de Kolyvan-Voscressenskoï fut établie, en 1726, par Nikita Demidoff; en 1727, Henning construisit l'usine de Sinaïtchikine, qui fut l'origine de deux bourgs, celui de Verknéi-Sinaïtchinsk et de Nijneï-Sinaïtchinsk. Dans le premier on livre annuellement au commerce 140,000 pouds de fer brut, et plus de 30,000 de fer en barres; dans le second on fabrique environ 62,000 pouds de fer en barres. En 1732, il établit l'usine de Sicerte [2]. Ce fut vers le même temps que l'on découvrit dans les montagnes de Kolyvan un filon d'argent qui fournit, depuis 1752 jusqu'en 1786, plus de 1,700,000 kilogrammes de métal pur. Ces mines appartiennent aujourd'hui au cabinet de l'empereur.

En 1734, M. de Henning fut remplacé dans la direction des mines impériales et particu-

---

[1] Voyez l'État impérial confirmé et les autres renseignements sur la nouvelle organisation de la direction des mines, 1re partie, p. 8. — [2] *Ermann*: Histoire des mines, etc., t. I, p. 19.

[1] *Ermann*: Histoire des mines, t. I, p. 8, 43, 45, 46. — [2] *Idem*, t. I, p. 86.

lières de la Sibérie par le conseiller d'Etat Tatichtchef.

Nous voici arrivés au règne d'Anne Ivanovna, et nous voyons que le génie de Pierre Ier avait su deviner toute l'importance de la richesse minérale de l'empire et particulièrement de la Sibérie, et que ses encouragements n'avaient point eu seulement en vue l'intérêt du gouvernement, puisque les particuliers en avaient tiré aussi des avantages immenses. Depuis cette époque jusque dans ces dernières années, l'accroissement de la production minérale a continué sa marche rapide.

En 1739, on découvrit la première mine d'or en Sibérie [1]; les environs d'Iekaterinebourg présentèrent successivement des découvertes semblables; mais ce ne fut qu'en 1754 que l'exploitation en fut régularisée [2]. L'argent exploité en 1752 dans les montagnes de Kolyvan fut assez abondant pour que l'on pût en fabriquer le riche cercueil érigé par la piété de l'impératrice Elisabeth Petrovna au saint prince Alexandre Nevsky, le patron de l'empire.

Par une ordonnance de Catherine II, le collége des mines fut aboli, et leur exploitation fut attribuée à la trésorerie impériale; mais on reconnut bientôt, par expérience, que ce changement était désavantageux aux produits des mines, comme aux usines qu'elles alimentaient [3]; ainsi, dans celles d'Olonetz, de l'Oural et de Kolyvan, la fonte du fer diminua de quantité et de valeur, et celle de l'argent de 1,000 pouds tomba à 400. En vain la recherche de l'or avait-elle présenté des résultats satisfaisants: puisque des 16 livres russes (6 kil. 55 gr.) que l'on avait d'abord recueillies dans une année, on était parvenu jusqu'en 1797 à obtenir, à force de recherches, 8, 9 et 10 pouds (131, 147 et 163 kil.) de ce métal. Il est vrai que, pour relever les établissements d'Olonetz, on fit venir d'Angleterre, en 1786, un habile industriel, nommé Gascoyn, qui, à l'aide de mécaniciens et de fondeurs qu'il avait amenés, apporta de grands changements dans la fabrication: il améliora la qualité de la fonte du fer: il introduisit de nouvelles machines et de nouveaux procédés pour fondre et perfectionner les canons et pour remplacer le fer forgé et le cuivre, dans la confection de différents ustensiles d'un usage général, par le fer de fonte auquel il donna une beauté et une solidité particulières. Depuis ce temps, les objets fabriqués à Olonetz acquirent une réputation méritée: aussi l'emploi du fer de fonte augmenta-t-il considérablement, et augmente-t-il encore.

Cependant les mines de l'Oural étaient restées dans un état désavantageux; mais peu de temps après l'avénement de Paul Ier au trône, un oukase rétablit le collége des mines et encouragea la recherche des métaux: il en résulta que depuis 1797 jusqu'en 1800 on vit presque doubler le produit des mines d'or d'Iekaterinebourg et de Bérésof.

Les bâtiments de toutes les usines de la couronne dans les monts Ourals étaient fort délabrés: ils furent en partie réparés et en partie reconstruits. La fonte des canons de fer de la fonderie de Kamensky était devenue tellement vicieuse, que, sur 100, à peine si 10 seulement soutenaient l'épreuve; on mit ces fonderies sur le même pied que celles d'Olonetz, et on parvint en peu de temps à les perfectionner au point que, sur 100, il y en eut 90 de bons, et par la suite davantage encore. La fonderie de Lougansky, que Catherine II s'était proposé de faire établir dans le gouvernement d'Iekaterinoslaf, parce qu'on y avait découvert du charbon de terre, et que les mines de fer y abondaient, fut commencée et terminée sous Paul Ier.

Le règne d'Alexandre Ier, surnommé le Béni, fait époque dans l'histoire des mines de la Russie par les grandes améliorations introduites dans leur administration en 1806, par les perfectionnements apportés dans la fabrication des armes à feu à Igevsky, et des armes blanches à Zlatooust, par la fondation de la manufacture d'Ijorsk, destinée aux armements de la marine, et enfin par la découverte de sables aurifères sur une vaste étendue de terrain.

Le hasard, à qui l'on doit toutes les découvertes, est aussi l'auteur de celle-ci. Un ouvrier qui travaillait à rétablir une digue rom-

---

[1] Chronologie des événements mémorables, dans les almanachs publiés par l'Académie impér. des sciences. — [2] *Ermann* : Description des fabriques établies sous la direction des mines d'Iekaterinebourg. — 1808. — [3] Rapport du ministre des finances, confirmé par l'empereur le 21 septembre 1804, contenant les premiers traités et les premières bases de l'état des mines, de leur organisation et de leur direction, p. 192.

pue, près des usines de Verkn-Isetsky, dans le district d'Iekaterinebourg, trouva des paillettes d'or dans la vase que l'eau y avait déposée, et en fit son rapport à l'intendant. Aussitôt les recherches commencèrent chez tous les propriétaires des environs, et furent couronnées d'un succès plus ou moins complet. Dans le conseil d'État, des hommes éclairés sentirent que c'était le moment de favoriser l'extraction de cette importante richesse. Un oukase publié en 1812 permit aux propriétaires de mines d'exploiter l'or pour leur compte, en les obligeant à payer un droit de 15 pour 100 en nature à la couronne, si elle leur fournissait des secours, de 10 pour 100 si elle ne leur en fournissait pas, et de livrer le reste de leur or à la Monnaie de Saint-Pétersbourg, qui devait leur en remettre la valeur en or monnayé, sauf les frais de fabrication. Ce décret eut les résultats qu'on en attendait : tous les propriétaires s'adonnèrent à l'envi à cette nouvelle branche d'exploitation ; le fer, qui formait la principale richesse métallique de la Sibérie, devint un objet secondaire ; des ateliers qui jusqu'alors avaient été remplis de noirs forgerons, et qui avaient retenti sous les coups du marteau, furent transformés en lavoirs où des femmes, des enfants et des vieillards s'occupèrent du travail simple et facile de séparer le précieux métal du sable auquel il est mêlé. Cette opération très simple consiste à placer ce sable sur des gradins échelonnés, et à y faire passer un cours d'eau qui, en tombant en cascade de degré en degré, entraîne la terre et le sable, en ne laissant que les paillettes et les pépites d'or natif. Ces pépites pèsent ordinairement, en poids russes, 5, 6, 7 onces, une livre, et quelquefois 16 à 18 livres.

Néanmoins le lavage, qui d'abord fit interrompre l'exploitation et la fabrication du fer, ne le fit point négliger ; mais on sentit qu'il était beaucoup moins dispendieux et beaucoup plus lucratif que l'extraction et le traitement du minerai d'or que l'on arrachait péniblement des entrailles de la terre, et qu'il fallait broyer ensuite à force de pilons avec sa gangue de quartz : aussi, depuis qu'il est si facile d'obtenir l'or d'alluvion, a-t-on abandonné la recherche des veines et des filons métalliques. Le gouvernement en donna même l'exemple en laissant inonder les mines souterraines qu'il faisait exploiter depuis longtemps dans les environs d'Iekaterinebourg, pour ne faire exploiter que l'or de lavage.

L'exploitation des mines d'or de Bérésof commençait à diminuer de quantité et à coûter plus cher, en raison de la profondeur et de la pauvreté des veines, lorsque les premiers lavages commencèrent en 1813 près des usines de Verkn-Isetsky, sur les terres de M. Iacovleff, officier en retraite de la garde impériale ; en 1824, ils produisirent 40 pouds 14 livres (660 kil. 60). En 1822, ils commencèrent chez la comtesse Strogonoff, près de l'usine de Bilimbaeff, et en 1823, à Nijni-Taghilsk, chez le conseiller intime Demidoff, où l'on recueille annuellement environ 660 kilogrammes d'or. En 1824, le gouvernement étendit l'opération du lavage aux environs de ses établissements de Goro-Blagodat, de Zlatooust, de Bogosloff, et près des mines de Tsarevo-Alexandroff, et l'on trouva même dans un endroit fort riche où l'empereur Alexandre avait lui-même bêché dans le sable, une pépite du poids de 17 livres russes (environ 7 kilogrammes).

Ce fut en 1822 que l'osmium, l'iridium et le platine furent découverts, d'abord au milieu des lavages d'or des particuliers, et plus tard aussi dans ceux de la couronne ; jusqu'alors ces métaux n'avaient pas même été soupçonnés exister en Sibérie. En 1825, les membres de la commission nommée par le ministre des finances pour inspecter les mines d'or de l'Oural, firent faire des recherches dans les Kamneï Yolme pour vérifier jusqu'à quel point était fondée l'opinion du sénateur Soïmonoff, que, d'après les observations qu'il y avait faites en 1797, il devait se trouver dans ces régions lointaines des sables aurifères, observations auxquelles par ignorance on n'avait fait d'abord aucune attention, et qui se trouvèrent justifiées au-delà de toute espérance, puisqu'on y signala des sables semblables dans 40 localités différentes.

Vers la même époque, on découvrit sur les terrains qui dépendent de l'usine de Bissersk, non loin de la rivière de ce nom, affluent de la Kama, et qui coule sur le versant occidental des monts Ourals, d'autres dépôts d'alluvions aurifères. Nous ne prétendons pas citer toutes les découvertes semblables ; mais celle-ci fut de la part d'un savant distingué le sujet d'une observation qui ne resta pas sans résultat. M. A. de Humboldt, en 1829, examinant, chez le comte Polier, à Saint-Pétersbourg, les échantillons de sables aurifères que l'on exploite sur les terres de celui-ci près de la mine d'Adolph, dans les environs de Bissersk, trouva une si grande analogie entre ces sables et ceux qui au Brésil renferment des diamants, qu'il conseilla de faire chercher avec beaucoup de soins dans les résidus des lavages, pour s'assurer s'il ne s'en trouverait pas. Le comte Polier s'étant rendu dans les monts Ourals, suivit les conseils de M. de Humboldt, et l'on trouva, au milieu d'une grande quantité de cristaux, de quartz, de sulfure de fer, de différentes substances et de fragments de roches, le premier diamant qui ait été découvert dans l'Oural. Dans le courant de la même année on en trouva trois autres, dont un d'une grosseur considérable. Au printemps de l'année suivante, des enfants furent employés à laver de nouveau les sables, ce qui fit découvrir trois nouveaux diamants, dont l'un du poids d'un demi-carat, et les deux autres d'un quart de carat; plus tard on en trouva quatre jouissant d'un éclat assez vif et sous la forme de cristaux à 42 faces triangulaires, mais d'un poids plus faible que les deux précédents. Les frais qu'avait nécessités l'opération de laver une seconde fois les sables dont on avait extrait l'or surpassant la valeur des diamants trouvés, on se contenta par la suite de chercher avec soin pendant l'opération du lavage de l'or, et l'on obtint encore des sables de la mine d'Adolph 37 diamants, dont le dernier fut trouvé en juillet 1833: ce qui portait le nombre total de tous les diamants découverts dans cette localité à 48, la plupart cristallisés à 12 ou à 42 faces. Ils ont tous été destinés par la comtesse Polier à décorer les images de sa chapelle. En 1831, on a trouvé aussi plusieurs petits diamants à 3 ou 4 lieues d'Iekaterinebourg, dans les sables aurifères de la principale chaîne de l'Oural. Bien que ces pierres ne soient pas d'une valeur considérable, leur découverte n'en est pas moins fort intéressante sous le point de vue géologique, par la ressemblance qu'offrent les dépôts aurifères des monts Ourals avec ceux qui couvrent des espaces immenses au Brésil.

Les dépôts de transport des environs de Bissersk ne sont pas très riches en or: ils ne contiennent qu'un tiers à un demi-zolotnik ([1]) par 100 pouds (1,637 kil. 20 gr.) de sable. Ils contiennent aussi une petite quantité de platine. Mais la partie la plus riche en or est celle qui contient des diamants. Elle a 380 toises de longueur. Elle se compose de plusieurs couches: la première est formée de sable d'un rouge foncé, ayant environ 17 centimètres d'épaisseur; c'est dans cette couche que se trouvent l'or, le platine et les diamants; elle repose sur une autre couche de sable calcarifère noir, qui paraît devoir son origine à la décomposition d'une roche connue sous le nom de dolomie, dont on voit des débris dans la couche supérieure ([2]).

Le dépôt de sables aurifères qui fut reconnu en 1831 sur les terres de la couronne, situées à une dizaine de lieues de la ville de Verkhotourié, et à 20 des usines de Bohosloff, présente quelques particularités remarquables sous le double point de vue géologique et minéralogique. Un vaste marais, de 4 à 5 lieues de longueur sur 3 de largeur, occupe un bassin entre des montagnes de diorites et de roches calcaires qui appartiennent à une branche de l'Oural, dirigée du nord-ouest au sud-est. Son sol, qui a été sondé jusqu'à environ trois mètres de profondeur, se compose de débris de diverses roches des montagnes voisines, de bois renversés et d'ossements d'animaux dont les espèces vivent encore dans la contrée, et principalement d'ours d'une très grande taille; le tout est recouvert d'un gazon mouvant. Il est aisé de reconnaître que ce marais est le point le plus élevé du district de Bohosloff, puisque plusieurs rivières qui coulent dans toutes les directions y ont leurs sources. C'est dans le lit de la Traviànka que se trouve le dépôt de sables aurifères. Il se compose de trois couches: la supérieure, formée de tourbe, a 20 à 90 cent. d'épaisseur; elle contient fort peu d'or, et n'en offre qu'au point de contact avec la couche inférieure, composée de sable argileux et épaisse de 1m,25. Cette couche est dépourvue d'or à sa superficie, et elle est moins riche à sa partie moyenne qu'à l'infé-

([1]) Le zolotnik est de 0,42 grammes. — ([2]) Communication faite, le 2 décembre 1833, à la Société géologique de France, par M. Teploff, ingénieur des mines russe, sur le gisement des diamants de l'Oural, de la part de M. le comte de Cancrine, ministre des finances de Russie, en réponse aux renseignements demandés de la part de la Société, par l'entremise de M. le baron de Meyendorff.

r eure, où les grains d'or sont aussi plus gros. La couche inférieure se compose de sable argileux, d'un brun jaunâtre et rougeâtre, et épaisse d'environ 20 centimètres à 1 mètre : elle est aurifère dans toute son étendue, et contient depuis 2 zolotnik jusqu'à 4 livres d'or par 100 pouds de sable. Le plateau aurifère dont il s'agit a environ 233 mètres de longueur sur 26 de largeur; son épaisseur moyenne est d'environ 89 centimètres ; conséquemment, en calculant sa masse cubique et la proportion d'or qu'elle renferme, on voit qu'elle doit contenir environ 2,130 kil. de métal. Il y est en grains massifs d'une couleur foncée, dont les plus gros se trouvent dans la couche inférieure, et les plus petits, ainsi que les paillettes, dans celle du milieu [1].

En 1830 et 1831, douze expéditions de mineurs ont été employées par ordre du gouvernement à examiner les monts Salaïr près du Petit-Altaï, pour les sables aurifères, et les montagnes de Kholzoun pour les mines d'argent. Quarante tables de lavage furent établies sur les bords de la Tomicha, près du village de *Novo-Louchnikova*. Ces recherches ont démontré que dans les monts Salaïr les dépôts aurifères couvrent un espace de plus de 10 lieues; d'autres ont été signalés à 25 lieues au nord-ouest des premières. Dans ceux du Petit-Altaï, l'or est en grains assez gros : d'après les essais qui en ont été faits, ces grains contiennent 87 à 89 parties d'or sur 5 à 8 d'argent [2].

Depuis cette époque de nouvelles recherches ont été faites dans les différentes chaînes de montagnes de la Sibérie, et ont eu presque partout d'heureux résultats. Tout le versant oriental des seuls monts Ourals offre, sur une longueur de 150 lieues et une largeur de 5 à 7, ces précieux dépôts d'alluvions; il suffit de lever le gazon pour trouver à peu de profondeur au-dessous du sol, de l'argile ou du sable contenant de l'or; il est vrai qu'il n'est pas partout assez abondant pour valoir la peine d'être exploité.

Quand la localité paraît être riche en or, on y envoie des ouvriers sous la conduite d'un employé et de plusieurs inspecteurs [3]; lorsque les apparences ne promettent pas une récolte durable, on se borne à construire une *iourte*, espèce de cabane pour les employés; qui y passent souvent plusieurs semaines comme dans un camp, et l'on établit dans le voisinage, avec des planches dont on s'est approvisionné, le lavoir qui quelquefois n'est pas couvert. On fouille le dépôt, en ayant soin d'épuiser avec des pompes l'eau qui se présente, afin de parvenir plus facilement à la partie inférieure, toujours la plus riche. L'opération du lavage consiste à jeter d'abord le sable et le gravier sur un crible, formé d'une plaque de fonte percée de trous; on y fait passer un courant d'eau, et l'on agite les substances avec des pelles. Les plus gros cailloux restent dans le crible, et alors on cherche avec soin s'il ne s'y trouve pas de gros grains d'or. L'eau qui découle des cribles tombe sur le plancher du lavoir qui est uni, large de 3 à 4 pieds et long de 9 à 10; on y fait couler l'eau lentement, qui dépose d'abord les parties lourdes, puis les plus légères; souvent on place des planches en travers pour former plusieurs degrés, afin que le courant soit interrompu de temps en temps. Pendant cette opération, la masse reste intacte, et le plancher incliné n'est pas remué, afin que les particules lourdes contenant de l'or ne soient pas entraînées avec l'eau qui s'échappe. Après ce premier lavage, la masse doit en subir un second, pour que l'on puisse recueillir les plus petites paillettes d'or. Cette dernière opération se fait au moyen de petits planchers, sur lesquels un seul ouvrier fait couler une moindre quantité d'eau, ce qui exige une adresse particulière. Ainsi il laisse les petits cailloux et le gravier fin suivre le cours de l'eau, mais il ramène avec une brosse les parties pesantes qui ne consistent plus qu'en fer magnétique et en poudre d'or, que l'on sépare aisément. On recueille le précieux métal, et on le renferme dans une boîte de fer, que l'on ferme en y mettant l'empreinte d'un cachet.

Ce moyen assez grossier a été remplacé récemment, dans plusieurs localités, par une et usines du gouvernement forment une classe à part, et sont recrutés comme pour le service militaire. Quant à ceux qui sont attachés aux établissements des particuliers, ils composent aussi une classe distincte et libre, dont les individus se succèdent de père en fils. J. H.

---

[1] Journal de Saint-Pétersbourg, 5 (17 avril) 1832. — [2] *Gornoï journal*, 1831. — [3] Il est constant aujourd'hui que les ouvriers employés dans les mines

machine de l'invention de M. d'Achté : les cribles y sont remplacés par un gros cylindre en fer-blanc percé de trous, dans lequel on verse le gravier contenant de l'or, et qui tourne au moyen d'une roue mise en mouvement par une chute d'eau. L'eau nécessaire pour le lavage arrive dans l'intérieur du cylindre par une ouverture latérale. La terre lavée tombe également sur un plancher, mais les mains des ouvriers sont remplacées par des grattoirs en fer qui sont mus par la même roue hydraulique, et qui remuent fortement le sable arrosé constamment par un nouveau courant d'eau jusqu'à ce que toutes les parties légères soient entraînées et que les parcelles d'or se montrent (¹).

Le nombre d'ouvriers employés dans les mines de la Sibérie s'élève à 120,000. Ce ne sont pas des esclaves, ainsi qu'on l'a répété par erreur; ce sont des individus formant une classe particulière d'habitants à la solde du gouvernement et des propriétaires. Chaque ouvrier a une tâche à remplir moyennant un salaire qui, à la vérité, est fixé par le propriétaire; mais la loi exige et le gouvernement a soin que ce salaire suffise, non seulement pour nourrir l'ouvrier, mais toute sa famille, et que la tâche qu'il a à remplir soit proportionnée à ses forces, à son âge, et même au temps qu'il peut employer sans détruire sa santé. Il est vrai aussi que l'ouvrier ne peut changer de propriétaire, ni quitter son pays natal; mais aussi le propriétaire n'a pas le droit d'employer les ouvriers mineurs à autre chose qu'aux travaux des mines. Il y a cependant chez quelques propriétaires des ouvriers à d'autres conditions : ce sont ceux-là seulement que l'on pourrait, sous certains rapports, regarder comme des esclaves. Ils travaillent pour le propriétaire sans être payés, mais ils ne lui consacrent que trois jours de la semaine, et les quatre autres ils travaillent pour eux. Chez chaque propriétaire de mines il y a un ingénieur du gouvernement : il est en quelque sorte le médiateur entre le propriétaire et les ouvriers, et en même temps il est chargé de maintenir l'ordre et la police.

Les ouvriers employés aux mines du gouvernement sont à peu près sur le même pied; ils sont payés soit à la journée, soit à la tâche, soit à l'année. Il n'y a peut-être pas un criminel ou condamné sur 1,000 qui soit employé aux mines, parce que chaque partie du travail des mines exige une assez grande habitude ou un apprentissage plus ou moins long.

Pour mettre à portée de juger d'une manière plus précise la condition des ouvriers mineurs, nous prendrons pour exemple ceux des possessions de MM. Demidoff, que l'on peut placer au premier rang parmi les plus riches propriétaires des mines dans les monts Ourals. Ces mines, qui portent le nom d'un lieu appelé Nijni-Taghilsk, sont situées sur les deux versants des monts Ourals, et par conséquent en partie en Europe, et en partie en Asie. Il y a une dizaine de forges avec environ 16,000 hommes, autant de femmes, et un plus grand nombre d'enfants : 10,000 hommes sont employés journellement aux travaux des mines, excepté les jours de fête; un grand nombre d'autres, ainsi que des femmes et des enfants, sont occupés au lavage de l'or. La loi porte que ces ouvriers ne peuvent être employés aux travaux que 200 à 220 jours par an; mais les plus laborieux travaillent environ 360 jours, c'est-à-dire 140 jours de leur propre gré, soit chez eux, soit dans les forêts, à couper du bois et à d'autres occupations pour lesquelles ils reçoivent un salaire qui va jusqu'au double de celui qu'ils gagnent pour leurs travaux habituels.

On dépense annuellement chez MM. Demidoff environ 2,500,000 roubles (3,000,000 de francs) pour le salaire des ouvriers, ce qui ne fait qu'à peu près 78 roubles (93 fr. 60 c.) par adulte des deux sexes, ou 187 fr. 20 c. par ménage; mais on doit prendre en considération le bon marché des denrées, la sobriété des habitants et les avantages dont ils jouissent. Chaque famille a sa maison, un potager assez grand pour lui fournir tous les légumes qu'elle consomme, un pré qui suffit à la nourriture de ses bestiaux, et du bois qui ne lui coûte que la peine de le couper et de le transporter. Survient-il un incendie, ou la maison a-t-elle besoin de réparations, chacun peut prendre dans les forêts de ces vastes domaines autant de bois qu'il lui en faut pour la reconstruire ou la réparer. Souvent même les propriétaires, pour jouir plus promptement du travail de l'ouvrier, lui font donner une

(¹) *S. Petersburgische-Zeitung* : Janvier 1831. — Fragments d'un voyage dans l'Oural en 1830.

somme d'argent ou la font rebâtir à leurs frais. L'ouvrier a donc pour rien l'habitation, une partie de sa nourriture, celle de ses animaux et le chauffage. Il ne lui reste qu'à se procurer le pain et les vêtements; mais le pain ne coûte qu'environ 1 centime ½ à 2 centimes la livre; le pays abonde en poissons et en gibier; les moutons lui fournissent leur épaisse toison, et le lin que l'on cultive est tissé par les femmes et les enfants, non seulement pour l'usage de toute la famille, mais encore pour fournir au commerce une assez bonne toile; branche d'industrie à laquelle se joignent les fourrures d'ours, de renard et de petit-gris que l'ouvrier tue à la chasse, et divers objets en tôle vernie et peinte qu'il fabrique dans ses moments de loisirs, et dont le pays exporte durant certaines années pour la valeur de plus de 300,000 roubles (360,000 francs) à la foire de Nijni-Novgorod. Tout bien considéré, le sort de ces ouvriers n'est-il pas préférable à celui de la même classe d'habitants dans la plupart des pays les plus civilisés de l'Europe [1]?

Des ossements de grands animaux fossiles, tels que des éléphants, des rhinocéros, des bœufs et des cerfs se trouvent souvent mêlés dans les dépôts de transports aurifères sur les flancs des monts Ourals; ce qui indique, ainsi que l'a fait observer M. de Humboldt, que ces montagnes ont été soulevées à une époque géologique très récente.

Ces restes organiques sont surtout très nombreux dans les plaines septentrionales de la Sibérie, et principalement dans le lit et vers l'embouchure des rivières. L'éléphant fossile de ces régions a reçu le nom de *mammouth*; mais ce nom paraît devoir son origine à une faute d'écriture ou de lecture du mot *mammont*, qui est le nom que lui donnèrent les plus anciens savants qui en ont parlé, et entre autres Ludolf [1]. Ses dépouilles nombreuses ont, dit-on, fait naître chez les Tatars, et même chez les Chinois, l'opinion que cet animal vit dans la terre et meurt dès qu'il voit la lumière : aussi son nom paraît-il être dérivé du mot tatar *mamma*, qui signifie *terre*. Quelque singulière que soit cette sorte de tradition qui s'est conservée chez ces peuples, elle ne l'est pas plus que l'idée qui s'est présentée à l'esprit de quelques savants qui, pour expliquer la présence de ces débris sur le sol glacé de la Sibérie, ont prétendu que c'étaient des restes d'éléphants égarés ou conduits par quelques conquérants de l'Asie jusque par delà les monts Altaï. Mais la découverte faite par le voyageur Pallas, en 1771, sur les bords du Viliouï, d'un rhinocéros avec sa chair,

---

[1] M. *N. Demidoff*, conseiller privé de l'empereur de Russie, avait hérité de son père d'environ 11,550 paysans mâles dans ses vastes domaines sur les frontières de la Russie d'Europe et de la Sibérie; c'est aux soins qu'il prit d'améliorer leur sort, en distribuant de l'argent à ceux qui voulaient construire des habitations, en leur accordant des secours pendant les années de sécheresse et de famine, en les rachetant du recrutement pendant près de vingt années, et en encourageant chez eux, par des récompenses, la culture de la pomme de terre, qu'il est parvenu à accroître cette population laborieuse. Un grand nombre d'enfants furent élevés par ses soins dans les écoles de Moscou, de Saint-Pétersbourg et même de Paris. De retour dans leur patrie, quelques uns ont pu s'y rendre utiles dans divers genres d'industrie ou dans différentes branches de sciences, comme médecins, chirurgiens, pharmaciens, ingénieurs des mines; tous ont porté sur ce sol ingrat quelques uns des bienfaits de la civilisation.

Nous devions cet hommage de la vérité à un riche seigneur, dont les grandes conceptions ont hâté le moment qui doit faire de la Sibérie une des plus importantes parties de l'empire russe, et dont la mort, arrivée en 1828, a jeté dans le deuil toute une population dont il était le père, mais qui s'est consolée en songeant qu'il laissait deux dignes héritiers de ses vertus.

Aussi cette population a-t-elle continué de prospérer et de s'accroître; aussi les produits du travail vont-ils toujours en augmentant.

De 1829 à 1830, l'exploitation des métaux dans les domaines de Nijni-Taghilsk a donné les résultats suivants :

	pouds.		kilogram.
Or......	40 à 50	—	655 à 819
Platine.	80 à 100	—	1,310 à 1,637
Cuivre.	60,000 à 80,000	—	982,320 à 1,309,760
Fer......	300,000 à 400,000	—	4,911,600 à 6,548,800

En déduisant 15 pour 100 en métal que les propriétaires paient à la couronne sur l'or, le platine et le cuivre, ainsi que 18 à 20 copeks par poud de fer forgé, on voit que les mines de Nijni-Taghilsk produisent annuellement :

En or......	680 kil.	»	val.	2,108,000 fr.
En platine.	1,360	»		1,074,400
En cuivre..	1,113,300	»		2,217,600
En fer......	6,548,000	»		6,600,000
	Total de la valeur...			12,000,000 »

A déduire pour le salaire des ouvriers. 3,000,000

Total du produit net... 9,000,000

[1] *H. W. Ludolfi*, Grammatica russica, una cum brevi vocabulario rerum naturalium.—Oxonii, 1696.

sa peau et son poil, et celle que fit en 1800 le voyageur anglais Adams sur les bords de l'Alascia, près de l'océan Glacial, d'un cadavre de mammont ou mammouth enseveli sous la glace et conservé dans un état aussi intact que le rhinocéros de Pallas, ont renversé ces hypothèses, et donné une idée exacte de la forme de ces animaux et des points par lesquels ils diffèrent des autres éléphants et rhinocéros.

Le mammont est une espèce d'éléphant, mais différente des espèces vivantes; il se rapproche plutôt de l'éléphant des Indes que de celui d'Afrique[1]. Il en diffère par les formes, généralement plus trapues, quoiqu'il soit un peu plus grand; ses défenses étaient très longues, plus ou moins arquées en spirale et dirigées en dehors[2]. Sa taille était d'environ 15 pieds de hauteur. Né pour les climats tempérés ou froids, il avait la peau couverte de longs poils; une longue crinière garnissait son cou. Ses défenses atteignaient quelquefois environ 12 pieds de longueur; leur ivoire égale en blancheur et en finesse celui de l'éléphant d'Afrique, mais il le surpasse en pesanteur et en dureté.

Le rhinocéros trouvé fossile en Sibérie est aussi une espèce particulière qui surpassait en grandeur le rhinocéros d'Afrique. Sa tête était plus allongée, et son nez portait deux cornes. Le poil abondant dont il était couvert annonce qu'il pouvait, comme le mammont, vivre dans les régions les plus froides, bien qu'on trouve aussi de ses dépouilles dans les régions tempérées, telles que l'Allemagne, l'Angleterre et la France.

Un autre animal qui habitait jadis la Sibérie, mais dont les restes y sont rares, est celui que l'on a appelé *elasmotherium*[3]. Il ne se rapporte à aucun genre vivant. Suivant le savant G. Cuvier, il devait se nourrir de graminées, et tenir à la fois de l'éléphant, du cheval et du rhinocéros, dont il avait à peu près la taille.

Dans les monts Altaï, sur les bords du Tcharich, on a signalé depuis peu l'existence de cavernes contenant un dépôt de transport rempli d'ossements fossiles. Ces cavernes ne sont pas aussi étendues que celles que l'on connaît en Allemagne, en France et en Angleterre. La plus proche de la mine de Tchaghir se trouve sur la rive droite du Tcharich, vis-à-vis la petite ville de ce nom: elle a deux entrées latérales, l'une à 20 toises au-dessus du niveau de la rivière, et l'autre un peu plus bas. Sa longueur est de 20 toises, sa hauteur de 2 pieds à 2 toises, et sa largeur d'un pied et demi à une toise. Il n'est pas probable que cette caverne, qui d'ailleurs est dépourvue de stalactites, renferme des ossements: on sait qu'en général ces débris organiques ne doivent leur conservation qu'à la présence des concrétions calcaires qui se forment sur le sol et les préservent de la décomposition. La seconde, à une lieue au-dessous de la première, a son entrée sur les flancs escarpés d'un rocher, à 50 toises au-dessus du niveau de la rivière, et à 5 ou 6 au-dessous du sommet de la montagne. On lui donne le nom de caverne de Khankhara, d'une petite rivière qui se jette dans le Tcharich. Elle a 6 à 9 pieds de largeur, autant de hauteur, et 25 toises de longueur. Cette caverne, qui a été fouillée par les paysans qui y ont cherché des trésors comme dans la précédente, montre encore des stalactites qui se forment tous les jours[1]. Elle est remarquable par la grande quantité d'ossements qui s'y trouvent[2]. Ils paraissent appartenir à des bœufs et à des chevaux qui ne semblent pas être des mêmes espèces que

---

[1] C'est cette espèce que Blumenbach a appelée *Elephas primigenius*. — [2] M. Gotthelf Fischer de Waldheim : Notice sur le Mammont. — Bulletin de la Société impériale des naturalistes de Moscou. 1829, n° 9. — [3] Ce nom a été proposé par M. Gotthelf Fischer de Waldheim, directeur de la Société impériale des naturalistes de Moscou.

[1] *Gebler*: Notice sur une caverne à ossements fossiles située sur les rives du Tcharich (en allemand). Bulletin de la Société impériale des naturalistes de Moscou, t. III. — *Coulibine*: Cavernes calcaires sur les bords de la rivière de Tcharich dans l'Altaï. Gorn. Journ. 1831, n° 3. — [2] Ces ossements sont même assez rares dans les cavernes de cette contrée, tandis qu'ils sont si nombreux dans celles de l'Europe. Nous avons vu plus haut qu'on en a trouvé dans celles des bords du Tcharich; mais celles que Pallas signale paraissent en être dépourvues : telle est la vaste caverne appelée *Iamase-Tasch* (mer du rocher), dans laquelle coule, sur une étendue de plus d'un quart de lieue, la rivière du Sym, qui se précipite du mont Ouessym. Elle se divise en plusieurs galeries; l'eau qui suinte le long de ses parois y forme de petites stalactites, mais le savant voyageur n'y a trouvé que des traces du séjour de l'homme; et en effet, cette caverne servit long-temps d'habitation à des Bachkirs. Celle de *Kisaetach*, sur la rive gauche de l'Iourionsen, lui parut aussi avoir été habitée. D'autres, telles que celles de *Laklé* et de l'*Inia*, etc., ne lui ont offert rien de particulier.

celles qui vivent en Sibérie ([1]); on y a signalé aussi des débris de putois, de gerboise, d'hyène, de cerf, de hérisson et de rhinocéros.

« Après avoir décrit les montagnes de la Sibérie, il faut considérer ses vastes plaines nommées *steppes*, et qui en occupent une grande partie. Elles diffèrent entre elles d'aspect et de nature ; ici elles ressemblent à des savanes américaines : on y voit de vastes pâturages couverts d'herbes abondantes et élevées ; en d'autres endroits elles sont d'une nature saline : le sel s'y montre comme une efflorescence sur la terre même, ou se rassemble dans des mares et des lacs. En général, les steppes renferment beaucoup de lacs, parce que les eaux, n'y trouvant aucune pente, sont forcées de rester stagnantes. »

Entre le cours du Tobol à l'ouest, et celui de l'Irtyche à l'est, s'étendent, sur une longueur de 275 lieues, des plaines arides connues sous le nom de *steppe d'Ichim*. Cette steppe est parsemée de bruyères sablonneuses et de nombreux lacs sans écoulements, les uns remplis d'eau douce, et les autres d'eau salée. A l'est elle joint la steppe de *Baraba*. Celle-ci, qui porte aussi le nom de *Barabin* ou *Barama*, se prolonge entre l'Irtyche et l'Obi, qui la bornent du côté de l'ouest et de l'est ; elle touche du côté du sud aux montagnes du Petit-Altaï, et vers le nord elle est bornée par les rivières de Tara et de Touï. Sa longueur est de 145 lieues sur 80 à 95 de largeur.

C'est dans ces steppes que se trouve cette région de petits lacs dont nous avons parlé, qui comprend le groupe de Balek-koul et celui de Koumkoul, dont l'ensemble indique, suivant M. de Gens, une antique communication d'une masse d'eau avec le lac Ak-Sakal, qui reçoit le Tourgaï et le Kamichloï-Irghiz, ainsi qu'avec le lac Aral ([2]).

La steppe d'Ichim est arrosée par plusieurs rivières, entre autres par l'Abouga, dont les eaux contiennent, dit-on, tant d'alun, que peu d'animaux peuvent en boire ; par l'Ichim et ses affluents, et par d'autres cours d'eau qui se perdent dans les sables. La steppe de Baraba est traversée par un plus grand nombre de rivières, telles que le Tchoulym, l'Idjim, la Tara, le Kam et l'Om ; parmi les lacs qu'elle renferme, les plus considérables sont le Karasouk, le Tchany, le Yamich et le Topolny, la plupart salés. Cette steppe est boisée : sa plus importante forêt est l'Ourman ; on y voit aussi s'élever çà et là des bouquets de bouleaux. Vers son centre le sol est fertile et le sous-sol argileux. Dans quelques endroits, il est élevé et sec ; dans d'autres, marécageux et couvert de roseaux ; dans d'autres enfin, il est couvert d'efflorescences salines. En général les marais diminuent chaque année par les soins des colonies russes qui s'y sont établies. La steppe d'Ichim présente aussi quelquefois, mais rarement, le même aspect. On trouve dans toutes les deux plusieurs tombeaux qui renferment des restes de chefs de tribus tatares ou mongoles.

« Entre l'Obi et l'Ieniseï, une contrée montagneuse sépare la rivière de *Tchoulym* de l'Ieniseï, et l'oblige de couler vers l'Obi ([1]). Mais cette hauteur semble disparaître aux environs de la ville d'Ieniseï, et quelques groupes de collines, dans le sud-ouest du district de Mangaseïa, d'où découlent de petites rivières vers l'océan Glacial, ne sont plus que des îles au milieu de cette vaste plaine marécageuse qui s'étend entre le Bas-Obi et le Bas Ieniseï ; région affreuse où le sol n'est qu'une boue presque toujours gelée, couverte çà et là de quelques plantes languissantes et d'un tapis de mousses. Cette plaine n'est pas cependant un marais continuel ; les falaises assez élevées qui bordent l'Obi montrent à découvert des couches horizontales de pierres argileuses qui sans doute composent en grande partie la base du sol.

Le golfe de Kara, dans lequel se jette la rivière de ce nom qui prend sa source à l'extrémité des monts Ourals et qui sépare l'Asie de l'Europe, forme, dans l'océan Glacial, la limite des terres appartenant à ces deux parties du monde, de manière à laisser à l'Europe l'île de Vaïgatch et la Nouvelle-Zemlie.

« La contrée entre l'Ieniseï et la Lena est désignée par les Russes sous le nom de *steppe*, terme vague qui sert souvent à déguiser l'ignorance des voyageurs. Il paraît qu'il y a en effet beaucoup de parties marécageuses et

---

([1]) M. *Gotthelf Fischer de Waldheim* : Notice sur les ossements fossiles des cavernes des rives du Tchatich en Sibérie. Bulletin de la Société impériale des naturalistes de Moscou, t. III. — ([2]) Voyez tom. IV, pag. 400.

([1]) *Pallas*, t. III, p. 414-416 (trad. in-4°).

plates, mais il y en a d'autres qui peuvent mériter le nom de contrées montueuses. La Lena est bordée à l'ouest d'une hauteur continuelle qui, près du confluent de Vilioui, présente des couches horizontales d'un schiste sablonneux et calcaire, et des lits d'argile contenant des pyrites (¹). Une autre contrée élevée se trouve au nord-est de la Basse-Toungouska, et donne naissance aux rivières d'Olenek, d'Anabara et de Khatanga, qui s'écoulent dans l'océan Glacial. Enfin, le pays compris entre l'Ieniseï, l'Angara (ou Haute-Toungouska) et la Basse-Toungouska, présente une élévation singulièrement remarquable, où l'on voit, comme suspendu au sein des collines rocailleuses, le grand marais de *Lis*, presque égal en étendue au lac Ladoga.

» Nous savons déjà que les fleuves de la Sibérie sont au nombre des plus considérables de l'Asie; mais ils roulent à travers des plaines désertes, d'où l'éternel hiver bannit les arts et la vie sociale; leurs ondes ne réfléchissent point la splendeur de villes célèbres, ne se courbent point sous le joug de ports magnifiques, ne reçoivent point de vaisseaux chargés de la dépouille des climats lointains. Une vaste nappe d'eau que borde tantôt une sombre forêt, tantôt un triste marécage; quelques ossements fossiles d'éléphants mis à découvert par les hautes eaux, quelques canots de pêcheurs errant à côté d'innombrables troupes d'oiseaux aquatiques, ou le paisible castor élevant sa bâtisse industrieuse sans craindre les poursuites de l'homme : voilà tout ce qu'un fleuve de Sibérie peut offrir de remarquable. Des hordes sauvages, et leurs conquérants peu instruits, ont appliqué à ces grands courants d'eau des noms dont le hasard seul déterminait la signification. Ainsi, l'*Irtyche*, qui est réellement le fleuve principal du système dont il fait partie, a été dépouillé de son rang et considéré comme une rivière tributaire de l'Obi. L'Irtyche erre long-temps sur le plateau de la Kalmoukie, traverse le grand lac Dzaïsang, et descend par une gorge du mont Petit-Altaï; il a déjà fait 112 lieues dans l'empire chinois avant d'arriver sur le territoire russe. Navigable depuis le Dzaïsang, sa largeur varie de 100 à 200 toises. »

Cette rivière parcourt, avec ses sinuosités, une longueur de 450 lieues dans la Sibérie :

(¹) *Pallas*, tom. IV pag. 131 (in-4°).

ainsi, en y ajoutant celle de son cours dans l'empire chinois, on voit qu'elle occupe une étendue totale de 690 lieues. Sur sa rive droite, les principales rivières sibériennes qu'elle reçoit sont la *Boukhtorma*, l'*Ouba*, l'*Oulba*, l'*Om*, le *Chich*, la *Demianka*, la *Tara*, et le *Toui*; sur sa gauche, le *Tchaï-Gourban*, le *Toundouk*, l'*Ichim*, le *Vagaï*, le *Tobol*, et la *Konda*. L'Ichim a plus de 500 lieues de cours, et le Tobol plus de 250. Des bancs de sable et des îles qui sont inondées au printemps, et qui souvent disparaissent et sont remplacées par d'autres, rendent le cours de l'Irtyche dangereux et irrégulier. Ses eaux passent pour légères; mais ce qu'il y a de certain, c'est qu'elles sont très poissonneuses et qu'elles abondent en esturgeons.

« L'*Ob* ou l'*Obi* (¹) se forme de la réunion de la *Katounia* et de la *Biia*. La première, sous le nom de *Tchouïa*, prend sa source dans le Petit-Altaï; la seconde sort du lac *Teletzkoï* ou *Altün*; mais le *Tchabekan* ou *Dzabkan*, qui est le principal affluent du lac, nous paraît devoir être considéré comme la source de l'Obi. Ce fleuve est presque doublé par sa réunion avec l'Irtyche. Il forme à son embouchure un vaste golfe. Il est navigable presque jusqu'au lac Altün. Il abonde en poissons, mais l'esturgeon de l'Irtyche est le plus estimé; l'eau de l'Irtyche est plus claire. Lorsque l'Obi a été gelé pendant quelque temps, l'eau en devient sâle et fétide; ce qui est dû à la lenteur de son cours et aux vastes marécages qu'il rencontre sur son passage; mais il se purifie au printemps par la fonte des neiges. »

Depuis le lac de Tchabekan, l'Obi a, jusqu'à l'océan Glacial, plus de 742 lieues de longueur. Ses principaux affluents sont le *Tchoumych*, l'*Inia*, le *Tom*, le *Tchoulim*, le *Ket*, le *Tym* et le *Vakh*, sur sa rive droite; et sur sa rive gauche, le *Tcharich*, le *Vasiougan*, le *Salym* et la *Sozva*. Il est très rapide; sa navigation est même entravée par plusieurs cataractes. Les Tatars le nomment *Oumar*, et les Ostiaks *Emé* et *Ossé*.

» Après l'Obi, nous devons nommer l'*Ieniseï* (²), qui est plus large, plus majestueux et plus long. Il se forme dans les montagnes

(¹) *Obi* en russe, *Kolta* en samoyède, *Iay* en ostiak, *Oumar* en tatar. — (²) *Ieniseï* en russe, *Ieäunneses* en toungouse, *Kem* en mongol et tatar, *Guk* et *Chosek* en ostiak.

à l'ouest du lac Koussongoul, par la jonction des rivières de *Chichkit* et de *Beikel*; il dirige ensuite son cours presque directement au nord, dans l'océan Arctique. Cependant on pourrait, avec quelque raison, considérer l'Ieniseï supérieur comme un affluent de l'*Angara* ou de la *Haute-Toungouska*, qui, venant du lac Baïkal, s'unit à lui, mais le surpasse en importance et en longueur; de manière qu'on conserverait à ce fleuve le nom d'Angara jusqu'à son embouchure dans l'océan Arctique. »

L'Ieniseï, considéré comme portant à son origine le nom de Chichkit, est un des plus grands fleuves de la Sibérie. La totalité de son cours est de 787 lieues; dont 150 appartiennent au territoire chinois. Sur sa rive gauche il a peu d'affluents : les plus considérables sont l'*Abakhan*, l'*Iélagoui* et la *Touroukha*, tous trois longs de 75 à 80 lieues. Sur sa droite ils sont plus importants et plus nombreux : ainsi, l'*Angara* ou la *Toungouska supérieure* (*Verkhniaia Toungouska*), qui sort du lac Baïkal, n'a pas moins de 360 lieues; la *Toungouska moyenne* (*Sredniaia Toungouska*), qui a aussi reçu en russe le surnom de *Pod Kamenaïa*, c'est-à-dire *qui coule sous des pierres*, a plus de 200 lieues; la *Bakhta*, qui sort du lac Aii, en a 150; enfin la *Toungouska inférieure* (*Nijniaia Toungouska*) a plus de 404 lieues.

» L'Angara a les eaux tellement claires, que l'on aperçoit les cailloux qui sont au fond à plusieurs brassés de profondeur. A la sortie du lac Baïkal, son lit, généralement de 100 à 200 toises de largeur, se trouve, pendant l'espace d'un mille, tellement resserré entre les rochers, que les plus petits bateaux ne peuvent y passer qu'avec précaution. Les eaux, en se brisant contre les pierres, font un bruit semblable à celui des vagues de la mer agitée. »

Suivant M. Hedenström, la congélation de l'Angara présente un phénomène qui rappelle des faits qui ont été dans ces derniers temps le sujet de plusieurs discussions entre les savants : c'est qu'il s'y forme plus de glace dans le fond qu'à la surface. Selon lui, le lit rocailleux de cette rivière éprouvant un grand abaissement de température au moment où les bords viennent à geler, l'eau qui les mouille se transforme plus tôt en glace que la surface recouverte de brouillards épais (¹).

La *Selenga* coule dans le lac Baïkal, après avoir reçu à sa droite l'Orkhon, qui a environ 100 lieues de cours, le *Khilok*, qui en a 150, et d'autres rivières, parmi lesquelles il en est qui sont larges de 150 toises; elle coule lentement sur un plateau de rochers.

« Le dernier des grands fleuves de ces contrées est la *Lena*, qui prend sa source à l'occident du lac Baïkal, après avoir reçu le *Vitim* et l'*Olekma*, qui viennent des monts Daouriens; il poursuit son cours jusque près d'Iakoutsk, du sud-ouest au nord-est; direction extrêmement utile, puisqu'elle fournit une navigation sûre jusque dans des contrées très éloignées. Depuis Iakoutsk, son cours se dirige presque directement au nord. Il reçoit l'*Aldan* de l'est, et le *Vilioui* de l'ouest. Son lit est très large, et embrasse une grande quantité d'îles. Les voyageurs, en passant par la Lena, remontent l'Aldan, descendent les rivières de Maïa et d'Yadoma, et achèvent ainsi leur route à Okhotsk, sur les bords de l'océan Oriental. »

Le nom de ce fleuve, qui signifie la *paresseuse*, indique assez la lenteur de son cours sinueux, qui n'a pas moins de 675 lieues de longueur. Son lit est en général large et profond; mais la navigation y est entravée par des îles, des bancs de sable, et même par des glaces pendant une grande partie de l'année. Parmi ses affluents, il en est quelques uns de remarquables : sur sa droite le Vitim, célèbre par les belles martes zibelines que l'on chasse près de ses rives, a plus de 200 lieues de longueur; l'Olekma est à peu près de la même étendue; l'Aldan en a 280; sur sa gauche, le Vilioui est la seule rivière importante : elle a près de 250 lieues de cours.

Parmi les autres rivières ou fleuves qui s'écoulent dans l'océan Glacial, on remarque encore le *Taz*, qui se jette dans la baie appelée *Tazovskaïa*, après avoir parcouru une longueur d'environ 100 lieues; la *Piasina*, qui sort du lac Piasino pour aller se jeter dans l'Océan par une large embouchure, après un cours de 100 lieues; le *Khatanga*, qui se jette dans une baie de 15 à 18 lieues de largeur, après en avoir parcouru plus de 200; l'*Anabara*, qui a environ 160 lieues; entre ce petit fleuve et la Lena, l'*Olenek*, qui a près de

(¹) *Hedenström* : Fragments sur la Sibérie.

300 lieues de longueur; la *Iana*, qui en a environ 200; l'*Indighirka*, ou *Kolima de l'ouest* (Zapadnaïa-Kolimá), dont le cours, long de 292 lieues, arrose des plaines stériles et presque toujours glacées; l'*Alazeïa*, rivière de plus de 100 lieues de cours; et la *Kovima*, ou *Kolima de l'est*, fleuve très poissonneux, et long de 370 lieues.

Les côtes orientales de la Sibérie, coupées à pic sur l'Océan, n'émettent aucune rivière remarquable, si ce n'est l'*Anadir*, qui avec ses détours est un cours d'eau de 140 lieues de longueur.

La Sibérie ne manque pas de lacs: celui de *Baïkal* est, après celui d'Aral, un des plus grands de l'ancien continent [1]. Sur une longueur de 600 verstes (150 lieues) on lui donne en largeur 30 à 80 verstes (7 $\frac{1}{4}$ à 20 lieues), et sa circonférence est de 1,865 verstes (466 lieues). Sa profondeur varie de 20 à 80, et, en quelques endroits, de 200 brasses russes, chaque brasse de 7 pieds. L'aspect de ce lac, en venant d'Irkoutsk, est très imposant. Son nom paraît dériver de la langue des Yakoutes, dans laquelle *baï* signifie riche, et *kel* lac. Les Bouriaïtes l'appellent *dalaï*, et les Toungouses *lam*, noms qui, chez ces deux peuples, veulent dire mer. Autrefois les Russes le nommaient *Velikoé ozero* (grand lac); aujourd'hui ils l'appellent *Sviatoïe more* (mer Sainte), dénomination qui paraît lui venir d'un rocher de l'île d'*Olkhon*, sur lequel les Bouriaïtes offrent des sacrifices, et pour lequel ils ont un respect religieux, parce qu'ils croient que cette île est le séjour d'une divinité inférieure nommée *Begdzi*. Ce rocher granitique a 6 pieds de hauteur et 42 de circonférence; l'île à laquelle il appartient a 17 lieues de longueur et 6 de largeur: elle est remplie de sources: quelques parties fournissent de bons bois de construction, et elle est habitée par une tribu mongole appelée les Bargou-Bouriaïtes, qui cultivent la terre, élèvent de beaux bestiaux et se livrent à la pêche, et surtout à la chasse aux loups, aux lièvres et aux écureuils qui y abondent. Cette île est la plus grande du lac; les autres sont *Bougoutchinsk*, *List vianitch noï* (l'île des Mélèzes), deux appelées *Ouchkan'ï* (les Anses), deux autres nommées *Nerpetchi* (les Phoques), et trois, *Tchivirkouïskié*. Ces îles sont longues de trois quarts de lieue à deux lieues, et larges d'une demi-lieue à une lieue. Il y en a plusieurs autres, mais plus petites et inhabitées, fréquentées seulement par les pêcheurs et les chasseurs. On compte sur les bords du lac plus de 80 caps et autant de baies et d'anses. Les côtes septentrionales sont bordées de rochers escarpés formés de schistes argileux, de serpentine, de grès et de calcaire; à l'ouest s'élève une chaîne de montagnes qui s'abaissent devant l'île d'Olkhon, et présentent de vertes prairies; au sud ce sont des monts boisés et moins escarpés; de là jusqu'à l'embouchure de la Selenga, la plaine recommence; et offre çà et là des bouquets d'arbres; ensuite de hauts rochers se succèdent sans interruption jusqu'à Bargouzine, près de l'embouchure de la rivière de ce nom, longue de près de 100 lieues, et forment, suivant M. Klaproth, de grands caps et des baies profondes; ils sont suivis d'une plaine de 12 lieues de longueur, dans laquelle campent les Bouriaïtes; au-delà de cette plaine, des montagnes escarpées recommencent jusqu'à l'embouchure d'une rivière appelée *Angara supérieure*: elle a 82 lieues de cours.

Outre les trois grandes rivières que nous venons de nommer, le lac Baïkal en reçoit plusieurs autres moins considérables, telles que la *Snéjania* (la Neigeuse), la *Slioudenka* (la Pierre spéculaire), la *Bolchaïa* (la Grande), la *Bougoldeikha*, la *Galsoustna*, etc., et plus de 160 ruisseaux et torrents formés par les sources innombrables que renferment les montagnes. Ce lac, malgré la grande quantité d'eau qu'il reçoit, n'a d'autre écoulement que l'Angara inférieure, et cependant sa masse d'eau diminue plutôt qu'elle n'augmente. Ses eaux sont douces et d'une grande transparence: ce qui n'est point en rapport avec l'idée de mer que les Russes lui donnent; toutefois, comme s'il était le reste d'une antique Caspienne, il nourrit plusieurs animaux marins, entre autres des Phoques de l'espèce appelée *nerpa* en Sibérie, et qu'un naturaliste russe [1] a nommée *phoca sericea*, espèce qui se distingue de toutes les autres par sa couleur argentée. On y trouve aussi une espèce particulière d'éponge (*spongia baicalensis*); des esturgeons que l'on ne pêche partout ailleurs que dans les cours d'eau qui communi-

---

[1] Il est situé entre les 51e à 56e degré de latit. N., et les 101e et 108e degrés de longit. E.

[1] M. *Gotthelf Fischer de Waldheim*.

quent avec des mers : l'un est l'esturgeon commun (*acipenser sturio*), et l'autre le sterlet (*acipenser ruthenus*); enfin une quantité incroyable d'*omouli* (*salmo autumnalis* ou *migratorius*), poissons que Pallas regarde comme originaires de l'océan Glacial. Les poissons d'eau douce qu'il nourrit sont la truite (*salmo fario*), la truite saumonée (*salmo fluviatilis*), le sig ou lavaret (*salmo lavaretus*); le thym (*salmo thymathus*), la tanche (*salmo caregonoides*), une autre espèce appelée poisson rouge (*salmo salar*, ou *erythrinus*), ainsi qu'un poisson particulier appelé par Pallas *salomjienka*, et par M. Klaproth *golomenka*; il a reçu dans la science le nom de *callyonimus baicalensis*.

« Ce poisson, dit Pallas, ressemble parfaite-
» ment à un peloton de graisse. Lorsqu'on le
» met sur le gril, la graisse huileuse dont il est
» rempli se fond de manière qu'il ne reste
» plus que les arêtes. On ne le prend jamais
» dans les filets, et on ne l'a jamais vu en vie.
» On présume avec assez de vraisemblance
» qu'il se tient dans des gouffres, au centre du
» lac et dans plusieurs places sur les rives
» escarpées situées au nord, où l'on a sondé
» en vain 3 à 400 brasses sans trouver le fond.
» Il serait difficile d'assigner les causes qui
» jettent ces poissons à la surface des eaux.
» C'est ordinairement en été, pendant les gros
» vents qui viennent des montagnes ou les
» ouragans qui partent du nord, que ces
» poissons sont poussés sur le rivage. Lorsque
» le lac a été agité par des tempêtes, on les
» voit en si grande quantité sur l'eau, qu'ils
» forment dans de certaines années un para-
» pet sur la côte. C'est une excellente récolte
» pour les habitants : ils en tirent une huile
» qu'ils vendent aux Chinois ([1]). » Les flots du lac rejettent, en quelques endroits, une espèce de bitume appelée *goudron de montagne*, et selon d'autres *cire de mer*, et dont on se sert avec succès dans quelques maladies ([2]). Le lac n'est pris de glace que vers Noël, et dégèle vers le commencement du mois de mai. De hautes pyramides de glace se forment principalement en novembre et décembre sur les bancs de sable et entre les rochers, et rendent le lac inabordable. A cette époque il présente dans un endroit une surface gelée de 200 verstes (50 lieues) de longueur. Il éprouve des mouvements extraordinaires; un vent modéré le met parfois en fureur, tandis que dans un autre temps il est à peine ému par le plus violent orage. Il bouillonne quelquefois intérieurement, et alors, quoique sa surface soit unie comme une glace, les vaisseaux y éprouvent des secousses très incommodes. Pendant les tempêtes, les vagues s'y élèvent jusqu'à la hauteur de 20 toises. Sa profondeur n'a point encore été mesurée : ce n'est que par quelques sondages qu'on la suppose de 450 à 580 sagènes (960 à 1,237 mètres). Le Baïkal paraît devoir son origine à un affaissement volcanique analogue à celui qui a formé la mer Caspienne. Ce qui le prouve, ce sont les montagnes qui l'entourent, les sources thermales qui se trouvent dans ses environs, et les tremblements de terre qui, chaque année, soulèvent la contrée qui l'entoure, et qui peut-être sont la principale cause de l'agitation subite qu'offrent souvent ses eaux.

« Les lacs de la Sibérie occidentale se font moins remarquer par leur étendue que par leur grand nombre. Le lac *Tchany*, long de plus de 30 lieues, et en quelques endroits large de 22, se trouve dans une partie de la *steppe de Baraba*, et appartient à cette *région de lacs* dont nous avons déjà parlé. Ce lac pourrait même être considéré comme presque deux fois plus considérable, puisqu'il communique à l'ouest avec le lac Soumy, qui a 20 lieues de longueur sur 12 à 20 lieues de largeur. Sur la carte de Sibérie, dans les Voyages de Pallas, on en compte jusqu'à 27 dans l'espace compris entre Omsk, Kolyvan et Somipolatinsk, tandis que d'Anville paraît en avoir à peine connu un ou deux. La steppe d'*Ichim* renferme aussi un grand nombre de lacs, parmi lesquels celui de *Balek-koul* ([1]) et celui de *Koumkoul* ([2]) sont les plus considérables. Le nombre de petits lacs est énorme sur le pied oriental des monts Ouraliens : dans l'espace de 100 lieues de long et de 30 de large, depuis les bords de l'*Oui* jusqu'aux sources de la *Toura*, on ne voit que des lacs; on en compte au moins une centaine sur la petite carte de l'atlas de Pallas.

» Les lacs salés n'appartiennent pas exclusivement aux steppes sablonneuses de la partie méridionale; il s'en trouve dans les hautes et

---

([1]) *Pallas* : Voyage en Russie et dans l'Asie septentrionale, t. IV, p. 4-14. — ([2]) *Idem* : Voyage en Russie, IV, p. 108-116.

([1]) Situé par 51° 30' de latitude.—([2]) Par 49° 45' de latitude.

froides montagnes de la Daourie; il s'en trouve dans les marais glacés du rivage septentrional. Ce qu'il y a de plus étonnant, c'est que les lacs d'eau douce subissent des changements et deviennent salés. On en peut citer comme exemple le lac de *Seidiaischevo*, dans l'ancien district d'Iset [1]; ce lac était autrefois rempli d'eau douce, très basse et très poissonneuse; tout-à-coup la profondeur a augmenté; les eaux sont devenues saumâtres; les brochets qui y abondaient sont morts; une forêt voisine y a été engloutie à moitié; il est seulement dommage que ces phénomènes singuliers n'aient été observés de près que par quelques Tatars. Le savant Sokolof a donné une description intéressante de ces lacs salés [2]. Ils se trouvent épars au milieu d'un grand nombre de lacs d'eau douce; ils perdent de leur salure, car on en connaît plusieurs dans lesquels le sel cristallisait autrefois, et où il ne se trouve à présent que dans l'état de dissolution. Les uns ne contiennent que du sel marin, et il y a des lacs dont les eaux en sont imprégnées jusqu'à saturation; dans les autres on ne voit se former que du sel amer ou sel de Glauber (sulfate de soude), qui ne se coagule pas en cristaux, mais seulement en grains ronds. On trouve d'autres lacs salés dans la steppe d'Ichim; celui d'*Ebélei* ou de *Bieloï* est un des plus abondants; il est situé près des sources du Tobol; il fournit aux Bachkirs du sel assez beau. Les Kirghiz viennent se baigner dans ce lac pendant l'été, quand la chaleur des eaux a fait fondre le sel; ils croient y trouver le remède de plusieurs maladies. Entre le Tobol et l'Irtyche, dans le district d'Ichim, on trouve également des lacs salés et amers. Dans le milieu de la steppe de Baraba, on voit, entre autres, le célèbre lac d'*Iamich*, dont le circuit est de 10 verstes; le sel y est extrêmement blanc, et ne se forme qu'en cristaux cubiques; la quantité diminue.

» Dans la Sibérie orientale, les lacs salés sont un peu moins abondants; cependant, depuis Irkoutsk jusque vers Iakoutsk [3], les montagnes sont remplies de sources salées, et ces sources forment des lacs en plus d'un endroit. Celui de *Selenghenskoï*, qui paraît être le même que celui de *Gousinoë*, a été visité par Pallas; il donne un sel amer; les sources qui s'y écoulent sont douces, et l'origine de la muire ou d'eau saturée paraît être dans la vase bleue qui en occupe le fond [1].

» Le lac *Natreux* de la Daourie, près de Koudoun, n'est pas le seul de son espèce; on en trouve d'autres dans différentes parties de la Sibérie.

» Le lac *Mugissant* ou *Boulamy-koul* se trouve à peu de distance de la petite rivière d'Ouibat, qui s'écoule dans l'Abakhan; au rapport des Tatars qui habitent ses environs, on y entend des hurlements épouvantables, qui annoncent des révolutions dans l'intérieur de la terre, semblables à celles qui ont fait écrouler les digues qui resserraient le lac de *Gousinoë* [2].

» La Sibérie possède plusieurs eaux minérales, surtout dans les montagnes altaïques et daouriennes. La chaîne des Ourals, près Iekaterinebourg, donne naissance à des sources vitrioliques ou ferrugineuses. Des sources imprégnées de naphte et de pétrole se trouvent dans les environs du lac Baïkal. Indépendamment de plusieurs sources sulfureuses, dit M. Klaproth, on a découvert depuis long-temps, sur la rive nord-ouest du lac, près des bouches de la Grande et de la Petite *Kotelnikof*, des sources bouillantes dont on ne fait pas usage à cause de la difficulté d'y arriver par terre. Les sources chaudes situées près de l'embouchure du *Tourki* ou *Tourka*, sont appelées eaux de Tourninok ou eaux de Borgouzine: on les emploie dans plusieurs maladies. Cette contrée est remplie de sources chaudes; mais les plus fameuses sont celles du Kamtchatka, qui ont été décrites par de Lesseps. Les bains qui ont été construits par la libéralité de M. Kocheleff, pour l'avantage des Kamtchadales, sont formés par une cascade rapide qui tombe de près de 300 pieds de hauteur. Le courant d'eau a environ 1 pied ½ de profondeur, et 6 ou 7 pieds de largeur. L'eau est extrêmement chaude, et paraît contenir une grande quantité de sulfate de fer et de nitrate de potasse, mêlé avec le carbonate. A l'occident du golfe Penjina, est une source d'eau chaude très considérable, qui tombe dans la rivière de Tavatona, et d'où s'élè-

---

[1] Entre le bourg de *Tomliazk* et la forteresse de *Zvérinogolofskaia*. Pallas, Voyage, t. III, p. 32 (in-4). — [2] *Idem*, t. II, p. 491-502 (in-4°). — [3] Gmelin, *Flora-Sibirica*, præfat.

[1] Pallas, Voyage, t. IV, p. 400-404. — [2] *Idem*, t. IV, 491-499.

ASIE. — SIBÉRIE OU RUSSIE D'ASIE SEPTENTRIONALE.

vent des nuages de vapeur semblable à la fumée.

» A présent que nous connaissons le sol de la Sibérie, nous ne serons pas étonnés d'apprendre que le climat physique n'y répond pas aux latitudes astronomiques. Les trois quarts de ce pays se trouvent à la latitude de la Norvège et de la Laponie; une partie de la province de Kolyvan et la contrée voisine du lac Baïkal sont sur la même ligne que Londres, Berlin et le nord de la France. Mais la température des contrées les plus heureuses de la Sibérie n'est nullement comparable à celle de la Norvège; le froid, dans la partie septentrionale, est infiniment plus vif et plus continuel que celui de la Laponie, et on éprouve quelquefois cette même intensité du froid dans les montagnes méridionales, à 50-55 degrés de latitude. L'hiver dure, presque dans toute la Sibérie, neuf à dix mois; la neige commence souvent à tomber dès le mois de septembre, et il n'est pas rare d'en voir tomber au mois de mai. Lorsque les blés ne sont pas mûrs en août, ils sont regardés comme perdus; la neige les couvre souvent avant qu'on ait pu les récolter. A l'est du fleuve d'Ieniseï et au nord du lac Baïkal, l'agriculture est à peu près inconnue. Dans les vastes marais que traverse l'Obi vers la dernière partie de son cours, le dégel ne pénètre qu'un pied environ; près Iakoutsk; à 60 degrés de latitude, Gmelin ayant fait fouiller la terre le 28 juin, la trouva encore gelée à 3 ou 4 pieds de profondeur. Les habitants du bourg d'Argoun, à 50 degrés de latitude, disent que leurs terres, en beaucoup d'endroits, ne dégèlent que d'une aune et demie; le froid intérieur empêche de creuser des fontaines ([1]). A Krasnoïarsk, par 56 degrés de latitude, Pallas a vu le mercure se congeler et devenir malléable. »

A ces faits nous ajouterons quelques faits nouveaux et quelques remarques judicieuses de M. de Humboldt. Ce n'est pas à l'élévation du sol que l'on doit attribuer le froid hivernal qui règne dans le nord de l'Asie, puisque la moyenne des observations barométriques faites par ce savant et par MM. Ledebourg, Bunge, Hansteen et Gustave Rose, depuis la steppe des Kirghiz jusque dans les plaines du haut Irtyche, donne à peine la hauteur de 200 à 250 toises au-dessus du niveau de l'Océan. Dans les basses régions du Ieniseï, le sol n'est pas à plus de 40 ou 50 toises. Au nord de l'Altaï, il ne paraît pas devoir être plus élevé; mais ce qui peut contribuer à y rendre le froid plus intense, c'est qu'en Sibérie aucune chaîne de montagne ne modère l'influence des vents qui soufflent de l'océan Glacial.

De là viennent en partie les différences que l'on remarque dans la température moyenne de plusieurs villes d'Europe et de la Sibérie sous les mêmes parallèles, différences qui sont telles que des cités européennes, plus septentrionales que Tobolsk, jouissent d'un climat plus doux ([1]).

Le froid qui règne constamment et à une assez grande profondeur dans le sol de la Sibérie a été constaté dans ces dernières années par plusieurs savants. Pendant les mois de juillet et d'août, lorsqu'à midi la température était de 5 à 30° 7, M. de Humboldt a trouvé, entre le couvent d'Abalak et la ville de Tara, c'est-à-dire sous les parallèles du nord de l'Angleterre et de l'Écosse, quatre puits peu profonds sans restes de glaces sur leurs bords, dont l'eau était à la température de 1 à 2 degrés au-dessus de zéro. Entre Tomsk et Krasnoïarsk, sur le chemin de Tobolsk à Irkoutsk et par 56 degrés de latitude, M. Ad. Erman trouva les sources à environ 3 degrés au-dessus de zéro, quand l'atmosphère était refroidie jusqu'à 24° 2 au-dessous de zéro. Mais à quelques degrés plus au nord, la température moyenne de l'année est à peine de 1° 4 au-dessous de zéro, et au-delà du 62° parallèle le sol reste gelé pendant toute l'année à 12 ou 15 pieds de profondeur. A Bogoslovsk, M. Begor, ingénieur des mines, fit creuser un puits dans un sol tourbeux, vers le milieu de l'été, en présence de M. de Humboldt, qui trouva, à 6 pieds de profondeur, une couche de terre congelée épaisse de plus de 9 pieds et demi. A Iakoutsk, la glace souterraine est un phénomène perpétuel, malgré les grandes chaleurs de l'été. D'après cette basse température du sol dans ces différentes latitudes, on peut concevoir combien doit être considérable la

	Latitude.	Température moyenne.
([1]) Uleo	65° 3'	+ 0° 60
Saint-Pétersbourg	59°56'	+ 3 80
Christiania	59°55'	+ 6 0
Tobolsk	58°12'	— 0 63

([1]) *Gmelin*, Voyage en Sibérie, II, 520-523 (en allem.) *Georgi*, Descript. de la Russie, I, 88-92.

couche de terre congelée au-delà du 62e parallèle. Ces faits pourront servir à expliquer un phénomène géologique dont nous parlerons bientôt [1].

« Les chaleurs de l'été sont, dans toute la Sibérie, courtes, mais très fortes et subites. Près d'Iakoutsk, les Toungouses vont souvent nus en été. Les blés et les autres végétaux croissent, pour ainsi dire, à vue d'œil. Mais près de l'océan Glacial les rayons du soleil continuent en vain à échauffer jour et nuit un sol condamné à des gelées éternelles; au milieu même de ce long jour du cercle polaire, un vent du nord suffit pour couvrir les eaux d'une légère croûte de glace, et pour teindre le feuillage des plantes en jaune et rouge [2]. Les végétaux n'y vivent souvent que peu de jours, et dans ce court espace de temps ils fleurissent et donnent de la graine. Ils croissent quelquefois dans des marais, où, en soulevant la mousse, on trouve en tout temps de la glace pure [3], comme on vient de le voir. »

Il est à remarquer qu'à Iakoutsk le thermomètre de Réaumur descend en hiver à 51 degrés, et qu'il monte à 38 en été.

« Les orages sont très fréquents dans la partie méridionale parmi les montagnes; au contraire, sur les bords de l'océan Glacial, on n'entend qu'à peine le tonnerre, quoiqu'on voie très distinctement les éclairs. Dans les contrées inférieures du Ieniseï, près de l'Océan, on aperçoit, depuis le commencement d'octobre jusque vers Noël, beaucoup d'aurores boréales; nulle part ce brillant phénomène ne se montre avec plus de magnificence [4].

» Encore si ce climat rigoureux, en bannissant le luxe des arts et les douceurs de la vie, assurait en revanche aux Sibériens le privilège de ces anciens Hyperboréens, qui, ignorant les maladies, ne mouraient que de lassitude! Mais le climat de ce pays, quoique en général favorable à l'espèce humaine, n'exclut pas certaines causes d'épidémies. Les éternels brouillards qui couvrent les côtes orientales et septentrionales de la Sibérie, y perpétuent le scorbut. On dit que les peuples chasseurs s'en garantissent en buvant tout chaud le sang des animaux qu'ils viennent de tuer. Des brouillards non moins épais, non moins infects, règnent dans la steppe de Baraba; aussi les habitants ont-ils tous l'air cacochyme. Dans les montagnes de la Daourie, et aux environs de Nertchinsk, l'air enfermé dans des vallées étroites, et peut-être vicié par des exhalaisons métalliques, produit des fièvres, l'épilepsie et le scorbut. Dans toutes les steppes, le bétail, et plus encore les chevaux, sont exposés à la maladie dite de l'*air* [1], espèce de peste qui se déclare par des bubons, et qui attaque même les hommes. On l'attribue à un insecte qui plane dans l'air, et que Linnée a nommé *furia infernalis* [2]. Cette épizootie enleva, en 1785, près de 85,000 chevaux.

« Le règne végétal offre moins de variétés que le règne minéral. Les rigueurs du climat ne laissent prospérer que les végétaux les plus robustes. Le chêne, le noisetier, l'aune, le platane et le pommier sauvage, ne peuvent endurer les hivers de Sibérie; ils disparaissent aux environs des monts Ouraliens et sur les rivages du fleuve Tobol; les deux premiers reparaissent, mais faibles et languissants, sur les bords de l'Argoun, à l'extrémité de la Daourie; le tilleul et le frêne cessent vers l'Irtyche. Le sapin, qui en Norvége vient jusqu'au 70e parallèle, ne dépasse pas ici le 60e parallèle; le sapin argenté n'arrive que jusqu'au 58e degré. Le groseillier ordinaire, qui vient au Groenland, ne réussit que jusqu'à Touroukhansk, sur l'Ieniseï; les pommes de terre diminuent de grosseur, et finissent, vers le 60e degré, par ne ressembler qu'à des pois; enfin, le chou n'y forme plus de tête. Malgré ces effets du climat, il ne faut pas en conclure que les grands fleuves de Sibérie n'arrosent que des déserts stériles; ils sont, au contraire, bordés par d'épaisses forêts de bouleaux, de saules, d'ormes, d'érables, de peupliers blancs et noirs, de trembles, de pins, de larix et d'aunes, outre une quantité immense d'espèces différentes du genre sapin, parmi lesquelles on doit distinguer le cèdre de Sibérie [3], qui s'élève quelquefois à 120 pieds de hauteur, et dont les anneaux

---

[1] *A. de Humboldt* : Fragments de géologie et de climatologie asiatiques, p. 385-388. — [2] *Sujew*, dans les Voyages de Pallas, V, 113, trad. in-8°. — [3] Comp. *Patrin, Ramond* et d'autres, cités dans notre vol. Ier, p. 237. — [4] *Gmelin*, Flora sibirica, præfat. Comp. notre vol. Ier, p. 209-211.

[1] *Iassoua*; en tatar et en russe. — [2] *Falk*, Mémoires topograph. — [3] *Pinus cembra*.

prouvent souvent un âge de 150 à 200 ans. La noix qu'il produit est un objet de commerce. Cet arbre n'étale toute sa magnificence que jusqu'aux bords de l'Ienisseï; plus à l'est, il diminue de grandeur; et au-delà de la Lena, vers les bords de l'océan Oriental, il devient nain, en conservant ses proportions (¹). Le peuplier-baumier parfume l'air au loin, et laisse transpirer une résine odorante. La Sibérie ne produit ni pommes ni poires; le *pyrus baccata*, ou poirier sauvage de Daourie, ne donne qu'un fruit sans goût, de la grosseur d'une cerise. Mais les arbrisseaux à baies, le *rubus chamæmorus*, le *rubus arcticus*, les divers *vaccinium* abondent, et on en tire des boissons agréables. Les steppes sont couvertes d'une espèce de cerisier (²) dont le fruit, très abondant, sert à faire une sorte de vin. L'abricotier de Sibérie, qui ne vient qu'en Daourie, produit un fruit aigrelet. Le cerisier à grappes croît dans toute la Sibérie; mais le cerisier cultivé languit déjà dans les environs d'Ichim. »

En s'approchant de l'océan Glacial, dit un voyageur récent, on voit diminuer la hauteur des arbres. Passé Verkhoyansk, le bouleau nain (*betula nana*) résiste seul à la rigueur du froid. On y voit une terre glacée qui, depuis des milliers de siècles, n'est couverte que de mousse qui croît au milieu de l'hiver. Sous le 70ᵉ degré de latitude, on peut tirer une ligne de démarcation pour la crue des arbres. Depuis cet endroit jusqu'à l'Océan, s'étend un désert nommé *Toundra*, où l'on ne rencontre aucun arbre, et qui ne renferme que des lacs et des mares. Le lac forestier, appelé en iakoute *Tartach*, et situé entre la Iana et l'Indighirka, est remarquable par l'arbre à résine (*lignum bituminosum*) que les ondes rejettent sur les bords. Dans cette *Toundra*, on doit citer un phénomène étonnant. Sur les bords escarpés des lacs, on trouve des bouleaux entiers avec leurs branches, leurs racines et leur écorce; les habitants les appellent *adamovotchina*. Quelle révolution subite a pu enfouir ces arbres? Ne prouvent-ils pas que dans le temps qu'ils végétaient, le nord de l'Asie jouissait d'un climat plus tempéré (³)?

« Durant leur été si court, ces contrées sauvages s'ornent d'un assez grand nombre de belles plantes. Plusieurs espèces de la famille des *orchis*, aux fleurs bizarres et brillantes, sont indigènes dans les forêts de la Sibérie. L'*ophrys monorchis*, le bel *orchis à capuchon*, le lis des vallées, l'ellébore blanc et noir, l'iris de Sibérie, l'anémone aux fleurs de narcisse, les pigamons, les violettes, les potentilles, l'éclatant astragale des montagnes (¹), présentent en beaucoup d'endroits un assemblage de couleurs où exhalent un mélange de parfums qu'on chercherait en vain dans des contrées plus méridionales. Chaque région de la Sibérie possède quelques fleurs particulières; la spirée de l'Altaï n'est point celle du Kamtchatka. Le joli robinier caragan, le *daphne altaïca*, le *saphora* du Levant, l'amandier nain, la potentille à tige d'arbrisseau, l'asphodèle altaïque, la *gentiana altaïca*, l'œillet surnommé *superbe*, la valériane de Sibérie, aiment les monts Altaï (²), aux pieds desquels l'aster bleu, le rosier à feuilles de pimprenelle et les tulipes sauvages émaillent les collines et les prairies. Mais c'est la Daourie qui réunit les plus intéressantes richesses de la flore sibérienne; là, les rochers sont colorés en pourpre et en or par deux espèces de rosages (³), par la viorne de Daourie (⁴), par l'abricotier sibérique (⁵) et le violier à fleurs pâles. A ce tissu de couleurs brillantes se mêlent des teintes d'une blancheur éblouissante, produites par les fleurs du poirier sauvage, de l'églantier, du sureau à grappes, de la spirée à feuilles de germandrée. On voit croître à leurs pieds les anémones pulsatilles, les pivoines à fleurs blanches, la statice d'or et la statice rose, l'*aster sibiricus*, et vingt espèces de potentilles et des centaurées; tandis que la *gentiana algida* étale ses belles fleurs bleues et blanches au haut des Alpes glacées, et que la rhodiole rose orne les marais où le saule de Sibérie balance ses branches dorées (⁶).

(¹) *Pallas*, Flora rossica, I, tab. 2. *Gmelin*, Flora sibirica, I, tab. 39. — (²) *Prunus fruticosa*, *Pallas*, Flor. ross., p. 1, 19, tab. 3. — (³) *M. Hedenstrom* : Fragments d'un écrit sur la Sibérie communiqués à la Société impériale des naturalistes de Moscou, 1830.

(¹) *Gmelin*, Flora sibirica, IV, p. 59, n° 76, tab. 30. — (²) *Pallas* : Voyage en Russie, IV, 240, 254, 287, 332, 345 (trad. in-4°). — (³) *Rhododendron dauricum* à fleurs rouges, et le *rhododendron chrysanthum* à fleurs jaunes. — (⁴) *Lonicera mongolica*. *Pallas* : Flor. ross. I, part. 1, p. 59, tab. 38, et part. 2, p. 30. — (⁵) *Prunus sibirica*, Gmelin. — (⁶) *Pallas* : Voyage, V, 382, 385, 446; VI, 29, 46, etc., etc.

« La Sibérie orientale produit beaucoup de lis; on remarque celui du Kamtchatka et le lis saranne, dont les racines servent à la nourriture. Nous mentionnerons encore deux plantes, l'*heracleum panacea* et l'*heracleum sibiricum*. En faisant sécher les tiges de ces deux plantes, les Sibériens se procurent une efflorescence sucrée qui est trop peu abondante pour être de beaucoup d'utilité; mais, en distillant toute la plante, ils fabriquent une liqueur forte peu agréable, et recherchée seulement dans le Kamtchatka ([1]).

» La vraie rhubarbe a été cherchée en vain dans la Sibérie; le rhapontic, *rheum undulatum*, y croît dans les montagnes méridionales, à l'est du Ienisei. On le substitue quelquefois à la racine de rhubarbe la plus estimée (*rheum palmatum*). Trois plantes peuvent servir en guise de thé; la *saxifraga crassifolia*, qui croît sur les monts Bieloï, près de l'Obi; le *rhododendrum dauricum*, le *rhododendrum chrysantum*, qui, dans le gouvernement de Tomsk, porte le nom de *thé tetraghir*, et le *polypodium flagrans*, qui vient sur les hauts rochers de la Daourie; ce dernier est un remède contre le scorbut et la goutte.

» Gmelin ([2]) avait remarqué que la végétation change de caractère dès qu'on passe l'Ieniseï; mais il est difficile d'exprimer avec précision ces sortes de changements. Il est certain que plusieurs végétaux ne résistent plus à l'accroissement du froid qui se fait sentir dès qu'on passé cette rivière ([3]). Pallas fait observer que dans le voisinage des monts Ouraliens on trouve les végétaux de la Pannonie; en remontant l'Irtyche, vers les monts Altaïques, on commence à remarquer plusieurs espèces particulières à la Sibérie, et leur nombre augmente à la vérité dès qu'on a passé l'Ieniseï, mais elles ne deviennent abondantes qu'à l'est du lac Baïkal; la Daourie est leur véritable patrie. Ces mêmes plantes ne paraissent point dans la contrée plane et boisée entre l'Ienisei et le lac Baïkal. On n'y trouve que les plantes ordinaires aux climats froids, et communes même en Europe; mais sur les hauteurs au nord-est de l'Obi on retrouve plusieurs végétaux particuliers aux monts altaïques ([1]).

» Dans la Sibérie occidentale, sur l'Obi, l'agriculture disparaît vers le 60° parallèle de latitude; dans la partie la plus orientale, les blés n'ont pu réussir, ni à *Oudskoi*, bourg du district d'Iakoutsk, à 55 degrés, ni dans le Kamtchatka, à 51 degrés. Les montagnes les plus élevées de la frontière méridionale sont trop froides et arides; ainsi, les trois cinquièmes de la Sibérie ne sont-ils susceptibles d'aucune espèce de culture; mais les parties qui sont au midi et à l'ouest sont d'une fertilité remarquable. Au nord de Kolyvan l'orge multiplie jusqu'à douze fois, et l'avoine jusqu'à vingt. Le sarrasin, dans cette terre noire et légère, est sujet à monter; mais lorsqu'on le sème dans les terrains plus maigres, il multiplie jusqu'à douze ou quinze fois. La plupart des graminées qui viennent en Europe croissent aussi dans le midi de la Sibérie; mais on n'y cultive guère que le seigle d'hiver, l'orge et l'avoine. Les Tatars, qui aiment le pain blanc, font venir avec peine un peu de froment. Le millet prospère dans l'ouest de la Sibérie. Le blé sarrasin de Tatarie ([2]) est semé dans des steppes récemment défrichées au moyen du feu; un tel champ continue pendant trois ou quatre années consécutives à rapporter annuellement de dix à quinze pour un, sans qu'il soit nécessaire de renouveler les semailles. Les grains qui tombent pendant qu'on moissonne suffisent pour l'ensemencer, mais d'année en année les mauvaises herbes augmentent. Ce genre de culture convient parfaitement aux paresseux Sibériens, qui battent le blé sur la place même où ils le récoltent, et qui en brûlent la paille pour s'épargner la peine de l'emporter ([3]). »

Mais si dans presque toute la Sibérie on ne fauche point les champs, nous devons dire que dans beaucoup d'endroits où le blé est cultivé, il produit quarante pour un. Quelques peuplades s'adonnent avec intelligence à l'agriculture : ainsi, un sol qui ne consiste qu'en sable ou en gravier, est transformé par les Bouriates en champs fertiles et en prés. Ils ont appris des Mongols l'art d'arroser leurs

---

([1]) *Georgi*, III (vol. 7), p. 849. — ([2]) Flor. sibir. præfat. — ([3]) *Convolvulus arvensis*, *campanula cervicaria*, *convallaria majalis*, *rhamnus catharticus*, *dactylis glomerata*, etc.

([1]) *Pallas*; t. IV, p. 445-446 (trad. in-4). — ([2]) *Polygonum tataricum*, L.; en tatar *dikuscha*. Gmelin, Flora sibirica, III, tab. 13, fig. 1. — ([3]) *Storch*, Tableau de la Russie, I, p. 242. Comp. *Georgi*, Russie, III (vol. 7), p. 941.

champs et leurs prairies, en partageant les ruisseaux, vers leurs sources, en petits canaux d'où ils font couler l'eau selon la nécessité. Chez eux, dans un temps de sécheresse et sur une terre ingrate, le blé devient plus beau que chez les Russes sur un bon terrain (1).

« Si l'exploitation des mines, la navigation intérieure et l'économie commerciale ont reçu de grands perfectionnements en Sibérie sous les trois ou quatre derniers règnes, il ne paraît que trop, malgré les panégyriques russes, que l'agriculture est dans le même état où elle se trouvait il y a cinquante ans; car Bell d'Antermony, il y a plus d'un demi-siècle, remarqua déjà l'abondance de sarrasin, de riz, d'orge et d'avoine, qu'il a observée au midi de Tobolsk et au sud du lac Baïkal. Mais les obstacles qu'oppose le climat à l'extension de l'agriculture ont été faiblement combattus. Au-delà du 60° parallèle et du 110° méridien (est de Paris), les graminées céréales ne prospèrent plus; au nord, le froid les détruit; à l'est, les brouillards les empêchent de mûrir. Ainsi, les deux tiers de la Sibérie manquent encore de grains; mais la culture de la pomme de terre s'est assez étendue pour suppléer les céréales. »

Ce ne fut qu'en 1810 que l'on commença à faire au Kamtchatka quelques essais d'agriculture; un petit nombre de légumes et la pomme de terre y réussirent assez bien, mais les céréales n'eurent point le même résultat: le seigle même ne parvint pas partout à maturité. En 1829, le gouvernement y envoya un jardinier habile qui sema, le 7 octobre, 4 livres de froment de Californie et 1 livre de seigle de Vasa: le printemps suivant, on récolta 53 livres de froment et 21 livres de seigle. En 1830, on sema de l'avoine, du seigle, du froment de Sibérie, de l'orge de l'Himalaya, et d'autres graines, qui pour la plupart réussirent. On planta dans les vergers de la couronne des pommes de terre blanches et rouges, on en obtint d'assez grosses et de bon goût, dont une qui pesait une livre. On récolta aussi des navets de 10, 16, et même de 20 livres russes. En un mot, plusieurs légumes, entre autres le chou, l'ognon, la carotte, la betterave et la chicorée, réussirent

très bien; les melons sont venus assez bien sur couches, mais les pastèques et les concombres furent ravagés par les rats.

Ces essais ont démontré la possibilité d'introduire la culture d'un grand nombre de nos végétaux dans la péninsule du Kamtchatka; les habitants les ont accueillis avec intérêt, et le 20 novembre 1830, jour anniversaire de l'avènement au trône de l'empereur Nicolas, une société d'agriculture a été fondée dans le port de Petropavlosk (Saint-Pierre et Saint-Paul).

Le Kamtchatka possède une assez grande quantité de terres propres à la culture, particulièrement pour celle du seigle, de l'orge et de l'avoine, surtout dans les plaines qui s'étendent loin des montagnes, vers le nord-ouest. Les terrains les plus favorables sont ceux des plaines un peu élevées au-dessus du niveau de la mer et garanties des vents. Mais comme la péninsule abonde en poisson et en gibier, et que les Kamtchadales s'adonnent à la pêche et à la chasse, on trouve peu de bras à employer à la culture. Pour parvenir à la répandre, il faudrait, ou se servir des ouvriers de la couronne, ou établir d'habiles colons dans cette contrée.

« Le lin commun croît en plusieurs endroits de l'Oural; le *linum perenne* vient jusqu'à Touroukhansk; le chanvre, au sud du 55° parallèle. Au pied des monts Altaï, on voit quelques Tatars faire du fil et de la toile avec des feuilles de deux espèces d'orties, l'*urtica dioïca* et *cannabina* (1); partout le houblon abonde. »

L'espace compris entre le Kam et le Ienisseï offre un aspect vraiment enchanteur: ici ce sont des collines couvertes de belles forêts; là de vastes plaines propres à la culture, ou de gras pâturages animés par de nombreux troupeaux. Les bords du Ienisseï sont ravissants pendant la belle saison: on y rencontre à chaque instant d'élégants végétaux, tels que l'*anemone patens*, l'*adonis vernalis* et le *ranunculus cervicornus*; plus loin, le *leontodon taraxacum*, la douce violette appelée *viola uniflora* et le *trollius asiaticus*; ailleurs encore, le *geranium pratense*, l'*iris ruthenica*, la jolie *myosotis arvensis*, la *polygala vulgaris*, la *primula farinosa*, la *pulmonaria officinalis* aux fleurs bleues disposées en épis, et

---

(1) M. *Hedenström*: Fragments sur la Sibérie, communiqués à la Société impériale des naturalistes de Moscou, 1830.

(1) *Storch*: Tableau de la Russie, t. I, p. 249.

l'*orobus vernus* dont la corolle papilionacée brille des plus belles teintes bleuâtres ou purpurines (1).

« Le règne animal occupe une grande place dans le tableau de ces contrées sauvages. Parmi les animaux domestiques, le renne est le plus remarquable; nous avons déjà vu que la zone froide étant plus étendue en Asie, le renne y descendait à une latitude plus basse qu'en Europe (2). Pallas et Sokolof en virent de grands troupeaux sur les montagnes qui bordent la Mongolie chinoise, près les sources de L'Onon, entre les 49° et 50° degrés de latitude. Ainsi, les régions du renne et du chameau, éloignées l'une de l'autre de 20 à 30 degrés dans la partie occidentale de notre continent, se touchent, et peut-être même se croisent dans la partie orientale.

» Le renne (*cervus tarandus*) est un grand bienfait de la nature envers le malheureux nomade du pôle arctique. Il attelle des rennes à son traîneau, il boit leur lait, il se nourrit de leur chair, il se revêt de leur peau; la vessie lui sert de bouteille; il fait du fil de leurs boyaux et de leurs nerfs, et il vend encore leurs cornes, dont on fait usage dans la pharmacie. Les rennes coûtent peu à nourrir; une mousse qu'ils trouvent sous la neige est presque leur seule nourriture; ils peuvent se passer d'étable dans un climat où des animaux très robustes ne peuvent pas même vivre. Mais le renne ne fait pas d'aussi longs trajets que le disent certains naturalistes; il est faible, et perd souvent haleine. On ne fait, avec un attelage de rennes, que 4 à 6 lieues par jour. Un Samoyède passe pour très riche lorsqu'il a 100 ou 150 rennes : un Toungouse économe en entretient jusqu'à 1,000; un Koriak, plusieurs milliers; et l'on assure que parmi les Tchouktchis il y a des pasteurs qui en possèdent jusqu'à 50,000 (3). »

Les rennes des environs de Nertchinsk sont plus estimés que ceux de Vologda et de Viatka; leur poil est plus doux, plus blanc et tacheté de noir : ce qui les fait rechercher comme fourrures.

» Le chien de Sibérie (4), semblable au loup, dont il diffère cependant par ses longs poils d'un gris ardoise ou cendré, est en quelque sorte le compagnon du renne; il sert de bête de trait non seulement chez les Kamtchadales, mais chez les Toungouses, les Samoyèdes et quelques Ostiaks. Il court avec une agilité extrême, mais, farouche et difficile à conduire, il se jette souvent, avec le traîneau et son maître, du haut de précipices dangereux; en un mot, c'est un très mauvais équipage que celui des Kamtchadales : ils nourrissent ces chiens avec du poisson sec.

» Il ne paraît pas que l'entretien des bestiaux soit poussé en Sibérie au degré de perfection auquel on pourrait atteindre dans un pays si riche en pâturages. Parmi les nations sibériennes, les Bouriates et les Mongols se distinguent par leurs nombreux troupeaux. Les chevaux des Mongols sont d'une beauté extraordinaire; quelques uns sont rayés comme le tigre et tachetés comme le léopard. Les grandes nations nomades du centre de l'Asie aiment la chair du cheval, et la préfèrent à celle du bœuf; souvent ils la sèchent au soleil et à l'air, et la mangent ensuite sans autre préparation. Un *adon* ou haras d'un noble mongol contient 3 ou 4,000 chevaux ou juments. Les Tatars de la Sibérie occidentale ont amené avec eux l'animal favori de leur nation, le cheval. Il erre dans la steppe de Barabin en immenses bandes. La plupart des chevaux de Sibérie ont le poil blanc. »

Le mouton est de l'espèce appelée argali (1). Sa taille est à peu près celle du daim, mais il a le corps plus épais. Sa tête ressemble à celle du mouton ordinaire, à l'exception que ses oreilles sont plus courtes. Ses cornes, ordinairement très grandes, sont comprimées et triangulaires, épaisses, rugueuses et dirigées en dehors. La femelle a les cornes plus élevées et moins divergentes. Cette espèce, répandue dans tout le nord de l'Asie, a la queue très courte et nue en-dessous. En hiver son pelage est d'un gris fauve, en été il devient plus roux.

» Les bœufs de Russie, transportés en Sibérie, ont diminué de taille, mais gagné en vigueur. En général, les animaux propres aux plaines centrales de l'Asie s'étendent plus ou

---

(1) Lettres sur la Sibérie. Télégraphe de Moscou, n° 17. — (2) Voyez notre volume 1er, p. 546. — (3) *Storch*, Tableau statistique de la Russie, t. II, p. 195.—(4) *Canis sibiricus*, Linn. Syst. nat., édit. 3e. Gmelin, 1, p. 66.

(1) *Ovis argali*. — *Musimon asiaticus*. — *Ovis fera sibirica*: confondu par Linnée avec le mouflon, sous le nom d'*ovis ammon*.

moins dans les montagnes méridionales de la Sibérie. Le chameau non seulement y vient en caravanes, mais il vit dans la Daourie chez les Mongols russes.

» Ce pays est, après l'Amérique septentrionale et l'Afrique méridionale, le plus vaste parc de chasse qu'il y ait sur le globe; mais les Russes ont trop avidement épuisé cette ressource; les animaux objets de la chasse s'enfuient ou diminuent en nombre (¹).

» Les plus belles zibelines se trouvent aujourd'hui près de Iakoutsk et de Nertchinsk, mais elles sont plus nombreuses dans le Kamtchatka. On emploie différents stratagèmes, surtout les flèches à bout obtus, pour tuer l'animal sans faire tort à sa peau, qui vaut quelquefois jusqu'à 240 francs dans le lieu même. Les zibelines noires, c'est-à-dire celles qui sont revêtues de leur pelage d'hiver, sont les plus estimées. La peau d'un renard noir (²) se vend jusqu'à 1,000 roubles, et suffit souvent pour payer l'impôt d'un village entier. Le renard des rochers ou des glaces (³), plus connu sous le nom de *renard bleu*, dont la couleur est généralement d'un gris cendré, mais quelquefois bleuâtre, habite la zone glaciale, le Kamtchatka et les îles orientales. Cet animal rivalise le singe pour la finesse de ses ruses et son génie malfaisant. Les autres animaux que l'on chasse pour leur peau sont les hermines, les marmottes, l'écureuil et d'autres inférieurs en réputation. On estime beaucoup les écureuils de couleur argentée ou les *petits-gris* (⁴) du pays des Téléoutes.

» L'ours blanc ou l'ours polaire (⁵) est le plus redoutable parmi les bêtes féroces de la Sibérie. On le rencontre plus fréquemment entre les embouchures de la Lena et du Ienisei, qu'entre l'Obi et la mer Blanche. Le chasseur l'attaque pourtant une lance à la main, et l'animal stupide, assis sur ses deux pattes de derrière, laisse approcher le fer meurtrier. L'ours de terre ou brun y est aussi commun. On le détruit de plusieurs manières plus ou moins ingénieuses. Les Koriaks parviennent à le suspendre aux arbres par le moyen d'une amorce attachée à une courroie. Dans les montagnes, on épie le sentier où il a coutume de passer, et on place une corde avec un billot très lourd à une des extrémités, et un nœud coulant à l'autre. Lorsqu'un de ces animaux est pris ainsi par le cou, il s'épuise à tirer un poids aussi considérable, ou il attaque le billot avec fureur, et le jette en bas d'un précipice dans lequel il se trouve lui-même entraîné. »

On n'est pas bien certain que cet ours soit le même que l'ours brun des Pyrénées; il est plus probable qu'il doit former une espèce distincte : en effet, il est remarquable par un large collier blanc qui passe sur son dos, ses épaules et sa poitrine. On a proposé de l'appeler ours de Sibérie (*ursus collaris*, F. Cuvier).

« La panthère (¹) se montre en Daourie, le lynx et le glouton habitent toute la Sibérie.

» L'élan (²) est assez répandu dans les forêts, mais il ne passe pas le 65ᵉ degré. On le chasse au mois de mars, lorsque la superficie de la neige se fond; le chasseur y glisse sur ses grands patins de bois, mais l'élan perce la neige à chaque pas et s'y enfonce. Nous devons encore remarquer le *tahia*, autrement *takeïa* ou cheval sauvage, dans les steppes d'Ichim; le *koulan* ou âne sauvage, connu aussi sous le nom d'*onagre*; le *dchighetaï*, espèce intermédiaire entre le cheval et l'âne (³); le daim, le cerf, le chevreuil, l'*antilope-saïga*, l'antilope à goitre (⁴) ou *antilope hydrophobe* de la Daourie; quelques sangliers sur les bords de l'Irtyche; l'animal porte-musc, mais rare, et un grand nombre de castors, surtout au Kamtchatka. Mais pour la civette ou zibeth, dont parlent plusieurs auteurs, il paraît que les naturalistes ne la connaissent point; on aura peut-être voulu parler d'une espèce de rat musqué (*sorex moschatus*), qui habite, non pas la Sibérie, mais sur les bords de la Kama, la Samara, le Volga et le Don (⁵).

» La Sibérie possède encore divers petits animaux dignes de remarque, tels que le lièvre de Daourie (⁶), dont le pelage est gris mêlé de brun pâle; le lièvre de Mongolie (⁷),

---

(¹) *Prodromus faunæ rossicæ*, par M. Dwigubski, docteur-médecin de l'université de Moscou. Fascic. I, Gottingue, 1804 — (²) *Canis lycaon* (Gmel.). *Canis argentatus* (Penn.). — (³) *Canis lagopus* v. *Isatis*. melin, Nov. Comment. Petrop., V, 358. — (⁴) *Sciurus vulgaris*. — (⁵) *Ursus maritimus*.

(¹) *Felis pardus*, Linn. Buff. — (²) *Cervus alces*. — (³) Equus hemionus, *Pallas*. — (⁴) Antelope gutturosa, *Pallas*, Spicil. Zool. Fasc. XII, tab. 2 et 3, fig. 14-17. — (⁵) *Storch*, t. II, p. 34. — (⁶) « *Lepus Tolaï*. » *Pallas*, Glires, p. 17. — (⁷) « *Lepus Ogotona*. » *Pallas*, Glires, p. 59-70.

petit lagomys répandu jusque dans les îles Aléoutiennes ; le lièvre des montagnes, espèce de pika (¹), qui fait des approvisionnements de foin; la souris dite aveugle (²), mais qui ne l'est pas, et beaucoup d'autres espèces de rats et de souris, parmi lesquelles nous nommerons le *lemming* (³), qui émigre souvent en colonnes, se dirigeant toujours en ligne droite, sans qu'aucun obstacle interrompe sa marche, puisqu'il traverse aisément les plus grands fleuves et même des bras de mer ; et les espèces de campagnols nommées *souris sociales et économiques* (⁴), qui ramassent dans leurs trous des quantités assez considérables de racines nutritives et d'ognons, pour que le Sibérien cherche avec avidité à les en dépouiller.

» Les insectes tourmentent l'habitant et le voyageur; le moustique obscurcit l'air, et, malgré le froid, la punaise infecte les maisons ; les blattes kakerlaks d'Asie, introduites par Kiakhta, se sont répandues jusqu'aux bords du Volga. L'abeille n'a pu être propagée en Sibérie (⁵). »

(¹) *Lagomis pika*, Geoff. — (²) « Sorex cæcutiens. » Laxmann, Nov. Act. Petrop. 1785, p. 285. — (³) *Mus lemmus*. — (⁴) « Mus œconomicus. » — *Pall*. Glires, p. 79 et 225. « Mus socialis. » Ibid. 77 et 78. — (⁵) Les personnes qui s'occupent d'entomologie ne liront peut-être pas sans intérêt la liste des insectes que M. Fladermann a recueillis dans ces dernières années en Sibérie :

Buprestis Karelini (Fald.),	habite	la steppe des Kirghiz.
— *discopunctata* (id.),	»	les environs d'Irkoutsk.
Hoplia Eversmanni (id.),	»	la steppe des Kirghiz.
Blaps pruinosa (Eversm.),	»	Idem.
Opatrum sibiricum (Fald.),	»	les environs d'Irkoutsk.
Diaperis Riederii (id.),	»	le Kamtchatka.
Melandria splendida (id.),	»	Idem.
Mylabris pulchella (id.),	»	la steppe des Kirghiz.
Pachyta punctata (id.),	»	les environs d'Irkoutsk.
Chrysomela foveolata (id.),	»	Idem.
— *purpurata* (id.),	»	Idem.
Coccinella ramosa (id.),	»	Idem.

Nous ajouterons à cette liste celle de quelques espèces recueillies dans l'Altaï et la steppe des Kirghiz par M. Ledebours, et déterminées par M. Gebler :

Cicindela volgensis (variété),	habite	les environs de Loktevka.
— *distans* et *descendens*,	»	Idem.

Ce pays abonde en excellent gibier ailé, tel que des canards et des oies sauvages, entre autres l'oie blanche et l'oie noire, des cygnes, des gelinottes, des bécasses, des perdrix. Parmi les oiseaux de passage, on distingue l'oie polaire et l'*anas glacialis*, dit canard de

Polystichus fasciolatus,	habite	les environs de Loktevka.
Cymindis altaica,	»	les monts Altaï.
Dromias glabratus,	»	les environs de Loktevka.
Clivina nitida,	»	Idem.
Anisodactylus obtusus,	»	Idem.
Harpalus (10 à 12 espèces),	»	l'Altaï.
Ophonus cordatus,	»	les environs de Loktevka.
Acupalpus exiguus,	»	Idem.
Sphodrus laticollis,	»	Idem.
— *planicollis* et *parallelus*,	»	les bords de l'Irtyche.
Amara (10 à 12 espèces),	»	les monts Altaï.
Masoreus luxatus,	»	les environs de Barnaoul.
Poecilus viaticus,	»	l'Altaï.
Steropus maurasiacus et *virescens*,	»	la forêt de Salaïr.
Feronia erudita, — *srenua*, — *vernalis*,	»	les environs de Barnaoul et de Loktevka.
Anchomenus riparius et *altaicus*,	»	les environs de Riddersk.
Badister lacertosus peltatus et *bipustulatus*,	»	les environs de Barnaoul.
Carabus (7 espèces),	»	les bords de l'Irtyche.
Bembidium (10 espèces),	»	les environs de Barnaoul.
Emus nebulosus,	»	les bords de l'Irtyche.
Oxytelus pallipes et *carinatus*,	»	les environs de Barnaoul.
Aleochara fuscipes,	»	Idem.
Buprestis decastigma et *subaurata*,	»	les envir. de Smeïnogorsk.
Elater (8 espèces),	»	les environs de Barnaoul.
Cantharis rugicollis et *cantholoma*,	»	les environs de Loktevka.
Dasytes pilosus et *maurus*,	»	Idem.
Xiletinus longipennis et *pectinatus*,	»	Idem.
Ptinus punctatus,	»	les environs de Salaïr.
Hister concinnus et *striatus*,	»	les environs de Loktevka.
Aphodius (6 espèces),	»	Idem.
Tentyria (6 espèces),	»	les environs de Loktevka.
Pedinus sibiricus,	»	les monts Altaï.
Platyscelis picipes,	»	Idem.
Anisotoma rufipes,	»	Idem.
Scotodes annulatus,	»	la forêt de Salaïr.

ASIE. — SIBÉRIE OU RUSSIE D'ASIE SEPTENTRIONALE.

Terre-Neuve. La Sibérie orientale et le Kamtchatka possèdent une espèce d'oie [1] qui vit sur la mer, et qui est quelquefois rejetée sur le rivage au nombre de plusieurs milliers. On y connaît aussi le *tringa lobé*, et une très petite espèce de *phalarope* plus petite que le moineau, et qui est peut-être le *Ph. gracilis*; la mouette pygmée ou rieuse (*larus minutus*), et la mouette à longue queue (*larus parasiticus*).

« Il est étonnant que les Russes ne cherchent point à pêcher la baleine dans la partie de l'océan Glacial qui est à l'est de la Nouvelle-Zemlie, et qui probablement n'est qu'un vaste détroit. En tous cas, les harengs et d'autres poissons, ainsi que les grands cétacés, doivent y abonder. Les Samoyèdes seuls y font la pêche; ils prennent, surtout dans les golfes de l'Obi et de Kara, le *bélouga de mer*, espèce de dauphin [2] qui a trois toises de long. »

La mer d'Okhotsk abonde en baleines dont la pêche procure de grands avantages par la vente des fanons et de l'huile. Il est à remarquer que les harengs entrent dans les rivières

Meloe scabrosa et *scabricula*,	habite	les environs de Loktevka, les bords de l'Irtyche.
Zonitis sibirica,	»	Idem.
Bruchus maculatus et *seminarius*,	»	les monts Altaï.
Rhynchites (4 espèces),	»	les bords de l'Irtyche.
Cleonus (12 espèces),	»	diverses part. de la Sibérie.
Phytonomus (5 espèces),	»	les environs de Barnaoul, etc.
Phyllobius altaïcus, *sibiricus*, *obovatus*.	»	Idem.
Otiorhynchus (4 espèces),	»	les envir. de Salaïr et de Loktevka.
Centorhynchus (5 espèces),	»	Idem.
Latridius angusticollis et *crenulatus*,	»	les environs de Barnaoul.
Saperda (6 espèces),	»	les environs de Loktevka.
Pachyta (6 espèces),	»	les monts Altaï.
Cassida desertorum et *sibirica*,	»	près Oust Kamenogorsk.
Cryptocephalus (5 ou 6 espèces),	»	les bords de l'Irtyche.
Bostrichus (2 espèces),	»	les monts Altaï.

Voyez le Bulletin de la Société impériale des naturalistes de Moscou, année 1833.

[1] *Anas grandis*, Georgi, Russie, III, 1725. —
[2] *Delphinus leucas*. On y prend aussi le *delphinus orca*.

qui arrosent le gouvernement d'Irkoutsk. On trouve beaucoup de saumons dans la Lena; on y pêche aussi en grande quantité deux espèces de poissons, le *chycale* [1] et l'*omoul* [2]; ce dernier poisson, large, gros et presque rond avec une petite tête, remonte de l'océan Glacial dans tous les fleuves à fond pierreux, tels que l'Ieniseï, la Lena, et autres à l'est, tandis qu'il n'entre point dans l'Obi, qui a le fond vaseux et terreux. Il en est de même de la truite blanche [3].

La plupart des fleuves de la Sibérie nourrissent le *nelma* (*salmo leucichihys*), le *mouksoun* (*salmo muxun*), le *taï menne* (*salmo fluviatilis*), le *khairouze* (*salmo thymallus*), le *pouijiane* (*salmo polkar*) et le *syrok* (*salmo vimba*). Outre ces poissons, on cite encore le *tchogour* (*salmo corregonus*). M. Hedenström a fait une remarque qui mérite d'être constatée: c'est que l'on trouve dans la Lena un poisson qui ressemble parfaitement au hareng, et qui renferme un poison tellement actif, qu'il donne la mort en quelques heures.

« L'*Obi* nourrit en revanche de très gros éperlans, des essaims innombrables de sterlets, d'esturgeons, de saumons blancs, de brochets, de murènes et de lottes, outre plusieurs espèces dont les noms russes et ostiaks ne nous apprendraient rien sans de longues discussions. Plusieurs de ces poissons remontent de la mer, d'autres descendent des lacs et des ruisseaux; ils sont presque tous obligés de quitter l'Obi aux approches de l'hiver, avant que les eaux de ce fleuve se soient corrompues sous la glace. Cette putréfaction des eaux courantes sous la glace n'a d'autre cause qu'un sol marécageux, la lenteur du cours de ce grand fleuve, et les parties salines que l'Irtyche et l'Tchim y apportent. Les eaux du fleuve restent bonnes près de l'embouchure des rivières qui viennent d'un sol pierreux pour s'y jeter. Plusieurs poissons se tiennent dans ces endroits. Les eaux croupissantes disparaissent au printemps, lorsque la neige fondue fournit au fleuve des eaux nouvelles et meilleures. Les eaux un peu calcaires de l'Irtyche nourrissent d'excellents esturgeons. Les sterlets et les lottes y sont très gros. La plupart des fleuves de la Sibérie orientale abondent en saumons, omouls et truites.

[1] *Salmo nasus*. — [2] *Salmo autumnalis*. — [3] Pallas, Voyage, t. IV, p. 105 (in-4°).

» La pêche sur la côte et entre les îles de l'océan Oriental est très riche et très remarquable, même pour la géographie physique. La mer, entre la Mandchourie, la Sibérie, le Kamtchatka et les îles Kouriles, est une véritable méditerranée; la mer comprise entre l'Asie, l'Amérique et les îles Aléoutiennes, participe beaucoup à cette nature. Dans ces deux *régions ichthyologiques*, on voit des troupes innombrables de ces singuliers animaux qui tiennent le milieu entre les quadrupèdes et les poissons, tels que les baleines, les ours de mer, les loups de mer, les lamantins, les loutres de mer. Nous en réservons la description pour l'article de l'*Amérique russe*.

» Tel est le tableau que présente actuellement la géographie physique de la Sibérie. On est porté à croire qu'il a dû être bien différent à l'époque où de grands animaux herbivores, semblables à ceux de la zone torride, parcouraient ici les riches pâturages qui durent alors les nourrir, et qui supposent une température bien douce! Nous avons déjà appelé l'attention de nos lecteurs sur ces nombreux débris d'*éléphants* et de *rhinocéros*, et autres animaux de la zone torride, qu'on a trouvés dans la Sibérie, le long de l'Ichim, de l'Irtyche, de l'Obi et du Ienisei, et jusque sur les bords de l'océan Glacial (¹). Les os de ces quadrupèdes se trouvent mêlés avec des coquilles marines, et d'autres os qui semblent, disent les anciens observateurs, être les crânes des plus grands poissons de mer (²). On les rencontre le long des fleuves, dans des couches terreuses, et presque jamais dans un sol pierreux. Les îles *Liakhof* ne sont composées que de gravier, de glaces et d'os d'éléphants, de rhinocéros, de buffles et de cétacés. Nous avons rappelé ci-dessus qu'on a même trouvé des rhinocéros et des mammonts, improprement appelés mammouths, ou éléphants de Sibérie, tout entiers, avec la peau en partie bien conservée (³).

» Ces étonnants restes d'une population animale étrangère au climat actuel de la Sibérie, ont fait naître diverses conjectures. Il est inutile de réfuter le savant Bayer, qui avait imaginé de considérer ces débris comme appartenant aux éléphants qui ont pu accompagner les armées mongoles et tatares; l'immense nombre de ces ossements s'y opposerait même sans la présence des restes d'animaux marins. Selon Pallas, ces débris auraient été apportés en Sibérie par un déluge; mais ils ne présentent aucune trace d'un roulement long et violent. Toutes les circonstances concourent à les faire considérer comme ayant appartenu à des animaux qui ont vécu à l'endroit même où l'on trouve leurs débris: mais on se demande comment ces animaux ont pu vivre dans une contrée aujourd'hui aussi stérile et aussi froide; on se demande si, en supposant la Sibérie jadis beaucoup plus tempérée et plus fertile, cet état de choses était dû à une position différente de l'écliptique, et par conséquent des zones terrestres. Les géomètres et les astronomes paraissent généralement peu disposés à admettre la possibilité d'un changement dans la position astronomique du globe. Nous venons cependant de recueillir un trait qui semble prouver que réellement la température de ces contrées était autrefois plus élevée, mais qui prouve aussi qu'elles étaient couvertes d'eaux marines. On ne s'attendrait pas à retrouver en Sibérie l'activité merveilleuse de ces madrépores qui, dans les mers de l'équateur, bâtissent des îles nouvelles; cependant le lac de *Kamyschlova*, sur la rive droite de l'Irtyche, et non loin de *Petropavlofsk*, s'est encombré successivement par des bancs de corail; et, selon quelques auteurs (¹), il semblerait même que les madrépores continuent encore actuellement à former des bancs nouveaux. Ce fait, mieux examiné, pourrait jeter un grand jour sur l'histoire physique du globe. »

L'opinion du célèbre George Cuvier, qui attribuait la conservation des éléphants et des rhinocéros avec leur chair et leur peau à une cause subite, était la seule qui pût rendre raison de cette conservation; mais cette cause subite ne s'accorde ni avec les hypothèses d'un refroidissement graduel de la terre, ni avec celles d'une variation dans l'inclinaison de son axe. Cette cause devait donc rester inaperçue jusqu'à ce qu'il fût bien constaté, ainsi que nous l'avons vu plus haut, que le sol

---

(¹) Voyez notre vol. Ier, p. 451, 454. — (²) Acta Petropolitana, l'année 1773, t. XVII, p. 582. Comparez *Pallas*, Voyage, t. II, p. 10, 377, 403; t. III, p. 84, 106; t. IV, p. 50, 379, 459. — (³) *Pallas*, IV, p. 130. *Adams*, Voyage à la mer Glaciale, dans les Éphémérides géograph. de Weimar, XXV, p. 259 sqq.

(¹) *eorgi*, III, 1041.

de la Sibérie, surtout dans les parties septentrionales, est gelé à 5, 6, 12 et 15 pieds de profondeur en tout temps, c'est-à-dire pendant même les plus fortes chaleurs de l'été. Ce fait suffit pour expliquer comment on a trouvé dans des alluvions, que l'on peut considérer comme les plus récentes de celles qui appartiennent aux dernières révolutions physiques du globe, ces grands mammifères recouverts de leur chair et de leur peau. C'est du moins ce qui pourrait arriver encore relativement aux animaux qui habitent aujourd'hui la Sibérie, si, en s'égarant vers les bords du Vilhioui et vers l'embouchure de la Lena, quelques uns de leurs cadavres, par suite de légères secousses, de crevassements du sol, de changements dans l'état de la surface, bien moins importants, comme l'a dit M. de Humboldt, que ceux qui ont eu lieu encore de nos jours sur le plateau de Quito, et nous pourrions ajouter sur le littoral du Chili, venaient à être ensevelis à la profondeur de quelques pieds dans cette terre constamment glacée.

N'oublions pas d'ailleurs une circonstance importante qui simplifie beaucoup la question: c'est que l'éléphant et le rhinocéros, dont on trouve les dépouilles en Sibérie, appartenaient à des espèces peut-être originaires des pays chauds, mais qui étaient devenues propres aux régions froides, puisqu'on les a trouvés couverts de poils. Il résulte donc de ces faits une conséquence importante : c'est qu'à l'époque où ces grands mammifères vivaient sur le sol sibérien, le climat devait y être aussi froid qu'il l'est de nos jours.

Il ne faut cependant pas croire que cette température soit un obstacle à la propagation des animaux qui habitent aujourd'hui des régions chaudes : dans l'état de nature, les animaux sont doués à un très haut degré de la faculté de s'acclimater à des températures très différentes : s'ils restent confinés aujourd'hui dans certaines zones qui leur sont plus favorables que d'autres, c'est que l'augmentation toujours croissante de l'espèce humaine qui les chasse et les détruit, les empêche de les quitter ; ce qu'ils feraient, s'ils pouvaient se multiplier sans obstacles, et, par suite de cette multiplication, s'étendre vers des régions moins chaudes. Nous avons déjà l'exemple que le chameau peut vivre en domesticité sur le sol de la Sibérie ; mais M. de Humboldt a fait remarquer que le tigre royal, que nous sommes accoutumés à appeler un animal de la zone torride, vit encore aujourd'hui en Asie depuis l'extrémité de l'Hindoustan jusqu'au mont Tarbagataï, aux rives du haut Irtiche et aux steppes de Kirghiz, sur une étendue de 40 degrés en latitude, et que de temps en temps, en été, il fait des incursions jusqu'à 100 lieues plus au nord. « Des indi- » vidus, dit-il, qui arriveraient dans le nord- » est de la Sibérie jusqu'au parallèle de 62 et » 65 degrés, pourraient, par l'effet des ébou- » lements ou sous d'autres circonstances peu » extraordinaires, offrir dans l'état actuel des » climats asiatiques des phénomènes de con- » servation très semblables à ceux du mam- » mouth d'Adams et des rhinocéros du Vi- » lhioui (1). »

LIVRE CENT TRENTE-CINQUIÈME.

Suite de la Description de l'Asie. — Nations, provinces, districts et villes de la Sibérie.

« Dans la description particulière d'une grande contrée, il y a deux points de vue donnés par la nature des choses : on peut diviser le pays en gouvernements, provinces et arrondissements ; on peut le diviser d'après les nations qui l'habitent : l'une de ces méthodes est celle de la *chorographie* ; l'autre, celle de l'*ethnographie*. Ordinairement nous commençons par la première ; ici, ce sera par la dernière : nous espérons que notre description y gagnera de la clarté et de l'intérêt.

» Les *Russes*, *Kosaques*, et autres colons

(1) *A. de Humboldt* : Fragments de géologie et de climatologie asiatiques, p. 394.

d'Europe, habitent surtout les villes et les postes militaires de la Sibérie; ils descendent, les uns des soldats employés à la conquête de ce pays, les autres des criminels envoyés ici en exil; à ces deux classes se sont réunis des aventuriers, des paysans déserteurs, des marchands ruinés qui ont cherché ici les moyens de rétablir leur fortune. Ces diverses classes de colons, en s'enfonçant dans un vaste désert, joignirent d'abord à leur grossièreté primitive celle qui résulte d'un climat sauvage; mais si l'ignorance, la paresse et l'ivrognerie nuisent souvent à leur bonheur, les voyageurs vantent leur hospitalité généreuse, leur franche gaieté et le bon ordre qui règne parmi eux. Il n'y a qu'un siècle que les Sibériens passaient pour avoir des mœurs si sauvages, que Pierre-le-Grand crut ne pouvoir infliger un plus grand supplice aux Suédois, qui étaient ses ennemis mortels, que de les envoyer en Sibérie. Il arriva que ces honorables exilés introduisirent dans cette contrée les usages et les manufactures de l'Europe; en améliorant leur propre situation, ils civilisèrent leurs hôtes. Les Suédois fondèrent, en 1713, la première école à Tobolsk; ils y enseignèrent l'allemand, le latin, le français, la géographie, la géométrie et le dessin. En 1801, Kotzebue y rencontra des gens qui s'occupaient des littératures russe, française et allemande; il y vit jouer ses drames sur un théâtre public (¹). Ces traits marquent les progrès successifs des Sibériens en fait de culture d'esprit. D'un autre côté, les gouverneurs et les autres officiers civils et militaires ont introduit dans les villes de Sibérie les mœurs de Saint-Pétersbourg, avec la vanité et l'ostentation russes. M. Lesseps vit rouler dans les rues d'Irkoutsk des voitures élégantes. Mais le raffinement arrivé dans les mœurs des Sibériens n'a pu s'étendre aux petites villes et aux villages tristement épars au milieu de vastes forêts. Quelques cultivateurs, riches en troupeaux, ignorent presque l'usage de l'argent, et mènent une vie patriarcale. Les chasseurs, errant dans les déserts, deviennent presque des sauvages : la terre glacée leur sert de lit; les baies des arbustes étanchent leur soif; ils boivent même le sang des animaux que leurs balles viennent d'atteindre. Le Kosaque qui, à Tobolsk, à Irkoutsk se voit confondu dans la populace, devient une sorte de monarque lorsque, envoyé au milieu des Samoyèdes ou des Joukaghirs, il est chargé d'y recueillir le tribut et de maintenir l'ordre. Il a pour palais une cabane, pour sceptre un bâton de caporal; les délices de sa table consistent en saumons, rennes et hures d'ours. Quelques familles kosaques, établies dans les villes, ont obtenu le rang de *dvorianine*, ou nobles patriciens (¹). Les marchands de Sibérie courent en grande partie de ville en ville, ou de foire en foire. Le nombre des Européens établis dans ce pays, et des *Sibériakes*, ou descendants d'Européens, s'élève aujourd'hui à plus d'un demi-million.

» Les nombreuses *peuplades tatares*, ou tartares, c'est-à-dire *turques*, occupent la partie méridionale des gouvernements de Tobolsk, de Tomsk et d'Ieniseïsk. Les plus reculées vers l'est sont les *Biriouses*, les *Katchinzi* ou Katchins, et les *Beltyres*; ces trois tribus, plus ou moins mélangées au sang mongolique, demeurent aux environs de l'Abakan, rivière qui se jette dans le haut Ienisei. »

Les *Biriouses* doivent leur nom à la Biriousa, affluent de la Tchouna, au bord de laquelle ils faisaient jadis paître leur bétail. Aujourd'hui ils habitent le gouvernement de Tomsk. Cette peuplade, qui ne se compose que de 2 ou 300 individus, est pauvre. Le chamanisme est leur religion et la chasse leur principale occupation. Cependant ils élèvent des chevaux et des bœufs, et cultivent du millet et un peu de froment.

Les *Katchinzi* ou *Katchins* habitent sous des tentes en feutre et en écorce de bouleau. Leur visage sans barbe indique quelque mélange du sang mongol; ils ont parmi eux des magiciens assez adroits, dont le costume ressemble à l'habillement français (²). Ils passent pour les plus sales et les plus sauvages de tous les peuples nomades de la Sibérie; ils n'ont ni industrie ni commerce. On en compte 6,000 qui paient tribut à la Russie. Ils sont partagés en six hordes dont chacune est commandée par un chef qui a le titre de *bachlik*. Les femmes exercent dans leur ménage une grande autorité.

Les *Beltyres* élèvent une grande quantité

(¹) *Kotzebue*, L'Année la plus mémorable de ma vie.

(¹) *Georgi*, Russie, II (vol. in-4°), 1009. — (²) *Pallas*, Voyage en Russie, IV, p. 580 (in-4°).

de chevaux, de bœufs et de moutons, et depuis la fin du siècle dernier, ils s'adonnent à l'agriculture.

« Une tribu de *Téléoutes*, ou *Telengoutes*, habite aux environs de Kouznetzk ; le plus grand nombre vit en Kalmoukie ; ils sont même appelés *Kalmouks-blancs* par les Russes. Quelques uns d'entre eux, forcés à se laisser baptiser, négligent cependant la plupart des cérémonies de l'Église grecque ; les autres professent le mahométisme et le lamisme ; leur langage est demi-mongol [1]. » Leur nombre est d'environ 500 mâles ; ils paient un tribut en fourrures à la Russie. Ce petit peuple a le singulier usage de partager l'année en deux : l'année d'hiver et l'année d'été.

» En descendant les rivières de *Tom* et de *Tchoulym*, nous trouvons deux peuplades tatares qui en ont porté le nom ; elles ont été converties au christianisme par l'archevêque Philophéi. Un corps de dragons russes, conduit par ce prélat, les chassa et les poussa dans la rivière de Tchoulym ; le digne apôtre les déclara *dûment baptisés* ; mais aujourd'hui, laissés en liberté, ils se sont fait, d'après leurs idées, un bizarre mélange de rites chrétiens et païens. Les Tatars de Tchoulym parlent un idiome composé de tatar, du bouriaite-mongol et de quelques mots iakoutes [2]. »

Parmi diverses tribus peu considérables, nous nommerons les *Abintzi*, dont le nom, dérivé du mot tatar *Abœ* (père), indique une tribu fort ancienne. Ils habitaient autrefois les bords du Tom près de l'Obi ; mais les Téléoutes ayant quitté les bords supérieurs du Tom, les Abintzi remontèrent cette rivière, et s'établirent près de sa source et dans les montagnes aux pieds desquelles les Russes ont bâti la ville de Kouznetzk. Ils se divisent en plusieurs *aïmaks* ou tribus, bien qu'ils ne paient l'impôt que pour 100 arcs ou individus. Ils sont de la même race que les Téléoutes, et professent la même religion ; c'est-à-dire le chamanisme. Leur industrie consiste à cultiver quelques champs, à élever des bestiaux, à chasser toutes sortes d'animaux qu'ils mangent et dont ils conservent la peau pour acquitter le tribut, et à exploiter le fer que

recèlent leurs montagnes et qu'ils livrent en fonte aux Russes. Ils forgent aussi leurs flèches et leurs bêches. Au milieu de leurs cabanes ils pratiquent un trou dans le sol argileux, et y fondent le minerai pendant l'hiver.

Sur les deux rives de l'Irtyche, nous trouvons les *Barabintzi*, qui vivent de la pêche et de leurs bestiaux dans la grande steppe qui porte le même nom, mais qui est plus connue aussi sous celui de steppe de Baraba ; quelques uns sont mahométans, les autres païens. Ce peuple se compose de sept tribus dont le total est d'environ 3,500 hommes, tous tributaires de la Russie. Les mots mongols que l'on remarque dans leur langue, ainsi que le caractère de leur physionomie, donnent lieu de croire qu'ils appartiennent à la race mongole. Adonnés à la vie pastorale, les Barabintzi négligent l'agriculture. En été, ils campent sous des tentes faites en nattes ; en hiver, ils rentrent dans les villages qu'ils ont momentanément abandonnés. Ils prétendent être mahométans, mais ils suivent avec beaucoup de négligence les préceptes de l'islamisme : ainsi, par exemple, ils mangent tous les animaux qu'ils tuent à la chasse, et même le bétail mort naturellement.

Les *Tatars d'Obi* habitent le long de la rive gauche de ce fleuve, jusqu'aux environs de Narym. Ceux de *Tobolsk* demeurent sur les deux rives du Tobol, depuis la frontière jusqu'à son embouchure. Autrefois la plus grande partie de la population de Tobolsk, de Tara et de Tomsk, était composée de Tatars ; aujourd'hui ils y habitent seulement quelques quartiers particuliers appelés *Slobodes tatares* ; mais leur nombre est tellement diminué dans ces villes, que celui des mâles ne s'élève pas à plus de 7,000.

Les Tatars *Sagaïtzi*, qui habitent entre les monts Kouznetzk et l'Abakan dans le gouvernement d'Ieniseïsk, sont nomades et adonnés au chamanisme. Un très petit nombre se livre à l'agriculture. Riches en bétail, ils s'établissent en été dans les montagnes, et en hiver dans les steppes qui bordent l'Abakan. Bien qu'ils soient plus nombreux, ils ne paient le tribut de trois roubles par flèche ou par homme armé que pour 150 hommes. Ils ne cultivent que les grains dont ils ont besoin pour leur consommation.

---

[1] *Georgi*, Description des nations russes, II, 240 (en allemand). Vocab. petropolitan., n° 101. — [2] Vocab. petrop., n 96.

Les Tatars *Sayansk*, nomades comme les précédents et habitant le même gouvernement, passent aussi l'été dans les montagnes et l'hiver dans les plaines sous des tentes en feutre. Ils se partagent en plusieurs *aïmaks* ou tribus. Adroits à la chasse, ils s'y livrent avec ardeur. Quelques uns exploitent le fer dans les montagnes et font le métier de forgeron. Leur principale richesse consiste en chevaux et en bétail. Leurs femmes filent une espèce de lin sauvage qui croît dans les steppes. Une partie de ces Tatars a embrassé le christianisme, et l'autre est restée fidèle au chamanisme. Ils déposent leurs morts dans des cercueils qu'ils suspendent aux arbres où ils les laissent jusqu'à leur complète dissolution.

Les Tatars *Tchari*, aux environs de Tomsk, passent pour excellents agriculteurs; ils forment 7 à 800 familles qui ont pour la plupart conservé le mahométisme.

« Les *Touralinzi* ou Touraliniens, les plus civilisés de tous les Tatars de la Sibérie, habitent les villes et villages situés sur les bords de la Toura, depuis les montagnes jusque vers le Tobol; ils ont aussi été baptisés dans la rivière par monseigneur Philophéi, assisté d'un corps de Cosaques.

» Les Tatars sont, en général, d'une constitution robuste et vigoureuse: leur manière simple de vivre, leur frugalité et leur propreté, les garantissent de la plupart des maladies contagieuses et malignes, excepté de la petite vérole, qui, de temps à autre, exerce parmi eux d'effroyables ravages. La propreté et la tempérance des Tatars tiennent en grande partie à leur religion. Le Coran leur ordonne de se laver plusieurs fois le jour; il donne même des préceptes que les femmes sont obligées de suivre dans les accidents propres à leur sexe. En défendant l'usage du vin et de l'eau-de-vie, il les garantit des suites de l'ivrognerie russe. Le commandement qui leur prescrit l'abstinence est moins favorable à la santé; les Tatars comptent annuellement 205 jours de jeûne. Le nombre total des mâles appartenant aux tribus tatares peut s'élever à 25 ou 30,000. »

Plusieurs de ces peuplades se sont mélangées avec d'autres d'origine mongole, particulièrement avec les Dzoungars qui sont de la branche des Eleuthes, appelés communément Kalmouks, et ont formé plusieurs petites nations, telles que les Katchinzi et Sagaïtzi dont nous avons parlé, les *Kisilzi*, peuple très peu nombreux, et les *Kamatchinzi*, petite nation sauvage, malpropre et superstitieuse, livrée aux pratiques du chamanisme, et qui habite sur la rive droite du Ienisei. On peut encore citer, près des monts Sayansk, les *Kaïbali*, qui paraissent être un mélange de Turcs et de Samoyèdes, tant par leurs mœurs que par leur langage, et qui ressemblent, sous d'autres rapports, aux Kamatchinzi.

» Passons à la portion des tribus *mongoliques* qui vit sous la domination russe. Les vrais Mongols habitent vers Kiakhta et Selenghinsk; ils sont en petit nombre. Les *Bouriaites* ou *Bourètes Barga-Bouratt*, grande race mongolique, ont peuplé presque toute la province d'Irkoutsk et celle de Nertchinsk; on porte leur nombre à 75,000 individus mâles [1]. Les Bouriaites ressemblent extérieurement aux Kalmouks. On trouve parmi eux plus de gens gras; ils ont encore moins de cheveux, et plusieurs n'ont jamais de barbe; leur teint est pâle et jaune; ils manquent de force et de vigueur: un Russe, du même âge et de la même taille qu'un Bouriaite, lutte avec succès contre plusieurs de ceux-ci. Malgré cette faible constitution, les Bouriaites jouissent d'une bonne santé, mais ils parviennent rarement à un âge avancé. La petite vérole, autrefois funeste à cette tribu, a cessé ses ravages depuis l'établissement d'une maison d'inoculation à Irkoutsk. La gale, très commune parmi eux, provient de leur nourriture, de leur manière de vivre et de s'habiller. Dans les maladies chroniques, ils font usage des eaux thermales situées à l'orient du lac Baïkal. Leurs médecins sont des *chamans* ou sorciers qui cherchent plus à les guérir par des sacrifices et des talismans que par des remèdes naturels. Les Bouriaites parlent un dialecte mongol très rude, et rendu inintelligible par de fréquentes transpositions et mu-

---

[1] *Heym*, Encyclopédie russe, p. 219 (d'après une révision de 1783 ou 1784). On en portait alors le nombre à 98,000, ce qui était exagéré. Dans notre tableau de la population russe, t. III, p. 630, nous les avons portés à 120,000 des deux sexes; mais il paraît, par des renseignements récents, qu'ils s'élèvent à environ 150,000.

tations de consonnes (¹). On a publié une Bible dans cette langue. »

La troisième grande race des peuples indigènes de l'Asie septentrionale est celle des *Toungouses*, qui s'appellent eux-mêmes *Boyé*, *Boya* ou *Byé*, c'est-à-dire *hommes* (²). Les Mongols les nomment *Solones* (³), c'est-à-dire *chasseurs*, ou bien *Kam noyon* ou *Kam noyones*; et les Mandchoux, *Orotchon* ou *Orotchones* (*gardiens de rennes*); les Ioukaghires les désignent sous le nom d'*Erpeghi*. Ceux qui habitent les bords du lac Baïkal se nomment *Yvoines*, *Euveun* ou *Euvenki*; et ceux des bords de la mer d'Okhotsk s'appellent *Lamoutes*, du mot *lama* qui signifie *mer*. Quelques uns se désignent par le nom de *Donké* (gens) : c'est probablement de là qu'est venu celui de *Toungouses* que leur donnent les Russes et les Tatars; à moins qu'on ne veuille, avec le voyageur Pallas, en chercher l'étymologie dans un mot tatar et non mongol, comme il le croit, qui veut dire *sanglier* ou *cochon*, opinion qui paraît peu vraisemblable, bien qu'ils méritent ce surnom par leur extrême saleté.

« Ils ont une origine commune avec les Mandchoux. On distigue les Toungouses par leur conformation régulière. Ils sont ordinairement d'une taille médiocre, souples et bien faits. Un visage moins plat que celui des Kalmouks renferme des yeux petits et vifs; ils ont le nez bien proportionné, la barbe peu épaisse, mais les cheveux noirs et la mine agréable. Les Toungouses sont sujets à peu de maladies; ils arrivent pourtant rarement à une grande vieillesse, ce qui vient du climat et de leur genre de vie pénible et dangereux. Quelquefois la petite vérole et la syphilis exercent parmi eux les plus terribles ravages. Cependant la vaccine a été introduite chez eux depuis peu d'années. Les prêtres des idoles sont aussi leurs médecins. Chez les Toungouses, la vue et l'ouïe sont d'une finesse et d'une délicatesse incroyables; les organes du goût, de l'odorat et du toucher sont moins sensibles.

Ces nomades connaissent chaque arbre, chaque rocher dans leur district; ils peuvent indiquer clairement une route d'une centaine de milles par la description des pierres et des arbres qui s'y trouvent, et mettre les voyageurs en état de la suivre. Ils poursuivent le gibier à la trace légère que ses pas laissent sur l'herbe ou sur la mousse. »

Les Toungouses sont pasteurs et nomades; leurs tribus couvrent de leurs habitations mobiles presque un tiers de la Sibérie, mais principalement dans la partie septentrionale, par groupes de 8 à 10 tentes en feutre, ou de cabanes formées de quelques perches fixées dans le sol et couvertes d'écorce de bouleau, avec une ouverture pratiquée au sommet pour laisser un passage à la fumée. Leurs armes sont l'arc et la flèche, mais quelques uns ont adopté le fusil. Ils aiment la chasse avec ardeur, et mangent tous les animaux qu'ils tuent, à l'exception du loup; la chair du chien, qu'ils regardent comme impure, est de tous les animaux domestiques celle qu'ils ne mangent pas. Ceux qui habitent les bords des lacs et des rivières se livrent à la pêche. Une liqueur spiritueuse qu'ils tirent du lait par la fermentation, est, ainsi que le thé, leur boisson ordinaire. Les hommes et les femmes trouvent une grande jouissance à fumer le tabac. En hiver ils portent des bottes en peau de renne, des pantalons, une sorte de gilet et un manteau également en peau, soit de renne, soit de mouton, dont le poil est en dedans; en été ce sont les mêmes vêtements, mais en peau tannée, ou en étoffes grossières de soie et de coton. L'habillement des femmes diffère peu de celui des hommes; elles s'en distinguent surtout par de grandes boucles d'oreilles et des bracelets en cuivre ou en argent. Les hommes ne laissent croître leurs cheveux que sur le sommet de la tête; les femmes en font des tresses qui tombent sur le front et sur les côtés du visage.

Leurs animaux domestiques sont le bœuf, le mouton, le cheval et le chameau. Chez les septentrionaux, ces deux derniers animaux sont remplacés par le renne et le chien. Tandis que les hommes vont à la chasse ou à la pêche, et que d'autres plus laborieux font le métier de forgeron, ou fabriquent des selles, des brides, des arcs et des flèches, les femmes se livrent aux travaux les plus rudes : ce

---

(¹) *Fischer*, Histoire de la Sibérie, I, p. 33. *Gmelin*, Voyage, III, p. 370. *Georgi*, Descript. des nations russes, IV, p. 420 (tous en allem.). — (²) *Klaproth*, Notice sur l'origine de la nation des Mandchoux. — (³) *Fischer*, Histoire de la Sibérie, I, 465, note 10. *Pallas*, Mémoires historiques sur les Mongols, I, p. 2 (en allem.).

sont elles qui prennent soin du bétail, qui préparent les peaux d'animaux, qui travaillent le feutre et font les vêtements de toute la famille. La polygamie est en usage chez les Toungouses. Le mariage n'est pour eux qu'un marché par lequel on donne au chef de la famille un certain prix pour avoir une de ses filles. Mais ces sortes d'unions ne sont point permises entre les membres d'une même famille. Les morts sont revêtus de leurs plus beaux habits et enterrés avec leurs armes, une selle et une bride, la tête tournée vers l'occident. On tue sur la tombe du défunt son cheval favori, et l'on suspend au-dessus du tombeau la peau, la tête et les jambes de l'animal.

Chacune de leurs tribus a un chef, dont la dignité est confirmée par le gouvernement russe. Chez eux les vieillards jouissent d'une grande autorité. Chaque tribu se divise en plusieurs familles. Le nombre des hommes s'élève, selon les uns, à 16,000 [1], et selon d'autres à 25,000 [2].

La langue toungouse est, suivant quelques auteurs, un dialecte du mandchoux, mêlé de quelques mots mongols qui désignent principalement les objets relatifs à la civilisation [3]. Chaque dialecte prend la dénomination du lieu dans lequel vivent ceux qui le parlent. Ainsi, le *ieniseïsk* est celui qui est en usage sur les bords du Ieniseï; le *mangaseia*, le *nertchinsk*, le *bargousine* et le *iakoutsk* sont ceux que l'on parle aux environs de ces trois villes; le *tchapoghire* est celui qu'emploient les tribus de ce nom, sur les bords de la Toungouska; et le *lamoute* est celui des habitants des bords de la mer d'Okhotsk. Dans ces dernières années, on a publié une Bible dans le dialecte tchapoghire [4].

Les Toungouses des environs de Nertchinsk sont braves, robustes, bons cavaliers et excellents archers; ceux des bords de la basse Toungouska sont pauvres comme les Samoyèdes leurs voisins; enfin ceux des rives de la Lena, appelés *Oleniens* [5], vivent de leurs rennes, de la pêche et de la chasse.

Les Toungouses qui habitent en-deçà du lac Baïkal ont répugné jusqu'à ce jour à embrasser le christianisme : très peu se sont fait baptiser. Autrefois ils étaient tous sectateurs du chamanisme, mais aujourd'hui la plupart d'entre eux ont adopté un mélange de superstitions et de pratiques d'idolâtrie empruntées aux différents peuples avec lesquels ils ont des rapports. Ils reconnaissent pour chef spirituel le Dalaï-lama, et après lui, le *Gouyen*, qui réside en Mongolie; ils ont des lamas particuliers, et leur principale divinité se nomme *Boa*. Leur religion a pris au lamanisme la croyance de la transmigration des âmes et celle des récompenses et des peines après la mort.

Les Toungouses qui habitent au-delà du lac Baïkal diffèrent sous quelques rapports des tribus situées à l'occident de ce lac. Plusieurs ont embrassé le christianisme; il y a même des villages entièrement composés de chrétiens. Parmi les croyances superstitieuses répandues chez la plupart des Toungouses, nous ne citerons que les plus remarquables. Dans l'une, *Bouga*, après avoir créé le ciel et la terre, rassembla du fer de l'orient, du feu du midi, de l'eau de l'occident, et de la terre du nord, et en fit un homme et une femme dont la chair et les os étaient de terre, le cœur de fer, le sang d'eau, et la chaleur vitale de feu. Lorsque le genre humain se fut multiplié, *Bouninga*, l'esprit des ténèbres, en réclama la moitié comme sa propriété. *Bouga* refusa de lui accorder les vivants; mais il lui promit de lui abandonner les hommes vicieux, après leur mort, pour qu'il leur infligeât des peines dans l'enfer qui est situé au centre de la terre. L'autre croyance, qui paraît fort ancienne, admet l'existence d'un Dieu qui a créé toutes choses, et dont le favori *Chomtchien Bodi Ssadou* lui transmet les prières des hommes, et intercède pour eux. Cette croyance admet la transmigration des âmes, mais d'une manière indéterminée, suivant la volonté suprême du créateur. On reconnaît là des traces de bouddhisme; cependant ils y ajoutent que la terre est soutenue par une immense grenouille, sans s'inquiéter de ce qui sert d'appui à ce gigantesque animal.

Le chamanisme passe chez les Toungouses situés au-delà du lac Baïkal pour la plus ancienne religion de l'Orient. Les ministres de ce culte sont hommes ou femmes, mariés ou cé-

---

[1] *Petersb. zeitschrift* : Aperçu général sur la Sibérie, juin 1823. — [2] *Heym*, loco cit. — [3] *Vocab. petropol.*, n° 138-145. *Georgi*, Voyage en Sibérie, etc., I, 268-271 (en all.). *Billings*, Voyage, rédigé par *Sauer*, p. 387 (en all.). *Fischer*, Hist. de la Sibérie, Introd., p. 116. — [4] *Ad. Balbi* : Atlas ethnographique du globe. — [5] D'*Olena*, renne, en russe.

célibataires; on les nomme *ssemans*; dans l'exercice de leurs fonctions, ils portent une longue robe en peau d'élan, ornée de sonnettes de fer et de cuivre, et se couvrent la tête de grandes cornes également ornées de sonnettes. Plus ils font de bruit en marchant, plus on croit que leur liaison avec le diable est étroite, et plus la considération qu'on leur porte est grande. Le chamanisme n'a ni autels ni idoles, mais les prêtres ordonnent de fréquents sacrifices d'animaux.

Jetons maintenant un coup d'œil sur les peuples qui ne sont ni turcs, ni mongols, ou qui paraissent provenir du mélange de ces deux races.

Les *Iakoutes* qui dominent dans la province d'Iakoutsk sur les bords de la Lena, et plus au nord que les Toungouses, paraissent être des Turcs dégénérés qui se sont soustraits à la domination des Mongols en se transportant dans ces contrées éloignées. Ce sont les plus septentrionaux de tous les peuples turcs. Ils se nomment entre eux *Sokha* et *Sokhalar*. Leurs traits, leur teint noirâtre, décèlent plus que leur idiome un mélange avec la nation mongole: leur langue est même un dialecte du mandchoux. Les hommes sont robustes, et les femmes souvent belles. La plupart sont idolâtres; ils se nourrissent des produits de la chasse et de la pêche, et passent leur vie dans une succession continuelle de jeûnes et de repas où ils se livrent à leur intempérance naturelle. Contre l'usage des peuples leurs voisins, les Iakoutes portent les cheveux longs et les habits courts et ouverts. En malpropreté, ils paraissent ne le céder à aucun autre: un grave auteur assure que les mortiers dont ils se servent pour piler du poisson sec sont faits de fumier de vache durci par la gelée(1). Leur principale vertu est l'hospitalité prévenante qu'ils exercent envers les étrangers. D'après des renseignements qui paraissent être exacts, le nombre des Iakoutes mâles est d'environ 66,000.

« Aux pieds des monts Ourals du nord et sur le Bas-Obi, nous trouvons quelques tribus d'origine finnoise, et peut-être venues de l'Europe, car rien ne prouve, du moins d'une manière satisfaisante, que la race finnoise soit originaire d'Asie. »

Les *Vogouls*, jadis très nombreux, ne forment aujourd'hui qu'une population d'environ 12,000 âmes, dispersée en Europe et en Asie. Dans la Sibérie, ils occupent les hautes vallées des monts Ourals, et s'étendent sur la rive gauche de l'Obi entre Tobol et Bérézof. Les Russes les nomment *Vogoulitchi* et quelquefois aussi *Ougritchi*, parce que les annalistes ont cru qu'ils descendaient des *Yougri Ouïgours* ou *Hongrois*, que quelques auteurs ont prétendu être sortis du pays des Vogouls; mais ils s'appellent eux-mêmes *Mansi* ou *Manch-Koum*. Leur langue se divise en trois dialectes: celui de *Tchiosoff*, celui de *Verkhotourié* en Asie, et celui de *Tcherdine* en Europe.

Suivant l'archimandrite Platon, on ne peut fixer l'époque de l'arrivée de ce peuple dans les contrées qu'il occupe aujourd'hui; tout ce que l'on sait de certain, c'est qu'il est fixé depuis plus de trois siècles sur le territoire russe, puisqu'il en est question vers ce temps dans les annales de la Russie, comme d'une nation guerrière que les troupes du tzar Ivane Vassiliévitch eurent occasion de combattre. Toutefois les Vogouls prétendent avoir toujours résidé dans les lieux qu'ils habitent encore. La plupart ont embrassé le christianisme, mais ils n'ont pas abandonné tout-à-fait leurs anciennes superstitions ni leur vie nomade. Ils placent toujours leurs demeures dans les forêts, et quelquefois sur le bord des rivières poissonneuses; chaque cabane est ordinairement isolée, quelquefois ils en réunissent deux ou quatre, rarement cinq; mais ces groupes sont toujours à une grande distance les uns des autres; de telle sorte que les plus proches sont à plus de 3 ou 4 lieues d'un autre, et les plus éloignés à plus de 12 lieues. Le motif de cet isolement est de se procurer une chasse plus abondante: aussi voient-ils avec beaucoup de mécontentement s'étendre chaque année les travaux des mines, et se multiplier les usines qui, par le mouvement qu'elles occasionnent dans des pays jusqu'ici restés déserts, éloignent le gibier.

Leur habitation d'hiver, appelée *iourte*, ne reçoit la lumière du jour que par un trou pratiqué au milieu du toit, et que l'on ferme avec un morceau de glace lorsqu'il fait trop froid. Leurs *balaganis* ou cabanes d'été plus légères sont faites en écorce de bouleau. Ils y entretiennent continuellement, vis-à-vis de l'entrée,

(1) *Busching*, t. II, part. 1re, p. 473.

du feu pour éloigner les mouches et autres insectes incommodes qui fourmillent en Sibérie.

Avant leur conversion au christianisme, ils mangeaient non seulement tous les animaux qu'ils tuaient à la chasse, mais même des charognes. Aujourd'hui, ils s'abstiennent de viandes corrompues, et ne se nourrissent de loups, de renards, d'ours, d'écureuils, etc., que lorsqu'ils sont pressés par la faim. Ils vivent dans une parfaite égalité : il n'y a chez eux ni noblesse ni chefs; seulement ils élisent chaque année un *sotnik* ou centenier, dont l'autorité se borne à recueillir le tribut et à le porter à Tcherdine. La communauté de biens la plus fraternelle règne au milieu d'eux. Celui qui n'a plus de vivres s'empresse d'aller sans scrupule à la iourte dont le propriétaire a été plus heureux à la chasse, et l'aide à en consommer une partie. Fréquemment la disette est générale; alors ces pauvres gens sont obligés pendant plusieurs jours de faire tous leurs efforts pour supporter la faim. « C'est une chose réellement curieuse, dit l'archimandrite Platon, de voir manger un Vogoul; il tire à peu près la moitié du gibier dont la marmite bouillante est remplie, la porte sans autre préparation avec sa main gauche à sa bouche, qu'il tient toute grande ouverte, et où ses dents aiguës l'aident à en faire entrer autant qu'elle en peut contenir; c'est alors que la main droite, armée d'un couteau, vient à son secours; il mange jusqu'à ce qu'il ne reste plus rien, ou que l'estomac ne puisse plus absolument rien recevoir; malheureusement le premier cas arrive plus souvent que le second. »

Ils sont aussi buveurs à l'excès; les hommes, les femmes, les enfants même de l'âge le plus tendre aiment l'eau-de-vie avec passion; quand un paysan russe leur en apporte, ils s'empressent de donner en échange, sans la moindre prévision de l'avenir, leurs meubles, leurs vivres, tout ce qu'ils possèdent, pour ce fatal breuvage. On peut juger par là combien les mœurs de ce peuple sont grossières; il ne mérite des éloges que par son activité et par la douceur de son caractère. Tout annonce même ce qu'il pourrait devenir s'il sortait de son ignorance. Leur imagination peuple les forêts, les lacs et les rivières, de malins esprits dont ils redoutent la puissance : ce sont ceux-ci qui font noyer leurs chiens quand ils passent une rivière à la nage; ce sont eux aussi qui surprennent leurs femmes dans les forêts et les enlèvent.

Les Vogouls sont d'une adresse et d'une agilité remarquables à tous les exercices du corps; ils ont le coup d'œil si juste, ils sont si légers à la course, que, sans autre arme que l'arc, dès qu'ils ont trouvé la trace d'un animal, il leur échappe rarement.

Suivant l'archimandrite Platon, la physionomie des Vogouls diffère complétement de celle des Russes, et rappelle celle des autres peuples sauvages de l'Asie. Quelques uns ressemblent aux Kalmouks, d'autres aux Votiaks et aux Permiens, et leur langue offre une grande quantité de mots qui ont de l'analogie avec celle de ces peuples. Ils sont d'une taille médiocre et beaucoup sont petits; ils ont en général les cheveux noirs ou d'un brun rougeâtre et peu de barbe. A part la petitesse de leurs yeux, leurs femmes ne sont pas laides.

Les hommes sont vêtus comme les paysans russes; les femmes sont habillées à peu près comme les Votiakes; mais quelques unes ont adopté le *saraphan*, ancien habit des femmes russes, qui consiste en une robe étroite d'une seule pièce, descendant jusqu'aux talons, avec des ouvertures pour passer les bras, mais point de manches, et boutonnée par-devant. Les Vogouls des deux sexes ont de riches habits pour les jours de fêtes. Les femmes se font des chemises avec la toile qu'elles tissent en fil d'ortie, plante qui abonde dans les forêts, et que l'on récolte en septembre [1].

Les *Ostiaks d'Obi*, qui sont également de race finnoise, forment une des tribus les plus nombreuses de la Sibérie; on en compte 50,000 individus mâles. Le nom d'*Ostiak*, ou d'*Ouchtiak*, qui signifie *étranger*, *sauvage*, a été donné par les Tatars à trois peuples différents. Les Ostiaks d'Obi soutiennent eux-mêmes leur descendance des Permiens. Avant qu'ils subissent le joug de la Russie, ils étaient gouvernés par des princes de leur nation : c'est parmi leurs descendants que l'on prend encore les chefs des tribus. Ce peuple habite à l'est des Vogouls, depuis Sourgout jusque

---

[1] Voyez le Mémoire sur les Vogouls, par l'archimandrite Platon. Magasin asiatique, publié par M. Klaproth, t. 1er, p. 236.

ASIE. — SIBÉRIE OU RUSSIE D'ASIE SEPTENTRIONALE. 47

vers Bérézof et Obdorsk. Tout porte à croire que c'est de leur pays que sont sortis les Huns.

« Les Ostiaks, dit un voyageur russe [1], sont petits et faibles ; aucun trait caractéristique ne distingue leur physionomie ; leur chevelure est communément rougeâtre ou d'un blond doré. Leur habillement étroit est fait de peaux et de fourrures. Les hommes se font une marque dans la peau, et c'est par ce signe qu'ils sont désignés sur le registre qui sert à inscrire les tributaires ; les femmes se cousent des figures au dos des mains, sur l'avant-bras et le devant de la jambe. Elles portent des robes en fourrures ouvertes par devant, et dont les côtés rabattus l'un sur l'autre sont fixés par de petites courroies. Leurs cheveux, attachés avec une bandelette, tombent en deux longues tresses sur le dos. Les filles se distinguent par une couronne garnie de petites plaques de métal d'où pendent jusqu'au-dessous des reins de larges bandes de drap fixées ensemble par un ruban qui les traverse. Les cabanes d'été sont d'une forme pyramidale ; celles d'hiver sont carrées et construites en charpente. Essentiellement pêcheurs, les Ostiaks font cependant en hiver de grandes expéditions de chasse. Les riches ont des troupeaux de rennes. Rien n'est malpropre et dégoûtant comme leur extérieur et leur manière de vivre. Jamais ils ne se lavent, et ils sont couverts de vermine. Cependant ils jouissent d'une bonne santé ; leur vie se termine ordinairement par des maladies chroniques, scorbutiques, nerveuses. Les Ostiaks sont encore païens ; lorsqu'ils doivent prêter serment à un nouvel empereur, on les fait mettre à genoux devant une peau d'ours ou devant une hache qui a servi à tuer un de ces animaux. On présente à chaque Ostiak une bouchée de pain sur la pointe d'un couteau, en lui faisant prêter le serment conçu dans ces termes : « Si, dans le » cours de ma vie, je deviens infidèle à mon » tzar, si je ne paie pas mon tribut, si je dé- » serte mon canton, etc., etc., puisse un ours » me dévorer ! puisse ce morceau de pain que » je mange m'étouffer, cette hache me couper » la tête, et ce couteau me percer le cœur ! » C'est une cérémonie usuelle chez tous ces peuples idolâtres de la Sibérie. Chaque Ostiak est de plus obligé de mordre dans la peau d'ours après avoir prononcé le serment. L'ours jouit parmi eux d'une vénération religieuse ; ils font des sacrifices avant d'aller à la chasse de cet animal ; après en avoir tué un, ils célèbrent sa mémoire par une fête expiatoire et par des chants adressés à ses mânes [1]. »

On a souvent cherché à introduire le christianisme chez les Ostiaks ; plusieurs ont été baptisés, mais aucun ne s'est converti. Tous ont des idoles en bois qu'ils frappent ou qu'ils brisent lorsqu'il leur arrive quelque malheur. Les deux principales, celles qui sont le plus en vénération, sont placées au milieu de vallons boisés, dont les avenues sont soigneusement cachées aux Russes. L'une de ces divinités est revêtue d'un habit d'homme et l'autre d'un habit de femme. La danse des Ostiaks est remarquable par le jeu de pantomime qui l'accompagne ; le danseur imite tour à tour les allures de l'animal blessé à la chasse, du poisson qui vient d'être pêché, les gestes des plus facétieux de la tribu ou ceux des soldats russes sous les armes, ou des femmes russes qui lavent à la rivière. Leurs instruments de musique sont de longues caisses garnies de 7 ou de 30 cordes faites en boyaux. La langue des Ostiaks de l'Obi renferme un grand nombre de mots vogoules et samoyèdes.

Les peuples que nous allons passer en revue parlent une langue qui offre plus ou moins de rapports avec celles de différentes nations de l'Asie centrale et occidentale et même de l'Europe. Sous ce point de vue, on peut les grouper ensemble. Au surplus, aucune de ces langues n'est importante, puisqu'aucune n'a été fixée par l'écriture.

« On pense que toute *la race samoyède* est descendue vers la mer Glaciale, en suivant le cours de l'Ienisei ; car il se trouve encore, depuis le haut Ienisei et l'Abakan jusque vers l'extrémité occidentale du lac Baïkal, quelques faibles tribus qui parlent des dialectes fortement mêlés de mots samoyèdes, ou qui même appartiennent en entier à cette langue. Tels sont les *Soyètes*, qu'on dit nombreux dans la Mongolie chinoise ; les *Koïbales*, qui laissent les corps morts de leurs enfants exposés sur les arbres, et qui disputent au lièvre de montagne les amas de foin préparés par cet animal intelligent ; les *Motorés*, les *Karagas*, les *Ka-*

[1] *Souyef*, dans le Voyage de *Pallas*, t. IV, p. 51-88 (in-4º).

[1] *Georgi*, Description des nations russes, I, 21.

machinzes, et enfin les *Ostiaks de Narym*(¹). Il semble naturel de considérer les *Ostiaks de l'Ieniseï*, de *Poumpokol* et d'autres comme un anneau de cette chaîne, bien que ces tribus de chasseurs se soient formé un jargon particulier qui déroute les recherches des historiens (²).

« Les *Samoyèdes* proprement dits occupent une immense étendue de terre couverte de bruyères et de marais; ils sont bornés en Europe par le fleuve Mezen, environ 40 degrés de longitude est, et en Asie ils vont jusqu'à l'Olenek, près la Lena, et presque sous le 115ᵉ méridien à l'est; c'est une ligne de 750 lieues de long sur 100 à 200 de large. »

Ils se nomment eux-mêmes *Khasova* ou *Khassovo*, c'est-à-dire *hommes*; c'est parce que les Russes les ont confondus avec les Lapons qu'ils leur ont donné le nom de *Semoyades* ou *Samoyèdes*, du mot *sameanda* qui, en langue lapone, signifie *Laponie*. Ils se partagent en trois branches qui parlent chacune un dialecte différent de la même langue : ce sont les *Tisia-Igholeï*, qui vivent tous en Europe; les *Vanoïta*, qui habitent les bords du Mezen et de la Petchora, en Europe, et les rives du bas Obi, en Asie; et les *Khirioutchi* ou *Karatcheya*, fixés dans le gouvernement de Tobolsk. Ces peuples, comme les Vogouls, ignorent leur origine, mais ils paraissent être sortis de régions plus méridionales.

« La taille ordinaire des Samoyèdes est de quatre à cinq pieds; ils sont communément accroupis, et ont les jambes très courtes; une tête grosse et plate offre un nez écrasé, la partie inférieure du visage très saillante, une bouche très grande, ainsi que les oreilles, un menton peu barbu; le tout animé par deux petits yeux noirs très fendus (³). Ils réunissent à ces traits une peau olivâtre et luisante de graisse, des cheveux noirs et hérissés, qu'ils arrangent soigneusement, quoiqu'ils en aient très peu. Les femmes ont de la souplesse dans la taille, de la douceur dans les traits; elles parviennent de très bonne heure à l'âge de puberté. La plupart des filles peuvent devenir mères à onze ou douze ans, mais les mariages sont peu féconds; ils cessent de l'être avant que les femmes aient atteint leur trentième année. Ces peuples, qu'on pourrait appeler les Hottentots du nord, ne se servent de leurs rennes domestiques que pour les atteler à des traîneaux; ils se nourrissent de rennes sauvages. Aussi malpropres que les Ostiaks, ils sont plus riches et mieux habillés. Un Samoyède opulent possède 1,000 à 2,000 rennes; celui qui n'en a que 500 à 700 passe pour aisé, et celui qui n'en a que 30 est pauvre, et souvent il est obligé de se mettre au service des riches. Ils n'ont d'autre culte qu'un fétichisme grossier; une pierre ou un morceau de bois est l'objet de leur adoration ou plutôt de leur attention superstitieuse. Ils évitent avec soin de prononcer le nom des morts (¹). Leurs prêtres, appelés *tadileaï*, magiciens, jongleurs adroits, s'enfoncent un couteau sans se blesser; en jouant le rôle d'inspirés, plusieurs d'entre eux deviennent réellement frénétiques; on voit de ces sorciers qui, au moindre attouchement ou regard, entrent dans une espèce de rage, se roulent par terre, poussent des hurlements et s'arment de tout ce qu'ils trouvent sous la main pour assommer les assistants. Des Russes, accoutumés à voir des peuples sauvages, ont trouvé que ces magiciens leur inspiraient certain effroi. »

Cependant ils reconnaissent un dieu, appelé *Noum*, qui gouverne l'univers, et a sous ses ordres des divinités inférieures qu'ils nomment *tadeptzies*. Le dieu Noum n'est représenté par aucune image; mais les tadeptzies le sont par de petites figures en bois auxquelles ils donnent grossièrement une forme humaine, et auxquelles ils sacrifient des rennes. Ils ont aussi la croyance d'une vie future.

« Les femmes samoyèdes sont extrêmement malheureuses et méprisées; on les regarde comme des êtres impurs; elles sont obligées de se parfumer avant de passer le seuil de la cabane. Les amusements de ce peuple errant consistent en danses cadencées, qu'il accompagne d'un chant nasillard, et dans la lutte et la course. Ses diverses tribus ne s'élèvent pas en tout à plus de 20,000 individus, dont 6 à 7,000 sont dans la Sibérie. Placés hors de la route des conquérants, ils ont conservé intacte

---

(¹) *Fischer*, Histoire de la Sibérie, I, 137, 168, 170, etc. — (²) *Adelung*, Mithridates, I, 580. — (³) *Storch*, Tableau de la Russie, p. 405. *Souyef*, Voyage de *Pallas*, IV, p. 190 (in-4°).

(¹) *Wasili Krestinin*, Observ. sur les Samoyèdes, dans *Busse*, Jour. de Russie, I, p. 291 sqq., 371 sqq., II, 83 sqq., 245 sqq. (en allem.).

leur langue, qui ne ressemble à aucune autre (¹). »

Cette langue, dont les phrases sont mal liées, est rude et remplie de sons gutturaux. Quelques tribus ont une sorte d'écriture qui consiste en un certain nombre de signes taillés sur des morceaux de bois.

Les Samoyèdes qui habitent les environs de Touroukhansk, dans le gouvernement d'Ieniseïsk, parlent un dialecte qui porte le nom de cette ville.

D'autres peuplades, nommées *Tavghi*, habitent entre l'Ieniseï et l'Anabora jusqu'à l'extrémité la plus septentrionale de l'Asie, c'est-à-dire jusqu'au cap Severo-Vostotchnoï.

Une peuplade improprement appelée les *Ostiaks du Taz*, parce qu'elle demeure sur les bords de cette rivière, est réellement samoyède; car l'idiome qu'elle parle n'est qu'un dialecte du samoyède.

Il en est de même des *Ostiaks de Narym*, du *Ket* et du *Tim*, avec cette seule différence que ces trois peuplades parlent trois dialectes particuliers du samoyède.

Les *Laak Ostiaks*, qui demeurent sur le golfe d'Obi à l'est du fleuve, les *Karasses* à l'est des Samoyèdes de Touroukhansk, et les *Ostiaks du Ieniseï*, sont aussi des Samoyèdes. Ces Ostiaks, qui séparent les Samoyèdes méridionaux des septentrionaux, parlent un idiome qui se divise en quatre ou cinq dialectes : celui des *Denka* ou *Deng*, appelés *Oeah-Ostiaks*; celui des *Ostiaks d'Imbazk*; celui des *Ostiaks de Poumpokolsk*, qui habitent les bords du Ket; et celui des *Kotten* et des *Assanes*.

Les *Ioukaghirs* habitent les montagnes où l'Indighirka et la Kovima prennent leurs sources, et s'étendent dans le bassin de ces deux rivières entre les Koriaikes et les Iakoutes. Ils sont au nombre de cinq cents familles, tous baptisés, mais conservent plusieurs superstitions du chamanisme. Ils vivent de la chasse et de leurs rennes, habitent leurs villages pendant les rigueurs de l'hiver, c'est-à-dire depuis environ le 15 décembre jusque vers le 15 février; passent les mois de juin et de juillet à la pêche, et le reste de l'année à la chasse. Ils s'habillent comme les Russes qui vivent dans leur voisinage. On ne sait s'il faut les compter parmi les Samoyèdes ou parmi les Iakoutes, ou les joindre aux tribus suivantes (¹). Leur langue est une de celles qui offrent le moins d'analogie avec celles des autres peuples de l'Asie septentrionale et centrale.

Les *Koriaks*, appelés aussi *Koriaikes*, se divisent par le langage en trois ou quatre peuples différents, bien qu'ils se ressemblent par les caractères physiques. Les *Koriaikes* proprement dits demeurent dans la baie de Penjinskaïa, sur les deux rives de la Penjina; d'autres Koriaikes ayant un idiome différent, demeurent sur la Kolyma et au nord-est de cette rivière : ce sont ceux-ci qui ont été appelés *Tchouktchis*; enfin, d'autres Koriaikes se trouvent au Kamtchatka. Un mot sur ceux qu'on nomme improprement Tchouktchis donnera une idée du peuple koriaike et de la langue qu'il parle.

« Les *Tchouktchis* ou *Tchouktches* possèdent l'extrémité orientale de l'Asie à l'est des Ioukaghirs, et au nord des Koriaikes. Ils sont au plus composés d'environ mille familles, qui se trouvent généralement établies dans de petits camps situés près des rivières. Leurs tentes, de figure carrée, consistent en quatre perches qui supportent des peaux de rennes et qui forment un toit. Devant chaque tente, des lances et des flèches fixées dans la neige sont destinées à repousser les attaques subites des Koriaikes, qui, bien que de la même race, leur font souvent une guerre perfide. Dans le milieu est un poêle, et leur lit consiste en petites branches d'arbres étendues sur la neige, et couvertes de peaux de bêtes sauvages. Leurs habitations sont sales, et leur nourriture dégoûtante. L'habillement des femmes consiste seulement en une peau de bête fauve suspendue à leur cou, de manière qu'elles n'ont qu'un nœud à défaire pour être entièrement nues. Les Tchouktches ont de gros traits, mais ils n'ont pas le nez plat ni les petits yeux creux des Kamtchadales. Lesseps affirme que leur figure n'a rien de la forme asiatique, et Cook avait avant lui fait la même remarque. Habiles à la fronde, ils montrent aussi beaucoup de courage et d'adresse dans la pêche des baleines, qu'ils font à la manière des Européens, sans l'avoir apprise de ceux-ci. »

Cette absence de traits asiatiques dans le

(¹) Vocab. petropol., nos 120-129.

(¹) Georgi, Descript. des nations russes, III, 328. Sauer, Voyage de Billings, 387, etc.

caractère de figure des Tchouktches et des Koriaikes en général, est d'autant plus remarquable que leur langue ou le koriaike diffère beaucoup de toutes celles que l'on parle en Sibérie, et qu'elle offre même quelques racines communes à d'autres idiomes très éloignés, surtout avec les langues celtique, germanique et latine [1].

Les *Kamtchadales* se donnent le nom de *Itelmenes* : leur langue se partage en quatre dialectes : celui des habitants des bords du Tighil ; celui de la partie moyenne du Kamtchatka ; celui des Oukeh, peuplades plus au sud, et enfin celui de l'extrémité méridionale de la péninsule.

« Ce peuple, dont le nombre diminue tellement qu'il est probable qu'on verra sous peu la tribu entière éteinte [2], puisque déjà il ne se compose plus que de 3,000 individus, appartient à une race de petite taille, ayant les épaules fortes, les jambes courtes, la tête grosse, le visage long et plat, de petits yeux, les lèvres minces, peu de barbe et de cheveux. Les femmes kamtchadales ont la peau fine, mais brune, les mains et les pieds très petits, et la taille passablement proportionnée. Les Kamtchadales sont sujets à peu de maladies. Si l'on en voit plusieurs d'estropiés, on doit songer que ces accidents sont occasionnés par leurs travaux et leurs voyages périlleux. Les maux les plus communs sont le scorbut et la maladie vénérienne : celle-ci était connue avant l'arrivée des Russes. Le pays manque de médecins. La réverbération de la neige occasionne de fréquentes inflammations d'yeux. La petite vérole, semblable à la peste, enlève des générations entières. Cependant l'inoculation y est en usage depuis long-temps : chaque Kamtchadale se fait cette opération en trempant une arête de poisson dans la matière de la petite vérole. La vaccine y a été introduite dans ces derniers temps. Les deux sexes ont le tempérament ardent : les aliments dont ces ichthyophages se nourrissent leur allument le sang ; le climat et leur manière de vivre leur donnent un penchant incroyable pour le libertinage. » Ils mangent du caviar, du poisson pourri, de la viande séchée et fumée, et boivent avec une sorte de délice de la graisse de phoque et de l'huile de baleine.

» Les Kamtchadales qui habitent dans le midi ont leurs *isbas* ou *balagans*, c'est-à-dire leurs cabanes d'hiver et d'été, élevées sur des tréteaux de 12 à 13 pieds de hauteur, afin de pouvoir y faire sécher leur poisson, qui est presque leur seule nourriture. Ils portent sur la peau une chemise de coton, avec des pantalons larges de peau de daim. Leurs bottes sont de cuir tanné, et leur bonnet est en fourrure. Les hommes sont principalement occupés à prendre le poisson ; dans l'été, les femmes vont dans les bois recueillir des végétaux ; c'est alors qu'elles s'abandonnent à une sorte de frénésie qui ressemble à celle des bacchantes. Au lieu de rennes, ils se servent, pour traîner leur léger chariot, où le voyageur s'assied de côté, de chiens assez semblables aux chiens de bergers. Dans le nord du Kamtchatka, les cabanes sont creusées sous terre. La chaleur s'y conserve davantage ; mais l'air concentré et les exhalaisons qui s'y renferment y composent une atmosphère insupportable. »

Nous allons faire connaître les provinces et les villes de la Sibérie. Mais ici se présente une observation importante que nous avons déjà faite en décrivant la Russie d'Europe : c'est que les deux gouvernements d'Orenbourg et de Perm s'étendent jusque sur les dernières pentes du versant oriental des monts Ourals ; en sorte que les limites de la géographie naturelle ne s'accordant point à l'égard de ces deux gouvernements avec les limites administratives, nous devons commencer la description de la Sibérie par les portions de ces deux gouvernements qui appartiennent à la Russie d'Asie.

Dans celui d'*Orenbourg*, qui, relativement à son étendue, n'occupe qu'une petite superficie en Asie, nous avons, en décrivant l'Europe, parlé des villes asiatiques les plus importantes, Troïtsk et Tcheliabinsk ; il ne nous reste qu'à mentionner la petite forteresse d'*Ozernaia* sur la rive gauche du Tobol, où l'on compte 2 ou 300 maisons.

Plus d'un tiers du gouvernement de *Perm* appartient à l'Asie ; sur le versant oriental des monts Ourals, s'étendent du nord au sud cinq districts importants, ceux de Verkhotourié, d'Irbite, de Kamouichlof, de Chadrinsk et d'Iekaterinebourg.

Le district de *Verkhotourié*, riche de ses

---
[1] *Ad. Balbi* : Atlas ethnographique du globe. —
[2] *Krusenstern* : Voyage autour du monde, II, 270 (en allem., édit. orig.).

ASIE. — SIBÉRIE OU RUSSIE D'ASIE SEPTENTRIONALE.

mines de fer et de cuivre, de ses usines et de ses sables aurifères, a pour chef-lieu une ville d'environ 500 maisons, *Verkhotourié*, sur la rive gauche de la Toura, c'est le siége des tribunaux de première instance : on y compte quatre paroisses ; l'église principale s'élève sur le rocher de la Trinité (*Troïtzkoï-Kamen*) que domine aussi un vieux fort qui tombe en ruines. Hors de l'enceinte de la ville se trouve un couvent de moines. Cette cité fut fondée en 1598 par les ordres du tzar Fedor Ivanovitch.

Le district d'*Irbite*, qui possède aussi de grandes richesses minérales et une population considérable, puisqu'on l'évalue à 95,000 âmes, a pour chef-lieu, sur une rivière du même nom, la petite ville d'*Irbite* dont l'enceinte en palissades renferme un millier d'habitants, et qui est célèbre par une foire qui s'y tient tous les ans vers le milieu de février, et où il se fait des affaires pour plusieurs millions de francs. *Alapaevsk*, à 20 lieues au nord-ouest d'Irbite, renferme des usines et une population plus importante que celle du chef-lieu.

Kamouichlof, ville bâtie en bois, et peuplée d'environ 3,000 âmes, est le chef-lieu d'un district où l'on trouve des mines de cuivre et de fer, des usines, de belles prairies, des champs fertiles, et une population de plus de 60,000 âmes.

Chadrinsk, sur la rive gauche de l'Iset, est entourée de palissades et renferme plusieurs fabriques, des tanneries et près de 2,000 habitants. Le territoire qui forme son district est parsemé de lacs dans sa partie occidentale ; le reste comprend quelques terrains fertiles en grains, et une population de plus de 85,000 âmes.

Mais dans ces régions où les habitants sont disséminés, *Iekaterinebourg* peut passer pour une ville importante : 6 à 7,000 habitants forment sa population, sans compter celle des faubourgs. Elle est fortifiée, et renferme 5 églises, une douane et un arsenal. L'un de ses principaux édifices est la fonderie, où siége le conseil des mines de toute la contrée, où l'on frappe annuellement pour plus de 3 millions de francs de monnaie de cuivre, où l'on opère le lavage des sables aurifères de l'Iset, et où l'on fond en cuivre et en fer une grande quantité de figures de saints et d'autres objets. Cet établissement, remarquable par l'importance des machines, l'est encore par sa collection minéralogique, sa bibliothèque et son laboratoire de chimie. Le district d'Iekaterinebourg, riche en forêts, et entrecoupé de lacs, abonde en mines de différents métaux, en roches et en substances minérales plus ou moins précieuses. On y relègue un grand nombre d'exilés, et sa population est évaluée à plus de 62,000 âmes.

« Le gouvernement de *Tobolsk*, borné au nord par l'océan Glacial, s'étend sur les bords de l'Obi, de l'Irtyche et du Tobol ; nous en commencerons la description par le district ou arrondissement de *Tobolsk*, situé sur le confluent de ces trois rivières, au milieu d'une plaine immense, coupée seulement de quelques falaises. Le climat, quoique très rude, admet en été des chaleurs considérables : Il n'est pas rare d'y voir le thermomètre de Réaumur s'élever à 26 ou 28 degrés. Les orages s'y font sentir fréquemment. Les pluies sont très fortes. Autant les chaleurs sont insupportables en été, autant le froid l'est en hiver, et le thermomètre descend souvent à 40 degrés au-dessous de zéro. Cependant ce climat rude est très sain. Il n'y a que deux maladies dominantes : les maladies vénériennes et les fièvres de refroidissement. On ne voit pas un seul arbre fruitier. Le jardin du gouvernement, sans contredit le plus beau du pays, les offrait autrefois en peinture sur l'enceinte de planches qui l'environne : aujourd'hui on les voit dans des serres. L'arbre à pois de Sibérie, le bouleau, et surtout la bourdaine [1], sont les arbres favoris des habitants de Tobolsk. On y trouve encore quelques buissons de groseilles rouges et vertes. Toute espèce de blé y réussit ; l'herbe y est épaisse et succulente ; le sol, partout formé d'une terre noire et légère, n'exige jamais d'engrais. Les paysans sont trop paresseux pour transporter peu à peu le fumier de leurs étables et de leurs écuries ; ils sont quelquefois obligés de démolir leurs maisons pour les reconstruire ailleurs, parce que les montagnes de fumier qui les environnent leur paraissent enfin exhaler une odeur trop forte même pour leurs grossiers organes.

» *Tobolsk*, située sur la rive gauche de l'Irtyche et vis-à-vis l'embouchure du Tobol dont

---

[1] *Rhamnus frangula*, L.

elle tire son nom, est considérée comme la capitale de toute la Sibérie ([1]) : c'est la résidence d'un gouverneur et d'un archevêque. La ville haute est de 35 toises plus élevée que la basse; elles communiquent entre elles par des degrés qui sont au nombre de 290. De nombreux dômes et clochers donnent à cette ville un aspect magnifique à une certaine distance; dans le Kreml ou citadelle, le palais du gouverneur fixe agréablement la vue; mais comme il a été brûlé, il ne brille que dans le lointain. Les autres édifices sont la Bourse et le palais archiépiscopal. Il y a 18 églises. Les rues sont larges, alignées et planchéiées en poutres; les maisons, quoique jolies, ne sont pour la plupart qu'en bois, la population, accrue par un commerce florissant, s'élève de 20 à 25,000 habitants dont un cinquième se compose de Tatars ou pour mieux dire de Turcs. Tobolsk possède un théâtre, une imprimerie, un séminaire, un gymnase, des écoles d'enseignement mutuel, un hospice d'enfants trouvés et plusieurs autres établissements de charité. L'Irtyche et le Tobol inondent quelquefois les environs de cette ville à 10 lieues à la ronde : alors on n'y peut entrer que par eau, et les rues sont couvertes de barques, dans lesquelles on va pour ses affaires. « Tobolsk, dit Kotzebue, est envi-
» ronnée de rochers que les torrents ont dé-
» pavés d'une manière pittoresque. De là l'on
» contemple, dans la saison des pluies, la
» surface immense des eaux qui inondent les
» environs jusqu'au pied des forêts épaisses
» qui, de toutes parts, couronnent l'horizon ;
» c'est de là que l'œil de l'exilé repose sur
» chaque voile, et que son imagination y place
» sa famille, qui vient partager ses maux... »

» *Isker* ou *Sibir* était la capitale des Tatars pendant leur domination en Sibérie, que pour cette raison on devrait appeler *Sibirie*; cette ville était située à 4 lieues de Tobolsk, sur la petite rivière de *Sibirka*. A peine en trouve-t-on aujourd'hui quelques faibles ruines.

» A *Demianskoé*, poste de voituriers sur l'Irtyche, au confluent de cette rivière et de la Demianka, le chou cesse de former des têtes; il jette seulement des feuilles éparses. A *Samarofskoé*, ou *Samarova*, bourgade un peu au-dessus du confluent de l'Irtyche et de l'Obi, les chevaux commencent à ne plus pouvoir souffrir la rigueur du climat. »

Le gouvernement de Tobolsk occupe une superficie de 80,340 lieues carrées, c'est-à-dire qu'il égale en grandeur trois fois celle de toute la France. L'arrondissement de *Bérézof*, qui s'étend jusqu'aux golfes de Kara, d'Obi et de Taz, en occupe le tiers; ainsi il est un peu plus grand que la France entière; mais sa population est tellement faible que, comparée à celle de la France, elle est comme 1 à 1,415.

Au nord il comprend une presqu'île couverte de lacs et de marais, baignée à l'ouest par les eaux du golfe de Kara, ou, comme l'appellent les Russes, la mer de *Kara* (*Karskoïé moré*), dont la longueur est d'environ 150 lieues, et à l'est par le golfe d'Obi qui en a 160 de longueur.

D'après les voyageurs russes, la partie septentrionale de l'arrondissement de Bérézof présente un sol pierreux et marécageux; des collines de grès s'élèvent sur les bords de l'Obi; la nature, avare de ses dons, y laisse partout de vastes solitudes couvertes d'une végétation appauvrie. Vers le 65e parallèle, le sol n'y produit plus d'arbres; l'air y est presque toujours chargé de brouillards; le ciel y est continuellement couvert de nuages; l'été n'y dure que depuis le 15 juin jusque vers le 15 juillet; mais pendant cet espace de temps la chaleur devient excessive, et le thermomètre de Réaumur s'y élève jusqu'à 23 et 26 degrés, bien que la terre ne puisse s'y dégeler. Sous le 64e degré de latitude, les gelées commencent à la fin d'août et les glaces de l'Obi ne se brisent jamais avant la fin de mai. La partie méridionale est boisée; sur les bords de l'Obi croissent plusieurs espèces de pins (*pinus laryx, pinus abies*), le bouleau, l'érable et le peuplier noir; le *salix arenaria*, le *salix pentendra*, l'aune et diverses autres espèces d'arbrisseaux, s'élèvent çà et là au milieu des prairies. Sur ce sol glacé, qui pourrait songer à l'agriculture, bien que les légumes y réussissent encore? Le petit nombre de chevaux et de bestiaux que les Russes y ont naturalisés, s'y nourrissent avec peine; et les Ostiaks n'ont que des chiens et des rennes. Mais les animaux sauvages et le gibier y abondent : ce sont des ours, des élans, des rennes, des cas-

[1] Description du gouvernement de Tobolsk, dans *Hermann*. Mémoires de physique, d'économie, de statistique. etc. (3 vol. in-8o), I, p. 23-100 (en allem.).

tors, des loutres, des renards, des écureuils, des belettes et des hermines; des oies blanches et grises, des canards, des cygnes, des grues, des coqs de bruyère, des gelinottes, des perdrix, des pies et des corbeaux.

« La contrée sur l'embouchure de l'Obi, appelée *Obdorie*, est un pays encore plus triste. A peine la terre dégèle-t-elle de deux empans, même pendant le long jour d'été; on n'y voit que des marais où croissent des joncs de toute espèce, mélangés de petits buissons de saule rampant et de bouleau nain à grandes feuilles, de ciste des marais, de l'andromède et de l'arbousier des Alpes (¹). Sur les montagnes ouraliennes, peu élevées, des mélèzes hauts d'une toise, des buissons d'aunes et de saules forment quelquefois des espaliers très touffus. Sur les bords de la mer, on ne rencontre guère que la ronce du nord et la ronce des marais. »

On compte dans le district de Bérézof 23,000 habitants, presque généralement composés d'Ostiaks et de Samoyèdes répartis entre 19 cantons. Cette population se divise en un petit nombre de classes : ainsi ce sont 10 ou 12 marchands, 560 bourgeois, 120 artisans, 230 paysans et 140 loueurs de chevaux, la plupart Russes; les autres sont des naturels presque tous nomades. Les habitants occupent 1,100 maisons en bois, formant 12 villages, 12 bourgs et 3 villes, et 2,500 tentes soumises au tribut.

Bérézof, le chef-lieu, sur la rive gauche d'un bras de l'Obi, tire son nom du mot russe *beroze* (bouleau), parce que cette ville fut bâtie, en 1593, sur l'emplacement d'un bois de bouleaux. Elle est encore environnée de marécages couverts de bouquets de bouleaux et de sapins. Elle renferme 3 églises en pierre, 150 maisons et un millier d'habitants. *Obdorsk*, ancienne capitale de l'Obdorie, sur le Pouoï, affluent de l'Obi, ne se compose que d'une église, de 10 à 12 maisons et d'un grand nombre de cabanes servant de magasins pour les pelleteries qu'on y rassemble, et qui proviennent du tribut que paient les peuplades nomades. Ces misérables constructions sont entourées d'une palissade. *Sourgoute*, dont l'origine n'est pas moins ancienne, a 170 maisons, renfermées dans une enceinte palissadée, sur la rive droite de l'Obi.

(¹) *Souyef*, dans les Voyages de Pallas, t. IV, p. 29.

L'arrondissement de *Tourinsk*, situé à l'est de Tobolsk, renferme des terres labourables; les vivres y sont à très bas prix. *Tourinsk*, chef-lieu, sur la rivière de la Toura, est une ville considérable pour ce pays. Elle a un faubourg, 6 églises, un couvent d'hommes, un séminaire et une population de 4 à 5,000 âmes. A l'époque de la conquête de la Sibérie, elle faisait partie des Etats d'un prince nommé Epantcha, ce qui lui a valu le nom d'*Epantchine*, qu'elle conserve encore chez quelques habitants de la Sibérie. *Pelim* ou *Pelimskoé*, sur la Tarda, près du confluent de cette rivière et du Pelima, à 45 lieues au nord de Tourinsk, est un bourg, ou, si l'on veut, une petite ville de 80 maisons, entourée de palissades et défendue par un petit fort en bois.

» C'est à *Pelim* qu'Ernest-Jean de Courlande fut exilé, et que le célèbre feld-maréchal Bourcard-Christophe, comte de Munnich, a passé vingt ans de sa vie, d'ailleurs si active et si utile à l'ingrate et barbare Russie. « Le » voïvodat de Pelim, dit Munnich lui-même, » est couvert de forêts marécageuses que l'on » ne peut traverser en été, même avec le moin- » dre chariot; on y passe, en hiver, au moyen » de patins longs de 5 pieds, larges par des- » sous le pied de 6 à 7 pouces, et recouverts » de peaux de rennes, afin de ne pas glisser : » les habitants, pour se conduire à travers ces » forêts, se servent de boussoles qu'ils con- » struisent eux-mêmes, l'aimant n'étant pas » rare dans cette contrée (¹). »

» L'arrondissement de *Tioumen*, au sud-ouest de Tobolsk, est plus ouvert et moins rempli de forêts que celui de Tourinsk; il exporte des grains; on y voit même quelques pommiers. *Tioumen*, ville florissante, sur la rive droite de la Toura, a 10,000 habitants, y compris les Tatars qui habitent son faubourg, des manufactures de très jolis tapis, des fonderies de cloches, des fabriques de savons et des tanneries considérables. Cette ville est la première que les Russes bâtirent en Sibérie. En 1586, elle s'éleva sur l'emplacement d'une cité tatare dont on voit encore quelques débris (²). A quelque distance on trouve le tombeau du voyageur Steller, qui nous a fait connaître le Kamtchatka (³).

(¹) *Busching*, t. II, part. 1, p. 491, traduct. franç. — (²) *Georgi* : Russie, II (4ᵉ vol.), p. 1036. — (³) *Pallas* : Voyages, II, p. 506 (in-4°).

« L'arrondissement d'*Ialoutorovsk* se trouve à l'est du précédent. Le sol y est ondulé et couvert de marécages et de petits lacs. Nulle part on ne voit des prairies plus grasses; elles sont fauchées par le premier venu; la plupart ne le sont jamais, parce qu'il manque de bétail pour consommer les fourrages. Les insectes y fourmillent. » *Ialoutorovsk* était une simple bourgade qui, dans le courant du dix-huitième siècle, s'est élevée au rang de ville assez importante pour la Sibérie, puisqu'elle renferme plus de 2,000 habitants. »

L'arrondissement de *Tara,* sur l'Irtyche, au sud-est de Tobolsk, comprend un pays plat, couvert de forêts et très giboyeux. *Tara,* sur l'Arkurka, affluent de l'Irtyche, est une jolie ville, de 3 à 4,000 âmes, située sur une montagne et entourée d'un rempart en terre. On y fabrique beaucoup de maroquins. Quelques négociants fort riches y habitent des maisons en pierre.

Entre Tobolsk et Tara, le pays est coupé par un grand nombre de ruisseaux plus ou moins considérables. Autrefois s'étendaient là d'épaisses forêts de pins, de sapins, de bouleaux et de peupliers; il en reste encore plusieurs que traverse la grande route. Les villages sont entourés de vastes champs, et l'agriculture y est florissante malgré la rigueur des hivers: aussi les villages y sont-ils très peuplés; aussi les paysans y jouissent-ils d'une certaine aisance qu'ils augmentent encore par les bénéfices qu'ils tirent du transport des marchandises. Dans chaque habitation villageoise, dit M. Erman, règne la plus grande propreté et même une sorte de luxe: parmi les ustensiles de ménage, on remarque presque toujours une théière élégante; et plusieurs chambres sont tendues en papier peint qu'on fabrique à Omsk. Chaque maison de paysan de la Sibérie se divise en deux chambres séparées: l'une est celle du maître, et l'autre, appelée *izba,* celle des domestiques. Une espèce de plancher suspendu sert de chambre à coucher. C'est dans l'Izba qu'est placé le four qui sert à cuire le pain et à faire toute la cuisine (¹).

« L'arrondissement de *Kourgan* est situé au sud de celui d'Ialoutorovsk, sur le Tobol. C'est, dit le gouverneur de Tobolsk à Kotzebue, l'Italie de la Sibérie. La terre s'y couvre de fleurs très belles; les troupeaux de bêtes à cornes et de chevaux y paissent sans gardien. On y voit beaucoup de bécasses, de canards et de ramiers. *Kourgan* est moins une ville qu'un assemblage de métairies sur le Tobol. La population, que l'on évalue à 1,500 habitants, se compose de colons russes, de Cosaques, et d'un petit nombre d'exilés. Les vivres y sont au plus vil prix, mais tout article des manufactures d'Europe y est extrêmement cher. Kotzebue a décrit les jeux auxquels se livraient les jeunes Kourganaises sur les bords du Tobol. « Il y a, dit-il, le long de cette ri-
» vière, des places où se rassemblent les jeu-
» nes filles de la ville pour laver le linge et se
» baigner. Ces bains sont pour elles des exer-
» cices vraiment gymnastiques et admirables.
» Elles passent et repassent le Tobol en na-
» geant, sans le moindre effort; elles s'aban-
» donnent long-temps au fil de l'eau, couchées
» sur le dos; folâtrent souvent ensemble, se
» jettent du sable, se poursuivent, plongent,
» se saisissent, et se renversent les unes sur
» les autres: ce sont les Naïades de la Fable.
» En un mot, elles poussent le jeu si loin,
» qu'un spectateur sans expérience devrait
» craindre à tout moment de les voir couler à
» fond et périr. Tout se fait, au reste, avec
» la plus grande décence. Les têtes seules pa-
» raissent hors de l'eau; et sans le balan-
» cement qui fait paraître leur sein, ce qui ne
» semble pas les inquiéter beaucoup, l'on
» douterait de leur sexe. Veulent-elles finir le
» jeu et sortir de l'eau, elles s'y prennent avec
» beaucoup de modestie, en priant les specta-
» teurs de se retirer: ou si quelqu'un de ceux-
» ci, plus curieux ou plus malin que les au-
» tres, s'y refuse, les femmes qui sont hors
» de l'eau forment un cercle serré autour de
» celles qui veulent sortir, et leur jettent à
» chacune son habillement; de sorte que dans
» un instant elles paraissent modestement
» vêtues. »

« A l'est du précédent on trouve l'arrondissement d'*Ichim;* ce district touche à la grande steppe d'Issim ou Ichim, où errent les Kirghiz de la horde moyenne. Ces nomades venaient autrefois enlever les Russes, et les entraînaient attachés à la queue de leur cheval. Pour faire cesser ces incursions, on a établi une ligne militaire qui s'étend des bords du Tobol à ceux

(¹) *Erman:* Voyage dans le nord de l'Asie.

de l'Irtyche, et qui côtoie une vallée remplie de lacs salés ou amers (¹). »

Ichim, ville de 200 maisons et de 2 à 3,000 habitants, est située sur la rivière du même nom.

La province d'*Omsk*, bornée au nord par le gouvernement de Tobolsk, au nord-est par celui de Tomsk, au sud-est par l'empire Chinois, et au sud-ouest par la steppe des Kirghiz, a environ 400 lieues de longueur et 100 de largeur. Elle comprend des steppes où l'on ne voit croître qu'une herbe maigre; la plus considérable est la steppe d'Ichim. Son territoire se divise en quatre districts qui ont pour chef-lieux Omsk, Pétropavlofsk, Semipolatinsk et Oust-Kamenogorsk.

Petropavlofsk, forteresse, est la résidence de l'état-major de la ligne. Elle est située sur la rive droite de l'Ichim. Sa citadelle forme un hexagone régulier. C'est la place la plus commerçante de la Sibérie : c'est là que se réunissent les caravanes des Kirghiz, des Khiviens et des Boukhares. Elle renferme 800 maisons et environ 4,000 habitants. *Omsk*, dont la population est d'environ 1,000 à 1,100 âmes, mais qui a une garnison de 4,000 hommes, est la capitale de la province. Cette ville, fortifiée à la moderne, est assez bien bâtie; les casernes, et l'école militaire fondée par l'empereur Alexandre en faveur des enfants de l'armée de Sibérie, sont ses principaux édifices. Elle tire son nom de la rivière d'Om, et s'élève au confluent de cette rivière et de l'Obi. Elle est le séjour d'un grand nombre d'exilés. Ses environs sont fertiles, mais manquent de bois de chauffage. Les villes de cette province sont toutes des forteresses qui appartiennent à la ligne militaire destinée à contenir les Kirghiz. *Semiiarsk* ou *Semiiarskoï* n'est qu'un petit fort sur la rive droite de l'Irtyche, avec 800 habitants.

Semipolatinsk, entourée de remparts en bois et dominée par une forteresse, au-dessous de laquelle s'étendent deux faubourgs placés l'un au-dessous de l'autre, est une ville de 4,000 âmes, y compris une garnison de 1,000 hommes. Elle tire son nom des restes de constructions tatares que les Russes y trouvèrent, et qu'ils nommèrent *sem palaté*, les *sept palais*, lorsqu'ils s'emparèrent de la contrée. On y voit des casernes et des bâtiments assez considérables pour les autorités civiles et militaires, ainsi qu'une douane où l'on perçoit les droits sur le commerce considérable qu'elle fait avec les Boukhares et les Kirghiz. *Oust-Kamenogorsk*, qui s'élève plus haut sur l'Irtyche, tire son nom de sa position près d'une montagne rocailleuse; sa population est moitié moins considérable que celle de Semipolatinsk. *Préesnogorkofsk* est encore moins importante.

« L'arrondissement de *Semipolatinsk*, étant l'extrémité méridionale de la Sibérie occidentale, mérite d'être considérée en détail sous le rapport de la géographie naturelle. La plaine entre l'Obi et l'Irtyche est d'une nature saline; l'Irtyche est bordé d'une chaîne de collines et d'un sable mouvant très profond. L'épizootie y règne fréquemment (¹). Dans la partie méridionale, plus montagneuse, les eaux, mauvaises en plusieurs endroits, occasionnent des fièvres intermittentes (²). On est exposé, dans ce pays, à des orages et à des ouragans très forts; néanmoins les hauteurs sont généralement arides, on ne peut cultiver que les bas-fonds. La végétation des plantes sauvages, des arbres et arbrisseaux s'embellit à mesure qu'on s'élève sur les montagnes. Le faux acacia, le peuplier baumier, le merisier, l'aubier, le sureau blanc et rouge, le groseillier rouge, le troène et toutes espèces de rosiers sauvages, couvrent les rives de l'Ouba. De grosses fraises jaunes flattent le goût et la vue. L'hysope, la menthe aquatique, le houblon, le chanvre sauvage, ornent les bords de la Choulba. La clématite d'Orient s'y enlace aux arbres en forme d'espalier. Des sources limpides coulent à l'ombre du chèvrefeuille de Tatarie, qui forme ici d'assez gros arbres. Dans les monts Altaï, les plantes plus particulières aux températures alpines, telles que la gentiane printanière, le sainfoin des Alpes, le dryas à cinq pétales, le polygala de Sibérie, la jolie *spiræa altaïca*, la valériane de Sibérie, l'immortelle des bois, étalent leurs fleurs superbes jusque sur les bords des neiges mêmes (³). »

Le gouvernement de *Tomsk* comprend les contrées situées sur le haut Obi et sur l'Ieniseï en général. Au nord-ouest il est borné par

---

(¹) *Pallas* : Voyages, III, p. 51 (in-4°).

(¹) *Pallas* : Voyages, III, p. 243 et 376 (in-4°). — (²) *Ibid.*, III, p. 200. — (³) *Ibid., id.*, p. 190, 201, 262, etc. *Patrin*, Voyage dans les monts Altaï.

celui de Tobolsk, au sud-ouest par la province d'Omsk, au sud par l'empire Chinois, et à l'est par le gouvernement d'Ieniseïsk. Sa longueur est de 260 lieues, et sa largeur d'environ 200. Il partage avec celui de Tobolsk l'immense steppe de Baraba ou Barabïn. Les montagnes qui le bornent au sud sont riches en métaux utiles et précieux. Depuis 1823 ce gouvernement est divisé en six arrondissements ou districts.

L'arrondissement de *Tomsk* comprend la partie septentrionale de tout le gouvernement. *Tomsk*, son chef-lieu, sur la rive droite du Tom, affluent de l'Obi, est bien bâtie et renferme 7 à 8,000 âmes. Cette population se compose d'un grand nombre de *Roskolniki*, sectaires ridicules par leur austérité, mais qui en secret se livrent, dit-on, à la débauche et à l'ivrognerie. *Narym*, à 85 lieues au nord-ouest, sur la rivière de la Narymka, est peu peuplée, mais fait un assez bon commerce de pelleteries.

L'arrondissement de *Kaïnsk* s'étend dans la partie occidentale du gouvernement. Il comprend une partie de la steppe de Baraba, plusieurs grands lacs, entre autres celui de Tchany, est presque dépourvu de bois, l'est entièrement de montagnes, et paraît occuper le fond d'un ancien lac. On y élève des chevaux et du bétail. Il est presque entièrement peuplé de Barabintzi, qui s'adonnent à la pêche et à la chasse. *Kaïnsk*, ville de 3,000 âmes, avec une petite garnison, fait un bon commerce de fourrures. Plusieurs foires assez fréquentées s'y tiennent chaque année.

La plupart des Barabintzi se sont retirés dans le nord de leur steppe; ceux qui sont restés au sud ont adopté les mœurs et le costume des Russes. Mais les villages de la Baraba, tous nouvellement bâtis et entourés de champs cultivés, sont peuplés d'exilés; ils consistent en une seule rue toute droite. On est à peu près certain de trouver un voleur dans chaque maison; cette steppe est le bagne de l'empire de Russie. Cependant les excès y sont rares, et jamais on n'y entend parler de vols à main armée. Ce phénomène ne tient point à un changement de mœurs de la part des exilés, mais à l'impossibilité dans laquelle se trouverait le voleur de cacher son crime. Dans chaque village un peu considérable un détachement de troupes est chargé de faire la police et de maintenir la tranquillité, et une prison sert à enfermer pendant la nuit le malfaiteur turbulent. En vain celui-ci chercherait-il à s'évader: il trouverait la mort dans les déserts marécageux qu'il aurait à traverser; en vain plusieurs exilés se réuniraient pour effectuer leur évasion, les paysans qui les rencontreraient les tueraient sans pitié: ils sont donc forcés de chercher à mériter par leur bonne conduite la seule liberté dont ils puissent jouir dans leur nouvelle patrie.

Au sud du précédent s'étend l'arrondissement de *Barnaoul*, dont la richesse minérale a engagé le gouvernement russe à établir au chef-lieu la direction supérieure des mines de l'Altaï. *Barnaoul*, assez bien bâtie sur une rivière du même nom, renferme 1,500 maisons et 9,000 habitants. Dans ses environs l'air est plus tempéré et l'été plus chaud que dans les parties plus méridionales, mais plus rapprochées des montagnes. Tous les légumes et même les artichauts y réussissent. Près de la ville on trouve des fours à chaux, des tuileries et une manufacture de glaces.

L'arrondissement de *Kolyvan* formait, sous Catherine II, un gouvernement à part: c'est la partie méridionale de la Sibérie occidentale et du gouvernement de Tomsk. Il nourrit une grande quantité de bêtes à cornes. *Kolyvan* ou *Kolyane*, son chef-lieu, qui a été bâti et rebâti, tantôt dans un endroit et tantôt dans un autre, remplace aujourd'hui l'ancien bourg de Tchaousk. Les Russes l'appellent *Kolyvano-Voskrecensk*. Cette ville est peu peuplée; sa position sur la rive gauche de l'Obi est agréable; du côté du sud on aperçoit à l'horizon les monts Altaï, dont les traces se retrouvent, dit M. Erman, dans la chaîne de collines boisées qui forme ici la vallée du fleuve. La mine et le bourg de *Schlangenberg*, appelé par les Russes *Smeïnogorsk*, sont ce qu'il y a de plus remarquable dans ce district. On dit que la montagne doit son nom à la grande quantité de serpents qu'on y trouve; les *Tchoudes* y ont laissé des traces de grands travaux d'exploitation; les lavages d'or y sont importants. C'est le produit des mines qui a porté la population de Smeïnogorsk à 7 ou 8,000 âmes.

L'arrondissement de *Koutznezk*, situé dans la partie orientale du gouvernement de Tomsk, se compose de vastes plaines fertiles en blé, de belles prairies et de vastes forêts. A l'est, il présente des montagnes dans lesquelles on a trouvé des houillères. La petite ville de *Koutznezk* a 2,000 habitants. Sur les bords du Tom, au-dessous de Koutznezk, on remarque un rocher couvert de sculptures antiques représentant des figures d'animaux. *Tcharychsk*, chef-lieu d'un autre arrondissement, sur la rivière du Tcharych, n'était avant l'année 1823 qu'un village appelé *Beloglasova*.

Le gouvernement d'*Iéniseïsk* a été formé en 1823 de la plus grande partie de l'ancien gouvernement de Tomsk. Il est borné à l'ouest par celui-ci et par celui de Tobolsk, au nord par l'océan Glacial, à l'est par le gouvernement d'Irkoutsk et la province d'Iakoutsk, et au sud par l'empire chinois. Sa longueur est d'environ 700 lieues, sa largeur de 280 et sa superficie de 220,000 lieues carrées. Sa population n'est pas de 200,000 âmes. Il est divisé en quatre arrondissements ou districts.

L'arrondissement d'*Atchinsk* est le moins considérable des quatre qui divisent le gouvernement d'Iéniseïsk. Il est riche en mines de fer, et si fertile en grains qu'il en fournit aux districts voisins. *Atchinsk* est une petite ville d'un millier d'habitants, située sur la rive droite du Tchoulim. Elle renferme un grand nombre d'exilés.

La route qui conduit de Tomsk à Krasnoïarsk passe par Atchinsk, en traversant un beau pays bien arrosé et couvert de forêts composées de mélèzes, de sapins et de cèdres de Sibérie. « Ces derniers arbres, dit M. Erman, sont les plus beaux et les plus majestueux qu'on puisse voir. Leurs cônes, de la grosseur d'une petite fève, sont un grand objet de commerce et ne manquent à aucun dessert véritablement russe. C'est une friandise que le bas peuple recherche avec avidité, et à laquelle on donne ordinairement le nom de *noisettes des femmes galantes*, parce que l'occupation favorite de ces désœuvrées est en effet de croquer ces noisettes. On sait que beaucoup de grands seigneurs russes apprennent plutôt à fond le français que leur langue maternelle, dont souvent ils ignorent les finesses. Un des premiers dignitaires de la cour de Saint-Pétersbourg fut envoyé dans ces dernières années chargé d'une mission importante pour la Chine. En passant par Tomsk, il y trouva les noisettes de cèdre d'un goût si exquis, qu'il n'eut rien de plus pressé que d'en expédier une grande boîte à sa femme; elles arrivèrent en effet à bonne adresse, au grand mécontentement de la dame, qui, dans son empressement de connaître le contenu de la boîte, l'ouvrit en présence d'une société nombreuse, que l'à-propos du cadeau fit rire aux éclats. »

L'arrondissement de *Krasnoïarsk* porte le nom de cette capitale de tout le gouvernement. C'est un pays montagneux qui paraît être riche en métaux, mais dont la plus grande partie est inculte, bien que le territoire soit en général si fertile, que sans y mettre aucun engrais on peut l'ensemencer pendant cinq ou six années de suite. *Krasnoïarsk* est située sur le bord du majestueux Iéniseï, qui coule dans une vallée pittoresque entourée de montagnes dont les flancs sont couverts de bouleaux et de peupliers. Cette ville, qui en 1822 n'offrait qu'un amas de misérables cabanes, a tout-à-fait changé d'aspect : assez bien bâtie, elle est entourée de murailles, et renferme 3 églises en pierres et 4,000 habitants. Elle est même devenue un centre de lumières pour la Sibérie, depuis que le gouverneur, M. Stephanoff, y a fait fleurir la littérature qui, avant lui, était inconnue dans ce pays. Tous les ans il publie un almanach littéraire. Quelques objets d'antiquité que l'on trouve quelquefois dans les environs, mériteraient d'être le sujet des recherches des savants : on trouve des sépulcres creusés dans les montagnes qui entourent Krasnoïarsk. Ils renferment des armes, divers ornements, des patères et des monnaies en or, en argent, en cuivre et en fer, monuments de l'industrie des anciens peuples de la Sibérie [1].

Abakansk est une ville de 2,000 âmes avec un petit fort, située dans un pays rempli de pâturages et de champs fertiles. La température y est assez douce pour que les melons y réussissent. Dans ses environs, comme en général dans toute la Sibérie méridionale, on remarque beaucoup d'anciens *tumulus* ou collines sépulcrales ; les Tatars les appellent tombeaux de *Kathayens* (*Li-kateï*) ; les ornements d'or et d'autres métaux qu'on y découvre quelquefois prouvent l'état florissant de la nation ancienne qui les éleva. Sur la

[1] *Georgi* : Russie, t. IV, p. 1029. *Muller* : Observationes historicæ in Sibiria institutæ.

rivière d'Abakan, qui donne son nom à Abakansk, ainsi que sur celle du Tchoulim, on a trouvé des colonnes grossières montées de 7 à 9 pieds, chargées d'inscriptions qui ont excité l'attention de quelques savants (¹).

L'une de ces colonnes, dont M. Klaproth a publié un dessin, est une pierre longue, carrée et couverte d'un côté de caractères inconnus qui paraissent être défigurés et incomplets; l'autre montre d'un côté une figure humaine, et sur le dos une inscription mieux conservée que celle de la première. Ces colonnes et quelques autres encore étaient posées chacune sur un tertre peu élevé. « En examinant les ca-
» ractères des inscriptions qu'elles portent,
» on ne peut se dissimuler, dit M. Klaproth,
» qu'ils ont plutôt un air européen qu'asiati-
» que. On y reconnaît facilement plusieurs
» lettres grecques et esclavonnes. Cependant
» on ne peut raisonnablement conclure pour
» cela que ces inscriptions soient postérieures
» à la conquête de la Sibérie par les Russes,
» car celles publiées par Pallas se trouvaient
» sur les pierres sépulcrales des anciens habi-
» tants du pays, et les autres sur des colonnes
» ou statues qui, sans doute, ont servi à un
» culte religieux. D'ailleurs ces mêmes statues
» ressemblent beaucoup à celles qu'on voit
» assez fréquemment dans les vastes plaines
» situées au nord du Caucase, entre la mer
» Noire et la mer Caspienne, et qui sont les
» seuls monuments que les *Comans* ou *Koumans* et autres peuples turcs nous ont laissés
» de leur séjour dans ces contrées. »

M. Klaproth attribue tous ces monuments aux Kirghiz, qui du temps des Mongols portaient le nom de *Hakas*, et qui appartiennent à la nation turque. Ces Hakas habitaient la Sibérie méridionale depuis le commencement de notre ère jusqu'au dix-huitième siècle. Quant à l'origine de leur écriture, qui n'a rien d'asiatique, M. Klaproth pense qu'elle peut dériver d'un système alphabétique européen, par suite de leurs relations avec l'Europe, par la même raison qui a fait adopter aux Mongols et aux Mandchoux une écriture originaire de la Syrie et des côtes de la Méditerranée. Les Hakas faisaient, par l'entremise des Khazars, un grand commerce de leurs riches fourrures, de leurs chevaux, de leur or et de leur argent avec les nations occidentales, dont ils tiraient des étoffes et d'autres objets fabriqués. Ce commerce contribua à les enrichir, et, bien qu'ils fussent nomades, ils s'accoutumèrent bientôt à une espèce de faste qui se montrait surtout à la cour de leur *agé* ou roi : de là la grande quantité d'ornements en or et en argent trouvés dans leurs tombeaux. Dans leurs rapports fréquents avec les Khazars, il est possible que les Hakas leur aient emprunté leur écriture. On sait que les Khazars dominèrent pendant plusieurs siècles sur le Volga et le Don; qu'ils furent presque toujours en bonne intelligence avec la cour de Constantinople; qu'en 858 ils envoyèrent à l'empereur Michel une ambassade pour le prier de leur adresser quelqu'un qui pût les instruire dans la religion chrétienne; que le prince confia cette mission au pieux et savant Constantin de Thessalonique, qui fut canonisé à Rome sous le nom de saint Cyrille; que ce zélé chrétien se rendit à Kherson pour apprendre la langue khazare, et qu'il convertit toute la nation et même les juifs et les mahométans. Il passe pour avoir inventé l'alphabet slave pour les Bulgares et les Moraves qu'il avait convertis (¹); peut-être rendit-il le même service aux Khazars en leur donnant un alphabet analogue : si ce fait était prouvé, on ne serait plus étonné de trouver des lettres slaves dans les inscriptions sibériennes. D'ailleurs, ajoute M. Klaproth, l'alphabet de saint Cyrille ne serait pas le seul qui aurait été introduit dans le nord de l'Asie par les Européens : l'apôtre russe Veliko-Permski, connu dans la légende sous le nom de saint Étienne, donna vers l'an 1375 une écriture aux Permiens, convertis par lui. Cet alphabet, qui paraît être perdu, s'était vraisemblablement répandu au-delà de l'Oural, puisque, d'après les traditions des Ostiaks de l'Obi, leur pays avait été habité autrefois par une nation belliqueuse qui vivait sous ses princes, dans des villes, et qui se servait de caractères particuliers. Enfin, quant à l'alphabet introduit chez les Kirghiz ou Hakas son usage aura sans doute été aboli à l'époque où ils ont embrassé le mahométisme, et adopté avec cette religion l'écriture arabe.

(¹) *Georgi* : Russie, II (4ᵉ vol.), p. 1029. *Messerschmidt*, etc. *Pallas*, Voyages. *Klaproth* : Sur quelques antiquités de la Sibérie. — Mémoires relatifs à l'Asie; t. 1, p. 157.

(¹) Vitæ ss. Cyrilli et Methodii in Actis sanctorum, ad IX mart. p. 22.

ASIE. — SIBÉRIE OU RUSSIE D'ASIE SEPTENTRIONALE.

L'arrondissement de *Kansk* se trouve dans la partie méridionale du gouvernement d'Ieniseïsk. *Kansk*, son chef-lieu, situé sur la rive gauche de la Kane, est une petite ville fortifiée, comprenant environ 210 maisons. Il s'y tient plusieurs marchés considérables. A 85 lieues au sud-ouest, *Minousinsk*, sur la droite de l'Ienisci, renferme environ 1,000 habitants.

Le vaste arrondissement d'*Ieniseïsk* occupe presque toute la moitié septentrionale du gouvernement. *Ieniseïsk*, son chef-lieu, est situé sur la rive gauche du fleuve majestueux dont il porte le nom, dans une plaine agréable et fertile, mais malheureusement trop basse : au printemps la plupart de ses rues sont couvertes d'eau, lors du débordement du Ieniseï qui a ici une demi-lieue de largeur. Cette ville est entourée à l'est par des prairies, au sud et à l'ouest par des bois marécageux. La rivière de la Mielnitchka la divise en deux parties. Ieniseïsk fut fondée en 1618 par un chef de Kosaques nommé Albitchef. Jusqu'en 1702 ce ne fut qu'une sorte de bourgade mal bâtie et palissadée; mais vers cette époque on y envoya une colonie et un gouverneur, et on lui donna le titre de ville. Aujourd'hui c'est une des cités les plus grandes, les plus peuplées et les plus riches de la Sibérie : elle a plus d'une lieue de circonférence, une population de plus de 6,000 âmes, et elle fait un commerce considérable. Le haut quartier est le plus ancien; le quartier inférieur est celui qui renferme les principaux édifices : tels que le trésor, bâtiment à trois étages où siége la cour de justice; la caisse, édifice en pierres; le magasin à sel, les entrepôts d'eau-de-vie, la prison de la ville, l'hôpital bâti en pierres, l'école publique, le club de la ville, sorte de *Casino*, la maison des orphelins et l'hôtel-de-ville. Le bazar est un grand édifice en bois élevé de deux étages, avec quatre portes et contenant environ 112 boutiques. Le nouveau marché est construit en pierres avec une colonnade. Il y a dans la ville deux monastères : l'un d'hommes, sous l'invocation du Sauveur, et renfermant 2 églises en pierres; l'autre de femmes dédié à la Vierge et l'un des plus riches de la Sibérie. La cathédrale, bâtie dans le style byzantin, date de 1730. Les églises paroissiales sont au nombre de 6 : toutes sont remplies de riches ornements. On compte à Ieniseïsk 14 ponts en bois, dont 5 sont en dehors, 44 forges et environ 1,200 maisons, la plupart en bois. Chaque année il s'y tient, du 1er au 25 août, une foire très fréquentée, où se réunissent des négociants de Tobolsk, de Tomsk, de Krasnoïarsk et d'Irkoutsk, qui apportent des marchandises russes et chinoises, et qui remportent des fourrures de renards, de loups, de castors, de zibelines, de loutres, etc.

Touroukansk, appelé autrefois *Mangasea*, renferme une centaine de maisons, et est défendue par un petit fort bâti en bois; au nord de cette ville on ne rencontre plus que de misérables villages, que de vastes plaines couvertes de marais, que des déserts et des forêts. Les ours et les loups y sont plus grands que dans toute autre contrée de la Sibérie : les renards y sont plus nombreux; leur fourrure y est plus épaisse et plus estimée. « Le poisson et les oiseaux aquatiques y abondent. Sur les bords de la mer Glaciale, à l'est de l'Ienisei, on voit arriver des trains de bois flottant (¹). Le climat est plus rigoureux que sur l'Obi. Les glaces ne disparaissent entièrement qu'à la fin de juin. Les ormes, les mélèzes, les saules et les bouleaux ne montrent leur feuillage que pendant deux mois. La fleuraison des plantes est plus précoce, le lin vivace a ici des fleurs d'une grosseur extraordinaire. »

Nous venons de parcourir toute la Sibérie occidentale; passons à la partie orientale comprenant le gouvernement d'Irkoutsk et les provinces d'Iakoutsk, d'Okhotsk et de Kamtchatka, avec la terre de Tchoukhotsk ou le pays des Tchouktchis.

Le gouvernement d'*Irkoutsk* ne comprend depuis 1823 qu'une partie de l'ancien gouvernement de ce nom; il est borné au nord et à l'est par la province d'Iakoutsk, à l'ouest par le gouvernement d'Ieniseï; au sud et en partie à l'est il confine à l'empire chinois. Sa plus grande longueur du nord-ouest au sud-est est de 375 lieues, et sa plus grande largeur de l'ouest à l'est est de 270 lieues. Sa superficie est d'environ 64,000 lieues géographiques carrées, c'est-à-dire près de 2 fois et $\frac{2}{3}$ celle de toute la France. Mais, bien qu'il soit situé dans la partie méridionale de la Sibérie, sa population totale est à peine de 640,000 individus. Le sol de ce gouverne-

(¹) *Pallas*: Voyages, t. III (in-4°).

ment est en général humide ; on y trouve beaucoup de marais et de petits lacs, mais il renferme aussi le vaste lac Baïkal, le plus grand de toute la Sibérie. On y cultive de l'orge, du seigle, un peu de blé, du lin et du chanvre ; les forêts y fournissent de beaux bois de construction ; enfin on y récolte aussi de bonne rhubarbe et plusieurs plantes aromatiques, dont plusieurs remplacent le thé ; mais les fruits y manquent presque complétement, et sont remplacés par une grande quantité de baies. Les bestiaux y sont en grand nombre ainsi que les animaux sauvages, dont plusieurs sont recherchés pour leur précieuse fourrure. La partie montagneuse comprend de riches mines d'or, d'argent, de cuivre, de plomb et de fer. Le second de ces métaux et le fer sont exploités au compte du gouvernement par plus de 3,000 ouvriers mineurs et 14,000 paysans ; ils alimentent environ 8 usines appartenant à la couronne, et plusieurs autres situées sur les terres des particuliers. 2,000 exilés travaillent dans ces établissements. Le sel abonde dans ce département : on en exploite annuellement plus de 3,600 pouds. L'industrie y est encore peu avancée ; on n'y compte qu'une soixantaine d'établissements industriels, entre autres 8 fabriques de savon, 40 tanneries et 5 distilleries d'eau-de-vie de grains, une verrerie, une fabrique de glaces et une manufacture de faïence.

En parcourant l'arrondissement d'*Irkoutsk* on rencontre souvent des troupes d'exilés, dont plusieurs sont chargés de chaînes. A 13 ou 14 lieues d'Irkoutsk se montre tout-à-coup, sur la lisière d'une forêt et sur les bords du Telma, un grand et beau village appelé *Telminsk*, dans lequel se font remarquer une église et plusieurs édifices en pierre : ce sont des manufactures de draps, de verre, de cristal et de papiers. Elles appartenaient autrefois, dit M. Erman, à des particuliers ; à présent elles travaillent pour le compte du gouvernement. On y emploie des machines construites sur le modèle de celles qui servent à fabriquer les draps en Angleterre ; les objets en verre et en cristal que l'on fabrique à Telminsk sont taillés et polis avec goût (¹).

Irkoutsk, située dans une belle plaine à 15 lieues des bords du lac Baïkal, sur les rives de l'Angara supérieur qui la partage en deux

(¹) *Erman : Voyage dans le nord de l'Asie.*

parties égales, et près du confluent de cette rivière avec l'Irkout, est une des plus considérables et des plus belles villes de la Sibérie. Elle est entourée d'un mur et d'un fossé, et flanquée de quatre faubourgs. Des quais en bois d'une construction élégante bordent les deux côtés de la rivière. Ses rues sont droites, larges et même propres, quoiqu'elles ne soient pas pavées. Ses maisons, la plupart en bois, sont bien bâties. On y trouve 33 églises, dont 12 en pierre, avec une cathédrale bâtie en 1746, 2 couvents, 2 hôpitaux, une maison de travail et de correction pour les exilés, un vaste bazar en brique que l'on peut regarder comme son plus bel édifice, une école militaire, une de navigation, un gymnase avec une bibliothèque de 6 à 7,000 volumes, plusieurs écoles élémentaires, une imprimerie, un théâtre et quelques autres établissements. Elle est la résidence du gouverneur général de la Sibérie orientale et d'un évêque russe. Elle renferme des fabriques de draps, de toiles, de chapeaux, de savon, de chandelle, de maroquin, des tanneries considérables, des distilleries d'eau-de-vie de grains, une verrerie et une manufacture de glaces. Elle est le centre d'un grand commerce de fourrures, pour lequel la compagnie russe a un comptoir et de vastes magasins ; c'est l'entrepôt du commerce de la Russie avec la Chine. On évalue à la somme de 4 ou 5 millions de francs le montant des affaires qui se font chaque année dans cette ville, et à 7 ou 800,000 francs les droits de douane que l'on y perçoit. Les vivres sont à si bas prix à Irkoutsk, que l'on peut très bien entretenir un ménage de 5 à 6 personnes pour environ 3 francs par jour, y compris le combustible. Elle paraît renfermer une population de 20 à 25,000 habitants, parmi lesquels se trouvent de riches commerçants. Les ameublements des personnes aisées viennent en général de la Chine ; les femmes s'habillent d'étoffes chinoises. Le thé est la boisson habituelle dans toutes les classes. Les maladies galantes y sont presque générales. A l'école de navigation, dont les principaux cours sont confiés à des marins russes, des Japonais de naissance enseignent la langue de leur pays.

« Les environs d'Irkoutsk sont agréables ; le sol y est fertile ; l'agriculture fleurit. A mesure qu'on s'approche du lac Baïkal, le pays devient de plus en plus montagneux. Le gibler est assez abondant dans les environs; on y voit des élans, des cerfs, des sangliers, des coqs de bruyère, des gelinottes, des poules de bois et des perdrix. Cette contrée éprouve de fréquents tremblements de terre. »

Nijneï-Oudinsk ou *Bas-Oudinsk,* sur l'Ouda, est une petite ville de 600 habitants, entourée de rochers et de forêts, chef-lieu d'un arrondissement situé à l'ouest de celui d'Irkoutsk, et couvert presque en entier de forêts sombres et marécageuses où le sol ne produit que de la mousse et des plantes aquatiques, en grande partie semblables à celles du nord de l'Europe. Le climat y est extrêmement froid.

L'arrondissement de *Kirensk,* dans la partie septentrionale du gouvernement, offre des forêts, des montagnes et des marais; *Kirensk,* son chef-lieu, sur la Lena, un peu au-dessus de son confluent avec la Kirenga, qui lui donne son nom, ne renferme pas 800 habitants. Son territoire est fertile.

« Les plantes y viennent d'une grosseur extraordinaire. Les sterlets et les autres poissons que l'on pêche dans les rivières voisines sont les meilleurs de toute la Sibérie pour la délicatesse. Les habitants de cette contrée ont des goîtres d'une grosseur peu commune; il est même assez ordinaire d'en voir aux bœufs et aux vaches du pays. »

En hiver, suivant M. Erman, on communique des pays situés à l'ouest du lac Baïkal avec ceux de la rive opposée en remontant les bords de l'Angara, qui par un froid de 25 degrés sort du lac avec fracas, toujours libre des glaces qui la couvrent plus bas. Un brouillard assez épais s'étend sur cette rivière à l'endroit où elle n'est pas gelée. Vis-à-vis Irkoutsk, la surface du lac, entièrement prise par le froid, est unie comme un miroir; on le traverse en traîneau avec une vitesse extraordinaire : en cet endroit il a environ 12 lieues de largeur que l'on ne met que 2 heures à parcourir. Les convois de thé, expédiés de Kiakhta, suivent la même route : ils se composent d'une file de 50 à 100 traîneaux, attelés d'un cheval et chargés chacun d'une seule caisse de thé; deux ou trois conducteurs dirigent ces convois; on place sur chaque traîneau un peu de foin pour exciter les chevaux qui se suivent ainsi au grand trot. Ce thé, ordinairement d'une qualité supérieure, est celui que l'on connaît en Russie sous la dénomination de thé de caravane : des milliers de livres de ce thé sont expédiés chaque année de cette manière à Moscou.

Verkhné-Oudinsk ou le *haut Oudinsk,* ville de 3,000 âmes, est le chef-lieu d'un arrondissement. Située sur les bords de l'Ouda et de la Selenga, cette ville se compose d'une forteresse et de 200 maisons. Ses habitants descendent pour la plupart des Strelitz qui y furent exilés par suite de leur révolte contre Pierre-le-Grand.

En remontant la vallée de la Selenga, entourée de rochers granitiques escarpés et d'une forme plus ou moins bizarre, on traverse, en hiver, des camps de Bouriates composés de tentes rondes en feutre. On remarque vis-à-vis de l'entrée de chaque habitation une espèce d'autel en bois, d'un travail assez élégant, construit de manière à se fermer comme une boîte, et dans lequel ils placent les images de leurs saints quand ils se transportent dans une autre station. La place la plus élevée de l'autel est réservée pour l'image du *Bourkhan,* l'une de leurs principales divinités; quelquefois c'est celle de Bouddha : devant celle-ci, on place six petits plats en bronze remplis d'eau, et quelques petits miroirs également en bronze. Lorsque le lama ou prêtre veut bénir l'eau, il tient ces miroirs devant les images du dieu, puis y fait tomber l'eau qui, avant de couler dans le plat, est censée s'imprégner de la vertu attribuée à ces images. On trouve des miroirs semblables dans les *Kourgans* ou tombeaux des anciens habitants de la Sibérie [1]. La vallée de la Selenga conduit à Selinghinsk et à Kiakhta.

« *Sélenghinsk* est située près de hautes montagnes de sable dont les éboulements successifs commencent à couvrir toutes les rues. »

Les habitants font peu de commerce; leur sang et leur physionomie offrent un fort mélange du caractère mongolique. Les Russes qui se sont établis ici épousent de préférence les filles bouriaites ou mongoles. Ces mariages mixtes produisent des métis appelés *Karimki.* Les mœurs du bas peuple tiennent beaucoup de celles des Bouriaites; les habitants préfèrent même parler la langue mongole. Le climat de Sélenghinsk est assez tempéré; la neige y disparaît à la fin de mars sur *toutes*

[1] *Erman* : Voyage dans le nord de l'Asie.

les hauteurs exposées au midi; les troupeaux commencent à pâturer vers le 20 du même mois. On ne voit nulle part autant de buissons de poiriers sauvages, de groseilliers, d'acanthes et d'ormes nains. Les montagnes sont couvertes du robinier-pygmée (¹).

Sélenghinsk a commencé par un fort en bois autour duquel on a construit des maisons en 1686; maintenant cette ville peut contenir environ 1,500 habitants.

« *Kiakhta*, ville bâtie sur la frontière de la Mongolie, est devenue célèbre par le commerce entre la Russie et la Chine. Elle est dominée par le mont *Bourgoultei* (montagne des Aigles) que les Chinois se sont réservé dans le dernier traité de démarcation, sous prétexte que son sommet renfermait les tombes de leurs ancêtres. Les bonnes eaux manquent à Kiakhta. Les environs ne sont que sables et rochers, sol peu propre à la culture des légumes. Les principaux habitants sont des négociants russes ou des commissaires des principales maisons de commerce de l'empire. Leur manière de vivre est polie et sociable. Ces négociants s'imaginent ne pouvoir mieux combler d'honnêtetés un étranger qu'en le forçant de boire successivement de toutes les espèces de thé. Les ameublements et en partie les vêtements chinois prédominent. »

La plaine dans laquelle s'élève Kiakhta est à 2,400 pieds au-dessus du niveau de l'Océan. Les montagnes qui l'entourent sont formées de porphyre; leurs flancs sont en partie couverts de forêts. Ce bourg, ou, si l'on veut, cette ville de 1,500 habitants, est entourée de fortifications, et défendue par le fort de Troïtsko-Savsk; ses rues sont larges et bien alignées, et ses maisons, bâties en bois, sont assez élégantes. A quelques centaines de pas de là se trouve la frontière de la Russie et de la Chine, indiquée, du côté des Russes, par un monument surmonté d'une croix, et de l'autre par une pyramide. La limite russe est gardée par un Kosaque, le sabre à la main, qui empêche l'introduction des marchandises si elles ne sont munies d'un permis délivré par la douane établie au fort de Troïtsko-Savsk. Le bazar est un grand carré entouré de boutiques; lorsqu'on l'a traversé, on arrive devant une cloison en bois avec une porte élégante sur laquelle sont peints l'aigle russe et le chiffre de l'empereur; au-delà, on est sur le territoire chinois. Tous les soirs, vers le coucher du soleil, les Chinois s'empressent de quitter Kiakhta pour se retirer à Maïmatchin, qui est le premier bourg sur le sol de la Mongolie.

Plus près de Sélenghinsk que de Kiakhta, se trouve la bourgade de *Monakhonova*, près de laquelle s'étend une plaine vaste, inculte, entourée de montagnes d'origine volcanique. C'est au milieu de cette plaine, et à 8 lieues de la bourgade, que réside le *khamba-lama* ou grand-prêtre des Bouriaites, chef spirituel qui, sans être précisément une incarnation divine, passe pour être un personnage dont l'âme purifiée est débarrassée à un très haut degré de l'influence de la matière: ce qui ne l'empêche pas d'être très sensible à l'honneur de pouvoir porter sur ses vêtements un des nombreux ordres russes. Près de sa demeure, s'élèvent plusieurs temples dont le principal est un édifice en bois où l'on monte par un perron qui conduit à un vestibule qui précède le temple même, dont l'architecture rappelle assez, dit M. Erman, le style gothique. La nef est supportée par deux rangs de colonnes en bois, et est surmontée par une coupole élevée; le long des colonnes sont rangés des bancs sur lesquels s'asseyent les prêtres ou lamas. Près de l'autel principal, et au fond du temple, se placent les principaux membres du clergé, qui chantent en récitatif des prières accompagnées par une musique bruyante, dans laquelle les tambours, les cors, les cymbales et le tamtam tiennent le premier rang. Au-dessus de l'autel, on voit l'image peinte de Bouddha, au milieu de celles de quatre autres divinités. Devant l'autel, sont rangés des tasses remplies d'eau bénite et un vase contenant des grains de froment: les prêtres qui traversent le temple en procession, s'inclinent devant ce vase et le touchent avec le front; puis, en revenant à leurs places, ils vont recevoir de l'un d'eux une poignée de grains: cette cérémonie, qui est une des principales du culte, est accompagnée de musique. Dans une des chapelles qui entourent le temple, se trouve le char sur lequel on place à certains jours de fêtes l'image de la mère de Bouddha pour la traîner en procession autour de l'édifice; il est attelé de 7 chevaux en bois peints en vert, mais très bien sculptés. Dans le vestibule, on

(¹) *Pallas* : IV, p. 142, 224 et 369 (in-4°).

remarque un cylindre rempli de prières écrites; deux bras du cylindre frappent sur une cloche chaque fois qu'on le tourne. Pour les bouddhites, il suffit de mettre en mouvement cette machine à prières pour qu'elles soient exaucées : aussi chacun tourne-t-il le cylindre en passant (¹).

« Terminons ce que nous avons à dire du district de Verkhné-Oudinsk par une observation générale.

» Il règne dans cette province une étonnante variété de sol et de climats. Ici, des vallons étroits, sombres et froids ; là, des plaines sablonneuses et chaudes ; plus loin, des fonds salins. A Sélenghinsk, les melons d'eau viennent très bien ; sur les bords de l'Ouda, les blés ne mûrissent que rarement. En un mot, ce pays est peu propre à devenir agricole, même avec beaucoup de soins (²).

» L'arrondissement de *Nertchinsk,* qui renferme la *Daourie* russe, est couvert de montagnes ; les plaines qui s'y rencontrent ne sont, à proprement parler, que de grandes vallées. Les montagnes n'offrent partout aux yeux que des blocs de rochers escarpés qui semblent suspendus en l'air ; aussi ne rencontre-t-on nulle part des points de vue et des sites plus pittoresques : l'air qu'on y respire peut être comparé à celui qui règne dans les Alpes ; le froid y est très vif, même en été. Le bois le plus commun consiste en pins, mélèzes, sapins blancs et noirs, cèdres de Sibérie, bouleaux noirs, qui ne se trouvent en Sibérie qu'ici ; les sommets, où la neige reste toujours, offrent quelques bouquets d'un arbre voisin du cèdre du Liban, de bouleaux nains, et d'espèces particulières de genévriers et de saules. Le premier noisetier et le premier chêne ne paraissent qu'au-delà de l'Argoun, sur le territoire chinois. Les richesses de cette province, en plantes et métaux, égalent celles des autres parties de la Sibérie : on y exploite annuellement 700,000 kilogrammes de plomb argentifère, dont on extrait 4,000 kilogrammes d'argent. On en tire aussi de l'or, du fer et des pierres précieuses. La végétation est très brillante dans cette région alpine ; on voit, pour ne citer qu'un exemple, des montagnes entières près les bords de l'Onon, dont la surface d'un côté se revêt d'une couleur lilas, produite par les bourgeons de l'abricotier sauvage, tandis que l'autre revers est tapissé du pourpre foncé des rhododendrons qui le couvrent (¹).

» *Nertchinsk,* avec un fort du côté de la Chine, est, après Kamtchatka, le lieu d'exil le plus affreux qu'il y ait en Russie. Les exilés envoyés à Nertchinsk sont employés aux mines, et principalement aux usines. Leur nombre, ordinairement de 1,000, va quelquefois jusqu'à 1,800, mais rarement à 2,000. Confondus dans une seule classe, ils sont habillés et nourris comme le soldat : on ne les surcharge pas de travail ; la désertion y est extrêmement difficile ; les Chinois, en livrant ceux qui s'échappent, exigent qu'on leur inflige un châtiment plus rigoureux pour avoir souillé leur territoire. »

Nertchinsk est situé sur la rive gauche de la Chilka, au confluent de la Nertcha qui lui donne son nom. Ce n'est que depuis 1781 que ce lieu est érigé en ville. On y compte environ 160 maisons, avec deux églises. En 1823, on y a fondé une société biblique. Le commerce de pelleteries y est assez considérable. *Doroninsk,* autrefois chef-lieu d'un district, à plus de 60 lieues au sud-ouest de Nertchinsk, sur la rive gauche de l'Ingoda, est dans un pays qui produit du blé et toutes sortes de légumes. *Strétensk,* qui fut aussi le chef-lieu d'un district, est une ville de 500 habitants, sur la rive droite de la Chilka. *Bargouzine,* sur la rive orientale du lac Baïkal, est connu pour ses sources thermales et les lacs amers qui, dans ses environs, sont exploités pour le sel purgatif qu'on en retire.

« La province d'*Iakoutsk* renferme la plus grande partie du bassin de la Lena. Quelques lisières méridionales à l'ouest de ce fleuve jouissent d'un climat supportable ; mais depuis ses bords jusqu'à ceux de la Kolima le pays est hérissé de montagnes ou rempli de marais, et il y règne un froid excessif. L'orge y mûrit en six à sept semaines, mais la récolte est incertaine ; la chasse et la pêche fournissent des moyens sûrs de subsistance. Dans cet empire de l'hiver, la glace devient une arme contre le froid, et voici de quelle manière : les carreaux des fenêtres sont ordinairement en lames de mica transparent, dit verre de Moscovie ; on forme une seconde barrière de carreaux de

(¹) *Erman :* Voyage dans le nord de l'Asie. —
(²) *Pallas :* Voyages, IV, p. 384 *sqq.*

(¹) *Pallas,* IV, p. 313 et suiv. (in-4°).

glace bien pure, qu'on cimente en y versant un peu d'eau qui gele sur-le-champ (¹). Les chaleurs momentanées de l'été engagent les Toungouses à aller nus comme les Américains; ils n'ont qu'un petit morceau de cuir autour des reins. Plusieurs d'entre eux se nourrissent d'ognons de lis jaunes, qui sont fort communs en ces contrées; ils en font de la farine et du pain. C'est au bruit de chansons joyeuses, et au milieu de danses libres, que les Toungouses pêcheurs jettent leurs filets dans les rivières à peine dégelées. »

Cette province, divisée en cinq arrondissements ou districts, est la plus vaste de toutes celles de l'empire russe; elle a environ 600 lieues de longueur, 400 de largeur et 184,000 lieues carrées de superficie, c'est-à-dire qu'elle est à peu près égale au $\frac{2}{7}$ de toute l'Europe. Sa population est à peine de 150,000 âmes, que le gouvernement évalue à 20,000 familles, imposées chacune à une fourrure de marte estimée 35 francs : ce qui porte l'impôt total à 700,000 francs.

« *Iakoutsk*, située dans une plaine sur le bord occidental de la Lena, est la capitale de la province. Cette ville, qui renferme environ 600 maisons assez mauvaises, et environ 7,000 habitants, est un entrepôt considérable de marchandises russes et chinoises, et fait un grand commerce de zibelines. Il s'y tient en décembre, juin, juillet et août des foires très fréquentées. Le froid y est si excessif, que dans certains hivers le mercure y devient solide. »

L'arrondissement d'*Olekminsk* comprend la partie méridionale de la province. On y cultive quelques champs d'orge, dont les semailles et la récolte se font dans l'espace de sept semaines; les pâturages y sont excellents et nourrissent un nombre assez considérable de bestiaux. *Olekminsk*, le chef-lieu, se compose d'une église autour de laquelle se groupent une trentaine de maisons, dont les habitants, bien que d'origine russe, ont presque oublié leur langue, et ne parlent que celle des Iakoutes. Sur les bords de la haute Lena, au-dessus d'Olekminsk, on trouve des défenses d'éléphant qui pèsent jusqu'à 195 kilogrammes.

Les arrondissements d'Iakoutsk et d'Olekminsk sont habités par des Iakoutes. Pendant son voyage en Sibérie, M. Erman faisait des observations astronomiques chaque fois que l'occasion s'en présentait; mais, malgré les explications qu'il leur donna, jamais ils ne purent comprendre le but de ses observations; ils finirent par s'imaginer que l'empereur Nicolas avait perdu, à Pétersbourg, une étoile; que le voyageur avait été envoyé pour la retrouver, et que c'était pour cela qu'il comptait toutes les nuits celles du firmament.

A l'ouest de celui d'Iakoutsk s'étend l'arrondissement de *Verkhné-Viliouïsk*, dont le chef-lieu du même nom, sur la rive droite du Vilioui, n'a pas 200 habitants. Au confluent de cette rivière et de la Lena, se trouve le bourg d'*Oust-Viliouïsk*. En descendant vers le nord, nous trouvons sur le bord de la Iana, *Verkhoïansk*, ville de 500 âmes, chef-lieu d'arrondissement. A *Olensk*, appelée aussi *Oust-Olenskoe*, la ville la plus septentrionale du monde, il se tient une foire annuelle.

Zachiversk, sur l'Indighirka, environné de montagnes arides, n'a qu'une trentaine d'habitants. De ce misérable séjour, on se dirige sur *Srednekovouimsk* ou *Srednekolimsk*, autre chef-lieu, arrosé par la Kolima : cette ville n'a pas plus de 200 habitants. *Nijné-Kolimsk*, à 35 lieues au nord-est de la précédente, et à 25 de l'Océan, ne peut prendre le titre de cité que dans ces contrées désertes et glacées. Ces deux derniers districts sont peuplés de Ioukaghirs.

« Le tribut, dans ces contrées, est levé par des Kosaques semi-nobles ou *dvorianines*, domiciliés à Iakoutsk, et qui ont huit roubles par an de solde. Ce sont là les princes et quelquefois les tyrans redoutés de ce monde arctique.

» Devant cette partie de la côte de Sibérie, l'océan Glacial paraît rempli d'îles. Celles qu'on trouve devant les embouchures de la Lena et de la Iana, sont, comme la côte voisine, de grandes tourbières posées sur une base de glaces éternelles; il y en a qui renferment des lacs à moitié gelés; l'ours et le renne habitent ces solitudes. Des îles plus dignes d'attention ont été découvertes au nord du cap *Sviatoï*; déjà visitées en 1711 et 1724 par un Iakoute, elles avaient été oubliées; le négociant Liakhof les retrouva en 1774. Il y parcourut d'abord deux îles plates, dont la plus méridionale renferme un lac; les sables

---

(¹) Gmelin : Voyage de Sibérie. *Georgi* : Russie, II (4ᵉ vol.), p. 110.

ou terres molles qui environnent ce lac, laissent voir, en s'éboulant, des amas d'ossements et des squelettes entiers de buffles, de rhinocéros et d'éléphants; l'ivoire y était aussi blanc, aussi frais que celui qu'on tire de l'Afrique. A 100 verstes (25 lieues) de la seconde île, Liakhof trouva une grande terre que le géodésiste Chvoïnof fut chargé d'examiner l'année suivante, et qui l'a été depuis, en 1803 et 1805, par Sannikof, et en 1809 par M. Hedenström. Cette terre, qu'on appelle *Nouvelle-Sibérie*, a présenté une côte assez élevée, où le bois pétrifié se trouvait en couches immenses et régulières entre le sable et l'argile; les ossements d'éléphants y abondent; une rivière considérable indique que c'est une terre d'une certaine étendue; il y a quelques végétaux (¹). Cette *Nouvelle-Sibérie* a paru à quelques géographes n'être qu'une extrémité septentrionale de l'Amérique. »

Ces îles sont au nombre de 4 grandes et 7 petites. *Kotelnoë* est la plus considérable; viennent ensuite *Fadevskoë*, la *Nouvelle-Sibérie* et *Liakofskoë*. Le climat y est aussi rude qu'on peut s'y attendre entre le 73e et le 76e degré de latitude: elles sont couvertes presque toute l'année de neige et de glace; le jour et la nuit y règnent alternativement pendant plusieurs mois de suite; quelques parties sont hérissées de rochers, d'autres sont arrosées par de petits ruisseaux. Aucun arbre n'y croît; la végétation ne consiste qu'en mousses, en lichens et quelques arbustes. Elles sont inhabitées, si ce n'est aux époques où les ours blancs, les renards, les rennes, les lapins et d'autres animaux sauvages y attirent un grand nombre de chasseurs, qui y ramassent aussi des cornes de buffles, des dents et des défenses d'éléphants et de rhinocéros.

Kotelnoë a environ 44 lieues de longueur sur 24 dans sa plus grande largeur; elle est couverte de montagnes et de rochers, et son sol est très riche en ossements fossiles; Fadevskoë, longue de 32 lieues et large de 15, est également montagneuse; la Nouvelle-Sibérie, la plus orientale de ces îles, a environ 28 lieues de longueur et 13 dans sa plus grande largeur; elle offre dans sa partie occidentale quelques hautes montagnes; plusieurs petites rivières l'arrosent. C'est cette île qui renferme des couches de bois pétrifié qui, d'après des observations récentes, alternent avec des couches de sable et de grès; mais ce qu'il y a de plus remarquable, c'est que du haut de ces montagnes on voit sortir un rang de troncs d'arbres résineux serrés les uns contre les autres et dans une position verticale. Nous avons vu plus haut que ces îles ne produisent plus que des arbustes. Liakofskoë, appelée aussi Atrikanskoï, a 18 lieues de longueur et 12 de largeur.

Les parties les plus orientales de la Sibérie comprennent la province d'Okhotsk, la terre de Tchoukhotsk et le Kamtchatka. La province d'*Okhotsk* est un pays montueux et couvert de bois marécageux. Il n'y croît presque aucune denrée nécessaire à la vie: on est obligé de faire venir des vivres d'Iakoutsk; la pomme de terre même y dégénère (¹). Cependant on y trouve des prairies et des forêts de bouleaux et de mélèzes. Les monts Stanovoï la parcourent dans toute sa longueur; ces montagnes, en grande partie porphyriques, renferment du fer, du cuivre et de la houille; on a trouvé de l'ambre sur la côte du golfe de Penjinsk. Cette province, qui se divise en deux arrondissements, a environ 400 lieues de longueur et 35 à 90 de largeur. Sa population est d'à peu près 7,000 âmes. *Okhotsk*, qui était bâti à l'embouchure de l'Okhota, sur le bord de la mer d'Okhotsk, a été, en 1815, transporté sur la droite du Koukhtoui. C'est un misérable bourg composé d'environ 150 maisons en bois. Sa rade est vaste et commode; le port, assez commerçant, est celui d'où les Russes partent pour le Kamtchatka et l'Amérique. On y construit des bâtiments marchands. *Taounskoï* est une petite forteresse à 80 lieues à l'est d'Okhotsk sur le bord la mer; *Iamsk* ou *Iamskoï*, bourg entouré de palissades, se compose d'une trentaine de maisons peuplées de pêcheurs. *Ijichinsk*, ville fortifiée avec un port pour la pêche, et environ 600 habitants, donne son nom à une baie et à l'arrondissement dont elle est le chef-lieu.

Ne quittons pas les côtes de cette province sans parler de la mer d'Okhotsk. Sa longueur

---

(¹) Relation mémorable des îles Liakhof, etc., dans *Pallas*, nouveaux Mémoires du Nord, VII, p. 128-142 (en allem.); Gazette de Pétersbourg, de 1810. *Adams*, Voyage; etc. Ephém. géogr., XXV, 260.

(¹) Mélanges sur Okhotsk, ses environs, etc., dans *Pallas*, nouveaux Mémoires du Nord, IV, 146-162.

est de 540 lieues, et sa plus grande largeur de 315. Les principaux cours d'eau qui s'y jettent sont, au nord, la Penjina, et au sud, le fleuve Amour ou Saghalie. Elle offre en général une navigation sûre, parce qu'elle renferme peu de bancs de sable et d'écueils. Mais vers le 15 novembre ses bords se couvrent de glace qui ne fond qu'en avril.

« Le pays des *Tchouktchi*, ou, comme quelques géographes l'appellent, la terre de *Tchoukhotsk*, qui forme l'extrémité de l'Asie vers le nord-est, nourrit parmi ses rochers d'innombrables troupeaux de rennes. Les habitants demeurent en partie dans des creux de rochers; ils bâtissent aussi des cabanes en ossements de baleines ([1]). Les *îles des Ours*, qui bordent la côte septentrionale du pays des Tchouktchi, ont plus de végétation que celles de Liakhof ([2]). Dans le détroit de Bering, sont les deux îles *Imoglin* et *Igellin*, probablement les mêmes que les îles Clark des Anglais; elles sont habitées par la peuplade de Tchouktchi appelée *Achoutlach*, pêcheurs intrépides, au nombre de 400 dans la première, et de 154 dans la seconde, qui font cuire leurs mets sur des creux de rochers remplis d'huile de poisson, dans laquelle brûlent des mèches de jonc, et qui se chauffent avec des os de baleines.

» La grande presqu'île de *Kamtchatka* forme une province et deux arrondissements. Longue de 340 lieues et large d'environ 70, sa superficie peut être évaluée à 14,000 lieues carrées. Mais sa population n'est que de 5 à 6,000 âmes. Ce pays étant coupé dans toute sa longueur par une chaîne de montagnes, est arrosé sur ses deux côtés par une infinité de rivières, dont la plupart ne sont ni grandes ni navigables. Les plus considérables sont le *Kamtchatka*, l'*Avatcha* et le *Bolchaïa-Reka*. Le Kamtchatka a environ 135 lieues de cours. Les hivers de cette contrée sont de dix mois; il y commence à geler dès le mois de juillet, et les gelées y durent souvent jusqu'en mai; mais le froid et la chaleur n'y ont jamais un haut degré d'intensité : le thermomètre de Réaumur y descend, en hiver, de 5 à 15 degrés au-dessous de zéro, et monte, en été, de 4 à 10; de loin à loin le maximum du froid est de 18 degrés, et celui de la chaleur de 21. Les brouillards de la mer y entretiennent une température humide. L'inconstance extrême des vents entraîne celle du climat : l'on y passe souvent, dans un instant, de l'été à l'hiver. Plusieurs rivières ne gèlent jamais, soit à cause de la rapidité de leur cours, soit parce que leurs eaux sont d'une nature particulière. »

Nous avons vu que l'agriculture commence à peine à obtenir quelque succès au Kamtchatka. L'entretien des bestiaux pourrait devenir d'une grande importance; les pâturages y sont excellents; l'herbe y ondoie à grands flots, comme dans les savanes de la Louisiane; les Kosaques y entretiennent quelques centaines de chevaux, de bœufs, de moutons et de cochons : ce qui prouve que les habitants pourraient tirer un grand parti de ces animaux auxquels la plupart préfèrent encore le renne et le chien.

« Les renards, les sobles ou martres zibelines, les lièvres, les hermines, les ours, les rennes s'y promènent par troupes. Les côtes sont toujours environnées d'une foule de cétacés et d'amphibies, tels que baleines, ours de mer, lamantins, loutres ou castors de mer. Les limandes, soles, cabillauds, lamproies, anguilles et brochets, fourmillent dans les rivières sans qu'on les inquiète; on ne les mange qu'en temps de disette; mais on pêche le saumon, dont la chair est excellente. Ce poisson sort de la mer pour remonter les fleuves; il est en si grande quantité qu'il en interrompt le cours; les chiens et les ours, dit le voyageur Steller, en prennent à loisir tant qu'ils en peuvent dévorer. Les harengs qui, pour frayer, remontent dans les lacs, y abondent tellement, qu'on pourrait quelquefois les puiser avec un seau. La variété des *oiseaux* n'y est pas moins remarquable que leur nombre. Les oiseaux de mer ne sauraient se compter. Parmi ceux de terre, on remarque les cygnes, sept espèces d'oies, onze de canards : on y mange les aigles.

» Le bois de mélèze et de peuplier blanc sert à la construction des maisons et des vaisseaux. Les bouleaux, qui y abondent, sont employés pour faire des traîneaux; l'écorce

---

([1]) Extrait du Journal d'*Ivan Kovalef*, caporal de Kosaques, né Tchouktche, dans *Pallas*, nouveaux Mémoires du Nord, IV, 105-111. — ([2]) Journal du Voyage de *Léontief*, *Andreief* et *Lissof* aux îles des Ours, dans *Pallas*, nouveaux Mémoires du Nord, I, p. II, p. 231-237.

verte de cet arbre, coupée en tranches minces, se mange avec du caviar; la sève du même arbre procure une boisson assez agréable. On ne brûle guère que du saule et de l'aune. Les habitants mangent aussi l'écorce du premier, et celle de l'autre leur sert à teindre le cuir. La racine du lissaranne remplace souvent le pain. Les orties tiennent lieu de lin et de chanvre; il y a beaucoup de plantes médicinales. On tire même parti des plantes marines : parmi les *fucus* qui abondent dans la mer voisine, les espèces nommées *dulcis* ou *palmatus* (¹), *esculentius* (²) et *saccharinus* (³), sont mangées comme nos choux; la dernière, sortie de l'eau, se couvre de cristaux semblables à du sucre, mais composés uniquement de sel marin combiné avec la matière glutineuse de la plante. »

Nijnei-Kamtchatsk (Bas-Kamtchatsk), sur la rivière de Kamtchatka; et *Avatcha* ou *Pétropavlofsk*, en français *Saint-Pierre et Saint-Paul*, sur le golfe d'*Avatcha*, sont des espèces de villages ayant le titre de villes et le rang de chefs-lieux d'arrondissements : le premier a 300 et le second 500 habitants. C'est du port de Pétropavlofsk que partent chaque année des vaisseaux baleiniers. *Bolcheretsk*, dont les maisons faites en troncs d'arbres et couvertes en chaume sont au nombre de 15 à 20, *Verkhné-Kamtchatsk* (Haut-Kamtchatsk) où il y a un hôpital militaire, enfin *Tighilskaïa*, la seule forteresse de la presqu'île, sont aussi de prétendues villes.

Bolcheretsk est moins important par son petit port que par l'espèce de poste aux chiens que les habitants y entretiennent, et dont ils tirent un grand profit. Ces animaux intelligents sont les seules bêtes de somme employées au Kamtchatka; ils sont préférés au renne, parce qu'ils supportent mieux la fatigue. Un bon chien peut traîner jusqu'à 160 livres, et parcourir 10 à 12 lieues par jour, quelle que soit la longueur du voyage; il peut faire même le double s'il doit se reposer en arrivant. On nourrit ces chiens avec du poisson sec; ils supportent facilement la faim et la fatigue.

Le chien employé à cet usage, non seulement au Kamtchatka, mais encore dans les diverses parties de la Sibérie, par les Toungouses, les Ostiaks et les Samoyèdes, appartient à la race répandue dans tout le nord de l'Asie, et dont nous avons déjà parlé sous le nom de *canis Sibiricus*. Quatre de ces animaux attelés à un traîneau peuvent tirer avec facilité trois voyageurs avec leur bagage; quelquefois cependant les attelages sont plus nombreux. Cette race est, comme les autres, susceptible d'attachement pour le maître et pour la famille qui la nourrit; mais les chiens réservés à remplacer le cheval et le renne sont traités avec tant de rigueur, qu'ils contractent tous les défauts de l'esclave : la duplicité, l'amour du vol, et le désir de fuir celui auquel ils appartiennent. On reconnaît ces mauvais penchants à leur regard oblique et à leur expression continuelle de méfiance. L'avantage dont jouit cet animal de franchir avec vitesse, pendant les rigueurs d'un long hiver, les montagnes, les vallées, les torrents qui gèlent rarement, sans enfoncer dans une neige qui nivelle quelquefois la montagne et le précipice, le rend d'un usage préférable, non seulement à celui du renne, qui ne peut supporter une longue fatigue, mais encore à celui du cheval le plus agile et le plus vigoureux, qu'il serait difficile de nourrir convenablement dans un pays comme le Kamtchatka : aussi les habitants de ce pays dépensent-ils souvent des sommes considérables pour se procurer des chiens qui réunissent toutes les qualités désirables. On recherche surtout, pour être dressés, ceux qui présentent comme indices de ces qualités des jambes hautes, des reins larges qui annoncent la vitesse et la vigueur, un museau pointu qui indique un odorat fin, et de longues oreilles. On les dresse d'une manière toute particulière. Dès que ces animaux voient clair, on les jette dans une fosse obscure, où ils restent jusqu'à ce qu'ils soient assez vigoureux pour être mis à l'essai. Alors on les attelle avec d'autres chiens déjà dressés : l'éclat du jour, les objets nouveaux qui frappent leurs regards, les effraient, et ils partent avec une vitesse incroyable. Après cette première épreuve, on les renferme de nouveau dans leur fosse obscure, d'où on les retire à diverses reprises jusqu'à ce qu'ils soient habitués à obéir à la voix de leur conducteur, et qu'ils comprennent bien les mots suivants : *puir*, *pür* (en avant); *tsas* (arrête); *till, till* (à droite); *bout till* (à gauche). Bien que celui qui les dirige soit armé d'un fouet

---

(¹) Gmelin, *uci*, p. 189. Tab. 26. — (²) *Idem, ibid.* Tab. 29, fig. 1. — (³) *Idem, ibid.* Tab. 27. Comp. Flora Dan. Tab. 476.

long et lourd, qui exige une grande habitude pour être manié avec dextérité, il s'en sert rarement, du moins pendant la course, parce que le chien qui a reçu un coup de fouet se jette sur son voisin et le mord ; celui-ci en fait autant à un troisième, et le désordre se met dans tout l'équipage, à tel point que les traits des harnais se mêlent, et qu'il faut perdre beaucoup de temps pour les démêler. Le fouet ne peut donc servir que pour infliger un châtiment individuel à l'un des chiens, et dans des cas fort rares. L'attelage est très simple ; il consiste, dit M. Erman, en un collier formé de deux bandes de cuir de renne ou de veau marin, auquel sont attachés des traits qui passent entre les jambes de devant, puis se réunissent sur les épaules, où elles s'attachent à une forte courroie fixée au traîneau. Le conducteur est assis sur le devant de celui-ci, et ses jambes pendantes touchent presque la neige. Lorsqu'on forme un équipage, le point important est d'avoir un bon chef de file : on nomme ainsi le chien placé en tête pour diriger les autres ; il doit être intelligent et avoir un bon nez ; quand à ces qualités il joint une grande vigueur, l'animal est d'un prix excessif. On nourrit si peu ces animaux, afin qu'ils soient légers, qu'ils sont presque toujours affamés ; mais pendant la courte durée de l'été, comme ils ne sont d'aucune utilité, on les laisse en liberté : c'est alors qu'ils en profitent pour assouvir leur voracité, en se nourrissant de poissons qu'ils épient sur le bord des fleuves, et qu'ils prennent avec beaucoup d'adresse.

Si des restes de canaux et d'autres constructions, si des pierres sculptées et chargées d'inscriptions, si des tombeaux renfermant des armes et des bijoux précieux, annoncent en Sibérie l'antique existence d'un peuple plus civilisé que les naturels qu'on y remarque aujourd'hui, on peut faire la même observation pour le Kamtchatka : on trouve aux environs de Pétropavlofsk et dans d'autres parties de la péninsule, un grand nombre de digues et de constructions en maçonnerie qui semblent indiquer une population plus considérable et une civilisation plus avancée que de nos jours.

« Les îles Aléoutiennes appartiennent trop évidemment à l'Amérique pour qu'on puisse approuver ceux qui les décrivent avec l'Asie ; mais l'île de *Bering* et celle dite *du Cuivre* doivent suivre la description du Kamtchatka, dont elles semblent être une extension vers l'est, comme les *Kouriles* sont un prolongement de la presqu'île vers le sud-ouest. L'île *Bering* tire son nom du célèbre navigateur danois qui trouva sur cette plage déserte le terme de sa vie active. Elle est inhabitée ; le sol y est granitique. Le froid, sur les rivages de la mer, est peu rigoureux, et on n'y voit jamais de glaces fixes. Mais les sommets de l'intérieur, estimés par Steller à 1,000 toises d'élévation, se couvrent de neiges éternelles (¹). L'île est dépourvue de bois et entourée de récifs. *Mednoï-Ostrov*, c'est-à-dire *l'île du Cuivre*, tire son nom du cuivre natif que l'on a trouvé sur ses côtes occidentales. Ce n'est pas la mer qui apporte ces morceaux ; ils sont engagés dans le gravier qui forme la plage, et situés comme des rognons dans une espèce de filon (²). En 1762, le navigateur Melenski put en extraire 300 à 400 livres pesant ; aujourd'hui le filon est épuisé. L'une et l'autre de ces îles sont habitées par un immense nombre d'*isatis* ou renards bleus ; les loutres de mer, les vaches marines et les baleines s'y rassemblent en troupes. »

Les îles Kouriles forment en quelque sorte le prolongement des montagnes du Kamtchatka ; elles sont généralement d'origine volcanique. Ce long archipel se divise en deux parties : les *Petites-Kouriles* qui appartiennent à la Russie, et les *Grandes-Kouriles* qui dépendent du Japon. Nous ne parlerons ici que des premières. Elles sont au nombre de 26 à 28 dont nous ne citerons que les plus remarquables. L'île d'*Alaïd* ou d'*Alaïte* en dépend, mais ce n'est qu'un volcan. *Choumchou*, la plus septentrionale, a 8 lieues de long et 3 de large ; ses montagnes renferment des mines d'argent ; ses habitants ne paraissent être qu'au nombre de 50. *Paromouchir* (³), longue de 25 lieues et large de 6 à 8, renferme des montagnes couvertes de neiges éternelles et que l'on dit riches en métaux précieux, un grand nombre de lacs, beaucoup de loups et de renards, une innombrable quantité de rats, et une centaine

(¹) *Steller* : Description topographique et physique de l'île de Bering, dans *Pallas*, nouveaux Mémoires du Nord, II, p. 255-301. — (²) *Jakowlew*, directeur des mines, cité par *Georgi*, Russie, II (4ᵉ vol.), p. 1150. *Steller* : Description de l'île du Cuivre, dans *Pallas*, nouveaux Mémoires du Nord, II, p. 302-307. — (³) *Chir* ou *siri* signifie *île* dans la langue kourile.

d'habitants. *Onékotan* (¹) a 12 à 15 lieues de longueur; on y voit trois volcans aujourd'hui inactifs. *Kharamakotan*, trois fois moins grande, possède aussi un volcan; elle est inhabitée. *Simousir* a 16 lieues de longueur; l'un de ses sommets les plus élevés a été appelé par La Pérouse le pic Prévost. Au sud, elle est séparée, par le détroit de la Boussole, de l'île d'*Ouroup* ou d'*Alexandre* : celle-ci a 25 lieues de longueur sur 5 de largeur; ses montagnes renferment des métaux, ses vallées de belles prairies et des ruisseaux limpides. Elle paraît appartenir depuis peu d'années à la Russie. Les autres îles sont celles de *Chirinki*, *Mokonrouski*, *Chiachkotan*, *Tchirinkotan*, *Rachan*, *Ketoï*, etc. Les écueils qui entourent ces îles les rendent d'un abord difficile : elles sont exposées à de fréquents et violents tremblements de terre; le climat y est plus rigoureux que dans beaucoup d'autres îles situées sous la même latitude; il y règne des brouillards presque continuels; la végétation y est rabougrie, surtout dans les plus septentrionales; mais le règne animal y est très varié : ce sont les mêmes espèces d'animaux à fourrures précieuses que l'on trouve sur le continent.

Les habitants de ces îles et des plus méridionales portent le nom de *Kouriles* ou *Kouriliens*, mais ils se donnent celui d'*Aïnos*. Ils paraissent appartenir à une race particulière : ils ont le front bas et plat, le nez droit, le teint d'un brun foncé ou presque noir, la barbe et les sourcils tellement épais que leur visage est presque entièrement caché par cette grande quantité de poils qui d'ailleurs sur les autres parties du corps ne sont pas moins abondants. Quelques femmes sont aussi velues que les hommes. Leur taille est de 5 pieds 2 à 4 pouces; leurs membres sont fortement proportionnés; les femmes sont plus laides que les hommes, et ceux-ci sont polygames et très jaloux des étrangers. Le trait principal de leur caractère est la bonté; jamais ils ne se querellent, jamais leurs peuplades ne sont en guerre l'une contre l'autre. Ils ont peu de courage et préfèrent se donner la mort que de souffrir : aussi le suicide est-il fréquent parmi eux. Leur langue n'a rien de commun avec celle des Kamtchadales, bien que plusieurs d'entre eux habitent la pointe méridionale du Kamtchatka; elle est agréable et cadencée. Leurs habitations, faites en terre et en bois, sont tenues très proprement. En hiver, ils s'habillent de peaux de phoques ou de chiens; ils marchent nu-pieds sur la neige; en été, ils ont des habits en toile faite d'écorce d'arbre filée. Rarement ils ont la tête couverte. Leur industrie se borne à la chasse, à la pêche et à la construction de leurs bateaux. Ils échangent avec les Japonais et les Chinois ou les Russes les produits de leur chasse ou de leur pêche.

» La Sibérie, dont nous terminons ici la description générale et particulière, offre un vaste champ aux projets de la politique, aux spéculations du négociant et aux méditations du philosophe. La Russie tire plus d'un avantage capital de la possession de ce tiers de l'Asie : ses provinces européennes garanties d'une attaque de ce côté; plusieurs millions de bénéfice net sur les mines, une communication commerciale avec la Chine, avec l'Amérique; tels sont les fruits qu'elle retire de la conquête d'un simple Kosaque. Iermak Timofeyef est, nous le répétons, le Cortez du monde hyperboréen. »

D'après des données qui ne peuvent être qu'approximatives, les huit grandes divisions de la Sibérie comptent environ 1,932,000 habitants; et en y comprenant toute la population comprise dans ses limites naturelles, c'est-à-dire les parties des gouvernements de Perm et d'Orenbourg qui appartiennent à l'Asie, on aurait à peine pour une superficie immense 1,950,000 individus.

« Le commerce de la Sibérie est d'autant plus lucratif pour les négociants russes de Moscou, qu'aucune nation étrangère n'en partage le bénéfice. Les grands fleuves de ce pays, l'Obi, l'Ienisei et la Lena, et leurs rivières tributaires, se rapprochent et s'éloignent tellement à propos, que les marchandises peuvent être transportées presque entièrement par eau depuis Kiakhta jusque dans la Russie d'Europe. Ce trajet demande trois ans, c'est-à-dire trois étés de courte durée. La route par terre exige un an entier. En 1790, les frais de transport, depuis Kiakhta jusqu'à Pétersbourg, étaient, par la voie de terre, de six roubles pour chaque poud, et par eau, de quatre roubles seulement.

» Tobolsk est l'entrepôt principal des mar-

(¹) *Kotan* en kourile signifie *pays*.

chandises qui arrivent d'Europe, et de celles de Sibérie et de la Chine, dont la plus grande partie est transportée en Russie dans l'hiver, par le moyen de traîneaux. Les caravanes de Kalmouks qui arrivent à Tobolsk pendant l'hiver, y apportent en retour des vivres, et quelquefois de l'or et de l'argent; elles en rapportent différentes sortes de marchandises de cuivre et de fer. Les Boukhares, qui y viennent aussi dans la même saison, y apportent des peaux d'agneaux frisées, des étoffes de coton de Boukharie, des étoffes de soie des Indes, et quelquefois des pierres précieuses. Tobolsk est l'entrepôt des pelleteries destinées pour la couronne.

» Les autres places importantes pour le commerce de pelleterie sont : Tomsk, surtout pour la vente aux Kalmouks ou Éleuthes et aux Mongols; Krasnoïarsk, Ieniseïsk, Touroukhansk, et dans l'est de la Sibérie, Iakoutsk; ces trois dernières principalement pour l'achat.

» Irkoutsk mérite la préférence sur toutes les places de la Sibérie, par rapport à l'activité et à l'étendue de son négoce. Sa position avantageuse lui ouvre trois routes de commerce; savoir, celle de Kiakhta, celle de la Sibérie orientale et du Kamtchatka, et enfin celle de la Sibérie occidentale et de la Russie. Dans les autres villes, c'est un commerce d'entrepôt; ici, c'est un négoce actif. Le trafic avec la Chine est en grande partie dans les mains des négociants d'Irkoutsk, dont la plupart entretiennent des boutiques et des facteurs à Kiakhta. C'est aussi d'Irkoutsk que la plupart des voyages de mer aux îles de l'océan Oriental et de la côte de l'Amérique sont entrepris par des négociants qui s'associent pour cet effet. Ce commerce russo-américain mettra un jour le cabinet de Saint-Pétersbourg en contact avec le Canada anglais et les États-Unis. Il devient désormais nécessaire pour la Russie, qui, sans l'Amérique, ne pourrait fournir assez de pelleteries au marché de Kiakhta, où elle achète les thés, les nankins et les soieries, devenus des objets de nécessité pour les habitants de la Sibérie. Tout le beau sexe, jusqu'aux femmes des Kosaques, prend du thé, et s'habille de tissus de la Chine. Le rusé marchand chinois commence pourtant à rechercher, outre les hermines et le *petit-gris*, des draps, des glaces, et quelques autres produits de l'industrie européenne. Ce commerce se fait en partie par échange et en partie au comptant : la balance contre la Russie a été de plus de quatre millions dans ces dernières années, désavantage purement nominal; car ne vaut-il pas mieux acheter le thé et le nankin de première main, en faisant gagner aux voituriers et aux bateliers de Sibérie les frais du transport, que de prendre ces marchandises chez les peuples navigateurs de l'Europe? La Russie pourrait d'ailleurs produire elle-même une grande partie des objets d'échange dont elle aurait besoin pour rétablir la balance. »

TABLEAUX.

Tableau synoptique *des provinces et des nations de la Sibérie.*

DIVISIONS.	CULTURES.	HABITANTS.	POPULATION par mille carré de 15 au degré.
A. SIBÉRIE OCCIDENTALE.			
(Gouvernement de Perm.)			
Arrond. d'Iekaterinebourg..	Mines. Forêts. Quelques grains..	*Russes. Allemands. Permiens.*	
— de *Chadrinnsk*.	Agriculture.	Idem.	
— de *Kamouischlof*...	Idem..	Idem.	212.
— d'*Irbite*.	Agriculture. Pâturages. Vergers..	*Russes. Permiens*..	
— de *Verkhotourié*.	Culture faible. Forêts. Mines..	*Russes. Vogouls*.	
(Gouvernement d'Orenbourg)			
Arrondissement de *Troïzk*.	Pâturages. Forêts.	*Russes. Bachkirs*...	185.
(Gouvernement de Tobolsk.)			
1. Arrondiss. de *Tobolsk*..	Seigle, orge, avoine sur la lisière méridionale.		
2. — de *Tioumène*.	Orge, avoine, peu de légumes, point de fruits.		
3. — de *Tourinnsk*..	Seigle, orge, avoine, dans la plaine et au sud.	*Russes. Kosaques. Allemands. Suédois. Tatars. Vogouls. Ostiaks. Samoyèdes*..	84.
4. — d'*Ialoutorofsk*.	Seigle, orge, pâturages.		
5. — de *Kourgan*.	Blé, bois, fruits, pâturages..		
6. — d'*Ichim*.	Blé, prairies.		
7. — de *Tura*.	Orge, seigle, sarrasin, pâturages.		
8. — de *Bérézof*.	Forêts; point de bestiaux; rennes, ours, martres zibelines.		
(Province d'Omsk.)			
1. Arrondissem. d'*Omsk*.	Orge, millet, seigle, chanvre.	*Russes. Kosaques. Barabintzi. Kirghiz*.	4.
2. — de *Petropavlofsk*..	Idem, pâturages.		
3. — de *Semipolatinsk*..	Idem, idem, mines, lacs salés.		
(Gouvernement de Tomsk.)			
1. Arrondissem. de *Tomsk*.	Seigle, orge, avoine, etc.	*Russes. Kosaques. Tatars. Barabintzi. Ostiaks d'Obi. Téléoutes. Birioukes. A-bintzi. Boukhares*...	23.
2. — de *Kaïnsk*..	Pâturages, grains, pêche.		
3. — de *Kouznetzk*.	Pâturages, blé, mines.		
4. — de *Tcharychsk*.	Idem.		
5. — de *Barnaoul*.	Idem..		
(Gouvernement d'Ieniseisk.)			
1. Arrond. de *Krasnoyarsk*.	Pâturages, seigle, orge, froment.	*Russes. Kosaques. Iakoutes. Toungouses. Samoyèdes. Katchinzi. Beltires*.	4.
2. — d'*Atchinsk*.	Idem.		
3. — de *Ieniseisk*.	Presque aucune culture.		
4. — de *Kansk*.	Pâturages, seigle, orge, froment.		
B. SIBÉRIE ORIENTALE.			
(Gouvernement d'Irkoutsk.)			
1. Arrondissem. d'*Irkoutsk*.	Seigle, froment, avoine.		
2. — de *Nijneï-Oudinsk*.	Presque aucune culture.		
3. — de *Verkhné-Oudinsk*.	Seigle, froment, avoine, millet, sarrasin, chanvre.	*Russes. Kosaques. Allemands. Polonais. Bouriaites. Toungouses. Boukhares*.	2.
4. — de *Nertchinsk*..	Sol montagneux. Peu de seigle, de froment, d'orge, de chanvre.		
5. — de *Kirennsk*.	Seigle, froment, orge. Sol excellent, climat contraire.		

DIVISIONS.	CULTURES.	HABITANTS.	POPULATION par mille carré de 15 au degré.
(Province d'IAKOUTSK.)			
1. Arrondissem. d'*Iakoutsk*.	Peu d'orge. Chasse, pêche.	Russes. Kosaques. Iakoutes. Toungouses. Samoyèdes. Ioukaghirs.	3.
2. — d'*Olekminsk*.	Idem, idem, troupeaux de rennes.		
3. — de *Viliouïsk*.	Idem, idem, idem.		
4. — de *Verkhoïansk*.	Idem, idem, idem.		
5. — de *Srednekolimsk*.	Presque aucune culture.		
(Province d'OKHOTSK.)			
1. Arrondissem. d'*Okhotsk*.	Presque point de culture. La pomme de terre y réussit mal.	Russes. Kosaques. Koriaikes. Toungouses. Lamoutes.	1.
2. — d'*Ijichinsk*.	Pommes de terre naines, cresson. Troupeaux de rennes.		
(Pays des TCHOUKTCHI.)	Point de culture. Pêche et chasse.	Tchouktchi. Koriaikes.	1.
(Province de KAMTCHATKA.)			
1. Arrond. de *Pétropavlofsk*.	Essais de culture assez satisfaisants.	Russes. Kosaques. Kamtchadales. Aïnos ou Kouriliens.	1.
2. — de *Nijneï-Kamtchatsk*.	Point de culture. Pâturages. Troupeaux de rennes.		

TABLEAU *des distances de quelques villes de Sibérie, en verstes, et d'après l'évaluation officielle.*

Pétersbourg.									
3,115	Tobolsk.								
5,823	2,708	Irkoutsk.							
4,544	1,429	1,279	Tomsk.						
. . .	. . .	2,486	. . .	Iakoutsk.					
. . .	879	. . .	. . .	. . .	Bérézof.				
. . .	2,972	. . .	. . .	. . .	. . .	(1,075)	Touroukhansk.		
. . .	. . .	3,486	. . .	1,000	(2,365)	(1,290)	Olensk.		
9,259	6,144	3,436	4,715	950	. . .	. . .	. . .	Okhotsk.	
11,699	8,584	5,876	6,155	3,390	. . .	. . .	. . .	2,440	Nijneï Kamtchatsk

TABLEAUX.

Tableau *des positions géographiques de la Sibérie, observées astronomiquement.*

NOMS DES LIEUX.	LONGITUDES. E.			LATITUDES. N.			NOMS DES OBSERVATEURS.
	deg.	min.	sec.	deg.	min.	sec.	
Abakansk.	91	35	0	54	7	0	Messerschmidt, Éph. géogr., XVI.
Argoun, rivière d' (sa sortie du lac Dalaï).				49	17	0	*Idem, ibid.*
Avatcha ou *Petropavlofsk.*	156	26	30	52	51	45	Connaissance des Temps.
Atchinsk.	87	20	0	56	22	0	Vsevolojsky.
Aklansk.	156	5	0	64	25	0	*Idem.*
Barnaoul.	81	6	45	53	20	0	Calendrier de Pétersbourg, publié par l'Académie des sciences.
Bérézof.	64	55	0	63	36	14	*Idem.*
Bolcheretzkoï.	154	30	0	51	54	30	Connaissance des Temps.
Büsk.	83	53	0	53	0	0	Vsevolojsky.
Bargouzine.	107	22	0	53	42	0	*Idem.*
Cap *Kamtchatka.*	159	40	0	55	55	0	La Pérouse.
— *Olioutorskoï.*	166	55	0	59	48	0	*Idem.*
— *Tchoukotskoï* du N.	187	56	0	66	5	30	Calendrier de Pétersbourg.
— *Tchoukotskoï* du S.	184	9	0	64	14	30	*Idem.*
— *Saint-Thaddé.*	176	45	0	62	50	0	Connaissance des Temps.
Iekaterinebourg..	58	20	0	56	50	38	Tableau d'observations annexé à la Carte de Russie, en 12 feuilles.
Idem.	58	30	0	56	50	15	Connaissance des Temps.
Iakoutsk.	127	22	15	62	1	50	*Idem.*
Idem.	127	23	45	(Idem.)			Calendrier de Pétersbourg.
Ienisetsk.	89	38	30	58	27	17	*Idem.*
Irkoutsk.	101	51	18	52	16	41	*Idem.*
Idem.	102	13	30	52	18	15	Connaissance des Temps.
Ichim.	67	4	0	56	3	0	Vsevolojsky.
Ijighinsk.	157	10	0	63	6	0	*Idem.*
Ilimsk.				56	33	0	*Idem.*
Iamichevskata.	71	44	30	51	53	6	*Idem.*
Ialoutorovsk	63	44	0	56	38	0	Auteurs.
Idem.	63	59	0	59	23	0	Vsevolojsky.
Jigansk.	120	3	0	66	48	0	*Idem.*
Kainsk.	75	15	0	56	6	0	*Idem.*
Kiakhta.	104	23	0	35	15	0	*Idem.*
Kirensk.	105	42	45	57	47	0	Connaissance des Temps.
Kolyvan.				51	19	23	Calendrier de Pétersbourg.
Kovyma (Basse-).	160	58	0	68	18	0	Connaissance des Temps.
Krasnoïarsk.	100	37	31	56	1	2	Calendrier de Pétersbourg.
Idem.				56	9	30	Messerschmidt, Éph. géograph.
Kouznetzk.	84	48	0	54	0	0	Auteurs.
Lena (Embouchure).	124	37	45	71	30	0	Billings.
Narym.				58	54	0	Calendrier de Pétersbourg.
Idem.	78	58	0	59	13	0	Vsevolojsky.
Nijnet-Oudinsk.	96	41	31	54	55	22	Calendrier de Pétersbourg.
Nertchinsk.				51	56	0	*Idem.*
Idem.				51	57	0	Messerschmidt, Éph. géograph.
Okhotsk.	140	52	30	59	20	10	Calendrier de Pétersbourg.
Idem.	140	53	30	(Idem.)			Connaissance des Temps.
Olekminsk.	117	14	30	60	22	0	Calendrier de Pétersbourg.
Omsk (fort d').				54	58	5	*Idem.*
Idem.	71	2	0	54	57	0	Auteurs.
Idem.				54	59	17	Hansteen.
Idem.	71	40	0	54	58	5	Vsevolojsky.
Oudskoï-Ostrog.				55	18	0	*Idem.*
Oust-Kamenogorsk.	80	20	0	49	56	15	Humboldt.
Povorotnoï (Cap).	156	27	55	52	23	25	Krusenstern.
Saïanskoï-Ostróg.				53	10	0	Messerschmidt, Éph. géograph.
Selenginsk.	104	18	30	51	6	6	Calendrier de Pétersbourg.
Idem.	104	12	15	(Idem.)			Éph. géograph., XVI.
Schipounskoï (Cap).	157	42	45	53	9	0	Billings.
Idem.	157	29	45	53	6	0	Krusenstern.
Semipolatinsk.	77	25	0	50	29	45	Calendrier de Pétersbourg.
Idem.	77	13	42	50	23	52	Humboldt.

NOMS DES LIEUX.	LONGITUDES. E.			LATITUDES. N.			NOMS DES OBSERVATEURS.
	deg.	min.	sec.	deg.	min.	sec.	
Smeïnogorskaïa (fort de) ou Schlangenberg.	79	49	30	51	9	25	Tableau de la Carte de Russie.
Sourgoute.				61	16	0	Calendrier de Pétersbourg.
Idem.	70	45	0	61	25	0	Vsevolojsky.
Sviatoï (Cap).	138	9	45	71	10	0	Tuckay.
Tchoukotskoï (Cap).	175	51	0	64	14	30	Connaissance des Temps.
Tobolsk.	68	5	0	58	12	30	Idem.
Idem.	65	45	43	58	11	43	Calendrier de Pétersbourg.
Idem.	65	45	44	58	11	48	Tableau de la Carte de Russie.
Idem.	65	40	0	58	11	42	Vsevolojsky.
Idem.	64	58	55	58	12	20	Billings.
Tomsk.	82	39	30	56	30	0	Connaissance des Temps.
Idem.	82	49	36	56	29	39	Calendrier de Pétersbourg.
Idem.	82	42	45	56	59	38	Billings.
Tourinsk.	61	25	0	57	56	0	Vsevolojsky.
Touroukhansk.				66	0	0	Idem.
Tioumen.	63	10	0	57	0	0	Idem.
Tonra.	71	45	3	56	54	31	Auteurs.
Verkhné-Oudinsk.	104	50	0	51	28	0	Vsevolojsky.
Verkhotourié.				58	50	15	Idem.
Zachiversk.	139	49	45	66	30	0	Billings.
Idem.	136	0	0	67	30	0	Vsevolojsky.

TABLEAU *des produits de l'agriculture dans quelques parties de la Sibérie.*

DISTRICTS ET TERRITOIRES.	TERRAINS CULTIVÉS EN GRAINS.	FORETS.		PRAIRIES.
Delmatof.	97,552 deciatines.	224,631 dessaitines.		
Chadrinnsk.	115,130	24,385.		20,971
Kamouischlof.	121,637.	46,241 à	49,851.	
Irbite.	56,599.	20,177.		21,708
Verkhotourié.	106,799.	178,651.		42,321
Tourinsk.	10,000.	200 à	300,000.	
Tioumen.	15,000.	100 à	200,000.	
Ialoutorovsk.	20,000.	300 à	400,000.	
Issim.	3,000.			
Tara.	15,000.			
Ienisetsk.	1,000.			

La *deciatine* équivaut à 1.09 hectare.

TABLEAU *chronologique des découvertes faites en Sibérie.*

ANNÉES.
1242. — *Scheiban* conduit les Tatars en Sibérie, et y fonde le *khanat* de *Sibir* ou *Toura*.
1246. — *Carpini* nomme les Samoyèdes parmi les peuples conquis par les Mongols.
1558. — *Strogonoff* commerce en Sibérie.
1563. — *Ivane Vassiliévitsch* insère le nom de Sibérie dans le titre des tzars russes.
1580. — *Iermak Timofeyef* envahit, à la tête d'une troupe de Kosaques, le khanat de Sibir ou la Sibérie occidentale.
1584. — Les Russes abandonnent la Sibérie.

ANNÉES.
1587. — Ils bâtissent Tobolsk.
1598. — La mort de *Koutchoum-Khan* met un terme à la résistance des Tatars.
1604. — La ville de Tomsk est fondée.
1618. — Ienisetsk et Kouznetzk sont bâties.
1621. — *Cyprian*, métropolitain de Tobolsk, publie une description de la Sibérie.
1636. — Des bâtiments russes descendent la Lena, et côtoient les bords de la mer Glaciale.
1639. — *Dimitreï Kopilof* atteint les rivages de l'océan Oriental.

ANNÉES.
1646. — *Bomychlan*, allant de Kovyma à Anadyr, double le cap Tchoukotzkoï ou Oriental.
1648. — *Deschnef*, autre Kosaque, fait le même voyage.
1648-58. — Irkoutsk, Iakoutsk et Nertchinsk sont bâties.
1690. — Le Kamtchatka est connu à Iakoutsk.
1695. — Première expédition russe au Kamtchatka.
1706. — La pointe méridionale du Kamtchatka est atteinte.
1711-1724. — Des marchands d'Iakoutsk visitent des îles et des terres au nord des embouchures de la Lena et de l'Iana.
1720-26. — *D. Messerschmidt* (¹) voyage en Sibérie jusqu'à Touroukhansk au nord, et jusqu'à Nertchinsk à l'est.
1721. — *Strahlenberg* (²) voyage jusqu'au Ienisei.
1727. — *Bering* (³) remonte la côte orientale jusqu'au 67ᵉ degré 18 minutes, et double ainsi le cap Tchoukotzkoï ou Oriental; il n'aperçoit point l'Amérique.
1733. — *Bering*, *Delisle de la Croyère* (⁴), *Muller* et *Gmelin* partent pour une grande expédition.
1733-43. — *Gmelin* (⁵), botaniste, parcourt la Sibérie jusqu'à Iakoutsk et Kirensk à l'est, Touroukhansk au nord, Nertchinsk et Sayanskoï-Ostrog au sud. *Muller* (⁶) et *Fischer* (⁷) font le même voyage en qualité d'historiens et d'antiquaires.
1738. — Le lieutenant *Ovzine* navigue de l'Obi au Ienisei.
—— Le lieutenant *Laptief* suit par *terre* la côte du Ienisei à la Lena.
1739-40. — Le même navigue depuis la Lena jusqu'à la Kovyma.
1740. — *Steller* (⁸), naturaliste, arrive au Kamtchatka; il y passe l'année 1743.
1760. — L'Académie des sciences envoie des *questions* à tous les gouverneurs, etc.

ANNÉES.
1760. — *Pleisner*, Courlandais, commandant d'Okhotsk, constate, par diverses recherches, que le pays des Tchoukotches est une presqu'île séparée de l'Amérique par un détroit où il y a deux îles.
1764. — *Sind*, lieutenant de vaisseau russe, examine le détroit de Bering et la côte voisine de l'Amérique. — Un bâtiment marchand va de Kovyma à Anadyr.
1765. — *Laxmann* (¹), minéralogiste et botaniste, parcourt la Sibérie jusqu'au nord du Kamtchatka.
1768-1774. — *Pallas* (²) fait son grand voyage; il passe les années 1770-73 en Sibérie : il a été jusqu'en Daourie. *Souyef*, son adjoint, visite l'Obdorie.
1771. — Nicolas *Rytschof*, capitaine russe, et *Bardanes*, Illyrien savant, accompagnant un détachement russe, parcourent la steppe des Kirghiz.
1771-1772. — *Falk* (³), botaniste profond, voyage en Sibérie. Ses papiers ont été publiés en 1785 par *Georgi*.
1772. — *Georgi* (⁴), collègue de Falk, examine en détail le lac de Baïkal, les monts de Daourie, l'Oural, etc.
1775. — *Liakhof* et *Chvoïnof* visitent plusieurs îles au nord du cap Sviatoï.
1787. — *Billings*, Anglais, tente en vain d'aller de Kovyma, par le détroit de Bering, à Anadyr.
1791-93. — Le même navigue dans les mers qui baignent le Kamtchatka (⁵).
1790-95. — *Sievers* (⁶), botaniste et apothicaire, voyage dans les montagnes méridionales de la Sibérie.
1804. — Expéditions de Krusenstern, Langsdor, Tilésius, etc.
1809. — Découverte de la plus orientale des îles de la Nouvelle-Sibérie, par Hedenström.

N. B. Ce Tableau ne comprend ni les voyages aux îles Aléoutiennes, ni ceux aux îles Kouriles et Iesso, ni ceux au Spitzberg ; on trouvera ces parties traitées dans les endroits convenables. On a extrait ce Tableau de *Fischer*, Histoire de Sibérie; *Muller*, Recueil pour servir à l'Histoire de Russie; *Georgi*, etc.

(¹) *Daniel Messerschmidt*, Dantzickois, mort dans la dernière misère à Pétersbourg, 1735. Ses nombreux papiers, conservés dans les archives de l'Académie, ont été extraits par ses successeurs. — (²) *Tobbert*, capitaine suédois, anobli sous le nom de Strahlenberg, auteur de l'ouvrage intitulé *l'Asie septentrionale et orientale*, 1730. — (³) *Vitus Bering*, Danois, né à Horsens en Jutland, mort en 1741, dans l'île qui porte son nom. — (⁴) *Louis Delisle de la Croyère*, géographe et astronome français, mort en 1741, sur la côte de l'Amérique. — (⁵) *Jean-George Gmelin*, né en 1709, à Tubingue en Souabe, mort au même endroit en 1755, auteur de la *Flora Sibirica*, oncle de *Samuel Gmelin* ∫le voyageur en Perse, etc., mort en 1774. — (⁶) *Muller*, né dans le cercle de Westphalie, mort à Moscou en 1784, historiographe, conseiller d'État, etc. — (⁷) *Fischer*, Livonien, à ce qu'il paraît, mort en 1771, académicien à Pétersbourg. — (⁸) *George-Guillaume Steller*, de la Franconie, mort dont le manuscrit avait servi à Krachenninikoff. Les MSS. de Steller, savoir : Syllabe plantarum Tobolensium , *Flora kamtchatika* , *Ornithologia Sibirica*, *Ichthyologia Sibirica*, conservés auprès de l'Académie de Pétersbourg, ont été extraits par d'autres voyageurs.

(¹) *Eric Laxman*, Suédois de la Finlande, pasteur, ensuite académicien, puis conseiller des mines, chevalier, etc., mort en 1796. On regrette extrêmement qu'il ait si peu écrit. — (²) *Pierre-Simon Pallas*, de Berlin, membre associé de l'Institut, etc. — (³) *Jean-Pierre Falk*, Suédois, élève de Linnæus, savant respectable, victime des intrigues et de la jalousie; il se tua d'un coup de pistolet, en 1774, le 31 mars. — (⁴) *Jean-Gottlob Georgi*, de la Poméranie suédoise, auteur de la meilleure Statistique de la Russie. — (⁵) *Sauuer*, Allemand, et *Sarytscheff*, Russe, ont recueilli des relations de cette expédition mal dirigée. — (⁶) *Sievers*, Allemand, est encore une victime; il prit du poison. Pallas a publié ses plantes en partie.

TABLEAU *des points culminants de la partie méridionale des monts Ourals, mesurés au baromètre par le colonel* TERLETZKY *en* 1830.

	mètres.		mètres.
Le *Grand-Taganaï*, à 4 lieues de l'usine de Zlatooust, est un groupe de plusieurs sommets, dont le plus élevé ou le pic du milieu, situé par le 45ᵉ degré de latitude, a	1120 40	situé vers l'usine de Miask, à 3 lieues de celle de Zlatooust	787 80
Niveau de la rivière de l'Aï à Zlatooust. .	338 »	Le mont *Yourma*, considéré aussi comme étant d'origine volcanique	1026 35
Le *Petit-Taganaï* (pic du milieu). . . .	1029 »	Le mont *Ourenga*, près Zlatooust . . .	477 65
L'*Oural-Taou*, que le colonel Terletzky regarde comme étant d'origine volcanique,		Le mont *Aouch* (*Ouchkoul*), regardé comme sacré parmi les Bachkirs.	595 »

LIVRE CENT TRENTE-SIXIÈME.

Suite de la description de l'Asie. — Région centrale. — Description de l'Empire chinois. — Première section. — La Petite-Boukharie ou Turkestan chinois, appelé aussi *Thian-chan-nan-lou*, et la Kalmoukie ou Dzoungarie, nommée *Thian-chan-pe-lou*.

« Nous revenons des extrémités septentrionales de l'Asie pour nous hasarder dans les zones centrales, zones que la géographie ne connaît que par de vagues traditions ou par des relations la plupart surannées : celles-là ne servent souvent qu'à doubler les ténèbres dans lesquelles nous errons ; celles-ci ne fournissent que des clartés trompeuses ; car, depuis les treizième, quatorzième et quinzième siècles, où l'on parcourut librement ces contrées, aujourd'hui fermées au voyageur européen, combien de villes ont dû disparaître ! combien de nations s'éteindre ! combien de champs se couvrir de ronces ! combien de déserts se revêtir des dons de la culture ! Aussi l'analyse des relations de Carpin (¹), de Rubruquis (²), de Marco-Polo (³), de Pegoletti (⁴), de Haïton (⁵), figure-t-elle déjà dans le tableau que nous avons tracé de la *Géographie du moyen âge*. Ce ne sera qu'avec circonspection, et faute de meilleurs matériaux, que nous adopterons quelques traits de ces relations. »

Cependant les considérations que M. de Humboldt a publiées sur les montagnes de l'Asie centrale nous seront d'un grand secours pour la géographie physique de cette vaste région ; les voyages de Macartney, d'Amherst, de Timkovski, les travaux des missionnaires, et surtout les savants Mémoires d'Abel Rémusat et de M. Klaproth, nous serviront de guides dans nos descriptions géographiques.

« La partie centrale de l'Asie, dont nous détachons le Tibet, renferme quatre divisions géographiques, la *Mongolie* propre, au nord de la Chine ; la *Kalmoukie* ou la *Dzoungarie*, à l'ouest de la Mongolie ; la *Petite-Boukharie*, appelée par quelques géographes le *Turkestan oriental*, et plus exactement le *Turkestan chinois*, ou mieux encore le *Thian-chan-nan-lou*, à l'est de la Grande-Boukharie et au nord de Kachemir ; enfin, au milieu de ces contrées, le *désert de Cobi* avec ses oasis.

» Une lisière de la Dzoungarie et de la Petite-Boukharie fut comprise dans la *Scythie au-delà de l'Imaus*, connue des anciens. Le cours des rivières, et peut-être la vue du lac Balkhach, firent supposer l'Océan septentrional comme très voisin ; et le nom mongol de *Daba*, qui signifie montagne en général, fut appliqué au prétendu promontoire *Tabis*, censé terminer l'Asie au nord-est environ dans le pays des Ouigours. La *Sérique* des anciens embrassait, ainsi que nous l'avons démontré (¹), les parties occidentales du Tibet, le Serinagor, le Kachemir, le Petit-Tibet, et peut-être une

(¹) Voyez notre vol. I, p. 227-229. — (²) *Ibid.*, p. 230-232. — (³) *Ibid.*, p. 234-241. — (⁴) *Ibid.*, p. 242-244. — (⁵) *Ibid.*, p. 244 *sqq.*

(¹) Voyez notre vol. Iᵉʳ, p. 160-162.

lisière de la Petite-Boukharie. Ce nom, connu encore d'Ammien-Marcellin, dans le quatrième siècle, disparaît dans le cinquième. Moïse de Khorène connaît, à la vérité, une ville de *Syrrhia*, qui est la *Sera metropolis;* mais il donne au pays dont elle était capitale le nom de *Djenia* ou *Djenistan* (¹). Il semble comprendre sous ce nom l'Asie centrale, et spécialement la Petite-Boukharie ; il place plus à l'orient le pays de *Sena* ou la Chine. Est-ce que la dénomination de *Djenia* rappellerait une ancienne conquête de ces contrées par les Chinois? ou ce nom signifie-t-il pays des génies, des dieux, comme celui de Sérique peut dénoter en sanskrit pays du bonheur? Nous l'ignorons. Il paraît que, six siècles plus tard, ces pays étaient souvent désignés sous le nom général de *Cathaya*, ou proprement *Kathay* ou *Kitay*, et que l'on y distinguait le Kitay *blanc* ou libre, du Kitay *noir* ou tributaire (²). On ignore si ce mot était le nom propre de la Chine septentrionale (³), ou bien une appellation dérivée d'un terme tatar signifiant montagnes désertes (⁴). Quoi qu'il en soit, le Kathay joua un grand rôle dans la géographie depuis le treizième jusqu'au milieu du dix-septième siècle. Il est certain que ce nom embrassait principalement le nord de la Chine, long-temps constitué en monarchie particulière; mais il s'étendait probablement en même temps sur une partie de la Mongolie et du Tangout. L'acception du nom de *Kará-Kathay*, ou Kitaï tributaire, a dû varier avec le sort des armes.

» Une dénomination plus vague encore a long-temps embrassé sur les cartes géographiques non seulement la zone centrale de l'Asie, mais même tout le nord et l'est de cette partie du monde ; c'est celle de *Tatarie*, avec ses divisions. On la donna, dans les treizième et quatorzième siècles, à tout l'empire des Mongols, sous Djenghiz-Khan, et à celui des Tatars, sous Tamerlan. Pendant le démembrement de cette dernière monarchie, un descendant de Djenghiz-Khan, appelé *Isan-Boga-Khan*, fonda un État particulier dans la Petite-Boukharie, dont Bichbaligh et ensuite Kachghar furent les capitales. Vers le même temps, les quatre tribus confédérées des Kalmouks (¹), que les Européens appellent *Eleuthes*, reprirent leur ancienne indépendance, et se donnèrent un souverain décoré du titre de *kontaich* ou *Khan-taidcha*. A la même époque, la puissance des Mongols dans la Chine s'écroula ; les descendants de Djenghiz-Khan se retirèrent à Kārakoroum ; et cet endroit, capitale de l'Asie entière sous Djenghiz-Khan, ne fut plus que le chef-lieu de la horde de *Khalkha*. Bientôt, s'étant divisés entre eux, tous les Mongols devinrent peu à peu tributaires des Chinois, et ensuite des Mandchoux, nouveaux maîtres de la Chine. La Russie, qui avait détruit les royaumes tatars d'Astrakhan, de Kazan et de Sibérie, soumit aux environs du lac Baïkal quelques tribus mongoles. Ces diverses révolutions produisirent dans la géographie la fameuse distinction entre la *Tatarie moscovite* ou *russienne*, comprenant Astrakhan, Kazan et la Sibérie ; la *Tatarie chinoise*, composée des pays des Mongols et des Mandchoux ; enfin, la *Tatarie indépendante*, formée des États de la Grande et de la Petite-Boukharie, de celui des Kalmouks-Eleuthes, des Kirghiz et des Turcomans. Cette triple division, aujourd'hui entièrement rejetée, était déjà dérangée il y a un demi-siècle. Les Kalmouks, qui en 1683 avaient fait la conquête de la Petite-Boukharie, et s'étaient rendus redoutables à la Chine et à la Russie, éprouvèrent, après un demi-siècle de puissance et de gloire, tous les fléaux de la guerre civile. Les Chinois, employant contre eux les armes des Mongols, les soumirent, et les tiennent encore sous le joug. La *Tatarie chinoise* s'étendrait donc aujourd'hui sur tout le centre de l'Asie ; mais il est plus convenable de bannir ce terme absurde. »

Nous avons déjà tracé les chaînes de montagnes qui circonscrivent la région que nous allons parcourir ; dans un tableau général nous avons énuméré ses principaux végétaux et les animaux qui errent dans ses vallées et dans ses déserts ; un mot suffira pour en peindre le climat avant de passer à la description spéciale de chacun des pays qui en font partie.

Toutes les relations s'accordent à représen-

(¹) *Mos. Chor.* Histor. Armen. — (²) *And. Muller*, Disquisitio geograph. et histor. de Cathayā (Berlin, 1670). Comp. *Hyde*, Syntagma dissert., I. Itin. mund., p. 31.— (³) *Langlès*, Alphabet mantchou, p. 26-31 (3ᵉ édit.). *Petis la Croix*, Hist. de Gengis-Khan, 1, ch. IV.— (⁴) *Kita* ou *Kata: Kircher*, Prod. copt. 99. *Martinii*, Histor. Sin., p. 317.

(¹) *Derben Oerœt.*, i. e. les quatre frères.

ter le froid comme étant plus rigoureux dans le centre de l'Asie, que la latitude ne devrait le faire supposer. La cause en est probablement due, non pas, comme on l'a cru, à l'élévation du sol, qui jusque dans ces derniers temps a été fort exagérée, mais surtout aux neiges qui couronnent les hautes cimes des montagnes, et à l'abondance du sulfate et du carbonate de soude dont la terre est imprégnée. La Pérouse trouva les côtes du pays des Mandchoux, sous la latitude de 49 degrés, couvertes de neige au mois d'août. Les ambassadeurs de *Scharockh* virent en Kalmoukie la terre gelée à deux pouces de profondeur au solstice d'été même [1]. Cependant il se trouve dans l'intérieur quelques régions plus tempérées.

Commençons nos recherches par les pays les plus voisins du Tibet et du Turkestan indépendant.

La contrée appelée improprement la *Petite-Boukharie*, et connue aussi sous les noms de *Turkestan chinois* et de *Turkestan oriental*, a reçu encore celui de *Tourfan* de l'une de ses villes; mais les Chinois la nomment *Thian-chan-nan-lou* [2]. Elle est bornée au nord par la Dzoungarie, à l'est par la Mongolie et par le pays des Mongols du Khoukou-noor, au sud par le Tibet, et à l'ouest par les monts Bolor qui la séparent de la Grande-Boukharie ou du khanat de Boukhara. On lui donne environ 450 lieues de longueur de l'ouest à l'est, 200 dans sa plus grande largeur du nord au sud, et 70,000 lieues carrées de superficie. Dans cette vaste étendue se trouve compris le désert de *Cobi* ou de *Chamo*.

Cette contrée, entourée presque de tous côtés par des chaînes de montagnes, forme une sorte de plateau, une suite de plaines sablonneuses élevées de 6,000 à 8,000 pieds au-dessus du niveau de l'Océan. Ces plaines sont sillonnées par des rivières qui se perdent dans des sables ou dans des lacs. La principale est le *Yarkand* ou *Yarkiang* qui prend sa source au point de jonction des monts Bolor et Tsoungling; elle reçoit le *Kachghar*, qui a plus de 200 lieues de cours, et le *Khotan* ou *Youroung-Khachi* qui est moitié moins long et qui se forme de trois rivières dont l'origine est dans les monts Mouztagh ou *Monts de Glace*, au nord, et dans une région riche en jade, minéral appelé *yu* par les Chinois : de là les noms de *yu blanc*, *yu noir* et *yu vert* que portent ces trois branches. Après s'être grossi des eaux du Kachghar et du Khotan, le Yarkand prend le nom de *Tarim*, sous lequel, après un cours de plus de 300 lieues, il se jette dans le lac de *Lob* ou *Lob-noor* qui paraît être le réceptacle de plusieurs autres rivières. Ce lac, situé entre 40 et 41 degrés de latitude septentrionale, et entre 86 et 88 degrés de longitude orientale, a 20 à 25 lieues de longueur de l'est à l'ouest, et 10 à 15 de largeur. Marco-Polo rapporte que les caravanes qui se rendent de Kachghar à la Chine s'arrêtent près de ce lac avant de traverser le désert de Cobi.

On assure que les montagnes qui forment les limites naturelles du Turkestan chinois renferment des pierres précieuses, de l'or et de l'argent; mais les habitants ignorent ou dédaignent l'art de les exploiter: ils se contentent de recueillir l'or des dépôts d'alluvion qui se forment dans le lit des rivières, et qui paraissent y être amenés par les torrents à l'époque de la fonte des neiges. Ils transportent cet or à la Chine ou à Tobolsk en Sibérie.

Jetons un coup d'œil sur le climat et les productions du sol, d'après ce qu'en a dit un voyageur récent.

« Les vents, dit M. Timkovski, sont très
» fréquents dans le Turkestan oriental au
» printemps et en été, mais ils ne sont pas
» violents; ils ne soulèvent pas le sable et ne
» déracinent point les arbres, ils font seule-
» ment tomber les feuilles des trembles, des
» saules, des pêchers, des abricotiers, des
» pruniers, des poiriers et des pommiers de
» différentes espèces que le pays produit.
» Aussitôt que les vents commencent à souf-
» fler, les arbres fruitiers se couvrent de fleurs
» et les fruits mûrissent. Les autres arbres
» alors verdissent également et répandent
» bientôt leur ombrage sur la campagne.
» Lorsque les vents cessent, des brouillards
» les remplacent et arrosent la terre comme
» une rosée bienfaisante. La pluie cause dans
» ces contrées des effets très nuisibles; elle y est
» rare, mais si elle tombe, même en petite quan-
» tité, pendant le temps que les arbres sont en

---

[1] Forster, Découvertes au Nord, t. I, 254. —
[2] Elle est située entre le 35ᵉ et le 44ᵉ degré de latitude N., et entre le 69ᵉ et le 93ᵉ de longit. E.

» fleurs, elle les fane; si elle tombe abondam-
» ment, les arbres paraissent comme cou-
» verts d'huile, et ils ne portent point de bons
» fruits(¹). »

Ajoutons, d'après ce voyageur, que le sol est gras et chaud, et conséquemment fertile; que les habitants arrosent leurs champs au moyen de canaux d'irrigation; que la terre se prête à la culture de toutes sortes de grains et de légumes; qu'ils cultivent le blé, le riz et le coton, ainsi que l'orge et le millet, qui ne sont employés que pour en extraire de l'eau-de-vie ou pour nourrir le bétail. « Aussitôt
» que le printemps a fondu les glaces des lacs
» et des étangs, on conduit l'eau dans les
» champs; dès que la terre est bien imbibée,
» on laboure et on sème. Quand la jeune
» plante a quelques pouces de hauteur, on
» conduit les eaux pour la seconde fois dans
» les champs. On laisse croître les mauvaises
» herbes parmi le blé, parce qu'on pense
» qu'elles en maintiennent la tige fraîche.
» Voilà un singulier effet des préjugés de l'i-
» gnorance! » La pluie ne convient nullement au sol: si elle n'est pas forte, le grain donne peu de farine; si elle est forte, les champs se couvrent de sulfate de soude, et toute la récolte est perdue. La culture des cucurbitacées est très répandue: on compte dans le Turkestan chinois plusieurs espèces de melons, dont quelques uns sont excellents, et dont d'autres ont l'avantage de se conserver très long-temps sans perdre de leur saveur.

Le règne animal y est assez varié: les serpents et les scorpions y sont fort communs, ainsi qu'une arachnide qui n'est pas moins dangereuse, et qui paraît se rapporter au *phalangium aranoïdes*: sa piqûre passe pour être mortelle. Les montagnes et les steppes sont peuplées de chevaux sauvages, de chameaux, de bœufs vigoureux et féroces, dont la chasse offre beaucoup de danger; car si le chasseur ne tue pas l'animal du premier coup de fusil, il risque d'être victime de sa fureur. Les montagnes sont le refuge d'un grand nombre de chacals aussi grands que des loups, et si redoutables que les tigres n'osent pas se montrer dans les lieux que fréquentent ces animaux. Le pays nourrit aussi beaucoup d'*argalis*, moutons à grosses têtes et à longues cornes

(¹) *G. Timkovski :* Voyage à Peking à travers la Mongolie, tom. I, pag. 410 et suivantes.

tortillées. Les habitants ne mangent pas leur chair, mais emploient leur peau pour se garantir du froid.

Un produit animal qui joue un grand rôle dans le *Thian-chan-nan-lou* est le bézoard, que les habitants appellent *yada-tach*. C'est une concrétion solide qui varie de grosseur et de couleur, et que l'on trouve dans le corps des vaches, des chevaux et des cochons. Un habitant veut-il obtenir de la pluie, il attache le bézoard à une perche de saule qu'il pose dans de l'eau pure; désire-t-il du vent, il met le bézoard dans un petit sac qu'il attache à la queue de son cheval; enfin souhaite-t-il avoir un temps frais, il attache le bézoard à sa ceinture. Ce préjugé attaché à la vertu du bézoard est tellement répandu dans le pays, qu'il n'est pas un habitant qui se mette en voyage sans se munir d'une de ces concrétions animales : c'est la partie la plus essentielle du bagage.

Oserons-nous rapporter avec confiance ce que M. Timkovski a recueilli de la bouche des Chinois sur quelques animaux de ce pays, que les Européens ne fréquentent pas? Parlerons-nous de l'oiseau appelé par les habitants *khara-koutchkatch*, et par les Chinois *tcha-khéou*, espèce d'étourneau qui ressemble à la caille, à l'exception du bec et des pieds qui sont rouges; oiseau qui habite les glaciers, vole en troupe et pond sur la glace; qui abandonne ses œufs, destinés pendant les grands froids à s'ouvrir d'eux-mêmes, pour laisser échapper les petits qui s'élèvent de suite dans les airs? Ne verrons-nous pas un peu d'exagération orientale dans la peinture de ce grand aigle nommé *syrym*, qui habite les plus hautes montagnes, et ressemble, quand il vole, à un nuage noir; dont les plumes des ailes ont 8 à 10 pieds de longueur, dont le corps atteint la grosseur d'un chameau, qui attaque souvent des chevaux et des bœufs, et dont l'approche est un juste sujet d'épouvante pour les habitants qui s'empressent alors de se réfugier dans leurs maisons? Enfin, à quelle espèce peut appartenir cet *oiseau suif*, toujours gras, sans plumes, et noir, qui se laisse saisir facilement, et qu'on ne met en liberté qu'après lui avoir pressé le croupion, d'où sort une sorte de suif que l'on a soin de recueillir? Il serait peut-être utile pour la science qu'un naturaliste voyageur pût visiter ce pays qui offre de tels exemples d'anomalie sous le rapport zoologique.

Ce fut en 1758 que le Turkestan oriental tomba au pouvoir du puissant empereur Khian-loung, qui en fit une province de l'Empire chinois sous le nom de *Thian-chan-nan-lou*, c'est-à-dire *Province au sud des montagnes célestes*. On le nomma aussi *Pays de la nouvelle frontière*. Il fut d'abord divisé en huit principautés tributaires; mais les habitants supportant impatiemment le joug chinois, levèrent plus d'une fois depuis ce temps l'étendard de la révolte; en 1826, sous la conduite d'un chef nommé *Chang-ki-wih*, ils remportèrent même plusieurs avantages sur les armées chinoises; mais ils finirent par être entièrement soumis, et le pays fut divisé en dix principautés annexées à l'Empire.

Depuis les temps les plus reculés, ce pays était gouverné par des princes indépendants qui portaient le titre de *khodjo* ou *khodja*, titre qui signifie, selon M. Klaproth, *seigneur*, *maître*, *docteur*. Mais peu unis entre eux, ils furent souvent assujettis par les peuples voisins: d'abord par les Mongols, plus tard par les Dzoûngars, et enfin par les Mandchoux devenus maîtres de la Chine.

Les habitants du Thian-chan-nan-lou sont pour la plupart descendants des anciens *Ouigours*, nommés *Hoeï-hou* et *Hoeï-hoeï* par les Chinois, c'est-à-dire qu'ils sont d'origine turque. Les autres, qui s'y trouvent dispersés comme négociants, sont des *Sarti* ou *Boukhares*, c'est-à-dire d'origine persane. Les *Hoeïhoeï* sont depuis long-temps attachés au mahométisme. Ils se servent pour écrire de caractères dérivés de l'ancien alphabet sabéen. L'origine et la langue du peuple qui l'habite sont donc les principaux motifs qui ont fait donner à ce pays le nom de Turkestan chinois.

Les dix principautés qui divisent la contrée portent les noms de leurs chefs-lieux, et ceux-ci sont à peu près les seules villes que l'on puisse y citer, et qui sont toutes à de grandes distances les unes des autres.

La capitale paraît être *Aksou*: du moins c'est là que réside le commandant des troupes de toute la province. Cette ville est peu éloignée de la frontière septentrionale; elle n'est point fortifiée, mais elle doit être considérable, puisqu'elle renferme 6,000 maisons. Il s'y fait un grand commerce entre plusieurs nations qui s'y rendent à différentes époques, telles que les Chinois, les Kirghiz, les Boukhares, les Hindous, les Tibétains et les Kachemiriens. On y travaille avec soin le jade, et l'on y fabrique des selles et des brides en cuir de cerf brodé, qui jouissent d'une grande réputation. Les campagnes environnantes sont très fertiles: les champs sont couverts de céréales et de légumes; les vergers sont remplis d'arbres fruitiers de toute espèce: la vigne y enlace tour à tour les branches de l'abricotier, du pêcher, du grenadier, du poirier et du pommier; les prairies sont couvertes de bêtes à cornes, de chameaux, de chevaux et de moutons.

A 23 lieues à l'ouest d'Aksou, *Ouchi*, autre chef-lieu de principauté, est adossé aux montagnes du nord; une rivière assez large baigne sa partie septentrionale; les étrangers qui viennent y faire le commerce sont assujettis à payer un droit du dixième, en nature, de la valeur des marchandises qu'ils y apportent. Cette ville peut avoir 3 à 4,000 âmes. Du temps des Dzoûngars elle était plus peuplée et plus florissante. Elle possède encore un hôtel des monnaies où l'on frappe principalement des pièces de billon nommées *pouls*, qui contiennent un peu plus de deux parties d'argent, et d'autres nommées *khara-pouls* ou monnaies noires, faites en cuivre jaune avec 1 d'argent. Depuis 1775, les Chinois ont changé le nom de cette ville en celui de *Young-ning*, suivant M. Timkovski, et selon d'autres en celui de *You-ping*; on l'appelle aussi *Fouhoa*. Son territoire s'étend vers le nord jusqu'aux glaciers; au sud, des rivières paisibles arrosent des vallées fécondes parsemées de bouquets de saules. Des Kirghiz nomades parcourent ces vallées et les plaines qui les avoisinent.

La principauté de *Kachkar* ou *Kachghar* se trouve à l'ouest de la précédente; elle forme de ce côté l'extrême frontière de l'Empire chinois; elle touche au nord à la chaîne des Montagnes Neigeuses. Le Kachghar est la principale rivière qui l'arrose. Marco-Polo, qui la visita vers la fin du treizième siècle, nous donne une idée de ce qu'elle était à cette époque; il nous la représente couverte de villes et de châteaux, de jardins et de belles terres qui produisent de bon raisin, dont on fait du vin; il y a d'autres fruits en abondance. On y cultive le coton, le lin et le chanvre.

« Le général chinois qui fit la conquête de ce pays en 1759 écrit (¹) que le sol est maigre; les habitants sont avares, et mènent une vie frugale (²); il y a, dit-il, environ 60,000 familles, 17 villes, 1,600 villages et hameaux dans la province de *Hashgar* ou *Kachghar*; mais il est possible qu'il ait voulu parler de toute la Boukharie, qui a porté le nom de royaume de Kachghar. La ville du même nom, autrefois résidence des khans de la Boukharie orientale, compte, selon le général chinois, 2,500 familles. Elle est bâtie en briques. »

Suivant M. Timkovski, *Kachghar* est construite près d'une citadelle; d'après les renseignements qu'il s'est procurés, il paraîtrait qu'elle est peu peuplée, c'est-à-dire qu'elle n'a que 16,000 habitants; mais d'autres renseignements nous portent à lui en accorder plus du double, sans compter une garnison que l'on peut évaluer à 10,000 hommes, et dont une partie occupe la citadelle. La classe des négociants y est fort riche et adonnée aux plaisirs; on y trouve un grand nombre de cantatrices et de danseuses habiles; dans les maisons opulentes, il est même du bon ton d'en élever et d'en entretenir. La douane de Kachghar prélève sur les marchandises les mêmes droits qu'à Aksou. La ville est soumise à une contribution annuelle de 3,600,000 pouls, ou environ 288,000 francs, et à 14,000 sacs de blé pour l'entretien de la garnison. Les habitants sont fort habiles dans l'art de tailler et de travailler le jade, et dans la fabrication des étoffes d'or. Cette ville est éloignée de 1,000 li ou de 100 lieues d'Aksou. Elle fut la capitale d'un royaume puissant qui appartint à des princes de la race de Djenghiz-Khan, et qui comprenait le Khotan. La principauté dont elle est le chef-lieu renferme neuf autres villes généralement peu importantes. Son territoire est fertile en céréales et en fruits de différentes espèces, dont une partie sert pour payer les impôts à la cour de Péking.

La principauté d'*Yarkiang*, dont le nom se prononce *Yarkand*, est située au sud-est de celle de Kachghar. C'est un pays généralement uni, arrosé par la rivière d'Yarkiang, et qui produit en abondance du froment, de l'orge, du riz, du lin, et des fruits exquis. On y cultive beaucoup de mûriers pour la nourriture des vers à soie. On y élève aussi des chevaux d'une race très renommée dans l'Empire chinois. Les peuples du *Earcan* (¹), dit Marco-Polo, sont habiles artisans; mais ils ont, pour la plupart, les jambes gonflées de gros goîtres, ce qui vient de la qualité des eaux qu'ils boivent.

Yarkiang ou *Yarkand* est une des plus grandes villes du Turkestan chinois; elle en était autrefois la capitale. La rivière du même nom l'arrose. On y compte 12,000 maisons et 32,000 habitants payant l'impôt; mais on prétend, dit M. Timkovski, que la huitième partie seulement est inscrite sur les rôles. En admettant cette version populaire, et sans doute exagérée, on aurait pour la population de cette ville plus de 250,000 âmes; mais en supposant que chaque maison renferme terme moyen 15 individus, on arrive à supposer à cette ville 180,000 habitants, ce qui est déjà un nombre assez considérable. Elle a le rang de place de guerre, bien qu'elle ne soit entourée que d'un rempart en terre et d'un fossé. Sa garnison, composée de 4,500 hommes, habite un quartier séparé. On y voit un beau palais, un bazar d'une lieue de longueur, et une dizaine de colléges. De nombreuses manufactures d'étoffes de soie, de coton, de lin, et de magnifiques tapis, ainsi qu'un commerce qui attire des marchands de tous les points de l'empire et de l'Inde, contribuent à entretenir le luxe et l'opulence.

C'est dans cette ville que l'art de travailler le jade occupe le plus de bras. C'est aussi dans les environs de cette ville que l'on trouve en abondance cette matière précieuse tellement estimée des Chinois que le gouvernement seul en a le monopole. Une rivière voisine qui descend des montagnes roule des morceaux de cette substance qui ont depuis 2 pouces jusqu'à un pied de diamètre; tous ont leur valeur,

---

(¹). *Grosier*, Description de la Chine. — (²) *Marco-Polo*, da Veniesia maravegliose cose del mondo. Impresso in Venetia per Melchior Sessa. Anno domini 1508, cap. xxxviii (*Bibl. impériale*). Celle de Trévise, de 1590, vantée par MM. Pinkerton et Walckenaër, est incomplète, fautive, et rien moins que remarquable.(*Bibl. de Sainte-Geneviève*).

(¹) On lit : *Earcan* dans notre édition; *Barcon* dans celle de Trévise, de 1590; *Carchan* et *Caream* dans d'autres; *Bourkend*, *Ourdakend* et *Ardakend* chez Aboulféda, Albergendi, etc. Voyez d'Herbelot, Bibliothèque orientale. v. Khoten et Cashgar.

selon leur grosseur ou leur couleur. Il y a du jade blanc, vert clair, vert d'émeraude, jaune de cire, rouge vermillon ou noir foncé; les variétés les plus rares sont le jade blanc de neige marbré de rouge, ou le vert veiné d'or. La pêche du jade se fait dans la rivière en présence d'un inspecteur et d'officiers à la tête d'un peloton de soldats. Vingt à trente plongeurs rangés en ligne se mettent à l'eau, et à chaque morceau de jade qu'ils jettent sur le rivage, les officiers font frapper un coup de tambour et font une marque rouge sur une feuille de papier; lorsque les recherches sont terminées, l'inspecteur se fait représenter le nombre de morceaux qui ont été inscrits. La ville de Yarkand envoie chaque année à la cour de Péking 4 à 6,000 kilogrammes de jade.

« La principauté de *Khotan* ou *Khotian* se trouve à l'est-sud-est (¹) de la précédente. Elle a, selon Marco-Polo, huit journées de marche en étendue; on y cultive le coton, le lin, le chanvre, le blé, la vigne et autres végétaux; les habitants sont industrieux et braves à la guerre (²). »

Le nom sanskrit de cette principauté est *Khou-stana*, qui signifie *mamelle de la terre*. Les Chinois l'appellent *Yu-thian*, c'est-à-dire *pays du Yu* ou *du Jade*. Elle est bornée au sud par les monts Koulkoum; on voit quelques montagnes dans son intérieur, mais en général c'est un pays de plaines, la plupart sablonneuses. Sa circonférence est d'environ 100 lieues. La plus considérable des nombreuses rivières qui l'arrosent est le Khotan ou Youroung-khachi. Le climat de ce pays est doux, mais les vents qui élèvent souvent des tourbillons de sable dans les airs y sont fort incommodes. Les parties cultivées produisent en abondance des céréales, des légumes, des fruits. L'éducation des vers à soie y est une des principales branches d'industrie. Le nom chinois de ce pays annonce sa richesse en jade; on dit que le mont *Mirdjaï* en est entièrement formé; ce minéral s'y présente sous les couleurs les plus variées; mais c'est au sommet de la montagne que se trouve la qualité la plus estimée: un ouvrier muni d'outils nécessaires escalade les rochers, en détache les morceaux de jade et les laisse rouler en bas.

(¹) « Entre Gorgo et Sosolan (Marco-Polo). »
(²) « Sono boni uomini per arme. » Edition de Venise, 1508. Ramusio et Muller disent le contraire.

Khotan, que l'on appelle aussi *Hotaen* ou *Ilitchi*, ville célèbre depuis long-temps par son musc, ses jardins, et la beauté de ses habitants, est, selon les annales de la Chine, importante par sa population, et comme résidence d'un gouverneur chinois. Elle a une garnison de 200 à 300 hommes. Le peuple s'y fait remarquer par la douceur de ses mœurs, sa droiture et son amour pour le travail. *Khoten*, qu'il ne faut pas confondre avec la précédente, était jadis florissante, et ne montre plus que de grandes ruines, au milieu desquelles s'élèvent des habitations. Il s'y tient chaque semaine une foire, où près de 20,000 personnes se rassemblent des environs.

La principauté de *Koutché* est très vaste; comme elle s'étend jusqu'au nord du Turkestan chinois, elle est en partie montagneuse; les monts Mouztagh ou Thian-chan forment sa frontière septentrionale. Elle est située à l'est de celle d'Aksou. Elle comprend des plaines fertiles et bien cultivées; mais comme dans plusieurs il ne pleut presque jamais, on y supplée par des canaux d'irrigation, exécutés avec beaucoup de soin. On trouve dans les montagnes du nord des vallées couvertes de riches pâturages, mais inhabitées, où vivent en grand nombre des bestiaux à l'état sauvage et des bêtes féroces. Au sud, il y a des steppes arides et des marais qui s'étendent jusqu'au lac Lob. Dans une description de l'Asie centrale, publiée à Péking en 1777, on lit ce qui suit: « La province de Koutché produit du cuivre, » du salpêtre, du soufre et du sel ammoniac. » Cette dernière substance vient d'une montagne au nord de la ville de Koutché, qui » est remplie de cavernes et de crevasses. Au » printemps, en été et en automne, ces ou» vertures sont remplies de feu, de sorte que » pendant la nuit la montagne paraît comme » illuminée par des milliers de lampes. Alors » personne ne peut s'en approcher. Ce n'est » qu'en hiver, lorsque la grande quantité de » neige a amorti le feu, que les indigènes tra» vaillent à ramasser le sel ammoniac, et pour » cela ils se mettent tout nus. Ce sel se trouve » dans les cavernes sous forme de stalactites, » ce qui le rend difficile à détacher (¹). »

C'est donc dans la province de Koutché qu'existe une partie de la région volcanique

(¹) *A. de Humboldt*: **Fragments de géologie et de climatologie asiatiques**, pag. 107.

ASIE. — EMPIRE CHINOIS : TURKESTAN CHINOIS.

dont nous avons déjà parlé ; c'est là que se trouve la montagne que les auteurs chinois nomment *Pé-chan* (Mont-Blanc), *Hochan* et *Aghie* (montagne de feu), et qui porte aujourd'hui le nom turc d'*Echik-bach* (tête de chamois). Un écrivain chinois du septième siècle dit que cette montagne vomit sans interruption du feu et de la fumée ; que sur une de ses pentes, toutes les pierres brûlent, fondent et coulent jusqu'à la distance de quelques lieues.

La ville de *Koutché* ou *Koutcha* portait autrefois le nom de *Khoueï-tchéou* ; elle est considérée comme la clef du Turkestan chinois ; sa forme est un carré long dont le périmètre est d'une lieue ; elle est environnée d'une muraille percée de quatre portes munies chacune d'une tour. C'est la résidence d'un gouverneur militaire chinois, et d'un *azeinbek*, magistrat civil choisi parmi les indigènes. Elle renferme un millier de familles et une garnison de 3 à 400 hommes.

C'est à l'est de celle de Koutché que s'étend la province de *Kharachar*, en mongol *Kharachara*. Nous pensons que c'est probablement cette province que Marco-Polo désigne sous le nom de *Ciarchian*, qu'il représente comme un pays sablonneux où l'on trouve des eaux amères et quelques eaux douces qui charrient des jaspes et des calcédoines, et d'où il alla à Lop, ville qui n'existe plus ou qui est remplacée par un bourg que l'on voit sur le bord du lac de ce nom (¹). Dans quelques parties, de riches pâturages, infestés il est vrai de bêtes sauvages, semblent inviter à la vie nomade ; d'autres, par leur fertilité, tels que les bords de la rivière du *Khaïdou*, favorisent la vie sédentaire. Cependant, depuis que les Chinois s'en sont emparés, ce pays est presque devenu désert. La ville de *Kharachar* ou *Kharacher* n'a qu'un quart de lieue de circonférence. On y entretient une garnison de 600 hommes pour sa défense et pour l'exploitation des champs du domaine impérial. La population y est ignorante et abrutie par une foule de vices ; les hommes y sont sans morale et sans bonne foi, et les femmes sans pudeur ; elles font même abnégation de ce sentiment maternel que la nature s'est plu à enraciner au fond de leurs cœurs : rien n'est plus commun que de voir des mères vendre leurs enfants à des Tatars qui vont les revendre à des marchands du Badakhchan.

Il est difficile de décider si, comme le prétendent quelques géographes, *Pidjan* ou *Pidchan* est le chef-lieu d'une principauté, ou si, comme le dit M. Timkovski, cette ville, qui fut autrefois la capitale des Ouigours, est aujourd'hui dans la principauté de *Tourfan* ou *Tourpan*, qui, selon ce voyageur, serait considérable, puisqu'elle comprendrait dans son territoire non seulement *Pidchan*, mais *Lemtsin*, *Seghim*, *Toksoun* et *Khara-khodjo*, villes qui renferment chacune 3,000 familles et qui ont conservé le droit d'être gouvernées par le prince ou khodjo de Tourfan, tandis que les autres cités du Thian-chan-nan-lou sont administrées par des officiers chinois. Cette province est une des plus riches en céréales, en fruits, en raisins et en cotons ; au sud, on trouve des steppes où paissent des chevaux et des chameaux sauvages, mais la partie septentrionale est désolée par des ouragans si violents, que souvent ils enlèvent des moutons et même des ânes. C'est sur la limite de cette province, dans les monts Mouztagh ou Thian-chan, que l'on voit le volcan de Tourfan, à une lieue et demie de la ville de ce nom : il ne rejette point de laves comme le Pé-chan ; il est seulement réduit à l'état de solfatare ; il s'en exhale continuellement des vapeurs qui s'élèvent sous la forme d'une colonne noire qui, la nuit, paraît toute en feu.

(¹) Les manuscrits français portent *Ciarciun*, dont la première lettre est tantôt un S et tantôt un C ; les manuscrits latins *Ciarchiam*, *Ciarciam* et *Ciarchian* ; et les manuscrits italiens *Ciarciam* et *Ciarciom*. Voici le passage du texte français :

« Ciarcian est une province de la grant Turchie
» entro grec et levant. Les jens aorent Maomet. Il hi a
» viles et chastiaus assez, et la mestre cité d'où règne
» est Ciarcian. Il y a fluns qe moinent diaspes et cal-
» cedon, les qualz portent à vendre au Cata, et no ne
» grant profit, car il en ont assez et bones, et toute
» ceste provence est sablun, et de Cotam à Pen est
» aussi sablun, et da Pen ici est encore sablon, et hi
» a mantes aiges mauvés et amères. Et encore hi a en
» plosors leus aigues doces et bones. Et quant il avint
» que hoste passe por la contrée, il que soient enésus,
» il fuient con lor femes et con fils et con lor bestes
» entre le sablon deus journée ou trois en leus où il
» savent que aie aigue et qu'ils peussent vivre con lor
» bestes, et li voz di que nulz poit apercevoir là o il
» soient alés, por ce que le vent covre les voies dont
» il sunt alés de sablon, si qe ne apert dont il soient
» alés et no semble que por iluec aiast unques home
» ne beste, en celle mainere etschanpent de lor
» ennemis con je voz ai dit. » — *Marco-Polo*, chap. LVI.

La ville de *Tourfan* semble être la plus peuplée de toutes celles de la principauté.

» Cette ville est sans doute le *Tarsæ* (*Tarfo*) dont parle le roi Haïton, et qu'il désigne comme étant la capitale du florissant empire des Iogours.

» L'empire de Tarsæ, dit Haïton, a trois provinces, dont les souverains se nomment rois. Les habitants sont appelés *Iogours*; ils s'abstiennent de boire du vin et de manger quoi que ce soit qui ait eu vie; ils cultivent beaucoup de blé, mais n'ont point de vignes. Leurs villes sont très agréables, et contiennent un grand nombre de temples où l'on adore les idoles; ils cultivent les arts et les sciences, mais ne sont pas propres à la guerre; ils ont une manière d'écrire qui leur est particulière, mais qui a été adoptée par tous leurs voisins (¹). »

Saïram, ville peu peuplée, située dans une vallée fertile, mais froide, parce qu'elle est au milieu des montagnes, paraît être le chef-lieu d'une petite principauté riche en cuivre, en fer et en salpêtre.

Il ne nous reste plus à parler que d'une seule province: c'est celle de *Khamil*, la plus orientale de tout le Turkestan chinois, et l'une des moins étendues. C'est ce même pays que des voyageurs nomment *Hamil* ou *Chamul* et qu'ils représentent comme environné de déserts. « Le climat, dit le P. Duhalde, y est » assez chaud en été. Le terrain n'y produit » guère que des melons et des raisins; mais » les premiers surtout sont d'une excellente » qualité: ils se conservent pendant l'hiver; » on les sert sur la table de l'empereur de la » Chine (²). » D'autres auteurs placent dans ce pays des carrières d'agates et des dépôts d'alluvions contenant des diamants (³). Les habitants, robustes et grands, bien logés et bien vêtus, suivent généralement la religion mahométane. Du temps de Marco-Polo, ce peuple était idolâtre; il les peint comme de bons et joyeux sauvages, riches des produits de leur sol et occupés à chanter et à danser. Lorsqu'un étranger, ajoute-t-il, arrive dans leur pays et qu'il désire se loger chez l'un d'eux, celui dont il a choisi la maison enjoint à sa femme, à ses filles et à ses parentes, de satisfaire en tout les désirs de l'étranger. Le mari abandonne son habitation, cherche dans la ville tout ce qui peut contribuer à l'amusement de son hôte, et ne rentre chez lui qu'après le départ de celui-ci. Pendant ce temps, l'heureux voyageur jouit de tous les droits du maître de la maison. Mangou-khan voulut en vain abolir cette coutume singulière; les habitants la regardent comme un précepte de religion, et s'imaginent qu'en l'abandonnant ils exposeraient leurs champs à être frappés de stérilité (¹). *Khamil* est une forteresse dont les faubourgs, à l'époque du passage des caravanes, présentent l'aspect et le mouvement d'une ville importante.

Tels sont les renseignements que l'on possède sur le Turkestan chinois. Nous aurions pu nommer un plus grand nombre de villes, telles que *Ngan-si-fou*, considérée comme cité du premier ordre; *Yu-men-hian* et *Toung-houang-hian*, villes du troisième ordre, ainsi que plusieurs autres, sur lesquelles on n'a que des détails incertains. Ajoutons seulement que la population de toute la contrée est évaluée par les Chinois à 1,500,000 habitants.

(¹) « Il sunt homes de grant seullas, car il ne en-
» tendent à autre couse for che à soner estromens et
» à chantere et à baller, et à prendre grant délit à lor
» cors. Et voz di que se un forester li vient à sa maison
» por hebergier, il en est trop liés. Il commande à si
» feme qu'elle face tout ce que le forestier vuelt, et il
» se part de sa maison et vait à fer ses fait et demore,
» deus jor ou trois, et le foster demore avec sa feme
» en la maison et fait à la volunté et jûe con elle en
» un lit ousi conce elle fusse sa feme et demorent en
» gran seulas. Et tuit celz de ceste cité et porvence
» sunt ainsi de lor feme, mès je voz di qu'il ne le se
» tienent à vergogne. Et les femes sunt beles et gau-
» dent et de seulas. On avint que au tens que Mongu
» Chan sire des Tartarz regnoit, adonc li fu denun-
» siés comant cels de Camul fasoient ensi avoutrer
» lor femes as forestier, e cel Mongu mande elz co-
» mandant sont grant poine que il ne deusent her-
» bergier les forestiers. Et quant cel de Camul ont
» eu cest commandement, il en furent mout dolés,
» et adonc furent à consuil, et consielent et font ce
» ce que je voz dirai: car ils pristrent un grant pre-
» sent et l'aportent à Mongu, et le prient que il le
» laisase fere les usanse de lor femes, que lor ances-
» teté avoient elz laissés, et li dient com lor ancesteté
» avoient dit que por le plaisir qu'il as forestières
» de lor fames et de lor cosses que lor ydres (idoles)
» l'avoient à grant bien et que lor blée et lor labor
» de terre un monteplio asez. Et quant Mongu Khan
» entendi ce, il dit puis que voz volés vostre honte et
» vos laies, et adonc consent qu'ils faichent lor vo-
» lonté, et voz di que toutes foics ont-il mantenée
» cette uzance, et mantinent encore. » *Marco-Polo*, chap. LIX.

(¹) *Haïton*, Hist. orient., c. 2. — (²) Le *P. Duhalde*, t. IV, p. 26 et 54. — (³) *Grosier*. Description de la Chine, p. 241 et suiv.

Jetons maintenant un coup d'œil sur les mœurs des *Hoei-tsu* ou habitants du Turkestan chinois. Ils parlent la langue turque et professent la religion mahométane. Leur carême est très rigoureux : après le lever du soleil, il est défendu aux individus des deux sexes, âgés de plus de dix ans, de manger ni de boire; quelques uns même, et ce sont ceux qui passent pour les plus religieux, s'abstiennent d'avaler leur salive; mais ils rejettent le précepte du Coran relatif au vin et aux liqueurs spiritueuses et fermentées : ce n'est que pendant le carême que l'on est sûr de ne point rencontrer le soir des hommes et même des femmes ivres. Ils ont, pour satisfaire leur intempérance, non seulement le vin de raisin, qui est en général très bon, mais celui qu'ils font avec des pêches ou avec des mûres, une espèce de bière appelée *baksoum*, qu'ils obtiennent du millet moulu, et une eau-de-vie nommée *arak* qu'ils tirent de l'orge et du millet. Cependant l'usage du thé est général; on le prend à différentes heures du jour, et presque toujours avec du lait, du beurre et du sel.

Suivant M. Timkovski, à l'exception des alliances entre les pères et mères et leurs enfants, le mariage est permis dans tous les degrés de parenté. Les époux qui ne vivent pas bien ensemble ont recours au divorce; si c'est la femme qui abandonne son mari, elle ne peut rien emporter de la maison; si c'est le mari qui demande la séparation, elle a le droit de prendre tout ce qu'elle désire. Les morts sont enterrés hors des villes, sans autre enveloppe qu'un linceul; les parents du défunt portent en signe de deuil un bonnet de toile blanche.

Les hommes rasent leurs cheveux et laissent croître leur barbe; leurs robes ont un grand collet, des manches étroites, ne descendent pas au-dessous du mollet, et sont attachées avec une ceinture. Les femmes portent de grandes boucles d'oreilles, laissent flotter sur leurs épaules leurs cheveux en longues tresses, que les plus riches ornent de perles fines et de pierres précieuses. Elles portent comme les hommes de larges pantalons, par-dessus lesquels elles mettent une sorte de camisole qui descend jusqu'aux genoux, et que recouvre une longue robe ouverte. En hiver et en été elles se coiffent de chapeaux garnis de fourrure et ornés de plumes sur le devant. Les hommes se servent en hiver de chapeaux de cuir, et en été de chapeaux de satin cramoisi, garnis en velours et hauts de 5 à 6 pouces, avec un rebord pointu devant et derrière, et large aussi de 5 à 6 pouces. Les bords des chapeaux d'hommes sont droits; ceux des femmes sont un peu retroussés; les uns et les autres sont ornés d'une houppe en or. Les hommes portent des bottes en cuir rouge avec des talons en bois; les femmes ont des espèces de pantoufles qui laissent le talon à découvert; pendant l'été elles vont souvent pieds nus. Les prêtres seuls sont coiffés de hauts turbans en mousseline blanche.

Les murs des maisons sont en terre, et ont 3 ou 4 pieds d'épaisseur; le toit est couvert de roseaux. Quelquefois les habitations ont plusieurs étages; assez souvent elles sont rondes; si l'espace le permet, on y construit une chapelle. Les rues des villes sont extrêmement tristes, parce que les maisons n'ont pas de fenêtres ou n'en ont que de très petites, par la crainte qu'inspirent les voleurs, qui sont très nombreux dans le pays. Elles sont éclairées principalement par des ouvertures que l'on fait au plafond. Les toits sont plats pour pouvoir servir de terrasses.

La contrée que l'on continue à appeler *Dzoungarie*, comme si la tribu d'Éleuthes ou Kalmouks nommés *Dzoungar* était encore indépendante, porte, depuis qu'elle est devenue une province chinoise, le nom de *Thian-chan-pe-lou*, c'est-à-dire gouvernement au nord des monts *Thian-chan* [1]. À l'ouest, dit M. Klaproth, la rivière de Talas la sépare des Bourout et des Kirghiz-kazaks de la droite, ou de la Grande-Horde; à l'est la branche du Grand-Altaï, qui se dirige au sud-est, les monts *Koutou-daba*, *Gourbi-daba*, *Sourbi-daba*, *Bodokhoun-daba*, et *Bogotsi-daba*, forment sa limite avec la province de *Khalkha*. Au sud elle est limitrophe du Turkestan chinois. Au nord elle est bornée par le territoire des Kirghiz-kazaks et par la Sibérie.

Les savantes recherches de M. Klaproth nous apprennent qu'à une époque très reculée la Dzoungarie fut occupée par les *Ou-sun*, peuple qui se distinguait des nations voisines par des yeux bleus et une barbe rousse. Ces

[1] Elle est comprise, suivant M. Klaproth, entre 72° et 88° de longitude E., et entre 41° 30' et 48° 40' de latitude N.

Ou-sun habitaient originairement avec les *Yue-ti*, à l'ouest du cours supérieur du Hoang-ho et de la province chinoise de Kansou, lorsque 165 ans avant notre ère les Turcs *Hioung-nou*, qui campaient au nord de la Chine, dispersèrent les Yue-ti, qui se réfugièrent au nord des monts Thian-chan, dans la Dzounzarie actuelle. Leurs anciens voisins, les Ou-sun, les y rejoignirent bientôt, les chassèrent plus à l'ouest, et s'emparèrent du pays qu'ils occupaient. A la fin du premier siècle de notre ère, l'empire des Turcs Hioung-nou fut détruit par les Chinois, et la moitié de cette nation se retira dans la partie sud-ouest de la Dzoungarie, où elle porta le nom de *Yue-po*; mais elle alla bientôt camper dans la steppe des Kirghiz, laissant les Ou-sun maîtres de la Dzoungarie. Dans la seconde moitié du sixième siècle, ce pays fut envahi par les Turcs Kao-tchhé; à ceux-ci succédèrent les *Thou-khiu* ou Turcs proprement dits, qui occupèrent la contrée pendant plusieurs siècles, en s'unissant plus tard aux *Hoei-hou*, autrement *Ouigours*, qui y restèrent jusqu'à l'époque de la grandeur des Mongols sous Djenghiz-Khan. Ce fut vers ce temps, c'est-à-dire dans le treizième siècle, que des tribus mongoles et éleuthes vinrent s'y établir, sur les bords de l'Ili.

La séparation de la nation mongole en deux branches, celle des véritables Mongols et celle des *Éleuthes* ou *Oelets*, comme les appellent les Chinois, eut lieu, suivant une ancienne tradition, onze générations avant Djenghiz-Khan. Les Éleuthes se subdivisèrent, comme les branches de la famille de leurs princes, en quatre nations: les *Dzoungar*, les *Khochot*, les *Tchoros* ou *Durbet*, et les *Torgoout*, qui habitent en partie l'empire russe et en partie l'empire chinois. Le nom d'*Eleut*, qui signifie *rancunier*, fut donné par les Mongols à ce peuple, parce qu'il s'était séparé d'eux. Les tribus turques le nomment *Khalimah*, dont on a fait *Kalmouk*, mais il se donne lui-même le nom d'*Oïrad* ou *Mongol-Oïrad*.

A la fin du dix-septième siècle, les Dzoungar avaient soumis les autres tribus éleuthes, principalement les Khochot, les Durbet, et les *Khoït* qui habitent dans le voisinage du lac Balkhach, et sur les bords du Tchoui et de l'Ili. Mais les Mongols-Khalkha, réduits par eux à la dernière extrémité, se mirent sous la protection de l'empereur de la Chine.

Après de longs combats, l'armée chinoise obtint quelques succès sur les Dzoungar, et mit des garnisons dans plusieurs de leurs places. Amoursana, chef des Dzoungar, fit massacrer les troupes chinoises; l'empereur Khian-loung envoya alors, en 1754, une armée formidable qui vengea cet affront dans le sang des révoltés, et Amoursana se réfugia en Russie, où il termina ses jours. Plus tard les Dzoungard se révoltèrent encore: l'empereur irrité fit marcher contre eux trois armées qui massacrèrent plus d'un million d'habitants, sans distinction d'âge ni de sexe; un petit nombre de hordes qui n'avaient pas pris part à la révolte furent seules épargnées. Depuis ce temps, les Dzoungar sont réunis à l'empire chinois. L'administration de leur pays est confiée à un général en chef; des corps d'armée, répartis sur différents points, y maintiennent la tranquillité [1].

La Dzoungarie forme trois divisions militaires qui portent les noms de leurs chefs-lieux: Ili ou Gouldjá, Kourkhara-oussou, et Tarbagataï.

La première de ces divisions, qui comprend la partie du sud-ouest de la Dzoungarie, se distingue en orientale et occidentale. Ses principales rivières sont l'*Ili*, formée de la réunion du Tekes avec le Khoûnghes et le Kach, et qui, après un cours de 130 à 140 lieues, se jette dans le lac Balkhach; le *Tchoui*, qui sort du lac Touz-koul, coule sur un espace de plus de 250 lieues avant de se jeter dans le lac Kaban-koulak; et le *Talas*, qui a une longueur de 100 lieues, et porte ses eaux au lac Sikirlik. Quelques uns des lacs dans lesquels affluent les rivières sont très considérables: le *Balkhach* a environ 40 lieues de longueur, et 20 dans sa plus grande largeur; le *Touz-koul* ou *lac de sel*, est long de 35 lieues et large de 12 à 15; l'*Alak-tougoul-noor* a 25 lieues de longueur sur 10 à 12 de largeur.

C'est près de ce dernier lac que s'élève le mont *Aral-toubé*, volcan qui depuis longtemps est en repos. Au nord de la rivière d'Ili le pays est couvert d'épaisses forêts remplies de loups; à l'est, de vastes marais couverts de roseaux offrent un asile à une foule de sangliers. La dépopulation générale de la Dzoungarie fait que cette division ne

[1] Relation des troubles de la Dzoungarie, traduite du chinois. — Magas. asiat., t. II

renferme que 6,000 familles de cultivateurs, dont les récoltes ne donnent même pas le blé nécessaire à la consommation des troupes chinoises. On y cultive en outre de l'orge, du millet, du chanvre, des légumes, et quelques arbres fruitiers, principalement des pruniers et des poiriers. Les pâturages des bords de l'Ili sont célèbres dans l'empire chinois pour la beauté des chevaux qu'on y élève. Les autres animaux domestiques sont le chameau, le buffle et le mouton. Une foule d'animaux sauvages peuplent les forêts et les montagnes, et celles-ci abondent en mines d'or, d'étain, de fer et de houille, tandis que plusieurs plaines sont riches en marais salants, et que d'anciens volcans fournissent du sel ammoniac.

Ili, capitale de cette division militaire, doit sans doute son nom à la rivière sur la gauche de laquelle elle est bâtie; ce nom, en kalmouk, signifie *éclatant*. Elle porte aussi ceux d'*Ilaïn-khoto* ou *Ilaïn-balgassoun*, c'est-à-dire ville d'*Ili*; les Mongols l'appellent *Goûldjá* ou *Goûldjá-Kouré*, nom qui signifie *la chèvre des montagnes*, parce qu'il y avait autrefois beaucoup de ces animaux dans ses environs; chez les Kirghiz, elle porte celui de *Goûldjá-khaïnak*; à l'époque de sa construction, l'empereur Khian-loung lui donna celui de *Hoei-yuan-tchhing*; enfin les habitants la nomment *Dziang-ghiun-khoto*, c'est-à-dire ville du gouvernement militaire. Elle est à 1,082 lieues géographiques de Péking. Ce chef-lieu est en effet la résidence d'un *dziang-ghiun* ou général en chef chinois, auquel est confié le gouvernement de la division. Goûldjá est entourée d'une simple muraille en pierre, haute de 18 pieds, sans fossés ni ouvrages extérieurs, à l'exception d'un mur en briques, d'environ 3 pieds d'épaisseur, qui s'étend sur les bords de l'Ili, et qui tombe en ruines. Les soldats qui montent la garde au poste principal ne sont point armés. Ses rues sont étroites et malpropres; mais on y voit des temples magnifiques, dans lesquels on donne chaque jour, dit un voyageur russe, des divertissements et des spectacles (¹). Les mahométans y ont plusieurs mosquées. Il est difficile d'évaluer avec exactitude le nombre d'habitants de Goûldjá, mais il paraît qu'elle renferme environ 10,000 maisons, à la vérité peu considérables : en ne comptant que 6 ou 7 individus par habitation, on aurait une population de 60 à 70,000 habitants, composés en grande partie de Chinois appelés *Khara-kitat-nogoutouk*, et de naturels qui se donnent le nom de *Tougean* et qui se regardent comme les descendants des guerriers de *Temir-kasak* ou *Timour*, que nous appelons *Tamerlan* : ce sont de rigides observateurs du Coran, mais ils parlent chinois. Bourrus et hautains comme leurs vainqueurs, ils en ont emprunté l'habillement, les usages et les vices. Goûldjá est une ville importante par son commerce et son industrie : elle est remplie de marchands et d'artisans : les négociants qui y arrivent de l'intérieur de la Chine et des diverses parties de l'Asie demeurent dans des auberges hors de la ville. Les troupes stationnées à Goûldjá et dans toute la division, forment un corps de 28,000 hommes de cavalerie irrégulière (¹).

A une grande lieue d'Ili on passe la rivière appelée *Bayanda* par les Mongols, sur un pont, orné, des deux côtés et au milieu, de statues en pierre assez bien sculptées : sur la rive gauche de cette rivière, un temple magnifique s'élève majestueusement au milieu d'un bouquet d'arbres. En remontant la Bayanda, on arrive à la ville du même nom, que les Chinois appellent *Hoeï-ning-tchhing*. Cette ville est à 4 lieues au nord d'Ili; elle est habitée en partie par des *Khara-kitaï*, qui prétendent aussi descendre des soldats de l'armée de Tamerlan; mais la langue chinoise, qui est la seule qu'ils parlent, semble indiquer qu'ils tirent leur origine des Chinois. Le reste des habitants se compose de Mandchoux, sans compter une garnison de 2,000 hommes.

Le voyageur dont nous suivons la trace nous signale, à 50 verstes (12 lieues) d'Ili ou Goûldjá-kouré, une autre ville de *Goûldjá* qui n'est sur aucune de nos cartes, et qu'il nous montre grande, gouvernée par un dziang-ghiun qui y réside, et peuplée en grande partie par des mahométans qui ont un magistrat princi-

---

(1) Savoir : quatre khocho de Mandchoux, chacun de dix compagnies de 100 hommes . . 4,000
d'Eleuthes. 6,000
de Tchakhar, d'Ili 6,000
de Solon ou Solones 6,000
de Chibé 6,000
                                              28,000

(¹) M. *Poutimtsef* : Voyage de Bouckhtarminks à Goûldjá ou Ili.

pal auquel on donne le titre d'Akhim-bek.

Dans la division d'Ili, se trouve une ville appelée *Kachemir*, qu'il ne faut pas confondre avec la cité de l'Inde que ses châles ont rendue célèbre. Celle dont il s'agit ici ressemble beaucoup à Ili, à l'importance près. On y compte environ 3,000 maisons dont les habitants sont pour la plupart des *Khara-kitaï* ; le reste se compose de *Toupgan*, peuplade à laquelle appartiennent la plupart des aubergistes et des marchands en détail que l'on trouve dans les villes de la Dzoungarie.

Les Khara-kitaï, dont il est ici question, sont, suivant M. Klaproth, des descendants des *Khara-khitan* ou *Liao* qui, chassés du nord de la Chine vers l'an 1125, se fixèrent dans la Dzoungarie et la contrée appelée aujourd'hui le Turkestan chinois, où ils fondèrent un empire qui fut détruit, en 1207, par les Naïman et les Kharismiens. Le nom de Khara-kitaï, au pluriel *Khara-kitat*, signifie *Chinois noirs*.

Dans les environs de Kachemir, on a établi des colonies de malfaiteurs bannis ; on les nomme *Tchan-pou*. Ils cultivent la terre ; ceux qui sont condamnés pour des crimes capitaux sont employés à des travaux forcés.

La division d'Ili est loin de produire au gouvernement chinois ce qu'elle lui coûte : les contributions des habitants s'élèvent à un peu plus de 40,000 onces d'argent (333,400 fr.), et chaque année on y envoie 500,000 onces d'argent (4,167,500 fr.), ainsi que plusieurs millions de pièces de satin et de taffetas que l'on échange chez les Kirghiz contre des bestiaux.

A l'orient de celle d'Ili s'étend la division militaire de *Kour-khara-oussou*, très peu peuplée, et dans laquelle on ne compte, suivant M. Klaproth, que 7,000 acres chinois de terrain, cultivés par 3 à 400 militaires laboureurs. Elle ne renferme aucune rivière considérable, et toutes celles qui l'arrosent se jettent aussi dans des lacs. Le *Kour*, qui passe pour la plus importante, sort des monts Malakhaïdaba, et doit son nom aux neiges (*kour*) amoncelées sur ses bords, non loin de sa source : il n'a que 40 lieues de longueur et se jette dans le lac appelé Khaltar-osighe-noor.

Le chef-lieu de cette division est *Kour-khara-oussou*, en chinois *Souï-tchhing-phou*, sur un torrent qui porte le même nom et qui se jette dans le Kour. C'est une petite forteresse dont la construction remonte à l'année 1763. *Fung-jun phou* est une autre forteresse qui fut bâtie à la même époque sur la rive droite du Dzing.

La troisième division militaire de la Dzoungarie est celle de *Tarbagataï*, située au nord de celle d'Ili. Elle tire son nom des monts *Tarbagataï ohla* (monts des marmottes) qui la bornent à l'ouest. Les Kirghiz l'appellent *Tach-dava* (rochers), et les Chinois *Souï-tsing-tchhing*. Suivant M. Timkovski, il paraît que les indigènes la nomment *Yar* et *Tchoukoutchou* ou *Tchougoutchak* ; elle est bornée au nord par la Sibérie. C'est sur son territoire que l'Irtyche prend sa source et qu'il traverse le lac *Dzaisang* ou *Khoungo-tou-noor* (lac des cloches) dont la longueur est de 25 lieues et la largeur de 9. L'*Émil* est une rivière de 120 lieues de cours, qui reçoit un grand nombre d'affluents avant de se jeter dans le lac *Kourghé*. On compte dans ce pays environ 12,000 Éleuthes mâles, 4,000 Kalmouks-Torgoout et 8 à 900 militaires laboureurs qui cultivent 17,000 acres de terre.

Le chef-lieu de cette division est *Tarbagataï*, appelée aussi *Tchougoutchak* ou *Tchougoutchou*, en chinois *Souï-tsing tchhing*. Située au pied du mont *Takhta*, à 3 lieues des bords de l'Émil, cette ville est à peu de distance de la frontière. D'après la description qu'en donne M. Poutimstef ([1]), elle est entourée d'une muraille qui forme un carré dont les côtés ont environ 150 toises de longueur ; chaque angle est flanqué de tours carrées hautes de 30 pieds, et qui ont aux deux faces extérieures et à une de celles de l'intérieur des fenêtres dont les carreaux sont en papier, et qui se ferment par des volets en bois. Les portes de la ville, qui se trouvent au milieu de chaque côté du mur, ont une tour semblable. Toutes ces constructions sont en briques crues, jointes avec de l'argile et blanchies au dehors. Un canal qui reçoit les eaux de deux petites rivières fait le tour des murailles ; une autre rivière traverse la ville. Au nord de celle-ci, règne une allée de saules de l'espèce appelée *salix pentandra* ; à l'est et à l'ouest s'étendent des faubourgs. Tarbagataï renferme environ 600 maisons, y compris les casernes ; mais la plupart des habitants n'y font qu'un

([1]) Voyage de Bouckhtarminsk à Goûldjâ ou Ili.

ASIE. — EMPIRE CHINOIS : MONGOLIE.

séjour temporaire : ils y viennent des différentes parties de l'Empire chinois pour les affaires de commerce; la population fixe n'est en grande partie composée que de Chinois exilés pour crimes. C'est un des entrepôts du commerce que la Chine fait avec les Kirghiz-kazaks. C'est dans ses environs que les Kalmouks-Torgoout, qui avaient abandonné le territoire de la Russie, trouvèrent un asile en 1771.

Jadis le chef-lieu de cette partie de la Dzoungarie se trouvait au milieu des hautes montagnes près de la frontière du nord-ouest, dans une contrée excessivement froide, où, pendant l'hiver, la neige couvrait le sol jusqu'à la hauteur de 10 pieds; où, pendant l'été, on rencontrait une grande quantité de serpents venimeux; où l'on était tourmenté par une prodigieuse quantité de petits moucherons blancs qui volaient par nuées, piquaient les hommes et les animaux, entraient dans les yeux, y laissaient leurs œufs, n'en sortaient point, et provoquaient de fréquentes ophthalmies [1] : tous ces inconvénients réunis firent changer l'emplacement du quartier-général, et vers l'année 1755 il fut établi à Tchougoutchou.

D'après le témoignage de plusieurs Tatars, il existe sur le territoire de cette ville plusieurs curiosités qui méritent peut-être l'attention de quelque voyageur européen instruit. Après avoir passé la ville de Tchougoutchak, la route des caravanes se dirige vers l'*Ala-goul*, ou *lac bigarré*, nommé ainsi parce qu'il contient trois grands rochers de différentes couleurs. De l'autre côté de la route est un autre lac, appelé *Ala-tau-goul*, qui renferme une montagne blanche comme la neige, mais qui brille de diverses couleurs quand des rayons du soleil s'y réfléchissent. Au-delà de l'Ala-goul, on passe entre deux montagnes, le *Ioug-tau* à droite et le *Barlyk* à gauche. A une demi-lieue plus loin se trouve une grande caverne souterraine, qui porte le nom d'*Ouybé*. Quelquefois, et principalement en hiver, elle produit des tempêtes violentes qui durent souvent deux jours. Son entrée ressemble à celle d'un vaste caveau, et personne n'ose y entrer ni même y regarder. Sa profondeur est inconnue. Le mollah Say-foulla-kazi assura au Persan Kazim-bey que la tempête qui sort de l'Ouybé est quelquefois si forte, qu'elle emporte tout ce qui se trouve dans sa direction. Tout, dans ce récit, porte à croire que cette caverne a une origine volcanique. Près du mont Ioug-tau se trouvent deux sources minérales, l'une froide et l'autre chaude.

La Dzoungarie est riche en animaux de différentes espèces, tels que des sangliers, des ours noirs et jaunes, des *saïga* (*antilope scythica*), des élans, appelés en mongol *kandakhaï*, qui vont par troupes de cent, un oiseau noir, de la grosseur d'une poule, qui, parce qu'il se perche toujours, pour dormir, sur la cime des arbres, a reçu le nom de poule des arbres, et dont la chair est d'un goût exquis; enfin, une espèce de corneille toute verte comme un perroquet et dont les plumes servent à faire des écrans. Les rivières nourrissent un grand nombre de loutres et de castors que l'on va rarement troubler dans leurs industrieux travaux, et plusieurs grands poissons, entre autres une espèce d'esturgeon appelée *secziouga* (*acipenser stellatus*) [1].

LIVRE CENT TRENTE-SEPTIÈME.

Suite de la Description de l'Asie. — Région centrale. — Description de l'Empire chinois. — Deuxième section. — La Mongolie avec le pays des Khalkha et celui des Mongols du Khoukhou-noor.

Nous venons de décrire une contrée habitée principalement par des Eleuthes, peuples mongols ou vrais tatars; pour terminer les parties de l'Asie centrale où l'on trouve les mêmes peuples, nous modifierons notre marche chorographique en visitant deux pays se-

[1] *Klaproth* : Notes au Voyage de M. Poutimstef de Boukhtarminsk Goûldjâ ou Ili.

[1] Notes au Voyage précédent. — *Timkovski*: Voyage à Péking.

parés par une province de la Chine proprement dite, c'est-à-dire au nord-est la Mongolie, et au sud-ouest le Khoukhou-noor.

À l'est de la Dzoungarie ou du Thian-chan-pe-lou, s'étend une vaste contrée qui sépare la Sibérie orientale de la Chine : c'est la *Mongolie*, le berceau de Djenghiz-Khan, de ce célèbre conquérant, dont les Mongols s'enorgueillissent de descendre. Au nord elle est bornée par les *monts Kentaï*, qui sont une continuation de l'Altaï; à l'est par le pays des Mandchoux; au sud par la grande muraille, et à l'ouest par la chaîne à laquelle on a donné le nom de *Grand-Altaï*. Elle comprend le vaste désert de *Kobi*, *Gobi* ou *Chamo*, qui la divise en deux parties distinctes; l'une au sud, habitée par des tribus mongoles; l'autre au nord, occupée par les Khalkha, peuples de la même origine.

La partie septentrionale est arrosée par un grand nombre de rivières; c'est là que prend naissance l'*Orkhon*, qui vit naître sur ses rives Djenghiz-Khan, et qui probablement arrosa Karakoroum ou Holin, capitale de son vaste empire. D'après la description que Rubruquis fait de cette ville qui vit arriver dans son enceinte, sous le règne de Koublaï et sous celui d'Argoun, les ambassadeurs de toutes les puissances de l'Asie et ceux d'une grande partie de l'Europe et de l'Amérique, elle n'était pas plus grande que Saint-Denis près Paris. D'Anville et Fischer ne sont point d'accord sur sa position(¹); mais M. Klaproth a prouvé qu'elle était située sur la rive gauche et non loin des sources de l'Orkhon. Cette rivière, après un cours d'environ 100 lieues, va se joindre à la Selenga, tributaire du lac Baïkal. Le *Kerlon*, partie supérieure du fleuve Amour, va se jeter dans le lac *Dalaï* ou *Kouloun*, auquel on donne 60 lieues de circonférence. Mais c'est la *Kalkha*, dont le cours est d'environ 50 lieues jusqu'à son embouchure dans le lac appelé *Bouïrnoor*, qui a probablement donné son nom au peuple qui habite ce pays.

Suivant les voyageurs récents, le pays des *Khalkha* est couvert de forêts composées de pins, de mélèzes, de bouleaux, de trembles et de peupliers blancs. On y trouve aussi l'orme et l'épicéa, le groseillier rouge et le pêcher sauvage. La rhubarbe, qui croît spontanément, est une des productions les plus précieuses du pays. Le sol, dont la nature est très variée, présente dans quelques districts un sable à petits grains, couvert d'une couche de terreau fertile, qui serait susceptible d'un grand rapport si les Mongols, renonçant à la vie nomade, se livraient à l'agriculture. Sur les bords des rivières, et principalement dans la vallée de l'Orkhon, s'étendent de belles prairies où l'on voit errer par grandes troupes les petits chevaux mongols et le sauvage *djightaï* (*equus hemionus*), animal intermédiaire du cheval et de l'âne, et que l'on peut comparer au mulet dont il a les jambes minces, les longues oreilles droites, avec le pelage isabelle, la crinière et la queue noires, et une ligne de la même couleur sur le dos. Les autres animaux sont les mêmes que ceux de la Sibérie et de la Dzoungarie. Les chiens de chasse de la Mongolie jouissent d'une grande réputation et sont recherchés à Péking.

Le climat n'y est pas très rigoureux : l'hiver, la neige n'y tombe pas en abondance; l'été, les chaleurs n'y sont pas très fortes; mais ce qu'il y a de remarquable, c'est que, malgré sa latitude plus méridionale, il y fait plus froid que dans les parties de la Sibérie au sud du lac Baïkal. A Kiakhta, par exemple, le blé réussit, et même sur les collines plutôt que dans les vallées; les légumes en général, et quelquefois les melons, y parviennent à leur maturité. A Ourga, au contraire, à plus de 60 lieues au sud-est, ces végétaux ne mûrissent presque jamais. On sait à la vérité que plus on s'avance vers l'est en Asie, et plus la température s'y abaisse sous les mêmes latitudes; mais le méridien d'Ourga n'est pas à plus de 60 minutes de celui de Kiakhta : ce n'est pas une aussi petite différence qui peut expliquer celle qu'on remarque dans la température; nous l'attribuerons plutôt à ce que le pays des Khalkha est un plateau qui domine le niveau du sol des environs du lac Baïkal; et en effet, la plupart des eaux de la Mongolie septentrionale se dirigent vers ce lac. Ce plateau paraît être à 1,600 mètres au-dessus du niveau de l'Océan.

Les montagnes qui le bordent au nord, et les monts Khangaï au sud, sont granitiques;

(¹) Selon d'Anville, elle était sur l'*Engui-Moren* par environ 44 degrés de latitude et 104 de longitude. Fischer (Introduction à l'histoire de la Sibérie, en allemand) la place sur les bords de l'Orkhon, par 104 degrés de longitude et 47 de latitude.

au nord-ouest, elles renferment des mines d'or, d'argent, de fer, d'étain et de houille; mais ces minéraux ne sont point exploités, à l'exception du fer, encore l'est-il en petite quantité. Plusieurs rivières charrient de l'or. Un grand nombre de lacs fournissent du sel; le sable des steppes en est imprégné, et même on y trouve en abondance le sulfate de soude, ce qui peut être une des causes de l'abaissement de la température.

Le désert de Kobi ou *Gobi*, dont la longueur de l'est à l'ouest est de plus de 500 lieues sans interruption, étend ses branches occidentales et méridionales d'un côté vers la Dzoungarie, et de l'autre vers le Turkestan chinois, de manière qu'à quelques interruptions près on peut le considérer comme cet ensemble de déserts et de steppes qui occupe le centre de l'Asie, et comprend une longueur totale d'environ 750 lieues. Son nom signifie chez les Mongols une contrée entièrement dépourvue de forêts et de cours d'eau. Sa partie orientale est appelée par les Chinois *Chamo*, c'est-à-dire *mer de sable*. Sa partie occidentale porte plus particulièrement le nom de *Chachin* ou *Ta-si* : on y trouve quelques plaines marécageuses, mais généralement un sable mouvant. C'est surtout dans la partie opposée, c'est-à-dire vers la Mandchourie, que le terrain fréquemment ondulé, tantôt par des masses de granit et de porphyre, et tantôt par des buttes de sable ou par de petites collines gypseuses, renferme quelques oasis arrosées par des ruisseaux, dont les bords sont couverts d'arbres, d'habitations et de pâturages, tandis que partout ailleurs les lieux marqués sur nos cartes n'indiquent que des puits, des sources, des lacs salés d'une petite étendue, et fréquemment à sec, des stations pour les caravanes ou des postes chinois. La principale oasis est celle de *Kami*. Ces plaines sablonneuses n'offrent qu'une végétation chétive : ce sont de petits espaces couverts d'herbes, au milieu desquels s'élèvent quelques buissons rabougris, quelques abricotiers sauvages et quelques faux acacias. Dans d'autres endroits le sol ne se compose que d'une argile compacte, parsemée de quelques efflorescences salines, et qui ne produit que des plantes qui croissent sur un sol salé, et que le botaniste allemand Bunge [1]

[1] *Notice sur la Mongolie*, lue par M. Bunge, le 3 avril 1833, à l'Académie des sciences de Saint-Pétersbourg.

nomme pour cette raison *halophytes*. La plus fréquente est une espèce de *peganum*. Au printemps et en été, lorsqu'il ne tombe pas de pluie, les végétaux se dessèchent, et le sol brûlé n'inspire au voyageur que des sentiments empreints de tristesse et d'horreur. Dans les parties argileuses, la sécheresse produit des fentes nombreuses qui traversent le sol en y formant des dessins tellement réguliers que, suivant M. Bunge, on les croirait faits par la main des hommes. La chaleur est de peu de durée dans ce désert, et l'hiver y est long et froid.

M. Bunge s'est assuré par des mesures barométriques que les points les plus bas du désert se trouvent dans sa partie centrale. Ils sont à peine à 400 toises au-dessus du niveau de l'Océan, tandis que les bords sont à une hauteur d'environ 580 toises. Dans la partie la plus basse, le sol est beaucoup plus salé, et la végétation ne se compose plus que d'halophytes. On y rencontre un plus grand nombre de lacs salés que dans les parties plus hautes. Ces lacs tarissent presque entièrement dans la saison chaude, et se couvrent d'une croûte de sel qui fournit à la consommation d'une grande partie de la Chine. Les rives de ces lacs consistent en un sable blanchâtre mêlé d'argile salifère contenant de gros morceaux de gypse. On y trouve une grande quantité de fragments de coquilles bivalves trop incomplètes, suivant M. Bunge, pour qu'on en puisse déterminer les espèces. Il ne dit pas si elles paraissent être marines, mais c'est probable.

Les principales espèces de plantes qui croissent vers le centre du désert sont l'*arundo arenaria*, l'*arundo baltica* et le *corispermum pungens*. M. Bunge cite aussi plusieurs autres halophytes identiques avec celles qui couvrent les bords de la mer Caspienne.

Les animaux sauvages qu'on y rencontre sont le chameau, le cheval, l'âne, le *djightaï* et des troupes d'antilopes. D'autres petits mammifères méritent aussi d'être cités : ce sont surtout des troupes d'une petite espèce de souris tellement nombreuse qu'elle a partout miné le sol desséché, et qui se sauve en poussant un sifflement aigu à chaque pas que fait le voyageur; ce sont aussi, principalement dans la partie septentrionale, où ils remplacent les souris, de petits mulots qui remplissent leurs abajoues des graines d'une plante du genre *schoberia*. Les principaux oiseaux sont des grues, des corbeaux, des alouettes, une espèce de pigeon et des bergeronnettes.

M. Bunge, de même que le petit nombre de voyageurs qui ont traversé le désert de Gobi, le considère comme une mer intérieure, une caspienne desséchée. Une chose remarquable, c'est que cette opinion, très naturelle dans un naturaliste instruit, est aussi celle des Chinois, peuple tout-à-fait étranger aux études et aux connaissances géologiques : ainsi le nom *Han-haï*, l'un de ceux qu'ils donnent à ce désert, signifie *mer desséchée*. Suivant une tradition répandue chez les Mongols il y avait ici jadis une mer, et de plus ils croient que cette mer viendra bientôt remplir son ancien bassin. Lorsque l'on considère que cette opinion, répandue chez les Chinois et les Mongols, n'est point fondée sur des hypothèses scientifiques et qu'elle doit être le résultat de quelque tradition, on est porté à admettre sans trop de témérité que le dessèchement de cette mer est un fait récent, c'est-à-dire postérieur aux temps historiques.

Au sud du désert de Kobi jusqu'à la grande muraille, le climat est tempéré ; il ressemble à celui de l'Allemagne ; s'il tombe de la neige en hiver, elle disparaît bientôt. Un sol argileux paraît y dominer ; mais il est fertile, et partout il est de nature à encourager la vie sédentaire et agricole : aussi beaucoup de Chinois et même de Mongols s'y livrent-ils à la culture des champs et des jardins. Le pays est entrecoupé d'un grand nombre de ruisseaux, et couvert de forêts où l'on trouve des trembles, des ormes, des noyers et des noisetiers ; sur les montagnes, les pins sont petits et les chênes rabougris (¹). La plupart des céréales y prospèrent, ainsi qu'une grande variété de fruits et de légumes, surtout dans la partie la plus méridionale, où l'on voit s'étendre un sol sablonneux et graveleux, couvert d'une couche mince d'humus et de terreau. Les animaux domestiques de cette partie de la Mongolie sont le cheval, l'âne, le mulet et le chameau ; les bêtes à cornes, les moutons et les chèvres : les Chinois élèvent seuls des cochons, parce que les Mongols s'abstiennent de la chair de cet animal. Ces derniers ne font pas non plus usage de poisson, mais ils engraissent de la volaille.

Les villes de la Mongolie sont en petit nombre et peu considérables. Commençons par le nord ou le pays des **Khalkha**. *Ourga*, appelée aussi *Kouren* ou *Kouré*, en est la capitale : elle est située sur la rive gauche de la Toula, à 270 lieues au nord-ouest de Péking. Quatre ou cinq lieues avant d'y arriver de Kiakhta, on traverse le mont Gountoû, dont le sommet, l'un des plus élevés de la contrée, est couronné par un *obo* colossal, monument de forme presque pyramidale, construit en pierre, et qui n'est qu'une sorte d'autel élevé par la dévotion des pèlerins qui vont à Ourga adorer le *Khoutoukhtou*, dieu incarné ou pontife-dieu des Mongols : auprès s'élèvent plusieurs colonnes en pierre et en bois, couvertes d'inscriptions en langue tibétaine. Sur presque toutes les hauteurs un peu remarquables de la Mongolie, on voit de semblables monuments construits en terre, en sable, ou en bois, lorsqu'ils ne peuvent l'être en pierre. Le voyageur mongol ne passe pas devant un de ces autels sans s'y prosterner pour adorer la divinité, en ayant soin de tourner le dos au monument et le visage du côté du nord. Après sa prière, il dépose toujours en *ex voto* quelque chose sur l'autel (¹).

A une lieue et demie avant Ourga, on voit, à droite du chemin, dit M. Timkovski, un petit temple, et à gauche, dans un ravin étroit, un autre, bâti en bois et peint en blanc ; à une demi-lieue plus loin, à gauche, un très grand temple, d'architecture tibétaine : il est entouré de montagnes en amphithéâtre ; sur le point le plus élevé, on lit la célèbre prière tibétaine, *Om ma ni bot me khom*, en caractères d'une grandeur colossale sculptés en pierre blanche.

Ourga est la résidence du *vang* ou gouverneur-général, et du *khoutoukhtou*. La maison du vang est construite en bois à la manière chinoise. Ce prince est ordinairement un descendant de Djenghiz-Khan. Les habitants considèrent les bâtiments affectés à la demeure du khoutoukhtou comme un quartier distinct de la ville. C'est ce quartier qu'ils appellent *Kouren*. La ville est une réunion de iourtes ou de tentes, alignées de manière à former des rues, mais si étroites, que deux

---
(¹) *Macartney* : Voyage, t. III, p. 250 et 343.

(¹) *Timkovski* : Voyage à Péking, t. I, p. 76.

hommes à cheval ont de la peine à y passer de front. L'une des principales constructions est le groupe de bâtiments comprenant les temples et la demeure du khoutoukhtou, renfermés dans une enceinte de murailles tellement hautes, qu'elles empêchent de voir ces édifices. Les temples se succèdent dans la direction du sud au nord en étalant leurs toits peints en vert ; l'un d'eux est entouré d'une grille dorée. Pour se conformer à l'usage des habitants des steppes, le khoutoukhtou occupe une iourte au milieu de l'enceinte. « A » quelque distance des temples on aperçoit » un grand édifice en bois : c'est l'école où les » lamas apprennent à lire les livres tibétains » et à jouer des instruments en usage pour la » musique religieuse. Derrière l'école il y a » un bâtiment dans lequel on prépare le re- » pas des Khouvarak ou écoliers des lamas. » On en compte plus de mille qui vivent aux » frais du khoutoukhtou (¹). » Le trésor de celui-ci est placé dans un bâtiment couvert d'un toit en terre. Près de la porte une enceinte renferme les chameaux, les chevaux, les moutons et les bestiaux offerts au khoutoukhtou. Les temples sont devant une grande place ; de chaque côté de celle-ci s'étendent des cours entourées de palissades, et dans chacune on voit une grande iourte élevée sur des poutres et couverte de toile de coton blanche : ce sont les temples particuliers des khans des Khalkha. Autour de cet assemblage de iourtes qui constitue la principale cité d'un peuple qui semble heureux d'y retrouver les traces de ses anciennes habitudes nomades, on voit s'élever çà et là les habitations des principaux habitants d'Ourga ; plusieurs sont isolées et éloignées l'une de l'autre de plus d'une demi-lieue. On évalue la population d'Ourga à 7 ou 8,000 individus, dont 5,000 sont des lamas.

Sur les bords de la Toula s'étend le faubourg de *Maïma-tchin :* il est à environ une lieue de la ville et peuplé de marchands. Ses rues larges et boueuses sont garnies d'un grand nombre de boutiques remplies de marchandises. Les seuls édifices de ce bourg dépendant d'Ourga sont le tribunal, qui sert en même temps de logement au premier magistrat, et le temple du dieu *Kouan-yu*, protecteur de la dynastie mandchoue.

(¹) *Timkovski :* Voyage à Péking.

Au sud d'Ourga et sur la rive gauche de la Toula, vis-à-vis des temples, s'élève le *Khan-ôhla* ou mont Impérial, dont un des flancs est couvert d'inscriptions colossales en mandchou, chinois, tibétain et mongol, formées de grandes pierres blanches. Cette montagne et les vallées qui s'étendent à sa base sont consacrées au khoutoukhtou ; des gardes en défendent l'approche. Sa partie supérieure est couverte de bois, et ses vallées solitaires ne sont habitées que par des troupeaux de chèvres sauvages. La montagne est roide du côté du nord et en pentes douces vers le sud. Elle forme une petite chaîne de 8 à 9 lieues de longueur. Elle est célèbre chez les Khalkha par une grande réunion qui s'y fait tous les trois ans, et dans laquelle se rédigent les suppliques du peuple et se jugent les querelles entre les particuliers. Au midi il y a un temple dont la splendeur répond à l'importance de cette assemblée (¹). Cette montagne intercepte le vent du midi, ce qui contribue à rendre très froid le climat d'Ourga.

A *Dzizgalangtou*, petite bourgade, on est, suivant M. Bunge, à 770 toises au-dessus du niveau de l'Océan. Plus loin on en trouve une autre appelée *Oulou baïching*, nom qui signifie *nombreux édifices*. On y remarque en effet des restes de constructions en briques qui formaient vraisemblablement il y a plusieurs siècles la résidence de quelque prince mongol. Vers ce relai de poste, le sol du désert de Gobi commence à descendre. On aperçoit dans le lointain, à droite et à gauche des montagnes élevées et escarpées, dont le roc porphyrique est presque toujours à nu, et qui, seulement sur quelques points de leurs pentes, s'est décomposé et changé en un sol fertile, bien qu'il n'y croisse que des arbustes hauts de deux ou trois pieds. Parmi ces montagnes on doit citer le *Darkhan-ohla*, que les Mongols regardent comme le premier berceau de Djenghiz-Khan.

A Ouloubaïching on voit dans le lointain une ligne noirâtre formée par un rempart de rochers qui sort brusquement du sol ; il est peu élevé et se compose de couches horizontales de marne et de gypse. Les Mongols lui donnent le nom de *Boussou-tchilohn*, c'est-à-dire *ceinture de pierres*. Ce rempart naturel

(¹) *Igoumenof :* Nouvelles de la Mongolie. — Messager sibérien, t. V, p. 13.

s'étend à une distance très considérable en ligne droite de l'est à l'ouest avec quelques petites interruptions. Il forme une séparation bien tranchée entre la Mongolie septentrionale et la Mongolie moyenne qui est le véritable Gobi selon la signification de ce mot. La contrée change subitement; elle devient complétement unie, et le sol est couvert de petits fragments de porphyre et de jaspe, de calcédoines et de cornalines, au milieu desquels poussent des arbustes rabougris.

Erghi, Oudé, Dourma et *Khara boudourgouna* sont autant de petits villages situés dans la partie la plus basse du désert de Gobi. C'est entre les deux derniers que commence la partie appelée Chamo par les Chinois.

Dans la partie occidentale du pays des Khalkha se trouve la petite ville d'*Ouliassoutaï*, qui tire son nom d'une rivière qui coule à trois lieues au nord. Entre les monts Tangnou et ceux que l'on appelle Chabinaï-daban, un bassin arrosé par les premiers affluents de l'Ieniseï forme le canton d'*Ouriangkhaï* qui dépend du pays des Khalkha, mais qui est habité par une tribu appelée *Soyote* ou *Soïoute* et qui passe pour être anthropophage quand l'occasion s'en présente. Sa principale ville est *Oulataï*, sur la gauche du Chilekit, rivière qui est l'Ieniseï à sa naissance. Cette cité est à 200 lieues à l'ouest d'Ourga; elle est environnée d'un fossé profond au-delà duquel s'élèvent d'abord une palissade, puis un retranchement en fascines remplies de pierres et de terre. Elle se compose, dit-on, de 2,000 maisons qui forment des rues alignées.

Maï-ma-tchin, qu'il ne faut pas confondre avec la petite ville qui forme le faubourg d'Ourga, est située à 50 lieues au nord de cette dernière. Éloignée de 200 pas de la ville russe de Kiakhta, elle est comme celle-ci l'entrepôt du commerce entre la Chine et la Russie. Son enceinte carrée est formée par une forte palissade et renferme à peine 200 maisons, la plupart remarquables par leur propreté. Le soir cette petite place de commerce offre un coup d'œil tout particulier: chaque habitation est précédée d'une cour fermant avec une grille et éclairée par des lanternes en papier de couleur, ce qui présente l'aspect de la plus élégante illumination. Dans chaque boutique on remarque une image de *Foo-khou*, la principale divinité chinoise, placée dans une niche et couverte d'un rideau de soie. Les marchandises sont renfermées dans des armoires en ébène: elles consistent en thés de différentes espèces, en étoffes de soie, en vases de porcelaine, en papiers peints et en divers autres objets qui donnent une haute idée de l'industrie des Chinois. Ses principaux édifices sont deux temples assez bien bâtis. La beauté des magasins, l'affluence des caravanes et l'activité des affaires, donnent à cet entrepôt commercial le mouvement d'une ville considérable.

La contrée comprise entre le désert de Kobi et les frontières de la Chine proprement dite, est la *Charra-Mongolie*. Elle se divise en un grand nombre de districts dont plusieurs n'offrent plus que des villes en ruines, comme pour attester l'état jadis florissant de ce pays. Celui qui porte proprement le nom de Charra-Mongolie est situé entre le cours du Hoangho et le désert: on n'y voit aucune station qui mérite le nom de ville; la population y est nomade; la tribu des *Onhiot* ou *Oung-niout*, qui forme deux drapeaux ou subdivisions, parcourt un espace de 160 lieues du nord au sud, et de 10 lieues de l'est à l'ouest, sur lequel on trouve les ruines d'une ville appelée *Iaotcheou*. Le *Khortchin* ou *Kartchin*, à l'ouest du précédent, est le pays le mieux cultivé de la Mongolie; on y voit aussi de vastes pâturages, de grands haras et un nombre considérable de troupeaux de bœufs et de moutons; l'empereur de la Chine y possède de grands domaines et de belles maisons de plaisance; il y passe avec sa cour une partie de l'année pour se livrer au plaisir de la chasse. La population se compose de *Naïman*, de *Souniot* ou *Souniout* et de *Kesikten* ou *Ketchikten*. On remarque dans ce pays les ruines des villes appelées *Sibé* et *Almatou*. Chez les *Gorlos* ou *Khorlos*, qui forment deux bannières, on trouve les restes de *Loung-ngan* et de *Barkhoto*. C'est dans leur pays que vivaient jadis les Khitan qui ont régné sur la Chine. Les *Toumet* habitent en partie les bords du Hoangho; leur principale cité est *Koukou-khoto*, en chinois *Koueïhoua-tchhing*, résidence d'un grand-prêtre du bouddhisme, qui, à ce titre, passe pour une incarnation divine. Cette ville est renommée pour les pelleteries qu'on y prépare et qu'on envoie à Péking et dans plusieurs autres lieux de la Chine. A 7 lieues au sud-est, on trouve une autre ville appelée *Koutouktou-khotò*, sur une petite rivière du même nom. Chez les *Barin*, on voit la ville de *Barin-khotò*, et les tombeaux des empereurs khitans, de ces princes qui furent détrônés par les Mongols. Les *Khaotsit*, appelés aussi *Khaotchit* ou *Haotchit*, se divisent en deux bannières et habitent vers les monts *Hing'an*, que certains géographes nomment *Siolki*, un pays couvert de lacs et de marais. Les *Oudjoumoutsin* ou *Oudjoumoutchin*, appelés aussi *Oudzemertchi*, divisés de même en deux bannières, occupent à l'est des Khaotchit une contrée longue de 40 lieues du sud au nord et de 35 de l'est à l'ouest, arrosée par plusieurs rivières, dont l'une des plus considérables est le *Khoulougour* qui descend des monts Hing'an et va se perdre dans des sables. Les *Ourat* ou *Orat* comprennent trois bannières, dans un pays arrosé au sud par le Hoang-ho; leur principale station est dans la large vallée de Khadamal; leur territoire a 30 lieues du sud au nord et 20 de l'est à l'ouest; c'est dans ce pays que l'on place le *Tenduc* ou *Senduc* de Marco-Polo [1].

Les *Ordos* ou *Ortos*, tribu beaucoup plus importante que toutes celles que nous venons de nommer, habitent la partie du sud-ouest de la Mongolie. Vers l'est ils confinent aux Toumet, vers l'ouest aux Éleuthes, et au sud à la Chine, où ils ont pour limites le Hoang-ho et la grande muraille. Ils forment sept *khochoun* ou bannières, et passent pour être doux et intelligents.

Les *Tchakhar*, tribu plus considérable encore que la précédente, comprennent huit bannières, établies dans une contrée à laquelle on donne une centaine de lieues d'étendue. Cette contrée est montagneuse, bien arrosée, susceptible d'une grande fertilité, parsemée de gras pâturages, et couverte çà et là de vestiges d'anciennes cités: entre autres *Khamkhoun* et *Tsaganbalgassou*, dont il ne reste plus que des remparts. Le nom de Tchakhar, qui signifie en mongol *pays frontière*, lui a été donné parce qu'il est limitrophe de la Chine. Les Tchakhar formaient un des huit corps de l'armée mandchoue qui conquit la Chine en 1644.

Pour terminer la description des contrées habitées par les Mongols, nous traverserons la province de Chine appelée Kansou, au sud-ouest de laquelle se trouvent les Mongols du *Khoukhou-noor* et ceux de *Khar-khatchi*. Le pays de *Khoukhou-noor* tire son nom de son principal lac. Quelques géographes l'appellent *Khochotie*, parce que l'une des tribus qui l'habitent se compose de *Khochot*. Il a environ 260 lieues de l'ouest à l'est, et 120 du nord au sud. Il renferme des montagnes qui conservent la neige pendant plusieurs mois de l'année, et qui donnent naissance au fleuve Hoang-ho ou à des cours d'eau qui vont se réunir au Kin-cha-kiang, bordés d'alluvions aurifères, dont l'exploitation forme une branche d'industrie et de commerce pour les habitants. Le lac *Khoukhou-noor*, dont le nom signifie *lac bleu*, a 25 lieues de longueur sur 10 de largeur; ses eaux sont en effet bleuâtres; il renferme plusieurs îles. Serait-ce sur ses bords que Djenghiz fut proclamé khan des Mongols? Ce qu'il y a de certain, c'est que ce fut près d'un lac de ce nom. Le pays de Khoukhou-noor abonde en prairies, en troupeaux, en gibier, en plantes alimentaires et en rhubarbe dont on fait un assez grand commerce. Sa population, qui mène une vie nomade et ne possède point de villes, se compose de quatre tribus qui forment 29 bannières: les *Khochot* en ont 21, les *Torgoout* 4, les *Khoït* 3, et les *Khalkha* 1; on pourrait même ajouter une trentième bannière pour les quatre régiments mongols qui appartiennent au grand lama. Ces tribus sont gouvernées par une sorte de diète composée de tous les chefs de bannières, et dont les titres et les prérogatives rappellent le régime féodal; ce sont trois princes ayant le titre de *vang* ou de roi, 2 *beïlé*, 2 *beïssé*, 4 *koung* ou comtes, et 18 *taïdzi* ou nobles de première classe.

A l'ouest du Khoukhou-noor s'étend au nord du Tibet le pays des *Katchi* ou *Kar-katchi*, qui a environ 250 lieues de l'ouest à l'est et 800 du sud au nord. Il renferme plusieurs lacs dont le principal est le *Namour*. Les *Kar-katchi* sont nomades et suivent le culte mahométan.

« Les *Eleuthes* ou Kalmouks qui, sous la suzeraineté de la Chine, dominent sur la Dzoungarie, ne diffèrent pas essentiellement des Mongols. Ils nous retracent exactement

[1] Chap. LXXIV.

le portrait que Procope, Ammien, Priscus et Jornandès ont laissé des fameux Huns. Ils sont généralement d'une taille médiocre; on en trouve plus de petits que de grands. Abandonnés dès leur enfance à la nature, ils ont tous le corps bien fait, les membres déliés. Les traits caractéristiques de tous les visages kalmouks sont des yeux étroits dont l'angle obliquement placé descend vers le nez; des cheveux noirs, sourcils de la même couleur, peu garnis, et dont l'arc est fort rabaissé; des nez camus et écrasés vers le front; les os de la joue saillants; la tête et le visage fort ronds; la figure plate et les lèvres épaisses. L'habitude de s'enfoncer des bonnets sur la tête contribue peut-être à détacher leurs oreilles de la tête plus qu'à l'ordinaire; mais la grandeur énorme de ces mêmes parties est un trait de leur caractère physique : ils conservent de belles dents jusqu'à l'extrême vieillesse. Leur peau, naturellement blanche, prend, par l'ardeur du soleil, en été, et l'action de la fumée des cabanes en hiver, une teinte jaune brunâtre, qui cependant diffère chez les individus et chez les deux sexes. Parmi les femmes, il y en a beaucoup d'une jolie figure, et dont la blancheur est rehaussée par de beaux cheveux noirs. L'odorat, l'ouïe et la vue, chez les Eleuthes, surpassent toute idée qu'un Européen pourrait s'en former. Ils sentent la fumée d'un camp, ils entendent le trot d'un cheval, ils distinguent dans leurs plaines immenses le plus mince objet, à une distance étonnante.

» Les Éleuthes aiment la société et les festins; ils détestent manger seuls; leur plus grande jouissance est de partager avec leurs amis tout ce qu'ils ont en provisions de bouche. Leur caractère est gai et ouvert, mais ils sont paresseux, sales et rusés. L'habit des hommes ressemble à celui des Polonais, à l'exception des manches, qui sont fort étroites et fermées au poignet. Le peuple s'habille de peaux de mouton et de feutre. En été, les jeunes filles se découvrent la gorge jusqu'à la ceinture. Les hommes se rasent la tête, à l'exception d'une petite touffe de cheveux; les femmes, au contraire, sont très jalouses de cette partie de leurs charmes; elles portent leurs cheveux épars jusqu'à l'âge de douze ans, époque de leur nubilité; alors elles les réunissent en tresses qui entourent leur tête; mariées, elles les laissent pendre en deux tresses sur les épaules. »

En été les habitations sont des iourtes ou tentes ouvertes sur les côtés et couvertes en feutre; en hiver ces côtés sont fermés par de larges morceaux de feutre ou par des nattes et quelquefois des claies en osier. Au milieu de cette sorte de cabane, on voit un grand trépied en fonte, sous lequel ils conservent toujours du feu, et sur lequel ils font cuire leurs aliments : la fumée sort par une ouverture pratiquée au sommet.

: « Les Eleuthes préfèrent à toutes les commodités d'une ville régulière la liberté de leur vie nomade et leurs cabanes transportables. Chasser, garder les troupeaux, construire des tentes, voilà les seuls travaux qu'un Eleuthe croit convenables à la dignité d'un libre enfant du désert : le reste du temps, il le passe à fumer. Les femmes ont pour leur part tous les travaux domestiques; elles doivent aussi placer et démonter les tentes, seller et amener les chevaux; les moments de loisir sont aussi rares pour elles que fréquents pour les hommes. Les Chinois cherchent à accoutumer les Eleuthes à l'agriculture : ils y réussiront difficilement; le climat âpre et le sol aride bannissent de ces contrées la plupart des cultures rurales, ou en rendent les bénéfices très précaires.

» Le lait de jument est préféré, par presque tous les peuples de l'Asie, au lait de vache. Le premier, dans sa fraîcheur, est plus fluide que le second, mais il a un petit goût de lessive qui choque le goût des Européens. Lorsqu'on le fait aigrir dans des vases propres, il prend un goût acide vineux très agréable; à peine donne-t-il quelques gouttes de crème. » En été ils ne boivent que du lait de jument; celui de vache est la boisson d'hiver, et celui de brebis sert à faire du fromage et du beurre. Avec le lait de jument, ils obtiennent, par la fermentation, une liqueur spiritueuse connue sous le nom de *koumiss* (¹).

» Leur nourriture consiste presque uniquement en laitage et en viandes grasses, surtout de gibier, car ils ne tuent guère leurs animaux domestiques. Ils mangent peu de pain, et font

---

(¹) Nous prenons M. Klaproth pour guide, bien que Pallas prétende que cette liqueur se nomme *araka*, et que le nom de *koumiss* soit tatar, et non pas kalmouk ou éleuthe. — *Pallas*, Voyages, I, 501.

sécher du poisson pour le conserver pendant l'hiver.

Leur principale richesse consiste en troupeaux, dont les plus nombreux sont ceux de chevaux et de moutons. Un homme opulent possède jusqu'à 1,000 chevaux. Le chameau est réservé pour transporter les tentes et le bagage. Les chameaux blancs ont seuls l'honneur de porter les idoles, les livres religieux et tout ce qui tient au culte.

« La langue des Éleuthes, la même que celle des Mongols, diffère totalement de la langue tatare, quant aux mots et à la syntaxe. On y reconnaît beaucoup de noms propres hunniques (1); la fréquence des monosyllabes rappelle les langues du Tibet et de la Chine (2). Privée d'articles, n'admettant presque pas l'utile secours des pronoms et l'élégante influence des conjonctions, n'ayant que peu de modifications du verbe, elle paraît une des plus pauvres, mais aussi une des plus anciennes langues du monde; elle est, dit-on, sonore, harmonieuse et poétique (3). Les romances plaintives et les chants épiques de ce peuple ont le caractère sombre et gigantesque de la nature du pays; les rochers, les torrents et les météores d'Ossian y figurent à côté de légendes miraculeuses, aussi bizarres que celles des Hindous (4). On y rencontre aussi de ces traits d'une vérité sublime qui plaisent à toutes les nations; par exemple, la romance d'une tribu fugitive commence par cette image : « Après » avoir épuisé toute leur fureur, les eaux du » vaste lac s'apaisent; tels sont les troubles » de ce monde et leur tranquille oubli. » Ces nomades possèdent des poëmes de vingt chants et au-delà, conservés par la seule tradition; leurs bardes ou *dchangartchi* les récitent de mémoire au milieu du peuple attentif et ravi de joie (1). L'alphabet éleuthe, calqué sur celui des Mongols, n'en diffère que par quelques lettres et par une élégance particulière. Outre l'écriture mongole, qui se compose de 44 lettres qu'on réunit perpendiculairement, les Eleuthes ont une écriture indienne, nommée l'*onetkak*, employée aux formules magiques.

» L'orgueilleuse ignorance des Européens regarde les peuples libres de l'Asie comme des sauvages sans mœurs et sans lois; mais dans la réalité les khanats d'Asie paraissent être semblables à nos empires féodaux du moyen âge. On distingue trois classes différentes parmi les Éleuthes : la noblesse, dont les individus s'appellent les *Os Blancs*; le peuple, qui est composé d'esclaves qui se nomment les *Os-Noirs*; et le clergé, qui descend de ces deux castes, et qui est composé d'hommes libres. Les femmes nobles sont de même appelées *Chair-Blanche*, et les femmes du peuple *Chair-Noire*; la généalogie se désigne seulement par les *Os*. La nation est gouvernée par plusieurs petits princes héréditaires qui prennent le titre de *noïon*, et qui n'obéissent que faiblement au khan de la nation. La puissance du *Khan-Taïdcha*, ou prince en chef, consistait seulement dans le nombre et l'importance de ses sujets, et non dans l'étendue de son territoire, qui, dans cette vaste contrée, ne peut avoir aucune valeur. Les sujets de chaque chef forment un *oulous*, qui se trouve divisé en *aïmaks*, composés depuis 150 jusqu'à 300 familles; chaque aïmak est commandé par un *dzaïssang* ou noble; un aïmak se subdivise en *khatoun* de dix à douze iourtes qui ont des inspecteurs soumis aux dzaïssangs et aux noïons. Ces derniers ont le droit d'infliger des punitions à leurs sujets, mais en se conformant au code de lois mongoles qui régit les Éleuthes. Lorsqu'il y a un grand khan, les princes se laissent guider par lui seulement dans les affaires qui sont d'une importance

---

(1) *Munzak Athel*, *Denzik*, *Emedzar*, *Uti*, etc. Voyez B. Bergmann, Courses nomadiques parmi les Kalmouks, I, p. 125 (en allem.). — (2) Vocab. petrop., n° 137. *Falh*, Mém. topogr., III, 575 (en all.). *Fischer*, Histoire de la Sibérie, introd., p. 40 (en allem.). — (3) Voici un passage d'un roman héroïque kalmouk :

« *Tuchimail aïn kaimain aboudal inou go tœlghym*
    Ministre ainsi parlé   mine mais élevé prophète
» *ssaid-kill inou œnougolangtaï baiyai ousaisskylaintaï*
    esprit mais tranquille corps considérable
» *gaigain inou tounggoulak.... Bi niggai sobylongtou*
    visage mais serein.... Je un souffrant
» *kœkschin jouckai noussatou mœn.* »
    vieillard très âgé vraiment.

Traduction. Le ministre parla ainsi : Ta noble mine annonce un prophète; ton esprit est tranquille, ton extérieur imposant, ton visage serein.... Moi, je suis un vieillard souffrant et courbé sous le poids des ans. — Bergmann, Courses nomadiques, I, 114 (en allem).

(4) Romances kalmoukes, dans *Pallas*, Mémoires sur les nations mongoles, I. p. 153 (en allem.)

(1) *Bergmann*, II, 206, 236, etc.

générale. Le tribut consiste en une dixième partie du troupeau et des autres propriétés; mais, à la première sommation, tous doivent comparaître à cheval devant le prince, qui renvoie les hommes incapables de supporter les fatigues de la guerre. Leurs armes sont les arcs, les lances, les sabres, et quelquefois les armes à feu. Les guerriers riches sont revêtus d'une cotte de mailles, formées d'anneaux enchâssés les uns dans les autres, comme celles qui ont été en usage en Europe jusque dans le quinzième siècle. »

Les Éleuthes forgent eux-mêmes les armes et les ustensiles dont ils ont besoin; quelques uns même fabriquent des ornements en or. Les femmes excellent dans l'art de préparer les peaux de mouton et surtout celles qui sont connues sous la dénomination d'agneaux mort-nés d'Astrakhan et dont les Russes font un grand commerce. Le feutre fabriqué chez les Eleuthes jouit aussi d'une grande réputation en Russie. Mais leur commerce avec ce pays consiste dans la vente des chevaux, des bœufs et des moutons: on estime à plus de 1,200,000 fr. le produit qu'ils en retirent annuellement [1].

« La religion des Eleuthes est celle du *Dalaï-Lama*. C'est dans la description du Tibet que nous donnerons une idée de ce système religieux; disons ici que les Eleuthes sont, plus qu'aucun peuple de la terre, soumis à l'empire des prêtres; ils leur confient la direction de toutes leurs affaires; rien ne se fait sans consulter un jongleur qui, par des sortilèges, prétend interroger les dieux; ces *djelloungs* lèvent un ample tribut sur leurs crédules troupeaux; ils vivent dans l'abondance; le célibat leur est prescrit; mais quand ils voyagent, ils ont le droit de partager le lit de leurs hôtesses, et ils voyagent souvent. »

Les djelloungs sont sous la juridiction des *tsordji*, sortes d'évêques qui portent des habits rouges ou jaunes selon la secte à laquelle ils appartiennent. Les *gadzoul* ou aides des djelloungs sont les diacres de ce clergé. C'est aux djelloungs que l'on confie l'instruction des enfants, et surtout de ceux qui se destinent à l'état ecclésiastique: ils leur enseignent la langue tibétaine, qui est celle dans laquelle leurs livres sacrés sont écrits, et ils leur apprennent à accomplir les cérémonies du culte extérieur. Chez les Eleuthes on trouve aussi des chamans, sortes de magiciens qui exercent leur métier en secret, parce qu'ils sont détestés des lamaïtes fervents.

« Les Mongols ont, comme les Eleuthes, le visage plat, les yeux petits et obliques, de grosses lèvres, des pommettes saillantes, un menton petit et court, et peu de barbe; les oreilles sont larges et proéminentes; les cheveux noirs renforcent un teint brun ou brun rougeâtre. Mais plus civilisés par leur ancien séjour en Chine, ils sont plus dociles, plus hospitaliers, plus actifs et plus voluptueux. Les Russes de la Daourie regardent les femmes mongoles comme plus fécondes que les leurs. Ces femmes ont aussi beaucoup d'industrie et de gaieté. Les livres religieux des Mongols sont écrits dans la langue de Tangout ou du Tibet, et il y a dans chaque *aïmak* un maître d'école. Les *lamas* ou prêtres, et leurs chefs les *khoutouckhtou*, jouissent d'une grande considération, et dépendent du grand Dalaï-Lama.

» La polygamie, quoique permise, est peu commune. Ils se marient très jeunes, et les femmes apportent une dot en troupeaux ou en brebis. Il y a un feu commun dans le milieu de la tente et dans les déserts: faute de bois, on emploie pour chauffage le fumier de vache desséché ou la fiente de mouton. Les tentes des nobles sont, dans l'intérieur, tendues d'étoffes de coton ou de soie, et le parquet est couvert de tapis de Perse. Les domestiques sont dans des tentes séparées. Dans les demeures des grands on trouve des vases d'étain, d'argent, de porcelaine. Les tentes du peuple sont formées d'une espèce de feutre. Dans quelques endroits ils érigent de petits temples, à l'entour desquels les prêtres ont des cabanes de bois. »

Cependant, le plus habituellement vis-à-vis l'entrée de la tente, le riche a sa petite chapelle, contenant des idoles en bronze doré, devant lesquelles on allume une lampe alimentée par du beurre, ou bien une sorte d'encens en forme de petits bâtons, que l'on tire du Tibet. La tente ou iourte est ronde et éclairée par la porte ou par l'ouverture pratiquée pour le passage de la fumée, comme celle des Eleuthes. Elle n'a ordinairement que 5 pieds de hauteur, et 10 en la mesurant de la partie la plus supérieure. Son diamètre est de 12 à

---

[1] *Klaproth*: Article *Eleuthes*, dans le Dict. géogr. universel.

20 pieds. Celle du pauvre sert à le loger avec sa famille et son bétail. Les seuls objets qui en constituent l'ameublement sont le feutre, qui sert de tapis, un chaudron en fonte, un réchaud, une hache, quelques outres pour l'eau et le lait, des plats grossiers et des jattes en bois (¹).

« Leur tête, à la réserve d'une seule boucle de cheveux, est rasée, et recouverte par un bonnet jaune et plat, au moins chez les Charra-Mongols; ils portent des pantalons larges, une veste légère avec des manches étroites, et une ceinture qui retient le sabre, le couteau et des objets nécessaires pour fumer. L'habit de dessus est retenu par une ceinture, les manches en sont larges; leurs pieds sont entourés de linge, par-dessus lequel se trouvent passées des bottines de cuir, ordinairement noires ou jaunes. »

En général leur costume ressemble un peu à celui des Chinois. Pauvres et riches s'habillent de même : les premiers portent des vêtements de nankin, par-dessus lesquels ils mettent en hiver des pelisses en peaux de mouton, et des manteaux en drap grossier quand il pleut; les riches ont seulement des étoffes plus belles, des fourrures plus riches et des ornements en acier et en argent. La coiffure des hommes consiste l'été en un bonnet de drap ou de coton piqué à rebords, et l'hiver en un bonnet de peau de mouton ou de renard. Les femmes sont vêtues souvent comme les hommes; mais ordinairement elles ont une tunique longue sans ceinture, et pardessus une sorte de veste sans manches; comme les Chinoises, elles portent de larges pantalons, et leur bonnet ressemble à celui des hommes.

« Les Mongols se nourrissent de viande, qu'ils mêlent quelquefois avec des légumes, et qu'ils mangent sans assaisonnement et même sans sel. Ils se régalent de lait de beurre et de koumiss; mais ils ont appris à connaître l'eau-de-vie et l'hydromel, et surtout le thé. Le repas ordinaire d'un Mongol se compose de deux ou trois grandes tasses de thé en briques, que l'on fait bouillir avec un peu de millet ou de farine de cette graine roussie au feu, et dans lequel on ajoute du sel, du beurre, de la graisse, du lait ou de la crème. Leurs troupeaux consistent en chevaux, chameaux, bœufs, brebis et chèvres. Les femmes tannent le cuir, déterrent les racines nourrissantes, préparent les provisions d'hiver, qu'elles salent ou qu'elles font sécher, distillent le koumiss ou l'esprit du lait de jument. Les hommes chassent le gibier et les animaux nombreux qui errent en grand nombre dans ces vastes déserts. Quand les Mongols voyagent, ils cuisent des moutons entiers dans leur peau; ils ôtent d'abord la peau tout entière et en font une espèce de sac, qu'ils remplissent d'eau; ils y mettent la viande détachée des os, et y jettent successivement quelques pierres rougies : la viande est parfaitement cuite et le bouillon excellent (¹).

» Quand les pâturages commencent à manquer, toutes les tribus lèvent leurs tentes; ce qui arrive depuis dix jusqu'à quinze fois par an. Dans l'été ils se dirigent au nord, et en hiver au midi. Les troupeaux, les hommes, les femmes, les enfants forment une procession régulière, et sont suivis par les jeunes filles, qui chantent gaiement en cadence. Les amusements de ces tribus errantes et enjouées sont les courses de chevaux, où les jeunes filles mêmes excellent : enfin l'arc, la lutte, la pantomime, les chansons des jeunes femmes, qui sont généralement accompagnées par la viole et la flûte. Ces chansons roulent sur des aventures amoureuses, et sont remplies d'un merveilleux gigantesque; mais la mélodie en est dure et désagréable (²). Le jeu d'échecs est leur jeu favori.

(¹) Mém. sur la Mongolie, par le P. *Hyacinthe Bitchourine* (en russe).

(¹) *Iœrig*, dans le choix des Mémoires de la Société économique de Pétersbourg III, 341 (en allem.). —
(²) Voici la traduction de quelques fragments de chansons mongoles rapportées par M. *Timkovski* :

« L'âme inquiète, l'esprit accablé sous un pouvoir
» inconnu, le jeune Mongol voit dans ses rêves appa-
» raître à ses yeux les ombres des guerriers ses ancê-
» tres.
» Où est-il notre Djenghiz-Khan, menaçant et in-
» trépide? Ses hauts faits retentissent en chants mé-
» lancoliques, au milieu des roches de l'Onon et sur
» les rives verdoyantes du Khéroulouh.
» Qui s'avance sur le chemin uni de la rive du
» Chara, chantant à voix basse des paroles chéries?
» A qui appartient ce coursier bai-brun qui court si
» rapidement? Que cherche-t-il des yeux, ce joyeux
» *bahatour* (brave), qui passe devant les iourtes blan-
» ches? Son cœur sait bien quelle est celle qui y de-
» meure : il cessera dans peu de parcourir ces mon-
» tagnes; son coursier ardent lui méritera bientôt
» une épouse. »

» Les corps des princes et des principaux prêtres sont brûlés avec beaucoup de solennité, et leurs tombes sont ordinairement entourées de murailles et ornées de très hautes perches, d'où flottent des draperies bizarres. Souvent aussi l'on enterre les morts. On croit que les Mongols ont conservé un usage superstitieux, mais touchant, que décrit Marco-Polo [1]. Lorsque deux familles viennent de perdre en même temps deux enfants chéris, de deux sexes différents, elles font entre leurs mânes ce qu'on appelle le *mariage des morts;* les alliances sont célébrées auprès du tombeau des enfants avec beaucoup de solennité; les parents, dès lors, se traitent entre eux comme s'ils étaient unis par les liens du sang. »

Les Mongols se marient jeunes; ils peuvent avoir plusieurs femmes, mais il y en a toujours une qui conduit le ménage et qui est la plus respectée. Le divorce est cependant très fréquent. Quand les fiançailles sont conclues, le jeune homme envoie aux parents de la jeune fille plusieurs moutons tués, du lait fermenté et d'autres présents. Si les parents les acceptent, l'alliance est conclue. Le garçon reçoit de son père des bestiaux et une iourte séparée, et la jeune fille a pour dot des vêtements, des ustensiles de ménage, et une certaine quantité de brebis et de chevaux. On consulte un astrologue sur le jour le plus favorable pour la célébration du mariage; lorsque ce jour est fixé, un *djelloung* ou prêtre est appelé pour la bénédiction nuptiale. La cérémonie consiste à placer les époux agenouillés sur un feutre, et le visage tourné vers l'orient devant la porte de la iourte du marié. Le prêtre fait apporter un vase contenant du bouillon et une cuisse de mouton, dont on leur donne l'os et le pied à tenir de la main droite, de manière que la partie charnue est tenue par la jeune fille, et l'extrémité osseuse par le fiancé. Deux jeunes garçons sont chargés de faire courber trois fois les nouveaux mariés, en leur criant à haute voix : *Honorez la cuisse de Chaggaï ! — honorez le beurre !* Les amis des deux époux s'emparent ensuite des bonnets de ceux-ci et les jettent au djelloung, qui se trouve dans la iourte. C'est un heureux présage pour celui dont le bonnet arrive le premier au fond. Après un combat à coups de poing entre les jeunes filles et les femmes qui veulent enlever la mariée, le reste de la cérémonie se passe à manger, rire, boire et chanter [1].

« Les Mongols, quoique moins superstitieux que les Eleuthes, ont un culte extérieur plus apparent; ils élèvent des temples, dont quelques uns sont en pierre. Les livres sont plus communs parmi eux que parmi les Eleuthes; ils ont, outre l'écriture ordinaire, une espèce de tachygraphie, nommée *akschar*, et venue du Tangout. Leur alphabet ordinaire a 98 signes, qui marquent en partie des syllabes entières [2]. Cet alphabet paraît en général emprunté de celui des Ouïgours. On sait du moins que les Mongols, après s'être servis de l'alphabet tibétain carré, l'abandonnèrent pour l'écriture ouïgoure. Quelques auteurs portent à 187 le nombre de leurs signes syllabaires : ils se suivent en colonnes verticales de gauche à droite. La langue mongole, peu connue, est la même que celle des Eleuthes, que nous avons déjà caractérisée. »

La nation mongole est l'une des plus anciennement civilisées des vraies nations tatares; mais parmi les sciences que ce peuple a cultivées, il n'en a inventé aucune : ainsi l'astronomie même, qui semble être née chez les peuples nomades et pasteurs, les Mongols en ont emprunté la connaissance vague et incomplète aux Chinois et aux Hindous, dont ils se sont bornés à traduire les ouvrages en donnant des noms de leur propre langue aux 366 constellations qui y sont figurées; et encore ces noms ne sont-ils que la traduction de ceux qu'elles portent dans les ouvrages originaux, à l'exception des 28 constellations des Hindous, dont ils ont conservé les dénominations sanskrites [3].

Nous avons renvoyé à la description du Tibet ce qui concerne la religion du bouddhisme adoptée par les Mongols; cependant nous devons dire ici quelques mots d'une cérémonie religieuse très importante chez eux, et qui peut passer pour un tableau de mœurs : c'est la fête célébrée pour la manifestation divine d'un nouveau khoutoukhtou ou gheghen. Cette sorte d'intronisation ou de sacre se pratique

---

[1] *Marco-Polo*, de Reb. orient., I, cap. LVIII.

[1] *Pallas :* Sur les tribus mongoles. — Traduction de M. Ajasson de Grandsagne. — [2] *Bayer*, Elementa litter. mongol., dans les *Comment. petrop.*, III, 180; IV, 289. — [3] *Abel Rémusat :* Uranographie mongole.

ASIE. — EMPIRE CHINOIS: PEUPLES MONGOLS.

à Ourga. Voici quelques détails tirés de la relation de l'une des dernières cérémonies de ce genre.

Au lever du soleil, le principal temple d'Ourga fut décoré selon l'usage habituel; à l'entrée du temple on avait placé l'idole du bon rkhan *Aiouchâ*, qui préside à la longévité. A gauche de l'idole s'élevait un trône orné de pierres précieuses et de riches étoffes; la sœur du khoutoukhtou défunt et le père du nouveau assistaient à la cérémonie, ainsi que 26,000 lamas ou prêtres, et plus de 100,000 spectateurs de tout rang, de tout âge et de tout sexe. Lorsque les préparatifs furent terminés, on vit sortir du temple la sœur du khoutoukhtou défunt, portée par six lamas sur un trône richement décoré; le cortége marcha en silence jusqu'à la iourte de la nouvelle incarnation, dont le cortége au retour se composait de ce personnage régénéré monté sur un cheval magnifiquement harnaché, dont la bride était tenue d'un côté par le *khoubilgan*, prêtre d'un rang distingué, et de l'autre par le *ta-lama* ou doyen des lamas. La sœur de l'ancien khoutoukhtou, que le nouveau nommait également sa sœur, le suivait dans une chaise à porteurs; les principaux dignitaires venaient ensuite; tout le cortége marchait au bruit des instruments et des hymnes en l'honneur du nouveau personnage divin.

Ce personnage est toujours un enfant, de même que le dalaï-lama du Tibet; arrivé près du temple, les lamas l'enlevèrent de dessus son cheval, avec les marques du plus profond respect, le conduisirent par la main, le placèrent sur le trône, et annoncèrent au peuple l'ordre de l'empereur de rendre au nouveau khoutoukhtou les honneurs dus à son rang et à sa nature divine. Tout le monde alors se prosterna trois fois jusqu'à terre. Bientôt on mit devant le divin enfant une table avec plusieurs *khoukho* ou clochettes en argent en usage dans les cérémonies religieuses, en ayant soin de ne point y mettre celle dont s'était servi son prédécesseur, ou, pour parler le langage des fidèles mongols, dont il s'était servi lui-même avant sa régénération. L'enfant, après avoir jeté un coup d'œil sur les clochettes, dit aux lamas qui l'entouraient : « Pourquoi ne m'a-t-on pas apporté ma clochette habituelle? » A ces mots tous les assistants s'écrièrent : « C'est le véritable chef de notre religion, c'est notre khoutoukhtou. » Alors sa sœur s'approcha la première pour recevoir sa bénédiction, et tous les grands personnages religieux ou civils la suivirent.

Le lendemain, le khoutoukhtou, placé sur son trône, reçut, en présence du peuple et des grands, les présents de l'empereur, dont l'envoyé lui lut le discours suivant : « Grand » pontife, toi qui es incorruptible comme l'or, » et dont la splendeur égale l'éclat des dia- » mants, protège l'empire comme tu l'as fait » du temps de mon père, et répands ta grâce » et ta protection sur mon règne. » Le khoutoukhtou, après avoir accepté les présents, répondit à ce discours en donnant sa bénédiction à l'envoyé, puis aux principaux personnages et au peuple.

L'après-midi de cette journée fut consacrée à des luttes, à des joutes et à des courses de chevaux. Pendant quinze ou vingt jours ces fêtes publiques continuèrent; tant qu'elles durèrent, les Mongols de toutes les classes s'empressèrent de déposer des présents aux pieds du khoutoukhtou [1].

Celui qui fut intronisé en 1820 d'après le même cérémonial que l'on vient de décrire, en usage depuis très long-temps, porte le nom suivant : *Djab-Dsioung-Dombo-Khoutoukhtou-Gheghen*. Le nombre des lamas attachés à la cour de cette incarnation divine est d'environ 10,000. Il ne dépend pas du khoutoukhtou de se donner un successeur : c'est l'empereur de la Chine qui désigne la famille dans laquelle doit renaître l'âme du dieu incarné : la cour de Péking conserve par là une grande influence sur les populations mongoles. Les lamas sont les lettrés et les savants de la nation : ce sont eux qui exercent la médecine. Cependant ils sont d'une ignorance extrême, même en ce qui concerne leur religion : leur savoir consiste à réciter les textes sacrés et à remplir le rituel dans la langue tibétaine, que la plupart ne comprennent pas.

L'organisation des peuples mongols soumis à l'Empire chinois est entièrement militaire. Les *Khalkha* proprement dits sont répartis sous le commandement de quatre khans en 86 *gousa* ou bannières. Ceux qui vivent dans le voisinage des monts Altaï, dans le Thian-chan-pelou, forment 19 bannières commandées par un général mandchou qui réside à

---

[1] Pallas : Nordische beïtrage, t. I, p. 314 et suiv.

Kobdo sur le Haut-Irtyche; dans la Dzoungarie 15 autres bannières sont sous l'inspection du gouverneur militaire d'Ili; les tribus qui habitent au sud du désert de Kobi sont divisées en 6 *tchoukhans* ou corps subdivisés en 49 bannières; enfin, dans le pays de Khoukhou-noor, les Mongols et les Eleuthes forment 29 bannières sous le commandement d'un général mandchou qui réside à Si-ning-oeï, ville frontière de la Mongolie dans la province de Kan-sou.

Chaque bannière forme, ainsi que nous l'avons dit, une division militaire avec son territoire et ses habitants; mais les habitants seuls se divisent en un certain nombre de régiments composés de 6 escadrons de 150 cavaliers, dont 50 cuirassiers.

Les khans ou princes mongols sont, comme on le voit, entièrement soumis à la Chine; ils paient un tribut annuel et se présentent à la cour de l'empereur dans la posture humble de vassaux. Leur dignité passe à leurs enfants mâles par ordre de primogéniture, mais cependant avec l'autorisation de l'empereur. Leurs revenus, ainsi que ceux des Taidzis, consistent d'abord dans le cens que le code les autorise à prélever sur leurs sujets, et ensuite en un traitement que leur accorde le gouvernement chinois. Tous les quatre ans ils sont obligés de porter à Péking le tribut qui leur est imposé, mais ce tribut est peu important; et d'ailleurs ils reçoivent en retour un présent qui en diminue la valeur: ainsi pour chaque cheval l'empereur leur fait donner 10 onces d'argent et 2 pièces de satin. Quant au traitement qu'ils reçoivent, ils sont partagés en six classes: ceux de la première reçoivent de l'empereur une solde que l'on peut évaluer à 20,000 francs et 40 pièces d'étoffes de soie; ceux de la deuxième ont 12,000 francs et 20 pièces d'étoffes; ceux de la troisième 6,400 francs et 13 pièces; la quatrième reçoit 4,000 francs et 10 pièces; la cinquième 2,400 francs et 9 pièces; et enfin la sixième 1,600 francs et 7 pièces d'étoffes. Si leurs traitements ne paraissent pas très importants, il faut considérer que le gouvernement chinois semble être fort économe ou mesquin dans ses largesses, puisqu'on ne donne par an à une fille légitime de l'empereur qui épouse un prince mongol qu'une somme de 8,000 francs et 30 pièces d'étoffes pendant son séjour en Mongolie, et seulement 3,200 fr. et 200 sacs de riz lorsqu'elle reste à Péking. Son mari ne reçoit, outre ses appointements comme prince mongol, que 2,400 francs et 10 pièces d'étoffes par an. Les hauts dignitaires du clergé mongol reçoivent aussi des appointements de l'empereur.

« Pour achever ce tableau de la civilisation imparfaite, mais très remarquable, des peuples mongoliques, il faut dire que depuis 1620 ils possèdent un code complet de lois signé de quarante-quatre princes et chefs, et dans lequel la plupart des délits sont punis par des amendes; les actions utiles au public sont récompensées. Celui qui refuse du lait à un voyageur est puni de l'amende d'un mouton. On admet les épreuves par le feu, et les serments par lesquels un supérieur garantit l'innocence d'un inférieur; institutions connues en Europe dans le moyen âge. »

Les peines sont en général cruelles envers le peuple, et peu sévères pour les nobles; ainsi l'homme de qualité qui commet un meurtre avec préméditation n'est condamné qu'à une forte amende, par exemple à la perte d'une année d'appointements, et à 81 têtes de bétail, dont les deux tiers sont pour la famille du défunt, et un tiers pour le chef de la tribu à laquelle il appartient, tandis qu'un esclave qui tue son maître est coupé tout vivant par morceaux. Celui qui tue sa femme est condamné à être étranglé ([1]). Le code mongol est divisé en 12 sections; il est rédigé par le gouvernement chinois, et complété, selon les circonstances, par des lois supplémentaires qui ont la même force que celles dont le code se compose ([2]).

([1]) *Lipovtsof:* Règlements du ministère chinois des affaires étrangères traduits du mandchou en russe. Saint-Pétersbourg, 1830, 2 vol. in-4°.— ([2]) Mémoires sur la Mongolie, par le P. *Hyacinthe Bitchourine*, 2 vol. in-8° (en russe).

LIVRE CENT TRENTE-HUITIÈME.

Suite de la Description de l'Asie. — Description de l'empire chinois. — Troisième section. — Description de la Mandchourie.

« Avec la Mongolie et la chaîne des monts Hing'an, se termine la zone centrale de l'Asie. Les rivières ne serpentent plus sur une plaine élevée; le terrain se penche de trois côtés : vers la mer d'Okhotsk, vers la mer du Japon, et vers la mer Jaune. Les plantes et les arbres des climats tempérés commencent à reparaître; mais à l'est, une haute chaîne de montagnes qui se prolonge à travers la péninsule de la Corée, contre-balance, par son élévation et ses vastes forêts, les influences favorables du soleil. Quoique sous les latitudes de la France et de l'Italie, ces montagnes sont sujettes à des hivers très longs et très rigoureux; mais les parties centrales qu'arrose le fleuve Saghalien ou Amour doivent probablement jouir d'un climat un peu plus doux. Si l'agriculture n'y fleurit pas, la faute en est due à la paresse et à l'ignorance des habitants. La partie située sur la mer Jaune ou la province de Leaotoung ou de Ching-king paraît jouir d'une température semblable à celle de l'Allemagne et de la France septentrionale.

» Les montagnes qui environnent Zhé-holl ne sont pas très élevées (¹); elles ne présentent aucune chaîne régulière, mais plutôt l'aspect des ondes d'une mer agitée. Elles sont composées d'une argile durcie, mêlée de gravier. Il paraît que la haute chaîne des montagnes qui bordent la mer du Japon et la Manche de Tatarie est absolument détachée des chaînes centrales de l'Asie. Au nord, les monts Stanovoï étendent plusieurs branches vers les bords du fleuve Amour. Sur toute cette côte il gèle et neige au milieu de septembre. »

« Le fleuve *Amour* prend sa source en
» Mongolie dans les monts *Kentaï*; il porte
» d'abord le nom d'*Onon*; après s'être grossi
» des eaux de l'*Ingada*, près de Nertchinsk,
» il reçoit le nom d'Amour. » Telle est l'opinion des géographes chinois (¹); les Russes donnent à ce bras réuni le nom de *Chilka*; c'est au Chilka, grossi des eaux de la grande rivière de *Kerlon*, qu'ils réservent le nom d'Amour. Le cours et le volume de la Chilka et du Kerlon semblent à peu près égaux. L'Amour, nommé *Seghalien-Oula* ou *Sakhalian-Oula* (²) par les Mandchoux et les Toungouses, reçoit encore au sud deux grands fleuves, le *Soungari-Oula*, en chinois *Chuntungian*, et l'*Ousouri*, que les Chinois nomment de même. Après un cours de 675 lieues, il se jette dans la mer d'Okhotsk, en formant un grand golfe fermé à l'est par les rivages de l'île Seghalien, et qui communique au midi avec la mer de Corée ou la Manche de Tatarie par une étroite ouverture. Les herbes marines en cachent en quelque sorte l'embouchure. Profond, tranquille, il ne présente aucun obstacle à la navigation; il ne renferme ni rochers ni bas-fonds; ses rives sont bordées de forêts magnifiques (³). Les Russes se plaignent beaucoup de la perfidie des Chinois, qui, en 1689, arrachèrent par surprise et par force, aux plénipotentiaires de la Russie, la cession de la partie inférieure de ce beau fleuve, indispensable pour les maîtres de la Sibérie orientale, et où les Kosaques avaient déjà arboré le drapeau de la Russie. »

Le *Soungari* prend sa source dans les montagnes qui séparent la Mandchourie de la Corée; c'est une rivière profonde, navigable, poissonneuse, d'environ 250 lieues de longueur. L'*Ousouri* sort de la chaîne qui borde

---

(¹) *Staunton*, Voyage de Macartney, III, p. 271, 273 et 255.

(¹) *Day-sin-y-tundschi*, géographie chinoise en 24 volumes, traduite par extrait en russe par M. Leontieff, et en allemand par M. Hase; dans *Busching*, Magasin géographique, XIV, p. 462. — (²) *Saghalyn*, selon les Russes; mais les indigènes prononcent *Seghalien* (La Pérouse, t. III). — (³) *Muller*, conseiller d'État, Mémoire sur le fleuve Amour, composé par ordre du gouvernement de Russie, en 1740; dans *Busching*, Magasin géographique, II, 507. Idem, Histoire des pays sur l'Amour, dans les Collections pour servir à l'Histoire de la Russie, II, 289 (en allem.).

les côtes de la mer du Japon; son cours est de 130 lieues.

Toutes les rivières de quelque importance qui arrosent la Mandchourie, sont des affluents de l'Amour, à l'exception du *Liao-ho*, fleuve d'environ 180 lieues de cours qui se jette dans le golfe de *Liao-toung*, après avoir arrosé la Mongolie et la partie méridionale de la Mandchourie. Le golfe de Liao-toung a 45 lieues de largeur et 60 de longueur.

Parmi les lacs de la Mongolie, nous n'en citerons qu'un de remarquable par son étendue, c'est le *Hinka*; il a environ 35 lieues de longueur sur 8 à 10 de largeur. Il est alimenté par plusieurs rivières, et donne naissance au *Sougat-chan-pira*, qui va se réunir à l'*Ousouri*, affluent du fleuve Amour.

La Mandchourie confine au nord à la Sibérie, à l'ouest à la Mongolie, au sud-ouest à la Chine, au sud à la Corée, et à l'est elle est baignée par la mer du Japon. Elle a 500 lieues dans sa plus grande longueur du nord-est au sud-ouest, et 325 de largeur de l'est à l'ouest. Sa superficie totale est d'environ 103,000 lieues.

Au nord, son territoire comprend les monts Stanovoï, dont les pentes sont couvertes de forêts, et dont les flancs sont riches en métaux utiles et précieux, et les monts Hing'an, chaîne qui se détache des précédents; et sur laquelle on n'a que des renseignements très vagues. Près des côtes de la mer du Japon, la Mandchourie est bordée par une chaîne peu élevée qui se réunit au sud à celle des monts neigeux appelés en chinois *Tchang-pe-chan*, et en mandchou *Golmin-changan-alin*, c'est-à-dire la *grande montagne Blanche*, et qui fut explorée en 1677 par ordre de l'empereur *Kanghy*. Ce groupe, qui occupe une étendue de 100 lieues, est couvert à sa base de forêts impénétrables; on arrive au sommet en traversant des neiges et des glaces qui paraissent être perpétuelles; sa cime se termine par un plateau que dominent cinq pics très élevés, au pied desquels s'étend un lac dont la circonférence est d'environ 4 lieues [1]. Cette chaîne est célèbre chez les Mandchoux, parce que c'est dans son voisinage que leurs différentes hordes se sont formées en corps de nation.

[1] *Klaproth*: Voyage à la montagne Blanche, traduit du mandchou.

Le sol de la Mandchourie est presque partout fertile : les voyageurs font une peinture séduisante de la brillante verdure dont se parent les côtes orientales. « Nous rencontrâmes à chaque pas, dit le célèbre et infortuné La Pérouse, des roses, des lis, des muguets; nous recueillîmes en grande abondance des ognons, du céleri, de l'oseille, et d'autres plantes pareilles à celles de nos prairies; les pins couronnaient le sommet des montagnes, les chênes commençaient à mi-côte; les bords des ruisseaux étaient plantés de saules, de bouleaux, d'érables, et sur la lisière des grands bois on voyait des pommiers, des azeroliers en fleurs, avec des massifs de noisetiers. » Cette peinture nous prouve que l'on y trouve les mêmes arbres que dans l'Europe centrale.

Les pâturages qui bordent les rivières et tapissent les flancs des montagnes nourrissent des chevaux, des bœufs et des moutons : le soin de ces animaux constitue la principale occupation des habitants; leur nombre forme leur principale richesse, surtout dans la partie méridionale. Dans le nord c'est le renne qui remplace le cheval, et quelquefois aussi c'est le chien, comme dans la Sibérie orientale.

Les habitants s'occupent peu de l'extraction des substances minérales : ce n'est que pour leurs besoins qu'ils exploitent un peu de fer et de cuivre, du sel et du salpêtre. Ce n'est que dans les provinces du sud-ouest que l'influence du voisinage de la Chine les porte à cultiver quelques arts; dans le reste de la contrée ils sont nomades, et vivent de la chasse et de la pêche.

La Mandchourie est divisée en trois départements, appelés *Ching-King*, *Ghirin-Oula* et *Sakhalian-Oula*.

« Le Ching-King, nommé autrefois province de *Liao-toung* ou de *Moukden*, a été décrit par l'empereur *Kien-Long* dans l'*Éloge de Moukden* [1], production faible et froide sous le rapport poétique, mais très utile aux géographes. « Dans un espace de 1,000 *ly* (100 lieues), on voit se succéder des hauteurs et des vallées, des terrains arides et arrosés, des fleuves majestueux, d'impétueux torrents et des ruisseaux qui serpentent avec grâce, des campagnes riantes et des forêts impénétrables

[1] Traduction française par *Amyot*.

ASIE. — EMPIRE CHINOIS : MANDCHOURIE.

aux rayons du soleil. Le *mont de Fer* et le *mont Brodé* se montrent à une grande distance ; sur celui-ci on trouve un étang qui jamais n'augmente ni ne diminue. » Cette montagne est probablement la même que le Tchang-pe-chan. Le poëte impérial indique parmi les arbres de ce pays le sapin, le cyprès, l'acacia, le saule, l'abricotier, le pêcher et le mûrier. Le blé rend le centuple de la semence. L'aurone (1) et l'armoise (2) couvriraient tous les champs si on ne les reléguait pas dans les déserts. Le *ginseng* (3) croît sur toutes les montagnes ; son nom signifie *reine des plantes* ; « elle rendrait l'homme immortel, si l'homme pouvait le devenir. » Parmi les animaux, Kieng-Long nomme le *tigre*, peu redoutable ; c'est peut-être le lion sans crinière, figuré dans Nieuhof (4) ; le *léopard* ; c'est sans doute une espèce d'once ; le djightaï, le cheval sauvage, deux espèces d'onces, la civette, la zibeline. Les chiens aboient rarement pendant le jour ; ils paraissent de race sibérienne. Le faisan brille parmi les innombrables oiseaux qui peuplent les champs, les forêts et les bords des eaux. L'esturgeon, le roi des poissons, la carpe, l'anguille, et d'autres poissons excellents, nourrissent des tribus entières. La nacre de perle y est admirable. A ces richesses il faut ajouter le fer et le jaspe (5). »

Si nous consultons les voyageurs récents, ils nous apprennent que la nature et l'art ont contribué à fixer les limites du Ching-King : la mer le baigne au sud ; des montagnes le bordent à l'est ; à l'ouest il est séparé de la Mongolie par une barrière en pieux longue de 115 lieues, et au sud-ouest par une partie de la grande muraille. Une chaîne peu élevée qui part du Tchang-pe-chan va former le côté oriental du golfe de Liao-toung et une longue et étroite presqu'île que les Anglais ont nommée *Regent's-sword* (l'Épée du Régent), et dont l'extrémité est le cap Charlotte, nom bien inutile à donner à cette pointe, puisque les Chinois l'appellent depuis long-temps *Chaô-phing-theou*.

C'est ici le lieu de parler d'un archipel qui borde la côte sud-est du Ching-King, et qui a été signalé à l'Europe par un des savants qui ont le plus contribué à faire connaître l'Asie.

Ce fut l'empereur *Ching-tsou-jin-houang-ti*, plus connu en Europe sous le nom de *Khanghi*, qui est celui de son règne, qui conçut en 1707 le vaste projet de faire lever la carte de son empire par les missionnaires qui se trouvaient à Péking, travail que l'on peut regarder comme l'une des plus belles entreprises géographiques du dix-huitième siècle, et dont la gloire appartient à la France, puisque la plupart des jésuites qui l'entreprirent étaient Français. Les cartes furent gravées à Péking. Les missionnaires envoyèrent des calques de ces cartes en Europe, et ce fut à l'aide de ces dessins que d'Anville fit et publia l'atlas de la Chine. M. Klaproth, en examinant ces calques, reconnut qu'ils ne s'étendaient pas jusqu'à l'extrémité méridionale de la Mandchourie ; d'Anville, à la vérité, avait suppléé cette lacune en terminant cette contrée, mais d'après des conjectures. M. Klaproth consulta alors les originaux chinois et mandchoux des cartes levées par les missionnaires, et reconnut sur la côte sud-est du Ching-King un archipel jusqu'alors ignoré, malgré les explorations faites par les Anglais en 1793, 1809 et 1816 dans la mer Jaune, et dont la dernière fit connaître la presqu'île qui reçut le nom de l'Épée du Prince-Régent, mais ne s'avança pas au nord jusqu'à l'archipel en question que M. Klaproth a désigné par le nom de *Jean Potocki*, en mémoire d'un comte polonais aussi connu par ses écrits que par les encouragements qu'il donna aux sciences.

L'archipel du Liao-toung ou de Jean Potocki appartient au département de Ching-King et au district de Fung-thian-fou, plus connu en Europe sous le nom de *Moukden*. Il se compose d'une vingtaine d'îles, qui sont *Lian-houa-tao* (l'île du Nénufar), *Kin-sian-tao* (l'île des Fils d'or), *Khou-leou-tao* (l'île du Crâne), *Mangan-tao* (l'île de la Selle), *Kouang-lou-tao* (l'île du Bonheur rayonnant), *Koua-phi-tao* (l'île de la Peau raclée), *Hai-sian-tao* (l'île de l'Immortel et de la Mer), *Ta-tchhang-chan-tao* (la grande île de la montagne Longue), *Siao-tchhang-chan-tao* (la petite île de la montagne Longue), *Che-li-tao* (l'île des Ossements de Foë), *Pa-chha-tao* (l'île des huit Fourches), *Chy-tchhing-tao* (l'île de

---

(1) *Artemisia abrotanum*, L. — (2) *Artemisia vulgaris*, L. — (3) En mandchou : *Orhota*. — (4) Voyez ci-après la *Description de la Chine*. — (5) *Day sin-ytundschi*, dans Basching, Magas. géogr., XIV, 529.

la Ville de pierre), *Ouang-kia-tao* (l'île de la Maison royale), *Tchhang-tsu-tao* (l'île des Daims), *Hai-yang-tao* (l'île du Mouton marin), *Tha-lian-tao* (l'île des Tours contiguës), *Siao-hai-thsing-tao* (la petite île des Faucons), *Ta-hai-thsing-tao* (la grande île des Faucons), et quelques autres très petites. La plus grande de ces îles n'a pas plus de 3 à 4 lieues de longueur. Suivant quelques auteurs chinois, elles servent d'entrepôt au commerce maritime entre la Chine et la Corée ([1]).

« Les villes de la Mandchourie sont presque toutes dans la décadence depuis la conquête de la Chine par les Mandchoux. Le chef-lieu du Ching-King est *Moukden*, en chinois *Ching-yang*, qui fut la résidence des derniers souverains ou *chvandi's* des Mandchoux, immédiatement avant la conquête de la Chine. On y voit plusieurs temples, entre autres celui où le monarque devait prier tout seul le premier jour de l'an. »

Cette capitale se compose de deux villes entourées de murs, l'une intérieure et l'autre extérieure. La première, qui a plus d'une lieue de circonférence, renferme le palais impérial dans lequel réside le vice-roi, le palais de justice, l'arsenal, les hôtels des mandarins, et les habitations de tous les employés du gouvernement; dans la ville extérieure, dont les murs qui ont plus de 3 lieues de tour renferment les deux villes, habitent les négociants, les marchands et tous ceux qui n'ont aucun emploi du gouvernement. On remarque près des portes deux beaux mausolées des premiers empereurs de la dynastie régnante, monuments en grande vénération chez les habitants.

Le département de *Ghirin* ou *Khirin*, au nord du précédent, est en général un pays plat et boisé, d'une température assez froide, parce que le sol en est élevé : aussi l'agriculture y est-elle peu répandue. Les seuls grains qui y viennent sont l'avoine et le millet, mais le ginseng, si estimé des Chinois, y croît en abondance. Ce département, qui est un lieu de déportation pour les criminels chinois, ne renferme que 4 villes mal bâties et entourées d'une muraille en terre. Son chef-lieu est *Kirin-oula*, sur la rive gauche du Sounggari. Triste résidence d'un général mandchou qui jouit de tous les droits de vice-roi, c'est une ville mal bâtie, peu peuplée; et qui encore l'est principa-

([1]) *Klaproth* : Notice sur l'archipel de Jean Potocki.

lement de criminels. A 60 lieues plus bas, sur la même rivière, *Bedouné*, que sur nos cartes on écrit à tort *Petouné*, renferme aussi beaucoup d'exilés, mais la plupart de ses habitants appartiennent aux tribus de *Sibé* et de *Goualtcha*. *Ning-gouta*, à 50 lieues au nord-est de Kirin-oula, est le berceau de la famille régnante. Un double rang de palissades hautes de 20 pieds forme son enceinte; la plus grande a une lieue de circonférence. Le commerce y est considérable et y attire un grand nombre de Chinois qui habitent hors des murs, ce qui donne beaucoup d'importance à ses faubourgs. *Tondon* est une petite ville peuplée d'exilés.

Le département de *Sakhal en-oula*, nommé *He-loung-kiang* par les Chinois, est le plus vaste de la Mandchourie : il en comprend toute la partie septentrionale jusqu'à la Sibérie; son nom lui vient du fleuve Sakhalien, que les Chinois appellent He-loung-kiang, c'est-à-dire fleuve du Serpent noir. Le climat de ce pays est froid; les hivers y sont longs et rigoureux; cependant si le sol n'est point fertile, ce n'est pas qu'il ne soit susceptible de le devenir, c'est que les Mandchoux ne s'y livrent point à la culture, et que la plupart préfèrent la vie nomade à la vie sédentaire. En effet, les Daouriens qui en occupent une portion considérable y récoltent du froment, du millet, de l'orge, du lin et du sarrasin; les Chinois exilés y cultivent des plantes potagères et du ginseng.

Sakhalien-oula-khoton ou *He-loung-kiang*, son chef-lieu, sur la rive droite du fleuve du même nom, au milieu d'une plaine cultivée et parsemée de villages, est une place forte destinée à défendre l'empire du côté de la Russie. Elle fait un commerce considérable en fourrures. *Merghen*, à 30 ou 40 lieues au sud-ouest, est une ville sans importance. *Tsitsikar*, fondé par l'empereur Kang-hi pour mettre les frontières à l'abri des Russes, est défendue par une double enceinte de terre et de palissades; ses rues étroites sont garnies de maisons en argile.

Vis-à-vis de l'embouchure de l'Amour s'étend une grande île, qui sur une longueur de 212 lieues n'en a pas plus de 15 dans sa moyenne largeur. Son nom est *Taraikaï*, improprement *Sakhalien*. La partie septentrionale appartient à l'Empire chinois, et la partie méridionale à celui du Japon. La partie soumise à la Chine est montagneuse et renferme plusieurs pics, dont les plus hauts sont ceux que La Pérouse appela Lamanon, Mongez et Lamartinière. Les indigènes sont des aïnos, appelés *sméren-kour* dans la langue des Kouriles. Les Mandchoux y ont depuis long-temps établi des colonies qui dépendent administrativement du département de Sakhalien-oula.

« La dénomination d'*Yupi* dénote en général une tribu de pêcheurs nomades, peuple grossier, dépourvu même d'un culte religieux. L'immense quantité de poisson que leur fournit l'Oussouri les dispense de se livrer à aucune culture, si ce n'est à celle du tabac. Tels sont tous les habitants pauvres, bons et simples de la côte orientale, visitée sur quelques points par La Pérouse. Leur pays est couvert de forêts impénétrables. On connaît le nom particulier de la tribu des *Ghiliaiky*, qui occupent les deux rives du Saghalien ou Amour, à son embouchure. La tribu des *Natki* ou *Atchani* commence à quatorze journées de navigation plus haut. Toutes deux s'habillent, pendant l'été, en peaux de poissons; les Natki attellent des chiens à leurs voitures; les Ghiliaikes y emploient, dit-on, des ours apprivoisés (¹).

» La côte orientale de la Mandchourie a semblé presque déserte à La Pérouse. Partout une superbe végétation rappelait aux navigateurs français ces forêts de leur douce patrie qu'ils ne devaient plus revoir. Sur les monts sourcilleux le chêne étendait ses rameaux, le pin élançait sa pyramide de verdure; plus bas, les saules humaient la rivière; les bouleaux, les érables, les azeroliers frémissaient au souffle des vents; le lis, la rose et le muguet parfumaient la prairie; c'était le printemps de l'Europe, c'était la flore de nos contrées, mais aucune trace n'indiquait un commencement de culture; rien ne prouvait que des hommes eussent jamais habité ces magnifiques rivages; l'ours et le cerf avaient seuls tracé des sentiers à travers l'herbe haute de quatre pieds; un tombeau et quelques ustensiles de pêche semblaient démontrer que des tribus vagabondes arrivaient quelquefois de l'intérieur pour troubler le repos des poissons qui fourmillent à l'embouchure des rivières (²). C'est un phénomène singulier que de trouver un désert absolu, et pourtant susceptible de culture, aux portes de cet antique empire de la Chine, où la surabondance de population paraît quelquefois amener toutes les horreurs de la famine.

» La mer du Japon, qui baigne ces rivages, y apporte d'immenses prairies flottantes d'herbes marines; souvent le navigateur effrayé croit son bâtiment enchaîné par une terre nouvelle qui semble sortir des eaux qu'elle dérobe entièrement à la vue. Dans les brouillards épars qui assiègent ces contrées, on voit souvent une illusion d'optique produire l'image de côtes élevées et étendues; le navigateur en approche; il croit y débarquer, et soudain ce monde fantastique se dissout en vapeurs et s'envole dans les airs.

» Toute la Mandchourie ne renferme, selon la géographie chinoise, que 47,124 paysans soumis au tribut; mais il paraît que les indigènes ne sont pas compris dans ce nombre, qui est probablement celui des colons envoyés de la Chine. Quelques auteurs ne croient pas s'écarter beaucoup de la vérité en portant toute la population à 2,000,000 d'habitants. Le pays entretient 10,000 soldats mandchoux.

» Les Mandchoux appartiennent à la grande race nommée *Toungouse* par les Russes et les Tatars, mais qui s'appelle *Oven* dans sa propre langue (¹). Les Daouriens sont Mandchoux, mais mêlés de Mongols. Plusieurs tribus, telles que les *Doutcheri*, sur les bords de l'Amour, vers le milieu de son cours; les *Solons*, sur l'Argoun, et autres, ne paraissent se distinguer que par des nuances de civilisation. Les Mandchoux, sous le nom de *Nieou-tché*, ont soumis, avant le douzième siècle, les *Leaos* ou *Khitans*, dont ils étaient auparavant les vassaux, et qui habitaient la province de Moukden; ils envahirent, en 1115, le nord de la Chine, où leurs princes fondèrent la dynastie dite de *Kin* ou de l'*Or* (²). Dépouillés par les Mongols, ils retournèrent dans leurs monts sauvages, d'où ils sortirent de nouveau en 1640, sous le nom de Mandchoux, qui signifie *région peuplée*, pour faire la conquête de la Chine entière, qui leur garde encore une obéissance mêlée de haine et interrompue par des révoltes partielles.

(¹) Les Kosaques *Payarkow* et *Chabarow*, cités par *Muller*, loc. cit., p. 504-505. — (²) *La Pérouse*, Voyage autour du monde, III, 12, 15, 16, etc.

(¹) *Pallas*, Mémoires sur les nations mongoliques, I, p. 2 (en allem.). *Georgi*, Description des nations russes, p. 302. *Langlès*, Alphabet mandchou, p. 41. — (²) *Langlès*, Alphabet mand., p. 30, 36, 40, etc.

» Les Mandchoux ont connu l'agriculture, et même ont eu un code de lois avant la conquête qu'ils firent de la Chine. Cette extension de puissance a nui à leur pays, car les meilleures familles ont émigré dans la Chine proprement dite.

» D'après les relations des jésuites, les Mandchoux n'ont ni temples ni idoles; ils révèrent un Etre suprême qu'ils surnomment l'empereur du Ciel. Cependant la religion des Mandchoux établis en Chine se rapproche du chamanisme. Des trois grandes nations de l'Asie centrale, les Mandchoux peuvent être considérés comme les plus rapprochés de l'état de civilisation, surtout depuis qu'ils ont fait la conquête de la Chine; et leurs progrès à cet égard doivent encore avoir été plus grands, puisque le dernier empereur a ordonné que les meilleurs livres de la Chine soient traduits dans la langue des Mandchoux. Ces peuples ont des formes plus robustes, mais des traits moins expressifs que les Chinois; les pieds de leurs femmes ne sont pas défigurés comme ceux des Chinoises; leur coiffure consiste en fleurs naturelles et artificielles. L'habillement, en général, est le même que celui des Chinois.

» Les trois langages des Mandchoux, des Mongols et des vrais Tatars ou Tartares, diffèrent radicalement l'un de l'autre. M. Langlès, qui a publié un Dictionnaire mandchou, affirme que c'est le plus parfait et le plus savant des idiomes tatars, sans en excepter celui du Tibet, quoiqu'il n'ait été écrit qu'au commencement du dix-septième siècle. A cette époque, le monarque des Mandchoux chargea des savants de dessiner des lettres d'après celles des Mongols. L'alphabet des Mandchoux présente 1,500 groupes de syllabes, que M. Langlès a essayé de réduire à 29 lettres, dont la plus grande partie a trois formes différentes, suivant qu'elles doivent se trouver au commencement, au milieu et à la fin d'un mot.

» Ce que cette langue offre de plus étonnant, ce n'est pas la fréquence des onomatopées ou des mots imitatifs, ni son extrême douceur, qui n'admet jamais que deux consonnes se suivent sans l'intervention d'une voyelle [1], ni sa richesse en particules qu'on annexe aux mots et qui en modifient le sens, ni le grand nombre d'inflexions données au verbe, comme dans l'hébreu et l'arabe; ces caractères ne doivent occuper que les philologues; mais pourrions-nous passer sous silence un fait qui semble toucher à l'histoire des émigrations des peuples? La langue mandchoue, qui règne à l'extrémité orientale de notre occident, renferme beaucoup de racines qui ressemblent à celles des langues européennes [1]. Ce ne sont point des mots relatifs aux arts qui auraient pu être apportés par les prisonniers de guerre allemands que les Mongols entraînèrent en Asie; ce ne sont pas des mots imitatifs dont la ressemblance est presque toujours fortuite. La ressemblance d'ailleurs ne s'étend qu'aux langues gothico-germaniques et latino-grecques, qui, ainsi que nous l'avons souvent dit, ont elles-mêmes des rapports avec le sanskrit. Rien dans le mandchou ne nous a paru celtique ni esclavon: un seul trait rappelle le sarmate ou lithuanien [2]; mais ce trait est encore commun aux langues indo-germaniques. Ces racines communes à des langues séparées par toute l'étendue d'une moitié du monde, indiqueraient que les Mandchoux seraient originaires des environs de la Perse et de l'Inde. »

[1] Par exemple, ces mots latins, *plebs est prostrata*, se prononceraient en mandchou : *Pelebes esui poro-saturutu*.

[1] Voici quelques uns de ces mots : *Hife*, mandchou; *avoine*, français; *avena*, latin; *pafer*, allemand. — *Morin*, mand., *cheval*; *mœrhé*, *jument*, all. — *Fara*, mand., *traîneau*; *fahren*, aller en voiture, all. — *Tchop*, mand., *sommet de montagne*; *schopf*, sommet, en all. — *Oura*, mand., *le derrière*; οὐρά idem, grec. — *Kaka*, mand., *caca*, français; *cacare*, lat. — *Sengui*, mand.; le *sang*, français; *sanguis*, lat. — *Ania*, mand.; l'*an*, français; *annus*, lat. — *Fahala*, mand., *noirâtre*; *fahl*, all., idem. — *Fialhu*, mand., *paresseux*; *faul*, all., idem. — *Furu*, mand.; *fureur*, français; *furor*, lat. — *Lapta*, mand., *en lambeaux*; *lappen*, all., lambeau. — *Leta*, mand.; *tard*; *late*, angl.; idem, etc. *Adelung*, Mithridate, I, 516. Nous ajouterons les suivants : *Ama*, mand., *père*, *amme*, danois, *nourrice*; *ohm*, all., *oncle*. — *Na*, mand., *terre*; *ned*, danois, *en bas*. — *Tatchi*, mand., *apprends*; *tatschi-bume*, *enseigner*, *teach*, anglais, enseigne. — *Endori*, mand., *esprit*; ἔνδον, grec et ancien lat., *en dedans*; *entrailles*, français. — *Ambaki*, mand., *majesté*, *grandeur*. — *Amban*, mand., *grand seigneur*, *ministre*; *Ambath et ambathman*, francique et islandais, *délégué royal*, *ambassadeur*. — *Scha*, mand., *regarde*; *schau*, all., idem. — *Sa*, mand., *sache*, franc., etc.

[2] La syllabe *bu*, servant d'auxiliaire dans le passif mandchou, c'est le *buvi* (je fus) des Sarmates-Lithuaniens, le *be* des Angl., le *bin* (je suis) des Allem., le *fui* des Latins.

ASIE. — EMPIRE CHINOIS : ROYAUME DE CORÉE.

Bien que le mandchou passe pour le plus savant et le plus parfait des idiomes tatars, Abel Rémusat le considère comme inférieur sous tous les rapports au chinois. Un des traits caractéristiques de cette langue c'est que la place de chaque mot y est invariablement marquée dans chaque phrase; ce qui fait que le mandchou n'est point propre aux inspirations poétiques, ni même aux mouvements entraînants de l'éloquence. Il s'est enrichi d'un grand nombre de mots chinois et mongols; ces mots forment même un cinquième de la totalité de ceux dont se compose le mandchou. Mais sa littérature se compose principalement d'ouvrages traduits du sanskrit, du tibétain, du mongol et du chinois. On a publié une Bible dans cette langue.

LIVRE CENT TRENTE-NEUVIÈME.

Suite de la Description de l'Asie. — Empire chinois. — Quatrième section. — États tributaires. — Royaumes de Corée et de Licou-Khicou.

« Entre les îles du Japon et la Mandchourie s'étend la grande péninsule de *Corée*, baignée à l'est par la mer du Japon, et à l'occident par la mer Jaune. Ce pays peut avoir 230 lieues de long; mais un tiers de cette longueur se trouve hors de la péninsule proprement dite, sa largeur est au nord de plus de 100 lieues; mais à l'endroit où la péninsule prend son véritable commencement, cette largeur n'est que de 35 à 40 lieues; ensuite elle conserve la largeur d'environ 60 lieues. Sa longueur, du nord-est au sud-ouest, est de 225 lieues. La Corée ne le cède guère en étendue à l'Italie.

» Le seul trait bien connu de la géographie physique de la Corée, c'est l'existence d'une haute chaîne de montagnes dirigée du nord au sud, et qui se détache du groupe méridional de la Mandchourie. En pénétrant dans la péninsule, cette chaîne longe de fort près la mer du Japon; il en sort un grand nombre de sources et de rivières; la pente générale du terrain est vers la mer Jaune. Les côtes et les îles qui les bordent sont très rocailleuses et d'un accès difficile. On connaît deux grandes rivières, le *Ya-lou* et le *Tou-men*; la première, qui a environ 210 lieues de cours, s'écoule dans la mer occidentale; la seconde, qui n'en a que 80, se jette dans la mer orientale; toutes deux sont au nord et hors de la presqu'île proprement dite; elles prennent leurs sources dans une même montagne, qui est très haute; les Chinois l'appellent *Chang-pe-chan*, et les Mandchoux *Chen-alia*, ou montagne toujours blanche.

La plus grande rivière de la presqu'île proprement dite est le *Han*. Elle prend sa source dans la longue chaîne qui traverse la Corée, et se jette, après un cours de 70 à 80 lieues, dans le bras de mer appelé *détroit de Corée*, formé par cette péninsule et les îles du Japon.

« Quoique sous la latitude de l'Italie méridionale, la Corée a le climat très froid, à cause des montagnes qu'elle renferme; on assure que dans la partie septentrionale la neige tombe en si grande quantité qu'on est obligé, pendant l'hiver, de creuser des chemins par-dessous pour aller d'une maison à l'autre. Cependant le sol est très fertile et très bien cultivé. On nomme, parmi ses minéraux, l'or, l'argent, le plomb, le fer, les topazes [1] et le sel gemme. Les animaux les plus communs sont, suivant le P. Régis, les sangliers, les ours, les zibelines (au nord), les martes, les castors et les cerfs. Les fleuves abondent en poissons, et, selon Hamel, qui prétend avoir séjourné neuf ans dans le pays, on y trouve des caïmans, espèce de crocodiles dont quelques uns atteignent une longueur de 30 à 40 pieds. Les missionnaires avaient aussi entendu parler de poulets dont la queue était longue, sans doute une espèce de faisans. Il y a des bidets hauts seulement de trois pieds.

« Les montagnes du nord, couvertes de vastes forêts, ne produisent, au reste, que de

[1] *Daï-syn-y-tundschi*, dans *Busching*, Magas. géogr., XIV, p. 534.

l'orge et la racine de *ginseng*, si précieuse aux yeux des Chinois. Les provinces méridionales abondent en riz, millet et panis (espèce de blé duquel on tire une sorte de vin), en chanvre, tabac, citron et soie. Un arbre, semblable au palmier, produit une gomme qui donne au vernis un air de dorure. »

Les vrais noms de la Corée sont *Kao-li*, ancienne dénomination qui subsiste encore dans le langage ordinaire, et *Tchao-sien* ou *Tio-san*, terme plus moderne adopté dans le style officiel, et que les Chinois prononcent *Tchao-sian*. L'une et l'autre dénomination dérivent du nom des dynasties qui ont régné dans ce pays [1]. Les Mandchoux l'appellent *Solhho*, et les Japonais *Koreï*, dont les Européens ont fait Corée.

Le royaume de Corée est divisé en huit provinces ou *tao*, nom qui, en chinois, signifie *route*. Celle de *King-ki*, à peu près au centre, a pour capitale *Han-yang*, appelée aussi *Han-yang-tchhing, Han-tchking* et *King-ki-tao* ou *King-szu*: c'est la capitale de tout le royaume et la résidence du souverain. On ne sait rien de particulier sur cette ville, si ce n'est qu'elle renferme une belle bibliothèque.

La province contiguë, au sud-est, est celle de *Tchoung-thsing* ou *Tchou-sin*, dont le territoire est fertile et bien peuplé; c'est l'ancien pays des *Ma-han*. *Tchoung-tcheou* est sa capitale. Les habitants élèvent beaucoup de vers à soie, et fabriquent des étoffes brodées. *Kou-fou*, autre ville, est située sur une petite rivière qui se jette, à 15 lieues plus bas, dans la mer Jaune.

Thsiuan-lo ou *Thsuen-lo*, à l'ouest de la précédente, est une province de 75 lieues de longueur sur 37 de largeur, dont la capitale est appelée *Thsiuan-tcheou*.

Celle de *Kiang-yuan* ou *des Sources du Fleuve*, à l'ouest du King-ki, est bien arrosée, couverte en partie de montagnes, et bornée à l'est par la mer du Japon. Les habitants ont la tête carrée et ressemblent aux Japonais. *Kiang-lıng-fou* en est le chef-lieu.

La province de *Khing-chang* ou *King-chan*, dans le sud-est de la presqu'île, borde le détroit de Corée: *Khing-tcheou* est son chef-lieu.

Celle de *Houang-haï* ou de *Hoang-haï*,

[1] Duhalde, IV, p. 431.

dans la partie du nord-ouest, doit son nom à la mer Jaune qui la borde, et que les Coréens nomment Hoang-haï; c'est l'ancien pays des *Kao-li* et des *Ma-han*. Ses côtes sont boisées et assez bien cultivées; l'intérieur est couvert de montagnes, dont la plus haute est le *Khouaton-khan*; sa capitale est *Hoang-tcheou*.

La province la plus septentrionale, celle de *Phing-ngan*, et, selon d'autres, *Pingi-an* et *Phing-jang*, est montagneuse et peu peuplée; sa capitale est *Phing-jang*, sur la rive gauche du Ya-lou.

Enfin celle de *Hiang-khing*, à l'est de la précédente, est montagneuse et boisée; c'est sur son territoire que coule le Tou-men. Elle est peu peuplée; ses villes s'élèvent sur les bords de cette seule rivière; son chef-lieu est *Hian-hing*.

Les habitants du Tchoung-thsing, du Theng-chang et du Thsiuan-lo, sont les plus civilisés des Coréens: ils cultivent la poésie et la littérature [1].

Suivant les renseignements qui furent fournis par un vieux général mandchou à M. Timkovski, les provinces du royaume de Corée sont partagées en départements et en districts; le nombre de ces subdivisions est de plus de 360. Duhalde et les auteurs chinois nous apprennent qu'elles renferment 41 principautés, 33 *fou* ou villes du premier ordre, 38 *tchéou* ou villes du second, et 70 *hian* ou villes du troisième. On ne connaît point la population de ce royaume, mais tout porte à croire qu'il renferme au moins 8,000,000 d'habitants.

Les îles qui dépendent de la Corée ne doivent pas être passées sous silence. Dans le détroit de Corée, sur les côtes méridionales de la presqu'île, *Ping-chan-po* appartient à la province de *Thsiuan-lo*; c'est une île longue de 6 lieues et large de 4; elle possède un petit port appelé *An-haï*. L'archipel de Corée se compose de 120 à 130 îles ou îlots, qui bordent les côtes occidentales et méridionales; les plus occidentales ont reçu des Anglais le nom d'*îles Amherst*, ce sont les plus considérables; cependant on peut dire de toutes ces îles qu'elles ne sont que des rochers de gra-

[1] *San kokf tsou ran to seïs*, ou Aperçu général des trois royaumes, traduit de l'original japonais-chinois, par M. Klaproth. — 1832.

ait, et que celles qui sont couvertes d'arbres et habitées sont en petit nombre. La plus importante des îles de la Corée est celle de *Quelpaert* ou *Quelpart*, que les Coréens nomment *Mou-sé*; elle est à 20 lieues au sud de la presqu'île; sa longueur est de 15 lieues et sa largeur de 8; son centre est occupé par de hautes montagnes, et son sol s'abaisse en pente douce vers la mer; elle renferme la petite ville de *Mog-gan*.

« L'aspect des villes coréennes est le même que celui des villes chinoises; seulement les maisons sont construites en terre, sans art, sans commodité; dans quelques endroits elles sont élevées sur des pilotis; il faut une permission pour les couvrir en tuiles, c'est ce qui explique pourquoi la plupart n'ont que des toits en paille ou en roseaux. Les habitations des seigneurs offrent un aspect plus brillant et sont entourées de vastes jardins. La *grande muraille*, que les Coréens avaient élevée pour se défendre contre les invasions des Mandchoux tombe en ruine. »

Les Coréens ressemblent aux Chinois pour la physionomie; ils sont robustes, d'une taille moyenne et bien prise; leur teint est basané; leurs cheveux sont noirs et leur air est martial; leurs mœurs sont douces et polies; ils sont respectueux envers leurs parents, sobres, mais curieux à l'excès.

« Depuis des siècles, courbés sous un joug étranger, ils ont pris les vices de la servitude; ils sont fort adonnés aux plaisirs, grands menteurs, très lâches, et si accoutumés à tromper et à voler, que les Chinois mêmes en sont les dupes. Les malheureux navigateurs qu'une tempête jette sur les côtes de la Corée y sont réduits en esclavage, institution que la crainte a dictée à plus d'un peuple barbare.

» Les maladies qui présentent un caractère épidémique inspirent une telle crainte aux Coréens, qu'ils ont pour coutume de déporter les malades dans les champs, et de les y abandonner sans secours.

» Les mariages entre parents sont défendus jusqu'au quatrième degré. On marie des enfants de sept à huit ans, et la nouvelle épouse demeure dans la maison du beau-père. La polygamie est admise, mais le mari ne peut recevoir dans la maison que sa première femme. »

Les femmes de qualité ne sont pas, comme à la Chine, condamnées à ne pouvoir marcher et à rester enfermées dans des appartements secrets; les hommes ne sont point exclus de leur société.

« Le corps des personnages distingués est souvent gardé trois ans dans un cercueil avant d'être enterré. Les tombeaux sont sur les hauteurs, et l'on place à côté les armes, les ustensiles et tout ce dont le défunt se servait. »

Une statue en pierre ou une tombe couverte d'inscriptions, distingue la sépulture des riches. Les enfants d'un homme libre portent le deuil pendant trois ans, et vivent pendant ce temps avec une grande austérité. La plus grande partie de l'héritage est dévolue au fils aîné.

« Les Chinois ont porté en Corée leurs arts, leurs sciences et leur langue. Un grand nombre de colléges sont destinés à l'éducation des enfants des familles libres. Les lettrés coréens forment un ordre d'état à part, et se distinguent par deux plumes attachées à leurs bonnets. Ils subissent plusieurs examens, comme à la Chine; mais leur savoir se borne à la morale de Khoung-tsu ou Confucius. Ils se servent de la langue et des caractères chinois; la langue coréenne vulgaire en est très différente, et, comme celle des Mandchoux, elle a son alphabet particulier. Ils écrivent avec des pinceaux faits en poils de loup [1], et impriment leurs livres au moyen de figures en bois. La langue des Coréens est trop peu connue pour être appréciée. Elle contient quelques mots chinois et mandchoux; mais la principale masse des mots parait n'appartenir ni à l'une ni à l'autre de ces langues [2]. Serait-elle un dialecte voisin de celui des habitants des îles Iesso et des Kouriles? ou la Corée et le Japon auraient-ils possédé une langue et une nation indigènes, avant de recevoir des colonies de la Chine et de la Mandchourie? c'est aux voyageurs futurs à jeter quelque jour sur ces questions. »

Le costume des Coréens ressemble un peu à celui des Chinois; il se compose d'une

---

[1] *Kircher*, China illustrata, p. 232. *Nieuhof*, Ambassade, part. II, p. 403. — [2] Soixante-seize mots dans *Witsen*, Nord-and-Oost Tartarye, I, p. 52. *Hervas*, Arithmetica, p. 149. Le *Pater Noster* en prétendu coréen, dans l'*Oratio Dominica* de M. *Marcel*, p. 26, parait à M. Adelung être écrit dans le dialecte chinois.

longue robe ouverte, à grandes manches, d'un bonnet de forme carrée, ordinairement fourré, de bottines en cuir, en coton ou en soie. La coiffure des riches est un chapeau dont les bords ont 3 pieds de large, et dont la coiffe pointue a près de 9 pouces de hauteur. Sous la robe une sorte de tunique descend jusqu'aux genoux et laisse voir de larges pantalons. Les hommes conservent leur barbe et rasent leurs cheveux; les femmes les réunissent en une grosse touffe derrière la tête; elles portent, comme les hommes, une robe ouverte, mais qu'elles recouvrent d'une autre plus courte.

« La philosophie de Confucius est ici, comme à la Chine, la doctrine dominante parmi les grands et les lettrés. Mais la religion de Foé ou Bouddha a beaucoup d'adhérents. Les ambassadeurs de Corée ont dit aux missionnaires de Péking que les bonzes, tenus dans un état d'abjection, étaient obligés de construire leurs temples hors de l'enceinte des villes. Il y a des ordres monastiques ou des associations religieuses dont les membres mènent une vie austère, souffrent avec patience des persécutions très dures, observent une foule de cérémonies, et ne recueillent pour fruit de tant de peines que le mépris universel. Parmi ces moines, il y en a qui, d'après leur règle, doivent porter la tête et le menton rasés, s'abstenir de viandes et fuir l'aspect des femmes. »

Cette dernière règle est tellement rigoureuse, que le moine qui l'enfreint est condamné à la bastonnade, et de plus chassé du couvent. Il y a de ces maisons religieuses qui renferment jusqu'à 500 moines. A l'époque où on les y admet, on leur imprime au bras une marque ineffaçable, qui sert à les faire reconnaître s'ils osaient quitter la vie monastique pour la vie civile. La plupart travaillent pour gagner leur subsistance; les uns instruisent les enfants, les autres font quelquefois un petit commerce, et ceux qui sont trop âgés pour travailler font la quête ou demandent l'aumône. Il y a aussi des couvents de femmes, mais elles n'y sont point soumises à une règle aussi rigoureuse; elles peuvent en sortir pour se marier.

L'agriculture est beaucoup plus avancée chez les Coréens que chez les Mandchoux, leurs voisins. Le sol est cultivé avec soin jusqu'au sommet des montagnes, grâce aux soins que prend le cultivateur d'y transporter de la terre végétale, et de l'y retenir au moyen de terrasses construites en pierre sèche. La culture la plus répandue est celle du riz, qui forme la principale nourriture des habitants.

L'industrie des Coréens est assez avancée; ils fabriquent avec du coton un papier très blanc et très fort. Ils font des éventails, des papiers peints pour tenture, et des toiles de lin très fines [1]; des étoffes de soie et de coton, de la faïence et de la porcelaine, des fusils et d'autres armes; mais leurs canons ne sont pas meilleurs que ceux des Chinois. Ils font avec des roseaux et des feuilles de graminées des nattes, des chapeaux, des sandales, des cordages et des voiles. Ils fabriquent en poils de queue de loup des pinceaux fort estimés en Chine.

« Les Chinois achètent ces divers objets en échange des thés et des soieries. Les Coréens font aussi quelque commerce avec les Japonais. C'est à *Khing-chan* que les bâtiments japonais apportent leurs marchandises, telles que du poivre, du bois odoriférant, de l'alun et des cornes de buffle. Les Coréens leur donnent en échange du plomb, du coton, de la soie brute, des racines de ginseng. Les paiements se font en petits lingots d'argent : il n'y a de monnaie qu'en cuivre.

» La Corée, originairement divisée en plusieurs petits Etats, fut subjuguée et civilisée par des aventuriers chinois, dont le chef était le prince Khi-tsu. Les sages lois données par ce conquérant firent naître un siècle d'or; mais cette époque heureuse remonte à plus de mille ans avant l'ère vulgaire. Il paraît certain que les Japonais, les Mandchoux et les Chinois ont tour à tour soumis la Corée; ces derniers seuls s'y sont maintenus. »

Le pays est gouverné par un monarque héréditaire, tributaire de la Chine, et qui, lors de son avénement au trône, reçoit à genoux l'investiture de ses Etats, et le titre de *Kouéouang* (roi), de deux mandarins envoyés par l'empereur. Après cette cérémonie, un ambassadeur du nouveau souverain va présenter le tribut à l'empereur. L'épouse légitime que choisit le roi de Corée ne peut prendre le titre de reine qu'avec le consentement de la cour de Péking.

« Cependant, chez lui, ce roi est despote

[1] *De Guignes*, Voyage à Péking, I, 410-411.

ASIE. — EMPIRE CHINOIS : ROYAUME DE CORÉE.

absolu ; une cour nombreuse, un sérail bien fourni, augmentent l'éclat de son trône. Tous les habitants sont tenus de travailler pour le souverain pendant trois mois ; et aux revenus considérables de ses domaines, le prince ajoute le produit de la dîme royale levée en nature sur toutes les productions quelconques. Il paraît, par la relation de Hamel [1], que les nobles exercent, chacun dans ses terres, un pouvoir féodal très oppressif. »

Le seigneur a le droit de vie et de mort sur ses serfs, et toutes les terres sont censées appartenir au roi. Il n'y a pas de propriétés particulières : les champs sont partagés également entre tout le monde. Cependant la classe moyenne et libre, qui comprend les négociants et les industriels, est la plus nombreuse. Le monarque a son conseil d'État composé des ministres et des principaux officiers de terre et de mer ; les fonctionnaires publics n'occupent leurs emplois que pendant environ l'espace de trois ans ; cela tient au système d'espionnage entretenu par le gouvernement, d'où il résulte que plus un homme est élevé en dignité, plus il est exposé aux attaques des envieux et des délateurs.

L'administration du pays est tout-à-fait militaire ; chaque province est administrée par un général, chaque département par un colonel, chaque district par un capitaine, et chaque commune par un caporal. Tous les ans le subalterne envoie à son supérieur un état présentant le nombre des hommes qu'il a sous sa dépendance ; de cette manière le gouvernement connaît le nombre de troupes dont il peut disposer. Suivant Hamel, les religieux mêmes ne sont point exempts du service militaire, mais ils forment des corps particuliers, destinés à tenir garnison dans les forteresses qui occupent les défilés des montagnes, et ils sont commandés par des officiers choisis dans leur ordre. Les soldats de toutes armes s'équipent à leurs frais.

« Le militaire, extrêmement nombreux, serait peu redoutable à des Européens : un mauvais mousquet, un arc et un fouet arment les soldats ; quant aux bâtiments de guerre, ils sont supérieurs à ceux de la Chine, et paraissent imités des galères portugaises ; ils sont munis de canons et de pots à feu.

» D'après une relation moderne, les Japonais seraient suzerains d'une partie de la Corée [1] ; mais M. de Krusenstern pense que la domination de l'empereur du Japon se borne à l'île de *Tsou-sima*, située dans le détroit de Corée ; et nous ajouterons même qu'aujourd'hui cette île, dont nous parlerons plus tard, appartient entièrement aux Japonais.

» Les deux chaînes de montagnes qui traversent la Corée et le Japon semblent se rapprocher et se continuer sous la surface de la mer, en formant une suite de petits archipels qui s'étend du Japon vers l'île de Formose. Dans cette région maritime peu connue, nous trouvons le royaume de *Lieou-Khieou*, État assez florissant et digne de nous intéresser. Les premiers bons renseignements qu'on en a eus sont dus à un ambassadeur chinois nommé Soupakouang, qui y fut envoyé en 1719, et dont le P. Gaubil, missionnaire, a extrait la relation [2].

» Kœmpfer, à la vérité, en avait parlé le premier sous le nom d'îles de Liquejo, mais d'une manière obscure.

» Selon Gaubil, ces îles, ainsi que nous venons de le dire, forment, depuis l'île de Kiousiou, la plus méridionale des grandes îles du Japon, une espèce de chaîne, ou plutôt une suite de petits archipels qui aboutit à l'île Formose. Il y en a en tout trente-six, sans compter celles qui relèvent du Japon. Au sud de Kiousiou sont sept petites îles, et une grande appelée *Tanaxima* : elles dépendent de l'empire du Japon. Au sud de ces sept îles on en rencontre huit autres qui appartiennent au roi de Lieou-Khieou. On les nomme *Oufou-Chima*, c'est-à-dire *îles d'Oufou*. La principale s'appelle *Oufou* dans le pays, et *Tatao* chez les Chinois, c'est-à-dire *Grande-Île*. Ces îles sont fertiles et peuplées, à l'exception de *Kikiaï*, qui cependant partage avec Oufou ses forêts de beaux et grands cèdres.

« Au sud-ouest de ces îles est la grande île de *Lieou-Khieou*. Sa longueur, du sud au nord, serait de 60 lieues environ, selon le P. Gaubil, mais elle n'est que de 24 lieues d'après

---

[1] Voici le titre exact de la relation originale de Hamel. *Journal van de ongelukkige voyagie van t'jacht de Sperwer, gedestineerd na Tayowan in t'iaar 1653; noë t'selve iacht op' Quelpaerts eyland is gestrant; als mede een pertinente beschryvinge der landen, provintien, ste en ende forten leggende in t'koningryk Corea, door Hendryk Hamel.* Rotterdam, 1668, in-4°.

[1] Correspond. de Zach, I, 51. — [2] *Lettres édifiantes*, XIV.

v.

les voyageurs anglais. Le roi demeure dans la partie méridionale, près de la ville royale, qui a un port nommé *Napakiang*. A l'ouest de cette grande île, il y en a dix autres bien peuplées et abondantes, si on en excepte *Lunghoang-Chau*, c'est-à-dire l'île du Soufre, parce qu'on y en recueille beaucoup. A l'est de Formose on en voit encore dix-sept qui dépendent du roi de *Lieou-Khieou*.

» La grande île était partagée, il y a environ 400 ans, en trois Etats; ce qui l'a fait nommer, dans quelques cartes, l'*île des Trois-Rois*. Découvertes dans le septième siècle par les Chinois, ces îles n'ont été subjuguées que sept siècles plus tard. L'île de Lieou-Khieou abonde en riz, blé, légumes, melons, ananas, orangers, citrons, limons, thé, gingembre, poivre, camphre, bois de teinture et de chauffage, soie, cire, sel; on y trouve aussi du corail et des perles. Les animaux sont des bœufs, des moutons, des chevaux, des cerfs et de la volaille.

» Les habitants sont fort polis, et ont pour prêtres des bonzes, la plupart élevés au Japon. Les livres de religion, de morale et de sciences sont en caractères chinois, mais dans l'usage ordinaire on se sert de ceux des Japonais. Leur langue est différente de celle des Chinois, quoique composée de beaucoup de mots de l'une et de l'autre nation. L'empereur Kyang-Hi, en 1720, y établit une bibliothèque, et ordonna que dans l'île principale on bâtit un temple à Confucius.

» On trouve dans ces îles des manufactures de papier, de soie et d'armes. Il y a de bons ouvriers en or, argent et autres métaux. Leurs bâtiments de mer sont très recherchés à la Chine et au Japon.

» Le roi de Lieou-Khieou paie à l'empereur de la Chine un tribut annuel qui consiste en soufre, cuivre, étain, corail et nacre de perles. Ce prince ne peut choisir une épouse que dans les trois principales familles du pays; on ne sait rien sur ses revenus et sa puissance.

» Avec ces renseignements, donnés par les missionnaires, on peut aujourd'hui comparer la relation du capitaine W. Broughton. Selon ce navigateur anglais, l'Etat de Lieou-Khieou, ou, comme il le nomme, de *Leutcheu* ou *Leoutcheou*, consiste en deux groupes d'îles, dont le plus méridional et le moins considérable des deux porte le nom d'îles *Madjiko-sima:* la plus grande de ce groupe est l'île *Typinsan*, qui est aussi la plus proche des îles Leoutcheou proprement dites, lesquelles sont à peu de distance de là, en remontant vers le nord-est. L'île appelée la grande Lieou-Khieou, qui s'étend du sud au nord, a environ 84 milles ou 35 lieues de long, sur 18 milles dans sa plus grande largeur : elle est la principale de ce dernier groupe. Le port et la ville de *Napchan*, siége du gouvernement auquel toutes ces îles sont soumises, et capitale de ce petit Etat, seraient, selon Broughton, situés au nord-ouest. Les habitants des îles Lieou-Khieou et Madjico-sima se ressemblent, et paraissent plutôt Japonais d'origine que Chinois. Ils parlent et écrivent la langue du Japon, avec lequel ils sont en relation de commerce. Ils commercent aussi avec la Chine, dont ils sont tributaires, et avec l'île Formose. Ils élèvent des chevaux, du gros bétail, et une race fort grande de cochons, très différente de celle que l'on trouve en Chine (¹).

» Il paraît que l'île *Typin-san*, du navigateur anglais, est le *Taypin* des missionnaires. Ceux-ci donnent à un très petit groupe d'îles au sud-ouest de Lieou-Khieou, le nom de *Matchi* : c'est évidemment le même nom que celui de *Madjiko-sima* chez Broughton ; car *sima* n'est que l'équivalent du mot *île*; mais Broughton l'étend à tout le groupe méridional. La ville principale de Lieou-Khieou est au nord selon l'Anglais, et au sud selon les missionnaires; les uns parlent du port, les autres de la ville proprement dite. L'étendue de cette île a été exagérée dans les anciennes relations. Enfin, la différence dans l'orthographe provient de ce que le *k* chinois, semblable au *k* suédois, n'a ni la valeur du *tch* anglais, ni celle du *k* français; on ne peut l'exprimer qu'imparfaitement par la réunion de plusieurs de nos consonnes, comme par exemple *tk* ou *tgh*. Ainsi les voyageurs ont dû varier dans leur manière d'écrire le nom des îles de Lieou-Khieou, si dignes d'un examen plus détaillé. »

Klaproth a donné, d'après les relations et les cartes des Chinois et des Japonais, une description de ces îles. Nous en extrairons les détails suivants. Elles portent chez les Chinois le nom de *Lieou-Khieou*, que les Japonais pro-

(¹) Broughton, Voyage of Discovery, pag. 241, 250, etc., etc. (in-4º).

noncent *Riou-Khiou*. Les premiers leur donnent aussi celui de *Loung-Khieou*, qui signifie *dragon cornu*, et que les Japonais prononcent *Rio-Kiu*, mais les habitants les appellent *Doutchou*. Cependant leur véritable nom, leur nom indigène, est *Oghii*, dont les Japonais ont fait *Voki*, que l'on peut traduire par *mauvais diables*.

Les insulaires de Lieou-Khieou font remonter l'origine de ce royaume à la plus haute antiquité, puisqu'ils comptent vingt-cinq dynasties successives, dont la durée formerait une période de plus de 18,000 ans. Mais tenons-nous-en aux renseignements historiques puisés chez les Chinois.

La dynastie régnante date de l'an 1165 de notre ère; elle est d'origine japonaise. Le trentième de ces princes fut confirmé en 1815 par la cour de Péking. « Quoique le gouvernement » chinois, dit Klaproth, s'arroge la suzeraineté sur le royaume de Lieou-Khieou, et que, » suivant les usages et l'opinion des Asiatiques » orientaux, elle soit constatée par les ambassades qui, tous les deux ans, portent des » présents à Péking, et par un sceau en chinois et en mandchou envoyé au roi, cependant ce pays, par sa position entre la Chine » et le Japon, est aussi obligé de se reconnaître vassal de ce dernier empire, et envoie » de temps en temps des ambassades à son souverain. Les présents qu'elles portent sont des » sabres, des chevaux dressés, du *cheou-tai-hiang*, espèce de parfum; de l'ambre gris, » des vases pour parfumer, du *taï-fée* ou *taï-phing-pou*, sorte d'étoffe; des tissus faits » d'écorces d'arbres, des tables en laque incrustées en coquillages verts ou en nacre de » perles, de la garance, du *ghielam*, sorte » d'étoffe de soie, et du vin qui mousse. En » retour, l'empereur du Japon donne 500 pièces de monnaie d'argent, 500 paquets de » pièces d'ouates de soie. Le chef de la légation reçoit 200 pièces d'argent et 10 habillements complets; les autres personnes qui en » font partie ont entre elles 300 pièces d'argent (¹). »

La grande Lieou-Khieou se partage en trois provinces: Tchoung-chan au centre, Chan-pé au nord et Chan-nan au sud. *Tchoung-chan* ou *Tchou-san*, d'après la prononciation japo-

(¹) Klaproth : Description des îles de Lieou-Khieou, extraites de plusieurs ouvrages chinois et japonais.

naise, signifie la montagne du Milieu. Elle est divisée en 14 *fou* ou juridictions; c'est dans cette province que se trouve la capitale, appelée *Cheou-li* ou *Tsiou-ri* en japonais, c'est-à-dire capitale, ou bien encore *Vang-tchhing* (ville royale). Elle est dans un vallon environné de hauteurs qui lui donnent un aspect pittoresque. Au sud de la ville est le temple de *Fafan-Koung* ou des huit étendards. Au sud-ouest, et dans l'intérieur, on remarque la sépulture des rois, ainsi que le mont *Hou-thsouy-fung* ou la cime des Tigres assemblés, qui s'élève derrière le palais du souverain. A sa base on voit un petit temple sans idole, où l'on brûle des parfums en l'honneur de la terre.

Nopa-Kiang, en japonais *Naka-Koui*, le principal port de l'île, est à 2 lieues à l'ouest de la capitale. Sa ville est située sur une petite île jointe par un pont à celle de Lieou-Khieou. A une demi-lieue du port se trouve le *Yng-nghen-thing*, en japonais *Ky-on-ty*, ou la cour dans laquelle on va au-devant des bienfaits de l'empereur. C'est là que débarquent les ambassadeurs chinois. Ce bâtiment renferme de grandes salles et une bibliothèque; ses jardins sont ornés de kiosques et de tours; au-dehors on remarque une grande table en pierre sur laquelle est gravée en caractères chinois une notice sur tous les hommes de mérite anciens et modernes qui appartiennent aux îles Lieou-Khieou. Les autres constructions remarquables des environs sont le magnifique temple de la princesse céleste (*Thian-fey-miao*) et le long pont de l'arc-en-ciel (*Tchhang-houn-gkhiao*), qui n'a que 5 pieds de largeur sur une demi-lieue de longueur: il est jeté sur un lac qui communique avec la mer.

Un autre port moins commode, mais plus fréquenté, est celui d'*Ou-ting* ou *Vou-tchhing*, au nord-ouest aussi de la capitale, sur une baie du même nom, et près d'une montagne conique appelée en chinois *Thian-Khieou-chan*, en japonais *Ten-Kou-san* ou mont du Ciel éternel, et par les insulaires *Igouchkound*, c'est-à-dire le Château. La grande Lieou-Khieou n'ayant par d'autre pic, il sert de point de reconnaissance au navigateur.

Outre les lieux que nous venons de décrire, la province de Tchoung-chan renferme douze autres chefs-lieux de districts ou *fou*, dont les noms sont *Tchoung-youon, Sy-youan, Ching-*

lian, Kiou-tchi-tchhouan, Yu-na-tchhing, Yue-lay, Tchin-ho-tchy, Nan-fung-youan, Thian-phou, Po, Siouan-ye-van et Mey-ly.

La province de Chan-pé (au nord des montagnes), dont le nom se prononce San-bok chez les Japonais, renferme dix districts. Sa capitale est Kin-kouei-jin en chinois et Kon-ki-nin en japonais; située sur la côte occidentale, elle possède un port qui ne peut recevoir que de petits navires. Les autres principaux lieux de cette province sont: King-vou, Khieou-tchy et Ta-y-vy.

La province de Chan-nan, en japonais San-nan (au sud des montagnes), se divise en douze districts. Ta-li, en japonais Day-ri, sur la côte orientale, paraît en être la capitale. Les autres villes sont: You-tchhing, la ville des pierres précieuses, sur la frontière septentrionale; sur la côte orientale, Tso-fou, Tchy-nian, Kiu-tchy-tcheou et Ma-ven-jin; sur la côte méridionale, Hy-vo-vou, Tchin-pii et Kao-ling; enfin sur la côte occidentale, Kian-tchhing, Foung-Kian-tchhing et Siao-lou.

Au nord-ouest de Kian-tchhing, s'élèvent, du sein de la mer, les Ma-tchy, ou dents de cheval, écueils ou petites îles rocailleuses. A l'ouest de ces îlots se trouve Kou-mi-chan ou Komi-sang, en japonais Kou-mi-yama, que les habitants nomment Amakirrima. Cette île est remarquable par un volcan qui brûle encore. A l'est, et à peu de distance de la grande Lieou-Khieou, s'étend une chaîne d'îles réunies par un récif de corail qui rend cette côte dangereuse; les plus grandes, en allant du nord au sud, sont: Yky, Pin-tao, Tsin-kian et Khieou-kao.

Au sud-ouest le groupe de Madjiko-sima, se compose de sept îles. La principale est Tai-phing-chan, en japonais Ta-fee-san, en grande partie entourée de récifs; sur sa côte septentrionale s'élève un monument, c'est le temple de Miako. Les autres îles sont: Y-ki-ma, Y-liang-poo, Mian-na, Ta-la-ma, Kou-li-kian et Ou-ko-ma.

Un autre groupe de sept grandes îles et de quelques unes plus petites est situé entre les Madjiko-sima et Formose. La plus considérable est Pa-tchoung-chan, que les habitants nomment Ya-yama. Elle a environ 7 lieues de longueur, est très fertile et renferme 28 villages. Parmi les autres îles nous citerons Fou-vou, Khieou-li-tao, Po-tchao-kian, Sin-tchhing, Yeou-na-kou-ni, Kou-mi et Po-tou-ma.

Enfin, au nord de la grande Lieou-Khieou on voit une dizaine d'îles appelées Tou-ming-hy, Sou-koué, Ye-pie-chan, Yeou-lun, Yeou-liou, Ou-ky-nou, Te-tao, Kia-ki-liou-ma et Ta-tao, ou la grande île (Oo-sima), qui renferme 41 villages. Les habitants la nomment ordinairement la petite Lieou-Khieou, mais il ne faut pas la confondre avec une autre petite Lieou-Khieou, située au sud de Formose. La plus septentrionale de ce groupe est Ki-kiai, dont les habitants passent pour sauvages et barbares. On compte dans toutes ces îles 260 villages. Elles font partie du royaume de Lieou-Khieou. Leur sol, généralement fertile, produit du vin, du camphre et un arbre qui ressemble au cèdre, et dont le bois, appelé kian-mou et iseki, est très recherché parce que jamais il n'est attaqué par les vers.

Quant aux productions des autres îles, elles sont très variées; aussi n'y voit-on point de mendiants, ce qui tient à la fertilité du sol et à la douceur de la température. Les relations japonaises nous apprennent qu'on n'y connaît ni la gelée ni la neige. On y récolte du poivre, qui est le véritable poivre de l'Inde, tandis que celui de la Chine est le piment; du tabac excellent, du brésillet, bois de teinture appelé par les Portugais bois du Japon, et dont on obtient une couleur rouge; des fleurs de carthame, que l'on emploie aussi pour teindre; enfin plusieurs substances minérales, telles que du cuivre, du zinc et du soufre. On trouve ce soufre en grande quantité dans le cratère d'un ancien volcan de l'île Loug-houang-chan, ou mont du soufre, appelée aussi Yeou-kia-phou, c'est-à-dire rivage des bannis.

Les habitants du royaume de Lieou-Khieou honorent la divinité en brûlant en plein air des parfums sur une pierre qui lui est consacrée. Ils ont, comme les Chinois, un grand respect pour les morts; on brûle les cadavres, et les parents en conservent les cendres.

La religion dominante est celle de Fo ou de Bouddha: elle y a été introduite depuis plus de dix siècles. Il y a des femmes qui se consacrent au service de la divinité; comme prophétesses elles jouissent d'une grande considération; elles s'occupent aussi de la guérison des maladies, qu'elles tâchent d'effectuer par des prières.

Les prêtres de Bouddha, qui portèrent leur religion dans les îles de Lieou-Khieou, y introduisirent en même temps des caractères d'écriture chinois, de sorte que l'on peut par leur moyen, dit Klaproth, se faire comprendre des insulaires, même en ne sachant pas leur langue. C'est ce qui arriva en 1828 au capitaine anglais Becchey lorsqu'il débarqua à la grande Lieou-Khieou. L'idiome que l'on parle dans ces îles paraît consister en deux ou trois dialectes du japonais.

La polygamie est permise dans ces îles. Les jeunes gens des deux sexes communiquent librement ensemble, en sorte que le mariage est la conséquence d'un choix volontaire et réciproque. On ne cache les femmes qu'aux regards des étrangers.

Comme il n'y a en circulation qu'un petit nombre de pièces d'argent et de cuivre chinoises et japonaises, on emploie le riz pour le principal signe d'échange.

Le roi est le plus riche propriétaire. Indépendamment de ce que ses domaines lui rapportent, il jouit des revenus du produit des mines de soufre, de cuivre, d'étain et des salines. Les impôts vont aussi remplir son trésor.

La noblesse se partage en neuf classes; la première se divise en trois branches: les *Thian-thsao-szu* ou mandarins du ciel, les *Thi-thsao-szu* ou mandarins de la terre, et les *Jin-than-szu* ou mandarins des hommes (¹).

LIVRE CENT QUARANTIÈME.

Suite de la Description de l'Asie. — Empire chinois. — Cinquième section. — Le Tibet et le Boutan.

« Avant de parcourir la Chine proprement dite, complétons la description des provinces ou des pays tributaires de l'Empire chinois par celle du Tibet, de cette contrée mystérieuse et sacrée, berceau de plus d'un système religieux, et dans le sein duquel la superstition a élevé son trône à côté du trône de l'hiver. Mais les regards de la géographie profaneront-ils jamais cette terre sainte du bouddhisme, où un prétendu vicaire de Dieu règne sur des rochers, des forêts et des couvents?

» L'intéressante relation que Marco-Polo (¹) a donnée sur le Tibet, et qui a été traitée jusqu'à présent avec un dédain injuste, est cependant plus instructive que celle que donna le P. Andrada en 1626; et ce ne fut que dans la première moitié du dix-huitième siècle que les missionnaires de Péking recueillirent des notions plus certaines. Un capucin, Horatio della Pinna, passa même dix-huit ans dans la capitale du Tibet; mais ses observations furent mal dirigées (²). Deux courses rapides des Anglais, envoyés auprès d'un des princes ecclésiastiques du Tibet méridional (²), quelques lumières tirées des manuscrits en langue tibétaine, trouvés chez les Kalmouks (³), et quelques relations verbales des sujets russes attachés à la religion du Dalaï-Lama, voilà tout ce que l'on possédait de renseignements, il y a peu d'années, sur un pays aussi singulier, aussi intéressant sous le rapport moral que sous le rapport physique.

» Nous comprenons ici sous le nom de *Tibet* toutes les contrées qui s'étendent au nord de l'Hindoustan, à l'est du Turkestan indépendant, au sud du Turkestan chinois, à l'ouest de la Chine, et au nord-ouest de l'empire Birman. Dans cette vaste enceinte, le *Petit-Tibet* ou l'État de *Ladak* à l'ouest, ainsi que le *Boutan* au sud, peuvent être considérés comme des pays à part. Du côté du sud-est la limite est très peu connue. Enfin, du côté du nord, il paraît qu'il existe des provinces entières que nous ne connaissons pas. »

(¹) Voyez notre tome Ier, p. 236, 237. — (²) *Horatio della Pinna*, Relazione del principio e stato presente della missione del vasto regno del Tibet, etc. Rome, 1742 (in-4°).

(¹) Klaproth : Description des îles Lieou-Khieou. — (²) *Bogle* en 1774, et *Turner* en 1784. — (³) *Georgii*, Eremitæ, Alphabetum tibetanum. Romæ, 1762 (in-4°).

Le *Tibet*, ou mieux *Tubet*, renfermé dans les limites indiquées ci-dessus, occupe, de l'est à l'ouest, une longueur de 650 lieues; il en a environ 200 dans sa plus grande largeur du nord au sud. Ce pays est mentionné dans les annales chinoises, depuis le sixième siècle de notre ère, sous le nom de Tubet, que l'on a prétendu à tort venir du mongol (1). Cependant les Chinois le nomment *Si-zzang* ou *Si-dzang*, c'est-à-dire *Dzang occidental*.

Il est séparé de l'Hindoustan par la gigantesque chaîne de l'Himalaya ou Himaleh, c'est-à-dire *séjour de la neige*, chaîne qui était connue des anciens sous les noms d'*Imaüs* et d'*Hemodus*, et qui surpasse en hauteur les plus hautes montagnes de l'ancien et du nouveau continent. Nous avons donné un aperçu général de cette chaîne, ainsi qu'un tableau de ses principales cimes; mais si nous profitons des renseignements tirés des auteurs chinois, nous pourrons entrer ici dans quelques détails à ce sujet.

Les Tibetains distinguent deux sortes de montagnes; celles qu'ils appellent *Ri* et celles qu'ils nomment *La*, c'est-à-dire celles qui sont dépourvues de chemins et celles par lesquelles passe une route (2). Ainsi ils indiquent dans la province de Ngari, le mont *Kaïlas*, en tibetain *Gang-dis-ri*, ou la montagne couleur de neige (3), dont la circonférence est de 14 lieues, et qui forme le nœud de plusieurs chaînes, telles que celle de *Sengghi-kabab-gang-ri*, au nord-ouest; le *Ghioouké-mantsian-tang-la*, au nord-est; le *Manak-nil-gang-ri* et le *Damtchouk-kabab-gang-ri*, au sud-est. Les principales montagnes traversées par des routes dans la même province, sont le *Lang-la* et le *Tsa-tsa-la*, qui forment deux chaînes de 14 à 16 lieues de longueur. Les chemins sont très roides, très difficiles et souvent même dangereux, bien qu'ils passent rarement par des glaciers, mais parce qu'il y croit une herbe grasse qu'il faut avoir soin d'éviter, car les voyageurs ou les bêtes de somme qui mettent le pied dessus glissent facilement, tombent, et quelquefois même roulent dans les précipices.

Dans la province de Thzang, les principales montagnes qui ne sont point traversées par des routes sont le *Damtchouk-kabab-gang-ri*, que nous avons déjà nommé; le *Kouboun-gangtsian-ri*, couronné d'un énorme glacier; le *Siertchoung-ri*, dont la cime se présente comme un nuage blanc, à la distance de 10 lieues; le *Dorgou-ri*, couronné par sept pics pyramidaux; et le *Ganggar-chami-ri*, dont la roche blanche se confond avec ses neiges. Parmi les onze autres montagnes que traversent des routes, nous ne citerons que le *Djema-la*, ou la *montagne de sable*, et le *Mar-young-la*, ou *celle de la splendeur*.

La province d'Oui, ou d'Ouei, nous offre, parmi ses nombreuses montagnes, le *Yarla-chamboï-gang-ri*, ou la *montagne neigeuse du pays de Bouddha*, existant par lui-même, terminée par un grand pic et un plus petit, tous deux couverts de neige; le *Dza-ri* ou *Dzi-ri*, dont le plateau est couvert de plus de 100 lacs, grands et petits; le *Niantsin-tangla-gang-ri*, ou la *montagne des champs de neige*, *de la divinité qui rend des oracles*, située près du lac appelé *Tengri-noor*, et couverte de grands amas de neige qui ne fondent jamais; le *Samdan-gandja-ri*, ou la *montagne neigeuse de la contemplation divine*; le *Doukla-ri*, ou la *montagne du couvercle précieux*, hérissée de rochers escarpés, qui ne permettent pas de la traverser, et d'où sortent une foule de sources et de torrents qui roulent avec un fracas terrible; le *Sighin-oulan-tolokhaioohla*, en mongol la *montagne de la tête rouge du Sighin*, qui donne naissance au fleuve Hoang-ho; le *Khootsin-dabahn*, montagne par laquelle passent tous les chemins qui conduisent de Si-ning-fou ou Si-ning-oeï, et de Thao-tcheou, villes du Kan-sou, dans les provinces d'Oui et de Dzang; enfin le *Yangra-la*, ou la *montagne du bonheur*.

Dans la province de Kam, nous citerons le *Damou-young-djoung-gang-ri*, ou la *montagne de neige fortifiée par le Young-djoung*, ou la *croix bouddhique qui s'y trouve sculp-*

---

(1) Suivant le P. Hyacinthe, le véritable nom de ce pays est *Bot* ou mieux *Bot-ba*, que les Mongols remplacent par *Tu-bot*. Mais Klaproth a fait observer à ce sujet que le nom de *Tubet* ne peut pas être d'origine mongole, puisque, dès le sixième siècle, il se retrouve dans les annales chinoises sous la forme de *Thou pho*, que les missionnaires et De Guignes ont mal rendu par *Thou fan*. Au sixième siècle les peuplades mongoles habitaient encore trop au nord pour avoir des relations avec ce pays. — (2) Une montagne par laquelle passe un chemin, est appelée en tibétain *la*, en chinois *ling*, et en mongol *dabahn*. — (3) *Gang* signifie neige en tibetain, *dis*, couleur, en fan ou sanskrit, et *ri*, montagne, en tibetain.

tée sur un rocher; et le *Dordsi-yuldjoum-ri*, ou la *montagne des Génies*, que les Chinois nomment *Kin-kang*, parce qu'elle est droite comme une bougie, et dont la roche renferme des turquoises. On y signale le *Charo-la*, ou la *montagne de la corne de cerf*, et trois autres montagnes traversées par des routes; mais le précipice appelé *Dzagari-manitou*, à 40 lieues au nord-ouest du bourg de Li-tang, mérite quelque attention; la roche qui le compose est noire; il est chargé d'inscriptions en *fan* ou sanskrit, et d'un grand nombre d'images de Bouddha et d'autres divinités.

La chaîne de l'Himalaya offre une particularité remarquable : sur la pente méridionale, la limite des neiges est à la hauteur de 1950 toises au-dessus du niveau de l'Océan, tandis que sur le versant septentrional, où il semble qu'elle devrait être à une élévation moins grande, elle est au contraire à plus de 2,600 toises; mais cette différence s'explique par le rayonnement qui se développe sur le vaste plateau auquel l'Himalaya est adossé.

Suivant M. Fraser, le versant méridional de ces montagnes est beaucoup moins boisé que celui du nord; sur celui-ci s'étendent de superbes forêts, tandis que l'autre montre à peine quelques arbres, et très peu d'autres végétaux. La cause de cette différence entre les deux versants est due à l'effet inégal des rayons solaires, et au souffle dominant de certains vents qui, sur le versant méridional, hâtent la décomposition des roches; ce qui empêche qu'il se forme, comme sur l'autre versant, un terreau favorable à la végétation.

Nous avons vu qu'il existe des volcans dans les chaînes de l'Asie centrale, mais les montagnes du Tibet n'en sont pas dépourvues. Dans la partie la plus haute de l'Himalaya, on en a signalé un en 1825 : nous en parlerons plus tard, parce qu'il appartient au territoire de l'Hindoustan. Dans la partie occidentale de la chaîne, le pic *Langour* paraît être un volcan éteint [1].

« Les principales vallées de cette chaîne se dirigent de l'ouest vers l'est, et ne s'ouvrent généralement qu'au sud-est. De semblables grands traits de la nature méritent d'être remarqués, même pour la vraie théorie de la terre. »

Les géographes chinois citent comme le plus

[1] Alphabet tibétain, p. 44.

grand fleuve du Tibet le *Yœrou-dzangbo-tchou*, c'est-à-dire le *fleuve clair de la frontière du côté droit ou de l'ouest*; il porte simplement le nom du *Dzang-tchou*, au sud de H'lassa; il a sa source près de la frontière occidentale de la province de Dzang, au pied du mont *Damtchouk-kabab-gang-ri*. Après un cours de 250 lieues, il entre dans celle de Oui, reçoit à gauche le *Galdjao-mouren*, ou *Kaldyao-mouran*, c'est-à-dire la *rivière furibonde*, qui vient de 40 lieues au nord; bientôt après il tourne au sud-est, parcourt environ 120 lieues dans la province de Oui, et traverse l'Inde pour aller se jeter dans l'Océan. Ce fleuve est en effet l'un des plus considérables de l'Asie; il est plus connu sous le nom d'*Iraouaddy*; la longueur générale de son cours est de 700 lieues géographiques, dont 370 selon les Chinois, et, selon nos cartes, 350 sur le territoire tibétain. En été, disent les géographes chinois, le Yœrou-dzangbo-tchou et ses grands affluents se gonflent considérablement par la fonte des neiges, et inondent les vallées dans lesquelles ils coulent. Au nombre de ces affluents nous citerons encore le *Lhabouk-dzangbo-tchou*, ou la *rivière claire de la caverne divine*, qui parcourt environ 40 lieues avant de se jeter dans le fleuve; le *Dzaka-dzang-tchou*, ou la *rivière claire, entourée de collines*, qui a 58 lieues de cours; l'*Oï-tchou-dzangbo-tchou*, ou *Dok-tchou*, c'est-à-dire la *rivière de la vallée étroite et profonde*, qui en a 52, et le *Niang-tchou*, qui en a plus de 80.

Un autre grand cours d'eau est le *Kin-cha-kiang*, ou la *rivière du sable d'or*, appelé en tibétain *Bouraï-tchou*, ou *Ba-tchou*, et en mongol *Mourouï-oussou*, ou *Mourous-oussou* Il est l'origine de l'immense Yang-tseu-kiang, et ne prend ce nom qu'après un cours de près de 400 lieues, et après s'être réuni au Ya-loung-kiang, près des frontières de la Chine proprement dite. Il est très profond, disent les Chinois, et reçoit les eaux de plus de dix grandes rivières et d'un nombre considérable de petites; les vapeurs qu'exhalent ses rives rendent lourd et malsain l'air qu'on y respire; les paillettes d'or qu'il roule lui ont valu son nom; cependant on lit dans la géographie des Ming, qu'à une époque très reculée il se nomma *Li-choui-ho*, puis *Chin-tchhouan*; sa source, ajoute le même ouvrage, est dans le pays des Thou-fan ou Tibetains, au pied du *Li-chy-chan*, c'est-à-dire *rocher du Yack* ou Buffle, ainsi appelé parce qu'il en a la forme. Le nom actuel de ce grand cours d'eau ne remonte pas au huitième siècle, puisque, dans l'histoire des Thang, on lit que Y-meou-siun, général du royaume de Nan-tchao, remporta, en 789 de notre ère, une grande victoire sur les Tibetains, près du Chin-tchhouan, et qu'il y fit rompre un pont en chaînes de fer, ce qui fut cause que plus de 10,000 ennemis trouvèrent la mort dans ses flots. Ce qu'il y a de remarquable dans ce fait historique, c'est qu'il prouve que depuis plus de dix siècles les ponts en chaînes de fer, invention toute moderne en Europe, sont en usage en Chine, et même dans des provinces éloignées.

La contrée montagneuse du Tibet renferme un grand nombre de lacs; les géographes chinois en citent une vingtaine. Le plus considérable est le *Tengri-noor*, ou *lac du ciel*, appelé aussi *Tchoungghem-noor*, improprement nommé *Terkiri* sur la plupart de nos cartes. Les Chinois lui donnent 60 lieues de largeur, et 100 de circonférence; il s'étend de l'est à l'ouest; la teinte bleue que présentent ses eaux lui a valu son nom. Il reçoit du côté de l'orient trois rivières, le *Djakha-soutaï*, le *Loosa-gol* et le *Dargou-dzangbo-tchou*, qui ont 20 à 30 lieues de cours.

Le *Maphan-dalaï*, nom composé de deux mots (le premier qui en tibétain signifie *qui surpasse tout*, et le second, qui en mongol veut dire *mer*), est celui d'un lac que les Hindous nomment *Manassarovar*; il est formé par les eaux qui découlent de la montagne à cime neigeuse, appelée *Lang-sten-kabab-gang-ri*; il a 4 lieues de largeur et 5 de longueur de l'est à l'ouest; sa circonférence n'est que de 18 lieues; l'eau en est verte et de bon goût, mais après midi, éclairée par les rayons solaires, elle réfléchit une vive lumière, semblable à celle des éclairs. Il est environné de montagnes séparées par quatre petites vallées ouvertes vers les quatre points cardinaux, et qui en forment les portes. Ce lac passe pour sacré chez les Hindous, et malgré les obstacles qu'ils ont à surmonter pour y arriver, les pèlerins s'y rendent en foule. Les Tibétains l'ont aussi en grande vénération, et viennent de très loin pour y jeter les cendres de leurs parents ou de leurs amis. On trouve sur ses bords du lapis-lazuli et le meilleur borax du Tibet. En 1820 on y découvrit une mine d'or fort riche, mais le gouvernement la fit fermer de suite.

Le *Lang-mathso* ou *Langga-mthso*, c'est-à-dire le *lac du bœuf*, est appelé par les Hindous *Ravanhrad*; il a environ 3 lieues de largeur du nord au sud, 8 de longueur et 30 de circonférence. Il reçoit les eaux de l'*Altan-gol*, ou *rivière d'or*, et donne naissance à celle du *Lang-tchou* ou *du bœuf*. Le *Ghiit-mthso-ghia-mthso*, large de 6 lieues, est formé de deux lacs qui se sont réunis, et que l'on désigne par leurs deux noms joints ensemble. Le *Darok-you-mthso*, ou le *lac des chevaux jaunes et des turquoises*, a 28 lieues de circonférence. Il a reçu ce nom de la couleur turquoise de ses eaux et des rochers qui l'entourent et qui ressemblent à des chevaux jaunes. Nous citerons encore le *Nam-mthso-shi-mthso* ou le *beau lac du ciel*, qui a 22 lieues de circonférence, le *Djabdjaya-tchaghan-dabsoun*, qui a 15 lieues de circuit, et dont les bords sont couverts de sel blanc; le *Lang-bou-mthso*, ou *lac du veau*, qui en a 22; le *Dzem-tsou-danak-mthso*, qui en a 10 et produit du borax; le *Goung-noum-thsavga*; le *Ligar-thsavga*, le *Linbou-thsavga*, l'*Yaghen-thsavga*, le *Nam-oyor-thsavga*, le *Kougoung-thsavga*, le *Biloo-thsavga*, le *Gumtsoum-thsavga* et le *Mani-thsavga*, dont le plus grand a 19 lieues, et le plus petit 5 à 6 de circonférence, et qui produisent tous du sel.

Nous terminerons cette longue énumération par un lac très remarquable, c'est le *Yar-brok-you-mthso*, ou *lac étendu des turquoises*, nommé aussi *Yar-mourouk-youmtso*, et *Yamthso-Baïdi*, ou *lac de Baïdi*, parce qu'il n'est pas loin de cette ville. Nos cartes le nomment *Palté*. Il a 46 lieues de circonférence; on le figure comme un vaste fossé d'environ 2 lieues de largeur, qui entoure une île de près de 12 lieues de diamètre; et les auteurs chinois nous apprennent que trois montagnes, appelées *Minaba*, *Yabo-tou* et *Sang-ri*, s'élèvent au milieu, dominées par de riches monastères. Les habitants laïques vivent de la culture et de la pêche. L'île, couverte d'une belle végétation, qui se marie agréablement avec les grandes constructions qui couvrent les trois montagnes, offre l'aspect le plus pittoresque. Sur la plus méridionale de celles-ci se trouve un couvent célèbre, où réside une femme que les Tibetains vénèrent comme une divinité, et qu'ils considèrent comme une incarnation de *Bhavani*; elle porte le nom de *Dordzi-pa-mo* (la sainte mère de la Truie). Les différents monastères de cette île sont habités, les uns par des moines, les autres par des religieuses, et placés sous sa direction; une trentaine de religieux forment sa cour; elle ne sort qu'en grande pompe de son habitation et de son île; lorsqu'elle se rend à H'lassa, on la porte sur un trône couvert d'une vaste ombrelle; des thuriféraires la précèdent, et lorsqu'elle fait son entrée dans cette capitale, tout le peuple s'empresse autour d'elle pour recevoir sa bénédiction, qu'elle donne en faisant baiser le sceau destiné à sanctionner les actes de sa divine puissance (¹).

La hauteur des montagnes et des plateaux du Tibet rend généralement froid le climat de cette contrée. Cependant c'est tout le globe celle qui présente des habitations sur les lieux les plus élevés; ainsi la ville de Daba est à 4,786 mètres au-dessus du niveau de l'Océan, c'est-à-dire presque à la hauteur du sommet du Mont-Blanc; à cette élévation, les vallées jouissent d'un climat assez tempéré; celles qui sont moins élevées sont même chaudes, et la plupart très fertiles. Mais les habitants des hautes montagnes sont obligés, pendant l'hiver, de chercher un refuge contre le froid, dans les vallées et les gorges profondes, ou dans les cavités des rochers.

« On remarque une grande uniformité dans la température des saisons du Tibet, ainsi que dans leur durée et leur retour périodique. Elles paraissent s'y diviser de la même manière que dans le Bengale. Le printemps, depuis mars jusqu'en mai, s'y fait remarquer par de grandes variations dans l'atmosphère et par de fortes chaleurs; le tonnerre y gronde fréquemment; il y tombe souvent de la grêle. La saison humide s'étend depuis juin jusqu'en septembre; ensuite de fortes pluies tombent sans interruption, les rivières enflent jusqu'aux bords, coulent avec rapidité, et vont contribuer aux inondations du Bengale. Depuis octobre jusqu'en mars, le ciel, constamment serein, voit rarement des brouillards ou des nuages obscurcir son azur. Pendant trois mois de cette saison on éprouve un froid peut-être plus rigoureux qu'en aucune partie de l'Europe, un froid sec et piquant, qui, sous la latitude de 28 degrés, sur les limites de cette zone à laquelle on a donné le nom de torride, le dispute à celui des Alpes sous la latitude de 46 degrés.

« Le Tibet propre n'offre, aux regards de Turner, que des montagnes hérissées de rochers et sans aucune apparence de végétation, ou des plaines arides d'un aspect uniforme et triste. (¹). »

La végétation du Tibet est peu connue; les auteurs chinois nous apprennent seulement que les herbes poussent et que les arbres se couvrent de feuilles au commencement d'avril et de mai; qu'on cultive beaucoup de riz dans les environs de H'lassa, et qu'on récolte dans tout le Tibet du froment, une espèce d'orge que les Chinois nomment *thsing-houa*, des pois, des lentilles, des fèves, des choux, des ognons et d'autres légumes. On sème le blé et les pois à la fin du printemps et au commencement de l'été, et on les récolte en août et en septembre. La vigne y croît avec vigueur; les arbres fruitiers sont le noyer, l'abricotier et le figuier. Le bois y est rare, ce qui oblige les habitants à brûler de la fiente desséchée des bêtes à cornes. Les arbres les plus communs sont le pin cembro, le cyprès et le tremble. Une espèce de laurier produit une racine appelée le *cannellier bâtard*, qui a le goût et l'odeur de la cannelle. Marco-Polo désigne cette production, répandue dans tout le Tibet, sous le nom de *zenbero* ou *gingembre*. Le *cacalia-saracenica* sert à la fabrication du *chony*, liqueur spiritueuse un peu acide. Les principales fleurs que l'on cultive dans les jardins sont le pavot double, la mauve, la pivoine, la pivoine de montagne et diverses marguerites. Dans les champs on conserve l'eau nécessaire à l'arrosement, dans des bassins fermés par des digues.

« L'animal porte-musc se plaît parmi les Alpes tibetaines; il est poursuivi par l'once et

---

(¹) Description du Si-dzang ou Tibet, d'après la grande Géographie impériale de la Chine et le Dictionnaire géographique de l'Asie centrale, publié à Péking en 1775.

(¹) *Samuel Turner*: Ambassade au Tibet et au Boutan, traduit de l'anglais par J. Castera. — Paris, 1801.

diverses autres especes voisines du tigre; peut-être même y trouve-t-on le véritable tigre. L'ours, le cheval sauvage et le lion sont encore nommés parmi les animaux de ce pays [1]. Il y a, selon Marco-Polo, des chiens grands comme des ânes. Les chevaux domestiques sont petits, mais pleins de feu, vifs et obstinés. Le buffle y parvient à une taille médiocre. On y voit de nombreux troupeaux de moutons, communément d'une espèce petite. Ils ont la tête et les jambes noires; leur laine est fine et douce, et leur chair excellente: on la mange crue, mais séchée à l'air froid, et assaisonnée avec de l'ail et des épices. Les chèvres sont en grand nombre et renommées pour leur beau poil, qui sert à faire des châles, et qui se trouve au-dessous d'un poil plus grossier. N'omettons point l'*yack* ou le bœuf grognant, auquel la nature a donné un poil long et épais, et une queue singulièrement flottante et lustrée: c'est dans tout le Levant un article de luxe.

» Marco-Polo avait déjà dit que les poissons abondent dans les lacs du Tibet; les voyageurs modernes confirment ce fait, et les détails qu'ils donnent nous font soupçonner ici l'existence de plusieurs espèces inconnues en ichthyologie. Selon Marco-Polo, les lacs produisent du corail. »

M. W. Moorcroft, qui a fait quelques observations d'histoire naturelle au Tibet, y signale plusieurs animaux inconnus avant lui: telle est une variété de mouton domestique qui ne dépasse jamais la taille de nos agneaux de cinq à six mois, et qui fournit une laine aussi abondante et aussi fine que les races les plus renommées sous ce rapport. Ce mouton porte dans le pays le nom de *poucik*; il s'apprivoise avec autant de facilité que le chien, au point de quitter ses habitudes d'animal herbivore pour venir ronger un os dépouillé par son maître. En liberté il sait trouver des herbes sur les rochers de granit qui paraissent les plus dépourvus de végétation. Cette race, qui se nourrit si facilement, et qui fournit par an deux agneaux et deux fois de la laine, serait pour l'Europe une acquisition plus utile que celle des chèvres du même pays. Le même voyageur signale aussi e *métis* qui provient du yack et de la vache, et une variété de cheval sauvage, nommée *kiang*, qui

[1] Alphabet tibétain, p. 450.

ressemble plutôt à l'âne qu'au cheval, mais qui, aux oreilles près, a beaucoup de rapports avec l'antilope: il en a les yeux, l'élégance et la vivacité. Ses formes sont musculeuses et ses mouvements élégants.

« Depuis le voyage de Turner on a des notions plus étendues sur la minéralogie. Le Tibet propre a de riches mines; l'or s'y trouve en grande quantité, ainsi que Marco-Polo l'avait dit; quelquefois on le rencontre sous la forme de poudre dans le lit des rivières, d'autres fois en grandes masses ou en veines irrégulières; il a pour gangue le pétro-silex ou le quartz. Il y a une mine de plomb à deux journées de Techou-Loumbou; le minerai est une galène qui paraît contenir de l'argent. Les Tibetains exploitent des mines riches en mercure; ce métal y est employé contre les maladies vénériennes. Le sel gemme est assez commun, mais en général le défaut de combustible fait languir l'exploitation des métaux. Les eaux minérales y abondent. Nous distinguerons comme production particulière au Tibet le *tinkal* ou borax brut. Selon Saunders, qui accompagnait Turner, un lac d'où l'on tire le tinkal et le sel gemme se trouve à quinze journées au nord de Techou-Loumbou. C'est probablement le *Mapham-dalaï*. Entouré de tous côtés par des montagnes rocheuses, il ne reçoit ni ruisseaux ni fontaines; il est alimenté par des sources saumâtres, qui paraissent jaillir du fond du lac même. Le tinkal se dépose dans le lac: il y en a de noir et de violet; ceux qui veulent le recueillir le tirent du fond en grandes masses, qu'ils rompent ensuite pour les rendre plus transportables, et qu'ils exposent à un air sec. Exploitée depuis un temps très considérable, cette matière ne paraît point diminuer sensiblement; il est probable qu'il s'en forme continuellement du nouveau. Au Tibet on emploie le tinkal pour soudure, et pour aider la fusion de l'or et de l'argent. »

Les Chinois nous apprennent que la rivière qui fournit le plus d'or est le *Kin-cha-kiang*, que l'argent, le cuivre et le plomb sont exploités principalement dans la province de Kam, et le lapis-lazuli dans les environs du lac *Mapham-dalaï*. Les turquoises y sont très communes, elles servent généralement à la parure des femmes. Les montagnes qui bornent le Tibet au nord du côté du désert de

Kobi fournissent beaucoup de sel gemme blanc, rouge ou violet. Le salpêtre s'y forme spontanément presque partout.

« Un jour, sans doute, on découvrira beaucoup de curiosités naturelles dans ces régions montagneuses. Quelle moisson n'attend pas ici le peintre et le naturaliste! Mais jusqu'ici tout ce que nous savons, c'est que le Tibet est une Suisse sur une grande échelle. Vers le nord de Tassisudon, Saunders a observé un rocher singulier, qui, vu de face, forme 6 ou 7 demi-colonnes d'une grande circonférence, et qui a près de 100 pieds de hauteur. Cette masse, détachée en partie de la montagne, se projette d'une manière pittoresque sur une chute d'eau considérable. »

Le Tibet, dans toute son étendue, se divise en quatre grandes provinces : le *Ngari*, appelé aussi *Ladak*, et que les Européens ont nommé le *Petit-Tibet*, est la plus occidentale; limitrophe, et à l'est de celle-ci, se trouve le *Zzang* ou *Thsang*; un peu plus à l'est s'étend le *Ouï*, appelé aussi *Ouéi*; enfin la plus orientale est le *Kham-Kam*. Nous allons les décrire dans l'ordre où nous venons de les nommer.

Le *Ngari* paraît avoir une longueur de 250 lieues sur 80 à 100 lieues dans sa plus grande largeur. Cette province occupe une immense vallée fermée au sud par l'Himalaya, et au nord par les monts *Kouenloun* ou *Koulkoum*, qui, à l'ouest, portent, chez les Chinois, le nom de *Thsoung-ling*, c'est-à-dire *montagnes des ognons*, parce qu'il y croît en grande quantité cette plante bulbeuse, dont nous avons déjà parlé, qui fait glisser et tomber les voyageurs lorsqu'ils mettent le pied dessus. Cette vallée est arrosée par le *Singe-chou* ou *Sanpo*, qui coule à l'ouest, et va former, hors du territoire chinois, le *Sind* ou l'*Indus*.

Ladak ou *Leï* est la capitale de cette province. Elle renferme un millier de maisons bâties en pierre ou en briques et élevées de trois ou quatre étages. Il s'y fait un grand commerce de duvet de chèvre pour la fabrication des châles; tous les ans on en expédie 800 charges à Kachemire. Le bouddhisme et le mahométisme sont les principales religions que professent les habitants de Ladak. Cette ville est la résidence d'un radjah qui envoie tous les ans au dalaï-lama un présent ou tribut volontaire. Ses environs sont fertiles en blé, en orge et en diverses plantes potagères. On attribue à la mauvaise qualité des sources les goîtres dont les habitants de la ville et de la campagne sont affligés.

Les autres villes de la province sont beaucoup moins connues; nous citerons cependant *Garlou* ou *Gotorpe*, où se trouve un poste militaire chinois; *Toling*, où réside un grand-lama; *Bourang-dakla-gadzoung*, ou la ville du loup du pays de Bourang, ainsi appelée d'une montagne qui porte ce nom; la petite ville de *Tchoumarlé-dzoung*, et surtout *Deba* ou *Daba*, bâtie sur un point presque aussi élevé que le Mont-Blanc. Elle est située dans une gorge abritée au nord par de hautes montagnes. Cette ville se divise en trois parties: le monastère ou collège, dans lequel réside un grand-lama avec ses prêtres; le couvent des femmes, et la ville proprement dite, qui est la résidence du gouverneur du pays appelé *Urna-desa* ou *Un-dès*, célèbre par ses chèvres, qui fournissent le meilleur duvet du Tibet. Elle se compose de maisons en pierre et à deux étages. Au centre s'élève le temple de *Narayan* ou de *Vichnou*; c'est un bâtiment irrégulier, dont la porte est revêtue de bronze doré, orné de figures bizarres, et dont l'intérieur, éclairé par des lampes en argent, renferme la statue du dieu auquel il est consacré.

Dans le pays d'Urna-desa, *Chooung* est une ville qui mérite d'être mentionnée. Elle est située près de la rive droite du Setledje à 13 lieues au nord-est de Deba. Son commerce est assez considérable: les habitants portent à Ladak les marchandises qu'ils tirent de la plaine et qui consistent principalement en armes blanches et en armes à feu, en toiles, mousselines et papier, en fer et en cuivre, en tabac, sucre et indigo, enfin en divers objets d'épiceries. Ils en rapportent du sel et du borax, que l'on extrait des nombreux lacs du pays de Ladak; du thé, de la poudre d'or, de la laine et du poil de chèvre à fabriquer des châles.

On trouve aussi sur la rive droite du Setledje *Soungnem*, village composé d'environ 75 familles et comprenant un couvent de religieux. Il est situé à 3,000 mètres au-dessus du niveau de l'Océan. Plusieurs lamas y résident. Non loin de ce village s'élève, sur la rive droite du Darboung, un grand *Coubroung* ou temple composé de quatre salles couronnées de coupoles en bois qu'on peut ouvrir ou fermer. Les murs de la plus grande sont couverts de peintures d'hommes et d'animaux. Dans la salle du fond on voit une figure monstrueuse de trois pieds de hauteur qui représente le dieu *Mahadeva* en fureur; et dans la salle à droite se trouve la statue gigantesque de *Chika-Thouba*; elle est haute d'environ douze pieds. Chaque année les lamas et les religieuses de *Kanen* et de *Lebreng* se réunissent dans ce temple vers la fin du mois d'août; puis ils traversent en procession tout le territoire. Ils chantent en chemin et restent quelques heures dans chaque village où ils sont défrayés par les habitants.

« Le Petit-Tibet ou *Ngari* paraît comprendre plusieurs pays célèbres dans les anciennes relations. Les monts *Bolor*, qui le bornent à l'occident, et où régnait un hiver éternel, renfermaient quelques sauvages errants au milieu d'immenses forêts; mais entre ces chaînes de montagnes s'ouvrait une vaste plaine, où beaucoup de rivières concouraient à former un magnifique fleuve, bordé de riches prairies, où bondissaient des troupeaux d'antilopes, et où un cheval maigre reprenait vigueur en peu de jours. Cette plaine s'appelait *Pamer*, ou plutôt *Panir* (¹), le pays des sources (²). Il est difficile de méconnaître dans cette description de Marco-Polo la contrée où doit naître l'Indus, et qui doit former l'extrémité nord-ouest du Petit-Tibet. Nous retrouvons encore dans ce pays, mais du côté opposé, ou au sud-est, le *Paresian* avec la ville de *Pader* (³), où nous avons placé les *Padæi* d'Hérodote, et les *Pariani* de Mela. Le nom de *Baltistan* (⁴), ou en sanskrit *Baladeschan* (⁵), qui paraît embrasser tout le Petit-Tibet, rappelle les *Byltæ* de Ptolémée. En général, ce pays appartient à l'Inde connue des Persans, d'Hérodote et de Ctésias; plus tard elle fut comprise dans la Sérique. Elle offrirait peut-être une route directe à un corps d'armée qui voudrait pénétrer dans le Kachemire par l'Hindoustan. »

On connaît trop imparfaitement la province de *Zzang*, pour que nous puissions en donner une description détaillée; nous nous contenterons de citer, d'après l'itinéraire chinois que l'on doit au P. Hyacinthe Bitchourine, les principaux lieux qu'on y trouve, en partant de H'lassa. La première ville est *Baldhi*, que les Tibetains nomment *Yarbrogh-baldhidzong* c'est-à-dire *la petite ville majestueuse de la cime de la tente de Feutre*; elle est située sur le bord septentrional du grand lac *Yar-brogh-youmtso*, appelé *Palté* sur la plupart de nos cartes, et célèbre par la résidence que fait dans son île une incarnation divine du sexe féminin, dont nous avons déjà parlé. *Jika-dzé*, capitale de la province, à 53 lieues au sud-ouest de H'lassa, est une ville importante; M. Klaproth lui donne une population de plus de 23,000 familles; son nom signifie *forteresse sur une montagne*. Elle a une garnison chinoise de 5,300 hommes. Sa fondation date de l'an 1447; ce qui la rend célèbre, c'est le temple appelé dans le pays *Djachi-h'toumbo* et *Sera-siar*, et, par les Chinois, *Jin-tchoung-ningoung-ky-pa-szu*, ce qui veut dire *temple second, au rang du paisible vieillard qui rassemble tout autour de lui*. Son nom tibetain signifie *montagne de l'heureux pronostic*; il est aux portes de *Jika-dzé*. C'est là que le *bandjin-lama* ou *Bantcham-Lama* (¹), incarnation divine, a fixé sa résidence, au milieu de vallées délicieuses et de collines verdoyantes arrosées par des sources limpides, et d'une atmosphère embaumée du parfum des fleurs. Le couvent est majestueux; les bouddhas y sont représentés avec leurs sept principaux emblèmes, qui leur valent, en mongol et en tibetain, différents surnoms.

1° *Dzahn-erdeni* ou *Lang-bo*, l'éléphant blanc;

2° *Morin-erdeni* ou *Damtchouk*, le cheval vert;

3° *Tsirgan-noyon-erdeni* ou *Makboun*, le guerrier cuirassé, à visage bleu, portant un bonnet jaune de lama;

4° *Khatoun-erdeni* ou *Dzió-mo*, la belle vierge blanche;

(¹) MS. cité par *Muller*, dans *Marco-Polo, de reb. orient.*, I, 37. — (²) De *Pan* ou *Panir*, eau, source en sanskrit (*Vand* en danois). La région *Vanda banda* de Ptolémée tirerait-elle son nom de la *réunion des eaux*? Le *Paropamisus* ou *Parpanisus* des anciens est évidemment *Para panis*, la montagne des sources. — (³) Carte du Kachemire de *Le Gentil, Ayen Akbéri*, II, p. 152. *Tieffenthaler*, I, 50 (en allemand). — (⁴) Lettres édifiantes, XV, 188. — (⁵) *Ezourvedam*, II, 118.

(¹) Cette dignité date de la même époque que celle de Dalaï-lama. Son nom paraît signifier: *celui qui préside aux méditations du Dalaï-lama, et qui fait exécuter ses ordres*.

5° *Tuchimœl-erdeni* ou *Lonbo*, le ministre ou l'ambassadeur;

6° *Tchintamani-erdeni* ou *Norbou*, le fruit précieux; fruit qui croît dans les plus grandes profondeurs de l'Océan, et au moyen duquel les divinités peuvent déplacer des montagnes et exécuter d'autres miracles;

7° Le *Kurdœ* ou la roue de la domination; c'est le *Tchakra* des Hindous (¹).

On compte dans ce temple et ce couvent 3,000 chambres et 3,500 lamas; il est orné d'un grand nombre d'obélisques, de colonnes, revêtues de métaux précieux et d'idoles en or, en argent et en bronze. Partout, dit le narrateur chinois qui fournit ces détails, on entend le murmure des prières, et les parfums de l'Inde y répandent une odeur délicieuse qui s'élève jusqu'aux cimes bleues des montagnes. Les habitants du Haut-Tibet, ajoute-t-il, portent au bandjin-lama la même vénération que ceux du Bas-Tibet au dalaï-lama. Si celui-ci meurt et s'incarne de nouveau, le bandjin explique la tradition sur sa renaissance, pour qu'on se conforme à la grande règle; et le dalaï-lama agit de même à la mort du bandjin. C'est ainsi que ces deux pontifes suprêmes soutiennent mutuellement les dogmes de la religion bouddhique.

La ville de *Nialam-dzoung*, située près de la rive droite du *Nio-tchou*, est à environ 80 lieues au sud-ouest de Jika-dzé. *Tchaka-kote*, près du Dhavaladgiri, est une cité commerçante, comprenant environ 1,000 maisons. A 35 lieues au sud de Jika-dzé, sur le bord de la petite rivière du *Pharidzoung-tchou* ou *Maha-tchou*, près de la limite du Boutan, s'élève, dans un défilé des monts Himalaya, une petite ville fortifiée, nommée aussi *Pharidzoung*.

La province d'*Ouei* ou d'*Oui* passe pour avoir environ 150 lieues de longueur et 100 dans sa moyenne largeur. Elle est très montagneuse et traversée par la partie supérieure de l'Iraouaddy, appelé Yarou-dzangbo-tchou. Ses vallées sont fertiles, et l'une de ses principales productions est la rhubarbe. Sa capitale, *H'lassa* ou *Lhassa*, mérite de fixer l'attention. Son nom signifie en tibétain *terre sainte*, ou plutôt *terre de Bouddha*. Elle est située dans une grande vallée, large de 4 lieues, du sud au nord, et longue de 40 à 50 de l'est à l'ouest. D'innombrables montagnes forment l'enceinte de cette vallée, et les nombreuses rivières qui la traversent en font la région la plus fertile du Tibet. H'lassa est la résidence du *tazin*, magistrat chinois qui a les mêmes prérogatives et le même pouvoir qu'un vice-roi; elle est grande et bien bâtie; ses maisons sont en pierre et à deux ou trois étages. Les tours, les édifices, les rues et les marchés, tout y est admirable, disent les géographes chinois. Autrefois elle était ceinte d'une muraille; mais, en 1722, le gouvernement chinois la fit détruire et la remplaça par une digue qui commence au pied du mont Lang-lou, que le P. Hyacinthe nomme Narou, et qui, s'étendant sur une longueur de 3 lieues, entoure le couvent de *Botola* ou *Bouddhala*, et le garantit du choc impétueux des eaux du *Kaldjao-mouran*. Les Tibétains l'appellent la *digue sacrée*. Au commencement de chaque année, les lamas qui viennent assister aux fêtes religieuses y apportent de la terre et des pierres pour la consolider. Cette ville importante, à laquelle un missionnaire, qui la visita dans le siècle dernier, accorde une population de 80,000 âmes, possède deux écoles supérieures et des imprimeries; mais il est bon de faire remarquer que cette population s'augmente considérablement à certaines époques, par le grand nombre de pèlerins qui y affluent de toutes les parties de l'Asie où l'on suit la religion de Bouddha. Parmi les habitants sédentaires, on compte environ 150 marchands kachemiriens, 2,000 Chinois et 300 Hindous. Les commerçants se tiennent dans un immense bazar, le plus considérable de tout le Tibet, qui entoure un magnifique temple situé au centre de la ville, et dont l'une des dépendances est la demeure d'hiver du dalaï-lama (¹); mais ce qu'il y a de plus remarquable, c'est la résidence d'été de cette incarnation divine. Elle consiste en un vaste couvent, bâti sur le mont Botola, et entouré de quatre autres couvents qui en dépendent, appelés *Brœboung*, *Séra*;

(¹) *Hyacinthe Bitchourine*: Description du Tibet, avec des notes de M. Klaproth. — 1831.

(¹) Suivant le P. Amyot et Klaproth, *Dalaï-lama* voudrait dire *le Lama qui voit clairement tout ce qui se passe*. Ces deux savants tiraient cette explication des livres chinois; mais Langlès et Abel Rémusat font observer avec quelque fondement que *Talaï* ou *Dalaï* en mongol signifie *mer* ou *grandeur sans bornes*: dans ce sens, Dalaï-lama voudrait dire *Lama pareil à l'Océan*, *Lama d'une grandeur sans bornes*.

Ghaldan et *Samie* Au dire des Chinois, les cascades bleues qui descendent de la montagne, la pourpre éclatante du principal édifice et sa toiture dorée éblouissent les yeux. Ce palais est à un quart de lieue de la ville; il a 367 pieds de hauteur; on y compte 10,000 chambres; il est orné à l'extérieur de tours ou d'obélisques revêtus d'or et d'argent, et, dans son intérieur, les statues de Bouddha, faites de ces métaux et de bronze, sont sans nombre. Les Tibétains le nomment *Pobrang-marbou*, c'est-à-dire la ville rouge. On dit qu'il a été construit vers l'an 630 de notre ère.

A une grande lieue à l'est de ce palais, s'élève le temple de *H'lasseï-tsio-khang*, tout resplendissant d'or et de pierreries, et qui est, dit-on, desservi par plus de 5,000 lamas. A quelque distance de là se trouve le *Dzoun-dzio-katsi*, ou le palais destiné à recevoir les étrangers; c'est là que le dalaï-lama se repose dans ses moments de loisir. Au printemps les jardins y sont ombragés par des saules et des pêchers, et l'hiver ils sont embellis par le feuillage toujours vert des cèdres et des cyprès.

Nous n'avons point encore nommé la plus importante ville du Tibet, par sa population : c'est *Jiga-gounggar*, ou *Jikarna-gounggar*, c'est-à-dire *la ville blanche du château de la montagne*. Elle est située sur la rive gauche de l'*Yarou-zsang-botchou*, ou de l'Iraouaddy supérieur, à environ 20 lieues au sud-ouest de H'lassa. Elle renferme 20,000 maisons. C'est dans la même province que se trouve *Tsiou-choul-dzong*, ou la ville du canal, dans une plaine fertile de 10 lieues d'étendue. C'est près de cette ville que l'on voit la fameuse caverne des scorpions, dans laquelle on jette garrottés les criminels condamnés à mort, et où ils périssent de la piqûre de ces insectes.

La province de *Kam* a environ 200 lieues du sud au nord, et 130 de l'ouest à l'est. C'est un pays montagneux, qui renferme des vallées fertiles, arrosées par un grand nombre de rivières, dont plusieurs charrient de l'or. Sa capitale est *Ba-thang*, petite ville ouverte qui n'offre rien de remarquable, si ce n'est un grand couvent de lamas, où réside un *khambou*, qui reçoit l'investiture du dalaï-lama. Le territoire de Ba-thang est fertile, mais peu cultivé; il produit des melons, des raisins, des abricots et d'autres fruits. A environ 20 lieues au nord-est de cette ville se trouve le bourg de *Li-thang*, entouré d'un rempart en terre, et composé d'environ 200 maisons habitées par des Tibétains et des Chinois. C'est un poste militaire et un lieu de séjour pour les voyageurs. Il y a des auberges, des boutiques et un marché. Les troupes y sont campées. C'est aussi un chef-lieu de district dont l'administration est confiée à un magistrat et à un chef du clergé, ou grand-lama, qui a le titre de *khambou*. Le climat de Li-thang est très froid, au pied des montagnes il pleut et il neige presque continuellement, même en été; le sol n'y produit pas de grains; il n'y croît qu'une petite quantité d'herbe, et l'on n'y trouve pas de bois de chauffage.

Siao-Ba-tchoung ou le *Petit-Ba-tchoung*, est un autre chef-lieu de district, dont une partie des maisons est en pierre. *Pang-mou* est une petite ville ouverte, dont les maisons sont en pierre et en bois, ainsi qu'un temple chinois, devant lequel tous les ans, à la septième lune, les habitants de Ba-thang et de *Tsiamdo*, autre petite ville, viennent tenir une foire. Après avoir marché à travers des rochers escarpés, on arrive à *Phou-la*, où les habitants vivent dans des souterrains. A *Djaya*, qui n'est cependant point une ville, il y a un temple célèbre.

Tsiamdo, que nous venons de nommer, portait autrefois le nom de *K'ham*; elle est à plus de 100 lieues de Ba-thang. C'est entre ces deux villes qu'est situé Djaya. Le climat de Tsiamdo n'est pas moins froid que celui de Li-thang. Trois montagnes entourent la ville, et deux rivières s'y réunissent. Le bourg de *Riwoudzé* est entouré de palissades et d'un mur en terre d'environ 200 toises de circonférence, au milieu duquel s'élève un grand temple. On aperçoit dans les environs le mont *Wa-ho*, auquel, disent les géographes chinois, on parvient par cent détours. Sur son sommet se trouve un lac; mais, pour qu'on ne s'égare pas en traversant les brouillards qui y règnent, on y a établi des signaux, en longues perches en bois, dont on suit l'alignement à travers la neige qui n'y fond jamais; les voyageurs ont soin de n'y faire aucun bruit, dans la crainte des avalanches. Plus loin, au pied du mont *Tanda*, s'élève un temple qui, suivant la tradition, fut érigé en l'honneur d'un colonel chinois qui mourut dans les environs, et sur le tombeau duquel il s'opéra des miracles; chaque voyageur se fait un devoir de visiter ce temple.

C'est principalement au milieu de ces montagnes que vit un animal qui a passé jusqu'à ce jour pour fabuleux, qui est encore considéré comme tel en Europe, et qui, repoussé par la science, ne figure point dans nos classifications : nous voulons parler de la licorne, espèce du genre antilope, qui n'a qu'une corne sur le front. Les Mongols le nomment *kéré*, les Tibétains *sérou*, et les Chinois *tou-kio-chéou*. Ces derniers en font mention dans un ouvrage qui trace l'histoire des deux premiers siècles de notre ère. Enfin M. Hodgson, résident anglais dans le Neypal, a mis l'existence de cet animal hors de doute, en envoyant, dans ces dernières années, à la Société de Calcutta, la peau de celui qui venait de mourir dans la ménagerie du radjah de Neypal ; de là le nom d'*antilope Hodgsonii*, que le docteur Abel a donné à cette espèce. La forme de celle-ci est aussi gracieuse que celle des autres antilopes ; la couleur de son poil est rougeâtre dans la partie supérieure de son corps, et blanche à l'inférieure ; une corne noire, pointue, légèrement courbe, avec des anneaux circulaires vers sa base, et longue d'un demi-mètre, s'élève sur son front ; deux touffes de crin noir sortent de ses narines. Cet animal est extrêmement farouche à l'état sauvage ; il fuit au moindre bruit ; mais lorsqu'il ne peut trouver son salut dans la f..., il résiste courageusement aux attaques de son ennemi.

C'est dans la partie orientale de la province de Kam que se trouve le pays de *Sifan*, habité par un peuple presque sauvage, qui ne reconnaît point la domination chinoise. Avant le treizième siècle, les *Sifans* étaient une nation puissante.

Les maisons des Tibétains sont généralement en pierre brute, avec des toits plats et des balustrades en petites branches d'arbres. Elles ont ordinairement plusieurs étages. Dans les grandes villes, telles que H'lassa, il y a des édifices assez vastes pour pouvoir contenir plusieurs centaines d'individus. Ce sont les bâtiments consacrés au culte qui sont les plus étendus ; au *H'lassèi-tsio-k'hang* ou grand temple de H'lassa, tout est en rapport avec la grandeur de l'édifice ; on y voit, par exemple, une chaudière en cuivre de la contenance de plus de 100 seaux d'eau ; elle est destinée à la préparation journalière du thé pour ceux qui y récitent des prières. Les habitations des officiers publics, bâties dans les plaines, se nomment *ka*, et les maisons en pierre qui sont près des montagnes s'appellent *dzoung* ; ce sont de petits forts dans lesquels habitent les *dheba* et chefs du peuple ; et comme autour de ces habitations viennent se grouper celles des particuliers, le mot *dzoung* est devenu synonyme de ville.

Les ponts en usage dans le Thibet sont de trois espèces : en pierre, en bois et en chaînes de fer. Nous avons déjà fait remarquer que l'invention de ces derniers remonte dans l'empire chinois à une haute antiquité. Leur construction est très simple : sur chacun des bords de la rivière, on fixe d'une manière solide autant de crampons de fer qu'on veut tendre de chaînes ; on accroche chaque chaîne à son crampon ; lorsqu'elles sont ainsi tendues, on les couvre de poutres ou de troncs d'arbres qu'on lie fortement ensemble ; on met par-dessus de la terre ou du sable, et le pont est terminé. Les géographes chinois comptent dans tout le Tibet une dizaine de ponts construits de cette manière. Quant aux temples et aux couvents, leur nombre dépasse 3,000. Plusieurs sont entourés d'habitations qui forment des bourgades et des villes, habitées seulement par des prêtres. Ces groupes d'habitations portent en tibétain le nom de *Tsoug-log-k'hang*.

Le costume des Tibétains diffère de celui des Chinois ; le dalaï-lama et le bandjin portent l'hiver un bonnet de laine, large par le bas, et se terminant en pointe ; ordinairement il est jaune. Outre cette coiffure, il y a le chapeau, fait en peau, orné d'or, et ressemblant à un parasol chinois. Un manteau d'un rouge éclatant, des bottes en soie ou en cuir, un pantalon et une veste à manches complètent l'habillement. Celui des autres lamas en diffère peu, excepté qu'au lieu d'un pantalon ils portent un tablier d'étamine noire plissé. Ils laissent tomber leurs cheveux sur les épaules ; mais dans les grandes cérémonies ils les relèvent et les attachent sur le sommet de la tête. Ils portent des boucles d'oreilles, dont l'une, celle de gauche, est en turquoise, et celle de droite en corail. A leur ceinture de satin rouge ils attachent un couteau. Les prêtres comme les laïques ont tous un chapelet. Une robe à grand collet distingue les hommes du peuple des autres classes d'habitants.

Le costume des femmes diffère dans quelques unes de ses parties, selon qu'elles sont filles, mariées ou âgées. Leurs cheveux, partagés sur le sommet de la tête, sont tressés comme des ficelles et réunis par derrière en deux queues, lorsqu'elles sont mariées, et en trois quand elles ne le sont pas. Après les fiançailles une fille porte sur la tête un petit ornement en turquoise. Elles ont un petit bonnet en velours rouge ou vert, et pointu par le haut; un petit tablier en soie, garni d'une bordure en fleurs brodées; une camisole à manches courtes, également en soie; un jupon d'étamine, noire ou rouge; des bottines en soie, et un petit châle sur les épaules. Leurs doigts sont ornés d'anneaux, et leurs poignets de bracelets; enfin elles portent des boucles d'oreilles en turquoises, montées en or ou en argent. Les femmes mariées attachent à leurs cheveux des rangées de perles et de grains de corail; des ornements semblables pendent sur leurs épaules. Quelle que soit leur condition, elles portent un ou deux chapelets en lapis-lazuli, en ambre jaune, en corail ou en grains de bois, selon leur fortune. Elles suspendent à leur cou une petite boîte en argent, appelée *kavou*, contenant leur dieu protecteur, et sur la poitrine un grand anneau en argent, orné de perles précieuses, d'où pendent deux petites chaînes avec lesquelles elles attachent leur châle. Les femmes riches ont de grands chapeaux nommés *vaïdzia*, qui coûtent fort cher, parce qu'ils sont surchargés de perles fines, et surmontés d'une grosse turquoise montée en or. Les femmes âgées portent sur le front une plaque d'or unie, garnie de turquoises, et qui ressemble à un miroir. Dès qu'elles sont en âge de prendre cet ornement, elles reçoivent les félicitations de leurs parents et de leurs connaissances. Toute femme qui se présente devant un lama doit se barbouiller le visage avec du sucre rouge ou avec les feuilles du thé qui restent dans la théière, sous peine de passer dans le monde pour vouloir séduire le prêtre par les agréments de sa figure.

Les Tibétains n'ont pas d'heure fixe pour leurs repas; ils mangent quand ils ont faim. Le peuple se nourrit de *tsan-pa*, ou de farine d'orge grise grillée, de chair de bœuf, de lait, de fromages et de divers légumes. D'après la description que fait le P. Hyacinthe d'un festin de Tibétains envoyés en ambassade à Péking, pendant son séjour dans cette capitale, on peut prendre une idée d'un repas splendide. Autour de plusieurs tables longues et peu élevées, les convives se placèrent suivant leur âge, assis et les jambes croisées sur des tapis de feutre. Un plat de *tsan-pa*, dans lequel des morceaux de beurre étaient plongés, formaient le hors-d'œuvre, dont on ne faisait que goûter, puis on but du vin et ensuite du thé. Bientôt ils ôtèrent leurs chapeaux et récitèrent une courte prière, après quoi ils recommencèrent à prendre du thé, à manger du *tsan-pa* et à boire du vin; ensuite on apporta à chaque convive une jatte de gruau et de riz, assaisonné de beurre et de sucre; on récita une seconde prière, et on recommença à manger le gruau avec les doigts, puis on revint au vin. Après ce premier service tout le monde alla se promener dans la cour. Au bout d'un quart d'heure on se remit à table et l'on servit de la viande crue, hachée et assaisonnée de sel, de poivre et d'ail, avec plusieurs grands plats contenant des morceaux de bœuf cru. On fit une troisième prière, et chaque convive tira son couteau de sa ceinture et coupa la viande, qu'il mangea après l'avoir couverte du hachis salé; ce service se termina par une copieuse libation et par une nouvelle promenade. De retour dans la salle du banquet, on recommença à boire du vin, et le troisième service parut. Il se composait d'un baquet de *touba*, c'est-à-dire de gruau mêlé de vermicelle et de viande de bœuf hachée. Les convives récitèrent une prière, prirent leurs petits bâtons qui remplacent nos fourchettes, et recommencèrent à manger; ce mets fut suivi de plusieurs plats de petits pâtés qu'on enveloppa dans des serviettes pour les envoyer chez chaque convive. Par là se termina le repas, qui dura plus d'une demi-journée; cependant tout le monde fit une nouvelle promenade dans la cour, et rentra pour recommencer à boire, après quoi on se mit à chanter et à danser. Les chants et la danse continuèrent jusqu'au souper, qui ressembla au dîner, mais dura moins long-temps. Les convives se mirent ensuite à boire jusqu'à ce qu'ils fussent complétement ivres. En général, pendant les repas, les tables des riches sont garnies de jujubes, d'abricots, de raisin et d'autres fruits ; dans toutes les classes le thé est regardé comme de première nécessité. On ne le sucre point, mais on y mêle du beurre et du sel : outre le vin, ils boivent une bière particulière, faite avec de l'orge grise et une eau-de-vie qu'ils obtiennent du même grain.

« Turner peint les Tibétains comme un peuple doux et affable ; les hommes sont vigoureux ; leur physionomie tient un peu de celle des Mongols ; le teint des femmes est brun, mais orné d'une vive rougeur, comme les fruits qui reçoivent une forte impression du soleil. L'air frais d'un pays montagneux entretient leur vigoureuse santé. »

Cependant les auteurs chinois, au contraire, prétendent que les hommes sont d'une constitution frêle et délicate, mais que les femmes sont plus robustes ; que ce sont même souvent elles qui sont chargées des travaux agricoles, et en général de tous ceux qui, chez nous, sont le partage des hommes. Ce sont elles qui font le commerce ; celle qui ne sait ni labourer, ni semer, ni filer, ni tisser, devient un objet de dérision pour tout le monde.

Une circonstance particulière au Tibet, rapportée par le P. Duhalde (¹), et révoquée en doute par Pallas (²), se trouve confirmée par les auteurs chinois (³), et s'explique d'ailleurs facilement par la faiblesse physique des hommes, comparée à la vigueur des femmes ; c'est que la polygamie y est admise, en sens inverse de ce qu'elle est dans les autres contrées de l'Orient. Ici ce sont les femmes qui peuvent avoir plusieurs maris : c'est ce qui arrive, du moins lorsqu'il y a trois ou quatre frères dans la même famille. Les frères se partagent entre eux, à leur gré, les garçons et les filles qui naissent de cette union. Une femme qui parvient à plaire également à ses trois ou quatre maris, et à faire régner la paix dans le ménage, reçoit avec raison l'épithète d'accomplie. D'après cette bizarre coutume, on ne

(¹) *Duhalde*, IV, 572. — (²) *Pallas*, I, 217. — (³) Description du Tibet, d'après la grande Géographie impériale et le Dictionnaire géographique de l'Asie centrale, publiée à Péking en 1775.

V.

doit pas s'étonner que l'adultère ne soit pas considéré au Tibet comme une action criminelle ; une femme qui a un amant n'en fait point mystère à son mari, et celui-ci ne s'en montre nullement affecté.

Le rôle important que jouent les femmes chez les Tibétains explique pourquoi la naissance d'une fille est regardée comme un bonheur dans une famille. Ce sont aussi les femmes qui s'entremettent pour faire contracter les unions conjugales. Le mariage se célèbre sans l'assistance d'un prêtre et sans aucune cérémonie religieuse, mais avec force dons réciproques de mouchoirs ou d'écharpes de soie. Lorsqu'un jeune homme demande la main d'une jeune fille, sa famille fait un cadeau de quelques mouchoirs aux entremetteuses. Si, par l'intermédiaire de celles-ci, les deux familles se donnent leur consentement, on fixe le jour des fiançailles, les entremetteuses apportent du vin et des mouchoirs de la part du prétendu, dont elles déclarent l'âge, et elles attachent sur la tête de la jeune fille l'ornement en turquoises réservé aux fiancées. La dot de celle-ci consiste en thé, en vêtements, en argent et en bétail, selon le rang et la fortune des familles. Le jour de la noce, les conviés viennent augmenter cette dot par des présents. Le repas se donne sous une tente que l'on dresse vis-à-vis la demeure des parents de la jeune fille, après avoir répandu par terre des grains de blé. Après le repas de noce, on conduit la fiancée dans la maison du futur ; là on jette sur la mariée du blé ou de l'orge, et sa famille distribue des mouchoirs à tous les parents du mari ; ensuite on présente aux deux époux du vin et du thé, et les parents de l'un et de l'autre leur donnent des mouchoirs. A la fin du repas, les proches parents prennent de la viande et des fruits et les emportent chez eux. Le lendemain les membres des deux familles, revêtus de leurs plus beaux habits, et le cou enveloppé des mouchoirs donnés la veille, vont faire des visites aux parents et aux amis qui les attendent à la porte de leurs maisons pour leur offrir du vin et du thé ; trois jours se passent ainsi en visites, et le mariage est consommé.

Rubruquis dit que les Tibétains avaient eu jadis le détestable usage de manger les corps de leurs parents qui se mouraient de vieillesse ; mais en renonçant à cet usage ils n'ont pas fait

9

preuve d'un plus grand respect pour les morts. Les Chinois nous apprennent qu'il y a au Tibet trois sortes de sépulture, si l'on peut donner ce nom à des coutumes barbares, qui ne paraissent même avoir aucun rapport avec les idées religieuses répandues dans ce pays. Quand un homme meurt, on rapproche sa tête de ses genoux, on lui place les mains entre les jambes, on l'attache dans cette position avec des cordes, on le revêt de ses habits ordinaires, on le place dans un sac de cuir, ou dans un panier, et on le suspend à une poutre. C'est le moment où ses parents et ses amis viennent le pleurer. On invite des lamas à dire des prières, et, suivant les moyens de la famille, on porte au temple du beurre pour brûler le cadavre ou plutôt pour le cuire devant des images divines. La moitié des effets du défunt est donnée au temple, et l'autre est vendue pour offrir du thé aux lamas, payer leurs prières et les autres dépenses des funérailles. Ensuite on porte le corps aux découpeurs, qui l'attachent à une colonne en pierre, et le coupent par petits morceaux qu'ils donnent à manger aux chiens. Les os sont pilés dans un mortier et mêlés avec de la farine grillée, dont on fait des boulettes qu'on jette encore à ces animaux ; c'est ce qu'on appelle *sépulture terrestre*. Si le corps, ainsi haché et pilé, est donné aux vautours, dans de grands enclos réservés pour cet usage, c'est la *sépulture céleste*. Les Tibetains regardent ces deux manières d'être enterré comme très heureuses. Enfin, les cadavres de ceux qui ne laissent pas assez d'argent pour payer les découpeurs sont jetés à l'eau ; c'est la *sépulture aquatique;* elle est regardée comme un malheur. Les découpeurs de morts ont pour chef un dheba ; le prix qu'ils exigent pour découper un cadavre est de quelques dizaines de pièces d'argent de la valeur de 1 fr. 25 c. Ces trois sortes de sépultures ne sont réservées qu'aux laïques. Lorsqu'un lama meurt, on brûle son corps et on lui élève un obélisque.

Il est probable que ces diverses sépultures étaient en usage du temps de Rubruquis, c'est-à-dire au treizième siècle, bien qu'il n'en parle pas, puisqu'elles remontent à la plus haute antiquité en Asie. On les retrouve chez les Kalmouks, qui à la vérité suivent la religion lamaïque ; mais les anciens en font aussi mention : Strabon nous dit que dans la Bactriane, contrée qui était voisine du Tibet, les vieillards et les malades désespérés étaient abandonnés à la voracité de certains chiens surnommés dans le pays *enterreurs* ([1]); Cicéron cite chez les Hyrcaniens un usage tout-à-fait semblable à celui qui existe encore chez les Tibetains : il dit positivement que l'on met en morceaux les cadavres pour les donner à des chiens, et que cette sépulture passe pour être la préférable ([2]). Enfin, Justin nous apprend que chez les Parthes la sépulture ordinaire consistait à mettre le corps en morceaux et à le livrer aux chiens et aux oiseaux de proie ([3]).

Le deuil ne consiste chez les Tibetains que dans la suppression de quelques ornements et dans une malpropreté affectée qui dure cent jours. Pendant ce temps, les hommes et les femmes ne mettent que leurs habits les plus simples, et s'abstiennent de se peigner et de se laver.

Nous avons vu les cadeaux réciproques que l'on se fait en mouchoirs ou écharpes lorsqu'il s'agit d'un mariage entre deux familles. Cette coutume est fondée sur ce qu'il est de la politesse chez les gens d'égale condition d'échanger mutuellement des mouchoirs. Lorsqu'on se présente devant les deux principales incarnations divines, le Dalaï-lama et le Bandjin ou Bantchan-lama, on doit aussi leur offrir un mouchoir ou une écharpe de soie, mais il n'y a pas réciprocité de leur part. Le salut, en approchant de ces grands personnages, consiste à se découvrir la tête, en croisant les bras sur la poitrine, et en tirant la langue roulée en pointe. Un homme qui en rencontre un autre d'un rang supérieur ôte son chapeau et se range de côté en baissant ses bras.

La législation du Tibet n'annonce pas plus que les mœurs une civilisation avancée. Le code criminel, qui se compose de 41 articles, est extrêmement sévère ; mais les Chinois, depuis le commencement de ce siècle, l'ont remplacé par leurs propres lois : sous certains rapports, les Tibetains y ont gagné, ainsi qu'on le verra lorsque nous parlerons de la Chine. Dans le code tibétain, le coupable et

([1]) *Strabon*: Liv. XI, ch. xiv, 554. Pour rendre cette dénomination d'*enterreurs*, il se sert de l'expression ἐνταφιστάς. — ([2]) *Nobile autem genus canum illud scimus esse. Sed pro suâ quisque facultate parat à quibus lanietur : eamque optimam illi esse censent sepulturam.* (Quæst. Tuscul., I, 45). — ([3]) *Sepultura vulgò aut avium, aut canum laniatus est.*

le complice d'un crime sont tous deux punis de mort; le voleur est condamné à la restitution du double de ce qu'il a pris, à avoir les yeux crevés, le nez coupé, ou bien les mains et les pieds. Enfin, la torture y est consacrée, mais avec un tel raffinement de cruauté, que nous ne croyons pas devoir en faire la peinture.

L'art du médecin se confond au Tibet avec les pratiques les plus superstitieuses et les prétentions à la divination. Si la maladie est grave, on a recours aux médicaments; si elle ne l'est point, on frotte le corps du malade avec du beurre, et on l'expose au soleil. Par un temps sombre et nébuleux, on le couvre avec des feuilles de papier, et on l'enfume en brûlant des feuilles de sapin. Mais quelle que soit la maladie, on envoie chercher des lamas ou des tsio-bas, prêtres mariés qui ne sont point cloîtrés, et on leur fait réciter des prières, tandis que les enfants du malade chantent des cantiques. La maladie la plus dangereuse, que les Tibetains regardent comme une épidémie, a la vérité assez rare, et que leurs médecins ne guérissent pas, est la petite vérole.

« La langue tibétaine vulgaire ressemble, par l'abondance des monosyllabes et l'absence des particules et des inflexions, au misérable idiome des Chinois. Comme ceux-ci, les Tibetains ne sauraient parler sans le secours des figures tracées en l'air, avec la main ou dans le sable. Aussi rien n'égale-t-il l'obscurité des écrits tibétains qu'on a trouvés en Kalmoukie (¹). Les ouvrages religieux sont écrits dans une langue sacrée qui se rapproche du sanskrit. Rubruquis avait dit avant Turner que les Tibetains écrivent comme nous de gauche à droite (²). Les Tibetains appellent *dvou-djan* les caractères carrés dont on se sert pour les ouvrages imprimés; ceux qu'on emploie pour la correspondance et les usages ordinaires portent le nom de *dvoumin*. Les uns et les autres sont des lettres alphabétiques, mais que les nombreuses abréviations font ressembler à une écriture syllabique (³). »

(¹) Muller, Descript. Tangut. in Sibir. repertis, 1747, Pétersbourg. Bayer, Mus. sinic. Préface, p. 109. Georgii, Alphabet. tibet.— (²) Rubruquis, ch. xxxvii. — (³) Cassiano Beligatti, Alphabet. tangutan. s. tibetan. Rom., 1773.

L'alphabet tibétain se compose de trente consonnes, de quatre signes additionnels pour les voyelles, et de deux signes de permutation. L'orthographe tibétaine est peut-être la plus irrégulière que l'on connaisse.

L'année tibétaine est lunaire; elle commence avec le premier mois du printemps, c'est-à-dire en février. Elle se divise en douze mois, qui portent chacun le nom d'un animal (¹), comme chez les Chinois. Douze mois forment une année marquée par un *tchi*: ainsi les Tibetains disent l'année de la souris, du bœuf, du tigre, etc.; et dix tchis font un *kan*, dont six composent leur *cycle* de soixante années (²). Ils ont des lunes intercalaires pour compléter leur *kan*. Ils comptent aussi par *nouvelle lune, pleine lune* et *dernier quartier*. Enfin ils donnent aux jours de la semaine les noms de leurs cinq éléments comme chez les Chinois (³).

Pendant les trois premiers jours de l'année les marchands cessent tout commerce; mais on s'envoie des présents en thé, en vin, en fruits et en autres comestibles. Vers la même époque commence une série de fêtes religieuses qui attirent à H'lassa un grand concours de peuple. Nous n'en citerons que quelques unes: ainsi le second jour le Dalaï-lama donne à Botala ou Bouddhala un festin splendide auquel on invite les dignitaires tibétains et chinois; on y exécute des danses guerrières et différents exercices sur une corde en cuir, qui descend du

(¹) Les noms tibétains des mois sont les suivants dans leur ordre de succession :

1 *Djiwa,*	souris.	7 *Ta,*	cheval.
2 *Lang,*	bœuf.	8 *Lough,*	bélier.
3 *Tagh,*	tigre.	9 *Bhréou,*	singe.
4 *Yœ,*	lièvre.	10 *Dja,*	poule.
5 *Bhrouh,*	dragon.	11 *K'hii,*	chien.
6 *Bhroul,*	serpent.	12 *Phagh,*	porc.

(²) Les noms tibétains de ces *kan* ont la même signification que chez les Chinois; ils se rapportent à leurs cinq éléments; en voici la succession :

1 *Ching-pho,*	bois mâle.
2 *Ching-mo,*	bois femelle.
3 *Me-pho,*	feu mâle.
4 *Me-mo,*	feu femelle.
5 *Sa-pho,*	terre mâle.
6 *Sa-mo,*	terre femelle.
7 *Djiagh-pho,*	fer mâle.
8 *Djiagh-mo,*	fer femelle.
9 *Tsiou-pho,*	eau mâle.
10 *Tsiou-mo,*	eau femelle.

(³) Ces noms sont, en tibétain : *ching*, le bois; *me*, le feu; *sa*, la terre; *djiagh*, le fer; *tsiou*, l'eau.

temple de Botala jusqu'au pied de la montagne. Quelques jours après tous les lamas qui habitent les couvents situés sur les montagnes des environs de la capitale, vont à la rencontre du Dalaï-lama, qui se place sur une estrade élevée et explique la loi. Arrivés devant le souverain pontife, les lamas lui présentent sur leur tête, et en posant un genou en terre, différents présents, que le Dalaï-lama accepte en donnant sa bénédiction, c'est-à-dire en imposant trois fois sa main sur la tête de celui qui les offre. Le quinzième jour on illumine avec un nombre considérable de lanternes l'intérieur du temple de H'lasseï-tsô-khang ; et, pendant la nuit, on observe soigneusement si le ciel est pur ou nébuleux, s'il tombe de la pluie ou de la neige, si la lumière des lanternes est brillante ou terne, parce que ce sont autant de pronostics qui annoncent la fertilité ou la stérilité de l'année ; le dix-huitième jour on fait la revue des troupes, et l'on tire le canon pour chasser les démons ; le trentième jour de la seconde lune, on chasse le *Nieou-mo-vang* ou le *prince des démons :* un prêtre représente le Dalaï-lama, et un homme choisi dans la classe du peuple figure l'esprit de ténèbres ; celui-ci, après s'être barbouillé la figure, se présente à celui qui joue le rôle de divin pontife et lui dit : *Ce que nous apercevons par les cinq sources d'intelligence n'est pas illusoire ; aucune doctrine n'est exempte d'erreurs ;* son antagoniste réfute cette thèse, et appelle le démon à une épreuve décisive ; chacun prend un dé ; le Dalaï-lama jette le sien trois fois et amène chaque fois le nombre six ; le démon en fait autant et n'amène que l'as, ce qui ne peut manquer d'arriver, puisque chaque dé porte sur ses six faces le même nombre. Alors le prince des démons effrayé prend la fuite, et les prêtres, ainsi que le peuple, le poursuivent avec des flèches, des fusils et même des canons ; mais on a disposé dans un lieu secret, au milieu des montagnes, un asile rempli de provisions de bouche : c'est là que le prétendu démon se réfugie, et qu'il doit rester jusqu'à ce que ses vivres soient épuisés. Dans les premiers jours de la troisième lune on fête la *découverte du trésor* ; on suspend, depuis le pied de la montagne de Botala, jusqu'au cinquième étage du palais du Dalaï-lama, les images des grands bouddha: ces images sont brodées en soie de différentes couleurs ; les lamas se déguisent en bons et en mauvais génies, et le peuple en tigres, en léopards, en rhinocéros, en éléphants et en divers autres animaux. Ainsi masqués, ils font trois fois le tour du H'lasseï-tsô-khang, en saluant la grande image de Bouddha, en dansant et en chantant. Cette fête se prolonge pendant un mois ; elle se célèbre dans tous les couvents ; le P. Hyacinthe l'a vue plusieurs fois près d'un couvent de Tibétains, aux portes de Péking. Du 1er au 15 de la quatrième lune, les lamas et les dévots observent un carême pendant lequel ils ne mangent que du beurre, du fromage, du riz, de la farine roussie au feu et des légumes, en exceptant l'ail et l'ognon. Enfin le dernier jour de l'année se célèbre par une autre fête qui consiste en pantomimes sacrées, et qui se terminent par des repas aussi somptueux que celui dont nous avons donné la description, et dont les hommes et les femmes sortent ivres.

D'après des traditions historiques que possèdent les Chinois, le Tibet était jadis habité par des peuples barbares qui vivaient de la chasse, et par des pasteurs nomades. Cinq siècles avant notre ère, un prince hindou, nommé Oupadhi, après une grande bataille que son père avait perdue, se réfugia dans les montagnes du Tibet, y réunit les tribus nomades, et commença à les civiliser. Deux siècles plus tard, c'est-à-dire vers l'an 313, le fils d'un autre roi de l'Inde s'y réfugia aussi, et devint la souche des plus anciens souverains du Tibet. Ce ne fut, suivant les uns, que vers l'an 407 de notre ère, et, selon d'autres, que vers le treizième siècle que la religion bouddhique y fut introduite ; cette croyance contribua le plus à civiliser ce pays. En 632, le roi Srondzan-Gambo envoya dans l'Inde des savants, qui en apportèrent un alphabet propre à la langue tibétaine. C'est vers cette époque que s'établirent des relations amicales entre le Tibet et la Chine ; la littérature chinoise se répandit chez les Tibétains ; leurs princes épousèrent des princesses chinoises. Les successeurs de Srondzan-Gambo, devenus puissants, étendirent leurs conquêtes jusqu'aux monts Thian-chan ; mais au douzième siècle ils devinrent si faibles, que, pour pouvoir conserver leurs anciennes limites, ils reconnurent la suzeraineté de l'empereur de la Chine. Plus tard, les souverains du Tibet s'étant révoltés, les Chinois y envoyèrent de nombreuses armées, et, au quinzième siècle, le Dalaï-lama, qui n'était que le chef de la religion, fut mis en possession du pays, et eut sous ses ordres un gouverneur général tibétain; enfin, en 1750, celui qui remplissait ces fonctions se révolta, la charge fut abolie et le gouvernement fut confié à des généraux chinois, soldés à la fois par l'empereur et par le Dalaï-lama.

Le Dalaï-lama et le Bantchan-lama envoient tous les ans à Péking une ambassade chargée d'offrir des présents à l'empereur et aux principaux personnages de la cour. Ces cadeaux consistent en draps et en différents tissus, en parfums précieux, en ornements d'argent, en idoles, en chapelets de corail ou de succin et en divers autres objets relatifs au culte bouddhique. Au nombre de ces présents se trouvent ceux du *Timou-Koutoukhtou* que l'on peut regarder comme le chancelier du Dalaï-lama et ceux de ses quatre *Galoungs* ou ministres. Ces cadeaux sont destinés à l'empereur, à ses frères, à ses quatre ministres, et à d'autres grands dignitaires, tels que les princes mongols, et les principaux lamas de Péking [1].

Le nombre des troupes qui occupent le Tibet s'élève à 64,000 hommes, dont 50,000 d'infanterie. La levée des soldats se fait en prenant un homme sur cinq ou dix, sans distinction. L'équipement d'un fantassin consiste en un casque orné de plumes de coq, une épée et des poignards à la ceinture, un arc et des flèches, un bouclier en jonc doublé extérieurement en fer, et une longue pique. Celui d'un cavalier se compose d'un casque et d'une cotte de mailles, formée de petites plaques de fer, ressemblant à des feuilles de saule; le casque est orné de plumes de paon; une épée, un fusil et une pique complètent cet armement. Les drapeaux sont en étoffe de soie jaune, rouge, noire, blanche ou bleue.

Aucun recensement n'indique exactement la population du Tibet; quelques auteurs chinois l'ont évaluée à 33 millions d'individus; des géographes l'ont réduit à 3 ou 4 millions. Dans cette incertitude, nous sommes portés à admettre, comme le plus vraisemblable, le chiffre de 6,800,000 habitants, qu'un voyageur français, qui a recueilli en Chine un grand nombre de renseignements précieux sur la statistique de l'Empire chinois, accorde à cette vaste province, en y comprenant toutefois le Boutan [1]. Au surplus, on conçoit facilement que le gouvernement sacerdotal du Tibet, en encourageant l'accroissement de la population des monastères d'hommes et de femmes, doit nécessairement s'opposer à celui de la population générale. On sait en effet qu'il y a dans le Tibet plus de 3,000 temples du premier ordre, et que l'Etat y entretient plus de 84,000 lamas.

On compte dans le Tibet environ une douzaine de tribus nomades; la horde des *Gakbo*, à 84 lieues au sud-ouest de H'lassa; celle de *Gongbou*, ou du pays des bas-fonds, voisine de la précédente, et qui se compose de 3,000 familles; celle de *Saga*, qui campe à 80 lieues au sud-ouest de Jika-dzé; celle de *Djochot*, à 42 lieues de la précédente; et celle de *Lo*, à 110 lieues au sud-ouest de Jika-dzé. Près de la frontière nord-ouest du Kam, on trouve les hordes appelées *Lato*, *Choubon-loumba-Gherdzi*, *Saïr-dzanar-garou* et *Wachou*, qui dépendent toutes des *taïdzi* mongols du khoukhou-noor et du Dalaï-lama.

Les *Chlokbas*, qui habitent les frontières méridionales du Tibet, forment un peuple presque sauvage. Ils se couvrent avec des feuilles d'arbres en été et avec des peaux d'animaux en hiver.

Les Chinois font un grand éloge du talent des Tibétains pour la sculpture; les tailleurs de pierre et les menuisiers travaillent dans la perfection; les fondeurs et les bijoutiers ne le cèdent pas aux meilleurs ouvriers de la Chine, dont l'adresse est appréciée, même en Europe. Cependant le P. Hyacinthe, qui a été à portée d'examiner à Péking, parmi les présents envoyés par le Dalaï-lama, divers objets d'art fabriqués au Tibet, met quelques restrictions à ces éloges, en disant qu'ils ne peuvent supporter la comparaison avec les ouvrages européens, mais qu'ils annoncent une habileté beaucoup plus grande que l'on ne devrait l'attendre de l'état demi-sauvage du peuple tibétain.

Situé entre des montagnes qui appartiennent

[1] Notices géographiques du P. Hyacinthe.

[1] M. *Louis Domeny de Rienzi*: Essai de la statistique de la Chine. — Revue des Deux-Mondes, t. IV, p. 253. — 1831.

à la chaîne de l'Himalaya, le *Boutan* occupe un plateau élevé, dont les pentes, au nord et au sud, appartiennent au bassin du Brâhmapoutre. Au nord et au nord-est, il confine avec le Tibet proprement dit, au sud avec l'Assam, et au sud-ouest avec le Bengale. Il s'étend sur une longueur d'environ 120 lieues de l'est à l'ouest, et une largeur de 40 à 50 du nord au sud.

D'après la plupart des voyageurs, le Boutan, c'est-à-dire la région la plus méridionale des monts Himalaya, jouit d'un climat généralement tempéré, malgré les glaciers éternels qui couvrent ces montagnes. Les pluies y sont fréquentes, mais jamais elles ne tombent par torrents. Selon Turner les montagnes du Boutan présentent les formes les plus bizarres; des mains industrieuses ont aplani, labouré, ensemencé leurs pentes rapides, et ont suspendu sur leurs flancs des vergers, des champs et des villages; elles sont couvertes d'une éternelle verdure, et garnies de forêts pleines d'arbres d'une grosseur et d'une élévation étonnantes.

Le Boutan offre à peu près la même culture que le Tibet; les grains ordinaires sont le froment, les pois et l'orge; on cultive le riz dans les vallées; les turneps, les citrouilles et les concombres abondent. Une plaine voisine du Bengale, large de près de huit lieues, et arrosée par des affluents du Brahma-poutre, produit en outre du coton et du tabac. Les montagnes sont entourées à leur base de bambous, de bananiers, de trembles, de bouleaux, d'érables, de cyprès et d'ifs; le frêne y est très-grand et très beau, mais le pin et le sapin y sont en général petits et rabougris. Dans ces mêmes montagnes on voit croître sans culture le mûrier et le framboisier, et, sous leur ombrage, s'étendre çà et là des touffes de fraisiers. Sur les sommets neigeux se multiplie le *rheum undulatum*, espèce de rhubarbe dont les habitants font usage. Dans les vergers on cultive le pêcher, l'abricotier, le pommier, le poirier, l'oranger et le grenadier. Saunders indique aussi le raisin d'ours ou l'arbousier traînant, l'airelle à fruit noir et l'airelle canneberge, le *datura ferox* ou pomme épineuse, aussi commune à la Chine qu'au Tibet et au Boutan, et regardée dans ces contrées comme un puissant narcotique.

Les forêts du Boutan sont peuplées d'éléphants et de rhinocéros, de chevaux, et surtout de singes, parce que ces animaux y étant regardés comme sacrés, personne ne les détruit. Les moutons y fournissent une laine très fine.

Tributaire de l'Empire chinois, le Boutan se divise en deux parties: le pays du *Deb-radjah* et la principauté de *Bisni* ou *Bidjni*.

Le Deb-radjah passe pour le souverain du Boutan, sous la suzeraineté de la Chine; mais il n'en est que le chef séculier; le chef suprême est le *Dharmah-radjah*, personnage sacré, regardé comme une incarnation divine de *Brahma*, sous la forme de *Mahamouni* (¹), et qui, dédaignant le pouvoir temporel, préfère, comme le dalaï-lama, ne s'occuper que des affaires spirituelles de son peuple.

Les maisons des Boutaniens sont d'une forme oblongue et d'une hauteur disproportionnée. Elles sont généralement construites en petites pierres brutes ou en terre bien battue. Les murs sont épais et penchés en dedans. Elles sont garnies de petites galeries. Les toits sont formés de tuiles retenues par de lourdes pierres. Chaque étage est divisé en plusieurs appartements; mais l'absence de cheminées rend la fumée insupportable.

Les châteaux, les palais et les monastères, habités par les grands et les lamas, sont d'une construction plus solide et plus élégante: il est probable, dit M. Griffith, qu'ils ont été bâtis par des Tibétains ou des Chinois. Les premiers sont d'une grandeur immense, munis de fossés et de fortifications. Tous ces grands édifices sont blanchis à la chaux.

On trouve dans le Boutan des ponts suspendus et des ponts fixes en bois. Les premiers sont en chaînes de fer retenues par des tours en maçonnerie très bien construites.

Les Boutaniens sont peu avancés dans les arts et dans l'industrie. Leurs toiles de coton, leurs poteries et leurs objets en cuivre sont mal fabriqués. Ce qu'ils font le mieux sont les coupes en bois et le papier.

Le Boutan proprement dit, c'est-à-dire sans le pays de Bidjni, se partage en trois provinces qui portent le nom de chacun de leurs chefs-lieux, Daro, Tongsa et Tacca.

(¹) Ce nom, qui signifie *Grand Saint*, est celui de la principale idole du Tibet et du Boutan.

Chaque province est gouvernée par un *pillo*; et se divise en districts administrés par des *soubahs*, qui exercent la suprême juridiction dans les limites de leur territoire, moyennant un tribut qu'ils paient annuellement à leur pillo respectif. Il y a d'autres officiers subalternes appelés *Trimpes* et *Troumpouns*. Bien qu'au Deb-radjah appartienne l'autorité suprême, il ne peut agir sans consulter ses conseillers ainsi que les pillos, qui savent très bien mettre des limites à son pouvoir; car ils sont inamovibles, tandis que le Deb-radjah est remplacé tous les trois ans.

Dans le Boutan on ne connaît point la distinction des castes établie depuis les temps les plus reculés dans l'Hindoustan. La population se divise en quatre principales classes: les laboureurs, les prêtres ou *ghylongs*, les employés inférieurs ou *zinc-abs*, et les chefs de districts et de provinces. Les laboureurs sont abrutis par la misère la plus affreuse; les prêtres forment la classe la plus nombreuse; les employés inférieurs sont nombreux aussi, ils se livrent à la paresse et oppriment leurs subordonnés; les chefs de provinces et de districts ne connaissent que leur propre intérêt. Tel est en peu de mots le tableau moral qu'un voyageur anglais récent, M. Griffith, fait de ce pays (¹).

Cependant ce tableau nous semble exagéré, surtout si l'on rapproche l'opinion de M. Griffith de celle de Davis, qui visita le Boutan il y a plus de quarante ans. Celui-ci dit en parlant des Boutias ou Boutaniens: c'est un peuple très pauvre, mais comparativement heureux, car il n'est exposé ni à une tyrannie très oppressive dans l'intérieur, ni à l'invasion, ni à l'esclavage au dehors. La nature de son gouvernement, confié à une classe d'hommes qui ne peut jamais avoir à poursuivre des projets d'avarice ou d'ambition, pernicieux, sinistres et barbares, l'exempte du premier de ces dangers; la force naturelle du pays et la difficulté extraordinaire des chemins le préservent du second. Dans le Boutan tout le monde ne songe qu'à se nourrir et à se vêtir, et le peu de superflu que le pays fournit est employé de manière à se montrer avec avantage dans les différents châteaux,

et comme ceci est une affaire publique, on peut dire que chacun en a une part (¹).

Les deux voyageurs que nous venons de nommer s'accordent à dire qu'il n'existe aucune contrée au monde où les femmes soient traitées plus mal qu'au Boutan: elles semblent n'être souffertes que pour l'indispensable fin de propager la race humaine et pour exécuter les travaux qu'elles sont capables de supporter. Dans toutes les conditions, depuis l'enfance jusqu'à la vieillesse, les femmes sont chargées des corvées les plus pénibles. Ainsi l'on peut dire qu'au Boutan on ne remarque aucune distinction de rang ou de condition parmi les femmes: toutes sont sales et contraintes de travailler; toutes sont plongées dans la malpropreté et l'esclavage le plus abject. Davis ne remarqua point la moindre différence entre la sœur du radjah de Tassisoudon et la femme du plus misérable laboureur. Il résulte de cet état d'esclavage que les femmes de ce pays sont complètement dégradées au moral comme au physique, et que tandis qu'elles se font remarquer par leur laideur, les hommes sont au contraire généralement beaux.

Au Boutan on ne voit l'image imparfaite de la famille que dans la classe du peuple. Les Boutaniens des classes supérieures sont obligés, par les injonctions les plus solennelles de la religion, de n'avoir aucun commerce avec les femmes, et même de les fuir comme des objets de déplaisir et d'horreur. Quant à ceux dont elles pourraient attendre des preuves d'attachement, ils semblent, dit Davis, ne posséder que très imparfaitement les sentiments dans lesquels consistent les charmes de l'union conjugale.

L'immortalité du Dharmah-radjah ou *roi juste* n'est pas aussi bien connue en Europe que celle du Dalaï-lama du Tibet, mais elle est également avérée. Le Dharmah-radjah peut s'incarner aussi bien dans la cabane du plus pauvre paysan que dans la demeure d'un officier de haut rang. Dès qu'il prend possession de son palais, sa vie devient une réclusion presque absolue; sa seule société est celle des ghylongs.

La religion du Boutan paraît être la même

(¹) Relation de l'ambassade envoyée dans le Boutan par la Compagnie des Indes vers la fin de l'année 1837.

(¹) Observations sur la religion et les institutions sociales des Boutias ou habitants du Boutan, par feu Samuel Davis.

que celle du Tibet; on y remarque quelques usages et diverses cérémonies qui offrent presque autant de ressemblance avec certaines observances de l'église romaine: tels sont, par exemple, le célibat du clergé, la vie monastique de communautés des deux sexes, la manière de chanter l'office, l'usage de l'eau bénite, de l'encens et des cierges dans les cérémonies religieuses, et celui du chapelet pour réciter les prières. Du reste cette religion est extrêmement tolérante envers les autres croyances; elle ne cherche point à faire des conversions, parce qu'elle admet en principe que les différentes routes indiquées par d'autres professions de foi sont aussi bonnes à suivre pour arriver au ciel que celle qu'elle enseigne.

Dans la religion du Boutan, comme dans celle du Tibet, il existe une formule sacrée dont les mots *hom-ma-ni-pé-mé-houm* sont de nature à ne pouvoir être traduits d'une manière satisfaisante à cause de leur sens abstrait et mystique. Suivant Abel Rémusat toute la doctrine lamaïte se résume dans cette formule: *hom* adoucit les tribulations du peuple; *ma* apaise les angoisses des lamas; *ni* soulage les chagrins et les afflictions des hommes; *pe* diminue les douleurs des animaux; *houm* enfin tempère les souffrances et les peines des damnés. Cette célèbre formule est répétée par tous les religieux; elle est écrite en tous lieux, sur les bannières, sur les temples, sur les casques des chefs, sur les murailles des habitations et sur les montagnes: quelques unes de celles-ci la présentent formée avec de grosses pierres fixées dans le sol, de manière qu'on peut la lire d'une très grande distance.

Les prêtres n'ont pas d'édifices séparés pour la célébration des cérémonies religieuses: celles-ci ont lieu dans les chapelles des châteaux ou des palais qui servent de logement aux ghylongs. La divinité suprême y est représentée par la figure colossale de Sedjatoba, assis les jambes croisées. Son agent principal, ou comme ils le nomment, son visir, d'une dimension beaucoup moins grande, est placé devant lui et entouré de petites images de lamas défunts. Le pouvoir destructeur se voit un peu plus bas en avant: il a le visage furieux, et ses bras nombreux levés et menaçants tiennent différentes armes. Devant l'autel sont rangées de petites tasses de cuivre remplies d'eau et quelques unes de riz. La salle est décorée aussi de vases de fleurs et d'autres ornements. Cette chapelle présente ordinairement une galerie destinée aux personnes qui désirent assister aux cérémonies. Le peuple n'est pas tenu d'entrer dans les chapelles; mais quelquefois on y laisse une ouverture par laquelle chacun peut apercevoir l'image et se prosterner devant elle.

Afin de recruter le nombre de sujets nécessaires pour maintenir leurs établissements, les lamas reçoivent de temps en temps de jeunes garçons pris dans les familles les plus respectables du pays. Il est essentiel qu'ils entrent à un âge assez tendre dans les châteaux des lamas pour pouvoir, par une habitude prise de bonne heure, apprendre à supporter la vie insipide et triste qu'ils doivent mener. Hors le temps des offices, il passent la plus grande partie des heures dans l'oisiveté la plus complète et même la plus fatigante, puisque le sommeil n'y met point un terme. Ils passent la nuit dans la posture que tout ghylong est obligé de prendre: c'est-à-dire assis, les jambes croisées, le corps absolument droit, les bras collés contre les flancs et les mains appuyées sur les cuisses, mais les paumes tournées en dehors. Les yeux doivent être dirigés vers les narines, afin de veiller à ce que l'haleine ne trouve une occasion de s'échapper entièrement du corps. On a la faculté de placer son dos contre le mur mais les membres sont dans une position tellement gênée que sans une longue pratique il est impossible de la conserver: aussi un ghylong est-il chargé de faire régulièrement la ronde une lumière et un fouet à la main, pour voir si chacun est dans la position convenable, et pour châtier quiconque ne s'y trouve pas.

Les Boutias ou Boutaniens par leurs caractères physiques diffèrent complétement des Bengali leurs voisins. Ils sont petits et trapus; leur visage est large, leur menton pointu et presque sans barbe; leurs pommettes sont saillantes et leurs cheveux noirs; en un mot, ils se rapprochent beaucoup des Mongols et des Kalmouks.

Ils portent l'habit tatar, de grandes bottes qui recouvrent le pantalon, une ceinture et un bonnet bordé de fourrure. Les principaux fonctionnaires se distinguent par un riche ceinturon brodé, à l'extrémité duquel est suspendue la *dha*, épée longue, droite et lourde. L'homme de guerre porte une espèce de casque quelquefois en fer, mais plus ordinairement fait de roseaux tressés ou de cordes de coton; de chaque côté s'étend un prolongement qu'on rejette au besoin derrière l'oreille, et sur le devant un autre qui couvre le nez. Au bras gauche il a un grand bouclier rond en cuir et bien travaillé. Les Boutaniens ont aussi des fusils à mèche de fabrique chinoise, mais tellement mauvais, et dans lesquels ils ont si peu de confiance qu'ils font toujours suivre leur coup de feu d'une pierre qu'ils lancent contre l'ennemi. L'arme la plus commune après la dha est l'arc; mais leur adresse à s'en servir n'est pas redoutable. Comme les Tibétains, ils font usage de la viande, et sont généralement attachés à la religion de Bouddha. On ignore quel est le nombre d'habitants que renferme le Boutan, mais il est probable qu'il ne s'élève pas à un million.

Les lieux habités du Boutan ne sont pour ainsi dire que des villages; les plus considérables méritent à peine le titre de villes. Le premier chef-lieu de district que nous nommerons est *Divanghiri*, situé près des bords du Mourou, sur une montagne, à environ 700 mètres au-dessus du niveau de la mer. Les maisons, au nombre d'une centaine, ne sont pour la plupart que des cabanes disposées en groupes isolés; quelques-unes sont en pierre; la seule convenable est celle qu'habite le *Soubah* : elle ressemble beaucoup, dit M. Griffith, à un chalet suisse. On remarque de distance en distance sur la montagne trois ou quatre couvents bouddhistes, et auprès de chacun d'eux flottent au haut de longues perches de bambous, des banderoles portant l'inscription sacrée : *Hom-ma-ni-pé-méhoum*.

Tongsa, malgré son titre de chef-lieu de province, ne contient qu'un petit nombre de maisons, l'habitation du gouverneur, deux tours et quelques édifices religieux. Ce lieu est à 1,700 mètres de hauteur. On y fabrique beaucoup de statues de divinités et d'ustensiles en cuivre. Le pays environnant est très pittoresque et couvert de grands bois de *pinus excelsa*. *Singué* est composé d'une douzaine de maisons. On remarque des deux côtés de la vallée dans laquelle il est situé des villages populeux et des champs de riz et de froment. Le village de *Singlang*, quoiqu'il soit la résidence d'un soubah, est très pauvre, et la plupart des habitants demeurent dans la forteresse qui est un grand bâtiment de forme irrégulière.

Tassisoudon ou *Tassisuden*, dans une vallée arrosée par le *Tchin-tsiou* ou *Tchin-tchou*, affluent du Brahmapoutre, est la capitale du Boutan, ou plutôt ce n'est pas même une ville, mais une réunion de quelques maisons groupées autour d'un château élevé de sept étages, chacun de 15 à 20 pieds de hauteur. Au quatrième étage réside, pendant l'été, le debradjah, et au septième le Dharmah-radjah. Le château est environné d'un mur de 30 pieds de hauteur; on y remarque un temple magnifique, surmonté d'un baldaquin doré, sous lequel est placée la célèbre idole de *Mahamouni*. Près du château s'étendent un haras et une longue rangée de hangars où l'on fabrique continuellement des idoles en bronze et divers ornements sacrés. Les environs de Tassisoudon offrent des forêts qui nourrissent de nombreux troupeaux d'éléphants.

Pounakha ou *Peneka*, à 6 lieues au nord-est de Tassisoudon, et au confluent de deux petites rivières qui forment le Maa-tchou, est un autre château qui sert de résidence d'hiver au Deb-radjah et au Dharmah-radjah. Bien que Pounakha soit la seconde ville du Boutan, elle ne se compose que d'une quinzaine de maisons dont les deux tiers sont en ruines. Le palais est un édifice très vaste dont la destination royale est attestée par ses toits couverts en cuivre doré, et qui s'élèvent les uns au-dessus des autres en diminuant de grandeur, d'après le style chinois. Il a, suivant M. Griffith, 200 pieds de longueur sur 80 de largeur. La salle de réception du Deb-radjah est grande; de riches piliers en soutiennent le plafond, et tout autour elle est décorée d'écharpes en étoffes de soie brodées.

Tchindjipdji, environné de forêts de chênes et de magnolias, est peut-être le plus joli village de tout le Boutan. Ce qui lui donne de l'importance, c'est le magnifique temple que l'on remarque dans ses environs. Il est surmonté d'un vaste parasol doré garni de clochés à longs battants ; chacun de ses angles est orné d'une petite tourelle ; des figures dans le style chinois s'élèvent çà et là, et sur les côtés s'étendent des dalles couvertes d'inscriptions. On voit sur l'une des façades de ce temple le cylindre sacré en usage chez les Bouddhistes. C'est une sorte de coffre rond ou de baril placé verticalement pour tourner sur un pivot ; il renferme un long rouleau de papier sur la surface duquel est répétée la formule *Hom-mani-pé-mé-houm*. Toutes les personnes qui passent devant cet instrument se font un devoir de mettre en mouvement le rouleau.

Ouandipour, à 6 lieues à l'est de la capitale, est une ville bâtie sur un rocher escarpé, qui s'élève entre le Taan-tchou et le Maa-tchou qui se réunissent ici pour former le Chaan-tchou. La première de ces rivières est traversée par un pont d'une légèreté admirable. Cette ville passe pour la plus forte du Boutan ; on y remarque un temple desservi par un grand nombre de prêtres. *Bouxedeouar*, que l'on nomme aussi *Passaka*, ne renferme qu'une quinzaine de maisons ; mais c'est une place forte que sa situation entre des montagnes impraticables rend une des principales clefs du pays. *Phari* est une autre place forte qui défend un défilé dans le voisinage du Tchamalouri, l'une des principales cimes de l'Hymalaya, et conséquemment l'une des plus hautes montagnes du monde. Cette petite ville renferme un couvent célèbre où réside un lama dépendant du Dharmah-radjah. Les autres lieux les plus considérables du pays du Deb-radjah, tels que *Ghassâ* et *Mouritchom*, ne sont, à proprement parler, que des villages.

La principauté de *Bisni* ou *Bidjni*, plus petite que la précédente, est divisée en deux par l'Ayi, affluent du Brahmapoutre. Elle est gouvernée par un radjah, qui dépend du Deb-rajah, et conséquemment du Darmah-radjah, mais qui, pour une partie de son territoire qui confine avec le Bengale, est tributaire des Anglais. *Dellam-cotta*, forteresse bâtie sur une montagne au pied de laquelle coule la Dorlah, commande un important défilé qui conduit dans le Bengale. Le lieu le plus remarquable de tout ce territoire est *Bisni* ou *Bidjni*, forteresse bâtie en briques, et environnée d'un fossé et d'une palissade. C'est là que réside le radjah. On y voit plusieurs temples et une centaine de cabanes. Cette place, malgré la présence du prince, est considérée comme neutre, ainsi que le territoire tributaire des Anglais, qui, aux termes des derniers traités, y entretiennent une garnison.

Nous ne terminerons pas la description de la région du Tibet sans entrer dans quelques détails sur une croyance religieuse qui domine dans les divers pays soumis à la Chine.

L'un des traits qui font du Tibet une des contrées les plus intéressantes de celles qui composent l'Empire chinois, c'est d'être le siège principal d'une religion qui, suivant les calculs les plus probables, compte en Asie plus de 200 millions de sectateurs ; nous voulons parler du bouddhisme ou lamisme.

Le savant Abel Remusat divise le bouddhisme en trois branches principales : le bouddhisme primitif ou samanéisme, qui considère Bouddha comme une incarnation de Vichnou ; le bouddhisme réformé, qui honore Bouddha comme un dieu suprême manifesté dans la personne de Chakia-mouni ; et le lamisme, qui reconnaît Bouddha dans la personne du dalaï-lama, chef spirituel vénéré comme une incarnation divine. Un autre savant, M. Klaproth, dont l'opinion est d'un grand poids dans les questions qui concernent l'Asie, regarde au contraire le bouddhisme comme une religion *une*, c'est-à-dire sans aucune division. Quoi qu'il en soit, considéré sous ce point de vue, le bouddhisme paraît être une réforme de l'ancienne religion de l'Inde ; et le culte qu'il était appelé à remplacer, c'est-à-dire le brahmanisme, nous semble être le samanéisme ; croyance qui fut connue des anciens, et dont les sectateurs ont été désignés par Strabon sous les noms de brachmanes ou garmanes, par Clément d'Alexandrie sous celui de sarmanes, et par Porphyre sous celui de samanéens. Nous parlerons plus tard de cette religion, ou du moins de ce qui en constitue la croyance actuelle.

Le samanéisme a été confondu par quelques savants avec le chamanisme : c'est une erreur grave. Pour en faire sentir la différence, quelques mots suffiront.

Nous avons déjà parlé de plusieurs peuples

de l'Asie septentrionale et même de l'Asie centrale, professant un culte grossier, qui consiste à adorer une pierre, un arbre, ou tout autre objet naturel qui attire leur attention par sa forme ou sa grandeur, mais surtout à avoir une vénération aveugle pour leurs prêtres, appelés *chamans* ou *ssemans*, jongleurs adroits qui prétendent maîtriser la nature. Plusieurs voyageurs assurent que le chamanisme n'a ni autels ni idoles : cela est vrai pour quelques peuplades de la Sibérie; mais il paraît aussi que d'autres ont désigné sous le même nom différents cultes idolâtres, une sorte de fétichisme que l'on retrouve chez les peuples les plus grossiers des différentes parties du globe, et même un mélange superstitieux d'idolâtrie et de bouddhisme, qui n'a pour ainsi dire d'autre règle que la volonté capricieuse de ces prêtres ou prétendus magiciens, que l'on a confondus sous le nom de *chamans*. Ainsi les différents cultes idolâtres qui, dans l'Asie septentrionale et centrale, ne se rapportent à aucune des religions importantes autour desquelles se groupent les populations, peuvent être compris sous la dénomination de chamanisme.

Il n'en est pas de même du samanéisme, de cette religion qui a partagé les anciens habitants de l'Inde en castes, dans lesquelles chacun est forcé de rester; de cette religion qui défend d'écraser un insecte, et qui permet les sacrifices humains.

Le bouddhisme s'annonça dans l'Inde, il y a 28 siècles, comme un progrès dans la philosophie religieuse de cette antique contrée, il rejetait les livres appelés *veda*, il détruisait la division par castes, il répandait quelques consolations sur les misères de l'homme, et principalement parmi les classes laborieuses; enfin il permettait l'usage de la chair des animaux. On le vit, quatre ou cinq siècles avant notre ère, lutter avec avantage contre le brahmanisme, et s'étendre dans une partie de l'Inde; mais, en butte aux persécutions des sectateurs de la croyance dont il était sorti, il devait bientôt succomber dans cette région de l'Asie; le crédit des brahmanes fit élever au pouvoir suprême des hommes de la caste des shoudras qui leur étaient dévoués, et lorsqu'ils eurent mis dans leurs intérêts les princes et les rois, le bouddhisme ne tarda pas à être anéanti dans l'Inde.

Banni de cette contrée, le bouddhisme, suivant M. Klaproth, se répandit, un peu avant la naissance de Jésus-Christ, dans la Bactriane, et de là parmi les peuples alains, gothiques et turcs de l'Asie centrale. Au premier siècle de notre ère, il s'établit en Chine; au quatrième siècle, en Corée, et vers le commencement du cinquième, dans le Tibet; mais il ne put s'y maintenir, et ce ne fut qu'en 632 qu'il s'y fixa tout-à-fait. Il en civilisa les habitants, qui, à cette époque, étaient anthropophages. Enfin, vers la première moitié du sixième siècle, il s'introduisit dans le Japon. Il s'était déjà répandu parmi les Mongols, sous les premiers successeurs de Djenghiz-Khan.

Telle fut la marche du bouddhisme; mais, avant d'en exposer les principes, peut-être convient-il de prendre une idée exacte de son fondateur.

Les différents auteurs mongols, persans, japonais, pegouans, cingalais, siamois et chinois ne s'accordent pas sur l'époque de la naissance du fondateur du bouddhisme [1]; mais Abel Remusat a prouvé que la version chinoise qui place cette naissance à l'an 1029 avant notre ère, est celle qui mérite le plus de confiance, parce qu'il s'accorde avec la chronologie des successeurs de ce législateur conservée dans les livres chinois [2]. M. Klaproth a adopté aussi cette opinion.

C'était une idée religieuse répandue depuis la plus haute antiquité, dans l'Inde, que les Bouddhas paraissent, à différentes époques, dans le monde pour le salut des âmes qui n'ont pas atteint la même perfection qu'eux. *Bouddha*, en sanskrit, signifie *intelligence* ou *raison suprême :* trois de ces êtres avaient déjà paru sur la terre; on en attendait un quatrième, lorsque parut celui dont nous allons retracer l'histoire, sur ce qu'en ont publié MM. Klaproth et Abel Remusat d'après les

[1] Aboul Fazel, ministre du grand-mogol Akbar. . . . . l'an 1366.
Les Chinois. . . . . l'an 1029.
Les Mongols le font naître avant Jésus-Christ . . . . l'an 1022.
Les Japonais adoptent le même calcul.
Les Persans placent sa naissance dans la même année.
Les Siamois . . . . l'an 744.
Les Pegouans . . . . l'an 638.
Les Cingalais . . . . l'an 619.

[2] *Abel Remusat :* Journal des Savants, pag. 6. 1821.

livres mongols; enfin, un cinquième et dernier doit encore venir : c'est le bouddha *Maïtreya*.

A l'époque de la naissance du quatrième Bouddha, le puissant royaume de *Magadha* comprenait toutes les provinces qu'arrose le Gange. L'une des principales races du royaume était celle de *Chakia*, ou *Chaktcha*, composée de 500 familles. Le roi, appelé *Soudadani* ou *Soadouaodani*, était de cette race; sa résidence était la ville de *Khober-chara*. Il épousa *Maha-maï* ou *Maha-maya* qui, bien que vierge, conçut, par l'influence divine, un fils qui était une incarnation divine, et qu'elle remit à un roi issu d'une incarnation de Brahma qui l'enveloppa d'une étoffe précieuse. Un autre roi, né d'une incarnation d'Indra, baptisa l'enfant avec l'eau divine et lui donna le nom d'Arda-chidhi. Suivant l'usage établi dans la race de Chakia, on le porta dans un lieu sacré pour le présenter à une image divine; mais l'image s'inclina devant l'enfant : alors les spectateurs reconnurent que c'était un être miraculeux qui surpasserait en sainteté les incarnations précédentes, et le saluèrent du titre de *Dieu des dieux* (en sanskrit *devati-deva*). Trente-cinq vierges furent chargées d'en avoir soin : sept le baignaient, sept l'habillaient, sept le berçaient, sept étaient chargées de le tenir propre, et sept l'amusaient par leurs chants et le son de leurs instruments. On lui enseigna la poésie, le dessin, la musique, la médecine et les sciences mathématiques; mais il devint bientôt plus habile que ses maîtres. Son professeur de langue ne connaissait que les idiomes de l'Inde; mais le jeune élève lui enseigna cinquante langues étrangères avec leurs caractères particuliers.

Arda-chidhi surpassait en beauté tous les autres humains. Le célèbre président de la société de Calcutta, W. Jones [1], ainsi que le savant Langlès, ont cherché à prouver que ce personnage était étranger à l'Inde, qu'il appartenait à la race nègre, et qu'il avait les cheveux crépus, parce qu'en effet il est souvent représenté avec une chevelure très bouclée; mais les écrits originaux répandus chez les bouddhistes ne permettent pas de soutenir cette opinion. Les livres mandchoux vantent son teint d'or, son corps sans taches de rousseur, ses lèvres roses comme le fruit nommé *bimba*, son nez aquilin et ses cheveux couleur de lapis-lazuli, couvrant sa tête de boucles arrondies.

Arrivé à l'âge de puberté, sa famille s'occupa de lui chercher une femme, mais il refusait toujours de se marier; cependant, pour ne pas affliger ses parents, Arda-chidhi céda à leurs désirs, à la seule condition qu'on lui trouverait une vierge parfaite, possédant les 32 vertus et perfections principales. C'était bien le moins qu'il montrât cette exigence, lui qui possédait les 58 perfections morales, dont les plus importantes n'étaient pas celles qui lui avaient valu les titres de *narottamah* (le plus élevé des hommes), et de *gounasdgarah* (mer de vertus), lui qui était en outre doué des 32 *lackchan*, ou qualités visibles, et des 80 *naïrak*, ou beautés corporelles. En se montrant si difficile, il espérait éviter le mariage, parce qu'il ne croyait pas qu'il fût possible de trouver une femme accomplie. Cependant sa pénétration divine fut ici en défaut. Les recherches furent tellement actives dans le royaume, qu'on trouva, dans la race des Chakia, une princesse qui possédait toutes les qualités requises. Mais elle était recherchée par Dewa-dath, oncle et ennemi d'Arda-chidhi; en conséquence, le père de cette princesse fit des difficultés. Cependant, comme il ignorait probablement les rares perfections dont le jeune prince était doué, il déguisa son refus sous une apparence d'impartialité, en déclarant qu'il donnerait sa fille à celui qui, par ses qualités, mériterait la préférence. Dewa-dath fut satisfait de cette condition, et Arda-chidhi, qui aurait pu profiter de la circonstance pour baser son refus de se marier sur le désir de ne point contrarier l'inclination de son oncle, accepta également; mais il était tellement supérieur à celui-ci, qu'il emporta sans peine le prix.

A l'époque de son mariage il avait 20 ans; cette union fut heureuse : il eut un fils et une fille. Bientôt les répugnances qu'il avait longtemps témoignées pour le mariage reprirent leur empire dans son esprit; on le vit renoncer à toute occupation mondaine, pour se livrer, dans la solitude, à de pieuses méditations; sa pitié compatissante, affectée de la misère de ses semblables, lui fit prendre en haine la splendeur de la royauté; enfin il dé-

---

[1] *Recherches asiatiques*, traduction française, tom. II, p. 56.

clara à ceux qui l'entouraient que les quatre degrés de la misère humaine, *les peines de la naissance, de la vieillesse, de la maladie et de la mort*, détruisaient pour lui les plaisirs de la vie, parce qu'ils étaient inévitables. Il prit donc la résolution d'abandonner sa femme, ses enfants, et de renoncer aux vanités humaines. En vain sa famille éplorée chercha-t-elle à lui faire abandonner ce projet, en lui faisant observer qu'il pouvait mener une vie pieuse sans s'éloigner de tout ce qui lui était cher; que la royauté à laquelle il était réservé avait aussi ses peines et ses devoirs; que rendre tout un peuple heureux était une tâche digne de ses vertus : il se montra inébranlable; en vain son père fit-il proclamer dans tout le royaume une ordonnance par laquelle il était défendu à tous les grands de recevoir le prince chez eux : il fit au milieu de la cour ses pénibles adieux à sa famille. Je vais, dit-il en fondant en larmes, entrer dans la vie de pénitence; j'ai des raisons puissantes pour suivre ma vocation, ne m'empêchez pas de l'accomplir, c'est un devoir sacré pour moi. La vigilance de ses gardiens retarda pendant quelque temps l'exécution de ses projets; mais un ami dévoué, Khour-mousta-tengri, le même qui l'avait baptisé, parvenant à tromper la surveillance dont il était l'objet, lui procura un cheval sur lequel il s'échappa à la faveur d'un déguisement.

Accompagné de quelques disciples, il se retira dans un désert du royaume d'*Oudipa* : c'est là que chacun des moindres événements de sa vie silencieuse et méditative va désormais servir à désigner une place, une station sacrée. Il prend le nom de *Goodam*, c'est-à-dire *gardien des vaches*, se donne lui-même l'ordination sacerdotale, coupe ses cheveux et se revêt du costume de pieux anachorète : de là ce que les bouddhistes appellent *la place sainte du dépouillement de tout ornement*; le prince des grands singes lui apporte, pour ses repas, du miel et des figues sauvages, que Goodam arrose avec de l'eau bénite; mais l'orang-outang, ravi de joie de voir ses présents acceptés, fait mille gambades extraordinaires, tombe dans un puits situé derrière lui, et se noie, et l'on consacre *la place sainte des aliments offerts par le singe*; Dewa-dath, qui avait découvert la retraite de Goodam, et qui lui conservait toujours le même ressentiment, conduit dans son voisinage un éléphant qu'il enivre de vin de coco, et aux défenses duquel il attache des épées tranchantes, dans l'espoir que l'animal furieux tournera sa rage contre l'ermite; mais celui-ci ne fait que lever les cinq doigts, et l'éléphant s'apaise : de là l'origine de *la place sainte de l'éléphant furibond et dompté*; des femmes impudiques tentent de le séduire, et loin d'y parvenir elles se retirent après l'avoir adoré : le lieu où se passa cette scène fut appelé *la place sainte de la victoire remportée sur la séduction de l'impudicité*.

Sa réputation de sainteté se répandit facilement parmi le peuple; il reçut alors les titres de *bourkhan-bakchi* (instituteur divin), et de *Chakia-mouni* (pénitent de la race de Chakia); mais parmi les grands et les incrédules, les uns se plaisaient à répandre le bruit qu'il avait complétement perdu la raison; les autres qu'il regrettait d'avoir renoncé au trône de son père, et qu'une nouvelle inclination amoureuse était la cause de la résolution qu'il avait prise. Cependant, après avoir vécu six années dans la retraite, il déclare à ses cinq disciples qu'avant de répandre sa nouvelle loi, il doit accomplir un jeûne spirituel. Dès lors il passe 49 jours et 49 nuits en prières et dans une abstinence complète. Enfin ses disciples ne peuvent résister à l'entraînement qui les porte à l'adorer; et, d'un commun accord, ils l'engagent à daigner s'asseoir sur le trône des saints passés; établi à *Warnachi*, aujourd'hui *Bénarès*. Chakia-mouni fait trois fois le tour de ce lieu, et après y être entré avec solennité, se place sur le trône d'Ortchilongi-ebektchi-bourkhan, d'Altan-tchidaktchi et de Gerili-sakiktchi, fondateurs des trois époques religieuses antérieures; ce fut à cette occasion que l'on établit la place sacrée du *trône primitif de tous les saints*.

Ce fut à Warnachi qu'il exposa sa doctrine, au milieu d'une foule innombrable d'auditeurs de toutes les classes. « L'état universel de » misère, c'est-à-dire le monde humain, est la » première vérité, dit-il; le chemin du salut » est la seconde vérité; la tentation et la sé- » duction qu'on y rencontre sont la troi- » sième; et la manière de les combattre et de » les vaincre est la quatrième. » Le développement de ces quatre vérités fut le sujet de sa première séance. Dès ce moment ses disciples lui donnèrent le nom de *Bouddha*, qui signifie, en sanskrit, *intelligence suprême*.

Cependant il n'était pas arrivé au point de perfection philosophique où il se trouvait sans avoir passé par des épreuves surnaturelles dont nous n'avons point encore parlé. Ce fut un être immatériel qui l'instruisit des préceptes de la morale, et qui l'engagea à renoncer à sa famille, au trône et aux séductions de ce monde. Le détail des épreuves miraculeuses auxquelles se soumit Chakia-mouni est consigné dans le livre intitulé *Ulligeriin-dalaï*. Le génie lui dit: Le disciple doit avoir assez de fermeté pour se sacrifier lui-même; sans pénitences corporelles, aucune instruction ne peut prendre racine. La première pénitence de Chakia-mouni dut être d'endurer la souffrance de mille bougies allumées sur son corps. Pendant ce supplice le génie lui communiqua les quatre thèses suivantes:
« Tous les trésors peuvent être épuisés. — Ce
» qui est élevé est exposé à la chute. — Ce qui
» est réuni peut être dispersé. — Ce qui vit est
» assujetti à la mort. »

A peine guéri de ses mille moxas, Chakia-mouni, pressé par son désir insatiable de s'instruire, se soumit à une seconde pénitence, consistant à avoir mille clous enfoncés dans le dos, épreuve pendant laquelle le génie lui développa les axiomes suivants: « Tout ce
» qui est visible doit périr. — Tout ce qui est
» créé est assujetti à une fin déplorable. —
» Toute croyance appartient au royaume du
» néant. — L'univers n'existe que dans l'ima-
» gination. » Pour la troisième épreuve, Chakia-mouni consentit à entrer dans un four ardent; mais à peine y fut-il qu'une troupe de mille anges éteignit de suite la flamme haute de 9 toises par une pluie de fleurs. Alors, absorbé en adoration et en humilité, il reçut la troisième instruction, ayant pour but de le guider dans le chemin de la sainteté, savoir:

« La force de la miséricorde établie sur des
» bases inébranlables. — L'éloignement total
» de la cruauté. — Une compassion sans bornes envers toutes les créatures. — Une constance imperturbable dans la foi. »

Enfin, à la dernière épreuve, le génie lui dit: Pour que tu ne puisses oublier mes doctrines, elles doivent être écrites sur ta peau, avec un poinçon fait de tes os, et trempé dans ton sang. Il sortit glorieux de cette terrible pénitence, pendant laquelle le génie lui communiqua les maximes fondamentales de toute morale, savoir: 1° de ne pas tuer; 2° de ne pas voler; 3° d'être chaste; 4° de ne pas porter un faux témoignage; 5° de ne pas mentir; 6° de ne pas jurer; 7° d'éviter toutes paroles impures; 8° d'être désintéressé; 9° de ne pas se venger; 10° de ne pas être superstitieux. Ces dix commandements devinrent la base de la doctrine de Bouddha.

Le bouddhisme ayant pour but de réformer la religion de Chiwa, eut non seulement contre lui les antiques sectateurs de ce culte, mais encore ceux des adorateurs du feu établis en Perse. Une grande fête donnée à Warnachi, pendant les 15 premiers jours du premier mois de l'année, fut choisie par tous ces adversaires pour combattre la nouvelle doctrine; mais l'homme-dieu développa une telle supériorité de raisonnements, que le chef de ses adversaires se prosterna devant lui et l'adora. C'est en mémoire de ce grand événement, qui assura le triomphe du bouddhisme dans l'Inde, que les bouddhistes célèbrent, par quinze jours de fêtes, le commencement de l'année; ainsi que nous avons vu que cela se pratique au Tibet.

Bouddha vécut jusqu'à l'âge de 80 ans: en mourant il déclara que sa doctrine existerait pendant 5,000 ans; qu'alors il viendrait un autre homme-dieu, nommé *Maïtari* ou *Maitreya*, qui serait le précepteur du genre humain; mais que, jusque là, sa religion souffrirait de sanglantes persécutions, et qu'elle aurait pour refuge les hautes montagnes du Tibet. Cette prédiction s'est confirmée à la date près; en effet, quelques siècles après la naissance du Christ, les sectateurs du bouddhisme furent obligés de se réfugier dans le nord.

Chakia-mouni laissa un grand nombre d'écrits; son premier ouvrage est un recueil de demandes et de réponses sur l'astronomie et sur les 28 signes du zodiaque; mais, d'après la recommandation qu'il fit à ses disciples en mourant, sa doctrine fut recueillie par eux; elle porte en tibetain le nom de *Gandjour*, c'est-à-dire *instruction verbale*, et forme 108 gros volumes. On y joint, dit M. Klaproth, 12 volumes de métaphysique, qui portent le nom de *Jœm*. Avec les commentaires qui y sont joints, l'ensemble de tous ces ouvrages, qui portent le nom de *Dandjour*, forme 232 volumes dont le transport exige plusieurs chameaux. Il a été traduit en mongol par l'empereur Khian-loung, et imprimé en deux formats différents. On ne le vend pas sans une permission particulière, et le prix d'un exemplaire est de 1,000 onces d'argent, c'est-à-dire de 6 à 7,000 francs (¹).

Le savant Abel Remusat a fait remarquer que si beaucoup d'auteurs européens ne sont pas d'accord sur l'époque de la vie et de la mort de Bouddha, c'est parce que jusque dans ces derniers temps on avait négligé d'aller puiser des renseignements dans les monuments originaux ; que dans ceux-ci, au contraire, écrits d'abord en sanskrit, puis en mongol, en tibetain, en chinois et en japonais, on est frappé de la coïncidence des dates, coïncidence remarquable lorsque l'on considère l'étendue des pays où les traditions qui les constatent ont été recueillies.

Ce qui confirme encore la confiance que l'on doit avoir dans ces dates, c'est la liste chronologique des 33 successeurs directs de Bouddha (²). Cette légende se rapporte exactement aux années bien connues du règne des empereurs chinois. Elle existe dans des ouvrages anciens répandus chez les bouddhistes; mais Abel Remusat l'a extraite de l'Encyclopédie japonaise, où elle est donnée comme une suite de matériaux historiques propres à éclaircir la géographie ancienne de l'Hindoustan, divisé pendant cette époque en plus de 60 royaumes. Le nom de la province ou du royaume où chacun de ces illustres personnages prit naissance, y est soigneusement relaté.

On prendrait une fausse idée du bouddhisme, si on le considérait comme un anthro-

(¹) Klaproth : Vie de Bouddha, d'après les livres mongols. — (²) Le premier de ces successeurs est le disciple *Mahakaya*, né dans le royaume de Makata ; ce fut à lui que Chakia-mouni laissa le secret de ses mystères. On ne donne ni la date de sa naissance ni celle de sa mort ; mais on sait qu'il vivait dans la 5ᵉ année du règne de Hiao-wang, qui correspond à l'an 905 avant Jésus-Christ.

Le second est *Anan*, contemporain d'I-wang, qui cessa de régner en 879.

Le troisième, *Chang-naho-sieou*, fut soumis à la transmigration, c'est-à-dire mourut la 23ᵉ année du règne de Siouan-wang (l'an 805).

Le quatrième, *Yeou-pho-kiou-to*, mourut la 11ᵉ année de Phing-wang (en 760).

Le cinquième, *Ti-to-kia*, dont l'époque de la mort est inconnue, était contemporain de Tchouang-wang, mort en 683, après un règne de 15 ans. Il paraît que c'est le premier qui, conformément à l'usage des samanéens et des gymnosophistes, se jeta dans les flammes, et laissa des reliques qui furent recueillies.

Le sixième, *Mi-che-ka*, qui vivait sous le règne de Siang-wang, mort en 619, termina ses jours de la même manière.

Le septième, *Pa-sou-mi*, mourut la 19ᵉ année de Ting-wang (588).

Le huitième, *Fou-tho-nan-ti*, mourut la 12ᵉ année de King-wang (533).

Le neuvième, *Bouddha-mita*, se jeta dans un bûcher la 40ᵉ année du même règne (495).

Le dixième, *Hie*, termina ses jours de la même manière la 22ᵉ année de Tching-wang (417).

Le onzième, *Fou-nayache*, mourut pendant le règne de An-wang, qui dura depuis 401 jusqu'en 376.

Le douzième, *Ma-ming*, est celui qui, dans l'ordre des divinités incarnées, vient immédiatement après Bouddha, et qui, ainsi qu'Abel Remusat l'a fait remarquer, a reçu différents noms comme divinité du second ordre. Les Hindous le nomment *Bodhisatoua*, c'est-à-dire *intelligence affectueuse* ou *sensible* ; les Tibetains *Djangtchhoub*, et les Chinois *Phou-sa*, nom que, par une méprise ridicule, quelques idolâtres chinois, et après eux plusieurs missionnaires, ont donné pour celui de la *déesse de la porcelaine*. C'est ce personnage que Georgi a pris tantôt pour Sammonakodom ou Bouddha, et tantôt pour Scythianus ou Manès, et qu'il fait vivre au milieu du troisième siècle de notre ère ; tandis que le livre de *Mahaya*, qui renferme les successions de ces patriarches, le fait mourir dans la 37ᵉ année de Hian-wang, c'est-à-dire 332 ans avant notre ère.

Le treizième, *Kabi-mara*, livra son corps aux flammes la 41ᵉ année de Nan-wang (en 274).

Le quatorzième, appelé en chinois *Loung-chou*, et qui est auteur d'un livre en cent chapitres sur la prudence ou la pénétration en matière de théologie bouddhique, mourut dans la 35ᵉ année du règne de Chi-hoang (en 212).

Le quinzième, *Kanadeva*, qui voyagea dans le Bengale, mourut sous le règne de Wen-ti (en 157).

Le seizième, *Ragourata*, expira dans la 28ᵉ année de Wou-ti (en 113).

Le dix-septième, *Senganandi*, fils du roi de Chi-lo-fa, mourut la 13ᵉ année de Tchao-ti (en 74).

Le dix-huitième, *Kayacheta*, mourut la 20ᵉ année de Tching-ti (13 ans avant notre ère).

Le dix-neuvième, *Koumarada*, expira la 14ᵉ année du règne de l'usurpateur Wang-mang (l'an 23 de notre ère).

Le vingtième, *Chayata*, mourut la 17ᵉ année de Ming-ti (en 74).

Le vingt-unième, *Basioubandzou*, à qui l'on donna le titre de grand-maître, se jeta dans les flammes du temps de An-ti (en 125).

Le vingt-deuxième, *Manoura*, mourut du temps de Houan-ti (vers l'an 167).

Le vingt-troisième, *Hou-le-na*, voyagea dans l'Inde. On ignore l'époque de sa mort.

Le vingt-quatrième, qui était un mendiant de la

pomorphisme grossier qui réserve à une créature humaine le culte qu'on ne doit qu'à la divinité. Il est probable que dans la dernière classe du peuple tibetain la religion est ainsi comprise; mais les esprits cultivés s'élèvent à une conception plus haute, et même fondée sur une métaphysique très développée, et surtout très remarquable pour l'époque reculée à laquelle remonte Chakiamouni.

D'après la doctrine du bouddhisme, doctrine dont l'exposition exigerait de grands développements, mais dont nous donnerons un

caste des brahmanes, nommé en chinois *Sse-tseu*, le maître ou le lion, mourut la dernière année de Tsi-wang.

Le vingt-cinquième, *Basiasita*, expira du temps de Ming-ti, c'est-à-dire avant l'an 325.

Le vingt-sixième, *Poujoumito*, était le second fils du roi Tian-te. On ignore l'époque de sa mort.

Le vingt-septième, *Pan-jo-to-lo*, se brûla lui-même la 1re année de Hiao-wou-ti (an 457).

Le vingt-huitième, *Bodhidana*, qui changea son nom en celui de *Bodhi-Dharma*, est le dernier qui ait fixé son séjour dans l'Hindoustan. Il voyagea et mourut en Chine le 5e jour de la 10e lune, et la 19e année taï-ho, c'est-à-dire en 495. « Je suis venu, dit-il en mourant, pour étendre la loi et délivrer les hommes de leurs passions. Chaque fleur produit cinq pétales qui se nouent en fruit : c'est ainsi que j'ai rempli ma destinée. »

Le nom de *Bodhi-Dharma*, écrit *Ta-mo* par les Chinois, a donné naissance à de singulières erreurs, dit le savant Abel Remusat. D'anciens missionnaires l'ont pris pour saint Thomas; d'autres auteurs l'ont regardé comme étant le même qu'un certain Thomas, disciple de Manès. Toutes ces suppositions sont démenties par des témoignages historiques précis fournis par des contemporains, et qui, par leur accord avec la chronologie des empereurs chinois, méritent toute confiance.

Bodhi-Dharma eut pour successeur un Chinois qui prit le nom mystique de *Tsouï-kho*, c'est-à-dire *pénétration capable*. Il mourut l'an 592, âgé de 107 ans.

Enfin le trentième patriarche est *Seng-thsan*, mort en 606; le trente-unième *Tao-sin*, mort en 651; le trente-deuxième *Houng-jin*, mort en 673; et le trente-troisième *Soui-neng*, qui expira en 713.

Nous devons faire observer qu'un grand nombre de ces patriarches désignèrent eux-mêmes leur successeur, et qu'à cette longue série de saints succédèrent d'autres chefs ou réformateurs jusqu'à la création de la dignité de dalaï-lama, qui ne date que du commencement du quinzième siècle. Le premier qui en fut revêtu était un prêtre tibétain nommé *Ghehdhoun-djoubhpa*, qui mourut en 1447. Ses successeurs sont les dalaï-lama qui règnent encore aujourd'hui à H'lassa. Mais bien que plusieurs patriarches aient mis fin à leurs jours en se jetant dans les flammes, cet usage n'a pas été imité par les dalaï-lamas : on ne place ceux-ci sur le bûcher qu'après leur mort.

simple aperçu, d'après les écrits publiés par M. Klaproth, toutes les créatures sont divisées en six classes; en remontant des plus inférieures aux supérieures, on a les habitants des enfers, les démons faméliques ou *prétas*, les brutes, les génies ou *assouras*, les hommes et les dieux. Les trois premières classes dérivent du péché, et celui-ci de la matière. Les trois autres dérivent de la vertu, et celle-ci de l'âme. La matière et l'âme ont pour point de départ commun la pensée, et celle-ci remonte à l'intelligence suprême (¹).

Le *sansara* est le monde matériel, l'univers visible, le cercle dans lequel tournent sans fin, par la métempsycose, tous les êtres animés qui s'y trouvent enchaînés par le destin inexorable. Mais les lois du destin ne sont autres que les conséquences des actions des êtres créés. L'univers se compose de trois mondes ainsi que nous le verrons bientôt.

Le *nirvana* est l'immatériel absolu; c'est l'état de perfection auquel l'espèce humaine doit s'efforcer d'arriver. C'est pour en indiquer le chemin, et démontrer à l'homme la possibilité d'y parvenir, que les bouddhas se manifestent sur la terre à certaines époques; car les bouddhas ont appartenu eux-mêmes au *sansara*, au monde matériel, et sont arrivés par différents degrés à l'état de perfection qui leur assigne une place dans le *nirvana*. Ce sont en effet des âmes qui se sont perfectionnées, en se détachant par degrés des liens de la matière. Ils paraissent dans le monde pour le salut des âmes qui n'ont point atteint le même degré de perfection.

Le *sounyá* est la concentration de l'intelligence, l'état le plus parfait que l'âme puisse concevoir, en un mot l'existence véritable; c'est l'opposé de l'existence visible et imparfaite qui résulte de l'union de l'âme et de la matière, union soumise aux illusions des

(¹) Cette filiation est représentée dans le tableau suivant :

sens et aux changements auxquels les corps sont assujettis.

Le *pradjna* est le mode suivant lequel la plus haute intelligence du *sounyá* ou de l'existence véritable prend une existence apparente dans l'espace et dans les formes mensongères de la matière. Ainsi, c'est par le *pradjna* que la haute intelligence se manifeste ici-bas en prenant la figure humaine, c'est-à-dire en se faisant *bouddha*. Le *pradjna* tient le milieu entre le mode suivant lequel la matière se modifie pour constituer le monde, et le mode appelé *pradjna paramita* ou *divin pradjna*. Celui-ci est le mode supérieur, c'est la limite extrême de la plus haute sagesse.

A chaque formation du monde, car le monde n'a pas éternellement la même forme, le divin pradjna se manifeste dans la personne de Mandjoussri ou Mandjoughocha, le symbole hypostatique de la sagesse la plus parfaite.

Le corps que prend le bouddha à son apparition sur la terre dépendant du temps et de l'espace, ne peut avoir une durée plus longue que celle que prescrivent les lois de l'époque dans laquelle il paraît. Après avoir rempli sa mission, il retourne dans le *sounyá*, et son *bodhisattra* ou son reflet, prend dans le second monde du *pradjna céleste* la place du bouddha qui vient d'entrer dans le *nirvana*. Il continue alors son œuvre jusqu'à l'arrivée d'un nouveau bouddha qui vient fonder une nouvelle époque de religion. Mais sur la terre il est remplacé par son représentant, qui est une émanation de lui-même. C'est ainsi qu'il est visible dans la personne du Dalaï-lama du Tibet.

La matière, en s'unissant à l'esprit, le corrompt; c'est l'influence des sens qui, dans ce monde, est la seule cause du mal et du péché; de là l'influence qui en résulte pour le présent et pour l'avenir. D'après ce principe, toute la doctrine de Chakia-mouni a pour but de détacher l'esprit de la domination des sens.

Aussitôt que l'âme a reconnu son état d'assujettissement, elle doit mettre tout en œuvre pour secouer le joug; si elle y manque, elle tombe par degrés dans la plus honteuse abjection. Mais si, fidèle à la conscience, elle s'attache de toutes les forces de la pensée à l'immatériel, à l'absolu; si elle devient totalement insensible aux séductions des sens, elle a fait le premier pas et le plus difficile vers sa délivrance. Cet état, que les bouddhistes nomment *bodhidjuana*, va toujours alors en croissant, et la conduit graduellement à l'éternel *nirvana*, c'est-à-dire à la condition de *bouddha*. Mais la victoire que l'âme doit remporter sur les sens exige de grands efforts, une ferme volonté; le pénitent trouve de puissants antagonistes dans les génies des régions inférieures et supérieures du *sansara*, dans les malins esprits des enfers, dans les démons faméliques, qui se plaisent aux jouissances et aux métamorphoses de ce monde sensuel. Les bonnes œuvres, et en général les actions méritoires et utiles, suffisent pour que celui qui les exécute renaisse dans un état plus parfait, jusqu'à ce qu'il soit digne de sortir du *sansara* pour entrer dans le *nirvana*.

Pour mieux comprendre le bouddhisme, il faut dire un mot du système cosmographique qui en fait partie. Ce système est, à la vérité, d'origine indoue, mais il a été considérablement modifié par Chakia-mouni. D'abord il faut savoir que ce réformateur et ceux qui l'ont suivi ont poussé jusqu'à l'extravagance les opérations numériques. Suivant Chakia-mouni, il y a trois systèmes de numération, le premier, ou l'inférieur, est celui où les nombres croissent de 10 en 10; le moyen, celui où ils croissent par centaines, comme quand on multiplie 100,000 par 100; enfin, le supérieur, où les nombres s'élèvent au carré c'est-à-dire se multiplient par eux-mêmes dix fois de suite; mais le chiffre servant de point de départ étant 100 quadrillons multiplié dix fois par lui-même, le dernier terme est l'unité suivie de 4,456,448 zéros, c'est-à-dire un chiffre qui, écrit en caractère d'impression ordinaire, occuperait, suivant M. Klaproth, une longueur d'environ 44,000 pieds. Cependant ce nombre est encore surpassé par celui qu'on emploie quelquefois dans cette cosmographie, et qui représente le nombre d'atomes dont se compose le mont *Sou-merou*, ou la montagne céleste, qui occupe le centre de tous les systèmes terrestres. Cette prodigalité de chiffres fait que, dans la mythologie bouddhique, les dieux, les génies, les saints, sont groupés par millions et par milliards.

Nous avons dit que l'univers des bouddhistes se compose de *trois mondes;* ils lui donnent le nom de *triloka.* Ces mondes sont superposés les uns aux autres, et comprennent 28 cieux qui ont chacun leur nom. Le monde inférieur, ou le troisième, comprend mille millions de systèmes terrestres avec les 6 cieux *des désirs.* La terre est à la partie la plus basse, elle est plate, et les 6 cieux sont superposés les uns aux autres en couches horizontales. Elle se compose de quatre grandes îles ou continents placés aux quatre points cardinaux, relativement à la montagne céleste appelée *Sou-mérou.* A l'orient, est le continent de la beauté; les habitants y sont plus beaux et plus intelligents que dans les autres; à l'occident celui des bœufs, parce que ces animaux forment la principale richesse des habitants; le continent nord est habité par des géants, hauts de 32 coudées; celui du sud, qui comprend l'Inde, se distingue par l'or que charrient ses fleuves. Sous la terre il y a de l'eau, sous cette eau du feu, puis de l'air ou du vent; puis enfin une roue de diamants dans laquelle sont enfermés les restes corporels des bouddhas des âges antérieurs. Quelquefois le vent active le feu, le feu met l'eau en mouvement, l'eau ébranle la croûte terrestre : de là les commotions appelées tremblements de terre. Au-dessous du continent méridional sont les huit grands enfers brûlants et les huit grands enfers glacés, ainsi que les seize petits enfers placés aux portes de chacun des grands. La montagne de *Sou-mérou,* dont le nom signifie *prodigieusement haute,* est le séjour des *devas* ou dieux; le soleil, la lune et les étoiles tournent autour d'elle et règlent le cours des saisons. L'astre du jour est habité par un adorateur de Bouddha, qui, par ses vertus, a mérité de renaître dans cet astre. Le plus inférieur des six cieux est le séjour de quatre dieux puissants, dont les royaumes sont aux quatre points cardinaux; le second, en remontant, est habité par 33 divinités, parvenues, par leurs vertus, de la condition humaine à celle de devas, et dont l'une est *Indra,* le dieu de l'atmosphère; dans le troisième habite le dieu *Yama;* le quatrième est la résidence des êtres purifiés, c'est-à-dire parvenus au degré qui précède la perfection absolue. Dans le cinquième on n'a que des jouissances intellectuelles; dans le sixième habite *Is'vara,* dieu éminemment conservateur.

Le second monde est appelé celui des *formes,* parce que ceux qui l'habitent, supérieurs aux divinités, sont encore soumis, par la forme ou la couleur, à l'une des conditions d'existence de la matière. Il se compose de 18 cieux réservés pour les êtres de plus en plus perfectionnés, à mesure qu'on s'élève dans l'espace. Le premier monde ou le *monde sans formes,* composé de quatre cieux, est habité par des êtres complètement immatériels, mais à différents degrés; ceux du premier ou de l'inférieur, habitent l'éther; ceux du second sont dans la *connaissance;* ceux du troisième dans l'*anéantissement,* et ceux du quatrième dans un tel état de perfection, que l'expression par laquelle on les désigne signifie *ni pensants ni non pensants* ([1]).

Ces mondes n'existent que par le *sansara;* mais celui-ci, auquel l'intelligence suprême n'a prêté qu'une existence apparente, puisque l'existence réelle est tout-à-fait immatérielle, doit un jour retourner à l'intelligence suprême; alors il n'y aura plus qu'un monde, ou plutôt il n'y en aura plus du tout, puisque chaque intelligence, aujourd'hui disséminée, sera rentrée dans la grande unité.

On voit, par cette cosmographie, que les mondes, et ceux qui les habitent, s'épurent et se simplifient à mesure que l'on s'élève depuis la région des enfers jusqu'au-dessus de la région éthérée; mais rien n'y indique un créateur, un être suprême; le bouddhisme admet, il est vrai, Brahma comme le créateur du monde, mais du monde matériel; il ne voit dans la création qu'une de ces brillantes métamorphoses auxquelles Brahma se plaît comme à un jeu; mais Brahma est inférieur à Bouddha, l'intelligence suprême, la raison par excellence, trop haut placé pour avoir des rapports avec la nature, avec les êtres créés.

Il est vrai qu'une secte du bouddhisme, entre autres celle qui habite le Neypal, admet un être appelé *Adi-bouddha* ou *Bouddha primordial,* qui a présidé à toutes choses, et qui représente bien ici ce que l'on doit entendre par l'être suprême; mais cette secte n'a pris naissance qu'au dixième siècle, ainsi que l'a fait observer M. Klaproth; ce n'est donc qu'une religion moderne que l'on peut regarder

([1]) En sanskrit, *naï-baa-samdjnânâ-samîljnâyatan.*

comme n'appartenant point au véritable bouddhisme.

On peut dire, avec ce savant, que si cette doctrine est athée, en ce sens qu'elle n'admet pas de créateur, il est difficile de la flétrir de cette épithète, en considérant qu'elle se fonde sur une révélation divine de la raison primordiale, qui, à la vérité, n'agit pas comme créateur, mais qui exerce son action sur la création, en prenant une forme humaine pour sauver les âmes émanées d'elle, enchaînées par la matière, et affectées du mal de l'existence mondaine.

Il ne faut pas considérer non plus comme une véritable idolâtrie les hommages que les bouddhistes paraissent rendre à des idoles qui ont leur origine dans le brahmanisme, telles que Dourga, Maha-kala et Yaman-taka. Ces formes hideuses ne sont, aux yeux des bouddhistes instruits, que des allégories représentant les dieux serviteurs, protecteurs et vengeurs de leur loi. Elles n'appartiennent en effet qu'au culte populaire.

Nous hasarderons, en terminant, une réflexion qu'il est difficile de ne pas faire, en considérant la haute ancienneté du bouddhisme, c'est que l'antique croyance du *verbe* ou de la divinité qui se manifeste sous une forme humaine, croyance que l'on voit répandue chez les philosophes et les prêtres égyptiens, et passer ensuite chez les Grecs; croyance qui forme la base de la révélation chrétienne, et qui prépara les esprits supérieurs de l'antiquité à leur conversion au christianisme, qui en était la conséquence et la conclusion, était sans doute répandue en Asie depuis les temps les plus reculés, à l'époque où Chakiamouni établit sa doctrine. Les peuples déjà familiarisés avec l'idée que la divinité pouvait se manifester sous la forme humaine, saluèrent, d'après cette idée, le réformateur du brahmanisme du titre de bouddha. C'est donc sur une croyance pour ainsi dire aussi vieille que le monde qu'est enté le bouddhisme avec tout l'échafaudage de sa philosophie.

LIVRE CENT QUARANTE-UNIÈME.

Suite de la Description de l'Asie. — Empire chinois. — Sixième section. — Chine proprement dite. — Description générale.

Nous venons de décrire les différents pays qui, à titre de conquêtes, sont tributaires ou font partie du vaste Empire chinois, qui touche, au nord, à celui des Russes, et au sud, aux possessions anglaises. Nous allons parcourir la Chine proprement dite.

« Ce ne fut que par les navigateurs portugais, successeurs de Vasco de Gama, que l'Europe reçut des idées positives sur la situation, l'étendue et la splendeur de la Chine. Depuis cette époque, nous devons nos connaissances à quelques ambassadeurs qui ont vu la cour et les grandes routes, à quelques négociants qui ont habité le faubourg d'une ville frontière, et à un assez grand nombre de missionnaires qui ont pénétré partout, et qui, partout, admirateurs crédules, mais narrateurs naïfs, laissent deviner les faits qu'ils ont rarement su apprécier. Nous avons aussi des géographies chinoises, dont les arides nomenclatures ne nous apprennent que peu de chose. Ainsi une description de la Chine est presque inévitablement une série de redites.

» L'Empire chinois occupe, en longueur, environ 1,350 lieues, en comptant depuis Kachgar jusqu'à l'embouchure de l'Amour; sa plus grande largeur peut être prise des monts Saïansk à la pointe méridionale de la Chine, vis-à-vis l'île d'Haï-nan, sur une ligne de 850 lieues. »

Ses côtes présentent un développement de près de 2,000 lieues géographiques.

« La surface géométrique de tout l'Empire chinois peut, par approximation, être estimée à 670,000 lieues carrées, ce qui fait un peu moins d'un dixième de celle de la terre habitable.

» Il ne s'agit ici que de la *Chine* proprement

dite. Cette contrée nous offre déjà un assez vaste champ, puisque sa superficie s'élève à plus 195,000 lieues carrées, peuplées de 150, ou, selon d'autres, de 333 millions d'habitants. Cette étendue n'est, à la vérité, circonscrite par aucune frontière naturelle. La Grande-Muraille la sépare, au nord, des Mongols; à l'ouest, des limites politiques bornent les courses nomades des Kalmouks ou Eleuthes du Khoukhou-noor et des Sifans; au midi, les frontières de l'Empire chinois sont en même temps celles de la Chine propre. »

Cette contrée a été célèbre sous plus d'un nom. Ses habitants l'appellent *Tchon-Kou*, mot qui signifie le *centre de la terre*. Ils la nomment aussi *Choung-yang* qui a la même signification, et *Choung-kouo*, qui signifie la *nation du milieu*. Car les Chinois considèrent orgueilleusement tous les autres pays comme des lisières ou des appendices du leur. Cependant les relations des voyageurs mahométans du neuvième siècle, publiées par Renaudot, donnent déjà à la Chine méridionale le nom de *Sin*, que les Persans prononcent *Tchin*. Ce nom, qui rappelle celui des *Sinæ*, a fait croire qu'il est l'ancien nom générique pour tous les peuples du Tibet, de la Chine et de l'Inde au-delà du Gange (¹). Mais le savant Abel Remusat a fait voir que les Chinois désignent souvent leur pays par le nom de la dynastie régnante, et que leurs voisins ont emprunté d'eux cet usage, en retenant toutefois les noms des dynasties les plus célèbres plusieurs siècles même après leur extinction : de là le nom de *Tchin* ou *Tsin* adopté par les Malais et les Hindous qui en ont fait *China*, qui a passé d'abord chez les Portugais et que nous avons francisé en celui de *Chine*; de là enfin le *Sin* des Arabes, noms qui désignent tous celui de la famille des *Thsin*, dont le règne commence 256 ans avant l'ère chrétienne.

Le territoire de la Chine occupe un vaste versant et une suite de bassins formés par des ramifications de montagnes appartenant à celles du Tibet oriental. Les bassins que forment ces chaînes sont au nombre de quatre : le plus méridional est au sud des monts *Nan-ling*; le second, au nord de cette chaîne, est celui du Yang-tseu-Kiang, terminé au nord par les monts *Pé-ling* qui le séparent de celui

(¹) C'était du moins l'opinion de Malte-Brun.

du Hoang-ho ; celui-ci s'étend jusqu'aux monts *Yan*, et le quatrième bassin est celui qui comprend la ville de Péking.

Les monts Nan-ling (chaîne méridionale) et Pé-ling (chaîne septentrionale) courent de l'ouest à l'est; mais les monts *Yun-ling* se dirigent du nord au sud et forment la limite naturelle entre le Tibet et la Chine. Au nord ils se bifurquent, en envoyant au nord-ouest une chaîne élevée qui s'étend à l'ouest du Khoukhou-noor, et dont les diverses ramifications déterminent toute la première partie du cours du Hoang-ho ; au nord-est ils donnent naissance à la chaîne du *Chen-si*, dont les hauteurs vont en s'abaissant successivement du sud au nord.

Les monts *Yan*, au nord-ouest de Péking, séparés du Pé-ling par le bassin du *Hoang-ho*, paraissent, dit Abel Remusat, tenir plutôt à la grande chaîne des monts *Yin*, qui forme la limite entre la Chine, le pays des Mongols et le désert. Une chaîne de communication qui les réunit au nord produit, en s'avançant à l'est du golfe du Liao-toung, la chaîne connue autrefois sous le nom de *Sian-pi*, et son prolongement, qui se continue avec les montagnes de la Corée, donne naissance à cette *longue montagne blanche* dont nous avons déjà parlé, si célèbre dans l'histoire des Mandchoux.

Tel est le coup d'œil général que présentent ces montagnes ; mais en les examinant en détail, on voit que le Pé-ling change plusieurs fois de noms : sur les bords du Ouei-ho, il prend celui de *Ta-sa-ling*, puis ceux de *Chang-nan-ling* et de *Thsin-ling*. Sa plus haute cime, toujours couverte de neige, est le *Thaï-pe-chan*. Une branche de cette chaîne forme le *Thaï-houa-chan* ou *Houa-chan*. De la source du Pa-choui, la chaîne principale du Pé-ling va droit à l'est sous le nom de *Thsin-ling*. Du Thaï-pe-chan se détache une branche qui se dirige au nord-ouest sous le nom de *Loung-chan*.

Les monts Nan-ling portent, dans leur partie orientale, le nom de *Ta-yu*, et au sud de la province de Kiang-si celui de *Ta-yu-ling*; de là, en se dirigeant vers l'est, ils séparent, sous le nom de *Mei-ling* ou *montagnes des premiers sauvages*, la province de Kouang-toung de celle de Kiang-si. Ils envoient ensuite dans différentes directions un grand nombre de branches et de chaînons qui se prolongent dans la Chine méridionale, et dont quelques cimes atteignent une grande élévation.

Ainsi que l'a fait remarquer le savant Abel Remusat, ce n'est pas la hauteur des montagnes qui règle le rang qu'elles occupent chez les géographes chinois : l'ordre dans lequel ils les décrivent tient à des idées particulières, qui ont leur fondement dans les traditions historiques. Il en est, par exemple, quatre qui sous la dénomination de *Yo*, occupent, dès la plus haute antiquité, un rang important dans la géographie chinoise, parce qu'elles marquaient le terme où jadis le souverain s'arrêtait pour pratiquer diverses cérémonies religieuses, lors des visites solennelles qu'il devait faire dans les portions de son empire qui répondaient aux quatre points cardinaux. Nous allons les passer successivement en revue. La première ou celle de l'Orient porte le nom de *Taï* ou *Thaï*. Elle est située dans la province de Chan-toung, département de Tsi-nan; elle passe pour avoir 4 lieues d'élévation (ce qui ne doit pas s'entendre d'une élévation verticale); enfin elle est célèbre par le temple consacré à la *Sainte-Mère*, et qui se voit à son sommet. La seconde Yo ou celle du Midi se nomme *Ho* ou *Heng*; on la nomme aussi la *Colonne du ciel*. Elle se trouve dans la province d'An-hoeï, et dans le département de Lin-tcheou. La troisième Yo ou celle de l'Occident est le mont *Hoa* dans le département de Si-an, province de Chen-si. La quatrième Yo, celle du nord est appelée *Heng*, et se trouve dans le département de Taï-toung, province de Chan-si.

A ces quatre montagnes célèbres dont la position réelle ne répond pas bien exactement aux quatre points auxquels elles sont assignées, la dynastie de Tcheou, dit Abel Remusat, en a ajouté une cinquième pour représenter le milieu : c'est le mont *Thaï* ou *Soung*, dont le nom signifie *montagne élevée*; il est situé dans le département de Ho-nan, province du même nom.

On ne connaît la hauteur d'aucune de ces montagnes; on ne peut apprécier celle des plus élevées que par les neiges perpétuelles qui couvrent leurs cimes : ce qui, pour la Chine méridionale, annonce environ 4,000 mètres d'élévation au-dessus du niveau de l'Océan. Les géographes chinois signalent une soixantaine de cimes toujours couvertes de neige. Parmi celles-ci, le *Sine-chan* ou *Yuloung-chan*, qui est tellement haut, qu'on l'aperçoit à une grande distance, est couronné par plusieurs glaciers, et quelques autres couvrent ses flancs. Il appartient à la partie septentrionale du Pé-ling.

Les montagnes que nous venons de mentionner, et leurs ramifications, annoncent la même nature de roches que dans les grandes chaînes de l'ancien continent, dont on a étudié la constitution. Il est peu de métaux et de pierres fines que la Chine ne possède. L'or et l'argent abondent dans les provinces méridionales et occidentales : on trouve le premier de ces métaux dans les alluvions de plusieurs rivières. Dans les hautes montagnes de l'ouest on exploite du cuivre, de l'étain, du plomb; on y recueille aussi du lapis-lazuli, des rubis, des émeraudes, des corindons, des saphirs et d'autres pierres précieuses; du talc ollaire dont on fabrique des écritoires et d'autres meubles; du talc stéatite, que l'on emploie à faire divers ornements, et de petites figures connues sous le nom de magots de la Chine; du feldspath laminaire et argiliforme, que l'on appelle *petun-tse* et *kaolin*, substances qui entrent dans la composition de la porcelaine; enfin ce minéral dur et d'un éclat gras, appelé jade néphrétique, et si recherché des Chinois sous le nom de *yu*. La même région renferme des volcans éteints, des solfatares et des eaux thermales, dont la présence explique la fréquence des tremblements de terre que l'on ressent en Chine. Les terrains qui s'inclinent à l'orient jusqu'au bord de la mer sont formés de calcaires anciens à débris organiques, de grès et d'autres roches qui paraissent s'étendre jusqu'au nord de Péking. On y exploite des mines de plomb, de zinc, de cuivre, d'étain et de mercure, d'immenses amas de houille et de sel gemme. Dans l'arrondissement de *Kia-ting*, non loin du confluent du Yang-kiang et du Min-kiang, on compte plus de 20,000 petits puits salants sur un espace d'environ 10 lieues de longueur et 4 à 5 de largeur.

« Les plus grandes plaines de la Chine sont celles qui se trouvent entre les deux plus considérables de ses fleuves, le Hoang-ho et le Yang-tseu-kiang.

« Le *Hoang-ho*, ou le *fleuve Jaune*, doit ce nom au limon qu'il charrie et qui dans le temps des inondations donne à ses eaux une couleur dorée. Ses sources paraissent être deux lacs situés dans le pays des Mongols du Khoukhou-noor ; mais, selon d'Anville, on peut regarder une rivière qui s'écoule dans le plus occidental de ces lacs comme le commencement de ce fleuve. On sent que c'est précisément ici le même cas que celui qu'offre la naissance du Rhin et du Rhône. Rien n'est incertain et difficile comme la détermination des sources des grands fleuves. »

Les Chinois font naître le Hoang-ho au pied de la montagne, appelée *Sighin-oulan-tolokkaiooh-la*. Quoi qu'il en soit de l'origine douteuse de ce fleuve, il paraît certain qu'après un cours assez long dans une large vallée, il forme les lacs Dzareng ou Tchareng et Oreng. Son cours est extrêmement sinueux ; ainsi, après avoir coulé d'abord de l'ouest à est, il se dirige vers le nord jusque dans la Mongolie, où il reprend la direction de l'ouest à l'est, rentre en Chine en coulant du nord au sud, et se dirige ensuite à l'est, vers la mer Jaune, où il se jette après un cours de 900 lieues. Sa largeur est très variable, elle est de 4 à 600 toises. Les ravages que causent ses débordements ont nécessité de tous temps de grands travaux pour retenir ses eaux dans son lit. Cependant on a quelque raison de croire que son embouchure était, dans l'origine, plus au nord qu'aujourd'hui, et qu'il portait ses eaux dans le golfe de Liao-toung.

« L'*Yang-tseu-kiang* ou *Kiang*, c'est-à-dire le *fleuve Bleu*, prend son origine dans le nord du Tibet, près le désert de Cobi, où il n'est séparé des sources du Hoang-ho que par une petite chaîne de montagnes. Mais ce n'est que d'après des conjectures et des relations contradictoires que d'Anville et Arrowsmith ont pu déterminer les positions qu'ils attribuent à ses sources. »

Il est formé de plusieurs rivières, dont la plus éloignée de son embouchure, celle que l'on doit regarder comme sa véritable origine, et dont nous venons d'indiquer la source, porte le nom de *Kin-cha-kiang*. Cette rivière, dont le nom signifie *Fleuve à sable d'or*, a 385 lieues de cours ; en l'ajoutant aux 664 lieues que parcourt le reste du fleuve, on a, pour la totalité de celui-ci, près de 1,050 lieues. Parmi ses principaux affluents, nous citerons le *Ya-loung*, qui prend sa source sur la limite du Tibet, et reçoit successivement les noms de *Tsa-tchou* et de *Tsitsirkana* ou *Miniak-tchou* : il a environ 250 lieues de longueur. Le Kiang est profond et très poissonneux ; il a plus de 1,000 toises de largeur à 300 lieues de la mer, et 7 lieues à son embouchure ; la marée s'y fait sentir jusqu'à 150 lieues dans l'intérieur des terres.

« Ces deux grands fleuves, jumeaux par leur naissance et par leurs destinées, descendent rapidement des grands plateaux de l'Asie centrale, et rencontrent chacun une branche de montagnes qui les force en même temps de faire un immense détour, le Hoang-ho vers le nord, l'Yang-tseu-kiang vers le midi. Séparés par un intervalle de 400 lieues, l'un semble chercher les mers du tropique, tandis que l'autre s'égare dans les déserts glacés de la Mongolie. Soudain, comme rappelés par le souvenir de leur ancienne fraternité, ils se rapprochent, se cherchent, et serpentent ensemble dans les plaines d'une nouvelle Mésopotamie, où, après s'être presque réunis au moyen des canaux et des lacs, ils terminent en même temps, dans un intervalle seulement de 40 lieues, leur cours majestueux et immense. »

Outre les affluents que nous venons de nommer parmi les rivières tributaires de ces deux grands fleuves, il y en a qui égalent en importance certains fleuves de l'Europe. Le *Ou-kiang*, qui a plus de 200 lieues de cours ; le *Kia-ling-kiang*, qui en a 150, et le *Han-kiang*, qui en a près du double, se jettent dans le fleuve Bleu. Le *Ouei-ho*, long de 160 lieues ; le *Hoaï-ho*, qui en a 140, et le *Feu-ho*, qui en a plus de 120, grossissent le fleuve Jaune. Le *Heng* s'écoule, à proprement parler, dans le lac *Thoung-thing*, comme le *Kan* dans le lac *Phou-yang* ; mais ces deux lacs débouchent ensuite dans le *Yang-tseu-kiang*.

De même que les géographes chinois, dit Abel Remusat, classant les montagnes d'après leurs idées particulières, en distinguent cinq auxquelles ils donnent des titres distincts, de même aussi ils désignent quatre fleuves ou rivières sous le nom de *Sse-tou* (les écoulements ou canaux) ; ce sont : l'Yang-tseu-kiang, le Hou, le Hoaï et le Tsi.

« Deux grands fleuves de la Chine se main-

ASIE. — EMPIRE CHINOIS : LA CHINE PROPREMENT DITE.

tiennent dans une indépendance parfaite, et du Hoang-ho, et de l'Yang-tseu-kiang ; ce sont, au midi, le *Ta-kiang*, qui, descendu des montagnes de Yun-nan, après un cours de 209 lieues, se jette dans le golfe de Canton ; et, au nord, le *Pay-ho*, qui, après avoir reçu le *Hoen-ho*, se jette dans le golfe de Péking. Une multitude de fleuves et de rivières procurent aux Chinois des avantages incalculables pour l'agriculture et la navigation intérieure ; mais, l'eau, considérée comme boisson, est rarement bonne à la Chine ; probablement que les rivières descendant trop rapidement des montagnes escarpées, entraînent beaucoup de particules étrangères, et serpentent ensuite avec trop de lenteur sur un sol marécageux.

» Certaines parties de la Chine sont comme remplies de lacs, dont plusieurs sont très grands. Duhalde nous apprend que celui de *Thoung-thing*, sur les confins des provinces de Hou-nan et de Hou-pe, a plus de 80 lieues de circonférence. Des bords de ce lac, jusqu'à la ville de Voutchan, sur une étendue de 50 lieues en long et en large, on voit un très grand nombre de lacs presque contigus. C'est de cette circonstance physique que la province Hou-kouang tire son nom, qui veut dire pays des lacs. Le lac *Pho-yang*, dans la province de Kiang-si, à 30 lieues de longueur sur 10 de largeur, et reçoit quatre superbes rivières, dont une, le *Kan-kiang*, longue de 140 lieues, égale en largeur la Loire près d'Angers. La navigation dans ce lac est très dangereuse ; en un quart d'heure le vent y tourne quelquefois aux quatre côtés opposés. Le *Taï-hou*, lac au sud de Nan-king, est couronné de collines d'un aspect très romantique. Celui de *Houng-tse* a 18 lieues de longueur sur 12 dans sa plus grande largeur ; et celui de *Kao-yeou*, à 24 lieues au nord-est de Nan-king, est long d'environ 20 lieues, et large de 5. Enfin le *Sihou*, ou le lac occidental, passe pour celui dont l'aspect est le plus pittoresque. Tous ces lacs servent à la fois comme des moyens commodes de communication, comme des rendez-vous de plaisir, et comme des réservoirs d'une multitude de poissons (¹). Des barques, si légères qu'on peut les porter, se jouent dans ces bassins tranquilles, et un oiseau aquatique, le pélican chinois, dressé à cet emploi, va chercher pour ses maîtres le poisson qu'il avalerait

(¹) *Barrow*, III, 12. II, 387-391.

sans doute lui-même si un anneau ne resserrait pas son cou (¹).

» Les Chinois ont fait preuve d'une industrie éclairée en réunissant, par de nombreux canaux, toutes les eaux dont la nature avait si largement doté leur empire. La longueur et la commodité de ces canaux étonnent le voyageur ; ils ont assez de profondeur pour porter de gros bateaux dans toutes les saisons. Mais les écluses, ou plutôt les digues percées par où les bateaux montent et descendent, sont construites avec peu d'intelligence (²). Les fleuves et les canaux de la Chine sont couverts d'un si grand nombre de bâtiments chargés de toute espèce de provisions, qu'on pourrait croire qu'à la Chine, l'eau porte autant d'habitants que la terre. Les canaux sont bordés de quais en pierre, et traversés quelquefois par des ponts d'une construction merveilleuse ; cependant la navigation est lente, parce que les vaisseaux sont souvent conduits et tirés par des hommes. Ces nombreux filets d'eau, les rochers, les bois, les champs, les villages qui les bordent tour à tour font de la Chine un pays extrêmement agréable à voir ; les merveilles de la nature s'y trouvent à côté des merveilles de l'industrie humaine. Le plus célèbre de ces canaux est celui que l'on appelle le *canal Impérial* ; il a environ 600 lieues de cours, et ouvre une communication entre la capitale et la plupart des provinces du sud et du centre de la Chine. Il fut commencé en 1181 et terminé à la fin du treizième siècle, sous le petit-fils de Dgenghiz-Kan. Cette longue navigation n'est interrompue que par une journée de marche, pour traverser une montagne entre la province de Kouang-toung et celle de Kiang-si (³). »

Ce canal, sur lequel M. Klaproth a publié une notice fort détaillée, porte chez les Chinois les noms suivants : *Yun-ho* (rivière de transport), *Yun-lioung-ho* (rivière de transport pour les provisions), *Thsao-ho* (rivière de transport pour les tributs envoyés à la cour), parce qu'en effet il fut construit pour servir à transporter les grains que l'empereur recevait en tribut. Sur une grande étendue il

(¹) *Anderson*, narrative of Earl Macartney's, etc. p. 277. *Shaw's* Naturalist's Miscellany, n° 154. *Duhamel*, Traité des Pêches, sect. III, chap. I, p. 17. —
(²) *De Guignes*, II, 33, 35, 195. *Macartney*, IV, 124.
— (³) *Duhalde*, I, 33. *Macartney*, etc.

est large de 15 toises ; ses côtés sont revêtus de pierres de taille, et près de ses bords les maisons sont aussi serrées que le long d'une rue. De lieue en lieue on a établi une écluse pour l'écoulement des eaux surabondantes dans les temps des crues. A ce canal principal, qui traverse la moitié de la Chine, viennent aboutir plusieurs autres canaux qui communiquent avec un grand nombre de villes, et qui, pour la plupart, ont été construits aux frais des particuliers.

« La différence de climat qui existe entre les provinces devient encore plus grande par l'influence qu'exercent nécessairement les montagnes de l'Asie centrale, d'où le froid doit souvent se répandre sur les contrées qui les avoisinent. D'un autre côté, la proximité d'un immense océan doit modifier d'une manière particulière le climat et les saisons des provinces maritimes.

» Les ouragans auxquels l'île de Formose est exposée étendent souvent leurs ravages sur les côtes voisines de la Chine ; l'histoire de ce pays conserve le souvenir de la tempête qui submergea l'immense flotte destinée à faire la conquête du Japon. Les trombes qui se montrent d'une manière si terrible dans le golfe de Tonkin, infestent aussi les parages de la Chine.

» Voisin du cercle tropique, le midi de la Chine éprouve des chaleurs plus fortes que celles du Bengale ; cependant elles sont modérées par l'influence des moussons ou vents périodiques. La chaleur moyenne de Canton est de 19 degrés et demi, échelle de Réaumur (¹). Il paraît que le grand vent alizé qui va de l'est à l'ouest n'atteint pas ou du moins n'atteint que d'une manière indirecte et inconstante les côtes méridionales de la Chine. Ce que les navigateurs nous ont transmis sur les moussons paraît rempli de contradictions ; il semble que les vents du nord-est dominent au printemps et dans l'été, et ceux de sud-ouest et de sud règnent dans l'arrière-saison ; mais les uns et les autres changent souvent.

» Les parties septentrionales et occidentales de la Chine ont le climat infiniment plus froid que les contrées de l'Europe situées sous les mêmes latitudes. L'élévation du sol, la nature du terrain qui est imprégné de nitre,

enfin les neiges qui couvrent, la plupart de l'année, les montagnes centrales de l'Asie, contribuent à produire cette différence de température.

» Les extrêmes de froid et de chaleur sont beaucoup plus grands à Péking qu'à Madrid, quoique la latitude soit à peu près la même ; il y gèle tous les jours en décembre, janvier et février, et très souvent encore en mars et en novembre. Ce froid est suivi promptement d'une chaleur excessive. Il n'y a, à proprement parler, que deux saisons à Péking, l'hiver et l'été. En calculant d'après les observations du P. Amyot (¹), le terme moyen des plus grandes chaleurs est . . +32.0 deg. de Réaum.

Le terme moyen des
plus grands froids. . . .—10.6   idem.
La différence. . . . 41.0   idem.
La chaleur moyenne
de l'année. . . . . . .+10.1   idem.

» La violence des vents est souvent très grande à Péking ; au printemps et dans l'automne ils se lèvent et se couchent avec le soleil ; ils apportent assez souvent une poussière jaune très abondante, qui ressemble à une pluie de soufre ; c'est probablement la poussière des étamines des fleurs de pins et de sapins qui se trouvent dans le voisinage de Péking. Il paraît que les vents de nord et de sud-ouest dominent.

» Les pluies sont fort rares à Péking en hiver ; il ne tombe alors que de la neige en assez petite quantité. Les mois de juin, de juillet et d'août sont très pluvieux, et celui de novembre est le plus sec de l'année. Les brouillards sont fréquents en décembre et en janvier. Le nombre moyen des jours pluvieux est de 58 par an. On aperçoit assez souvent à Péking des aurores boréales et plusieurs autres phénomènes lumineux qui bien qu'apparaissant pendant le jour, semblent être de la même nature. »

Avant de donner une idée de l'état de l'agriculture chez les Chinois, nous devons faire remarquer qu'en Chine la propriété des terres est regardée comme relevant de l'empereur par droit absolu ; mais le sous-propriétaire ou premier tenancier n'en est jamais expulsé tant qu'il continue de payer le dixième environ de ce que ces terres sont estimées susceptibles de rendre ; et, quoique l'occupation du sol soit

---

(¹) Kirwan, Essai sur la température, etc., p. 179. Trad. franç.

(¹) Mémoires des savants étrangers, t. VI, p. 509.

ASIE. — EMPIRE CHINOIS : LA CHINE PROPREMENT DITE.

considérée comme soumise à la volonté impériale, l'occupant n'est cependant jamais dépossédé que par sa faute. S'il arrive que quelqu'un occupe plus de terres que sa famille n'en peut commodément cultiver, il cède l'excédant à un autre, à la condition que la moitié du produit lui appartiendra, et qu'il paiera la totalité des taxes. Le plus grand nombre des paysans pauvres cultive la terre à ces conditions.

En Chine, chaque habitant a un droit égal à la jouissance libre et non interrompue de la mer, des côtes, des estuaires, des lacs et des rivières. Les pêcheries ne sont point affermées. Il n'y a ni lois de chasse ni droits seigneuriaux.

« Le tableau des richesses végétales de la Chine offre en première ligne les trésors d'une excellente agriculture. Le riz en forme l'objet principal ; cependant il y a dans le nord-ouest des parties trop froides ou trop sèches pour que ce végétal y réussisse ; on l'y remplace par le froment. On cultive des patates, des pommes de terre, des navets, des ognons, des fèves, et surtout une espèce de chou blanc, nommé *pet-saï* (¹). »

Au dire de tous les auteurs, ce qui se consomme de ce légume dans toute l'étendue de l'empire est prodigieux ; suivant le docteur Abel il est pour les Chinois ce que la pomme de terre est pour les Irlandais. Il a la saveur de l'asperge ; cru il se mange comme la laitue et ne lui est pas inférieur. Il pèse souvent de 15 à 20 livres, et atteint la hauteur de 2 à 3 pieds. On le conserve frais durant l'hiver en l'enfouissant en terre ; on le garde aussi dans une saumure de sel et de vinaigre (²).

« Toutes les terres labourables, à peu de chose près, sont constamment employées à produire la nourriture de l'homme ; on ne connaît point l'usage des jachères ; il n'y a que fort peu de pâturages et de champs ensemencés d'avoine, fèves ou navets, pour nourrir le bétail. Dans la plupart des provinces, les montagnes même les plus escarpées sont rendues praticables et fertiles ; on les voit coupées en terrasses représentant de loin des pyramides immenses divisées en plusieurs étages,

qui semblent s'élever au ciel ; et ce qu'il y a de plus digne d'admiration, c'est de voir l'eau de la rivière, du canal ou de la fontaine qui coule au pied de la montagne, élevée de terrasse en terrasse jusqu'à son sommet, par le moyen d'un chapelet portatif, que deux hommes seuls transportent et font mouvoir. On creuse aussi des réservoirs sur le sommet des montagnes, et l'eau de pluie qui s'y rassemble descend ensuite par différentes rigoles pour en arroser les flancs. Dans les parties trop escarpées ou trop stériles, on plante des pins et des mélèzes (¹). »

Dans les provinces les plus peuplées, on met à profit jusqu'aux lacs et aux étangs en y semant des plantes aquatiques nutritives, telles que des tubercules de sagittaire (*sagittaria tuberosa*).

« La charrue est fort simple ; elle n'a qu'une seule poignée et point de coutre. Comme il n'y a point de jachères, ni par conséquent de gazon à couper, le coutre est regardé comme inutile. Les Chinois sèment proprement le blé dans des rigoles faites par le semoir, méthode qu'on a essayée dans quelques parties de l'Angleterre. Le semoir occupe les femmes et les enfants des cultivateurs. Les Chinois se servent quelquefois d'un gros cylindre pour séparer le grain de l'épi ; ils ont toujours vanné le blé avec une machine parfaitement semblable à celle qui a été introduite en Europe depuis plus d'un siècle (²).

» Les animaux pour le labourage et les charrois, ainsi que ceux qu'on destine à être mangés, restent pour la plupart dans des étables, et l'on ramasse du fourrage pour les nourrir. Des fèves et la paille la plus fine, qu'on hache très menue, composent la principale partie de la nourriture des chevaux. Dans les provinces septentrionales on laboure avec des bœufs, attendu qu'il y fait trop froid pour le buffle ; mais cette dernière espèce d'animaux est préférée toutes les fois qu'on peut l'élever. Sans décrire ici tous les dégoûtants détails sur les divers moyens que les Chinois mettent en usage pour se procurer de l'engrais, nous dirons seulement qu'aucune substance putréfiable n'échappe à leur industrie patiente.

(¹) *De Guignes*, III, 326. — (²) *Clark Abel*: Personal observations made during the progress of the British Embassy throug China in the years 1816-1817.

(¹) *Macartney*, IV, 210. Pl. XXXVI. *De Guignes*, I, 288. III, 335. — (²) *Barrow*, III, 66. *De Guignes*, I, 348. II, 17. III, 339.

» La manière dont les habitations des paysans sont disposées contribue puissamment à l'état florissant de l'agriculture. Elles sont toutes éparses au lieu d'être réunies en villages. On n'y voit ni clôtures, ni portes, ni aucune précaution contre les bêtes sauvages et les voleurs. Les femmes élèvent des vers à soie ; elles filent du coton, qui, parmi les gens du peuple, est d'un usage général pour les personnes des deux sexes. Enfin, elles fabriquent leurs étoffes ; les femmes sont les seuls tisserands de l'empire.

» Qui n'a pas entendu parler des honneurs rendus à l'agriculture par le gouvernement chinois ? Quoique ces détails soient assez connus, nous ne pouvons nous dispenser d'en dire quelques mots. Chaque année, le quinzième jour de la première lune, qui répond ordinairement aux premiers jours de mars, l'empereur fait en personne la cérémonie de l'ouverture des terres. Le souverain se transporte en grande pompe au champ destiné à la cérémonie. Les princes de la famille impériale, les présidents des cinq grands tribunaux et un nombre infini de mandarins l'accompagnent ; deux côtés du champ sont bordés par les officiers et la maison de l'empereur, le troisième est occupé par divers mandarins, le quatrième est réservé à tous les laboureurs de la province, qui accourent pour voir leur art honoré et pratiqué par le chef de l'empire. L'empereur entre seul dans le champ, se prosterne et appuie neuf fois la tête contre terre pour adorer le *Thian*, le Dieu du ciel ; il prononce à haute voix une prière réglée par le tribunal des rites, prière par laquelle il invoque la bénédiction du grand Être sur son travail et sur celui de tout son peuple. Ensuite, en qualité de premier pontife de l'empire, il immole un bœuf, qu'il offre au ciel comme au maître de tous les biens. Pendant qu'on offre la victime sur l'autel, on amène à l'empereur une charrue attelée d'une paire de bœufs magnifiquement ornés. Le prince quitte ses vêtements impériaux, saisit le manche de la charrue, et ouvre plusieurs sillons dans toute l'étendue du champ ; puis il remet la charrue entre les mains des principaux mandarins, qui, labourant successivement, rivalisent de dextérité. La cérémonie se termine par une distribution d'argent et de pièces d'étoffes dont on fait cadeau aux laboureurs présents ; les plus habiles d'entre eux exécutent le reste du labourage en présence de l'empereur. Quelque temps après qu'on a donné à la terre tous les labours et les engrais nécessaires, l'empereur vient de nouveau commencer la semaille de son champ, toujours avec cérémonie et en présence des laboureurs. La même cérémonie se pratique le même jour par les vice-rois dans toutes les provinces de l'empire.

» Nous devons cependant avouer que des voyageurs dignes de foi ont trouvé l'état de l'agriculture chinoise moins florissant que l'on ne se le représente communément. Il y a sur la route de Péking à Canton de vastes terrains en friche, des montagnes arides, qui se refusent à toute espèce de culture, des landes d'un aussi triste aspect que celles de la Bretagne. Les provinces plus occidentales, selon les rapports des Chinois, renfermaient encore plus de terrains stériles.(¹).

» Des champs de blé, passons dans les vergers. Les Chinois possèdent beaucoup d'arbres fruitiers ; mais dans cette partie, leur industrie est restée en arrière ; attachés à leurs anciennes habitudes, ils n'ont que peu amélioré par la culture les espèces que la nature leur a données. Leurs fruits les plus précieux sont en général bien loin d'égaler en saveur ceux d'Europe et d'Amérique. Les Chinois ne pratiquent point la greffe. Ils ne se soucient pas non plus de faire du vin, quoique plusieurs provinces de l'empire abondent en vignes, dont on vend pour la plupart les raisins séchés. On remarquera parmi les arbres fruitiers de la Chine notre citronnier et le bigaradier (*citrus bigaradia sinensis*) ; trois espèces d'orangers, parmi lesquelles celle nommée *kam-mat*, probablement le *citrus bigaradia-myrtifolia*, a le fruit de la grosseur d'une cerise ; les marronniers de Chine, le bananier, le tamarinier, le mûrier et le goyavier, qui porte un fruit semblable aux pommes de grenade, etc. Plusieurs fruits de l'Europe, tels que les groseilles, les framboises même, selon quelques rapports, les olives, ne sont guère connus à la Chine.

» Mais la nature a prodigué à la Chine d'autres richesses qui sont propres à ce pays.

(¹) Mémoires sur la Chine, VIII, p. 295. *Duhalde*, t. I, p. 14-15. Lettres édifiantes, XXII, p. 117 (nonobstant *Macartney*, IV, 471).

ASIE. — EMPIRE CHINOIS : LA CHINE PROPREMENT DITE.

Le thé, devenu une denrée de première nécessité pour plus d'une nation européenne, procure à la Chine des profits immenses. On distinguait ordinairement deux espèces d'arbres à thé, le *thea viridis*, le thé vert, et le *thea bohea*, le thé bou. Mais des botanistes habiles, et entre autres Ventenat et Cels, ont pensé que le thé de la Chine n'est qu'une seule espèce, comprenant plusieurs variétés. Staunton pense également que le thé vert et le thé bou viennent sur le même arbrisseau, mais que l'on fait subir au dernier quelques préparations qui lui ôtent ses qualités mordantes, et lui donnent une couleur plus foncée. De Guignes nous apprend que le thé vert et le thé noir diffèrent d'origine ; l'un vient du Kian-Kian, l'autre du *Fou-Kian*. Le thé noir n'a point la qualité corrosive du thé vert (1). Parmi les thés noirs, on cite le thé *saoutchon* et le thé *pekao* ; et parmi les verts le thé *hayswen*, le thé *perlé*, le thé *poudre à canon* et le thé *schulang*. On donne au thé un parfum particulier, en le mêlant avec les feuilles de l'olivier odorant. L'arbuste à thé ne prospère éminemment que dans l'espace circonscrit par le golfe de Canton au midi, et l'Yang-tseu-kiang au nord (2). Plus au nord et plus au midi la culture en est moins profitable.

Le camphrier (*laurus camphora*) vient assez haut pour qu'on le mette au nombre des arbres qui fournissent le plus beau et le meilleur bois de charpente. On n'en emploie que les branches pour fabriquer la drogue connue sous le nom de camphre. L'écorce du mûrier à papier (*broussonetia papyrifera*) sert à faire des étoffes et du papier. Avec le fruit de l'arbre à suif (3) on compose une cire verdâtre qu'on façonne en bougies. Les vernis de la Chine ont beaucoup de réputation ; ils sont faits avec la gomme qu'on tire par incision d'un arbre appelé en chinois *chichu*. L'arbre d'*aloès*, comme l'ont appelé mal à propos les voyageurs, mais que les botanistes désignent sous le nom d'*aquilaria*, est de la hauteur et de la figure d'un olivier ; il renferme sous son écorce trois sortes de bois ; le premier, noir, compacte et pesant, s'appelle bois d'aigle : il est rare ; le second, qu'on nomme *calambouc*, est léger comme le bois pourri ; le troisième est vers le cœur, et s'appelle bois *calamba* ; il est aussi cher dans l'Inde que l'or même. Son odeur est exquise ; c'est un excellent cordial dans l'épuisement ou la paralysie. Le *bambou* croît dans les lieux marécageux ; ses tiges, à cause de leur légèreté, sont employées à une multitude d'usages : jeunes, on les coupe et on les fend pour en faire des nattes ; vieilles, elles deviennent d'une dureté qui égale celle du bois de construction le plus fort ; la matière fibreuse sert à faire du papier. La canne à sucre vient dans la Chine méridionale, et le sucre compte parmi les objets que les Européens exportent de ce pays. L'indigo est dans le même cas ; les récoltes de coton sont également abondantes. Mais quant aux cannelliers, girofliers et muscadiers, ces arbres n'existent qu'en petit nombre et seulement dans les provinces les plus méridionales. »

L'indigo, dont nous venons de parler, se tire du *polygonum tinctorium*. Outre le cotonnier commun, les Chinois en cultivent une espèce qui donne un duvet jaune, dont on fabrique, sans aucune teinture, l'étoffe que nous appelons *nankin*. L'arbre à thé oléifère (*camelia oleifera*) est cultivé pour ses graines, dont on tire une huile d'un usage général dans l'économie domestique des Chinois. Le *sesamum orientale* et le *ricinus communis*, plantes qui fournissent l'huile dite de castor, sont cultivées pour l'huile comestible qu'on extrait de leurs graines. Les Chinois paraissent avoir quelque méthode pour enlever à cette huile ses qualités purgatives. L'*arbre capillaire* (*salisburia adianthifolia*) se cultive pour son fruit ; mais le docteur Abel ne put savoir si c'était comme fruit de table, comme fruit culinaire ou comme plante médicinale. Kœmpfer dit que ce fruit aide à la digestion. L'arbre à cordage (*sida tiliæfolia*) est d'une grande utilité ; ses fibres servent à faire des cordes. La pistache de terre (*arachys hypogea*), l'arum comestible (*arum esculentum*), le macre (*trapa bicornis*), le *scripus tuberosus* et le *nelumbium*, plantes qui produisent toutes des tubercules comestibles, sont cultivés dans les lacs, les citernes, ou les lieux marécageux. Enfin, le millet (*holcus*) vient

---

(1) Le P. *Lecomte*, Mémoire sur l'état présent de la Chine, I, lettre 8, p. 368. *De Guignes*, III, 244, 247, etc. *Macartney*, IV, 192. *Barrow*, III, 79. — (2) Les parallèles 30 et 23. — (3) *Croton sebiferum.* L.

sur le bord des rivières et atteint la hauteur de 10 pieds.

« La kœmpférie galanga, regardée comme un médicament puissamment excitant, la salsepareille et la rhubarbe, sont comptées parmi les exportations de la Chine ; mais il est probable que la rhubarbe vient de la Mongolie et du Tibet.

» Dans les provinces maritimes de la Chine on ne voit aucune forêt considérable dans les plaines, mais il y en a beaucoup sur les montagnes ; il s'en trouve d'immenses dans les parties occidentales du pays. Les pins et les mélèzes sont très communs. Le saule pleureur et le figuier d'Inde, le *thuia orientalis*, l'*hibiscus mutabilis*, beaucoup d'autres arbres ou arbrisseaux forment de petits bois, ou croissent épars dans les endroits que l'agriculture n'a pas encore atteints ou qu'elle leur a cédés.

» Les Chinois élèvent, mais en petit nombre, tous les animaux domestiques d'Europe : le cheval, l'âne, le bœuf, le buffle, le chien, le chat, le cochon ; les chevaux sont de petite taille et mal bâtis. Les chameaux ne sont souvent pas plus grands que nos chevaux ; les autres races sont belles ; le cochon est d'une autre variété que celui d'Europe et d'une plus petite taille. Bien que les Chinois usent excessivement peu de nourriture animale, le cochon est un des animaux dont ils consomment le plus, parce qu'il est un des moins chers à entretenir. Le chien le plus ordinaire, dans le midi, est l'épagneul à oreilles droites ; plus au nord jusqu'à Péking, les chiens ont ordinairement les oreilles pendantes et la queue grêle. Il y a entre autres une espèce que les Chinois mangent.

» Les éléphants, communs dans le midi de la Chine, s'étendent jusqu'au 30e degré de latitude nord, dans les provinces de Kiang-nan et d'Yun-nan. Le rhinocéros unicorne habite les bords des marais dans les provinces d'Yun-nan et de Kouang-si. Le lion, selon Duhalde et Trigault (¹), est étranger à la Chine ; mais l'animal figuré par Neuhof, sous le nom de *tigre* (²), semble être le lion sans crinière, connu des anciens, décrit par Oppien, et qu'Olivier a vu sur les rives de l'Euphrate. Marco-Polo vit des lions dans le Fou-kien ; il y en eut à la cour de Koublaï-Khan (¹). Il est probable que le vrai tigre se montre dans les provinces les plus méridionales, où l'on trouve aussi des léopards et des panthères, diverses espèces de singes, le gibbon aux longs bras (²), le magot à face hideuse (³), le pithèque (⁴), qui imite les gestes et jusqu'au rire de l'homme, ainsi qu'une grande espèce de singe voisine de l'orang-outang. L'animal porte-musc, qui semble particulier au plateau central de l'Asie, descend quelquefois dans les provinces occidentales de la Chine. On trouve dans les forêts le cerf, le sanglier, le tapir oriental, diverses espèces d'antilopes, le renard et d'autres animaux en partie mal connus. »

Les volailles domestiques abondent en Chine, surtout les canards ; on en voit errer des troupes entières sur les canaux : les Chinois les élèvent par troupes innombrables dans de larges bateaux entourés d'un plancher en saillie et couverts, d'où on les dresse à s'élancer à un coup de sifflet pour aller chercher leur nourriture dans les rivières ou les canaux, et à revenir à un autre coup de sifflet. Afin que les femelles puissent pondre toute l'année, on les dispense du soin de couver en faisant éclore les œufs dans de petits fours ou dans des bains de sable.

« On cite aussi, parmi les oiseaux qui vivent en liberté, diverses espèces de cailles et de cormorans. Plusieurs oiseaux de ce pays sont remarquables par la beauté des formes et l'éclat des couleurs : témoin ces faisans dorés et argentés que l'on voit si souvent peints sur les papiers chinois, et qui font actuellement l'ornement de nos volières ; témoin encore la sarcelle de Chine, remarquable par ses deux belles crêtes de couleur orange.

» Les insectes et les papillons de ce pays se distinguent également par leur beauté particulière. Les vers à soie y sont très communs, et paraissent même originaires de ce pays.

» Plusieurs espèces de tortues sont particulières à la Chine. Il en est de même des reptiles et surtout des sauriens.

» D'après les dessins faits par les Chinois, leur patrie possède presque tous les poissons communs de l'Europe ; Bloch et Lacépède en

---

(¹) *Trigault*, Expedit. Sin. L. IV, cap. 11. — (²) *Neuhof*, Ambassade. P. II, p. 96.

(¹) *Marco-Polo*, de reb. orient., II, 17, 67, 68. — (²) *Simia longimana*. — (³) *Simia influens*. — (⁴) *Simia sylvanus*.

ont fait connaître plusieurs espèces qui lui sont particulières. La *dorade* chinoise, qui, en Chine comme chez nous, sert d'ornement aux bassins, est originaire d'un lac situé au pied de la haute montagne de Tien-king, près de la ville de Tchang-hou, dans la province de Tche-kiang; elle a été transportée de là dans les autres provinces de l'empire, et ensuite au Japon. En 1611 elle fut apportée pour la première fois en Angleterre. »

LIVRE CENT QUARANTE-DEUXIÈME.

Suite de la Description de l'Asie. — Empire chinois. — Septième section. — Chine proprement dite. — Topographie des provinces et villes.

« L'aperçu général de l'état physique de la Chine qu'on vient de lire, renferme ce qu'il y a de plus clair dans les diverses relations. Passons à la description spéciale des provinces, en commençant par celle qui possède aujourd'hui la capitale. Mais décrirons-nous les 1,659 villes, les 2,796 temples, les 3,158 ponts, les 10,809 édifices, ou les 765 lacs et les 14,607 montagnes nommés par les auteurs chinois? Gardons-nous-en; et si nous fuyons l'impertinente rapidité des géographes anglais, évitons aussi le vice opposé, et laissons aux Busching leurs immenses nomenclatures.

» L'ancienne province de *Pe-tchy-li*, située sur un golfe de même nom, au sud de la grande muraille, produit des grains et des bestiaux; elle manque de bois. On tire des montagnes très hautes qui sont aux environs de Péking tout le charbon de terre nécessaire à la consommation du pays; et quoique l'usage en soit général, les mines qui le fournissent paraissent ne pas s'épuiser. Les montagnes donnent encore un peu d'or et de fer. Le terrain est nitreux et sablonneux, l'air froid et sain ([1]). »

Cette province, que l'on a dans ces derniers temps agrandie en y ajoutant une petite portion de la Mandchourie, porte aujourd'hui le nom de *Tchy-li*, c'est-à-dire *province de la cour;* celui de *Pe-tchy-li* signifiait *province de la cour septentrionale*. Elle est séparée de la Mongolie par la grande muraille. Sa longueur est d'environ 160 lieues, et sa largeur de 110.

Elle se divise en 11 départements, 25 arrondissements et 124 districts. On y entretient plus de 176,000 hommes de troupes. Parmi les animaux sauvages que l'on y trouve nous citerons un rongeur de la grosseur d'un gros rat, dont le pelage est jaunâtre et qui fournit une fourrure recherchée des Chinois.

« *Péking*, la principale ville de cette province, est la capitale de tout l'empire chinois, et la résidence ordinaire des empereurs: elle est située dans une plaine fertile, à 20 lieues de la grande muraille. Elle forme un carré long et se divise en deux villes. Dans la ville *impériale* ou *tatare*, comme l'appellent les missionnaires, est le palais de l'empereur; elle forme, avec la ville extérieure, appelée *chinoise* aussi par les missionnaires, et sans doute avec les faubourgs, un ensemble de forme irrégulière et de près de 9 lieues ¾ de circuit ([1]). Les murs de Péking sont fort élevés, en sorte qu'ils cachent la ville; les portes ne sont embellies ni de statues ni de sculptures, mais leur hauteur prodigieuse leur donne, à une certaine distance, l'appareil de la grandeur et de la noblesse. Les arcades des portes sont construites en marbre, et le reste en larges briques, cimentées d'excellent mortier.

([1]) Quelques auteurs portent son circuit à 6 lieues, mais nous suivons ici l'évaluation de M. Timkovski. Ce voyageur donne aux murailles de Péking 40 verstes de circonférence, ce qui fait en lieues géographiques un peu plus de 9 3/4.

Klaproth, d'après un plan manuscrit chinois, estime que la circonférence de cette ville, dans l'intérieur des murailles, est de 58 li 1/2, ce qui fait exactement 5 lieues 17/20, ou un peu plus de 5 3 4.

J. H.

([1]) *Dai-sin-y-tundschi*, Géographie chinoise, dans *Busching*, Magasin, XIV, 411 *sqq*. De Guignes, III, 298, 317.

La magnificence du palais impérial consiste moins dans la noblesse et l'élégance de son architecture que dans la multitude de ses bâtiments, de ses cours et de ses jardins. Les murs de ce palais renferment une petite ville qu'habitent les officiers de la cour et une grande quantité d'artisans, tous au service de l'empereur. Le P. Artier, jésuite français, qui obtint la permission de le visiter, dit qu'il a plus d'une lieue de circonférence ; que la façade brille de peintures, de dorures et de vernis, et que les meubles et les ornements de l'intérieur offrent ce que la Chine, l'Inde et l'Europe ont de plus recherché et de plus beau. Les jardins de ce palais renferment un vaste terrain où s'élèvent, à des distances convenables, des montagnes de 20 à 60 pieds, séparées les unes des autres par de petites vallées arrosées de canaux : toutes ces eaux, en se réunissant, forment des lacs et de grands étangs que sillonnent des barques magnifiques, et dont les bords sont ornés d'une suite de bâtiments, parmi lesquels on en chercherait vainement deux de semblables. Il y a dans chaque vallée une maison de plaisance assez vaste pour loger un des plus grands seigneurs de l'Europe avec toute sa suite. Le cèdre qui sert à construire ces maisons ne se trouve qu'à 500 lieues de Péking. Au milieu d'un lac, qui a plus d'une demi-lieue de diamètre, s'élève une île de rochers, couronnée d'un superbe palais qui a plus de cent appartements. Les montagnes et les collines sont chargées d'arbres et de belles fleurs aromatiques ; les canaux sont bordés de rocs arrangés avec tant d'art, qu'ils imitent parfaitement ce que la nature a de sauvage et de désert ; le tout a l'air d'un enchantement. Sur le sommet des plus hautes montagnes, de grands arbres environnent des pavillons et des kiosques consacrés à la retraite et au plaisir (¹) »

A cette description nous ajouterons quelques détails donnés par le P. Gaubil, et plusieurs remarques dont la plupart nous sont fournies par le voyageur russe Timkovski.

(¹) Cette description est extraite de celle du P. Gaubil, qui a été publiée à Paris en 1765, et qui, traduite en russe en 1781, et ensuite en allemand par Pallas, d'après le manuscrit russe de Stritter, a été attribuée à tort à Lange par Malte-Brun, ainsi que l'a fait remarquer Klaproth dans une note du *Voyage à Péking*, par M. Timkovski, t. II, p. 124 de la traduction française. J. H.

D'abord nous devons dire que le nom de Péking signifie *cour du nord* ; elle le porte depuis l'an 1403 de notre ère ; les Chinois la nomment aussi quelquefois *Kingsse* (la capitale). Elle fut fondée en 1267 par Khoubilaï, petit-fils de Tchinghiz-Khan, près d'une autre ville qu'avait bâtie un des premiers empereurs de la dynastie de Tcheou. Son nom fut d'abord *Ta-tou* (grande capitale), mais on l'appela aussi *King-tchhing* ou *résidence du prince*. Il paraît que du temps de Marco-Polo la cité qu'elle remplaça se nommait *Cambalou*, qui signifie aussi grande capitale, et qui fut détruite parce que les astrologues avaient prédit qu'il s'y tramerait une conspiration contre l'empire (¹).

La ville impériale est appelée en chinois *King-tchhing*, et la ville extérieure *Vaï-lo-tchhing*. La première est au nord de la seconde ; l'une et l'autre sont carrées ; l'une et l'autre sont entourées de murs ; mais le mur méridional de la première ferme la seconde au nord. Une chaîne de montagnes, située à 3 ou 4 lieues à l'ouest, donne naissance à plusieurs petites rivières qui arrosent la plaine au milieu de laquelle s'étend Péking, et l'une d'elles, entrant par le nord dans le King-tchhing, se sépare en plusieurs bras, environne le palais impérial, forme plusieurs lacs au milieu des jardins de ce palais, baigne les murailles des deux villes, et va se réunir au-dessous de Péking dans un canal qui se joint à une rivière appelée le *Pe-ho*, à 6 lieues à l'est de la capitale.

La muraille du King-tchhing est beaucoup plus épaisse que celle du Vaï-lo-tchhing : elle a 40 pieds de hauteur et 21 d'épaisseur ; aussi sert-elle de promenade pour les piétons et les cavaliers. Le King-tchhing renferme deux autres quartiers entourés aussi d'une muraille : c'est dans le plus central qu'est le palais impérial. Le nombre total des portes de Péking est de 16 ; 9 appartiennent au *King-tchhing*

(¹) Or vos conterai de la grant vile dou Catai, là ou ceste palais sunt, por coi fui faite, et comant il est voir que iluec avoit une ansiene cité grant et noble qe avoit à non Ganbalu, que ce vaut à dire en nostre lengaje la cité don seingnor, et le grant Kan treuvoit par sez astronique que ceste cité se devoit revelere et faire gran contenier contre l'enpler. Et por ceste chaison le grant Kaan fist faire ceste cité dejostre celle qe ne i a qe un flum emi, et fist traire les jens de celle cité et meire en la ville q'il avoit estoié, qui est apelé Taïdu. *Marco-Polo*, ch. LXXXV.

et 7 au *Vaï-lo-tchhing* : elles sont défendues par des tours et des canons ; au rez-de-chaussée il y a de grands corps-de-garde, et devant chaque porte une espèce d'esplanade environnée d'un petit mur circulaire et servant de place d'armes. Comme cette ville est située dans une plaine couverte de jardins, de bouquets de bois, de couvents et de villages près desquels se groupent des cimetières entourés d'arbres, elle paraît être de loin une imposante forteresse au milieu de bosquets et de vergers. Son étendue et ses nombreux édifices répondent bientôt à l'idée qu'on se fait de la capitale d'un empire riche et populeux ; mais la plupart des rues sont étroites, à l'exception de celle du *Repos perpétuel* (*Tchhang-nyan-Kiai*), qui a 180 pieds de largeur : elle s'étend de l'est à l'ouest et est bordée en partie par les murs du palais impérial au nord, et par les tribunaux au sud. Quelques unes des plus belles rues sont déparées par des maisons mal alignées et quelquefois même tombant en ruines. Ces maisons n'ont généralement qu'un étage ; quelques unes même n'ont qu'un rez-de-chaussée. Les rues ne sont point pavées : l'affluence des passants fait élever, pendant les temps de sécheresse, une poussière fine et noirâtre que la pluie change en une boue épaisse et grasse ; et, pour comble de désagrément, des puits placés au milieu de ces rues gênent la circulation, tandis que l'air est infecté par l'odeur qui s'exhale des égouts et des amas d'immondices. Des maisons en briques à un seul étage, des boutiques ornées de dorures et de peintures éclatantes, des toits jaunes sur les palais impériaux et les temples, verts sur les habitations des grands, et gris ou rouges sur les maisons des simples particuliers, rendent encore cette ville toute différente des cités européennes. Après le palais impérial, les édifices les plus apparents de Péking sont les arcs de triomphe qui décorent la plupart des rues et des places. Ils sont tous peints en rouge.

C'est dans le *King-tchhing* que se trouvent les tribunaux ; ils sont tous réunis dans un quartier situé au sud du palais impérial. On en compte douze : le *Tsoung-jin-fou* ou tribunal des princes, qui règle tout ce qui concerne la famille impériale ; le *Li-pou* ou tribunal des mandarins, la première des six cours souveraines, et qui est chargé de surveiller la conduite des hauts fonctionnaires de l'État ; le *Hou-pou* ou tribunal des trésoriers ; c'est une sorte de cour des comptes, et le second tribunal souverain ; le *Li-pou*.... ou tribunal des rites, troisième cour souveraine, qui règle tout ce qui concerne la religion, les études et le cérémonial ; le *Thaï-i-yuan* ou tribunal des médecins ; le *King-thian-Kian* ou tribunal de l'astronomie ; le *Houng-lou-szu* ou tribunal des cérémonies de la cour ; le *Koung-pou* ou tribunal des ouvrages publics ; le *Ping pou* ou tribunal de la guerre, quatrième cour souveraine ; le *Hing-pou* ou tribunal criminel, cinquième cour souveraine ; le *Tou-tchhu-youan* ou tribunal des censeurs de l'empire, sorte de cour de police ; enfin le tribunal de police de la ville.

Les plus beaux temples égalent par leur étendue quelques uns des palais. Non loin de la demeure du souverain se trouve le *Young-ko-koung*, le plus magnifique et le plus vaste temple de la capitale : il est consacré à Fo ou Bouddha ; 300 lamas du Tibet y résident et apprennent la théologie à plus de 500 élèves. A l'ouest du palais impérial on remarque, dans une grande et belle rue, le *Ti vang-miao*, temple où l'on conserve les tablettes des plus illustres empereurs et de tous les hommes distingués depuis le commencement de la monarchie jusqu'à la dynastie régnante. Par respect pour ce lieu, il n'est permis à personne d'en approcher à cheval ou en voiture : tout le monde doit mettre pied à terre.

Le *Vaï-lo-tchhing*, qui n'est cependant pas aussi bien bâti que le *King-tchhing*, est traversé de l'est à l'ouest dans toute sa longueur par une grande et belle rue, et renferme un temple célèbre sous le nom de *Thian-than*, éminence du ciel. Il est entouré d'un mur de 2,664 toises de circonférence : l'architecture chinoise y a déployé toute sa magnificence. L'empereur s'y rend chaque année à l'époque du solstice d'hiver pour y offrir un sacrifice au ciel. C'est dans le même quartier que se trouve le *Sian-nouny-thang*, ou temple de l'inventeur de l'agriculture, célèbre par la cérémonie qui y attire au printemps l'empereur et toute sa cour, et qui se termine par le spectacle de ce prince labourant la terre pendant une demi-heure dans un champ voisin.

Six théâtres s'élèvent à côté les uns des autres dans une rue du Vaï-lo-tchhing ; on en compte en tout une douzaine dans le même quartier. On y joue presque tous les jours des tragédies et des comédies mêlées de chant et de musique, depuis midi jusqu'au soir. Plusieurs de ces théâtres sont réservés aux particuliers, qui y font donner des représentations en réjouissance de quelque événement heureux.

On trouve à Péking de nombreux établissements qui rappellent la civilisation des grandes villes européennes : nous citerons les principaux. Le *Han-lin-Youan*, ou le tribunal de l'histoire et de la littérature, est un lieu où s'assemble le corps savant de qui dépendent les écoles et les universités de tout l'empire. Les membres qui le composent sont chargés d'examiner ceux qui aspirent au titre de lettrés, ou de désigner ceux qui doivent composer les morceaux d'éloquence ou de poésie destinés à être récités devant l'empereur. Les autres établissements sont,le *Kouetsu-kian*, ou collége impérial pour l'enseignement de la rhétorique ; l'Observatoire impérial, bâti en 1279, renfermant les instruments fabriqués sous la direction des jésuites, et ceux que l'Angleterre envoya en présent à l'empereur, en 1793; l'imprimerie impériale, d'où sortent les meilleurs livres qui se publient en Chine, et les deux gazettes officielles de l'empire; la Bibliothèque impériale, qui renferme la matière de plus de 300,000 de nos volumes in-8°; enfin les immenses galeries du cabinet d'histoire naturelle de l'empereur. Ce qui ajoute à la ressemblance qu'offre cette capitale avec nos grandes cités, ce sont les établissements de bienfaisance et d'instruction. Outre les écoles publiques, qui y sont très nombreuses, on doit citer la maison des enfants trouvés, celle pour l'inoculation de la vaccine, et quelques autres institutions que, dans notre vanité européenne, nous croyons inconnues à la Chine. On serait tenté de supposer que les Chinois nous ont emprunté l'institution du mont-de-piété : Péking renferme un grand nombre de maisons de prêt qui, sous prétexte de soulager le pauvre, sont encore plus ruineuses que les nôtres.

L'immense population de Péking, estimée à 2,000,000 d'habitants par le P. Gaubil, et à 3 par lord Macartney, est fixée d'une manière plus vraisemblable à 1,300,000 âmes par Klaproth. Il est vrai qu'on doit y comprendre celle des douze faubourgs situés hors de la ville. Pour établir la police au milieu d'une population si nombreuse, il faut employer la brutalité asiatique : toute infraction aux règlements est châtiée sur-le-champ; aussi n'y entend-on presque jamais parler de vols ni d'assassinats. Un corps de cavalerie, évalué à 8,000 hommes, avec 18,000 hommes d'infanterie, sont chargés de maintenir l'ordre; les grandes rues sont remplies de corps-de-garde, et chaque soldat est armé d'un sabre et porte un fouet dont il a le droit de frapper quiconque commet quelque désordre.

Comme les rues ne sont point éclairées la nuit, chaque habitant est tenu de sortir avec une lanterne. La police entretient des pompes à incendie, mais ce genre d'accident est très rare à Péking, d'abord parce que les Chinois prennent beaucoup de précautions contre le feu, et ensuite parce qu'ils ne brûlent que de la houille, et toujours dans des fourneaux couverts. La population de Péking se divise en trois classes : la principale se compose de militaires mandchoux, qui ne sont déjà plus ce qu'ils étaient peu de temps après la conquête. Lorsque les Mandchoux s'emparèrent de cette capitale, les soldats et les officiers eurent pour leur part du butin des maisons de la ville du midi; aujourd'hui ils n'en sont plus que les locataires; leur fortune usurpée se dissipa en prodigalités, tandis que les vaincus reconquirent la leur par leur économie. Les officiers sont encore de droit membres des tribunaux civils; mais par paresse ils abandonnent la conduite des affaires à leurs secrétaires, qui sont des lettrés chinois. La seconde classe d'habitants est celle des commerçants et des artisans; ils habitent principalement le Vaï-lo-tchhing. La troisième est celle des domestiques : ils sont pris parmi les paysans, et quelquefois parmi les soldats, qui sont alors obligés d'abandonner le tiers de leur paie. Il y a très peu de mendiants dans la ville, parce que les Chinois ont pour principe de ne pas faire l'aumône. On occupe les pauvres à nettoyer et arroser les rues, à cultiver les jardins, au métier de commissionnaires ou à grossir les groupes qui suivent les mariages et les enterrements. On trouve dans la capitale, à chaque carrefour et à chaque pont, des voitures de louage, à deux roues, couvertes et doublées de satin et de velours, attelées de mulets et de chevaux fort agiles; les femmes et les grands qui en ont obtenu la permission de l'empereur se servent de chaises à porteur, mais les militaires font leurs courses à cheval; c'est même le seul moyen de parcourir la ville avec facilité, tant les rues sont encombrées par la foule.

A trois quarts de lieue au sud de Péking s'élève le *temple des dix mille âges*, en chinois *Van-cheou-szu*, fondé en 1577, et habité par des *ho-chang* ou prêtres de Fo. On y voit une des plus grandes cloches qui aient été fondues en Chine : elle date de l'an 1403 ou 1424; sa hauteur est de 6 pieds, son diamètre de 8 pieds ½, et son poids de plus de 100,000 livres. A 6 ou 8 lieues à l'est de la capitale, le bourg d'*Haïtian* est célèbre par une belle résidence impériale d'été, appelée *Yuan-ming-yuen*, c'est-à-dire le jardin rond, et resplendissant. Suivant le frère Attiret, le palais est au moins grand comme la ville de Dijon, et l'appartement de l'empereur et de l'impératrice surpasse en étendue celle de Dôle. Le parc, qui occupe une superficie de plus de 24,000 hectares, est un des plus remarquables que l'on puisse voir : des lacs, des rivières, des vallées y sont dessinées avec tant d'art, qu'on se croirait au milieu de la contrée la plus pittoresque; au sein de ces vallées s'élèvent d'autres maisons de plaisance dont l'architecture élégante est rehaussée par l'éclat des dorures et des peintures les plus éclatantes. A 4 ou 5 lieues au nord de Péking le mont *Thiancheou* est le lieu où sont enterrés les empereurs de la dynastie des Ming : on y admire plusieurs grandes et belles constructions.

« *Pao-ting-fou*, chef-lieu du département de ce nom, est la résidence du vice-roi de la province de Tchy-li; cette ville prend rang immédiatement après la capitale. Elle est bâtie dans un des plus fertiles cantons de la Chine. Au sud on découvre un petit lac, célèbre par la quantité de nénufars qu'on y trouve, et que les Chinois appellent *lien-hoa*. Leurs fleurs violettes ou blanches, ou mêlées de rouge et de blanc, s'élèvent de 2 à 3 coudées au-dessus de l'eau, sur laquelle flottent leurs feuilles. Toutes les parties de ce végétal, jusqu'à la racine noueuse, servent, soit comme nourriture, soit autrement (¹).

(¹) *Duhalde*, tom. I, p. 128.

» Cette ville est un lieu de passage pour se rendre de Péking dans la province de Chen-si; c'est une des plus belles et des plus agréables routes qu'on puisse tenir. Tout le pays est plat et cultivé; le chemin est uni et bordé d'arbres en plusieurs endroits. C'est un passage continuel d'hommes, de charrettes et de bêtes de charge. »

A une quarantaine de lieues au nord-ouest de Péking on trouve *Tchang-kia-kheou*, ville que les Mongols nomment *Khalgan*, du mot *khalga*, qui signifie *porte* ou *barrière*. Elle date de l'an 1429; mais au milieu du seizième siècle elle fut rebâtie et garnie de remparts en terre et de fossés. Elle est la clef du commerce de la Chine avec la Russie par la Mongolie. C'est dans ses faubourgs que se tiennent les commerçants. Sa population paraît être de 20 à 30,000 âmes. Elle possède une école spéciale pour l'instruction de la tribu mongole des *Tchakhar*. Sa forteresse est à une demi-lieue de son enceinte, ainsi que la grande muraille, dont nous parlerons plus tard.

Au-delà de cette muraille s'étend le département de *Tchhing-te*, en mongol *Je-ho*, formé d'une portion de la Mongolie, qui, en 1778, a été réunie à la province de Tchy-li. Il renferme, dit-on, 110,000 familles chinoises. C'est dans ce département que l'empereur va prendre tous les ans le divertissement de la chasse aux bêtes féroces; il y possède dans ce but plusieurs châteaux, dont le plus remarquable est celui de *Tchhing-te-tchéou* ou *Je-ho*, qui fut bâti en 1703 sur le plan de celui de Péking. Sa circonférence est d'environ une lieue trois quarts; il a trois portes au sud et une sur les trois autres côtés. Au-delà de la porte orientale s'étend une digue de plus d'une lieue de longueur, large de plus de dix pieds et pavée de sept rangs de pierres. A la gauche du château il y a un lac ombragé par de grands arbres; à sa droite s'élèvent des montagnes qui se dirigent du nord vers l'ouest; elles environnent la vallée dans laquelle est bâti le château. Au nord du lac, une cascade sort du mont Si-kou et se précipite sur le sommet du mont Yün-tbsuan. Ce sont les eaux de cette cascade qui vont former le lac. Le château est bien distribué; tout y est simple et en parfaite harmonie avec les sites pittoresques dont il est environné. Parmi les nombreux temples de Je-ho, on doit citer le *Phou tho-*

tsoung-ching-miao, construit en 1770 par l'empereur Khian-loung, d'après le plan de celui de Botala ou Bouddhala, près de l'Hassa, au Tibet, et qui ne lui cède point en magnificence. On y voit, dit-on, 500 statues dorées représentant des lamas morts en odeur de sainteté.

Au nord de la ville de *Tchhing-te* ou de *Je-ho* on remarque aussi le *Siu-mi-fou-cheou-miao*, temple qui fut bâti par ordre de l'empereur Khian-loung en l'honneur de Bantchan-lama qui était venu du Tibet pour prier Dieu en faveur du souverain dont on célébrait le soixante-dixième anniversaire.

Toung-tcheou, chef-lieu d'un arrondissement, est sur la rive droite du *Pay-ho*, à 40 lieues de la mer et à 5 lieues à l'est de Péking, dont elle est en quelque sorte le port. Ses principales rues sont droites et pavées en grandes dalles de pierre; des trottoirs les garnissent. Cette ville renferme des magasins considérables de grains pour l'approvisionnement de la capitale, et d'immenses magasins de sel. C'est un entrepôt important de toutes sortes de marchandises; mais l'une des principales branches de commerce est le frai de poisson qu'on expédie dans des bouteilles pour l'intérieur de l'empire. *Hô-kian-fou*, chef-lieu de département, est une des villes les plus considérables de la province de Tchy-li. Elle est environnée de hautes murailles, mais elle est mal bâtie: on n'y remarque qu'une seule belle rue; on y voit un beau collège.

Thian-tsin-fou, c'est-à-dire la ville du département de Thian-tsin, construite sur une éminence qui domine le Pay-ho, est située dans un pays agréable et fertile, qui mérite le nom qu'il porte (Thian-tsin signifie lieu céleste). Mais cette cité n'offre rien de remarquable que le palais du gouverneur. *Tchhing-ting-fou*, dont la circonférence est d'une lieue et demie, renferme des monuments érigés en l'honneur de plusieurs héros chinois.

« Au sud du golfe de *Pe-tchy-li* ou *Tchy-li*, et de la province de ce nom, s'avance une péninsule qui forme en partie la province de *Chan-toung*. Le grand canal impérial la traverse, et c'est par ce canal que passent toutes les barques qui, des parties du midi, vont à Péking. Une infinité de lacs, de ruisseaux et de rivières animent cette province stérile par elle-même, et exposée à de trop grandes sécheresses par l'extrême rareté des pluies. Une partie de son territoire forme une vaste plaine des deux côtés de la rivière. On y voit venir du froment, du millet, du tabac, et surtout du coton herbacé; ce dernier article est la principale production du pays, ainsi que de l'ancienne province de Kiang-nan qui l'avoisine.

» Des vers assez semblables aux chenilles produisent, dans les campagnes, une soie blanche, dont les fils s'attachent aux arbrisseaux et aux buissons: on en fait des étoffes de soie grossières, mais serrées et fortes. »

Ajoutons que cette province, qui se divise en dix départements, est d'une vaste étendue: elle a 150 lieues de longueur et 90 de largeur. Une chaîne de montagnes peu élevées la traverse sur un espace de plus de 62 lieues.

« *Tsi-nan-fou*, chef-lieu du département de *Tsi-nan* et capitale de cette province, est renommée par ses soies d'une blancheur éclatante. Elle renferme des lacs qui se divisent en canaux bordés de beaux édifices. Cette ville est en vénération chez les Chinois, parce qu'elle a été la résidence d'une longue suite de rois dont on voit les tombeaux sur plusieurs montagnes voisines. *Yan-tcheou*, ville grande et peuplée, renferme dans son district celle de *Tséou-y*, aujourd'hui *Kin-fou-hien*, célèbre pour avoir donné naissance à Confucius.

» Les deux grands fleuves de Hoang-ho et de Yang-tseu-kiang ont leur embouchure dans l'ancienne province de *Kiang-nan*, l'une des plus fertiles, des plus marchandes, et par conséquent des plus riches de l'empire, qui forme aujourd'hui deux provinces: celle de *Kiang-sou*, comprenant le Kiang-nan oriental, et celle d'*An-hoeï* le Kiang-nan occidental.

Le *Kiang-sou* est bordé par le golfe de Nanking, qui est un enfoncement de la mer Jaune. Les habitants sont regardés comme les plus civilisés des Chinois; leurs tissus de soie et de coton, leur papier, leurs ouvrages en vernis sont les plus estimés. Les anciens empereurs y ont constamment tenu leur cour, jusqu'à ce que des raisons d'État les obligèrent de s'approcher de la Tatarie, et de choisir Péking pour le lieu de leur séjour. Le thé vert est la principale production; les montagnes, qui paraissent composées de grès par couches tres marquées (¹), donnent du fer magnétique, du cuivre et un peu d'argent (²).

Cette province de Kiang-sou a 120 lieues de longueur et 50 de largeur. Elle est bornée au nord par le Chan-toung, à l'ouest par l'Anhoeï, au sud par le Tche-Kiang, et à l'est, comme nous venons de le dire, par la mer Bleue ou orientale que les Chinois nomment *Tong-haï*. Elle offre peu de montagnes, et ses plaines fertiles sont coupées par une multitude innombrable de cours d'eau, de canaux et de lacs qui y établissent une navigation presque continue. Le grand canal Impérial unit le cours du Hoang-ho à celui du Yang-tseu-Kiang. La côte offre quelques îles dont les principales sont *Youn-taï-chan*, dans une baie au nord de l'embouchure du premier, et *Tsong-ming* à l'embouchure même du second. Cette riche province se divise en huit départements. Examinons sa capitale.

« *Nan-king*, c'est-à-dire la *cour du midi*, appelée aussi *Kiang-ning*, autrefois la capitale de tout l'empire, est située sur le Kiang, à 60 lieues de l'embouchure de ce fleuve. Sans compter ses faubourgs, on lui donne 12 lieues de tour; mais les missionnaires les plus véridiques avouent que la partie actuellement couverte de maisons n'égale que le tiers de Paris (³). Cependant le P. Grosier évalue à plus de 5 lieues sa circonférence. L'ancienne enceinte de murs se trouve à présent au milieu des champs labourés, et peut-être ce vaste espace n'a-t-il jamais été rempli que de jardins. Le palais, qui était très beau, a été brûlé en 1645 par les Mandchoux. Nanking ne conserve d'autres édifices que ses portes, qui sont d'une beauté extraordinaire, et quelques temples, tels que le *Tsing-haï-tseu*, ou le tranquille collége de la mer, où l'on voit une grande salle ornée des portraits d'un grand nombre de philosophes et de saints personnages chinois. Nanking passe pour la ville savante de la Chine. Les bibliothèques y sont en plus grand nombre que partout ailleurs. Les médecins y ont leur principale académie. Ses satins unis et à fleurs sont les meilleurs de la Chine. »

Hors des murs de la ville, s'élève au milieu des vastes bâtiments d'un couvent de bonzes, la célèbre *tour de Nan-king*, la plus remarquable des prétendues tours de porcelaine en Chine. Elle a quatre cents ans d'existence. On la nomme dans le pays *Pao-ngen-tsé*, ou le *Temple de la reconnaissance*. Elle repose sur un massif de briques, disposé en plate-forme et entouré d'une balustrade en marbre brut, auquel on monte par un escalier de dix à douze marches. Sa forme est octogone; chaque face a 32 pieds de long : ce qui lui donne 256 pieds de circonférence et 85 de diamètre. Elle se compose de neuf étages, bâtis en retraite l'un sur l'autre, et présentant une galerie extérieure protégée par un toit élégant à huit côtés, et qui semble sortir de la muraille. A chacun des angles de ces toits est suspendue une clochette de métal; toutes ces clochettes agitées par le vent ne cessent presque jamais de tinter, et produisent un murmure fort agréable pour les Chinois. Le mur du rez-de-chaussée est épais de 12 pieds, mais il diminue d'épaisseur à mesure qu'il s'élève; il est revêtu d'une porcelaine grossière, posée de champ et peinte en bleu, en vert et en jaune. Les toits en saillie de chaque étage sont couverts de teintes vertes, vernissées et très brillantes. Le premier étage est le plus élevé; chaque étage se compose d'une seule pièce éclairée par quatre fenêtres. Au milieu de chaque pièce se trouve sur un piédestal et sous un dôme en cuivre, une grosse et lourde idole dorée. Les murs sont garnis d'une multitude d'autres idoles également dorées, mais plus petites : on en compte jusqu'à quatre cents dans une seule salle. Un petit escalier très rude composé de cent quatre-vingt-dix-huit marches, hautes de 10 pouces, conduit d'un étage à l'autre: ce qui donne à l'édifice une hauteur de 165 pieds. Il est surmonté d'un mât de 30 pieds d'élévation, garni de nombreux cerceaux en fer qui ne le touchent point, et qui, décroissant graduellement de diamètre, se terminent à son sommet par une grosse pomme de plu en cuivre doré que les Chinois prétendent être d'or massif. Le mouvement de ces cercles joint au bruit des clochettes amuse et peut-être même édifie les Chinois.

« Au sud-est de Nan-king nous trouvons *Sou-tcheou*, ville coupée de canaux, école des plus habiles comédiens et des meilleurs danseurs de corde et joueurs de gobelets : patrie des femmes à la plus jolie taille et aux plus petits pieds; législatrice du goût chinois, de

---

(¹) *De Guignes*, III, 317. — (²) *Daï-sin-y-tundschi*, dans *Buschino*, p. 433, 439, etc. — (³) Journal des Savants, 1782, juillet, p. 470. *Duhalde*, t. I, p. 128.

la mode et du langage; rendez-vous des plus riches oisifs et voluptueux de la Chine. « Le » paradis est dans les cieux, disent les Chinois, » Sou-tcheou est sur la terre. » *Tchin-kiang-fou* est une clef de l'empire du côté de la mer; il y a une forte garnison. Ses murailles, hautes de plus de 30 pieds en plusieurs endroits, sont en briques épaisses. Les rues sont pavées de marbre. »

Tchang-tcheou, chef-lieu de département, s'élève sur les bords du Chan, que l'on y passe sur un pont de 36 arches, garni de boutiques des deux côtés.

« A 600 pas de la rive du Yang-tseu-kiang, on admire une île appelée *Chin-chan* ou *la montagne d'or*. Cette île, dont les bords sont très escarpés, est couverte de jardins et de maisons de plaisance. L'art et la nature semblent s'être réunis pour lui donner une perspective enchanteresse. Elle appartient à l'empereur. C'est dans la campagne des environs que croît principalement l'arbuste qui fournit cette espèce particulière de coton dont on fait l'étoffe connue en Europe sous le nom de *nankin*. Le duvet, ordinairement blanc, naît ici avec cette même couleur de jaune-rouge qu'il conserve lorsqu'il est filé et tissé.

» *Yan tcheou* a deux lieues de circuit, et on y compte, dit-on, tant dans la ville que dans les faubourgs, 200,000 âmes. Cette population n'est probablement que temporaire; c'est ici que se font le débit et la distribution du sel. On voit dans ses environs un palais de l'empereur. *Hoeï-an-fou*, ceinte d'une triple muraille, a deux faubourgs qui s'étendent sur les deux côtés du canal Impérial.

» La province d'*An-hoeï* ou *Ngan-hoeï*, formée de la partie occidentale de l'ancien Kiang-nan, se divise en huit départements. Elle a environ 150 lieues de longueur et 50 de largeur. On lui donne une superficie de 10,000 lieues carrées. La chaîne du Pé-ling n'y forme que des montagnes d'une médiocre hauteur. Sa capitale, *Ngan-Khing-fou* ou *An-Khing-fou*, chef-lieu du département de An-Khing, est la résidence d'un vice-roi. La position de cette ville sur la rive gauche du Yang-tseu-kiang est agréable autant qu'avantageuse; ses rues sont étroites, mais pavées. Les habitants de *Weï-tcheou*, l'une des villes les plus méridionales de la province, passent pour être singulièrement habiles dans le commerce; ils trompent les Chinois qui trompent le monde. C'est dans cette ville que se font la meilleure encre de la Chine, le vernis le plus estimé et les plus belles gravures sur cuivre. Le thé qu'on y récolte est aussi fort estimé. *Foung-yang-fou*, patrie de l'empereur Hong-vou, qui en 1368 fonda la dynastie des Ming, renferme le tombeau de ce prince, un beau temple et des champs en culture. *Ning-koue-fou* est célèbre par ses fabriques de papier. »

Au sud de la précédente, on trouve la province de *Tché-kiang*, riche par la culture des vers à soie et les fabriques de soieries. Bornée au nord par la province de Kiang-sou, au nord-est et à l'est par la mer Jaune, au sud par la province de Fou-Kian, à l'ouest par celle de Kiang-si et au nord par celle d'An-hoeï, elle a environ 100 lieues de longueur du nord au sud et 75 de largeur. Sa superficie offre une agréable variété de montagnes, de collines, de vallées et de plaines, arrosées par un grand nombre de lacs, de petites rivières, et coupées par des canaux qui contribuent à la fertilité du sol. On ne peut rien comparer à la beauté des campagnes des bords du *Tsien-tang-kiang*, dont la longueur est de plus de 80 lieues. Leur aspect change à chaque pas : là, des rochers escarpés et totalement dépouillés de verdure bordent les deux côtés de la rivière; ici, cette rivière fait un coude, et l'on découvre tout-à-coup les champs les plus riants. Les nombreuses sinuosités du Tsien-tang-kiang nourrissent la curiosité du voyageur; et cette scène varie encore par la présence des cultivateurs occupés à faire la récolte du riz et de la canne à sucre, et à en porter le produit dans les différents moulins qui couvrent les bords de la rivière (¹).

Les côtes de cette province sont montagneuses et dentelées : on y remarque un grand nombre de baies et de havres. Elle est fertile en riz et en blé; on y cultive l'oranger, l'arbre à thé, le cotonnier et l'indigo; le nombre des mûriers y est prodigieux, et la soie est l'objet le plus important de son commerce. Cette province se divise en onze départements.

Hang-tcheou, sa capitale, est l'une des plus importantes villes de la Chine. Elle a 4 lieues de circonférence et plusieurs faubourgs. Située presque au centre des côtes maritimes, ayant

(¹) *Macartney*, V, 183. *De Guignes*, Voyage à Péking, III, 319.

d'un côté l'embouchure du canal impérial, et de l'autre la rivière de Tsien-tang-kiang : c'est l'entrepôt du commerce des provinces du nord avec celles du midi. Cette ville est celle que Marco-Polo nomme *Quinsaï*, qui de son temps était la capitale de l'empire des Song ou de la Chine méridionale. Quelques belles rues, de larges quais, plusieurs arcs de triomphe ornés de sculptures, quelques grandes et riches pagodes, quatre hautes tours à neuf étages, comme celle de Nan-king, placent Hang-tcheou au rang des plus belles cités de la Chine. Macartney et de Guignes disent que sa population est immense; le P. Grosier porte le nombre de ses habitants à plus de 1,000,000; mais il est certain qu'il s'élève à 6 ou 800,000.

Près de Hang-tcheou se trouve la fameuse pagode de *Ting-tse-tse*, desservie par 300 bonzes, et dans laquelle on compte plus de 500 divinités en bronze.

« *Ning-pho-fou*, que les Européens ont appelé *Liam-po*, est une ville du premier ordre, et qui a un très bon port, où les marchands chinois de Siam et de Batavia viennent tous les ans chercher des soies. Il s'y fait aussi un très grand commerce avec le Japon, car Nangasaki n'en est éloigné que de deux journées. Les Chinois y portent des soies, des étoffes, du sucre, des drogues et du vin; ils en rapportent du cuivre, de l'or et de l'argent. *Chao-hing-fou* est toute percée de canaux remplis d'eau très claire. De grandes rues, fort propres, sont pavées de grandes pierres de taille blanches. Les arcs de triomphe et les maisons, contre l'usage général, sont en partie bâtis de cette pierre. Les habitants sont les hommes les plus redoutables de la Chine en fait de chicane; il n'y a point de vice-roi ni de grand mandarin qui ne veuille avoir quelqu'un de cette ville pour lui servir de *siang-cong* ou secrétaire.

Kin-hoa-fou est célèbre par ses jambons; *Khiu-tcheou*, qui fait un commerce considérable, n'a que 10,000 habitants. Un archipel, composé de plus de 400 îlots qui s'étendent au sud des bouches du *Yang-tseu-kiang*, dépend de cette province maritime. Les plus importantes de ces îles sont *Kintam*, longue de 5 lieues et large de 2, et *Tcheou-chan*, qui en a 10 de longueur et 4 de largeur. La plupart sont couvertes de végétation et bien cultivées.

Du Tché-kiang nous nous porterons au sud, dans le *Fou-kian*. Cette province n'est pas une des plus grandes, mais elle est une des plus riches de l'empire. Sa longueur est de 125 lieues et sa largeur moyenne de 75. Elle est bornée au nord par le Tché-kiang, à l'ouest par le Kiang-si, au sud-ouest par le Kouang-toung, enfin au sud-est et à l'est par le détroit de Formose et la mer de Corée. Sa situation est favorable pour la pêche, la navigation et le commerce; l'air y est très chaud, mais pur et sain.

« Les campagnes sont arrosées d'une infinité de rivières et de sources qui viennent des montagnes, et que les laboureurs ménagent avec beaucoup de dextérité pour abreuver le riz. Le thé noir est la principale production. On y trouve aussi du musc, des pierres précieuses, des mines d'or, d'argent, de fer et d'étain, du mercure; il s'y fait des étoffes de soie, des toiles de chanvre et de coton, de l'acier en barres et travaillé; les montagnes sont cultivées jusqu'à leur sommet au moyen de terrasses; et parmi les fruits délicieux et abondants qu'elle produit, on distingue les oranges, qui ont le goût du raisin muscat ([1]).

» *Fou-scheou*, la capitale de la province, est surtout célèbre par sa situation, par le grand commerce qui s'y fait, par la multitude de ses lettrés, par la beauté de ses rivières, qui portent les plus grandes barques de la Chine jusqu'au pied de ses murailles; enfin par ce pont admirable de plus de 100 arches et le plus grand qui existe, tout construit de belles pierres blanches, et qui traverse le golfe dans lequel se jette le Si-ho. *Yan-phing-fou*, placée sur la pente d'une montagne au bas de laquelle coule la rivière de Min-ho, n'est pas fort grande, mais elle passe pour être une des plus belles de l'empire. *Tchang-tcheou* est voisine du port d'*Emouy* ou d'*Hia-men*, grand entrepôt de commerce fréquenté par les Espagnols de Manille ([2]). »

Ce port est situé dans une île du même nom, qui n'a que 5 à 6 lieues de tour, et qui est célèbre chez les Chinois par son temple consacré à Fo, et dont l'étendue et la magnificence surpassent, dit-on, tout ce que l'on connaît de plus remarquable en ce genre.

Chao-wou-fou est renommée pour ses fabri-

([1]) Duhalde, Martini, etc., passim. — ([2]) Renouard de Sainte-Croix : Voyage aux Indes-Orientales. III, 205 sqq.

ques de toiles; *Teng-tcheou* est environnée de hautes montagnes renfermant des mines d'argent qui ne sont pas exploitées.

« Vis-à-vis la côte de Fou-kian s'étend une grande et belle île; les Chinois la nomment *Thaï-ouan*, et les Européens, d'après les Portugais, *Formose*. Elle dépend du gouvernement ou de la vice-royauté de Fou-kian.

» Ce n'est que sous le règne de l'empereur Khang-hi que les Chinois ont commencé à y pénétrer; elle leur appartient maintenant, depuis qu'ils en ont chassé les Hollandais en 1661; ceux-ci s'en étaient emparés sur les Portugais. Elle est partagée par une chaîne de montagnes en deux parties; l'une, l'orientale, est habitée par les Chinois depuis l'expulsion des Hollandais; l'autre partie est restée aux naturels du pays.

» La côte de l'île Formose que possèdent les Chinois mérite certainement le nom qu'on lui a donné; c'est un fort beau pays: l'air y est pur et toujours serein; le terroir est fertile en toutes sortes de grains, en riz, en cannes à sucre; couvert de forêts magnifiques, et arrosé d'une infinité de ruisseaux qui descendent de montagnes escarpées et bien boisées: les bœufs servent de monture ordinaire, faute de chevaux et d'ânes. A l'exception des cerfs et des singes, qu'on y voit par troupeaux, les bêtes fauves n'y sont pas très nombreuses. Les poissons fournissent une nourriture variée et abondante. Les faisans, les coqs de bruyère, les pigeons fourmillent dans les bois. Si les tremblements de terre étaient moins fréquents et moins destructeurs, si les eaux des rivières étaient aussi bonnes à boire qu'elles sont propres à fertiliser les terres, il n'y aurait plus rien à désirer dans cette île, qui d'ailleurs produit tout ce qui est nécessaire et agréable à la vie (¹).

» Cette île a un gouverneur chinois avec 10,000 hommes de garnison; mais l'autorité des Chinois ne s'étend que sur la côte occidentale. *Thaï-ouan* est fort peuplée et fort riche. Les rues de cette ville, tirées au cordeau, couvertes pendant sept à huit mois de l'année pour se défendre de l'ardeur du soleil, bordées de magasins et de superbes boutiques où les soieries, la porcelaine, les vernis et d'autres marchandises sont rangés avec un art admirable, paraissent autant de galeries charmantes, où il y aurait du plaisir à se promener si la foule des passants était moins grande, et si elles étaient mieux pavées. Cette ville est défendue par une bonne forteresse, à laquelle les Hollandais, qui l'ont bâtie, avaient donné le nom de fort de *Zelandia*. Le port, vaste et profond, n'est accessible qu'à travers d'étroits passages où il n'y a que de 8 à 12 pieds d'eau (¹).

» La peuplade sauvage qui occupe la partie orientale et montagneuse de Formose ne reconnaît aucun gouvernement régulier. Semblables, pour le teint et la physionomie, aux Malais et aux insulaires du grand Océan, les habitants parlent une langue qui diffère de toutes celles que nous connaissons (²); il paraît même qu'il y a plusieurs tribus indigènes, et qu'à côté d'une race d'hommes olivâtres il s'y trouve des nègres d'une taille gigantesque; c'est ce que Valentyn donne à entendre. Les cabanes des Formosans sont de bambou; ils ont divers meubles et ustensiles en cuir de cerf. Selon d'autres voyageurs, ils n'auraient dans leurs huttes ni chaises, ni bancs, ni tables, ni lits, ni aucun meuble; au milieu, une espèce de fourneau élevé de terre de deux pieds servirait à faire la cuisine; ils se nourriraient de menus grains et de gibier qu'ils prennent à la course, car ils sont d'une agilité et d'une vitesse surprenantes. Pour lit, ils se contentent de feuilles fraîches d'un certain arbre fort commun dans l'île. Ils n'ont pour tout habit qu'une simple toile dont ils se couvrent depuis la ceinture jusqu'aux genoux. Leur peau est chargée d'un tatouage qui représente plusieurs figures grotesques d'arbres, d'animaux, de fleurs; ils s'imposent les douleurs les plus fortes, afin de pouvoir porter ces marques d'une barbare magnificence: c'est un privilége qui ne s'accorde qu'à ceux qui, au jugement des plus notables de la bourgade, ont surpassé les autres à la course ou à la chasse. Néanmoins ils ont tous la permission de se noircir les dents et de porter des bracelets, des colliers et des pendants d'oreilles. Dans la partie du nord, comme le climat y

---

(¹) *Valentyn*, Oud and niew Ostindien, t. VI. Description de Formose, p. 37, 40, etc. *Rechteren*, dans les *Voyages de la Compagnie hollandaise*, V, 160 sqq. Le P. *Mailla*, Lettres édifiant., XIV, 28, 30.

( ) *Pierre Nuyts*, Mémoires sur Formose, dans *Valentyn*, l. c., p. 63. Lettres édifiantes, l. c. — (²) Mém. sur Formose, dans les *Annales des Voyages*, VIII, p. 367.

est un peu moins chaud, ils se couvrent de la peau des cerfs qu'ils ont tués à la chasse; ils s'en font une espèce d'habit sans manche, et leur bonnet en forme de cylindre se compose de feuilles de bananier. Ils adorent, mais sans beaucoup de cérémonies, plusieurs divinités, dont les prêtresses, à ce qu'on assure, défendent aux femmes d'avoir des enfants avant l'âge de 36 ans, et maintiennent cette loi barbare par des pratiques abominables. Quoiqu'on connaisse peu leurs superstitions, le *pont des âmes* et l'abîme d'ordures dans lequel doivent tomber les mânes des impies indiquent des liaisons avec l'Asie centrale (¹). Quelques Formosans conservaient, il y a un siècle, des traces de la religion chrétienne et de la langue des Hollandais qui la leur avaient enseignée (²). Ils enterraient les morts d'une manière rapprochée de celle des insulaires de l'Océanie; les cadavres étaient séchés et restaient long-temps exposés sous des hangars. »

Il n'est pas exact de répéter, d'après quelques missionnaires, que l'île de Formose n'était pas connue des Chinois avant 1430. Les auteurs chinois nous apprennent, au contraire, que sous les *Han*, c'est-à-dire un peu avant l'ère chrétienne, elle était comprise dans le *Man-ty* ou *pays des barbares méridionaux*; mais les historiens en font rarement mention, parce que ses habitants, réputés barbares, n'envoyaient ni ambassades ni tributs aux empereurs. Les Japonais l'occupèrent en 1621 et permirent aux Hollandais d'établir un comptoir sur une des îles situées près de la côte occidentale. Les Portugais la connaissaient déjà. Mais vers le milieu du dix-septième siècle les Japonais ayant renoncé à sa possession, les Hollandais s'en emparèrent et élevèrent plusieurs petits forts autour de leur comptoir. Ils en furent cependant chassés en 1661 par un pirate chinois nommé *Tching-tching-koung*, et connu des Européens sous le nom de *Koxinga*; ils n'y rentrèrent en 1683 qu'à l'aide des troupes de l'empereur de la Chine, qui la déclara partie intégrante de ses États. Cette île est longue de 90 lieues et large de 35; une chaîne de montagnes, qui la traverse du nord au sud dans toute sa longueur, la divise en deux parties à peu près égales : l'orientale,

(¹) *Candidius* : Relation sur Formose, dans les *Voyages de la Compagnie*, V, 162. — (²) Lettres édifiantes, XIV, 51, 52.

habitée par des peuples sauvages et indépendants, est peu connue; l'occidentale est occupée par les Chinois. Parmi ses montagnes, que l'on sait être riches en métaux précieux, on signale quatre volcans. On y compte un grand nombre de cours d'eau, dont 6 ou 7 méritent le titre de rivières; parmi ses lacs il y en a deux qui ont plus d'une lieue de circonférence (¹).

Les *îles des Pêcheurs*, en portugais *Pescadores*, et en chinois *Pheng-hou*, voisines de Formose, en sont une dépendance. La plus considérable, qui donne son nom aux autres, n'a que 3 lieues de circonférence; mais elle offre un port vaste et commode. Au sud-ouest et au sud de Formose se trouve la petite *Lieou-khieou*, qui est déserte, et l'île *Lang-khiao*, habitée par des Formosans.

Les Chinois entretiennent à Formose un corps de 16,000 hommes d'infanterie; les produits qu'ils en retirent sont peu considérables : ils se composent d'environ 80,000 hectolitres de blé, et de 7 à 8,000 onces d'argent.

« La plus considérable des provinces méridionales de la Chine est celle de *Kouang-toung*, au sud-ouest du Fou-kian; la province de *Kouang-si* et le royaume de Tong-king la bornent à l'ouest. Elle est baignée au sud par la mer de Chine ou du Sud que les Chinois nomment *Nang-haï*. Cette province, longue d'environ 240 lieues et d'une largeur moyenne de 50, est très fertile en grains et en fruits de toute espèce; on y trouve des mines d'or, des pierres précieuses, des perles, de l'étain, de l'ivoire et des bois odoriférants dont on fait toutes sortes d'ouvrages. Une production rare et particulière à cette province est l'arbre que les Portugais ont appelé *bois de fer* : en effet il ressemble au fer par sa couleur, par sa dureté et sa pesanteur, qui ne lui permet pas de flotter sur l'eau. *Kouang-tcheou*, que nous appelons *Canton*, capitale de la province, est une des plus peuplées et des plus opulentes villes de la Chine : son port est, dans tout l'empire, le seul qui soit fréquenté par les Européens. La campagne voisine est entrecoupée de collines arides, de vallées verdoyantes, de petites villes, de villages, de hautes tours, de temples et d'habitations de mandarins; elle est délicieusement arrosée de lacs, de ca-

(¹) *Klaproth* : Description de l'île Formose, extraite de livres chinois.

naux et de petites branches de la rivière *Ta* ou *Ta-kiang*, couverte de bateaux et de jonques. »

Canton, situé entre la rive septentrionale du *Tchu-kiang*, que les Européens nomment *Tigre*, et la rive orientale du *Pé-kiang* ou *Tckhing-kiang*, se compose de deux villes également grandes et populeuses : l'une, située à quelque distance du fleuve, est, comme toutes les cités chinoises, entourée de murs peu élevés, mais épais de 6 à 8 mètres, dans lesquels on n'a pratiqué qu'un très petit nombre de portes voûtées dont l'entrée est sévèrement défendue aux étrangers. Ses rues sont étroites, tortueuses, mais propres, ses maisons basses et construites en briques. C'est l'ancien Canton, c'est la ville chinoise. Le nouveau Canton, contigu au premier, n'est pas mieux bâti, bien que par suite d'un incendie qui consuma en 1823 environ 10,000 maisons et tous les comptoirs des étrangers, il ait été reconstruit en 1824. Cette nouvelle ville occupe, dans une plaine, le même emplacement qu'autrefois. Elle n'est pas fermée ; aussi les Chinois la considèrent-ils comme un faubourg de l'ancienne ville, dont elle n'est qu'une copie. Les factoreries, rebâties sur des plans plus vastes, forment sur les bords du Tchu-kiang un beau quartier, bordé de quais larges et bien construits.

« Si, laissant les factoreries sur la droite et » le fleuve derrière soi, dit un voyageur fran-» çais, on entre dans la ville, on trouve par-» tout l'image de l'activité et de l'industrie ; » les rues, il est vrai, sont étroites, tortueu-» ses, mais longues, très unies et d'une ad-» mirable propreté ; les maisons, construites » la plupart en bois avec une galerie couverte » au premier étage, ont un air d'aisance agréa-» ble à la vue : la forme particulière du toit, » qui fait saillie sur le devant, les ornements » bizarres dont il est garni, les couleurs bril-» lantes qui couvrent la façade, forment un » spectacle difficile à rendre. Chaque corps de » métier occupant un quartier particulier, les » boutiques de chaque rue ont une apparence » uniforme, mais qui devient de plus en plus » brillante, à mesure qu'elles sont plus voi-» sines des factoreries.

» Dans cette partie de la ville, les magasins » ont pris pour ainsi dire une apparence euro-» péenne, et les deux rues principales, qui » ont reçu les noms anglais de *New-China-*» *Street* et de *China-Street*, ne dépareraient » pas, sous le rapport de la symétrie, de l'é-» légance des boutiques et de la manière dont » les marchandises sont disposées pour tenter » les chalands, les plus beaux quartiers mar-» chands de Londres ou de Paris. Ces espèces » de passages, pavés avec des dalles toujours » très propres, et qu'une tente défend contre » les rayons du soleil, sont bordés de petites » maisons contiguës, bien peintes, et portant » écrit en lettres d'or le nom du marchand : » c'est là que sont exposés les objets qui trou-» vent en Europe tant d'acheteurs ; que bril-» lent tous ces meubles en laque aux formes » singulières, aux dessins plus bizarres en-» core dont notre industrie, dépourvue des » matériaux que la Chine et le Japon seuls pro-» duisent, n'a pu encore égaler la perfection.

» Dans cette ville immense tout semble avoir » été sacrifié au commerce : les rues sont bor-» dées de deux longues files de magasins tou-» jours très propres, et disposés à peu près » comme ceux de nos petites villes de France. » Un vaste comptoir bien simple en occupe le » fond, où sont rangées les marchandises sur » des planches et dans des cases ; derrière la » boutique est une petite chambre où les hom-» mes prennent leurs repas. J'ai déjà dit que » les femmes, toujours enfermées, logeaient » ailleurs, loin des yeux de leurs parents. Au-» dessus de la boutique se trouve l'apparte-» ment rempli de marchandises, où restent les » commis, que la prudence commande d'y » laisser la nuit, car le maître retourne cha-» que soir à sa maison particulière, qu'habi-» tent ses femmes et ses enfants.

« Les demeures des premiers mandarins et » des hanistes sont de grandes maisons en » pierre ou en bois, sans ornements, à un » seul étage, qu'environnent de vastes cours » ceintes de hauts murs ; les portes, massives » et grossières, ont plutôt l'air de fermer des » prisons que des palais (¹). »

« Quant à la population de Canton, le L. Pecomte l'estimait à 1,500,000 âmes ; le P. Duhalde la réduit à 1,000,000. Sonnerat accuse ces deux auteurs d'une exagération ridicule :

(¹) M. *La Place*: Voyage autour du Monde par les mers de l'Inde et de la Chine, exécuté sur la corvette de l'État *la Favorite*, pendant les années 1830, 1831 et 1832. Tom. II, p. 131 et suivantes.

CANTON.
CANTON.

il assure qu'il a vérifié, avec plusieurs Chinois, la population de cette ville, et qu'elle ne monte qu'à 75,000 ; mais il ne nous communique pas son calcul, et montre d'ailleurs trop de prévention contre les Chinois pour être cru sur parole (¹). Les compagnons de Cook (²) apprirent des facteurs anglais établis à Canton plusieurs détails qui semblent indiquer dans la ville et les faubourgs une population de 150,000. Dans les *sampanes* ou bateaux, qui sont au nombre de 40,000, il peut vivre 100,000 âmes tout au plus, quoique les Anglais en aient supposé beaucoup plus. A ces données contradictoires nous pouvons en opposer une plus récente et qui présente beaucoup de probabilité. Suivant M. Adolphe Barrot les deux villes de Canton réunies auraient 1 million d'habitants. Cette évaluation, dit-il, est fondée sur la consommation du riz qui est de 1,250,000 livres par jour, c'est-à-dire d'une livre un quart par personne.

« Nous parlerons plus loin du commerce de Canton. Ici nous devons continuer notre marche topographique. »

Chao-tcheou dans la partie septentrionale de la province, est une ville renfermant 10,000 familles, près de laquelle se trouve un couvent qui attire chaque année un grand nombre de pèlerins. *Nan-hioung-fou* est célèbre par ses temples, dont un est dédié à Confucius ; *Tchao-khing-fou,* fortifiée et bien bâtie, est la résidence du gouverneur des deux provinces de Kouang-toung et de Kouang-si. Mais jetons un coup d'œil sur le golfe de Canton.

« *Macao*, établissement portugais, sur une petite langue de terre qui tient à une île, ne conserve que le souvenir de son ancienne importance. Trois ou quatre cents soldats nègres formaient toute la garnison lors du voyage de Macartney. Ce petit coin de terre fut concédé aux Portugais dans le temps de leur puissance et de leurs grandes entreprises, c'est-à-dire vers l'an 1580, pour avoir délivré la Chine d'un chef de pirates qui avait mis le siége devant Canton ; ils y firent long-temps un commerce considérable, non seulement avec la Chine, qu'ils fréquentaient presque seuls, mais encore avec d'autres contrées de l'Asie orientale, et particulièrement avec le Japon et le Tong-khing. »

Aujourd'hui Macao, tombée avec la puissance de ses fondateurs, n'est plus une cité portugaise ; le pavillon du Portugal flotte encore sur ses murailles, mais toute l'autorité est entre les mains d'un mandarin, dont un ordre suffit pour suspendre tout commerce, ou pour empêcher les provisions de vivres d'entrer dans les forts, dont la garnison, composée de soldats indiens aussi lâches que mal armés, est méprisée même des Chinois. Le revenu des douanes et celui des impôts est perçu par les fonctionnaires chinois ; enfin la population de cette ville, qui était encore dans le siècle dernier de plus de 30,000 âmes, n'est plus que d'environ 10 à 15,000 individus, composés de Chinois, de Malais et de prétendus Portugais, car on ne peut donner ce nom à une race abâtardie, mélangée de sang nègre et portugais, ayant tous les vices et la nonchalance des nations dont elle descend sans en avoir les vertus. « Canton, dit le navigateur que nous avons précédemment cité, est regardé par les Chinois comme le refuge de tous les mauvais sujets des pays voisins, et Macao comme la sentine de Canton. »

Macao présente du côté de sa rade un grand nombre de belles maisons qui s'élèvent en amphithéâtre jusqu'au sommet qui domine sa forteresse. Son aspect est beau et imposant. On a devant soi, au fond d'une baie de sable, la muraille qui séparait autrefois le territoire chinois du territoire portugais, muraille que les Chinois ont franchie, mais que des étrangers ne dépasseraient pas impunément. Sur la gauche s'élève, à l'extrémité d'une pointe de rochers assez élevés, une batterie plus blanche que solide, qui ne sert plus qu'à rendre des saluts aux navires ; un peu au-dessus on reconnaît à ses hautes murailles ombragées de grands arbres le couvent de la Guia, résidence de l'évêque ; deux autres monastères, presque abandonnés, s'élèvent du même côté ; la demeure du gouverneur et les élégantes habitations des Européens, parmi lesquels dominent les Anglais, bordent les quais. Macao est redevable aux Chinois de ses beaux marchés couverts, si propres si bien aérés, dont l'emplacement a été conquis sur la montagne à force de travaux. Toutes

---

(¹) *Sonnerat*, Voyage aux Indes, t. II, p. 24. —
(²) Troisième voyage de *Cook*, traduction française, t. IV, p. 503.

les rues sont étroites, tortueuses, plus ou moins en pente, mais propres et bordées de petites maisons à un seu. étage, en pierre et blanchies à la chaux [1].

Au centre de la ville européenne est situé le *Bazar* ou la ville chinoise, réunion de petites rues à peine larges de deux mètres et bordées de chaque côté de magasins et de boutiques. Ce quartier est entièrement peuplé de Chinois.

« Un groupe de rochers, près d'une des plus hautes éminences de la ville, forme un antre appelé *grotte du Camoëns*: la tradition dit que c'est là que le poëte de ce nom a composé son fameux poëme de la Lusiade. Un habitant de Macao a su encadrer dans son jardin cet endroit pittoresque, asile sacré du malheur et du génie. »

Cette grotte se compose de deux énormes blocs de rochers laissant entre eux un vide haut de 6 pieds et large de 3, et d'un troisième qui forme le toit et supporte un kiosque. Aujourd'hui, dit un Français qui visitait Macao dans ces dernières années [2], la barbare admiration de ses compatriotes a défiguré cet asile du génie : le banc naturel de la grotte a été taillé au ciseau; on a été jusqu'à blanchir à la chaux les parois du rocher. Au-dessus du banc on a aplani la surface du roc, et on y a gravé quelques vers français en l'honneur de Camoëns [3].

[1] M. *La Place*: Voyage autour du Monde.
[2] M. *Adolphe Barrot*: Voyez la relation de son voyage dans la *Revue des Deux-Mondes* : novembre 1839. — [3] Les vers qu'on lit dans la Caverne de Camoëns sont de M. de Rienzi, qui a consacré plusieurs années à parcourir l'Inde, les côtes de la Chine et l'Océanie. Nous tenons de ce voyageur qu'il fit sculpter à Macao un buste de Camoëns ; qu'il le plaça dans la grotte, et qu'il fit graver autour de l'image du poëte une inscription en chinois et une autre qu'il composa en vers français ; mais qu'un Anglais, locataire du jardin, jaloux de ce que l'honneur rendu à la mémoire d'un grand homme rejaillissait sur la nation française, fit enlever l'inscription qui décorait le buste monumental. Voici la traduction de l'inscription chinoise :

« AU LETTRÉ PAR EXCELLENCE.

» Les qualités de l'esprit et du cœur l'élevèrent au-dessus de la plupart des hommes : de sages lettrés l'ont loué et vénéré, mais l'envie le réduisit à la misère. Ses vers sublimes sont répandus dans le monde entier. Ce monument a été construit pour transmettre sa mémoire à la postérité. »

L'inscription en vers de M. de Rienzi est trop longue pour que nous la donnions ici ; mais nous re-

« Les *îles des Larrons*, voisines de Macao, sont toujours remplies de pirates qui fréquemment enlèvent les petits bâtiments chinois employés au cabotage entre Macao et Canton. Une petite puissance européenne exterminerait facilement ces pirates, mais le gouvernement de la Chine fait de vaines tentatives pour s'en délivrer. Ces pirates sont liés avec les rebelles et les mécontents de l'intérieur.

» A douze lieues de Macao, s'élève l'île *Lintin*, qui sert de mouillage aux navires qui arrivent en Chine pendant la mousson de nord-est. Cette île est un cône aride d'environ 200 mètres de hauteur; un village chinois est adossé à un des flancs de la montagne.

» La pointe méridionale de la province de Kouang-toung et de la Chine continentale s'allonge en forme d'une étroite péninsule vers l'île d'*Haï-nan*, qui appartient à ce gouvernement lorsqu'elle n'est pas en état de rébellion.

» Cette île a plus de 1,800 lieues carrées de surface. La partie du nord est un pays plat et uni ; au midi s'élèvent de hautes montagnes. L'air y est malsain et l'eau pernicieuse, si l'on n'a la précaution de la faire bouillir. Cependant de nombreuses rivières et des pluies fréquentes dans certaines saisons rendent les campagnes assez fertiles en sucre, indigo, coton, mais surtout en riz ; les habitants en recueillent souvent deux moissons par an. La capitale, *Khioung-tcheou*, est bâtie sur un promontoire, et les vaisseaux viennent mouiller jusque sous ses murs. »

Cette ville, située sur la côte septentrionale, passe pour avoir plus de 100,000 habitants; elle est ceinte d'une muraille de 40 pieds de hauteur ; ses rues sont larges et pavées en dalles ; elle renferme une bibliothèque et deux colléges. L'île d'Haï-nan forme un département de la province de Kouang-toung ; elle est longue de 50 lieues et large de 30 ; l'espace qui la sépare de la péninsule de *Loui-tcheou* n'a que 4 lieues de largeur. Ses côtes orientales sont bordées de petites îles appelées *îles Taya* et *îles Tinosa*.

produirons celle en style lapidaire qui termine le tout.

Au grand Louis de Camoëns,
portugais, d'origine castillane,
L'humble Louis de Rienzi,
Français, d'origine romaine.

25 août 1848.

« Les indigènes d'Haï-nan, en général très laids, d'une taille fort petite et d'un teint cuivré, portent leurs cheveux passés dans un anneau sur le front. Ils vont presque nus; les femmes croient s'embellir par des raies bleues qu'elles se font avec de l'indigo, depuis les yeux jusqu'au bas du visage; les uns et les autres portent des boucles d'oreilles d'or et d'argent. Leurs armes sont l'arc et la flèche; mais ils se servent avec plus d'adresse d'une espèce de coutelas. C'est le seul instrument qu'ils emploient à faire leurs ouvrages de charpente et à couper les bois et les broussailles lorsqu'ils traversent les forêts.

» Outre les mines d'or qui sont au centre de l'île, il y a plusieurs dépôts d'argiles colorées dans la partie du nord; on les porte à Canton pour peindre la porcelaine. Les meilleurs bois, soit d'odeur, soit pour la sculpture, se tirent des montagnes. Le plus précieux de ces bois, après le bois d'aigle, est celui que les Européens nomment *bois de rose* ou *de violette*. Il y a aussi un bois jaune qui est d'une beauté remarquable et qui passe pour incorruptible. On le façonne en petites colonnes qui se vendent à un très haut prix. On pêche des perles sur les côtes. Les Chinois savent forcer, dit-on, le mollusque à coquille bivalve qui les fournit, à produire ce suc calcarifère, qui, durci, devient une matière si précieuse. Lorsque l'animal, paraissant à la surface des eaux, ouvre sa coquille, ils y font entrer une ficelle à laquelle sont attachées des boules de nacre [1]: selon d'autres, ils y enfoncent un bout de fil d'archal; l'animal blessé recouvre ces substances étrangères d'un suc qui devient de la nacre, ou même des perles [2]. Les anciens connaissaient des pratiques semblables [3], et Linnæus, à la suite de plusieurs expériences, annonça qu'il avait trouvé le secret de forcer les moules à produire des perles [4].

» La province de Canton ou de Kouang-toung est séparée de celle de *Kiang-si* par la grande montagne nommée *Mi-lin*, sur laquelle on a pratiqué un chemin d'un peu plus d'une lieue, bordé de précipices affreux. Un temple y est consacré à la mémoire du mandarin qui a fait exécuter ce travail. C'est un passage aussi fréquenté que les rues d'une grande ville. Après avoir franchi ces montagnes, on découvre de belles vallées et des campagnes très bien cultivées. »

La province de Kiang-si a 150 lieues de longueur et 80 de largeur. Elle est traversée dans presque toute sa longueur par le Kan-Kiang, rivière dont le cours est d'environ 130 lieues. Le sol des vallées y est d'une grande fertilité; partout il est arrosé avec art. Cependant la province de Kiang-si, toute fertile qu'elle est, ne donne pas beaucoup plus de riz qu'il n'en faut pour la nourriture de ses habitants très nombreux; aussi passent-ils pour être très économes, et leur sordide avarice leur attire les railleries des Chinois des autres provinces. Les lacs et les rivières sont remplis de saumons, de truites et d'esturgeons. Les montagnes sont toutes couvertes de bois, ou célèbres par leurs simples et leurs herbes médicinales, leurs mines d'or, d'argent, de plomb, de fer et d'étain. On y fabrique de très belles étoffes, et le vin de riz qu'on y fait passe pour délicieux au goût des Chinois: elle est surtout renommée par cette belle porcelaine qui se fait à *King-te-tching*, où l'on compte plus de 500 fourneaux. Cette ville ne passe que pour un bourg, et cependant les missionnaires y placent un million d'habitants. Ils n'en comptent pas tout-à-fait autant à *Nan-tchang-fou*, capitale de la province; on ne lui accorde même que 3 à 400,000 âmes.

« La porcelaine est la marchandise sur laquelle roule tout le commerce de cette ville. C'est la seule véritable; car l'espèce de porcelaine qui se fait à Canton, dans la province de Fou-kian et en quelques autres endroits, n'est pas même tant estimée en Chine que l'est la faïence en Europe. »

Le Kiang-si renferme, parmi les chefs-lieux de ses départements, quelques villes qui méritent d'être citées: telles sont *Kouang-sin-fou*, où l'on fabrique les meilleures chandelles de l'empire; *Kieou-kiang-fou*, qui possède un port de commerce sur la rive droite du Yang-tseu-kiang; *Ki-an-fou*, où l'on voit quelques beaux édifices publics; enfin *Kan-tcheou*, ville bien bâtie, qui renferme deux temples assez beaux, et qui fait un grand com-

[1] Mémoires de l'Académie des sciences de Stockholm, XXXIV, p. 89, trad. all. — [2] *Fabricius*: Lettres écrites de Londres, p. 104. — [3] *Philostrat*. Vit. Apollon. III, 57, edit. Olear., p. 139. *Tzetzes*, varior., l. II, segm. 375. *Gesner*, Histoire naturelle, IV, p. 634. — [4] *Schletzer*, Correspondance, cah. XL, p. 251.

merce d'encre de la Chine et de vernis estimé.

« L'ancienne et vaste province de *Hou-kouang* se trouve au centre de l'empire; l'Yang-tseu kiang la traverse. La plus grande partie de la province est un pays plat, coupé de lacs et arrosé de rivières, où l'on pêche une infinité d'excellents poissons, et dont les bords sont couverts d'oiseaux sauvages. Les campagnes y nourrissent des bestiaux en grand nombre; la terre y produit toutes sortes de grains et de fruits, surtout des oranges et des citrons de toutes les espèces. Enfin on appelle communément cette province le grenier de l'empire. Il y a des mines de fer, d'étain et d'autres métaux ; on tire de l'or du sable des torrents qui descendent des montagnes. »

Aujourd'hui cette province en forme deux : celle de *Hou-nan*, qui comprend la partie méridionale, et celle de *Hou-pe* la partie septentrionale.

Le nom de *Hou-nan* signifie *au sud du lac*, parce qu'en effet cette province est située au sud du lac *Thoung-thing*, qui a 27 lieues de longueur sur 10 de largeur.

« La douceur du climat et la fertilité des terres font regarder cette province comme une contrée délicieuse, aussi les Chinois l'appellent-ils le jardin de l'empire. Ils prétendent que c'est dans cette province que *Fo-hi*, le premier fondateur de leur monarchie, avait établi sa cour. En effet, l'air y est tempéré et fort sain. Les productions de tous genres y viennent dans la plus grande abondance : froment, riz, pâturages, fruits délicieux de toutes espèces et nombreux bestiaux; voilà les seuls tableaux que présente ce riche pays, qui est presque tout campagne, excepté vers l'occident, où s'élèvent des montagnes couvertes de forêts. »

On peut juger de l'étendue qu'avait l'ancien Hou-kouang, puisque le Hou-nan, qui en comprend un peu plus de la moitié, a 125 lieues de longueur et 100 de largeur. Sa capitale est *Tchhang-cha-fou*, qui n'a d'ailleurs rien de remarquable. *Yo tcheou*, à laquelle on donne 200,000 âmes, fait un commerce de transit considérable. Aux environs d'*Heng-tcheou* il y a des mines d'argent dont l'exploitation n'est pas permise.

La province de *Hou-pe*, c'est-à-dire au *nord du lac*, passe pour avoir 125 lieues de longueur et 70 de largeur. « *Wou-tchhang-fou*, capitale de cette province, est presque au centre de toute la Chine. On peut comparer son enceinte à celle de Paris. Elle fait un débit prodigieux du papier de bambou qui s'y fabrique. *Hang-yang-fou* n'est séparée que par le Kiang de Wou-tchhang-fou; c'est encore une ville considérable et très commerçante. On regarde la ville forte de *King-tcheou* comme une des clefs de l'empire. Elle est située au nord-ouest, au pied des montagnes. »

La province de *Ho-nan*, située au nord de celle de Hou-pe, a 140 lieues de longueur et 130 de largeur. Sa superficie est d'environ 10,000 lieues carrées. Son climat tempéré, son sol fertile, ses immenses pâturages, ses nombreuses montagnes, couvertes d'épaisses forêts, la mettent au rang des plus riches de l'empire.

« *Khaï-foung-fou*, sa capitale, est une grande ville, riche et peuplée, située sur le fleuve Hoang-ho, mais dans un lieu fort bas, en sorte que les eaux du fleuve sont plus hautes que la ville. Cette situation, malgré les digues construites pour parer aux inondations, l'expose à de grands dangers. En 1642, l'empereur ayant ordonné de percer une digue pour faire périr un prince chinois rebelle qui s'y était retranché, il y eut 300,000 individus noyés dans cette occasion. Les Chinois croyaient bonnement autrefois que la ville de *Ho-nan-fou* était le centre de la terre, parce qu'elle était alors au milieu de leur empire.

» La ville de *Teng foung-hien* est célèbre par la tour qu'y éleva le fameux Tcheou-kong, et d'où il avait coutume d'observer les astres. On y voit encore un instrument dont on prétend qu'il se servait pour prendre l'ombre du midi, afin de connaître l'élévation du pôle (¹). Il vivait près de 1,000 ans avant Jésus-Christ, et les Chinois prétendent qu'il a été l'inventeur de la boussole. »

Tchin-tcheou est l'une des villes les plus florissantes de la province; *Weï-hoeï-fou* est le chef-lieu d'un département qui comprend 10 arrondissements.

« Nous allons examiner la partie nord-ouest

(¹) Mailla : Histoire de la Chine, I, 319. Comp. De Guignes fils, dans les *Annales des Voyages*, etc., VIII, 165.

de la Chine. La province de *Chan-si* est l'une des plus petites; elle est bornée à l'est par le Tchy-li; au nord la grande muraille la sépare de la Mongolie. Sa longueur est de 175 lieues et sa largeur de 70. Elle est divisée en neuf départements. L'histoire chinoise rapporte que c'est dans cette province que les premiers habitants de la Chine ont fixé leur séjour. Le climat en est sain et agréable: le pays, quoique montagneux, est néanmoins assez fertile en millet, en blé, et surtout en raisins, dont il ne tiendrait qu'aux Chinois de faire du vin s'ils voulaient; mais ils préfèrent les sécher.

« On y trouve encore du porphyre, du marbre et du jaspe de diverses couleurs, et une pierre bleue, peut-être le lapis-lazuli, dont on se sert pour colorer les porcelaines. On y voit de tous côtés des mines de fer très abondantes, des lacs salés dont on tire du sel et des eaux minérales.

» La capitale, *Thaï-youan-fou*, était autrefois une très belle ville remplie de palais qui étaient habités par les princes du sang de la famille impériale Thaï-ming-tchao; mais tous ces grands édifices ont dépéri sans qu'on ait pensé à les rebâtir. On y fabrique des tapis façon de Turquie. Il s'y fait aussi un grand commerce des ouvrages en fer qu'on y travaille. Cette ville, qui est ancienne et fort peuplée, a environ trois lieues de circuit. On voit sur les montagnes voisines de beaux sépulcres en marbre ou en pierre de taille, des arcs de triomphe, des statues de héros, de lions, de chevaux et d'autres animaux. Tout cela est environné d'une espèce de forêt d'anciens cyprès plantés en échiquier. »

Fen-tcheou est célèbre par ses eaux minérales et thermales, et florissante par son commerce et son industrie. *Taï-thoung-fou*, située dans une contrée montagneuse, près de la grande muraille, est exposée aux excursions des nomades mongols; aussi est-elle bien fortifiée et défendue par une nombreuse garnison. Ses rues sont étroites, mais les maisons sont assez bien bâties. On y voit plusieurs arcs de triomphe en bois et très anciens. Le commerce des fourrures qu'on y prépare est d'un grand produit.

Le *Chen-si* est séparé de la Mongolie par la grande muraille. Sa longueur est de 190 lieues, et sa moyenne largeur de 70. C'est une contrée montagneuse. Dans sa partie méridionale s'élèvent les monts Pé-ling qui se rattachent à l'ouest aux monts Bayan-Kara, et constituent la ligne de passage d'eau qui va diviser le bassin maritime de la mer Jaune en deux bassins de fleuves. Ces montagnes bordent la rive droite du Hoang-ho qui sépare cette province de celle de Chan-si. Elle se divise en sept départements.

« L'air y est tempéré. Les empereurs y ont fait leur résidence pendant plusieurs siècles. Les habitants de cette province sont plus robustes, plus braves, et même d'une plus belle taille que les autres Chinois; leur milice a toujours été redoutable. Cette province fournit quantité de plantes médicinales. Les montagnes nourrissent beaucoup de bétail, et surtout des mulets; le froment et le millet y croissent si promptement que pendant l'hiver les laboureurs font brouter l'herbe par les brebis, afin de le faire repousser au printemps avec une nouvelle force. Aux environs de Lin-tao-fou, sur la frontière des Sifans, on trouve des bœufs sauvages, et, à ce qu'on dit, une espèce de tigre ([1]).

» *Si-ngan-fou* ou *Si-an-fou*, capitale de cette province, est, après Péking, une des plus belles et des plus grandes villes qui soient en Chine. Ses murs ont quatre lieues de tour. Quelques unes des portes de cette ville sont magnifiques et d'une hauteur extraordinaire. On y voit encore un vieux palais où demeuraient les anciens rois de la province. Les principales forces de Mandchoux destinées à la défense du nord de la Chine sont en garnison dans cette ville. On trouva en 1685, près de cette ville, en creusant les fondements d'une maison, une table de marbre portant une inscription en caractères chinois, avec des mots syriaques, et une croix gravée au haut de cette table. Plusieurs savants se sont appliqués à chercher l'intelligence des mots et des figures gravés sur ce monument. L'écriture contient 62 signes en caractères chinois, distingués en 29 colonnes; elles renferment un discours sur les principaux articles de foi. Il est aussi fait mention de plusieurs points de la discipline ecclésiastique. On y lit les noms des empereurs ou rois qui favorisèrent la prédication du christianisme, introduit l'an 635 de Jésus-Christ par des missionnaires nesto-

([1]) *Duhalde*, I, p. 212.

riens venus de Perse et de Syrie (¹). Ces nestoriens possédaient encore plusieurs églises dans la Chine du temps de Marco-Polo, ou vers l'an 1300 (²). »

Si-an-fou possède aussi plusieurs monuments antiques, parmi lesquels nous en citerons un qui a été le sujet de diverses dissertations de la part des savants versés dans les langues et les antiquités de l'Asie orientale : c'est une copie de l'inscription de Yu, que l'on voit gravée sur une montagne, près de laquelle l'Hoang-ho a ses sources. Elle est destinée à transmettre à la postérité le souvenir des immenses travaux que le ministre Yu, sous le règne d'Yao, fit exécuter plus de vingt-deux siècles avant notre ère, pour ouvrir un libre cours au fleuve qui auparavant inondait la contrée.

A 50 lieues au sud-ouest de Si-an-fou, *Han-tchoung-fou*, dans un pays montagneux, fait un grand commerce de miel, de cire, de musc et de cinabre. C'est à cette ville que se termine une magnifique route qui part de la capitale, et qui fut faite par une armée de 100,000 hommes; elle a nécessité l'aplanissement de plusieurs montagnes et la construction d'un grand nombre de ponts jetés au-dessus de précipices.

La partie occidentale de la province de Chen-si a servi à former celle de *Kan-sou*, dont dépend administrativement une partie du Turkestan chinois. Cette province est bornée au nord par la grande muraille qui la sépare du désert de Kobi. Comme on ne connaît pas exactement ses limites dans le Turkestan chinois, ses dimensions en longueur ne sont pas faciles à évaluer ; cependant on lui donne 400 lieues de l'est à l'ouest et au moins 50 à 150 du nord au sud. On la dit riche en mines d'or, de plomb et de mercure, en houillères, en sources de pétrole et en marais salants. Les lavages d'or y sont, dit-on, très productifs.

Cette province se divise en 9 départements. Sa capitale, *Lan-tcheou*, chef-lieu de département, est située sur la rive droite du Hoang-ho. Il s'y fait un commerce important avec les Mongols, à cause de sa proximité de la grande muraille et de son voisinage des principales portes de l'ouest. *Koung-tchang* est une autre ville commerçante au milieu d'une belle et riche vallée. Dans l'une des montagnes élevées qui l'environnent on voit un tombeau que les Chinois prétendent être celui de Fô. *Khing-yang*, au confluent du Ma-lien et d'une autre rivière, est une place de guerre dont les fortifications nombreuses et bien entretenues s'opposent aux incursions des Tatars. Elle fait aussi un bon commerce. On tire beaucoup de sel de deux marais qui l'avoisinent. *Kan-tcheou*, près de la grande muraille, correspond à la ville que Marco-Polo désigne sous le nom de *Kan-pian* ou *Kam-piou*, c'est-à-dire *frontière de Kan*, et dans laquelle il affirme qu'il existait de son temps des chrétiens qui y possédaient de belles églises. Ce chef-lieu de département possède des fabriques de grosses étoffes de laine feutrées dont on fait des manteaux pour les temps pluvieux. *Ning-hia*, près de la rive gauche du Hoang-ho, est une des villes les plus importantes de celles que l'on remarque près de la grande muraille. Elle a deux lieues de circonférence, et deux faubourgs qui ont chacun une enceinte murée. Sa garnison est composée de Mandchoux. La ville mongole de *Barkul* ou *Barkoul*, que les Chinois nomment *Tchin-si*, a une garnison de 1,000 Mandchoux qui y habitent avec leurs familles, et qui sont commandés par un général. La population en est considérable. Suivant M. Timkovski, le climat en est très froid ; il y neige quelquefois au mois de juin avec tant d'abondance qu'on est obligé de se vêtir de pelisses. *Ty-houa-cheou*, que les Mongols nomment *Ouroumtsi*, est bâti au pied du Mont-Rouge. Ses rues sont larges et très fréquentées. On y trouve des cabarets, des maisons où l'on boit du thé, des comédiens, des chanteurs ambulants, et une foule d'ouvriers et d'artisans de différents genres. Il y a un gymnase, deux temples, une école pour la ville et une pour le district. Ce fut l'empereur Khian-loung qui, en 1775, donna à Ouroumtsi le nom de *Ty-houa*, et qui l'éleva au rang de ville immédiate de second ordre (*tcheou*). Un général en chef et deux autres généraux résident dans cette place, dont la garnison est de 3,000 hommes. A une petite lieue de cette ville on eu a construit une nouvelle appelée *Koung-kou*, qui est bâtie sur huit collines, et qui a plus

---

(¹) *Alvarez de Semedo* : Historia de la China. Lecomte, Mémoires, I, 143. Duhalde, etc. — (²) *Marco-Polo*, de Reb. orient. II, 61, 64 - I, 62.

d'une lieue de circonférence. Sa garnison se compose de 3,000 Mandchoux avec 78 officiers, et de 2,000 Chinois avec plus de 100 officiers. Ces troupes y ont leurs familles.

Près de Ty-houa-tcheou, on voit un espace de plus de 10 lieues de circonférence qui est couvert de cendres volantes. Si l'on y jette la moindre chose, dit M. Timkovski, la flamme éclate et consume tout en un clin d'œil. Quand on y lance une pierre on en voit sortir une fumée noire. En hiver la neige ne s'y maintient pas. On appelle ce lieu la *Plaine enflammée*. Les oiseaux n'osent pas voler au-dessus.

« En nous dirigeant au sud-ouest, nous entrons dans le *Szu-tchouan* ou *Szou-tchouan*, appelé aussi *Sse-tchouan*. Cette province ne le cède guère à la plupart des autres de l'empire ni par sa grandeur ni par la richesse de ses productions; elle avait été désolée autrefois par les guerres des Tatars, mais elle s'est bien remise depuis. Le grand fleuve Yang-tseu-kiang la traverse, et répand partout la fertilité. Les habitants récoltent de la soie, du vin, du blé et des fruits en abondance; on y trouve des mines de fer, d'étain, de plomb et de mercure. Elle renommée par son ambre, ses cannes à sucre, ses excellentes pierres d'aimant, et ses pierres d'azur ou lapis-lazuli, qui sont d'un très beau bleu. On recherche ses chevaux, parce qu'ils sont, quoique petits, fort jolis et très vifs. »

Suivant le P. Louis Lamiot, missionnaire lazariste, elle a 300 lieues de l'est à l'ouest, et 321 du nord au sud; mais, d'après des calculs qui nous semblent plus exacts, elle a 255 lieues de longueur sur 130 dans sa largeur moyenne. Sa superficie est de 29,000 lieues carrées : ainsi elle est d'un dixième plus grande que la France. On y compte environ 60,000 chrétiens. Cette province, dit le P. Lamiot, a été long-temps le pays des troubles, des guerres et des massacres. On dit que les races indigènes y ont été totalement détruites. Elle est généralement couverte de montagnes, principalement dans sa partie occidentale, ou les cimes les plus élevées sont au-dessus de la limite des neiges perpétuelles. Les deux principales chaînes qu'elles forment portent les noms de *Siné-ling* (chaîne neigeuse), et d'*Yun-ling* (chaîne des nuages).

« *Tchin-tou-fou*, capitale de la province, était autrefois une des plus belles villes de l'empire; mais ayant été ruinée en 1646, aussi bien que toute la province, durant les guerres civiles, elle a beaucoup perdu de son ancienne splendeur; elle ne laisse pas néanmoins d'être très peuplée et très marchande. Sa position est charmante : elle est située dans une île que forment plusieurs rivières.

» *Loung-an-fou*, par sa position sur les frontières de la Tatarie, a toujours passé pour une des plus importantes villes de la province. Elle est défendue par plusieurs forts, plus nécessaires autrefois qu'aujourd'hui.

» Nous voilà arrivés dans une province que l'on avoue être très mal peuplée et mal cultivée; c'est celle de *Kouei-tcheou*. Elle est remplie de montagnes inaccessibles qui ont long-temps servi de repaires à des peuplades indépendantes, connues sous le nom de *Miao-tse*. Les empereurs ont tenté à différentes fois de peupler cette province; ils y ont envoyé des colonies entières; mais il paraît que ces moyens jusqu'ici ont été insuffisants. Les tributs de la province ne peuvent suffire à l'entretien et à la subsistance des nombreuses garnisons qui y sont établies : la cour est obligée d'y suppléer aux dépens du trésor impérial. Il y a dans les montagnes des mines d'or, d'argent, d'étain, de cuivre et de mercure. C'est en partie de cette province qu'on tire le cuivre dont on fait la petite monnaie qui a cours dans tout l'empire. Elle produit aussi les meilleurs chevaux de toute la Chine. La soie y manque, mais on y supplée par la fabrication d'étoffes d'une certaine herbe qui ressemble assez au chanvre, et qui est très propre à faire des habits d'été. »

Cette province passe pour avoir environ 130 lieues de longueur, 60 de largeur, et 10,000 lieues carrées de superficie. Parmi ses montagnes les plus élevées, nous citerons la chaîne du Miao-ling qui la traverse du nord-ouest au sud-est, le Tao-hing-teng-chan et le Nieou-thang-chan au nord-est, et le Le-yang-ling au centre. Le Kouei-tcheou se divise en quatorze départements.

« *Kouei-yang-fou*, sa capitale, est une des petites villes de la Chine, car elle a à peine une lieue de circuit. Ses maisons sont en partie de terre et en partie de briques. A *Sze-tchou-fou* ou *Szu-tcheou*, les habitants, quoique les moins grossiers de la province, vivent dans une profonde ignorance des sciences chinoises. Ils vont pieds nus, et marchent sur les rochers avec une vitesse surprenante. »

Les habitants de *Phing-youeï-fou* laissent tomber leurs édifices en ruines, dans la crainte d'exciter la cupidité des peuplades qui habitent les montagnes voisines. Il en est de même de ceux de *Tchin-youan-fou*, à 40 lieues de la capitale.

« Au sud de cette province sauvage s'étend le *Kouang-si*, pays qui ne compte pas parmi les mieux peuplés de la Chine. Cette province produit du riz en si grande abondance, qu'elle en fournit pendant six mois de l'année à la province de Canton. Cependant elle n'est bien cultivée que dans les plaines du midi, où l'air est plus doux ; vers le nord elle ne présente qu'un terroir inculte et des montagnes couvertes d'épaisses forêts.

» Il y a dans cette province des mines de toutes sortes de métaux, et surtout d'or et d'argent, mais dont la politique du gouvernement a toujours interdit l'ouverture aux particuliers. Il y croît aussi de la cannelle qui a une odeur plus forte et plus suave que celle de Ceylan. »

La province de Kouang-si a 180 lieues de longueur, et 90 de largeur moyenne. Elle est divisée en onze départements.

Les montagnes sont couvertes d'épaisses forêts, qui, dans la partie méridionale, servent de retraite à des éléphants, des rhinocéros et des tapirs.

Les *Miao-tse*, qui occupent, entre cette province et celle de Kouëi-tcheou, deux territoires séparés et considérables, sont des peuples guerriers que les Chinois n'ont jamais pu soumettre. Ils pillent et ravagent souvent les deux provinces dont ils sont limitrophes. La seule autorité qu'ils reconnaissent à l'empereur de la Chine, c'est l'approbation du choix qu'ils font de leurs chefs. Ces princes ont sur leurs sujets droit de vie et de mort.

Kouëi-lin-fou, capitale du Kouang-si, est située sur le Kouëi-kiang, au pied d'une montagne couverte de fleurs, que les Chinois nomment *kouëi*, et qui ont donné leur nom à la montagne, à la rivière, à la ville. Celle-ci est grande et ressemble par sa construction aux anciennes forteresses de l'Europe. *Ou-tcheou* fait un commerce considérable. *Thaï-phing-fou* est le chef-lieu d'un département qui renferme un grand nombre de forts.

« C'est dans ce pays qu'on trouve les meil-
» leures pierres que les lettrés emploient à
» faire leur encre. Marco-Polo y vit des poules
» ayant, au lieu de plumes, des poils comme
» les chats ([1]). » C'est le casoar (*casuarius galeatus*).

» Les peuples du *Kouang-si* passent pour barbares dans l'esprit des Chinois, parce qu'il y a dans leurs mœurs une certaine rudesse bien éloignée de la douceur et des manières cérémonieuses des Chinois.

» Dans le coin du sud-ouest se trouve l'*Yunnan*. Cette province, une des plus riches et des plus vastes de l'empire, avoisine l'empire Birman et les royaumes de Laos et de Tongking. Elle est toute coupée de rivières, et on y jouit d'un air fort tempéré. Les montagnes y ont des mines d'or, d'argent, de cuivre, d'étain, de pierres précieuses, et surtout de rubis ; on y voit de ce marbre peint naturellement de diverses couleurs, qui représente des montagnes, des fleurs et des arbres ou des ruines. On y trouve des chevaux, petits à la vérité, mais vigoureux, et des cerfs qui ne sont pas plus gros que nos chiens ordinaires ([2]). Les habitants, quoique forts et robustes, sont doux et affables, et ont beaucoup d'aptitude pour les sciences. La nation qui dominait autrefois dans cette province se nommait *Lo-lo* ; elle était gouvernée par divers souverains. Après de longues guerres entreprises pour la soumettre, les Chinois prirent le parti de conférer aux seigneurs *lo-los* tous les honneurs des mandarins de la Chine, avec le droit de succession pour leurs descendants, à condition qu'ils reconnaîtraient l'autorité du gouverneur chinois de la province, qu'ils recevraient de l'empereur l'investiture de leurs terres, et qu'ils ne feraient aucun acte sans son consentement. Les *Lo-los* ne le cèdent pas, du côté de la taille, aux Chinois, et sont plus endurcis à la fatigue ; ils ont un langage différent, et leur écriture, comme leur religion, ressemble à celle des bonzes du Birman ; aussi ces bonzes ont-ils bâti, au nord de l'Yun-nan, de vastes temples qui sont différents de ceux des Chinois. Les seigneurs lo-los s'attribuent une autorité absolue sur leurs sujets, qui leur sont très soumis. »

L'Yun-nan a 200 lieues de longueur de l'est

([1]) *Marco-Polo*, de reb. orient., II, 68. — ([2]) Peut-être *cervus axis*.

à l'ouest, et 150 du nord au sud. Cette province est traversée par la grande chaîne du Nan-ling, et plus à l'ouest par celle qui sépare le bassin du golfe du Bengale de celui de la mer de Chine. Elle se divise en 20 départements.

« Nous savons peu de choses sur les villes de l'Yun-nan. On assure que la capitale, *Yun-nan-fou*, bâtie sur les bords d'un lac profond et large, a été long-temps la résidence d'un prince chinois vassal. On y fabrique des satins et des tapis ; le commerce des métaux doit être considérable. *Tchhin-kiang-fou* est encore placé sur un lac, dans une situation pittoresque. *Wouting-fou* passe pour un boulevard des frontières de l'empire. »

Kouang-nan-fou est le chef-lieu d'un département dont les habitants, selon les Chinois, sont des barbares qui mangent des serpents, des rats et des insectes, et qui s'égorgent pour la moindre querelle. *Young-tchhang-fou* est dans un département très peuplé, riche en or et en ambre, et qui produit de très belle soie. L'Young-tchhang est peut-être le pays que Marco-Polo nomme *Unchians*.

LIVRE CENT QUARANTE-TROISIÈME.

Suite de la Description de l'Asie. — Empire chinois. — Tableau politique de la Chine.

« Il nous resterait à parcourir encore un vaste champ, si nous voulions entrer dans toutes les recherches qu'exigerait un tableau complet de l'État politique de la Chine ; mais ces détails, convenables dans un ouvrage particulier de géographie statistique, sortiraient du cadre étroit de ce *Précis universel*; d'ailleurs, cette matière a trop de fois exercé en vain la sagacité des Européens. Nous ne nous flattons pas de pouvoir éclaircir des questions qui embarrassent ceux même qui ont visité ce pays singulier, et nous nous bornerons, par tous ces motifs, à un aperçu sommaire.

» Les traits du visage et la charpente osseuse de la tête rapprochent les Chinois de la grande race jaune ou mongole. La tête presque quadrangulaire, le nez court sans être épaté, le teint jaune, la barbe peu fournie ; voilà ce qu'ils tiennent de leur race primitive. Mais la position oblique des yeux semble appartenir à la nation chinoise et à ses colonies, telles que les Japonais, les Coréens. Un séjour de plusieurs siècles, sous un climat plus doux, a donné à cette race sortie de l'Asie centrale un caractère particulier, et a embelli leurs traits en les affaiblissant. Il doit certainement y avoir une grande différence entre les Chinois du midi et ceux du nord, entre les habitants des montagnes, des plaines et des côtes. On sait que le teint des Chinois varie beaucoup ; mais nous manquons de renseignements pour tracer les nuances successives qui doivent séparer le grossier Kalmouk du rusé habitant de Canton.

» Une Chinoise ne se croit belle qu'autant qu'elle a les yeux bridés, les lèvres un peu gonflées, les cheveux lisses et d'un noir d'ébène, et les pieds d'une petitesse extrême : ce dernier trait achève l'idée de la beauté. Pour leur donner cette perfection, on a soin de leur emmailloter étroitement les pieds dans leur jeunesse ; aussi, dans un âge plus avancé, elles semblent chanceler plutôt que marcher [1]. Chez les hommes l'embonpoint, signe d'une vie oisive, est un titre à la considération. Les hommes maigres passent pour des gens de peu de talent [2]. Les gens comme il faut laissent croître les ongles des doigts. On teint en noir les cheveux et la barbe.

» En considérant les Chinois du côté moral, l'on s'aperçoit bientôt qu'ils possèdent les vertus et les vices ordinaires d'un peuple esclave, manufacturier et marchand. Le despotisme le plus absolu avait pris ou conservé à la Chine les formes extérieures du gouver-

[1] *Macartney*, II, 239, Atlas, pl. II. — [2] *De Guignes*, I, 397. II, 157-159.

nement patriarcal. Mais les despotes ayant négligé la discipline militaire, des révolutions fréquentes finirent par livrer le pays à des conquérants étrangers, aux Mandchoux. Dès cette époque, le fouet tatare a été joint à la verge paternelle qui jadis gouvernait la Chine. La seule institution qui tende à limiter le pouvoir est celle qui permet aux mandarins et aux tribunaux de faire quelquefois de très humbles remontrances à l'empereur sur les erreurs de son gouvernement; lorsque c'est un prince vertueux, cette liberté a souvent été suivie des effets les plus salutaires. L'empereur s'intitule *fils sacré du ciel, unique gouverneur de la terre, grand père de son peuple.* On porte des offrandes à son image, à son trône; sa personne est adorée: l'on se prosterne devant lui; s'il adresse la parole aux seigneurs de sa cour, ils doivent fléchir le genou en recevant ses ordres: tout ce qui l'entoure partage l'idolâtrie qu'on lui prodigue. Ses nombreuses concubines et les eunuques qui les gardent règnent souvent sous son nom. Quand ce demi-dieu sort, tous les Chinois ont soin de se renfermer dans les maisons; celui qui se trouve sur son passage ne peut éviter une mort soudaine qu'en tournant le dos ou en se prosternant la face contre terre. On ferme soigneusement les boutiques devant lesquelles l'empereur doit passer, et ce prince ne marche jamais sans être précédé de deux mille licteurs qui portent des chaînes, des haches et divers autres intruments propres à caractériser le despotisme oriental.

» Neuf classes d'officiers, que les Européens nomment *mandarins*, remplissent les divers postes civils et militaires.

» Le pouvoir du mandarin est tout aussi illimité que celui du prince dont il tient son autorité. Un officier de cette espèce, passant dans une ville, fait arrêter qui bon lui semble pour le faire expirer sous les coups, sans que personne ose embrasser sa défense. Cent bourreaux sont les terribles avant-coureurs qui l'annoncent par une espèce de hurlement; si quelqu'un oublie de se ranger contre la muraille, il est assommé de coups de chaînes ou de bambous. Cependant le mandarin lui-même n'est pas à l'abri du bâton; l'empereur lui fait donner la bastonnade pour la plus légère prévarication (¹).

(¹) *De Guignes*, II, 445. Mém. des Miss., VIII, 41-348.

» Ces mandarins sont loin d'être ce que Voltaire a prétendu en faire; ce ne sont pas des philosophes occupés à contempler les beautés de la religion naturelle, qui, après s'être élevés au-dessus des passions humaines, veillent paternellement sur la vertu plus fragile de leurs frères; ce ne sont pas non plus des patriotes qui gardent avec intégrité et défendent avec énergie le dépôt sacré de la liberté et de la justice publique; ce sont tout simplement les satellites d'un despote absolu. Mal salariés, ils vivent du produit de leurs vexations. »

La justice est rendue gratuitement; les affaires s'instruisent en public; chacun plaide sa cause de vive voix ou par écrit, mais jamais par l'organe ou avec l'assistance d'un avocat: cette profession est inconnue en Chine, et nul n'a le droit de parler pour un autre. En matière civile la procédure est prompte, et le châtiment infligé sur-le-champ: c'est ordinairement la bastonnade. En matière criminelle, le procès est soumis au jugement de plusieurs tribunaux subordonnés les uns aux autres; et s'il s'agit de la peine de mort, elle ne peut être infligée sans que la condamnation ait été confirmée par l'empereur, qui jamais ne fait grâce, mais commue souvent la peine. Les exécutions ne se font qu'une fois par an en automne: le supplice consiste dans la strangulation ou la décapitation.

Après la bastonnade, les amendes, les soufflets et le carcan portatif, les peines les plus ordinaires sont le tirage des bateaux, la prison et l'exil dans l'intérieur ou hors de l'empire. Plusieurs supplices cruels sont aussi en usage; dans certains cas même la torture est employée. Cependant on doit dire que légalement la question a été abolie dans ces derniers temps par le gouvernement: ce qui n'empêche pas les magistrats et souvent même les agents inférieurs de la justice de l'infliger arbitrairement, principalement dans les provinces éloignées. Quand on arrête un homme suspect ou accusé de crimes, dit un missionnaire récent, les magistrats essaient d'abord de le séduire pour que ce malheureux s'avoue coupable. Si ce moyen ne réussit pas, ils lui font donner la question, et redoublent de cruautés jusqu'à ce que le misérable écrive ou signe l'aveu du crime dont il est accusé. Alors on dresse l'acte qui constate le délit, on le consigne dans les registres, et l'on en fait le rapport à l'empereur en se donnant des louanges. Le souverain ordonne alors que l'accusé soit envoyé devant le conseil des châtiments pour la suite du procès. Souvent le tribunal reconnaît l'innocence des accusés; mais il est rare que ces infortunés survivent long-temps aux rigueurs qu'ils ont endurées.

Toutefois la Providence n'a pas condamné l'espèce humaine à gémir et à ramper sans cesse sous la verge du despotisme; et la Chine elle-même, malgré ses institutions qui semblent la condamner à ne jamais entrer dans la voie du progrès social, aura sans doute un jour son époque de lutte, dans laquelle la liberté tentera de conquérir quelques uns de ses droits. Déjà l'on sait qu'il existe en Chine plusieurs sociétés secrètes : celle de la *Triade* et celle du *Nénufar blanc*, reconnaissant un chef chinois que la police mandchoue, dit M. de Rienzi, n'a pu encore découvrir. Elles ont fomenté plus d'une insurrection sur différents points de l'empire. Ces sociétés ont pour but de secouer le joug des barbares. C'est toujours ainsi que débute le patriotisme, dans ses premiers essais d'affranchissement. Mais deux dispositions qui donnent une idée peu favorable de la législation du peuple chinois tant vanté sous ce rapport, c'est la peine de mort appliquée à l'homicide même involontaire; et l'injuste préjugé de la loi d'État, qui regarde le sang d'un criminel de haute trahison comme entaché jusqu'à la neuvième génération.

« La prétendue sagesse des lois chinoises peut être caractérisée en deux mots : ce sont de bons règlements de police, accompagnés de beaux sermons de morale. L'empereur ne change pas ces lois, parce qu'elles lui laissent faire tout ce qu'il veut. Les mandarins ne les changent pas non plus, parce qu'elles leur donnent une autorité despotique sur le peuple. Il y a des tribunaux où, pour la forme, on peut porter plainte contre ses supérieurs, avec la pleine certitude d'être puni pour une telle audace. Point de désunion parmi les aristocrates ; car s'ils tiennent leur bâton levé sur la multitude, ils voient d'un autre côté le fouet impérial planer sur leurs propres têtes. Le despotisme tatar comprime celui des grands, et les force à rester unis. Point de résistance du côté du peuple; d'abord il n'a point de courage, mais il a beaucoup d'adresse : il trouve donc plus sûr, en rampant aux pieds de ses maîtres, de sauver une partie de son cher et précieux argent, que de risquer tout pour s'affranchir. Ensuite pourquoi se soulèverait-il ? On le vole, mais on lui permet de voler à son tour, en trompant sur les poids et sur les marchandises. On rend mal la justice, mais ce n'est que pour ceux qui ont la sotte prétention de ne pas la payer. Ainsi le riche est content, le pauvre est contenu. Très souvent les paysans, mourant de faim, se font voleurs de grands chemins : on les pend s'ils ne sont pas trop forts; mais s'ils battent l'armée envoyée contre eux, on négocie, on s'arrange, ou bien on les laisse indépendants dans leurs repaires : cela procure souvent un petit revenu aux gouverneurs. Enfin toutes les idées d'un Chinois sont dès l'enfance guidées vers un seul but, qui est l'obéissance; d'innombrables cérémonies lui rappellent à chaque instant la sainteté des rangs dans la société : chaque pas qu'il fait doit être une révérence, chaque phrase qu'il prononce doit être un compliment ; il n'adresse jamais la parole à son supérieur sans se rappeler son propre néant. »

Des hommes d'un grand savoir se sont fait une fausse opinion de la langue chinoise. On lui a attribué l'état stationnaire dans lequel sont les sciences en Chine ; on l'a représentée comme dépourvue de déclinaisons et composée uniquement de monosyllabes. Abel Remusat a fait voir que beaucoup de caractères syllabiques se groupent deux à deux ou en plus grand nombre, que quelques uns même ne s'emploient jamais seuls et n'ont un sens que lorsqu'ils sont réunis avec d'autres. Il est vrai qu'une grande difficulté, pour les étrangers surtout, c'est qu'un même mot, à l'aide de six accents différents, prend souvent un grand nombre d'acceptions, suivant les diverses intonations qu'on lui donne et dont les nuances sont si délicates qu'elles ne peuvent être saisies que par les Chinois ou par ceux qui ont vécu long-temps en Chine.

« La multitude des caractères semble ef-
» frayante, dit Abel Remusat, mais elle n'im-
» porte en rien, puisque la plupart de ces ca-
» ractères sont inusités, et que celui qui en
» connaît 2,000 n'est jamais embarrassé. Leur
» forme semble bizarre; et c'est précisément
» ce qui les grave plus facilement dans la mé-
» moire : ils peignent les objets au lieu des

» sons, et c'est encore, contre l'opinion com-
» mune, ce qui aide à les retenir mieux et en
» plus grand nombre. Une sorte de fatalité a
» voulu qu'une suite d'hommes peu instruits
» et d'esprits faux aient prêté à la langue chi-
» noise le vague qui était dans leur imagina-
» tion. Les Chinois, comme les autres peu-
» ples, s'entendent en parlant et en écrivant.

» La langue chinoise, ajoute Abel Remusat,
» a long-temps passé pour être la plus difficile
» de toutes les langues du monde; mais de-
» puis dix ans qu'on la connaît mieux en Eu-
» rope, on en a levé les principales difficultés.
» L'écriture a été primitivement figurative;
» elle est devenue en partie syllabique, et
» s'applique à l'expression des sons comme à
» la représentation des idées; et quoique le
» nombre des signes composés qui la consti-
» tuent soit pour ainsi dire indéfini, les mé-
» thodes récemment introduites permettent
» d'en acquérir en peu de temps une connais-
» sance approfondie. Les Chinois ont d'excel-
» lents dictionnaires, où tous les signes de
» leur écriture et tous les mots de leur langue
» sont expliqués avec le plus grand soin et
» dans un ordre très régulier.

» Les syllabes radicales de la langue parlée
» sont en fort petit nombre; mais elles se mul-
» tiplient par des nuances délicates d'articu-
» lation et d'intonation, et elles se réunissent
» deux à deux ou trois à trois pour former des
» mots composés. Chaque syllabe répond tou-
» jours à un signe écrit qui a la même signi-
» fication. La grammaire est simple, et les
» rapports de syntaxe sont marqués par des par-
» ticules ou par la position relative des mots.

» La langue que parlent les hommes in-
» struits est la même dans tout l'empire; mais
» il y a en outre, dans beaucoup de provinces,
» des dialectes particuliers qui sont peu con-
» nus, parce qu'ils ne s'écrivent pas, et qu'ils
» sont parlés surtout par des montagnards ou
» par les habitants des contrées peu fréquen-
» tées. On a des vocabulaires de quelques uns
» de ces dialectes, notamment de celui d'E-
» mouï (Hia-men) dans le Fou-kian et de Can-
» ton dans le Kouang-toung. La prononciation
» de Péking commence à s'altérer par le sé-
» jour de la cour au milieu des Tatars. Celle
» de Nan-king passe pour plus polie et plus
» régulière. Le mandchou, idiome radicale-
» ment différent du chinois, et qui s'écrit al-
» phabétiquement, est d'usage à la cour, à
» l'armée et dans les garnisons; les pièces
» officielles sont ordinairement publiées dans
» les deux langues.

» La littérature chinoise est incontestable-
» ment la première de l'Asie par le nombre,
» l'importance et l'authenticité des monu-
» ments. Les ouvrages classiques qu'on nomme
» *king* remontent à une époque très ancienne.
» Les philosophes de l'école de Confucius en
» ont fait la base de leurs travaux sur la mo-
» rale et la politique. L'histoire a toujours été
» l'objet de l'attention des Chinois, et leurs
» annales forment le corps le plus complet et
» le mieux suivi qui existe dans aucune lan-
» gue; la géographie a été aussi cultivée avec
» beaucoup de soin, et a donné naissance à
» d'excellents ouvrages. L'usage des concours
» a donné un grand essor à l'éloquence poli-
» tique et philosophique. L'histoire littéraire,
» la critique des textes et la biographie sont
» le sujet d'une foule d'ouvrages remarquables
» par l'ordre et la régularité qui y sont ob-
» servés. On possède beaucoup de traductions
» de livres sanskrits sur la religion et la mé-
» taphysique. Les lettrés cultivent la poésie,
» qui est assujettie chez eux au double joug
» de la mesure et de la rime : ils ont des poë-
» mes lyriques et narratifs, et surtout des
» poëmes descriptifs, des pièces de théâtre,
» des romans de mœurs, des romans où le
» merveilleux est mis en usage. On a composé
» en outre un grand nombre de recueils spé-
» ciaux et généraux, des bibliothèques et des
» encyclopédies, et dans le dernier siècle on
» avait commencé l'impression d'une collec-
» tion d'ouvrages choisis en 180,000 volumes.
» Les notes, les gloses, les commentaires, les
» catalogues, les index, les extraits par ordre
» de matières, aident à trouver avec facilité
» les objets que l'on recherche. Les livres sont
» régulièrement imprimés sur papier, les par-
» ties en sont classées, numérotées et pagi-
» nées; enfin il n'y a pas, même en Europe,
» de nation chez laquelle on trouve tant de
» livres, ni de livres si bien faits, si com-
» modes à consulter, et à si bas prix.

» L'instruction est très répandue en Chine :
» il n'y a pas d'artisan qui ne sache au moins
» lire quelques caractères, et faire usage des
» livres relatifs à sa profession. La foule des
» lettrés qui n'ont pu réussir dans les exa-

» mens se répand dans les villes pour y en-
» seigner la lecture et les éléments de la litté-
» rature. Les colléges n'ont pas de professeurs
» à gages, mais des examinateurs et des pro-
» viseurs, dont la grande affaire est de diriger
» les concours et de surveiller les étudiants.
» Il y a à Péking un collége pour les inter-
» prètes, où l'on apprend les langues des pays
» voisins de la Chine (¹). »

« Il serait inexact de prodiguer le nom de sciences à ces notions puériles que les Chinois conservent comme un précieux héritage de leurs anciens sages et de leurs législateurs. Les intérêts du genre humain sont étrangers aux Chinois. Le grand spectacle de la nature ne les excite pas à ces recherches hardies où la science européenne se plaît et quelquefois s'égare. Leur fameuse philosophie morale se borne à prêcher l'obéissance aux lois, et à indiquer en détail les humbles compliments et les ridicules civilités qui constituent ce qu'on appelle à la Chine la politesse. Ils n'ont aucune notion des principes qui constituent le beau dans les écrits, la régularité dans l'architecture, le naturel dans la peinture; et si cependant ils ont trouvé une espèce de beau dans la disposition de leurs jardins et la distribution de leurs terrains, c'est parce qu'ils ont copié exactement une nature bizarre, mais pittoresque. Les rochers sourcilleux et qui menacent de s'écrouler, les ponts suspendus au-dessus des abîmes, les pins rabougris, clair-semés sur les flancs des montagnes escarpées, de vastes lacs, de rapides torrents, des cascades écumantes, quelques pagodes élançant leurs sommités pyramidales au milieu de ce chaos; tels sont les paysages de la Chine en grand, tels sont les jardins chinois en petits (²).

» Les Chinois font les opérations d'arithmétique avec une vitesse incroyable, à l'aide d'un instrument nommé *souan-pon*, et dont les Russes se servent sous le nom de *schott*; c'est une chaîne contenant dix rangées de boules enfilées. Avant que les Européens eussent mis pied dans leur pays, ils ignoraient les mathématiques et tous les arts qui en dépendent. Ils n'avaient rien de commode pour leurs observations astronomiques; et ce qu'il y avait parmi eux de connaissances métaphysiques n'était que dans la tête de leurs philosophes : les arts même que les jésuites y avaient introduits n'y fleurirent que peu de temps, et disparurent sous le règne de Khang-hi, contemporain de Charles II et de Louis XIV; il n'est guère probable qu'ils s'y relèvent jamais. On croit assez généralement qu'ils connaissaient l'impression avant les Européens, mais cela n'est vrai que de l'impression en planches gravées; jamais ils n'ont connu les caractères fondus et mobiles, dont l'invention appartient aux Hollandais ou aux Allemands. Cependant les Chinois ont eu des almanachs imprimés avec des planches massives plusieurs siècles avant que l'imprimerie fût connue en Europe. »

La belle édition des neuf King, ou livres classiques, à l'usage des élèves du collége impérial, fut imprimée vers l'an 932 ou 952 de notre ère. Les Chinois faisaient usage de la poudre à canon avant l'ère chrétienne : cependant leur artillerie est fort en arrière. Le P. Amiot a prétendu, peut-être un peu trop légèrement, qu'à une époque très reculée ils connaissaient non seulement les ballons, mais l'art de les diriger. Ils font depuis un temps immémorial des puits forés comme ceux que nous appelons *artésiens*, non pour obtenir des sources jaillissantes, mais pour exploiter le sel des sources salées, qu'ils trouvent ordinairement à 15 ou 1,800 pieds de profondeur. Lorsque ces puits traversent un terrain houiller, il s'en exhale du gaz hydrogène carboné, que l'on utilise pour faire bouillir l'eau salée destinée à fournir le sel par l'évaporation; et pour éclairer les villes et les habitations voisines (¹).

« Les talents mécaniques ont seuls été encouragés parmi les Chinois; aussi leur industrie dans les manufactures d'étoffes, de porcelaine, de laque et autres fabriques sédentaires, est étonnante, et ne peut être comparée qu'à leurs travaux dans les champs, tels que la construction des canaux, l'aplanissement des montagnes et la formation des jardins. Mais dans plusieurs de leurs ouvrages on retrouve la preuve de cette vérité, qu'une

---

(¹) *Abel Remusat* : Coup d'œil sur la Chine et sur ses habitants. — Nouveaux Mélanges asiatiques. —
(²) *Chambers* : Dissertation on oriental gardening. London, 1772. *De Guignes*, I, 377; II, 406, 409. *Renouard de Sainte-Croix*, III, 156.

(¹) *M. Imbert*, missionnaire apostolique : Lettres à M. ***, sept. 1826 et sept. 1827, écrites de Kia-ting-fou.

nation esclave ne saurait pas même porter à leur perfection les arts mécaniques.

» Nous avons parlé de l'infériorité de leurs écluses. On ne peut pas non plus admirer leur science dans la navigation, quoiqu'ils aient remarqué avant nous la polarité de l'aimant. La boussole est parmi les Chinois d'un usage général. L'aiguille aimantée dont ils se servent est suspendue avec une extrême délicatesse, et elle est singulièrement sensible, c'est-à-dire qu'elle paraît se mouvoir, pour peu que la boîte où elle est placée change de position vers l'est ou l'ouest. Le nom que les Chinois donnent à leur boussole est *tingnan-ching*, ce qui signifie l'aiguille qui montre le sud; et dans cette boussole il y a une marque distinctive sur le pôle méridional de l'aimant, comme dans les boussoles européennes il y en a une sur le pôle septentrional [1].

» Mais leurs vaisseaux sont des machines énormes; il y en a qui portent jusqu'à mille tonneaux. Les deux extrémités sont prodigieusement élevées, et présentent aux vents une surface considérable. Il en périt plus de moitié, parce qu'étant une fois sur le côté ils ne peuvent plus se relever. Leurs ancres sont de bois. Ils ne connaissent pas les instruments avec lesquels les Européens prennent hauteur. Leurs pilotes sont aussi ignorants que pourrait l'être le moindre mousse. Ceux qui vont au Japon ou aux Philippines se gouvernent par les astres, comme le sauvage le plus grossier; et ceux qui font voile vers Batavia, Malacca ou Quedah ne quittent jamais la terre de vue.

» L'élégance de leurs *sampanes* mérite pourtant des éloges; cette espèce de gondole est employée sur les rivières: elles sont peintes d'un très beau vernis jaune. Les voiles, faites avec des nattes très jolies, ont quelque chose de lourd et de roide. Les cordes qui traînent les yachts sont d'écorce de bambou, et paraissent très bonnes pour le halage, quoique cependant pour toute autre chose elles ne pourraient pas remplacer les cordes de chanvre et de lin, qui sont aussi d'une excellente qualité en Chine.

» On a trop exalté les monuments des Chinois. Cependant on doit admirer quelques unes de leurs grandes routes, leurs ponts d'une seule arche, ceux en chaînes de fer,

[1] *De Guignes*, II, 202, 207. *Barrow*, I, 64, 101.

leurs tours pyramidales, et leurs bizarres mais somptueux arcs de triomphe (*Pay-léou*) érigés en l'honneur des personnages célèbres: on doit surtout regarder avec étonnement la *Grande-Muraille*. Ce fameux rempart de la Chine passe sur de hautes montagnes, traverse des vallées profondes, et s'étend de la province de Chen-si au Toung-haï, ou mer Jaune, sur une ligne de 450 lieues. Elle n'est en plusieurs endroits qu'un simple rempart; mais en d'autres parties elle a des fondements de granit, et est construite en briques et mortier.

» Staunton regarde, avec Duhalde, l'ancienneté de cette grande muraille comme non douteuse [1]. Duhalde nous assure qu'elle a été construite 215 ans avant la naissance de Jésus-Christ, par les ordres du premier empereur de la dynastie Tsin; mais, dans un autre endroit de son ouvrage, il en attribue la fondation au second empereur de cette dynastie, ce qui en rapporterait l'époque à l'an 137 avant Jésus-Christ. Bell, voyageur instruit [2], assure qu'elle n'a été bâtie que dans l'année 1160. Parmi les géographes orientaux, ceux dont l'origine remonte à plus de 300 ans ne font aucune mention de cette muraille [3]. Marco-Polo, dans le treizième siècle, n'en a pas eu non plus connaissance, quoiqu'il ait résidé si long-temps dans le Cathay, ou le nord de la Chine, et dans le pays des Mongols. Il est probable que cette muraille a été reconstruite, abandonnée et détruite de vétusté plus d'une fois, suivant les besoins de la politique; ainsi, celle qui subsiste actuellement n'est pas d'une très haute antiquité, et son état de conservation n'a rien d'étonnant. »

Ce monument, qui est peut-être le plus grand qui existe, se compose de deux murs parallèles, dont l'intervalle est rempli de terre et de gravier. Chacun de ces murs a 5 pieds d'épaisseur vers sa base, composée de grandes pierres brutes; il est construit en briques, et se réduit à un pied et demi à son extrémité supérieure. Leur hauteur est de 24 pieds; le massif qu'ils forment a environ 13 pieds d'épaisseur, et est couronné par une rangée d'embrasures et de meurtrières. Des tours munies

[1] *Macartney*, III, 225. — [2] *Bell*, à la suite de *Barrow*, III, 11 sqq. — [3] *Muller*: Dissert. de Chataia, p. 32.

de canons en fonte s'élèvent régulièrement espacées de 250 pieds l'une de l'autre. Elles ont deux étages et communiquent par des escaliers avec la plate-forme.

« Nous ne fatiguerons pas l'attention du lecteur par un examen minutieux des mœurs domestiques des Chinois. Les maisons sont de briques ou d'argile durcie, et plus communément de bois. En général elles n'ont qu'un étage; chez les négociants cet étage sert de magasin. L'extérieur des édifices est orné de colonnes et de galeries; partout les petits pots de fleurs, chéris des Chinois, offrent un agréable mélange de verdure et de couleurs variées. De vastes cours et des jardins isolent l'habitation du maître. Les appartements, proprement tenus, sont peu décorés; les glaces mêmes n'y sont pas prodiguées, quoiqu'elles sembleraient devoir flatter le goût d'un peuple vain et puéril. »

Dans la plupart des maisons, dit M. Timkovski, dans toutes les boutiques et même dans le palais de l'empereur, des sentences tirées des philosophes ou des poëtes célèbres sont écrites sur la tapisserie ainsi que sur les papiers de tenture. Chez les gens riches, les portes et les cloisons sont en bois précieux, tels que le camphrier, le cyprès, etc., et ornées de sculptures. Outre l'impression agréable qu'elles causent à la vue, elles répandent une odeur suave dans les appartements. Les tables et les chaises, faites d'un bois choisi, brillent par le vernis dont elles sont revêtues. Les grandes maisons se distinguent par une longue suite de pièces; une galerie couverte, à colonnes, se prolonge devant ces appartements, et donne entrée dans les chambres qui n'ont pas d'autre communication entre elles. Les appartements sont chauffés par le moyen de charbons ardents placés dans des vases de bronze ou dans des conduits pratiqués sous de larges estrades en pierre qui servent de siéges pendant le jour et de lits pendant la nuit. Tous les édifices sont couverts en tuiles, quelquefois revêtues d'un vernis vert, rouge ou jaune. Les bâtiments impériaux et les temples peuvent seuls être couverts en tuiles jaunes; les vertes sont réservées pour les palais des grands personnages, et les grises pour les autres maisons [1].

[1] *Timkovski*, Voyage à Péking à travers la Mongolie.

Les villes sont presque toutes construites sur le même plan; elles ont généralement la forme d'un quadrilatère, et sont entourées de hautes murailles flanquées de tours, d'espace en espace, au pied desquelles sont creusés des fossés secs ou remplis d'eau.

Les cités chinoises n'ont pas de noms: on les désigne par celui du département, de l'arrondissement ou du district dont elles sont le chef-lieu; ainsi l'on dit la ville du département de Kouang-toung, la ville de l'arrondissement de Tchin-si, etc. Les villes sont de trois classes, selon qu'elles appartiennent à des départements, arrondissements ou districts. Lorsque la ville est de premier ordre, on la désigne en ajoutant au nom du département le mot *fou*; lorsqu'elle est de second ordre, le mot *tcheou* est joint au nom de l'arrondissement; et lorsqu'elle est de troisième ordre, les mots *hian* ou *ting* s'ajoutent au nom du district.

« Les Chinois s'habillent d'une longue robe avec des manches larges et une ceinture de soie flottante. La chemise et les caleçons varient suivant la saison. En hiver on ne voit que fourrures, depuis la peau de mouton jusqu'à l'hermine. Les Chinois se couvrent la tête d'un petit chapeau en forme d'entonnoir; il varie suivant les dignités, et il est surmonté d'un large bouton de corail, de cristal ou d'or; la substance et la couleur du bouton désignent les rangs. En général, l'habit est simple et uniforme; l'empereur lui-même n'est ordinairement distingué de ses courtisans que par une grosse perle dont son bonnet est orné.

» Dans les fêtes publiques des Chinois, les feux d'artifice tiennent la première place. On assure qu'ils y excellent; cependant ils les tirent ordinairement en plein jour, comme s'ils avaient peur qu'on ne les pût voir. Le théâtre, beaucoup loué par lord Macartney, ne paraît pas avoir plu à De Guignes [1]. Les Shakspeare de Péking n'observent jamais l'unité de temps et de lieu, règle qui semble peu essentielle en elle-même, mais qui découle immédiatement d'une règle dont aucune nation n'a osé nier l'importance, de celle qui prescrit à toute production de l'esprit humain l'unité d'intérêt et de pensée, comme condi-

[1] *Macartney*, III, p. 359. *De Guignes*, II, 322-399.

tion indispensable et fondée dans la nature de notre être moral et intelligent. Dans une tragédie chinoise, l'acteur est souvent censé parcourir en un clin d'œil des distances très considérables; et souvent aussi un personnage,

Enfant au premier acte, est barbon au dernier.

» Dans les opéras chinois, les esprits apparaissent sur la scène; les oiseaux, les animaux y parlent et s'y promènent. « A notre » retour de Péking, dit De Guignes ([1]), les man-» darins nous firent la galanterie de faire re-» présenter devant nous *la Tour de Sy-Hou,* » pièce ainsi intitulée du nom de cette même » tour, qui existe sur les bords d'un lac, près » de la ville de Hang-thieou-fou, dans la pro-» vince de Tche-kiang. Des génies montés sur » des serpents, et se promenant auprès du » lac, ouvrirent la scène. Un bonze du voisi-» nage devint ensuite amoureux d'une des » déesses, lui fit la cour; et celle-ci, malgré » les représentations de sa sœur, écouta le » jeune homme, l'épousa, devint grosse, et » accoucha sur le théâtre d'un enfant qui bien-» tôt se trouva en état de marcher. Furieux » de cette conduite scandaleuse, les génies » chassèrent le bonze, et finirent par fou-» droyer la tour et la mettre dans l'état déla-» bré où elle est maintenant. »

» A ces scènes bizarres, si l'on ajoute qu'un acteur est à côté d'un autre acteur sans le voir, que, pour indiquer qu'on entre dans un appartement, il suffit de faire le simulacre d'ouvrir une porte et de lever le pied pour en franchir le seuil, quoique cependant il n'y en ait pas le moindre vestige; enfin, qu'un homme qui tient une houssine à la main est censé être à cheval, on aura une idée de l'art dramatique chez les Chinois.

» Ceux qui ont fréquenté les ports de la Chine y ont été frappés de l'absence de toute probité chez les habitants. Peut-être ces vices sont-ils moindres là où la tentation est plus rare. Il en est d'autres qui paraissent régner partout : telles sont l'indolence dans les classes supérieures, et la malpropreté dans les classes inférieures. Les riches ne prennent pas la peine de manger; un esclave leur porte la nourriture à la bouche. Les pauvres dévorent tout ce qu'ils trouvent sous

([1]) *Macartney*, III, p. 359. *De Guignes*, II, 822 sqq.

leurs mains, même toute espèce d'animaux morts de maladie. Cet usage, au milieu d'une si nombreuse population, peut trouver une excuse dans la nécessité. On attribue à la même cause l'exposition des enfants, usage très ancien ([1]), moins commun cependant que ne l'ont cru des voyageurs prévenus. Les corps des enfants morts, que la police fait ramasser dans les rues de Péking, y sont déposés par des familles pauvres qui veulent éviter les frais de la sépulture ([2]).

» Les Chinois sont des barbares asservis et dressés; ils quittent rarement l'air humble et insinuant d'un esclave qui veut plaire; ils laissent rarement apercevoir la plus légère teinte de rudesse ou de passion. Ces qualités sont dues en partie à l'abstinence absolue de mets échauffants ou de liqueurs enivrantes. L'usage du thé y est général. Dès le matin, on en prépare un grand vase où la famille puise toute la journée. Les mets chinois ont paru détestables à tous les Européens; cependant ce n'est pas faute d'art et de recherches. L'étiquette rend les dîners chinois fort ennuyeux. Dans ceux qui furent donnés par l'empereur de la Chine aux ambassadeurs hollandais, et auxquels De Guignes assista, on fit beaucoup de salutations et de génuflexions avant de porter les mains sur les plats qui étaient censés venir de la main du monarque. Un jour on apporta à ces voyageurs un grand et bel esturgeon : ils avaient un appétit très fort; mais, avant de le couper, ils furent obligés de complimenter cet auguste poisson pendant un quart d'heure.

» La polygamie est permise aux grands et aux mandarins. L'empereur entretient un nombreux sérail ([3]). Les mariages dépendent de la volonté des parents; pour obtenir une femme, on fait des présents à sa famille. Son mari ne peut la voir qu'après la cérémonie des épousailles. Le sexe est tenu dans une sorte d'esclavage. Le paysan chinois attelle en même temps à la charrue sa femme et son âne ([4]). »

Cependant il faut faire remarquer, avec Abel Remusat, que le mariage n'est pas chez les Chinois un vain nom comme chez les peu-

([1]) *Marco-Polo*, de reb. orient., II, 53.—([2]) Comp. *Barrow*, I, 281 sqq. *Bell*, ibid., III, 323. *De Guignes*, II, 285-290.—([3]) *De Guignes*, II, 283 sqq.—([4]) *Neuhof*: Ambassade, part. II, p. 50. La fig.

ples musulmans; qu'une seule femme a le rang et les droits d'épouse, et que les autres femmes sont réputées à son service, et n'ont aucune part à l'administration domestique.

Le Code chinois et les livres de morale prescrivent les devoirs réciproques des époux; le fils doit demeurer avec sa femme dans la maison paternelle, et la bru doit aux parents de son mari la plus grande soumission. Le *Le-king* contient le détail des divers degrés de mérite que peut acquérir une femme. Les deux époux gagnent un degré pour chaque dizaine de jours qu'ils vivent dans une parfaite harmonie. Mais, pour honorer les bons ménages, il faut flétrir les mauvais; la loi a classé aussi les degrés de *démérite*; malheureusement ils pèsent sur la femme plus que sur l'homme; partout, et peut-être en Chine plus qu'ailleurs, le mépris flétrit la conduite du sexe le plus faible, tandis que l'indulgence favorise les torts et les dérèglements du plus fort. Une femme qui s'enivre est notée de 3 degrés de démérite, et de 5 si elle joue aux cartes; elle perd 9 à 10 degrés de mérite si elle manque de propreté et si elle fréquente les spectacles pendant les jours de fête. Les mauvais traitements qu'un mari fait éprouver à sa femme ne sont pas poursuivis, tandis que la femme qui bat son mari est punie de 100 coups de bambou (¹).

« Sagement relégués hors de l'enceinte des villes, les sépulcres sont placés sur des collines stériles, où il n'y a point à craindre que les travaux de l'agriculture troublent la cendre des morts. Le blanc est la couleur du deuil; la souillure qu'elle reçoit plus aisément est censée attester le chagrin et l'oubli des soins ordinaires. Les familles rendent une sorte de culte aux tombeaux de ceux, parmi leurs membres, que la mort a moissonnés; elles se réunissent près du monument sépulcral à des festins consacrés à la mémoire des défunts. Il paraît même que les esprits des ancêtres sont révérés comme des dieux domestiques: illusion touchante, et qui prouve que le cœur n'a nulle part perdu ses droits, pas même parmi les Chinois.

» La religion primitive de la Chine paraît avoir été une branche du sabéisme, dont le principe est l'adoration des astres du firmament et des objets remarquables dans la nature. Cette ancienne religion a été étouffée par les diverses sectes qu'on y avait entées. Parmi ces sectes, celle de Confucius a souvent été comparée au stoïcisme des Grecs et des Romains; comme celui-ci, elle a obtenu la préférence chez les hommes d'Etat, qui peut-être ont cru pouvoir en faire une espèce de religion politique. Mais les livres de Confucius sont remplis d'idées superstitieuses. La secte de Laokiun ou de Tao-sse a quelque analogie avec la doctrine d'Épicure; les fondateurs de ce parti aimaient la vie tranquille et contemplative, mais ils admettent l'astrologie et la magie; ils ont des monastères et une sorte de culte.

« La multitude, peu contente de ces rêveries abstraites, reçut avec empressement les apôtres du bouddhisme, venus de l'Inde vers l'an 65 de Jésus-Christ. Leur doctrine, modifiée sous le nom de religion de Fo, est devenue celle de la majorité des Chinois; elle est remplie de superstitions analogues au caractère craintif et naturellement pusillanime des Orientaux. Les prêtres de Fo s'appellent bonzes; le nombre en est prodigieux, et l'on assure que l'on en compte plus d'un million dans l'empire. Tous ne vivent que d'aumônes. Ces mendiants sacrés cachent sous leur modeste habit beaucoup d'orgueil et beaucoup d'avidité. Peut-être les nestoriens répandus en Chine, au huitième siècle, y ont introduit quelques cérémonies défigurées du culte chrétien. Des cloches, des lampes, des salutations, et plusieurs autres traits du rituel chinois, semblent donner du poids à cette opinion. Mais une originalité remarquable dans le culte chinois, c'est que les bonzes ne croient point offenser leurs idoles en faisant dresser, de chaque côté de leurs autels, des tables pour déjeuner. Il n'y a rien de plus ordinaire en Chine que de voir, dans un temple, la bonne compagnie boire du thé, ou prendre d'autres rafraîchissements, tandis que de petits bâtons de bois odoriférant brûlent sous le nez du dieu. »

Suivant Abel Remusat, les trois principales religions établies en Chine sont regardées comme également bonnes et vraies. Un proverbe chinois dit: *Les trois religions n'en font qu'une.* La *doctrine des lettrés* ou *religion de Confucius*, ainsi appelée parce que ce philosophe en est regardé comme le reformateur et

(¹) *Morisson*, Dictionnaire chinois.

le patriarche, a pour base un panthéisme philosophique qui a été diversement interprété suivant les époques. « On croit que dans la haute antiquité le dogme de l'existence d'un Dieu tout-puissant et rémunérateur n'en était pas exclu, et divers passages de Confucius donnent lieu de croire que ce sage l'admettait lui-même. Mais le peu de soin qu'il a mis à l'inculquer à ses disciples, le sens vague des expressions qu'il a employées, et le soin qu'il a pris d'appuyer exclusivement ses idées de morale et de justice sur le principe de l'amour de l'ordre et d'une conformité mal définie avec les vues du *ciel* et la marche de la nature, ont permis aux philosophes qui l'ont suivi de s'égarer, au point que plusieurs d'entre eux, depuis le douzième siècle de notre ère, sont tombés dans un véritable spinosisme, et ont enseigné, en s'appuyant toujours de l'autorité de leur maître, un système qui tient du matérialisme et qui dégénère en athéisme. »

Le culte rendu aux génies de la terre et des astres ainsi qu'aux âmes des parents est à leurs yeux sans conséquence, et peut s'interpréter de différentes manières; il n'a besoin ni d'images, ni de prêtres; chaque magistrat le pratique dans la sphère de ses fonctions, et l'empereur en est le patriarche.

La seconde religion, celle *des esprits*, regardée par ses sectateurs comme la plus anciennement établie en Chine, admet l'existence des génies et des démons. Elle a dégénéré en polythéisme et en idolâtrie; les prêtres et les prêtresses de ce culte, voués au célibat, portent le nom de *Tao-sse* ou docteurs de la raison, « parce que leurs dogmes fondamentaux, enseignés six siècles avant notre ère par Lao-tseu l'un de leurs maîtres, est celui de l'existence de la *raison primordiale*, qui a créé le monde, le *logos* des platoniciens. »

La troisième religion est, ainsi que nous venons de le voir, le bouddhisme. Mais nous devons ajouter qu'elle est appelée en Chine religion de Fo, parce que Bouddha a été traduit en chinois par Fo-tho, dont on a formé, par abréviation, le nom de Fo. Les bouddhistes chinois, en tête desquels il faut mettre l'empereur, reconnaissent en tout point la suprématie spirituelle du dalaï-lama.

L'esprit de tolérance qui règne en Chine n'a pas permis seulement à ces trois cultes d'y prospérer en paix : il y a aussi des juifs qui y ont passé très anciennement des provinces les plus orientales de la Perse; des manichéens et des parsis, qui ont eu autrefois des établissements dans la Tatarie; enfin des catholiques, restes de l'influence que dès le seizième siècle les jésuites avaient su acquérir à la cour de Péking. Dans ces dernières années, les protestants ont essayé de répandre la Bible en Chine, mais ils ne paraissent pas y avoir obtenu de succès.

Le gouvernement chinois a long-temps passé pour le type du despotisme; mais on sait à présent, dit Abel Remusat, qu'il est limité par le droit de représentation donné à certaines classes de magistrats, et plus encore par l'obligation où est le souverain de choisir ses agents, d'après des règles fixes, dans le corps des lettrés. Ceux-ci forment une véritable aristocratie qui se recrute perpétuellement par les examens et les concours. Aucune caste n'est privilégiée : tous les Chinois sont également aptes à remplir les emplois civils et militaires; la capacité est le seul titre qui détermine cette aptitude; le degré d'instruction, ou plutôt le grade qu'a obtenu chaque lettré, et les fonctions qu'il exerce, déterminent son rang dans la société. La population libre se partage en quatre classes dans l'ordre suivant : les lettrés, les laboureurs, les artisans et les marchands.

Les lettrés se divisent en trois grades : tous les jeunes gens, de quelque condition qu'ils soient, sont admis à concourir pour obtenir le troisième grade. Ceux qui l'ont obtenu concourent entre eux pour le deuxième, qui est exigé dans toutes les fonctions publiques. De ce grade on peut s'élever, par le même moyen, au premier, qui conduit aux charges les plus éminentes. Cette sage institution, suivant Abel Remusat, remonte au septième siècle de notre ère. Il n'y a de titres héréditaires que pour les princes de la famille impériale et pour les descendants de Confucius. La seule noblesse que confère quelquefois le souverain est dans l'ordre ascendant; ainsi, dans certaines circonstances, il anoblit les ancêtres d'un homme qui a mérité cette faveur, à laquelle les Chinois attachent une grande importance.

L'empereur exerce le pouvoir le plus absolu : il prend les titres de fils du ciel et de seul gouverneur du monde. La couronne est héréditaire de mâle en mâle, mais la succession par ordre de primogéniture n'est pas toujours suivie. Les affaires de l'État sont distribuées entre six ministères ou conseils souverains, dont les présidents ont moins d'autorité que nos ministres ; ce sont le *conseil des emplois*, chargé de présenter à la nomination du souverain les candidats aux différentes fonctions civiles et militaires ; le *conseil des revenus*, qui administre les finances ; le *conseil des rites*, qui a l'inspection de tout ce qui concerne les cultes ; le *conseil des peines*, chargé de l'administration de la justice ; le *conseil des travaux publics*, qui a dans ses attributions la construction et l'entretien des routes, des canaux, des ponts, etc. ; le *conseil militaire*, chargé de tout ce qui concerne l'armée.

Chaque province est administrée par un intendant ; ordinairement deux provinces sont sous l'autorité d'un vice-roi. Il y a de plus dans chaque province un surintendant des lettrés, un directeur des finances, un juge criminel, un intendant pour les salines et un pour les greniers publics. Chaque département, chaque arrondissement et chaque district ont en outre, dit Abel Remusat, des magistrats particuliers qui exercent concurremment des fonctions administratives et judiciaires.

Les titres et les noms de ces officiers et de tous les autres agents inférieurs sont publiés dans l'almanach impérial, qui s'imprime tous les trois mois. Les décrets et tous les documents administratifs officiels sont insérés dans la *Gazette universelle*, autrement appelée *Messager de la Capitale* (*King-pao*), dont l'abonnement coûte environ 12 fr. par an. Un extrait de ce journal est publié ensuite dans les gazettes provinciales qui s'impriment dans les principales villes de l'empire.

« Le commerce de province à province, dans un aussi vaste empire, doit s'élever à des sommes considérables ; mais nous n'en connaissons pas la nature, et si nous la connaissions, nous n'y prendrions qu'un faible intérêt. Le commerce avec les autres nations n'est pas en proportion avec l'étendue et la richesse de l'empire. »

Canton, étant le seul port de la Chine ouvert au commerce étranger, jouit d'un mouvement commercial très considérable. Dans les années 1826 à 1830, la moyenne de la quantité de thés exportés de Canton par la seule compagnie anglaise des Indes a été de près de 33,000,000 de livres. Pendant les mêmes années, la valeur moyenne du commerce des États-Unis avec la Chine a été de 22 à 23,000,000 de francs pour les importations et de plus de 25 pour les exportations. Dans la même période, la valeur du commerce anglais à Canton a été de 105 à 106,000,000 de francs pour les importations et de plus de 97 pour les exportations. Il est à remarquer que l'introduction de l'opium est prohibée par la sagesse du gouvernement, qui sait quels abus les Chinois font de ce narcotique énervant ; mais la contrebande qui s'en fait est tellement considérable, que pour le seul commerce anglais l'importation de cette denrée, pendant les années 1828 et 1829, s'est élevée à la valeur de 60,000,000 de francs, c'est-à-dire à une somme plus importante que la valeur totale des thés exportés.

En 1837, il a été importé en Chine pour 200,000,000 de francs de marchandises et exporté pour 220,000,000 : la balance du commerce s'est faite de la part des étrangers au moyen de 20,000,000 de francs en piastres.

Ainsi que l'a fait remarquer M. Ad. Barrot, la part du commerce anglais est en Chine, comme presque partout, la plus considérable. En 1837, il a importé dans ce pays une valeur de 180,700,000 francs, et en a exporté pour environ 161,400,000 francs. Il est vrai que l'opium figure dans ces importations pour 99,000,000.

En échange des marchandises qu'elle apporte à la Chine, l'Angleterre en tire chaque année environ 90,000,000 de thé, 45 de soie grège, 5 de sucre brut ou candi et 25 d'or ou d'argent monnayé.

N'est-il pas honteux pour notre industrie de voir que la France fait un commerce presque nul, en comparaison de celui de l'Angleterre ; et que ce commerce n'est même pas la moitié de celui qu'y fait le Danemarck ! Un exemple suffit pour prouver cette assertion : en 1837 la France a importé en Chine une valeur de 650,000 francs, et en a exporté des marchandises pour la somme de 1,400,000.

« Le commerce avec les Européens, à Canton, est confié à une compagnie de marchands privilégiés qu'on appelle *hanistes*, et qui sont responsables envers le gouvernement de la conduite des étrangers domiciliés à Canton. Ces marchands chinois font un gain immense; mais des mandarins avides, des douaniers habiles, des interprètes rusés vivent encore aux dépens des hanistes et des Européens. C'est dans les mains de ces diverses classes, ainsi que dans celles du peuple de Canton, que restent les bénéfices d'un commerce dont la suppression serait probablement très indifférente pour la majeure partie de la Chine.

» La Chine peut sans doute se passer d'une grande partie de son armée, puisqu'au dire des voyageurs elle est innombrable. On nous parle de 1,462,590 hommes de troupes; d'autres disent, en chiffres ronds, 1,800,000; nous ne contredirons ni l'un ni l'autre. On trouvera tous les documents statistiques dans les tableaux qui terminent cette description. Il est aussi très positif, selon les Chinois, qui ne mentent jamais, que la flotte impériale de la Chine consiste en 9,999 vaisseaux tout juste. Tout cela est peu de chose pour un empire peuplé de 333,000,000 d'habitants, comme son excellence le mandarin Tchou-tatzin l'assura officiellement à son Excellence le lord Macartney.

» Mais, dira-t-on, quelle confiance méritent ces sommes immenses, lorsqu'on voit qu'une statistique, composée par ordre de l'empereur Kien-Long ([1]), il n'y a qu'un peu plus de trois quarts de siècle, ne porte le nombre des paysans soumis à l'imposition foncière qu'à 25,000,000? lorsqu'on trouve d'anciens dénombrements qui, pendant quinze siècles, ne font varier la population de la Chine que de 48 à 60,000,000 ([2]); tandis qu'en comparant les tableaux de population de 1743, donnés par le P. Allerstein, à ceux de lord Macartney pour l'an 1795, il y aurait dans certaines provinces une augmentation triple et quadruple([3])? lorsqu'on s'aperçoit enfin que dans chacune de ces estimations il se trouve des erreurs manifestes, des sommes répétées littéralement deux fois, et d'autres qui sont entre elles hors de toute proportion?

([1]) *Day-sin-y-tundschi*, traduit du chinois en russe, et du russe en allemand. *Busching*, Mag. géogr., XIV.
— ([2]) *De Guignes*: Observations sur le dénombrement de la Chine, *Journal des Savants*, mars 1780, p. 155 sqq. — ([3]) Voyez ci-après les *Tableaux*.

Plusieurs de ces difficultés, plusieurs de ces contradictions mêmes, sont, suivant nous, plus apparentes que réelles; examinons les bases sur lesquelles reposent ces chiffres, avant de nous prononcer sur celui qui nous paraît le plus vraisemblable; et d'abord, commençons par établir une opinion raisonnable relativement à la population. Nos raisonnements devront porter principalement sur la Chine proprement dite, parce que c'est elle qui nous offre les renseignements officiels les plus nombreux, et conséquemment les plus propres à nous conduire à la vérité ou du moins à la vraisemblance.

En Chine, la population, depuis les temps les plus reculés, se divise en deux classes: celle des *contribuables* et celle des *esclaves* et des *serfs*. La première a toujours été soumise à des recensements, parce que c'est sur ces recensements que l'impôt est établi. On peut admettre qu'ils se font avec toute l'exactitude possible, car le code pénal chinois rend obligatoire l'enregistrement d'un enfant né dans la classe des contribuables. Quant à la seconde classe, on n'a eu pendant long-temps que des documents vagues ou que des données approximatives sur le nombre d'individus qui la composaient, parce que le fisc se figurait qu'il n'avait aucun intérêt à en connaître le chiffre. Ce qui semble expliquer jusqu'à un certain point cette négligence, c'est que, jusque vers le commencement de notre ère, les particuliers ne pouvaient point avoir d'esclaves à leur service: l'état seul les employait, et ils étaient réservés pour l'exécution des grands travaux publics; ils ne pouvaient donc point être compris parmi les contribuables. Dans l'intérieur des familles, il n'était permis d'avoir que des gens à gages; et comme ceux-ci n'étaient point non plus soumis à l'impôt, ils n'étaient point portés sur les états de dénombrement.

Ajoutons qu'il y avait encore d'autres classes d'individus exempts d'impôts, et qui conséquemment ne figuraient point dans les recensements; tels étaient d'abord les condamnés et les mendiants; en second lieu, tous ceux qui avaient dans leur famille un vieillard de 80 ans dont ils prenaient soin; tous les individus faibles, vieux et infirmes; ceux qui passaient d'un canton dans un autre, et qui étaient exemptés jusqu'à ce que des terres leur fussent accordées : car il est bon de faire observer que jusqu'au commencement de notre ère l'état était propriétaire de toutes les terres ; enfin, on exemptait aussi tous les fonctionnaires publics, depuis le plus haut dignitaire jusqu'au dernier officier, par la raison que n'ayant point de terre à cultiver ils ne pouvaient être soumis à l'impôt territorial.

Il est utile de faire remarquer encore que, comme de tous temps les recensements en Chine n'avaient absolument pour but que l'assiette de l'impôt territorial, il est arrivé souvent, jusque vers le commencement du dix-septième siècle, que lorsqu'une province avait été dévastée par quelque fléau elle n'était pas soumise au recensement.

Il résulte de tous ces faits que depuis le quatorzième siècle avant notre ère, jusqu'au dix-huitième siècle de notre ère, les recensements faits en Chine ne doivent pas présenter une exactitude bien rigoureuse ; cependant, quelque inexacts qu'ils soient, ils n'en sont pas moins la preuve que depuis une époque très reculée ce pays est soumis à une administration sagement organisée, qui annonce une longue et vieille civilisation.

Nous savons aussi que, bien que la population chinoise soit divisée par centuries et décuries, division qui doit rendre très faciles les dénombrements exacts, il est arrivé souvent aux fonctionnaires qui administrent les départements et les provinces de ne pas se donner la peine de faire faire ce relevé, et de se contenter de forcer le chiffre du dernier recensement, afin de plaire à l'empereur, en lui faisant croire à une augmentation de population et de prospérité sous son règne. La Chine ne manque pas, comme on voit, de ces fonctionnaires courtisans qui prennent à tâche de tromper le gouvernement par un tableau mensonger du bien-être du peuple. Mais enfin ces résultats, quoique fautifs, n'en ont pas moins pour base, d'une part, un recensement réel, et de l'autre une augmentation probable : ils ne sont donc point complétement imaginaires ; ils peuvent donc avoir leur utilité.

Quoi qu'il en soit, il est, selon nous, évident que jusque vers l'année 1735, époque à laquelle l'empereur Kien-long fit faire le recensement consigné dans la grande Géographie chinoise, appelée *Daysin-y-tundschi*, et par lequel on constata que le nombre de paysans soumis, comme on l'a vu plus haut, à la contribution foncière, s'élevait à 25,165,000, le cens ne comprenait que les chefs de famille soumis à l'impôt. Il résulte alors de ce fait, que le chiffre de 25,165,000 ne représentant que le nombre des chefs de familles, indique pour le nombre total d'individus composant ces familles au moins 150,000,000 d'individus, à 6 individus par famille. Maintenant, si l'on considère que ce total ne comprend pas les diverses classes d'habitants non soumises à l'impôt, on trouvera beaucoup moins de différence entre ce chiffre et le nombre total d'habitants de toutes classes, reconnus plus tard dans les recensements généraux dont nous parlerons bientôt.

Le *Ye-tong-tchi*, ou Description statistique de la Chine, publié vers l'année 1743, et cité par les PP. Grosier et Hallerstein, qui porte le nombre d'habitants à 198,200,000, n'est probablement point le résultat d'un recensement officiel ; nous le considérons comme une publication dans laquelle on a porté le nombre de familles contribuables à 33 millions, au lieu de 25 millions reconnus en 1735, parce que l'auteur de cette description aura supposé une augmentation de 8 millions de familles ; car ces 33 millions de familles, à 6 individus, donnent le chiffre de 198 millions d'habitants.

La grande Géographie chinoise, publiée en 1790, nous paraît présenter, au contraire, un résultat officiel dans le chiffre de 141,840,000 habitants : il indique probablement le nombre de 23,640,000 chefs de famille contribuables, à 6 individus par famille.

Toutefois, on se demandera peut-être d'où peut provenir cette diminution de 1,525,000 familles, que l'on remarque entre le recensement de 1790 et celui de 1735, c'est-à-dire dans une période de 55 ans : nous répondrons que dans un pays où les familles sont aussi nombreuses en individus qu'elles le sont en Chine, il doit arriver, comme en effet cela arrive, qu'une disette ou une épidémie produisent ce résultat. Les annales de la Chine en offrent de fréquents exemples ; ainsi, de l'an 160 à l'an 230 de notre ère, la population diminua de plus d'un sixième. Voici quelle en fut l'une des causes : une maladie épidémique ravagea les villes et les campagnes ; la culture fut négligée, une famine presque générale succéda à l'épidémie, et des brigands dévastèrent pendant près de 30 ans une grande partie de la Chine. L'an 430, la misère et la disette causèrent aussi une diminution considérable dans la population. Vers le commencement du septième siècle, l'empereur Yang-Ty, par les importants travaux qu'il fit exécuter, vit périr en masse les populations. Le gouvernement augmenta les impôts; le mécontentement devint général, des révoltes partielles produisirent la guerre civile, et la population se décima d'elle-même.

Ce qui, selon nous, et faute de documents historiques suffisants, prouve qu'en effet c'est à une cause analogue à celles que nous venons d'indiquer, c'est-à-dire probablement à une famine, qu'il faut attribuer la diminution que l'on remarque entre le recensement de 1790 et celui de 1735, c'est que l'empereur Kien-long, qui commença à régner dans cette même année, sentit la nécessité de connaître le nombre de tous les habitants. Il ordonna qu'à l'avenir les chefs de centuries et de décuries feraient tous les cinq ans le relevé exact de toutes les classes de la population, non pour donner le moyen de lever de nouvelles taxes, mais, comme il le dit dans le préambule de son décret, pour faire connaître au gouvernement le chiffre des habitants de chaque province ou de chaque district, afin de mettre l'administration à portée de distribuer, d'une manière équitable, ses secours dans les cas de sécheresse, d'inondation, de famine, etc.

Ce fut en 1793 que Kien-long fit faire le recensement général, qu'il regardait comme indispensable, parce que, depuis la conquête, la paix avait tellement favorisé l'accroissement de la population, que cet accroissement était visible dans la plupart des provinces; et l'empereur prévoyait, dit-on, avec anxiété, le moment où le nombre d'habitants serait hors de toute proportion avec les moyens de subsistance : c'est ce même recensement que lord Macartney a fait connaître à l'Europe, en 1795, comme s'élevant en nombres ronds à 333,000,000 d'individus.

En 1812, dans la dix-huitième année du règne de l'empereur Kea-king, le recensement général donna pour résultat 361,195,729 habitants de toutes classes.

Si l'on pouvait avoir une entière confiance dans les renseignements statistiques donnés par le gouvernement chinois, nous admettrions sans difficulté ce dernier chiffre, que nous pourrions même considérer comme trop faible; car, en le supposant exact pour l'année à laquelle il se rapporte, il devrait être inférieur au chiffre réel pour l'année 1840, d'après les lois de la progression ascendante de la population.

Mais ne regardons les nombres relatés ci-dessus que comme des renseignements peu exacts, et voyons si par la comparaison de la superficie à la population probable nous arriverons à des résultats qui autorisent à admettre ou à rejeter comme exagérés les chiffres des deux principaux recensements que nous venons de rappeler.

D'après nos calculs la superficie de la Chine proprement dite est de 172,000 lieues géographiques carrées, ou de 339,753,087 hectares, ou enfin de 3,397,530 kilomètres carrés. Si elle était peuplée comme la Belgique qui compte 124 habitants par kilomètre carré, elle aurait exactement 421,293,720 habitants; c'est-à-dire que sa population serait plus considérable encore que ne le porte le dernier recensement dont nous avons parlé.

Peut-être trouvera-t-on plus rationnel de prendre pour base la population de la France; mais tout le monde sait que la France n'est pas le pays le plus peuplé de l'Europe, et que la Chine au contraire passe pour la contrée la plus populeuse de l'Asie. Quoi qu'il en soit, la France renferme 63 habitants par kilomètre carré : à ce taux la Chine aurait 215,000,000 d'habitants; ce qui serait déjà un nombre supérieur à celui que la plupart des géographes ont donné approximativement à ce pays, parce qu'ils n'ont pas considéré que son immense étendue comportait nécessairement une immense population.

Si nous n'avions aucune donnée sur la population de la Chine, nous prendrions pour base, afin de l'évaluer approximativement, la moyenne entre la population de la Belgique et celle de la France, et nous aurions pour 94 habitants par kilomètre carré le chiffre de 319,368,000 individus; mais nous serions encore en droit de considérer ce nombre comme approximatif ou comme inférieur à la vérité, par suite de plusieurs considérations dont nous allons exposer les principales.

Les missionnaires qui ont séjourné en Chine

nous ont représenté ce pays comme très peuplé. Il y a certainement des régions qui le sont peu, principalement dans les parties montagneuses; mais il y en a aussi qui sont beaucoup plus populeuses qu'aucune province de France ou de Belgique. Les principales villes de ces deux pays ont peu d'importance en comparaison de ces nombreuses cités chinoises qui comptent 300,000, 500,000 et 700,000 habitants.

Il y a d'ailleurs en Chine des causes d'accroissement de population qui n'existent ni en Belgique ni en France. En Europe aucune loi n'oblige à favoriser le mariage des domestiques; tandis qu'en Chine les maîtres qui ne procurent pas de maris à leurs esclaves femelles sont rigoureusement poursuivis.

En Chine, à l'exception de certains religieux, il y a peu de célibataires, parce que chaque individu regarde comme une calamité d'être privé d'un fils qui vienne exécuter sur la tombe de son père les cérémonies que celui-ci a pratiquées toute sa vie sur celle de ses aïeux. Les lois gracient dans beaucoup de cas un criminel condamné à mort dont l'existence est nécessaire au soutien de ses parents.

Ainsi que l'a dit M. Davis, l'accroissement de la population en Chine ne s'explique pas seulement par cette considération que les familles tendent à se perpétuer, mais encore par un système d'association et d'agglomération très répandu, établi sur les bases les plus économiques, qui réunit des familles pour tout ce qui concerne les besoins de la vie. On compte dans ces associations jusqu'à 700 individus partageant le même repas quotidien (¹).

Une des causes qui contribuent le plus à l'accroissement de la population chinoise, c'est l'obstacle qu'opposent les lois et les préjugés aux émigrations. La loi porte que : « Tous les officiers du gouvernement, les » soldats et les particuliers qui se mettront » clandestinement en mer pour trafiquer, ou » qui se rendront dans des îles étrangères, » soit pour les habiter, soit pour les cultiver, » seront punis des mêmes peines réservées à » ceux qui communiquent avec les rebelles » et les ennemis de la patrie. »

(¹) Voyez la Chine par J. Davis, ancien président de la Compagnie des Indes en Chine. — Traduit de l'anglais par Pichard.

Il y a sans doute beaucoup d'individus qui éludent cette loi ; mais ce ne sont probablement que ceux qui n'ont aucuns moyens d'existence. Comme il leur faut, pour passer sur une terre étrangère, abandonner les tombes de leurs parents, ils ne sont aux yeux de leurs concitoyens que des gens sans principes, que des misérables.

Enfin une autre cause d'augmentation, qui est peut-être la plus importante, c'est la paix dont jouit la Chine depuis plus d'un siècle sans interruption, c'est-à-dire depuis l'établissement de la dynastie tatare mandchoue.

Supposons que la paix règne encore en Europe jusqu'en 1915, la progression de la population devra élever le nombre d'habitants de la France à environ 50 millions, et celui des habitants de la Belgique à au moins 12 millions ; ce qui donnera pour la moyenne des deux pays 220 habitants par kilomètre carré; tandis qu'en admettant le chiffre du recensement de la Chine fait en 1812, on n'a que 106 individus par kilomètre carré.

Il résulte, selon nous, de cet ensemble de considérations et de faits, que la population de la Chine, telle qu'elle est fixée par le recensement de 1812, n'est nullement exagérée, si on la compare à la superficie de ce pays et au chiffre que donnerait la moyenne de la population de la France et de la Belgique. Nous regardons même comme probable qu'en 1840 le nombre d'habitants devait s'élever au-delà des 361 millions, que nous admettons jusqu'à ce que le résultat de quelque recensement récent soit connu en Europe.

L'armée que le gouvernement chinois entretient a été évaluée d'une manière qui peut paraître contradictoire, lorsqu'on ne tient pas compte du temps et des circonstances pendant lesquels les renseignements ont été recueillis. Comme l'a dit avec raison Abel Remusat, il doit y avoir une grande différence entre le pied de paix et le pied de guerre dans un pays où les soldats vont exercer chez eux des professions lucratives pendant les intervalles du service, et où des nations entières sont appelées sous les drapeaux en cas de besoin. Les Mandchoux des huit bannières, les Khalkhas et les Mongols sont dans ce dernier cas ; de sorte que les troupes chinoises ne font que la moindre partie des forces de l'empire.

Klaproth a publié d'après des documents

chinois authentiques le tableau des troupes réparties dans tout l'empire, ainsi que des matelots et des soldats de marine. Le nombre total s'élève à 1,358,000. Mais il fait observer qu'il est essentiel de distinguer entre le nombre d'hommes porté sur les contrôles et le nombre d'hommes effectif. Les officiers réservent à leur profit, dit-il, presque le tiers de la paie des soldats; ils ont un grand nombre de domestiques, et lorsque les inspecteurs font leur tournée, les officiers font paraître aux revues ces domestiques. On peut porter à environ un tiers le nombre d'hommes que l'on compte ainsi au-delà de l'effectif réel, ce qui réduit l'armée à 906,000 hommes tout au plus.

On a représenté les Chinois comme mauvais canonniers, comme des soldats mal armés, dépourvus de courage et d'esprit militaire, et commandés par des officiers ignorant l'art des évolutions militaires, et l'on a dû en tirer la conclusion qu'ils succomberaient probablement sous une force européenne très médiocre, comme ils ont déjà tant de fois succombé aux invasions des hordes de l'Asie centrale. Cette opinion a été contredite par Abel Remusat de la manière suivante :

« L'artillerie chinoise étant très mauvaise
» et les fusils d'une fabrication fort imparfaite, on pourrait croire que les armées ne
» seraient en état d'opposer aucune résistance
» à des troupes européennes bien disciplinées;
» mais la supériorité du nombre est un avan-
» tage qui leur resterait toujours, et la régu-
» larité des mouvements stratégiques leur
» permettrait de le mettre à profit. La tacti-
» que est chez eux l'objet d'une théorie sa-
» vamment combinée, et elle a même fixé
» l'attention de quelques généraux de l'école
» du grand Frédéric. D'ailleurs l'esprit natio-
» nal et la haine des étrangers sont les plus
» sûrs garants de l'indépendance d'un peu-
» ple, et il est impossible de pousser ces deux
» sentiments plus loin que les Chinois. »

Les revenus de la Chine ne sont connus que d'une manière approximative. D'après ce qu'en dit lord Macarthney, il faudrait les évaluer à 1,485 millions de francs. Le P. Duhalde pense que les dépenses totales de l'empire ne s'élèvent pas à moins de 1,500 millions. M. de Guignes fils croit au contraire cette évaluation trop forte. Selon lui, l'impôt perçu en 1777, y compris les droits de douane sur le sel, le charbon, etc., et 6 millions sur le commerce des étrangers à Canton, ne s'élevait qu'à 629,278,000 francs; mais il faut ajouter à cette somme le tribut qu'on prélève sur la soie et sur les tissus, ce qu'il estime à 50 millions, et, en y joignant encore d'autres produits, il porte le total des revenus à 710,000,000, en avertissant toutefois que les revenus des domaines de l'empereur, le monopole du Gin-seng, les confiscations, les présents, etc., ne figurent pas dans ce total. Quant à nous, nous pensons que M. de Guignes a évalué beaucoup trop bas ces revenus, et que c'est même être au-dessous de la vraisemblance et probablement de la vérité que de les porter, comme nous le faisons dans les tableaux ci-après, à la somme de 926 millions, car bien que l'argent ait une plus grande valeur en Chine qu'en Europe, cette somme ne paraît pas être en rapport avec l'étendue et la population de l'empire.

« Le tableau que nous avons tracé des mœurs et de la civilisation des Chinois est conforme aux idées de La Pérouse, de Krusenstern, de Barrow, de de Guignes et d'autres savants; il est appuyé sur les aveux des missionnaires : il pourra néanmoins déplaire à un certain nombre d'individus, qui du fond de l'Europe admirent la Chine. Dans le siècle dernier, la Chine a trouvé des panégyristes intéressés et ardents au sein de deux partis puissants. Les philosophes français et les jésuites exaltaient à l'envi les lois et le bonheur de ce pays. Les philosophes ne savaient pas ce qu'ils disaient; les jésuites le savaient. Mais aux yeux des hommes impartiaux, la *religion naturelle* de Confucius ne paraîtra pas préférable au christianisme, et d'un autre côté les règlements d'une police tyrannique, la gêne d'une étiquette puérile, et les grandes murailles destinées à empêcher la communication des esprits, ne sembleront pas encore applicables aux nations libres et fières de notre Europe.

» Au milieu de ces opinions, dictées par l'enthousiasme et l'esprit de parti, nous devons distinguer celles qui ont rapport à la prétendue antiquité de l'empire chinois. Les ennemis de la religion chrétienne attachent, comme on sait, une grande importance à déterrer quelque peuple dont les annales remontent au-delà du déluge de Noé, ou même au-delà de l'époque de la création du monde, telle que Moïse l'indique. Les prétendues antiquités égyptiennes et babyloniennes ayant été ramenées par la critique à leur juste valeur, on se rejeta sur l'Inde et la Chine. Les merveilles lointaines inspirent plus de vénération. La Chine fut représentée comme ayant formé un empire très civilisé et très florissant 4,500 ans avant Jésus-Christ; donc son origine et celle du monde remontaient à 10 ou 20,000 ans. Quelques missionnaires peu instruits, et voulant d'ailleurs tirer vanité de l'antiquité d'un empire dont ils prétendaient faire la conquête spirituelle, donnèrent aveuglément dans ce système sans en prévoir les conséquences. Une mauvaise compilation historique, traduite du chinois (1), nous apprit que Fohi fonda l'empire de la Chine environ 3,000 ans avant Jésus-Christ, et que trois siècles plus tard Hoang-ti régna sur des États florissants qui avaient 400 lieues de long sur 600 de large.

« Malheureusement la Chine elle-même a vu naître des historiens assez sincères pour rejeter toutes les fables qu'on raconte sur Fohi et Hoang-ti; ils n'osent pas même garantir les traditions qui regardent le règne d'Iao, être probablement allégorique, et qu'on place à vingt-trois siècles avant Jésus-Christ. Mais en quoi consistèrent les travaux d'Iao? Il dessécha des marais, il chassa les bêtes sauvages, il cultiva une terre déserte; et ses domaines avaient si peu d'étendue qu'il les parcourait quatre fois dans l'année (2). Dix siècles plus tard nous voyons les princes de la Chine se transporter d'une province à l'autre avec tout leur peuple, nomade comme eux, et comme eux logé, tantôt dans le creux des rochers, et tantôt dans des cabanes de terre (3). A l'époque où florissait Confucius, toute la Chine, au midi du fleuve Bleu, restait encore déserte (4). Rien, dans les annales de la Chine, n'annonce à cette époque une grande nation; aucun monument authentique n'atteste la puissance de ceux qui l'élevèrent; les livres écrits sur un papier très fragile, continuellement recopiés, ne peuvent pas offrir des lumières bien sûres; d'ailleurs on assure que deux siècles avant Jésus-Christ un monarque barbare fit détruire tous les écrits qui existaient alors. Il faut donc se résigner, avec les savants chinois, à ne faire remonter l'histoire de la Chine qu'à huit ou neuf siècles tout au plus avant notre ère actuelle (1). Le système qui vise à une plus haute antiquité doit son origine à des caprices modernes de quelques lettrés, et à la vanité des empereurs (2).

» Mais, nous dira-t-on, des observations astronomiques reconnues exactes par un grand géomètre (3), remontent à 1100 ans avant Jésus-Christ. En laissant de côté les objections qu'on pourrait faire sur l'authenticité de ces observations; en admettant qu'elles n'ont pas été imaginées par les Chinois modernes, elles prouvent seulement qu'en l'an 1100 avant Jésus-Christ il existait en Chine une tribu, une ville civilisée, et qui avait produit des savants. L'Asie orientale a pu avoir, comme l'Europe, ses Grecs et son Athènes. Il y a loin de là à la fondation d'un immense empire. Il y a aussi loin de 1100 ans à 2300; la civilisation grecque et romaine naquit et s'éteignit dans un moindre espace de temps.

» Même après le commencement de notre ère, la Chine a souvent été divisée en petits États; et sa civilisation, si elle remonte à une date plus ancienne, a dû plus d'une fois se perdre, puisque dans le treizième siècle les habitants de la province de Fou-kian, dans le Man-ty ou la Chine méridionale, mangeaient avidement la chair humaine, en choisissant avec soin les hommes bien portants, buvaient le sang des prisonniers de guerre, et se faisaient des marques ou figures sur la peau avec un fer chaud, à la manière des nations les plus sauvages (4). Celui qui nous rapporte ces faits avait administré un district du pays. Comment se fait-il que depuis Marco-Polo jusqu'à M. de Guignes, tous ceux qui ont vu la Chine y ont observé des choses si propres à calmer l'enthousiasme de ceux qui de loin admirent ce pays? »

---

(1) L'Histoire générale de la Chine, en 12 vol., trad. par le P. *Mailla* et l'abbé *Grosier*. — (2) *De Guignes* fils : Réflexions, etc. *Annales des voyages*, VIII, 176. Le P. *Ko* (Chinois), Mémoires des missionnaires, I, 213. *Amiot*, ibid., XIII, p. 171. 311, etc. — (3) Le *Chy-King*, Mém. des missionnaires, I, p. 168. Le P. *Cibot*, ib., XV, p. 34. *De Guignes*, Voyage à Péking, I, p. 73. — (4) Mém. des missionnaires, XIII, 311.

(1) Le P. *Prémare*, préface du *Chou-King*, p. 55. Le P. *Ko*, Mém. des missionnaires, I, p. 240. — (2) Le P. *Gaubil*, Observat. mathémat. de Souciet, II, p. 16, 17. — (3) *De Laplace*, Système du monde, p. 398, 405, 3ᵉ édit. — (4) *Marco-Polo*, de Reb. orient., II, 67.

TABLEAU des divisions et de la population des provinces de la Chine proprement dite, présentant cette contrée divisée en 18 provinces, 187 départements, 248 arrondissements, dont 66 immédiats, 1354 districts et 107 cantons.

PROVINCES.	DÉPARTEMENTS.	NOMBRE d'arrondissements.	NOMBRE de districts.	NOMBRE de cantons.	NOMBRE D'HABITANTS par PROVINCE.	SUPERFICIE en lieues géographiques carrées.
TCHY-LI	Chun-thian	»	19	»	27,990,871	7,000
	Pao-ting	»	15	»		
	Young-phing	1	6	»		
	Ho-kian	1	10	»		
	Thian-tsin	1	6	»		
	Tching-ting	1	13	»		
	Chun-te	»	9	»		
	Kouang-phing	1	9	»		
	Taï-Ming	1	6	»		
	Siouan-hoa	3	7	»		
	Tching-te	1	5	»		
	Arrondissements immédiats.	6	10	»		
CHAN-SI	Thaï-youan	1	10	»	14,004,210	10,500
	Phing-yang	1	10	»		
	Phou-tcheou	»	6	»		
	Lou-'an	»	7	»		
	Fen-tcheou	1	7	»		
	Thse-tcheou	»	5	»		
	Ning-wou	»	4	»		
	Taï-thoung	2	7	»		
	Sou-phing	1	4	»		
	Arrondissements immédiats.	10	27	6		
CHEN-SI	Si-'an	1	15	»	10,207,456	9,000
	Yan-'an	»	10	»		
	Foung-thsiang	1	7	»		
	Han-tchoung	1	8	»		
	Iu-lin	1	4	»		
	Hing-'an	»	6	»		
	Thoung-tcheou	1	8	1		
	Arrondissements immédiats.	5	15	»		
CHAN-TOUNG	Tsi-nan	1	15	»	28,958,764	9,000
	Yan-tcheou	»	10	»		
	Toung-tchbang	1	9	»		
	Thsing-tcheou	»	11	»		
	Teng-tcheou	1	9	»		
	Laï-tcheou	2	5	»		
	Wou-ting	1	9	»		
	Yi-tcheou	1	6	»		
	Thaï-'an	1	6	»		
	Tsao-tcheou	1	10	»		
	Arrondissements immédiats.	2	6	»		
KAN-SOU	Lan-tcheou	2	4	»	15,193,125	8,500
	Koung-tchbang	1	»	81		
	Phin-liang	2	3	»		
	Khing-yang	1	4	»		
	Ning-hia	1	4	»		
	Kan-tcheou	»	2	»		
	Liang-tcheou	»	5	»		
	Si-ning	»	3	»		
	Tchin-si	»	2	»		
	Arrondissements immédiats.	6	17	»		
KIANG-SOU	Kiang-ning	»	7	»	37,843,501	6,000
	Sou-tcheou	»	9	»		

TABLEAUX.

PROVINCES.	DÉPARTEMENTS.	NOMBRE d'arrondissements.	NOMBRE de districts.	NOMBRE de cantons.	NOMBRE D'HABITANTS par PROVINCE.	SUPERFICIE en lieues géographiques carrées.
KIANG-SOU.	Soung-kiang	»	7	»		
	Tchang-tcheou	»	8	»		
	Tchin-kiang	»	4	»		
	Haeï-'an	»	6	»		
	Yang-tcheou	2	6	»		
	Siu-tcheou	1	7	»		
	Arrondissements immédiats.	3	8	»		
AN-HOEÏ.	An-king	»	6	»	34,108,059	4,000
	Hoeï-tcheou	»	6	»		
	Ning-koue	»	6	»		
	Tchi-tcheou	»	6	»		
	Thaï-phing	»	3	»		
	Liu-tcheou	1	4	»		
	Foung-yang	2	5	»		
	Ying-tcheou	1	5	»		
	Arrondissements immédiats.	5	9	»		
HO-NAN.	Khaï-foung	2	15	»	23,037,171	8,000
	Kouëï-te	1	7	»		
	Tchang-te	»	7	»		
	Wei-hoeï	»	10	»		
	Hoaï-king	»	8	»		
	Ho-nan	»	10	»		
	Nan-yang	2	11	»		
	You-ning	1	8	»		
	Tchin-tcheou	»	7	»		
	Arrondissements immédiats.	4	15	»		
KIANG SI.	Nan-tchhang	1	7	»	30,426,999	12,000
	Jao-tcheou	»	7	»		
	Kouang-sin	»	7	»		
	Nan-khang	»	4	»		
	Kieou-kiang	»	5	»		
	Kian-tchhang	»	5	»		
	Fou-tcheou	»	6	»		
	Lin-kiang	»	4	»		
	Ki-'an	»	9	1		
	Chouï-tcheou	»	3	»		
	Youan-tcheou	»	4	»		
	Kan-tcheou	»	8	1		
	Nan-'an	»	4	»		
	Arrondissements immédiats.	1	2	»		
SSE-TCHHOUAN.	Tching-tou	3	13	»	21,435,678	21,000
	Tchoung-khing	2	11	»		
	Pao-ning	2	7	»		
	Chun-khing	2	8	»		
	Siu-tcheou	»	11	2		
	Khoueï-tcheou	»	6	»		
	Loung-'an	»	4	»		
	Ning-youan	1	3	1		
	Ta-tcheou	1	5	»		
	Kia-ting	»	7	»		
	Thoung-tchhouan	»	8	»		
	Arrondissements immédiats.	9	27	6		
TCHE KIANG.	Hang-tcheou	1	8	»	22,256,784	5,000
	Kia-king	»	7	»		
	Hou-tcheou	»	7	»		
	Ning-pho	»	6	»		
	Chao-hing	2	8	»		
	Taï-tcheou	»	6	»		
	Kin-hoa	»	8	»		

PROVINCES.	DÉPARTEMENTS.	NOMBRE			NOMBRE D'HABITANTS par PROVINCE.	SUPERFICIE en lieues géographiques carrées.
		d'arrondissements.	de districts.	de cantons.		
TCHE-KIANG	Khiu-tcheou	»	5	»		
	Yan-tcheou	»	6	»		
	Wen-tcheou	»	5	»		
	Tchou-tcheou	»	10	»		
	Arrondissements immédiats.	»	»	»		
HOU-NAN	Tchang-cha	1	11	»	18,652,507	11,000
	Pao-khing	1	4	»		
	Yo-tcheou	»	4	»		
	Tchang-te	»	4	»		
	Heng-tcheou	»	7	»		
	Young-tcheou	»	7	»		
	Tchin-tcheou	»	4	»		
	Youan-tcheou	»	3	»		
	Young-chun	»	4	»		
	Arrondissements immédiats.	4	16	»		
HOU-PE	Wou-tchhang	1	9	»	27,370,098	7,000
	Han-yang	1	4	»		
	Hoang-tcheou	1	7	»		
	An-lou	1	5	»		
	Te-'an	1	4	»		
	King-tcheou	»	8	»		
	Siang-yang	1	6	»		
	Yun-yang	»	6	»		
	Yi-tchhang	2	5	»		
	King-men	»	»	»		
	Chi-nan	»	»	»		
	Arrondissements immédiats.	»	»	»		
FOU-KIAN	Fou-tcheou	»	10	»	14,779,258	6,000
	Hing-hoa	»	2	»		
	Tsiouan-tcheou	»	5	»		
	Tchang-tcheou	»	7	»		
	Yan-phing	»	6	»		
	Kian-ning	»	7	»		
	Chao-wou	4	4	»		
	Ting-tcheou	»	8	»		
	Fou-ning	»	5	»		
	Thaï-wan (Formose)	»	4	»		
	Arrondissements immédiats.	2	4	»		
KOUEÏ-TCHEOU	Kouei-yang	3	4	»	2,942,003	7,000
	An-chun	2	3	»		
	Phin-youeï	1	4	»		
	Tou-yun	2	3	»		
	Tchin-youan	»	3	»		
	Sse-nan	»	3	»		
	Chi-thsian	»	1	»		
	Sse-tcheou	»	2	»		
	Thoung-jin	»	1	»		
	Li-ping	»	3	»		
	Taï-ting	3	1	»		
	Nan-loung	2	2	»		
	Tsun-yi	1	4	»		
	Jin-hoaï-thing	»	»	»		
YUN-NAN	Yun-nan	4	7	»	5,561,320	19,000
	Kio-tsing	6	2	»		
	Lin-'an	5	5	»		
	Tchhing-kiang	2	2	»		
	Kouang-nan	1	1	»		
	Khaï-hoa	»	1	»		
	Toung-tchhouan	»	1	»		
	Tchao-thoung	1	2	»		

TABLEAUX.

PROVINCES.	DÉPARTEMENTS.	NOMBRE d'arrondissements.	NOMBRE de districts.	NOMBRE de cantons	NOMBRE D'HABITANTS par PROVINCE.	SUPERFICIE en lieues géographiques carrées.
YUN-NAN.	Phou-eul	»	1	»		
	Ta-li	4	3	»		
	Thsou-hioung	3	4	»		
	Young-tchhang	1	2	»		
	Chun-ning	1	1	1		
	Li-kiang	»	1	1		
	Young-pe	»	»	2		
	(1 dép. autonome)	2	»	»		
	Arrondissements immédiats.	4	»	3		
KOUANG-SI.	Kouei-lin	2	7	»	7,313,895	12,000
	Lieou-tcheou	1	7	»		
	King-youan	2	3	»		
	Sse-'en	6	3	»		
	Sse-tchhing	1	2	»		
	Phing-lo	1	7	»		
	Ou-tcheou	»	5	»		
	Thsin-tcheou	»	4	»		
	Nan-ning	6	3	»		
	Thaï-phing	22	2	1		
	Tchin-'an	6	1	»		
	Arrondissements immédiats.	2	4	»		
KOUANG-TOUNG.	Kouang-tcheou	»	14	»	19,174,030	10,000
	Chao-tcheou	»	6	»		
	Nan-hioung	»	2	»		
	Hoeï-tcheou	1	9	»		
	Tchhao-tcheou	»	9	»		
	Tchao-khing	1	12	»		
	Kao-tcheou	1	5	»		
	Lian-tcheou	1	2	»		
	Louï-tcheon	»	3	»		
	Kioung-tcheou (Haï-nan)	3	10	»		
	Arrondissements immédiats.	3	8	»		
	Total de la population et de la superficie.				361,195,729	172,000

TABLEAU de la population de l'Empire chinois.

CHINE propre.
- Mandarins des 9 classes et employés subalternes. . . . 102,000
- Habitants qui vivent sur l'eau 2,418,000
- Armée de terre et de mer 906,000
- Complément du recensement de 1812 357,769,729

 } 361,195,729

PROVINCES PARTICULIÈRES.
- Mandchourie . . . . 2,000,000 ?
- Dzoungarie ou Thian-Chan-Pe-lou . . . . . . } 2,000,000
- Petite Boukharie ou Thian-Chan-Nan-lou . . . .

TRIBUS NOMADES.
- Mongols.
- Dzoungars.
- Eleuthes.   } 2,500,000
- Torgoots.
- Kirghiz.

ÉTATS TRIBUTAIRES.
- Tibet ou Si-zzang 6,000,000
- Boutan ou pays du Deb-Radjah 1,000,000
- Royaume de Corée 8,500,000
- Royaume de Licou-Khieou 500,000

Total général . . . 383,695,729

(*) Bien qu'il paraisse certain que dans la plupart des recensements faits en Chine on ne comprend ni l'armée, ni les familles qui vivent sur les eaux, nous les défalquons du total du recensement que nous prenons pour point de départ, afin qu'on ne nous taxe point d'exagération.

Tableau *présentant le rapport de la population à la superficie dans les différentes parties de l'Empire chinois.*

PARTIES DE L'EMPIRE.	POPULATION.	SUPERFICIE EN LIEUES GÉOGRAPHIQUES.	POPULATION PAR LIEUE CARRÉE.
Chine propre.	361,195,729	172,000 (¹)	2,100
Mandchourie.	2,000,000?	95,000	21
Dzoungarie ou Thian-Chan-pe-lou.	2,000,000	25,000 } 91,000	22
Petite Boukharie ou Thian-Chan-nan-lou.		66,000	
Mongolie.	2,500,000	250,000	10
États tributaires.			
Tibet ou Si-Zeang.	6,000,000	78,000	77
Boutan.	1,000,000	6,000	166
Royaume de Corée.	8,500,000	10,500	809
Royaume de Lieou-Khieou.	500,000	550	1,000
Totaux.	383,695,729	703,000	546

Tableau *de la population et des revenus de la Chine proprement dite, tiré de la grande Géographie chinoise* Day-sin-y-tundschi.

NOMS DES PROVINCES.	NOMBRE DES PAYSANS SOUMIS A LA CONTRIBUTION.	TRIBUT EN BLÉ.	TRIBUT EN ARGENT.
Tchy-li.	3,340,544	118,162 dán (²)	2,422,128 láña (³)
Kiang-nan. { le Kiang-sou. et l'An-hoeï.	4,256,712	189,124	5,327,614
Chan-si.	1,799,895	110,054	2,973,242
Chan-toung.	2,431,936	1,271,494	3,463,224
Ho-nan.	2,527,456	249,476	2,605,191
Chen-si.	2,262,438	191,955	1,450,711
Kouang-tcheou.	451,693	590,618	300,506
Tche-kiang.	3,124,798	1,363,400	2,856,710
Kiang-si.	337,069	942,065	1,975,711
Hou-kouan. { Hou-pe. Hou-nan.	752,970	609,501	1,308,769
Zu-tchouan.	650,208	.	656,405
Fou-kian.	1,528,607	297,462	1,030,712
Kouang-toung.	1,201,320	114,579	1,286,198
Kouang-si.	220,690	67,755	375,974
Yun-nan.	237,965	227,626	209,582
Kouei-tcheou.	41,089	123,015	118,094
	25,165,390	6,396,286 dán.	28,360,800 láña.

(¹) En kilomètres carrés, 3,39°,530; en myriamètres carrés, 33,975; en hectares, 339,753,087. — (²) *Dán*, boisseau chinois, équivalant à 12,970 pouces cubes. — (³) *Láña*, poids chinois, équivalant à 709, ou selon d'autres à 774, ou même 781 gs de Hollande.

TABLEAUX.

Dénombrements *anciens de la Chine, présentant seulement le nombre des familles contribuables et des individus qui les composent.*

	FAMILLES (¹).	BOUCHES (²).
Dans le 14ᵉ siècle avant notre ère sous le règne d'Iu. . . .	13,553,923	81,323,538
(³) Dans le 10ᵉ siècle idem idem de Wiou-wang. . .	13,704,923	82,229,538
(⁴) Vers l'an 680 idem idem de Tchoang-wang. .	11,941,923	71,651,538
Dans l'an 2 de notre ère idem de Hioo-phing. . .	12,233,062	82,610,000 *
Dans l'an 57 idem idem de Kouang-won. . .	4,279,634	29,180,000 *
Dans l'an 75 idem idem de Ming-ty. . .	5,860,973	47,396,000 *
Dans l'an 88 idem idem de Tchang-ty. . .	7,456,784	60,220,000 *
Dans l'an 105 idem idem de Ho-ty. . .	9,237,112	73,960,000 *
Dans l'an 124 idem idem de Ngan-ty. . .	9,617,838	67,620,000 *
Dans l'an 144 idem idem de Chun-ty. . .	9,946,919	69,090,000 *
(⁵) Dans l'an 155 idem idem de Houen-ty. . .	16,070,906	96,425,436
(⁶) Dans l'an 606 idem idem de Yang-ty. . .	8,907,536	53,046,216
Dans l'an 740 idem.	8,412,800	50,476,800
(⁷) Dans l'an 836 idem.	4,996,753	29,980,518
Dans l'an 1021 idem.	8,677,677	52,066,062
Dans l'an 1047 idem.	10,723,695	64,342,170
Dans l'an 1066 idem.	12,917,321	77,917,321
Dans l'an 1102 idem.	20,019,050	120,154,300
Dans l'an 1223 idem.	12,670,801	76,024,806
Dans l'an 1381 idem.	10,650,000	59,850,000 *
Dans l'an 1412 idem.	10,992,000	65,377,000 *
Dans l'an 1505 idem.	12,972,000	77,832,000 *
(⁸) Dans l'an 1580 idem.	10,621,436	60,692,000 *

Dénombrements modernes de la Chine.

LE P. GRAVIER HALLERSTEIN, D'APRÈS LE YE-TONG-TCHI, 1743.		GRANDE GÉOGRAPHIE, PUBLIÉE EN 1790.		MACARTNEY, 1795, RECENSEMENT DE 1793.		RECENSEMENT GÉNÉRAL FAIT EN 1812.	
Tchy-li.	15,222,940	Tchy-li. . .	3,504,038	Id. .	38,000,000	Id. .	27,990,871
Chan-si.	9,768,189	Kiang-sou.	28,967,235	Id. .	27,000,000	Id. .	37,843,501
Chensi partagée en Si-ngan.	7,287,443	Chan-toung.	25,447,633	Id. .	18,000,000	Id. .	28,958,764
et Kan-sou. . . .	7,412,014	Ho-nan. .	2,662,969	Id. .	12,000,000	Id. .	23,037,171
Szu-tchouan.	2,782,976	An-hoeï. .	1,438,023	Id. .	27,000,000	Id. .	34,108,059
Youn-nan.	2,078,892	Hou-nan. .	9,098,010	Id. .	8,000,000	Id. .	18,652,507
Kouang-si.	3,947,414	Kiang-si. .	5,922,160	Id. .	10,000,000	Id. .	30,426,999
Kouang-toung. . . .	6,732,915	Hou-pe. .	24,601,369	Id. .	21,000,000	Id. .	27,370,098
Fou-kian.	8,063,671	Yun-nan. .	2,255,459	Id. .	15,000,000	Id. .	5,501,320
Tche-kiang.	15,429,690	Szu-tchouan	7,789,782	Id. .	21,000,000	Id. .	21,435,678
Kiang-nan, partagée en {		Chan-si. .	1,860,816			Id. .	14,004,210
An-hoeï. . 22,761,030 }{	45,922,439	Chen-si. .	1,257,701	Id. .	32,000,000	Id. .	10,207,456
et Kiang-sou. 23,161,409 }							
Chan-toung.	25,180,734	Fou-kian. .	1,684,528	Id. .	24,000,000	Id. avec Formose.	14,779,258
Ho-nan.	16,332,507	Tche-kiang.	18,975,099	Id. .	25,000,000	Id. .	22,256,784
Hou-kouang, partagée en {		Kouang-si.	2,569,518			Id. .	7,313,895
Hou-pe. . 8,080,603 }{	16,910,423	Kouang-toung.	1,491,271	Id. .	27,000,000	Id. .	19,174,030
et Hou-nan. 8,829,820 }							
Kiang-si.	11,006,604	Kan-sou. .	340,086	Id. .	19,000,000	Id. .	15,193,125
Koei-tcheou.	3,402,722	Koeï-tcheou.	2,941,391	Id. .	9,000,000	Id. .	2,942,003
Total. . .	198,213,713		141,840,094		333,000,000		361,195,729

(¹) M. Ed Biot a publié dans le nouveau journal asiatique plusieurs Mémoires relatifs à la population de la Chine dans les temps anciens ; nous en extrayons le chiffre officiel des familles de contribuables, dont il a calculé le nombre d'individus de l'âge de 7 à 56 ans (ce sont ces nombres qui sont marqués d'un astérisque); nous avons calculé les autres nombres à raison de 6 individus par famille. — (²) La *statistique* chinoise compte par *bouches*, tandis que celle des Européens se sert du terme *âmes* pour désigner les individus quelconques d'une nation, province ou ville. — (³) Vers cette époque, et conséquemment aux deux époques antérieures, la Chine était beaucoup moins considérable qu'aujourd'hui, car toute la partie méridionale n'avait pour habitants que des sauvages; la culture des terres était négligée, et la population se portait sur les rives des fleuves. — (⁴) A cette époque la guerre civile agitait et dépeuplait les provinces. Cet état dura probablement jusque vers l'an 144. — (⁵) On voit par ce recensement qu'après plus d'un siècle de calme la population avait considérablement augmenté. — (⁶) A cette époque, les grands travaux que fit exécuter Yang-Ty firent périr en masse les populations. — (⁷) Il paraît qu'il y eut vers cette époque de nombreuses émigrations. — (⁸) Les variations que présentent les différents recensements depuis le onzième jusqu'au seizième siècle pourraient s'expliquer naturellement par les dévastations auxquelles la Chine fut en proie, par les massacres opérés par les Mongols et par d'autres causes semblables. Mais, de l'aveu même de Ma-Touén-Lin, auteur chinois, tous les recensements étaient faits avec si peu de soin, qu'on ne peut ajouter foi qu'à ceux qui commencèrent à être exécutés sur les individus de toutes les classes sous l'empereur Kang-hi.

TABLEAU *des impôts prélevés en argent dans les différentes provinces de la Chine proprement dite.*

PROVINCE DE TCHY-LI.

	taëls.	
Les taxes prélevées à Tchan-tien-fou s'élèvent à	154,173	
Les taxes prélevées par le trésorier	2,334,475	
Les droits sur les charbons	32,420	3,114,770 taëls ou 24,918,160 fr.
Idem sur le sel	473,949	
Autres droits	119,753	

PROVINCE DE CHAN-SI.

Taxes	2,990,675	
Droits sur le sel	507,028	3,539,722 taëls ou 28,317,776 fr.
Autres droits	42,019	

PROVINCE DE CHEN-SI.

Taxes	1,658,709	1,699,332 taëls ou 13,594,656 fr.
Droits (*)	40,623	

PROVINCE DE CHAN-TOUNG.

Taxes	3,376,165	
Droits sur le sel	120,720	3,526,565 taëls ou 28,212,520 fr.
Droits prélevés à Tsing-tcheou-kouan	29,680	

PROVINCE DE KAN-SOU.

Taxes	280,652	
Droits	39,450	538,652 taëls ou 4,309,216 fr.
Taxes payées en grains et en riz	218,550	

PROVINCE DE KIANG SOU.

Les taxes prélevées à Kiang-sou montent à	3,116,826	
Les droits sur le sel à Kiang-sou	93,240	3,256,982 taëls ou 26,056,856 fr.
Autres droits levés à Kiang-sou	46,916	

PROVINCE DE AN-HOEÏ.

Taxes prélevées à Anking-sou	1,718,824	
Les droits sur le sel à An-hoeï	38,584	
Les droits prélevés sur les melons	7,660	2,550,076 taëls ou 20,400,608 fr.
Et autres légumes à An-hoeï	227,286	
Autres droits	557,722	

PROVINCE DE HO-NAN.

Taxes	3,164,758	
Droits	12,650	3,608,681 taëls ou 28,869,448 fr.
Taxes payées en grain à Kiang-sou et à An-hoeï	431,273	

PROVINCE DE KIANG-SI.

Taxes	1,878,682	
Droits sur le sel	5,150	2,108,653 taëls ou 16,869,224 fr.
Autres droits	224,821	

PROVINCE DE SZU-TCHHOUAN.

Taxes	631,094	651,623 taëls ou 5,212,984 fr.
Droits	20,529	

PROVINCE DE TCHE-KIANG.

Taxes	2,914,489	
Droits prélevés sur le sel, etc.	501,044	3,607,373 taëls ou 28,858,954 fr.
Autres droits	191,840	

PROVINCE DE HOU-NAN.

Taxes	882,745	
Droits prélevés par les troupes	20,350	
Droits sur les postes	13,880	947,505 taëls ou 7,580,040 fr.
Autres droits	30,530	

À reporter. . . 29,149,934 taëls ou 233,199,442 fr.

(*) Dans cette estimation n'est pas comprise celle des droits prélevés à Tung-kouan, ceux-ci n'étant pas bien connus.

TABLEAUX. 201

PROVINCE DE HOU-PE.	Report.	29,149,934 taëls ou 233,199,442 fr.

Taxes.	1,074,489
Droits prélevés par les troupes.	32,640
Droits sur les postes.	18,140
Autres droits.	68,425

93,694 taëls ou 9,549,552 fr.

PROVINCE DE FOU-KIAN.

Taxes.	1,974,489
Droits sur le sel.	85,470
Autres droits.	98,399

2,158,358 taëls ou 17,266,864 fr.

PROVINCE DE KOUEÏ-TCHEOU.

Taxes.	102,628
Droits sur le sel.	6,230
Autres droits.	13,690

122,548 taëls ou 980,384 fr.

PROVINCE DE YOUN-NAN.

Taxes.	416.399
Droits.	34,256

450,655 taëls ou 3,605,240 fr.

PROVINCE DE KOUANG-SI.

Taxes.	416,399
Taxes prélevées sur les brevets des bureaux de prêt, etc.	25,880
Droits sur le sel.	47,150

489,429 taëls ou 3,915,432 fr.

PROVINCE DE KOUANG-TOUNG.

Taxes.	1,264,304
Taxes prélevées sur les brevets des bureaux de prêt.	5,990
Droits prélevés à Kanton.	43,750
Droits prélevés à Tcheou-tchou.	53,670
Droits sur le sel.	47,510

1,415,224 taëls ou 11,321,792 fr.

Total. . . . . . . 34,979,842 taëls ou 279,838,736 fr.

Récapitulation des impôts.

Le total des taxes et des droits en argent s'élève à 34,979,842 taëls, ou en francs à :	279,838,736
Celui des taxes payées en grains et en riz est de 4,090,285 seïs, ou en livres.	758,407,725 (¹)
Celui des quantités de grains et de riz conservés dans les greniers publics est de 30,300,475 seïs, faisant en livres	5,605,587,875
Le total de ces taxes en nature est en livres de.	6,363,995,600
Ce qui donne au taux ordinaire du grain et du riz environ.	590,161,264
On peut donc évaluer les recettes de la Chine en francs à	870,000,000
Si l'on y ajoutait l'impôt prélevé à Kanton sur les étrangers, et évalué à francs.	6,000,000
ainsi que celui dont les différents tissus de soie et autres sont frappés, et que l'on porte à francs.	50,000,000

56,000,000

On aurait pour le total des recettes. . . . . 926,000,000.

(¹) Voyez le tableau ci-après.

TABLEAU *des taxes payées en grains et en riz par les provinces de la Chine proprement dite.*

	séis (¹)
Tchy-li	»
Chan-si	»
Chen-si	»
Chan-toung	353,963
Kan-sou	218,550
Kiang-sou	} 1,431,273
An-hoeï	
Ho-nan	221,342
Kiang-si	775,063
Szu-tchhouan	»
Tche-kiang	678,320
Hou-nan	96,214
Hou-pe	96,934
Fou-kian	»
Kouëi-tcheou	»
Youn-nan	227,626
Kouang-si	»
Kouang-toung	»
Total	**4,099,285**

Cette quantité forme en livres pesant.. 758,407,725

TABLEAU *de la quantité de grains et de riz que l'on conserve dans les magasins de chaque province.*

	GRAINS. séis.	RIZ. séis.
Tchy-li	869,192	91,077
Chan-si	1,306,987	»
Chen-si	2,697,620	636.523
Chan-toung	966,500	478,690
Kan-sou	3,080,000	402,249
Kiang-sou	1,466,000	1,048,602
An-hoeï	864,110	155,053
Ho-nan	2,221,300	221,941
Kiang-si	1,139,689	787,454
Szu-tchhouan	1,045,179	9,840
Tche-kiang	1,503,605	615,663
Hou-nan	1,435,958	72,462
Hou-pe	465,627	96,848
Fou-kian	1,778,887	232,517
Kouëi-tcheou	157,818	»
Youn-nan	750,411	»
Kouang-si	990,471	127,175
Kouang-toung	2,585,000	»
Totaux	**25,324,354**	**4,976,121**
Quantités qui font en liv. pesant	4,586,005,490	920,582,385
Total	**5,605,587,875 livres.**	

(¹) Cette mesure équivaut à 185 livres pesant.

TABLEAU *de la population de quelques unes des principales villes de la Chine, d'après M. DE RIENZI.*

	habitants.
Péking	1,700,000
Nanking	514,000
Hang-tcheou	700,000
Oou-tchang	580,000
King-tchin	500,000
Fok-han	320,000
Nang-tchang	300,000
Sou-tcheou-fou	214,017
Kouang-tcheou-fou (Kanton)	845,729
Macao ou Ngao-men	32,268

TABLEAU *des troupes réparties dans l'Empire chinois, d'après des documents authentiques publiés par* KLAPROTH.

	hommes.
Péking	90,000
Tchy-li	151,000
Kiang-sou	} 132,000
An-oeï	
Kiang-si	39,000
Tche-kiang	59,000
Fou-kian	76,000
Hou-pe	37,000
Hou-nan	51,000
Ho-nan	24,000
Chan-toung	35,000
Chan-si	35,000
Chen-si	104,000
Kan-sou	123,000
Szu-tchhouan	85,000
Kouang-toung	99,000
Kouang-si	42,000
Iun-nan	53,000
Kouëi-tcheou	70,000
Total pour la Chine propre.	**1,232,000**

AUTRES PROVINCES DE L'EMPIRE.

Ching-king ou Liaotoung	4,000	
Pays des Mandchoux	10,000	
Mongolie	30,000	} 95,000
Dzoungarie et Turkestan chinois	45,000	
Tibet	6,000	

Marine.

Troupes et matelots	31,000
Total des troupes de terre et de mer	**1,358,000**
Effectif présumé sous les armes	906,000

TABLEAUX des dépenses annuelles de la Chine par provinces, d'après M. DE RIENZI.

ADMINISTRATION CIVILE.

PROVINCES.	NOMBRE D'OFFICIERS	TRAITEMENTS EN TAELS.
Tchy-li	869	281,148
Chan-si	512	296,270
Chen-si	408	144,100
Chan-toung	675	293,162
Kan-sou	303	138,500
Kiang-sou	959	314,590
An-hoeï	378	124,000
Ho-nan	578	260,970
Kiang-si	375	190,840
Szu-tchhouan	567	217,230
Tche-kiang	556	181,850
Hou-nan	438	154,500
Hou-pe	463	172,896
Fou-kian	471	159,640
Koueï-tcheou	229	117,060
You-nan	389	204,821
Kouang-si	430	165,186
Kouang-toung	622	198,140
Totaux	9,222	3,614,903

Le total des traitements fait en francs. 28,919,224

ADMINISTRATION MILITAIRE.

PROVINCES.	NOMBRE D'HOMMES.	SOLDE EN TAELS.
Peking. garnison 26,150 / Tchy-li. idem 151,000	177,150	2,905,079
Chen-si	104,000	1,759,677
Chan-si	53,000	875,600
Chan-toung	35,000	582,814
Kan-sou	123,000	2,040,995
Kiang-sou ancien An-hoeï. Kiang-nang.	132,000	2,182,707
Ho-nan	24,050	395,613
Kiang-si	39,000	641,339
Szu-tchhouan	85,000	1,402,162
Tche-kiang	56,000	967,402
Hou-nan	51,000	844,990
Hou pe	37,000	621,254
Fou-kiang	76,000	1,228,006
Koueï-tcheou	73,000	1,161,103
Youn-nan	53,000	892,078
Kouang-si	42,000	728,268
Kouang-toung	99,000	1,582,654
Totaux	1,259,200	20,812,341

Le total de la solde fait en francs. 166,498,728[*]

Récapitulation des recettes et des dépenses en numéraire (²).

Total des recettes en numéraire. . . . . 279,838,736 fr.
Total des dépenses pour l'administration civile. . . . . . . 28,919,224 fr.
Total des dépenses pour l'administration militaire. 166,498,728
Réparations annuelles des rives du Hoang-ho : à ajouter, 2,000,000 de taëls; en francs. . . . . 16,000,000 } 219,417,952
Réparations annuelles des jardins Yuen-ming et Djih huu : 1,000,000 de taëls; en francs 8,000,000
Excédant des recettes sur les dépenses publiques, mais sur lequel doivent être prélevées celles de la maison de l'empereur, de la marine, du traitement des ministres, de l'entretien des monuments publics, du culte, de l'instruction publique, et d'autres dépenses qui nous sont inconnues 60,420,784

(¹) Les dépenses de la marine ne sont pas comprises ici, parce qu'elles sont trop incertaines. — (²) Nous ferons encore observer que nous ne comprenons dans cette récapitulation qu'une partie des impôts, puisque nous n'y faisons figurer ni la valeur des grains perçus, ni l'impôt des étrangers, ni celui des tissus.

Tableau des positions géographiques des principaux lieux de l'Empire chinois, observées astronomiquement.

NOMS DES LIEUX.	LONGITUDES. E.			LATITUDES. N.			NOMS DES OBSERVATEURS.
	deg.	min.	sec.	deg.	min.	sec.	
TURKESTAN CHINOIS ou *Thian-chan-nan-lou.*							
Ouchi.	75	40	0	40	6	0	Auteurs.
Kachghar.	71	43	0	39	25	0	Idem.
Khotan.	78	15	30	37	10	0	Le P. Hallerstein.
Yarkand.	73	57	30	28	19	0	Idem.
Jenghi-hissar.	71	60	0	38	19	0	Idem.
Sandjou.	76	20	30	36	25	0	Idem.
Aksou.	80	27	30	41	9	0	Idem.
Pidjan.	73	51	0	40	30	0	Auteurs.
Koutché.	80	35	0	41	37	0	Idem.
Pé-chan (Volcan).	76	47	0	42	35	0	De Humboldt.
DZOUNGARIE ou *Thian-chan-pé-lou.*							
Gould-ja ou *Ili.*	80	7	0	43	51	0	Auteurs.
Tarbagataï.	80	18	0	46	8	0	*Id.*
MONGOLIE.							
Ouliassoutaï.	94	12	0	47	38	0	Idem
Koukou-khoto.	109	22	15	40	49	0	Idem.
MANDCHOURIE.							
Cap Romberg.	139	24	45	53	26	30	Krusenstern.
Baie de Castries.	139	39	0	51	29	0	La Pérouse.
Cap Monti.	139	33	0	50	30	0	Idem.
Baie de Suffren.	137	20	0	47	53	0	Idem.
Idem de Ternay.	135	9	0	45	13	0	Idem.
Foung-thian.	121	18	20	41	50	30	Idem.
Bédouné.	123	45	0	45	45	0	Idem.
Ninggouta.	127	23	30	44	24	15	Idem.
Sakhalien-oula-khoto	125	6	30	50	0	55	Idem.
Merghen	122	41	20	49	12	0	Idem.
Tsitsikar.	121	10	0	47	25	0	Idem.
Ile Tchoka, entre	139	18	0	45	55	0	Idem.
	142	30	0	54	25	0	
Archipel Jean-Potocki, entre	120	0	0	39	0	0	
	121	0	0	40	0	0	
ROYAUME DE CORÉE.							
Han-yang-tchhing.	124	30	0	37	40	0	
Ile Quelpaert.	124	10	0	33	20	0	Idem.
	123	58	42	33	7	49	Connaissance des Temps.
Idem (la pointe méridionale).	124	14	45	33	14	0	Ducommun.
Ile Dagelet.	129	2	0	37	25	0	La Pérouse.
ROYAUME DE LIEOU-KHIEOU.							
Grande ile Lieou-khieou entre	125	11	0	26	5	0	Auteurs.
	125	58	0	26	63	0	
Petite ile Lieou-khieou.	126	35	0	27	25	0	Idem.
Napakiang	125	18	15	26	13	39	B. Hall.
Ou-ting.	125	35	0	26	40	0	Auteurs.
Ile Typinsan.	123	14	0	24	42	0	Purdy.
TIBET.							
Ladak.	75	42	45	35	35	0	Hamilton.
H'lassa.	89	30	0	30	43	0	Auteurs.
Bourang-dakla-gad-zoung	82	15	0	30	52	0	Idem.
Deba	77	41	45	30	13	0	Hamilton.
Toling.	77	27	45	31	19	0	Idem.

TABLEAUX.

NOMS DES LIEUX.	LONGITUDES. E.			LATITUDES. N.			NOMS DES OBSERVATEURS.
	deg.	min.	sec.	deg.	min.	sec.	
CHINE.							
Péking.	114	5	45	39	54	13	Encke.
Tchang-kia-keou	112	34	42	40	51	35	Auteurs.
Toung-tcheou	114	21	0	59	55	39	Idem.
Ho-kian-fou.	113	49	30	38	30	0	Idem.
Nanking	116	39	45	32	15	0	Annales maritimes.
Sou-tcheou.	118	7	55	31	23	25	Auteurs.
Tchang-tcheou.	115	31	30	24	31	12	Idem.
Yang-tcheou.	117	3	13	32	26	32	Idem.
Ngan-khing-fou.	114	43	13	30	37	10	Idem.
Foung-yang-fou.	115	8	56	32	55	30	Idem.
Ning-koue-fou.	116	23	3	31	2	56	Idem.
Hang-tcheou.	117	46	34	30	20	20	Idem.
Ning-pho-fou.	119	4	49	29	55	12	Idem.
Chao-hing-fou	118	11	41	30	6	0	Idem.
Khing-tcheou.	116	42	42	29	2	33	Idem.
Fou-tcheou.	117	7	30	26	2	24	Idem.
Yan-phing-fou	150	56	50	26	38	24	Idem.
Tchang-tcheou.	115	31	30	24	31	12	Idem.
Chao-wou-fou	125	15	30	27	21	36	Idem.
Teng-tcheou.	114	8	55	25	44	54	Idem.
Formose (île).	119	33	0	25	10	30	Purdy.
Kanton.	111	0	0	23	6	15	Krusenstern.
Chao-tcheou	110	47	30	24	55	0	Auteurs.
Nan-hioung-fou.	111	34	10	25	11	58	Idem.
Tchao-khing-fou.	109	43	0	23	4	48	Idem.
Macao.	111	19	30	22	12	45	La Pérouse.
Khioung-tcheou.	107	27	10	20	2	26	Auteurs.
King-te-tching.	114	55	13	29	15	56	Idem.
Nan-tchang-fou.	113	30	47	28	37	12	Idem.
Kouang-sin-fou.	115	21	8	28	27	36	Idem.
Kieou-kiang-fou.	113	43	30	29	54	0	Idem.
Ki-an-fou.	112	33	25	27	7	54	Idem.
Kan-tcheou	112	26	36	25	52	48	Idem.
Tchang-cha-fou.	110	25	47	28	12	0	Idem.
Yo-tcheou.	110	33	25	29	24	0	Idem.
Heng-tcheou.	110	2	0	26	55	12	Idem.
Wou-tchhang-fou.	111	52	30	30	34	50	Idem.
King-tcheou.	109	43	50	30	26	40	Idem.
Khaï-foung-fou.	112	12	0	34	52	5	Idem.
Ho-nan-fou	110	6	40	34	43	15	Idem.
Teng-foung-hien	110	40	20	34	30	10	Idem.
Tchin-tcheou.	107	47	30	28	22	25	Idem.
Weï-tcheou	116	10	50	29	58	30	Idem.
Thaï-youan-fou.	110	12	0	37	53	30	Idem.
Fen-tcheou.	109	21	0	37	19	12	Idem.
Taï-thoung-fou.	110	55	30	40	5	42	Idem.
Si-an-fou.	106	33	0	34	15	36	Idem.
Han-tchoung-fou.	104	51	25	32	46	10	Idem.
Lan-tcheou	101	34	0	36	8	24	Idem.
Khing-yang.	105	21	30	36	42	20	Idem.
Kan-tcheou	98	35	0	39	0	40	Idem.
Tching-tou-fou.	101	49	30	30	40	41	Idem.
Loung-an-fou.	102	17	50	32	22	0	Idem.
Kouei-yang-fou.	104	15	10	26	30	0	Idem.
Kouei-lin-fou.	107	53	50	25	13	12	Idem.
Ou-tcheou.	108	30	15	23	28	48	Idem.
Thaï-phing-fou.	104	46	10	22	25	12	Idem.
Yun-nan-fou.	100	30	40	25	6	0	Idem.

TABLEAU SYNOPTIQUE *des nations du nord, du centre et de l'est de l'Asie, vulgairement confondues sous le nom de* Tatars (*dressé par* MALTE-BRUN).

A. Nations Turques.

1. *Turcs méridionaux.*
   1. *Turcomans*, à l'est de la mer Caspienne, en Perse, Arménie et Asie mineure.
   2. *Ouzbecks*, à Khiva et dans la Grande-Boukharie.
   3. *Hoeï-hoeï*, la plupart descendants des anciens Onigours, et habitant le Turkestan chinois.
   4. *Hoeï-tsu*, que les auteurs russes nomment *Turkestani*, parce qu'ils habitent le Turkestan chinois.

B. *Turcs septentrionaux.*
   1. *Kirghiz* ou *Kirghiz-Kasaks*; dans leurs steppes, dans le Turkestan, à Khiva, etc.
   2. *Turcs Sibériens*; restes des habitants tatars du khanat de Sibir ou de Toura.
      a) *Tatars de Tobolsk.*
      b) *Tatars de Tara.*
      c) *Tatars de Tomsk.*
      d) *Tatars d'Obi.*
      e) *Tatars de Sayansk.*
      f) *Tatars Tchari.*
      g) *Tatars touralinzi.*
      h) *Barabintzi*; dans la steppe de Baraba.
      i) *Abintzi.*

c. *Turcs fortement mêlés de Mongols.*
   Tatars de Krasnoïarsk et de Koutznetzk, avec les *Soyètes.*
   Les *Katchinzes*, ibidem.
   Les *Tatars de Tchoulym*; sur la rivière de ce nom.
   Les *Téléoutes* ou *Kalmouks blancs*, avec les *Abintzi.*
   Les *Beltyres.*
   Les *Biriousses*, sur le Haut-Ienisseï.
   Les *Iakoutes*, sur la Lena.
   Les *Kisilzi.*
   Les *Kamatchinzi.*
   Les *Kabaïli.*
   Les *Sabaïtzi.*

B. Peuples Mongols.

1. *Les Mongols.*
   Les *Khalka*; au nord du désert Kobi.
   Les *Ordos* ou *Ortos*; au nord de la Grande-Muraille.
   Les *Tounet*; au nord-est de Péking.
   Les *Naïman*; ibidem.
   Les *Katchi* ou *Khar-katchi.*
   Les *Tchakhar*; au nord de Péking.
   Les *Gorlos* ou *Khorlos*; ibidem.
   Les *Soyites* ou *Sofoutes.*
   Les *Onhiot* ou *Oung-niout.*
   Les *Souniot* ou *Souniout.*
   Les *Kesikten* ou *Ketchikten.*
   Les *Barin.*
   Les *Khaôïsit* ou *Khaotchit* et *Haotchit.*
   Les *Oudjoumoutsin* ou *Oudjoumout-chin*, appelés aussi *Oudzemertchi.*
   Les *Ourat* ou *Orat.*

B. *Kalmouks ou OElets (Eleuthes).*
   1. *Khochot*; dans la Dzoungarie et le Tibet.
      a) *Sifans des Chinois.*
      b) *Sifans jaunes.*
      c) *Sifans noirs.*
   2. *Dzoungar*, désignés plus particulièrement sous le nom d'*Eleuthes.*
   3. *Durbèt*, réunis aux Dzoungar et aux Torgooout.
   4. *Torgooout*, émigrés de Kalmoukie en Russie, et de Russie en Kalmoukie.
   5. *Khoï*; habitant le voisinage du lac Balkhach, les bords du Tchouï, et de l'Ili.

c. *Bouriates.* Aux environs du lac Baïkal.

C. Peuples Mandchoux.

A. *Mandchoux proprement dits.*
   1. Les *Nieoutché* ou Mandchoux de Ningouta (*Bogdoïtchi* des anciens auteurs russes).
      a) Les *Atcharri.*
      b) Les *Mohho*, etc.
   2. Les *Khara-kitaï*, descendants des *Khara-kitan* ou *Liao*, ancienne nation du Liao-toung; une partie habite la Mongolie, et le plus grand nombre la Mandchourie.
   3. Les *Daouriens* ou *Tagouriens.*
      a) *Solon*; aux environs du mont Siolki.
      b) *Hoummari*; sur l'Amour ou Sakhalian, avant sa jonction avec le Dzoungari-Oula.
   4. Les *Doutcheri*; sur l'Amour, au-dessus des Houmari; transférés dans l'intérieur par le gouvernement chinois.
   5. Les *Mandchoux-Pêcheurs* ou les *Yu-pi* des Chinois.
      a) Les *Natki* ou *Atcharri*, autrement *Fiatta.*
      b) Les *Ghiliaïky* ou *Ketching.* (Origine douteuse.)
      c) Les *Orotchy*; autour de la baie Castries.
      d) Les *Bitchy*; plus au sud.
      e) Les *Mandchoux* établis dans le nord de l'île Sakhalian.
      f) Les *Chibé*; dans la Dzoungarie.

B. *Toungouses.*
   1. *Toungouses-Chasseurs*; au nord, sur les rivières Toungouska.
   2. *Toungouses-Pasteurs de rennes*; au midi, aux environs du Baïkal, etc.
   3. *Toungouses-Pêcheurs* ou *Lamoutes*; à l'est.
   N. B. Ces subdivisions sont vagues. Il y a sept à huit dialectes peu connus. Les Toungouses sont nommés par les Chinois *Che-Goeï* et *Solon*; par les Ioukaghirs *Erpeghi.* Ils se donnent eux-mêmes les noms d'*OEvan's* et de *Donki.*

D. *Peuples Samoyèdes.*

A. *Samoyèdes proprement dits, depuis la Petchora en Europe, jusqu'au delà de l'Ienisseï.*
1. *Petchoriens* où *Ingoriens*; à l'est de la Petchora.
2. *Obdoriens* ou *Objoudirs*; sur l'Obi.
3. *Tihijoudirs*; ibidem.
4. *Gouarizi*; sur le détroit de Waigatch.
5. *Tassovski* (nom russe); sur la Tass.
6. *Iouraks*; à l'est des précédents.
7. *Touroukhanski* (nom russe); vers l'embouchure de l'Ienisseï.

B. *Ostiaks de Narym et de Tomsk.*

C. *Peuplades du Haut-Ienisseï.*
1. *Kamatchinzi*; sur le Kam.
2. *Karagas*; sur les bords de l'Ouda.
3. *Toubinski*; sur la Touba; dispersés.
4. *Koibali*; aux environs de Koutznetzk et de Krasnoïarsk.
5. *Matores* ou *Madores*; sur la Touba.
6. *Soyètes*; dans les monts Sayaniens.
N. B. Ces peuplades paraissent être la souche primitive des Samoyèdes.

E. *Race finnoise, ou mêlée avec des Finnois.*

A. Les *Vogouls*.
B. Les *Permiaks*.
C. Les *Ostiaks d'Obi*, etc.
} *Voy.* le Tableau des peuples Finnois dans le vol. II, Europe.

D. Les *Ostiaks d'Ienisseï.*
1. *Ostiaks de Pampokol.*
2. *Arinzi*; dans le district de Krasnoïarsk.
3. *Kotovtzi*; sur le Kan.
4. *Asanes*; sur l'Osolka, dispersés.

E. Les *Ioukaghirs*; sur l'embouchure de la Lena; se nomment *Aodon Domni*, et sont nommés *Iedel* par les Koriaïkes.

F. Les *Tchouktchou-kotches.*
1. Les *Tchouktchi*; à l'est.
2. Les *Chelagi*; au nord.
3. Les insulaires *Achoukhalat*, etc.

G. Les *Koriaïkes.*
1. Les *Tchantchou*; sur le golfe Penjina.
2. Les *Tumouhoutou*; nomades.
3. Les *Eloutetat* ou *Oloutorzi*; sur l'Oloutora.

H. Les *Kamtchadales*; se nomment *Itelmen*.

I. Les *Kouriliens* ou *Aïnos*, appelés *Mo-Sin* dans les histoires japonaises.

J. Les *Coréens*, etc., etc.

LIVRE CENT QUARANTE-QUATRIÈME.

Suite de la Description de l'Asie. — Empire du Japon avec les îles d'Yeso et les Kouriles méridionales. — Recherches critiques sur l'Yeso.

« A l'orient de la Mandchourie et de la Corée, s'allonge le bassin de la *mer du Japon*, dont l'extrémité septentrionale a été désignée par La Pérouse sous le nom très impropre de *Manche de Tartarie*. Des côtes escarpées et dépourvues de grandes rivières environnent cette méditerranée sombre, embrumée et orageuse. Au nord, deux détroits la font communiquer à la mer d'Okhotsk; le détroit le plus méridional des bouches de l'Amour, séparant le continent de l'île de Saghalien, est encombré de sables, couvert de roseaux, et n'admet pas même une barque. Le *détroit de La Pérouse*, connu auparavant sous le nom de *détroit de Tessoï*, présente à l'est un passage à la mer d'Yeso, partie méridionale de la mer d'Okhotsk. Le détroit de *Sangar* ou de *Matsmaï* laisse entrer les flots du grand Océan oriental. Au midi, le *détroit de Corée* s'ouvre sur les mers de la Chine. Une chaîne d'îles considérables forme la barrière qui sépare la Méditerranée japonaise du grand Océan; et cette chaîne, qui est longue de 600 lieues, se lie encore aux îles Kouriles au nord-est. Les Japonais en occupent la meilleure partie. »

Le navigateur anglais Broughton, après avoir confirmé l'exactitude des cartes hollandaises et de celles de Kœmpfer, pour ce qui regarde le détroit de Sangar ou de Matsmaï, a fourni aux géographes un sujet de dispute, en soutenant que le détroit entre la Mandchourie et l'île de Saghalien ou *Sakhalian* n'existe point.

« La Pérouse, forcé par les vents et d'autres circonstances à quitter ce canal avant de l'avoir examiné jusqu'au bout, avait interrogé avec beaucoup de soin les indigènes tant de l'île que de la terre ferme; ceux-là lui assurèrent que leur pays était environné d'eau, et lui tracèrent les détroits qui les séparent du continent (1); ceux-ci lui dirent que les bateaux venant de l'embouchure du Saghalien

(1) *La Pérouse*, Voyage, etc., III, p. 36.

ou Sakhalian pour se rendre dans la baie de Castries étaient traînés par-dessus une étroite langue de terre sablonneuse et couverte d'herbes marines (¹). Ce navigateur remarqua d'ailleurs que la profondeur de l'eau diminuait rapidement vers l'extrémité du canal, et qu'on n'y sentait aucun courant; il paraît s'arrêter à l'idée que le détroit existe, mais que, obstrué par des sables et du varech, il n'ouvre qu'un étroit passage à de petites barques. Broughton va plus loin; il affirme qu'ayant été à huit lieues plus au nord que La Pérouse, il est arrivé à une baie qui n'avait que deux brasses d'eau, et qui était fermée de tous côtés par des terres basses et sablonneuses. Il est persuadé que cette langue de terre, examinée par ses bateaux, n'est nulle part interrompue, et que la terre de Saghalien est une presqu'île. M. de Krusenstern, qui ne s'est pas approché de ce détroit, mais qui a visité celui qui est au nord de l'embouchure du fleuve Saghalien, cherche à appuyer l'opinion du navigateur par des raisonnements étendus (²). Les eaux presque douces qu'il a trouvées dans le groupe formé par ce fleuve lui fournirent un argument spécieux, et qui parut décisif aux dignes compagnons de cet habile navigateur. Si le golfe de Saghalien communiquait tant soit peu avec le canal appelé *Manche de Tartarie*, les eaux salées de ce bras de mer se mêleraient avec celles du golfe du Saghalien. M. de Krusenstern appuie ensuite sur le témoignage des habitants de la baie de Castries, cité par La Pérouse, et sur la reconnaissance de Broughton; il finit par déclarer qu'il ne conserve aucun doute sur l'existence d'un isthme sablonneux, qui ferait de l'île de Saghalien une presqu'île; mais il pense que cet atterrissement est très récent, et que l'île de Saghalien a réellement pu mériter ce nom à l'époque où furent tracées les cartes japonaises et chinoises très modernes, qui toutes la représentent comme entièrement détachée du continent.

» Nous regrettons que des considérations nautiques et politiques aient empêché M. de Krusenstern d'aller constater sur les lieux l'existence de cet isthme. Ses raisonnements ne nous paraissent pas sans réplique. Une double ou triple courbure du rivage, quelques îlots et bancs de sable, deux ou trois chenaux étroits, remplis de ces énormes joncs qui croissent sur toute cette côte, encombrée d'ailleurs de prairies flottantes d'herbes marines; voilà tout ce qu'il faut pour expliquer comment il se fait que les eaux salées de la Manche de Tartarie ne pénètrent pas dans le golfe du Saghalien. Si, à l'occident de ce détroit encombré, il existe, comme cela paraît certain, une langue de terre basse, presque coupée par deux petites rivières, comme il en existe une au nord de l'embouchure du Saghalien, à l'endroit nommé par les Russes *Gilazkaia Perevoloca*, et par les Chinois *Gole* (¹), il est très naturel que les habitants du rivage continental aient pu quelquefois traîner leurs légères barques à travers une semblable langue, pour éviter la navigation difficile du détroit. C'est ce que firent les Kosaques dans le dix-septième siècle, lorsque, ayant descendu le Saghalien, et voulant se rendre à Oudskoï, ils aimèrent mieux transporter leurs bateaux par la langue de terre de Gilazkaia, que de faire le tour du promontoire nommé *cap Romberg* par M. de Krusenstern. On conçoit, dans cette hypothèse qui est singulièrement favorisée par les détails très remarquables d'une carte de d'Anville (²), comment Broughton a pu se tromper en prenant une anse à côté du détroit pour le détroit lui-même. D'ailleurs, si ce navigateur eût rencontré un isthme de sable, pourquoi, même en le supposant d'une largeur considérable, n'a-t-il pas aperçu, du haut des mâts, la mer qui devait le baigner du côté opposé?

» Telles sont les raisons qui obligent tout géographe ami de la vérité à conserver, jusqu'à de nouveaux éclaircissements, le détroit indiqué par d'Anville, les missionnaires, les cartes chinoises et japonaises, entre l'île de Saghalien et la Mandchourie.

» M. de Krusenstern, dont nous venons de discuter l'opinion relative à cette question, a reconnu avec un soin admirable les côtes occidentales de l'île d'Yeso, et les côtes sud-est et nord de l'île de Sakhalian. Sa relation et celles de La Pérouse et de Broughton sont les seu-

---

(¹) *La Pérouse*, Voyage, etc., III, p. 72. — (²) *Krusenstern*: Voyage autour du monde, II, 191-195 (édition allem. origin.).

(¹) *Muller*: Mémoire sur le fleuve Amour, etc.; dans *Busching*, Magasin géographique, II, 507-508. — (²) *Asie*, IIIe partie, 2e feuille.

les sources publiques d'où l'on puisse tirer des notions certaines sur ces îles ; mais la bienveillance de M. Titsingh, Hollandais qui a long-temps résidé au Japon, nous procure l'avantage de pouvoir puiser, dans deux descriptions japonaises, des détails qui jettent un nouveau jour sur la géographie et l'histoire de ces contrées (¹). Nous prendrons notre point de départ du rivage septentrional du Japon.

» L'île de *Matsmaï*, située au nord de celle de Niphon, est appelée en japonais la *terre d'Yeso*, ou *Mo-sin*, c'est-à-dire *des peuples velus*, ou encore *Mao-jïn*, *Mo-min* et *Mao-min* (²). Les Mo-sin occupèrent jadis les parties septentrionales du Japon jusqu'à la montagne Ojama ; successivement repoussés dans leur propre île, ils y ont été subjugués à diverses reprises, et ne conservent leur indépendance que dans la partie méridionale de Sakhalian. Selon Krusenstern, les Mo-sin s'appellent eux-mêmes *Aïnos* (³). Cette nation a la taille un peu plus haute et le corps plus robuste que les Japonais ; une barbe noire très épaisse couvre leur visage ; elle se confond avec une chevelure noire et un peu crépue. Hommes et femmes se tatouent ou se peignent sur les lèvres diverses figures de fleurs et d'animaux. Les vêtements des riches sont de toiles du Japon ou de la Chine ; le peuple s'habille d'une étoffe faite avec le fil qu'on tire de l'écorce d'une espèce de saule. Dès l'âge de dix ans les enfants apprennent à plonger dans la mer, et à sauter par-dessus une corde tendue. Les Aïnos excellent dans ces deux exercices ; on en voit qui sautent à la hauteur de six à sept pieds ; ils suivent les cerfs à la course ; l'arc et les flèches sont leurs principales armes ; mais de petits détachements japonais battent des milliers d'Aïnos. Les chefs héréditaires des villages se reconnaissent vassaux du prince japonais de Matsmaï, et lui paient un tribut en peaux de loutres et de chiens de mer, d'ours, d'élans et de castors, de saumons, de faucons et d'autres productions de leur pays. Ils vivent entre eux sans loi et presque sans culte ; du moins des libations et des feux allumés en l'honneur de *Kamoï*, divinité japonaise, sont les seuls actes religieux qu'on leur connaisse. Point d'alphabet, point de monnaie : le commerce se fait par échange ; ils se rendent dans une des îles Kouriles, déposent leurs marchandises, et se retirent à bord de leurs bateaux ; les Kouriliens descendent, examinent les marchandises, et mettent les leurs à côté : c'est par une suite de semblables négociations muettes que les marchés se concluent. La polygamie est admise ; l'adultère est vengé ; mais l'homme qu'une femme mariée essaie de séduire exige d'elle ses anneaux d'oreilles, et, en représentant ce gage, il est à l'abri des attaques de l'époux outragé. Les frères épousent les sœurs ; les tribus ne sont qu'autant de familles qui rarement s'unissent entre elles. Le deuil pour les morts s'exprime par des combats simulés entre les parents, dans lesquels souvent on donne et reçoit des blessures sanglantes. Tels sont les traits précis et curieux sous lesquels nos deux auteurs japonais nous peignent les habitants d'Yeso ; les relations des navigateurs européens n'ajoutent rien de positif à ce tableau. Broughton assure que ces peuples sont très velus sur tout le corps ; Krusenstern voudrait voir de l'exagération dans cette assertion, appuyée par le témoignage des Hollandais, et que les relations japonaises nous semblent confirmer (¹). »

Cependant un voyageur récent, M. de Siebold, complète sur quelques points l'idée que les Japonais nous donnent des Aïnos. Selon lui, les parents se marient entre eux, excepté les plus proches. Les femmes sont fidèles, et ne témoignent aucune jalousie envers leurs rivales ; mais lorsque le mari prend une autre épouse, il est tenu de la loger dans une hutte éloignée de la sienne. Un homme a quatre et huit femmes, selon sa fortune. L'épouse d'un Aïno fait des habits à son mari avec l'écorce d'un arbre, donne à manger à l'ours de la maison, et fait sécher le poisson pendant que le mari va à la pêche ou à la chasse. Celles qui sont riches

---

(¹) *Ieso-Ki*, ou Description d'Yeso, par *Araï-Tsi-sogo-no-Kami*, instituteur du *Ziogoen* (empereur militaire) *Tsoena-Josi*, écrite en 1720. *Ieso-Ki*, ou Description d'Yeso, avec l'histoire de la révolte de Samsay-In, par *Kannamon*, interprète japonais, écrite en 1752. Notice de deux Cartes japonaises, manuscrites, communiquées par M. *Titsingh*. — (²) Klaproth : *San-kokf-tsou-ran-to-sets*, ou Aperçu général des trois royaumes, traduit de l'original japonais-chinois, p. 211. — (³) *Krusenstern* : Voyage autour du monde, II, p. 74.

(¹) **Voyez** ce que nous avons dit plus haut des Aïnos des îles Kouriles russes, p. 69.

et coquettes couvrent leurs lèvres de lames d'or ; les autres les teignent de différentes couleurs et noircissent leurs dents. Les Aïnos adorent le soleil, la lune, la mer, un dieu du ciel, et croient à l'existence du diable. Ils ont beaucoup de respect pour les morts ; la famille du défunt visite tous les ans son tombeau. Après la mort de son époux, la veuve se retire dans les montagnes ; pendant la durée du deuil, les parents ne paraissent point en public la tête découverte. Les Aïnos n'ont point de calendrier ; ils comptent les années par époques de la chute des feuilles. Ils ne se servent ni d'écriture ni de monnaie, et ne calculent qu'au moyen d'incisions faites dans le bois.

Les Japonais nomment généralement les Aïnos *Yeso* : ceux qui habitent près du Japon sont appelés *Koutsi-Yeso*, c'est-à-dire Yeso de la bouche du pays, et ceux qui demeurent loin des côtes, *Okou-Yeso* ou Yeso de l'intérieur.

« La langue des Aïnos diffère également du japonais et du mandchou, mais elle paraît se rapprocher du kamtchadale ; la comparaison d'une centaine de mots, très bien choisis, avec quelques mots correspondants dans plusieurs langues de l'Asie et de l'Océanie, ne nous a fourni aucun indice de parenté ; mais sans doute nos recherches auraient exigé des matériaux qu'il n'était pas en notre pouvoir de nous procurer. Cette langue, quoique moins sonore et moins douce que le japonais, ne paraît pas cependant offrir ces sons rudes qui caractérisent un peuple féroce (¹).

« L'île d'Yeso présente de tous côtés des montagnes élevées, couvertes d'une belle verdure (²) et de vertes forêts ; les sapins, les bouleaux, les cyprès, les ormes, les saules et beaucoup d'autres arbres y abondent ; les tussilages et les lis sarannes y prospèrent : ce qui indique un climat froid et humide. Il y a beaucoup de plantes sarmenteuses ; les roseaux y prennent ces dimensions énormes qu'ils ont à l'embouchure du Sakhalian. Parmi les cultures essayées par les Japonais, le millet, les pois et les fèves ont réussi. Les animaux de l'île sont des aigles, trois sortes de faucons, des ours, des cerfs ; on prend l'ours jeune, les femmes lui donnent leur sein à teter ; il est élevé comme un chien ou un cochon favori ; mais lorsqu'il grandit, il est mis en cage, et tant de soins n'aboutissent qu'à le tuer dès qu'il paraît assez gras. La famille pleure solennellement sa mort, mais mange sa chair, usage qui rappelle les Ostiaks (¹). Les loutres, les chiens-marins, les phoques sont indiqués sous beaucoup de noms divers. Les baleines chassent dans les baies et embouchures de rivières d'immenses essaims de *nising*, espèce de sardine ; le saumon fourmille aussi au point de pouvoir être pris avec la main. La sangsue de mer est recherchée et vendue aux Japonais. La lentille marine, le *fucus saccharinus*, et probablement beaucoup d'autres *fucus* servent de nourriture ordinaire. »

L'île d'Yeso a 125 lieues de l'est à l'ouest, et 100 du nord au sud. Sa superficie est évaluée à environ 8,000 lieues carrées. Suivant les auteurs japonais, elle est couverte de montagnes et de rochers sur une largeur de 10 à 30 lieues. Les routes ne sont que des sentiers rocailleux, qui bordent souvent des précipices effrayants. Mais les rocs les plus escarpés n'arrêtent pas les naturels ; ils ne les tournent pas, ils les escaladent.

Les montagnes renferment des mines de plomb, d'argent et d'or. Le climat de cette île est plus froid que sa latitude ne l'indique : depuis le mois de novembre jusqu'à celui d'avril, la neige couvre non seulement les montagnes, mais les plaines et les vallées jusque dans la partie méridionale ; le thermomètre centigrade descend souvent à 15 degrés au-dessous de zéro. En été les pluies sont fréquentes, et des vents violents agitent l'atmosphère.

Les terres labourables ne s'étendent que sur les bords de la mer, où l'on compte 107 villages d'insulaires montagnards, qui habitent en dehors du canton de Matsmaï, dont le territoire n'a que 7 lieues d'étendue.

« *Matsmaï*, ou la ville du détroit (²), est

(¹) Voici quelques mots : ciel, *rikita* ; — terre, *sirikata* ; — soleil, *tofskaf* ; — lune, *kouketsou* ; — étoiles, *noro* ; — montagne, *kimta*, — île, *modjiri* ; — rivage, *siri* (*schiri*, Krusenstern) ; — jour, *tokaf* ; — nuit, *ossirou* ; — homme, *okkay* (en japonais *otoko*) ; — femme, *mennokosi* ; — père, *fanpé* ; — mère, *tafou* (en japonais *fafa*) ; — feu, *abé*, etc., etc., *Ieso-Ki* de *Kannemon*, MS. — (²) Le nom *In-Sou*, donné selon Broughton à l'île, ne dénote que *terre haute et verdoyante* ; *in*, haut ; *tsou*, vert.

(¹) Ci-dessus, liv. CXXXV, p. 47. — (²) De *Matsi*, détroit.

bâtie, vers l'extrémité méridionale de l'île ; c'est une forteresse japonaise, inaccessible du côté de la terre. Les autres postes s'étendent par l'ouest jusqu'à la pointe nord. »

Les maisons de cette ville sont construites en bois, mais recouvertes de pierres et de plâtre ; les édifices publics sont blanchis à la chaux. Suivant Golovnine, qui y fut fait prisonnier en 1811 par les Japonais, et qui y résida long-temps, elle possède un théâtre japonais et une population de 50,000 âmes. Son commerce est florissant, et son port est fréquenté par un grand nombre de navires japonais et européens.

Yeso forme, avec les Kouriles méridionales et la partie du sud de Sakhalian, un grand gouvernement sous le commandement d'un général japonais. Les Aïnos sont censés tributaires, bien qu'ils ne paient point d'impôts.

« En longeant la côte occidentale, on rencontre les îles d'*Oosima* et de *Kosima*, qui renferment chacune un volcan brûlant ; celui de Kosima passe pour le plus petit du globe, il n'a que 150 pieds de hauteur. Viennent ensuite les îles d'*Okosiri* ou *Okosir*, couvertes de forêts ; de *Riosiri* ou *Riisiri*, qui renferme un volcan appelé le *Pic de Langle* par La Pérouse (¹), et de *Refounsiri* ou *Ribounsiri*, comme l'appellent les Japonais. Le grand golfe qui s'avance dans la partie occidentale d'Yeso, a reçu des Russes le nom de Strogonof : au fond de ce golfe s'élève un volcan. Le dernier poste au nord est *Notsjiab*; le *Notzambou* de Krusenstern (²). *Soyea* est sur une baie plus à l'est. Sur la côte nord-ouest, les Aïnos, quoique sujets du Japon, habitent seuls ; *Atkis*, leur principal village, est sur la côte nord-est ; un officier russe, nommé Laxmann, a visité, en 1792, le port de *Kimoro* qui en dépend (³) : nous ne trouvons point ce nom parmi deux cents noms propres que contiennent les manuscrits de M. Titsingh ; mais Atkis est indiqué sous celui de *Atskesi*.

« La côte sud-est d'Yeso a été parcourue par les Hollandais et par Broughton. Le pays se couvre de forêts magnifiques ; le *Volcano-Bay*, ou baie du volcan, offre un bassin circulaire de l'aspect le plus pittoresque ; tout

fait soupçonner ici l'existence d'un volcan en activité. »

Un canal sans nom sépare l'île d'Yeso de celle de *Tchikota* ou *Tchikotan*, appelée aussi *Spangberg*, la plus méridionale des Kouriles, et faisant partie de l'empire japonais. Elle a 30 lieues de longueur sur 10 de largeur. Ses habitants paraissent être des Aïnos ; comme ceux-ci ils sont très velus. Elle renferme deux montagnes qui paraissent être volcaniques.

» Au nord d'Yeso s'étend la longue île de Sakhalian, appelée par les Japonais *Sagarüa*, et nommée aussi *Taraikaï* ou *Karafta*. Les Aïnos, suivant nos géographes japonais, l'appellent *Karato*, nom auquel ils ajoutent l'appellatif *sima*, ou île. Selon Krusenstern, le nom indigène serait *Saldan*; selon La Pérouse, *Tchoka* : il paraît que ce dernier n'est que le nom d'un village, écrit *Ttchuchin* sur la carte de d'Anville ; probablement les deux autres dénominations sont aussi locales (¹).

» La Pérouse, qui a visité la côte occidentale, trace un portrait des habitants, très favorable sous le point de vue moral. L'intelligence de ces pauvres insulaires lutte contre un climat âpre : ils sont pêcheurs et chasseurs, ils se tatouent ; ils font des étoffes d'écorce de saule tout comme les Mo-sin ou Aïnos d'Yeso. Leur langue offre quelques mots germaniques et mandchoux (²). L'île, très élevée dans son milieu, s'aplatit vers ses extrémités méridionales, où elle paraît offrir un sol favorable à l'agriculture. La végétation y est extrêmement vigoureuse ; les pins, les saules, les chênes et les bouleaux peuplent ses forêts. La mer qui baigne ses côtes est très poissonneuse ; ses rivières et ruisseaux fourmillent de saumons et de truites de la meilleure qualité. Les collines se couvrent de rosiers, d'angélique et de lis saranne (³).

» Krusenstern a examiné la baie *Aniva*, extrémité méridionale de l'île ; les Japonais y ont reconstruit l'établissement que les Russes avaient détruit. Il est très important par la grande quantité de poissons et de baleines que l'on pêche dans ses parages. Toute la côte

---

(¹) *Krusenstern* : Voyage, II, p. 56. — (²) *Idem*, ibid., ibid. — (³) *Storch*, Russie sous Alexandre Ier, cah. VI (en allem.).

(¹) Voyez pour l'étendue de cette île ce que nous en avons dit, p. 106. — (²) *Kuhani*, bateau ; *kahn*, en allem. ; — *chip*, vaisseau ; *ship*, anglais ; — *tou*, deux, *two*, suéd. ; mais à Yeso deux s'exprime par *tsoutsoub*. Vocab. Ms. — (³) Voyage de *La Pérouse*, IV, p. 73, et III, p. 40 et 43.

orientale, examinée par Krusenstern, présentait des vallées boisées, derrière lesquelles des montagnes couvertes de neige semblaient se perdre dans les nues (¹). Au 51ᵉ degré, le sol s'abaisse; on ne voit plus que des dunes et des collines de sable. (²). Les Aïnos habitent le midi; la côte orientale paraît déserte; une colonie de Mandchoux occupe la côte nord-est, voisine de l'embouchure du Sakhalian. »

La partie méridionale, formant environ le tiers de cette île, appartient seule aux Japonais, et dépend du gouvernement de Matsmaï.

« Au nord de l'île d'Yeso se prolonge la chaîne des îles Kouriles, dont les plus méridionales font partie du même gouvernement (³). »

Les quatre principales îles Kouriles qui dépendent de l'empire japonais, et font partie du gouvernement de Matsmaï, sont Tchikotan, dont nous avons parlé plus haut, et Kounachir, Itouroup et Ourous, dont nous allons dire quelques mots.

Kounachir, au nord-est de l'île d'Yeso, a environ 26 lieues de longueur sur 6 de largeur. Son centre est occupé par de hautes montagnes, dont l'une, appelée *Tchatchanobouri*, est un volcan brûlant. Au sud-ouest, vers l'extrémité de l'île, se trouve la baie de la Trahison, où Golovnine fut pris par les Japonais. Ceux-ci ont sur cette baie un établissement que l'on peut regarder comme le plus considérable de ceux qu'ils possèdent dans les Kouriles. La population de Kounachir n'est que de 2 à 300 Aïnos.

Itouroup, appelée par les uns *Atorkou*, et par les autres *Hourous*, est l'*île des Etats*, des navigateurs hollandais; c'est sans contredit la plus grande des Kouriles: sa longueur est de 55 lieues et sa largeur de 15. Elle est séparée de l'île de Kounachir par le canal de Pico. Ses montagnes atteignent une grande hauteur : l'une d'elles est un volcan actif, situé dans la partie du sud-ouest, et près duquel se trouve *Ourbitch*, le principal établissement des Japonais, que défend un petit fort, et qu'enrichit un assez bon port.

Ourous, ou l'*île de la Compagnie*, sur laquelle on n'a que des renseignements incertains, complète les dépendances du gouvernement de Matsmaï. Cependant elle paraît être la même que celle d'*Ouroup*, que les Russes ont appelée *Alexandre*, et sur laquelle ils ont un établissement. Nous en avons parlé en traitant des Kouriles russes; mais nous n'osons affirmer que les Japonais ont renoncé à leurs droits de propriété sur cette île (¹).

« Nous allons décrire une contrée plus souvent traitée en détail que celles que nous venons d'examiner. Aussi, pour ne pas trop répéter des choses connues, nous chercherons à être brefs. Les trois îles de *Niphon*, de *Kiou-siou* et *Sikokf*, entourées d'une foule de moindres îles, forment le royaume, ou, comme l'on dit quelquefois, l'empire du Japon. Les Chinois l'ont d'abord nommé *Yanghou*, c'est-à-dire atelier du soleil; puis ils l'ont appelé *Hou-Koué*, royaume des esclaves, et enfin *Jé-pen* ou *Je-poun*, contrée du soleil levant (²). Marco Polo l'a connu sous le nom corrompu de *Xipangu*. »

Nipon ou *Niphon*, la principale des îles japonaises, a 300 lieues de longueur et 80 dans sa plus grande largeur. Elle est hérissée de montagnes et de collines, dont la plupart sont volcaniques, et dont quelques unes jettent des flammes et de la fumée. On y compte une dizaine de cratères qui ne sont pas éteints. Ses côtes, parsemées de rochers, sont battues par les flots d'une mer orageuse; son sol, peu fertile, est souvent tourmenté par des commotions souterraines; mais les vallées et les plaines, humectées par un grand nombre de rivières et de ruisseaux, dont l'industrie des Japonais a, par des canaux d'irrigation, augmenté l'utile influence; les montagnes, les pentes mêmes des volcans, embellies par de nombreuses espèces de végétaux inconnus à nos régions tempérées, présentent l'intéressante image de l'industrie humaine au milieu des traces des révolutions physiques. Malgré des hivers très froids et des étés très chauds, le climat est salubre; le temps est variable pendant la plus grande partie de l'année; les tempêtes et les ouragans caractérisent l'époque des chaleurs; mais l'abondance des pluies bienfaisantes, le travail et les engrais parviennent à vaincre la stérilité du sol.

Les métaux précieux abondent dans l'île;

(¹) Krusenstern : Voyage, etc., II, p. 92, 96, 144.—
— (²) Idem, ibid., p. 153. — (³) Voyez ce que nous avons dit des Kouriles russes, p. 68.

(¹) Voyez page 68 de ce volume. — (²) Kœmpfer : Histoire du Japon, I, 73, 74 (édit. allem. de Dohm).

l'or s'exploite par le lavage dans des sables d'alluvion tellement riches, que, pour ne point en abaisser le prix par une trop grande abondance, l'exploitation en est limitée par les lois. L'argent est soumis à la même restriction ; les mines de cuivre sont également d'une richesse remarquable : elles donnent des produits considérables ; le mercure offre dans ses gisements des variétés précieuses pour les minéralogistes ; le fer est le moins commun de tous les métaux. Les montagnes volcaniques fournissent à la consommation et au commerce du soufre et du bitume, et aux habitants des sources minérales utilement employées dans diverses maladies. Il parait que dans le nord de l'île la houille se montre en couches d'une grande épaisseur.

L'île de *Kiou-siou* ou de *Ximo*, la plus méridionale et la plus occidentale des grandes îles du Japon, est longue de 80 lieues du nord au sud, et large de 20 à 50 de l'est à l'ouest. Située au sud de Niphon, elle n'en est séparée que par un canal d'une demi-lieue de largeur. Visitée dans ces derniers temps par les navigateurs européens, ses caps ont reçu les noms de quelques hommes célèbres. Ainsi le cap Tchitchakof forme son extrémité méridionale ; et sur la côte orientale, on distingue ceux de Nagaef, de d'Anville et de Cochrane. Son intérieur est couvert de hautes montagnes, dont quelques unes sont des volcans redoutables : la plus remarquable de ces cimes volcaniques a reçu de Krusenstern le nom de *pic Horner*. La nature s'est plu à embellir cette île, et l'agriculture en a fait une des plus riches contrées du Japon ; mais elle est exposée à de violents tremblements de terre et aux ravages de ses volcans. Le 1er avril 1826, elle éprouva une terrible secousse qui répandit la désolation dans toute sa partie méridionale ; pendant cette épouvantable convulsion, le mont Illigigama ou Illigi-yama lança jusque dans la mer une immense quantité de rochers, et vomit ensuite un énorme torrent qui détruisit tout ce qui se trouva sur son passage.

Sikokf ou *Siko-ko*, à l'est de la précédente, a environ 45 lieues de longueur du nord-est au sud-ouest, et 40 dans sa plus grande largeur de l'est à l'ouest. Cette île est peu connue des Européens : on sait seulement qu'elle est très montagneuse.

« Les rivières du Japon ne peuvent avoir un long cours ; dans l'île de Niphon, le *Yado-gava*, qui passe par Osaka, est traversé par plusieurs ponts en cèdres de 300 à 360 pieds de long ; il n'a que 25 lieues de cours ; l'*Ojin-gava* ([1]) et la *Fusi-gava* sont aussi des rivières larges et rapides. »

On cite encore plusieurs autres cours d'eau : le *Tenrio-gava* ou *Tenrion*, qui sort du lac Souva, se jette dans la mer par trois embouchures, après un cours de 40 lieues ; le *Tone-gava*, qui, d'un côté, se jette dans le golfe de Yedo, et de l'autre dans le grand lac *Kasmiga-oura*; enfin l'*Ara-gava*, dont l'un des deux bras se jette dans le Tone-gava et l'autre dans le *Toda-gava*, qui a son embouchure dans le golfe de Yedo.

« Un des grands lacs est celui d'*Oïtz*, du sein duquel s'écoulent deux rivières, l'une vers Miaco, l'autre vers Osaka. Ce lac a 50 lieues japonaises de longueur, équivalant chacune à une heure de marche à cheval ; sa largeur n'est que d'un tiers. Trois mille pagodes ont rendu sacrée la délicieuse plaine qui l'environne. »

C'est Kœmpfer qui a donné à ce lac le nom de la ville d'Oïtz, près de laquelle il est situé ; mais les Japonais le nomment *Biwano-oumi* et les Chinois *Phi-pha-hou*, c'est-à-dire *lac de la Guitare*. Selon l'histoire japonaise, il fut formé en une nuit à la suite d'un tremblement de terre qui affaissa le terrain qu'il occupe, et éleva à une plus grande hauteur la montagne de Fasi-Yama, située à quelque distance de là. Le lac *Souva* ou *Souva-no-mitsou-oumi* est remarquable par le grand nombre de sources minérales chaudes qui s'y jettent, et qui jaillissent du sol environnant.

« Les îles du Japon éprouvent en général tour à tour les extrêmes du chaud et du froid. La chaleur de l'été est souvent modérée par les brises qui soufflent de la mer. Dans l'hiver, le vent vient du nord ou du nord-est, et semble imprégné de particules de glace. Le temps est variable pendant tout le cours de l'année, et il tombe des pluies abondantes, particulièrement dans les *satsaki*, ou mois pluvieux, qui commencent au milieu de l'été ([2]).

» Selon les observations, le plus haut degré de chaleur, à Nangasaki, est de 98 degrés dans le mois d'août, et le plus grand froid de 35.

([1]) Le mot *gava* signifie *rivière*, comme dans le celtique. — ([2]) Thunberg, t. III, p. 234.

degrés (¹) dans le mois de janvier. La neige reste quelques jours sur la terre, même dans les parties méridionales. Presque toutes les nuits d'été le tonnerre se fait entendre; les tempêtes et les tremblements de terre sont très fréquents.

» Les lois ont fait aux Japonais un devoir rigoureux de l'agriculture. A l'exception des montagnes les plus impraticables, la terre est universellement mise en culture. Exempt de tous droits féodaux ou redevances ecclésiastiques, le fermier cultive le terrain avec zèle et succès (²). Il n'y a point de communaux; si quelque portion de terrain restait inculte, un cultivateur voisin, plus laborieux, pourrait s'en emparer. On manque de prairies, mais le soin des engrais est poussé très loin. Sur le flanc escarpé des collines s'élèvent des murs de pierre qui supportent des plateaux de terre semés de riz ou de légumes. Le riz est le grain principal; le blé-sarrasin, le seigle, l'orge et le froment sont rarement cultivés (³); les pommes de terre y sont de médiocre qualité, mais on voit prospérer différentes sortes de fèves, de pois, de navets et de choux; le riz, semé en avril, est récolté en novembre : c'est dans ce dernier mois qu'on sème le froment pour le recueillir en juin; l'orge reste aussi en terre pendant l'hiver. Il y a beaucoup de ressemblance entre les plantes de la Chine et celles du Japon; elle dérive peut-être en partie d'un échange mutuel de végétaux utiles : l'arbuste du thé croît sans culture dans les haies; les plus superbes bambous abondent dans tous les bas-fonds; le gingembre, le poivre noir, le sucre, le coton et l'indigo, quoique peut-être originaires des régions plus méridionales de l'Asie, y sont cultivés avec beaucoup de succès, et en grande quantité. Dans l'intérieur, les flancs des montagnes moyennes nourrissent le laurier indien et le camphrier, ainsi que le *rhus vernix*, de l'écorce duquel sort une gomme résine qu'on regarde comme le principe de l'inimitable vernis noir de l'Inde. Outre l'orange douce de la Chine, on en voit une autre espèce sauvage, provenant du *citrus japonica*, qui paraît être particulier à ce pays. La végétation européenne se mêle à celle de l'Asie méridionale : le mélèze, le cyprès et le saule pleureur, qui se montrent dans tous les pays tempérés entre le Japon et la Méditerranée, voient ici se terminer à l'orient la sphère de leur existence. On doit en dire autant de l'espèce de pavot qui fournit l'opium, du lilas blanc et du jalap.

» Il manque aux Japonais nos pommiers, mais ils possèdent des poires d'une grosseur considérable, des pamplemousses, des figues de Kaki (¹), et de grosses oranges. Ils savent confire et accommoder avec des épices les bananes, les fruits de jacquier, le bobange, les cocos, les fruits de fragarier, et beaucoup d'autres. Ils tirent de l'huile à manger et à brûler du sésame, de l'*orbresin driandrios*, des sumacs, de l'*if-gingko* (²), du chore oriental, du camphrier et du laurier glauque, de l'azédarac et du cocotier. Ils élèvent beaucoup de vers à soie. Le cotonnier leur fournit aussi des toiles légères, et l'ortie (³) des cordes durables; ils font du papier et des éventails avec les écorces d'une espèce de mûrier, du *licual* et du rondier; des bouteilles avec la calebasse, des peignes en bois de *nagi* (⁴), et toutes sortes de meubles en bois de *lindera*, bois du *dentz* ou jorà, de sapin, de pin sauvage, de buis, de cyprès, et d'if à grandes feuilles. L'œil est flatté du mélange des cocotiers, des palmiers-éventails, des cycas et des mimoses arborescentes qui ornent les rivages de la mer. Les haies vives qui séparent les propriétés se composent de sérisse du Japon (⁵), d'oranger à trois feuilles, de gardène, de viorne, de thuya, d'epicea, de dolis à épis, dont ils font aussi des berceaux et des allées couvertes. Enfin, la médecine trouve ici plusieurs plantes utiles, telles que le muguet du Japon, l'acore aromatique, la racine de squine (⁶), que le Suédois Thunberg leur fit connaître; la corète du Japon (⁷), le camphre, le moxa, le bois de couleuvre et la racine de mungo.

» L'industrie a banni de tout l'empire du Japon deux animaux, les boucs et les moutons; les premiers sont regardés comme nuisibles à la culture; et l'abondance du coton et de la soie supplée au défaut de la laine. Les cochons sont aussi poursuivis comme pernicieux à l'agriculture, et on en voit seulement quelques uns dans le voisinage de Nagasaki,

---

(¹) *Fahrenheit.* — (²) *Thunberg*, t. IV, p. 80 et suiv. — (³) *Kæmpfer*, I, 120 sqq. (en allem.).

(¹) *Diospyros Kaki.* — (²) *Taxus gingko.* — (³) *Urtica nivea.* — (⁴) *Myrica nagi.* Thunberg. — (⁵) *Licium japonicum.* Th. — (⁶) *Smilax China.* — (⁷) **Chorchorus Japonicus.**

qui y ont probablement été introduits par les Chinois ([1]). En général, ces îles nourrissent peu de quadrupèdes. Le nombre des chevaux de l'empire parut à Thunberg égaler à peine celui qu'on trouve dans une seule province suédoise. On ne voit également que fort peu de bétail. On emploie dans les travaux de l'agriculture une variété de buffles qui a une bosse sur le dos, et des vaches très petites. Mais le caprice d'un souverain a érigé en loi d'Etat son goût personnel pour les chiens; ils sont nourris aux dépens des villes; on les chérit, on les respecte. La principale nourriture des Japonais consiste en poissons et en végétaux; les poules et les canards sont élevés principalement à cause de leurs œufs. On ajoute aux légumes ordinaires toutes sortes de plantes marines, de *fucus* et d'ulves, qu'on apprête de plusieurs manières. Le gibier n'est pas très abondant; on a des oies sauvages, des faisans, des perdrix, mais très peu de quadrupèdes sauvages. L'ours qu'on rencontre dans le nord est noir, avec deux taches blanches en forme de croissant sur les épaules; sa chair, que l'on mange, est comparée au mouton, mais elle est plus coriace ([2]). Le loup se montre dans les provinces du nord; il s'y trouve aussi des renards: ces derniers sont universellement détestés, et considérés comme de mauvais esprits revêtus d'un corps d'animal.

» Les métaux précieux, l'or et l'argent, ainsi que nous l'avons fait voir, abondent dans l'empire du Japon. C'est un fait autrefois bien connu des Portugais, et ensuite des Hollandais, qui en exportaient des cargaisons considérables. Les deux tiers du produit des mines appartiennent à l'empereur, et le reste au propriétaire du terrain. Les mines d'or les plus pures et les plus riches sont à Sado, dans la plus grande des îles voisines de Niphon; on nomme au second rang celles de Suremga. L'argent paraît avoir été autrefois plus abondant. Les Japonais le considèrent comme plus rare que l'or, quoique ici, comme partout, ce dernier métal soit plus cher. On rapporte que dans la province de Boungo et dans les parties les plus septentrionales, vers Kattami, il y a de très riches mines d'argent. Mais les deux îles connues sous le nom d'îles d'Or et d'Argent (*Gin-sima* et *Kin-sima*) n'existent peut-être que dans des fables imaginées par la vanité nationale; à moins qu'on ne veuille y voir un indice d'anciennes relations avec le Mexique, ou une imitation des contes de Ptolémée sur la *regio aurea* et *argentea*.

» Le cuivre, mêlé de beaucoup d'or, forme la principale richesse de nombre de provinces, et le plus précieux objet d'exportation. Le plus beau et le plus malléable se tire de Sarouga, d'Astinge, de Kino, de Kuni. Le dernier est regardé comme le plus malléable; celui de Sarouga contient la plus grande quantité d'or. On trouve encore un grand nombre de mines de cuivre dans le Satsouma. Le fer paraît être plus rare dans ce pays que tout autre métal. On en trouve cependant dans les provinces de Mimasaka, Bitsiou et Bizen. Les Japonais s'en occupent peu; ils s'en servent cependant pour fabriquer des armes, des ciseaux, des couteaux, et autres outils nécessaires, tandis qu'ils frappent des monnaies en or et en cuivre.

» On donna à M. Thunberg de l'ambre en présent. Il y en avait de couleur rembrunie, de jaunâtre et de panaché. On lui dit aussi qu'il avait été trouvé dans ce pays. Le soufre abonde dans le Japon ([1]). La pierre ponce indique l'ancienne activité des volcans. Le charbon de terre, à ce qu'on assure, se trouve dans les provinces du nord. Des agates rouges, veinées de blanc, servent pour fabriquer des boutons, des tabatières ([2]). D'après Kœmpfer, le zinc est importé du Toung-king, et l'on trouve de l'étain dans la province de Boungo. Un naphte rougeâtre s'emploie dans les lampes. Thunberg a vu de l'asbeste, de la terre à porcelaine et du marbre blanc ([3]). On a rapporté du Japon le mercure sulfuré, cristallisé en prismes et en petites masses lamelleuses. Le baron de Wurmb, savant allemand établi à Batavia, avait reçu du Japon le titane oxidé capillaire, l'hydrophane et ces masses tombées de l'atmosphère, et qu'on désignait naguère sous le nom de *pierres de tonnerre*, en japonais *kaminari sakki* ([4]).

» Les grandes divisions de l'empire japonais sont appelées, en langue du pays, *kokf*; ce sont des principautés dont les chefs sont vas-

---

([1]) *Thunberg*, IV, p. 95. — ([2]) *Kannamon*, japonais, *Ieso-Ki*, MS.

([1]) *Thunberg*, t. IV, p. 402. — ([2]) *Kœmpfer*, I p. 121, 122 (en all.). — ([3]) *Thunberg*, III, p. 203 ([4]) Verhandelingen van't Bataviaasch Genootschap, V, 566 (en holland.).

saux de l'empereur ou koubo. On en compte environ soixante-dix.

» La capitale du Japon se nomme *Yedo*. Elle est située dans une baie à l'est de Niphon. Les maisons n'y ont qu'un ou deux étages, avec des boutiques le long des rues. Le port y est si peu profond, qu'un vaisseau européen est obligé de jeter l'ancre à la distance de cinq lieues. Le palais de l'empereur est entouré de murs de pierre, avec des fossés et des ponts-levis; lui seul formerait une ville considérable, puisqu'on lui donne cinq lieues d'une heure de circonférence [1], tandis qu'il faudrait vingt-une heures de chemin pour faire le tour de la ville entière [2]. C'est à Yedo que résident, la moitié de l'année, tous les princes feudataires de l'empire; leurs familles y demeurent toujours comme otages de leur fidélité. Le palais de l'empereur consiste dans un grand nombre de logements, et occupe un espace immense. Le salon des cent nattes (*sen-sio-siki*) a 600 pieds de long sur 300 de large. Le palais a une tour carrée, marque de prééminence, laquelle, dans cette ville, est interdite aux autres grands, quoique chacun d'eux jouisse de la même prérogative dans ses propres domaines. Les toits sont ornés de dragons dorés. Les colonnes et les plafonds éclatent de cèdre, de camphrier et d'autres bois précieux. Mais tout l'ameublement consiste en nattes blanches garnies de franges d'or.

» Les maisons des particuliers sont en bois, mais peintes en blanc, de manière qu'elles semblent être de pierre; l'étage supérieur sert de garde-meuble et de grenier; le rez-de-chaussée n'est composé que d'une grande pièce, qu'on peut diviser à volonté en divers appartements, par des cloisons à coulisses. On n'y fait usage ni de sièges ni de tables; on s'assied sur des nattes: l'empereur même, pour donner son audience, ne s'assied que sur un tapis. »

La fréquence des tremblements de terre que l'on ressent à Yedo est probablement la seule cause qui fait que cette ville renferme si peu d'édifices remarquables. Il est cependant une construction que nous ne devons point passer sous silence: c'est le fameux pont appelé *Niphon-bas* ou *Pont du Japon*, d'où l'on compte les distances sur tous les grands chemins de l'île. Il est long de 240 pieds, construit en bois de cèdre et bordé de balustrades ornées de boules en cuivre doré.

La population de cette ville, que l'on peut regarder comme la plus grande du monde, est difficile à évaluer: aussi les auteurs diffèrent-ils considérablement sur ce point. Les uns ne lui donnent que 700,000 habitants; les autres 1,000,000; quelques uns même 10,000,000. Il nous semble que les uns et les autres ont donné dans des excès opposés, et que ceux dont l'évaluation n'est pas la plus forte n'ont probablement point compris la population de ses faubourgs. Si nous en croyons les auteurs japonais, elle renfermerait 280,000 maisons: ce nombre est peut-être exagéré, mais en le supposant exact, et en considérant que les habitants n'occupent que les rez-de-chaussée, on aurait environ cinq individus par maison, ce qui donnerait une population de 1,400,000 âmes, nombre qui n'est probablement pas éloigné de la vérité.

Une observation importante à faire sur cette ville, c'est qu'elle est le théâtre de fréquents incendies; inconvénient qui, au surplus, existe dans toutes les villes du Japon. Il ne se passe point de jour qu'elle n'en éprouve; pendant les vingt jours que M. Titsingh y résida, il y eut 22 incendies [1]. A différentes époques, et entre autres en 1773, elle fut presque entièrement consumée: aussi depuis cette époque a-t-on institué un corps de surveillants qui parcourent la ville jour et nuit.

« En allant d'Yedo au nord-est, on trouve deux villes principales, *Nagasima* et *Nambou*. En se dirigeant au sud-ouest, on rencontre la ville d'*Odawara*, où l'on fabrique de la porcelaine et où l'on prépare le cachou ou la terre odorante de Japon, matière en effet terreuse, mais que l'on tire d'un végétal qui paraît être le *mimosa catechu* de Linnée [2]; celle d'*Okosaki*, avec un pont superbe, et celle de *Nacoya*, une des plus riches de l'empire, avec un château-fort entouré d'eau: c'est ce chef-lieu de la fertile province d'*Owari* qui donne son nom à une baie.

» *Miaco* ou *Miyako*, la seconde ville de l'empire, dont elle était autrefois la capitale, et qui porte encore le nom de *Kio* (résidence),

[1] *Thunberg*, IV, p. 54. — [2] *Kœmpfer*, II, 271.

[1] *Titsingh*: Ext. du Journal d'un voyage à la cour d'Yedo et au Japon. — [2] *Acacia catechu*, Wildenow.

est située dans les terres, à environ 54 lieues au sud-ouest d'Yedo, dans une plaine unie. C'est le principal siége des fabriques et du commerce; c'est le lieu où l'on frappe la monnaie impériale; la cour du Daïri, ou grand pontife, se compose de gens lettrés, et c'est ici que s'impriment tous les livres. Kœmpfer nous apprend que, d'après un dénombrement fait en 1674, la population s'y montait à 405,642 individus, dont 182,070 du sexe masculin, et 223,572 femmes, sans compter la cour nombreuse du Daïri [1] qui se compose d'une partie des 52,000 prêtres de cette ville. Le vaste palais de ce pape japonais est inaccessible aux étrangers, mais les temples de cette ville sainte ont été visités et décrits. »

Nous n'entreprendrons pas de décrire les principaux palais, dont le plus vaste est le *Kia-mitz*, ou le palais du *Koubo* ou *seogoun*, c'est-à-dire de l'empereur. Leur nombre dépasse 130; celui des temples est de plus de 6,000. L'un des plus remarquables est le temple impérial appelé *Tchouganin*, immense monastère composé de 28 temples et entouré de jardins délicieux. Le *Fo-kosi*, construit en marbre blanc, et orné dans son intérieur de 96 colonnes en bois de cèdre, est célèbre dans tout l'empire par la statue colossale de *Daïbout* ou du grand *Bouddha*, représentant ce personnage assis dans une fleur de lotus à la manière indienne: elle a, suivant M. Klaproth, plus de 81 pieds de hauteur, dont environ 71 ½ pour la statue et 9 ½ pour la fleur de lotus. Avant le tremblement de terre de 1662, elle était en bronze doré; mais ayant été brisée dans sa chute, elle fut remplacée depuis par une statue en bois doré. C'est près de ce temple que l'on voit la plus grande cloche que l'on connaisse: elle a environ 16 pieds de hauteur, et pèse, dit-on, 2,040,000 livres. Enfin le temple de *Kwanwon* rivalise sous beaucoup de rapports avec le précédent: l'image du dieu Kwanwon surpasse en grandeur celle que l'on voit dans le Fo-kosi; ses 36 mains s'élèvent au-dessus d'un groupe de six statues de héros d'une taille gigantesque. Ce temple est de plus orné d'un grand nombre d'autres statues de divinités: les Japonais en portent le nombre à 333,333.

Miyako est le centre des sciences, de la littérature et des beaux-arts; c'est de ses imprimeries que sortent la plupart des livres japonais et l'almanach impérial, l'un des ouvrages les plus importants et les plus utiles qui se publient dans l'empire. Cette ville est encore plus célèbre par ses manufactures de tissus et par ses belles porcelaines.

« Les faîtes pyramidaux des temples et des palais de Miyaco se marient agréablement aux collines boisées qui environnent la ville et d'où découlent plusieurs sources limpides [1]. »

A 8 lieues au nord-est de Miyako l'importante *Nara* mérite encore notre attention: le nombre de ses temples la range aussi parmi les villes saintes; ils sont presque tous relatifs à la religion de Bouddha. L'un des plus importants est celui de *Koubosi*: il est précédé de trois vastes cours qui s'élèvent en amphithéâtre et auxquelles on monte par de superbes escaliers; chacune d'elles est ornée de figures colossales; de chaque côté de la porte du temple s'élèvent deux lions d'une taille monstrueuse. A l'extrémité du sanctuaire on voit trois énormes statues, dont la plus grande, placée entre les deux autres, est celle du dieu Siaka; de beaux jardins entourent ce superbe édifice. Un autre temple qui rivalise avec celui-ci est consacré à Daï-bout; il est environné d'un portique carré de 360 pieds sur chaque face, soutenu par 98 colonnes de 7 pieds de diamètre; la statue du dieu est en cuivre, et d'une telle dimension, que sa poitrine a 46 pieds de largeur. *Ozaka*, située à l'embouchure du Yodogava, est regardée comme le port de Miyaco et comme une des villes maritimes les plus florissantes de l'empire. Sa population dépasse 700,000 âmes, si l'on admet, comme le prétendent les Japonais, qu'elle puisse mettre sur pied une armée de 80,000 hommes; mais il est plus probable qu'elle n'a que 200,000 habitants. Les canaux dont elle est coupée et que l'on passe sur des ponts de cèdres, rappellent Venise; les plaisirs qui y règnent, joints à l'abondance et au bas prix des vivres, y attirent les Japonais qui cherchent des loisirs voluptueux [2]. Tous les riches seigneurs y ont un pied-à-terre; mais comme si le gouvernement craignait qu'ils n'abandonnassent le séjour de la capitale pour celui de cette ville, il ne leur est pas permis d'y coucher plus

[1] *Kœmpfer*, II, 247.

[1] *Kœmpfer*, II. 234, 305, 339, etc. — [2] *Kœmpfer*, II, 223.

d'une nuit. Cette ville renferme un jardin botanique où l'on cultive avec le plus grand soin tous les végétaux qui croissent au Japon. La citadelle, dit Thunberg, construite à l'une des extrémités de la ville, avec de bonnes fortifications à la manière du pays, peut avoir un mille en carré. Deux gouverneurs y commandent alternativement chacun pendant trois années : celui qui n'est pas en fonction reste à la cour (!).

« *Fiogo*, dans la même province, sur le golfe d'Ozaka, possède un port garanti par un vaste môle. C'est une ville grande, belle et surtout très peuplée. *Mourou*, dans la province de Farima, est pourvu d'un port naturel; on y travaille des cuirs de cheval à la manière des Russes. »

Kake-gava a un port et 400 maisons; *Kanazava* passe pour une des cités les plus considérables de l'empire.

« Les villes de la côte septentrionale et occidentale de l'île de Niphon ne nous sont connues que de nom. Il faut en dire autant de celles de toute l'île *Sikokf*, que les voyageurs n'ont pas traversées, où l'on trouve les quatre provinces autrefois royaumes de Tosa, Iyo, Awa et Sanouki, qui ont pour chefs-lieux *Kôtsi*, *Matsou-yama*, *Tok-sima* et *Taka-mats*.

» Dans l'île de *Kiou-siou* nous distinguerons le fameux port de *Nangasaki* ou Nagasaki, le seul dans lequel il soit permis aux vaisseaux étrangers de jeter l'ancre; privilége aujourd'hui réservé exclusivement aux Hollandais et aux Chinois. Ce lieu n'était qu'un simple village; il doit au commerce portugais sa prospérité et son importance. *Nangasaki* compte 87 rues, chacune d'environ soixante toises de longueur; c'est la mesure légale d'une rue; on estime le nombre des maisons à 5 ou 6,000 tout au plus. Il y a 62 temples construits sur des hauteurs; ils sont consacrés à la fois au culte et aux plaisirs. Les approches de la ville du côté de la mer offrent des points de vue tels qu'on en chercherait en vain dans nos jardins pittoresques les plus fameux. Un rocher long de 238 pas servait de prison aux négociants hollandais.

» L'île de *Kiou-siou* ou de *Ximo*, qui formait autrefois un royaume à part ([2]), renferme encore les villes considérables de *Sanga*, célèbre par ses belles femmes et ses fabriques de porcelaine presque transparente; *Kokoura*, d'où l'on passe à *Simonoseki*, dans l'île de Niphon; et *Kangoxima* ou *Kago-sima*, où les Portugais débarquèrent lors de la découverte du pays. L'île *Firando*, près de la côte méridionale de celle de Kiou-siou, et l'île d'*Amakousa*, eurent à cette époque quelque célébrité, comme ayant été les premiers asiles de la religion chrétienne. C'est dans cette dernière que les jésuites fondèrent un collége où ils établirent une importante imprimerie. L'île *Tsou-sima*, entre Kiou-siou et la Corée, forme une province qui a été tributaire des Coréens avant d'être soumise aux Japonais. Le petit archipel *Goto* termine le Japon au sud-ouest. »

Les îles que nous venons de nommer ne sont pas d'une grande étendue. Firando a 9 lieues de longueur et 5 de largeur; Amakousa en a à peu près 10 sur 8; et Tsou-sima 18 sur 5. L'archipel ou plutôt le groupe de Goto se compose de cinq îles appelées *Fisago-sima*, *Narou-sima*, *Nisi-sima* et *Fiyasi-sima*.

« Au midi, la petite île de *Likeo*, qu'il faut distinguer des îles Lieou-khieou, n'est séparée de Kiou-siou que par un canal étroit; elle est gouvernée par un *daïri* ou pontife indigène, soumis au prince de Satsouma. Les habitants récoltent du riz deux fois l'année; ils cultivent leurs champs aux sons de la lyre et au bruit des chants joyeux. Le détroit de Van-Diemen les sépare de l'île de *Tanao-sima* ou *Tanega-sima* et d'une chaîne de moindres îles qui s'étend dans la direction de l'archipel de Lieou-khieou.

» Au sud-est, la domination japonaise embrasse un petit archipel dans lequel on distingue un volcan encore brûlant, et plusieurs foyers éteints de feu souterrain. L'île la plus considérable se nomme *Fatsisio* : élevée de 80 toises ([1]), et escarpée de toutes parts, elle n'est accessible qu'au moyen d'échelles de corde attachées au haut des rochers. C'est ici que les courtisans disgraciés et exilés s'occupent à tisser des étoffes de soie d'après les dessins bizarres que leur suggère une imagination agitée.

» Les Japonais sont bien faits, libres et aisés dans leurs mouvements, d'une structure robuste, et d'une taille moyenne. Leur teint

---

([1]) *C. P. Thunberg:* Voyage au Japon, t. II, p. 95.
— ([2]) Kœmpfer, II, p. 6, 201.

([1]) *Fatsi*, dix; *sjo*, huit, en japonais.

jaunâtre tire quelquefois sur le brun, et d'autres fois il se perd dans un blanc pâle. Les femmes de distinction, en s'exposant rarement à l'air sans être voilées, conservent le teint aussi blanc que nos Européennes. C'est l'œil qui caractérise les Japonais ; il s'éloigne plus de la forme ronde que chez aucun autre peuple; oblong, petit, enfoncé dans la tête, il paraît constamment clignoter. Leurs paupières forment un sillon plus profond, et leurs sourcils sont placés un peu plus haut qu'on ne le voit ordinairement chez les autres nations. Ils ont assez généralement la tête large et le cou court, le nez gros et comme tronqué, les cheveux noirs, épais et brillants, ce qui pourrait n'être dû qu'à l'huile dont ils les oignent.

» A ces traits physiques, on croit reconnaître le mélange d'une race chinoise avec une tribu mongole ou mandchoue (¹). En effet, l'histoire japonaise, après avoir étalé une suite de dieux et de demi-dieux, finit par avouer que les Japonais doivent à une colonie chinoise les premiers progrès de leur civilisation. Leurs annales remontent à un monarque chinois nommé *Sin-Mousa*. Ils le représentent avec une tête de taureau, parce qu'il enseigna l'agriculture et la manière de former des troupeaux. Mais la langue japonaise, monument plus authentique, ne fournit aucune preuve en faveur d'une origine étrangère de ces insulaires. Elle ne renferme que peu de mots chinois ; elle n'a aucun rapport ni avec le mandchou, ni avec l'yeso ou kourilien ; les prétendues ressemblances qu'un savant assure avoir trouvées entre elle et les langues tatares, restent depuis long-temps dénuées de preuves (²). Les mots japonais ne sont pas monosyllabiques comme ceux des Chinois; les conjugaisons et la syntaxe ont une marche originale (³). Le japonais ou l'*yomi* est employé dans la poésie et la conversation ; les bonzes écrivent leurs ouvrages de théologie en chinois, qui est pour ainsi dire le latin de ce pays.

» On dirait peut-être que les Japonais indigènes ont été subjugués par une tribu mongole ou mandchoue qui aurait adopté le langage des vaincus. Mais à quelle époque placer une semblable invasion? L'ère sacrée des Japonais remonte à l'établissement de la succession héréditaire des *daïris* ou empereurs ecclésiastiques, c'est-à-dire 660 ans avant l'ère chrétienne : elle dura jusqu'à l'année de notre ère vulgaire 1585. Pendant ce temps, deux invasions avaient été repoussées : celle des Mandchoux eut lieu en 799 ; elle est environnée de fables. En 1281, les Mongols, sous le khan Mangou, après avoir conquis la Chine quatorze ans auparavant, essayèrent de s'emparer du Japon. Le savant Amyot nous a donné, dans un ouvrage traduit du chinois (¹), l'histoire de cette expédition, d'après les auteurs chinois. Suivant eux, l'armée chinoise, réunie à celle des Coréens, formait 100,000 hommes. Les Coréens avaient fourni 900 vaisseaux de guerre; une affreuse tempête dispersa ce grand armement. Les Japonais attribuèrent cet événement à la protection de leurs dieux indigènes. Tous les accroissements que la population japonaise a pu recevoir du continent de l'Asie se bornent donc à quelques colonies de Chinois et de Coréens émigrés.

» Les Japonais sont probablement, comme toutes les nations principales du monde, des *aborigènes*, ou des peuples dont l'origine dépasse la naissance de l'histoire. S'ils sont venus du continent, ils l'ont quitté avant la formation des langues. Ils savent obscurément qu'outre leur race il y en avait deux autres dans l'île même de Niphon : les *Mo-sin* ou Kouriliens velus, au nord, et une nation de *nègres*, au sud; peut-être ceux-ci étaient-ils des Haraforas des îles Philippines. Combien d'autres peuplades primitives ont pu, dans ces contrées isolées, s'élever, briller et s'éteindre ignorées du reste de l'univers !

» En l'an 1143, le *daïri* ou empereur-pontife, descendant des dieux nationaux, eut la faiblesse de placer à ses côtés un chef militaire nommé le *koubo* ou le *séogoun* ; la puissance de ce grand fonctionnaire, consolidée par la succession héréditaire, s'accrut par les victoires et les intrigues ; en 1585, le koubo enleva au daïri la dernière ombre d'autorité

(¹) *De Guignes*, Histoire des Huns. *Gatterer*, Manuel d'Hist. univ., II° part., I° vol., p. 441. *Kampfer*, I, 87, 88. — (²) *Bayer*, Thesaur. epist. La Croz., I, 54. — (³) *Thunberg* : Observationes in linguam japonicam, in nov. Act. Upsal, 1792, V, p. 258-273. *Hervas* : Catalogo de las lenguas, II, 64.

(¹) Introduction à l'Histoire des peuples tributaires de la Chine, composée par ordre de l'empereur *Kang-Hi*. MS. de la Biblioth. royale.

politique. Depuis cette révolution, on peut considérer le gouvernement du Japon comme une monarchie héréditaire absolue, soutenue par une foule de princes héréditaires aussi absolus, dont la jalousie mutuelle et les otages qu'ils livrent garantissent la soumission au pouvoir suprême. Chaque prince dispose des revenus de son fief ou de son gouvernement; ils lui servent à défrayer sa cour, à entretenir une force militaire, à réparer les routes, et à subvenir à toutes les dépenses de l'état civil. Les *damios* ou princes du premier ordre, et les *siomios*, qui sont d'un rang inférieur, possèdent les uns et les autres une dignité héréditaire; les *siomios* sont non seulement forcés de laisser leur famille dans la capitale, mais encore d'y résider six mois de l'année.

» Les voyageurs admirent les lois du Japon; Kœmpfer les préfère à celles de l'Europe. La justice est expéditive; les parties elles-mêmes comparaissent devant le juge, qui prononce sans délai. Mais ce voyageur ne parle d'aucun code de lois. D'ailleurs, il se rend suspect en insistant sur le prétendu avantage résultant de la loi qui interdit l'accès du Japon aux étrangers, et défend, sous peine de mort, à tout Japonais de quitter son pays. Selon Thunberg, les lois sont en petit nombre dans cette contrée, mais on les y exécute à la rigueur, sans aucun égard pour les personnes, toutefois les amendes pécuniaires sont des grâces accordées aux coupables riches [1]. De simples délits sont punis de mort, mais la sentence doit être signée par le conseil privé de l'empereur. L'éducation morale des enfants étant un devoir politique, les parents répondent des crimes de ceux dont ils auraient dû corriger les vices naissants. La police est vigilante. Non seulement il y a dans chaque ville un magistrat principal, appelé *nimban*, qui est chargé de la faire, mais les habitants de chaque rue étant responsables en masse des crimes commis par un d'eux, nomment un commissaire qui veille à la sûreté des personnes et des propriétés. Il y a dans chaque village un emplacement entouré de palissades, au milieu duquel est une inscription, qui offre, en gros caractères, un petit code de police [2].

» Nous ne cacherons pourtant pas que le Hollandais Varénius, auteur très bien informé, donne des lois japonaises une idée moins favorable. Les peines, dans le dix-septième siècle, y portaient le caractère de la plus grande cruauté. Hacher en pièces un coupable, lui ouvrir le ventre à coups de couteau, le suspendre au moyen de crocs de fer enfoncés dans les côtes, le faire cuire dans de l'huile bouillante; voilà les punitions les plus communes. Les grands avaient le privilége de se couper le ventre de leur propre main [1]. Valentyn peint aussi la législation du Japon comme féroce et sanguinaire. Quand on nous dit que les crimes sont rares dans ce pays, ce n'est pas faire l'éloge des lois : comment pourrait-il en être autrement dans une contrée où chaque citoyen est responsable des délits commis par son voisin? où des familles, des villages entiers sont livrés aux derniers supplices pour expier la faute d'un seul? Mais si de semblables institutions diminuent le nombre des crimes, elles ôtent aussi à l'innocence sa tranquillité, à la société ses agréments. Ne vaut-il pas mieux courir risque d'être volé une ou deux fois dans la vie, que de craindre à chaque moment d'avoir le ventre coupé pour expier les vols commis par un de vos voisins? Au surplus, la dégradation de l'espèce humaine peut rendre nécessaire un frein aussi terrible. Qui sait si l'Europe un jour n'aura pas aussi une justice japonaise et une grande muraille chinoise? »

Nous ne prétendons pas décider contre l'opinion de Varénius en faveur de Kœmpfer et de Thunberg qui font l'éloge des institutions japonaises; mais nous ferons remarquer qu'un Hollandais, M. Van Overmeer Fisscher, qui a résidé au Japon depuis 1820 jusqu'en 1829, en donne une idée toute différente, et qui confirmerait ce qu'en disent Kœmpfer et Thunberg.

D'après ce qu'a publié ce savant Hollandais, le gouvernement japonais est absolu, mais n'est point arbitraire. Les lois sont sévères, il est vrai; mais chacun les connaît; chacun sait ce qu'elles permettent et ce qu'elles défendent; et comme personne ne peut les éluder, comme l'homme le plus puissant ne peut par des actions illégales intimider un inférieur et le forcer de se plier à ses désirs; comme ces lois, malgré leurs imperfections, ont

[1] *Thunberg*, t. IV, p. 64. — [2] *Thunberg*, IV, p. 72.

[1] Voyez les planches de l'ouvrage intitulé : *Ambassades des Hollandais au Japon*.

l'avantage d'être strictement exécutées, celui qui se conduit bien n'a pas de motifs pour les craindre; il y voit au contraire la meilleure garantie des institutions japonaises, qui toutes tendent peut-être même plus qu'en Europe à établir la sûreté des personnes et des propriétés.

Le Japonais est parfaitement libre et indépendant; l'esclavage est un mot inconnu dans sa patrie, et il n'est obligé à aucun travail sans salaire. Les classes inférieures du peuple ont peu de besoins; la douceur du climat et la fertilité du sol fournissent en si grande abondance à toutes les nécessités de la vie, que le Japon pourrait nourrir le double de sa population actuelle : aussi l'indigence y est-elle inconnue. Ainsi l'on peut dire sans exagération que le peuple japonais est peut-être le plus heureux de tous les peuples de la terre.

« Quel que soit l'état politique du Japon, on assure que la population y est prodigieuse, que les montagnes mêmes dont se compose la plus grande partie de cette contrée sont mises à profit par d'industrieux cultivateurs, et que le *Tokaïdo*, la principale des sept grandes routes du Japon, présente quelquefois plus de voyageurs que les rues les plus fréquentées des capitales de l'Europe n'offrent de passants [1]. »

Ces faits sont confirmés par les voyageurs les plus récents, entre autres par M. Van Overmeer Fisscher.

« Dans ce pays généralement montagneux, » dit-il, la plupart des lieux habités se trou» vent dans les plus beaux sites, sur les bords » de la mer, des rivières ou des lacs et des » baies; ils sont par conséquent favorablement » placés pour les communications commer» ciales. Les montagnes même sont aussi peu» plées que les villes, villages et hameaux; » elles ne sont pas comme en Europe des tours » élevées en l'air qui annoncent l'approche » d'une ville, on s'en aperçoit à la foule qui » encombre la route, et qui ferait croire que » toute la population sort journellement pour » jouir de la beauté de ses environs. Jusque » sur les montagnes les plus escarpées, les che» mins sont entretenus avec un soin admira» ble, et sont ordinairement assez larges pour » que la suite de plusieurs princes et des » grands vassaux de l'empire qui voyagent y

[1] *Thunberg*, t. II, p. 345; III, p. 282 et 318.

» puissent passer à la fois sans difficulté. La » plupart de ces routes sont garnies de très » belles allées de sapins, de cèdres, de châ» taigniers ou de cerisiers. Dans le pays plat, » on aperçoit sur les rivières et les lacs d'in» nombrables embarcations se dirigeant vers » des cités populeuses, et contribuant puis» samment à animer le paysage. Ce sont or» dinairement les temples qui se distinguent le » plus des autres édifices. Placés presque tou» jours sur des collines, à l'ombre de frais » bosquets, ces grands bâtiments donnent une » idée favorable de la richesse et de l'impor» tance des villes auxquelles ils appartien» nent, car les Japonais les construisent avec » beaucoup d'art et les chargent d'ornements » élégants.

» Les villes où résident les princes sont en» tourées de fossés, de murs et de remparts » garnis de tours hautes de trois à cinq étages; » les portes sont fortifiées et en état de résister » à une attaque imprévue de l'ennemi. Ces » places ne sont accessibles que de deux ou » trois côtés. Ainsi que les différents quartiers » d'une ville, l'entrée en est fermée par un » simple grillage et gardée par un piquet de » troupes. Souvent les villes sont coupées par » des canaux au-dessus desquels s'élèvent des » ponts, bâtis en pierre de taille. Les rues » sont tirées au cordeau, et on a soin de bien » aligner les façades des maisons; elles ne » doivent être que d'un étage, mais les châ» teaux et les forts en ont plusieurs. Chaque » propriétaire est tenu d'entretenir à ses frais, » et en bon état, le trottoir en pierre de taille » qui est devant sa maison. Tout le sol de la » ville est couvert de dalles de pierre ou de » fragments de cailloux fortement battus pour » former une couche solide. L'extérieur des » maisons est, en général, peu orné, car les » Japonais logent leurs domestiques du côté de » la rue, et vivent eux-mêmes retirés dans la » partie la plus reculée de leurs habitations » qui donne sur le jardin, et forme un séjour » fort agréable. »

» Il est difficile qu'un étranger puisse se » faire une idée exacte de la quantité et de la » variété des boutiques, ainsi que de l'élégance » et de la richesse des magasins, qui, de toutes » parts, sont ouverts à la foule avide de faire » des emplettes. Les artisans dont les ateliers » donnent sur la rue les ouvrent à la pointe du

» jour; ils s'occupent avec assiduité de leur ouvrage, pendant que leurs femmes prennent soin du ménage ou cherchent à se faire un petit revenu par le travail de leurs mains. Les habitations particulières sont bien closes; ordinairement la partie inférieure des fenêtres est formée de volets ou de jalousies en bois. Devant les maisons, il y a une espèce de cour, entourée d'un mur ou d'une clôture de bois qui la sépare de la rue. Ce parvis est ordinairement pavé de cailloux, et sert à recevoir la suite des hauts fonctionnaires quand ils visitent la maison.

» Aucune ville, aucun bourg du Japon, quelque petit qu'il soit, n'est dépourvu de ces grands et beaux édifices connus sous le nom de *tsiaya*, ou maison de thé. Ce sont des lieux de débauche dont l'intérieur est muni de tout ce qu'il y a de plus *comfortable*, et où chacun peut s'amuser autant que sa bourse le lui permet. Aussi le plus grand divertissement des Japonais est d'y passer les soirées en compagnie de jeunes filles qu'on appelle *téekakie*. Ce sont ordinairement des enfants de parents pauvres, qui les cèdent dès l'âge le plus tendre aux gens patentés qui tiennent les *tsiaya*. Quand elles ont atteint l'âge de 14 ou 15 ans, elles sont obligées de se soumettre au choix de ceux qui fréquentent la maison; mais arrivées à l'âge de 25 ans, elles sont parfaitement libres et retournent dans la maison paternelle. Il n'est pas rare qu'elles trouvent quelqu'un qui les rachète avant cette époque; mais ordinairement ces pauvres créatures restent perdues pour la société.

» Une autre classe de femmes qu'on peut appeler publiques sont les *gheeko*, ou joueuses de *samsie*, qui est une guitare à trois cordes. Ce sont de jeunes filles ordinairement fort belles et bien élevées, qu'on fait venir dans les maisons de thé pour amuser la société par la musique et la danse. Elles ne refusent pas le *sake* ou vin japonais, ni les diverses friandises qu'on leur offre. Les maisons de thé sont si nombreuses que dans les grandes villes elles forment des rues entières. L'habitude d'y aller est si générale qu'entre hommes on n'en fait pas mystère, et même des gens y vont avec leurs femmes pour les faire participer aux amusements qu'ils y prennent. On dit que l'origine de ces mai-

» sons date du temps de Seogoun *Yoritomo*, qui, vers la fin du douzième siècle, étant à la tête d'une armée formidable, accorda de grands priviléges à ceux qui établissaient sur les grandes routes ces sortes de maisons qui servent en même temps d'auberges aux voyageurs. »

« Varénius [1], d'après les meilleures autorités, évalue le nombre des troupes entretenues par les princes et les gouverneurs à 368,000 hommes d'infanterie, et à 38,000 de cavalerie. Selon le même auteur, le koubo ou l'empereur a une armée particulière composée de 100,000 hommes de pied, et de 20,000 chevaux. Ainsi donc, en réunissant le tout, on trouve 468,000 hommes d'infanterie, et 58,000 de cavalerie.

» Une semblable armée, si elle existait en réalité, indiquerait une population de 20 à 30 millions d'individus.

» La marine des Japonais ne mérite pas qu'on en parle; leurs navires, étant plats à l'arrière, ne peuvent résister à l'effet des lames dans un gros temps; et quoique, à l'instar des Chinois, ils se servent de la boussole, ils sont des navigateurs très maladroits et très peu instruits. On ne peut même concevoir de quelle manière ils s'y prenaient autrefois pour se rendre, comme on prétend qu'ils le faisaient, à Formose, ou même à Java. Leur navigation au nord s'étendait, selon quelques cartes japonaises, jusqu'à la côte d'Amérique voisine du détroit de Bering, et qu'ils appelaient *Fousang*; aujourd'hui ils ne dépassent guère l'Yeso; et les habitants de cette île parlent de leurs voyages à *Rakkosima*, ou le pays des lions marins, probablement l'île de Bering ou le Kamtchatka, comme d'une expédition d'Argonautes [2].

» Varénius a indiqué les revenus du Japon, province par province. Il en porte la somme totale à 2,834 tonnes d'or, selon la manière de compter des Hollandais; et en évaluant la tonne d'or à 240,000 francs, le total sera de 680,160,000 francs, sans compter les provinces et les villes qui dépendent immédiatement de l'empereur. Ces revenus ne doivent pas néanmoins être considérés comme nationaux, vu qu'ils sont payés en espèces à différents princes. Cependant l'empereur, outre

---

[1] *Varénius* : Descrip. Jap., cap. IX. — [2] *Yeso-Ki*, d'*Arai-Tsikoryo*, MS.

le gros revenu de son domaine ou de ses provinces particulières, à un trésor considérable en or et en argent.

» Les Japonais se partagent entre deux religions principales, celle de *Sinto* ou *Sinsiou* et celle de *Boutsdo*. La première, qui est la plus ancienne, reconnaît un Etre suprême, trop élevé pour recevoir les hommages des humains et soigner leurs intérêts; mais elle admet, elle vénère, elle invoque comme médiatrices les divinités d'un ordre inférieur. »

La principale de ces divinités est la déesse *Ten-sio-daï-sin*, dont le frère *Fatsman* est le dieu de la guerre. Nul individu ne peut adresser directement ses prières à *Ten-sio-daï-sin*: il ne peut le faire que par l'entremise des divinités protectrices appelées *Siou-go-sin*.

« Les sintos croient que les âmes des hommes vertueux occupent des régions lumineuses voisines de l'empirée, tandis que les âmes des méchants erreront dans le vague des airs jusqu'à ce qu'elles aient expié leurs offenses.

» Quoique la doctrine de la métempsycose soit étrangère à cette croyance, les rigides adhérents de *Sinto* s'abstiennent de toute nourriture animale, abhorrent l'effusion du sang, et n'oseraient toucher un cadavre [1]. Ils appellent leurs dieux *sin* ou *kami*, et leurs temples *miya*. Les derniers consistent en plusieurs appartements et en galeries, formés, selon la coutume du pays, par des coulisses qu'on peut enlever et replacer à volonté. Des nattes de paille sont étendues sur les planchers, et les toits forment de chaque côté une saillie suffisante pour recouvrir une sorte d'estrade qui entoure le temple, et sur laquelle le peuple se promène. On ne remarque dans ces temples aucune figure qui soit censée représenter l'Etre invisible et suprême, mais on y conserve quelquefois dans une boîte une petite image de quelque divinité secondaire. Placé au centre du temple, un large miroir de métal rappelle que si les taches du corps se peignent fidèlement dans cette sorte de glace, de même les défauts de l'âme ne peuvent demeurer cachés aux regards des immortels [2]. Les fêtes et les cérémonies du culte sont agréables, et même gaies; car ce peuple considère les dieux comme des êtres qui se plaisent à dispenser le bonheur.

» La religion de *Boutsdo* est originaire de

(1) *Thunberg*, IV, p. 19. — (2) *Idem*, p. 21.

l'Hindoustan; c'est la même que celle de *Bouddha*; mais elle adopte quelques maximes étrangères: ainsi elle conserve le dogme de la transmigration des âmes; elle menace les impies d'un enfer effroyable où l'on retrouve le pont des âmes, les abîmes d'eau et de feu, et d'autres images nées dans les Alpes tibétaines; elle offre aussi la peinture d'un paradis nommé *Gokurak*, gouverné par le dieu *Amida*. Le bouddhisme s'est tellement mêlé avec le *sinto* ou l'ancienne religion japonaise, qu'il est difficile et qu'il sera peut-être un jour impossible de distinguer ce qui appartient à chacun de ces systèmes [1].

» Le Japon a ses moralistes, ou des philosophes dont la doctrine est appelée *siouto*; doctrine qui paraît avoir été importée de la Chine après le bouddhisme, et dont les adhérents sont peu nombreux. Elle a des rapports avec celle des épicuriens, quoique les individus qui font profession de la première reconnaissent, avec Confucius, que la source la plus pure du plaisir est la vertu. Ces philosophes croient à une âme de l'univers, mais n'adorent point de dieux inférieurs, et n'ont ni culte ni temple. On prétend que ces déistes se sont montrés amis du christianisme, et que leur nombre a diminué lors de la persécution exercée contre les chrétiens, attendu que, pour détourner les soupçons, ils se sont empressés de reconnaître ostensiblement les dieux de leur pays.

» Depuis l'an 1549 jusqu'à l'an 1638, des missionnaires de l'ordre des jésuites continuèrent à répandre leur doctrine; deux grandes persécutions anéantirent l'Eglise naissante. En 1590, il y périt 20,000 chrétiens; selon les missionnaires [2], en 1638, on en massacra 37,000. Les prétentions et les intrigues politiques des jésuites contribuèrent d'abord à rendre odieuse la religion qu'ils professaient, et dont les principes purs condamnaient leur ambition. Peut-être la jalousie commerciale des Hollandais contre les Portugais eut-elle quelque part à ces sanglantes catastrophes. Depuis cette mémorable époque, la religion catholique a été en horreur au Japon. Avouons que si des missionnaires japonais débarqués

(1) *Thunberg*, IV, p. 21. — (2) Mais des auteurs contemporains assurent qu'il n'y avait *en tout* que 20,000 chrétiens dans le royaume. *Plat.*, de bono Statu Relig., lib. II, cap. xxx.

au Havre-de-Grâce allaient mettre le feu à la cathédrale de Rouen, la police française les traiterait avec quelque sévérité. Voilà cependant ce que les missionnaires faisaient dans le Japon.

» La civilisation des Japonais paraît stationnaire comme celle de la Chine ; mais des germes de perfectibilité laissent encore au Japon la perspective d'une révolution morale. Un caractère plus mâle et un plus haut degré de liberté politique rapprochent plus des Européens les braves et intelligents Japonais. Leur langue savante est, dit-on, l'ancien chinois, et les caractères de leur alphabet paraissent avoir une plus grande ressemblance de figure avec ceux des Chinois ; mais ils désignent des lettres, et non pas des mots entiers. Les Chinois ne savent pas lire un livre japonais, tandis qu'un livre chinois est lu par tout Japonais instruit. Titsingh, qui a travaillé à un grand ouvrage sur le Japon, a rapporté des livres imprimés qui font honneur à l'habileté de cette nation. Leurs caractères ne sont pas mobiles ; ils n'impriment que d'un côté. Titsingh possédait un superbe herbier, dessiné et colorié avec autant de soin que de goût. Il a rapporté des cartes et des plans, très joliment lavés, et qui ne seront pas sans utilité pour la chorographie, quoiqu'elles soient dépourvues de longitudes et de latitudes. Les Japonais ont fait graver les monnaies de leur empire depuis l'an 600 avant Jésus-Christ, et les armoiries des principales familles (1). On lit et parle le hollandais dans cette contrée asiatique ; la médecine et l'histoire naturelle commencent à être enseignées d'après des ouvrages hollandais ; jusqu'à présent leurs médecins étaient fort ignorants.

» Les astronomes conservent une division incommode du temps ; l'année, qui est lunaire, commence tantôt en mai, tantôt en février ; sept fois en dix-neuf ans, un mois intercalé ramène ces années au cours de l'année solaire. Les écoles ou colléges paraissent pourtant surpasser tout ce qu'on voit ailleurs en Asie ; elles ne retentissent point de coups de verge ou de fouet, mais de chants solennels en l'honneur des héros et des dieux nationaux. La poésie est honorée. Dans quelques arts, les Japonais surpassent même l'industrie européenne. Ils ont d'excellents ouvriers en cuivre, en fer, surtout en armes blanches Les verreries sont communes au Japon ; on y fait même des télescopes. Les tableaux des Japonais, chargés de couleurs brillantes, manquent de composition et de dessin.

» Leurs habitations, qui, à cause des tremblements de terre, n'ont qu'un rez-de-chaussée et un étage qui sert de grenier, peuvent, ainsi que les meubles, les vêtements et les voitures, ne pas flatter le goût européen ; mais dans tous ces objets on reconnaît un peuple industrieux et ingénieux. Partagé en divers appartements au moyen de clôtures mobiles, l'intérieur des maisons est orné de peintures et de papiers dorés ou peints ; les meubles brillent d'un vernis éclatant et inaltérable ; les vêtements, amples, mais en partie relevés avec une sorte d'élégance, sont en bonnes étoffes de coton et de soie, la plupart fabriquées dans le pays. Ce sont encore eux-mêmes qui font les bijoux, agrafes et boucles qui entrent dans l'habillement des femmes, les souliers de paille qu'ils déposent à la porte des maisons, les chapeaux d'herbe qu'ils portent en voyage ; en un mot, presque tout ce qui sert à leur luxe ou à leur commodité. Les voitures des femmes paraissent élégantes et commodes (1). Ils préparent une espèce d'eau-de-vie de riz nommée *saqui*, ou *zakki*, boisson très enivrante (2).

» Un Japonais prête sans doute souvent à rire ; sa tête rasée à moitié ; le reste de ses cheveux relevé sur le sommet, l'énorme couverture de papier huilé dont il s'enveloppe en voyageant ; ses salutations, qui consistent à s'incliner plusieurs fois jusqu'à terre, l'éventail qu'il porte constamment à la main, tout cela forme un coup d'œil extraordinaire. Mais le Japonais, fier de sa propreté minutieuse, traite les Européens de peuple sale ; il ne conçoit pas notre vivacité dans les disputes ; accablé d'injures, il n'y répond jamais par une seule parole véhémente ; mais son arme inséparable, le poignard, lui sert à se venger au moment où l'on n'y pense plus, ou à se donner la mort, si la vengeance est impossible.

---

(1) *Titsingh*, cité par *Charpentier-Cossigny*, dans le *Voyage au Bengale* de celui-ci.

(1) Ambassade au Japon, p. 98, 145. — (2) *Titsingh*, dans les *Verhandelingen van het Bataviaasch genootschap*.

» La loi en permet aux Japonais qu'une seule épouse, mais les concubines vivent dans la maison; la femme est absolument à la disposition du mari, et elle n'a rien à prétendre dès qu'elle encourt sa disgrâce. Aussi les infidélités sont-elles rares, quoique les femmes ne soient point renfermées. Dans le cas de répudiation, elles sont condamnées à porter toujours la tête rasée. Les cérémonies du mariage ont une aimable simplicité. La fiancée, debout au pied de l'autel, allume un flambeau auquel le fiancé en allume un autre. Il est aussi d'usage que la jeune épouse jette au feu les hochets de son enfance.

» On brûle au Japon le corps des gens de distinction; les autres sont enterrés. On célèbre la fête des lanternes comme à la Chine; mais on y ajoute la coutume de visiter les tombeaux à certaines époques; les *esprits* sont régalés d'aliments et de boissons; on leur adresse des chants et des compliments. Les amusements publics consistent en spectacles dramatiques, qui, dit-on, ne sont point inférieurs à ceux des nations policées. Des danseuses, en grand nombre, et surtout des danseurs plus qu'efféminés, y annoncent le relâchement de la morale publique, constaté encore par un grand nombre de maisons de prostitution, plus scandaleusement protégées que dans aucune autre contrée (¹).

« La manière de voyager au Japon est
» moins expéditive qu'en Europe; cependant
» les postes y sont établies sur un pied aussi
» régulier que toutes les autres institutions.
» Quoique le pays soit montagneux, on y
» pourrait très facilement introduire l'usage
» des voitures, du moins sur les chemins
» unis. Il paraît que la coutume et la considé-
» ration qui tiennent à la manière actuelle de
» voyager ont jusqu'à présent empêché cette
» amélioration, car au Japon on voyage ordi-
» nairement en chaise à porteurs, et les effets
» des voyageurs sont transportés par des
» hommes ou à dos de cheval. D'ailleurs l'em-
» ploi des voitures priverait une partie de la
» population des moyens de subsister. Les
» Japonais aiment cette manière lente mais
» sûre de voyager, et se plaisent à parcourir
» avec une suite considérable les beaux
» paysages de leur patrie. Les postes sont des
» établissements publics que chaque prince

(¹) *Kæmpfer*, II, 9.

» est obligé d'entretenir dans ses domaines,
» et qui, sur les grandes routes, sont admi-
» nistrés par des officiers particuliers (¹). »

» Des routes bien entretenues rendent les communications faciles; aucun impôt n'y gêne la marche du commerce intérieur. Quoique fermés à l'avidité européenne, les ports sont couverts de grands et de petits vaisseaux. Les boutiques et les marchés regorgent de toutes sortes de denrées. Dans les villes, de grandes foires attirent un nombreux concours de peuple. Le commerce avec la Chine est le plus important. On importe de la soie écrue, du sucre, de la térébenthine, des drogues; les Japonais exportent du cuivre en barres, des vernis, de la laque. Selon Titsingh et Thunberg, les profits du commerce hollandais avec le Japon ne sont pas très considérables; la compagnie n'y employait que deux vaisseaux. Les monnaies japonaises sont d'une forme singulière; Titsingh en possède qui ont la figure d'un ovale convexe. Les pièces d'or se nomment *kobangs*; celles d'argent, appelées *kodama*, représentent quelquefois *Daïkok*, le dieu des richesses, assis sur deux barriques de riz, avec un marteau dans sa main droite et un sac dans sa main gauche (²). La collection de Titsingh remonte à l'an 600 avant Jésus-Christ.

« Les princes feudataires, ainsi que cha-
» que Japonais, ont leurs armoiries; elles sont
» placées sur tous les objets qui leur appar-
» tiennent et brodées sur leurs habits. Le cor-
» tége d'un prince accompagné de toute sa
» suite est un des plus beaux spectacles que
» l'on puisse voir.

» Les lois du Japon sont sévères, et la po-
» lice est bien faite; le gouvernement entre-
» tient un grand nombre d'espions qui l'in-
» struisent exactement de ce qui se passe. La
» rigueur extrême des lois est cause que beau-
» coup d'affaires assez graves, mais qui n'of-
» frent réellement rien de criminel, ne sont
» pas portées devant les tribunaux; on les
» étouffe. Cette manière d'opérer s'appelle
» *naïboun*. Le contraire est ce qu'on appelle
» *Omité mouki*; ce sont les causes relatives
» aux attentats véritables qui sont jugées pu-
» bliquement, et pour lesquelles aucune com-
» mutation de peine ne peut avoir lieu.

(¹) Relation de M. Van Overmeer Fisscher. —
(²) *Titsingh*, dans les *Verhandelingen*.

» Dans le palais du *Seogoun*, à Yedo, ainsi que devant les résidences des gouverneurs impériaux, sont placées des boîtes carrées de deux pieds de long, destinées à recevoir des plaintes contre les officiers du gouvernement. Quiconque se croit lésé dans ses droits y peut jeter une supplique. Ces boîtes sont ouvertes six fois par an; deux officiers subalternes y sont constamment de garde pour observer ceux qui y mettent un écrit. Ces papiers doivent être scellés par le plaignant et signés de son nom, avec l'indication de sa demeure; ils sont envoyés directement à Yedo. Ils sont ouverts à des jours fixes par le Seogoun seul, puisque le but de cette institution est de faire connaître les malversations des officiers inférieurs. Les recherches pour découvrir si les plaintes sont fondées se font sans délai. Si le plaignant a énoncé des faits inexacts, il est conduit à cheval par toute la ville; on porte devant lui un drapeau de papier qui a quelquefois 9 pieds de long, et sur lequel sont inscrits son nom, son âge et son délit; il en est fait lecture à haute voix dans tous les carrefours et dans les lieux où les ordonnances impériales sont ordinairement affichées. On finit par abattre la tête du coupable sur la place destinée aux exécutions. Le trait le plus saillant du caractère japonais est un sentiment qui pousse le point d'honneur à l'excès; on ne doit donc pas être étonné que la plupart d'entre eux préfèrent de mourir plutôt que de survivre à ce qui leur paraîtrait un déshonneur. Le moyen qu'ils emploient est le suicide légal, qui consiste à se couper le ventre. Ce n'est pas une punition qui leur est imposée par un jugement, mais le dernier moyen dont **tout** homme bien né se sert pour éviter une condamnation publique et d'autres maux semblables. On regarde donc comme un acte méritoire de procurer les moyens de se priver de la vie aux criminels qui attendent leur condamnation. Tous les officiers civils et militaires sont tellement familiarisés avec l'idée de se trouver tôt ou tard dans la nécessité de se couper le ventre, qu'ils sont toujours munis, outre leur costume ordinaire, de celui qui sert en cas de suicide légal, et de l'appareil nécessaire dans cette occasion; ils le portent même avec eux en voyage. Cet appareil se compose d'une robe blanche et d'un vêtement de cérémonies fait de toile de chanvre, le tout sans armoiries. On garnit l'extérieur de la maison de tentures blanches, car habituellement les habitations des grands sont tendues de pavois de couleur où sont brodées leurs armes. L'usage de se couper le ventre est si commun au Japon, que l'on n'y fait presque pas d'attention [1]. »

» Telle est cette contrée unique en Asie, trop vantée par les voyageurs naturalistes, comme Thunberg; et trop dénigrée par les missionnaires. Les premiers n'y voyaient qu'un superbe jardin de botanique; les seconds n'y apercevaient que la trace du sang des martyrs. La description de Varénius et celle de Valentyn semblent respirer le mécontentement des Hollandais, à l'époque où elles furent composées. Titsingh, qui, dans les fonctions de résident hollandais, a gagné l'estime et la confiance des princes du sang impérial japonais, a publié d'excellents renseignements historiques, politiques et géographiques sur ce pays, qu'il paraît avoir étudié avec plus de loisir et plus de zèle que personne avant lui. »

[1] Relation de M. Van Overmeer Fisscher.

TABLEAUX.

Tableau *des divisions administratives de l'empire du Japon*, d'après M. KLAPROTH.

SUPERFICIE EN LIEUES, 28,000.	POPULATION ABSOLUE, 30,000,000.	POPULATION PAR LIEUE CARRÉE, 1,071.
RÉGIONS ET PROVINCES.	CHEFS-LIEUX.	PRINCIPALES VILLES.

ILE DE NIPHON.

GOKINAÏ (*les cinq provinces intérieures de la cour*).

Yamasiro (San-siou).	Kio ou Miyako.	Nizio, Yodo.
Yamato (Wa-siou).	Kori-yama.	Taka-tori, Nara.
Kawasti (Ka-siou).	Sa-yama.	
Idzoumi (Sen-siou).	Kisino-wata.	
Sets (Se-siou).	Osaka.	Taka-tsouki, Ayaka-saki.

TOKAIDO (*contrée de la mer orientale*).

Iga (Isiou).	Wonye-no.	
Ize (Ie-siou).	Konwana.	Kame-yama, Tsou.
Sima (Si-siou).	Toba.	
Owari (Bi-siou).	Nakoya.	Inogama.
Mikawa (Mi-siou).	Nosi-da.	Nisiwo, Kariya.
Tootomé (Ghen-siou).	Kake-gawa.	Yoko-soka, Famamats.
Sourouga (Sou-siou).	Foutsiou.	Tanaka.
Idzou (Dzou-siou).	Simota.	L'île Fatsisio.
Kaï (Ka-siou).	Fou-tsiou.	
Sagami (Sa-siou).	Odawara.	Tamanawa.
Mousasi (Mou-siou).	Yedo.	Kawagobe, Iwatski.
Awa (Fosiou).	Vakata-Yama.	Tosio, Fosio.
Kadzouza (Koosiou).	Odaki.	Sanouki, Konrouri.
Simoosa (Seo-siou).	Seki-yado.	Sakra, Kouga.
Fitats (Sioou-siou).	Mito.	Simodats, Kodats.

TOSANDO (*contrées des montagnes orientales*).

Oomi (Kio-siou).	Fikone ou Sawayama.	Zeze.
Mino (Mi-siou).	Oogaki.	Kanora ou Kanara.
Fida (Fi-siou).	Taka-yama.	
Sinano (Sin-siou).	Ouyeda.	Mutsou-moto, Iyi-yama.
Kootské (Dzio-siou).	Tats-fayasi.	Mayi-basi, Noumada.
Simotské (Ga-siou).	Outsou-Miya.	Kouronfa, Mifon.
Mouts (O-siou).	Sendaï.	Sira-isi, Waka-mats.
	Tana-koura.	Taira, Sirakawa.
Dewa (Ou-siou).	Yone-sawa.	Yama-gata.

FOKOUROKOUDO (*contrée du territoire septentrional*).

Wakasa (Siak-siou).	Kobama.	
Yetsisen.	Fonkyï.	Foutsiou, Marou-oka.
Yetsiou.	Toyama.	
Yetsingo.	Takata.	Naga-oka, Simbota.
Kaga (Ka-siou).	Kana-zawa.	Komats, Daïsioosi.
Noto (Neo-siou).	Sons-no-misaki.	Kawa-siri, Nanao.
Sado (Sa-siou).	Koki.	

SANINDO (*contrée du versant septentrional des montagnes*).

Tango.	Miyazou.	Tanabe.
Tanba.	Kame-yama.	Sasa-yama, Fouktsi-yama.
Tasima.	Idzousi ou Deïsi.	Toyo-oka.
Inaba (In-siou).	Tots-tori.	
Foki (Fo-siou).	Yonego.	
Idzoumo (Oun-siou).	Matsouyé.	
Iwami (Sek-siou).	Tsouwa-no.	Famada.
Oki (An-siou).		

RÉGIONS ET PROVINCES.	CHEFS-LIEUX.	PRINCIPALES VILLES.
SANYODO (contrée du versant méridional des montagnes).		
Farima (Ban-siou).	Fimedzi.	Akazi, Ako.
Mimasaka (Sakasiou).	Tsou-yama.	Katsou-yama.
Bizen.	Oka-yama.	
Bitsiou.	Matsou-yama.	
Bingo.	Foukou-yama.	
Aki (Ghe-siou).	Firo-sama.	
Souwo (Seou-siou).	Tok-yama.	Fouk-yama.
Nagata (Tsio-siou).	Faki.	Tsio-fou, Founaka.
NAN-KAÏ-DO.		
Kiï (Ki-siou).	Waka-yama.	Tanabe, Sin-Miya.
Awasi (Île d') (Tan-siou).	Soumoto ou Smoto (Île *Sikokf*).	
Awa (As-iou).	Tok-sima (*id*.).	
Sanonki (San-siou).	Taka-mats (*id*.).	Marou-Kame.
Iyo (Yo-siou).	Matsou-yama (*id*.).	Ouwa-sima, Ima-bari.
Tòsa (Tô-siou).	Kôtsi (*id*.).	
SAIKAIDO (contrée de la mer occidentale).		
Tsikousen.	Fouk-oka (Île *Kiousiou*).	Akitsouki.
Tsikoungo	Kouroume (*id*.).	Yana-gawa.
Bouzen.	Kokoura (*id*.).	Nakatsou.
Boungo.	Osouki.	Takeda, Saïki.
Fizen.	Saga (*id*).	Karatsou, Omoura.
Figo.	Kouma-moto (*id*.).	Yatsou-siro, Oudo.
Fiouga (Asi-siou).	Iyifi (*id*.).	Takanabe, Nobi-oka.
Oosoumi (Gousiou).	Kokou-bou (*id*.).	
Satsouma (Stats-siou).	Kago-sima (*id*.).	
L'île Iki (Isiou).	Katou-moto.	
L'île Tsou-sima (Jaïsiou).	Fou-tsiou.	
GOUVERNEMENT DE MATSMAÏ.		
Île d'*Yeso* (Kouriles méridionales).	Matsmaï.	
Sakhalian ou île *Tarakaï*.		

TABLEAU des positions géographiques observées sur les côtes des îles de Sakhalian, d'Yeso, de Niphon, etc.

NOMS DES LIEUX.	LATITUDES N.			LONGITUDES.			NOMS DES OBSERVATEURS.
	deg.	min.	sec.	deg.	min.	sec.	
SAKHALIAN.							
Cap *Elisabeth*.	54	20	0	140	25	0	Krusenstern.
— *Golowatchef*.	53	30	15	139	35	0	*Idem*.
— *Patience*.	48	50	0	142	25	0	*Idem*.
— *Amwa*.	46	2	20	141	10	20	*Idem*.
Idem.	46	3	0	141	8	45	La Pérouse, d'après les corrections de Dagelet.
Idem.				142	20	0	D'après la Carte du Voyage de La Pérouse. (Erreur du chronomètre.)
Cap *Crillon*.	45	54	0	140	35	0	Carte de Krusenstern. (La Pérouse, Conn. des Temps.)
Idem	45	54	15	139	38	39	La Pérouse, corrigé d'après Dagelet.
KOURILES.							
Canal de la Nadeshda, près le pic Sarytchef.	48	2	0	150	32	36	Krusenstern.

ASIE. — INDE OU HINDOUSTAN.

NOMS DES LIEUX.	LATITUDES. N.			LONGITUDES. E.			NOMS DES OBSERVATEURS.
	deg.	min.	sec.	deg.	min.	sec.	
YESO.							
Cap Soya.	45	31	15	139	31	0	Krusenstern.
— Romanzof (Notzambon).	45	25	50	139	14	30	Idem.
Ile Rioscheri ou pic de Langle.	45	23	0	139	50	0	Carte de La Pérouse. (Erreur.)
Idem.	45	10	48	139	1	50	La Pérouse, d'après les corrections de Dagelet.
Idem.	45	11	0	138	52	15	Horner et Krusenstern; observations répétées et sûres.
Cap Malespina.	45	42	15	138	58	30	Idem.
— Novoïlzof (Okomouv).	43	11	0	137	53	30	Idem.
Ile Okosir (milieu).	42	9	0	137	10	0	Idem.
Cap Nadeshda.	41	25	10	137	49	30	Idem.
Baie du Volcan.	42	33	11	138	32	32	Broughton.
NIPHON.							
Ile Niphon, entre.	41	30	0	120	30	0	Auteurs.
	33	30	0	140	30	0	
Cap Singar.	41	16	30	137	54	0	Krusenstern.
— des Russes.	39	50	0	137	24	0	Idem.
— Noto.	37	36	0	135	34	0	Conn. des Temps.
Yedo.	36	39	0	137	39	45	Riddle.
Ile Tsouzima (pointe N.).	34	40	30	127	9	30	Krusenstern.
Ile Kiou-siou, entre.	30	56	0	127	0	0	Auteurs.
	34	0	0	129	40	0	
Nangasaki.	32	45	50	127	31	52	Idem.
Ile Matsima.	38	25	0				Idem.
Ile Sikokf.	32	38	30	132	56	30	Krusenstern.
Ile Fatsisio.	33	13	0	137	51	45	Riddle.

LIVRE CENT QUARANTE-CINQUIÈME.

Suite de la Description de l'Asie. — Description générale physique de l'Inde ou de l'Hindoustan.

« L'Inde qui, par ses richesses, sa population et son importance, égale plus d'une partie du monde; l'Inde, où une nation, une langue, une religion de la plus vénérable antiquité se maintiennent debout sur les débris de tant d'empires; l'Inde, dis-je, n'est étrangère à aucune époque de la Géographie postérieurement au siècle d'Hérodote. Les écrits de ce père de l'histoire [1], ceux de Strabon [2], de Pline [3] et de Ptolémée [4], nous ont montré les connaissances que les Grecs et les Romains ont eues sur l'Inde, ou, pour mieux dire, sur les parties maritimes de ce pays, ainsi que sur celles qu'arrosent l'Indus et le Gange. La relation de Cosmas, à laquelle nous n'avons pu nous arrêter long-temps [5], rattache comme un anneau intermédiaire la Géographie classique à celle des Arabes, dont les notions [1] faibles et éparses doivent se comparer à celles qu'a fournies, en passant, le célèbre Marco Polo [2]. Enfin les navigations et les entreprises des Portugais, que nous avons retracées en grand détail [3], ont, pour ainsi dire, rapproché les rivages indiens des côtes européennes, et frayé le chemin à tous les voyageurs modernes, dont les résultats serviront de base à la présente Description.

« Sous le nom classique de *l'Inde,* les anciens et la plupart des modernes ont compris trois grandes régions de l'Asie méridionale. La première embrasse les contrées arrosées

[1] Vol. I, liv. III, 37; liv. VIII, 73. — [2] Liv. VII, 65-69. — [3] Liv. XI tout entier. — [4] Liv. XIV, 155-158. — [5] Vol. I, 160.

[1] Liv. XVI, 182 sqq. — [2] Liv. XX, 234 sqq. (Oderic de Portenau, liv. XXI, 245). — [3] Liv. XXI, 251.

par l'Indus et le Gange, aujourd'hui désignées communément sous le nom d'*Hindoustan*, dans le sens le plus étroit. Au sud de la rivière de Nerbouddah, commence cette espèce de péninsule que les Européens nomment improprement la *presqu'île en-deçà du Gange*, et que les Indiens appellent le *Deccan* ou *Dékhan*, c'est-à-dire le pays du midi. L'île de Ceylan et les Maldives, quoique séparées du Dékhan par des bras de mer, en forment un appendice naturel. La grande saillie péninsulaire qui comprend l'empire des Birmans, les royaumes de Tonquin, Cochinchine, Cambodje, Laos, Siam et Malacca, ne porte véritablement aucun nom général. On la désigne quelquefois sous le nom vague de *presqu'île au-delà du Gange*; plusieurs géographes l'ont nommée *Inde extérieure*; ne la considérant pas comme une partie de l'Inde, nous ne comprenons dans ce coup d'œil général que l'Hindoustan et le Dékhan.

« C'est à ces deux contrées que s'appliquent les appellations sanskrites de *Djambou-Dwyp*, île ou péninsule de l'Arbre Djambou, *Bharatkhanda* ou état Bharata (¹). Le pays a trop d'étendue pour avoir reçu, dans la langue indigène, un nom général; mais comme le grand fleuve qui en arrose la partie occidentale porte les noms de *Sind* ou de *Hind*, qui, de même que celui de *Nyl-Ab*, ont rapport à la couleur bleue, la contrée voisine prit, chez les Persans, le nom de *Sindoustan* ou *Hindoustan*, et les habitants furent appelés *Hindous* (²). Dans les anciens écrits attribués à Zerdhoust (Zoroastre), elle porte le nom de *Ferakh-Kand*. Ces dénominations passèrent de la langue persane dans celle des Syriens, des Chaldéens et des Hébreux (³); elles furent imitées dans l'idiome des Grecs et des Romains; mais, dans les écrits des Indiens, le nom de Sindoustan ne dénote que les contrées situées sur le fleuve Sind.

« Les écrivains orientaux postérieurs au mahométisme ont admis une opposition entre le nom de *Sind*, pris dans le sens que nous indiquons, et celui de *Hind*, qu'ils appliquent aux contrées situées sur le Gange. Cet usage est aussi étranger à la géographie nationale des Indiens, que l'est la dénomination de *Gentous*, donnée par les Anglais aux Hindous, et qui vient du mot portugais *Gentios*, c'est-à-dire les Gentils, les Païens. »

« Les limites naturelles de ce vaste pays sont, au nord, les monts Himâlaya (l'*Imaus* et l'*Emodus* des anciens), qui séparent le Bengale, les pays d'Aoudh, de Delhi, de Lahor, de Moultan, de Kachemir et de Kaboul, de la Boukharie et du Tibet. A l'est, les monts *Kamti* séparent les affluents du *Brahmapoutre* de ceux de l'*Iraouaddy*. Au sud, l'Inde est bornée par la mer; enfin, à l'ouest, la chaîne de Kouh-Souleïman sera la barrière naturelle de l'Inde.

« Nous n'avons pas encore de données exactes sur l'étendue superficielle de l'Inde entière. Les auteurs indiens, arabes et persans différent considérablement dans leurs calculs à cet égard; ce qui vient en grande partie de ce que les mesures itinéraires de l'Inde, particulièrement les *coss* ou milles, varient beaucoup d'une province à l'autre (¹). Les voyageurs européens ne s'accordent pas davantage dans leurs évaluations. Tiefenthaler donne à toute la superficie de l'Inde 155,250 milles géographiques carrés; mais ce nombre est évidemment trop fort, puisque Tiefenthaler a supposé erronément la largeur de la presqu'île égale dans toute son étendue. Pennant commet la même erreur; mais il croit que l'Inde ne s'étend pas au nord aussi loin que les géographes l'ont pensé, et il évalue la superficie de ce pays à environ 173,890 lieues carrées de France (²). Rennel se contente de dire que l'Hindoustan est aussi étendu que la France, l'Allemagne, la Bohême, la Hongrie, la Suisse, l'Italie et les Pays-Bas; et il compare le Dékhan aux îles Britanniques, à l'Espagne et à la Turquie européenne; ce qui reviendrait à la somme de 120,000 lieues carrées, dont environ 66,780 seraient pour l'Hindoustan, et 53,076 pour le Dékhan. »

Selon Hamilton, la superficie totale de l'Inde est de 1,280,000 milles carrés anglais; son étendue du nord au sud d'environ 1,900 milles, et de l'est à l'ouest d'un peu plus de 1,500.

« Les grandes chaînes de montagnes qui

(¹) *Ezour-Vedam. Mahabharat.* Voyez *Wilfort*, Asiatic Researches, tom. VIII, comparé avec *Edinburgh Review*, v. XII, p. 44, etc. — (²) *Wahl*, Ostindien, II, 210 237. — (³) הדו au lieu de הנדו Esther, I, 1.

(¹) *Wahl*, I, 9. *Tiefenthaler*. — (²) *Pennant*, View of Hindoustan, I, 3.

ceignent au sud la partie centrale de l'Asie nous ont déjà occupé lors de la description du Tibet ou de la Sérique des anciens. Rien n'est plus incertain que les notions éparses recueillies sur ces chaînes; les voyageurs n'en ont traversé que des branches isolées ; les indigènes confondent tout sous des dénominations vagues. Rien ne serait plus inutile que de discuter longuement des données aussi incertaines. Exposons plutôt clairement ce qui nous paraît le plus probable.

» Toute la masse des terres élevées qui forment le centre de l'Asie, et toutes les montagnes qui le ceignent ou qui le couronnent, portent, dans l'histoire et la mythologie des Hindous, le nom de *Merou* ou *Sou-merou*, ou de *Kaïlasa* ([1]), nom dont l'antique renommée est parvenue même aux auteurs grecs et romains ; c'est l'Olympe indien, la patrie des dieux et des hommes. Ces montagnes et plateaux, riches en veines métalliques, fournirent, du temps d'Hérodote et de Ctésias, cette quantité d'or de lavage et de sables aurifères qui donna naissance à la fable des fourmis ramassant de l'or, et des fontaines d'où jaillissait ce métal ([2]). Ces *monts d'or* des Indiens portent un nom équivalent chez les Chinois et les Mongols ([3]).

« La chaîne centrale de l'Asie est évidemment au-delà des sources de l'Indus et du Gange, dans les parties occidentale et septentrionale du Tibet. C'est le *Mus-Tagh* des Turcs et des Tatars, l'*Imaüs* des anciens et une partie de l'*Himâlaya* des Indiens. Tous ces noms signifient montagnes couvertes de neige ([4]). »

Ce système de montagnes, que nous appelons *Himâlayen* ([5]), descend au midi, en séparant les vallées de Sirinagor ou Gorval, du Neypal et du Boutan de celles du Tibet; le Kachemir du Ladak ou Tibet occidental, et le bassin de l'Indus du bassin du Gange.

« La branche qui court d'abord droit au sud prend le nom de *Kaïlasa* ou *Kaïlas*. Elle tourne à l'est, resserre le lit du Gange près les défilés de Hurdwar, et continue à se prolonger dans une direction orientale, en circonscrivant au midi les pays d'*Almora*, de *Kemaon*, de *Gorkha*, de *Neypal*, dont elle prend successivement les noms. Une autre branche se détache du Kaïlas à une latitude plus septentrionale, franchit comme l'autre le cours du Gange, et sépare ensuite le bassin de ce fleuve de celui de l'Iraouaddy ; ce sont les monts *Gang-dis-ri* des Tibetains ([1]) et par corruption *Kan-tisse*, nom qui, par un hasard singulier, est parvenu aux oreilles d'un Grec du deuxième siècle ([2]), lequel a même su que ces monts formaient un des trois sommets du mont Merou des Hindous. Ces montagnes, qui environnent le royaume d'Acham, et en traversant le cours du Brahmapoutre, étendent leurs ramifications jusqu'aux limites de l'empire des Birmans, en descendant jusqu'au cap Negrais, constituent l'Himâlaya dans le sens le plus usité. Cependant un orientaliste distingué, M. Wahl, pense qu'outre ce nom générique de toutes les Alpes entre l'Inde et le Tibet, ces chaînes portent plus particulièrement ceux d'*Hemakote* ou *Hematchel*. C'est l'*Emodus*, l'*Himakos* ([3]) ou l'*Hémaon* des anciens.

» Une extrémité orientale de ces montagnes, dans le royaume d'Acham, porte le nom d'*Ottara-Kourou*, c'est-à-dire hauteurs du nord; c'est, selon nous, l'*Ottorocorrhas* des anciens. Cependant un nom semblable peut revenir plusieurs fois, et les écrits indiens placent une autre montagne, nommée *Ottara-Kouroukal*, dans le nord du Tibet.

» Tout ce système de montagnes appartient, comme tout le monde le sait aujourd'hui, aux parties les plus élevées de notre globe. Un Anglais, le major Crawfurd, prétend avoir mesuré un sommet de la chaîne de Boutan, et l'avoir trouvé élevé de 25,000 pieds anglais ; ce serait une des plus hautes montagnes connues. Il est certain qu'on aperçoit généralement les alpes du Tibet à une distance de 150 à 200 milles anglais, ce qui

---

([1]) Mappemonde hindoue, chez *Maurice*, Indian antiquities, et *Paolino*, Systema brahmanicum. — ([2]) *Voyez* notre vol. I, p. 38. — ([3]) *King-khan* et *Altaï-Alin-Topa*. — ([4]) « Le *Musart* de M. Pallas et » des cartes russes ne doit probablement son exi-» stence qu'à une confusion de noms, car *Ssar* ou » *Ssart* signifie la même chose que *Tayh* ou *Dagh*.» Wahl, Ostindien, II, 709, note. — ([5]) La dénomination d'Himâlaya rappelle l'*Hémus* de la Thrace, l'*Hymettus* de l'Attique, le *mont Imaeus* de l'Italie, les divers monts *Immel*, en Saxe, Jutland, et ailleurs.

([1]) Voyez page 118 de ce volume. — ([2]) *Polyœn.*, Stratagène I. Il écrit Κονδάσχη. Peut-être le nom tatar est-il *Kgan-Taïscha*. — ([3]) *Arrien* prend Ἰμαὸς et ἡμαὸν pour synonymes.

annonce une très grande hauteur. Mais les principaux pics dépassent encore cette élévation; le *Tchamoulari*, ou quelque autre mont voisin de celui-ci, a été aperçu à la distance de 244 milles (¹), et il a 26,500 pieds de hauteur, élévation de beaucoup supérieure à celle du Chimboraço; et le Dhavaladgiri, sur les limites du Neypal, s'élève à près de 26,000 pieds. »

Nous avons, dans nos généralités sur l'Asie, donné un aperçu de la structure géognostique de l'Himâlaya (²); nous ajouterons que l'axe de cette chaîne est formé de gneiss au-dessous duquel on voit des amas et des filons de granit qui pénètrent le gneiss. Cette roche est recouverte par des micaschistes passant aux talcschistes; sur quelques points ceux-ci sont recouverts par des phyllades avec psammites ou quartzites. Deux immenses bandes calcaires bordent ces roches anciennes au nord comme au sud; à en juger par les fossiles qu'il renferme, ce calcaire appartient au terrain crayeux. Des grès à lignites forment, sur les bords du Gange, une bande qui borde toute la chaîne; tandis qu'au nord on trouve des dépôts de sédiments supérieurs dont quelques uns sont très récents. Enfin on remarque le terrain diluvien, caractérisé par des ossements de grands mammifères.

Les monts Himâlaya présentent quelques faits physiques assez remarquables sur leur versant méridional. Le docteur Royle nous apprend que dans la région montagneuse qui borde l'Hindoustan septentrional, au commencement de l'hiver, le soleil darde ses rayons avec tant de force à travers l'air raréfié, qu'il produit au milieu d'un froid insupportable une sensation de brûlure toute particulière. A 12,500 pieds au-dessus du niveau de la mer, la nuit, l'haleine des voyageurs se gèle sur leur barbe et leurs habits se roidissent sur leur dos; souvent même le froid les fait périr, tandis que dans le jour les rayons du soleil paraissent d'autant plus brûlants que leur chaleur ne se répand pas dans l'atmosphère. Cependant, sous un climat aussi rude et à une hauteur aussi considérable, on est étonné de la vigueur de la végétation; non seulement les plantes légumineuses y réussissent parfaitement, mais on y voit des peupliers de 12 pieds de circonférence et des vergers d'abricotiers. A 13,500 pieds, de grands peupliers donnent à ces montagnes une physionomie à laquelle rien ne peut être comparé ni en Europe ni dans l'Amérique méridionale; et, à 14,000 pieds, c'est-à-dire à la hauteur qu'atteint le mont Blanc, on est étonné de trouver des bouleaux très vigoureux (¹).

» Considérons maintenant les montagnes qui bordent l'Inde à l'occident. La chaîne des *monts Bolor*, qui suit le cours de l'Indus naissant, se joint aux montagnes nommées en persan *Hindou-Koh*, ou *Hindou-Khouch*, et qui séparent le royaume de Kaboul de la Grande-Boukharie. C'est le *Caucase indien* des compagnons d'Alexandre-le-Grand; la prétendue flatterie dont même les anciens les accusent (²) se borne ici à avoir traduit littéralement la dénomination persane que nous venons de citer. Ce sont encore les monts *Nischa* ou *Nisa* de la mythologie indienne; et comme dans le sanskrit les noms particuliers des montagnes sont souvent suivis ou précédés du terme générique *para*, ou *paraw*, il est à peu près certain que les Grecs n'ont fait que répéter une dénomination indienne en appelant ces monts *Parnissus, Parăpanissus,* ou *Paropamisus* (³).

» De semblables sons ne pouvaient que rappeler à l'orgueil du conquérant de l'Asie cette sainte et mystérieuse montagne de *Nysa*, où, selon les poëtes de la Grèce, les nymphes avaient élevé le jeune dieu de la vigne et de la joie; montagne que plusieurs traditions rapprochaient du mont Parnasse de la Phocide (⁴), dont la double cime était partagée entre Apollon et Bacchus. Sans doute l'élève couronné d'Aristote aimait à croire qu'il plantait ses drapeaux victorieux sur un sol consacré par les vestiges d'un dieu; mais cette prétention n'avait-elle pas quelque fondement? Cette ville, ou montagne de Nysa, que l'on retrouve partout où Bacchus fut adoré, dans la Thrace, sur l'Hélicon, dans les îles de Naxos et d'Eubée, dans la Carie et la Cappadoce, sur les confins de la Phéni-

---

(¹) Lord *Teignmouth*, Life of S. William Jones, p. 253 (en allem.). — (²) Voyez tom. IV, p. 308.

(¹) Journ. of the asiatic Society. — (²) *Strabon*, XI p. 348; XV, p. 473. edit. Casaub. Atreb. *Arrian*, etc. — (³) Παρνήσσος et Παρπάνισος chez *Denys le Périégète*, Πάρνισος chez *Eustathe*, Παροπάνισον chez *Ptolémée* et *Agathemer*, Παραπάμισος chez *Arrien*, *Strabon*, etc. Πάρνασος Arist. Meteorol. I, 13. — (⁴) *Sophocle*, Antigone, v. 1131.

cie, dans l'Arabie heureuse et dans la Médie (¹), n'aurait-elle pas un type primitif, et ce type ne serait-il pas la Nysa de l'Inde? L'antiquité de ce nom dans la langue sanskrite doit paraître incontestable dès qu'on le voit, chez Pline et Strabon (²), uni à celui du mont Mérou, l'Olympe indien. Le culte de Bacchus a incontestablement été transplanté de l'Orient en Europe; et puisque des traditions antérieures à Alexandre étendent les exploits de ce dieu jusqu'aux confins de l'Inde(³), puisque des auteurs graves n'osent rejeter entièrement ces traditions antiques (⁴), pourquoi ne pas chercher dans l'Inde et sur les monts Nischa l'origine de ce culte nocturne, tumultueux, licencieux, où une musique bruyante doublait l'ivresse d'une tourbe de fanatiques, culte étranger que de sages rois tentèrent en vain de proscrire de la Grèce? Le nom même de *Dionysos* signifierait alors le dieu de Nysa, *Dewa*, ou *Div Nischa* (⁵). »

Que l'on veuille accorder ou refuser aux monts Hindou-Kouch la célébrité classique que nous avons cherché à leur revendiquer, ils sont toujours remarquables comme la barrière naturelle de l'Inde au nord-ouest. Les cartes modernes en nomment une grande portion *Souleyman-Koh*. Celle-ci se détache de l'*Hindou-Kouch*, au sud de Kaboul, entre cette ville et Pichaouer, et va presque droit au sud à travers l'Afghanistan et le Béloutchistan oriental; les petites chaînes qui en dérivent parcourent ces deux contrées. Enfin les monts *Bouskeroud* traversent le Béloutchistan occidental, en se perdant, d'un côté dans le plateau du Kirman, de l'autre dans la mer d'Oman. Ce sont les monts *Parveti* des anciens, et ce nom est encore entièrement sanskrit, car *parwet* signifie montagne.

« Un autre système de montagnes est celui des *Ghauts*, ou *Ghattes* (⁶), nom qui signifie porte ou passage. On le considère comme prenant son commencement au cap Comorin; cependant la chaîne méridionale, ou les monts *Malayala* (⁷), forment un groupe distinct, entièrement terminé dans le district de Caïmbetour, à la grande vallée où sont situés les forts de Palikadery et Annamaly.

» Les Ghattes s'élèvent de nouveau au nord de ces plaines, en formant deux branches, dont l'une se dirige à l'est et l'autre à l'ouest. La branche *orientale* passe à 70 milles et plus de Madras, longe le Karnatik, se divise au nord de ce pays en plusieurs rameaux où quelques montagnes ne se succèdent que par intervalles, en formant des vallées couvertes d'épaisses forêts (¹). Cependant la chaîne principale n'a que des défilés très resserrés et garnis de forteresses. Les indigènes désignent cette chaîne sous le nom d'*Ellakouda*, ou monts blancs. Elle longe ensuite le nord des Sirkars, formant une suite non interrompue de montagnes tellement serrées, qu'il n'y a que deux passages pour des armées. A l'endroit où les Ghattes séparent les Sirkars de la province de Bérar, les montagnes deviennent presque inaccessibles, et il n'y a qu'un seul passage pour les voitures et les chevaux; c'est celui de *Solar-gat*, qui conduit dans le Béhar. Partout on ne voit que des masses de rochers qui s'élèvent perpendiculairement dans les nues et ne laissent aucune issue au voyageur épouvanté.

» Le granit paraît former toutes les sommités de cette chaîne (²), qui offre partout l'image de la plus grande stérilité et d'une nudité complète. On y trouve néanmoins de gros troncs d'arbres pétrifiés, surtout dans les ravins creusés par les torrents, où ces troncs, qui sortent à moitié du rocher, servent de ponts (³).

» La chaîne *occidentale* des Ghattes s'étend le long de la côte de l'ouest, sur une longueur d'environ 340 lieues, et s'élève à une hauteur plus considérable que la chaîne opposée. Elle traverse ensuite le Kanara et le Sounda, passe auprès de Goa, entre dans le pays des Mahrattes et s'y partage en plusieurs branches. L'épaisseur des forêts, la profondeur des précipices et la rapidité des torrents rendent très difficile le passage de ces montagnes, qui, en quelques endroits, est de 50 à 60 milles anglais (⁴). Des voyageurs y ont vu

---

(¹) Voyez *Etienne de Byzance* et *Ortelius*. — (²) *Plin.*, XVIII, 39. *Strabon*, XV, p. 473. — (³) *Eurip.* Bacchæ, 14 sqq. — (⁴) *Arrian*, V, 3. *Plin.*, VIII, 2. *Diodore*, IV. — (⁵) Etymol. Magn. *in voce*. — (⁶) *Gate*, angl. *Gata*, suéd. *Gade*, dan. *Gatt*, holl., ont des significations rapprochées. — (⁷) *Malayala* signifie montagnes. On ne peut éviter ces tautologies.

(¹) *Lemon*, on the roads into the Cumbenand-Cudapah Countries. *Mackenzie* on the roads from Nellore to the western passes.... Dans *Dalrymple* oriental repertory, p. 53. — (²) *Buchanan*, Voyage to Mysore. — (³) *Sonnerat*, 1, 23. — (⁴) *Dirom*, narration of the Campaign. on India, p. 90.

beaucoup de rochers calcaires et quelques basaltes. Du côté de la mer, les Ghattes occidentales présentent un superbe amphithéâtre de rochers et de verdure, semé de villes et de villages. La partie la plus escarpée, à l'est de Sourate, porte le nom de *Bala-Ghauts*, qu'on étend quelquefois à toute la chaîne occidentale, tandis que la chaîne orientale avec le plateau intermédiaire s'appelle *Paien-Ghauts*. »

Le point culminant des Ghattes est au sud de Tapti; sa hauteur est de plus de 9,000 pieds.

« Vers les sources du Godaveri, des chaînes plus basses, se détachant de la masse des Ghattes occidentales, pénètrent dans l'intérieur de la péninsule et se joignent aux montagnes de Bérar et de Gondouarra. Ces chaînes centrales, dont l'une longe au nord le cours de la Nerbouddah, portent généralement le nom sanskrit de *Vindhia*, dont l'extension paraît arbitraire aux plus savants orientalistes, tandis que M. Arrowsmith, plus hardi, le restreint aux montagnes voisines de la Nerbouddah. C'est encore dans ces terres du milieu que les Hindous placent leurs monts *Sanyah* et même les monts *Soukhien*, que cependant on a voulu prendre pour les Ghattes occidentales. »

On peut dire qu'en général les Ghattes sont formées de granit et de gneiss recouverts par des micaschistes et des talcschistes passant au schiste argileux, et traversés par des porphyres et par des roches appelées diorites. Vers la pointe méridionale de l'Hindoustan, s'étendent de vastes dépôts de roches volcaniques qui vont former le cap Comorin.

» A l'exception de la pointe de Diou, à l'ouest, et du cap Comorin, au sud, l'Inde n'a point de grands promontoires. La presqu'île de Goudjérate offre une saillie particulière, et sans elle l'Inde formerait réellement le carré oblique auquel les anciens la comparaient. A l'exception des baies de Kotch et de Cambaye, au nord et au sud du Goudjérate, il n'y a pas non plus d'enfoncements qui méritent le nom de golfes. La côte occidentale du Dékhan, quoique dentelée par de nombreuses anses, rades et embouchures de rivières, suit une direction uniforme.

» Depuis le cap Comorin jusqu'à la côte du Bengale, il n'y a pas un seul port, et les vaisseaux n'ont d'autre retraite que les rades des places de commerce; encore les vaisseaux marchands sont-ils obligés de se tenir à une distance d'un mille et demi, et les vaisseaux de guerre à deux milles de la côte. A cette distance, la mer n'a que dix à douze brasses; cette côte offre en général tant de pente, qu'on ne trouve que 50 brasses à un éloignement de 20 milles. Le grand nombre de bas-fonds exige qu'on emploie pour aborder des navires particuliers inventés par les indigènes.

Complétons à grands traits la géologie de l'Hindoustan.

Suivant un géologiste anglais, M. Hardie, que la mort a frappé trop jeune, on remarque dans la partie septentrionale de l'Adjmyr et dans le district de Djeypour, des schistes argileux et chlorifères, des quartzites et des calschistes. Ces roches nous semblent appartenir au système cambrien des Anglais. Le quartzite abonde dans l'Adjmyr, principalement entre Barada, dans le Goudjérate, et la ville d'Odeypour. Il se montre quelquefois divisé en masses prismatiques, structure qu'il doit au voisinage des roches d'origine ignée. Cette roche forme, depuis Barada jusqu'à Sahar, dans le district de Blertpour, une bande entre des psammites qui appartiennent peut-être au système silurien des Anglais, et les roches granitiques. Les schistes argileux ou chloriteux, traversés de filons de quartz, prennent souvent cette apparence arénacée qui leur fait donner quelquefois le nom de *Grauwacke*.

Les roches que nous venons de nommer constituent généralement la partie méridionale du centre de l'Hindoustan. Elles forment des couches souvent contournées, et plus souvent presque verticales, ou fortement inclinées au nord-est ou à l'est-nord-est; mais il y en a aussi qui inclinent au nord-ouest ou entre le nord-est et le nord-ouest, ou même au sud-est.

Les monts Aravalli, qui circonscrivent une partie de la vallée d'Odeypour sont composés de schistes argileux, de talcschistes, de quartzites et de calcaires qui s'appuient sur un groupe central composé de granit, qui y constitue le point culminant appelé le Mont-Abou, qui a 5,000 pieds anglais de hauteur.

Les mêmes roches occupent de grands espaces dans le Miouar (Meywar).

A 9 milles à l'ouest d'Odeypour, le quartzite est associé à des schistes argileux, talqueux ou chloritiques ; il y a aussi des couches de calcaire et de diorite.

Sur les bords de la Dummoudah, rivière qui traverse le Bengale, la formation houillère s'étend aux environs de Rogonatpour et recouvre le granit. A une quinzaine de lieues de cette ville, se trouve la première exploitation ouverte en 1815 à Rany-Gunge. On suit cette formation pendant plus de 20 lieues vers le sud-ouest jusqu'auprès de Baucorah ; elle occupe une largeur de 4 à 5 lieues depuis la rivière. M. Caldes pense que le bassin houiller traverse la vallée du Gange, à Cotva, au confluent de l'Adji et du Cossimbuzar, et s'unit à celui de Silhet et de Cachar. Dans ces contrées la formation houillère n'offre rien de particulier : un psammite d'un gris jaune forme la couche supérieure immédiatement sous la terre végétale ; le grès houiller, les schistes et les argiles schisteuses contenant des filons de trapp le suivent. Ces argiles et ces schistes sont riches en impressions végétales et en débris d'animaux. On y a découvert sept couches de houille sur une profondeur de 88 pieds anglais.

En voyageant dans l'Inde, vers le sud du Mirzapour, le capitaine anglais Franklin examina deux chaînes de collines ; l'une se termine par un plateau composé de grès, qu'il a reconnu pour le représentant du nouveau grès rouge d'Angleterre. Sa stratification est presque horizontale, et quoique dans plusieurs endroits sa continuité ait subi quelques altérations, l'existence de la même formation peut se reconnaître à travers la presqu'île de l'Inde.

La seconde chaîne de collines et de plateaux est de même une continuation de la formation du grès bigarré séparée de la précédente par une marne rouge. Elle est en général composée de roches plus tendres ; le grès est fréquemment de couleurs variées ; il renferme du mica, et sa structure est parfois schisteuse.

L'épaisseur générale de chacun de ces dépôts est estimée à 500 pieds. Ce qu'ils ont de remarquable c'est qu'ils se terminent brusquement vers les plaines du Gange et sur le territoire du Danab, entre le Gange et la Djemnah, et que les grès que l'on remarque à Radjemal, à Chanar et à Kalendger ou sur les bords de la Djemnah, sont accompagnés de signes évidents d'une action volcanique exercée dans leur voisinage.

Suivant le capitaine Franklin, les monts Bundachel, dans le Bundelkund, présentent un dépôt de roches arénacées et salifères qui correspond au grès bigarré et qui offre des marnes irisées recouvertes par le *lias*. Le grès est couvert de trapp dans la partie occidentale de l'Inde et s'appuie sur la chaîne granitique qui s'étend vers Odeypour et du côté du Goudjérate, tandis qu'au nord il se perd dans un désert salé jusqu'à une limite inconnue.

Entre Madras et Bellary, suivant le capitaine W. Cullen, le plateau qui s'étend de Banaganapelly à Gooty est composé de schiste argileux sur lequel repose en stratification transgressive du grès bigarré, formant des couches horizontales. La hauteur moyenne de ce plateau est de 1,400 à 1,500 pieds au-dessus du niveau de l'Océan.

Au sud des monts Hymâlaya, entre le cours du rapide *Setledje* ou Troung-ti et celui du *Brahmapoutre*, s'étend une chaîne de montagnes nommée *Sivalik* par les Anglais, et *Siva-ala* ou *Sib-ala* par les Hindous qui, dans leurs croyances antiques, la regardent comme la voûte de la demeure du dieu *Siva*. Cette chaîne se lie à l'Hymâlaya par une série de montagnes peu élevées, et s'en trouve cependant séparée dans plusieurs points par des trois à dix lieues de largeur.

Le Sivalik est large de 7 lieues et haut de 2 à 3,000 pieds. Il se compose, du moins dans la vallée de la Nerbouddha, de marnes, de grès et de conglomérats. Les marnes abondent en ossements fossiles ; on y trouve des débris d'une espèce d'*anthracotherium*, avec des ossements de *cerf*, de *cheval* et de *castor;* ce qui déjà nous semble prouver que ces marnes appartiennent à l'étage moyen du terrain supercrétacé qui, en France, comprend les terrains lacustres d'Avaray et les faluns marins de la Touraine. Outre les animaux que nous venons de mentionner, on cite dans les marnes du Sivalik des ossements d'*ours*, des reptiles, tels que des *crocodiles* et des *tortues*, enfin des débris de poissons mêlés à des coquilles d'eau douce. Mais ce qui a récemment attiré l'attention des géologistes, c'est la découverte faite dans ces marnes d'un nouvel animal que des naturalistes anglais ont nommé *Sivatherium giganteum*.

Les grès renferment des lignites dans lesquels on reconnaît des troncs d'arbres dicotylédons et des ossements de reptiles. Quant au conglomérat, il contient très peu de fossiles.

D'après ces détails les dépôts du Sivalik nous semblent appartenir à l'étage moyen du terrain supercrétacé.

Les dépôts de gravier et de conglomérat qui, dans l'Inde, renferment des diamants, ont été considérés par plusieurs géologues comme appartenant au terrain clysmien ou de transport; cependant la description qu'en donnent le capitaine Franklin et Victor Jacquemont nous porterait plutôt à les classer parmi ces dépôts de molasse et de cailloux roulés qui, dans le bassin du Rhône et dans les environs de Grenoble, appartiennent, selon nous, à l'étage supérieur du terrain supercrétacé.

C'est dans les environs de la ville de Penna que Victor Jacquemont a examiné les dépôts gemmifères dont nous parlons. Ils se composent vers leur base d'une couche de brèche schisteuse à ciment ferrugineux qui sert de gangue aux diamants; cette couche est recouverte d'une couche de grès verdâtre renfermant des parties argileuses arrondies et chargées d'oxide de fer. Ces couches sont peu épaisses, mais au-dessus se présente une argile schisteuse micacée bigarrée de vert, de violet et de rougeâtre, plus ou moins endurcie et formant plusieurs couches sur 3 à 5 mètres d'épaisseur. Au-dessus se trouvent d'autres couches peu épaisses de grès argileux verdâtre ou coloré en brun violet par l'oxide de fer; d'argile schisteuse que recouvrent des blocs roulés de grès blanc ou rougeâtre empâtés dans une argile ferrugineuse et sur lesquels reposent des couches d'argile schisteuse, terreuse et ferrugineuse [1].

« L'Inde doit en grande partie la fertilité de son sol à la quantité de fleuves, de rivières et de torrents qui l'arrosent. Les anciens et les modernes ont été frappés de leur aspect imposant. Tous les phénomènes que peut offrir le cours d'un fleuve se présentent ici sur une très grande échelle. D'abord, se précipitant d'une hauteur immense, nourries de toutes les neiges de l'Asie centrale, les rivières de l'Inde ressemblent déjà, par leur volume d'eau, à nos plus grands fleuves, aux lieux mêmes où elles conservent encore la marche impétueuse de nos torrents de montagnes. La réunion de ces fleuves produit un choc épouvantable, un combat des flots contre les flots. Plus loin, arrivés dans les plaines, ces énormes courants d'eau se creusent des lits de plusieurs lieues de largeur, l'œil du navigateur embrasse à peine les deux rivages, couronnés de palmiers, de temples et de palais; une brise agréable, qui suit le cours du fleuve, en agite mollement les eaux transparentes; une force irrésistible, et pourtant insensible, entraîne rapidement les milliers de barques qui animent cette vaste et tranquille surface. Enfin la marée, facilement admise dans ces larges canaux, force le fleuve à rétrograder, et quelquefois avec rapidité, avec violence; alors une montagne d'eau, roulant en arrière, menace les bateaux et lutte long-temps contre le fleuve qui se trouble et se couvre d'écume.

» Cependant, malgré ces grands et nombreux cours d'eau, la zone torride conserve ses droits; beaucoup de districts de l'Inde présentent le spectacle de la plus grande aridité. Les réservoirs ou *tanks*, construits à grands frais, fournissent souvent de l'eau à des centaines de villages à la ronde. »

Nous diviserons les fleuves en deux sections: la première comprendra ceux qui ont leur embouchure dans la mer d'Oman, et la seconde ceux qui se jettent dans le golfe du Bengale.

Commençons par le fleuve le plus anciennement connu.

L'Indus, d'après les rapports les plus récents, prend sa source dans le petit Tibet, au pied des monts Kaïlas, sur le versant septentrional du gigantesque Himâlaya. Sous le nom de *Sind* ou *Sindh*, il court d'abord au nord, augmenté de la rivière qui passe par la ville de Ladak, et après avoir pris le nom de *Sanpo*, il reçoit aussi ceux de *Ladak* et de *Singechou*. Après avoir franchi l'Himâlaya, il arrose le royaume de Lahor et la principauté de *Sindhy*, et traverse les villes d'Attock, Haïderâbâd et Tatta. Il fournit deux branches importantes: l'une, *Farrân*, traver-

---

[1] Voyage dans l'Inde par Victor Jacquemont. — Journal.

sant l'extrémité occidentale du grand marais de Roun, contribue à former la grande île de Katch; la seconde, qui rejoint le fleuve après un long détour, est appelée *Kambargandy* ou *Lârkhâna*.

Les principaux affluents de l'Indus sont : à droite, le Kameh ou Kaboul, grossi de la grande rivière qui traverse le Kafféristan; à gauche, le *Pendjad*, formé par l'affluent de cinq rivières qui donnent le nom au Pendjab ou Lahor. Le plus remarquable de ces affluents est le *Setledj*, qui prend le nom de Gharra après avoir reçu le Bedjah. Il paraît prendre sa source dans les lacs élevés de Raouan et Mana-Sarovara. Quelques géographes ont considéré comme branche principale le *Tchenab*, et y font aboutir le Djelam. Le *Ban*, selon plusieurs *Panditas* ou savants indiens consultés par M. de Rienzi, est aussi un affluent de ce grand fleuve. Il traverse l'Adjmyr, et ses derniers embranchements se perdent dans le grand marais de Roun.

On peut enfin affirmer que l'Indus n'a qu'une embouchure, et que le prétendu *delta* indiqué par les géographes n'existe que dans les débordements du fleuve (¹), enfin, que le cours de celui-ci, y compris ses sinuosités, ne dépasse guère 600 lieues.

La *Nerbouddah*, appelée aussi le *Nerbedah*, ou plutôt la *Narmada*, est une rivière du second ordre dont les affluents ne méritent pas d'être cités, mais dont la position est d'autant plus importante, que les géographes font commencer le Dékhan au sud de son cours. Elle prend sa source dans un petit lac du plateau d'Omerkantak, traverse les provinces de Gandouânâ, Malwâh, Kandeich et Goudjérate, en courant de l'est à l'ouest, pour aller se jeter dans le golfe de Cambaye. Dans la mousson, ou saison sèche, on peut la passer à gué.

Le *Tapti*, né, comme la Nerbouddah, dans la province de Gandouânâ, court aussi dans la même direction, et se jette, ainsi qu'elle, dans le golfe de Cambaye, après avoir traversé les provinces de Berar, Malwâh, Kandeich et Goudjérate. Son embouchure est remplie de bancs de sable et de bas-fonds. Les trois rivières que nous venons de décrire se jettent dans la mer d'Oman.

(¹) *Hamilton*: East India Gazetteer, 2ᵉ édit., vol. II, p. 15 et 16.

Le *Gange*, dont les eaux sont regardées comme sacrées, est le principal fleuve de l'Inde : aussi les Hindous lui donnent-ils le nom de *Boura-Ganga*, fleuve par excellence. Il doit son origine à deux branches : l'*Alâknandâ* et le *Bhidgirath*. Cette dernière, qui prend naissance dans l'Himâlaya, au-dessus de Gangotri, à 13,800 pieds anglais au-dessus du niveau de la mer, est généralement considérée comme le vrai Gange, tandis que le *Daouli*, plus considérable et venant de plus loin, devrait, d'après M. Hamilton, en être regardé comme la source principale. Dans les monts Himâlaya, le Gange se jette d'une hauteur de 6 pieds dans un grand bassin nommé la *Bouche de la Vache*, que ses eaux ont creusé, et où les pèlerins hindous vont puiser les eaux réputées sacrées.

Le Gange ainsi grossi entre dans la plaine immense de l'Hindoustan, traverse les provinces de Delhi, Agra, Aoudh, Allâhâbâd, Mirzapour, Bénarès, Ghâzipour, Patnâ, Radjâmahala, et forme, en se jetant dans la mer du Bengale, un delta immense, composé d'un grand nombre de branches, sur lesquelles sont bâties plusieurs villes importantes.

Ses branches principales sont : l'*Hougli*, toujours navigable, et révéré des brahmanes, qui jurent par ses eaux comme les musulmans jurent par le Koran; l'*Houringottâ*, qui est aussi toujours navigable, et enfin le Gange proprement dit, le plus à l'orient, confondant ses eaux avec celles du Brahmapoutre. C'est l'Hougli qui passe à Calcutta et à Chandernagor.

Les affluents principaux du Gange sont, à droite, le *Kalli-Naddy* (Calini), la *Djemnah*, qui a sa source au pied du *Djemnâtry*, dans les monts Himâlaya, et reçoit le *Tchambal*, la *Betouah*, la *Kiane* et la *Sone*. A gauche, la rapide *Ramganga*, encaissée entre des rochers d'une hauteur prodigieuse; la *Goumty* au cours sinueux, évalué à 120 lieues; la *Gogra*, partant du versant méridional de l'Himâlaya, dans le Neypal, et formant la célèbre cascade de Kanâr : elle reçoit le Kali, le Tchouka, le Kapti et le Petit-Gandak. C'est dans le Tibet que le *Gandak* ou *Gondok* a sa source, d'après les observations de MM. Còsmos de Kedres et Moorkroft, et non dans le Davaladgiri, ainsi que le prétendaient jusqu'alors la plupart des géographes : cet affluent du Gange a environ 160 lieues de cours. Les autres affluents sont le *Bagmath* ou *Bagmatti*, le *Koussi* ou *Cosah*, naissant vers le versant méridional de l'Himâlaya et recevant l'Aroun et la Tombao dans le Neypal, la Gogary dans le Behar; la *Mâhânâda*, grossie de la Pârnâbabah et la Tistah, née dans le Tibet.

On estime à 80,000 pieds cubes anglais la quantité d'eau que le Gange porte par seconde à la mer, à plus de 400,000 celle qu'il porte à l'époque de sa crue, et à 180,000 la quantité moyenne de l'année par seconde.

Depuis Hardwar, la pente du fleuve est de 27 pouces par lieue en ligne droite; dans les temps secs il parcourt une lieue par heure; mais dans la saison pluvieuse il en parcourt le double. Ses crues périodiques, semblables à celles du Nil, commencent à la fin d'avril; il ne s'élève jamais que d'un pouce par jour; mais au bout de deux ou trois semaines il croît journellement de 5 pouces, et à la fin de juillet il inonde les campagnes voisines jusqu'à une étendue de plus de 30 lieues. Sa hauteur est alors de 31 pieds. Vers le milieu d'août le fleuve commence à décroître; il diminue d'abord de 3 à 4 pouces par jour, puis de 2 à 3 pouces, enfin d'un demi-pouce. Vers le mois d'octobre il rentre dans son lit ordinaire, et laisse un limon fertile sur les champs qu'il vient d'inonder. Les bienfaits que répand ce fleuve, la salubrité de ses eaux, l'aspect majestueux qu'il présente, tout excuse les honneurs divins que l'Inde lui a voués.

Le *Bramapoutra* ou *Brahmapoutre* avait été considéré par tous les géographes, depuis Rennel et Turner, comme la continuation du grand fleuve Dzang-tchou, qui traverse le Tibet; mais en 1827 les lieutenants Vilcox et Burton l'ont remonté, et ils ont reconnu qu'il prend sa source dans le pays des Borkhamti, au pied des montagnes neigeuses de Langtan, au nord de l'empire des Birmans. Il traverse le pays des Mismi, le royaume d'Assam et le Bengale oriental, et, après avoir reçu une branche du Gange et quelques branches de la *Tistah*, il quitte son nom pour prendre celui de *Megna*, et se joint au Gange. Ainsi réunis, ces deux fleuves arrivent au golfe du Bengale.

Le Brahmapoutre reçoit plus de 60 rivières, qui presque toutes sont navigables. Son principal affluent est, à droite, le *Goddado*, venant du Boutan; ensuite il tourne autour de la partie occidentale des monts Garraous, et reçoit, à gauche, le *Brak*, traversant le Kassay occidental et le Katchar dans l'Inde orientale, et le *Silhet* dans le Bengale; le *Goumty*, traversant le Haut-Tiperah dans l'Inde transgangétique, et le Bas-Tiperah dans le Bengale. Il était dernièrement question à Calcutta d'employer les bateaux à vapeur pour la navigation difficile du Brahmapoutre.

Le *Krichna* ou *Kistnah*, le plus riche en diamants et en pierres précieuses des fleuves de l'Inde, prend sa source dans les Ghattes occidentales, et se jette dans le golfe ou la mer du Bengale, après un cours d'environ 240 lieues. Il reçoit, à droite, la *Mâlparbâ*, puis la *Toumbadrâh* (Toombudra), regardée par quelques géographes comme l'une des trois branches composant la Krichna; à gauche, la *Bimâ*, grossie par la *Sinâ* et autres rivières, et la *Moussi*. A son embouchure il se partage en deux branches principales, l'une au sud, plus grande, nommée *Sippelek*; l'autre au nord, plus petite, nommée *Kistnah* comme le fleuve. Les sables qu'il charrie rendent sa navigation impossible aux navires.

Le *Godaveri* ou *Gotoumi-Ganga* tire sa source des Ghattes occidentales. Ce fleuve reçoit, à droite, la *Mandjera*, à gauche, la *Pourna*, la *Wardâ*, grossie de la *Païn-Ganga*, la *Bain-Ganga* et *Silaïr*, et se jette à la mer par plusieurs embouchures qui ont reçu divers noms, dont l'une, au nord, porte celui de Godaveri. Son cours est d'environ 280 lieues, et ses eaux sont aussi sacrées pour les Hindous que celles du Gange.

Le *Kaveri* ou *Kauveri*, né dans les Ghattes occidentales, et se déchargeant dans le golfe, ou plutôt la mer du Bengale, par plusieurs embouchures, après avoir traversé le Maïssour, le Kaïmbatour, le Karnatik, est la plus sacrée des rivières du Dékhan; les adorateurs de Vichnou l'honorent à l'égal du Gange, et célèbrent tous les ans le mariage du dieu *Renganaden* avec la déesse qui habite ses eaux.

On compte encore la *Mâhânada*, appelée aussi *Mahanady* ou Kattak, qui descend des montagnes du Bandelkand, parcourt une étendue de 80 lieues, et se jette dans la mer après avoir formé un large delta à plusieurs branches. Nous citerons enfin la *Panar*, qui a sa source sur le plateau du Maïssour, et qui, après un cours de 75 lieues, se rend humblement dans la mer du Bengale, ainsi que les cinq fleuves dont nous venons de parler.

« L'Inde ne connaît que deux saisons, la sèche et la pluvieuse, produites par les moussons de sud-ouest et de nord-ouest. Dans la saison sèche une langueur mortelle s'empare de toute la végétation, surtout lorsque la pluie est trop long-temps retardée; mais aussi une seule pluie, continuée pendant une nuit entière, suffit pour couvrir de verdure et changer en une belle prairie une plaine aride où la veille l'œil n'apercevait pas un brin d'herbe. C'est en avril ou en mai que commence la saison pluvieuse dans l'intérieur et dans la partie orientale de l'Inde, et elle finit vers la fin d'octobre. Sur la côte de Coromandel elle commence plus tard, parce que les Ghattes arrêtent les nuages qui amènent les vents de sud-ouest.

» Pendant cette saison il est rare que le soleil perce à travers les vapeurs épaisses dont l'air est chargé. Les pluies durent, dans le Bengale, plusieurs jours sans se ralentir; la quantité d'eau qui tombe pendant un mois est évaluée à 20 ou 22 pouces; les fleuves débordent et couvrent toute la campagne, à l'exception des terrains élevés ou garantis par des digues. Sur la côte de Malabar, les averses, les tempêtes et les orages sont plus violents que sur la côte de Coromandel. Si la pluie n'arrive pas à l'époque ordinaire, ou si elle n'est pas assez abondante, l'année s'en ressent, et souvent une famine affreuse en est la suite. C'est ainsi qu'en 1793 la sécheresse occasionna une si grande disette, que les parents vendirent leurs enfants pour avoir de quoi acheter quelques livres de riz. La fin de la saison pluvieuse est marquée par les changements de vents et la violence des orages et des ouragans. Bernier a observé que la pluie ne vient pas de la même région dans toutes les parties de l'Inde, qu'aux environs de Delhi elle arrive presque toujours de l'est; au Bengale et sur la côte de Coromandel, du côté du sud; et sur la côte de Malabar, de l'ouest [1].

» Le climat de l'Inde est celui d'une contrée située principalement dans la zone torride, mais limitrophe d'une région d'alpes et de glaces. Dans la plus grande partie de ce vaste pays on ignore la neige et la gelée; mais tous les autres inconvénients s'y font sentir momentanément avec une violence extrême; nulle part les ouragans ne se déchaînent avec plus de fureur; nulle part les éclairs et les coups de tonnerre ne font naître des spectacles plus épouvantables; nulle part la grêle pesante, la sécheresse prolongée et les déluges de pluies ne menacent le cultivateur de plus de ravages [1]. Mais comment réduire à des points de vue généraux les phénomènes locaux qui en partie semblent avoir été mal observés? Comment expliquer pourquoi, si toutefois le fait est prouvé, les pluies durent huit mois dans les sircars ou serkars, et seulement deux dans le Karnatik, l'une et l'autre de ces contrées étant situées sur la côte de Coromandel? D'autres fois les Européens ont exagéré leurs descriptions en se livrant à une première impression. Le Bengale, décrié comme malsain, est sans doute, par sa situation, particulièrement exposé à la violence successive des pluies, des ouragans et des chaleurs, ainsi qu'à d'épais brouillards; cependant une bonne hygiène paraît avoir réconcilié les Anglais avec ce climat [2]. Les côtes de Coromandel éprouvent des sécheresses et des chaleurs plus fortes que le Malabar, et cependant les étroites vallées et les forêts épaisses de ce dernier pays offrent beaucoup d'endroits malsains. Les plateaux entre les deux chaînes des Ghattes, les provinces entre la Djemnah et le Gange, les contrées qui forment le Pendjab ou qui l'avoisinent, doivent à leur niveau moyen, à leurs collines boisées, à leurs nombreuses eaux courantes, un air moins brûlant, plus pur et plus salubre [3], si ce n'est que des forêts, des marais et des déserts arides occasionnent des exceptions locales. Le grand désert, au sud-est de l'Indus et au nord du Goudjérate, rappelle toutes les horreurs de l'Arabie déserte, tandis que les vallées de Kachemir ou de Sirinagor, de Gorkha, de Neypal, entourées d'alpes, jouissent, après de véritables hivers, d'un printemps prolongé et d'un été salubre.

---

[1] *Bernier*: Voyage, édit. d'Amsterdam, 1709, tom. II, p. 319.

[1] *Pennant*: View, II, 324. *Lind's Essay*... — [2] Narration of the transactions in Bengal; publié par *Gladwyn*, p. 27 sqq. — [3] *Forster*: Voyage du Bengale à Pétersbourg.... *Buchanan*: Voyage au Mysore.

» C'est dans cette lisière septentrionale et dans le Pendjab que les anciens avaient recueilli de nombreux exemples de longévité [1]. Les Cyrni et les sujets du prince Musicanus parvenaient assez souvent à l'âge de 130 et même de 200 ans. Les modernes sont allés plus loin : l'historien portugais Faria prétend qu'un habitant de l'île de Diu ou Diou avait vécu trois siècles ; il ajoute que, selon les indigènes, on voyait dans le Goudjérate plusieurs individus parvenus à l'âge de 200 ans. Une nourriture extrêmement simple et un calme parfait de l'âme peuvent garantir à quelques fakirs une longue existence ; mais, en thèse générale, la force vitale se développe et s'use promptement dans ce climat. Les maladies aiguës y enlèvent subitement de nombreuses victimes ; une des plus redoutables, c'est le *choléra*, connue des Hindous sous le nom de *mordechin*, et que l'Inde a transmis récemment à l'Europe [2]. La *fièvre des montagnes*, qui règne dans la partie élevée des sircars, dans les districts de Gandjam et de Vizagapatam, provient de l'air stagnant des forêts et des vallées étroites et ombragées. D'autres fièvres non moins pernicieuses, menacent les habitants du Karnatik, et sont connues sous le nom de *fièvres de gendchi* [3]. Le mal vénérien porte ici le nom de *feu persan*, nom qui semble prouver qu'il n'est pas indigène. Les maladies lépreuses prennent dans les contrées chaudes et humides un caractère effrayant : la variété la plus redoutable de la lèpre des Arabes, celle qui fait tomber les membres par articulations [4], fait des ravages parmi les classes les plus pauvres. Elle diffère de l'*éléphantiasis* des médecins modernes, qui paraît être une hydropisie, mais quelquefois avec la lèpre. Cette maladie, qui règne sur la côte de Cochin, où les eaux sont mauvaises, tire son nom de l'énorme enflure des jambes du malade, qui deviennent semblables à celles d'un éléphant [5]. Mais, chez les anciens, le même nom était appliqué à la lèpre qui donne à la peau des taches blanchâtres et ridées. Les Européens qui échappent généralement à ces fléaux terribles ne peuvent se soustraire à la lente influence d'un climat trop brûlant et à une transpiration trop forte, trop continuelle ; leur teint se fane et ils vieillissent avant le temps [1]. Malgré tant d'inconvénients partiels, l'Inde offre dans ses portions cultivées les climats les plus salubres de toute l'Asie.

» La fertilité du sol et la nature des productions ne varient pas moins que les températures.

» L'Inde est traversée par des chaînes considérables de rochers, et par des collines de sable. Nous en trouvons de l'une et de l'autre espèce dans la province de Sindhy ou Tatta. On y remarque une suite de montagnes d'un roc très dur, qui s'étendent depuis les frontières du Moultan jusqu'à Tatta, et une suite de collines sablonneuses depuis *Attok* jusqu'à Goudjérate. Il y a aussi des déserts de sable où le vent brûlant du midi enlève des nuées de poussière dont il couvre ensuite les maisons et les plantations. Le désert de *Descht-bi-Doulet*, qui sépare le Sindhy du Kandahar, est un des plus grands de l'Inde : il y en a un autre de 20 milles de long sur le chemin de Ruderpour à Almora ; il est couvert de roseaux épineux et d'arbres à résine [2]. Les savanes sont assez nombreuses dans les provinces septentrionales. A l'embouchure des grands fleuves le terrain est souvent marécageux ; le long de la rivière de Paddair, les marais occupent même des districts considérables ; mais, hormis ces terrains incultes, l'Inde offre partout de belles prairies, de gras pâturages, des champs couverts de riches moissons qui se renouvellent deux fois par an, et des vallées remplies de tout ce que la végétation a de plus utile et de plus brillant.

» Le riz, la principale nourriture du frugal Indien, abonde dans la plupart des provinces ; on en compte jusqu'à vingt-cinq variétés. L'Indien appelle le riz dans sa cosse, *nellou*, et lorsqu'il en est séparé, *arissi*. Le Tanjaour, sur la côte de Coromandel, fournit de cette denrée toute l'île de Ceylan. Les anciens parlent déjà de l'*arrack* ou eau-de-vie tirée du riz. L'Inde possède également les grains de

---

[1] *Strab.* XV, 701, Almelov. *Faria y Sousa.* Asia portugueza. — [2] *Sonnerat* et d'autres écrivains français ont plaisamment transformé ce mot en *mort-de-chien*. — [3] *Anquetil*: Voyage. — [4] Le *Dchoçaam* des Arabes, nommé autrement *Daa-el-Assud*, maladie du lion ; la *Leontiasis* des Grecs. — [5] *Ives*: Voyage, I, 326 (trad. all.). Comp. l'excellent ouvrage de M. *Allard*, D. M. Histoire d'une maladie qui ressemble à l'éléphantiasis.

[1] *Pennant*, View of Hindostan, II, 326. — [2] Tiefenthaler, I, p. 102.

nos climats, le froment, l'orge, le maïs et le millet. On cultive davantage plusieurs espèces d'holcus, entre autres le *tchor* ou *doura* (¹), et le *badchera* (²), nourriture commune du peuple, surtout chez les Mahrattes. On connaît nos légumes farineux, les pois, les fèves, les lentilles, et bien d'autres que l'Europe ne produit pas, tels que le *moung* (³), le *murhus* (⁴), dont les graines, semblables à celles de la moutarde, servent à faire des gâteaux; le *tanna*, grain qui fournit beaucoup, et dont la culture n'exige presque aucune peine; et le *tour* (⁵), qu'on sème au commencement de la saison pluvieuse; enfin le *toll*, arbuste produisant des pois qui, après le riz, forment la nourriture favorite des marins. Les melons et les ananas sont très communs, ainsi que le *nymphœa nelumbo* ou *lotus* : cette plante a des racines qu'on apprête de diverses manières; ses fleurs rouges et ses feuilles rondes, semées de gouttes d'eau, semblables à des diamants, ornent la surface des étangs. Au lieu de notre pomme de terre, l'Indien a le *katchil*, qui est noir au dehors et blanc en dedans, l'igname, qui pèse souvent plusieurs livres, et le *moug-phoully* (⁶).

» Le règne de Flore brille ici dans tout son éclat; l'odorat est frappé du parfum de la rose de Kachemir, dont on extrait l'*ottar*, essence précieuse; de la belle rose blanche appelée *koundja* (⁷), qui embaume les vallées de Delhi et Sirinagor; des *kadtoumaligou* ou jasmins à grandes fleurs; de l'*atimuca* (⁸), qui flatte également la vue; et de la *tschambaga*, dont les Indiennes ornent leurs cheveux et parfument leurs vêtements. Il faut encore remarquer le *moussende*, qui étale, parmi des feuilles blanches, ses fleurs couleur de sang; l'*ixore*, dont les bouquets couleur de pourpre ornent une tige de six pieds de haut; le *sindrimal* dont les fleurs s'ouvrent à quatre heures du soir et se ferment à quatre heures du matin; le *nyctantes-sambac* aux fleurs odorantes, dont les Indiennes se parfument la chevelure au moment de se mettre au lit; le *nagatalli* (⁹), qui,

grimpant le long des murs, les couvre de son feuillage redouté des serpents.

» L'Inde nourrit beaucoup de plantes utiles à l'industrie, telles que le lin, le chanvre, le tabac, l'indigo, le jalap, la salsepareille, le datura, le coton, l'anis, le bétel, le safran, le sésame, l'opium, plusieurs sortes de plantes teinturières et de roseaux. Les contrées montagneuses d'Aoudh et celles qui sont au pied des Ghattes produisent beaucoup de cardamome, la côte de Malabar fournit le meilleur; c'est là aussi qu'abondent toutes les espèces de poivre; les Arabes appelèrent même cette côte le pays du poivre, *Belad-el fofoll*. On en cultive aussi dans l'île de Ceylan, au Bengale et dans le Béhar. Le pavot oriental, dont les indolents habitants de ces climats chauds tirent l'opium, prospère dans presque toutes les provinces; le Bengale et le Béhar fournissent l'opium le plus estimé; le suc d'une seule tige donnerait la mort à un Européen (¹). Le sésame indien fournit une huile excellente, déjà connue des anciens comme article de commerce. Le cotonnier-arbre vient sur toutes les montagnes de l'Inde, mais ne donne qu'un produit grossier; le cotonnier-arbuste ou annuel prospère surtout au Bengale et sur la côte de Coromandel, aussi est-ce là que l'on fabrique les meilleures étoffes de coton. Après ces deux provinces, ce sont celles de Madouré et de Maraoua, et la côte de Malabar qui fournissent le coton le plus fin. Les anciens paraissent avoir reçu leurs mousselines des contrées situées sur le Sind, puisqu'ils les nommaient *sindones*. L'Inde est la véritable patrie du bétel ou *tambol*, plante qui, semblable au lierre et au houblon, s'élance le long des arbres et des pieux, et dont on mâche les feuilles avec des noix d'arec, des épices, de l'ambre, du tabac, etc.

» Des forêts de bambous couvrent une grande partie du sol indien; cette espèce de roseaux, qui parvient quelquefois à la hauteur de 60 pieds, est d'une grande utilité aux Hindous dans la construction de leurs habitations légères. Le suc durci du bambou, ou *tabaschir*, sert dans la médecine. Divers autres roseaux, parmi lesquels l'*arundo calamus*, abondent partout. La canne à sucre, commune dans toute l'Inde, est cultivée au Bengale,

---

(¹) *Holcus sorghum*, L. *Andropogon sorghum*, de Roxburgh. — (²) *Holcus spicatus*, L. — (³) *Phaseolus mungo*, L. — (⁴) *Cynosurus coracanus*, L. — (⁵) *Cytisus cajan*. — (⁶) *Arachis hypogœa*. — (⁷) *Hardwyck*, dans l'*Asiat. Reg.* 1800. Miscellan. Tracts., p. 270. — (⁸) *Banisteria bengalensis*, v. W. Jones, Asiat. Research. IV. Roxburgh, Ind. plant. I, n° 18. — (⁹) *Pergularia tomentosa*, L.

(¹) Asiat. Reg. 1800. Miscellaneous tracts., p. 300 sqq.

surtout à Radjamondri et à Gandjam [1], avec tant de soin, qu'on exporte annuellement en Europe et dans la Malaisie, en Chine et ailleurs plusieurs millions de quintaux de sucre. L'indigo croît spontanément dans la province de Goudjérate, mais on le cultive en grande quantité dans le Bengale, le Béhar, l'Aoudh et l'Agra, où l'on trouve aussi l'arbuste du nyl qui donne une couleur bleue comme l'indigo. Un arbre de l'espèce *nerium*, récemment découvert dans les Sircars, donne aussi cette précieuse matière colorante [2].

» L'Inde renferme toutes les diverses espèces du palmier; elles fournissent des fruits, des liqueurs, une sorte de papier, de l'huile, de la farine, des cordes et beaucoup d'autres objets. Le cocotier est sans contredit le plus précieux de ce genre. Le *djaggari* ou sucre noir, tiré du suc d'une espèce de palmier, sert à Tranquebar [3], à Madras [4], et dans le Pégou [5], à former, avec du blanc, des œufs, de la chaux et des coquilles, un ciment qui résiste au soleil, à la pluie, et reçoit par le frottement un beau poli : ce ciment a été employé avec succès en Hollande. Les noix de l'*areca*, le fruit du chou-palmiste, les bananes, accroissent encore les richesses de l'Inde. Le bananier des sages, ou *musa sapientum*, a de tout temps nourri les sages et les prêtres de Brahma. Le figuier indien, ou *arbre des banians* [6], étend ses immenses rameaux et son ombrage consacré non seulement sur les pagodes, sur les *choultris* ou asiles des voyageurs, mais aussi sur les serpents et les insectes venimeux : emblème de l'éternelle puissance de la nature qui nourrit également les êtres bienfaisants et les êtres nuisibles. C'est une variété de l'*arbre de Bouddha* [7], arbre révéré dans la péninsule au-delà du Gange.

» Nos arbres à fruits, tels que les pommiers, poiriers, pruniers, abricotiers, pêchers, jujubiers, noyers, amandiers, orangers, grenadiers, mûriers, prospèrent dans le nord de l'Inde, tandis que les parties méridionales abondent en arbres à pain, goyaviers, jambos, manguiers (*mangifera*); mais le mangoustan des îles de la Sonde ne vient que par la culture, même au Coromandel. » Le *katthal* et le *barhal* sont aussi des fruits d'un goût exquis, et la banane *vela* est nourrissante, saine et agréable au goût.

» Nos arbres de haute futaie, les chênes, sapins, cyprès et peupliers, se retrouvent tous dans ce pays, ainsi que le myrte et le tamarinier; mais ces forêts se peuplent principalement d'arbres inconnus dans nos climats, tels que le *têk*, ou bois dur, presque incorruptible, très propre à remplacer le chêne dans les constructions navales; le *ponna* [1], arbre toujours vert, et qui fournit de beaux mâts, le *korou* ou *sacou*, indiqué vaguement par Tiefenthaler comme formant des forêts entières dans le nord, et qui, ainsi que le *dchissou* [2], donne du menu bois de construction; le *nagassa* ou bois-de-fer, divers robiniers, l'azédarach, et bien d'autres espèces moins connues. L'ébène de l'Inde, vantée par Virgile, se retrouve, il est vrai, dans l'île de Ceylan, et, selon quelques autorités, sur les bords du Gange, à Allah-abad [3]; mais il est pourtant probable que les anciens recevaient leur ébène de l'Afrique, dont la partie orientale a souvent été comprise sous le nom d'*India* [4]. L'odeur agréable qu'elle répandait peut même faire douter si elle provenait de l'arbre que nous appelons le véritable ébénier. Le sandal rouge, le dragonnier, les gommiers à laque et à gomme-gutte croissent dans le Dékhan et à Ceylan. La guilandine-moringa donne une gomme rouge. On y trouve le tournesol, le citronnier et le roquois. Dans le genre de lauriers qui abondent au midi de la péninsule et à Ceylan, on distingue ceux qui fournissent le macis, la casse et le camphre, mais surtout le laurier cannellier; le *cinnamomum* des anciens, vainement revendiqué pour l'Arabie, sur la foi des Grecs [5], et aujourd'hui trans-

---

[1] *Roxburgh*: Asiat. Reg. 1800. Miscel. tr., p. 7-15. — [2] The Alfred, Journal de Londres, 24 mai 1811. — [3] Relations des missionnaires danois, II, p. 1050; III, p. 22-241. — [4] *Pyke*, philosoph. transact., n° 422, art. 3. — [5] *Vincent Leblanc*: Voyages, I, pag. 201 et 226. — [6] *Ficus indica*. Plin., XII, 11. *Theophrast*., IV, 5. Hortus Malab., III, 85, tab. 84. *Pennant*, View, I, p. 207 et suiv. — [7] *Ficus religiosa*. L.

[1] *Uvaria altissima* (Kœnig), ou *Valeria indica*, Hort. Malab. IV, tab. 15. *Pennant*, View, I, 83-231. *Sonnerat*, II, 233, tab. 131. — [2] Une espèce de *pterocarpus*, v. Asiat. Reg. 1800. M. T. p. 272. — [3] *Ayen Akberi*, II, p. 36. — [4] *Voss*: Comment. sur les Géorgiques, p. 306 (en all.). Comp. *Viry.*, Géorg. II, 116; IV, 290; Æncid., IV, 794. — [5] *Beckmann* ad *Antigoni Caristii*, histor. mirab., p. 87. Idem, Litteratur der Reisen, I, 562 (en all.).

planté de Ceylan dans les sircars du nord (¹). D'autres arbres, chargés d'un arome plus léger, parfument les forêts qu'ils ornent de leurs fleurs éclatantes; de ce nombre sont les bignonies, le jasmin, les gueltardes, le *pandanus odoratissima*.

» L'Inde renferme encore, parmi les innombrables trésors d'une Flore mal connue, quelques productions que les anciens ont rendues célèbres, mais que nous ne retrouvons plus avec certitude. On pourrait plaisanter sur le nombre de dissertations qui ont eu pour objet de retrouver l'*amomum* (²); ce n'est pourtant pas l'infatigable patience de nos érudits, mais la science vague et obscure des anciens qui mérite le blâme. L'amome était probablement un arbrisseau à graines aromatiques, semblable au cardamome. Le *nard* indien, dont la meilleure espèce croissait aux environs de Rangamatty, au nord-est du Bengale, est probablement l'espèce de *valeriana* nommée par les Hindous *jatamansi* (³), quoiqu'on ait décrit et figuré comme le vrai nard, une espèce de graminée (⁴). Le *malabathrum*, autre substance aromatique, achetée par les Romains à un très haut prix, était probablement un composé ou un extrait de plusieurs plantes à feuilles odorantes, telles que le laurier nommé *tamala* en Malabar (⁵), et la nymphée nommée *tamara* en sanskrit; les syllabes *bathrum* représentent le mot indien *patra*, feuille. Les anciens vantent encore d'autres productions végétales que des recherches ultérieures pourront faire retrouver. Le *bdellium* de Pline, probablement une myrrhe ou résine odorante, était déjà connu de l'auteur de la Genèse : il paraît être produit par une espèce de baumier (⁶); et le *sipachora*, dont les fruits procuraient à ceux qui les mangeaient une vie de 200 ans, ainsi que le racontent gravement Ctésias et Elien, pourrait être reconnu à une espèce de ver qui doit l'habiter et qui fournit une matière pour teindre en pourpre. C'est sans doute une des espèces de *mimosa* qui produisent la gomme laque (¹).

» Quittons ces magnifiques forêts, dont l'air embaumé annonce le voisinage au navigateur ravi, et où les archers indiens tout habiles qu'ils sont, ne peuvent atteindre avec leurs flèches le sommet des arbres gigantesques; quittons-les pour examiner les richesses du règne minéral. Quoique ce règne n'ait encore été exploité qu'en partie, il est cependant certain que l'Inde est, sous ce rapport, un des plus riches pays de la terre. L'antiquité vantait l'or que ramassaient les fourmis de l'Inde; quelque sens qu'on veuille donner à ces traditions, nous devons reconnaître la véracité des anciens lorsqu'ils parlent des fleuves aurifères de ce pays (²). Les fleuves du Dékhan, d'Orissa et du Bérar charrient encore de l'or en assez grande quantité. Dans le Pendjab et le Kachemir, l'*Ayen Akberi* nomme également beaucoup de rivières à sables aurifères, indice de l'abondance de ce métal dans les monts Imaüs. On cite aussi les riches mines d'or et d'argent de Golconde, du Karnatik, d'Achem et du Bengale. Il y a des mines de cuivre dans les monts Komaoun et dans les provinces de Badrikesram, Agra et Adjmir. Le fer se trouve dans presque toutes les provinces de l'Hindoustan et du Dékhan. Le royaume d'Acham est renommé pour ses mines de fer et d'acier : il y a des montagnes entières de pierres d'aimant près d'Hoa dans la province d'Agra, on en extrait une grande quantité de fer. Le plomb se trouve abondamment dans les régions qui possèdent des mines d'argent, telles que le royaume d'Acham, les monts Komaoun. On exploite des mines d'étain près Zamvar, dans la province d'Adjmir et dans le Pendjab : le zinc est si commun dans l'Inde qu'on en exporte une grande quantité pour l'Europe. Dans quelques endroits on découvre du mercure et de l'antimoine.

« Nulle part les diamants ne sont aussi beaux ni aussi nombreux que dans l'Hindoustan et le Dékhan, spécialement dans les provinces de Bengale, d'Allah-abad, d'Orissa, de Bedjapour, de Bérar et Karnatik. Ceux de

---

(¹) *Pennant*, View, I, 222. Nouv. Relations des missionnaires d'Hall., cah. 32, p. 928. — (²) *Breinius*, di amomo Arabum, dans les *Misc. curios. medicophys.* publiés par l'académie des Curieux de la Nature, 1681, obs. 191. *Salmas.* exercit. Plin., p. 283 sqq., etc., etc. — (³) *W. Jones*, sur les *Spica nardi*, dans les *Recherches asiatiques*. — (⁴) *Philos. Trans.* 1790, vol. LXXX, p. 284. — (⁵) *Laurus malabathrum*, L. — (⁶) *Bdolach*, chez Moïse. Il faut lire dans Pline (XII, 19), *Bdellium sive Bdolchon*.

(¹) Mimosa cinerea, Linn. *Voy.* Phil. Transact. LXXI, part. II, pag. 374. LXXXVII, pag. 285. — (²) *Tiefenthaler*, I, 222-274.

Raolconde et non de Golconde, ainsi qu'on le dit communément, et d'Orissa, et spécialement ceux de Sambelpour, sur les bords du Mahanady, le fleuve *Adamas* des anciens, passent pour être très supérieurs à ceux de Parna dans l'Allah-abad. On y trouve aussi du cristal de roche, des rubis, des saphirs, des améthystes, des onyx et autres pierres précieuses. Après les grandes averses, les rivières en détachent de l'intérieur des montagnes, et les entraînent dans leur cours : le Mahanady, entre autres, en charrie un assez grand nombre. On nomme dans le district de Gorkha, dans le Neypal, une rivière qui en fournit beaucoup (¹). Le *lapis-lazuli*, qui, dans un état parfait, est une des plus belles productions de la nature, et qu'on regarde avec beaucoup de vraisemblance comme le *sapphirus* des anciens (²), se trouve dans les monts Himâlaya. L'*onyx* de l'Inde, qui probablement était le *schoham* des grands-prêtres juifs, venait d'une chaîne de montagnes indiquées par Ctésias, et qui paraît répondre aux monts Bala-Ghattes (³). Presque toutes les montagnes de l'Inde renferment des carrières de marbre et d'albâtre ; celles d'Adjmir ont du marbre blanc, noir et vert : le Béhar est riche en albâtre. Le sel gemme se trouve dans plusieurs montagnes : il y a aussi de grands lacs d'eau salée dans l'Adjmir et sur la côte de Coromandel ; le Goudjérate renferme des plaines couvertes de sel : partout cette substance utile est exploitée avec soin. Plusieurs provinces, surtout le Béhar et le Bengale, fournissent du salpêtre : on en exporte une quantité considérable pour l'Europe, la Tatarie, la Chine. Il y a du soufre, du charbon de terre, du naphte et d'autres matières inflammables dans plusieurs contrées montagneuses de l'Hindoustan et du Dékhan. Plusieurs rivières, telles que le *Gadek*, sont imprégnées de soufre, de salpêtre et autres matières minérales.

» Le règne animal n'est pas moins riche en espèces que les deux règnes dont nous venons de parler.

(¹) *Gladwyn* : History of Hindostan, I, p. 34. — (²) *Baier* : Dissert. de Sapphiro. *Beckmann* : Histoire des inventions, III, 182 *et suiv.* (en all.). — (³) *Veltheim* : Mémoires sur les montagnes à onyx de Ctésias. *Heeren* : Idées sur la politique, le commerce, etc., 136-316 (2ᵉ édit.).

» Parmi les mammifères, on distingue les singes, qui se montrent partout en troupes ; sur la côte de Malabar on en compte quelquefois des milliers qui viennent jusqu'au milieu des villes : il y en a de toutes espèces ; on voit parmi eux des gibbons, surtout dans le Bengale et sur la côte de Coromandel ; de beaux *maudis* à longue queue ; particulièrement dans le Dékhan, des *tillows*, des *vella-kouranga* ou petits singes blancs ; des *koringurangas*, grands singes noirs ; des *orang-outangs* en Bengale, en Karnatik et sur la côte de Coromandel. Le singe *radjakada*, à visage rouge, à barbe noire, probablement le *macacus speciosus* des zoologistes, représente aux superstitieux Hindous leur dieu *Hanouman*, le Pan indien, qui, ayant pris cette figure, se mit à la tête d'une armée de singes, vint au secours du dieu Rama, et contribua beaucoup à la défaite de Ravan, roi des géants et maître de Ceylan (¹). »

On doit citer encore le paisible *gibbon, lar*, appelé aussi *onuko*, le *macaque bonnet chinois*, et une espèce voisine appelée *macaque toque*, et le *macaque maimon*, connu pour sa méchanceté ; le *nyctìcèbe du Bengale*, et le *cercacèbe malbrouck*, vénéré au Bengale, où il vit en grandes troupes.

« Il paraît certain que jadis les singes, respectés par la superstition, peuplèrent l'Inde par myriades. L'armée d'Alexandre en rencontra dans le Pendjab une telle multitude, qu'elle la prit pour une nation ennemie, et se disposa à les combattre. Encore aujourd'hui, dans les contrées où dominent les Brahmanes, les Hindous accordent une entière liberté aux singes ; ces animaux dévastent les champs ; ils pillent les vergers, ravagent dans les villes. Les sages qui ont prétendu considérer ces animaux comme des êtres doués d'une intelligence perfectible, mais opprimés par l'espèce humaine, devraient bien nous dire pourquoi les singes de Malabar n'ont pas encore fondé de société politique.

» Les provinces méridionales sont infestées de chauves-souris de toute forme et de toute grandeur. On remarque surtout la *roussette* (*vespertilio vampirus, L.*), qu'on appelle aussi *chat volant*, et qui ravage fréquemment les arbres fruitiers dans la province de Goudjérate

(¹) *Ramayana*, poëme indien traduit en partie par MM. *Carey* et *Marsham*.

et dans quelques contrées de la côte de Coromandel. Les écureuils y causent le même ravage, particulièrement le *maleannan*, qui habite par troupes nombreuses les plus hauts arbres sur la côte de Malabar (¹); l'*annan* ou petit écureuil, qui s'attache de préférence au cocotier; l'écureuil jaune, *sciurus flavus*, qui vit en troupes dans le Goudjérate, et l'écureuil pouprède, que l'on rencontre fréquemment aux environs de Bombay. La côte de Malabar fournit beaucoup de porcs-épics; le *pangolin à grosse queue* apprivoisé est souvent gardé dans les maisons. Le Bengale et la côte orientale ont le *paresseux à deux doigts*; et le Béhar, une variété de cette espèce, presque semblable à l'ours (²), et qui vit de fourmis.

» L'Inde a diverses espèces de rats et de souris, nommément la souris rayée, le rat à musc, et le jerboa ou rat sauteur; ces animaux, nombreux et audacieux, bravent les chats; c'est aux chiens et aux chasseurs de rats de profession que l'on doit la diminution momentanée de leur nombre. Il y a des lièvres et des lapins, des martres, surtout dans les provinces septentrionales; des civettes de deux variétés, des blaireaux, des coatis, des *ichneumons* ou *moungo* (³), qui se laissent apprivoiser et qui donnent une chasse vigoureuse aux rats, aux chauves-souris et même aux gros serpents. L'*ours de montagne*, plus terrible que le tigre, et qui habite les Ghattes, selon un voyageur médiocrement instruit (⁴), pourrait bien être une grande hyène; mais le véritable ours se montre dans les forêts de l'Aoudh, d'Orissa, du Karnatik, de Coromandel. On voit des loups, surtout dans les Ghattes, le Karnatik, le Malabar, le Gantour; les chacals se font redouter dans l'intérieur de l'Hindoustan; les hyènes sont très nombreuses dans le royaume d'Orissa et sur les côtes de Malabar et de Coromandel. Le Bengale nourrit un renard d'une espèce particulière, très petit et très agile (⁵).

» Le zoologiste indien, M. Pennant, a cherché à distinguer avec soin les diverses espèces d'animaux féroces du genre *felis* qui habitent ce pays. Ceylan et le Bengale ont deux variétés de chat-tigre. Le *serval* ou chat-panthère du Dékhan, qui est peu connu, se répand jusqu'au Tibet. Le lynx habite les provinces du nord; le *caracal*, variété de lynx aux oreilles noires, se montre au Bengale. Ce pays est aussi la véritable patrie du *tigre royal*, connu des anciens sous le nom de *tigre du Gange*. Cet animal redoutable domine avec le rhinocéros sur l'extrémité marécageuse et inhabitée du Delta du Gange, nommée les *Sunderbunds*; là, dans son domaine, il attaque même les bateaux qui passent. L'île de Ceylan et les monts Ghattes ne possèdent que les tigres ordinaires, d'une taille moins majestueuse. La panthère asiatique de M. Pennant ne paraît qu'une variété de tigre, qui a des mouches en place de raies. La sous-variété noirâtre, mouchetée de noir, est propre à l'Hindoustan (¹). Les léopards, qui ont des taches d'une couleur foncée sur un fond blanc, varient considérablement de grandeur et de pelage. L'*once*, qui est la panthère de Pline, et qui sert à la chasse aux antilopes, habite tout le Dékhan central et le Goudjérate. Le guépard de Buffon, la grande *pardalis* d'Oppien, est moins commune; on la nomme *tchita* (²). Malgré tous les soins de M. Pennant, l'obscurité qui enveloppe ce sujet n'est pas dissipée.

« On pense généralement que le lion, du moins celui d'Afrique, qui, par sa majestueuse crinière, se distingue du lion de Babylonie, est aujourd'hui inconnu aux Indus. Terry prétend néanmoins en avoir vu dans le Malvah, et quelques officiers anglais en ont également vu dans le nord et dans l'ouest de l'Hindoustan. On peut cependant juger, par les anciens livres indiens, que le lion qu'ils nomment *singh* était autrefois répandu dans toutes les contrées.

« Les Indiens font peu usage des chevaux; les espèces particulières à leur pays sont le *tattou*, dans le Bengale, cheval très petit, mais bon coursier (³); le *gant* dans le nord de l'Hindoustan, et le *dchangley*, venu de la pro-

---

(¹) *Sonnerat*: Voyage aux Indes, tab. 2, 87. *Pennant*: Indian Zoology, tab. 1, View of Hindostan, I, 137-202. — (²) *Bradypus ursiformis*. Pennant, View II, 258-260. Hist. of quadrupeds, n° 452. — (³) *Pennant*: Synopsys, pag. 226. Rumph: Herb. amb. austr., t. XXVIII, fig. 2, 3. — (⁴) *Paulin de S'aint-Bartholomé* Voyage, I, 403 et la note de J.-R. Forster, où il y a de la confusion. — (⁵) *Pennant*: Hist. of quadrupeds, n° 170.

(¹) *Pennant*: View, II. 153. (₂) *Pennant*: Hist. quad., n° 184, Synopsis, p. 174, tab. 18, fig. 1. View of Hindostan, II, 246. Asiat. Reg. 1800. Miscell. tracts, p. 338-342. — (₃) *Solvyns*, les Hindous, t. III,

vince de Batty. Les meilleurs chevaux qu'on voit dans l'Inde viennent de l'étranger, notamment de l'Arabie et de la Tatarie. Les ânes et les mulets n'y sont pas d'un usage plus général ; dans le nord et même dans le Dékhan on en trouve de sauvages qui descendent des hauts plateaux du Tibet. Les Hindous, semblables aux Européens, regardent comme honteux de se servir d'ânes pour monture. Le *koulan* et le *djigghetaï* de la Tatarie viennent passer l'hiver dans les forêts de l'Inde. Parmi les chiens indiens, le chien de chasse était déjà fameux dans l'antiquité ; il allait à la poursuite des sangliers, et même des lions et des tigres [1], et on en exportait beaucoup pour la Perse et Babylone. Les meilleurs viennent du nord, et particulièrement de Kaboul [2]. Les chameaux et les dromadaires, les seuls véritables animaux de charge chez les peuples orientaux, se trouvent en grande quantité dans le Goudjérate, dans les environs de Patna et de Mongyr, et dans les provinces de Moultan et de Tatta. Dans cette dernière province, l'auteur de l'*Ayen Akberi* en vit des troupeaux de plusieurs milliers. Le chameau à deux bosses vit dans un état sauvage dans les provinces du nord.

« La brebis indienne se distingue de la race européenne par ses cornes recourbées, et par la qualité soyeuse de sa laine : on la trouve dans tout l'Hindoustan et dans le Haut-Dékhan. Ctésias connaissait déjà les richesses de l'Inde septentrionale en bêtes à laine ; lorsqu'il assure que les moutons de ces contrées égalaient en taille les ânes de la Grèce, et qu'on leur faisait porter des charges, il a voulu parler de la brebis commune de Kachemir, nommée *gandou* [3] par les indigènes. La brebis fine du Kachemir fournit la belle laine dont on fabrique les châles. Dans le Moultan on rencontre aussi le *bahra* ou brebis à grosse queue, et la brebis du Tibet, très estimée pour sa belle laine. Ce sont les poils intérieurs qui forment cette laine précieuse. Dans le royaume d'Ascham les béliers ont quatre cornes. Enfin l'Inde connaît aussi l'*argali* ou le mouton sauvage [1]. Le Goudjérate et le Kotch renferment beaucoup de chèvres sauvages et domestiques ; la chèvre du Kachemir fournit du poil très fin pour la fabrication des châles ; dans les montagnes et forêts d'Orissa, de Telinga, de Bérar et de Malabar, on trouve la chèvre qui fournit le bézoar. Les porcs, les sangliers, les cerfs, les daims, s'y montrent en grand nombre. On voit des troupes d'antilopes dans le Bengale, l'intérieur de l'Hindoustan et dans le Dékhan. Outre les espèces communes à la Perse et à la Tatarie, on remarque le *nylgaa* ou l'antilope bleue aux pieds blancs, nommée aussi *ross* [2], et une petite espèce blanche, nommée *dirdhagen* par M. Gladwyn, et dans laquelle le mâle a quatre cornes, ce qui nous rappelle l'oryx à quatre cornes des anciens [3]. L'élan se montre fréquemment dans l'île de Ceylan ; mais est-ce notre élan ou une espèce rapprochée ?

» Le bœuf et la vache jouissent dans l'Inde d'une vénération aussi religieuse que jadis dans l'Égypte. Symboles de la force productive de la nature, emblèmes du soleil et de la lune, monuments vivants de l'histoire et de la civilisation, ils sont censés accompagner le grand dieu *Chiva* et les déesses *Parvati* et *Lakchmi*. L'attouchement d'une vache purifie de tous les crimes. Il n'y a que trente ou quarante ans, un roi de Travancore, pour expier ses cruautés, fit construire une énorme vache d'or, passa humblement à travers cette image, et data depuis ses décrets de l'époque de son *passage par la vache*. Cette race sacrée, très belle dans le Goudjérate, le Malvah et le Bengale, ne se distingue de notre bœuf européen que par la bosse de graisse placée sur le dos. C'est le zebou ou *bos indicus* des naturalistes. On trouve à Ceylan et près de Sourate des bœufs qui n'ont que la taille d'un dogue [4]. Le buffle est très répandu dans toute l'Inde méridionale, tandis que l'*yak* du Tibet se montre dans les provinces les plus septentrionales. L'animal nommé par les Indiens *arni* ressemble plus au buffle qu'à l'urus ; on lui donne

---

[1] Ælian : Hist. an., IV, c. 19 ; VIII, c. 1, compar. Heeren, Ideen. I, p. 818. — [2] *Ayen Akberi*, I, 303. — [3] *Hund*, en all., dan., suéd., angl., signifie chien. La biche s'appelle *hind* en dan., *hindin* en allem.

[1] *Capra ammon.* v. Pennant, Hist. of quad. p. 44, H. — [2] Hunter : Philosoph. Transact. 1771. Asiat. Reg. 1790. Miscell. tracis., p. 285. Pennant : Hist. of quadrupeds, n° 32. — [3] Ælian : Hist. anim., XV, c. 14. — [4] Pennant : Hist. quadrup., t. tab. 3.

six pieds de haut et des cornes énormes ; il habite les monts Ghattes et les monts Himâlaya.

» Les éléphants peuplent les grandes forêts et les régions marécageuses. Dans les forêts des Ghauts on en trouve des troupes de 2 à 300. On fait grand cas des éléphants pris dans la province de Tipra et sur les bords du Brahmapoutre ; mais les plus dociles et les plus beaux, quoique d'une taille ordinaire, viennent de l'île de Ceylan. Ces colosses, jadis redoutables dans les combats, ne servent plus qu'à traîner les canons et les caissons, à faire agir de lourdes machines, ou à soutenir sur leurs larges dos la tente de pourpre où repose sur des coussins dorés un *nabab*, moins intelligent quelquefois que le noble animal qui le porte. On prend les éléphants dans de vastes enceintes fermées de gros pieux, et vers lesquelles on les chasse en les épouvantant par le son des tambours et par la lueur des flambeaux ; l'animal, attiré par des femelles apprivoisées dans une enceinte intérieure, dont les portes cachées se referment sur lui, ne trouve d'issue que par un long et étroit corridor également fermé de pieux, et où on l'arrête en faisant passer des bois de traverse. Il n'en sort que garrotté et sous la garde des éléphants apprivoisés, qui bientôt lui apprennent à obéir (¹). Le rhinocéros vit dans le Bengale, surtout dans les îles de l'embouchure du Gange, où on le voit fréquemment dans la société du tigre. Le premier de ces animaux trouve dans les herbes et les broussailles des marais la grossière nourriture qu'il aime ; l'autre y cherche au fond de l'eau fangeuse un asile contre les chaleurs du jour : c'est ainsi que les besoins rapprochent les monstres sans les unir.

« L'Inde fourmille de serpents ; on en trouve dans les forêts, dans les champs, dans les jardins, et même dans les appartements. On en distingue beaucoup d'espèces connues sous des noms portugais ou malabars. Les plus redoutables sont le *cobra manilla*, petit serpent bleu d'un pied de long ; le *rubdira mandali*, grand serpent dont la morsure fait sortir le sang des pores de la peau ; la *cobra de capello* (²), que l'on sait apprivoiser malgré ses morsures dangereuses. Un voyageur prétend sérieusement avoir vu des serpents à deux têtes ; c'étaient des amphisbènes qui ont la tête et la queue de grosseur égale, et auxquels les Portugais ont donné le nom trompeur de *cobra de duas cabeças* (¹). Le serpent royal ou *boa*, espèce dont Anquetil foula un individu long de quarante pieds, jouit dans plusieurs cantons d'une adoration divine. Celui qui habite près Samboulpour dans une grotte rendait encore des oracles il y a peu d'années (²). La mer même qui baigne l'Hindoustan est remplie de serpents hideux et dont la morsure est dangereuse. Une tribu particulière se livre au métier de conjureurs de serpents, et enseigne à ces animaux les tours les plus surprenants (³).

» Presque tous les fleuves et même les lacs et les marais de l'Hindoustan et du Dékhan nourrissent des crocodiles plus gros que ceux d'Egypte, avec lesquels ils offrent plusieurs différences. Une variété, de petite taille, est spécialement vénérée comme un animal consacré (⁴). Quelquefois, placés dans des fossés de places fortes, ils servent de moyens de défense. Les lézards sont très communs dans toutes les provinces ; sur les montagnes de Ghattes il y en a d'une grosseur prodigieuse. L'île de Bombay et quelques autres contrées fourmillent de grenouilles et de crapauds. Les tortues sont communes sur les côtes et dans les fleuves ; celles de la côte d'Orissa fournissent la meilleure écaille.

» Les poissons abondent tellement sur les côtes de Coromandel, de Malabar et dans d'autres contrées, qu'on en nourrit les animaux domestiques, tels que les porcs, les chiens et même les chevaux. Il y a peu d'espèces européennes qui ne se trouvent dans l'Inde : les plus communes sont le saumon, la sardine, l'anguille, la carpe et le thon. Le *mango* (⁵), joli poisson de mer, couleur d'orange, remonte le Gange. On voit jouer à la surface des flots les troupes brillantes de poissons dorés, tandis que, prenant un élan à travers les airs, le poisson volant cherche en vain à échapper aux ennemis qui le poursui-

---

(¹) *Voyez* la planche dans *Valentyn*, oud and nieuw Ostindien, VIII, Beschryving van Ceylon, p. 47. Asiat. Researches, III, 229. — (²) *Coluber naja*, L.

(¹) *Paulin de Saint-Bartholomé* : Voyage, p. 180 (en ital.), comp. *Obsonville*, Essais philosophiques, p. 13-14. — (²) *Bloue*, dans *Asiat. Miscell.*, II, n° 1. — (³) *Nouveaux rapports des missionn. de Halle*, cah. 43, p. 648-656. — (4) *Pennant* : View, II, 207. — (⁵) *Polynemus paradiseus*, L.

vent dans l'un et l'autre élément. Les *torpèdos* et les *gymnotes* électriques frappent le baigneur imprudent.

» Les insectes brillent, dans ce climat chaud, d'un éclat inconnu aux zones tempérées; mais ils causent aussi beaucoup de dommages. Nous nommerons les sauterelles, qui tombent quelquefois en nuées sur les campagnes pour les ravager; les abeilles, presque toutes sauvages, mais qui fournissent un miel très aromatique; les fourmis noires et blanches, un des fléaux des gens de la campagne; les araignées grandes et petites; les scorpions, les écrevisses. Qui pourrait énumérer les papillons de toutes les couleurs, les vers à soie, toutes les espèces de coquillages, les coraux, les polypes?

» Nous devons faire remarquer que le ver à soie ordinaire (*phalæna mori*) n'est pas le seul insecte qui fournisse un tissu précieux à l'habitant de l'Inde et de l'ancienne Sérique; les deux espèces *phalæna-atlas* et *ricini* ([1]) donnent diverses espèces de soie qui ont dû être comprises sous le *bombyx* des anciens. La pêche des *cauris* et celle des perles seront décrites chacune à sa place.

» Terminons par les oiseaux. C'est dans le nord de l'Inde qu'on trouve les plus beaux aigles, vautours et faucons. Ces oiseaux sont descendus des mêmes montagnes d'où l'Hindoustan a vu arriver tant de barbares conquérants. Les vautours-griffons et les vautours à barbe sont communs dans la Sibérie. Les princes mongols entretiennent une immense fauconnerie ([2]). Le Dékhan renferme plus de 50 espèces de perroquets. Cet oiseau, sacré aux yeux des Brahmanes, était déjà un objet de recherche pour les Grecs et les Romains, qui ont emprunté du persan les noms qu'ils lui donnent ([1]). Les corbeaux et les corneilles sont pour les Hindous le symbole de l'esprit humain séparé du corps, et obtiennent souvent de la charité superstitieuse une nourriture abondante. Les âmes des Brahmanes sont censées habiter les corps de l'*ardea gigas*. Les hiboux se réunissent par milliers sur la côte de Malabar.

» L'Inde est la patrie du paon; des troupes énormes des paons sauvages habitent les forêts de l'Hindoustan et du Dékhan; mais le coq-d'Inde est, selon l'opinion la plus accréditée, originaire d'Amérique. Cependant il porte en allemand le nom de *coq de Calicut*, et la question nous paraît mériter un nouvel examen ([2]). Du reste, on retrouve dans ce pays presque tous les oiseaux de nos climats: parmi ceux qui lui sont particuliers, on distingue le *mango*, qui se nourrit du fruit de ce nom; le petit oiseau de paradis, assez commun dans les monts Ghattes et dans le Malabar; l'ibis blanc, dont les plumes fournissent une parure aux Indiennes; l'ibis à tête noire, ou le butor; et l'oiseau bleu, le *porphyrio* des anciens, qu'on appelle en malabar *pidaramkoli*. Dans toutes les forêts on voit flotter au souffle du vent des nids en forme de bouteille, suspendus à un fil léger; c'est le fruit du travail ingénieux de la *loxia philippina*, habitante de cette demeure aérienne.

» Mais arrêtons-nous; car cette esquisse de l'Inde, tout incomplète qu'elle est, offre déjà beaucoup plus de notions qu'aucun autre Traité de Géographie français; et notre zèle, qui aurait pu encore la perfectionner, se trouve circonscrit par les bornes de notre Ouvrage. »

([1]) *Shaw*: Naturalist's miscell., tab. 2. *W. Jones*: Lettre à Anderson. — ([2]) *Ayen Akberi*, I, 306.

([1]) *Tedak* ou *Tidak*, d'où *Psittacus*: *Bidak*, d'où βίτταχος, chez Ctésias. — ([2]) *Beckmann*: Litteratur der Reisen, I, p. 20-417-587.

LIVRE CENT QUARANTE-SIXIÈME.

Suite de la Description de l'Asie.—Description topographique spéciale de l'Afghanistan oriental, comprenant le Bédestan, le Lahor, le Pendjab, le Kouhistan, le Kachemir, l'Afghanistan, le Moultan et le Sindhy.

Après avoir étudié la géographie générale de l'Inde, nous allons en parcourir la région occidentale, c'est-à-dire celle qui s'étend sur les bords de l'Indus, depuis les monts Himâlaya jusqu'aux bouches de ce fleuve, et dont une partie est séparée de l'Hindoustan anglais par des déserts.

Cette région est celle que nous nommons *Afghanistan oriental*, par opposition à la partie de l'Afghanistan que nous avons précédemment décrite (¹). Elle est occupée en partie par des peuples qui ont la même origine, et qui, connus sous le nom d'*Afghans*, occupent des pays situés sur les deux rives de l'Indus ou du Sind.

La partie du bassin de l'Indus supérieur située au nord de la chaîne de l'Himâlaya comprend un pays appelé *Bédestan* par le peuple qui l'habite, et *Iskardoh* par les voyageurs qui l'ont visité. Ce pays peu connu est montagneux, et se compose de plusieurs vallées plus ou moins étendues. Il est borné à l'est par le Ladakh, à l'ouest par le Ghilghit, au nord par la Petite Boukharie et au sud par le Kachemir. On estime sa longueur à onze journées de marche et sa largeur à neuf journées; d'après nos calculs il est long d'environ 65 lieues et large de 40, et sa superficie est de 2,000 lieues géographiques carrées. Il est situé vers le point où le Belour-tagh et le Mous-tagh convergent et séparent les hautes montagnes du Tibet des plaines et des vallées du Turkestan chinois.

Suivant une tradition répandue et accréditée dans ce pays, Alexandre-le-Grand y vint pour entreprendre une expédition contre la Scythie ou le Khatay, c'est-à-dire l'empire chinois d'aujourd'hui; mais les neiges ayant rendu impraticables les montagnes, le héros macédonien fut obligé de s'arrêter, jusqu'à ce qu'on eût tracé une route pour son passage. Il laissa ensuite derrière lui tout son bagage superflu, ainsi que les malades, les vieillards et les infirmes de son armée, dans un fort qu'il

(¹) Livre CXXXI, t. IV, p. 591.

avait fait construire, et s'avança sur le Khatay. Autour de ce fort les soldats macédoniens bâtirent une ville qu'ils nommèrent Alexandria, et que les gens du pays appelèrent Iskandardia. Cette ville est aujourd'hui, disent-ils, Iskardoh.

On n'a que des renseignements incertains sur la population de ce pays; mais tout porte à croire qu'elle ne s'élève pas à plus de 250,000 individus. Les habitants sont en général connus sous le nom de *Balti*. Ils passent pour être d'un caractère phlegmatique comme la plupart des peuples qui habitent les montagnes du Tibet; ils sont robustes et bien faits; ils ont le teint basané, de beaux traits, peu de barbe, et en général peu de poils sur le corps. Mais on dit aussi qu'ils sont perfides, rusés, et peu persévérants dans leurs entreprises. L'une de leurs tribus est obligée par ses lois religieuses aux quatre devoirs suivants : détruire les enfants du sexe féminin; ne pas abandonner leur parti au jour du combat; ne jamais mentir; ne calomnier personne. Ils se nourrissent principalement d'orge, de froment et de viande; le riz est peu en usage chez eux; mais tous ceux qui sont riches boivent du thé, bien qu'il soit d'un prix très élevé.

Les habitants du Bédestan sont vêtus à peu près comme leurs voisins du Ladakh. Les riches portent une sorte de robe courte appelée *kabah*; les paysans ont une robe appelée *djamah* fort usitée dans l'Inde, et ressemblant à la veste des danseuses de l'Hindoustan : elle est faite en tissu de poils de chèvre. Leurs bonnets sont de la même étoffe.

Les maisons de ce pays sont construites en assises de pierre et de bois; elles ont deux ou trois étages; le toit en est plat, et forme une grande saillie comme toutes les habitations du revers méridional de l'Himâlaya.

La religion de la majorité est l'islamisme de la secte des Chiites; mais dans l'extrémité occidentale du pays les habitants semblent n'avoir pas un système bien défini de religion : les uns sont idolâtres ou adorent les arbres, les fontaines, etc.; tandis que d'autres, comme les Hindous, s'abstiennent de la chair de la vache et cependant prétendent être musulmans.

Le gouvernement du Bédestan est absolu. Le souverain, qui prétend descendre du prophète Joseph, appartient à une dynastie qui est en possession du pouvoir depuis quatorze générations sans interruption. Son titre est *Ergh mayoa*, c'est-à-dire *Seigneur des montagnes*; mais ses sujets le qualifient de *golpo* (roi), et appellent *dja* les chefs qui lui sont soumis. Il réside ordinairement dans le fort d'Iskardoh. Bien qu'il soit exposé aux attaques des Seïkhs, il n'a pas de troupes permanentes. Lorsque les circonstances exigent la réunion d'une armée, il convoque les paysans et en forme une milice, à laquelle il fournit les armes et les munitions nécessaires. Dès que leurs services deviennent inutiles leurs armes leur sont retirées et on les congédie. Les revenus publics sont perçus en nature [1].

Les peuples les plus puissants du bassin de l'Indus supérieur sont les *Seïkhs* ou *Sikhs*, qui se divisaient autrefois en plusieurs petites nations confédérées, organisation politique dont il ne reste plus que de faibles traces. La plupart sont réunis, ainsi que les Afghans, sous un prince qui, d'abord chef du petit Etat de Lahor, fonda en 1803 un royaume qui s'est agrandi aux dépens de celui de Kaboul, et qui a rendu tributaires les autres princes afghans ou seïkhs.

« Cette fameuse nation des Seïkhs mérite quelque attention [2]. Le mot *seïkh* signifie *disciple*; il appartient à une secte religieuse fondée par Nanek, hindou de la caste des Tchatrias ou guerriers. Elle observe les lois religieuses et politiques que celui-ci a laissées dans un livre intitulé *Grunth*. Elle rejette le culte de Brahma, Vichnou et Chiva, les trois principales divinités des Hindous, ainsi que l'adoration des figures et images, et n'admet qu'un Etre suprême, auquel elle adresse directement ses prières. Les Seïkhs ont un temple et un collège à Patna [1]. Il est défendu aux femmes de se brûler après la mort de leurs maris; cependant il y a encore des femmes qui, en dépit de cette loi, se donnent la mort lorsqu'elles deviennent veuves. Nanek, pour distinguer ses sectateurs des autres Indiens, leur a défendu aussi l'usage du tabac, et il leur a prescrit de laisser croître leur barbe et leurs cheveux. Ils portent un pantalon bleu, un manteau de diverses couleurs et un mauvais turban : leurs chefs ont les poignets ornés de bracelets d'or, et leurs turbans entourés de chaînes du même métal. Sobres dans leur nourriture, ils aiment les liqueurs spiritueuses; guerriers par profession et par goût, ils cultivent cependant la terre, entretiennent de grands troupeaux, et ont même des manufactures. Ils fabriquent de bon drap et des armes à feu très estimées dans l'Inde [2]. Ils ont en aversion le mahométisme, et font éprouver des humiliations aux musulmans établis dans leurs Etats. Ils mangent la chair de porc, réputée impure chez les mahométans, et s'abstiennent des plaisirs sensuels, auxquels ceux-ci sont fort adonnés. Leur principale force militaire consiste en cavalerie; ils sont armés de mousquets à mèche et de sabres, pour lesquels ils ont presque une vénération religieuse. Voici le portait que trace d'eux Polier, cité par Langlès [3] :

« Accoutumés dès leur enfance à une vie » laborieuse et frugale, les Seïkhs font des » marches et supportent des fatigues vraiment » surprenantes. Dans leurs excursions, ils ne » portent ni tentes ni bagages, tout au plus » une petite tente pour le principal officier. Ils » se mettent à l'abri du mauvais temps sous » des couvertures qui leur servent à couvrir » les selles dans les marches. Ils ont communément deux et même trois chevaux chacun; » ces animaux, de moyenne taille, vigoureux, » ardents, et cependant fort doux, leur sont » fournis par les provinces de Moultan et de » Lahor. » Ils témoignent de la joie à la mort d'un de leurs compagnons, mais ils pleurent sincèrement la perte d'un cheval. »

» Les Seïkhs sont grands et robustes; leurs

---

[1] Détails fournis par Tcharagh-Ali, agent du Golpo d'Iskardoh, à M. Wade, agent anglais, qui les a communiqués à la Société asiatique du Bengale en 1835. — [2] Comparez *Craufurd Sketches*, etc., II, p. 265. *Forster* : Voyage, II, p. 387. Recherches asiatiques, I, p. 312.

[1] Recherches asiatiques, I, p. 313. — [2] *Franklin* : History of Shah Aulum, p. 75.— [3] *Forster* : Voyage, II, p. 75.

femmes sont moins belles; non pas que leurs traits manquent de régularité, mais parce qu'ils sont trop forts, trop prononcés. Elles portent les cheveux attachés sur le haut du front, et tellement tirés avec la peau du visage, que leurs sourcils, par ce moyen, s'éloignent de leurs yeux, et que leur physionomie prend un aspect tout-à-fait singulier. Elles ne sont pas, dit Burnes, aussi strictement renfermées que les musulmanes, parce que, pour le mariage comme pour la religion, les Seïkhs diffèrent complétement des sectateurs du prophète arabe.

On fiance les enfants dès la première jeunesse; les contrats sont débattus par les pères ou les proches parents, qui le plus souvent sont influencés par des considérations particulières ou des motifs honteux, bien plus que par le bonheur des enfants. Dans les familles des classes inférieures, la coutume autorise un frère à épouser la veuve de son frère. Les enfants issus de cette union sont légitimes et habiles à hériter des biens mobiliers ou immobiliers. La veuve peut opter entre le frère aîné et le plus jeune frère; cette dernière alliance est généralement préférée et regardée comme plus convenable.

Dans les différentes provinces du royaume de Lahor, l'administration de la justice civile et criminelle est départie à un serdar, ou chef. Les crimes contre les personnes peuvent, comme au moyen âge, s'expier à prix d'argent. La peine capitale n'est presque jamais infligée. Les criminels incorrigibles sont punis de la perte d'une main, du nez ou des oreilles; mais ces mutilations sont rares, car lorsque le coupable a le moyen de payer ou de fournir une caution, il peut s'acquitter des plus grands crimes. Celui qui gagne son procès paye au serdar un *shoukarana*, ou présent de reconnaissance, et celui qui est condamné acquitte un *djarimana*, ou droit de pénalité (¹).

» Les Seïkhs ont eu autrefois des chefs suprêmes qui avaient à la fois le pouvoir civil et ecclésiastique. Ils formèrent long-temps une sorte de grande république; ils ont encore, à la vérité, des chefs, mais ce ne sont que des officiers. Si les Seïkhs étaient tous unis, leur puissance serait formidable; en effet, à la fin du dernier siècle, l'état de leurs forces militaires était de 248,000 hommes(¹). L'histoire des Seïkhs ressemble à celle de presque toutes les sectes religieuses; ils ne devinrent puissants que lorsque les empereurs mongols et les princes afghans les persécutèrent avec le plus grand acharnement. La chute de l'empire mongol affermit leur pouvoir; depuis cette époque, ils étendirent de plus en plus leurs États, et aujourd'hui, grâce au génie d'un chef habile, le Maha-radjah Randjit-Singh, ils ont fondé, sous le nom de royaume de Lahor, un État puissant et respecté.

» Nous allons continuer notre course à partir des monts Himâlaya.

Le fils de Randjit-singh, chef du Lahor et le plus puissant prince de l'ancienne confédération des Seïkhs, est le souverain des États que nous allons décrire; il possède une armée aguerrie et marchant comme une armée européenne, grâce à la direction que lui ont donnée MM. Allard, Court et Venture, trois officiers français de l'armée impériale. Son royaume, dont Lahor est la capitale, se compose du Kachemir, du Moultan, du Pendjab ou bas Lahor, du Kouhestan et des provinces qui forment l'Afghanistan oriental proprement dit. Ainsi constitué, ce royaume est borné au *nord* par celui de Kaboul et le Petit-Tibet, dans l'empire chinois; au *sud* par la principauté de Sindhy et les possessions médiates de la compagnie anglaise des Indes; à l'*est* par ces mêmes possessions et l'empire chinois; à l'*ouest* par le royaume de Kaboul et le Béloutchistan.

Il est arrosé par l'*Indus*, qui reçoit à droite le *Kameh* ou *Kaboul*, et à gauche le Pendjab formé par cinq rivières.

» Entre les montagnes au sud du Tibet occidental ou du Ladakh, s'étend une vallée d'une forme elliptique (²); les indigènes prétendent qu'elle a été anciennement le fond d'un lac, dont les eaux se seraient écoulées, ou, selon Bernier, auraient été englouties par un abyme à la suite d'un tremblement de terre. Resserrée par de hautes montagnes, cette magnifique vallée est à l'abri des débordements dans la saison pluvieuse, des chaleurs étouffantes du Lahor, des vents glacés du Tibet; c'est le *Kachemir*, regardé jadis comme

---

(¹) Mœurs, lois et coutumes des Seïkhs, par le capitaine W. Murray.

(¹) *Franklin*: History of Shah Aulum, p. 75.
(²) *Forster*, I, p. 298.

le paradis de l'Inde. On n'y arrive que par trois passages à travers les montagnes, encore sont-ils dangereux et presque impraticables pour les bêtes de charge. »

Les montagnes qui entourent cette vallée présentent des formes hardies. Partout où leur surface est escarpée, des plaques et des tas de neige, dans des cavités, contrastant avec la teinte noire de la masse des montagnes, marquent la limite des neiges perpétuelles. On ne voit pas de pic remarquable s'élancer au-dessus de la ligne d'un niveau général, et des voyageurs assurent qu'aucun point de la chaîne n'indique une élévation supérieure à celle de 5,000 mètres au-dessus du niveau de l'Océan.

Un grand nombre de passages conduisent dans cette vallée. Les plus fréquentés sont ceux qui coupent les montagnes du côté du nord-ouest, où le Djalem paraît s'être ouvert une issue et avoir usé les parois de la barrière, à un degré modéré de hauteur; mais aucune des routes ne remonte le long de cette rivière dans la vallée. L'hiver n'interrompt pas les communications, et, après les chutes les plus abondantes de neige, on peut traverser la plupart des cols; d'où l'on peut inférer que la hauteur de ces défilés n'excède pas 3,000 mètres, et que le pic Pendjal, qui est le plus élevé, n'est qu'à 4,000 mètres. On peut évaluer la hauteur du sol de la vallée à environ 2,000 mètres.

On sait que la tradition attribue la naissance de la vallée de Kachemir au dessèchement d'un lac formé par le Djalem; et, selon les probabilités, l'époque de cet événement ne peut avoir précédé de beaucoup l'expédition d'Alexandre dans l'Inde. Ce fait expliquerait pourquoi le conquérant macédonien ne s'est pas dirigé vers Kachemir; cette ville, en effet, si elle existait déjà, ne devait encore jouir d'aucune célébrité.

L'aspect du sol de la vallée s'accorde avec la tradition sur son origine alluviale; le géologiste y reconnaît les couches apportées lentement par les ruisseaux qui avaient balayé la surface des roches, et ces dépôts, accumulés pendant des siècles, peuvent seuls expliquer l'uniformité du sol et sa fertilité célèbres depuis long-temps.

Suivant les historiens hindous, le lac qui occupait la vallée de Kachemir se nommait *Sati-Saras*, ou lac de la femme vertueuse [1]. Ce fut un saint personnage nommé *Kas'yapa*, fils de *Marichi*, fils de Brâhma, qui fit écouler les eaux qui couvraient la vallée [2]. Cependant la ville de Kachemir est encore environnée d'un grand nombre de petits lacs séparés entre eux, et de la rivière de Vedousta par des îlots et des digues étroites [3].

« Rien n'égale la surprise délicieuse que le voyageur éprouve en entrant dans cette vallée, surtout lorsqu'il vient de quitter, comme Bernier, le climat le plus brûlant de l'Inde. L'abondance et la vigueur des végétaux, la variété des sites, la douceur de l'air, l'aspect riant des maisons disséminées dans la campagne, tout y flatte les yeux, tout y séduit le cœur. Les plaines sont couvertes de rizières, de potagers, de belles prairies, de vergers et de parterres de fleurs; sur le penchant des collines, on voit des champs de blé, de plantes aromatiques, de roses et de safran, des vignes, des forêts de chênes et de hêtres, à travers lesquelles passent des sources et des rivières qui descendent dans la plaine, l'arrosent et y forment des lacs charmants [4]. Les montagnes renferment de bon fer [5].

« Les habitants du Kachemir, opprimés tantôt par les Afghans, tantôt par les Seïkhs, leurs maîtres, n'ont pas encore perdu le goût des plaisirs, de la mollesse et du luxe qui les caractérise. Bien faits, ils se défigurent par un ample vêtement de laine qui ressemble à un sac. Bernier leur trouva tant de ressemblance avec les Juifs, qu'il entreprit sérieusement de prouver qu'ils descendaient de quelques tribus juives dispersées en Asie après la captivité de Babylone [6].

« Ils sont très industrieux et soutiennent encore la réputation qu'ils ont acquise dans la fabrication des châles; c'est avec ces tissus qu'ils paient une partie de leur tribut. Des indigènes ont assuré à Forster que, de 40,000 fabriques qui florissaient dans le Kachemir du temps du gouvernement mongol, il n'en reste plus que 16,000. Les châles les plus fins et les plus chers se fabriquent avec le

---

[1] En sanskrit, *sati* signifie femme vertueuse, et *saras*, lac. — [2] *H. Wilson*: Histoire du Kachemir, traduite de l'original sanskrit. — [3] *W. Moorcroft*: Notes manuscrites. — [4] *Bernier*: Voyage de Kachemir. — [5] *Forster*, 1, p. 298. — [6] Voyage de Bernier, t. II, p. 316.

poil du chameau à une bosse; les autres se font avec la laine soyeuse de la chèvre kachemirienne. Forster prétend que la laine dont on fait les châles de Kachemir n'est point une production indigène, mais qu'on l'apporte des différents cantons du Tibet (¹). Selon M. Legoux de Flaix, il est vrai que la laine du Tibet est employée dans les manufactures de Kachemir; mais la belle toison des brebis indigènes y entre toujours comme matière première (²). »

Nous savons aujourd'hui que c'est réellement avec le duvet de chèvre seul que se fabriquent les plus beaux châles, puisque les fabricants français arrivent au même degré de perfection dans ce genre d'industrie en tissant le même duvet.

La fabrication des châles emploie dans la vallée de Kachemir 50,000 individus; on porte le nombre des métiers à 15 ou 16,000. Un seul châle peut occuper tout un atelier pendant une année, si le tissu est d'une grande finesse; tandis que dans beaucoup d'autres ateliers on en fabrique six ou huit dans le même espace de temps. Chaque atelier se compose ordinairement de trente ouvriers; et lorsque le châle est d'une qualité supérieure, on n'en tisse pas plus d'un quart de pouce par jour. Toute la famille est employée à cette fabrication: les femmes et les enfants séparent le duvet de chèvre par qualité, et en retirent toutes les matières hétérogènes; les jeunes filles le cardent avec leurs doigts sur de la mousseline, et le remettent ensuite au teinturier. Le métier à tisser est horizontal et très simple; le tisserand est sur un banc, tandis qu'un enfant, placé plus bas, a les yeux fixés sur les dessins, et l'avertit des couleurs qui manquent et des bobines qu'il faut employer. Les meilleurs ouvriers gagnent quatre ou cinq sous par jour, et les ouvriers ordinaires deux ou trois sous. En calculant que chaque métier fournisse quatre a cinq châles par an, le nombre des châles fabriqués sera de 60 à 80,000.

Les Kachemiriens fabriquent aussi de très beau papier, de l'essence de rose et du vin qui est à peu près de la qualité du Madère (³). Ils portent surtout au plus haut point de perfection l'éducation des abeilles; chaque habitant construit une ruche dans le mur extérieur de sa maison. Cette ruche ne consiste qu'en un tuyau cylindrique, de 14 pouces de diamètre, bouché dans la partie la plus rapprochée de l'intérieur de l'habitation, par une brique ronde que l'on ôte à volonté pour recueillir le miel et la cire.

« Si l'on en croit Forster, la dépravation des mœurs est poussée au plus haut degré chez les Kachemiriens. J'atteste, dit ce voyageur, n'avoir jamais connu un corps de nation aussi dépravé, aussi profondément imprégné de vices (¹). La population du Kachemir parait être considérable, et les femmes de ce pays passent pour être très fécondes. »

Le savant anglais W. Moorcroft attribue au petit nombre de bras qui, proportionnellement à la population, se livre aux travaux champêtres, et aux facilités que présente la navigation intérieure, l'état peu florissant de l'agriculture dans cette délicieuse vallée. C'est ce qui explique aussi la diminution et la détérioration de l'espèce chevaline, et la nécessité où se trouvent les classes inférieures de partager avec les quadrupèdes le transport des fardeaux.

Suivant Victor Jacquemont, les femmes du peuple sont ici d'une laideur repoussante; et toutes les petites filles qui promettent de devenir jolies, sont vendues dès l'âge de huit ans pour l'Inde et le Pendjab (²).

« Si l'on en croit les auteurs indiens, le Kachemir renferme 100,000 bourgs et villages; mais il n'a qu'une seule ville, c'est celle de Kachemir, ou *Sirinagor*, mot sanskrit qui signifie *habitation du bonheur* ou *de la bénédiction*, et qui s'applique à plusieurs villes situées auprès des lieux sacrés (³). La capitale du Kachemir est située, ainsi que nous l'avons dit, dans une plaine, aux bords d'un lac dans lequel il y a beaucoup d'îles, entre autres une qui porte un château royal avec un beau jardin; le château est en briques, et revêtu d'une espèce de stuc blanc et poli (⁴), mais il tombe en ruines. Les empereurs mongols y passaient l'été. A quelque distance de Sirinagor, un phénomène attire tous les ans un grand nombre de curieux: c'est une fontaine qui jette constamment un

---

(¹) *Forster*, I, p. 298. — (²) *Legoux de Flaix*, II, p. 315. — (³) *Forster*, I, p. 300.

(¹) *Forster*, I, p. 310-311. — (²) *V. Jacquemont*, Correspondance, t. II. — (³) *Wahl*, II, p. 511. — (⁴) *Legoux de Flaix*, II, p. 167.

filet d'eau limpide de trois ou quatre pieds de haut ; mais pendant le mois de mai ce filet se change en écume bouillante : effet que M. Legoux de Flaix attribue avec raison à la grande fonte des neiges sur les montagnes de Kachemir (). »

L'un des derniers voyageurs qui ont visité Kachemir [2] nous apprend que, sur la route qui conduit à cette ville, jadis si florissante et si célèbre, on ne voit que de chétives cabanes à moitié ruinées, on ne rencontre que des mendiants. Le Djalem coule au milieu de la ville, et la divise en deux grands quartiers, l'un oriental et l'autre occidental, qui communiquent ensemble par sept ponts. On va aussi d'une rue à l'autre au moyen de barques légères qui se succèdent en grand nombre. Ce qui surprend l'étranger, n'est pas seulement de ne voir à Kachemir que des rues étroites et sales, et de n'y apercevoir aucun édifice de quelque apparence ; ce qui l'étonne encore davantage, c'est de n'y trouver ni ces grands magasins de châles que l'on s'attend à y admirer, ni même les ateliers où on les fabrique, et dont il est parlé plus haut : chaque ouvrier tisse le sien, et d'ailleurs cette fabrication est répandue dans toute la vallée. Kachemir renferme 52 grandes rues, ou du moins qui méritent cette qualification en les comparant aux autres. Elle pourrait contenir 250,000 habitants ; en 1809 on en comptait 150,000, nombre que les troubles qui, depuis ce temps, ont désolé la partie occidentale de l'Inde, ont considérablement diminué ; en moins de trois mois 50,000 individus ont abandonné leurs foyers. Il est probable qu'avant peu il n'y restera pas 20,000 habitants.

Islam-abad, autre ville de la province de Kachemir, rivalise avec la capitale pour la fabrication des châles ; *Mond-zaffer-abad* est la résidence d'un prince afghan ; *Pamper*, sur la rive droite du Djalem, à 18 lieues au sud-est de Kachemir, est une petite ville qui ne s'enrichit aussi que du produit de ses tissus.

La partie de Lahor que l'on nomme *Kouhestan*, c'est-à-dire *Pays montagneux*, comprend les vallées qui descendent de l'Himâlaya, et qui sont situées à l'est du Djalem ou Beyah, l'*Hydaspe* des anciens et l'un des principaux affluent de l'Indus. Ce pays était partagé en plusieurs petites principautés tributaires des Seïkhs avant qu'elles ne fissent partie du royaume de Lahor. Les chefs-lieux de ces principautés sont encore les principaux lieux habités du Kouhestan. *Kichtevar* ou *Kichteouar* est une petite ville à environ 17 lieues au sud-est de Kachemir, et située sur la rive droite du Tchenab au pied de l'Himâlaya, dans une région montagneuse et boisée, très froide, peu fertile et peu peuplée. *Djemmon* est une autre petite ville plus méridionale placée aussi dans le bassin du *Tchenab*. *Koumla* passe pour être une forteresse importante. *Radjour* est défendue aussi par un fort et des murailles. *Nadone*, autrefois forteresse importante, n'a que 500 maisons ; elle est située sur la rive gauche du Beyah. Son territoire est fertile en riz, en maïs et en cannes à sucre, et l'on y élève beaucoup de bestiaux. Dans les montagnes il existe plusieurs mines de fer et d'autres métaux.

« *Kangrah*, ville ancienne, appelée aussi *Nagrakot*, ou *Nagorkott*, située au milieu des montagnes, sur la rive gauche du Ravy, est défendue par une forteresse que l'on nommait jadis *Bhyme* ou *Bhymnagor*, et que l'on appelle aujourd'hui *Kott-Kangrah*. Elle renferme 2,000 maisons ; on y voit un magnifique temple hindou, visité tous les ans, aux mois de septembre et d'octobre, par un grand nombre de pèlerins de toutes les provinces de l'Inde. A deux journées de là s'élève un autre temple encore plus fréquenté : c'est celui de *Dchouva-lamolchi* ou *Jullamouki* ; il renferme un souterrain d'où sortent des flammes ; les dévots y jettent du bois de sandal, du riz, des amandes et autres objets qu'ils laissent se consumer pour en retirer ensuite les cendres, estimées comme des reliques. »

« Le *Pendjab*, ou pays des cinq rivières, tire ce nom des cinq sources ou branches secondaires de l'Indus qui le traversent. Ce pays, situé au sud du Kouhestan, est une des provinces les plus belles et les mieux cultivées de l'Inde ; elle abonde surtout en fruits de toute espèce. Sur les bords de l'Indus on trouve beaucoup de sel gemme, qui forme une branche de commerce.

Le Djalem ou Beyah, ce cours d'eau sur lequel navigua la flotte d'Alexandre, se joint vers le centre du Pendjab au Tchenab l'*Acé-*

---

[1] *Legoux de Flaix*, ibid., p. 171. — [2] M. *Wolff*, en 1833.

sines des anciens. Ses rives sont escarpées et hautes de 8 à 10 pieds ; ses eaux coulent avec une grande rapidité. Dans quelques endroits il a plus de 600 pieds de largeur. Le terme moyen de sa vitesse est de trois milles ou d'un peu plus d'une lieue à l'heure.

» La capitale du Pendjab est *Lahor*, ville très ancienne, sur la rivière de Ravy, l'antique *Hydraotes*, et sur la grande route bordée de platanes qui conduit de Delhi à la Perse et à Samarkand. Elle a perdu une grande partie de son ancienne splendeur ; cependant elle renferme de beaux édifices et des jardins magnifiques. Ses faubourgs sont pour la plupart ruinés. Sur la rive orientale du Ravy s'élève le château bâti en briques, où résidaient anciennement les souverains du Mogol. Ce palais, un des plus beaux et des plus sompteux que l'on connaisse, est renfermé dans la citadelle de la ville. Il est de granit rouge, et a été construit par Ferokchir (¹). Vu de l'autre côté de la rivière, avec ses jardins élevés sur le toit, ce monument offre un aspect vraiment enchanteur; on le prendrait pour le palais de Sémiramis ou pour l'un de ceux des Fées, décrits dans les Contes arabes. Ce toit en terrasse est orné, d'un bout à l'aûtre, d'un parterre planté de mille espèces des plus belles fleurs que produit ce pays, où règne un printemps éternel. L'intérieur de ce magnifique édifice était autrefois orné d'or, de lapis-lazuli, de porphyre et de beau granit rouge. On y admirait surtout la salle du trône et la galerie, dont le plafond et les murs étaient couverts de glaces de cristal de roche, et le long de laquelle régnait une treille en or massif, avec des grappes en perles et pierres précieuses, plus brillantes les unes que les autres. Dans la salle du bain on voyait une baignoire de la forme d'une nacelle, en agate orientale et ornée de lames d'or ; on la remplissait de huit muids d'eau de rose. »

Cette ville, long-temps abandonnée, a repris une partie de sa splendeur depuis que Randjit-singh et Kara-singh, son successeur, en ont fait le siége de leurs États. La population est évaluée approximativement à 80,000 ou 100,000 âmes. Elle ne pourrait soutenir un siége régulier, quoiqu'elle soit assez forte pour résister à une armée orientale. Elle est défendue par une muraille en briques dont la circonférence est d'à peu près une lieue et par un fossé que l'on peut remplir avec les eaux du Ravy. On y entre par dix portes, chacune munie d'un ouvrage extérieur demi-circulaire.

L'origine de Lahor remonte à une époque très reculée; on sait que cette ville existait du temps d'Alexandre, et que son territoire faisait partie de l'empire de Porus. Devenue, au commencement du seizième siècle, la résidence des princes mongols, elle dut aux empereurs de cette dynastie ses plus beaux ornements. Elle avait à cette époque 5 milles anglais de longueur sur 3 de largeur moyenne. « On peut suivre partout, dit Burnes (¹), ces » dimensions par la vue des ruines. Les mos- » quées et les tombeaux, plus solidement bâ- » tis que les maisons, restent au milieu des » champs cultivés, comme des caravansérails » dans la campagne. La cité moderne occupe » l'angle occidental de l'ancienne, et est » ceinte d'une forte muraille. Les maisons » sont très hautes ; les rues étroites, sales et » puantes, à cause d'un égout qui passe au » milieu. » La vaste mosquée royale bâtie par Aurengzeb élève encore dans les airs ses quatre minarets, mais le corps du bâtiment a été converti en un magasin à poudre. L'objet le plus digne d'intérêt dans cette ville est le jardin du Chah-Djihân; on le nomme *Chalimar* (maison de joie). C'est, dit encore Burnes, un reste magnifique de la grandeur mongole : il a près d'un demi-mille de longueur, et offre trois terrasses qui s'élèvent l'une au-dessus de l'autre. Un canal, qui est dérivé d'une distance considérable, traverse ce beau jardin, et alimente 450 jets d'eau qui rafraîchissent l'atmosphère. Le lit de marbre des empereurs mongols subsiste encore.

En dehors de la ville on voit le *Chah-dara*, magnifique mausolée de *Djihân-hir*, occupant un carré de 66 pieds de côté et ceint d'une muraille de 6,600 pieds. Dans cette construction, le marbre et le grès rouge s'unissent avec une agréable symétrie ; de belles mosaïques ornent les murailles et garnissent le plancher. Au sud de celui-ci s'offre le tom-

---

(¹) *Legoux de Flaix* : Essais, 1, p. 147.

(¹) *Al. Burnes* : Voyages à l'embouchure de l'Indus, à Lahor, Caboul, Balkh, etc., pendant les années 1831, 1832 et 1833, trad. par M. Eyriès, t. I, p. 153 et suiv.

beau de *Nour-Djihan-Begoum*, aussi fort beau, quoique moins grand.

Après avoir traversé le *Mandja*, pays très bien cultivé, et le *Nahr* ou grand canal, qui fut dérivé du Ravy par un des empereurs mongols, et qui, peu profond et large de 8 pieds, court sur une longueur de 9 lieues parallèlement à la route de Lahor, on voit à 10 lieues à l'est de cette ville s'élever l'antique *Tchak*, qui plus tard reçut le nom de *Ramdaspour*, et qui aujourd'hui a pris celui d'*Amretsyr*, de l'*amretsyr* (bassin du breuvage de l'immortalité), étang construit en briques, au milieu duquel s'élève le temple dédié à Gourou-Govind-singh, et desservi par près de 600 *akalies* ou prêtres guerriers. C'est sous un dais de soie, au milieu de ce temple, que l'on garde le livre des lois, écrit de la main du réformateur Nanek. Les pèlerins s'y rendent en foule pour y faire leurs dévotions. Cette ville, chef-lieu de la ci-devant confédération, est la cité sainte des Seïkhs, c'est-à-dire le siége principal de la religion de Nanek [1]. Le temple national est un joli édifice dont la toiture dorée se réfléchit sur les eaux du lac qui l'entoure. Elle est peu régulière, en général, quoique les maisons soient assez belles; mais elle est plus grande que Lahor. Elle sert depuis long-temps d'entrepôt principal au sel gemme de Miâni, ainsi qu'aux châles, au safran et autres produits de l'Hindoustan. Chaque négociant a devant sa porte de gros blocs de sel réservés pour que les vaches sacrées que l'on nourrit dans la ville puissent venir les lécher. Les voyageurs s'accordent à assigner à Amretsyr une population plus considérable que celle de Lahor: elle doit donc avoir plus de 100,000 habitants. Ses fortifications en pierre ont une grande épaisseur et sont revêtues de briques et entourées d'un fossé profond.

Près de l'estuaire du Ravy, *Toulamba* est une petite ville de 1,500 habitants. Elle est au milieu d'un bocage touffu de dattiers et défendue par un fort en briques, assez faible et de forme circulaire.

Sallinder ou *Djallinder*, autrefois ville importante et habitée par des Afghans, renferme maintenant beaucoup de Seïkhs. Cette cité est grande; ses rues sont pavées en briques, et une muraille construite aussi en briques l'environne. Djallinder, selon le voyageur Burnes, donne son nom au *Douab*, pays compris entre le Beyah et le Setledje. Ce pays est bien peuplé et bien cultivé. Tous les villages sont entourés de murs en terre; beaucoup même ont de plus un fossé; ce qui annonce que ce pays a été long-temps livré à l'anarchie. Les maisons sont construites en bois et ont des toits plats revêtus en terre, ce qui leur donne l'aspect de chétives cabanes.

Pakpeten ou *Adjodin*, sur une île formée par deux bras de la Gorrah, à 45 lieues au sud-ouest d'Amretsyr, est un lieu de pèlerinage pour les pieux mahométans qui vont y visiter le tombeau d'un saint célèbre appelé le Cheykh Feryd-ed-dyn-cheker-gundjy, lequel mourut en 1267, après avoir fait des miracles, entre autres celui de convertir en sucre plusieurs montagnes. Ce tombeau fut visité en 1399 par Timour. *Lodiana* ou *Lodhyanah*, sur la rive gauche du Setledje, l'*Hesudrus* des anciens, est située dans une plaine sablonneuse exposée en été à des vents brûlants. Les Anglais entretiennent un agent dans cette ville, et ont un cantonnement dans les environs. *Falaour*, sur la rive droite du Setledje, est la ville frontière du royaume de Lahor.

« A quinze milles anglais de Lahor sont situées les ruines de *Sangal*, ville dont il est fait mention dans l'histoire d'Alexandre. Dans la partie montagneuse du Pendjab on remarque *Sialkott* ou *Salcot*, grande forteresse sur un rocher escarpé; *Tchinnany*, ville très ancienne et bien peuplée, résidence d'un petit

---

[1] Cette religion, que l'on peut appeler le nanekisme, est celle de la plûpart des Seïkhs. Baba-Nanek, qui en fut le prophète, naquit, suivant M. Hamilton, en 1419, dans le pays de Lahor. Cette religion parait être un mélange de brahmanisme et d'islamisme. Elle enseigne le déisme pur; elle admet des récompenses et des punitions futures; elle prescrit la tolérance envers toutes les religions; elle admet une incarnation secondaire de la Divinité, mais elle proscrit le culte des images et l'usage de la chair du porc. Elle considère l'usage des ablutions comme indispensable, comme un devoir religieux. Elle regarde les *Veda*'s indiens et le Koran comme des livres divins; mais suivant Nanek, la religion des Hindous s'est corrompue par l'introduction du polythéisme: aussi les temples ouverts au nanekisme n'offrent-ils aucune idole, et les prières y sont-elles très simples. Les sectaires de Nanek rejettent les distinctions des castes; ils doivent tous être soldats, renoncer à l'usage du tabac, et laisser croitre leur barbe et leurs cheveux.

radjah; *Nourpour*, grande ville sur le sommet d'une montagne que l'on monte par le moyen d'un escalier en pierre. »

Ramnagar, sur le bord du Tchénab, est une petite ville près de laquelle Randjit-Sing passait souvent ses troupes en revue quand il partait pour ses expéditions au-delà de l'Indus. Elle est dans une vaste plaine propre à faire exercer une armée. Autrefois elle se nommait *Ressoulgar* (Ville du Prophète); mais depuis le renversement de la domination musulmane on l'a appelée Ramnagar, c'est-à-dire *Ville d'un Dieu*.

On trouve encore dans le Pendjab, à 17 lieues au sud-est d'Amretsyr, *Rdoun*, petite ville qui possède une importante fabrique de tissus de coton; *Miâni* ou *Minny*, dans un canton riche en mines de sel, et trois autres villes peu importantes, appelées *Pendi-dadan-khan*, sur la droite du Djalem, *Pendi-makouleh* et *Pendi-moulik-oulea*, près des bords du Sind. C'est à Pendi-dadan-khan que le sel se réunit pour être expédié, soit en remontant, soit en descendant le Djalem. Les coteaux d'où l'on tire ce minéral bordent la rive droite de la rivière.

A dix lieues au-delà de cette ville en remontant le Djalem, M. Burnes cite *Djelalpour* comme le lieu où Alexandre traversa l'*Hydaspes* et défit l'armée de Porus. Plusieurs circonstances, dit-il, favorisent cette opinion, car Quinte-Curce parle d'îles dans la rivière, de rives saillantes et d'eaux troubles. Cependant, ajoute-t-il, les mots de rochers sous l'eau semblent indiquer un endroit de la rivière située plus haut près du village de *Djalem*. Les grands chemins venant de l'Indus traversent la rivière à Djelalpour et à Djalem.

A cinq ou six lieues au-dessous de ce village, près de celui de *Darapour*, on aperçoit de vastes ruines nommées *Oudinagar*, que M. Burnes regarde comme occupant probablement l'emplacement de *Nicæa*; tandis que les tertres et les ruines situées sur la rive occidentale du Djalem ou de l'*Hydaspes* semblent marquer la place qu'occupa *Bucephalia*.

Rotas, sur la rive droite du Djalem, est un fort fameux, regardé comme le principal boulevart du Pendjab. A une vingtaine de lieues vers le nord-ouest le village de *Manikiala* est remarquable par le singulier tombeau ou *tope* que l'on y voit, et dont la construction en pierres rappelle l'architecture grecque. Il consiste en un massif en maçonnerie de 150 pas de circonférence, surmonté d'une coupole de 70 pieds de hauteur. Les médailles que l'on y a trouvées ont porté M. Burnes à considérer ce village comme le reste de l'ancienne ville de *Taxila*. A quelques lieues plus loin *Ravil-Pendi* est une ville agréable, et *Poreonâla* rappelle le nom du célèbre Porus.

Il n'y a peut-être pas, suivant M. Burnes, de contrée située dans l'intérieur des terres, qui possède de plus grandes facilités pour le commerce que le Pendjab; et il en est peu qui soient plus riches en productions de tous genres. Baigné par cinq rivières navigables; borné à l'ouest par un des fleuves les plus considérables de l'Ancien-Monde; limitrophe de la fertile et féconde vallée de Kachemir, dont il reçoit les tissus précieux pour les expédier dans les pays voisins, tels que la Perse, le Turkestan, la Chine et l'Inde; placé entre l'Hindoustan et les célèbres entrepôts de l'Asie centrale, le Pendjab partage les avantages de leur commerce en même temps qu'il jouit d'une surabondance de productions de la terre, utiles ou nécessaires à l'homme.

L'*Afghanistan oriental* proprement dit, pays qui s'étend sur les deux rives du Sind a pour capitale *Peichaouer*, qui fut jadis très importante. Cette ville, si florissante avant les révolutions qui ont bouleversé ce pays, est bâtie dans une vaste plaine. Elle avait autrefois une *école mahométane*, très renommée dans l'Inde; plus tard elle fut occupée par les troupes de Randjit-singh. On ne cite dans cette ville que deux monuments : le *Bâla-hissâr*, vaste édifice entouré de jardins et situé dans l'intérieur des fortifications de la citadelle : il servait quelquefois de résidence aux rois de Kaboul; et le *caravansérail* principal, d'une grande étendue et d'une belle disposition. En 1809, M. Elphinstone portait encore à 100,000 âmes la population de Peichaouer; mais aujourd'hui on peut presque la réduire de moitié.

Akora, à deux lieues de l'embouchure du Kaboul dans le Sind, offre une jolie mosquée et un bazar bien approvisionné. *Kohat*, à 9 lieues de Peichaouer dans la partie orientale de la vallée de Boungoches, est une petite ville habitée par deux tribus de Damaniens et défendue par un fort.

Attok, ville forte, tire son nom d'une défense qui empêcherait les Hindous de franchir le fleuve, sous peine de dégradation. C'est par ici qu'Alexandre, Tamerlan et Schah-Nadir pénétrèrent dans l'Inde.

« Le *Moultan*, demeure des anciens *Malli*, est borné au nord par le Pendjab et le Lahor, au sud par le Sindhy, à l'est par un désert qui le sépare du reste de l'Hindoustan, et à l'ouest par l'Afghanistan occidental. Il renferme des contrées riches en coton et en opium [1], quelques bons pâturages pour les chevaux, et des déserts considérables, abandonnés à des troupeaux de chameaux. La chaleur est excessive sur la rive orientale de l'Indus, habitée par une peuplade sauvage qui laisse croître la barbe et les cheveux, et qui se nourrit de millet. »

Le climat du Moultan a paru à Burnes différent de celui des contrées baignées par l'Indus inférieur. Les ondées et les orages y sont communs dans toutes les saisons; ils paraissent prendre naissance dans les monts appelés *Kouh-Souleyman*, d'où ils enlèvent des tourbillons de poussière qui viennent s'abattre dans le Moultan. Quelquefois ces tourbillons obscurcissent la clarté du soleil. Au mois de juin, le thermomètre de Réaumur marquait, dit le voyageur anglais, 30 degrés dans un pavillon rafraîchi par l'art. La chaleur que l'on éprouve à Moultan, la multitude des mendiants et le nombre des tombeaux sont passés en proverbe dans l'Hindoustan.

On divise le *Moultan* en cinq provinces, le *Moultan*, le *Leia*, le *Dera-ghazy-khan*, le *Mokelouad* ou le *Dera-ismaïl-khan*, et le *Bahaoualpour*.

Moultan, capitale de la province et résidence d'un nabab tributaire du souverain de Lahor, est un poste militaire important. Elle a un château-fort et de hautes murailles, ce qui ne l'a jamais empêchée d'être tour à tour ravagée par les Afghans, les Mahrattes et les Seïkhs. Ses fortifications et quelques monuments en ruines sont les principaux restes qui attestent l'importance dont jouissait autrefois cette grande et industrieuse cité, qui se dépeuple chaque jour. Cependant elle est encore renommée par ses tapis de soie, que l'on compare, à tort, à ceux de la Perse. Tout porte à croire que cette ville était la capitale des *Malli*, du temps d'Alexandre, bien que le savant Rennel ait prétendu le contraire. Ce qui confirme cette opinion, c'est qu'elle porte encore aujourd'hui les noms de *Malli-than* et de *Malli-tharan*, c'est-à-dire *cité des Malli;* c'est que ses maisons s'élèvent sur des ruines, et que bien qu'on n'y ait pas trouvé de médailles, on y a, dans ces derniers temps, découvert, à 60 pieds de profondeur, un tambour de guerre et plusieurs autres objets antiques. Les rues de cette ville sont étroites, et les maisons ont deux et trois étages. On y voit plusieurs mosquées et un seul temple hindou d'une grande antiquité, nommé Gaïladpouri, soutenu par des colonnes en bois, et dont le portail est orné de deux idoles, Houniman et Gunesa. La citadelle, construite sur une butte, forme un hexagone irrégulier, dont le plus grand côté a 1,200 pieds de longueur. Le rempart, flanqué d'une trentaine de tours, est solidement bâti en briques cuites, et haut de 40 pieds extérieurement, tandis qu'à l'intérieur il n'a que 4 à 5 pieds d'élévation. Son intérieur est rempli de maisons, dans lesquelles demeuraient autrefois des habitants; mais depuis 1818, que les Seïkhs l'ont enlevée aux Afghans, les habitants n'ont plus le droit d'y entrer. La garnison se compose de 500 hommes. Moultan a un peu plus d'une lieue de circonférence, et une population d'environ 60,000 âmes, dont un tiers professe la religion de Brahma, et le reste celle de Mahomet. Parmi les plus célèbres de ses tombeaux, on doit citer celui de Baoual-Haq, poëte persan qui vivait dans le treizième siècle, et celui de son petit-fils Roukn-i-Allem, qui repose sous un dôme de 50 pieds de hauteur. Cet édifice date de l'an 1323. Moultan est située dans une plaine arrosée par le Tchénab, l'ancien *Acesines*, qui a 1,900 à 3,000 pieds de largeur [1]. Près de l'enceinte de la ville on remarque un sépulcre assez célèbre; c'est celui de Chamsi-Tabrizi, saint personnage qui vint ici de Bagdad.

Moultan est une ville d'industrie: les habitants sont généralement tisserands et teinturiers. On y fabrique, sous le nom de *kaïs*, des soieries remarquables par la force de leur tissu et par l'éclat de leurs couleurs qui jouissent dans les marchés de l'Inde d'une répu-

---

[1] *Thévenot*: Voyage de l'Inde, I, ch. xxxii.

[1] *Al. Burnes*: Voyages de l'embouchure de l'Indus à Lahor, etc.

tation méritée. Ces kaïs ont invariablement la forme de châles et d'écharpes : on peut s'en procurer de toutes les couleurs au prix de 60 à 250 francs. On fabrique également à Moultan une sorte de satin nommé *atlass* qui rivalise avec ceux de Lahor et d'Amretsir ; enfin Moultan fabrique aussi des indiennes ; mais elles sont aujourd'hui moins recherchées dans l'Inde que celles d'Angleterre.

Les environs de Moultan, dit M. Burnes, sont très bien cultivés ; le Tchénab, dans ses débordements, envoie ses eaux jusqu'aux murs de la ville, et durant les autres saisons un canal la leur fait traverser. La plaine comprise entre la rivière et les remparts présente l'aspect d'une riche prairie ; elle est couverte de dattiers qui donnent un profit considérable. Un grand nombre de hameaux ruinés entourent Moultan : ce sont les restes des habitations des Afghans qui les ont abandonnés pour venir s'établir dans la ville.

A peu de distance de Moultan s'élève la ville de *Choudja-abad*, située à 4 milles à l'est du Tchnab. Elle a la forme d'un parallélogramme, et est entourée d'une muraille en briques haute d'une trentaine de pieds, et flanquée de tours octogones. Ses rues se coupent à angle droit ; autour des murs s'étend un faubourg composé de baraques.

Leïa est peu considérable, et cependant florissante ; *Dera-ismaïl-khan*, à une quarantaine de lieues au nord de Moultan, est ceinte d'une muraille en briques qui tombe en ruines ; la plupart de ses habitants sont Béloutchis. *Dera-ghazi-khan*, sur un bras du Sind, passe pour être aussi peuplée que Moultan.

Il est difficile de connaître d'une manière exacte la population de toute la contrée que nous désignons sous le nom d'Afghanistan oriental ; les dernières guerres qui l'ont ravagée, les envahissements des Seïkhs, qui dominent aujourd'hui là où naguère les Afghans dominaient encore, ont dû diminuer considérablement le nombre des habitants. Des voyageurs récents, entre autres Hamilton, accordaient au Kachemir une population de 600,000 âmes et portaient celles du Lahor à 4,000,000 ; l'Afghanistan proprement dit paraît avoir 1,000,000 d'habitants et le Moultan 1,400,000. D'après ces données, qui sont probablement encore au-dessus de la vérité, la population de toute la contrée que nous venons de parcourir s'élèverait tout au plus à 7,000,000 d'individus.

Cependant Randjit-singh, après avoir commencé en 1802 à acquérir de la prépondérance dans l'Afghanistan oriental, et réussi à fonder depuis un royaume assez considérable, était parvenu à augmenter sa puissance en tirant parti des ressources qu'offre une des contrées les plus fertiles de l'Inde. Son revenu annuel montait, suivant le général Allard [1], à 125,000,000 de francs. Grâce aux talents des officiers français qu'il s'était attachés, il a laissé à son successeur une armée aguerrie, bien disciplinée, et qui s'élève à 82,000 hommes.

La partie inférieure du cours de l'Indus ou du Sind donne son nom à la contrée du *Sind* ou *Sindhy*, qui n'est qu'un démembrement du royaume de Kaboul, dont elle était, il y a peu d'années, encore tributaire. Cette contrée est bornée au nord par une partie du Béloutchistan et par le royaume de Lahor, à l'ouest et au nord-ouest par le Béloutchistan, vers lequel les monts Brahouiks forment une partie de ses limites, au sud par la mer d'Oman et la province indienne de Kotch, et à l'est par une partie de l'Hindoustan britannique.

Le Sindhy s'étend sur une longueur de 125 lieues du nord au sud, et de 80 de l'est à l'ouest. On évalue sa superficie à environ 3,000 lieues carrées. La ressemblance de ce pays avec l'Égypte a frappé d'étonnement plus d'un voyageur. « Une plaine unie, arrosée par un beau fleuve qui la fertilise à une certaine distance de chaque côté, tandis qu'au-delà s'étend à gauche un désert immense, et s'élève à droite une masse de montagnes stériles, que leur sol et leur climat rendent également inhospitalières. » Telle est l'idée que nous en donne un voyageur anglais [2].

L'administration de ce pays, après avoir été long-temps un triumvirat composé de trois frères revêtus du titre d'*oumir* [3], est depuis 1828 une tétrarchie dans laquelle quatre princes de la même famille ont, sinon la

---

[1] Officier français mort dernièrement au service du roi de Lahor. — [2] H. Pottinger: Travels in Beloochistan and Sinde. — [3] Suivant M. Reinaud, ce mot arabe est le pluriel d'*émir* (chef).

même part aux affaires, du moins le même droit d'y participer. Ces princes, et la plupart de leurs sujets, sont Beloutchis.

Nous nous bornerons à décrire les principales villes de ces États, qui d'un moment à l'autre n'en formeront probablement qu'un seul.

Haïder-abad, capitale de la plus méridionale de ces principautés, est située sur un monticule rocailleux, au milieu d'une île formée par le cours de l'Indus et du Foulaïli, et passe pour une ville forte parce qu'elle est défendue par une forteresse dont les murs et les tours rondes, en briques, sont hauts de 25 pieds et entourés d'un fossé large de 10 pieds et profond de 8; mais ses murailles s'écroulent et des Européens les escaladeraient facilement. Au centre du fort, que garnissent 60 pièces de canon, s'élève une tour massive, qui ne tient pas aux autres ouvrages et qui domine la ville et les environs; c'est là que l'on dépose une grande partie des richesses du prince. Haïder-abad fait un commerce assez étendu. L'habileté de ses couteliers et la trempe de ses armes sont connues dans tout l'Hindoustan. C'est dans la citadelle que les oumirs possèdent, selon M. Burnes, la plus riche collection d'armes qui existe dans l'univers. Le seul monument remarquable d'Haïder-abad est le *mausolée de Gholâm-châh*, sur une colline au nord de la citadelle. Hamilton n'accordait que 15,000 habitants à cette capitale; mais la population a augmenté depuis. Burnes prétend qu'elle ne s'élève pas à 20,000, et encore dans ce nombre on comprend le *petah*, ou faubourg, qui se compose de 2,500 maisons; dans l'intérieur des fortifications on en compte autant, mais les habitants de cette partie de la ville sont pour la plupart des soldats.

Bien que l'île sur laquelle s'élève Haïder-abad soit aride et rocailleuse, le paysage des environs de cette ville est beau et varié; les rives du fleuve sont bordées de grands arbres; des montagnes dans le fond du tableau, dit Burnes, soulagent l'œil, fatigué de la monotonie des plaines arides et poudreuses du Delta de l'Indus. Ce fleuve y est même plus large que dans la plupart des lieux situés plus bas; sa largeur, d'une rive à l'autre, est de 800 mètres.

Au nord-ouest de l'embouchure de l'Indus,

Korâtchi est la plus riche et la plus commerçante ville du Sindhy. Son port, qui offre un bon mouillage, est protégé par un fort. Elle est l'entrepôt d'un commerce assez étendu entre les royaumes de Kaboul et de Lahor, l'Inde, la Perse et le Béloutchistan, et a une population de 15 à 20,000 âmes; *Tattâ*, grande ville, autrefois capitale du Sindhy, presque déserte aujourd'hui, bâtie sur l'Indus, mérite l'attention des savants; son ancienneté est incontestable, et tout porte à croire qu'elle est le *Patala* des Grecs. Arrien dit expressément : Près de Patala, le fleuve Indus se partage en deux bras (¹), et c'est en effet ce que présente le Sind, près de Tattâ. Cette ville renferme, selon Burnes, à peine 15,000 habitants; elle se présente de loin comme une immense cité, mais la moitié de ses maisons tombent en ruines et sont inhabitées. Son bazar, presque désert, montre le triste tableau de son commerce anéanti. Une seule mosquée en briques, bâtie par Chah-Djehan, est le seul monument qui, au milieu des débris qui l'entourent, rappelle sa splendeur passée; mais elle s'écroule. Tattâ fut pendant long-temps la capitale du pays. On l'appelait alors *Brahminabad*; mais les Radjahs hindous la nommaient *Saminagor*, et les Arabes *Deoub-Sindi*; aujourd'hui son nom le plus habituel est *Nagor-Tattâ*. C'est une ville ouverte, bâtie sur un monticule dans une vallée basse. Les maisons sont construites en bois et en clayonnage crépi en terre; elles sont hautes, à toits plats, mais très étroites, et ressemblent à des tours carrées; leur couleur, qui est d'un gris foncé, donne une apparence de solidité aux frêles matériaux dont elles sont composées. Quelques unes des plus belles ont leur base en briques (²).

Les cinq journées de marche qui séparent Tattâ de Korâtchi sont employées à traverser un désert sablonneux, sans arbres et presque sans aucune végétation. A environ 3 milles de distance à l'ouest de Tattâ, s'élève une colline appelée Mekeli, toute couverte de tombeaux, au milieu desquels on remarque celui de Mirza-Iza, qu'on doit considérer comme l'un des plus beaux de l'Inde. C'est une construction d'environ 85 pieds de longueur, sur-

---

(¹) *Arrian.*, lib. VI. — (²) *Al. Burnes* : Voyages, etc.

ASIE. — AFGHANISTAN ORIENTAL.

montée d'une coupole haute de 70 pieds, soutenue en partie par des colonnes (¹).

Entre Tattâ et Haïder-Abad, on voit vers la droite *Mohammed-khan-tanda*, ville fortifiée et florissante ; c'est le rendez-vous des marchands de chevaux, qui, chaque année, conduisent ces animaux dans les marchés de l'Inde. Plus haut, sur la rive gauche du Sind, on voit *Hala*, peuplée de 10,000 âmes. Puis à 30 lieues vers l'est, *Amercote*, ou *Oumercote*, importante forteresse située à l'entrée du Désert indien.

Sur la rive droite du fleuve, le village d'*Amri*, passe pour avoir été autrefois une grande ville et la résidence de prédilection d'anciens monarques. *Sihouan*, ou *Siouistan*, est bâtie sur un terrain élevé, à l'extrémité d'un marécage et à une demi-lieue du Sind. Cette ville est peuplée de 10,000 âmes ; commandée par une forteresse en terre et entourée de mosquées en ruines et de tombeaux qui attestent son ancienne richesse, tout y annonce une cité antique. Burnes pense qu'elle est probablement cette cité appelée *Sindomana*, capitale des Etats de Sambus, et mentionnée par les historiens d'Alexandre. Sihouan est célèbre par le tombeau de Lal-chab-Baz, saint personnage du Khorassan, qui y fut enterré il y a environ six siècles. Son sépulcre s'élève au milieu de la ville, sous un dôme élevé ; des tentures de brocart d'or et de soie sont suspendues au-dessus de sa tombe. Mais le plus singulier édifice de Sihouan, selon Burnes, est la forteresse en terre dont nous venons de parler ; il la regarde comme un ouvrage qui remonte au temps des Grecs. Elle consiste en un tertre haut de 60 pieds et entouré d'un mur en briques ; la forme est en ovale ; son plus grand diamètre est de 1,200 pieds et son plus petit de 730. L'intérieur présente un monceau de ruines et est jonché de fragments de poteries et de briques. La porte placée du côté de la ville a été cintrée ; une coupe qui la traverse prouve que le tertre est un ouvrage de l'art. *Larkhaneh*, ou *Lárkhanah*, ville de 10,000 âmes, située sur la partie de l'Indus que les indigènes nomment *Lar*, ou *méridionale*, est un poste important pour les oumirs de Sindhy, parce que c'est là qu'ils entretiennent une garnison pour défendre leurs États contre les excursions des Béloutchis, et qu'ils prélèvent le premier péage sur les commerçants qui entrent dans ce pays par la frontière occidentale ; cette ville est le chef-lieu d'un canton connu sous le nom de *Tchandouky*.

La *principauté de Khirpour*, beaucoup moins considérable que celle d'Haïder-abad, la borne au nord et s'étend aussi sur les deux rives du Sind. *Khirpour*, sa capitale, est la première ville que l'on y traverse en suivant la rive gauche du fleuve. Elle est sur le bord d'un canal appelé Mironah. Ses maisons sont bâties en terre, et sa population est de 12 à 15,000 âmes. A quelques lieues de la rive droite de l'Indus, *Chikarpour* ou *Tchikarpour* est une cité commerçante d'environ 25,000 habitants.

Rori sur un roc de quartzite, haut de quarante pieds, n'offre rien de remarquable. Quelques unes de ses maisons qui sont très élevées s'avancent au-dessus de l'Indus, de sorte que les habitants peuvent y puiser de l'eau de leurs fenêtres ; mais un chemin taillé dans le roc leur procure le moyen de s'en approvisionner sans risquer de tomber dans le fleuve. Cette ville de 8,000 âmes, est sur la gauche du Sind, et *Sakkar*, à peu près aussi peuplée, est sur la droite. Cette dernière est bâtie sur un rocher siliceux, au milieu d'une île défendue par une forteresse que l'on nomme *Bakkar*. L'île a 7 à 800 mètres de longueur, et est presque entièrement occupée par les fortifications. Celles-ci ressemblent plus à un ouvrage européen que la plupart de celles des autres villes de l'Inde. Vue des bords de l'Indus, cette forteresse, dit M. Burnes, se présente bien : ses tours sont ombragées par de grands arbres, et le dattier élancé laisse tomber ses feuilles pendantes au-dessus des mosquées et des remparts. On voit plusieurs autres petites îles dans le voisinage de celle-ci ; sur l'une d'elles s'élève, sous un dôme qui contribue à la beauté du site, le tombeau d'un santon musulman nommé Khadjakhizr. L'Indus se partage, au-dessus de Bakkar, en deux canaux larges chacun de 1,200 pieds, et ses eaux frappent avec violence et fracas les rochers qui les bordent. Une relique précieuse, une boucle de cheveux de Mahomet, enfermée dans une boîte d'or et conservée dans une mosquée, attire les pèlerins musulmans à Bak-

---

(¹) H. Pottinger, Travels in Belóochistan and Sinde.

kar, bien que les habitants de cette ville soient presque tous brahmanistes.

Entre Khirpour et Rori, on voit les ruines d'une autre ville appelée *Alor*, qui n'est plus qu'un misérable village. Le seul monument de cette ancienne cité est un pont de trois arches, bâti en briques. Nous ne donnerons aucun détail sur quelques autres villes peu importantes, telles que *Mattari*, qui a 4,000 habitants; *Beyan*, *San* et *Madjinda*, qui en ont chacune 2,000.

Il existe aussi dans le Sindhy la *principauté de Mirpour*. C'est la plus petite de ce pays. A l'exception de sa capitale, elle ne renferme que des villages ou des villes peu importantes. Elle est située dans la partie occidentale du Sindhy, entre le Sind et les monts Brahouiks. *Mirpour*, la résidence du chef, n'offre rien de remarquable. Sa population est de 8 à 10,000 individus.

On peut considérer comme appartenant au Sindhy un petit pays qui porte les noms de *Principauté* ou *État de Bahaoulpour*, *Pays des Daoudpoutras*, *Territoire de Bahaoualkhan*. Ce pays, qui s'étend principalement sur la rive gauche du Sind, du Tchénab et du Setledje, occupe une longueur d'environ 90 lieues géographiques, et une largeur de 25 à 30 lieues. Sa superficie est de 1,500 à 2,000 lieues carrées, et sa population d'environ 400,000 âmes.

Borné au sud-ouest par la principauté de Khirpour et au nord-est par le royaume de Lahor, la première ville que l'on y traverse en remontant le long des bords de l'Indus est *Nochéhera*, petite cité peu importante à 6 lieues à l'est du fleuve. A peine a-t-on quitté la frontière du pays de Khirpour que l'on s'aperçoit que l'on n'est plus chez les Sindhiens : les Daoudpoutras en diffèrent par leurs vêtements; ils n'ont point d'habits de couleur sombre comme leurs voisins, et tous portent des turbans faits de plis de toile blanche arrondis et serrés. *Mittan*, la seule ville du Bahaoulpour qui soit située sur la rive droite de l'Indus, est petite et mériterait à peine d'être nommée, si M. Burnes ne la considérait pas comme l'une des cités fondées par les compagnons d'Alexandre. *Outch*, ville de 15 à 20,000 âmes, est au confluent du Tchénab et du Setledje. Située sur un monticule, dans une plaine fertile à une lieue du Tchénab, elle se compose de trois villes distinctes, éloignées de quelques centaines de pieds les unes des autres, et entourées chacune d'un mur en briques fort mal entretenu. De beaux arbres en ombragent les trois parties. Les rues sont étroites et irrégulières, et des nattes tendues en travers y tempèrent la chaleur du soleil. Du reste c'est une place assez chétive. Elle est ancienne, et elle jouit d'une grande célébrité dans les pays voisins par les tombeaux de deux saints mahométans, dont le plus remarquable est celui de Djelal-ed-dyn : leur antiquité remonte à plus de cinq siècles. Ils sont d'une belle construction; mais le principal a été endommagé par un débordement du Tchénab. Outch passe pour occuper l'emplacement de la principale ville des *Oxydracæ*, peuples qui s'unirent aux *Malli* pour résister à Alexandre, mais qui furent vaincus et mis en fuite par celui-ci.

Daraoul ou *Diraoul*, à 15 lieues au sud-est d'Outch dans le désert, est la seule forteresse de l'État de Bahoulpour. C'est un château-fort très ancien où réside le khan lorsqu'il va chasser dans le désert. *Ahmedpour*, à 5 ou 6 lieues à l'est d'Outch, passe pour être la capitale de la principauté : elle a 9 à 10,000 habitants. Enfin, à 10 ou 12 lieues au nord-est, *Bahaoualpour*, près de la rive gauche du Setledje, est la principale ville de ce pays auquel elle donne son nom. La muraille en briques qui l'environne a une lieue de tour; le commerce la rend florissante, et sa population est de 20,000 âmes.

Toutes les parties du Bahaoulpour qui bordent le Sind, le Tchénab et le Setledje, sont fertiles et assez bien cultivées; mais vers l'est il est bordé par des déserts qui abondent en cerfs et en sangliers.

La fondation de ce petit État indépendant ne date que de 1769. Le khan ou prince qui le gouverne jouit, dit-on, de plus de 3 millions de francs de revenu. Il peut mettre sous les armes 8 à 10,000 hommes, comprenant et la cavalerie et quelques pièces d'artillerie.

La population du Sindhy a été évaluée à 1,000,000 d'habitants. Elle se compose d'un mélange d'Hindous et de Béloutchis. Il est résulté de ce mélange une race qui a le teint foncé des deux peuples, et une taille généralement plus élevée. Les Sindhiens sont plus grands que la plupart des Asiatiques; ils sont

beaux et bien faits; la beauté de leurs femmes surtout est passée en proverbe dans l'Hindoustan. « Le vêtement des hommes, dit un
» voyageur (¹), consiste en une chemise large,
» un pantalon plissé à la cheville, et un bon-
» net de drap ou de coton piqué, semblable à
» la forme d'un chapeau, et brodé autour du
» fond en fleurs, en soie et en or. L'habille-
» ment des femmes est le même, à l'exception
» du bonnet; en outre, par-dessus la chemise,
» elles portent une camisole de soie qui serre
» la taille et se lace par-derrière. Quand elles
» sortent, elles s'enveloppent d'un *sevi* ou
» drap dont une extrémité leur passe par-
» dessus la tête et leur sert de voile pour ca-
» cher leur visage si elles rencontrent des
» étrangers. »

Suivant le même voyageur, ils sont avares, fourbes, cruels, ingrats, menteurs; leurs seules qualités sont la bravoure, la sobriété, la hardiesse, l'obéissance envers leurs supérieurs, ce qui leur a valu la réputation d'être les meilleurs soldats mercenaires de l'Hindoustan. Leurs mœurs sont libres et grossières, mais ils n'ont ni la franchise ni les vertus hospitalières des peuples non civilisés.

Avant de nous éloigner des bouches de l'Indus, disons un mot d'un peuple dont l'origine incertaine a été placée non loin des bords de ce fleuve.

Les *Tchinganes*, peuplade adonnée au brigandage, habitent le Delta de l'Indus. C'est, selon les recherches les plus modernes, la souche de ces troupes de vagabonds qui parcourent l'Europe sous les noms de *Bohémiens*, de *Gypsies*, de *Zingari*, de *Zigeunes*, et qui excitent partout un sentiment mêlé d'horreur, de curiosité et presque d'intérêt, par la vie abjecte qu'ils mènent au milieu des forêts, par leur adresse dans certains métiers, leur indolence, leur bruyante gaieté, leurs danses sauvages, et leurs prétentions à connaître l'avenir. On a appris de quelques uns d'entre eux qu'ils se donnent le nom de *Sintes*, qui rappelle évidemment celui du fleuve Sind. Les Persans les nomment *Hindous noirs*. Leur langue enfin, quoique peu connue, a déjà fourni une centaine de mots qui se retrouvent dans les dialectes hindous de Moultan et du Bengale (¹). Le langage des Indiens qui viennent à Astrakhan a paru, à un savant célèbre, offrir des sons semblables à ceux de l'idiome des Zigeunes de l'Oukraine russe (²). Un autre voyageur a comparé les dialectes de Tatta et du Guzurate avec celui des Bohémiens d'Italie et de Hongrie (³). On a même cru pouvoir indiquer l'époque à laquelle ils ont dû s'enfuir de l'Inde : c'est Tamerlan, dit-on, qui, en 1,400, par ses affreuses cruautés, obligea les nations du Sindhy de quitter leur patrie dévastée; c'est précisément un demi-siècle plus tard qu'on aperçoit en Europe les bandes vagabondes de Bohémiens. Cette hypothèse ingénieuse, habilement développée (⁴), est partagée aujourd'hui par beaucoup de savants. Elle trouve pourtant des contradicteurs; les uns cherchent à démontrer que les *Sigynnes* du Danube, connus d'Hérotode (⁵), ou les *Sindi* du Bosphore Cimmérien, ont été la souche la plus directe de nos Zigeunes d'Europe (⁶); les autres s'attachent à quelques mots cophtes qu'on retrouve chez les Zigeunes (⁷), à la dénomination des *Gypsies* ou *Egyptiens* que les Anglais leur donnent, et à l'opinion des Turcs, qui regardent les *Zingari* du Kaire et de Constantinople comme venus du Zanguebar ou Zingibar, contrée de l'Afrique orientale (⁸). Quelle que soit l'issue de cette discussion savante, la ressemblance de tant de mots prouvera toujours une parenté primitive entre les langues de ces nations, et quelques rapports anciens avec l'Hindoustan.

(¹) H. Pottinger.

(¹) *Adelung*, Mithridate, I, p. 244 et suiv. — (²) *Pallas*, Neue nordische beytræge, III, 96. — (³) *Paulin de Saint-Bartholomé*, dans *Alter*, sur le sanscrit, p. 172. — (4) *Grellmann*, Essai historique sur les Zigeunes. Dav. Richardson, dans les *Asiat. Research.*, VII, n° 9 — (⁵) Zigynæ, Herod. Sigynnoi; Strab. Sigynnoi, Orph. Sigynnoi, Apoll. Rhod. — (⁶) Hasse, les Zigeunes, dans Hérodote. Kœnigsberg, 1803 (en all.). — (⁷) Romi, hommes en cophte et en zingare. — ⁹) Note manuscrite de M. Paultre.

TABLEAU *de la superficie, de la population et des divisions administratives du royaume de Lahor et des États du Sindhy.*

ROYAUME DE LAHOR.

Superficie en lieues géographiques.	22,500
Population absolue.	5,000,000 ?
Population par lieue carrée.	222
Revenus en francs.	125,000,000 (1)
Armée.	86,500 (2)

RÉGIONS.	PROVINCES.	CHEFS-LIEUX et VILLES PRINCIPALES.
Lahor.	Pendjab. Kouhestan.	Lahor. Amreisir. Rotus. Radjour.
Kachemir.	Kachemir.	Kachemir. Islam-abad.
Afghanistan.	Tchotch. Hasareh. Peichaouer.	Attock. (Point de villes.) Peichaouer.
Moultan.	Moultan. Leïa. Dera-Ghazi-Khan.	Moultan. Leïa. Dera-Ghazi-Khan.

ARMÉE.

Troupes régulières.

Cavalerie disciplinée par le général Allard.	12,811 hommes.
Infanterie divisée en bataillons, disciplinée à la française, et obéissant aux commandements en français.	14,941
Total des troupes régulières.	27,752
Garnisons, comprenant les troupes employées dans le Kachemir : Cavalerie. 3,000 Infanterie, diversement armée et équipée. 23,950	26,950
Contingent des Serdars, consistant, pour les pays de plaines, principalement en cavalerie, et pour les pays de montagnes en infanterie	27,312

Total des troupes régulières et irrégulières.

Infanterie et cavalerie.	82,014

Artillerie.

100 pièces de campagne, complétement équipées.	1,000 ?
276 *idem*, employées à la défense des places.	2,760 ?
370 tromblons portés sur des chameaux ou des voitures légères appropriées à leur calibre.	726 ?
Total de l'armée.	86,500 ?

PRINCIPAUTÉS DU SINDHY.

Superficie en lieues géographiques.	6,900
Population absolue.	1,000,000 ?
Population par lieue carrée.	144
Revenus en francs.	15,000,000
Armée.	30,000

PRINCIPAUTÉS.	VILLES PRINCIPALES.	PRINCIPAUTÉS.	VILLES PRINCIPALES.
Haïder-abad.	Haïder-abad. Tatta. Koratchi. Hala. Larkhanah.	Kherpour. Mirpour.	Kherpour. Bakkar. Tchikarpour. Mirpour.

ÉTAT DE BAHAOULPOUR OU PAYS DES DAOUDPOUTRAS.

Superficie en lieues géographiques.	1,900
Population absolue.	400,000 ?
Population par lieue carrée.	210
Revenus en francs.	3,500,000
Armée.	8,500 h.

(1 et 2) Chiffres fournis par le général Allard.

LIVRE CENT QUARANTE-SEPTIÈME.

Suite de la Description de l'Asie. — Description de l'Hindoustan. — Provinces de Kotch de Goudjérate, de Malvah, de Delhi, de Bahar, du Bengale, du Neypal, etc.

« Entre l'Indus et le fleuve Paddair s'étend un immense désert de sable, désert où s'arrêtèrent la science d'Hérodote et l'audace d'Alexandre. La lisière maritime de ce désert forme le district de *Kotch* (*Cotch*), situé sur le golfe du même nom. Le chef-lieu en est *Bhoudj*, grande ville située sur un sol sablonneux; elle est la résidence d'un radjah tributaire des Anglais. On y remarque le mausolée de *Raïe Laka*, l'un des plus beaux monuments de l'Inde. En 1819, elle fut en partie détruite par un tremblement de terre qui se termina par la naissance d'un volcan. *Manddvie* a un port passable, et sa population est d'environ 40,000 âmes.

» Le *Goudjérate* s'étend au sud du désert, soit dans la péninsule de ce nom, soit dans l'intérieur du continent. Le plus grand district de cette province se nomme *Soreth* ou *Ssurat*. On y trouve établie une tribu de Radjepoutas, appelée les *Sangariens*. Ce peuple exerce, depuis l'antiquité, la piraterie dans ces parages, et même sur les côtes de la Perse; sa capitale est *Noanagor*. Le district de Soreth est fertile, mais rempli de montagnes et de forêts. On y fait cinq récoltes par an: dans ses ports il se fait un commerce considérable. Le chef-lieu est *Djounaghor* ou *Junaghur*, ville de trois milles de tour, au pied du mont *Ghirnal*. Au sommet de cette montagne s'élèvent plusieurs pagodes, autour desquelles il y a des grottes habitées par des solitaires hindous de diverses sectes [1]. *Douaraka*, île de trois milles de long, est un lieu de pèlerinage; les pieux Hindous qui s'y rendent se font faire sur la peau des marques symboliques par le moyen d'un fer chaud [2]. La ville de *Douaraka* contient 500 maisons. On remarque encore *Mangalor*, place forte à l'extrémité méridionale de la presqu'île, et *Pattan* ou *Pattan-somnath*, ville maritime avec un fameux temple qui possédait autrefois des richesses immenses : l'idole qu'on y adorait brillait d'or et de pierreries, plus de mille prêtres étaient attachés à son service, et l'on apportait tous les jours de l'eau fraîche du Gange pour la laver. *Diu*, *Diou* ou *Dive*, petite île fertile en gingembre, renferme une ville appartenant aux Portugais, et munie d'un port que fréquentent encore les Persans et les Arabes [1]. »

A 50 milles anglais au sud-est de Surate, s'élève, au pied des coteaux, *Anaoal* ou *Anaval*, village célèbre depuis des siècles par ses eaux thermales, dont la chaleur est de 35 à 40 degrés du thermomètre de Réaumur. Tous les ans 100,000 à 200,000 fidèles s'y rassemblent à l'époque de la pleine lune de tchaïtra, c'est-à-dire vers le mois d'avril ou de mai. Il s'y tient alors une foire considérable. On lit dans la Scanda-pourana que ces sources furent produites par Rama pour remplacer l'eau sacrée du Gange, pendant qu'il poursuivait sa femme Sita, qui avait été enlevée par le démon Ravan. C'est à cette circonstance que ces eaux doivent le respect religieux que les Hindous ont pour elles. Une tribu particulière de Brahmanes habite près des sources, et l'on observe plusieurs cérémonies en s'y baignant. L'un des bassins, appelé Brahman Kounda, a 40 pieds de longueur sur 30 de largeur. Il est bordé en pierres.

On compte encore dans le Goudjérate plusieurs petites principautés, telles que celles de *Therad* (*Therand*) et de *Turrah* (*Thearah*) qui renferment des tribus de *Coulis* et de *Bhils*; celle de *Dobboï*, qui comprend 84 villages, et dont le chef-lieu du même nom n'a plus que 4,000 habitants; celle de *Goundol* ou *Goundal*, dont la principale ville n'a rien de remarquable; et celle de *Banswara* qui mérite à peine d'être nommée.

« Dans le royaume de Baroda, qui renferme la plus grande partie de la province proprement dite Goudjérate, on trouve *Ahmed-abâd*, une des plus grandes villes de l'Inde, située sur la rivière de Sabermatty; elle avait, selon les auteurs persans, mille mosquées;

[1] *Tiefenthaler*, I, 286. — [2] *Idem*, ibid, 235.

[1] Voyez notre vol. Ier, p. 258.

elle était divisée en 360 quartiers, et s'étendait jusqu'à la ville de Mahmoud-abad, qui en est éloignée aujourd'hui de dix milles; on y voyait encore, il y a un siècle, onze grandes pagodes hindoues, trois hôpitaux pour les animaux, de grands marchés plantés de citronniers et de cocotiers, de nombreuses fabriques de brocarts d'or et d'argent. Aujourd'hui il n'y a que le quart de la ville qui soit habité: de toutes parts on aperçoit des ruines (¹). *Cambaye* ou *Cambaya*, ville autrefois très commerçante, est située au fond du golfe de ce nom. Le port, qui était le grand débouché d'Ahmed-âbâd, est aujourd'hui comblé en partie. Elle ne présente guère que l'aspect d'un monceau de belles ruines, et est le siége d'un nabab tributaire des Anglais, et qui n'a qu'une ombre d'autorité. Parmi ses principaux monuments, on cite le *Darbâr* ou palais du nabab, et la *Djema' Mesdjid*, ou principale mosquée, tous deux assez bien conservés. La population, qui était immense lors de sa splendeur, est aujourd'hui réduite à 30,000 habitants.

« *Kaïrah*, est une jolie ville avec un beau *temple djaïn* et un collége de ces sectaires. Dans les environs, les Anglais ont établi une de leurs principales stations militaires. Les habitants, Hindous, Mahométans ou Persans, fabriquent des étoffes de coton et des vases d'agate; aux environs de la ville, il y a des salines considérables et des exploitations d'agate. Il faut encore nommer *Rhadonpour*, grande ville entourée de murs en briques cuites; *Mahmoud-âbâd*, bâtie par le sultan Mahmoud, et qui renferme une fameuse pagode; *Tchampanyr*, chef-lieu d'un grand district, qui, avec celui de Godra ou Gondarah, comprend des contrées montagneuses, riches en bois, et qui avoisinent la province de Malvah. *Barotch* ou *Broach*, ville forte assez considérable, sur la Nerbouddah, avait autrefois de riches manufactures et un grand commerce maritime; c'est la *Barygaza* des anciens; on y trouve encore des fabriques d'étoffes de coton et d'ouvrages en agate. A quelque distance de cette ville, les parsis ont un cimetière, où leurs corps deviennent la proie des oiseaux carnivores.

« Les pays des *Djattes* et des *Radjepoutas* occupent l'espace qui sépare les Seïkhs des Mahrattes (¹). Les *Djattes, Jates, Jautes* ou *Tchattas*, probablement les mêmes que les *Katties* de quelques auteurs, habitent les contrées montagneuses à l'ouest de la Djemnah. Ils forment une secte très puissante, qui fait partie de la quatrième caste hindoue, et qui n'est connue dans l'histoire que depuis le règne d'Aurengzeb (²). Les Radjepoutas ou *Radjepouts* ont seuls le gouvernement et l'administration; cependant ceux-ci dépendent de plusieurs princes tributaires des Anglais. Les fiers et belliqueux Radjepoutas ne se livrent ni au commerce ni à l'industrie; ce sont les Djattes qui cultivent leurs champs. Leurs femmes ne paraissent jamais en public: dès qu'une jeune fille a passé l'âge de six ans, elle ne peut plus voir d'hommes, si ce n'est ses plus proches parents. Les mésalliances privent les enfants du droit d'héritage: aussi les Radjepoutas ont-ils le plus grand soin de faire des mariages assortis. L'orgueil a perpétué ici l'horrible coutume de l'infanticide, que les Anglais s'efforcent d'abolir (³). A l'exception de cette cruauté, ils sont très bons pères. »

Baroda est la capitale du royaume de ce nom qui est gouverné par un prince de la célèbre famille mahratte Guikowar. Cette ville est située dans une plaine riche et bien cultivée, et a beaucoup souffert du tremblement de terre de 1819. Elle offre peu de monuments remarquables. On cite le palais royal, quelques pagodes, des hôpitaux et de belles citernes. Sa population est de plus de 100,000 âmes.

A 20 milles au nord-est de Baroda, dans une plaine habitée principalement par des Bhils, peuplade remarquable par ses usages et par ses mœurs, qui la distinguent des peuplades environnantes, s'élève la forteresse de *Tchampânir* ou *Powânghar*, sur le sommet d'une montagne d'environ 2,300 pieds de hauteur. Cette forteresse qui, jusqu'en 1803, époque où les Anglais s'en emparèrent, avait été réputée imprenable, n'est accessible que d'un seul côté qui est fortifié de cinq rangs de murailles.

Le *Petit-Ballogistan*, autrement nommé le

(¹) *Tiefenthaler*, I, p. 269 *sqq*.

(¹) Comp. les extraits et Mémoires de G. Thomas, dans le tom. I des *Annales des Voyages*. — (²) Voyez la note 3 du Voyage de Forster, t. III, p. 104, et *Wahl*, II, p. 385. — (³) *Annales des Voyages*, t. XVII.

Nardek, et le *Thanesar*, et que d'autres nomment *Sirhind* ou le pays des Seïkhs, tributaires des Anglais, est situé au nord, et n'a rien de remarquable.

On y voit *Thanesar* ou *Thanasir*, ville qui renferme un temple en grande vénération chez les Hindous; *Sirhind*, qui tombe presque en ruine; enfin, *Pattialah*, résidence d'un radjah qui s'y tient enfermé dans une citadelle située au centre de la ville.

« Le pays des *Batniens* ou *Bhattis*, borné au nord par le Pendjab, est bien arrosé par les rivières qui descendent des montagnes et qui inondent souvent les campagnes; il produit beaucoup de blé. La résidence du radjah est *Bhatnir*, ville jadis importante. Selon le rapport du général Thomas, les Batniens peuvent fournir 20,000 hommes de guerre. Traversant le désert qui borne leur pays à l'ouest, ils viennent ravager les districts plus habités: quoique tous mahométans, ils laissent paraître leurs femmes en public. La pipe à tabac est un de leurs meubles les plus nécessaires. Ils vendent du riz, des chameaux, des buffles et des chevaux.

» L'État de *Jeypoor*, appelé aussi *Djeypour* et *Djinaghar*, fait partie des États héréditaires des Radjepoutas ou du *Radjepoutana*. Il produit du blé, du coton, du tabac et d'autres végétaux : il fournit aussi de bon cuivre et d'excellents bestiaux. La résidence du radjah est *Djeypour*, ville grande, entourée de murs flanqués de tours rondes très fortes. Le quartier neuf, bâti par le radjah Djey-sing en 1725, a des rues larges et régulières (¹). Tous les temples sont en pierre. Près du château s'élève un grand observatoire astronomique muni de beaux instruments. *Amber* était autrefois la résidence; elle possède de beaux aqueducs. *Ssopour*, où réside un radjah vassal du Djeypour, a un superbe palais bâti, dit-on, sur une montagne de sable. La partie la plus montagneuse de Djeypour est habitée par les *Minas*, peuplade sauvage qui se livre au brigandage.

« L'État de *Beykanir*, au sud-est du Djeypour, a le sol tellement aride que les habitants sont obligés d'entretenir partout des citernes. On nous les représente comme lâches, cruels et perfides. Un radjah dispose de leurs biens et de leur vie. L'armée de Beykanir peut se monter à 8,000 hommes (¹). *Beykanir*, la capitale, n'est qu'une réunion de misérables cabanes et de belles pagodes, dans une enceinte de murailles flanquées de tours. Le district de *Lackyjungle*, qui touche au Beykanir, est renommé pour ses pâturages et pour ses chevaux. Le *Djesselmir* est un pays sablonneux et aride, dont le radjah réside dans la ville du même nom. Le *Nagor*, district non moins stérile, renferme une ville du même nom, entourée de murs en pierre. Les Indiens donnent le nom d'*Hadaouty* aux principautés de Beykanir et de Nagor.

» *Adjmir* est le nom général de tous les États héréditaires des Radjepoutas, et celui d'un circar ou serkar particulier, dont le chef-lieu, nommé de même, est une ville grande et célèbre, de trois lieues de tour, et renfermant de beaux édifices. Au milieu des montagnes, à quelque distance de la ville, est un étang sacré nommé *Pokhar*, où se rassemblent une foule de pèlerins pour se baigner. A l'est de la ville, l'empereur Akbar a fait construire de superbes édifices en marbre blanc, avec un beau jardin sur une colline (²).

» Le *Joudpoor* ou *Djoudpour* est à l'ouest du Djeypour. Il donne du bétail, des chameaux, des chevaux, du sel et du plomb. On prétend qu'autrefois cet État renfermait dix mille villes et villages. C'est à cette principauté qu'appartient le district de Nagor, dont nous avons parlé plus haut. Les habitants radjepoutas de la tribu de Rhator ont un caractère plus franc, plus brave et plus généreux que leurs voisins. On vante leur hospitalité et la douceur de leurs mœurs. Leur capitale est *Djoudpour*, ville considérable, qui manque d'eau de source ; mais on y trouve un étang artificiel taillé dans le roc. Les maisons, belles et solides, sont bâties de pierres brunes. Les habitants se livrent au commerce et à l'exploitation des mines (³).

» L'État d'*Odeypour* ou *Mewar*, que l'on prononce *Miouar*, s'étend dans la partie méridionale de l'Adjmir et au nord du Djoudpour. Cette principauté obéit à un chef appelé *ranah*, qui était autrefois le chef de tous les princes radjepoutas, et qui avait sous ses ordres seize seigneurs appelés *surahs*. L'Odey-

---
(¹) *Tiefenthaler*, I, 228.

(¹) Mémoires de G. Thomas, *Annales des Voyages*, l. c. — (²) *Tiefenthaler*, I, p. 220. — (³) *Idem*, I, p. 236.

pour, fertile en riz, orge, froment, indigo, sucre, tabac, fournit aussi de bon bois, beaucoup de chevaux et du fer. La capitale, *Odeypour*, ville grande et très bien peuplée, est située dans une vallée cernée de montagnes où l'on n'arrive que par trois défilés étroits et tortueux où il n'y a passage que pour une voiture à la fois. Cette vallée, qui renferme 4 à 500 villages, est, dit-on, malsaine, et a des sources imprégnées de parcelles minérales (¹). »

Suivant un voyageur récent (²), Odeypour est situé au milieu d'un pays magnifique, environné d'un amphithéâtre de montagnes rocailleuses. En dehors de cet amphithéâtre s'étend une contrée stérile et triste, tandis qu'en dedans rien ne peut égaler la beauté du paysage. Avant de pénétrer dans la vallée des pics nus s'élèvent de tous côtés au-dessus de la tête : la vue est circonscrite par un mur de pierre qui paraît impénétrable, et rien absolument n'invite à porter ses pas en avant. Dès qu'on a passé l'un des trois défilés, une perspective nouvelle et inattendue s'offre aux regards, et le contraste donne à l'ensemble de cette scène l'effet d'un enchantement. « Un » grand lac à droite déploie ses eaux argen- » tées, et la route serpente sur une surface » ondulée, revêtue des plus riches produc- » tions de la nature. Un second lac, égal en » beauté au premier, mais plus petit, borde » la ville d'Odeypour, dont les pagodes, les » minarets et les tours du marbre le plus pur, » et resplendissant comme des perles au so- » leil, s'élèvent dans toute la pompe fantas- » tique de l'architecture orientale. Le palais » du Maha-Rana, ou Grand Prince, titre par » lequel les souverains d'Odeypour ont tou- » jours été distingués, est bâti en marbre sur » le bord d'un rocher, et ressemble plus à un » fort qu'à une résidence royale : l'architec- » ture en est lourde ; mais quelques détails » sont très beaux, et l'ensemble, vu de loin, » offre un aspect imposant. Le lac, qui étale sa » surface brillante immédiatement au-dessous » de cette terrasse naturelle, semble destiné » au séjour de la reine des fées. Plusieurs pe- » tites îles resplendissent comme des éme- » raudes sur cette nappe éblouissante : cha- » cune est embellie d'un joli pavillon en

(¹) Mémoires de G. Thomas, l. c. — (²) Asiatic Jornal, 1834.

» treillage de marbre, percé à jour, d'après » les modèles les plus élégants et les plus » achevés. Les palmiers, qui balancent leur » tête altière au milieu de feuillages de teintes » variées à l'infini, sont les plus beaux qu'on » rencontre dans l'Inde, et il est à peine pos- » sible d'imaginer un plus charmant assem- » blage de feuilles et de fleurs que celui qui » ombrage les pavillons légers de ce lieu dé- » licieux. Le tableau est d'une telle magnifi- » cence, que même les artistes qui se sont » plu à prodiguer dans leurs ouvrages des » beautés imaginaires, n'ont pas surpassé la » splendeur que la nature a répandue à pro- » fusion sur ce lieu, qui semble avoir été » l'objet de sa prédilection. Les insectes et les » oiseaux n'y sont pas moins radieux que les » fleurs, et aucune description du pays des » fées n'a égalé la réalité éclatante que l'on » trouve au milieu des bosquets et des jardins » d'Odeypour. Les rochers qui entourent cette » superbe vallée ont tous l'apparence de quel- » que substance précieuse : ils consistent en » une espèce de quartz ressemblant un peu au » feldspath ; ils sont d'un poli brillant et res- » plendissent comme de l'argent. Les géolo- » gues les regardent comme très curieux, et » quand ils reluisent à la lumière d'un soleil » inter tropical, ils deviennent trop éblouis- » sants pour l'œil de l'homme. »

Mais la beauté d'Odeypour n'est qu'à la surface. Le bonheur n'habite point cette vallée qui semble pourtant faite pour en être le séjour. Malgré les fortifications dont la nature l'a pourvue, elle est à diverses reprises devenue la proie des conquérants. Opprimée depuis des siècles, sa population gémit dans la misère.

« *Tchitour* ou *Chilore*, forteresse bâtie sur une montagne haute et escarpée, est regardée par les Hindous comme sacrée et inviolable. Au pied de la montagne, des solitaires hindous vivent dans les bois, à côté des tigres et des autres bêtes féroces. *Saraouy* ou *Sarowi*, chef-lieu de district, à une vingtaine de lieues d'Odeypour, est célèbre par ses manufactures d'armes. »

Kotah, qui renferme un grand nombre de maisons en pierre, et qui voit s'élever près de ses murs le superbe temple de *Djougmandoul*, est la capitale d'un pays montagneux, fertile et bien arrosé, qui paie le septième de ses revenus aux Anglais. *Boundi* est la résidence d'un radjah qui demeure dans un palais fortifié ; *Tonk* est le chef-lieu d'une principauté qui s'étend jusque dans le Malvah.

« Nous entrerons dans le bassin du Gange et de ses rivières tributaires, ou, s'il nous est permis d'employer ce nom, dans le *Gangistan*. »

Le pays que nous allons décrire forme le plus oriental des États indépendants de l'Hindoustan. Il conserve le nom de *royaume de Sindhyah*. Il était très puissant au commencement du dix-neuvième siècle ; mais aujourd'hui il est resserré dans des bornes très étroites, bien qu'il renferme encore 4 millions d'habitants, pour la plus grande partie Mahrattes. Comme il se compose d'une partie des provinces de Malvah, de Khandeich et d'Agrah, il se trouve environné de tous côtés par les possessions médiates et immédiates de la Compagnie anglaise. Il a de plus le désavantage de renfermer plusieurs districts appartenant à différents princes indiens.

« La province de *Mulvah* ou *Maloway*, qui tire son nom de ces montagnes appelées en indien *Mala*, est située à l'est de l'Adjmir et du Goudjérate. Une partie est régie par les Anglais ; l'autre appartient au royaume de Sindhyah, si puissant naguère sous Daoulet Raou. Ainsi le Malvah, peuplé de tribus guerrières et presque sauvages, telles que les *Bhils* au sud, les *Gounds* à l'est, renferme les domaines héréditaires de deux dynasties mahrattes ; les *Holkar*, dont Indour était la capitale, et les *Sindhyah*, dont Oudjeïn est la principale ville. »

Oudjeïn ou *Oudjayini*, est située dans une vaste plaine et renferme plusieurs monuments remarquables, entre autres un grand nombre de pagodes pyramidales et un observatoire. Les eaux de la Serpa, qui coule auprès de la ville, passent chez les Hindous pour sacrées : aussi Oudjeïn est-elle un lieu de pèlerinage. Cette ville est célèbre dans l'Inde par ses écoles et son observatoire, où les géographes hindous font passer leur premier méridien ; mais elle perd chaque jour de son importance, à cause du voisinage d'Indour, dont le commerce prend une extension considérable, et surtout par la translation du siége du gouvernement à Gouâlior ; c'est cependant une des villes les plus régulières et des mieux peuplées de l'Inde ; elle sert encore de résidence à plusieurs membres de la famille royale du Sindhyah. Parmi ses monuments on cite le temple de *Mahadeva* où l'on voit une sculpture en marbre blanc que M. Hamilton regarde comme un chef-d'œuvre ; les temples de *Mâhâ-Kâli*, de *Krichnâ* et de *Râmâ* ; et des mausolées le long de la Serpa. En allant vers le nord, on trouve dans les environs la prétendue caverne de *Râdjah-Bhirthey*, qui n'est qu'un bâtiment en brique avec d'immenses colonnes. Cette construction est située entre la ville moderne et l'ancienne, qui, sous le règne de Vikramâdityâ, dont l'avènement au trône forme la principale ère de l'Inde, était l'Athènes de cette belle contrée. Oudjeïn est l'*Ozène* de Ptolémée. Plus loin, on observera le *Kalideh*, vaste palais d'une bizarre architecture, remarquable par ses machines hydrauliques. Il a été construit sur une île de la Serpa par le sultan Nazir-ed-dyn-Khildji, qui monta sur le trône l'an 905 de l'hégire. Nommons encore *Bâg*, ville ruinée mais qui fut importante. Des excavations nombreuses, creusées dans le voisinage, sont, d'après M. Erskine, d'anciens temples bouddhistes. Sur les murailles de l'un d'eux, on voit des tableaux assez bien conservés dont la peinture surpasse ce que les artistes indiens modernes ont produit de plus parfait.

Tchandery, qui passe pour avoir renfermé 14,000 maisons en pierre, 376 marchés, 360 hôtelleries et 2,000 mosquées, a beaucoup perdu de sa splendeur : on y fabrique encore des étoffes de coton très fines.

Chah-djehanpour, à 13 lieues au nord-est d'Oudjeïn, occupe une grande étendue de terrain sur les rives du Sagormoty. *Bilsah*, à quelque distance de la rive droite de la Betvah, est une petite ville assez bien bâtie. On voit hors de ses murs un rocher escarpé et très élevé, au sommet duquel se trouve le tombeau de Djelal-ed-dyn-Bokhary, célèbre saint musulman. Dans l'ancienne province d'Agrah, l'État de Sindhyah possède quelques villes que nous allons décrire.

« *Gouâlior*, une des plus fameuses forteresses de l'Inde [1], est bâtie sur un rocher isolé, haut de 152 pieds, et qui a un mille de tour ; ce rocher est à pic de presque tous les côtés,

---

[1] *Hodges*: Voyages and travels in India. *Tiefenthaler*, I, p. 132, et pl. 12, n° 2.

et l'on a fait sauter partout les roches saillantes. Un escalier taillé dans le roc, et défendu par des bastions, conduit à la forteresse. Avant d'arriver en haut, on traverse sept portes : en dedans des fortifications, il y a des maisons, des champs, des potagers et des réservoirs d'eau pour l'entretien de la garnison. Goualior renfermait autrefois les trésors et les prisons d'État des empereurs Mongols. Malgré la position favorable de cette forteresse, et malgré tous les travaux entrepris pour la rendre imprenable, les Anglais s'en emparèrent par surprise en 1780. Ils la rendirent ensuite au radjah et la reprirent en 1804. La ville de Goualior avait jadis une population de 81,000 habitants. Elle a été reconstruite presqu'en entier depuis 1810, dans une plaine, et à côté des ruines de l'ancienne ville. Sa nouvelle population est de 3 ou 4,000 habitants. »

Attair, sur la rive droite du Tchemboul, est une petite ville entourée de murailles. *Gohad* ou *Gohed*, à 8 lieues au nord-est de Goualior, est une place forte au pouvoir d'un ranah, tributaire du royaume de Sindhyah. *Narvor*, située sur une montagne, est aussi une petite ville fortifiée.

Dans l'ancienne province de Khandeych l'État de Sindhyah ne possède que deux villes.

Bouchanpour, ancienne capitale du Khandeych, est située dans une vallée fertile, sur la rive droite du Tapty. Elle est entourée de murailles et défendue par un château. Ses maisons sont bâties en terre, mais sa principale mosquée est un très bel édifice. Cette ville renferme un grand nombre de *Bohrahsa* ou d'*Ismaélites*, secte mahométane adonnée au commerce. *Hindia*, ville agréablement située sur la rive gauche de la Nerbodah ; vis-à-vis, celle de *Nemaor* ou *Nemavor*, à laquelle elle communique par un pont, est assez bien peuplée et possède un fort qui commande le passage de la rivière.

Telles sont les principales villes de l'État de Sindhyah, dont nous avons donné plus haut la population et dont l'armée en temps de paix est forte de 20,000 hommes, mais peut facilement être triplée en temps de guerre.

« *Kalliade*, jolie petite ville sur la Serpa, était autrefois la résidence des rois de Malvah. *Indour*, grande ville à 16 milles d'Oudjeïn, ne renferme que des cabanes de bambous et de terre glaise. A *Mandou*, jadis une grande ville de 12 milles de tour, située sur les monts Vinhhaya, dans la principauté de *Dhara*, on voit encore plusieurs obélisques. *Dhara* ou *Dhar*, entourée de ruines, rappelle l'invasion de Tamerlan.

»Dans la partie orientale du Malvah, où coule la Betvah, on remarque un chef-lieu de principauté, *Bopal*, ville de 2 lieues de tour, près d'un lac plein de crocodiles, et *Serondje*, place qui, dans le siècle passé, faisait encore un grand commerce de toiles peintes.

».La plus grande partie de la province d'Agrah appartient à la compagnie anglaise. Elle s'étend au nord du Malvah. Le sol est fertile, surtout en riz, légumes, fruits, indigo, cochenille. On trouve dans cette province beaucoup de bestiaux de belle race ; des buffles femelles donnent, dit-on, jusqu'à 50 livres de lait par jour. Le climat est chaud et sec. Il y pleut beaucoup pendant les mois de juillet et d'août ; le temps est ordinairement serein depuis novembre jusqu'en mai ; le vent souffle constamment du nord-ouest depuis novembre jusque vers mai ; dans les mois d'avril, de mai et de juin, il vient de l'ouest. Pendant ces mois l'horizon est chargé d'épaisses vapeurs le soir et le matin, et le vent amène tant de poussière que l'air en est souvent obscurci. Ces nuées de poussière sont quelquefois suivies de pluies rafraîchissantes. Vers le milieu de juin règne un vent de sud très frais, à cause des pluies qui tombent alors dans les régions méridionales. Le froid, qui, pendant la nuit, va quelquefois jusqu'à la gelée, commence en décembre et dure jusqu'au mois de mars.

» *Agrah*, ville très grande, s'étend en croissant sur les rives de la Djemnah dans une vaste plaine ; elle a 7 milles de long et 3 de large. C'est à l'empereur Akbar qu'elle doit sa splendeur ; il lui donna le nom d'*Akbar-Abad*.

« L'aspect de cette ville, dit Jacquemont, » n'est pas aussi imposant que celui de Bé-
» narès. Les eaux limoneuses de la Djemnah
» n'ont pas la moitié de la largeur de celles du
» Gange. Leurs bords, élevés en talus peu ra-
» pides sur l'une et l'autre rive, sont inha-
» bités, ou incultes, ou déserts. Sur la rive
» gauche, autour de soi, l'on ne voit que des
» ruines éparses çà et là dans la campagne,
» plus grandes et plus rapprochées les unes
» des autres près de la rivière. En face s'élè-

» vent, non sans magnificence, les hautes
» murailles rouges du *Fort* que bâtit Akbar.
» Au-dessous, et situé pareillement, on voit
» un grand édifice terminé en coupole renflée,
» autour de laquelle s'élèvent de nombreux
» minarets : c'est le *Tadje*. On distingue ail-
» leurs, à l'horizon, le sommet de quelques
» dômes et la flèche de plusieurs minarets.
» Des ruines ou des habitations de la plus
» humble apparence, des espaces incultes ou
» sauvages dont l'aridité nourrit à peine quel-
» ques mimosas (*mimosa nilotica*), occupent
» les intervalles. »

Agrah est une des villes les plus anciennement nommées dans l'histoire de l'Inde. Sous les premiers empereurs afghans, elle paraît avoir été la limite méridionale de leurs possessions permanentes dans l'Hindoustan, et cette circonstance dut lui donner une grande importance. Sa prospérité ne dura que depuis l'an 1555 que commença à régner Akbar jusqu'en l'an 1707 que mourut Aurengzeb. Ses plus anciens édifices ne sont point antérieurs à Akbar, et Aurengzeb ne lui en ajouta aucun. Son étendue devait être immense, puisque plus grande que ne l'exige sa population estimée à 80,000 âmes, elle n'est qu'une réunion de faubourgs bâtis en briques ou en boue, laissant entre eux des espaces vagues, arides ou cultivés, plus étendus que ceux qui sont bâtis, et que hors de sa vaste circonférence le sol au loin n'offre encore qu'un amas de briques.

Le *Tadje*, le plus admiré de ses édifices, est un mausolée érigé par Châh-Djihan à la mémoire d'une sultane favorite appelée Ardjemend-Bânou, surnommée Muntâza-Zamani ou *la plus haute et la plus puissante du monde*, morte le 18 juillet 1631. Il y est enterré auprès d'elle. C'est un vaste monument en marbre blanc reposant sur une terrasse en grès rouge. Il est surmonté d'un dôme d'environ 20 mètres de diamètre, flanqué de quatre élégants minarets de forme conique et hauts de 40 mètres. L'excessive parure de cet élégant mausolée ; ces deux tombes de marbre, entourées d'une balustrade également en marbre, taillée à jour avec une surprenante légèreté, et chargées de gracieux arabesques et de brillantes mosaïques, où brillent l'agate, la cornaline et le lapis ; enfin l'ensemble de tout le monument s'accorde avec l'idée des soins et des dépenses que sa construction a nécessités. Il a coûté, dit-on, 19 millions de francs : c'est le prix du salaire de 15,000 ouvriers qui y furent employés pendant 10 ans (ce qui fait 72 millions de journées à environ 25 centimes par journée moyenne) [1].

Le *Fort d'Agrah*, bâti par Akbar sur les ruines d'une ancienne forteresse, est un polygone qui peut avoir un quart de lieue de circonférence. Il a deux entrées, dont une, celle du nord, est magnifique ; elle est flanquée de deux énormes tours couvertes de sculptures et de mosaïques. Ce fort est surtout remarquable par les édifices qu'il renferme : les principaux sont le *Palais de Châh-Djihan*, sa *Salle d'audience* et le *Moti Mosjed*. Le *Palais* est très petit, et ne contient que deux salles dignes par leur grandeur de servir de salons. Elles sont revêtues entièrement de marbre blanc chargé d'arabesques, et de quelques restes de dorures au plafond. Le vestibule qui conduit de la cour du palais à l'appartement de l'empereur est une galerie portée par des colonnes de marbre blanc à filets de marbre noir et de lapis. Plusieurs chambres de ce palais étaient rafraîchies par un petit jet d'eau continuel au milieu d'un bassin creusé dans leur pavé de mosaïques. La *Salle d'audience* est aussi grande que le palais tout entier. Ses arcades n'étaient fermées que par des tapisseries.

Le *Moti Mosjed*, ou la perle des mosquées, mérite ce joli nom, dit Jacquemont. « Elle surprend d'autant plus qu'avance rien ne
» prépare à sa beauté. Son enceinte extérieure
» ne montre que le grès rouge et désagréable
» dont le fort est bâti ; mais en passant sous la
» porte, on se trouve isolé du monde entier
» dans un petit monde de marbre blanc. C'est
» une grande cour carrée avec un bassin au
» milieu pour les ablutions, une galerie en
» arcades sur trois des côtés, et sur celui qui
» fait face à l'entrée une sorte de vestibule immense, élevé de quelques degrés au-dessus
» de la cour, et dont le toit est porté par une
» forêt de colonnes. Au-dessus de la terrasse
» s'élève un grand dôme renflé, flanqué de
» deux dômes semblables, mais plus petits
» selon l'usage. Point de minarets ; peu de ces
» petits kiosques faits pour des nains, qui surchargent les terrasses des édifices de ce

[1] Journal de Victor Jacquemont.

» genre; peu de moulures sur les marbres;
» leurs panneaux sont encadrés seulement
» d'un mince filet noir qui paraît comme l'om-
» bre d'une moulure. »

Le *Djouma Mosjed*, nom qui signifie la mosquée de tout le monde, est un grand et vieil édifice, bâti sur une sorte de cour avancée du fort, et sans doute contemporain de celui-ci, car il est construit en grès rouge et dans le même style. Cette mosquée est précédée d'une grande cour ornée avec une galerie extérieure élevée de quelques degrés qui règne sur trois des côtés de l'édifice; au milieu de la cour s'élève un bassin. Le temple très vaste est porté par des colonnes, et surmonté d'une énorme coupole renflée, flanquée de deux plus petites. En dehors de la mosquée s'élèvent deux minarets.

« Du temps de Tiefenthaler, il y avait à Agrah un collége de jésuites et un cimetière chrétien, avec un vaste édifice voûté, dont les murs étaient peints de fleurs de toute espèce: tout auprès jaillissait, dit-on, une source d'eau odorante. Agrah devait autrefois son état florissant à l'industrie de ses habitants: la ville était remplie de magasins, d'ateliers, de boutiques, de marchés; quoique son commerce soit considérablement déchu, on y trouve cependant encore beaucoup de marchands indigènes et étrangers. Les Anglais ont pris à leur charge l'entretien du palais impérial et des fortifications. Le commerce y devient chaque jour plus florissant. »

Agrah est depuis un demi-siècle au moins le chef-lieu d'une mission romaine, gouvernée depuis long-temps par un évêque qui semble avoir fait vœu de pauvreté. Aucun luxe ne l'environne; il habite une misérable ruine qui paraît avoir été une mosquée; il mange avec des fourchettes de fer et des cuillers d'étain. Les Irlandais catholiques du régiment européen sont à peu près les seules ouailles de ce digne pasteur, dont la vie simple et modeste offre un contraste frappant avec l'aisance et le luxe qui environnent les ecclésiastiques anglicans dans l'Inde.

Dans le cimetière catholique, on remarque le tombeau du colonel Hossen, qui, malgré ses ornements empruntés à l'architecture européenne, présente l'aspect d'une mosquée. Il a coûté environ 200,000 fr. à sa veuve.

A deux lieues au nord de la ville actuelle on voit un monument remarquable, appelé *Secumdrah*: c'est le tombeau d'Akbar. Ce prince, suivant la tradition, se fit bâtir lui-même sa dernière demeure; il la voulut magnifique et riante. « Ce monument s'élève au
» milieu d'une vaste enceinte carrée, percée
» de quatre portes semblables, dont chacune
» est par ses grandes dimensions un *ouvrage*
» *très remarquable*. La terrasse qui termine
» l'énorme massif très orné, dans l'épaisseur
» duquel chaque porte est percée, est surmon-
» tée du dôme renflé des mosquées et flanquée
» de deux minarets élevés. Des inscriptions
» arabes, en marbre noir incrusté dans des
» tablettes de marbre blanc, et des dessins de
» marqueterie, formés avec ces deux espèces
» de marbre, décorent le portail et les mi-
» narets bâtis en grès rouge. Une de ces por-
» tes, celle de l'ouest, est assez bien conser-
» vée; les autres sont en ruines. Le monument
» lui-même est une sorte de pyramide qua-
» drangulaire tronquée, composée de cinq
» étages décroissants. Chacun de ces étages
» se termine en terrasse sur le milieu de la-
» quelle s'élève l'étage supérieur. A tous les
» angles et entre eux, sur la balustrade qui
» borde chaque terrasse, il y a des kiosques
» qui vont en diminuant, comme toutes les
» parties de l'édifice, à mesure que l'on monte
» d'un étage. La voûte de ces kiosques est por-
» tée sur six colonnes légères, et leur grand
» nombre, joint à l'inégale distance où chacune
» s'élève du centre de l'édifice dans le même
» étage, déroute l'œil dans la recherche de
» lignes horizontales, et l'oblige à monter jus-
» qu'au sommet et à se reposer sur l'amor-
» tissement uni du dernier étage. Celui-ci est
» entièrement bâti en marbre blanc, découpé
» à jour. Il est tout ouvert au ciel, à l'excep-
» tion d'une petite galerie qui règne tout au-
» tour, le long de son enceinte de dentelle:
» rien de si joli. Au milieu est la tombe. »
Celle-ci est un immense bloc de marbre blanc, d'une forme simple, pure, sévère. Elle est magnifiquement sculptée de fleurs, d'arabesques et d'inscriptions arabes. Le corps d'Akbar ne repose pas sous cette pierre; il est déposé dans un caveau au centre de l'édifice (¹).

» Au sud-ouest d'Agrah, on trouve *Fattihpour*, ville très étendue, qui a dû tout son lustre à l'empereur Akbar, mais qui, tombée

(¹) Journal de Victor Jacquemont.

en ruines, ne conserve qu'un beau mausolée, et la mosquée que Djihânguyr, fils de ce prince, fit bâtir. A quelque distance de la ville est un lac où Akbar fit construire un amphithéâtre avec des minarets très élevés. *Bhartpour*, autrefois célèbre par ses fortifications, l'est par les siéges qu'elle a soutenus. Ses fortifications furent rasées en 1826 par les Anglais, qui la prirent d'assaut. *Hindour*, ville autrefois très peuplée, est encore fort étendue. *Keroly* est remplie de beaux édifices d'une architecture particulière : les murs de la ville sont construits en énormes pierres taillées. *Narrah*, ville entourée de murs en pierre, ayant les maisons couvertes de toits à terrasses, est située au pied d'une montagne escarpée, entièrement fortifiée, et où l'on monte par un escalier en pierre de plus de 360 marches (¹).

» Entre la Djemnah et le Gange s'étendent de fertiles plaines : on y remarque *Kanodge*, en sanskrit *Kaniacoudja*, ville forte très ancienne, au confluent du Gange et du Kalini, résidence des plus anciens monarques indiens. Cette ville, célèbre dès les temps les plus reculés, était, avant l'invasion des musulmans, une des plus belles et des plus grandes villes de l'Inde ; les Mahrattes, en la saccageant en 1761, ont achevé ses malheurs. Tous les environs sont couverts de belles ruines. *Farrakh-abad*, grande ville fondée par les Afghans, est le siège d'un grand commerce.

» En remontant la Djemnah, on rencontre *Mathrah* ou *Mathourah*, ville très ancienne et commerçante. Elle paraît être plutôt hindoue que musulmane. Ses rues sont les plus étroites, les plus tortueuses, les plus montueuses et les plus sales des villes de l'Inde. Sa population n'est probablement pas moindre de 40,000 âmes. Elle renferme une grande mosquée avec deux minarets couverts d'émaux, mais presque ruinés ; elle paraît avoir près de deux siècles ; le fort, dont les ruines dominent la ville, est probablement plus ancien. Les édifices du culte hindou sont plus modernes. On y voit encore les restes d'un observatoire astronomique fondé par Djeysing. Mathrah est une forte station militaire des Anglais.

Bendrabund ou *Bendraband*, en hindoustani *Vendravana*, assez grande ville, célèbre dans la mythologie hindoue, est remarquable par ses beaux temples dédiés à Krichna, par son arbre révéré des Hindous (¹), et par sa grande pagode cruciforme regardée par Hamilton comme un des monuments brahmaniques les plus curieux. Suivant Jacquemont, c'est une ruine d'autant plus intéressante qu'elle présente la forme inusitée dans l'Inde d'une petite église du style appelé gothique. De sa voûte pendent, dit-il, une foule de sculptures bizarres que l'on prendrait pour des pièces de bois tournées. Une multitude innombrable de cloches et de sonnettes sont sculptées en relief sur les piliers qui la supportent et sur ses murailles.

« Le long de la Djemnah, il y a de petites chapelles habitées par des ermites, et des tours octogones où s'assemblent les pèlerins pour se baigner dans le fleuve. Parmi les habitants on trouve beaucoup de *birages*, ou moines indiens, ainsi que des religieuses ; les uns et les autres sont presque tout nus, et habitent de sombres cellules recouvertes d'un toit en chaume ; sur leurs fronts on voit trois traits jaunes. »

A 7 ou 8 lieues de Bendraband on remarque *Horal*, grande ville ruinée, devenue un village. Jacquemont y a remarqué un bassin superbe, profond de 5 à 6 mètres en hiver et de plus de 10 en été. On y descend par des escaliers de pierre élevés sur tout son périmètre. C'est un carré qui n'a pas moins de 6,000 mètres de superficie. Un peu plus loin *Furridabad* est un grand village populeux, qui fut jadis une ville. Il y a autour des tombes nombreuses, alignées en quinconce serré, sans arbres ni mosquées alentour : c'est un cimetière musulman.

« La province de *Delhi* s'étend au nord d'Agrah, depuis le Gange jusqu'à la rivière du Setledje, et jusqu'aux montagnes de Sewalik et Koumaoun. Moins fertile que l'Agrah, cette province bien cultivée donne cependant trois récoltes de riz par an ; une grande partie du sol y est inondée par les pluies périodiques. Dans le nord, un froid très vif se fait sentir pendant la mauvaise saison.

» La capitale est *Delhi*, en sanskrit *Indraprast'ha*, c'est-à-dire *demeure d'Indra*, ville très vaste sur la rive occidentale de la Djemnah.

(¹) *Thiefenthaler*, I, p. 12.

(¹) *Tiefenthaler*, I, 141.

Dans le temps de sa splendeur elle s'étendait jusqu'à une distance de 30 milles anglais, mais elle n'avait qu'une seule rue parallèle au fleuve. La ville fut saccagée en 1738 par Chah-Nadir, et dépouillée de ses trésors, qu'on évalue à plus d'un milliard, et parmi lesquels on cite des collections de diamants, un trône en or massif chargé de pierreries, et des statues d'éléphants en or ciselé. »

Les Afghans et les Mahrattes achevèrent de ruiner cette ville. Elle possède aujourd'hui, selon le journal des missionnaires anglais de 1830, 320,000 habitants [1]; mais Jacquemont, qui la visitait dans le courant de cette même année, ne lui en donne que 200,000.

« Des ruines, d'une grandeur inaccoutumée » dans l'Inde, annoncent, dit-il, l'approche » de Delhi, de quelque part qu'on y arrive. » En venant d'Agrah, elles bordent, pendant » plus de 5 milles (une demi-lieue), la route qui » mène à la ville moderne. Ici ce sont des » tours massives, qui flanquaient jadis une » forteresse dont les murailles sont tombées; » là c'est une route élevée, percée dans l'é- » paisseur d'un antique portail dont le sommet » est encore garni de créneaux; quelques pans » de murailles se tiennent debout alentour. » Ce sont les restes d'un palais, alors qu'il n'y » avait de sécurité pour la richesse et le pou- » voir que derrière des remparts. Des obélis- » ques informes, mutilés par le temps, s'élè- » vent de toutes parts dans la campagne, » restes de la lourde architecture des édifices » patans; leur base est enterrée dans des » monceaux de débris où fleurissent triste- » ment quelques arbustes épineux. L'on mar- » che sans cesse sur des murs que les siècles » ont nivelés avec le sol. Leur mosaïque de » briques marque le plan des humbles de- » meures où jadis habita la multitude. Parmi » les ruines d'un âge plus ancien, on voit » dispersés çà et là des monuments d'une » forme élégante et légère, peints de couleurs » éclatantes…. Ce sont des tombes mongoles, » avec les dômes dorés de leurs mosquées et » leurs minarets recouverts d'émaux. Ainsi, » des images adoucies de la mort disputent le » premier plan de ce tableau mélancolique » aux scènes effroyables de carnage et d'in- » cendie que rappellent ces campagnes soli- » taires et désertes; car il n'est point de lieu

[1] Essai sur l'Hindoustan, I, p. 183.

» sur la terre où tant de sang ait coulé. L'his- » toire garde le souvenir de désastres plus » grands encore : à peine savons-nous où fut » Carthage… Mais Carthage ne tomba qu'une » fois, et en moins de quatre siècles Timour » et Nadir passèrent à Delhi [1]. »

L'enceinte actuelle de cette ville est celle qu'elle avait au temps de Chah-Djihan qui en est en quelque sorte le fondateur, et qui lui imposa le nom de *Chah-Djihan-abad*. Cette enceinte est une haute et forte muraille crénelée, flanquée de tours de distance en distance, et défendue par un fossé peu profond. Elle peut avoir environ 2 lieues de circonférence.

« Delhi est divisé en deux villes, dont l'une, habitée par les indigènes, s'appelle *Indouanié*; l'autre, occupée par les musulmans, *Mongolanié* : celle-ci est la partie la plus jolie. Plusieurs rues droites, larges et garnies de maisons proprement bâties en pierres ou en briques cuites, ou simplement séchées au soleil, la traversent. Presque toutes les habitations ont des toits en terrasses parfaitement entretenus. Le plus bel édifice de cette capitale est sans contredit le *Daouri-seraï* ou palais impérial, situé sur la Djemnah : c'est une grande forteresse bâtie en grès rouge et d'une belle ordonnance; sa longueur est de 1,000 et sa largeur de 600 mètres. On prétend qu'il a coûté en frais de construction 10,500,000 roupies. Les salles du palais brillent d'or, d'azur et de toutes sortes d'ornements. Les écuries sont si vastes qu'elles peuvent contenir 10,000 chevaux; les cuisines même ressemblent à des salles de parade; tous les ustensiles y étaient jadis en argent. Le *Zénané*, ou palais des princesses, se joint, par une galerie, à celui de l'empereur; de l'autre côté du fleuve, le palais *Selim-seraï* servait de demeure aux frères et proches parents de l'empereur. Les célèbres jardins appelés *Châtinar* sont fort mal entretenus, et ont été changés en un vaste parc. On voit encore, dans les vastes faubourgs de Delhi, trois autres palais somptueux, parmi lesquels on distingue le *Godaïé-Kotelar*. Le grand salon, dit des ambassadeurs, était orné de glaces de cristal qui couvraient les murs, et d'un lustre en cristal noir d'un travail admi-

[1] Timour en 1397; Nadir-Chah en 1738. — Journal de Victor Jacquemont.

rable. Rien n'était plus beau que l'illumination de cette salle, qui semblait être en feu de quelque côté qu'on y fixât les regards (1). »

Le plus beau de tous les édifices religieux de Delhi est le *Djemâ Mesdjid*, ou *Djuma Mosjed*, c'est-à-dire la grande mosquée ; les voyageurs modernes la regardent comme le plus beau temple mahométan qui existe dans l'Inde : on y monte par un escalier magnifique. Jacquemont nous la représente comme une immense cour carrée, bordée sur trois de ses côtés par une galerie que supporte une double rangée d'arcades à jour, et au fond de laquelle s'élève, sur un quadruple rang de piliers, la voûte de la mosquée ; elle est surmontée de trois dômes, et flanquée de deux minarets qui n'ont guère moins de 65 mètres de hauteur. Au milieu de la cour est un bassin où le peuple fait ses ablutions avant d'approcher du vestibule sacré. Dans un des angles de cette cour, on voit un gnomon d'une construction bizarre, qui semble peu propre à indiquer avec précision les heures de la prière.

Près du Djuma Mosjed s'élèvent les dômes dorés d'une petite mosquée, ombragée par le feuillage du lilas des Indes : c'est là que Nadir s'assit pour contempler le massacre qu'il avait ordonné.

Chah-Djihan trouva sur le sol où il bâtit le nouveau Delhi plusieurs édifices d'un âge antérieur. Il en est un qui subsiste encore, c'est le *Kala mosjed*, ou la mosquée noire, célèbre par son antiquité et par sa ressemblance avec la fameuse mosquée de la Mekke, qui lui a servi de modèle. Deux tours coniques flanquent sa porte, où l'on monte par un long escalier ; d'épaisses murailles ferment comme une prison sa petite cour carrée, autour de laquelle règne une galerie massive, dont la voûte est partout surmontée de petits dômes informes. Jacquemont pense que c'est sans doute un édifice des premiers conquérants afghans de l'Inde : on ignore son âge ; la couleur qu'elle a reçue du temps lui a donné son nom. Le *palais* de l'infortuné *sultan Dara-Chekoh*, frère d'Aurengzeb, a été restauré par les Anglais pour servir de logement à leur résident.

Parmi les ruines qui entourent le moderne Delhi, on reconnaît encore les restes de l'*observatoire astronomique*, fondé par Djey sing, et construit en forme de sphère, avec deux grands cirques ronds, percés chacun de 70 croisées. Le *Katab* ou *Koutoub* est un minaret, où peut-être un tombeau en forme de tour, de 80 mètres de hauteur, surchargé d'inscriptions arabes, d'arabesques, et de sculptures dont le style change entièrement à chacun de ses étages. On monte au sommet par un escalier qu'éclairent quelques meurtrières étroites et cinq portes qui s'ouvrent à diverses hauteurs sur de petits balcons couverts d'ornements. Cet édifice paraît être du treizième siècle ; ce qui est d'une très grande antiquité pour un monument de l'Inde, où l'on a, de tout temps, bâti avec très peu de solidité. D'autres ruines remarquables sont celles du *palais* des empereurs persans ; dans une des cours, on voit une colonne en métal de 8 à 9 mètres de hauteur et de 30 à 40 centimètres de diamètre, qui s'enfonce dans le sol à une profondeur qui n'a point été mesurée. Les Hindous assurent qu'elle est posée sur le dos de la tortue qui porte le monde. Elle est connue sous la dénomination de *Bâton de Firouz* ; c'est un emblème du dieu Siva. Elle est couverte d'inscriptions arabes et persanes, mêlées à d'autres plus anciennes, en caractères *nagari*. Le *tombeau d'Houmayoun* paraît avoir été un monument magnifique.

Le souverain de Delhi, que les Anglais ont dépouillé depuis 1803 de sa couronne et de ses trésors, en lui conservant le vain titre de *grand-mogol*, et en ne lui laissant qu'une apparence de liberté, avec un revenu de 3,640,000 francs, est en quelque sorte sous la garde du résident anglais, dont les fonctions sont des plus importantes : il est chargé de conduire toutes les négociations politiques du nord-ouest de l'Inde, et surtout avec la cour de Lahor, et il doit surveiller le grand-mogol et sa famille.

» Dans la partie septentrionale du Delhi, entre le Setledje et la Djemnah, on remarque, non loin de la plaine où Nadir-Châh remporta, en 1738, une victoire décisive sur l'empereur du Mogol, *Panipot*, ville fameuse par la grande défaite des Mahrattes en 1761. Cette contrée, l'arène sanglante de tant d'armées, est traversée par des canaux d'irriga-

(1) *Legoux de Flaix* : Essais sur l'Hindoustan, I, p. 193.

tion malheureusement trop souvent détruits. Les plus considérables, creusés par ordre de Fyrouz III, le Ghaznevide, s'étendent à une distance inconnue à l'ouest. *Agroa*, ville aujourd'hui déserte, renfermait autrefois 125,000 maisons, habitées par des marchands si puissants qu'ils firent la guerre à Fyrouz, sultan de Delhi. Entre la Djemnah et le Gange, on remarque *Hastinapour*, une des plus anciennes villes de l'Hindoustan, et résidence des Pandanas, dont le poëme du Mahabharat a décrit les guerres contre les Kourouvans, princes d'Indraprast'ha ou Delhi; cette ville était autrefois située sur le Gange, mais actuellement elle en est éloignée d'un mille et demi; *Saharanpour*, où l'on fabrique d'excellentes étoffes de coton; enfin *Hurdwar* ou *Hardoar*, appelée aussi *Bhogpour*, ville sainte, près de la dernière chute du Gange. La principale pagode est celle de *Brahmakond*, au pied d'une montagne. C'est à la fin de mars que les pèlerins commencent à affluer; dans certaines années on en compte plus d'un million : à cette époque il se tient aussi une foire où l'on fait de grandes opérations de commerce (¹). *Kalpi*, grand et riche village qu'on appelle une ville, est bâti sur les bords de la Djemnah : c'était jadis une place considérable sous le rapport militaire, et un des gouvernements importants des empereurs de Delhi. Le fort subsiste encore, dominant la rivière dont les bords escarpés s'élèvent verticalement de 45 mètres de hauteur.

« Au sud-est de Delhi et d'Agrah, au nord et à l'ouest du Bahar, s'étend le royaume d'*Aoudh*, en sanskrit *Ayodhia*. Il est gouverné par un prince tributaire des Anglais, qui ont une garnison dans les principales villes. Les revenus de l'Aoudh sont très considérables; les Anglais en tirent à peu près le tiers. Le sol de ce pays est de la plus grande fertilité. L'ancienne capitale, *Oude* ou *Aoudh*, ville antique et très grande, sur la rivière de Dewa ou Gograh, est aujourd'hui dépeuplée et déchue de son ancienne splendeur. Il y reste beaucoup de monuments, entre autres un vaste temple appelé *Swergedrari* (²), auprès duquel il y a un magnifique château converti en mosquée par Aurengzeb.

Fizabad ou *Feyzabad*, grande ville bâtie tout près d'Oude, au commencement du siècle dernier, a servi de résidence au nabab pendant quelque temps. Actuellement il réside à *Luknow*, que l'on écrit aussi *Laknau*, ville ancienne et grande, mais irrégulière et mal bâtie, sur la rivière de Goumty. »

Depuis la chute totale de l'empire du grand-mogol, en 1775, la cour de Laknau est la plus brillante de l'Inde. Trois quartiers séparés font de cette cité trois villes distinctes : l'ancien quartier, qui est le plus mal bâti, est habité par les classes inférieures. Le nouveau quartier, qui s'étend le long du Goumty, et qui a été presque entièrement construit sous le règne de Sa'adet-Ali le dernier nabab, renferme un superbe marché et la résidence royale nommée *Ferrâboukch*; d'une vaste étendue, avec un beau parc, sans qu'au reste l'architecture offre rien de remarquable. Ce quartier, entièrement bâti à l'anglaise, est presque exclusivement habité par les Européens et rappelle les villes européennes par l'aspect de ses maisons et leur ameublement. Le troisième quartier, séparé du précédent par un ancien bazar, est principalement formé d'édifices religieux dans le style moresque construits par le nabab Asaf-ed-Daoulah et ses prédécesseurs. On cite entre autres monuments l'*Immam-Barrah*, vaste ensemble de constructions, considérées par l'évêque Héber et lord Valentia comme l'œuvre d'architecture la plus remarquable sous le rapport du plan et de l'exécution : il est orné des plus gracieuses sculptures et des matériaux les plus précieux. Cet édifice comprend la mosquée proprement dite avec le tombeau d'Asaf-ed-Daoulah son fondateur, le *Daouletkanah*, le *Hossein-Bâgh*, le palais commencé par Sa'adet-Ali et resté inachevé; le *Sangi-Dâlâm* ou cour de pierre, et d'autres palais dont les coupoles sont revêtues de lames d'argent doré. La population de Laknau augmente chaque jour, et est portée à plus de 300,000 habitants d'après les derniers calculs. Cette ville compte plusieurs fabriques d'indigo : ses environs sont couverts de plantations.

Le roi d'Aoudh possède des équipages somptueux : ses haras renferment environ 2,000 chevaux; ses éléphants sont très nombreux; dans le voisinage de son palais se trouvent un muséum, une belle collection

---

(¹) Journal to Sirinagour, p. 244. — (²) Tiefenthaler, I, pl. 25, n° 2.

d'armes et une ménagerie. Dans les jours de cérémonie il ne se montre qu'environné d'un cortége magnifique. Dans l'intérieur de son palais il est vêtu d'un uniforme anglais, et toujours accompagné d'un aide-de camp vêtu à l'européenne. Lorsqu'il va de l'un à l'autre de ses harems il se fait porter par des femmes dans un palanquin doré (¹).

A une petite distance de Laknau s'élève le magnifique palais de *Constancia*, dont la construction a coûté au résident, M. le général Claude Martin, environ 3 à 4 millions de francs.

« Sur la rive gauche du Rapty, dans l'ancienne province d'Aoudh, on voit *Gorekpour*, ville grande et dépeuplée, non loin du mausolée de Goseknath, fameux solitaire hindou et fondateur de la secte des Jaghys; *Balrampour*, très fréquentée par les montagnards du nord de l'Inde, qui y amènent des queues de vaches et de petits chevaux très forts. Sur le Goumty nous trouvons *Nimkar*, où une table sacrée, un arbre et plusieurs étangs attirent la vénération des Hindous. *Khyrabad*, ville où l'on fabrique beaucoup d'étoffes de coton, renferme dans son district un lieu vénéré, nommé *Brahmavert*, où Brahma a sacrifié près d'un étang salé.

» Le *Rohilkend*, qui fait partie de la province d'Aoudh, est situé à l'est du Gange, et au pied des monts Kémaoun: il s'appelait anciennement *Kottaïr*; mais les Rohillas, tribu d'Afghans montagnards (qui, en langue afghane, s'appellent *Roh*), après s'être emparés de ce pays, lui ont donné leur nom. Ces Rohillas, guerriers perfides et rusés, mais patients et appliqués à l'agriculture, entretiennent leur territoire dans un état florissant, et récoltent entre autres beaucoup de grains, de sucre et de tabac; ils s'entendent à l'arrosage des terres, et construisent avec beaucoup d'art des canaux, des aqueducs et des écluses. Avant l'invasion des Rohillas, le Rohilkend faisait partie du royaume d'Aoudh; il forma ensuite un État indépendant; mais la race des princes Rohillas s'étant éteinte vers la fin du dernier siècle, le pays fut de nouveau réuni à l'Aoudh (²). Il était tellement florissant sous ces princes, dit-on, que ses revenus se montaient à la somme de 110 millions de francs, et le changement de gouvernement lui a été si funeste, qu'il ne rapporte plus que 9 millions. Les Rohillas exportent du bois de construction, particulièrement du *sâl*, arbre qui a ordinairement 60 à 70 pieds de tige droite, des sapins, du sucre, des drogues, du gros drap, du tabac et du borax, mais en moindre quantité qu'autrefois. La plus ancienne ville du Rohilkend est *Sombol* ou *Sambhel*, ville entourée de murs en briques, avec un temple révéré des Hindous, mais qui a été changé en mosquée. C'est là qu'à la fin des siècles Vichnou doit renaître comme *Nekalank*, c'est-à-dire l'Être sans défauts. *Rampour*, sur la Kosila, offre un palais et quelques belles maisons au milieu d'une réunion de chaumières. *Morad-abad*, la capitale actuelle du Rohilkend, fait un commerce considérable. Autrefois Rampour renfermait 100,000 habitants.

» La province d'*Allah-abad* est située au sud de l'Aoudh et au sud-est de l'Agrah. Elle comprend l'Allah-abad proprement dit, et le *Boundelcound*, que d'autres nomment *Bandelkhand* ou *Dangaya*, habité par des Radjoutas. Cette dernière partie se subdivise en plusieurs autres; la partie orientale s'appelle l'*Adjissing*, et la partie méridionale *Bandhou*. Toute la province d'Allah-abad, avec les États de Behar, Aoudh et autres, formaient anciennement la monarchie des *Prasii*, *Pragiens* ou *Pratches*, dont *Palibothra* était la capitale. C'est ce qui a engagé le savant d'Anville à placer Palibothra là où est actuellement Allah-abad, capitale de la province; d'autres recherches plus modernes ont rendu probable qu'il faut en chercher l'emplacement à 425 milles romains plus à l'est, auprès de l'ancien confluent du Gange et du Coussy; enfin, Abel Rémusat croit devoir placer Palibothra sur l'emplacement de *Patna*. Quoi qu'il en soit, l'ancienne *Prag*, nommée *Allah-abad* par l'empereur Akbar, est, aux yeux des Hindous, la reine des cités saintes. Bienheureux qui peut y trouver son tombeau! le suicide même est excusable lorsqu'il conduit à ce bonheur (¹). Cette grande ville est bâtie au confluent du Gange, de la Djemnah et du Sirssoty; cette dernière rivière n'est qu'une source

---

(¹) Bengal Chronicle. 1830. — (²) *Hamilton*: Historical account of the Rohillas-Afghans, et le Précis sur les Rohillas, II° vol. des Voyages de Forster.

(¹) *Ayen-Akberi*. II. p. 35; III, p. 256.

qui se perd dans la terre; mais qui est consacrée à Sarasvati, l'épouse de Brahma, la Minerve indienne; aussi les Hindous prétendent ils que le Sirssoty coule sous terre comme un grand fleuve. Allah-abad possède de beaux édifices, des jardins magnifiques, des pagodes fort anciennes, une grande mosquée, l'ancien palais du sultan Khosrou ou Chosroès, et une grande cidadelle construite par Akbar (2). Considérablement accrue par les Anglais qui paraissent vouloir en faire leur principale place d'armes dans l'Inde, sa population est d'environ 30,000 âmes. »

Le *Bandelkhand* renferme *Tchatterpour*, place de commerce, remplie de temples, et peuplée en partie de bérages ou moines hindous, de fakirs et autres dévots; elle est grande, bien bâtie, et l'entrepôt des marchandises entre Bénarès et le Dekkan. *Bandah*, peuplée de 4,000 à 5,000 âmes, a l'apparence d'un très grand village plutôt que d'une ville. Les maisons sont bâties en boue. La rivière de Ken qui coule auprès de Bandah roule des cailloux d'agate de diverses variétés, qui taillés en plaques pour faire des bracelets et des colliers sont une des branches de commerce de cette ville. *Hammerpour* est une station civile, établie seulement depuis 1819. Ce n'était alors qu'un gros bourg; c'est maintenant la réunion de plusieurs villages situés entre la Betvah et la Djemnah, à une lieue du confluent de ces deux rivières.

Passons en revue les autres villes et les lieux remarquables du Bandelkhand.

Pannah, célèbre par les diamants qu'on exploite depuis plusieurs siècles dans ses environs, passe pour être la *Parnassa* de Ptolémée. C'est une ville tout-à-fait hindoue : il n'y a pas une seule mosquée; les pagodes y sont presque innombrables, et quelques unes sont des édifices très élégants; mais la plupart tombent en ruine. Toute la ville est également ruinée, bien que les maisons soient bâties en pierres. Des rues entières sont inhabitées, ou n'ont pour habitants que de nombreuses bandes de singes, qui assis sur les fenêtres et les toits regardent tranquillement les passants. Le palais du Radjah grand bâtiment carré, avec des murailles couvertes de sculptures, et surmonté de légers kiosques, est extrêmement élégant. La petite place sur laquelle il est situé, dit Jacquemont, est à peu près le seul endroit malpropre de la ville : c'est là que campent les caravanes de pauvres voyageurs et marchands. Une autre place, à l'extrémité d'un marché au centre de la ville, sert de parc à l'artillerie du petit prince. Celle-ci consiste en un monstrueux canon de bronze, un très petit du même métal, et deux énormes en fonte, mais d'un très petit calibre. Parmi les revenus du Radjah le produit annuel des mines de diamants figure pour 30,000 roupies (75,000 fr.) (1).

Le fort d'*Adjighur*, dans les environs de Pannah, mérite d'être cité. C'est, dit Jacquemont, le sommet aplati et escarpé d'une montagne en forme de tour, tenant par sa base aux racines de celles qui supportent le plateau de Pannah. Ses pentes, fort roides depuis sa base, se relèvent sous le sommet jusqu'à devenir presque verticales. « Cette large tour
» dont le diamètre au sommet n'est pas moin-
» dre d'un mille (un quart de lieue) est cré-
» nelée : c'est l'ouvrage des hommes. Cette
» forteresse doit être aussi ancienne que l'éta-
» blissement des hommes en ce pays.

» On y monte par un sentier impraticable
» aux chevaux, tracé sur la pente orientale,
» au travers des bois qui la couvrent, et par
» un chemin à peine meilleur, qui serpente sur
» la face du nord. Une entrée correspond à
» chacun de ces chemins. A 65 mètres environ
» sous le sommet commence un escarpement
» vertical, et les deux sentiers, tous deux
» creusés dans le roc à partir de cette hauteur,
» sont défendus par des ouvrages ménagés
» dans son épaisseur, ou bâtis de larges pierres
» de grès.

» Quatre portes qui se commandent s'élè-
» vent les unes au-dessus des autres à l'en-
» trée située du côté du levant; il y en a cinq
» à l'entrée du nord. Chacune défend un pas-
» sage étroit, creusé dans le roc, pour monter
» à la suivante le long de l'escarpement, et
» est percée dans une haute et épaisse mu-
» raille crénelée. C'est un ouvrage plein de
» grandeur : ces murailles, ces voûtes sous
» lesquelles on passe, sont couvertes de sculp-
» tures en relief. Les rochers eux-mêmes sont
» tous sculptés.

» Les antiques murailles qui s'élèvent au-
» tour du sommet de la montagne sur la crête

(1) *Tiefenthaler*, I, p. 159-163. *Forster*.

(2) *Journal de Victor Jacquemont*.

» des escarpements, n'ont pas été bâties par » les premiers habitants de cet étrange lieu : » un grand nombre des pierres dont elles sont » construites sont d'un âge antérieur. Elles » sont chargées de sculptures. Adjighur est » une mine au second degré. »

Deux grandes masses de ruines s'élèvent encore sur le plateau : ce sont les restes d'un temple hindou. Une longue inscription en langue bundelkundie est gravée sur une des portes de la forteresse; elle porte que la fondation en est due à un certain Mâlik. Cette construction aurait, suivant l'inscription, 800 ans d'existence; mais Jacquemont lui suppose une antiquité plus grande. Deux compagnies de Sipahis occupent cette forteresse au nom du gouvernement anglais.

On voit à quelques lieues d'Adjighur un fort qui est plus célèbre encore dans les annales de l'Hindoustan : c'est celui de *Kallinger*. Il s'élève comme le précédent sur le haut d'une montagne escarpée et boisée. Il consiste en un rempart de près de deux lieues de circonférence, et dont l'entrée est défendue par six portes, qu'il faut franchir successivement. Dans cette enceinte quelques temples et quelques palais ruinés se tiennent encore debout. Deux ou trois hameaux remplacent une ville considérable qui doit avoir existé jadis sur le sommet de la montagne, car le sol y est partout jonché de débris. Kallinger est un des lieux que les dévots hindous fréquentent le plus. On y voit encore sculptée sur les rochers la statue colossale du dieu *Nilkhand* qui semble représenter le principe fécondateur du monde, et plusieurs autres divinités, ainsi que des chapelles taillées dans le roc. On y remarque aussi un vaste palais ruiné.

« A l'est d'Allah-abad et d'Aoudh s'étend la province de *Behar* ou *Bahar*. La partie méridionale est désignée dans les livres sanskrits sous le nom de *Magadha*; et la partie occidentale forme le petit royaume de *Bénarès*, qui, sous l'empire des Mogols, appartenait à la province d'Allah-abad, et qui, après avoir dépendu quelque temps de celle d'Aoudh, fait aujourd'hui partie de la présidence du Bengale. La province de Bahar est un pays plat et fertile. Elle produit surtout beaucoup de bétel, de salpêtre, d'opium et de borax.

» La capitale du Bahar est *Patna*, appelée aussi *Asym-abad*, ville très grande et mal bâtie, sur la rive méridionale du Gange [1]. Dans ses rues étroites et malpropres on voit des maisons vastes et belles s'élever au milieu des masures et des cabanes. Sa population en 1825 était de 323,000 habitants; elle possède de grandes fabriques d'étoffes de coton, d'orfévrerie, d'ouvrages en fer et en bois, de salpêtre et d'opium; dans les environs on voit des champs de pavots blancs [2]. Vis-à-vis de Patna, dans une île du Gange, est située *Soummoulpour*, la *Sambalaca* des anciens; car en sanskrit elle est nommée *Ssammalaka*, à cause des jeux publics que l'on y célébrait autrefois en l'honneur des héros indiens. Dans la partie au nord du Gange, nous remarquerons *Hadjipour*, ville considérable vis-à-vis et à 2 lieues de Patna, et *Tirhout*, ville de 2 milles de tour, sur la rivière de Bhagmathi.

» Au midi du fleuve nous trouvons *Bahar*, l'ancienne capitale, qui a laissé son nom au pays, mais qui s'est dépeuplée. *Gayah*, *Gyah* ou *Brahmagéa*, lieu de dévotion très fameux chez les Hindous, renferme, parmi d'autres pagodes, celle de Ramah. Les Brahmanes montrent dans cette ville l'empreinte du pied de Vichnou; chaque année plus de 100,000 pèlerins viennent augmenter sa population qui est de 36,000 âmes. Anciennement on y faisait un grand commerce de perles et de pierres précieuses. La célébrité de ses temples remonte à une époque très reculée. A quelques lieues de Gayah est un rocher de granit dans lequel on voit taillée une grande caverne et quelques chapelles avec des inscriptions indiennes [3]. C'est auprès de *Monghir*, en sanskrit *Mudgogiri*, grande ville autrefois très commerçante et résidence d'un nabab, que les Afghans construisirent un rempart qui joignait deux chaînes de montagnes, afin d'empêcher les invasions hostiles. Cette ville est aujourd'hui appelée le *Birmingham* de l'Inde à cause de ses fabriques d'armes et de coutellerie; sa population est de près de 40,000 âmes. A l'est de Monghir, près du Gange, s'élève *Boglipour*, avec une population de 30,000 habitants, la plupart mahométans. On cite ses fabriques de soie et de coton et son collége. Dans une pagode de ses environs, on

[1] Daniell: Oriental Scenery, n° X. — [2] Hodges. Travels in India, t. I. Legoux de Flaix, I, p. 358. — [3] Recherches asiatiques, t. I, p. 300.

voit un monument en l'honneur de l'Anglais Cleveland qui civilisa les habitants du pays.

» La province particulière de *Bénarès* nous attache par cet intérêt doux et noble que l'étude même imparfaite des lettres et des sciences est en droit d'inspirer. C'est ici le sol classique des muses indiennes; c'est ici qu'après la destruction de tant de trônes et les invasions de tant de nations étrangères, les Brahmanes conservent encore le dépôt sacré de leurs connaissances et de leurs fables, de leurs idées morales et de leurs superstitions. »

Bénarè ou *Bénaræusse*, en anglais *Bunarus*, la ville savante des Hindous, s'appelle en sanskrit *Varanachi* ou *Varnachi*, mot composé de *Vara* et *Nachi*, noms de deux ruisseaux. Elle parait avoir eu un nom sanskrit plus ancien, c'est celui de *Kachi*. Le lord évêque de Calcutta, M. Heber, la nomme la Rome et l'Athènes de l'Inde. C'est une des plus belles villes de l'Hindoustan.

« Elle est remplie de fondations pieuses, de beaux jardins, de *tanks* élégants, et de pagodes anciennes et modernes; on distingue entre autres le temple de *Vissvisha* qui est bâti de pierres rouges et orné de belles sculptures, ainsi que des colonnes superbes (¹); ce lieu de dévotion est réputé tellement sacré, que les Hindous se croient obligés de le visiter au moins une fois dans leur vie. On voit dans cette pagode un taureau taillé en pierre, et on y entretient toujours un taureau vivant, comme dans le temple d'Apis en Egypte. Mais la pagode est consacrée à *Maha-Deva* ou *Chiva*, qu'on y adore sous le symbole d'une pierre noire, symbole commun à beaucoup de peuples anciens, et qui parait avoir rapport à l'origine mystérieuse des pierres tombées de l'atmosphère (²). On admirait autrefois à Bénarès l'observatoire astronomique fondé par le radjah Djey-sing. Il est de figure sphérique, et représente l'Univers. Dans l'intérieur on voit le zodiaque et les autres cercles de la sphère armillaire. La coupole de l'observatoire tourne sur un pivot. Le système astronomique que l'on y voit tracé est le même que celui de Copernic, système anciennement connu et adopté des Indiens. Les instruments d'observation sont en partie taillés en pierre (¹). Cet observatoire n'est plus qu'une ruine. L'affluence des pèlerins entretient toujours le commerce de Bénarès dans un état florissant. On y fabrique de l'indigo et des châles faits avec de la laine ainsi qu'avec le poil d'une espèce particulière de vaches. Les études, toujours florissantes, attirent un grand nombre de jeunes Hindous. Les Brahmanes, à l'instar des philosophes grecs, enseignent les sciences et lettres dans les rues, dans les places et sous les arbres (²). »

Cette ville est bâtie à la partie convexe de la courbe que le Gange y forme. Son aspect général diffère de celui de la plupart des villes de l'Inde. Le plus grand nombre des maisons sont bâties en pierres, à trois, quatre, cinq et même six étages: aucune n'en a moins de deux. Les toits, fortement inclinés, sont soutenus par des tasseaux gracieusement sculptés, et les façades ornées de balcons et de galeries. La plupart sont enrichies de camaïeux peints des couleurs vives de la tuile et représentant des hommes, des femmes, des animaux de toute espèce, et les dieux du pays avec leurs formes et leurs attributs divers. Quelques rues sont assez larges pour le passage d'une voiture; mais la plupart n'ont que 6 à 7 pieds de largeur, et beaucoup de maisons se projettent d'un pied au-dessus d'elles depuis le premier étage. Tortueuses autant qu'étroites, pavées de dalles éparses, un cavalier n'y peut marcher avec sûreté. Beaucoup de rues sont fermées par des portes que l'on ouvre le jour seulement. Il n'existe dans cette ville ni jardins, ni promenades, ni places publiques qui méritent ce nom. Mais l'aspect des maisons est extrêmement varié par la profusion d'ornements ciselés sur le bois ou la pierre de leur façade. Il y en a, dit Jacquemont, qui sont toutes couvertes de peintures; mais toujours on en voit quelques unes au-dessus de la porte: figures allégoriques de la théogonie hindoue d'un style lourd égyptien. On rencontre presqu'à chaque pas des temples, en général petits, et disposés comme des niches aux angles des rues et à l'abri des toits. La plupart sont couverts de sculptures de fleurs et d'animaux exécutées avec une perfection qu'on ne saurait assez admirer. Des taureaux

---

(¹) Voyage de *Hodges*, trad. par *Langlès*, t. II, p. 149-150. — (²) *Dulberg*, sur le culte météorique.

(¹) Esquisse de l'Histoire des Indes, trad. de l'angl., t. II, p. 24. — (²) *Legoux de Flaix*, t. I, p. 201.

BÉNARÈS.
BENARES.

apprivoisés et consacrés à *Chiva* circulent librement dans les rues; et des myriades de singes parcourent les habitations, courent sur les toits et font une guerre de tous les instants aux marchands de fruits et de confitures qui, malgré toutes les précautions, ne peuvent toujours soustraire leurs friandises à ces hôtes incommodes. La haute réputation de sainteté dont Bénarès jouit dans l'Inde de temps immémorial attire dans son enceinte un population flottante de pèlerins et de mendiants qui semblent en avoir fait leur rendez-vous général. Néanmoins la police y est si bien faite, grâce à un corps d'officiers ou plutôt de gardes nationaux au nombre de 500, appelés *chuprassies*, et qui sont élus par le peuple, que les crimes y sont fort rares ([1]).

La population de Bénarès passait pour être de 600,000 et même de 650,000 âmes, lorsqu'en 1829 M. J. Princep en a fait le recensement exact en levant le plan de cette ville: elle renfermait alors 181,000 habitants, parmi lesquels on comptait seulement 30,000 musulmans. En ajoutant au total que nous venons de donner le nombre des troupes qui y sont cantonnées, les domestiques des Européens et la population des bazars permanents établis autour de ces cantonnements, Bénarès comptait exactement 200,000 âmes en 1829. Son étendue n'a pas été moins exagérée que sa population. Sa longueur n'excède pas trois milles anglais et sa largeur atteint à peine un mille. C'est un espace peu considérable pour une si grande population ([2]).

Malgré son antiquité, Bénarès ne possède pas d'édifices très anciens; à peine y reste-t-il quelques pagodes antérieures au temps d'Aurengzeb. Ce prince, dit Jacquemont, renversa tous les édifices du culte hindou, et sur les ruines du plus célèbre il éleva la grande mosquée dont les deux minarets dominent toute la ville. Parmi les établissements modernes nous citerons le collège sanskrit qui renferme 200 élèves.

Non contents d'exploiter par eux-mêmes la crédulité des pèlerins, les radjahs hindous ont encore établi des bureaux de religion où leurs *vakils* ou agents font, à leur place, les ablutions et sacrifices commandés par la religion de Brahma et reçoivent les offrandes. Outre ses académies et ses sociétés scientifiques, Bénarès possède un tribunal d'appel, un grand nombre d'écoles hindoues et mahométanes, une université brahmanique nommée *vidalaya* dont les professeurs sont payés par le gouvernement anglais. Les fabriques de soie, de coton et de laine; les châles qu'elle reçoit du nord, les mousselines de Dakka, les marchandises anglaises qui lui viennent de Calcutta en font un vaste entrepôt de commerce, et elle y joint celui des diamants pour lequel elle ne connaît pas de rivale en Asie. Il s'y tient chaque année une grande foire pour les bijoux et les pierres fines. On y fait d'immenses affaires.

Le territoire de Bénarès jouit du plus beau climat: le ciel toujours serein n'y est jamais obscurci par le moindre nuage; la rosée de la nuit suffit au sol fertile, où l'on récolte trois moissons par an, et où les arbres se chargent autant de fois des fruits les plus délicieux.

En face de Bénarès, sur l'autre rive du Gange, on voit *Rhâmnaghar*, citadelle avec un beau palais que les Anglais ont donnée pour résidence au maha-radjah de Bénarès. A 34 milles plus loin, s'élève *Ghazipour*, célèbre par la pureté de son climat et ses jardins de roses dont on distille d'innombrables quantités. Elle a un haras, et à quelque distance on remarque le superbe mausolée de style grec élevé par la compagnie des Indes au marquis de Cornwallis. A *Tchanargar*, ville fortifiée d'environ 15,000 âmes, les Anglais ont établi un hôtel des invalides propre à recevoir environ 1,000 soldats réformés de la compagnie.

Sur la rive droite du Gange on voit *Mirzapour*, dont la population ne s'élevait en 1801 qu'à 50,000 habitants, et qui aujourd'hui, sous l'influence des établissements anglais, et par les franchises accordées au commerce, n'en renferme pas moins de 100,000, d'après les rapports les plus authentiques. Cette ville est fort grande; deux ou trois rues longues, larges et droites la traversent, plantées d'arbres devant les maisons, et ornées de distance en distance de puits, petits monuments du plus agréable effet. Toutes les autres rues sont étroites, souvent même tortueuses, mais moins qu'à Bénarès.

« Auprès de Bénarès est un village nommé *Cachipour*, où il y avait anciennement une

---

([1]) *Reginald Heber, évêque de Calcutta : Narrative of a Journey*, etc. — ([2]) Voyez le Journal de Victor Jacquemont.

hache fort pesante, suspendue à une corde presque comme dans les guillotines; les fanatiques Hindous accouraient en foule y présenter leur cou et se faire trancher la tête, regardant ce genre de mort comme le plus agréable à la Divinité et comme la voie de l'éternelle félicité. Ce fait, rapporté par Tiefenthaler, est traité de fable absurde par M. Legoux de Flaix [1]; celui-ci, qui est si souvent exagéré, aurait cependant dû savoir que l'on voit encore chez les Hindous des supplices volontaires, sinon aussi cruels, du moins aussi déraisonnables [2], fondés sur des préjugés que la civilisation anglaise n'a pu encore déraciner. »

Riouah (Rewah), résidence d'un radjah, sur le Byhor, offre quelques restes de splendeur. La plus grande partie de la ville est close d'épaisses et hautes murailles qui devaient servir jadis très efficacement à sa défense. Des tours en ruines, dit Jacquemont, flanquent ce rempart pittoresque. Une seconde enceinte est formée au-dedans de celle-ci par une muraille assez semblable à la première : c'est encore la ville; mais une troisième enceinte de la même espèce sert de demeure au radjah. Les avenues, l'entrée et tout ce qu'on en aperçoit sont aussi sales et aussi ruinés que le reste de la ville. La population de Riouah paraît être de 7 à 8,000 âmes. Ses environs sont en général bien cultivés. Quelques petits châteaux complètement ruinés sont épars dans la campagne; ils sont tous construits sur le même plan : quatre tours massives flanquent les angles d'un carré dont les côtés sont formés d'épaisses murailles. Quelques chaumières appuient leurs humbles toits contre ces ruines.

« La ville de *Djinpour* ou *Djouanpour*, pendant long-temps le siège d'un roi mahométan, renferme une citadelle à moitié délabrée, un pont assez bien conservé sur la rivière de Goumty, et qui passe pour l'un des plus beaux de l'Inde, une magnifique mosquée et d'autres monuments.

» Une seule province nous reste à visiter pour atteindre les embouchures du Gange. Le *Bengale* s'étend au nord jusqu'aux montagnes du Boutan; du côté de l'est il est séparé de l'empire des Birmans par des fleuves et des déserts; sur la côte il y a des forêts impénétrables; le sol, montagneux dans le nord et l'est, devient plat dans le sud, et marécageux dans l'espace entre le Gange et l'Hougly. La côte se hérisse d'écueils et de bancs de sable. Le Bengale est si bien arrosé, si fertile et si riche par ses productions et par l'industrie des habitants, que tous les fléaux ont en vain conspiré à le dépeupler; il reste toujours dans un état florissant : c'est que la terre n'a point cessé d'y produire en quantité du riz, du froment, du sucre excellent, du coton, de l'indigo, du bois de santal, de l'opium, du poivre-long, des noix d'arec et beaucoup d'autres productions, recherchées avidement par les nations européennes, asiatiques et océaniques, et transportées avec la plus grande facilité jusqu'aux bords de la mer, par le moyen des fleuves, rivières et canaux dont cette province est entrecoupée; ce pays abonde d'ailleurs en bétail, en brebis, en porcs, en volaille et en poissons. Ajoutons à cela son heureuse position, qui lui garantit une sûreté continuelle.

» La situation naturelle du Bengale, dit Rennel, met ce pays à l'abri des attaques des ennemis étrangers. Au nord et à l'est il n'a point à craindre des voisins belliqueux; d'ailleurs il est défendu de ce côté par une barrière formidable de montagnes, de rivières, et des landes immenses qui arrêteraient l'ennemi le plus intrépide; au sud il a pour boulevard des côtes inabordables à cause des bas-fonds, et couvertes de forêts impénétrables; quoique leur étendue soit de près de 100 lieues, il n'y a qu'un seul port, dont l'accès même est très difficile. Ce n'est donc que du côté de l'ouest que le Bengale pourrait craindre quelques attaques, et même sa barrière naturelle est encore assez forte de ce côté. » Ce raisonnement de Rennel n'empêche pas que le Bengale ne puisse être très facilement envahi par une armée qui, accompagnée d'une flottille, descendrait le Gange. Une puissance européenne établie à Kachemir ferait bientôt trembler Calcutta.

« La capitale du Bengale et de toutes les possessions anglaises dans l'Inde, c'est *Calcutta*, ville située sur l'Hougly, à environ 30 lieues de la mer; c'est le siège du gouvernement général et de la première présidence. Calcutta a été bâtie au commencement du dix-septième siècle, sur l'emplacement du bourg

---

[1] *Legoux de Flaix*, t. I, p. 202. — [2] Voyez entre autres *Solvyns*, sur les Hindous, t. I, planche représentant la fête de Juggrenaut.

de Govindpour, dans une contrée marécageuse et remplie de bois. La ville, y compris le faubourg de Thouringhi, compte actuellement 60 à 70,000 habitants (¹). Mais en comprenant avec la ville un circuit de 20 milles, les environs de Calcutta sont si peuplés qu'on peut évaluer le nombre des habitants à 2,300,000 (²). La ville est divisée en deux quartiers, la Ville Noire et le quartier du Gouvernement. C'est dans ce quartier, appelé *Thouringhi*, qu'habitent les Européens, particulièrement les Anglais, qui y ont construit un grand nombre de belles maisons, dont quelques unes d'architecture grecque. La population européenne est de 15,000 âmes (³). Le premier fort, bâti par les Anglais en 1696, a été converti en hôtel des douanes : c'est là que l'on trouve la fameuse prison connue sous le nom de *Trou Noir*, où le soubah Saradjaed-Daoulah, après s'être emparé du fort, fit renfermer la garnison, forte de 146 hommes, dont 123 périrent misérablement, la nuit d'après leur emprisonnement, de chaleur et de soif. Vis-à-vis de cette affreuse prison s'élève une pyramide, monument de la cruauté du soubah.

» Les forêts et les marais qui environnent cette capitale en rendent l'air un peu épais, et les routes qui y conduisent fort mauvaises. Peu d'endroits offrent un aspect aussi brillant que la grande rue de Calcutta vers le soir; les équipages multipliés se surpassent les uns les autres en richesse et en éclat. La table des grands est pourvue de tous les vins précieux des climats lointains; de nombreux domestiques remplissent leurs hôtels et préviennent leurs moindres désirs; leur vie se passe en festins somptueux, en promenades, en courses de chevaux, en parties de chasse. »

Calcutta paraît devoir son nom à un village appelé *Calycutta*, qui possédait un temple consacré à la déesse *Caly*, et qui a disparu lors de la construction de la ville. Les habitations qui se trouvent sur les différentes routes qui conduisent à celle-ci, dans l'espace de quelques milles, sont couvertes de chaume ou de bambou; la plupart sont précédées de petites galeries construites également avec des bambous et des nattes. Les habitations des Hindous et Musulmans de la classe moyenne sont bâties en briques, ont des toits plats et de très petites fenêtres. La Ville Noire, renfermant des bazars ruinés, et des maisons semblables à celles qui se trouvent sur la route, est habitée par la classe des pêcheurs, des ouvriers, etc. L'aspect du quartier du gouvernement offre, selon l'évêque Heber, une ressemblance frappante avec Saint-Pétersbourg. Toutes les maisons ont des façades de palais, et l'aspect misérable de la Ville Noire fait encore ressortir l'opulence de ce riche faubourg, habité par le gouverneur, les Anglais et les Européens. Parmi les principaux monuments, on remarque le palais du gouvernement, le plus beau de la ville, spacieux et d'une superbe architecture; la nouvelle monnaie, édifice immense et d'une élégante architecture; la cour de justice, l'hôtel-de-ville, les deux églises anglicanes, celles des presbytériens et quelques uns des temples consacrés aux autres cultes. On doit citer, parmi les établissements d'utilité publique, les fontaines, les marchés, les hôpitaux, etc. Les temples hindous et les mosquées sont loin de mériter les mêmes éloges. Ces établissements sont, en général, petits, mal bâtis, bas; et les bazars, si beaux en Perse et dans l'Asie ottomane, sont ici mesquins et dégarnis, et n'offrent aucun abri. C'est auprès de Calcutta qu'est bâti le fort William, le plus vaste et le plus régulier de l'Inde : les hommes de l'art admirent son arsenal, sa fonderie de canons et ses vastes casernes.

Quoique habitée principalement par des Hindous et par d'autres Asiatiques, Calcutta offre les institutions et les amusements de la plupart des grandes villes de l'Europe. Elle compte un grand nombre d'établissements scientifiques : le collège sanskrit, le *Medresseh* ou collège mahométan, le collège épiscopal, le gymnase, l'Académie arménienne, l'école du commerce, celle des jeunes filles indiennes, et nombre d'autres maisons destinées à l'instruction. Parmi les corps savants, on doit citer la Société asiatique et la Société de médecine et de phrénologie. Ces deux sociétés publient des Mémoires importants : leurs nombreux travaux, justement appréciés, sont recherchés en Europe. On doit encore citer le théâtre, la loge maçonnique, et le jardin de botanique; le plus bel établissement de ce

---

(¹) M. Legoux de Flaix lui en donne 1,200,000, nombre évidemment exagéré. — (²) *Rienzi*: Statistique de l'Inde en-deçà et au-delà du Gange. — (³) *Idem.*

genre qui soit hors d'Europe, et qui renferme les végétaux les plus rares. Calcutta compte plusieurs imprimeries : on y publie 11 journaux, dont 4 en bengali et 2 en persan. Le port, formé par le bras de l'Hougly, peut contenir des bâtiments de 500 tonneaux, et présente l'aspect d'une forêt de mâts portant les couleurs de toutes les nations. Le mouvement des quais répond à tout cet attirail, et l'on traite sur cette place des affaires aussi importantes que sur les principaux marchés européens. L'importance toujours croissante de cette capitale a fait sentir au gouvernement anglais la nécessité d'un chef religieux, et, depuis quelques années, il en a fait le siége d'un évêché anglican dont la juridiction s'étend sur toutes les églises de cette religion établies dans l'Hindoustan.

Barrackpour, gros village bien bâti, à six lieues de Calcutta, sert de garnison aux troupes de la province de Bengale; on y remarque la maison de plaisance et les beaux jardins du gouverneur-général de l'Inde. Quelques milliers de huttes en paille, plus propres que celles des faubourgs de Calcutta et régulièrement alignées, dit Victor Jacquemont, reçoivent les Sipahis. Les officiers européens habitent sur la lisière du camp, dans de nombreuses maisons appelées *bungalows*, d'un extérieur assez rustique, mais pourvue au-dedans de tous les comforts anglais dans l'Inde. Sur un autre de ses flancs est un village de marchands, un peuple d'ouvriers, de détaillants, qui vendent aux Sipahis tout ce dont ils ont besoin, et qui les suivent à la guerre avec leurs bestiaux et leurs magasins (¹). Le camp se compose d'environ 4,000 chaumières.

Sirampour, ou *Sérampour*, qui, pendant les premières années de la dernière guerre entre la France et l'Angleterre, avait dû à la faveur de son pavillon neutre l'avantage de devenir une des principales villes de commerce de cette côte, est bâtie presqu'en entier à l'européenne, sur la rive droite de l'Hougly, vis-à-vis Barrackpour. Suivant l'expression de Jacquemont elle a l'air d'une ville d'opéra, élevée là tout exprès pour former un point de vue charmant de Barrackpour. Elle renferme environ 13,000 habitants, et est le siège du gouvernement danois dans l'Inde. C'est dans cette ville que se sont établis les missionnaires baptistes, qui, sous la direction du docteur Carey, ont publié et publient encore des traductions de la Bible dans les divers idiomes indiens et orientaux. L'objet de leur mission était uniquement de convertir les Hindous à la religion chrétienne; mais bientôt ils ont pris une direction scientifique, établi leur imprimerie, institué un collège où sont reçus, non seulement les indigènes chrétiens, mais encore les jeunes gens qui suivent les religions brahmanique et mahométane. Une société publie, à Sirampour, les Transactions de la Société agricole et horticole de l'Inde.

A vingt milles plus loin environ, sur la rive droite de l'Hougly, s'élève *Chandernagor*, ou *Tchandernagor*, ville régulière et bien bâtie, avec des maisons blanches et des toits plats. Les Anglais ne l'ont cédée à la France qu'à condition qu'on ne relèverait pas les ruines des fortifications. Les quais et les rues qui y aboutissent sont habituellement déserts, l'herbe y pousse partout; point de magasins, point de traces de voitures; les palanquins même y sont rares. *Hougly*, ville si importante au seizième siècle, alors que toutes les nations commerçantes de l'Europe y avaient établi des comptoirs, appartient aux Anglais : de beaux bâtiments s'y élèvent de toutes parts aux frais et pour le service de la compagnie; les ornements et l'architecture grecque y sont prodigués. « En marbre ou en pierre, cela serait fort élégant; mais ces corniches et ces acanthes de mortier, appliqué sur de mauvaises briques et qu'il faut refaire tous les trois ans, ne ressemblent pas mal à des toiles peintes, à des décorations d'opéra (¹). » Le plus bel édifice d'Hougly, le seul digne de ce nom, le seul vraiment européen, c'est l'église, bâtie par les jésuites; elle porte le millésime de 1599 et elle paraît toute neuve.

Bardouan, que les Anglais écrivent *Burdwan*, aux bords de la Banka, que l'on y passe sur un beau pont, est une jolie petite cité anglaise à peu de distance de la ville indienne du même nom, assemblage de faubourgs populeux, mais bâtie de misérables huttes de boue, couvertes de chaume. On y remarque la maison du radjah, qui occupe un immense emplacement, et se compose d'une multitude de bâtiments de toute grandeur et de toutes couleurs, jointes sans règle et sans

---

(¹) Journal de Victor Jacquemont, 2ᵉ partie.

(¹) Journal de Victor Jacquemont.

goût. La population de cette ville, qui passe pour être très salubre, s'élève à plus de 50,000 âmes.

Saseram, cité indienne, autrefois très populeuse, ne compte plus que 10,000 habitants ; les demeures des vivants y occupent moins de place que celles des morts : il y a des rues qui ne sont bordées que de tombes et de mosquées. Parmi ces ruines s'élèvent les dômes du mausolée et de la mosquée du Padischah. La mausolée est un édifice octogone que recouvre un dôme légèrement bombé, flanqué de petits minarets. Une galerie ouverte et voûtée règne tout autour. Dans l'intérieur on voit la tombe du fondateur et celles des membres de sa maison. Les murs sont chargés d'arabesques élégants sculptés dans la pierre. La mosquée se trouve isolée au milieu d'un grand bassin rempli d'eau : les milans, les corbeaux et d'autres oiseaux de proie en ont pris possession. Une grande porte restée debout au sud de la ville, où elle domine comme une tour toutes les maisons environnantes, était sans doute celles de l'enceinte de la demeure du prince ; quelques familles de tisserands nichent avec les oiseaux, comme le dit Victor Jacquemont, dans les ruines du palais.

Dakka, long-temps capitale du Bengale, aujourd'hui siège d'une cour d'appel, est bâtie sur la rive gauche du Bori-Gange (vieux Gange). La population totale de cette ville, non compris la garnison, s'élevait en 1830 à 66,989 habitants, dont 31,429 hindous, 35,238 mahométans et des arméniens, grecs et autres étrangers. Cette évaluation est bien éloignée de celles que nous possédions jusqu'ici, car Hamilton la portait à 200,000 âmes, et l'évêque Heber, ainsi que M. Matter le magistrat de cette ville, à 300,000. Au reste, il est un fait constant, c'est que depuis 1814 sa population a dû éprouver une diminution immense, car le nombre de maisons taxées s'élevait dans cette année à 21,631, tandis qu'il n'était plus que de 10,708 en 1830. Dès l'année 1801, le commerce de cette ville, qui était très florissant avant cette époque, avait commencé à décliner, et la résidence commerciale anglaise fut supprimée en 1817 ; déjà les factoreries françaises et hollandaises n'existaient plus depuis long-temps ; l'art même de la fabrication des mousselines très fines, qui faisaient la réputation de cette ville, est maintenant perdu (¹).

Mourchid-abad, siége d'une cour d'appel, est une ville très industrieuse avec 16,000 habitants. Non loin de là, *Kassim-bazar*, célèbre par ses riches fabriques de tissus, est regardé comme le port de Mourchid-abad. *Burkampour* est l'une des six grandes stations militaires de l'Inde.

Malda, à 62 milles plus loin, a été construite sur les ruines de Gour, et renferme un grand nombre de fabriques de soie. Sa population est évaluée à 18,000 âmes. *Gour*, si célèbre dans les fastes de l'Inde, était bâtie sur les bords du Gange, et occupait, avec ses faubourgs, une superficie carrée de 60 milles anglais. Des murailles de 80 pieds d'élévation indiquent l'emplacement de son palais. Les remparts de la citadelle sont encore debout. On distingue parmi ses ruines, des temples, des mosquées, des palais et des tombeaux. Sur le vaste emplacement qu'occupait cette ville se trouvent aujourd'hui plusieurs bourgs et des forêts peuplées de bêtes féroces.

« Visitons maintenant les contrées qui, renfermées dans une double enceinte de montagnes, séparent les plaines du Gange du plateau du Tibet. En commençant du côté de l'ouest, nous rencontrons le district de *Gorval* ou *Gherval*, en anglais *Gurwal*. Cette magnifique vallée, arrosée par les rivières de Bhagiraty et Alakananda, se compose de cinq plaines ; celle du centre s'étend au-delà du Gangâtri, ou la première chute du Gange. La plaine centrale renferme la capitale du pays, nommée *Sirynagor*. Au sud, on voit la plaine de *Doun*, qui touche au Rohilkend, petit pays qui doit son nom à la tribu des Rohillas. Le Sirynagor, anciennement tributaire de l'empereur de Delhi, du moins en grande partie, s'est vu forcé, depuis la chute du trône du Mogol, à payer un tribut au radjah de Gorkha ; les Seïkhs exigèrent également un tribut de la contrée de Doun. Aujourd'hui le Sirynagor ou pour mieux dire tout le Gorval appartient aux Anglais, et dépend de la présidence de Calcutta. »

D'innombrables rivières qui descendent des monts Himalaya parcourent ce pays ; mais le sol est généralement pierreux ; il n'offre quel-

(¹) Asiat. Journal du 6 juillet 1831.

ques parties fertiles que dans les vallées : aussi la récolte des grains ne suffit-elle pas à la consommation des habitants. Dans les lieux élevés on cultive de l'orge et du froment; dans les lieux bas du riz, du mandhnah (*cynosurus caracarus*), du sama (*panicum fromentaceum*), du chanvre, du lin, et plusieurs sortes de légumes particuliers au climat qui règne dans ce pays. L'hiver y est froid; la neige couvre les montagnes et même les vallées; mais elle séjourne peu de temps dans celles-ci. En été la chaleur est excessive dans les vallées, bien que plusieurs montagnes conservent la neige toute l'année. Dans ce pays les orages et les tremblements de terre sont fréquents. Des mines de cuivre, de fer et de plomb existent dans plusieurs localités, mais elles ne sont point exploitées. On extrait par le lavage des parcelles d'or du sable de plusieurs rivières.

Les rochers qui encombrent les lits des rivières les empêchent d'être navigables. Les routes ne sont que des sentiers dirigés sur les flancs des montagnes, dans la direction des principaux cours d'eau. Ces chemins, réparés tous les ans pour les pèlerins, sont impraticables pour les bêtes de somme : aussi le moyen de transport le plus sûr est-il à dos d'homme.

Le Gorval est rempli de temples renommés, dont les plus célèbres sont ceux de Diprag et de Badrynath; la vénération des Hindous pour ces lieux saints y attire un grand nombre de pèlerins. Le peuple de ce pays prétend descendre de colonies qui ont émigré du Sud, et s'abstient de tous rapports avec les montagnards aborigènes qu'il regarde comme impurs et barbares. Une seule petite rivière sépare le district de Sirynagor de celui de Kemaoun, et cependant les habitants de ces deux pays diffèrent essentiellement par les caractères physiques, les vêtements et le langage.

Sirynagor, au milieu d'une vallée, est située sur la gauche de l'Alakananda qui y a 80 mètres de largeur dans la belle saison, et qu'on y traverse sur un pont en cordes. Cette ville, autrefois la résidence d'un radjah, a beaucoup perdu de son importance, soit parce qu'elle a beaucoup souffert des tremblements de terre qui ont renversé le palais du prince, soit par l'influence de l'air malsain qui y règne, soit enfin par suite des invasions des Gorkhas. En 1821 on y comptait à peine 560 maisons. Elle renferme beaucoup de pagodes, et de l'autre côté de la rivière un célèbre temple hindou attire un grand nombre de pèlerins.

« On nomme encore parmi les villes, *Dewaprayagor* ou *Diprag*, avec un temple célèbre que les Brahmanes prétendent exister depuis 10,000 ans [1], et *Bhadry-nath*, dont le nom signifie *Dieu de la Pureté*, et qui est un lieu de pèlerinage. Au nord-est de Sirynagor s'étendent les vallées du canton de *Badrikasram*, dominées par de petits seigneurs brahmanes. *Kidar-nath* est le principal endroit : c'est un temple situé sur le versant méridional des monts Himalaya, dans un lieu presque inaccessible.

» Au district de Sirynagor succède celui de *Kemaoun*, qui tire son nom des montagnes qui le traversent et qui sont une continuation de la chaîne de Sioualik ou Sivalik. On le divise en trois cantons : ce sont ceux de *Katur* ou *Almora*, *Kemaoun* et *Doty*. Une portion du Gorval faisait anciennement partie de l'empire mogol. *Amora* renferme un très modeste palais de résidence [2]. C'est dans cette ville que se sont établis la plupart des négociants qui ont quitté Sirynagor. Mais les scènes de la nature mériteraient d'être examinées; la rivière de Gograh, après avoir formé un lac très allongé, nommé le *Kanal*, passe avec violence entre sept montagnes, dont elle détache souvent les rochers. Près de *Dipael* ou *Dipal*, une petite rivière naît de trois sources qui jaillissent dans autant de cavernes volcaniques, d'où il sort du vent, de l'eau et des flammes. »

« Le royaume de *Neypal*, d'abord indépendant, puis tributaire du Gorkha, passa sous la protection de la Chine, et redevint sujet du radjah de Gorkha. Il s'étend en-deçà et au-delà de la rivière de Konki, entre les deux chaînes de l'Himâlaya. C'est une plaine très fertile et entourée de montagnes qui offrent de toutes parts un amphithéâtre verdoyant, semé de villes, de villages, et couronné dans le lointain par des neiges perpétuelles. Le climat varie selon l'élévation, et on a vu des armées périr en partie de froid à cette latitude méridionale [3]. Le sol produit abondamment du riz, du coton, du poivre, du gingembre, des rai-

---

[1] Hardwick: Journey to Sirinagor. — [2] *Tiefenthaler*, I, tab. 3. — [3] *Kirkpatrick*, account of the Kingdom of Nepaul, p. 215-216 (Londres, 1811).

sins et diverses espèces de fruits; on exporte encore du miel, de la cire et de l'ivoire. Les éléphants et les singes habitent en grand nombre les forêts; on rencontre souvent des troupes de 200 à 300 éléphants; les buffles abondent dans les vallées; on y voit des moutons à quatre cornes (¹). Les mines donnent du fer excellent, du cuivre et d'autres métaux. »

Il est partagé en 9 districts, le Neypal, le pays des 24 radjahs, celui des 22 radjahs, le pays des Kirâts, le Makwanpour, le Khâtang, le Tchayenpour, le Saptaï et le Morang. Sa longueur de l'ouest à l'est est d'environ 200 lieues géographiques, et sa largeur de 45. On peut évaluer sa superficie à 6,900 lieues.

« A l'est du Kemaoun s'étend, sur 70 lieues de long et 50 de large, le *Gorkha*, contrée montagneuse peu connue, et qui n'a jamais été entièrement soumise. Tributaire d'abord des empereurs mogols, et puis du royaume de Neypal, elle parvint à secouer le joug et à s'emparer du Neypal même. Partagée en un grand nombre de petites principautés, on la désigne aussi sous la dénomination de *territoire des vingt-quatre radjahs*; mais ces seigneurs paraissent se trouver aujourd'hui dans un état de vasselage. La capitale, *Gorkha* ou *Gor*, était autrefois le siège d'un radjah. Ses palais étaient des cabanes de roseaux couvertes de chaume. Cette ville renferme environ 2,000 maisons et un temple célèbre. Un autre radjah demeurait jadis à *Choumlah*, ville située auprès de la frontière du Grand Tibet, sur une montagne dont le sommet est toujours caché sous la neige. Enfin, d'autres villes étaient occupées aussi par des radjahs: telles sont *Argha*, bâti sur le sommet d'une montagne; *Galkot*, composé de 500 maisons défendues par un château-fort; et *Malebom* ou *Dhorali*, cité peuplée et commerçante. »

Le *Chilli* ou *Tchilli*, plus connu sous le nom de *pays des vingt-deux radjahs*, est situé au nord du précédent. Parmi ses villes, du reste peu connues, nous citerons *Garioudon* ou *Kerton*, que les Anglais nomment *Gurdon*, sur la Gograh; elle est entourée de remparts, et les Chinois y ont un fort.

Le pays des *Kirats* ou des *Kiratas* comprend plusieurs vallées des monts Himâlaya. Ce peuple, autrefois guerrier, maintenant agri-

(¹) Buchanan: Relation inédite, déposée aux archives de la comp. des Indes anglaise.

culteur, paraît être d'origine tatare. Sa plus importante cité est *Khansa*.

La ville principale du Neypal, *Katmandou*, le *Goungoulpatan* des anciens livres, le *Yendaïse* des Parbatties, et le *Kathipour* des montagnards, qui, jusqu'en 1768, n'était que la capitale du Neypal proprement dit, est devenue depuis cette époque la résidence du roi. C'est une ville de médiocre étendue, sans monuments, bâtie dans une agréable vallée arrosée par le Bichenmatty. Ses rues sont étroites et tortueuses, et les maisons irrégulières en général sont très élevées; plusieurs ont jusqu'à quatre étages. Les temples dédiés à Bouddhah y sont très nombreux et d'une grande magnificence. Sa population paraît être de 20,000 âmes. *Lalita-Patan*, près de la rive gauche du Baghmatti, est mieux bâtie et compte 25,000 habitants. C'était l'ancienne résidence des princes de Gorkha.

« La ville de *Kirthipour*, très forte, résista, en 1768, au radjah de Neypal, qui, animé d'une vengeance barbare, fit couper le nez aux habitants, et, afin de perpétuer la mémoire de son atrocité, ordonna que la ville portât désormais le nom de *Naskatapour*, la cité des gens au nez coupé. Depuis cette époque elle n'a plus que 6,000 habitants.

» Le *Mokvanpour* ou *Makwanpour*, qui était autrefois gouverné par un radjah indépendant, est borné au nord et au nord-est par le Neypal proprement dit. On y trouve, à *Chimangada*, des ruines d'une antiquité remarquable. La ville de *Makvanpour* est une petite forteresse située sur une montagne, à 6 lieues au sud de Katmandou. »

Au sud-est du Mokvanpour est la principauté de *Morang*, pays boisé, dont le climat est malsain. Le chef-lieu est *Vidjayapour*, que défend un fort.

Le *Khatang*, borné au nord par le Tibet, est compris entre l'Himâlaya et les monts Lama-dang-ra, riches en cuivre et en fer. Il est peu peuplé, et gouverné par un soubah qui réside dans la forteresse de *Hidang*.

Le district de *Tchayenpour*, pays riche et fertile, porte le nom de son chef-lieu, petite ville commerçante, défendue par un fort. Enfin le *Saptaï*, borné au nord par le Khatang et à l'est par le Morang, a pour chef-lieu *Naragari*.

« La population du Neypal, estimée à

2,500,000 individus, se compose d'Hindous, de la caste des Brahmanes ou de celle des Radjepoutes, attachés à leur ancienne religion; de montagnards appelés *Porbottis*, parmi lesquels on remarque les *Bhottoas*, tribu qui se rase la tête et même les sourcils; et de *Niouars*, race probablement tibetaine, ou, selon d'autres, chinoise ([1]). Les Niouars adorent jusqu'à 2,733 dieux et déesses; ils mangent la chair des bœufs, et se livrent à l'agriculture ainsi qu'aux arts. Ils réussissent à fondre de grandes cloches, à faire du papier, de la bonne coutellerie, de grosses étoffes de laine; ils sont excellents charpentiers. Leur langue, dont il y a plusieurs dialectes, ne saurait rester longtemps inconnue, puisque, parmi les livres de la Propagande, il en existe un en langue *niouarse*, qui sans doute attirera l'attention des savants ([2]). »

Une coutume assez singulière est répandue chez les Niouars : les femmes ont la liberté de divorcer et de se remarier aussi souvent qu'elles le veulent. Parmi les usages singuliers des Neypaliens, on cite celui de faire accompagner les princesses par une garde de femmes armées.

D'après les renseignements les plus récents les Porbottis comprennent cinq tribus autres que celles que nous venons de citer : ce sont les *Djariyas*, les *Gourongs*, les *Mourmis*, les *Lapchas* et les *Limbous*. Toutes ces tribus de montagnards ne professent pas la même religion : les Bhottoas et les Mourmis sont en général attachés au lamisme; il y a parmi eux quelques mahométans. Les Gourongs sont bouddhistes; le brahmisme domine chez toutes les autres tribus. Leurs prêtres sont très versés dans le sanskrit : on assure qu'une de leurs bibliothèques contient 15,000 volumes écrits dans cette langue.

Les Niouars, qui sont aussi bouddhistes, paraissent, suivant quelques voyageurs, provenir d'un mélange de Mongols et d'Hindous de basses castes. Ils habitent aux pieds des montagnes. Les *Dhenouars* et les *Mandjys* qui habitent dans la partie occidentale, parlent un dialecte particulier nommé kachpoura. Chez les montagnards on parle autant d'idiomes qu'on y compte de tribus differentes; mais l'hindoustany est généralement compris dans tout le Neypal. Le gouvernement de cette contrée est despotique, et le radjah est regardé comme le propriétaire du sol.

La principauté de *Sikkim*, située à l'est du Neypal, est renfermée entre les monts Himâlaya au nord, le mont Karphok au sud, le Kouki à l'ouest, et la Tystah à l'est. Sa longueur du nord au sud est de 30 lieues, sa largeur de l'est à l'ouest de 18, et sa superficie de 500 lieues géographiques carrées. Parmi les petites rivières qui traversent ce pays, on peut citer comme les plus importantes le Raman et la Djhami-Kouma.

Les habitants sont les *Bhoutis* qui habitent les plaines, et les *Lapchas* qui occupent les montagnes. Les premiers, adonnés à l'agriculture, sont doux et paisibles; les seconds, qui sont pasteurs, sont rudes et grossiers. Les uns et les autres professent le lamisme.

Ce pays est gouverné par un prince tibétain allié des Anglais. *Sikkim*, appelé aussi *Dumou-Dzouny* qui en est la capitale, est une ville peu considérable. *Naggry* ou *Nagricotte* est une station militaire qui commande un passage important dans les montagnes.

» Telle est la série des contrées montagneuses qui séparent le Tibet de l'Inde britannique. »

([1]) Quarterly Review, t. II, p. 318. *Kirkpatrick*, p. 187. — ([2]) *Adler*: Voyage pour la critique de la Bible, p. 171, en allemand. *Nevarro* est évidemment synonyme de *Newar*.

LIVRE CENT QUARANTE-HUITIÈME.

Suite de la Description de l'Asie. — Inde ou Hindoustan. — Description spéciale du Dékhan, ou de la presqu'île en-deçà du Gange.

« Au sud de l'Hindoustan propre, s'étend une belle et fertile péninsule, nommée généralement le *Dékhan,* selon les uns parce qu'elle est au midi ([1]), et selon d'autres, d'après sa position, *Daxine,* ou à main droite : c'est sa situation pour ceux qui regardent le soleil levant.

» Cette dénomination a été prise dans divers sens; le plus étendu paraît avoir été le plus ancien; car il est certain que toute la péninsule faisait partie du *Pounyabhoumi* ou de la terre sainte des Brahmanes. Elle est remplie d'antiques lieux de pèlerinage. Aussi loin que la tradition ou l'histoire remonte, elle fut habitée par les Hindous. A l'époque où les Pouranas furent composés, elle était divisée, ainsi que le reste de l'Hindoustan, en un nombre infini de petites principautés.

» Les cinq grandes nations qui peuplent et cultivent cette contrée sont appelées collectivement les cinq *Draviras.* De leur nombre les *Gourjanas* ou *Goujers* semblent s'être réunis aux autres, par des circonstances maintenant inconnues. Les *Mahrattes* et les *Telingas* sont toujours des nations nombreuses et puissantes, occupant les parties occidentale et orientale de la péninsule du nord. Ils étaient bornés au sud par les *Carnatas* ou *Cannaras,* qui s'étendaient jusqu'aux deux côtes. Les *Tamoulas* ou les *Draviras,* proprement dits, demeuraient à l'extrémité méridionale. Cette division de peuples, marquée par la diversité du langage et de l'écriture, et consacrée par une religion qui défend le mélange des castes, a résisté au choc des conquêtes, aux caprices des tyrans, et même à l'intolérance de la bigoterie mahométane. On peut, en effet, rencontrer dans les limites de chacun de ces peuples un certain nombre des autres, qui ont été engagés à émigrer par des motifs d'intérêt, ou obligés de fuir par la cruauté de quelque conquérant; mais leurs mœurs, leurs usages, leur langue, leurs cérémonies religieuses et nuptiales, attestent à la fois leur origine et le caractère de stabilité attaché à toutes leurs institutions.

» Les conquêtes et les révolutions politiques firent varier les limites et l'importance respectives des royaumes formés dans la péninsule. Celui dont au quinzième siècle *Vijaya-nagara* ou *Bisnagar* était la capitale, porte spécialement le nom de Dékhan dans les écrits des Portugais, des Arabes et des Turcs; il comprenait les provinces de Khandeïch, d'Haïder-abad, de Daoulet-abad, de Visiapour, de Golconde et une partie du Bérar. On l'appelait aussi le royaume de *Narsinga,* d'après un titre que prenaient les souverains. Ayant conquis une partie de ce royaume, et notamment le Daoulet-abad, les empereurs mahométans ou les grands-mogols le firent appeler *gouvernement* ou *vice-royauté de Dékhan.* Cette province s'agrandissait ou se rétrécissait selon la fortune des armes. Enfin le vice-roi ou *nizam* du Dékhan, ayant profité de la faiblesse de ses maîtres pour se rendre souverain, créa un État indépendant, aujourd'hui vassal de l'Angleterre, et qui prend aussi le nom spécial de *Dékhan.*

» Grâce à ces sortes de changements, les noms de province, aujourd'hui les plus connus dans la géographie du Dékhan, sont tantôt ceux de gouvernements mogols, tantôt ceux des royaumes indigènes ou musulmans, et quelquefois ceux des anciennes tribus. Sans plus de discussion, il faut remarquer les suivants. Le *Kandez* ou *Khândeïch* s'étend sur la lisière de Malvah jusqu'au *Baglana,* pays qui comprend une partie de la chaîne occidentale des Ghattes. L'*Aureng-abad,* avant le règne d'Aureng-Zeb, nommé *Daoulet-abad,* et plus anciennement le royaume de *Déoghir,* renferme les contrées situées sur le cours supérieur du Godavery. Le *Visiapour* ou *Bedjapour* s'étend sur les bords de la Kistna ou Krichna. A l'ouest de ces trois anciens gouvernements, le *Konkan* est formé des pays littoraux depuis Daman jusqu'à Goa. On com-

---

([1]) Du sanskrit *dékhan*, qui signifie *sud.*

prenait sous le nom de *Telingana* les États situés entre les rivières de Godavery, Krichna et Gondegam; ce nom a cédé la place à celui de *Golconde*, et après la chute de la capitale de ce nom, à celui de *Haïder-abad*. Le territoire de l'ancien radjah de *Bider* s'étend entre Haïder-abad et Bedjapour. Le *Bérar*, appelé anciennement *Magnadesham*, est situé vers les sources du Nerbouddha, du Mahanady et du Baïn-Ganga. La partie septentrionale du Bérar, qui est la plus montagneuse, s'appelle *Gandouana*, du nom d'une nation à demi sauvage, les Gands. La province d'*Orissa* ou d'*Oriçah*, est située sur le golfe de Bengale et s'étend depuis l'ancien royaume de Telingana jusqu'au Bengale; son nom s'écrit aussi *Oriah*, et c'est le pays d'*Utkala* des géographies sanskrites [1]. En descendant la côte, on trouve le *Karnatik* qui s'étend jusqu'au pays de Mysore ou Maïssour et la rivière de Pal-aur. Le *Coromandel*, entre le cap Kalymere et l'embouchure de la Krichna, s'appelle proprement, selon le P. Paulin, *Tchoro-Mandalam*, pays du millet; d'autres aiment mieux retrouver dans *Tchoro-Mandalam* le nom de l'ancien peuple des *Soræ* [2]. Entre le Coromandel, les rivières de Kavery et les monts Ghattes, est situé le pays de *Madouré*. Le *Koïmbettour* et le *Maïssour* ou Mysore sont limitrophes du Karnatik : on les comprend même quelquefois sous cette dénomination générale. Tous les géographes ne donnent pas la même étendue à la côte du *Malabar*; les uns appliquent ce nom à toute la côte occidentale de la presqu'île : les autres la bornent, avec plus de raison, au pays situé entre le cap Comorin et le cap Dilly. Enfin le *Kanara* commence au Malabar et finit aux Ghattes et au *Konkan*.

» Les divisions politiques actuelles diffèrent encore de celles-ci; elles comprennent les présidences anglaises, et ce qui reste des anciens États des Mahrattes, tels que ceux du Nizam ou royaume de Dékhan, celui de Mysore, celui de Nagpour, et une foule de petites principautés. L'Hindoustan, et surtout le Dékhan, méritent autant que l'Allemagne le surnom de *Croix des Géographes*; aussi les compilateurs de géographies anglaises ont-ils pris le parti commode d'en négliger entièrement la topographie. Nous tâcherons d'indiquer au moins les traits principaux d'une contrée aussi intéressante.

» Les *Mahrattes* méritent de fixer un instant l'attention. Ce peuple, encore inconnu aux Européens il y a un peu plus d'un siècle, et qui n'avait aucune place distincte sur nos cartes géographiques du milieu du dernier siècle, a possédé jusqu'en 1818, après avoir renversé l'empire du Grand-Mogol, le plus vaste État libre de l'Inde. Ils descendent de la dernière caste hindoue, et sont divisés en trois tribus; ce sont celles des fermiers, des bergers et des vachers. Leur nom originaire paraît être *Maha-Raschtra*, les grands guerriers. Les montagnes des Ghattes occidentales renfermaient une province de *Mehrat* ou *Mahrat*, province que les cartes d'Arrowsmith ne marquent point, et qui, selon quelques auteurs, est le pays natal de cette nation [1]. Ils furent de tout temps liés avec les pirates de la côte occidentale, et portaient aussi le nom de *Ganim* ou brigands [2].

» Les Mahrattes, cultivateurs et guerriers, n'ont aucune notion des lettres; ce sont les Brahmanes qui ont la direction des affaires politiques. Les Mahrattes ont une petite taille et sont généralement mal faits. Leur constitution, très remarquable, présente, selon M. Tone [3], une république militaire, composée de radjahs ou de chefs indépendants les uns des autres, à la tête desquels était le *Peichwa*, qui était lui-même réputé un ministre du grand radjah; mais le pouvoir de celui-ci n'était plus que titulaire. Le peichwa possédait peu de territoire; ses revenus annuels, composés principalement de contributions, ne s'élevaient pas au-dessus de quatre crores de roupies. Toutes les charges à sa cour étaient héréditaires; les grands fonctionnaires opprimaient le peuple, et surtout les provinces conquises, et en tiraient des sommes énormes. Ces vexations dépeuplaient le pays et y répandaient la misère. « Je ne crois

---

[1] *Wahl*: Ostindien, II, p. 618. Comparez *Colebrooke*, Asiat. Researches, t. V, n° 22. — [2] *Idem*, ibid., p. 630. Comparez *Anquetil*, Recherches, I, p. 28 sqq. *Tieffenthaler*, II, p. 81.

[1] *Orme*, cité par *Wahl*, II, 383. — [2] *Anquetil*: Oupnekhat, t. II, p. 774. — [3] *Tone*: Aperçu de la Constitution politique de l'empire des Mahrattes, traduit dans les *Annales des Voyages*, t. V. *Chambers*, sur les Mahrattes, dans les *Recherches asiatiques*.

pas, dit M. Tone, qu'on puisse citer dans l'univers un gouvernement moins capable de protéger les sujets que le système vague et incertain des Mahrattes, ni une administration plus rapace, plus corrompue, moins stable et moins propre à procurer du bonheur aux particuliers et de la tranquillité à l'État. C'est à cela qu'il faut attribuer le malheur extrême du peuple, l'oppression, la pauvreté et la famine qu'il éprouve, et auxquelles ce pays semble dévoué. » Les forces réunies des Mahrattes dans le Dékhan seul se montaient, dans la guerre contre le Nizam ou Nidzam, en 1794, à 200,000 hommes. Un camp mahratte, remarque M. Tone, se forme sans ordre et sans régularité; il occupe toujours une grande étendue de terrain. Quand la tente du prince est dressée, on place en face le grand bazar, où l'on expose en vente toutes sortes de marchandises; on y porte tous les objets des arts et du commerce. Le chef tire toujours de son bazar un produit considérable. Chaque marchand, chaque particulier qui veut exercer une profession, paie un droit qui est d'environ 5 roupies par mois. Les danseuses, dont plusieurs centaines suivent toujours un camp, sont aussi soumises à ce droit. Il en est de même des filous, dont un très grand nombre accompagne l'armée sous la protection du prince. La cavalerie mahratte fait des marches très longues, et supporte de très grandes fatigues; on donne aux chevaux de l'opium pour les rendre plus alertes. Les armées sont accompagnées d'une espèce d'hommes particulière, les *vanjaris*; ce sont des marchands ambulants qui vivent en troupes, et vendent aux armées des grains, fabriquent de grosses toiles, et rapportent sur leurs bœufs diverses marchandises.

» Les États des Mahrattes étaient de deux espèces; les uns occupés et régis par eux, les autres seulement tributaires. Nous avons parlé des pays qui leur étaient soumis dans l'Hindoustan; il nous reste à faire connaître leurs possessions dans le Dékhan.

» Les États dits du *Peichwa* en formaient une grande partie, mais ils étaient partagés entre le Peichwa et divers princes mahrattes qui n'obéissaient qu'à la force et à la fortune. Les provinces très morcelées que possédait immédiatement le Peichwa, s'appelaient aussi le *Pounah*, du nom de la capitale, qui l'était en même temps de tous les États mahrattes en général. Elles ont été conquises par les Anglais et font partie aujourd'hui de la présidence de Bombay.

» *Pounah* est située dans la province d'Aureng-abad, à 30 lieues de Bombay, au confluent de la Mouta et de la Moula. Elle est bien peuplée, mais mal bâtie; les maisons en sont de briques ou d'argile. Du reste, il n'y a ni beaux édifices, ni grands jardins, ni même un pont sur la rivière qui la traverse. *Sâtarak* ou *Setarah*, l'ancienne capitale des Mahrattes, est aujourd'hui la capitale d'un petit royaume tributaire. Le radjah s'y est fait bâtir un beau palais. La citadelle, située sur une montagne, est une des plus fortes places de l'Inde. Ce petit État renferme aussi *Ponderpour*, ville populeuse et bien bâtie; la forteresse de *Merritch*, qui renferme environ 10,000 habitants, et *Mahabillysir*, située sur une montagne des Ghattes. »

Vizapour ou *Bedjapour*, autrefois la magnifique et florissante capitale d'un royaume musulman, est aujourd'hui chef-lieu d'un district anglais du même nom; on voit au loin les ruines de ses cinq faubourgs habités par des marchands. Les constructions qui subsistent encore l'ont fait surnommer par M. Mackintosh la *Palmyre du Dékhan*. Une partie de la ville est inhabitée, quoique parmi les bâtiments qui restent encore debout, plusieurs soient assez bien conservés pour servir d'habitation. On y visite le mausolée du sultan Ibrahim II, l'un des plus beaux de l'Inde; et le *Makbara*, ou mausolée du sultan Mohammed-Chah, dont la construction a coûté 42 ans de travail. Ce superbe monument est surmonté d'une coupole dont le diamètre n'est que de 10 pieds plus petit que celui de la coupole de Saint-Pierre à Rome.

Bisnagar ou plutôt *Vijayanagara*, dont les restes imposants surpassent en magnificence et en étendue ceux des autres villes hindoues, est séparée en deux parties distinctes par la Toumbodrah. Les ruines situées sur la rive septentrionale portent le nom d'*Annag-oundy*, et offrent peu d'édifices, mais elles sont seules habitées et dépendent immédiatement d'un radjah descendant des riches souverains de Narsinga. Cette ville fut fondée en 1344; aux quinzième et seizième siècles, elle était déjà comptée parmi les plus opulentes de l'Inde.

et elle donnait son nom à un royaume. Les États de Tandjore et de Mandoura lui étaient soumis. Ses murailles d'enceinte, formées d'énormes blocs de granit, sont encore debout, et les rochers qui bordent la rivière sont couverts d'inscriptions et de sculptures représentant des sujets tirés de la mythologie hindoue. Les rues, en général spacieuses et régulières, sont pavées d'énormes blocs de marbre. L'une d'elles, bordée de colonnades, a 100 pieds de largeur et 1 mille de longueur. Parmi les édifices les plus remarquables, on cite le temple de Wittoba, le mieux conservé et le plus régulier de la ville. Le grand temple de *Mahadeva*, dont la façade a 160 pieds d'élévation, est formé de dix étages superposés.

» On peut remarquer dans les environs de Bisnagar *Mirdchy*, autrefois grande ville munie d'une bonne citadelle; *Rayboug*, qui fait un important commerce de poivre; *Outore*, près de laquelle on trouve des diamants; *Carore*, forte citadelle avec vingt-quatre tours, non loin de la rivière de Garpurba (¹), et qui est probablement ce *Currura* jadis fameux par ses mines de diamants.

» Plus au nord, les Mahrattes possédaient *Aureng-abad*, ville appelée anciennement *Karkhi*, mais rétablie par Aureng-zeb; dont elle porte le nom. Ce souverain en fit sa résidence et y construisit un superbe palais, entouré de murs, et un magnifique mausolée de marbre en l'honneur de sa fille (²). En 1825, M. Hamilton estimait la population à environ 60,000 âmes. La province d'Aureng-abad, riche en denrées, fait la récolte du riz au mois de mars; elle nourrit des moutons sans cornes, plus gros que nos ânes (³).

» *Ellora* était autrefois une ville fameuse par ses pagodes; elle est bâtie au pied d'un rocher, où l'on a taillé, pendant l'espace de deux heures de chemin, trois galeries souterraines l'une au-dessus de l'autre, offrant en quelque sorte un panthéon de toutes les divinités indiennes. Les sculptures innombrables, les frises, les colonnes, les chapelles presque suspendues en l'air, tout y respire un goût déjà très raffiné (⁴), et atteste un travail immense. »

Ces galeries, ces temples et ces sculptures peuvent rivaliser avec ce que les Égyptiens nous ont laissé de plus parfait en ce genre. M. Erskine distingue ces constructions en trois classes : celles du midi appartiennent à l'architecture bouddhiste; celles du nord doivent être attribuées à des Djaïnas ou peut-être à des Bouddhistes; enfin celles du milieu, qui comprennent le grand temple de *Kaïlas*, sont incontestablement brahmaniques. Cet édifice occupe une circonférence de 500 pieds et en a 100 d'élévation.

« Non loin d'Ellora, *Rozah* (Rowzah), est connue dans toute l'Inde par ses tombeaux de saints et par la salubrité de son climat, que recherchent les Anglais et autres Européens malades à Bombay. Parmi ses tombeaux, on cite celui de Bourhan-el-din, d'une grande beauté, et celui d'Aureng-zeb, beaucoup plus simple. *Kagiswara* est un joli endroit avec des manufactures de papier. La ville de *Daoulet-abad*, anciennement *Déoghir*, est une grande forteresse sur une montagne conique; ses murs sont taillés dans le roc, et les autres fortifications bâties avec tant d'art, que l'on ne voit point les jonctions des pierres. Cette cité est entourée de huit murs (¹) : c'est probablement le *Tagara* des anciens. Elle est célèbre dans les fastes du pays par les efforts inutiles que fit l'empereur Mohammed au commencement du quatorzième siècle pour en faire la capitale de ses États et y transporter la population de Delhi. La citadelle, sur un pic isolé au milieu de la plaine, ressemble assez à une ruche de 500 pieds de hauteur. *Ahmednagar*, ville très peuplée, dans une belle situation au milieu des montagnes, des forêts et des jardins, renferme des édifices superbes du temps de la domination mongole.

» L'État du *Bérar*, qui était un des plus puissants de la confédération mahratte, embrasse des contrées boisées, montagneuses, coupées de défilés presque inattaquables. *Ellitchpour*, jolie ville munie de murs et d'une citadelle, était autrefois sa capitale; elle doit son nom au radjah Ellou, son fondateur. »

Haïder-abad, capitale du Nidzam, ou du

(¹) *Tiefenthaler*, I, 362. — (²) *Ibid.*, p. 343. — (³) *Theveno* Voyage aux Indes, ch. XLIII, p. 212-216. — (⁴) *Daniel:* Hindoos excavations in the mountain of Elloa; Londres, 1804. Comparez *Maier*,

dans les Asiat. Researches, IV, et *Anquetil*, Voyages, p. 332.

(¹) *Tiefenthaler*, I, 346, et tab. 36. *Anquetil*, Voyages, 359 sqq.

ASIE. — INDE OU HINDOUSTAN.

royaume du Dékhan, est bâtie sur la rive droite du Mousah, ou Moossy; ses principaux édifices sont la mosquée dite de la Mekke; le palais du Nidzam (Nizam), souverain du pays, et celui qu'il a fait bâtir pour le résident anglais. Les faubourgs sont très étendus et forment avec la population de la ville un total de 200,000 habitants.

C'est dans les environs de cette ville que l'on trouve *Golconde*, autrefois capitale du Telingana, royaume qui occupait le centre du Dékhan. Assez bien fortifiée et située sur un rocher, elle sert de prison d'État au Nidzam. Selon M. D. de Rienzi, « les diamants » qui se trouvent en abondance sur les rives » de la Krichna et du Pennar, près de Raol-» kond, sont taillés dans la forteresse de Gol-» conde, qui en est le principal entrepôt, et » sont répandus de là mal à propos sous le » nom de *diamants de Golconde,* quoique cette » ville et ses environs ne possèdent pas de » mines. Ainsi l'on nomme café de Moka ce-» lui qu'on recueille aux environs de Beit-el-» Faki et que les navires étrangers viennent » charger à Moka. »

« Le Nidzam du Dékhan était anciennement gouverneur d'une partie de l'empire mogol; mais, en 1740, il refusa l'obéissance à l'empereur et s'érigea en souverain des Etats confiés à son administration. Dans la suite sa puissance et son territoire furent considérablement diminués par les Mahrattes et les Maïssouriens, et surtout par les Anglais. Il y a même dans le centre de ses États beaucoup de villes qu'il possède en commun avec les Mahrattes, ou pour lesquelles il est obligé de leur payer le *tchout*, c'est-à-dire un tribut. Cependant les Anglais ont forcé les Mahrattes, par le traité de paix de 1803, à renoncer à une partie de ce *tchout*. Dans plusieurs districts des Etats du Nidzam, on trouve des hordes de *Gounds*, ou *Gands*, de *Bhyls*, de *Koulys*, de *Kallyns*, et d'autres tribus qui mènent une vie errante et presque indépendante.

» Les possessions des Anglais dans le Dékhan s'étendent le long de la mer, depuis le Bengale jusqu'au cap Comorin, et de là jusqu'au-delà de l'embouchure du Nerboudha; mais elles sont entrecoupées dans plusieurs endroits par des Etats encore indépendants, ou tributaires et occupés en partie par les *Gands*, les *Bhyls*, les *Kallyns*, les *Koulys*, et d'autres tribus nomades ou sauvages dont les chefs sans nombre s'appellent *polygars*. »

C'est dans cette partie de l'Inde que M. D. de Rienzi dit avoir retrouvé le berceau de ce peuple vagabond, appelé *Tsigane* dans l'Europe orientale, et *Bohémien,* ou Egyptien, dans l'Europe occidentale, peuple dont nous avons parlé précédemment et dont l'origine a été si long-temps controversée.

« La tribu indienne primitive des *Tzenga-*
» *ris*, dit M. de Rienzi, est une subdivision
» des différentes tribus de parias, ou hom-
» mes hors de caste. Les *Tzengaris* sont nom-
» més aussi *Vangaris*, sur la côte du Konkan
» et des Pirates, et *Soukatir* sur la côte de
» Malabar ; ils sont nomades. J'ai eu occasion
» d'en rencontrer souvent des bandes entières
» près de l'antique et magnifique ville de
» Bedjapour et aux environs de *Bangalor*,
» dans le *Maïssour*, que nous nommons My-
» sore par l'habitude où nous sommes de dé-
» figurer les noms orientaux. Les Tzengaris
» sont en général d'une couleur noirâtre ; ce
» qui justifie le nom d'Hindous noirs que leur
» donnent les Persans. Leur religion, leurs
» institutions, leurs mœurs et leur langage
» diffèrent de ceux des autres tribus hin-
» doues. Les Maharattes leur donnent l'épi-
» thète de *Soudas* (filous); en effet, durant la
» guerre ils se livrent au pillage, apportent
» des provisions dans les armées et les inon-
» dent d'espions et de danseuses (Kantchi-
» nis). En temps de paix ils fabriquent des
» toiles grossières et font le commerce de
» riz, de beurre, de sel, de *toddi*, de calou,
» d'arrak ([1]), d'opium, de gourakou ([2]), de
» pan ([3]), etc. Ce sont des colporteurs qui
» transportent leurs marchandises sur des
» bœufs d'un lieu à l'autre. Leurs femmes sont
» jolies et bien faites, comme la plupart des
» femmes hindoues, mais portées à la lubricité
» la plus dégoûtante. Ils enlèvent souvent
» de jeunes filles, qu'ils vendent ensuite, sui-
» vant leurs besoins, aux naturels et aux Eu-

([1]) Le toddi, le calou et l'arrak sont trois boissons différentes. — ([2]) Le gourakou est une pâte odoriférante qu'on fume dans le houka. — ([3]) C'est le nom de la feuille du poivre bétel (*piper betel*). Les Indiens ont l'habitude de mâcher un morceau d'arek mêlé avec de la chaux et du tabac dans cette feuille : ils appellent ce mélange *pan*, et nous *bétel*. Lorsqu'on y mêle des aromates, on le nomme *kili*.

» ropéens. On les accuse enfin d'immoler des
» victimes humaines aux *Rakchasas*, ou dé-
» mons, et de manger de la chair humaine.
» Les Tzengaris exercent presque partout le
» métier d'entremetteurs. Les femmes disent
» la bonne aventure pour de l'argent à ceux
» qui viennent les consulter; pour cela elles
» sont dans l'habitude de frapper sur un tam-
» bour, afin d'évoquer les démons, puis elles
» prononcent d'un air de sibylle et avec une
» rare volubilité une quantité de mots bizar-
» res, et, après avoir regardé l'état du ciel
» et les linéaments de la main de la personne
» qui les consulte, elles lui prédisent grave-
» ment le bien ou le mal que le destin lui
» réserve. Ces femmes exécutent aussi des
» tatouages, et mettent ce talent en usage
» auprès des femmes hindoues; elles dessi-
» nent sur les bras des étoiles, des fleurs et
» des animaux; piquent les contours des fi-
» gures avec une aiguille et frottent les piqû-
» res avec le suc des plantes, ainsi que je l'ai
» vu pratiquer en Amérique, dans l'Océanie
» et dans d'autres pays. L'empreinte de ce ta-
» touage est ineffaçable. Au reste, dans l'oc-
» casion, les Tzengaris sont prêts à exercer
» tous les métiers. Ils sont unis entre eux et
» vivent en famille; il n'est pas rare de voir
» le père et la fille, l'oncle et la nièce, le
» frère et la sœur, vivre ensemble et se con-
» fondre à la manière des animaux. Ils sont
» méfiants, menteurs, joueurs, ivrognes, pol-
» trons et entièrement illettrés; ils méprisent
» la religion et n'ont guère d'autres croyan-
» ces que la peur des mauvais génies et de
» la fatalité.

» C'est dans les Etats du peuple maharatte
» que l'on doit chercher leur origine, et prin-
» cipalement dans la province de *Maharata*,
» berceau de ce peuple, province située dans
» les montagnes des Ghattes occidentales, et
» qui est omise dans toutes les cartes anglai-
» ses et françaises (¹).

» Des hommes sans caste expulsés des
» trois tribus dont se composent les Maha-
» rattes, s'est formée, dès les temps les plus
» reculés, la tribu errante des Tzengaris, ou
» Vangaris.

» Les Tzengaris constituent, comme nous

(¹) L'auteur de cet article en avait tracé une carte qu'il remit, ainsi que la description du pays, à M. Brué, cartographe.

» l'avons vu, un peuple à part; malgré leur
» origine maharatte, ils sont indépendants de
» la religion de Brahmâ et des lois de Mânou
» (Menou), qui a réuni en société politique et
» religieuse l'immense population des Hin-
» dous, et ils vivent disséminés en grand
» nombre dans diverses contrées de l'In-
» doustan. La fixation de l'époque à laquelle
» les Tzengaris ont commencé à se répandre
» hors de leur pays forme une importante
» question. Nous croyons qu'il faut mettre
» cette dispersion à la suite de l'invasion de
» ces belles contrées par le fameux Timour,
» que nous nommons Tamerlan, et vraisem-
» blablement après la prise de Delhi. Cette
» ville succomba le 8 de rabi second, 801 de
» Jésus-Christ (mercredi 8 janvier 1399) et
» fut pillée le 17 du même mois. Timour était
» entré dans l'Inde en 1398, et non en 1408,
» ainsi que le prétend Grellmann; il retourna
» à Samarkand, capitale de ses vastes États,
» au mois de mai 1399 (Hégire, chaban 801).

» Le célèbre Chérif-Addin assure que Ti-
» mour souilla sa conquête par le massacre de
» cent mille prisonniers perses et hindous.
» Les Mongols s'avancèrent en répandant une
» telle terreur dans toutes les parties de l'Inde,
» qu'un grand nombre de familles abandon-
» nèrent ce malheureux pays. Il est vraisem-
» blable que les Hindous des trois premières
» castes, dont l'attachement à leur patrie est
» si grand, n'imitèrent pas un tel exemple:
» leur religion d'ailleurs leur en faisait un de-
» voir. Quant aux Soudras et aux Parias, il
» est facile de penser qu'aucun lien ne les re-
» tenait; ils sont tellement coureurs que j'en
» ai vu moi-même en Abyssinie, en Arabie,
» à Tzouakem, dans le golfe Persique, à Poulo
» Pinang, à Singapore, à Malacca, à Manille,
» à Anyer et même en Chine.

» N'est-il pas naturel de croire que les
» Tzengaris, que nous avons vus habitués à la
» vie des camps, et qui, étant en dehors de la
» communion hindoue, pratiquent ou feignent
» de pratiquer la religion dont l'usage leur
» offre quelque avantage, aient servi d'es-
» pions et de fournisseurs aux armées mon-
» goles, et qu'une partie d'entre eux aient
» accompagné Timour dans son long passage
» à travers le Kandahar, la Perse et la Bou-
» kharie? Après avoir parcouru les régions
» caspiennes et caucasiennes, et avoir laissé

derrière eux, dans tous ces pays, comme une traînée de familles détachées, les Tzengaris auraient terminé leurs courses, les uns en Russie, les autres dans l'Asie mineure; une seconde colonne aurait passé du Kandahar dans le Séjistan, le Mékran, le Kirman, le Fars, le Khousistan, l'Irak-Arabi, l'Al-Djezireh, et une troisième aurait parcouru la Syrie et la Palestine, l'Arabie pétrée, et serait venue en Egypte par l'isthme de Suez, et de là dans la Mauritanie.

» N'est-il pas probable que ces rudes voyageurs ont abordé de la mer Noire et de l'Asie mineure en Europe ([1]), par l'intervention des Turcs, dont ils étaient aussi les espions et les fournisseurs durant leurs guerres contre l'empire grec? N'est-il pas probable également que les premiers Tzengaris qui sont venus en Europe se soient établis dans la Turquie européenne, ainsi que le dit Aventin, et de là dans la Valachie et la Moldavie? En effet on les voit, en 1417, en Hongrie; à la fin de 1417, ils parurent en Bohême et en Allemagne, dans le voisinage de la mer du Nord ([2]); en 1418, on les trouve en Suisse, selon Stumpf et Gruler; en 1422, en Italie ([3]). Pasquier fait remonter leur origine en France jusqu'en 1417 : il dit qu'ils se qualifiaient de chrétiens de la Basse-Egypte, chassés par les Sarrasins, mais qu'ils venaient de Bohême. De France ils passèrent en Espagne et en Portugal, selon Cordova, et plus tard, sous le règne de Henri VIII, en Angleterre. Leurs hordes se composaient ordinairement de 2 à 300 personnes, hommes et femmes.

» Nous ne pensons pas, malgré l'opinion de Grellmann, que les Turcs aient transporté les Tzengaris d'Egypte en Europe; et quoiqu'il soit difficile d'expliquer pourquoi on leur a donné en plusieurs pays le nom d'Egyptiens, il est certain qu'ils n'étaient ni d'origine égyptienne, ni venus d'Egypte en Europe, ainsi que Krantz et Münster l'ont » prouvé. Il est vraisemblable qu'ils auront » voulu se faire passer pour des chrétiens » d'Egypte, pour des pèlerins persécutés par » les Sarrasins, à l'effet d'obtenir des saufs- » conduits, et la permission d'exercer leur » industrie dans les Etats européens ([1]). »

« *Nagpour* est la résidence du souverain appelé le *Bounchela* depuis 1740. La capitale de ce royaume mahratte est peuplée de 115,000 habitants, mais elle est mal bâtie. *Rattanpour*, ville très ancienne, qui renferme beaucoup d'antiquités, telles que des pagodes, des étangs, des ruines de palais et d'autres monuments, est la principale ville du radjah de Tchotisghor ([2]). Mais il serait inutile d'énumérer toutes ces principautés qu'une bataille, une campagne fait disparaître. Remarquons *Tchanda*, ville fortifiée, dans un territoire sablonneux, où les fourmis blanches exercent beaucoup de ravages.

» La province d'*Orissa* offre, sur les bords de la mer, plusieurs villes dignes d'attention : ainsi, dans la principauté, aujourd'hui le district de *Mohor-Boundj*, dont le nom signifie *Forêt de paons*, nous voyons *Balasore*, place de mer, bâtie sur la rivière de Burry-bellan ou *Berra-bollong*, avec un port très fréquenté par toutes les nations commerçantes de l'Europe et de l'Asie. On y trouve des pilotes européens qui conduisent les vaisseaux au Bengale à travers les embouchures dangereuses du Gange. Balasore renferme, avec 10,000 habitants, des fabriques d'étoffes de coton blanches et peintes. On y fait entre autres de beaux tissus avec des écorces d'arbres, ou, selon d'autres, avec de la soie tirée de vers sauvages. Le district de Balasore a été cédé aux Anglais en 1803 avec le district suivant.

» Le *Kattak* ou *Cottack* a une capitale du même nom, garantie par une forte digue contre les rivières de Mahanaddy et Katchory. Elle peut avoir 42,000 habitants. C'est l'ancienne ville d'*Oriah* ou d'*Orissa*, sous un nouveau nom ([3]). Plusieurs nations européennes y ont des factoreries. Le *Kourdah* renferme la ville forte de *Djaguernat* ou plutôt *Dja-*

([1]) Les Tzengaris qui arrivèrent en Hongrie et en Bohême avouaient en effet qu'ils y étaient venus par mer Caspienne et la mer Noire. — ([2]) *Münster* : *Cosmographie*, vol. III, chap. v. — ([3]) *Muratori* : *Annali d'Italia*, t. IX, p. 1105; et Cronica di Bologna, t. XVIII, rerum Italicarum ad annum 1422.

([1]) Extrait de la Revue encyclopédique. — Novembre 1832. — ([2]) *Blunt* : Journey to Nagpour, dans *Asiatic Register*, 1800, Misctracts, p. 147-162 *sqq*. — ([3]) *Wahl*, II, p. 617.

garnâthat (le seigneur du monde), fameuse par les pèlerinages qu'y attirent trois grandes pagodes, dont les tours se voient de loin en mer. La plus belle de ces pagodes est bâtie sur un grand rocher granitique. Les trois sont entourées de murs construits en grosses pierres noires sans mortier. Les pèlerinages ont accumulé dans cette ville des richesses énormes; les impôts levés sur les pèlerins par le radjah du pays, et les dons faits aux Brahmanes, ont rapporté en 1825, 152,000 roupies, ou plus de 300,000 francs; cependant les pèlerins indigents ne paient rien et sont entretenus aux frais des pagodes (¹). »

M. D. de Rienzi estime à 36,000 âmes la population permanente de cette ville. Le temple, regardé par les Hindous comme le plus sacré de tous, est entouré de deux enceintes de bâtiments et ceint de hautes murailles. La porte principale ou pyramide chargée de sculptures et dont on a exagéré la hauteur en l'estimant à 344 pieds, est cependant, selon le même auteur, l'édifice le plus élevé de l'Inde. Plusieurs voyageurs ont décrit les solennités des fêtes du *Djaguernat*, et signalé les sacrifices humains volontaires qui avaient lieu tous les ans. Mais M. de Rienzi nous apprend que grâce aux efforts d'un ami de l'humanité, du brahmane-philosophe Rammohun-roy, l'Hindou, peuple bon, mais superstitieux, commence à s'éclairer; et que dans les quatre années comprises entre 1816 et 1820, on n'a compté que trois fanatiques qui se soient jetés sous les roues du char du dieu que l'on traîne en triomphe chaque année. Ce char a 40 pieds de hauteur.

« Les côtes méridionales d'Orissa, et une partie de celles de Telingana ou Golconde, démembrées de l'Etat du Nidzam, portent le nom de *sircars* ou *sercars du Nord*. Ce pays est rempli de fabriques et de manufactures. Dans aucune partie de l'Inde l'industrie et le commerce ne sont aussi actifs. La fabrication des étoffes y occupe la majeure partie des habitants. « Tous les bras, même ceux des enfants, dit un voyageur (²), y sont employés; et tandis que les hommes cultivent le cotonnier, ou fabriquent les mousselines, les *guinées* ou les mouchoirs, les femmes filent le coton ou le préparent pour le tisser; car on ne connaît point dans l'Hindoustan nos fameuses machines à filature: tout se file à un simple rouet; le fil acquiert autant de finesse, et il a, sur celui qui passe dans les filières des machines, l'avantage d'être plus fort, parce que le rouet ne l'use point comme l'acier des filières; il est aussi plus doux, plus soyeux et plus tenace. »

» Sur la côte d'Orissa, dans les Serkars du Nord la France possède le petit port d'*Yanaon*, à 9 lieues à l'est de l'embouchure de la branche du Godavery qui passe à *Indjeram*, ville anglaise très commerçante. Cette malheureuse cité d'Yanaon a été presque entièrement détruite dans la nuit du 16 au 17 novembre 1839 par un épouvantable coup de vent qui a ravagé une partie de la côte d'Orissa. La plupart des maisons de la ville blanche et de la ville noire ont été renversées; les eaux de la mer se sont précipitées avec fureur au milieu des terres; quinze à seize mille individus ont été victimes de cette catastrophe, et plus de six mille cadavres, abandonnés sur le sol par la mer qui se retira, quatre heures après son irruption, ont fait naître sur cette côte des maladies pestilentielles qui ont décimé le reste de la population.

» Le lac *Chilka* marque la limite septentrionale des sircars: ses inondations servent à l'entretien d'immenses rizières (¹). La première place est *Gandjam*, qui a une célèbre pagode (²) et des fabriques de toiles de coton et de sucre. Son territoire est riche en riz, en sucre, en cire et en fer. Une haute antiquité illustre *Calinga* ou *Calingapatnam*, ville actuellement peu considérable: dans son port on débarquait anciennement les éléphants que l'on prenait dans l'île de Ceylan (³). *Chikakole* ou *Cicacole*, l'ancienne *Cocale*, ville grande et commerçante, entourée de jolis bourgs, était la capitale du temps de la domination mogole. *Mazulipatam*, auprès d'une des embouchures de la Krichna, est peuplée de tisserands et de fabricants de coton et de toiles peintes; elle a le meilleur port de la côte de Coromandel. Son commerce, encore brillant, a cependant beaucoup perdu depuis qu'on préfère à ses cotonnades celles d'Europe. Les

---

(¹) *Tavernier*: Voyage aux Indes, t. III, chap. II. Anquetil. — (²) *Legoux de Flaix*: Essai, etc., II, p. 59.

(¹) Voyez-en la description dans *Dalrymple*, Oriental-Repertory. — (²) *Pennant*: Wiew, II, p. 28. — (³) *Ælien*: Histoire animale, liv. XVI, chap. XVII.

fortifications ont été abandonnées par les Anglais. On estime à 75,000 âmes la population de cette ville.

» Le *Bas-Karnatik* et sa côte, ou le *Coromandel* proprement dit, ne doivent plus être séparés; ils sont aujourd'hui compris dans le territoire immédiat de la présidence de Madras. Ce pays, d'un sol léger et sablonneux, tantôt inondé par des torrents de pluies, tantôt brûlé par des vents de terre qui apportent une poussière fine, produit du tabac, du bétel, de l'indigo, de l'*holcus sorgho* et le *dourah*; le riz n'abonde point; l'agriculture dépend ici des canaux et réservoirs artificiels, construits à grands frais par les princes et les chefs de villages. Le bassin de Saragambra, entre autres, a 8 milles anglais de long sur 3 de large, et fournit pendant dix-huit mois l'eau nécessaire aux cultures de trente-deux villages. Mais les manufactures et le commerce attirent les Européens sur cette côte, peu favorisée de la nature, et où l'on ne peut même aborder qu'avec des bateaux plats nommés *chélingues* (¹).

» La nababie de *Karnatik* ou du *Carnate* a eu des frontières variables selon les caprices de la politique. Devenue vassale de la présidence anglaise de Madras, elle a eu cependant son nabab titulaire indigène jusqu'en 1800. A cette époque, les Anglais s'immiscèrent dans l'ordre de succession, et ils s'emparèrent, quelques années après, de toute la province. La capitale en était *Arkote*, *Arkaty* ou *Arukate*. Cette ville a perdu toute sa magnificence : la plupart des habitants sont mahométans, ou, comme on dit dans l'Inde, Maures. Son principal édifice est la mosquée. Parmi les autres villes, nous remarquerons *Nellore* ou *Nelour*, grande place avec un fort, sur la rive méridionale du Pennar; deux belles pagodes y offrent des inscriptions en langue télengane; *Vellore*, poste militaire important qui sert de retraite aux membres de la famille de Tippou-Saëb; la ville, bâtie dans une vallée sur la rivière de Palarra, est défendue par plusieurs forts construits sur les hauteurs qui l'environnent; sur ces montagnes, de vieilles pagodes ont des souterrains ornés d'inscriptions tamuliennes; *Gindgi*, une des plus grandes forteresses du Carnate, bâtie sur des rochers stériles; au centre des fortifications s'élève l'ancien palais des rois de Carnate, avec des fossés où l'on entretenait des crocodiles.

» Il faut nous arrêter un peu à *Chidamburam* ou *Tchittambram*, que d'autres appellent *Tchillambaram*, lieu de pèlerinage, entouré d'un haut mur de pierres bleues. Parmi les quatre grandes pagodes, la principale, bâtie sur le même plan, mais plus petite que celle de Djaguernat, passe pour un chef-d'œuvre d'architecture : chacune de ses trois entrées est surmontée d'une pyramide de 112 pieds de hauteur; le pourtour présente une vaste galerie divisée en appartements pour servir de logements aux Brahmanes. Dans l'enceinte du temple on voit un grand étang, bordé des trois côtés d'une belle galerie soutenue par des colonnes. Un large escalier en beau granit rouge descend de chacune de ces galeries vers l'étang. Du côté opposé à la pièce d'eau, on voit un magnifique salon orné de 999 colonnes de granit bleu, couvertes de sculptures qui représentent toutes les divinités du brahmanisme. Une des plus grandes curiosités de cette pagode, c'est une chaîne immense de granit d'un travail exquis, qui part de quatre points de la voûte dans la nef, et forme quatre guirlandes de 137 pieds de long, dont les extrémités sont retenues par quatre énormes pierres en voussoir, attachées également à la voûte; chaque chaînon a un peu plus de 3 pieds, et toute la chaîne est d'une pierre si polie, que les rayons du soleil y sont reflétés comme dans une glace (¹).

» La côte maritime présente une suite de districts et de villes qui, après avoir appartenu à diverses nations européennes, ont fini par tomber entre les mains des Anglais. Le *sircar* de *Madras* était un *jaghire* ou fief que la compagnie anglaise tenait du roi de Carnate. Le chef-lieu en est *Madras*, capitale de la présidence de ce nom, et célèbre par ses tissus. »

Cette ville, située le long de la côte, dans une position peu favorable au commerce, est cependant très grande et très peuplée. Divisée en deux parties distinctes, la ville Blanche et la ville Noire, son aspect général est bizarre, irrégulier et tout-à-fait oriental : des minarets, des pagodes, des mosquées, des casernes, des maisons à toits plats, la plupart entourées de

---

(¹) Sonnerat : Voyage manuscrit, ch. IV, lu à la Société d'émulation de l'île de France.

(¹) Legoux de Flaix, t. I, p. 118.

petits jardins et ombragées de grands arbres; quelques rues assez belles et bien percées; plusieurs bâtiments, entre autres le palais du gouverneur, l'église de Saint-George, la douane, la cour de justice, remarquables par leur architecture : tel est l'ensemble de cette cité. C'est dans la ville Blanche que s'élève le fort Saint-George, l'une des constructions les plus remarquables de l'Inde. La ville Noire, qui est, comme son nom l'indique, formée d'anciennes constructions, sert de demeure aux Hindous, aux Banians, si répandus dans les Indes, et aux marchands européens. Un canal navigable, long de 10,500 mètres, large de 50 et profond de 12, joint, depuis 1803, la ville Noire au village d'Enore. Le recensement de 1823 porte la population de Madras à 462,000 âmes. Ses principaux établissements littéraires sont : le collége, bâti en 1812 sur le plan de celui de Calcutta ; l'observatoire, la société asiatique, et le jardin de botanique. En 1815 on y imprimait trois journaux anglais. « Quelle longue suite de pa» lais! quel luxe, quelle splendeur! dit le ca» pitaine Laplace [1]. Aucune apparence de » misère ne vient causer de pénibles rappro» chements. Des rues longues et larges, toutes » plantées d'arbres, sont bordées de ces ma» gnifiques habitations qu'une belle pelouse, » ornée de bouquets et de fleurs, éloigne du » bruit et met à l'abri de la poussière. Les plus » beaux modèles de l'architecture grecque ont » été imités. » Parmi ses monuments, on doit citer encore le temple protestant d'une architecture sévère, mais distinguée, et le palais du gouverneur-général, bâtiment vaste, mais massif. La promenade qui borde la mer au sud du fort Saint-George est l'une des plus belles que l'on puisse voir, et le rendez-vous de la haute société et des équipages les plus élégants. La ville est située dans une plaine aride et sablonneuse ; aussi les chaleurs y sont-elles excessives.

« Le *Karnatik* renferme encore d'autres villes. *Palicate*, appelée aussi *Waliekada* ou *Pulikat*, place de mer avec une rade et un fort, où l'on trouve des communes de chrétiens hollandais et malabares, fait un grand commerce en mouchoirs qui se fabriquent dans les environs, et qui, exportés pour l'Amérique, font

[1] Voyage autour du monde par le capitaine Laplace, commandant *la Favorite*.

la plus grande parure des Mexicaines, des Péruviennes, des négresses et des créoles. *Mailapour* ou *Meliapour*, appelée par les Européens *Saint-Thomé*, est réduite aujourd'hui à l'état de bourg. Les Portugais y avaient autrefois une grande factorerie. On fabrique à Saint-Thomé beaucoup d'étoffes de coton blanches et peintes. Les charmants environs de cette ville abondent en cocotiers. Le chemin entre Saint-Thomé et Madras est une des plus belles routes de l'Inde : on y rencontre sans cesse des palanquins de toute espèce, des voitures traînées par des buffles, des hommes à cheval, des éléphants, et sur les côtés il y a des maisons, des jardins, des tentes et des boutiques de comestibles [1]. A quelque distance de là s'élève le mont Saint-Thomé, où les chrétiens, les Hindous et les mahométans font des pèlerinages, et où se trouve la forteresse de *Poudamala*, avec un jardin de botanique appartenant à la compagnie anglaise. *Cougivouram* ou *Cangipuram* possède, depuis les temps les plus anciens, une fameuse école brahmane. On célèbre actuellement à Cougivouram une grande fête en l'honneur du feu [2]. *Sadrass* ou *Sadras-Patnam*, bourg autrefois très peuplé, à l'embouchure de la rivière de Pa-laur ou Palarra, renfermait de bonnes fabriques d'étoffes de coton, surtout d'étoffes rayées appelées *guingams*. Ce bourg a été dévasté par les Anglais, et actuellement des arbustes épineux y remplacent les superbes bosquets de palmiers et de cocotiers [3]. A quelque distance de Sadrass, sur les bords de la mer, on voit une montagne avec de nombreuses ruines. Cet endroit, connu des marins sous le nom de *Sept-Pagodes*, est appelé par les Hindous *Mawalibouram* ou *Mahabalihabouram*, et par les Européens *Mahellipour* : d'après l'opinion de Wahl, c'est le *Maliarpha* de Ptolémée. La montagne, vue d'une certaine distance, offre l'aspect d'un édifice antique et majestueux. En approchant du pied du rocher vers le nord, l'œil embrasse une si grande quantité de figures et d'ouvrages sculptés, que leur réunion fait naître [4] l'idée d'une ville pétrifiée. Vers la base de la montagne, on re-

[1] Voyage, t. I, chap. IV. — [2] Sonnerat en fait la description t. II, liv. III. — [3] *Haafner* : Voyages dans la péninsule occidentale de l'Inde, traduit du hollandais, t. I, ch. XI. — [4] *Chambers* : Recherches asiatiques, t. I.

marque une pagode d'un seul bloc : elle paraît avoir été taillée dans un rocher détaché. Un peu plus loin il y a un groupe de figures humaines en bas-relief : un escalier tournant conduit au haut de la montagne, à une espèce de temple taillé dans le roc; d'autres escaliers, qui partent de ce temple, paraissent avoir communiqué avec un autre édifice élevé sur le rocher; dans d'autres endroits, on trouve divers morceaux de sculpture qui ont rapport à la mythologie hindoue, entre autres une figure gigantesque de Vichnou endormi sur une espèce de lit, un éléphant de grandeur naturelle, deux pagodes et autres monuments, tous taillés dans le rocher. Il a fallu des siècles pour sculpter et creuser dans le rocher tant d'objets étonnants; la mer en a déjà englouti une partie : il est probable qu'il a existé dans cet endroit une ville très florissante [1]. On admire le temple qui renferme la statue colossale de Ganesa, et cinq autres temples plus petits remplis de sculptures remarquables par la beauté du travail. »

Pondichéry, fameuse place de mer, chef-lieu des possessions françaises, renferme, avec une population de 30,000 âmes, beaucoup de belles maisons bâties à l'européenne, mais en général mal tenues, et plusieurs églises, parmi lesquelles on distingue celle des Missions. Le palais du gouverneur-général est le seul édifice digne de quelque attention. Il est situé sur un des côtés d'une belle place entourée de deux rangées d'arbres. Nous devons mentionner aussi l'hôtel des monnaies, la cour royale et le tribunal de première instance. La ville possède quelques établissements d'utilité publique, des marchés couverts et bien entretenus, ainsi que de vastes magasins pour les approvisionnements de riz. Depuis plusieurs années, on y a fondé un collége et des écoles d'enseignement mutuel pour les Européens et les Indiens, un Mont-de-Piété, un comité de bienfaisance, des ateliers de charité, un jardin botanique et un vaste bazar autour d'une belle promenade. Formée de deux quartiers, la ville Blanche et la ville Noire, elle a laissé tomber en ruines ses anciens remparts. La rade est bonne; on n'y éprouve point ces ouragans qui ravagent la côte de Coromandel dans les changements de mousson. A l'époque de la prospérité de la compagnie française des Indes orientales, la culture soignée, la fraîcheur des allées d'arbres, l'élégance des ponts jetés sur de nombreux canaux, la beauté des chemins ornés en partie de statues, faisaient du district de Pondichéry un grand jardin. Cette ville est bien déchue de son ancienne splendeur sous le point de vue commercial; mais sous plusieurs autres rapports elle passe encore pour une des plus belles de l'Inde.

« Nous remarquerons encore quelques villes demi-européennes au sud de Pondichéry. Le climat le plus salubre de la côte distingue *Cuddalore*, ou *Goudalour*, ville bâtie régulièrement, et dont les longues rues sont plantées de cocotiers. Parmi les édifices habités pour la plupart par les Malabariens et les Maures, on distingue la factorerie et les missions [1]. En 1681, la compagnie anglaise obtint du Radjah de Djindgy l'autorisation d'établir un comptoir dans cette ville. Il devint tellement important, que les Anglais sentirent la nécessité de le fortifier. Les Français s'en emparèrent en 1758. Deux ans après les Anglais le reprirent; mais les Français y rentrèrent en 1782 et le conservèrent jusqu'en 1783, époque à laquelle Goudalour fut restituée aux Anglais par un traité de paix. *Manchelpaleiam*, jolie ville, est habitée en grande partie par les Anglais, qui l'appellent *Newtown* [2]. Le fort *Saint-David*, qui autrefois la protégeait, a été détruit par les Français. *Porto-Novo*, appelée en tamulien *Perangipettai*, et que l'on nomme aussi *Feringghipet* et *Mahmoud-Bender*, a perdu son commerce florissant. Les pièces d'or frappées en cet endroit ont cours dans l'Inde sous le nom de *pagodes de Porto-Novo*. M. Hamilton lui accorde 10,000 habitants.

» Comme nous réservons une autre place à la description du Haut-Karnatik, continuons à suivre la côte. L'ancien royaume de *Tandjaour* se présente dès qu'on passe le Coleroun, l'un des bras du Kavery; il occupe tout le fertile delta formé par les branches de ce fleuve. Parmi ces villes, la plus connue est *Tranquebar*, ou *Tirangaburam*, place maritime, chef-lieu des possessions danoises dans

---

[1] Voyez Recherches asiatiques, t. I. *Daniell*: Antiquities of India, pl. I et II. *Paulin*: Voyages, t. I, *Pennant*: View, t. II. *Haafner*: Voyages, t. II, ch. XXII.

[1] Relations des missionnaires d'Halle, cah. 38, p. 153. — [2] Relat. des missionn., idem, p. 158.

l'Inde. Cette ville a un bon port, un fort appelé *Dansborg*, des pagodes, des églises, une mosquée et une grande mission danoise à laquelle on doit des mémoires intéressants sur les langues de l'Hindoustan. La population s'élève à 15,000 âmes.

» *Negapatam*, le *Nigama* des anciens, place de mer appartenant aux Hollandais, possède une bonne rade, d'où l'on exportait annuellement, à la fin du dernier siècle, 4 à 5,000 ballots d'étoffes de toute espèce. Depuis cette époque, ses fortifications ont été tout-à-fait négligées.

» *Tandjaour*, ou *Tandjaora*, ville grande et forte, entre deux bras du Kavery, est entourée d'un fossé où l'on entretient des crocodiles. Elle était autrefois la capitale du royaume de ce nom, et est aujourd'hui le lieu de résidence d'un radjah pensionné. Sa population est de 30,000 âmes. Les brahmanes y ont établi une imprimerie pour publier les ouvrages de théologie hindoue. Sa pagode est regardée par lord Valentia comme le plus beau morceau d'architecture pyramidale de l'Inde. La tour principale a près de 200 pieds de hauteur, et l'on voit dans l'intérieur un *taureau* de granit noir long de 12 pieds 2 pouces, sur 12 pieds et demi de haut, et regardé comme le morceau le plus parfait de sculpture indienne.

» Les provinces de l'intérieur, remplies des branches de la chaîne méridionale des Ghattes, ou des monts *Malaïalam*, réunissent la beauté du coup d'œil à la fertilité du sol et à la température la plus salubre. Sur les côtes, on pêche les *cauris* ([1]), coquillages qui servent dans l'Afrique en guise de monnaie; les *chanks* ([2]), autres coquillages qui fournissent la matière des bracelets, des anneaux et d'autres ornements; enfin l'avicule perlière, qu'on ne trouve nulle part dans le monde connu plus abondamment que dans le golfe de *Manaar*.

» Parmi les villes de l'ancien royaume de *Madouré* ou *Madoura*, nous nommerons les suivantes: *Ramisseram*, dans une île du même nom, possède une pagode fameuse par les pèlerinages qu'attire sa renommée antique; le dieu Rama est censé l'avoir élevée lui-même lorsqu'il revint vainqueur de Ravan, roi des géants qui habitaient l'île de Ceylan; c'est dans cette expédition qu'il rétablit momentanément, par un miracle, l'isthme ancien qui a dû joindre Ceylan à l'Inde, et dont une chaîne d'îles, d'îlots et de rochers contigus semble être le reste: les Hindous du moins le croient; ils appellent ces récifs *Pont de Rama*, dénomination à laquelle les Arabes ont substitué celle de *Pont d'Adam*.

» Dans l'intérieur, on remarque *Tritchinapaly*, grande ville, forteresse et place d'armes bâtie sur un rocher élevé de 350 pieds au-dessus du niveau de la mer; elle paraît avoir près de 70,000 habitants; on y voit un célèbre temple hindou; les fossés du fort sont remplis de crocodiles; les environs de la ville fournissent des pierres précieuses. Vis-à-vis Tritchinapaly, *Seringham*, ville réputée sacrée, dans une île du Kavery, renferme deux pagodes dont une fort ancienne et d'une construction très remarquable. Ce temple, l'un des plus beaux de l'Inde, est renfermé dans sept enceintes séparées les unes des autres par un intervalle de 350 pieds, et formées par un mur de 25 pieds de hauteur sur 1 pied d'épaisseur. La plus extérieure de ces enceintes a près de 4 milles de circuit, et offre, ainsi que les autres, quatre portes correspondant exactement aux quatre points cardinaux, et surmontées d'une tour ([1]).

» *Madouré*, la *Madura* de Ptolémée, ville considérable, sur la rivière de Weïg-arou, dans une contrée charmante, renferme des monuments qui peuvent donner une idée de la magnificence de l'ancienne architecture hindoue. On cite le grand temple, avec ses vastes parvis et ses quatre portiques formés chacun par une tour à dix étages, et le palais dont la coupole régulière a 90 pieds anglais de diamètre. Madouré était, il y a deux mille ans, la capitale de la dynastie des Pandys ou Pandions; de là son ancien nom de *Madura Pandionis*. Sa population, évaluée à 40,000 habitants vers 1780, était réduite à 15,000 en 1812. *Tinevelly*, grande et bien peuplée, offre, à cause de ses immenses rizières, un séjour malsain pour les Européens. *Dindigol*, ville fortifiée; n'a que 3 ou 4,000 habitants.

» Dans l'étendue de l'ancien royaume de Madouré ou le *Pandi-Mandalam*, on ren-

---

([1]) *Cypræa moneta*, L. — ([2]) *Conus*, L. et *Murex tritonis*, L. Voyez Pennant, Wiew of Hindoustan, II p. 6.

([1]) Paulin: Voyage, t. I, ch. III. Pennant: View, II. 19, 21.

contre à chaque pas de petites tribus indépendantes et sauvages qui, retranchées dans une vallée étroite, sur une montagne escarpée, bravent l'attaque des armées régulières, et portent avec orgueil et avec raison le nom de *voleurs*, ou en indien *kalli's*, *koulery's*, ou *coulys* (¹). Parmi leurs princes qui prennent le titre de *polygars*, ceux de Nattam, au nord de Madouré, de *Ramanadapouram* et de Tondiman, petit territoire boisé sur la côte, sont les plus puissants. Dans le Tinevelly, on compte plus de trente principautés de polygars. C'est la fidèle image de l'Europe dans le moyen âge. Comme il y a des kallis jusque dans le Malvah et le Goudjérate, ce sont peut-être les *Indii Calatii* d'Hérodote (³).

» Telles sont les contrées et les villes remarquables de la côte de Coromandel. Avant de passer à la description de celle de Malabar, nous devons parcourir le plateau qui les sépare, élevé de 3 à 5,000 pieds (⁴), et qui naguère était compris tout entier dans l'empire de *Maïssour*, mais où la géographie doit distinguer plusieurs divisions.

» Le nom de *Karnatik* ayant reçu, à diverses époques, une extension qui y faisait comprendre à peu près tout le pays situé entre la Kistna, le Kavery, les Ghattes occidentales et le golfe de Bengale, pays naturellement coupé en deux régions par la chaîne des Ghattes orientales, l'usage y fit reconnaître ces deux divisions sous les noms de *Karnatik Bala-Gat*, ou le pays au-dessus des défilés, et *Karnatik Payen-Gat*, ou le pays au-dessous des montagnes. La première de ces deux portions, dans ses limites vagues, comprend les cantons que nous allons faire connaître.

» Entre les branches des Ghattes orientales, on rencontre, en allant du nord au sud, les contrées suivantes: *Wandikotta* ou *Ganikotta*, vallée fertile et peuplée, sur les deux rives du Pennar, avec de fameuses mines de diamants; *Gorromcondah*, *Jaukdeo* et *Barramahl*, pays de pâturages, et *Koïmbatour*, bassin arrosé par le Kavery et par beaucoup de petites rivières, d'un sol fertile et bien cultivé, véritable grenier des armées de Tippou-Saëb, et qui, parmi d'autres villes, renferme l'importante forteresse de *Paligatcherry*, clef de la route du Malabar. Tous ces pays ne forment que deux ou trois districts.

» A l'est, au nord et au sud de cette suite de petites provinces, s'étend le royaume de *Mysore* ou *Maïssour*, appelé en sanskrit *Mahesswar*, et qui tire probablement son nom de la terre rougeâtre ou des plantes tinctoriales qu'on y trouve en abondance. Mysore, avant le dix-septième siècle, était un très petit État; mais il parvint depuis à une puissance très considérable, que diminuèrent ensuite les conquêtes d'Aureng-Zeb. Dans le dix-huitième siècle, Haïder-Ali et son fils Tippou-Saëb, en reculant les limites de cet État, lui donnèrent un nouveau lustre; mais il ne fut que passager: les Anglais, après avoir vaincu Tippou-Saëb, détachèrent, en 1792, une grande partie de ses États. Les revenus de ce sultan, qui s'élevaient à environ 72 millions de fr., furent réduits à la moitié; le reste fut partagé entre les Anglais, les Mahrattes et le Nidzam. Les Anglais firent de nouvelles conquêtes sur le Mysore, en 1799 et 1800. Tippou, les armes à la main, s'ensevelit sous les ruines de sa capitale, dont la trahison avait ouvert les portes aux Anglais. Un faible reste de l'empire, ayant une surface de 2,380 lieues carrées, fut concédé, sous des conditions très dures, à un prince indien d'une dynastie détrônée par Haïder-Ali. Les fils de Tippou, encore dans l'enfance, descendirent du trône dans une prison, où l'un d'eux trouva, depuis, la mort. »

Voyons les principales villes du Mysore actuel. *Maïssour*, ville forte, sur un canal de la rivière de Kabany, est la résidence du prince vassal des Anglais. Elle est assez grande, et conserve une population de 50,000 habitants. Le palais, seul monument à citer, est vaste, mais irrégulier. En vue de la ville est la maison du résident anglais, bâtie sur une colline élevée, et remarquable par une statue de 16 pieds de haut, représentant le taureau.*Nandy*, morceau d'une belle exécution. *Seringapatam* ou *Seringapatnam*, ville très forte par sa situation dans une île du Kaveri, renferme un beau palais, de superbes pagodes, et d'autres édifices remarquables; auprès de la ville s'élève le magnifique mausolée de Haïder, de Tippou et de sa mère. Sous le règne de Tippou, Seringapatam possédait des trésors immenses, une grande bibliothèque, et d'autres objets très curieux, dont une partie a été transportée

(¹) *Pennant* : View, II, 11-12. — (²) *Herod.*, III, 39-97. — (³) Edinburg Review, Aug., 1811, p. 346.

en Angleterre. La population, maintenant de 32,000 individus, s'élevait à 150,000, et tirait sa subsistance de la cour et de l'armée (¹). Elle appartient, sans partage, aux Anglais, tandis que le reste du royaume est tributaire. *Magry*, ville forte, est remplie de pagodes, d'hôtelleries publiques et de monuments d'architecture et de sculpture indiennes. *Bangalore*, ancienne cité fortifiée, renferme de beaux édifices, entre autres le palais bâti par Tippou-Saëb : les jardins sont vastes, divisés en carrés séparés par des allées et embellis par de beaux cyprès ; les raisins, les pommes et les pêches y sont cultivés avec succès ; la vigne surtout donne de belles récoltes. En 1825, la population était évaluée à 43,000 habitants.

« Sur la route de Seringapatam, dirigée vers le sud-ouest, on rencontre, dans un pays romantique et boisé, le fort et la ville de *Tchinapatam*, contenant 1,000 maisons, et possédant des fabriques de verre et de fil d'acier. A l'extrémité septentrionale, on voit *Tchittledroug*, défendue par une forteresse, sur un rocher à cinq pointes, élevé de 2,640 aunes. On doit encore citer *Sera*, ville déchue qui, en 1800, n'avait plus que 1,500 maisons, de 50,000 que les indigènes lui reconnaissaient avant la conquête de Haïder ; *Maïlkotta*, ville qui doit son importance à ses deux temples, l'un dédié à Tchillâpulla-Râyâ, et l'autre à Nârâsingha, tous deux rendez-vous de nombreuses caravanes de pèlerins ; *Srâvânâ-Belgalâ*, gros village que l'on regarde comme la station principale des Djaïnas.

» Il nous reste à parcourir la côte occidentale de la péninsule, côte tant de fois visitée et décrite, que nous ne sommes embarrassés que du choix des matériaux.

» Dans la partie de l'ancien sircar de Broach qui est au sud de la Nerbouddah, nous remarquons une des plus grandes places de commerce de l'Inde, *Sourate* ou *Surate*, située sur la rive orientale du Tapty, à 5 lieues de la mer. Malgré toutes sortes de revers, elle se trouve encore dans un état très florissant. Cependant le voisinage de Bombay lui fait beaucoup de tort. Elle a 3 lieues de tour, et renferme de beaux édifices en pierre de taille, mais mêlés à de chétives cabanes. La piété indienne y a élevé plusieurs hôpitaux pour les animaux, y compris les punaises et d'autres

(¹) *Buchanan*: Voyage de Mysore, etc.

vermines (¹). Surate renferme un peu moins de 200,000 habitants, dont une partie s'est enrichie par le commerce : ce sont des Anglais et d'autres Européens, des Juifs, des Américains, des Persans, des Arabes et des Hindous. Le port n'admet que de petits navires. Le commerce de Surate avec l'Europe a considérablement diminué depuis un siècle ; mais il est encore très actif à l'égard des Arabes, des Persans et d'autres peuples orientaux. Cette ville possède des fabriques de soieries, de brocarts d'or et d'argent, de toiles peintes, d'étoffes de coton, d'objets d'orfévrerie, d'ouvrages en nacre, en ébène et autres bois précieux. Elle exporte aussi des châles de Kachemir, du tabac de Goudjérate, et du coton grossier dont les Chinois font le nankin. Le luxe est très grand dans cette ville. Les riches marchands mènent une vie noble et somptueuse, digne des princes orientaux. La classe des bayadères ou danseuses y est très nombreuse (²). A 5 lieues de Surate est *Naussary*, port où les Parsis entretiennent un petit feu sacré. Dans ces derniers temps, les Anglais ont transporté à Surate le siège de la cour suprême de justice, pour la présidence de Bombay.

» Les côtes du district de Baglana, renferment, entre autres villes, celles de *Daman* et de *Bassaïn*, dont les ports attiraient autrefois un commerce considérable. »

Un district très fertile en riz a pour chef-lieu la ville aujourd'hui presque ruinée de *Kallian*. Il embrasse les îles de Salsette, de Bombay et autres, appartenant aux Anglais. La ville de *Bombay*, sur la petite île de ce nom, est la capitale de l'Inde occidentale ou de la présidence du même nom, et le siège d'une vice-amirauté. Son port, le meilleur et le plus sûr de l'Hindoustan, l'a rendue l'entrepôt général des marchandises de l'Inde, de la Malaisie, de la Perse, de l'Abyssinie et de l'Arabie. Calcutta seule peut lui disputer l'empire du commerce. Les Parsis ou Guèbres et les Arméniens y font les principales affaires. Depuis quelques années les Anglais y ont établi un chantier de construction d'où sont sortis leurs meilleurs vaisseaux et frégates, outre une

(¹) *Anquetil-Duperron*: Voyages dans l'Inde. —
(²) Voyez *Tiefenthaler*, I, 289, 53 ; *Anquetil*, 377 sqq., 532 sqq., trad. all. *Niebuhr*, II ; *Legoux de Flaix*, I. *Valentyn*, etc.

grande quantité de bâtiments de commerce. La ville, grande et assez régulière, est protégée par une vaste citadelle, et contient plusieurs édifices, parmi lesquels on cite le palais du gouverneur, d'une belle architecture; l'église anglicane, le bazar, les casernes, les bassins ou doks et l'arsenal. Dans ces derniers temps, on a élevé un temple guèbre dont la construction a coûté 200,000 francs, et qui a été consacré en présence d'une foule de Parsis accourus de toutes les parties de l'Inde à cette solennité. On y a fondé une société d'agriculture et d'horticulture sur le plan de celles de Calcutta et de Madras, et une société littéraire asiatique. On y publiait, en 1825, trois journaux anglais et un hindou. La population était estimée à 162,000 habitants en 1816, outre une population flottante de 60 à 75,000 étrangers, évaluée par les missionnaires.

« L'île *Salsette* ou *Canarin* a, selon Hamilton, 25 milles de long sur 10 de large en plusieurs endroits : quoique traversée par une chaîne de montagnes, elle est fertile, et fournit des vivres à Bombay. On trouve dans Salsette plusieurs monuments fort anciens, et des grottes curieuses avec des inscriptions en caractères inconnus jusqu'à ce jour. Quarante mille ouvriers, dit un voyageur, n'auraient pu achever en quarante ans ces vastes travaux (¹). Le chef-lieu de l'île est *Tanna*, petite ville fortifiée, dans une contrée charmante.

» L'île *Elephanta*, anciennement appelée *Kalabouri* ou *Gharipour*, n'est qu'un assemblage de montagnes ; sa circonférence est de 2 lieues. Elle a de bons pâturages : son nom actuel lui vient d'une figure d'éléphant qu'on voit taillée en pierre noire dans un coin de l'île, au pied d'une montagne. Cette île est fameuse par les nombreuses pagodes et les autres monuments indiens qu'elle renferme. Le plus remarquable est la caverne auprès de laquelle est l'éléphant dont nous venons de parler. Cette caverne est taillée dans le roc, la voûte en est soutenue par une colonnade taillée également dans le rocher. Sur les murs sont sculptées des figures gigantesques ; on y remarque, entre autres, un homme d'environ 17 pieds de proportions, et muni de quatre bras ; à sa gauche

il y a une femme de la hauteur d'environ 15 pieds. On admire surtout la *trimurti* (triple forme), espèce de trinité indienne, située en face de l'entrée. Les Portugais ont détruit une partie de ce monument curieux (¹).

» Le *Konkan*, anciennement la *Côte des Pirates*, s'étend de Bombay à Goa. On y remarque *Dabol*, place sans importance, autrefois très commerçante, mais ravagée ensuite par les guerres. *Radjahpour*, grande ville maritime, dont le commerce consiste en salpêtre, poivre et toile, était anciennement la résidence d'un roi mahratte; *Ghiria*, *Vingorla*, *Niouty*, sont des forteresses ou repaires de pirates, à peu de distance de la mer. Ces pirates, nommés en indien *Ganim*, sont un ramas de diverses tribus sauvages, et, quoique comprimés par les Anglais, ils n'attendent que l'occasion pour reprendre un métier que favorise la nature de leur pays (²).

» *Goa*, ville très belle et très commerçante, se présente sur la rivière de Mandova, qui vient des Ghattes et se jette dans le golfe de Goa par plusieurs embouchures, en formant la presqu'île de Bardess et les îles de Goa, Combarem, et autres. Elle se divise en vieille et nouvelle ville; les indigènes lui donnent le nom de *Tissoari* ou *Trikurii* (³), et les Portugais ceux de *Pandjim* et de *Villa-Nova de Goa*. D'après une tradition répandue dans le pays, l'île a été peuplée par une colonie de marchands maures, chassés de divers ports du Malabar, et son commerce date de la plus haute antiquité. La ville de Goa est la résidence d'un vice-roi portugais, d'un archevêque, qui prend le titre de primat de l'Inde, d'un chancelier, de plusieurs grands fonctionnaires. Plusieurs de ses édifices rivalisent avec ceux des principales villes de l'Europe : tels sont la cathédrale, l'église de Saint-Dominique, et le couvent des Augustins. Sa population est à peine de 20,000 âmes.

» Le cap *Rama* termine le Konkan, et marque le commencement du *Kanara*. L'ancien royaume de ce nom comprenait quelques provinces à l'est des Ghattes, entre autres *Sounda* et *Bednore*. *Sounda* était autrefois grande et bien fortifiée. *Bednore* ou *Ranny-Bednore*,

---

(¹) *Anquetil-Duperron* : Voyages, 566-567. *Gouch*, a comparative View of the monuments, etc. Lond., 1785.

(¹) *Niebuhr* : Voyage, etc., II, 32 avec fig. *Anquetil-Duperron* : Voyages, p. 613. — (²) *Pennant* View, I, 105. — (³) *Tiefenthaler*, I, 364. *Pennant*, II, 110.

nommée aussi *Haïder-Nagor,* avait, sous le règne d'Haïder-Ali, atteint une grande prospérité, et comptait plus de 150,000 habitants: elle est considérablement déchue. Le Kanara, dans le sens propre et géographique, est renfermé entre la mer et les Ghattes occidentales; au nord il a pour limite la rivière d'Aliga, et au sud le mont Illi: c'est le *Limyrica* des anciens (¹). Dans les montagnes de ce pays, un grand nombre de tribus de *Nairs* ont su maintenir, au milieu des révolutions politiques du Dékhan, quelques restes d'indépendance; même aujourd'hui cette noblesse souveraine conserve en partie son ancienne forme de gouvernement, en payant un tribut aux Anglais.

» Les principales villes du Kanara sont : *Karwar,* place de mer avec un port et une factorerie anglaise, défendue par un fort: son territoire fournit du poivre, du riz et du bois de construction; *Onore* ou *Hanawar,* avec un port très fréquenté à cause du commerce de poivre; *Batekale* ou *Battecollah,* qui, dans des ruines de pagodes et d'autres édifices, conserve des traces de son ancienne grandeur; *Barcelore,* dont le port attirait autrefois beaucoup de vaisseaux portugais; et *Mangalore* ou *Koryal,* ville forte et très commerçante, peuplée de 30,000 âmes et pourvue d'un port très commode.

» Le pays de *Malabar* ou *Malebar* s'étend depuis Tovela, auprès du cap Comorin, jusqu'au cap Dilly où il est borné par les Ghattes, et à l'ouest par la mer. Déjà dans le sixième siècle, Cosmas connut le royaume de *Male.* La terminaison *bar,* tirée du persan ou de l'arabe, signifie *pays* ou *côte.* Les indigènes donnent à cette contrée le nom de *Malayala* ce qui signifie *pays des montagnes* (²). On trouve encore dans les Ghattes un peuple montagnard qui, par cette raison, se nomme *Malayes,* et n'a que peu de relations avec les autres habitants du Malabar. On prétend que du côté du nord le Malabar était anciennement protégé contre les incursions hostiles par un mur immense marqué dans quelques cartes (³), et dont cependant un voyageur assure n'avoir aperçu aucune trace (⁴). Les révolutions physiques

qu'éprouvent les côtes de Malabar méritent notre attention. L'île de Vaypi, au nord de Cochin ou *Kotchin,* a été formée par l'Océan, qui l'a détachée de la terre (¹). Les eaux qui, dans la saison des pluies, se précipitèrent des Ghattes, forcèrent, en 1341, les digues de la rivière de Cochin avec une telle impétuosité, que l'inondation entraîna la place où était alors le village du même nom, et forma un large fleuve, un lac et un port capable de recevoir de gros bâtiments au nord-est de la ville. Aux mois d'août et de septembre ce cours d'eau entraîne des collines de sable que la mer agitée, pendant les mois de juin et de juillet, rejette dans l'embouchure et dans le port. Quelquefois, dans la saison pluvieuse, les torrents et la mer semblent se disputer l'empire. Quand l'eau de pluie est la plus forte, elle s'ouvre une route, nettoie et débarrasse le rivage des encombrements que la mer y avait amassés; quand, au contraire, les flots de la mer sont les plus forts, canaux, embouchures, fleuves et ports, tout reste obstrué par le sable que la mer y a apporté dans l'époque de sa fureur. Alors ces fleuves se rejettent dans l'intérieur, où ils forment des lacs, des étangs, des alluvions, de petites îles, des champs, des terrains nouveaux, et les habitants émigrent d'un lieu dans un autre. Le Malabar, au reste, offre tantôt le spectacle riant de cultures fertiles, de collines plantées en poivre et cardamome, de plaines couvertes de riz ou ombragées de cocotiers, et tantôt l'aspect imposant de montagnes escarpées, dont les cimes se couronnent de forêts épaisses, riches en bois de teck et de santal.

» Les Malabares proprement dits, ou les *Malealles,* paraissent Hindous d'origine, quoique leur langue et leurs usages présentent de grandes différences entre eux et les habitants des bords du Gange. La plus frappante est la dénomination de *Naïrs,* donnée à la noblesse héréditaire, dont la plus grande partie appartient à la quatrième caste, à celle des *Tchoutries* ou *artisans,* tandis que seulement un petit nombre de leurs princes descendent de la caste des guerriers, des Tchatrias. Ces princes s'appellent aussi *Naïaques* (²). L'orgueil, ou peut-être quelque souvenir de la doctrine des Boud-

---

(¹) *Wahl:* Hindoustan, II, p. 648. — (²) Le P. *Paulin:* Voyages, I, ch. vi. — (³) *Arrowsmith:* Map of India. — (⁴) Voyez le Voyage du P. *Vincent-Marie de Sainte-Catherine de Sienne.*

(¹) *Paulin:* Voyage, t. I, ch. vi. — (²) *Pennant:* View of Hindostan, I, 177. *Yves:* Voyage, traduct. allem., I, 59.

dhistes, a fait naître chez les Naïrs noirs une institution bizarre: les dames nobles, quoique mariées à un seul homme, ont le droit d'admettre dans leur couche tout individu mâle de la caste, sans que le mari titulaire trouve à y redire.

» Les Malabares ont le teint moins foncé que les Tamouls. Ceux qui sont le plus noirs, ce sont le *Maquois* ou pêcheurs, et les *Paravas* ou tisserands, sur la côte. Les habitants des montagnes, des plantations et des bords des fleuves, sont beaucoup plus blancs. Ils excellent dans l'agriculture, le jardinage et les ouvrages en bois. Il est très probable qu'outre la race hindoue dont nous venons de parler, le Malabar a été peuplé originairement d'une race particulière subjuguée par les Hindous. Du moins les *Maloiam*, tribu de montagnards, voisine de Cochin, parlent un langage différent des autres Malabares [1], et qui se rapproche du dialecte parlé dans le Kanara [2], lequel à son tour offre des ressemblances avec le *telouga* et le tamoul, mais aucune avec le malay ou malayou de la péninsule de Malacca.

» Le commerce a encore attiré dans le Malabar trois colonies différentes. Les *Juifs blancs* de Cochin prétendent y être venus avant l'ère vulgaire, et y avoir possédé, dans le cinquième siècle, un petit royaume gouverné par des princes de leur nation; mais, d'après les recherches les plus exactes, les tables de cuivre contenant les priviléges accordés au chef des Juifs établis à Kranganore, tables aujourd'hui conservées à Cochin, ne remontent qu'au huitième siècle [3]. Les *Juifs noirs* passent pour être des Malabares achetés comme esclaves et convertis à la religion israélite. Ces deux communautés vivent encore séparées. »

Ce que nous venons de dire des Juifs noirs est conforme à l'opinion qu'en ont les Juifs blancs de Cochin; ceux-ci ajoutent même que ces nombreux esclaves convertis au judaïsme ont été, il y a plusieurs siècles, mis en liberté et soigneusement instruits par un riche Juif blanc, et que c'est même à ses frais que leurs anciennes synagogues ont été élevées. Mais les Juifs noirs ont une autre tradition de leur origine: ils se regardent comme les descendants de ces Israélites qui, lors de la première captivité, furent conduits dans l'Inde, et qui ne retournèrent pas dans leur patrie avec ceux qui bâtirent le second temple. Ce récit n'est pas dénué de vraisemblance, car bien qu'on les appelle *Juifs noirs*, ils ne sont pas de la couleur foncée des naturels du pays ou des individus qui descendent d'esclaves indiens; ils ont seulement la peau un peu plus rembrunie que celle des Juifs blancs.

« On raconte un trait de caractère qui ne fait pas honneur à ces Israélites. Deux trompettes d'argent, enlevées par Titus du temple de Jérusalem, et transportées successivement à Carthage par les Vandales, et à Constantinople par Bélisaire, parvinrent dans les mains des Juifs de Kranganore, qui les suspendirent dans leur synagogue; mais quelque temps après on crut qu'elles contenaient de l'or, et ces monuments respectés par tant de nations furent livrés à la fonte par les vrais Hébreux.

» Les *Chrétiens de saint Thomas*, fidèles à la doctrine des nestoriens, font usage dans leur culte de beaucoup de termes syriaques et chaldaïques; ils forment une association politique, et jouissent du même rang que les nobles indigènes. Mais le Thomas ou Thomé qu'ils reconnaissent pour le fondateur de leur Église paraît n'être débarqué sur la côte de Malabar que dans le cinquième siècle, et par conséquent n'a que le nom de commun avec l'apôtre saint Thomas [1]. Cependant, l'antique tradition d'après laquelle saint Jérôme assure que l'apôtre de ce nom avait fondé dans l'Inde une église chrétienne, ne paraît pas dénuée de tout fondement. M. Buchanan a découvert dans les montagnes de Travancore cinquante-deux communautés chrétiennes qui ne paraissent professer que les simples dogmes de l'Église apostolique primitive [2]. Ils s'appellent Chrétiens-Syriens de Malayala, et reconnaissent le patriarche d'Antioche. Peut-être ces Chrétiens, qui font remonter très haut l'origine de leur réunion, sont-ils

---

[1] Relations des missionnaires danois, III, p. 1218. — [2] L'oraison dominicale, en kanarin, dans la *Collection de Leipsick*, p. 91. — [3] *Adrien van Moens*, sur les juifs de Cochin, dans *Busching*, Magasin géographique et historique, XIV, 123 sqq. *Bruns*, Mémoire, dans le *Répertoire oriental*, IX, etc.

[1] Research. asiat., t. VII. *Wrede*, account of the S. Thomé Christians. — [2] *Annales des Voyages*, XIX, p. 219.

les véritables Chrétiens de saint Thomas l'apôtre; tandis que ceux de la côte auraient reçu les hérésies nestoriennes. Les Portugais ont persécuté les Chrétiens-Nestoriens de la côte, et en ont forcé un grand nombre à embrasser le dogme romain.

» On trouve encore au Malabar des peuplades entières de *Mapulets* ou *Mahapilles;* ce sont les descendants de ces Arabes qui, dans le huitième siècle de l'ère chrétienne, quittèrent la ville de Moka et vinrent s'établir dans le sud du Dékhan. Ils se sont mariés à des Indiennes et se livrent, pour la plupart, à la navigation, au trafic, à la peinture et aux lettres : ils sont mahométans; cependant on trouve aussi parmi eux des juifs et des chrétiens [1]. Sur la côte de Coromandel, où il y en a également, on les appelle *Tchaliates*. En Malabar, ils forment encore un petit Etat sous leurs propres chefs.

» Avant le neuvième siècle de notre ère, les nombreux Etats de Malabar avaient été subjugués par l'empereur ou *zamorin* de Calicut; mais la puissance formidable de ce souverain, affaiblie et presque abattue par les guerres intestines, a disparu par les conquêtes de Tippou-Saëb et des Anglais; il n'a conservé que son titre et une ombre de son pouvoir. Il en est à peu près de même du roi ou *perumpadapil de Cochin*. »

Le royaume de *Cochin* ou *Kotchin*, Etat tributaire, a pour capitale *Tripontary*, et renferme Colan, dont nous parlerons plus tard.

« Le royaume de *Travancore*, agrandi de la plus grande partie de celui de Cochin, civilisé par les sages lois du roi Rama-Varmer, s'était élevé, vers la fin du siècle dernier, à un haut degré de splendeur et de force. Il renferme encore 2,000,000 d'habitants, et rapporte un revenu net d'un demi-million de roupies; mais le chef n'en est pas moins vassal de l'Angleterre.

» Passons maintenant en revue les villes les plus remarquables de ces divers Etats, qui, la plupart, sont soumis aux Anglais. *Cananore*, ancienne capitale d'un royaume, est une place de mer grande et bien peuplée. Parmi les habitants il y a beaucoup d'Européens et de Mahométans. C'est dans cette ville que les Portugais construisirent leur premier fort lors de leur arrivée dans l'Inde. Les Anglais paraissent avoir destiné Cananore à une grande place d'armes. *Baliapatnam*, place jadis considérable, a vu son port à moitié comblé de sable. *Teltcherry* ou *Tellitcherry*, ville forte où les Anglais ont un arsenal, est un grand entrepôt de poivre, de cardamome, de bois de santal et de teck, d'étoffes de coton et d'autres marchandises malabariennes.

» *Mahé*, ville de 6,000 habitants, appartenant aux Français, exporte du poivre. *Calicut* ou *Kalicot*, place de mer, ancienne résidence du zamorin, renferme 6,000 maisons en bois de teck et en branches de palmier. Son port est à demi comblé. Les Arabes y font pourtant un grand commerce. Ce port est le premier où aborda Vasco de Gama. *Kranganore*, à 5 lieues de Cochin, était anciennement au pouvoir de la compagnie hollandaise, et appartient aujourd'hui aux Anglais. A *Tridchour*, situé à 10 lieues de Kranganore, les Brahmanes, qui en sont les seigneurs, ont des écoles dont la célébrité ne le cède qu'à celles de Benarès. Ravagée en 1790 par l'intrépide Tippou, la ville fut aussitôt relevée par la piété des Hindous.

» *Cochin* ou *Kotchin*, jolie ville sur la mer, a un port ou plutôt une rade. Quoique ravagée à diverses reprises, elle entretient encore un commerce assez actif, surtout en poivre, cardamome, pierres précieuses, bois de teck et autres marchandises. On y construit aussi beaucoup de navires. Cochin était autrefois le principal établissement des Hollandais dans l'Inde. Les Juifs blancs, les Juifs noirs et les Maures y ont des bazars particuliers; les autres habitants sont des Hindous, des Parsis, des Arabes, des Arméniens. Dans la ville même, de vastes plantations de cocotiers et d'autres palmiers répandent une fraîcheur délicieuse. »

On compte à Cochin environ 200 familles de Juifs blancs. Ils ont une fort belle synagogue pavée en porcelaine de Chine et entourée de jardins. Les Hollandais leur ont fait autrefois présent d'une horloge, et les jours de fête ils déploient beaucoup de luxe, en ornements d'or et d'argent. Autrefois ces Juifs étaient de riches marchands; maintenant ils sont presque tous dans un état misérable, et la plupart de leurs femmes vivent dans la prostitution. Ils sont trop fiers pour travailler et emploient presque tout leur temps à faire

---

[1] Asiatic Researches, V, n° 1.

ASIE. — INDE OU HINDOUSTAN.

des visites. Quelques familles seulement sont parvenues à conserver leurs propriétés immobilières. Leurs mariages comme ceux des Hindous entraînent à des dépenses si considérables qu'elles empêchent beaucoup de jeunes gens de contracter cette union. La lecture des saintes Ecritures n'est pas même répandue chez ces Israélites.

Nous avons vu plus haut qu'ils s'obstinent à considérer les Juifs noirs comme des descendants d'esclaves malabares, et cependant ces derniers ont un caractère moral bien supérieur à celui des Juifs blancs. Ils sont généralement versés dans la connaissance des saintes Ecritures en hébreu, qu'ils traduisent couramment en malyalim. Autant que possible ils règlent leur conduite sur la lettre de la loi. Ils n'ont ni prêtres ni lévites.

Bien que Cochin appartienne aux Anglais, il existe tout près à *Colan*, dans le royaume de Cochin, un évêque catholique portugais dont le diocèse s'étend sur l'île de Ceylan. Cette ville a des ateliers de menuiserie et d'ébénisterie, des fabriques de coton et de faïence.

« *Edapalli*, joli bourg, renferme le palais du roi et du grand-prêtre des Brahmanes, vassal respecté du roi de Travancore. *Barkale*, bourg sur une montagne, a un fameux temple avec un bel étang, où le prince a coutume de se baigner une fois par an.

» *Tirouvandabouram*, appelé aussi *Trivanderam*, et *Trivandapatam*, est le chef-lieu de la province de Travancore. C'est la résidence d'été du radjah de Travancore; il y habite un palais bâti à la manière européenne, et orné de tableaux, de pendules et d'autres objets d'art venus d'Europe. Mais ce qui est plus remarquable, c'est que ce prince y a fait construire en 1837 un observatoire, desservi par des astronomes hindous qui apportent beaucoup de zèle et d'exactitude dans leurs travaux et leurs observations.

» *Travancore* ou *Tiruvancoda* était la capitale du royaume de ce nom; le terroir autour de cette ville est sablonneux, aride et d'une couleur blanche : c'est pour cela que les rois de Travancore s'appelaient anciennement *Bennati Sombam*, c'est-à-dire seigneurs de la terre blanche. A quelque distance de la capitale est le château de *Padmanabouram*, où réside ordinairement le roi, et où sont ses trésors. Il est défendu aux femmes malabares nobles d'aller au-delà de *Tovala*, parce qu'elles sont censées être plus nobles que les habitants de Madouré et des autres pays de la côte de Coromandel (1).

» Le cap *Comorin*, nommé en malabarois *Komari* et *Kanyamuri*, termine majestueusement la côte de Malabar et la chaîne des Ghattes. Le sommet, élevé de 1,294 verges anglaises, et couvert de la verdure la plus brillante, domine sur une belle cascade et sur une plaine remplie de forêts. La déesse Parvati, que la mythologie indienne fait régner sur les montagnes, paraît être la divinité qui, selon Arrien, avait sanctifié par ses lustrations ce promontoire et la mer voisine. Elle en prend le surnom Komari. La pieuse adresse de saint François Xavier a profité de ces traditions pour placer sur un des rochers les plus apparents une église dédiée à la sainte Vierge. »

(1) *Paulin:* Voyages, t. I, ch. VI.

LIVRE CENT QUARANTE-NEUVIÈME.

Suite de la Description de l'Asie. — Description spéciale de l'île de Ceylan et des Iles Maldives et Laquedives.

« Nous disons adieu au continent de l'Inde ; nous allons faire le tour des îles qui peuvent justement être considérées comme une appartenance naturelle de ce pays. *Ceylan* se présente la première [1], cette riche et magnifique terre où les pierres sont des rubis et des saphirs, où l'amome parfume les marais et le cannellier les forêts, où les plantes les plus communes fournissent des aromates précieux. Les plus beaux éléphants courent par troupes, comme chez nous les sangliers ; tandis que le brillant paon, avec l'aérien oiseau de paradis, tiennent la place de nos corbeaux et de nos hirondelles [2]. A tant d'avantages la nature a joint une position qui domine les deux côtes de Malabar et de Coromandel ; de sorte que la puissance maritime qui sera maîtresse de Ceylan le sera de toute la navigation de l'Inde.

» Le nom de cette île varie beaucoup selon les temps et les auteurs. Celui de *Selen*, d'où nous avons fait Ceylan, se trouve chez Cosmas, au sixième siècle, sous la forme de *Sielediba*, ou île Selen. Mais comme Ammien Marcellin appelle les habitants *Serandives*, et comme le nom arabe *Serandib* n'est qu'une corruption de *Selan-Div*, ce dernier doit remonter à une époque très ancienne, et se trouve probablement caché dans le *Simundus*, lisez *Silundus*, de Ptolémée [3]. Un autre nom indien, *Salabha*, l'île riche, se reconnaît dans le *Saliké* du même géographe. Mais les anciens n'ont connu ni le plus ancien nom sanskrit *Lanka*, ni celui qui est le plus en usage, *Singala* ou *Chingala*. Ce dernier signifie île des lions. »

Des recherches récentes ont encore eu pour but les différents noms de cette île célèbre. On sait que les Grecs, au quatrième siècle avant notre ère, l'appelaient *Taprobane* ; ce fut au premier siècle après Jésus-Christ qu'elle prit le nom de *Simoundou*, au deuxième celui de *Salice*, aux quatrième, sixième, neuvième et treizième ceux de *Serendiva*, *Sielendiva*, *Serendis* et *Zeilam* [1]. Enfin, dans une mappemonde gravée par J. Ruysch en 1508, elle porte celui de *Pritam*.

« La longueur de cette île, depuis la pointe de Pedro jusqu'à celle de Dundra, est d'environ 100 lieues ; sa largeur varie de 15 à 50. Les côtes, pourvues d'une quantité de bons ports, sont entourées de bas-fonds et d'écueils. L'intérieur renferme beaucoup de montagnes hautes et escarpées, d'épaisses forêts et de longs districts couverts de broussailles. »

Les montagnes de Ceylan forment au centre de cette île un véritable cirque, semblable à ceux des îles d'origine volcanique, bien qu'il n'existe aucune trace de volcan à Ceylan. Ce cirque, qui paraît être l'effet d'un soulèvement de la croûte terrestre, présente à l'ouest le *Pic d'Adam*, au nord celui de *Nemina-Cooty-Kandy* et au sud-est celui de *Doumbera*. C'est dans la partie septentrionale de ce cirque qu'est située la ville de Kandy. Il serait complétement fermé s'il n'offrait une issue à la rivière de *Mahavelli-Ganga* qui le traverse de l'ouest à l'est et en sort en se dirigeant vers le nord.

« Ce groupe de montagnes exerce sur les saisons à peu près la même influence que les Ghattes dans le Dékhan. Il arrête les moussons ou vents périodiques. Dans la partie occidentale il pleut pendant les mois de mai, de juin et de juillet ; c'est aussi l'époque pluvieuse sur la côte de Coromandel. La mousson qui amène ces pluies est accompagnée de tempêtes, d'orages et d'ouragans très violents : la partie septentrionale éprouve à peine les effets de cette mousson, et jouit généralement d'un temps sec et beau. Mais dans les mois d'octobre et de novembre, quand l'autre mousson

---

[1] Elle est située entre 5° 56′ et 9° 46′ de latitude N., et entre 77° 16′ et 79° 42′ de longitude E. du méridien de Paris. — [2] *Linnæus* : Museum Ceylanicum, præfat. — [3] *Palai* est un adverbe, mal à propos confondu avec le nom qu'il précède.

[1] E. Burnouf : Mémoire sur quelques noms de l'île de Ceylan. Journal asiatique, mars 1826, p. 129.

règne sur la côte de Coromandel, c'est le nord de l'île qui est exposé aux averses et aux tempêtes, tandis que les contrées méridionales s'en ressentent à peine. L'une et l'autre moussons se font peu sentir dans l'intérieur, mais cette partie n'en a pas moins sa saison pluvieuse; c'est pendant les mois de mars et d'avril que les ouragans, si redoutables dans les pays tropiques, y amènent des averses accompagnées d'éclairs et de coups de tonnerre d'une violence dont nous ne pouvons nous faire une idée. Les moussons règlent les saisons dans l'île de Ceylan plus que le cours du soleil : les plus grandes chaleurs règnent depuis janvier jusqu'en avril; c'est pendant le solstice d'été qu'on jouit de la plus grande fraîcheur.

» Du reste, le climat de l'île est tempéré ; quoique située très près de l'équateur, elle n'éprouve pas ces chaleurs excessives qui dessèchent souvent la côte de Coromandel. Dans l'intérieur, où ne pénètrent pas les brises de mer, les forêts et les collines concentrent la chaleur, empêchent la circulation de l'air, et servent de séjour à des brouillards épais et à des vapeurs malsaines. Ces brouillards font souvent succéder des nuits très froides aux grandes chaleurs de la journée [1]. »

C'est surtout vers la partie méridionale que se trouvent les plus hautes montagnes de l'île: c'est là que l'on voit dominer le *Pic d'Adam*, qui s'élève à la hauteur de 1,906 mètres, le *Nemina-Cooty-Kandy*, qui en a 1,651, et le *Doumbera*, moins élevé, mais plus remarquable par la vaste caverne qu'il renferme.

« Les montagnes de Ceylan sont riches en minéraux, mais on ne donne pas assez de soin à leur exploitation. On en tire entre autres des pierres précieuses, telles que saphirs bleus et verts, rubis, topazes, cristaux de roche blancs, jaunes, bruns et noirs. L'améthyste, l'œil-de-chat, le zircon transparent, sont communs. La tourmaline intéresse les naturalistes par son électricité, et le corindon ou spath adamantin sert à polir le diamant. On y trouve le péridot, mais non pas la véritable émeraude. Ces pierres abondent dans le district de Matoura ou de Dolasdas. Ceylan fournit aussi du fer, du plomb, du mercure, beaucoup d'antimoine, de salpêtre et de soufre; mais ces métaux ne sont point exploités.

[1] *Percival* : Voyage à Ceylan, chap. II.

» Le principal objet d'exportation de cette île, c'est la cannelle; quoique répandu dans plusieurs îles du Grand Océan et de l'océan Indien, le cannellier ne vient nulle part aussi bien qu'ici, surtout dans la contrée du sud-ouest, le long des côtes de Negombo, Colombo, Caltoura, Barbary, Gale et Matoura. Dans l'intérieur, la cannelle est moins délicate et plus mordante. La récolte a lieu deux fois par an; la première ou la grande se fait depuis avril jusqu'en août, et la seconde depuis novembre jusqu'en janvier. La compagnie hollandaise exportait autrefois de Ceylan 8 à 10,000 ballots de cannelle, chacun de 80 livres pesant; la moitié passait en Europe, et le reste se consommait en Asie. Le cardamome et le bétel prospèrent aussi dans l'île de Ceylan [1].

» Le riz, quoique très abondant, ne suffit pas à la consommation. On exporte un peu de café, inférieur à celui de Java, ainsi qu'une espèce d'ipécacuanha moins efficace que celle de l'Amérique. Des forêts de cocotiers s'étendent le long de la côte, surtout depuis Negombo jusqu'au-delà de Matoura. »

D'immenses forêts, où les arbres, comme dans les forêts vierges, sont entrelacés de lianes, occupent une grande partie de l'intérieur de l'île. Ces forêts donnent de l'ébène d'une bonne qualité, du bois de teck, du bois de fer, de jaquier, d'arequier, etc. On y trouve aussi l'arbre gigantesque appelé talipot (*corypha umbraculifera*), dont la tige s'élève à près de 70 mètres, et dont une seule feuille peut fournir un abri à une douzaine de personnes.

« Les feuilles du *talipot* [2] servent de papier et d'éventail; le sagoyer, le *kettula*, le palmier à sucre, le cocotier des Maldives, le *borassus flabelliformis* [3] et d'autres espèces voisines des palmiers composent la plupart des forêts du plat pays. L'arbre à pain fournit aux Chingalais quinze mets différents. C'est à l'ombre du bananier sacré que ces insulaires forment les vœux d'une amitié inviolable ou d'un amour éternel. Plusieurs voyageurs, entre autres Ribeiro et Graaf, font l'éloge de l'orange du roi comme du fruit le plus délicieux de Ceylan et de la terre entière. Parmi

[1] *Burmann* : Flor. Ceylan. Tab. 27. *Pennant* : View, I, 222-227. Nouvelles relations des missionnaires d'Halle, cah. 32, p. 928. — [2] Corypha umbraculifera, 1. — [3] *Pennant* : View, I, 247.

les fleurs qui ornent le sol de l'île, on distingue le grand lis (¹), dont la racine, selon les voyageurs, est ici le poison le plus efficace, tandis qu'on l'emploie comme antidote sur la côte de Malabar. La mussende (²) couvre d'une grande feuille blanche ses corolles de pourpre foncé. Le *sindrimal* ouvre ses fleurs à quatre heures du matin et les ferme le soir à la même heure. La *bandoura* (³) contient, dans une espèce de bourse cylindrique, une eau limpide et fraîche. Plusieurs arbres à gomme, le théier et le camphrier rapprochent la flore chingalaise de celle de la péninsule à l'est du Gange.

« » La pêche des perles entre Manaar et Tuticorin, qui autrefois était d'un bon rapport, se réduit à peu de chose aujourd'hui; l'avidité a fait tarir en partie cette source de richesse. Avant l'arrivée des Portugais, la pêche n'avait lieu que tous les 20 ou 24 ans. Les Portugais réduisirent cet intervalle à 10 ans, et les Hollandais, pour multiplier un gain précaire, affermèrent la pêche tous les 7 à 8 ans. Actuellement elle a lieu tous les 2 ans. L'heure à laquelle la pêche doit commencer est déterminée d'avance. Au signal donné, les bateaux qui y ont pris part rentrent dans la baie et débarquent leurs huîtres; on en fait des tas ou lots, que l'on vend ensuite à l'enchère au plus offrant. Ce sont des chances à courir que d'en faire l'acquisition. S'il y a beaucoup de perles ou seulement deux perles de la première qualité dans le lot, la fortune de l'acquéreur est presque assurée; mais il arrive aussi que tout le lot ne vaut pas la centième partie du prix pour lequel on l'a acheté. Les plus riches joailliers de l'Inde se rendent à Ceylan à l'époque de cette pêche (⁴). L'amour du gain s'offre ici sous les traits les plus prononcés et les plus hideux. Les infortunés plongeurs étouffent quelquefois sous l'eau ou expirent en vomissant le sang dès qu'ils sortent de la mer. Les huîtres, en pourrissant, exhalent l'odeur la plus infecte; l'air en est corrompu à plusieurs lieues à la ronde. On voit l'avide chercheur de perles remuer ces immondices pestilentielles pour y découvrir quelque trésor négligé.

» On prend aussi sur les côtes de Ceylan beaucoup de cauris (*cyprœa moneta*), dont une partie passe sur le continent. Parmi les animaux indigènes de Ceylan, on remarque l'éléphant; il y en a deux variétés, l'une avec des dents très longues, appelée *alleia*, l'autre qui n'en a point ou qui les a très courtes, et qu'on nomme *aëta* (¹). On fait beaucoup de cas de l'éléphant ceylanais, à cause de sa grandeur et de sa docilité. Aujourd'hui, la plupart des éléphants destinés à l'exportation se prennent dans le pays de Matoura, sur la côte méridionale, où l'on fait des chasses régulières tous les trois ou quatre ans. Les buffles sauvages, après avoir été apprivoisés, servent au labour. Les chevaux de Ceylan sont d'une belle race. On les abandonne pendant les premières années dans trois petites îles que les Portugais avaient nommées par cette raison *ilhas de Cavales*. On en exporte un grand nombre pour l'Inde, où ils servent à la monte. Ceylan possède nos animaux domestiques ; mais les brebis, selon Wolff, ont, au lieu de laine, du poil comme les chiens. Le même auteur prétend qu'il n'y a point de lions dans Ceylan, quoique Knox assure qu'il y en ait. Les forêts de Ceylan renferment des daims, des lièvres, un animal à musc (²), des tigres, des chacals, et diverses espèces de singes, entre autres le singe blanc à barbe, et le singe noir à barbe noire ou blanche. Les oiseaux y sont très nombreux, ainsi que les abeilles et les fourmis. Le miel abonde tellement que, selon un auteur portugais, il sert à conserver les mets qu'on y plonge au défaut de sel (³). Une espèce de fourmis noires fait de très grands nids sur les branches des arbres (⁴). Les sangsues et les araignées venimeuses se font redouter. Les rivières fourmillent de poissons. Dans les contrées marécageuses il y a des serpents énormes. »

Les insulaires de Ceylan se divisent en deux branches, les *Veddahs* et les *Ceylanais* ou *Chingalais*. Nous empruntons à M. D. de Rienzi, qui a parcouru une forêt habitée par les Veddahs, et qui avait plusieurs guides de cette caste lorsqu'il a visité le pic Adam, en compagnie de M. Layard, les renseignements suivants sur ces barbares.

« Dans les forêts épaisses de l'intérieur de » Ceylan, sur une superficie d'environ 50 » milles, habite, avec les éléphants et les buf-

---

(¹) Gloriosa superba, L. — (²) Mussenda frondosa, L. — (³) Nepenthes distillatoria, L. — (⁴) Lebeck: Asiatic Researches, t. V. *Percival:* Voyage à Ceylan, ch. III.

(¹) Asiatic register, 1800; Miscell. tract., p. 3. — (²) Moschus memana, L. — (³) *Texeira:* Hist. Persic., l. I, ch. xxxv. — (⁴) *Valentyn:* Description de Ceylan, en hollandais, p. 54.

ASIE. — INDE. CEYLAN.

» îles sauvages, un peuple dont l'origine a
» donné lieu à cent conjectures bizarres, aux
» rapports les plus extraordinaires ; ce sont
» les Veddahs, qui, dans la dernière guerre
» des Anglais, ont été un peu mieux étudiés
» qu'auparavant.

» L'opinion la plus probable sur l'origine
» de cette singulière caste, c'est qu'elle des-
» cend des habitants primitifs de l'île, qui ont
» cherché dans les forêts inaccessibles un re-
» fuge contre les conquérants. La passion de
» ce peuple pour la liberté lui fait supporter
» la vie la plus dure et les plus grandes priva-
» tions. C'est dans l'intérieur que l'on trouve
» les *Djungle-Veddahs*, qui n'ont eu aucune
» communication avec les Chingalais. Ils sont
» petits et noirs, n'ont pour habillement qu'un
» tablier de peau de quatre doigts de largeur
» descendant jusqu'à mi-cuisse : celui des fem-
» mes est un peu plus large. Quelquefois même
» ils vont tout-à-fait nus. Quoique grêles, on ne
» rencontre pas chez eux d'êtres difformes, ce
» qui tient sans doute à ce qu'ils étranglent les
» enfants qui naissent avec quelque infirmité.

» La chasse fournit au Veddah la nourriture
» dont il a besoin. Il la prépare soit comme les
» habitants de Manille et des îles Philippines,
» en coupant la chair par lanière et la faisant
» sécher au soleil, soit en la faisant cuire dans
» la cendre. Le miel fait aussi partie de sa
» nourriture, et il le recherche avec avidité.

» Les femmes suivent leurs maris à la chasse,
» et pendant ces excursions, qui durent quel-
» quefois plusieurs semaines, ils passent la nuit
» sur les arbres. Armé d'un arc long de six
» pieds fait avec un bois très dur et très élas-
» tique, il ne craint pas d'attaquer les ani-
» maux les plus redoutables, et son adresse est
» telle qu'une seule flèche lui suffit quelquefois
» pour terrasser un éléphant.

» Quand la chasse a été heureuse, le Ved-
» dah reste à dévorer sa proie et à dormir ;
» mais à cette abondance succède presque tou-
» jours une affreuse famine, et il n'a pour s'en
» garantir que du miel mêlé avec de la poudre
» de bois, quelquefois même les feuilles des
» arbres. On l'a vu se livrer quelquefois à l'an-
» thropophagie. Quand le Veddah a besoin de
» fers de flèches, il va trouver un forgeron
» chingalais, lui porte de la cire, du miel ou
» des peaux, et obtient en échange la quantité
» de fers dont ils conviennent. Souvent ils se
» contentent de déposer leurs objets d'échange
» dans un lieu convenu.

» Le Veddah est sérieux et même sombre ;
» ce caractère se retrouve presque dans ses
» danses et dans ses chants. Généreux et hos-
» pitalier, il reçoit avec cordialité l'étranger
» qui se présente sans armes, et sa demeure
» a servi plus d'une fois de refuge aux Kan-
» diens contre la tyrannie. Si l'époux est ab-
» sent, la femme fait rester le voyageur à
» quelques toises de sa demeure jusqu'à l'ar-
» rivée de son mari, car le Veddah est jaloux
» et vindicatif ; et malheur à l'imprudent qui
» offrirait le bétel à sa femme ! Sous les der-
» niers rois de Kandy on a vu plus d'une fois
» cette race barbare vendre ses enfants au prix
» de 80 à 100 francs.

» L'autorité du mari sur sa femme et ses
» enfants est absolue. Quand il veut obtenir
» une fille, le sauvage veddah se présente au
» père pour lui en faire la demande. Celui-ci
» ne la refuse presque jamais, et de ce moment
» le mariage est conclu, la femme ira habiter
» la case du mari, le suivra à la chasse et pré-
» parera les aliments. Il peut épouser sa mère
» et sa sœur, mais non sa fille, et la polyga-
» mie lui est permise.

» La religion des Veddahs doit se ressentir
» de leur profonde ignorance. Occupés uni-
» quement à soutenir leur malheureuse exis-
» tence, ils ne peuvent imaginer un Dieu bon.
» Ils invoquent le *Veddah-Jaccon* ou démon
» Veddah, et lui offrent du miel pour l'apaiser.
» La danse est encore un moyen de fléchir la
» colère du dieu. Ils l'exécutent au son d'une
» espèce de tambour, le *tantant*, seul instru-
» ment qu'ils connaissent, et poussent cet
» exercice jusqu'à ce que l'un d'eux, saisi d'un
» vertige qu'il prend pour de l'inspiration,
» offre de répondre aux questions qui lui se-
» ront adressées sur le sort des défunts.

» Toute maladie est l'ouvrage d'un malin
» esprit, et celui qui succombe passe aussitôt
» dans le corps d'un vivant pour le tourmen-
» ter. Ils invoquent leurs parents morts pour
» obtenir d'eux d'être heureux à la chasse et
» en amour.

» La langue de ces sauvages est bornée à un
» très petit nombre de mots. Ils ne comptent
» que jusqu'à dix. Pour exprimer les nombres
» plus élevés, ils disent *beaucoup*, *un grand*
» *nombre*. Leur correspondance se fait au

» moyen de nœuds semblables aux *quipos* des
» Péruviens, ou avec des bâtons sur lesquels
» ils font des entailles. Leurs poésies se bornent à quelques couplets en mémoire de
» chasseurs fameux de leur nation. Ils occupent généralement une partie du nord et du
» sud-est de l'île de Ceylan. »

« Le midi de l'île est occupé par les *Ceylanais*, qui paraissent descendre d'un peuple
étranger qui est venu s'établir dans Ceylan.
Leurs mœurs, leur religion et leur langage
sont ceux des Hindous. Ils sont bien faits et
ont beaucoup d'agilité. Leur vêtement ordinaire consiste en une étoffe dont ils entourent
les reins, et en une camisole avec des manches à grands plis. Leur tête est coiffée d'un
bonnet à double pointe; ils portent un sabre
au côté gauche et un poignard dans le sein.
Leurs doigts sont ornés d'anneaux d'argent
et de cuivre jaune. Les riches portent deux
camisoles de coton, dont l'une est blanche et
l'autre bleue, avec un coutelas à manche doré.
Les femmes se revêtent d'une camisole rouge
et bleue, dont la longueur dépend du rang où
elles sont placées. Elles ont la tête, le cou et les
bras chargés de divers ornements. Elles ont
les manières aisées des Européennes, et jouissent d'une liberté inconnue aux autres Orientales. Les hommes et les femmes vont pieds
nus. A table, la femme sert le mari, et après
que celui-ci a mangé seul, elle s'assied avec
ses enfants. »

Les Ceylanais se divisent en quatre castes
qu'ils nomment : 1° caste royale ou noble
(*ekchastria-wanse*); 2° caste des brahmanes
(*brachmana-wanse*); 3° caste de wiessia (*wiessia-wanse*); qui comprend les cultivateurs et
les bergers; 4° enfin caste inférieure (*kchoudra-wanse*). Les mariages et même les repas
parmi ces diverses castes sont défendus sous
peine de mort.

« Les Ceylanais, quoique d'un caractère
très doux, surpassent en intelligence beaucoup d'autres nations indiennes. Ils ont porté
les métiers et les arts à un certain degré de
perfection (¹). Ils fabriquent entre autres de
bonnes étoffes de coton. Ils tirent aussi une
espèce de sucre brut des cocotiers et des palmiers. »

Ils conservent d'anciens livres religieux et
historiques écrits dans leur langue : celle-ci

(¹) *Valentyn*: ch. III, *passim*.

bien que ressemblant au sanskrit, paraît
avoir une origine différente. La feuille du talipot séchée et vernissée leur sert de papier.
Ils aiment la poésie et la musique ainsi que
les représentations dramatiques. Sur un théâtre des acteurs déguisés et masqués figurent
des personnages, pendant que d'autres chantent des versets d'anciens poëmes mystiques. Le long des côtes beaucoup de Chingalais ont été convertis au catholicisme par
suite des prédications des Portugais. Aujourd'hui les missionnaires anglais cherchent
à y répandre la religion anglicane.

« Une preuve que leurs ancêtres ont cultivé les beaux-arts, c'est le grand nombre de
monuments que l'on trouve encore à Ceylan,
particulièrement sur la frontière septentrionale du ci-devant royaume de Kandy. Ce sont
d'énormes ruines de palais, de temples, de
colonnades de marbre et de pierre, d'inscriptions taillées dans le roc, et de ponts avec des
arches voûtées. »

Celles de l'ancienne ville d'Anaradjahpoura
couvrent une superficie de plusieurs lieues.
On signale aussi les ruines de Lowa-Maha-Paya où 1,600 piliers sont disposés régulièrement en quinconce. Non loin de là se trouve
le temple de Maha-Wihara, orné de belles
sculptures : ce temple est encore desservi par
quelques prêtres. Plusieurs autres temples anciens sont creusés dans les rochers comme on
en trouve dans l'Inde.

Des recherches récentes sur les ruines de
l'ancienne ville de *Tammana Nuwera* prouvent qu'il y existe encore *treize* groupes de
colonnes en granit et des restes d'anciens
édifices qui occupent environ un mille et demi
anglais d'étendue, à peu de distance des bords
de la rivière de Mioya. Tous les groupes de
piliers présentent le même arrangement, mais
ils diffèrent en dimensions. Deux de ces piliers portent des inscriptions. Ces colonnes
sont généralement trop basses pour avoir été
destinées à porter un toit. Elles ont probablement supporté un étage supérieur. On y a
trouvé une pierre chargée de dessins en creux
roides et grossiers, qui a dû servir de table
pour le culte des idoles, ainsi que deux figures de Bouddha en granit, dont les têtes semblent avoir été brisées avec violence. Il est à
remarquer que le nom de cette ville antique
paraît être l'origine de celui de Taprobane que

les anciens donnaient à Ceylan : en effet, le mot *Tammana* n'est que la corruption du mot pali *Tambapouni*, qui signifie cuivre coloré, nom tiré de la couleur du sol sur lequel cette ville est bâtie. Elle fut fondée vers le milieu du sixième siècle avant Jésus-Christ par le conquérant Wijaya. Toutes ses ruines offrent une grande ressemblance avec les monuments appelés druidiques (¹).

Dans ces dernières années, un officier anglais (²) a découvert d'autres ruines fort curieuses. Près du village de Topar se trouvent celles d'un temple circulaire en briques, d'environ cent pieds de hauteur et surmonté d'obélisques. Ces ruines sont environnées de *tumuli*, comme chez la plupart des nations antiques ; on y remarque aussi des colonnes et des restes de différents édifices, parmi lesquels on en voit un dont l'intérieur voûté tient à la fois de l'ogive et du cintre. Ce qu'il y a de plus curieux, c'est dans la montagne voisine un groupe taillé dans le roc et consistant en une figure bien proportionnée, haute de plus de cinquante pieds anglais, et une autre moins grande en adoration devant la précédente. Elles s'élèvent sur un soubassement de roches en talus de trente pieds de hauteur, sur quatre-vingts de largeur. On a cru reconnaître dans la plus grande la statue de Bouddha. D'autres figures de la même divinité sont représentées assises et plus grandes que nature. Ces ruines sont appelées dans le pays le *Palais de Naig*.

Plus loin, d'autres constructions plus étendues sont attribuées par les habitants aux *Djoharrem* ou géants. Ce qui frappe d'abord les regards, c'est une immense construction en briques qui paraît être un tombeau : elle a la forme d'une pyramide et semble avoir été complétement revêtue de stuc. Près de ce monument, 16 petits édifices, également en briques, l'un ouvert et l'autre fermé alternativement, sont probablement aussi des tombeaux. Plus loin encore se trouve une pyramide moins grande que la première. Enfin, à quelques centaines de toises de là, trois rochers noirs semblent sortir du milieu d'autres ruines : ce sont trois statues gigantesques de Bouddha, assises, bien proportionnées, et dont on peut indiquer les dimensions en faisant observer que le petit doigt de la main a 2 pieds de longueur. Près de là se trouvent les restes d'un petit temple voûté, dans l'intérieur duquel on voit encore une figure de Bouddha assise sur un trône.

« Ceylan était fréquentée, dès la plus haute antiquité, par les navires arabes et persans. D'après une ancienne tradition conservée parmi les insulaires, il régnait dans cette île, long-temps avant l'ère chrétienne, un roi despotique nommé *Rama*, qui laissa son nom à un royaume et à une ville magnifiques. Dans les temps postérieurs et historiques, il se forma dans l'île six royaumes, savoir : *Condé-Ouda*, que nous appelons *Kandy, Cotta, Sieta-Reca, Dambadam, Ramnadapour* et *Jafnapatnam*. La discorde qui régnait entre les rois de ces Etats facilita aux Européens le moyen de s'en rendre maîtres. Les Portugais s'établirent à Ceylan l'an 1517, à la faveur des guerres intestines ; mais ayant abusé d'une manière révoltante des libertés qui leur avaient été accordées, ils firent tourner contre eux les forces réunies des rois de l'île. Les Hollandais offrirent leur secours aux Ceylanais, et enlevèrent aux Portugais toutes leurs possessions. Les nouveaux colons européens ne tardèrent pas à porter des vues ambitieuses sur l'île entière, et particulièrement sur le royaume de Kandy. Les efforts qu'ils firent dans le dix-huitième siècle pour s'en rendre maîtres échouèrent tous, à cause de la position presque inexpugnable de ce royaume, entouré de montagnes séparées par des défilés très étroits, des déserts et des forêts infestées par des éléphants sauvages, des ours, des tigres, d'énormes serpents et d'autres animaux malfaisants. Ces guerres inutiles coûtèrent à la compagnie beaucoup de soldats et des sommes énormes, tandis que ses employés achevèrent de détruire ses espérances par leur cupidité effrénée. Cependant les Ceylanais ne surent point se délivrer de leurs maîtres ; et après avoir long-temps gémi des vexations que les Européens leur firent éprouver, ils passèrent, à la fin du dernier siècle, sous le joug des Anglais, qu'ils essayèrent de secouer en massacrant la garnison anglaise de Kandy (³). »

(¹) Mémoire de M. Simon Casie Chitty, lu en 1840 à la société asiatique de Londres. — (²) *M. Fagan* : Lettre insérée en 1834 dans le journal qui s'imprime en anglais à Colombo, capitale de Ceylan.

(³) *Valentyn* : Descript. de Ceylan, ch. IV, XVI. *Haafner* : Notice sur l'île de Ceylan, dans le deuxième

En 1782, les Anglais prirent Trinkomali, qui fut repris par les Français sous les ordres de Suffren. En 1796, les Anglais s'emparèrent de Negombo et de Colombo. En 1815, le major Hooke prit la capitale du Kandy, fit prisonnier le roi régnant, Pikrimi-Radjah-Singha, et s'empara de ses trésors. L'île entière appartient aujourd'hui aux Anglais.

« Il nous reste à jeter un coup d'œil sur les principales villes; commençons par les côtes. *Jafnapatnam*, ou *Jafnapatam*, dans le nord de l'île, autrefois capitale d'un royaume particulier, a un port accessible aux petits navires. Son territoire, très fertile en riz, grains de toute espèce, coton, tabac et palmiers à éventail, est couvert de villages, et renfermait, en 1782, plus de 190,000 chrétiens. *Negombo*, avec un petit fort et des casernes, est situé près de la mer, dans une contrée charmante, couverte de bois de cocotiers et de cannelliers qui fournissent la cannelle la plus fine de toute l'île [1]. *Colombo*, ville bien bâtie et très peuplée, sur la côte occidentale, a été construite par les Portugais, et avait été le chef-lieu des établissements hollandais. Elle est aujourd'hui la capitale de l'île. La rade est peu sûre. Rien de plus magnifique que l'aspect de cette ville, assise au milieu des forêts de cocotiers, sur une baie formée par le *Kalany-ganga*; rien de plus riche que la végétation de ses environs, où les arbres majestueux, les riants bosquets et les coteaux verdoyants se succèdent ou s'entremêlent sans interruption; rien de plus salubre que l'air qu'on y respire et dont la température presque invariable ne laisse fluctuer le thermomètre qu'à 6 degrés au-dessus et au-dessous du 80° de l'échelle de Fahrenheit [2]. »

Colombo profite déjà des bienfaits de la civilisation européenne; elle ne renferme point, il est vrai, de beaux monuments : le palais du gouverneur et l'église de Wolfendal sont ses principaux édifices; mais elle possède une institution où les indigènes apprennent l'anglais et d'autres langues, et depuis le commencement de 1832 elle communique rapidement, par un service de malles-postes, avec les principales villes de l'île. En 1815 sa population était de 50 à 60,000 âmes, et il est probable qu'aujourd'hui elle est plus considérable.

« *Punta de Gale* ou *Point de Galle*, ville considérable, que sa position au milieu des rochers rend naturellement forte, et que ses forêts de cannelliers enrichissent, possède un port très beau, mais d'une entrée difficile. *Matoura*, petite ville, est le chef-lieu d'un district très fertile, surtout en café et en poivre, et très riche en pierres précieuses. Un peu à l'est de Matoura cessent les bosquets de cannelliers. *Tengale* est situé dans un canton consacré à la chasse aux éléphants.

» Les côtes sud-est présentent des marais salants, derrière lesquels on ne voit que forêts et rochers. A *Battikalo*, on voit reparaître toute la fertilité et toute la magnificence du règne végétal. Le pays est parsemé de fermes dont les arbustes les plus charmants forment les clôtures [1]. *Trinkomali* ou *Trinquemale*, ville importante, mais mal bâtie, est dans la partie la plus belle et la plus fertile de l'île. Son port, environné de hautes montagnes et de bons forts, est un des plus beaux et des plus vastes de l'Inde : plus de 40 vaisseaux de ligne peuvent y mouiller à l'abri des tempêtes [2]. Le fort Ostembourg domine toutes les baies voisines. C'est dans le port de Trinquemale que se décharge le Mavali-ganga ou Mahavelle, le premier fleuve de Ceylan; il descend du pic d'Adam; mais de nombreux rochers, en l'obstruant, le rendent inutile à la navigation.

» L'île de Ceylan est entourée d'un grand nombre de petites îles; il y en a surtout beaucoup du côté de l'ouest et du nord; la baie de Condatchy est remplie d'îlots qui, de loin, présentent un aspect charmant; mais, arrivé de près, on remarque qu'ils ne produisent, pour la plupart, que des broussailles. Quelques uns ont de bons pâturages; on y fait paître les chevaux et les bestiaux; les Hollandais leur ont donné le nom de leurs villes, telles que Amsterdam, Harlem, Leyde, Delft, Rotterdam. L'île de *Manaar* est située dans le petit golfe de ce nom, entre Ceylan et la côte de la pêcherie. Nous avons déjà remarqué les bancs de sable connus sous le nom de *Pont de Rama*, ou *Pont d'Adam*, et qui joi-

---

volume de ses *Voyages*. *Hugh Boyd* : Histoire de Ceylan.

[1] *Valentyn* : Description de Ceylan, p. 166 (dans *Oud-and-New Ostindien*, VII). — [2] *Cordiner* : Account of Ceylan, ch. III. *Percival*.

[1] *Valentyn* : 32-41, etc. *Cordiner*, 261-262. — [2] *Cordiner*, 1, 270. Voyez le beau plan de *Valentyn*.

nent presque l'île de Ceylan au continent de Inde. Les habitants de l'île des *Deux-Frères* se distinguent par des muscles extrêmement prononcés; un peintre pourrait étudier anatomie sur leur corps.

» Toute cette lisière que nous venons de écrire appartient aux Anglais, successeurs es Portugais et des Hollandais. On y comptait, au commencement de ce siècle, 340 à 50,000 chrétiens calvinistes, plus de 400,000 atholiques, et probablement le double d'individus restés fidèles à leur ancienne religion.

» Le royaume de *Kandy* occupait la partie centrale de l'île. *Kandy*, ville bâtie en forme de triangle, dans le voisinage du Mavalizanga, est à 80 milles anglais de Colombo. Les maisons ne sont que des cabanes, et l'ancien palais du roi n'a même aucune apparence. On le dit cependant vaste et richement décoré à l'intérieur; un appartement est entièrement formé de glaces très hautes. Spilbergen vit, en 1602, à Kandy, de magnifiques pagodes, ornées de pierreries et comparables aux plus belles églises catholiques(¹). » On y voit encore un beau temple de Bouddha, où l'on conserve la fameuse dent de ce dieu dans une belle châsse ornée d'or et d'argent. Malgré le nom de *Maha-Neuva* (grande-ville) que les Chingalais donnent à leur ancienne capitale, nous devons faire observer que Kandy n'est qu'une petite ville de 3,000 âmes.

« *Nilembynour* et *Deglichinour* ont quelquefois servi d'asile aux monarques. Plusieurs villes très florissantes autrefois sont tombées en ruines: telle est *Anouradgbourro*, ville détruite par les Portugais, antique capitale de l'île, résidence des anciens rois du pays, et où était la sépulture de leur famille. Elle renfermait de belles pagodes dont les ruines sont encore un objet de vénération pour les Ceylanais. »

Cette vieille cité, qui porte aussi les noms de *Nouradjapoura* et d'*Anaradhépoura*, paraît être l'*Anurogrammoum* décrit par Ptolémée dans la Taprobane. Le capitaine Chapman, qui la visita en 1828, et qui a consulté à son sujet les chroniques ceylanaises, pense qu'elle fut fondée 470 ans avant notre ère. Suivant les traditions, elle conserva son rang et son importance pendant quinze siècles. Les seules traces de son antique splendeur sont ses neuf temples vénérés: l'un d'eux consiste en une enceinte renfermant des arbres sacrés appartenant à l'espèce appelée *ficus religiosa*; un autre porte le nom de temple des mille colonnes, et les sept autres ne sont que des tertres et des tombeaux. A l'entrée de l'enceinte des arbres sacrés on voit une pierre sur laquelle sont sculptées des figures d'éléphants, de lions, de vaches et de chevaux.

Sur la côte occidentale de l'île, la petite ville de *Potlam* tire un grand produit de ses importantes salines. A cinq lieues plus au nord, le fort de *Calpentyn* ou *Calpenty*, situé sur la péninsule longue et étroite de Nave-Karre, renferme plusieurs maisons et voit s'élever à sa base un village assez considérable.

Les districts de Potlam et de Calpeutyn sont habités par un peuple particulier appelé les *Moukwas*. Au nombre de 1,500 individus, cette peuplade, suivant une de ses traditions, est venue de l'ancien royaume d'Aoudh, dans l'Inde. Parmi les Moukwas, les uns se sont faits mahométans et les autres ont été baptisés par les Portugais. Il règne chez eux plusieurs usages singuliers: par exemple, à la mort d'un Moukwa le bien acquis par lui passe à ses enfants, mais celui qu'il a eu de sa famille retourne aux fils de sa sœur, ou, à leur défaut, aux fils de la sœur de sa mère.

« Au sud de Kandy, et à l'est de Colombo, dans le district de Dinavaca, s'élève la célèbre montagne que les Européens, les chrétiens de Saint-Thomas et les mahométans ont appelée *Pic d'Adam*, mais qui, dans la langue des Chingalais, porte le nom de *Hamalel* ou d'*Hammallyl*, et dans le sanskrit, celui de *Salmala*. Quelques auteurs arabes la nomment *Rohvan*. C'est une montagne de forme conique, visible à 30 et quelques lieues; on monte sur ses flancs escarpés, mais ornés de forêts, au moyen d'escaliers taillés dans l'ardoise(¹). »

M. de Rienzi confirme l'assertion de Valentyn, lorsqu'il annonce qu'un quart d'heure avant d'arriver à son sommet il faut monter au moyen de chaînes de fer fixées sur la plate-forme.

« On y trouve, dans une plaine de 150 pieds de long sur 110 de large, un petit étang

---

(¹) *Valentyn*, 106 117. *Knox*, etc.

(¹) *Helmont*: Rapport au gouverneur *Simons*, dans *Valentyn*, p. 378.

d'eau limpide, source d'une rivière qui, de cascade en cascade, précipite ses ondes sacrées, dans lesquelles les bouddhistes se baignent avec dévotion. On montre encore sur le sommet une petite pagode en bois au milieu de laquelle est une pierre dans laquelle on voit une empreinte assez semblable à celle d'un pied gigantesque. C'est, selon les uns, celui d'Adam; selon les autres, celui de saint Thomas ([1]); mais les indigènes veulent que ce soit un vestige de Bouddha, qui, après 999 métamorphoses, s'élança de ce lieu vers les demeures célestes. Les peuples de Ceylan, de Pégou, de Siam, de Malacca, accourent en pèlerinage auprès de ce monument sacré. Dans des pagodes voisines, ils vénéraient des images que les voyageurs européens ont prises pour celles d'Adam et d'Ève. Jadis on y conservait, comme la plus sainte des reliques, une dent de singe qui fut enlevée, en 1554, par les Portugais; aussitôt les nations attachées à la religion de Bouddha offrirent au vice-roi de Goa 700,000 ducats pour la rançon de ce trésor; le vice-roi trouvait que c'était vendre très avantageusement une dent de singe; mais le patriarche et l'inquisition aimèrent mieux faire brûler cet objet d'un culte superstitieux. »

La superficie de l'île de Ceylan, que nous évaluons à 3,500 lieues carrées, pourrait nourrir une population deux ou trois fois plus considérable que celle qu'elle renferme, et que l'on estime à 1,300,000 habitants. L'un des plus anciens royaumes de cette île, celui de Kandy, a été détruit par les Anglais en 1819. Aujourd'hui qu'ils sont maîtres de l'île, Colombo est le chef-lieu de la colonie, le siège d'une cour suprême de justice et la résidence du gouverneur.

« A 30 ou 40 lieues à l'ouest de la côte de Malabar, on voit semées sur la surface de l'océan Indien les îles appelées *Laquedives* ou *Lakedives*. Elles sont au nombre de 50, dont 13 ne sont que des écueils, et forment 15 petits groupes ou *attolons* ([2]). Ces îles, peu élevées, ceintes de rochers de corail, entourées de bas-fonds et de bancs de sable, renferment des rizières et de superbes cocotiers. On distingue dans le groupe septentrional *Metelar*, *Kittan*, *Coreny*, *Ameny*. Dans le groupe méridional, on remarque *Lacondy*, la plus considérable de toutes, *Karoly*, *Aquelaon* ou *Akhaloo* et *Kalpeny*, qui a une rivière dont l'embouchure peut recevoir des vaisseaux de 200 tonneaux. Au sud de ces deux groupes est le passage nommé le *Canal des onze degrés*. »

Ces îles nourrissent une population de 8 à 10,000 individus, que leur caractère physique et leur religion rapprochent des Arabes, tandis que leur langue dérive du malais. Ils sont appelés *Moplais* par les Malabares, et soumis à un chef qui se reconnaît vassal des Anglais.

La récolte du riz est si peu considérable en raison de la faible superficie de terrain cultivable, qu'elle suffit, dit-on, à peine à la consommation des habitants pendant une vingtaine de jours. Le surplus de leur nourriture se compose de tortues, de poissons et de mollusques, ainsi que de vivres qu'ils obtiennent par échange sur la côte. Parmi les végétaux qu'ils cultivent on cite l'oranger, le papayer, deux espèces de cotonnier et le *tocca pinnatifida*.

Les naturels sont pauvres et inoffensifs; ils se construisent des maisons en pierres couvertes en chaume, et les tiennent très basses afin qu'elles résistent plus facilement aux coups de vent qui se font sentir sur ces îles. Leurs diverses branches d'industrie consistent à fabriquer des câbles avec les fibres qui recouvrent la noix de coco, à faire de petites idoles ou d'autres ouvrages avec les coraux qui entourent leurs îles, et à recueillir des cauris (*cypræa moneta*). Tous ces objets sont leurs moyens d'échange avec le continent.

Les Lakedives ont été découvertes en 1499 par Vasco de Gama. Elles sont rarement visitées par les navires européens parce qu'elles manquent de bons mouillages et que la navigation y est dangereuse.

« Entre les Lakedives et les Maldives est située la petite île de *Malique* ou *Malicoi*, entourée de falaises, et extrêmement fertile. Elle dépend d'un radjah de Malabar.

» Les *Maldives*, qui tirent leur nom de *Male*, la principale île de ce groupe, s'appellent dans le pays même *Male-Raque*, et chez Edrisi, *Robaihat*. Elles sont, d'après le rap-

---

([1]) *Diego de Couto*, Decadas, V, lib. VI. — ([2]) Elles sont situées entre 10° et 14° 40′ de latitude N., et entre 69° 50′ et 72° de longitude E. du méridien de Paris.

port des indigènes, au nombre de 12,000 ; mais la plupart sont si petites, qu'elles ne peuvent être habitées : les unes ne sont que des bancs de sable que le flux couvre tous les jours, d'autres portent des arbustes et des herbes. La nature a partagé ce long archipel en groupes particuliers appelés *Attollons* (¹), parmi lesquels cinq se distinguent par leur étendue, et sont séparés par des canaux assez larges. Chaque attollon est ceint d'un cordon de rochers qui le protège contre la fureur des vagues : elles s'y brisent avec tant de force, que le pilote le plus intrépide n'ose en approcher. »

Les principaux de ces groupes sont, en commençant par le nord, *Tilla-dou-matis*, *Milla-doué-madoué*, *Padipolo*, *Malos-madou*, *Male* qui donne son nom à l'archipel, *Poulisdous*, *Nillandous*, *Moluque*, *Colomandous*, *Adoumatis*, *Souadive*, *Addon* et *Ponamoluque*.

Cette chaîne d'îles occupe du nord au sud une longueur de 180 lieues ; elle est séparée de Malicoï par un passage appelé le *Canal des huit degrés*.

« Parmi les végétaux des Maldives, on distingue le *candu*, arbre dont le bois est léger comme du liège. Les noix des Maldives, ou cocos de mer (²), sont jetées sur ces îles par les flots qui les apportent des îles Seychelles et autres. On recueille beaucoup d'ambre gris et de corail noir (³). La pêche des cauris (*cyprœa moneta*), nommés ici *bolys*, est importante : un sac de 12,000 de ces coquilles vaut de 5 à 6 francs. Les rats et les fourmis exercent d'épouvantables ravages. Les bœufs sont une rareté ; on a banni les chiens, mais les poules fourmillent.

» Les insulaires des Maldives, bien faits et d'un teint olivâtre, paraissent tirer leur origine des Hindous, mêlés d'Arabes (⁴). Ils ont le corps très velu et la barbe épaisse. Il y a des femmes aussi blanches qu'en Europe. Les Maldiviens parlent une langue particulière ; leur religion est celle des mahométans ; mais ils ont conservé des traces d'une plus ancienne croyance ; ils sacrifient au dieu des vents, en lançant sur les flots des barques remplies d'ambre et de bois odorant auquel ils ont mis le feu. Ces autels flottants, couronnés de fleurs, se dispersent au loin sur la mer, et la couvrent de nuages aromatiques. Les Maldiviens s'habillent d'une étoffe de soie ou de coton fort légère. Les plus savants parlent l'arabe, expliquent le Coran, et possèdent quelques notions d'astronomie et de médecine. Pyrard, voyageur français, qui fit naufrage sur les Maldives en 1602, à qui nous devons la seule relation détaillée de ce pays, et dont on a reconnu naguère l'exactitude parfaite, représente la nation maldive comme spirituelle et brave, industrieuse et adroite ; mais un tempérament ardent les entraîne dans la débauche la plus effrénée. Ils fabriquent et exportent de jolies nattes et des étoffes de soie et de coton.

» Les îles Maldives sont gouvernées par un prince mahométan qui réside dans l'Attollon et l'île de Male avec le titre de sultan. La ville capitale, du même nom, compte 2,000 habitants ; elle a un palais et deux mosquées. Les prêtres sont les principaux fonctionnaires de l'État. De grands pouvoirs sont attribués à un général en chef qui porte le titre de *pandiar* ; le corps de troupes régulières se compose de 150 hommes. Toute la nation est divisée en quatre classes, savoir : la famille royale, les ministres au nombre de huit, la noblesse et le peuple.

» Il n'y a dans tout le groupe des Maldives aucune autre ville aussi considérable que la capitale. Les maisons, isolées au milieu des forêts de cocotiers ou assemblées sans ordre, sont pour la plupart en bois de cocotier et recouvertes de feuilles d'arbres. Les habitations des riches marchands sont bâties en moellons. Pyrard trouva le palais royal, à Male, construit en pierre, mais peu élevé ; il était richement décoré à l'intérieur, et orné de jardins avec des jets d'eau et des étangs. »

(¹) *Pyrard de Laval:* Voyage aux Indes orientales, aux Maldives, etc., I, p. 71. — (²) Labillardière a fait de l'arbre qui porte ces cocos son genre *lodoicea*, auquel il a ajouté le nom spécifique de *sechellarum*, parce qu'il croît aux îles Seychelles.   J. H.
(³) Voyez ci-après la *Description de l'Afrique*. — (⁴) Asiat. Ann. Reg. 1802. Characters, p. 17-18.

TABLEAU *de la superficie, de la population et des divisions administratives de l'Hindoustan.*

HINDOUSTAN ANGLAIS.

Possessions immédiates de la Compagnie Anglaise.

SUPERFICIE EN LIEUES CARRÉES.	POPULATION ABSOLUE.	POPULATION PAR LIEUE CARRÉE.	REVENUS.	ARMÉE.
64,378.	80,000,000.	1,242.	250,000,000 fr.	225,000 homm.

Population par grandes divisions administratives.

Présidence de Calcutta.	67,000,000
— de Madras.	10,000,000
— de Bombay	3,000,000
Total.	80,000,000

Population anglaise dans l'Hindoustan.

Armée européenne.	30,000
Officiers anglais dans l'armée indigène.	5,000
Employés du Gouvernement.	1,200
Négociants et autres particuliers, environ.	3,800
Total.	40,000

Population par religion.

Hindous.	33,000,000
Mahométans.	5,000,000
Idolâtres.	38,000,000
Protestants.	4,000,000
Total.	80,000,000 (¹)

Armée.

Troupes européennes.	30,000
Soldats indigènes.	190,000
Officiers anglais attachés aux troupes indigènes.	5,000
Total.	225,000

A. PRÉSIDENCE DE CALCUTTA.

ANCIENNES PROVINCES.	DISTRICTS.	CHEFS-LIEUX ET VILLES PRINCIPALES.
BENGALE.	Calcutta.	*Calcutta*, Barrakpour.
	Naddia (Nudea).	*Naddia.*
	Hougly.	*Hougly*, Kirpoy.
	Djessore (Jessore).	*Mourley*, (Mooley).
	Bakergandj (Backergunge).	*Burishal*, Backergandj.
	Tchittagong (Chittagong).	*Islam-abad*, Maskal.
	Tiperah.	*Kamillah*, Lockipour (Luckipoor).
	Dakka-Djelalpour.	*Dakka*, Narraindgandj, Sounergandj, Radjanagor.
	Molmansingh (Mymunsing).	*Nassirabad*, Siradjgandj.
	Silhet.	*Silhet*, Azmerigandj, Laour.
	Rangpour (Rungpoor).	*Rangpour.*
	Dinadjpour.	*Dinadjpour*, Maldah, Rhavanipour.
	Porniah (Purneah).	*Porniah*, Nathpour.
	Radjchahi.	*Nattore*, Radjmahal.
	Birboum.	*Soury*, Baidyanath.
	Mourchid-abad.	*Mourchid-abad*, Kassim-basar.
	Bardouan (Bardwan).	*Bardouan*, Cotva, (Cutwa).
	Midnapour.	*Midnapour*, Djelassore.
	Couch-Beyhar (Cooch-Bahar) pr.	*Beyhar.*

(¹) Comme il n'a pas encore été fait de recensement complet dans l'Inde, ce chiffre ne doit être considéré que comme approximatif.

TABLEAUX.

ANCIENNES PROVINCES.	DISTRICTS.	CHEFS-LIEUX ET VILLES PRINCIPALES.
BEHAR..	Behar..	*Patna*, Behar, Dinapour.
	Ramghor (Rhamghur).	*Thittra*, Rhamghor, Barva (Burwa).
	Boglipour.	*Boglipour*, Monghir.
	Tirhout.	*Hayipour*.
	Saran.	*Tchapra*, Boggah.
	Chah-abad.	*Arrah*, Rhotas.
ALLAH-ABAD..	Allah-abad.	*Allah-Abad*, Karrah.
	Djouanpour (Juanpoor).	*Djouanpour*, Azimghor (Azimghur).
	Benarès.	*Benarès*, Ghazipour.
	Mirzapour.	*Mirzapour*, Ramnagour.
	Bandelkhand.	*Bandah*, Kallinger.
	Kapour.	*Kapour*.
AOUDH (Oude).	Gharakpour (Garuckpoor).	*Garakpour*.
AGRAH.	Agrah.	*Agrah*, Mathoura.
	Etaweh.	*Etaweh*, Minpour, Kanoudj, (Kanoje)
	Farrakh-abad.	*Farrakh-abad*, (Furruckabad).
	Kalpi.	*Kalpi*, Djalouan.
	Aly-ghor (Alighur).	*Aly-ghor*.
DELHI..	Delhi.	*Delhi*, Panipot.
	Bareily..	*Bareyly*.
	Morad-abad.	*Morad-abad*, Rampour.
	Saharanpour.	*Saharanpour*, Hardwar.
	Mérot (Merut).	*Mérot*, Anoupcheher.
	Horriana.	*Hansy*.
GOURVAL.	Sirynagor..	*Sirynagor*, Gangotri.
	Kemaon.	*Almorah*, Bodrinath.
	Sirmore.	*Raïnghor*, Rampour.
ADJMIR.	Adjmir..	*Adjmir*, Pouchkour.
ORIÇAH (Orissa).	Balassore.	*Balassore*.
	Kottak (Cuttack).	*Kottak*.
	Khourdah.	*Khourdaghor*.
	Kondjour.	*Kondjour*.
	Mohorbondje.	*Hariorpour*.
	Singboum.	*Singboum*.
GANDOUANA.	Gandouana.	*Djobbolpour*, Soukpour.

B. PRÉSIDENCE DE MADRAS.

ANCIENNES PROVINCES.	DISTRICTS.	CHEFS-LIEUX ET VILLES PRINCIPALES.
KARNATIK.	Madras.	*Madras*.
	Nellore.	*Nellore*, Ongole.
	Arkot septentrional.	*Arkot*, Vellore, Tripatty.
	Arkot méridional.	*Veradatchellam*; Erinomalli.
	Tchinglepot..	*Tchinglepot*, Meliapour.
	Tandjor.	*Tandjor*, Nagora.
	Tritchinapaly.	*Tritchinapaly*.
	Madoura.	*Madoura*.
	Tinnevelly.	*Tinnevelly*, Pallamkotta.
	Cheraganga.	*Cheraganga*.
KOÏMBATOUR..	Koïmbatour..	*Koïmbatour*, Eroad.
MAÏSSOUR (Mysore).	Seringapatam.	*Seringapatam*.
MALABAR.	Malabar.	*Kalikot*, Kranganore, Kananore.
KANARA.	Kanara.	*Mangalore*, Djemâlàbad.
BALAGHAT.	Bellary..	*Bellary*, Gouty.
	Kaddapah ou Korpah..	*Kaddapah*, Gandicotta.
SIRKARS SEPTENTRIONAUX.	Gantour.	*Gantour*, Nisampatam.
	Mazulipatam..	*Mazulipatam*, Ellore.
	Radjahmandry.	*Radjahmandry*, Madapollam.
	Vizagapatam.	*Vizagapatam*, Bimilipatam.
	Gandjam.	*Gandjam*, Goumsor.

C. PRÉSIDENCE DE BOMBAY.

ANCIENNES PROVINCES.	DISTRICTS.	CHEFS-LIEUX ET VILLES PRINCIPALES.
AURENG-ABAD.	Bombay (île).	Bombay, Mahim.
	Djowar.	Diowar.
	Kalliany.	Kalliany, Radjhapour.
	Baglana.	Sallier.
	Sangamnir.	Sangamnir, Nassak.
	Perainda.	Perainda.
	Solapour.	Solapour.
	Ahmed-nagar.	Ahmed-Nagar.
	Akalkotta.	Akalkotta.
	Djounir.	Nouna.
BEDJAPOUR (Bejapoor).	Konkan septentrional.	Tanna, Dabol.
	Konkan méridional.	Ratpour, Gheriah.
	Darwar.	Darwar.
KHANDEICH.	Galna.	Gâlna, Tchandore.
	Khandeish.	Nandourbar.
	Miouar (Meywar).	Odeypour.
GOUDJERATE.	Surate.	Surate.
	Barotch.	Barotch.
	Kaïra.	Kaïra, Bidjapour.
	Ahmed-abad.	Ahmed-abad.

POSSESSIONS MÉDIATES, ou PAYS VASSAUX DE LA COMPAGNIE ANGLAISE.

Superficie en lieues géographiques carrées. 62,400
Population absolue. 48,500,000
Population par lieue carrée. 777

ÉTATS.	PROVINCES dont ils sont formés.	CAPITALES et villes principales.	SUPERFICIES en lieues géographiq.	POPULATION ABSOLUE.	POPULATION par lieue carrée.	REVENUS EN FRANCS.	ARMÉE.
Principauté de REOUAH (Rhewah).		Reouah.	450	360,000	800	500,000?	P
Idem de JHANSY.	Allah-abad.	Jhansy.	350	262,500	750	1,000,000	P
Idem de THERY (Therée)		Thery.	250	185,500	742	200,000	P
Idem de PANNAH.		Pannah.	350	283,500	810	1,000,000	P
Royaume d'AOUDH (Oude).	Aoudh.	Laknau. Feyz-abad.	3,500	3,700,000	1,057	45,000,000	5,000
Principauté de KAROULY		Karouly.	350	266,000	760	250,000?	P
Idem de BERTHPOUR.		Bhertpour.	1,500	2,200,000	1,692	40,000,000	3,000
Idem de DHOLPOUR.	Agrah.	Dhalpour.	250	162,500	650	200,000	P
Idem de MATCHERRY, ou Mewa.		Alvar. Matcherry.	1,100	1,200,000	1,090	20,000,000	1,200
Idem de PATTIALAH.		Pattialah.					
Idem de THANESAR, ou Thanasir.	Delhi.	Thanesar. Sirhind.	1,800?	2,000,000?	1,111	24,000,000?	4,000?
Idem de SIRHIND.							
Idem de LODHYANAH.		Lodhyanah.					
Idem de DJESSELMYR, ou Jaysulmeer.		Djesselmyr.	500	250,000?	500	1,000,000?	300?
Idem de BEYKANIR, ou Bicanera.		Beykanir. Bhatnir.	1,000	1,250,000?	1,250	1,300,000	10,000
Pays des BHATTIS.		Biranah. Raniah.	1,100	800,000	727	1,000,000	500?

TABLEAUX.

ÉTATS.	PROVINCES dont ils sont formés.	CAPITALES et villes principales.	SUPERFICIE en lieues géographiq	POPULATION ABSOLUE.	POPULATION par lieue carrée.	REVENUS EN FRANCS.	ARMÉE.
Princip. de DJOUDPOUR, ou de *Marouar*. .		Djoudpour. Marouar. . Nagare. .	1,600	1,600,000	1,000	4,800,000	15,000
Idem de DJEYPOUR. .	Adjmir.	*Djeypour*..	1,200	1,200,000	1,000	20,000.000	16,000
Idem d'ODEYPOUR, ou de *Miouar*. . .	Radjepouta-tanah.	Odeypour. .	1,000	600,000	600	2,000,000	600?
Idem de TONK. . .		Tonk. . .	600?	480,000	800	1,000,000	400
Idem de BOUNDY. . .		Boundy. .	500?	525,000	1,050	10,000.000	500
Idem de KOTAH.. .		Kotah. . .	1,000	800,000	800	7,500,000	1,000
Idem de KOTCH. . .	Kotch.	Bhoudy. .	600	480,000	800	10,000,000	5,000
Royaume de NAGPOUR..	Gandouana.	Nagpour. . Deogar. . Rattanpour. Tchanda..	10,500	400,000	380	12.000,000	8,000
Idem de MAÏSSOUR, ou de *Mysore*.. . .	Maïssour.	Maïssour. . Bangalore. . Tchinopatam	3,500	3,600,000	1,029	25.000,000	6,000
Idem de TRAVANKORE..	Malabar.	Trivanderam. Travankore..	1,800	1,500,000	833	7,000,000	10,000
Idem de COCHIN. . .		Tripountary.	350	200,000	571	1,000,000	300?
Idem de SATARAH. . .	Bedjapour.	Satarah. . Bedjapour. .	1,500	1,500,000	1,000	4,400,000	4,000
Idem de KOLAPOUR.. .		Kolapour.. .	450	270,000	600	1,000,000	300?
Idem de GUIKAVAR, ou de *Baroda*. . , .		Barodar. . Lattan. . Patbanpour..	3,500	2,500,000	714	18,000,000	15,000
Principauté de THERAD.		Rhadanpour. Therad. .	300	250,000	833	50,000?	1,300?
Idem de BANSWARA. .		Bunswasra. .	100	35,000	350	50,000?	P
Idem de TERRAH, ou *Turrah*. . . .	Goudjérate.	Terrah. . .	250	155,500	630	150,000?	300?
Idem de DOBBOI, ou *Dubboi*. . . . ,		Dobboi. . .	300	225,000	750	960,000?	200?
Idem de NOANAGOR.. .		Noanagor. .	250	125,000	500	300,000	?
Idem de GOUNDAL, ou *Goundel*. . . .		Goundal.. .	250	187,500	750	200,000	P
Idem de KAMBAYA, ou *Cambaye*. . . .		Kambaya.. .	350	140,000	400	400,000	P
Royaume d'INDOUR, ou d'*Holkar*. . . .	Malvah.	Indour. . .	2,600	1,300,000	500	8,000,000	10,000
Principauté de BOPAL..		Bopal.. . .	1,100	1,200,000	1,090	9,000,000	6,000
Idem de DHARA.. . .		Dhara. . .	250	157,000	628	200,000	P
Royaume du DEKHAN, ou État du NIDZAM. .	Haïderabad. Berar. Aureng-abad Bedjapour.	Haïderabad.. Golconde. Ghanpour. Bider. . . Ellitchpour. . Aureng-abad. Sakkar. .	14,500	12.000,000	820	48,000,000	20,000
Principauté de SIKKIM.		Sikkim. . . Nagarkote.	1,450	550,000	355	2,000,000	3,000
Total de la superficie et de la population. .			62,400	48,500,000	777		

États de l'Hindoustan indépendant (¹).

ÉTATS.	PROVINCES	CAPITALES	SUPERFICIE	POPULATION	par lieue carrée	REVENUS	ARMÉE
Ancien royaume de SINDIAH. . . .	Agrah. Kandeich. Malvah.	Goualior.. Bourhanpour Oudjen.. .	5,500	4,000,000	727	26.000,000	20,000

(¹) Nous avons donné précédemment les tableaux statistiques du Lahor et du Sindhy.

ÉTATS.	PROVINCES dont ils sont formés.	CAPITALES et villes principales.	SUPERFICIE en lieues géographiq.	POPULATION ABSOLUE.	POPULATION par lieue carrée.	REVENUS EN FRANCS.	ARMÉE.
Royaume de NEYPAL.	Neypal. Pays des 24 radjahs. Pays des 22 radjahs. Makwanpour Pays des Ki- rats. Khotang. Tchayenpour Saptaï. Morang.	Katmandou. Lalitâ-patam Gorkha. Chhilli. Makwanpour (Point de vil- les). Hidang. Tchayenpour Naragari. Vidjayapour.	7,000	3,000,000	428	13,000,000	17,000

TABLEAU de la superficie et de la population des possessions du Portugal, de la France et du Danemark dans l'Hindoustan.

SUPERFICIE EN LIEUES CARRÉES.	POPULATION ABSOLUE.	POPULATION PAR LIEUE CARRÉE.
640.	Hindoustan portugais, 500,000.	781.
70.	Hindoustan français, 200,000.	2,857.
12.	Hindoustan danois, 350,000.	2,916.

TABLEAU STATISTIQUE de l'île de Ceylan (d'après les documents officiels publiés par le gouvernement anglais pour l'année 1831).

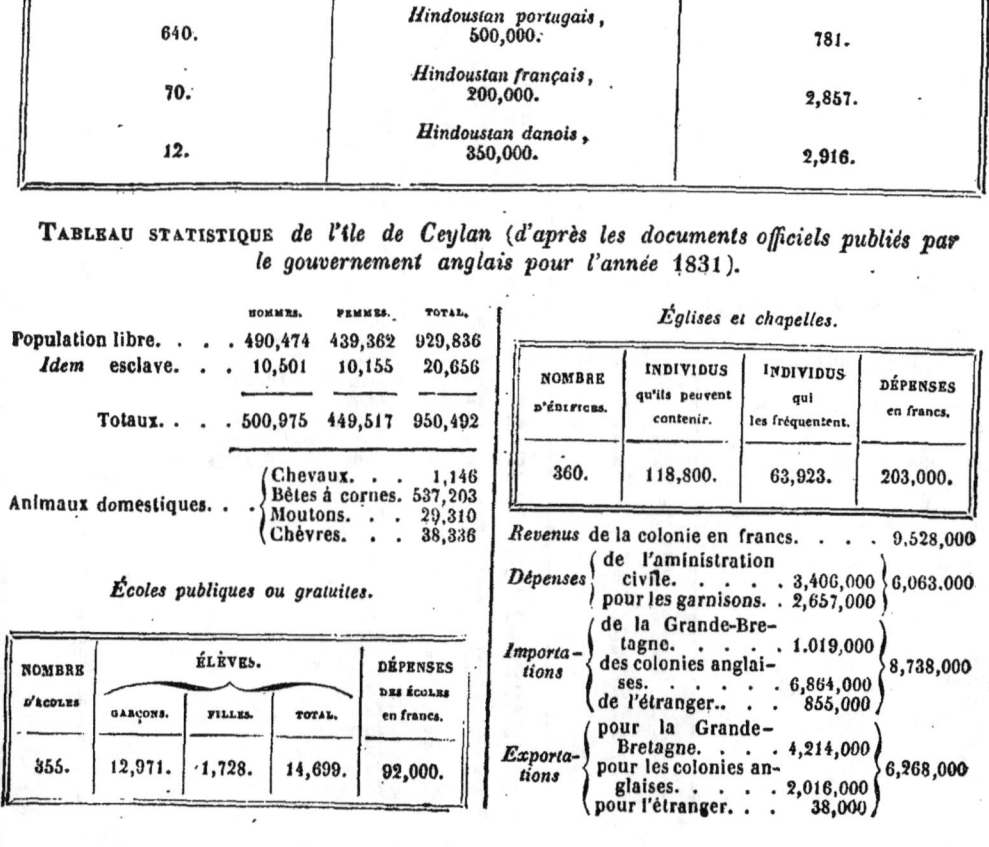

TABLEAUX.

Tableau *des principales positions géographiques de l'Hindoustan, d'après les observations astronomiques les plus récentes.*

NOMS DES LIEUX.	LATITUDES. N.			LONGITUDES. E.			SOURCES ET AUTORITÉS.
	deg.	min.	sec.	deg.	min.	sec.	
Cap Comorin..........	8	55	»	75	23	»	Horsburgh, I.
Anjenga, rade.........	8	40	»	74	35	»	*Elmore*, British Mariners Direct.
Cochin...............	9	77	15	74	8	36	Horsburg, 1, p. 364.
Granganor............	10	52	»	72	45	»	Brit. Mar. Direct.
Talitchery, rade.......	11	45	»	73	6	»	*Idem.*
Cananore.............	11	51	»	73	35	»	Asiat. Res.
Goa (pointe Agoada)...	15	25	»	71	33	»	Brit. Mar. Direct.
Idem................	15	31	»	71	»	»	Connaissance des Temps.
Idem................	15	28	20	71	»	»	*Pennant, Rennel.*
Bombay (le phare)....	18	54	25	70	33	12	Phil. trans.
Idem................	18	55	43	»	»	»	*Niebuhr.*
Bassaïm..............	19	19	»	70	20	»	Connaissance des Temps.
Diu, cap.............	20	42	»	68	27	»	*Idem.*
Idem................	20	44	»	68	22	30	*Elmore.*
Hougly...............	22	54	»	86	2	»	Auteurs.
Islam-abad...........	22	22	»	89	22	»	*Idem.*
Silhet...............	24	55	»	89	35	»	*Idem.*
Dinadjpour...........	25	56	»	86	26	»	*Idem.*
Delhi................	28	42	»	74	46	»	*Idem.*
Djeypour.............	26	54	»	73	20	»	*Idem.*
Djoudpour............	26	18	»	70	38	»	*Idem.*
Doblana..............	25	38	»	73	10	»	*Idem.*
Patna...............	25	37	»	82	54	45	*Idem.*
Pounah..............	18	30	»	71	39	45	*Idem.*
Mirzapour............	25	10	»	81	9	»	*Idem.*
Masulipatam..........	16	10	»	78	48	»	*Idem.*
Nagpour.............	21	8	30	76	50	45	*Idem.*
Seringapatam.........	12	25	29	74	21	37	*Idem.*
Surate..............	21	11	»	70	46	45	*Idem.*
Sikkim..............	27	15	»	85	45	»	*Idem.*
Benarès.............	25	20	»	80	42	»	*Idem.*
Bedjapour............	16	46	»	73	22	»	*Idem.*
Bednore.............	13	50	»	92	44	»	*Idem.*
Bopal...............	23	17	»	75	10	»	*Idem.*
Trivady..............	11	51	»	77	10	»	*Idem.*
Trivanderam.........	8	24	»	72	48	»	*Idem.*
Tritchinapaly.........	10	49	»	76	30	»	*Idem.*
Maddi Bender (port à l'embouchure de l'Indus)...	25	40	»	66	30	»	Rosily.
Pondichéry...........	11	55	41	77	31	30	Connaissance des Temps.
Madras, le fort Saint-George.	13	4	54	78	8	45	*Idem.*
Pointe Divy...........	16	6	»	78	10	»	Brit. Mar. Direct.
Pointe Godavery......	16	45	»	80	20	»	*Idem.*
Gandjam.............	19	22	30	82	58	»	Connaissance des Temps.
Balasore.............	21	30	20	84	50	»	*Ritchie et Playsted.*
Calcutta (fort Willam).	22	33	11	86	»	3	Connaiss. des Temps de 1835.
Thanasir.............	29	55	»	79	8	»	Auteurs.
Ladhyanah...........	30	50	»	73	28	»	*Idem.*
Bhatnir..............	29	36	»	71	35	»	*Idem.*
Oudjeïn..............	23	12	»	73	29	45	*Idem.*
Goualior.............	26	15	»	75	42	»	*Idem.*
Gorekpour...........	26	46	»	80	53	»	*Idem.*
Negapatam...........	10	45	»	77	28	11	*Idem.*
Monghir.............	25	23	»	84	6	»	*Idem.*
Laknau..............	26	51	»	78	24	»	*Idem.*
Ghazipour............	25	35	»	80	13	»	*Idem.*
Boglipour............	25	15	»	84	40	»	*Idem.*
Sirinagor.............	30	11	»	76	23	»	*Idem.*
Katmandou...........	27	42	»	82	34	»	*Idem.*
Ellitchpour...........	21	14	»	75	16	»	*Idem.*
Goudelour............	11	43	23	77	27	57	*Idem.*
Tranquebar..........	11	»	15	77	34	15	*Idem.*
Damah..............	20	22	»	70	38	»	*Idem.*

NOMS DES LIEUX.	LATITUDES. N.			LONGITUDES. E.			SOURCES ET AUTORITES.
CEYLAN.	deg.	min.	sec.	deg.	min.	sec.	
Cap Dondra................	5	47	»	78	21	30	Auteurs.
Colombo....................	6	55	»	77	48	»	Idem.
Trinkomali, le mât de Pavillon.	8	35	»	79	1	36	Horsburgh, I, p. 17.
LAKEDIVES.			o				
Karoly.....................	10	30	»	70	14	14	D'après de Manney.
Pointe nord................	7	5	»	71	44	»	Topping, cité par Rennel.
Idem.......................	7	15	»	71	20	»	Brit. Mar. Direct.
Pointe Sud.................	0	40	sud.	72	25	»	Idem.
Male.......................	4	20	»	71	25	»	Auteurs.

LIVRE CENT CINQUANTIÈME.

Suite de la Description de l'Asie. — Tableau historique et moral de l'Inde.

« Les vastes contrées que nous venons de décrire ont été regardées comme une des parties du globe où l'homme s'est le plus anciennement réuni en société. Les raisonnements physiques ont été appelés à concourir avec les raisonnements historiques à rendre cette vérité incontestable.

» Veut-on que les régions les plus élevées du globe aient les premières vu naître le genre humain? Quelles sont celles qui sous ce rapport pourraient être mises en parallèle avec les alpes qui séparent l'Inde du Tibet? Les générations écloses dans cette terre primitive virent bientôt sourire à leurs pieds les heureuses vallées de Kachemir et les fertiles coteaux de Sirinagor: où trouver un emplacement plus convenable pour le jardin de nos premiers parents? Mais si l'on veut se borner à une hypothèse moins hardie et plus philosophique; si, sans rechercher l'origine de l'espèce humaine, on se contente de deviner dans quelles contrées les premières associations de familles, les premières tribus ont dû se former, l'Inde se présente encore à tout esprit impartial comme un des pays les plus anciennement cultivés et civilisés. Nulle part sur le globe les hommes n'ont trouvé sous leurs mains des aliments plus abondants, plus sains, plus facilement préparés que sur les bords du Gange; nulle part ils n'ont eu moins besoin de se disputer la possession d'une fontaine, la récolte d'un champ; nulle part un climat plus chaud les a mieux dispensés de ravir aux animaux leurs peaux ou leurs toisons pour se garantir des intempéries de l'air; même le soin de bâtir une cabane devenait superflu; les palmiers et les bananiers leur offraient spontanément un abri contre la pluie et un asile contre les ardeurs du jour.

» L'histoire nous montre la réalité de ce que la géographie physique vient de rendre probable. Le commerce des peuples de l'Asie occidentale remonte aux siècles les plus reculés; les livres de Moïse parlent déjà des bois d'aloès et d'ébène, de la cannelle et des pierres précieuses de l'Inde, dont on ignorait encore le nom. Plus tard, nous voyons les Phéniciens, les Egyptiens, les Grecs, les Romains chercher sur les côtes de Malabar ces étoffes légères, ces matières colorantes, l'indigo, les gommes-laques, les ouvrages en ivoire et en nacre de perles, que ce pays exporte encore [1]. Ce commerce suppose nécessairement que plusieurs nations indiennes avaient atteint un certain degré de civilisation; par conséquent elles ont dû exister en société politique quelques siècles avant que l'invasion d'Alexandre les mit en communication

[1] Voyez les preuves dans notre vol. I, p. 76, 77, 110 et suiv.

régulière et continuelle avec le reste du monde.

» La preuve historique de la haute antiquité de la civilisation indienne, la plus forte, la plus décisive, quoiqu'elle ne soit ni la plus apparente ni la plus connue, c'est l'identité du système religieux et politique des Indiens aux siècles d'Alexandre et des Ptolémées, avec celui que nous offre l'Hindoustan moderne. La division par castes, et la rigoureuse séparation de ces castes, institution essentielle et fondamentale, existaient déjà. Pouvaient-elles exister sans la religion de Brahma, sans les lois de Menou? Si nous voyons Diodore, Arrien et Strabon nommer *sept* castes au lieu de *quatre*, cette apparente contradiction devient une preuve de la véracité de ceux à qui nous devons ces notions. Car la caste des *bergers* qui, selon eux, vivait isolée et dans un état sauvage, représente ces nombreuses tribus de nomades, de brigands, de pirates qui, encore aujourd'hui, sont presque étrangères à l'espèce de civilisation que le brahmanisme a introduite. Les prétendues castes d'inspecteurs et de conseillers d'État n'étaient que des ordres de fonctionnaires. Mais les circonstances les plus extraordinaires et les plus bizarres prouvent que l'ensemble des superstitions hindoues existait déjà au siècle d'Alexandre. Les Macédoniens y trouvèrent toutes les espèces les plus remarquables de *fakyrs*, ou religieux, qui ont frappé les yeux étonnés des voyageurs modernes. Les uns, vivant dans les forêts, s'y nourrissaient de racines, se couvraient de l'écorce des arbres; les autres colportaient des amulettes, des remèdes miraculeux, faisaient danser des serpents, ou disaient la bonne aventure; on voyait celui-là s'étendre par terre pendant une journée tout entière, et recevoir sans émotion les torrents de pluie qui inondaient son corps; on voyait celui-ci, placé tout nu sur une pierre presque ardente, braver la violence des rayons du soleil et la piqûre des insectes (¹). Tous laissaient flotter sur leur dos une immense chevelure, qu'ils mettaient plus de soins à nourrir qu'à nettoyer (²). Strabon rejette même comme une fable que les Indiens savaient plier les doigts de la main en arrière et ceux du pied en avant, de sorte qu'ils marchaient sur la plante supérieure (¹). or, ce sont cependant des exercices auxquels les fakyrs se livrent encore journellement.

» Les *bayadères*, ou filles publiques attachées au service des temples, existaient déjà; leurs inspecteurs les rassemblaient au son retentissant d'un instrument d'airain, et la coutume qui livrait à la lubricité publique ces victimes de la superstition, est vaguement retracée par un des compagnons d'Alexandre (²).

» L'usage qui condamne les veuves à s'immoler sur le tombeau de leurs époux (³), ainsi que l'emploi des anneaux d'ivoire, des parasols et des babouches de cuir blanc (⁴), distinguaient les Indiens avant le commencement de l'ère vulgaire.

» Les institutions religieuses et politiques de l'Hindoustan moderne paraissent donc avoir existé, quant à leur essence, un millier d'années avant Jésus-Christ. Elles avaient déjà donné naissance à de nombreux abus, à des superstitions extravagantes; mais dans la grossièreté même des emblèmes allégoriques sous lesquels on désignait les attributs des divinités, la religion indienne portait avec elle la preuve incontestable d'une origine très reculée.

» En admettant, d'après ces raisonnements, que les Hindous sont une des nations les plus anciennes du globe, il faut nous garantir des exagérations des écrivains animés de l'esprit de parti. Aucun monument indien authentique ne remonte au-delà du siècle de Moïse. Leurs tables astronomiques ont été calculées en rétrogradant, ainsi que l'a démontré un illustre géomètre (⁵); et le *Sourya-Siddhanta*, leur plus ancien traité d'astronomie, qu'on prétendait révélé depuis deux millions d'années, paraît avoir été composé il y a environ 750 ans (⁶).

» Le *Maha-Bharata* ou l'*Histoire universelle*, le *Ramayâna*, les *Pouranas*, ne sont que des légendes, des poëmes qui fournissent à peine les éléments d'une chronologie très défectueuse, et qui ne remontent guère plus

---

(¹) *Onésicrite*, *Mégasthène* et *Clitarque*, cités par *Strab*. Geog., lib. XV, p. 486-491-494, ed. Cas.
(²) *Dionys. Perieg.*, v. 1012.

(¹) *Strab.*, II, p. 48; XV, p. 489. — (²) *Aristobule*, cité par *Strabon*, page 491. — (³) *Idem*, p. 481-491. *Cic.* Tusc. quæst., V, 27. — (⁴) *Arrian*. Ind. cap. xxx, p. 330, ed. Gron. — (⁵) *De Laplace:* Exposition du Système du monde, p. 330. — (⁶) Bentley, dans les *Asiatic Researches*, VI, p. 537, et IX, p. 195.

haut qu'Alexandre (¹). Les savants européens, qui accordent à ces traités une plus haute antiquité, avouent du moins qu'ils renferment de nombreuses interpolations (²). Les plus anciens de tous les écrits sacrés des Indiens, les *Vedas*, à en juger d'après le calendrier qui s'y trouve annexé, et d'après la position du colure des solstices que ce calendrier indique, peuvent remonter à 3200 ans, époque rapprochée de celle de Moïse (³).

» En adoptant ces opinions modérées sur l'antiquité de la civilisation indienne, il nous reste encore assez de sujets d'admiration. La nation hindoue, réunie depuis environ 3000 ans sous les mêmes croyances, les mêmes lois, les mêmes institutions, présente un phénomène d'autant plus rare et plus intéressant, que son pays natal a été envahi par un grand nombre de hordes étrangères attirées par le sol fertile et le caractère trop peu belliqueux des indigènes. La population de l'Hindoustan, que l'on estime à 120,000,000 au plus bas, se compose donc de deux classes distinctes.

» Les nations de l'Inde descendent ou des anciens habitants de ce pays, ou des peuples d'origine étrangère. Ceux-ci sont désignés par les véritables Indiens sous le nom de *Milytch*, mot qui signifie presque autant que la dénomination de *barbare* chez les Grecs et les Romains (⁴). Le nombre de ces peuples se monte au-delà de 30, si l'on y comprend les peuplades nomades qui ont cherché un refuge dans les montagnes et les déserts. Nous nous contenterons de nommer les *Tatars* et *Mongols*, les Afghans ou Patanes, dont les *Rohillas* sont une branche, le *Béloutchis*, qui paraissent être venus anciennement de l'Arabie, les Malais, les Perses, et particulièrement les adorateurs du feu ou les Guèbres, les Arabes, les Juifs noirs et blancs; sur la côte de Malabar, les Portugais noirs, descendants d'un mélange d'Européens et d'Hindous, et très répandus sur les côtes de Dékhan et dans le Bengale.

» Nous avons fait connaître les plus remarquables de ces tribus étrangères dans le cours de notre description spéciale de l'Inde. La variété infinie que présentent leurs mœurs et leurs lois n'admettait aucune vue générale. On a essayé d'estimer le nombre de ces étrangers, et on n'a peut-être pas été trop loin en l'évaluant à 10,000,000.

» Les véritables indigènes du pays, ce sont les *Hindous* ou descendants des anciens Indiens. Cette race, qui s'étendait autrefois sur l'Inde, occupe encore les plus belles et les plus vastes parties de ce pays. Des nations hindoues se sont mêlées aux nations venues de l'étranger, et en ont adopté la religion et les mœurs, en tout ou en partie. Dans cette catégorie, on place les *Assamiens* et les *Chingalais*, probablement Hindous d'origine, du moins en grande partie, mais chez qui la doctrine de Bouddha ou quelque mélange étranger aura produit une différence sensible. Les *Seiks* ne sont également séparés des Hindous que par une croyance nouvelle et des institutions qu'elle a fait naître. Les Lakediviens, les Maldiviens, les Batniens, les Ghikers, et plusieurs autres divisions locales d'anciens Hindous, ont perdu la pureté de leur sang en se mêlant avec des Arabes et des Persans qui les ont engagés sous les drapeaux de Mahomet. La religion musulmane compte encore de nombreux adhérents parmi les colonies étrangères, tous désignés sous le nom général de *Moors* ou *Maures*, mis en usage par les Portugais.

» Il y a enfin des peuplades hindoues qui, sans se confondre avec les peuples étrangers, ont dégénéré de leur caractère primitif dans les retraites qu'elles ont choisies au milieu des montagnes et des forêts, mais qui conservent encore les traces de leur origine. Nous avons déjà peint les *Coucis*, les *Népaliens*, les *Goands*, les *Bhyls*, les *Kallis*, et quelques autres de ces peuplades que leur situation ou leur manière de vivre sépare de la masse civilisée de leurs compatriotes.

» Quelques unes de ces tribus ont peut-être une origine très ancienne, et même antérieure à la civilisation des autres Hindous. Déjà Hérodote nous parle d'une tribu des *Padœi*, qui non seulement mangeaient la viande crue, trait qui caractérise des chasseurs sauvages, mais qui même tuaient, pour les dévorer, leurs parents épuisés par l'âge et les infirmités, ce qui ne peut être que le résultat d'une espèce de loi ou de dogme. Cette affreuse cou-

---

(¹) *Paterson*, sur la chronologie des rois de Magadha, empereurs de l'Inde, et sur les époques de Wikramadytya, et Recherches asiatiques, t. IX. — (²) Edinburg Review, t. XX, p. 455; XXIII, p. 42.— (³) *Colebrooke*: Mémoire sur les Vedas, Rech. asiat., t. VIII, p. 493. — (⁴) *Wahl*, II, p. 866.

...me se retrouve aujourd'hui chez les *Battas*, ...uplade du nord de l'île de Sumatra. « Quand ... vieillard est las de vivre, il invite ses en...nts à le manger. La famille s'assemble sous ... arbre sur lequel le vieillard s'assied ; on ...ante, en secouant l'arbre, un chœur funè...e, dont voici le sens : « La saison est venue, ...e fruit est mûr, il faut qu'il se détache. » ...ors la victime descend ; les plus proches et ...ux qu'il chérit le plus lui donnent le coup ...ortel ; ensuite sa chair est mangée dans un ...anquet solennel (¹). » Les *Weddah* ou *Bed*-...*as*, dans l'île de Ceylan, sont accusés d'an...ropophagie par le voyageur Knox et par .... de Rienzi, du moins dans quelques cas ...res. Les Pouranas parlent d'une tribu éga...ment anthropophage qui vivait dans les fo...ts de l'Hindoustan, et qui portait le nom ...nskrit de *Vyada*, nom qui, dans l'ancien ...ngage, signifie *les tourmentants*, *les canni*-...*ales*, mais qu'on prend aujourd'hui dans le ...ens de *chasseurs*. Ne serait-on pas tenté de ...oir dans cette dénomination comme dans ces ...sages une sorte d'identité ? Ne pourrait-on ...as en conclure que, dès les temps les plus ...eculés, un certain nombre de sauvages, li-...rés au sanguinaire métier de la chasse, se ...oit soustrait au joug des lois de Menou, qui ... réuni en société politique et religieuse la ...rande masse des Hindous ?

» C'est de ceux-ci que nous devons tracer ...n tableau général. Les Hindous appartien...ent, comme nous l'avons dit ailleurs, à la ...remière variété de l'espèce humaine. La forme ...e leur crâne, les traits de leur visage, les pro...ortions de leurs membres, tout les rapproche ...es nations européennes, plus encore que des ...ersans et des Arabes ; mais leur peau, pres...que noire dans le midi de la péninsule, n'ar...ive pas, même dans les montagnes sep...entrionales, à la blancheur et à l'incarnat ...uropéen ; elle conserve toujours une teinte ...livâtre. »

Nous ajouterons à ces considérations que ...es Hindous méridionaux sont moins robustes ...ue les septentrionaux, et que ceux qui sui...vent l'antique religion de Brahma sont éner...és par l'usage exclusif d'une nourriture toute ...végétale ; tandis que les Hindous musul-mans, qui, au contraire, se nourrissent de la chair des animaux, se distinguent par plus de vigueur et d'activité, car il faut toujours tenir compte de l'influence inévitable du climat.

Sous le rapport moral, les habitants des campagnes se font remarquer par leurs principes honnêtes et religieux, tandis que ceux des villes sont corrompus et vicieux ; parmi ceux-ci, l'on doit encore distinguer, comme les plus dégradés, les gens de lois et ceux qui n'ont d'autres moyens d'existence que leur adresse.

Les Hindous sont en général susceptibles de participer à tous les bienfaits de la civilisation. Ceux de la haute classe sont d'une politesse excessive ; mais ils sentent leur dignité. Leurs cœurs ne sont point fermés aux sentiments patriotiques ; ils n'ont aucune sympathie pour leurs dominateurs, dont ils savent apprécier la sagesse des lois et des institutions comme un avantage dont l'Hindoustan jouira tôt ou tard, tandis que la masse du peuple paraît être indifférente au pouvoir que les Anglais exercent sur leur pays.

La sobriété et la paresse, naturelles aux classes laborieuses, font que le salaire des ouvriers est très modique. Ainsi, à Calcutta même, les charpentiers, les serruriers, les maçons gagnent 12 à 15 francs par mois ; les plus habiles 25 à 30, les manœuvres 9 à 10, les jardiniers et les porteurs de palanquins 10 francs. Malgré sa sobriété, la population indigène augmente avec une extrême rapidité.

« Les langues que parlent les diverses peuplades forment une des familles les plus répandues ; leur souche commune, ou plutôt leur type le plus ancien, c'est le *sanskrit*, ou *samskrda*, langue dans laquelle sont écrits tous les anciens livres indiens ; c'est cet idiome, remarquable par sa grande perfection, qui a donné naissance aux diverses langues qu'on parle aujourd'hui dans l'Inde, telles que le *kachemirien*, qui a conservé les caractères du sanskrit et qui se rapproche le plus de cet ancien idiome ; le *maharashtra*, ou langue des mahrattes ; le *talenga*, ou *telonga*, que l'on parle dans Golconde, dans l'Orissa, sur les bords du Krichna, jusqu'aux montagnes de Bala-ghat ; le *tamulien* et le *malabarien*, qui est en usage sur les côtes de Dékhan, depuis

---

(¹) Rapport des Battas à M. *Leyden*, Asiat. Research., X, Mém. sur les langues et nations into-hinoises.

le cap Comorin jusqu'à l'extrémité orientale de la côte de Coromandel, et sur la côte de Malabar jusqu'aux frontières septentrionales du Konkan; enfin l'*hindoustany*, qui paraît être le plus ancien et le plus pur idiome de l'Inde après le sanskrit et le kachemirien; on l'appelle aussi *nagari*, ou *dewanagari*, mais ce terme signifie proprement le genre de caractères avec lesquels on l'écrit. On le divise en plusieurs dialectes, dont celui qu'on nomme *wradcha*, et qu'on parle aux environs d'Agrah et de Madoura, est le plus pur et le plus analogue au sanskrit. Ce dialecte de l'Hindoustan central, en se mêlant avec la langue des Patanes, ou Afghans, et avec celle des armées mongolo-tatares, a donné naissance à l'idiome qu'on parlait à la cour du Grand-Mogol et qui règne encore parmi les Indiens mahométans. On devrait l'appeler *mongolo-hindoustany*; mais il est connu sous le nom de langue des *Moors* ou *Maures*. Les autres dialectes sont ceux de Pendjab, de Goudjérate, qu'on parle non seulement dans ces provinces, mais aussi dans le Sindhy, à Surate et sur le mont Bala-ghat, dans le Neypal, l'Assam, le Bengale et le Balassore, et qui s'est répandu aussi sur la côte d'Orissa jusqu'à celle de Coromandel (¹).

» Telles sont les divisions usuelles des langues de l'Hindoustan; les recherches des savants sur les différences primitives n'offrent encore aucun résultat d'une entière certitude; cependant on paraît convenir des faits qu'on va lire.

» Le *sanskrit*, langue morte, dans laquelle sont écrits la plupart des livres sacrés des Hindous, se rapproche, tant par ses mots que par ses formes, du zend, du persan, du grec, du latin, du teutonique, ou ancien allemand, du gothique et de l'islandais (²). Ces traits de parenté surprennent autant par la ressemblance la plus manifeste que par leur étonnante dissémination. Telle forme du verbe sanskrit se retrouve presque identiquement dans le latin, telle autre ne se reconnaît que dans la langue grecque (³). Des racines qui n'existent point dans les dialectes allemands connus sont communes au sanskrit et à l'islandais, langues séparées par un quart de la circonférence du globe (¹). Ces restes d'un vocabulaire et d'une grammaire commune à tant de nations semblent prouver ou qu'elles descendent d'une souche aujourd'hui perdue, ou qu'à une époque reculée elles ont eu des rapports de voisinage et de commerce aussi difficiles à concevoir qu'impossibles à nier.

» Le sanskrit s'écrit avec 52 lettres, dont plusieurs ne peuvent se rendre par nos caractères; on y emploie quelques milliers de signes d'abréviations syllabiques. Harmonieuse et grave par le mélange des voyelles et des consonnes, riche en termes, libre dans sa marche, possédant un grand nombre de conjugaisons, de temps, de cas, de particules, cette langue peut se comparer aux langues-mères les plus parfaites et les plus polies.

» Le *prakrit*, ou la *langue adoucie*, est parlé par les femmes dans le drame de Sakontala, tandis que les hommes parlent sanskrit. On peut comprendre sous cette dénomination tous les dialectes vulgaires dont le savant Colebrooke pense avoir déterminé les dix souches principales: 1° le *saraswata*, parlé anciennement dans le Pendjab, sur les bords d'une rivière de ce nom; 2° le *canyacubja*, ou le dialecte de Kanodje, souche de l'*hindi* moderne, d'où est venu, par son mélange avec l'arabe, l'*hindoustany*; 3° le *goura*, ou le dialecte de Bengale, dont Gour était la capitale; 4° le *marthila*, parlé vers le Neypal, peu différent du précédent; 5° l'*outcala*, dans la province d'Orissa; 6° le *tamla*, ou *tamul*, langage du pays de Dravira proprement dit, ou de la péninsule au sud du Krichna; 7° le *maharashtra*, ou *mahratte*, qui, outre d'autres mélanges, contient des mots d'une langue inconnue; 8° le *carnataca*, parlé dans l'ancien pays du même nom; 9° le *telinga*, anciennement nommé *calinga*, usité dans le Telingana; et 10° le *gourjara*, ou dialecte de Goudjerate (¹). Ces langues doivent avoir appartenu à autant de nations distinguées par leur civilisation; mais l'énumération des dialectes n'est pas complète; le *penjabi* et le

---

(¹) *Adelung*: Mithridate, 1, 183, 232. — (²) *Wilkins*: Grammaire sanskrite. Lond. 1808. Paul. de S. Bartholomé: Diss. de antiq. et affin. linguarum Zend. Samscr. et German. *Adelung*, p. 149. — (³) *E. Schlegel*, sur la langue et la sagesse des Indiens.

(¹) Mém. dans les *Annales des Voyages*. — (²) Colebrooke: On the sanskrit and Prakrit languages; Asiat. Res Vss.

langage de *madoura* ne sont pas les seuls dialectes qu'on peut y ajouter (¹).

» On indique encore le *magadha* comme une ancienne langue de l'Hindoustan; c'est le dialecte ancien du Behar, où naquit Bouddha. Les prêtres de ce prophète déifié paraissent l'avoir parlé, et c'est presque indubitablement la langue *pali* ou *bali* des Ceylanais et des Birmans.

» Le *païsachi*, qui parait identique avec l'*apabrancha*, est, selon les uns, un jargon créé par les poëtes et qu'ils ont mis dans la bouche des étrangers; selon les autres, ce serait le langage des tribus des montagnes sorties d'une souche différente de celle des Hindous. »

Suivant M. de Rienzi, ce serait l'idiome de ces mêmes tribus avant que la civilisation l'eût adouci et en eût fait le sanskrit; circonstances qui font vivement désirer aux historiens et aux géographes des éclaircissements ultérieurs (²).

» La nation hindoue est encore divisée, comme dans l'antiquité, en quatre castes ou *dchadi*. Chacune a des priviléges, des fonctions et des lois particulières; plus la caste est élevée, plus les restrictions sont multipliées et les prérogatives honorables; la quatrième caste a le moins de lois à suivre, mais aussi elle a peu de considération et de droits. Chacun reste invariablement dans la caste où il est né et en pratique les devoirs, sans jamais pouvoir s'élever à une caste supérieure, quels que soient son mérite et son génie. Les peines les plus cruelles attendent celui qui voudrait se soustraire même aux règles les plus absurdes que lui prescrit la loi de sa caste. L'Hindou sacrifie apathiquement sa santé et sa vie même à ce point d'honneur. Un Brahmane de Calcutta, tourmenté d'une grave maladie, se fait exposer sur les bords du Gange; il y passe quelques heures en contemplation et en prières; sans signe de vie, il attend que la haute marée vienne l'entraîner dans les flots sacrés, et lui donner la mort la plus sainte que son imagination puisse lui promettre. Mais une compagnie d'Anglais passe en bateau près du lieu de cette scène; l'humanité de l'un d'eux est émue à l'aspect d'un homme qu'il croit victime de quelque accident; il fait approcher le bateau, y entraîne le Brahmane, le rappelle à la vie en lui versant dans la bouche un flacon d'eau de Cologne, et l'amène ensuite à Calcutta. Aussitôt les autres Brahmanes le déclarent infâme, déchu de sa caste et indigne qu'aucun Hindou lui parle. En vain l'Anglais prouve-t-il par témoins que lui seul est coupable, puisqu'il l'avait trouvé sans connaissance; la loi de Menou est inflexible: il a bu avec un étranger, il en a reçu des aliments; ce crime lui fait perdre, selon les lois hindoues, tous ses moyens de subsistance. Il est frappé de mort civile; mais les tribunaux anglais ordonnent à celui qui lui avait sauvé la vie de lui fournir des aliments. Abandonné de tous les siens, poursuivi de marques de mépris et d'indignation, le malheureux Brahmane traîne pendant trois ans une existence misérable; enfin une maladie nouvelle lui inspire le désir de se donner la mort, et son bienfaiteur, dont la bourse est épuisée, se garde bien de s'y opposer. Ce trait authentique peint mieux que cent remarques l'excessive intolérance des Hindous dans l'observation des lois des castes. Un code civil et religieux à la fois règle scrupuleusement toutes les distinctions entre les castes et prescrit le devoir de chacune d'elles. Ce code est en vigueur depuis des milliers de siècles, et jamais les Hindous n'ont songé à en modifier la rigueur.

» La caste la plus noble est celle des *Brahmanes*, c'est-à-dire des prêtres, savants, jurisconsultes et fonctionnaires. Ils portent des vêtements particuliers, s'abstiennent de toute nourriture animale, à l'exception de celle qui est offerte dans les sacrifices, et jouissent de grands priviléges; par exemple, de ne jamais subir des punitions corporelles, de lire et d'expliquer les livres sacrés, d'être les seuls conseillers des princes. Il y a des Brahmanes *vichnouvites* qui se consacrent au culte de Vichnou, et des *chivenites* qui adorent exclusivement le dieu Chiva. Ils ont encore diverses classes qu'ils parcourent depuis l'enfance jusqu'à la vieillesse. Les *Wanaprasta* habitent la solitude et se livrent à la contemplation. Les *Sanyassi*, parvenus à une sainteté parfaite, ne vivent que d'aumônes. De ces deux classes sont sorties d'innombrables sectes de fanatiques, ces *djogis* ou pénitents qui

---

(¹) *Edinburg Review*, vol. IX, p. 292. — (²) *Rienzi: De l'origine des Bohémiens, et tableau polyglotte. Revue encyclopédique*, nov. 1832.

croient plaire à la divinité en se mutilant le corps de mille manières bizarres, en bravant les atteintes du feu et l'intempérie des saisons ; ces *pandaris*, qui colportent dévotement l'image des parties réunies des deux sexes ; ces *beraghis*, qu'on peut considérer comme un ordre de moines et de religieuses consacrés au dieu Krichna et à son amante Rada, dont ils célèbrent l'histoire par des chants accompagnés du bruit des cymbales. Quelques Brahmanes affectent une philosophie hardie : les *pashandia* nient l'existence des dieux, et les *sarwagina* celle d'une providence spéciale. Les Brahmanes respectables par leur science et leurs vertus, forment le plus petit nombre ; la plupart de ces prêtres et sages héréditaires se livrent à l'ambition, à l'intrigue, aux voluptés ; leur caractère, avili par des traits d'avarice, de bassesse, de cruauté, n'a inspiré que le mépris aux voyageurs les plus dignes de foi [1].

» La seconde caste est celle des *Tchatrias*, c'est-à-dire des enfants des rois, parce qu'ils se regardent comme les descendants des anciens rois indiens ; c'est dans cette caste que doivent être nés tous les princes et grands vassaux, à moins qu'ils ne soient de la première. Les Tchatrias sont destinés à l'état militaire ; ils sont soldats nés. A cet effet, les lois de leur caste leur défendent de contracter des mariages légitimes ; mais aussi ils jouissent de grands priviléges, dont le premier est de pouvoir aspirer au trône. On y donne en général le titre de *Radcha* ou *Radjah* à tous les chefs ou seigneurs. Dans le Dékhan, les chefs des *Naïre* sont des chevaliers de cette noble caste.

» L'apathie et la faiblesse des autres Hindous cèdent, chez cette caste, la place à une valeur féroce, à une ambition barbare, rarement rachetées par de véritables vertus. Ce sont les Radjepoutes qui refusent, malgré la prière des Anglais, de laisser la vie à leurs enfants du sexe féminin, lorsqu'ils craignent de ne pouvoir les marier convenablement.

» La troisième caste est celle des *Vessias*. Ses fonctions sont l'agriculture, le jardinage, l'éducation du bétail et le commerce des productions de la terre et des objets manufacturés ; son principal privilége est l'exemption de toutes les charges militaires. Cependant,

[1] *Solvyns:* Les Hindous. *Valentia:* Voyages, etc.

depuis que les princes indiens entretiennent des armées mercenaires, ils s'y enrôlent en grand nombre. Les Mahrattes sont généralement de cette caste. Lorsque les Vessias se livrent au commerce, surtout dans les pays étrangers, ils portent le nom de *Banians*.

» La quatrième caste comprend les *Soudras*, c'est-à-dire les artisans et les ouvriers. Elle est subdivisée en un grand nombre de maîtrises ou compagnies. Les descendants de ceux parmi les Hindous qui, par des mariages illicites, ont dérogé aux droits de ces quatre castes ou classes nobles, sont compris dans les divisions ignobles et méprisées appelées *Burum-Sunker* ou *Warna-Sankra*, espèces de castes mixtes ; elles vivent à l'abri d'une sorte d'amnistie locale, mais elles n'osent communiquer avec aucun individu des classes nobles. Encore au-dessous de ces castes bâtardes, on voit les malheureux *Parriahs*, que les Hindous ont rejetés de leur société, et qui se livrent aux occupations les plus dégoûtantes. En revanche, ils peuvent manger de tout et entrer au service des Européens. Il y a parmi eux des subdivisions, telles que les *Harris*, les *Moukoas* ou pêcheurs, et autres.

» La constitution des Hindous est fondée sur le brahmanisme, religion qui admet l'existence d'une triple divinité, *Brahma*, *Vichnou* et *Chiva*, d'une foule de divinités inférieures préposées au gouvernement du monde, ainsi que d'esprits bons et méchants, l'immortalité de l'âme, la métempsycose, la purification des âmes par les pénitences et abstinences volontaires, les pratiques religieuses.

» La mythologie indienne semble, comme celle des Grecs, être un mélange de plusieurs croyances, qui se fondaient d'autant mieux l'une dans l'autre qu'elles offraient toutes les allégories sur l'éternel pouvoir de la nature. *Iswara* ou *Baghesa*, divinité dont *Phallus* est l'emblème, et qu'on adore en vénérant cette image impudique, ressemble, par beaucoup d'autres traits, à l'Osiris des Egyptiens et à Bacchus [1]. *Vichnou* et *Chiva* ont tous deux des rapports frappants avec Jupiter, dont la nourrice, *Anna Perenna*, méconnue de tous nos mythologues, s'est enfin retrouvée dans *Anna Purnada*, la déesse de la nourriture. Bien d'autres traits de ressemblance

[1] Voyez l'*Edinburg Review*, n° 34, ou les *Annales des Voyages*, n° 61.

ASIE. — INDE OU HINDOUSTAN.

prouvent que les fables indiennes et grecques ont quelquefois puisé à des sources communes (¹). Ce qui n'est pas moins surprenant, c'est que l'on retrouve dans la mythologie scandinave des noms et des idées qui appartiennent à celle de l'Inde. La *trimurti* ou triple forme, espèce de trinité indienne, figure dans les *premières pages de l'Edda de Snorron.* Mais l'immobilité d'esprit propre aux peuples asiatiques a conservé dans l'Inde les premiers emblèmes ou hiéroglyphes par lesquels une nation encore illettrée peignait ses idées. De là ces bizarres figures avec quatre têtes et huit bras, ces visages épouvantables, ces monstres qui déchirent des corps humains, toutes ces affreuses et dégoûtantes singularités qui caractérisent la représentation des divinités indiennes. Ces symboles font horreur si on les compare aux gracieuses conceptions de l'imagination grecque; mais ils prouvent l'antiquité du système religieux duquel ils dépendent; souvent aussi ils admettent des explications très satisfaisantes. Ainsi *Vichnou*, ou le principe conservateur, tient dans une main la feuille de lotos, plante aquatique, pour rappeler que tout est né de l'Océan; le cor qu'il lève dans une autre main dénote sa voix créatrice, qui peut animer le néant; la massue dans la troisième indique son pouvoir de punir et d'écraser les méchants; la roue dans la quatrième est le symbole du cercle éternel de la vie et de la création; une triple couronne sur sa tête nous apprend qu'il règne sur la mer, la terre et le ciel atmosphérique.

» Le culte brahmanique est accompagné d'un grand nombre de cérémonies et de coutumes solennelles. Il y en a d'horribles, telles que la procession du dieu Djaggernath, dont le char pesant écrase sous ses roues les fanatiques qui, en s'y précipitant, croient trouver à la fois la mort la plus glorieuse et une éternelle félicité (²). Il y a d'autres fêtes indiennes où règne le tumulte, où préside la licence, et où l'impudique *Lingam* est promené aux yeux de la multitude prosternée. Mais arrêtons nos regards sur d'autres tableaux. Les ablutions et les lustrations forment une partie principale du culte brahmanique; les images des divinités sont lavées solennellement dans les fleuves et étangs sacrés. Le feu joue aussi un grand rôle dans les sacrifices des Hindous, on le purifie, et en y jetant ensuite du beurre comme offrande, on répète trois fois, en s'adressant à la terre, à l'air et au ciel, ce court vœu : Puisse cette offrande être efficace! Chaque Brahmane entretient un foyer sacré. Quoique les offrandes consistent principalement en végétaux, le règne animal n'en est pas exclu, et quelques Brahmanes ignorants ont encore, dans le siècle passé, toléré l'ancienne superstition populaire qui autorise, dans un cas extrême, des sacrifices humains (¹). L'usage des femmes des deux premières castes, qui s'immolent sur le tombeau de leurs époux, est un reste de ces affreux sacrifices. Encore à présent, dans les épidémies et calamités publiques, les Brahmanes se précipitent eux-mêmes du haut d'une tour comme offrande expiatoire.

» La religion reçoit l'homme au berceau; les Brahmanes imposent un nom au nouveau-né, et cherchent à lire dans les astres la destinée de sa vie. Les mariages sont célébrés par un Brahmane avec beaucoup de cérémonies (²). On tient un morceau d'étoffe étendu sur les deux époux pendant que le prêtre implore sur leur union les bénédictions du ciel. La promesse d'une foi inaltérable s'écrit sur des feuilles de palmier, qui s'échangent entre les époux.

» Les funérailles présentent aussi des coutumes remarquables. Le Brahmane moribond est couché, en plein air, sur un lit formé d'une graminée nommée *cusa*; on l'arrose de la sainte eau du Gange, et on chante sur lui des strophes des Vedas. Expire-t-il, le corps est lavé, parfumé, couronné de fleurs; un tison du feu sacré sert à allumer le bûcher; on supplie le feu de purifier le corps du défunt, afin qu'il puisse s'élever aux célestes demeures. Les assistants jettent de l'eau sacrée sur les cendres. On chante des hymnes funéraires, dont nous citerons quelques strophes :

« C'est folie que de chercher rien de stable

(¹) *W. Jones*, sur les dieux de l'Inde, etc., avec les notes de M. *Langlès*, dans les *Recherches asiatiques*, I, p. 162 *et suiv.* (traduct. française). — (²) *Solvyns* : Les Hindous.

(¹) *Paulin* : Syst. brahmanicum, p. 13 sqq., 37 sqq., *Tiefenthaler*, 1, 334. Relations des Missionnaires de Halle, cab. 53, p. 472. *Rogers*, etc. — (²) *Paulin de Saint-Bartholomé*, chap. IX. *Abrah. Roger*, Mœurs des Brahmanes, p. 55-71.

» dans la condition humaine ; elle est sans so-
» lidité comme le tronc du bananier, passa-
» gère comme l'écume de la mer.

» Lorsque, pour recevoir la récompense de
» ses actions, un corps composé de cinq élé-
» ments retourne à ces mêmes principes, quel
» lieu y a-t-il à des regrets?

» La terre est périssable; l'Océan, les dieux
» même ne font que passer, et l'homme vou-
» drait être immortel!

» Tout ce qui est en bas doit disparaître ;
» tout ce qui est élevé doit tomber; tout être
» composé doit se dissoudre, et la vie doit se
» terminer par la mort. »

» Les parents recueillent les cendres, qui, renfermées dans un paquet formé de feuilles de *butea frondosa*, sont confiées d'abord à la terre, mais, après un laps de temps, jetées dans le Gange au milieu de nouvelles cérémonies [1]. On vénère les mânes des trois plus proches ancêtres paternels et maternels par un sacrifice de gâteaux.

» Les Hindous ont une foule de temples ou pagodes; on en trouve un grand nombre dans toutes les parties de l'Inde; il y en a qui sont remarquables sous le rapport de l'architecture, et qui attirent les pèlerins de toutes les parties de l'Inde.

» Parmi les personnes attachées au service des temples, on remarque les *filles de Dieu*, en indien *devadassi*, qui veillent entre autres sur les lampes sacrées, et le plus souvent vivent en concubinage avec les Brahmanes. On peut, à quelques égards, les distinguer d'avec les bayadères, nommées en sanskrit *n'rtaghi*, et qui, semblables aux Ménades, dansent devant les chars des dieux.

» Le brahmanisme a éprouvé très anciennement une grande révolution par les efforts du réformateur nommé *Bouddha*: il renversa la théocratie des Brahmanes, abolit la distinction des castes, et rejeta toute l'idolâtrie. Mais après de cruelles persécutions, le bouddhisme fut, dans le premier siècle de notre ère, obligé de fuir les contrées de l'Inde. Quoi qu'il en soit, il est encore répandu dans le nord de l'Hindoustan et dans l'île de Ceylan. Les *Jainas* qui suivent la plupart des dogmes du bouddhisme, admettent pourtant la division par castes. Ils adorent une statue colossale placée à Baligola, près Seringapatam [1]. Le mahométisme y a aussi beaucoup de sectateurs; le christianisme et le judaïsme font peu de progrès, et le prosélytisme, souvent mal entendu de nos missionnaires, a même excité l'opposition la plus obstinée de la part des Hindous.

» Le peuple hindou a été anciennement plus civilisé qu'aujourd'hui; c'est ce que prouvent ses monuments et ses livres. On trouve dans l'Hindoustan et dans le Dékhan des temples, des palais et des pyramides qui sont des chefs-d'œuvre, sinon de goût, du moins de patience et de magnificence. La littérature est riche en beaux ouvrages de morale et de poésie. L'intéressant drame de *Sakontala* a été lu de toute l'Europe. Les fables de Pilpaï ou Bidpaï paraissent être l'original de celles de Lokman et d'Ésope; ce genre de poésie ne convient nulle part mieux que dans un pays où les âmes humaines sont censées passer dans le corps des brutes.

» Aujourd'hui, les Hindous n'excellent plus que dans quelques arts mécaniques. Livrés à leur indolence naturelle, ils n'éprouvent presque d'autre besoin que celui du repos. Sobres et modérés, leur vêtement est une simple étoffe de toile ou de coton; leur habitation, une cabane de bambous recouverte de feuilles de palmier; leur principale nourriture, du riz et de l'eau; tous ils peuvent, sans beaucoup de peine, satisfaire ces premiers besoins; mais quelques riches, familiarisés avec les aisances de la vie, déploient dans leurs maisons le luxe des peuples orientaux; de nombreux esclaves, des vêtements qui brillent d'or, d'argent et de broderie; des appartements peints et dorés, des parfums et des essences précieuses; voilà ce que l'on rencontre chez les radjahs et les nababs. Les femmes riches partagent les goûts de leurs maris et vivent plongées dans une inactivité absolue. Les *zenanas* ou appartements des femmes respirent un repos voluptueux; l'eau fraîche y murmure en cascades, ou s'épanche en bassins de marbre; les plus riches tapisseries couvrent le parvis, ornent les murs et doublent les portes [2]. Une profusion de perles, de diamants, de saphirs, de rubis, plaisait déjà du temps d'A-

---

[1] *Colebrooke*, sur les cérémonies religieuses des Hindous, Essai II, Recherches asiat., t. VII.

[1] *Colebrooke*: Asiat. Research., IX, n° 4. —
[2] *Valentyn*: Gravure du zenana de Nourmahal.

lexandre (¹) aux belles Indiennes; elles chargeaient même leur nez et leurs pieds d'anneaux précieux, mobiles et retentissants; elles joignaient à ces richesses le charme plus doux de mille fleurs naturelles et des plantes odoriférantes(²). Les diverses espèces de fards ont, de toute antiquité, servi à la coquetterie indienne.

» Toutes les classes de la société, chez les Hindous, ont l'usage de fumer du tabac et de mâcher du bétel ; c'est pour elles une fonction aussi importante que le manger ou le boire. Dans toutes les maisons des personnes aisées on trouve des terrasses ou toits plats où elles passent une partie du jour à fumer. Pour voyager, les Hindous font usage de palanquins, dont il y a plusieurs espèces, et qui souvent sont ornés avec beaucoup de luxe (³). Cette manière de voyager est plus commode dans un pays où les routes sont souvent impraticables pour les voitures.

» L'hospitalité est placée par les Brahmanes au nombre des sacrements, et il n'y a point d'action plus agréable aux dieux de l'Hindoustan que celle de consacrer à la commodité des voyageurs des *choultrus* ou hôtelleries publiques (⁴). Sur les fleuves ou rivières on voyage en bateaux également très commodes et ordinairement fort légers. On en trouve au moins de vingt espèces différentes ; il y en a qui, à la manière des navires des anciens Éthiopiens, sont construits sans un clou de fer.

» Mélange étonnant de force et de faiblesse, de douceur et de férocité, l'Indien nous présente le tableau d'une race humaine qui, sans passer par les divers degrés d'une civilisation libre, a été enchaînée, polie et dégradée par un système à la fois théocratique et despotique. L'homme qui sacrifie sa vie pour ne pas blesser quelque loi bizarre de sa caste, n'ose lever un bras vigoureux, armé du fer vengeur, contre les oppresseurs de sa patrie. Il défend une vache sacrée, et voit tranquillement massacrer sa nation entière. Les Hindous sont servilement attachés à leur religion ; ils en pratiquent les rites superstitieux, quelque absurdes qu'ils soient ; c'est ainsi que, dans leurs fêtes religieuses, des hommes qui veulent passer pour très pieux se meurtrissent le corps et s'imposent toutes sortes de supplices, dans l'espérance d'être très agréables à leurs divinités. Les fakirs font de la vie un tourment perpétuel, en se soumettant par dévotion aux habitudes les plus insupportables. Les femmes mêmes montrent du courage et de l'intrépidité quand il s'agit de coutumes religieuses. C'est au son d'une musique bruyante, et parée de ses plus beaux habits, que la veuve indienne va se précipiter dans les flammes du bûcher. Ses enfants l'accompagnent, et dans leurs yeux brille une sainte joie, en pensant à la félicité céleste et à la gloire éternelle que leur mère va conquérir. Un Européen dit au fils : Ne supplierez-vous pas votre mère de se conserver pour ses jeunes enfants qu'elle va rendre orphelins ? « Moi, commettre une telle
» infamie ! répond l'adolescent ; ah ! plutôt,
» si ma mère hésitait un moment, je l'encou-
» ragerais, je la forcerais même à accomplir
» un sacrifice que demandent la religion et
» l'honneur (¹). »

» Quoique les Hindous eussent pu faire un commerce brillant en portant aux autres nations les riches productions de leur territoire, ils sont cependant toujours restés fidèles aux lois de leur code, qui leur défend de quitter leur patrie. Il a donc fallu que les nations étrangères vinssent prendre elles-mêmes les richesses dont les Hindous abondaient ; cette circonstance les a empêchés d'étendre leur commerce autant qu'ils auraient été à même de le faire ; il a cependant eu, dans tous les temps, une grande activité. Les Hindous connaissent depuis très long-temps l'usage des lettres de change et des monnaies. Dans tous les États de l'Inde, les princes font frapper des pièces d'argent appelées *roupies,* qui servent de type aux autres monnaies ; celle de Madras vaut 2 fr. 25 c., celle de Bengale, nommée *sina-roupie,* vaut 2 fr. 50 c. Il y a aussi des roupies d'or et des pagodes d'or qui valent environ 10 francs. La monnaie courante des Indiens consiste en des cauris, petits coquillages dont 50 font un *poni ;* il faut 10 *ponis* pour un *fanon,* et 13 *fanons* pour une pagode. Les grosses sommes se comptent par *lak,* mesure idéale de 100,000 roupies ou de 100,000 pagodes. Depuis que les nations européennes

---

(¹) *Quinte-Curce*, VIII, ch. IX. — (²) *Gita-Govinda*, p. 357-359. *Sakontala*, p. 147 (de la traduction allemande). — (³) *Solvyns* : Les Hindous, t. III. — (⁴) M. *de Jouy* : Mercure de France, année 1829, n° 420

(¹) *Bombay Courier*, avril 1811.

font presque exclusivement le commerce de l'Inde, les monnaies européennes y ont aussi cours, surtout la piastre, le louis et la couronne.

» Les produits de l'industrie indienne font un objet principal du commerce de l'Europe avec l'Inde; ce sont surtout les toiles indiennes que les nations européennes recherchent le plus, à cause de leur solidité et de leur beauté; elles étaient déjà fameuses du temps de Job (¹). Dans le langage du commerce, on appelle les pièces de toile indienne des *guinées*. C'est dans le pays des *Telingas*, au nord de la côte de Coromandel, que l'on trouve les plus grandes manufactures de guinées; les guinées bleues sont un grand objet d'exportation pour l'Afrique; les percales, mot qui, en tamoul, signifie *toile très fine*, se fabriquent dans le Karnatik; on y emploie un coton long et soyeux, qui abonde surtout dans la plaine d'Arcate (²). Il y a une autre espèce de toile blanche appelée *salampouri*, que l'on tire de Ceylan, et que l'on fait avec le coton de Maléalame et de Carnate. Le canton de Condavir fournit les beaux mouchoirs de Mazulipatam, dont les teintes éclatantes sont dues en partie à la racine d'une plante appelée *chage*, qui croît sur les bords du Kistna et sur le rivage du golfe du Bengale (³). Les mouchoirs de Palicate, plus variés dans leurs dessins et leurs teintes que ceux de Mazulipatam, s'exportent en grande quantité pour l'Amérique et l'Afrique, où ils forment la parure des femmes. C'est à Mazulipatam, Madras et Saint-Thomé que se fabriquent les toiles peintes ou *chites*, appelées improprement *toiles perses*; la bonne qualité des eaux, dans ces cantons, paraît être la principale cause de la supériorité de ces étoffes, dont l'exportation a diminué considérablement depuis que les Européens imitent avec succès les procédés des Indiens. On exporte pour le Levant et les colonies beaucoup de ces toiles longues et larges, chargées de dessins bizarres, et destinées à servir de housses de lits. Dans le canton de Malalay et sur la côte de Coromandel, on fait une espèce de mousseline rayée, nommée *doréa*, ou en tamoul *bétille*, que les caravanes exportent en quantité pour le Levant, l'Arabie et la Perse; l'Europe n'en tire plus qu'une faible partie, attendu qu'on y imite cette étoffe avec beaucoup d'adresse. Il n'en est pas de même d'une autre étoffe appelée *organdi*, qui se fabrique dans le Carnate, et qui est fort estimée en Europe. Les basins viennent des Sirkars du nord, et les guingams de Madras, Saint-Thomé et Palicate. Cette dernière étoffe ne s'exporte plus en quantité que pour les autres parties de l'Asie, où l'on en fait des vêtements. Surate fabrique des soieries brochées d'or et d'argent, qui s'envoient en Perse, au Tibet et en Chine, où elles sont préférées à celles de Lyon, à cause de leur légèreté (¹). Le Kachemir fournit les châles et les draps qui portent son nom; c'est dans le territoire de Dakka que l'on fait les *neusouques*, espèce de toile de coton d'une très grande finesse et transparente. Plusieurs fabriques du Bengale fournissent la *casse*, l'*âmame* et le *garat*, toiles de coton dont les Anglais font une exportation considérable; les mouchoirs *Burgos* et les mouchoirs dits *Steinkerques*; toutes ces étoffes varient l'une de l'autre. C'est, dit M. Legoux de Flaix, par la combinaison et les heureux mélanges de différentes espèces de coton qui conviennent par leur force, leur souplesse et leurs qualités variées, au tissage des différentes mousselines, et à force de recherches et d'observations faites par les ancêtres, et transmises par les pères à leurs neveux, que les Hindous sont parvenus à perfectionner les arts de la main, et à les porter tous à un degré de beauté dont nous sommes encore éloignés.

» Les Anglais ont, dans le Bengale, multiplié les plantations d'indigo, que les Hindous nomment *anil*; mais le meilleur indigo vient d'Agrah; on en exporte une quantité pour l'Europe, la Perse et l'Arabie. Par les soins de la compagnie anglaise, la cochenille a été aussi tellement répandue sur la côte de Coromandel, qu'elle forme actuellement une branche de commerce. Une autre matière tinctoriale, le sapan ou bois rouge, vient en abondance dans les Ghattes orientales : on en expédie une quantité considérable pour l'Europe. La gomme-laque est fournie par plusieurs provinces de l'Hindoustan, spécialement par celles de Lahor, Pendjab et Moultan, où l'on fait la meilleure : d'après l'assertion de l'auteur que nous venons de citer, il sort tous les

---

(¹) *Job*, ch. xxviii. — (²) *Legoux de Flaix*, II, p. 24. — (³) *Idem*, p. 53.

(¹) *Legoux de Flaix*, II, p 275.

nns par le Gange seulement, pour 3,000,000 de cette matière (¹). Le bois de santal, qui croît en abondance sur les Ghattes et au milieu des deux branches de ces montagnes, entre dans le commerce de plusieurs manières, en blocs et planches pour servir à la fabrication des petits meubles; en poudre, pour être brûlé avec des encens; et en copeaux ou en bûches, pour être employé dans la teinture. Les Hindous en extraient aussi une essence précieuse, à laquelle on attribue des qualités salutaires. Il y a de grands dépôts de santal à Mangalore et dans plusieurs grandes villes de la côte de Malabar, d'où ce bois est exporté pour l'Europe et les divers pays de l'Asie; la Chine surtout en tire une grande quantité : la compagnie anglaise en expédie pour Canton environ 16,000 quintaux par an.

» Presque toutes les contrées de l'Inde cultivent le coton; mais le plus beau vient dans les terrains légers et rocailleux de Goudjérate, de Bengale, d'Aoudh et d'Agrah; cette culture est tellement lucrative, qu'un arpent rapporte environ neuf quintaux de coton par an (²). Le coton de Goudjérate est acheté par les Chinois pour la fabrications du nankin. Les Anglais ont donné leurs soins à la culture de la soie, que l'on tire de diverses provinces de l'Inde; la meilleure est celle de Cassimbasar, île située entre deux canaux du Gange; cette île seule en fournit annuellement 2,000 quintaux. Une grande partie de la soie indienne est employée dans les manufactures du pays; le reste s'exporte en Europe et dans toutes les échelles de la mer Rouge et du golfe Persique. On a, dans le nord de l'Hindoustan, une espèce particulière de vers qui font une soie plus grossière, mais plus forte que les vers à soie ordinaires. On en fabrique, dans les manufactures du Bengale, une espèce de gaze, dont on fait grand usage pour les lits, afin d'en éloigner les moustiques.

» La côte de Malabar tire un grand revenu de la récolte du poivre. L'exportation de cette denrée s'élève annuellement à la somme de 120,000 quintaux; les principaux marchés de poivre sont Calicut, Mahé, Mangalore, Cotchin et autres villes de la côte de Malabar. Une autre épice, le cardamome, qui prospère dans les Ghattes occidentales, est achetée en quantité par les Perses, les Arabes, les Chinois, les Japonais et autres peuples asiatiques, qui en font grand usage dans l'assaisonnement du bétel. La vente exclusive de l'opium est entre les mains de la compagnie anglaise; l'opium le plus pur vient de la province de Bahar. Il en est à peu près de même du salpêtre, dont l'Inde abonde; on en fabrique plus de 600,000 quintaux par an dans le seul district de Patna. Des vaisseaux anglais et portugais spéculent aussi sur la pêche des requins, dont les ailerons passent pour un mets très friand en Chine. Cette pêche est très abondante sur la côte de Malabar; les Chinois en tirent une quantité considérable d'ailerons.

» Tel est le commerce d'exportation que l'Inde fait avec les nations étrangères, et qui répand dans le pays des sommes immenses : le commerce d'importation est actuellement presque en entier dans les mains des Anglais; il consiste en draps, velours, fer, cuivre rouge, plomb, armes à feu, vins, eaux-de-vie, dentelles, fils d'or, galons, coraux, fruits secs et confits. Ceylan introduit du bois de palmier, des noix d'arec et de la cannelle. Les Moluques introduisent des épices; le Pégou introduit du bois de teck; l'Arabie, du café, des encens, des coraux, des dattes. La Chine envoie, par les vaisseaux européens, beaucoup de thé; la côte d'Afrique, des coquillages très recherchés des Hindous pour leur parure (¹).

» Les Hindous, un des peuples les plus doux et les plus paisibles du globe, ont été, depuis l'antiquité, la proie des nations conquérantes attirées par les richesses de leur territoire, et ont passé d'une domination à l'autre. Après la mort d'Alexandre, l'Inde respira pourtant pendant treize siècles; mais en l'an 1000 de l'ère vulgaire, Mahmoud le Gaznevide conquit la majeure partie de l'Hindoustan, traita la nation avec la dernière cruauté, et détruisit autant que possible la forme du gouvernement paternel institué par Brahma. La mort empêcha le farouche Mahmoud de faire la conquête de l'Inde méridionale. Koutoub, un de ses généraux, fonda la dynastie afghane, nommée *patane* par les Indiens. *Timour* (Tamerlan) parcourut l'Inde

---

(¹) *Legoux de Flaix*, II, p. 408. — (²) *Idem*, II, p. 175.

(¹) Voyez, pour de plus grands détails, l'excellent ouvrage : *Manuel du commerce de l'Inde*, par M. *Blancard*, négociant de Marseille.

en 1398, et n'eut besoin que de cinq mois pour acquérir le titre de prince destructeur. Les Mongols qu'il commandait pillèrent Delhi, commirent partout les plus grandes cruautés et se retirèrent chargés d'un immense butin. Ils revinrent, en 1526, sous Baber ou *Babr*, descendant de Tamerlan, renversèrent le trône patane, et élurent Baber empereur à Delhi.

» Pendant ces invasions terribles, plusieurs tribus indiennes, de la caste guerrière, se retirèrent dans les montagnes, et y formèrent des Etats indépendants, qui, grâce à leurs retraites inaccessibles, maintinrent leur liberté; ces peuples devinrent dans les temps modernes, à leur tour, de formidables conquérants; c'est là l'origine de l'indépendance des Mahrattes, des Seïkhs et d'autres peuples de l'Inde. Baber fut le premier souverain indien à qui l'on donna en Europe le titre de *Grand-Mogol*, qu'il serait mieux de nommer *Grand-Mongol*. Humayoun, son fils et son successeur, loin de faire de nouvelles conquêtes, ne sut pas même conserver celles de son père. Il fut chassé de ses Etats, et remplacé par Férid, de la nation des Patanes. Ce prince s'occupa de la prospérité de ses Etats, en faisant construire de grandes routes depuis le Bengale jusqu'à l'Indus, des plantations, des postes et des hôtelleries pour les voyageurs. Après sa mort, le roi de Perse remit Humayoun sur le trône. Celui-ci eut pour successeur son fils Akbar, qui s'est illustré par sa valeur, sa sagesse et sa justice. Il soumit le Bengale, agrandit son empire au sud et au nord, et le divisa en onze provinces ou *soubabies*, dont chacune était subdivisée en districts ou sirkars; ceux-ci comprenaient un certain nombre de cantons ou *pourgounnahs*. L'histoire d'Akbar, écrite par son vizir Aboulfazil, traite de la division, de la population, de l'industrie, des revenus et de la topographie des Etats de cet empereur. L'ouvrage d'Aboulfazil est connu sous le nom d'*Ayen-Akbari*, c'est-à-dire miroir d'Akbar. L'empire, parvenu au comble de sa splendeur, fut troublé par Aureng-Zeb, petit-fils d'Akbar, qui, après avoir déposé son père, s'empara de vive force du trône, et opprima la nation par toutes sortes de vexations. On dit qu'il tirait des terrains cultivés dans ses Etats un revenu de 900,000,000 de francs, et qu'il entretenait une armée de 1,000,000 d'hommes.

Ce souverain est en grande partie l'auteur de la constitution politique moderne de l'Inde. Aureng-Zeb mit à la tête de chaque province un *nabab* ou *soubab*, pour commander les troupes et disposer des emplois. Chaque nabab possédait, dans une autre province, une portion de terre dont il avait la jouissance, et qui le privait des moyens de vexer la province dans laquelle il commandait. Dans plusieurs provinces il y avait des principautés qui avaient leur propre radjah, et qui payaient au grand-mogol un tribut et fournissaient des troupes. Chaque province était divisée en *sirkars*, présidés par des *zemindars*, espèce de juges nobles et feudataires. Aureng-Zeb fut obligé de faire la guerre aux Mahrattes, et de leur payer enfin le quart de ses revenus. Les Seïkhs firent aussi des incursions dans ses Etats, mais ils furent repoussés. Aureng-Zeb mourut en 1707, âgé de 90 ans. Sous son règne, l'empire du Grand-Mogol s'étendait du 10e au 35e degré de latitude, et renfermait plus de 64,000,000 d'habitants.

» Les successeurs d'Aureng-Zeb, trop faibles pour défendre un aussi vaste empire contre les nations belliqueuses qui l'entouraient, virent, dans l'espace de cinquante ans, les guerres le réduire à l'état le plus déplorable. Nadir, châh de Perse, emporta sans peine les immenses trésors de Delhi, dont il perdit un quart en traversant les déserts de Bounguichab [1]. Les Afghans, devenus maîtres d'une partie de ces trésors, disputèrent aux Mahrattes l'empire de l'Inde; mais ils ne poursuivirent pas avec assez de zèle les espérances que leur donnait le gain de la fameuse bataille livrée en 1761, auprès de Delhi, par 150,000 mahométans commandés par Abdallah, roi des Afghans, à 200,000 Mahrattes. Les Européens, semblables aux vautours, furent attirés par l'odeur d'une proie déjà toute sanglante et déchirée. Les Portugais, après avoir exclu Venise des marchés de l'Inde, disputaient encore aux Hollandais le privilége d'y commercer seuls, quand les Anglais, à leur tour, les chassèrent, et s'emparèrent successivement de diverses places où leur pouvoir prit des accroissements aussi rapides que considérables. Ils furent imités par les Français et les Danois. La compagnie anglaise des Indes, fondée par Elisabeth, envoya ses

[1] *Abdoul-Kerym*, trad. de *Langlès*, p. 17.

flottes et parvint à établir des factoreries dans l'Hindoustan et sur les côtes de Malabar et de Coromandel.

» Ces succès furent suivis de quelques revers; et plus d'une fois la compagnie, en butte à la jalousie des autres marchands anglais et des Hollandais, fut menacée d'une ruine totale; mais elle sut se relever avec avantage et triompher de tous les obstacles. Les Anglais ne s'étaient d'abord mêlés d'aucune guerre intestine dans l'Inde; mais en 1749 ils commencèrent par protéger le nabab du Karnatik contre les Français; la protection qu'ils accordèrent ensuite au dernier grand-mogol, Châh-Allam II, leur valut, en 1765, la concession du Bengale, du Behar et d'Orissa; et le descendant du puissant Aureng-Zeb, qui avait joui de 900,000,000 de revenus, se contenta de recevoir d'une compagnie marchande une rente viagère de 330,000 liv. sterl. (8 millions de France). Mais forcée à employer toutes ses forces pour se maintenir dans ses conquêtes, ayant à combattre Haïder-Ali, les Français et les Mahrattes, la compagnie ne sut faire face à tant d'ennemis qu'en se dédommageant de ses dépenses énormes sur le pays dont elle disputait la possession.

» L'Inde fut opprimée, pillée et épuisée en peu d'années. Le Bengale, auparavant si florissant, ne présentait de toutes parts que des déserts et des ruines. Le monopole du riz causa, en 1770, une famine qui détruisit 4 à 5,000,000 d'habitants. La compagnie, loin de s'enrichir par ces oppressions, se couvrit de dettes, tandis que ses agents revenaient dans leur patrie avec des trésors énormes. Mais ses premiers succès contre Tippou-Saëb, sultan de Mysore, et fils d'Haïder-Ali, relevèrent ses espérances abattues, et changèrent de face la position de ses affaires. Soutenue par les Mahrattes et par le nidzam du Dékhan, elle força ce fameux prince, par le traité de 1792, à céder aux alliés la moitié de ses États, et à leur payer des sommes immenses pour les frais de la guerre. Le plus grand gain de la compagnie fut la concession du district situé à l'ouest des Ghattes, depuis les frontières de Travancore jusqu'à la rivière de Kawar, concession qui la rendit seule maîtresse du commerce du poivre, dont elle avait partagé jusqu'alors le bénéfice avec la France,
la Hollande et le Portugal. Encouragé par l'arrivée des Français en Égypte, Tippou-Saëb recommença la guerre en 1798, et tenta d'arracher aux Anglais les conquêtes de la guerre précédente; mais ses ennemis, dès qu'ils eurent connaissance de ses projets, conclurent un traité d'alliance avec le nidzam du Dékhan, prirent à leur solde une armée de sipahis ou soldats hindous, et attaquèrent les États de Tippou à la fois sur la côte de Coromandel et sur celle de Malabar. Le sultan fut bloqué dans Seringapatam, sa capitale; dans un assaut livré par les Anglais, il perdit la vie avec ses principaux officiers; les vainqueurs se rendirent maîtres de la ville; le trésor du sultan, qu'on évalua à 3,000,000 de liv. sterl., tomba au pouvoir de l'armée. L'Angleterre céda le territoire de Mysore à un descendant de l'ancienne dynastie, chassé par Haïder-Ali, accorda quelques districts à un autre descendant de cette dynastie, récompensa en terres son allié le nidzam, et se réserva le reste, composé des districts de Seringapatam et de Mangalore, la plus belle partie de l'empire de Mysore.

« Depuis lors il n'y eut plus que des con-
» spirations partielles, des échauffourées qui
» n'aboutirent qu'à affermir la puissance an-
» glaise. L'homme qui lui donna le plus d'in-
» quiétude fut Mahadja-Scindia, chef des
» Mahrattes. La guerre qu'il organisa ne fut
» d'abord qu'une série d'escarmouches, où, se
» jetant à la tête d'un parti de cavalerie sur
» les possessions de la compagnie, il enlevait
» tout le butin qu'il pouvait, et se retirait dans
» les montagnes; mais ayant accueilli à sa cour
» un officier piémontais nommé de Boigne,
» celui-ci organisa une troupe d'infanterie de
» 20,000 hommes, qui, joints à 50,000 cava-
» liers, formèrent à Agrah un noyau puissant
» dont l'effectif fut porté en 1801 à 250,000
» par l'adhésion d'autres chefs de Mahrattes.

» Divers événements marquèrent le com-
» mencement du siècle, mais la politique
» anglaise parvint à triompher de tous ces
» obstacles. Les gouverneurs Hastings, Wel-
» lesley, Cornwallis et Duncan, avec des ca-
» ractères différents, suivirent tous la même
» marche, qui était d'isoler les chefs con-
» traires aux Anglais, de les opposer les uns
» aux autres, et d'entourer leur territoire de
» tribus inoffensives qui opposassent une bar-

» rière aux invasions des Mahrattes. Enfin ils formèrent peu à peu des camps dans l'intérieur, et en 1818, à la bataille de Pounah, la puissance mahratte fut entièrement détruite, et les chefs forcés à la soumission.

» Le seul roi complétement indépendant de la compagnie anglaise est Randjit-Singh, chef des Seïkhs, qui a une armée disciplinée à l'européenne, par M. Allard, officier français, général en chef des troupes de ce prince. C'est à la bravoure et à la discipline de cette armée qu'il a dû la conquête d'une partie de l'Afghanistan et du royaume de Kachemir. Mais la position topographique des Seïks dans la région septentrionale les empêche d'être un sujet de crainte pour les possessions anglaises.

» Randjit-Singh et le gouverneur anglais s'observent et traitent d'égal à égal. Les Mahrattes sont contenus, et les autres peuples sont trop amollis pour donner des craintes sérieuses. »

La compagnie anglaise dans l'Inde, enrichie des dépouilles de tant de princes, règne aujourd'hui sur les quatre cinquièmes de l'Hindoustan, et compte au moins 80,000,000 de sujets directs et 48 de tributaires ou de vassaux. Elle verse annuellement dans le trésor de la Grande-Bretagne 10,000,000 de fr. pour la protection que le gouvernement lui accorde.

Ses principaux revenus se composent des taxes sur les terres et sur les ventes dans les marchés, des droits de transit et de timbre, et du monopole qu'elle exerce sur le sel, l'opium, le tabac, etc. Les taxes sur les terres s'élèvent à 155,000,000, et le produit des divers monopoles forme 75,000,000 : ce qui présente un total de 230,000,000 de francs, dont les deux tiers sont dépensés à payer la haute administration, les différents agents de l'armée, et le reste à payer les intérêts de l'immense dette de la compagnie.

Les agents supérieurs sont le gouverneur du Bengale, qui jouit d'une autorité supérieure sur les deux gouverneurs de Madras et de Bombay. Le premier de ces agents reçoit annuellement 600,000 francs, celui de Madras 400,000, et celui de Bombay 350,000. Les autres fonctionnaires sont rétribués dans la même proportion : le plus modeste emploi de commis est payé 5 à 6,000 francs par an.

Ce qu'on aura peut-être de la peine à croire, c'est que le nombre des Européens établis dans l'Hindoustan ne s'élève pas à 40,000, et que celui des officiers anglais est à peine de 6 à 8,000 : ainsi une poignée d'Européens suffit pour contenir plus de 113,000,000 d'indigènes.

On concevra pourquoi le nombre des Européens est si peu considérable, lorsque l'on saura que le gouvernement anglais, instruit par l'expérience de l'Amérique septentrionale, ne permet à aucun de ses sujets de s'établir dans l'Inde et d'y devenir propriétaire, afin d'éviter qu'il ne se forme une population anglo-indienne qui tôt ou tard chercherait à conquérir son indépendance.

« Les troupes de la compagnie forment un total de 35,000 Européens, et 190,000 *sipahis* ou *seapoyes*, c'est-à-dire indigènes enrôlés.

» Tous les princes hindous manquent d'un système régulier de finances et d'armées disciplinées. L'aveugle valeur des Tchatrias se joint en vain à la politique très astucieuse des Brahmanes ; la discorde ne leur permet pas d'unir leurs forces ; la mollesse des chefs les rend accessibles aux dons, aux largesses des Anglais ; et les espions britanniques, déguisés en *Gosseins* ou Brahmanes voyageurs, découvrent d'avance les faibles conjurations qu'inspire une rage inutile à quelques princes moins amollis. Enfin, une saine politique ayant engagé les conquérants européens à conserver les anciennes lois civiles indiennes, à régulariser la distribution et la perception des impôts, à ne modifier que faiblement l'institution féodale des *zemindaries,* les Hindous trouvent réellement un avantage momentané à devenir sujets de l'Angleterre, plutôt qu'à rester en proie aux dévastations anarchiques des Mahrattes ou à la tyrannie des princes musulmans. Le caractère cruel et perfide de ces deux classes d'ennemis a singulièrement servi les desseins des Anglais.

» Aussi les Anglais ont-ils profité de la haine qu'inspiraient les princes musulmans pour neutraliser celle qu'ils avaient méritée eux-mêmes, et peut-être se trouveraient-ils aujourd'hui appuyés par la majorité des Hindous contre une invasion des Afghans, semblable à celle de Zemaoun-châh, qui en 1799 leur causa de justes frayeurs.

» A tant de causes de la grandeur britannique dans l'Hindoustan, il est juste de joindre l'influence du caractère personnel des gouverneurs-généraux anglais. La froide et cruelle ambition d'un Clive, l'esprit entreprenant et audacieux d'un Wellesley, le machiavélisme d'un Hastings, la sagesse et la loyauté d'un Cornwallis, l'administration douce, probe et intelligente d'un Duncan à Bombay, d'un Colebrooke à Calcutta, ont concouru de diverses manières à étendre avec une extrême rapidité cette monarchie d'un genre si extraordinaire, où une poignée d'Européens paraît suffire en même temps pour gouverner tant de millions d'Asiatiques et pour diriger le commerce le plus vaste du monde.

» Mais cette monarchie qui, dans si peu d'années, s'est élevée à un si haut degré de splendeur, porte aussi dans son sein les germes d'une décadence rapide et inévitable. Quelques ménagements que les Anglais gardent envers les Hindous, quelques soins qu'ils prennent pour faire respecter les lois de Menou et pour ranimer l'étude des livres sanskrits, l'orgueil et l'intolérance ne laisseront jamais oublier qu'ils sont pour tout fidèle hindou des étrangers, des barbares, des gens sans caste, vivant sans loi, mangeant une nourriture animale, comme les Pariahs, tant abhorrés. La fureur du prosélytisme qui anime et le clergé anglican et les sectes diverses, surtout les méthodistes, a déjà excité l'indignation des Brahmanes et causé des désordres sérieux. Les meilleurs politiques de l'Angleterre considèrent ces tentatives de répandre le christianisme comme une expérience très dangereuse pour la sûreté et la tranquillité de l'Inde. La seconde cause de décadence est inhérente à la faiblesse de l'armée européenne régulière, que cependant la compagnie a déjà trouvée difficile à gouverner. Des troubles ont déjà trahi ces funestes secrets. Les officiers militaires européens de la compagnie, dans le gouvernement de Madras, ayant refusé d'obéir à des règlements qui blessaient leurs intérêts pécuniaires, l'imprudent et orgueilleux président de ce gouvernement appela à son secours les sipahis ou troupes natives de l'Inde, qui, s'étant par là aperçues qu'elles étaient les véritables maîtres, s'insurgèrent, prirent le parti des officiers, élevèrent même de nouvelles prétentions, et ne purent être ramenées au devoir que par l'autorité paternelle d'un nouveau gouverneur-général. L'embarras financier où se trouve la compagnie, résultat d'une administration peu scrupuleuse, s'augmente depuis qu'elle a étendu son empire sur les possessions hollandaises de Malacca, de Java, de Macassar et des Moluques. Comment garder d'aussi vastes colonies? comment entretenir les relations avec tant de nations barbares et belliqueuses, sans une dépense entièrement hors de proportion avec la faible augmentation du commerce qui en a été le fruit? On ne peut que perdre de deux côtés, quand on veut faire le commerce en sultan, et faire la guerre en marchand. Un voyageur anglais, le lord Valentia, avoue hautement une quatrième source de désordres, c'est l'accroissement rapide et étonnant de la caste des métis, descendants des pères européens et des mères indiennes, caste déjà fort arrogante au Bengale, et qui semble prétendre à de grands droits politiques. La cinquième et principale raison que nous avons pour prédire la chute de l'empire britannique, c'est ce noble orgueil qui rend toutes les nations impatientes d'un joug étranger. Même en la supposant bienfaisante pour le peuple hindou, la domination britannique pèsera non seulement sur les orgueilleux et perfides musulmans, mais encore sur l'esprit actif et ambitieux des Brahmanes et des Radjepoutes. Un jour, à la voix de la religion et de l'honneur, on verra quelque nouveau Sandrocottus soulever cette immense population, accabler le petit nombre d'Européens et rétablir le trône des monarques indiens.

» Douterait-on du courage des Hindous? Il faut lire l'histoire des invasions musulmanes et apprendre avec quelle obstination même les femmes combattaient pour leur pays. Zimeth régnait sur la principauté de *Tchittore*, à l'époque où Akbar occupait le trône de Delhi. La renommée publiait partout que Padmana, l'épouse de Zimeth, surpassait en beauté toutes les femmes de l'Inde. Le grand-mogol envoie dire au prince de Tchittore qu'il ait à se soumettre à lui comme vassal, et à lui céder la souveraineté de ses Etats; que cependant il est disposé à l'épargner s'il veut lui céder la princesse sa femme.

Zimeth repousse des propositions aussi outrageantes. Le grand-mogol marche avec une armée de 200,000 hommes, et bientôt il assiége Zimeth dans sa capitale, située sur un rocher presque inaccessible. La résistance des assiégés lasse les troupes d'Akbar, le défaut de vivres l'oblige à penser à la retraite; il résout pourtant d'essayer une de ces infâmes ruses qu'avoue la politique orientale. Il envoie un héraut à Zimeth, lui déclare que, plein d'admiration pour sa valeur, il retire son armée et ne demande que l'amitié d'un prince aussi courageux; il y ajoute que, pour sceller leur alliance, il viendra avec un faible cortége lui rendre une visite dans son château. Il y est reçu avec une magnificence hospitalière qui touche son âme naturellement généreuse; mais un funeste caprice efface bientôt ces impressions; il demande comme une grâce de pouvoir contempler un seul instant, sans voile, cette belle princesse que tout l'Hindoustan admire. La pudeur de Padmana repousse cette demande; la politique de Zimeth le force d'y accéder. La vue de la princesse enflamme de nouveau le cœur du grand-mogol, et il se décide à exécuter le noir projet que la vengeance lui avait inspiré. Zimeth le reconduit à quelques pas hors de la forteresse, et comme Akbar n'avait avec lui que quarante courtisans, le prince de Tchittore ne se fait suivre que par une dizaine d'officiers. Au moment de se séparer, Akbar détache de son cou un énorme collier de perles qui cachait une corde de soie; il place de sa propre main le collier autour du cou de Zimeth, et au moment où celui-ci se confond en remercîments, il serre la corde et entraîne le malheureux prince, dont le cortége est aussitôt massacré ou dispersé. Qu'on se figure le désespoir de Padmana! Cependant elle dissimule; et lorsque le grand-mogol, de retour à Agrah, lui fait offrir la liberté de son époux à condition qu'elle se sépare de lui pour devenir l'épouse du souverain de l'Inde, elle ordonne à sa première dame d'honneur de répondre d'abord en termes soumis, et d'ouvrir ensuite avec ce monarque une correspondance qui devait finir par le consentement entier de la princesse; elle était censée écrire elle-même les réponses. Akbar, enchanté, la presse de venir à sa cour; elle feint de se laisser persuader. Profitant de la coutume qui rend le palanquin ou chaise de voyage d'une femme entièrement sacré et inviolable, elle envoie à Agrah la dame d'honneur, accompagnée de quelques guerriers d'une fidélité et d'une bravoure à toute épreuve. La fausse Padmana, reçue en souveraine, demande par écrit, au grand-mogol, d'aller elle-même annoncer à Zimeth sa liberté. Aussitôt les portes du château fort où ce prince était gardé s'ouvrent à la prétendue princesse et à son cortége. Le commandant et ses principaux officiers, entrés sans défiance dans la prison de Zimeth, y sont massacrés. Les gardes n'osent fouiller les palanquins dans lesquels on emmène le prince prisonnier, qui, à peu de distance, trouve des chevaux préparés d'avance, et, accompagné de ses libérateurs, arrive heureusement à Tchittore. Cependant le grand-mogol, qui attendait sa belle conquête dans un palais d'été, apprend enfin qu'il a été joué. Furieux, il rassemble une nombreuse armée, et vient de nouveau assiéger Tchittore. Tout ce que la haine, la vengeance et la valeur peuvent inspirer, est mis en usage par les deux partis. La place résiste avec succès. Zimeth, excellent archer, se montre souvent sur les remparts et menace la personne d'Akbar. Celui-ci fait construire une tour mobile du haut de laquelle il veut combattre son rival avec la même arme. Le sort le favorise et Zimeth tombe percé d'une flèche. Dès qu'on sut dans le camp avec certitude que le prince de Tchittore avait cessé de vivre, Akbar envoya des hérauts pour offrir à Padmana la paix et, avec sa main, le trône de l'Hindoustan. Mais les envoyés ne trouvèrent que les cendres et les ossements de cette fidèle épouse, qui, conformément aux usages hindous, s'était immolée sur le bûcher de son mari. Le grand-mogol chercha, par les grâces qu'il accorda aux habitants de Tchittore, à effacer le souvenir de ses cruelles amours.

» Telles sont la constance, la bravoure et la prudence des Hindous. Une semblable nation ne saurait porter éternellement un joug étranger. »

LIVRE CENT CINQUANTE-UNIÈME.

Suite de la Description de l'Asie. — Description générale de l'Inde orientale ou de l'Indo-Chine. — Description de l'Empire birman. — Possessions anglaises. — Iles Andamar et Nikobar.

« De toute l'Asie, il ne nous reste à décrire que la partie qui comprend l'empire des Birmans, l'Inde orientale anglaise, le royaume de Siam, les États indépendants de Malacca, et l'empire d'An-nam, qui se compose des royaumes de Toung-king, de Cochinchine et de Cambodje. Cette région ne porte aucun nom généralement reconnu. On la désigne quelquefois sous celui de *presqu'île au-delà du Gange*, et pourtant ce n'est pas, à proprement parler, une péninsule. Plusieurs géographes l'ont nommée *Inde extérieure*; cette dénomination est plus caractéristique que la première. Mais comme ces pays ont été quelquefois soumis à l'empire de Chine, et comme la plupart des peuples qui les habitent ressemblent beaucoup aux Chinois, soit par la physionomie, la taille et le teint, soit par les mœurs, la religion et le langage, nous avons proposé, il y a plusieurs années, de désigner cette grande région du globe sous le nom nouveau, mais clair, expressif et sonore, d'*Indo-Chine*. Nous allions abandonner cette innovation, lorsque nous avons appris qu'un savant anglais établi à Calcutta a eu presque la même idée [1]. »

Depuis ce temps, M. de Rienzi a proposé de la nommer la grande Chersonèse d'Or; M. Balbi l'a appelée *Inde transgangétique*; mais pourquoi ne la nommerait-on pas simplement l'*Inde orientale*, par opposition à l'Hindoustan, qui est bien l'*Inde occidentale* ?

« Les vastes régions qui, sous la figure d'une double péninsule, s'étendent entre le golfe du Bengale et la mer de Chine, ne sont guère connues que par leurs côtes. L'intérieur présente un champ à des conjectures inutiles et fastidieuses. Il paraît cependant que toute la péninsule est formée par *trois* ou *quatre* chaînes de montagnes qui, sorties du Tibet, courent dans une direction parallèle vers le sud. Entre ces quatre rangées de montagnes se trouvent *trois* longues et superbes *vallées* principales, outre plusieurs d'un rang secondaire. Cinq grands fleuves arrosent ces vallées; mais leurs sources et leurs cours même, sont à peu près inconnus. »

L'*Iraouaddy*, le plus grand fleuve de l'Inde orientale, paraît prendre sa source sous le nom de *Yœrou-dzangbotchou*, dans le Tibet occidental, au pied du mont Damtchouk-kabab. Son cours est d'environ 700 lieues, ainsi que nous l'avons déjà dit en décrivant le Tibet [1]. Nous avons cité ses principaux affluents dans cette partie de l'empire chinois; dans l'empire birman, les principales rivières qu'il reçoit sur sa droite sont le *Ma-kiang*, qui a 50 à 60 lieues de cours; le *Kiayn-deayn* ou *Thanlaouaddy*, trois fois plus considérable, et qui a reçu de quelques voyageurs le nom d'*Iraouaddy occidental*. Sur la gauche il est alimenté par deux autres rivières : le *Loung-tchhouan-kiang*, long d'environ 200 lieues, et le *Myinguya-myit*, qui a 70 lieues de longueur. L'Iraouaddy forme, à son embouchure, dans le golfe de Martaban, plus de quatorze bras.

Le *Zittang* et le *Salouen* ou *Thsan-louen*, probablement le même que le *Than-louen* ou *Thaleayn*, sont encore des fleuves importants, qui se jettent dans le golfe que nous venons de nommer. Le dernier passe pour avoir 400 lieues de cours.

Le *Mé-nam*, qui coule à l'est du précédent, a plus de 300 lieues de longueur, et se jette dans le golfe de Siam. Le *May-kang* ou *May-kaoung*, appelé aussi *Cambodje*, en a plus le 740. Enfin le cinquième grand fleuve de cette partie de l'Asie est le *Sang-koï*, qui arrose le Toung-king, pour aller se jeter dans le golfe de ce nom, après un cours d'environ 150 lieues.

« S'il existe tant d'incertitudes sur les fleuves de l'Inde orientale ou Indo-Chine, les

[1] M. le docteur *Leyden* : Mém. sur les langues do-chinoises, dans les *Asiatic Researches*, vol. X.

[1] Voyez plus haut, p. 119, et t. IV, p. 403.

doutes sont bien plus grands à l'égard de la direction des montagnes, objet encore plus difficile à débrouiller dans le chaos des relations de voyages.

» Parmi les quatre chaînes dont on suppose communément l'existence, celle qui sépare l'empire des Birmans du Bengale s'abaisse dans le royaume d'Arakan, et se perd en collines avant d'atteindre le cap dit *Pointe de Negraïs* ou *Manten*.

» La seconde chaîne, qui paraît surpasser toutes les autres en élévation comme en longueur, sépare le Pégou et l'Ava du royaume de Siam, s'étend ensuite au travers de la presqu'île de Malacca, et finit au cap *Romania*, sur le détroit de Sincapour. C'est l'extrémité méridionale de l'Asie.

» On ne sait presque rien sur la troisième chaîne. Elle paraît séparer le royaume de Siam de ceux de Cambodje et du Laos; peut-être se dirige-t-elle obliquement entre ces deux derniers pays; peut-être s'étend-elle en plusieurs branches autour d'un plateau central. Au midi, elle est censée border le golfe de Siam et son extrémité, où le cap Cambodje sépare ce golfe de la mer de la Chine; mais ce cap est formé de terres très basses, et rien ne prouve que ce soit l'extrémité d'une chaîne de montagnes.

» La quatrième chaîne est un peu mieux connue. Elle prend naissance dans la province chinoise d'Yun-nan; elle borne à l'ouest le Toung-king et la Cochinchine, en les séparant du Laos et du royaume de Cambodje. L'élévation et la largeur de cette chaîne paraissent la placer au rang des plus considérables de l'Asie.

» A ces faibles notions sur la structure physique de la péninsule indo-chinoise, nous ne pouvons joindre que des renseignements encore plus incertains sur les autres objets de la géographie physique générale. Les voyageurs n'ont pu observer le climat de l'intérieur que d'une manière rapide, incomplète; sans doute il doit s'y trouver plusieurs régions tempérées. Telles sont celles du nord de l'empire birman. Les côtes éprouvent de fortes chaleurs, que modèrent cependant les vents de mer, plus frais et plus humides que dans l'Inde propre. Mais comme les saisons varient d'après l'exposition des côtes, nous réserverons les renseignements détaillés sur cet objet pour les descriptions particulières de chaque pays.

» L'inondation périodique des vallées inférieures par la crue des fleuves est une circonstance commune à toutes les contrées de l'Inde extérieure. Mais les différentes époques de ces crues indiquent que les montagnes ou plateaux où ces rivières prennent leurs sources doivent se trouver à une distance inégale.

» C'est l'action réunie de cette chaleur et de cette humidité qui donne à la végétation de l'Indo-Chine un caractère particulier de vigueur et de grandeur. Les contrastes de fertilité et de stérilité se marquent ici d'une manière extrêmement tranchée. Un soleil brûlant réduit en poussière légère ou en une croûte dure comme la pierre les terrains où les eaux pluviales ne s'arrêtent pas assez long-temps ni en assez grande abondance. Mais le long des rivières et sur le flanc des montagnes, une verdure éternelle, un port plus noble, des tiges plus élancées, des ombrages plus étendus distinguent les grands arbres de ces climats, auprès desquels les rois de nos forêts ne paraîtraient que d'humbles vassaux. Au pied de ces géants du règne végétal, les arbrisseaux et les plantes herbacées présentent dans leurs fleurs et leurs fruits les figures les plus variées et les plus singulières, les couleurs les plus vives, la saveur et l'odeur les plus exquises.

» Dans les forêts s'élèvent avec magnificence l'arbre à bois d'aigle ou *aloëxylum verum* et celui de santal blanc, qui parfument tous les palais de l'Orient. L'arbre de teck surpasse ici le chêne d'Angleterre pour la durée de son bois dans les constructions navales. Le bois de fer est très commun. Le véritable ébénier est indigène de la Cochinchine. Partout on trouve le sycomore, le figuier d'Inde, le bananier, qui forme à lui seul un bosquet par l'abondance de ses larges feuilles. D'autres arbres les rivalisent en beauté ou en élévation; tels sont les *bignonies*, les palmiers-éventails, le *calophyllum*, qui s'élance plus haut que le pin, les nauclées d'Orient, et l'agalloche de Cochinchine, dont les feuilles ont le dessous d'une couleur de pourpre clair.

» L'Indo-Chine est singulièrement riche en plantes aromatiques, médicinales et utiles:

aux arts. Le gingembre et le cardamome se trouvent sauvages sur les bords des rivières ou se cultivent en de vastes plantations. Le cannellier croît en abondance sur les deux rives de la péninsule des Malais, et il est quelquefois accompagné du muscadier. Les feuilles du bétel, le fruit du poivre long et du poivre noir, sont les épices favorites, auxquelles les habitants ajoutent trois ou quatre espèces du même genre, entre autres les graines du poivre long du Japon. Parmi les diverses drogues propres à la teinture, on connaissait surtout la carmentine (¹), qui donne une belle couleur verte; trois espèces de *royoc* (²), toutes propres à teindre en jaune; l'indigo et le bois rouge de la lawsonie épineuse et de sapan. L'écorce de la *rhizophora gymnorhiza* donne une belle couleur rouge. La gomme résine appelée *sang-dragon* paraît être le produit de plusieurs espèces de plantes, et entre autres du *dracæna ferrea*, et du rotang, originaires de Cochinchine. L'industrie réclame encore divers végétaux, parmi lesquels nous remarquerons la *pimelia oleosa*, qui donne une huile qui entre dans la composition du vernis de la Chine; le sumac de Java, autre arbre à vernis; le *croton lacciferum*, sur lequel on recueille cette précieuse laque rouge, le produit d'une espèce de fourmi qui y place son nid et en élabore la gomme, sa nourriture ordinaire; enfin l'arbre à suif (³), dont le fruit donne une huile dense et très blanche avec laquelle on fabrique des chandelles d'une belle apparence, mais d'une odeur désagréable.

Nous tirons encore de ces contrées, pour l'usage de la médecine, le jalap, la scammonée, l'écorce de nerium antidyssentérique appelé *codagapala*, celle du laurier-culilaban, le fruit du strychnos vomique, la cassie, le tamarin, le jus épais de l'aloès, la résine du camphre, l'huile de ricin. La canne à sucre, le bambou, le nard, trois plantes célèbres de la famille des graminées, se trouvent dans toutes ces contrées; les deux premières dans des marais fertiles, et la dernière sur les collines sèches. La patate douce, la mélongène et la pomme d'amour, les melons, les citrouilles, les melons d'eau, et une grande quantité d'autres plantes nourrissantes, enrichissent les plaines. Ce sont cependant le bananier, le cocotier, le palmier sagou qui fournissent le plus abondamment aux besoins des habitants. Ils possèdent une grande variété de fruits. La vigne vient dans les forêts, mais la chaleur excessive et le défaut de culture rendent son fruit très inférieur à celui de l'Europe. Ils ont en compensation l'orange, le limon, le citron, la mangue délicieuse, l'ananas, le *litchi* (¹), le mangoustan et une multitude d'autres fruits inconnus en Europe. On peut encore remarquer le *phyllodes placentaria*, avec les feuilles duquel on enveloppe les provisions pour leur donner plus de couleur et une saveur plus agréable, et que l'on mêle, ainsi que l'*amomum galanga*, dans les liqueurs fermentées retirées du riz ou du sucre.

» Les animaux les plus remarquables de l'Inde extérieure sont l'éléphant indien, le rhinocéros unicorne, le tigre, le léopard, l'ours, le maïba ou tapir bicolore (*tapirus indicus*), l'orang-outang, plusieurs autres espèces de singes, le gibbon aux longs bras, le magot, le pithèque et deux espèces encore mal connues; le grand singe de Malacca, de Forbin, et le singe blanc avec des yeux rouges, mentionné par Compagnon. Dans les forêts errent encore le bubale, le cerf, plusieurs espèces d'antilopes, telles que l'*oryx*, le *strepsiceros*, l'*albipes* d'Erxleben, le *tragocamelus* de Pallas; le zibeth et le porc-épic se trouvent aussi dans ces contrées.

» La portion de l'empire des Birmans qui répond, selon Gosselin, à la Chersonèse d'Or des anciens, est très riche en minéraux; la presqu'île de Malacca en produit aussi beaucoup, outre l'étain. Les rivières du Pégou continuent encore à charrier des paillettes d'or, et leurs sables doivent, dans les temps anciens, avoir produit une bien plus grande quantité de ce métal précieux. Il est même assez probable que l'usage de dorer les planchers et les clochers des temples remonte à des temps très reculés, puisqu'on raconte que la tour de Choumadou fut bâtie environ 500 ans avant l'ère chrétienne; si cela est vrai, le riche aspect de cet édifice aurait pu donner lieu à cette dénomination classique de *Chersonèse d'Or*. Mais peut-être les anciens

---

(¹) *Justicia tinctoria*. — (²) *Morinda umbellata, carthamus* et *gamboga*. — (³) *Sebifera glutinosa*, de Loureiro, *sapium* ou *gluttier porte-suif*, de Jussieu.

(¹) *Dimocarpus*, Loureiro. *Euphoria*, Jussieu.

avaient-ils, par la tradition, reçu une vague idée de la richesse de toute la péninsule au-delà du Gange. L'or et l'argent abondent encore plus au Toung-king et à la Cochinchine que dans l'empire birman.

» Cette esquisse générale des qualités physiques de l'Indo-Chine doit être suivie d'un coup d'œil sur les nations qui l'habitent, les langues qu'elles parlent, les religions qu'elles professent.

» A l'exception des Malais, qui forment une race particulière répandue principalement dans l'Océanie, les autres nations indo-chinoises, par la taille, le visage carré, le teint jaunâtre, les cheveux roides, les yeux bridés, ressemblent à la race mongole et chinoise. En tirer la conclusion qu'ils sont de la même origine ne serait peut-être pas trop hasardé. Les Chinois se sont de tout temps répandus le long des côtes orientales et méridionales de l'Indo-Chine; ils y ont introduit leur écriture et en partie leur langue. Les Birmans paraissent même avoir conservé le souvenir de l'arrivée d'une colonie de Mongols, venus au nombre de 700,000 hommes en état de porter les armes. Cependant de semblables traditions même prouvent que la première masse de ces nations a dû habiter dans ces contrées depuis un temps immémorial. »

On assure qu'outre cette race dominante, il existe dans les montagnes, spécialement dans celles de Cochinchine et du Laos, une nation sauvage, noire, semblable aux Cafres, et qui s'appelle *Kemoys* ou *Moys*. Ils paraissent avoir du rapport avec les *Iégohotes* ou *Ygorrotes* des îles Philippines et avec les autres noirs épars dans la Malaisie.

Les langues originaires de ces nations portent toutes, à l'exception du malai, le caractère simple, pauvre et imparfait des langues monosyllabiques du Tibet et de la Chine. Mais elles se subdivisent en trois classes aujourd'hui très distinctes. La langue birmane est parlée dans l'Ava et l'Arakan. La langue siamoise domine dans le royaume de Siam et le Laos. Enfin, la langue an-namitique est en usage dans l'An-nam, c'est-à-dire dans le Toun-king et la Cochinchine, peut-être aussi dans le Kambodje. Ces langues sont plus ou moins mêlées de chinois ou d'indien, selon que les nations qui les parlent sont plus rapprochées de l'Inde ou de la Chine [1].

« Le dialecte de Pégou diffère entièrement de ces trois langues, mais il n'est pas bien connu. Le malai, répandu aussi dans toute l'Océanie, est mêlé de racines sanskrites et de quelques racines brahmaniques ou siamoises, auxquelles le commerce et l'empire de la religion musulmane ont fait joindre plusieurs mots arabes.

» La religion de Bouddha, venue de l'Hindoustan, règne dans toute l'Indo-Chine sous plusieurs formes. Elle s'est probablement amalgamée avec diverses superstitions locales et nationales qu'elle n'a pu entièrement dompter. Or, les écrits sacrés de cette secte sont en langue pali, qui est un dialecte dérivé du sanskrit, et probablement celui qu'on parlait dans le *Magadha* ou le Bahar méridional. Cette langue riche, harmonieuse, flexible, est donc devenue celle de la religion, des prêtres et des savants dans toute l'Indo-Chine, à l'exception du pays des Malais, de la Cochinchine et du Toung-king. Le mahométisme l'a exclu de la première de ces contrées; dans les deux autres, la langue et la philosophie des Chinois ont été introduites par des colonies de cette nation. Cependant le bouddhisme y règne sous une forme peu différente de celle qu'il a prise en Chine, et Bouddha y est adoré sous le nom de *Foou*. »

L'islamisme est professé par tous les Malais, et le brahmanisme domine chez les peuples les plus civilisés de l'Inde orientale; enfin la religion catholique a été embrassée par un nombre considérable d'habitants, et le protestantisme est professé par quelques milliers d'Européens.

Le gouvernement des Etats de l'Inde orientale est presque partout le despotisme le plus absolu. Dans les empires birman et siamois, ainsi que dans le royaume d'An-nam, tout homme au-dessus de 20 ans, excepté les prêtres et les fonctionnaires publics, doit au souverain au moins une année sur trois de sa vie: aussi, dans ces pays, l'émigration est-elle un crime de lèse-majesté, et considérée comme un vol fait au prince. Dans les deux empires qui viennent d'être cités, le nom du souverain n'est connu que d'un petit nombre de courtisans en faveur, et de même qu'en

[1] *Leyden*: Mémoire sur les langues indo-chinoises, *Asiatic Researches*.

ASIE. — EMPIRE DES BIRMANS.

Chine, ne peut, sous peine de mort, être prononcé par aucun de ses sujets.

Telles sont les considérations générales auxquelles les pays et les peuples de la péninsule orientale peuvent donner lieu. Nous allons en développer quelques unes en traçant la description de chacune des cinq grandes divisions de cette partie du globe.

« Les Birmans (1), qu'on appelle aussi Miemnay, habitent l'Ava proprement dit : ils étaient sujets du roi de Pégou ; mais dans le seizième siècle cette nation nombreuse et guerrière excita une révolution, s'empara d'Ava, et ensuite de Martaban. Les Birmans continuèrent de gouverner ce pays jusqu'en 1740. Une guerre civile s'éleva. Les Pégouans, en 1750 et 1751, battirent leurs rivaux. Binga Della, roi du Pégou, ayant achevé la conquête d'Ava, laissa le gouvernement à son frère Apporasa. Tout semblait apaisé, quand il s'éleva un de ces hommes que la Providence suscite quelquefois pour changer le sort des nations ; c'était un Birman d'une naissance obscure ; il se nommait Alompra, chef d'un petit village ; il s'essaya contre de petits détachements, qu'il défit ; il parvint à s'emparer d'Ava. Binga Della marcha contre lui avec des forces imposantes, et fut vaincu. Alompra, encouragé par ce succès, continua ses conquêtes. Il investit la capitale du Pégou, et au bout de trois mois s'en rendit maître. Les Siamois l'avaient provoqué ; il marcha contre eux ; il approchait de leur capitale, lorsqu'à deux journées de Martaban il fut saisi d'une maladie qui l'emporta en 1760. Son fils Mandragy Praou lui succéda, étouffa plusieurs insurrections et mourut en 1764 ; il laissait un fils en bas âge, nommé Momien. Chembouan, oncle du jeune prince et frère puîné du grand Alompra, exerça d'abord l'autorité avec le titre de régent, ensuite il s'empara du diadème. Pour détourner l'attention du peuple, Chembouan déclara la guerre aux Siamois. Il les défit et prit leur capitale. Il battit également une armée de Chinois venus pour s'opposer à ses progrès. Cependant, quoique vaincus, les Siamois n'étaient pas soumis. Chembouan mourut à Ava en 1776. Son fils Chengouza, qui gouverna tyranniquement,

(1) On les nomme *Bomans* dans l'*Alphabet barman*. Rome, 1776 ; *Birmans*, dans le Voyage de *Symes*, et *Borakhmans* ou *Buraghmans* dans l'*Oriental Repertory* de *Dalrymple*.

fut tué en 1782, dans une conspiration, à la tête de laquelle était Chombouan Mandragy, son oncle, qui s'empara du gouvernement. Ce nouveau prince résolut de passer les montagnes d'Atoupek, et de réduire *Arakan* sous son obéissance. Cette conquête, commencée en 1783, fut promptement achevée. Il dirigea ensuite ses armes contre Siam, mais il éprouva plusieurs échecs. Enfin en 1793 un traité fut conclu entre les Birmans et les Siamois. Les premiers demeurèrent maîtres de toutes les villes maritimes de la côte occidentale jusqu'à Merghi. »

A ces guerres et à ces révolutions de palais succéda pour la Birmanie une période plus calme, mais un incident pensa lui attirer un nouvel antagoniste. Des pirates malais, soutenus par le comptoir anglais d'Islam-abad, dans le district de Tchittagong, commirent en 1795 plusieurs déprédations sur les biens des sujets birmans. Aussitôt l'empereur fit marcher contre le poste anglais une armée chargée d'obtenir justice ; mais des négociations ayant été ouvertes par le major Erskine, commandant de la place, l'affaire en resta là, et une ambassade officielle sous les ordres du capitaine Symes fut envoyée à la cour de l'empereur birman.

A partir de cette année jusqu'en 1811, pendant une période de 17 ans, la bonne intelligence continua de régner entre les Birmans et les Anglais : mais, vers cette époque, un seigneur birman, nommé Kimberrin, à la suite d'une vive dispute avec le gouvernement d'Amarapourah, se réfugia sur les terres du Tchittagong, y organisa les tribus guerrières de Mugs, et soumit avec elle tout l'Arakan, à l'exception de la capitale. Une ambassade anglaise fut envoyée à Ava pour désavouer la conduite de Kimberrin ; mais depuis cette époque l'empereur Chembouan Mendragy ne put dissimuler sa défiance, et ne cessa d'observer le comptoir. La mort de ce prince, arrivée en 1819, ne fit que ranimer la haine des partis. Le premier acte de son fils fut un changement de résidence, et Ava devint la capitale de ses Etats. Le nouvel empereur, d'un caractère ambitieux et remuant, parvint à se rendre maître du royaume d'Assam en y fomentant la guerre civile. Il ne fut plus alors séparé des possessions anglaises que par le Brahmapoutre.

Au milieu du fleuve, l'île de *Chapary* était occupée par un poste anglais; l'empereur s'en empara sans déclaration de guerre, ainsi que d'un schooner qu'il rendit, mais en gardant l'île. Ce fut là le premier acte d'hostilité, et le 5 mai 1820 la déclaration de guerre fut faite officiellement à Calcutta.

Une armée anglaise, forte de 10,000 hommes, avec 16 pièces de canon et plusieurs compagnies de pionniers, fut confiée au commandement du colonel Archibald Campbell, nommé brigadier-général. Le commodore Grant commandait l'escadre, destinée à remonter l'Iraouaddy et à seconder les mouvements des troupes de terre. Les Birmans avaient aussi équipé une escadre pour défendre l'entrée du fleuve; mais le seul bâtiment à vapeur *la Diana* suffit pour la disperser.

Partout l'armée birmane attaqua les Anglais : elle était forte de 60,000 hommes, avec une artillerie nombreuse et un corps de cavalerie; et ce ne fut qu'avec de grands efforts de talents et de courage que les Anglais conservèrent l'avantage dans cette première campagne.

L'année suivante l'armée anglaise fut augmentée d'un second corps de 10,000 hommes et d'un troisième qui devait se diriger vers le nord. Elle s'empara de Rangpour, principale ville du royaume d'Assam; et malgré quelques avantages remportés par les Birmans, habiles à construire des forteresses volantes qui entravaient la marche de l'armée britannique; malgré leur système de défense, qui consistait principalement à ruiner le pays, les Anglais se rendirent maîtres d'Arakan. Enfin vers le milieu de décembre 1821 les hostilités cessèrent; des négociations furent entamées entre les chefs des armées anglaises et les ministres de l'empereur des Birmans, et le résultat fut la cession à l'Angleterre des quatre provinces d'Arakan, de Tenasserim, de Tavay et d'Ye, et le paiement de 10,000,000 de roupies (24,000,000 de francs) pour les frais de la guerre.

Ainsi se termina cette guerre, qui avait coûté à l'Angleterre plus de 100,000,000 de francs, et ne lui avait rapporté que des avantages contestables.

En supposant l'empire birman borné à l'est par le cours du Salouen, ses limites actuelles sont, au nord, d'une part, les nouvelles possessions anglaises comprenant le ci-devant royaume d'Assam, et de l'autre l'empire chinois; à l'est la Chine méridionale et le royaume de Siam; au sud le golfe de Martaban, et à l'ouest la mer ou le golfe du Bengale.

Sa plus grande longueur est de 525 lieues géographiques, sa plus grande largeur de 180, et sa superficie de 40,000 lieues carrées.

« Ce pays, qui s'étend dans la zone torride, paraît devoir à son élévation un climat tempéré. La santé vigoureuse dont jouissent les Birmans atteste la salubrité de l'air qu'ils respirent. Les saisons y sont régulières; on ignore l'extrême froid; et la grande chaleur, qui précède la saison pluvieuse, est de courte durée. Presque toutes les variétés de sol et d'aspects se rencontrent dans cette contrée. Un delta plat et marécageux borde l'embouchure de l'Iraouaddy; derrière des collines douces et des vallons pittoresques s'élèvent de majestueuses montagnes. Le sol très fertile des provinces méridionales de l'empire des Birmans donne des récoltes de riz aussi abondantes que celles que l'on admire dans les plus belles parties du Bengale. Vers le nord, le sol est plus irrégulier et plus montagneux; les plaines et les vallées, particulièrement celles que baignent les grands fleuves, produisent de beau blé et les différentes espèces de graminées et de légumes qu'on cultive dans l'Hindoustan. La canne à sucre, du tabac excellent, l'indigo, le coton et presque tous les fruits des tropiques sont des produits indigènes de cette contrée heureuse. L'agriculture, très perfectionnée chez les Birmans, n'a pas encore été décrite d'une manière satisfaisante. Les forêts pourraient fournir des matériaux à la construction de flottes nombreuses; car, outre le *teck* qui croît dans toutes les parties de la Birmanie, on y trouve presque toutes les espèces de bois connues dans l'Inde. Il croît, surtout au nord, des sapins très beaux et en grande quantité.

» Les animaux sont les mêmes que ceux que nous avons attribués en général à l'Inde extérieure. Les campagnes sont couvertes de troupeaux; mais dans le voisinage des forêts ils sont exposés aux fréquents ravages des tigres, qui sont en grand nombre dans ces contrées. Le Pégou abonde en éléphants. »

On trouve en Birmanie une espèce de fourmi ailée dont la piqûre est très douloureuse. Les fourmis ordinaires, les punaises vertes, des insectes innombrables viennent dans les maisons quelques semaines avant la saison des pluies et dévorent les provisions. Les Birmans, qui sont friands de ce mets, placent autour d'une lumière une grande quantité de plats à moitié remplis d'eau : les fourmis viennent s'y noyer et sont préparées en conserves. Les corneilles sont aussi abondantes et aussi incommodes que les fourmis. Elles enlèvent des couvées de poulets tout entières, et si l'on a négligé de fermer une porte, une fenêtre, elles s'introduisent dans les maisons et enlèvent le pain, les fruits destinés aux habitants, et souvent même sous leurs yeux.

« Nous devons donner quelques détails sur les mines. Elles se trouvent surtout au nord dans le royaume d'Ava. A six journées de marche de *Bamon*, près des frontières de la Chine, sont les mines d'or et d'argent de *Badouem*. On tire aussi des métaux précieux, des rubis et des saphirs d'une montagne voisine de la rivière de *Ken-Duem*, que l'on appelle *Woubosou-Taoun*. Mais les plus riches, celles qui produisent les plus belles pierres, sont dans le voisinage de la capitale, *Amarapourah*. On trouve des pierres précieuses dans plusieurs autres parties de l'empire. Le fer, le plomb, l'étain, l'antimoine, l'arsenic, le soufre, y sont en grande abondance. En creusant près de la rivière, on trouve en quantité un ambre extrêmement pur et transparent. Ce pays ne possède ni diamants ni émeraudes; mais il produit des améthystes, des grenats, de superbes chrysolithes, du jaspe, de l'aimant et du marbre. Les carrières aux environs d'Amarapourah donnent un marbre qui n'est pas inférieur au plus beau de l'Italie; il prend un poli qui le rend, pour ainsi dire, transparent : la vente en est prohibée.

» Nous allons parcourir les provinces ou royaumes qui composent cet empire, et en marquer les principales villes. » L'empire birman est partagé en grandes provinces ou vice-royautés dont le nombre varie au gré du souverain, ou à chaque changement dans l'étendue du territoire. Ces provinces se partagent en *myos* ou arrondissements dont le nombre imparfaitement connu est très considérable. Nous distinguerons, à l'exemple d'autres géographes, cinq grandes divisions dans cet empire.

Le *Mranma-pyi*, que d'autres nomment *Mrammaphalong*, appelé aussi *Birma* ou *Birman* ou simplement *Ava*, du nom de sa principale ville, est une ancienne province habitée par les Birmans proprement dits, qui dominent dans tout l'empire. Elle est séparée de l'Arakan, que les Anglais possèdent aujourd'hui, par les monts *Anoupectoumiou*. On y voit plusieurs villes importantes dont nous citerons les principales. *Ava*, nommée aussi *Rátná-pourah*, c'est-à-dire la *ville des Joyaux*, est bâtie sur la rive gauche de l'Iraouaddy. Cette cité, à laquelle M. Hamilton n'accordait que 30,000 âmes en 1827, ne se compose que de chétives habitations qui méritent plutôt le nom de cabanes que celui de maisons. Ses principaux édifices sont le palais impérial, vaste bâtiment en bois qui fut achevé en 1824, et deux temples, dont l'un, appelé *Logartharbou*, est célèbre par les idoles qu'il renferme.

Depuis la fin du siècle dernier jusqu'en 1824, Ava a perdu et recouvré son rang de capitale de l'empire. Des voyageurs ont vu cette ville complétement abandonnée, tandis qu'aujourd'hui elle passe pour avoir 40 à 50,000 habitants. Comme la plupart des maisons des Birmans ne sont construites qu'en bambous et en roseaux, il fut aisé à l'un des prédécesseurs de l'empereur régnant de les faire transporter à Amarapourah. Par son ordre, chaque habitant se chargea de son habitation, et la reconstruisit dans la nouvelle résidence impériale. Il est probable que lorsqu'en 1824 le souverain actuel rétablit l'ancienne capitale un grand nombre d'habitants retournèrent s'établir dans celle-ci.

Sur la rive opposée on aperçoit la ville de *Saïgaïng*, que l'on nomme aussi *Zéekaïn*, *Chégain* et *Chagain*. Elle fut autrefois une résidence impériale. Elle est bâtie en partie au pied et en partie sur la pente d'une montagne escarpée et très inégale. Ses maisons couvrent, sans être très rapprochées les unes des autres, une étendue de 3 à 4 milles. Le nombre de ses temples, tant anciens que modernes, est immense; mais plusieurs tombent en ruines. Cette ville est très peuplée : on lui accorde 150,000 habitants. Ils paraissent se livrer à un commerce fort actif. L'air y est très pur, et les campagnes environnantes offrent les sites les plus pittoresques.

Il existe près de cette ville un fort en ruines,

dont les murailles, construites en briques, devaient avoir 16 pieds de hauteur et environ 7 d'épaisseur à la base. Il était de forme quadrangulaire, et présentait deux bastions à chacun de ses angles et aux portes.

A l'extrémité nord-est de cette fortification s'étend, dans la même direction et à la distance de 2 à 3 lieues, une chaîne de collines stériles qui va aboutir d'un côté aux rives de l'Iraouaddy. Dans le voisinage de Saïgaïng les sommités de ces collines sont couvertes de pagodes et de monuments religieux, de forme et d'aspect différents. Les uns, dit le capitaine Hiram Cox, sont surmontés d'un dôme, les autres se terminent en pyramide ou en cône. Partout l'or brille, les dorures éclatent; partout la blancheur des murailles annonce de récentes réparations, et le désir de ne point laisser tomber en ruines les temples ou les habitations. On arrive à la plupart de ces pagodes par des escaliers qui ont dû coûter autant de peines que de dépenses (¹).

A 5 lieues au nord-est, *Oumerapour* ou *Amarapourah*, c'est-à-dire la *ville des Immortels*, était avant 1824 la résidence impériale. Sa population, qui s'élevait, dit-on, en 1800 à 175,000 âmes, n'est plus que de 25,000. C'est une place forte, dont la forme est un parallélogramme de 7,200 pieds de côté, et dont les murs, hauts de 20 pieds, sont garnis de bastions et environnés d'un fossé large de 50 pieds et profond de 15, que les eaux de l'Iraouaddy peuvent facilement remplir. Quatre quartiers composent cette ville; les rues sont larges et droites, mais les maisons ne sont pas mieux bâties que celles d'Ava; ce sont des habitations en bois couvertes de chaume et de lattes; à peine si l'on en aperçoit quelques unes avec des toits couverts en tuiles. L'ancien palais impérial, groupe de bâtiments en bois recouverts de cuivre doré, occupe le centre de la ville. L'édifice le plus remarquable est le temple d'Arakan, orné de sculptures et de 250 colonnes en bois doré, et renfermant le *Gautama* ou *Gaudma*, idole en marbre de 24 pieds de hauteur représentant Bouddha. Amarapourah paraît, comme Venise, sortir du sein des eaux. La multitude de petits bateaux que porte le fleuve s'accorde avec la nombreuse population de cette ville. Le lac voisin est appelé *Tounzemahn*; les bosquets de manguiers, de palmiers et de cocotiers ombragent ce bassin animé par les courses d'une foule de barques (¹).

A peu de distance d'Amarapourah, *Kykokzeit* n'est peuplée que de sculpteurs occupés à tailler des idoles en marbre. *Mhéghoun*, située au pied d'une chaîne de montagnes stériles, sur la rive droite de l'Iraouaddy, à quelques lieues de Saïgaïng, est une résidence impériale. Ce lieu, que l'on décore du titre de ville, est un assemblage de huttes de bambou et de quelques maisons en bois qui couvrent une longueur d'un peu plus d'une demi-lieue. Vers le point central on voit un palais impérial d'une médiocre apparence; mais près de là s'élève une grande pagode d'une belle construction. *Cheynacoun*, ville peu importante, est célèbre chez les Birmans par le salpêtre qu'ils y exploitent. *Montchabou* ou *Moksobo*, entourée d'une haute muraille en briques, n'a que 4,000 habitants. *Quantong*, sur la branche orientale de l'Iraouaddy et près de la frontière de l'empire, est le rendez-vous des commerçants chinois; *Bampou*, à 5 lieues plus au nord, est le principal entrepôt de commerce avec la Chine; *Yeynang-gheoum* ou *Djeinangioum*, que le capitaine Hiram Cox nomme *Yananghoung*, est plutôt un bourg qu'une ville, célèbre par le pétrole qui découle des rochers environnants : ce qui constitue une branche de commerce importante.

Prome ou *Paaï-miou*, appelé aussi *Pécaye*, *Pea* ou *Pijeh*, est située dans une plaine sur la gauche de l'Iraouaddy, et possède un port où l'on construit des navires de 500 tonneaux; on y fait des affaires considérables en grains en ivoire, en cire, etc. Elle occupe l'emplacement d'une ville qui fut autrefois beaucoup plus importante, à en juger par l'étendue qu'occupent ses ruines. Le terrain sur lequel elle est bâtie s'élève de 40 pieds au-dessus du niveau du fleuve dans les temps ordinaires, et de 15 à 20 dans les crues d'eau occasionnées par les pluies. Elle était autrefois entourée d'une muraille en maçonnerie : deux ou trois bastions sont tout ce qui reste de ces travaux.

(¹) Les trois villes d'Ava, Amarapourah et Saïgaïng ont été en partie détruites, dans la nuit du 23 mars 1839, par un tremblement de terre qui dura 2 ou 3 minutes, et dont la direction était du nord au sud. Presque tous les édifices construits en briques ont été renversés.

(¹) Voyage du capitaine Hiram Cox dans l'empire des Birmans, tome Ier.

ASIE. — EMPIRE DES BIRMANS.

Cette enceinte renferme plusieurs *pijahs* ou pagodes, presque toutes entièrement couvertes de dorures. La seule rue régulière traverse la ville dans toute sa longueur du nord au sud. Les autres quartiers ne contiennent que des ruelles tortueuses. Prome n'a que 10 à 15,000 habitants ; on y voit une ménagerie royale d'éléphants. Au-dessous de Prome la ville de *Pohemghée*, sur la rive droite de l'Iraouaddy, est située au milieu d'une belle et riante vallée. Elle possède des chantiers où l'on construit des bateaux et des navires. Les montagnes et les collines qui l'environnent produisent en abondance du bois de teck. A quelques lieues au nord de Prome, *Kammah*, par ses nombreux établissements religieux, annonce son opulence. *Patro*, un peu plus au nord, est une ville très populeuse.

Tongo ou *Tánou*, ancienne capitale d'un royaume puissant au seizième siècle, est située sur le Maï-zittang. *Guycaim* est le nom de deux villes, dont l'une est ancienne et dont l'autre est nouvelle. Une forteresse bien construite en briques les défend toutes deux. Plusieurs belles pagodes s'y font remarquer. Nous citerons encore *Pagham* ou *Pagham-miou*, qui, après s'être dépeuplée, n'est pour ainsi dire qu'une masse de pagodes rappelant son antique splendeur, mais qui semble renaître dans *Néoundoh*, ville à une lieue et demie de ses murs en ruines, et qui lui cède à peine par le nombre de ses édifices religieux. La ville de Pagham, suivant les Birmans, fut la résidence de 45 rois qui occupèrent successivement le trône. Elle fut abandonnée sur un ordre du ciel.

« Le royaume de *Pégou* ou de *Baigou*, que plusieurs géographes écrivent *Pégu* et qu'il vaudrait mieux appeler *Bago*, forme aujourd'hui la province de Talong, et s'étend sur toutes les terres basses arrosées par l'Iraouaddy et le Salouen, que l'on nomme aussi Thalouen ou Thaleayn. Ce dernier fleuve donne son nom aux habitants, qui nous paraissent identiques avec les *Thaluctæ* de Pline. C'est une nation différente des Birmans ; les Thalouen sont d'une petite stature ; leur langue et leur extérieur l'annoncent [1]. Ils sont probablement Hindous.

» Les Birmans, en saccageant la ville de Pégou, y épargnèrent, d'après leur coutume, les temples qu'on nomme *praous*, et la fameuse pyramide de *Choumadou*. Cette espèce de tour est située sur une double terrasse : un des côtés a 1,304 pieds de longueur, et le côté supérieur en a 642. Le bâtiment est composé de briques et de mortier, octogone à sa base et en spirale à son sommet, sans cavité ni ouverture. Au sommet se trouve placé un *Ty* ou galerie en forme de parasol, de 53 pieds de circonférence, dont les supports sont en fer doré ; sa hauteur est d'environ 339 pieds, et il s'élève de 310 pieds au-dessus de la terrasse intérieure [1]. La tradition fait remonter la fondation de ce monument à 600 ans avant Jésus-Christ.

» Le célèbre voyageur Marco-Polo paraît avoir eu connaissance de Pégou. Il décrit [2] le mausolée qu'un roi de Mien se fit élever, et dont les tours, couvertes de lames d'or, étaient garnies d'une infinité de petites cloches d'argent qui, agitées par le vent, rendaient continuellement des accords agréables. Ces tours étaient de forme pyramidale. Si toutes ces ressemblances ne suffisent pas pour démontrer que Marco-Polo a décrit le temple de Choumadou, du moins elles prouvent que le goût des Pégouans, en fait d'architecture, n'a pas changé depuis bien de siècles. »

Cette capitale de l'ancien royaume de Pégou fut pendant long-temps une des plus importantes cités de l'Inde ; en 1757, lorsqu'elle fut prise et ravagée par les Birmans, elle comptait encore 150,000 habitants ; aujourd'hui elle n'offre plus que des huttes éparses au milieu des ruines.

Un peu au-dessus de l'embouchure de la rivière de Pégou ou de *Bago-kiou*, est *Syriam* ou *Syrian*, sur une rivière du même nom, avec un port, autrefois un des principaux de ce royaume, et un temple. *Meaoûn* ou *Myanang*, jadis florissante sous le nom de *Lounzay*, ruinée par les guerres entre les Birmans et les Pégouans, n'avait plus en 1809 qu'un millier d'habitants. Il s'y faisait un commerce considérable lorsque les Portugais et ensuite les Hollandais y possédaient un comptoir. C'était le marché des rubis.

Parmi les villes de cette province nous citerons encore *Bassien* ou *Persaïm*, ville éga-

---

[1] Della Vita de Msg. *Percoto*, dal P. *Mich. Aug. Grifini*. Udine, 1782.

[1] *Symes*, trad. de *Castera*, I, 141 sqq. — [2] *Marco-Polo*, lib. II, cap. XLIV.

lement déchue, qui possède un port sur le bras le plus occidental de l'Iraouaddy ; *Négraïs*, dans une île de 3 lieues de longueur, formée par deux bras du fleuve, à son embouchure ; enfin *Rangoun*, sur la rivière du même nom, l'un des bras de l'Iraouaddy, à 8 lieues de la mer, est la ville la plus commerçante de l'empire. Son port, fréquenté par une grande quantité de bâtiments, est le principal chantier de constructions navales de guerre et de commerce. Sa population, estimée à 30,000 habitants, n'est pas au-dessus de 25,000 âmes. Ses rues, très étroites, se coupent à angles droits. Vue du mouillage cette ville ne présente pas un aspect agréable : on n'aperçoit que des huttes de bambous bâties sur pilotis, des cales de construction et des bassins bourbeux. A peine dans son enceinte aperçoit-on quelques maisons couvertes en tuiles. Son principal édifice est la douane : c'est un bâtiment à deux étages construit en briques dans le style chinois, et couvert en tuiles. On donne à la palissade qui l'entoure le nom de fort ; une batterie de 16 canons le défend. De chaque côté du fleuve de petites pagodes apparaissent au milieu des arbres qui ne cachent pas entièrement les flèches dorées de ces monuments. Il existe aussi dans cette ville une église portugaise et une église arménienne. A environ 2 milles de Rangoun, sur le sommet d'une colline, à laquelle on parvient par des degrés que décorent une innombrable quantité de statues du dieu Gautama, s'élève, sous la forme d'une pyramide octogone à sa base et finissant en spirale, le plus haut monument de l'Asie, c'est le *temple de Choudagoun*, haut de 338 pieds anglais et surmonté d'un beau parasol en fer doré. Le chemin qui conduit à ce monument est pavé en briques et parsemé de tombeaux et de petits temples élevés par des particuliers. La plupart sont abandonnés et tombent en ruines. Dans le voisinage est une cloche en bronze de sept coudées de hauteur sur cinq de diamètre et douze pouces d'épaisseur. Une inscription très importante par les notions qu'elle renferme sur l'histoire et la religion des Birmans, et gravée en langue pali, apprend qu'elle a été érigée vers 1780, par le roi du pays, qui a cru par là se rendre Bouddha favorable. Un peu plus loin s'élève la pagode de Syriam ; mais elle est moins grande et moins haute que la précédente.

Sur le bord du fleuve, on a construit à Rangoun trois quais, sur lesquels s'élèvent des grues pour le chargement et le déchargement des marchandises. A côté du principal quai, deux jolies maisons en bois servent de bourse ; les marchands s'y rendent le matin avant l'heure de la chaleur, ainsi que le soir, pour causer et traiter d'affaires. Les personnes attachées au gouvernement de Rangoun, les marchands les plus riches, et en général toutes les personnes de considération demeurent dans l'intérieur du fort ; les charpentiers de vaisseaux, les petits marchands et tous les gens de la classe inférieure, habitent les faubourgs. Des canaux qui traversent toutes les rues servent à l'écoulement des eaux ; l'une de ces rues, appelée *Tackally*, est entièrement habitée par des filles publiques, car elles n'ont pas le droit de loger dans l'intérieur des fortifications. On laisse les cochons et les chiens parcourir les rues ; ils n'appartiennent à personne, mais ils servent le public en passant sous les maisons pour dévorer les ordures ou les immondices. On comptait, il y a peu d'années, 4 à 5,000 maisons dans cette ville. Rangoun passe depuis long-temps pour être le refuge des débiteurs insolvables de toutes les parties de l'Inde. Il s'y trouve des gens de tous les pays et de toutes les couleurs. Les Malabares, les Parsis, les Persans, les Arméniens, les Portugais, les Anglais et les Français s'y mêlent, et s'y livrent à différentes branches de commerce.

Le *Martaban* est une petite province dont la partie méridionale est baignée par les eaux du golfe de ce nom ; toute sa population n'est estimée qu'à environ 25,000 âmes. Jadis elle était plus peuplée et avait le titre de royaume. *Martaban*, sa capitale, autrefois importante, n'a plus que 2,000 habitants. Située au pied d'une colline, près de la branche de l'Iraouaddy appelée *Tha-louen*, elle se compose de deux rues ; son plus bel édifice est une grande pagode haute de 150 pieds. On croit que cette ville est l'ancienne *Aspithra*.

On ne connaît presque point la partie de l'empire située entre la province de Birman et le Salouen, ou Tha-louen. C'est là que se trouve le *Laos-Birman*, ou *Laochan*, appelé tantôt *Loachan* et tantôt *Laouachan*. Cette contrée est montagneuse et partagée entre plusieurs petits princes, les uns tributaires de l'empire et les autres entièrement soumis. Une partie est appelée le *Mrelap-chan*, ou *Kochanpri*, pays riche en or et en pierres précieuses, habité par les *Chans*, ou *Chanouas*, qui se donnent le nom de *Tay*. Cette partie est la plus peuplée, on y compte plusieurs villes, qui sont toutes des capitales de principautés: *Gnaounzue*, ou *Gnaoungrue*, est le chef-lieu d'une seigneurie gouvernée par un Chaboua. Cette ville est située près du bord septentrional d'un lac formé par la branche de l'Iraouaddy appelée Paulang. *Maïn-Piein*, ou *Maïn-Pinein*, est la capitale d'un petit pays peu peuplé. *Seïnni*, à 70 lieues au nord-est d'Ava, est la résidence d'un Chaboua puissant. Quatre autres seigneuries peu importantes ont pour capitales *Kiainghan*, *Kiainkoun*, *Moné* et *Mobræh*, qui est peut-être la même que *Mobiah*. Dans le *Laouachan* proprement dit, on distingue *Kiaintoun*, qui en est la capitale.

Le Kochanpri, situé entre le 17ᵉ et le 24ᵉ parallèle, occupe une longueur de 175 lieues géographiques sur une largeur de 20 à 25. Sa superficie a été évaluée à 2950 lieues carrées. La moitié environ est occupée par des forêts; le reste est cultivé. Les montagnes de ce pays passent pour être riches en métaux précieux, en émeraudes et en rubis.

Les Chanouas sont indolents, paresseux et pauvres. Leurs femmes sont tenues dans une sorte d'esclavage; elles ont la tête rasée, et ce sont elles qui sont obligées de se livrer à la culture des champs et à tous les travaux pénibles, tandis que les hommes passent le temps à fumer ou à dormir. Les chefs habitent les villes; leur pouvoir est héréditaire; ils paient un tribut fixe à l'empereur; ils ne peuvent perdre leur autorité que lorsque celui-ci, par suite des plaintes de leurs sujets, se détermine à les en priver: dans ce cas, le plus proche héritier leur succède.

Les *Kaïns*, ou *Kyens*, appelés aussi *Caens*, qui demeurent dans les montagnes situées entre l'Arakan et le Birman, paraissent être soumis à cet État. Leur territoire est divisé en quatre principautés royales. Ils parlent une langue qui diffère de celle des Birmans et de celle des Karyans, dont nous parlerons bientôt. Leur vêtement consiste ordinairement en une robe courte de toile de coton noire, et en un turban de la forme de ceux que portent les Birmans. Leurs femmes ont le visage tatoué. Ils ne prient jamais parce qu'ils ne peuvent voir, disent-ils, leurs divinités. Ils n'ont aucune idée des peines et des récompenses d'un autre monde; mais ils s'imaginent qu'ils redeviennent enfants dans celui-ci. Ils brûlent les morts, et renferment leurs cendres dans des urnes qu'ils mettent ensuite dans la terre. Ils placent sur la tombe une petite statue de bois qui est censée représenter le défunt, et qui est chargée de prier en faveur de celui-ci le père et la mère du monde.

Dans les forêts méridionales du Birman, vivent les *Karyans*, que l'on nomme encore *Kariainses*, ou *Kerrans*. Le pays qu'ils habitent est plat et susceptible de produire tous les végétaux des tropiques; mais ils préfèrent la vie pastorale à l'agriculture. Ils habitent de petits villages qui forment autant de communautés particulières. Grands, robustes et bien proportionnés, ils sont courageux, mais paisibles, sobres et laborieux. Ils n'ont ni lois, ni religion; cependant, depuis le commencement de ce siècle, ils ont pris l'habitude de confier l'éducation de leurs enfants à des prêtres birmans. Leur langue participe, dit-on, de celle des Siamois, des Avanais et des Pegouans.

« Quoique les Birmans ne soient séparés des Hindous que par une étroite chaîne de montagnes, il y a entre les deux peuples une différence marquée. Les Birmans, vifs, inquiets, actifs, portés à la colère, ne connaissent ni l'indolence ordinaire des Hindous, ni cette sombre jalousie qui engage la plupart des peuples de l'Orient à renfermer leurs femmes entre les murs d'un harem. Leurs femmes et leurs filles ne sont point dérobées aux regards des hommes; elles sont même les seuls ouvriers du pays; le travail est la sauvegarde de leur vertu. Pourtant, aux yeux de la loi, elles sont d'une espèce inférieure. Le témoignage d'une femme ne vaut pas celui d'un homme. Les pauvres vendent ou plutôt louent leurs chères moitiés aux étrangers.

» L'alphabet des Birmans renferme beaucoup de lettres qui n'expriment que des nuances du même son [1]. Ils écrivent de gauche à droite, comme les Européens. Leurs livres sont exécutés avec plus de netteté que ceux des Hindous, et, dans chaque kioul ou mo-

---

[1] Mémoires de l'Académie des sciences, année 1729, tome VII, deuxième partie, p. 818.

nastère il y a une bibliothèque ou dépôt de livres. Le colonel Symes fut surpris de la quantité de ceux qui se trouvent dans la bibliothèque royale (¹). Ils écrivent quelquefois sur des plaques de fer-blanc doré (²). »

Quoique sachant presque tous lire et écrire, les Birmans sont très arriérés dans les sciences et dans les lettres; leur idiome est composé de pali et de chinois, et toute leur poésie consiste en quelques hymnes religieux et quelques vieilles chroniques versifiées.

« L'année des Birmans comprend douze mois de 29 et de 30 jours alternativement ; on intercale un mois tous les trois ans. Ils subdivisent leur mois d'une manière singulière ; ils comptent les jours non seulement à dater de la nouvelle lune, mais aussi de la pleine lune, qu'ils appellent *lune décroissante*. Ils sont passionnés pour la poésie et la musique, surtout pour les sons mélancoliques du *him*, instrument semblable à la flûte de Pan, formé de plusieurs roseaux artistement joints ensemble, mais qui n'ont qu'une seule embouchure.

« Les Birmans excellent dans les ouvrages de dorure. Ils ont à Saïngaïng une manufacture d'idoles qui emploie un marbre presque transparent. La capitale entretient un commerce considérable avec l'Yun-nan, province de la Chine la plus voisine ; elle y exporte du coton, de l'ambre, de l'ivoire, des rubis, des saphirs et des noix de bétel ; elle en reçoit en retour de la soie écrue ou ouvrée, des velours, des feuilles d'or, du papier, des confitures, diverses sortes d'ustensiles. Les Européens et les Malais apportent du drap, de la quincaillerie, de la porcelaine et de grosses mousselines. Les Birmans ignorent l'usage de l'argent monnayé; les lingots seuls ont cours dans le commerce.

» Les Birmans adoraient encore, au huitième siècle après Jésus-Christ, un grand éléphant blanc qui était censé rendre des oracles (³). Les talapoins, ou prêtres et savants actuels, sont les disciples de Bouddha, qu'ils vénèrent exclusivement comme le rédempteur du genre humain. Chez les Birmans et les Siamois, le nom de Gautama, ou Gaudma, philosophe qui, 500 ans avant Jésus-Christ, enseignait la doctrine de Bouddha, est en même temps généralement regardé comme une divinité. Les talapoins ont composé beaucoup de livres de morale. Ils admettent la transmigration des âmes ; celles qui, après toutes leurs épreuves, sont trouvées radicalement perverses, subiront une punition éternelle, tandis que les esprits vertueux jouiront d'un bonheur sans fin sur la montagne de Sou-merou. »

« Les lois pénales, chez les Birmans, sont
» des plus sévères ; l'emprisonnement, l'escla-
» vage, le fouet, sont les châtiments les plus
» doux. Les condamnations à mort se renou-
» vellent fréquemment, et le genre de sup-
» plice varie selon le caprice du juge. Dans
» quelques localités, le crucifiement et le
» plomb fondu versé dans la bouche sont les
» châtiments employés. Dans d'autres, le con-
» damné, transpercé d'un pieu, est cloué sur
» les bords de l'Iraouaddy, de manière à ce
» qu'il soit noyé à la marée montante. Ensuite
» viennent la détroncation, l'exposition aux
» bêtes féroces, le bûcher, en un mot tous les
» genres de tortures que la cruauté la plus
» raffinée peut inventer. Les prisonniers de
» guerre subissent des traitements non moins
» rigoureux, et les soldats anglais qui furent
» pris pendant la dernière guerre ne furent
» pas épargnés... Les condamnés, au reste, se
» montrent fermes et courageux jusqu'au der-
» nier moment, et l'on cite un déserteur qui
» mangeait une banane pendant que le bour-
» reau lui déchirait les entrailles. »

« Les lois des Birmans sont intimement unies avec leur religion. Le *Derma-Sastra* ou code national renferme en langue pali les vers sacrés de Menou, éclaircis par les nombreux commentaires des *munis* ou anciens philosophes. La jurisprudence des Birmans respire une morale saine, et se distingue, suivant Symes, de tous les autres commentaires hindous, par la clarté et le bon sens ; presque toutes les espèces de crimes qu'on peut commettre y sont prévues ; un grand nombre de jugements précédemment rendus sont annexés à chaque article. Cependant on y trouve les jugements par épreuve et par imprécations. »

Les cérémonies religieuses participent, comme les dogmes, des formules hindoues et chinoises. Les funérailles donnent lieu à des apprêts particuliers. Le soin de brûler les

---

(¹) *Symes*: Embassy, etc., t. III, p. 93. — (²) Annales chinoises, citées par *Klaproth*, Archives de la littérature orientale, I, 137. — (³) Annales chinoises, citées par *Klaproth*, Archives de la littérature orientale, I, p. 123.

ASIE. — EMPIRE DES BIRMANS.

corps est confié aux *sandalas*, qui, en Birmanie, remplacent les parias de l'Hindoustan.

« A la mort d'un *pounghi* ou *rahan* (prêtre), » après avoir embaumé le corps, on le met » dans un cercueil rempli de miel, et le jour » fixé pour la cérémonie on prépare le bûcher » sur un char que l'on conduit au milieu de » la plaine. Les assistants se partagent alors » en deux bandes, l'une cherche à faire reculer, l'autre à faire avancer le corps, et le » parti victorieux, maître du champ de bataille, met le feu au cercueil en poussant de » grandes acclamations ; ce devoir rempli, le » calme et le recueillement le plus profond » succèdent aux acclamations bruyantes.

» Quand une femme enceinte vient à mourir, elle est transformée en mauvais génie. » Le mari marche à la tête du convoi en poussant de grands cris et s'agitant violemment » pour exorciser l'esprit malin. Enfin, la mort » étant bien constatée, on extrait le fœtus du » corps de la mère, et le mari fait trois fois le » tour du cercueil, puis rentre chez lui après » s'être lavé la tête ; il ne reparaît plus qu'au » moment de la combustion du corps. »

L'une des fêtes les plus célèbres de l'empire Birman est celle de l'*Eau*. Elle commence toujours au mois d'avril, l'après-midi du jour où le soleil entre dans le signe du Bélier, c'est-à-dire le dernier jour de l'année birmane. Elle doit son origine à quelque croyance religieuse qui paraît se perdre dans la nuit des temps. Les femmes ont coutume ce jour-là de jeter de l'eau sur tous les hommes qu'elles rencontrent ou qui passent sous les fenêtres de leurs maisons, et les hommes ne manquent pas de leur rendre la pareille. Selon la croyance générale, on prétend, par ce moyen, laver toutes les souillures de l'année qui vient de s'écouler. Cette guerre se fait au milieu des éclats de rire ; mais les voyageurs s'accordent à dire que tout s'y passe avec autant de gaieté que de décence. Il est défendu de se servir d'eau mal propre. Un homme n'a pas le droit de toucher une femme, mais il peut lui jeter autant d'eau qu'il lui plaît si elle l'a attaqué (¹).

« La forme de gouvernement, qui est despotique, n'admet ni emplois ni dignités héréditaires ; toutes les charges et les honneurs dépendent de la couronne. Le *tsaloë* ou la chaîne est la marque de la noblesse, et le nombre des cordes ou des divisions indique la supériorité du rang. Les princes de la maison royale forment le conseil d'État.

» Symes a évalué la population à 17,000,000 ; des renseignements plus récents ne la portent qu'à 4,000,000 ; mais il vaut mieux avouer qu'on n'en sait rien : car à ce dernier compte l'empire Birman serait le pays le moins peuplé de l'Asie relativement à la superficie qu'il occupe. Tout homme est soumis aux devoirs militaires ; cependant l'armée régulière, sur le pied de paix, est très peu considérable. Pendant la guerre, les vice-rois lèvent une recrue par deux, trois ou quatre maisons. La famille du soldat est retenue comme otage, et en cas de lâcheté ou de désertion de sa part, elle est mise à mort. L'infanterie est armée de sabres et de mousquets ; la cavalerie porte des lances de 7 ou 8 pieds de long. Les magasins du roi contiennent quelques centaines de vieux canons portugais, et tout au plus 50,000 mauvais fusils. Les bateaux de guerre composent la principale force militaire ; ils sont au nombre d'environ 500, fabriqués avec le tronc solide du bois de teck ; leur longueur est de 80 à 100 pieds, mais la largeur est rarement de plus de 8 pieds. Ils ont jusqu'à vingt et soixante rameurs ; la proue massive porte une pièce de canon montée. Chaque rameur est pourvu d'une épée et d'une lance, et il y a trente soldats armés de mousquets. Les Birmans attaquent avec impétuosité, et se servent de grappins pour l'abordage ; mais les vaisseaux étant extrêmement enfoncés dans l'eau, courent risque d'être coulés à fond par le choc d'un navire plus considérable.

» On ignore le montant du revenu, qui se tire du dixième de tout le produit et de toutes les denrées étrangères que l'on importe. Il y a peut-être un peu de témérité à évaluer à 45,000,000 de francs le total des impôts. L'empire des Birmans pouvait avoir autrefois une très grande influence sur le commerce de l'Orient ; et sans la conquête de la compagnie anglaise, cet État aurait probablement pu devenir une très forte barrière contre l'ambition des Anglais, qui convoitaient les mines de la grande Chersonèse d'Or. »

Nous ne terminerons pas ce livre sans dire un mot des possessions anglaises dans l'Indo-Chine ou l'Inde orientale.

(¹) Voyage du capitaine Hiram Cox dans l'empire des Birmans. — Tom. II.

Ces possessions se composent des royaumes d'Assam et d'Arakan, et des provinces de Mataban, de Ye, de Tavay et de Tenasserim qui ont été cédées aux Anglais par les Birmans; d'une partie de la presqu'île de Malacca et des îles Poulo-Pinang et Singapour.

Les Anglais ont en outre pour tributaires les pays de Katchor et de Kassay, qui payaient tribut aux Birmans, ainsi que le pays de Djyntiah et une partie du Typérah.

Au sud-est du Boutan, le *royaume d'Assam* occupe une grande vallée formée par de hautes montagnes qui ne sont que la prolongation de celles du Tibet et de l'Hindoustan. Cette vallée est traversée dans toute sa longueur par le Brahmapoutre.

M. John Mac-Clelland a publié, en 1831, les résultats de ses recherches géologiques sur cette contrée. Près du Brahmapoutre le sol est formé de l'argile jaune et rouge appelée *kanka* dans l'Inde. Non loin des monts Kossiah, la plaine marécageuse est parsemée de petites éminences qui sont évidemment les restes d'un ancien talus de ces montagnes. Les pentes de celles-ci offrent trois étages: le premier s'élève à environ 450 mètres, le second forme des escarpements, et le troisième des sommets. Sur le premier étage, M. Mac-Clelland a remarqué un banc de coquilles marines parmi lesquelles il a reconnu 25 espèces identiques avec celles du bassin de Paris; à trois ou quatre lieues plus à l'ouest, à la même hauteur, les coquilles sont groupées par familles. Les couches sont sableuses et çà et là ferrugineuses. Les montagnes au nord de la vallée sont composées de granit, de roches schisteuses, de porphyre, de serpentine et de calcaire grenu. Celles du sud sont composées de gneiss, de diorite et de syénites sur lesquels repose le terrain supercrétacé formé de grès, de calcaire coquillier et de lignite ou bois fossile. La vallée d'Assam est donc placée entre deux systèmes différents. Dans le bas elle n'a que 20 milles anglais de largeur, tandis que dans le haut elle a 50 milles.

L'Assam supérieur est un bassin alluvial traversé par quatre branches du Brahmapoutre; le Dihong, le Dibong, le Soban-chiri et le Brahmapoutre proprement dit. Le dépôt le plus inférieur du sol est une argile d'un jaune rougeâtre qui supporte un dépôt de transport composé de bas en haut d'argile fine, d'argile sableuse à cailloux, de sable et de gravier. Sur la montagne appelée Noa-Dissing il y a des couches de sable contenant des conifères à près de 100 mètres au-dessus de la vallée.

Le Brahmapoutre reçoit dans le seul royaume d'Assam le tribut de plus de 60 rivières, dont 34 descendent des montagnes du nord et 26 de celles du sud.

Pendant la saison des pluies, ce grand nombre de cours d'eau venant à s'étendre, donne au centre du royaume l'aspect d'un vaste lac. L'abondance des eaux et la chaleur du climat rendent le pays malsain, surtout pour l'Européen. Les vallées y sont très fertiles et procurent les moyens de nourrir une population qui se compose probablement de plus d'un million d'individus. On y cultive le riz, le poivre, le gingembre, le piment, le coton, le tabac, la canne à sucre, l'oranger, le bananier et plusieurs autres arbres fruitiers. Les forêts de l'Assam renferment l'arbre à caoutchouc, que les Assamis nomment *Borgath*. Il croit généralement solitaire et acquiert une taille considérable. On voit quelques uns de ces arbres dont la hauteur est de 30 mètres et la circonférence de 20 mètres. L'arbre à caoutchouc aime les lieux secs et abonde surtout au pied des montagnes. Les forêts sont aussi peuplées des mêmes arbres et des mêmes animaux que celles du Boutan; mais on y tire un meilleur parti des richesses métalliques que recèlent les montagnes, et des matières premières que l'on obtient de l'agriculture. 12,000 individus sont constamment occupés à recueillir l'or charrié par les rivières. De nombreuses manufactures d'étoffes de coton et de soie; la récolte du poivre, du piment; l'ivoire que fournissent les éléphants, et plusieurs autres objets d'industrie forment les principales branches du commerce que le pays entretient avec le Boutan, le Tibet, le Bengale et l'empire birman.

L'espoir de voir l'arbre à thé réussir complétement dans les possessions anglaises d'Assam devient de jour en jour plus fondé; le sol et le climat de cette contrée paraissent être favorables à cette culture. Déjà dans le courant de 1838 la compagnie anglaise des Indes a reçu une cinquantaine de caisses de thé d'Assam de très bonne qualité.

Ce pays est divisé en trois provinces appelées *Kamroup, Assam* et *Sodiya* : la première à l'ouest, la seconde au centre, la troisième à l'est ; *Djorhat*, la capitale, est grande et mal bâtie ; les maisons des riches sont surmontées d'un toit conique ; l'intérieur est garni de tiges de bambous et le plancher est en argile battue. Elle s'élève sur la rivière du *Dissoye*, à quelque distance de la rive droite du Brahmapoutre. *Ghergong*, ancienne résidence royale, aujourd'hui déchue, est entourée d'une palissade de bambous. *Goua-hatti*, chef-lieu du Kamroup, près de la rive gauche du Brahmapoutre, est fortifiée plus encore par la nature que par l'art ; cependant Aureng-zeb la prit en 1663. Ce conquérant fut forcé d'abandonner le pays à l'approche de la saison des pluies. L'insalubrité de cette saison est le meilleur moyen de défense que l'Assam puisse opposer aux invasions étrangères. *Rangpour*, entre Ghergong et Djorhat, au milieu d'une île formée par le Dikho, est la plus forte et la plus grande ville du pays.

« Au sud d'Assam, à l'extrémité orientale du Bengale, la province de *Garrow* ou *Garraou*, traversée de montagnes, offre un sol très gras et très fertile ; elle fournit du riz, du chanvre, de la graine de moutarde, de l'huile, d'excellents pâturages ; les fleuves y sont remplis de tortues, et les lacs de poissons. Les indigènes sont vigoureux et bien faits ; ils ont le front ridé, les yeux petits, le nez aplati, la bouche grande et les lèvres épaisses. Tout leur vêtement consiste en une ceinture de couleur brune, à laquelle sont attachées des plaques de cuivre jaune, des morceaux d'ivoire. Leurs *bonnéahs* ou chefs portent des turbans en soie. Les Garraous se nourrissent de riz et de chair presque crue ; ils mangent des chiens, des grenouilles et des serpents, et ils boivent le sang de ces animaux : leurs habitations sont faites de treillis de bambous recouverts de nattes. Doux, affables et sincères, ils aiment beaucoup la danse ; les hommes y mêlent quelquefois des exercices guerriers. Avant de brûler leurs morts, ils les déposent dans un canot, et ils sacrifient la tête d'un taureau. Si le mort est un de leurs chefs, ils tranchent la tête à un de ses esclaves pour la brûler avec lui. Leur religion paraît se rapprocher du brahmanisme ; ils adorent un génie destructeur ; d'autres adorent le soleil et la lune. Ils ajoutent beaucoup de foi aux remèdes secrets et aux charmes.

Presque tous les crimes s'expient par une amende fixée par le bonnéah ; l'argent amassé par ces punitions se dépense ensuite en festins, qui durent quelquefois plusieurs jours de suite ([1]). Leur chef-lieu paraît être *Korribary* ou *Karribary*, gros bourg avec des maisons de bambous qui ont 30 à 150 pieds de long sur 20 à 40 de large. »

Le Garraou occupe une étendue d'environ 50 lieues de longueur et 25 de largeur. Outre les monts Garraous qui portent sur un espace assez considérable le nom de Rondjouly ; cette contrée renferme encore, surtout vers le sud, de hautes montagnes, parmi lesquelles on distingue le mont Cassay. Son intérieur n'est pour ainsi dire qu'un amas de montagnes, dont quelques sommets ont plus de 1,000 mètres de hauteur au-dessus du niveau de l'Océan, et dominent de belles et fertiles vallées bien arrosées. On y trouve quelques lacs et plusieurs rivières, dont les principales sont le Path et le Soumosseraï qui appartiennent au bassin du Brahmapoutre.

Au nord et au nord-est, plusieurs peuplades indépendantes qui vivent dans les montagnes formant la ligne de démarcation entre le bassin du Brahmapoutre et celui de l'Iraouaddy, séparent sur quelques points les possessions anglaises de l'empire de la Chine. Parmi ces nations sauvages nous nommerons les *Lokabadjds* que les Tibétains nomment *H'lobkás*. On les reconnaît aux incisions qu'ils se font à la bouche. Ils fréquentent les bords de l'Iraouaddy du Thaleayn et du Loung-tchhouankiang. Au sud de ce peuple se trouvent les *Lisses* ou *Lysous*. Ils parcourent les bords des mêmes rivières.

A l'ouest des monts Garraous s'étend le *Djyntiah* ou *Gentiah* : il est borné au nord par le royaume d'Assam, et à l'est par le Bengale. Sa plus grande longueur est de 36 lieues géographiques et sa plus grande largeur d'environ 29 lieues. Ce pays est très montagneux, mais ses plus hautes montagnes n'excèdent pas 350 mètres de hauteur. On y remarque un plateau de 22 lieues de longueur de l'est à l'ouest, direction que suivent la plupart des montagnes de ce pays. Sa principale rivière est le Koupili, affluent du Brahmapoutre. Les

---

([1]) Voyez la Description de M. *Elliot*, dans les Recherches asiatiques, t. III, n° 2. *Pennant* : View of Hindostan, II, 368.

indigènes se donnent le nom de *Khassis* ou de *Kassyah*. On suppose que leur origine est tatare. Suivant quelques voyageurs ils sont dans un tel état de barbarie qu'ils offrent à leurs dieux des sacrifices humains. Ils sont gouvernés par un grand nombre de petits radjahs, tous soumis au radjah principal qui est tributaire des Anglais et qui réside à *Djyntiapour*, petite ville bâtie au pied de hautes montagnes.

Le *Katchor* ou l'*Hiroumba*, pays borné au nord par le Brahmapoutre qui le sépare du royaume d'Assam, a environ 50 lieues de longueur et 36 de largeur. Il est couvert de petites montagnes fort escarpées, et presque impraticables dans la saison des pluies. Il est arrosé par un grand nombre de cours d'eau douce. Les principaux sont le Koupili et le Brack, affluents du Brahmapoutre. La première de ces rivières forme, en franchissant un plateau, une cascade de 60 mètres de hauteur. Ce pays renferme beaucoup de lacs, de marais et d'étangs qui le rendent humide et malsain, surtout pour les étrangers.

Il est divisé en deux provinces : au nord le Katchor proprement dit, dont la principale ville est *Doudhpetli* ; au sud le *Dhermapour* qui comprend de grandes plaines séparées du Katchor par une chaîne de montagnes.

Le Katchor proprement dit comprend une population d'environ 350,000 âmes. *Khaspour* ou *Khospour*, ancienne capitale de tout l'Hiroumba, est fortifiée ; mais ses principaux édifices sont tombés en ruines depuis 1812, époque à laquelle le radjah a transporté sa résidence à Doudhpetli. La population du Dhermapour est d'environ 150,000 habitants. *Dhermapour*, son chef-lieu, est situé dans une vallée sur les bords du Koupili.

Les Katchoriens ou Hiroumbaniens ressemblent aux Chinois, bien qu'ils soient plus grands et plus robustes. Ils parlent une langue monosyllabique comme le chinois. Leur religion est le brahmisme auxquel ils ajoutent beaucoup de poétiques superstitions. On assure même qu'ils immolent quelquefois encore des victimes humaines à deux de leurs anciennes divinités, Dourga et Kalis.

Dans les montagnes qui forment la ligne de séparation entre l'Hindoustan et l'Inde-Chine, on distingue plusieurs peuples connus par leur férocité ; tels sont les *Koutchoungs* et les *Koukis* ; les moins sauvages sont les *Nagahs*, bergers et cultivateurs, ainsi que les *Mismis*, la plus belle race de ces montagnards, gouvernés par des chefs constamment en guerre.

« Les montagnes de *Tiperah*, qui terminent le Bengale à l'est, nous sont peu connues. Couvertes de forêts, elles nourrissent beaucoup de tigres et des troupes d'éléphants, qui, en ravageant les campagnes, deviennent le fléau des cultivateurs. Les goîtres sont très nombreux dans ces montagnes.

» La partie la plus montagneuse est habitée par les *Koukis*, peuple barbare, divisé en une quantité de tribus qui se font des guerres cruelles. Les Koukis se nourrissent de riz, de chair d'éléphant, de daim et d'autres animaux. Ils attribuent la création du monde à un Être suprême nommé *Patigan*. Ils regardent comme des divinités le soleil et la lune ; ils croient aussi que chaque arbre est animé par une divinité ; ils sèchent leurs morts à un petit feu, après les avoir percés d'une lance. Un Kouki peut épouser la femme qu'il veut, pourvu que ce ne soit pas sa mère. Le mari, en emmenant sa femme chez lui, paie aux parents de celle-ci cinq *gajahs* ou bestiaux. La veuve est obligée de passer une année entière auprès du tombeau de son mari défunt. Dans leurs guerres, les Koukis s'enivrent de boissons fermentées, et coupent la tête des ennemis qu'ils ont tués. Ils mettent ces têtes dans des outres, pour les rapporter en triomphe à leurs femmes. Leur retour est célébré par de grands festins ; ils exposent ensuite les têtes de leurs ennemis sur des piques de bambous qu'ils plantent sur les tombeaux de leurs parents. »

Les *Nagahs* sont indépendants et très actifs ; ils passent pour avoir une haine remarquable pour l'oisiveté. Ce peuple donne son nom à une chaîne de montagnes qui se dirigent de l'est-nord-est à l'ouest-sud-ouest, et forment une partie de la limite méridionale du bassin du Brahmapoutre. Ils n'ont que des villages d'une centaine de cabanes, situés sur le sommet des montagnes. Chaque village a deux chefs, dont le principal prend soin des terres et de l'agriculture, et l'autre des autres branches d'industrie et de la guerre.

Les *Mismis* sont grands, robustes et bien faits. Leurs armes sont l'arc et la lance. Ils élèvent beaucoup de bétail et cultivent du maïs, du poivre, du coton et du tabac.

Le *Kassay* ou *Kathi*, ancienne province de l'empire Birman, est borné au nord-ouest par le Katchor, au nord par le royaume d'Assam, à l'est et au sud-est par la province d'Ava, au sud par le royaume d'Arakan, et à l'ouest par le Bengale. Sa longueur du nord au sud est d'environ 120 lieues et sa largeur de 50 à 60. Ce pays, encore très peu connu, est, suivant les rapports de quelques voyageurs modernes qui l'ont traversé, entrecoupé agréablement de montagnes, de collines, de plaines et de vallées. Il est bien arrosé et fertile. Son sol nourrit des éléphants et des chevaux très agiles; on y récolte beaucoup de soie; on y cultive du riz et du coton. Ses montagnes renferment des mines de fer et de cuivre, et les habitants fabriquent des armes blanches et des fusils renommés depuis longtemps chez les Birmans. Sa capitale était *Mounipour* ou *Mounnapourah*, ville fortifiée, qui, après avoir été détruite dans la dernière guerre des Birmans contre les Anglais, est encore presque déserte.

L'*Arakan* ou le *Rakheng*, c'est-à-dire l'ancien royaume d'Arakan, occupe, entre le Bengale et l'Ava, une grande vallée arrosée par le Ma, le Dombok et l'Arakan, et bornée à l'est par la haute chaîne d'Anoupectoumdjou. Ce pays embrasse plusieurs îles qui abondent en riz et en fruits; ses côtes fournissent du sel. Un air pur favorise les progrès de sa population. *Arakan*, la capitale, est bâtie autour d'un fort, à deux journées de l'embouchure de l'Arakan; ses maisons sont construites en bambous et élevées sur des piliers comme dans toutes les villes de l'empire Birman; elle renferme, dit-on, 600 temples ou pagodes. Sa population ne paraît pas s'élever à plus de 30,000 âmes. *Sandaouey* ou *Sandouay*, en anglais *Sandoway*, située sur la rivière du même nom, qui se jette près de là dans le golfe du Bengale, est une petite ville défendue par un fort.

L'île de *Ramri*, longue de 18 lieues et large de 5, est traversée par une chaîne de montagnes dont quelques unes sont des pseudo-volcans en activité. Elle a pour principale ville *Yambia*, qui passe pour être forte et populeuse. L'île de *Tchebouda* ou *Manaoug* fait aussi partie de l'Arakan. Située à 5 lieues du continent, dans le golfe du Bengale, elle a 10 lieues de longueur sur 5 de largeur; au centre s'élève une montagne sur laquelle se trouvent aussi plusieurs pseudo-volcans ou volcans vaseux.

Au sud-est du Pégou, toute la contrée qui borde le golfe de *Martaban* porte ce nom. Les Anglais y ont, comme les Birmans, leur province de Martaban. Une nouvelle cité, bâtie en 1826, près de l'embouchure du Thalouen, et qui porte le nom d'*Amherst-town*, en est aujourd'hui le chef-lieu. C'est une place importante sous le double rapport militaire et commercial; son port est excellent, sa population, qui était au commencement de 1827 de 1,600 individus, doit avoir au moins quintuplé par le grand nombre de Pégouans qui, fuyant la tyrannie de leur gouvernement, viennent y chercher un asile sous la protection de la civilisation européenne.

Moulmein, ville nouvelle bâtie sur la gauche du Salouen, vis-à-vis de Martaban, est déjà une place de commerce importante.

La *province d'Yé*, bornée à l'ouest par le golfe de Martaban et à l'est par les montagnes du royaume de Siam, a été cédée en 1826 par les Birmans aux Anglais. Elle n'offre pour ainsi dire que des terrains marécageux couverts de bouquets de broussailles et de bois, interrompus de loin en loin par des champs de riz peu étendus et négligemment cultivés. Le bois de construction y est abondant et en bonne qualité. Elle ne renferme que 5 à 6,000 habitants. Yé, son chef-lieu, est bâti sur un long coteau élevé de 30 mètres au-dessus de la rivière d'Yé qui en baigne la base méridionale et qui va se jeter dans le golfe de Martaban.

Cédée aux Anglais à la même époque que la précédente, la *province de Tavay*, appelée aussi *Tavaï*, *Tavoy*, *D'havay* et *Davaé*, est bornée au nord par celle d'Yé, au sud par celle de Tenasserim, à l'ouest par la mer, et à l'est par les montagnes qui la séparent du royaume de Siam. Elle est montueuse et coupée par un grand nombre de cours d'eau qui contribuent à la fertilité du sol. Le Tavay est la rivière la plus importante : après un cours de 60 lieues il se jette dans le golfe du Bengale. Il est navigable jusqu'à une trentaine de lieues de son embouchure; mais les navires d'un fort tonnage ne peuvent le remonter à plus de quatre lieues. La population de la province est d'environ 15,000 habitants. *Tavay* sa capitale est située sur la rivière du même nom à 10 lieues de la mer. Elle n'offre rien de remarquable. Les Tavayens sont des fumeurs infatigables : dès l'âge de 2 à 3 ans les enfants ont le cigare à la bouche.

La province de *Tenasserim*, au sud de celle de Tavay, est d'autant plus importante que l'archipel de *Merghi* ou *Mergui* en est une dépendance. Cette province est séparée du royaume de Siam par une chaîne de montagnes. Elle est peu habitée et peu fertile, ou plutôt mal cultivée. Couverte de broussailles et de forêts, la récolte du riz ne suffit pas même aux besoins d'une faible population. Elle est arrosée par la rivière de Tenasserim longue d'environ 80 lieues. La ville de *Tenasserim* ou *Tanatharé* est arrosée par la rivière du même nom, navigable pour les bâtiments de 130 tonneaux. Son enceinte est fermée par un mur d'une lieue et demie de circonférence; mais elle est peu peuplée. Cette ville, ancien chef-lieu de la province, paraît occuper l'emplacement de l'antique *Thinæ*, située sur le *Catiaris*, et qui était la métropole de tout le pays des Sines.

Situé à quelques lieues de la côte, l'archipel *Merghi* occupe, du nord au sud, une étendue de 160 lieues. L'espace compris entre ces îles et le continent offre un bon ancrage; leur sol est fertile et couvert d'une belle végétation. Les principales, en commençant par le nord, sont les *Muscos* et *Tavay*, qui dépendent de la province de ce nom; *Tenasserim*, petite île au sud-ouest de Tavay; puis *Kings* ou *l'île du Roi*, jadis cédée par le roi de Siam à la France, qui n'en prit jamais possession; *Mel* ou *Domel*, qui est la plus grande, mais inhabitée; *Susannah* au sud de la précédente; *Saint-Matthieu*, remarquable par son bon port; *Djonkseylon* sur laquelle nous donnerons quelques détails; les *Seyer*, groupe composé d'une île assez considérable et d'un grand nombre de petites qui ne sont que des rochers; et les *Tories*, autre groupe moins important. Les *Tchalomés* (c'est ainsi que les Birmans nomment les habitants de cet archipel) sont laborieux et paisibles. Ils paraissent suivre la religion de Bouddha.

L'île *Junkseylon* ou *Djonkseylon*, appelée aussi *Salanga*, est une des plus grandes de l'archipel Merghi : elle a 18 lieues de longueur, 5 de largeur et 85 de superficie. L'intérieur en est uni, très boisé et arrosé seulement par des ruisseaux. Le climat en est sain. D'après la relation du capitaine Forest qui y aborda en 1784, elle exporte annuellement 500 tonnes d'étain et nourrit 12,000 habitants, qui sont un mélange de Chinois, de Malais, de Siamois et de Birmans. La richesse que renferme cette île en étain a déjà tenté les Anglais; ils ont le projet de se la faire céder; peut-être même en sont-ils maintenant en possession.

Dans toutes les îles de l'archipel Merghi, on recueille de l'écaille de tortue, de l'ambre gris, des perles, et des nids d'oiseaux recherchés sur les tables des Chinois.

Sur le continent, *Merghi*, qui domine la côte, possède un port sûr, vaste et commode : c'est la capitale de la province de Tenasserim. Cette ville s'étend sur une montagne à 1,300 pieds au-dessus du niveau de la mer : sa population est d'environ 8,000 âmes. Son port est un des meilleurs de cette partie de l'Asie que les Anglais continuent à appeler les *Indes orientales*. Le commerce qui s'y fait consiste principalement en ivoire, en riz et en étain. La ville de *Djonkseylon*, située vis-à-vis l'île de ce nom, n'en est éloignée que de deux lieues. Tous les navires qui se rendent à la côte de Coromandel, et qui se trouvent surpris par les ouragans, trouvent dans le port de cette ville un asile aussi sûr que commode.

Les habitants des provinces de Tenasserim et de Merghi se tatouent comme les Birmans du royaume d'Ava. Ils sont braves, hospitaliers, honnêtes, et pleins de franchise et de cordialité. La manière de saluer chez ces peuples est très singulière : on applique le nez sur la joue en aspirant très fortement.

La *province de Malacca*, située dans la partie du sud-ouest de la presqu'île du même nom, a pour chef-lieu la ville de ce nom, dont l'évêque est suffragant de celui de Goa. Fondée en 1252 par un prince malais, embellie par les Portugais, qui s'en emparèrent en 1511; tombée au pouvoir des Anglais en 1795, elle fut jadis plus considérable; les Portugais, les Hollandais et les Anglais se disputèrent tour à tour sa possession; mais les Hollandais la cédèrent à l'Angleterre en 1823. Sa population est d'environ 20,000 habitants, parmi lesquels on compte 6,000 Chinois et 9,000 Malais; le reste se compose de Maures, de

Persans, de Bengalais, d'Arméniens et d'Européens. *Malacca* n'a qu'un fort démantelé, que des habitations d'une médiocre apparence, qu'une rivière chétive propre à abriter quelques barques, et à une lieue de ses murs une rade dangereuse; mais depuis qu'elle est sous la domination anglaise son commerce commence à se relever. Les Anglais cherchent à y répandre la civilisation européenne: ils y ont établi une imprimerie et un collége anglo-chinois. Le faubourg de Tranquara est peuplé de Chinois et de descendants des anciens Portugais.

» Sur les côtes du royaume de Kédah, un capitaine anglais, en épousant la fille du roi, acquit la souveraineté de *Poulo-Pinang*, qu'il se hâta de céder à sa patrie. Les Anglais, qui l'appellent *île du prince de Galles*, y formèrent un établissement important, soit que l'on considère la position du port qui domine le détroit de Malacca, soit que l'on regarde la fertilité du sol couvert de forêts de teck, de cannes à sucre, de rizières, et où le poivre et l'indigo réussissent fort bien. »

Cette île, longue de 5 lieues et large de 3, dépend de la petite *province de Wellesley*, sur le continent opposé, dans le royaume de Kédah. Elle renferme *George's-Town*, capitale de la province, jolie ville bien bâtie et défendue par de bonnes fortifications. Le commerce la rend chaque jour plus importante: elle compte aujourd'hui plus de 60,000 habitants; elle possède une bibliothèque et publie un journal. C'est le siège d'une cour supérieure de justice.

A l'extrémité de la péninsule, la petite île de *Sincapour* ou *Singapour* renferme une ville du même nom, fondée en 1819 par l'Anglais sir Thomas Raffles. Sa position est tellement favorable pour le commerce, la franchise dont il jouit est tellement avantageuse, que des négociants européens, arméniens, arabes, indiens et chinois s'y sont établis; qu'on évalue son commerce annuel à la valeur de 110,000,000 de francs; qu'elle compte plus de 19,000 habitants; qu'un collége chinois et malais y a été fondé, et qu'on y publie, sous le titre de *Singhapoor chronicle*, un recueil scientifique très utile à l'avancement de la géographie de l'Asie orientale et de l'Océanie. Gloire à la nation anglaise, qui répand ainsi les lumières et les sciences dans les régions les plus reculées!

« La nature offre elle-même à la politique et au commerce de l'Europe un poste d'où une nation maritime entreprenante aurait pu, depuis long-temps, entretenir des relations sûres avec l'empire des Brahmanes: nous voulons dire cette chaîne d'îles qui semble être le sommet d'une chaîne de montagnes sous-marines, liant le cap Nigrais, du Pégou, avec la pointe septentrionale de Soumâtra. Ces îles étant situées dans la partie orientale du golfe du Bengale, nous ne devons pas quitter ce golfe sans les décrire (¹).

» Le groupe le plus considérable porte le nom d'îles *Andaman*, ou mieux *Andamen* et *Endamènes*; il était déjà connu des Arabes sous ce nom dans le neuvième siècle; elles sont au nombre de six: la *grande* et la *petite Andamen*, *Barren*, l'île de *Coros*, *Narcondam* et *Préparis*. La grande Andamen a, suivant les voyageurs, environ 46 lieues de longueur, mais pas plus de 6 à 7 dans sa plus grande largeur; elle est découpée par des baies profondes formant d'excellents havres, et divisée par de vastes golfes, dont l'un, navigable pour de petits vaisseaux, traverse presque entièrement l'île, selon les cartes antérieures à celles que Dalrymple a jointes à la relation de Symes. Dans celles-ci on voit la grande île partagée en trois par des canaux très resserrés. Les cartes du seizième siècle montrent de même une longue chaîne de petites îles. Le sol paraît offrir une forte couche de terreau noirâtre; les rochers sont d'une pierre blanche quartzeuse. Les sources y sont nombreuses. On assure qu'il s'y trouve des métaux, entre autres du mercure. On remarque dans cette grande île une montagne que l'on aperçoit, dit-on, de 25 lieues et qui a 2,400 pieds de hauteur perpendiculaire. Des forêts étendues renferment quelques arbres précieux, tels que l'ébénier et le *mellori*, ou l'arbre à pain de Nikobar. La fougère épineuse, des palétuviers et une espèce de rotang sauvage couvrent les

---

(¹) Dans la précédente édition de ce *Précis*, nous avons, à l'exemple de M. D. de Rienzi, compris les îles Andaman et les îles Nikobar dans l'Océanie, parce que les habitants de ces îles offrent les principaux caractères physiques des peuples océaniens. Cependant, après de mûres réflexions, nous restituons ces îles à l'Asie, dont elles sont évidemment une dépendance, d'après tous les principes qui servent de base aux classifications géographiques. L'Océanie ne doit point en effet se prolonger jusque dans le golfe du Bengale.   J. H.

rivages des baies et des criques. On n'a vu d'autres quadrupèdes que des cochons sauvages, des singes et des rats, ainsi qu'un grand nombre de reptiles. La mer abonde en poissons, parmi lesquels on nomme des mulets, des soles et d'excellentes huîtres, ainsi que des langoustes et plusieurs autres crustacés.

» Les habitants des Endamènes sont très peu civilisés et probablement cannibales ; du moins ont-ils une antipathie singulière pour les étrangers. Leur chevelure est laineuse, et ils ressemblent aux nègres dont ils ont le caractère féroce et astucieux. Leur langue barbare diffère de tous les dialectes indiens ou indo-chinois. Ils paraissent appartenir à cette grande race des nègres océaniens répandue dans la Nouvelle-Guinée et jusqu'à la terre de Diemen. » C'est ce qui a déterminé un voyageur français [1] à comprendre les îles Andamen et Nikobar dans l'Océanie. A la couleur noire de leur teint, à leur chevelure frisée, à leurs lèvres épaisses, à leur nez aplati, qui les rattachent à la grande famille océanienne, les Endamènes joignent quelques caractères particuliers : leur ventre est proéminent ; leurs membres sont décharnés et mal formés ; leurs pieds sont d'une longueur démesurée.

Ces sauvages, au nombre de 2 à 3,000, n'ont presque fait aucun pas vers la civilisation, malgré les rapports qu'ils ont eus avec d'autres peuples ; les Anglais établirent une colonie chez eux en 1791 ; deux ans après, ils furent obligés de l'abandonner, tant à cause de l'insalubrité du sol, que des mœurs insociables des naturels. L'Endamène a un aspect sauvage et féroce ; sa stature est petite et sa taille mal prise ; il est rusé, vindicatif, ingrat et très adroit, surtout à la pêche et à la chasse ; comme tous les peuples sauvages, il aime l'indépendance et sacrifie ses jours pour la conserver ; il a une antipathie singulière contre l'étranger. Malheur à celui que quelque accident amène sur ses côtes ! s'il se trouve moins fort que lui, il devient sa proie. Tandis que, armé de flèches, l'Endamène tue les oiseaux et les bêtes sauvages dans les bois, ou que, monté sur un frêle canot qu'il a construit du tronc d'un arbre, il longe les bords de la mer pour prendre des poissons, sa compagne ramasse des coquillages sur les récifs. Pour re-

[1] *J. D. de Rienzi*, Description de l'Océanie dans l'*Univers pittoresque*.

poser la nuit et se mettre à l'abri de l'intempérie des saisons, il se fait, avec des branches et des feuilles, une espèce de tente, soutenue par trois ou quatre piquets, liés les uns aux autres. Telle est la vie triste et insouciante à la fois que mène ce peuple, qui n'a pas encore essayé d'améliorer sa condition en se livrant à l'agriculture.

A environ 15 lieues à l'est des îles Andamen on aperçoit celle de *Barren* que l'on peut considérer comme appartenant au même archipel. Cette île volcanique, qui vomit fréquemment des torrents de laves rougeâtres, et qui lance à une grande distance des pierres d'un volume énorme, est citée par M. Léopold de Buch comme offrant un exemple de cratères de soulèvement. Elle présente un vaste bassin circulaire rempli par les eaux de la mer et bordé de rochers escarpés qui paraissent avoir été soulevés, au milieu desquels s'élève un cône d'éruption de 1,690 pieds de hauteur et doué d'une grande activité. Quelquefois les flots environnants bouillonnent comme un océan enflammé.

« A environ 80 lieues au sud des Endamènes, les îles *Nicobar*, que l'on devrait écrire *Nikobar*, forment trois petits groupes. Le plus septentrional s'appelle Kar-nicobar. Viennent ensuite les îles Nikobar proprement dites, au nombre de trois, entre lesquelles il y a un excellent et vaste port. Les îles *Sambelong* sont au midi. Toutes ces îles produisent en abondance des cocos, de l'arec, des cannes à sucre, des lauriers cassia, de l'excellent bois de teck, du bois de sassafras très aromatique. L'arbre nommé *larum* par les indigènes, et *mellori* par les Portugais, donne un fruit meilleur que celui de l'arbre à pain d'Otaïti, duquel il diffère de caractère. Les bœufs amenés d'Europe y ont multiplié extrêmement, et les nids d'oiseaux bons à manger, si estimés en Chine, y abondent, ainsi que dans les Endamènes. »

Les naturels sont d'une couleur cuivrée ; leurs yeux, petits, sont fendus obliquement. Dans leur habillement, une petite bande de drap pend derrière eux ; et de là l'origine des contes absurdes du Suédois Kœping, marin ignorant, qui porta Linné lui-même à inférer que quelques espèces d'hommes avaient des queues.

« Les Danois ont des droits reconnus à la propriété de ces îles ; ils les ont nommées *Fré-*

deriksoerne ou *Iles-Frédéric*. Mais après avoir formé un petit établissement dans l'île *Kamorta*, qu'ils appelèrent *Nouvelle-Séeland*, ils abandonnèrent un poste aussi avantageux à quelques frères moraves. Les Autrichiens voulurent y fonder une colonie en 1778; mais ils cédèrent aux réclamations du Danemark. »

Dans ces derniers temps les frères moraves abandonnèrent ces îles. Les Danois y ont un poste. D'après les renseignements que le gouverneur, M. le colonel Krefting, a fournis à M. de Rienzi, les principales îles Nikobar sont la *grande Nikobar*, peuplée d'un millier d'habitants, la *petite Nikobar*, couverte de bois, *Katchoul*, *Kamorta*, *Nonkavery*, *Triconta*, *Teressa*, *Tchaouri*, *Tafouin*, *Kar-nikobar* ou *Sambelong*, *Chowry*, *Batty malve* et *Tillantchong*. La plupart de ces îles sont montagneuses. Les villages sont composés d'une douzaine de huttes. Chacun d'eux est commandé par un chef qui dirige le commerce avec les étrangers.

On a dit que les habitants des îles Nikobar devaient descendre des Pégouans, mais ils ont beaucoup de ressemblance avec les Malais. Loin d'être anthropophages, comme quelques marins les ont représentés, ils sont doux et hospitaliers. Leurs femmes sont jolies et bien faites. Ils ont une idée confuse d'un Dieu inconnu qu'ils nomment *Kouallen*. Ignorants dans l'art de l'agriculture, et presque dépourvus d'industrie, ils mènent la vie la plus misérable.

LIVRE CENT CINQUANTE-DEUXIÈME.

Suite de la Description de l'Asie. — Description de l'Inde orientale ou de l'Indo-Chine. — Description du royaume de Siam.

« Un golfe large et profond sépare en deux la péninsule indo-chinoise. Au fond de ce golfe nous voyons le célèbre *royaume de Siam*, qui lui donne son nom. Cependant le nom que les Siamois se donnent est celui de *tai* ou *hommes libres*. Les Birmans les connaissent sous le nom de *Chan*, les Malais et les Chinois sous celui de *Seam*. Avant l'agrandissement encore récent de l'empire birman, la riche et florissante monarchie de Siam était regardée comme le principal Etat de l'Inde au-delà du Gange. »

Son étendue a éprouvé des variations nombreuses; cependant, d'après des renseignements récents, ce royaume, qui comprend une partie de la presqu'île de Malacca, est borné au nord par la Chine, à l'est par l'empire d'Annam, à l'ouest par celui des Birmans et par les eaux du golfe de Martaban, au sud par la côte des Malais indépendants et par les eaux d'un grand golfe auquel il donne son nom.

Des montagnes séparent à l'occident le royaume de Siam de l'empire birman. D'autres montagnes peu connues le séparent aussi de l'empire d'An-nam : ainsi le territoire siamois peut être regardé comme une large vallée entre deux chaînes de montagnes. Cette vallée présente une suite de plaines immenses disposées en deux ou trois terrasses inclinées vers la mer, et que sillonne un grand fleuve; cependant plusieurs parties sont tellement plates que les eaux y forment des lacs marécageux.

« Le Nil siamois, le *Meïnam*, appelé aussi *Meïnam-tachin*, est, à juste titre, célèbre parmi les fleuves de l'Orient. Il prend sa source dans les montagnes qui séparent le Haut-Siam du royaume d'Ava. Il ne commence à devenir navigable qu'à Si-yo-Thya ou Siam, ancienne capitale. Kœmpfer nous apprend qu'il est très profond, rapide, toujours à plein bord et plus considérable que l'Elbe. Il ajoute que les habitants placent sa source dans les montagnes qui donnent naissance au Gange; qu'il se divise et étend ses branches à travers le royaume de Kambodje et le Pégou; tradition rejetée comme fabuleuse, mais qui peut-être renferme des vérités défigurées. L'inondation a lieu en septembre.

« En décembre les eaux se retirent. Les eaux des sources s'élèvent avant que le fleuve grossisse, et celles des puits sont nitreuses. L'eau du Meïnam, quoique chargée de limon, est agréable et salutaire; l'inondation est surtout sensible vers le centre du royaume; elle l'est beaucoup moins près de la mer. On fait en bateau la récolte du riz. Les montagnes ont le sol aride et stérile; mais le bord des rivières offre un terrain profond et extrêmement riche, dans lequel on aurait peine à rencontrer un caillou. C'est un dépôt de limon accumulé dès les premiers âges du monde. Les rives du Meïnam sont basses et marécageuses, mais très peuplées depuis Siam jusqu'à Bangkok. Plus bas ce sont des déserts.

» Les deux premiers mois de l'année siamoise, qui correspondent à nos mois de décembre et de janvier, forment l'hiver de ce pays. Les troisième, quatrième et cinquième mois appartiennent à ce que les Siamois appellent le *petit été*. Le grand été a lieu pendant les sept autres ([1]). L'hiver, malgré le vent du nord qui règne alors, est presque aussi chaud que l'été l'est en France : il est sec; l'été, au contraire, est humide. »

« Suivant une relation récente, le climat de » Siam est chaud. On a de la peine à respirer » dans certains moments. Une sueur abondante et continuelle affaisse tellement le » corps, qu'on n'a pas le courage de faire le » moindre mouvement. On ne commence à » revivre que lorsque le soleil s'approche du » zénith ; alors le ciel se couvre de nuages » qui forment, durant plusieurs mois, un immense parasol. Des pluies abondantes rafraîchissent l'atmosphère. Ces nuages accompagnent toujours le soleil du nord au » sud, presque vers le vingtième degré de latitude. Le commencement et la fin de cette » saison pluvieuse sont marqués par des tonnerres effrayants. Quand la foudre est tombée, l'air devient plus calme ([2]). »

« Les immenses forêts qui bordent la vallée du Meïnam renferment des bois précieux, mais que les missionnaires ne désignent que vaguement. »

« Dans le royaume de Siam, dit M. Braguères, il n'existe aucun arbre d'Europe,

([1]) *La Loubère*, tome I, p. 53. — ([2]) Lettre sur le royaume de Siam, par M. *Braguères*, évêque de Caose. — 1831.

» excepté l'oranger et le citronnier ; mais on » y trouve le palmier, le cocotier, le sagou, » l'aréquier, le *tontau*, sur les feuilles duquel » les talapoins écrivent leurs livres de religion ; le tamarinier, le muscadier, le giroflier, le cacaoyer, le cafier, le cannellier, l'arbre à thé, le poivrier. On trouve dans les » environs de Bangkok une espèce de vigne » sauvage qui produit un raisin acerbe qu'on » fait fermenter avec du sucre, et dont on obtient une liqueur qui a le goût du vin de » Chypre : il y a des grappes qui fournissent » jusqu'à dix-huit bouteilles de vin. M. Duvaucel, naturaliste, en a porté des pepins » en France.

» Il y a enfin le cotonnier arbrisseau, le cassier, qui est semblable à l'acacia, et l'oranger qui porte la pamplemousse, orange aussi » grosse qu'un melon, le bois d'aigle odoriférant, etc.

» Les arbres fruitiers sont en plus grand » nombre qu'en Europe; mais les fruits qu'ils » portent, à l'exception de quatre à cinq espèces, sont bien inférieurs aux nôtres en » bonté : ils ont en général un goût acerbe ou » insipide.

» Parmi les végétaux qui méritent quelque » attention, on distingue le bananier, la canne » à sucre, le bétel, qui est une espèce de lierre » rampant que les Indiens mâchent continuellement après l'avoir recouvert d'une légère » couche de chaux ; ils y ajoutent souvent un » morceau d'arec et une feuille de tabac à fumer. Rien de plus dégoûtant que de voir ces » Indiens ruminant sans cesse, et laissant découler de leur bouche une salive couleur de » sang.

» Les légumes d'Europe ne réussissent point » dans ce pays, mais il y en a beaucoup qui sont » inconnus chez nous. Il n'y a d'autres plantes » céréales que le riz, que l'on cultive comme » dans le Piémont. Les rizières des environs » de Bangkok sont souvent inondées, mais la » plante du riz s'élève toujours au-dessus de » l'eau ; si le fleuve croît subitement d'un » mètre, le riz croît d'autant dans l'espace de » douze heures. Il forme la nourriture principale de l'Indien. Rien de plus simple que » la manière dont il le prépare : il met le riz » avec un peu d'eau dans un vase sur le feu ; » dès que le grain est un peu gonflé, il le retire et le mange sans autre apprêt. On cultive

» aussi une espèce de millet qui est assez bon, et le maïs, que les Indiens cueillent en épi quand il n'est pas encore mûr, et qu'ils font rôtir pour le manger en guise de pain. Le froment ne réussit pas; les fourmis et les charançons le détruisent. »

Les bois, ajoute M. Braguères, sont remplis de gibier et d'oiseaux inconnus en Europe. Les espèces les plus communes sont les paons, les kakatoès, les perroquets de toutes couleurs, le colibri rouge et blanc nuancé de vert, le coq et la poule sauvages, parfaitement semblables à ceux de nos basses-cours. Pour prendre les mâles, on place dans un lieu écarté un coq domestique au milieu d'un filet tendu; le coq sauvage accourt aussitôt pour se battre avec le nouveau venu, le chasseur caché tire le filet et enveloppe les deux champions. Il y a aussi des cygnes noirs.

« Parmi les oiseaux remarquables par leur grosseur, on distingue celui que les Siamois appellent *noc-ariam*; lorsqu'il marche, sa tête s'élève au moins à sept pieds de hauteur; il est gros à proportion, son plumage est d'un gris cendré, quelques uns ont le cou et le haut du dos rouges; sa tête est aussi grosse que celle d'un homme; son bec, qui a près de deux pieds de long, est de forme conique; il s'élève parfois dans l'air à perte de vue, mais son cri aigu et perçant fait deviner sa présence; il ne se nourrit que de graines et d'herbes; ses œufs sont semblables à ceux de l'autruche; il est fort commun à Siam, et il vient souvent rôder autour des habitations. L'oiseau de proie nommé *nocca-soun* a un talent particulier pour pourvoir à ses besoins; lorsque sa chasse n'a pas été heureuse, il attaque le vautour, le prend à la gorge, et le force de rejeter une partie de sa nourriture pour la partager avec lui. Ce singulier combat se renouvelle souvent aux environs de Bangkok. »

« Les quadrupèdes les plus curieux qui peuplent les forêts sont les singes de toutes espèces et grandeurs, depuis le petit sapajou jusqu'à l'orang-outang. On trouve parfois une espèce de singe babouin très dangereux; s'il rencontre un homme, il le prend par un bras, se met à rire de toutes ses forces en fermant les yeux, et finit par l'étrangler si l'on ne saisit ce moment pour le poignarder.

» Depuis quelques années il a paru à Siam un animal extraordinaire et inconnu jusqu'à ce jour; c'est un quadrupède gros comme un taureau; sa tête ressemble à celle du singe, sa queue est longue et grosse; il a le cou et les épaules rouges, le reste du corps est noir, son cri ressemble au rugissement du lion; tous les autres animaux féroces, le tigre même, s'enfuient à sa présence. On en a tué un il y a quelques années; on croit que cet animal est originaire de la Chine.

» On trouve encore dans les bois la gazelle, le bouc et le taureau sauvage, le buffle, l'ours d'Europe et l'ours noir du Canada; il y a aussi des sangliers, des rhinocéros et des licornes ou unicornes dont on a tant contesté l'existence. Des chasseurs apportèrent il y a peu de temps une tête d'unicorne à Pinang; elle est beaucoup plus grosse que celle d'un bœuf; la corne est placée sur le front, et se dirige en haut. Cet animal court toujours en ligne droite; la roideur de ses vertèbres ne lui permet guère de se tourner de côté; il peut même difficilement s'arrêter quand il a pris son élan : il renverse avec sa corne ou coupe avec ses dents les arbres de médiocre grosseur qui gênent son passage. »

« Mais de tous les quadrupèdes qu'on voit à Siam, le plus utile est l'éléphant; il a depuis neuf jusqu'à treize pieds de hauteur; ses dents sont énormes. Il y a quelques éléphants blancs qui sont extrêmement recherchés et réservés pour l'empereur. Le peuple les regarde comme sacrés. Il en est de même des singes blancs.

» Les sauriens sont très nombreux; les serpents ne le sont pas moins, et presque tous sont venimeux. C'est surtout dans le temps de l'inondation que ces reptiles abondent; il y en a qui montent sur les arbres, et c'est un spectacle horrible que de voir un arbre dépouillé de ses feuilles et hérissé de ces reptiles.

» Les principales mines de Siam ne donnent que de l'étain et du cuivre. Ce métal est quelquefois mélangé d'un peu d'or. L'antimoine et le plomb entrent dans le commerce. On y a remarqué de beaux marbres, de l'aimant, des agates et des saphirs. »

Bangkok, capitale du royaume, à l'embouchure du Meïnam, offre des remparts, un beau port, un arsenal et des chantiers de construction. Elle est coupée en tous sens par un grand nombre de canaux : c'est la Venise de l'Inde, dit M. Braguères. Ses environs sont embellis de jardins délicieux. Cette grande ville, siége du commerce et des principales branches d'industrie du royaume, est nouvelle; elle a été presque entièrement bâtie sous les derniers rois, après la ruine de Siam. On pourrait la diviser en deux villes, dont l'une flottante, qui consiste en maisons construites sur des radeaux, avec des rues et des bazars très-fréquentés, et où l'on se rend en gondole : elle est presque entièrement peuplée de marchands chinois. Ces maisons, ainsi que la plupart de celles de la ville proprement dite et des édifices publics, sont en bois, à l'exception du palais du roi, des principaux temples et d'un petit nombre de monuments que le gouvernement a fait construire dans le style européen dans les environs de la résidence royale. Le plus bel édifice est le grand temple, bâtiment de forme pyramidale, surmonté d'une flèche haute de 200 pieds anglais. Dans l'intérieur existe une grande salle presque carrée, au milieu de laquelle on trouve une prodigieuse quantité de petites statues et d'images de Bouddha, séparées par des peintures chinoises, des morceaux de glace et des plaques de laque. Un autre temple renferme une statue colossale de Bouddha, en bois doré. Cette ville passe pour avoir environ 80,000 habitants.

Si-yo-thi-ya, nommée *Siam* par les Européens, connue surtout en Europe depuis les relations diplomatiques de Louis XIV avec Tchaou-naraïa, l'an 1680, n'offre plus, malgré les brillantes descriptions qui en furent faites alors, qu'un vaste monceau de ruines habitées par un petit nombre de Siamois. Elle est construite, selon Laloubère, sur une île du Meïnam qui n'a que 2,200 toises de longueur, et 800 à 1,400 de largeur; elle renfermait, d'après Kœmpfer et d'autres voyageurs, plus de 200 temples, la plupart remarquables par leurs dimensions et la beauté du travail, ainsi que par les statues et les ornements intérieurs.

Dans les environs de Siam, on voyait, du temps de Kœmpfer, un temple pégouan renfermant une statue colossale de Bouddha, assise sur un autel. « Le *Pouka-thon*, dit ce » voyageur, est une pyramide élevée dans une » place, au nord-ouest, en mémoire d'une » victoire célèbre remportée sur le roi du Pé-» gou. La construction en est massive, mais » magnifique : elle a 120 pieds de haut. Dans » la partie orientale de la ville sont deux pla-» ces entourées de murs et séparées par un » canal. On y voit des monastères, des colon-» nades, des temples, surtout celui de Ber-» klam, avec une grande porte ornée de sta-» tues, de sculptures et d'autres décorations. » Selon toutes probabilités, le Pouka-thon a été détruit par les Birmans en 1767, lorsqu'ils saccagèrent Siam.

A 30 milles environ au nord de cette ville, on trouvait : *Louvo*, sur les bords du Meïnam, avec le palais de Tchaou-naraïa, que ce prince habitait la plus grande partie de l'année : dans son voisinage, on voit une montagne riche en fer magnifique. Louvo est probablement le Looath de Marco-Polo. Plus au nord on remarque un village appelé *Pra-bat* ou *pied-sacré*, pèlerinage bouddhique, le plus fameux des Siamois, qui viennent y adorer l'empreinte gigantesque du pied de Bouddha, taillée dans un bloc de roche et placée dans un beau temple. *Chantibon*, sur le fleuve du même nom, est un des meilleurs ports du royaume.

En se dirigeant de Bangkok vers l'ouest, on trouve à la sortie de la ville un grand canal qui conduit au fleuve appelé Meïnam-Tachin. A l'endroit où le canal se réunit au fleuve, il y a une petite ville nommée *Mahaxai*, entourée de remparts et défendue par une forteresse. La plupart des habitants sont Chinois. En remontant le fleuve pendant environ vingt lieues, on arrive à un district nommé *Lakankesi*, célèbre par ses plantations de cannes à sucre, et peuplé aussi presque entièrement de Chinois. De ce district un nouveau canal conduit vers l'ouest-sud-ouest, et aboutit à une rivière considérable nommée *Meï-Khlong*. Au confluent s'élève une ville importante appelée *Muang-Meï-Khlong*, qui est défendue par plusieurs forteresses placées des deux côtés du fleuve. Les habitants sont presque tous Chinois, pour la plupart pêcheurs et jardiniers. C'est à une petite distance de cette ville que le Meï-Khlong se jette dans le golfe de Siam. En longeant le golfe dans la direction du sud-ouest, on arrive en peu de temps à une ville nommée *Pipri* où les Chinois sont très nombreux.

De Meï-Khlong, il faut huit jours de navigation pour remonter la rivière jusqu'à la ville de Pak-phréek, en ramant du matin au soir. A une journée de marche on arrive à *Rapri*, appelée aussi *Roxaburi*, c'est-à-dire *ville royale*. Cette cité, autrefois célèbre, a été plusieurs fois pillée pendant les guerres des Birmans contre les Siamois. Elle est bien fortifiée, mais peu peuplée. A une journée de Rapri, on trouve un bourg considérable nommé *Rhothiram*. Ses habitants, presque tous Chinois, s'occupent de la culture du coton et du tabac. Enfin, après une navigation qui dure encore quatre jours, à travers de vastes forêts remplies de tigres, ce qui oblige à naviguer dans des barques presque entièrement couvertes et fermées aux deux bouts, on arrive à *Pak-phreek*, ville défendue par de bons remparts en briques, et bâtie sur la rive gauche du Meï-Khlong, dans un très beau site, mais malsain pendant la belle saison, à cause du voisinage des montagnes (¹).

Nous ne dirons rien des autres villes, en général peu importantes, telles que *Porselouc* ou *Pitsanelouc*, capitale du Haut-Siam, et située sur un bras du Meïnam : cet endroit est célèbre par ses bois de teinture et ses gommes précieuses ; *Tchaïnat*, sur le même fleuve ; *Cham*, qui n'est plutôt qu'un bourg, avec un petit port sur le golfe de Siam ; et *Cin*, à 45 lieues au sud, sur le même golfe, et peuplé de pêcheurs. *Paknam* et *Pakklaat* sont deux villes défendues par des forts garnis de canons, dont la plupart ont été fondus à Bangkok.

Les Siamois paraissent encore posséder une partie du pays appelé *Laos*, et dans lequel ils ont quelques villes peu importantes, telles que *Logan*, peuplée d'environ 2,000 âmes.

« Le royaume de *Zimé* ou *Yangoma*, gouverné par des prêtres bouddhistes, fait aussi partie du Laos. Il est fertile en riz, en métaux précieux, en benjoin, en musc, et célèbre par la beauté et la galanterie de ses femmes, que recherchent les monarques voluptueux des contrées voisines. On regarde aussi comme faisant partie du Laos siamois le *royaume des Lanjans* ou *Lantchangs*, dont la capitale est Langione ou *Winkjan*, bâtie sur le May-Kaoung. Vers le milieu du dix-septième siè-

(¹) Relation adressée par M. Clémenceau à la Société de géographie de Paris, et communiquée à cette Société au commencement de 1840.

cle, on y voyait un palais royal remarquable par son étendue, des temples à flèches dorées et une pyramide couverte de lames d'or.

Chanthabury, suivant M. Pallegoix, évêque de Mallos, est une petite ville de 5,000 habitants, composés de Siamois, d'Annamites et de Chinois. Elle renferme plusieurs pagodes et une église chrétienne, que l'on distingue au milieu des autres temples. On y compte environ 800 chrétiens. Les Annamites qui habitent cette ville n'ont pour la plupart d'autres métiers que la pêche ou la recherche du bois d'aigle ; quelques uns sont ouvriers en fer. Il y a dans la ville marché et fabrique d'arak. On y construit des barques de toute grandeur, grâce à la facilité d'amener le bois des montagnes pendant les grandes eaux. Le commerce d'importation consiste en quatre ou cinq navires chinois, qui apportent chaque année diverses marchandises de la Chine. Le commerce d'exportation, beaucoup plus considérable, se compose principalement de poivre, de cardamome, de gomme de Kambodje, de bois d'aigle, de tabac, de cire, de sucre, d'ivoire, de peaux d'animaux et de poisson salé, etc.

Les habitants de la province de Chanthabury sont presque tous agriculteurs. Ceux qui vivent dans les bois font la chasse aux tigres, aux ours, aux rhinocéros, aux buffles, aux vaches sauvages et aux cerfs. Le poisson abonde sur les côtes maritimes de Chanthabury, mais dans la rivière du même nom la pêche est très peu abondante, si ce n'est celle des crabes qui y fourmillent, et font la principale nourriture du peuple. On les pêche à la ligne, et un enfant peut en prendre ainsi jusqu'à cent par jour.

L'aspect de la province de Chanthabury est agréable et pittoresque : au nord, la vue est bornée par une montagne très haute appelée *Montagne des Etoiles*, parce que, dit-on, ceux qui parviennent au sommet y voient chaque étoile aussi grosse que le soleil. Cette montagne paraît être riche en pierres précieuses ; elle est habitée par les Tchongs.

A l'est, s'étend jusqu'à la mer comme un vaste rideau une autre montagne un peu moins haute, qui a environ 10 lieues de longueur et près de 30 de contour : on la nomme *Sabab*. Le pied en est arrosé par plusieurs ruisseaux considérables, le long desquels sont des plantations de poivre. Cette montagne recèle des mines qui n'ont point encore été exploitées.

A l'ouest s'élèvent plusieurs rangées de collines dont quelques unes sont boisées ; les autres, ainsi que les vallées, sont d'immenses jardins de manguiers, de cocotiers, d'arcquiers, etc., ou des plantations de tabac et de cannes à sucre.

Sur la première colline, qui est à 2 lieues environ de Chanthabury, un fort immense entouré d'un fossé profond est la résidence du gouverneur et des principales autorités. A partir de ce fort, après avoir traversé deux petites collines, on arrive au pied d'une montagne célèbre à Siam sous le nom de *Montagne des Pierres précieuses*, nom qu'elle mérite par la quantité d'aigues marines, de grenats, de chrysolithes, etc., qu'on y trouve.

Quant à la plaine de Chanthabury, longue de 12 lieues et large de 6, elle est très basse et facilement couverte par la marée dans sa partie méridionale ; puis elle s'élève insensiblement jusqu'à 20 pieds au-dessus du niveau moyen de la rivière.

Les Tchongs habitent au nord de Chanthabury les hautes montagnes inaccessibles aux Siamois. Ils sont généralement indépendants ; mais ceux qui avoisinent les Siamois leur paient tribut en poutres, en cire, en cardamome, etc. Dans les défilés de leurs montagnes, aucun mandarin chinois n'oserait aller percevoir le tribut : les Tchongs gardent les défilés, et ne laissent pénétrer chez eux que les petits marchands dont ils n'ont rien à craindre. Ceux de l'intérieur obéissent à un roi qui jouit d'une autorité absolue. Les lois de ce peuple sont, dit-on, très sévères, et les délits sont chez lui peu fréquents.

Les Tchongs sont d'une petite stature, et la plupart d'une conformation vicieuse. Ils ont le teint cuivré, le nez épaté, les cheveux noirs et courts. L'habillement des hommes consiste en une simple toile serrée autour des reins ; celui des femmes est une espèce de jupe d'étoffe grossière de diverses couleurs. Leur nourriture ordinaire est du riz, des légumes, du poisson frais ou salé, et de la chair de cerf ou de buffle sauvage séchée au soleil. Ils mangent aussi des lézards, des serpents et d'autres reptiles. Ils habitent des huttes assez élevées dont les colonnes sont des arbres non travaillés, les murailles faites de roseaux ou de lattes de bambous, et le toit de feuilles entrelacées.

On ignore l'origine des Tchongs ; en langue siamoise leur nom signifie passage, gorge, défilé. Suivant l'opinion la plus probable, cette tribu est une réunion d'esclaves fugitifs de diverses nations qui sont venus chercher la liberté dans leurs montagnes et dans leurs épaisses forêts. Leurs caractères physiques paraissent être en effet le résultat du mélange des races *cambogienne*, *laocienne* et *siamoise*. Presque tous parlent ou comprennent le siamois ; mais ils ont un langage particulier assez rude qui offre quelques rapports avec le cambogien.

Les Tchongs ne cultivent la terre que pour les besoins les plus nécessaires de la vie ; ils plantent le riz, le coton, le tabac et des légumes ; ils vont à la pêche et à la chasse ; ils font des paniers, abattent des poutres, en forment des radeaux, les font tirer par des buffles jusqu'à la rivière qu'ils descendent jusqu'à Chanthabury où ils les vendent, ainsi que les récoltes qu'ils ont pu faire dans le courant de l'année, de gomme, de cire, de cardamome, de goudron, de résine, et d'autres productions de leurs forêts. L'occupation des femmes est de cuire le riz, de tisser des nattes et des étoffes grossières pour les besoins de la famille, et de partager les travaux de leurs maris dans la culture des terres [1].

Sur la côte de Kambodje ou Camboge, les Siamois sont maîtres d'un petit port appelé *Baysage*, d'une partie des petites îles peu connues que l'on a proposé d'appeler *archipel de Kambodje*, et d'un groupe de 7 à 8 îles nommé *Ko-si-chang*, peu importantes, mais riches en bois propres à l'ébénisterie. On remarque dans ce groupe, qui n'est qu'à 2 lieues de l'embouchure du Meïnam, deux îles, *Ko-si-chang* et *Ko-kram*, qui forment entre elles un excellent port abrité de tous les vents, excepté de celui du nord. La première a 2 lieues 1/2 de longueur sur 1 de largeur : c'est la plus grande. Elle est montagneuse et très boisée.

Dans la presqu'île de Malacca, les Siamois sont limitrophes des Anglais, et possèdent plusieurs anciens royaumes indépendants qui ne sont que des provinces peu importantes. Le

[1] Renseignements publiés en 1840, d'après les lettres écrites par M. Pallegoix, évêque de Mallos.

Ligor est le plus septentrional : on y voit une ville du même nom ; il comprend le groupe des îles *Larchin*, dans le golfe de Siam. Le *Bondelon* renferme une ville de *Bondelon*, qui fait un assez bon commerce en riz, poivre, ivoire et bois de construction. Vis-à-vis se trouve l'île de *Tantalam*, qui passe pour fertile, et que baignent d'un côté les eaux de la mer, et de l'autre celles de la rivière de *Rindang*.

Le *Patani* passe pour avoir 50 lieues de longueur et 25 de largeur ; il est tributaire des Siamois. *Patani*, sa capitale, a une bonne rade et fait un commerce considérable ; une autre ville, appelée *Sangara*, n'offre rien de particulier : les voyageurs la représentent bâtie en bois et en roseaux, avec une mosquée en briques.

A l'ouest du Patani s'étend le *Quédah* ou *Kedah*, pays boisé et montagneux, dont une des cimes, appelée le *Djaraïs*, passe pour avoir 6,000 pieds de hauteur. On exploite beaucoup d'étain dans la région montagneuse. *Kedah* ou *Qualla-Bartrang*, sa capitale, ne se compose que de 300 maisons, habitées principalement par des Chinois et des Malais. Son port reçoit un assez grand nombre de navires européens. Le Kedah, baigné par les eaux de la mer et du golfe de Bengale, occupe une longueur d'environ 100 lieues sur 40 de largeur ; on y compte 30 rivières, qui toutes sont navigables, et qui prennent leurs sources dans la chaîne de montagnes qui traversent toute la presqu'île. Doué d'un climat chaud et sain, d'un sol gras, humide et fertile, ce pays serait un des plus riches de l'Inde, si les préjugés des habitants, composés de Malais et de Siamois, n'étaient un obstacle à l'avancement de l'agriculture. La culture du riz et du poivre, l'exportation de l'ivoire et de l'étain, dont l'exploitation exige peu de frais, forment la principale richesse du pays. L'île de *Lankava* ou *Langkavi*, longue d'environ 8 lieues, qui dépend de ce royaume, est très peuplée et assez bien cultivée.

Au sud du Patani, le *Kalantan*, dont la capitale porte le même nom, est tributaire du royaume de Siam. Il en est de même du *Tringano*, ou *Tringanou*, pays riche en poivre et en poudre d'or, et dont les épaisses forêts sont peuplées de tigres et d'éléphants.

« Les qualités physiques semblent annoncer que les Siamois sont de la race mongole. Leur figure approche plus de la losange que de l'ovale ; elle est large et proéminente aux pommettes. Le front se resserre tout-à-coup, et finit en pointe presque comme le menton. Leurs yeux, petits et sans vivacité, s'élèvent un peu vers les tempes. Ils ont presque entièrement jaune ce qui est blanc dans les yeux des autres nations. La proéminence de la pommette fait paraître les joues creuses. Leur grande bouche est enlaidie par des lèvres épaisses et pâles. Ils se noircissent les dents et les couvrent en partie de lames d'or. Leur teint est olivâtre, mêlé de rouge. L'ensemble de leur physionomie est sombre et morose, leur tournure nonchalante et sans grâce. L'embonpoint est surtout très estimé chez les femmes. Kœmpfer les compare aux nègres, et même à des singes (¹).

» Leur langue monosyllabique n'a pas été examinée avec soin. L'alphabet siamois a trente-huit lettres consonnes ; les voyelles forment un alphabet à part. On y trouve l'R, inconnu aux Chinois, et le W. La prononciation est une espèce de chant, comme dans d'autres langues anciennes. Il n'y a d'inflexions ni de noms ni de verbes ; de sorte que le Siamois, pour dire : Père notre qui est dans les cieux, dit littéralement : *Père nous être au ciel* (²). Les livres sacrés sont écrits en langue pali, comme ceux des Birmans. »

La littérature siamoise est très peu avancée. La langue pali, que l'on pourrait appeler *sacrée*, contient les versets sacramentels, les hymnes, les chansons dédiées aux dieux. La langue vulgaire est toute rhythmique. Dans les pièces de théâtre, l'acteur est chargé de l'improviser. L'amour est le grand sujet de ces poèmes, ainsi que des chansons et romances, qui ne sont assujettis à aucune mesure. Leur histoire n'est qu'un recueil de chroniques placé sous la garde d'un mandarin, qui en fait de fréquentes lectures au roi.

Les mœurs des Siamois tiennent à la fois de celles de l'Hindoustan et de la Chine. Lâche, intéressé, vain, mou et fastueux, le Siamois n'a pour balancer tous ses vices que des vertus négatives, la sobriété, la patience et l'amour de la paix. L'abbé Gervais a ainsi tracé leur caractère, il y a près d'un siècle : « Ils

---

(¹) *Kœmpfer* : Histoire du Japon, I, p. 29. *La Loubère*, I, p. 81. — (²) *Idem*, II, 94.

méprisent en général toutes les autres nations, et sont persuadés qu'on leur fait la plus grande injustice du monde quand on leur refuse la prééminence. » Et dans un autre endroit : « Comme ennemis, ils ne sont nullement à craindre ; et comme amis, on ne peut faire aucun fond sur eux. » Depuis, les voyageurs se sont tous accordés à approuver ce portrait.

« La polygamie est admise. Les princes épousent quelquefois leurs sœurs. La femme, humble et soumise, n'ose ni s'asseoir ni manger avec son mari : vigilante et soigneuse à préparer ses mets, elle attend qu'on ait desservi pour manger à son tour. Jamais elle ne se promène dans le même bateau ; et même lorsqu'elle est admise à la couche conjugale, on lui donne un oreiller plus bas, pour lui faire sentir son infériorité. »

Le service intérieur du palais est confié à des pages, à des eunuques et à des jeunes filles. Les premiers ont soin des livres, des armes et du bétel de sa majesté. Les eunuques sont plus particulièrement attachés à la reine ; les filles jouissent seules de la liberté d'entrer familièrement dans l'appartement du roi ; elles font son lit, l'habillent, lui préparent à manger, etc. Un corps de 400 femmes soldées et disciplinées forme sa garde particulière. « Ce
» prince n'a qu'une femme à qui l'on donne
» le titre de reine. Elle a ses officiers, ses
» femmes pour l'accompagner, ses eunuques,
» ses bateaux et ses éléphants. Ses officiers ne
» la voient jamais ; elle ne se montre qu'à ses
» femmes et à ses eunuques. Les filles de
» mandarins dont sa cour est composée sont
» prosternées devant elle comme les hommes le sont devant le roi, mais avec cette
» différence qu'elles ont la liberté de la regarder. Elle gouverne sa maison en souveraine,
» ou plutôt en despote. Le roi lui donne des
» provinces dont elle tire le revenu, et sur lesquelles elle a une puissance absolue. Ainsi
» elle tient conseil de toutes ses affaires avec
» ses femmes, et rend justice à ses sujets.
» Quand on lui fait des plaintes de quelque
» femme accusée, ou de médisance, ou de faux
» rapports, ou d'indiscrétion dans ses paroles,
» elle la punit en lui faisant coudre la bouche ;
» c'est du moins ce qui est arrivé une fois, et
» c'était la femme de Tchaou-naraïa qui ordonna ce châtiment. »

Les femmes n'entrent dans le palais que pour y servir aux plaisirs du monarque ; elles ne sortent jamais du sérail. L'officier qui est à sa porte ne l'ouvre pas sans aller avertir le mandarin qui commande dans la première enceinte, et ceux qui se présentent sont désarmés et visités avec soin : on examine jusqu'à leur haleine ; et s'ils ont bu de l'arak, on les renvoie, de peur que leur présence ne souille la majesté du lieu.

« Le nombre des maîtresses du roi n'est
» point limité, la grandeur du monarque con-
» siste au contraire dans la multiplicité des sul-
» tanes. Les Siamois parurent étonnés qu'un
» aussi grand prince que le roi d'Angleterre
» n'eût qu'une seule femme et point d'élé-
» phants. On nourrit dans ce pays un grand
» nombre de ces animaux ; on les mène à la
» rivière au son des instruments, et l'on porte
» devant eux des parasols. On prétend qu'ils
» sont tellement faits à cette cérémonie, que
» si l'on manquait de l'observer, ils refuse-
» raient de sortir. »

« Les funérailles des Siamois ressemblent beaucoup à celles en usage parmi les Chinois. Les moines, appelés *talapoins*, y chantent des hymnes en langue pali. Après une procession solennelle, le corps est brûlé sur un bûcher de bois précieux. Pendant toute la cérémonie, le silence le plus profond, le recueillement le plus religieux, sont sans cesse observés. Les tombeaux ont une forme pyramidale, et ceux des rois sont d'une hauteur et d'une largeur considérables.

» Les Siamois aiment les jeux scéniques ; ils en tirent les sujets de leur mythologie et de l'histoire fabuleuse de leurs héros. Ils ont des joûtes en bateaux, des courses de bœufs, des combats d'éléphants et de coqs, des tours de force, la lutte, les danses de corde, des processions religieuses, des illuminations, de beaux feux d'artifice. Leur indolence enchaîne le talent pour la mécanique dont ils sont doués. Ils entendent mal la fabrication du fer et de l'acier, mais ils excellent dans le travail de l'or et dans la miniature. Le peuple s'occupe de la pêche et des moyens de pourvoir à sa subsistance. Les classes supérieures partagent leur temps entre l'oisiveté et les ruses d'un petit commerce.

» C'est avec le Japon, la Chine, l'Hindoustan et les Hollandais, que s'entretiennent les principales relations commerciales. Les exportations consistent en grains, coton, benjoin, bois de santal, poutres de bois de djate, noix de Cambodje, antimoine, étain, plomb, fer, aimant, or de mauvais aloi, argent, saphirs, émeraudes, agates, cristal et marbre (¹). A ces articles on ajoute encore le *tombac*, qui, selon les uns, est un cuivre aurifère, mais selon les autres, et plus vraisemblablement, une composition artificielle (²). Enfin les peaux de raies, apprêtées et ornées d'un dessin, forment un article d'exportation très précieux; il y en a d'un prix arbitraire, et d'autres de la valeur d'un *cati* d'or, environ un marc d'or et un quart (³).

» Sommona-kodam, le dieu des Siamois, est le même que Bouddha. Ses prêtres et moines sont nommés *talapoins* par les Européens, mais *djankou* dans le pays. Ses commandements, renfermés dans le livre nommé *Vinac*, ne sont ni nombreux ni rigoureux. »

Les lois civiles ne sont ni sévères ni sanguinaires; le roi signe rarement un arrêt de mort. La peine capitale consiste, pour les particuliers, à avoir la tête tranchée, et pour les nobles, à être assommés, cousus dans un sac et jetés à la rivière.

Selon M. Braguères, les talapoins ou prêtres forment une espèce d'ordre religieux hiérarchique; ils ont un général, des provinciaux, des prieurs, de simples religieux, des novices ou postulants, et enfin des savants et des docteurs. Ils ne vivent que d'aumônes, mais elles sont abondantes. Les talapoins se confessent à leurs supérieurs; ils ont beaucoup de rites semblables à ceux des chrétiens, tels que l'eau lustrale, le carême, la pâque, la bénédiction nuptiale, des chapelets, des reliques, etc. Ils habitent une maison contiguë à la pagode qu'ils desservent; ils accompagnent les morts qu'on brûle sur un bûcher, et ils ont le linceul en paiement.

« Il y a aussi des talapoines. ce sont de vieil-
» les femmes, veuves pour la plupart, qui se
» retirent dans un couvent appelé *Heran*, où
» elles vivent en communauté; elles sont ha-
» billées de blanc, et sont obligées de réciter
» un chapelet. »

L'éléphant blanc est comme le palladium de l'empire; on en entretient un à la cour. « Il a
» son palais, ses gardes, un nombreux domes-
» tique; il prend rang immédiatement après
» les princes du sang. Sa tête est ornée d'une
» espèce de diadème, ses dents sont garnies de
» plusieurs anneaux d'or; il est servi aussi en
» vaisselle du même métal. On le nourrit de
» cannes à sucre et des fruits les plus déli-
» cieux; quand il sort, on étend sur sa tête un
» grand parasol de soie cramoisie. Tous les
» soirs on l'endort au son de la musique.
» Quand il meurt, on lui rend les mêmes hon-
» neurs funèbres qu'aux grands de l'empire;
» sa mort est un deuil général, et l'on se hâte
» de lui trouver un successeur.

» Le singe blanc jouit aussi des mêmes pri-
» viléges à peu près que l'éléphant blanc; il
» a bouche à la cour et maison montée. Les
» Siamois le regardent comme une espèce
» d'homme extraordinaire. »

Le peuple pense que les maladies contagieuses, comme la peste, le choléra-morbus, sont des êtres réels; il les conjure et les poursuit en frappant l'air de coups de poignard pour les tuer.

Les pagodes sont des bâtiments carrés, oblongs, assez bas, recouverts d'un toit formant un angle très aigu. Les idoles sont placées dans le fond, sur une espèce de gradin; elles ont toutes des formes monstrueuses: ce sont des mélanges de corps d'hommes et d'animaux ou d'oiseaux, faits en bois, en or, en argent, en terre cuite et en verre. En face de la pagode, à une certaine distance, est élevée une colonne en bois assez haute, ornée d'un drapeau (¹).

« L'esclavage se perpétue par la naissance, mais non parmi les prisonniers de guerre et les débiteurs insolvables, qui, quoique esclaves, donnent le jour à des enfants libres. L'esclave pour dette recouvre sa liberté lorsqu'il a satisfait à ses engagements.

» Le gouvernement de Siam est despotique et héréditaire; le souverain, ainsi que chez les Birmans, reçoit des honneurs presque divins; trois fois dans la journée il paraît un instant aux yeux de ses grands officiers, qui se prosternent à terre (²). Aucune noblesse hérédi-

---

(¹) *Van Vliet*: Relation du royaume de Siam, p. 62 (en holl.).—(²) *Dalrymple*: Oriental repert., I, p. 118. —(³) *Valentyn*: Description du Siam, planche n° 36.

(¹) Lettre sur le royaume de Siam, par M. Braguères, évêque de Capse. 1831. — (²) *Van Vliet*, p. 19.

taire n'offusque le redoutable éclat du trône. Le monarque peut épouser, quand cela lui plaît, ses propres sœurs, et même ses filles, ne pouvant s'unir à un sang plus auguste que le sien. Mais la puissance de ce monarque paraît avoir diminué à mesure que l'orgueilleuse pompe de sa cour s'est accrue. Ses revenus étaient tombés, il y a un siècle, de 80,000,000 de francs à 30 ou 40. D'après un recensement de la même époque, le nombre des adultes des deux sexes fut trouvé de 1,900,000, ce qui ne supposerait qu'une population de 3 à 4,000,000. La Loubère dit que, de son temps, il n'y avait pas d'armée, à l'exception de quelques gardes royaux ; et Mandelslo estime l'armée qui peut être levée, lorsque les circonstances le demandent, à 60,000 hommes, avec 3,000 à 4,000 éléphants. Ces deux estimations indiquent une faible population. Il paraît que l'armée s'élève aujourd'hui à 25 ou 30,000 hommes. La marine est composée d'un certain nombre de galères de diverses grandeurs, dont le plus grand mérite consiste à être richement décorées. Souvent, dans les guerres civiles, les fleuves de l'Indo-Chine ont été le théâtre de batailles navales.

» L'histoire des Siamois offre des lacunes, mais ne présente point de chronologie fabuleuse. Leur ère remonte à la disparition de leur dieu Sommona-kodam ou Bouddha. Leur premier roi commença à régner l'an 1300 de leur ère, ou 356 ans environ après l'ère chrétienne. Des guerres avec le Pégou, et des usurpations de trône, constituent les tristes et uniformes époques de l'histoire siamoise, depuis la découverte que les Portugais ont faite de ce pays. En 1568, le roi de Pégou leur déclara la guerre à cause de deux éléphants blancs que les Siamois refusaient de livrer, disent les historiens ; mais ce fut plutôt pour reconquérir les côtes du golfe du Bengale, démembrées de son royaume par les Siamois. Faute d'attention on suppose la politique des Asiatiques plus absurde qu'elle ne l'est. Après un carnage prodigieux des deux côtés, Siam devint tributaire de Pégou ; mais, vers 1620, Radjah Hapi délivra sa couronne de cette servitude.

« En 1622, trois évêques français appartenant aux missions, Lamothe-Lambert, Pallu et Cotolendi, arrivèrent successivement à Siam, où régnait Tchaou-naraïa, esprit élevé et novateur, qui comprit sur-le-champ tous les avantages de notre civilisation. Ce fut peu de temps après que s'y présenta un aventurier nommé Constantin Phalcon, Grec d'origine, qui fut tour à tour commis, soldat, marchand, armateur et subrécargue ; Phalcon naufragea sur les côtes de Perse en même temps que l'ambassadeur siamois, auquel il rendit quelques services. Ce fut là l'origine de sa fortune. Présenté au roi par cet ambassadeur, il eut le talent de s'en faire aimer et de parvenir à l'intimité de Tchaou-naraïa, qui en fit son premier ministre.

» Phalcon avait été aidé par les missionnaires : il voulut les aider à son tour, et obtint du prince qu'il enverrait des ambassadeurs à Louis XIV. En 1687, une ambassade française, composée du chevalier de Chaumont, de Serderet et de la Loubère, de cinq missionnaires et de quatorze jésuites, parut dans le Meïnam.

» Les tentatives pour convertir le roi siamois furent inutiles, mais il consentit à recevoir des troupes auxiliaires commandées par de Fargel, tandis qu'il nomma le chef d'escadre Forbin grand amiral et généralissime des troupes siamoises. »

La faveur dont jouissait Phalcon semblait s'accroître de jour en jour ; mais sa puissance lui avait suscité une foule d'ennemis parmi les courtisans ; et ses réformes religieuses et l'appui donné aux missionnaires lui avaient attiré la haine des talapoins ; aussi, à la mort du roi, arrivée peu de temps après, ses ennemis se vengèrent : il mourut dans les tortures. Les Français, par suite d'une capitulation, évacuèrent le royaume, tandis que les missionnaires, traînés ignominieusement par les rues, furent jetés en prison, et que leurs églises furent dévastées.

Depuis cette époque le royaume de Siam eut peu de rapports avec les Européens ; il ne cessa d'être ravagé par les guerres civiles et par les invasions des Birmans.

Après la prise de Si-yo-thi-ya, en 1767, un prince chinois se fit proclamer roi sous le nom de Phia-Tak, et Bangkok devint la capitale de ses États ; mais il fut détrôné par le général en chef de ses armées, qui eut beaucoup de peine à se maintenir contre les Birmans, et laissa la couronne en 1809 à son fils, qui a régné sans obstacles jusqu'en 1824, et dont le successeur gouverne aujourd'hui les provinces siamoises.

La *presqu'île de Malacca* ou *Malakka*, longue de 260 lieues sur 66 dans sa plus grande largeur, est trop imparfaitement connue pour que nous puissions entrer dans quelques détails sur ce qu'elle peut offrir de remarquable. Son intérieur est occupé par de vastes forêts vierges, remplies de bêtes féroces et de reptiles venimeux ; les terres qui bordent la côte sont fertiles et présentent tout le luxe de la végétation tropicale. Mais ce qui, ainsi qu'on a pu le voir par ce que nous avons dit des possessions siamoises dans cette péninsule, constituerait une richesse importante si le pays était habité par un peuple industrieux, ce sont les dépôts d'alluvions aurifères et stannifères ; l'or se rencontre dans le sable des rivières, et l'étain est disséminé presque à la surface du sol, dans un sable très fin.

« Dès l'an 1644, le gouverneur Van Vliet, à qui nous devons une bonne relation de Siam, essaya de faire pénétrer des détachements dans l'intérieur de la péninsule malaise. On y rencontre, dans la plaine, des taillis de buissons où il faut s'ouvrir une route la hache à la main, et des marais où les indigènes seuls savent marcher sur des troncs d'arbres abattus [1]. Arrive-t-on à une hauteur, de beaux arbres flattent la vue ; mais, entre ces arbres, des ronces, des épines, des plantes sarmenteuses s'enlacent de manière à fermer absolument le chemin. Les moustiques voltigent en nuées dans ces forêts. A chaque pas on court risque de fouler un serpent venimeux. Les léopards, les tigres, les rhinocéros, troublés dans leur asile héréditaire, dévoreraient tout voyageur qui ne serait pas accompagné d'une forte escorte, et qui n'entretiendrait pas du feu toute la nuit. Mais comment avoir une escorte ? Les Malais, cent fois plus dangereux que les tigres et les serpents, ne suivent qu'à regret et à contre-cœur un Européen ; et même ceux qui étaient sujets des Hollandais, saisissaient souvent l'occasion de trahir ceux qu'on les avait chargés de conduire. En 1745, un M. Van der Putten, amateur de voyages, entreprit, avec un détachement que lui avait fourni le gouverneur Albinus, de pénétrer jusqu'au mont *Ophir*, nommé en malais *Gounong-Lelang*, situé vers les sources de la rivière de Moar, au sud-est de Malacca ; mais dès qu'il eut quitté le bateau, son escorte prit peu à peu la fuite, et il ne put achever son entreprise.

» Les parties les mieux connues produisent du poivre et d'autres épices, ainsi que quelques espèces de gommes. Une verdure éternelle orne les forêts où croissent des bois précieux, tels que le bois d'aloès, le bois d'aigle, de santal, et le *cassia odorata*, espèce de cannellier. On y respire un air embaumé par une quantité innombrable de fleurs, qui naissent continuellement à côté des fleurs mourantes. Mais l'état inculte du pays fait naître en beaucoup d'endroits un air pestilentiel, et rend en général les vivres peu abondants. Les poissons, les légumes et les fruits ne manquent pas à Malacca même [1]. Le règne animal est peu connu. Parmi les oiseaux, qui paraissent très nombreux et très brillants, on cite l'oiseau de Junon, espèce de poule qui, sans posséder la queue du paon, étale un plumage orné d'aussi belles taches [2]. Le tigre, en poursuivant les antilopes à travers les rivières, devient quelquefois la proie du caïman [3]. Les éléphants sauvages fournissent quantité d'ivoire. L'étain est le seul minéral qu'on exporte. Les mines de ce métal se trouvent dans des vallées où l'on enlève d'abord de grandes racines d'arbres, quelquefois jusqu'à sept pieds de profondeur ; on trouve le minerai dans un sable très fin auquel il ressemble ; parvenu à un banc de pierres, on cesse l'exploitation, quoique cette pierre, nommée *ibou timbo*, ou la mer de l'étain, paraisse en contenir. Mais les moyens d'exploitation des Malais sont trop bornés pour qu'ils puissent attaquer ces rochers [4]. Les Chinois viennent quelquefois exploiter ces mines, et ils savent du moins mieux épurer et fondre le métal que les indigènes. »

Les Siamois ont toujours cherché à dominer dans cette presqu'île : vers la fin du dix-huitième et au commencement du dix-neuvième siècle, les naturels étaient parvenus à secouer le joug du roi de Siam ; mais depuis cette époque toute la partie septentrionale est rentrée sous la domination étrangère, et nous en avons

[1] *Balthasar Bort* : Manuscrit, p. 103, cité dans les *Mémoires de Batavia*.

[1] *Blancard* : Commerce des Indes, p. 328. — [2] *Van Wurmb* : Mém. de Batavia, II, p. 461 (en holland.). — [3] *Valentyn* : Malacca, p. 310. — [4] *Mémoires de Batavia*, IV, p. 558.

décrit les divisions administratives. La partie méridionale, qui conserve encore son indépendance, est peuplée de trois races d'hommes, établies principalement sur les côtes depuis plus de six siècles : ce sont des sauvages bruns, nommés *Diacong* et *Benoua*, qui errent dans les montagnes et dans les plaines basses, et des *Samang* dans la partie septentrionale ; la troisième race, celle des *Malais*, occupe principalement les côtes. Ces peuplades forment cinq petits États ou royaumes.

Le *Pérak*, dont la plus grande rivière et la capitale portent le même nom, occupe en longueur un espace de 35 lieues sur la côte occidentale : *Kalang* est la résidence du souverain, mais la capitale est *Pérak*, ville d'environ 8,000 âmes, avec un port très fréquenté, où il se fait un grand commerce d'étain et de dents d'éléphant.

« Le royaume de *Salengore*, voisin du précédent, est un des plus puissants. Il possède une marine ; ses vaisseaux sont redoutés comme de terribles corsaires. Ses villes sont peu importantes. *Salengore*, qui était autrefois la capitale, est maintenant presque déserte. »

A l'est du précédent, dont il n'est séparé que par la chaîne centrale de la péninsule, le royaume de *Pahang*, en chinois *Pang-hang*, arrosé par une rivière du même nom, est fertile et peuplé. Il exporte de l'or et des rotins. *Pahang*, sa capitale, est une réunion d'habitations entourées de bambous et d'autres arbres : ce qui lui donne plutôt l'apparence d'un assemblage de jardins que d'une ville régulière. Elle possède un port où l'on fait un assez grand commerce. Au nord de cette cité, *Tringoram*, regardé par les voyageurs comme un marché favorable pour l'achat du poivre et de l'étain, n'est pas sans importance comme ville maritime.

Le petit royaume de *Roumbo*, dans l'intérieur de la péninsule, diffère des précédents en ce que ses habitants se livrent presque tous à l'agriculture.

Le plus méridional de ces royaumes est le *Johor* ou *Djohore*, situé à l'extrémité de la Chersonèse. Sa longueur, du nord-ouest au sud-est, est de 45 lieues, et sa largeur de 35. Plusieurs petites rivières arrosent son sol, fertile en poivre et en sagou, et riche en or, en étain et en ivoire. *Djohore*, sur le détroit de Sincapour, n'est qu'un misérable village, qui cependant est la résidence d'un souverain.

LIVRE CENT CINQUANTE-TROISIÈME.

Suite de la Description de l'Asie.—Empire d'An-nam. — Première section. — Description du royaume de Tonking avec le Laos.

« En pénétrant dans les parties centrales de la péninsule indo-chinoise, les clartés de la géographie, s'affaiblissant de plus en plus, cèdent enfin la place à une obscurité presque complète. »

L'empire d'*An-nam*, que nous allons parcourir, se compose de trois ou quatre royaumes et de plusieurs autres pays conquis ou tributaires. Ce sont d'abord les royaumes connus des Européens sous les noms de Tonking, de Cochinchine, de Kambodje, d'une contrée appelée royaume de Bao, du Laos, et de quelques petits territoires indépendants situés dans des montagnes qui séparent l'empire annamite de la Chine proprement dite.

« On ne saurait placer que conjecturalement le pays de *Lac-tho* ou *Lac-tchou*, qu'un voyageur récent dit être situé au nord du Laos, entre le Tonging et la Chine. C'est, selon ce voyageur, ou plutôt selon les ouï-dire qu'il a recueillis, un plateau sans rivières [1], dont le sol cependant très humide est fertile en riz et où il vient beaucoup de bambous [2]. Ce pays, qui ne renferme aucune ville proprement dite, exporte des buffles et du coton écru [3] en échange de sel et de soieries. Le peuple, qui s'habille d'étoffes de coton et d'écorce d'arbre, éprouve les malheureux effets de la guerre

---

[1] *La Bissachère*: Etat du Tonquin, I, p. 19. —
[2] *Ibid.*, p. 144, p. 246. — [3] *Ibid.*, p. 75, p. 200.

civile perpétuelle qui divise les petits chefs héréditaires auxquels il est soumis. L'empereur d'An-nam exerce sur eux une suzeraineté nominale. Quelques tribus du Lac-tchou vivent dans la simplicité de l'âge d'or; les familles ont leurs biens en commun, la récolte est laissée sans garde dans les champs, les portes de la maison sont ouvertes le jour et la nuit; tout étranger est reçu et traité cordialement; les passants cueillent dans les jardins autant de fruits qu'ils veulent ([1]). »

Ce Lac-tchou est, suivant un Français, M. Langlois, qui y a long-temps séjourné, une subdivision appelée *Huyen*, de la province de Than-hou : c'est un pays boisé, montagneux et marécageux, où les bambous atteignent une hauteur prodigieuse. Il est traversé par le May-kang. On lui donne environ 80 lieues de longueur du nord au sud et 60 de largeur de l'est à l'ouest. On prétend qu'il nourrit une population de 700,000 âmes.

« Un voyageur auquel son courage ou son adresse ouvrirait le passage par l'intérieur des États birmaniens, ferait d'intéressantes découvertes en dirigeant ses pas vers l'est pour pénétrer dans la contrée presque inconnue qu'on nomme royaume de *Laos*. Ce pays est au nord-est du royaume de Siam, et au nord du Kambodje. Selon l'opinion reçue, un grand fleuve l'arrose, c'est le May-kang. L'envoyé hollandais Wusthof le remonta en bateau; il rencontra plusieurs cataractes épouvantables ([2]). Un voyageur portugais arriva de la Chine au Laos en descendant ce fleuve et en traversant un lac ([3]). Le *Laos* est séparé de tous les États voisins par de hautes montagnes et d'épaisses forêts. On varie sur sa fertilité; la Bissachère dit qu'on cultive un dixième des terres, et qu'elles ne produisent que du riz ([4]); Wusthof et Marini vantent l'abondance des denrées des règnes animal et végétal. Le riz qui s'y récolte est estimé le meilleur de ces contrées. On cultive beaucoup de légumes. Il y a quantité de buffles. Le pays fournit aux caprices du luxe le benjoin, le musc, de l'or, des pierres précieuses, particulièrement des rubis, des topazes et des perles. La gomme-laque dite de Lalou est surtout si estimée, que les marchands de Kambodje y viennent en chercher, quoique leur pays en produise de très bonne. Les éléphants sont, dit-on, si communs dans les forêts du Laos, qu'on assure que le pays en a tiré son nom. Les Tonkinois et les Chinois ont la part principale au commerce. Cependant les Siamois y venaient autrefois en caravanes de plusieurs centaines de charrettes attelées de buffles; ils restaient deux mois en route. On vend dans ce pays des soieries et du sel; cette dernière denrée s'échangeait jadis contre un poids égal d'or ([1]).

» Marini indique sept provinces sans les nommer. Wusthof en marque trois, gouvernées par autant de princes vassaux. »

Les trois provinces ou royaumes dont parle ce dernier auteur sont probablement le *Laos* proprement dit, le *Tiem* et le *Lanjan* ou *Lantckang méridional*, c'est-à-dire la partie de ce pays qui ne dépend pas du royaume de Siam.

Han-niah ou *Han-nieh*, comme la nomme La Bissachère, est une ville qui paraît être la même que celle que d'autres appellent *Lantchhang* et *Mohang-lang*. Cette capitale du royaume de Laos est environnée d'une haute muraille et renferme un palais en bois et une population évaluée à 5,000 individus. Elle est située sur le May-kang, de même que *Sandapoura*, qui appartient au pays de Lan-tchang. Marini parle d'une ville de *Tsiamaïa*; Duhalde d'une autre appelée *Mohang-lang*, sur la rive gauche du May-kang, à 30 lieues au sud-est d'Han-nieh.

« Les habitants du Laos paraissent avoir de la ressemblance avec les Chinois méridionaux. Leur teint est olivâtre; ils sont en général bien constitués, de bonne mine, robustes, doux, sincères, mais portés à la superstition et à la débauche. La chasse et la pêche sont presque leurs seules occupations.

» Le pays est divisé, ainsi qu'on l'a vu, en plusieurs petits royaumes. Les chefs de famille ont un grand pouvoir. Les talapoins ou prêtres bravent l'autorité civile, vivent dans la licence et oppriment horriblement le peuple et même la noblesse. Il ne faut cependant pas trop se fier à ces assertions de Marini; car il paraît, d'après les rapports hollandais, que ces talapoins se sont permis envers les mis-

---

([1]) *La Bissachère*, II, 60-61. — ([2]) *Valentyn* : Oud-and-Nieuw-Ostindien, IV. Description de Cambodje, p. 51. — ([3]) *Jarric* : Thesaur. rer. indic. I, liv. II, ch. xxv. — ([4]) *La Bissachère* : État du Tonquin, I, p. 147.

([1]) *Valentyn*, p. 53.

sionnaires une plaisanterie très mordante : « Vous voyez, leur dirent-ils, que nous avons » un système religieux très complet, des pa- » godes à flèche dorée, des pyramides, des » images de divinités couvertes de lames d'or, » un culte rempli de cérémonies. Nous for- » mons d'ailleurs, nous autres talapoins, un » clergé puissant, riche et heureux. Avant de » nous prêcher un changement de religion, » daignez apprendre notre langue, prenez nos » vêtements, vivez parmi nous à notre ma- » nière, suivez nos études, entrez dans nos » ordres sacrés, et quand vous aurez subi » cette épreuve, vous aurez la liberté de prê- » cher contre nous et d'essayer de nous con- » vertir. »

La Bissachère évalue la population du Laos à 1,400,000 habitants, ce qui est fort exagéré, même en y comprenant le Laos siamois.

Il paraît que depuis la fin du dix-huitième siècle les empereurs d'An-nam ont déposé les rois du pays, et ont confié l'autorité à des mandarins dont le pouvoir est fort restreint.

« A l'est du Laos et au sud des provinces chinoises de Yun-nan et de Kouang-si, s'étend le pays que nous nommons royaume de *Tonquin* ou *Tonking*, qu'il est mieux d'écrire *Toung-king*, et qui est situé autour d'un golfe du même nom. Son véritable nom est *An-nam septentrional* (¹). Les Cochinchinois le nomment *Drang-ngaï* ou royaume du dehors. Celui sous lequel nous le connaissons est le nom qu'a porté la capitale jusque dans ces derniers temps. »

Ce royaume, qui se divise en 12 provinces, a 150 lieues de longueur sur 90 dans sa plus grande largeur. Nous évaluons sa superficie à 7,500 lieues géographiques carrées. Les missionnaires s'accordent à le représenter comme un pays extrêmement peuplé. C'est peut-être à tort qu'on leur a reproché d'en avoir exagéré la population en l'évaluant à 18,000,000 d'individus, puisque M. Marette, prêtre français établi dans ce pays, la portait, en 1833, à 20,000,000 ; mais il est vrai avec quelque doute. Cependant comme une contrée qui renferme 2,000 habitants par lieue carrée peut passer pour très peuplée, nous croyons être très près de la vérité en donnant

au Tonking 15,000,000 d'habitants. On y compte plus de 200,000 chrétiens dirigés par 80 prêtres et 2 évêques qui ont un séminaire et deux collèges.

« On éprouve fréquemment de redoutables *typhons* ou trombes dans le golfe du Tonking et dans les mers adjacentes. Précédés d'un temps serein, ils s'annoncent au nord-est par un petit nuage très noir vers l'horizon, mais bordé, dans sa partie supérieure, d'une bande couleur de cuivre qui s'éclaircit insensiblement jusqu'à ce qu'elle devienne d'un blanc éclatant. Souvent cet alarmant phénomène se montre douze heures avant que la trombe n'éclate. C'est la lutte perpétuelle entre le vent du nord, descendant des montagnes du continent, et le vent du sud, venant de la mer, qui produit ces trombes. Leur fureur est extrême. Pendant leur durée, le tonnerre gronde d'une manière épouvantable, de longs éclairs sillonnent le firmament, accompagnés d'une pluie abondante ; un calme absolu succède après cinq ou six heures ; mais bientôt l'ouragan recommence en sens opposé avec plus de fureur encore, et dure pendant un égal espace de temps (¹).

» Pour en venir à la description du pays, nous dirons, d'après les relations des missionnaires, que le climat du Tonking est constamment rafraîchi par les vents du sud et du nord ; les pluies y tombent depuis avril jusqu'en août ; elles sont suivies de la plus belle et de la plus abondante végétation. Les chaleurs, quoique très fortes, sont supportables ; l'hiver n'a pas de neige, mais le vent du nord est très piquant pendant un ou deux mois.

Le pays est ceint de montagnes au nord et à l'ouest ; mais les côtes et le centre présentent une vaste plaine, formée en partie par les alluvions de l'Océan et les dépôts des rivières (²). Des digues nombreuses et étendues défendent contre les flots de la mer ces terres basses, très fertiles en riz. En plusieurs endroits, les boues et les sables rejetés par la mer forment un mélange qui n'est plus de l'eau, qui n'est pas encore de la terre, et où les Tonkinois, pour exercer la pêche, glissent à moitié assis sur des planches. Les rivières inondent le Tonking dans la saison pluvieuse, c'est-à-dire

---

(¹) *Valentyn* : Lettre d'un roi de Tonquing à un gouverneur de Batavia.

(¹) *Pennant* : Outlines of the globe, t. III, p. 76. —
(²) *La Bissachère* : État du Tonquin, I, p. 46 *sqq.*

depuis mai jusqu'en septembre. Le principal fleuve est le *Sang-Koï*, nommé en Chine, où il prend sa source, *Hoti-Kiang*; il reçoit le *Li-Sien* ou *Li-Sing-Kiang*. »

Le *Sang-Koï* est, comme le Gange, la principale cause de la fécondité du Tonking. Ce fleuve, dont le cours est de plus de 160 lieues, se jette dans le golfe par quatre embouchures. Autrefois il était navigable pour des bâtiments de 500 à 600 tonneaux; aujourd'hui son entrée, embarrassée par des bancs de sable, ne peut recevoir que des navires d'une centaine de tonneaux. Le royaume est encore arrosé par d'autres cours d'eau, dont le plus considérable est le *Tche-laï-ho* qui se jette dans le golfe de Tonkin, après avoir arrosé 60 à 80 lieues de pays. En général, il est traversé par un grand nombre de rivières, ce qui facilite beaucoup les transports et la communication commerciale; aussi, comme le dit M. Marette, si l'on n'y voit pas de voitures, les fleuves en revanche sont couverts de bateaux.

« Les Tonkinois cultivent les patates, les yams ou ignames, les plantains, le riz, les mangos ou mangues, les limons, les noix de coco, les ananas; ils recueillent de la soie excellente. L'orange de ce pays est la meilleure que l'on connaisse. L'arbre à thé y abonde, mais on n'en soigne pas le produit. Le bois de fer et beaucoup d'autres espèces de bois précieux croissent sur les montagnes, tandis que le palmier arec, le bétel, l'indigo, la canne à sucre, viennent dans les plaines. On ne connaît ici ni moutons ni ânes; mais les forêts sont pleines de tigres, d'éléphants, de rhinocéros, d'ours, de cerfs, d'antilopes, de gazelles musquées et de singes, et les campagnes sont couvertes de bœufs, de buffles, de pourceaux, de volaille. »

Les chevaux ne servent guère que pour la monture de quelques mandarins subalternes; les personnes de distinction se font porter dans des hamacs suspendus par les deux bouts à un gros bâton de bambou [1].

La terre est fertile, mais les récoltes varient beaucoup selon les saisons. Les longues sécheresses nuisent à la récolte du riz; cependant les champs donnent généralement deux récoltes de riz ou de riz et de coton annuellement.

« L'histoire naturelle de ce pays se compose de vagues indications fournies par des missionnaires peu instruits. Lorsqu'ils nous vantent des abeilles sauvages qui donnent, comme au Brésil, un miel limpide et odorant; lorsqu'ils se plaignent des dévastations de la fourmi blanche attaquant les récoltes et les provisions de ménage dans les maisons; lorsqu'ils parlent du nombre immense de serpents qui infestent ce pays marécageux, nous reconnaissons dans leur peinture sans art l'empreinte de la vérité; mais lorsqu'ils assurent avoir entendu des singes chanter aussi mélodieusement que le rossignol [1], il est permis d'y soupçonner quelque illusion du sentiment ou du souvenir.

» Le règne minéral présente du fer dans un état très pur et du bon cuivre en abondance, de l'étain et de l'or en petite quantité, et un métal qui, d'après les qualités qu'on lui attribue, semble être du zinc, soit muriaté, soit arséniaté [2]. Les nombreuses cavernes remplies de stalactites indiquent la nature calcaire de beaucoup de montagnes.

» La capitale de l'An-nam septentrional s'appelait *Dong-King* ou *Ting-King*, c'est-à-dire *cour de l'est*, d'où nous avons fait Tonking; aujourd'hui elle a pris le nom officiel de *Bac-King*, ou *cour du nord;* mais le peuple la désigne sous la dénomination de *Ketcho* ou *Kecho*. Cette ville, située sur la rivière de Sang-Koï, à 40 lieues de la mer, égale, dit-on, Paris en étendue [3], et n'a pourtant que 40,000 habitants : deux faits qui se concilient dès qu'on observe que des cabanes, des jardins et de larges rues occupent la plus grande partie de l'espace. Les palais du roi et des mandarins sont seuls construits en briques séchées au soleil; ceux de l'empereur ont le privilége exclusif d'être bâtis en carré. »

Dans ses environs on voit la triple enceinte de l'ancienne ville et les ruines du palais des rois. Suivant La Bissachère, Ketcho possède la seule imprimerie de l'empire.

« Nous remarquerons encore les villes de *Han-Vints*, avec 20,000 habitants; *Tranbach*, avec 5,000; *Kausang*, avec 8,000; *Hun-Nan*, avec 6,000 : cette dernière est la même que *Hean*, où les Hollandais avaient leur

---

[1] Lettre sur le royaume de Toung-King par M. Marette, prêtre français (janvier 1833). — Nouvelles Annales des voyages.

[1] *La Bissachère*, I, p. 94. — [2] *Idem, ibid.*, p. 53. — [3] Richard : Hist. du Tonquin, I, p. 36. — [4] *La Bissachère*, I, 73.

comptoir. » Cependant ces villes ne sont à proprement parler que des villages. La seule véritable ville est la capitale. Aussi peut-on dire que les villages sont extrêmement peuplés. En général ils sont entourés d'arbres ou de haies en bambou qui en défendent l'entrée; mais ils sont tellement nombreux, que dans la partie cultivée du pays ils se touchent, et que les grandes routes présentent une suite non interrompue de maisons et de jardins plantés en palmiers.

Le groupe des *Pirates*, petites îles qui s'élèvent à l'extrémité septentrionale du golfe de Tonking, et qui sont en effet le rendez-vous d'un grand nombre de pirates, appartiennent aussi aux Tonkinois.

Suivant les traditions chinoises, le Tonking, nommé jadis *Giao-chou* ou pays aquatique, fut peuplé d'abord par des Kémoïs, peuple originaire des montagnes qui séparent le Kambodje de la Cochinchine. Deux siècles avant notre ère, les Chinois y envoyèrent des colonies qui civilisèrent le pays et y établirent leurs mœurs, leurs usages et leur religion. Vers la fin du quatorzième siècle, l'empereur chinois You-lo s'en empara et en fit une province de son empire. Après plusieurs révolutions qui agitèrent le pays, l'empereur Yong-tching rétablit sur le trône, en 1725, comme prince tributaire, un descendant de l'ancienne famille tonkinoise des Ly.

« Le Tonking, démembré de la Chine, conserva les formes du despotisme patriarcal qui distinguent les grandes nations d'Asie. Noblesse, honneur, richesse, tout est attaché à l'office de mandarin, soit lettré, soit militaire. Les gens du roi forment comme une espèce supérieure au peuple. La dynastie des Ly avait, pendant plusieurs générations, gouverné avec autant de bonté et de sagesse que le despotisme saurait en admettre. Mais parmi les grands officiers de la couronne, le *choua* ou *chua-vua*, espèce de maire du palais, s'étant rendu héréditaire, et comme chef de l'armée et comme maître des principaux revenus, sut bientôt réduire le *bova* ou roi à n'être qu'un vain simulacre de monarque. La Cochinchine se détacha et forma, sous la dynastie N'guyen, un royaume d'abord tributaire et bientôt rival du Tonking. Les guerres civiles qui éclatèrent vers le milieu du dix-huitième siècle, au sujet de la succession d'un *choua*, fournirent au roi l'occasion de ressaisir le suprême pouvoir. Dans le dessein de faire revivre ses droits sur la Cochinchine, il prit part aux révolutions intérieures de ce pays, et combattit, avec un zèle intéressé, les usurpateurs du trône des N'guyen. Un de ces usurpateurs s'en vengea par une invasion du Tonking, où il extermina la maison des Ly, et s'établit lui-même comme souverain ; en même temps il conserva le gouvernement de la meilleure partie de la Cochinchine. Mais le légitime héritier de ce pays parvint, à force de persévérance, et grâce à l'influence de l'évêque d'Adran sur les Cochinchinois, à reconquérir son royaume, et ayant poursuivi les usurpateurs jusque dans le Tonking il se rendit encore maître de ce pays, et le garda sous prétexte que la maison des Ly était éteinte.

» Ce fut ainsi que ce prince, nommé Ong-N'guyen-Choung (¹), fonda en 1790 l'empire d'An-nam ou de Viet-nam par la réunion de plusieurs royaumes. »

Les Tonkinois, dit M. Marette, sont d'une taille médiocre, mais bien proportionnée. Leur visage est large, sans être aussi aplati que celui des Chinois ; ils ont le nez et les yeux petits ; les cheveux et la barbe noirs ; le teint brun, cuivré ou olivâtre, selon la condition des individus, c'est-à-dire selon qu'ils sont plus ou moins exposés aux ardeurs du soleil. Leurs dents sont naturellement blanches ; mais vers l'âge de 18 ans ils les teignent en noir. Ils conservent les cheveux longs ; mais ils n'ont qu'un peu de barbe à l'extrémité du menton, et ils ne la coupent jamais. Les Tonkinois qui veulent trancher du grand laissent croître leurs ongles comme en Chine.

L'habillement consiste en une espèce de chemise qui croise par devant, sous laquelle on porte un large caleçon ou pantalon. Quand on s'habille en cérémonie, on ajoute à ces vêtements une robe longue qui croise aussi et qui a des manches fort amples. La couleur varie, mais c'est le noir que l'on préfère ; les habits communs sont ordinairement de couleur marron. L'habit des femmes diffère peu de celui des hommes. Les Tonkinois ne connaissent ni les bas ni les souliers : ils vont nupieds dans leurs maisons, et ne mettent des sandales que pour sortir. Leur coiffure consiste en une pièce de toile plus ou moins fine dont

(¹) C'est le *Chuung-Choung* de quelques auteurs.

ASIE. — INDO-CHINE, LAOS ET TONKING.

Ils entourent leur tête. Ils portent aussi, principalement en voyage, un chapeau dont les larges bords entourent le haut et non le bord de la coiffe; ce chapeau, fait en feuilles de palmier, sert de parasol ou de parapluie. Les enfants mâles vont nus jusqu'à sept ou huit ans.

Leur langue monosyllabique est dérivée de celle des Chinois; mais elle possède un certain nombre de mots combinés, ainsi que certains sons aspirés et sifflants qui n'existent point dans le chinois (¹). « La langue tonkinoise, dit M. Marette, est facile à apprendre, mais très difficile à prononcer; elle a peu de mots et tous sont des monosyllabes; la construction est dans l'ordre naturel ou dans la succession des idées; la syntaxe est presque nulle; il n'y a ni déclinaisons ni conjugaisons, mais beaucoup de petites particules; le même mot devient tour à tour substantif, adjectif, pronom, verbe, adverbe; cependant le langage est clair, mais il est comme chantant. » Au lieu d'avoir quatre tons comme le chinois, elle en a six; c'est à peu près comme des notes de musique. Un grand nombre de mots ont ces six tons qui leur donnent autant de significations différentes. « Cette langue abonde en expressions pour les choses usuelles et sensibles, mais elle est très pauvre pour tout ce qui concerne les procédés de mécanique et les beaux-arts; elle est absolument dépourvue d'expressions pour les idées abstraites, mais riche en formules obséquieuses. Elle est fort restreinte dans les choses spirituelles et qui ont rapport à la religion. »

Les Tonkinois ont aussi défiguré l'écriture chinoise, ou peut-être en ont-ils conservé un type aujourd'hui suranné dans la Chine même. Leur littérature doit être riche en ouvrages d'éloquence. Ils ont consigné par écrit l'histoire de leur pays depuis six siècles.

« Moins raffinée que les Chinois, cette nation paraît avoir plus de vigueur morale; elle a montré une valeur impétueuse; elle peut citer des traits d'héroïsme et de générosité. On la représente comme hospitalière, fidèle dans l'amitié et pleine de respect pour la justice civile (²); mais on l'accuse, d'un autre côté, d'être vaine, inconstante, dissimulée, vindicative (¹). Les Tonkinois, vivant sous le despotisme, ont probablement peu de vertus et peu de vices qui ne leur soient communs avec leurs voisins. »

« Dans le Tonkin la justice est vénale; on » emploie la torture pour tirer des aveux aux » criminels; en prison on leur met la cangue » au cou: c'est une espèce de table avec un » trou pour y passer la tête; elle est plus ou » moins pesante selon la gravité du crime; » c'est une vraie torture; on ne peut se tenir » ni droit, ni couché. La peine capitale consiste à avoir la tête tranchée par le bour» reau; les grands sont étranglés comme en » Chine (²). »

D'après les contingents requis par la loi, l'armée est de 110,000 hommes; mais en comptant la garde royale et le corps des volontaires au service des mandarins, elle est de 150,000 hommes. Elle a été disciplinée à l'européenne par des Français qui se réfugièrent dans le Tonking en 1774 et en 1792. Outre l'arc, la lance et le bouclier dont se servent certains corps, elle est en général armée comme en Europe. La marine a été améliorée aussi : elle se compose d'un grand nombre de galères et de quelques vaisseaux à l'européenne. Les Tonkinois conservent l'emploi d'une sorte de feu grégeois que l'on ne saurait éteindre (³).

« Le monarque célèbre tous les ans, de même qu'en Chine, une fête en l'honneur de l'agriculture. La polygamie y est en vigueur, et nulle femme ne s'arroge la qualité d'épouse; les hommes répudient les femmes à volonté. Les mariages se font sans prêtres; le consentement des parents est le seul acte nécessaire. La stérilité déshonore ici un ménage, tandis que le mélange de nombreux enfants de plusieurs femmes n'y apporte aucun trouble (⁴). La pompe des enterrements, la magnificence des cercueils, le choix superstitieux de certaines positions pour le lieu de sépulture, enfin les fêtes en l'honneur des ancêtres; tout, en un mot, rappelle les cérémonies funèbres des Chinois. On aime des spectacles composés de scènes facétieuses, de danses et de com-

---

(¹) *Alex. Rhodes*: Dictionarium anamiticum. Roma, 1853. *Hervas*: Saggio pratico, p. 134. *Valentyn*: Description du Tonking, p. 6. — (²) *La Bissachère*, II, p. 36 et suiv.

(¹) *Marini*: Relation du Tonking, p. 64-66, etc., traduction française. — (²) Lettre sur le royaume de Toung-King, par M. Marette. — (³) La Bissachère, I, 325. — (⁴) *Marini*: p. 155.

bats de coqs; cependant on y donne aussi des drames très lugubres.

» Les Tonkinois fabriquent avec assez de succès des étoffes de soie et de coton, des fusils, de la porcelaine, du papier chinois, des ouvrages de vernis et de métal. Leur commerce avec les nations étrangères consiste en soieries de toutes espèces, en toiles peintes, vaisselle de terre, drogues médicinales, musc, gingembre, sel, bois de couleur pour la teinture, bois d'aloès, marbre, albâtre et ouvrages de vernis [1]. Ils ont de grandes relations avec la Chine. Les Portugais et les Hollandais, qui avaient essayé de former quelques liaisons au Tonking, se sont vus forcés d'y renoncer. Les Français n'ont pas été plus heureux. Il n'y a eu depuis, entre les Européens, que quelques négociants anglais de Madras qui aient tour à tour suivi, abandonné et repris cette navigation. Les missionnaires de l'ordre des jésuites furent définitivement chassés du Tonking en 1772. »

LIVRE CENT CINQUANTE-QUATRIÈME.

Suite de la Description de l'Asie. — Empire d'An-nam. — Deuxième section. — Description des royaumes de Cochinchine, de Kambodje, etc.

« Au midi du Tonking nous trouvons la *Cochinchine*, dont la géographie est devenue obscure à force d'avoir été traitée par beaucoup d'écrivains qui se contredisent. Ce pays, compris avec le Tonking sous le nom général d'*An-nam*, en fut démembré il y a environ 600 ans. Les indigènes le désignent sous le nom de *Drang-trong* ou royaume du dedans : c'est l'*An-nam méridional*. Celui de *Quinam*, indiqué comme le nom du royaume entier par un bon observateur [1], paraît n'être que celui d'une ancienne province [2]. Les Japonais l'ayant appelé *Cotchin-Tsina*, c'est-à-dire le pays à l'ouest de la Chine, les Européens le désignèrent sous la dénomination de Cochinchine.

» La nature des lieux, l'extension de la nation et celle du langage européen bornent le nom de *Cochinchine*, ou, si l'on veut, d'*An-nam méridional*, à la côte qui s'étend depuis le Tonking jusqu'au Tsiampa, sur 150 lieues de long et 30 à 50 de large. »

« Le *Hué* ou *Hoé* [3] ou *Kouang-tri* [4], province séparée du Tonking par un défilé étroit fermé d'une muraille, contient une grande ville avec un château royal fortifié, résidence habituelle de l'empereur actuel. Cette ville, peuplée de plus de 40,000 âmes, porte le nom de *Hué* ou de *Hué-fo* dans le dialecte populaire, et celui de *Fou-tchouang* [2] dans la langue des mandarins; » elle est située sur la rivière de Hué; et, grâce aux talents des ingénieurs français qui ont été chargés de la fortifier à l'européenne, elle peut passer pour la première place forte de l'Asie. Le fossé extérieur a 3 lieues de circuit et 100 pieds de largeur; les remparts destinés à être garnis de 1,200 pièces de canon ont 60 pieds de hauteur; la citadelle, bien armée, est de forme carrée. Les arsenaux, les casernes et les magasins s'élèvent sur les bords d'un canal qui traverse la ville. L'arsenal renferme un musée d'artillerie où l'on a réuni des modèles de tous les canons en usage chez les diverses nations européennes. La fonderie de canons occupe des bâtiments immenses. Le palais de l'empereur est vaste, mais d'une construction massive. Six temples environnés d'une enceinte sont consacrés aux guerriers qui se sont distingués sous le règne de Gya-Long, le dernier rejeton des rois de la Cochinchine. Selon M. White, on a employé pendant 20 ans près de 100,000 ouvriers à la construction de ces

[1] *Wusthof*, dans *Valentyn*, IV, Description de Cambodia, p. 52-53. — [2] *Alex. de Rhodes* : Relation du Tonking, au comm. — [3] *Valentyn*, Description du Tonking, p. 2, dans le vol. IV. — [4] *Alex. de Rhodes*, l. c.

[1] *Valentyn*, p. 5, 31, etc. — [2] *Phu-Xuan*, chez M. de La Bissachère. (C'est une orthographe portugaise.)

ASIE. — INDO-CHINE, COCHINCHINE.

édifices. On construit chaque année dans les chantiers de Hué une grande quantité de navires de guerre. Son port sert de station à une division de la flotte des galères.

« La province de *Quang-binh* ou *Kouang-bing*, est située dans les montagnes. Celle de *Cham* ou de *Kouang-nam*, dont les Portugais ont fait *Ciam* (¹), riche en or, arrosée par le Han, et moins étendue de deux tiers que les rapports modernes ne la représentent, renferme la magnifique *baie* de *Touron* ou *Tourane*, fréquentée par les jonques chinoises et autres, environnée d'un pays aussi fertile que pittoresque, et qui reçoit une rivière sur laquelle est située la ville de *Taï-Fou*, le siège du commerce de la Cochinchine (²). La ville de Tourane, que les naturels nomment aussi *Hansan*, s'élève au fond de cette baie : elle fut cédée en 1787 aux Français, qui n'en prirent jamais possession. Ce fut dans les montagnes au sud-ouest de Taï-Fou que les voyageurs hollandais traversèrent la principauté tributaire de *Tiam* ou *Thiem*, rejetée par d'Anville à 60 lieues plus au nord-ouest, parce que ce géographe ne savait pas que le Laos, dont le Thiem est un démembrement, s'étend très loin au sud, entre le Kambodje et la Cochinchine, en touchant presque au Tsiampa (³).

» Bornée à l'est par la mer, se trouve la province *Quang-Hia* ou *Kouang-nghia*, appelée aussi *Kouang-ngai*, riche en soie et en coton. On y remarque le port de *Qui-quik* ou *Ki-kik*, et la ville de *Banbong*. Ensuite vient la riche et belle province de *Quin-Nong* (⁴) où *Quin-hone*, et mieux *Kinhone*, avec la ville du même nom, peuplée de 10,000 âmes, située sur la baie Chinchen ; c'est l'ancienne capitale de tout le royaume. La province de *Foy*, selon les Hollandais, est nommée *Phayn* par les missionnaires, et *Phuyen* par quelques voyageurs. Elle est très fertile et comprend une ville du même nom à peu de distance de la mer, probablement *Quiphou*, indiquée comme une cité considérable par un voyageur moderne (⁵). Dans la province de *Niaron*, appelée aussi *Nha-ru*, *Nha-rou* ou *Bing-khang*, on trouve les ports de *Hone*, de *Xuan-daï* et de *Binh-khang*. La province de *Nha-trang* termine au sud la Cochinchine : on y voit *Nha-trang*, dont le port, très sûr, est si bien fermé qu'il est à l'abri de tous les vents. Le *Raman*, que d'Anville met à la place de cette dernière province, n'est qu'une bourgade ; et les deux districts de *Dingoë* et de *Dihheut* dépendent de la province de Hué. »

Suivant quelques voyageurs, la Cochinchine comprend parmi ses nouvelles provinces le Tsiampa et une partie de la côte du Kambodje ; mais nous les décrirons plus tard.

« Il n'est guère de terre sur laquelle la mer gagne plus sensiblement que sur les côtes de la Cochinchine. En effet, le célèbre Poivre y trouva que, de 1744 à 1749, la mer avait gagné plus de 30 toises d'orient en occident. Les rochers, dans les provinces du midi, sont des masses de roc vif sans couches horizontales ; quelques uns, fendus perpendiculairement, sont des granits. Il se trouve au milieu de la rivière de *Hué-Hane*, à une lieue de la baie, une île de sable, du centre de laquelle s'élève un grand et magnifique rocher d'albâtre, percé à jour en plusieurs endroits. On l'a nommé *Montagne des Singes*. La côte présente plus communément des rivages de sable : en ces endroits le fond de la mer s'étend assez loin, et le mouillage est un fond sableux et vaseux mêlé de coquilles : en quelques endroits le rivage est couvert de cailloux ronds ou pierres roulées par les torrents qui descendent des montagnes. Vis-à-vis de ces rivages le mouillage ne vaut rien ; il s'y trouve un fond de roches : dans les lieux où le pied des montagnes plonge dans la mer, on ne trouve pas de fond. C'est vis-à-vis des rivages de sable que l'on trouve sous les eaux des récifs de madrépores et de coraux semés de distance en distance.

» La nature a partagé ce pays en deux portions distinctes, la plaine et les montagnes. Ces dernières jouissent constamment d'un climat tempéré ; mais les eaux rendues malsaines par la chute de certaines feuilles et par des substances minérales, y font périr les étrangers. C'est là qu'habitent les tribus sauvages de *Moys* ou *Kemoys*, qui adorent le soleil, et cherchent par des opérations magiques à défendre leurs belles rizières contre les éléphants. Les tigres et les singes y abondent. On exploite des mines de fer ; on en connaît qui donnent de l'or très pur, et l'on a récemment découvert

---

(¹) *D'Anville*, carte d'Asie. *Valentyn*, l. c. (C'est le *Cham* du P. Rhodes.) — (²) *Barrow*, II, 308-330. — (³) *Wusthof*, chez *Valentyn*, Description de Cambodia, p. 53. — (⁴) *Quenia*, chez le P. Rhodes. — (⁵) *La Bissachère*, I.

de l'argent. Les forêts sont la principale richesse des montagnes; elles fournissent le bois de rose, de fer, d'ébène, de sapan, de santal, surtout le bois d'aigle et de calambac, dont le dernier se vend à la Chine au poids de l'or [1]. C'est à *Binh-khang* que vient le mieux le bel arbre nommé *aloëxylum verum*, espèce du genre *aquilaria*, d'où l'on tire cette concrétion résineuse et aromatique appelée *calambac*, ou, en cochinchinois, *kinam*; on fait du papier avec l'écorce de cet arbre [2]. Le même végétal et l'*agalloche* donnent le bois d'aigle commun. On y recueille encore d'autres substances précieuses, telles que la gomme-laque, élaborée par des fourmis sur le *croton lacciferum*, et la gomme sang-dragon, tirée de plusieurs espèces d'arbres, et surtout de la *dracæna ferrea* [3]; enfin l'arbre à suif [4], dont l'huile épaisse et blanche sert à faire des chandelles d'une belle apparence, mais qui répandent une odeur désagréable.

» La plaine éprouve, dans les mois de juin, de juillet et d'août, une chaleur insupportable, hormis dans les endroits rafraîchis par la brise de mer. En septembre, octobre et novembre, les pluies abondantes qui tombent seulement sur les montagnes enflent les innombrables rivières dont le pays est entrecoupé; dans un instant toute la plaine est inondée; les villages, les maisons même forment autant d'îles; on navigue en bateaux par-dessus les campagnes et les haies; c'est la saison du commerce intérieur, des grandes foires et des fêtes populaires; mais les bestiaux sont quelquefois noyés, et chacun s'empare de ceux qu'il trouve; les enfants mêmes vont en bateaux pêcher des souris qui, en grand nombre, s'accrochent aux branches des arbres. Ce spectacle se renouvelle ordinairement de quinzaine en quinzaine, et dure deux ou trois jours [5]. Dans les mois de décembre, janvier et février, le vent du nord amène des pluies froides, seul indice de l'hiver. La plaine dont nous venons de retracer le climat produit une immense quantité de riz, dont on fait une double récolte, et qui ne coûte pas un sou la livre; du maïs, du millet, plusieurs espèces de fèves et de citrouilles, tous les fruits de l'Inde et de la Chine, une grande quantité de cannes à sucre dont le suc, épuré et formé en gâteaux, est exporté en Chine [1], principalement dans la province de Yun-nan [2]; des noix d'arec, des feuilles de bétel, du coton, de la soie de bonne qualité, du tabac et de l'indigo. Le laurier myrrhe [3] donne une cannelle dont l'odeur de camphre et le goût sucré la font préférer par les Chinois à celle de Ceylan [4]. Le thé de la Cochinchine serait excellent si la récolte en était mieux soignée. La plante nommée *dinamang*, ou l'indigo vert, ferait à elle seule la fortune d'une colonie.

» Les Cochinchinois ont de petits chevaux, des mulets, des ânes, des chèvres et beaucoup de volaille. Ils tirent une bonne nourriture de plusieurs plantes salines, telles que la salicorne et la sabline; ils mangent aussi diverses espèces d'algues marines. Outre les poissons, leur aliment ordinaire, la mer leur fournit diverses espèces de mollusques, surtout les holothuries ou *bichos-do-mar*, que toutes les nations du sud-est de l'Asie mangent avidement. L'hirondelle-salangane ne construit nulle part en plus grand nombre que dans les îles de la Cochinchine ses nids, tant recherchés par les gourmands chinois.

» La Cochinchine, où tant de productions intéressantes appellent le commerce européen, est peuplée d'une des nations les plus actives et les plus spirituelles de l'Asie. Une taille petite et un teint olivâtre foncé donnent aux Cochinchinois peu de titres dans l'empire de la beauté. Les Cochinchinois de la basse classe sont d'une malpropreté dégoûtante. Couverts de haillons, ils se débarrassent de la vermine qui les ronge en la portant à la bouche. La chair de l'alligator, les œufs prêts à éclore et le poisson pourri sont des mets savoureux pour leur palais.

» Les grands, moins négligés dans leur toilette, sont, en récompense, égoïstes, avares et fripons, surtout envers les étrangers. Les mœurs relâchées permettent la polygamie, mais les Cochinchinois en usent rarement. Les

---

[1] *Charpentier-Cossigny*: Mémoire inédit, cité par M. *Biancard*, Commerce des Indes et de la Chine, p. 344 et suiv. — [2] *Loureiro*: Memorias da la academ. das sciencias da Lisboa, II, 205-213 (en portugais). *Valentyn*, et mes notes sur la traduction de Barrow. — [3] *Loureiro*, ibid., I, p. 381. Idem, Flora Cochinchin. — [4] Sebifera glutinosa, *Lour.* — [5] *Borri*: Rel. de la Cochinchine, p. 6

[1] Barrow, trad. franç., II, p. 284. — [2] *Charpentier-Cossigny*, l. c., p. 370. — [3] Laurus myrrha, Loureiro, Memorias, I, 385. — [4] *Blancard*, l. c., p. 374.

filles sont entièrement libres, et l'abus de leur liberté n'est pas un obstacle à leur mariage. Le mari a le droit de punir l'épouse qui lui a déplu, et souvent il abuse de son pouvoir pour frapper inhumainement cette malheureuse esclave, souvent sous le plus léger prétexte. Le peuple suit la religion de Bouddha; mais on voit que ce culte s'éloigne de son foyer, car il est mêlé de pratiques absurdes: ainsi les classes inférieures adorent les bons et les mauvais génies comme en Chine, et brûlent des papiers dorés en leur honneur. Les mandarins étudient les livres de Confucius; la religion catholique avait fait quelques progrès, et cette naissante Eglise eût mérité, même sous le rapport politique, un regard protecteur des puissances européennes. La langue vulgaire, quoiqu'un dialecte de la chinoise, n'est pas entendue des Chinois; les caractères sont à peu près les mêmes, mais on n'en connaît qu'un nombre borné ([1]).

» Les personnes d'un rang supérieur sont vêtues de soie. Elles ont dans leurs manières toute la politesse chinoise. L'habit commun aux deux sexes consiste dans de larges robes avec de grandes manches, des tuniques et des caleçons de coton. Les hommes se couvrent la tête d'une sorte de turban, et ne se servent ni de souliers ni de pantoufles. Les maisons, construites en bambous, sont couvertes de roseaux et de paille de riz. On les place au milieu de bosquets d'orangers, de limoniers, de bananiers, de cocotiers. Les Cochinchinois fabriquent avec le riz une liqueur spiritueuse pour leur usage. Ils travaillent le fer avec assez d'adresse; leur poterie de terre est jolie. Ils ont fait quelques progrès dans la musique. Lord Macartney, pendant son séjour à Tourane, assista à une espèce d'opéra historique, dans lequel il y avait du récitatif, des airs et des chœurs. Leurs navires ont des formes très élégantes; les plus grands sont du port d'environ 60 tonneaux. La forme de leurs voiles est admirable pour prendre le vent au plus près. Cette forme est celle d'un éventail qui s'ouvre et se ferme à volonté. Les rameurs s'avancent au son d'un chant animé, et font aller les rames en cadence. Les cérémonies et fêtes rappellent l'origine chinoise de la nation. Le monarque est enterré sans bruit, afin de ne pas en avertir les génies ennemis de l'empire, qui pourraient saisir ce moment pour causer de nouveaux désastres ([1]).

» Nous avons déjà dit que la Cochinchine formait anciennement un seul Etat avec le Tonking. Un gouverneur révolté y établit une souveraineté indépendante. Ses successeurs subjuguèrent le *Tsiampa* et le *Kambodje*. Mais, amollis par les jouissances du despotisme, les princes de la dynastie de N'guyen laissèrent des favoris et des ministres opprimer le peuple; bientôt, devenus eux-mêmes les jouets de ces esclaves courtisans, ils ne tinrent le sceptre que d'une main incertaine; les Tonkinois se mêlèrent des troubles qui agitaient la Cochinchine; indignés d'un joug étranger, les trois frères Tay-Son employèrent leur crédit à lever une armée: de libérateurs devenus usurpateurs, ils s'emparèrent du royaume en 1744. La famille des Tay-Son continua à régner sans rencontrer de grands obstacles; mais le pays, ravagé par tant de guerres, éprouva en 1781 une famine telle, que les annales rapportent que de la chair humaine fut exposée en vente à Hué-fou.

» Le roi légitime crut le moment favorable pour reconquérir son royaume, et ayant engagé dans son parti quelques bâtiments portugais mouillés à Saï-gong, il profita d'une mousson favorable pour aller surprendre la flotte ennemie dans le port de Quinhone; mais, battu et mis en fuite, ce prince, appelé Gya-long, n'eut que le temps de se réfugier avec sa famille et l'évêque d'Adran auprès du roi de Siam, qui était alors en guerre, et qu'il aida de ses services. Cependant, son caractère entreprenant ayant attiré la jalousie des courtisans, il sut bientôt que sa tête était menacée, et n'eut que le temps de se frayer un chemin avec 1,000 hommes dévoués de Bangkok à son île de Phoukok, dans le golfe de Siam, où des fortifications improvisées le mirent à l'abri d'un coup de main.

» Ce fut alors que l'évêque d'Adran, désespérant du succès avec un si petit nombre de partisans, alla demander du secours à la France; il y conduisit même l'héritier de la couronne, qu'il avait converti en secret sans avoir osé le baptiser. Il y arriva vers 1787. La France saisit cette occasion d'établir son influence et son commerce dans un des pays

([1]) *Adelung*, Mithridates, I, p. 90.

([1]) *Kœffler*: Historica Cochinchinæ descriptio, p. 72-76.

les plus riches de l'Inde; elle s'engagea à fournir à son nouvel allié 20 vaisseaux de guerre, 7 régiments et un million de piastres, dont moitié en numéraire et moitié en munitions de guerre. Elle devait recevoir en échange le territoire arrosé par le Han, la baie de Tourane, les îles de Kiam et de Faï-fo au midi, et celle de Haï-win au nord. La flotte expéditionnaire arrivée à Pondichéry y fut retenue, sous de faux prétextes, par le gouverneur anglais. Pendant ces délais, la révolution française éclata, et de cette grande expédition une vingtaine d'officiers français, ainsi que quelques Anglais et Danois, arrivèrent avec l'évêque d'Adran à leur destination. »

Durant l'absence de l'évêque et de l'héritier présomptif, Gya-Long avait obtenu un grand succès. Profitant de la division qui s'était mise entre les frères Tay-Son, relativement au Tonking dont ils se disputaient les débris, il partit de son île et débarqua dans la fidèle province de Tsiampa, d'où il fut porté presque en triomphe à Saï-gong, où il reçut son fils et les Français qui l'accompagnaient.

Les officiers français, hommes d'instruction et de courage, reconnurent dans le monarque cochinchinois un homme capable de seconder leurs vues. Il fut résolu entre eux que tandis que les ingénieurs dirigeraient les travaux des fortifications de Saï-gong, les autres officiers s'attacheraient à former des instructeurs pour les troupes et à établir des fabriques d'armes. En peu de temps Gya-Long put commencer à reprendre les hostilités.

Un des premiers incidents favorables à sa cause fut la mort de Quang-Toung, le troisième des Tay-Son, qui laissa la couronne à son fils. En 1792, il brûla la flotte de Nhac, mouillée dans le havre de Quinhone; et quatre ans après Quinhone elle-même, défendue par 50,000 hommes, tomba au pouvoir de Gya-Long, qui, cinq ans plus tard, conquit Hué, et soumit enfin ses anciens Etats en 1802 par la conquête du royaume de Tonking.

A peine l'empereur eut-il rétabli la paix, qu'il s'occupa d'organiser ses Etats. L'armée était déjà sur un bon pied, et MM. Dayot, Chaigneau et Vannier furent faits mandarins de première classe en récompense de leurs services. Hué-fou, fortifiée par les ingénieurs français, devint la capitale de l'empire. Des canaux furent ouverts, des routes percées, et la culture des cannes à sucre, négligée jusqu'alors, prit du développement et attira des marchands chinois et européens.

L'évêque d'Adran aurait désiré vivement rétablir les relations interrompues avec la France; mais nos guerres continentales réclamaient alors toutes nos forces; et ce ne fut que sous Louis XVIII qu'un capitaine marchand fut chargé d'une lettre et de quelques chétifs présents pour l'empereur d'An-nam. En 1817, la frégate *la Cybèle*, commandée par M. Achille de Kergariou, mouilla dans la baie de Tourane; mais cette mission, qui avait pour but d'obtenir de Gya-Long une nouvelle cession de Tourane et d'une partie du littoral, fut sans succès, et ce roi se montra d'autant moins disposé à une nouvelle alliance que l'évêque d'Adran était mort quelques jours auparavant.

Peu de temps après, Gya-Long lui-même mourut, après avoir fait reconnaître pour héritier de sa couronne son fils naturel Mignes-Man. Ce nouveau monarque, âgé de trente ans environ, s'était livré à l'étude des lettres, et son goût particulier pour l'érudition et la langue des Chinois, ainsi que son caractère pacifique, le portèrent à faire prédominer à sa cour l'influence chinoise et à repousser tout ce qui venait d'Europe.

Cette tendance à se mettre dans une sorte de dépendance de la Chine se manifesta d'abord en 1821. Mignes-Man se rendit en personne à Tonking pour la cérémonie de l'investiture qui le mettait au rang de simple vice-roi de l'empereur de la Chine. Les formalités mêmes du cérémonial furent une série d'humiliations pour le pays qu'il représentait.

Bientôt ce système nouveau porta ses fruits; la froideur qu'il avait montrée d'abord aux mandarins français, se changea en défiance, puis en mauvais procédés, et enfin les chrétiens, protégés jusqu'alors et dotés de plusieurs établissements, se trouvèrent en butte à des avanies continuelles.

Les Anglais ne furent pas plus heureux, car à la fin de cette même année 1821, M. Crawfurd, chef d'une ambassade envoyée par le gouverneur-général du Bengale, éprouva tant de lenteur et de formalités, qu'après plusieurs semaines de démarches inutiles il fut forcé de se rembarquer avec sa suite sans avoir pu faire ses présents, ni même pénétrer jusqu'au roi.

Les tracasseries qu'éprouvèrent MM. Chaigneau et Vannier obligèrent ces deux officiers à se démettre de leurs fonctions. Ils s'embarquèrent en 1823 pour retourner en France, et toutes les démarches tentées depuis pour renouer les négociations n'ont abouti qu'à prouver aux Européens que l'empereur d'An-nam veut interdire ses Etats aux étrangers.

« La forme du gouvernement a toujours été despotique. Le souverain s'appelle *roi des cieux*. Son armée est de 100 à 150,000 hommes, dont 30,000 armés de mousquets et de fusils, et exercés à l'européenne. Les soldats cochinchinois portent des sabres et des piques d'une énorme longueur. On n'emploie plus les éléphants à la guerre.

» Le pays de *Tsiampa*, dont le vrai nom est *Binhtuam* ([1]), est en grande partie peuplé de tigres et d'éléphants. L'air y est très mauvais pendant cinq à six mois de l'année; les chaleurs y sont très grandes, les eaux pernicieuses, et les vivres, excepté le poisson, assez rares. Le terrain est sablonneux et ingrat; il produit cependant du coton, de l'indigo et de la mauvaise soie ([2]). Les habitants de cette contrée sont appelés *Loyes*, et paraissent former une race avec les *Laos*. Ils sont grands, nerveux, bien faits; leur teint tire sur le rouge; ils ont le nez un peu aplati et de longs cheveux noirs. »

Ce pays ne renferme que des villages, dont les plus considérables sont *Padaran* et *Phauri*.

Le *Camboge* ou *Kambodje*, appelé aussi *Youdra-Skan* par les habitants, et *Kao-Mien* par les Tonkinois, est un pays qui n'a pas moins de 160 lieues du nord au sud, et de 100 de l'est à l'ouest. Il était fort peu connu avant que l'un de nos savants ([3]) en eût donné une description tirée des écrivains chinois. Les villes sont entourées de palissades; leur forme est exactement carrée, et à chaque angle s'élève une tour en pierre. Dans chaque village on voit un temple ou une tour, et, quelque peu peuplé que soit le village, il y a des gens commis pour la garde de cette tour. On voit de distance en distance, sur les grands chemins, des stations pour les voyageurs.

L'ancienne capitale du pays porte aussi le nom de *Kambodje*; mais les habitants lui donnent en outre celui de *Levek* ou *Laveik*, ainsi que celui de *Loech*; elle est bâtie au milieu d'une grande île formée par le Maï-kang et traversée par plusieurs canaux. Le magnifique palais qu'habitaient les rois de Kambodje commence à tomber en ruine; toutes les maisons de la ville sont construites en bois.

A 45 lieues au sud-est de cette cité déchue s'élève celle de *Saï-gong*, qui a le titre et le rang de capitale. Elle se compose de deux villes distinctes. Près de la nouvelle, une immense citadelle, qui rivalise avec celle de Hué, a été construite en 1821 sous la direction de plusieurs ingénieurs français. Le milieu de la ville est occupé par un vaste palais impérial. L'arsenal maritime est digne de rivaliser avec les plus beaux établissements de ce genre en Europe. En 1819, on comptait sur les chantiers deux frégates construites à l'européenne, et 190 galères portant chacune 4, 6 et 16 pièces de canon en cuivre. Saï-gong, que l'on peut considérer comme la première place de commerce de l'empire d'An-nam, paraît renfermer au moins 100,000 habitants. Elle possède une église chrétienne desservie par deux missionnaires italiens. Sa situation sur un bras du Donaï ou Dong-naï est aussi pittoresque qu'avantageuse pour le commerce.

« Pour arriver de la mer jusqu'à Saï-gong on remonte pendant 40 milles la rivière, large de près d'une demi-lieue et tellement profonde que les vaisseaux y naviguent en rasant ses bords verdoyants, et que leurs agrès s'embarrassent dans les branches des magnifiques arbres dont elle est ombragée ([1]). Le cap Saint-Jacques forme une rade médiocrement bonne devant l'embouchure de cette rivière. »

Punomping ou *Pénomping*, sur la droite du Maï-kang, à 6 lieues au sud-est de Kambodje, passe pour la seconde capitale du royaume.

« *Poulo-Condor* ou l'*île Condor*, c'est-à-dire île aux Calebasses, est située au sud de la Cochinchine, à 16 lieues de l'embouchure du fleuve de Kambodje. C'est, à proprement parler, un groupe d'îles, parmi lesquelles il y a un havre capable de contenir huit vaisseaux,

---

([1]) *Rosily*, carte du dépôt de la marine, et l'article *Aynan*, dans le Dictionnaire de géographie maritime, par M. de Grandpré. — ([2]) *La Bissachère*, I, p. 16. *Barrow* (Voyage à la Cochinchine, II, p. 224), écrit *Fen-Tan*. — ([3]) M. *Abel Remusat* : Voyez ses Nouveaux mélanges asiatiques, t. I. Paris, 1829.

([1]) *Barrow*, t. II, p. 186.

et un mouillage assez bon et très spacieux. Les navires qui vont en Chine y achètent des vivres, surtout des buffles qui pèsent quelquefois jusqu'à sept quintaux, et des cochons de race chinoise; il y vient aussi du riz et plusieurs fruits, surtout des bananes, des patates douces, des fèves et des calebasses. »

Cette île est couverte de hautes montagnes, et cependant elle manque de sources; son sol aride est infesté d'insectes venimeux; aussi est-elle principalement habitée par des réfugiés du Kambodje et de la Cochinchine, qui y vivent misérablement. Les Anglais ont essayé d'y former un établissement, mais ils n'ont pu y parvenir, tant les habitants sont peu traitables.

« Nous avons bien peu de relations authentiques, et aucune d'une date moderne, sur le *royaume de Kambodje*. Les Portugais l'appellent *Camboja*, qu'ils prononcent *Cambokha*, tandis qu'une lettre d'un des souverains porte, dans la traduction hollandaise, l'orthographe *Camboetsja*, prononcez *Camboütja* ([1]). C'est aussi l'orthographe des auteurs malais ([2]).

» Ce pays paraît composé de trois régions physiques : la vallée que le fleuve *May-kang* inonde, et qui renferme de grandes îles ([3]); les déserts, qui commencent probablement où finissent les inondations, et qui ont beaucoup d'étendue à l'est; enfin les côtes généralement basses, sablonneuses et couvertes de taillis, et baignées d'une mer peu profonde ([4]).

» Ce fleuve, appelé aussi *May-kang*, ou encore *Menam-kong* et *Kion-lon-kiang*, le même que les Européens ont nommé *Kambodje*, se jette dans la mer par trois embouchures : celle de *Saï-gong*, dont nous venons de parler, et qui, d'après les missionnaires, paraît porter spécialement le nom de *Kambodje* ([5]); celle qu'on a nommée *rivière Japonaise*, parce qu'elle était fréquentée par les jonques du Japon, et celle que les Hollandais ont nommée *Onbequame*, c'est-à-dire l'incommode. Le second de ces bras s'appelle aussi le *Bassak*, et le troisième le *Matsiam* ([1]). La marée y monte très loin; elles reçoivent aussi, dit-on, les eaux d'un grand lac ou mer intérieure. Les crues ont lieu dès le mois de juin. Le lit des deux branches occidentales est si rempli d'îles basses et de bancs de sable, que la navigation en est obstruée pour les gros vaisseaux.

» La production principale du pays est connue sous le nom de *gomme de Kambodje*; elle donne une fort belle couleur jaune. On y trouve en abondance de l'ivoire et des bois précieux, tels que le bois de rose, de santal, d'aigle, de calambac. Le teck, le bois de fer, le *callophyllum*, qui s'élance aussi droit qu'un pin de Norvége, fourniraient à de grandes constructions navales. On exporte un peu d'étain et de l'or. Les terres y produisent du riz et tout ce qui est nécessaire à la nourriture. Il s'y est établi beaucoup de Japonais, de Chinois et de Malais. On peut à peine distinguer ces derniers des naturels, dont le teint est d'un jaune sombre, et qui ont de longs cheveux noirs.

» L'archipel de *Paracels* est un labyrinthe d'îlots, de rochers et de hauts-fonds qui, selon les cartes les plus accréditées, s'étend à 50 lieues au sud-est de l'île d'Haï-nan, devant les côtes de la Cochinchine. Mais des navigateurs français ont navigué aux environs sans rencontrer ni rochers ni hauts-fonds; d'où l'on conclut que cet archipel est moins étendu en réalité qu'il ne paraît sur les cartes ([2]). »

Il se compose de plusieurs groupes, dont les principaux sont ceux d'*Amphitrits*, de *Discovery* et de *Voadore*. Quelques unes de ces îles sont couvertes de bois. Les Cochinchinois s'y rendent tous les ans pour la pêche.

([1]) *Valentyn* : Description de Cambodja, p. 48. — ([2]) *Ibid.*, p. 36. — ([3]) *Hagenaar*, dans les Voyages de la Compagnie hollandaise, V. p. 360. — ([4]) *Chapmann* : Annales des Voyages, VII, p. 15. — ([5]) *Valentyn*, ibid., 37-38.

([1]) Relation des Vicaires apostoliques, I, ch. 1, p. 8. — ([2]) *Rosily*, carte du dépôt de la marine, et l'article *Aynan*, dans le Dictionnaire de géographie maritime, par M. de Grandpré.

TABLEAUX.

TABLEAU STATISTIQUE des *principaux* États de l'*Indo-Chine* ou de l'INDE-ORIENTALE.

EMPIRE BIRMAN.

SUPERFICIE EN LIEUES.	POPULATION ABSOLUE.	POPULATION PAR LIEUE CARRÉE.	REVENUS EN FRANCS.	ARMÉE.
40,000.	5,000.000 ?	125.	45,000,000 ?	50,000.

Divisions administratives.

PROVINCES ET TERRITOIRES DÉPENDANTS DE L'EMPIRE.	CAPITALES ET VILLES PRINCIPALES.
Birman ou Mrammaphalong............	*Ava*. — Amarapourah. — Saïgaing. — Prôme.
Pégou ou Talong................	*Pégou*. — Syrian. — Negrais.
Martaban...................	*Martaban*.
Laos Birman { Mrelap-Chan ou Kocham-pri... (soumis)	*Gnangrue*. — Maïn-Pineïn. — Mobiah. — Moné. — Seïuni.
Louachan (tributaire)........	*Leng.*
	Kiaintoun.
Bhorkhampli.............	*Maunghi.*
Territoires tributaires { des Karyans, des Kyens, des Zibaïns, des Palaons, des Pyons, de Taoung-sous, des Lenzens, des Lawas, des D'hanous et des Zalaungs.	

INDO-CHINE OU INDE-ORIENTALE ANGLAISE.

9,500.	300,000.	31.	?	?

Divisions administratives.

	PROVINCES ET TERRITOIRES.	CAPITALES ET VILLES PRINCIPALES.
	Pays à l'ouest de l'Iraouaddy.	
	ROYAUME D'ASSAM........	Djorhat. — Rangpour. — Ghergong. — Sodyia. — Gohati. — Kandar.
	ROYAUME D'ARAKAN.......	Arakan. — Kyaout-Phyou. — Sandouay. Archipel d'Arakan.
	Pays à l'ouest du Salouen.	
PAYS SOUMIS.	PROVINCE DE MARTABAN.......	Amherst-town. — Moulmein. — Yeli.
	PROVINCE DE YE..........	Ye.
	PROVINCE DE TAVAY........	Tavay.
	PROVINCE DE TENASSERIM.....	Merghi. — Tenasserim. — L'archipel Merghi.
	PROVINCE DE MALACCA......	Malacca.
	PROVINCE DE WELLESLEY.....	
	ILE POULO-PINANG OU DU PRINCE DE GALLES..	George's-town.
	ILE SINGAPOUR..........	Singapour.
	Pays à l'ouest de l'Iraouaddy.	
PAYS TRIBUTAIRES.	PAYS DE DJYNTIAH.........	Djyntiahpour
	PAYS DE KATCHAR.........	Khospour.
	PAYS DE HAÏROUMBO........	
	PAYS DE KATHÉE OU KASSAY OU DE MANNI-POUR.............	Mannipour.
	PAYS DES GARRAOUS........	Karribáry.
	PAYS DES KOUKIS.........	(Il n'y a que des villages.)
	PAYS DES NAGAS..........	
PAYS INDÉPENDANTS	PAYS DES KOUTCHOUNGS......	
	PAYS DES ABORS..........	Idem.
	PAYS DES KHAMTIS........	
	PAYS DES MISMIS.........	
	PAYS DES SINGHPHOS.......	

ROYAUME DE SIAM.

SUPERFICIE EN LIEUES.	POPULATION ABSOLUE.	POPULATION PAR LIEUE CARRÉE.	REVENUS EN FRANCS.	ARMÉE.
20,000.	5,000,000 P	250.	30,000,000.	30,000.

Divisions administratives.

PROVINCES ET TERRITOIRES DÉPENDANTS DU ROYAUME.	CAPITALES ET VILLES PRINCIPALES.
SIAM proprement dit, ou pays des Thays..	Bangkok. — Paknam. — Siam. — Porselouk. — Koupengbat. — Louvo. — Pra-bat. — Bankanam. — Métak. — Pisilouk. — Tchantibon. — Bang-Kong.
KAMBODJE SIAMOIS..	Toung-Yaï. — Baysage. Les îles *Koh-Koud*, *Koh-Tchang* et *Koh-Kong*.
LAOS SIAMOIS, ou Pays du Chah. (2 Etats tributaires.)	Royaume de Zimé. . . | *Zimé.* — Logan. Royaume des Lantchangs. | *Langione*.

PRESQU'ÎLE DE MALACCA.

États soumis.	ROYAUME DE BONDELON.	Bondelon. — Île Tantalam.
	ROYAUME DE LIGOR.	Ligor.
États tributaires.	ROYAUME DE KALANTAN.	*Kalantan.*
	ROYAUME DE PATANI.	*Patani.* — Sangora.
	ROYAUME DE TRINGANOU.	*Tringanou*
	ROYAUME DE KÉDAH.	*Kedah.* — Allestar.

EMPIRE D'AN-NAM ou de VIET-NAM.

33,500.	19,000,000.	561.	90,000,000.	150,000.

SUPERFICIE EN LIEUES GÉOGR.	POPULATION.	DIVISIONS ADMINISTRATIVES.	PRINCIPALES VILLES.
7,500.	15,000,000.	ROYAUME DE TON-KING ou *An-nam septentrional.* (DIVISÉ EN 12 PROVINCES.) Chou-nam (province du Midi). Chou-dông (province de l'Est). Chou-boi (province du Nord). Chou-doaï (province de l'Ouest). Chou-koàng-bien. Chou-lang. Chou-thaï. Chou-thou-yen. Chou-boung. Chou-cao-bang. Chou-thangh. Chou-nghé. Le groupe des îles des Pirates.	Ketcho. — Héan. — Hunnan. — Domea. — Chinlen. — Hanvints. — Latcho
8,000.	2,000,000.	ROYAUME DE COCHINCHINE ou *An-nam méridional.* (DIVISÉ EN 15 PROVINCES.) 1° *Dans la partie supérieure :* Cham. — Dinh-cath. — Dong-ngoï. — Hué. — Quang-binh. 2° *Au centre :* Tsiampa. — Nha-ra. — Nha-trang. — Phuyen. — Quang-nghia. — Qui-ninh. 3° *Dans la partie inférieure :* Dong-naï. — Long-ho. — Mitho et Saïgong. L'Archipel de Paracels.	*Hué.* — Nhatrang. — Camaigne. — Phuyen. — Hone-coha. — Faïfo. — Quinon. — Touron.

SUPERFICIE EN LIEUES GÉOGR.	POPULATION.	DIVISIONS ADMINISTRATIVES.	PRINCIPALES VILLES.
		ROYAUME DE KAMBODJE. (divisé en 3 provinces.)	
12,500	1,000,000 ?	1° Au nord, le Pé-kheng. 2° Au sud, le Nan-kheng. 3° Au sud-ouest, le Kankao ou Pontiamo. Ile Poulo-Condor. Archipel Hastings, partie méridionale de l'Archipel Kambodje.	Saïgong. — Panomping. Kambodje.
		ÉTATS TRIBUTAIRES.	
5,500	1,000,000 ?	Laos { Royaume du Petit-Laos. Idem de Tiem. Partie du Lantchang. Royaume de Bao.	Han-niech. ? Sandapoura. Bao.
		Tribus indépendantes.	
		Loyes. — Mouangs. — Moïs ou Mouis.	(Ces tribus n'ont que des villages.)
		MALACCA INDÉPENDANT.	
4,500	500,000 ?	Royaume de Perak. Idem de Salengore. Idem de Pahang. Idem de Roumbo. Idem de Djohor.	Perak. — Kalang. Kolong. — Salengore. Pahang. — Tringoram. (Il n'y a que des villages.) Djokor (village).

TABLEAU *des principales positions géographiques de l'Indo-Chine, ou de l'Inde-Orientale.*

NOMS DES LIEUX.	LATITUDES N.			LONGITUDES E. DE PARIS.			SOURCES ET AUTORITÉS.
	deg.	min.	sec.	deg.	min.	sec.	
Cap Negraïs (Birmans)	16	2	»	91	52	45	Horsburgh, 11.
Merguy	12	12	»	95	58	»	Forest.
Malacca (la batterie)	2	12	»	99	54	36	Mém. de Batavia.
Cap Romania	1	30	»	101	45	»	Connaissance des Temps.
Tringanou	5	25	»	»	»	»	Blancard.
Siam (la capitale)	14	20	40	98	30	»	Idem.
Condor (île de)	8	40	»	104	11	37	Connaissance des Temps.
Saï-gong	10	38	»	104	24	»	Blancard.
Faifo ou baie de Tourane	15	57	»	105	55	»	Idem.
Huéfo ou Keboé	16	29	»	105	»	45	Idem.
Ava	21	51	»	93	37	45	Hamilton.
Amarapourah	21	55	»	93	46	45	Auteurs.
Pegou	17	40	»	93	51	45	Hamilton.
Prome	18	50	»	95	58	15	Hiram Cox.
Tavay	13	20	»	97	23	»	Auteurs.
Singhapour	1	29	»	101	57	»	Annales maritimes.
Kambodje	12	50	»	101	25	»	Auteurs.
Quiquik	15	25	»	106	10	»	Idem.
Nha-trang	12	»	»	107	»	»	Idem.
Xuandaï	13	22	»	106	54	»	Idem.
Padaran (cap)	11	23	»	106	42	»	Idem.
Phanri	11	10	»	106	13	»	Idem.
Saï-gong	10	50	»	104	22	45	Idem.
Paracels (îles) entre	15	46	»	106	50	»	Idem.
	17	8	»	110	24	»	Idem.

LIVRE CENT CINQUANTE-QUATRIÈME.

ADDITION AU LIVRE CENT VINGT-SIXIÈME.

Tableau *de la population et des divisions politiques de l'Arabie, d'après des matériaux communiqués par M. Jomard* (1).

Superficie en lieues géographiques carrées.	150,000
Population absolue.	18,000,000 ? (2)
Population par lieue carrée.	733 ?

RÉGIONS.	PROVINCES OU DISTRICTS.	VILLES OU LOCALITÉS PRINCIPALES.	POPULATION.
Arabie Pétrée.		Ruines de *Petra*.	?
		Aneyséh.	
		Madyan.	?
Arabie Déserte.	*Themoud*.	Moïlah.	»
Péninsule Arabique. El Nedjd ou Nedjed, ou Arabie Centrale.	*El Gebel*.	Moqah.	?
	Soudeyr.	Gelagel.	?
	El Qassym.	Aneseh.	2,000 ?
		El Rass.	?
	El Ouechem.	Chaqrâh.	?
	El Aared.	*El Derayeh*.	18,000 ?
	Et Khardj.	El Soulemyeh.	?
	El Ryad.	Manfoulah.	10,000 ?
	El Haryq.	El Haryq.	?
	Ouady-Soubey.	Tarabeh.	3,000 ?
	El Bakarah ?	Bakarah.	»
	Roba el Khaly ?.		?
	Ouady Taslys.	Taslys.	500 ?
	El-Afladj.	El Kharfeh.	?
	Ouady-el-Douacer.	El-Seleyel.	1,000 ?
	Ouady-Chahran.	Qala-Bycheb.	1,500 ?
El Hedjaz.	*Ouady-Chahran*.	Tabaloh.	?
	Houdoud-Haram ou El Haramein.	La Mekke.	30,000
		Djeddah.	20,000
		Medine.	8,000
		Yambo-el-Nakel.	6,000
	Téhamah de l'Hedjaz ou Versant occidental de l'Hedjaz, partie maritime.	Bedr.	?
		Lits.	?
		Hali.	?
		Rabagh.	?
		El Khonfodah.	?
El Yemen.	A'syr ou *Acyr* (comprenant 8 districts, savoir: Roufayda. — Alkam. — Beni-Mohâyl.—Beni-Malek. — Redjal-el-Ma. — Bell-Akmar. — Rabab. — Djanfour.	A'syr.	?
		Mohâyl.	?
		Khamys-Micheyt.	?
		Ténouma.	?
		El Aryn.	?
		Akmar.	?
		Radda.	?
		Djanfour.	?
	Téhamah de l'A'syr.	Mander.	?
	A'bydah ou O'beydah.		?
	Koulhan.		?
	Ouadah.		
	Saban.	Chamir.	?
		Saad.	?
	Abou-Arych.	Abou-Arych.	?
	Kachtan.		?
	Ouady-Nedjerân.		?
	Belad-el djof.	Mareb.	?
	Djof-el-Kharit.	Kabr-el-Hod.	?
	Jafea.		?
	Belad-Aden.	Aden.	?

(1) M. Jomard ayant bien voulu nous communiquer les éléments d'un travail sur l'Arabie et ses divisions géographiques, nous nous empressons de réparer une lacune importante que remplit ce tableau. — (2) M. Jomard évalue la population à 10,000,000 au plus.

TABLEAUX.

RÉGIONS.	PROVINCES OU DISTRICTS.	VILLES OU LOCALITÉS PRINCIPALES.	POPULATION.
PÉNINSULE ARABIQUE.			
EL-YÉMEN.	Djebal.	Sana.	30,000
		Damar.	20,000
		Kaukeban.	?
		Ierim.	?
		Rodda.	?
		Taas.	?
	Téhamah de l'Yémen, ou Versant occidental de l'Yemen.	Loheia.	?
		Hodeida.	?
		Beit el Fakih.	8,000
		Mokha.	5,000
EL-HADRAMAOUT.	Amad.		?
	Chibam.		?
	Hadramaout.		?
	Makalla.	Makalla.	?
	Chahr ou Chedjer.	Kescheim.	?
		Dafar.	?
	Oouady Doan.	Raschid.	?
EL-AHKAF. (Région en partie déserte).			?
EL-MAHRA. (Région en partie déserte).		Hasek.	?
EL-OMAN.	Ile Massera.	Rassar.	?
	Jaïlan ou Djaïlan.	Maskate.	60,000
	Oman.	Sohar.	?
	Batna.	Bireïmah.	?
	Dhorrah.		
EL-HAÇA OU EL-KATIF OU BAHREYN.	El Hofhouf.	El Hofhouf.	15,000
	El Katyf.	El Katyf.	6,000
		El Haça.	?
		Kreyn.	?
	Iles Bahreyn.	Menaïna.	5,000

AFRIQUE.

LIVRE CENT CINQUANTE-CINQUIÈME.

Description de l'Afrique. — Considérations générales sur cette partie du monde et sur ses habitants.

« Vis-à-vis de l'Océanie, une vaste péninsule se détache de la masse du continent asiatique; cette péninsule forme aussi une partie du monde, et même une des mieux caractérisées. L'*Afrique,* dont nous allons commencer la description, ne nous présentera pas une contrée pour ainsi dire vierge, où le voyageur européen, errant parmi de faibles tribus de sauvages, impose aux lieux qu'il découvre des noms empruntés aux souvenirs de sa patrie. L'Afrique, dont nos vaisseaux font le tour depuis trois siècles, est connue dans l'histoire depuis plus de trois mille ans. Malgré cette antique célébrité, malgré le voisinage de l'Europe, elle échappe encore en grande partie aux regards de la science. C'est des rives africaines que jadis les colonies égyptiennes apportèrent dans l'Europe sauvage les premiers germes de la civilisation. Aujourd'hui l'Afrique est la dernière partie de l'ancien monde qui attend de la main des Européens le joug salutaire de la législation et de la culture.

» Si l'Afrique est restée si long-temps inaccessible à l'ambition des conquérants, à l'avidité commerçante et à la curiosité des voyageurs, c'est dans sa forme physique qu'il faut chercher la cause principale de cet isolement. Une vaste péninsule de 1,820 lieues de long, du sud au nord, sur 1,650 de large, de l'est à l'ouest, n'offre, dans une étendue de plus de 1,750,000 lieues carrées, que peu de rivières de long cours et d'une navigation facile; ses ports et ses rades présentent rarement un asile aux vaisseaux; enfin aucun golfe, aucune mer méditerranée n'ouvre un chemin vers l'intérieur de cette masse de terres. Au nord, la *mer Méditerranée* qui l'isole de l'Europe; à l'ouest, l'*océan Atlantique* qui la sépare de l'Amérique, forment seulement des enfoncements auxquels on donne improprement le nom de *golfes;* savoir, celui de la *Guinée* au midi, celui des *Syrtes* au nord, tous les deux redoutés des navigateurs. La largeur du continent, entre les deux extrémités de ces golfes, s'élève encore à 650 lieues. Il est vrai que les côtes du Sénégal et de la Guinée offrent un grand nombre d'embouchures de rivières précédées d'îles; sans la barbarie des habitants, ce serait une des parties les plus accessibles de l'Afrique. Mais vers le sud, le continent baigné par l'*océan Austral* reprend son aspect ordinaire, et se termine par une masse de terres sans coupures. A l'est, plusieurs îles et quelques embouchures de rivières annoncent de nouveau un accès plus facile; la côte, baignée par l'*océan Indien*, s'abaisse comme les rivages opposés de la Guinée; mais bientôt on retrouve dans l'intérieur la formidable terrasse de montagnes arides qui forment l'extrémité orientale du continent. Enfin, vers le nord-est, la *mer Rouge* ou *golfe Arabique* sépare l'Afrique de l'Asie, sans rompre la contiguïté tristement uniforme des côtes africaines.

» Le continent, dont nous venons de faire rapidement le tour, se termine par quatre promontoires: au nord, le *cap Serra* se projette dans la Méditerranée; le *cap Vert* regarde le couchant et les mers d'Amérique; le *cap Guardafoui* reçoit le premier les rayons du soleil levant; le *cap de Bonne-Espérance* s'avance au loin dans l'hémisphère austral. Sur trois autres points non moins remarquables, l'Afrique se rapproche du reste de l'ancien continent; au nord-ouest, le *détroit de Gibraltar* la détache de l'Europe; à l'est, l'Arabie en est séparée par le passage de *Bab-el-Mandeb;* au nord-est, un terrain bas et sablonneux, nommé l'*isthme de Suez,* la joint à l'Asie.

» Tantôt aride à l'excès, tantôt marécageux ou noyé sous les eaux, le sol de l'Afrique offre des contrastes singuliers. De loin à loin quelques grands et bienfaisants fleuves, tels que le *Nil* au nord-est, le *Sénégal* avec la *Gambie* à l'occident, le *Zaïre* ou le *Coango* plus au sud-ouest, le *Couama* ou *Zambèze* sur la côte orientale; et dans le centre le mystérieux *Niger*, appelé aussi *Djoli-ba* ou *Kouara*, qui cache son embouchure comme le Nil cache sa source; plus souvent des rivières peu abondantes et d'un cours borné, comme le sont, à l'exception de dix ou douze; toutes celles que nous passons ici sous silence; presque dans toutes ces rivières des cataractes, et devant leurs embouchures des *barres* ou bancs de sable; dans l'intérieur, et même sur la côte, des rochers d'où il ne jaillit aucune source, des plateaux que n'arrose aucun ruisseau, comme le désert de Sahara et beaucoup d'autres d'une moindre étendue; plus loin, des régions imprégnées d'humidité, comme les contrées où l'on suppose le *lac* ou *marais de Ouangara*; quelquefois des lacs temporaires formés par les inondations auxquelles les fleuves sont sujets: tel est le tableau hydrographique de cette partie du monde. »

Cependant, pour préciser quelques faits relatifs à l'hydrographie de l'Afrique, nous devons ajouter que cette partie du monde n'envoie qu'un seul grand fleuve dans la Méditerranée; et ce fleuve est le *Nil*, dont le cours total est de 900 à 1,000 lieues; que dans l'océan Indien, cinq autres fleuves ont leur embouchure entre le 5e et le 26e parallèle: ce sont l'*Ouotundo*, qui prend naissance au milieu d'épaisses forêts, à 70 journées de marche de la côte; le *Motcherfiné*, qui commence à 95 journées de marche de l'Océan; le *Loffih*, dont on ne connaît point la source; le *Zambèze*, qui sort d'un grand lac à l'ouest de la ville de Sofala, et qui paraît avoir plus de 300 lieues de cours; enfin, le *Mafumo* ou *Lagora*, qui se jette dans la baie de Lorenzo-Marquez, mais dont on ignore et l'étendue et le lieu de son origine. C'est l'océan Atlantique qui reçoit le plus de fleuves de l'Afrique: nous citerons l'*Orange* ou le *Gariep*, qui a 300 lieues d'étendue, et qui forme, vers le milieu de sa course, une cascade de 400 pieds de hauteur sur 1,500 de largeur; le *Cuvo*, qui sort d'un petit lac de la Guinée inférieure à 160 lieues de son embouchure; le *Coanza*, qui paraît sortir aussi d'un lac, et dont les eaux profondes et rapides forment une célèbre cataracte qui retentit à une grande distance: il a, dit-on, plus de 200 lieues d'étendue; le *Zaïre* ou *Coango*, qui sort d'un lac appelé selon les uns *Aquilunda*, et selon d'autres *Zambre* ou *Maravi*, d'où il parcourt une longueur d'environ 300 lieues; le *Djoli-ba* ou *Kouara*, qui prend naissance dans les montagnes de Lomba, et dont la longueur totale est estimée être de 700 lieues; la *Gambie*, dont le cours sinueux depuis les montagnes de Badet, d'où elle sort, a, jusqu'à son embouchure, une étendue de plus de 400 lieues; enfin, le *Sénégal* ou *Ba-fing*, qui commence au mont Couro et parcourt une longueur de 350 lieues, en formant un grand nombre d'îles.

Mais ce ne sont pas là les seuls cours d'eau remarquables de l'Afrique; il en est plusieurs qui ne paient aucun tribut à l'Océan: ils appartiennent au bassin du lac Tchad, cette Caspienne du continent africain. Les principaux sont: le *Chary*, qui se jette, par plusieurs embouchures, dans ce lac après un cours d'environ 120 lieues, et le *Yeou*, qui, sorti des montagnes de Dull, ne paraît pas avoir moins de 100 lieues d'étendue. Tributaires d'un lac, ils ne peuvent prendre leur rang que parmi les grandes rivières.

Jusqu'au voyage des deux Anglais Denham et Clapperton, on n'avait que des renseignements très vagues sur le lac *Tchad*, que l'on honorait du titre inexact de mer de Nigritie. Grâce à ces intrépides voyageurs, on sait aujourd'hui qu'il a environ 80 lieues de longueur de l'est à l'ouest, et 50 dans sa plus grande largeur du nord au sud. Ses eaux sont douces, et leur niveau est à 1,200 pieds au-dessus de celui de l'Océan. Il reçoit toutes les rivières qui appartiennent à son bassin, et cependant il ne paraît point avoir d'écoulement; à moins qu'on admette comme vrai le rapport des Arabes Chouâa, qui porte qu'il sort du mont Tama une rivière qui reçoit plus loin le nom de *Bahr-el-Abiad* (rivière blanche), et qui paraîtrait être une des deux branches qui forment le Nil. Cette rivière devait, selon eux, son origine aux eaux que certaines sources et des tourbillons poussent du centre du lac dans des canaux souterrains.

« D'autres singularités frappent nos regards si nous contemplons la structure des montagnes (¹). Quoique l'Afrique possède très probablement des montagnes qui, sous l'équateur même, conservent des neiges éternelles, et qui par conséquent, doivent avoir plus de 16,000 pieds d'élévation, on peut dire en général que les chaînes africaines sont plus remarquables par leur largeur que par leur hauteur. Si elles arrivent à un niveau très considérable, c'est en s'élevant lentement de terrasse en terrasse. Peut-être même serait-il moins hardi que juste de dire que tout l'ensemble des montagnes d'Afrique ne forme qu'un seul grand plateau qui, de tous les côtés, présente des terrasses contiguës. Ce noyau du continent africain, cette *haute terre* paraît, dans son intérieur, renfermer peu de chaînes longues et élevées; de sorte que si les eaux de la mer haussaient de trois à quatre mille pieds au-dessus de leur niveau, l'Afrique, dépouillée de toutes les terres basses qui en bordent les côtes, paraîtrait dans l'Océan comme une île d'un sol assez uni.

» Aucune des chaînes connues de l'Afrique ne s'oppose à cette manière de voir. L'*Atlas*, qui borde le continent presque tout entier du côté septentrional, est une série de cinq à six petites chaînes qui s'élèvent l'une derrière l'autre, et qui renferment un grand nombre de plateaux. La *chaîne littorale de la mer Rouge*, ou la *chaîne Troglodytique*, ressemble à l'Atlas par ses falaises calcaires qui en imposent à l'œil du voyageur, mais qui n'arrivent réellement qu'à une très petite hauteur. La *chaîne de Lupata* ou l'*Épine du monde*, que l'on croyait s'étendre du cap Guardafoui au cap de Bonne-Espérance, ne paraît commencer que dans les environs de Melinde, près de l'embouchure du Quillimanci. On peut les considérer comme se terminant au sud par des plaines élevées et stériles, nommées les *Karros*, et par des montagnes escarpées mais aplaties au sommet, dont une a même reçu le nom significatif de *la Table*. Ainsi cette chaîne paraît ressembler aux deux précédentes. Les rivières de la Guinée descendent de cataracte en cataracte, et non pas par des vallées longues et profondes ; c'est le caractère ordinaire des montagnes calcaires découpées en terrasses, et telle semble être la nature des *monts Kong.*

» Un seul fait peut nous être opposé avec une apparence de raison. Une chaîne centrale très élevée, dit-on, traverse l'Afrique de l'est à l'ouest; commençant au cap Guardafoui et se terminant vers le cap Sierra-Leone, elle embrasse les *monts Kong* et les *monts de la Lune* (*Djebel-el-Kamar*), situés au sud de l'Abyssinie. D'abord, cette extension donnée aux monts de la Lune par le major Rennel ne détruirait point notre manière de voir; l'Afrique n'en serait pas moins un plateau formé de terrasses; seulement ce plateau se trouverait comme coupé en deux par une sorte de muraille. Il est vrai que du noyau des montagnes où naissent le Sénégal, la Gambie, le Mesurado et le Djoli-ba ou le Niger, une branche, parmi d'autres, se dirige à l'est, et sépare en partie le bassin du Niger des côtes de la Guinée. C'est la chaîne désignée sous le nom de montagnes de *Kong*, sur les flancs méridionaux de laquelle naissent le *Rio-Volta* et quelques autres rivières de la Guinée. Mais le savant Rennel s'est trop hasardé en prétendant joindre cette chaîne à celle des montagnes de la Lune, placées au sud de l'Abyssinie. Ces montagnes ne peuvent-elles pas se perdre dans le plateau central de l'Afrique austro-orientale? Ou, si elles s'étendent vers l'ouest, ne peuvent-elles pas se terminer vers le cap Lopez-Gonzalvo, vis-à-vis l'île Saint-Thomas? Voici des faits qui semblent le rendre probable.

» Les vents du sud sont, en *Darfour*, les plus chauds, les plus secs, et ils y apportent des nuées de poussière. Cette nature des vents prouve clairement qu'il n'y a aucune haute chaîne de montagnes au sud de Darfour. Les montagnes de la Lune doivent être reculées vers le sud et vers l'est. Les vents du sud doivent arriver à Darfour par-dessus un plateau sablonneux.

» Les passages de Ptolémée et de Léon l'Africain, où l'on a cru voir la chaîne centrale, ne prouvent rien. Le premier de ces auteurs indique plusieurs montagnes isolées, sans parler de leur étendue. Léon dit que les habitants de Ouangara, pour aller chercher de la poudre d'or, traversent de très hautes montagnes. Mais la position de ces montagnes n'est pas plus indiquée que celle du pays de *Zegzeg*, où les habitants étaient obligés d'avoir de grands feux pour se chauffer (¹).

(¹) Comp. les idées de *Lacépède*, Annales du Muséum d'histoire naturelle, VI, p, 284.

(¹) *Léon l'Africain*, p. 329 de la traduction de Jean Temporal.

Rennel lui-même a cru devoir placer ces dernières montagnes au nord du Niger.

» La grande quantité d'esclaves qui arrivent à Bénin, indique une communication ouverte et facile avec l'intérieur. Les esclaves de la nation Ibbo font une route de sept mois à travers des forêts et des marais (¹). Il est même probable que dans le seizième siècle le roi de Bénin était vassal de celui de *Ghana* ou *Kano*, ville de la Nigritie (²); circonstance qui suppose des chemins ouverts. Enfin, n'est-il pas même vraisemblable que le Niger ou quelque autre fleuve de l'intérieur s'écoule dans le recoin le plus oriental du golfe de Guinée? Les grands golfes, comme celui-ci, ne sont presque jamais dépourvus d'un grand fleuve, qui ordinairement a son écoulement dans l'extrémité intérieure du golfe. Les fleuves qui traversent le Bénin semblent être les bras d'une grande rivière; on prétend, il est vrai, qu'ils ne conservent cet aspect de grandeur que dans les terres basses qui bordent la côte : mais qui les a remontés?

» Le principe que nous venons de défendre donne naissance à d'intéressantes applications. Si l'Afrique n'est pour ainsi dire qu'une seule montagne plate, dont tous les bords s'élèvent en gradins ou terrasses, on conçoit qu'elle ne doit pas donner naissance à ces presqu'îles étroites et pointues, à ces longues chaînes d'îles par lesquelles d'autres continents se terminent. Ces presqu'îles, ces séries d'îles sont des prolongations sous-marines de chaînes de montagnes qui traversent ces continents. En Afrique, à l'exception des îles Canaries, on ne voit rien de semblable; les montagnes disposées parallèlement à la côte n'ont presque point de continuation sous-marine; une mer dégagée d'îles baigne une côte peu découpée. Si à l'est il se présente une grande île, celle de Madagascar, elle n'est pas dans le prolongement du continent, elle en suit parallèlement la direction. »

Au surplus voici tout ce que l'on sait de plus certain, d'après le récit des voyageurs modernes, concernant les montagnes de l'Afrique. Bien qu'on n'ait que des renseignements très vagues sur leur direction, on peut les diviser en quatre grands systèmes : l'*atlantique* ou *septentrional*, l'*abyssinien* ou *oriental*, le *cafro-guinéen* ou *austral*, et le *sénégambo-guinéen* ou *occidental*.

Le *système atlantique* comprend toutes les montagnes qui bordent l'océan Atlantique et la Méditerranée, depuis celles appelées *montagnes Noires*, près du cap Bojador, jusqu'au désert de Barcah. Ce que l'on nomme proprement Atlas est un groupe de plusieurs chaînes parallèles qui reçoivent différents noms des géographes. Le *Grand-Atlas* est celle qui traverse l'empire de Maroc. Le *Petit-Atlas* est celle qui commence à Tanger, près du détroit de Gibraltar, et se prolonge jusqu'au golfe de Sidre : on y remarque les monts *Gharian*; plusieurs rameaux s'en détachent sous les noms de monts *Haroudjé*, que les Arabes distinguent en *Haroudjé-el-Açoud* ou *Haroudjé-Noir*, et en *Haroudjé-el-Abiad* ou *Haroudjé-Blanc*; d'autres rameaux portent les noms de monts *Tiggerendoumma*, *Tibesty*, *Haifath*, etc., qui vont se terminer dans le désert de Libye et celui de Sahara. La troisième chaîne de l'Atlas est celle des monts *Ammer*, qui joint le Grand et le Petit-Atlas aux montagnes Noires, dont les rameaux circonscrivent le Fezzan.

Le *système abyssinien* se compose de la grande chaîne des *monts de la Lune*, que les Arabes nomment *Djebel-el-Kamar*, au sein de laquelle prend sa source le fleuve Blanc ou le vrai Nil. Plusieurs branches s'y rattachent par le plateau de *Naria*; et près des sources de l'autre branche du Nil, ou du fleuve Bleu, on remarque les monts *Amba-Geshen*, *Amba-Haï*, le *Samen* et le *Beyeda*. A cent lieues à l'ouest du lac Dembea, d'où sort le fleuve Bleu, s'étendent au sud du Kordofan les monts *Tegla* et *Dyré*. Enfin, c'est de la chaîne du Samen que part une branche dont le prolongement va border la mer Rouge.

Le *système cafro-guinéen* commence à peu de distance au sud de l'équateur. Il comprend toutes les chaînes de l'Afrique australe, c'est-à-dire tout le plateau qui domine la côte de Zanguebar, le groupe des *monts Lupata*, celui des *montagnes de neige*, dans la Hottentotie, ainsi que les chaînes peu élevées qui paraissent unir ces deux groupes; enfin, toutes les montagnes de la Guinée méridionale, qui semblent devoir se rattacher aux précédentes par plusieurs plateaux.

Le *système sénégambo-guinéen* se compose

(¹) *Oldendorp*, voyez ci-après la Description de la Guinée. — (²) *Barros*, Déc. I, liv. III, ch. 4.

des plateaux et des chaînes de la Sénégambie et de la Guinée septentrionale, réunis les uns et les autres par les monts de Kong.

« Considérons l'intérieur de l'Afrique. Le même principe se reproduit dans ces vastes plaines qui en occupent la plus grande partie. Les unes couvertes de sable et de gravier, semées de coquillages marins encroûtés de cristallisations salines, ressemblent à des bassins de mers desséchées ; tel est ce fameux *désert de Sahara*, où les sables, roulant comme les flots de la mer, ensevelissent des tribus entières. Les autres, marécageuses et remplies de lacs stagnants, deviennent les foyers d'épidémies pestilentielles, ou le berceau d'animaux malfaisants et de reptiles dégoûtants. Dans les unes et les autres, les rivières ne trouvent pas de pente ni d'issue ; elles terminent leurs cours dans un lac où se perdent dans les sables. Souvent aussi ces filets d'eau, ne pouvant se réunir pour former des courants durables, disparaissent avec la saison pluvieuse qui les fait naître. L'Afrique renferme un nombre infini de ces torrents et de ces rivières sans embouchure, ou du moins sans communication avec la mer.

» Les autres fleuves de ce continent, tels que le *Sénégal*, la *Gambie*, le *Zaïre* ou *Coango*, l'*Orange* sur les côtes occidentales, le *Zambèze* ou *Couama* sur la côte orientale ; enfin le *Nil* qui les surpasse tous, pour ainsi dire, et qui seul, parmi ces grands cours d'eau, se dirige au nord pour se jeter dans la Méditerranée, offrent tous un trait de similitude qui tient d'un côté au climat de la zone torride, et de l'autre à la structure des plateaux intérieurs de l'Afrique. On sent que nous voulons parler de ces crues périodiques par suite desquelles ces rivières inondent les contrées où passent leurs cours, et surtout celles qui avoisinent leurs embouchures. Ces crues ne diffèrent de celles de nos rivières que par leur retour annuel et régulier, par le volume d'eau qu'elles apportent et par la quantité de limon que ces eaux déposent. On sait que la saison pluvieuse qui, dans toute la zone torride, accompagne la présence verticale du soleil, amène des averses presque continuelles ; les cieux, auparavant enflammés, deviennent semblables à une mer aérienne ; les eaux abondantes qu'ils répandent se rassemblent sur les pla-

teaux de l'intérieur, et y forment d'immenses flaques aquatiques, des lacs temporaires. Lorsque ces lacs sont arrivés à un assez haut niveau pour dépasser les bords de leur bassin, ils déversent tout-à-coup dans les fleuves, déjà gonflés, un énorme volume d'eau qui, étant resté quelque temps en état de stagnation pardessus des terres molles, en a dissous une partie et s'en est chargé. De là ces pauses momentanées et ces reprises subites de la crue du Nil ; de là cette abondance de limon fécondant qui ne saurait se trouver en qualité égale dans les eaux des fleuves gonflés directement par des pluies. Ces phénomènes, simples dans leur origine, ne peuvent étonner que celui qui en observe les effets sans en apercevoir la cause.

» Le climat général de l'Afrique est celui de la zone torride. Plus des trois quarts ([1]) de ce continent étant situés entre les deux tropiques, la grande masse d'air chaud qui se développe au-dessus de ces terres ardentes envahit facilement les lisières septentrionales et australes, situées nominativement dans la zone tempérée. Rien, dans la réalité, ne tempère la chaleur et la sécheresse du climat africain, que les pluies annuelles, les vents de mer et l'élévation du sol. Or, ces trois circonstances se réunissent quelquefois dans un plus haut degré sous l'équateur que dans les zones tempérées. Aussi, telle partie de l'intérieur de la Guinée ou de la Nigritie, de l'Abyssinie, jouit-elle d'une température infiniment moins brûlante, moins sèche que les déserts sablonneux au sud du mont Atlas, quoique ceux-ci soient éloignés de 30 degrés de la ligne équinoxiale. Il n'est pas impossible que l'on découvre dans le centre de l'Afrique de hauts plateaux semblables à celui de Quito, des vallées semblables à celle de Cachemire, et où règne, comme dans ces deux régions fortunées, un printemps presque perpétuel.

» Une autre cause générale modifie moins qu'on ne penserait le climat de l'Afrique. Le plus grand froid de l'hémisphère austral ne fait sentir ses effets que sur la température des côtes méridionales, et seulement pendant quelques instants de l'année. La nature saline et aride des terres de l'extrémité australe du

---

([1]) Selon nous, $^{10}/_{13}$ au moins.

continent rappelle exactement les côtes de Sabara et celles d'Ajan ou d'Acham.

» Nulle part l'empire de la fécondité et celui de la stérilité ne se touchent de plus près qu'en Afrique. Quelques unes de ses contrées doivent leur fertilité à des montagnes élevées et boisées qui modèrent les ardeurs et les sécheresses. Plus souvent les terrains fertiles, bordés par de vastes déserts, forment des lisières étroites le long des fleuves et des rivières, ou des plaines d'alluvion situées à leur embouchure. Ces dernières terres, ordinairement comprises entre deux branches du fleuve qui divergent en représentant un triangle, ont reçu de cette figure, qui est celle de la quatrième lettre de l'alphabet grec, le nom de *Delta*, nom plus spécialement consacré à l'île que le Nil forme dans la Basse-Egypte. Une autre classe de terrains fertiles doit son existence à des sources qui jaillissent par-ci par-là au milieu des déserts. Ces coins de verdure sont appelés *oasis*. Déjà Strabon les indique : « Au sud de l'Atlas, dit-il, s'étend un vaste
» désert sablonneux et pierreux, qui, sem-
» blable à la peau tachetée d'une panthère,
» est semé d'*oasis*, c'est-à-dire de terrains
» fertiles qui s'y élèvent comme les îles dans
» l'Océan. »

» C'est à ces contrastes que l'Afrique doit sa double réputation. Cette terre toujours altérée, cette aride nourricière des lions [1], comme les anciens l'appelaient, était cependant représentée sous l'emblème d'une femme couronnée d'épis, ou tenant des épis à la main [2]. Quoique la réputation d'une haute fertilité appartienne spécialement à l'*Africa propria* des anciens, ou à l'État actuel de Tunis, il est certain que, dans cette partie du monde, partout où l'humidité s'unit à la chaleur, la végétation étale une vigueur et une magnificence extrêmes. L'espèce humaine y trouve au prix de quelques travaux légers des aliments abondants; les épis se courbent sous leur fardeau; la vigne atteint des dimensions colossales; les cucurbitacées, les melons, acquièrent un volume énorme; le millet, surtout l'*holcus*, la plante céréale la plus commune dans les trois quarts du continent, rend, quoique mal cultivé, cent et deux cents grains pour un; enfin le dattier, qui est à l'Africain ce que le cocotier et l'arbre à pain sont dans l'Océanie, brave même le voisinage et les souffles enflammés du désert. Les forêts du mont Atlas égalent les plus belles de l'Italie et de l'Espagne; celles du Cap s'enorgueillissent de la *protée* aux feuilles argentées, de la bruyère en arbre; dans toutes la Guinée, la Sénégambie, le Congo, la Nigritie et l'Inde sur les côtes orientales, on retrouve les épaisses forêts de l'Amérique. Mais dans les parties marécageuses ou arides, sablonneuses ou pierreuses, c'est-à-dire dans la moitié de l'Afrique, la végétation spontanée offre une physionomie dure et bizarre. Les touffes de plantes salines hérissent des plaines dont aucun gazon ne couvre la nudité. Des arbrisseaux épineux, des espèces d'acacia et de mimosa, présentent des taillis impénétrables. Les euphorbes, les cactus, les arums fatiguent l'œil par leurs formes roides et pointues. L'énorme *baobab* (*adansonia digitata*), le difforme dragonnier (*dracæna draco*), sont dépourvus de grâce et de majesté. »

Une remarque importante a été faite par les botanistes relativement aux végétaux des côtes de Barbarie : c'est qu'ils offrent les plus grands rapports avec ceux de la péninsule hispanique; ainsi la flore d'Alger, comme celle de l'Andalousie et de la province de Valence, présente l'*olivier*, l'*oranger*, le *ricin arborescent*, le *dattier commun*, et une autre petite espèce, également de la famille des palmiers, le *chamærops humilis*. « Une chaleur plus forte, ajoute un botaniste distingué [1], favorise, dans cette partie de l'Afrique, le développement de quelques formes inconnues à l'Europe australe; mais ces formes ne sont que spécifiquement différentes, ou bien rarement elles diffèrent assez pour constituer des genres distincts de ceux qui croissent en Europe. Les plantes de la Cyrénaïque ont aussi de grandes ressemblances avec ces dernières; elles forment le passage des espèces atlantiques aux espèces égyptiennes, et déjà on y rencontre quelques uns de ces genres qui semblent propres à la zone torride. Le *zizyphus lotus* est si abondant en cette contrée, que les peuples anciens se nourrissaient exclusivement de son fruit, et avaient reçu pour cette raison le nom de *Lotophages*. »

---

[1] « Sitientes Afros. — Leonum arida nutrix. » —
[2] *Bochart*, Canaan, I, ch. xxv.

[1] M. *Guillemin*. Voyez le travail qu'il a fourni sur la Flore de l'Afrique, dans l'Abrégé de Géographie de M. *A. Balbi*, pag. 822.

L'Egypte présente un grand nombre de plantes tellement caractéristiques, que leur simple aspect, maigre et rabougri, suffit pour en faire reconnaître la patrie. La Haute-Egypte fournit en abondance ces nombreuses espèces de *cassia*, dont quelques unes, telles que le *cassia obovata* et le *cassia acutifolia*, forment, sous le nom de *séné*, une branche considérable de commerce. On y trouve aussi une espèce remarquable de palmier, auquel on a donné le nom de *cucifera thebaica*, et que les Arabes nomment *douzu* : il s'élève à la hauteur de 25 à 30 pieds ; ses fruits ne sont d'aucun usage, mais son bois sert à faire des planches et des solives. L'acacia d'Egypte (*acacia albida*) donne une graine qui sert à la teinture, tandis que son écorce s'emploie au tannage du cuir. Parmi les plantes aquatiques qui couvrent le Nil de leurs larges feuilles et l'ornent de leurs fleurs gracieuses, on doit citer les deux espèces de *nymphæa*, le *lotus* et le *cœrulea*, figurés dans les caractères hiéroglyphiques des anciens monuments. Mais le *nelumbium speciosum*, que l'on reconnaît aussi dans ces monuments, a disparu des eaux du fleuve.

Les végétaux de l'Abyssinie ne présentent point encore le caractère de ceux qui dominent entre les tropiques ; ils offrent plutôt des rapports avec ceux de la côte de Mozambique et du cap de Bonne-Espérance. Le caféyer croît naturellement sur la côte de la mer Rouge, comme en Arabie sur la côte opposée.

Au cap de Bonne-Espérance, la végétation a beaucoup d'analogie avec celle de la Terre de Diémen dans l'Australie : les genres *ixia*, *stapelia*, *pelargonium*, *erica* et *mesembryanthemum* y vivent en nombreuses sociétés.

Les plantes de l'Afrique équinoxiale se ressemblent sur une grande étendue. Ainsi, depuis le 6e degré de latitude méridionale jusqu'au 16e au nord de l'équateur, il règne dans la végétation une grande uniformité. Le *sterculia acuminata*, arbre dont les graines, appelées *cola* par les indigènes, passent pour avoir la propriété de rendre potables les eaux les plus infectes, croît sur la côte de Guinée comme à Sierra-Leone ; l'*anona senegalensis*, dont les fruits sont odorants et savoureux, et le *chrysobalanus icaco*, arbrisseau de 10 à 12 pieds d'élévation, qui porte des fruits d'un goût agréable, légèrement acides et d'une forme qui ressemble à celle d'une prune allongée, sont des plantes qui se trouvent depuis la rivière du Sénégal jusqu'au Coango.

Dans la Sénégambie on est étonné de rencontrer non seulement des végétaux qui ressemblent à ceux de la Haute-Egypte et de l'Arabie, mais encore des plantes que l'on croyait particulières à la Malaisie et à l'Amérique méridionale. On y trouve l'*acacia varek*, arbrisseau tortueux de 15 à 20 pieds de hauteur, qui forme des buissons et ne croît que dans les localités sablonneuses. Les meilleurs arbres à fruits de cette contrée sont le bananier (*musa sapientum*), le papayer (*carica papaya*), le tamarinier (*tamarindus indica*), l'oranger, le limonier, l'*elais guineensis*, qui fournit l'huile de palma, et le *raphia vivifera*, qui donne le vin de palmier.

Quant à la végétation de l'Afrique centrale, elle est trop peu connue pour pouvoir en assigner les caractères généraux.

Le règne animal présente encore plus de variété et plus d'originalité. L'Afrique possède la plupart des espèces animales de l'ancien continent, et en possède même les variétés les plus vigoureuses, les plus belles. Le cheval de Barbarie, le buffle du Cap, le mulet du Sénégal, le zèbre, orgueil de la race des ânes, et le *quaccha*, qui offre avec le zèbre tant de points de ressemblance, en sont des exemples. Le lion d'Afrique est le seul digne de son nom. L'éléphant et le rhinocéros, d'une taille moins colossale que ceux d'Asie, ont beaucoup plus d'agilité, et peut-être aussi plus de férocité ; cependant on assure que l'éléphant africain fuit à l'aspect de celui d'Asie. Beaucoup de formes animales très singulières paraissent particulières à cette partie du monde. Le lourd hippopotame s'est répandu du Cap jusqu'en Égypte et jusqu'au Sénégal. La majestueuse girafe, le modèle des *Séraphins*, que la mythologie arabe attelait au char du maître du tonnerre, étend ses courses des bords du Niger à ceux de l'Orange. Les gazelles et les antilopes peuplent le continent de leurs nombreuses espèces et variétés, les unes plus sveltes, plus légères que les autres, mais dont peut-être aucune ne se retrouve exactement la même sur le plateau de l'Asie. D'après le même principe, l'Afrique, remplie de difformes guenons et de dégoûtants babouins, manque probablement de plusieurs espèces de singes.

qui semblent réservées a l'Océanie, comme l'orang-outang, ou à l'Amérique, comme les sapajous. »

Ajoutons à ces animaux le chameau à une bosse, dont les caravanes parcourent aujourd'hui le désert de Sahara, mais qui ne fut introduit à l'ouest du Nil qu'après le troisième siècle; la féroce et poltronne *hyène*, qui, dans les environs du cap de Bonne-Espérance, se contente d'enlever la nuit les animaux morts; le *chacal*, espèce du genre chien, qui habite principalement les montagnes, et qui cherche sa proie à la faveur de l'obscurité de la nuit; la *panthère*, espèce du genre chat, dont le poil fauve est parsemé de taches noires; le *serval* ou chat-tigre, qui, par sa douceur, dément le surnom qu'on lui a donné; le *phacochère*, animal à corps de cochon, à dent mâchelière d'éléphant, et dont la face hérissée de quatre protubérances l'a fait surnommer, comme l'a dit un de nos naturalistes, *sanglier à masque*; enfin le sanglier éthiopique, auquel on vient de rendre son ancien nom de *koyropotame*. Parmi les rongeurs, l'*aye-aye*, dont les membres antérieurs sont plus courts que les postérieurs; et parmi les quadrumanes, le *maki*, aux formes sveltes et au pelage laineux; enfin dans la famille des singes, ces espèces variées de *cynocéphales*, qui vivent entre les deux tropiques, dont aucun n'habita l'Egypte, et dont trois y avaient des autels.

Parmi les reptiles on doit citer les *crocodiles*, le *succhos* et le *khamses*, qu'honoraient les anciens Egyptiens, et qui diffèrent peut-être des crocodiles du Niger et du Sénégal; le *monitor*, qui, par suite d'un préjugé populaire, passe pour avertir l'homme menacé à l'approche d'un ennemi dangereux; le *tupinambis*, couvert d'écailles circulaires et qui habite les environs du Nil; enfin les caméléons, dont d'autres espèces se trouvent en Espagne et aux Moluques.

Le peuple volatile ne reste pas en arrière; le *flamant* dans sa robe d'écarlate, le *perroquet* vêtu d'émeraude et de saphir, l'*aigrette* au plumage élégant, auraient pu dispenser Levaillant de composer des oiseaux imaginaires. Le *messager*, qui vit de reptiles qu'il sait combattre avec adresse et dévorer sans danger; le *grand vautour*, qui se nourrit de charognes; le *chincou*, le plus hideux des oiseaux; l'*oricou* à pendeloques charnues, qui guette sans cesse la chute de quelque animal et se précipite sur son cadavre, qu'il dépèce en un instant; le *pygargue*, espèce d'aigle qui vit de poissons; le *couroucou*, singulier oiseau aux plumes éclatantes; les *senegalis* de toutes couleurs, bleus, rouges, piquetés, noirs, qui, ainsi que le dit M. Lesson, semblent des papillons destinés à émailler, par leur vive coloration, les chardons en maturité dont ils mangent les graines; la *pintade* ou la *poule de Numidie*, dont on connaît quatre espèces dont la chair est d'une rare délicatesse; l'*outarde* pesante, qui habite les grandes plaines, et tant d'autres oiseaux qu'il serait trop long de nommer, sont aussi particuliers à l'Afrique. L'autruche est propre à ce continent comme le casoar l'est à l'Océanie, et le touyou à l'Amérique méridionale; mais parmi ces oiseaux marcheurs, dépourvus de véritables ailes, celui d'Afrique est le plus grand et le plus parfait de son genre. Nous réservons pour les descriptions spéciales d'autres recherches qui constateront l'ancien adage: « L'Afrique fournit toujours quelque nouvel animal, » et qui rendront probable l'existence de quelques animaux extraordinaires dont parle toute l'antiquité, mais que la critique moderne, peut-être trop défiante, a relégués dans la sphère des fables.

« Les désastres et les inconvénients que causent les reptiles venimeux ou voraces ne sont pas particuliers à l'Afrique; toute la zone torride a ses serpents, ses scorpions, ses crocodiles ou les équivalents. Mais les termites n'élèvent nulle part, si ce n'est en Nouvelle-Hollande, autant de bâtisses destructives, et les essaims de sauterelles planent en nuages moins épais sur le plateau de l'Asie que sur celui d'Afrique, où ils servent de nourriture à des tribus entières.

» L'homme enfin s'offre ici sous un point de vue tout-à-fait extraordinaire. Les Africains paraissent former trois races depuis long-temps distinctes. Les *Maures* sont une belle race, semblable, par la taille, la physionomie, les cheveux, aux nations les mieux constituées de l'Europe et de l'Asie occidentale, seulement brunie par les ardeurs du climat; à cette race appartiennent, selon nous, les *Berbers* et les *Kabyles*, et les autres restes des Numides et des Gétules; elle a beaucoup de rapports avec les Arabes, dont elle a reçu, dans le septième siècle, de nombreuses colonies. On ne saurait considérer comme une race originairement distincte, les Coptes, les Nubiens, les Abyssiniens, peuples probablement nés d'un très ancien mélange de nations asiatiques et africaines. La seconde race est celle des *Nègres*, dont le caractère général est connu de tout le monde; elle occupe tout le centre, tout l'occident, depuis le Sénégal jusqu'au cap Negro; elle a pénétré en Nubie, en Egypte. La troisième race est celle des *Cafres*, qui occupe toute la côte orientale, distinguée des Nègres par un angle facial moins obtus, un front bien voûté, un nez élevé; mais elle s'en rapproche par les lèvres épaisses, les cheveux crépus et presque laineux, et par un teint qui, en variant du brun-jaunâtre au noir clair, semble dépendre du climat.

» Outre ces grandes races, l'Afrique nous montre des peuplades qui doivent, soit à une origine inconnue, soit à l'influence du climat, un caractère tout-à-fait particulier. Les Hottentots en présentent l'exemple le plus connu; mais nous en reconnaîtrons d'autres dans le cours de notre description spéciale.

» Les langues de l'Afrique doivent, selon M. de Seetzen, monter au nombre de cent ou cent cinquante. Elles offrent entre elles les disparates les plus frappantes, et si peu de traits de ressemblance, que tous les essais pour les classifier sont restés infructueux. La *langue berbère*, il est vrai, a été retrouvée depuis Maroc jusqu'en Egypte; les trois langues nègres de *Manding* sur le Haut-Sénégal, des *Amina* sur la Côte-d'Or, des *Congues* sur la côte de Congo, paraissent très étendues; il faut en dire autant de celle des *Cafres-Betjouanas*. Mais le caractère général de l'Afrique, sous ce rapport, est néanmoins une multitude d'idiomes qui semblent renfermer beaucoup de cris à peine articulés, beaucoup de sons bizarres, de hurlements, de sifflements inventés à l'imitation des animaux, ou par le besoin de se distinguer d'une peuplade ennemie. Ce fait embarrasse ceux qui voient dans l'unité du genre humain une vérité historique, susceptible de démonstration; mais il nous semble que, non seulement en Afrique, mais partout, l'histoire véritable, en remontant aux temps les plus reculés, trouve l'espèce humaine, comme les arbres et les animaux, disséminée sur la surface du globe et divisée en innombrables petites tribus ou familles, parlant chacune un idiome particulier, imparfait et souvent bizarre. La fusion artificielle de ces jargons primitifs a donné naissance aux langues régulières, dont peut-être aucune n'est antérieure à la naissance des cités.

» La civilisation, qui seule a donné à l'homme des idées abstraites et générales, a suivi en Afrique une marche singulière, prescrite par le climat et par le caractère de la race indigène la plus nombreuse. Essayons d'en indiquer les époques.

» Vivant dans l'abondance, mais séparés entre eux par des déserts; entourés d'aliments spontanés, copieux et excellents, mais rencontrant de grands obstacles à toute culture régulière; dispensés par le climat du soin de se vêtir, n'ayant besoin que d'un abri contre la pluie, le *Nègre* ou *Éthiopien* des anciens, et probablement aussi le *Cafre* ou *Troglodyte*, n'éprouvaient jamais l'aiguillon de la nécessité qui excite l'industrie et la réflexion. Dans leur félicité sauvage, ils satisfaisaient les besoins des sens et ne devinaient qu'obscurément un monde intellectuel. Cependant ils sentaient la présence d'un pouvoir invisible; ils en cherchaient le siége dans l'arbre qui les nourrissait, dans le rocher qui leur prêtait un abri, dans le serpent qu'ils redoutaient, même dans le singe, le perroquet, qui se jouaient autour d'eux. Quelques uns imaginèrent qu'un morceau de bois, un éclat de pierre, renfermaient une puissance surnaturelle: ils furent charmés de pouvoir porter avec eux leurs divinités. Ce système, qu'on appelle le *fétichisme*, et qui est l'ébauche la plus grossière du *panthéisme*, ne paraît étranger à aucun climat, à aucune race; mais il dominait exclusivement en Afrique, et surtout parmi les Nègres [1]. Ces superstitions n'étaient que ridicules; la vengeance et la brutalité en imaginèrent d'atroces, d'horribles. Le prisonnier de guerre d'une tribu étrangère fut immolé sur la tombe de ceux contre lesquels il avait combattu. La croyance, qui plaçait les forces morales dans des objets visibles, dut persuader à ces barbares qu'en dévorant le corps d'un ennemi redouté ils se pénétreraient de son courage. L'anthropophagie naquit, et, d'abord circonscrite à d'af-

[1] Voyez ci-après la Description de la Nigritie.

freux autels, elle devint bientôt un goût capricieux, une recherche de gourmandise. Des tribus vaincues s'estimèrent heureuses d'être réduites à l'état d'esclavage au lieu d'être dévorées ; mais leurs maîtres en vendaient les individus comme un vil bétail. En même temps les Berbers ou Maures, voisins de la race nègre, fiers d'un peu de supériorité sur ces êtres abrutis, leur donnaient la chasse comme à des bêtes féroces, et les employaient comme des bêtes de somme. Tel était l'état primitif des Africains ; il subsiste encore en partie.

» De bienfaisants imposteurs changèrent la face des choses. Plusieurs dynasties de pontifes-rois élevèrent à Méroé, à Thèbes, à Memphis, des temples qui devinrent l'asile de la paix, le foyer des arts et le centre du commerce. Attiré par la curiosité, enchaîné par la superstition, le sauvage vint adorer la statue d'un dieu à tête de chien ou à bec d'oiseau, emblème perfectionné de son grossier fétiche. A la voix du ministre des dieux, cette multitude, qui possédait à peine des cabanes bâties en troncs de palmiers, tailla le granit en colonnes, grava des hiéroglyphes sur le porphyre, et acheva lentement ces monuments qui bravent les siècles. L'utile ne fut pas oublié ; l'eau sacrée du Nil, retenue par des digues, distribuée par des canaux, féconda les champs jadis abandonnés aux joncs et aux roseaux. Cependant les caravanes, protégées par le nom des dieux, remontaient le Nil et pénétraient dans les vallons les plus reculés de l'Éthiopie, recueillant partout l'or et l'ivoire, semant partout les germes des religions, des lois et des mœurs nouvelles.

» Memphis, Thèbes et Méroé elle-même virent la caste des guerriers se soulever contre les pontifes. Aux douces illusions de la théocratie succédèrent les révolutions, les guerres, les agitations de la cour despotique des Pharaons. Malgré ces événements, l'Égypte resta long-temps un grand et florissant empire ; mais elle influa moins heureusement sur la civilisation du reste de l'Afrique.

» Carthage avait fondé un autre empire dans l'Occident. Ses hardis navigateurs, ses actifs négocians pénétrèrent jusqu'au cap Blanc par mer, et jusqu'au Niger par terre ; mais ils n'avaient, pour soumettre les nations, d'autre moyen que la force de leurs armes ou l'appât de quelques marchandises. Intimement liés avec les peuples de la race maure ou berbère, dont ils développèrent les talents pour la guerre en levant parmi eux leurs troupes légères, ils n'exercèrent qu'une influence indirecte sur les Éthiopiens ou les Nègres. Abandonnée à elle-même et à la nature, cette race borna ses efforts à arracher à la terre des aliments simples et faciles. Le gouvernement des petits patriarches despotes céda la place à des monarchies plus étendues. Le conseil des principaux guerriers, comme chez toutes les nations sauvages, conserva presque partout une autorité égale à celle des rois. Dans les associations mystérieuses de quelques nations de la Guinée, on vit revivre l'esprit des prêtres de Méroé. Le changement le plus essentiel que subit la constitution civile de l'Afrique, fut la distinction établie entre les *esclaves* et les *hommes libres*. Cette distinction existait chez les Grecs et les Romains avec des caractères aussi odieux, aussi inhumains que dans l'Afrique ; mais en Europe elle fut abolie par le christianisme : ici elle s'est perpétuée.

» Les Romains, hors des limites de leur empire, n'eurent des rapports directs qu'avec les habitants du Fezzan, de la Nubie, et fort tard avec l'Abyssinie ou le royaume d'Axum. Aussi le christianisme ne put-il étendre ses lumières sur l'occident, le centre et le midi de l'Afrique. Ses bienfaits, répandus sur le nord, disparurent pendant des guerres désastreuses. Il était réservé au mahométisme d'opérer un changement dans la marche de la civilisation africaine. Monté sur l'agile dromadaire ou sur de légers navires, le fanatique Arabe courait planter l'étendard de son prophète jusqu'aux bords du Sénégal et jusqu'aux rivages de Sofala. Aucun peuple ne réunissait plus de qualités pour conquérir et pour conserver l'empire de l'Afrique. Il trouvait dans les Mauritaniens et les Numides des frères et des amis naturels. Mœurs, aliments, climat, tout les rapprochait. L'esprit fanatique du mahométisme devait étonner et subjuguer les imaginations ardentes des Africains ; la simplicité de la croyance musulmane convenait à leur intelligence bornée, et s'alliait sans peine aux superstitions du fétichisme, aux idées de ces peuples sur la magie et les enchantements. L'Afrique, et surtout les oasis du grand désert, fournirent bientôt à la nouvelle religion ses plus zélés défenseurs. L'esclavage civil et le gouvernement despotique n'éprouvèrent aucun changement, si ce n'est que les *marabouts* ou prêtres musulmans, ainsi que les *chérifs* ou descendants du prophète, formèrent dans quelques États une espèce d'aristocratie. L'anthropophagie seule devait être abolie, et c'est un véritable bienfait que l'humanité doit aux progrès de l'islamisme [1]. Un événement particulier favorisa un moment la civilisation des Maures : l'expulsion de ceux d'entre eux qui avaient régné en Espagne, peupla la Barbarie et même les oasis du grand désert d'hommes plus industrieux et plus éclairés que le reste des mahométans ; malheureusement pour l'Afrique, une poignée d'aventuriers turcs, les uns plus féroces et plus grossiers que les autres, fondirent sur la côte de Barbarie, subjuguèrent les Maures et y établirent les gouvernements barbares d'Alger, de Tunis et de Tripoli : barrière fatale qui, bien plus encore que le mahométisme, sépara l'Afrique du monde policé.

» Les navigations des Portugais et la traite des nègres ont ensuite ouvert de nouvelles communications entre l'Afrique et l'Europe occidentale. On trouva ces contrées, comme elles le sont encore, déchirées par une guerre perpétuelle, par une guerre d'autant plus déplorable, que, circonscrite à un cruel brigandage, étrangère à tout esprit de conquête territoriale, elle ne donne point naissance à ces grands empires qui, du moins quelquefois, admettent une sorte de civilisation. Cependant l'observation prolongée des Africains a fait connaître leurs vertus et leurs dispositions à s'instruire et à imiter nos arts. Il a été constaté que rien dans leur nature morale ne les condamne à une éternelle barbarie [2]. Malheureusement l'Europe, entraînée vers les deux Indes, s'est peu occupée d'une contrée plus rapprochée et peut-être plus riche. Ainsi nos relations avec les côtes d'Afrique se sont longtemps bornées à ce trafic d'hommes que la philosophie et la religion réprouvent en principe, mais que, dans le cas particulier des Africains, beaucoup de circonstances rendent moins horrible. L'abolition de l'anthropophagie ayant fait doubler le nombre des prisonniers dont les princes ont à disposer, la cessation absolue de la traite, que plusieurs nations européennes ont proclamée, fera peut-être revivre sur la côte les horribles massacres et les sacrifices humains qui règnent encore dans l'intérieur. Puissent des colonies européennes, des colonies stables, étendues, florissantes, en montrant sur les bords du Niger, du Sénégal, du Zaïre et du Zambèze, le modèle de nos lois et de nos mœurs, exciter les Africains à une heureuse émulation, ou les engager à une soumission salutaire ! »

TABLEAU *de l'élévation absolue des principales montagnes de l'Afrique.*

SYSTÈME ATLANTIQUE ou SEPTENTRIONAL.

	Mètres.
Points culminants du Grand-Atlas dans l'empire de Maroc.	4,000
Le *Ouannaseris* ou *Ouannascherich*, sur le territoire d'Alger.	3,000?
Points culminants de la chaîne du *Jurjura* ou *Guraïgura* sur le territoire d'Alger.	2,000?
Col de *Tenyah* dans le Petit-Atlas, sur le territoire d'Alger.	1,000
Points culminants du Petit-Atlas.	1,650
Monts Righa.	1,500
Plateau de Miliana.	800
Sommet occupé par la ville de Medeah.	1,000
Le Zaouan, point culminant dans l'État de Tunis.	1,400
Point culminant de la chaîne de *Tarhona* dans l'État de Tripoli	900?
Hauteur moyenne de la chaîne du *Gharian* dans l'État de Tripoli	500
Point culminant de la chaîne du *Gharian*.	1,000?
Point culminant du mont *Akhdar* dans l'État de Tripoli	600.
Plateau de Barkah.	500
Point culminant de la chaîne de *Tiggherendouma*.	200
Points culminants de la chaîne Arabique près du Caire.	700
Points culminants de la chaîne Libyque.	600

SYSTÈME ABYSSINIEN ou ORIENTAL.

Mont *Gechen* ou *Devra Damot*.	3,000?
Niveau des eaux du lac *Dembea* ou *T'zana*.	2,700
Le *Beyeda* dans les montagnes de Samen.	900?
Monts *Langay*.	300?
Mont *Dyaub*.	200?
Mont *Lamalmon*.	3,400
Points culminants des monts *El-kamar*.	4,600?
L'*Amba-Hadji* dans le royaume de Tygré.	2,400
Mont *Taranta*, sur la limite du royaume de Tygré.	2,300
Points culminants des monts *Tegla*.	1,500?

---

[1] M. *de Hammer,* Mémoire sur l'influence du mahométisme, dans les *Mines de l'Orient*, et dans les *Annales des Voyages.* — [2] Voyez l'intéressant ouvrage de M. Grégoire, ancien évêque de Blois, sur la *Littérature des Nègres.*

SYSTÈME CAFRO-GUINÉEN ou AUSTRAL.	mètres
Points culminants des monts *Lupata*.	2,000?
Monts *Foura*.	1,500?
Points culminants des *Montagnes Noires*.	900?
Points culminants des monts *Karrec* ou *Karri*.	2,100
Mont *Compas*, dans la chaîne des monts *Sneeuwberg* ou montagnes de neige.	2,000
Le *Komsberg* (nœud des monts Nieuwveld, Roggeveld et Witteberg).	1,700
Points culminants des monts *Nieuwveld*.	3,300
Points culminants du *Roggeveld*.	1,700
Points culminants du *Bokkeveld*.	1,800?
Montagne de la *Table*.	1,200
Pic du *Diable*.	1,000
Montagne du Lion (*Leeuwenberg*).	700
Le *Lange-Kloof*.	800
Mont *Hantam* (au dessus de la terrasse de la côte atlantique).	500
Points culminants des monts *Khamies*.	1,300
Points culminants des montagnes de cuivre (*Koperbergen*).	700?

	mètres
Serras de cristal dans la Guinée méridionale.	600?
Plateau de Dembo.	500?
Le volcan *Zambi* dans le *Tibolo* (Guinée méridionale).	1,200
Le mont *Zambi* dans le pays des Molouas (*Idem*).	1,220

SYSTÈME SÉNÉGAMBO-GUINÉEN ou OCCIDENTAL.	
Pic des *Mendefy* dans la chaîne de ce nom.	600?
Points culminants de la chaîne du *Mandara*.	1,500
Points culminants des monts de *Kong*.	1,000?
Mont *Loma*.	500
Points culminants de la *Sierra-Leone*.	860
Mont *Sa-voullé*.	600
Le *Pain-de-Sucre*.	780
Monts *Camarones* dans le pays des *Calbongas*.	1,100?
Points culminants des monts *Tangué*.	1,400?
Dunes qui forment le *Cap-Vert*.	200

N. B. Un coup d'œil sur ce tableau fait voir que la hauteur de la plupart des montagnes de l'Afrique n'est connue que par approximation.

LIVRE CENT CINQUANTE-SIXIÈME.

Suite de la Description de l'Afrique. — Description générale physique de l'Egypte.

« L'Egypte rattache l'Afrique au monde civilisé; ce pays, unique dans la nature, unique dans les fastes de l'histoire, mérite une description plus détaillée que les autres contrées africaines. Mais qu'est-ce que l'Egypte? Une vallée que le Nil arrose après l'avoir en partie formée, et que resserre à droite comme à gauche la stérile immensité des déserts. Commençons donc par le Nil le tableau physique de cette contrée, qui, grâce aux dons de son fleuve, peut se passer du reste de la terre et du ciel lui-même.

» Le Nil, le plus grand des fleuves de l'ancien Monde, dérobait encore naguère ses véritables sources aux regards de la science. Eratosthène distinguait trois branches principales du Nil : les voyageurs les plus récents ont confirmé en partie l'opinion du savant bibliothécaire d'Alexandrie. »

Ce fleuve, que les anciens Egyptiens avaient divinisé, prend sa source dans l'Abyssinie et la Nigritie. Sa principale branche est le *Bahr-el-Abiad*, ou la *rivière Blanche*, qui paraît descendre des montagnes de la Lune (*Djebel-el-Kamar*); la seconde est le *Bahr-el-Azrak*, ou la *rivière Bleue*, qui sort d'un petit plateau de l'Abyssinie, au sud du lac Dembea ou Tzana, dont il traverse la partie méridionale. C'est celle-ci que le voyageur anglais Bruce regardait comme le véritable Nil; mais cette dénomination appartient exclusivement, suivant un voyageur français [1], à la précédente, dont la source est la plus éloignée. Le *Tacazzé*, ou l'*Atbarah*, que les anciens regardaient comme la troisième et la plus orientale branche du Nil, n'est qu'un affluent de ce fleuve : il s'y réunit après un cours de 200 lieues. Les sources du *Bahr-el-Azrak* ont été trouvées et décrites par les jésuites Paez et Tellez, deux siècles avant la prétendue découverte de Bruce.

Le véritable Nil, ou le *Bahr-el-Abiad*, arrose d'abord le Donga, puis le pays des nègres Chélouks, redoutables par leurs flèches empoisonnées; le Dar-Denka et le Dar-el-Aïze,

[1] M. Frédéric Cailliaud : Voyage à Méroé, au fleuve Blanc, etc.; 1819 à 1822. — Paris, 1826.

au-dessous duquel il reçoit le Bahr-el-Azrak: les principaux affluents de celui-ci sont, sur sa droite, le Yabouss et le Toumat, et sur sa gauche, le Dender et le Rahad. C'est à 65 lieues au-dessous de l'embouchure du Bahr-el-Azrak dans le Nil que celui-ci reçoit le Tacazze.

« Comme il paraît prouvé que des voyageurs ont pénétré par eau depuis Tembouctou jusqu'au Kaire, il faut que des rivières intermédiaires établissent entre le Nil et le Niger une communication semblable à celle qui a été reconnue par M. de Humboldt entre l'Orénoque et l'Amazone. Cette hypothèse est la seule qui puisse concilier le récit des voyageurs de Tembouctou avec le témoignage positif de Brown, d'après lequel les fleuves *Misselad* et *Bar-Koulla* coulent du sud au nord. Ce fait, généralement admis, ne permet pas de supposer d'autre communication entre le Nil et le Niger, que celle qui peut être formée par des canaux qui, semblables au Cassiquiare de la Guiane, circuleraient sur un plateau où se trouveraient rapprochées les sources du Misselad et du Bar-Koulla, ainsi que celles du Nil. Peut-être quelques uns de nos lecteurs se contenteront-ils de supposer les sources de tous ces fleuves assez rapprochées pour que les lacs formés dans la saison pluvieuse les fassent communiquer temporairement.

» Le vrai Nil reçoit, comme nous l'avons dit, les deux grandes rivières d'Abyssinie, et forme ensuite un vaste circuit dans le pays de Dongola, en se tournant au sud-ouest. Trois fois une barrière de montagnes semble arrêter son cours; trois fois il franchit cet obstacle. La seconde cataracte, dans la Nubie turque, est la plus forte. La troisième ouvre au Nil l'entrée de l'Egypte près Syène ou *Asouan*. La hauteur de cette cataracte, singulièrement exagérée par quelques voyageurs, varie selon les saisons, et n'est généralement que de quatre à cinq pieds [1].

» Depuis Syène jusqu'au Kaire, il coule dans une vallée d'environ 5 lieues dans sa moyenne largeur, entre deux chaînes de montagnes, dont l'une s'étend jusqu'à la mer Rouge, et dont l'autre se termine dans les déserts de l'ancienne Libye. Le fleuve occupe le milieu de la vallée jusqu'au détroit nommé Djebel-Selseleh; cet espace, d'environ 15 lieues de longueur, n'offre sur ses deux rives que très peu de terre cultivable. Quelques îles sont, à cause de leur peu d'élévation, arrosées avec facilité.

» Au débouché du Djebel-Selseleh [1], la pente transversale porte constamment le Nil sur sa rive droite, qui présente dans beaucoup d'endroits l'aspect d'une falaise coupée à pic, tandis que le sommet des montagnes de la rive gauche est presque toujours accessible par un talus plus ou moins incliné. Ces dernières montagnes commencent, près de la ville de Syouth, en descendant vers le Fayoum, à s'éloigner de plus en plus vers l'ouest, de sorte qu'il se trouve entre elles et la vallée cultivée un espace désert qui va toujours en s'élargissant, et qui, dans beaucoup d'endroits, est bordé du côté de la vallée par une ligne de dunes de sables dirigée à peu près du nord au sud.

» Les montagnes qui embrassent le bassin du Nil dans l'Egypte supérieure, s'entrecoupent par des gorges qui conduisent d'un côté sur les bords de la mer Rouge, et de l'autre dans les oasis. Ces gorges transversales seraient habitables, puisque les pluies d'hiver y entretiennent la végétation pendant quelque temps, et forment des fontaines dont les eaux suffisent aux besoins des Arabes et de leurs troupeaux.

» La lisière des terrains déserts, qui s'étend ordinairement sur les côtés de la vallée, parallèlement au cours du Nil (et qu'il ne faut pas confondre avec cette mer stérile de sable qui se trouve de chaque côté de l'Egypte), comprend maintenant deux espèces de sol bien distinctes; l'une, immédiatement au pied de la montagne, est composée de sables, de cailloux roulés; l'autre, composée de sables légers, recouvre une étendue de terrain autrefois cultivable. Si l'on coupe la vallée par un plan perpendiculaire à sa direction, on remarque que sa surface s'abaisse depuis les rives du Nil jusqu'au pied des montagnes; circonstance qui a également été observée sur les bords du Mississipi, du Pô, d'une partie du Borysthène et de quelques autres rivières.

» Près de Bény-Soueyf, la vallée du Nil, déjà considérablement élargie à l'ouest, s'ouvre de ce même côté, et nous laisse entrevoir

---

[1] Description de l'Egypte, par ordre de l'empereur Napoléon, 1 vol. Description de Syène et des Cataractes, par M. *Jomard*.

[1] *Girard*, Mém. sur l'Egypte, tom. III, pag. 13.

les fertiles plaines de *Fayoum;* ces plaines forment proprement une espèce de plateau séparé au nord et à l'ouest des montagnes qui l'environnent par une large vallée, dont une certaine étendue, constamment submergée, forme ce que les habitants du pays appellent *Birket-el-Keroun.*

» Près du Kaire, les chaînes qui resserrent la vallée du Nil s'éloignent de part et d'autre; l'une, sous le nom de *Djebel-el-Nairon,* se dirige au nord-ouest vers la Méditerranée; l'autre, appelée *Djebel-el-Attaka,* court droit à l'est vers Suez.

» En avant de ces chaînes s'étend une vaste plaine composée de sables recouverts du limon du Nil. A l'endroit nommé *Batou-el-Bakarah,* le fleuve se partage en deux branches qui, en coulant, l'une vers Rosette, l'autre vers Damiette, embrassent le *Delta* actuel; car cette espèce d'île triangulaire, anciennement plus grande, était bornée à l'orient par la branche *Pélusiaque,* aujourd'hui perdue ou convertie en canaux fangeux. A l'ouest, elle était terminée par la branche *Canopique,* aujourd'hui en partie confondue avec le canal d'Alexandrie, et en partie perdue dans le lac Edkoù. Cependant la dépression et l'égalité du niveau, ainsi que la fertilité et la verdure, marquent encore aujourd'hui les limites de l'ancien Delta.

» Les divers *bogaz* ou embouchures de ce grand fleuve ont souvent changé de position et en changent encore; circonstance qui a fourni matière à de longues discussions entre les géographes. Voici les résultats les plus certains. Les sept bouches du Nil, connues des anciens, se suivaient dans l'ordre que voici : 1° la bouche *Canopique,* représentée par l'embouchure du lac Edkoù, ou, selon d'autres, par celle du lac d'Aboukir; 2° la *Bolbitique,* à Rosette; 3° la *Sébennytique,* probablement l'embouchure du lac de Bourlos; 4° la *Phatnitique* ou *Bucolique,* à Damiette. Les trois dernières, perdues aujourd'hui, sont, 5° la *Mendésienne,* confondue dans le lac Menzaléh, mais dont la bouche est représentée par celle de Dibeh; 6° la *Tanitique* ou *Saïtique,* qui paraît se retrouver à l'extrémité à l'est du lac Menzaléh, dans celle nommée aujourd'hui *Omm'saregdj;* la branche du Nil qui conduisait ses eaux à la mer répond au canal Moeys, qui se perd aujourd'hui dans le lac; 7° la bouche *Pélusia-* *que* semble aujourd'hui représentée par l'embouchure la plus orientale du lac Menzaléh, où se retrouvent encore les ruines de Péluse (¹).

» La profondeur et la rapidité du Nil varient selon les lieux et les saisons. Dans un état ordinaire, ce fleuve ne porte que des bateaux de 60 tonneaux, depuis les embouchures jusqu'aux cataractes. Le *bogaz* de Damiette a cependant 7 à 8 pieds d'eau dans le temps des basses eaux; celui de Rosette n'en a que quatre à cinq. Dans les hautes eaux, l'un et l'autre de ces *bogaz* ont 41 pieds de plus, et les caravelles de 24 canons remontent jusqu'au Kaire (²). La navigation est singulièrement favorisée durant les crues; car pendant que le courant du fleuve entraîne les navires depuis les cataractes jusqu'aux *bogaz* avec une extrême rapidité, les vents du nord, très violents, permettent de remonter le fleuve à force de voiles avec une égale rapidité : on fait l'un et l'autre trajet en huit à dix jours. C'est un spectacle intéressant que de voir les nombreux bateaux se croiser dans leurs courses. Les *bogaz* sont difficiles à passer, même dans les hautes eaux : des bancs de sable changeants menacent le navigateur dans toute la longueur du cours. Les cataractes sont quelquefois franchies par l'adresse et l'audace réunies (³).

» Les fameuses plaines de l'Egypte ne seraient pas le séjour d'une éternelle fertilité, sans les crues du fleuve, qui en même temps les arrose et les couvre d'un limon fécond. Nous connaissons aujourd'hui avec certitude ce que les anciens ne pouvaient qu'entrevoir obscurément (⁴), ce que cependant Agatarchide, Diodore, Abdallatif, et l'envoyé abyssinien Hadgi Michael (⁵) avaient affirmé, savoir que les grandes pluies annuelles entre les tropiques sont la seule cause de ces crues, communes à tous les fleuves de la zone torride, et qui, dans des terrains bas comme l'Egypte, occasionnent des inondations.

» La crue du Nil commence au solstice d'été; le fleuve acquiert sa plus grande élévation à

(¹) Mém. sur l'Egypte, tom. I, p. 165. Comp. *Dubois-Aymé,* Mémoire sur les Bouches-du-Nil. Livourne, 1812. — (²) Description de l'Egypte, vol. I. Mémoire de M. *Lepère,* sur le canal des deux mers, sect. II, parag. 5 et 6. — (³) *Sicard, Norden,* etc. — (⁴) *Meiners,* Histoire du Nil, dans ses OEuvres philosoph., p. 80. — (⁵) Cité par *Wansleben,* Voyage inédit en Egypte. Collection de *Paulus,* I, 21.

l'équinoxe d'automne, reste permanent pendant quelques jours, puis diminue, mais avec plus de lenteur. Au solstice d'hiver il est déjà très bas; mais il reste encore de l'eau dans les grands canaux. A cette époque les terres sont mises en culture. Le sol se trouve couvert d'une couche de limon plus ou moins épaisse, et déposée par couches horizontales : ce limon a une forte affinité pour l'eau.

» L'analyse du limon du Nil a fourni près de la moitié d'alumine, un quart environ de carbonate de chaux, le reste en eau, carbone, oxide de fer, carbonate de magnésie [1]. Sur les bords du Nil, le limon tient beaucoup de sable; et lorsqu'il est porté par les eaux sur des terres éloignées, il perd en chemin une quantité de sable proportionnelle à la distance du fleuve, de manière que lorsque cette distance est considérable, on trouve l'argile presque pure : aussi ce limon est-il employé dans plusieurs arts en Egypte. On en fait de la brique excellente et des vases de différentes formes : il entre dans la fabrication des pipes; les verriers l'emploient dans la construction de leurs fourneaux, et les habitants des campagnes en revêtent leurs maisons. Ce limon renferme des principes favorables à la végétation. Les cultivateurs le regardent comme un engrais suffisant.

» La salubrité de l'eau du Nil, vantée par les anciens, paraît reconnue par les modernes avec certaines restrictions. Cette eau est très légère, et peut, sous ce rapport, mériter l'éloge qu'en fait Maillet; « c'est, parmi les eaux, » ce que le Champagne est parmi les vins. » Si Mahomet, disent les Egyptiens, en eût bu, il eût demandé au ciel une vie immortelle pour pouvoir toujours en jouir [2]. L'eau du Nil est purgative, ce qu'on doit attribuer à divers sels neutres dont elle est chargée [3]. Mais pendant les trois mois d'été qu'elle reste presque stagnante, elle devient bourbeuse et ne peut être bue qu'après avoir été clarifiée. Pendant les crues, elle prend d'abord une couleur verte, quelquefois très foncée; après trente à quarante jours cette couleur fait place à un rouge plus ou moins brunâtre. Ces changements sont probablement dus à des écoulements successifs de plusieurs lacs périodiques ou flaques d'eau que forment les pluies sur les divers plateaux de l'Afrique intérieure. »

Si nous mesurons le Nil depuis sa source dans la chaîne appelée Djebel-el-Kamar, nous assignerons à son cours une longueur totale de 950 lieues : ainsi, jusqu'à sa réunion avec le Bahr-el-Azrak il n'en a pas moins de 370; de ce point jusqu'à son confluent avec le Tacazzé on en compte 70; enfin depuis cette rivière jusqu'à la Méditerranée, ses nombreux détours forment une étendue d'environ 510 lieues.

« Avant de parler des canaux dérivés du Nil, il convient de décrire le sol qui borde ce fleuve.

» Les montagnes à l'occident du Nil paraissent calcaires et coquillières; dans celles à l'orient, la serpentine et le granit semblent former les plus hautes cimes. Ces aperçus généraux souffrent des restrictions et admettent des détails.

» La pierre qui a servi à la construction de la pyramide de Cheops, près de Gizeh, est une pierre calcaire, ou carbonate de chaux, à grains fins d'un gris blanc, et facile à tailler. Le granit rose des monuments antiques qui compose encore le revêtement de la pyramide nommée *Mycerinus*, est, à ce qu'on croit, le *Pyropœcylon* de Pline. On trouve dans les environs des pyramides le jaspe d'Ethiopie, la roche quartzeuse avec amphibole, le caillou d'Egypte, qui est un quartz agate grossier veiné. D'après les échantillons anciens conservés à Velletri, dans le muséum du cardinal Borgia, un minéralogiste danois, M. *Wad*, a publié un Essai sur les roches et les substances minérales de l'Egypte. Ces échantillons sont du granit rouge, du granit blanc mêlé d'amphibole, du feldspath vert et de l'amphibole noire. Le porphyre semble être du pétro-silex avec des fragments de feldspath; il s'y trouve aussi un petit échantillon d'un schiste micacé d'un brun noir. Les autres sont de la pierre calcaire, du feldspath, de la brèche, de la serpentine, du talc ollaire, du marbre avec des veines de mica argenté, du calcaire fétide, du jaspe de toutes les espèces, la topaze ou chrysolithe des anciens, l'améthyste, le cristal de roche, la calcédoine, l'onyx, la cornaline, l'héliotrope, l'obsidienne,

---

[1] Mém. sur l'Egypte, I, pag. 348-352. — [2] Maillet, Description de l'Egypte, I, pag. 16. Mém. sur l'Egypte, tom. II, pag. 35. — [3] *Prosper Alpin.*, Rerum Ægypt., pages 17-22 *Forskal*, Flora. Ægypt. Arab. XL.

le lapis-lazuli; mais il ne cite point d'émeraudes (1). »

Cependant on sait aujourd'hui qu'il existe dans la montagne de Zabarah au sud-ouest de Koséir un gisement de ces pierres précieuses. Nous ajouterons à l'énumération précédente quelques roches qui méritent d'être citées. Telles sont l'amphibolite schistoïde des cataractes de Syène, le diorite granitoïde, et le diorite sélagite qui ressemble au basalte; le steachiste stéatiteux appelé pierre de Baram, et dont on fabrique des poteries dans la Haute-Egypte; l'ophicalce grenue que l'on exploite dans la vallée de Koséir, et le trappite feldspathique qui ressemble aussi à un basalte. Ces roches ne sont point riches en filons métalliques; aussi le cuivre est-il le seul métal que l'on pourrait exploiter en Egypte : on en connaît des mines au pied du mont Baram. Des gisements de plomb se présentent sur les bords de la mer Rouge.

« La vallée qui mène à Koséir est couverte d'un sable partie calcaire et partie quartzeux. Les montagnes sont calcaires et de grès. En approchant de Koséir on trouve trois genres de montagnes. Dans les premières les roches sont granitiques, à grains très fins et petits. La seconde chaîne comprend des montagnes de brèche ou de poudingues d'une espèce particulière, connue sous le nom de *breccia di verde* (2). Aux montagnes de brèche succède, pendant environ 12 lieues, une substance de texture schisteuse, qui paraît d'une formation contemporaine à celle des brèches, puisqu'elle se lie à celles-ci par des passages gradués, et contient des fragments roulés de différentes roches.

» Du côté des fontaines d'El-Aouch-Lambageh domine une chaîne de montagnes schisteuses qui présente dans sa composition du pétro-silex et des roches stéatiteuses; mais à trois lieues de Koséir, les montagnes changent subitement : une grande partie est gypseuse ou calcaire, disposée par couches presque toujours dirigées du nord au sud : on y trouve les débris fossiles de l'*ostrea diluviana*. Parmi ces montagnes de sédiment supérieur, on trouve des schistes, des porphyres peu caractérisés, des grains de feldspath. Le sol de la vallée, couvert d'immenses fragments de roches, offre des variétés sans nombre; tantôt ce sont des serpentines, des roches composées où domine l'amphibole, des schistes, des gneiss, des porphyres, des granits; tantôt c'est une espèce particulière de stéatite qui renferme des nœuds de spath schisteux; enfin il se présente une substance nouvelle et particulière en minéralogie, qui se trouve encore dans divers points du désert qui se prolonge jusqu'au pied du mont Sinaï, et qui ressemble au thallite vert du Dauphiné. On ne la trouve pas seule, mais elle fait partie des granits, des porphyres et des roches (1). Du côté de la vallée de Suez, les montagnes sont calcaires, et en plusieurs endroits composées de coquilles agglutinées. »

Dans la chaîne qui avoisine le Kaire, M. Cailliaud a recueilli plusieurs coquilles fossiles, telles que la vulselle lingulée, *vulsella lingulata*; l'huître flabellule, *ostrea flabellula*, et la placune vitrée, *placuna placenta*, espèce qui n'avait point encore été trouvée à l'état fossile. Ces coquilles se trouvent en couches dans un dépôt qui appartient à la partie la plus supérieure des terrains de sédiment. La grande pyramide de Memphis est construite sur une roche calcaire qui renferme des cérithes : ce qui indique un dépôt de la même époque géologique, mais inférieur. Sur la route du Fayoum à la petite oasis, la plus grande partie du sol appartient à la partie supérieure des terrains de sédiment moyen : les nummulites y abondent, principalement la variété appelée *nummiformis*, dont plusieurs ont plus de 5 centimètres de diamètre; ainsi que le *nautilus lineatus*. Aux environs de la grande oasis on trouve dans des terrains analogues le *clypeaster Geymardi*, de la famille des échinides ou des oursins. Les parties sableuses du sol renferment des fragments de bois pétrifié; ils sont surtout très nombreux dans la vallée du *Fleuve sans eau* dont nous parlerons bientôt. Enfin l'Egypte possède plusieurs eaux ferrugineuses et thermales que nous signalerons en parlant des lieux où elles sont situées.

« On trouve dans la vallée de l'Egarement le sel marin en petites couches compactes, soutenues sur des lits de gypse. Dans plusieurs déserts qui bordent l'Egypte, le sel marin se montre presque partout, tantôt cristallisé sous le sable, tantôt effleuri à sa surface.

(1) *Wad*, fossil. Ægypt. Mus. Borgiani. — (2) Mém. sur l'Egypte, tom. III, pag. 240.

(1) Mém. sur l'Egypte, tom. III, pag. 255.

» Dans la Haute-Egypte, vers Edfou, les montagnes se composent d'ardoise, de grès, de quartz blanc et rose, de cailloux bruns, mêlés de cornalines blanches [1]. Près des ruines de Silsilis, les roches granitiques contiennent des cornalines, du jaspe et de la serpentine. Un peu plus avant dans la Haute-Egypte, on trouve alternativement du granit et du grès décomposé, formant, à la superficie, une croûte friable et présentant l'aspect d'une ruine [2]. »

On n'a aucune mesure exacte des montagnes de l'Egypte, mais on sait par approximation que près du Kaire la chaîne arabique est élevée de 150 à 160 mètres; qu'à environ 60 lieues de là elle atteint 500 à 550 mètres; qu'au-delà de Thèbes elle a 600 à 700 mètres; qu'enfin elle s'abaisse graduellement jusque près d'Asouan sous le 24ᵉ parallèle, où elle n'offre plus, surtout dans le voisinage du Nil, que des collines. Les montagnes qui bordent le golfe Arabique sont généralement plus hautes que celles qui s'élèvent sur la rive droite du Nil; mais de l'autre côté du fleuve c'est tout le contraire : elles vont en s'abaissant à mesure qu'on s'éloigne de ses bords. La chaîne libyque, c'est-à-dire toutes les hauteurs qui dominent la rive gauche du Nil, est plus basse que celle de la rive opposée, depuis le lac Keroun jusqu'à Girgeh; là elle commence à s'élever rapidement jusqu'à Denderah, puis elle diminue un peu de hauteur près de Thèbes, s'abaisse de nouveau près d'Esné, en conservant cependant une plus grande élévation que sur la rive opposée : ainsi près de l'île d'Eléphantine, les montagnes de gneiss surpassent en élévation les rochers granitiques dont les pointes saillantes dominent la rive droite du Nil.

« La région la plus curieuse de l'Egypte est sans contredit celle qui renferme la *vallée du Fleuve sans eau* et le bassin des lacs de *Natron*. Ces deux vallées sont parallèles. La montagne de Natron domine et suit la vallée du même nom. Cette montagne ne contient aucune des roches qu'on trouve disséminées dans la vallée, telles que des quartz, des jaspes, des pétro-silex [3].

» Six lacs se suivent dans la direction de la vallée. Leurs bords et leurs eaux sont couverts de cristallisations, tant de sel commun ou chlorure de sodium, que de natron ou carbonate de soude. Lorsqu'une même masse d'eau contient à la fois l'un et l'autre sel, c'est le chlorure de sodium qui se cristallise le premier, puis le carbonate de soude se dépose dans une couche à part. Quelquefois ces deux cristallisations semblent choisir chacune leur théâtre dans des parties isolées du même lac [1].

» Cette curieuse vallée n'est habitée que par des moines grecs. Leurs quatre couvents sont à la fois des espèces de forteresses et des prisons. Ils ne vivent que d'un peu de légumes. Même la végétation de ces vallées offre un aspect sauvage et triste. Les palmiers ne forment que des buissons et ne portent pas de fruit.

» Des caravanes viennent chercher le natron. Selon le général Andréossy, la ferme de cette substance, nécessaire à diverses fabriques, était sur le pied de l'ancienne gabelle de sel en France.

» La vallée parallèle à celle du Natron porte le nom de *Bahhar-béla-mè*, c'est-à-dire Fleuve sans eau. Séparée de la vallée du Natron par une petite chaîne de hauteurs, elle conserve généralement une largeur de 3 lieues. Dans les sables qui la recouvrent, on a découvert des troncs d'arbres entièrement pétrifiés, et une vertèbre d'un gros poisson. Au surplus, on y rencontre les mêmes pierres que dans la vallée du Natron. Quelques savants ont pensé que ces pierres y ont été amenées par un bras du Nil qui y aura passé. On prétend que la vallée du Fleuve sans eau rejoint au sud le Fayoum, et qu'au nord elle aboutit à la Méditerranée.

» Ces contrées ont sans doute subi des révolutions terribles, mais qui remontent au-delà de la constitution actuelle du globe. Quant aux changements modernes, leur étendue et leur importance ont été beaucoup exagérées par des hommes à système. M. Reynier fait remarquer judicieusement que la diminution des terres cultivables doit dater alors d'époques bien antérieures aux temps historiques. « Plu-
» sieurs points que les anciens ont indiqués
» aux bords des déserts y sont encore; le
» canal de Joseph, abandonné depuis des
» siècles, n'est comblé dans aucune de ses
» parties. » Reynier n'a trouvé qu'un seul envahissement des sables sur les terres cultivées

---

[1] *Denon*, tom. II, pag. 49. — [2] *Ib.*, pag. 150-195-203. — [3] *Andréossy*, Mém. sur la Vallée des lacs Natron dans la Description de l'Égypte, vol. I.

[1] *Berthollet*, Journal de Physique, messidor an VIII, pag. 5 et suiv.

qui soit bien constaté : « c'est dans la province de Gizeh, près du village de Ouardan, où les sables se sont avancés jusqu'au Nil et occupent une lieue de terrain (¹). »

» Le canal de Joseph servait à conduire les eaux du fleuve dans le canton de Fayoum et dans le lac Mœris, aujourd'hui *Birket-êl-keroun;* on en retirait le double avantage d'arroser parfaitement les terres du Fayoum, et de se débarrasser, en cas d'une crue extraordinaire, de la trop grande quantité d'eau. Il est probable que ce canal, décoré du nom de Joseph, comme plusieurs autres objets mémorables, a été creusé par ordre du roi *Mœris;* les eaux alors auront rempli le bassin du lac *Birket-el-keroun*, auquel on a pu donner le nom du prince qui avait opéré ce grand changement. On conciliera ainsi les positions différentes données au lac Mœris par Hérodote, Diodore et Strabon; on expliquera comment les anciens ont pu dire que le lac avait été creusé de main d'homme, tandis que le Birket-êl-keroun ne porte aucun indice d'un semblable travail (²). »

Lorsque l'on considère en effet que ce lac avait jadis environ 60 lieues géographiques carrées, comment admettre qu'il ait pu être creusé de mains d'hommes. M. Clot-Bey fait, relativement au nom que porte ce lac, une remarque importante; c'est que *Birket-el-keroun* signifie *lac de Caron :* c'est le lac sur lequel le nocher des enfers passait les morts dans sa barque, parce qu'il fallait traverser ce lac pour transporter les cercueils à la nécropole creusée dans la chaîne libyque qui borde le lac dans sa longueur.

Parmi les nombreux canaux que renferme l'Egypte, il en est plusieurs qui méritent d'être cités. Le *canal Moeys,* qui prend naissance à une lieue au-dessus du Kaire, paraît occuper les branches du Nil appelées *Pélusiaque* et *Tanitique*. Aussi navigable que le fleuve, il a 150 mètres de largeur et près de 40 lieues de longueur. Le *canal de Chybyn-el-Koum* traverse le Delta du sud-est au nord-ouest. Il prend ses eaux dans la branche de Damiette, au village de Garyneyn et débouche dans celle de Rosette au village de Farastoq. Il est navigable; sa largeur est de 150 à 200 mètres. Le *canal de Mahmoudieh* creusé par Méhémet-Ali relie Alexandrie au Nil. Il est navigable; sa longueur est de 25 lieues. Creusé dans l'espace de 10 mois, 313,000 ouvriers y furent employés. Ce travail gigantesque rappelle les constructions de l'antique Egypte. Nous donnerons plus tard un aperçu des travaux de canalisation, de chaussées et de ports exécutés par Méhémet-Ali.

Les plages maritimes de l'Egypte présentent plusieurs lacs ou plutôt lagunes qui, de siècle en siècle, éprouvent tantôt des diminutions, tantôt des accroissements.

Le *Mahdyeh*, nom qui signifie en arabe *passage d'eau*, doit son origine à un passage d'eau situé entre Alexandrie et Rosette, par lequel il communique à la mer. Sa position entre le lac d'Edkou et Aboukir lui a fait donner aussi le nom de ce village. Le détroit, par lequel il se lie à la mer, occupe à peu près l'emplacement de l'ancienne bouche canopique. On remarque sur la langue de terre sablonneuse qui le sépare de la Méditerranée des vestiges d'une digue longue de 3,000 mètres que la mer rompit en 1715, époque de l'origine de ce lac. Sa surface est d'environ 14,000 hectares.

Au sud d'Alexandrie, le *Boheyreh-el-Maryout*, l'ancien lac Maréotis, est situé entre la Tour des Arabes et Alexandrie, dont il fertilisait autrefois les environs. Il contenait au seizième siècle des eaux douces que lui apportaient des canaux du Nil; mais l'impéritie du gouvernement des Mamelouks le laissa se dessécher. « Lorsque l'armée française, dit » M. Clot-Bey, descendit en Egypte, le Ma- » réotis n'était plus qu'une plaine sablon- » neuse, dont la partie la plus basse retenait » les eaux de la pluie, qui y séjournaient une » grande partie de l'hiver. Mais, le 4 avril 1801, » l'armée anglo-turque coupa les digues du » canal d'Alexandrie vers l'extrémité occiden- » tale du lac Mahdyeh : les eaux de ce lac, aussi » salées que celles de la mer, se répandirent » successivement par trois ou quatre ouver- » tures dans le Maréotis, et mirent 70 jours » à le remplir. Le déluge provoqué par les » Anglais submergea 40 villages et les terres » cultivées qui les entouraient (¹). » Méhemet-

---

(¹) Mém. sur l'Egypte, tom. IV, pag. 6. — (²) Description de l'Egypte : Antiquités; Mémoires, vol. I. Mémoire sur le lac Mœris, par M. Jomard. Comp. Pococke, d'Anville, Gibert, etc.

(¹) Aperçu général de l'Egypte, par Clot-Bey. Paris, 1840.

Ali a fait barrer la communication du lac avec la mer : il ne reçoit plus que les eaux pluviales et le trop-plein du canal Mahmoudieh. Ces eaux couvrent sa surface pendant l'hiver ; mais en été elles s'évaporent, et le fond du lac ayant été imprégné par les eaux de la mer, se couvre d'une épaisse couche saline que l'on exploite et qui lui donne l'aspect d'un terrain couvert de neige.

Le lac d'*Edkou*, situé entre le Mahdieh et la branche de Rosette ou Bolbitique, tire son nom d'un village situé sur ses bords. Les eaux du Nil l'alimentent. Il était presque desséché à l'époque de l'expédition française, parce que les digues des canaux qui le remplissent n'avaient pas été ouvertes depuis long-temps. Sa superficie est de près de 34.000 hectares. Le lac *Boulon* occupe la base du Delta et s'étend d'une branche du Nil à l'autre. Ses eaux sont peu profondes. Il reçoit divers canaux et communique à la mer par une ouverture. Sa longueur est d'environ 25 lieues, et sa superficie de 112,000 hectares.

« La carte du lac *Menzaléh*, levée par le général Andréossy, a nécessité d'importantes corrections dans l'Egypte de d'Anville. Ce lac est formé de la réunion de deux grands golfes, et borné au nord par une longue bande de terre basse et peu large qui le sépare de la mer. Les deux golfes sont séparés en partie entre eux par la presqu'île de Menzaléh, à la pointe de laquelle se trouvent les îles de Matharyeh, les seules du lac qui soient habitées. D'Anville a aussi donné une trop grande largeur à la côte septentrionale de ce lac, et les mesures prises récemment offrent, avec les siennes, une différence de 12,000 toises. Le lac Menzaléh ne communique avec la mer que par deux bouches praticables, celles de Dibeh et d'Omm-saredj, qui sont les bouches Mendesienne et Tanitique des anciens.[1] La longueur, depuis la bouche de Dibeh jusqu'à celle de Péluse, est de 84,000 mètres. Sa plus petite largeur est de 22,000 mètres et sa superficie de 184,000 hectares. »

On nomme *Birket-el-Balah* (*Étang des Dattes*) les lagunes formées par le lac Menzaléh dans sa partie méridionale. On en évalue la superficie à 13,000 hectares.

A 8 ou 10 lieues à l'est du lac Menzaléh s'étend, près des bords de la mer, l'ancien lac Sirbon, appelé aujourd'hui *Sebakah Bardoual*. Les descriptions qu'en ont faites Diodore de Sicile et Strabon sont encore applicables à son état actuel. Suivant Diodore, des corps d'armée ont péri faute de connaître ces marais profonds, que les vents recouvrent de sables qui en cachent les abîmes. « Le sable » vaseux, ajoute-t-il, ne cède d'abord que peu » à peu sous les pieds, comme pour séduire » les voyageurs, qui continuent d'avancer jus- » qu'à ce que, s'apercevant de leur erreur, » les secours qu'ils tâchent de se donner les » uns aux autres ne peuvent plus les sauver. » Tous les efforts qu'ils font ne servent qu'à » attirer le sable des parties voisines, qui » achève d'engloutir ces malheureux voya- » geurs. C'est pour cela qu'on a donné à cette » plaine fangeuse le nom de *Barathron*, qui » veut dire abîme. »

Enfin, le *lac Amer*, situé vers le milieu de l'isthme de Suez ou Soueys, et long de 10 à 12 lieues, paraît être un délaissement de la mer Rouge. Il servit jadis de transition pour faire communiquer cette mer avec le Nil.

« Il est impossible de fixer le nombre des canaux destinés à porter sur toutes les portions du sol les eaux du fleuve. Si parmi les voyageurs l'un l'évalue à 6,000 uniquement pour la Haute-Egypte [1], tandis que l'autre ne reconnaît qu'environ 90 grands canaux, dont 40 à peu près pour la Haute-Egypte, 28 pour le Delta, 11 pour les provinces d'est, et 13 pour celles d'ouest [2], on conçoit qu'une aussi grande différence tient à la manière de compter les canaux ; l'un ne s'occupe que des grands canaux dont l'entretien est assuré, et l'ouverture déterminée par les règlements du pays ; l'autre s'étend jusqu'aux canaux dérivés de ceux-ci, et dont le nombre varie d'année en année. Les beys des mamelouks détournaient à leur profit l'argent destiné à l'entretien de ces ouvrages publics, desquels dépend la fertilité de l'Egypte ; plusieurs canaux étaient même abandonnés par ces barbares, qui tarissaient eux-mêmes les sources de leurs revenus. Là plus célèbre de ces rivières artificielles est le *canal de Joseph*, ou le *Calidch-Menhi*, qui a 40 lieues de long sur une lar-

[1] Mém. sur l'Egypte, tom. I, pag. 165, et la Carte.

[1] *Maillet*, etc. — [2] *Tourtechot*, Voyage en Egypte, trad. all., p. 123. *Sicard*, Nouv. Mém. des Missionn. VII, 115.

geur de 50 à 300 pieds. Une partie de ce canal paraît répondre à l'ancien canal d'Oxyrynchus, que Strabon, en y naviguant, prit pour le Nil même (¹).

» Un autre canal, mais destiné à la navigation, celui de Suez, a fourni matière à beaucoup de discussions que nous renvoyons au livre suivant, où nous traiterons exprès de tout ce qui regarde le fameux isthme entre l'Afrique et l'Asie.

» Le climat et la fertilité de l'Egypte n'ont pas causé moins de discussions parmi les écrivains. Un voyageur français trouve ici le paradis terrestre (²); un autre nous y montre le séjour le plus désagréable (³). Des observateurs plus calmes nous apprendront à réduire à leur juste valeur les peintures de ces deux écrivains fougueux. L'aspect de l'Egypte varie périodiquement comme les saisons. Dans les mois de notre hiver, lorsque la nature, morte pour nous, semble avoir transporté la vie dans ces climats, la verdure des prairies émaillées de l'Egypte charme les yeux. Les fleurs des orangers, des citronniers et d'une foule d'arbustes odorants parfument l'air; les troupeaux répandus dans la plaine animent le tableau; l'Egypte ne forme alors qu'un jardin délicieux, quoiqu'un peu monotone; car ce n'est partout qu'une plaine terminée par des montagnes blanchâtres, et semée de quelques bosquets de palmiers. Dans la saison opposée, ce même pays ne présente plus qu'un sol ou fangeux, ou sec et poudreux; d'immenses champs inondés, de vastes espaces vides et sans culture, des campagnes où l'on n'aperçoit que quelques dattiers, des chameaux, des buffles conduits par de misérables paysans nus et hâlés, hâves et décharnés; un soleil brûlant, un ciel sans nuage, des vents continuels et plus ou moins violents. Il ne faut donc pas s'étonner si plusieurs voyageurs ont tant différé les uns des autres dans la description physique qu'ils nous ont donnée de ce pays (⁴). »

Dans la partie septentrionale de l'Egypte le thermomètre descend en hiver jusqu'à 2 ou 3 degrés au-dessous de zéro; pendant les plus fortes chaleurs à Alexandrie et même au Kaire il monte rarement au-dessus de 22 degrés; mais au sud, dans les environs d'Asouan, on a constaté jusqu'à 34 degrés à l'ombre, et le thermomètre placé dans le sable a marqué jusqu'à 54 degrés au soleil (¹).

« Une longue vallée, dit M. *Reynier* (²), entourée de coteaux et de montagnes, n'offre aucun point où le sol soit assez élevé pour arrêter les nuages. Aussi les évaporations de la Méditerranée, pendant l'été, chassées par les vents du nord, presque alizés en Egypte dans cette saison, ne trouvant rien qui les arrête, passent sur ce pays sans obstacles, et vont s'accumuler contre les montagnes de l'Afrique centrale. Là, réduites en pluies, elles grossissent les torrents qui, joints au Nil, en élèvent les eaux, et, sous la forme d'inondation, rendent avec usure à l'Egypte ce que les pluies auraient pu lui donner. » Aussi, excepté sur les bords de la mer, rien n'est plus rare en Egypte que les pluies; et plus on remonte vers le sud, moins on en éprouve. On appelle hiver les mois pendant lesquels elles tombent. Au Kaire, on a quatre à cinq ondées; dans la Haute-Egypte, une ondée, deux au plus dans l'année, sont le terme moyen. Vers la mer, les pluies sont plus fréquentes.

« Mais les pluies en Egypte, loin d'y être regardées par les cultivateurs comme bienfaisantes, leur paraissent nuisibles; ils assurent qu'elles font germer les graines d'une foule d'herbes qui nuisent aux plantes céréales.

» Les vents sont assez réguliers pendant les mois de juin, juillet, août et septembre; ils soufflent, presque sans interruption, du nord et du nord-est. Pendant le jour le ciel est pur, sans nuages, sans nébulosités même; mais le refroidissement de l'atmosphère, qui suit l'abaissement et la disparition du soleil, condense les vapeurs. On les voit alors passer d'un mouvement précipité du nord au sud; et ce passage continue jusqu'au lendemain après le lever du soleil, parce qu'alors la chaleur les raréfie de nouveau et les rend invisibles.

» L'époque de la décroissance du Nil, qui a lieu, année commune, au mois d'octobre, est accompagnée de vents intermittents. Ces vents soufflent du nord, mais avec des intervalles de calme. L'hiver, les vents sont variables;

(¹) *Norden*, pag. 259, en all. *D'Anville*, Mém. sur l'Egypte, pag. 166. *Hartmann*, Egypten, p. 1019. — (²) *Savary*, Lettres sur l'Egypte, passim. — (³) *Volney*, Voyage, tom. II, pag. 219. — (⁴) *Brown*, trad. franç., tom. I, pag. 47.

(¹) *Rifaud* : Tableau de l'Egypte, de la Nubie et des lieux circonvoisins. Paris, 1830. — (²) *Reynier*, Traité sur l'Egypte, II, pag. 12.

l'atmosphère, sans nuages, n'oppose aucun obstacle à l'action des rayons solaires, et la végétation, alors dans toute sa force, s'approprie l'eau qui s'évapore; de sorte que, excepté des rosées assez abondantes et quelques brouillards très peu fréquents, qui ont lieu le matin, rien ne met obstacle à la transparence de l'air.

» L'approche de l'équinoxe du printemps change la face de la terre; le vent embrasé du sud commence à souffler, mais il dure rarement plus de trois jours de suite. Dès que ce vent de sud, nommé *khamsym* en Egypte, *samiel* en Arabie, et *sémoùm* dans le désert, commence à souffler, l'atmosphère se trouble : souvent une teinte de pourpre la colore; l'air perd son élasticité; une chaleur sèche et brûlante règne partout, en même temps que des tourbillons, semblables aux émanations d'une fournaise ardente, se succèdent par intervalles. »

Les vents d'ouest et de nord-ouest qui traversent les déserts en transportent les sables jusqu'en Egypte, malgré les obstacles que leur présente la chaîne libyque. Les sables transportés au-delà de cette chaîne descendent dans la vallée du Nil, et rétrécissent de plus en plus la bande de terrains propres à la culture. Amoncelés çà et là par les vents, ils forment des monticules que l'on ne peut comparer qu'aux dunes : aussi ces amas de sable font-ils commencer le désert à peu de distance du fleuve; ils s'y accumulent d'autant plus facilement que celui-ci, par l'action de ses débordements, laissant chaque année un limon plus ou moins fertile sur ses bords, les exhausse et donne à la vallée une pente qui, au lieu de s'incliner vers le fleuve, se dirige en sens inverse. « Aussi long-temps que le sol des bords
» du fleuve n'a pas été plus élevé que le niveau
» des crues moyennes, il a reçu le premier les
» eaux de l'inondation, et leur épanchement,
» qui ralentissait leur mouvement, facilitait
» le dépôt du limon qui y était suspendu; elles
» n'arrivaient ensuite aux terrains plus éloignés qu'après un certain degré d'épuration.
» Actuellement des canaux profonds conduisent les eaux sur les terres éloignées avant
» qu'elles aient atteint les bords du fleuve.
» Mais ces terres éloignées reçoivent chaque
» année un exhaussement quelconque; cet exhaussement sera quelque jour tel, que les
» eaux n'y parviendront que dans la plus
» grande crue. Les habitudes de culture des
» Egyptiens devront alors être changées, et là
» où l'on recueillait les céréales et les légumes, on cultivera la canne et le cotonnier,
» qui ne viennent que dans les terrains préservés de l'inondation par des digues (¹). »

« La saison du *khamsym* est la seule où l'atmosphère de l'Egypte soit généralement malsaine (²). C'est alors que se montre dans toute sa puissance redoutable la *peste*, cette maladie dont la nature et l'origine échappent encore aux recherches de la science médicale. Il nous parait prouvé que la peste est indigène en Egypte, et non pas apportée d'autres contrées (³). L'ancienne Egypte n'était pas exempte de ce fléau; et en général, quelques écrivains modernes ont mal à propos attribué aux anciens une opinion exagérée de la salubrité de l'Egypte. Des passages d'*Arétée* de Cappadoce prouvent qu'une maladie très voisine de la peste était regardée comme endémique en Syrie et en Egypte.

» L'ophthalmie fait les plus grands ravages pendant la saison du débordement, circonstance qui réfute l'opinion de ceux qui attribuent cette maladie à l'effet d'un soleil ardent et des vents brûlants. Comme elle attaque surtout ceux qui dorment en plein air, il est naturel d'en chercher la cause dans les rosées très abondantes qui tombent pendant la nuit (⁴). Le *natron*, dont le sol de l'Egypte est imprégné, communique à l'air ses qualités salines et mordantes (⁵). La rosée, qui, à une autre époque de l'année, arrête, ou du moins modère les effets de la peste, est si corrosive qu'elle ronge en peu d'instants des instruments de métal qu'on y expose (⁶).

» C'est à une atmosphère si singulièrement constituée, c'est aux inondations du Nil, que l'Egypte doit l'avantage de réunir presque tous les végétaux cultivés de l'ancien continent. On peut diviser toutes les cultures d'Egypte en deux grandes classes; les unes ont lieu sur les terres arrosées par le débordement naturel du fleuve, et les autres, sur les ter-

---

(¹) *Rifaud :* Tableau de l'Egypte, de la Nubie et des lieux circonvoisins. — Paris, 1830. — (²) *Larrey*, Relation historique et chirurgicale de l'armée d'Orient, pag. 419. — (3) Mémoires de *Gaëtan Sotira* et de *Pugnet*. — (⁴) *Tou*, IV, pag. 46. — (⁵) *Olivier*, Magasin encyclopédique, V° année, tom. I, pag. 290. — (6) *Bruce*, III, pag. 823, en all.

res où l'inondation ne parvient pas, et où l'on y supplée, ainsi que nous venons de le dire, par des irrigations artificielles.

» Parmi les premières on remarquera le froment, l'orge, l'épeautre, les fèves, les lentilles, le sésame, la moutarde, le lin, l'anis, le carthame ou safran bâtard (*carthamus tinctorius*), la gaude, le tabac, le lupin, le pois chiche, le *barsim* ou trèfle d'Egypte, le fenugrec, la pastèque, le melon, les concombres divers et la laitue. Le meilleur froment vient à Maraga dans la Haute-Egypte [1]. Le canton d'Achmyn en fait les récoltes les plus abondantes. L'orge à six rangs de grains (*hordeum hexastichon*) sert en grande partie à la nourriture du bétail et des chevaux : c'est la plante céréale la plus généralement cultivée; les lentilles sont particulières au Fayoum; l'ognon est une plante de grande culture dans presque toute l'Egypte. Les cucurbitacées, ainsi que les tabacs et les lupins, couvrent ordinairement les bords du fleuve à mesure que l'eau baisse, et les îles qu'elle laisse à découvert. Les melons et les concombres grossissent pour ainsi dire à vue d'œil : en vingt-quatre heures ils gagnent vingt-quatre pouces de volume [2], mais la plupart ont la chair fade et aqueuse [3]; le tabac a peu de force. La gaude est presque toujours cultivée dans les canaux, lorsque l'eau s'en retire; le lin, dans plusieurs cantons, se cultive aussi dans les terres arrosées artificiellement. Ces cultures sont peu pénibles; après un léger travail préparatoire ou un léger labour, les semences sont confiées à la terre encore humide et vaseuse; elles s'enfoncent par leur propre poids, et n'ont pas besoin d'autre façon; mais si on tarde à labourer et à ensemencer la terre, elle se gerce et se durcit au point de ne pouvoir être cultivée qu'avec les plus grands efforts [4]. Dans la Haute-Egypte on arrache le grain quand il est mûr, et dans quelques endroits de la Basse-Egypte on le scie avec la faucille; la charrue, très simple, a des avantages sur celle des Arabes [5].

» La seconde espèce de culture exige plus de soin et de travail; c'est celle des terres qui, par leur élévation, ou par les moyens qu'offrent les localités de les garantir de l'inondation du fleuve, sont destinées à des plantes qui ont besoin d'arrosements réitérés pendant la végétation. Ces cultures ont lieu principalement sur les bords du Nil, dans la Haute-Egypte, dans le Fayoum et dans la partie la plus basse de l'Egypte, où les deux eaux déjà épuisées du Nil ne suffisent plus à couvrir toutes les terres. Dans la Haute-Egypte, ces terrains sont principalement plantés en houque (*holcus spicatus*), plante de la famille des graminées, que les habitants appellent *doura* ou *douralini*, et qui est la nourriture générale du peuple : on en mange le grain tandis qu'il est en lait, après l'avoir fait griller comme le maïs; on mâche la canne verte, comme celle du sucre; la moelle sèche sert d'amadou; la feuille nourrit le bétail; la canne remplace le bois pour chauffer le four; du grain on fait de la farine, et de cette farine des galettes, mais tous ces mets ne flattent guère nos palais européens [1].

» La Haute-Egypte nourrit encore, sur ces sortes de terres, la canne à sucre dont la végétation s'accomplit là dans une saison, comme dans le Mazanderan sur les bords de la mer Caspienne : on y cultive aussi l'indigo, le coton, et dans le voisinage des villes quelques plantes potagères. Le Fayoum se distingue par la culture des rosiers, qui fournissent l'eau de rose recherchée dans tout l'Orient; on y cultive aussi des plantes potagères, et un peu de riz dans les immenses ravins qui partent d'Ellahoun, au nord de cette province.

» La partie la plus basse de l'Egypte abonde en riz et en plantes potagères. C'est dans la province de Damiette que vient le riz le plus estimé. La culture de cette graine a été introduite sous les califes, probablement à l'imitation des Indiens [2]. Le doura et le maïs sont encore cultivés dans le Charkieh ou l'ancien Delta oriental, où l'on récolte un peu de cannes à sucre, d'indigo et de coton.

» Toutes les terres de cette seconde espèce de culture sont divisées par carrés factices, qui sont séparés par de petites digues sur lesquelles est pratiquée une rigole. Toutes ces rigoles communiquent entre elles; l'eau est élevée au moyen d'un balancier muni d'un

---

[1] *Norden*, Voyage, pag. 274, trad. all. — [2] *Volney*, Voyage. *Forskål*, Flora Ægyptiaca. — [3] *Abdallatif*, Relation de l'Egypte, chap. II. *Sonnini*, Voyage d'Egypte, III, pag. 145 et 251. — [4] *Norden*, Voyage, pag. 335. — [5] *Niebuhr*, Description de l'Arabie, pag. 151, en all.

[1] *Sicard*, Nouv. Mém., II, pag. 143. — [2] *Hasselquist*, Voyage de Palestine, pag. 130, en all.

poids à l'arrière, qui aide à l'ascension du seau suspendu à l'extrémité la plus longue du levier, et qu'un homme, par un léger mouvement, fait descendre; on verse l'eau, au moment de l'ascension, dans un réservoir, d'où elle s'écoule par les rigoles vers le point où l'ouvrier chargé de ce travail dirige son emploi. Le mouvement de ce balancier ne pouvant pas élever l'eau à plus de six pieds, les cultivateurs sont obligés d'établir autant de bassins et de balanciers qu'il y a de fois cette élévation entre le niveau du fleuve et celui du sol. On a diverses autres machines pour élever l'eau (¹). Dans le Fayoum, il existe une manière d'arroser les terres qui ressemble à celle que l'on pratique dans certains cantons de la Chine et du Japon. Les eaux destinées à arroser les terres situées sur le penchant des collines et au fond de la vallée, sont d'abord élevées au moyen de la bascule appelée *delou* ou *chadouf*; elles sont reçues dans des rigoles horizontales, et tombent ensuite, de rigole en rigole, sur des plans inférieurs disposés comme les degrés d'un amphithéâtre sur le penchant des collines.

» Passons aux arbres fruitiers. Quelques espèces de l'Europe ne viennent pas ici ; de ce nombre sont l'amandier, le noyer et le cerisier (²). La poire, la pomme, la pêche et la prune ne sont ni abondantes ni de bonne qualité (³); mais les citrons, les limons, les oranges, les grenades, les abricots prospèrent à côté du bananier, dont une seule tige porte quelquefois 500 fruits (⁴), du sycomore ou *figuier de Pharaon*, moins estimé pour ses fruits que pour son vaste et épais ombrage, du caroubier, du jujubier, du tamarinier et d'autres arbres, parmi lesquels aucun n'égale en nombre ni en utilité le palmier-dattier, cultivé aussi bien dans les terres inondées naturellement que dans celles qui sont arrosées artificiellement : on en voit des plantations de 3 à 400, quelquefois même de plusieurs milliers; chacun rapporte pour la valeur d'une piastre (⁵). L'olivier ne se rencontre que dans les jardins; il y en a cependant quelques plantations dans le Fayoum, où les habitants confisent les fruits à l'huile et les vendent dans toute l'Égypte. La vigne formait jadis une branche de culture intéressante. Antoine et Cléopâtre exaltaient leur imagination voluptueuse en buvant le jus de raisins maréotiques : du temps de Pline, c'était Sebennytus qui garnissait de vins de liqueur les tables de Rome. Aujourd'hui la vigne n'est cultivée en Égypte que pour donner de l'ombrage et des raisins ; quelques chrétiens récoltent cependant encore un peu de mauvais vin dans le Fayoum. Les vignes de *Foua*, dont parlent les voyageurs de l'autre siècle n'existent plus (¹).

(¹) Comme les avis ont été partagés sur la question de savoir si l'Egypte possédait jadis de bons vignobles, nous croyons devoir donner ici l'extrait d'une lettre adressée sur cette question par Malte-Brun en 1825 au savant journaliste Hoffmann.

« Je commence par distinguer les époques. Parlons d'abord de l'Égypte sous les Pharaons.

» Hérodote nous dit de la manière la plus formelle : « Il n'y a pas de vignes en Egypte. » Cependant le même historien nous apprend un peu plus haut que les prêtres, nourris de la viande de bœuf et d'oie qu'on leur fournissait chaque jour, recevaient de plus une portion de *vin de raisin*. Ils employaient aussi du vin pour arroser les chairs présentées en sacrifice. D'où ces bons prêtres tiraient-ils le vin réservé si sagement à leurs dieux et à eux-mêmes?

» M. Champollion a confirmé la dernière assertion d'Hérodote, en distinguant sur les monuments le mot égyptien qui signifie vin, écrit en hiéroglyphes, ainsi que la représentation d'une offrande où figurent des bouteilles blanches remplies de vin rouge. Ces monuments sont des dynasties très anciennes.

» Concluons de tout ceci, 1° que le vin était inconnu à la masse du peuple égyptien du temps d'Hérodote; 2° que les prêtres (aristocratie sacerdotale) en faisaient venir du dehors, ou bien qu'ils avaient dans l'intérieur de leurs vastes édifices des vignobles cachés.

» Quatre siècles après Hérodote tout était changé; l'Egypte, sous les rois grecs, s'était enrichie de vignobles. En décrivant les environs d'Alexandrie, Strabon, témoin oculaire, dit : « Il vient du bon vin » dans ces lieux ; et le *maréotique*, lorsqu'il est trans- » vasé, se garde même très long-temps. » Témoignage d'autant plus positif, que ce voyageur a très bien distingué le bon vin du canton de Maréotis d'avec le mauvais vin du *nome libyque*, situé plus à l'occident. « Le vin libyque est si mauvais, dit-il, qu'on met » dans les tonneaux plus d'eau de mer que de vin ; » c'est, conjointement avec la bière, la boisson du » bas peuple d'Alexandrie. » Strabon parle encore du vin qui abondait dans le nome arsinoïte, et même dans les *oasis*. Il est vrai que le savant M. Letronne conjecture, à l'égard de ce dernier, que c'était du vin de palmier; mais vous verrez plus loin que cette explication ne saurait se concilier avec d'autres témoignages.

» Pline le naturaliste indique des vins d'Égypte re-

(1) *Niebuhr*, tab. XV, fig. 1, 2, 3, 4. — (²) *Maillet*, Description de l'Égypte, II, 285. — (³) Pour la *prune*, voyez *Wansleb*, Relat. dell. stat. pres., pag. 59. — (⁴) *Abdallatif*, trad. de M. *Silvestre de Sacy*, p. 27 et 106. — (⁵) *Hasselquist*, 128-133, etc., etc.

» Un grand et bel arbre fruitier, célèbre dans l'antiquité, le *persea* des Grecs, le *lebakh* des Arabes, paraît avoir disparu de la surface de l'Égypte ([1]) ; du moins les naturalistes n'ont pu le reconnaître dans aucune des espèces aujourd'hui existantes dans ce pays. On a supposé que c'est l'avocatier de l'île Saint-Domingue, auquel même cette conjecture a fait donner le nom de *laurus persea* ([2]). D'autres ont essayé d'en prouver l'identité avec le sebestier ([3]) ; mais des différences trop essentielles s'opposent à cette hypothèse. Des témoignages positifs nous apprennent seulement que, devenu de plus en plus rare, cet arbre a disparu avant l'an 700, et que venu de la Perse, où son fruit était amer et indigeste, il avait acquis par la culture les excellentes qualités qu'on vantait en lui : circonstances qui devaient engager les naturalistes à chercher cet arbre dans les Indes orientales.

» Une autre production d'Égypte, fameuse chez les anciens, était le *lotus*. Ce mot était pris dans des sens différents ([4]). La plante proprement nommée *lotus* est une espèce de *nymphæa* ou lis d'eau, qui, lorsque l'inondation cesse, couvre tous les canaux et tous les étangs de ses larges feuilles rondes, parmi lesquelles des fleurs, en forme de coupes et d'un blanc éblouissant ou d'un bleu de ciel, cherchés par les Romains. « Le *sebennytique*, dit-il, vient de trois espèces de raisin, nommées la *thasienne*, l'*œthalos* et la *peuce*. » De ces trois noms, le premier rappelle une île de la Grèce dont les vins rivalisaient avec ceux de Chios ; les deux autres, également grecs, désignent la couleur de suie et la couleur de poix. Ces trois noms prouvent l'origine grecque des vignobles égyptiens.

» C'étaient donc les Ptolémées qui avaient rendu la culture du vin assez générale parmi leurs sujets.

» Athénée donne encore de plus amples détails sur les vins égyptiens : « Il y en a de beaucoup de sortes, distinctes par le goût et la couleur... Celui de *Coptos*, dans la Thébaïde, est si léger et si digestif, qu'on le permet aux fiévreux. Le *maréotique* est un vin blanc excellent, d'un bouquet suave, diurétique, et ne troublant point la tête. On le nomme aussi l'*alexandrin*. Mais celui qui croît sur la langue de terre entre la mer et le lac, et qu'on nomme le *tainiotique*, est encore d'une qualité supérieure : il est d'un jaune foncé. »

» Concluons de ces témoignages, aussi nombreux que précis, que le vin maréotique croissait aux bords du lac Maréotis, près d'Alexandrie ; et qu'en général l'Égypte était devenue, sous les Ptolémées et sous les Romains, un pays riche en vignobles. On en exportait même sous le nom des vins de la Grèce.

» L'opinion qui cherche l'origine du vin maréotique dans la Grèce a eu des partisans ; je n'en connais pourtant qu'un seul qui l'ait soutenue avec force : c'est Barthius, dans son commentaire sur le poëme de Gratius, et c'est sur Columelle qu'il s'appuie. Cet auteur agronome dit « que les vignes grecques, thasiennes, maréotiques, etc., etc., ne donnent que peu de fruits en Italie. » Mais le mot *græculæ*, d'ailleurs très équivoque, peut s'expliquer par l'usage de considérer Alexandrie et la côte d'Égypte comme un pays grec. Au surplus, Barthius, pressé par une foule d'objections, rétracta formellement et complétement son opinion dans son commentaire sur Stace.

» Mais votre sagacité, cher et docte collègue, vous aura déjà fait apercevoir, dans les passages des anciens que j'ai cités, une difficulté toute nouvelle, difficulté qui m'a d'abord jeté dans le plus grand embarras, et que je vais vous soumettre.

» Nous avons vu, par Athénée, que le vin maréotique ne troublait pas la tête. Athénée parlait probablement comme témoin dégustateur. Horace, qui n'avait pas visité Alexandrie, dit au contraire que le maréotique fait perdre la tête. Comment concilierez-vous ces deux anciens ? Horace a-t-il été trompé par les petites anecdotes qui circulaient sans doute à la cour d'Auguste sur la cour de Cléopâtre ? Je vous vois frémir et repousser avec dédain ce pauvre Athénée, mais il lui arrive un auxiliaire redoutable : c'est Lucain qui, dans un passage de la *Pharsale* (passage auquel personne, je crois, n'a fait attention), attaque directement l'allégation d'Horace. En décrivant le souper de César et de Cléopâtre, le poëte pompéien dit : « On leur sert dans des plats d'or tous les dieux de l'Égypte, tant quadrupèdes que volatiles ; on leur verse, dans des coupes ornées de pierreries, *non pas le vin maréotique*, mais ce vin généreux que *Méroé* voit vieillir en peu d'années sous un soleil assez brûlant pour faire tourner même le Falerne. »

» Que doit-on penser de cette leçon donnée au courtisan d'Auguste par le chantre de Pompée ? D'où vient cette importance donnée par Lucain, qui n'était pas un sot, à une circonstance semblable, au vin du désert que la reine d'Égypte fit servir à César deux générations avant celle qui lisait la *Pharsale* ? Y aurait-il dans les paroles d'Horace un sens ironique connu des Romains, inaperçu des modernes ? Le poëte d'Auguste voulait-il dire, par son *mentem lymphatam mareotico*, que Cléopâtre était *enivrée du mauvais vin* que buvait la populace d'Alexandrie, au milieu de laquelle son amant et elle affectaient de se promener ? Je ne prétends rien savoir là-dessus ; je ne fais que proposer une difficulté.

» Vouloir nier l'existence du *vin méroïtique* de Lucain, parce que Méroé était située sous le 15e ou le 16e degré de latitude, serait un mauvais expédient ; car Alvarez, voyageur portugais, nous apprend qu'on en faisait de son temps en Abyssinie, pays qui a dû faire partie des pays tributaires de Méroé. »   J. H.

([1]) *Silvestre de Sacy*, notes sur Abdallatif, 47-72. — ([2]) *Clusius*, Ravier, plant. histor., lib. I, cap. II. — ([3]) *Schreber*, de Persea Comment. III. — ([4]) *Desfontaines*, Mémoires de l'académie des sciences, 1788. *Sprengel*, Specimen antiq. botan. *Delille*, Annales du Muséum, tom. I, pag. 372. *Sauvigny*, dans les Mémoires sur l'Égypte, I, pag. 105.

reposent sur la surface de l'eau avec une grâce inimitable. On distingue deux espèces de *lotus*, le blanc et le bleu, tous deux connus des anciens, qui cependant ont plus souvent parlé du bleu. Le lis rose du Nil, où fève d'Egypte, qui est sculpté fréquemment sur les monuments antiques de l'Egypte, ne se retrouve plus aujourd'hui dans cette contrée: cette plante serait inconnue aux naturalistes s'ils ne l'avaient découverte dans l'Inde, c'est le *nymphæa nelumbo* de Linné (¹). C'était de cette plante que les Ethiopiens lotophages se nourrissaient. Mais les fruits de *lotus* vantés par Homère, et qui charmaient les compagnons d'Ulysse, étaient ceux de l'arbuste nommé aujourd'hui *jujubier*, *rhamnus lotus* (²). Ce même arbuste a été décrit par Théophraste sous le nom de *lotus*, et c'est peut-être le *dudaïne* des livres hébreux. Enfin la plante nommée par Pline *faba græca* ou *lotus*, est le *diospyros lotus*, espèce de plaqueminier ou d'ébénier. Le *papyrus*, également célèbre dans l'antiquité, et que l'on avait cru disparu des bords du Nil, a été retrouvé dans le *cyperus papyrus* du système de Linné. La *colocase*, espèce d'*arum* si renommée anciennement, se cultive encore aujourd'hui en Egypte pour ses grosses racines nourrissantes.

» L'égypte, si riche en végétaux cultivés, manque de forêts. Les bords du fleuve et des canaux offrent quelques taillis d'acacias et de mimosa du Nil; ils sont ornés de bosquets de lauriers de rose, de *saules-kalef* (³), de cassies et d'autres arbrisseaux. Le cactus forme dans le Fayoum des haies impénétrables; mais cette apparence illusoire de forêts ne dispense pas l'Egypte de chercher en Caramanie tout son bois de chauffage (⁴). Les paysans brûlent la bouse de vaches, et la recherchent avec un soin presque risible : à peine un de ces bestiaux montre-t-il l'envie de satisfaire à ses besoins, qu'aussitôt le paysan accourt et tend la main pour recueillir ce dont l'animal va se débarrasser (¹). »

L'*acacia nilotica* est un des arbres utiles qui croissent en Egypte : son fruit est employé dans le tannage des cuirs. Le séné (*cassia senna*) se trouve aussi dans les déserts de la haute et de la moyenne Egypte. Aux environs du Kaire on recueille une plante de la famille des amarantacées, l'*ærua tomentosa*, dont les fleurs, qui se conservent comme la plupart de celles que l'on nomme immortelles, servent de bourre pour remplir les coussins et pour garnir les selles des chevaux. L'espèce du genre *pistie*, appelée par Linné *pistia stratiotes*, croît sur les bords du haut Nil; les Grecs, d'après l'autorité des Egyptiens, leurs premiers maîtres dans les sciences, vantaient cette plante comme un puissant remède contre les blessures et les érysipèles.

Jusqu'à présent, l'Egypte moderne n'a jamais été citée pour ses vins; cependant quelques essais tentés par Ibrahim-Pacha, fils aîné du vice-roi, pour introduire la culture de la vigne, n'ont point été infructueux : les vins que l'on en obtient sont assez bons. Le blanc ressemble au vin marsala, en Sicile, quoiqu'il lui soit inférieur en qualité. Le rouge se rapproche beaucoup du vin ordinaire d'Espagne.

« L'année économique de l'Egypte présente un cercle perpétuel de travaux et de jouissances. En janvier, lorsqu'on sème les lupins, les dolichos, le cumin, déjà les blés poussent en épis dans la Haute-Egypte; et dans la Basse, les fèves et le lin fleurissent : on taille la vigne, l'abricotier, le palmier; vers la fin du mois, l'oranger, le citronnier, le grenadier, commencent à se couvrir de fleurs. On récolte la canne à sucre, les feuilles du séné, diverses espèces de fèves et de trèfle. Au mois de février toutes les campagnes sont verdoyantes; on commence à semer le riz, on fait une première récolte de l'orge; les choux, les concombres, les melons mûrissent. Le mois de mars est l'époque de la floraison de la plupart des plantes et arbustes. On récolte le froment semé aux mois d'octobre et de novembre. De tous les arbres, le mûrier et le hêtre ne se couvrent pas encore de feuilles. La première moitié d'avril est l'époque de la récolte des roses; on sème et moissonne en même temps la plupart des blés : l'épeautre et le froment sont mûrs, ainsi que beaucoup

---

(¹) Le *nelumbium speciosum* de Willdenow. — (²) Le *zizyphus lotus* de Desfontaines, appelé aussi *jujubier lotus*. — (³) C'est le *salix ægyptiaca* de Forskål, arbrisseau que les botanistes croient être un *elæagnus*, et dont les fleurs odorantes donnent par la distillation une eau employée en médecine sous le nom de *macahalaf*.   J. H.

(⁴) *Forskål*, Flora Ægypt. Arab. LVI.

(¹) *Niebuhr*, Voyage; pag. 151.

de légumes ; le trèfle alexandrin donne une seconde coupe ; la récolte des blés d'hiver continue dans le mois de mai ; la *cassia fistula* et le henné oriental (*lawsonia inermis*) fleurissent; on cueille des fruits précoces, des raisins, des figues de Pharaon, des caroubes et des dattes. La Haute-Egypte récolte les cannes à sucre dans le mois de juin ; c'est l'époque où les plantes arénaires commencent à périr. Dans le mois de juillet on plante le riz, le maïs, la canne ; on récolte le lin, le coton ; dans les environs du Kaire, les raisins mûrs abondent. C'est la troisième coupe du trèfle ; le nénuphar et le jasmin fleurissent au mois d'août, tandis que les palmiers et les vignes sont chargés de fruits mûrs, et que les melons sont devenus trop aqueux. A la fin de septembre on cueille des oranges, des citrons, des tamarins, des olives ; c'est la grande récolte de riz. Vers cette époque, et plus encore en octobre, on sème toutes sortes de blés et de légumes : l'herbe s'élève assez haut pour cacher le bétail ; les acacias et autres arbustes épineux sont couverts de fleurs odorantes. Les semailles continuent en novembre, plus ou moins tard, selon que les eaux du Nil se sont retirées; les blés commencent à pointer avant la fin du mois. Les narcisses les violettes, les colocases fleurissent sur les terrains desséchés ; le nénuphar disparaît de la surface des eaux : on récolte les dattes et le fruit du sebestier (*cordia officinalis*), arbuste dont la feuille est employée en médecine par les Egyptiens, soit contre la diarrhée, soit comme topique contre les tumeurs. Au mois de décembre les arbres perdent successivement leur feuillage ; mais ce symptôme de l'automne est effacé par d'autres images ; les blés, les herbes, les fleurs étalent partout le spectacle d'un nouveau printemps : c'est ainsi qu'en Egypte la terre ne repose jamais, tous les mois ont leurs fleurs et toutes les saisons ont leurs fruits (¹). »

En un mot, pour terminer cet aperçu de la flore égyptienne, nous devons dire qu'elle se compose d'environ 430 genres de plantes qui se divisent en plus de 1030 espèces.

Le règne animal nous arrêtera moins longtemps que le règne végétal. Le manque de prairies empêche la multiplication des bestiaux ; on est obligé de les nourrir à l'étable pendant l'inondation. Les Mamelouks entretenaient une belle race de chevaux de selle. C'est aux Arabes cultivateurs qui habitent sous des tentes à l'entrée du désert que l'éducation du cheval est réservée ; pour l'Egyptien cet animal si utile n'est employé que pour la guerre et pour satisfaire le luxe des riches : il ne s'en sert jamais pour le trait. Les ânes, les mulets et les chameaux se montrent ici dans toute leur vigueur. Les buffles, très nombreux, menacent souvent les Francs à cause de leurs habits de couleurs éclatantes. Ils sont entretenus pour le lait qu'ils fournissent, ou pour leur chair qui sert de nourriture : la chaleur du climat s'oppose à ce qu'ils soient utilisés dans les travaux de l'agriculture. L'Egypte inférieure possède le mouton de Barbarie. Celui qu'on élève dans le Fayoum est le plus estimé pour la laine qu'il fournit. Dans la Haute-Egypte, c'est la chèvre que l'on peut regarder comme l'un des animaux les plus utiles : elle donne la plus grande partie du lait qui se consomme dans les villages. Les chameaux sont plus grands dans la Basse-Egypte que dans la Haute, dont ils forment la principale richesse.

Les grands animaux féroces ne trouvent guère d'aliments ni d'asile en Egypte : aussi le chakal et l'hyène y sont-ils communs, tandis que le lion s'y montre rarement à la poursuite des gazelles qui parcourent les déserts de la Thébaïde. Le crocodile et l'hippopotame, ces habitants primitifs du Nil, paraissent bannis de la Basse-Egypte, mais on les voit encore dans la Haute. Les îles voisines des cataractes sont quelquefois entièrement couvertes de troupeaux de crocodiles qui y déposent leurs œufs. La voracité de l'hippopotame, en anéantissant ses moyens de subsistance, en fait diminuer la race. On le rencontre aujourd'hui fort rarement dans la Haute-Egypte : il faut remonter jusqu'en Nubie pour en voir. Abdallatif appelle avec quelque raison cet animal dégoûtant, un énorme cochon d'eau. On sait depuis long-temps que l'ichneumon, cette espèce de civette du sous-genre mangouste, que M. Geoffroy-Saint-Hilaire appelle *ichneumon pharaonis*, n'est pas domestique en Egypte, comme l'avait cru Buffon. L'ichneumon est l'animal même que les anciens désignaient sous

---

(¹) *Nordmeier*, Calendar. Ægypt. OEconomic. Gotting., 1792 (*Forskål*, *Hasselquist*, *Pococke*, *Norden*, *Niebuhr*, etc., etc., etc., cités par *Nordmeier*).

ce nom, et qu'on n'a trouvé que dans cette contrée; bien que le nom de *tezerdea*, que lui donnent les Barbaresques, indique qu'il doit vivre aussi en Barbarie. Buffon ne paraît pas avoir connu cet animal; il l'a confondu avec le *mungos*, qui est la mangouste de l'Inde; celle-ci a la taille de notre fouine. L'ichneumon est plus petit de moitié; sa queue est aussi longue que le corps, et se termine par une touffe de très longs poils noirs étalés en éventail, qui tranche fortement sur la teinte fauve de tout le reste de l'animal. Le caractère de celui-ci est doux et timide; il ne se glisse sur le sol qu'à l'abri de quelque sillon; il est susceptible d'être apprivoisé: il est caressant et vient à la voix de son maître. Il se nourrit de serpents, de rats, d'oiseaux, surtout d'œufs, et conséquemment de ceux de crocodile; mais il est faux qu'il attaque jamais cet animal. Son utilité pour la destruction des œufs de crocodile explique l'espèce de culte que lui rendaient les anciens Egyptiens.

On a récemment enrichi la zoologie de plusieurs animaux rapportés d'Egypte, parmi lesquels on remarque la gerboise, *dipus meridianus*, une nouvelle espèce de lièvre, une de renard, une de hérisson, une de chauvesouris, quatre de rats, dont deux épineux. On a retrouvé le *coluber haje*, qui est figuré dans tous les hiéroglyphes comme l'emblème de la Providence, et qui paraît être le véritable aspic de l'antiquité; le *céraste*, dont la morsure cause des accidents graves, ainsi que le *coluber vipera*, qui est la vraie vipère des anciens. Les autres animaux sont la tortue, appelée *trionyx d'Egypte*, le *tupinambis du Nil*, que les anciens connaissaient, et dont les écailles paraissent être marbrées de vert et de noir; le tupinambis des sables (*tupinambis arenarius*), dont les écailles rondes sont d'un brun clair, avec des taches d'un jaune verdâtre; la grenouille ponctuée, le caméléon trapu, le gecko annulaire et l'*éryx* de la Thébaïde.

On trouve dans le Nil plusieurs mollusques remarquables par la forme ou l'éclat de leurs coquilles, telles sont l'*iridina nilotica*, l'*anondonta rubens*, la *cyrena consobrina*, l'*unio ægyptiacus* et l'*unio niloticus*, l'*ampullaria carinata* et l'*ampullaria ovata*, la *paludina bulimoides* et la *paludina unicolor*, enfin la *melania fasciolata* (¹). Quant aux mollusques terrestres, nous citerons l'*helix irregularis* qui s'attache aux plantes épineuses du désert, et dont la coquille, lorsqu'il meurt, sert d'habitation à des abeilles qui y déposent leur miel; une autre espèce d'hélice (*agatina flammata*), dont la coquille, longue de deux à trois pouces, est ornée de belles flammes brunes. Les hélices, suivant M. Cailliaud, sont très abondantes aux environs du Kaire; on les porte au marché, et les Grecs en font leur principale nourriture pendant le carême.

Le Nil paraît nourrir des poissons singuliers, jusqu'ici inconnus aux naturalistes; le *polyptere bichir*, décrit par M. Geoffroy-Saint-Hilaire (²), en offre un exemple bien remarquable: il est couvert d'écailles pierreuses; ses mâchoires sont garnies d'un rang de dents coniques derrière lesquelles on remarque des dents en velours; ses nageoires sont pectorales portées sur un bras écailleux allongé; sa couleur générale est le vert de mer, avec quelques taches noirâtres irrégulières. Sa longueur totale est de 18 pouces. Il est carnivore, et sa chair est blanche et savoureuse. On le trouve ordinairement au temps des basses eaux; mais il est si rare que, malgré le prix élevé qu'il mettait à ceux qu'on lui apportait, M. Geoffroy-Saint-Hilaire n'a pu s'en procurer que trois ou quatre individus. Ce sont encore le *cyprinus niloticus*, la petite espèce appelée *clupea nilotica*, le silure électrique (*malapterus electricus*), qui, malgré la propriété dont il jouit, est mangé par les Arabes, qui se servent aussi de sa graisse comme remède contre quelques maladies; enfin le *pimelodus laticeps* au dos violet et au ventre d'un blanc argentin; et plusieurs autres espèces qu'il serait trop long de citer (³).

« L'habile naturaliste que nous venons de citer a observé qu'en général les oiseaux en Egypte étaient peu différents de ceux d'Europe. Il a vu l'oie d'Egypte représentée, sur tous les temples de l'Egypte supérieure, tant par des sculptures que par des peintures coloriées; il ne doute nullement que cet oiseau

---

(¹) **M. Frédéric Cailliaud:** Voyage à Méroé, au fleuve Blanc, etc. — Paris, 1827. — (²) *Geoffroy*, Annales du Muséum, I, pag. 57. — (³) *M. Geoffroy-Saint-Hilaire:* Description de l'Egypte. M. *Ed. Rüppell:* Beschreibung und Abbildung mehrerer neuer Fische im Nil entdeckt. — 1829.

ne soit le *chenalopex* d'Hérodote, oiseau auquel les anciens Égyptiens rendaient des honneurs divins et avaient même dédié une ville de l'Égypte supérieure, nommée *Chenoboscion*. Il n'est pas particulier à l'Egypte seule, et se trouve dans toute l'Afrique et dans presque toute l'Europe. L'*ibis*, qui était censé chasser les serpents, est, selon la remarque de Cuvier, une espèce de courlis nommé aujourd'hui *abouhannes*. MM. Grobert et Geoffroy-Saint-Hilaire en ont rapporté des momies, apprêtées et ensevelies avec des soins superstitieux (¹). »

L'Egypte nourrit aussi l'aigle (*aquila heliaca*), le faucon, le vautour (*vultur cinereus*), le pélican, le *kork*, oiseau de la grosseur de l'oie; l'*hirundo Riocourii*, espèce qui paraît être particulière à l'Egypte; l'*anthus Cecilii*, espèce de pipi, que l'on distingue facilement de tous ses congénères par la couleur briquetée du haut de la poitrine, de la gorge, du front, et du tour des yeux.

« Les Egyptiens élèvent une grande quantité d'abeilles, et les font voyager sur le Nil pour les faire jouir de l'avantage des différents climats et des différentes productions de la Haute et de la Basse-Egypte. Les abeilles se répandent sur les deux rivages et retournent exactement le soir à leur bateau. »

On trouve en Egypte plusieurs insectes dont les espèces diffèrent de celles de l'Europe : ce sont principalement, le *bousier antenor*, la *cantharide éthiopienne* et la *mylabre trygrinipenne*.

Telles sont les productions remarquables de l'Egypte.

LIVRE CENT CINQUANTE-SEPTIÈME.

Suite de la Description de l'Afrique. — Recherches sur l'isthme de Suez et sur l'extrémité du golfe Arabique.

« En jetant un coup d'œil général sur l'Afrique, en traçant la géographie physique de l'Egypte, un sujet intéressant et curieux a dû se présenter à l'esprit de nos lecteurs instruits. Nous n'en avons écarté jusqu'ici l'examen que pour le rendre plus complet.

» L'isthme de Suez a-t-il toujours existé? L'Afrique a-t-elle été une île, ou du moins la langue de terre qui la réunit à l'Asie a-t-elle été considérablement plus étroite? Telles sont les questions qui, depuis la publication des travaux de l'institut d'Egypte, divisent ceux mêmes qui ont visité les lieux.

» Commençons par exposer les faits. L'isthme, dans son état actuel, est un terrain peu élevé, composé de rochers calcaires coquilliers, entremêlés de couches de grès, de silex, et recouvert en grande partie par des sables ou par des mares d'eau saumâtre. En beaucoup d'endroits, les couches solides se dessinent à peine par de légères ondulations; vers le nord surtout une vaste plaine n'est interrompue que par des dunes sablonneuses. Au milieu, les collines, de distance en distance, se montrent à découvert comme de grands degrés. A l'est et au sud-est comme au sud-ouest, le rideau des montagnes de l'Arabie Pétrée et de l'Égypte borde dans le lointain le plateau de l'isthme qui vient aboutir à la mer Rouge(¹). Le lac *Birket-el-Ballah* qui joint le lac Menzaléh, celui de *Temsah* ou du Crocodile, et le bassin presque desséché des lacs Amers, forment du nord au sud une série de dépressions interrompues seulement par des lagunes de terre peu élevées. Cette ligne, prolongée d'un côté jusqu'à la bouche de Tinéh, de l'autre jusqu'à la pointe du golfe de Suez, marque, selon nous, la limite naturelle de l'Afrique. La largeur de l'isthme, en ligne droite, est de 59,250 toises, ou environ 26 lieues.

» La pente de ce terrain descend généralement des bords de la mer Rouge vers ceux de la

(¹) Mémoire sur l'Ibis, par Cuvier.

(¹) *Rozière*, dans la Description de l'Égypte, antiquités, mémoires, I, pag. 136, et la carte hydrographique de la Basse-Égypte, de M. *Lepère*.

Méditerranée; le niveau de cette dernière mer est plus bas de 30 pieds que celui du golfe de Suez (¹). Une semblable pente se dirige des bords du golfe vers le Delta et le lit du Nil; le niveau des basses eaux du Nil au Kaire, en 1798, 1799 et 1800, a été inférieur de 9 pieds au niveau des basses eaux du golfe; mais le Nil, en montant à 16 coudées du nilomètre, est supérieur en niveau à la mer Rouge de 9 pieds lors de la haute marée, et de 14 lors de la basse. Outre ces pentes générales du terrain, il en existe une particulière au milieu de l'isthme. Un bassin profond, dit des *lacs Amers*, s'abaisse de plus de 54 pieds au-dessous du niveau de la mer Rouge, dont les eaux le rempliraient si elles n'étaient pas retenues par un petit isthme sablonneux, généralement élevé au-dessus de la mer d'un à trois pieds. D'un autre côté, la vallée de Sabahbyar et celle de Ouady-Toumylat ouvrent aux plus hautes eaux du Nil l'entrée dans le bassin des lacs Amers.

» De cet exposé il résulte d'abord que jamais la mer Rouge n'a pu occuper d'une manière constante le bassin des lacs Amers, parce que ses eaux, élevées habituellement à un niveau assez haut pour que cela eût lieu, n'auraient trouvé aucune barrière au nord de ce bassin; elles auraient continué à couler jusque dans le Nil par Ras-el-Ouadi, et jusque dans la Méditerranée par Ras-el-Moyah. Les deux mers, mises en contact, auraient pris un niveau commun, et le détroit existerait encore. Nous ne nions point la possibilité d'une irruption momentanée et violente, nous nions seulement celle d'une communication constante.

» Mais, dira-t-on, la Méditerranée a pu jadis être élevée de trente à quarante pieds; alors elle aura couvert en grande partie le Delta et l'isthme; elle aura pénétré dans le bassin des lacs Amers, où elle ne se trouverait encore aujourd'hui séparée du golfe de Suez que par une langue de terre très basse, et qui peut-être n'a pas toujours existé. Telle est sans doute la seule hypothèse raisonnable qui puisse être formée en faveur de l'existence d'un ancien détroit. Mais cette hypothèse remonte évidemment à une époque antérieure aux temps historiques; car aucun témoignage authentique n'atteste un semblable état de choses. Les vagues traditions rapportées par Homère et Strabon, sur l'éloignement de l'île de Pharos du continent, ne prouveraient pas même, dans le système de ceux qui les admettent (¹), un aussi grand changement; et d'ailleurs ces traditions, bien appréciées, ne prouvent absolument rien; car l'éloignement de sept journées de navigation de Pharos au *fleuve d'Égypte* peut être retrouvée le long de la côte actuelle, en prenant la bouche canopique pour le fleuve où entra Ménélas (²). Il se peut aussi que le Delta, occupé par des pasteurs sauvages, ne fît pas encore partie du *royaume de Thèbes*, ou de l'*Égypte* proprement dite. Dans aucun cas, on ne saurait produire ce vague récit comme une preuve historique.

» Les coquilles fossiles, les cristaux de sel marin, les eaux saumâtres se trouvent partout, jusqu'au centre de l'Afrique. Ces restes d'anciennes catastrophes n'ont rien de commun avec les événements des temps historiques.

» Une seule preuve géographique très spécieuse a été mise en avant pour démontrer que les limites de la mer Rouge ont été rétrécies; c'est la position d'*Héroopolis* (³). Nous allons discuter de nouveau ce point important; et en défendant, avec des modifications et au moyen de quelques nouveaux arguments, l'hypothèse de d'Anville contre les opinions de Gossellin et de M. Rozière, nous ferons voir que cette hypothèse ne nécessite pas les conséquences que MM. Lepère et Dubois-Aymé en ont tirées relativement au rétrécissement du golfe.

» Un concours d'arguments victorieux place la ville d'Héroopolis, mentionnée par Strabon, Eratosthène, les Itinéraires, à Aboukecheyd, dans la vallée de Sabahbyar, au nord-ouest des lacs Amers. Ce n'est pas que nous croyions cette ville identique avec le *Patumos* d'Héro-

---

(¹) Description de l'Égypte, état moderne, I, p. 54-57-160-176. Mémoires sur le canal des deux mers, par M. *Lepère*, et le *Tableau des Nivellements* dans l'*Atlas*.

(¹) *Dolomieu*, Journal de physique de *De Lamétherie*, tom. XLII. — (²) Voyez tom. I, pag. 473, la note 2 relative à cette question. — (³) *Dubois-Aymé*, sur les anciennes limites de la mer Rouge. Description de l'Égypte, état moderne, I, 187 et suiv. *Lepère*, Mém. sur le canal des deux mers. Ibid. append. II, p. 147 et suiv.

dote (¹) et le *Pithom* de la Sainte Ecriture (²). Les soixante-dix interprètes et le traducteur copte s'accordent, il est vrai, à considérer non seulement Pithom et Héroopolis comme identiques, mais encore à les confondre avec *Ramses*, le chef-lieu de la terre de Gessen, où demeuraient les Israélites. Mais comme Hérodote place à Patumos le commencement et nullement la fin du canal des deux mers (³), il est évident que cet endroit ne peut être très éloigné du Nil. Nous pensons que *Pithom* répond à l'endroit fortifié nommé *Thou* dans l'Itinéraire d'Antonin, et *Tohum* dans la notice de l'Empire, endroit placé au point même où le canal entre dans le désert, et où se terminent ordinairement les inondations. Hérodote ayant vu ces lieux pendant les hautes eaux, a pu croire que le canal commençait ici; mais Héroopolis est certainement la même ville que celle de *Hero* (¹) dans l'Itinéraire d'Antonin et chez Etienne de Byzance. Ce dernier lexicographe nous en donne l'assurance formelle. Les mesures de l'Itinéraire, dans les manuscrits les plus dignes de foi, cadrent bien avec l'emplacement des ruines très remarquables qu'on a retrouvées à Aboukecheyd, et parmi lesquelles on a reconnu un caravansérail, indice du grand commerce qui a dû s'y faire.

» Pour faciliter à nos lecteurs l'aperçu de cette question, nous avons réduit en forme de tableau les distances des lieux anciens et modernes.

NOMS DE LIEUX ANCIENS ET MODERNES.	DISTANCES selon L'ITINÉRAIRE.		DISTANCES mesurées SUR LA CARTE HYDROGRAPHIQUE de LA BASSE-ÉGYPTE.
	en milles romains.	en mètres.	
Babylonia. (Vieux Kaire.)			
Heliou. (Ruines d'Héliopolis.)	XII.	17,681	16,200 mètres.
Scenæ Veteranorum. (Menair.)	XVIII.	26,522	21,000
Vicus Judæorum. (Belbeis.)	XII.	17,681	16,500
Thou ou *Tohum*. (Pithom. Abbaçah.)	XII.	17,681	20,000
Hero ou *Heroopolis*. (Cherosh. Aboukecheyd.)	XXIV.	35,363	36,000
Serapeum. (Ruines au nord des lacs Amers.)	XVII.	29,522	23,000
Clysma. (Ruines de Colzoum au nord de Suez.)	L.	73,673	70,000 par l'ouest des lacs. 73,000 par l'est.
	CXLVI.	215,123	202 à 205,700 mètres.

» Si l'on considère que nous ignorons les détours, et que nous ne pouvons les évaluer qu'imparfaitement, la coïncidence des sommes totales des mesures paraîtra très frappante; mais il est encore possible de lever les

(¹) Hérod., II, 158, Steph. Byz. in voce. — (²) Exod. I, 11. comp. D'Anville, Mém. sur l'Egypte, p. 123-124. — (³) Voici le texte : Ἥκται δὲ ἀπὸ τοῦ Νείλου τὸ ὕδωρ εἰς αὐτὴν (τὴν διώρυχα). Ἥκται δὲ κατύπερθε ὀλίγον Βουβάστιος πόλεος παρὰ Πάτουμον τὴν Ἀραβίην πόλιν.

(¹) On a écrit *Hero* comme *Heliû*, en sous-entendant *polis*.

discordances que présentent quelques sommes partielles ; en effet, dans un autre passage, l'Itinéraire donne les distances de Héliopolis à Thou de la manière suivante :

NOMS DES LIEUX.		DISTANCES DE L'ITINÉRAIRE	DISTANCES DE LA CARTE.
De *Heliou* à *Scenæ Veteranorúm*.	XIV. m. p.	20,628 mètres.	21,000 mètres.
De *Scenæ* à *Thou*.	XXVI.	38,329	36,500
	XL. m. p.	59,057 mètres.	57,500 mètres.

» Le témoignage de Strabon ou des auteurs qu'il a suivis se concilie parfaitement avec celui d'Etienne et de l'Itinéraire. Ce géographe adopte expressément un passage d'Eratosthène que voici : « Après la ville d'Héroopolis, *qui est sur le Nil*, on trouve la pointe du golfe arabique (¹). » Ainsi, Héroopolis doit être située dans un endroit où les eaux du Nil puissent parvenir, par conséquent sur un canal dérivé de ce fleuve. Comment Gossellin et M. Rozière ont-ils pu méconnaître une autorité si formelle et si digne de foi ?

» Les autres passages de Strabon et de Pline ne se contredisent nullement. Tantôt on affirme qu'Héroopolis est voisine d'Arsinoé ou Cléopatris, laquelle est sur le golfe (²) ; comment en conclure avec assurance que ces auteurs placent aussi Héroopolis immédiatement sur le golfe ? Tantôt on nous dit que le golfe Héroopolite tire son nom de cette ville qui en est voisine ; mais il ne faut pas presser le sens de ces paroles, pour les mettre en contradiction avec d'autres expressions plus positives.

« Quelques traditions mythologiques, invoquées dans cette discussion, peuvent fournir sujet à de nouvelles recherches locales. « *Hero* ou *Heros* est une ville d'Égypte nommée aussi *Haimos* (le sang), parce que Typhon y ayant été foudroyé (³), l'arrosa de son sang. » Mais Hérodote nous parle d'un endroit appelé *Erythré-bolos*, c'est-à-dire Argile rouge (⁴). Or, Typhon était appelé par les Égyptiens *Rosh*, le Roux ; et on rendait les mots *terre rouge* ou terre de Typhon, par ceux-ci, *Chérosh* (¹). Ne semblerait-il pas qu'Hérodote et Etienne ont traduit, l'un simplement, l'autre poétiquement, le nom égyptien de la cité de Typhon ? Le véritable nom de cette ville de *Chérosh*, assez bien conservé dans les Itinéraires, aura été transformé par les Grecs en *Héroopolis*, ville des héros. Pour donner à ces rapprochements la force d'un argument, il suffirait de trouver aux environs de l'emplacement que nous donnons à Héroopolis, un terrain composé d'argile rouge.

» La position d'Héroopolis, ou plutôt de *Héros* ou *Chérosh*, étant fixée, d'après l'Itinéraire, au nord-ouest des lacs Amers, il reste évident que jamais cette ville, du moins jusqu'au temps de Strabon, n'a pu se trouver sur les bords de la mer Rouge ; car, ainsi que les nivellements le démontrent, si les eaux de cette mer eussent rempli le bassin des lacs et la vallée Sabah-byar, elles se seraient aussi jointes à celles du Nil ; le détroit eût existé, et l'entreprise du canal eût été superflue. Mais comme le bassin, du temps de Strabon, communiquait avec la mer Rouge par un canal, et pouvait être rempli à volonté des eaux de cette mer, on pouvait, avec quelque raison, considérer ce bassin comme une prolongation du golfe, et surtout parler d'Héroopolis comme de l'endroit où commençait la navigation des petits bâtiments, comme le siége d'un grand commerce, tant maritime que terrestre, comme la ville digne de donner son nom au golfe.

» Nous avons à dessein gardé le silence sur Ptolémée ; nous allons expliquer son témoi-

---

(¹) Διότι ἀπὸ Ἡρώων πόλεως, ἥτις ἐστὶ πρὸς τῷ Νείλῳ, μυχὸς Ἀραβίου κόλπου. Géogr., lib. XVI, Almelov. — (²) Πλησίον δὲ τῆς Ἀρσινόης, καὶ ἡ τῶν Ἡρώων πόλις, καὶ ἡ Κλεοπατρὶς ἐν τῷ μυχῷ τοῦ Ἀραβίου κόλπου. Géogr. XVII, p. 804. — (³) Stephanus, de Urb. — (⁴) Euterpe, cap. III.

(¹) *Hennicke*, Géograph., Herodot., p. 72.

gnage, tout-à-fait contradictoire, en apparence, à tous les rapprochements que nous venons de faire.

» Lorsque le canal négligé et abandonné n'animait plus le commerce d'Héroopolis, les habitants transférèrent probablement leur domicile dans un endroit rapproché du véritable golfe ; ou plutôt ils furent transportés dans une autre ville, qui alors a pu prendre le nom de *Héroopolis*, en devenant le chef-lieu du *nôme* ou de la préfecture. Cette *nouvelle Héroopolis*, seule connue de Ptolémée, a pu être avec raison placée par ce géographe à une latitude un peu plus septentrionale que celle de Suez. Nous pensons que cette *seconde* Héroopolis, indiquée par les tables de Ptolémée [1], occupait l'emplacement marqué par des ruines, au nord-est de la pointe du golfe ; ce qui est assez conforme à l'opinion de Gossellin, avec qui nous ne sommes pas d'accord sur le reste [2]. Ces ruines ne peuvent aucunement appartenir à *Arsinoé*, surnommée *Cléopatris*, comme les ingénieurs de l'armée d'Egypte l'ont cru ; car cette ville était, selon un témoin probablement oculaire, située à l'extrémité du canal des deux mers [3], et ce fut dans son port qu'Elius Gallus rassembla les trirèmes, les bâtiments de guerre destinés contre les Arabes. Ce passage, négligé dans les discussions récentes, semble fixer la position d'Arsinoé-Cléopatris au nord de Kolzoûm. La petite anse qui forme le port intérieur de Suez répond au golfe *Charanda* [4] de Pline, où ce géographe romain semble placer encore le petit endroit *Aennum* [5], probablement Bir-Suez, et le port *Danéon* ou le port inférieur [6], qui peut représenter la ville même de Suez.

» Toute l'obscurité qui environne l'Héroopolis de Ptolémée ne serait pas dissipée si nous ne déterminions pas encore la position de *Clysma*, qui d'abord n'était qu'un château-fort [7]. L'hypothèse du savant Gossellin sur l'existence de deux endroits du nom de Clysma s'écroule avec la fausse version de M. Deguignes sur laquelle elle était fondée ; il est prouvé que jamais aucun auteur arabe n'a dit ce que cet orientaliste a fait dire à Ibn-al-Vardi [1]. Tous les écrivains orientaux, d'accord avec la tradition constante des habitants du pays, placent *Kolzoûm* ou *Klism* un peu au nord de Suez, où Niebuhr en a vu les ruines. La signification du nom grec indique aussi que ce château-fort [2] devait être situé près de l'écluse qui fermait le canal. La même position est donnée par les mesures de l'Itinéraire, pourvu qu'on suive depuis *Serapeum* les sinuosités du bord occidental des lacs Amers. La table de Peutinger paraît, il est vrai, placer Clysma au-delà du canal, et encore au-delà du golfe ; mais comme la distance donnée par les tables en rejetterait l'emplacement dans l'Arabie Pétrée une fois plus au sud que les fontaines de Moïse, ce passage obscur ne doit servir ni pour ni contre les opinions que nous discutons ici.

» Le nom du château-fort paraît avoir passé à la ville qu'il dominait ; mais cette ville, était-ce encore, après la conquête arabe, l'ancienne Arsinoé *au nord*, ou la moderne cité de Suez *au sud* de Clysma ? Les textes traduits des auteurs arabes ne fournissent aucune donnée sur cette question. Quoi qu'il en soit, le nom de *Clysma* était déjà, dans le cinquième siècle, passé de la ville au golfe [3] ; c'est donc à l'imitation des Grecs que les Arabes ont dit la mer de Kolzoûm, remarque qui a échappé au savant commentateur d'Edrisi. Le nom a donc très naturellement pu passer à la chaîne de montagnes qui borde à l'ouest le golfe de Suez, mais où l'on a eu tort de chercher une ville du même nom.

» Cette discussion ne laissant aucun doute sur la position de la ville de Clysma, nous nous demandons pourquoi Ptolémée l'a tant éloignée au sud en la plaçant au moins à 40 minutes de son Héroopolis. — La réponse est facile. Il n'aura connu la position de Clysma

---

[1] *Ptolémée*, Géograph., lib. IV, cap. v, vii. — [2] Recherches sur la Géogr. des Grecs, II, p. 166, 183 ; 278. — [3] Κατὰ Κλεοπατρία, τὴν πρὸς τῇ παλαιᾷ ἠδίωρυν τῇ ἀπὸ τοῦ Νείλου. Géogr., lib. XVI, p. 537, ed. Casaub. » *Amnem qui Arsinoen præfluit, Ptolemæum appellavit.* » PLIN. IV, ch. xxxiii. — [4] Ce mot parait arabe כרה, *perfodit*, héb. — [5] De *Aiin*, fontaine. — [6] דן, *inferius*, héb. — [7] Κάστρον, φρούριον.

[1] Quatremère, Mémoire histor. et géogr., I, p. 179. — [2] Κλύσμα, irrigation, inondation, lavement, prend quelquefois le sens de κλυστήρ, rigole, seringue. *Lucien (in Pseudomanti)*, en parlant de cet endroit, ajoute l'article, τοῦ κλύσματος, comme qui dirait : le Pertuis, l'Écluse. *Strabon* parle déjà d'un κλειστός Εὔριπος. — [3] *Philostorg.*, Histoire ecclésiastique, III, ch. vi.

que par son éloignement de l'*ancienne* Héroopolis, qui n'est pas beaucoup au-dessous de 40 minutes ; il aura porté cette même distance au sud de la *nouvelle* Héroopolis.

» Le texte de Ptolémée, expliqué de cette manière, ne fournit donc aucun argument ni pour ni contre le rétrécissement de la mer ; il ne s'y oppose pas, puisque la position de l'*ancienne* Héroopolis, point d'appui principal de l'hypothèse du rétrécissement, est indépendante de celle que Ptolémée donne à la nouvelle ville de ce nom. Il ne favorise pas non plus cette hypothèse : car la nouvelle Héroopolis et Arsinoé avec le fort de Clysma existaient contemporainement ; l'une était le chef-lieu du *nôme*, l'autre était, comme aujourd'hui, le port de Suez, le point de départ des bâtiments. Rien ne prouve que la nouvelle Héroopolis était *immédiatement* sur les bords du golfe, et que, par conséquent, celui-ci se serait retiré de la distance de 2,800 toises, comme le veut Gosselin (¹).

» Après avoir montré que la topographie d'Héroopolis, conforme au système de d'Anville, ne nécessite pas la supposition d'un changement des rivages de la mer Rouge, il resterait à discuter les mesures positives que les anciens nous ont laissées de la longueur de l'isthme. Mais l'incertitude où l'on est sur la valeur des stades rend cette discussion infructueuse. Si les 1,000 stades données par Hérodote étaient des stades égyptiens de 51 toises, ils porteraient le sommet du golfe seulement à la pointe *méridionale* des lacs Amers ; mais ces lacs ayant un niveau considérablement plus bas que le golfe, les eaux n'ont jamais pu s'arrêter dans cet endroit où aucune barrière ne les retenait. Les 900 stades de Strabon et les 817 de Marin de Tyr, évalués en stades égyptiens, favorisent un peu plus l'hypothèse qui rétrécit l'isthme, sans cependant y satisfaire. Si on les évalue comme stades de 700 au degré, ces mesures appuient l'opinion d'après laquelle l'état de l'isthme n'a point changé (²).

» Pour ne rien dissimuler, nous avouerons que la marche des Israélites en sortant de l'Egypte a fourni un argument en faveur du rétrécissement de la mer (¹). Cette marche paraîtrait mieux motivée si on suppose que la mer Rouge s'étendait jusqu'à la hauteur de Sabahbyar ; on concevrait alors que cette tribu fugitive, venue des environs d'Abbaçéh et de Belbeis, en cherchant à gagner le désert, aura rencontré la mer aux environs d'Héroopolis, et aura, par l'effet d'une marée extraordinaire, ou par celui d'un vent très violent, trouvé à sec l'isthme qui aujourd'hui sépare le golfe du bassin des lacs Amers.

» Cette manière de voir serait singulièrement favorable à la véritable interprétation d'un passage (²) où les traducteurs ont fait dire à l'auteur des livres de Moïse, « que les » eaux se tenaient à gauche et à droite des » Israélites comme deux murailles, » mais où le texte ne dit réellement que ceci : « Les eaux » étaient comme une muraille, ou comme un » rempart à leur gauche et à leur droite. » En effet, une armée qui passerait entre le golfe et les lacs Amers, aurait ses deux flancs couverts.

» Un autre argument est fourni par la prétendue identité d'Héroopolis avec le Baal-Séphon du texte hébreu (³). *Séphon* ou *Sophon* est, dit-on, un des noms de Typhon ; or, la ville de Chérosh, Héros ou Héroopolis, est la cité de Tiphon. Les Israélites, avant de passer la mer, campèrent en face de Baal-Séphon ; cette ville devait donc ne pas être éloignée des bords du golfe.

» Cet argument, fondé sur une étymologie, n'est pas sans réplique. Baal-Séphon (⁴) signifie littéralement « qui domine le nord, » et peut s'appliquer à une ville quelconque située au nord de la pointe actuelle du golfe, vis-à-vis d'Ajeroud ou Hagiroud, qui nous paraît identique avec le *Hachiroth* de Moïse.

» Le récit de ce législateur des Hébreux, quoique simple et portant avec soi la conviction, est trop peu circonstancié pour qu'on puisse espérer d'en donner une explication. L'hymne poétique qui l'accompagne, et qui en contient les détails les plus importants, est peu susceptible d'une interprétation précise. Tout ce que, sous le rapport de la géo-

---

(¹) Recherches sur la Géographie, II, pag. 184. — (²) *Rozière*, Mémoire sur la géographie comparée de l'isthme de Suez. Description de l'Egypte, vol. I.

(¹) Le baron *Costaz*, rapport inédit sur le Mémoire de M. Dubois-Aymé. — (²) *Exod.* XIV, 22-29. — (³) Num. XXXIII, 7. Exod. XIV, 2. *J.-R. Forster*, Epist. 28-29. *Hennicke*, Géogr., Hérodot., p. 72. — (⁴) בעל צפן

graphie physique, ces monuments nous apprennent, c'est que les marées et les vents, autrefois comme aujourd'hui, firent hausser et baisser considérablement le niveau du golfe.

» Si l'isthme de Suez n'a subi, depuis les temps historiques, aucun changement, surtout aucun rétrécissement notable; si une communication naturelle des deux mers n'a jamais existé de mémoire d'homme, l'industrie a cherché à ouvrir artificiellement le passage qu'avait fermé la nature. Le canal des deux mers a été le sujet de bien des projets et de bien des discussions. Les ingénieurs français de l'armée d'Orient en ont reconnu les traces et les restes avec une précision qui ne laisse rien à désirer. Le canal se dirige de Belbeis (*vicus Judæorum*) sur l'ancienne branche Pélusiaque, aujourd'hui le canal Menedji, vers Abbaçéh (l'ancien *Thou*); c'est là qu'il entre dans l'étroite vallée des Arabes-Tommylat, dont le niveau est inférieur à celui de la mer Rouge de 2 à 33 pieds. Plusieurs portions du lit du canal sont encore tellement conservées, qu'il suffirait presque de le nettoyer. Il passe à Aboukecheyd, que l'on considère comme répondant à l'ancienne *Héroopolis*. Le bassin des lacs Amers a dû pouvoir être rempli à volonté par les eaux du Nil; après ce bassin, les vestiges du canal reparaissent dans l'isthme qui sépare les lacs de la mer Rouge; ils indiquent que le creusement du canal a été achevé ([1]). Mais à quel siècle, à quel prince attribuer ce grand travail? Ne parlons pas des temps fabuleux de Sésostris et de Ménélas. Deux rois mieux connus de l'histoire, Nécho et Psamméticus, ne paraissent pas en avoir achevé le creusement; ils furent, ainsi que Darius, arrêtés par la crainte de voir l'Egypte inondée des eaux amères de la mer Rouge, reconnues pour être plus élevées que celles du fleuve; c'eût été un sacrilège que d'admettre ainsi le malfaisant *Typhon* dans l'heureux empire d'Osiris. On ignorait l'usage des écluses, qui eût pu garantir les champs égyptiens de ce danger imaginaire. Les Ptolémées, selon Strabon ([2]), qui avait voyagé en Egypte, achevèrent le canal; selon Pline, ils ne le conduisirent que jusqu'au bassin des lacs Amers ([1]). Le premier de ces auteurs place à *Phacusa* le point où le canal communiquait avec le Nil; ce qui supposerait ce canal différent de celui dont on a retrouvé les vestiges. Le second donne les mesures précises en pas romains de la longueur du canal depuis Belbeis jusqu'aux lacs Amers, ainsi que celle de la distance totale du golfe de Suez au Nil: l'une et l'autre se trouvent justes. Si un écrivain aussi bien informé a cru que le canal n'allait pas jusqu'à la mer Rouge, comme les vestiges le démontrent, c'est une preuve que la navigation en avait été abandonnée, soit parce que les écluses n'étaient pas bien construites, soit parce qu'on trouvait plus commode et plus avantageux le transport des marchandises par les ports de Myos-Hormos et de Bérénice. L'empereur Adrien, qui fit tracer à l'est du Nil un canal appelé *Trajanus Amnis*, et qui partait de *Babylonia*, ne paraît l'avoir destiné qu'à des irrigations, grâce auxquelles la province *Augustamnica* redevint une contrée florissante.

» Mais les Arabes, et spécialement El-Makrizi et El-Makyn, attestent que le canal, recreusé par ordre du calife Omar, servit à la navigation depuis l'an 644 jusqu'à l'an 767. A cette époque, un autre calife le fit fermer, afin, dit-on, de couper les vivres à un chef de rebelles. Les empereurs ottomans ont plus d'une fois pensé au rétablissement de ce canal. Lors du séjour de l'armée française en Égypte, la possibilité et l'utilité de ce rétablissement ont été savamment discutées. Un gouvernement stable et éclairé exécuterait à peu de frais ce projet; la seule valeur des terres que les eaux du canal rendraient fertiles couvrirait et bien au-delà les dépenses. Mais comme la navigation dépendrait d'un côté des crues du Nil, et de l'autre des moussons qui règnent dans le golfe arabique; et comme ces deux conditions ne coïncident pas de manière à ne pas produire d'interruption dans la navigation, il est probable que ce canal, quoique très utile et même nécessaire à la prospérité commerciale de l'Egypte, ne produirait pas une révolution totale dans le commerce des Indes orientales. »

([1]) Description de l'Egypte, I, Mémoire de M. Lepère. — ([2]) Strabon, Géog. XVII.

([1]) *Pline*, VI, cap. XXIX.

LIVRE CENT CINQUANTE-HUITIÈME.

Suite de la Description de l'Afrique. — Description topographique et politique de l'Egypte.

« Si dans notre tableau physique de l'Égypte nous avons éprouvé l'influence d'un pays monotone, d'un ciel invariable, que sera-ce lorsque nous décrirons les villes de cette contrée tant de fois décrite? Il faudra toujours naviguer sur des canaux ou sur le fleuve, toujours admirer des monuments antiques sans pouvoir les expliquer, et toujours pleurer sur des villes modernes à demi ruinées, au milieu des palmiers et des sycomores. Partout l'oppression, la misère, la défiance et la discorde habitent une terre si propre à devenir l'asile du bonheur et de la paix.

» Pour donner quelque intérêt à cette description, il devient nécessaire de nous rappeler à chaque pas les nations qui, ayant successivement dominé sur ce pays, y ont laissé des monuments. L'Égypte a rempli de son nom tous les siècles. Sous ses Pharaons, elle était souvent l'heureuse rivale des plus grandes monarchies du monde, tant la stabilité de ses lois lui donnait de force. Envahie et dévastée par Cambyse, elle fut pendant 193 ans, tantôt sujette, tantôt vassale de la Perse, et souvent en rébellion ouverte. Les Grecs la soutenaient; aussi Alexandre-le-Grand y fut-il reçu comme un libérateur; peut-être avait-il le projet d'y établir le siège de son empire.

» Les *Ptolémées*, pendant trois siècles, firent fleurir en Egypte les arts et le commerce; les villes devinrent, sous eux, presque des colonies grecques. Auguste réunit à l'empire romain ce fertile royaume, qui fut pendant 666 ans le grenier de Rome et de Constantinople. Les successeurs de Mahomet en font une de leurs premières conquêtes. Vers l'année 887, succède au pouvoir des kalifes le règne des Turcomans, leurs janissaires, qu'ils avaient appelés auprès d'eux. Les dynasties des *Tolonides*, des *Fathimes*, des *Ayoubites*, dominèrent en Égypte jusqu'en 1250.

» Les *Mamelouks*, ou esclaves soldats des sultans turcomans d'Égypte, massacrèrent leurs maîtres et s'emparèrent de l'autorité. La dynastie turque, ou celle des *Mamelouks bassarites*, régna jusqu'en 1382; la race circassienne, ou celle des *Mamelouks bordjites*, a dominé en Égypte jusqu'à nos jours; car Sélim II, empereur des Ottomans, après s'être emparé de l'Egypte, n'abolit que la monarchie de ces Mamelouks; il laissa subsister l'aristocratie de leurs 24 beys, n'exigeant d'eux qu'un tribut. Depuis sa mort, les Mamelouks s'étaient plus d'une fois affranchis de l'autorité des Ottomans.

» Les Français, en 1798, abolirent l'aristocratie des Mamelouks et s'emparèrent de toute l'Égypte. On crut voir naître dans ce beau pays une grande colonie européenne. Quelle espérance pour les progrès de la civilisation! Combien les sciences, et la géographie surtout, ne durent-elles pas applaudir à ce noble projet! Mais des îles Britanniques et des rives du Gange et du Bosphore, l'on vit en même temps des hordes nombreuses fondre sur cette poignée de Français. Après des travaux inouïs, ils se retirèrent en 1800; la barbarie ressaisit sa proie. »

Les Anglais espérèrent être plus heureux que leurs rivaux. Ils débarquèrent de nouveau en Égypte, le 17 mars 1807, dans l'intention de subjuguer le pays; mais le 14 septembre de la même année ils furent forcés de se rembarquer. Dès ce moment l'Égypte devint le théâtre de la plus affreuse anarchie. Les Mamelouks, qui essayaient de ressaisir leur ancienne autorité, et les pachas envoyés par le gouvernement ottoman, se livrèrent de terribles combats, qui achevèrent de ruiner ce pays, épuisé par la conquête des Français et par les tentatives infructueuses des Anglais.

Les Mamelouks, affaiblis par les pertes que les Français leur avaient fait éprouver, marchaient vers une ruine complète en se divisant. Les luttes de leurs deux principaux beys augmentaient la force de quelques milliers d'Albanais qui formaient le corps le plus aguerri de l'armée turque. A la suite d'une révolte occasionnée par le défaut de solde, ces Albanais, commandés par Méhémet-Ali, déposèrent le vice-roi qui gouvernait au nom de la Porte, et conférèrent la vice-royauté à Méhémet-Ali, qui, appuyé par les cheikhs et chéri des populations, fut bientôt confirmé dans cette dignité par le gouvernement turc. Ce choix tombait sur un de ces hommes doués de cette fermeté de caractère et de ces grandes vues qui les rendent capables de gouverner les empires. Méhémet-Ali, par son adresse autant que par son énergie, sut acquérir un pouvoir que ses prédécesseurs avaient vainement tenté de saisir; et, pour éviter qu'à l'avenir il ne lui fût ravi par les Mamelouks, si justement redoutés, il employa un de ces terribles expédients dont l'Orient a été si souvent le théâtre, et qui d'ailleurs n'était que l'exécution du projet que la Porte avait depuis conçu. Le 1er mars 1811, sous le prétexte d'une fête, il fit rassembler dans son palais tous les Mamelouks qui résidaient au Kaire et les fit impitoyablement massacrer. L'ordre fut donné en même temps de détruire tous ceux qui étaient répandus dans les provinces. Après s'être ainsi défait de cette milice turbulente, l'Égypte se trouva pacifiée. Le pacha porta ensuite la guerre en Arabie contre les Wahabis, dont il avait projeté d'affaiblir la puissance, et, à la fin de la guerre de 1819, ce peuple fut presque entièrement détruit. A peine cette expédition était-elle terminée, qu'il envoya son fils Ismayl soumettre les peuples de la Nubie, du Dongolah, du Sennaar et du Kourdofan. Dans la terrible lutte des Grecs contre leurs oppresseurs, le pacha d'Égypte se montra le fidèle vassal de la Porte en lui prêtant le secours de ses soldats et de ses flottes, et en exerçant sur les malheureux insurgés des cruautés que la différence de croyance religieuse ne pouvait autoriser. Mais par les victoires de son fils Ibrahim et par ses conquêtes sur la Porte en 1833, il a prouvé que l'empire ottoman n'était plus qu'un corps énervé et languissant que le moindre choc peut renverser.

Nous verrons dans la suite de cette description les pas rapides que le pacha d'Égypte a fait faire vers la civilisation au peuple dont le gouvernement lui a été confié. Donnons une idée de l'administration de ce pays lorsqu'il était soumis au pouvoir des Mamelouks.

« Les anciens avaient divisé l'Egypte, d'après une indication donnée par le cours du fleuve, en *Haute-Egypte*, nommée *Thébaïde*, à cause de Thèbes qui en était la capitale; Egypte *du milieu*, appelée aussi les *sept Gouvernements* ou l'*Eptanomie*, et enfin la *Basse-Egypte* ou *Delta*, qui s'étendait jusqu'à la mer.

» Les Arabes et les Ottomans n'ont fait que changer ces noms. Les Français y trouvèrent les divisions suivantes :

» 1° Le *Saïd* ou la Haute-Egypte, renfermant les provinces de *Thèbes*, *Girgéh* et *Syouth*.

» 2° Le *Vostani* ou l'Egypte du milieu, comprenant les provinces de *Fayoum*, *Bénisoueyf* et *Minieh*.

» 3° Le *Bahari* ou la Basse-Egypte, embrassait les provinces de *Bahhyréh*, *Rosette* ou *Rachyd*, *Gharbyéh*, *Ménouf*, *Mansourah*, *Charkyéh*, *Gizeh*, *Damiette*, et le district du *Kaire*, composé des subdivisions de *Kelioub* et *Atfieh*.

» Il faut faire observer que la dénomination de Haute-Egypte, prise dans un sens rigoureusement physique, s'est quelquefois étendue sur toutes les provinces au-dessus du Kaire [1]. C'est d'après ce principe qu'Aboulfeda et Ebn-Haukal divisent l'Egypte en deux parties : le *Rif* et le *Saïd*, c'est-à-dire la côte et le haut pays [2]. Un autre Arabe appelle ces divisions *Kibli* et *Bahari*, c'est-à-dire le midi et le rivage [3].

» L'Egypte, dont nous allons tracer l'état politique et topographique, était censée jusqu'ici faire partie de l'empire ottoman; et, comme toutes les autres grandes divisions de cet empire, elle avait à la tête du gouvernement un *pacha*. Cette place ne donnait pas une grande autorité, mais procurait beaucoup d'argent : aussi était-elle vivement sollicitée à Constantinople, et ordinairement payée fort cher aux intrigants du sérail. Le pacha ne restait en place qu'un an ou deux.

» Arrivé en Égypte, il recevait de grands honneurs; il présidait le divan à quelques cérémonies publiques; cependant il n'était que le témoin oisif de tout ce que faisaient les

---

[1] Comp. D'Anville, Mém. sur l'Egypte, pag. 36. Wansleb chez Paulin, pag. 8. — [2] Aboulfeda, vers. Michael, p. 33. Comp. les notes de M. Sylvestre de Sacy sur *Abdallatif*, p. 397. — [3] Notices et extraits des MMS., I, 250.

beys; ces chefs militaires, maîtres de l'autorité, le renvoyaient s'ils n'en étaient pas contents. La Porte a plus d'une fois dévoré cette injure. Le pacha avait une faible milice de janissaires mal aguerris et d'Arnautes peu disciplinés.

» Les terres de l'Egypte étaient possédées, comme fief du grand-seigneur, par les *multécyms*, espèce de noblesse qu'on appelle en Turquie *timariots*. Presque tous les fiefs de l'Egypte étaient possédés par des Mamelouks, milice commandée par des beys, qui ne reconnaissaient que pour la forme la suzeraineté du grand-seigneur.

» Pour l'administration intérieure, l'Egypte était partagée en 24 juridictions, appelées *kirrats*. Les beys recevaient chaque année le commandement de quelque province. Ils allaient y faire une tournée, forcer le paiement des impositions, soumettre les Arabes et maintenir la police. Le plus puissant des beys restait ordinairement au Kaire, avec le titre de *cheykh-el-Beled*, ou cheykh du pays.

» Les revenus se composaient de ceux du gouvernement et de ceux qui appartenaient aux Mamelouks.

» Les premiers comprenaient le *miri* ou impôt territorial, perçu en argent ou en nature; les douanes, les droits sur le commerce intérieur, la ferme de certaines exploitations, le *kharâdje*, ou capitation des étrangers. Ces revenus étaient affectés aux dépenses du gouvernement, et l'excédant devait être envoyé à Constantinople; mais les agents, depuis les receveurs jusqu'aux beys, s'arrangeaient si bien que le grand-seigneur ne touchait presque jamais rien de toutes ces impositions. Il y a plus, on lui portait en compte des dépenses pour des réparations de bâtiments et des canaux qui n'avaient pas eu lieu.

» Les revenus des beys étaient formés non seulement de tout ce qu'ils recevaient des villages qui leur étaient attribués, mais aussi de ce qu'ils pouvaient extorquer de mille manières. On croit généralement que les Mamelouks tiraient de l'Egypte, en revenus publics et particuliers, environ 35 à 40,000,000 de francs. Ils ont varié chaque année sous les Français, selon les circonstances de la guerre; mais le général Reynier les évalue, l'un portant l'autre, à 20 ou 25 millions.

» Ces tyrans de l'Egypte, ces fameux *Mamelouks* étaient, comme on sait, des esclaves guerriers que les kalifes fathimites avaient achetés pour s'en former une garde. Malgré l'influence que les Turcs ont exercée sur l'administration civile, le corps des Mamelouks avait maintenu son organisation militaire, et il se recrutait toujours de la même manière. Des marchands turcs amenaient en Egypte des esclaves enlevés de différents pays. Il y en avait d'Allemands, de Russes; les plus nombreux venaient de différentes parties du Caucase, de la Géorgie, de la Circassie; ils avaient depuis quinze ans jusqu'à dix-sept. Les chefs des Mamelouks en achetaient un nombre plus ou moins grand. Ces enfants étaient employés au service personnel de leur patron, qui leur faisait donner une éducation toute militaire; ils lui donnaient le nom de *père*, et étaient censés de sa famille.

» Lorsque pour récompenser leurs services leur maître les affranchissait, ils quittaient sa maison, recevaient de lui des propriétés; souvent même il les mariait à l'une de ses esclaves. Mais ils étaient toujours prêts à lui obéir et le suivaient à la guerre. La permission de laisser croître leur barbe était le signe de leur liberté.

» L'esprit de corps avait étouffé jusqu'au sentiment de l'amour paternel; les fils ne succédaient qu'aux biens personnels du père, mais non pas à sa dignité ni à son pouvoir. On méprisait l'enfant élevé dans le sérail par des femmes: peut-être cette opinion avait-elle pris naissance dans une observation qu'on dit vérifiée par une longue expérience; c'est que les races étrangères au sol de l'Egypte éprouvent le sort des plantes, et s'y détériorent dès la seconde ou troisième génération.

» En général, les femmes des Mamelouks vivaient comme celles des Osmanlis, parce que leurs maris n'en étaient pas moins jaloux. Mais comme les enfants ne pouvaient jamais succéder aux places ni aux titres de leurs pères, elles se livraient moins aux douceurs de la maternité; et toutes celles qui pouvaient se priver de l'avantage de devenir mères, le faisaient, sans même y attacher l'idée de crime. »

L'ancienne division en 14 provinces est encore en usage parmi le peuple; cependant en 1826 l'Égypte fut partagée en 24 mamourliks ou préfectures, sans y comprendre Alexandrie et le Kaire, qui, avec leur territoire, formaient deux juridictions à part. Dans cette division, l'Egypte est partagée seulement en Haute et Basse, ainsi qu'on le verra à la fin de ce livre.

Ces divisions administratives ont été changées depuis plusieurs années par le vice-roi, de manière à assurer la centralisation du pouvoir et l'unité de son action.

L'Egypte est divisée aujourd'hui en sept gouvernements principaux nommés *moudyrliks*; ceux-ci sont partagés en soixante-quatre départements ou *mamourliks*; et chaque mamourlick en cantons ou *nazirliks*. Le canton comprend dans sa circonscription plusieurs villages qui ont pour premier magistrat une espèce de maire appelé *cheikh-el-beled*.

La Basse-Egypte forme 4 moudyrliks et 36 mamourliks.
La moyenne . . . . 1 moudyrlik et 7 mamourliks.
La basse . . . . . 2 moudyrliks et 21 mamourliks.

Chaque moudyrlik est administré par un *moudyr* ou gouverneur, qui porte chez le peuple la dénomination de bey, bien que plusieurs aient le grade de pacha, et d'autres celui d'aga. Ces moudyrs visitent les départements compris dans le cercle de leur autorité; ils veillent à l'exécution des ordres du vice-roi et des décrets du conseil; ils sont chargés de veiller aussi aux opérations relatives au cadastre, ainsi qu'à la division des terres, à la surveillance de la culture, à la répartition des impôts, enfin à l'entretien et à la construction des canaux et des digues.

Le *mamour* ou préfet doit déterminer les travaux de l'agriculture; il exerce une vigilante surveillance sur les travailleurs soumis à sa juridiction. C'est lui qui punit les administrés si les ordres du gouvernement ne sont pas exécutés par eux. De concert avec le nazir, il indique dans chaque village la quantité de terres à livrer aux diverses sortes de culture. Il doit exiger des fellahs les contributions en nature ou en argent. Il fait les levées d'hommes pour le service militaire et les travaux publics. Il doit surveiller aussi les fabriques.

Le *cheikh-el-beled* exerce une action directe sur les fellahs, qui ont recours à ses décisions dans leurs démêlés; il répond du paiement des contributions.

Un *moubásch* ou inspecteur, Copte de nation, est préposé à l'administration des finances de chaque mamourlick, et a sous ses ordres plusieurs agents de son choix : ainsi, dans chaque canton, il place un receveur qui perçoit les impôts à l'aide du maire ou *cheykh*, et de l'arpenteur appelé *kholy*, et les envoie au caissier ou *seraff*, qui les fait parvenir au receveur-général du mamourlik, qui lui-même verse ses fonds chez le receveur du moudyrlik. Celui-ci acquitte les bons sur le trésor, et envoie au Kaire les fonds qui lui restent.

Chaque mamourlik a une force armée aux ordres du mamour et commandée par un *kascheff*, qui distribue ses troupes dans toute la juridiction.

Il y a dans chaque village un *chahed*, délégué du kady, chargé de rendre la justice, et faisant office de notaire pour passer les actes publics.

Ces employés, dit M. Clot-Bey, ont des traitements proportionnés à leurs grades. Ils portent des uniformes et des insignes particuliers : le cheikh-el-beled se distingue par une décoration en argent; celle des nazirs est en or; les mamours l'ont en diamant. Les places de moudyrs sont occupées par des beys, colonels ou généraux, ou par des pachas.

Dans la nouvelle organisation administrative, Alexandrie étant la résidence du gouvernement, ne dépend d'aucun département : elle est sous l'administration directe du pacha et de ses ministres.

La haute administration de l'Egypte est confiée à des agents supérieurs ou ministres qui rendent compte des affaires au pacha. Ainsi, tout ce qui est relatif à l'armée de terre rentre dans le domaine du ministère de la guerre; la marine constitue un département spécial; le ministre des affaires étrangères a dans ses attributions tout ce qui concerne les rapports de l'Egypte avec les autres Etats; le commerce forme aussi un département particulier; les affaires intérieures forment les attributions d'un ministère; il en est de même de tout ce qui se rapporte à l'instruction; les finances sont confiées à un ministre appelé *hasnader* ou trésorier, qui a sous ses ordres un grand nombre de Coptes, d'Arabes et de Syriens, ou Grecs, auxquels il confie les différents emplois de son administration; le ministère de la justice comprend tout ce qui se rattache à l'ordre judiciaire et à l'administration civile : il est confié au kiaja-bey.

Les domaines de l'Etat sont sous la surveillance d'un administrateur qui porte le titre de *rousnamasch*; mais depuis que le pacha s'est emparé, au profit du gouvernement, des biens qui appartenaient aux mosquées et aux pauvres, et des fondations de toute espèce, les fonctions de cet administrateur se bornent à tenir un compte des dédommagements et des pensions à payer par l'Etat, des frais qu'occasionnent les caravanes qui vont à la Mekke, et de ceux qui concernent le cadastre.

Mehemet-Ali a créé pour chaque branche de l'administration des conseils composés d'hommes spéciaux : tels sont le conseil de guerre, celui de la marine, celui de l'agriculture, celui de l'instruction publique, celui de santé, et plusieurs autres encore.

Un conseil d'Etat, institué en 1826, domine tous ces conseils. Il est chargé d'examiner et de discuter les changements et les améliorations proposés par les mamours dans leurs juridictions respectives : ce conseil soumet ses propositions au pacha, qui les adopte ou les rejette. Enfin, dans la crainte de se laisser entraîner trop facilement à l'arbitraire que sa position lui permet d'exercer, le vice-roi a attaché à sa personne un conseil privé, au sein duquel il traite toutes les affaires.

Le gouvernement a établi, en 1829, des *assemblées provinciales*, et un divan général, *assemblée centrale*, composée de 180 députés de toutes les provinces, chargés de délibérer sur toutes les affaires intérieures de l'Egypte. Les séances de cette réunion, qui rappelle le régime des Etats constitutionnels de l'Europe, sont publiques. Chacun des membres y parle en toute liberté; on y traite des affaires d'intérêt général, et l'on y reçoit les réclamations des administrés.

Il y a dans chaque mamourlik un conseil général chargé de s'occuper des intérêts locaux.

Le gouvernement égyptien ne s'est point borné à ces grandes institutions, tout-à-fait nouvelles en Orient; il a surtout cherché à travailler pour l'avenir, en formant des administrateurs éclairés et capables de comprendre ses vues. Dans ce but il a fondé au Kaire une *école d'administration*, d'où seront tirés à l'avenir les préfets et les sous-préfets, et où l'on enseigne la science administrative, l'agriculture-pratique et la statistique agricole des provinces. Des changements ont été apportés jusque dans la comptabilité; le mode adopté dans les bureaux du gouvernement est celui de la tenue des écritures en partie double; et les places de finances, occupées jusqu'à ce jour par des étrangers, seront à l'avenir confiées à des indigènes, quelle que soit la religion à laquelle ils appartiendront.

Le système judiciaire, qui, chez les mahométans, est intimement lié au Koran, d'où il tire même son origine, a subi peu de changements en Egypte; mais il y a perdu une grande partie de sa rigueur : il en résulte que les habitants se décident avec moins de peine à obéir aux lois. Cependant en 1826 Mehemet-Ali a fait traduire en turc et en arabe le code Napoléon, et a ordonné la mise en vigueur du Code de commerce. Un changement plus important est l'abolition de la peine de mort pour les crimes d'assassinat et de fabrication de fausse monnaie. D'après une nouvelle loi pénale, les hauts fonctionnaires de l'Etat, comme les derniers agents de l'administration, accusés de concussion ou d'abus de pouvoir, sont condamnés à la prison, après avoir restitué aux particuliers ce qu'ils ont pris ou reçu : si les fonds détournés appartiennent à l'Etat, ils subissent une année de galère; les assassins et les faux monnayeurs sont condamnés aux galères à perpétuité ou pour un temps plus ou moins considérable, selon la gravité de leurs crimes. Si l'accusateur ne peut, dans l'espace de quinze jours, prouver la culpabilité du prévenu, celui-ci est mis en liberté sous caution. Mais si le prévenu est accusé de nouveau du même crime et jugé coupable, ceux qui s'étaient portés pour lui servir de caution subissent une année de galères. Les peines portées contre les crimes que nous venons d'indiquer ne peuvent être prononcées que par le divan général, devant lequel l'accusé se présente et se défend.

Ce qui, dans la nouvelle organisation de l'Egypte, se présente aux yeux de l'Européen comme un assemblage hétérogène, c'est l'antique système administratif des Pharaons, avec quelques institutions empruntées à la civilisation de l'Europe moderne. Le pacha a renouvelé l'organisation attribuée, dans la Genèse à la sagesse de Joseph [1], avec cette seule

[1] On lit dans la Genèse, ch. XLVII, v. 17, 18 et 19, qu'après une grande famine le peuple proposa à Joseph de lui vendre pour le compte de l'État toutes les terres pour du pain, à la condition de fournir au

différence qu'il n'a pas plus ménagé les biens des prêtres que ceux des particuliers. Il a déclaré l'Etat propriétaire de tous les biens fonciers, et en a assigné l'usufruit aux possesseurs actuels, qui en touchent le revenu sur le trésor public. Les fonds provenant des biens des mosquées, des églises et des couvents, des biens communaux et des établissements militaires, servent à acquitter ces charges, qui ne sont plus que des rentes viagères. D'après cette organisation, l'État est le véritable propriétaire, les nazirs sont les régisseurs, et les *fellahs* ou cultivateurs, les ouvriers. Le gouvernement trouve son avantage à faire cultiver le sol par ceux qui en tirent le meilleur parti et à en éloigner les oisifs ; d'un autre côté, les fellahs trouvent leur avantage à soigner la culture des terres qui leur sont allouées et qu'ils peuvent considérer souvent comme des emphytéoses qui doivent assurer l'avenir de leurs enfants, et ils vivent dans une aisance d'autant plus grande qu'ils travaillent avec plus de zèle et d'assiduité.

Ceux qui jugent cette organisation d'après les idées européennes, sont prêts à en faire la critique. Mais lorsque l'on considère combien les différentes races qui constituent le peuple égyptien sont loin d'avoir l'activité et l'instinct du bien-être qui caractérisent l'Européen ; lorsque l'expérience des siècles antérieurs a prouvé que les fellahs, naturellement indolents et presque sans besoins, laisseraient tomber en décadence l'agriculture si on les laissait livrés à eux-mêmes, on reconnaît que le système de propriété réalisé par Méhémet-Ali est celui qui convient le mieux à l'Égypte. C'est à ce système, dit M. Clot-Bey, qu'il faut attribuer les immenses progrès que l'agriculture y a faits dans ces derniers temps, l'introduction de riches plantations inconnues jusqu'alors au sol égyptien et qui lui étaient éminemment propres, et l'augmentation rapide des produits. C'est ce système enfin qui a donné au vice-roi les moyens d'élever et de soutenir sa puissance, et qui lui a permis de porter les revenus de l'Égypte de 35,000,000, chiffre qu'ils atteignaient en 1799, à plus de 60,000,000 de francs.

Les mamours donnent chaque année avis au gouvernement de la quantité de terres à cultiver, et, après en avoir reçu les instructions nécessaires, les font ensemencer avec les graines et dans les proportions indiquées. Ils surveillent les cultures, et dès qu'ils possèdent des données certaines sur l'abondance des récoltes, ils en rendent compte au gouvernement, qui fixe la quotité du *miri*, ou impôt, le genre et le nombre des produits à livrer, et les prix auxquels ils seront vendus. Après la récolte, les nazirs en font transporter les produits dans les greniers publics ou dans tout autre lieu désigné par le conseil d'État, et en paient la valeur au taux fixé par le pacha, soit en argent comptant, soit en bons sur le trésor. Le miri est proportionné à l'abondance des récoltes et à la vente des produits ; et comme le cultivateur peut payer le gouvernement en papier, il n'a pas le droit de demander de l'argent. Il peut vendre ou employer comme bon lui semble ce qui lui reste, après avoir fait sa livraison au gouvernement et avoir réservé ses semences. Partout les impôts sont les mêmes ; et quelles que soient la race et la religion des sujets, ceux-ci ont droit d'obtenir des terres à cultiver.

Outre le miri, le pacha perçoit un autre impôt sur les dattiers et sur les maisons. En 1826, 618,600 maisons étaient imposées et

---

cultivateur les semences nécessaires à la culture. — 20. « Ainsi Joseph acquit à Pharaon toutes les terres » d'Egypte ; car les Égyptiens vendirent chacun son » champ, parce que la famine s'était augmentée, et la » terre fut à Pharaon. — 22. Seulement il n'acquit » point les terres des sacrificateurs, parce qu'il y avait » une portion assignée pour les sacrificateurs par l'or- » dre de Pharaon, et ils mangeaient la portion que » Pharaon leur avait donnée : c'est pourquoi ils ne » vendirent point leurs terres. — 23. Et Joseph dit » au peuple : Voici, je vous ai acquis aujourd'hui, » vous et vos terres à Pharaon ; voilà la semence pour » semer la terre. — 24. Et quand le temps de la ré- » colte viendra, vous en donnerez la cinquième partie » à Pharaon, et les quatre autres seront à vous, pour » semer les champs et pour votre nourriture, et pour » celle de ceux qui sont dans vos maisons, et pour la » nourriture de vos petits enfants. — 25. Et ils dirent : » Tu nous as sauvé la vie ; que nous trouvions grâce » devant les yeux de mon seigneur, et nous serons » esclaves de Pharaon. — 26. Et Joseph en fit une loi » qui dure jusqu'à ce jour, à l'égard des terres de » l'Egypte, de payer à Pharaon un cinquième du re- » venu ; les terres seules des sacrificateurs ne furent » point à Pharaon. »

Les saint-simoniens, dans leurs prédications, n'ont fait qu'étendre ce système qu'ils ont dû regarder comme praticable, puisqu'il a été exécuté en Égypte il y a 37 siècles, et qu'il y a été remis en vigueur par le gouvernement actuel.

produisaient 39,300,000 francs; les dattiers, au nombre de 6,000,000, supportaient un impôt de 20 à 65 paras par arbre, et donnaient un produit de 400,000 talaris, ou environ 1,800,000 francs.

Pour augmenter ses ressources, le gouvernement lève encore d'autres impôts de diverses natures, et se réserve même la culture d'un certain nombre de plantes et l'exploitation de certains genres d'industrie. En 1827, les droits dits régaliens, et les douanes, avec les autres taxes, produisirent plus de 65,000,000 de francs.

La moyenne de l'impôt territorial est évaluée à environ 10 fr. par *feddan* (¹). Les terres les plus fertiles paient 14 à 16 fr.; celles de qualités inférieures 6 à 8. De temps en temps, le vice-roi donne des terres incultes à des individus en état de les cultiver, et il affranchit ces terres du miri.

L'impôt personnel (*firdet-el-rouss*) est fixé au douzième du revenu supposé du contribuable; tous les individus mâles, musulmans ou rayas, y sont soumis dès l'âge de douze ans; dans les villes, il est levé par individus, et dans les villages par maisons. Le *firdet-el-rouss* forme à peu près le sixième des revenus du trésor égyptien.

Le bétail est soumis à l'impôt. Les bœufs et les vaches sont taxés à 20 piastres (5 fr.) lorsqu'ils sont vendus à des particuliers, et à 70 piastres (17 fr. 50 c.) lorsqu'on les vend aux bouchers, et la peau appartient au gouvernement. Les chameaux et les brebis sont imposés à 4 piastres, et les barques du Nil à 200. Ces droits de douanes sont affermés par le gouvernement (²).

Les progrès que le gouvernement du pacha a fait faire à la civilisation en Égypte seront exposés, soit dans la description des établissements que nous trouverons à signaler en parlant des principales villes, soit dans le coup d'œil général que nous aurons occasion de jeter sur les mœurs et les ressources de ce pays.

Visitons d'abord les villes et les lieux les plus remarquables de la Basse-Égypte.

« Alexandre, ainsi que l'a dit Napoléon, s'est plus illustré en fondant Alexandrie, et » en méditant d'y transporter le siége de son » empire, que par ses plus éclatantes victoires. » Cette ville devait être la capitale du monde. » Elle est située entre l'Asie et l'Afrique, à » portée des Indes et de l'Europe. Son port » est le seul mouillage des cinq cents lieues de » côtes qui s'étendent depuis Tunis ou l'ancienne Carthage jusqu'à Alexandrette; il » est à l'une des anciennes embouchures du » Nil. Toutes les escadres de l'univers pourraient y mouiller, et dans le vieux port » elles sont à l'abri des vents et de toute attaque (¹). »

Le port neuf n'offre pas de mouillage sûr pendant les gros temps. C'est à l'extrémité du môle qui le protége que se trouve le fort du Phare, bâti sur l'emplacement où s'élevait dans les temps anciens le phare si célèbre des Ptolémées. Le port vieux offre aux navires un bassin très profond et très sûr; mais les passes par lesquelles on y pénètre sont difficiles pour les vaisseaux d'un fort tirant d'eau.

Un savant orientaliste français (²) a démontré que long-temps avant que les Grecs se fussent établis en Égypte, Alexandrie existait sous le nom de *Racondah*, que ceux-ci ont métamorphosé en *Rhacotis*; plusieurs restes d'antiquités égyptiennes, et surtout les immenses catacombes dont nous parlerons bientôt, semblent déposer en faveur de cette opinion.

Dinocratès, ingénieur d'Alexandre-le-Grand, traça le plan des additions qu'il fit à Racondah d'après la forme du manteau macédonien. Ce plan s'allongeait en pointe aux deux extrémités. La ville était resserrée entre la mer au nord et le lac Maréotis au sud; elle se divisait en deux quartiers principaux: celui de *Rhacotis*, qui renfermait le Sérapion, ou le temple de Sérapis, et celui que l'on appelait le *Bruchion*, comprenant le palais des rois et l'immense bibliothèque détruite lorsque César fit le siége d'Alexandrie; ce quartier se terminait d'un côté au bord de la mer et de l'autre à un rempart qui le séparait du reste de la ville.

Quant à la moderne Alexandrie, elle occupe une partie de l'enceinte de 1600 toises de longueur sur 600 de largeur, que firent construire les Arabes vers l'an 1218 pour la

---

(¹) Le feddan = 40 ares $\frac{1}{1000}$. — (²) *Aperçu général sur l'Égypte* par A.-B. Clot-Bey. — 1840, t. II.

(¹) *Mémoires de Napoléon*, t. II. — (²) M. *Langlès*.

défendre contre les croisés. Elle s'étend au nord de l'ancienne ville, entre le vieux et le nouveau port. Ses rues sont étroites, à l'exception de quelques unes, qui sont assez larges pour avoir des trottoirs. Les seules maisons qui aient quelque apparence sont celles des consuls européens. On y remarque cependant, sur la presqu'île appelée *Ras-el-Tyn* (*cap des figuiers*), le palais fortifié de Mehemet-Ali, que ce prince a fait construire sur le plan du sérail de Constantinople, entre le grand port et la mer. Il se compose du harem, du divan, ou des appartements particuliers de Mehemet-Ali; et du palais des étrangers, où le vice-roi donne l'hospitalité la plus généreuse aux voyageurs de distinction.

C'est près de ce palais que s'étend l'arsenal de la marine, vaste établissement dû à M. de Cerisy, ingénieur français. Créé sur une plage sablonneuse, dépourvue de toutes sortes de bâtisses, il a fallu tout y construire. Les principaux travaux sont : quatre cales en maçonnerie pour les vaisseaux de premier rang; trois cales pour les frégates et les bâtiments inférieurs; le magasin général de toutes les munitions navales; la corderie avec ses machines; enfin tout ce qui peut servir à l'armement d'une flotte.

L'isthme qui unit Ras-el-Tyn à la terre-ferme est occupé par la ville turque, bâtie d'après le type ordinaire des cités musulmanes.

Entre la nouvelle ville et l'enceinte construite par les Arabes, s'étend un vaste espace couvert de monticules et de ruines.

« Parmi des monceaux de décombres et parmi de jolis jardins plantés en palmiers, en orangers, en citronniers, on voit quelques églises, mosquées, monastères, et même trois petits amas d'habitations qui forment comme trois bourgades, dont l'une, fermée de murailles, est appelée *le Fort*. On retrouve encore la mosquée dite des Mille et une Colonnes, et celle de Saint-Athanase, dont une partie des débris fut employée en 1814 à construire la grande douane du port vieux. Dans la vieille ville, on aperçoit la trace des anciennes rues tirées au cordeau; quelques débris de colonnades marquent l'emplacement des palais. Un des obélisques nommés *Aiguilles de Cléopâtre*, est encore debout; il a été donné à la France par le pacha; l'autre, qui est renversé, appartient aux Anglais. Ces obélisques, qui portent sur chaque face trois colonnes de caractères, paraissent avoir été érigés par le roi Mœris. Chacun d'eux est long de 60 pieds, sans compter le socle, qui en a 6 à 7 et même un peu plus. Tout ce mélange de ruines, de jardins et de masures est entouré d'une muraille haute et double dans la plus grande partie de sa circonférence. Il paraît que la Commission de l'Institut d'Égypte regarde cette enceinte comme l'ouvrage des Arabes; c'est aussi l'opinion de Niebuhr, de Wansleb et de la plupart des voyageurs. Mais Pococke pense que les Arabes n'ont construit que la muraille intérieure; le baron de Tott croit même qu'il n'y a de moderne que les réparations locales. Il nous paraît que cette enceinte représente exactement l'espace de 30 stades en longueur sur dix en largeur, que Strabon donne à la ville d'Alexandre et des Ptolémées. Seulement la partie de la muraille qui de la porte de Rosette s'étend vers la tour des Romains, dans la direction est-sud-est et ouest-nord-ouest, paraît couper l'ancien quartier de *Bruchion*, ou *Bruchium*, qui, rempli de palais et de monuments, s'étendait tout autour du port neuf. Cette partie de la muraille ne serait-elle pas l'ouvrage de Caracalla, lorsque, selon l'expression de l'historien Dion([1]), « cette bête féroce de l'Ausonie » vint dévaster et ensanglanter la belle ville d'Alexandrie? Les forts même qui existent au nord et au sud de la ville ancienne paraissent être ceux que ce tyran fit élever. Nous pensons aussi que beaucoup de ruines datent de l'époque de la prise de cette ville par le cruel Aurélien. »

Le quartier des Européens a complètement changé de face depuis plusieurs années: il s'est étendu depuis le centre du port neuf jusqu'à l'Aiguille de Cléopâtre. On voit maintenant dans le voisinage de ce monument une très belle place formant un rectangle d'environ 800 pas de longueur sur 150 de largeur. Les maisons qui entourent cette place sont bâties avec élégance: on y remarque le palais consulaire de France.

Dans l'enceinte des Arabes deux monticules.

([1]) *Dion*, Hist. Rom., l. LXXVII, p. 1307. *Herodian*, l. IV, p. 158. Comp. *Plan d'Alexandrie*, par M. *Lepère*, dans l'Atlas de la Description de l'Égypte.

d'environ 60 mètres de hauteur sont couronnés par deux forts qui ont été construits par l'armée française, et dont l'un porte encore le nom de Bonaparte et l'autre celui du général Caffarelli.

Alexandrie possède une intendance de santé et plusieurs hôpitaux : l'un d'eux, celui de la marine, dit de Mahmoudieh, peut contenir 1,200 à 1,500 malades; un autre, celui de l'armée de terre, dit de Ras-el-Tyn, en contient environ 600. On compte dans la ville trente mosquées.

« Hors de la porte méridionale, une colonne isolée, haute de plus de 88 pieds et d'un seul morceau de syénite, domine sur la ville et les environs (1); on l'a faussement nommée *colonne de Pompée* et *colonne de Sévère;* c'est la grande colonne qui servait de principal ornement au fameux *Serapeum* ou *Sérapion,* édifice très vaste, consacré au culte d'une divinité égyptienne, et qui, après la dévastation du *Muséum* des Ptolémées, devint l'asile de la bibliothèque alexandrine et le rendez-vous des gens de lettres. Ce fut d'ici, comme d'un *lieu sûr,* que le féroce Caracalla contempla le massacre du peuple d'Alexandrie, circonstance qui, jointe à plusieurs autres, nous fait penser que le Serapeum ainsi que le Cirque étaient situés dans un faubourg et hors des murs de l'ancienne ville (2). »

L'une des curiosités que l'on visite à Alexandrie est le camp de César : il ne consiste qu'en une vaste enceinte formée par un mur en briques à demi ruiné. Il ne reste de l'antique et célèbre bibliothèque qu'une mosaïque en marbre. Les catacombes sont plus dignes d'intérêt. Elles commencent à l'extrémité de l'ancienne Alexandrie et se prolongent à une grande distance le long de la côte qui formait le quartier appelé *Nécropolis* ou la ville des morts. Elles se composent d'une réunion de galeries creusées dans une roche calcaire tendre, et soutenue de distance en distance par d'énormes piliers. Ces galeries conduisent à de grandes salles soutenues de la même manière : on ne peut y pénétrer que jusqu'à une petite distance, parce que les décombres entassés ne permettent d'y avancer qu'avec peine et en rampant. Ce qu'on nomme proprement la *Nécropolis* est une suite de petites cavités qui ont été faites pour recevoir des cadavres humains : on les a toutes ouvertes pour y découvrir des trésors; mais les catacombes ne l'ont point été, et pourraient peut-être donner lieu à des fouilles fructueuses. Entre les catacombes et Alexandrie on voit près du rivage quelques bains rongés par l'action des eaux. Ces bains ont été probablement à tort décorés du nom de *Bains de Cléopâtre.*

L'antique cité rebâtie par Alexandre renfermait sous Auguste 300,000 personnes libres et le double d'esclaves. Lorsque vers le milieu du septième siècle les troupes du kalife Omar s'en emparèrent, elle était encore tellement peuplée malgré la décadence qu'elle avait éprouvée, qu'on y comptait plus de 4,000 bains. Elle a donné le jour à plusieurs hommes célèbres, tels qu'Euclide, Appien, Origène, etc., etc. Sa population, qui s'est accrue dans ces dernières années, est d'environ 60,000 habitants, dont les équipages de flottes et les ouvriers de l'arsenal forment environ le tiers. On compte dans les deux tiers restant 20,000 Arabes, 6,000 Turcs, 10,000 Juifs ou Coptes et 5,000 Européens. Nous ne comprenons point dans ces nombres une population flottante composée de quelques milliers d'étrangers et de voyageurs. Alexandrie fait encore un commerce qui intéresse l'Europe méridionale; c'est l'entrepôt de tous les échanges de l'Egypte avec Constantinople, Livourne, Venise et Marseille.

Pour favoriser son commerce, le pacha a fait construire entre cette ville et Rosette une chaussée qui sert à transporter les marchandises, et il a rétabli l'ancien canal qui commence à la branche du Nil qui débouche à Rosette, passe près d'Aboukir, borde le lac Maréotis que les Arabes appellent *Baheïreh Mariout*, et se jette dans la mer à Alexandrie. Ce canal, auquel travaillaient 25,000 fellahs en 1819, fut terminé en 1820.

A 4 ou 5 lieues au nord-est d'Alexandrie on remarque sur un promontoire le village d'*Aboukir,* qui paraît être bâti, selon quelques auteurs, sur les ruines de l'antique Canope, selon d'autres sur celles de Taposiris, et selon d'autres encore, mais avec plus de

---

(1) La hauteur seule du fût est de 88 pieds 6 pouces, mais le piédestal est de 10 pieds 10 pouces, et la plinthe de 14 pieds 8 pouces : ce qui donne à la colonne entière une élévation de 114 pieds. — (2) *Langlès*, notes sur *Norden*, Voyage III, p. 279. *Sylvestre de Sacy*, notes sur *Abdallâtif*, p. 231-239. *Zoëga*, de Orig. obeliscor., p. 24 et 60.

vraisemblance, sur celles de Basiris, ville qui fut célèbre par son temple consacré à Isis, et par la fête annuelle que les Egyptiens y célébraient. Sur la pointe la plus avancée dans la mer s'élève une citadelle. La rade qui porte le nom de ce village est tristement célèbre dans nos fastes maritimes: c'est là que se livra le 1er août 1798 le terrible combat naval dans lequel la flotte française commandée par l'amiral Brueix fut détruite par Nelson. Il est vrai que l'année suivante les Français se vengèrent dans la même rade sur les Turcs qui étaient débarqués au nombre de 15,000: 10,000 furent repoussés dans la mer et 2,000 se rendirent prisonniers avec le pacha qui les commandait. Aboukir est un point militaire de la plus haute importance; aussi Méhémet-Ali l'a-t-il rendu inexpugnable, d'après le témoignage des hommes de l'art.

« Près de cette rade, la côte cesse d'être composée de roches calcaires, et les terrains d'alluvion commencent. On découvre de loin au milieu des forêts de dattiers, de bananiers et de sycomores qui l'environnent, la ville de *Rosette*, que les Arabes appellent *Râchid*. Elle est placée sur les bords du Nil qui, sans les dégrader, baigne tous les ans les murailles des maisons. Les maisons, mieux bâties en général que dans la plus grande partie de l'Egypte, sont cependant si frêles encore, bien qu'elles soient construites en briques, qu'elles tomberaient en peu de mois en ruines, si elles n'étaient épargnées par un climat qui ne détruit rien. Les étages, qui vont toujours en avançant l'un sur l'autre, rendent les rues fort obscures et fort tristes. Le plus beau quartier se compose des maisons bâties sur le quai. Sa population est d'environ 15,000 âmes. Elle possède quelques fabriques de toiles de coton et de lin, de soieries et d'huile. C'est l'entrepôt du commerce entre Alexandrie et le Kaire. La navigation entre cette ville et Alexandrie offre quelques dangers, principalement au passage appelé *Boghas*, à l'entrée du Nil, qui est obstruée par un banc de sable mouvant qu'un pilote est sans cesse occupé à sonder. Dans le fleuve, une île, d'une lieue d'étendue, a présenté à M. Denon l'aspect du jardin le plus délicieux (1), tandis que, selon Hasselquist, on y est désagréablement poursuivi par les moustiques et les buffles (1). »

Dès qu'on a franchi le *Boghas*, dit M. Clot-Bey, un spectacle ravissant s'offre à la vue; c'est la riche plaine du Delta, avec ses immenses tapis de verdure ou ses moissons dorées, parsemée de groupes de dattiers, de villages ou de villes surmontées par les flèches aiguës des minarets, qui s'étend sur la rive droite du Nil, sans rencontrer d'autre borne que l'horizon.

Au sud de Rosette s'élève un ermitage fameux dans le pays; il a été construit en l'honneur d'un saint arabe nommé *Abou-Mandour*, c'est-à-dire *Père de l'éclat*.

« Depuis Rosette jusqu'à Damiette, la côte basse et sablonneuse était autrefois infestée par des brigands, où occupée par de grossiers pasteurs et pêcheurs qui vivaient sans loi. Le lac *Bourlos*, rempli d'îlots, s'étend sur une partie de cette contrée; le canal de Tabanyéh et d'autres canaux y apportent les eaux du Nil; il communique à la Méditerranée par un passage qui est le reste de l'ancienne bouche *Sebennytique*. Il n'est guère navigable que dans la partie septentrionale; celle du sud-ouest est occupée par d'immenses marais. *Beltim*, bourgade située sur ses bords, paraît répondre à *Paralus*. C'est ici qu'un savant, très versé dans les antiquités égyptiennes, place l'*Eléarchie* ou les *Bucolies*, c'est-à-dire le pays des marais et des pasteurs de buffles (2). Ce canton portait en égyptien le nom de *Baschmour*, qui a été donné au troisième dialecte de l'ancienne langue de l'Egypte. Les sauvages Baschmouriens vivaient tantôt sur leurs barques et tantôt parmi les roseaux qui couvraient leurs rivages marécageux: tel paraît être encore l'état des Egyptiens qui habitent autour du lac Bourlos; mais ce tableau peut aussi bien s'appliquer aux environs du lac Menzaléh, où d'autres écrivains avaient placé l'*Eléarchie*.

» Tout autour de *Damiette* la campagne offre de vastes rizières, auxquelles on donne un grand soin; aussi le riz de Damiette est-il le plus estimé du Levant. Mais la ville, peuplée de 30,000 âmes, est très sale, et presque

(1) *Denon*, t. 1, p. 88.

(1) *Hasselquist*, Voyage, p. 68. — (2) *Etienne Quatremère*, Recherches sur la littérature égyptienne, p. 147. *Idem*, Mémoires historiques et géographiques, t. I, p. 220-223.

tous les habitants se plaisent à vivre dans la malpropreté. Aussi la santé des hommes et des femmes y est-elle affaiblie de bonne heure, et partout rencontre-t-on une infinité d'aveugles et de borgnes. »

Elle s'étend en forme de croissant sur l'étroite langue de terre qui existe entre le Nil et le lac Menzaléh, sur la rive orientale de la branche du Nil qui portait chez les anciens la dénomination de Phatnitique. Du haut des terrasses de ses maisons élevées la vue s'étend au loin sur le lac, le fleuve et de riches campagnes. Ses trois mosquées sont grandes et belles. L'une d'elles, soutenue à l'intérieur par un grand nombre de colonnes en marbre, est une ancienne église; dans une autre on nourrit 5 à 600 pauvres aveugles et paralytiques. On y remarque aussi de belles casernes et une école d'infanterie. Cette ville, une des clefs de l'Egypte, fait un grand commerce en riz et autres denrées. Elle a été bâtie en 1260, à deux lieues au sud de l'emplacement de l'ancienne Damiette ou *Thamiatis*, détruite pendant les croisades [1]. Aussi est-ce à tort que l'on a attribué aux atterrissements formés par le Nil l'éloignement de cette ville des bords de la Méditerranée [2].

La côte de l'ancien Delta oriental est encore plus basse et plus marécageuse que celle entre Rosette et Damiette. *Menzaléh* mériterait peu de nous arrêter sans son vaste lac. Cette ville est grande, mais en partie ruinée; elle a quelques fabriques d'étoffes de soie et de toiles à voiles. Elle est commerçante, mais elle n'a pas plus de 2,000 habitants. Le lac auquel elle donne son nom a environ 17 lieues de longueur sur 7 dans sa moyenne largeur. Sa profondeur est d'à peu près 5 brasses; mais ces dimensions augmentent pendant les inondations du Nil. Il est parsemé de petites îles, dont quelques unes, celles de *Matarieh*, sont habitées; celle qui porte particulièrement ce nom, peuplée de 3,000 âmes, est couverte d'habitations, les unes en briques et les autres en boue; dans celle que l'on nomme *Mit-el-Matarieh*, les cahutes se trouvent pêle-mêle avec les tombeaux et paraissent plutôt des tanières que des demeures; les autres ne renferment que des ruines, seuls restes des anciennes villes de *Tanis* et de *Péluse*. L'eau de ce lac n'est douce que pendant le temps des inondations; elle est saumâtre pendant le reste de l'année. Ce qu'elle a surtout de remarquable c'est sa phosphorescence. Ce lac nourrit une grande quantité de poissons dont l'un des plus estimés est une espèce de mulet appelé en Egypte *bouri*. Les marsouins fréquentent ses embouchures; il sert de retraite à une multitude d'oiseaux aquatiques.

« Les pêcheurs de Matarieh interdisent la pêche du lac à leurs voisins. Toujours nus, dans l'eau, et livrés à des travaux pénibles, ils sont forts et vigoureux, mais presque sauvages. Les bords de ce lac sont garnis de marais d'où l'on extrait une grande quantité de sel; au-delà de ces marais, les champs sont fertiles en riz. En remontant dans la province de Charquiéh, on voit les emplacements de *Mendes* et de *Thmuis*, anciennes villes ruinées. »

La première ville que l'on traverse en revenant vers l'ouest du Delta, est *Damanhour*, située à peu de distance du canal de Mahmoudieh; elle renferme 8 à 10,000 habitants. On croit qu'elle occupe l'emplacement d'*Hermopolis parva*. Aux jours de marchés et de foires, la grosse joie des paysans rappelle quelquefois les bruyantes orgies de l'ancienne Egypte. *Ramanieh* se trouve près des ruines de l'antique *Saïs*, et non loin de l'emplacement qu'occupait *Naucratis*. Ses maisons bâties sur de petites hauteurs ont presque toutes la forme d'un colombier. Entre Ramanieh et Rosette, *Fouah*, qui fut une ville importante au seizième siècle, était tout-à-fait déchue lorsque Méhémet-Ali y fonda une filature de coton et une fabrique de tarbouches ou calottes en laine. On croit qu'elle est bâtie sur l'emplacement de *Metelis*.

Des minarets très élevés indiquent de loin *Mansourah*, ville fameuse par la bataille donnée sous ses murs, en 1250, où Louis IX fut fait prisonnier; aussi son nom signifie-t-il le champ de la victoire. On y montre encore, sur une petite place faisant face au Nil, le lieu où ce pieux roi passa sa captivité, et de plus, les ruines d'une voûte nommée *Basar-el-Gadim*, sous laquelle il signa la paix et la reddition de Damiette. Cette ville est aussi

---

[1] *Aboulfeda*, Tab. égypt., p. 24. *Aboulpharag*, Chron. syriac., vers. lat., p. 529. Index geograph. ad *Bohad.* vit. Salad., édit. Schultens, in voce Damiata. — [2] Voyez le Livre XL⁰, tom. I⁰ʳ, pag. 473, à la note 3.

ALEXANDRIE.

grande que Damiette; mais le quart de ses maisons est en ruine. Elle renferme six belles mosquées et une église copte, ainsi qu'une filature de coton entretenue par le gouvernement. Elle fait un grand commerce de coton et de poulets qu'on élève dans ses environs.

« Nous remarquerons encore *Mit-Kamar*, sur la branche du Nil qui va à Damiette; *Klell-Bastah*, sur le canal de Moeys, village près duquel on a découvert, pendant l'expédition française, les ruines de la ville de *Bubaste*, qui apparaissent à une grande distance sous l'aspect d'une montagne. *Belbeis*, sur le canal de Menédjéh, est une ville de 5,000 âmes dont Bonaparte fit réparer les fortifications; *Salehiéh*, ou *Salhiéh*, ville de 6,000 âmes et poste militaire important dont la fondation est due à Saladin. »

El-Kankah et *Abouzabel*, sur les confins du désert qui sépare le Kaire de la mer Rouge, sont deux villages de 1,500 habitants et éloignés l'un de l'autre d'une demi-lieue. C'est près de ces villages, dans une immense plaine inculte faisant face au désert de Gessen ou de l'isthme de Suez, que les 80,000 hommes amenés par le grand-visir se trouvaient campés lorsqu'ils furent défaits par 9,000 Français commandés par Kléber.

« En passant par les uns et les autres de ces endroits, on arrive à la pointe de l'ancien Delta, formant aujourd'hui le petit pays de *Kelioûb* (¹), riche en grains, en pâturages et même en bois de différentes espèces. Les villages y sont grands, les troupeaux nombreux, et les habitants assez paisibles et contents. Son chef-lieu, *Kelioûb*, est une ville de marchés et de foires; on y remarque des débris d'antiquités qui ont appartenu à *Héliopolis*, dont les ruines sont à deux lieues au sud, principalement près du petit village de *Matarieh*, où l'on voit les ruines du temple du Soleil, des débris de sphinx et un obélisque monolithe de 68 pieds de longueur. Au nord de Kelioûb, le terrain est coupé par une infinité de petits canaux d'irrigation. Les routes, quoique difficiles, y sont fort agréables; plusieurs sont bordées de riches jardins, d'autres sont tracées à travers des bois épais et d'immenses pépinières.

» L'intérieur du Delta moderne renferme la vaste ville de *Mehallet*, surnommée *el Kebir*,

(¹) *Malus*, Mémoire sur l'Egypte, t. 1, p. 212.

c'est-à-dire *la grande*. Quelques voyageurs modernes la considèrent comme la plus importante de l'Egypte après le Kaire (¹); mais elle n'est pas peuplée en proportion de son étendue; elle a 16 à 18,000 habitants. Elle est bâtie en briques sur un petit canal navigable qui dérive de celui de Melig. Elle possède une manufacture de coton établie par le gouvernement, plusieurs fabriques de sel ammoniac, et est environnée de champs fertiles toujours chargés de récoltes. On croit que cette ville est l'antique *Cynopolis*; d'autres pensent qu'elle occupe l'emplacement de *Xoïs*. *Abousyr*, l'ancienne *Busiris*, occupait autrefois le point central du Delta. Elle est sur la gauche de la branche du Nil appelée anciennement *Athribiticus*. *Samannoud*, ou *Djemnouti*, l'ancienne *Sebennytus* (²), gros bourg sur la rivière de Damiette, la principale branche orientale du Nil, nourrit des pigeons très renommés.

» La ville de *Tant*, ou *Tantah*, est aujourd'hui une des plus célèbres de l'intérieur du Delta. Il s'y rend des différentes parties de la Turquie, de la Perse, de l'Égypte, de l'Abyssinie, de l'Hedjaz et du royaume de Darfour, des pèlerins dont le nombre est porté, par le rapport des habitants, à 150,000; ces réunions périodiques ont pour objet de rendre hommage au tombeau du saint personnage Sayd-Ahmed-el-Bedaouy (Saïd-Ahmed-le-Bédouin), auquel une belle mosquée est consacrée. » Le commerce y trouve aussi ses avantages (³), car la fête du saint est le signal de la plus importante des trois foires qui se tiennent dans cette ville. Les baraques des marchands forment une double rangée qui occupe quelquefois une longueur de quatre lieues. Ceux qu'un but pieux a attirés plantent leurs tentes dans le voisinage de la ville. Des baladins, des filles de joie, des danseuses, des musiciens ambulants, viennent, dit M. Clot-Bey, exercer au milieu de cette foule leurs talents et leur industrie. Pendant la foire, on envoie à Tantah 4,000 hommes pour y protéger l'ordre; mais ils ne peuvent pas empêcher les filous de commettre de nom-

(¹) Voyez *Hartmann*, Egyptien, p. 789. — (²) *D'Anville*, Mémoire sur l'Egypte, p. 85. Et. *Quatremère*, Mémoire historique et géographique, 1, p. 503. — (³) *Savary*, Lettres sur l'Egypte, t. 1, pag. 281-282. *Girard*, dans les Mémoires sur l'Egypte, tom. III pag. 356-360.

breux actes d'escroquerie (¹). Lorsque les foires ont cessé, cette ville, qui présentait une physionomie si animée, devient presque déserte.

Menouf, village assez considérable situé près du sommet de l'angle du Delta, contient une mosquée où l'on remarque d'élégantes colonnes.

« Au nord du Delta, nous devons encore remarquer le monastère de *Saint-Geminiane*, lieu de pèlerinage. Les chrétiens et les mahométans s'y rendent également. Les plaines environnantes sont couvertes de tentes; on y fait des courses de chevaux; le vin et la bonne chère animent les pèlerins; la fête dure huit jours; elle attire un grand nombre de danseuses. Celles-ci contribuent beaucoup aux plaisirs, qui ne sont pas interrompus par la nuit; dans ce pays, elle n'est qu'un demi-jour plus frais, plus favorable aux amusements. »

Dans le coin du Delta voisin de Rosette, on remarque, au milieu d'un grand nombre de villages florissants et de champs couverts d'excellents fruits, le joli bourg de *Berémbâl*. *Terraneh*, ville construite en terre sur les ruines de l'ancienne *Terenuthis* et importante par le commerce du natron, est située sur les rives occidentales du Nil, de même que *Wârdân*, d'où l'on arrive au port du Kaire en vingt-quatre heures.

« Enfin la plaine cesse d'étaler ses richesses monotones. Le mont *Mokattam* élance ses cimes arides à l'est; du côté opposé, se présente Gizéh avec ses éternelles pyramides. C'est vis-à-vis de ces monuments que l'œil découvre successivement, sur la rive orientale du grand fleuve, les villes de *Boulak*, du *Nouveau-Kaire* et du *Vieux-Kaire*. »

Gizéh, chef-lieu de province ou de préfecture, a des murailles fort étendues et fortifiées de six demi-lunes. Agréablement ombragée de dattiers, de sycomores et d'oliviers, c'est une ville triste et mal bâtie, dans laquelle, malgré plusieurs mosquées, on ne remarque qu'un seul édifice; c'est un palais entouré de vastes jardins. Gizéh renferme des fabriques de poteries et de sel ammoniac ainsi qu'une fonderie de canons. Ce sont principalement ses environs qui fixent l'attention des voyageurs. A peu de distance de ses murs, s'élèvent les plus grandes pyramides de l'Egypte; on aperçoit ces monuments de la distance d'environ 10 lieues, et, semblables à de hautes montagnes, on croit être arrivé à leur base lorsqu'on en est à plus d'une lieue. Elles sont au sud-ouest de la ville; au sud-est est le sphinx célèbre par ses proportions gigantesques; enfin, à peu de distance au sud, on trouve les ruines de Memphis.

Boulak est le port du Kaire, et sert à recevoir les vaisseaux qui ont remonté le Nil. C'est une ville grande et irrégulièrement bâtie, qui renferme une belle douane, un vaste bazar, des bains magnifiques, de très beaux jardins et de nombreux *okéls*, ou magasins destinés à recevoir les denrées provenant de l'impôt en nature prélevé dans les provinces. On y trouve une importante filature de coton appartenant au gouvernement et des fabriques de soieries et d'indiennes; ces établissements occupent plus de 800 ouvriers. On y a établi une *Ecole polytechnique*. On y entretient depuis 1820 une imprimerie, d'où sortent chaque année un grand nombre d'ouvrages arabes, persans et turcs; mais, à l'exception de ceux qui traitent des premiers éléments du langage, ces ouvrages appartiennent presque tous aux arts et aux sciences de l'Europe moderne, particulièrement pour ce qui concerne l'art militaire. Lorsque ces premiers besoins matériels seront satisfaits, le gouvernement égyptien multipliera, sans doute par la voie de l'impression les anciens traités historiques et géographiques des Arabes et des Persans qui constituent en grande partie la littérature nationale (¹). Cette ville, qui fut incendiée en 1799 pendant le siège du Kaire par les Français, a été restaurée par les soins de Méhémet-Ali; peuplée de 16 à 18,000 habitants, elle est considérée comme un faubourg du Kaire. Elle s'étend le long du rivage du fleuve, et présente tout le tumulte et la confusion du commerce.

C'est dans le port du *Vieux-Kaire* que s'arrêtent les vaisseaux venant de la Haute-Egypte. Quelques uns des beys et des principaux habitants du Kaire y ont des espèces de maisons de campagne, dans lesquelles ils se retirent lors de la plus haute crue du Nil. Le Vieux-Kaire, que les Arabes nomment *Fostat* ou

(¹) *Aperçu général sur l'Egypte*, par A.-B. Clot-Bey.

(¹) *Notice des ouvrages arabes, persans et turcs, imprimés en Egypte*; publiée par M. Reynaud dans le nouveau Journal asiatique. — Octobre 1831.

LE CAIRE.
(Bab Zoweyleh)
EL CAIRO.

Publié par Furne à Paris.

AFRIQUE. — ÉGYPTE.

Masr-el-Atik, paraît correspondre à l'ancienne Babylone. Un vieux couvent copte dans lequel les catholiques européens vont remplir les devoirs de leur religion, occupe, selon les Coptes, l'emplacement d'un des endroits où se reposa la Vierge lors de la fuite en Egypte. Ce que cette ville renferme de plus curieux, ce sont les greniers dits de *Joseph*. Ce sont, dit un voyageur français, des cours carrées dont les murs en briques ont 15 pieds de hauteur. Ces cours renferment des tas de blé d'une hauteur prodigieuse ; on croit voir des montagnes recouvertes avec des nattes. Les greniers sont au nombre de sept, et fermés avec des serrures en bois, sur lesquelles est un cachet de limon du Nil empreint du sceau du divan.

« Entre Boulak et le Vieux-Kaire s'étend, le *Nouveau-Kaire*, appelé avec emphase par les Orientaux le *Grand-Kaire*, et dont le nom *él-Kâhirah* signifie *le Victorieux*. Cette ville, éloignée du Nil d'environ un quart de myriamètre, s'étend vers les montagnes à l'est, à peu près de 5 kilomètres. Elle est environnée, mais point complétement, d'un mur de pierre surmonté de beaux créneaux, et fortifiée, à la distance de chaque centaine de pas, de superbes tours rondes et carrées. Il y a trois ou quatre belles portes qui ont été bâties par les Mamelouks : au milieu de la simplicité de leur architecture, on est frappé d'un certain air de grandeur et de magnificence. Le *Kaire* fut construit, selon Abdel-Raschyd, l'an 360 de l'hégyre (970 de l'ère vulgaire), par le kalife Almansour (él-Moéz-le-Dym illah-ébu-él-Manssoùr), le premier des kalifes fathimites qui ait régné en Egypte. Cette ville a depuis été réunie à celle de *Fostat*, bâtie également par les Arabes. Ce fut Sâlah-éd-dyn ou Saladin qui fit construire, vers l'an 572 de l'hégire (1176 de l'ère vulgaire), les remparts qui l'entouraient jadis et qui sont aujourd'hui intérieurs : ils n'existent plus qu'en partie ; la ville en s'agrandissant beaucoup du côté du nord et de l'ouest, a dépassé cette barrière, elle l'a respectée au midi et à l'est. Mais en dedans comme en dehors de cette vaste enceinte on ne trouve que des rues étroites et non pavées ; les maisons sont mal construites, en mauvaises briques ou en terre, comme toutes celles de l'Egypte en général ; mais ce qui est remarquable, c'est qu'elles ont deux et jusqu'à trois étages, contre l'usage du pays.

Comme elles sont éclairées par des fenêtres qui s'ouvrent généralement sur des cours intérieures, ou qui sont étroites et grillées sur la rue, elles présentent l'aspect de prisons. Ce qui égaie un peu le Kaire, ce sont plusieurs places publiques spacieuses, quoique irrégulières, et plusieurs belles mosquées. Celle du sultan Hassan, bâtie au pied de la montagne où est la citadelle, est très grande. Elle forme un carré long, couronné tout autour d'une corniche très saillante et ornée d'une sculpture du genre que nous nommons gothique, et qui nous est venu des Arabes de l'Espagne. »

Le Kaire est environné de collines formées depuis des siècles par l'entassement des décombres dont les fragiles constructions égyptiennes jonchent sans cesse le sol. Les Français avaient conçu le projet de détruire ces collines assez élevées qui empêchaient la circulation de l'air dans la ville. Ibrahim-Pacha a eu la hardiesse de tenter et de mettre à fin cette utile entreprise : il a fait enlever les deux plus importantes buttes qui, hautes d'environ 200 mètres, occupaient entre Boulak et l'embouchure du Kalisch un espace d'environ un kilomètre carré. Les travaux ont duré cinq ans ; les décombres enlevés ont servi à combler les mares d'eau stagnantes qui avoisinaient le Kaire. Aujourd'hui l'emplacement nivelé est couvert de magnifiques plantations. De son côté Mehemet-Ali a fait disparaître une colline semblable qui était voisine des précédentes. On peut considérer la destruction de ces collines comme un des plus considérables travaux exécutés sous le règne de Mehemet-Ali.

Les rues, non moins irrégulières que les places publiques, sont, à l'exception d'un très petit nombre, une réunion d'embranchements inégaux aboutissant à des impasses ; plusieurs de ces embranchements sont fermés le soir par une porte dont les habitants ont la clef. Ces rues sont extrêmement étroites à cause de la chaleur : leur largeur varie de 15 à 5 et même 3 pieds ; aussi, dans les moins larges, les balcons des maisons opposées se touchent-ils exactement. Il y a même un assez grand nombre de rues qui sont couvertes par le haut, de manière que le soleil n'y pénètre pas, et qu'elles ne sont éclairées que par une lumière de reflet. Le Kaire n'est point pavé, ce qui fait que pour les longues courses on est obligé de se servir d'ânes; mais ces animaux sont beaucoup plus robustes en Afrique qu'en Europe, et d'une force et d'une agilité qui égalent celles du mulet.

Huit grandes communications traversent la ville : savoir, trois longitudinalement, dont l'une a 4,600 mètres de longueur, et cinq transversalement, dont trois vont du Nil à la citadelle. Le nombre de toutes les rues dépasse 300; celui des maisons est de 30,000; celui des portes est de 71, en en comptant plusieurs intérieures que nous avons indiquées plus haut.

La ville est divisée en 53 quartiers, appelés *harah*: ils portent les noms des principaux édifices, tels que la citadelle (*el-Kalah*), la grande mosquée (*el-Azhar*); des principales places publiques, comme *Birket-el-fil* et *el-Ezbekyeh*, places qui sont inondées l'été et l'automne; et enfin des populations spéciales qui les habitent, tels que les quartiers appelés *el-Afrang* ou le quartier Franc; *el-Youd*, celui des Juifs, *el-Roum*, celui des Grecs, *el-Nassarah*, celui des Arméniens, des Syriens, etc. Le plus ancien est celui qu'on appelle *Touloun*.

Outre les deux places que nous venons de désigner, il en est deux autres remarquables par leur étendue : celle de *Karameydan* et celle de *Roumeyleh*. Mais la plus vaste est celle d'Ezbekyeh : sa superficie est de 66 arpents, c'est-à-dire à peu près celle de l'intérieur du Champ-de-Mars à Paris. Plusieurs beaux édifices en forment l'enceinte : ce sont le quartier des Coptes, l'ancien palais d'Elfy-Bey et les habitations des cheykhs les plus opulents. On y voit encore sur le côté oriental la maison qui pendant l'expédition d'Egypte fut habitée par Bonaparte.

A l'exception de cette place qui a été nouvellement exhaussée, nivelée, plantée d'arbres, et entourée d'un canal, toutes les autres au mois de septembre, pendant les plus hautes eaux du Nil, sont couvertes de plusieurs pieds d'eau : on les traverse alors au moyen de barques qui, illuminées dès la chute du jour, produisent un effet très pittoresque.

Parmi les constructions de cette ville il en est plusieurs de remarquables : au nombre de celles-ci nous plaçons le château où réside le pacha; il est formé de trois enceintes appelées *el-Azab*, *el-Enkicharich* et *el-Kalah*, ou la citadelle proprement dite; elles sont toutes trois garnies de fortes tours crénelées. Cette citadelle fut construite par le sultan Saladin sur la colline appelée *Mokattam* qui domine la ville. On y arrive par deux rampes taillées dans le roc, dont l'une, au nord, conduit à l'entrée appelée la Porte des Arabes, et l'autre, à l'est, aboutit à celle que l'on nomme la Porte des Janissaires. Elle fut presque entièrement ruinée en 1824 par l'explosion d'un magasin à poudre. Méhémet-Ali a fait reconstruire presque en entier les édifices qu'elle renfermait. On voit dans la citadelle de belles ruines du palais de Saladin, et une mosquée que le vice-roi vient d'y faire construire. On y trouve aussi un arsenal de construction, une fonderie de canons, une manufacture d'armes portatives, des ateliers où l'on fabrique tous les objets d'équipement pour la cavalerie et l'infanterie, une imprimerie et l'hôtel des monnaies, qui consomme annuellement en or environ la valeur de 5,000,000 de francs. C'est aussi dans la citadelle que se trouve le célèbre *puits de Joseph*, ainsi appelé, parce qu'il a été creusé par l'ordre du sultan Saladin, que les Orientaux nomment *Sâlah-éd-dyn-Joussouf*. Ce puits est de forme carrée et divisé en deux parties; sa profondeur est de 280 pieds, son fond est au niveau du Nil. On y descend par un escalier tournant. Un manége en roues que deux bœufs font mouvoir élève l'eau jusqu'à la hauteur du sol. Ce puits a été construit pour parer au cas où l'aqueduc qui porte l'eau du Nil à la citadelle viendrait à être coupé.

On voit dans l'intérieur de la ville de très beaux palais : tels sont ceux d'Ibrahim-Pacha, d'Abbas-Pacha et du Defterdâr-Bey qui entourent le quartier appelé Ezbekyeh; celui d'Ibrahim-Pacha-Koutchouk ou le Jeune, vers le centre de la ville, et celui de Mahmoud-Bey. Tous ces édifices, dit M. Clot-Bey, sont remarquables par leur étendue et leur construction.

Les autres édifices sont des mosquées : leur nombre est de 411, parmi lesquelles on en compte une cinquantaine dignes de fixer l'attention par la richesse de leur architecture. Nous ne parlerons que des plus remarquables par leur antiquité ou leur construction. Celle d'*Amrou* a été bâtie l'an 20 de l'hégire (640 de J.-C.); quant à celle du sultan *Hassan*, située au pied de la citadelle, et dont nous avons donné plus haut la description, nous ajouterons que son intérieur est décoré de marbres et de porphyres, d'arabesques sculptées, ou en bronze, et d'un pavé en mosaïque. Celle de *Loub-el-Ozab* ou d'*el-Azhar*, l'une des plus célèbres, est un carré de 60 pieds de côté, surmonté d'une coupole magnifique; les panneaux intérieurs en sont sculptés et dorés, et les frises sont couvertes de sentences en lettres d'or et en langues arabe et copte; elle a dans ses dépendances une grande quantité d'appartements destinés à loger les pèlerins qui vont à la Mekke; mais ce qui surtout la rend célèbre, c'est le collége qui y est annexé, et qui est le plus important de l'Egypte : une bibliothèque qui y est établie facilite les études des élèves. La mosquée d'*El-Hâkem-el-Obéidy* est encore l'une des plus anciennes, des plus vastes et des mieux ornées; elle date de l'an 1007 de notre ère; mais la plus grande de toutes est celle de *Touloun* ou *Teyloun*; construite au neuvième siècle : on la regarde comme le plus beau monument arabe que possède l'Egypte, bien qu'elle soit en partie ruinée. C'est bien dans ce monument que l'on peut se convaincre que l'ogive pure a passé de l'architecture arabe dans celle que l'on appelle improprement gothique. « La délicatesse des sculptures, a dit Champollion en parlant de cet édifice, est incroyable, et cette suite de portiques en arcades est d'un effet charmant. » La seule construction que l'on puisse mettre en parallèle avec celle-ci, c'est la superbe porte de la *Victoire* (*Bab-el-Soutoub*). Parmi les mosquées que renferme le Kaire, on en compte 158 petites, que l'on peut regarder comme des chapelles : elles portent le nom de *Zaouyeh*.

La synagogue des Juifs date de l'an 1625, et passe, suivant ceux-ci, pour avoir été bâtie sur l'emplacement même où prêcha le prophète Jérémie.

Les autres édifices publics sont les bains, au nombre de 70, dont les plus riches et les plus vastes sont ceux d'*Hammâm-Yezbak*, de *Margouch*, d'*el-Moyed*, d'*el-Souftan*, d'*el-Soukharieh*, d'*el-Sounkor* et d'*el-Tanbaleh*. Les *citernes*, qui sont d'une si grande utilité sur le sol de l'Egypte, méritent aussi d'être mentionnées; on en compte 300; les principales sont au nombre de 34. L'eau y est transportée du Nil à dos de chameau. Il en est plusieurs qui sont ornées de colonnes en marbre et de grilles en bronze d'un assez beau travail. Ordinairement l'étage supérieur de ces constructions est occupé par une école gratuite, entretenue au moyen de la fondation qui a servi à la construction de la citerne. Les abreuvoirs (*hod*), qui ne sont pas moins utiles, sont également ornés de colonnes et construits avec luxe. L'aqueduc qui conduit les eaux du Nil à la citadelle est aussi d'une belle construction. Enfin les *cimetières*, placés en dedans et en dehors de la ville, méritent de fixer l'attention. On y voit des tombeaux dont la grandeur, les sculptures, la richesse et la variété des ornements annoncent jusqu'où peut aller en ce genre le luxe des musulmans. On pourrait aussi ajouter à cette énumération les jardins publics ; l'un des plus grands est celui de *Gheyt-Kâsim-bey*, où se réunissaient, pendant l'occupation des Français, les membres de l'Institut d'Egypte. Ces jardins ne ressemblent point à ceux de l'Europe. On n'y trouve ni allées ni tapis de verdure ; ce sont des bosquets touffus, des berceaux de vigne et des massifs d'orangers et de citronniers ; on ne s'y promène point, mais on y repose dans des kiosques couverts en treillage et l'on y fume du tabac aromatisé.

Le Kaire étant traversé par des canaux qui n'ont qu'environ 10 à 11 mètres de largeur, on y compte 20 à 22 ponts; mais ils sont tous d'une seule arche et n'ont rien de remarquable.

La capitale de l'Egypte n'est point au bord du Nil, mais à environ 400 toises de la rive droite de ce fleuve. Son sol est à 39 pieds 7 pouces au-dessus du niveau de la mer. Elle est bâtie au pied et sur les derniers mamelons des monts appelés *Djebel-Mokattam*, et va toujours en s'élevant jusqu'à la citadelle. Sa circonférence est de 25,000 mètres, sans y comprendre Boulak et le Vieux-Kaire. Sa population, que le gouvernement ignore ou ne fait point connaître, a été estimée de différentes manières suivant les auteurs; M. Jomard la porte à 260,000 âmes, le général Minutoli et M. Clot-Bey à 300,000, et M. Rifaut [1] à 450,000. En prenant le terme moyen

---

[1] Tableau de l'Egypte, de la Nubie et des lieux circonvoisins. — Paris, 1830.

de ces évaluations, on a pour résultat 336,000 individus. Il est vrai que cette population est variable, et qu'à l'époque de son passage la caravane de la Mekke y fait affluer plus de 30,000 personnes.

Outre un grand nombre d'écoles particulières annexées aux fondations pieuses, telles que les mosquées, les fontaines, les citernes, le Kaire compte plusieurs édifices consacrés à l'enseignement. L'une des plus importantes écoles est celle de *Médecine*, établie dans le ci-devant collége de *Casr-el-Aïn*, situé entre le Vieux-Kaire et Boulak, aux portes de la capitale. Les bâtiments qu'elle occupe s'élèvent sur l'emplacement même de la ferme dite d'Ibrahïm-Bey, où les Français, à l'époque de la conquête, avaient établi leur hôpital militaire. C'est un des beaux édifices qui bordent la rive orientale du Nil; 300 élèves y reçoivent l'instruction. Amphithéâtres, laboratoires de chimie, cabinets de physique et d'histoire naturelle, rien ne manque à cet établissement. Une école vétérinaire a été fondée à Choubrah, non loin du Kaire, sous la direction de M. Hamont, élève de l'école d'Alfort; on y entretient 120 élèves. Un hôpital de 1,000 à 1,500 malades réuni à cette école en augmente les moyens d'instruction. Nous ne devons point oublier de mentionner parmi les autres établissements utiles l'*Hospice civil*, destiné à recevoir les malades indigents des deux sexes; c'est un joli édifice qui se fait remarquer sur la place de l'Ezbékiéh. Une *École d'accouchement* pour les sages-femmes, où l'on donne l'instruction à plus de 100 élèves, est annexée à l'hospice civil dans une partie du local destiné aux femmes. Enfin un *Hospice de la maternité* a été établi à *Abouzabel*, à peu de distance de la capitale.

On comptait au Kaire, à l'époque du départ de l'armée française, environ 5,000 Grecs, 10,000 Coptes, 5,000 Syriens, 2,000 Arméniens et 3,000 juifs. Il paraît que ceux-ci sont beaucoup plus nombreux aujourd'hui; quelques voyageurs portent leur nombre à 20,000. Celui des cafés est de 1,200; celui des employés dans les administrations et dans les maisons de commerce d'environ 10,000; celui des négociants de 3,500, celui des propriétaires de 5,000, celui des marchands au détail de 4 à 5,000, celui des domestiques de 26 à 27,000, celui des artisans de 22,000, celui des journaliers de 13,000, celui des militaires en retraite de 4 à 5,000, celui des militaires en activité de 5 à 6,000, et celui des filles publiques de 3,000. Aujourd'hui cette classe de femmes n'est plus tolérée par la police. Il existe encore beaucoup de femmes publiques; mais elles sont cachées et l'on n'en sait pas le nombre.

Le climat de cette ville subit peu de variations. L'hiver s'y fait à peine sentir; les pluies y sont rares; la chaleur y est très forte en été, mais elle l'est moins en hiver. La température moyenne est de 17°,92; mais la différence extrême entre la température du jour et celle de la nuit est très grande: cette différence est quelquefois de 25° en 12 heures. Les médecins attribuent principalement à cette variation l'une des maladies les plus communes au Kaire, l'ophthalmie.

L'industrie des habitants est en général fort arriérée de ce qui se fait dans les mêmes branches en Europe. Cependant ils fabriquent très bien les nattes, ils font des passementeries très variées; ils tournent avec adresse le bois, l'ivoire et l'ambre; ils font de beaux tissus de lin, de coton, de soie et de laine; ils excellent à préparer le cuir et le maroquin; ils distillent l'eau-de-vie et l'eau de rose; ils raffinent le sucre; ils font de la poterie et de la verrerie, et travaillent assez bien en orfévrerie. Le commerce du Kaire est très considérable; il trafique avec l'Europe, l'Asie et l'Afrique intérieure. On y compte environ 12 à 1,300 okels, ou grandes cours entourées de magasins, ainsi qu'un grand nombre de bazars. Plusieurs de ceux-ci méritent d'être cités. Tels sont celui de *Ghourneh*, où l'on vend les châles de Kachemir, les mousselines et les toileries étrangères; *el-Achrafyeh*, où se tiennent les marchands de papier; le *Khan-el-Khalyly*, occupé par les joailliers, les quincailliers, les marchands de cuivre et de tapis; le *Nâhhassyn* par les orfévres, le *Boudoukanyeh* par les droguistes et les merciers, le *Hamzaouy* par les marchands de draps, le *Serougieh* par les selliers, le *Souy-el-Sellat* par les armuriers, enfin le *Gémolyeh* par les marchands de café et de tabac de Syrie.

« Les habitants du Kaire, avides de spectacles comme tous ceux des grandes villes, sont surtout amusés par des jeux d'exercice, comme sauts, danses de corde, luttes; par des chants et des danses ordinaires. Ils ont des bouffons dont les grossières plaisanteries et les plats jeux de mots excitent la gaieté d'un peuple ignorant, et pourtant corrompu. Les *almées*, ou improvisatrices, qui vont exercer leur art chez les riches, se distinguent pourtant de celles qui amusent le bas peuple. Elles viennent égayer la solitude du sérail; elles apprennent aux femmes les airs nouveaux; elles déclament des poëmes d'autant plus intéressants, qu'ils offrent le tableau vivant des mœurs de l'Egypte. Elles initient les Egyptiennes dans les mystères de leur art; elles les instruisent à former des danses lascives. Ces improvisatrices, dont l'esprit est cultivé, ont une conversation agréable; elles parlent leur langue avec pureté. L'habitude où elles sont de se livrer à la poésie leur rend familières les expressions les plus douces et les plus sonores; elles récitent avec beaucoup de grâce. Les almées font l'ornement de toutes les grandes fêtes. Pendant les repas, on les place dans une tribune, où elles chantent; elles viennent ensuite dans la salle du festin former des danses, ou plutôt des ballets-pantomimes, dont les mystères de l'amour leur fournissent ordinairement le sujet. Alors elles quittent leurs voiles, et en même temps la pudeur de leur sexe; elles paraissent vêtues d'une gaze légère et transparente; les tambours de basque, les castagnettes, les flûtes les animent. C'est ainsi que, dans tous les pays du monde, la danse et la musique ne sont que les esclaves de la volupté et les alliées de la licence. »

En sortant du Kaire, on aperçoit *Choubrah*, maison de plaisance du pacha, et, dans la direction de Gizeh, au milieu des palmiers et des sycomores, le village d'*Embabeh*, où commença la bataille des Pyramides. Vis-à-vis du Kaire, on voit l'île de *Roudah*, célèbre par le nilomètre qu'elle renferme. Ce monument antique, appelé aujourd'hui *mekins*, est une colonne en assez mauvais état, établie pour mesurer journellement la hauteur qu'atteignent les eaux du Nil à l'époque de l'inondation.

« A l'ouest de Gizeh s'élèvent les trois pyramides qui, par leur grandeur et leur célébrité, ont effacé celles qui les entourent et toutes celles dont l'Egypte est parsemée. La plus grande, selon des mesures authentiques (1), a 474 pieds $\frac{111}{111}$ d'élévation perpendiculaire, et la longueur de sa base actuelle est de 716 pieds 6 pouces; mais on croit qu'avec l'ancien revêtement l'élévation jusqu'au sommet de l'angle a dû être de 505 pieds $\frac{369}{681}$, et la longueur de la base de 734 pieds 6 pouces. Cependant d'après les mesures prises par la commission d'Egypte, et qui doivent être les plus exactes, elle n'aurait que 428 pieds 3 pouces. Ce n'est pas ici le lieu de renouveler les interminables discussions sur la destination de ces constructions imposantes. On les regarde généralement comme ayant été destinées à recevoir les cendres de quelques souverains, dont elles étaient les magnifiques mausolées. Cependant le docteur Shaw, quelques autres auteurs depuis lui, et particulièrement le savant orientaliste M. Langlès, pensent qu'elles avaient été élevées en l'honneur du soleil, sous le nom d'*Osiris* (2). Mais comment les modernes décideraient-ils une question qui n'a pas été résolue par les anciens, à une époque où ces monuments portaient probablement des inscriptions analogues à leur destination? Hérodote, il est vrai, est le seul des anciens qui parle de ces inscriptions; mais les auteurs arabes du plus grand poids, un Ebn-Haukal, un Makrizi, un Massoudi, en affirment l'existence; le savant Abdallatif les avait vues (3). Deux voyageurs européens, Baldésel et Wansleb, en ont encore vu des restes. Le dernier dit qu'elles étaient conçues en hiéroglyphes; les autres parlent d'un ancien caractère égyptien. Yakouti prétend que c'était l'alphabet des Hamjarites (4). Ces inscriptions étaient gravées sur le revêtement en granit rouge qui recouvrait les assises de pierre calcaire dont la masse de ces pyramides se compose (5). Que l'aspect de ces montagnes artificielles devait être imposant lorsque le soleil, à son lever ou à son coucher, colorait de ses rayons leur surface resplendissante! Encore aujourd'hui, que des mains sacriléges ont enlevé le revêtement des pyramides, et ont même, quoique inutilement, tenté de dé-

---

(1) Voyez, pour plus de détails, l'excellente Description des Pyramides de Gizeh, par le colonel *Grobert*. — (2) *Norden*, Voyage, édition de *Langlès*, t. I, pag. 112 et suiv. — (3) Voyez, pour plus de détails, la note de M. *Sylvestre de Sacy*, dans son *Abdallatif*, pag. 221. — (4) Notices et Extraits, tom. II, p. 457. (5) *Grobert*, Description, pag. 30-97-99, etc.

truire ces masses vénérables, on n'y peut trop admirer la précision du travail et la grandeur de la conception; ce sont, dit un voyageur plein de goût, les derniers chaînons qui lient les colosses de l'art à ceux de la nature (¹). Le fanatisme mahométan avait essayé de démolir la grande pyramide : quand on voit à ses pieds la masse de pierres que les dévastateurs ont enlevée, on la croirait rasée : porte-t-on ses regards sur la pyramide, à peine semble-t-elle ébréchée. »

Les documents historiques les plus authentiques font remonter la construction de la grande pyramide de Gizeh à neuf siècles avant l'ère chrétienne. Elle porte le nom de pyramide de Chéops. On y entre par une ouverture qui descend rapidement, et qui est dans la direction de l'étoile polaire; puis par une autre galerie formant, à la suite de la précédente, un angle obtus, on arrive à la chambre dite royale, qui est située au tiers de sa hauteur, et dans laquelle on voit un sarcophage : avant d'arriver à cette chambre on trouve un puits. On a calculé que les pierres de ce monument gigantesque serviraient à construire un mur de 10 pieds de hauteur sur 1 d'épaisseur qui pourrait entourer la France entière. Ce calcul suffit pour faire juger du travail prodigieux qu'a dû exiger l'érection de cette pyramide. Sa masse est évaluée à 6 millions de tonneaux ou de milliers de kilogrammes. La pyramide de *Chéphrénes*, suivant Hérodote, ne contenait point de chambre; cependant Belzoni, qui de tous les voyageurs modernes y pénétra le premier, trouva au centre une grande salle dans laquelle une inscription arabe indiquait que les Arabes l'avaient visitée dans le moyen âge; au milieu de cette salle était un immense sarcophage avec des ossements qui furent reconnus avoir appartenu à un bœuf.

C'est au pied de cette pyramide que s'élève le célèbre *Sphinx*, dont M. Caviglia dégagea du sable toute la partie antérieure. Cette statue colossale a environ 140 pieds de longueur; la tête et le cou ont ensemble 27 pieds de hauteur. Sur le second doigt de la patte gauche de devant on lit une inscription en vers grecs, avec la signature d'Arrien. L'inscription porte que la tête de ce sphinx est le portrait du roi Thoutmosis XVIII. Et ce roi vivait 1700 ans avant Jésus-Christ! Lorsque M. Caviglia fit mettre à découvert la partie antérieure de ce colosse, on déterra entre ses pattes un grand monolithe avec quatre lions. Qui croirait que ce voyageur, après avoir vendu un de ces lions aux Anglais, fit recombler le reste de telle manière qu'aujourd'hui le sphinx à tête royale est caché dans le sable presque aussi profondément qu'auparavant (¹)?

« En remontant le Nil, on voit *Sakkarah*, village près duquel s'élèvent 18 pyramides, dont quelques unes en briques; la plus grande a 345 pieds de hauteur et 666 de largeur. Elle paraît être plus ancienne que celles de Gizeh : d'après l'opinion du savant Champollion, d'accord sur ce point avec Manéthon, elle n'aurait pas moins de 7,000 ans d'existence. C'est une masse à quatre étages, formée d'énormes pierres carrées, près de laquelle la pyramide de Chéops ne serait alors qu'un monument moderne. Ces pyramides sont dispersées sur une ligne de 4 lieues, et prennent aussi le nom de *Pyramides d'Abousir* (²). On y visite aussi des grottes souterraines, qui servaient de tombeaux aux anciens Égyptiens, et dont les parois sont garnies de sculptures et d'inscriptions hiéroglyphiques. Au pied de cette chaîne de mausolées s'étendait l'antique Memphis, dont les immenses édifices ont laissé quelques débris aux villages de *Bédrechein*, de *Mit-rahineh*, de *Menf*, qui rappelle le nom de la cité égyptienne, et probablement jusque vers celui de *Mohannan* (³). Les habitants d'Abousir font le commerce de *momies* ou de corps embaumés d'hommes et d'animaux sacrés, qu'on tire des caveaux taillés dans les rochers. » C'est près de ce lieu que s'étendent les fameuses catacombes d'oiseaux composées de vastes galeries remplies de vases où sont déposées des momies d'ibis et d'autres oiseaux sacrés.

C'est dans la plaine de Sakkarah que M. Caviglia déterra une statue de Sésostris du plus beau travail, et qui, sans les jambes, a 34 à 35 pieds de hauteur. Un voyageur français (⁴) découvrit, en 1817, un colosse semblable en brèche siliceuse, qui est devenu un des or-

---

(¹) Denon, Voyage d'Egypte, pag. 87.

(¹) Voyez la lettre de M. *Ch. Le Normant*, insérée dans *le Globe* du 20 décembre 1828. — (²) *Abdallatif*, pag. 204. — (³) Comp. *Pococke*, Description, I, pag. 39-293. *D'Anville*, Mém., p. 138. *Larcher*, Hérodote, II, 362-366. — (⁴) M. *Rifaud*, de Marseille.

nements du musée de Turin, et un autre qui est dans le musée égyptien au Louvre à Paris. Chacune de ces statues pesait environ 36 milliers.

A une lieue à l'ouest du village d'*Elgoutouri*, s'élève une pyramide connue sous le nom de *El-Kaddab*; elle se distingue de toutes les autres par sa construction : elle est formée d'un tronc de pyramide qui sert de base à une pyramide conçue dans de plus petites proportions.

« Sur la rive orientale du Nil se montre la fameuse mosquée *Atsar-en-Néby*, mosquée très fréquentée par les musulmans du Kaire, qui y viennent en pèlerinage honorer une pierre où ils voient les pieds du prophète *parfaitement empreints*; elle est couverte d'un voile très riche, que les prêtres de la mosquée ne lèvent qu'en faveur des fidèles croyants qui témoignent leur piété par des présents. Atfiéh, chef-lieu du nazirlick du même nom, est située sur la rive orientale, comme Savary l'avait observé, en contredisant plusieurs géographes. On présume que c'est l'ancienne *Aphroditopolis*. »

Plus loin, à l'ouest sur la même ligne, le riche bassin de *Fayoum* se montre comme une île au milieu des déserts. Le Fayoum est un pays très peuplé, et tous les villages, à l'exception de quatre, paient un *miri* fixe, indépendamment de celui qui est dû par la crue du Nil, disposition qui doit être très ancienne, et paraît se fonder sur ce que les rois d'Egypte n'avaient rendu cette contrée habitable qu'à grands frais. Cette vallée formait le *nome Arsinoïte* des anciens Egyptiens. Son nom moderne est formé de *Piom* ou *Phaiom*, qui signifiait, dans la langue égyptienne, lieu marécageux.

« Cette ancienne province, dont on estime la population à environ 60,000 âmes, et la superficie à 65 lieues, rivalisait jadis avec le Delta pour sa richesse et sa fertilité. Elle était alors, comme le Delta, inondée périodiquement par les eaux limoneuses et fécondantes du Nil. Les sables en ont envahi la partie occidentale, autrefois fertile et bien cultivée. Les canaux d'irrigation tirés du canal Joseph ont été destinés à suppléer les eaux du fleuve; mais ces canaux étant mal entretenus, le sol n'a plus la même fertilité. Dans les parties les mieux arrosées on cultive le riz, le seigle, l'orge et le cotonnier. Dans les terrains secs on récolte la canne à sucre destinée, non point aux sucreries comme celles des environs de Rosette, mais à être mâchée ou sucée par le peuple. Les mêmes terrains produisent surtout l'indigo en abondance. Le Fayoum est riche en rosiers, en vignes, en oliviers, en dattiers, en figuiers, en grenadiers, en citronniers, en poiriers et en pommiers. Il fournit aussi abondamment toutes les espèces de légumes que l'on cultive en Europe, et beaucoup de melons d'eau et de pastèques, mais moins gros et moins succulents que dans les autres parties de l'Egypte. L'industrie des habitants de cette préfecture consiste à fabriquer de l'eau de rose, du vinaigre rosat, à tisser le lin et le coton, et avec la laine fine de leurs troupeaux, des châles estimés des Egyptiens. »

Medinet-el-Fayoum en est le chef-lieu. Elle est située sur le canal Joseph, qui s'y divise en un grand nombre de branches, et qu'on traverse sur cinq ponts. Cette ville, qui était autrefois le lieu de retraite des Mamelouks, a trois quarts de lieue de circuit. Elle a été construite avec les matériaux et en partie sur l'emplacement de l'antique *Crocodilopolis*, dont Ptolémée-Philadelphe changea le nom en celui d'*Arsinoé*, en l'honneur de sa sœur. Ses maisons, mal bâties, sont en pierres ou en briques cuites et crues; ses rues sont étroites et tortueuses. Elle renferme 5 églises coptes, plusieurs mosquées, des écoles ou médressehs, des fabriques de tapis, d'étoffes de laine, de tissus de coton, de toiles de lin, et est surtout renommée par son eau de rose. Les vins y sont moins bons que ceux qu'on recueillait jadis dans ce nome arsinoïte, distingué par d'autres avantages. Sa population est évaluée à 10 ou 12,000 âmes.

Beni-soueyf, presque aussi peuplée et chef-lieu de préfecture, fabrique aussi des tissus de laine et de coton, et passe pour une des villes les plus commerçantes de l'Egypte moyenne. Cette cité, d'environ 6,000 âmes, est l'antique *Ptolémaïdon*. Elle doit son nom moderne qui signifie *les Enfants des sabres* à un combat à l'arme blanche dont elle aurait été le théâtre à une époque déjà reculée. Une partie de son importance est due à sa situation à l'une des embouchures du *canal de Joseph*.

Miniéh, dont le sol est très élevé, est

grande et belle, comparativement aux villes que nous venons de citer. Quelques unes de ses rues sont régulières; plusieurs de ses mosquées sont remarquables. On y fabrique des toiles de coton et des vases de terre appelés *bardak*, qui, par leur porosité, servent à rafraîchir l'eau.

« *Ansana* ou *Ensinéh*, où les statues trouvées parmi les ruines d'*Antinoopolis* ont fait dire aux Arabes que les hommes avaient été pétrifiés [1]; *Mellavi* ou *Meldoui-el-Arich*, ville riante, et qui exporte annuellement 400,000 sacs de blé; *Manfalout*, connue par ses manufactures de draps, appartiennent encore au Vostani ou à l'Egypte du milieu.

» Au bourg de *Sahoudi* commencent les grottes de la Thébaïde. Ce sont des carrières où se retirèrent les anachorètes dans les premiers siècles de l'ère vulgaire. Elles s'étendent à vingt lieues, et les hiéroglyphes que l'on y remarque prouvent qu'elles étaient creusées par les Egyptiens, qui en ont tiré leur marbre à une époque très reculée.

« Près la ville de *Syouth* ou d'*Aciout*, dans des grottes antiques, on trouve des peintures très curieuses et très bien conservées, ainsi que des tombeaux. La ville, une des plus grandes du Saïd, ou de l'ancienne Thébaïde, est le rendez-vous des caravanes du Darfour. Elle est considérée comme la capitale de la Haute-Egypte. Elle a 5 églises et un couvent coptes, plusieurs mosquées, dont deux sont fort belles; un palais qu'Ibrahim-Pacha fit construire pendant qu'il gouvernait la Haute-Egypte, et un magnifique bain public. On lui donne une population de 25,000 âmes. C'était dans son enceinte que venaient se réfugier les Mamelouks expulsés de la Haute-Egypte; aussi a-t-elle conservé quelque chose d'aristocratique dans son aspect. Syouth occupe l'emplacement de l'antique *Lycopolis*. Ses environs et ceux du bourg d'*Aboutig*, bâti sur les ruines de l'antique *Abotis*, produisent le meilleur opium [2]. Tous les champs sont couverts de pavots noirs dont on extrait cette substance.

» Parmi d'autres villages on distingue, sur la rivière orientale, *Gau-Chenkiéh*, ou plutôt *Kdou-el-Kebir*, qui a succédé à *Antéopolis*. Il y avait un temple superbe en l'honneur d'*Antée*; il en reste le portique, soutenu, dit Norden, par des colonnes, et qui paraît d'une seule pierre de 60 pas en longueur et 40 en largeur. Ce magnifique ouvrage forme maintenant l'entrée d'une étable où les Turcs renferment leurs troupeaux. *Tahtah*, sur l'autre rive, n'offre rien de remarquable.

» *Akhmym* ou *Akhmyn* a succédé à l'ancienne *Chemnis* ou *Panopolis*. Elle est bâtie sur la rive droite du Nil, au-dessus d'une petite éminence couverte ou peut-être formée de ruines. L'église et les mosquées ont évidemment été bâties avec des débris antiques. On trouve les restes de ses anciens édifices hors de l'enceinte actuelle. Aboulféda cite un temple construit de pierres d'une grandeur surprenante, et qu'il place au rang des plus célèbres monuments; il n'en reste plus que des fragments. On y remarque aussi un portique couvert et très bien conservé, qu'on regarde comme un des plus beaux restes de l'architecture des anciens Egyptiens. La ville moderne, peuplée de 10,000 âmes, est assez jolie et très commerçante; elle a des manufactures de toiles de coton et de poterie; la police y est régulière et sévère, et son territoire est fertile en tout. Mais le canal qui traverse la ville, et qui n'est jamais nettoyé, y répand des miasmes pestilentiels.

» Vis-à-vis d'Akhmyn, sur le bord occidental du fleuve, on trouve le gros bourg de *Menchiéh* que l'on croit bâti sur les ruines de *Ptolémaïs*; c'est là que s'arrêtent toutes les barques qui vont du Kaire à la Cataracte, ou de la Cataracte au Kaire, pour prendre des provisions qu'on y trouve en abondance et à bas prix. Les rives du Nil y sont couvertes de palmiers et de melons.

» A 6 lieues au sud-est de Menchiéh on trouve *Girgéh* que l'on prononce *Djirjeh*, capitale de la Haute-Egypte. Cette ville est moderne; elle doit son nom et son origine à un couvent dédié à saint George [1]. Elle a une lieue de circonférence, des édifices et des places publiques, mais on n'y voit aucun monument. En revanche, elle possède huit belles mosquées, un riche couvent de missionnaires franciscains, une population de 10,000 âmes, un commerce actif, de l'industrie et un territoire fertile. »

Girgéh et Syouth sont les deux villes de

---

[1] *Yakouti*, Notes et Extraits, II, pag. 245. —
[2] Notes et Extraits, tom. II, pag. 424.

[1] *Denon*, Voyage, 1, pag. 301. *Sonnini*, II, pag. 375.

l'Egypte où s'accomplit l'opération de la castration. Croirait-on, dit avec raison M. Clot-Bey, que les exécuteurs de cette œuvre ignoble et honteuse sont des chrétiens, des prêtres mêmes, des Coptes?

Après avoir passé au bourg de *Samhoud*, bâti sur le canal de Bahgourâh, et laissé sur notre gauche celui de *Farchout*, qui produit les meilleurs melons de toute l'Egypte, nous arrivons à celui de *Hoû* que l'on croit bâti sur l'emplacement de *Diospolis-Parva* dont il ne reste plus que quelques ruines. De cet endroit la route conduit à *Denderah*, autre bourg de peu d'importance, mais que les voyageurs visitent avec intérêt, parce qu'à une demi-lieue plus loin on voit les magnifiques restes de l'antique *Tentyra* ou *Tentyris*, l'une des plus importantes villes de l'Egypte. Ces ruines montrent encore l'ancienne architecture égyptienne dans toute sa splendeur. On y admire surtout le Grand Temple, long de 250 pieds sur 108 de largeur. Son entrée se compose de deux portiques : le premier est formé de 24 colonnes de 43 pieds de hauteur et de 23 de circonférence, couvertes d'hiéroglyphes et de peintures jusque sur leurs chapiteaux ; le second portique est soutenu par 6 colonnes. Les murailles et les plafonds de l'intérieur sont ornés de sculptures et de bas-reliefs dont les sujets sont très variés et d'une belle exécution. C'est au plafond d'une des salles supérieures construites sur la terrasse de ce temple qu'était placé le fameux planisphère que le général Desaix, poursuivant à travers les solitudes de la Thébaïde les débris du corps de Mourad-Bey, signala le premier à l'attention des savants, et qui, dessiné par Denon, devint en France le sujet de controverses qui ne menèrent à aucune solution satisfaisante sur la date et le but de ce monument curieux. L'importance que le monde savant avait attachée à ces discussions excita le zèle d'un Français [1], qui entreprit de conquérir pour la France ce célèbre morceau d'antiquité ! Malgré des fatigues inouïes, malgré les entraves que la jalousie de quelques étrangers mirent à l'exécution de son projet, un simple particulier, entraîné par son zèle, en moins d'une année, avait vaincu tous les obstacles, et depuis 1822 le Zodiaque de Denderah est l'un des plus beaux morceaux d'antiquité que possèdent nos Musées de Paris. Ce planisphère céleste, de forme circulaire, occupe, avec les ornements qui en font partie, un carré de 7 pieds 9 pouces sur chaque côté. Il est sculpté sur deux morceaux d'un grès rouge et compacte. Il existe encore un autre planisphère à Denderah, mais il est rectangulaire. D'après l'opinion de Champollion, qui a déchiffré les inscriptions qui concernent ces monuments, ce dernier serait du temps de Tibère et l'autre du temps de Néron.

« Le Nil forme, depuis Girgéh jusqu'à Thèbes, un grand détour à l'est. Près du coude le plus rapproché de la mer Rouge est situé *Kénéh*, l'antique *Cænopolis*. Cette ville faisait autrefois un commerce actif avec le port de Koseir ou Qoçeyr. Elle est connue par ses excellentes poteries, et surtout pour ses *bardaks*, en arabe *goulés*, qui servent à rafraîchir l'eau. A l'époque du départ des pèlerins pour la Mekke, ainsi qu'à leur retour, il y règne le mouvement d'une importante cité. Elle a environ 10,000 habitants. On y remarque plusieurs jardins magnifiques. Selon le voyageur anglais Irwin, cette ville conserve des traces de plusieurs anciens usages. Dans les processions funèbres, les femmes dansent au bruit d'une musique lugubre et avec des cris effroyables. Les fêtes, comme en général dans le Saïd, se donnent de nuit et sur le fleuve ; elles sont terminées par un spectacle presque mythologique ; les danseuses se plongent presque nues dans l'eau, et y nagent comme autant de nymphes ou de naïades [1]. »

Keft ou *Koft* ne paraît être que le port de l'ancienne et grande ville de *Coptos*, d'où, selon quelques auteurs, les Coptes auraient tiré leur nom [2]. C'est la résidence d'un évêque copte. « On trouve sur son sol très exhaussé
» des restes de pilastres et autres débris en
» granit rose. Un grand bassin de 230 pieds
» de long sur 150 de large est à son côté oriental, et fut destiné sans doute à retenir l'eau
» que le Nil y portait lors de sa crue. Vers sa
» partie sud-est il y a quelques débris de sarcophages et d'autres fragments. Sur une hauteur près du canal, on croit reconnaître les
» ruines d'une église et un ancien cimetière.

(1) Le projet fut conçu par M. *Saulnier* fils, et exécuté par M. *Lelorrain*.

(1) *Irwin*, Voyage de la mer Rouge. Comp. *Sonnini*, *Denon*, etc. — (2) *Michaelis*, ad Abulfedam, not. 153, p. 73. *Hartmann*, Edrisi Africa, p. 519-520.

» C'est de ce côté que les Arabes cultivateurs
» trouvent des médailles, de petites idoles,
» des pierres gravées, des amulettes, des sca-
» rabées, des fragments d'émeraudes, etc. ([1]). »
Koûs, à 300 mètres de la rive droite du Nil,
est l'antique *Apollinopolis-Parva*, dont il reste
encore une ancienne porte de temple. Le village d'*Erment* ou d'*Arment*, que l'on aperçoit
sur l'autre rive, est la célèbre *Hermonthis*:
il y a dans ses environs un grand temple assez
bien conservé dont les peintures représentent
différents animaux, entre autres la girafe,
aujourd'hui inconnue en Égypte ([2]). Dans toute
cette contrée, les habitants fabriquent, avec
une argile poreuse et légère, des vases qui,
en laissant passer la vapeur de l'eau, la privent de son calorique et en font une boisson
délicieuse.

« Le village de *Karnak*, celui de *Louxor* ou
Louqsor, et quelques autres qui se succèdent
sur la rive orientale, n'offrent que des ruines:
la rive occidentale en présente également. Savary, Bruce, Norden, Browne, et depuis Denon, se réunissent pour parler avec admiration des restes antiques qu'offrent ces lieux.
Des recherches nouvelles ont prouvé que tous
ces restes appartiennent à l'ancienne Thèbes,
à cette ville aux cent portes, déjà connue
d'Homère, et dont l'enceinte a bien pu aller à
400 stades égyptiens ([3]). Diodore, qui parle de
Thèbes comme d'une ville déjà ruinée, cite
particulièrement 4 temples principaux. Il parle
des sphinx, des figures colossales qui en dé-
coraient les entrées, des portiques, des portes
pyramidales, des pierres d'une grosseur étonnante qui entraient dans leur construction.
Dans les descriptions des voyageurs que nous
venons de citer, ainsi que dans celles des autres qui les ont précédés, on ne peut méconnaître ces monuments. Browne dit positivement « qu'il reste quatre temples immenses,
» et cependant moins magnifiques et moins
» bien conservés que ceux de Denderah. »
« C'est quelque chose de surprenant, dit Nor-
» den, que de voir comment l'or, l'outremer,
» et diverses autres couleurs, ont conservé
» leur éclat jusqu'à présent. » Il parle aussi
d'une colonnade dont 32 colonnes subsistent,
de plafonds, de galeries, et enfin d'autres restes
d'antiquités qu'il a représentés dans ses planches, et qui sont, dit-il, d'autant plus dignes
d'attention qu'il paraît que ce sont les monuments dont Philostrate fait mention dans ce
qu'il a écrit du temple de Memnon. »

Karnak, comme lieu moderne, n'offre aucune particularité; mais Louqsor, peuplé d'environ 800 à 900 âmes, est renommé dans le
pays pour la prodigieuse quantité de pigeons
qu'on y élève. En 1831, les habitants de ce
village et des lieux environnants ont été témoins des prodiges que peut faire la science de
la statique chez les Européens. Le gouvernement français avait obtenu du pacha d'Égypte
l'autorisation d'enlever l'un des deux obélisques placés à l'entrée d'une longue avenue de
sphinx qui conduit à l'un des plus beaux temples de l'ancienne Thèbes. Un navire fut construit à Toulon pour servir au chargement et
au transport de l'un de ces monolithes: il partit
dans le courant du mois de mars ([1]). Les plus
grands obstacles attendaient cette expédition
sur le sol égyptien: lorsqu'il fallut remonter
le Nil on employa, comme au coude de Panopolis, 50 heures pour faire une lieue sous
une chaleur de 38 degrés de Réaumur. « Tous
» les cordages d'amarre, toutes les embarca-
» tions pour la remorque furent détruits dans
» ce pénible trajet, et au dernier coude du
» fleuve, à 5 lieues de Thèbes, il ne restait
» plus qu'un seul canot qui tînt l'eau et que
» des cordages appelés *aussières*, presque ré-
» duits en étoupes. »

Arrivés à Louqsor, la première opération
dont s'occupèrent les deux chefs de l'expédition fut de déblayer les deux obélisques, dont
la base était enfoncée à une grande profondeur. Ces monolithes sont d'un travail admirable et de la plus parfaite conservation, mais
ils ne sont pas d'une égale hauteur; l'un a 25
mètres et l'autre 24. Trois rangées verticales
d'hiéroglyphes couvrent chacune de leurs faces; la rangée du milieu est creusée à la pro-

---

([1]) M. *Rifaud*, Tableau de l'Égypte de la Nubie et
des lieux circonvoisins. — Paris, 1830. — ([2]) Description d'Hermonthis, par M. *Jomard*, dans le Grand
Ouvrage d'Égypte, Monuments, tom. I. — ([3]) Description de Thèbes dans la Description de l'Égypte;
Monuments, tom. II.

([1]) Le commandement du bâtiment de transport
construit exprès à Toulon, et appelé le *Louqsor*, fut
confié à M. *Verninac*, lieutenant de vaisseau, et
M. *Lebas*, ingénieur de la marine, fut chargé des
opérations relatives à l'abattage et au transport de
l'obélisque.

fondeur de 15 centimètres; les deux autres sont à peine taillées, et cette différence de profondeur varie le reflet et le jeu des ombres. Les cartouches multipliés sur les quatre faces présentent tous les noms, les surnoms et les louanges de Rhamsès, ou Sésostris, et le récit de ses travaux. On sait que ce prince étendit ses conquêtes sur la Syrie, l'Ethiopie et même la Grèce, et qu'il est le premier roi de la 19e dynastie de Manéthon. Les deux monuments ont été tirés chacun d'un seul bloc de syénite rose, ou d'une espèce de granit dans lequel la substance appelée amphibole remplace le mica. La différence que l'on remarque dans la dimension de ces obélisques vient de la difficulté de trouver deux masses de roches absolument de la même longueur.

L'ingénieur français s'est occupé d'abord de la translation du plus petit de ces obélisques, comme étant d'une conservation plus parfaite et d'un transport plus facile; cependant il estime qu'il pèse 250 milliers de kilogrammes. L'opération présentait de grandes difficultés. Il fallut, pour pratiquer un chemin, ou plan incliné, depuis l'obélisque jusqu'au navire, trancher deux monticules d'anciens décombres de 20 mètres de hauteur, démolir la moitié du village de Louqsor, c'est-à-dire plus de 45 maisons, et déblayer plus de 500 mètres de terrain; travaux qui ont occupé 800 hommes pendant trois mois. Pour renverser l'obélisque, l'ingénieur français eut recours à un moyen aussi simple qu'ingénieux, et qui prouve toute la supériorité des modernes sur les anciens dans les conceptions mécaniques. L'opération se fit à l'aide d'un simple câble d'abattage attaché au haut de l'armature de l'obélisque et fixé à une ancre très forte à 150 mètres du monument; le câble était retenu en sens opposé par une poutre assujettie à un fort point de soutenement d'où partait le mouvement. Huit hommes placés sur les apparaux de retenue accéléraient ou retardaient à volonté la chute du monument, qui est resté suspendu pendant deux minutes sous un angle de 30 degrés, et s'est abaissé doucement sur la cale de halage aux acclamations des habitants et des voyageurs accourus de tous les environs. L'opération de l'embarquement ne fut pas moins intéressante. L'obélisque arrivé à un mètre de distance de l'étrave du bâtiment, on avait séparé par un trait de scie une partie de l'avant du navire. L'ingénieur fit suspendre cette tranchée sur deux poutres mâtées en croix de Saint-André, et le monolithe fut embarqué après une heure et demie de halage en passant par dessous. L'avant du bâtiment fut alors remis en place, et toutes les parties se sont si bien rapprochées, que le trait de scie était moins prononcé qu'avant l'extraction de la tranchée [1].

Parcourons les ruines imposantes de l'antique Thèbes, appelée *Diospolis-Magna* par les Grecs; de cette ville qui s'étendait sur les deux rives du Nil et florissait 1300 à 1800 ans avant Jésus-Christ; qui avait 12 lieues de circonférence, et dont les dépouilles, enlevées par Cambyse, servirent à décorer les palais de Persépolis et de Suse; de cette ville qui, du temps de Strabon, n'offrait plus que les débris de sa splendeur passée; de cette ville enfin que dévasta Ptolémée-Philométor, et que détruisit Cornélius Gallus, premier préfet de l'Egypte, 28 ans avant notre ère. Parmi ces antiques débris, se présente, sur le côté droit ou oriental du fleuve, le vaste monument appelé Palais de Louqsor. C'est un grand temple d'Ammon qui fut construit par plusieurs Pharaons de la 18e dynastie, tels que Rhamsès-le-Grand, Menephtah Ier, Horus et Aménothph III, appelé aussi Aménophis-Memnon. Cet édifice fut orné en dernier lieu par Rhamsès III, plus connu sous le nom de Sésostris, qui y ajouta un immense pylône, haut de 50 pieds, avec un péristyle soutenu par 200 colonnes, la plupart encore debout, et dont les plus grandes ont 10 pieds de diamètre; les quatre colosses en syénite, dont deux ont 44 pieds de hauteur et les deux autres 30, mais qui sont enfouis jusqu'à la poitrine; enfin les deux obélisques en syénite rose de 24 et 25 mètres de hauteur, dont le premier a été transporté à Paris et le second à Londres.

Sur le même côté du Nil, s'élève le palais dit de Karnak, qui, à en juger par ses immenses ruines, est le plus grand monument de l'Egypte et peut-être du monde. Plusieurs dynasties ont successivement contribué à l'agrandir. Fondé par les premiers rois de la 18e,

[1] Précis des opérations relatives au transport de l'un des obélisques de Louqsor, etc., lu par M. de Laborde à la séance publique de l'Institut le 3 août 1832.

il reçut de considérables augmentations de la reine Amensé, qui y éleva dans une des cours deux obélisques hauts de 60 pieds, mais dont un seul est debout, et, dans une autre cour, le plus grand de tous ceux qui aient jamais été exécutés, puisqu'il a 91 pieds de hauteur. Après cette reine, l'édifice fut encore agrandi par son fils Touthmosis IV, connu sous le nom de Mœris; par Rhamsès II et Rhamsès III, auxquels est dû l'achèvement de la grande salle hypostyle de 318 pieds de longueur sur 159 de largeur, et soutenue par 134 colonnes, dont les plus grandes ont 70 pieds de hauteur et 11 de diamètre, et sont couronnées par des chapiteaux qui présentent une circonférence de 64 pieds. Le voyageur ne peut contenir son admiration à la vue de cette longue avenue d'obélisques hauts de 70 pieds, aujourd'hui renversés, mais qui jadis étaient debout; et quand il réfléchit au temps et aux soins qu'il a fallu, avec nos procédés mécaniques si supérieurs, pour élever sur son piédestal à Paris l'obélisque de Louqsor, il se demande quels moyens possédaient les Egyptiens pour avoir pu multiplier ces monolithes qui décorent leurs grands édifices. La première grande cour appartient aux temps de la 26e dynastie des Saïtes et probablement à des époques postérieures. A gauche de cette cour, s'élève un petit temple bâti par Menephtah III, avant-dernier roi de la 18e dynastie; à droite, on a renfermé la partie antérieure d'un monument de Rhamsès VI, surnommé Meïamoun et chef de la 19e dynastie. Sur les côtés extérieurs du mur qui correspond à la salle hypostyle, on remarque les beaux bas-reliefs historiques représentant les conquêtes en Asie de Menephtah Ier, et son retour triomphal dans sa patrie; plus loin les campagnes de son fils Rhamsès III, ou Sésostris-le-Grand; ailleurs Sesonchis traînant aux pieds de la trinité égyptienne: Ammon, Mouth et Khous, les chefs de plus de trente nations vaincues, parmi lesquelles Champollion a retrouvé écrit le royaume des Juifs, ou de Judée (*Jouda-Hamalek*), découverte du plus haut intérêt pour l'histoire.

Quatre grands propylées, partant du côté méridional du palais de Karnak, vont se diriger vers un grand espace encombré de débris d'un ancien monument qu'on nomme les *Ruines du sud*.

Tout près du village de Karnak, et au sud-ouest du palais, se trouve le beau temple dédié par les rois grecs au dieu Chous, fils d'Ammon-Ra et de Muth. Un grand propylée ouvre la célèbre allée de sphinx à têtes de bélier qui joignait autrefois ce temple au palais de Louqsor. Cette double rangée de sphinx d'une grandeur colossale, dans laquelle on en a compté plus de 600, occupe une longueur de 2,000 mètres.

Sur la rive gauche ou occidentale du Nil, on retrouve les traces d'un immense *Hippodrome* transformé en un vaste champ cultivé. Parmi les ruines qui entourent le village de *Medinet-Abou*, s'élève au sud-est le gigantesque palais de *Rhamsès-Meïamoun*, c'est-à-dire de Rhamsès IV. Un grand nombre de sculptures, représentant des sujets religieux et historiques, ornent les murs qui entourent la cour. Elles retracent les conquêtes de ce prince en Asie et ses actes solennels relatifs au culte. Dans la même enceinte, est renfermé un monument de Touthmosis IV.

Trois petits temples dédiés à Athys, à Toth, à Isis, subsistent encore sur cette partie du sol de l'antique métropole.

On y reconnaît l'emplacement de l'énorme édifice connu des Grecs sous le nom de *Memnonium*, et que Champollion a reconnu pour l'*Aménophion* des Egyptiens. Cet édifice appartenait au roi Aménophis III, appelé Memnon par les Grecs. Ces ruines occupent un espace de 1,800 pieds de longueur, et renferment les restes de plus de 18 colosses, dont deux, représentant des figures assises, n'ont pas moins de 60 pieds de hauteur. L'un de ces deux colosses, célèbre sous le nom de *Memnon*, passait pour faire entendre des sons harmonieux dès qu'il recevait les premiers rayons du soleil levant. Plusieurs anciens attestent ce fait, dont aucun voyageur moderne n'a pu être témoin; mais le voyageur anglais Wilkinson, qui parcourait naguère l'Egypte, a constaté que la merveilleuse harmonie qui a rendu célèbre cette statue était produite par une pierre sonore cachée dans ses vastes flancs, et qu'un homme placé dans une niche intérieure frappait avec une baguette de fer. Ce colosse représente le roi Aménophis III, de la 18e dynastie, qui régnait vers l'an 1680 avant l'ère chrétienne. La tête d'un autre colosse, désigné sous le nom du *jeune Memnon*, d'une grande beauté et du poids de 12,000 kilogrammes, se fait remarquer au musée de Londres.

C'est encore sur le sol de Thèbes, à l'occident du Nil, que se trouve le *tombeau d'Osymandias*, dont Strabon nous peint la magnificence en disant, probablement d'après un bruit populaire, qu'on y voyait un cercle astronomique en or de 200 pieds environ de diamètre sur un pied d'épaisseur, ce qui formerait un solide de 28 mètres cubes dont la valeur serait aujourd'hui de 1,850,000,000 de francs. Ce monument, qui est placé au nord et près de la montagne, est très beau, mais le plus dégradé de tous ceux que renfermait Thèbes.

Les voyageurs modernes lui ont donné le nom de *Memnonium*; mais Champollion a reconnu que son véritable nom est *Rhamsesseum*, parce qu'il fut construit par Rhamsès-le-Grand, c'est-à-dire Sésostris, dont la statue colossale assise avait, à en juger par les débris, 53 pieds de hauteur, non compris la base, haute de 6 pieds et large de 33. Parmi les parties les moins ruinées de ce monument, se trouve une salle *hypostyle* dont il reste encore 30 colonnes.

En s'avançant vers le nord, le village de *Gournah*, ou *Kourneh*, s'élève aussi sur les ruines de la ville aux cent portes; on y voit les restes imposants du *Menephteum*, ou du monument érigé à la mémoire de Menephtah Ier par ses enfants, Rhamsès II et Rhamsès III.

A l'ouest de Medinet-Abou, dans l'aride vallée qui porte le nom de Biban-el-Molouk, s'étendent les tombeaux des rois des 18e, 19e et 20e dynasties; ils sont taillés dans la roche calcaire, et ressemblent plutôt à des palais qu'à des sépultures souterraines. L'entrée en est simple; mais après avoir passé le seuil de la porte, on parcourt de grandes galeries ornées de sculptures d'un beau style qui ont conservé l'éclat et la fraîcheur des peintures qui les recouvrent. Ces galeries conduisent à la salle principale, appelée la *salle dorée*, au milieu de laquelle reposait, comme dans toutes les autres, une momie royale dans un énorme sarcophage en syénite. Le plus grand et le plus magnifique de ces tombeaux est celui du successeur de Rhamerri, Rhamsès-Meïamoun. Une des petites salles qui en dépendent est décorée de sculptures représentant les travaux de la cuisine; une autre, les meubles les plus somptueux; une troisième, des armes de toute espèce et tous les insignes militaires des légions égyptiennes.

La *nécropolis* de Thèbes, ou les tombeaux des riches personnages de cette antique capitale, dépend en partie de Kourneh. Depuis long-temps, la plupart des Arabes qui habitent ce village n'ont d'autres demeures que ces galeries souterraines, dont ils exploitent les antiquités pour les vendre aux voyageurs. Toute cette population ignorante, abrutie, et même féroce, ne se compose que de 4 à 500 individus. La nécropolis occupe une immense étendue; les galeries qui la composent sont si considérables que, suivant M. Passalacqua, il y en a plusieurs dans lesquelles 2 ou 3,000 hommes pourraient circuler avec facilité. C'est dans ce cimetière souterrain que l'on a trouvé les plus belles momies et les plus anciens papyrus qui enrichissent les musées de l'Europe, et que le voyageur que nous venons de citer a découvert le tombeau qui a été exposé pendant long-temps à Paris et qui forme aujourd'hui l'une des principales richesses du musée de Berlin.

« Une discussion savante a, dans ces derniers temps, confirmé la conjecture de d'Anville, d'après laquelle l'ancienne *Latopolis* répond à la ville moderne d'*Esnéh* ou proprement *Sné* (¹), où l'on trouve un temple d'une haute antiquité. Cette ville, située sur un terrain élevé qu'on est obligé d'arroser artificiellement, a été enrichie par quelques beys mamelouks qui y dépensaient l'argent arraché aux cultivateurs des environs. Esnéh offre plus de luxe et une industrie plus recherchée que les autres villes de la Haute-Egypte. Il s'y fabrique entre autres une grande quantité d'étoffes de coton bleu très fines, et des châles appelés *maláeyh*, dont on fait un grand usage en Egypte. Enfin les caravanes de *Sennár* et du Darfour y apportent tous les objets de leur commerce, qui consiste particulièrement en gomme arabique, en plumes d'autruche et en dents d'éléphant. Le bois y est d'une rareté extrême. »

Ajoutons que cette ville renferme 4 à 5,000 habitants; que, généralement mal bâties, ses

---

(¹) *Jollais* et *Devilliers*, dans la Description de l'Egypte. *Etienne Quatremère*, Mém. hist. sur l'Egypte, tom. 1, p. 172.

plus belles maisons sont au centre, autour d'une grande place ornée de bâtiments en briques; qu'elle est la résidence d'un cheikh arabe, et qu'il s'y tient le plus important marché aux chameaux de toute l'Egypte. On y compte 300 familles coptes, qui ont aux environs une église faisant partie d'un ancien couvent encore très considérable, qui passe pour avoir été, sous le règne de Dioclétien, le théâtre d'un épouvantable massacre de chrétiens.

Parmi les ruines qui appartiennent à *Latopolis*, on admire le portique d'un temple qui a été changé en un magasin de coton. Ce portique est soutenu par 24 colonnes. Le plafond est orné d'un zodiaque que l'on a cru être de 2,000 ans plus ancien que celui de Denderah, alors que ce dernier passait pour un des plus anciens monuments de l'Egypte; mais Champollion a pensé, au contraire, qu'il était un des plus modernes de tous ceux que possède cette terre classique de l'antiquité. Près du couvent copte dont nous venons de parler, il existe un autre temple dont le portique, supporté par 8 colonnes, présente aussi un zodiaque, mais moins bien conservé que le précédent.

« Esnéh est la dernière place considérable en Egypte; mais on remarque encore plus loin des ruines intéressantes. A *El-Kab*, petit village situé sur les ruines de l'antique *Eileithya*, deux grottes renferment un grand nombre de peintures relatives aux usages et aux occupations des anciens Egyptiens; on y découvre les diverses formes de leurs instruments aratoires [1]; on y voit représentées diverses scènes relatives aux travaux de l'agriculture et de la vie domestique; la moisson et les vendanges, des danses champêtres et des funérailles. On reconnaît encore les restes d'un temple et les murailles de l'ancienne cité. On n'y voit plus que les traces de l'ancien temple consacré à la déesse Souan (Eileithia ou Junon-Lucine).

A *Edfou*, petite ville de 2,000 âmes, où l'on fabrique des vases de terre dont la forme et la belle couleur rouge sont encore celles des vases que l'on voit représentés dans les antiques sculptures des hypogées, on reconnaît les ruines de la ville égyptienne d'*Atbo*, l'A-pollinopolis-*Magna* des Grecs. On peut même dire que cette petite cité ne consiste qu'en un vaste temple, autour duquel se groupent de misérables cabanes. Ce monument, qui fut consacré par Ptolémée-Epiphanes, Evergète II et Alexandre, au dieu *Har-hat*, le grand Horus, l'Apollon égyptien, offre, malgré les dégradations qu'il a éprouvées, un des plus beaux modèles de l'architecture égyptienne, bien que les bas-reliefs dont il est orné soient d'un mauvais style. Il a 424 pieds de longueur sur 212 de largeur. Plusieurs portiques, soutenus par d'énormes colonnes, conduisent à diverses salles et à des couloirs mystérieux que l'on traverse pour arriver au sanctuaire. A peu de distance de ce temple il en existe un autre moins grand, consacré à Typhon, le génie du mal.

A 8 lieues au-dessus d'Edfou on remarque les vastes carrières de *Djebel-Selseleh*, ou de la montagne de *Silsilis* des anciens, d'où l'on a tiré les blocs immenses qui ont servi aux constructions de Thèbes et d'Atbo. Elles forment, suivant Champollion, un immense musée d'inscriptions, un véritable musée historique: plusieurs chapelles y ont été creusées par les rois Amenophis-Memnon, Horus, Rhamsès-le-Grand ou Sésostris, Rhamsès son fils, Rhamsès-Meïamoun, et Ménephtah II. Sur la rive droite du Nil on voit encore, dans des carrières semblables, un sphinx qui n'a point été achevé, et des pierres sur lesquelles on reconnaît un travail à peine ébauché.

« Près d'un coude du Nil qui forme un port, on voit les ruines d'*Ombos* sur une colline appelée *Koum-Ombos*. Dans le grand temple, qui fut commencé par Ptolémée-Epiphane et continué par ses successeurs, quelques peintures, qui n'ont pas été achevées, prouvent que les Egyptiens employaient pour le dessin les mêmes procédés géométriques que les modernes; savoir, de diviser le tableau par carreaux, procédés qui sans doute leur servaient aussi pour la géographie [1]. Le Nil a fait écrouler une partie du petit temple. Dans ces deux édifices, Osiris était représenté avec une tête de crocodile.

Assouan ou *Asouan* est la dernière ville de l'Egypte, du côté de la Nubie. Sa position a dû lui donner dans tous les temps une grande

---

[1] Le baron *Costaz*, Mémoire sur les grottes d'Eléthya, dans la Description de l'Egypte.

[1] *Chabrol* et *Jomard*, dans la Description de l'Egypte.

importance. Dans l'antiquité elle fut, sous le nom de Syène, une place forte. Les Arabes soignèrent aussi ses fortifications; mais après la chute des Kalifes fathimites, elle fut entièrement ruinée par les tribus nubiennes. En s'emparant de l'Egypte, Sélim la fit rebâtir sur la rive orientale du Nil, auprès de la première cataracte. Elle est échelonnée sur le penchant d'un coteau planté de dattiers. Ses maisons, entourées de bouquets de verdure, présentent un aspect riant et pittoresque. Ses 4,000 habitants se composent d'Arabes, de Coptes, de Barabras et de quelques Turcs employés (¹).

« Près d'Assouan, on trouve sur un roc granitique des restes de l'antique *Syène*, consistant en quelques colonnes de granit, et un ancien édifice carré, avec des ouvertures au sommet. Les recherches n'ont point confirmé la conjecture de Savary, qui y voyait l'ancien observatoire des Egyptiens, où, avec quelques fouilles, on pourrait retrouver le puits au fond duquel, au jour du solstice, l'image du soleil se peignait tout entière. Les observations des astronomes français placent Assouan à 24 degrés 5 minutes 23 secondes de latitude sud. Si cette place a été située autrefois sous le tropique, la terre a dû changer sa position de manière à faire diminuer l'obliquité de l'écliptique. Mais il est bon de remarquer le caractère vague de l'observation des anciens qui a donné tant de célébrité à ces lieux. Le phénomène de l'absorption de l'ombre, soit dans un puits, soit autour d'un gnomon, n'est pas borné à une ligne mathématique, mais à toute une zone terrestre correspondant au diamètre du soleil, c'est-à-dire de plus d'un demi-degré de largeur. Il suffisait donc que le bord septentrional du disque du soleil atteignît le zénith de Syène le jour du solstice d'été, pour que l'ombre y fût nulle. Or, au onzième siècle de l'ère vulgaire, l'obliquité de l'écliptique, en partant de l'observation d'Hipparque, était de 23 degrés 49 minutes 25 secondes. Si l'on y ajoute le demi-diamètre du soleil, qui est de 15 minutes 57 secondes, on trouve pour le bord septentrional 24 degrés 5 minutes 22 secondes; ce qui, à une seconde près, est la latitude actuelle de Syène. Aujourd'hui que l'obliquité de l'éclip-

tique est de 23 degrés 28 minutes, le limbe septentrional du soleil n'arrive qu'à 21 minutes 3 secondes du zénith de Syène, et pourtant l'ombre y est à peine sensible. Il n'y a donc aucune raison péremptoire pour admettre une plus grande diminution de l'obliquité de l'écliptique que celle qui est prouvée par de véritables observations astronomiques, précises et authentiques. Celle du puits de Syène n'est pas de ce nombre, et ne peut pas nous aider à remonter à la connaissance de la position du tropique, il y a trente siècles, comme des savants estimables ont paru le croire (¹).

» Syène, qui sous tant de maîtres divers fut le poste avancé de l'Egypte, présente plus qu'aucun autre point du globe ce mélange confus de monuments qui, jusque dans les destinées des nations les plus puissantes, rappelle la fragilité humaine. Ici les Pharaons et les Ptolémées ont élevé ces temples et ces palais à moitié cachés sous le sable mobile; ici les Romains et les Arabes ont bâti ces forts, ces murailles; et au-dessus des débris de toutes ces constructions, des inscriptions françaises attestent que les guerriers et les savants de l'Europe moderne sont venus placer ici leurs tentes et leurs observatoires. Mais la puissance éternelle de la nature présente un spectacle encore plus grand. Voilà ces terrasses de syénite de couleur rose grisâtre, coupées à pic et à travers lesquelles le Nil roule en écumant ses flots impétueux; voilà ces carrières d'où l'on a tiré les obélisques et les statues colossales des temples égyptiens; un obélisque ébauché en partie, attenant à son rocher natal, atteste encore les efforts de l'art et de la patience. Sur la surface lisse de ces rochers, des sculptures hiéroglyphiques représentent les divinités égyptiennes, les sacrifices et les offrandes de cette nation qui, plus qu'aucune autre, a su s'identifier avec son pays, et qui, dans le sens le plus littéral, a gravé sur le globe les souvenirs de sa gloire.

» Au milieu de cette vallée, généralement bordée de rochers arides, une suite d'îles riantes, fertiles, couvertes de palmiers, de dattiers, de mûriers, d'acacias et de napecas, ont mérité le nom de *Jardins du Tropique*. Celle nommée *Djeziret-el-Sag*, c'est-à-dire

---

(¹) *Aperçu général sur l'Egypte*, par A.-B. Clot-Bey. Tom. I, p. 216.

(¹) Comp. *Jomard*, Description de Syène et des Cataractes, dans la Description de l'Egypte.

l'*Île fleurie*, vis-à-vis de Syène, est l'*Eléphantine* des anciens ; on retrouve celle de *Philæ* dans l'île d'*El - Heil* ou d'*El - Birbé* des modernes. L'une et l'autre, remplies de beaux restes de temples, de quais et d'autres monuments [1], attestent l'ancienne civilisation dont elles ont dû être le siège. »

L'île d'Eléphantine est formée d'un rocher granitique, que le limon du Nil a recouvert jusqu'à une assez grande élévation. Son sol est parfaitement cultivé ; elle est habitée par des Berbers. Les anciens Egyptiens y avaient bâti une ville dont on voit encore les ruines sur le plateau qui la domine ; on y voit aussi les restes du nilomètre dont parle Strabon ; mais les deux temples que les savants français de la commission d'Egypte ont si bien décrits, et dont la construction remontait au temps d'Aménophis III, ont été récemment détruits pour bâtir une caserne et des magasins à Syène. L'île de Philæ, longue de 384 mètres et large de 135, est entourée de palmiers qui s'élèvent çà et là au milieu des blocs de roches granitiques. C'est un des points les plus intéressants de l'Egypte par le nombre de ses monuments et par l'importance religieuse dont il jouissait sous les Pharaons. On y remarque d'abord un temple qui n'a pas été achevé, et qui, par son élégance et ses colonnes moins massives que celles des anciennes constructions égyptiennes, ne paraît pas remonter à une aussi grande antiquité ; il est d'ailleurs construit avec des pierres retournées et chargées d'hiéroglyphes qui ont évidemment appartenu à d'autres édifices. Plus loin s'élève un grand temple d'Isis dont le propylée de la façade méridionale présente deux portiques soutenus par une colonnade ; c'est vis-à-vis de ce portique qu'était l'obélisque en granit aujourd'hui renversé, et dont l'inscription en grec joue un si grand rôle dans l'interprétation des hiéroglyphes [2]. Un autre

[1] Jomard, Description d'Eléphantine. *Lancret*, Description de Philæ. *Girard*, Mémoire sur le nilomètre d'Eléphantine, dans la Description de l'Egypte.

[2] Voici la traduction, faite par M. *Letronne*, de cette inscription, telle que la rapporte M. *Cailliaud*.

« Au roi Ptolémée, à la reine Cléopâtre, sa sœur, » à la reine Cléopâtre, sa femme, dieux Evergètes, » salut :

» Nous, les prêtres d'Isis, adorée à Labaton et à » Philæ, déesse très grande ;

» Considérant que les stratéges, les épistates, les » thébarques, les greffiers royaux, les épistates de

est également couché sur la terre ainsi que son piédestal ; mais celui que l'on voit debout à l'extrémité méridionale de l'île, est en grès et sans aucune sculpture. Deux lions en granit sont placés auprès du temple. Après avoir traversé le second portique de cet édifice on est frappé d'étonnement à la vue des hiéroglyphes d'un fini parfait qui en tapissent les murs, des peintures dont ils sont ornés, ainsi que les chapiteaux des colonnes. Près du premier portique on remarque un joli temple monolithe qui paraît avoir servi d'église aux chrétiens, à en juger par les murs dont les hiéroglyphes ont été soigneusement recouverts d'un mortier qui en rend la surface unie. Un quatrième temple, un arc-de-triomphe romain, un grand nombre de restes d'édifices qui ont été construits avec des débris de monuments égyptiens ; des murs, des quais et des colonnes donnent à l'île de Philæ un grand intérêt sous le rapport archéologique. Les îles qui entourent celle-ci sont nues, à l'exception d'une seule sur laquelle s'élève un petit temple.

« Il est très probable que les deux noms de *Philæ* et d'*Eléphantine* n'en sont qu'un ; car *Fil* dans les langues orientales signifie éléphant ; or, ces îles, que le Nil féconde du dépôt de ses eaux, ont dû anciennement, par leur riche végétation, attirer les éléphants. Cette ingénieuse conjecture nous explique [1]

» corps chargés de garder le pays, tous les officiers » publics qui viennent à Philæ, les troupes qui les » accompagnent et le reste de leur suite, nous con- » traignent de leur fournir de l'argent, et qu'il résulte » de tels abus que le temple est appauvri, et que nous » courons le risque de n'avoir plus de quoi suffire aux » dépenses réglées par la loi, des sacrifices et liba- » tions qui se font pour la conservation de vous et de » vos enfants ;

» Nous vous supplions, dieux très grands, de char- » ger, s'il vous plaît, Numenius, votre parent et épi- » stolographe, d'écrire à Lochus, votre parent et stra- » tége de la Thébaïde, de ne point exercer à notre » égard ces vexations, ni de permettre à nul autre » de le faire ; de nous donner à cet effet les arrêtés » et autorisations d'usage, dans lesquels vous vous » prions de consigner la permission d'élever une *stélé* » (colonne), où nous inscrirons la bienfaisance que » vous aurez montrée à notre égard en cette occa- » sion, afin que cette *stélé* conserve éternellement la » mémoire de la grâce que vous nous aurez accordée.

» Cela étant fait, nous serons, nous et le temple, » en ceci, comme nous le sommes en d'autres choses, » vos très obligés. Soyez heureux. »

[1] Jomard, l. c., comp. Forster, epist. ad Michael., p. 36. Zoëga, de orig. obelisc., p. 286, not. 28. *Quatremère*, Mém. histor. géogr., I, p. 387.

pourquoi Hérodote n'a point nommé *Philæ* en décrivant Eléphantine, de manière à faire croire qu'il la plaçait *au sud* de la première cataracte; elle explique comment il a pu exister un *royaume d'Eléphantine*, qui ne pouvait être circonscrit à une seule île longue de 1,400 mètres sur 800 de large. Jules l'Africain en atteste l'existence et la durée. Le rapprochement de ces faits prouve que l'étroite vallée de la Haute-Egypte, dans tous les siècles, a été, comme à présent, l'asile de petits Etats presque indépendants. »

Cependant plusieurs savants ont pensé que ce qui a fait croire que l'île d'Eléphantine avait formé à une époque très reculée un royaume, c'est qu'elle fut primitivement peuplée d'une race d'hommes qui, selon Manéthon, donna neuf rois à l'Egypte. Cette explication, il faut l'avouer, n'est pas sans quelque vraisemblance.

C'est au-dessous de l'île de Philæ que se trouve la première cataracte en remontant le Nil; elle est exactement située sous le tropique du Cancer. Sa hauteur est de 5 pieds; elle est formée de rochers de syénite, de brèche siliceuse, et d'autres roches de cristallisation. Ces rochers, disséminés sur le passage du fleuve, s'étendent à la distance de 3 lieues jusqu'au port de Philæ, appelé *Moradah* en arabe. Lors de l'expédition d'Ismayl-Pacha en Nubie, en 1821, on débarrassa le passage de cette cataracte des rochers qui l'obstruaient, afin que les barques chargées des munitions de l'armée pussent la franchir; aussi, depuis cette opération, les voyageurs ont-ils la faculté de pouvoir naviguer sur cette partie du fleuve aussitôt qu'il s'y trouve assez d'eau.

« Tels sont les endroits mémorables de la vallée du Nil. Après avoir traversé le mont Baram, des gorges étroites, des plaines stériles couvertes de sables, bordées de rochers nus où même le serpent et le lézard ne trouvent pas de quoi subsister, où l'oiseau n'ose étendre son vol, nous mènent sur les bords non moins arides de la mer Rouge. Les côtes de cette mer sont riches en coraux, en madrépores, en éponges de mer et en polypiers de toute espèce. »

Après une route pénible à travers des plaines et des vallées couvertes de sable et de cailloux, on arrive sur le bord de la mer, aux ruines de l'antique ville de Bérénice, centre du commerce des anciens avec l'Inde. On y reconnaît encore la direction des rues, et l'on y voit un temple égyptien presque entièrement couvert de sable. Une marche d'environ 60 lieues au milieu de plaines et de collines arides que parcourent seulement des hordes d'Arabes Ababdéhs, conduit à la ville de *Koséir*, la seule que l'Egypte possède sur les côtes du golfe arabique. C'est vers la moitié de ce trajet que se présentent les monts Zabarah, le *Smaragdus mons* de l'antiquité, dont les roches granitiques recèlent des émeraudes. Le gisement de ces pierres précieuses n'était connu que par quelques passages des anciens et par les récits merveilleux des auteurs arabes; mais un voyageur français[1] a retrouvé ces célèbres mines presque dans l'état où les ingénieurs des Ptolémées les avaient laissées. Il a signalé le premier une petite ville abandonnée, dont les bâtiments sont encore debout et servaient d'habitation aux ouvriers chargés d'exploiter ces mines; elle porte le nom de *Sekket-Bendar-el-Kebyr*. Depuis cette ville, on ne rencontre plus que quelques puits appelés *Bir-Aharatret*, *Bir-Ouell* et *Bir-el-Moïlah*.

« C'est entre des récifs de madrépores que s'est formé le port de *Koséir*, ou *Qosséyr*. La ville du même nom n'est proprement qu'un assemblage de quelques maisons en terre et de beaucoup de magasins occupés de temps en temps par les caravanes. Elle est défendue par un fort en mauvais état. Son port est franc; il ne reçoit que de petits navires; on y fait un grand commerce en café et en épiceries. » C'est une des stations des paquebots anglais qui vont dans l'Inde ou qui en reviennent. Deux agents consulaires, l'un anglais et l'autre français, y résident; sa population est d'environ 1,200 habitants; elle fait partie du département de Kénéh. Elle manque d'eau douce, et les environs ne produisent que des coloquintes [2]. A quatre ou cinq lieues au nord-ouest, on trouve les ruines du Vieux-Koséir.

» Cependant le vaste *désert de la Thébaïde*,

[1] M. F. *Cailliaud*: Voyage à l'oasis de Thèbes et dans les déserts situés à l'orient et à l'occident de la Thébaïde pendant les années 1815 à 1818. — [2] *Dubois-Aymé*, dans la Description de l'Egypte, t. p. 193-194.

qui sépare ici la mer Rouge de la vallée du Nil, n'offre pas sur tous les points le spectacle uniforme de la stérilité. M. Irwin, qui se rendit de Kénéh au Kaire par une route qui traverse obliquement la partie septentrionale de ce désert, y rencontra, à côté de ravins effroyables et de crevasses noirâtres, quelques vallées où les buissons d'acacia, couverts de fleurs blanches et odorantes, prêtaient leur ombrage charmant à la timide gazelle. Quelques touffes de blé sauvage, un dattier, une fontaine, une grotte, semblaient rappeler les souvenirs des anciens anachorètes qui, dans ces solitudes, aimaient à oublier un monde impie. Deux semblables îles de verdure, rapprochées des bords de la mer Rouge et plus voisines de Suez que de Koséyr, renferment les *monastères* de *Saint-Antoine* et de *Saint-Paul*, entourés de jolis vergers de dattiers, d'oliviers, d'abricotiers; le premier de ces couvents possède un vignoble qui produit un bon vin blanc ([1]).

» Une route un peu moins triste conduit du Kaire à *Suez*, ou *Sòuèys*, ville située sur l'isthme de ce nom, dans une plaine aride et sablonneuse à une lieue de la rade. Elle est petite, mal bâtie presque entièrement en briques cuites au soleil, et entourée d'un mauvais mur et de quelques tranchées de campagne élevées par les Français. Ses rues sont assez droites, mais mal pavées; on y trouve 12 petites mosquées, une église grecque et une douane; sa population n'est tout au plus que de 1,600 individus. Le port de Suez n'a qu'un mauvais quai où de faibles bateaux abordent à peine dans la haute marée; les vaisseaux restent en rade; mais à une lieue plus loin se trouve un bon mouillage pour des frégates. Une seule source d'eau saumâtre fournit aux besoins des habitants; mais de l'autre côté du golfe, sur le territoire arabique, se trouvent à 3 lieues de là les puits de Moïse, c'est-à-dire 5 petites sources qui s'échappent en bouillonnant du sommet de petits monticules de sable, et qui fournissent une eau douce, quoiqu'un peu saumâtre, que les Arabes vendent fort cher à Suez. La mer est poissonneuse, mais les habitants négligent la pêche. »

Le commerce de Suez est alimenté par son voisinage de l'Arabie; une partie des pèlerins

([1]) *Sicard*, Carte des déserts de la basse Thébaïde, aux environs des monastères, etc., etc.

qui se rendent annuellement à la Mekke viennent s'y embarquer. Cette ville est très fréquentée par les Anglais. Un consul de cette nation y réside, et des diligences y transportent du Kaire les voyageurs. Une compagnie anglaise y a établi récemment une communication régulière avec l'Inde, au moyen de bateaux à vapeur qui font le trajet de Bombay à Suez en 21 jours; ce qui pourra donner quelque activité à cette ville et améliorer le sort de ses habitants. Par cette voie, des lettres de l'Inde peuvent parvenir de Bombay à Londres en 40 jours, tandis que par le cap de Bonne-Espérance il faut 5 à 6 mois.

Suez fut sous le nom d'*Arsinoé*, puis sous celui de *Cléopatride*, l'une des villes les plus florissantes de l'Égypte sous le règne des Ptolémées. C'était à son port qu'aboutissait le célèbre canal commencé par Necos et terminé par Ptolémée-Philadelphe, auquel on donnait 75,000 toises de longueur, environ 28 de largeur et 8 de profondeur. Le golfe de Suez n'a devant cette ville qu'une demi-lieue de large pendant les hautes marées, et qu'un peu plus de 400 toises à la marée basse; et comme alors il devient guéable, on prétend que c'est en cet endroit qu'eut lieu le passage de la mer Rouge par les Israélites qui fuyaient la poursuite du Pharaon d'Égypte.

« Les déserts de l'Égypte orientale sont parcourus par quelques tribus d'Arabes qui s'en prétendent les souverains. Ceux qui occupent les contrées depuis l'isthme jusqu'à la vallée de Qosséyr reçoivent le nom général d'*Atounis* ou *Antounis*, nom qui nous paraît n'être qu'une corruption de celui de saint Antoine, donné à une partie de ces déserts. Les tribus dont on sait les vrais noms sont les *Houavot*, qui occupent l'isthme et les environs de Suez; les *Mahazé*, qui se tiennent à la hauteur de Benisoueyf et du monastère de Saint-Antoine; enfin les *Beni-ouassel*, qui demeurent à la latitude de Monfalouth et de Miniéh. Tous ces Arabes sont ennemis des *Ababdéhs* qui dominent sur tous les déserts depuis Qosséyr jusque dans la Nubie. Ils sont moins nombreux, mais mieux armés et plus aguerris. »

Les Arabes *Ababdéhs* se divisent en plusieurs tribus dont les principales se désignent sous les noms suivants: *El-Ashabat*, *El-Focara* et *El-Moleykeb*. Ces tribus sont souvent en guerre les unes contre les autres; mais elles sont peu nombreuses, puisqu'elles ne comptent que 2,000 hommes en état de porter es armes. Elles paraissent être de la même race que les Atounis, et descendre des anciens aborigènes de la Nubie. Le voyageur allemand Ruppel prétend qu'ils appartiennent à une branche de l'ancienne race éthiopienne établie à Méroé. Leur teint est en général très foncé, c'est-à-dire presque noir; cependant les caractères de leur visage les rapprochent plutôt des Européens que des Nègres. Suivant le voyageur Belzoni, ils ont les yeux très vifs, les cheveux noirs, bouclés, mais non pas laineux; ils sont petits et lourds, ont la chevelure et le corps enduits de graisse, et sont nus jusqu'à la ceinture. Leur langue diffère de celle des Bédouins. Toujours armés, ils ont l'humeur belliqueuse, des chants guerriers et une danse dans laquelle ils simulent des combats. Leurs tribus se font souvent la guerre; mais leurs plus grands ennemis sont les Atounis qui les empêchent de conduire les caravanes le long du Nil, et de Kenêh à Koséir. Ils servent de guides et d'escorte à celles de Sennâr, ainsi qu'à celles qui vont d'Edfou aux mines d'émeraudes de Djebel-Zâbarah et à l'ancien port de Bérénice. Ces Arabes sont plus riches en chameaux et en moutons qu'en chevaux; ils recueillent le séné dans les déserts, et font le commerce de gomme et de natron; ils vendent aussi à Gizeh des esclaves de la Nubie. Leur principal entrepôt de commerce est un petit endroit nommé *Reden*, qui est la résidence habituelle de leur cheik.

« Nous devons encore comprendre dans la topographie de l'Egypte les *oasis*, qui de tout temps ont fait partie de ce royaume. Strabon a donné une excellente définition du mot *oasis*. « On appelle ainsi, dans la langue des Egyp- » tiens, des cantons habités, mais environnés » entièrement de grands déserts, et sembla- » bles à des îles de la mer. » Les Arabes les nomment *ouâh*, et un dictionnaire copte de la Bibliothèque royale de Paris nous apprend que ce mot en copte signifie *lieu habité*.

» Cinq oasis à l'occident de l'Egypte méritent particulièrement ce nom.

» La *grande oasis*, ou l'*oasis de Thèbes*, qui est la plus méridionale, porte chez les Arabes le noms de *El-Ouâh* et de *El-Khardjeh*. Elle paraît être formée d'un certain nombre de terrains fertiles et isolés qui s'étendent dans une ligne parallèle au Nil et aux montagnes qui bordent à l'ouest la vallée de l'Egypte. Ces îles de terre-ferme sont séparées les unes des autres par des déserts de 12 à 14 heures de chemin, de manière que toute l'étendue de cette oasis paraît bien être d'à peu près 34 lieues, dont la plus grande partie est un désert. Poncet la visita en 1698, Browne et M. Cailliaud la parcoururent deux fois. On y voit, dit le premier de ces voyageurs, beaucoup de jardins arrosés par des ruisseaux; des forêts de palmiers y conservent une verdure perpétuelle. D'après des relations récentes, il s'y trouve des ruines égyptiennes chargées d'inscriptions hiéroglyphiques. »

Le sol de cette oasis est criblé, si l'on peut s'exprimer ainsi, d'antiques puits forés, qui attestent le degré de civilisation auquel étaient parvenus ses anciens habitants. Il paraît d'après les renseignements fournis à ce sujet par M. Ayme, Français, chimiste et manufacturier, que le vice-roi d'Egypte a nommé récemment gouverneur civil et militaire de toutes les oasis, que les anciens pratiquaient des puits carrés dont les dimensions qu'il a mesurées varient de 2 à 3 mètres ou à $3^m,33$ de côté. Ils les creusaient jusqu'à la profondeur de 20 à 25 mètres en traversant la terre végétale, l'argile, la marne et l'argile marneuse qui se succèdent, jusqu'à une masse de roche calcaire sous laquelle se trouve la nappe d'eau qui alimente tous ces puits. Lorsque le puits carré était creusé jusqu'au calcaire, ils en garnissaient les parois d'un triple boisage en bois de palmier pour prévenir les éboulements. Ce travail terminé, ils foraient la masse calcaire, qui a 100 à 133 mètres d'épaisseur avant d'atteindre le cours d'eau souterrain qui traverse des sables identiques à ceux du Nil, si l'on en juge du moins par ceux que rapporte la tarière. Ces puits ont été abandonnés, parce qu'une partie des bois qui en garnissaient la partie large se sont détachés et ont obstrué l'orifice d'écoulement. L'un d'eux, après avoir été déblayé et nettoyé au moyen d'une sonde, a présenté un fait analogue à ce qui s'est passé dans plusieurs puits forés en France : à 108 mètres 33 centimètres de profondeur, l'eau a ramené du poisson dont M. Ayme a pu dès lors et depuis alimenter sa table. Plusieurs de ces puits ont été réparés; mais la dépense que ces réparations entraînent a déterminé

M. Ayme à en forer de nouveaux au moyen des procédés aujourd'hui en usage.

Le principal bourg de cette oasis se nomme *El-Khargeh* ou *El-Khardjeh*; on y compte 2,000 âmes. C'est la résidence d'un cheikh chargé de tout ce qui concerne les caravanes. Le climat y est si brûlant que Browne y trouva que le thermomètre y marquait à l'ombre 37 degrés; aussi les rues sont-elles recouvertes en planches, ce qui fait qu'on y est presque dans l'obscurité. Toute cette oasis a toujours dépendu de l'Égypte, et en dépend encore aujourd'hui. Elle sert de lieu de rafraîchissement pour les caravanes, et se trouve sur la route d'Égypte à l'Abyssinie et au Dar-four. On en estime la distance à cinq journées de l'Égypte.

Près d'El-Khardjeh on voit plusieurs ruines, entre autres un petit temple de forme quadrangulaire, dont les murs sont couverts d'hiéroglyphes; et sur un terrain élevé, un autre temple d'une grande dimension et beaucoup mieux conservé: il a 191 pieds de longueur. On voit près de là une nécropolis où l'on remarque des figures de saints peintes sur les murs, qui indiquent qu'elle a servi de demeure à des chrétiens. A quelques lieues au sud on trouve les restes d'un château romain appelé *Kasr-Byr-el-hadjar*, et un peu plus loin deux autres châteaux semblables, dont le plus petit, situé sur un rocher, porte le nom de *Kasr-Djebel-el-Sont*. Il y a aussi des ruines à *Gaïnah*, *Kasr-el-Zayan*, *Abou-Saïd* et *Kasr-el-Adjar*. La vallée occupée par l'oasis de Thèbes est formée de deux petites chaînes de collines calcaires posées sur une base en grès qui constitue le fond même de la vallée. La plus haute sommité qui la domine est de 226 mètres au-dessus de sa base (¹). Les petits ruisseaux qui l'arrosent entretiennent de nombreuses rizières, dont les produits sont exportés en Nubie; des palmiers, des citronniers et des acacias sont les principaux arbres qui y répandent leur ombrage; quelques mines d'alun et des sources chaudes sont les seules richesses minérales qu'elle renferme. La population de toute l'oasis est d'environ 5,000 Arabes qui paient un faible tribut au pacha d'Égypte.

L'*oasis de Dakhel*, appelée aussi *oasis intérieure* ou *occidentale*, est à l'ouest de la précédente, dont elle est éloignée de 35 heures de marche. On y remarque comme dans la précédente un grand nombre d'anciens puits forés. Son principal village est *Kasr* ou *Medynet-el-Kasr*, parce que les habitants lui donnent le nom de *ville*, ce que signifie le mot *medynet*. Il est assez bien bâti; on y trouve des maisons à deux étages, des rues, des portes qui se ferment la nuit, et une population de 2,000 âmes. Au milieu de ce village jaillit une source minérale sulfureuse dont l'eau est à la température de plus de 38 degrés, et que les habitants ont utilisée en construisant deux bains, l'un pour les hommes et l'autre pour les femmes. Ils l'emploient aussi à tous les besoins de la vie, après l'avoir laissée refroidir. Aux environs on trouve des tombeaux creusés dans un rocher de forme conique, un château romain, plusieurs autres constructions antiques, et principalement un temple égyptien qui paraît appartenir au siècle des Ptolémées, ainsi qu'une petite pyramide en briques. On compte dans cette oasis environ 5,000 habitants et 11 villages, dont les principaux sont *Balât*, *Cheykh-Besendy*, *Teneydeh*, *Mouth*, *Schmend* et *El-Kalamoun*.

Le climat de cette oasis est très variable en hiver; la pluie y tombe quelquefois par torrents, et le vent appelé *khamsim* y souffle avec violence pendant les mois de mai et de juin. La peste y est inconnue, mais les habitants y sont pendant l'été tourmentés de la fièvre. Les principales productions sont l'orge et le riz; les arbres que l'on y cultive sont le dattier, le citronnier, le limonier, l'abricotier, le grenadier et le figuier.

Au nord-ouest et à quatre journées de marche de celle de Dakhel, sur la limite de l'Égypte et du désert de Libye, s'étend la petite *oasis de Farâfreh*; elle renferme plusieurs petits villages, dont le principal porte le nom de *Farâfreh*. Ce village, peuplé d'environ 200 habitants, se compose de petites maisons en terre. Ce qu'il offre de plus remarquable, c'est un château que les habitants appellent Kasr, qui a 300 pieds de circonférence, et dont les murs, en pierres sèches et en briques crues, sont crénelés et ont 35 pieds de hauteur. Ce château, qui se compose de plusieurs enceintes et d'un grand nombre de cours et de petites chambres, est destiné à servir de refuge à tous les habitants contre les Arabes. Au sud du village, il existe des hypogées et

---

(¹) M. F. Cailliaud: Voyage à Méroé et au fleuve Blanc, etc., t. I.

quelques traces de constructions grecques et romaines. Il paraît, suivant une tradition, que cette oasis fut la première que les musulmans conquirent sur les chrétiens qui habitaient les déserts de l'Egypte. Un voyageur qui l'a visitée en dernier lieu (¹) pense que c'est l'ancienne *Trynitheos*. Les habitants de cette oasis parlent arabe et sont laborieux; les hommes s'adonnent à la culture des terres, filent le coton, fabriquent des tissus de laine, et les femmes s'occupent des soins du ménage et font des vases grossiers en terre et de l'huile d'olive. Le sol nourrit des arbres fruitiers de diverses espèces. En général, l'oasis de Farâfreh présente l'aspect le plus agréable; partout ce sont des vergers entourés de murs fermés de petites portes et arrosés de sources limpides.

En se dirigeant vers le nord pour sortir de l'oasis de Farâfreh, on a au levant une partie du désert appelée *Macroum*, et, à l'occident, celle qui porte le nom d'*El-Gouz-Abouzeid*. Bientôt on arrive à *El-Hayz*, vallon tapissé de verdure, petite oasis de deux lieues de circonférence où l'on trouve une source ferrugineuse, des ruines d'anciennes habitations, des restes de voûtes englouties par les sables, et les débris d'un ancien bain, ainsi qu'un tombeau renfermant les cendres du cheyk Aly et qui est devenu un lieu de pèlerinage. Ce vallon est une dépendance de la *petite oasis* appelée par les Arabes *El-Ouâh-el-Bahryeh*, parce qu'elle est la plus septentrionale des quatre oasis du désert libyque, les moins éloignées de la vallée du Nil. Mais avant d'y entrer, on remarque des ruines appelées *Ouksor*; ce sont des restes de bâtiments chrétiens élevés en briques crues, et qui consistent principalement en une église où l'on voit encore des peintures à fresque. Plus loin on trouve une enceinte de murailles qui doit avoir appartenu à un château romain.

La petite oasis est une vallée de 10 lieues de longueur de l'est à l'ouest, et d'environ 3 lieues de largeur. Une montagne dirigée du nord au sud la divise en deux parties: l'occidentale, qui est la plus fertile, renferme deux villages nommés *El-Kasr* et *El-Bâoueyt*, ou *El-Bâoueyty*; dans l'autre on trouve ceux de *Zabou*, ou *El-Zabou*, *El-Mendych*, ou *El-Mendicheh*, et le hameau de *El-A'gouz*, ou *El-A'gouzeh*. Le Kasr est peuplé d'environ 800 habitants; il est en partie entouré de murailles de 6 pieds de hauteur, construites en pierres de grès provenant d'anciens monuments. El-Bâoueyt, à un demi-quart de lieue du précédent, n'a que 600 habitants. Le village de Zabou n'en renferme que 400; on y entre par trois portes; au milieu se trouve une place réservée pour la station des caravanes. Les maisons en sont basses, et construites en terre, comme toutes celles des villages d'Egypte. Sous les murs du village, il existe une source nommée *el A'yn T'douyleh*, c'est-à-dire *la Fontaine longue*. M. Cailliaud pense que ce nom indique qu'elle y est portée par quelque ancien aqueduc souterrain. Cette source a 20 mètres de circonférence; elle nourrit un grand nombre d'ampullaires qui appartiennent à la même espèce de mollusques qui vit dans le lac Maréotis. « C'est à cette source, dit
» M. Cailliaud, que les habitants de Zabou se
» désaltèrent. Les femmes qui y viennent continuellement puiser de l'eau la portent dans
» de grandes bardaques, ou bouteilles en
» terre cuite qu'elles suspendent à leurs épaules à l'aide de cordes; elles en portent quelquefois jusqu'à cinq sur le dos, et en outre
» un grand vase plein sur la tête. Ces réservoirs sont pour les habitants de l'oasis ce
» qu'est le Nil pour les Arabes qui sont voisins du fleuve; et comme ces derniers se lavent et se baignent sans cesse dans le fleuve,
» ceux des oasis en font autant dans leurs
» sources. » Le village d'El-Mendich est à un demi-quart de lieue au sud de celui de Zabou; on peut évaluer à 600 le nombre de ses habitants. Il est bâti sur un rocher de grès, et entouré de murs comme le précédent. Ses environs sont riches en palmiers et en sources ferrugineuses. A un quart de lieue vers l'ouest, se trouve le hameau de Beled-el-A'gouzeh, ou le *vieux village*, habité par quelques gens de Syouah. « A notre vue, dit encore M. Cailliaud, les femmes coururent se cacher dans
» l'intérieur de leurs maisons; les maris eux-
» mêmes rentrèrent chez eux. Les Arabes sont
» toujours dans l'appréhension de recevoir ce
» qu'ils appellent un mauvais coup d'œil, ou
» le regard du malin esprit; ils sont persuadés
» que les regards d'un chrétien peuvent attirer sur eux toutes sortes de malheurs. Il

(¹) M. *Pacho*: Voyage dans la Marmarique, la Cyrénaïque, etc. — Paris, 1827.

» n'y a que dix à douze familles qui habitent ce petit hameau. Sa position paraît effectivement celle d'un ancien village : sur un rocher de grès, on voit des décombres en terre, des ruines d'habitations anciennes. Il n'existe plus aujourd'hui que quelques mauvaises cahutes en terre ; auprès du rocher est une source d'eau ferrugineuse. Le site du village est très agréable, surtout par le bois épais de dattiers qui l'entoure, par les abricotiers et les grenadiers qui l'embellissent, et par l'eau qui ruisselle de toute part sur des gazons de verdure. »

Près d'El-Kasr on voit un arc de triomphe d'architecture romaine ; il a 10 mètres de hauteur et 39 à 40 de longueur. A El-Mendych on trouve des ruines appelées *Kasr Nosrany*, ou château des Chrétiens ; ce sont en effet les restes d'une église et d'anciennes habitations qui paraissent avoir fait partie d'un village copte et qui occupent une circonférence de 520 mètres. On voit aussi dans les environs de ce village une dizaine d'anciens aqueducs souterrains éclairés par des soupiraux, et qui prouvent quels efforts les habitants de l'oasis ont faits jadis pour se procurer l'eau nécessaire aux besoins de l'agriculture et aux usages domestiques. Des conduits semblables, au nombre de plus de trente, s'étendent aux environs de Kasr. Au sud-est de Zabou, il existe des hypogées, petites excavations pratiquées dans des monticules de grès et presque entièrement comblées par les sables. On trouve dans ces catacombes des sarcophages en terre cuite.

Le sol de la petite oasis est une argile sablonneuse ; le sel marin et l'oxide de fer y abondent ; la plupart des sources sont ferrugineuses. Les habitants, au nombre d'environ 2,400, diffèrent, par le caractère et les mœurs, des Arabes des bords du Nil. Ils sont méchants, ignorants, superstitieux et fanatiques à l'excès. « Ils se vêtent de *zabout*, ou étoffes de laine, ou d'une chemise bleue et d'un milâyeh (¹). Les femmes portent aussi des chemises de toile bleue et se couvrent également avec des milâyehs. Lorsqu'elles sont mariées, elles portent dans leurs cheveux de longues pièces de cuir rouge ou de soie, avec des touffes qui leur descendent sur le bas du dos (¹) » Toute l'industrie des habitants consiste dans l'entretien de leurs terres et de leurs dattiers. Les vergers sont plantés de grenadiers, de pruniers, de pommiers, de pêchers, d'orangers, de citronniers, de bananiers et de quelques vignes. Leurs principaux meubles de ménage sont des vases grossiers en terre. L'opération à laquelle ils se livrent pour nettoyer le riz est longue et pénible. Il y a dans les villages des trous creusés dans le roc de grès ; les femmes, assises à terre, écrasent et détachent la pellicule du riz avec un pilon, puis d'autres le vannent avec des plateaux. Le premier travail détache les grappes ; on en forme de gros tas sur lesquels on fait marcher des bœufs et des buffles ; on en fait autant du froment. Les dattes et le riz sont les principaux produits du sol. On fait avec les dattes fraîches une sorte de miel, ou plutôt un sirop visqueux ayant la consistance du miel, et l'on extrait une liqueur de la sève du palmier. Le froment et l'orge se récoltent en petite quantité. La luzerne sert à nourrir les animaux, d'ailleurs peu nombreux ; ceux-ci sont la vache, le buffle, la chèvre et surtout l'âne ; les chameaux et les chevaux y sont rares. Dans les environs, les gazelles, les *bakarah*, ou bœufs et vaches sauvages, les loups, les renards et les couleuvres sont en très grand nombre.

Les habitants de la partie occidentale de l'oasis, c'est-à-dire du Kasr et d'El-Bâoueyt, sont constamment en mésintelligence avec ceux de Zabou et d'El-Mendych, dans la partie orientale ; ils se volent réciproquement les bestiaux qui s'écartent ; ils se pillent, et souvent ils en viennent aux mains. Chaque village a son chef, mais il a beaucoup de peine à se faire obéir. « C'étaient autrefois les Arabes du désert qui levaient des contributions sur les habitants ; depuis 1813, le pacha ayant soumis le pays, en retire des impôts assez forts. Cette oasis, y compris la dépendance d'El-Hayz et le Farâfreh, paie tous les ans au pacha une somme égale à 2,000 piastres d'Espagne. Pendant les premières années, le pacha se contentait de recevoir un tribut en dattes ; mais aujourd'hui il l'exige en argent. »

A 70 lieues nord-ouest d'El-Ouâh-el-Bah-

(¹) Espèce de châle qui sert de voile, et quelquefois de ceinture.

(¹) M. *F. Cailliaud* : Voyage à Méroé, etc., t. I, p. 174.

ryeh, s'étend, sur une longueur de 55 lieues et sur une largeur de 1,100 à 1,700 toises, l'une des plus importantes oasis de l'Egypte, celle de *Syouah*, ou d'*Ammon*. La vallée dont elle est formée se dirige du sud-est au nord-ouest. Le sol est en général une argile sablonneuse mêlée de gypse cristallisé, tantôt fibreux et tantôt lamellaire, disposé par lits ou en morceaux disséminés avec des masses salines; tous les environs sont couverts de natron et de sel quelquefois d'un blanc parfait; l'eau des lacs est salée, et cependant celle des sources qui coulent quelquefois même auprès de l'eau salée est parfaitement douce. Comme celui des autres oasis que nous venons de parcourir, le sol de celle-ci appartient au terrain de sédiment moyen ou de l'époque secondaire par ses roches calcaires, son gypse et son sel gemme, dont les lits sont assez solides pour être exploités comme pierre de construction. Quelques collines calcaires s'élèvent autour de l'oasis; on remarque dans leurs couches horizontales de beaux cristaux de carbonate de chaux, du sel gemme, et des coquilles fossiles parmi lesquelles se trouvent des vis, des peignes, des huîtres, des cames, des nautiles, etc. Suivant le témoignage des habitants, il existe dans cette oasis un dépôt de soufre qui a été comblé, parce que l'exploitation en était devenue un sujet de contestations sanglantes. La vallée peu profonde dans laquelle elle se trouve est formée par de vastes plateaux sablonneux qui la bornent au nord, au nord-est et au sud. Dans sa longueur totale, depuis Aray-abou-el-Bahreyn jusqu'à Tarffayah, on compte neuf ou dix lacs salés. L'espace compris entre le lac situé à une lieue des ruines du temple de Jupiter Ammon et le lac Arachyeh, est le seul aujourd'hui qui mérite dans cette vallée le nom d'oasis. Il a environ 25 lieues de longueur. C'est là que l'œil, fatigué de l'aridité du désert, se repose sur des champs remplis de plantes potagères, de pastèques et de blé; c'est là que s'élèvent le palmier qui fournit les dattes dites *sultanes*, les plus renommées de l'Egypte, le bananier, l'olivier, le grenadier, le figuier, la vigne, ainsi que le pommier, le prunier et l'abricotier. Les animaux domestiques sont les mêmes dans cette oasis que dans celles que nous venons de décrire. Les ânes y sont robustes, les vaches maigres et rousses, et les moutons très forts; ils ont la queue large et plate. Les chameaux sont peu nombreux.

Syouah, chef-lieu de l'oasis, est une petite ville de 2,000 âmes, située à 94 lieues au sud-ouest d'Alexandrie, et à 112 à l'ouest du Kaire [1]. Sa construction est une des plus singulières et des plus bizarres qu'il y ait au monde. Elle est bâtie sur un rocher de forme conique et fermée par des murs d'environ 50 à 60 pieds de hauteur, auxquels sont adossées des habitations : ils s'élèvent en talus, et sont comme flanqués de hautes tours rondes et carrées, saillantes les unes sur les autres; le tout ne semble former qu'une seule et même construction. Les maisons ont trois, quatre et cinq étages. « Dans son ensemble, la forme » de la ville est à peu près carrée; sa cir- » conférence a 380 mètres : douze ou quinze » portes y sont pratiquées. Les murs extérieurs » sont percés d'un grand nombre de trous de » 14 pouces en carré environ, faisant fonc- » tion de fenêtres et donnant du jour dans les » appartements voisins. On a employé dans » ces fortifications, comme matériaux, beau- » coup de gros fragments de sel. L'intérieur » présente des rues montueuses et rapides, » la plupart semblables à des escaliers ; elles » sont tortueuses, couvertes et obscures : on » y est tellement dans les ténèbres, que sou- » vent pour s'y conduire en plein jour on » doit s'aider des mains, et tenir les murail- » les, ou bien porter une lanterne; aussi ar- » rive-t-il que, même à midi, les habitants » circulent et vaquent à leurs affaires avec » une lampe à la main. » C'est ce qui a fait dire au voyageur que nous citons, que la forme de la ville, et l'agglomération des individus que renferme cet obscur séjour, pourraient la faire comparer à une ruche [2]. Les rues ont généralement 5 pieds de largeur sur 10 à 11 de hauteur; plusieurs même sont si basses qu'il faut se courber pour y passer. On s'élève des maisons inférieures aux supérieures par ces chemins qui sont couverts de chambres. Lorsqu'un père marie ses enfants, il construit pour eux des appartements au-dessus du sien, de sorte que la ville s'élève tous les jours davantage. La pointe du rocher qui do-

[1] Elle est, suivant M. *Cailliaud*, par le 29e degré 12′ 29″ de latitude nord, et vers le 23e degré 18′ de longitude à l'est du méridien de Paris.—[2] M. *Cailliaud*: Voyage à Méroé et au fleuve Blanc, etc., t. I, p. 103.

mine au centre de celle-ci, rappelle le sommet de la spirale d'un limaçon. Il y a trois puits dans l'intérieur de la ville : un d'eau douce et deux d'eau saumâtre, tous trois creusés dans le roc. Dans la partie septentrionale s'élève la mosquée : elle est bâtie en pierres informes et soutenue par des pièces de bois de dattier. La seule place publique de la ville est le marché aux dattes : il est long de 300 pas et large de 200.

Les habitants de Syouah sont tellement jaloux de leurs femmes, que la loi oblige les jeunes gens qui ont atteint l'âge de puberté, et les hommes veufs, de quitter la ville et d'aller demeurer dans une sorte de faubourg appelé *Beled-El-Kouffar*, et bâti au bas de celle-ci au pied d'un rocher conique nommé Djebel-El-Kouffar.

A une demi-lieue de la ville on voit un lac d'eau saumâtre d'une lieue d'étendue. C'est entre ce lac et Syouah que se trouvent les restes du célèbre temple de Jupiter Ammon, appelé par les habitants *Omm-Beydah*. Ses débris sont trop peu considérables pour que l'on puisse reconnaître son étendue et sa distribution : cependant les vestiges de trois enceintes, les pierres énormes éparses sur le sol, et toutes les masses qui sont encore debout, sont des indices qui s'accordent assez bien avec l'idée qu'on doit se faire de ce monument. L'enceinte extérieure, qui renfermait toutes les constructions, pouvait avoir environ 120 mètres de longueur sur 100 de largeur. Les ornements du plafond représentent deux rangs de vautours les ailes déployées ; les murailles couvertes de peintures où des prêtres forment de longues processions disposées sur trois rangs ; partout la figure à tête de bélier recevant des offrandes : tout annonce évidemment que le dieu auquel était dédié ce temple égyptien est celui dont les Grecs ont fait leur Jupiter-Ammon. « Ainsi, comme le dit M. Cailliaud, sous ce rapport comme sous tous les autres, on ne peut douter que ces restes antiques n'appartiennent au temple d'Ammon et que l'oasis de Syouah ne soit le pays des Ammonites. » Près de ce temple est une source célèbre ; M. Cailliaud fit de vains efforts pour obtenir la permission de la visiter : les habitants ne voulurent jamais y consentir : l'approche en est interdite aux étrangers.

Au nord de Syouah s'élève *Djebel-Mouta*, montagne curieuse par les hypogées qui y sont creusées ; à l'est se trouve une autre montagne appelée *Drâr-Abou-Beryk*, où l'on remarque aussi de semblables souterrains. L'un d'eux passe pour avoir une communication avec le temple. Dans la plaine de Zeytoun, à 3 ou 4 lieues au nord-est de Syouah, on remarque plusieurs temples en ruines ; l'un est romain, mais les autres se rapprochent par leurs sculptures du style égyptien et du style grec. A un quart de lieue à l'est de la ville, le village de *Gharmy* ou *Agharmy* est remarquable par sa construction et par sa position pittoresque sur un rocher élevé et entouré de palmiers. Sa proximité du temple d'Ammon, qu'il domine, a fait supposer à M. Drovetti qu'il a pu être l'emplacement d'une citadelle qui servait chez les anciens à protéger le temple et ses environs. « Le village d'*El-Men-
» chyeh*, formé d'habitations éparses, est à
» environ un demi-quart de lieue au sud du
» premier et plus petit. Les jardins, les dat-
» tiers, sont la plupart enclos de petites mu-
» railles formées de fragments de sel unis
» au sable et posés sans ordre. Ces murailles
» très minces, et souvent à jour, paraissent
» au premier coup d'œil hors d'état de se sou-
» tenir ; mais en approchant on reconnaît son
» erreur, et l'on est étonné de voir la solidité
» qu'elles acquièrent lorsque la pluie ou l'hu-
» midité a soudé tous ces fragments de sel [1]. »

Au nord-ouest de Syouah on traverse une grande plaine couverte aussi de sel ; bientôt on aperçoit les ruines d'un temple nommé *Amoudeyn* ou *les deux colonnes* : il a 90 pieds de longueur et environ 25 à 26 de largeur. Bien qu'il ressemble à un pylône égyptien, il ne porte aucune trace de sculptures ni d'hiéroglyphes ; sa façade offre sur le revers quelques caractères grecs. Au hameau de *Kamyseh* on trouve encore un édifice semblable et à peu près de la même longueur.

A deux journées et demie de Syouah, dans une vallée encaissée par deux montagnes qui se dirigent de l'est à l'ouest, s'étend le lac d'*Arachyéh* qui renferme une île sur laquelle l'imagination poétique des Arabes se plaît à raconter des merveilles : suivant eux, elle possède un temple où se trouve le cachet et le

[1] M. Cailliaud : Voyage à Méroé, etc. Tom. I, pag. 108.

sabre de Mahomet, auxquels leur indépendance est attachée. Plusieurs fois, ajoutent-ils, nous avons essayé d'y aborder, et toujours au moment de toucher le rivage nous étions repoussés sur la rive opposée. Brown, en effet, tenta sans succès de pénétrer dans cette île mystérieuse; Hornemann ne put obtenir des habitants de l'oasis la permission de la visiter; les instances de M. Cailliaud n'eurent pas plus de succès; il fallut l'occasion d'une expédition du pacha contre Syouah, pour que M. Drovetti pût arriver au lac, en faire le tour et s'assurer qu'il n'y existe aucun monument ni rien qui puisse justifier les idées superstitieuses que les habitants ont conçues relativement à ce lac mystérieux.

Nous n'étendrons pas notre excursion dans les dépendances de Syouah jusqu'au hameau de Tarffaya; nous ne trouverions au-delà du lac d'Arachyeh que quelques grottes sépulcrales et quelques débris de tombeaux égyptiens.

Jamais on ne fait de dénombrement dans l'oasis de Syouah; mais on ne peut évaluer la population qu'à tout au plus 6,000 habitants divisés en 6 tribus. Les Syouans sont d'une taille médiocre; leur teint est noirâtre et n'annonce pas la santé; leur physionomie tient le milieu entre celle des nègres et celles des Égyptiens. Ils suivent la religion musulmane. Il se trouve parmi eux beaucoup de nègres de l'intérieur de l'Afrique. Ce mélange a probablement produit quelque influence sur leurs mœurs et surtout sur leur langue, qui diffère de l'arabe; cependant ils comprennent celle-ci et la parlent quelquefois.

L'administration de Syouah est confiée à 12 cheykhs, dont 6 principaux sont inamovibles et 6 sont renouvelés tous les ans. On en compte 22 pour tous les villages de l'oasis. Ces magistrats sont nommés à la pluralité des voix; toutes les affaires se traitent en public, et tout assistant peut prendre la parole et donner son avis. La loi punit par des amendes, qui consistent en un certain nombre de mesures de dattes, le vol et tout autre délit du même genre. Celui qui n'a pas le moyen de payer est soumis à la peine de la bastonnade ou du fouet. Les Syouans sont méfiants, intéressés, opiniâtres, farouches et jaloux à l'excès de leurs femmes. Néanmoins la plus grande probité règne entre eux; et ils s'acquittent volontiers des devoirs de l'hospitalité.

Il règne entre les habitants de Syouah et ceux des villages environnants, parce que ceux-ci passent pour ne point observer assez rigoureusement les pratiques de la religion, une sorte d'animosité qui fait naître des rixes sanglantes. Une insulte faite à un habitant est une insulte pour tout le village; des deux côtés les habitants se préparent à la soutenir ou à la venger. Mais le combat a lieu selon des règles prescrites. Un cheykh frappe sur un tambour: c'est le signal des hostilités; les deux parties se portent sur une plaine déserte; de part et d'autre ou s'enivre de vin de dattes et d'eau-de-vie; les femmes excitent l'ardeur des hommes et se tiennent derrière ceux-ci, chargées de sacs de pierres pour en lancer aux ennemis ou aux fuyards de leur parti. Au signal du tambour les combattants avancent par petits pelotons en courant les uns sur les autres et armés de fusils qu'ils n'ajustent pas, mais qu'ils tirent à bras tendus et à bout portant. Chacun d'eux, après avoir tiré un seul coup, se retire à l'écart; après quoi, quel que soit le nombre des morts ou des blessés, le cheykh frappe de nouveau son tambour: c'est le signal du rapprochement; les deux partis se réunissent, s'embrassent et se séparent satisfaits. Cette coutume a été établie pour maintenir et développer l'humeur guerrière des hommes, et pour leur apprendre à braver les Bédouins et à défendre leur indépendance.

Ce qui confirme ce que nous avons dit de la jalousie du peuple de Syouah, c'est qu'il n'est pas permis aux femmes de se livrer au plaisir de la danse; les hommes dansent entre eux et exécutent des gestes et des postures lascives en s'accompagnant du tambour de basque, de la flûte de roseau et du violon à trois cordes. Il est permis à quelques femmes âgées de sortir de la ville; mais les jeunes ne le peuvent point et encore moins les filles. Il existe dans l'oasis des filles publiques; et comme la décence s'oppose à ce qu'elles résident dans la ville ou dans les villages, elles habitent de petits réduits couverts sous les palmiers et loin des habitations. Elles voyagent dans toute l'oasis et souvent même d'une oasis à l'autre. Ces femmes sont mariées; elles exécutent les mêmes danses lascives que les hommes, au son du tambour de basque et de petites cymbales dont elles jouent avec adresse. Leur extérieur serait assez agréable si elles ne portaient point sur le visage un grand anneau d'or qui passe dans le cartilage du nez.

Le costume des femmes consiste en une longue et large chemise de toile bleue, avec un *mildyeh* dont elles se couvrent la tête en s'enveloppant à la façon des Egyptiennes. Leur chevelure est tressée avec beaucoup d'art : elles y mêlent des verroteries, des bandelettes de peau unies à leurs tresses et d'où pendent des pièces d'argent, qui leur descendent sur le dos. Elles portent pour collier un grand anneau de gros fil du même métal; quelques unes suspendent de grands anneaux d'argent à leurs oreilles; le bas de leurs jambes est également orné d'anneaux d'argent ou de cuivre, selon leurs moyens. Les hommes sont vêtus d'une chemise de toile blanche et d'un milâyeh qu'ils portent en écharpe; point de turban ou rarement; ils ont sur la tête un tarbouch, espèce de calotte rouge, et aux pieds des souliers de peau jaune. Presque tous sont armés de fusils à longs canons comme ceux des Bédouins, et quelquefois aussi d'un long sabre droit. Ils se livrent exclusivement aux travaux de l'agriculture. Les femmes s'occupent des soins du ménage ; ce sont elles aussi qui fabriquent des paniers, des nattes et des vases de terre.

Le commerce de l'oasis de Syouah se fait avec les caravanes qui viennent de l'orient et de l'occident, c'est-à-dire de l'Egypte, de la Barbarie et même du Fezzan. Contre leurs dattes, leurs olives, et leurs jolies corbeilles en feuilles de palmiers, ils obtiennent du froment, du café, du tabac, de la toile et d'autres objets qui suffisent à leurs besoins en général très bornés.

« Les oasis paraissent avoir contenu des établissements militaires et commerciaux par lesquels l'Egypte, sous les Ptolémées et sous les Romains, communiquait avec les tribus errantes de la Libye et de l'Ethiopie, qui probablement leur étaient très connues, jusqu'aux lieux où nous plaçons ordinairement les royaumes et les villes de Bournou et de Dar-four. Les mêmes circonstances naturelles qui font aujourd'hui du Bournou et du Darfour les deux grands marchés de la Nigritie orientale, y ont dû anciennement concentrer dans des villes autrement nommées les caravanes africaines qui apportaient en Egypte des esclaves, de l'or, de l'ivoire et des plumes d'autruches. »

Jetons maintenant un coup d'œil sur les peuples qui habitent l'Egypte, sur leur langue, leurs mœurs et leur civilisation.

« Les *Coptes* ou *Gobthes* peuvent être regardés comme les véritables propriétaires de l'Egypte. Ils sont, par rapport aux Arabes, ce que les Gaulois étaient aux Francs sous la première race de nos rois. Mais les vainqueurs et les vaincus n'ont pas été fondus dans un corps de nation. Les Arabes accablèrent par leur féroce intolérance les malheureux Grecs et Egyptiens. Ils les forcèrent ainsi à demeurer séparés d'eux et à former une nation particulière, mais écrasée et presque anéantie. Les connaissances qu'ils avaient cultivées, l'écriture, l'arithmétique, les préservèrent d'une destruction totale. L'Arabe, qui ne savait que combattre, sentit qu'il avait intérêt à les conserver. On estime le nombre actuel des Coptes à 30,000 familles, ou, selon d'autres données, à 160,000 individus. Les Coptes répandus dans le Delta habitent surtout la Haute-Egypte. Dans le Saïd ils occupent presque seuls des villages entiers. Ils sont les descendants des anciens Egyptiens mêlés avec les Perses depuis Cambyse, et avec les Grecs depuis Alexandre et les Ptolémées.

» Selon les témoignages unanimes des voyageurs, les Coptes ont le teint basané, le front plat, surmonté de cheveux demi-laineux; les yeux peu couverts et relevés aux angles; des joues hautes, le nez plus court qu'épaté; la bouche grande et plate, éloignée du nez et bordée de larges lèvres; une barbe rare et pauvre; peu de grâce dans le corps; les jambes arquées et sans mouvement dans le contour, et les doigts des pieds allongés et plats(¹).

» Les Coptes parlaient, il n'y a que huit à dix siècles, une langue particulière qui est encore employée dans leur service divin ; c'est un reste de l'ancienne langue égyptienne, mêlée de beaucoup de mots grecs et arabes. Deux dialectes de cet idiome, le *memphitique* ou *bahirique*, et le *saïdique*, nous sont connus par quelques livres de religion; un troisième, le *baschmourique*, a causé de grandes discussions parmi les philologues, et on n'est pas encore

(¹) Voyage de *Denon*, t. I, p. 136, planche 108, n° 23. *Wansleb*, *Volney*.

d'accord sur sa nature et son origine (¹). Le caractère général de la langue copte consiste dans la brièveté des mots, souvent monosyllabiques, dans la simplicité de leurs modifications grammaticales, et dans l'habitude d'indiquer les genres et même les cas par des syllabes préfixes (²). Comparée avec toutes les autres langues connues, elle n'a offert que de faibles indices d'une ancienne liaison avec l'hébreu et l'éthiopien. Sans origine, sans affinité connue, elle semble être d'une formation particulière : la théocratie de l'ancienne Égypte a pu créer une langue nouvelle et arbitraire pour cette nation qu'elle voulait isoler. L'alphabet copte, quoique évidemment modelé sur le grec, renferme quelques traits qui appartiennent à l'ancien, ou, pour mieux dire, aux anciens alphabets égyptiens (³).

» Les Coptes, d'abord attachés au rite de la grande Église grecque orientale, ont été entraînés dans la secte d'Eutychès ou des Jacobites, qui confondent plus ou moins les deux natures de Jésus-Christ. La circoncision est conservée comme mesure de propreté et sans motif de religion. Le patriarche d'Alexandrie se vante d'occuper le siège de saint Marc l'évangéliste, dont les Vénitiens prétendent avoir soustrait le corps ou du moins la tête. Rigides observateurs des règles de leur Église, les Coptes lui obéissent sans contrainte. Ce chef est élu par les évêques et les principaux de la nation ; il nomme au siège archiépiscopal de Gondar dans l'Abyssinie, et a sous ses ordres et à sa nomination tous les directeurs des couvents au nombre de 20, et les prêtres des 128 églises coptes répandues en Égypte. »

Fins, sobres, avares, rampants, les Coptes des villes réussissent dans les affaires de commerce ; ils se rendaient utiles à l'ignare administration mamelouke ou turque. Ils ne s'allient qu'entre eux et marient leurs filles très jeunes. Trois jours avant le mariage on conduit l'épouse au bain ; la cérémonie se fait ordinairement après minuit : à cette occasion on célèbre la messe. L'époux est obligé d'attendre jusqu'au lendemain, pour consommer le mariage, que le prêtre qui l'a béni vienne lui ôter une espèce de lien nommé *zennar*, fait en forme de croix, et qu'il lui a passé au cou pendant la cérémonie. Ils ne font baptiser leurs enfants que trois jours après leur naissance. On loue l'union qui règne dans les familles.

Les Coptes sont peut-être les plus superstitieux des chrétiens ; chaque saint chez eux est invoqué pour un objet particulier : lorsqu'on veut en obtenir une faveur, on entretient devant son image un cierge allumé. Ainsi saint Antoine est regardé comme le patron de la fécondité : c'est à lui que s'adresse le Copte qui désire un enfant ou qui souhaite que son ânesse ait un ânon ; l'archange Gabriel est imploré comme le distributeur des eaux du Nil. Le Copte est tellement attaché à la pratique du jeûne, que dans les maladies les plus graves il préférerait mourir plutôt que de vivre en suivant les prescriptions du médecin si elles sont contraires aux préceptes du jeûne. Lorsqu'un Copte tombe malade, le médecin n'est appelé qu'après le prêtre. La pharmacopée de celui-ci est très simple : il place dans un des bassins d'une balance un Évangile manuscrit et dans l'autre un vase plein d'eau : le malade doit boire, pour guérir, la quantité d'eau proportionnée au poids de l'Évangile.

Dans les églises, le service divin consiste à chanter quelques psaumes coptes et à lire des portions de l'Évangile en arabe. La prédication n'est point en usage chez les Coptes, parce que leurs prêtres sont incapables de la faire ; ce qu'il faut attribuer à leur ignorance et à la manière dont ils sont élus. Lorsque les Coptes ont besoin d'un prêtre, ils choisissent un homme qui sache lire, et comme l'état ecclésiastique est un état misérable, il est rare que l'on trouve un homme de bonne volonté : alors ils le prennent de force et l'entraînent devant le patriarche. Dès que celui-ci a imposé ses mains sur la tête de l'élu, ce dernier est proclamé prêtre, bon gré, mal gré. Ce choix se fait parmi des hommes mariés ; mais le patriarche est pris parmi les moines qui n'ont jamais quitté le célibat. Ce chef ecclésiastique est choisi à peu près de la même manière que le prêtre ; c'est-à-dire que si celui sur lequel le choix est tombé refuse, on va se plaindre au pacha qui expédie des soldats pour s'emparer du récalcitrant, et qui le fait mettre en prison

---

(1) *Quatremère*, Recherches sur la littérature égyptienne, pag. 173-174. *Idem*, Mém. géogr. et historiques sur l'Égypte, I, p. 235. *Munter*, De indole versionis sahidicæ. — (2) *Vater*, dans le *Mithridates d'Adelung*, t. III, p. 387. — (3) *Zoëga*, De orig. et usu obeliscor., sect. IV, ch. II, p. 424-463, p. 497. *Tychsen*, Biblioth. de l'ancienne littérature, ch. VI. *Silvestre de Sacy*, *Champollion*, *Akerblad*, etc., etc.

jusqu'à ce qu'il donne son consentement; après quoi on l'amène en pompe à la maison patriarcale, et on l'investit de la dignité qu'il est destiné à occuper.

« Tous ces traits font assez sentir que cette nation est un reste des anciens habitants de l'Egypte qui, sous les Ptolémées et sous les Césars, durent se mêler avec les Grecs, les Syriens, les Romains. Mais d'où leur vient ce nom de Coptes? Les uns disent de Coptos; mais cette ville de la Haute-Egypte n'est pas seulement le siége d'un de leurs neuf évêques; d'autres pensent que c'est un mot grec signifiant les circoncis [1]. Mais les Coptes adopteraient-ils eux-mêmes un semblable sobriquet? L'opinion la plus vraisemblable regarde ce nom comme identique avec *ægyptius*, qu'on écrivait aussi *ægoptius* [2], et dans lequel la première syllabe est un article. C'est le même nom que celui de *kypt*, *kibht* et *kebt*, usité par les Coptes pour désigner leur pays [3]. Homère paraît avoir donné le nom d'*Ægyptos* au Nil lui-même [4]; et selon Hérodote, l'ancienne capitale, Thèbes, a porté le nom d'*Ægyptus* [5], ce qui peut au moins servir à prouver que cette dénomination était aussi bien indigène que celle de *chymi* ou *chemi*, sous laquelle les Egyptiens désignaient habituellement leur pays [6].

» Après les Coptes viennent les Arabes, les plus nombreux habitants de l'Egypte moderne. Leur nombre paraît être de 140,000 à 200,000. Une physionomie vive et expressive, les yeux enfoncés, couverts, étincelants, toutes les formes anguleuses, la barbe courte et à mèches pointues, les lèvres minces, ouvertes, et découvrant de belles dents; les bras musclés, tout le corps plus agile que beau, et plus nerveux que bien conformé: tel est l'Arabe pasteur et civilisé [7]; mais l'Arabe bédouin ou indépendant a une physionomie plus sauvage; enfin l'Arabe cultivateur, ou tous ceux qui résident dans le pays, tels que les cheykhs ou chefs de village, les *fellahs* ou paysans, les *boufakirs* ou mendiants, les manœuvres, plus mêlés, et de professions différentes, offrent aussi un caractère de tête moins prononcé [1].

» Les Turcs ont des beautés plus graves avec des formes plus molles: des paupières épaisses et qui laissent peu d'expression à leurs yeux, le nez gros, de belles bouches bien bordées, et de longues barbes touffues, un teint moins basané, un cou nourri, toute l'habitude grave et lourde, en tout une pesanteur qu'ils croient être de noblesse, et qui leur conserve un air de protection. Leur nombre est à peu près de 12 à 15,000. Mais ce qui leur donne de l'importance, c'est l'autorité dont ils jouissent et les richesses qu'ils possèdent: les principaux emplois civils, les premiers grades de l'armée leur sont réservés, bien que beaucoup d'entre eux s'enrichissent par le commerce.

» Les Grecs, qu'il faut déjà classer au nombre des étrangers, rappellent les traits réguliers, la délicatesse et la souplesse de leurs ancêtres; ils passent pour astucieux et fripons. Ceux qui suivent la religion catholique viennent de la Syrie: c'est ce qui fait qu'on les appelle *Syriens*; ils habitent Alexandrie, le Kaire, Damiette et Rosette; ils sont au nombre de 4 à 5,000. Les Grecs schismatiques sont un peu plus nombreux: on en compte 5 à 6,000.

» Les juifs, qui ont la même physionomie qu'en Europe, mais dont les beaux individus, surtout les jeunes, rappellent le caractère de tête que la peinture a consacré à Jésus-Christ, s'adonnent au commerce comme partout; méprisés, et sans cesse repoussés, sans jamais être chassés, ils disputent aux Coptes, dans les grandes villes de l'Egypte, les places dans les douanes et les intendances des riches.

» Rien n'est plus curieux que de voir à côté des Arabes, très attachés à la distinction des rangs transmise par leurs ancêtres, une classe nombreuse qui n'estime que l'esclave acheté, dont les parents sont inconnus, et qui s'est élevée, par sa bravoure ou ses qualités personnelles, aux premières dignités. « J'ai entendu, dit M. Reynier, des officiers turcs, ainsi que des mamelouks, me dire, en parlant de personnages qui occupaient de grands emplois: « C'est un homme de bonne race; il a été acheté [2]. » Au contraire, aussitôt que des cheyks de villages sont assez riches pour en-

---

[1] *Du Burnat*; Nouv. Mém. des Missionn., II, p. 13. — [2] *Masius*, in Syror. peculio, cité par *Brerewood*, Recherches sur les langues, ch. XXIII. Des Cophtites. — [3] *D'Herbelot*, Biblioth. orient. Voyez *Kebt* et voyez *Kibt*. — [4] *Schlichthorst*, Geogr. Homeri CXLI. — [5] *Herod.*, Euterpe in princ., p. 59, edit. H. Steph. — [6] *Kircheri*; Prodromus Coptus, p. 293. — [7] *Denon*, Pl. 109, n° 4.

[1] *Denon*, pl. 9, fig. 1; pl. 106, n° 1; pl. 107, fig. 5. — [2] *Reynier*, l'Egypte, p. 68.

tretenir une maison et un certain nombre de cavaliers, ils se procurent une généalogie qui les fait descendre de quelque personnage illustre.

« Outre les alliances entre les tribus, il existe encore chez les Arabes de grands partis que l'on peut regarder comme autant de ligues dont les cheyks puissants sont les chefs. Elles se trouvent même dans l'intérieur du Delta. « Les habitants des villages, dit M. Girard (¹), forment entre eux deux partis ennemis qui se nuisent réciproquement par toutes sortes de moyens. Ils sont distingués par les noms de *Sa'd* et de *Hharam*. Pendant les guerres civiles qui désolèrent l'Arabie sous le kalife *Yezyd ébn-Ma'ouyeh*, vers l'an de l'hégire 65, les deux armées prirent pour mot de ralliement, dans un combat de nuit, les noms de *Sa'd* et de *Hharam*, sous lesquels on connaissait les familles de leurs chefs respectifs. Les combattants et leur postérité se les appliquèrent dans la suite, et ces noms perpétuèrent leurs discordes. Les Arabes, venus à différentes époques s'établir en Égypte, y ont adopté, avec un de ces noms, une haine aveugle contre la faction regardée comme ennemie. »

Les Bédouins se font quelquefois la guerre entre eux; mais leurs rencontres ont presque toujours lieu au-delà de la chaîne libyque. Ce sont eux qui servent de guides aux voyageurs qui doivent traverser les déserts. La tribu des *Ouladaly*, qui campe dans l'espace qui sépare Alexandrie de Syouth, est principalement celle que l'on choisit lorsqu'on se dirige vers les oasis. Celle des *Bysars* fournit des guides pour les déserts de l'est jusqu'au mont Sinaï. Pour se diriger vers la Nubie, on se sert des *Abadi*, bien qu'ils aient la réputation d'être pillards; la tribu des *Avouazem*, connue par sa bravoure et son hospitalité, conduit les voyageurs sur les bords de la mer Rouge, qu'ils connaissent parfaitement.

« Quelques traits particuliers distinguent les mœurs des Égyptiens de celles des autres Orientaux. Un pays souvent inondé rend précieux l'art de la natation; les enfants l'apprennent en jouant, les jeunes filles même s'y livrent; on les voit nager en troupes d'un village à l'autre avec toute la légèreté des nymphes de la fable (¹). A la fête de l'ouverture des canaux, plusieurs nageurs de profession font assaut en public devant le pacha; ils exécutent des tours de force surprenants. Couchés sur le dos, une tasse de café dans une main, une pipe dans l'autre, les pieds liés par une chaîne de fer, ils descendent la rivière (²). Les Égyptiens savent très bien dresser les animaux; on voit des chèvres sellées qui portent sur le dos des singes, et des ânes aussi bien dressés et aussi dociles qu'un cheval anglais. La poste aux pigeons était plus commune ici que dans aucun autre pays de l'Orient. Encore dans le dix-septième siècle, le gouverneur de Damiette correspondait avec le pacha du Kaire par le moyen de ces messagers ailés (³); Mallet en parle encore, mais comme d'un usage qui se perdait (⁴). Le phénomène le plus étonnant dans ce genre, c'est la faculté que possèdent certains hommes de manier et de gouverner les serpents les plus venimeux. Ces *Psylles* modernes ne le cèdent en rien aux anciens. Ils laissent les vipères s'entortiller autour de leur corps; ils les gardent dans les plis de leur chemise; ils les font entrer dans des bouteilles et en sortir; quelquefois ils les déchirent avec les dents et en avalent la chair (⁵). On ignore les secrets de ces pratiques, fondées sur l'adresse et l'observation, mais que les Orientaux attribuent à la magie (⁶). »

La civilisation, grâce aux vues éclairées de Méhémet-Ali, a fait des progrès rapides en Égypte. Dire que le costume oriental a diminué d'ampleur; que le *tarbouch*, ou le simple bonnet en forme de calotte, a remplacé chez un grand nombre d'habitants le large et lourd turban, et que beaucoup d'individus se font raser le menton, c'est fournir déjà des preuves d'un commencement de révolution dans les mœurs des Égyptiens; mais lorsque l'on considère l'influence que devra exercer et qu'exerce déjà sur les esprits l'introduction de nos arts et de nos sciences à l'aide des élèves que le gouvernement d'Égypte a entretenus en Angleterre, en Allemagne et surtout en

---

(¹) Mém. sur l'Égypte, III, p. 358

(¹) *Tott*, Mémoires, t. IV, p. 60. *Savary*, Lettres, t. I. *Sicard*, Nouv. Mém., II, p. 190. — (²) *Wansleb*, deux Voyages, p. 279. — (³) *De la Valle*, p. 128. *Monconys*, p. 295. — (⁴) *Mallet*, Descript. de l'Égypte, II. p. 267. — (⁵) *Mallet*, I, p. 132. *Savary*, *Thévenot*. (⁶) *Hasselquist*, Voyage, p. 76-80 (en all.)

France, on sera porté à pressentir la rapidité des changements qui se préparent en Egypte. Malgré des préjugés qui paraissaient invincibles, on a vu s'ouvrir à l'école de médecine fondée d'abord à Abou-Zabel et transférée ensuite au Kaire, un amphithéâtre d'anatomie où l'on dissèque des cadavres humains. Elle est dirigée par un habile médecin français, le docteur Clot, que les Egyptiens nomment Clot-Bey ; et déjà quelques uns des élèves qui s'y sont formés pourraient, même en Europe, passer pour d'excellents praticiens. On a organisé une *École centrale*, dans laquelle les jeunes Egyptiens instruits en France remplissent les places de professeurs, et qui, plus étendue encore que notre École polytechnique, devra fournir à l'Egypte des hommes habiles dans les arts chimiques, économiques et mécaniques ; dans la marine, les constructions civiles et militaires, l'agriculture et le commerce.

On a établi depuis plusieurs années une ligne télégraphique d'Alexandrie au Kaire ; la distance de 40 lieues qui sépare ces deux villes est depuis peu parcourue par une diligence qui rend aussi prompte que facile la communication entre ces deux points. Il en est de même entre Damiette et Rosette. La fatigue du voyage par terre d'Alexandrie à cette dernière ville, ce qui exige douze heures de marche dans le désert, est devenue moins pénible par la construction d'un caravansérail à moitié chemin. Dans toute l'Egypte, les routes, par les soins du gouvernement, ne sont plus exposées aux brigandages des Arabes nomades ; on peut y voyager avec sécurité, et les communications au moyen de voitures publiques deviendront probablement très faciles et très nombreuses en peu d'années.

Le gouvernement met tous ses soins à entretenir et à réparer les canaux. Dans le Delta, Méhémet-Ali a fait relever des berges tout le long du Nil, et construire, partout où cela était nécessaire, des digues de 2 mètres de hauteur sur 6 d'épaisseur pour retenir les eaux de l'inondation, de manière que le fleuve est maintenant encaissé assez régulièrement. La longueur de ces travaux n'est pas moins de 2,320 kilomètres.

Dans dix-huit provinces, il a fait construire 29 canaux, présentant une longueur de 2,137 kilomètres. Plus de 3~5~000 fellahs sont employés chaque année à ces travaux. Les constructions en maçonnerie qu'il a fait exécuter consistent en 26 ponts-barrages, dont un grand à trois faces ; en 16 ponts-déversoirs, en 1 pont-aqueduc, 2 réservoirs, et d'autres ouvrages analogues.

En un mot, on peut dire que Méhémet-Ali est parvenu à obtenir l'inondation de l'Egypte dans les faibles crues comme dans les crues abondantes ; cependant ces travaux ne sont pas encore suffisants, surtout pour la Haute-Egypte.

Pour faciliter et rendre plus expéditif le chargement des blés que l'on transporte par le canal de Mahmoudieh du Kaire à Alexandrie, d'où ils sont exportés, on a construit dans cette dernière ville un chemin de fer à deux voies long de 300 mètres, sur lequel 20 wagons transportent les blés du canal à l'embarcadère. Méhémet-Ali a ordonné la construction d'un chemin de fer qui doit traverser une partie du Delta ; mais ce moyen de communication n'est pas destiné à se multiplier en Egypte, pays dénué de combustible et d'ailleurs essentiellement propre à la navigation.

Chacun sait, dit M. Clot-Bey, que toute la plage de l'Egypte est extrêmement basse, et qu'on peut à peine l'apercevoir à trois lieues de distance ; aussi l'impossibilité où se trouvent souvent les navires de s'éloigner à temps des côtes amène de fréquents naufrages. L'établissement d'un feu de premier ordre était donc réclamé à Alexandrie dans l'intérêt du commerce et de l'humanité. Le vice-roi a ordonné la construction d'un phare sur la pointe de Ras-el-Tyn ; il aura 65 mètres de hauteur au-dessus du niveau de la mer, et le feu qu'il doit renfermer sera vu à 8 lieues au large. La navigation au moyen de la vapeur a été introduite en Egypte, ainsi que le mode d'éclairage par le gaz hydrogène.

Des améliorations non moins notables ont été apportées dans l'agriculture. 1,500 jardiniers venus de la Grèce et d'autres contrées sont employés au Kaire et dans les provinces pour y propager les bonnes méthodes de culture. On a multiplié les plantations de mûriers et d'oliviers ; celle des pavots, connue anciennement dans la Haute-Egypte, d'où l'on tirait l'opium renommé sous le nom d'opium du Saïd, prend une grande extension. Près de

30,000 hectares étaient employés à cette culture en 1831, et le gouvernement, si ses plans ont reçu leur complète exécution, doit y avoir consacré près de 60,000 hectares. Afin de donner plus d'extension à la culture, le pacha d'Egypte a depuis long-temps invité les tribus de Bédouins de l'Arabie déserte à venir s'établir dans les fertiles contrées de l'Egypte voisines de la frontière, et cette démarche a été couronnée du plus grand succès; ces hordes vagabondes ont formé une population agricole et laborieuse, et fournissent à l'État des guerriers courageux.

L'administration a favorisé de tout son pouvoir la culture du coton. Six ans après les premières plantations du cotonnier, la récolte s'élevait à 7,000,000 de kilogrammes de coton; en 1813, elle était déjà quadruplée, et aujourd'hui elle est de plus de 50,000,000 de kilogrammes. Il en est de même de celle du mûrier. On compte maintenant plusieurs centaines de milliers de pieds de cet arbre dans la Haute et Basse-Egypte; et cette culture est d'autant plus importante, que le ver à soie peut être considéré comme naturalisé sur le sol égyptien; on y récolte annuellement 600,000 kilogrammes de soie.

Les richesses minérales n'ont pas moins excité l'attention du gouvernement. Des recherches ont été faites pour trouver de la houille dans les environs du mont Sinaï; on a découvert de riches gisements de manganèse qui doit être employé à la fabrication de l'acide hydrochlorique, ce qui affranchira l'Egypte d'un tribu considérable qu'elle paie annuellement à l'étranger. Dans les environs du Kaire, on exploite une excellente argile à poterie.

Des ordres ont été donnés pour empêcher la destruction des monuments antiques qui méritent d'être conservés. Enfin, depuis 1828, on imprime à Boulak en turc et en arabe une gazette intitulée: *Vekay Misryet*, c'est-à-dire *Evénements de l'Egypte;* et en 1833 on a commencé à publier un autre journal intitulé: *le Moniteur égyptien*, et ce qu'il y a de remarquable, c'est que cette nouvelle feuille est imprimée en arabe et en français.

« Pour compléter ce tableau de l'Egypte moderne, il ne nous reste qu'à donner une idée succincte du commerce et des manufactures d'Egypte, ainsi que de ses forces militaires.

« C'est à Ballas, dans la Haute-Egypte, que se fabriquent surtout les jarres de terre qui en ont reçu le nom; ces manufactures fournissent non seulement toute l'Egypte, mais la Syrie et les îles de l'Archipel. Elles ont la qualité de laisser transsuder l'eau, et par là de la clarifier et de la rafraîchir; fabriquées à peu de frais, elles peuvent être vendues à si bon marché, qu'on s'en sert souvent pour construire les murailles des maisons, et l'habitant le plus pauvre peut se les procurer en abondance. La nature en donne la matière toute préparée dans le désert voisin; c'est une marne grasse, fine, savonneuse et compacte, qui n'a besoin que d'être humectée et maniée pour être malléable et tenace, et les vases qu'on en fait tourner, sécher et cuire à moitié au soleil, sont achevés en peu d'heures par l'action d'un feu de paille; on en forme des radeaux que tous les voyageurs en Egypte ont décrits. Telle est la stabilité des habitudes, des coutumes et des arts dans cette singulière contrée, que M. Denon a observé les mêmes jarres, dans les mêmes formes, employées aux mêmes usages, montées sur les mêmes trépieds, dans des tableaux hiéroglyphiques et dans des peintures sur manuscrit. »

Toutes les villes de l'Egypte ont des fabriques plus ou moins considérables de ces poteries grossières, dont le limon du Nil est la base. On recherche aussi les bardaques de Keneh, dont les propriétés réfrigérantes sont aussi très connues. Nous avons parlé des vases que l'on fait dans les environs de l'île d'Éléphantine, en une espèce de stéatite que l'on tire de la montagne de Baram. Partout on fait aussi des briques cuites pour les habitations des villes et des briques sèches pour les maisons de la campagne.

« On fabrique à Syouth et dans les environs une quantité considérable de toile de lin; depuis cette ville jusqu'à Alexandrie, on peut dire que c'est l'industrie dominante. A Girgeh, à Farchout, à Kélioub et à Keneh, on fait des toiles de coton et des châles d'un tissu beaucoup plus serré. Le coton fabriqué dans ces trois villes vient de la Syrie et du Delta; celui que l'on recueille dans le pays n'est employé qu'à Esneh, où l'on fait les plus belles cotonnades de la Haute-Egypte. On tire de cette dernière contrée une quantité considérable de grains, des toiles de lin et de coton, des huiles de différentes espèces; elle reçoit en échange du riz et du sel du Delta, du savon, des étoffes de soie et de coton de Syrie; différentes marchandises d'Europe, telles que du fer, du plomb, du cuivre, des draps, du goudron. »

La fabrication des soieries est très active au Kaire, à Mehallet-el-Kebyr, à Damiette et dans plusieurs autres villes. On compte dans toute l'Egypte environ 200 métiers employés au tissage de la soie et du fil d'or. Quant aux étoffes de laine dont se couvrent les fellahs, on en tisse dans tous les villages. Il y a à Boulak une importante fabrique de draps. Fouah est, comme nous l'avons dit, connue par sa manufacture de bonnets, ou tarbouchs, qui en fournit soixante douzaines par jour. Les joncs que l'on récolte sur les bords du lac appelé Birket-el-Keroun et des lacs de natron sont employés à faire des nattes, tissus d'autant plus importants en Egypte qu'ils remplacent les lits, les coussins, les nappes, et qu'ils sont d'un usage général.

« On ne prépare l'eau de rose que dans le Fayoum. Quand les roses sont abondantes, on établit à Medinet-el Fayoum trente appareils pour les distiller; ces appareils sont fort simples. Il se fabrique encore dans cette ville des étoffes de laine, des toiles de coton et de lin, et des châles dont l'exportation a quelquefois été jusqu'à huit mille par mois. »

La seule province où l'on fabrique du vin est aussi le Fayoum. Le sucre est produit en assez grande quantité dans la Haute-Egypte; mais les procédés au moyen desquels on en fait l'extraction sont encore arriérés. C'est à Reyremoun, à Sakiet-Moucé et à El-Roudah, dans la province de Minieh, que sont établies les principales sucreries; elles livrent à la consommation environ 22,000 quintaux métriques de sucre brut. Des fabriques d'indigo ont été fondées dans une vingtaine de localités différentes.

Le sel ammoniac pourrait être fabriqué dans toute l'Egypte; mais ce n'est qu'au Kaire et dans plusieurs lieux du Delta que l'on prépare ce produit. Le salpêtre est également un objet important de fabrication. Les six ou huit manufactures de ce sel en produisent environ 16,000 quintaux. Il y a à Boulak une magnifique fonderie de fer où travaillent une cinquantaine d'ouvriers arabes, et dans laquelle on coule chaque jour environ 50 quintaux de fer destinés à la marine et aux machines nécessaires aux fabriques. Les trois manufactures d'armes portatives donnent, au jugement des hommes de l'art, des produits qui ne le cèdent pas à ceux de nos meilleurs établissements. C'est le modèle français qui est suivi dans ces manufactures d'armes, et ce sont des Français qui les dirigent. Les Egyptiens emploient encore, comme leurs ancêtres, des étuves pour y faire éclore des poulets. En général, l'industrie égyptienne est peu avancée; elle ne pourra atteindre tout le développement dont elle est susceptible tant que l'Egypte sera dans la nécessité d'avoir recours aux fabriques françaises et anglaises. De toutes les branches que nous avons passées en revue, c'est la fabrication de la poudre à canon qui est dans l'état le plus prospère.

Au surplus, l'industrie en Egypte ne peut pas avoir les mêmes chances de perfectionnement que dans les autres Etats policés : ici l'intérêt particulier n'en accélère pas les progrès; tout est monopole. De même que le pacha est le seul agriculteur, il est aussi le seul fabricant et le seul commerçant. Il achète toutes les matières premières et les fait travailler. Les marchandises qui sortent des fabriques et des manufactures pour être répandues dans toutes les parties des pays, sont timbrées; toutes celles qui ne sortent pas des magasins du gouvernement sont prohibées. Ajoutons que, comme le fait remarquer M. Clot-Bey, l'Egypte ne pourra jamais se servir de moulins à vapeur, attendu qu'elle est tributaire de l'étranger pour le combustible; que, privée de chutes d'eau, ou de fleuves au courant rapide, elle ne peut employer de puissants moyens hydrauliques, et que la force des animaux est insuffisante de notre temps pour les grands travaux et ne peut convenir qu'à une industrie tout-à-fait élémentaire. Enfin la fécondité de son sol et de son climat, le caractère de ses habitants, tout, en un mot, convie l'Egypte à ne pas sortir de sa sphère agricole.

« Les caravanes d'Abyssinie suivent jusqu'à Esneh l'intérieur du désert à l'orient du Nil. Elles apportent de l'ivoire et des plumes d'autruche; mais leur principal commerce consiste en gomme et en jeunes esclaves des deux

AFRIQUE. — ÉGYPTE.

sexes. Le Kaire est le terme de leur voyage et le lieu où leur vente se consomme; elles emportent en retour des verroteries de Venise, des robes de drap, des toiles de coton et de lin, des châles bleus et quelques autres étoffes qu'elles achètent à Syouth et à Keneh. Les nomades Ababdèhs et Bichariehs viennent aussi chercher à Esneh des métaux, des ustensiles, et les grains dont ils ont besoin; ils y vendent des esclaves et des chameaux, des gommes d'acacia qu'ils récoltent dans leurs déserts, et le charbon qu'ils font avec le bois de cet arbre. Mais la denrée la plus précieuse qu'ils apportent est le séné; ils récoltent cette plante dans les montagnes entre le Nil et la mer Rouge, à la hauteur et au midi de Syène, où elle croît spontanément. Les habitants de Goubanieh, village à quatre heures de chemin au-dessous de Syène, sur la rive gauche du Nil, réunis avec quelques Ababdèhs, forment tous les ans une caravane qui se rend dans l'intérieur des déserts, au sud-ouest de la première cataracte, pour y chercher l'alun, qui formait autrefois une partie considérable des exportations d'Égypte.

» Il arrivait jadis tous les deux ans une caravane du Dâr-four, composée de 4 à 5,000 chameaux, conduits par 2 à 300 personnes, qui apportait à Syouth et au Kaire des dents d'éléphant, des cornes de rhinocéros, des plumes d'autruche, de la gomme arabique, du tamarin, du natron, et des esclaves dont le nombre montait, année commune, à 5 ou 6,000, la plupart jeunes filles ou femmes. Un autre auteur porte à 12,000 le nombre des esclaves qui arrivaient quelquefois du Dar-four, et celui des chameaux à 15,000. »

Les caravanes du Dar-four, comme celles de Bournou, ont entièrement discontinué dans ces derniers temps, malgré les invitations, les menaces même que le gouvernement égyptien a adressées à ces provinces.

C'est de l'Abyssinie que viennent les esclaves les plus estimés; les femmes qu'on en amène se distinguent surtout par la régularité de leurs traits et la beauté de leur taille. C'est du Sennâr que l'on tire des civettes, des cravaches en cuir d'hippopotame, et des dents du même animal. Les caravanes de Syrie vont et viennent à des époques indéterminées : il en arrive toutes les semaines au Kaire. Elles apportent de la soie, du tabac à fumer, du savon de Ramlé et d'Hébron, des étoffes de l'Inde, de Perse, de Damas et d'Alep, enfin des reliques, des rosaires et d'autres objets de ce genre fabriqués par les chrétiens de Jérusalem et de Bethléem; elles remportent en échange du riz, du café, divers articles d'industrie et de l'argent comptant. On comprend aussi sous le nom de caravanes de Syrie celles des Bédouins du mont Sinaï et des environs; elles se composent ordinairement de 400 à 600 chameaux et d'autant d'hommes. Elles apportent de la gomme, du charbon, des amandes, etc., et remportent du riz, du doura et de l'argent.

Les caravanes qui arrivent tous les ans de la Barbarie ne sont plus aussi considérables depuis que les pèlerins qui se rendent à la Mekke font le voyage par mer, quand l'occasion se présente. Celles qui viennent de Maroc passent par Alger, Tunis et Tripoli, et se composent généralement de pèlerins qui se dirigent aussi sur la Mekke, et qui utilisent leur voyage par des spéculations commerciales. Elles apportent des couvertures et des manteaux de laine blanche, des calottes fabriquées à Tunis; des mulets, des plumes d'autruche, du safran, de l'essence de rose et d'autres objets de valeur et peu volumineux, faciles à transporter pendant un voyage aussi long.

Il part aussi, à des époques indéterminées, des caravanes des ports de Suez et de Koséir; elles portent au Kaire du café des environs de Moka, différentes espèces de gommes, de l'encens, des épices et des drogues précieuses, des perles, des pierreries, des cotonnades, des mousselines des Indes, des soieries, des cachemires et des étoffes appelées *basstas*.

Le commerce que font ces caravanes a diminué d'importance depuis l'impulsion qu'a reçue le commerce maritime. On ne connaît qu'approximativement la valeur des importations, parce que la plupart des marchandises sont remises au gouvernement qui croit devoir garder le secret sur ce point. On sait d'une manière plus précise que les exportations des productions égyptiennes peuvent être évaluées à environ 150,000,000 de francs.

Quelques détails, incomplets cependant, suffiront pour prouver l'importance du commerce maritime de l'Égypte. Elle reçoit de la Karamanie, de l'Anatolie, de Constantinople et des îles de l'Archipel une grande quantité de bois de construction et de chauffage. L'Archipel lui expédie plusieurs milliers de quintaux de raisin sec, que l'on y convertit en excellente eau-de-vie; des milliers de ballots de fruits secs, du tabac turc, de la gomme, de l'huile, du savon, du goudron, des tapis de pied, des tissus précieux, des fourrures, etc. Elle expédie pour la Turquie environ 1,000,000 de livres de café Moka, 3 à 4,000,000 de livres de riz, un grand nombre d'esclaves des deux sexes; enfin une grande quantité de blé et de différentes graines. Son commerce avec l'Europe est peut-être le plus important: sur 900 à 1,000 bateaux marchands sortis du port d'Alexandrie, plus de 500 sont destinés pour les différents ports de l'Europe.

Tout ce mouvement commercial, toutes ces améliorations sont dues au génie d'un seul homme. Cette vieille Egypte, qui, à l'époque de sa plus grande prospérité, nourrissait environ 14,000,000 d'habitants, dévastée d'abord par les Romains, plus tard par les Arabes, puis par les Turkomans, et enfin par les Mamelouks, ne semblait pas susceptible d'être régénérée. Méhémet-Ali tenta cette grande et difficile entreprise; il chercha vainement les éléments de cette régénération dans la population turque, elle ne paraît pas susceptible de comprendre le mouvement progressif de l'époque; il s'adressa à la population arabe, et déjà le succès a dépassé ses espérances.

En 1800, M. Jomard évaluait le nombre des habitants de l'Egypte à 2,488,950: en 1829, le gouvernement du pacha portait la population à 780,000 familles, ce qui, à 4 ou 5 individus par famille, présente un total de 3,500,000 individus. Si ces résultats, qui ne sont qu'approximatifs, peuvent être considérés comme n'étant point inférieurs à la réalité, ils sont d'un heureux augure pour l'avenir, et prouveraient que cette terre si féconde pourrait encore nourrir une population presque aussi considérable que celle qu'elle comptait sous les Pharaons: car il faut faire observer que sur les 31,000 lieues carrées que présente l'Egypte, il n'y en a pas même un dixième susceptible d'être cultivé et habité, puisque l'étroite vallée du Nil et le Delta n'ont que 1,700 lieues de superficie.

Chef d'un Etat qui, sous le rapport de sa population, ne pourrait être comparé qu'à l'une des plus petites monarchies de l'Europe, le pacha d'Egypte a su se faire un revenu net de plus de 60,000,000 de francs, fonder des établissements utiles, entretenir une armée qu'il a successivement portée à 25,000, 40,000 et 130,000 hommes disciplinés à l'européenne; organiser une garde nationale de près de 48,000 hommes; fonder et approvisionner à Alexandrie un arsenal où l'on compte 4,000 ouvriers; enfin créer une marine qui se compose de 11 vaisseaux de ligne, de 6 frégates, de 5 corvettes et d'une douzaine de bâtiments inférieurs.

TABLEAUX STATISTIQUES DE L'ÉGYPTE.

Ensemble des trois régions.

SUPERFICIE EN LIEUES.		POPULATION EN 1839 (¹).	POPULATION Par lieue carrée.
Partie habitée.	7,806	3,550,400.	455.
Partie inhabitée.	23,194	»	»
Total.	31,000	3,550,400.	114.

A. RÉGION DU NIL.

SUPERFICIE EN LIEUES.	POPULATION EN 1839.	POPULATION Par lieue carrée.
1,700.	3,500,000.	2,058.

(30 villes. — 3,475 villages. — 664,000 maisons.)

A. BAHARI OU BASSE-ÉGYPTE (¹).
(2 *Gouvernements* et 13 *Départements*.)

Gouvernements et Départements.	Villes et Villages.	Population.
Gouvernement d'ALEXANDRIE.	Iskanderyeh ou Alexandrie.	36,000
	Aboukir, vill.	900
Id. du KAIRE.	El-Kaïra ou le Caire	336,000
	Boulak.	18,000
Département de KELIOUB.	Kelyoub.	1,500
	Matarieh, vill.	600
Id. de BELBEYS.	Belbeys.	5,000
Id. de CHIBEH.	Chibeh, b.	1,000
Id. de DAMANHOUR.	Damanhour.	6,000?
	Rahmânieh, b.	2,000
Id. de DAMIETTE.	Damiette.	30,000
	Menzaleh.	2,000
Id. de FOUAH.	Fouah.	7,000?
	Rosette.	14,000
	Deïrout, b.	1,200?
Id. de MANSOURAH.	Mansourah.	6,000?
Id. de MELYG.	Melyg, b.	1,100
Id. de MENOUF.	Menouf.	4,000
Id. de MEHALLET-EL-KEBYR.	Mehallet-el-Kebyr.	8,000
	Abousyr, b.	900
Id. de MIT-KAMAR.	Mit-Kamar, b.	800
Id. de NEGYLEH.	Negyleh, b.	800
	Terraneh.	1,500
Id. de TANTAH.	Tantah.	2,000

(¹) Nous donnons ici la division administrative que Méhémet-Ali a d'abord donnée à l'Égypte, et qui a duré plusieurs années; nous présenterons plus loin la nouvelle division.

B. SAÏD OU HAUTE-ÉGYPTE
(Comprenant la Moyenne-Égypte.)
(11 *Départements*.)

Départements.	Villes et Villages.	Population.
Départem. d'ATFIEH	Atfieh.	4,000
Id. de BENI-SOUEYF.	Beni-Soueyf.	11,000
Id. de BOUCH.	Bouch, vill.	1,200
Id. d'ESNEH.	Esneh.	4,500
	Edfou.	2,000
	Assouan.	1,600
Id. de FAYOUM.	Medinet-el-Fayoum.	12,000
Id. de GIZEH.	Gizeh ou Djizeh.	3,000
Id. de GIRGEH.	Girgeh ou Djirgeh.	10,000
	Akhmin.	4,000
	Denderah, vill.	4,500
Id. de KÉNEH.	Kéneh.	5,000
	Coptos, b.	1,200
	Louxor, vill.	1,000
Id. de MINIEH.	Minieh.	5,000
	Achmounein, vill.	1,200
Id. de MANFALOUT.	Manfalout.	2,500
	Sanâboû, b.	3,000
Id. de SYOUTH.	Syouth.	25,000
	Aboutig, b.	1,500

(¹) Comme il n'y a pas d'état civil en Égypte, on ne peut connaître le nombre d'habitants qu'approximativement. En 1829 on a fait le recensement des maisons, et l'on a supposé que, terme moyen, celles du Kaire contenaient huit personnes et celles du reste de l'Égypte quatre; mais le nombre des maisons n'a été évalué que d'une manière approximative. Ce recensement ne paraît pas avoir été renouvelé depuis 1829, puisque M. Clot-Bey, dans son *Aperçu général de l'Égypte*, publié en 1840, n'indique pas un nombre très différent de celui que nous donnons ici; en effet, pour l'Égypte seule, c'est-à-dire ce que nous appelons la *région du Nil*, il se borne à dire qu'elle a plus de 3,000,000 d'habitants.

LIVRE CENT CINQUANTE-HUITIEME.

DIVISIONS ADMINISTRATIVES ACTUELLES (1).

A. MOYENNE ÉGYPTE,
FORMANT UN SEUL MOUDYRLIK.

DÉPARTEMENTS OU MAMOURLIKS.	CANTONS OU NAHIALIKS.
Atfyhyeh (2)	El-Tabyn. El-Half.
Kemen-el-Arous	El-Zâouyeh et El-Meymoun. El-Chenâouyeh. Aboucyr-el-Malak.
1er. Département du Fayoum	Medynet-el Fayoum. El-Lâhoun. Ma'ssarat-Daraoueh. Chylleh. Sennourès. Sanhour.
2º. Département du Fayoum	El-Adjâmin. Atsa.
Bény-Soueyf	Bélefyéh. El-A'ouâounéh.
El-Fechn	El-Fechn. El-A'douah.
Abou-Girg ou Abou-Girge	Defâghah. Sadfé-el-Fâr.

B. HAUTE ÉGYPTE,
DIVISÉE EN DEUX MOUDYRLIKS.

1er Moudyrlik.

Beny-Mazar	Beny-Mazar ou Mzâr. Kalossanéh ou Kalousnéh. Beny Sâmet.
Minyeh	El-Minyeh. Zaraoueh. Mechat-el-Hâg.
Sâkyet-Moussé	Sâkyet-Myoussé.
Deyrout	Deyrout.
Mellaouy	Mellaouy.
El-Kousyéh	Mararah. Oum-el-Kessour.

(1) Ce département, qui comprend la province d'Atfyhyeh, est administré par le même moudyr que celui qui gouverne la province de Cherbyeh.

DÉPARTEMENTS OU MAMOURLIKS.	CANTONS OU NAHIALIKS.
Manfalout	Manfalout.
El-Doueyr	El-Nekheylléh. Mechtâ.
El-Cherouk	El-A'fâder. El-Banoub.
Syouth	Syouth ou Asyout.
Souhâg	Souhâg. El-Gesyreh. El-Marâghah.
Tahtâ	Tahtâ.
Akhmym	Akhmym. Sâkyet-Koltah.
Bardys	El-Belyaneh. El-Hamâm.
Girgeh	Girgeh. El-Méchâh. El-Esseyrât.
Farchout	Farchout. Samhoud. El-Hamrân.
Fâouba's	Hou. Dahchanâ.

2º Moudyrlick.

Kénéh	Oulad-A'mr. Eyssour. Keft. El-Ballâs.
Kous	Kous. Ghâmoulleh. Nakâdeh.
Esnéh	Esnéh. Erment. El-Mettaneh. Essulamyeh. Koum-Myrou Koum-Meyr.
Edfou	Edfou. El-Allamyeh. Byban.

(2) Dans le tableau suivant, le point de départ est le Kaire; on procède de cette ville vers le Sud, et ensuite du même lieu vers le Nord.

TABLEAUX.

C. BASSE-ÉGYPTE.

1er Moudyrlik.

PROVINCE DE GIZEH.

1er départem. El-Gizeh. . . . |
2e idem. . . El-Bedricheyn. . | »

PROVINCE DE KÉLYOUBYEH.

1er départem. El-Kélyoub. . . |
2e idem. . . El-Murg. . . . | Chôubra Chahâb.
3e idem. . . Benha-el-A'sal. . | »
4e idem. . . Tahâ. . . . . . | »

PROVINCE D'EL-BAHYREH (*).

1er départem. El-Ramânyeh. . |
2e idem. . . El-Neguyléh. . . | »
3e idem. . . Chebrekhyt. . . | El-Beleyrah.
4e idem. . . Damanhonr. . . | Birkhet Gheytas, Deyrouth.

2e Moudyrlik.

PROVINCE DE MENOUFYEH.

1er départem. Achmoun-Gireys. | Gizey.
2e idem. . . El-Beydjour. . . | Menouf.
3e idem. . . Chybyn-el-Koum. | Mehalhet-Menouf.
4e idem. . . Melyg. . . . . . | Fichéh-Selym.
5e idem. . . Ebyâr. . . . . . | Kafr-el-Zayât. Tanoub.

PROVINCE DE CHARBYEH.

1er départem. Fouah. . . . . . | Kafr-el-Cheykh.
2e idem. . . Zefteh. . . . . | Meytbr
3e idem. . . Tantâ. . . . . | »
4e idem. . . El-Djafaryeh. . | Myt-el-Meymoun, Choubra-el-Yemen
5e idem. . . El-Chabâsât. . | Kafr Madjar. Sàrf-Hadjar.
6e idem. . . El-Mehallet-el-Kebyreh. . . | »
7e idem. . . Nabaro. . . . . | »
8e idem. . . Cherbyn. . . . | »
9e idem. . . Damyat. . . . . | »

3e Moudyrlik.

PROVINCE DE MANSOURAH.

1er départem. Mit-Kamar. . . | »
2e idem. . . El-Senbellâoueyn. | Chanfâ.
3e idem. . . El-Mansourah. . | »
4e idem. . . El-Ouâdy. . . . | »
5e idem. . . Mehallet el-Daméneh. . . | »
6e idem. . . El-Menzaléh. . | »

4e Moudyrlik.

PROVINCE DE CHARKYEH.

1er départem. Chebeyt el-Nakâryeh. . . |
2e idem. . . El A'zyzyeh. . . | Machtoul, Essouk.
3e idem. . . Beibeys. . . . . | Menâ-el-Kamih.
4e idem. . . Hehyâ. . . . . . | Abou-Hamâd.
5e idem. . . Abou-Kebyr. . . | »
6e idem. . . Kofour Nedjem. . | Chybâ. El-Dakhalyeh.

N. B. Rosette, Damiette et le Kaire, forment des gouvernements particuliers.

B. RÉGION ORIENTALE.

SUPERFICIE EN LIEUES,	POPULATION NOMADE ET SÉDENTAIRE,	POPULATION PAR LIEUE CARRÉE,
5,500.	30,000.	5.

VILLES.

Suez. . . . . . 1,000 habitants.   Koséir. . . . . ?

N. B. Ces deux villes appartiennent, la première au gouvernement du Kaire, et la seconde au département de Kénéh.

C. RÉGION OCCIDENTALE.

SUPERFICIE DES OASIS EN LIEUES.	POPULATION DES OASIS.	POPULATION PAR LIEUE CARRÉE.
Grande oasis. 175	5,000	28
Petite oasis. 30	2,400	80
Oasis de Dakhel. 100	5,000	50
Oasis de Farafreh. 260	2,000	7
Oasis de Syouah. 41	6,000	144
Total. . . . 606	20,400	33

(*) C'est à l'extrémité de cette province que se trouve Alexandrie.

POPULATION *approximative de l'Egypte par nations.*

Egyptiens musulmans	3,120,000
Idem chrétiens (Coptes)	180,000
Osmanlis ou Turcs	15,000
Arabes bédouins	78,000
Nègres	22,000
Barbarins	5,500
Abyssiniens	5,500
Esclaves, Circassiens, Mingréliens, etc.	6,000
Juifs	8,000
Syriens	6,000
Grecs Rayas	3,500
Arméniens	2,500
Grecs Francs	2,500
Italiens	2,500
Maltais	1,200
Français	900
Anglais, Autrichiens, Russes, Espagnols, Suisses, Allemands, Hollandais, Suédois, Danois, etc.	900
Total	3,460,000

Revenus et dépenses de l'Egypte en 1838.

REVENUS.

Miri ou impôt foncier	28,125,000
Droit de capitation dit *firdet-el-rouss*	8,750,000
Karatch et droit sur les successions (beis-el-mol)	230,000
Droit sur les Okels et les Bazars	48,000
Idem sur les danseuses, les musiciens et les escamoteurs	60,000
Idem sur les dattiers	500,000
Idem sur les céréales	4,500,000
Idem de douane et d'octroi	3,393,000
Idem sur la fonte de l'argent et des galons	56,250
Idem sur la pêche et le sel	688,000
Idem sur les liquides et le séné	378,500
Bénéfices sur le monopole du coton, de l'indigo, de l'opium, du sucre, du vin, du riz, du miel, de la cire, du henneh, de l'eau de rose, de la soie, du nitre, du natron, de la soude, etc.	12,100,000
Idem sur les toiles	1,500,000
Idem sur les étoffes de soie	1,200,000
Idem sur les cuirs	875,000
Idem sur l'hôtel des monnaies	375,000
Total	62,778,750

DÉPENSES.

Envoi d'argent à Constantinople	1,500,000	
Budget de l'armée	16,462,000	
Matériel de la guerre	1,750,000	
Traitement des grands officiers chefs d'administration	5,000,000	
Entretien des employés d'administration	2,500,000	
Montant des rations de fourrages, mules, chameaux	312,000	
Ecole militaire	200,000	
Budget du personnel de la marine	7,500,000	
Construction des bâtiments de guerre	1,875,000	
Chantiers de construction des barques à Boulak	412,500	49,951,500
Entretien des fabriques et salaire des ouvriers	2,750,000	
Rations accordées aux employés	625,000	
Pensions	1,190,000	
Travaux publics	2,250,000	
Objets tirés d'Europe pour les fabriques	1,875,000	
Entretien des palais du vice-roi	1,250,000	
Dépenses de bouche du vice-roi	500,000	
Pour l'administration des achats de kachemires, étoffes de soie, bijoux	1,750,000	
Dépenses des caravanes de pèlerins	250,000	
Excédant des recettes sur les dépenses	12,827,250	

ARMÉE DE TERRE.

Artillerie. { 3 régiments à pied 2 *idem* à cheval }		11,400
Train. 1 régiment		1,200
Génie. 2 bataillons		1,600
Infanterie. 36 régiments		108,000
Cavalerie. 15 régiments		12,000
Total des troupes régulières		134,400
Troupes irrégulières		26,000
Total de l'armée soldée		160,400
Gardes nationales. { Alexandrie. 2 régim. 6,800 Bourlos et Rosette. 1 — 3,400 Damiette. 1 — 3,400 Kaire. 8 — 27,400 Vieux Kaire. 1 — 3,400 Boulak. 1 — 3,400 }		47,800
Ouvriers des fabriques manœuvrant		15,000
Hommes près des écoles		1,200
Total des forces de terre		224,400

TABLEAUX.

ARMÉE DE MER

		NOMBRE	
		de bâtiments.	d'hommes
Vaisseaux.	Mehallet-el-Kebir. Mansourah. Scanderieh. Aboukir. Masser. Aceri. Homs. Beylan. Alep. Fayoum. Benisouef.	11	11,119
Frégates.	Menoufieh. Bahireh. Damiatbyeh. Sirigihad. Rechid. Vapor-el-Nil.	6	2,710
Corvettes.	Gihad-Veiker. Tantah. Djennah-Bahary. Pelenk-Djihad. Damanhour.	5	922
Goëlettes.		4	442
Bricks.		5	290
Cutters.		2	60
Total.		33	15,543
Ouvriers de l'arsenal d'Alexandrie enrégimentés.			4,076
Total des hommes attachés à la marine.			19,619

Distances réciproques des différents points de l'Égypte [1].

Du Kaire à Alexandrie	41,6	lieues.
— à Rosette.	38,3	»
— à Damiette.	36,0	»
— à Salahyeh.	24,0	»
— à Belbeys.	10,8	»
— à Suez.	28,0	»
— à Beni-Soueyf.	22,2	»
— à Minieh.	49,2	»
— à Syouth.	73,0	»
— à Girgeh.	100,0	»
— à Keneh.	119,5	»
— à Thèbes.	130,9	»
— à Esnéh.	141,3	»
— à Edfou.	152,2	»
— à Assouan.	174,0	»
D'Alexandrie à Rosette.	12,8	»
De Rosette à Damiette.	23,9	»

[1] Les distances du Kaire aux villes de la Haute-Égypte sont les résultats des mesures prises entre différents points intermédiaires en suivant le cours du Nil.

TABLEAU des positions géographiques observées astronomiquement par M. NOUET, et qui ont servi de base à la Carte d'Égypte, en 52 feuilles.

NOMS DES LIEUX.	LONGIT. E. DE PARIS.			LATIT. N.		
	deg.	min.	sec.	deg.	min.	sec.
Aboul-el-Cheykh (canton sur le canal de Soueys).	29	32	1	30	31	10
Alexandrie (au Phare).	27	35	30	31	13	5
Antinoé (ruines d').	28	35	14	27	48	15
Belbeys (au camp).	29	12	53	30	24	49
Beni-Soueyf.	28	52	45	29	8	28
Cataracte.	»	»	»	24	3	25
Damiette.	29	29	45	31	25	0
Denderah (temple).	30	20	42	26	8	36
Dybeh (bouche du lac Menzaléh).	29	47	45	31	21	24
Ancienne bouche canopique.	»	»	»	31	18	0
Edfou (ville et temple).	29	33	44	24	58	43
Ile d'Éléphantine (temple du sud).	»	»	»	24	5	23
Extrémité de l'île prise à la digue ancienne.	»	»	»	24	6	10
Esnéh (ville et temple).	30	14	41	25	17	38
Girgeh.	29	35	27	26	20	3
Hermonthis.	»	»	»	25	37	20
Héliopolis (temple).	»	»	»	30	8	0
Hou.	30	0	57	26	11	20
Ile de Philæ (temple au-dessus des cataractes).	30	34	16	24	1	34
Kaire (le), maison de l'Institut.	28	58	30	30	2	21
Karnak (ruines de Thèbes)	30	19	34	25	42	57
Koum-Ombos (temple).	30	39	9	24	27	17
Lesbeh.	29	32	20	31	29	8
Louksor (ruines de Thèbes).	30	19	38	25	41	57
Médinet-Abou (ruines de Thèbes).	30	17	32	25	42	58
Minyeh.	28	29	22	28	5	28
Omsarèdj (bouche du lac Menzaléh).	30	11	39	31	8	16
Palais de Memnon (ruines de Thèbes).	30	18	6	25	43	27
Pyramide nord de Memphis.	28	52	2	29	59	5
Qâou-el-Koubra (ville et temple).	29	11	54	26	53	33
Kénéh.	30	25	0	26	9	36
Rosette (minaret nord).	28	8	35	31	24	34
Soueys.	30	15	35	29	58	37
Ssâlehhiyéh.	29	40	0	30	47	30
Syène.	30	34	49	24	5	23
Syouth.	28	53	20	27	10	14
Tannis (île du lac Menzaléh).	29	52	15	31	12	0
Tour d'Abou Gyr.	27	47	1	31	19	44
Tour des Janissaires (au Kaire).	28	59	43	50	2	8
Tour de Boghâfeh.	29	33	21	31	21	41
Tour de Boghâz.	29	32	7	31	30	7
Tour du Marabou.	37	29	41	31	9	9

LIVRE CENT CINQUANTE-NEUVIÈME.

Suite de la Description de l'Afrique. — Description de la Nubie.

« Nous avons décrit la région du Nil inférieur avec les soins minutieux que mérite une contrée célèbre ; nous devons parcourir plus rapidement les régions qui s'étendent le long du haut Nil, ou plutôt du *Bahr-el-Azrak* ou *fleuve Bleu*, le Nil d'Abyssinie. Circonscrite dans ses bornes, cette région répond à l'*Æthiopia supra Ægyptum* (l'Ethiopie au-dessus de l'Egypte) des anciens, pays sur lequel se répandent quelques rayons épars de l'histoire ancienne, et qui est déjà en partie connu à nos lecteurs par les récits d'Hérodote [1], par les recherches de Strabon [2], par les voyages d'Artemidore et d'Agatarchide [3], par les inscriptions d'Adulis, monuments des expéditions d'un Ptolémée ou plutôt d'un roi d'Abyssinie [4], et par l'érudition de Pline le naturaliste [5].

» Le premier pays qui se présente à celui qui, en venant des cataractes d'Egypte, remonte vers les sources du Nil, c'est la *Nubie*, pays vaste et qui n'a guère de frontières fixes. Bakoui lui donne une longueur de trente journées de route le long des rives orientales du Nil [6] ; Edrisi, en y comprenant sans doute le Sennaar, dit qu'il faut deux mois pour le traverser [7] ; ce qui coïncide assez bien avec les itinéraires de Poncet et de Bruce. »

Après avoir franchi la première cataracte du Nil, on entre dans la Nubie. Les bords du fleuve présentent, comme en Egypte, des terres en culture et des villes ; tout ce qui s'étend à droite et à gauche n'offre que des déserts, sans en excepter même la région improprement appelée île de Méroé, qui fut le berceau d'une antique civilisation. C'est sur la rive gauche du fleuve Bleu ou du Bahr-el-Azrak que s'étendent le Sennâar et le Fazokl,

[1] Voyez ce *Précis*, vol. I, p. 40, 41. — [2] *Ibid.*, p. 43 sqq. — [3] *Ibid.*, 83. — [4] *Ibid.*, p. 92, 93. Comp. M. Salt et M. Silvestre de Sacy, Mém. sur l'Inscription d'Adulis. — [5] *Ibid.*, p. 84, 91. — [6] N. et Ext. de MSS. de la Biblioth. du roi, II, 396. — [7] Edrisi, clim. I, 4. Hartmann, comm. de Géog. Edris., p. 50.

situés vers la limite méridionale des possessions égyptiennes en Afrique.

La Nubie, bornée au nord par l'Egypte, à l'est par la mer Rouge ou le golfe Arabique, au sud-est par l'Abyssinie, au sud-ouest par la Nigritie, et à l'ouest par la même contrée et l'immense désert de Sahara, occupe du nord au sud une étendue de 330 à 350 lieues, et de l'est à l'ouest une largeur d'environ 250 lieues. Sa superficie est d'à peu près 70,000 lieues carrées.

Les montagnes qui bordent le Nil jusqu'à sa jonction avec le Nil-Bleu ou le Bahr-el-Azrak sont d'une médiocre élévation, et généralement calcaires ; cependant, entre la seconde et la troisième cataracte, le fleuve est encaissé, sur un espace de 22 lieues, entre des rochers de granit et de syénite. Entre Semneh et Oukmeh les roches forment une chaîne que l'on peut évaluer à 800 pieds au-dessus du niveau du Nil. Aux chaînes de roche syénitique de la rive occidentale s'appuie une mer immense de sable mobile : c'est le désert de Nubie, qui n'est séparé de celui de Sahara que par quelques plateaux et des collines. Près d'Oukmeh on trouve une source thermale et des rochers de grès isolés, de forme conique et disposés par assises horizontales. Près de la troisième cataracte, le Nil forme de grandes sinuosités autour de grosses masses de roches granitiques séparées de leurs chaînes, et son lit est rempli d'îles formées par ces rochers renversés. Au-delà de l'île de Tombos les granits et les syénites cessent de se montrer ; plus au sud les collines sont toutes de grès, parmi lesquels on trouve des brèches siliceuses, et le sol est jonché de belles agates roulées ; cependant, en se dirigeant vers l'île de Méroé, on voit, dans certaines localités, les roches syénitiques sortir de dessous les grès. C'est entre l'île de Tombos et la chaîne appelée Djebel-Deka que s'étend, le long d'un vaste coude du Nil, le district appelé *Dar-Dongola*, formé d'une longue et vaste plaine fertile. Les grandes îles de ce district, Argo, Birmi, Mayaneh, Tangasi et Gianetti, paraissent avoir été formées jadis à l'aide de canaux dérivés du Nil; elles sont couvertes de la plus riche végétation (¹). Au-delà de la jonction du Nil-Blanc et du Nil-Bleu, le sol est formé d'un calcaire renfermant une grande quantité de détritus de plantes marines, formant une roche poreuse et friable, percée de coquilles lithophages. La superficie de ces roches calcaires est en partie colorée par l'oxide de fer. Les roches granitiques se montrent de nouveau sur les bords du Nil-Bleu dans les montagnes du Fazokl. Près des limites méridionales de la Nubie, le Tonmut, affluent du Nil, coule au milieu d'alluvions aurifères (²).

Trois saisons règnent successivement en Nubie : la première, celle de la sécheresse et de la stérilité, qui commence après le solstice d'hiver; la seconde, celle des pluies et de l'inondation, qui dure depuis le solstice d'été jusque vers l'équinoxe d'automne, et qu'on peut regarder comme l'hiver de la zone torride; la troisième enfin, celle de la fertilité, qui commence avec l'automne des climats tempérés de l'Europe (³).

Des chaleurs insupportables règnent en Nubie depuis janvier jusqu'en avril; le thermomètre centigrade monte quelquefois à 48 degrés, ou 38 de celui de Réaumur(⁴), et les sables, devenus brûlants, ne permettent au voyageur de marcher que pendant la nuit (⁵), qui est ordinairement très fraîche. Depuis la partie septentrionale de la Nubie jusqu'au confluent du Tacazzé et du Nil, il ne pleut presque jamais; ce n'est qu'au sud du Tacazzé que les pluies commencent chaque année en juillet; elles durent jusqu'en septembre, mais avec de fréquentes irrégularités. Vers la fin d'avril, le vent appelé khamsyn commence à faire sentir son souffle pernicieux, et règne jusque vers l'équinoxe d'été. Il est souvent accompagné d'éclairs et de tonnerre. La région la plus saine est celle qui commence au-dessus de la seconde cataracte : la peste ne s'y fait jamais sentir.

(¹) *Ed. Ruppel : Reisen in Nubien Kordofan*, etc. Francfort sur-le-Mein, 1829. — (²) *F. Cailliaud : Voyage à Méroé, au fleuve Blanc*, etc. — (³) Description de la Nubie par M. Cherubini, compagnon de voyage de Champollion le jeune. — (⁴) *F. Cailliaud : Voyage à Méroé, au fleuve Blanc*, etc. — (⁵) *Idem.*

Depuis la frontière de l'Egypte jusqu'à la seconde cataracte, au contraire, les exhalaisons des eaux stagnantes que le Nil dépose sur ses bords rendent l'air insalubre dans cette partie de la Nubie, surtout pour les étrangers.

« Dans le désert de Nubie, ou le Grand Désert, qui s'étend à l'est du Nil, on ne marche que sur des sables profonds ou sur des pierres pointues; en plusieurs endroits la terre es couverte d'une couche de sel gemme, ou jonchée de fragments de granit, de jaspe ou de marbre; de temps à autre on y voit un bosquet d'acacias rabougris, ou quelques touffes de coloquinte et de séné. Souvent le voyageur ne trouve pour se désaltérer que des mares infectés; car l'Arabe assassin, le *Bicharyyn* ou *Bicharieh* sanguinaire, le *Bedjah* pillard, et le farouche *Hallangas*, se tiennent en embuscade auprès des sources, qui sont en petit nombre (¹). Le désert occidental, moins aride et moins vaste, porte le surnom de *Bahiouda*; il est fréquenté par la tribu de *Koubbabych*. Entre ces solitudes, que la nature elle-même a condamnées à une éternelle stérilité, l'étroite vallée du Nil, quoique privée des bienfaits des inondations régulières, offre quelques cantons, et surtout des îles, où une extrême fertilité récompense les soins industrieux de l'homme, qui, au moyen de grandes roues, y fait monter les eaux fécondantes du fleuve (²) : on compte environ 700 de ces roues entre la première et la seconde cataracte. Les parties méridionales de la Nubie, baignées par le Tacazzé, le Bahr-el-Azrak et le Bahr-el-Abiad, présentent un tableau très différent; à l'ombre de forêts épaisses ou sur le tapis verdoyant de vastes prairies, on voit errer tantôt le lourd buffle, tantôt la légère gazelle, le lièvre timide, l'élégante girafe, l'épais rhinocéros, le majestueux éléphant, le rusé renard, enfin le sanglier, le chat sauvage, et diverses espèces de singes. Ces animaux, la plupart paisibles, ont pour ennemis l'hyène, la panthère, le tigre, et même quelques gros serpents. »

Parmi les espèces volatiles, nous pouvons citer l'autruche, la perdrix, l'oie sauvage, le vanneau, la cigogne, la corneille, et parmi les amphibies, l'hippopotame et le crocodile.

M. Cailliaud a recueilli en Nubie un grand nombre d'insectes qui ont été dénommés par

(¹) *Bruce*, l. VIII, ch. II et XII. — (²) *Poncet, Lettres édif.*, t. IV.

notre savant Latreille : les plus remarquables sont le *trombidion colorant*, que nous retrouverons en Guinée, où on l'utilise dans la teinture; le *taupin notodonte*; l'*ateuchus des Egyptiens*, au corps d'un vert brillant, et qui paraît être le véritable scarabée sacré de l'antique Egypte; et la *scolie à bandes rousses*, grande espèce de mante qui sert d'amulette aux Nègres des bords du fleuve Bleu et du fleuve Blanc, sur la frontière méridionale de la Nubie. Dans cette contrée, les moustiques sont très incommodes, et dans la saison des pluies on voit paraître une mouche appelée par les habitants *tsoltsalya*, semblable à la guêpe et armée de trois aiguillons, qui répand souvent la désolation et la misère dans la contrée appelée le royaume de Sennaar : elle s'attache aux chameaux, qu'elle fait mourir, dit-on, par sa piqûre.

« Le *doura* et le *bammia* (ce dernier décrit par Prosper Alpin) sont les principales espèces de grains de la Nubie : on cultive aussi le froment et le millet. On exporte deux espèces de séné; mais on ne tire aucun avantage de la canne à sucre, qui abonde le long du Nil. L'ébène domine dans les forêts [1], où l'on trouve également plusieurs espèces de palmiers.

» Le *mimosa*, ou l'*acacia nilotica* d'Egypte, dont on tire la gomme, est répandu jusque dans le Dar-four. Le suc que l'on extrait de ses fruits se trouvait autrefois dans les pharmacies; à la gomme qu'il produit on préfère aujourd'hui celle du Sénégal. Pline semble indiquer le grand cotonnier sauvage parmi les arbres de la Nubie [2]. Près de l'ancienne Méroé les pommiers ne réussissaient plus, selon Strabon, et les brebis portaient des poils au lieu de laine [3]. »

Le *cacia absus*, ou le *chychim* des droguistes d'Egypte, est une petite plante herbacée dont les grains, que les caravanes du Dar-four apportent de ce pays ainsi que de la Nubie, fournissent un puissant spécifique contre les ophthalmies. Le séné à feuilles aiguës, celui qui est le plus recherché dans le commerce, le *cassia acutifolia* des botanistes, abonde dans les lieux humides. Le *tamarinier* est commun au contraire dans les terrains secs. On voit flotter sur le Nil, à Sennaar, le *pistia stratiotes*, que les anciens regardaient comme un remède contre les blessures et les érysipèles. Le *balanites ægyptiaca*, arbre commun dans le pays de Fazokl, produit un fruit en forme de datte dont on obtient par la distillation une liqueur spiritueuse. Le *symka* est une plante très commune qui porte une gousse semblable à celle du pois, et dont la graine donne de l'huile, tandis que la feuille sert de nourriture aux chameaux.

« Deux tribus nomades vivent presque indépendantes dans les hautes terres de la partie septentrionale de la Nubie, c'est-à-dire depuis le tropique jusqu'au 22e parallèle. La première, celle qui habite à l'occident du Nil, porte le nom de *Barabras* ou celui de *Kenous*. Ils sont maigres et n'ont que des nerfs, des muscles et des tendons plus élastiques que forts; leur peau luisante est d'une teinte bronzée; leurs yeux profonds étincellent sous un sourcil fortement surbaissé; ils ont les narines larges, le nez pointu, la bouche évasée, sans que les lèvres soient grosses, les cheveux et la barbe rares et par petits flocons; ridés de bonne heure, mais toujours vifs, toujours agiles, ils ne trahissent leur âge que par la blancheur de leur barbe. Tout le reste du corps est grêle et nerveux; leur physionomie est gaie; ils sont vifs et bons. En Egypte, on les emploie le plus ordinairement à garder les magasins et les chantiers de bois. Ils gagnent peu, se nourrissent de presque rien, et restent attachés et fidèles à leurs maîtres [1]. »

Ils se vêtent d'une pièce de laine bleue ou blanche attachée sur les reins et passant entre les jambes, et quelquefois d'une chemise de toile. Quelques uns ont les cheveux courts et bouclés; mais la plupart les portent tressés comme sont représentés leurs ancêtres dans les monuments antiques; ces tresses forment plusieurs petits chignons, et leurs extrémités, rassemblées sur le sommet de la tête, y sont retenues par une longue broche en bois. Une sorte de bracelet, attaché près de l'épaule au bras gauche, leur sert à retenir un petit couteau courbe. Leurs femmes sont laides; elles portent des pantalons de toile blanche ou bleue, par dessus lesquels flotte une chemise de la même toile, ouverte des deux côtés dans toute la longueur, mais fermée sur le devant.

---

(1) *Plin.*, l. VI, ch. xxx. — (2) *Idem*, l. XIII, cap. xii. — (3) *Strab.*, lib. XVII, p. 565. Casaub.

(1) *Costaz*, Mémoire sur les Barabras, dans la Description de l'Egypte. *Denon*, Pl. 107, fig. 4. *Thévenot*, Voyage, p. 1, l. II, ch. lxix.

Souvent elles s'enveloppent d'un manteau court dont elles se couvrent la tête. Les Barabras élèvent des bœufs, des moutons, et surtout des chèvres, très communes dans leur pays. Ils sont sobres, laborieux, d'un tempérament sec et peu sujet aux maladies. La brûlure à l'aide d'un fer rouge est un remède souverain pour la plupart de leurs maux. Ils construisent de grands radeaux sur lesquels, à l'époque de la crue du Nil, ils embarquent leurs récoltes, qui consistent en doura, en orge, en tabac, en coton, en dattes et en bois d'acacia et de sycomore, qu'ils vont vendre quelquefois jusqu'au Kaire.

« Les déserts situés à l'orient du Nil, depuis la vallée de Koséir, en Egypte, jusque fort avant dans la Nubie, sont occupés par les *Ababdèhs*, dont nous avons déjà parlé; ils ont pour ennemis tous les Arabes qui habitent aussi à l'orient du Nil, mais au nord de la vallée de Koséir jusqu'à l'isthme de Suez. Les Ababdèhs diffèrent entièrement par leurs coutumes, leur langage, leur costume, des Arabes que l'on trouve dans l'Egypte. Ils sont presque noirs, mais leur caractère de tête est celui des Européens(¹); ils portent les cheveux longs et ne se couvrent pas la tête; leur vêtement ne consiste que dans un morceau de toile qu'ils attachent au-dessus des hanches; ils s'enduisent le corps, et surtout la tête, de graisse de mouton. Leurs femmes ne portent qu'une petite jupe attachée sur les hanches, et qui ne descend que jusqu'au milieu des cuisses. Elles portent des colliers; mais leur principal ornement est un tatouage élégant qu'elles ne dessinent que sur le haut des bras et sur la partie antérieure du corps. Ils n'ont pas d'armes à feu et fort peu de chevaux; ils élèvent une espèce de chameau qu'ils nomment *aguine*, plus petite, plus svelte et plus prompte que l'espèce ordinaire. Leurs amusements guerriers sont animés par une musique moins triste et moins monotone que celle des Egyptiens. Le même homme est poëte et musicien; il chante en s'accompagnant d'une espèce de mandoline. Ils sont mahométans, mais peu rigides; ils enterrent leurs morts en les couvrant de pierres.

En suivant les bords du Nil, nous apercevons, à 2 ou 3 lieues de la frontière de l'Egypte, un petit endroit appelé *Debout*, où l'on voit les restes d'un temple antique qui n'a jamais été terminé. D'autres ruines semblables se succèdent jusqu'à *Teffah*, ou *Teffeh*, village qui occupe l'emplacement de l'antique *Taphis*, et près duquel on remarque plusieurs temples. Plus loin, le village de *Kalâbcheh*, que l'on croit être l'ancienne *Talmis*, offre un temple qui passe pour l'une des plus belles ruines de la Nubie: il ne paraît pas avoir jamais été terminé. Des inscriptions grecques prouvent qu'il fut consacré au soleil; on croit qu'il a été commencé sous le règne d'Auguste et continué jusque sous celui de Trajan. Dans les premiers temps du christianisme, il fut transformé en église; on y a recouvert les anciennes sculptures d'un enduit en plâtre, sur lequel on a peint des images: on y distingue même encore une tête de saint Jean-Baptiste. Kâlabcheh renferme environ 200 familles: c'est un des plus grands villages de la Basse-Nubie.

Au bourg de *Darmout*, on voit encore les ruines d'une petite ville dont on ignore le nom antique; plus loin se trouve *Dandour* sur la rive droite du Nil. Sur le bord opposé s'élève un petit temple qui n'a jamais été achevé et qui date du siècle d'Auguste : Champollion y a signalé un écho qui répète fort distinctement onze syllabes prononcées d'une voix sonore. Bientôt on arrive à *Ghirchèh* ou *Kirchèh*, dont le vaste temple ou *hemi speos*, c'est-à-dire à moitié taillé dans le roc, est orné de cariatides élégantes et de beaux bas-reliefs qui forment un contraste frappant avec les six colosses d'une sculpture grossière qui ornent la grande salle de l'édifice, et qui ont 18 à 20 pieds de hauteur, y compris les piédestaux. *Dekkeh* est l'antique *Pselcis*; son temple est remarquable par la richesse des ornements et la beauté des sculptures. Vis-à-vis de ce temple et sur la rive opposée et orientale du Nil, on voit *Kobban*, qui offre encore les restes d'une antique cité égyptienne.

Meharrakah, avec un petit temple qui a servi au culte chrétien; *Sebou* ou *Seboua*, avec un grand *hemi-speos*, précédé d'une double rangée de sphinx et de plusieurs statues colossales; *Amada* et *Tômas*, villages qui ont aussi chacun leurs temples antiques, se succèdent sur la rive gauche du fleuve jusqu'à la capitale des Barabras ou de la Basse-Nubie. Champollion a reconnu que le temple

---
(¹) Mém. sur l'Egypte; III, p. 280.

d'Amada a été construit par le roi Thouthmosis III ou Mœris ; selon ce savant archéologue, les colonnes de cet édifice présentent le type originaire de la colonne dorique. Les maisons de Tômas sont éparses sur une grande étendue et entourées chacune d'un champ cultivé. Elles sont de forme pyramidale comme toutes celles de la Nubie. Ce village est fortifié par de grosses murailles en pierres.

El-Derr ou *Deyr*, ou enfin *Derri*, malgré son titre de capitale, n'est qu'une réunion de divers groupes de maisons bâties en terre, à l'exception de celles des cachefs ou des principaux magistrats de cette ville de 3,000 âmes. On y remarque aussi plusieurs temples, dont un, taillé dans le roc, a été regardé par le voyageur Belzoni comme consacré à Osiris. A 5 lieues plus haut, *Ibrim* est l'antique *Premnis* de Strabon. Ce village, l'un des principaux des Barabras, était encore une ville au commencement de ce siècle, lorsqu'il fut dévasté par les Mamelouks. On y remarque beaucoup de ruines, et surtout quatre vastes excavations taillées dans un roc à pic qui domine le Nil, et qui pourraient bien être des temples ; quoi qu'il en soit, Champollion les fait remonter à la plus haute antiquité : l'un est attribué à Touthmosis Ier, et le moins ancien à Sésostris.

Le temple que Champollion attribue à Sésostris est creusé dans le flanc d'une montagne derrière El-Derr. Le *pronaos* est presque entièrement détruit ; il ne reste qu'une portion des murailles latérales et une rangée de colonnes devant la *cella*. Dans l'intérieur, on voit de chaque côté une autre rangée de colonnes carrées massives. Les portes, ornées de frises, de corniches, de moulures, sont surmontées du globe ailé. Des deux côtés du sanctuaire se trouvent de petites niches qui selon les uns ont servi à renfermer des cercueils, mais qui plus probablement contenaient les vases sacrés. Quelques auteurs pensent que ce fut là que l'on plaça les dieux de l'Egypte avant l'érection des magnifiques temples de Louqsor, de Medinet-Abou et de Karnak.

Près du sanctuaire il y a un bas-relief dans lequel M. Taylor a cru reconnaître une scène relative à l'apparition de Dieu à Moïse dans le buisson ardent. Il y a un Osiris représenté au milieu d'un vaste buisson qui semble être en feu. Mais ce bas-relief, suivant une opinion plus admissible, représente le roi Rhamsès tenant dans ses mains le fouet et le crochet, et placé au milieu de l'arbre de vie en présence du dieu Pahthah et de la déesse Pacht. De l'autre côté de l'arbre de vie le dieu Thoth à la tête d'ibis marque l'époque de cette cérémonie religieuse sur le *sceptre des panégyries*. Ce monument est très curieux par la tradition biblique à laquelle il fait allusion. L'arbre de vie jouait en effet un grand rôle dans la théologie égyptienne ; ce fait est d'ailleurs prouvé par un autre monument égyptien qui paraît rappeler la chute d'Adam et d'Ève [1].

Cette partie du Nil, située entre El-Derr et Ibrim, abonde en dattiers : les dattes d'Ibrim sont renommées dans toute l'Egypte.

Après avoir traversé une plage presque déserte et dépourvue de verdure, en suivant la rive gauche du fleuve, on arrive à la montagne d'*Ebsamboul*, qui doit son nom à un village appelé aussi *Ebsamboul* ou *Ibsamboul*. Cette montagne est un gros rocher de grès qui domine le Nil. Sa pente rapide et couverte de sable jusqu'au bord de celui-ci, conduit à l'entrée des plus magnifiques excavations de toute la Nubie : ce sont deux temples taillés dans le roc. Celui d'*Athor*, dédié à l'épouse de Sésostris-le-Grand, est le plus petit ; sa façade est décorée de six statues colossales de 35 pieds de hauteur, représentant le Pharaon et sa femme, ayant à leurs pieds l'un ses fils, l'autre ses filles ; l'intérieur est couvert de bas-reliefs d'un très beau travail. Le grand temple, dédié à *Phré*, le dieu du soleil, présente une façade de 117 pieds de largeur sur 88 de hauteur ; c'est l'édifice le plus remarquable de la Nubie inférieure ; il est du plus beau travail. Quatre figures colossales assises y sont représentées : elles sont taillées dans le roc et ont 61 pieds de hauteur ; mais le sable dans lequel elles sont enfouies en cache plus de la moitié. 21 statues de singes éthiopiens sont comprises dans les ornements accessoires de cette façade. L'entrée du temple, continuellement encombrée par les sables du désert, exige de nouveaux déblais chaque fois qu'on veut y pénétrer. On y

---

[1] Consultez la *Syrie*, l'*Egypte*, la *Palestine* et la *Judée*, considérées sous leur aspect historique, archéologique, descriptif et pittoresque. — Voyez aussi les *Annales de philosophie chrétienne*, 1840.

trouve 17 salles de différentes grandeurs : la première est soutenue par 8 piliers auxquels sont adossés autant de colosses de 30 pieds de hauteur représentant Rhamsès-le-Grand ou Sésostris : les murs de cette vaste salle sont recouverts de bas-reliefs qui rappellent les conquêtes de ce prince en Afrique : ces sujets sont de grandeur naturelle et d'une parfaite exécution. Les autres salles sont décorées de sculptures relatives à des scènes religieuses. Les couleurs qui ornent ces bas-reliefs ont conservé leur éclat primitif. Le temple se termine par un sanctuaire orné de quatre grandes statues d'un très beau travail. Il faut être muni de flambeaux pour examiner ces magnifiques intérieurs, parce que le jour n'y pénètre que par la porte d'entrée.

Les villages qui se succèdent jusqu'à *Ouady-Halfah*, ne nous offrent, malgré quelques restes d'antiquités, rien qui mérite de fixer l'attention. Ce dernier est remarquable par la cataracte que le Nil forme un peu au-dessus : c'est la seconde depuis l'île d'Éléphantine ; on en avait exagéré la hauteur : elle n'est que de quelques pieds. Les rochers dont elle est formée se groupent en une grande quantité de petits îlots, dont quelques uns sont couverts d'une riche végétation, composée en grande partie d'acacias. « La couleur noire des ro-
» chers, dit M. Cailliaud, offrait un contraste
» bien tranché avec la blancheur de l'écume
» des eaux, les sables de teinte rouge et ces
» îles de verdure qui paraissent sortir du
» fleuve. La diversité des couleurs, le bruit
» des ondes au milieu d'un profond silence ;
» le soleil éclairant une perspective lointaine,
» et dorant le fleuve de ses rayons, formaient
» un tableau enchanteur, une scène imposante
» dont je ne pouvais détacher mes regards. »
Telles sont les particularités que nous offre la contrée habitée par les Barabras.

Sur les deux rives du Nil, au sud du pays des Barabras, s'étend une petite contrée peu peuplée et presque stérile, appelée *Ouady-el-Hadjar*. Elle renferme quelques misérables hameaux ; tels que *Semneh*, *Tournouki*, *Okmeh* et *Dal*. La position de Semneh, dit M. Cailliaud, est assez agréable : le Nil y forme, sur sa rive gauche, un petit port où l'on trouve 7 ou 8 cabanes construites en roseaux et habitées par quelques Barbarins ; sur la rive opposée s'élèvent aussi quelques habitations éparses. On y voit un petit temple construit en grès, sur un rocher très élevé ; il se compose d'une seule salle : il est entouré d'une galerie couverte, soutenue par des piliers et des colonnes ; de même que le petit temple d'Éléphantine, mais il n'est pas dans un style aussi élégant que ce dernier : les hiéroglyphes, tous en relief, ne laissent cependant rien à désirer. Au fond du temple est une statue d'Osiris, renversée et la tête emportée : elle est en granit, assise les bras croisés, tenant en croix le sceptre et le fouet. Ce temple paraît avoir été construit par le roi Thouthmosis III de la dix-huitième dynastie : ce qui ferait remonter son origine vers la fin du dix-septième siècle avant l'ère chrétienne. Sur la rive droite, on trouve également un temple ; mais il est plus grand, moins bien conservé, et surtout en grande partie comblé de décombres, de terre et de sable. Prise de la rive gauche, la perspective de Semneh est très pittoresque : la vue s'étend à une grande distance sur les montagnes de l'est, agréablement diversifiées de forme et d'aspect. Près de ce village, le Nil forme une petite cataracte entourée d'écueils sur lesquels les barques vont se briser ; mais cette cataracte n'est point au nombre de celles que l'on énumère sur le fleuve : nous ne sommes point encore arrivés à la troisième.

A l'ouest du Nil, après 30 heures de marche accélérée, on arrive, en traversant un désert de sable où l'on trouve beaucoup de troncs de palmiers pétrifiés et quelques monticules de grès, à l'*oasis de Sélimèh*. Sa partie fertile se compose de deux portions : la plus orientale a 750 mètres de circonférence, et est couverte de plantes herbacées, de dattiers et de tamarisces ; un peu plus loin, vers le nord-ouest, est la seconde qui a environ 1,000 mètres de circuit, et dont le centre est occupé par un marais rempli de roseaux. Dans certains endroits, en creusant à un mètre de profondeur, on trouve de l'eau douce et bonne. Cette oasis ne renferme aucun reste de monuments antiques ; mais seulement les ruines d'une habitation appelée *Aïn-Sélimèh*, distribuée en huit petites pièces, dont les murs sont en moellons de grès, et chargés de quelques lettres grecques ou coptes. Suivant la tradition répandue chez les Arabes, cette demeure fut celle d'une princesse appelée Séliméh, qui, à la tête d'une troupe de guerriers, répandit la terreur en Nubie. A une époque reculée, l'oasis a pu avoir le double de son étendue actuelle. Tout le sol est composé de grès chargé d'oxide de fer et recouvert de couches calcaires, au milieu desquelles se trouve du sel gemme en abondance.

Au sud de l'Ouady-el-Hadjar on trouve sur les deux rives du Nil un petit pays appelé *Sokkot*, riche en dattes estimées, et fertile autant que pittoresque. Le Nil y coule lentement et y est aussi large qu'en Égypte: l'hippopotame y est assez commun. Sa rive droite offre surtout une succession continuelle de villages; le plus remarquable est *Amarah*, où l'on voit les restes d'un beau temple égyptien. Parmi les îles nombreuses qui s'élèvent au milieu du Nil, la plus considérable est celle de *Says* ou *Say* dont les bords offrent une riche végétation, et l'intérieur quelques ruines peu intéressantes. Il s'était formé dans cette île une petite république aristocratique qui, sur son refus de payer l'impôt au pacha d'Égypte, fut détruite par ses ordres en 1823. Le château qui la protégeait a été rasé, et maintenant elle n'est plus habitée que par des gazelles et des loups.

En quittant le Sokkot, on entre dans le pays de *Mahas*, qui s'étend sur une longueur de 22 lieues et se termine au Dongolah. Le premier village est *Solib* ou *Soleb*, qui consiste en quelques habitations éparses sous un petit bois de dattiers. A *Gourien-Taoua*, qui n'est qu'une bourgade, on voit les restes d'un grand temple qui offre beaucoup de rapport avec le Memnonium de Thèbes, et qui doit avoir été un édifice très important. *Sesceh* présente aussi des ruines imposantes. Les habitants du Sokkot et du Mahas n'ont dans leurs mœurs rien qui les distingue de ceux de la Basse-Nubie.

Après avoir remonté au-delà de la troisième cataracte, on se trouve dans le pays de *Dongolah*, qui formait dans le moyen âge un des plus puissants royaumes de la Nubie. Devenu tributaire des Chaykyéhs, il tomba plus tard au pouvoir des Mamelouks échappés de l'Égypte; mais en 1820 le pacha s'en empara. Le premier endroit que l'on traverse est le village d'*Haffyr*, situé sur la rive gauche du Nil, vis-à-vis les ruines de Kirman qu'on voit sur l'autre rive. Bientôt s'offre la belle île d'*Argo*, longue de près de cinq lieues. On y trouve vingt et un villages, et à une lieue au nord de celui de *Toura*, deux statues colossales de Memnon, qui s'élevaient probablement vis-à-vis d'un temple dont il ne reste plus de vestiges. Ces colosses en granit ont 7 mètres de hauteur, y compris le socle: l'un des deux est brisé en deux parties; à quelque distance de là on aperçoit quelques groupes de sculptures; mais en général ces monuments antiques ne sont pas d'un aussi beau style que ceux de Thèbes.

Marakah, ou le *Nouveau-Dongolah*, est la ville la plus importante ou plutôt le village le plus considérable de cette partie de la Nubie: il peut avoir 3 à 4,000 habitants. Il occupe un emplacement de 700 mètres de circonférence. La plupart des habitations isolées l'une de l'autre sont grandes et assez commodes, mais elles sont toutes bâties en torchis, c'est-à-dire en terre mêlée de paille hachée. *Hannak* est défendu par un château-fort; *Basleyn* n'est qu'un misérable hameau; mais *Dongolah-el-Agouz*, ou le *Vieux-Dongolah*, sur la rive droite du Nil, est cette riche cité du moyen âge, cette capitale du royaume de Dongolah, que les anciens auteurs arabes représentent comme riche, commerçante et peuplée de 10,000 familles [1]: aujourd'hui ce n'est plus qu'un pauvre village. Sa longueur est de 800 pas et sa largeur de 200 à 250. Elle est bâtie sur un rocher taillé à pic du côté du fleuve. Pour leur sûreté, les cheykhs ont fait élever des murs de 8 à 9 mètres, flanqués de petites tours carrées, auxquels sont adossées les maisons, qui toutes se lient l'une à l'autre et ne sont séparées que par de petites cours. Les habitations de la classe indigente sont éparses dans la ville. Vers l'extrémité nord-ouest de celle-ci s'élève un ancien couvent copte qui a été transformé en mosquée. Un peu plus loin, et hors de l'enceinte de la ville, s'étendent des ruines d'anciennes habitations qui paraissent appartenir à des édifices construits par les Musulmans avec les débris de ceux des Coptes. Dongolah, qui contenait autrefois environ 600 habitants, en renferme à peine aujourd'hui 300, distribués en une quarantaine de familles. Ils sont apathiques, malingres et fainéants; ils ne cultivent la terre que tout juste ce qu'il

[1] *Léon l'Africain*, VII, cap. xvii. *Bakoui*, etc.

faut pour ne pas mourir de faim. La position de leur ville est des plus désagréables : elle est exposée à tous les vents qui y apportent les sables dont les rues sont obstruées.

Vers le milieu du dernier siècle, le pays de Dongolah a été ruiné par les Chaykyéhs, ce qui força les habitants à s'expatrier; voilà pourquoi la population est si faible et la terre à peine cultivée. Dès qu'on est entré dans le Dongolah, on trouve en abondance des troupes de ces insectes appelés vulgairement *fourmis blanches*, et qu'on nomme *gourda* dans le pays : c'est une espèce du genre *termès*. Ils détruisent tout, graines, linges, papier, nattes en paille, et jusqu'au bois qu'ils piquent et rongent en peu de temps. Les habitants sont obligés d'élever sur des pieux des planchers sur lesquels ils placent leurs récoltes de doura et leurs autres provisions pour les mettre à l'abri des ravages de ces insectes; en un mot, leurs nombreuses phalanges, aux attaques desquelles il est difficile de se soustraire dès que vient la nuit, époque où ils sortent de leurs retraites, sont un véritable fléau pour ce pays déjà si pauvre.

Dans le Barabrah les hommes vont presque nus; dans le Dongolah ce sont les femmes. Elles se graissent la chevelure et le corps; leur unique vêtement consiste en un morceau de toile, dont un bout est porté en trousse à la ceinture, tandis que le reste se drape sur les épaules et autour du corps. « Quelquefois, » surtout dans leur ménage, elles suppriment » cette dernière partie de leur ajustement. » Celles qui sont aisées ont des bracelets d'ar» gent ou d'ivoire, souvent même en cuir » garni de quelques boutons d'argent ou d'é» tain : elles portent quelquefois des orne» ments de la même forme au bas des jambes. » Leur cou et leur chevelure sont aussi parés » d'ouvrages en verroterie et de petites pla» ques d'argent. Les pauvres femmes se con» tentent de bracelets de bois ou de verre. Il » est du bon ton, pour les premières, d'avoir » les ongles longs et teints en rouge. Des san» dales en cuir, comme celles des anciens, » sont la chaussure des habitants des deux » sexes : leur nourriture ne diffère pas de celle » des autres Arabes (¹). » Les hommes se font remarquer par leur chevelure épaisse et touf-

(¹) *F. Cailliaud*: Voyage à Méroé et au fleuve Blanc, etc., t. II, p 24.

fue, et par leur costume, qui consiste en une longue chemise ou robe à manches, et un long collier qui pend sur leur poitrine. Ils n'ont ordinairement pour arme qu'une lance. Suivant M. Ruppell, la démoralisation est telle dans le Dongolah, que la plupart des femmes se prostituent pour de l'argent; des femmes esclaves partagent avec leur maître le prix de leur prostitution.

La province de *Chaykyéh* succède au Dongolah. Elle présente, sous le rapport agricole, un aspect tout différent : les champs, bien cultivés, y attestent l'industrie et l'activité des habitants. *Korti* est la première ville que l'on y traverse. Avant l'incendie qu'elle éprouva en 1819 par ordre d'Ismaÿl-Pacha, pour punir les habitants de ce qu'ils avaient pris la fuite à son approche, elle se divisait en trois parties, défendues chacune par un château-fort. Plus loin, sur la rive opposée, c'est-à-dire à la droite du Nil, on voit *Hannek*, qui a été ruiné à la même époque, et qui comptait 2,000 habitants. A cinq lieues au-dessus et sur la même rive on trouve le bourg de *Méraoueh* ou *Méraouy*, près duquel se font remarquer, sur le mont Barkal, plusieurs pyramides moins grandes que celles d'Egypte, les ruines d'un grand temple, des colonnes, des sphinx et d'autres restes encore qui paraissent être d'une époque plus reculée que les antiquités qui couvrent le sol égyptien. Ces monuments ont paru à M. Cailliaud être les restes de l'antique *Napata*, qui, après avoir été la capitale de la Nubie, fut détruite par les Romains. Le mont Barkal est un rocher de grès, escarpé de tous côtés, qui attire les orages et fait abonder les pluies dans ses environs. Sur la rive opposée on voit, près du hameau de *Nouri* ou *Noure*, quinze pyramides, dont la plus grande a 48 mètres à sa base : elles sont plus effilées que celles d'Egypte. C'est près de Méraouy que se trouve la quatrième cataracte.

Suivant la tradition répandue dans ce pays, la province de Chayky ou Chaykyéh était, vers le milieu du treizième siècle, une république gouvernée par trois chefs principaux, qui avaient sous leurs ordres trois autres chefs chargés du commandement des troupes. La population, trop nombreuse pour la quantité de terres en culture, conserva des habitudes guerrières, aussi la plupart des Chaykyéhs sont-ils presque toujours armés de leur lance. Un long et étroit bouclier en peau de crocodile ou d'hippopotame est leur arme défensive; leur costume consiste en une sorte de jupon qui leur descend jusqu'aux genoux, et en une longue pièce d'étoffe jetée sur leurs épaules; leurs cheveux, tressés comme ceux des anciens Nubiens, sont rabattus sur le cou et le front en une multitude de petites nattes. Ils sont de moyenne taille, plus robustes que les Barabras et pleins de bravoure et de fierté. Leurs femmes même partagent leur ardeur belliqueuse: en 1812, elles ne craignirent point de provoquer au combat les mamelouks, et remportèrent quelquefois l'avantage. Elles sont généralement jolies; mais elles passent pour être fort dépravées. Leur principal vêtement est une espèce de toile drapée autour du corps. Avant leur soumission au pacha d'Egypte, les Chaykyéhs exerçaient leur brigandage sur les caravanes qui passaient dans leur voisinage. Ils peuvent mettre sur pied environ 6,000 hommes. Leur territoire, qui n'a pas une lieue de largeur, en a environ 30 de longueur.

Dans la petite province de *Monassyr* il n'y a que de misérables villages: le plus considérable est *Selmi*, qui n'a que 300 habitants.

En entrant dans le pays de *Robdtat*, dont le sol est en grande partie envahi par les sables, le premier objet qui frappe nos regards est une grande île appelée *Mokrat*, large d'une lieue et longue de 6, et renfermant des collines et quelques ruines. Le village d'*Abou-Hammed* est un des principaux lieux habités.

C'est un peu au-dessous de la cinquième cataracte que l'on entre dans le pays de *Barbar*, qu'on prononce aussi *Berber*. Il a environ 20 lieues de longueur; la plus grande partie est en plaines, dont les deux tiers environ sont occupés par des champs cultivés en doura, en cotonniers et autres productions. On y voit quelques palmiers, mais l'arbre le plus commun est l'acacia d'Egypte. L'air en général y est pur. Les animaux les plus nombreux sont le chameau, le bœuf à bosse et le cheval. Les beaux chevaux du Dongolah se tirent principalement du Chaykyéh et du Barbar. Les habitants, hommes et femmes, sont d'une taille élevée et assez bien faits, si ce n'est qu'ils ont les jambes trop minces. Les hommes portent communément les cheveux courts, frisés et for-

mant une huppe sur le devant de la tête: les femmes les tressent comme les Barabras. Les premiers sont armés et vêtus comme les Chaykyéhs; chez les femmes, la nudité ne paraît point offenser la pudeur: celles-ci n'ont dans leur maison qu'une toile d'une seule laize tournée autour de la ceinture et dont les extrémités leur descendent un peu plus bas que le genou: lorsqu'elles sortent elles se drapent le corps avec cette toile. Les jeunes filles n'ont pour tout vêtement qu'une trousse en lanières.

« Le divorce est une institution en vigueur
» chez les Barbars. Toutefois, si un homme,
» après avoir répudié sa femme et s'être marié
» à une autre, s'en repent et témoigne le désir
» de reprendre sa première femme, il le peut,
» pourvu que celle-ci y consente; un délai de
» quelques jours est réservé pour procéder aux
» formalités du second divorce: mais durant
» cet intervalle, la coutume autorise l'épouse
» rentrée en faveur à se choisir, par forme de
» représailles, un mari provisoire, avec lequel
» elle habite jusqu'au jour indiqué pour sa réu-
» nion avec celui qui l'avait délaissée. Il n'est
» point rare de voir des femmes, dans cette
» position, user, dans l'intérêt de leur sexe, de
» la prérogative que la loi leur accorde. Bien
» plus, si le mari par *interim* paraît à une
» femme mériter la préférence sur l'homme
» dont elle a déjà éprouvé l'humeur incon-
» stante, libre à elle d'opter; et de deux com-
» pagnes, l'époux volage se trouve n'en avoir
» aucune (¹). »

Les caravanes qui fréquentent souvent la province de Barbar y répandent le goût des spéculations commerciales, et contribuent à donner plus de valeur aux productions agricoles et manufacturières du pays. Aussi les Barbars font-ils de fréquents voyages en Egypte, où ils portent toutes les marchandises qu'ils reçoivent des caravanes, en échange de leurs toiles et de leurs autres produits, parmi lesquels le doura occupe le premier rang. De là vient aussi qu'un air d'aisance est répandu dans le pays, et qu'on y compte même plusieurs individus fort riches.

Les villages d'*el-Solymaniéh*, *el-Abeydyeh* et *Annakharah* et plusieurs autres, ne méritent pas d'être décrits; mais celui d'*el-Mekheyr* peut être considéré comme la capitale du Bar-

(¹) F. Cailliaud: Voyage à Méroé et au fleuve Blanc, etc., t. II, p. 114.

bar. Il est sur la rive droite et à 300 pas du Nil ; son étendue est d'un quart de lieue. « Les » maisons y sont sur trois lignes, séparées par » deux larges rues ; elles sont en terre crue, et » n'ont en général qu'un rez-de-chaussée ; » quelques unes seulement, en partie isolées » les unes des autres et éparses, sans ordre et » sans alignement, ont trois ou quatre pièces, » et sont surmontées le plus souvent de ter- » rasses avec des conduits pour l'écoulement » des pluies ; une cour, enceinte de murs, est » destinée aux animaux domestiques, et il y » a des espèces de petites étables où on les met » la nuit à couvert. Une ou deux pièces obs- » cures servent de magasins pour les provi- » sions, les vases à boire et autres ustensiles. » Le luxe de la chambre à coucher consiste » dans le lit conjugal : il est très élevé et en- » touré de nattes de paille, quelquefois très » fine et de diverses couleurs. Une pièce est » consacrée aux travaux du ménage ; elle n'est » souvent qu'à moitié couverte : c'est là que » sont les pierres pour triturer les grains ; le » feu se fait contre la muraille ; enfin, c'est là » cuisine proprement dite. Un grand nombre » de maisons ont des portes faites de pièces de » bois assemblées avec des lanières, et dans » lesquelles il n'entre aucune espèce de fer- » rure ; la serrure même est en bois et fixée de » la même manière (¹). »

Près du confluent de l'*Atbarah* ou du Ta-cazzé et du Nil, on voit *Damer* ou *Ad-Damer*, capitale d'un petit Etat soumis à un gouvernement théocratique. Cette ville de 500 maisons, habitée par des Arabes de la tribu de Medjaydin, la plupart foukkaras ou prêtres, soumis à un pontife qui jouit d'une grande considération dans les tribus voisines, est formée de rues droites bordées d'arbres et aboutissant à une assez belle mosquée. Depuis l'expédition d'Ismayl-Pacha, ce pays a perdu son indépendance, mais Damer est toujours importante par son commerce et par ses écoles où sont élevés et instruits les jeunes mahométans que l'on y envoie du Sennaar, du Dar-four et de plusieurs autres pays éloignés.

C'est à Damer que l'on entre sur le territoire assigné par les anciens à ce fameux empire de *Méroé*, dont l'origine se perd dans la nuit des siècles, que plusieurs écrivains anciens et modernes ont considéré comme le berceau de toutes les institutions religieuses et politiques de l'Egypte (¹), et qui du moins a dû être un Etat très civilisé et très puissant. La prétendue île de Méroé comprenait l'espace qui s'étend entre l'Atbarah, l'*Astaboras* des anciens, le Nil, le fleuve Bleu ou le Bahr-el-Azrak et le Rahad. Entre les sources de cette dernière rivière et de l'Atbarah, le voyageur anglais Bruce dit qu'il existe un ruisseau qui, courant de l'est à l'ouest, fait, dans la saison des pluies, la jonction parfaite de ces deux rivières, et forme du territoire de Méroé une véritable île qui justifie cette dénomination que lui ont donnée les anciens. Ce territoire comprend aujourd'hui, outre celui de Damer, deux pays plus considérables : le Chendy et l'Halfay. Bruce crut reconnaître les ruines de Méroé au-dessous de Chendy, vis-à-vis l'île de Kourgos ou Kourkos, qui s'élève au milieu du Nil : M. Cailliaud est d'accord avec lui sur ce point.

Le petit village d'*Assour* ou d'*Hachour* paraît occuper une partie de l'emplacement de Méroé. En effet, dans son voisinage s'élèvent encore des pyramides disposées en groupes, et qui paraissent être des tombeaux, des ruines de temples, une foule d'autres monuments, et enfin les restes d'une ville dont on reconnaît l'antique enceinte.

A environ 10 ou 11 lieues au-dessus d'Assour, et toujours sur la rive droite du Nil, on voit *Chendy*. Cette ville, située à un demi-quart de lieue du fleuve, peut avoir 8 à 900 maisons et 6 à 7,000 habitants. Toutes les habitations sont de forme carrée et surmontées d'une terrasse ; elles ne sont éclairées que par de petites ouvertures pratiquées au haut des murailles. La ville est percée de rues larges et assez bien alignées, mais dans lesquelles le vent y accumule une si grande quantité de sable, que les piétons ont beaucoup de peine à y circuler. « Nulle part en Nubie, dit M. Cail- » liaud, les mœurs ne sont aussi corrompues » qu'à Chendy. Les femmes y sont l'objet d'un » trafic public dont on stipule hautement les » conditions dans les rues et les marchés. Les » absences fréquentes que les hommes sont » obligés de faire pour leur commerce, la cha- » leur du climat, la nudité des deux sexes,

---

(¹) F. Cailliaud : Voyage à Méroé et au fleuve Blanc, etc., t. II, p. 100.

(¹) Heeren. Idem, uber politick, etc., 1, 262, sqq., 1ʳᵉ édit.

» l'excès des boissons fermentées, tout tend à
» y entretenir le dérèglement et l'exaltation
» des sens. Je pourrais, sans craindre d'être
» taxé d'exagération, évaluer au-dessous du
» quart les femmes qui conservent quelques
» sentiments de pudeur : la vertu même des
» dames d'un certain rang n'est pas, à beau-
» coup près, exempte de tout reproche (1). »
Les naturels du pays sont méchants et plus
perfides encore que les Barbars, leurs voisins,
avec lesquels ils ont d'ailleurs beaucoup de
ressemblance sous les rapports physiques et
sociaux. On reconnaît en eux des descendants
des Arabes de l'Hedjaz, des compatriotes des
Chaykyéhs, avec lesquels ils forment la race
des Arabes Jahelin ; leur teint varie du basané
clair au basané noir, et leur langue habituelle
est l'arabe.

Tels étaient les habitants de Chendy ; telle
était cette ville, que l'on regardait comme le
principal entrepôt de commerce de la Nubie,
et son plus grand marché d'esclaves, lorsque,
tributaire du roi de Sennaar, le pays dont elle
était la capitale, et qui depuis 235 ans était
gouverné par une dynastie de princes arabes,
vit le dernier ceux-ci, Nimir ou Nemir, dépossédé par Ismayl-Pacha en mai 1821. Un
jour qu'il s'était permis de faire au chef égyptien, entré en Nubie en vainqueur, quelques
observations relatives à une contribution de
1,000 esclaves, exigée dans les quarante-huit
heures par Ismayl, celui-ci le menaça de le
faire rôtir s'il n'obtempérait à son ordre. Nimir, poussé au désespoir, jura de se venger.
Bien qu'il fût privé de ses Etats, il avait néanmoins conservé tout son crédit sur ses anciens
sujets. Ismayl, à son retour du Sennaar, célébrait avec quelques uns des siens, dans un
banquet nocturne, la joie de rentrer dans sa
patrie ; déjà l'ivresse la plus complète appe-
santissait ses paupières, lorsque Nimir, après
avoir accumulé des matières combustibles autour de la cabane où dormait son ennemi, le
fit périr au milieu des flammes. Le pacha d'E-
gypte envoya un de ses généraux tirer vengeance de la mort de son fils. Méhémet-Bey
exécuta ses ordres de la manière la plus atroce :
les habitants de Chendy furent brûlés dans
leurs maisons ; ailleurs, des milliers de femmes et d'enfants furent massacrés ; le fer et le
feu ravagèrent tout le pays. Après ces terri-

(1) F. Cailliaud : Voyage à Méroé et au fleuve Blanc.

bles exécutions, le pacha fit repeupler Chendy
par des familles de Chaykyéhs ; mais la révolte et l'insurrection avaient succédé aux
paisibles occupations des habitants ; les troubles s'étendirent jusqu'aux extrémités de la
Nubie, et ce n'est que depuis peu d'années que
le calme s'est rétabli dans ces contrées.

Vis-à-vis du Chendy s'étend, sur la gauche
du Nil, le pays de *Matammah*, sur une longueur d'environ 30 lieues. Le bourg du même
nom, qui en est la capitale, n'offre rien d'intéressant.

C'est près de la sixième cataracte que commence le pays d'*Halfay* ou de *Ouad-Aguid*,
séparé du Sennaar par le Nil ou fleuve Bleu,
le Bahr-el-Azrak. Il s'étend sur une longueur
de 60 lieues jusqu'au confluent de ce dernier
cours d'eau et du Dender. Deux villages remarquables par leur antiquité s'y présentent
d'abord : *Naga*, peu éloigné de la rive droite
du Nil, paraît s'élever sur les ruines d'une
ville antique, à en juger par les restes de sept
temples ; *el-Meçaourat* est environné de débris
de constructions immenses et de huit temples.
M. Cailliaud place dans ce lieu le collège célèbre où les prêtres de Méroé initiaient leurs
adeptes à la connaissance des dogmes religieux
et des sciences dont ils étaient dépositaires.
Halfay, à un quart de lieue à l'est du Nil, au
milieu d'une vaste plaine en partie cultivée,
est une ville de 3 à 4,000 âmes, qui a été
jadis deux à trois fois plus considérable. Les
maisons, toutes construites en argile, n'y
forment point de rues, mais sont disposées par
groupes épars entourés de grands enclos. Les
dernières ruines que l'on trouve sur le sol de
l'île de Méroé sont à *Sobah* ; elles couvrent un
espace d'environ une lieue de circonférence ;
mais elles n'offrent qu'un amas de décombres, parmi lesquels M. Cailliaud ne découvrit qu'un sphinx mutilé. Cette antique cité
serait-elle, comme le pense ce voyageur, la
célèbre *Saba*, résidence de cette reine d'E-
thiopie qui alla écouter les sages préceptes et
les tendres discours de Salomon ?

Le pays d'Halfay s'étend sur les deux rives
du Nil. Il était depuis 200 ans gouverné par
un chef qui prenait le titre de melik, lorsque
Ismayl-Pacha le rendit tributaire de l'Egypte.
Conjointement avec celui de Chendy, il pouvait mettre en campagne 30,000 hommes de
cavalerie.

Au confluent du Bahr-el-Azrak et du Bahr-el-Abiad commence la province d'*el-Ayze*, qui continue jusqu'au Sennaar. Elle est habitée par des Arabes musulmans, dont les quatre principales tribus portent les noms suivants : *Djemelyes*, *Hassanyehs*, *Hetsendts* et *Mohamedyehs*, qui occupent la rive orientale : sur la rive opposée se trouvent les *Magdyehs*, les *Ellahouyehs*, etc. Ces Arabes nomades, dit M. Cailliaud, habitent dans des cabanes de paille. Ils vivent en partie de poisson. Leurs mœurs sont généralement douces. Leur village principal est *el-Ayze*.

Dans le désert de *Bahiouda*, qui s'étend à l'ouest du Nil, vis-à-vis de l'île de Méroé, on rencontre des *Kererâts*, des *Kendouys*, des *Kemchabes*, et plus généralement des *Kabahyehs*. Presque tous ces Arabes se livrent à la recherche et à l'exploitation du sel gemme. Dans la partie orientale de l'île de Méroé et dans le pays compris entre les deux rivières du Rahad et du Dender, les *Choukryehs* et les *Kaouâhlehs* vivent dans une continuelle inimitié avec les *Djaleyns*, qui forment la tribu la plus nombreuse. On dit ceux-ci les plus perfides des Arabes. Chez eux on achète, pour une certaine quantité de tamarin, le prix du sang ; ce qui assoupit pendant un temps les haines de familles. Ils sont en général robustes et bien constitués ; leur barbe est courte et épaisse. On les voit dans les marchés de Chendy, où on les reconnaît à leurs larges chapeaux faits de feuilles de palmier, qu'ils attachent sous le menton.

Entrons enfin dans le *royaume de Sennaar* ou *Sennâr*. Cette contrée paraît être l'antique *Macrobe* du temps de Cambyse : après ce prince, douze reines et dix rois la gouvernèrent. Vers l'an 1480, une nation nègre, jusqu'alors inconnue, sortie du Soudan ou des rives occidentales du fleuve Blanc, le Bahr-el-Abiad ou le vrai Nil, vint se jeter sur les terres des Arabes de la Nubie. Ces nègres portaient chez eux, dit-on, le nom de *Chillouks*, et reçurent ensuite celui de *Foungis*, qui signifie *vainqueurs*. Arrivés à *Arbaguy*, ville dont il n'existe plus que des ruines, le gain d'une bataille les rendit maîtres du pays. Ce peuple, alors idolâtre, embrassa en partie l'islamisme. Ils exigèrent que les naturels leur donnassent annuellement la moitié de leurs troupeaux. Ce fut en 1484 qu'ils bâtirent la ville de Sennaar et fondèrent une monarchie dont le trône a été occupé par vingt-neuf rois, qui régnèrent l'espace de 335 ans jusqu'en 1821, que le dernier fut dépossédé par Ismayl-Pacha, fils du pacha d'Égypte.

Les indigènes du Sennaar ont les cheveux crépus, mais différents de ceux des nègres ; ils n'ont point, comme ceux-ci, le nez, les lèvres et les joues saillantes ; leur physionomie est agréable, et leurs traits ne sont pas sans régularité. On remarque en eux une grande diversité de nuances dans le teint et la couleur : le mélange du sang arabe avec celui des nègres et des Éthiopiens en est l'unique cause. Les Sennaariens distinguent six races différentes parmi leurs compatriotes, et les désignent par des noms particuliers : (*el-asfar*) les moins colorés, sont des Arabes originaires de l'Hedjaz ; (*el-ahmar*) les rouges, sont originaires du Soudan, et les moins nombreux ; (*el-soudan-azrak*) les bleus, sont les Foungis : leur teint est plutôt cuivré que noir ; (*el-ahcdar*) les verts, ont les cheveux comme ceux des Foungis, mais leurs traits se rapprochent beaucoup plus de ceux des nègres. On donne le nom de *el-kat-Fatelolem* à une race qui tient de la première et de la quatrième, c'est-à-dire qui sont à demi-jaunes et à demi-verts ; le sang qui domine en eux est celui des Éthiopiens, c'est-à-dire de la race la plus nombreuse dans l'ancienne Égypte. Enfin les *Ahbits*, *Ahbd* ou *Nouba*, sont des peuplades nègres venues de l'ouest, et qui vivent isolées dans les montagnes du pays de *Bertât*.

Des hommes grands, robustes et bien faits ; des femmes belles et qui conservent longtemps leurs grâces et leur fraîcheur, tels sont les avantages physiques des habitants du Sennaar en général. Quant aux mœurs, les Sennaariens ne méritent pas les mêmes éloges : ils sont fourbes, dépravés, superstitieux, quoique peu zélés observateurs de la loi mahométane. Les femmes ont plus que les hommes l'habitude de fumer : elles montrent une soumission servile envers leurs maris ; l'un des points les plus importants de leur toilette consiste à se frotter long-temps de la tête aux pieds avec du beurre ou de la graisse de chameau, et à rester pendant une heure entière exposées sous une grande pièce de toile, à la fumée de copeaux de bois odorants que l'on fait brûler sans flamme.

La principale nourriture des habitants est le doura; la boisson la plus habituelle, la *bulbul* et la *méryse*, qui sont deux sortes de bière obtenues par la fermentation de cette graine.

Au Sennaar, les hommes et les femmes ont à peu près le même costume que dans le Barbar et le Cheudy. Les militaires n'ont, comme les Chaykyéhs, d'autres armes que la lance, le sabre à deux tranchants et le long bouclier en peau de crocodile ou de rhinocéros. Quelques cavaliers portent des cottes de mailles, et un casque qui ne consiste qu'en une calotte en fer.

Le Sennaar, dit M. Cailliaud, ne justifie nullement par son étendue le titre de royaume, depuis qu'il a perdu plusieurs de ses dépendances septentrionales. Il est borné à l'ouest et au nord-est par le cours du Dender et par le pays d'Halfay; au sud-est par l'Abyssinie; au sud par le Fazokl et le Bouroum, et à l'ouest par les provinces de Dinka et d'el-Ayze. Il peut avoir environ 80 lieues de longueur sur 20 à 30 de largeur, et près de 60,000 âmes de population.

Ainsi que nous l'avons dit, il était naguère gouverné par un roi. Durant son règne l'usage voulait qu'il cultivât un champ entier de sa main. Toutes les terres appartenaient au souverain, qui laissait aux cheykhs des villages le soin de les distribuer à ses sujets, de veiller aux récoltes, et de faire rentrer, suivant l'abondance de celles-ci, les contributions qui se paient en nature. Chez les Sennaariens l'état d'arpenteur se réduit à peu de chose: celui qui est chargé de cet emploi mesure un champ par le jet d'une pierre lancée de toute sa force. Du reste, on n'a pas besoin d'y regarder de plus près dans un pays où les terres ont très peu de valeur et restent en partie en friche. Au temps de sa plus grande puissance, le roi de Sennaar pouvait mettre 20 à 25,000 hommes sous les armes, dont 4 à 5,000 de cavalerie.

Chez les Sennaariens, le talent de travailler le fer consiste à en faire des clous, des couteaux, des lances et quelques instruments très simples pour le menuisier, qui est aussi charpentier et tourneur. Leurs maisons ressemblent à des ruches: ce sont de petites enceintes circulaires faites en pièces de bois et en terre, quelquefois en terre seulement, sur lesquelles on hisse la toiture, qui consiste en un grand chapeau formé de cercles de différentes grandeurs. Les hommes se livrent à l'agriculture et au commerce; ils ne font point usage de la charrue: pour labourer leurs terres ils attendent l'époque où elles sont imprégnées de l'eau des pluies, et se servent d'une espèce de houe. C'est au mois d'août qu'on sème le doura: on le récolte trois mois après, en ne coupant que l'épi, usage que l'on retrouve figuré sur les monuments des anciens Egyptiens; la tige de la plante reste en terre, où on la coupe au fur et à mesure pour la nourriture des bestiaux. Les épis de doura sont foulés aux pieds par les bœufs lorsqu'on veut en extraire le grain; celui-ci se conserve ensuite dans des fosses enduites d'argile.

La principale occupation des femmes est de triturer le doura comme dans le Barabrah, et de préparer le pain et la boisson. Elles font aussi des tissus de paille et des nattes très fines, sur lesquelles on couche, et qui servent à orner l'intérieur des habitations. Enfin on fabrique au Sennaar de larges toiles de coton appelées *dammour*, des vases grossiers en terre, et d'autres en calebasses, que l'on nomme *garahs*.

Les Sennaariens font un grand commerce avec l'Egypte, et leur pays est en outre l'entrepôt de toutes les marchandises que l'on tire de l'intérieur de l'Afrique, et que les caravanes y apportent. Ils expédient en Egypte des esclaves, du tamarin, de l'ivoire, des cornes de rhinocéros, des plumes d'autruche, de la civette, de la gomme, de l'encens, du séné et des outres en peaux de bœuf pour porter l'eau sur les chameaux. Ils reçoivent en échange des toiles, de l'étain, des lames de sabre, du savon, du sucre, du riz, du poivre, du girofle, du papier, des rasoirs, de petits miroirs et d'autres objets de mercerie. La monnaie d'argent qui a cours dans le pays est la piastre d'Espagne; mais les achats se font généralement à l'aide du doura: tout s'évalue en mesures de cette espèce de céréale. La mesure de longueur est le *dera*, qui signifie *bras*; elle équivaut à l'étendue comprise entre le coude et l'extrémité de la main, à laquelle on ajoute les quatre travers de doigts de l'autre main. Ce qu'il y a de remarquable, c'est que cette mesure est exactement conforme à l'ancienne coudée égyptienne, dont la longueur est de 52 centimètres, et qu'elle porte le même nom (¹).

(¹) F. Cailliaud: Voyage à Méroé et au fleuve Blanc, etc., t. II, p. 293.

Jetons maintenant un coup d'œil rapide sur les principales villes du Sennaar : elles sont peu intéressantes et peu nombreuses. *Arbaguy*, l'ancienne capitale ruinée, est dans une contrée boisée où la fleur jaune et bleue d'une espèce d'acacia épineux exhale ses parfums, et où le perroquet et mille autres oiseaux animent le paysage. *Ouad-Modeyn*, au confluent du Bahr-el-Azrak et du Rahad, est peuplée de 6,000 âmes ; c'est plutôt un grand village qu'une ville ; les bords du Rahad y sont fertiles et boisés. *El Kab* est un peu au-dessous du confluent du Dender et du Bahr-el-Azrak. *Mouna* offre les traces d'un canal qui semble avoir été dirigé vers l'intérieur. C'est à cinq lieues au-dessus que se trouve *Sennaar*.

Cette capitale, à laquelle un voyageur (¹) donne 100,000 âmes, n'en a que 9,000 suivant M. Cailliaud ; cependant les ruines qui encombrent son enceinte annoncent qu'elle a été beaucoup plus considérable qu'aujourd'hui. Elle est de forme oblongue, a 1,560 mètres de longueur, et plus de trois quarts de lieue de circonférence. Sa position sur un terrain élevé la garantit des inondations du Nil Bleu ou du Bahr-el-Azrak. Ses maisons, disposées sans ordre, ne sont que des cabanes rondes couvertes en chaume ; quelques unes ont un étage et une terrasse en mauvais état. Au centre domine l'ancienne résidence du dernier roi. C'est une construction en briques cuites, élevée de quatre étages, et qui est abandonnée ainsi que toutes ses dépendances. Une mosquée contiguë à ce palais et assez bien conservée est le seul édifice consacré au culte. Il consiste en une pièce très simple, de forme carrée, dont les fenêtres sont garnies de grilles en bronze travaillées avec goût et avec délicatesse, et qui furent achetées des Mamelouks. On trouve à Sennaar des ouvriers en fer et en métaux précieux, des menuisiers, des maçons, des tailleurs, des tisserands et des corroyeurs. Il s'y tient trois marchés par an. Les habitants sont tellement sales et débauchés, que les maladies vénériennes y font de grands ravages, et sont même héréditaires dans les familles.

(¹) *Poncet*, pag. 25 et 26.

Au sud de cette ville, les lieux appelés *Hellet-Cheryf-Mahammed*, *Ar-Rarabah*, *Ad-Deleybah*, *Lony*, *el-Rekeybeh*, *el-Kerebyn* et *el-Querkat*, n'offrent rien d'intéressant.

La plupart des villages situés au bord du Bahr-el-Azrak sont environnés vers le mois d'août de la plus belle végétation. Mais les pluies qui l'entretiennent, et qui commencent en juillet, ont tellement imbibé le sol lorsqu'elles cessent à la fin de septembre, que les mares d'eau stagnantes qui se sont formées répandent des miasmes putrides qui forcent les habitants à se réfugier sur les lieux élevés, où ils soignent leurs récoltes et respirent un air épuré par le vent du désert. Quelques mois plus tard le soleil a desséché le sol et dévoré le tapis de verdure qui couvrait la terre. En avril rien n'y végète plus ; partout l'image de la stérilité attriste les regards ; ces plaines sèches et dépouillées ne sont plus que des déserts, et les illusions même du mirage s'y reproduisent. Mais alors cette saison donne naissance à une autre maladie, la dyssenterie, qui y fait de nombreuses victimes. Ces effets naturels d'un climat brûlant, première cause de la misère du peuple de Sennaar, sembleraient expliquer le peu d'attachement qu'il montre pour la vie, et la résignation qu'il témoigne à l'approche de la mort.

Au sud du Sennaar s'étend un petit royaume peu connu, appelé *Dâr-el-Bouroum* ou *Djebel Foungi*, qui se divise en neuf districts, savoir : *Dâr Silak*, *Dâr Oulou*, *Dâr Ouaddakah*, *Dâr Makagah*, *Dâr Mayak*, *Dâr Midmith*, *Dâr Leou*, *Dâr Gomgoum* et *Dâr At-Toumbak*. On y trouve les villages de *Silak*, *Oulou*, *Ouaddakah*, *Makagah* et *Mayak*, presque tous situés sur des montagnes. Le pays est couvert de forêts remplies de bêtes fauves, et la population est idolâtre.

« Il nous resterait à parcourir la *côte de Nubie* sur le golfe Arabique ; mais plusieurs raisons géographiques et historiques nous ont engagé à la comprendre à la suite de celle de l'Abyssinie, dans une description à part que l'on trouvera ci-après. »

LIVRE CENT SOIXANTIÈME.

Suite de la Description de l'Afrique. — Description des pays qui dépendent du bassin du Bahr-el-Abiad. — Le Bertât, le Denka, le Chelouk, le Donga, le Fertit, le Cheiboun, le Touklavi et le Kourdofan.

Les pays que nous allons parcourir sont les annexes de la contrée appelée Nubie; c'est aux montagnes de la Lune (*Djebel-el-Kamar*), aux sources encore incertaines du Bahr-el-Azrak, aux limites du désert, et au versant oriental des montagnes qui traversent le Darfour que nous arrêterons nos pas, pour revenir ensuite par l'Abyssinie sur les côtes de la mer Rouge ou du golfe Arabique.

Le *Bertât* ou le *Djebel-O'ouyn*, par lequel nous commencerons, est une contrée montagneuse et boisée qui formait autrefois un royaume, et qui se divise en trois principautés différentes : le Fazokl, le Kamamyl et le Darfok. Elle est bornée au nord par le Sennaar, à l'est par le Bahr-el-Azrak, au sud par une chaîne de montagnes qui paraissent unir le *Djebel-el-Kamar* au plateau de Noria, à l'ouest par le pays de Denka et le Bahr-el-Abiad.

Le *Fazokl* ou *Fazoglo*, est un pays montagneux, sillonné par des torrents, et couvert de forêts presque impraticables qui servent de retraite aux bêtes féroces. Ce pays est situé au sud-est du Sennaar, sur la rive gauche du Bahr-el-Azrak. Ce grand cours d'eau, qui a usurpé le nom de Nil, y est très encaissé; aussi ne fertilise-t-il point les terres qui le bordent. Au milieu de la longueur du pays il forme la septième cataracte, à partir de la frontière de l'Egypte.

A un quart de lieue de ses bords s'élève, au pied d'une colline granitique du même nom, le village de *Fazokl*, qui, malgré son peu d'importance, donne son nom au pays, et est la résidence du souverain ou mélik; c'est une réunion de cabanes circulaires tout-à-fait semblables à celles du Sennaar. Le palais du mélik consiste en quelques cabanes de la même forme, renfermées dans une enceinte de murs grossièrement construits en terre. *Adassi* est le lieu le plus considérable du Fazokl, bien qu'on y compte à peine 2,000 habitants.

Dâr-el-Keyl, c'est-à-dire la *province des chevaux*, est un district du Fazokl, arrosé par le Toumat, rivière assez large et qui charrie des sables aurifères avant de se jeter dans le Bahr-el-Azrak. Il comprend huit villages, dont les habitants, qui appartiennent tous à la race nègre, sont les uns idolâtres, et les autres musulmans. Pour arriver à *Akaro* il faut traverser plusieurs torrents. La montagne du même nom, sur laquelle est ce village, est formée de roches granitiques et est ombragée de tous côtés par des arbres d'une végétation vigoureuse; sa hauteur est de 8 à 900 pieds. Elle occupe une largeur d'un quart de lieue de l'est à l'ouest, et forme à elle seule le district de Dâr-el-Keyl : les sept autres villages y sont situés à quelque distance d'Akaro.

Le Fazokl a été gouverné depuis 215 ans par une suite de 17 méliks, dont le dernier fut déposé en 1822 par Ismayl-Pacha.

Le *Kamamyl*, au sud du district précédent, est traversé aussi par le Toumat; son étendue n'est que de deux journées de marche; le village d'*Abkoulgui* en est à peu près le point central. « Les habitations éparses qui » le composent sont situées sur un coteau » élevé qui domine tous les environs, et d'où » la vue s'étend sur plusieurs autres coteaux » plus ou moins boisés, et couverts aussi » d'habitations isolées. Au sud on découvre, » dans le lointain, la montagne Mafis, et à » l'ouest la longue chaîne des monts Obels (¹). » Ce district passe pour le plus riche en sables aurifères, dont les nègres retirent par le lavage les paillettes d'or qu'ils mettent dans des tuyaux de plume, et qu'ils vendent aux Arabes qui les fondent et en font des anneaux qui circulent dans le commerce.

Plus au sud encore, le Toumat traverse le *Dâr-fok* ou la *province d'en haut*, pays couvert aussi de montagnes et de bois, et entre-

---
(¹) *F. Cailliaud* : Voyage à Méroé et au fleuve Blanc, etc., t. III p. 2.

coupé de torrents. *Fadassy* sur le Yabouss, autre affluent de Bahr-el-Azrak, en est le lieu principal ; c'est l'entrepôt du commerce entre le Bertât, la Nubie et l'Abyssinie. Les Abyssins y conduisent des chevaux, des bestiaux, et y transportent des fers de lance, des couteaux, des haches et des casse-tête en fer, du blé, du miel, du café, des épices, des indiennes, des peaux tannées, etc. *Singué*, village de 5 à 600 habitants disséminés sur un espace d'une lieue de circonférence, est important pour ces contrées barbares. Les Arabes y tannent et préparent des peaux qu'ils exportent jusqu'au Sennaar.

Sur la rive orientale du Bahr-el-Azrak il existe deux provinces qui paraissent dépendre du Fazokl : la plus méridionale est *Dâr-el-Goumousse*, dont le chef-lieu est un village du même nom. On y cite encore ceux de *Kouttou* et de *Kadalcan*. Cette province confine à l'Abyssinie, et est habitée par des nègres idolâtres appelés *Noubahs*, qui y occupent, dit-on, plus de 60 montagnes. Au nord, et vis-à-vis le Fazokl proprement dit, se trouve la province appelée *Dâr-abou-Ramleh*, qui est peuplée d'Arabes nomades.

Dans la partie septentrionale du Bertât un district appelé *Dâr-Ouby* est habité comme les précédents par des nègres ; mais on ne sait rien de particulier sur ce petit pays. Quant à la partie centrale du Bertât, on s'accorde seulement sur deux points : c'est qu'elle est très montagneuse, et que les nègres qui l'habitent sont idolâtres. En général dans le Bertât la plupart des montagnes sont habitées à la fois et par des nègres païens et par des Arabes mahométans. Ces provinces ou royaumes se divisent en *dârs* ou districts. On cite *Dâr-Fok*, *Dâr-Komehah*, *Dâr-Benigorombé*, *Dâr-Fâkoumkom*, *Dâr-Abouldougou*, *Dâr-Sourkoum*, dont la population se compose d'Arabes ; *Dâr-Kamamyl*, *Dâr-Kambal*, *Dâr-Dys*, *Dâr-el-Keyl*, *Dâr-Ouby*, qui sont habités par des nègres [1].

Le pays de *Denka*, sur la rive droite du Bahr-el-Abiad, a pour capitale un village de ce nom. Les produits de ce pays sont les mêmes que ceux du Bertât. Les nègres y sont bien faits et vigoureux ; ils vont nus. « Les » femmes se ceignent d'une peau en forme de » jupon court ; les filles ne portent qu'une » petite peau qui leur couvre la chute des » reins et se noue par devant. La coiffure distinctive du chef est un turban blanc avec » un panache en plumes d'autruche. Les enfants des familles riches portent une clochette » suspendue au derrière ; les personnes âgées » en ont une attachée au bras [1]. » Suivant leur aisance, les femmes, et surtout les filles, se parent d'un nombre plus ou moins considérable de colliers et de ceintures en verroterie, de boutons et de bracelets en ivoire ou en fer, et de bagues de ce métal. Lorsque les enfants sont parvenus à l'âge de puberté, on leur arrache les quatre dents incisives inférieures, qui, suivant ces nègres, sont inutiles et déparent la figure. Les hommes et les femmes se rasent la tête ; les uns et les autres s'épilent tout le reste du corps. Le nombre de femmes que peut prendre un homme est proportionné à sa fortune. Le jour des noces, les nouveaux époux se couvrent le corps et la figure d'une couche épaisse de graisse ; ils sortent de la cabane conjugale pour faire fondre cet enduit à la chaleur du soleil et pour se frotter. Ces frictions ne sont pas seulement salutaires, elles sont pour les hommes une jouissance, et pour les femmes une affaire de coquetterie. Lorsqu'un nègre devenu vieux a des femmes jeunes encore, il confère à son fils le soin de le suppléer auprès d'elles. « Les » femmes sont d'une fécondité étonnante ; » elles mettent au monde, le plus souvent, » deux enfants à la fois. Il n'est pas rare de » voir une mère allaiter un enfant, être suivie d'un autre qui marche à peine, et en » porter deux ou trois sur le dos dans une » espèce de havresac en cuir. » Les nègres du Denka se rendent redoutables à leurs voisins du Bouroum et du Bertât par leur courage et par leur nombre. Ils ont pour armes des lances très lourdes, munies d'un fer long d'un pied et demi, et large de cinq pouces. Ils emmanchent aussi sur des bâtons des cornes droites et pointues, et des dards en fer ; une autre arme dont ils se servent avec beaucoup d'adresse est une courte massue grosse par un bout, pointue par l'autre, qu'ils lancent à une grande distance, de manière qu'une des deux extrémités doit frapper au but ; enfin ils por-

---

[1] *F. Cailliaud* : Voyage à Méroé et au fleuve Blanc, etc.

[1] *F. Cailliaud* : Voyage à Méroé et au fleuve Blanc, etc., t. III, p. 79.

tent de grands boucliers faits de peaux d'éléphant. Les astres, dit-on, sont l'objet du culte de ces nègres.

En remontant le Bahr-el-Abiad, on trouve au-delà du Dâr-Denka le *Dâr-Chelouk*, habité par les *Chelouks* ou *Chilouks*, les mêmes qui envahirent le Sennaar au quinzième siècle, et qui y reçurent le nom de Foungi. Ils occupent la rive droite du fleuve, où ils forment un Etat considérable. On les dit anthropophages, mais en même temps ils passent pour hospitaliers. Peut-être doit-on établir une distinction entre les habitants du Chelouk sur la rive droite du Bahr-el-Abiad et les nègres *Chelouks* qui sont sur la rive opposée. La plupart sont idolâtres, d'autres ne professent aucune religion. Leur chef ou sultan fait sa résidence dans une ville qu'on appelle *Tembèle* ou *Tomboul*, et dont la position est fort incertaine. Ce qui prouverait qu'il faut distinguer complétement le Chelouk du *pays des Chelouks*, ce sont les rapports de quelques esclaves sortis de ce pays. Selon eux, ils forment un Etat considérable; leur sultan est un des princes nègres les plus puissants. Leur territoire, très montueux, est arrosé par un grand nombre de rivières, le *Bahr-el-Indry*, le *Bahr-el-Harras*, le *Bahr-el-Addah*, et plusieurs autres moins importantes, qui toutes prennent naissance dans leurs montagnes et vont se jeter dans le Bahr-el-Abiad. Les Chelouks sont idolâtres et vont entièrement nus. Ils n'ont pour armes que la flèche, l'arc et la lance. Leurs montagnes les plus hautes sont le *Djebel-el-Djensé* et le *Djebel-el-Temmarou*, qui souvent sont couvertes de neige.

Le Djebel-el-Temmarou ou *Djebel-el-Toummara*, paraît devoir son nom aux forêts de tamariniers qui le garnissent, et que les Arabes nomment *Tumman-Hindi*. Cette petite contrée porte le nom de *Toummara* ; on croit qu'il y existe une ville du même nom.

Le *Donga* paraît occuper le bassin du cours supérieur du Bahr-el-Abiad, bassin que l'on croit formé par les monts el-Kamar au sud, et par une chaîne de collines au nord. Ce pays inconnu est habité aussi par des nègres.

Au nord du Donga il existe un pays appelé *Fertit*, qui occupe une vallée formée par deux chaînes qui se dirigent de l'est à l'ouest. Ce pays, que l'on dit riche en mines de cuivre, est peuplé de nègres païens qui parlent un dialecte particulier, et qui fournissent des esclaves au Chendy.

Au nord-est du précédent se trouve le pays peu connu de *Cheibon* ou *Cheiboun*, appelé aussi *Chaboun*, et dont la capitale porte le même nom. Dans une vallée peu éloignée de cette ville se trouve une vallée dont le sol renferme beaucoup d'or en paillettes et en poudre. Ce pays comprend la petite chaîne de montagnes nommée *Djebel-Noubah*, montagnes volcaniques qui renferment quelques cratères mal éteints. Les nègres qui l'habitent portent aussi le nom de *Noubahs*; ils sont généralement doux, mais enclins au vol ; ils se livrent à l'agriculture et fabriquent des étoffes de coton. Ils façonnent le fer qu'ils tirent de leurs montagnes, et exploitent les sables aurifères qui couvrent une partie de leurs vallées. Cette population, généralement idolâtre, se divise en plusieurs peuplades qui ont chacune leur idiome particulier. Un voyageur anglais [1] a visité en 1840 sur les monts Noubah et Zekeli la république de *Darhammar*, et il fut étonné d'y trouver une aristocratie.

Ces peuplades nègres vivent en tribus indépendantes et souvent en guerre entre elles. Elles vont entièrement nues, et se couvrent seulement les parties sexuelles avec des herbes tressées. Elles ramassent de l'or dans des coquilles d'œufs de vautour et d'autruche. Les mahométans qui leur font la chasse en réduisent beaucoup en esclavage. La misère force aussi très souvent les parents à vendre leurs enfants comme esclaves.

D'après des renseignements récents, il paraît qu'il existe à l'est du Cheiboun un pays nommé *Touklavi*, dont le roi réside dans une ville appelée *Taygala* ou *Touggala*, et qui est peuplé de nègres appartenant à la même race que les précédents.

Au-dessus de Touggala s'élève une terrasse d'alpes appelées *Sagourmé*, et qui contient des mines de cuivre et des mines d'or de lavage.

A l'ouest-sud-ouest du Cheiboun s'étend un pays appelé *Louca*, très riche en or, et habité aussi par des nègres indépendants.

En continuant à se diriger vers le nord, on arrive dans le *Kordòfan* ou *Kourdofan*, pays environné et divisé par des déserts : ce qui lui donne l'aspect d'un assemblage de plusieurs

[1] M. Ignace Pallme.

petites oasis. Il est borné vers le sud-ouest par des montagnes qui paraissent être d'origine volcanique, et parmi lesquelles il existe une solfatare. Dans la partie méridionale on trouve des sables aurifères. Dans le nord on voit quelques collines granitiques, au pied desquelles il existe quelques mines d'or ; dans d'autres parties du pays on exploite du fer. Aucun cours d'eau un peu considérable n'arrose le Kourdofan, et dans plusieurs localités les habitants sont même réduits à boire l'eau croupissante et saumâtre de quelques mares. Vers le centre du pays, une plaine de six lieues de longueur et couverte de buissons sépare le village de Filie de la petite ville de Bara. Près de la capitale, que l'on nomme Obéid, un savant naturaliste ([1]) a signalé plusieurs *baobabs*, dont le tronc conique avait 40 à 60 pieds de circonférence. Le pays est en général mal cultivé : ses principales productions sont le maïs et le doura.

Le Kourdofan, après avoir été jadis tributaire des rois de Sennaar, reconnaissait, depuis la moitié du dix-huitième siècle, la suzeraineté des princes de Dar-four, lorsqu'en 1820 il devint tributaire du pacha d'Egypte, qui y entretient des garnisons et qui y recrute ses armées, ce qui contribue à dépeupler assez rapidement ce malheureux pays.

Filie, que nous avons nommé plus haut, est un village composé d'une centaine de cabanes, et qui est placé sur un rocher granitique, au pied duquel on trouve un puits qui fournit une excellente eau, chose bien importante dans ce pays. La petite ville de *Bara* est habitée par des marchands dongolais, qui emploient leurs esclaves à la culture des terres. Depuis que le pacha d'Egypte y a fait construire un fort où il tient garnison, la ville, exposée à toutes sortes de vexations, a été réduite à un millier d'habitants.

Il n'y a que 13 lieues de Bara à *Obéid*, que l'on appelle aussi *Ibéit* et *Ibbéjid*. Cette capitale était florissante avant la conquête du Kourdofan par les Egyptiens : l'armée du pacha n'en a fait qu'un amas de ruines ; cependant on conserve son nom à trois établissements situés près de l'emplacement qu'elle occupait, et qui sont *Vadi-Naghele*, habité par des marchands et pourvu d'une mosquée ; *Vadi-Safie*, petite colonie de nègres montagnards ; et *Orta* ou le camp fortifié des Egyptiens, avec des casernes et des magasins. Leur population s'élève encore à 5,000 âmes, ce qui suffit pour indiquer quelle devait être l'importance de cette cité avant sa destruction. Les environs d'Obéid forment une contrée délicieuse, embaumée par des milliers de végétaux en fleurs, entrecoupée d'un petit nombre de rivières, mais d'une fertilité extraordinaire. Cependant le climat en est malsain : les trois quarts des Européens qui la visitent y meurent ; la dyssenterie et les fièvres intermittentes causent cette grande mortalité. On y récolte du blé, de l'orge, du maïs, et une espèce de millet que les habitants nomment *dokhan* et dont ils se nourrissent. Ces habitants forgent le fer ; leurs principaux articles de commerce sont la gomme, le tamarin, l'ivoire et les cantharides. Ils sont doux et hospitaliers ; leur religion est le mahométisme ; mais il en est peu qui comprennent le Koran, et rarement on les voit prier. La danse et la musique sont les plus grands plaisirs de ce peuple simple, chez qui les femmes et les filles vont nues. A huit ou dix ans celles-ci sont nubiles.

C'est près de la petite ville de *Koldagi* que l'on dit exister une montagne de ce nom qui rejette continuellement de la fumée et des cendres chaudes.

Suivant M. Rüppel, on distingue dans le Kourdofan trois races différentes d'habitants : les *Noubahs* ou nègres, qui sont les indigènes, et qui reconnaissent un chef qui siège à Obéid ; les Dongolais, qui à diverses époques sont venus s'établir dans le pays, et enfin les Arabes-Bédouins. Les Noubahs se livrent presque tous à l'agriculture, élèvent des chameaux, des bœufs, des troupeaux de moutons et de chèvres, et savent très bien préparer le cuir. Chaque village a son chef, dont la dignité paraît être héréditaire.

Les nègres des montagnes sont divisés en un nombre infini de peuplades, dont chacune, comme dans le Bertât, habite ordinairement une seule hauteur ou un groupe de montagnes. Ils ont les cheveux laineux, les lèvres épaisses et le nez court. Ils sont en général bien faits et d'une taille moyenne. La coutume adoptée par les femmes de porter leurs enfants sur les reins les déforme et leur donne la même protubérance que l'on remarque avec plus d'ex-

([1]) *E. Rüppel* : Reisen in Nubien Kurdofan, etc. — Francfort-sur-le-Mein, 1829.

cès chez les Hottentotes. Elles aiment à se parer de colliers en verroterie, de bracelets d'émail et d'ivoire. Les hommes lancent avec beaucoup d'adresse des javelots dont la pointe est empoisonnée; ils fabriquent eux-mêmes des sabres courbés et se couvrent de boucliers en cuir. Dans le Kourdofan méridional, quelques tribus professent l'islamisme; les autres conservent des coutumes païennes et rendent un culte à la lune; mais tous croient à une autre vie. Ils mènent généralement une existence paisible et heureuse; ce sont les récoltes insuffisantes qui font naître le trouble et le désordre dans les familles : c'est alors que, pressés par la nécessité de se procurer des subsistances, des mères vendent leurs enfants, des frères vendent leurs sœurs pour quelques mesures de doura. Aussi la disette est-elle, selon M. Rüppel, la véritable cause de l'esclavage : « Tant que les progrès de la civilisation, dit-il, n'auront pas enseigné aux Africains à prévenir la famine, il est à craindre que la traite des esclaves ne dure. » Chez les Noubahs quatre langues sont en usage: le chaboun, le deïer, le koldagi et le takèle; chacune se divise en plusieurs dialectes.

Les Dongolais s'adonnent principalement au commerce, parlent le berbère et l'arabe, et vont souvent chercher des épouses chez les Noubahs.

Les Arabes du Kourdofan formaient autrefois 12 tribus; mais le despotisme des Égyptiens les a réduits à 7, qui se distinguent par les noms de *Derihamat, el-Giomme, Habanie, Hemasmé, Liserra, Hammer* et *Mousirir*. Les 5 premières ont reçu le nom général de *Bakara*, c'est à-dire bergers, parce qu'elles se livrent presque exclusivement aux soins du bétail. Elles habitent au sud d'Obéid. Tous ces Arabes font la chasse aux éléphants, qui se montrent par troupes pendant la saison des pluies. En temps de guerre ils portent des casques, des cottes de maille et des brassards en fer. Quelques chefs ont même des housses en mailles de fer pour leurs chevaux : usage que nous retrouverons dans plusieurs autres contrées de l'Afrique.

Les marchands du Kourdofan portent en Nubie de la gomme arabique, de l'encens, du tamarin, du natron, qu'ils tirent du Dar-four, des cordes en cuir, des sacs de peaux, des outres, des vases en bois, des plumes d'autruche et des esclaves. Ils prennent en échange des verroteries, des aromates, des clous de girofle, du café, de la toile d'Égypte, des tissus de coton et de soie, etc. Pour le commerce intérieur, le doura et les étoffes fabriquées dans le pays servent de moyens d'échange; mais pour les petits achats on fait usage d'une monnaie en fer qui a presque la forme d'un marteau, et que l'on appelle *haschasch*.

LIVRE CENT SOIXANTE-UNIÈME.

Suite de la Description de l'Afrique. — Description de l'Abyssinie.

« Au sud et au sud-ouest de la Nubie s'étendent les vastes provinces qui appartiennent ou qui ont appartenu au royaume d'Éthiopie, plus généralement connu sous le nom d'*Abyssinie*. Nous n'avons que peu de notions sûres et authentiques sur ce pays. Ce qu'en disent les géographes arabes, Bakoui, Edrisi, et surtout Macrizi ([1]), prouve que les Mahométans avaient peu de relations avec cet empire chrétien. La géographie moderne de ce pays est presque tout en entier due aux voyages des Portugais Alvarez, Bermudez, Payz, Alméida, Lobo, soigneusement extraite par leur compatriote Tellez, et savamment commentée par l'Allemand *Ludolf*, le Strabon de ces régions. Il faut ajouter quelques notions publiées par Thévenot, et la relation que donne le médecin français Poncet, du séjour qu'il fit en Abyssinie pendant les années 1698, 1699 et 1700. Une relation importante, celle de Petis-la-Croix, sous la date de 1700, existe en manu-

([1]) *Bruns*, Afrika, II, 49-57.

scrit à la bibliothèque de Leyde ([1]); elle est en partie composée d'après les renseignements donnés par des Abyssins que l'auteur avait connus en Egypte. Enfin le dix-huitième siècle a vu paraître la fameuse relation de James Bruce, la plus connue mais la moins pure de toutes nos sources. Elle a été vérifiée et corrigée par Salt, consul anglais en Egypte, mort depuis peu d'années. »

On a encore le journal de N. Pearce, qui accompagna Salt en Abyssinie en 1805, et qui, de simple domestique de ce dernier, devint son ami, resta neuf mois dans ce pays, vint mourir à Alexandrie, et légua ses papiers à son ancien maître. M. Coffin, négociant qui se trouvait dans le même pays avec Pearce, lui avait communiqué son journal ([2]).

« C'est avec d'aussi faibles moyens que la géographie doit composer un tableau de l'Abyssinie, tableau nécessairement incomplet et vague dans toutes ses parties. D'abord la situation et l'étendue du pays ne sauraient être indiquées avec une précision rigoureuse, puisque les limites qui séparent les Abyssins de la Nubie au nord, des Gallas au sud-ouest et au sud, et de l'ancien royaume d'Adel au sud-est, ne sont fixées que par le sort incertain des armes. En y comprenant les côtes de la mer Rouge et les provinces occupées par les Gallas, on peut donner à l'Abyssinie une longueur de 240 lieues du nord au sud, depuis le 7e jusqu'au 16e degré 30 minutes de latitude boréale, et une largeur de 225 lieues depuis le 32e jusqu'au 41e degré de longitude est. Dans ce sens géographique et historique, l'Abyssinie aurait une étendue de plus de 38,000 lieues carrées. Ce pays répond à la partie la plus méridionale de l'*Æthiopia supra Ægyptum* des anciens; et quoique très certainement la dénomination d'*Æthiopes* soit d'origine grecque, et qu'elle ait servi à désigner tous les peuples d'une couleur foncée, les Abyssins s'appellent encore eux-mêmes *Itiopiavan* ou *Ityopyaoûyan*, et leur pays *Itiopia*. Cependant ils préfèrent le nom d'*Agazian* pour eux, et celui d'*Agazi* ou de *Ghez* pour leur royaume. Le nom de *Habeschyn*, que les Mahométans leur donnent, et d'où les Européens ont fait *Abassi, Abyssini*, etc., est arabe, et signifie *peuple mélangé :* aussi les Abyssins le repoussent-ils avec dédain ([1]).

» En ne considérant que son ensemble, l'Abyssinie forme un plateau doucement incliné au nord-ouest, et ayant à l'est et au sud deux grands escarpements, le premier vers le golfe Arabique, l'autre vers l'intérieur de l'Afrique. Ces deux escarpements offrent des chaînes régulières couronnées de montagnes isolées. Les voyageurs parlent de la configuration extraordinaire des montagnes. Elles sont presque partout coupées à pic. On n'y monte qu'au moyen de cordages et d'échelles. Les rochers y ressemblent à des remparts et à des tours de villes détruites. Le P. Tellez prétend que ces montagnes surpassent en élévation les Alpes ([2]); ce qui est peut-être un peu exagéré. »

Cependant les neiges qui persistent sur quelques unes de leurs cimes annoncent une hauteur probable de 4,500 à 5,000 mètres, bien qu'elles ne dominent que de 1,000 à 1,200 mètres les vallées environnantes. Une des arêtes principales se dirige vers le sud-ouest : elle porte le nom de *Samen*, c'est-à-dire celui de la principale province qu'elle traverse. Elle élève dans les nues des cimes appelées *amba*, telles que l'*amba-Hai*, l'*amba-Sel* et l'*amba-Gschen* qui, ainsi qu'on l'a dit, domine comme un autre Mont-Blanc ces Alpes abyssiniennes. L'amba-Hai et le *Mont-Bévéda* qui appartient à la même chaîne, sont les principales cimes couvertes de neiges. La chaîne du *Lamalmon*, terminée par un plateau fertile, s'étend sur une grande largeur à l'ouest de la chaîne du Samen. Son plateau est couvert d'ombrages immenses et touffus. Pour le descendre les chemins sont bordés de précipices effrayants. La chaîne de *Gojam*, où l'on jouit d'une douce température, s'avance à l'est du lac de Tana d'où sort le Bahr-el-Azrak ou le Nil Bleu; celle du *Tchakka* se dirige vers le golfe d'Aden. Une autre chaîne, mais peu élevée, borde la mer Rouge. Enfin les monts Barakat au sud vont se joindre aux montagnes de la Lune.

([1]) *Biœrnsthal*, Voyage, V, p. 391, en all. *Bruns, Africa*, II, 65. — ([2]) Lord *Valentia*, comte de Montmorris, a publié récemment ces relations sous le titre suivant : *The life and aventures of Nathaniel Pearce : Written by himself during a residence in Abyssinia from the year 1810 to 1819. Together with M. Coffin's account of his visit to Gondar.* Edited by J.-F. Halles. Esq., 2 vol. in-8°. London, 1831.

([1]) *Ludolf*, Hist., l. I, c. 1, Comment., p. 50. — ([2]) *Idem*, Hist., 1, 6.

« Le nombre des rivières qui naissent dans ce pays concourt à prouver l'élévation du sol. En commençant à l'ouest, le *Bahr-el-Azrak* ou Nil Bleu (l'*Astapus* des anciens); le *Rahad*, qui n'a pas moins de 85 lieues; le *Dender*, que Bruce a supposé à tort se réunir au Rahad, et qui a plus de 100 lieues de longueur; le *Tekzé* ou *Tacazzé*, dont le nom signifie *fleuve* (¹), et qui reçoit un grand nombre d'affluents pour former avec eux l'*Atborah* ou l'*Astaboras* des anciens, contribuent tous à former ou à grossir le grand Nil : tandis que l'on ignore si le *Mareb* va grossir l'Atborah ou se perdre dans les sables entre l'île de Méroé et le golfe Arabique, et qu'il est certain que dans un sens opposé le *Hanazo* et le *Haouach* voient leurs eaux disparaître dans les sables avant d'avoir atteint la mer d'Arabie. Le *Zébée* coule peut-être vers les côtes de Zanguebar; selon Petis-la-Croix, il se perd dans les sables du plateau méridional (²). D'autres pensent, au contraire, qu'il forme le cours supérieur du Quillimanci. »

Le Bahr-el-Azrak mérite quelques détails. Trois sources abondantes, situées à 3,000 mètres au-dessus du niveau de l'Océan, lui donnent naissance. Après avoir traversé une vallée circulaire fermée par une triple chaîne de montagnes, il devient un torrent bruyant, forme deux belles cascades, et à 35 lieues de sa source tombe dans le lac de Tzana ou Tana, appelé aussi lac de Dembea, dont il sort en formant la chute d'Alata, qui a 40 pieds de hauteur. À peu de distance du point où il naît, les indigènes l'appellent *Aboui* ou *Paternel*. Son cours est tellement sinueux, qu'après avoir parcouru un espace de 29 jours de route il n'est encore qu'à quelques lieues en ligne directe de sa source. En traversant le pays des Changallas pour arriver sur le sol de la Nubie, on le voit se précipiter en trois sauts, dont un a 280 pieds de hauteur (³).

(¹) Suivant MM. Combes et Tamisier, le nom de Tacazzé dérive du mot abyssinien *taka*, qui signifie *terrible*; étymologie pleinement justifiée par les ravages que causent ses débordements, et par les crocodiles et les hippopotames que renferment ses eaux. Voyez le *Voyage en Abyssinie*, par MM. *Combes et Tamisier*. J. H.

(²) Bruns, Afrika, II, 87

(³) D'après les observations barométriques faites par un Français qui parcourt en ce moment l'Abyssinie, le Tacazzé a 845ᵐ d'élévation au gué inférieur situé par 13° 30' de latitude. De ce point jusqu'à la

Le *Bachilo* est le principal affluent du Bahr-el-Azrak; cependant son lit n'a pas plus de 4 mètres de profondeur et 60 de largeur, à l'époque des plus fortes inondations. « Au temps » des pluies périodiques, le passage de cette » rivière est dangereux, et depuis le commencement de juillet jusqu'au 15 septembre, il » est impossible aux Abyssiniens de la traverser. En décembre, elle n'a que très peu » d'eau, et jusqu'en juin les jeunes filles la » passent sans se mouiller le mollet, comme » disent les gens du pays. Cette rivière sépare » la province d'Amhara de celle de Beghemder, et se jette dans le Nil-Bleu, en face de » Gojam. » Comme le Tacazzé elle nourrit un grand nombre d'hippopotames (¹).

Le lac de *Dembea*, ainsi appelé parce qu'il se trouve dans la province de Dembea, doit son autre nom de *Tzana* ou de *Bahr-Ssana* à l'île de *Ssana*: c'est le plus grand lac de l'Abyssinie. Il occupe le centre d'un vaste entonnoir naturel où descendent une multitude de ruisseaux et de petites rivières. Sa longueur est de 20 à 25 lieues, sa largeur de 10 à 15, et sa circonférence de 72; mais comme tous les lacs de la zone torride, il change d'étendue selon les saisons. Il est parsemé d'une multitude d'îles, la plupart habitées par des moines : la plus grande est celle de Ssana; une autre, assez étendue, qui porte le nom de

ville de Damer, dans le Dongolah, par 17° 30' de latitude au-dessus de laquelle il s'unit au Nil, le Tacazzé, à cause de ses nombreux détours, a un cours d'environ 200 lieues de longueur. « Dans cette distance le fleuve a certainement encore une pente » assez forte, surtout si l'on considère toute la partie » des montagnes d'Abyssinie dans lesquelles il est enfermé et comme enfoui. » La différence de niveau entre Damer et le gué inférieur du Tacazzé peut être estimée à 162ᵐ au moins. Ainsi la hauteur du Nil à Damer ne doit pas être de plus de 682ᵐ au-dessus du niveau de la mer. Entre cette ville et Sennaar le fleuve a, au contraire, une pente presque insensible; la distance entre ces deux points n'est guère que de 125 lieues. Dans tout cet intervalle, la masse d'eau n'a que dans un seul point, à Garri, une chute un peu forte indiquée par un cours rapide. Il est donc probable que la différence de niveau entre Damer et Sennaar n'est pas de plus de 81ᵐ. On peut donc conclure de là que la hauteur absolue de cette dernière ville doit être au plus de 763ᵐ. Ce fait une fois établi, on conçoit comment il arrive que l'eau du Nil s'élève lentement, et que quand elle a atteint une certaine hauteur elle a été si long-temps au même point. J. H.

(¹) Voyage en Abyssinie, etc., par MM. Combes et Tamisier, T. II, p. 201.

Daga, renferme une prison d'État. Cet lac nourrit des hippopotames, mais on n'y trouve pas de crocodiles. Près de ses bords croît une espèce de balsamier qui donne la myrrhe.

Au sud du mont Bora s'étend le lac d'*A-changi*, qui a 8 lieues de longueur et 4 de largeur. Il est formé de la réunion des eaux du *Lasta*, du *Bora* et de l'*Ouofila*. Non loin et au sud-est de ce lac, on en remarque un autre qui porte le même nom, mais qui est environ huit fois moins grand. Entre le 10e et le 11e parallèle et sous le 37e méridien se trouve le lac *Stéphanos* ou *Saint-Etienne*, qui tire son nom d'un monastère construit sur une île qui en occupe le centre. Ce lac, moins grand que l'Achangi, donne naissance à la rivière d'*Ouahet*, l'un des affluents du Bahr-el-Azrak.

« D'après le rapport des Abyssiniens, le lac de » *Zaouaja* qui donne naissance à l'Haouach, » comprend un espace de 8 à 9 lieues de long » sur 2 de large. Celui de Soumma, dans le » pays de Guragué, est plus petit que ce der- » nier; la rivière de *Béla*, qui se jette dans le » Nil, s'échappe du milieu de ce lac. Plusieurs » amas d'eau, tels que ceux d'*Iboba*, de *Mai-* » *cha* ou d'*Adal* et des *Assoubho-Galla's*, » formés par les rivières du Haouach et de » l'Iusso, sont plutôt des marécages que des » lacs, et ils disparaissent presque entière- » ment à l'époque de la sécheresse (¹). »

Le sol de l'Abyssinie offre des pentes tellement rapides, que la plupart des rivières de ce pays sont de fougueux torrents, et que les cascades et les cataractes y sont en très grand nombre. Le *May-lumi*, un des affluents du Tacazzé, en offre une de 45 mètres de hauteur, et le *May-Sbini*, qui n'en est pas éloigné, en présente plusieurs presque aussi élevées.

« En général, les rivières, les pluies et l'élévation du sol rendent la température de l'Abyssinie beaucoup moins chaude que celle de l'Égypte et de la Nubie. La chaleur de l'atmosphère, à en juger par les sensations qu'éprouve le corps humain, est beaucoup moindre que ne l'indique le thermomètre (²). Il y a même des provinces plus tempérées que le Portugal ou l'Espagne; mais dans les basses vallées on éprouve les effets réunis d'une chaleur étouffante et des exhalaisons de l'eau stagnante.

L'éléphantiasis, l'ophthalmie et beaucoup d'autres maladies en sont les funestes suites (¹).

» L'hiver, en Abyssinie, commence en juin, et dure jusqu'au commencement de septembre. La pluie, souvent accompagnée de tonnerre et d'ouragans affreux, oblige les habitants à suspendre tous les travaux, et fait cesser toute opération militaire (²). Les autres mois de l'année ne sont pas entièrement exempts de mauvais temps, et les plus beaux sont ceux de décembre et de janvier. Tel est le climat en général, et surtout celui de l'intérieur du pays; mais la nature montagneuse de l'Abyssinie produit plusieurs variations: ainsi, à l'orient, sur les bords de la mer Rouge, entre le rivage et les montagnes, la saison des pluies commence lorsqu'elle est déjà terminée dans l'intérieur. Cette particularité causa une grande surprise au Portugais Alvarez, qui, à Dobba, se vit tout d'un coup transporté de l'hiver dans l'été (³).

» L'Abyssinie, remplie de montagnes, ne saurait être dépourvue de minéraux. Selon le manuscrit de Petis-la-Croix, il s'y trouverait beaucoup de mines de fer, de cuivre, de plomb et de soufre (⁴); mais les voyageurs n'en parlent point. Les lavages à Damot et les mines peu profondes d'Enarya donnent de l'or extrêmement pur (⁵). Bruce assure que l'or le plus fin se recueille dans les provinces occidentales, au pied des montagnes de Dyre et de Tegla. Les grandes plaines, couvertes de sel gemme, au pied des montagnes orientales, ont excité l'admiration des voyageurs; le sel y forme des cristaux longs d'une *palme*. »

La constitution géognostique de l'Abyssinie est très peu connue; cependant on peut dire que dans les hautes montagnes dominent les gneiss, les granits, les syénites, les porphyres, et généralement toutes les roches de la série plutonique. Ainsi que l'a remarqué le voyageur allemand M. Rüppel, ce qui frappe d'abord dans l'aspect général de l'Abyssinie, c'est la nature volcanique du sol. On y rencontre des montagnes de porphyre et de trachytes en forme de dômes, et fréquemment des masses de basalte et d'autres roches d'origine ignée. Des schistes et des calcaires saccaroï-

---

(¹) *Voyage en Abyssinie*, etc., par MM. Combes et Tamisier, t. II. — (²) *Blumenbach*, notes sur Bruce, V, 274.

(¹) *Alvarez*, Hist., c. 41, c. 67. Bruce, etc. — (²) *Lobo*, Hist., I, 101. Bruce, etc. — (³) Hist., c. 47. — (⁴) *Bruns*, — II, 117. — (⁵) *Alvarez*, c. 39, c. 133. Ludolf, Hist., I, 7. Thévenot, II, 69, p. 700.

des, entremêlés de couches de serpentines, et en strates fortement inclinés, reposent sur les roches granitiques; enfin des grès, qui appartiennent peut-être à la formation houillère, et des calcaires, des gypses et des marnes, qui dépendent des dépôts salifères, paraissent s'étendre sur tous les autres terrains.

D'après les observations de M. Rüppel, le sommet des montagnes est presque constamment couvert de neige, car, même lorsqu'elle vient à fondre durant le jour, aux rayons ardents du soleil, le froid de la nuit rassemble de nouveau autour des pitons élevés les vapeurs dont l'atmosphère est continuellement chargée. Ces vapeurs, qui sur les montagnes se condensent en flocons de neige, descendent dans les régions inférieures en pluies abondantes, durant toute l'année, mais principalement depuis le mois de mai jusqu'à la fin de septembre. Ces pluies continuelles grossissent les rivières; mais aucune n'est cependant navigable, et cet inconvénient est une des causes nombreuses qui entravent les relations commerciales en Abyssinie.

« Dans un pays montagneux, humide, éclairé d'un soleil vertical, le règne végétal étale naturellement une magnificence que les botanistes regrettent de ne pouvoir aller contempler. Sur ce point comme sur bien d'autres, Bruce a trompé nos espérances. Il donne très peu de renseignements vraiment nouveaux. L'arbre *cousso*, par exemple, qu'il a nommé *banksia abyssinica*, avait déjà été décrit par Godigny (¹). Blumenbach et Gmelin connaissaient depuis long-temps la plante graminée *girgir*, que le voyageur anglais croyait avoir découverte. Les arbres d'Abyssinie qu'on a décrits jusqu'ici, quoique ce ne soient vraisemblablement pas les principaux, sont le figuier-sycomore, l'*erythrina corallodendron*, le tamarinier, le dattier, le cafier, un grand arbre dont on se sert pour la construction des bateaux, et que Bruce appelle *rak*, deux espèces de *mimosa* gommifères. On trouve sur quelques montagnes arides l'euphorbe arborescente. Le câprier, le figuier, et diverses espèces d'acacia croissent dans les parties moyennes. Dans plusieurs vallées le limonier et le citronnier forment des bois naturels. »

Un arbuste, appelé dans la langue du pays *wouginous*, et qui est le *Brucea antidysente-*

(¹) *Bruns*, Afrika, II, 115.

rica de Muller, et le *Brucea ferruginea* de l'Héritier, est justement vanté par le voyageur anglais pour ses vertus médicinales. Il appartient à la famille des térébinthacées. Les botanistes l'ont avec raison dédié à Bruce : on ne connaissait point avant lui les caractères de cet arbrisseau. Son écorce est répandue dans le commerce sous le nom de *fausse angusture* : elle se vend en plaques ou tubes dont la surface extérieure est rugueuse, mélangée de gris et d'orangé, et l'intérieur lisse et couleur fauve. Ses propriétés délétères et son amertume insupportable sont dues à une substance particulière à laquelle la chimie donne le nom de *brucine*. L'espèce de sébestier appelée *wanzey* par les Abyssins (*cordia sebestena*) est un des arbres les plus communs en Abyssinie : il fait l'ornement de toutes les villes. Après la saison des pluies, une seule nuit suffit pour que cet arbre se couvre de fleurs d'une blancheur éclatante; lorsque sa fleur tombe, tous les environs semblent être couverts de neige. L'un des arbres les plus beaux et les plus utiles est le *cousso* (*Banksia abyssinica*), dont les fleurs infusées donnent une tisane que les Abyssins regardent comme le meilleur spécifique contre la maladie des vers, à laquelle les habitants des deux sexes sont sujets. »

Il n'y a pas de forêts proprement dites en Abyssinie, dit M. Rüppel; seulement les vallées laissent voir çà et là quelques bouquets d'arbres de haute futaie et surtout une espèce de sycomore dont le port ne manque ni d'élégance ni de majesté. Partout les crêtes des collines sont dépouillées d'arbres, parce que les naturels y mettent le feu pour féconder le terrain et confier ensuite leurs récoltes au peu d'humus que l'incendie a mis à découvert.

« Les principales plantes alimentaires sont le millet, l'orge, le froment, le maïs, le *teff* et plusieurs autres. Tous les voyageurs se sont accordés sur le beau pain de froment d'Abyssinie; mais il n'y a que les personnes d'une condition relevée qui en mangent. »

Le *teff* ou *tafo* est une graine plus petite que la moutarde, d'un très bon goût, et que les vers n'attaquent point (¹) : c'est le *poa abyssinica* des botanistes. On en fait un pain en forme de gâteau rond, épais d'environ un de-

(¹) *Gmelin*, app. au Voy. de Bruce, p. 59, trad. all. de Rinteln.

mi-travers de doigt. Ce pain est plus ou moins blanc; sa saveur est un peu aigre; mais c'est une nourriture qui n'a rien de désagréable. Bruce assure qu'on sème le teff en Abyssinie dans les mois de juillet et d'août, et qu'il croît avec une telle rapidité qu'on peut en faire annuellement trois récoltes. Les jardins d'Abyssinie renferment plusieurs espèces d'arbres fruitiers, de légumes et de plantes huileuses que nous ne connaissons point (1).

» Il se fait ordinairement deux récoltes de céréales, l'une pendant la saison des pluies, dans les mois de juillet, août ou septembre, l'autre au printemps: dans quelques localités on fait jusqu'à trois récoltes. Comme en Égypte, on fait fouler les grains par les bestiaux; on cultive aussi quelques vignes, et l'on fait même du vin, mais en petite quantité, car cette liqueur est peu goûtée par les naturels, qui préfèrent l'usage d'une espèce d'hydromel et de l'opium. Les naturels cultivent en grande abondance une plante alimentaire et herbacée analogue au bananier; elle supplée au pain. Lobo l'appelle *ensete* (2). Dans les mares de l'Abyssinie on trouve, comme en Égypte, le *papyrus*. Bruce nous assure que l'arbre qui produit le baume de Judée et la myrrhe est indigène dans l'Abyssinie, ou, plus exactement parlant, sur la côte d'Adel, depuis le détroit de Bab-el-Mandeb jusqu'au cap Guardafoui. Il craint qu'une exploitation trop forte ne fasse bientôt disparaître ces forêts odoriférantes déjà connues du vieux Hérodote (3). Toute l'Abyssinie respire les parfums qu'exhalent les roses, les jasmins, les lis et les œillets dont les champs sont couverts.

» Le règne animal n'offre pas moins de variété et d'abondance. Le bétail y est très nombreux et d'une petite taille; il a les cornes d'une longueur monstrueuse: il n'est pas rare de voir des cornes de bœufs longues de 4 pieds. Les abondantes pluies de l'été donnent tant d'activité à la végétation des prairies qu'elles offrent, pendant les plus grandes chaleurs, une abondante pâture aux troupeaux. Les buffles sauvages attaquent les voyageurs; les chameaux sont remplacés par l'âne et le mulet. On réserve pour la guerre les chevaux, qui sont petits, mais pleins de feu, comme dans tous les pays montagneux. Dans les provinces méridionales on croit qu'il existe quelques zèbres, mais farouches. On y voit errer en nombreuses troupes le *rhinocéros bicorne*, qui diffère essentiellement du rhinocéros unicorne d'Asie. Lobo et Bruce concourent à faire penser que le rhinocéros à une corne se trouve aussi en Abyssinie, contre l'opinion générale des naturalistes. Toutefois, Lobo, dans les relations de ses compatriotes qu'il cite, crut entrevoir un animal très différent du rhinocéros; c'était, selon lui, le fameux *unicorne*, semblable au cheval et muni d'une crinière (1).

» Il est inutile de nommer les lions, les panthères et tous ces autres animaux du genre *felis*, dont l'Afrique est comme la patrie. La *girafe* est répandue en Abyssinie. Déjà Marc-Paul ou Marco-Polo et *Bakoui*, auteur arabe, l'ont mentionnée de manière à ne laisser aucun doute sur son existence. Browne l'indique dans le Dar-four. Les hyènes sont en Abyssinie en si grand nombre, si féroces et si hardies, qu'elles parcourent quelquefois les rues de la capitale pendant la nuit. Il est vrai que les habitants ne leur font aucun mal, ce que l'on attribue à une opinion superstitieuse que l'on retrouve chez les Cafres: ils supposent que des *Falasjan*, hommes soumis à un pouvoir magique, descendent des montagnes pendant la nuit et vont dévorer les cadavres, les charognes des animaux que l'on jette près des habitations, et en général toutes les substances animales. Il y a aussi des sangliers, des gazelles ou antilopes, des singes et des babouins qui parcourent les champs et détruisent les moissons: parmi ces derniers, une petite espèce verte ravage les blés. Lobo et Petis-de-la-Croix (2) décrivent le zèbre de manière à ne laisser aucun doute que cet animal se trouve en Abyssinie. L'*achkoko*, animal d'Abyssinie décrit par Bruce, est le *cavia capensis*, suivant Blumenbach, et le *lynx botté*, suivant Gmelin (3). »

Mais on sait aujourd'hui que l'achkoko ou le *gihe* des Abyssins est le daman (l'*hyrax capensis* de Buffon), animal qui est de la taille du lièvre et couvert d'un poil long et soyeux d'un gris-brun. Par ses caractères anatomi-

(1) *Petis-la-Croix*, c. 6, *Alvarez*, c. 19, c. 44, c. 48.— (2) *Lobo*, Voy. histor., I, p. 143.— (3) *Philos. transact.*, LXV, 409.

(1) *Lobo*, short relat., p. 23. — (2) *Lobo*, Voy. Hist I, 291-292. *Bruns.* II, 91. — (3) *Bruce*. Trad. all. de Leipsick, V, 289. Trad. de Rinteln, app. p. 26.

ques, il forme un genre intermédiaire entre les rhinocéros et les tapirs. Le lynx botté, le *felis caligata* de Temminck, est très commun aussi en Abyssinie. Le lapin paraît y être inconnu, tandis que le lièvre, qui y est regardé comme un animal immonde, habite en grand nombre les plaines et les plateaux.

Il y a aussi beaucoup de serpents d'espèces très grosses et très remarquables. Les lacs et les rivières fourmillent d'hippopotames et de crocodiles. Ni Bruce ni Salt ne citent un seul poisson remarquable; cependant il en est un dont parle le P. Alvarez, et qui paraît être une espèce de torpille ou de gymnote : il fait éprouver à celui qui le touche une violente commotion électrique. Les espèces d'oiseaux n'y sont pas moins nombreuses. On distingue surtout l'autruche et le grand aigle doré. Alvarez et Lobo indiquent beaucoup d'oiseaux singuliers, semblables aux oiseaux de paradis, d'autres espèces particulières à la zone torride. On y trouve aussi des *pigeons*, des *tourterelles*, des *alouettes*, de nombreuses espèces de *perroquets*; mais les oiseaux aquatiques y sont rares.

« Les voyageurs parlent de plusieurs espèces d'abeilles sauvages qui construisent leurs ruches sous terre, et dont le miel est excellent [1]. L'insecte le plus remarquable est une mouche dont le lion lui-même redoute l'aiguillon, et qui force des tribus entières à émigrer, comme Agatharchide l'avait déjà remarqué avant Bruce [2]. Cet insecte porte dans le pays le nom de *zemb* ou celui de *tsaltsalya*, et paraît être une espèce de *taon*. Les sauterelles font encore plus de mal; leurs innombrables essaims ravagent des provinces entières et réduisent le peuple à la famine [3].

» Ce tableau général d'un pays très étendu admet nécessairement beaucoup de nuances, déterminées par la position des parties dont il se compose. Mais nos connaissances topographiques sur l'Abyssinie, aussi bornées qu'obscures, ne nous permettent pas seulement de donner une liste complète des provinces. Ludolf nomme 9 royaumes et 5 provinces; Thévenot, d'après un ambassadeur éthiopien, 7 royaumes et 24 provinces; Bruce indique 19 provinces; enfin Petis-la-Croix fait l'énumération de 35 royaumes et 10 provinces qui ont appartenu au monarque abyssinien, et dont il ne lui restait que 6 royaumes, la moitié du septième et les 10 provinces [1]. »

Les naturels divisent leur territoire en deux grandes régions, dont l'une, appelée Tigré, occupe l'espace compris entre la mer Rouge et le Tacazzé, tandis que l'autre qui s'étend depuis cette rivière jusqu'aux frontières du Sennaar porte le nom d'Amhara.

Lorsque Salt visita l'Abyssinie, elle était divisée en trois Etats distincts et indépendants les uns des autres, savoir : le *Tigré*, l'*Amhara*, et les deux provinces réunies d'*Efat* et de *Choa*. Mais aujourd'hui elle est partagée en six provinces ou *ras*, que l'on désigne sous la dénomination de *royaumes* et qui sont gouvernées par six chefs indépendants : ce sont les royaumes d'*Hururgué*, de *Tigré*, de *Lasta*, d'*Amhara*, de *Semen* et de *Choa*. Ces princes sont constamment en guerre les uns contre les autres ou avec les peuples indépendants qui les environnent. Comme les limites de ces petits Etats varient selon les chances de la guerre, il est difficile d'en assigner d'une manière précise l'étendue et l'importance. Aussi M. Lefebvre, officier de la marine française, qui a récemment voyagé en Abyssinie, a-t-il proposé d'établir cinq divisions naturelles dans tout l'espace qui était autrefois compris sous le nom de *royaume d'Ethiopie* et sous la domination des rois axoumites.

La *première division*, connue sous le nom de *Samhar*, forme le littoral de la mer Rouge : on la nomme aussi le *Dankali*.

La *seconde* est comprise entre le 12e et le 16e degré de latitude septentrionale, et entre la chaîne du Taracta et le cours du Tacazzé.

La *troisième*, appelée *Amhara*, s'étend entre le Tacazzé et le Nil Bleu.

La *quatrième* est le pays des Gallas.

La *cinquième* est le pays appelé *Choa*.

« Comme nous réservons les parties maritimes de l'Abyssinie pour un autre endroit, il faut commencer notre tournée par l'*ancien royaume de Tigré*, qui forme la partie la plus au nord-est de toute l'Abyssinie.

» Cette grande province, très peuplée, à laquelle on donne 100 lieues de longueur sur 90 de largeur, est en grande partie couverte de hautes montagnes, séparées par de riches val-

---

[1] Ludolf, Hist. I, 13. Lobo, I, p. 89.—[2] *Agath.*, in Geogr. Min. Hudson. I, 43. — [3] *Alvarez*, c. 32-33. Lobo, Ludolf.

[1] *Petis-la-Croix*, ch. 21.

lées : sa capitale est *Axum* ou *Aksoum*, éloignée de 43 lieues de la mer Rouge (¹); c'est l'ancienne résidence des monarques abyssiniens : ils ont conservé l'usage de s'y faire couronner. L'antiquité de cette ville est un sujet de dispute parmi les savants : elle était inconnue à Hérodote et à Strabon. Le premier qui la nomme est Arrien, auteur d'un périple de la mer Erythréenne ; elle était de son temps, c'est-à-dire dans le deuxième siècle après J.-C., le siége du commerce d'ivoire (²). Son état florissant dans les quatrième, cinquième et sixième siècles, est attesté par les descriptions qu'en font Procope, Etienne de Byzance, Cosmas et Nonnosus (³). Les voyageurs portugais y ont trouvé des ruines magnifiques, des restes de temples et de palais, des obélisques sans hiéroglyphes, parmi lesquels un de 64 pieds de hauteur, d'un seul bloc de granit, terminé par un croissant, des figures mutilées de lions, d'ours et de chiens ; enfin des inscriptions « en caractères *grecs* et *latins* (⁴). » Selon Salt, l'obélisque qui reste encore debout a 80 pieds de haut ; mais sa forme aplatie, ses ornements, qui ne rappellent nullement les hiéroglyphes, le rendent très différent des obélisques égyptiens. Il y avait autrefois 54 obélisques, qui formaient deux rangées aux deux côtés de la colline qui domine la ville, et que le zèle mal entendu d'une princesse chrétienne a fait renverser. Le siège sur lequel les rois venaient s'asseoir lors de leur couronnement, devant la grande église, porte une inscription éthiopienne. Une autre inscription grecque, sur un monument dont la destination est inconnue, atteste les victoires du roi Aeizanas, 300 ans après l'ère chrétienne. L'existence de cette inscription met hors de doute l'authenticité de celle que Cosmas vit à Adulis. Mais celle que Bruce prétendait avoir découverte à *Aksoum* est une invention de ce voyageur. »

La moderne *Aksoum* est, suivant deux voyageurs récents (⁵), la plus jolie ville du Tigré. Son enceinte sacrée est délicieuse de fraîcheur et d'ombre ; elle compte 600 habitations, mais aucun édifice remarquable. Ses maisons ont la forme d'un cylindre surmonté d'un cône. Son église, bâtie au dix-septième siècle, est la plus belle de l'Abyssinie, quoiqu'elle n'ait rien de remarquable. C'est un monument carré, flanqué d'une tour de même forme et couronné par une rangée de pierres arrondies qui lui donnent l'apparence d'être crénelé ; on y monte par deux rampes de 180 pieds de largeur, et l'on y entre par trois portes carrées. Son intérieur est presque dénué d'ornements ; mais une chapelle dédiée à une sainte nommée *Sellaté-Mouisé* en est surchargée : ce qui indique la vénération des Abyssiniens pour cette sainte qui était issue de la race de Salomon et qui regardait comme impurs les êtres de son sexe ; aussi les femmes ne peuvent-elles entrer ni dans cette chapelle ni dans l'église. A l'est de l'église, on aperçoit, auprès d'un arbre immense et bien vert, l'obélisque dont Salt a parlé. Quelques piliers qui n'ont rien d'intéressant et deux autres obélisques pareils à celui qui se tient encore debout, gisent brisés sur le sol. On fabrique dans cette cité de bon parchemin et de grosses étoffes de coton.

Adoua ou *Adoueh*, ville de 3,000 habitants, et la principale de la province, s'élève sur la pente d'une colline. Ses maisons, assez régulièrement disposées, sont entremêlées d'arbres et de petits jardins. Plusieurs habitations ont une forme conique ; d'autres ont une toiture aplatie et sont surmontées de terrasses ; quelques unes ont un premier étage. Ses églises sont dédiées l'une à Marie (Mariam), l'autre à l'archange Gabriel, et une troisième à la Madeleine (Médinaalem). « L'église de Saint-Michel (Godeus Michael), au nord-est d'Adoua, ornée en dedans de fresques grossières et entourée de tombeaux au-dehors, est admirablement ombragée par de sombres sabines et de grands oliviers. Les blancs établis dans cette capitale cultivent des jardins et naturalisent dans cette contrée des plantes d'Egypte et de Syrie. La ville est abreuvée par l'abondant ruisseau d'Assa, qui coule à ses pieds et ne tarit dans aucune saison. Du côté de l'église de Saint-Michel s'élève un énorme pic qui domine majestueusement la plaine (¹). » Cette ville est le principal entrepôt du commerce entre l'intérieur de l'Abyssinie et la mer. On y fabrique des étoffes de coton et des toiles de

---

(¹) *D'Anville*, Mémoire sur l'Egypte, p. 265. — (²) *Hudson*, Géogr. Minor., t. I. p. 3. — (³) Cités par *Ludolf*, Hist. Æthiop. I, cap. II, Comment., p. 60 et 251. — (⁴) *Lobo*, Voyage, 255. *Alvarez*, cap 38. Histoire de ce qui s'est passé, etc., page 137. — (⁵) MM. Combes et Tamisier.

(¹) Voyage en Abyssinie, par MM. Combes et Tamisier, t. I, p. 203.

diverses qualités; on y travaille la soie; son marché est un des plus importants de l'Abyssinie: aussi peut-on la regarder comme une des cités abyssiniennes les plus florissantes. Ses habitants passent pour être plus doux et plus civilisés que les autres Abyssins. Les environs d'Adoua, quoique hérissés de montagnes escarpées, donnent trois moissons dans l'année. Mais la fertilité du royaume de Tigré n'empêche pas les habitants d'être un peuple aussi féroce et sanguinaire que perfide et corrompu ([1]). *Antalo*, ville importante, renferme 1,000 maisons : on la regarde aujourd'hui comme la capitale du Tigré. Cependant nous devons faire observer que cette grande province n'a pas de capitale fixe : la résidence du souverain change selon son caprice ou selon les exigences politiques.

Les récoltes du Tigré sont souvent ravagées par des nuées de sauterelles dont les musulmans seuls font leur nourriture. Les pays situés au-delà du Tacazzé sont moins exposés à ce fléau.

« Les provinces qui, à l'ouest, avoisinent le Tigré, portent les noms de *Ouodjerat*, de *Siré* et de *Sémen*. La première est un des greniers de l'Abyssinie; c'est aussi un pays très boisé dont les forêts renferment beaucoup d'animaux sauvages, et principalement des éléphants et des rhinocéros. Les vallées humides de la seconde produisent beaucoup de palmiers et divers arbres fruitiers ; elle est généralement formée de vastes plateaux coupés par de profondes vallées, et l'on y remarque plusieurs montagnes peu élevées. Dans la troisième s'étendent plusieurs chaînes de montagnes, dont les deux plus célèbres sont le Lamalmon et l'Amba-Gidéon. Ce dernier est proprement un plateau escarpé de tous côtés et presque inaccessible, mais assez vaste et fertile pour nourrir une armée entière. C'était la forteresse des *Falasjan* ou juifs abyssiniens, autrefois maîtres de la province de Semen. »

Suivant MM. Combes et Tamisier, le Sémen n'a jamais été complètement soumis aux rois d'Abyssinie; bien avant l'ère chrétienne, cette province était peuplée de juifs qui avaient un roi, et une reine qui participait au gouvernement. Ces souverains se sont perpétués jusqu'à la fin du dix-huitième siècle, malgré les guerres qu'ils eurent à soutenir contre les empereurs d'Abyssinie, surtout à l'époque des missions des jésuites.

La province montagneuse de *Lasta*, habitée par une peuplade la plupart du temps indépendante, renferme des mines de fer. Le Tacazzé y prend sa source. Sa principale ville est *Sokota*, sur une rivière, à 45 lieues au sud d'Aksoum.

Au sud-ouest du Tigré, dans les plaines fertiles qui environnent le lac de Tana, s'étend la province ou le royaume d'*Amhara* ou de *Gondar*, qui se divise en douze parties que l'on pourrait appeler arrondissements. C'est un pays montagneux, où l'on remarque la haute montagne d'Amba-Gschen, sur laquelle on reléguait autrefois les princes du sang royal. Cette prison a été remplacée depuis par le *Ouechné*, dans le Beghemder. Il paraît que ce sont des montagnes escarpées qui renferment, soit une caverne naturelle, soit une fosse artificielle, dans laquelle on descendait les prisonniers au moyen d'une corde. C'est là que le monarque abyssin faisait garder à vue tous les princes de sa famille dont il croyait avoir quelque chose à redouter. Souvent c'était dans ce tombeau que les grands du royaume allaient chercher celui d'entre les princes que sa naissance ou leur volonté appelait au trône ([1]).

L'Amhara est peuplé d'une race d'hommes qui passent pour les plus beaux et les plus braves de l'Abyssinie. *Gondar*, résidence royale, en est le chef-lieu. Cette ville est bâtie sur une montagne à 8 ou 10 lieues au nord du lac Tana. Selon l'expression de MM. Combes et Tamisier, c'est une ville fracassée, mais elle offre encore des restes de son ancienne grandeur. « Les constructions portu-
» gaises, qui pour des Européens ne méritent
» aucune description de détail, se présentent
» dans une imposante majesté parmi les chau-
» mières qui les environnent : on dirait des
» géants au milieu d'une troupe de nains. La
» ville proprement dite est sur le sommet d'une
» colline; sur le penchant et au pied se trou-
» vent les faubourgs: celui des musulmans est
» au sud-ouest du palais occupé par les rois. »
Ce palais inhabité ressemble à une forteresse du moyen-âge avec fossés et ponts-levis ; c'est un édifice carré à trois étages, flanqué de tours et environné d'une muraille. On croit qu'il est l'ouvrage de quelques missionnaires euro-

([1]) *Petis-la-Croix*, ch. 10.

([1]) *Bruns*, Afrika, II.

péens. A la vue de ces habitations royales que les Abyssiniens laissent dépérir, des fontaines taries, des jardins abandonnés, on éprouve un sentiment de tristesse comme à l'aspect d'un mausolée[1]. Les maisons construites, les unes en torchis, les autres en pierres rouges, n'ont qu'un toit de chaume. On compte à Gondar 42 églises: l'une des principales, qui porte le nom de *Quosquum*, est bâtie de la même manière que les maisons, mais avec beaucoup d'art et est décorée avec un grand luxe; une autre, dédiée à Marie, est bariolée de peintures; une autre, enfin, celle de la Nativité, renferme le tombeau du roi Oustas, mort en 1714. La ville renferme un vaste marché découvert qui passe pour le plus important de l'Abyssinie; les chrétiens et les musulmans y ont chacun leur boucherie. La plupart des marchands de Gondar envoient des caravanes à Gouderou, à Caffa, à Narea, chez les Gallas, où elles achètent des esclaves, du café, du musc et de la poudre d'or. Cette ancienne capitale renferme aujourd'hui 6,000 habitants à peine; elle est arrosée par deux rivières, la Caha et l'Angareb qui opèrent leur jonction au-dessous du faubourg musulman. Leurs bords sont occupés par des tanneries, et l'on y blanchit le coton que l'on transforme ensuite en soyeux tissus.

Au milieu des montagnes qui environnent Gondar, habite un petit peuple païen appelé *Camaountes*. Les hommes ne viennent que très rarement à Gondar; les femmes y apportent du bois le samedi. Elles ont d'immenses pendants d'oreilles en fer ou en tout autre métal: ce qui contribue sans doute à rendre leurs oreilles tellement longues qu'elles pendent jusque sur leurs épaules. On ne sait rien de la religion de ce peuple. La langue qu'il parle est l'ambarique.

La province appelée *Ouagara* est l'une des plus riches de l'Abyssinie: elle possède de beaux pâturages; des troupeaux de gros bétail qui fournissent beaucoup de beurre et de lait; elle produit de l'orge et du blé; en un mot, les habitants y vivent dans l'abondance. On y remarque un grand et beau village nommé *Douarik*, dont l'église dédiée à saint Georges (*Godeus-Gorghis*) est une des plus belles de l'Abyssinie. D'après une antique tradition, les Abyssiniens sont généralement persuadés que si l'on tentait de piller Douarik, on s'exposerait à l'inévitable vengeance de saint Georges. Cette croyance a fait de ce village un asile inviolable, où les habitants des hameaux voisins viennent déposer leurs richesses dans les temps de guerre et d'anarchie.

Vers la frontière méridionale de l'Ouagara on traverse une rivière appelée *Mariam-Ouaha*, c'est-à-dire la *rivière de Marie*, ainsi nommée d'une superbe église qui s'élève non loin de ses bords. Le village de *Dunkas*, que les Abyssiniens ont surnommé *Gheumb* (ruines), à cause des débris d'édifices dont il est environné, présente un château ruiné qui offre l'apparence d'une construction gothique, bien qu'il ne date que du commencement du dix-septième siècle.

Le royaume d'Amhara, fertile en froment, renferme dans l'arrondissement de *Beghemder*, dont le nom signifie *Pays des moutons*, *Emfras*, ville de 300 maisons, dans une situation très agréable. Le peuple du Beghemder passe pour être très belliqueux.

Sur la frontière septentrionale du Beghemder, et à 5 ou 6 lieues à l'est du lac Tana, se trouve la petite ville de *Derita*, presque entièrement peuplée de musulmans. Bâtie sur la pente d'une montagne, ses maisons sont mieux construites et plus spacieuses que celles des villes chrétiennes. Sa population, issue d'Arabes et de Gallas esclaves, se ressent de son origine, et présente un type tout particulier. Les hommes y prennent tous le titre de *hadji* (pèlerin), parce que tous ont fait le pèlerinage de la Mekke. Les femmes, généralement belles, ont la peau moins foncée que les autres Abyssiniennes: elles ont le teint cuivré. Malgré le précepte du Prophète, elles ne se voilent pas le visage; mais elles sont plus réservées que les chrétiennes. A Derita on tanne les peaux; on confectionne d'une manière supérieure les tissus de coton, et l'on fait parfaitement les cordons de soie qui servent de monnaie dans toutes les provinces où il y a des chrétiens.

Devra-Tabour, résidence d'un ras ou prince chrétien qui est censé gouverner le Beghemder, le Gojam, le Damot, une partie de l'Ouagara, du Belessa et de l'Ejjou-Galla, est une ville bâtie sur un plateau inégal; elle occupe un vaste espace de terrain, parce que ses maisons sont disséminées. Sa population, disent

---

[1] Voyage en Abyssinie, etc., par MM. Combes et Tamisier, t. III, p. 341 et 342.

MM. Combes et Tamisier, est si variable selon les guerres et les saisons, qu'il est impossible d'en donner l'évaluation. Les maisons ressemblent à des moulins à vent écrasés; les églises sont élégamment construites et bien entretenues; le palais du prince domine toutes les autres habitations: il a une cour spacieuse, fermée par une muraille de pierres informes et de terre glaise.

A six lieues au sud-sud-ouest de la précédente, *Mahdera-Mariam* est une des villes importantes du Beghemder, si, comme le disent MM. Combes et Tamisier, on peut appeler ville une grande réunion de chaumières. On y voit une habitation royale dont l'intérieur est décoré avec élégance.

Dans la partie méridionale de l'Amhara, le Nil entoure le *Gojam*, et en fait pour ainsi dire une grande presqu'île: c'est un des plus beaux pays de l'Abyssinie; les pâturages y sont excellents. On prétend que la population qui vit dans les montagnes d'où sort le Bahr-el-Azrak est autochthone, et qu'elle ne s'est jamais mélangée avec les autres Abyssiniens. Abondante en toutes sortes de productions, cette province tire sa principale richesse de ses troupeaux de bœufs qui sont à juste titre les plus renommés de l'Abyssinie. Ses chevaux étaient autrefois considérés comme les meilleurs de ce pays; mais ils sont aujourd'hui peu nombreux, et leur race ne tardera pas à disparaître si les ras ne renoncent pas à leur système de spoliation envers leurs sujets (¹). Les femmes du Gojam sont généralement remarquables par leur beauté. La ville de *Dima* est une des plus belles de la province. Ses maisons sont bien bâties, et groupées autour d'une église inviolable qui est consacrée à saint Georges. Les prêtres qui s'y sont réunis en grand nombre y ont établi un séminaire célèbre, où l'on instruit les jeunes gens qui se destinent à la prêtrise. Dima renferme 2,500 habitants qui, grâces à l'inviolabilité de leur église, jouissent du repos et de l'abondance au milieu d'un pays livré au désordre et à l'anarchie. *Devra-Ouerk*, bâtie sur un monticule que baigne la petite rivière de Ttasa, est célèbre en Abyssinie par son séminaire que la renommée place fort au-dessus de celui de Dima. *Monta* est la plus jolie ville du Gojam; ses maisons bien bâties sont environnées d'arbres verts; un grand parc, magnifiquement ombragé et couvert d'herbes très hautes, précède la cour de son église. Le marché de cette ville est le plus considérable de la province.

Dans la partie centrale de l'Amhara se trouve la petite province de *Maïcha* ou *Maïtcha*, pays plat, marécageux et peu salubre. Autrefois elle était habitée par des Agaous; elle l'est aujourd'hui par des Gallas qui ont embrassé la religion et les mœurs des Abyssiniens. Sa principale ville est *Ibaba*, que l'on peut comparer, pour l'étendue et la richesse, à Gondar, dont elle est éloignée de 50 lieues.

Au sud des hautes montagnes de Gojam, le Bahr-el-Azrak arrose la province de *Damot*, habitée par les *Gafates*, qui parlent une autre langue que celle des Abyssiniens; c'est un pays riche en mines d'or, et dont le sol produit de beau coton. Son chef-lieu est *Gasat*.

Les provinces réunies de *Tégoulet*, de *Moret*, de *Choa*, et d'*Ifat* ou d'*Efat*, forment un Etat indépendant auquel on peut donner le nom de *royaume d'Ankober*, parce qu'Ankober, dans l'Ifat, en est la capitale. Cependant il porte en Abyssinie le nom de *royaume de Choa*. Il est borné au nord par le Ouello-Gallas; vers l'est il s'étend jusqu'à la rivière d'Haouach; au sud il est limité par les montagnes de Barakat qui vont se joindre à l'ouest à celles de la Lune, appelées aussi Djebel-el-Kamar; à l'ouest il confine avec l'Amhara, et au sud-ouest avec des tribus de Gallas. Placé au milieu de ces peuples aux dépens desquels il s'agrandit tous les jours, il a rendu tributaires tous ceux qui l'entourent, et même une partie des Gallas qui habitent au sud des monts Barakat. Le roi de Choa prend le titre de *Négous*. Le *Choa* est une grande vallée d'un accès difficile (¹), qui nourrit de très beaux chevaux. L'*Ifat* est un pays élevé, arrosé par un grand nombre de ruisseaux. Ce royaume occupe une étendue d'environ 85 lieues de l'est à l'ouest, et de 40 à 50 du nord au sud. Les habitants sont, de toute l'Abyssinie, ceux qui ont le mieux conservé l'ancienne civilisation et la littérature éthiopiennes dans toute leur pureté. *Ankober* est la résidence du prince. Cette ville, arrosée par les sources de Chaffa et de Denn, renferme environ 5,000 habitants. Elle est bâtie sur la pente d'une colline que

---

(¹) Voyage en Abyssinie, etc., par MM. Combes et Tamisier, T. II, p. 157.

(¹) Salt, Voyage, T. I, p. 243, trad. franç.

domine le palais du roi, remarquable par sa vaste dimension. Plusieurs églises, magnifiquement ombragées, apparaissent sur les éminences. *Tégoulet*, aujourd'hui ruinée, était jadis la capitale de toute l'Abyssinie.

Les provinces les plus méridionales se trouvent pour la plupart sous le joug des féroces *Gallas*, ennemis des Abyssiniens. C'est ainsi que l'ancien *royaume d'Angot*, et une partie de celui de *Narea*, sont dans la dépendance de ces peuples. Les principales villes du premier de ces royaumes sont *Agof*, *Kobbenou* et *Kombotche*, sur lesquelles on n'a que des renseignements très vagues. Le *Cambat*, fertile province du royaume d'Angot, renferme une population composée de chrétiens, de mahométans et de païens. *Sangara* est l'une de ses principales villes. Le royaume de *Narea* ou de *Naria*, environné de montagnes, comprend la partie la plus méridionale de l'Abyssinie. C'est un des plateaux les plus élevés de l'Afrique. Il abonde en grains et en bestiaux, et ses montagnes sont riches en or. Ses habitants, qui étaient autrefois tributaires des Abyssiniens, diffèrent de ceux-ci par leur teint. Bruce dit que les Naréens sont d'une couleur moins foncée que les Siciliens; mais, d'après les deux voyageurs français que nous avons souvent cités, il y a exagération dans l'expression du savant anglais : ils sont seulement moins bruns que les Abyssiniens ([1]).

Le *Guragué*, au nord des montagnes de la Lune (Djebel-el-Kamar), ne paraît présenter aucune particularité remarquable. Le *Bocham*, pays peu connu, s'étend entre le Cambat et le Narea. Le *Caffa*, à l'ouest du Bocham, a donné son nom à la précieuse graine que nous appelons café. On dit même que dans son pays natal cette graine conserve un arome et une qualité supérieurs à celle de Moka. Malheureusement l'exportation en est impossible, soit à cause des pays qu'il faut traverser, soit à cause des droits qu'il faudrait payer sur toute la route qui sépare ce pays du port de Mas aouah. Enfin le *Djinjiro*, situé au sud du Caffa et du Bocham, s'étend sur une longueur d'environ 40 lieues, mais n'est pas plus connu que les précédents. Tous ces petits États indépendants qui étaient autrefois soumis aux rois d'Abyssinie, sont aujourd'hui au pouvoir des féroces Gallas.

« Dans l'esquisse topographique de l'Abyssinie que nous venons de tracer, on a déjà pu remarquer combien la population de ce pays est mélangée. Nous allons d'abord jeter un coup d'œil sur les *Abyssiniens*, ou, comme ils s'appellent eux-mêmes, les *Agazians*. Leur taille élevée et bien prise, leurs cheveux longs et les traits de leur visage les rapprochent des Européens; mais ils se distinguent de tous les peuples connus par une teinte toute particulière, que le fameux Bruce compare tantôt à l'encre pâle ([1]), tantôt au brun olivâtre ([2]), et qui, d'après les Français de l'Institut d'Égypte, paraît tenir du bronzé. Les portraits des Abyssiniens, donnés par Ludolf et Bruce, laissent pourtant entrevoir quelques traits de ressemblance avec les nègres. »

Au surplus on remarque des nuances assez tranchées dans la couleur des habitants de l'Abyssinie. Suivant l'Anglais Pearce, ceux des plateaux élevés ont la peau claire, et ceux du Tigré sont presque blancs; ceux des contrées basses et surtout marécageuses sont noirs ou presque noirs. Cette couleur paraît même être regardée comme un trait de beauté chez les Abyssiniens, puisque ceux qui ont la peau claire la noircissent en la tatouant. Les Abyssiniens ont en général de beaux yeux, des dents blanches et bien rangées, une longue chevelure, le nez bien formé, la barbe rare et les membres vigoureux.

« D'un autre côté, la langue *gheez*, parlée dans le royaume de Tigré, et dans laquelle les livres des Abyssiniens sont écrits, est regardée par tous les savants comme un idiome dérivé de l'arabe ([3]). La langue *amharyque*, usitée à la cour depuis le quatorzième siècle, et parlée dans la plupart des provinces, offre aussi beaucoup de racines arabiques, mais dans sa syntaxe des traces d'une origine particulière. La langue *gheez*, plus dure que l'arabe, a cinq consonnes dont un organe européen ne saurait rendre la rudesse; l'*amhary* a bien plus de douceur; mais il lui manque cette variété de formes grammaticales qui est un des caractères des langues sémitiques ([4]). Il semblerait donc que l'Abyssinie, peuplée d'abord d'une

---

([1]) *Voyage en Abyssinie*, etc., par MM. Combes et Tamisier. T. IV, p. 285.

([1]) *Bruce*, III, 83, trad. de Leipsick. — ([2]) *Idem*, II, 702. — ([3]) *Adelung*, Mithridates, I, 404. — ([4]) *Ludolf*, Gramm. Amharica.

race indigène et primitive, aurait reçu, surtout dans ses parties septentrionales et maritimes, une colonie d'Arabes, et probablement de cette tribu de *Kousch*, dont le nom, dans les livres prophétiques des Hébreux, se trouve également appliqué à une partie de l'Arabie et à l'Ethiopie (¹). Cette origine arabique d'une partie des Abyssiniens nous explique pourquoi plusieurs écrivains byzantins ont placé le pays des *Abaseni* dans l'Arabie Heureuse. »

Un grand nombre de mots grecs se sont introduits dans le *gheez*; le dialecte le moins mélangé est le *tigréen*; mais l'*amhary*, bien qu'il ait plus de la moitié de ses racines qui soient communes avec le précédent, s'en éloigne par les formes grammaticales. Ludolf admet en Abyssinie plus de huit idiomes différents : tel est entre autres celui que parlent les *Tcheret-Agow*, dans le centre de la contrée, et celui qui appartient particulièrement aux *Gallas*. Ces idiomes ne peuvent, sous aucun rapport, être ramenés à la même souche. Depuis plusieurs siècles, le *gheez* a un alphabet particulier qui paraît être un mélange des caractères sémitiques avec des formes gréco-égyptiennes, avec inversion de l'écriture et additions de signes accessoires pour les voyelles, de manière à constituer une sorte d'écriture syllabique.

« Les relations intimes qu'a eues l'Abyssinie avec les peuples asiatiques confirment l'opinion qui les fait descendre des Arabes Kouschistes. Suivant ceux-ci, *Habesch*, qui a donné son nom aux Abyssiniens, est fils de *Kousch*, lequel est fils de Cham, fils de Noé. L'histoire indigène des Abyssiniens, autant du moins que nous la connaissons, ne remonte pas au-delà de cette fameuse *reine de Saba* qui vint admirer la magnificence de Salomon (²).

(¹) *Michælis*, Spicileg. geogr. Hebr. exteræ; t. I, p. 143-157. *Eichhorn*, Programma de Kuschœis. *Arnstadt*, 1774. Comp. *Isaïa*, cap. 18 et 20. *Ézéchiel*, cap. 29, v. 10, cap. 30, v. 3, v. 9. *Néhémias*, cap. 3, v. 8. *Josephus*, Antiq. judaic., I, 6, § 2, etc., etc. — (²) Suivant M. Rüppel, le peuple abyssinien conserve une haute opinion de son importance et de son origine. Il fait remonter son établissement à la dispersion des peuples après la confusion des langues de la tour de Babel; et comme, d'après ses propres traditions, on parlait 80 langues à l'époque de la construction de cette fameuse tour, et qu'il y a en Abyssinie environ 40 dialectes, il en conclut qu'il vaut à lui seul autant que tous les autres peuples ensemble.   J. H.

Le fils qu'elle eut du roi des Juifs porta le double nom de *David* et de *Menihelec*; ses descendants régnèrent jusqu'en l'an 960 après Jésus-Christ. Sous les deux frères *Abraha* et *Azbaha*, en 330, la religion chrétienne fut introduite en Abyssinie. En 522, le roi *Caleb*, nommé aussi *Elesbaan*, allié de l'empereur Justin, fit plusieurs campagnes en Arabie contre les Juifs et les Koreïschites. La dynastie *Zagaïque* régna 340 ans. Le plus célèbre roi de cette famille, *Lalibala*, fit tailler dans les rochers plusieurs édifices, entre autres neuf églises, qu'un voyageur du seizième siècle a dessinées. »

Ces temples sont environnés d'un cloître; leurs plafonds sont soutenus par des piliers, et leurs murs sont ornés d'arabesques sculptées avec beaucoup de goût et d'élégance. Lalibala, qui figure dans la légende abyssinienne, a son tombeau dans celle de ces églises à laquelle on donne le nom de *Golgotha* (¹).

En 1268, la noblesse de Choa replaça sur un trône une branche de l'ancienne dynastie salomonique; elle s'y maintenait encore vers la fin du dix-septième siècle. Parmi les princes de cette dynastie, *Amda Sion*, au commencement du quatorzième siècle, fut un monarque belliqueux et puissant. *Zara Jacob* envoya au concile de Florence des ambassadeurs qui se déclarèrent pour l'Eglise orientale. Sous l'infortuné *David III* commencèrent les liaisons de l'Abyssinie avec le Portugal. Son fils *Claudius* ou *Azenaf Ségued*, doué des plus grandes qualités, eut à combattre et les féroces Mahométans qui dévastaient son empire, et les intrigues des missionnaires qui voulaient le soumettre à l'autorité du pape. Il maintint l'alliance avec les Portugais, qui lui envoyèrent, en 1542, un corps auxiliaire de 450 hommes, sous le commandement de *Christophe de Gama*. Ce héros périt glorieusement en combattant une nombreuse armée de Maures; le roi lui-même perdit la vie dans une autre bataille. Sous les règnes de ses successeurs, les intrigues des catholiques continuèrent sans succès; et lorsqu'enfin, dans l'année 1620, le savant et habile père *Païz* eut réussi à faire déclarer publiquement le roi *Socinios* ou *Susneus* pour la religion catholique, il n'en résulta que des guerres civiles très

(¹) *F. Alvarez*: Verdadeira informacion das terras do presto Joam das Indias. — Lisbonne, 1540.

sanglantes. En 1632, le roi *Basilides* ou *Facilidas* y mit un terme en chassant les catholiques, et en assurant à l'ancienne religion abyssinienne un empire exclusif. Depuis cette époque, l'Abyssinie est devenue étrangère à l'Europe. Cependant, en 1691, le roi *Yasous I*er envoya une ambassade à Batavia. Ce monarque, distingué par ses vertus, se rendit au pied du fameux mont *Ouechné*, y fit appeler tous les princes renfermés dans cette prison, les consola, passa quelques semaines dans leur société, et les quitta tellement charmés de sa bonté, qu'ils retournèrent volontairement dans leur triste demeure. Les vices des enfants d'Yasous Ier ouvrirent pour un moment la route du trône à un usurpateur qui favorisa la religion catholique. Les arts, et principalement l'architecture, occupèrent les loisirs d'Yasous II; il épousa une princesse d'une tribu des Gallas. Son successeur, né de ce mariage, en donnant des places aux Gallas, excita des guerres civiles. Lors du voyage de Bruce, le roi régnant, nommé *Tecla Haimanout*, parvint à calmer ces troubles; mais, détrôné par un prince rebelle, il a laissé son pays en proie à l'anarchie. Le *ras* ou gouverneur du Tigré, le puissant *Welleta Selassé*, visité par Salt, prit alors sous sa protection un roi titulaire résidant à Aksoum, tandis que *Guxo*, chef des Gallas, a placé sur le trône de Gondar une autre ombre de souverain (¹).

« Séparés de l'Europe par leur défiance autant que par des obstacles physiques, isolés au milieu de peuples mahométans ou païens, les Abyssiniens, quoique doués d'esprit et de talent, languissent dans un état assez rapproché de celui où se trouvait l'Europe au douzième siècle. Leur christianisme, mêlé de pratiques juives, admet la circoncision des deux sexes comme un usage innocent; il conserve le sabbat à côté du dimanche. Lors des grandes discussions sur les dogmes abstraits, relatifs à la nature de Jésus-Christ, l'Église d'Abyssinie, par sa position géographique, fut entraînée dans le parti des monophysites; elle en forme encore, avec les Coptes de l'Egypte, une des branches principales (²). Cependant, par le grand nombre de fêtes, par le culte des saints et des anges, et par l'adoration presque divine de la Vierge, ils se rapprochent du catholicisme espagnol et italien (¹). Ils font usage de l'encens et de l'eau bénite. Les sacrements reconnus sont le baptême, la confession et la cène sainte. Ils communient sous les deux espèces, et admettent la transsubstantiation. Leur Bible contient les mêmes livres que celle des catholiques, et en outre un *livre d'Hénoch*, dont Bruce a rapporté trois exemplaires (²). Dans l'église métropolitaine d'Aksoum on conserve une arche sainte qui est regardée comme le palladium de l'empire. Suivant la tradition, ce monument aurait été transporté de Judée en Abyssinie par Menihelec, le plus ancien roi du pays. »

Le peuple mêle à cette religion plusieurs pratiques qui rappellent le fétichisme : tel est, suivant Pearce, le culte du serpent. Ce reptile est tellement sacré en Abyssinie, que quiconque en tue un, paie ce crime de la perte de sa vie. Un autre genre de superstition consiste à couper aux enfants dont les aînés sont morts le bout de l'oreille pour les sauver d'une mort prématurée. A côté de cela l'Eglise d'Abyssinie conserve plusieurs cérémonies du christianisme primitif : elle ne tolère dans les temples ni statues, ni bas-reliefs, ni crucifix; cependant les prêtres portent toujours un crucifix sur eux. Le baptême ne se donne qu'aux adultes, et dans ce but il y a toujours de grands bassins pleins d'eau aux portes des églises. Le respect pour ces édifices sacrés est tel que ce sont, ainsi que nous avons souvent eu occasion de le dire dans nos descriptions, les lieux de refuge les plus sûrs contre les atteintes d'un ennemi; que personne ne peut y entrer s'il n'est baptisé; que l'usage veut que l'on quitte sa chaussure en y entrant; que dans plusieurs circonstances ni les hommes ni les femmes n'en approchent, et que les prêtres seuls pénètrent dans le sanctuaire.

D'après le rapport des missionnaires anglais, trois partis religieux divisent l'Abyssinie : l'un prétend que le Christ est à la fois Dieu et homme par lui-même; l'autre, qu'il n'est devenu homme que par la puissance du Saint-Esprit; le troisième soutient qu'il ne fut fait homme qu'après que le Saint-Esprit eut descendu sur lui lors de son baptême dans le

---

(¹) *Salt*, Voyage, II, 61, trad. franç. — (²) *Tecla Abyss.*, cité par *Thomas à Jésus*, de Convers. gent. VII, 1, c. 13.

(¹) *Ludolf*, Hist. III, cap. 5. *Lobo*, II, 90-91. — (²) *Sylvestre de Sacy*, Magasin Encyclopédique, 1800.

Jourdain (¹). Ces disputes, sans résultat utile, contribuent encore à augmenter l'anarchie qui règne parmi les Abyssiniens.

Le chef du clergé porte le titre d'*abouna*, c'est-à-dire le *père*; il est nommé par le patriarche copte d'Alexandrie: c'est toujours un étranger. Il a sous lui les *komosât*, archiprêtres attachés aux églises collégiales, et qui ont leurs *debterât* ou chanoines. Les autres fonctionnaires ecclésiastiques sont le *kasis* ou curé, le *nefk-kasis* ou vicaire, le *diakon* ou diacre, le *nefk-diakon* ou sous-diacre. Les *abbas* sont les docteurs en théologie. Les moines sont nombreux: ils occupent des maisons bâties autour des églises. Leur principale congrégation est celle de Saint-Antoine, qui date du treizième siècle, et fut fondée par saint Eustathe et saint Tecla-Haimanout. La plupart des moines se rendent utiles en labourant la terre; aucun n'a la faculté de mendier. La confession n'est point généralement en usage chez les Abyssiniens; les prêtres ne sont points soumis au célibat; les moines seuls font vœu de chasteté.

« Que cette religion soit, comme les Abyssiniens le prétendent, une des plus anciennes formes du christianisme; qu'elle remonte au temps de l'apôtre saint Matthieu et de la reine Candace, dont il est parlé dans les Actes des Apôtres (²), ou qu'elle ait été introduite en Abyssinie sous le règne de Constantin par un nommé Frumentius, qui convertit les Abyssiniens, et qui se fit ordonner évêque par Athanase, alors métropolitain d'Alexandrie, il paraît certain qu'elle influe peu sur la civilisation du peuple. Tout se passe à peu près comme en Turquie. Les monarques abyssiniens, despotes absolus, vendent les gouvernements à d'autres despotes subalternes (³). Quelques uns de ces gouverneurs ont su rendre leur dignité héréditaire (⁴). Le visir ou premier ministre s'appelle *ras*. La noblesse se compose de descendants de la famille royale, dont le nombre s'accroît par la polygamie que l'Eglise condamne, mais que l'usage et le climat maintiennent. Les princes qui peuvent prétendre au trône sont ordinairement tenus en prison. Selon quelques auteurs, le droit de propriété serait presque nul; cependant d'autres relations parlent d'une espèce de magistrat chargé de taxer les récoltes, et de fixer ce que le fermier doit payer au propriétaire: mesure qui semble supposer beaucoup d'égards pour le peuple (¹). La justice est administrée avec une grande promptitude; les punitions les plus barbares paraissent fréquentes. Il y a des tribunaux composés de douze assesseurs, présidés par un juge, et qui tiennent séance en plein air, précisément comme les tribunaux gothiques. Les revenus du roi consistent en fournitures de grains, de fruits, de miel, avec quelques faibles tributs en or. Tous les trois ans on lève la dîme des bestiaux (²). L'armée, payée par des concessions de terres, s'élevait autrefois à 40,000 hommes, dont un dixième de cavalerie. »

Depuis long-temps l'Abyssinie n'est plus cet empire gouverné par un prince qui avait le titre de *Négous nagast za Ithyopya*, c'est-à-dire *roi des rois d'Ethiopie*. Parmi les chefs qui prennent celui de roi, il en est plusieurs qui reconnaissent en apparence l'autorité du grand Negous, mais qui, en réalité, déposent à leur gré un monarque qui n'a point d'armée, et qui ne reçoit que ce qu'ils veulent bien lui accorder pour sa liste civile.

« Quelques soldats ont de courts fusils qu'ils ne tirent qu'en les appuyant à un pieu; la plupart sont armés de lances et d'épées. La bravoure des Abyssiniens n'étant point dirigée par la tactique, ne sert ordinairement qu'à les faire massacrer en grand nombre. Vainqueurs, ils se livrent à une extrême férocité, et, dans leurs triomphes peu fréquents, les parties sexuelles de leurs ennemis morts sont portées en trophée (³).

» Ce seul trait doit dégoûter d'avance nos lecteurs d'un tableau détaillé des mœurs des Abyssiniens; nous n'y ajouterons que les notions les plus indispensables.

» Les demeures de ces peuples sont des cabanes rondes, couvertes d'un toit conique, forme rendue nécessaire par la violence des pluies. Les habitations des chefs se composent de plusieurs corps de logis. Quelques tapis de Perse, et une jolie poterie de terre noire, un peu transparente, forment les principaux objets de luxe. On fabrique aussi des

---

(¹) *Asiatic. Jour.* Juillet 1828. — (²) Chap. VIII, v. 27. — (³) *Lobo*, I, 323. — (⁴) *Petis-la-Croix*, ch. 21.

(¹) *Bruns*, Afrika, II, 126. — (²) *Petis-la-Croix*, ch. 22. — (³) *Bruce*, III, 346; IV, 181, trad. de Leips.

tissus de coton, des cuirs tannés et divers ustensiles en fer et en cuivre. Les arts et métiers sont en grande partie abandonnés aux étrangers, et surtout aux juifs ([1]). »

Toutes les denrées sont au plus bas prix en Abyssinie : un bœuf ne coûte guère que 2 ou 3 talaris (9 fr. à 13 fr. 50 c.), une poule ne vaut que 5 centimes. Quant aux objets de moindre valeur, on se les procure par voie d'échange; des graines de poivre, des morceaux de sel gemme d'un poids déterminé servent généralement à opérer ces transactions. Une trentaine de morceaux de sel équivaut à environ 4 fr.

Les enfants vont nus jusqu'à l'âge de quinze ans; mais les adultes portent un costume uniforme qui a quelque chose de l'élégance et de la simplicité antiques. Il se compose d'un léger caleçon, d'une large tunique à manches et d'une sorte de manteau d'une toile de coton blanche dont ils se drapent avec aisance, et dont ils se dispensent même quelquefois. Leur coiffure habituelle est un large turban. Les femmes portent des robes qui tantôt leur couvrent le sein, et tantôt partent seulement de la hauteur des hanches.

« L'indolence orgueilleuse des Abyssiniens se montre dans leur manière de manger. Les grands seigneurs se font mettre dans la bouche les aliments grossièrement apprêtés qui couvrent leur table. Il paraît certain, après beaucoup de discussions, que les viandes crues, avec une sauce de sang frais, ne repoussent point, et excitent même l'appétit d'un Abyssinien ([2]). Une boisson appelée *maïze*, sorte d'hydromel renforcé d'opium, et le *soué* ou *boriza*, espèce de bière, animent la sauvage gaieté de ces festins. Les deux sexes s'y livrent publiquement, sinon à des débauches, du moins aux plaisanteries les plus licencieuses. »

Les rois et les ras, ou chefs des armées, ont auprès d'eux des bouffons qui plaisantent tout le monde, et des poëtes qui n'ont d'autres moyens d'existence que de réciter ou d'improviser des vers pendant les soirées ou veillées. Il y a même des Corinne en Abyssinie : Pearce parle d'une femme qui, bien qu'elle eût de la fortune, s'était adonnée dès l'enfance à l'étude de la poésie et avait obtenu une grande célébrité. Elle allait aux veillées, non pour aucun salaire, mais pour accroître sa réputation. Le principal amusement des classes inférieures, dans les fêtes qui succèdent aux rigueurs du carême, est le jeu du *kersa*, qui ressemble beaucoup au mail : de grandes troupes de jeunes gens se réunissent; quelquefois des villages entiers se défient réciproquement, et le jeu se termine souvent par des rixes sanglantes.

Les hommes n'ont qu'une seule épouse légitime; le mariage n'est qu'un lien civil et se rompt très aisément; mais les personnes qui en ont le moyen entretiennent plusieurs concubines. Néanmoins la religion n'approuve pas ces dérèglements; car quiconque manque à la foi conjugale est repoussé de la communion. Toutefois il est bon de faire observer qu'en Abyssinie le mariage ne reçoit aucune sanction ni politique ni religieuse.

Lorsqu'un individu meurt, serait-ce même un étranger, tous les voisins témoignent la plus grande affliction; tous s'empressent d'apporter chez le plus proche parent du défunt des provisions de bouche de toute nature et en quantité considérable; on s'empresse de le distraire; on l'oblige à boire, et l'ivresse la plus complète remplace, chez les assistants, la tristesse dont une heure auparavant chacun semblait être accablé. L'enterrement ne coûte rien, car tous les voisins, munis des outils nécessaires, aident à creuser la fosse et travaillent à l'envi; mais les prêtres exigent une somme exorbitante pour les prières des morts. Pearce a vu deux ecclésiastiques se disputer la robe d'une pauvre femme, seul objet passable que la défunte eût possédé. Quelquefois des familles entières sont ruinées pour se conformer à l'usage qui veut que les prêtres soient fournis pendant six mois de viandes et de maïze, afin qu'ils consentent à réciter les prières des morts.

« Si tels sont les peuples chrétiens de l'Abyssinie, rien ne doit nous étonner de la part des nations sauvages qui demeurent dans ce pays. En effet, la férocité et la malpropreté des *Gallas* surpassent toute idée. Ils ne mangent que de la viande crue; ils se barbouillent le visage du sang de l'animal tué, et suspendent les intestins autour de leur cou, ou les tissent parmi leur chevelure. Les incursions de ce peuple nomade et pasteur sont aussi

---

([1]) Ludolf, l. IV, c. 5. *Petis-la-Croix*, ch. 9, etc. — ([2]) Bruns, Afrika, II, 137.

subites que désastreuses. Tout périt sous leur glaive ; ils massacrent l'enfant dans le ventre de la mère ; les adolescents sont conduits en esclavage après avoir été privés de la virilité. Une petite taille, une teinte brune foncée et des cheveux longs les distinguent des nègres. Ces Tatars de l'Afrique, qui se montrèrent d'abord dans les contrées situées au sud-est de l'Abyssinie, y occupent actuellement cinq ou six grandes provinces, qui sont Gojam, Damot, Dembea, Amhara, Beghemder, Angot, et les pays de Rali, Caffa, Cambat, Narea, Fategar, et de Gouderou. Ils sont divisés en un grand nombre de tribus, comprises, selon quelques uns, en trois corps de nations. On connaît peu ceux du midi ; on donne à ceux de l'occident le nom de *Bertuma-Galla* ; ils ont des rois ou chefs de guerre nommés *Loubo* ; ceux à l'est s'appellent *Borena-Galla*, et leurs chefs *Mooty* (¹). Ces chefs, qui, selon le jésuite Lobo, n'ont qu'une autorité temporaire, donnent leurs audiences dans de misérables cabanes ; leurs gardes et courtisans assaillent à coups de bâton l'étranger qui se présente, puis l'introduisent auprès du roi, et le complimentent comme un homme intrépide qui ne s'est pas laissé renvoyer (²). Les Gallas adorent des arbres, des pierres, la lune et quelques autres astres. Ils croient à la magie et à une vie future ; cependant Salt assure que les plus civilisés ont embrassé le mahométisme. Le droit de propriété, le mariage, l'entretien des parents âgés, sont consacrés par des lois. L'exposition des enfants est permise aux guerriers. Dans leurs courses lointaines à travers des régions désertes, ils se nourrissent de café réduit en poudre.

« Les Abyssiniens considèrent les Gallas comme originaires de la côte d'Afrique. Leur nom semble figurer parmi les nations subjuguées ou vaincues par Ptolémée Philadelphe, selon l'inscription d'Adulis. Quand on rapproche de ces circonstances les traits physiques qui les distinguent des nègres, on ne peut hésiter de rejeter les hypothèses de quelques géographes qui voudraient les représenter comme une colonie de nègres Galas sur la côte de Poivre. Ils tiennent plus vraisemblablement aux tribus nomades de l'Afrique centrale méridionale.

» Les autres peuples païens et sauvages se font moins redouter. Au nord-ouest les *Schangallas* ou *Changallas* habitent les hauteurs couvertes de forêts, et nommées *Kolla* par les Abyssiniens. Le visage de ces nègres se rapproche de celui des singes. Ils passent une partie de l'année sous l'ombrage des arbres, et l'autre dans des cavernes creusées au milieu de rochers de grès poreux. Les diverses tribus se nourrissent, les unes d'éléphants, d'hippopotames et de rhinocéros, les autres de lions et de sangliers ; il y en a une qui mange des sauterelles. Ils vont nus, et ont pour armes des flèches empoisonnées, des lances, des sabres et des boucliers. Les Abyssiniens les chassent comme des bêtes fauves et les réduisent en esclavage. Ils sont presque tous idolâtres ; quelques uns ont embrassé le mahométisme ; d'autres, parmi ceux qui sont le plus rapprochés des Abyssiniens, se sont faits chrétiens. Chacune de leurs tribus se divise en familles, gouvernée par le plus ancien des membres, que l'on nomme *cheba*. Les Changallas ne prennent qu'une femme ; mais le cheba a le privilége d'en posséder deux. Chez eux les mariages sont des espèces d'échanges : le frère donne sa sœur à celui dont il veut obtenir la sœur, ou se procure à la guerre une femme qu'il adopte pour sa sœur, et qu'il échange à ce titre contre la femme qui lui plaît. Les femmes sont généralement très précoces : dès l'âge de dix ans elles sont mères. Ces peuples, dont la description forme une des meilleures parties de la relation de Bruce (¹), sont déjà désignés chez les anciens sous le nom de mangeurs de sauterelles, d'autruches, d'éléphants (²). La nature du sol, tour à tour couvert d'eau ou gercé par la chaleur, rend toute espèce de culture impossible.

» Deux nations portent le nom d'*Agauws* ou d'*Agaouys* ; l'une habite dans la province de Lasta, autour des sources du Tacazzé ; l'autre occupe les environs des sources du Bahr-el-Azrak. Maîtres de contrées fertiles, mais inaccessibles, braves et pourvus d'une bonne cavalerie, que l'on porte à 4,000 hommes, et d'une infanterie plus nombreuse, ils main-

---

(¹) *Bruce*, Voyage, III, p. 216-225 (en angl.). Comp. Ludolf, Histor. Æthiop., I, 15-16. *Valentia*, Voyages and travels, III, p. 26. — (²) *Lobo*, I, c. I, p. 26.

(¹) *Blumenbach*, dans la traduct. de Bruce, V, 260. — (²) *Agatharch.* in Geog. min. Hudson, I, 37. Diod. Sic., III, etc.

tiennent leur indépendance contre les Gallas et les Abyssiniens. Ils se livrent à un commerce considérable. Ce sont les Agaouys du Bahr-el-Azrak qui fournissent Gondar de viande, de beurre et de miel. Quoique leur culte principal eût jadis pour objet d'honorer l'esprit qui, selon eux, présidait aux sources du fleuve, et qu'ils n'aient point tout-à-fait abandonné ces pratiques superstitieuses, ils sont maintenant presque tous convertis au christianisme, et sont même plus zélés pour leur religion que les Abyssiniens.

» Les *Gafates* sont un peuple nombreux qui parle une langue à part, et demeure dans le Damot. Leur territoire produit de beau coton.

» Les *Guragues*, voleurs aussi rusés qu'intrépides, habitent dans le creux des rochers, au sud-est de l'Abyssinie. Bernudas les place dans un royaume d'*Oggy*, compris dans la liste des provinces donnée par Petis-la-Croix([1]). « Ce pays produit du musc, de l'ambre, du » bois de sandal et d'ébène; il y vient des mar- » chands blancs. »

» De tous les habitants de l'Abyssinie, les juifs nommés *Falasjan* ou *Felachas*, c'est-à-dire *Exilés*, présentent le phénomène historique le plus singulier. Cette nation paraît avoir formé, pendant des siècles, un État plus ou moins indépendant dans la province de Sémen, sous une dynastie dans laquelle les rois portaient constamment le nom de *Gidéon*, et les reines celui de *Judith* ([2]). Aujourd'hui, cette famille étant éteinte, les Falasjan (Felachas) obéissent aux rois d'Abyssinie([3]). Ils exercent les métiers de tisserand, de forgeron et de charpentier. Selon Ludolf, ils avaient des synagogues et des bibles hébraïques; ils parlaient un hébreu corrompu ([4]); Bruce assure qu'ils ne possèdent les livres sacrés que dans la langue gheez; qu'après avoir oublié l'hébreu, ils parlent un jargon particulier, et qu'ils ignorent le Talmud, le Targorun et la Kabbala. Le plus grand nombre de Falasjan demeurent sur les bords du Barh-el-Abiad. C'est précisément la contrée qu'occupaient les exilés égyptiens, les *Asmach*, les *Sebridæ*. »

Le nom de *Falasjan* ou *Falasyan* que porte cette colonie juive signifie *exilé*. Les causes de son établissement en Abyssinie sont encore un problème à résoudre; mais son existence n'en est pas moins un fait très important pour l'ethnographie. Suivant l'opinion d'un savant ([1]), c'est entre les années 643 et 330 avant l'ère chrétienne que des Juifs ont fondé cette colonie. Il paraît qu'à l'époque de la conquête de la Judée par Nabuchodonosor, vers l'an 596 avant J.-C., un grand nombre d'habitants se réfugièrent en Arabie et en Égypte, d'où ils purent passer en Abyssinie. Dès le temps d'Alexandre-le-Grand, ces Juifs portaient dans ce pays le nom de *Falasjan*. Ils y ont conservé jusque dans ces derniers temps leur langue, leur religion, leurs lois, leurs mœurs, et ce qu'il y a de plus remarquable, leur indépendance. Lorsque Bruce visita l'Abyssinie, ils étaient assez nombreux, selon lui, pour pouvoir mettre sur pied une armée de 50,000 hommes : il paraît cependant que depuis l'année 1800, la partie du Sémen qu'ils occupent est devenue une dépendance du Tigré.

M. Lefebvre, voyageur français dont nous avons précédemment parlé, a remarqué ces peuples dont l'origine est encore incertaine. Il les nomme *Felachas*. Ils étaient, dit-il, répandus autrefois dans presque toutes les provinces; mais on ne les trouve plus aujourd'hui que dans les pays de Dember, de Sakket, d'Alafa et de Tchelga. Tout porte à croire qu'ils remontent aux nombreuses émigrations du peuple hébreu. Issus d'une civilisation plus avancée que celle du pays où ils se sont fixés, ils conservent encore leur prééminence : eux seuls sont exempts de tout impôt et sont affranchis du service militaire.

Les Felachas ont le teint brun olivâtre assez foncé, le front saillant, le nez courbe, les lèvres moins bordées que celles des Gallas; ils ont l'ovale de la tête rétréci à la partie inférieure; l'ensemble de leur physionomie est peu agréable. Ils sont faibles de corps et peu courageux.

Ils pratiquent le judaïsme; ils ont les livres de Moïse, les psaumes de David et les livres des Apôtres. Ils se construisent des temples et se réunissent pour prier en commun. Comme tous les autres juifs, ils ont des jours consacrés au repos qu'ils passent dans une retraite absolue : le vendredi et le samedi ils restent

---

([1]) *Bruns*, Africa, II, 230. — ([2]) *Bruce*, Voyage, I, p. 528; II, p. 19; III, p. 340, trad. all. — ([3]) *Salt*, Voyage en Abyssinie, I, pag. 211, traduct. franç. — ([4]) *Ludolf*, Histor. Æthiop., l. I, cap. 14.

([1]) M. *L. Marcus* : Notice sur l'époque de l'établissement des Juifs dans l'Abyssinie. — Paris, 1829.

chez eux, et ne peuvent apprêter leurs aliments.

Pour éviter tout contact étranger, ils confectionnent eux-mêmes leurs vêtements et leurs instruments de travail. Ils se livrent peu à l'agriculture; ils en confient les soins à des domestiques chrétiens qui ont aussi la charge de veiller à leurs troupeaux. Loin de s'adonner exclusivement au commerce comme la plupart des autres juifs, ils le négligent pour se livrer à l'industrie du travail du fer et à celle de la bâtisse, industries qui leur valent la protection des princes abyssiniens. Ce sont eux qui fabriquent les fers de charrue, les haches, les couteaux, les sabres, et les fers de lance, etc. Ils excellent dans la construction des maisons et des églises. Ils fabriquent aussi les poteries avec beaucoup d'habileté.

Parmi leurs usages il en est quelques uns qui les distinguent. Lorsqu'un père destine un fils à la prêtrise, il a soin d'atrophier ses parties sexuelles en commençant cette opération dès l'âge le plus tendre. Pendant l'époque de leurs menstruations les femmes se retirent dans leurs habitations, et ne communiquent plus avec personne. Un Felachas doit trancher la tête des animaux qu'il veut manger, et les laver entièrement après les avoir écorchés. Enfin, comme le dit encore M. Lefebvre, un Felachas ne pourrait goûter la viande qui lui serait présentée par un chrétien sans faire en quelque sorte abjuration, tandis que la même répugnance n'existe pas chez le chrétien à l'égard du Felachas.

On a évalué le nombre des habitants de toute l'Abyssinie à environ 3,500,000, et à près de 2,000,000 celui du royaume seul de Tigré. Il est facile de concevoir l'impossibilité d'avoir des renseignements précis sur la population d'un pays continuellement livré aux dissensions civiles et au pouvoir chancelant de quelques chefs ambitieux. Mais si l'on considère sa superficie, il est difficile de ne point admettre comme probable le chiffre que nous venons de reproduire pour la population totale.

L'anarchie féodale qui divise et déchire l'Abyssinie est tout-à-fait contraire à la liberté des relations commerciales avec ce pays. Cependant le commerce étranger n'y est pas sans importance; Adoua ou Adoueh en est le principal comptoir, et Massouah, sur le golfe Arabique, le principal port. On y apporte du plomb, de l'étain, du cuivre, des feuilles d'or, de la soie écrue, du coton, des draps de France, du maroquin d'Égypte et de la verroterie de Venise. L'Abyssinie reçoit aussi des caravanes de l'Égypte. Elle fournit en retour de l'ivoire, de l'or et des esclaves.

« Un sentiment commun a engagé les voyageurs anciens et modernes à comprendre toutes les côtes africaines, depuis l'Egypte jusqu'au détroit de Bab-el-Mandeb, sous la dénomination générale de *Troglodytique*, de *côte d'Abex* ou d'*Habesch*, et de *Nouvelle-Arabie*. Pourquoi ne pas adopter cette division intéressante sous les rapports de l'histoire et de la géographie physique? Nous savons déjà que la Nubie et l'Abyssinie n'ont point de limites fixes. D'ailleurs, un géographe arabe d'un grand poids distingue formellement la Nubie des contrées maritimes [1].

» Les anciens, que nous prendrons souvent pour guides, considéraient la chaîne de montagnes qui longe le golfe Arabique comme très riche en métaux et en pierres fines. Agatharchide [2] et Diodore [3] parlent des mines d'or qu'on exploitait dans une roche blanche, probablement granitique. Pline rend ces richesses communes à toute la région montagneuse entre le Nil et le golfe [4]. Les géographes arabes ont confirmé ces relations, ainsi que celles relatives à une carrière d'émeraude dont nous avons déjà parlé. Mais la chaleur et la rareté de l'eau rendent la partie la plus basse de la côte presque inhabitable. Partout les citernes remplacent les sources [5]. Dans la saison sèche, les éléphants, au moyen de leurs trompes et de leurs dents, creusent des trous pour trouver de l'eau. Les vents *étésiens* ou du nord-est amènent les pluies périodiques [6]. Les petits lacs ou mares dont la côte est parsemée se remplissent alors d'eau pluviale. Les palmiers, les lauriers, les oliviers, les *styrax* ou *aliboufiers*, et d'autres arbres aromatiques, couvrent les îles et les côtes basses. Dans les bois on voit errer l'éléphant, la girafe, l'ours fourmilier, et plusieurs espèces de singes. La mer, peu profonde, se colore d'un vert de pré, tant est grande la quantité d'algues et d'herbes

---
[1] *Abulfeda*, Afrika, ed. Eichhorn., tab. XXVII. — [2] *Agatharch.*, de mar. Rub. Geogr. min. Huds. — [3] *Diod. Sic.* — [4] *Plin.*, VI, 30. — [5] *Idem.* — [6] *Strabon.*

marines qu'elle nourrit. Il s'y trouve aussi beaucoup de corail.

» La nature du sol et du climat a toujours retenu les habitants dans le même état d'une misère sauvage. Divisés en tribus, sous des chefs héréditaires, ils vivaient et ils vivent encore des produits de leurs troupeaux de chèvres et de la pêche. Les creux des rochers étaient et sont encore leurs habitations ordinaires ; c'est de ces cavernes, en grec *troglé*, qu'est venu le nom général sous lequel les anciens les désignaient. Cette manière de se loger est très anciennement répandue dans beaucoup de contrées du globe ; on trouve des Troglodytes au pied du Caucase et du mont Atlas, dans la Mœsie (aujourd'hui la Servie et la Bulgarie), dans l'Italie et en Sicile. Cette dernière île nous offre l'exemple d'une ville entière taillée dans l'intérieur d'une montagne (¹). Mais de tous les peuples habitants des cavernes, ceux du golfe Arabique ont le plus longtemps conservé cet usage et le nom de Troglodytes.

» Selon les anciens, ces peuples sont Arabes d'origine ; Bruce les comprend sous le nom général d'*Agazi* ou *Ghéz*, c'est-à-dire pasteurs ; ils parlent la langue *ghéz* ; qui, ainsi que nous l'avons vu, a beaucoup d'analogie avec l'arabe. Les sons rudes et bizarres de cette langue ont fait dire aux anciens que les Troglodytes sifflaient et hurlaient au lieu de parler. On leur attribuait l'usage de la circoncision pour les deux sexes ; ils se privaient d'un testicule, coutume barbare qui se retrouve aujourd'hui chez les Kora-Hottentots. Anciennement les femmes étaient en commun, à l'exception de celles des chefs de tribus ; elles se blanchissaient tout le corps avec de la céruse, et suspendaient à leur cou des coquillages qui devaient les préserver d'être ensorcelées. Quelques unes de ces tribus ne tuaient point leurs bestiaux et se nourrissaient de lait, comme font encore les *Hazortas*, dont nous parlerons bientôt ; d'autres mangeaient des serpents et des sauterelles, nourriture encore chérie des diverses tribus de Changallas ; enfin il y en avait qui dévoraient les chairs et les os broyés ensemble et rôtis dans la peau. Ils composaient avec les fruits sauvages une espèce de liqueur vineuse. Les plus misérables d'entre eux se rendaient en troupes, comme les bestiaux, auprès des lacs ou mares d'eau pour assouvir leur soif. Ce portrait des anciens Troglodytes paraît en grande partie applicable aux habitants actuels de ces côtes.

» Nous commencerons la topographie de la côte d'Habesch par la partie la plus septentrionale.

» La côte forme un grand enfoncement, nommé la *Baie sale* ou le *Golfe immonde* par les navigateurs anciens et modernes. Au fond de ce golfe est le *Port des Abyssiniens*. Les géographes arabes donnent à la côte qui suit ce port le nom de *Baza*, *Beja*, *Bedjah* ou *Bodscha* ; c'est, selon eux, un royaume séparé de la Nubie par une chaîne de montagnes riche en or, en argent et en émeraudes (¹). On varie autant sur l'orthographe du nom que sur les limites du pays. Le nom de Baza se retrouve dans celui du promontoire *Bazium* des anciens, aujourd'hui *Raz-el-Comol*, ou *cap Comol*.

» Les habitants de cette contrée, nommés *Bugihas* par Léon l'Africain, *Bogaïtes* dans l'inscription d'Aksoum, et *Bedjahs* chez la plupart des Arabes, mènent une vie nomade et sauvage ; le lait et la chair de leurs chameaux, bœufs et brebis, leur fournissent une nourriture abondante ; chaque père de famille exerce chez lui l'autorité patriarcale ; il n'existe pas d'autre gouvernement. Pleins de loyauté entre eux, hospitaliers envers les étrangers, ils pillent les nations agricoles et les caravanes marchandes. Leurs bœufs portent d'énormes cornes ; leurs brebis ont la peau tigrée ; tous les hommes sont *monorchides* ; il y a des tribus qui se font arracher les dents de devant ; une société de femmes qui fabriquent des armes, vit à la manière des Amazones (²). L'usage d'élever une robe au bout d'une pique, en signe de paix et pour commander le silence, leur est commun avec les Hazortas, tribu de la côte d'Abyssinie (³). Bruce affirme qu'ils parlent un dialecte de la langue ghéz ou abyssinienne ; mais, selon l'historien arabe de la Nubie, ils seraient de la race des Berbers ou Barabras. Un savant orientaliste, M. Qua-

(¹) Voyage en Sicile, par le prince *Biscari*, en italien.

(¹) *Aboulfeda*, l. c. Edrisi, Afrika, p. 78-80. — (²) *Abdallah*, Histoire de la Nubie, d'après *Makrizi*, trad. par M. *E. Quatremère*, Mém. Hist. Géog. sur l'Égypte, II, p. 135. — (³) Comp. *Quatremère*, *ibid*, p. 139, et *Salt*, Voyage, I, p. 66.

tremère, a essayé de démontrer l'identité des Bugihas ou Bedjahs avec les *Blemmyes* des anciens ou les *Balnemouis* des écrivains coptes. Il nous paraît que les indications des anciens s'appliquent plus naturellement aux Ababdèhs. Un passage de Strabon est formellement contraire à l'autre hypothèse : « Les » *Megabari*, dit ce géographe, et les *Blemmyes* » habitent au-dessus de Méroé, sur la rive du » Nil, du côté de la mer Rouge; ils sont voi- » sins de l'Egypte; mais sur la mer demeurent » les *Troglodytes*, etc. (¹). » Il faut, d'après ce passage, comparer les Mégabaris avec le *Makorrah* de l'historien Abdallah, les Blemmyes avec les Ababdèhs et les Troglodytes avec les Bedjahs.

» Le port d'*Aïdab* ou de *Djidyd* a longtemps servi de point de communication entre l'Afrique et l'Arabie; les pèlerins de la Mekke s'y embarquaient pour passer la mer Rouge. Le vent samoum rend cet endroit peu habitable. Le pacha d'Egypte y entretient une petite garnison. Les deux ports de *Fedjah* et de *Dorho* ou *Deroura*, sur le golfe Arabique, sont aussi dans le pays de Bedjah. »

Suakem, ou, comme M. de Seetzen écrit, *Szawaken* et mieux *Soudkin*, à 25 lieues au sud de Fedjah, est actuellement le port le plus fréquenté. Cette ville se compose de deux parties appelées *El-Gheyf* et *Oszok*. La première est sur la côte même et renferme 3,000 habitants; la seconde, défendue par quelques redoutes, occupe une portion d'une petite île sablonneuse et stérile; on y compte 5,000 habitants; c'est la résidence du gouverneur et des notables. Souâkin est bâtie en blocs de corail. Elle possède des mosquées et même des écoles; mais ses maisons tombent la plupart en ruines. Le schérif de la Mekke y entretient une garnison.

« La côte voisine, sans rivière, et pourvue de peu d'eau douce, renferme de la pierre calcaire, de l'argile à potier, de l'ocre rouge, mais point de métaux. On y cultive le doura, le tabac, les melons d'eau, la canne à sucre. Parmi les arbres on remarque le sycomore, que les anciens attribuent à la Troglodytique, de même que la *persea* (²). Les forêts se composent d'ébéniers, de gommiers ou d'acacias, et de plusieurs variétés de palmiers : un gros arbre produit des fruits semblables au raisin.

On y rencontre la girafe et de nombreuses troupes d'éléphants. La mer donne des perles et du corail noir. Outre toutes ces productions, la ville de Souâkin exporte encore des esclaves et des anneaux d'or tirés du Soudan (¹). Ses habitants ainsi que les *Hallenkahs*, qui habitent le pays de *Taka*, la tribu voisine, celle des *Bicharyehs* et celle des *Hadindoahs* parlent une langue particulière (²).

» Le promontoire *Ras-Ageeg* ou *Ahehas* paraît terminer le pays de Bedjah. Ce promontoire est suivi d'une côte déserte, bordée d'îlots et de rochers. C'était ici que les Ptolémées faisaient prendre les éléphants dont ils avaient besoin pour leurs armées. Lord Valentia y a découvert, ou, pour mieux dire, reconnu un grand port auquel il a donné le nom de *Port Mornington*. »

Toute la côte que nous venons de parcourir est regardée comme faisant partie de la Nubie.

« La première île un peu considérable que l'on remarque au sud-est s'appelle *Dahalac* ou *Dahlac*; c'est la plus grande de toutes celles du golfe Arabique : elle a plus de 9 lieues de longueur sur 4 de largeur. Plane du côté du continent, elle se termine par des rochers élevés du côté du golfe Arabique (³). Les chèvres que l'on y trouve portent un poil long et soyeux. On tire une sorte de laque de la gomme d'un arbuste qui y croît (⁴). Les perles qu'on y pêchait autrefois étaient d'une eau jaunâtre et de peu de valeur (⁵). Les vaisseaux y cherchent de l'eau fraîche (⁶), qui cependant, selon Bruce, est très mauvaise, étant conservée dans 370 citernes malpropres. Elle a été jadis très peuplée; les anciens l'appelaient *Orine*. »

M. le docteur Petit, qui explorait l'île Dahalac en 1839, a fait connaître de nouvelles particularités sur les animaux qu'on y trouve. Bruce a dit qu'elle ne nourrissait que quatre espèces de mammifères domestiques, savoir quelques chameaux, quelques ânes et mules, des gazelles, et surtout des chèvres, dont le nombre est très considérable. Aujourd'hui, comme de son temps, il n'y a pas de chiens; mais en compensation, dit M. Petit, le nom-

(¹) Géogr., l. XVII, in princ. — (²) Strab. l. c.

(¹) Seetzen, notice recueillie de la bouche d'un indigène. Corresp. de Zach, juillet 1809. — (²) Mithridate, t. III, p. 120, d'après une note manuscrite de M. Seetzen. — (³) Alvarez, c. 19, c. 20. D'Anville, Descript. du golfe Arab., p. 266.— (⁴) *Vincent Leblanc*, p. 1, ch. 9. Coronelli, Isol., p. 110. — (⁵) Lobo, I, 51. — (⁶) Poncet, trad. all. 171.

bre des chats est effrayant, et leur voracité surtout a mis plus d'une fois en danger nos collections. Les mules sont d'une assez grande taille, d'une forme gracieuse et d'un gris ardoisé lustré ; elles ont les oreilles moins longues et le poil plus ras que dans les espèces d'Europe. Les chèvres ont les formes sveltes, et les jambes presque aussi fines que les gazelles. Les couleurs de leur robe, dont le poil est ras, sont très variées et présentent de nombreuses mouchetures. Les oiseaux sont très nombreux ; mais ils se rapportent à un petit nombre d'espèces, telles que les vautours brun et fauve, l'aigle de mer, le corbeau noir, la corneille à manteau blanc, le râle crabier, le goéland gris, le flammant, le pélican, la courline, le héron à aigrette, la tourterelle, le jobiru, une espèce d'oie, et une petite espèce de bengali grisâtre. Les reptiles peu variés se bornent à trois espèces de vipères, et à un lézard et un anobis.[1]

Dans le golfe formé entre la côte et Dahalac, se trouve *Massaouah*, petite île ou plutôt rocher stérile composé de coraux et d'autres polypiers. « La chaleur y est excessive ; son atmosphère impure et des miasmes d'une odeur insupportable qui s'exhalent de la partie de la grève qui reste découverte à la marée basse, en rendent le séjour dangereux : on n'y rencontre pas une seule source d'eau vive, pas un seul arbre qui vous protège de son ombre. L'île a environ 1,000 mètres dans sa plus grande longueur et 400 dans toute sa largeur ; elle est située sur un banc de sable qui l'entoure de tous côtés, et qui s'alongeant vers le sud en forme de triangle comprend un espace de 1,500 mètres[2]. » Le port de Massaouah était connu des anciens sous le nom de *Sebasticum Os :* c'est un des meilleurs mouillages de la mer Rouge ; il est défendu par une mauvaise forteresse. Il peut contenir une soixantaine de petits navires qui sillonnent les côtes de la mer Rouge, et les bâtiments de toute grandeur peuvent y mouiller sans difficulté. C'est ici que débarquent les voyageurs qui se rendent en Abyssinie par mer. Un chantier se trouve sur la plage de l'île : on y construit de petites chaloupes pour la pêche du corail, et des barques nommées *daou* qui portent jusqu'à 60 tonneaux ; elles n'ont pas de pont et naviguent à la voile latine. La ville a quelques maisons en pierre ; mais la plupart ne sont que des huttes en roseaux ; les édifices publics consistent en quatre mosquées. L'habitation du gouverneur, son harem et la demeure du chef des écrivains, sont les seules maisons qui aient deux étages. Les habitants de l'île, au nombre de 2,000, parlent un idiome composé de mots arabes et abyssiniens. Ils se composent de Bédouins venus de l'Hedjaz ou de l'Yemen, de Chohos ou Bédouins de la côte d'Afrique, de musulmans d'Abyssinie et de Gallas.

Depuis le golfe où l'on voit s'élever l'île Massaouah jusqu'à la baie d'Azab, non loin du détroit de Bab-el-Mandeb, l'espace compris entre la côte et les premières montagnes de l'Abyssinie porte le nom de *Dankali*. Les tribus qui habitent cette contrée se nomment *Danakils*. Elle formait jadis un royaume de l'empire abyssinien[1]. Elle comprend un espace de plus de 100 lieues de longueur sur 15 à 20 de largeur. La partie septentrionale porte le nom de Samhar, et le reste celui de *Dumhoëta-Choho*.

Des pluies périodiques arrosent cette contrée depuis le mois de septembre jusqu'au mois de mars ; elles commencent précisément à l'époque où elles ont complètement cessé en Abyssinie. Les habitants nommés *Chohos* sont généralement pasteurs ; ils ensemencent quelques champs, mais leurs récoltes ne suffisent pas à leur consommation. On les peint comme cruels et sanguinaires. Ils sont mahométans, et parlent une langue particulière qui renferme beaucoup de mots arabes. Non seulement ils exercent leurs brigandages sur les étrangers, mais leurs diverses tribus sont entre elles dans un état permanent d'hostilité. Ils n'obéissent même à leurs chefs que lorsque leur propre intérêt le commande.

Au fond du golfe, *Arkiko* domine une rade ouverte aux vents de nord-est ; il y a 400 maisons, les unes construites en argile, les autres faites d'herbes entrelacées[2]. C'est la résidence d'un gouverneur turc qui s'est déclaré indépendant, et s'est mis sous la protection du roi de Tigré. *Zoulla* est bâtie sur l'emplacement de l'antique port d'*Adulis* ou d'A-

---

[1] Lettre de M. Petit à M. de Blainville datée de Massaouah, 4 juin 1839. — [2] Voyage en Abyssinie, etc., par MM. Combes et Tamisier, t. I, p. 99.

[1] *Niebuhr*, dans sa Description de l'Arabie, lui donne celui de Denakil. — [2] *Bruce*, l, V, ch. 12.

doulis, dont quelques débris portent encore le nom d'*Azouly*.

Nous devons faire remarquer ici que plusieurs auteurs pensent qu'il y eut deux villes antiques du nom d'*Adoulis*, et que ces deux villes, situées à deux lieues l'une de l'autre, sont Arkiko et Zoulla. C'est en effet à Arkiko que fut trouvée la célèbre inscription connue sous le nom de *monument d'Adulis*. Il consiste en deux morceaux de basalte, ou pour mieux dire de diorite, qui paraissent avoir fait partie d'un trône, et qui portent une inscription contenant, outre la généalogie de Ptolémée Evergète, une liste de noms de peuples soumis par un autre prince dont le nom est inconnu, et qui fit ériger ce monument. Les auteurs qui ont admis, non sans de fortes raisons, son authenticité, en font remonter l'exécution vers le milieu du premier siècle avant l'ère chrétienne, tandis que celui d'Aksoum date à peu près de l'an 39 avant Jésus-Christ ([1]). Cette ville d'Adoulis qui fut si florissante, paraît avoir dû son nom et son origine à une colonie d'esclaves ([2]).

« Sur cette côte basse, sablonneuse et brûlante, nommée le *Samhar* ou *Samhara*, on voit errer plusieurs tribus nomades; les *Chilos*, très noirs de peau, et les *Hazortas*, qui sont petits et d'un teint cuivré. Les premiers sont peu connus; les seconds, qui peuvent mettre sur pied 3,000 guerriers, obéissent à six chefs dont le principal réside à Zoulla. Comme les anciens Troglodytes, ces peuples habitent les creux des rochers, ou des cabanes faites en joncs et en algues. Pasteurs, ils changent de demeure selon que les pluies font éclore un peu de verdure sur ce sol brûlé; car lorsque la saison pluvieuse cesse dans les plaines, elle commence dans les montagnes; lorsqu'ils descendent de celles-ci, ils transportent des provisions de sel qu'ils y ont recueilli et qu'ils échangent contre des grains. »

Les *Danâkyls*, au sud des Chilos, forment aussi plusieurs tribus dont la plus puissante appelée *Dumhoeta*, et qui peut mettre 1,000 hommes sous les armes, possède le village de *Douroro* et celui d'*Ayth*. Tous les hommes en état de faire la guerre pourraient s'élever au nombre de 6,000; mais ils sont tellement pauvres, qu'ils ne peuvent se procurer les armes qui leur seraient nécessaires. Ils parlent tous la même langue, et professent l'islamisme, bien qu'ils n'aient ni prêtres ni mosquées. Leur teint est noir et leurs cheveux sont crépus. La forme pyramidale qu'ils donnent à leurs tombeaux, fait présumer qu'ils sont les restes d'un ancien peuple qui fit jadis partie de l'empire de Méroé.

« Les Turcs, maîtres de cette côte depuis le seizième siècle, en donnaient le gouvernement à un cheykh arabe de la tribu Bellowe; il porte le titre de *naïb*; mais d'après des informations plus récentes, il paraît que le gouverneur d'Abyssinie et du Tigré a repris son ancienne influence sur cette partie de l'empire abyssinien ([1]). Salt a trouvé le *naïb* indépendant des Turcs, et respectant la puissance du *ras* de Tigré. Aujourd'hui cette côte est soumise au pacha d'Egypte.

» Le gouvernement des côtes, nommé dans les anciennes relations le territoire du *Bahar-Nagach*, c'est-à-dire roi de la mer, s'étendait autrefois depuis Souâkin jusqu'au-delà du détroit de Bab-el-Mandeb. *Débaroa* ou *Barva*, son ancienne capitale, était, du temps de Bruce, dans les mains du *naïb* de Massaouah. Cette ville, située sur le Mareb, passe pour être la clef de l'Abyssinie du côté de la mer; c'était du temps des Portugais une grande place de commerce ([2]); mais Salt ne l'a point visitée. »

Les *Nébaras*, qui occupent le pays compris entre Débaroa et Massaouah, sont le seul peuple du Daukali qui professe le christianisme. Au sud de ceux-ci on trouve les *Belessouas*, les *Hadarems*, les *Kédemts* et les *Ouimas*.

Au sud et à l'ouest de la baie d'Azab s'étend l'ancien *royaume d'Adal*, que le commerce avait rendu jadis si florissant. La ville de *Houssa*, située dans le désert où la rivière de Haouach vient se perdre dans les sables, en était la capitale.

A l'est de cet Etat s'étendaient l'ancien *royaume de Mara*, le *pays d'Angot* et celui de *Gedem*. Depuis long-temps ces pays sont soumis aux Gallas, et les vainqueurs ont pris les mœurs et la religion des vaincus. Les Gallas

---

([1]) L. *Marcus*, Histoire des colonies étrangères qui se sont fixées dans l'Abyssinie, etc. — ([2]) Du grec a, privatif, et δουλος, esclave.

([1]) *Bruns*, Afrika, II, 195. Lett. di S. Ignacio di Loyola, etc., Rome, 1790, p. 21. — ([2]) *Alvarez*, c. 18-20-23-128.

AFRIQUE. — COTE D'HABESCH.

qui occupent l'ancien royaume d'Adal portent le nom d'*Adal-Gallas*; mais la principale de leurs tribus s'appelle *Assoubho-Galla*, dénomination qu'elle doit à la nature du terrain qu'elle habite (¹). Elle occupe une vaste contrée qui comprend le pays d'Angot et celui des Dobas pasteurs, et qui est bornée à l'est par la mer, au nord par le Dankali et les tribus appelées *Taltal* et *Mantilli*, à l'ouest par les *Dobas-Changallas* et la rivière de Sabaletté, au sud par la rivière d'*Anazo*.

Au sud-ouest des Adal-Gallas se trouvent les *Itou-Gallas* qui possèdent les territoires de *Bali*, de *Daouaro* et de *Fategar*; au sud-est les *Essa-Somouli* qui s'étendent jusque sur la presqu'île de Zeyla; et au sud le royaume de *Hururgué*, État indépendant, qui est gouverné depuis plusieurs siècles par des princes musulmans dont la cour est, dit-on, très brillante.

Au sud de ce royaume s'étendent trois tribus importantes : les *Abado-Gallas*, les *Babilié-Gallas* et les *Aroussi-Gallas*.

Les Somoulis jouissent des avantages d'une civilisation moins arriérée que celle des Gallas, qui n'ont encore pu les soumettre.

Les habitants du royaume de Hururgué et les tribus de Mara et d'Adal qui n'ont point été envahis par les Gallas, parlent trois langues différentes : le somouli, le hururgué et l'ancien adal (¹).

(¹) En somouli, le mot *assoubho* signifie *sel*.

(¹) Voyage en Abyssinie, etc., par MM. Combes et Tamisier. Tom. II, p. 141 et 142.

TABLEAU des différentes divisions que présente aujourd'hui l'Abyssinie, d'après la carte dressée par MM. COMBES et TAMISIER.

			PEUPLES INDÉPENDANTS.	TRIBUS.
RÉGION ORIENTALE.				
DANKALI.	{ Samhar.	Dumboêta-choho.	} Danakil.	Nebara. Choho. Hazorta. Belessona. Hadarem. Kedemt. Ouima.
POSSESSIONS DES GALLAS.	{ Ancien royaume d'Angot. Ancien royaume de Mara. Ancien royaume d'Adal. Pays de Fategar. Id. de Gedem. Id. de Bali. Id. de Daouaro.		} Gallas.	Assoubho-Galla. Itou-Galla. Angot-Galla. Ouokali-Galla. Carrayou-Galla. Bali-Galla. Adal-Galla. Mara-Galla.
RÉGION MÉRIDIONALE.			Essa-Somoulis.	
ROYAUME DE CHOA.	Royaume d'Hururgué. Province de Mara-Etié. Id. de Guéché. Id. d'Anna Mariam. Id. d'Igam. Id. de Moret. Id. de Tégoulet. Id. d'Ifàt. Id. d'Ankober. Id. de Menjar.		{ Hururgués. Somoulis. Adals.	
	Province de Choa-meda.		Gallas.	Borena-Galla. Gumbichou-Galla. Oubari-Galla. Gelan-Galla. Abichou-Galla. Abado-Galla. Babilié-Galla. Aroussi-Galla. Garaou-Galla. Djiriou-Galla.
POSSESSIONS DES GALLAS.	{ Pays de Gouma. Id. de Hadia. Id. de Guragué. Id. de Dar-el-Galla. Id. de Cambat. Id. de Djinjiro. Id. de Bocham. Id. de Caffa. Id. de Naréa. Id. de Gouderou. Id. de Bizamo.		} Gallas.	
RÉGION OCCIDENTALE.				
POSSESSIONS DES GALLAS.	{ Pays de Bassa-Galla. Id. de Damot-Agous. Id. de Kouara. Id. de Borena-Galla.		Galla. Agous. Borena-Galla.	

TABLEAUX.

		PEUPLES INDÉPENDANTS.	TRIBUS.
RÉGION OCCIDENTALE.			
ROYAUME D'AMHARA	Province de Damot. — de Gojam. Pays de Maïcha. Province de Dembéa. — de Tchelga. — d'Oualkaït. — d'Oualdubba. — d'Ouagara. — du Sémen { District de Menna. District de Telemst. } — du Belessa. — du Fokara. — de Beghemder. — d'Amhara.		
RÉGION SEPTENTRIONALE.			
POSSESSIONS DES CHANGALLAS.	Pays de Changalla.	Changallas..	p
RÉGION CENTRALE.			
ROYAUME DE TIGRÉ	Province d'Amaceu? — de Seraoué. — de Bahar-Négous. — de Siré. — de Saoué. — de Séraxo. — de Tigré. — d'Agami. — d'Haramat. — de Giralla. — d'Adet. — de Temben. — d'Avergale. — d'Enderta. — d'Ouogérat. — de Mantilli. — de Désa. — d'Ouomburta. — d'Asma. — de Derra.		c
PEUPLES INDÉPENDANTS	Pays des Taltals. Dobas-Changallas.	Taltals. Changallas..	D D
ROYAUME DE LASTA	Province de Salaoua. — d'Oufila. — de Bora.		
POSSESSIONS DES AGOUS.	Pays des Gualiou-agous Id. des Tchera-agous.		o

LIVRE CENT SOIXANTE-DEUXIÈME.

Suite de la Description de l'Afrique. — Description générale du Maghreb ou de la région comprenant le mont Atlas et le Grand Désert ou Sahara.

« Partis du pied des pyramides, nous avons remonté le Nil aussi loin que nous guidaient es lumières de l'histoire et les relations des voyageurs européens. Avant de pénétrer dans le centre mystérieux de l'Afrique septentrionale, achevons d'en faire connaître l'enceinte accessible, et dirigeons d'abord nos pas vers le mont Atlas et les colonnes d'Hercule. »

La région que nous allons parcourir est depuis long-temps appelée par les Arabes *Maghreb* ou occident : c'est en effet la partie occidentale de l'Afrique septentrionale. Elle comprend la Barbarie ou les Etats barbaresques, l'Algérie, l'empire de Maroc, et l'immense désert appelé Sahara.

« Une ligne qui, des cataractes du Nil, descendrait obliquement vers le cap Blanc ou vers l'embouchure du Sénégal, séparerait du reste du continent africain la division que nous allons décrire. Le plus grand désert du monde connu, une des chaînes de montagnes les plus étendues, sont les deux grands phénomènes que présente ici la géographie physique. Ces deux traits caractérisent deux régions distinctes ; nous retracerons d'abord celle du mont Atlas, à laquelle l'usage commun des géographes arabes et européens a imposé le nom de *Barbarie*, ou plus exactement *Berbérie*, d'après celui que porte, du moins en arabe, la race indigène la plus ancienne.

» Le mont Atlas ne manque pas de célébrité ; nous avons vu Homère et Hérodote en parler comme d'une des colonnes du ciel. Selon Virgile, « c'est un héros métamorphosé
» en pierre ; ses membres robustes sont deve-
» nus autant de rochers ; il porte l'Olympe
» entier avec toutes les étoiles, et ne succombe
» point sous un tel fardeau ; sa tête, couron-
» née d'une forêt de pins, est toujours ceinte
» de nuages ou battue des vents et des orages ;
» un manteau de neige couvre ses épaules, et
» de rapides torrents coulent de sa barbe an-
» tique. » Mais ce mont fameux, quoique à la vue des Européens, attend encore le voyageur heureux qui en donnera une description satisfaisante et complète. L'académicien Desfontaines, qui a vu, en savant botaniste, une grande partie de ce système de montagnes, le considère comme partagé en deux chaînes principales : l'une, voisine du désert, est surnommée le *grand Atlas*; l'autre, rapprochée de la Méditerranée, s'appelle le *petit Atlas*. Ces chaînes courent toutes les deux dans la direction d'est et ouest ; mais plusieurs montagnes intermédiaires les lient l'une à l'autre, et, dirigées du nord au midi, forment des vallées ainsi que des plateaux. Cet aperçu, quoique un peu vague, est le plus clair que nous connaissions ; il se concilie facilement avec le rapport de Shaw, qui dépeint l'Atlas comme une suite de plusieurs rangs de collines s'élevant l'une au-dessus de l'autre, et se terminant par des rochers inaccessibles.[1] Cependant nous ferons observer que le grand et le petit Atlas de Ptolémée diffèrent des chaînes indiquées par le voyageur français ; ce sont des branches latérales qui, détachées du système, viennent se projeter sur la mer en forme de promontoires. »

Les diverses parties de l'Atlas ont reçu des noms différents : ainsi, bien que l'on donne principalement celui de *grand Atlas* à cette suite de cimes les plus élevées de tout le système, qui s'étendent depuis le golfe de Cabès jusqu'au cap Ger, l'intervalle compris entre les villes de Fez et de Maroc, et qui offre les points culminants de cette grande chaîne, est appelé le *haut Atlas*. La continuation du grand Atlas change souvent de nom à mesure que l'on s'avance vers l'orient : ainsi ce sont les monts Ammer (*Djebel-Ammer*), sur le territoire algérien, puis les monts *Megala* dans l'Etat de Tunis.

Du nœud où commencent les monts Ammer part une petite chaîne qui est la plus méridionale, et qui porte les noms de *Djebel-Anda-*

---
[1] *Shaw:* Travels or observations, etc., p. 5.

mer, *Djebel-Cozal* et *Djebel-Salahban*. Une chaîne qui court du sud au nord commence de celle-ci, et, sous le nom de *Nefisa*, se dirige vers les *monts Megala*; un de ses rameaux, appelé *Djebel-Zeah*, la réunit au *Djebel-Fissato*, petite chaîne qui s'étend de l'ouest à l'est dans la régence de Tunis, d'où, en entrant dans celle de Tripoli, elle prend le nom de *monts Gharians*, puis celui de *Ouadam*.

Du point où se joignent le Djebel-Salahban et les monts Nefisa, part une chaîne qui passe au sud de la ville de Ghadamès, et qui, après avoir pris la direction de l'est, va, sous le nom de *Djebel-Agrouh*, se terminer au sud dans le désert de Sahara. Cette chaîne envoie vers le sud-est deux rameaux parallèles, dont le septentrional porte le nom de *Montagnes-Noires* (*Haroudjé-el-Açouad*), et le méridional celui de *Montagnes-Blanches* (*Haroudjé-el-Abiad*). Le premier paraît se diriger au nord-est, vers le désert de Barkah; le second, formant un vaste cercle au sud, va, sous le nom de *mont Tibesty* et de *Djebel-Tadent*, circonscrire le Fezzan, d'où cette chaîne dirige un rameau vers le sud.

Les différentes chaînes de l'Atlas sont faciles à franchir, parce qu'elles ont peu de largeur et qu'elles offrent de nombreux cols ou passages appelés *portes* par les Arabes. Le plus occidental dans le grand Atlas est celui qui a reçu le nom de *Bab-Soudan* ou *Porte-du-Soudan*. Pour se rendre d'Alger à Constantine, on traverse le Jurjura par un défilé remarquable appelé *Biben* ou *Biban*, que plusieurs voyageurs nomment la *Porte-de-Fer*.

« La grande élévation de l'Atlas est constatée par les neiges perpétuelles qui couvrent les sommets dans l'est de Maroc, à 32 degrés de latitude [1]; Ces sommets doivent, selon les principes de M. de Humboldt, être à 12,000 pieds au-dessus du niveau de la mer. Léon l'Africain, qui y voyageait au mois d'octobre, faillit être enseveli sous une avalanche de neige. Dans l'État d'Alger, les sommets de Jurjura et de Félizia perdent leurs neiges dans le mois de mai, et en sont de nouveau couverts avant la fin de septembre [2]. Le *Ouanaseris* ou *Ouanascherich*, situé à 35 degrés 55 minutes, et qui forme une chaîne intermédiaire entre l'Atlas maritime et celui de l'intérieur, reste presque toute l'année revêtu d'une calotte de neige [1]. Même vers l'est, où l'élévation paraît s'abaisser, les monts Gharians, au sud de Tripoli, se couvrent de neige pendant trois mois.

» La nature des roches n'a pas été suffisamment étudiée. Dans les parties de Tunis, d'Alger et de Maroc, visitées par Desfontaines, la chaîne de l'Atlas est calcaire [2]; et ce savant ajoute qu'il a trouvé dans les montagnes de grands amas de coquilles et de corps marins à une très grande distance de la mer; fait géologique que l'on observe dans toutes les contrées du globe, et qui a frappé tous les voyageurs modernes [3], et même l'esprit peu attentif des anciens [4]. Les superbes marbres de Numidie, épuisés par le luxe des Romains, étaient, les uns jaune uni, les autres tachetés de diverses couleurs [5]. Les Carthaginois les avaient employés avant les Romains à des pavés en mosaïque. Cependant les mines de cuivre, de fer, de plomb et autres, exploitées dans le Maroc et l'Alger, indiquent la présence des roches schisteuses ou granitiques. M. Poiret assure qu'aux environs de Bone, ville maritime de l'ancienne régence d'Alger, les roches sont de quartz mêlé de mica [6]. Shaw nous apprend que dans le même pays on emploie dans les constructions une sorte de grès sablonneux [7]. Les collines par lesquelles l'Atlas se termine dans le désert de Barkah sont des masses calcaires blanches: l'Haroudjé blanc est de ce nombre. Quant à l'Haroudjé noir, peut-être son noyau est-il calcaire; mais il n'offre que des mamelons de basalte, ainsi que l'a observé Hornemann. Il paraît être le *mons Ater* des anciens. Selon Pline, les flancs de l'Atlas qui regardent l'Océan, c'est-à-dire les flancs méridionaux, élèvent brusquement leurs masses arides et noirâtres du sein d'une mer de sable, tandis que la pente septentrionale, plus douce, s'orne de belles forêts et de verdoyants pâturages [8]. »

A ces notions sur la constitution géognostique des différentes chaînes de l'Atlas, nous

---

[1] *Hœst*, Relation du Maroc, p. 78 (trad. allem.). *Chénier*, Hist. de Maroc. — [2] Relation du royaume d'Alger (Altona, 1798), t. I, p. 152.

[1] Relation du royaume d'Alger (Altona, 1798), t. I, p. 249. — [2] Flora Atlantica, préface, p. 3. — [3] *Shaw*, Travels, p. 470. *Poiret*, Voyage en Barbarie, II, p. 279. — [4] *Strabon*, Geograph., XVII, in fine. — [5] *Pline* et *Isidore*, comp. dans les notes de Juste Lipse, sur *Seneca*, epist. — [6] *Poiret*, II, p. 277. — [7] *Shaw*, p. 152. — [8] *Pline*, VI cap. i.

en ajouterons d'autres qui, bien qu'insuffisantes, en donneront une idée plus exacte. Ce que les voyageurs les plus récents nous ont appris de plus positif sur le grand Atlas, c'est qu'il est formé d'une roche de quartz et de mica, appelée gneiss, sur laquelle repose un calcaire de sédiment inférieur qui a subi un soulèvement tel, que ses couches, d'horizontales qu'elles étaient primitivement, sont devenues presque perpendiculaires. La conquête d'Alger par les Français a donné occasion d'étudier la disposition géologique d'une partie du petit Atlas : cette chaîne, en suivant la série des formations depuis les plus anciennes jusqu'aux plus modernes, est composée de *schistes* et de *gneiss* qui appartiennent aux terrains de sédiment les plus inférieurs ou de transition, sur lesquels se trouve le *lias* ou calcaire bleu du terrain de sédiment suprainférieur, de dépôts de sédiment supérieur, de *porphyres trachytiques* et de terrain *diluvien* ou de transport.

C'est dans la formation schisteuse que se trouvent les calcaires qui ont fourni aux anciens les beaux marbres de Numidie. La roche dominante est un schiste talqueux luisant, dont les couleurs habituelles sont le blanchâtre, le vert et le bleu ; il ne se présente pas en couches régulières, mais en feuillets contournés et coupés par une infinité de fissures qui les traversent dans tous les sens, et qui sont remplies de quartz blanc et de fer oxidé. Le calcaire, subordonné ou enclavé dans ce schiste, est d'une texture saccharoïde, c'est-à-dire imitant le sucre dans sa cassure, ou d'une texture sublamellaire ; sa couleur est tantôt un beau blanc, ou bien le gris et le bleu turquin. Il forme souvent des masses considérables parfaitement stratifiées : dans la montagne de *Boudjirah,* à l'ouest d'Alger, sa puissance est au moins de 150 mètres ; celle du groupe schisteux en a plus de 400. Le schiste contient du grenat et de l'anthracite. Il passe par des nuances presque insensibles au micaschiste, puis au gneiss. Sous cette forme il ne paraît pas avoir plus de 100 mètres d'épaisseur. Parmi les substances minérales qu'il renferme, les tourmalines noires sont en quantité considérable.

La formation du lias paraît constituer la masse principale du petit Atlas. Elle atteint une hauteur de 1650 mètres et une puissance de plus de 1200, et se compose de calcaire compacte et de couches marneuses. Cependant il serait à désirer, pour pouvoir assimiler ce calcaire au lias, qu'on y eût trouvé la coquille fossile appelée *gryphea arcuata,* qui est caractéristique ; car les huîtres, les peignes, et même les bélemnites, pourraient bien ne pas empêcher que ce calcaire n'appartînt à une formation moins ancienne.

Le terrain de sédiment supérieur du petit Atlas est formé de grès et de calcaire grossier ferrugineux. Il constitue toutes les collines qui s'étendent entre les deux Atlas, et paraît être ; à en juger par les corps organisés qu'il renferme, tout-à-fait de la même époque que les dépôts qui se trouvent au bas des deux versants des Apennins. Composé de deux étages, sa puissance moyenne est d'environ 400 mètres. Il paraît s'étendre jusque dans le grand désert de Sahara, dont les sables ne sont probablement que la partie supérieure de ce terrain ; et entre les deux Atlas il paraît également occuper une longueur de plus de 100 lieues.

Les porphyres trachytiques, roches d'origine volcanique, que l'on remarque sur la côte le long de la falaise qui s'étend près du fort Matifou, où ils forment des écueils, sont intercalés au milieu du terrain tertiaire, où ils n'ont pu arriver que poussés de bas en haut. Ce qu'il y a de remarquable, c'est que, jusqu'à l'endroit où les porphyres commencent à paraître, les couches tertiaires sont parfaitement horizontales, et qu'elles s'inclinent tout-à-coup de 15 à 20 degrés vers le nord-est jusqu'à leur point de contact avec les schistes. A l'époque où le soulèvement qui a produit ces inclinaisons a eu lieu, les schistes avaient déjà été soulevés, ainsi que le prouve leur inclinaison, qui est en sens inverse de celle du terrain de sédiment supérieur.

Enfin le terrain de transport, composé de marne argileuse grise et de cailloux roulés, occupe la plupart des plaines qui s'étendent entre les ramifications de l'Atlas.

Les environs d'Oran présentent en général les mêmes formations que ceux d'Alger, mais avec quelques différences dans les détails : c'est ainsi que les dolomies ou calcaires magnésiens se montrent en beaucoup d'endroits sur les schistes [1].

[1] *Rozet :* Mémoire géologique sur les provinces

« La chaîne de montagnes que nous venons de décrire était-elle l'*Atlas* des anciens ? Un savant allemand le nie, et voici son raisonnement :

« Dès le premier âge du monde, les Phéni» ciens se hasardèrent à passer le détroit de » Gibraltar. Ils fondèrent, sur les côtes de » l'océan Atlantique, en Espagne Gades et » Tartessus, et en Mauritanie Lixus et plu» sieurs autres villes. De ces établissements » ils naviguaient vers le nord jusqu'aux îles » Cassitérides, d'où ils tiraient de l'étain, et » jusqu'aux côtes de Prusse, où ils trouvaient » de l'ambre. Dans le sud ils s'avançaient au» delà de Madère jusqu'aux îles du cap Vert. » Ils fréquentaient surtout l'archipel des Ca» naries. Là ils furent surpris à la vue du » pic de Ténériffe, dont la hauteur, déjà très » considérable, paraît encore plus grande » parce qu'il s'élance immédiatement au-des» sus de la surface de l'Océan. Les colonies » qu'ils envoyèrent en Grèce, et surtout celle » qui, conduite par Cadmus, aborda en Béotie, » portèrent dans ces contrées la connaissance » de cette montagne élevée au-dessus de la » région des nuages. Ils y firent connaître les » îles Fortunées qu'elle domine, et qu'embel» lissent des fruits de toutes sortes, entre » autres des pommes d'or (oranges). Cette » tradition se propagea en Grèce par les chants » des poètes, et arriva jusqu'au temps d'Ho» mère. Son Atlas connaît les profondeurs de » la mer; il porte les grandes colonnes qui sé» parent la terre du ciel [1]. Les Champs Ely» sées [2] sont dépeints comme une terre en» chanteresse, située dans l'ouest. Hésiode » parle de l'Atlas à peu près de la même ma» nière, et dit qu'il est voisin des nymphes » Hespérides [3]. Il nomme *Iles des Bienheu*» *reux* les Champs Elysées, qu'il place aux » extrémités de la terre, à l'occident [4]. Des » poètes moins anciens ont embelli et orné » les fables d'Atlas, des Hespérides, de leurs » pommes d'or, et des îles des Bienheureux, » qui sont le séjour des hommes justes après

d'Alger et de Titerie.—*Idem* sur les environs d'Oran. Extraits des *Nouvelles Annales du Muséum d'Histoire naturelle*, tom. II, pag. 284 et suivantes.

[1] Odyssée, liv. I, v. 52.— [2] Iliade, liv. IV, 561. Le mot est d'origine phénicienne, et signifie *séjour de joie* (Note de M. Ideler). — [3] Théogonie, liv. V, v. 517. — [4] Opera et Dies, v. 167.

» leur mort. Ils ont aussi réuni les expéditions » de Mélicertes, dieu du commerce chez les » Tyriens, et celles de l'Hercule grec. Ce ne » fut que très tard que les Grecs commen» cèrent à rivaliser dans la navigation avec » les Carthaginois et les Phéniciens. Ils visi» tèrent à la vérité les côtes de la mer Atlan» tique ; mais il ne paraît pas qu'ils s'y soient » avancés bien loin. Il est douteux qu'ils aient » vu le pic de Ténériffe et les îles Canaries, » car ils pensaient qu'il fallait chercher sur » la côte occidentale de l'Afrique l'Atlas que » leurs poètes et leurs traditions leur avaient » représenté comme une montagne très élevée, » et située à l'extrémité occidentale de la terre. » C'est aussi là que le transposèrent Strabon, » Ptolémée et les autres géographes. Mais » comme on ne trouve dans le nord-ouest de » l'Afrique *aucune montagne d'une hauteur* » *remarquable* (c'est une erreur!), on fut très » embarrassé pour connaître la véritable po» sition de l'Atlas. On le chercha tantôt sur » la côte, tantôt dans l'intérieur du pays, » tantôt dans le voisinage de la mer Méditer» ranée, tantôt plus au sud. Au premier siècle » de notre ère, époque à laquelle les Romains » portèrent leurs armes dans l'intérieur de la » Mauritanie et de la Numidie, on prit l'habi» tude de donner le nom d'Atlas à la chaîne » de montagnes qui, au nord de l'Afrique, s'é» tend de l'est à l'ouest dans une direction à » peu près parallèle à celle des côtes de la » Méditerranée. Cependant Pline et Solin sen» taient bien que les descriptions de l'Atlas » faites par les poètes grecs et romains ne con» venaient pas à cette chaîne de montagnes. » Ils pensaient donc qu'il fallait placer dans » la terre inconnue du milieu de l'Afrique, ce » pic dont ils faisaient un tableau si agréable » d'après les traditions poétiques. Mais l'Atlas » d'Homère et d'Hésiode ne peut être que le » pic de Ténériffe ; tandis que c'est dans le » nord de l'Afrique qu'il faut chercher l'Atlas » des géographes grecs ou romains [1]. »

« Nous ne croyons pas ce raisonnement bien fondé. Les passages d'Homère, d'Hésiode, d'Hérodote même, sont très vagues. L'Atlas d'Hérodote pourrait être un promon-

[1] *Ideler*, dans les Tableaux de la Nature, de M. de Humboldt, I, p. 141 et suiv., trad. de M. *Eyriès*. Comp. *Borg Saint-Vincent*, Essai sur les Iles Fortunées, p. 427.

toire de la chaîne méridionale qui s'élance du milieu des plaines du désert : tel semble le mont Salahban, dans le Beled-uldjerid (pays des dattes); il répond aux distances données par cet historien [1]. Il est d'ailleurs possible que toutes ces contradictions doivent leur origine à cette illusion optique d'après laquelle une chaîne de montagnes vue de profil dans le sens de sa longueur paraît un pic rétréci. « Étant en mer, dit M. de Humboldt, » j'ai souvent pris des chaînes prolongées pour » des montagnes isolées. » Cette explication pourrait encore être simplifiée, si l'on admet que le nom d'Atlas appartenait primitivement à un promontoire remarquable par sa forme et son isolement, tels que sont plusieurs de ceux de la côte de Maroc. Un passage très curieux de Maxime de Tyr semble autoriser cette hypothèse. « Les Éthiopiens hespériens, » dit-il [2], adorent le mont Atlas; il leur sert » à la fois de temple et d'idole. L'Atlas est » une montagne de moyenne élévation, creuse » et ouverte du côté de la mer en forme d'am- » phithéâtre : à moitié chemin de la montagne » s'étend un grand vallon fertile et orné d'ar- » bres chargés de fruits. L'œil plonge dans ce » vallon comme dans le gouffre d'un puits ; » mais on n'oserait y descendre, le précipice » est trop abrupte, et d'ailleurs un respect reli- » gieux ne le permet pas. La chose la plus mer- » veilleuse, c'est de voir les flots de l'Océan, » dans la haute marée, inonder les plaines » voisines, mais s'arrêter devant l'Atlas, s'ac- » cumuler et se tenir suspendus comme une » muraille, sans pénétrer dans le creux du » vallon et sans être retenus par la terre : l'air » et le bosquet séparent seuls les eaux de la » montagne. Voilà le temple et le dieu des Li- » byens; voilà l'objet de leur culte et le té- » moin de leurs serments. » Dans les circonstances physiques de ce récit, on reconnaît quelques traits de ressemblance avec la côte entre le cap Tefelneh et le cap Geer, qui est en amphithéâtre et couronné de rochers isolés [3]. Dans les circonstances morales, nous ne pouvons méconnaître les traces du fétichisme. Plusieurs peuplades de nègres adorent encore les rochers d'une figure remarquable. »

M. Walckenaer pense que le premier sommet qui reçut le nom d'Atlas dut être le Jurjura, parce qu'il était le point le plus apparent pour les explorateurs de la Méditerranée; que lorsqu'on eut franchi le détroit des colonnes d'Hercule, on étendit ce nom d'Atlas à toute la chaîne, et que l'on connut le *grand Atlas*, bien que Ptolémée soit le seul des anciens qui ait fait cette distinction d'un grand et d'un petit Atlas. Du temps d'Hérodote, ajoute le savant académicien que nous venons de citer, on ne connaissait encore que le petit Atlas. Cependant Hannon, et après lui Polybe, avaient, dans leur navigation, reconnu et signalé l'extrémité du grand Atlas vis-à-vis les îles Fortunées ou les Canaries.

« Laissons ces questions obscures à la sagacité des auteurs qui en feront le sujet d'une recherche particulière; occupons-nous du tableau physique général de la région du mont Atlas.

» La fertilité de cette partie de l'Afrique a été célébrée par Strabon et Pline. Ce dernier en admire les figues [1], les oliviers [2], le froment [3] et les bois précieux [4]. Il remarque que les vins avaient une certaine âcreté qu'on corrigeait en y mettant du plâtre [5]; les vignobles y doivent être exposés au nord et à l'ouest [6]. Les vignes, dit Strabon, ont quelquefois le tronc assez gros pour que deux hommes puissent à peine l'embrasser; les grappes sont longues d'une coudée [7]. Une administration affreuse et l'absence de toute civilisation n'ont pu anéantir tous ces dons de la nature. La Barbarie et même le Maroc exportent encore de grandes quantités de blé; l'olivier y est plus beau qu'en Provence [8], et, malgré une religion ennemie de Bacchus, les Maures cultivent sept variétés de vignes.

» Le sol des plaines ressemble cependant, en beaucoup d'endroits, à celui du reste de l'Afrique; il est encore léger et sablonneux, entre-semé de rochers; mais les vallées du mont Atlas et celles des petites rivières qui en descendent dans la Méditerranée sont cou-

---

[1] Voyez la Carte de la *Barbarie*, dans l'*Atlas complet.* — [2] *Max. Tyr.* Dissert. XXXVIII, p. 457-458, édit. Oxon. e theatro Sheldon. — [3] *Dalzel*, Instruction sur les côtes d'Afrique, trad manuscrit, avec notes, par M. *Mallard Dubecé*.

[1] *Pline*, lib. XV, cap. 18. — [2] *Ibid.*, lib. XVII, cap. 12. — [3] *Ibid.*, lib. XVIII, cap. 7. — [4] *Ibid.*, lib. XIII, cap. 15-19. — [5] *Ibid.*, lib. XIV, cap. 9. — [6] *Ibid.*, lib. XVII, cap. 2. — [7] *Strab.*, lib. XVII p. 568. — [8] *Poiret*, Voyage, II, p. 81.

vertes d'un terreau assez fertile et bien arrosé ; il en résulte que les plantes indigènes les plus communes fleurissent sur les rivages ou s'enracinent profondément dans le sable mobile, tandis que les espèces les plus rares viennent dans les marais et les forêts. Les côtes arides se couvrent de plusieurs espèces salines et grasses, telles que la *salsola* et la *salicorne*, le *pancrais maritime* et la *scilla maritima*; avec différentes espèces d'herbes dures, à longues racines et de la famille des graminées, entre autres le *lygeum spartum*, divers *panics*, le *saccharum cylindricum* et l'*agrostis pungens*, entremêlées çà et là d'héliotropes et de *soldanelles* (1).

» Les plateaux secs et rocailleux qui séparent les vallées de l'intérieur ont une grande ressemblance avec les landes d'Espagne ; elles abondent en bosquets épars d'arbres à liége et de chênes toujours verts, à l'ombre desquels la sauge, la lavande et d'autres plantes aromatiques, croissent en abondance et s'élèvent à une hauteur extraordinaire. Le genêt à haute tige, les différentes espèces de *cistes*, la mignonnette, le sumac, la bruyère, l'aloès, l'agave et plusieurs sortes d'euphorbes et de *cactus*, ornent les anfractuosités des rochers, où, bravant la chaleur et la sécheresse, ils fournissent aux chèvres une nourriture et un ombrage salutaires.

» Les forêts qui, vers le nord de ces contrées, couvrent les flancs des montagnes fertiles, sont, selon Desfontaines, composées de diverses espèces de chênes, telles que le *quercus ilex*, le *coccifera* et le *ballota*, dont les glands font partie de la nourriture des habitants. On y trouve fréquemment l'arbre à mastic, le *pistachier atlantique*, le *thuya articulé*, le *rhus pentaphyllum*. Le grand cyprès, pyramide verdoyante, étend ses branches vers le ciel ; l'olivier sauvage donne sans culture d'excellents fruits ; l'*arbutus unedo* porte des baies rougeâtres qui ressemblent à celles de la fraise ; la bruyère en arbre répand au loin une odeur très douce ; toutes les vallées un peu élevées ressemblent, en avril et en mai, à autant d'Elysées. L'ombre, la fraîcheur, l'éclat de la verdure, la variété des fleurs, le mélange d'odeurs agréables, tout charme le botaniste, qui oublierait ici sa patrie s'il n'é-

(1) *Desfontaines*, Flora Atlantica; *Poiret*, Voyage de Barbarie, passim.

tait effrayé par le spectacle de la barbarie (1). Les côtes et les plaines voient, dès le mois de janvier, l'oranger, le myrte, les lupins, la vigne-vierge et le narcisse, se couvrir de fleurs et de feuilles nouvelles. Mais au mois de juin, juillet, août et septembre, le sol desséché et gercé n'est recouvert que des débris jaunâtres des végétaux morts ou expirants. Le chêne à liége attriste les forêts par le sombre aspect de son écorce brûlée. A cette époque néanmoins (2) le laurier-rose étale encore ses fleurs brillantes depuis le sommet des montagnes jusque dans les plus profondes vallées, sur les bords de tous les ruisseaux et de toutes les rivières.

» Parmi les plantes cultivées, nous distinguerons le blé dur, l'orge, le maïs, l'*holcus sorghum* et *holcus saccharatus*; le riz, dans les terrains inondés ; le tabac, le safran, les melons, les citrouilles, la canne à sucre et l'*indigofera glauca* ; le dattier, l'olivier, l'oranger, le figuier, l'amandier, la vigne, l'abricotier, le pistachier, le jujubier et le mûrier blanc. Dans les jardins on élève presque tous les légumes d'Europe. Les habitants de ces contrées conservent leurs grains pendant plusieurs années en les ensevelissant dans de grandes fosses creusées en terre dans des lieux secs. Le blé est semé en automne et se récolte en avril ou en mai ; le maïs et le sorgho se sèment au printemps pour être récoltés en été (3). L'avoine croît spontanément (4). Quelques fruits, entre autres la figue (5), sont de qualité inférieure à ceux d'Europe. Les glands du chêne ont le goût de nos marrons (6). »

Telle est en général la végétation de la région de l'Atlas : nous entrerons dans plus de détails en parlant de chaque pays en particulier.

« Le règne animal offre la plupart des espèces communes à l'Afrique ; il faut en excepter le rhinocéros, l'hippopotame, la girafe, le zèbre et divers singes.

» La nature a fourni aux habitants du désert de Sahara un moyen de traverser en peu de jours les immenses déserts de l'Afrique occidentale. Monté sur le *heirie* ou le chameau du désert, qui, semblable au dromadaire, s'en distingue seulement par une taille plus

(1) *Poiret*, II, p. 71. — (2) *Poiret*, II, p. 129. — (3) *Desfontaines*, Flora Atlantica. — (4) *Shaw*, p. 138. — (5) *Poiret*, II, p. 267. — (6) *Ibest*, p. 366.

élégante, l'Arabe, après s'être enveloppé les reins, la poitrine et les oreilles, pour se garantir des bouffées d'un vent dangereux, parcourt avec la rapidité de la flèche le désert brûlant dont l'atmosphère enflammée empêche la respiration, et peut presque étouffer un voyageur imprudent. Les mouvements très violents de ce chameau ne sauraient être supportés que par des gens aussi patients, aussi abstinents, aussi exercés que ces Arabes. La plus mauvaise espèce de ces animaux s'appelle *talaye*, terme dénotant que l'animal ne fait que le chemin de trois journées ordinaires dans un jour. La variété la plus répandue est celle qui fait sept journées dans un jour; on la nomme *sebaye*. Il y en a qui font neuf journées, et qu'on appelle *tasayé*; mais ils sont bien rares et hors de prix. L'Arabe, dans son style figuré, dépeint de la manière suivante la vitesse du chameau du désert : « Quand tu rencontres un *heirie*, et que tu dis » au cavalier qui le monte, *salem alik*(¹), lui, » avant d'avoir pu répondre *alik salem*, est » déjà presque hors de ta vue, car il marche » comme le vent. » Jackson rapporte à ce sujet des faits qui paraissent incroyables. Un *heirie* arriva du Sénégal à Mogador en sept jours; il avait traversé 14 degrés de latitude, et, avec les détours de la route, il avait franchi un espace de 1000 à 1100 milles anglais, ce qui fait par jour 160 milles ou 75 lieues ordinaires de 25 au degré. Un Maure de Mogador monta un matin sur son *heirie*, alla à Maroc, qui en est à 100 milles anglais, et revint le même jour au soir, avec quelques oranges qu'une de ses femmes avait désirées. Jackson convient que ces faits mettent la foi du lecteur à une rude épreuve; mais trois voyageurs antérieurs ont rapporté des traits semblables : on ajoute, il est vrai, que cette sorte de chameaux est très peu nombreuse (²). Il serait intéressant pour la géographie que les Européens bien armés et en nombre suffisant pussent se procurer ces montures légères pour parcourir les déserts de l'Afrique septentrionale. On se sert aussi d'ânes, dont il y a deux races, l'une très forte et très grande, l'autre très petite. Le Maroc nourrit de beaux chevaux de race arabe. Dans toute la Barbarie le bétail est petit et maigre, les vaches n'y donnent que peu de lait et de mauvais goût; il y a des chèvres et des brebis en quantité. Les cochons, comme on peut bien le penser, abhorrés des mahométans, ne se trouvent que dans quelques maisons d'Européens. Les chats, les chiens et toutes les volailles d'Europe y sont communs. Les Arabes élèvent beaucoup de mouches à miel (¹).

» La panthère, autre animal de ces contrées, a, de tout temps, été très fameuse; ce n'est cependant que depuis peu d'années qu'elle a été décrite d'une manière claire et précise (²). L'once et le léopard de Buffon ne semblent être que la panthère à des âges différents; cependant il serait prématuré de les effacer de la liste des mammifères. »

La véritable panthère (*felis pardus*) est le *nemr* des Arabes, tandis que le guépard (*felis jubata*), avec lequel on l'a confondue, est le *fadh* des Arabes. Ces deux espèces se distinguent en ce que la première a sur un fond de couleur fauve des taches noires en forme de roses, tandis que la seconde a de petites taches rondes et pleines, et de plus une crinière sur la nuque.

« Le bubale, animal du genre des antilopes, mais qui en diffère par la disposition de ses cornes, appartient aux déserts du nord de l'Afrique; il vit en troupes et vient se désaltérer en Egypte dans les mares et les canaux d'arrosement. Il est figuré, d'une manière fort reconnaissable, parmi les hiéroglyphes des temples de la Haute-Égypte. Ce que ces figures offrent de plus remarquable, c'est qu'elles représentent ces animaux attelés à des charrues : les Egyptiens avaient donc su apprivoiser le bubale? Parmi les autres espèces d'antilopes peu communes dans ces contrées, on cite le pasan ou l'*oryx*, et ensuite la *gazelle corinne*, qui se distingue peu du *kevel* et de la gazelle proprement dite (³). Dans les forêts et les déserts on rencontre l'éléphant, le lion, le sanglier d'Afrique, les deux espèces d'hyène, le furet, habitant les buissons, quelques singes, parmi lesquels on distingue le môné et le magot. Selon une conjecture de M. Walckenaer, les

---

(¹) « *Paix avec vous!* » — (²) *Høst*, Relation de Maroc, trad. du danois en allemand, p. 289. *Shaw*, Travels in Barbaria, p. 157. *Lamprière*, Voyage de Gibraltar, etc. (trad. allem.), p. 55.

(¹) Nachrichten und Bemerkungen über Algier, etc., t. III. — (²) Cuvier. Ménagerie du Muséum, art. *Panthère*. — (³) Cuvier, Ménagerie du Muséum, art. *Corinne*.

rats que le voyageur Windhus aperçut aux environs de Méquinez, « rats aussi gros que » des lapins, et qui font comme eux leurs » trous en terre, » étaient des *arctomys gundi*, espèce de marmotte qui diffère de celle d'Europe en ce qu'elle n'a que quatre doigts à la patte.

« On a disputé sur la question de savoir s'il se trouve des ours en Afrique : le savant Cuvier révoque en doute leur existence dans des contrées aussi méridionales ; cependant Baldéus, homme instruit, dit en avoir vu à Ceylan ([1]). On ne saurait nier que deux auteurs très graves, Hérodote et Strabon, n'aient affirmé l'existence de l'ours en Afrique, en le distinguant du lion et de la panthère. Dion, ou son abréviateur Xiphilin, en parle. On peut encore citer Virgile, Juvénal et Martial ([2]). Aristote n'exclut pas l'ours nominativement de l'Afrique ([3]). Il semble donc juste de ne pas encore rejeter le témoignage des voyageurs modernes, tels que Dapper, Poncet et Shaw, qui soutiennent l'existence de l'ours brun d'Europe (*ursus arctos*) dans les hautes régions de l'Atlas, en avouant qu'il ne doit pas être fréquent ([4]).

» La chasse aux autruches offre un spectacle curieux. Une vingtaine d'Arabes, montés sur des chevaux du désert, qui sont dans leur espèce ce que sont les *heiries* parmi les chameaux, vont contre le vent, cherchent la trace de l'autruche, et, quand ils l'ont trouvée, la suivent tous avec la plus grande rapidité, en se tenant l'un de l'autre à une distance d'un petit demi-mille anglais. L'autruche, fatiguée de courir contre le vent qui s'engouffre dans ses ailes, se tourne contre les chasseurs et cherche à passer à travers leur ligne ; alors ils l'entourent, et tirent tous à la fois sur l'oiseau jusqu'à ce qu'il tombe mort. Sans cette ruse ils ne pourraient jamais prendre l'autruche, qui, bien que dépourvue de la faculté de voler en l'air, dépasse sur terre les animaux les plus rapides.

» Le vent du sud apporte des nuées de sauterelles qui, en ravageant les moissons, font naître des famines, et couvrent la terre au point d'empêcher le voyageur de trouver son chemin ([1]). L'abeille sauvage remplit les troncs d'arbres d'un miel aromatique et d'une cire qu'on recueille en abondance ([2]).

» A ce tableau physique, applicable aux Etats de Tripoli, de Tunis, d'Alger et de Maroc, nous devons joindre un coup d'œil également général sur l'espèce humaine.

» Les habitants des villes et des plaines cultivées sont désignés sous le nom de *Maures*. Quoiqu'ils parlent un dialecte arabe rempli d'idiotismes, leur ensemble physique, la peau plus blanche que celle des Arabes, le visage plus plein, le nez moins saillant et tous les traits de la physionomie moins énergiques, semblent prouver qu'ils descendent d'un mélange d'anciens Mauritaniens et Numides avec les Phéniciens, les Romains et les Arabes. Comme Salluste affirme que les Numides et les Mauritaniens descendent d'une colonie asiatique composée de Mèdes, d'Arméniens et de Persans ([3]), il serait à désirer qu'on examinât à fond les idiotismes de la langue maure ([4]). Le caractère de cette nation serait, selon les voyageurs européens, un composé de tous les vices ; avares et débauchés, dit-on, sanguinaires et lâches, avides et paresseux, vindicatifs et rampants, ils ne rachètent tant de défauts par aucune bonne qualité ; mais la haine que les Maures, chassés d'Espagne, ont vouée à leurs persécuteurs chrétiens, n'a-t-elle pas excité un sentiment semblable chez les voyageurs ? Les Maures sont mahométans, et spécialement de la secte fanatique appelée *Maleki*. Ils ont des saints qui se distinguent, les uns par un repos absolu, les autres par une manie turbulente et destructive. On a vu ceux de cette espèce assommer des ânes et en dévorer la chair sanglante ([5]). Parmi les cérémonies du mariage, on distingue la procession solennelle destinée à faire voir les documents qui attestent la sagesse virginale de la jeune épouse. Nulle part les hommes ne se montrent plus jaloux avant et après l'hymen. Sobres dans leurs aliments, les Maures s'habillent très simplement dans le Maroc et dans tout l'intérieur ; mais à Tunis, à Alger, les femmes font briller l'or et les diamants sur leurs élé-

---

([1]) Zimmermann, Geographische Geschichte, etc. — ([2]) Salmasii, Exercitationes Plinianæ, I, p. 228. — ([3]) Hist. anim., VIII, cap. 28. — ([4]) Poiret, II, p. 238. Shaw, p. 177. Hœst, p. 291.

([1]) Hœst, p. 300. Agrell, Lettres sur le Maroc, p. 319. — ([2]) Poiret, I, p. 324. Hœst, p. 303. — ([3]) Sallust., in Jugurtha. — ([4]) Norberg, Disput. de gente et lingua marocanâ. Lund, en Scanie, 1787. — ([5]) Bruns, Afrika, VI, p. 126.

gants costumes (¹). Les pieds nus trahissent seuls la blancheur de leur peau. Savoir lire l'alcoran paraît, à la plupart des Maures, le comble de la science; cependant ils ont des astrologues, et ils aiment l'histoire et la poésie. Leurs maisons carrées et à toits plats sont quelquefois ornées dans l'intérieur de riches tapis et de fontaines jaillissantes. Les exercices à cheval et le tir d'armes à feu forment, avec les tours d'équilibre, leurs passe-temps favoris. A leurs funérailles, une longue série de femmes, payées pour pleurer et hurler, accompagne le mort jusqu'à sa dernière demeure.

» Les *Arabes* nomades, venus d'Asie depuis le mahométisme, conservent leur sang pur, qui se reconnaît à une physionomie plus mâle, à des yeux plus vifs et à un teint presque olivâtre. Leurs femmes, dépourvues de charmes personnels, jouissent d'une grande liberté. Pourquoi voileraient-elles un visage dont le teint et la maigreur repoussent tout désir coupable? Dans quelques tribus, les femmes se peignent des lignes et des figures en noir sur la joue et la poitrine (²). Les tentes des Arabes, couvertes de grosse étoffe ou de feuilles de palmier, ont conservé la figure d'un bateau renversé, que Salluste attribue au *mapalia* des Numides (³). Ils nomment une cabane semblable *chaïma*, et un groupe de quelques *chaïmas* forme un *douar* ou hameau, souvent entouré d'une haie d'épines pour en défendre l'entrée aux lions qui mugissent alentour. Les Arabes, comme les Maures, envoient à la Mekke des caravanes de pèlerins. En Asie, on les comprend les uns et les autres sous le nom de *Magrebi* ou *Mograbins*, c'est-à-dire les Occidentaux.

» La race des *Berbers*, entièrement distincte des Arabes et des Maures, paraît indigène de l'Afrique septentrionale. Elle comprend probablement les restes des anciens Gétuliens à l'occident, et des Libyens à l'orient du mont Atlas (⁴). Aujourd'hui elle forme quatre nations distinctes, savoir : 1° les *Amazygh*, nommés par des Maures *Chillah* ou *Choullah*, dans les montagnes marocaines; 2° les *Kabyles* ou *Kabaïls*, dans les montagnes d'Alger et de Tunis; 3° les *Tibbous*, dans le désert entre le Fezzan et l'Egypte; 4° les *Touariks*, dans le grand Désert.

» L'identité de la langue que parlent les Berbers, reconnue par la comparaison des vocabulaires (¹), est une des découvertes les plus importantes dont l'histoire ethnographique se soit enrichie. Cette langue n'offre jusqu'ici aucune ressemblance avec celle des Barabras de la Nubie et des Chelouks de l'Abyssinie : mais peut-être des recherches ultérieures feront-elles découvrir quelques liaisons. La langue berbère, dont les principaux dialectes sont le *chillah* dans l'Etat d'Alger, le *choviah* dans la régence de Tunis, le *tamazeg* dans l'empire de Maroc, le *touarik* dans le royaume de Tripoli, le *tibbou* dans la partie orientale du Sahara et dans le sud du Fezzan, présente, ce nous semble, un caractère très original, quoique rapproché de celui de l'hébreu et du phénicien; l'idiome de *syouhah* offre beaucoup d'analogie avec elle. Cette langue n'a point de termes pour exprimer les idées abstraites et les objets relatifs à la religion et aux arts : elle les emprunte de l'arabe, en leur donnant une terminaison berbère. Des recherches savantes ont prouvé son identité avec la langue des Guanches, habitants primitifs des Canaries.

» Les Berbers ont le teint rouge et noirâtre, la taille haute et svelte, l'habitude du corps grêle et maigre (²). Ils laissent croître leurs cheveux, et n'ont pour vêtement qu'une large tunique en laine. La vengeance est leur passion dominante. Le fanatisme religieux surpasse celui des Maures; ils l'assouvissent, lorsque l'occasion se présente, dans le sang des juifs et des chrétiens. Cependant les Chillahs mangent la chair de sanglier et boivent du vin. Les marabouts, vénérés comme des saints, exercent, dans beaucoup de villages des Kabyles, une autorité despotique. Ces hypocrites font des miracles et distribuent des amulettes. Dans d'autres endroits, surtout parmi les Chillahs, ce sont des cheykhs héréditaires qui ré-

---

(¹) *Nachrichten*, etc., c'est-à-dire Relation sur Alger, en all., I, p. 493 (Altona, 1798). — (²) *Agrell*, p. 39, trad. all. — (³) *Voyez* sur l'origine de ce nom, Bochart, Canaan, lib. II, cap. 9. — (⁴) *Mithridates*, par Adelung et Vater, III, p. 45.

(¹) Hœst, Relation du Maroc, p. 128 (en dan.), p. 136 (en all.). Jones, Dissertat. de Ling. Shillensi, dans les Dissert. ex occas. Sylloges, etc. Amsterd., 1715. Shaw, Travels, p. 52. Hornemann, Voyage, etc., trad. de M. Langlès, I, p. 37-145; II, p. 405. Mursden, Ibid., p. 413. Venture, Ibid., p. 430, sqq. — (²) Hœst, Relat. du Maroc, p. 141. Lempriere, Chénier, Shaw, etc.

gnent sur les petites tribus dans lesquelles cette nation est partagée. Celles qui demeurent dans les hautes vallées de l'Atlas vivent dans une indépendance presque absolue. Dans le Maroc, quelques tribus se sont réunies sous le gouvernement de princes ou rois héréditaires qui s'appellent *amargar*, et dont l'autorité patriarcale se borne à punir les vols et les assassinats. Quelques uns sont choisis par l'empereur de Maroc. Ces peuples fabriquent eux-mêmes la poudre à feu dont ils ont besoin. Du pain bis, des olives, de l'eau, voilà leur repas. La pauvreté et la malpropreté de leurs vêtements leur donnent un aspect sauvage. Les Berbers montrent cependant, dans la culture de leurs champs fertiles, un caractère laborieux et une intelligence susceptible d'un grand développement. Ils fournissent au Maure paresseux du blé, des olives et toutes sortes de denrées. Leurs villages, dont quelques uns ont l'étendue et la population d'une ville, sont munis de tours de garde, d'où ils découvrent l'approche de tout ennemi. Au moindre signal, tous les hommes courent aux armes. Ils manient supérieurement le fusil, le lancent dans l'air, le rattrapent et le déchargent avec une adresse et une rapidité étonnantes.

» Outre ces véritables nations, l'Afrique septentrionale renferme des colonies étrangères, parmi lesquelles on distingue les Turcs, naguère dominateurs à Alger, à Tunis, à Tripoli, et les juifs répandus dans toute la Barbarie, même dans les vallées des Kabaïls.

» Ce pays, un des plus salubres et des plus propres à la propagation de l'espèce humaine, se trouve, par suite de l'absence d'un gouvernement régulier, exposé à tous les fléaux, et notamment aux ravages de la peste. M. Jackson, consul anglais à Mogador, a tracé l'effrayant tableau d'une peste qui dépeupla l'empire de Maroc au commencement de ce siècle. Il mourut en tout, dans la ville de Maroc, 50,000 individus; à Fez, 65,000; à Mogador, 4,500; à Saffi, 5,000. Les survivants n'eurent pas le temps d'enterrer régulièrement les morts; on jeta les cadavres dans de grandes fosses que l'on remplissait de terre quand elles étaient à peu près pleines. Les individus jeunes, sains, forts et musculeux, furent les premiers attaqués de la maladie; ensuite les femmes et les enfants; en dernier lieu, les gens maigres et épuisés, les valétudinaires et les vieillards. Le fléau ayant cessé, on remarqua une révolution totale dans les fortunes des particuliers et dans la situation des individus. Des hommes qui, avant la peste, n'étaient que de simples ouvriers, possédaient alors de gros capitaux; ils achetaient des chevaux, et ne savaient pas les monter. Les vivres se vendaient en grande quantité et à des prix extrêmement bas; les troupeaux et leurs gardiens erraient sans maîtres dans les pâturages : c'était une grande tentation pour l'Arabe, le Berber, le Maure, tous également enclins au vol. Mais ils étaient retenus par la crainte de la mort; car la peste, *el khere*, comme ils la nomment, est un jugement de Dieu, une punition de nos crimes; il était donc urgent de ne pas être pris en flagrant délit par l'ange vengeur, mais, au contraire, de régler sa conduite afin de se préparer à partir pour le paradis. Le prix des travaux fut bientôt hors de mesure; et comme le nombre d'hommes capables de travailler ne suffisait pas pour les besoins et les demandes des hommes riches ou en état de payer, il en résulta pour ceux-ci la nécessité de faire eux-mêmes les petits travaux domestiques; on les voyait moudre du blé et cuire le pain; la simplicité de l'âge d'or semblait renaître. Plusieurs terrains considérables restèrent sans possesseurs, et furent occupés par les Arabes du désert [1]. »

[1] *Jackson*, account of the Empire of Marocco. Lond., 1809.

LIVRE CENT SOIXANTE-TROISIÈME.

Suite de la Description de l'Afrique. — Description spéciale de la Barbarie. — Première division. — Le pays de Barkah. — L'oasis d'Audjélah. — Le Fezzan. — Le royaume de Tripoli proprement dit. — Celui de Tunis.

« Nous avons, dans le livre précédent, tracé un tableau de géographie physique et d'ethnographie, applicable à toute la région Atlantique.

» Il nous reste à faire connaître les divers royaumes de la Barbarie, et les villes que ces divisions politiques renferment. Nous jetterons d'abord un coup d'œil sur les petits États semés dans le désert qui borde l'Égypte à l'ouest, et qui dépendent du Tripoli; passant ensuite les Syrtes, nous suivrons la chaîne de l'Atlas en parcourant le royaume proprement dit de Tripoli, celui de Tunis, le territoire d'Alger et l'empire de Maroc; nous terminerons par un aperçu du grand désert de Sahara.

» Le pays de *Barkah*, ou, comme quelques uns l'appellent, le *Ben-gazy*, se présente le premier à celui qui arrive de l'Égypte; les uns le qualifient de *désert*, et en effet l'intérieur et la partie orientale méritent ce nom; les autres lui donnent improprement le titre de *royaume*, et cette façon de parler est fondée sur ce que l'ancienne Cyrénaïque, correspondante à ce pays, était un royaume indépendant sous une branche des Ptolémées. »

Sa longueur de l'est à l'ouest est de 110 lieues, et sa largeur du sud au nord d'environ 90 lieues. Sa partie occidentale est assez fertile.

La côte de Barkah, jadis fameuse par ses triples récoltes [1], est aujourd'hui très mal cultivée; les nomades du désert ne laissent aux habitants aucun repos. Le pays est administré par un gouverneur ou bey nommé par le souverain de Tripoli. Ce gouverneur réside dans une masure décorée du nom de château, à *Ben-g'hazy*, que les naturels nomment *Bernik*, ville de 5 à 6,000 âmes, avec un port médiocre, sur une côte poissonneuse, et dans un territoire fertile, d'où l'on exporte des laines. Les États européens y ont des consuls.

[1] Voyez *Hérodote, Strabon*, dans notre vol. I, p. 38, p. 95.

Cette cité occupe l'emplacement de l'antique *Bérénice*, dont les ruines sont cachées sous le sable : on y a trouvé des inscriptions, des statues, des médailles et d'autres objets d'antiquité. *Tokrah* ou *Taoukrah* conserve encore les anciens murs de *Teuchira*, qui fut ensuite appelé *Arsinoé*. Cette muraille, bien conservée et flanquée de tours à ses angles, a été construite avec des débris d'édifices plus anciens, ainsi qu'on en peut juger par les inscriptions dont les pierres sont couvertes. Cette particularité s'accorde avec ce que Procope nous apprend des travaux faits par Justinien pour mettre Bérénice en état de défense. *Tolometa*, nommée aussi par les Arabes *Tolmyathah*, est, ainsi que l'indique son nom, l'ancienne *Ptolémaïs*, dont les débris sont en partie couverts par la mer. On y voit les restes d'un temple, des grottes sépulcrales, les ruines d'un amphithéâtre et une caserne romaine, encore entourée d'un large fossé et d'une double enceinte. Dans l'intérieur de cet édifice, les fourneaux qui servaient aux soldats sont encore parfaitement conservés; sur sa façade, trois immenses blocs de grès portent une inscription grecque, trop fruste pour pouvoir être lue en entier, mais que M. Letronne a reconnue être les restes d'un rescrit d'Anastase Ier, relatif principalement au service militaire. Du reste, la cité moderne n'offre rien de remarquable, si ce n'est un beau réservoir d'eau.

On trouve un grand nombre de ruines le long de la côte jusqu'à *Marza-Souza*, jadis *Sozysa*, puis *Apollonia*, qui était le port de *Cyrène*. Cette dernière ville, célèbre dans l'antiquité, présente encore des restes remarquables près de la misérable bourgade de *Krennah* ou *Grennah*, que l'on appelle aussi *Curin*, du nom de la cité antique qui donna le jour au philosophe Aristippe, au poète Callimaque et au géomètre Eratosthène. Une tribu d'Arabes cultive le vaste emplacement de cette ville, et place ses tentes parmi des statues mutilées et des colonnades à demi écroulées. On peut encore se faire une idée de sa splendeur par les débris qui en restent, et surtout par sa *nécropolis*. Les grottes, taillées dans la roche calcaire de la montagne appelée *Djebel-Akhdar*, ont des entrées qui présentent des façades d'une architecture plus ou moins riche d'ornements; quelques unes de ces entrées offrent des péristyles et des frontons soutenus par d'élégantes colonnes ou de belles cariatides; d'autres ne se font remarquer que par leur simplicité. Dans quelques grottes on a retrouvé des sarcophages ornés de sculptures du plus beau fini, des peintures encore bien conservées représentant des sacrifices et d'autres cérémonies religieuses, des combats, des luttes, des courses et des jeux funéraires. Dans une surtout on remarque une série de petits tableaux offrant les diverses occupations d'une esclave noire: ces peintures sont précieuses par les détails qu'elles donnent relativement aux mœurs et au costume des anciens sur la côte de l'Afrique: les longues robes bleues sans agrafes que portent les femmes représentées dans quelques uns de ces tableaux, leurs coiffures, formées de châles rouges entrelacés avec les cheveux ou disposés en turban autour de leur tête, offrent beaucoup d'analogie avec le costume des modernes Africaines, et surtout avec celles du Fezzan. Les flancs de la montagne où ces grottes sont creusées sont parsemés d'arbres de différentes espèces. Sur l'emplacement même de la ville on distingue, au milieu de monceaux de pierres et de débris de monuments détruits moins par le temps que par les Arabes qui cultivent ce sol, jadis couvert d'édifices somptueux, les restes d'un stade, dont l'enceinte est indiquée par des bornes; un emplacement qui servait d'hippodrome; la place qu'occupait le marché cité dans les chants de Pindare; un aqueduc, avec un grand édifice qui servait de réservoir; cinq longues rues, dont la roche calcaire qui forme le sol est encore sillonnée par les traces des chars antiques; les ruines d'un établissement de bains; deux petits temples, qui paraissent avoir été construits par les Romains, et qui sont décorés d'emblèmes qui indiquent l'époque de l'établissement du christianisme dans cette contrée; le torse d'une statue colossale en marbre blanc représentant un guerrier; enfin plusieurs restes de châteaux. Au milieu de ces ruines coule encore la source limpide de *Cyré*, qui donna son nom à la ville (¹).

A 10 lieues au nord-est on trouve sur la côte *Massakhit* (c'est-à-dire *Les Statues*), petit hameau que le voyageur Pacho regarde comme l'ancienne *Olbie*: le grand nombre de tombeaux, de débris antiques et de statues que l'on y trouve donne lieu de croire que c'est la fameuse *ville pétrifiée* dont parlent Yakouti, Lemaire, et quelques autres auteurs. *Dernah* ou *Derne*, l'antique *Darnis*, est à une douzaine de lieues plus loin. Ce n'est plus une ville, mais un groupe de cinq villages, séparés par de petites distances et placés, les uns sur la pente du Djebel-Akhdar, les autres sur le rivage. Le plus considérable est appelé pour cette raison *el-Medineh* (la capitale), ou bien *Beled-el-Sour* (la ville fortifiée); les quatre autres sont *el-Magharah* (le village de la grotte), *el-Djebeli*, *Mansour-el-Fokhâni*, et *Mansour-el-Tahatâni*. Leur population ne s'élève qu'à quelques milliers d'individus, bien que les habitants se livrent au commerce et possèdent un petit port, ou plutôt une rade remplie de récifs. Les rues sont assez régulières et les maisons basses et petites; elles sont construites en pierre, et se ressentent même du goût qui distinguait les habitants de la Pentapole: leurs entrées sont presque toutes formées de deux pilastres à chapiteaux imitant grossièrement le style dorique. Beled-el-Sour peut être considéré comme la ville de Derne, et les quatre autres villages comme les faubourgs. Il est la résidence des autorités et des gens riches du canton. C'est là que sont les bazars et que s'arrêtent les caravanes: on y voit deux châteaux, dont l'un, espèce de masure, est le séjour du bey lorsqu'il vient visiter cette partie du Barkah. La bourgade de *Merdjeh*, jadis *Barcé*, sur la pente même du plateau sur lequel s'élevait Cyrène, mais à 10 lieues à l'ouest de celle-ci, n'offre rien d'intéressant. *Thereth* présente plusieurs ruines qui semblent indiquer la ville de *Thintis*.

La côte que nous venons de parcourir semble inviter les Européens: il est vrai que les Américains tentèrent de s'y établir et construisirent un fort au-dessus de Derne; mais conçue sur un plan plus vaste, une tentative

(¹) *J.-R. Pacho*: Voyage dans la Marmarique et la Cyrénaïque. — Paris, 1829.

de ce genre aurait pu réussir ; une colonie y trouverait encore les beaux endroits et le sol fertile que les anciens avaient surnommés *collines des Grâces* et *jardin des Hespérides*.

Bérénice, Teuchira, Ptolémaïs, Apollonia et Barcé étaient les cinq principales villes qui firent donner, par les anciens, à la contrée que nous venons de parcourir le nom de *Pentapole*.

Après avoir traversé la petite rivière appelée Ouadi-el-Temaneh, l'ancien *Paliurus*, qui coule au pied du plateau ou de la montagne que l'on nomme Djebel-Akhdar, dont les couches calcaires sont remplies de coquilles fossiles, et dont la végétation paraît d'autant plus belle que ses environs n'offrent que la plus fatigante aridité, on entre dans le désert de Barkah, plaine aride et sablonneuse que traverse, de l'est à l'ouest, une chaîne de collines appelée mont *Gherdobah*, qui va se rattacher à celle d'Haroudjé-el-Açouad. Au-delà de cette chaîne transversale, la plaine est formée de sables rougeâtres qui reposent sur des couches épaisses de schistes, et l'on aperçoit l'oasis d'*Audjélah*, située entre le désert de Barkah et celui de Libye. Cette oasis se divise en quatre parties, dont la plus méridionale est Audjélah proprement dite, et les autres *Djâlo* ou *Djallou*, *El-Edjekharah* ou *Lechkerreh*, et, la plus fertile de toutes, *Maradèh*.

L'oasis d'*Audjélah* répond à l'*Augila* d'Hérodote, et dépend du pacha de Tripoli ; elle est administrée par un bey qui réside à Audjélah, petite ville qui n'a qu'un mille de circonférence, et ne renferme que des rues étroites et malpropres, bordées de vilaines maisons bâties en blocs noirâtres de schistes tirés des montagnes voisines, ou des couches schisteuses qui supportent le sable. Les édifices publics présentent l'aspect le plus misérable. Une particularité qu'il n'est pas inutile de noter ici, c'est que le bey d'Audjélah est un Français né à Toulon, qui servit en qualité de tambour dans l'armée d'Egypte. Fait prisonnier par les Turcs, il fut vendu au pacha de Tripoli, embrassa l'islamisme, se fit remarquer par son courage et sa bravoure pendant la campagne qui soumit le Fezzan au pacha, et parvint à la dignité dont il jouit encore aujourd'hui.

L'oasis de *Djallou* et celle de *Lechkerreh* ne renferment que des cabanes en palmiers, d'anciens villages abandonnés et des ruines de fortifications arabes. Dans celle de *Maradèh*, à 50 lieues au nord-ouest d'Audjélah, on voit une montagne à cinq cimes aiguës, qui porte le nom de *Montagne des Enfers*. Cette oasis a 6 lieues de longueur sur presque autant de largeur ; une belle forêt de palmiers en couvre la surface ; elle est arrosée par sept sources, dont une très chaude. L'*aghoul* (*hedysarum alhagi* de Linné), espèce de sainfoin particulière au désert, y croît en abondance, tandis qu'elle ne se trouve ni dans les trois autres oasis, ni sur la côte de Barcah. La population du petit gouvernement d'Audjélah, c'est-à-dire des quatre oasis, peut être évaluée à 9 ou 10,000 âmes, si, comme ils l'assurent eux-mêmes, ils peuvent mettre sur pied un corps de 3,000 hommes [1].

Il n'existe dans cette quadruple oasis qu'une source, celle de *Sibilleh*, près d'Audjélah ; dans les autres parties, on est réduit à creuser, à une vingtaine de pieds de profondeur, des puits qui ne fournissent qu'une eau plus ou moins saumâtre. C'est avec ces seules ressources que les habitants entretiennent les irrigations, si nécessaires à la culture au milieu de ces sables brûlés par le soleil, et qu'ils récoltent, après de pénibles travaux, le *doura*, espèce de millet qui forme leur principale nourriture, et à laquelle ils joignent le piment, l'ail et l'oignon.

« Isolés au milieu des déserts, dit Pacho, » n'ayant, dans leur triste patrie brûlée par » le soleil, aucune des compensations que les » autres oasis offrent à leurs habitants, ceux » d'Aujilas (Audjélah) ont dû être essentiel» lement voyageurs. Ils se destinent dès l'en» fance à cette carrière, et ils y deviennent » fort habiles. Je dis habiles, puisque, par la » situation du sol impur qu'ils habitent, et » par l'indispensable besoin d'en sortir quel» quefois, l'art de parcourir les déserts doit » être à ces hommes ce que l'art de naviguer » serait à des insulaires relégués sur de sté» riles rochers. La connaissance des astres » est, comme on s'en doute, le point fonda» mental de cet art ; ils en conservent avec » soin les principales notions, qu'ils se trans» mettent de père en fils. Quant aux procédés

[1] *Pacho*: Voyage dans la Marmarique et la Cyrénaïque.

» d'enseignement, ils sont peu compliqués :
» le seuil de leurs cabanes est leur observa-
» toire; leurs télescopes sont leurs regards
» perçants, qu'ils peuvent promener à l'aise
» sur l'immense pavillon qui se déroule sans
» tache au-dessus de leurs têtes. »

« Près de l'oasis d'Audjélah se termine cette longue chaîne de montagnes qui bornent les Etats de Tripoli, du côté du désert de Libye, et se dirige au sud, vers la limite du *Fezzan*; on rencontre d'abord une autre chaîne appelée *Moraï*, dont l'étendue et la direction nous sont peu connues. On trouve ensuite le singulier désert montueux nommé *Haroudjé*, probablement le *Mons Ater* de Pline. Il commence à deux ou trois journées d'Audjélah, et s'étend jusqu'aux montagnes qui bornent le Fezzan. »

Le FEZZAN est considéré par le major Rennel et le savant Larcher comme l'ancienne *Phazania*, contrée qu'habitaient les Garamantes. Il est borné au nord par le Tripoli proprement dit, et de tous les autres côtés par le Sahara, dont il n'est séparé que par des chaînes de montagnes et de collines dont nous avons déjà parlé. A l'ouest il a les monts Agrouh, et au nord les monts Ouadans et l'Haroudjé-el-Açoaud. Sa longueur est de 175 lieues du sud au nord, et sa largeur de près de 100 lieues ; sa superficie est d'environ 14,300 lieues, mais tout cet espace n'est pas cultivé. Suivant Hornemann, on ne trouve quelques cultures que sur une étendue de 100 lieues du sud au nord, et de 70 de l'est à l'ouest. Sa surface présente des déserts sablonneux entrecoupés de vallées ou d'oasis cultivées et de quelques petits espaces de terre couverts d'herbes.

Le voyageur que nous venons de citer nous apprend que le Fezzan renferme 100 villes et villages, dont *Moursouk* est la capitale. C'est ici que réside le sultan du Fezzan, tributaire de celui de Tripoli. Cette cité est entourée de murs bien construits, de 8 pieds d'épaisseur et de 20 de hauteur; ses portes sont tout juste assez larges pour qu'un chameau chargé puisse y entrer aisément. Ses rues sont étroites, à l'exception de celle du *Fsog*, ou marché des esclaves, qui a 900 pieds de longueur : elle conduit à une place au centre de laquelle s'élève le château du pacha, environné d'une muraille, et qui se compose de plusieurs habitations, dont quelques unes ont été bâties par les Mamelouks (¹). Les maisons sont construites en terre ; mais, comme il pleut rarement dans ce pays, elles durent assez longtemps. Un ruisseau et plusieurs sources arrosent les rues. Mourzouk est un des plus grands marchés de l'Afrique septentrionale, elle est le rendez-vous des caravanes du Kaire, de Tripoli, de Tunis et de Tembouctou ; à l'arrivée d'une caravane, le sultan, placé sur un siège d'honneur, la reçoit hors de la ville, et donne sa main à baiser à tous ceux qui en font partie.

Dans la partie septentrionale du Fezzan, la petite ville de *Bonjem* renferme les restes bien conservés d'une forteresse romaine du temps de Septime Sévère. *Ouadan* a reçu son nom des montagnes qui l'avoisinent; *Soukna* ou *Sokna*, ville de 3 à 4,000 âmes, récolte dans ses environs des dattes excellentes. *Fugga* ne nous offre rien d'intéressant; *Zeghen* ou *Zedjhan*, entourée d'une forêt de palmiers, donne son nom à un prolongement des monts Haroudjé-el-Abiad ; *Temissa* annonce par les ruines qui l'environnent qu'elle a été jadis plus considérable qu'aujourd'hui ; *Germa* est l'antique *Garama*, la capitale des Garamantes; *El-Fó* est un village situé dans la vallée de ce nom ; *Zouela*, à 28 lieues au nord-est de Mourzouk, a été la capitale du Fezzan; Hornemann n'a pas vu les ruines pompeuses vantées par d'anciens voyageurs (²). Nous n'avons rien à en dire, non plus que de *Zaïtoun*, située entre cette ville et la précédente. *Gatrone*, où l'on voit un château habité par des marabouts, est située à l'extrémité d'une plaine déserte; les arbustes et les bosquets de dattiers qui l'entourent forment une espèce d'oasis. *Tegherhy*, entourée d'une double muraille, est dans une situation agréable par les nombreux dattiers qui s'élèvent aux environs, et par ses étangs salés que peuplent une foule d'oiseaux aquatiques; *Djanet* ou *Djennet*, mérite à peine d'être citée.

Ce qui peut donner une idée du peu d'importance de ces villes, c'est que *Oubari*, qui

(¹) Voyages et découvertes dans le nord et les parties centrales de l'Afrique, par le major *Denham*, le capitaine *Clapperton* et le docteur *Oudney* : Introduction, p. 19. Traduction de MM. Eyriès et de Larenaudière. — Paris, 1826. — (²) Procedings of the African Society, vol. I.

est une des plus considérables, n'a pas 1200 habitants.

« Dans le Fezzan, quand le vent souffle du sud, la chaleur est à peine supportable, même pour les habitants ; on humecte les appartements avec de l'eau afin de pouvoir y respirer. L'hiver serait doux s'il ne régnait, durant cette saison, un vent du nord froid et pénétrant, qui glaçait les naturels et les obligeait, dit Hornemann, « aussi bien que moi-même, » né dans un climat septentrional, à chercher » un refuge au coin du feu. » Les pluies sont rares et peu abondantes ; les ouragans fréquents viennent du nord au sud, et, en enlevant par tourbillons la poussière et le sable, ils répandent une teinte jaune sur l'atmosphère. Dans toute la contrée il ne coule aucune rivière, aucun ruisseau digne de remarque. Le sol est un sable profond qui couvre des roches ou des couches calcaires, et quelquefois argileuses. Des sources en assez grand nombre fournissent de l'eau pour les besoins de la culture (1). Il suffit de creuser le sol à la profondeur de quelques pieds pour avoir de l'eau en abondance.

» Les dattes sont la production naturelle et la principale marchandise du Fezzan. Le figuier, le grenadier, le limonier, y prospèrent. On cultive beaucoup de maïs et d'orge ; mais l'indolence des habitants les empêche de recueillir assez de blé pour leur consommation ; le surplus est apporté par les Arabes. Les légumes et les plantes culinaires abondent. L'animal domestique ordinaire est la chèvre ; on nourrit des moutons dans les parties méridionales, et leur chair est presque la seule que l'on mange ; l'âne sert généralement pour le fardeau, le trait et le transport. Les chameaux y sont d'une cherté excessive et très rares : on nourrit tous ces animaux de dattes ou de noyaux de dattes. Dans la province de Mendrah, le natron flotte en grandes masses à la surface de plusieurs lacs couverts d'une fumée ou vapeur épaisse. »

Les Fezzanis ont très peu d'industrie : ils fabriquent d'assez bons tapis, et des tissus grossiers en laine et en coton, mais ces étoffes ne sont employées que par le peuple ; les riches font venir les leurs de Tripoli. Les caravanes qu'ils expédient dans l'intérieur de l'Afrique exportent diverses marchandises de l'Europe. Ils connaissent la coquille appelée *porcelaine cauris* (*cypræa moneta*), circonstance qui semble prouver que leurs relations s'étendent jusqu'à la côte de Guinée, où cette coquille tient lieu de monnaie.

Le sultan paie, depuis le seizième siècle, un tribut en or, en séné et en esclaves au pacha de Tripoli. Du reste, il est indépendant, son pouvoir est absolu, et son trône est héréditaire. Ses revenus, selon Hornemann, proviennent de ses domaines ; mais d'autres relations parlent de trois à quatre impôts légers, et surtout d'un droit d'entrée sur les marchandises que transportent les caravanes. Des terres sont affectées à l'entretien des ministres du culte et des principaux fonctionnaires de l'État. La place de cadi ou de juge suprême, et de chef du clergé, est héréditaire. Le sultan n'a pas d'armée régulière ; mais en temps de guerre il fait un appel aux hommes en état de porter les armes, et peut mettre sur pied 15 à 20,000 soldats.

« La population du Fezzan a été évaluée par Hornemann à environ 70 ou 75,000 individus ; cependant leur force armée indique environ 150,000 habitants, composée en partie de Touariks, de Tibbous et d'autres peuples africains. Leur couleur variée annonce bien une population mélangée ; mais la race native ou indigène conserve des traits qui lui sont propres : elle est d'une stature ordinaire, dénuée de vigueur, ayant la peau très brune, les cheveux noirs et courts, la forme du visage telle qu'elle passerait pour régulière en Europe, et le nez moins aplati que les nègres : les femmes sont passionnées pour la danse comme dans toute l'Afrique. Elles sont plus libres que dans les autres pays mahométans, ce qui occasionne une plus grande dépravation dans les mœurs. Selon Hornemann, tous les habitants sont mahométans ; selon d'autres, il y a aussi des païens qui vivent en bonne intelligence avec les musulmans (1). Les Fezzanis s'enivrent avec du jus de dattier ; ils sont du reste fort sobres, en partie par nécessité. A Mourzouk, suivant Hornemann, pour désigner un homme riche, on dit ordinairement : « Il mange du pain et » de la viande tous les jours. » Les maisons

---

(1) Procedings of the African Society, vol. I.

(1) Nouv. Mus. All., p. 993.

du Fezzan, bâties en briques calcaires et en glaise séchée au soleil, sont extrêmement basses et reçoivent le jour par la porte.

» Les Fezzanis exercent l'infâme métier de transformer les garçons en eunuques. »

Le ROYAUME DE TRIPOLI proprement dit s'étend au nord du Fezzan, entre la grande et la petite Syrte ou le golfe de Sidra, et celui de Cabès. Il est borné aussi au sud par le désert de Sahara, au sud-est par celui de Libye, et au nord par la Méditerranée. Sa longueur de l'est à l'ouest est d'environ 300 lieues, et sa plus grande largeur, du sud au nord, est de 150 lieues; enfin sa superficie, qu'on a fort exagérée en la portant à 45,000, est de 25,700 lieues.

« Le climat, bien que salubre, est des plus désagréables; la chaleur des jours et le froid des nuits sont également insupportables. En automne, le redoutable sirocco souffle fréquemment : on ne l'évite qu'en se renfermant dans les habitations. Il ne pleut point depuis le mois de mai jusqu'à la fin d'octobre. La végétation est plus belle dans l'hiver que dans l'été. C'est en avril qu'elle est dans toute sa vigueur. Le sol, médiocrement fertile, et semblable pour la nature géologique à celui du Barkah, produit des dattiers, des orangers, des citronniers, des figuiers, des amandiers, et une foule d'autres arbres fruitiers, ainsi que des légumes de toute espèce : les choux, les navets, les ognons abondent en hiver; les concombres et les melons en été. A deux journées au midi de Tripoli il y a, sur le mont Gharian, une grande plantation de safran. Les lions et les panthères s'y montrent très rarement; il y a beaucoup de chakals et de hérissons. Les serpents et les scorpions sont très incommodes (1).

» La géographie comparée des villes est environnée d'une obscurité que nous ne saurions dissiper. Trois villes se distinguaient dans la région syrtique; elle en prit, dans le cinquième siècle, le nom de *Tripolis* ou région des trois villes. Il paraît certain que lors des premières invasions des Arabes, la ville de *Sabrata*, apparemment comme chef-lieu de la province (2), avait pris dans le langage usuel le nom de *Tripolis*; elle porte encore ceux de *Sabart* et de *Vieux-Tripoli*; ses habitants se réfugièrent dans l'endroit où s'élève aujourd'hui le nouveau *Tripoli*. Mais quelles étaient ces trois villes, si ce ne sont *Sabraïa*, *Ocea* et *Leptis magna*? Le vieux Tripoli, sur la côte, n'est plus qu'un amas de ruines et de masures; quant au nouveau Tripoli, il a pu porter chez les Byzantins le nom de *Neapolis*; mais cette ville était certainement différente de celle que Pline et d'autres anciens indiquent sous ce nom. Etait-elle identique avec *Sabrata*? C'est ce qu'on a nié sans des raisons décisives. Elle est au moins une ville ancienne, puisqu'elle possède un arc de triomphe dédié, comme il paraît par les restes de l'inscription, à Marc-Aurèle Antonin, surnommé le philosophe, et à son collègue dans l'empire, Lucius Verus.(1). Reprise sur les Arabes par Roger de Sicile, occupée par les troupes de Charles-Quint et par les chevaliers de Malte, elle est toujours retombée dans les mains des musulmans; mais l'industrie et le commerce ont souffert par ces révolutions. On y fabrique des étoffes. De vieilles fortifications, consistant en murailles bastionnées, protègent faiblement le port; qui s'ouvre en demi-cercle. »

A l'est de Tripoli s'élève le château du pacha, vaste édifice dont quelques parties sont d'un assez beau style. Au nord, sur une langue de terre qui s'avance à l'ouest du port, s'étendent des bastions, parmi lesquels on remarque le fort Espagnol; à l'occident de cette langue de terre on voit de nombreux îlots, dont l'un porte le fort Français. Les rues sont droites et bordées de maisons assez régulières; mais les décombres de la ville antique, sur lesquels la moderne est bâtie, ont rendu le sol tellement inégal que l'entrée de certaines maisons est au niveau des terrasses des maisons voisines. L'arc de triomphe est un des plus beaux et des plus grands qui nous restent des anciens; mais il est à moitié caché par des décombres : il présente une arcade sur chaque face, mais les deux latérales sont murées. Parmi les six mosquées que possède Tripoli il en est une, la grande, qui est magnifique; elle est composée de plusieurs petites coupoles soutenues par des colonnes d'ordre dorique d'un très beau marbre gris. C'est là que les

---

(1) *Rothmann*, Lettres sur Tripoli, dans *Schlœtzer* : Correspondance politique, vol. IX, cah. 6 (en allemand). — (2) Au lieu de *Subuentène*, nom de province chez Orosius, il faudrait lire *Subratène*.

(1) Voyage pittoresque de la Caramanie, etc., tiré du cabinet de sir *Robert Ainslie*, Londres, 1809.

membres de la famille royale ont leur sépulture. Il y a deux bazars bien construits; l'un renferme des boutiques, l'autre est destiné à la vente des esclaves. Hors de l'unique porte de la ville, du côté de la terre, il se tient tous les mardis une foire très fréquentée : il s'y rassemble 8 à 10,000 personnes. Les maisons de Tripoli sont, pour la plupart, revêtues d'une sorte de stuc qui prend l'éclat et le poli du marbre; les toits sont des terrasses où les habitants vont respirer l'air pendant les brises de mer. La population de cette ville s'élève à 20 ou 25,000 âmes, parmi lesquelles on compte 2 à 3,000 juifs. Elle est souvent ravagée par la peste.

A l'est de cette capitale est *Lebida* ou *Lebdah*, l'ancienne *Leptis magna*, avec des restes d'un temple, d'un arc de triomphe, d'un amphithéâtre et d'un aqueduc; puis le bourg de *Ziliten* ou *Zlitoun*, habité par des juifs et des marabouts : ceux-ci vivent des aumônes des dévots mahométans qui viennent y visiter une belle mosquée et le tombeau d'un saint personnage appelé Sidi-Abd-el-Salam; enfin *Mesurata* ou *Mezratheh*, siège d'un aga ou gouverneur, qui peut mettre sur pied 800 hommes d'infanterie et autant de cavalerie. Cette ville possède quelques manufactures de tapis pour le pays, de colliers en verroterie et de tissus légers pour les femmes de l'Afrique centrale. Située sur la route ordinaire des caravanes du Tripoli et de l'Egypte, elle fait un commerce considérable, mais elle est mal bâtie : ses maisons, presque toutes construites en cailloux et en terre, sont à peine élevées de 10 pieds. A l'ouest se trouve le bourg de *Zoara*, à 25 lieues de Tripoli.

Les petites villes qui bordent la grande Syrte, obscures dans la géographie moderne comme dans l'ancienne, semblent disparaître aussi rapidement que les collines de sable mobile qui les environnent. Ainsi *Minesla*, *Segamengioura*, *Ziraffé*, et plusieurs autres endroits, ne sont que des bourgades dont les misérables habitants sont exposés à une chaleur étouffante; la petite ville de *Soltan* mérite à peine l'honneur d'être nommée. Les villages populeux du mont Gharian sont en partie composés de grottes taillées dans les rochers; les tombeaux se trouvent quelquefois placés au-dessus des demeures des vivants (¹).

(¹) *Rothmann*, Lettres sur Tripoli.

Rogeban n'est qu'un petit hameau, *Bil Temad* qu'une petite station; *Mezdah* est une ville sans importance. Dans la vallée de *Ghirza*, à 50 lieues au sud-est de Tripoli, il existe des ruines et des tombeaux qui indiquent l'emplacement de quelque cité grecque ou romaine. La petite ville d'*Ouadan*, au pied des montagnes de ce nom, est habitée par des Arabes de la tribu de Moudjer. *Zella*, à 50 ou 60 lieues plus loin, dans la direction du sud-est, n'est qu'une petite bourgade. La partie orientale du Tripoli au-delà de cette bourgade est un désert aride; on y trouve la petite oasis de *Menhousa*, que l'on traverse pour aller à *Zaghouth*, la dernière petite ville sur la limite du Tripoli proprement dit et du désert de Barkah.

Près des frontières du royaume de Tunis, et au sud de celui de Tripoli, s'étend l'*oasis de Ghadamès*, qui appartient à celui-ci. Son sol est aride; il produit peu de grains, mais des dattes en abondance. Elle est considérable, s'il est vrai qu'elle renferme 92 villages et qu'elle paie au pacha de Tripoli un tribut de 3,000 piastres de Tunis, ou de plus de 4,000 francs, ordinairement en poudre d'or. C'est une petite république gouvernée par trois cheykhs que nomme le pacha. On y voit un grand nombre de monuments antiques. Son chef-lieu est *Ghadamès*, que l'on prononce *R'demse*; c'est l'ancienne *Cydamus*, capitale des *Garamantes*, que Cornelius Balbus subjugua l'an 19 avant notre ère. Les Romains l'embellirent; on y voit quelques anciens monuments, mais ils sont hors de l'enceinte de la ville moderne. Celle-ci est environnée d'une muraille et formée de rues couvertes et obscures comme celles de Syouah. Les habitants parlent le même dialecte que les Syouans, langue qui paraît fort ancienne, et qui est appelée par eux *a'dàms*, et par les Arabes *ertana*. Ils sont de race blanche, mais partagés en deux populations ennemies, dont chacune habite un quartier situé à droite et à gauche d'une place qui en occupe presque le centre. Ces deux parties de la ville communiquent par une porte que l'on ferme dans les moments de troubles. Celle de ces deux populations qui paraît la plus intraitable est celle des Arabes *Novaqli*, redoutés des caravanes, qu'ils attaquent et qu'ils pillent. Ghadamès fait un commerce assez actif avec le centre de l'Afrique,

AFRIQUE. — ROYAUME DE TRIPOLI.

par le moyen des caravanes qui de Tripoli vont à Tembouctou. Quatre routes commerciales partent de cette ville; la première, que l'on peut nommer l'orientale, passe par Mezdah dans le Tripoli, Sokra et Mounzouk dans le Fezzan, où elle se réunit à la seconde, qui, traversant le territoire des Touaricks septentrionaux et par Ghraat, l'une de leurs villes, côtoie le désert du Soudan. La troisième, que l'on peut appeler méridionale, va par le pays de Haoussa jusque dans le centre de l'Afrique; la quatrième enfin, ou l'occidentale, traverse le Sahara par Aïn-el-Salah et Agably, et conduit presque en ligne directe à Tembouctou.

Le royaume de Tripoli, très étendu, mais dépeuplé, rempli de parties stériles, est le plus faible des *États* qu'on nomme *Barbaresques*. Sa population, en y comprenant celle des pays qui lui sont soumis, ne s'élève pas à 900,000 âmes, bien que quelques géographes la portent à plus du double. Le prince héréditaire, le *pacha* qui y règne, n'ajoute à son titre que le nom de *bey*, et non pas celui de *dey*[1]. Il entretient peu de troupes réglées; on les évalue à 3 ou 4,000 hommes, presque tous de la race nègre, et sa marine consiste en une vingtaine de bâtiments armés de 136 canons et servis par 1,400 marins.

De tous les États barbaresques, le royaume de Tripoli est le plus avancé dans l'échelle de la civilisation; la population y est plus éclairée, le gouvernement mieux établi. Il est même à remarquer que ces progrès datent principalement de l'époque de 1817, où l'esclavage des prisonniers chrétiens fut aboli.

Ce pays, qui fit jadis partie des possessions carthaginoises, fut ensuite occupé par les Romains, puis par les Sarrasins. Sous le règne de Charles-Quint, il appartint pendant quelque temps aux chevaliers de Malte; mais Sinan-Pacha, visir de Soliman II, s'en empara en 1551, et les Turcs le considérèrent comme une de leurs provinces jusqu'en 1713, que le bey Hamet-Pacha, originaire de Caramanie et chef de la dynastie des *Caramanlis* qui y règnent encore, secoua le joug de la Porte et fit du Tripoli un État indépendant.

Le commerce de Tripoli, malgré son importance, serait bien plus considérable sans les différents monopoles qui y sont établis. Le pacha se réserve la vente de certaines denrées, telles que l'eau-de-vie de dattes, la potasse et le sel; celle de quelques autres, telles que les vins, les savons et les peaux, est affermée aux juifs; le reste se vend librement. La principale branche du commerce est celui qui se fait avec le centre de l'Afrique par les caravanes de Ghadamès et du Fezzan. Par ces caravanes, le Tripoli reçoit annuellement 2,500 esclaves noirs[1], 1,500 onces de poudre d'or, 1,500 quintaux métriques de séné, pour environ 90,000 francs de plumes d'autruche, 2,000 quintaux d'alun, 10,000 quintaux d'ivoire, et 3 à 4,000 de carbonate de soude, que les Arabes appellent *trona*, du nom d'une vallée du Fezzan, d'où on le tire.

Toutes ces marchandises arrivent à Tripoli à dos de chameaux; ceux-ci portent ordinairement 200 à 250 quintaux. Les caravanes dont ils font partie sont composées de musulmans qui se rendent en pèlerinage à la Mekke; mais elles sont devenues plus rares et moins nombreuses depuis qu'un préjugé religieux ne s'oppose plus à ce que les mahométans s'embarquent pour Alexandrie sur des bâtiments chrétiens. Cependant on en a vu encore arriver d'assez considérables dans ces dernières années de Maroc à Tripoli; elles se composaient de 2 à 3,000 hommes, de quelques centaines de femmes et d'enfants, et d'environ 2,000 chameaux. A leur retour de la Mekke, qui a lieu un an après, les caravanes apportent à Tripoli des étoffes de l'Inde, des perles fines, des parfums, de l'opium, du naphte, du café, des pierres précieuses et des châles de Kachemire.

Les exportations annuelles du royaume de Tripoli consistent en divers objets, dont nous citerons les principaux, savoir : 2,000 quintaux de laine brute, plus de 2,000 tapis de

[1] *Martens*, Recueil des Traités, II, p. 539.

	Piastres fortes d'Espagne.
[1] Un eunuque noir vaut.	650 à 700
Un noir adulte	90 à 100
Un garçon de 10 à 18 ans.	70 à 80
Un enfant au-dessous de 10 ans	40 à 50
Une femme noire, selon sa beauté.	120 à 150
Une fille à peine nubile	90 à 100
Une fille au-dessous de 10 ans.	50 à 60

Consultez, pour tout ce qui concerne le commerce tripolitain, un travail intitulé : *Notice sur le commerce de Tripoli en Afrique* par M. Gräberg de Hemsö, consul général de Suède à Tripoli, inséré dans l'*Anthologie*. — (Septembre 1827. — Août 1828 — Mars 1830.)

différentes mesures et qualité, 1,000 à 1,500 quintaux de cuir de bœuf, près de 3,000 barils d'huile., 3 à 4,000 quintaux de beurre salé, environ 2,000 de dattes, plus de 4,000 bœufs; une grande quantité de moutons, de chèvres, de poules et de perdrix rouges; 4,000 quintaux de garance et 7 à 800 de potasse. Le commerce maritime le plus important se fait avec la Turquie, l'Egypte et Tunis.

Les droits de douane, qui rapportaient il y a peu d'années au pacha plus de 500,000 francs, ne lui en produisent plus aujourd'hui que 200,000.

« A l'ouest du Tripoli, est le ROYAUME DE TUNIS; c'était autrefois l'Afrique propre et le siège principal de la puissance carthaginoise. Dans le moyen âge, l'Etat de Tripoli était soumis à celui de Tunis, dont Barberousse s'empara en 1533. Les Maures, agriculteurs et commerçants, sont moins nombreux dans ce royaume que les Arabes nomades. Le nom de *hanefi* comprend la milice turque et mamelouke, aujourd'hui privée de toute influence. Les princes, devenus héréditaires, descendent d'un rénégat grec et d'une esclave génoise, mais ils s'entourent de Maures. L'armée régulière ne s'élève pas à 8,000 hommes, et la marine consiste en quelques bâtiments armés pour la course. Les Tunisiens, cultivateurs et industrieux, étaient naguère moins adonnés à la piraterie que les autres Barbaresques. Les revenus de l'Etat, qu'un écrivain célèbre a portés à vingt-quatre millions de francs, ne s'élèvent pas au tiers de cette somme ([1]). »

Le climat de ce pays est très beau, principalement le long de la côte; il y gèle rarement. Vers la fin d'octobre, les vents du nord venant d'Europe et traversant la Méditerranée amènent des vapeurs humides, et déterminent les pluies qui commencent à cette époque et qui continuent par intervalles jusqu'en mai, tandis que les vents du sud et de l'est, qui commencent en juin, venant des déserts africains, amènent les beaux jours et la chaleur. Celle-ci devient insupportable en juillet et en août, lorsque le vent du sud apporte l'air enflammé de l'intérieur de l'Afrique. Le thermomètre se soutient alors à l'ombre et vers le milieu du jour entre 26 et 32 degrés du thermomètre de Réaumur. Cette température continue ordinairement jusqu'à la fin d'octobre. On a estimé qu'il tombe annuellement 30 à 36 pouces d'eau.

Ce royaume s'étend du nord au sud sur une longueur de 160 lieues; sa plus grande largeur est de 70 lieues, et sa partie la moins large en a environ 25. On a calculé que sa superficie est de 9,700 lieues géographiques carrées.

Il se termine au nord par le cap Bon et le cap Blanc. Ses côtes sont découpées en un grand nombre de golfes, dont le plus considérable est celui de Cabès, la *Petite-Syrte* des anciens. Le grand Atlas le borne en partie vers l'ouest, et plusieurs rameaux du système atlantique le traversent dans sa largeur. Le plus important des cours d'eau qui l'arrosent est le *Medjerdah*, le *Bagrades* de l'antiquité, auquel on donne 80 lieues de longueur, et qui se jette dans le golfe de Tunis, où son embouchure est obstruée par la vase. La plupart des rivières de l'intérieur se perdent dans des sables.

La partie du midi est sablonneuse, peu montueuse, stérile et comme desséchée par un soleil ardent. On y voit un grand lac appelé *Laoûdéah*; peu profond, il est traversé par les caravanes dans l'espace de cinq lieues ([1]); c'est le *Palus Tritonis* des anciens. Sa longueur est d'environ 30 lieues et sa largeur de 10. Il renferme plusieurs îles couvertes de dattiers; son eau est salée; dans la partie du nord-est appelée *Faraoun*, il est presque entièrement desséché; mais le sable qui constitue son fond est tellement mouvant et fin, que les hommes et les animaux qui se risquent à le traverser dans cet endroit sont souvent complétement engloutis.

« La contrée voisine de la mer est riche en oliviers, et présente un grand nombre de villes et de villages bien peuplés. Mais la partie qui est à l'ouest est remplie de montagnes et de collines arrosées par de nombreux ruisseaux, dont les environs sont extrêmement fertiles, et produisent les plus belles et les plus abondantes moissons. Les branches de l'Atlas y forment des régions élevées et fraîches. En général, le sol est imprégné de sel marin et de nitre, et les sources d'eau douce y sont plus rares que les sources salées. »

Parmi les substances minérales on cite l'ar-

([1]) Mémoire sur Tunis, dans l'Itinéraire à Jérusalem, par M. de Chateaubriand. — *Mac-Gill*, Relat. de Tunis, Londres, 1811, p. 24-39, etc.

([1]) *Bruns*, Afrika, VI, p. 329.

AFRIQUE. — ROYAUME DE TUNIS.

gent, le cuivre, le plomb, le mercure, le fer, le graphite ou la plombagine, l'albâtre, le cristal de roche et l'argile. Il y a des lions, des panthères, des hyènes, des chacals et d'autres animaux féroces. Le bétail y est petit et d'une espèce délicate; les chevaux y ont dégénéré. Des nuées de sauterelles dévorent souvent les récoltes.

La partie septentrionale, moins sablonneuse que la partie méridionale, produit d'abondantes moissons: cette dernière n'est guère cultivée que près des bords de la mer. L'orge et le froment sont les principaux grains que l'on y récolte; on conserve le blé dans des espèces de *silos*: ce sont de grandes fosses voûtées creusées dans des lieux secs et élevés, et dont l'entrée étroite est fermée par une large pierre que l'on recouvre de terre. Les principaux arbres fruitiers sont le dattier, le figuier, l'olivier, le mûrier blanc, le grenadier, l'oranger, le citronnier, le pommier, le poirier et la vigne. On y cultive aussi le coton, l'indigo, le safran, le pavot, le tabac, la canne à sucre et toutes sortes de légumes.

Parmi les villes africaines, celle de **Tunis** ou **Tounis** tient une des premières places. Bâtie en amphithéâtre sur un coteau, au fond d'une lagune nommée *Bogaz*, elle est environnée d'une muraille, et occupe un vaste emplacement. Elle a un port et de bonnes fortifications: on n'y a d'autre eau douce que celle de pluie. Les portes ne sont ouvertes que depuis le lever jusqu'au coucher du soleil, excepté tous les vendredis, qu'elles sont fermées de dix heures du matin à midi, parce qu'un prophète musulman a prédit qu'au même jour et aux mêmes heures les chrétiens s'empareraient de la ville. Tunis renferme quelques beaux édifices, dont les principaux sont des mosquées décorées d'élégants et légers minarets, un nouveau palais où réside le bey, et qui, sur un vaste plan, est construit dans le goût mauresque; on y remarque aussi la Bourse; l'aqueduc qui fournit de l'eau à toute la ville, quelques bains publics et plusieurs établissements destinés à l'instruction de la jeunesse. Les maisons, bâties en amphithéâtre, offrent un coup d'œil pittoresque; elles sont de forme carrée et construites en pierre et en briques. Mais le désagrément qu'offre cette ville, c'est que ses rues, sales, étroites et tortueuses, ne sont pas pavées. On estime sa population à 150,000 habitants, dont 30,000 juifs. Tunis est une ville antique qui n'a pas changé de nom: Strabon la cite dans sa description de l'Afrique; elle existait du temps de Carthage. Polybe compte 120 stades entre ces deux villes, mais il n'existe aucun monument de l'ancienne Tunis.

« Cette ville a des manufactures de velours, de soieries, de toiles et de bonnets rouges à l'usage du peuple. Ses principales exportations consistent en étoffes de laine, bonnets rouges, poudre d'or, plomb, huile, maroquin. La France prend la part la plus active à ce commerce. Nulle part, dans la Barbarie, les Maures ne montrent autant de tolérance, autant de politesse. L'esprit commercial de l'ancienne Carthage semble planer sur ces lieux, si long-temps le centre de la civilisation et de la puissance africaines.

» Les ruines de cette ancienne ville sont au nord-ouest de Tunis. Ses ports, jadis l'asile de tant de flottes redoutables, semblent en partie comblés par des atterrissements: on voit au sud-est quelques restes des môles qui les enfermaient [1]. Un superbe aqueduc atteste la puissance romaine à l'ombre de laquelle la seconde Carthage florissait. L'empereur Charles-Quint le fit dessiner, et le fameux Titien arrangea ce dessin pour servir de modèle à une tapisserie que la cour d'Autriche a dû faire exécuter [2]. »

Carthage, fondée ainsi que *Leptis* et *Utique* par les Phéniciens, était bâtie sur une presqu'île et se divisait en trois quartiers principaux; la nouvelle ville, appelée *Mégara*, est remplacée par le petit village que l'on nomme *Malka*, et par le vaste terrain appelé aujourd'hui *El Mersa*. Elle était entourée sur plusieurs points par une triple enceinte, dont l'intérieure était une muraille haute de 30 coudées, et flanquée de nombreuses tours. En dedans était adossé à cette muraille un bâtiment à deux étages, dont le rez-de-chaussée était destiné à loger 300 éléphants et 4,000 chevaux, et la partie supérieure à recevoir les fourrages de ces animaux et leurs équipages. Dans cette enceinte se trouvaient des casernes pour 20,000 hommes d'infanterie et 4,000 de

---

[1] Chateaubriand, Itinéraire, III, p. 186 et suiv. Jackson, Mém. sur les ruines de Carthage (en angl.). — [2] Fischer d'Erlach, Architecture historique, liv. II, planche 11; Vienne, 1721.

cavalerie. La citadelle que l'on voit encore, et qu'on nommait *Byrsa*, s'élevait au milieu de la ville sur une colline entourée de maisons et couronnée par un temple d'Esculape, dans lequel la femme d'Asdrubal se brûla elle-même, après y avoir mis le feu, lors de la prise de Carthage. Auprès de la citadelle s'étendait le port militaire, au milieu duquel s'élevait la petite île circulaire appelée *Cothon*, occupée en partie par le palais de l'amiral ; ce port était garni tout autour de loges pour mettre les vaisseaux à l'abri : au sud-ouest de celui-ci se trouvait le port marchand, qui communiquait avec le précédent par un petit canal. Le sol de Carthage renferme des débris antiques, mais peu de monuments. On y voit les ruines d'un aqueduc de 70 pieds de hauteur ; des restes de citernes publiques qui forment un coup d'œil imposant : elles consistent en seize caveaux qui communiquent entre eux par des conduits, et qui contiennent encore l'eau que leur apporte l'aqueduc. Quinze de ces citernes forment une étendue de 430 pieds en largeur. On peut juger par là de leur importance. L'un de ces souterrains possède un écho remarquable : un coup de fusil y fait autant de fracas qu'un coup de tonnerre. On a cru que toutes ces constructions portaient le caractère romain ; mais M. Dureau de la Malle pense que les citernes, les môles, et tous les travaux qui bordent la côte, sont de construction carthaginoise. En 1817, on a découvert quatre cippes funéraires et deux pierres fracturées offrant des inscriptions puniques, et présentant parmi les symboles dont ils sont ornés la figure d'un cheval et un bras, avec les doigts de la main gauche écartés. Ces antiquités carthaginoises ont été déposées au musée de Leyde. Depuis cette époque M. Falbe, consul de Danemark à Tunis, fit la découverte de plusieurs pierres sépulcrales, portant aussi parmi divers symboles, tels que le soleil et la lune, cette même main aux doigts écartés. En quelques endroits la terre est parsemée de petits cailloux de différentes couleurs : ce sont les débris des mosaïques qui formaient le pavé des appartements. De temps à autre on découvre des colonnes brisées, de jolis vases en porphyre et des médailles. (¹)

(¹) Une société s'est formée à Paris pour l'exploitation des ruines de Carthage ; elle compte dans son

« Parmi les endroits modernes, *Barda* ou *Berda*, palais où réside le bey, mérite d'être nommé : c'est le Versailles tunisien. La *Goletta*, en français *la Goulette*, fort bien entretenue, domine la rade de Tunis et l'entrée d'un grand étang à peine navigable pour des bateaux ; c'est un lieu remarquable par ses deux forts, par sa rade, par ses chantiers de construction, que dirigent des ingénieurs français et hollandais, et par le phare qu'on y a construit en 1820. *Biserta*, l'antique *Hippo-Zarytus*, ville fortifiée et défendue par plusieurs châteaux, est située sur une lagune extrêmement poissonneuse : on pourrait y former un port magnifique. »

Porto-Farina, situé à l'ouest, près de l'embouchure du Medjerdah, a un port excellent, mais qui se comble. L'ancienne Utique, où Caton le jeune se donna la mort, n'en était pas éloignée. Sur le sol de cette ville antique on a découvert, dans ces dernières années, plusieurs belles statues, dont deux, dans des proportions colossales, représentent Auguste et Tibère. *Kàllibia* ou *Aklybia*, sur la côte, à 5 lieues au sud du cap Bon, ne mérite aucune attention ; la petite ville de *Solyman* n'est qu'à 2 lieues dans les terres. *Hammamet*, qui donne son nom à un golfe sur lequel elle est située, paraît le devoir à la grande quantité de pigeons sauvages, appelés *hammam*, qui abondent sur cette partie de la côte. Cette ville, de 8 à 9,000 âmes, possède un port très fréquenté, et fait un commerce considérable. On croit qu'elle est sur l'em-

sein plusieurs savants étrangers. Au moyen d'une souscription, elle a fait exécuter des fouilles en 1838, et ces fouilles ont produit plus de 40 mètres de mosaïques romaines, des cippes avec inscriptions puniques, des pierres couvertes d'inscriptions latines, des médailles, des vases, des fragments de sculptures, etc. Tout annonce qu'en arrivant à la couche phénicienne, on trouverait de précieux vestiges d'antiquités. Les sujets représentés dans les mosaïques retracent des jeux et des scènes intéressantes, et surtout une grande quantité d'animaux et de productions végétales. Ce n'est pas sans étonnement qu'on y découvre le tigré de l'Inde, bien distinct du léopard et de la panthère d'Afrique. Outre une multitude de quadrupèdes, d'oiseaux aquatiques et d'oiseaux de rivage, tous travaillés avec un art parfait, on y distingue plusieurs espèces de mollusques, peints avec une grande fidélité ; une figure du ΠΑΤΗΡ ΩΚΕΑΝΟΣ, dont on n'a que la tête, occupait le centre de l'une de ces mosaïques ; sa dimension est de 8 pieds 6 pouces. Tous ces objets sont réunis à Paris depuis 1840. (*Note communiquée par M. Jomard.*)

placement de l'ancienne *Civitas Siagitana*. Son golfe est très poissonneux, et offre un bon ancrage. *Herkla* ou *Herklia*, simple bourgade sur le même golfe, est, suivant Shaw, l'ancienne *Hadrumetum*, qui prit au moyen âge le nom de *Justiniana*, puis celui d'*Heraclea*. *Suze* ou *Sousah*, l'une des plus grandes villes du royaume, renferme quelques belles mosquées et une population de 10,000 âmes. *Monastir*, aussi dans le golfe d'Hammamet, est importante par son commerce et par ses 12,000 habitants. *Africa* ou *Mahdia*, fondée au neuvième siècle par les califes fatimides, fut, pendant et jusqu'à la fin du moyen-âge, le port le plus fréquenté par les flottes chrétiennes. *El-Jemme*, l'antique *Tysdra*, possède encore les restes d'un magnifique amphithéâtre. *Sfakus*, appelée aussi *Sfakes* ou *Sfax*, passe pour la plus jolie ville du royaume. Elle en est aussi l'une des plus industrieuses, bien qu'elle ne compte que 6,000 habitants. Mais *Cabès* ou *Kabbs*, l'antique *Tacapa*, dont on voit encore quelques ruines, est au nombre des plus peuplées : elle a environ 20,000 habitants. Elle est défendue par un château; elle exporte une grande quantité de dattes, l'un des produits de ses fertiles environs.

Cette ville donne aujourd'hui son nom au golfe que les anciens appelaient la *Petite-Syrte*, où l'on voit le groupe des quatre îles *Kerkeni*, dont les misérables habitants n'ont pour se nourrir que les fruits de quelques dattiers qui croissent sur leur sol aride et pierreux, et que les poissons qu'ils pêchent dans le golfe. Au sud se trouve la florissante île de *Gerbi* ou *Zerbi*, appelée par les anciens *Gerba* et *Meninx*, ou l'*île des Lotophages*. Les *lotus*, qui s'y trouvaient jadis en abondance, n'y croissent plus, mais elle est couverte de palmiers, de caroubiers et de dattiers. Vers le centre de l'île, on voit un arc de triomphe qui fut érigé en l'honneur d'Antonin et de Verus. On y remarque un monument digne de la barbarie des Turcs : c'est une espèce de pyramide, haute de 25 à 30 pieds, formée des têtes des Espagnols qui périrent dans un combat qu'ils soutinrent en 1558, sous le commandement du duc de Medina Celi et d'André Doria contre l'armée ottomane, commandée par Kara-Moustapha. A la pointe orientale de l'île s'élève le vieux château de *Menaks*, dont le nom rappelle celui que portait jadis cette île. La population de Gerbi, dispersée dans un grand nombre de villages, est, dit-on, considérable. Les habitants parlent l'arabe et le chillouh; ils sont industrieux et fabriquent des tissus de laine et de soie, mais ils passent pour avares aux yeux des Tunisiens; ce qui tient peut-être à quelques préjugés de secte, par la raison qu'étant de celle d'Ali, ce sont de vrais schismatiques pour les bons mahométans.

Dans l'intérieur du royaume on remarque, à partir des bords du lac Laoudeah, la petite ville de *Nefi* ou *Nepte*, puis *Tozer*, bâtie en terre, mais où se tient un grand marché pour les laines; *Gafsa* ou *Cafsa*, dont les maisons et la citadelle ont été construites avec les débris de l'antique *Capsa*; *Gilma*, l'ancienne *Cilma*, où l'on voit encore les restes d'un temple de construction romaine. *Kaïrouan*, que l'on croit être le *Vicus Augusti* de l'Itinéraire d'Antonin, a été pendant plusieurs siècles la métropole de l'Afrique. Elle est, après la capitale, la plus importante ville du royaume : on y compte 40 à 50,000 habitants; sa principale mosquée est vaste et ornée, dit-on, de 500 belles colonnes en granit. C'est l'entrepôt du commerce intérieur de tout le Tripoli. A 30 lieues à l'ouest, *El-Keff*, sur une montagne, est défendue par une bonne citadelle. Quelques statues antiques qu'on y a trouvées en creusant le sol font croire que c'est l'ancienne *Sicca Venerea*.

Telles sont les principales villes du royaume de Tunis. La population de cet Etat est, d'après les calculs les plus probables, de 1,800,000 individus, parmi lesquels on compte environ 140,000 juifs. Les Maures et les Arabes sont les plus nombreux; les Turcs sont en plus grand nombre que les Israélites. Le sang des Maures y est très mélangé par les alliances que les Turcs et les renégats chrétiens, de différentes nations, y contractent avec les femmes du pays; mais, en général, les hommes sont d'une constitution sèche et robuste, et d'une taille qui dépasse rarement 5 pieds 3 à 4 pouces. Les femmes sont belles : leurs longs cheveux d'ébène contrastent avec la fraîcheur de leur teint.

Le royaume de Tunis ne comprend aucune division en provinces ou gouvernements. Les vexations que les beys envoyés par le grand-seigneur exerçaient sur les populations, ont depuis long-temps déterminé la milice à se choisir elle-même un chef. Les fils du bey n'ont, par leur naissance, aucun droit de lui succéder. Au moment où cette élection doit se faire, les partis sont souvent divisés : c'est le plus fort qui fait son choix, que le divan sanctionne par son approbation. Il n'est pas nécessaire que ce choix tombe sur un individu né de parents turcs : un koulouglis, c'est-à-dire le fils d'un Turc et d'une Mauresque ou d'une chrétienne, est éligible. A l'avénement du nouveau bey, celui-ci reçoit du grand-seigneur le caftan d'honneur avec le titre de pacha à trois queues : c'est là tout ce qui reste du droit que la Porte avait sur ce pays. Cependant il y a aussi à Tunis un pacha envoyé de Constantinople, mais il est considéré par le bey comme ministre résident de la Porte ottomane. Le prince jouit d'un pouvoir despotique; il consulte, il est vrai, le divan, mais il est toujours libre de suivre sa volonté. Ce conseil est composé des agas, des *babouxis-bachis* et des *odobachis*, sous la présidence du *dey*, le principal officier du royaume, ou sous celle du *kiayah*, qui est le chef de la justice. La milice se compose de 12 à 1,500 renégats, dont plusieurs font partie de la garde du bey; de 5 à 600 Turcs, et de 5 à 6,000 Maures.

TABLEAUX STATISTIQUES.

A. ROYAUME DE TRIPOLI.

SUPERFICIE en lieues carrées, 50,700.	POPULATION générale, 900,000?	POPULATION par lieue carrée, 17.

1. TRIPOLI PROPREMENT DIT.

SUPERFICIE en lieues carrées, 25,700?	POPULATION 700,000 habitants.	POPULATION par lieue carrée, 27.	REVENUS en francs, 2,200,000.	ARMÉE de terre, 3,500.	MARINE.		
					Bâtiments. 20.	Canons. 136.	Marins. 1,400.

2. PAYS DE BARKAH, Y COMPRIS LE DÉSERT ET LES OASIS.

SUPERFICIE en lieues carrées, 9,800.	POPULATION, 35,000 habitants?	POPULATION par lieue carrée, 3 h.

3. FEZZAN.

SUPERFICIE en lieues carrées, 14,300.	POPULATION, 150,000 habitants.	POPULATION par lieue carrée, 10 h.

4. OASIS DE GHADAMÈS.

SUPERFICIE en lieues carrées, 900.	POPULATION 15,000 habitants?	POPULATION par lieue carrée, 60 h.

B. ROYAUME DE TUNIS.

SUPERFICIE en lieues carrées, 9,700.	POPULATION 1,800,000 habitants.	POPULATION par lieue carrée, 185 h.	REVENUS en francs, 8,000,000.	ARMÉE. 7,500 homm.	MARINE.	
					Frégates. 2.	Bricks. 16.

LIVRE CENT SOIXANTE-QUATRIÈME.

Suite de la Description de l'Afrique. — Description spéciale de la Barbarie. — Deuxième division. — L'ancienne régence d'Alger ou l'Algérie.

Alger, cette capitale du plus important des États barbaresques, dont Charles-Quint envahit le territoire, mais qu'il ne put conquérir; Alger, que Louis XIV fit bombarder en 1683 et 1684, et dont les brigandages furent châtiés en 1816 par un bombardement que l'Angleterre confia au célèbre lord Exmouth; Alger, ce repaire de pirates, qui depuis des siècles mettait à contribution toutes les nations chrétiennes, s'était relevé plus menaçant que jamais, lorsque, le 14 juin 1830, une armée française, destinée à venger les insultes faites par ces pirates au pavillon français, accomplit en vingt jours son honorable mission en s'emparant de cette ville et de son territoire, et affranchit ainsi pour toujours la chrétienté d'un fléau redoutable et du tribut qu'elle payait à un chef de barbares.

Quelle plus noble conquête que celle de l'Algérie honora jamais une nation! Sans les jalouses rivalités dont la France est l'objet depuis qu'elle est devenue le foyer d'où se répand dans l'univers le mouvement intellectuel, tous les peuples de l'Europe applaudiraient à la résolution qu'elle a prise de convertir en colonies ouvertes à toutes les nations une contrée qu'elle a arrachée par d'immenses sacrifices à la barbarie et au fanatisme.

L'Algérie, bornée à l'est par la régence de Tunis et à l'ouest par l'empire de Maroc, a 227 lieues géographiques de longueur, sur une largeur encore mal déterminée, mais qui ne dépasse guère 20 à 25 lieues.

Du côté du midi, l'Algérie ne s'étend que jusqu'à la chaîne du mont Andamer, sur la limite du Sahara. Sous le gouvernement du dernier dey, elle était partagée en *six* provinces : celle d'*Alger* au centre, celle de *Mascara* à l'ouest, celle de *Titteri* au sud d'Alger, et celle de *Constantine* à l'est, qui confine au beylik de Tunis. Au sud du grand Atlas, situé dans le *pays du Zab*, ou *de Zaub*, est le *Beled-el-Djerid*, ou le *pays des dattes*. Mais ces deux pays, habités par des Arabes ou des Berbers nomades, et dont les limites, incertaines au midi, se perdent dans le désert, reconnaissaient faiblement la domination algérienne.

Le *Chélif* est la principale des rivières de l'Algérie qui se jettent dans la Méditerranée; il a 80 à 100 lieues de cours. Plus à l'est, l'*Isser* en a 40; le *Seybous* a la même étendue; le *Roummel*, appelé aussi *Ouad-el-Kebir*, parcourt une longueur de 30 lieues. L'*Arrach*, l'*Afroun* ou l'*Ouad-jer*, le *Bou-Farik*, la *Chiffa*, l'*Hamise*, le *Mazafran*, et plusieurs autres encore, sont des ruisseaux plutôt que des rivières. Cependant l'*Afroun* a été représenté comme un fleuve par quelques voyageurs, parce que son lit, très profond, a dans plusieurs endroits et dans certaines saisons plus de 100 mètres de largeur.

Au-delà du Djebel-Ammer, au milieu d'un vaste bassin fermé de tous côtés par des chaînes de montagnes, coule la grande rivière appelée *Ouad-Djidi*. Elle descend du versant méridional de la chaîne, reçoit l'*Abeadh*, et, après un cours de 70 lieues, elle se jette dans le lac Melgigg, lac marécageux et salé, sans écoulement, et de 10 lieues de longueur sur 7 à 8 de largeur.

Nous avons décrit précédemment les montagnes de cette contrée; essayons d'en donner la description géologique, que nous n'avons fait qu'esquisser.

Si nous nous en rapportons aux observations faites par M. Rozet, le *terrain schisteux*, ou pour mieux dire la *formation suowdonienne*, ou le *système cambrien* de ce terrain, constitue une partie de la côte de Barbarie, et presque tout le massif du mont Bou-Zaria, qui s'élève à 410 mètres au-dessus de la mer, dans le port d'Alger, situé au pied de cette montagne.

« La partie supérieure du terrain, dit M. Rozet, est occupée par une masse calcaire de 150 mètres de puissance, qui offre des calcaires *gris*, *bleu turquin*, *bleu turquin* carburé, *blanc saccharoïde* ou *sublamellaire*, etc., que l'on voit souvent passer au schiste par degrés insensibles. Au-dessous du calcaire vient une masse schisteuse de 400 mètres de puissance, composée d'un *phyllade talqueux*, passant au *talcschiste*, dont les couleurs les plus habituelles sont le blanchâtre argentin, le vert, le bleu clair, le violacé, et rarement le noir. Les roches arénacées manquent ou sont fort rares. On y rencontre des filons de phtanite, de talcite quartzifère ou calcarifère; de quartz blanc, laiteux et enfumé, et de fer oxidé; des veines de cuivre carbonaté, de galène et d'anthracite. Je n'y ai pas trouvé la moindre trace de restes organiques. Ce terrain s'étend le long de la côte jusqu'à 5 lieues à l'ouest d'Alger. Après avoir disparu près de cette ville sous le terrain subatlantique, il se montre à 4 lieues à l'est au cap Matifou, d'où il s'étend ensuite fort loin le long de la côte, et constitue probablement le fond de la grande plaine qui lui est contiguë. »

Dans le petit Atlas, le *terrain jurassique* n'est représenté que par la *formation liasique*, ou du moins M. Rozet n'a reconnu que cette formation sur une longueur de plus de 30,000 mètres, depuis la vallée du Ouad-Jer jusqu'à la tribu de Béni-Missara, à l'est de Blidah, et une largeur de 20,000 à 25,000 mètres sur la route de Medéah.

La formation liasique du petit Atlas se compose de marnes schisteuses, alternant avec des strates de calcaire marneux.

Ces marnes, dit M. Rozet, offrent une large cassure conchoïdale, comme celle du lias d'Europe; elles sont souvent traversées par des veines de calcaire spathique et de fer hydraté, veines qui pénètrent également dans le calcaire. Elles sont généralement fort irrégulièrement stratifiées, et, sans les couches calcaires qu'elles renferment, on serait souvent embarrassé pour déterminer le sens de leur inclinaison. Sur tous les points où le calcaire domine, on voit les strates plonger au sud, comme les couches du mont Bou-Zaria, sous un angle très variable et qui augmente généralement à mesure qu'on approche de la crête. Sur certains points, les couches sont horizontales; ailleurs elles font un angle de 70 degrés avec l'horizon; sur quelques autres, on les voit plonger au nord et au sud, mais l'inclinaison générale est toujours dirigée vers le sud.

A mesure que l'on s'élève dans le petit Atlas, on voit les marnes s'endurcir et passer par degrés insensibles à une sorte de schiste argileux ou de phyllade. Sur les versants de Beni-Sala et sur le versant méridional de cette montagne, le phyllade passe au schiste ardoisier; mais cette roche contient toujours assez de parties calcaires pour faire effervescence dans les acides. Dans la même montagne, les marnes renferment des couches de silex calcarifère blanchâtre; ces marnes sont de plus coupées dans tous les sens par un grand nombre de veines de quartz blanc, comme on le remarque dans certains schistes ardoisiers.

Le calcaire marneux, qui alterne avec les marnes schisteuses, ou qui y forme des couches subordonnées, présente une cassure conchoïdale; sa structure est souvent fissile; ses strates sont généralement peu épais; ils ne dépassent pas un mètre; sa couleur varie du gris au noir. C'est dans la partie inférieure que ce calcaire est le plus abondant; il renferme des couches d'un macigno grisâtre; quelquefois il devient bréchiforme, et passe même à une véritable brèche à fragments très petits.

Outre les substances minérales que nous avons citées, la formation liasique du petit Atlas renferme des filons de *cuivre-gris*, de *carbonate vert* ou *bleu* de ce métal, ainsi que du carbonate de fer. Ces minerais, dit M. Rozet, forment des filons dans une gangue de baryte sulfatée lamellaire, dont les têtes s'élèvent de plusieurs mètres au-dessus de la surface des marnes qui les renferment. La puissance de ces filons varie de 0^m,30 à 1 mètre; ils seraient susceptibles d'être exploités.

Quant aux fossiles que M. Rozet a observés dans les roches que nous venons de décrire, ils sont peu nombreux; ce sont quelques fragments d'*huîtres*, des *peignes* indéterminables, de petites *posidonies*, quelques *bélemnites*, et une petite *ammonite* qu'il n'a pu déterminer. Il n'y a trouvé aucune *gryphée* ni aucune empreinte végétale.

M. Rozet a observé dans les environs d'Oran une formation schisteuse qu'il rapporte aux couches du lias. Elle est composée de schistes ardoisiers de différentes couleurs, coupés par des veines de quartz blanc, et renfermant des couches d'un grès très dur, traversé çà et là par des masses de dolomie brune et jaunâtre; les couches de cette formation sont très relevées. C'est à la présence des dolomies et des veines de quartz blanc que M. Rozet attribue la transformation des argiles schisteuses en phyllades.

M. Rozet a appelé *terrain tertiaire subatlantique* un ensemble de marnes et de calcaires qu'il a observé aux environs d'Alger et d'Oran, où il forme plusieurs des derniers contre-forts de l'Atlas. Il paraît être identique avec celui qui se trouve en Italie, de chaque côté de l'Apennin, en Provence, etc.

Dans les deux localités ci-dessus, cet ensemble, qui forme deux assises, présente quelques différences.

L'assise supérieure, aux environs d'Alger, est formée de strates de grès calcarifère, ou de calcaires à coraux qui alternent avec des sables tantôt jaunes et tantôt rouges; les grès y sont de cette dernière couleur, qu'ils doivent à l'oxide de fer. La puissance de cette assise varie de 20 à 50 mètres. Les couches qui la composent inclinent ordinairement au nord, sous un angle de 15 à 20 degrés; quelquefois aussi elles sont horizontales.

M. Rozet n'a trouvé dans les strates de cette assise aucune roche étrangère en filons ou en couches subordonnées; mais le fer hydraté en veines et en rognons y est commun, surtout dans les sables.

L'assise inférieure se compose de marnes bleues qui présentent des couches subordonnées d'un calcaire marneux grisâtre; on y voit communément des veines de gypse laminaire. Les débris organiques qu'elle renferme consistent en quelques *peignes*, *bucardes*, etc., mais en général fort mal conservés.

La puissance de cette assise est de 200 à 300 mètres. Ces marnes ne sont jamais stratifiées ni schisteuses; en se desséchant, elles se divisent en une infinité de fragments irréguliers; elles font parfaitement pâte avec l'eau.

Les marnes de l'assise inférieure reposent sur le schiste et la marne du lias, avec laquelle on est exposé à les confondre.

La hauteur moyenne des collines subatlantiques, dans les environs d'Alger, est de 1,100 mètres au-dessus du niveau de la mer; quelques unes, comme *Ahouara*, s'élèvent à 1,273 mètres, tandis que d'autres, comme celles qui partent de la ville de Médéah, n'ont que 800 mètres.

Dans les environs d'Oran, la formation subatlantique n'atteint pas une puissance aussi considérable; quelquefois elle est à 135 mètres au-dessus du niveau de la mer, et même, sur quelques points de la côte, son élévation n'est que de 20 à 30 mètres.

L'assise supérieure diffère un peu de celle qu'on voit aux environs d'Alger; elle est composée de couches marneuses, blanches ou grises, plus ou moins solides, alternant avec des couches calcaires sur une épaisseur de 30 ou 40 mètres.

L'assise inférieure des environs d'Oran se compose de la même marne bleue qu'aux environs d'Alger; toutefois elle n'est pas stratifiée, mais elle est divisée en fragments fort irréguliers par une infinité de fissures. M. Rozet n'y a point trouvé de fossiles.

Les calcaires et les sables qui lui sont supérieurs renferment quelques petites veines de fer hydroxidé, du silex corné et du silex résinite, en petits lits, et quelquefois en veines qui coupent verticalement toutes les couches; enfin, des rognons d'un calcaire jaunâtre très compact.

Dans les plaines des environs d'Oran, les couches de la formation subatlantique sont sensiblement horizontales; elles reposent en stratification transgressive sur les schistes; mais, dans les montagnes, elles inclinent au nord, comme ceux-ci, sous un angle qui dépasse quelquefois 30 degrés.

Dans les environs d'Oran, le calcaire blanc de l'étage supérieur est exploité, soit pour en faire de la chaux grasse, soit pour en tirer de très belles pierres de taille.

Aux environs d'Alger et d'Oran, la marne bleue est employée, à cause de ses propriétés plastiques, à faire des tuiles, des briques, des tuyaux pour la conduite des eaux, de la poterie et des vases de différentes formes.

Les collines du littoral, qui, suivant M. Boblaye, s'étendent en bande régulière depuis Koléah jusqu'au mont Chénouan, appartiennent à l'étage supérieur du terrain supercrétacé, c'est-à-dire à l'étage subapennin. Elles s'élèvent jusqu'à 250 mètres; les couches en sont fort accidentées du côté de la mer; elles se relèvent vers le nord, se dirigeant d'abord vers l'ouest-sud-ouest, et ensuite à l'ouest, comme sur le rivage.

Près d'Alger, s'étendent les couches d'un calcaire rempli de coquilles passées à l'état spathique, avec du grès et des lits d'argile rouge qui forment un dépôt supérieur à celui qui compose les collines du littoral.

En approchant de Cherchell, on remarque une grande série de marnes bigarrées, de grès siliceux, de calcaire jaune, violet et vert, de gypses et de conglomérats qui paraissent appartenir à la formation keuprique.

Les collines qui bornent la Metidja paraissent être, au sud, entièrement porphyriques.

Lorsqu'on a franchi le col de la Metidja, vers Miliana, on voit s'étendre le second étage du terrain supercrétacé. Il se compose d'une grande épaisseur de marnes bleues, formant le fond des vallées, et de calcaire jaune sablonneux qui les recouvre. Ce dépôt constitue de hauts plateaux entièrement nus, séparés par de larges vallées dont les flancs, d'abord à pentes douces, se terminent ensuite d'une manière abrupte.

Sur la route de Miliana, avant d'atteindre Borg-Boua-Louan, le calcaire de cet étage est compacte, pisolithique et rempli de nodules à orbicules siliceux. Plus loin, dans la chaîne du Gontas, le calcaire devient un grès ferrugineux qui se divise en dalles, et que quelques voyageurs ont pris pour une chaussée romaine. Enfin, à Médéah, c'est tantôt une roche à grains fins et jaunâtres, tantôt une roche qui se désagrège de manière à donner naissance à des collines de sable. Entre les calcaires et les marnes, on voit un banc d'huîtres à un niveau constant.

Ce second étage couvre tout l'espace compris entre les montagnes des Beni-Sallah, du Mouzaya et du Soumata, ainsi que la vallée du Chélif. Il paraît s'étendre fort loin dans le sud et l'est de Médéah. Il existe aussi dans la province de Constantine, entre cette ville, Djimilah et Milah.

Les monts Righa et Zachar, élevés de 1,500 à 1,600 mètres, ne sont que le prolongement, avec interruption, de la chaîne des Beni-Sallah et du Mouzaya; ils appartiennent à la formation liasique. On trouve à la base des marnes bleues très foncées; et, vers le sommet, des calcaires compactes violets et gris. Un filon de fer assez riche traverse la montagne à l'est de la ville; on y remarque aussi un filon de cuivre.

Miliana est à 800 mètres au-dessus du niveau de la mer. Sur le revers opposé de la montagne, il y a des sources à une très haute température, et qui déposent du calcaire analogue au travertin.

Alger, que les Arabes appellent *Al-Djézaïr* (les Îles), ville dont on a considérablement exagéré la population en la portant, d'après Shaw, à 100,000, et d'après plusieurs auteurs plus récents à 200,000 âmes, n'a, suivant les recensements faits par l'administration française, qu'un peu plus de 30,000 habitants. Il est probable que cette population n'a jamais été plus considérable. Elle s'élève en amphithéâtre au fond d'une rade fortifiée, mais peu sûre lorsque le vent souffle du nord. Les nombreuses et jolies maisons de campagne semées sur un amphithéâtre de collines parmi des bosquets d'oliviers, de citronniers et de bananiers, présentent un aspect champêtre, pittoresque et peu analogue au caractère d'une nation de pirates.

Le sommet de la colline à laquelle cette capitale est adossée, atteint la hauteur de 124 mètres au-dessus du niveau de la mer. La ville se présente sous la forme d'un triangle, dont la base est sur la côte, et le sommet sur celui de la colline: c'est là que s'élève la citadelle appelée *Kasbah*, qui servait de résidence au dey. Les maisons d'Alger, comme celles de la plupart des villes de l'Afrique, n'ont point de toits: elles sont terminées par des terrasses. Les habitations sont blanchies à la chaux, ainsi que les forts, les batteries et les murailles qui règnent autour de la ville, en sorte qu'à une certaine distance Alger ressemble à une vaste

ALGER
(VUE GÉNÉRALE)

AFRIQUE. — ALGÉRIE.

carrière de craie, ouverte sur le penchant d'une montagne. Du côté de la mer elle est défendue par des forts élevés sur un rocher, dont la réunion forme un fer à cheval, et qui, lorsque les Français s'en emparèrent, étaient armés de 237 pièces de canon, formant jusqu'à cinq rangs placés les uns au-dessus des autres, et dont le premier était composé de pièces en bronze du calibre de 36 à 96. Celui-ci était placé dans des casemates voûtées, dont les murs, à l'épreuve de la bombe, avaient trois mètres d'épaisseur. Au milieu de ces forts s'élève un phare. Ils sont réunis à la terre par un magnifique môle en maçonnerie. Le port est petit : 50 bricks de commerce suffisent pour le remplir ; l'entrée en est étroite, et le soir on le fermait autrefois avec des pièces de bois réunies par des anneaux de fer. Il peut recevoir une frégate armée, mais les vaisseaux de ligne sont obligés de mouiller dans la rade.

Après avoir traversé le port, on entre dans Alger par la porte de la Marine qui touche au môle, et qui conduit dans une des plus belles rues de la ville, bien qu'elle n'ait pas trois mètres de largeur, et que les corps avancés des maisons, soutenus par des rondins de bois plantés obliquement dans le mur, en couvrent plus de la moitié. Une rue parallèle au port, et communiquant de la porte *Bab-Azoun* à la porte *Bab-el-Ouad*, est la plus marchande d'Alger. Elle est encombrée par des échoppes ouvertes devant chaque maison, et si peu large, que les portefaix (*piskeris*) y circulent difficilement. Toutes les rues sont étroites, tortueuses et irrégulières, mais toutes sont arrosées par des fontaines qu'alimentent des aqueducs. Les maisons sont carrées, et ordinairement sans fenêtres sur la rue. C'est dans un vestibule appelé *skifa*, au rez-de-chaussée, que le maître de la maison reçoit les visites. Cette pièce est garnie de banquettes en maçonnerie sur lesquelles on place des tapis. Le premier étage est formé d'une cour, autour de laquelle règne une colonnade qui supporte le second étage : elle sert à donner de l'air et de la lumière aux appartements ; chacun de ceux-ci n'est qu'une longue chambre aux extrémités de laquelle se trouve une estrade sur laquelle on place un lit tellement élevé qu'il faut une échelle pour y monter. En face de la porte d'entrée il existe un enfoncement dans lequel on place un divan, sur lequel les femmes s'asseyent pendant la journée. Du côté de l'escalier il n'y a pas de chambre, mais c'est là que se trouvent à chaque étage une cuisine et une garde-robe très propres. La cuisine est la seule pièce de la maison où il y ait une cheminée.

La *Kasbah* ou *Al-Kassabah* est le plus vaste des édifices d'Alger. C'est une forteresse irrégulière ; c'est une prison plutôt qu'un palais. Son enceinte est fermée par des murailles d'une hauteur prodigieuse, sans issues, sans ouvertures, crénelées à la mauresque, et d'où s'échappent par de profondes embrasures, sans ordre ni alignement, de longs canons dont l'embouchure était, du temps du dey, soigneusement peinte en rouge. On n'y pénétrait, en venant du Château de l'Empereur, que par la porte neuve de la ville ; et après avoir suivi une longue et tortueuse ruelle dont la largeur suffit à peine, dans quelques parties, pour le passage d'une bête de somme ; mais les Français y ont ouvert une poterne sur la campagne. « Cette ruelle conduit, après
» quelques minutes de marche, sous un porche
» sombre, au centre duquel s'élève une coupe
» en marbre blanc, d'où coule une eau lim-
» pide. Ce porche, grossièrement décoré de
» larges lignes rouges et blanches, et de quel-
» ques petits miroirs, est le lieu où se tenaient
» les nègres qui formaient la garde fidèle du
» dey. Ce porche franchi, une seconde ruelle
» conduit d'un côté au magasin à poudre, et
» de l'autre à l'entrée de la cour intérieure où
» le dey faisait sa demeure. Cette cour, dallée
» en marbre, est carrée ; elle offre, sur trois
» de ses côtés, des galeries soutenues par des
» colonnes torses ([1]). » Sous l'une de ces galeries était une espèce de retraite indiquée par une longue banquette, couverte en drap écarlate, où le dey se tenait quelquefois lorsqu'il présidait le divan, dont les membres occupaient d'autres banquettes placées le long des murailles. Tout le mur de cette galerie était revêtu de carreaux en faïence ornés de jolis dessins. Sous cette galerie et de plain-pied se trouvaient les salles renfermant le trésor. C'est dans la cour dont nous venons de parler que les négociants étaient tenus de déposer la cargaison de leurs navires, afin que le dey pût choisir lui-même les 5, 6 ou 10 pour 100

([1]) Rapport du 18 juillet 1830, au ministre de la guerre.

qui lui convenaient, et qu'il prélevait en nature. Le premier étage se compose de quatre galeries, dont l'une communiquait à une longue batterie qui commandait la ville, et par un petit escalier à une galerie supérieure où venaient aboutir les quatre longues chambres formant l'appartement du dey, et dont deux extrêmement grandes étaient décorées dans le goût oriental. Dans la galerie en face se trouvaient les chambres destinées aux femmes. Ces chambres n'avaient de jour que par une cour intérieure. Le seul lieu dont l'accès leur fût permis est un espace décoré du nom de jardin, encaissé dans de hautes murailles, et n'ayant pour tout ombrage qu'un berceau de jasmin. On n'y parvient, après cent détours, qu'en descendant 60 à 80 degrés. Au-dessus du second étage on ne trouve que des terrasses et quelques autres petites chambres : on découvre de là toute la mer à une grande distance, et l'on plane sur la ville et les environs. L'enceinte du palais renferme aussi une mosquée, grande salle carrée ornée d'un rang de colonnes en marbre qui supportent un dôme octogone : un petit escalier servait à monter à un minaret, d'où le mouzzen appelait cinq fois par jour les fidèles à la prière. Telle est cette Kasbah qui, lorsque les Français y entrèrent, était armée de 50 pièces de canon en bronze, et dans laquelle ils trouvèrent des munitions et des marchandises évaluées à 7 millions, et un trésor en or et en argent s'élevant à la somme de 48,684,000 fr.

Les plus importantes constructions après la Kasbah sont celles que forme la réunion du môle et des forts de la marine. Le môle qui unit les forts à la ville a 400 mètres de longueur : il est construit en briques et couvert par une terrasse supportée par des voûtes, sous lesquelles se trouvent de superbes magasins. Mais les plus beaux édifices sont certainement les mosquées. A l'arrivée des Français on en comptait 10 grandes et 50 petites, ou chapelles appelées marabouts. La plus grande mosquée se trouve à l'entrée de la rue de la Marine, du côté de la place du Gouvernement. « C'est un long bâtiment rectangulaire, voûté, » divisé longitudinalement en trois nefs par » deux rangs de colonnes, et sous le dôme, à » peu près aux deux tiers de la longueur, il y » a encore deux autres rangs qui forment la » croix avec les premières. De chaque côté de » la grande nef, les colonnes supportent des » tribunes, dont les plus près de la porte sont » publiques ; mais celles qui se trouvent au » delà du dôme et de chaque côté de la niche » sont réservées pour la noblesse. Cinq ou six » lustres en verre et plusieurs lampes sont suspendus avec des chaînes dans toute la longueur de la grande nef, et contre les deux » rangs de colonnes qui viennent la couper sous » le dôme. Les lampes sont allumées pour la » prière du soir, mais les lustres ne le sont que » dans les grandes cérémonies, à la fête du » Bayram, par exemple (¹). » Avant l'occupation d'Alger par les Français, tout chrétien qui franchissait le seuil d'une mosquée était puni de mort, et le temple était lavé à grande eau et blanchi à la chaux pour effacer la souillure causée par la présence d'un infidèle. Le culte catholique avait aussi ses temples à Alger ; quant aux synagogues, elles sont, dans la partie basse de la ville, le seul quartier que les juifs pouvaient habiter.

Il y a à Alger environ 60 cafés, mais 5 ou 6 seulement méritent de fixer l'attention. C'est là que les Maures et les Turcs viennent s'accroupir gravement sur des banquettes, fumer et prendre du café. Ils y restent quelquefois toute la journée sans proférer une parole. Les boutiques de barbiers sont aussi les lieux de réunion les plus fréquentés.

Au mois d'août 1832, l'administration française, jugeant qu'il était nécessaire d'ouvrir une grande place à Alger, ne trouva pas d'autre moyen que de détruire l'une des deux grandes mosquées. Pour ménager la susceptibilité d'un peuple fanatique, on eut recours à un stratagème : des ingénieurs travaillèrent secrètement pendant plusieurs nuits à miner l'édifice ; on mit le feu à la mine, et au grand étonnement de la population la mosquée s'écroula comme d'elle-même : ce qui fit dire aux Arabes que c'était une punition de Dieu, de ce qu'ils avaient laissé prendre leur ville, et que le prophète les abandonnait. La nouvelle place a 155 mètres de longueur sur 65 de largeur.

En 1836, un hôpital civil fut provisoirement installé dans une ancienne mosquée de la rue des Consuls ; mais depuis le mois d'oc-

---

(¹) *Rozet* : Voyage dans la régence d'Alger, tom. III. Paris, 1833.

tobre 1838, cet utile établissement occupe les bâtiments de Caratine, ancienne caserne des janissaires. Il peut contenir 400 à 500 malades. Parmi les édifices qui ont été construits par le gouvernement français, on doit citer la cathédrale dédiée à saint Philippe, le palais du gouverneur et l'évêché.

Les besoins de l'armée et des services publics exigèrent que d'importantes et faciles communications fussent ouvertes à travers le massif de maisons qui composaient la basse ville : de là le percement des rues de la *Marine*, *Bab-Azoun* et *Bab-el-Ouad*, que l'on a nommées les grandes artères d'Alger ; de là l'ouverture de la place du *Gouvernement*, de celle de *Chartres* et de celle du *Soudan*.

On a exigé des particuliers qui ont bâti des maisons dans les trois principales rues que nous venons de désigner et sur les deux places du Gouvernement et de Chartres, l'obligation de construire des arcades. Cette mesure compense avec avantage les inconvénients qui, sous un climat tel que celui de l'Algérie, auraient pu résulter de la grande largeur de ces nouvelles voies de communication. Le nombre des arcades construites à la fin de 1839 était de 319, formant un développement de 800 mètres.

L'érection d'un évêché catholique à Alger n'a point empêché le gouvernement de témoigner toute sa sollicitude pour les autres cultes. Ainsi, le 29 mars 1840, un pasteur protestant a été installé dans une église consistoriale, tandis que l'état des Israélites a été considérablement amélioré.

L'instruction publique a reçu aussi une louable impulsion : à la fin de 1839 on comptait à Alger un collége, sept écoles primaires de garçons, six écoles de filles et une salle d'asile. Le nombre total des écoliers était d'environ 1,500.

Jusqu'à l'arrivée des Français, les filles publiques d'Alger étaient sous la dépendance d'un *mezouar*, espèce de commissaire de police qui prélevait une taxe sur chacune d'elles, et qui payait au dey 2,000 piastres par an. Leur nombre peut être évalué à plusieurs milliers. Elles étaient enfermées dans des maisons particulières, et ne pouvaient en sortir sans la permission du mezouar. Il était défendu aux juifs et aux chrétiens d'avoir des relations avec elles : en cas de contravention, la femme était liée dans un sac et jetée à la mer, et l'homme avait la tête tranchée, à moins qu'il ne pût payer une grosse somme d'argent. Le mezouar avait le pouvoir d'enfermer dans les maisons de filles toutes les femmes dont les intrigues amoureuses n'étaient point tenues assez secrètes pour qu'à l'aide de ses agents il ne pût les surprendre en tête à tête avec leurs amants. Il faisait cerner les maisons où il espérait prendre en flagrant délit une femme adultère, et lorsque le galant était un juif ou un chrétien, la femme était jetée à la mer, et l'homme décapité. Mais à l'arrivée des Français, et surtout après qu'ils eurent décrété la liberté de toutes les classes, les fonctions de ce singulier protecteur de la morale publique ont cessé, les filles publiques ont brisé leurs verrous, les juives se sont arrogé le droit qui leur avait été refusé d'en faire partie, et aujourd'hui on compte plus de filles publiques juives qu'il n'y en avait avant de mauresques, d'arabes et de négresses.

Si l'administration française a détruit le pouvoir un peu trop étendu que l'usage accordait au mezouar, elle a dû détruire le singulier privilége dont jouissaient les mendiants d'Alger. Sous le règne du dey, il fallait bien se garder de faire trop régulièrement l'aumône au même pauvre, sans quoi l'on était condamné par le cadi, non seulement à continuer, mais encore à payer au mendiant tout l'arriéré de l'aumône que l'on avait cessé de faire. M. Rozet cite, à l'appui de cette assertion, l'exemple d'un négociant européen qui avait l'habitude de donner tous les jours à un pauvre qui allait se placer à sa porte, et qui, de retour à Alger après une absence de plus d'une année, fut condamné à lui payer tout ce qu'il lui aurait donné pendant ce temps, et cela parce que le mendiant n'avait cessé de se présenter chaque jour à sa porte.

A peu de distance de la ville s'étendent le jardin d'essai et la pépinière du gouvernement : le premier de la contenance de 5 hectares et la seconde de 24 hectares environ. Dans le jardin d'essai s'élèvent aujourd'hui 10,000 pieds d'arbres appartenant à des espèces dont la plupart n'existent point en Afrique ou s'y sont perdues, et qui paraissent devoir s'y acclimater facilement.

La pépinière renfermait au 1er janvier 1840 plus de 69,000 pieds d'arbres, et elle avait fourni aux colons dans les trois années précédentes près de 20,000 arbres et plus de 60,000 boutures de mûriers et de peupliers. La pépinière est en état de suivre tous les développements que pourra prendre en Algérie l'industrie des vers à soie, industrie qui paraît devoir y acquérir une grande importance.

En parcourant les environs d'Alger, on remarque plusieurs objets dignes d'être mentionnés ici : ce sont d'abord les tombeaux, qui occupent la partie supérieure de la colline à laquelle la ville est adossée. Ils s'étendent jusqu'à 500 mètres de ses murs. Au milieu des pierres sépulcrales s'élève çà et là le tombeau d'un marabout ; le plus remarquable est celui de *Sydy-Abderahman* : il ressemble à une petite mosquée; des caroubiers, des figuiers, des agaves, et un palmier magnifique, croissent aux environs ; on y entre en passant par un vestibule voûté, au milieu duquel un bassin et un jet d'eau invitent les fidèles musulmans aux ablutions que leur prescrivent leur culte et la chaleur du climat ; une petite galerie conduit à une salle où se tient le successeur du défunt personnage; plus loin est celle où s'élève la châsse du saint vénéré, recouverte d'un drap de soie rouge brodé en or, et sur laquelle flottent d'énormes drapeaux en soie verts et rouges. Ce tombeau est en grande réputation ; il est surtout visité par les femmes : celles-ci ne font aucune difficulté d'admettre dans leur compagnie le successeur du saint, et se dévoilent sans scrupule devant lui. C'est dans la demeure de l'ermite musulman que se réfugient les esclaves qui s'échappent de chez leur maître ; c'est lui qui parvient, par son crédit, à engager le maître à céder son esclave à un autre, et souvent à lui accorder sa liberté.

En se dirigeant vers le nord, on trouve le fort *Tiklits*, construction magnifique, mais irrégulière comme tous les forts d'Alger, et que les Français ont nommé le *Fort des vingt-quatre heures*; plus loin la maison de plaisance du dernier dey, dont les jardins sont remarquables. Sur un rocher de schiste s'élève le dôme d'un marabout appelé *Sydy-Yakoub*, qui est en vénération principalement chez les juifs.

Dans les vallons ombragés que l'on traverse en sortant d'Alger par la porte Bab-el-Ouad, on rencontre, comme sur toutes les routes des environs de la ville, des cafés où les musulmans viennent avec des filles publiques oublier les moments ennuyeux qu'ils passent dans leur intérieur, au milieu de leurs nombreuses épouses.

Du côté du *Château de l'Empereur*, les environs d'Alger sont moins agréables que ceux dont nous venons de décrire les objets les plus curieux. Ce fort, construit en briques, doit son nom à quelques travaux de fortifications que Charles-Quint fit élever en 1541, lorsqu'il vint assiéger Alger. Les Français l'ont augmenté. Lorsqu'ils s'en emparèrent, il était armé de 50 pièces de canon et de 6 mortiers.

Sur la route que suivit l'armée française, on aperçoit encore le marabout de *Sydy-Efroudj*, construit à l'extrémité du cap de ce nom, sur un roc de gneiss élevé de 28 mètres au-dessus de la mer. Les Algériens avaient une grande confiance dans la puissance des reliques qu'il renferme ; ils y faisaient des pèlerinages pour obtenir la réussite d'un voyage, d'une entreprise ou la guérison de quelque maladie. A la vue de nos voiles, ils allèrent en procession porter des offrandes au Sydy, et lui demander l'extermination des infidèles qui venaient les attaquer ; mais lorsque leur ville fut au pouvoir des Français, ils accusèrent le saint de trahison, et depuis ce temps ils n'ont plus en lui aucune confiance.

Sur un plateau qui domine la mer, on observe des monuments que l'on est étonné de trouver en Afrique : ce sont deux groupes de pierres parfaitement semblables à ceux que l'on appelle *dolmen*, et que l'on attribue au culte druidique. A-t-on bien examiné la question relative à l'origine de ces sortes de monuments, que l'on s'est empressé d'appeler celtiques dans l'Europe occidentale, et que l'on retrouve aussi, non seulement sur la côte d'Afrique, mais en Islande, mais sur le continent américain, au nord comme au midi ? M. Rozet pense que ceux qu'il a signalés aux portes d'Alger pourraient bien avoir été érigés par des Gaulois qui faisaient partie des armées vandales qui s'établirent sur les côtes de la Barbarie. Mais qui pourrait prouver que les Gaulois ont jamais élevé de pareils monuments, quand le plus ancien de leurs vainqueurs, César, qui fait un tableau si détaillé de leurs mœurs, quand Tacite, après lui, ne parlent ni l'un ni l'autre de travaux semblables qu'ils auraient dû, pour ainsi dire, voir élever sous leurs yeux? Ces monuments et tous ceux du même genre appartiennent très probablement à un peuple primitif dont l'histoire n'a conservé aucun souvenir.

Près du cap Matifou, des antiquités d'un autre intérêt se présentent : ce sont les débris de *Rustonium*, cité romaine qui, à en juger par les tronçons de colonnes en marbre dont le sol est jonché, par les habitations dont on reconnaît les restes, dut être une ville importante, bien qu'il n'y existe aucune trace de l'enceinte d'un port.

A 8 lieues (32 kilom.) au sud-est d'Alger, *Koléah* est située sur le revers méridional des collines du Sahel, à la hauteur de 120 à 150 mètres au-dessus du niveau de la mer. Le sol sur lequel elle est bâtie est presque entièrement composé de calcaire concrétionné qui paraît avoir été déposé par des sources thermales, et dont les couches inclinent vers la plaine de la Metidja. Quelques bancs de ce calcaire sont fort durs et fournissent une très belle pierre de taille. Au-dessous de ce calcaire on voit affleurer dans le vallon et sur les bords du défilé du Mazagran des couches épaisses de marne bleue, qui retiennent les eaux et donnent naissance aux sources pures et abondantes qui sourdent de toutes parts dans le vallon de Koléah. On a découvert dans ce vallon quelques couches de lignite à la vérité peu épaisses, mais qui pourraient devenir utiles à exploiter si elles acquéraient plus de puissance. Koléah n'a jamais pu avoir les 2 ou 3,000 habitants qu'on lui a attribués : c'est, comme le disent les rapports du gouverneur, une fondation en partie religieuse et en partie agricole. On a établi près de la ville un camp et une caserne.

Au sud d'Alger s'étend, dans une position délicieuse, la ville de *Blidah*, au pied de l'Atlas, d'où coulent les abondantes sources qui alimentent ses nombreuses fontaines et arrosent ses magnifiques vergers d'orangers. Un terrible tremblement de terre la détruisit en 1825. Son sol était naguère encore couvert de ruines. A peine ses habitations étaient-elles relevées, que la perfidie de ses habitants envers les Français l'exposa deux ou trois fois au pillage et aux horreurs de la guerre. A l'époque de l'occupation française elle renfermait 8 à 10,000 habitants; aujourd'hui elle n'en a plus que 3,000, composés d'Arabes, de Maures, de Juifs, de quelques Turcs et d'environ 200 Européens. Ses rues sont droites et coupées à angles droits; elles sont bordées de maisons bâties en pisé, basses et ouvertes sur le devant au moyen de grands volets qui se baissent comme des trappes. Tout le monde travaille dans ces espèces de boutiques, le long desquelles circulent des ruisseaux limpides. Des treillages, garnis de plantes grimpantes, s'étendent d'une maison à l'autre et recouvrent ainsi toutes les rues. Le commerce de coutellerie y est très florissant. Par les soins du génie militaire, Blidah est aujourd'hui dans un excellent état de défense. En 1840, cette ville a été soumise à une organisation nouvelle. Les indigènes ont été relégués dans un quartier séparé, exposé au feu de la citadelle, et dans lequel se trouvent deux mosquées. Dans le quartier réservé aux Français, la maison qu'occupait autrefois l'aga est devenue l'hôtel-de-ville, et une belle mosquée, appelée *Djemah-el-Kebir*, vient d'être convertie en église catholique sous l'invocation de saint Charles; elle se compose de cinq nefs séparées par des piliers carrés en pierre; son minaret a été surmonté de la croix qui domine les minarets des autres mosquées. Près de cet édifice se trouvent le presbytère et une école chrétienne.

Les environs de Blidah sont délicieux. Le gouvernement vient d'y prescrire la formation d'une colonie de 300 familles, qui doivent élever deux villages dans la campagne. Pour leur procurer la sécurité nécessaire, on a exécuté des travaux consistant en un fossé large et profond qui s'étend jusqu'à environ 2 lieues sur la route de Bouffarick, avec des blockhaus placés de distance en distance et destinés à arrêter les incursions des Arabes.

Il est à remarquer qu'en général les habitants de Koléah, comme ceux de Blidah, ne considèrent pas comme des moyens d'oppression les travaux que les Français exécutent pour leur défense ou pour favoriser leurs communications; les naturels commencent au contraire à y voir des garanties de protection pour leurs propres intérêts. Cette croyance, entretenue par la plus sévère discipline des troupes, ne peut manquer d'amener d'heureux résultats en faveur de la colonisation.

Entre Alger et Blidah plusieurs camps ont été construits : l'un d'eux est près de *Douéira*, petite ville où l'on a organisé un hôpital militaire propre à recevoir 500 malades ; l'autre est à *Bouffarick*, poste important comme position de réserve et d'approvisionnement pour nos troupes. Sur un plateau qui domine la plaine de la Metidja, les vallées de l'Ouad-Djer et de l'Ouad-Adelia, se trouvent quelques ruines qui indiquent l'emplacement d'une ville romaine appelée *Aquæ Calidæ*.

De Doueira à Blidah on traverse l'extrémité occidentale de la plaine de la Metidja. Cette fertile plaine, qui, dans quelques unes de ses parties, est couverte de marais et de marécages dont l'influence pernicieuse se fait sentir dans la saison des chaleurs, non seulement sur les habitants européens, mais encore parmi les indigènes, a environ 18 lieues de longueur, de l'ouest à l'est, sur 6 à 7 de largeur. Elle est arrosée par les cours d'eau qui descendent du petit Atlas et des collines du Sahel ; les principaux sont, à l'est le Khamis, au centre, l'Arrach et à l'ouest la Chiffa, qui prend le nom de Mazafran après avoir reçu les eaux de l'Ouad-Djer et avant de traverser les collines du Sahel. Ces trois rivières se jettent dans la Méditerranée.

D'importants travaux de desséchement ont été entrepris dans le but d'assainir la Metidja ; de nombreux canaux, des fossés, des rigoles ont été creusés dans la partie orientale de la plaine, pour faire écouler les eaux des marais dans le lit du Khamis et de l'Arrach ; des routes-chaussées, qui traversent les marais, réunissent dans leurs fossés latéraux toutes les eaux marécageuses des environs ; enfin il y a lieu d'espérer que dans quelques années cette plaine sera complétement assainie.

Médéah, où résidait le bey de Titteri, est bâtie sur un plateau situé au-delà de la première chaîne de l'Atlas que l'on traverse par un chemin très difficile. Un aqueduc en assez mauvais état, très élevé, et composé de deux rangs d'arcades à plein cintre, y apporte les eaux des collines situées au nord, et donne à la ville un aspect très pittoresque. La couleur brune de ses maisons et les tuiles bombées dont elles sont couvertes, lui donnent de la ressemblance avec un des bourgs de la côte châlonnaise en Bourgogne. Ce qui ajoute encore à cette ressemblance, c'est la végétation de ses environs : aux agaves, aux cactus, aux grenadiers et aux orangers, ont succédé des pièces de vigne, des champs entourés de haies d'épines, et les mêmes arbres qu'en France. Une mauvaise muraille entoure la ville : on y entre par trois portes percées de meurtrières et défendues par quelques faibles ouvrages. Le palais qu'occupait le bey n'est qu'une maison plus grande que les autres. La population de Médéah est de 6 à 7,000 âmes. Cette ville, qui est peut-être l'ancienne *Lamida*, renferme quelques constructions qui paraissent être romaines, mais l'aqueduc ne semble pas être antique.

Dans la direction du nord-ouest, à 27 lieues environ d'Alger et à 15 de Blidah, on voit su le mont Miliana, plateau fort élevé, la ville qui a donné son nom à cette montagne. *Miliana*, qui paraît être l'antique *Malliana* de l'itinéraire d'Antonin, a un mauvais mur d'enceinte et trois portes ; du reste elle n'offre rien de remarquable. On y voit quelques ruines ; mais cette ville n'est en réputation chez les Arabes que par le pèlerinage qu'on y fait au tombeau du saint mahométan *Sydy - Toucet*. Le climat de Miliana est assez rigoureux en hiver. Le chemin qui y conduit d'Alger est fort difficile dans la partie qui traverse les montagnes ; celui qui communique avec Médéah offre moins de difficultés.

En parcourant la côte à l'est d'Alger, nous trouvons le bourg de *Dellys*, qui paraît être bâti sur les ruines d'une ville antique. Il est situé à une vingtaine de lieues d'Alger, à moitié chemin de cette ville à Bougie. Bien qu'il soit peu peuplé, il est important par sa position.

Bugia, en français *Bougie*, est aussi sur l'emplacement d'une antique cité appelée *Choba*, dont il ne reste plus de traces ; d'autres pensent qu'elle est bâtie dans l'enceinte même de l'antique *Saldæ*, dont elle n'occupe que le tiers. Elle s'élève sur une montagne qui s'avance dans la mer. Elle a un bon port où les montagnards vendent des bois de construction, des figues et de l'huile ; c'était une des villes fortifiées de l'État d'Alger ; un château appelé Kasbah la domine. Des fragments de murs que l'on voit à quelque distance des dernières maisons, annoncent qu'elle a été plus grande qu'elle ne l'est aujourd'hui. Une partie de ses murailles a été bâtie par les Romains ; le reste est de l'époque sarrasine et date sans doute de l'an 987. Ses rues sont très étroites, mais moins qu'à Alger. Elle a donné son nom aux chandelles en cire, parce qu'elles y ont été inventées. Les montagnes des environs recèlent des mines de fer dont on fabrique différents ustensiles, et servent d'asile à une population de Kabaïles, qui passe pour la plus dangereuse et la plus sauvage du territoire algérien. On y a construit un hôpital, des casernes et des magasins, qui en font un des points les plus importants de la côte.

Nous sommes dans la province de Constantine, vaste province qui par suite des injustes agressions de son bey a été conquise en 1837 par l'armée française. Elle est partagée en *trois* khalifats, *deux* kaïds et *quatre* cercles, dont le commandement a été confié à de hauts feudataires indigènes, soumis à un officier-général investi du titre de commandant supérieur qui rend compte de ses actes au gouverneur-général.

En suivant le littoral on arrive au petit port de *Djidjel* ou *Djidjeli*, qui paraît être évidemment l'antique *Igillis* que Pline indique comme le centre d'une colonie romaine (¹). La décadence de cette ville date de la conquête de Roger, roi de Sicile.

Cette province compte parmi ses principales rivières la Seybouse et le Roummel; c'est un pays très fertile et le plus peuplé de toute l'Algérie.

Collo, appelée par les Arabes *Calla* ou *Coullou*, est une ville de 2,000 âmes, située au bord de la mer à 7 myriamètres de Didjeli, près d'un mouillage où les navires sont à l'abri des vents du nord-ouest extrêmement dangereux sur cette côte. Elle est défendue par un mauvais château dans lequel les Turcs entretenaient une petite garnison commandée par un aga. Ce château est situé sur un rocher fort élevé, mais dominé par d'autres hauteurs. Avant d'appartenir aux Turcs, l'ancienne ville maure de Collo était assez puissante et assez peuplée pour maintenir sa liberté contre les souverains de Tunis et de Constantine. Elle avait une banlieue assez étendue et pouvait mettre sur pied jusqu'à 10,000 hommes. Collo est un des lieux où le commerce européen a le plus anciennement trouvé accès sur les côtes de l'Algérie. Les Vénitiens et les Génois y furent les premiers accueillis. Les Italiens, les Flamands, les Français, ne tardèrent pas à les suivre; mais nous y avons obtenu bientôt la préférence, et nos négociants provençaux y ont été regrettés toutes les fois qu'une rupture quelconque les a forcés de s'éloigner.

Les montagnes qui dominent Collo font partie d'une chaîne qui s'étend presque parallèlement au rivage sur une longueur de plus de 40 lieues dans la direction du nord-ouest. Elles recèlent, dit-on, des filons de cuivre qui n'ont jamais été exploités. Les environs du Collo offrent le tableau le plus pittoresque. Au sud s'étend une plaine couverte d'une riche végétation, au milieu de laquelle s'élève une montagne toute boisée, que les habitants appellent *Roumadyah* (la Charbonnière), et qui, vue de la mer, paraît être une île située au fond du golfe. Une rivière vient se jeter à la mer dans la partie orientale de la baie; à droite et à gauche, de grandes masses s'élèvent graduellement; toutes les collines sont couronnées de bois; les points les plus élevés sont couverts de terre en culture; toute la contrée abonde en fruits, en blé, en pâturage, en troupeaux. A l'ouest de Collo, on remarque quelques sommets de montagnes stériles, un entre autres, de forme pyramidale, isolé, qu'on peut reconnaître dans toutes les positions, est appelé Coudia et a 590 mètres de hauteur. Tout près de Collo on remarque les restes d'une voie romaine qui conduisait à Constantine. Suivant Léon l'Africain, Collo fut une cité florissante qui dut son origine aux Romains.

Stora, au fond d'un golfe auquel elle donne son nom, a passé jusqu'à présent pour être l'antique *Rusicada*, parce qu'on y remarque des restes de citernes et d'autres constructions; on a même prétendu que son second nom de *Sgigata* dérivait de celui de la cité romaine; mais il n'est pas probable que *Rusicada* se soit étendue jusque là.

Les ruines de celle-ci se font remarquer à 3 kilomètres plus à l'est, à l'endroit même où l'on a construit en 1838 la nouvelle cité de *Philippeville*. Ces ruines occupent une longueur de plus de 1,000 mètres, sur une largeur de 6 à 800 mètres. On y remarque des citernes, un théâtre assez bien conservé, des arènes et les restes d'un temple. C'est au milieu de ces ruines que s'élève la nouvelle ville française, dont la population est d'un millier

---

(¹) Plin. VI. T. I, p. 244.

d'individus, parmi lesquels on comptait déjà au commencement de 1839, 200 hommes de garde nationale. Ce qui jusqu'à présent donne une grande importance à Philippeville, ce sont les travaux de défense qu'on y a exécutés : ils consistent en une citadelle qui a reçu le nom de fort de France et qui occupe l'emplacement de la citadelle romaine. Le fort Royal, le fort d'Orléans, le fort Skikda et le fort Valée, placés sur différents mamelons, ne sont en partie que des constructions antiques rétablies ; l'ancien chemin de ronde romain n'a même eu besoin que d'être déblayé.

Philippeville, située près de la mer, possède un débarcadère ; les bâtiments peuvent par un beau temps mouiller vis-à-vis du fort de France ; mais la rade étant ouverte au vent du nord, lorsque ce vent souffle avec force, ils doivent se réfugier à Stora où ils peuvent jeter l'ancre. Plusieurs *blockhaus* ont été construits pour défendre ce mouillage.

Située à environ 17 lieues à l'est de Philippeville, *Bona* ou *Bone*, en arabe *Beled-el-Aneb*, est sale et mal bâtie, mais son port est vaste et commode. Construite au pied d'un mamelon dont la pente se termine près du rivage en falaises escarpées, elle est entourée d'une muraille de 10 mètres de hauteur. La citadelle ou Kasbah, à 350 mètres de cette enceinte, couronne une colline. En 1817, la population de la ville, qui était de 12,000 âmes, a été réduite à 4,000 par la peste. A l'arrivée des troupes françaises elle n'était plus que de 1,600 habitants. Placée à l'extrémité inférieure d'un des contre-forts de la chaîne de montagnes qui borde la mer depuis le cap de Fer jusqu'au cap de Garde, Bone voit s'étendre à l'est et au sud-est de vastes terrains marécageux dans lesquels se perdent plusieurs ruisseaux. Près de ses murs les eaux de la Boudjimah, dont l'embouchure est constamment fermée par les sables que les vagues de la mer repoussent sur la plage, forment plusieurs marais ; la Seybouse en forme aussi plusieurs, et borde même un grand marais appelé la *Cruche Erbeya*.

Les miasmes pestilentiels qui s'exhalent de ces marais exercent une funeste influence sur les habitants et sur la garnison de Bone ; ils produisent des fièvres dont la malignité causerait bientôt la mort, si ceux qui en sont atteints ne pouvaient s'éloigner dans les premiers jours de la maladie. Pour faire cesser ou diminuer un état de choses aussi désastreux, le gouvernement a fait exécuter en 1839 et 1840 plusieurs travaux de dessèchement, tels que des canaux, des digues et des chaussées.

Ces travaux semblent avoir déjà porté leurs fruits, car au commencement de 1840 la population de Bone était de 5,700 habitants composés d'environ 2,500 indigènes et 3,200 Européens.

A un kilomètre à l'est de cette ville, on remarque les ruines d'*Hippo-regius* ou d'*Hippone*, siége épiscopal qu'occupa saint Augustin. Sur la côte on trouve à 15 ou 18 lieues plus loin vers l'est, *La Calle*, petite ville entourée de trois côtés par la mer, et par une muraille du côté de la terre. Elle est bâtie sur des rochers inabordables. Sa longueur est de 350 mètres et sa largeur de 60. C'était, avec le cap Bon, l'un des principaux comptoirs français sur les côtes d'Afrique, principalement pour la pêche du corail. Elle n'avait que 400 habitants, lorsqu'en 1827 elle fut détruite par le dey d'Alger. En 1838 ne renfermait que 110 maisons ; mais depuis cette époque il s'y est établi un certain nombre de colons qui y ont construit des habitations. Ses rues sont tirées au cordeau, bien pavées et d'un facile entretien. Elle est dominée par un ancien moulin dont on a fait un fort qui peut contenir 50 hommes. L'église a été réparée par les soins de l'administration. Une caserne pour 300 hommes d'infanterie et un petit quartier de cavalerie y ont été construits. Sur la plage de sable fin qui ferme la partie orientale de son port, viennent s'amarrer les corailleurs italiens, sardes et corses, qui depuis quelques années recommencent à affluer dans ses parages. Des forêts dont la superficie est évaluée à plus de 20,000 hectares avoisinent La Calle. Trois grands lacs s'étendent dans ses environs : le plus petit, situé à l'ouest de la ville derrière le bastion de France et communiquant avec la mer par un chenal, est appelé *Guerah-el-Malha* (*étang salé*) ; le second, situé au sud de la ville, porte le nom d'*El-Garah* ; le troisième, qui est à l'ouest, est le *Guerah-el-Hout* (*étang des poissons*). La petite rivière qui conduit les eaux de ce lac à la mer porte le nom de *Ouad-el-Hout* (*rivière des poissons*). Ces lacs sont très peu marécageux, en sorte que, malgré leur voisinage, le pays est généralement sain. Leurs bords sont garnis d'arbres de diverses espèces. Les environs de La Calle offrent un sol fertile, arrosé par de nombreux ruisseaux, et peuvent présenter des chances de succès aux spéculations d'un grand nombre de colons européens.

La petite île de *Tabarque*, cédée en 1830 à la France par le gouvernement de Tunis, est importante par son port où se rassemblent les pêcheurs de corail. Elle est située à 28 kilomètres à l'est de La Calle. Comme elle n'est éloignée de la terre ferme que d'une portée de carabine, Ali-Pacha, bey de Tunis, après s'en être emparé en 1741, la réunit au continent par une chaussée.

C'est au centre de la province que se trouve la ville de *Constantine*. Assise sur un plateau élevé à 600 mètres de la mer, elle est environnée d'une muraille en briques. « Figurez-vous, dit un de nos savants officiers d'état-major (¹), un quadrilatère incliné vers le sud, recouvert d'une masse de maisons à toits rouges, dont on distingue à peine la solution de continuité, surmontées d'une douzaine des plus grêles minarets. Le pavé est la surface d'une roche calcaire dure et sombre dont la masse s'est détachée de la montagne voisine, laissant dans la cassure un fossé naturel à parois verticales, dont la profondeur varie de 100 à 250 mètres, avec une largeur beaucoup moindre. Des nuées de corneilles, de vautours, d'aigles et surtout des grues planent sur l'abîme et sur la ville; quelques cactus végètent entre les brisures des rochers voisins; puis se déroule un tapis de verdure aussi loin que la vue peut s'étendre, mais on n'y distingue pas une seul arbre. Dans l'intérieur c'est un dédale de petites rues de 4 à 5 pieds de largeur, souvent recouvertes de voûtes; les maisons sont bâties généralement en boue sur des fondations romaines. La moitié en est écroulée ou prête à s'écrouler. Alger, Bone, Oran, Bougie même nous rappellent quelquefois l'Europe, mais Constantine est la Numidie dans toute son étrangeté. »

Constantine possède 13 mosquées et un grand nombre de petites chapelles. Les fossés

(¹) M. Puillon-Boblaye, capitaine d'état-major: Lettre à M. le colonel Bory de Saint-Vincent.—Juin 1838.

naturels qui entourent la ville sont arrosés par deux ruisseaux torrentueux : le Roummel et le Bou-Merzoug. Sur le Roummel on voit un beau pont en pierre construit par les Romains. Les principaux édifices sont l'ancien palais du bey, les mosquées et la forteresse, appelée aussi *Kasbah*. En sortant de la ville, les deux rives du Roummel sont bordées de beaux jardins et de maisons de campagne, dont la plus remarquable est celle qu'occupait le bey. Depuis que les Français se sont emparés de cette ville, la Kasbah a été transformée en un fort à l'européenne; la principale rue a été élargie: les places publiques ont été nivelées et plantées d'arbres. Constantine est l'antique *Cirta*, qui fut la patrie de Jugurtha et de Massinissa, et qui soutint de longues guerres contre Rome et contre Carthage. Le Roummel est l'*Ampsaga* des anciens. La population de cette ville a été fort exagérée lorsqu'on l'a portée à 60,000 âmes : elle n'est que d'environ 15,000. Dans ses environs on exploite une carrière de très bel albâtre; les sources calcarifères, nommées les *Bains enchantés*, font naître de petites pyramides naturelles par le dépôt de matières calcaires dont leurs eaux sont chargées. Dans la partie la plus élevée du sol de Constantine, le Roummel sort d'un canal souterrain en formant une belle cascade. Ce point, élevé de 5 ou 600 pieds au-dessus de la plaine, était encore en 1837, comme dans l'antiquité, le lieu d'où l'on précipitait les criminels et les femmes infidèles.

A environ 70 kilomètres de Constantine, *Guelma*, ou *Ghelma*, chef-lieu de cercle, est une petite ville qui occupe évidemment l'emplacement de l'antique *Calama*, dont les débris ont servi aux Français à y établir un poste important. A 30 kilomètres au sud-est, on trouve la petite ville de *Tifch*, ou *Tiffech*, et au sud-est *Tipsa*, petite forteresse. *Tajilt*, l'antique *Tagaste*, patrie de saint Augustin, s'élève sur la rive droite de l'Hamise, affluent du Medjerdah. Les autres lieux que l'on aperçoit jusqu'au premier chaînon de l'Atlas ne méritent pas d'être cités.

Pour aller de Constantine à Alger, les caravanes emploient *douze* jours et les piétons *sept*. La première station que l'on trouve est *Milhah*, ville autrefois célèbre et florissante, mais aujourd'hui peu peuplée et peu commerçante. Le troisième jour, on arrive à *Ka-*

reb, station où l'on voit une fontaine bâtie par les Romains. Le quatrième jour, on traverse Stif, ou Setif, l'antique *Sitifis*, petite ville qui renferme encore quelques restes romains, entre autres une fontaine assez belle et fort bien conservée. Le sixième jour, on passe à *Medjana*, petite ville près de laquelle on remarque une fontaine romaine, un arc de triomphe et les débris d'un temple ; ces constructions paraissent avoir appartenu à l'antique ville de *Cellæ*. C'est après cette ville que l'on arrive au fameux passage appelé le *Biben*, ou la *Porte de fer*, vallée étroite dominée par des montagnes élevées et dont les flancs sont impraticables. « Dans le fond de la vallée
» coule un ruisseau d'eau salée qui fait tant
» de circuits, qu'on est obligé de le traverser
» au moins quarante fois pendant les sept heu-
» res que l'on met à passer ce défilé. Au pas-
» sage du Biben, les caravanes, quelque
» nombreuses et bien armées qu'elles soient,
» sont presque toujours attaquées par les Ber-
» bers. Il faut absolument composer avec eux ;
» sans cela on serait massacré(¹) » Cependant, depuis que les Français ont franchi ce défilé dangereux, et surtout depuis qu'un fort de construction romaine armé de canons y tient en respect les tribus nomades, le passage en est devenu très praticable. Le huitième jour, on continue à franchir les montagnes dans la direction de *Kafridjala*; après avoir traversé un torrent, on va coucher au pied du Jurjura, dont la hauteur est de 1,900 mètres. On aperçoit plusieurs villages dans ces montagnes, ainsi que de nombreuses plantations d'arbres fruitiers. Le neuvième jour, on traverse un mamelon aride, appelé le mamelon de la Soif, et l'on arrive à Hamza, pour être deux jours après dans la plaine de la Metidja.

Ce qu'on appelle *Hamza*, et que les Arabes nomment *Bordj-Hamza*, est un château qui occupe l'antique station romaine d'*Anzia*; on y remarque un grand nombre d'inscriptions. C'est une espèce de maison carrée située au milieu de la plaine du même nom, sur la rive gauche d'un des cours d'eau dont la réunion forme le Soummam, appelé aussi *Oued-bou-Meçaoud*, qui se jette dans la mer près de Bougie. Ce fort n'a qu'une porte ; les logements des troupes, disposés en carré, en forment eux-mêmes l'enceinte, en faisant

(1) *Rozet : Voyage dans la régence d'Alger*, tom. III.

corps avec le rempart, dont les plates formes sont les terrasses de ces mêmes logements, tous voûtés. La plaine de Hamza est habitée par la tribu des *Aribs*, forte d'environ 1,500 hommes, qui campent sur les bords de l'*Oued-el-Akhal*, rivière qui sépare la province d'Alger de celle de Constantine.

Parcourons maintenant la partie occidentale de l'Algérie ; on la comprend sous la dénomination de province d'Oran. Les principaux cours d'eau qui l'arrosent sont l'*Oued-el-Malah* et l'*Habrah*, qui ont 10 à 12 lieues de longueur. Cette province est en général dépourvue de bois ; il ne se trouve qu'un petit nombre de localités où la végétation s'est mieux conservée. Il existe des eaux thermales dans le pays ; près de quelques unes, on trouve des restes d'établissements romains.

D'Alger à Oran, il faut dix jours de marche, bien qu'on ne compte que 80 lieues de l'une à l'autre de ces deux villes. Sur le bord de la mer, se trouve la petite ville de *Cherchell*, qui n'a point de port, mais seulement un mouillage défendu par deux batteries. Elle est dans un pays fertile. C'est une des cités les plus industrieuses de l'ancienne régence d'Alger ; ses poteries en terre et ses objets en fer et en acier sont renommés en Barbarie. Cette ville, qui passe pour une des plus anciennes cités mauresques de la côte, n'a point été fondée par les Maures ; ils s'y sont peut-être fixés à l'époque de leur émigration d'Espagne, vers la fin du quinzième siècle, mais alors ils se sont établis sur les ruines d'une cité romaine, puisque Cherchell est remplie de monuments antiques d'un très beau style et assez bien conservés, et que cette cité n'est autre que l'ancienne *Iol*, que le roi Juba nomma Césarée (*Julia Cæsarea*), en l'honneur d'Auguste, qui lui avait rendu une partie de ses États ; elle devint ensuite la capitale de la Mauritanie. Les Français s'en sont emparés dans le courant du mois de mars 1840. Parmi les antiquités qu'on y remarque, se trouvent des citernes, une muraille de 11 à 13 mètres de hauteur, et de plus d'une lieue de circuit ; des portes et un bel aqueduc, dont on voit les restes entre les collines du sud-est de la ville.

Le moderne Cherchell, que l'on regarde comme l'ouvrage des Maures, n'est point entouré de murailles ; ses maisons sont couvertes en tuiles. Des conduits à fleur de terre y amènent l'eau de deux bonnes sources, venant des collines situées au sud-ouest; celle des puits est un peu saumâtre. Le port, jadis spacieux, circulaire et commode, a été ravagé par un tremblement de terre; on aperçoit sous l'eau les ruines des édifices qui y ont été précipités. André Doria s'en empara en 1531 par surprise, bien que Cherchell fût protégé par un château actuellement en ruines. Des rochers en abritent l'entrée contre les vents du nord et du nord-ouest. Les Romains avaient creusé près du port un bassin qui y communiquait et dans lequel les bâtiments étaient parfaitement en sûreté; ce bassin est actuellement ensablé, mais il ne serait peut-être pas impossible de le dégager. A la place qu'occupait le fort, on pourrait en construire un autre ou établir une simple batterie. Les environs de Cherchell sont agréables et fertiles; le bois de chauffage paraît y être abondant.

La petite ville de *Tenès*, ou *Tenez*, qui donne son nom à un cap, paraît être l'ancienne colonie romaine appelée *Cartenna colonia*. Au rapport des Arabes qui y font le commerce, il reste des mines assez considérables au sud de la ville actuelle. Bâtie sur un plateau à dix minutes de la mer, elle se compose d'environ 250 maisons, dont tous les habitants sont Kabaïles; elle n'a ni mur d'enceinte, ni forteresse; on y remarque quatre petites mosquées, dont une seule a un minaret; son port est une rade très large, dans laquelle il est dangereux de passer la nuit à l'ancre. Tenès a été la capitale d'un petit royaume qui fut détruit en 1509 ou 1510 par Barberousse.

A 3 lieues au nord du Chélif, sur le versant méridional d'une montagne qui suit parallèlement la rive droite de ce cours d'eau depuis son embouchure dans la Méditerranée jusqu'à Médéah, s'élève *Mazouna*, petite ville de 200 à 300 maisons, dont on attribue la fondation aux Romains et qui fut ruinée par les rois de Tlemsen; on y fabrique des étoffes communes de laine et de coton.

Mostaganem possède un port défendu par plusieurs forts. Cette petite ville, après avoir été jusqu'à la fin de 1838 occupée par les troupes françaises, a été abandonnée aux indigènes. On y a seulement construit, près de la porte Bab-el-Djerad, un poste destiné à empêcher les habitants de se constituer en rébellion; mais *Matmoura*, qui en est éloigné d'un quart de lieue tout au plus, est devenu un point militaire important, comprenant des casernes, un hôpital et une manutention.

A 2 lieues plus loin, se trouve *Masagran*, où, sans fortifications et enveloppée de maisons crénelées occupées par l'ennemi, la 10e compagnie du 1er bataillon d'Afrique, commandée par le capitaine Lelièvre, soutint, pendant les journées des 3, 4, 5 et 6 février 1840, l'assaut donné à ces braves par un corps de 12,000 Arabes, qui fut repoussé.

Arzeu, ou *Arzew*, n'offre rien d'intéressant que quelques ruines, qui attestent que cette ville, ou plutôt ce village, est l'ancien *Portus Magnus*. On s'est occupé, en 1838, de construire une enceinte en maçonnerie autour du nouvel Arzew, et des logements pour 300 à 400 hommes d'infanterie.

Oran, que les Arabes nomment *Ouahran*, occupe au fond d'une baie deux petits plateaux allongés que sépare une vallée escarpée, dans laquelle coule une rivière assez forte pour faire tourner plusieurs moulins et fournir de l'eau à toute la ville. Construite par les Maures chassés de l'Espagne, prise par les Espagnols en 1509, reprise par les Maures en 1708, elle retomba en 1732 au pouvoir de l'Espagne, qui la céda au dey d'Alger en 1791, après qu'elle eut été ruinée par le tremblement de terre de l'année précédente. Mais les fortifications que les Espagnols avaient construites sont si solides, qu'elles sont restées debout et qu'elles peuvent facilement servir à sa défense, quoiqu'elles n'aient pas été entretenues par le gouvernement algérien. Ces immenses remparts, ces chemins couverts, ces galeries de mines, tout ce luxe de travaux qu'on admire encore, ont dû exiger des dépenses énormes. Il serait facile d'en faire un second Gibraltar. Les fortifications d'Oran ont été remises en bon état. On a restauré également l'hôpital militaire, l'un des plus beaux établissements dus aux Espagnols, et le Château-Neuf, destiné à jouer le rôle de citadelle. On a construit dans celui-ci une caserne pour 600 hommes, un hôpital pour 200 malades, un pavillon pour les officiers, et un bâtiment pour la manutention des vivres. La vieille Kasbah a été transformée en une prison militaire. Enfin, près du quai, on a bâti un beau magasin à fourrage. La ville est bien percée ; les Français y font de grands embellissements. La rue Saint-Philippe, bordée de beaux trembles, joint les deux principaux quartiers ; de la petite place Kléber, où se trouve un pont en pierres sur un ruisseau, elle conduit à la place du marché. Il y a aussi plus haut un pont qui lie par un chemin le Château-Vieux au fort Saint-André. La baie d'Oran est peu profonde ; les bâtiments de guerre ne peuvent pas y mouiller, et, pendant les vents du nord et de l'est ceux du commerce n'y sont point en sûreté. C'est dans le fort appelé la Nouvelle-Kasbah que le bey avait établi sa demeure ; sa construction n'offre rien de remarquable, mais la porte de cette forteresse est un beau morceau d'architecture. En général, Oran, à l'époque de l'occupation française, n'était rempli que de maisons, de palais, d'églises en ruines ; on y voit les restes d'un beau palais mauresque. A côté de ces édifices, qui furent à moitié détruits par le tremblement de terre dont nous avons parlé, s'élèvent de misérables habitations qui renferment 11,000 habitants, parmi lesquels on compte 4,500 Européens, 900 Musulmans et 5,600 Juifs. Cette ville fait avec l'Espagne, la France et l'Italie, un commerce assez considérable de grains, de bestiaux, de laine et de maroquins.

Les environs d'Oran présentent peu d'objets remarquables, si ce n'est un ou deux grands lacs salés qui restent à sec pendant tout l'été, et qui, pendant l'hiver, ont 2,000 mètres de largeur ; une source d'eau thermale située dans une caverne, sur le bord de la mer, et dont l'eau passe pour être très salutaire. A 6 kilomètres au nord-ouest sur la côte, s'élève sur une petite presqu'île *Mers-el-Kbir*, forteresse où nos troupes se sont établies dans des bâtiments espagnols. A environ 20 lieues vers le sud-est, s'élève à 2,000 mètres de la côte la petite île de *Rachgoun* dans laquelle on a construit un poste militaire. Elle a environ 800 mètres de longueur sur 200 de largeur.

Si nous nous éloignons de la côte, nous trouvons à quelques lieues des frontières de l'empire de Maroc, au bas d'un plateau baigné à l'ouest par la Tafna et à l'est par l'Isser, à laquelle la Tafna va se réunir, la ville de *Tlemsen*. Elle est abritée au sud par deux montagnes, le Djebel-Tierné et le Haniff, élevées de plus de 600 mètres au-dessus du niveau de la mer. Ses rues étroites sont ombragées par des treilles et rafraîchies par de nombreuses fontaines. Les maisons, presque toutes couvertes en terrasses, n'ont qu'un étage, et sont bâties en moellons, en briques ou en pisé. On y compte un grand nombre de mosquées, la plupart très petites ; la principale est au centre de la ville : le minaret en est assez remarquable. La *Caseria*, en face de cette mosquée, est un bazar percé de plusieurs doubles rangées de boutiques. Les larges créneaux qui couronnent la haute muraille qui l'environne semblent indiquer que ce bâtiment a été construit à une époque où les marchands avaient souvent besoin de se mettre à l'abri des attaques de certaines tribus ennemies. Les restes d'une ancienne enceinte prouvent que cette ville a été beaucoup plus considérable. La muraille nouvelle embrasse à peine le tiers de l'espace enfermé par l'ancienne. Elle est bâtie en pisé, flanquée de tours et sans fossés. La citadelle appelée *Méchouar* est située au sud de la ville qu'elle touche ; elle est de forme rectangulaire ; ses murs sont en pisé et découpés par de larges créneaux, mais sans fossés. Elle est percée de deux portes, et dans son intérieur il existe une centaine de maisons et une mosquée. A 1,600 mètres à l'ouest de la ville s'élève une vaste enceinte carrée, nommée *Mansourah*, et qui d'après une tradition fut construite en 1185 par le sultan Noir, qui, parti de Fez avec une nombreuse armée, assiégea vainement la ville pendant plus de sept ans. Cette enceinte crénelée, flanquée de tours, et bâtie en pisé, forme un rectangle de 900 mètres sur 700. Un minaret dont la base est sculptée d'arabesques s'élève intérieurement. La population de Tlemsen est d'environ 4 à 5,000 individus, parmi lesquels on compte 800 juifs. Cette ville faisait jadis partie de la Mauritanie Césarienne. Les Romains s'y établirent, et la nommèrent *Tremis* ou *Tremici Colonia*. On y trouve encore quelques traces de leur séjour : telles sont les pierres qui ont servi à construire l'une des portes de la ville, ainsi que le minaret qui s'élève auprès. Les Maures firent de Tlemsen la capitale d'un royaume qui au commencement du seizième siècle reconnut un moment la domination espagnole. Les Turcs s'en emparèrent ensuite, et le dey Hassan la détruisit partie en 1670. Depuis cette époque elle a toujours été en déclinant (¹).

Les environs de Tlemsen consistent en jardins et en vergers plantés de beaux arbres fruitiers, arrosés par une multitude de sources qui descendent des montagnes voisines. Dans tout le pays de Tlemsen, les habitants comptent environ 2,000 fontaines sur un espace de 10 lieues de longueur. Le paysage est partout très beau et très varié; les montagnards sont en faits et robustes.

Derrière la ville de Tlemsen, on voit de grandes montagnes composées de trois couches posées les unes sur les autres. La première est en plateau, et présente des rochers coupés à pic d'où tombent en cascades plusieurs ruisseaux qui coulent au-dessous sur des prairies émaillées de mille fleurs. La base de la montagne et les bords de la plaine sont couverts de vieux oliviers qui pour la plupart tombent de vétusté. Au sud de la ville s'étend un des plus beaux vallons que l'on puisse voir. Les eaux qui descendent de la première couche des montagnes y forment une rivière qui baigne une île charmante plantée de beaux arbres. Les deux côtés du vallon sont fermés par des rochers coupés à pic qui se perdent dans les nues et d'où tombent plusieurs ruisseaux. Ces rochers offrent différents aspects. A leur base on aperçoit des cavernes profondes qui servent de retraite à des Maures. Tout le fond du vallon est rempli de micocouliers, de frênes, de noyers, de ceriers et de saules, qui s'élèvent à une grande hauteur, et qui offrent un ombrage impénétrable aux rayons du soleil.

A 23 lieues au sud-est d'Oran, sur le versant méridional des montagnes appelées *Chab-el-Rihh* qui font partie des premières chaînes de l'Atlas, et à l'entrée de la plaine de Ghéris, s'élève *Maskarah*, ville qui passait pour avoir été bâtie par les Berbers sur les ruines d'une cité romaine. Son nom, qui paraît dériver de l'arabe *omm' asker* (la mère des soldats), ou plus simplement de *m' asker* (lieu où se rassemblent les soldats), indique la réputation guerrière dont elle a joui autrefois. Elle se divise en quatre parties bien distinctes : Maskarah et les trois faubourgs qui l'environnent, appelés *Rekoub-Ismaïl*, *Baba-*

(¹) Tableau de la situation des établissements français en Algérie en 1839, page 288.

Ali et *Aïn-Beidha*. La ville proprement dite est entourée d'une muraille qui représente assez exactement un carré; à chacun des angles de ce carré s'élèvent des tours surmontées d'une plate-forme propre à recevoir une ou deux pièces d'artillerie; l'angle qui regarde le nord est plus obtus que les autres, et se trouve renforcé par un fort qui est compris dans l'enceinte de la ville et peut recevoir une douzaine de pièces d'artillerie. Ces constructions sont solidement bâties en moellons. Maskarah a deux portes; elle est percée de trois rues principales auxquelles aboutissent quelques petites rues de communication et des impasses. Il y a deux places publiques : celle du marché aux grains, au nord, où s'élèvent la mosquée et le fort; et celle du Beylik, ainsi nommée à cause du palais que le dernier bey y avait fait construire et qui est aujourd'hui dans un état complet de dégradation. Au milieu de cette place est un bassin en marbre blanc, d'où sort un jet d'eau qui alimente presque toute la ville. Les maisons de Maskarah, comme celles des autres villes de l'Algérie, s'élèvent rarement au-dessus du rez-de-chaussée et sont en général fort dégradées.

Le faubourg de Rekoub-Ismaïl, situé sur la rive droite d'un ravin qui à l'ouest le sépare de la ville, est entouré d'une muraille en pisé haute de 6 mètres sur autant d'épaisseur. Cette muraille est flanquée de trois petits forts en pierre pouvant contenir une trentaine d'hommes et surmontés d'une plate-forme avec des embrasures pour recevoir de l'artillerie. Le faubourg appelé Baba-Ali (le père Ali) est le plus grand et le plus peuplé. Celui d'Aïn-Beidha (la source blanche), ainsi nommé d'une fontaine qu'on y trouve, est situé au sud de la ville dont il n'est séparé que par un boulevard extérieur. Les rues en sont assez propres et régulières. On y remarque une petite mosquée dont l'élégant minaret s'élève au-dessus de toutes les maisons. On doit comprendre dans ce faubourg ceux de *Sidi-Ali-Mohammed* et de *Bab-el-Cherky*, qui n'en sont à proprement parler que des dépendances. La population de Maskarah et de ses faubourgs est de 2,840 habitants, dont 700 Arabes, 1,800 hadars ou citadins, 100 beni-mzabs et 240 juifs.

La petite rivière qui arrose Maskarah se nomme *Oued-Sydy-Toudman*; elle prend sa source dans un marais à trois quarts de lieue au nord de Baba-Ali, et reçoit près de la ville les eaux d'*Aïn-Bent-el-Sólthan*. Elle descend entre la ville et Rekoub-Ismaïl en formant des chutes d'eau qu'on pourrait utiliser pour faire mouvoir des moulins. Quatre ponts traversent cette rivière : un dans le faubourg Baba-Ali, un autre entre la ville et le faubourg, le troisième entre Aïn-Beidha et Rekoub-Ismaïl, le quatrième enfin au-dessous d'Aïn-Beidha, sur le chemin qui descend dans la plaine de Gheris.

Maskarah, du temps du gouvernement turc, fut la résidence des beys de la province, jusqu'au moment où les Espagnols furent contraints d'évacuer Oran. Aujourd'hui elle est sous l'autorité immédiate d'un kaïd qui ne doit compte de ses actes qu'au khalifah et à l'émir Abd-el-Kader. Depuis le traité de la Tafna, elle est la résidence d'un commissaire français.

Le climat de Maskarah est très sain ; l'horizon y est presque toujours pur et sans nuages. En hiver, le froid y est beaucoup plus vif qu'à Oran, et les montagnes voisines se couvrent ordinairement de neige. En été, la température est très élevée ; la brise de mer ne vient jamais rafraîchir l'air, parce que de grandes montagnes au nord l'empêchent d'arriver ; mais en automne et au printemps l'air est pur et propre à hâter le retour de la santé chez les convalescents. Les environs, à une lieue à la ronde, sont cultivés en jardins potagers, en vignes, en figuiers de Barbarie et d'Europe, en oliviers, en amandiers, en cognassiers, etc. Les récoltes y sont généralement belles, et la végétation y est fort active (¹).

El-Kallah, à 5 lieues au nord-est de Maskarah, est sale et mal bâtie, mais très industrieuse : c'est la principale fabrique de tapis et d'étoffes de laine de l'ancienne régence d'Alger. Quelques ruines indiquent qu'on est ici dans une ville antique.

Dans les environs de Maskarah, trois villages méritent d'être cités. *El-Bordj*, à 4 ou 5 lieues de cette ville, renferme 7 à 800 habitants : il s'y tient un marché assez considérable le mardi et le mercredi de chaque semaine. *Kalaah*, à 2 ou 3 lieues d'El-Bordj, se compose d'environ 250 maisons ; les bourgades de *Debba* et de *Msourata*, composées chacune d'une vingtaine de cabanes, dépendent de ce village ; enfin *Tliouenth*, à 2 lieues au sud-est de Kalaah, est un village dont les habitants comptent 50 fusils et fabriquent des étoffes de laine.

A une vingtaine de lieues au sud-est de Maskarah, au milieu des montagnes, *Tagdemt* ou *Teqdemt* est une ville ruinée d'origine romaine et dont le nom signifie *ancienne*. Jean de Léon, surnommé l'Africain, qui la visita au seizième siècle, parle de deux grands temples antiques dont il vit les ruines (¹). On croit que cette ville est le *Cadaum Castra* ou le *Gadaum Castra* des Romains. On voit encore des vestiges de son antique enceinte, dans laquelle se trouvent quelques ruines, dont les plus importantes sont des citernes et les restes d'une citadelle. Bâtie sur deux mamelons entourés de montagnes, une petite rivière appelée *Oued-Mynah* coule au pied de ses murs. Elle paraît avoir été ruinée par les guerres vers l'an 365 de l'hégire ou l'an 975 de notre ère. Depuis le mois de septembre de l'année 1836, l'émir Abd-el-Kader s'est occupé de la restaurer pour en faire le siège de son gouvernement et y réunir ses établissements militaires. Bien que sa position soit fort élevée, elle offre l'inconvénient d'être dominée par les collines environnantes. L'hiver y est rigoureux. D'après les meilleurs renseignements, l'émir a fait construire un grand fort, vaste caserne défensive, avec quelques embrasures et de mauvais canons ; dans cet édifice se trouvent ses ateliers pour la fabrication de la monnaie. Un second fort plus petit servant de caserne et de magasin, une redoute revêtue en maçonnerie et défendue par deux petites pièces d'artillerie, sont ses autres travaux de défense. La plupart de ses canons sont de vieilles pièces espagnoles qui ont été enclouées. L'émir a fait construire des moulins sur l'Oued-Mynah ; il a tenté d'établir une manufacture de fusils et une fonderie de canons, mais ses fusils sont fort imparfaits et ses canons sont tout-à-fait défectueux. La ville se compose de 300 cabanes recouvertes en chaume, au milieu desquelles s'élèvent 8 ou 10 maisons couvertes de terrasses et une di-

---

(¹) Voyez le Tableau de la situation des établissemens français dans l'Algérie en 1839.

(¹) Voyez le Mémoire de M. d'Avezac intitulé Abd-el-Qader et sa nouvelle capitale.—Nouvelles Annales des voyages, juin 1840.

zaîne d'autres recouvertes en tuiles. Les habitants se composent de Koulouglis que l'émir y a fait venir de Mazagran, de Mostaganem, de Miliana et de Médéah.

Jetons maintenant un coup d'œil sur les principaux lieux habités que l'on remarque au sud de la seconde chaîne de l'Atlas, ou du *Djebel-Ouanseris*, appelé aussi *Ouanaseris* ou *Ouanascherich*, et qui à l'est du Chélif prend les noms de *Djebel-Dira* et de *Djebel-Ouennougah*. Près des montagnes nommées Djebel-Ammer, sur la lisière d'une plaine déserte qui porte le nom de *Désert d'Angad*, et non loin des soixante-dix sources, en arabe *Sebaioun Aïoune*, qui donnent naissance à l'une des rivières qui forment le Chélif, *Gonida*, ou mieux *Goudjita* n'est qu'une simple bourgade, située à 45 lieues au sud de Tenez. Dans une vallée marécageuse on voit à l'est du vaste marais appelé *el-Chou* (marais salé) la petite ville de *Toubnah*, qui n'offre d'ailleurs rien de remarquable.

Dans la partie que nous parcourons, Abd-el-Kader, pour se mettre plus facilement à l'abri des poursuites des Français, a fondé plusieurs établissements qui, bien que peu importants, ne doivent pas être passés sous silence. A environ 15 lieues au sud de Médéah, il a bâti, dans le mois de juillet 1839, une petite place forte appelée *Boghar*, qui consiste principalement en un fort de la forme d'un carré long. Sur la montagne de Matmata, située à 12 lieues au sud-sud-est de Miliana, et l'une des plus élevées de la chaîne du grand Atlas, *Thaza*, qui date de 1838, se compose d'un fort d'environ 40 mètres de longueur sur 15 de largeur dont les murailles ont à peu près un mètre d'épaisseur; d'un four, d'un moulin à eau et d'une trentaine de cabanes. *Saïda*, à une journée au sud de Maskarah, est une ancienne petite ville dont le mur d'enceinte a été relevé à la fin de 1839 : elle renferme encore très peu d'habitants. Enfin, à une journée au sud de Tlemsen, *Tafraoua*, défendu par un fort si mal construit que deux fois la pluie en a fait écrouler les murailles, renferme quelques Koulouglis qui ont été forcés par Abd-el-Kader de s'y installer. Chacun de ces forts est gardé par une garnison de 100 hommes de troupes régulières. Ils servent à la fois de magasins d'approvisionnements et d'ateliers de menuisiers, de charpentiers et de forgerons

Au sud du territoire de Maskarah on remarque, dans l'aghalik des Hachem-Gharaba's, le village de *Kert* sur la montagne du même nom, qui renferme des ruines importantes dont on ne connaît pas l'origine; celui de *Takelmamat* où l'on voit les restes d'une cité romaine, et près de là une tour ruinée appelée *Ksar-bent-el-Solthan* (palais de la fille du sultan); à 3 lieues et demie de Maskarah les *souterrains d'Aïat*, excavations taillées dans le roc qui ont plus de 300 mètres de longueur et plus de 70 de largeur, dans lesquels les Arabes exploitent du salpêtre; enfin les ruines de *Bénian* (la construction), à 8 lieues de Maskarah, où, suivant le récit des Arabes, se trouvent les débris d'un monument considérable couvert d'inscriptions.

En se dirigeant vers le sud-est, après avoir traversé le Djebel-Ammer, on entre dans le vaste bassin du Djeddi, qui forme la *province de Zab*, que l'on peut considérer comme faisant partie de la contrée appelée *Beled-el-Djerid*. La première et la plus importante ville que nous trouverons est *Biskarah* ou *Biskerah*, qui ne paraît cependant pas renfermer plus de 2 à 3,000 âmes. C'est le chef-lieu de la province; elle est sur une colline, et entourée d'un mur en briques crues; un petit château-fort la domine. *Neardy* paraît être une bourgade habitée par des Bédouins, que l'on dit descendre des Vandales. Le village de *Sydy-Okbah* ou de *Sydy-Occ'bah*, comme le prononcent les Arabes, est célèbre non seulement parce qu'il renferme le tombeau d'un chef arabe du même nom, mais encore celui d'un saint personnage nommé *Sydy Lascar*. C'est tout au plus si nous devons nommer *Douzan*, *Zerybt*, *Cassir* et plusieurs autres villages dont on charge nos meilleures cartes.

Après avoir traversé le Djeddi, on entre, en se dirigeant vers le sud, dans un autre district appelé *Ouadi Ouadreah*, dont *Touggourt* ou *Toggort* est le chef-lieu. Cette petite ville est bâtie sur une montagne, au pied de laquelle coule une rivière appelée *Oued-Toggort*; elle est entourée de hautes et épaisses murailles. *El-Fytha* ou *El-Feth*; *Magehir* ou *Madjyr*, situées à peu de distance du lac Melghigh, qui a plus de 10 lieues de longueur sur 7 à 8 de largeur, en sont les villages les plus importants.

Dans la partie occidentale du Beled-el-

Djerid, au sud d'une chaîne de l'Atlas qui forme un long bassin avec celle qui, à l'ouest, se nomme Djebel-Andamer, et à l'est Djebel-Salouban, se trouvent plusieurs villages ou bourgades qui sont comme autant d'oasis au milieu de vastes plaines de sable : tels sont, dans un district méridional appelé *Ouadi Mozâb*, un lieu nommé *Ghardeyah* et qui passe pour une ville, et en allant vers le nord un autre lieu peu connu qui porte le nom d'*El-Lefahat*. Vers les sources du Djeddi on trouve un village appelé *El-Aghouath*, et à environ 12 lieues de là vers le sud-ouest une ville sur laquelle nous allons entrer dans quelques détails.

Bâtie sur un rocher, au milieu d'une plaine aride, *Aïn-Madhy* est à 67 lieues de Maskarah; elle est environnée de jardins plantés de grands arbres qui cachent tellement la ville, qu'en dehors de ces jardins, on n'aperçoit que les terrasses les plus élevées et le haut des forts. Avec sa ceinture de jardins, Aïn-Madhy, enfoncée à 6 journées de marche dans le désert, y forme une véritable oasis. Au nord-ouest de la ville, coule un petit ruisseau appelé *Ouad-Aïn-Madhy*, qui prend sa source dans les montagnes que les Arabes nomment *Djebel-Amour*, ou *Djebel-Ammer*, et qui se perd à quelques lieues de là dans les sables. Lorsque la ville soutient un siège contre quelques tribus, les assiégeants ne manquent pas de détourner ce ruisseau; les habitants sont alors réduits à la seule eau de quelques puits qui sont dans son enceinte. Aïn-Madhy est petite; elle renferme environ 300 maisons et 2,000 habitants. Ses fortifications ont une chemise très forte en pierres de taille et enduite d'un recouvrement en béton. La hauteur moyenne de cette muraille est de 7 à 8 mètres, et son épaisseur est assez grande pour que quatre chevaux puissent, dit-on, y galoper facilement de front; elle est flanquée de 12 forts faisant saillie de 4 mètres. En dehors de l'enceinte principale, s'étendent cinq ou six autres murailles qui se font face et qui séparent les jardins de la ville. Ces murailles, hautes de 5 à 6 mètres et épaisses seulement d'un demi-mètre, sont bâties en moellons à mortier de chaux.

Aïn-Madhy a trois portes : une à l'ouest, une au sud et une à l'est; les deux premières sont masquées par des travaux avancés et flanquées de tours qui en défendent l'approche; la troisième communique seulement avec les jardins. La ville est percée de deux rues principales : l'une, qui communique de la porte de l'ouest à celle du sud, traverse une petite place qui forme à peu près le centre de la ville; l'autre fait le tour de la muraille et la sépare des habitations : à celle-ci aboutissent un grand nombre de ruelles. La Kasbah, résidence habituelle du marabout qui gouverne Aïn-Madhy, est située près de la porte du sud; elle est entourée de murailles crénelées, et renferme un puits et tous les magasins du marabout.

Suivant les Arabes, la forme générale d'Aïn-Madhy est celle d'un œuf d'autruche, dont la porte est dirigée vers la porte du sud.

Ce qui donne de l'importance à Aïn-Madhy, c'est sa situation dans le désert, à quinze journées de marche de toute ville; c'est l'influence qu'elle exerce au loin sur les tribus qui l'entourent; c'est enfin qu'elle est le passage obligé des caravanes qui vont dans l'intérieur de l'Afrique. Les habitants, composés d'Arabes, de quelques familles juives et d'esclaves nègres, ne vivent que de commerce; chaque maison est un entrepôt où les Arabes du dehors mettent en sûreté leurs récoltes.

Suivant Léon l'Africain, les habitants de ce district du Beled-el-Djerid n'ont ni sources ni fontaines; aussi se procurent-ils de l'eau par le moyen de puits forés. Ils jettent la sonde à 100 et quelquefois 200 toises de profondeur. D'abord ils traversent plusieurs couches de sable et de gravier, puis ils rencontrent une espèce de schiste qui se trouve au-dessus de ce qu'ils appellent *bahartaht-el-erd* (la mer au-dessous de la terre); lorsqu'ils ont traversé ce schiste, l'eau sort si subitement et en si grande abondance de l'excavation, que ceux qui sont chargés de l'opération en sont quelquefois suffoqués.

Nous venons de parcourir toute l'ancienne régence d'Alger; jetons maintenant un coup d'œil sur les différents peuples qui l'habitent. Ces peuples sont les Maures, les Juifs, les Turcs, les Berbers, les Arabes et les Koulouglis.

Les *Maures* forment la plus grande partie de la population des Etats algériens. Ils paraissent descendre des anciens Mauritaniens et des anciens Numides, habitants aborigènes de l'Afrique, mélangés successivement avec les Phéniciens, les Romains, les Berbers et les Arabes, et même avec les Vandales et les Européens qui, depuis l'invasion de ceux-ci, se sont établis en Barbarie. Ces mélanges ont formé une foule de variétés parmi les Maures; cependant il existe un grand nombre de familles qui n'ont point contracté d'alliance avec les étrangers, et chez lesquelles on retrouve les caractères de la race primitive. Ils ont la peau un peu basanée, mais cependant plus blanche que celle des Arabes; ils ont les cheveux noirs, le nez arrondi, la bouche moyenne, les yeux très ouverts, mais peu vifs, les muscles bien prononcés, et le corps plutôt gras que maigre; leur taille est au-dessus de la moyenne et leur démarche est grave et fière. Les femmes mauresques sont assez jolies de figure; mais comme l'embonpoint est une beauté aux yeux des Maures, elles font tout ce qu'elles peuvent pour l'augmenter; et comme aussi les mères ont l'habitude de tirer la gorge des jeunes filles pour l'allonger : avant l'âge de trente ans, leur taille, par ces deux motifs, est tout-à-fait déformée.

Les Maures habitent principalement les villes et quelques villages plus ou moins rapprochés de celles-ci; en général, il y en a très peu dans la campagne. Le costume des hommes diffère à peine de celui des Turcs, mais celui des femmes s'en éloigne beaucoup; il n'est d'ailleurs pas même pour l'intérieur des maisons que pour la rue. Dans sa maison, une Mauresque en négligé est à peine vêtue; sa tête est nue; une petite chemise à manches courtes, et un caleçon fixé sur les reins lui cachent le ventre et une partie des cuisses; un fichu de couleur et ordinairement en soie, noué par devant de manière à former un petit jupon ouvert, complète l'ajustement; car, dans ce négligé, avec lequel les Mauresques ne se font aucun scrupule de se montrer sur les balcons de leurs terrasses, elles n'ont ni bas ni souliers. Le costume paré de l'intérieur est très riche, et même élégant. Elles ont les cheveux tressés, et sur le sommet de la tête un grand bonnet, pointu comme celui de nos Cauchoises, orné de lames de métal et de rubans, s'élève en s'inclinant en arrière. Du bas de ce bonnet tombe jusqu'à terre une large bande de drap d'or terminée par des franges. De leurs oreilles pendent des boucles en or avec des diamants ou d'autres pierreries, ou en argent ou en cuivre, selon leur fortune; leur cou est chargé de colliers, dont la richesse varie aussi suivant les rangs. Sur une chemise bien blanche, fixée au poignet par des bracelets, elles ont une veste à manches courtes richement ornée de broderies en or; un pantalon, qui descend jusqu'à mi-jambe et qui est brodé comme la veste, passe par-dessous celle-ci, tandis qu'une riche ceinture les arrête tous les deux sur les hanches; enfin un grand châle de soie, passé par derrière et noué élégamment par devant, entoure le bas du corps, cache une des jambes et vient traîner à terre. A ce costume vraiment éblouissant, et dont la valeur dépasse souvent 3 à 4,000 francs, se joint le contraste d'une jambe nue ornée sur le cou-de-pied d'un grand anneau doré, tandis que leur pied est à peine maintenu dans des souliers de velours brodés en or. Quand les Mauresques sortent, elles mettent un large pantalon de toile ou de calicot blanc qui vient s'attacher en fronçant au-dessus de la cheville; par-dessus le pantalon, un foulard qui leur sert de jupon; une chemise courte qui entre dans le pantalon, et sur la chemise une ou deux vestes assez semblables à celle des hommes. Sur tous ces vêtements elles jettent une tunique en gaze de laine blanche. Elles portent sur la figure un petit mouchoir blanc attaché par derrière, et qui la cache depuis le menton jusqu'aux yeux. Coiffées de leur grand bonnet métallique, elles s'enveloppent d'un manteau de laine blanché qui descend jusqu'aux genoux et dans lequel elles cachent leurs mains; ne laissant voir absolument que leurs yeux. Ainsi affublées, elles marchent d'un pas grave et lent dans les rues.

Les *Turcs* forment la population la moins nombreuse de l'Algérie; leur établissement dans ce pays date de l'époque où, envoyés au secours des Maures sous le commandement du fameux corsaire Barberousse et de l'Arabe Sélim-Eutemi, ils chassèrent les Espagnols d'Alger. Ce nouvel État, après s'être mis sous la protection de la Porte-Ottomane, recevait chaque année du grand-seigneur des recrues composées d'hommes turbulents, dont la Porte était fort aise de se débarrasser. Ces hommes complétaient le corps des janissaires du dey et augmentaient ainsi la population turque. Ces Turcs ont le regard sévère, les traits du visage fortement prononcés, et la peau aussi blanche que celle des Européens.

Sous le gouvernement du dey, les enfants qui naissaient d'un Turc et d'une esclave chrétienne étaient considérés comme de véritables Turcs; non seulement ils pouvaient entrer dans la milice, mais encore ils pouvaient parvenir aux premières charges, et même le dey pouvait être élu parmi eux. Ce qu'il y a de singulier, c'est que les enfants d'un Turc et d'une Mauresque ne jouissaient pas de ces avantages; ils formaient et forment encore une classe à part, et on les nomme *koulouglis*. Les traits de leur visage et leur complexion, dit M. Rozet, décèlent leur origine; ce sont généralement de très beaux hommes, bien faits, et qui ont un certain embonpoint.

Les caractères physiques des *Juifs* africains sont absolument les mêmes que ceux des juifs qui habitent l'Europe. Leur costume est assez semblable à celui des Maures, aux couleurs près. Un turban plus petit, deux vestes, dont une à manches longues, un bernous, petit châle de drap qu'ils jettent sur l'épaule, une ceinture, une large culotte qui descend jusqu'aux genoux, les jambes nues et des souliers en peau de couleur : tel est le vêtement qu'ils portent ordinairement. Quant à celui des femmes, qui pour le dire en passant sont généralement jolies, il a quelque analogie avec celui des paysannes de certaines parties de la Normandie. Leur haute coiffure est le seul ajustement qu'elles aient emprunté aux Mauresques; le reste se compose d'une robe de laine noire ou bleue très large, à manches courtes, qui laissent dépasser celles de la chemise. Elles portent aussi des caleçons; mais leurs longues jupes ne laissent voir que le bas de la jambe nue, et que leurs pieds chaussés avec une espèce de pantoufle sans quartier qui ne couvre que les doigts du pied. Lorsqu'elles sortent, elles s'enveloppent, depuis le haut du bonnet jusqu'au talon, d'une gaze légère en laine blanche, qu'elles relèvent de la main gauche de manière à laisser voir la moitié du visage, et surtout les yeux, qu'elles font jouer avec un art et une coquetterie qui leur sont particuliers.

Les *nègres* du pays d'Alger sont originaires du centre de l'Afrique : depuis un **temps** immémorial les Arabes et les Maures ont des esclaves nègres qui sont ordinairement affranchis, soit parce qu'ils rachètent leur liberté, soit parce qu'au lit de mort leurs maîtres la leur accordent. Telle est l'origine de la population noire libre de l'ancienne régence. Le costume des hommes est absolument le même que celui des Maures; celui des femmes n'en diffère que parce qu'elles ne portent pas le grand bonnet pointu.

Les *Arabes*, maîtres d'abord de l'Égypte, puis de la Barbarie dont ils chassèrent les Romains et les Goths, subjuguèrent les Maures et restèrent jusqu'à ce jour le peuple dominateur dans cette partie de l'Afrique. Ils se divisent en deux grandes classes : les cultivateurs et les nomades, ou *Arabes Bédouins*. Ils sont généralement grands, bien faits, et d'une couleur un peu brune. Ce que leur costume a de particulier, c'est le *bernous*, grand manteau de laine auquel tient un capuchon. L'habillement des femmes se compose d'une chemise de laine blanche fort large, à manches courtes, qui est liée avec une corde au milieu du corps. Quelques unes se tatouent les membres et la poitrine.

Les *Berbers*, que les Algériens nomment *Kabaïles*, mot qui signifie *nation*, vivent dans les montagnes, depuis le royaume de Tunis jusqu'à l'empire de Maroc. Ils se divisent en un grand nombre de tribus. Les *Amazyghs*, dans les plaines de l'Atlas; les *Kabaïles*, dans les montagnes de la province d'Alger; les *Chillouhs*, dans l'empire de Maroc; enfin les *Tibbous* et les *Touariks* sont des Berbers. D'autres sont moins nombreuses, telles que les *Coucos* et les *Beni-Abbas*, aux environs de Bougie; les *Beni-Sala's*, près d'Alger, et les *Henneischa's*, sur la frontière de Tunis et les bords de la Medjerdah. Leur taille est moyenne; leur teint est brun, quelquefois même noirâtre; leurs cheveux sont également bruns et lisses, et bien que leur corps soit maigre, ils sont généralement bien faits. Leur tête est plus ronde que celle des Arabes, mais rarement on trouve chez eux ces beaux nez aquilins, si communs chez ces derniers. Ce qui les distingue surtout de ceux-ci, c'est l'expression de leur figure qui a quelque chose de sauvage, et même de cruel. Ce sont les peuples les plus belliqueux des États barbaresques.

L'habit le plus simple des Berbers est une

chemise ou tunique à manches courtes, et le chaïk, longue pièce de laine blanche, dont ils se drapent à la manière des anciens.

Leur tête est couverte d'une petite calotte blanche en feutre, et lorsqu'il fait froid ils mettent le bernous comme les Arabes. Les femmes s'habillent à peu près comme les hommes ([1]).

Toute la partie méridionale de la province d'Oran que l'on peut considérer comme indépendante et qui est soumise au gouvernement d'Abd-el-Kader, se divise d'après les naturels en deux régions: l'orientale ou le *Cherk*, l'occidentale ou le *Gharb*, peuplées l'une et l'autre par un grand nombre de petites tribus.

La région orientale ou du Cherk a pour capitale Maskarah, et se divise en sept aghaliks ou districts soumis chacun à un agha, lesquels empruntent leur nom aux principales tribus qui les habitent. Ainsi ce sont les aghaliks de *Gharaba*, de *Medjaher*, de *Hachem-Gharaba*, de *Hachem-Cheraga*, de *Flitah*, de *Sdama* et de *Cherk* proprement dit.

L'aghalik des *Gharaba's* comprend quinze tribus et trois bourgades ou villages appelés El-Bordj, Kalaah et Tliouenth dont nous avons précédemment parlé.

Les *Gharaba's* proprement dits paraissent être les descendants de nègres venus du Maroc (El-Gharb) à la suite du sultan Mouley-Ismaïl qui fut défait et décapité dans la forêt qui conserve son nom; mais on ignore par quelles circonstances ces nègres se sont fondus avec les Arabes tout en conservant leur indépendance. Leur territoire s'étend au sud de nos possessions et de l'ouest à l'est, depuis l'extrémité orientale de la Sebkha jusqu'à l'Habra. Il comprend une bonne partie de la plaine de Tlélat, la forêt Mouley Ismaïl et toute la plaine du Sig.

Depuis la guerre avec les Français, l'émir a réuni aux Gharaba's plusieurs tribus, dont les plus importantes sont les *Hameïan's*, les *Zmela's* et les *Bordjia's*.

Les autres tribus de cet aghalik sont les *Abid-Cheraga's*, qui ont la réputation d'être braves et de bien cultiver la terre; les *Beni-Ghaddou's*, riches en troupeaux et en céréales; les *Sedjrara's*, qui campent à Aïn-Kbira; les *Beni-Choukran's*, qui sont peu industrieux;

[1] Consultez le *Voyage dans la régence d'Alger*, par M. Rozet, capitaine au corps royal d'état-major.

les *Oulad-Sydy-Daro's*, qui habitent le territoire compris entre le Djebel Chareb-el-Rihh, la plaine de Gheris et Maskarah; les *Oulad Riahh's*, qui campent dans la forêt qui porte leur nom; les *Akermah-el-Gharaba's*, qui campent sur l'Ouad Hillel, au bas et à l'est de Kalaah; les *Guerboussa's*, qui habitent à l'est de Tliouenth une grande forêt qui porte leur nom; les *Sahari's*, qui campent sur la rive gauche de la Minah; les *Ktarnia's*, ainsi nommés parce que leur industrie consiste à extraire le goudron (*katran*) des arbres résineux; les *Bathn-el-Ouad's*, qui sont de riches cultivateurs; les *Chareb-el-Rihh's*, ainsi appelés d'une montagne dont le nom signifie *lèvre du vent*, parce que dans les mauvais temps le vent s'engouffre dans ses gorges en produisant de sourds murmures; les *El-Mékan's*, petite tribu qui campe près des bords de la Minah; enfin les *Mahafit's*, qui occupent la petite montagne de Tamakrest.

Les forces réunies de toutes les tribus de l'aghalik de Gharaba peuvent être évaluées à 2,760 cavaliers et 1,090 fantassins.

L'aghalik des *Medjaher's* est limité à l'ouest par le territoire de Mostaganem et la mer, au sud et à l'est par l'aghalik des Gharaba's, et au nord par celui du Cherk.

Les principales tribus qui en font partie sont les *Ayacha-Tata's*, qui habitent les bords de la mer près de l'embouchure du Chélif; les *Ayacha-Fouaga's*, qui cultivent beaucoup de céréales; les *Oulad-Boukamel's*, qui occupent des plaines fertiles sur les bords de la mer et sur la rive droite du Chélif; les *Mzarah's*, qui sont cultivateurs plutôt que guerriers; les *Hachem-Dahro's*, qui possèdent un grand nombre de vergers; les *Chorfa-el-Hamadia's*, tribu de marabouts qui prétendent descendre du prophète; enfin les *Oulad-Sydy-Abdallah's* Mtaa-Sour-Koulmitou, ainsi surnommés parce qu'ils habitent autour de *Sour-Koulmitou*, c'est-à-dire *muraille de Koulmitou*, construction qui paraît être romaine.

Toutes les tribus de cet aghalik peuvent mettre sur pied 2,600 cavaliers et 1,600 fantassins.

L'aghalik des *Hachem-Gharaba's*, limité au nord par le territoire de Maskarah, à l'ouest par les Beni-Amer's, au sud par les tribus du désert, et à l'est par les Sdama's et les Hachem-Cheraga's, comprend trois grandes tribus occupant chacune un district et se subdivisant en un grand nombre d'autres tribus. Jetons un coup d'œil sur ces trois principales tribus.

Les *Hachem-Gharaba's*, qui se partagent en cinq autres tribus, ont une haute réputation de bravoure, de perfidie et de brigandage. Constitués aristocratiquement plus que les autres tribus, ils ont un chef qui prend le titre de sultan.

Les *Jakoubia's*, qui se divisent en un grand nombre de tribus, habitent près du lac *Daya-Miaa-el-Schot*, qui a 25 à 30 lieues de longueur sur 6 de largeur, et qui dans l'été se dessèche et se couvre d'efflorescences salines.

Les *Harar-Gharaba's* occupent des plaines stériles couvertes de lacs salés, et des montagnes où la végétation est peu active. Ils se divisent en onze tribus, qui sont en général hospitalières et riches en bestiaux.

Les forces réunies de ces trois subdivisions s'élèvent à 5,600 cavaliers et 4,620 fantassins.

L'aghalik des *Hachem-Cheraga's*, qui au nord est limité en partie par le territoire de Maskarah, comprend trois principales tribus. Les *Hachem-Cheraga's* proprement dits se font remarquer par leur caractère indépendant; ils se divisent en six autres tribus. Les *Kibla's*, qui en hiver habitent des montagnes couvertes de bois, et qui au printemps descendent dans la plaine de Sersour, se distinguent par leurs mœurs douces et tranquilles; ils se partagent en huit autres tribus. Les *Harar-Charaga's* sont fort peu connus.

Les forces de cet aghalik sont de 4,300 cavaliers et 1,600 fantassins.

L'aghalik des *Flitah's* se compose de deux grandes tribus : les *Flitah's* proprement dits, qui se partagent en douze petites tribus, et le *Douaïr-Flitah's* en neuf.

Cet aghalik peut mettre sous les armes 2,390 cavaliers et 685 fantassins.

L'aghalik des *Sdama's* est encore très peu connu; on sait seulement qu'il peut fournir 1,350 cavaliers et 1,120 fantassins.

L'aghalik du *Cherk* tire son nom de sa position à l'est des autres aghaliks dont se compose le beylik de Maskarah. Il se partage en trois grandes divisions.

Le *Dahra* est habité par dix-neuf tribus; la rive droite du Chélif en compte onze parmi lesquelles les *Zmoul's* passent pour la plus importante; la rive gauche du Chélif présente vingt tribus dont dix habitent la montagne et le reste la plaine.

Les forces de cet aghalik consistent en 3,570 cavaliers et 2,470 fantassins.

La région occidentale ou du Gharb a pour capitale Tlemsen, et se divise en cinq aghaliks, portant les noms des *Djebelia's*, des *Beni-Amer's*, des *Ghosel's*, des *Trarah's* et des *Angad's*.

L'aghalik des *Djebelia's* ou des Montagnards comprend quatre divisions bien distinctes. L'*Hal-el-Ouad*, c'est-à-dire la *population de la rivière*, nom qui indique un territoire abondant en eaux courantes, se compose de huit ou dix villages. L'*Ashab-Tlemsen*, ou *dépendances de Tlemsen*, comprend sept ou huit villages bâtis et quatre autres composés de groupes de carrières dont les habitants portent le nom de *Gharania's* (gens de souterrains). La troisième division comprend les *Djebelia's* proprement dits, qui se partagent en huit tribus. Enfin la quatrième est l'*Ouad-Riah*, dont on ne connaît pas le nombre des tribus.

Cet aghalik peut mettre sur pied 1,355 cavaliers et 3,590 fantassins.

L'aghalik des *Beni-Amer's* s'étend dans la direction du nord au sud depuis les bords de la mer jusqu'au désert d'Angad. Les Beni-Amer's paraissent être une des premières tribus qui se soient constituées dans le pays après la conquête qui en fut faite par les Arabes sur les Romains. Ils se divisent en vingt-sept tribus, dont toutes les forces réunies sont évaluées à 5,150 cavaliers et 4,330 fantassins.

L'aghalik du *Ghosel*, situé au nord de Tlemsen, comprend douze tribus; très riches en chameaux et en troupeaux de toute espèce. Il peut mettre sous les armes 1,360 cavaliers et 4,900 fantassins.

L'aghalik des *Trarah's* est entièrement formé par des tribus de Kabaïles qui habitent un pays montagneux près des bords de la mer. Les Trarah's sont braves et ne combattent qu'à pied. Ils possèdent de nombreux troupeaux de bœufs, de moutons, de mulets et de chevaux estimés. Ils ne sont point agriculteurs; mais ils fabriquent une grande quantité de nattes en jonc, de paniers en palmier, de chapeaux de paille et de bernous noirs. Tous ces produits jouissent d'une assez grande réputation dans le pays. Cet aghalik, qui comprend cinq, grandes divisions ou kabilahs, peut mettre sous les armes 300 cavaliers et 9,065 fantassins.

Enfin l'*aghalik des Angad's* se compose principalement de deux pays situés dans ce qu'on appelle le désert d'Angad : l'un est le pays des Angad's, et l'autre celui des Haméian's. Les *Angad's* passent pour braves et très bons cavaliers. Une partie d'entre eux descend, dit-on, des Berbers qui, de concert avec les Arabes, firent la conquête de l'Espagne. Les *Haméian's* sont nomades, et comme tous les habitants du désert ils sont riches en chameaux, en chevaux et en moutons. Cet aghalik peut fournir environ 10,000 cavaliers.

Toutes les forces réunies de ces aghaliks donnent un total de 73,000 hommes composés de 40,000 cavaliers est de 33,000 fantassins [1].

« La tribu arabe, à son état élémentaire,
» n'est que la famille agrandie, mais toujours
» conforme aux traditions patriarcales; les
» dénominations même qui y sont conservées
» déposent de son origine. Pour la tribu, le
» chef s'appelle *le vieillard* (cheikh); les mem-
» bres restent toujours l'un pour l'autre des
» *cousins* (beni-am); le nom générique de la
» tribu rappelle enfin à tous les membres qu'ils
» sont tous enfants issus d'une même souche.
» C'est ainsi que l'on dit les *Oulad-Mokhtar*
» (enfants de Mokhtar), les *Beni-Khalil* (fils
» de Khalil), etc.

» La tribu porte en arabe le nom d'*Arch*,
» ou de *Ndja*. La subdivision de l'Arch s'ap-
» pelle, selon les localités, *Kharouba*, *Da-
» chra*, *Douar*; cette dernière expression est
» surtout en usage dans les tribus qui vivent
» sous la tente. Chaque subdivision a un cheikh
» subordonné à celui de l'*Arch* [1]. »

L'autorité du cheikh est à la fois militaire et administrative; souvent elle est héréditaire, mais alors il faut l'assentiment de la tribu. Quelquefois des enfants hors d'état de monter à cheval sont investis de ce titre, et le pouvoir est exercé pendant la minorité du titulaire par une espèce de régent que désigne l'assemblée.

Tous les hommes qui dans la tribu ont atteint l'âge de porter les armes, composent l'assemblée; dans la province d'Oran, on y a même quelquefois introduit des femmes.

Sous la domination turque, cette organisation fut modifiée en ôtant aux assemblées toute autorité politique, et en réunissant plusieurs tribus sous les ordres d'un *kaïd*, ce qui constitue les *outhans*; ainsi l'outhan se compose de la réunion de plusieurs tribus, quelquefois de races différentes, c'est-à-dire arabes et kabaïles.

Tous les membres de la tribu ne sont pas en toute matière appelés à délibérer sur ses affaires. Dans un grand nombre de cas, ce sont seulement les *grands* (kobar), les plus riches et les plus vaillants, qui, sur la convocation du cheikh, se réunissent, et décident dans les réunions. Il n'y a pas d'avis prépondérant, même celui du cheikh, qui ne peut guère se dispenser d'exécuter les résolutions ainsi prises.

« La guerre entre tribus ne consiste point
» en attaques régulièrement dirigées, ni même
» en combats proprement dits; elle se fait par
» surprises, et par ces expéditions subites con-
» nues sous le nom de *ghazia*.

» Dans ces entreprises, l'avantage est pres-
» que toujours du côté de l'agresseur, sauf les
» représailles, qu'on lui épargne rarement.
» L'Arabe échappe beaucoup moins facile-
» ment à l'Arabe, son compatriote, qui opère
» secrètement et sans bruit, qu'à nos troupes,
» dont les mouvements sont presque toujours
» devinés ou décelés à l'avance.

» Les sujets de guerre entre les Arabes sont
» le plus habituellement des vols, des rixes
» sur les marchés, des enlèvements de fem-
» mes, événements dans lesquels les tribus
» prennent fait et cause pour les individus lé-
» sés. Souvent les différends s'arrangent à
» l'amiable, ou bien on a recours à l'*ouziga*.
» L'ouziga, ou représaille, est l'acte par le-
» quel une tribu qui a à se plaindre d'une
» autre tribu s'empare des troupeaux, des
» marchandises, et quelquefois des femmes et
» des enfants de quelque membre de cette
» tribu pour l'obliger à lui donner satisfac-
» tion. L'Arabe sur qui est tombé l'ouziga (ou
» a intérêt à ce que ce soit un homme in-
» fluent) emploie alors tout son crédit à arran-
» ger l'affaire. Au reste, la guerre, lors-
» qu'une fois on s'y décide, est en général de
» courte durée et peu meurtrière.

» L'organisation des tribus kabaïles restées

[1] Tableaux de la situation des établissements français de l'Algérie en 1839 (publiés par le ministère de la guerre). — [2] *Idem*, en 1838, page 226.

» indépendantes diffère en plusieurs points
» de celle des Arabes, et surtout en ce qu'elle
» est généralement plus démocratique.

» La chute du gouvernement turc, en bri-
» sant les liens qui rattachaient les chefs prin-
» cipaux des tribus au gouvernement central,
» rendit pour un instant les tribus arabes à
» leur existence originelle. Mais déjà depuis
» long-temps, dans la province d'Alger, l'au-
» torité française a réhabilité le passé en rat-
» tachant à elle le principe d'une constitution
» sociale qui suffira long-temps encore aux
» races purement indigènes. Dans la province
» d'Oran, le territoire restreint administré
» directement par la France n'a dû que fai-
» blement attirer sous ce rapport l'attention
» du gouvernement; mais, dans la province
» de Constantine, le fil des anciennes tradi-
» tions a été tout-à-fait renoué, et, sauf le
» changement de souverain et l'amélioration
» réelle de leur condition, les sociétés arabes,
» ménagées et protégées, conservent une or-
» ganisation que le temps n'est pas venu de
» modifier (¹). »

Ces éléments hétérogènes, on le sent, ne
peuvent pas former une véritable nation; ils
s'opposent à la création d'une sorte d'esprit
national, et surtout mettent des obstacles presque invincibles à la marche de la civilisation.
Comment espérer que ces peuples adopteront
les mœurs des chrétiens qu'ils haïssent? Cependant les difficultés à vaincre ne doivent
point arrêter la France dans une entreprise
dont le premier pas, la conquête, a été fait si
glorieusement. Qui pourrait sérieusement soutenir qu'il est impossible de fonder une colonie française à Alger, quand l'histoire nous
présente sur toutes les côtes africaines de la
Méditerranée tant de colonies florissantes fondées par les Phéniciens, les Grecs et les Romains?

A l'aide d'un plan de colonisation bien conçu
et sagement exécuté, avec une politique sévère
qui ne permettrait pas que le brigandage des
Arabes ou des Berbers fût puni par le brigandage de nos soldats, quel parti ne pourrait-on
pas tirer d'un sol aussi riche que celui de la
plaine de Métidja, où des tentatives toutes
récentes ont prouvé que l'on pouvait y natu-
raliser la cochenille, branche d'industrie qui

(¹) Tableaux de la situation des établissements français de l'Algérie. — 1839.

ajouterait à la richesse que doit naturellement
acquérir un établissement colonial si voisin
de la France? Les produits les plus importants
que fournirait la culture dans les environs
d'Alger sont les céréales, et surtout l'orge; la
vigne, qui donne des raisins monstrueux;
l'olivier, dont on pourrait tirer un grand parti,
à en juger par le nombre d'oliviers sauvages;
le mûrier, qui paraît devoir y donner de brillants résultats; le coton, que divers essais ont
prouvé devoir parfaitement réussir; le tabac,
qui exige si peu de soins de la part des Arabes;
enfin, probablement aussi l'indigo, et plusieurs autres produits non moins utiles.

Les immenses sacrifices en hommes et en
argent que la France a faits dans l'Algérie
doivent un jour porter leurs fruits. Pour donner une idée des importantes améliorations
que cette contrée a éprouvées, nous nous bornerons à relater seulement les travaux qui
ont été effectués depuis 1837.

Nous avons précédemment parlé d'une partie des desséchements qui ont été exécutés:
en 1840, les crédits accordés pour cette dépense s'élevèrent à plus de 400,000 francs.
Depuis la conquête d'Alger jusqu'en 1840,
des routes empierrées ont été ouvertes dans
toutes les directions: leur développement est
de 188 lieues (747,600 mètres), et elles ont
coûté plus de 1,500,000 francs, sans y comprendre un grand nombre de chemins vici-
naux qui sont dans un état parfait d'entretien,
particulièrement dans le massif d'Alger, et
qui rendent les communications promptes et
faciles entre les différents centres de population. Les crédits affectés aux travaux du port
d'Alger s'élèvent à plus d'*un* million. En
1838, 1839 et 1840, *cinq* à *six* millions ont
été employés en divers travaux relatifs aux
casernes et aux hôpitaux; près de 8,000,000
sont encore destinés à améliorer et à compléter les hôpitaux, les magasins, les casernes
et les camps des différents points de l'Algérie.
Ces travaux seront terminés en 1844.

Les constructions faites par les particuliers
n'ont pas une moindre importance: ainsi, au
31 décembre 1839, on comptait à Alger
218 nouvelles maisons, à Bone 145, à Oran 87,
formant un total de 450, dont la valeur était
estimée à plus de 8 millions.

En prêtant son actif concours au mouvement de migration qui porte vers l'Algérie

des populations françaises et même étrangères; le gouvernement, comme il le dit lui-même, a dû s'attacher à régulariser ce mouvement en n'appelant dans la nouvelle colonie qu'une population vraiment laborieuse et propre à féconder le sol. L'administration a même dû « se réserver la faculté de la ralentir au » besoin, dans le cas où le nombre des émi- » grants viendrait à se trouver hors de propor- » tion avec les ressources qui peuvent leur être » offertes; mais rien ne donne lieu de prévoir » que cet équilibre doive être prochainement » rompu. » Le nombre des personnes pour lesquelles des demandes de permis d'embarquement ont été formées s'élevait, au 22 mai 1838, à 6,489; mais l'autorisation ne fut accordée que pour 3,945 individus ([1]).

L'augmentation de la population européenne a été en 1839 de 2,945 personnes; ce qui portait le nombre d'habitants, au commencement de 1840, à 23,023, non compris les Européens de Constantine, de Philippeville et de Djidjeli, qui étaient au nombre de 3,000 au moins. Ainsi la population européenne fixée en Algérie pouvait être évaluée, à l'époque que nous venons d'indiquer, à plus de 26,000 habitants.

Pour cette population, le nombre des naissances a été de . . . . 880.
Celui des mariages, de . . . . 207.
Celui des décès, de . . . . 1342.

Au 1er janvier 1840, la population indigène, répartie dans les villes, s'élevait à 27,734 individus ([2]).

Les produits des impôts de l'Algérie se sont élevés en 1839 à 4,469,000 francs; depuis 1830, ils ont augmenté d'année en année. Mais ces produits sont encore bien loin de couvrir les dépenses nécessaires, qui pour la même année se sont montées à 32,345,000 fr.

Le domaine général, qui se divise en *domaine de l'Etat*, *domaine colonial*, *domaine séquestré* et *domaine des corporations*, comprend deux genres d'immeubles : ceux qui sont affectés à des services publics, et ceux dont les produits entrent dans les caisses du gouvernement colonial. Cette partie du domaine a donné lieu dans les trois dernières années à une recette d'environ 200,000 francs par an.

Le cadastre, organisé en Algérie vers la fin

([1]) Tableaux de la situation des établissements français dans l'Algérie en 1838, page 126.— ([2]) Voyez les Tableaux statistiques.

de 1838, marche avec rapidité : à la fin de 1839, plus de 3,000 hectares étaient complétement cadastrés.

Les bois de l'Etat, dont la reconnaissance n'a point encore été faite complétement, se composent dans leurs parties reconnues de 12,000 hectares de hautes futaies et de 7,500 hectares de broussailles susceptibles de devenir taillis. Ces bois, bien administrés, deviendront un jour d'une grande ressource, surtout dans un pays où l'habitant prend à tâche de les détruire, soit pour amender les terres, soit pour ôter aux bêtes féroces des abris redoutables.

Sous le rapport commercial, l'Algérie présente des résultats qui donnent de grandes espérances pour l'avenir : ainsi la moyenne des importations, dans les années 1834 à 1837, a été de la valeur de 26,000,000 chaque année; en 1838, elles ont été de 33,000,000, et en 1839, de 36,000,000; de 1834 à 1837, la moyenne des exportations a été d'environ 3,300,000 francs; en 1838, elles se sont élevées à 4,000,000, et en 1839, à 5,000,000 de francs. Mais dans ce mouvement commercial auquel prennent part les différentes nations de l'Europe, l'Angleterre figure relativement aux importations pour 4,000,000, la Toscane pour 2, l'Autriche pour 1, la Sardaigne pour une somme à peu près égale, et les autres Etats pour des sommes plus ou moins importantes. Pour les exportations, le commerce de la France est un peu plus du double de celui de tous les autres Etats qui trafiquent avec l'Algérie.

La pêche du poisson sur la côte de l'Algérie, qui était à peine praticable avant la conquête à cause des dangers que présentait la rencontre des pirates algériens, occupe aujourd'hui quelques bateaux français et plus de 120 de diverses autres nations. Quant à la pêche du corail, qui n'occupe aussi qu'un très petit nombre de bateaux français, elle emploie, année moyenne, plus de 150 bateaux napolitains, sardes, toscans ou espagnols.

Dès l'année 1833, on a organisé dans l'Algérie, sous le nom de *spahis auxiliaires*, des corps d'indigènes à la solde de la France. Dans plusieurs circonstances, on a fait marcher, en leur donnant les vivres seulement, tous les cavaliers des trois outhans des Beni-Khali'sl, des Beni-Mouça's et de Khachna, bien qu'ils ne fussent pas inscrits comme spahis auxiliaires. On a pu réunir ainsi jusqu'à 600 cavaliers arabes dans la province d'Alger.

— Les spahis auxiliaires d'Oran sont les Douairs et les Sméla's. Il en existe aussi à Bone, dont le service est le même.

« A Constantine, il n'y a pas de spahis
» auxiliaires à solde permanente; les contin-
» gents des tribus soumises, lorsqu'ils sont
» convoqués, en tiennent lieu.

» L'expérience a démontré que le service
» obtenu des Arabes, considéré comme spahis
» auxiliaires, est utile en temps de guerre et
» même en temps de paix. Il a des avantages
» reconnus, notamment celui de rattacher à
» notre cause des tribus entières.

» Ces spahis font aussi un service de police;
» mais comme ce service demande une expé-
» rience et une continuité que l'on ne peut
» attendre de ces Arabes, à qui la modicité
» de leur solde ne permet pas de s'y livrer
» exclusivement, ils ne le font que comme
» auxiliaires des gendarmes maures. »

Ces derniers sont principalement chargés de la garde des blockhaus et autres postes situés dans des lieux malsains pour tous autres que des indigènes. Ils sont au nombre de 60 pour le corps de la gendarmerie à cheval. Parmi eux se trouvent plusieurs Européens sachant l'arabe et servant d'interprètes tant à la gendarmerie indigène qu'aux brigades de gendarmerie française.

On a formé un bataillon d'indigènes sous le titre de *tirailleurs de Constantine*. Dans la province de ce nom, plus de 1,550 cavaliers sont aux ordres du commandant supérieur. Dans celle d'Alger, 300 jeunes Koulouglis forment un corps irrégulier qui concourt à la défense de la partie orientale de la plaine de la Métidja. Enfin, dans la province d'Oran, 950 cavaliers Douairs et Zméla's sont à la solde de la France.

« Tout fait espérer que le service indigène,
» prenant une extension que l'administration
» est disposée à favoriser, continuera d'offrir
» les ressources et les garanties qu'il a four-
» nies jusqu'ici, et que, avec le temps, le soin
» de veiller à la sûreté des routes et à la con-
» servation de la paix publique pourra être,
» pour une grande part, confié à des troupes
» arabes [1]. »

(1) Tableaux de la situation des établissements français dans l'Algérie en 1838.

Ces faits prouvent que la conquête de l'Algérie et les sacrifices de la France pour la conserver sont non seulement favorables à la civilisation de cette belle contrée, mais encore au commerce que peuvent y entretenir toutes les nations du globe.

Examinons maintenant cette contrée sous le rapport du climat.

D'après les observations qui ont été faites par quelques Français instruits, et principalement par le capitaine Rozet, c'est dans le mois de décembre que le thermomètre descend le plus bas à Alger; mais jamais, ou presque jamais, il ne s'abaisse jusqu'à zéro. Quelquefois il tombe de la neige sur les plateaux élevés ou à Alger, mais elle persiste peu de temps. Il suffit que le thermomètre descende à 5 ou 6 degrés au-dessus de zéro, pour que, par un vent du nord ou du nord-ouest, le froid soit plus désagréable à Alger qu'en France, surtout dans l'intérieur des habitations, parce qu'on ne sait pas les chauffer. C'est pendant les mois de juin, juillet, août et septembre, que la chaleur est la plus forte. En août surtout, le thermomètre centigrade monte jusqu'à 33 ou 34 degrés. Au mois d'octobre, la température commence à devenir désagréable, quoiqu'il y ait encore quelques jours où le thermomètre s'élève à 24 degrés. En novembre commencent le mauvais temps et le froid; vers la fin de décembre les arbres perdent leurs feuilles; mais, avant le 20 janvier, on en voit de nouvelles pousser et les arbustes se couvrir de fleurs; vers le 15 février la végétation est en pleine activité, et dans le commencement de mars, malgré quelques jours de froid, on fait la première récolte de pommes, de poires et de quelques autres fruits. De mars jusqu'à la fin de mai, le temps est délicieux sur toute la côte; mais en juin les chaleurs recommencent, les sources tarissent et la végétation périclite.

Il règne dans l'État d'Alger, comme dans toute la Barbarie, particulièrement en mai et juin, trois sortes de vents fort redoutables, parce qu'ils font périr les moissons et les fruits; ce sont ceux qui soufflent de l'est, du sud et du sud-est. Il n'existe point de neiges perpétuelles sur le petit Atlas, et cela se conçoit, puisque sa cime la plus élevée n'est qu'à 1,650 mètres de hauteur au-dessus du niveau de la mer, et que la limite des neiges perpétuelles dans le centre de l'Europe, sous un climat tempéré, est à 2,700 mètres d'élévation. « La neige commence à tomber sur » les montagnes du petit Atlas dans les pre- » miers jours de décembre; elle met ensuite » vingt à vingt-cinq jours à se fondre, après » quoi il en tombe d'autre qui se fond aussi, » et cela se continue ainsi jusque vers le » 20 mars. Le mont Jurjura, plus élevé que » le petit Atlas, et situé de l'autre côté de » cette chaîne, à 25 lieues au sud-est d'Al- » ger, conserve ses neiges plus long-temps » qu'elle; mais cependant, le 23 mai 1831, » elles avaient entièrement disparu.

» Les orages sont beaucoup plus fréquents » sur le petit Atlas que dans toute la contrée » qui se trouve au nord de cette chaîne; des » nuages épais venaient souvent la couvrir; » nous entendions gronder la foudre et nous » la voyions éclater, lorsqu'il faisait à Alger » le plus beau temps du monde. Dans l'expé- » dition que nous fîmes avec le général Ber- » thezène, du 6 au 12 mai 1831, nous cô- » toyâmes le pied du petit Atlas. Chaque soir » nous étions assaillis par un orage affreux, » accompagné de torrents de pluie, et il ne » tomba pas une goutte d'eau depuis le mi- » lieu de la plaine jusqu'à la mer (¹). »

Terminons par quelques réflexions sur la population générale de la contrée que nous venons de décrire.

(¹) *Rozet:* Voyage dans la régence d'Alger, etc., tom. I, pag. 161.

Le territoire de l'Algérie présente dans ses limites entre le royaume de Tunis et l'empire de Maroc, la Méditerranée, et le Beled-el-Djerid, qui n'est qu'une portion du grand désert de Sahara, une superficie que, d'après nos calculs, on peut évaluer à 12,000 lieues géographiques carrées. Bien qu'on n'ait que des renseignements fort incomplets sur la population de cette régence, il est certain qu'elle est très faible relativement à l'étendue du territoire.

Si nous adoptons les calculs d'un Français qui a été à portée de prendre des notes exactes sur les lieux (¹), en supposant que la population de toute la régence était, au commencement du dix-huitième siècle, de 2 millions d'individus, ce qui n'est que le terme moyen des différentes évaluations qui en ont été faites dans des ouvrages également dignes de confiance, on trouvera, par le décroissement que la population de la plupart des villes a éprouvé depuis la même époque jusqu'en 1830, que le nombre total actuel des habitants est d'environ 800,000, non compris la population qui, située entre le petit Atlas et le désert de Sahara, n'a jamais été complètement soumise aux deys d'Alger. Cette population est évaluée à 230,000 âmes. Ainsi les 12,000 lieues carrées nourrissent 1,030,000 individus, c'est-à-dire qu'il y a à peine 86 habitants par lieue carrée.

(¹) **Le général *de Juchereau de Saint-Denis*, qui a** rempli les fonctions de sous-chef d'état-major-général de l'armée d'Afrique en 1830.

LIVRE CENT SOIXANTE-QUATRIÈME.

TABLEAUX STATISTIQUES DE L'ALGÉRIE,

D'APRÈS LES DOCUMENTS OFFICIELS PUBLIÉS PAR LE GOUVERNEMENT FRANÇAIS.

ÉTAT GÉNÉRAL sommaire de la contenance des établissements en hommes et en chevaux dans leur état actuel (1839).

PLACES.	OFFICIERS.			SOUS-OFFICIERS ET SOLDATS.			MALADES.			PRISONNIERS.	CHEVAUX.		
	Casernés.	Baraqués.	TOTAL.	Casernés.	Baraqués.	TOTAL.	Casernés.	Baraqués.	TOTAL.		Casernés.	Baraqués.	TOTAL.
Alger et dépendances.	847	»	847	13,673	»	13,673	1,721	»	1,721	964	2,882	»	2,882
Douéïra id.	155	125	280	4,000	3,642	7,642	319	»	319	»	826	557	1,383
Bougie id.	99	1	100	1,551	1,093	2,644	476	»	476	40	77	84	161
Oran id.	237	»	237	5,436	1,987	7,423	396	»	396	185	1,400	782	2,182
Mostaganem id.	37	»	37	777	»	777	44	»	44	»	126	»	126
Arzew id.	7	»	7	90	300	390	»	»	»	»	»	10	10
Bone id.	191	57	248	2,557	3,662	6,219	350	418	768	66	410	1,937	2,347
Philippeville id.	»	72	72	»	1,732	1,732	»	520	520	»	»	150	150
Constantine id.	204	»	204	5,670	»	5,670	421	»	421	80	952	»	952
Totaux généraux.	1,777	255	2,032	33,754	12,416	46,170	3,727	938	4,665	1,335	6,673	3,520	10,193

ÉTAT de la population indigène au 31 décembre 1839.

ALGER.		ORAN.		MOSTAGANEM.		MAZAGRAN.			BONE.						BOUGIE.			TOTAL GÉNÉRAL.	
						MUSULMANS.			MUSULMANS.			ISRAÉLITES.			MUSULMANS.				
MUSULMANS.	ISRAÉLITES.	MUSULMANS.	ISRAÉLITES.	MUSULMANS.	ISRAÉLITES.	Hommes.	Femmes.	Enfants.	Hommes.	Femmes.	Enfants.	Hommes.	Femmes.	Enfants.	Hommes.	Femmes.	Enfants.	MUSULMANS.	ISRAÉLITES.
						160	169	187	644	606	823	106	102	213	49	30	57		
12,322	6,065	1,003	3,364	1,428	406	516			2,073			421			136			17,478	10,256
18,387.		4,367.		1,834					2,494									27,734.	

Le chiffre indiqué pour la population indigène d'Alger est le même que celui donné par le dernier recensement, à l'époque du 12 février 1838.
On n'a pas compris dans ce tableau les individus des diverses corporations, dont le nombre, au 1er janvier 1840, était de 5,243, et se composait ainsi qu'il suit:

Kabaïles.	2,829
Mozabites.	803
Biskris.	814
Nègres.	408
Mzita.	273
El-Aghouat.	116

Total: 5,243

ÉTAT COMPARATIF du mouvement de la population européenne pendant l'année 1839.

VILLES.	EFFECTIF AU 1er JANVIER 1839.								EFFECTIF AU 1er JANVIER 1840.								EFFECTIF PAR SEXE.				OBSERVATIONS.	
	Français.	Anglais.	Espagnols.	Italiens.	Allemands.	Grecs et Russes.	Portugais.	TOTAL.	Français.	Anglais.	Espagnols.	Italiens.	Allemands.	Grecs et Russes.	Portugais.	TOTAL.	Hommes.	Femmes.	Enfants.	TOTAL.		
ALGER.	5,392	971	4,311	750	584	»	»	12,008	6,861	1,115	4,735	932	791	»	»	14,434	7,064	2,848	4,522	14,434	Gain.	2,426
ORAN.	1,324	189	2,073	777	123	»	24	4,510	1,342	180	2,333	824	129	»	29	4,837	2,537	1,104	1,196	4,837	Idem.	327
BONE.	1,134	1,162	124	527	118	5	»	3,070	1,103	1,322	108	537	96	6	»	3,172	2,045	552	575	3,172	Idem.	102
BOUGIE.	112	50	120	11	8	»	»	301	130	49	104	8	7	»	»	298	130	84	84	298	Perte.	3
MOSTAGANEM.	72	2	66	47	2	»	»	189	90	4	113	68	7	»	»	282	172	67	43	282	Gain.	93
TOTAUX.	8,034	2,374	6,694	2,112	835	5	24	20,078	9,526	2,670	7,393	2,369	1,030	6	29	23,023	11,948	4,655	6,420	23,023 (¹)	Total du gain.	2,945

(¹) Non compris la population de Constantine, Philippeville et Djidjeli, qui comptent au moins 3,000 habitants européens.

TABLEAU STATISTIQUE de *l'Instruction publique pendant l'année* 1839.

	INSTITUTIONS.			NOMBRE DES ÉLÈVES.						TOTAL.	OBSERVATIONS.
				ALGER.	ALGER (extra muros).		ORAN.	BONE.	MOSTA-	BOUGIE.	
					Deli-Ibrahim.	Kouba.			GANEM.		
		FRANÇAISES.										
ALGER.	Instruction secondaire.		Collège d'Alger.	140	»	»	»	»	»	»	140	Le nombre total des élèves qui fréquentent les divers établissements français d'instruction publique, fondés depuis 1832, s'élève à 1,490.
			Cours d'arabe.	27	»	»	»	»	»	»	27	
	Instruction primaire.	Garçons.	École d'enseignement mutuel.	160	»	»	»	»	»	»	160	Les élèves se partagent comme il suit :
			École maure-française.	58	»	»	»	»	»	»	58	
			Quatre écoles privées.	184	»	»	»	»	»	»	184	
			Deux écoles communales.	»	40	22	»	»	»	»	62	
			Salle d'asile.	119	»	»	»	»	»	»	119	Garçons . . . 918 } 1,490
		Filles.	École des jeunes juives.	70	»	»	»	»	»	»	70	Filles. . . . 572 }
			École des sœurs.	137	»	»	»	»	»	»	137	SAVOIR :
			Quatre écoles privées.	195	»	»	»	»	»	»	195	Européens . . 676 }
				1,088								Européennes . 484 } Égal.
												Maures . . . 92 }
ORAN.	Idem.	Garçons.	École d'enseignement mutuel.	»	»	»	66	»	»	»	66	Juifs . . . . 150 }
			École française des jeunes juifs.	»	»	»	38	»	»	»	38	Juives . . . . 88 }
			École privée.	»	»	»	20	»	»	»	20	Dans les années antérieures, le chiffre total arrêté au 31 décemb. a été, pour les écoles françaises :
		Filles.	École privée.	»	»	»	68	»	»	»	68	En 1832, de 173 élèves.
BONE.	Idem.	Garçons.	École d'enseignement mutuel.	»	»	»	»	53	»	»	53	1833. . . 537 idem.
			École française des jeunes juifs.	»	»	»	»	30	»	»	30	1834. . . 596 idem.
												1835. . . 614 idem.
		Filles.	École des sœurs.	»	»	»	»	65	»	»	65	1836. . . 801 idem.
	INDIGÈNES.										1,490	1837. . .1,202 idem.
	Écoles indigènes maures.			302	»	»	8	70	20	»	400	1838. . .1,334 idem.
	Écoles indigènes juives.			364	»	»	366	34	25	»	789	1839. . .1,490 idem.
												Ainsi, en 1839, nous avons eu, dans les écoles françaises, un gain, sur 1838, de 156 élèves.

TABLEAUX.   575

ÉTAT des constructions particulières en Algérie au 31 décembre 1839.

VILLES.	RUES ET QUARTIERS.	NOMBRE DES MAISONS construites.	TOTAL PAR VILLE.	VALEUR DES MAISONS construites.	TOTAL PAR VILLE.	OBSERVATIONS.
ALGER.	Rue de la Marine et dépendances	29	218	fr. 741,000	fr. 5,343,000	La valeur des terrains achetés ou concédés n'est pas comprise dans ce chiffre; on peut l'évaluer au tiers de la valeur totale de ces constructions, soit environ 1,880,000 francs.
	Place du Gouvernement et rue Mahon, etc.	14		1,240,000		
	Rue Bab-Azoun.	16		777,000		
	Rue Bab-el-Oued.	12		370,000		
	Rue et place de Chartres.	40		883,000		
	Rues des Consuls, Philippe, Traversière, Duquesne, de la Révolution, d'Orléans, etc.	77		1,072,000		
	Quartier de la Haute-Ville.	30		350,000		
BONE.	1er quartier.	47	145	725,500	1,748,300	
	2e idem.	23		311,800		
	3e idem.	35		358,500		
	4e idem.	40		352,500		
ORAN.	Quartier de la Marine.	23	87	218,000	894,060	
	— de la Blanca.	17		197,500		
	— de la Haute-Ville.	47		478,560		
	TOTAUX.		450		8,075,360 (*)	(*) Les constructions de Philippeville ne sont pas comprises dans le chiffre ci-contre.

Aperçu statistique sur les parties boisées de l'Algérie dont la reconnaissance a été faite.

NOMS DES BOIS.	SITUATION.	ÉTENDUE APPROXIMATIVE. Bois.	Broussailles susceptibles de devenir taillis.	ESSENCES DOMINANTES.	OBSERVATIONS.
MAZAFRAN.	A 4 myriam. 1/2 d'Alger. (Plaine et colline.)	350 à 400h	12 à 1,500h	Frênes 5/10. Oliviers 2/10. Lentisque 2/10. Cyprès 1/10.	Le frêne s'élève de 15 à 20 mètr. sur 1 à 2 mèt. de circonférence. Communique à la mer par le Mazafran (fleuve).
BOUDOUAOU.	A 4 myriam. d'Alger. (Plaine.)	2,000h	»	Chêne-liége et Chênevert.	5 à 8 mètres de hauteur sur 60 à 80 centimètres de circonférence. Communique à la mer. Rade d'Alger.
LA CALLE.	Touchant à La Calle. (Montagnes.)	9,000h	6,000h	Chêne-liége, aulne, tremble, chêne rouvres.	Il y a des arbres de 3 mèt. à 3 mèt. 50 cent. de circonférence. Moyenne 80 cent. La hauteur est peu considérable et disproportionnée.
PHILIPPEVILLE.	Les environs.	680h	»	Chêne-liége et chêne vert.	12 à 15 mètres de hauteur, 80 centim. de circonférence et 1 mèt.

Impôts, Revenus et Dépenses pendant les années 1838 et 1839.

DÉSIGNATION SOMMAIRE DES RECETTES.		MONTANT DES RECETTES		COMPARAISON		OBSERVATIONS.
		EN 1838.	EN 1839.	EN PLUS 1839.	EN PLUS 1839.	
		fr. c.	fr. c.	fr. c.	fr. c.	
Impôts et revenus au profit du Trésor.	Enregistrement et domaines.	397,321 16	443,478 02	46,156 86	»	
	Douanes et contributions diverses.	1,470,499 61	1,174,502 56	»	295,997 05	
	Postes et bateaux à vapeur.	199,177 04	245,974 41	46,797 37	»	
	Produit de la vente des poudres à feu.	12,161 00	13,124 15	968 15	»	
	Contributions arabes.	»	(¹)117,283 46	117,283 46	»	(¹) Cette somme de 117,283 fr. 46 c. jointe à celle de 888,190 fr. 27 c., montant des recettes accidentelles effectuées par le trésorier payeur, ainsi que l'indique le présent état, forme la somme totale de 1,005,473 fr. 73 c., comprise dans les comptes du ministère des finances de l'exercice 1839, sous le titre : *Recettes diverses en Algérie.* La différence en moins que présentent, en 1839, les produits des douanes et contributions diverses, s'explique par les événements qui ont marqué les derniers mois de cette année.
		2,079,158 81	1,994,362 60	211,200 84	295,997 05	
Impôts et revenus au profit de divers.	Frais de saisie, taxe de plombage, produit des immeubles séquestrés, revenus coloniaux, revenus des corporations, etc.	1,494,710 22	1,587,318 08	179,926 86	87,319 00	
Recettes accidentelles.	Recouvrements directs du payeur.	604,992 64	888,190 27(*)	283,197 63	»	
		4,178,861 67	4,469,870 95	674,325 33	383,316 05	
Pour mémoire.	Opérations de trésorerie.	629,174 75	1,013,167 07	383,992 32	»	(*) Non compris 117,283 f. 46 c. provenant des contributions arabes.
TOTAL GÉNÉRAL des mouvements de fonds en recette.		4,808,036 42	5,483,038 02	1,058,317 65	383,316 05	
				675,001 60		

		fr. c.
Les dépenses du payeur, pendant 1839, se sont montées, savoir :		
Les dépenses effectives à.		32,345,462 91
Les dépenses d'ordre (opérations de trésorerie).		9,052,564 38
Il lui restait en caisse, au 31 décembre 1839.		9,775,163 60
TOTAL.		51,173,190 89

Cette somme se compose des valeurs suivantes :

		fr. c.	
Reste en caisse au 31 décembre 1838.	En traites ou mandats.	6,471,000 00	10,085,111 44
	En numéraire.	3,614,111 44	
Numéraire envoyé de France par le trésor.			5,356,602 50
Produits des contributions.	Perceptions directes du trésorier payeur.	1,251,448 14	3,151,809 01
	Versement des douanes et de l'enregistrement.	1,749,762 48	
	Produits municipaux déposés au trésor.	150,598 39	
Fonds versés en Algérie par le commerce et les corps de troupe.	En échange de mandats sur les receveurs.	104,672 84	24,881,272 84
	En échange de traites sur le trésor.	24,776,600 00	
Recettes d'ordre (opérations de trésorerie).			7,698,395 10
TOTAL égal.			51,173,190 89

TABLEAU des importations faites en Algérie par la France et les autres puissances.

PAYS DE PROVENANCE.	IMPORTATIONS.		COMPARAISON.		INDICATIONS DES PRINCIPALES MARCHANDISES représentant les valeurs en 1839.
	1838.	1839.	AUGMENTATION.	DIMINUTION.	
France. { Cru du pays.	fr. 15,323,974	fr. 15,887,246	fr. 562,272	fr. »	
{ Entrepôt..	5,801,295	8,597,168	2,795,873	»	
Angleterre.	4,608,384	4,064,184	»	544,200	Tissus de coton deux tiers environ, fers, houille, blé, orge des entrepôts de Malte, tabac en feuille, sucre terré de Gibraltar.
Toscane.	1,693,629	2,329,475	635,846	»	Blé, graisse, salaisons, soies écrues, fourrages, charbons de bois, légumes secs, tissus de coton et de soie, huile d'olive.
Deux-Siciles.	1,295,806	672,724	»	123,082	Fourrages, légumes secs, fruits secs, huiles de graines, graisses.
Autriche.	983,031	1,080,995	97,964	»	Bois de construction, soies, fers et acier, tabac en feuille, mercerie.
Espagne.	755,161	842,037	86,876	»	Fruits frais et secs, eau-de-vie, vins, vannerie et cordages, sel, huile d'olive.
Sardaigne.	594,165	1,187,540	593,375	»	Riz, blé, farines, légumes secs, salaisons, huile d'olive, matériaux.
États-Romains.	175,577	137,505	»	38,072	Fourrages et pouzzolane.
Suède et Norvége.	301,000	494,732	193,732	»	Bois de construction, fers, goudron, pierres à aiguiser, beurre salé.
Russie.	84,710	675,404	590,694	»	Blé, orge, bois de pin et sapin.
Danemark.	»	16,953	16,953	»	Mâts, espales, huiles de graines, graisse.
États barbaresques.— Tunis et Maroc.	626,165	427,723	»	198,442	Tissus de soie, laine, blé, orge, fruits secs, dattes, poterie grossière.
Grèce.	3,878	»	»	3,878	
Turquie	»	6,486	6,486	»	Confitures, fruits secs.
Égypte.	»	502	502	»	Tissus de laine.
Origine non justifiée.	64,484	33,835	»	30,649	Salaisons, fourrages, légumes secs, tissus de coton.
TOTAUX.	32,311,259	36,454,509	5,581,573	1,439,323	

TABLEAU des importations et exportations.

	VALEURS DÉCLARÉES EN DOUANE.			COMPARAISON de 1838 à 1839.
	MOYENNE DES ANNÉES 1834, 1835, 1836 et 1837.	1838.	1839.	Augmentation.
Importations.	26,444,790	33,542,411	36,877,558	3,335,147
Exportations.	3,295,230	4,200,553	5,281,372	1,080,819

TABLEAU des marchandises exportées en 1839.

PAYS DE DESTINATION.	PRODUIT du cru du pays.	OBJETS sortant de la consommation.	TOTAL du commerce spécial.	RÉEXPORTATIONS directes.	TOTAL du commerce général.
France.	3,021,875	591,052	3,612,927	25,530	3,638,457
Toscane (Livourne).	400,435	20,555	420,990	2,006	422,996
Espagne.	287,536	92,116	379,652	21,404	401,056
Deux-Siciles (Naples).	268,750	»	268,750	»	268,750
États barbaresques (Tunis).	12,628	202,449	205,077	48,285	363,362
Angleterre (Gibraltar et Malte).	111,121	6,492	177,613	6,364	123,977
Amérique (New-York).	112,550	»	112,550	»	112,550
Sardaigne (Cagliari).	36,100	9,510	45,610	»	45,610
Egypte (Alexandrie).	»	4,614	4,614	»	4,614
TOTAUX.	4,250,995	926,788	5,177,783	103,589	5,281,732
FRANCE.	3,021,875	591,852	3,612,923	25,530	3,638,457
ÉTRANGER.	1,229,120	335,736	1,564,856	78,059	1,642,915

TABLEAU de la pêche du poisson pendant les années 1838 et 1839.

NATIONS.	ANNÉES. 1838. NOMBRE DE			ANNÉES. 1839. NOMBRE DE			COMPARAISON. AUGMENTATION.			COMPARAISON. DIMINUTION.		
	bateaux.	tonnage.	hommes.	bateaux.	tonnage.	hommes.	Nombre.	Tonnage.	Équipage.	Nombre.	Tonnage.	Équipage.
Français.	4	10	1	1	1	2	»	»	»	3	9	11
Indigènes.	16	19	48	17	25	55	1	6	7	»	»	»
Maltais.	37	76	84	18	23	45	»	»	»	19	53	39
Espagnols.	22	40	84	23	74	78	1	34	»	»	»	6
Sardes.	21	113	75	23	49	69	2	»	»	»	64	6
Napolitains.	29	281	145	34	473	156	5	192	11	»	»	»
Toscans.	24	83	65	20	137	90	»	54	35	4	»	»
Autrichiens.	»	»	»	1	1	3	1	1	3	»	»	»
Portugais.	»	»	»	1	1	3	1	1	3	»	»	»
TOTAL.	153	622	514	138	784	501	26	176	62	11	288	49
RÉSULTAT pour 1839. (Augmentation.	»	»	»	»	162	»	»	162	»	»	»	»
Diminution.	»	»	»	15	»	13	»	»	»	15	»	13

TABLEAUX.

Relevé de la pêche du corail de 1832 à 1839.

ANNÉES.	NOMBRE DE BATEAUX CORAILLEURS.							VALEUR APPROXIMATIVE des produits de la pêche.	DROITS.
	FRANÇAIS.	NAPOLITAINS.	SARDES.	TOSCANS.	ESPAGNOLS.	AUTRES.	TOTAL.		
									fr. c.
1832.	2	25	12	23	»	»	62	»	65,755 80
1833.	2	49	25	23	»	»	99	»	109,954 80
1834.	8	62	28	36	»	»	134	»	124,237 00
1835.	8	82	17	43	»	»	150	»	157,983 00
1836.	10	122	31	79	1	»	243	»	242,223 40
1837.	10	114	13	82	»	1	220	1,687,000	211,502 00
1838.	1	163	17	63	»	1	245	1,983,000	282,884 40
1839.	»	85	15	36	3	»	139	687,500	138,074 00
Résultats pour 1839, comparés à ceux de 1838. Augmentation.	»	»	»	»	3	1	»	»	»
Diminution.	1	78	2	27	»	»	106	1,295,500	144,810 40

BUDGET *des dépenses des villes d'Alger, Oran, Bone, Bougie, Mostaganem et Philippeville.*

NOMENCLATURE.	CRÉDITS ALLOUÉS.						
	ALGER.	ORAN.	BONE.	BOUGIE.	MOSTAGANEM.	PHILIPPEVILLE.	DÉPENSES générales.
	fr.	fr.	fr.	fr.	fr.	fr.	fr.
Frais de personnel et de matériel de l'administration municipale et de la police.	77,140	17,330	17,500	8,450	13,200	4,500	37,300
Acquisitions ou expropriations d'immeubles.	7,000	2,100	2,500	»	»	»	»
Travaux et bâtiments à la charge des villes.	176,500	58,500	35,800	15,000	10,000	5,000	»
Nettoiement et éclairage.	60,600	16,000	16,000	3,000	1,700	»	»
Administration sanitaire et service des ports.	14,270	6,200	10,100	4,470	»	3,800	»
Établissements de bienfaisance et secours aux indigents.	114,610	6,500	9,000	2,100	600	»	»
Service des inhumations.	3,000	100	100	»	»	»	»
Prisons civiles.	9,000	2,500	4,500	200	400	»	»
Milice africaine.	27,000	2,770	3,820	200	»	»	»
Frais de cultes.	»	»	»	»	»	»	62,280
Instruction publique et beaux-arts.	61,660	3,700	3,250	600	1,200	»	40,000
Essais de culture, encouragements à l'agriculture et à l'industrie.	44,000	»	6,000	»	»	»	»
Fêtes et réjouissances publiques.	4,000	800	800	300	300	»	»
Dépenses diverses et imprévues.	5,000	1,000	1,000	600	500	»	»
Rentes pour achat des terres destinées à des concessions.	»	»	»	»	»	»	10,000
Subvention aux villes et communes rurales pour lesquelles il n'existe pas de budget spécial.	»	»	»	»	»	»	40,000
Frais d'administration et de perception des revenus coloniaux.	»	»	»	»	»	»	117,520
Fonds de réserve.	»	»	»	»	»	»	(¹) 75,130
TOTAL DES DÉPENSES.	603,780	117,500	110,370	34,920	27,900	13,300	382,230
TOTAL GÉNÉRAL.	1,290,000						

(¹) Le fonds de réserve, dont la création est d'ailleurs autorisée par l'article 64 de l'ordonnance royale du 21 août 1839, sur l'organisation du régime financier en Algérie, est destiné à faire face aux besoins qui se révèlent constamment dans le cours de l'exercice, et qu'il est impossible de prévoir à l'époque de l'année où le budget est formé.

LIVRE CENT SOIXANTE-QUATRIÈME.

Tableau présentant l'évaluation des forces arabes dans la province d'Oran.

NOMS DES TRIBUS.	des MAISONS	des TENTES	des CAVALIERS	des FANTASSINS	NOMS DES TRIBUS.	des MAISONS	des TENTES	des CAVALIERS	des FANTASSINS
RÉGION ORIENTALE ou DU CHÉRK (¹).					**AGHALIK DES HACHEM GHARABA'S.**				
AGHALIK DES GHARABA'S.					Mechachin el-Ouad.	»	200	200	200
Gharaba's (proprem. dits).	»	800	700	200	Ezoua.	»	150	100	50
Hameïan.	»	120	60	90	Oulad el-Abbad.	»	400	100	300
Zméla.	»	80	40	60	Oulad abd-el-Ouahad.	»	350	300	300
Bordjia.	»	150	110	50	Mechachin Sydy Ali ben-Omar.	»	300	250	300
Abid-Cheraga.	»	300	150	»	Beni-Meniarin.	»	330	200	200
Beni-Ghaddou.	»	500	300	»	Oulad Khaled.	»	300	300	300
Sedjarara.	»	300	130	»	Hassassena.	»	400	200	100
Beni-Choukran.	»	200	150	100	Oulad Ibrahim.	»	300	250	310
Oulad-Sydy-Dahro.	»	200	100	50	Oulad Aouf.	»	200	160	100
Oulad-Riah.	»	200	100	»	Ksanna.	»	180	90	130
Akerma el-Gharaba.	»	600	400	»	Doui Tabet.	»	70	40	70
Guerboussa.	»	130	100	»	Kerarma.	»	60	30	50
Sahari.	»	160	100	40	Louaiba.	»	200	100	150
Ktarnia.	»	80	40	60	Oulad Daoud.	»	150	100	150
Bathn el-Ouad.	»	100	70	120	Oulad Behelel.	»	250	200	250
Oulad Chareb el-Ribh.	»	50	30	20	El-Malef.	»	200	90	140
El-Mekkan.	»	40	30	»	El-Atara.	»	100	60	100
Maafit.	»	20	10	»	Oulad ben-Djafer.	»	200	200	»
El-Bordj (bourgade).	»	200	100	150	Djetgad.	»	400	300	»
Kalaah, idem.	»	200	40	100	Oulad Zgaïr.	»	150	80	120
Tliouenth, idem.	»	90	»	50	Taaleb.	»	130	100	100
					Maachou.	»	60	50	»
Totaux.	»	4,520	2,760	1,090	Oulad ben-Doma.	»	60	50	30
					Oulad Sydy Khalfallah.	»	100	40	80
AGHALIK DES MEDJAHER'S.					Touama.	»	100	60	100
Ayacha-Tata.	»	80	20	100	El-Mamid.	»	140	70	110
Ayacha-Fouaga.	»	70	30	100	Oulad Sydy Iahia.	»	150	60	100
Oulad-Boukamel.	»	600	300	500	Ourdjeat.	»	200	150	»
Mzara	»	»	»	»	Oulad Kassa.	»	200	100	150
Hachem-Dahro.	»	120	70	150	Oulad Ali ben-Ahmed.	»	140	70	130
Chourfa el-Hamadia	»	300	400	500	Harar Gharaba.	»	»	1,500	500
Oulad-Sydy-Abdallah.	»	250	150	50					
Hachaïchta	»	120	»	80	**Totaux.**	»	6,170	5,600	4,620
Rezguia	»	50	20	50					
Oulad-Hamdan.	»	300	150	»	**AGHALIK DES HACHEM CHERAGA'S.**				
Refisat.	»	»	»	»	Zoua.	»	»	»	»
Ashab Nabro.	»	»	»	»	Oulad Aïssa ben-Abbas.	»	150	200	40
Oulad Dani	»	»	»	»	Hal Gheris.	»	»	»	»
Oulad Sydy Abdallah mtaa Boudjerad.	»	?	»	»	El Mamid.	»	200	160	40
Oulad Schefaa	»	»	»	»	Oulad el-Abbas.	»	400	300	100
Oulad Sydy Abdallah mtaa Sersour.	»	»	»	»	Haboucha.	»	150	100	30
Oulad Malef.	»	»	»	»	Bordjia (Tenmasnia, Beni Lensor, Oulad Riabh).	»	»	»	»
Hosseïnia	»	»	»	»	Akerma Kiblia.	»	160	100	60
Oulad Chaker.	»	»	»	»	Oulad ben-Affan.	»	110	80	40
					Beni-Median.	»	200	130	50
Totaux.	»	1,890	1,140	1,530	Oulad Schérif.	»	200	200	40
					Bossra.	»	50	60	»
					Oulad Mesaoud.	»	150	100	50
					El-Haouitat.	»	»	»	»
					Harar Cheraga.	»	»	»	»
					Totaux.	»	1,770	1,430	450

Nota. On n'a pu se procurer des chiffres détaillés pour quelques unes des portions de cet aghalik. En tenant compte des portions négligées, on peut en évaluer les forces totales à 2,600 cavaliers et 1,600 fantassins.

(¹) Les aghaliks ou les tribus qui en font partie, et pour lesquels il n'existe point de chiffre à la colonne des maisons, se composent exclusivement de tentes. Les guillemets dans les autres colonnes indiquent que les renseignements nécessaires ont manqué pour fixer le chiffre qui devrait y être porté.

TABLEAUX.

NOMS DES TRIBUS.	des MAISONS	des TENTES.	des CAVALIERS.	des FANTASSINS.
AGHALIK DES FLITAH'S.				
Oulad Ahmed ben-Solthan	»	100	70	30
El-Mahal.	»	200	100	40
Oulad ben-Châa.	»	»	»	»
Oulad Sydy Harrat.	»	»	»	»
Oulad Souïd.	»	120	90	50
Oulad Rzin.	»	»	»	»
Oulad Bou Ali.	»	200	150	50
Hassassna.	»	140	100	40
Douaïrs Flita.	»	80	50	20
Zaouïa mtaa Sydy Mohammed ben-Aouda.	»	200	250	»
Cherfa mtaa Menasfa.	»	300	250	100
Hannetra.	»	80	60	20
Oulad ben-Yahia.	»	200	150	40
Oulad Sydy Mohammed ben-Aïssa.	»	50	»	»
Chlok.	»	150	100	40
El-Megan.	»	50	50	»
Oulad Amer.	»	100	100	20
Oulad Reschid.	»	200	160	40
Oulad Barkat.	»	210	160	40
Beni-Issed.	»	200	200	40
Oulad Rafa.	»	50	40	15
Beni-Lauma.	»	100	80	20
Beni-Dergoun.	»	300	230	80
TOTAUX.	»	3,030	2,390	685
AGHALIK DES SDAMA'S.				
Ghallafa.	»	200	100	80
Beni-Lensor.	»	400	200	100
Oulad Bouziri.	»	300	200	100
El-Tat.	»	140	100	30
Oulad Sydy Belkacem.	»	140	100	30
Oulad Sydy Amar.	»	100	»	80
Oulad Sydy Abd el-Djebbar.	»	80	50	40
Oulad Kasi.	»	60	40	20
El-Bouazid.	»	100	»	80
El-Ourara.	»	100	60	20
Beni-Allel.	»	80	60	20
Beni-Oudjel.	»	60	40	20
Scheloug.	»	400	200	100
El-Arara.	»	200	100	50
El-Ouarat.	»	200	100	50
Rouarnia.	»	100	»	100
Taourzout (bourgade).	»	130	»	100
Frendah (bourgade).	»	130	»	100
TOTAUX.	»	2,920	1,350	1,120
AGHALIK DU CHERK.				
Akerma.	»	300	140	70
Mkahlia.	»	250	160	70
Oulad Ahmed ben-Solthan.	»	100	70	30
El-Kyaïba.	»	100	50	30
A REPORTER.	»	750	420	200

NOMS DES TRIBUS.	des MAISONS	des TENTES.	des CAVALIERS.	des FANTASSINS.
Suite de l'AGHALIK DU CHERK.				
REPORT.	»	750	420	200
Oulad Sydy Aribi.	»	150	100	30
Oulad Khouidem.	»	200	100	70
El-Mahal.	»	200	100	30
Oulad Souid.	»	150	80	40
Selama.	»	180	120	140
Oulad el-Abbas.	»	200	100	50
Beni-Zeroual.	»	350	100	200
Beni-Zentes.	»	200	100	50
Oulad Faris.	»	160	100	50
Sbiahh.	»	400	200	150
Beni-Madoun.	»	300	200	60
Ouled Akhiar.	»	300	200	70
Sindjess.	»	300	200	50
Medjadja.	»	100	50	30
Mazouna.	»	200	50	160
El-Attaf.	»	300	200	60
Ouad Deflah.	»	140	20	80
Oulad Antar.	»	200	60	100
Mennoura.	»	300	60	200
Ladaoura.	»	200	100	50
Boû-Aïch.	»	300	200	»
El-Kiaichou.	»	120	60	30
Hachaïcha.	»	140	100	40
Zerafa.	»	140	50	50
El-Attaf.	»	300	200	50
Baraz.	»	400	200	100
Oulad Khallouf.	»	250	60	150
Oulad Riahh.	»	120	40	80
TOTAUX.	»	7,050	3,570	2,470
RÉGION OCCIDENTALE ou DU GHARB.				
AGHALIK DES DJEBELIA'S MTAA-TLEMSEN.				
Taghma, village.	100	»	»	100
Beni-Ad, id.	50	»	»	80
Oulad Sydy El-Hadj, id.	»	»	20	100
Jebder, id.	50	»	»	100
Tizi, id.	30	»	15	50
Aouchba, id.	40	»	»	50
Omm Loulou, id.	100	»	»	150
Beni-Rozli, id.	40	»	»	»
Ouzidan, id.	80	»	»	120
El-Abbad, id.	150	»	»	200
Aïn el-Hadjar, id.	50	»	»	60
Aïn el-Hout, id.	60	»	»	120
El-Anaya, id.	»	»	»	»
Tralemt, id.	40	»	»	50
Mlilia, id.	200	»	20	300
Kalaah, id.	40	»	»	70
Chetebi, id.	60	»	»	100
Hal Rihhat el-Rihb, id.	»	»	»	60
Fedden Seba, id.	»	»	»	100
Beni-Smiel.	»	1,200	600	1,200
Beni-Ournid.	»	900	500	300
Beni-Ouariach.	»	600	200	200
Beni-Ediel.	»	»	»	80
TOTAUX.	1,090	2,700	1,355	3,590

LIVRE CENT SOIXANTE-QUATRIÈME.

NOMS DES TRIBUS, VILLES OU VILLAGES.	des MAISONS	des TENTES	des CAVALIERS	des FANTASSINS
AGHALIK DES BENI AMER'S.				
Oulad Sliman.	»	700	400	400
Hassassena.	»	200	150	80
Oulad Ibrahim. . . .	»	500	300	300
Oulad Sydy Khaled. .	»	200	200	150
Oulad Sydy Bouzid. .	»	60	30	40
Oulad Sydy Ali ben-Eyoub	»	350	150	100
Doui Aïssa.	»	200	170	70
Oulad Mimoun. . . .	»	400	300	250
Mahimdat.	»	100	50	80
Oulad Sydy Abdeli. .	»	350	250	200
Oulad Sydy Ahmed ben-Jousef.	»	250	180	150
Oulad Khalfah. . . .	»	800	600	400
Oulad Djebbarah. . .	»	150	100	80
Oulad Sydy Mesaoudi.	»	100	60	50
Oulad bou-Amer. . .	»	140	90	50
El-Aghouat.	»	»	150	»
Schefaah.	»	»	»	»
Oulad Abdallah. . . .	»	300	180	150
Oulad Zaïr.	»	900	700	500
Azedj.	»	1,400	800	1,000
Oulad Sydy Macbou. .	»	»	30	80
Djezza.	»	»	»	»
Oulad Sydy Khalem. .	»	200	150	100
Oulad Ali.	»	»	»	»
Maidja.	»	»	»	»
Schorfah Mtaa Mebtoua.	»	110	80	60
Ktarnia.	»	55	30	40
TOTAUX. . . .	»	7,315	7,150	4,330
AGHALIK DU GHOSEL.				
Beni Ouazan. . . .	»	900	200	700
Oulad Ala.	»	350	80	300
Kerazbah.	»	250	90	200
Aouamir.	»	300	90	900
Oulad el-Khouan. . .	»	600	200	400
Zenatah.	»	»	»	»
Oulad Schaab. . . .	»	450	80	300
Oulad Rabal. . . .	»	»	»	»
Mkennia.	»	800	150	600
Médiouna Gharaba. .	»	400	100	300
El-Faoul.	»	700	300	1,000
Médiouna Gharaba. .	»	200	70	200
TOTAUX. . . .	»	4,950	1,360	4,000
AGHALIK DES TRARAH'S.				
Beni-Abd, village. . .	40	»	»	130
Beni-Khaled, id. . .	200	»	»	500
Oulad Sidoum, id. . .	100	»	»	300
Tadjra, id.	100	»	»	300
Oulad ben-Dra, id. . .	40	»	»	130
Medjadjera, id. . . .	40	»	»	100
Oulad Jousef, id. . .	30	»	»	75
Kezazla, id.	30	»	»	120
Keranka, id.	60	»	»	150
El-Kouasem, id. . . .	45	»	»	130
A REPORTER. . .	685	»	»	1,935

NOMS DES TRIBUS, VILLES OU VILLAGES.	des MAISONS	des TENTES	des CAVALIERS	des FANTASSINS
Suite de l'AGHALIK DES TRARAH'S.				
REPORT. . .	685	»	»	1,925
Souaber, id. . .	60	»	»	140
Chaïb ben-Dra, id. .	30	»	»	»
Bou Khanzir. . . .	60	»	»	160
El-Menazel, id. . .	45	»	»	140
Bab Mesmar, id. . .	200	»	»	500
Oulad bou-Azoun, id.	80	»	»	200
El-Arabiin, id. . .	80	»	»	250
El-Khoualem, id. . .	40	»	»	»
Oulad Haroun, id. . .	90	»	»	200
Oulad Deddoueb, id. .	30	»	»	60
Oulad Fadhel, id. . .	40	»	»	120
Oulad Syby ben-Omar, id.	30	»	»	80
Dar Zaouïa, id. . .	20	»	»	»
Aïn Kbira, id. . .	»	»	»	»
Sydy el-Hadj ben-Abdallah, id.	20	»	»	50
Zenadda, id. . . .	50	»	»	150
Souamria, id. . . .	40	»	»	120
Oulad Sydy Bouzif, id.	70	»	»	200
Oulad Jakoub. . . .	»	»	»	»
Mettaghra.	100	»	»	150
Oulad Khalifah, id. .	20	»	»	50
Belkhafar, id. . .	60	»	»	130
Dar el-Louh, id. . .	250	»	»	400
Sydy Bouzian, id. . .	15	»	»	40
Oulad Bouzin. . . .	90	»	»	200
Tount, id.	70	»	»	150
Oulad Dziri, id. . .	20	»	»	50
El-Kaf, id. . . .	»	»	»	»
Sydy bou-Medin, id. .	»	»	»	»
Oulad Ali, id. . .	»	»	»	»
Dar Bakht, id. . .	»	»	»	»
Sydy Mohammed ben-Ahmed, id.	»	»	»	»
Oulad Reschid, id. .	»	»	»	»
Hadj Ahmed el-Menir, id.	»	»	»	»
El-Asen, id. . . .	»	»	»	»
Oulad ben-Dadda, id. .	30	»	»	60
Kabilah Mtaah bou-Hamedi.	50	30	»	»
Kabilah Mtaa Oulad bou-Ras.	30	12	»	50
Beni-Fesach. . . .	40	»	»	50
Beni-Zama. . . .	30	»	»	60
Kabilah Mtaa Beni-Rannan.	300	90	50	40
Kabilah Mtaa Beni-Rannan.	60	250	150	600
Oulad Sydy ben-Jakhlef.	100	»	»	300
Kabilah des Oulad Aïcha.	40	90	30	200
Kabilah de Terban. .	120	»	30	400
Oulad bou-Oraïs. .	150	»	»	140
Anzi, village. . . .	70	»	»	250
Ermaïna, id. . . .	20	10	»	70
Lalla Oucha, id. . .	100	»	»	300
El-Abghal, id. . .	30	»	»	75
Kabilah Mtaa el-Hadada	180	70	25	300
Saoubia, village. . .	20	20	»	80
Zouanif, id. . . .	30	»	»	70
El-Kasli, id. . . .	200	»	»	600
Kabilah Mtaa Oulad Boudjemaa.	30	60	15	150
TOTAUX. . . .	3,925	632	300	9,665

AFRIQUE. — EMPIRE DE MAROC.

NOMS DES TRIBUS, VILLES OU VILLAGES.	NOMBRE				NOMS DES TRIBUS, VILLES OU VILLAGES.	NOMBRE			
	des MAISONS	des TENTES	des CAVALIERS	des FANTASSINS		des MAISONS	des TENTES	des CAVALIERS	des FANTASSINS
AGHALIK DES ANGAD'S.					**Suite de l'AGHALIK DES ANGAD'S.**				
Oulad Sydy Kalifah	»	160	160	»	REPORT.	»	4,330	3,960	»
Beni-Matar	»	800	800	»	Beni-Mathar Mtaa Raselma	»	1,200	1,000	»
El-Kharidj	»	70	50	»	Oulad Ali ben-Talba	»	600	500	»
Oulad Belheurr	»	500	400	»	Oulad Ahmed ben-Ibrahim	»	600	450	»
Oulad el-Hamed	»	1,200	1,000	»	Hdchaïch	»	1,000	900	»
Oulad Naha	»	1,200	1,200	»	Hameïan	»	»	»	»
Beni-Hamli	»	400	350	»					
A REPORTER	»	4,330	3,960	»	TOTAUX	»	7,730	6,810	»

NOTA. En tenant compte de la population probable des Haméian's, on peut évaluer la population totale de l'Aghalik à 8,000 tentes et 10,000 cavaliers.

RÉCAPITULATION.

	RÉGION ORIENTALE OU DU CHERK. AGHALIKS.							RÉGION OCCIDENTALE OU DU GHARB. AGHALIKS.					TOTAUX.
	Gharaba	Medjaher	Hachem Gharaba	Hachem Cheraga	Flitah	Sadama	Cherk	Djebeli Mtaa Tlemcen	Beni-Amer	Ghosel	Trarah	Angad	
Maisons	»	»	»	»	»	»	»	1,090	»	»	3,925	»	5,015
Tentes	4,520	2,000	6,170	1,770	3,030	2,920	7,050	2,700	7,315	4,950	632	8,000	51,097
Cavaliers	2,760	2,600	5,660	1,430	2,390	1,350	3,570	1,355	7,150	1,360	300	10,000	39,925
Fantassins	1,090	1,600	4,620	450	685	420	2,470	3,590	4,330	4,900	9,065	»	33,220
Total des hommes	3,850	4,200	10,280	1,880	3,075	1,770	6,040	4,945	11,480	6,260	9,365	10,000	73,145

LIVRE CENT SOIXANTE-CINQUIÈME.

Suite de la Description de l'Afrique. — Description spéciale de la Barbarie. — Région du Maghreb. — L'empire de Maroc. — L'État de Sydy Hescham ou des Maures indépendants. — Le Grand Désert de Sahara.

« L'empire de Maroc est un reste des grandes monarchies africaines fondées par les Arabes. La dynastie des *Aglabites*, dont Kaïrouan, et plus tard Tunis fut la capitale, et celle des *Edrysites* qui résidaient à Fez, furent subjuguées par les *Fatimites*, qui, occupés de la conquête de l'Egypte, laissèrent usurper leurs possessions occidentales par les *Zeirites*, auxquels succédèrent, dans les provinces de Tunis et de Constantine, les *Hamadiens* et les *Abou-alfens*. Mais dans l'extrême Occident, un prince des *Lemtunaa's*, tribu aujourd'hui ignorée du Grand Désert, choisit pour réformateur de son peuple, pour législateur et pontife, *Abdallah-ben-Jasin*, homme extraordinaire qui vivait d'eau, de gibier, de poisson, mais qui épousait et répudiait tous les mois un grand nombre de femmes. Ce fanatique adroit créa la secte, d'abord très zélée, et toujours très ambitieuse, très entreprenante des *Almoravides*, proprement nommée *Morabeth*. Elle sortit du désert, semblable à un tourbillon enflammé, qui menaçait tour à tour l'Afrique et l'Europe; le chef de ces conquérants dévots prit le titre d'*émir-al-moumenim* ou prince des fidèles. Abou-alfin bâtit en 1052 la ville de Maroc ou Merakach. Joussouf envahit et soumit la plus belle partie de l'Espagne; en même temps la domination religieuse et politique des Morabeths s'étendit sur Alger, sur le Grand Désert, sur Tembouctou et d'autres villes du Soudan. Ce fut alors que se forma ce grand empire de Maghreb ou de l'occident, qui s'étendait depuis l'Espagne jusque sur toute la Barbarie. Mais de nouveaux sectaires, plus austères, les *Mouahed's* ou *Almohades*, c'est-à-dire les Unitariens, conquirent en 1146 cet empire de Maghreb. Moins heureux en Espagne, ils étendirent leur puissance en Afrique jusqu'à Tripoli; leurs princes portaient le titre d'*émir-al moumenim*, et même de *khalife*. Un siècle s'était écoulé lorsque des dissensions intérieures livrèrent les Almohades aux attaques victorieuses de plusieurs rivaux, parmi lesquels les *Mérinites* se rendirent maîtres des royaumes de Fez et de Maroc. Cette dynastie, plus jalouse de conserver que d'acquérir, ne pensa point à rétablir le grand empire de Maghreb. En 1547, un *schéryf* ou descendant de Mahomet mit un terme à la domination des Mérinites : sa postérité règne encore à travers des révolutions fréquentes. Au titre de schéryf, les souverains du Maroc joignent celui de sultan. »

Quelquefois les Marocains nomment leur souverain *imam* ou pontife; les Maures l'appellent simplement *sultan*, et plus souvent *sidna* ou *seïdna*, c'est-à-dire notre seigneur; par emphase ils ajoutent à ce titre celui de *moulana*, maître.

L'État dont nous venons de retracer l'origine est appelé par les Arabes *Magh'reb-el-akssa*, c'est-à-dire l'*extrême occident*. Il embrasse encore un territoire de 190 lieues de longueur sur 150 de largeur. Sa superficie est de 24,379 lieues géographiques carrées : ainsi il est plus grand que toute l'Espagne. Il a 300 lieues de côtes, dont environ 100 sur la Méditerranée, et 200 sur l'Atlantique. Il est coupé du sud-ouest au nord-est par la majestueuse chaîne du Grand-Atlas, en deux parties, dont l'une, sur le versant occidental de la chaîne, comprend les deux royaumes de Fez au nord et de Maroc au sud, et dont l'autre, sur le versant opposé, renferme ceux de Tafilett et de Souze, et les provinces de Sidjelmessa et de Draha. Les deux premiers répondent à l'ancienne *Mauritania Tingitana*, et les autres à une partie de la *Getulia*.

Le Grand-Atlas élève plusieurs cimes au-delà de 4,000 mètres. Ses points culminants sont, pendant toute l'année, couronnés de neige qui, rassemblée sur ses flancs, se fond pendant l'été et fait naître une multitude de ruisseaux dont les eaux, en serpentant dans les vallées et les plaines, y entretiennent la fertilité et la fraîcheur pendant cette partie de l'année, où la sécheresse condamnerait le sol à la stérilité (¹).

Les principales rivières qui sillonnent le versant occidental sont, en commençant par le nord, le *Louccos*, dont le cours est d'environ 40 lieues; le *Sebou* ou *Mahmore*, qui est plus long d'environ 20 lieues; la *Morbea* ou l'*Omm'er-Rebie'h*, à peu près de la même étendue que le précédent, mais plus rapide et plus profond, et le *Tensif*, qui a 80 lieues de longueur. Entre les deux chaînes parallèles de l'Atlas coule, dans la direction du nord-est, la *Moulouïa*, que l'on appelle aussi *Moulouvia* ou *Moulvia*, qui a plus de 100 lieues de cours, mais qui est presque à sec pendant l'été : ce qui lui a valu le surnom de *Bahr-Belama* ou de *fleuve sans eau*.

Sur le versant oriental de l'Atlas nous ne citerons que deux rivières : le *Ziz*, qui, après un cours de plus de 100 lieues, se jette dans un lac sans écoulement vers la limite du Sahara; et le *Ouady-Draha* ou *Ouady-Darah*, qui, parcourant une étendue au moins aussi considérable, va se perdre dans des sables. Quelques unes de ces rivières servent aux communications commerciales pendant une partie de l'année, mais elles pourraient vivifier plusieurs branches d'industrie si, comme le dit M. Gräberg, le gouvernement était plus éclairé, et si des lois sages excitaient l'émulation en protégeant la propriété. Toutes ces rivières sont extrêmement poissonneuses.

Nous avons donné un aperçu de la constitution géognostique du Grand-Atlas : nous répéterons que les mines y sont fort négligées, c'est-à-dire mal ou point exploitées, bien qu'elles soient riches en cuivre, en étain, en fer, en antimoine, et peut-être même aussi en argent et en or.

Le climat qui règne dans l'empire de Maroc est un des plus salubres et des plus beaux de la terre, à l'exception de trois mois de l'été. Les royaumes de Maroc et de Fez sont abrités par l'Atlas du vent brûlant du désert, ce terrible destructeur de la végétation, et qui souffle pendant quinze jours ou trois semaines avant la saison pluvieuse. Les brises de

---

(¹) *Gräberg de Hemsö* : Aperçu statistique en 1833 sur l'empire de Maroc.

mer y rafraîchissent l'atmosphère ; mais les pays situés sur le versant oriental ne jouissent pas de ces avantages ; les vents y apportent le hâle du désert et souvent la peste de l'Égypte. En général, les saisons sont marquées par la sécheresse et les pluies ; celles-ci commencent en septembre, mais elles ne durent pas sans interruptions. Dans les jours les plus froids on n'aperçoit jamais de gelée ou de glace, excepté sur les cimes de l'Atlas.

La végétation naturelle nous offre, dans les provinces septentrionales, des forêts composées de chênes à glands doux, de chênes-liéges, de cèdres, d'arbousiers et de gommiers. Une espèce de genévrier, nommé dans le pays *a'rar*, fournit des bois de construction et de charpente, et surtout des planches qui répandent l'odeur du cèdre. Au midi les forêts se composent principalement d'acacias et de thuyas. Sur le territoire de Souzé et de Tafilett, les dattiers forment des bois considérables et portent des fruits en abondance.

Les bêtes féroces, telles que les lions, les panthères et les hyènes, peuplent ces forêts. Il y existe aussi toutes sortes de gibiers, entre autres des daims, des gazelles, et surtout des sangliers, qui ravagent souvent les campagnes.

Le sol est partout d'une fécondité extraordinaire ; il fournit jusqu'à trois récoltes dans l'année. Les montagnes et les vallées sont couvertes d'une couche épaisse d'*humus* ou de terre végétale. Quelques terrains en culture sont tellement imprégnés d'ocre ferrugineuse, que la couleur rouge de celle-ci se communique aux plantes que l'on y cultive. Cette particularité s'observe surtout dans une partie de la province d'Abda, que l'on nomme pour cette raison *pays rouge* (¹).

Cette fertilité est surtout très remarquable dans les lieux où des eaux suffisantes viennent au secours de la fécondité du sol et de la chaleur du climat. Bien que l'agriculture n'y fasse point de progrès depuis des siècles, parce que l'existence du laboureur y est précaire, et que ses efforts et son industrie sont mis à contribution par une multitude de despotes avides, depuis le chef de l'empire jusqu'au dernier percepteur d'impôts, il livre une grande quantité de céréales pour l'exportation. Le Maroc nourrit une partie de l'Espagne ; mais ce pays pourrait fournir l'Europe entière de froment, d'orge et de riz. L'avoine y croît spontanément ; l'olivier y acquiert la plus grande force ; le citronnier, l'oranger et le cotonnier couvrent les collines ; plusieurs variétés de vignes réussissent dans les provinces septentrionales. Dans les plaines sablonneuses, les Maures font venir à force d'irrigation des fèves, des pois, des melons et des concombres. On y cultive aussi le tabac, le coton, plusieurs espèces de gommes, le safran et la canne à sucre. Le doura est la principale nourriture de l'habitant des campagnes.

Le cultivateur confie les semences à la terre vers la fin de novembre ou le commencement de décembre, et la récolte se fait en mai ou en juin. La préparation qu'il donne au sol se borne à le gratter légèrement avec une mauvaise charrue, et, malgré ces soins imparfaits, il obtient 20 à 30 grains pour un. « On » n'emploie d'autres engrais que celui que » laissent les troupeaux en pâturant, ou bien » l'on met le feu aux broussailles et aux ar- » bres, et on laisse la flamme passer sur l'é- » tendue du terrain dont on se propose de ti- » rer parti. L'Arabe nomade, qui habite sous » la tente, ne songe pas à un établissement » fixe et permanent : il brûle les buissons et » les arbres aussi long-temps qu'il en trouve » dans le voisinage ; il déloge ensuite pour » chercher une autre habitation et un autre » terrain, et pour reprendre la même méthode » de culture. On peut donc supposer qu'il n'y » a de cultivé dans le même temps qu'un tiers » environ de tout le pays (¹). »

L'industrie pastorale est en quelque sorte plus avancée dans cet empire que l'industrie agricole ; ce sont les Berbers et les Chillouhs qui s'y adonnent exclusivement. Le bétail y est partout extrêmement nombreux, bien nourri, et d'une excellente espèce, entre autres les dromadaires, les chevaux arabes et barbes, les mulets, les bêtes à cornes, et surtout les moutons, qui produisent la plus belle laine que l'on connaisse. Le nombre d'animaux domestiques existant dans tout l'empire

---

(¹) *Gräberg de Hemsö* : Aperçu statistique de l'empire de Maroc en 1833.

(¹) *Gräberg de Hemsö* : Aperçu statistique, etc.

peut être estimé approximativement de la manière suivante :

Chameaux et dromadaires	500,000
Chevaux, à peu près	400,000
Anes et mulets, environ	2,000,000
Bœufs, vaches, etc.	5 à 6,000,000
Chèvres	10 à 12,000,000
Moutons	40 à 45,000,000

Chaque année, à la fête des sacrifices appelée *Aïd-el-Kebir*, qui tombe au dernier jour de l'année musulmane, on immole plus de 700,000 moutons.

Les poules du Maroc sont d'une belle espèce et d'une grosseur extraordinaire ; il y en a qui pèsent jusqu'à 15 livres.

Un écrivain récent, M. Jackson, consul d'Angleterre à Mogador, a publié des documents qui porteraient la population de l'empire de Maroc à environ 15,000,000 d'habitants [1]. Cependant Chénier, Hœst et Lamprière avaient prétendu avant lui que le nombre n'en dépassait pas 6,000,000. Jackson assure avoir pris des informations particulières à ce sujet, mais il n'indique pas toujours la source précise où il a puisé. Il prétend bien avoir vu les registres impériaux où sont inscrits tous les contribuables, mais il ne dit pas comment ces registres sont tenus et quelle garantie on a sur leur exactitude. Nous croyons donc devoir plutôt nous en rapporter à un savant, qui a pris tout récemment à Maroc même, où il a résidé six ans, les renseignements les plus précis, et qui nous fournit la population présumable en 1833 [2]. Selon lui, elle s'élève à 8,500,000 individus, répartis sur une superficie de 24,379 lieues géographiques carrées, ce qui fait à peu près 349 habitants par lieue carrée. Il est bon de remarquer que ceux qui exagéraient la population du Maroc en la portant à environ 15,000,000, exagéraient dans la même proportion sa superficie en l'évaluant à 46,700 lieues carrées.

Cette population se compose de différents peuples : les Arabes se distinguent en *Arabes purs*, en *Himgarites* et en *Bédouins* ; les Berbers, en *Berbers* proprement dits, qui habitent l'Atlas depuis la partie orientale jusqu'au delà de Maroc ; en *Chillouhs*, disséminés dans les montagnes des environs de Taflett et de Souze ; en *Kabaïles*, qui vivent dans la province de Fez ; en *Amazighs*, dans celle de Souze, et en *Touariks*, près de la limite du désert de Sahara. Les Maures, qui forment le peuple le plus nombreux, comprennent les *Maures* proprement dits, que l'on regarde comme les descendants des Mauritaniens et des anciens Numides mélangés avec les Phéniciens, les Romains et les Arabes, et les *Andalous*, qui descendent des Arabes chassés de l'Espagne. Les *Juifs* sont aussi les descendants de ceux qui ont été chassés de la péninsule hispanique ; comme les Andalous, ils habitent particulièrement les villes. Les *Boukhariés* sont des nègres achetés dans la Guinée. Les *Francs*, ou Européens, sont en petit nombre, de même que les *Bohémiens*, que les Marocains appellent *Sidinafirs*, et qui, à l'aide de diverses jongleries, exploitent la crédulité publique.

Quelques uns de ces peuples se distinguent par un genre de vie particulier : ainsi la plupart des Berbers sont cultivateurs et pasteurs ; ils professent un mahométisme corrompu ; et bien que soumis à l'empereur, chaque tribu a son chef. Ils habitent des villages garnis de tours où ils sont toujours prêts à se défendre. Les Bédouins vivent sous des tentes, et les Maures en cabanes rassemblées en hameaux qu'ils appellent *douars*. Les Juifs constituent la classe des commerçants ; ils ont une grande prépondérance dans les affaires politiques, et sont méprisés par tous les autres habitants, et souvent même l'objet des insultes du peuple. Enfin les Boukhariés forment une caste militaire.

L'empire de Maroc se divise en cinq grandes provinces, dont quatre portent le nom de royaume ; ces principales divisions se subdivisent en provinces plus petites, que l'on pourrait appeler des arrondissements. Depuis la fin du siècle dernier, cet empire a perdu de sa puissance : le royaume de Tembouctou n'en est plus tributaire, et une grande partie de celui de Souze forme un État indépendant.

« Sans nous embarrasser dans le labyrinthe de la topographie des royaumes et des provinces, nous ferons remarquer les principales.

---

[1] *Jackson*: Account of Marocco, etc. — [2] M. Gräberg de Hemsö, correspondant de l'Institut de France et membre de plusieurs sociétés savantes, dont le travail sur la statistique de l'empire de Maroc a été inséré dans les Mémoires de la Société française de statistique universelle. Depuis, c'est-à-dire en 1834, il a publié en italien à Gênes un travail intitulé : *Specchio geografico e statistico dell'imperio di Marocco*. — 1 vol. in-8°.

villes. *Fez*, capitale du royaume de ce nom, brille parmi les cités africaines par son ancienne réputation littéraire. L'amour des études y est aujourd'hui presque éteint. » Elle a conservé plusieurs écoles renommées dans toute l'Afrique, une bibliothèque assez considérable, quelques manufactures de soieries, de tissus de laine, de beaux tapis, de maroquin rouge, d'armes et de poudre à canon, un commerce assez actif, et une population que M. Graberg évalue à 88,000 âmes, quoique M. Caillié ne lui en accorde que 20,000, qu'Aly-Bey l'ait élevée à 100,000, et Jackson à 380,000.

Cette ville porte le nom d'un ruisseau qui la traverse et s'y partage en deux bras, pour aller se jeter ensuite dans le Sebou. Elle se divise en vieille et nouvelle; une enceinte, formée de murailles épaisses flanquées de tours, les renferme toutes deux. Le vieux Fez est la plus considérable et la plus basse; elle fut fondée en 793; ses rues sont étroites et sombres, ses maisons, construites soit en briques, soit en pierres, ou même en terre, sont plus élevées que la plupart de celles des autres parties de la Barbarie que nous venons de parcourir: presque toutes ont une citerne. Le nouveau Fez, qui date du treizième siècle, est la ville haute; ses maisons sont mieux bâties: plusieurs possèdent de beaux jardins; les Juifs y ont un quartier où on les enferme pendant la nuit. C'est dans la nouvelle ville que se trouvent les plus beaux édifices, bien qu'aucun ne soit réellement remarquable; c'est là que l'empereur ou le sultan possède un palais, qu'il habite rarement, et que l'on trouve les plus belles mosquées, dont les deux plus dignes de fixer l'attention sont celle d'*El-Karoubin* et celle de *Mouley-Edrys*, surmontées chacune d'un minaret de 100 pieds de hauteur. C'est dans ces deux temples que sont établies les deux principales écoles savantes où l'on enseigne la théologie, la grammaire, la logique et l'astronomie. Dans cette ville chaque profession occupe une rue différente; mais dans une sorte de bazar, appelé *la Caïsseria*, se trouvent réunis les principaux magasins: on y vend tous les produits de l'Europe, du Levant et de l'intérieur de l'Afrique. Fez a été très florissante au douzième siècle: Léon l'Africain dit qu'elle renfermait 700 temples, et qu'elle était un lieu de pèlerinage pour les mahométans qui ne pouvaient pas aller à la Mekke. Ce fut à cette époque qu'elle devint célèbre dans les arts et les sciences. Sa splendeur déclina lorsque les royaumes arabes de l'Espagne étaient florissants, mais aussi elle reprit de l'éclat lors de l'expulsion des Maures de la péninsule hispanique, parce que ceux-ci y apportèrent une civilisation plus avancée que celle qui avait contribué à sa renommée.

Méquinez ou *Miknès*, appelée aussi *Meknasah*, dans la plaine, à 15 lieues au sud-ouest de Fez, a mérité par sa salubrité d'être souvent la résidence du sultan. Elle est située dans un vallon fertile; c'est une grande ville de 56,000 âmes. Renfermée dans une triple enceinte de murs de 15 pieds de hauteur sur 3 d'épaisseur, elle présente un bel aspect, qu'elle doit principalement à ses nombreuses mosquées et au palais impérial qui, avec ses fortifications, occupe près d'un tiers de la ville. Méquinez est une des plus agréables cités de l'empire, et celle où il règne une urbanité inconnue dans les autres provinces. C'est dans le palais impérial que se trouve le trésor du prince, appelé *Maison des richesses* (*Beit el mell*), où l'on conserve, dit-on, un trésor évalué à plus de 50,000,000 de piastres d'Espagne.

Safrou n'offre rien de remarquable. *Teja* ou *Teza*, bâtie sur un rocher, est une jolie ville de 11,000 âmes. *Ouezan* ou *Voëzan* s'élève au milieu de bons pâturages et de champs bien cultivés.

Sur les côtes de l'empire de Maroc, en regard de l'Europe, l'Espagne possède quatre places ou nids d'aigle inaccessibles, isolés de la terre ferme et correspondant à une place forte d'Europe, comme si l'on n'avait voulu en les construisant que garder et dominer le bras de mer qui les sépare. Ces quatre places sont, en allant de l'est à l'ouest, Mellila, Alhucemas, Peñon de Velez et Ceuta. Les Espagnols les désignent sous le nom générique de *presidios*, c'est-à-dire places fortes ou prisons. Elles n'ont aucune importance politique ou commerciale; mais elles pourraient en acquérir sous les rapports politique et maritime, si l'Espagne se trouvait un jour en position de réclamer pour son pavillon une part dans la domination de la Méditerranée. Elles acquerraient encore un certain degré d'utilité s'il s'agissait d'opérer une descente sur les côtes de Maroc, parce qu'elles serviraient de base à une ligne d'opérations. Il est important qu'elles ne tombent pas au pouvoir des Marocains, parce qu'elles deviendraient autant de repaires de pirates. De loin en loin les Marocains viennent inquiéter ces *presidios;* mais leurs attaques ne paraissent être depuis longtemps que des protestations contre la présence des chrétiens sur un rivage musulman.

Mellila est une ancienne ville située au sud du cap *Tres-Forcas*, à 30 lieues à l'ouest de Tlemsen et presque en face d'Almeria. Son nom paraît venir de l'excellent miel que l'on recueille dans ses environs. Elle occupe une presqu'île unie au continent par un isthme de rochers. Elle a un gouverneur et une garnison peu considérable ; mais elle a toujours été réputée imprenable. Le front de la place au nord est inaccessible, tant le rocher qui la protège de ce côté est élevé et escarpé. Un parapet d'un mètre d'épaisseur, que défend encore au milieu une grosse tour de forme elliptique, la défend du côté de l'est; l'angle du sud est protégé par un autre parapet cylindrique appelé *las Cabras*. Sur le front qu'elle présente vers l'ouest est la porte de la place avec la grosse tour de Saint-Jacques. De ce côté elle communique par un chemin couvert avec les fortifications extérieures. L'eau potable n'est pas rare à Mellila, et l'on s'en sert aussi pour l'arrosement de quelques jardins ; elle suffit à remplir un certain nombre de citernes à l'épreuve de la bombe, pouvant contenir jusqu'à 30,000 hectolitres. A une petite distance et à portée du canon de la place, est un petit port où ne peuvent mouiller que des navires d'un faible tonnage, tels que des chebeks et des galiotes.

Alhucemas est une petite place située sur le bord de la mer, à 18 lieues à l'ouest de Mellila et vis-à-vis de Malaga. C'est un rocher entouré d'eau et de peu d'étendue, s'élevant dans l'anse formée par le cap Quillates et le cap Moro, à l'extrémité de la province de Ryf, la plus septentrionale du royaume de Maroc. La ville, de forme irrégulière, est bâtie sur un plan incliné de l'est à l'ouest. Inaccessible du côté du nord et de l'est, elle a du côté de l'ouest deux batteries par lesquelles elle domine la plage et les campagnes voisines ; au sud, trois boulevards la défendent, protégés eux-mêmes par deux courtines revêtues d'un ouvrage de maçonnerie, d'où le feu des troupes peut être continuel et à couvert de celui de l'ennemi. Dans l'intérieur de la place est un château flanqué de quatre grosses tours de forme cylindrique, au milieu duquel est la place d'armes. La ville a deux portes, la principale est celle dite *del Socorio*, et au sud un mouillage pour les embarcations de la correspondance d'Espagne, où viennent stationner aussi quelquefois les chebeks de la marine royale. L'eau pour l'usage des habitants, en partie recueillie dans la saison des pluies, en partie apportée de la côte espagnole, est conservée dans trois grandes citernes de construction assez ancienne. Alhucemas est une prison, aussi bien pour ceux qui sont chargés de la garder que pour ceux qu'on y confine. Là garnison est de 200 hommes.

Peñon de Velez de la Gomera est bâti sur un rocher baigné de tous côtés par la mer ; c'est une petite forteresse avec un port où peuvent s'abriter les navires de petite dimension. Elle est située en face du Campo del Moro, dont la sépare un détroit d'environ 400 mètres de largeur, appelé le Fredo. A l'une des extrémités de ce détroit s'élève un petit fort avec quelques canons, situé sur le terrain appelé l'*Islete*, rattaché à l'écueil principal, sur lequel est bâtie la place, au moyen d'une espèce de pont naturel auquel l'art n'a presque rien ajouté. La ville, où la population vit entassée, est bâtie en amphithéâtre et n'est composée que de deux rues. En entrant par la *Puerta del Baradero*, garnie d'une forte herse en fer et défendue par le boulevard de la *Trinidad*, on trouve la poudrière entourée d'une muraille de construction moderne, une batterie de canons et le boulevard de *San-Francisco*, sur lequel est placé le magasin d'armes. Sur le boulevard *San-Juan* est la grande citerne où l'on rassemble l'eau des pluies et celle que l'on fait venir de Malaga. Du côté de la porte et sur le boulevard *San-Antonio*, sont situés le quartier des condamnés et le magasin des vivres. Le fossé qui en fait le tour les sépare du quartier des artilleurs placé plus bas, et avec lequel la communication est établie au moyen d'un pont-levis et d'une porte en fer. Là sont encore une esplanade de médiocre étendue et une église en l'honneur de la Conception. Viennent ensuite le boulevard *San-Miguel* et la maison du gouverneur dans la partie la plus élevée de la ville, une seconde poudrière à épreuve de la bombe, et l'hôpital attenant au boulevard *San-Juliano*.

Suivant le dernier recensement, Mellila, lhucemas et Peñon de Velez renferment une population dont le chiffre total est de ,700 habitants.

Ceuta, l'antique *Septa*, ou mieux *ad Septem Fratres*, parce que la ville renferme sept collines, s'élève sur une petite presqu'île. Un espace de cinq lieues la sépare de Gibraltar, vis-à-vis de laquelle elle est bâtie, et dont elle est la contre-partie africaine. Ces deux points étaient ce que les anciens nommaient les deux colonnes d'Hercule. Avant de porter le nom de *Septa*, originaire de celui de *Ceuta*, cette ville s'appelait *Abyla*, ainsi que la nomme Strabon. Le nom de *Septa* paraît pour la première fois dans Isidore de Séville (¹). Ceuta a joué un rôle très important pendant les huit siècles de la domination des Arabes en Espagne. Ce fut avec le gouverneur goth de Ceuta, comte de cette ville, appelé Julianus ou Ælianus, que Moussa-ben-Nosseïr, émir du Maghreb-el-Akssa, pour le khalife de Damas Valid, contracta d'abord alliance ; ce fut sur les vaisseaux de Tanger et de Ceuta que les premiers conquérants arabes et berbers passèrent dans la Péninsule. Les chroniques arabes, à partir de cette époque, font mention fréquemment de Ceuta, qu'elles nomment Sebtah. Conquise en 1415 par les Portugais sur le schérif de Maroc, elle resta aux Espagnols après la révolution de 1640, par laquelle le Portugal se détacha de l'Espagne. Depuis cette époque, les souverains de Maroc ont fait à plusieurs reprises de vaines tentatives pour en rendre maîtres.

Ceuta est le chef-lieu du gouvernement politique et militaire des Présides. Sa population, d'après le recensement officiel de 1839 (²), est de 6,500 habitants. Elle a un siège épiscopal suffragant de celui de Séville, avec un tribunal ecclésiastique et militaire ; une paroisse et deux couvents de moines, maintenant déserts. Les deux principales des sept collines qui s'élèvent sur la presqu'île de Ceuta, se nomment l'Almina et l'Acho. Un quartier de construction moderne couvre l'Almina et forme la partie la plus agréable de la ville, parce que chaque maison y a son jardin, son puits, ses fontaines d'eau potable, sans compter les citernes publiques. Les orangers, les citronniers, les grenadiers, la vigne, etc., sont particulièrement cultivés par les habitants de ce quartier, pour qui les fruits qu'ils en recueillent forment l'objet d'un petit commerce avec Gibraltar. Des fortifications entretenues avec soin entourent et défendent la ville. Il y a sur le sommet de l'Acho, qui est aussi très bien fortifié, une *atalaya* ou vigie, d'où l'on découvre au loin la côte, et d'où l'on peut, comme de Gibraltar, compter les navires de toute grandeur qui passent le détroit dont l'Almina forme l'extrémité orientale. Le port de Ceuta est d'une médiocre profondeur, et c'est là surtout ce qui établit son infériorité relativement à Gibraltar.

Entre Peñon de Velez et Ceuta se trouvent deux ports qui appartiennent à l'empire de Maroc : ce sont *Mostaza*, à 25 lieues au nord de Fez, et *Tétouan*, ville de 16,000 âmes, peuplée de juifs et de Maures. On dit que les femmes y sont si jolies, et en même temps si sensibles, que la jalousie musulmane a dû en interdire le séjour aux Européens (¹). Ses environs sont couverts de jardins riches en excellents fruits, principalement en raisins et en oranges.

A l'ouest de Ceuta, *Tangeh* ou *Tanger*, bâtie en amphithéâtre, présente un aspect magnifique du côté de l'océan Atlantique ; mais lorsqu'on a franchi son enceinte, on est entouré de tout ce qui caractérise la misère. Elle fait cependant un commerce fort actif, et les États européens y ont presque tous des consuls. Les murailles et les tours rondes et carrées qui l'environnent tombent en ruines ; une seule rue irrégulière, qui la traverse de l'orient au couchant, est assez large pour que la circulation y soit facile ; les autres sont tellement étroites et tortueuses, qu'à peine si trois personnes peuvent y passer de front, et les maisons y sont si basses qu'il ne faut pas être d'une haute stature pour atteindre le toit de la plupart d'entre elles. Toutes les rues ne consistent qu'en un amas de pauvres habitations d'un aspect misérable. Dans la principale rue, les habitations paraissent encore plus sales et chétives par leur comparaison avec deux ou trois maisons d'une assez belle apparence, et auprès desquelles la rue s'élargis-

(¹) *Chronicon Gothorum*, anno DLXIX. — (²) *Cuadro politico estadistico y geografico*, etc. Madrid 1839.

(¹) *Agrell* : Lettres sur Maroc.

sant, forme une place oblongue dont un des côtés est occupé par une rangée de boutiques ou plutôt d'échoppes où l'on vend des fruits et de l'épicerie. La plupart des rues ne sont point pavées ou le sont mal, même celles où résident les représentants des puissances européennes. Les maisons, qui, à quelques exceptions près, n'ont qu'un seul étage, sont disposées en un petit carré dont une des faces se compose de la porte d'entrée et d'un mur, et les trois autres de petits corps de logis sans fenêtres, divisés en petites chambres, qui ne reçoivent le jour que par un arceau qui sert de porte. De la cour on monte par quelques marches sur le toit qui forme une terrasse assez épaisse pour ne pas laisser pénétrer la pluie dans les appartements. La ville est dominée par un vieux château appelé *Al-Kasbah*, qui sert de résidence au gouverneur. La principale mosquée est grande et belle ; son minaret est haut et travaillé en une sorte de mosaïque de même que le pavé de ce temple, autour duquel règne une colonnade de piliers ; au centre d'une cour qui la précède coule une fontaine limpide. Tanger est célèbre par la beauté de ses femmes juives. Plusieurs causes, dit un voyageur anglais [1], s'opposent à ce que l'on puisse jouir complétement dans cette ville des douceurs du sommeil. Toutes les cinq minutes il y a des postes militaires dans les différents quartiers, qui se font des appels à haute voix ; puis, lorsque la nuit touche à sa fin, on est importuné par la voix nasillarde des *muezzin's* ou crieurs publics, qui du haut des minarets appellent les fidèles à la prière, qu'ils doivent faire avant l'aube du jour ; enfin les étrangers surtout ne peuvent s'accoutumer aux cris ou plutôt aux hurlements de ces saints personnages que l'on nomme *santons*, qui, dès que le coq chante, commencent à se promener dans les rues, et qui s'établissent ordinairement à la porte d'un caravansérail peu éloigné du consulat d'Angleterre. Les moyens de défense de Tanger sont, du côté de la mer, deux batteries placées l'une au-dessus de l'autre au sud, une autre au nord, et quatre autres sur les collines de sable qui s'élèvent près du rivage. Cette ville, dont la population est de 9,500 habitants, paraît occuper l'emplacement de l'ancienne *Tingis*, surnommée *Cæsarea* par Ptolémée. On y voit encore, à la partie méridionale de la baie, un pont romain et d'autres ruines [1].

A 10 lieues au sud-sud-est de Ceuta, *Tétouan* est situé dans une belle vallée entourée par une chaîne du petit Atlas, et à une lieue de la Méditerranée. Cette ville, entourée d'un mur en briques, offre un aspect moins misérable que celui de Tanger ; elle l'emporte aussi sur cette dernière par l'agrément du site et par une population plus nombreuse que l'on porte à 20,000 âmes. Elle n'est habitée que de Juifs et de Maures, qui parlent presque tous un espagnol corrompu et qui font un commerce assez considérable avec l'Espagne et l'Angleterre. Ses rues, comme dans tout l'empire de Maroc, sont étroites et sinueuses, et dans certains quartiers elles sont couvertes comme à Fez et forment une suite de longues galeries sombres bordées d'échoppes. On vend dans les unes diverses marchandises, et les autres sont occupées par des ateliers de cordonnerie dont les produits abondants sont plus estimés que ceux même de Tanger. « Il est curieux de
» voir, dit M. Brooke, dans ces rues privées
» d'air le marchand marocain dans sa bouti-
» que lilliputienne, qui n'a pour toute ouver-
» ture qu'une petite porte qui ressemble plu-
» tôt à un volet. Là, durant le peu d'heures
» destinées aux affaires, assis les jambes croi-
» sées au centre de son étroit magasin, il lui
» est facile, sans quitter sa place, de fournir
» ses pratiques qui attendent en dehors ; car,
» à la distance du bras, il a autour de lui des
» tiroirs contenant tout ce qui concerne son
» négoce. Il est toujours occupé à lire à haute
» voix dans son Koran, d'un air composé,
» accompagné de balancements semblables à
» ceux des juifs pendant leurs exercices reli-
» gieux, et il ne quitte sa lecture qu'à l'arri-
» vée des chalands. » Les environs de Tétouan sont remplis de jardins riches en excellents fruits, particulièrement en oranges ; les raisins abondent aussi sur son territoire.

Après avoir doublé le cap Spartel, remarquable par une belle masse de basalte en colonnes, on rencontre sur le bord de l'Océan, à l'embou-

---

[1] *Essais sur l'Espagne et le royaume de Maroc*, par sir Arthur Copel Brooke, 2 vol. in-8°. Londres, 1831.

[1] Voyez le Journal du lieutenant de la marine anglaise M. Washington, dans le Journal de la Société royale de géographie, des années 1830 et 1831. (Londres.)

chure du Louccos ou *El-Khos*, Larache ou *El-Araysch*, dont le nom signifie le *jardin de plaisir*, probablement parce qu'elle est entourée de vergers, de jardins, de bois d'orangers et de palmiers. Plusieurs géographes la représentent comme une ville considérable; mais elle n'a que 4,000 habitants (¹) : il est vrai que depuis 1780 son commerce est beaucoup moins important qu'à cette époque. On peut même dire que cette ville décroît de jour en jour. Elle est défendue par quelques fortifications. Son port, encombré par les alluvions du Louccos et par une barre de sable qui s'y forme, ne peut recevoir que des navires de 100 tonneaux. C'est dans une baie voisine que stationne l'hiver la flotte impériale. Larache paraît être bâtie sur l'emplacement de la *Lixa* de Ptolémée. Elle doit sa fondation à un fils du grand El-Mansour, que les Espagnols nomment Al-Manzor; on y voit quelques restes de fortifications et 14 mosquées. Ses rues sont pavées, et traversées pour la plupart par des chemins voûtés. Ses maisons sont couvertes en tuiles. En un mot, elle se distingue de toutes les villes de l'empire de Maroc par ses constructions.

Nous passerons ensuite devant *Mahmore* ou *Mahmora*, dont les 400 habitants se livrent à la pêche : ce petit endroit est environné de plusieurs grands lacs. On y voit à peu de distance une forêt habitée par des lions et des sangliers, et couvrant une superficie d'environ 14 lieues carrées. Sur la côte, nous voyons aussi la ville de *Mehedia*, qui, du temps où les Portugais y avaient des comptoirs, était une place importante, ainsi que l'attestent les ruines de quelques belles fontaines et de plusieurs églises. Elle n'a plus aujourd'hui que 3 à 400 habitants, la plupart pêcheurs. Quelques pièces de canon forment sa seule défense.

Sur la rive droite et à l'embouchure du Bouragreb s'élève *Salé* ou *le vieux Salé*, appelé *S'là* par les habitants; jadis siége d'une espèce de petite république de pirates, et aujourd'hui ville commerçante de 23,000 habitants (²), elle offre dans sa rade un abri sûr aux navires, depuis le commencement d'avril jusqu'à la fin de septembre. Les sables de la rivière s'opposent à ce que son port reçoive des bâtiments de plus de 150 tonneaux. C'est cependant à Salé que se trouvent l'arsenal et les meilleurs chantiers de la marine de tout l'empire. Cette ville est entourée d'une muraille de 30 pieds de hauteur flanquée de hautes tours carrées. Une longue batterie et un fort de forme ronde la défendent. Les mosquées présentent des traces de belles sculptures d'une époque fort ancienne.

Vis-à-vis de Salé on voit, sur la rive opposée, *Rabath* ou *Arbath*, ou encore le *nouveau Salé*, dont la vaste enceinte de murailles flanquées aussi de tours carrées renferme 27,000 habitants (¹). Elle est bâtie sur une hauteur couronnée par la *Kasbah*, ou le château. Du côté de la mer, elle est défendue par quelques batteries. Son port est bon et sûr, excepté quand les vents d'ouest soufflent. La tour nommée *S'ma Hassan*, haute de plus de 150 pieds, et près de ses murs le tombeau du sultan Sydy-Mohamed, sont les seuls objets remarquables de cette cité. Près de sa partie orientale, on voit les restes de l'ancienne ville de *Chella*, entourée de hautes murailles, au milieu desquelles se trouvent les tombeaux de plusieurs saints mahométans et une jolie mosquée renfermant le mausolée du sultan *Al-Manzor*, ce héros de l'Afrique mauresque. Chella était, selon d'Anville, la dernière station romaine sur cette côte, et le Bouragreb formait la frontière de l'ancienne Mauritanie.

A quelque distance de la côte on arrive, après avoir traversé depuis Rabath sept à huit torrents ou rivières, à la ville déserte que l'on appelle *El-Mansoria*, dont la mosquée a une tour de 80 pieds de hauteur. A 2 ou 3 lieues de là se présente *Fidallah*, autre ville presque abandonnée : on n'y trouve que 300 habitants. Puis on traverse celle de *Dar-el-Beida*, peuplée de 7 à 800 âmes. *Al-Cassar* ou *Al-Kasar* n'a rien qui doive attirer notre attention; elle était autrefois très peuplée : elle renferme encore 5,000 habitants.

C'est après *Azamor*, ville maritime de 3,000 âmes, et située sur la profonde et rapide Morbeja, que commence le royaume de Maroc. On aperçoit à quelques lieues plus loin *Mazagan*, ville de 2,000 âmes, dont la baie sablonneuse offre un bon mouillage aux navires. C'est à quelque distance de là que se

---

(¹) Suivant M. Gräberg; M. Washington lui, en donne 8,000. — (²) M. Washington ne lui en donne que 10,000, dont environ 500 Juifs.

(¹) Suivant M. Washington il n'y en a que 21,000, y compris 3,000 juifs.

trouvent les ruines de *Tett*, que l'on regarde comme une ancienne ville carthaginoise. On traverse la province de Ducaila, célèbre par sa belle race de chevaux, avant d'arriver à la capitale du royaume et de l'empire du Maroc.

Cette capitale s'appelle *Marrakch*, *Mérakach* ou *Marakoucha* : nous en avons fait *Maroc*. C'était autrefois la résidence ordinaire du sultan; elle a environ 2 lieues de circonférence, et renferme 30,000 âmes [1]. Une muraille de 30 pieds de hauteur et flanquée de tours forme son enceinte. Le palais impérial, situé hors des murs, est un immense édifice auquel un voyageur anglais [2] donne 1,371 mètres de longueur sur 548 de largeur, composé de plusieurs pavillons séparés par de vastes cours et de beaux jardins. Les pavillons destinés au logement de l'empereur portent les noms des principales villes de l'empire. Dans la cité, on compte 19 mosquées; celle qui est nommée *El-Koutoubia* est remarquable par sa tour haute de 67 mètres et bâtie sur le même modèle et à la même époque que la Giralda à Séville. Une autre mosquée, appelée *El-Moazin*, l'emporte sur la précédente par ses grandes dimensions. Parmi les fontaines publiques, on peut citer, comme l'une des plus belles, celle qui se trouve près de cette mosquée, et qui porte le nom de *Schroub-ou-Schouf*. Le *Bel-Abbas* est un édifice qui renferme dans sa vaste enceinte un sanctuaire, un mausolée, une mosquée et enfin un hôpital pour 1,500 malades. L'espèce de bazar appelé *El-Kaisseria* est un grand bâtiment entouré de boutiques. L'*Emdrasa del Emshia*, dans la partie méridionale de cette ville, est à la fois un collège et une mosquée; on y voit plusieurs tombeaux de sultans, qui étaient autrefois surmontés de bustes et de statues. Des sept portes de la ville, celle qui s'ouvre vers le palais se nomme *Beb-e-Roum*, ce qui, ainsi que l'a fait observer M. Washington, porterait à faire croire qu'elle a succédé à une porte romaine : au surplus, c'est un très beau morceau d'architecture mauresque. Telles sont les principales constructions de Maroc. Nous ne parlerons pas des aqueducs, dont quelques uns se prolongent jusqu'à plus de 30 lieues de la ville : ils tombent en ruines. Les rues de Maroc sont étroites et irrégulières : elles ne sont, non plus que les places, ni pavées ni sablées. Le *Millah*, ou le quartier des Juifs, est un enclos muré, beaucoup plus sale que le reste de la ville. Tous les Israélites paient une capitation à l'empereur. Cette capitale renferme de grands magasins de blé qui ont été construits par des architectes danois [1]. Elle possède des manufactures de soieries, de papier et de maroquins : l'une de ces dernières occupe, dit-on, 1,500 ouvriers. Maroc a été fondée en 1052 par Abou-Al-Fin, premier prince de la dynastie des Almoravides; dans le siècle suivant, elle était si considérable que des auteurs contemporains ont évalué sa population à 800,000 âmes.

Sur la côte, *Tamesna*, à peu de distance de l'embouchure de l'Ensif, ne présente rien d'intéressant; il en est de même de *Maragan*, ville que les Portugais bâtirent vers l'an 1500, sous le nom de *Castillo-Reale*, et dont ils restèrent possesseurs jusqu'en 1762 : elle est située entre l'embouchure de la Morbea et le cap Blanc. *Valadia* ou *Oualydiah* est le meilleur endroit pour former un port sur cette côte, où des courants rapides et des rafales violentes font désirer un asile aux navigateurs. *Saffi* ou *Azaffi*, au sud du cap Cantin, fut autrefois le centre du commerce avec les Européens; elle était très peuplée; on y compte environ 12,000 habitants. Sa prospérité a cessé depuis que l'empereur a transféré les comptoirs des négociants à *Mogador*, ou *Soueïrah*, aujourd'hui le principal comptoir de tout l'empire. Cette ville régulière, qui n'était d'abord qu'un château-fort, a été bâtie en 1760 sur les plans d'un ingénieur français; elle est fortifiée et pourvue d'un port qui, comme tous ceux de cette côte, se comble de sable. Elle n'a qu'un petit nombre de rues sales et irrégulières. Ses édifices les plus remarquables sont le bâtiment occupé par le gouverneur et par la douane, et la tour de *Beny-Hassan*, d'une grande élévation. Son port, le plus important de l'empire, est formé par une petite île, et défendu par une longue et belle batterie, ouvrage d'un Génois. On compte dans Mogador 17,000 habitants. Au nord se trouve un petit port appelé *Sydy-Abdallah*.

Dans l'intérieur du royaume de Maroc, nous trouvons *Kalah* à 17 lieues au nord-

---

[1] Suivant M. *Graberg de Hemsö*. — [2] M. *Washington*, qui l'a visité en 1830.

[1] *Hœst*, 76-78.

ouest de la capitale ; la petite ville de *Tadla*, entourée de murailles, et, dans la chaîne de l'Atlas, *Timillin*, qui n'a que quelques centaines de maisons, et *Aghmat*, qui renferme 6,000 individus. Dans les environs de celle-ci, à 28 lieues de Maroc, s'élève le *Miltzin*, le plus haut sommet mesuré de l'Atlas : il a 1,782 toises de hauteur, et à peu de distance de là on trouve de vastes ruines appelées *Tassremout :* ce sont des restes d'épaisses murailles en pierres de taille, de bains, de voûtes et d'autres constructions qui paraissent avoir dû appartenir à une ville romaine, ou peut-être phénicienne.

La province ou le royaume de Souze nous offre, sur les bords de l'Océan, *Agadir*, nommée *Geser-Ghessem* par Léon l'Africain, et *Santa-Cruz* par les Portugais, à l'époque où ils en étaient les maîtres ; en français on l'appelle *Sainte-Croix*. Son port est le plus grand et le mieux abrité de tout l'empire ; mais depuis l'époque où la ville a été saccagée par Sydy-Mohamed, elle n'a pu se relever : le nombre de ses habitants ne s'élève pas à plus de 400. *Moessa*, petite ville murée à 3 lieues de la côte, est la plus méridionale de toutes celles du littoral. Dans l'intérieur, *Taroudant*, peuplée de 21,000 âmes, est la capitale de la province. Elle est assez bien bâtie et entourée d'une muraille de 25 pieds de hauteur. *Tamaleh* n'est qu'un bourg, dont plusieurs maisons sont crénelées. *Akkah*, ville de 250 maisons, est le lieu où s'arrêtent les caravanes de Tembouctou ; *El-Kassaba* est sans importance.

Dans le *pays de Darah* ou *Draha*, sur le versant oriental du grand Atlas, *Tatta*, qui renferme environ 10,000 habitants, est célèbre par la foire qui se tient chaque année après le pèlerinage de la Mekke. Le voyageur français Caillé y a signalé la petite ville de *Mimeina*. La capitale est *Darah* ou *Draha*, sur la rivière de ce nom. *Damnat* est une bourgade habitée par des Chillouhs ; *Timeskil* mérite à peine d'être nommée.

Au nord de cette province s'étend le royaume de Tafilett. Nous verrons d'abord *Zayane*, ville peuplée de Chillouhs qui méconnaissent souvent le pouvoir de l'empereur. *Tebelhelt*, vers la limite du Sahara, est située au sud-ouest d'un lac dans lequel se jette la rivière du Ziz. *Sidjelmessa*, près du même cours d'eau, n'est plus qu'une ville en ruines. *Tafilett*, capitale du royaume ou de la province, est la résidence du pacha qui gouverne le pays au nom de l'empereur. Cette ville importante par sa population, puisqu'on lui accorde 100,000 habitants, passe pour fort ancienne. Elle n'a ni fortifications, ni murailles, et ne renferme aucun édifice remarquable. Selon Jackson, elle possède de très bonnes manufactures d'étoffes de laine. En continuant à remonter le Ziz, on passe à *Tsalalin*. *Fighig*, à 70 lieues au nord-est de Tafilett, est le rendez-vous des caravanes de la Mekke et de Tembouctou.

La province de Tafilett présente un grand nombre de sites agréables et de champs fertiles. On y élève d'excellents chevaux, de bons mulets, des ânes, des bœufs et des moutons.

« Les peuples de l'empire marocain, esclaves d'un despote absolu, ne connaissent pour ainsi dire aucune espèce de loi positive ; ils n'ont pour règle que le bon plaisir de leur prince. Partout où il établit sa résidence, l'empereur rend la justice en personne ; il siège à cette fin ordinairement deux fois par semaine, quelquefois quatre, dans une place d'audience nommée *M'choudr* ([1]). C'est là que toutes les plaintes lui sont adressées ; tout le monde y trouve accès ; l'empereur écoute chaque individu, étranger ou indigène, homme ou femme, riche ou pauvre. Toute distinction de rang cesse, et chacun a le droit d'approcher du maître commun sans la moindre gêne. La sentence est prononcée sur-le-champ ; elle est toujours décisive, et le plus souvent juste. »

La justice civile, il est vrai, est administrée partout par les cadis ; mais on peut appeler de leurs jugements au tribunal du sultan. La justice criminelle est entre les mains du souverain, des gouverneurs des provinces et des chefs militaires.

« L'administration marocaine, à l'exception de ces audiences impériales, est un tissu de désordres, de rapines et de troubles. Les gouverneurs portent le titre de *khalife* ou lieutenant, et de *pacha* ou de *kaïd* ([2]). Ces gouverneurs réunissent dans leurs mains le pouvoir administratif et le pouvoir judiciaire ; du moins ne renvoient-ils aux juges que les af-

---
([1]) Chénier écrit *Meschouar* ; Hœst, *Moschouar*.
([2]) Hœst, p. 184. Jackson.

faires d'une nature très compliquée. Dans quelques villes, comme à Fez, il y a des *cadis* ou juges indépendants et investis d'une grande autorité. Opprimés et vexés par le souverain et les courtisans, tous ces gouverneurs et juges oppriment et vexent à leur tour le peuple : le plus simple officier pille légalement au nom de son maître. Les richesses qu'on peut entasser de cette manière finissent par tomber dans les mains du sultan, qui, sous quelque prétexte, fait destituer, accuser et condamner ceux qui ont amassé des trésors. Le souverain peut prendre à un sujet tout ce qui n'est pas rigoureusement nécessaire pour l'empêcher de mourir de faim ; les sommes confisquées sont censées être déposées dans le trésor commun des musulmans, et c'est là tout le compte que l'on en rend. On conçoit les effets d'un semblable système d'administration. Le peuple, soupçonneux, cruel et perfide, ne respecte aucun lien ; tous cherchent à se dépouiller les uns les autres ; point de confiance, point de lien social, à peine des affections momentanées : le père craint son fils, et le fils déteste son père. »

Ce tableau n'est point exagéré : c'est la représentation fidèle de l'état ordinaire du pays ; cependant le sultan régnant fait admirer sa sagesse, sa droiture et son amour du bien public. Il a mis fin aux guerres civiles qui désolaient l'empire ; loin de ressembler à ses prédécesseurs, il a constamment cherché à se faire aimer plutôt qu'à se faire craindre. En un mot, ainsi que le dit M. Gräberg de Hemsö, ce grand prince est Maure et despote ; mais, comme une brillante exception, il s'est montré en plusieurs occasions prudent et humain dans son administration, intègre et clément dans son tribunal, circonspect et modéré dans ses relations politiques, simple et irréprochable dans sa vie privée.

Il n'y a, sur la surface du globe, aucun prince dont le pouvoir soit plus illimité que celui de l'empereur de Maroc : il n'y a pas dans ce pays, comme en Turquie, des oulemas ou un moufti investi de pouvoirs indépendants du souverain ; il n'y a pas même un divan ou conseil ; tout se fait par son seul commandement ; la vie des citoyens est à sa discrétion ; il n'a pas même de véritables ministres. Il choisit temporairement parmi ses courtisans un exécuteur de ses volontés, auquel il donne le titre de *vizir*, ou celui de *kateb-al-avamir*, ou de secrétaire des commandements : c'est lui qui traite ordinairement les affaires avec les consuls étrangers. Les principaux officiers de sa maison sont le *moula-taba* ou garde des sceaux ; le *moula-faï* ou échanson, qui sert le thé au sultan ; le *moula-etteserad* ou trésorier ; le *moula-m'chouâr* ou grand-maître des cérémonies, et le *pacha* ou le commandant en chef de la garde impériale. Le sultan est appelé par ses sujets *Khalifat-allah-fi-hhalkihi*, c'est-à-dire *Vicaire de Dieu sur la terre*, et aussi *Imâm* ou pontife, chef suprême de la religion ; mais ordinairement ils le nomment *Seidna ona-montâna* (notre seigneur et maître). La première de ses quatre femmes légitimes porte le titre de *Lena-Kebira* (la grande dame) ; tous les schéryfs de la famille impériale se font appeler *moulaï* ou monseigneur.

L'empire est divisé en vingt-neuf gouvernements, composés quelquefois d'une province ou d'une partie de province, et quelquefois d'une seule ville avec sa banlieue. Les gouverneurs généraux ou pachas résident à Fez, Maroc, Méquinez, Tanger, Salé, Taroudant et Soueïrah. Les gouverneurs particuliers, appelés *kaïds*, ont sous leurs ordres des intendants, des administrateurs des douanes, des percepteurs, des *hhakems* ou préfets de police et des *scheyks* des cantons et des villages. Les Berbers et les Chillouhs sont gouvernés par un *scheyk-kebir* ou grand ancien, qui a sur eux une autorité absolue.

« Les diverses religions qui admettent l'unité de Dieu, sont tolérées. Il y a des monastères catholiques à Maroc, à Mogador, à Méquinez et à Tanger ; cependant les moines catholiques, à Maroc et à Méquinez, sont surveillés de près et exposés à des vexations [1]. Il est certain aussi que les Juifs, extrêmement nombreux et répandus même dans les vallées du mont Atlas, sont traités avec l'inhumanité la plus révoltante. Leur situation civile et morale est un phénomène très singulier. D'un côté, leur industrie, leur adresse, leurs connaissances les rendent maîtres du commerce et des manufactures ; ils dirigent la monnaie royale, ils lèvent les droits d'entrée et de sortie, ils servent comme interprètes et comme chargés d'affaires [2] ; d'un autre côté, ils

---

[1] *Hœst*, p. 161. Lamprière, p. 108. — [2] *Hœst*, Relat., p. 144. Lamprière, p. 112-168.

éprouvent les vexations les plus odieuses, et même les traitements les plus épouvantables. Il leur est défendu d'écrire en arabe, et même de connaître les caractères arabes, attendu qu'ils ne sont pas dignes de lire le Koran (¹). Leurs femmes ont ordre de ne point porter des habits verts, et de ne voiler qu'à demi leur visage. Un Maure entre librement dans la synagogue, et maltraite même les rabbins. Les Juifs ne peuvent passer devant une mosquée que nu-pieds; ils sont obligés d'ôter leurs pantoufles à une grande distance. Ils n'osent pas monter à cheval, ni s'asseoir les jambes croisées en présence des Maures d'un certain rang. Souvent ils sont attaqués par les polissons dans les promenades publiques; on les couvre de boue, on leur crache au visage, on les assomme de coups; ils sont forcés de demander grâce en traitant de *sydy* ou seigneur celui même qui vient de les outrager (²). Si un Juif, pour se défendre, lève la main contre un Maure, il court risque d'être condamné à mort. Travaillent-ils pour la cour, ils ne sont point payés, et s'estiment heureux de ne pas être battus. Un prince *Ischem* se fit apporter un habit par un tailleur juif: l'habit n'était pas juste; aussitôt le prince veut massacrer le Juif; le gouverneur de la ville intercède, et le Juif en est quitte pour avoir la barbe arrachée poil par poil (³). A Tanger, il parut au milieu de l'hiver une ordonnance qui enjoignit aux Juifs de marcher nu-pieds, sous peine d'être pendus la tête en bas. Enfin on les condamne souvent à être jetés, comme Daniel, dans la fosse aux lions, à Maroc; mais comme les gardiens des lions sont juifs eux-mêmes, il en arrive rarement des malheurs; les gardiens ont soin de bien nourrir les lions, et de ne laisser leurs compatriotes qu'une nuit dans la fosse (⁴).

» Les Maures ont la plus haute idée d'eux-mêmes et de leur pays. Ces esclaves à demi nus appellent tous les Européens *agein*, c'est-à-dire *barbares*. Ils possèdent quelques vertus, mais elles ne sont fondées sur aucun principe de morale. Le despotisme les a trop avilis. Ils n'ont aucune idée de la liberté, ils ont même perdu l'usage des mots qui signifient *honneur* et *sentiment*. Ils ne connaissent ni le patriotisme, ni les liens de parenté ou d'amitié. Ils n'ont d'autre mobile que leur intérêt; le fatalisme le plus outré semble anéantir chez eux les facultés de l'âme. Jamais un Maure ne désespère; ni les souffrances, ni les pertes ne lui arrachent une plainte; il se soumet à tout ce qui lui arrive, comme déterminé par la volonté de Dieu; il espère toujours dans un meilleur avenir. Les Maures n'admettent entre eux aucune distinction fondée sur la naissance; il n'y a que les fonctions publiques qui donnent un rang particulier; et parmi les étiquettes particulières qui règnent à la cour des princes de Maroc, on en cite une qui est très singulière. Le nom de la *mort* n'est jamais prononcé devant la personne du sultan. Quand il est indispensable d'annoncer à ce souverain la mort d'une personne quelconque, on emploie la périphrase suivante : « Il a rempli sa » destinée; » sur quoi le monarque répond gravement : « Que Dieu lui fasse miséricorde ! » D'après une autre superstition, les nombres 5 et 15 ne doivent jamais être nommés en présence du prince (¹). »

Les principaux revenus du sultan se réduisent à dix, savoir : l'*ackoura* ou les dîmes, prélèvement du quarantième sur tous les produits du sol; la *neiba* ou les contributions directes; la *djazia* ou la capitation des Juifs; l'*el ankès* ou les octrois et les patentes; le *kess'b-ed-droubb* ou le monnayage; les *auaïd-el-goumroug* ou les douanes; le *tahhouit* ou le monopole de la cochenille, du soufre, du fer et de quelques autres marchandises; les *kerâz* ou les droits sur le louage des chameaux, mulets, ânes, maisons et jardins; les *déiates* ou amendes imposées aux particuliers et aux communautés pour les meurtres et autres crimes dont les auteurs n'ont point été découverts; enfin les *hadéiates* ou présents, offrandes aux lits de justice, subsides des puissances étrangères. La somme de tous ces revenus est d'environ 2,600,000 piastres fortes, ou à peu près 14 millions de francs. Les dépenses du sultan s'élèvent à près d'un million de piastres : ainsi il économise chaque année 1,600,000 piastres, qui restent enfouies dans le *beit-el-mell* ou dans la chambre du trésor, actuellement établie à Méquinez, où l'on suppose qu'il y a au moins la valeur de 50 millions de piastres en lingots d'or et d'argent et en espèces sonnantes.

(¹) *Agrell*, p. 263. *Hœst*, p. 145. — (²) *Hœst*, p. 143, 209. — (³) *Agrell*, p. 89. — (⁴) *Hœst*, p. 290.

(¹) *Hœst*, p. 222. *Agrell*, p. 296.

L'armée de terre s'élevait, en 1789, à 32,000 hommes; elle pouvait facilement être portée à dix fois ce nombre par la levée des milices provinciales et des Arabes bédouins; cependant elle n'est aujourd'hui que d'environ 16,000 hommes, dont la moitié est en cavalerie. La garde impériale n'est composée que d'environ 1,500 Bokharis ou nègres, d'un nombre égal d'*ondaias* ou Arabes du désert, et de 2,000 nègres à cheval, cantonnés à Maroc et dans ses environs. Fez et les autres grandes villes sont gardées par des milices municipales; *Saffi* et *Soueïrah* ont des garnisons régulières, soldées et habillées; mais les autres ports sont défendus par les habitants, qui, avec ceux des campagnes voisines, forment une espèce de garde nationale qui ne sort jamais de sa province, et par un certain nombre d'artilleurs, qui, dans tout l'empire, ne dépasse pas 2,500 hommes [1].

L'armée de mer ne compte pas aujourd'hui plus de 1,500 hommes en soldats, matelots, employés et officiers de tous grades. En 1793, la marine se composait de 10 frégates, 4 bricks, 14 galiotes, 19 chaloupes-canonnières et 6,000 matelots; aujourd'hui elle est réduite à 3 bricks ou goëlettes portant ensemble environ 40 pièces de canon, et à 15 chaloupes canonnières, stationnées à Larache et à Tanger.

Les forteresses maritimes sont pourvues de tout ce qui est nécessaire à leur défense; les principales sont Soueïrah, Saffi, *Beridja*, *Azamor*, Rabath, Salé, Larache, Tanger et *Marthil*, à l'embouchure de la rivière du même nom, qui forme le port de Tétouan. Mais les batteries sont mal tenues et mal servies. Soueïrah et Tanger, qui sont les mieux approvisionnées de ces forteresses, ont chacune environ 70 canons en bronze, de 8 à 24 livres, 150 à 160 canons en fer du même calibre, et 18 à 20 mortiers de 36 à 200 livres. Les obusiers sont inconnus chez les Maures.

« Il est naturel qu'un pays aussi peu civilisé que le Maroc n'exporte presque que des matières premières; voici la liste des importations et exportations par les différents ports, d'après les relations comparées de tous les voyageurs : laine, cire (5,000 quintaux); peaux de bœuf, maroquin, ivoire, plumes d'autruche, volaille et œufs (pour 2 millions de francs, par les seuls ports de Larache et de Tanger, selon Lamprière); bestiaux pour le Portugal, mulets pour les Indes occidentales; gomme arabique de qualité médiocre, cuivre brut, amandes, huile d'*argane* employée dans les fabriques de savon de Marseille; divers fruits, et du froment quand l'exportation est permise. On importe des draps, de la quincaillerie, du fer de la Biscaye, des épiceries, du thé, enfin, du bois de construction, qui manque sur la côte, quoiqu'il soit probable qu'il s'en trouverait sur le mont Atlas si l'on se donnait la peine de l'y chercher. Dans l'année 1804, les exportations du port de Mogador ne dépassèrent point la valeur de 3,200,000 francs, y compris le droit des douanes; les importations s'élevèrent à 3,800,000 francs. Le commerce le plus actif des Marocains paraît être celui qu'ils font avec Tembouctou, au moyen d'une caravane partant d'*Akka* dans la province de Darah. »

Des *cafles* ou caravanes se mettent en route tous les ans pour la Mekke et pour l'intérieur de l'Afrique, où elles portent du sel, du drap, des haïks ou toges, et de la quincaillerie d'Europe. On en tire en échange des gommes, de la poudre d'or, de l'ivoire et des esclaves noirs des deux sexes.

Au sud de l'empire de Maroc se trouve un petit État fondé en 1810 par Hescham, fils du schérif Ahhmed-ebn-Moulaï: il porte le nom d'*État de Sydy-Hescham* ou des *Maures indépendants*. Il est formé d'une partie du pays de Souze. Sa position, autant que l'industrie de ses habitants, à la fois agriculteurs, marchands et guerriers, en a fait l'entrepôt du commerce entre Maroc et Tembouctou. Lorsqu'ils se rendent dans cette ville, où il leur suffit d'un séjour de quelques années pour faire fortune, les habitants de Maroc aiment mieux s'arrêter chez ces Maures indépendants que de se jeter de suite dans les affreuses solitudes du désert.

Sur la rive droite de la Messa, *Talent*, capitale de cet État, est une ville populeuse; *Tagavost*, à 12 lieues à l'ouest, n'a que 7,000 habitants; *Ilegh*, voisin de Talent, est un bourg important, où l'on voit le tombeau vénéré d'Ahhmed, père du fondateur du nouvel État; *Ouad-Noun*, petite ville située sur

---

[1] M. *Gräberg de Hemsö*: Aperçu statistique de l'empire de Maroc en 1833.

la rive gauche du Noun, n'a qu'un millier d'habitants; ses maisons sont construites en terre; c'est l'entrepôt du commerce de la Nigritie, et le grand marché des Arabes du désert, qui viennent y échanger des chameaux, des chevaux, de la gomme et des plumes d'Autruche, contre des étoffes de laine, du blé, de l'orge et des dattes. Les Juifs y font presque exclusivement le commerce. Les environs de cette ville sont très fertiles. *Arata-Monessa-Ali* et *Oualed-Adriatta* ne sont que des bourgades.

« Après avoir ainsi parcouru toute la Barbarie, depuis les confins de l'Egypte jusqu'aux bords de l'Océan, l'ancienne routine des géographes nous appelle dans le *Biledulgerid*, ou mieux *Beled-el-Djerid*; mais cette division géographique n'existe pas en réalité. Le nom de *Beled-el-Djerid*, ou *Pays des Dattes*, est de la même classe que ceux de *Belâd-el-Folfol*, pays du poivre, et *Belâd-el-Tibr*, pays de l'or. De semblables dénominations ne sauraient indiquer une région circonscrite dans des limites précises. Les Arabes ont appelé pays aux dattes toutes les contrées situées sur le penchant méridional du mont Atlas, au nord du grand désert. Cette lisière s'étend depuis l'Océan jusqu'en Egypte; elle embrasse le Darah, le Tafilett, le Sidjelmessa, le Zab, le pays de Totser, celui de Ghadamès, le Fezzan, Audgélah et Syouah (¹). Tous ces cantons sont déjà décrits à la place convenable. Le pays de Toster, sous Tunis, auquel Shaw et d'autres donnent le nom spécial de *Belâd-ad-Djerid*, porte proprement chez les géographes arabes celui de *Kastiliah* (²). D'autres voyageurs appliquent, d'une manière non moins impropre, le nom de *Beled-el-Djerid* à la province de Darah, au sud de Maroc.

« Le grand désert, nommé en arabe *Sahara*, *Zahara* ou *Ssahhra*, s'étend, dans l'acception ordinaire du mot, depuis l'Egypte et la Nubie jusqu'à l'océan Atlantique, et depuis le pied du mont Atlas jusqu'aux rives du Niger. Mais comme le Fezzan et l'Aghadès, du moins d'après les notions les plus récentes, coupent presque entièrement les déserts de Bilma et de Berdoa du reste du Sahara, ou pourrait ne pas y comprendre le *désert de Libye.* »

Depuis l'extrémité orientale, c'est-à-dire depuis les oasis de l'Egypte et de la Nubie jusqu'à l'Océan, il a environ 1,200 lieues de longueur; il en a plus de 500 de largeur du nord au sud. Sa superficie peut être évaluée à 500,000 lieues carrées, c'est-à-dire que sa surface surpasse celle de toute l'Europe.

« Le grand désert du nord-ouest de l'Afrique semble être un plateau peu élevé au-dessus du niveau de la mer, couvert de sables mouvants, parsemé de quelques collines rocailleuses et de quelques vallons où l'eau rassemblée nourrit des arbrisseaux épineux, des fougères et de l'herbe (¹). Les montagnes qui bordent l'océan Atlantique ne présentent pas une chaîne, mais seulement des pics isolés; elles se perdent vers l'intérieur dans une plaine couverte de cailloux blancs et aigus. »

Parmi ces petites chaînes éparses çà et là, nous citerons les *Mouslimis*, ou *Monselmines*, qui ne sont que le plus méridional des rameaux de l'Atlas; les *montagnes Noires*, ou le *Djebel-Khal*, au nord du cap Bojador; les *montagnes Blanches*, qui se terminent au cap Blanc, et, dans la partie méridionale du désert, les *monts Megram*. A l'est se trouvent les *monts Tibesty* et les *monts Bieban*. Les cours d'eau n'y forment, comme les montagnes, aucun système; ce sont des ruisseaux plus ou moins considérables qui, après avoir arrosé des oasis, se perdent dans les sables. Quelques-uns, qui bordent la côte, se jettent dans l'Océan; tels sont, entre autres, le *Rio de Ouro*, la *rivière de Saint-Cyprien* et celle de *Saint-Jean.*

« Les collines de sable, souvent transportées par le vent, sont rangées en lignes semblables aux flots d'une mer. A Tegazza et en quelques autres endroits, un sel gemme, plus blanc que le plus beau marbre, s'étend en vastes couches sous un banc de roche (²). On ne parle d'aucun autre minéral du désert; mais sur l'extrême lisière méridionale, Golberry a trouvé des masses de fer natif, dont la description confuse irrite en vain notre curiosité. Pendant la plus grande partie de l'année, l'air sec et échauffé conserve l'aspect d'une vapeur rougeâtre; on croirait apercevoir vers l'horizon les feux de plusieurs vol-

---

(¹) *Léon*, Afrique, p. 625, édit. Elz. — (²) *Abulfeda*, Africa, p. 25. *Timimi*, cité dans *Edrisi*, éd. Hartmann, p. 257. *Paulus*, Memorabil. III, p. 139.

(¹) *Marmol*, Afrique, III, p. 41. *Léon*, édit. des Elzevirs, pag. 67. — (²) *Léon*, p. 633.

cans(¹). La pluie, qui tombe depuis juillet jusqu'en octobre (²), n'étend pas à tous les cantons ses bienfaits incertains et momentanés. Une herbe aromatique, semblable au thym ; la plante qui porte les *graines de Sahara*, des acacias et d'autres buissons épineux, des orties, des ronces ; le henné ou alhenna oriental (*lawsonia inermis*), dont les feuilles fournissent une couleur pâle en usage pour la toilette des Mauresques, et une espèce de sainfoin (*hedysarium alhagi*) que les chameaux mangent avec avidité, voilà la végétation ordinaire du Sahara. Rarement on voit un bosquet de dattiers et d'autres espèces de palmiers. Les forêts de gommiers (*mimosa Senegal. L.*) situées à l'extrême lisière du désert, paraissent des colonies du règne végétal de la Sénégambie. Quelques singes, quelques gazelles se contentent de ces végétaux peu abondants. Le *b'garlouah*, espèce de bœuf sauvage, erre dans quelques parties ; l'autruche y vit aussi en troupes nombreuses et se nourrit de lézards, de limaçons, et de quelques herbes grossières, entre autres de l'apocyn (³). Les lions, les panthères, les serpents, souvent d'une dimension énorme, ajoutent à l'horreur de ces affreuses solitudes ; les corbeaux et divers autres oiseaux se précipitent sur les cadavres, qu'ils disputent aux dogues des Maures. Ces animaux vivent ici presque sans boire. Les troupeaux consistent en chameaux, chèvres et moutons ; ils vivent dans les oasis. Les chevaux, très rares, sont quelquefois abreuvés de lait au lieu d'eau (⁴).

» La côte de Sahara présente quelques ports et mouillages. Ceux de *Rio-de-Ouro* et de *Saint-Cyprien* sont formés par de larges anses de l'Océan, semblables à des embouchures de fleuves. Le *golfe d'Arguin* et la rade de *Portendik*, ou *Porto-d'Addy*, ont souvent été visités par les Européens. On remarque le cap *Bojador*, terreur des navigateurs du moyen âge, et, jusqu'en 1533, terme fatal de tous les voyages maritimes ; et le cap *Blanc*, qui, selon l'opinion la plus probable, fut la borne des découvertes des Carthaginois.

» Les *Monselmines* et les *Mongéarts* habitent vers le cap Bojador, et, sur les hauteurs de cette côte très dangereuse, ils font ordinairement des signaux aux vaisseaux afin de les attirer à une perte inévitable. Alors ces féroces Africains s'emparent des marchandises et des hommes de l'équipage. Les *Wadelims*, ou *Aouláá-Deleym*, et les *Ladbessebas*, qui demeurent près le cap Blanc, ont été décrits comme des monstres de cruauté par un Français qui eut le malheur de faire naufrage sur leurs côtes. Le sort des captifs est vraiment à plaindre ; les Maures, en les emmenant dans l'intérieur du désert, les font marcher comme eux-mêmes, cinquante milles anglais par jour, en ne leur donnant le soir qu'un peu de farine d'orge délayée dans de l'eau, nourriture ordinaire de ces nomades. La plante des pieds, chez l'Européen, s'enfle horriblement par la chaleur du sable brûlant, que l'Arabe traverse sans inconvénient. Bientôt le maître s'aperçoit combien son esclave est peu propre aux travaux et aux fatigues d'une semblable vie ; il cherche à s'en défaire, et, après l'avoir traîné de marché en marché, il rencontre ordinairement quelque Juif voyageur, de ceux qui, établis à *Ouad-Noun*, parcourent le désert avec leurs marchandises. Le Juif donne pour le rachat du captif un peu de tabac, du sel et quelques vêtements ; il écrit ensuite à l'agent de la nation européenne à laquelle appartient le captif, et cherche à en tirer la somme la plus forte possible (¹).

» Les forêts de gommiers entre le cap Blanc et le Sénégal sont possédées par diverses tribus nommées *Trarzas*, ou *Terarzah*, *Aoulad-el-Haggi*, *Bracknas*, ou *Beraknah*, *Douiches*, etc., toutes formées de Maures mélangés et parlant l'arabe ; ils campent en troupes sans habitations fixes ; ils sont mahométans. »

Le territoire des Trarzas est borné à l'ouest par l'Océan et au midi par le Sénégal. Presque toujours campés depuis la baie d'Arguin et le port de Portendik, qui sont deux établissements français abandonnés, ils s'étendent jusqu'à 100 lieues dans l'intérieur des terres, mais ils cachent avec beaucoup de soin le lieu de leur retraite, qu'ils appellent leur patrie. Ils font leur récolte ordinaire de gomme dans la forêt de Sahel, près des frontières de la Sénégambie. Dans le groupe des Trarzas, sont

---

(¹) *Brisson*, Voyage, p. 24-35-36, trad. all. —
(²) *Follie*, Voyage, p. 63, trad. all. *Brisson*, p. 45-161.
— (³) *Cadamosto* dans *Sprengel*, Beiträge, XI, p. 112.
Shaw, p. 453. *Poiret*, I, p. 280. — (⁴) *Brisson*, p. 161.
Follie, p. 63. Comp. *Léon*, p. 43.

(¹) *Jackson*, Relat. de Maroc. *Brisson*, *Follie*.

compris les *Aoulad-el-Hhâggy Darmako* ou *Dârmancourts*; les *A'ddjounah* ou *Azounas*, les *Aoulad-Ahhmed Dahman* ou *Ouladahmehs*, riverains du Sénégal; les *Aoulâd-Mobârek* ou *Oulad-Mobarrik*, et plusieurs autres tribus.

Le territoire des *Braknas* ou des *Berâknah*, appelés aussi *Ebraknas*, comprend les *Aoulad-A'mar* ou *Ludamar*, et les *Gégébah* ou *Dhiedhiebe*, les *Takant* ou *Tayantes*, et plusieurs autres; il est borné à l'ouest par les Trarzas et au sud par le Sénégal; au nord ils n'ont pas plus de bornes que les autres.

Les *Douiches*, ou *Douysch*, comprennent les *Aoulad-Ghaysi*, plus connus sous le nom de *Aoulad-Abou-Seyf*, les *Kountah* et les *Zaouàt*, qui, en 1827, assassinèrent l'intrépide et savant voyageur anglais, le major Laing; cette tribu, située au nord de Tembouctou, a pour principale résidence la petite ville de *Bousbeyeh*.

Les *Lamthah*, qui sont la souche des *Aoulâd-Noun*, habitant la vallée de Noun, comprennent les *Masoufah* et les *Ouarkalân*, qui paraissent être les mêmes que les *Touâts*. Ceux-ci habitent la vaste oasis qui porte leur nom et dans laquelle on trouve *Aghably*, qui en est la capitale, et une autre petite ville appelée *Aïn-el-Salah*.

Les tribus de race arabe pure ne sont pas aussi nombreuses que celles de race mauresque; elles ne forment que deux groupes. Le premier, d'origine ismaylite, porte le nom de *Helâl*, et comprend les *Moslemyn*, ou *Monselmines*, dont un grand nombre habite l'État de Sydy-Hescham; il se compose aussi des tribus suivantes: les *Beny-A'mer*, sur la côte qui s'étend entre le cap Noun et celui de Bojador; les *El-Hhârits*, limitrophes du pays de Darah; enfin les *Modjât* ou *Emjot*, les *Diknah* ou *Tiknah*, et les *Moghaferah*, ou *Mograrfirah*, situés entre les Touâts et les Beny-A'mer.

Le second groupe, d'origine kahthanyte, porte le nom de *Maghylah*. Ses principales tribus sont, près des Bracknas, les *Sébâyn* ou *Aoulâd-Aby-Sebâ*, appelés aussi *Ladbessebas*; et, au nord de ceux-ci, les *Delemyn* ou *Aoulâd-Deleym*, qui s'étendent jusque sur la côte du cap Blanc, où ils sont, comme on l'a vu plus haut, la terreur des malheureux naufragés; les *El-Ouodayah* ou *Ludayas*, qui possèdent l'oasis de *Ouadan* ou *Hoden*; les *Barâbysch* ou *Barbousch*, qui possèdent la petite ville de *Tyschit* ou *Tichet*, appelée aussi *Tegazza de l'Ouest*, dont le sol est riche en sel gemme, et dont les maisons sont bâties en blocs de ce minéral. C'est dans ces deux petites villes que les Ludayas se retirent pendant la saison des pluies. Ils possèdent aussi celle d'*Araouan*, à laquelle on donne une population de 3,000 âmes. Enfin ils paraissent même occuper un lieu appelé *Oualâtah*, qu'on a pris pour la capitale d'un royaume imaginaire appelé *Byrou*, parce que les puits qui s'y trouvent portent ce nom en arabe (¹).

« Ces Maures et ces Arabes sont en général des hommes lâches et perfides, quoiqu'il se soit trouvé parmi eux des individus distingués par leur courage et par des vertus. Cruels quand ils sont les plus forts, traîtres et sans foi, ils ne connaissent aucun sentiment généreux ni humain; leurs traits farouches répondent à leurs manières barbares; leur couleur cuivrée, chargée de rouge et de noir, a quelque chose de sinistre.

» Golberry, qui nous en fait cette peinture, a vu leurs femmes sous un plus agréable aspect, du moins dans leur jeunesse. Selon lui, elles sont jolies dans cet âge heureux; elles ont les traits fins, doux et réguliers; leur couleur tire sur le jaune pâle, mais leur teint est plus clair que celui des hommes. Ils vivent sous des tentes. Là, hommes, femmes, enfants, chevaux, chameaux et autres animaux, restent ensemble pêle-mêle et sous le même abri; les camps qu'ils établissent sur les bords du fleuve sont composés de l'élite des tribus; ils se nourrissent de millet, de maïs, de dattes et de gomme, et leur sobriété est difficile à concevoir. Ce sont les oasis qui leur fournissent la plupart de leurs fruits; les palmiers-dattiers y sont surtout en abondance. Ils ont des bœufs à bosse, et d'excellents chevaux, dont la course rapide atteint celle de l'autruche.

» Nos métiers et nos arts ne sont pas étrangers à ces peuples barbares; ils les exercent même avec adresse. Ils ont des tisserands, qui, avec des appareils très simples et portatifs, fabriquent des étoffes de poils d'ani-

---

(¹) Cette nomenclature de peuples si peu connus est tirée d'une note que M. d'Avezac a communiquée à M. A. Balbi.

maux, surtout de chèvre et de chameau; ils ont même le secret de la préparation du maroquin. Ils savent employer à des usages utiles les peaux des lions, des léopards, des panthères, des hippopotames; ils amincissent les peaux d'agneaux jusqu'à en former des feuilles comme celles du papier; ils leur donnent ensuite différentes couleurs et les emploient à des ornements. Ils forgent des étriers et des brides d'une seule pièce, ainsi que des sabres et des poignards, dont ils savent incruster et damasquiner les poignées; ils en ornent les fourreaux de plaques d'or et d'argent. Enfin, ils ont des orfèvres et des bijoutiers ambulants qui fabriquent des bracelets, des chaînes, des anneaux d'or, des filigranes et des ornements arabesques, dont ils enrichissent avec beaucoup d'adresse les ornements pour la parure des femmes et des princes. »

La plupart des tribus dont nous venons de peindre en partie les mœurs ne nous sont connues que par ce que nous en ont appris quelques voyageurs, tels que Mungo-Park, le major Laing, M. Caillé, ainsi que la caravane marocaine appelée *akkabah* qui se rend tous les ans à Tombouctou.

« Les *akkabahs* ne se dirigent point en ligne directe à travers l'immense désert de *Sahara*, qui n'offre nulle trace de chemin frayé; mais elles se détournent tantôt à l'ouest et tantôt à l'est, selon la position des oasis. Ces terres brillantes de végétation, semées dans ce vaste désert comme les îles dans l'Océan, servent de lieu de repos et de rafraîchissement aux hommes et aux animaux. Telle est la violence du vent brûlant nommé *samoum* ou *shoume*, que souvent sa chaleur desséchante absorbe l'eau renfermée dans des outres que portent les chameaux pour l'usage des marchands et des conducteurs. Un monument attestait, du temps de Léon l'Africain, la fin déplorable d'un conducteur et d'un marchand, dont l'un avait vendu à l'autre, pour dix mille dragmes d'or, la dernière jatte d'eau qui lui restait. Tous les deux avaient péri. En 1805, une *akkabah* composée de deux mille personnes et de dix-huit cents chameaux, n'ayant point trouvé d'eau aux places ordinaires de repos, hommes et animaux, tous périrent de soif. La véhémence d'un vent brûlant, qui dans ces vastes plaines soulève et roule des flots d'un sable rougeâtre, donne au désert une telle ressemblance avec l'Océan agité par les vagues, que les Arabes le nomment *une mer sans eau* (*el bahar billâ mâa*). Ils connaissent assez la position des constellations pour se diriger au moyen de l'étoile polaire; aussi préfèrent-ils marcher pendant les nuits brillantes de ces climats, plutôt que d'affronter dans le jour l'ardeur d'un soleil dévorant.

» Les *akkabahs* marocaines mettent environ cent trente jours à traverser le désert, en y comprenant les différents séjours aux oasis ou lieux de rafraîchissement. Partant de la ville de *Fez*, et faisant un peu plus de 2 lieues par heure, elles ont des journées de sept heures, et arrivent en dix jours à *Ouady-Noun*, *Akka* ou *Tatta*; là elles se reposent un mois pour attendre les autres caravanes qui doivent se réunir à elles. On emploie ensuite seize jours pour aller d'*Akka* à *Tagazza*, où l'on prend encore un repos de quinze jours. On repart pour *Araouan*, autre station éloignée de sept journées; les *akkabahs* y restent quinze jours, et se remettent en marche pour *Tembouctou*, où elles arrivent le sixième jour, après un voyage de cent vingt-neuf jours, dont cinquante-quatre de marche et soixante-quinze de repos.

» Une autre caravane qui part de *Ouad-Noun* et de *Souk-Assa*, traverse le désert entre les montagnes Noires du cap *Bojador* et le *Oualata*, passe au *Tagazza* occidental (probablement le pays des Trarzas), où elle s'arrête pour recueillir du sel, et arrive à *Tembouctou* après un voyage de cinq ou six mois. Cette *akkabah* va jusqu'à *Djebel-el-Abiâd*, autrement les montagnes Blanches, près du cap *Blanc*, et traverse le désert de *Magaffra* au canton d'*Agadir*, où elle se repose vingt jours. Le convoi qui escorte ces caravanes appartient à la tribu sur le territoire de laquelle elles passent; ainsi, en traversant celui des *Ouladmehs*, elles sont accompagnées par un grand nombre de soldats et par deux *sebayers* ou chefs de la peuplade, qui, après les avoir conduites sur le territoire de *Oualad-Deleym*, reçoivent leur récompense, et remettent l'*akkabah* qu'ils protègent aux soins des chefs de ce district; ceux-ci les escortent jusqu'aux confins du territoire de la tribu *magaffra*, où d'autres guides les accompagnent jusqu'à *Tembouctou*. Quelquefois une caravane, plus hardie ou plus pressée que les autres, essaie de traverser le désert sans être escortée ; mais il arrive rarement qu'elle n'ait lieu de se repentir de cette entreprise imprudente, en tombant entre les mains des deux tribus de *Diknah* et d'*Emjôt*, qui habitent les frontières septentrionales du désert.

» Soumis à une religion qui défend l'usage des liqueurs enivrantes, les marchands de caravane ne connaissent d'autre boisson que l'eau ; des dattes et de la farine d'orge suffisent à leur nourriture pendant un voyage de plusieurs semaines à travers le désert. Leurs habits sont d'une égale simplicité. Fortifiés par cette frugalité, soutenus par l'espoir du retour, ils chantent pour abréger les longues heures du voyage ; c'est surtout lorsqu'ils approchent de quelques habitations, ou lorsque les chameaux semblent prêts à succomber de lassitude, que leurs chants ont plus de vivacité et d'expression ; la mélodie et la douceur de ces chants raniment et soutiennent les chameaux. A quatre heures du soir on dresse les tentes, on récite en commun les prières ; et après le souper, qui succède à cet acte de dévotion, tous s'asseyent en cercle, causent ou content des histoires jusqu'à ce que le sommeil vienne fermer leurs yeux. L'arabe s'adoucit extrêmement dans la bouche des conducteurs de chameaux ; cette langue devient aussi douce et plus sonore que l'italien ; leur dialecte particulier ressemble à l'ancienne langue du Koran, qui, pendant douze cents ans, n'a presque point souffert d'altération. Les Arabes de *Magaffra* et ceux de *Houlad-Aby-Sebd* improvisent avec beaucoup de facilité ; les femmes, fort habiles en poésie, distinguent favorablement les jeunes Arabes qui excellent dans cet amusement spirituel. »

Il nous reste à parler d'un peuple important par l'étendue du territoire qu'il occupe vers l'extrémité orientale du Sahara : ce sont les *Touaricks*, appelés aussi *Targhys* ou *Sourgous*. Toutes les oasis qui bordent le désert de ce côté leur appartiennent. Ils s'étendent depuis les limites du Fezzan jusqu'à celles du Soudan, et sont souvent en guerre avec ces deux pays. Ils poussent même leurs excursions jusque sur les bords du Djoliba, et sont la terreur des paisibles habitants des contrées qui bordent ce fleuve. Ils se divisent en plusieurs tribus dont quelques unes ne vivent que de brigandage ; mais ils ne donnent la mort à ceux qu'ils pillent que lorsqu'ils éprouvent de la résistance. Ils enlèvent un grand nombre d'habitants dans les différents États du Soudan, et les vendent ensuite comme esclaves. Leur courage, leur témérité, leur habileté à manier les armes, et les courses rapides qu'ils font, montés sur des *maherbies*, grands chameaux d'une agilité et d'une vitesse extraordinaires, en font la terreur des peuples sédentaires voisins du désert. Les caravanes qui traversent leur pays leur paient un tribut pour ne point en être inquiétées ; et dès que cette contribution est acquittée, elles peuvent voyager en toute sécurité.

Les Touariks sont grands et bien faits ; la couleur basanée de leur teint n'est due qu'à la chaleur du climat, les parties de leur corps qui restent cachées par les vêtements annoncent par leur blancheur que leur peau est de la même teinte que celle des Européens méridionaux. Ils se cachent une partie du visage avec un morceau de toile de coton, ordinairement bleue ; ce morceau descend depuis le nez jusque sur leur poitrine. Ils portent un bonnet rouge ou un turban bleu ; une large chemise à manches forme leur principal vêtement. Dans les villes du Soudan qu'ils fréquentent souvent, ils portent des casaques en drap ou en cuir, des pantalons de toile de coton presque toujours bleus, et des chemises de peau d'antilope ; leur chaussure consiste en sandales en cuir noir, attachées aux pieds avec des courroies en maroquin rouge. Dans cet ajustement ils portent toujours un fouet, une épée longue et droite, un poignard et une lance légère ; mais lorsqu'ils sont armés pour le combat, ils ont trois lances, une hallebarde attachée à la selle de leur chameau, et quelquefois un fusil. Leurs femmes sortent sans voiles ; leur beauté, aux yeux des Touariks, consiste dans un embonpoint démesuré. Ces peuples sont musulmans, mais très ignorants sur leur religion.

Le peuple voisin des Touariks est celui des *Tibbous* qui occupent la partie orientale du Sahara depuis le Fezzan jusque dans le Soudan. Les Tibbous appartiennent à la grande famille des Berbers, et se divisent en plusieurs tribus. On présume avec raison que ce sont les Éthiopiens troglodytes auxquels les anciens Garamantes donnaient la chasse : en effet, un grand nombre d'entre eux habitent encore dans des cavernes. Ils sont d'une taille svelte, et tellement agiles, qu'on leur donne le surnom d'*oiseaux*. A l'aide des chameaux *maherbies*, ils peuvent parcourir de grandes distances en peu de temps : ce qui les engage à changer souvent de résidence. Quelques uns servent de courriers entre le sultan du Fezzan et les scheyks de Bournou. Ils ne sont pas cruels; mais, naturellement voleurs, ils vivent principalement de pillage. Cependant, comme la contrée où ils se tiennent le plus habituellement produit beaucoup de dattes, ces fruits leur servent de nourriture. Ils mangent aussi la chair des animaux morts, et le sang des chameaux cuit au feu. Ils mettent à contribution les caravanes qu'ils rencontrent; et lorsqu'elles sont trop nombreuses pour qu'ils puissent s'en faire craindre, ils exigent une redevance pour laisser les voyageurs puiser de l'eau dans leurs puits.

« Le grand désert que nous venons de décrire ne serait-il que le bassin desséché d'une mer? Diodore parle d'un *lac des Hespérides* mis à sec par un tremblement de terre : peut-être les régions du mont Atlas, autrefois entourées d'une double méditerranée, ont-elles formé cette célèbre *île Atlantique* qu'on cherche partout, et qui ne se retrouve nulle part. Sur les bords du grand désert on a découvert d'immenses amas de dépouilles d'animaux marins. Tandis que le Soudan manque entièrement de sel, les déserts du Sahara en sont comme parsemés. Pline et Léon disent, d'une voix unanime, que dans plusieurs cantons on taille le sel gemme comme on taillerait du marbre ou du jaspe; l'on en construit des maisons. »

On peut faire d'autant plus facilement une foule d'hypothèses sur ce sujet, que le niveau du désert est encore inconnu : cependant la nature géologique du terrain annonce qu'il n'a pu être couvert par l'Océan qu'à une époque antérieure aux temps historiques. Cette seule considération doit mettre des bornes aux conjectures si faciles à imaginer pour expliquer dans le Sahara la présence des débris d'animaux marins.

TABLEAU STATISTIQUE *de l'empire de Maroc.*

	SUPERFICIE EN LIEUES CARRÉES.	POPULATION.	POPULATION PAR LIEUE CARRÉE.
ROYAUME DE FEZ.	9,852	3,200,000	324
ROYAUME DE MAROC.	5,710	3,600,000	630
TAFILETT et autres provinces.	8,817	1,700,000	192
	24,379	8,500,000	348

Population par nation.

Berbers et Touariks.	2,350,000
Chillouhs.	1,400,000
Arabes purs, Bédouins, etc.	740,000
Mélangés, Maures, etc.	3,550,000
Israélites et Karaïtes.	339,500
Nègres du Soudan, etc.	120,000
Européens, chrétiens.	300
Renégats.	200
Total.	8,500,000

REVENUS (*).

	Piastres.
1° L'*Ackoura*.	450,000
2° La *Neiba*.	280,000
3° La *Djazia*.	30,000
4° El-*Ankès*.	950,000
5° Le *Kess'b-ed-drubb*.	50,000
6° Les *Auaïd-el-goumroug*.	400,000
7° Le *Tahhouit*.	25,000
8° Les *Kerаz*.	40,000
9° Les *Delates*.	150,000
10° Les *Hadètutes*.	225,000
Total.	2,600,000

(*) Voyez page 595.

DÉPENSES.

	Piastres
1° Entretien de la maison impériale.	110,000
2° Réparations des édifices publics, forteresses, palais, etc.	65,000
3° Présents et donations à la Mekke, aux schéryfs de Tafilett, etc.	65,000
4° Traitements de quelques gouverneurs généraux, achats de munitions de guerre.	50,000
5° Solde, habillement et nourriture de l'armée de terre.	650,000
6° Entretien de la maison militaire.	30,000
7° Traitements de quelques consuls en Europe et dans les Régences barbaresques.	15,000
8° Courriers, exprès, messagers.	5,000
Total.	990,000
Excédant des recettes sur la dépense.	1,610,000
Balance.	2,600,000

ARMÉE DE TERRE.		
GARDE IMPÉRIALE.	Bokharis ou nègres à pied. 1,500 Oudaïas ou Arabes du désert (à cheval) . . . 1,500 Cavalerie nègre 2,000	5,000
TROUPES DE LIGNE.	Infanterie (Bokharis). . 7,000 Cavalerie. { Oudaïas . . 2,000 { Maures . . 2,000	11,000
	Total. .	16,000

ARMÉE DE MER.	
Officiers, sous-officiers, soldats et matelots	2,006
3 bricks ou goëlettes, portant ensemble.	40 canons.
15 chaloupes canonnières . . .	30 (¹)

(¹) Ces détails sont tirés des notes statistiques de M. Gräberg de Hemsö.

LIVRE CENT SOIXANTE-SIXIÈME.

Suite de la Description de l'Afrique. — Description de la Sénégambie et du Ouankarah, comprenant la contrée que l'on a appelée Guinée.

« La région que nous allons visiter atteste également le pouvoir bienfaisant de la nature et le génie pervers de l'homme. Ces contrées, où la tyrannie et l'ignorance n'ont pu étouffer l'inépuisable fécondité du sol, ont été jusqu'à nos jours le théâtre d'un éternel brigandage, et un vaste marché du sang humain.

» Les côtes maritimes de cette région éprouvent le plus haut degré de chaleur que l'on connaisse sur le globe. La cause en doit être cherchée dans les vents d'est, qui arrivent ici après avoir traversé le sol brûlant de l'Afrique dans toute sa largeur (¹). A Gorée, dans les années 1787 et 1788, en novembre et en mai, le thermomètre de Réaumur s'est tenu entre 16 et 25 degrés; pendant la nuit il n'est pas descendu au-dessous de 12 degrés et demi. Depuis mai jusqu'en novembre il n'est pas descendu au-dessous de 20 degrés, ni monté au-dessus de 30. Il n'y a donc que deux saisons: l'une que l'on peut regarder comme un été modéré, l'autre comme une véritable canicule; mais, pendant toute l'année, le soleil, à midi, est insupportable: cependant, en général, la chaleur y est moindre qu'au Sénégal, où elle est de 36 et même de 44 degrés. Le baromètre y monte presque toujours dans les circonstances où il descend en France, c'est-à-dire au commencement des orages. Le vent souffle presque sans interruption du nord et du nord-ouest. Les vents alizés, ou d'est, ne se font sentir qu'à 30 ou 40 lieues de la côte: le vent du sud y est très rare. Dans la saison des grandes chaleurs on éprouve, pendant 30 jours environ, un calme plat qui énerve les corps les plus robustes. Depuis les premiers jours de juin jusqu'à la mi-octobre, il tombe tous les ans seize à dix-huit grosses pluies qui donnent 50 à 60 pouces d'eau: une seule en donne quelquefois 6 à 7 pouces. Pendant le reste de l'année, les rosées sont considérables (¹).

» De toutes les contrées de l'Afrique occidentale, la côte d'Or paraît être celle qui éprouve la chaleur la plus intense. Près du Rio Volta, Isert a vu le thermomètre de Farenheit monter à 95 degrés et demi (Réaumur, 28° 22) dans l'intérieur de la chambre, et à 134 degrés à l'air libre (Réaumur, 45° 33); ce qui surpasse de près de 26 degrés la plus forte chaleur observée par Adanson sur les bords du Sénégal.

» Dans le golfe de Guinée, les vents soufflent ordinairement du sud-ouest, ce qui rend très difficile la sortie des vaisseaux qui s'y hasardent. Cette marche du vent, contraire à celle des vents alizés, ne peut s'expliquer que par la raréfaction de l'air dans les parties centrales qui correspondent à la côte de Guinée. Comme la raréfaction est le produit de la chaleur, l'intérieur ne doit pas renfermer de hautes montagnes.

(¹) Schott dans Forster et Sprengel, Recueil des Mémoires pour la Géographie et l'Ethnographie, I, p. 55.

(¹) Adanson, Voyage au Sénégal. Wadstrom, ug les Colonies, pag. 55, trad. allem. de M. Zimmermann.

» Entre le cap *Verga* (¹) et celui des *Palmes*, les ouragans appelés *tornados*, d'un mot portugais qui signifie tourbillons, sont très fréquents pendant l'été et l'automne : ils s'annoncent par un petit nuage blanc qui paraît de 5 à 6 pieds de diamètre et d'une immobilité parfaite : bientôt il s'étend et couvre une grande partie de l'horizon : un vent impétueux se déploie en tourbillonnant ; il ne dure qu'un quart d'heure, mais, dans ce court intervalle, des arbres énormes sont déracinés, des cases sont renversées, des villages entiers sont détruits, des vaisseaux au mouillage sont brisés en morceaux. Ce fléau est inconnu dans le Sénégal, et même depuis le cap Blanc jusqu'au cap Verga ; mais dans le Sahara il se fait sentir. Les vents agitent le sablon, qui est d'une finesse extrême ; ils en forment des colonnes qui, élevées à une très grande hauteur, deviennent des trombes de sables. Après diverses variations de formes, ces nuages se dissipent quelquefois dans les airs, ou sont emportés à des distances immenses : d'autres fois ils se brisent dans leur milieu avec un fracas semblable à l'explosion d'une mine (²).

» Le *harmatan*, dont le nom paraît d'origine européenne (³), est un vent d'est qui règne principalement dans le Benin, et s'étend jusqu'à la côte d'Or ; il amène un brouillard sec ; l'horizon en est obscurci ; la peau des animaux et des hommes se gerce. Les *harmatans* se font sentir vers les solstices (⁴).

» Vers les sources du Sénégal, du Djoliba ou Niger, et du Mesurado, s'élève un noyau de montagnes d'où, selon les cartes les plus récentes, il sort des branches semblables à autant de rayons. Ce fait indiquerait des montagnes granitiques ou schisteuses. Mais les cartes ne sont-elles pas systématiques ? Les nombreuses chutes des rivières supposent un sol qui s'élève en terrasses. Les montagnes de la côte, depuis le cap Vert jusqu'à la Gambie, offrent quelques indices de volcans, ou plutôt représentent des roches d'origine ignée ; car les *laves* dont on les dit composées paraissent n'être que du basalte, qui n'est pas le produit des volcans modernes. Le pied du cap de Sierra-Leone est entouré de prismes basaltiques, que les Anglais nomment *carpenter's rocke* ; et toute cette côte, en général, présente le même aspect. D'immenses terrains, formés par alluvion, donnent à la côte de Sénégambie quelque ressemblance avec la Guyane. Les îles au sud de la Gambie, noyées en partie sous l'eau, s'accroissent continuellement.

» Les rivières de cette contrée sont en grand nombre. Le *Sénégal*, long-temps confondu avec le Niger, prend sa source dans le pays de Fouta-Dialon, et n'atteint la mer qu'après un cours d'environ 350 lieues. Parmi les chutes de ce fleuve, celle près de la roche Félou a mérité le plus d'attention ; la roche arrête les eaux pendant sept mois ; mais pendant le reste de l'année elles sont assez hautes pour passer par-dessus. Cette roche est la limite de la navigation des Européens. A l'embouchure du Sénégal, une barre empêche l'entrée aux bâtiments qui tirent plus de 10 pieds ; mais en dedans la profondeur va jusqu'à 30 pieds. » Les navires qui peuvent franchir cette barre remontent facilement en tout temps jusqu'à 80 lieues au-dessus de l'embouchure du fleuve. La marée s'y fait sentir à plus de 60 lieues. « La Barthe fait observer qu'en 1779 la barre n'était qu'à 4 lieues de l'île Saint-Louis, et qu'actuellement elle en est à 5. Ces variations sont très importantes pour le mouillage ; elles doivent être attribuées aux courants, qui, ayant alternativement deux directions, accumulent et emportent tour à tour un sable mobile. Cet effet s'observe à peu près sur toute la côte. Les bords du Sénégal deviennent pittoresques à 50 lieues de la mer. Environné de collines, de montagnes, où des arbres de haute futaie, mêlés de jolis arbrisseaux, forment des voûtes et des amphithéâtres de verdure, ce fleuve offrirait le plus intéressant des voyages, s. l'air malsain, l'aspect hideux des crocodiles et le mugissement de l'hippopotame n'en diminuaient les charmes : les marchands l'évitent même et aiment mieux aller par terre. » Dans la partie supérieure de son cours, les naturels lui donnent le nom de *Ba-fing*, qui signifie *Eau noire* (¹).

« Tandis que le Sénégal n'est navigable que pendant la saison des pluies, la *Gambie* ne l'est que pendant la saison sèche ; on la re-

---

(¹) A 10 deg. de lat. N. et 16 deg. de long. O. de Paris. — (²) Philosoph. Transact. LXX, p. 478. Mémoire de *Schott*. — (³) « Air malant. » — (⁴) *Aikins*, Voyage, p. 147.

(¹) *Durand*, Voyage au Sénégal, p. 343. *Lamiral*, l'Afrique et le peuple africain.

monte 37 milles anglais avec des frégates de 40 canons, et 180 avec de gros vaisseaux marchands (¹); les pluies lui donnent un énorme volume d'eau, mais en même temps une telle rapidité que l'on ne peut y naviguer contre le courant. » Un voyageur français (²) est le premier qui en ait fait connaître la source ; il la visita en 1818. Elle est dans le pays de Fouta-Dialon, très près de celle du Rio-Grande ; elle est cachée dans un bois touffu, au milieu d'un vallon en forme d'entonnoir formé par les montagnes de Badet dont tout indique l'origine volcanique. Elle sort de ce vallon en faisant de si nombreux détours, qu'ils forment déjà une longueur de 150 lieues quand elle n'est encore qu'à 17 lieues de son point de départ. Elle se jette dans l'Océan, après un cours de plus de 400 lieues, entre l'île Sanguomar et le cap Sainte-Marie et à 60 lieues au sud des Bouches du Sénégal. Son embouchure a 7 lieues de largeur. Elle est encore large d'une lieue à 120 de la côte et au-dessous de la belle chute qu'elle forme à Barraconda. »

Le *Rio-Grande*, appelé aussi *Kabou* ou *Coumba*, non moins remarquable par ses sinuosités, sa profondeur et sa large embouchure, divisée en plusieurs bras et située vis-à-vis l'archipel des Bissagos, n'a que 100 lieues de cours. Il prend aussi sa source dans les montagnes de Badet. A 25 lieues de son embouchure, il a 3 brasses de profondeur : la marée monte jusqu'à cette distance, et c'est jusque là que la navigation en est sûre.

La *Rokelle* ou le *Roboung-Dakell*, qui a son origine dans le pays de Soulimana, et qui prend ensuite le nom de *Sierra-Leone* avant de se jeter dans l'Atlantique, a aussi environ 100 lieues de cours ; sa marche est gênée par des rochers.

La *Comaranca*, qui est un peu moins considérable que la précédente, a sa source à deux journées de celle du Djoliba.

Un cours rapide, dirigé presque en ligne droite, distingue le *Rio-Mesurado*, d'ailleurs peu connu. Les îles Bank, Bally et de la Persévérance sont situées près de son embouchure.

Les autres rivières de la côte de Guinée paraissent prendre leurs sources dans les montagnes de Kong, éloignées de 100 à 150 lieues. Le *Rio-Volta* ou *Addiri* ou bien encore *Sed-jirey*, l'un des plus considérables et le moins connu, descend de cascade en cascade et se jette dans le golfe de Guinée après un cours d'environ 140 lieues. Ce fleuve inonde pendant la saison des pluies les pays qu'il traverse. Des rochers et des bancs de sable obstruent son embouchure ; mais la partie la plus enfoncée du golfe reçoit le *Formosa*, les deux *Calabar* et d'autres rivières larges et profondes, regardées aujourd'hui comme les bras du Djoliba, qui forme à son embouchure un delta plus grand que celui de l'Égypte.

« A la tête des arbres s'élève ici ce colosse du règne végétal, l'immense baobab, l'*adansonia digitata* de Linné. Le savant danois Isert en a observé plusieurs espèces, quoique les botanistes n'en aient encore déterminé qu'une (¹). Son fruit, surnommé *pain de singe*, nourrit abondamment les nègres qui, au lever du soleil, épient religieusement le réveil de ses fleurs fermées pendant la nuit. Il pare toute la Sénégambie de ses voûtes verdoyantes et surbaissées : le cap Vert, dit-on, a tiré de là son nom ; le tronc caverneux sert quelquefois de temple ou de salle d'assemblée à une peuplade entière : il est peu élevé, et M. Golberry en a observé un qui avait 24 pieds de haut sur 34 de diamètre et 104 pieds de tour. Les forêts de ces contrées, aussi épaisses que celles de la Guyane ou du Brésil, renferment également des cocotiers, des palmiers, des mangliers, des bananiers ou pisangs, des tamariniers, des papayers, diverses espèces de citronniers, d'orangers, de grenadiers et de sycomores (²). On y remarque l'hyménée ou courbaril qui fournit une boisson agréable (³) ; l'*elaïs guineensis*, dont on tire de l'huile et une espèce de beurre ; un arbre à pois, nouvelle espèce de *robinia* observée sur la côte d'Or ; un arbre ressemblant au tulipier, qui forme un nouveau genre dans la tétrandrie de Linné, et un autre, mal à propos appelé cèdre, qui est une nouvelle *avicennia* (⁴). Le précieux *schéa* ou l'arbre à beurre forme une des principales richesses du royaume des Bambouks ; mais cet arbre, probablement du genre des *croton* ou des *élaïs*, appartient plutôt à la Nigritie (⁵).

(¹) *Isert*, Voyage à la Guinée, pag. 110-281. — (²) *Labat*, Nouvelle Description, etc., I, p. 62 ; II, p. 322 ; III, p. 12-27, etc. *Schott*, dans *Sprengel*, I, p. 66-67. *Adanson*, Voyage au Sénégal. — (³) *Hymenœa curbaril*, L. v. *Labat*, IV, p. 363. — (⁴) *Isert*, p. 116, p. 182, etc. — (⁵) *Labat*, III, 345.

(¹) *Demanet*, *Labat*, etc. — (²) M. *Mollien*.

Cependant un arbre à suif croît, selon Ræmer, sur la côte de Guinée.

» On a prétendu que le muscadier (¹) et le cannellier (²) viennent ici spontanément, quoiqu'en petit nombre; c'est une assertion qui aurait besoin des preuves les plus fortes. Il paraît certain que le *laurus cassia* croît dans les forêts. L'existence du caféyer (³) n'a rien que de probable, puisqu'on sait qu'il vient au midi de l'Abyssinie; mais est-ce précisément l'espèce d'Arabie? Parmi les autres plantes aromatiques, la Sénégambie possède l'espèce de poivre appelé *malaguette*, le piment, le poivre d'Espagne (⁴) et le gingembre. Le coton prospère et surpasse même celui du Brésil. L'indigo est excellent. On connaît déjà un grand nombre de gommes précieuses que cette partie de l'Afrique fournit au commerce : telles sont la gomme gaïac, la gomme rouge astringente, la gomme copal, le suc d'euphorbe et le sang-dragon. Le courageux et habile Suédois Wadström avait rapporté d'Afrique quatorze espèces de bois précieux; l'acajou et l'ébène en étaient. On y a trouvé beaucoup de bois propres à la teinture.

» Les plantes alimentaires abondent. On cultive l'holcus de deux espèces, le *sorghum* et le *doura;* une troisième, nommée *holcus bicolor* par Isert, porte sur la côte d'Or le nom portugais de *milho* ou millet, et rend jusqu'à 160 pour un. Le riz est cultivé dans les hautes terres. L'Amérique a donné à l'Afrique le maïs ou blé de Turquie, mais la patate paraît indigène (⁵). Les autres plantes herbacées qui servent à la nourriture, sont l'igname, le manioc ou cassave, la grosse fève que produit le *dolichos lignosus*, le délicieux ananas, qui croît dans les endroits les plus déserts; enfin différentes espèces de melons et de courges.

» Le tabac se trouve partout et en grande abondance; mais, excellent dans le Sénégal, il est de la plus mauvaise espèce à la côte d'Or. Les nègres aiment tellement à fumer cette plante, qu'ils supportent plus facilement la faim que la privation de cette jouissance. La canne à sucre, abondante et excellente, ne sert qu'à nourrir les éléphants, les cochons et les buffles, qui l'aiment beaucoup (¹); quelquefois le nègre en boit le suc. L'abondance des aloès, des balsamines, des tubéreuses des lis, des amaranthes, plantes au milieu desquelles s'élève la *methonica superba,* magnifique liliacée qui n'est point aussi fréquente ici que sur la côte de Malabar, donne à la fleuraison de ces contrées un aspect de pompe et de magnificence qui étonne le voyageur européen. Le trait le plus singulier de la végétation éthiopienne, c'est peut-être la hauteur à laquelle s'élève l'*herbe de Guinée (panicum altissimum).* Elevée de 5 et quelquefois de 10 à 13 pieds, cette plante forme d'immenses forêts herbacées, où des troupeaux entiers d'éléphants et de sangliers errent sans être vus. L'énorme serpent boa se cache sous ce gazon gigantesque. Souvent le nègre allume ces savanes pour rendre l'air plus pur ou la culture plus facile; alors, pendant la nuit, de larges fleuves de feu semblent sillonner la campagne et dissiper les ténèbres; mais pendant le jour, des colonnes de fumée couvrent l'horizon, et les oiseaux de proie les suivent en foule pour dévorer les serpents et les lézards étouffés dans les flammes. Ces sortes d'incendies ont paru aux yeux de quelques savants fournir l'explication la plus naturelle des *torrents de feu* qu'aperçut le Carthaginois Hannon, dans son voyage au midi de Cerné (²). »

L'espèce de *gouet* appelée *arum aphylum,* plante singulière qui habite les lieux pierreux et montueux, est commune au Sénégal; les Iolofs ou Ghiolofs qui habitent le pays de Cayor mangent sa racine dans les temps de disette; ils la font sécher, puis bouillir, et tandis qu'elle est chaude ils en extraient le jus qui est un poison. Un petit arbre nommé *pterocarpus africanus,* qui perd ses feuilles en novembre et fleurit en décembre, est connu des habitants du Sénégal sous le nom de *kari :* il fournit une bonne espèce de gomme, par une simple incision faite dans l'écorce (³).

« Aucune partie du monde ne nourrit de

Ehrmann, Histoire des Voyages, III, p. 72. Comp. *Ræmer,* Relat. de la côte de Guinée, pag. 175. — (¹) *Clarkson,* Essay on the impolicy of the African Slave Trade, p. 14. — (²) *Smith,* A new voyage, p. 162. Comp. *Ehrmann,* Histoire des Voyages, X, p. 40. — (³) *Wadström,* Essai sur les Colonies, p. 84. — (⁴) Neuf espèces de poivre, voyez *Zimmermann,* not. sur *Wadström;* p. 67. — (⁵) Dans le Fetou on l'appelle *broddi;* voyez *Muller,* Description du Fetou, p. 209 (Hambourg, 1673), et *Bosmann,* Voyage de Guinée, p. 312.

(¹) *Wadström,* p. 77. — (²) Comp. notre vol. I, p. 44. — (³) *W. Gray* et *Dochard :* Voyage dans l'Afrique occidentale.

plus nombreuses troupes d'éléphants, de singes et de gazelles, de chevrotins, de rats et d'écureuils. Dans toute l'étendue de l'Afrique, l'éléphant vit sauvage; nulle part il n'est apprivoisé. Les anciens avaient remarqué avec justesse que l'espèce d'éléphant d'Afrique est plus petite et moins courageuse que celle d'Asie; mais ses défenses sont beaucoup plus grosses; l'ivoire, plus dur, jaunit moins promptement; il fournit presque tout celui du commerce. L'hippopotame, qui, dans les eaux douces et marécageuses, devient monstrueux, se montre plus fréquemment dans les régions méridionales. Le rhinocéros n'est guère connu, même dans le Benin. Le lion est moins commun que la panthère et le léopard. L'hyène maculée ou tigrée est fréquente dans ces contrées, tandis que l'hyène ordinaire est la plus commune dans le nord de l'Afrique. On redoute encore plus le chakal. La girafe, vue par Mungo-Park et d'autres voyageurs dans la Nigritie, s'égare quelquefois sur les côtes (1).

» Les zèbres s'y rencontrent par troupes, et les nègres les chassent pour en avoir la peau et la chair. »

L'espèce de singe la plus remarquable est le *simia troglodytes*, nommé dans le Congo *kymvansay* dont nous avons fait *champanzée*; c'est le *jocko* de Buffon, qui l'a confondu avec l'orang-outang des Indes. Ce singe se rapproche moins de l'homme, par sa conformation physique, que l'orang-outang; il le surpasse peut-être par son intelligence: un voyageur assure qu'il n'est pas commun (2). Le hideux **mandrill** varie avec l'âge, et Linné en a mal à propos fait deux espèces (*simia naimon* et *mormon*). D'après un savant zoologiste, il ne s'est encore trouvé qu'en Guinée, c'est-à-dire dans le Ouankarah, et au Congo (3); les naturalistes le nomment *cynocephalus mormon*. On y rencontre encore le pithèque, que Linné appelle *simia inuus*, et M. Fr. Cuvier, magot; le colobe ou la guenon à camail de Buffon, jolie espèce dont la tête et toute la partie supérieure du corps sont garnies d'une crinière jaune et noire en forme de camail, et dont la queue est d'un beau blanc; la *guenon blanc-nez* (*cercopithecus peaurista*), la *guenon patas* et la *guenon diane*,

le *callitriche* ou *singe vert* (*cercocebus sabœus*); le *cynocephale papion*, renommé par son caractère féroce et sa lubricité; en un mot, presque tous les singes de la famille des guenons, dont ces contrées paraissent être la patrie. Deux animaux remarquables, voisins des singes, et de la famille des *lemuriens* ou *makis*, n'ont encore été trouvés que dans la Sénégambie et la contrée qu'on a appelée Guinée; ce sont le *galago senegalensis*, qui n'est pas plus gros qu'un rat ordinaire, et le *galago guineensis* qui passe pour être doux, lent et paresseux. On lui donne aussi le nom de *galago potto*.

Les nègres du Sénégal prennent la civette toute jeune et l'apprivoisent, c'est la *vivera civetta* qui fournit un parfum que les orientaux regardent comme délicieux. Parmi les antilopes et les gazelles, le *kob*, le *nanguer*, le *nagor*, habitent les bords du Sénégal et du Rio-Volta: il en est de même du *kével* et de la *corine*; ces antilopes vont par troupes innombrables, composées de plus de mille individus (1). Le sanglier d'Ethiopie, dont on a fait le genre *phascochère*, peuple les bois marécageux du Sénégal, du cap Vert et de la Guinée. Une verrue longue de 3 pouces, qui occupe chacune de ses joues au-dessus de l'œil, une épaisse crinière qui flotte sur son cou, lui donnent un aspect féroce que ses mœurs et ses habitudes justifient.

« Les chiens de l'Afrique occidentale sont de la taille de nos braques, mais paraissent tenir un peu de l'espèce du mâtin; ils ont le poil court, rude et roux, comme dans tous les pays chauds, et n'aboient pas (2). Les chevaux, sur la côte d'Or, sont petits et laids; mais Adanson admire le cheval du Sénégal; ce fleuve est probablement la limite de la race berbère ou maure. L'âne y devient très beau et très fort. On voit quelques chameaux, mais en petit nombre, et on n'en trouve plus au sud du Sénégal. Les nègres élèvent des bœufs, des buffles, des moutons et des chèvres.

» On trouve dans toutes les basses-cours des nègres l'oie armée, l'oie d'Egypte, la pintade, et la plupart des volailles connues eu Europe.

» Parmi la multitude d'oiseaux qui habitent les forêts, on remarque l'*ardea alba minor*

---

(1) Dans *Sprengel* et *Forster*, I, p. 72; III, p. 140. — (2) *Grandpré*, Voyage en Afrique, t. IV, p. 26. — (3) F. Cuvier, Ménagerie du Muséum, art. *Mandrill*.

(1) Golberry, Fragments sur l'Afrique, t. II. — (2) Rœmer, p. 273. Muller, p. 244.

ou l'aigrette, dont les plumes sont un objet de commerce. Les jolis perroquets sont en quantité innombrable : leurs essaims sont chassés des arbres par le cri des singes. Adanson a vu le nid d'une énorme espèce d'aigle ou vautour nommé *n'ntann* par les indigènes. Le nid avait 3 pieds de haut. On est affligé par des insectes venimeux, par des reptiles dégoûtants, par des nuées de sauterelles ; Isert en a distingué à la côte d'Or plus de vingt espèces différentes. Les caméléons y sont très communs. Les abeilles sauvages y fourmillent ; leur miel et leur cire sont pour les nègres un objet de commerce. Dans les forêts solitaires, les *termites*, improprement nommées *fourmis blanches*, déploient leur étonnante industrie. Golberry a vu dans le bois de Lamayava à Albrida, sur les bords de la Gambie, des édifices pyramidaux de ces insectes, dont la hauteur allait à 16 pieds, et dont la base occupait un espace de 100 à 110 pieds carrés.

« Les crocodiles, les cachalots et les lamantins habitent quelquefois tous ensemble les embouchures des grandes rivières. Des huîtres se suspendent en foule aux branches des mangliers qui les bordent ; elles sont bonnes à manger, grandes et grasses, mais elles n'ont pas la fraîcheur des huîtres du nord. »

Le cauris ou la coquille appelée *cypræa moneta*, qui sert de monnaie dans toutes ces contrées aussi bien que dans plusieurs pays de l'Inde, se pêche, suivant quelques auteurs, sur les côtes du Congo et d'Angola [1], et on ne l'y apporte pas de l'Inde, comme l'ont dit plusieurs voyageurs. Cette coquille serait-elle étrangère aux côtes de la Guinée propre ? Les naturalistes ne l'indiquent pas d'une manière claire [2] ; mais ils semblent cependant l'annoncer lorsqu'ils disent qu'elle est commune dans l'océan Indien [3]. On prend aussi sur toutes ces côtes beaucoup de coraux et d'ambre gris, que l'on considère comme une matière biliaire formée dans les intestins des cachalots. Les pêcheurs voisins du cap Blanc goudronnent leurs bateaux avec de l'ambre gris [4].

« Sans doute le règne minéral de ces contrées équinoxiales n'est ni moins riche ni moins varié dans ses productions que les deux autres ; mais nous le connaissons peu. Au nombre des objets les plus dignes d'attention, on doit compter les mines d'or que l'on dit exister dans le pays de Bambouk, situé entre le Sénégal et la Gambie, à égale distance de l'un et de l'autre. Si l'on en croit deux Français, Pelays et David, qui ont été envoyés dans ces contrées par l'ancienne compagnie des Indes de France pour examiner ces mines, elles sont situées près des villages de Natakon, de Sémayla, de Nambia, de Kombadyrie ; mais ces dépôts, d'où les nègres tirent l'or, ne sont que des alluvions des mines véritables que recèlent les montagnes de Tabaoura. Quatre-vingts livres de terre brute mélangée, prise du puits du monticule de Natakon, ont fourni cent quarante-quatre grains et demi d'or. La mine de Sémayla paraît la plus riche [1]. Il y a aussi des mines d'or sur la côte d'Or, à Akim, à cinq journées de Christiansbourg, fort danois ; mais elles sont peu abondantes. A douze journées plus au nord, vers les montagnes de Kong, les naturels doivent exploiter, par des fouilles profondes, une mine très riche de ce métal précieux [2]. Labat a vu des montagnes entières d'un beau marbre rouge à veines blanches. Les nègres font de belles poteries avec une terre blanche et onctueuse, commune dans ces régions. C'est sur la côte, et surtout dans les rivières près du golfe des îles de *los idolos*, que se trouve cette glaise grasse qu'ils mêlent comme du beurre avec leurs aliments. Tel est le tableau général de cette région. Passons aux détails. »

Nous allons commencer par la Sénégambie. Tout le monde sait que cette contrée doit son nom à ses deux principaux fleuves : le Sénégal et la Gambie ; qu'elle a environ 300 lieues de longueur de l'est à l'ouest et 200 lieues de largeur du nord au sud, et que sa superficie est de 54,000 lieues carrées.

« Les fertiles plaines qu'arrosent le Sénégal et la Gambie nous présentent une foule de petits royaumes, les uns habités par les *Nègres*, peuple indigène, les autres envahis par les Maures. Diverses puissances européennes

---

[1] *Proyart*, Relat., p. 25. — [2] *Bruns*, Afrika, IV, p. 347. — [3] *Lamarck* : Animaux sans vertèbres, tom. VII, p. 401. *Deshayes* : Hist. nat. des vers (Encyclopédie méthodique). — [4] *Wadstrom*, p. 73

[1] *Golberry*, t. I, p. 433 et 439. — [2] *Muller*, t. o p. 271

ont senti les avantages de cette contrée pour former des colonies. »

Après les Hollandais, qui possédèrent l'île de Gorée dès l'année 1617, les Français sont les premiers Européens qui fondèrent un établissement dans la Sénégambie en 1637. Cet établissement fut conquis par les Anglais en 1756; en 1779 les Français le reprirent; en 1792 les Anglais s'en emparèrent, et ne le restituèrent qu'en 1817. La *colonie française* occupe plusieurs îles et quelques portions du continent. Elle est divisée en deux arrondissements. Le premier, celui de *Saint-Louis*, comprend l'île sablonneuse de ce nom, longue de 2 300 mètres, celle de *Babaghi* ou *Babaghé*, d'une longueur de 3,700 mètres et d'une largeur moyenne de 220; celle de *Safal*, longue de 3,500 mètres, et large d'environ 300; et celle de *Gheber* ou *Ghiber*, qui est très petite. Toutes ces îles sont à l'embouchure du fleuve Sénégal. Dans celle de Saint-Louis se trouve la capitale du même nom: c'est une petite ville assez bien bâtie, qui a pris beaucoup d'accroissement depuis peu d'années, et qui serait plus considérable si en 1827 un incendie n'en avait pas consumé plus d'un tiers. Ses principaux édifices sont l'hôtel du gouverneur, les casernes, l'hôpital et l'église. Il y a 572 magasins du commerce, sans compter ceux du gouvernement, une société d'agriculture, et deux écoles gratuites. Sa population est de 6,000 âmes. Le même arrondissement comprend encore le village de *Guetn'dar* à une demi-lieue au sud-ouest de Saint-Louis, sur la rive droite du Sénégal, et une partie du *pays d'Oualo*, dont *Faf*, sur la rive gauche du fleuve, est le chef-lieu, et sur les deux rives *les Escales*, lieux de marché pour la vente de la gomme; enfin, la partie de côte située entre le cap Blanc dans le Sahara et la baie d'Iof. *Bakel*, sur le Sénégal, n'a que 400 habitants; c'est un poste militaire occupé par une compagnie d'infanterie. *Makana*, à 14 lieues au sud-est de Bakel, sur la rive gauche du fleuve, est devenu, depuis 1825, un comptoir important sous le nom de Saint-Charles. *Daghana*, ou *Daghanna*, à 26 lieues au nord-est de Saint-Louis, est l'établissement le plus avancé dans les terres: on lui donne 1,200 habitants. Ce village qui, avant la fondation de notre établissement militaire, était sans cesse exposé à la cupidité et au pillage des Maures du désert, est aujourd'hui défendu par les batteries d'un fort qui le protège efficacement. Les indigènes, trop heureux de se trouver ainsi garantis par notre artillerie, se montrent reconnaissants. Le *Petit Portendik* ou *Gamar*, un peu au sud de l'ancien Portendik, aujourd'hui abandonné, n'est peuplé qu'à l'époque de la vente de la gomme.

Les Escales sont au nombre de quatre: l'*Escale de Gahé*, à deux ou trois lieues de Daghana, est le point où les Maures Braknas apportent la gomme qu'ils veulent vendre; l'*Escale du Coq*, près de Podor, dans l'île *à Morfil* ou *de l'Ivoire*, formée par le Sénégal, île de 38 lieues de longueur sur 8 de largeur, fréquentée par des troupes d'éléphants qui en ravagent souvent les plantations; l'*Escale de Darmankours* est au-dessous de Saint-Louis, et l'*Escale des Trarzas*, au-dessus de Daghana. Cet arrondissement renferme 13,000 habitants [1].

L'escale du Coq est la plus considérable de celles qui se trouvent sur le Sénégal. De nombreuses tribus de Maures, de la tribu des Braknas, y arrivent chargées de gomme de la forêt d'Afatoé et d'autres lieux. « Ces noma-
» des amènent avec eux leurs tentes en poils
» de chèvres, de moutons et de chameaux,
» grossièrement tissues; ils les dressent sur
» le bord du fleuve, et élèvent à côté des es-
» pèces de magasins en chaume pour y serrer
» la gomme et les autres marchandises qu'ils
» apportent, et y logent leurs esclaves char-
» gés de les garder. Ces cabanes, de forme
» carrée, plus ou moins allongées, sont divi-
» sées intérieurement en trois, et même en
» quatre compartiments; elles ont de dix à
» douze pieds de haut et sont couvertes de
» chaume ou de roseaux. L'entrée présente un
» trou de quatre pieds et demi au plus de hau-
» teur sur trois pieds environ de largeur.
» Quelques unes sont habitées par des forge-
» rons, des bourreliers ou cordonniers de
» même race, qui, pendant tout le temps de
» la traite, fabriquent divers objets de leur
» métier, dont ils trafiquent avec les com-
» merçants. Devant ce camp de Maures et
» sur la berge du fleuve, sont placés les chan-
» tiers des habitants de Saint-Louis, espèces

[1] Voir les Tableaux statistiques à la fin de ce livre.

» de hangars en paille, sous lesquels on con-
» struit et on radoube les embarcations qui
» servent aux traitants pour communiquer
» avec leurs navires (¹). »

Le deuxième arrondissement, celui de *Gorée*, renferme l'île de ce nom, appelée *Bir* par les indigènes, et qui est d'origine volcanique; elle est formée d'un rocher nu de 880 mètres de largeur et de 215 de longueur, séparée de la terre ferme par un canal de trois quarts de lieue de largeur. Cette île est située à une lieue au sud de la presqu'île du Cap-Vert; elle n'a qu'une lieue au plus de tour et est hérissée de roches volcaniques, surtout au sud, où elles s'élèvent à plus de 160 mètres. On ne peut y aborder qu'au nord-est, où une petite anse, qui sert de débarcadère, offre un bon mouillage pendant huit mois de l'année. La ville de *Gorée* comprend plus des deux tiers de l'île; elle est défendue par le fort Saint-Michel; ses rues sont étroites, mais assez bien alignées et très propres. Le principal édifice est une caserne qui peut loger 300 hommes; on y remarque aussi l'hôtel du gouvernement, l'église et l'hôpital. La population de la ville est de 3,000 individus, et celle de l'île de 5,900, composés d'environ 50 blancs, 740 hommes de couleur libres, 760 nègres libres et 4,350 esclaves. Les autres dépendances de cet arrondissement sont toutes les parties de la côte qui s'étendent depuis la baie d'Iof jusqu'au comptoir d'*Albreda*, sur la Gambie septentrionale.

Les *établissements anglais* dans la Sénégambie sont *Bathurst*, dans l'île Sainte-Marie, près de l'embouchure de la Gambie, île longue d'une lieue et demie et peuplée de 1,000 individus. Le comptoir du village de *Pisania*, à 45 lieues de là; celui de la ville de *Junkakonda*, à 7 lieues de Pisania, et celui de la ville de *Vintam*, à l'embouchure de la rivière du Vintam, dans la Gambie, en dépendent.

Les *Portugais* possèdent aussi des comptoirs dans la Sénégambie; ils sont établis à *Zinghichor*, endroit peu important; à *Geba*, petite ville de 800 habitants, sur la rivière du même nom; à *Farim* et à *Cacheo*, ou *Cacheu*, sur le Cacheo ou le Rio San-Domingo, ville de 9,000 habitants, chef-lieu de toutes leurs possessions dans la Sénégambie, et qui comprennent aussi l'île de *Bissao*, l'une des Bissagos, à peu de distance des Bouches du Rio-Grande. Nous parlerons de la colonie portugaise des îles du Cap-Vert lorsque nous décrirons les îles qui dépendent de l'Afrique.

Toute la population indigène de la Sénégambie se partage en trois grands groupes d'États, comprenant les trois principales nations : les *Ghiolofs*, ou *Iolofs*; les *Peuls*, ou *Poules*, ou *Foulâhs*, ou bien encore *Félans*; et les *Mandings Mandingo*, ou *Mandingues* (¹).

Les États Ghiolofs, au nombre de cinq, sont gouvernés par des princes dont la couronne se transmet successivement dans la ligne collatérale, mais d'après l'élection qu'en font les grands vassaux.

Le royaume d'*Ouâlo*, ou d'*Houal*, est gouverné par un prince qui prend le titre de *brak*, c'est-à-dire de roi des rois, ce qui ne l'a point empêché de se reconnaître en 1830, à la suite d'une guerre suscitée par lui-même et dans laquelle deux de ses villes ont été presque détruites par l'artillerie française, comme le vassal et le tributaire de la France. Sa résidence est *Daghana*, où les Français ont un comptoir. Ce royaume, dont, ainsi que nous l'avons dit, une partie est comprise dans le premier arrondissement de la colonie française, renferme un lac appelé *Panié-Foul*, qui passe, mais à tort, pour devenir une plaine fertile dans la saison sèche; nous allons en donner la description d'après un voyageur récent.

A 2 lieues au sud du Sénégal, et à 40 environ de son embouchure, s'étend le lac N'gher, appelé vulgairement sur les cartes anciennes Panié-Foul. Il est situé sur le territoire d'Ouâlo. Sa longueur est d'environ 6 lieues, et sa largeur d'un peu plus de 3 lieues. Il communique avec le fleuve par une petite rivière appelée Taoué, dont les bords sont garnis de plaines couvertes de graminées souvent vivaces et de rivières naturelles, où l'on voit paître toute l'année de nombreux troupeaux de bœufs, de vaches, de chèvres, etc., appartenant aux différents peuples nomades qui parcourent journellement ces contrées. Les rives

---

(¹) Voyage de Saint-Louis, chef-lieu du Sénégal, à Podor, par M. Perottet.

(¹) Une partie des détails que nous donnons sur ces trois peuples nous ont été fournis par M. d'Avezac, qui a bien voulu nous confier les travaux manuscrits qu'il a rédigés sur l'Afrique occidentale.

du lac présentent les mêmes pâturages. « C'est, dit un voyageur (¹), un spectacle bien digne d'attirer l'attention que la réunion d'un nombre aussi considérable de troupeaux divers que possèdent des peuples de mœurs et d'usages en général si différents. Malgré leur mélange les uns avec les autres, jamais aucun animal ne s'égare; chacun a l'admirable instinct de reconnaître, au milieu de mille cris divers, la voix de son gardien, et revient sans se tromper au parc où il doit rentrer. Ces enclos nombreux sont entourés d'une haie légère de branches mortes de gonatier (*acacia Adansonii*), placée circulairement en terre. Malgré cette défense, à la vérité peu redoutable, et la vigilance des gardiens, il est rare que quelques uns de ces animaux ne deviennent pas de temps en temps la proie des lions, qui sont très communs dans le pays. »

Le lac N'gher renferme plusieurs îles, dont la plus considérable, appelée *Ghéalan*, est large d'une lieue et longue de deux, et sur laquelle se trouvent quelques villages, dont les habitants sont doux, affables et paisibles. « Ces Africains, dit M. Perrottet, nous ont paru généralement bien faits, robustes et bien constitués, vigoureux et capables de bien supporter la fatigue. Leur taille est, pour l'ordinaire, au-dessus de la médiocre, bien prise et sans défaut essentiel; leurs cheveux, comme ceux de tous les nègres de ces contrées, sont noirs, crépus, laineux, souvent d'une finesse extrême. Ils ont aussi les yeux noirs et bien fendus, les traits de la figure assez agréables, et en général peu de barbe. Les femmes sont peut-être mieux faites encore que les hommes; leur peau est d'une douceur et d'une finesse singulières. Elles ont également les yeux noirs et bien fendus, la bouche et les lèvres petites, ne ressemblant en rien, sous ce rapport, aux négresses de l'Afrique du Sud. Les traits de leur visage sont réguliers : nous en avons fréquemment rencontré qui étaient d'une beauté parfaite. Elles ont, avec une grande vivacité, des manières aisées qui ne laissent pas de répandre beaucoup de grâces sur leur personne. Cependant, comme chez les peuples de toute cette partie de l'Afrique, le soin qu'elles prennent de graisser leurs cheveux avec du beurre souvent rance, pour les rendre plus souples et plus faciles à tresser, diminue un peu l'impression favorable qu'elles produisent au premier abord. »

Les villages de cette partie de la Sénégambie sont composés de cabanes ou de cases qui ressemblent à des espèces de colombiers, ou plutôt à des chapiteaux de glacières. Les topades ou parois extérieures sont construites en roseaux bien joints et ajustés exactement contre des poteaux fixés en terre, s'élevant de 5 à 6 pieds au-dessus du sol. Ces poteaux soutiennent une couverture en paille de même hauteur et de forme parfaitement conique. Chaque case ne consiste qu'en un rez-de-chaussée de 6 à 15 pieds de diamètre, et n'a pour toute ouverture qu'un seul trou carré fort bas. L'intérieur ne comprend qu'une seule pièce, ou bien, mais très rarement, est divisé en deux ou trois compartiments. Les seuls meubles consistent en un ou plusieurs *toïjs*, espèces de lits composés de baguettes de bois liées ensemble avec d'étroites lanières de cuir, formant une sorte de claie plus ou moins serrée, posée sur de petits tréteaux d'un pied et demi de hauteur, et sur lesquels on étend une natte faite avec des tiges de *cyperus articulatus*, ou de quelque graminée vivace. Les autres objets qui garnissent la case sont quelques poches en peaux de mouton destinées à serrer les effets de la famille. Ajoutez-y quelques petits vases en terre pour faire la cuisine, des calebasses, des vans et des cuillers en bois, et l'on aura la liste complète des meubles et des ustensiles qui garnissent une habitation de Peul ou de Ghiolof.

Le *royaume de Dacar*, petite souveraineté de la presqu'île du cap Vert, est une espèce de république avec un roi et un conseil sous la suzeraineté de la France. Chaque habitant paie annuellement sa contribution par une barre de fer équivalant à 4 fr. La dîme se prélève sur la récolte du millet, du sucre, du café, etc. C'est le roi qui fixe le jour du labour, de l'ensemencement et de la récolte. Celle-ci se partage entre tous, après le prélèvement des dîmes. Ces dîmes sont déposées dans une caisse de prévoyance et d'épargne.

(¹) Relation d'un voyage au lac de N'gher en Sénégambie, par M. Perrottet, naturaliste, voyageur de la marine et des colonies. Nouvelles annales des Voyages. — 1833.

Elles servent à racheter les esclaves qui ont eu le malheur de tomber entre les mains de méchants maîtres, et à amortir les effets de la disette que la sécheresse et les sauterelles causent parfois.

Dacar est la capitale de cette république, que quelques centaines de nègres du royaume de Damel établirent pour se soustraire à la tyrannie féroce de leur souverain. « Après » une lutte acharnée, soutenue avec tout le » courage que peut inspirer l'amour de la li- » berté, cette poignée d'hommes courageux, » dit un honorable ecclésiastique qui a ré- » sidé en Sénégambie (¹), resta maîtresse du » terrain qu'elle avait choisi, et s'y fortifia » par une muraille qui sépare ses possessions » de celles du Damel. Un sénat composé des » anciens, présidé par le chef de l'État, » nommé à vie, rend la justice et délibère sur » tous les objets d'intérêt général. La puis- » sance du souverain peut être comparée à » celle de nos maires de villages; mais il com- » mande les troupes pendant la guerre, et » se bat au premier rang, sous peine de dé- » chéance. Quelques troupeaux que condui- » sent ses esclaves, et un léger subside en » millet que lui accordent les familles aisées, » une douzaine de palmiers, dont il fait vendre » la liqueur à Gorée, forment toute sa liste » civile; avec cela il se croit un potentat fort » riche, et il l'est en effet. Son palais se com- » pose de quatre cases de bambous, entourées » d'un treillage, et dont la principale, un » peu plus élevée que les autres, est surmon- » tée d'un œuf d'autruche. Une sonnette sus- » pendue sur l'entrée de la case annonce la » présence de celui qui entre. Ce meuble est » le seul objet de luxe qu'on admire dans » cette demeure royale, et la distingue avec » l'œuf précité des autres habitations. Quant » au souverain, son costume ordinaire ne le » distingue guère de ses sujets; mais, les » jours de réception, il se couvre d'un man- » teau bleu et d'un chapeau à claque dont » les Anglais lui ont fait hommage. Du reste, » il est toujours nu-pieds comme ses sujets, » s'asseoit par terre comme eux, et boit le vin » de ses palmiers avec ses femmes et tous » ceux qui vont le visiter. »

Au sud du Oualo s'étend, sur une longueur d'environ 70 lieues et sur une largeur de 15 à 20 lieues, le *royaume de Kayor*; il possède toute la côte, depuis l'embouchure du Séné- gal jusqu'au Cap-Vert. Le chef de cet État porte le titre de *damel*; sa capitale est *Ghi- ghis*; mais il réside aussi à *Makayé*, ou *Mar- khay*, petite ville arrosée par une rivière qui se jette à 10 lieues de là dans l'Océan; enfin il réside encore quelquefois à *Embohl*, ou *Nbâoul*. Après ces villes, l'une des plus im- portantes est *Koky*, où l'on compte 5,000 ha- bitants. Dans la bourgade de *Gandiola*, il y a plusieurs étangs salins, longs de 300 toises et larges de 100, qui sont séparés de l'Océan par des sables et des dunes de plus de 500 toi- ses de largeur. On compte dans le royaume de Kayor tout au plus 100,000 habitants. Le da- mel a le droit de vie et de mort sur ses sujets.

En suivant la côte au sud, on entre dans le *royaume de Baol*, qui n'a que 27 lieues de longueur. Le souverain prend le titre de *teyn*; il a pour capitale *Lambaye*, à 20 lieues au nord de l'embouchure de la Gambie.

Plus au sud et limitrophe du précédent, se trouve le petit *royaume de Syn*, dont le chef a le titre de *bour*, et, selon d'autres, de *Barb*, ou *Bourb*. Sa capitale est *Ghiakhâou*; l'une des principales villes est *Ioal*, avec un port à l'embouchure d'une petite rivière du même nom dans l'Océan; on y faisait autrefois un com- merce considérable d'esclaves. Le territoire de ce royaume a une superficie de 140 lieues car- rées et une population de 60,000 âmes.

A l'est des royaumes d'Oualo et de Kayor se trouve le *Yolof*, ou *Ghiolof*, ou le *Bourb- bé-ghiolof*, État dont le chef prend aussi le titre de *bour*. La capitale porte le nom de *Ouamkrore*; c'est cette ville que l'on appelle aussi *Huarkor* et *Ouarkhogh*.

Les cinq États que nous venons de men- tionner sont les débris du grand empire Yolof, qui était gouverné par le Bourb-bé-ghiolof, qui jouissait d'un pouvoir très étendu et que même encore on n'aborde qu'en se prosternant de- vant lui.

« Les Yolofs sont les plus beaux nègres de l'Afrique occidentale; ils ont les cheveux lai- neux, la lèvre épaisse; ils sont grands, bien faits; leurs traits sont réguliers et leur cou- leur est très noire. Si l'on en croit Golberry, ils sont doux, hospitaliers, généreux et fidè- les; et leurs femmes ont autant de charmes

---
(¹) M. l'abbé Baradère, ancien préfet apostolique dans nos possessions en Sénégambie.

qu'on peut en avoir avec une peau d'ébène. Les peuples se disent mahométans, mais leur religion est mêlée d'un peu d'idolâtrie et de superstition. Ils parlent une langue gracieuse et facile. Leur pays est riche en denrées, en bestiaux, en volailles; les habitants fabriquent des étoffes de coton (¹). »

Ces peuples se font remarquer par leur respect pour les morts; ils les enterrent avec soin; chaque tombe est couverte d'arbrisseaux épineux qui forment des abris impénétrables aux atteintes des bêtes féroces. C'est à l'ombre de ces buissons que les graines se développent et que la fertilité se répand peu à peu sur des sables arides. Chaque habitant a deux cases, l'une qui lui sert de cuisine, et l'autre de chambre à coucher. Les Yolofs conservent leurs grains d'une manière toute particulière; hors de l'enceinte de chaque village, ils élèvent sur des pieux de grands paniers où ils déposent leurs provisions. Le respect pour les propriétés est tel, que jamais on ne vole aucun de ces dépôts (²).

Dans quelques uns de leurs royaumes la couronne est héréditaire; dans d'autres elle est élective. A la mort d'un prince héréditaire, c'est son frère et non son fils qui lui succède; mais, après la mort du frère, le fils du premier est appelé au trône, et le laisse de même à son frère. Dans d'autres Etats héréditaires, c'est au premier neveu par les sœurs que tombe la succession. Dans les Etats électifs, quelques uns des plus grands personnages de la nation s'assemblent après la mort du roi pour lui choisir un successeur, et se réservent le droit de le déposer s'il manque à ses obligations.

Les *Peules* ou *Poules*, appelés aussi *Pho-ys*, *Feláns*, et *Foulahs*, se divisent en cinq corps de nation ou royaumes.

Le *Fouta-Toro*, sur la rive gauche du Sénégal, est un des plus grands États de la Sénégambie. Le sol, arrosé par une multitude de petites rivières, en est riche et fertile. On y cultive le coton, le riz, l'indigo et le tabac. Le nombre des habitants est évalué à 00,000 (³). Le royaume est partagé en trois provinces principales : le *Fouta* au centre, le *Toro* à l'ouest et le *Damga* à l'est. La première a pour chef-lieu *Kielogn* ou *Tjilogn*, que le major Gray nomme *Chuloigne*, et qui est la capitale du royaume. *Ghédey* est le chef-lieu de la seconde, et *Kobilo* de la troisième. *Sédo*, dans cette dernière province, est une ville de 6,000 âmes; et *Canel*, dans une position charmante, en a environ 5,000.

Au sud des précédents s'étend le *royaume de Bondou*. Sa plus grande longueur de l'est à l'ouest n'excède pas 34 lieues, et sa plus grande largeur du nord au sud, 25. C'est une contrée montagneuse, principalement au nord et à l'est; mais les montagnes n'y sont pas fort élevées : elles sont couvertes de bois. Les villes et les villages y sont situés dans des vallées cultivées en riz, en cotonniers et en indigo, arrosées par d'innombrables torrents, et garnies de tamariniers, de baobabs et d'un grand nombre d'arbres fruitiers qui forment un ensemble pittoresque et romantique. *Boulibany* ou *Boulibané*, qui en est la capitale, est située dans une vaste plaine, au pied d'une chaîne de petites montagnes nues et pelées. A l'occident se dessine le lit desséché d'un large torrent, qui, dans la saison des pluies, réunit dans son cours tous les ruisseaux qui prennent leurs sources dans les montagnes pour aller se jeter dans la Falemmé et le Sénégal. Cette bourgade, qui n'a pas 1,800 habitants, dont le plus grand nombre est allié, esclave ou serviteur de l'almamy ou du roi, est entourée d'une muraille en terre, haute de 10 pieds sur 1 et 2 d'épaisseur, percée de meurtrières ainsi que les petites tours qui l'environnent, et qui lui donnent l'apparence d'une ville mieux fortifiée que la plupart de celles que renferme le royaume : ce qui ne l'a pas empêchée d'être ravagée en 1817 par les Kartans. Avant cette époque elle était beaucoup plus considérable. Les palais de l'Almamy et des princes de sa famille sont adossés aux murailles de la partie occidentale de la ville. La mosquée n'est qu'une grande chaumière dont les murs en terre n'ont que 9 pieds de hauteur, et dont le toit, saillant de 6 pieds tout autour et soutenu par des piliers, forme une galerie qui sert de promenade. La ville se compose de rues étroites, sales et irrégulières; les maisons sont des huttes basses, tantôt rondes, tantôt carrées. A peu de distance de Boulibany on voit les ruines d'une ville presque aussi grande et qui avant 1817 en faisait partie (¹).

(¹) *Francis Moore* : Travels, etc. — (²) *Mollien* : Voyage en Afrique. — (³) *Ibidem*.

(¹) *W. Gray* et *Dochard* : Voyage dans l'Afrique occidentale.

La couronne de Bondou est en quelque sorte élective, mais seulement dans la famille du roi ; et c'est presque toujours le frère du défunt qui est préféré. Les habitants de ce royaume sont plus doux et plus hospitaliers que ceux du Fouta-Toro. Leurs femmes, moins jolies et moins passionnées pour la toilette, sont plus fidèles et plus vertueuses (¹).

Le *Fouta-Dialon* ou *Fouta-Djallo* comprend la région montagneuse qui voit naître le Sénégal, la Gambie et le Rio-Grande. Au nord il est borné par les montagnes de Tangué. Celles qui couvrent ce pays forment le second plateau, en allant des bords de la mer vers l'est ; elles sont d'origine volcanique et très riches en mines de fer. Presque toutes les vallées ne sont que d'immenses réservoirs, d'où sortent de nombreuses rivières qui vont se perdre dans l'océan Atlantique. *Timbo* ou *Timbou*, la capitale de ce royaume, est située au pied d'une haute montagne, et mieux bâtie que les autres petites villes africaines, mais coupée de rues étroites, mal alignées et très sales : on y compte environ 9,000 âmes. On y remarque une grande mosquée et trois forts dont les murs en terre tombent en ruines. Le souverain du Fouta-Diallon peut mettre sur pied 16,000 hommes de cavalerie.

« Il y a dans ce pays des mines de fer exploitées par les femmes, en outre quelques manufactures où l'on travaille l'argent, le bois et le cuivre. Mahométans, mais environnés de nations ou tribus païennes, ces Poules ne balancent jamais à faire la guerre pour se procurer des esclaves.

» Ils vivent dans une sorte de confédération républicaine, où une association secrète, semblable au *tribunal vehmique* du moyen âge, maintient l'ordre et la justice : on l'appelle le *pourrah* ; chacun des cinq cantons de la nation a le sien, dans lequel les hommes ne sont admis qu'à l'âge de trente ans ; l'élite des membres qui ont au-delà de cinquante ans forme le *suprême pourrah* (²). Les mystères de l'initiation, accompagnés d'épreuves terribles, se célèbrent au sein d'une forêt sacrée. Tous les éléments sont mis en usage pour éprouver le courage du récipiendaire : on assure qu'il se voit assailli par des lions rugissants, mais retenus dans des liens cachés ; un hurlement épouvantable se prolonge dans toute la forêt, un feu dévorant brille autour de l'inviolable enceinte. Le membre qui a commis un crime ou qui a trahi les secrets, voit subitement arriver des émissaires armés et masqués : au cri « *le pourrah t'envoie la mort !* » ses parents, ses amis s'éloignent et l'abandonnent au glaive vengeur : même des tribus entières qui se font la guerre, au mépris des ordres du grand *pourrah*, sont mises au ban et punies sévèrement par un corps d'armée envoyé contre elles par tous les neutres. Cette institution paraît supposer une intelligence perfectionnée et des sentiments élevés. »

Le *Kasson* ou *Casso*, au sud-ouest du Sénégal, a environ 20 lieues du nord au sud et autant de l'est à l'ouest. Il passe pour riche en or, en argent et en cuivre. Le prince qui le gouverne prend le titre de *sagedova* ; il peut mettre 4,000 hommes sous les armes. Sa résidence est à *Mamier*.

Le *Fouladou* ou *Fouladougou*, vers l'extrémité orientale de la Sénégambie et au nord du cours supérieur du Sénégal, est un pays peu connu, couvert de montagnes et traversé par le Kokoro et le Ba-voulima. *Sabousira* et *Samboula* sont au nombre de ses villes ; *Banyassi* en est la capitale : elle passe pour l'une des mieux fortifiées de toutes celles de la Sénégambie.

« Les Poules ou Foulahs ont le teint rouge-noir ou brun-jaunâtre, les cheveux plus longs, noirs et moins laineux que les nègres, le nez moins épaté et les lèvres moins épaisses (¹). Ces traits indiquent un mélange de berbers et de nègres : mais cette nation mixte, qui rappelle les *Leucœthiopes* des anciens, nous paraît avoir reçu des Arabes non seulement l'usage religieux et civil du Coran, mais encore le nom qu'elle porte ; car c'est évidemment le même que celui des *Fellahs* ou cultivateurs d'Égypte. Les Foulahs ont le caractère doux, l'esprit facile, beaucoup de goût pour l'agriculture ; mais ceux d'entre eux qui vivent de l'entretien des bestiaux se transportent d'un pays à l'autre plutôt que de supporter la tyrannie. »

(¹) *Mollien* : Voyage en Afrique, t. I. — (²) *Golberry* : Voyage en Afrique, I, p. 114.

(¹) *Golberry* : Voyage en Afrique, I, p. 101. *Oldendorp* : Histoire de la Mission des frères évangéliques. *Labat* : III, p. 170. *Pommegorge* : Description de la Nigritie, p. 52.

Cependant il faut distinguer dans les cinq royaumes que nous venons de passer en revue, deux races bien distinctes : d'abord celle dont il vient d'être question, et qui, fixée originairement dans une contrée fertile de l'Afrique septentrionale, en fut chassée par les Arabes et vint s'établir dans les contrées occupées par les Serrères, qui, effrayés à la vue de ces hommes montés sur des chameaux et sur des chevaux, s'enfuirent vers le sud-ouest où ils formèrent les royaumes de Baol et de Syn. Les Maures continuant à poursuivre les Foulahs, ceux-ci se virent forcés d'acheter la paix en embrassant l'islamisme et en leur payant un tribut. Depuis ce temps leurs unions avec des nègres yolofs et serrères ont formé une race de mulâtres appelés *Torodos*, qui a donné son nom à la province de Toro, dans le pays de Fouta. Ainsi les Poules se partagent en deux races, les rouges ou brun-jaunâtre, et les mulâtres; mais ceux-ci, par leurs conquêtes successives, ont forcé les premiers à mener la vie nomade.

Les Poules mahométans montrent le plus profond mépris pour les nègres et les Poules purs; ils élèvent leur race au-dessus de tous les peuples de l'Afrique. Cette sorte d'esprit national les engage à ne jamais se vendre entre eux et à tirer d'esclavage leurs compatriotes. Ils parlent bien l'arabe, et l'on cite même chez eux plusieurs écrivains dont les ouvrages écrits dans cette langue sont estimés des Maures eux-mêmes. Leurs écoles publiques sont célèbres; ils sont industrieux, et fabriquent des tissus ornés de dessins délicats et gracieux, des ouvrages en maroquin et de la bijouterie. Ils prennent autant de femmes qu'ils en peuvent nourrir. Celles-ci sont jolies et coquettes; elles savent profiter de leurs charmes pour exercer une sorte d'autorité sur leurs maris. Leur vertu résiste rarement à un grain de corail. « Un visage un peu allongé, » des traits pleins de finesse, des cheveux » longs qu'elles tressent autour de leur tête, » un petit pied et un embonpoint moins volu» mineux que celui des autres négresses, sont » les traits caractéristiques de ces femmes, » dans lesquelles on peut cependant critiquer » les jambes un peu arquées [1]. »

Les Etats *Mandingues* sont au nombre de huit. Le *Kaarta* est situé dans la partie du nord-est de la Sénégambie, au nord du cours supérieur du Sénégal; il comprend une partie de l'ancien Etat de *Kasso* et le *Jaffnou* ou le *Ghiafnou*. C'est un pays montagneux, bien cultivé, très peuplé, dont les habitants font un commerce considérable avec les Maures et avec les différents peuples du Sénégal. Ses principaux objets d'échange sont l'or et l'ivoire. La capitale est *Gedingouma*, appelée aujourd'hui *Elimané*, à 45 lieues à l'ouest de *Kemnou*, qui était jadis la résidence du roi. *Kouniakary* est l'ancienne capitale du Kasso. Le gouvernement du Kaarta est une monarchie tempérée; la royauté est élective dans la famille des princes du Bambarra, pays limitrophe dont nous parlerons en décrivant le Soudan.

Le *Bambouk* s'étend entre le Sénégal et la Falémé, il comprend l'ancien royaume de *Satadou* et celui de *Konkadou*. De hautes montagnes en couvrent la superficie; de vastes alluvions aurifères lui fournissent de l'or pour son commerce. Sa population s'élève au moins à 80,000 individus. L'autorité du prince est tempérée par celle des différents chefs de chaque village. Le Konkadou renferme des montagnes qui portent ce nom et qui sont formées de rochers à pic élevés de 2 à 300 pieds au-dessus de leur base; leurs flancs cultivés, les nombreux villages construits dans les anfractuosités de ces monts, les sources limpides qui tombent en cascades, les arbres qui ombragent les petites vallées, donnent au pays, suivant Mungo-Park, l'aspect le plus pittoresque. Il n'y a point de lions dans ces montagnes, mais ils sont très nombreux dans les plaines qui s'étendent à leurs pieds. La capitale du royaume est *Farbana* ou *Forbanna*.

« Les Bamboukains éprouvent le sort de tous les peuples corrompus. Leur sol riche et fertile fournit à ses habitants, presque sans travail, tout ce qui est nécessaire à la vie [1]. Voluptueux et indolents, ils vivent dans l'anarchie la plus complète; leurs richesses deviennent la proie de leurs voisins. Le major Houghton en donne cependant une idée plus favorable; il les représente comme un peuple industrieux qui fabrique des étoffes de coton et des ustensiles en fer [2]. »

---

[1] *Mollien* : Tom. I, p. 346 à 404.

[1] *Compagnon* : Histoire générale des Voyages. —
[2] Elucidations of African geography.

Le *Dentilia*, situé entre la Falemé et la Gambie, est un petit pays couvert de montagnes, abondant en or d'alluvions et en mines de fer, et dont les habitants sont industrieux et travaillent très bien ce métal. La capitale se nomme *Beniserayl* ou *Beniserile*.

Le *royaume de Tenda* est beaucoup plus considérable : il comprend le *Neola*, dont les forêts nourrissent un grand nombre d'éléphants. *Jallacotta* et *Badou*, dans le Neola, sont les principaux lieux du royaume.

Le *Oulli*, au nord-est du Tenda et au sud-ouest du Bondou, a pour capitale *Medina*, ville de 1,000 maisons et de 5,000 habitants, dont les hautes murailles en terre sont entourées de pieux et de haies. On trouve à peu de distance *Barraconda*, qui passe pour être encore plus peuplée : elle a 15,000 habitants.

L'*Yani* ou le *royaume de Katoba* est borné au sud par le cours de la Gambie. Son territoire est plat et fertile ; près des villes on cultive du blé, du tabac, du coton, et plusieurs espèces de légumes. De grandes forêts y nourrissent des gazelles, des bêtes féroces et des éléphants. *Pisania*, où les Anglais ont un comptoir, et *Kayaye* ou *Kéyé*, à 6 lieues à l'ouest, sur la rive droite de la Gambie, sont les principaux endroits que nous nous contenterons de citer. Ce sont deux villages plutôt que deux villes. Kayaye ne se compose que d'une cinquantaine de cases en roseaux tressés comme les ouvrages de vannerie. *Pakeba*, qui a le titre de ville, ne comprend dans son enceinte en terre qu'environ 150 cases.

Le *royaume de Saloum*, au nord du précédent, n'est pas moins fertile, mais il est plus peuplé, et l'un des plus considérables des royaumes Mandingues. Les petits États de *Sanjalli*, *Badibou* et *Barra*, sur la rive droite de la Gambie, et celui de *Kolar*, au nord du Badibou, sont considérés comme des annexes ou des dépendances de ce royaume. On peut se faire une idée de *Kahone*, sa capitale, par la description que les voyageurs donnent du palais du roi : il est simplement construit en branches d'arbres et en paille (¹).

« Ce palais est une enceinte particulière, très vaste, qui en renferme plus de 60 autres, habitées par ses femmes, ses enfants, ses officiers et ses principaux esclaves. Cette enceinte

(¹) *Geoffroy de Villeneuve* : Voyage dans la Sénégambie.

est précédée de trois cours très vastes, bordées des cases de ses serviteurs. Chaque cour est gardée par vingt hommes armés de flèches et de zagayes. Au milieu de l'enceinte royale est la case du prince, isolée et en forme de tour ronde : elle a 30 pieds de diamètre et 45 de hauteur ; elle est couverte d'un dôme de 20 pieds d'élévation ; elle est construite, comme toutes les maisons de cette partie de l'Afrique, de pièces de bois recouvertes de paille de mil, mais elle est plus soignée que les cases communes. Les lambris sont couverts de nattes de différents dessins ; le plancher, formé d'une espèce de mastic de terre rouge et de sable, est recouvert de nattes. Le pourtour des lambris est garni de fusils, de pistolets, de sabres et autres armes, ainsi que de harnais de chevaux ; le roi s'assied sur une estrade peu élevée au fond de la case, et en face de la porte. Le royaume a une surface de 1,500 lieues carrées. On porte le nombre de ses habitants à 300,000 individus : ses terres sont bien cultivées et fertiles ; son commerce est fort étendu, surtout avec les Français et les Anglais ; mais les premiers y sont plus considérés, et conviennent mieux au caractère de la nation. »

Lorsque le prince éternue, un de ses valets bat des mains, et ce battement de mains est répété de proche en proche par tous les habitants de Kahone. Le bourg d'*Ouornéo* est le lieu le plus considérable après la capitale.

Sur la rive droite de la Gambie, le *Kantor*, le *Tomani*, le *Jémarrou*, l'*Eropina*, l'*Yamina* et le *Jagra* paraissent être des dépendances du *royaume de Kabou*, dont le sol, en partie marécageux et malsain, produit beaucoup de riz. Plusieurs peuples qui habitent près des côtes de l'Atlantique, tels que les *Biaffares* près de l'embouchure du Rio-Grande, les *Papels* près du Rio San-Domingo, et les *Balantes* entre les Biaffares et les Papels, sont tributaires du roi de Kabou. *Samakouda* est un des principaux endroits de ce royaume, dont la capitale est *Schimisa*.

« Les *Papels* habitent les terrains bas et coupés au sud de la rivière Saint-Dominique. Ils adorent des arbres, des cornes de bœufs et toutes sortes d'objets visibles. Lorsque leur roi est mort, s'il faut en croire un voyageur, les grands se rangent autour de sa bière, qui est lancée en l'air par quelques nègres robustes; celui sur lequel retombe la bière, s'il n'est pas écrasé, succède au trône (¹).

Les Biaffares, qui occupent l'espace situé entre la rivière de Geba et le Rio-Grande, sont presque continuellement en guerre avec les Papels; mais ils sont beaucoup plus doux et plus traitables. On trouve *Ghinala,* où leur chef fait sa résidence : cette ville, située sur la rivière du même nom qui se jette dans le Rio-Grande, est habitée par des naturels et par des Portugais.

C'est sur le territoire des Papels que se trouve Cacheo, chef-lieu de la colonie portugaise de la Sénégambie.

« Les *îles des Bissagos* forment un riant et fertile archipel environné et presque couvert, au couchant, d'une suite de bancs de sable et de vase de 60 lieues d'étendue, qui en rend la navigation très périlleuse.

» Le territoire de ces îles est arrosé de beaucoup de petites rivières; il produit du riz, des oranges, des citrons, des bananes, des melons, des pêches et d'excellents pâturages, dont les habitants profitent pour élever des bestiaux, particulièrement des bœufs à bosse d'une grosseur extraordinaire. La pêche y est abondante.

» L'île *Boulama,* la plus voisine du continent, avait été jugée propre à un établissement français par l'habile Brue (² ; les Anglais, ayant connu ce projet, se sont hâtés de l'exécuter ; mais ils ont choqué les indigènes ; ils ont négligé les précautions qu'exige le climat, et leur colonie a cessé d'exister (³. La nature a prodigué ici des végétaux utiles, le riz, l'indigo, le caféyer, le cotonnier et divers arbres fruitiers; mais l'humidité de l'air demande de grands soins pour ne pas devenir funeste (⁴). Les *Bissagos,* ou plus exactement les *Bidjougas,* se font redouter de leurs voisins par leurs incursions et leurs cruautés. Ils ont chassé les *Biaffares* de ces îles. Ils sont grands, robustes et belliqueux. Ils quittent quelquefois le métier de pirate pour celui de pêcheur. Le coq est leur animal sacré. »

Le *Fouini,* au sud de l'embouchure de la Gambie, porte aussi le nom de *Foini* ou *Foni,* et quelquefois celui de *Founa.* Il est borné au nord par la Gambie, à l'est par la rivière du Vintam, et à l'ouest par l'Océan, si l'on y comprend le pays de *Kombo*. Ce royaume passe pour très peuplé et très fertile; on y nourrit beaucoup de bétail. Ses habitants, qui sont idolâtres, sont courageux et habiles à manier les armes. Le ci-devant royaume de *Jereja* et celui de *Kaen* font aujourd'hui partie du Fouini. Les principales villes sont *Vintam, Jereja* et *Tenderbar.*

Les *Feloups* sont soumis au roi du Fouini. Ils s'étendent depuis l'embouchure de la Gambie jusqu'à celle du *San-Domingo*. Petits, mais agiles et robustes, ils ont la peau d'un noir foncé, les traits fins, les cheveux crépus, et cependant plus longs que ceux des autres nègres. Ils se tressent la barbe, se tatouent le visage et le corps, et n'ont pour tout vêtement qu'un petit tablier. Sauvages, vindicatifs, mais fidèles à leurs amis, ils ne reconnaissent presque aucun gouvernement, et n'adorent que des fétiches. Leur pays est plat, un peu sablonneux, riche en pâturages et en rizières, et abondant en bestiaux; d'innombrables essaims d'abeilles sauvages y produisent une grande quantité de cire.

« Les *Mandings* ou *Mandingues* se sont répandus depuis le pays qui porte leur nom, et qui est voisin des sources du Niger, dans les États de Bambara à l'est, et dans ceux de Bambouk et d'Oulli à l'ouest. Ces nègres, d'un noir moins beau que les Yolofs, rendent leurs dents pointues en les limant; ils professent une espèce de mahométisme, emploient beaucoup de mots arabes, et se servent de l'alphabet arabique (¹). Leurs *marabouts* ou ermites font de très longs voyages de commerce, et reçoivent des visites des marabouts maroquins et barbaresques; l'intérieur de l'Afrique leur est bien connu; la traite des nègres est dans leurs mains. Cette nation règne depuis l'an 1100 sur le riche royaume de Bambouk. »

Les voyageurs s'accordent à considérer la nation mandingue comme la plus nombreuse de toutes celles qui habitent les bords de la Gambie. Selon quelques uns, les Mandingues sont des nègres vifs et enjoués qui passeraient la journée à danser au son de leurs tambours et de leurs balafos, en faisant les sauts et les postures les plus bizarres. La plupart portent une épée sur l'épaule droite; d'autres n'ont

---

(¹) *Schad*, cité par *Bruns*, p. 289. — (²) *Labat* : V, p. 85. — *Pommegorge,* p. 133-135. — (³) *Beaver* : African Memoranda. — (⁴) *Johansen* : Account of the island of Bulama.

(¹) *Mathews* : Voyage à Sierra-Leone, p. 71-97.

que leur sagaie et un dard long de trois pieds, ou bien un arc et des flèches. Tous ont un couteau suspendu à leur ceinture. Leur adresse est extrême à manier toutes ces armes. On distingue aussi facilement les Mandingues et les *Féloups*, qui leur sont soumis, à leur nez plat et à leurs grosses lèvres, que les Yolofs à la beauté de leurs traits. Lorsqu'un enfant vient au monde, on le plonge dans l'eau trois ou quatre fois le jour; puis, après l'avoir fait sécher, on le frotte d'huile de palmier. Chez les Mandingues les riches affichent un grand luxe d'esclaves, mais ils leur rendent la vie très douce. Lorsque Moore visita les pays arrosés par la Gambie, il y avait près de Brouko, dans le royaume de Kabou, un village entier de 200 personnes qui n'étaient que les femmes, les esclaves et les enfants d'un même Mandingue [1]. Dans sa parure un prince mandingue ne se distingue de ses sujets que parce qu'il est paré d'une plus grande quantité de gris-gris ou de graine d'une espèce de palmier. Mais pour la pompe il a près de lui deux de ses femmes occupées à le gratter ou à le chatouiller. La loi lui accorde sept femmes légitimes, mais elle lui permet autant de concubines qu'il en désire. Dans la plupart des royaumes mandingues il y a un grand nombre de seigneurs qui sont considérés comme les rois des villes ou des villages où ils résident. Chaque ville a son gouverneur, qui est chargé de régler le travail du peuple, et qui est juge de tous les différends qui peuvent s'élever entre les habitants.

Quelques voyageurs ont désigné sous le nom de *Serracolets* ou de *Serakhalès* une des plus anciennes nations de la Sénégambie; mais il paraît certain que l'on doit comprendre sous ce nom des marchands qui appartiennent à quelques tribus voisines du Sénégal, et qui ont échelonné leurs comptoirs depuis la côte jusque dans le Soudan. Cependant Mungo-Park, et dans ces derniers temps le major Gray, ont parlé d'un peuple appelé *Serrawoulis* qui pourrait bien, par la ressemblance de son nom avec celui de *Serakhalès*, avoir donné lieu à la méprise que nous venons de signaler d'après l'autorité de quelques voyageurs. Les Serrawoulis habitent principalement le pays de Galam; suivant Golberry, ils y forment une sorte de fédération dont la ville de Galam est le chef-lieu [1].

Le véritable nom du *royaume de Galam* est *Kayaga* ou *Kadjaaga*. Arrosé par la Falémé qui s'y jette dans le Sénégal, il se compose principalement d'une longue suite de villes situées sur les deux rives du fleuve. Le royaume de Bondou le borne au sud. Sa situation et ses intérêts commerciaux le rendent le rival et l'ennemi de celui-ci. Le sol du Kadjaaga est montagneux et boisé, et la végétation, bien que semblable à celle du Bondou, acquiert un plus grand degré d'activité par la proximité du Sénégal et par ses débordements périodiques. Aux différentes branches d'industrie de leurs voisins, les habitants du Kadjaaga joignent l'art de tisser et de teindre les étoffes de coton. La teinture bleue qu'ils obtiennent de l'indigo est la plus belle de celles que fournit l'Afrique. Le royaume se divise en haut et bas; la Falémé sert de point de séparation entre ces deux parties; chacune est gouvernée par un prince qui porte le titre de *tonka* : celui du haut Galam ou du Kamera réside à *Makadougou*, et celui du bas Galam ou du Gouey demeure à *Touabo*. Le poste français de *Bakel* est dans cette dernière partie du Galam, et l'ancien fort *Saint-Joseph* dans l'autre. *Galam* est une autre ville que l'on regarde comme le centre du commerce des contrées environnantes; avant l'abolition de la traite, on y amenait une quantité considérable d'esclaves.

Les Serawoulis ont en général quitté le paganisme pour la religion mahométane, dont plusieurs d'entre eux dédaignent de suivre les rites. Quelques unes de leurs villes sont habitées uniquement par des prêtres, qui sont en général les plus riches et les plus recommandables du pays; dans toutes les villes il y a une mosquée. Les Serawoulis n'ont pas autant de vivacité que les habitants du Bondou; leur maintien est grave, et le fond de leur caractère est l'apathie et l'indifférence. Leur taille est moins bien proportionnée que celle des Foulahs, mais ils sont forts et robustes. Leur peau est du plus beau noir, et pour la conserver brillante, ils se frottent avec du beurre rance. Le poisson est leur nourriture ordinaire; mais leur goût pour la viande, même très avancée, est passé en proverbe. « J'ai

---

[1] *F. Moore*: Travels in the inland parts of Africa, etc. London, 1738.

[1] *Golberry*: Voyage en Afrique, I, p. 571.

vu, dit le major Gray, des habitants prêts à se battre pour le partage d'un hippopotame mort, flottant sur la rivière, et dans un tel état de putréfaction que l'air en était infecté (¹). »

Le *Ghialonkadou*, ou *Djalonkadou*, pays traversé par la Falemé, voit naître la Gambie et le Sénégal. Le sol, en partie stérile, est rempli de montagnes couvertes d'épaisses forêts. Les *Ghialonkès*, ou *Jellonkas*, qui l'habitent, occupaient jadis le Fouta-Dialon; mais, chassés par les Foulahs, ils se réfugièrent dans cette contrée; leur langue paraît être un dialecte du mandingue (²). Les villages, très peu nombreux, sont composés de huttes en forme de tentes. *Manna* et *Sousita* sont leurs principales villes.

Dans l'intérieur, entre le *Kolungtan* et le *Konk-Karrou Kaba*, rivières qui se réunissent pour se jeter dans l'Océan au nord de la Sierra-Leone, habite la nation des *Sousous* ou *Soussous*, faussement appelés *Foulahs* de Guinée; ils n'ont rien de commun avec les Foulahs du Sénégal, quoi qu'en dise Golberry: leur langue en fait preuve (³). Ils font partie de la grande nation des Mandingues. Leurs possessions s'étendent jusque près de la côte de Sierra-Leone.

Le Rio Nuñez descend d'une chaîne de montagnes qui va se rattacher à celles de Dialon et à celles qui limitent cette contrée à l'orient.

« Les deux rives de ce cours d'eau sont occupées par les *Nalloès* ou *Naloubès*, nègres intelligents et doux, si bien confondus avec les descendants des premiers Portugais, qu'on ne les distingue plus. Agricoles et pasteurs, ils habitent un sol fertile dont ils tirent un grand parti depuis que les Portugais leur ont apporté d'utiles connaissances. Leurs terres, très bien cultivées, fournissent le meilleur indigo et les plus beaux cotons; ils fabriquent des pagnes estimées pour leur finesse; ils les teignent de belles couleurs qui les font rechercher des nations voisines. Le Rio Nuñez porte chez quelques auteurs le nom de *Nuño-Tristao*, et chez d'autres celui de *Nonunas*, nom favorable à ceux qui voudraient retrouver ici le fleuve *Nunius* de Ptolémée; mais ses trois noms différents sont dus aux Portugais. »

A l'est des Nalloès s'étendent les *Bagos* ou *Bagoès*, dont le pays appartient à la Sénégambie, contrée dont nous devons ici déterminer la limite.

Si, à l'exemple d'un géographe dont les travaux sur l'Afrique ont été utiles à la science (¹), nous prolongeons la Sénégambie jusqu'au cap des Palmes, nous y comprenons la partie occidentale de cette immense région appelée *Guinée*, qui, par ses limites incertaines, mérite que son nom soit retranché des nomenclatures scientifiques.

Lorsque, vers le quatorzième siècle, quelques notions, recueillies sans doute de la bouche des Maures, se répandirent en Europe sur l'existence d'une contrée de l'Afrique centrale appelée *Gingia* ou *Gineva*, on désignait évidemment ce royaume du Bas-Bambarra, dont la capitale est Djenny ou Jenné, et qui est situé dans la région de l'Afrique centrale appelée Soudan ou Takrour. Ce que Léon l'Africain dit de ce pays qui, suivant ses propres termes, est appelé *Genni* par ses habitants et *Ginea* par les Portugais, ne laisse aucun doute sur ce point. Plus tard, les Portugais, qui capturaient des Arabes sur les plages mauresques, recevaient souvent, comme rançon, de l'or de Guinée et des nègres Ghiolofs ou Yolofs; et soit que ceux-ci fussent alors tributaires de l'empire de Genni, que les Portugais prononçaient *Guiné*, soit qu'il y eût à cet égard quelque méprise, les Portugais s'habituèrent à regarder les Yolofs comme des nègres de Guinée et à donner ce nom au littoral qui avait pour point de départ la rive gauche du Sénégal. En 1485, le navigateur portugais Diego Cam, qui reconnut la côte de Congo jusqu'au cap Negro, près de Mayomba, à un peu plus de 3 degrés au sud de l'équateur, prolongea jusqu'à ce point la dénomination de Guinée. Ce fut pour les Portugais la plus grande extension qu'ait jamais eue au sud le nom de Guinée.

Cependant cette dénomination était destinée à subir bien des modifications. Rigoureusement elle devait s'appliquer à une partie de l'intérieur d'Afrique, comme on l'a vu plus

---

(¹) Voyage dans l'Afrique occidentale, par le major Gray et le docteur Dochard. — (²) Voyez les mots cités dans *Mithridates*, t. III, pag. 169. — (³) Voyez huit grammaires et dictionnaires de la langue *sousou*, publiés à Edimbourg en 1800 et 1802.

(¹) M. *d'Avezac*. Voyez son article *Afrique* dans l'Encyclopédie nouvelle, et son article *Guinée* dans l'Encyclopédie des Gens du Monde.

haut. Les géographes du seizième siècle commencèrent par en détacher d'abord le littoral, puis toute la contrée que l'on a appelée, avec raison, Sénégambie. Les modernes s'habituèrent peu à peu à n'étendre la dénomination de Guinée qu'à la partie de la zone, large d'environ 60 à 100 lieues, qui s'étend depuis Sierra-Leone jusqu'au golfe de Benin. Quelques géographes y comprirent même la côte de Calabar, étendant ainsi la Guinée jusqu'au golfe de Biafra ou Biafara. Dans cette délimitation on appela *Guinée occidentale* la partie comprise entre Sierra-Leone et l'extrémité occidentale de la côte des Dents; et *Guinée orientale* toute la partie qui s'étend depuis la côte des Dents jusqu'à l'extrémité orientale de la côte de Calabar.

Des géographes étendirent même outre mesure le nom de Guinée en nommant *Guinée septentrionale* les deux parties que nous venons de désigner, et en appelant *Guinée méridionale* toute la partie de l'Afrique comprise entre le golfe de Biafra et la Cimbébasie. Mais cette prétendue *Guinée méridionale* est la région que l'on doit désigner sous le nom de *Congo*.

Nous avons vu plus haut que l'on peut étendre la Sénégambie jusqu'au cap des Palmes; la région qui lui succède de l'ouest à l'est est celle que M. d'Avezac et M. Walckenaer ont désignée sous le nom indigène de *Ouankarah*, et qui est limitrophe de celle de Congo. D'après ces délimitations il n'y a plus de Guinée proprement dite; mais, afin de justifier le nom de *golfe de Guinée*, réservé à cette mer qui comprend le golfe de Benin et celui de Biafra, on peut conserver la dénomination de *côte de Guinée* au littoral du Ouakarah qui, sur une longueur de plus de 425 lieues, se subdivise en *côte des Dents* ou de l'*Ivoire*, comprenant la *côte des Males-Gens* et la *côte des Bonnes-Gens*, ou *côte d'Or*, *côte des Esclaves*, *côte de Benin*, et *côte de Calabar*.

« Sur la côte de *Sierra-Leone* se trouve l'établissement anglais du même nom, formé en 1787, dans la généreuse intention d'abolir la traite des nègres et de travailler à la civilisation des Africains. La gloire d'avoir conçu le premier plan d'un établissement de ce genre est réclamée par Dupont de Nemours [1].

[1] *Décade philosophique*, 1796, IV, 3, p. 198.

Une escadre française se trouva à l'embouchure de la rivière de Sierra-Leone au mois d'octobre 1794, et, ne connaissant pas le but respectable de cette colonie, elle n'y vit qu'un établissement anglais, et le détruisit.

» Il se releva quelques années plus tard, et fondé d'abord par une compagnie, il devint ensuite un établissement du gouvernement britannique; mais il n'a pris de grands accroissements que vers l'année 1825, par l'acquisition de l'île de *Cherbro*. D'abord les nègres libres amenés de la Nouvelle-Ecosse, ou venus des contrées voisines, se conduisirent mal, se refusèrent au travail et excitèrent des guerres civiles [1]. Mais dès que le gouvernement eut pris la colonie sous sa direction, il conçut le projet d'y placer les nègres trouvés à bord des vaisseaux négriers par les croiseurs de la marine royale. En 1826, plus de 20,000 nègres y avaient été débarqués; douze villages avaient été fondés pour tenir cette population réunie. Des routes furent tracées, des relais de poste organisés, des auberges construites, et des écoles s'élevèrent dans les différents lieux où elles furent jugées utiles. Aujourd'hui des terres ont été données à cultiver aux nègres [2]: ils en tirent un grand parti, et tout porte à croire que cette colonie, qui, depuis son origine, a coûté près de 400 millions à l'Angleterre, et dont l'entretien ne s'élève pas aujourd'hui au tiers de ce qu'il coûtait avant 1824, marchera rapidement vers un état complètement satisfaisant [3]. L'éducation y a fait des progrès rapides; les nègres y sont devenus laborieux, c'est parmi eux que l'on choisit les magistrats municipaux et les membres du jury; enfin ils y ont justifié toutes les prévisions favorables des philanthropes relativement à la civilisation régénératrice de la race nègre. Malheu-

[1] *Annual Register*, pour l'an 1800. Comp. *Mathews, Voyage to Sierra Leone, Edwars, Curry*, etc.
[2] *Antislavery monthly reporter.* — Avril, 1830.
[3] Suivant le compte rendu au 31 décembre 1827 par le major Denham, célèbre par son voyage dans l'intérieur de l'Afrique, et alors gouverneur de la colonie, la dépense avait considérablement diminué depuis 1824.

En 1824 l'entretien de la colonie
    coûtait . . . . . 31,179 l. s. 18 sh.
En 1825. 18,201   12
En 1826. 17,755   16
En 1827. 10,983   07

reusement le climat de Sierra-Leone est pernicieux pour les Européens : depuis la fondation de la colonie jusqu'en 1826, il a dévoré plus de la moitié de ceux qui s'y sont établis ; les nègres seuls y prospèrent. En 1828, elle se composait de 17,566 habitants noirs des deux sexes, et chez eux on comptait une naissance sur 32 individus, et un décès sur 38, proportion qui ne diffère pas de celle des pays les plus salubres de l'Europe.

Freetown, chef-lieu de la colonie, et situé à l'embouchure et sur la rive droite de la Sierra-Leone, est bien bâtie et renferme 4,500 habitants. Elle possède de belles casernes, un théâtre, cinq écoles et l'hôtel du gouverneur-général de la Sénégambie et de la Guinée. On y publie un journal politique. *Regenstown* est une autre ville importante : elle a plus de 2,000 habitants. *Kent*, *Wilberforce*, *Gloucester*, *Kingstown* et *Wellington* sont des villages qui gagnent tous les jours en embellissements et en population, et qui, dans quelques années, seront au nombre des villes.

Les îles de *Loss* ou *Loos*, au nombre de sept, mais dont les trois principales ont servi aux Anglais à former un établissement commercial, doivent aux Portugais leur nom, qui est une corruption de celui d'*Yola de los idolos*. Les naturels les nomment *Forotimah*. Elles sont situées à 24 lieues au nord-ouest de la baie de Sierra-Leone. Les deux plus grandes sont celle *de la Factorerie* et celle *de Tamara*. Leur sol est élevé, salubre et fertile ; elles sont boisées ; elles produisent du riz, des bananes et des oranges, et nourrissent un grand nombre de chèvres et de bêtes à cornes.

L'île de *Cherbro* ou *Scherbrou*, à 25 lieues au sud-est de la baie de Sierra-Leone, et à 2 ¼ de la côte, est longue de 8 lieues, large de 4 à 5, et présente une superficie d'environ 40 lieues. Son sol bas, uni, malsain, et cependant sablonneux, produit du riz, du café, de l'indigo, des patates et du coton.

Au nord de cette île se trouve l'embouchure du fleuve *Cherbro*, auquel on donne quelquefois les noms de Rio-das-Palmas et de Rio-Selboda ; son embouchure se divise en trois branches, nommées Boum, Deong et Bagrou. Il est navigable pour les gros navires jusqu'à 20 lieues de l'Océan ; ceux du port de 70 à 80 tonneaux peuvent remonter jusqu'à 90 lieues.

« Un fort, élevé dans l'île *Bance*, commande la rivière appelée *Bance-river*, affluent de la Rokelle, qui, dans son cours inférieur, prend le nom de Sierra-Leone. On a remonté le Bance-river au-delà de ses cataractes pittoresques.

» Dans la colonie de Sierra-Leone, l'indigo réussit ; on a reconnu plusieurs espèces ou variétés du caféyer ([1]) ; le citronnier dégénéré donne des fruits semblables aux limons. Toutes les plantes alimentaires et aromatiques de l'Afrique abondent. La gomme de l'arbre à beurre sert à teindre en jaune ; l'écorce *colla* paraît être du quinquina ([2]). L'arbre *pullam* produit un coton soyeux. Le singe *chimpanzee* se rencontre dans l'intérieur ; sa taille de cinq pieds, son visage pâle, ses mains et son estomac dégarnis de poils, l'habitude qu'il a de se tenir debout, et même, dit-on, de s'asseoir comme un homme, mériteraient une description détaillée et raisonnée ([3]).

« Lorsque les Portugais découvrirent ces lieux, ils appelèrent le promontoire au sud de l'établissement actuel *cap Ledo*, et les montagnes dans l'intérieur *Serra-Leoa*, montagne de la Lionne ; ce dernier nom, un peu défiguré, est resté, ainsi qu'on vient de le voir, au cap, à la rivière qui s'appelle aussi *Rokelle*, et au canton adjacent ([4]). »

Entre le Cherbro et la rivière de Cap-Monte, s'étend un petit pays appelé *Kittam*. A l'est de ce pays se trouve le royaume de *Cap-Monte*, qui depuis la côte remonte au loin dans l'intérieur et paraît comprendre le pays de *Coatché*. Sa capitale est *Cousœa*, près de la source du Rio-Cap-Monte. On dit que cette ville renferme 15 à 20,000 habitants ; mais les renseignements qu'on a sur cet État sont très incomplets.

On n'est pas mieux instruit sur le pays de *Quoja*, qui paraît toucher au Coatché, et qui est peut-être une dépendance du royaume de Cap-Monte. Il paraît seulement qu'il y existe une société secrète appelée *Belly-Paaro*, qui

---

([1]) *Afzelius*, dans le Rapport sur Sierra-Leone, adressé aux propriétaires. *Curry*, p. 37. — ([2]) *Curry*, p. 40. — ([3]) *Afzelius*, l. c. — ([4]) *Dalzel*, Instructions sur la côte d'Afrique, Londres, 1806, trad. manuscr. avec notes, par M. *Mallard Dubéet*.

exerce, comme dans le Timmanie, un pouvoir despotique sur les habitants.

« Depuis le cap Monte jusqu'au cap Palmas, ou des Palmes, la côte produit abondamment du riz, des ignames, du manioc ; le coton et l'indigo sont de première qualité (¹). On n'y a cherché jusqu'ici que du *poivre-malaguette*, du bois rouge et de l'ivoire. Les habitants, nageurs intrépides et rameurs habiles, montrent avec raison de la défiance envers les Européens. Les bords du fleuve *Mesurado* sont habités par des nègres qui parlent un portugais corrompu, et qui se sont reconnus long-temps vassaux du Portugal, mais qui ne sont pas, comme on l'avait dit, des Européens devenus nègres par l'influence du climat. »

A l'est du cap Mesurado, une association d'*Américains*, connue sous le nom de *Société de colonisation*, fonda, en 1821, par ses seules ressources, une petite colonie qu'elle appela *Liberia*, parce qu'elle ne doit être composée que d'hommes libres. Pendant les premières années, les colons eurent à vaincre une foule d'obstacles. D'abord leurs habitations, qui n'étaient que des huttes en paille, furent construites au milieu d'une épaisse forêt tellement déserte, qu'on tuait les tigres sur le seuil des portes ; ce ne fut qu'en 1825 que les premières maisons en bois furent bâties. La colonie faillit plusieurs fois être détruite par les peuples du voisinage, tels que les *Queahs*, les *Deys* et les *Gourrahs* ; mais elle voit aujourd'hui sa persévérance couronnée de succès. *Monrovia*, sa capitale, ainsi appelée en l'honneur de Monroe, président des Etats-Unis, est une petite ville fortifiée, composée d'une centaine de maisons et renfermant 800 habitants ; elle est bâtie sur la crête d'une montagne, au bas de laquelle se trouve le port ; ses rues, tirées au cordeau, ont environ 100 pieds de largeur. Plusieurs de ses maisons sont belles ; deux édifices sont consacrés au culte et un troisième à une cour de justice. Elle possède des écoles, une bibliothèque publique et un journal. *Caldwell*, sur la rivière de Saint-Paul, a 600 habitants ; *Millsbury* en a environ 200.

A l'exception de l'agent-général de la colonie, tous les habitants et tous les fonctionnaires sont noirs ; il est même défendu à aucun blanc d'y résider soit pour le commerce, soit pour y exercer un art ou une industrie quelconque, parce que le but de l'institution est exclusivement en faveur des hommes de couleur. Toute la population se composait en 1838 de plus de 3,000 individus, répartis entre plusieurs villages situés sur des rivières distantes de plusieurs lieues. Armés et disciplinés à l'européenne, les colons savent se faire respecter des peuplades voisines ; aussi deux rois du pays, auxquels on donne 10,000 sujets, se sont-ils placés sous la protection de la colonie pour faire cause commune avec elle dans le cas où celle-ci serait attaquée par les indigènes. Toute la population de la colonie est vêtue à l'européenne.

Le café, le coton et la canne à sucre réussissent parfaitement dans la colonie ; mais la fertilité du sol est paralysée par la paresse et l'incurie des cultivateurs, qui abandonnent la culture pour se livrer au commerce de brocantage avec les naturels et les navires étrangers. Les Américains font avec de petits bâtiments le cabotage sur les points environnants de la côte ; ils en tirent de l'ivoire, du bois de teinture, de l'huile de palme et de l'écaille de tortue.

Parcourons maintenant les Etats méridionaux que forment les nations indigènes. Depuis la côte de Sierra-Leone jusqu'au chaînon du Loma, qui appartient aux montagnes de Kong, s'étendent le Timmanie, le Limba, le Kouranko et le Soulimana.

Le *Timmanie*, ou le *Timanni*, est un pays qui, d'après le major Laing, a 90 milles de longueur de l'est à l'ouest sur une largeur de 50. Le Scarcie et la Rokelle, ou le Sierra-Leone, le traversent du nord-ouest au sud-est ; il est divisé en quatre gouvernements, dont les chefs prennent et reçoivent le titre de roi. Le premier et le plus important a pour capitale la petite ville de *Kamba*, ou *Kambia*. Le Logo, ou Loco, forme le second gouvernement ; le voyageur anglais ne nous apprend pas les noms des deux autres. Au-dessus des petits rois de Timmanie, s'étend le pouvoir du *pourrah*, sorte de tribunal secret dont le pouvoir est redouté de tous ceux qui n'y sont point affiliés. Les nègres de Timmanie n'ont pour vêtement qu'une petite pièce d'étoffe attachée avec un cordon à la ceinture. Les femmes ne sont pas mieux vêtues tant qu'elles

---

(¹) *Falconbridge*. Account of the Slave, trad.,

sont filles ; mais, après le mariage, elles nouent autour de leur corps quelques aunes de toile bleue dont elles font une sorte de jupon.

Le *Limba*, ou *Liban*, est un petit pays peu peuplé, couvert de montagnes, et dont l'intérieur est imparfaitement connu.

Le *Kouranko* est au contraire très vaste; situé au nord du Limba et à l'est du Timmanie, il est couvert au nord et au nord-est par de très hautes montagnes granitiques, dans lesquelles le Djoliba prend sa source. Il est divisé en un grand nombre de petits Etats peu importants. La capitale du Kouranko du sud-ouest est *Simera*, près de la rive gauche de la Rokelle ; celle du Kouranko du nord-ouest est *Kolakonka*, ou *Koulokonko*. Après celle-ci, la plus importante ville est *Kamoto*, capitale du Kouranko septentrional ; on lui donne 1,000 habitants. Elle est sur la crête d'une colline et n'est accessible que de deux côtés fermés par de fortes palissades et par des portes doubles et massives, faites d'un bois très dur. Les Kourankoniens sont moins civilisés que les Mandingues ; mais ils leur ressemblent par le costume, les mœurs et le langage. Leurs femmes sont fort habiles dans l'arrangement de leur coiffure. Quelques uns d'entre eux sont mahométans, mais le plus grand nombre s'adonne à l'idolâtrie. Laborieux et intelligents, ils exercent différents métiers ; les uns sont forgerons, d'autres tisserands, d'autres travaillent le cuir ; mais la plupart se livrent à la culture, tandis que les femmes préparent, tissent et teignent le coton. Chez eux l'autorité suprême est élective.

« La danse est le plaisir de prédilection des » Kourankoniens, ou Kourankos. Chaque per- » sonnage un peu considérable a dans sa mai- » son trois ou quatre maîtres qui, comme » ceux de Simera, se font plus remarquer par » leur agilité que par leurs grâces. Dans les » grandes fêtes, les danseurs à gages, vêtus » d'une manière bizarre, se promènent dans » toute la ville, et vont rendre successive- » ment visite aux chefs, qu'ils amusent par » la souplesse de leurs mouvements et dont » ils reçoivent quelques présents. Au coucher » du soleil, le tabella, ou tambour, les ap- » pelle à la danse générale ; les musiciens se » tiennent au centre, comme dans le Timma- » nie, et l'on danse autour d'eux ; leur musi- » que et leurs mouvements sont également » monotones. Le major Laing a vu une danse » de ce genre durer deux jours et trois nuits ; » ceux qui se retiraient étaient aussitôt et con- » stamment remplacés ([1]). »

Le royaume de *Soulima*, ou de *Soulimana*, est situé au nord-est du Kouranko ; il touche à l'est aux sources du Djoliba, et au sud aux rives de la Rokelle. Des montagnes escarpées, de belles vallées, des prairies fertiles, donnent au pays un aspect très pittoresque ; son sol est granitique et d'une fertilité extraordinaire ; la culture des terres y est très soignée ; on y élève des bêtes à laine et des chevaux. Parmi ses principales villes, *Falaba*, la capitale, doit son nom au Falaba, ou à la rivière du Fala, sur laquelle elle est située ; on lui donne environ 6,000 habitants. Les autres sont *Sangouia, Semba, Mousiah et Konkodongore*, qui ont ensemble une population de 19,000 âmes.

Les Soulimas sont les plus policés de tous les nègres de la Sierra-Leone. Le roi y a le monopole de tous les produits, comme le Pacha d'Egypte. Le major Laing y a même reconnu des coutumes qui rappellent celles des anciens Romains. Le roi consulte sur les affaires importantes les anciens, qu'il appelle *pères*. La *maison des palabres*, ou la maison commune, située sur la grande place de la capitale, est comme le Forum romain ; c'est là que les orateurs discutent publiquement les affaires. Le chef qui commande l'armée ne peut entrer dans la ville que lorsqu'il en a obtenu la permission ; en y entrant, il perd son titre et les prérogatives qui y sont attachées. Des poëtes sont chargés de transmettre dans leurs chansons le souvenir des événements publics. Un Soulima débiteur insolvable devient l'esclave de son créancier. D'autres coutumes distinguent encore ce peuple. Les femmes peuvent abandonner leurs maris pour leurs amants, en restituant le présent que leurs parents ont reçu du mari ; mais si, avant qu'elles puissent prendre ce parti, leur infidélité est découverte, on leur rase la tête, et l'amant devient l'esclave du mari ([2]).

Le *royaume de Sanguin*, qui paraît devoir son nom à la petite ville de *Sanguin*, s'étend sur la côte des Graines, depuis la rivière de

([1]) *Walckenaer* : Histoire générale des Voyages, tom. VII, p. 329 — ([2]) *Gardon-Laing* : Travels, chap. IV.

Saint-Jean jusqu'à celle de Sestos, ou de Sestre. Cet État, autrefois très puissant, est aujourd'hui partagé entre plusieurs petits princes.

Le pays de *Manou*, que l'on croit traversé par le Mesurado, est au nord de celui de Sanguin.

Près du cap des Palmes, sur la côte du Vent, l'Union américaine a fondé une nouvelle colonie, sœur de celle de Liberia.

D'après ce que nous avons dit plus haut, depuis le cap des Palmes jusqu'au golfe de Biafra, s'étend la région du *Ouankarah*, qui s'appuie au nord sur les montagnes de Kong, et présente un plan incliné d'où descendent plusieurs grands cours d'eau, tels que l'Ancobra, ou la Scinnie, appelée aussi Assinie, qui prend sa source au pied d'une montagne, dans la partie septentrionale du royaume d'Achanti; le Rio-Volta, connu dans les divers pays qu'il traverse sous les noms d'Adirrie, d'Amou, d'Asiezaw et de Fando, et qui est l'un des plus considérables de cette région, au littoral de laquelle nous conservons la dénomination de *côte de Guinée*.

Cette contrée est généralement fertile; on y remarque une végétation riche et active, et de vastes forêts; ce qu'on doit attribuer en partie à l'influence du sol, formé d'un terrain d'alluvion fin, gras et rougeâtre, dans lequel on ne trouve pas une seule pierre. Sur les côtes, le sol est tantôt graveleux et tantôt marécageux.

La *côte des Dents*, ou la *côte d'Ivoire*, qui se subdivise en deux parties: la *côte des Males-gens* à l'ouest, et la *côte des Bonnes-gens* à l'est, est comprise entre le cap de Las Palmas, ou des Palmes, et l'embouchure de la rivière d'Ancobra; elle a environ 120 lieues de développement, et est habitée par les Adous, ou Quaguas, et par les *Malos-Gentes*, ainsi appelés par les Portugais parce qu'ils passent pour être anthropophages.(¹) mais en réalité c'est une nation belliqueuse, peu sociable, du moins envers les Européens. Dans la côte est ornée de vergers naturels. Dans la rivière de Saint-André, on achète des dents d'éléphants pesant près de 100 kilogrammes. L'animal indiqué sur cette côte sous le nom de *Quogelo* par Desmarchais, paraît être un pangolin.

(¹) Smith, p. 110. Comp. Desmarchais : Voyage à Cayenne, etc. T. I, p. 200.

Une petite république oligarchique, celle de *Cavally*, qui porte le nom de sa capitale et de la petite rivière qui l'arrose, occupe les deux rives de ce cours d'eau, à l'est du cap des Palmes; on la dit composée de 8 à 10,000 habitants.

La *côte d'Or* tire son nom de la poudre d'or qui fait le principal commerce de cette contrée; elle a environ 100 lieues de longueur de l'ouest à l'est, depuis l'embouchure de l'Ancobra jusqu'à celle de la Volta.

La *côte des Esclaves*, comprise entre l'embouchure de la Volta et celle du Lagos, a environ 70 lieues de longueur. Elle ne présente qu'un cap remarquable, celui de Saint-Paul; du reste elle est unie et sablonneuse, et offre un grand nombre de marécages de peu d'étendue. Depuis l'abolition de la traite des nègres, le nombre des établissements européens a considérablement diminué sur cette côte.

Enfin la *côte de Calabar*, longue d'environ 90 lieues, présente un sol mélangé de sable rouge et de terre végétale qui jouit d'une assez grande fertilité; il y croît peu d'arbres, mais beaucoup de broussailles, qu'on ne se donne pas la peine d'extirper.

Les établissements *anglais* de la côte d'Or et de celle des Esclaves ne consistent presque tous qu'en petits forts situés près des villes dont ordinairement ils portent le nom. Ce sont, en allant de l'ouest à l'est, le fort *Apollonia* et celui d'*Amanahea*, dans le royaume de ce nom; le fort de *Dixcove* et le comptoir de *Suconda*; le *Cap-Corse (Cape-Coast)*, ville de 8,000 âmes et résidence du gouverneur-général de tous les comptoirs de la Guinée; *Animaboe*, dont la population est de 4,000 individus; le fort *Tantum querry*, et celui de *Winebah*, ou *Simpah*, dans la république de Fantie; le fort *James*, dans le royaume d'Accra, et le fort *William*, à *Juda*, ou *Whyda*, dans le royaume de Dahomey.

Près de cette ville, trois forts, occupés autrefois par les Anglais, les Français et les Portugais, existent encore, mais dans un état qui atteste un long abandon. Le véritable roi du Dahomey était, au commencement de 1838, l'Espagnol don Francisco de Suga, qui s'y est établi depuis quarante ans et à qui les noirs ne parlent qu'à genoux.

Sur la côte d'Or, les *Hollandais* possèdent les forts *Antonius*, près d'*Axim*; *Hollandia*, autrefois *Friedrichsbourg*, près de Pockeso; celui d'*Akhouna* et celui de *Taccorary*; celui d'*Orange*, près de Suconda, qui paraît être cependant abandonné, et celui de *Sébastien*, près de Chamah, tous sur le territoire du royaume d'*Ahanta*. Dans la république de Fantie, le fort *Vredenbourg*, celui d'*Elmina*, ou de *Saint-George de la Mine*, ville d'environ 10,000 âmes, résidence du gouverneur-général des établissements hollandais en Guinée; le fort *Nassau*, celui de *Leydssaamheyde*, ou de *Apani*, et celui de *Seniah*. Enfin c'est dans le royaume d'Accra que se trouve le fort de *Crèvecœur*.

Sur la côte d'Or et sur celle des Esclaves, les *Danois* ont aussi plusieurs forts et comptoirs. Dans le royaume d'Accra se trouve celui de *Christiansbourg*, résidence du gouverneur-général, puis plusieurs comptoirs, entre autres ceux de *Tema* et de *Nimbo*; dans le pays d'Adampi, le fort *Friedensbourg*, et ceux d'*Adda* et de *Kœninstein*, sur le Rio-Volta : Adda passe pour une ville de 3,000 âmes; enfin dans le pays de Crepi, ou de Kerrapay, se trouve le fort *Binzenstein*, près de la ville de *Quitta*.

« Un savant danois, Isert, s'est avancé à 20 lieues de Christiansbourg dans le pays d'*Aquapim*, dont nous parlerons bientôt. La contrée lui parut belle, fertile et bien peuplée. Elle est en général boisée, mais cependant plus salubre que les rivages; l'œil y est flatté par un agréable mélange de montagnes, de vallons et de collines. L'eau, rare et saumâtre sur le rivage, y est excellente et en abondance. A 5 milles danois environ de Christiansbourg, il s'élève une chaîne de montagnes couverte d'arbres élevés, et composée de granit à gros grains, de gneiss et de quartz. Les recherches de la Société africaine de Londres ont produit des renseignements conformes à ceux d'Isert. »

« Dans le voisinage de la mer, le sol de la » Guinée est, en beaucoup de places, léger, » sablonneux, et par conséquent peu favo- » rable à la culture de la plupart des produc- » tions tropicales. Dans les endroits où le sol » n'est pas de cette nature, d'autres circon- » stances s'opposent à la végétation d'un grand » nombre d'espèces végétales : c'est en partie » la fraîcheur et l'humidité des brises de mer » ou des vents du sud-ouest, qui ne rencon- » trent rien sur la côte qui puisse ralentir leur » marche; c'est encore en partie l'abondance » des parties salines dont l'air est comme im- » prégné, et qui sont continuellement repro- » duites par le ressac, aussi violent que géné- » ral. A 2 ou 3 milles de la côte, le sol devient » plus productif, et cette amélioration conti- » nue par degrés; de sorte qu'à 8 milles de la » mer le pays est très fertile et propre à toutes » les cultures usitées entre les tropiques. En » même temps le climat est assez tempéré » pour admettre la végétation des graminées » et des arbres d'Europe ([1]). »

« Ces observations s'appliquent spécialement au pays d'*Agouna*. Toutes les terres de ce canton sont en commun; personne ne peut se rendre propriétaire d'un terrain plus étendu que celui qu'il cultive immédiatement : à peine un dixième de la totalité du territoire est-il mis en culture. Chaque individu peut en occuper et défricher telle portion qu'il lui plaît; mais s'il la laisse en friche, il ne peut pas empêcher un autre de s'en rendre à son tour le possesseur temporaire. On ne connaît, parmi les indigènes, ni vente ni location des champs; ce n'est qu'aux Européens qu'on vend des terrains. L'acheteur est sûr qu'on ne lui disputera pas son droit de possession; mais il n'a pas la même sûreté pour les récoltes, à moins de posséder une force suffisante pour les défendre contre la licence et l'avidité.

» Quoique la côte d'Or offre beaucoup de traits de ressemblance sous le rapport du sol et du climat, on y remarque, sous d'autres points de vue, des différences essentielles. Par exemple, la contrée d'*Anta* est un sol riche, bien boisé, abondamment arrosé et cultivé avec soin. Elle possède des ports et de petits mouillages commodes. La rivière d'Ancobra sépare cette contrée de l'Etat d'*Apollonia*. Cette province est encore mieux arrosée par des lacs et des rivières; elle contient plus de plaines propres à la culture du riz, de la canne à sucre et d'autres plantes qui exigent de l'humidité. Le plus grand désavantage de cette côte est un ressac violent qui y rend le débarquement très dangereux. La forme du gouvernement est le despotisme le plus absolu; ce qui prévient plusieurs dés-

---

([1]) *Meredith* : Description du pays d'Agouna. (Dans le IVe rapport annuel, fait à la Société africaine de Londres.)

ordres fréquents dans les contrées voisines. Malheureuse Afrique, qui trouve son salut dans la servitude! Parmi les prétendues républiques, ou plutôt oligarchies tumultueuses de la côte d'Or, le belliqueux Etat de *Fanti* est le mieux organisé ([1]). »

Le pays de Fantis, proprement dit, occupe sur la côte une étendue de 5 à 6 lieues, et se prolonge assez loin dans l'intérieur ([2]). Le nombre des habitants est évalué à 40,000 par un voyageur récent ([3]). Les mœurs de ces nègres présentent quelques particularités remarquables : ils enterrent leurs morts dans leurs propres maisons; les hommes sont pubères à 12 ans et les femmes à 10; lorsque celles-ci ont donné les premiers signes de nubilité, l'usage veut qu'elles sortent de leurs maisons et qu'elles marchent en public d'une certaine manière. Leur religion est une sorte de fétichisme; ils reconnaissent deux principes : l'un bon appelé *Souman*, et l'autre mauvais qu'ils nomment *Alastor*. Ils croient que les marsouins et tous les grands cétacés proviennent d'un peuple qui fut détruit par un déluge; lorsqu'un de ces grands animaux échoue sur le rivage, ils regardent cet événement comme un fâcheux pronostic. Les hommes ont plusieurs femmes, et il est d'usage chez eux de tuer en l'honneur d'un riche défunt la *crabba* ou la plus jeune de ses femmes restée vierge, et le *cransa* ou le jeune esclave qui portait sa pipe au moment où il rendit le dernier soupir ([4]). Les Fantis sont robustes; leurs femmes sont bien faites et ont en général les traits délicats, les pieds petits, les dents blanches et les formes arrondies et gracieuses. Le costume est à peu près le même chez les deux sexes, mais les hommes âgés se rasent entièrement la tête en ne laissant qu'une boucle ou deux qui tombent par derrière, et auxquelles ils suspendent un morceau d'or; les femmes ont le haut du corps nu, et leurs jupes forment par derrière une protubérance plus ou moins grosse selon leur rang.

« Les *Aminas* s'étendent au nord-ouest l'espace de quatorze journées de marche; l'or abonde chez eux ([1]). Leur langue, connue par les recherches des Danois, règne sur la plus grande partie de la côte ([2]).

» Les *Assianthés* ou les *Achantis*, au nord-est, paraissent être les *Argentains* d'un écrivain français ([3]). Un roi de cette nation fit en 1744 une expédition très lointaine au nord-est; il marcha vingt et un jours à travers un pays boisé et coupé de rivières; il franchit pendant quatorze jours un désert sablonneux et sans eau : la nation mahométane, qui était l'objet de sa téméraire attaque, l'environna avec une immense cavalerie; il revint avec peu de monde, mais il rapporta beaucoup de livres en langue arabe, qui tombèrent ensuite dans les mains des Danois, et se trouvent peut-être à la bibliothèque royale de Copenhague ([4]). Le savant Bruce pense que cette contrée mahométane est le *Degombah*, visité par le schérif Imhammed, et le *Timbah*, indiqué par Oldendorp, sur la foi des nègres. La nation de Timbah reçoit des Aminas le nom de *Kassiante* ([5]). »

Les Achantis forment le plus puissant empire de la Guinée. Cet empire paraît s'étendre de l'est à l'ouest depuis le 1er degré de longitude jusqu'au 7e, et du sud au nord depuis la côte jusqu'aux monts Sarga sur une largeur de 5 degrés. Sa superficie est d'environ 10,000 lieues carrées. Il comprend parmi ses tributaires le pays d'Aquapim ou d'*Aquapiem*, celui d'Agouna, l'Etat d'Apollonia, la république des Fantis et le pays des Aminas, ainsi que plusieurs autres Etats dont les principaux sont le *petit royaume d'Accra* ou d'*Ankran*, le fertile *pays de Ningo*, ou d'*Adampi*, le *royaume d'Ouarsa*, celui de *Dankara*, celui d'*Assin*, celui de *Coranza*, le pays de l'*Amina*, le royaume d'*Inta*, et celui de *Dagoumba*.

L'Achanti proprement dit ou le principal Etat de cet empire, a pour capitale *Coumassie*, bâtie sur le flanc d'un vaste rocher ferrugineux et bornée par un marais qui fournit de l'eau à la ville. Sa circonférence, sans comprendre les faubourgs, est d'une lieue un quart; ses rues sont larges, alignées, propres

---

([1]) *Rœmer*, p. 187, p. 236. — ([2]) *H. Meredith* : An account of the Gold-Coast of Africa. P. 129-132. — Lond., 1812. — ([3]) *Roberston* : Notes on Africa, etc. 1819. — ([4]) *John Adams* : Remarks on the country extending from cape Palmas to the river Congo, etc. Lond., 1823.

([1]) *Oldendorp*, Hist. des Mission., pag. 277 et suiv. — ([2]) *Protten*, Introduction à la langue Fanthée ou Amina. Copenhague, 1764, en danois — ([3]) *Pommegorje*, Description de la Nigritie, pag. 142. — ([4]) *Rœmer*, p. 188. — ([5]) *Oldendorp*, p. 280.

et portent chacune un nom. Le palais du roi est situé au milieu d'une des plus grandes; les appartements en sont petits, mais nombreux, et décorés avec profusion d'ornements en or et en argent. Des promenades plantées d'arbres sont dispersées dans la ville, et des tertres sont élevés çà et là dans plusieurs rues pour y placer le trône du roi lorsque ce prince entouré de sa cour y va boire du vin de palmier. Les Achantis prétendent que leur ville renferme plus de 100,000 âmes; il est vrai qu'à certaines époques, certains jours de fête, elle est considérablement peuplée; cependant un voyageur anglais qui l'a visitée [1] n'évalue sa population ordinaire qu'à 15,000 habitants. Cette ville est l'entrepôt d'un commerce considérable avec la côte et l'intérieur de l'Afrique.

Accra ou *Ankran*, ville maritime, capitale du petit royaume de ce nom, est divisée en trois districts, gouvernés par des chefs différents, qui reconnaissent l'autorité du Cabaschir ou chef de l'Etat d'Aquapim, qui a le titre de vice-roi de l'empereur des Achantis. Les trois districts d'Accra sont peuplés d'environ 12,000 âmes. Les plus belles maisons sont celles des Européens [2].

Sallagha, probablement la même que *Salgha* ou *Sarem*, capitale du royaume d'Inta, est la plus considérable ville de l'empire d'Achanti, suivant du moins un voyageur récent. Elle est trois fois plus grande que Coumassie dont elle est éloignée de 70 lieues vers le nord-est, et renferme 400,000 habitants dont le sixième est mahométan [3]. C'est une place de commerce importante.

Ainsi que nous l'avons dit de plusieurs Etats de l'Afrique occidentale, le pouvoir chez les Achantis passe après la mort du souverain au frère de celui-ci; mais ce qu'il y a de particulier, c'est qu'il est transmis ensuite au fils de la sœur, puis au fils, et après le fils, au premier vassal de la couronne. Les sœurs du roi peuvent se marier ou vivre avec qui bon leur semble, pourvu que ce soit à un homme remarquable par sa stature et ses qualités physiques, afin que les héritiers du trône soient dignes sous ces rapports de commander à leurs compatriotes. Le roi hérite de l'or de tous ses sujets, de quelque rang qu'ils soient. On ne peut verser le sang d'un prince du sang royal; lorsque celui-ci se rend coupable de quelque crime qui entraîne la peine capitale, on le noie. Si une femme est trois ans sans entendre parler de son mari, elle peut en épouser un autre; mais si le premier revient, les enfants du second deviennent sa propriété et il peut les mettre en gage. Dans les grandes fêtes publiques on sacrifie un grand nombre d'esclaves ou d'officiers du prince. Lorsqu'un Achanti meurt, on immole aussi quelques uns de ses esclaves. A la mort d'un roi c'est un massacre général: d'abord, toutes les cérémonies funèbres qui ont eu lieu pendant le règne du prince se renouvellent ainsi que les sacrifices humains dont elles ont été accompagnées; ensuite les frères, les sœurs et les neveux du roi affectant une folie passagère, se précipitent hors du palais, et parcourent les rues de Coumassie en tirant des coups de fusil sur tous ceux qu'ils rencontrent; enfin on immole une centaine d'esclaves sur la tombe du défunt. La loi accorde aux rois 3,333 épouses, nombre qui est toujours tenu au grand complet; mais il est rare qu'il en ait plus de six dans son palais [1].

« La *côte des Esclaves*, dans le sens le plus limité, comprend les Etats de *Coto*, *Popo*, *Ouydah* et *Ardra*. La plaine maritime, plus étendue que sur la côte d'Or, est extrêmement fertile. La volaille y abonde singulièrement, et les chauves-souris obscurcissent l'air. Les Français avaient autrefois un établissement pour la traite à *Ouydah* ou *Judah*, et les Portugais vendent leurs tabacs à *Porto-Novo*. »

Nous ne nous attacherons pas à décrire des pays aussi peu importants et qui ont tous une physionomie plus ou moins uniforme. Celui de Coto est le moins étendu; il se réduit au territoire d'une petite ville maritime; sous le nom de Popo l'on comprend les territoires de la ville d'*Aflah*, le petit district de *Taun*, et celui d'*Augua*, où l'on trouve une ville du même nom; le Ouyda, ou Judah, appelé aussi *Fida*, arrosé par l'Eufrates, a pour capitale *Grigouy* ou Judah, à laquelle un voyageur donne 20,000 habitants [2]; l'Etat d'Ardra ou d'*Azem*, jadis royaume puissant, a pour capitale une ville d'*Ardra*, peuplée de 7 à

---

[1] *Bowdich*: Mission to Ashantee.—1817.—[2] *Robertson*: Notes on Africa, etc.—[3] *Dupuis*: Journal of a residence in Ashantee —1824.

[1] *Bowdich*: Mission to Ashantee —[2] *Mac Leod*, A Voyage to Africa, etc. Lond., 1820.

10,000 âmes. On croit ce dernier tributaire aujourd'hui de celui de Yarriba.

« Ces petits Etats de la côte obéissent au roi de *Dahomey*, qui, par ses conquêtes, s'est élevé du rang d'un petit *cabossier* à celui d'un grand monarque africain. Il peut armer 8,000 hommes ; il ne possède que 7 lieues de côte, et étant entouré partout d'ennemis, il en serait bientôt chassé, si les forts européens ne le soutenaient. Ceci est d'autant plus vraisemblable que depuis la moitié du dix-huitième siècle sa puissance est considérablement déchue, et qu'il paraît même que cet Etat, bien que l'un des plus vastes et des plus puissants de la Guinée, se reconnaît vassal du Yarriba. Ses villages sont grands et peuplés. *Abomey* est la capitale de son royaume; elle est à 28 lieues des côtes et renferme 24,000 habitants. Le roi a deux maisons de plaisance à *Calmina*, ville de 15,000 âmes, où il réside plus habituellement. Ces palais ne sont que des chaumières distinguées et enfermées, par des murs de terre, dans un enclos d'un quart de lieue; 800 à 1,000 femmes, logées dans cet enclos, sont armées de fusils ou de flèches : ce sont les troupes légères du roi; elles forment sa garde; c'est de leur corps que sont tirés ses aides-de-camp et les messagers de ses ordres. Les ministres déposent à la porte du palais leurs vêtements de soie; ils n'approchent du trône qu'en rampant ventre à terre et en roulant leur tête dans la poussière. La férocité de ces rois surpasse toute idée. M. Dalzel, gouverneur anglais, trouva le chemin de la cabane du roi semé de crânes humains, et les murs ornés de mâchoires qui y étaient comme incrustées ([1]). Le roi marche en cérémonie sur les têtes sanglantes des princes vaincus ou des ministres disgraciés ([2]). A la fête des tributs, où tous ses sujets apportent leurs dons, le roi arrose de sang humain le tombeau de ses ancêtres. Cinquante cadavres sont jetés autour du sépulcre royal, et autant de têtes plantées autour sur des pieux. Le sang de ces victimes est présenté au roi, qui y trempe le bout d'un doigt et le lèche ensuite ([3]). On mêle le sang humain à l'argile pour construire des temples en l'honneur des monarques défunts ([1]). Les veuves royales se tuent les unes les autres, jusqu'à ce que le nouveau souverain mette un terme au massacre. Le peuple, au milieu d'une fête joyeuse, applaudit à ces scènes d'horreur, déchire avec joie les malheureuses victimes; mais s'abstient pourtant de dévorer leur chair ([2]). »

Le peuple du Dahomey se distingue de la plupart des nègres de la Guinée par sa férocité, sa perfidie et son implacable amour de la vengeance. Les femmes y sont réduites à la condition la plus abjecte : elles n'approchent de leurs maris qu'avec les marques de la plus humble soumission ; à peine si elles osent les regarder en face : elles ne leur présentent la nourriture qu'à genoux ([3]). Ces femmes sont en général fort jolies. La marque nationale des Dahomeys consiste en une ligne qui descend depuis le haut du front jusqu'à la racine du nez ([4]).

Le sol du Dahomey est d'une fertilité extraordinaire ; les grands végétaux y acquièrent des dimensions gigantesques. On y trouve des arbres dont un seul tronc suffit pour un canot de 60 à 70 hommes. La canne à sucre y prend un accroissement surprenant, et les plantations d'ignames et de maïs donnent à la campagne un aspect agréable.

Le petit *royaume de Badagri*, dont la longueur de l'est à l'ouest ne dépasse pas 25 lieues, et dont la capitale est à l'embouchure du *Rio dos Lagos*, était il y a peu d'années encore tributaire du Dahomey : on croit qu'il l'est aujourd'hui du Yarriba.

« A l'est du Dahomey s'étend, sur le golfe de Guinée, le *royaume de Benin* ou *Adou*, depuis la continuation de la chaîne de Kong jusqu'à la côte dans la partie du golfe qui porte le nom de Golfe de Benin. Le roi de ce pays peut mettre 100,000 hommes sur pied. La rivière à laquelle les Portugais ont donné le nom de *Rio-Formosa*, est fort large à son embouchure : on la remonte jusqu'à *Agathon*, l'une des principales villes, à 14 lieues nord-est de la mer. La route d'Agathon à *Benin* est très fréquentée, et plantée d'arbres très hauts et très gros, qui donnent beaucoup d'om-

---

([1]) *Dalzel*, History of Dahomey ; Londres, 1796. — ([2]) *Bruns* et *Zimmermann*, Recueil géographique. III, p. 115. — ([3]) *Norris*, Voyage à Dahomey, dans le Magasin des Voyages, V Berlin 1792. *Isert*, Voyages, p. 178.

([1]) *Bruns* et *Zimmermann*, pag. 114. — ([2]) *Isert*, pag. 180. — ([3]) *Mac Leod* : Voyage to Africa, etc. Lond., 1820. — ([4]) *J. Adams* : Remarks on the country extending from cape Palmas, etc. Lond. 1823.

brage. La ville de *Benin*, sur la rivière de même nom, est entourée de fossés profonds. On voit les vestiges d'une muraille en terre qui la défend. Les rues ont 15 pieds de largeur; leur irrégularité fait que la ville occupe une étendue considérable; mais, suivant Adams, sa population ne paraît pas être de plus de 15,000 âmes. Les maisons basses, couvertes de feuilles de latanier, sont d'une propreté admirable. Les pierres manquent entièrement dans ce pays, et le terrain est si mou, que le fleuve en détache des morceaux de plusieurs acres d'étendue. Ces îles flottantes sont redoutées des navigateurs [1]. Le vaste palais du roi, hors de la ville, est fermé de murailles: on y trouve d'assez jolis appartements, et même de belles galeries soutenues par des piliers de bois. Le marché de la ville n'excite pas l'appétit des Européens; on y étale de la chair de chien, que les nègres aiment beaucoup, des singes rôtis, des chauves-souris, des rats et des lézards; mais on y trouve aussi des fruits délicieux, et toutes sortes de marchandises. Le climat de ce pays est un des plus dangereux pour les Européens. M. Palisot de Beauvois le qualifie de pestilentiel.[2] On en exportait dans ces derniers temps 3 à 4,000 esclaves chaque année.

» Les habitants de Benin ont les mêmes lois et usages que les Dahomeys. Le roi, vénéré comme un demi-dieu, est censé vivre sans nourriture. S'il meurt en apparence, c'est pour ressusciter sous une autre forme. A la *fête des yams*, il plante à la vue du peuple entier une racine dans un pot de terre. Un instant après, on présente, par un adroit tour de main, un autre pot avec une racine qui a poussé des jets. Ce miracle détermine les espérances au sujet de la récolte. Les sacrifices humains font partie du culte expiatoire qu'on rend au mauvais principe. Les victimes, immolées au bruit des chants épouvantables du peuple entier, montrent une stupide indifférence; ce sont pour la plupart des prisonniers de guerre. A la *fête des coraux*, le roi et tous les grands trempent leurs colliers de corail dans le sang humain, en priant les dieux de ne jamais les priver de cette marque de leur haute dignité [3]. »

(1) *Bosmann*, p. 450, etc. — (2) *Palisot de Beauvois*, Mémoire lu à l'Institut, 15 nivôse an IX. — (3) *Idem*, ibid.

Le petit *royaume de Lagos*, situé à l'embouchure de la rivière de ce nom, est tributaire du Benin. La capitale, à laquelle les Européens donnent aussi le nom de *Lagos*, est appelée *Aouani* par les naturels; elle est située dans une île formée par les alluvions de la rivière. Sa population est de 20,000 âmes; il s'y fait un grand commerce. Les Lagos sont très superstitieux et cruels: dans la vue de rendre la navigation de la rivière favorable à leurs communications commerciales, ils lui sacrifient une jeune fille qu'ils empalent avec des détails d'une férocité épouvantable [1].

« Le *royaume d'Ouary*, ou *Aweri*, ou *Warée*, appelé aussi *Owiheré*, sur la *côte de Calabar*, comprend les pays plats et marécageux au sud de Benin, où coulent diverses rivières, probablement des branches du Djoliba. La principale est le Ouary, qui forme au milieu d'une vaste plaine déserte une île dans laquelle est située la ville de *Ouary*, capitale du royaume. Les habitants sont très noirs, et ont dans leurs mœurs et leurs personnes beaucoup de ressemblance avec les Fantis. »

C'est près des frontières de ce royaume que se trouve celui de *Damaggou*, dont la capitale du même nom a été visitée en 1830 par les frères Lander : c'est une grande ville dont les habitants sont armés de fusils de fabrique anglaise, et dont le roi possède six petits pierriers. Plus bas, en descendant le cours du Kouarra, ils ont remarqué l'importante ville de *Kirri*, et à trois journées plus bas ils ont traversé le *royaume d'Ebroë*, dont la capitale porte le même nom [2].

« Après le cap Formosa commence le *Calabar* ou *Kalbary*, contrée également traversée par plusieurs rivières, parmi lesquelles le fleuve *Rey* ou *Nouveau-Calabar* admet des bâtiments de 300 tonneaux. Une partie de la côte est couverte de couches de sel marin [3]. »

Près de l'île de Bonny à l'embouchure du Bonny ou du Rio San Domingo, appelé aussi *Doni* ou *Andour*, et regardé généralement aujourd'hui comme un des bras du Djoliba, formant avec le Rio Formosa le delta de ce fleuve, la ville du *Nouveau-Calabar* était un impor-

(1) *Robertson* : Notes on Africa. — 1819. — (2) Journal des frères Richard et John Lander, communiqué le 27 juin 1830 à la Société royale de géographie de Londres. — (3) Harborns, Instruction pour aller à Bonny, 1785, dans *Dalzel*, MS.

tant entrepôt de commerce, lorsque Peppel, riche marchand de l'île, surprit la ville pendant une nuit, et y fit mettre à mort le plus grand nombre des habitants. Il a fait paver de crânes humains une maison qu'il a consacrée au culte de son dieu, et il montre avec orgueil aux Européens comme le plus beau trophée de sa victoire une pyramide qu'il a fait élever au centre de la ville avec la plus grande partie des ossements de ses victimes. *Bonny*, dans l'île de ce nom, était la capitale d'un petit État que l'on pouvait considérer comme une république oligarchique; Peppel en a fait le siége de son gouvernement despotique et sanguinaire. Cette ville, suivant un voyageur que nous avons déjà cité[1], contient environ 20,000 habitants. *Akricok*, beaucoup moins importante, est au nord dans l'intérieur des terres.

Le *royaume de Qua* ou *Quoua*, qui s'appelle ainsi d'une montagne de ce nom, est limitrophe de l'État de Bonny et s'étend entre le Rio *Adoney* ou le Saint-Antony à l'ouest et le Rio-del-Rey à l'est. Les nègres qui l'habitent ne sont pas les moins cruels de la Guinée : ils sacrifient quelquefois des victimes humaines dans les jours de grandes fêtes. Il existe chez eux une association appelée *Egbo* qui a quelque analogie avec le *Moumbo-Joumbo* des Mandingues, et le Pourrah des Foulahs, et qui a pour but de favoriser la liberté du commerce et de punir les femmes infidèles. La ville du *Vieux-Calabar* est la capitale de cet État. Elle est sur la rive gauche de la rivière du Bongo ou de Calabar; mais le roi réside dans un village qui est à quelques lieues de là. A une ou deux lieues de cette ville se trouve celle d'*Aqua*. Les habitants du Vieux-Calabar sont plus avancés en civilisation que les autres nègres; plusieurs d'entre eux, par suite de leurs relations commerciales avec les Européens, parlent et écrivent l'anglais. La rivière de Bongo a son embouchure dans une baie allongée dont l'*île du Perroquet* rend l'entrée fort étroite.

« Après avoir traversé les montagnes appelées *hautes terres de Roumby*, et celles que l'on nomme *hautes terres d'Amboses*, qui paraissent renfermer des volcans, on arrive à la rivière de *Camarones* ou de *Jamour*, très large à son embouchure, et qui est en grande vénération chez les indigènes; elle a un bon port, et fournit de bonne eau. On y trouve de la cire, du morfil, du bois rouge et des rafraîchissements à bon marché. Les Européens y font un assez grand commerce. »

La ville de *Camarones* est à 6 lieues de l'entrée de la rivière, dans une île formée par les deux principaux bras de celle-ci, dont l'un se nomme Camarones et l'autre Malimba. Cette ville exporte chaque année 40,000 kilogrammes d'ivoire et 60,000 d'huile de palmier, ainsi que de la gomme, du poivre et plusieurs autres denrées. Le pays est gouverné par un petit roi qui exerce sur ses compatriotes un pouvoir despotique [1].

Au nord du Camarones se trouve le *royaume de Biafara* ou *Biafra*, qui donne son nom au golfe dans lequel se jette la rivière précédente. Sur la rive droite de cette rivière on voit la capitale, appelée *Biafra*.

Le *pays des Calbongos*, remarquable par ses hautes montagnes, s'étend au sud du Caramones. Il est partagé en plusieurs États peu connus, et qui sont presque toujours en guerre entre eux.

« La rivière de *San-Benito* est à 40 lieues plus loin. On aperçoit du rivage les doubles montagnes très élevées, qui en sont à 12 ou 15 lieues; il y a beaucoup de bois sur ses rives. Le cap *Saint-Jean* n'est qu'à 15 lieues de son embouchure. Un banc de sable, à une lieue dans la mer, rend ce cap assez dangereux. Il forme, avec un autre cap plus petit et plus méridional, la baie d'Angra, ainsi nommée d'une ville et d'une rivière du même nom. Cette rivière, que les Anglais appellent par corruption *Danger*, abonde en hippopotames et en poissons.

» Le cap d'*Esteiras*, ou mieux *das Serras*, au sud de celui-ci, forme avec le cap Saint-Jean une baie au milieu de laquelle est l'île de *Corisco*, qui produit d'excellent bois pour la charpente et pour la teinture, de l'ivoire, des peaux de singes et diverses denrées. Les habitants, à demi sauvages, sont redoutés des navigateurs.

» Au sud du cap das Serras la rivière de Gabon, qui donne son nom à toute la côte au sud du golfe de Biafra, n'est qu'à 10 lieues de l'équateur. Les approches en sont très difficiles à cause des courants rapides qui règnent dans ces parages. Elle forme dans son

---

[1] *Robertson*: Notes on Africa, p. 303.

[1] *Robertson*, p. 315-321.

embouchure deux petites îles appelées *Pongos* ou *îles des Perroquets*; l'une d'elles porte le nom d'*île du Roi*, parce que le roi y réside. Les nègres de cette côte sont très hardis.

» Les îles de *Fernando-Po*, du *Prince* et de *Saint-Thomas*, qui s'étendent depuis le golfe de Biafra jusqu'à l'équateur, seront décrites dans un autre endroit. Les courants violents, qui dans ce golfe portent à l'est, en rendent la sortie difficile. »

Robertson fait observer que le courant du golfe de Guinée, qui se dirige à l'est, tourne à l'ouest par l'effet du mouvement général de l'océan Atlantique austral vers la côte du Brésil. Les vents alizés du sud-est, qui règnent pendant les mois de février, mars et avril, neutralisent l'effet du vent occidental qui souffle dans cette latitude, et alors le courant se trouve considérablement accéléré, à tel point que les vaisseaux surpris par le calme sont attirés imperceptiblement à une grande distance vers l'ouest.

Les nations de la *côte de Gabon* sont peu connues; il n'y existe point de villes, mais seulement des villages épars çà et là. Dans l'intérieur des terres, nous signalerons les principaux États. Le *pays d'Empoungana* ou *d'Empounga*, malsain, peu peuplé, rempli d'éléphants, de buffles et de sangliers, s'étend jusqu'à une assez grande distance de l'embouchure du Gabon. A 22 lieues de la pointe du cap *das Serras* la ville de *Naango*, bâtie en bambous, offre des rues assez régulières : les Anglais y font un grand commerce. En suivant la ligne équatoriale vers l'est, on trouve, à environ 45 lieues de la côte, *Adjoumba*, capitale du royaume du même nom. En remontant vers le nord, nous trouvons le *pays de Gaeloua*, dont le chef prend le titre de roi, et dont les principales villes sont *Inkanji* et *Goudemsi*; puis le royaume de *Chikan*, à une quarantaine de lieues de l'Atlantique. Au nord de celui-ci, le *pays de Kayli*, couvert de montagnes et de forêts, et dont les habitants passent pour anthropophages, a pour résidence royale *Sama-Chiali*. Nous ne savons rien de particulier sur le *royaume d'Imbiki* ou d'*Imbekie*. Celui de *Bisou* a pour capitale une ville du même nom, à quelque distance de la rive droite de la Mounda. Enfin, dans la partie la plus septentrionale de la région de Gabon se trouve le *royaume d'Aosa*, à l'est du pays des Calbongos.

TABLEAUX STATISTIQUES

COLONIE FRANÇAISE DU SÉNÉGAL.

Population en 1836.

	SAINT-LOUIS.	GUETN'DA.	GORÉE.	TOTAL.
Européens.	126	»	18	144
Natifs.	3,944	790	1,006	5,740
Engagés à temps.	1,530	»	95	1,625
Captifs.	6,006	232	3,741	9,979
	11,606	1,022	4,860	17,488
Troupes { Européens	320	»	56	376
{ Indigènes.	125	»	»	125
Fonctionnaires de divers ordres. . . .	35	»	16	51
TOTAUX.	12,086	1,022	4,932	18,040

Commerce en 1836.

IMPORTATIONS.

Denrées et marchandises françaises importées par navires français.	de France. . . . . 2,993,000 des colonies et pêcheries françaises. 2,473,000	} 5,466,000	} 6,960,000	
Denrées et marchandises étrangères importées.	par navires français. . . . . . 1,231,000 par navires étrangers 263,000	} 1,494,000		

EXPORTATIONS.

Denrées et marchandises de la colonie.	pour France. . . . . 3,117,000 pour les colonies françaises. . . 22,000 pour l'étranger. 235,000	} 3,374,000	} 4,050,000
Denrées et marchandises provenant de l'importation. . . .	françaises . . . . 308,000 étrangères. 368,000	} 676,000	

Total. 11,010,000

COLONIE ANGLAISE DE SIERRA LEONE.

Population en 1831.

	HOMMES.	FEMMES.	TOTAL.	INDIVIDUS EMPLOYÉS		
				à l'AGRICULTURE.	AUX MANUFACTURES.	AU COMMERCE.
Blancs et gens de couleur libres (il n'y a point d'esclaves). .	18,073	13,554	3,627	5,032	1,331	2,308

ÉCOLES PUBLIQUES OU GRATUITES.					ÉGLISES ET CHAPELLES.			
NOMBRE d'écoles.	ÉLÈVES.			DÉPENSES des écoles.	NOMBRE d'édifices consacrés au culte.	NOMBRE d'individus qu'ils peuvent contenir.	NOMBRE d'individus qui les fréquentent habituellement.	DÉPENSES des cultes.
	Garçons.	Filles.	Total.					
16	1,456	966	4,222	41,000 fr.	16	6,280	5,115	13,000 fr.

IMPORTATIONS				EXPORTATIONS			
de la Grande-Bretagne.	des colonies anglaises.	de l'étranger.	TOTAL.	pour la Grande-Bretagne.	pour les colonies anglaises.	pour l'étranger.	TOTAL.
fr. 2,500,000	fr. 57,000	fr. 38,000	fr. 2,595,000	fr. 1,900,000	fr. 55,000	fr. 21,000	fr. 1,976,000

LIVRE CENT SOIXANTE-SEPTIÈME.

Suite de la Description de l'Afrique. — Recherches sur le cours du Niger. — Quelques détails sur l'Afrique centrale, appelée Soudan et Takrour.

« Nous avons parcouru des contrées faiblement connues ; nous arrivons à d'autres qui ne le sont pas davantage. Nous allons pénétrer dans cette région centrale que les voyageurs européens les plus intrépides et les plus heureux n'ont fait que traverser.

» Déjà nous avons indiqué rapidement ce que les Grecs, les Romains et les Arabes avaient appris ou deviné sur ces contrées (¹). Ptolémée, le plus instruit des géographes anciens, commenté par le plus savant des géographes modernes, par d'Anville, nous montre deux grandes rivières, le *Ghyr* coulant du sud-est au nord-ouest, à peu près comme le Misselad ou le Bahr-el-Gazel sur les cartes modernes ; l'autre, le *Niger* ou *Nigris* de Pline, le *Nigir* de Ptolémée, qui coule à peu près comme le Djoliba, de l'occident vers l'orient. Mais, en suivant le sens littéral du géographe grec, on reste incertain si cet auteur a pensé tout ce que son commentateur lui fait dire. Il semble donner au Niger deux écoulements, l'un à l'ouest dans le *lac Nigrites*, l'autre à l'est dans le *lac Libyen*, outre divers canaux de dérivation désignés par un des mots les plus équivoques de la langue grecque (²). En profitant de ces incertitudes et en appliquant à l'intérieur le système de Gosselin, qui rétrécit de deux tiers la carte de Ptolémée, on a essayé de démontrer que le Ghyr et le Niger de Ptolémée, étrangers à la Nigritie, n'étaient que de petits fleuves du penchant méridional du mont Atlas (³). Le grand trait indiqué par Pline, savoir la position du Niger entre les Éthiopiens et les Libyens, c'est-à-dire entre les Nègres et les Maures, nous paraît repousser ces hypothèses récentes. Il suffirait peut-être de borner un peu les connaissances de Ptolémée, en ne les étendant pas à l'ouest au-delà du lac Dibbie (¹), qui paraît être le *Nigrites palus*. Agathemère, qui confond le *Gir* et le *Nigir*, en fait pourtant un des plus grands fleuves du monde.

» Les Arabes nous fournissent, à la vérité, beaucoup plus de détails que Ptolémée ; mais les contradictions qui y règnent en rendent l'application très difficile. « Le *Nil des Nè-
» gres*, dit Edrisi, coule de l'orient à l'occi-
» dent, et se jette dans *une mer* (ou dans *la*
» *mer*) à une journée de distance de l'île d'*Ou-
» lil*. Les habitations des nègres sont le long
» de ce fleuve ou le long d'un autre qui s'y
» jette (²). » Léon l'Africain applique au fleuve Niger ce que dit Edrisi du Nil des nègres. Il dit même positivement que ce fleuve se décharge dans l'Océan, mais il avoue toutefois « qu'il y a des auteurs qui font couler le Ni-
» ger vers l'orient, et en terminent le cours
» dans un *grand lac* (³). » Schéhab-Eddin est le seul auteur arabe qui affirme que *le Nil de Djenawa* n'arrive pas jusqu'à l'Océan, mais que son cours se termine dans les déserts (⁴). Tous ils indiquent, comme Ptolémée, plusieurs lacs d'eau douce qui doivent être formés par des rivières.

» En appliquant au Misselad le nom de *Nil des Nègres,* et en supposant que cette rivière, ainsi que le Niger, se perde, soit dans les lacs, soit dans les sables, d'Anville, et, long-temps après, Rennel, ont construit les cartes moitié traditionnelles et moitié hypothétiques que l'on a suivies jusque dans ces derniers temps avec plus ou moins de modifications.

» Un géographe très habile proposa un changement important qui n'est plus une simple modification. En laissant au Niger et aux autres rivières la direction générale que lui ont donnée d'Anville et Rennel, il ajoute un canal d'écoulement vers le golfe de Guinée.

(¹) Voyez notre vol. I, p. 106-155-157. — (²) Le mot ἐκτροπή peut dénoter une embouchure, un endroit où les routes divergent, un canal d'écoulement, ou simplement un détour. — (³) *Mémoires de Latreille*.

(¹) Voyez *l'Afrique ancienne*, dans notre Atlas complet. — (²) *Edrisi de Hartmann*, p. 12. — (³) *Léon l'Africain*, p. 6. — (⁴) Notices et extraits de MMS. II, p. 156.

« A l'ouest du Ouangara, dit-il, le Niger coule au sud, et le Misselad, après avoir traversé le lac de Fittrée, puis celui de Semegonda, se partage, en sortant de celui-ci, en deux branches principales qui entourent le Ouangara et se jettent dans le Niger; ensuite ce dernier fleuve continue à couler au sud-ouest jusqu'à son embouchure dans le coin du golfe de Guinée, où il forme un delta, dont le bras oriental est le Rio-Formoso ou la rivière de Benin, et le bras occidental le Rio-del-Rey. »

L'examen de la nature du sol de Benin fournit à M. Reichard les arguments suivants :

« Les pays de Benin, d'Oware, du Nouveau-Calabar et de Calbongo, sont, dit-il, le delta d'un grand fleuve qui vient de très loin du nord-ouest.

» Les rapports recueillis par Nyendael, Bosmann, Dapper et les deux Barbot nous apprennent que le *Rio-Formoso* a huit milles marins de largeur à son embouchure. Plus haut il en a quatre, et plus en avant encore il est tantôt plus large, tantôt plus étroit. Il se partage en une infinité de bras qui se répandent dans tout le pays voisin. On peut aller en bateau d'un bras à un autre. Il y a aussi dans l'intérieur une route par eau qui va au Calabar, et on peut aisément s'y rendre en canot. Depuis le Rio-Formoso jusqu'à la rive occidentale du fleuve de Camarones, la côte est très basse et marécageuse. Elle conserve ce caractère même très avant dans le pays. Toute cette contrée forme une plaine immense, coupée par des fleuves grands et navigables, tels que ceux de Forçados, Ramos, Dodos, Sangama, près du cap Formoso, Non, Oddi, Filana, Saint-Nicolas, Méas, Saint-Barthélemy, Nouveau-Calabar, Bandi, Vieux-Calabar et Del-Rey; ce dernier a sept à huit milles marins de large à son embouchure; il conserve cette largeur assez avant dans le pays, et vient du nord de très loin. Toutes ces rivières appartiennent au même fleuve principal, car le Rio-del-Rey venant du nord, et le Rio-Formoso du nord-est, les deux lignes qu'ils suivent doivent se couper à quarante ou cinquante milles géographiques plus haut dans le nord. Chacun d'eux doit avoir un seul cours d'au moins deux cents milles. Alors, pourquoi ne pas accorder à leurs cours réunis trois à quatre cents milles? Quelle étendue ne doit-il pas en effet avoir, puisque le delta, y compris la courbure du cap Formoso, occupe une longueur de quatre-vingt-dix milles sur la côte, et renferme une si grande quantité de bras! Sa grandeur surpasse de beaucoup celle du delta du Gange. »

« Les circonstances physiques de ce delta fournissent un argument auxiliaire. Composé de limon, dépourvu de pierres, il a dû se former par les inondations périodiques d'un ou de plusieurs grands fleuves. Nous savons aussi par Jacques Barbot et par Grasilhier, témoins oculaires, que tout le pays à l'entour du Nouveau-Calabar et de Bandi est inondé tous les ans dans les mois de juillet, août et septembre. La coïncidence de l'époque de ce débordement et de celui qui a lieu dans le Ouangara et le Four, est trop frappante pour ne pas faire présumer que ces deux pays sont unis par le même fleuve. Enfin le piment, très abondant dans le Benin, l'est également dans le Dar-koulla; ce qui semble indiquer qu'aucune chaîne de montagnes ne sépare ces contrées : circonstance que d'autres raisons concourent également à rendre extrêmement vraisemblable.

» A ces arguments de M. Reichard, qui méritent la plus grande attention, nous en joindrons un nouveau, et qui ne laisse pas que d'avoir du poids. Les Arabes indiquent devant l'embouchure du *Nil des Nègres* une île nommée *Oulil*, la seule contrée de la Nigritie qui possède des salines. On en exporte beaucoup de sel [1]. Un autre écrivain fait d'*Oulili* une ville [2]. Or, à l'embouchure du Vieux-Calabar, une île couverte d'une couche de sel marin porte le nom de *Terre du sel*; et les cartes portugaises, copiées par d'Anville, placent sur le rivage continental une ville nommée *Olil*. Les distances données par les Arabes placeraient l'île d'Oulil dans un grand lac de l'intérieur; mais la singulière coïncidence des noms et des traits physiques n'en favorise pas moins l'hypothèse de M. Reichard.

» Au moment où cette hypothèse paraissait assez solidement établie, l'opinion la plus

---

[1] *Hartmann*, Edrisi, p. 29, sqq. — [2] *Ibn al Ouardi*, notices, etc. II, p. 35.

diamétralement opposée, et la moins vraisemblable de toutes, fut remise en question. C'est à peu près celle de Pline le naturaliste, qui regardait le Niger comme la principale branche du Nil, en admettant toutefois que cette branche se perd plusieurs fois sous terre. On peut combiner ingénieusement quelques uns des témoignages contradictoires des anciens et des Arabes en faveur de cette opinion (1); mais le seul argument d'une grande force, c'est la relation récente d'un voyage fait par eau depuis Tembouctou jusqu'au Caire. Cette relation ne nous est parvenue que d'une manière indirecte. M. Jackson, consul anglais à Mogador, a recueilli de la bouche d'un Marocain qui avait visité Tembouctou divers renseignements au moyen desquels il veut démontrer l'*identité du Niger et du Nil* (2). »

« Le *Nil-el-Abeed*, dit-il, ou Nil des Nègres,
» porte aussi le nom de *Nil-el-Kebir*, ou
» Grand Nil; celui de l'Egypte est appelé *Nil-*
» *el-Masr* ou *Nil-el-Scham*, d'après les noms
» arabes de l'Egypte et de la Syrie. Les habi-
» tants de Tembouctou et de tout l'intérieur
» de l'Afrique soutiennent que ces deux ri-
» vières communiquent ensemble, et même
» que ce n'est qu'un seul fleuve...... Les Afri-
» cains sont étonnés d'entendre que les Euro-
» péens considèrent ces rivières comme deux
» fleuves distincts : l'expérience leur a démon-
» tré le contraire. »

« Dans l'an 1780, une société de dix-sept
» nègres de *Djenny* ou *Jenné* partit de Tem-
» bouctou dans un canot, pour une spécula-
» tion commerciale; ils entendaient l'arabe et
» savaient lire le Koran : ils échangèrent leurs
» marchandises plusieurs fois pendant le pas-
» sage, et arrivèrent au Kaire après un voyage
» de quatorze mois, durant lesquels ils vécu-
» rent de riz et d'autres productions qu'ils se
» procurèrent en chemin dans les villes qu'ils
» visitèrent. Ils rapportent qu'il y a douze
» cents villes et cités avec des mosquées ou
» des tours, entre Tembouctou et le Kaire,
» sur les bords du Nil d'Egypte et du Nil du
» Soudan.

» Ils s'arrêtèrent dans plusieurs villes pen-
» dant plus ou moins de jours, selon que leurs
» affaires, leur curiosité ou leurs penchants
» les y engageaient. *En trois endroits*, ils
» trouvèrent le Nil si peu profond, par l'effet
» de nombreux canaux d'irrigation tirés du
» bras principal, qu'ils ne purent s'avancer
» dans le bateau; *ils transportèrent leur na-*
» *vire par terre*, jusqu'à ce qu'ils trouvè-
» rent de l'eau assez large et assez profonde
» pour y naviguer. Ils rencontrèrent aussi
» *trois cataractes*, la principale desquelles est
» à l'entrée occidentale du Ouangara. Ici ils
» transportèrent leur bateau par terre, jus-
» qu'à ce qu'ils eussent passé la cataracte;
» ils le lancèrent de nouveau dans un immense
» lac ou *merja*, dont le rivage opposé n'était
» pas visible. La nuit, ils jetèrent dans l'eau
» une large pierre pour leur servir d'ancre. Ils
» firent régulièrement sentinelle, pour se gar-
» der des attaques des crocodiles, des élé-
» phants et des hippopotames, qui fourmillent
» en plusieurs endroits. Arrivés au Kaire, ils
» joignirent la grande caravane de l'ouest
» (*Akkabah-el-Garbie*), et se rendirent avec
» elle à Maroc, d'où ils retournèrent avec la
» caravane d'Akka à Tembouctou, et de là à
» Djenny, où ils arrivèrent après une absence
» de trois ans et deux mois. »

« Tel est le récit des voyageurs nègres. En l'adoptant sans réflexion, on croirait l'identité du Nil et du Niger démontrée. Mais d'abord, ces prétendus navigateurs furent obligés *trois fois de tirer leur bateau à terre*, parce que le Nil n'avait pas assez d'eau. Or, le Djoliba ou le Niger est déjà, près de Tembouctou, un très grand fleuve; s'il joint le Nil, il doit acquérir un immense volume d'eau, et aucune saignée ne pourra le mettre à sec. D'ailleurs, une fois mis à sec, comment reprendrait-il tout-à-coup son caractère de fleuve? »

L'opinion de M. Reichard s'est trouvée confirmée par les voyageurs qui, dans ces dernières années, ont parcouru la région au nord des montagnes de Kong, tels que Clapperton, et ses deux compagnons, Denham et Oudney, les frères Lander et Caillié. Ainsi le *Joliba*, de Mungo-Park, que les naturels appellent *Djoliba, Dialiba, Ghialyba* ou *Dhioliba*, nom qui signifie *Grande-eau*, bien que l'on ait voulu qu'il signifiât *Eau-rouge* (1), le Kouara

---

(1) Voyez un article de M. Hoffmann, dans le *Journal de l'Empire*. — (2) Jackson, Account of Marocos, ch. dernier. *Annales des Voyages*, XVIII; p. 340 et s.

(1) Suivant M. d'Avezac, *Ghialy* veut dire *eau*, *rivière*, et *ba*, *grande*.

ou *Quorra*, que l'on crut aussi être un autre cours d'eau, ne sont qu'un seul fleuve, et ce fleuve est précisément le même que le mystérieux *Niger*. Il prend sa source au pied du mont Lomba (¹), à environ 2,400 toises au-dessus du niveau de l'Océan. Il se dirige d'abord au nord-est pendant environ 150 lieues, puis à l'est sur une étendue de 100 lieues ; il suit ensuite la direction du nord-est jusqu'à Tembouctou ; mais avant d'arriver à cette ville il traverse le lac *Dibbie* ou *Djebou*, qui, sur la carte du capitaine Clapperton, est appelé *Diddi*. Au-dessous de Tembouctou, il se dirige vers le sud-est et enfin vers le sud jusque dans le golfe de Benin, où il se jette en se partageant en trois ou quatre branches principales qui forment le delta de ce fleuve, auquel on ne peut pas donner moins de 7 à 800 lieues de cours. Ses principaux affluents sont la *Cobbie*, la *Condounia*, le *Charry* sur sa rive droite et la *Moussa* sur sa rive gauche. Avant d'arriver à l'Océan, il traverse les montagnes de Kong qui, vers le deuxième méridien à l'est de Paris, sont d'une médiocre hauteur. A 80 ou 100 lieues de sa source, il est tellement large que lorsque Mungo-Park le vit il avait un tiers de lieue de largeur, et qu'à 60 lieues plus loin il avait celle de la Tamise à Londres. Sa vitesse paraît être d'environ 2 lieues par heure. Les crocodiles et les hippopotames y abondent, et les îles qu'il forme sont remplies d'éléphants et de tortues.

En parcourant le bassin du Djoliba, depuis les limites de la Sénégambie jusqu'à celles du Ouankarah ; nous ne nous proposons de décrire que les plus importants des Etats qu'il renferme. Dans sa partie la plus supérieure nous verrons d'abord, entre la chaîne du mont Lomba et celle des monts Kong, le *Sangara* ou *Sangaran*, contrée vaste, riche en bestiaux, fertile en riz et en blé, et habitée par une nation idolâtre, composée d'hommes robustes et belliqueux, et gouvernée par plusieurs chefs souvent en guerre les uns avec les autres.

Le *Kankan* est occupé par un peuple mahométan, riche de son commerce. *Kankan*, sa capitale, sur le bord du Milo, jolie rivière qui prend sa source dans le pays de *Kissi*, et qui se jette dans le Djoliba, passe pour avoir 6,000 habitants. Cette ville est entourée d'une belle haie vive qui la défend mieux qu'un mur en terre. On y entre par deux portes, et elle est située dans une grande plaine de sable gris extrêmement fertile. On y trouve deux mosquées construites en terre : l'une pour les hommes et l'autre pour les femmes. Le Kankan nourrit un grand nombre de bestiaux et quelques beaux chevaux.

Le *Ouassoulo*, pays situé à l'est du Kankan et au nord-est du Sangaran, est un pays généralement découvert, entrecoupé de quelques petits coteaux, et arrosé par la rivière de *Sarano*. Le sol en est très fertile. Dans toute la campagne on n'aperçoit que de petits hameaux à peu de distance les uns des autres. Les habitants, doux, humains et très hospitaliers, sont des Foulahs pasteurs et cultivateurs, qui passent pour idolâtres, mais qui cependant ne paraissent se livrer à aucun culte extérieur. Ils ont l'habitude de se faire des incisions à la figure et de se limer les dents ; mais ils sont tellement sales qu'il est difficile de dire de quelle couleur sont leurs bonnets et leurs pagnes. Le chef du Ouassoulo, qui passe pour être fort riche en or et en esclaves, réside à *Sigala*, village dont une grande partie est occupée par les cases de ce chef et de ses nombreuses femmes (¹).

L'*Amana*, sur la rive gauche du Djoliba, est un petit pays qui comprend cinq ou six villages situés sur le fleuve et dont le chef-lieu est *Couroussa*. Les habitants sont des *Dhialonkès*, la plupart idolâtres, qui se livrent à la culture et à la pêche. Ici le Djoliba n'a que 8 à 9 pieds de profondeur au mois de juin ; en juillet il commence à déborder.

Le *Bouré* est montagneux, riche en terrains d'alluvions aurifères, dont le produit est très considérable : aussi les habitants négligent-ils la culture du sol pour se livrer exclusivement au lavage de l'or. La capitale porte aussi le nom de *Bouré*.

Lorsque Mungo-Park visita le *Bambarra* ou *Bambara*, ce pays formait un vaste et puissant royaume ; aujourd'hui il est divisé en deux Etats différents que l'on a proposé d'appeler le *Haut* et le *Bas-Bambarra*, et que l'on peut nommer aussi *royaume de Sego*, et *royaume de Jenné* ou *Djenny*. Vers l'ex-

(¹) Par 9° de latitude N., et 11 de longitude O.

(¹) R. Caillié : Journal d'un voyage à Tembouctou et à Jenné, tom. I, chap. ix.

trémité méridionale du Haut-Bambarra, le premier village important qui se présente est *Timé* avec 600 habitants en partie mandingues et en partie bambarras, séparés par un mur en terre, et vivant en bonne intelligence, bien que les premiers soient mahométans et les autres païens. A peu de distance de ce lieu s'étend une chaîne de montagnes où s'amoncellent les nuages et dans lesquelles il pleut pendant 5 à 6 mois. *Bamakou* est important par son commerce; *Sego* ou *Séghou* est la capitale de cette partie du Bambarra. Lorsque Mungo-Park y arriva, elle était la résidence du roi de tout le Bambarra. Ce fut là qu'il contempla pour la première fois le cours du Djoliba. « D'après la description qu'il donne de cette ville, elle est située sur les deux bords du fleuve, et se compose de quatre quartiers environnés par de hautes murailles d'argile. Les maisons, carrées, ont des toits aplatis : elles sont également construites en argile; quelques unes ont deux étages : la plupart sont blanchies. On voit aussi plusieurs mosquées. Le nombre des habitants est estimé, un peu libéralement peut-être, à 30,000. Le roi réside sur le rivage méridional; les habitants naviguent dans des canots: ce sont deux grands arbres creusés et joints par les extrémités comme les bateaux des Foulahs. Autour de la ville il y a un peu de culture. Ces murs de boue et ces canots prouvent que la civilisation africaine ne fait aucun progrès. »

Le Bas-Bambarra ou le *royaume de Jenné* ou de *Djenny*, a pour capitale *Jenné*, appelé aussi *Dhienné*, *Djenné* et *Djenny*. Ici le Djoliba est plus resserré que dans le pays d'Amana où il est plus près de sa source : il n'a que 5 à 600 pieds de largeur. Jenné est au milieu d'une île; un mur mal bâti en terre, élevé de 10 pieds et épais de 14 pouces, forme son enceinte qui peut avoir 2 à 3 milles de circonférence; il est percé de plusieurs petites portes. Les maisons sont construites en briques cuites au soleil : on peut les comparer pour la grandeur à celles des villages en Europe. La plupart ont un étage; toutes ont des terrasses et sont sans fenêtres sur la rue. On y voit une grande mosquée en terre, dominée par deux tours massives, et dans lesquelles les hirondelles se sont réunies en si grand nombre que l'odeur infecte que répand leur fiente l'a fait abandonner : on fait la prière dans une petite cour extérieure. Jenné est plantée de basababs, de mimosas, de dattiers et d'autres arbres. Elle renferme beaucoup d'étrangers; elle est bruyante et animée par les caravanes nombreuses qui y arrivent et qui en partent tous les jours. Elle paraît avoir environ 10,000 habitants. Les Maures y font le commerce en grand et y sont fort riches. Les habitants, dit Caillié, sont très industrieux : ceux qui ont de la fortune se livrent aux spéculations commerciales, et les plus pauvres à divers métiers. On trouve à Jenné des tailleurs qui font des habits que l'on envoie à Tembouctou; des forgerons, des maçons, des cordonniers, des portefaix, des emballeurs et des pêcheurs. Tout le monde enfin s'y rend utile. Les Jennéens sont mahométans : ils ont plusieurs femmes et ne les maltraitent pas, comme les nègres situés plus au sud : elles sortent sans être voilées; mais elles ne mangent jamais avec leurs maris ni même avec leurs enfants mâles.

Le roi de Jenné ne réside pas dans cette ville; il a bâti sur la rive droite du fleuve, pour y faire sa demeure, une autre ville à laquelle il a donné le nom de *El-Khando-l'Illah*, c'est-à-dire *à la louange de Dieu*, première phrase d'une prière du Koran. Il y a établi des écoles publiques où tous les enfants vont étudier gratis, et d'autres pour les adultes, qui sont partagés en différentes classes, suivant le degré de leur instruction. *Isaca*, située à la jonction des deux bras du Djoliba qui forment l'île de Jenné, est une petite ville qui sert de port à cette dernière. Suivant les naturels, ces deux villes sont à une journée de distance.

A trois journées au nord-ouest de Jenné, dit Caillié, est situé le *royaume de Massina*, pays habité par des Foulahs mahométans. Ceux-ci portent, presque tous, leurs cheveux nattés en tresses très fines; ils se coiffent d'un chapeau de paille rond, à larges bords; tous sont armés d'arcs, de flèches et de trois ou quatre javelots; peu d'entre eux ont des fusils. Ils viennent souvent à Jenné pour y vendre de beaux bœufs, de gros moutons, et d'autres produits de leur sol fertile en riz, en mil, en pistaches, en ognons et en melons d'eau. Ils élèvent aussi beaucoup de volailles et de beaux chevaux. Leur capitale est *Massina*, sur le Djoliba.

Le *Ludamar* ou *Eli-oud-amar*, que plusieurs géographes comprennent dans la Sénégambie, mais qui nous paraît appartenir évidemment au bassin du Djoliba, est situé au nord-ouest de Bambarra. Il a environ 70 lieues de longueur de l'ouest à l'est, et 25 à 30 du nord au sud. Il renferme de vastes forêts et peu de terrains cultivés. La population se compose de Foulahs qui sont en général doux, et de Maures barbares; ce sont ceux-ci qui ont retenu captif Mungo-Park, et qui ont massacré le major Houghton. La force militaire de ce royaume important consiste principalement en cavalerie. *Benoum* en est la capitale: c'est une réunion de huttes malpropres dispersées irrégulièrement sur une grande superficie, et qui ressemble plutôt à un camp qu'à une ville.

Le *royaume de Birou* est connu par ce qu'en a dit Mungo-Park. Il est borné au nord par le Sahara, à l'ouest par le Ludamar, au sud par les États de Massina et de Bambarra, et à l'est par le Tembouctou, auquel ce royaume est soumis. Il paraît très peuplé: *Oualet*, sa capitale, passe pour être plus grande que Tembouctou. Cette ville fait un grand commerce de sel qui se tire des mines d'Ouaden, l'Hoden de nos cartes dans le Grand Désert. Les habitants du Birou sont des Maures fanatiques.

Sur la rive droite du Djoliba s'étend le *Banan-dongou*, c'est-à-dire la *terre de Banan*, dont le premier village est *Cona*, peuplé de 800 habitants, tous nègres. Plus bas, on entre dans le majestueux lac *Dibbie*, *Debo* ou *Djebou*, dont la rive droite est bordée de granit. Caillié, qui le traversa, nous apprend que ses eaux sont claires; que le courant du fleuve qui l'alimente y est presque insensible, et que l'on voit la terre de tous les côtés du lac, excepté à l'ouest où il se déploie comme une mer intérieure. En suivant la côte septentrionale, dirigée à peu près à l'ouest-nord-ouest, dans une longueur de 15 milles on laisse à gauche une langue de terre plate qui avance à plusieurs milles et divise le lac en deux parties, l'une supérieure et l'autre inférieure. Il renferme plusieurs îles et est entouré de grands marais. Lorsqu'ils arrivent au milieu, les mariniers tirent des coups de fusil pour saluer ce lac majestueux, et tout l'équipage pousse des cris de joie. A l'extrémité du lac se trouve *Didhiover*, grand village que l'on regarde comme la capitale du pays. Le banan est peuplé de nègres mahométans, qui ont beaucoup d'esclaves, auxquels ils font cultiver la terre; ils font le commerce, construisent des pirogues, élèvent des bestiaux, fabriquent divers tissus et s'enrichissent par leur industrie.

Un peu au-dessous du lac Dibbie, et toujours sur la rive droite du Djoliba, se trouve le *pays des Dirimans*, dont le village d'*Alcodia* est le chef-lieu. Les Dirimans sont voleurs et quelquefois cruels; ils ont les cheveux crépus, le teint noir, de beaux traits, le nez aquilin, les lèvres minces et de grands yeux; ils sont armés de deux ou trois piques, d'arcs et de flèches et d'un poignard, quelquefois d'un sabre et d'un fusil. Leurs femmes portent les cheveux tressés avec quelques grains de verres; des boucles en verroterie leur traversent le cartilage du nez.

A l'est du lac Dibbie, on entre aussi dans le domaine des pillards *Sorgous* ou *Touariks* qui parcourent les bords du Niger jusqu'au-delà de Tembouctou, en prélevant des impôts sur toutes les embarcations.

Cabra ou *Kabra*, sur un des bras du Niger, qui forme ici une grande île marécageuse et tout inondée à l'époque des débordements, est la première ville du *royaume de Tembouctou*, et le port de la capitale. Les maisons de cette petite ville sont construites en terre, et leurs toits sont surmontés de terrasses. Les rues en sont étroites, mais assez propres. Elle renferme une petite mosquée surmontée d'un minaret. Sa population est d'environ 1,200 individus. L'inondation continuelle des marais qui entourent une partie de Cabra ne permet pas aux habitants de cultiver le riz, et le reste du sol environnant est tellement aride que la culture n'en peut tirer aucun parti. A 5 milles au-dessous de Cabra se présente *Tembouctou* ou plus correctement *Ten-boktoue*, cité mystérieuse qui fut long-temps l'objet des recherches des nations civilisées de l'Europe. Mais cette capitale ne répond nullement aux idées de grandeur et de richesse que l'on s'était formées sur son compte. « Elle n'offre au » premier aspect, dit Caillié, qu'un amas » de maisons en terre mal construites; dans » toutes les directions, on ne voit que des

» plaines immenses de sable mouvant, d'un
» blanc tirant sur le jaune et de la plus grande
» aridité. Le ciel, à l'horizon, est d'un rouge
» pâle ; tout est triste dans la nature ; le plus
» grand silence y règne ; on n'entend pas le
» chant d'un seul oiseau. Cependant il y a je
» ne sais quoi d'imposant à voir une grande
» ville élevée au milieu des sables, et l'on ad-
» mire les efforts qu'ont eus à faire ses fonda-
» teurs [1]. »

Cette ville n'est ni aussi grande ni aussi peuplée qu'on l'avait supposée : sa circonférence, de forme triangulaire, peut être estimée à 3 milles, et sa population à 10 ou 12,000 âmes : ce sont principalement des nègres Kissours et des Maures de Maroc qui, après y avoir fait fortune, retournent dans leur patrie. Son commerce est bien moins considérable que ne le publie la renommée : on n'y voit pas, comme à Jenné, ce grand concours d'étrangers venant de toutes les parties du Soudan. Elle est ouverte de tous côtés ; ses maisons grandes, mais peu élevées, puisqu'elles n'ont qu'un rez-de-chaussée, sont bâties en briques rondes, roulées dans les mains et séchées au soleil ; les rues sont propres et assez larges pour que trois cavaliers y puissent passer de front. Ten-boktoue renferme 7 mosquées, dont 2 grandes qui sont surmontées chacune d'une tour en briques dans laquelle on monte par un escalier intérieur. La ville est située au milieu d'une immense plaine sablonneuse dans laquelle il ne croît que de frêles arbrisseaux rabougris, tels que le *mimosa ferruginea* qui ne s'élève qu'à la hauteur de 3 ou 4 pieds. L'aridité de ses environs fait qu'elle tire de Jenné tous ses approvisionnements. Cependant la tribu de *Zaoudt*, qui réside en partie à *Bousbéhey*, ville située à deux journées de marche au nord-est de Ten-boktoue, y amène quelques bestiaux au marché. Les seules portions de terre argileuse que l'on voit autour de certaines excavations naturelles formées dans le sable, et dans lesquelles se conservent les eaux pluviales, sont cultivées en tabac.

A Ten-boktoue les nuits sont aussi chaudes que les jours ; la chaleur y est accablante ; l'atmosphère n'est rafraîchie par aucun souffle d'air ; ce n'est que vers quatre heures du soir

[1] R. Caillié : Journal d'un voyage à Tembouctou et à Jenné, etc., tom. II, p. 301.

que la température devient un peu plus supportable.

Le peuple de Ten-boktoue est mahométan et très zélé pour ses pratiques religieuses. Le costume y est le même que celui des Maures ; chaque chef de maison a quatre femmes, comme les Arabes ; plusieurs leur adjoignent leurs esclaves. Les habitants sont doux, hospitaliers, intelligents, industrieux, et d'une grande propreté dans leurs vêtements. Les hommes sont d'une taille ordinaire, bien faits, et d'une démarche assurée. Leur teint est d'un beau noir foncé ; leur nez est un peu plus aquilin que chez les Mandingues ; mais comme eux ils ont les lèvres minces et de beaux yeux. Les femmes sont en général assez jolies. Elles ne sortent pas voilées, comme dans les Etats barbaresques, et jouissent d'une grande liberté. Leurs cheveux sont tressés avec beaucoup d'art ; leur tête, leur cou, leurs oreilles et leurs narines sont ornés de verroteries, de faux ambre et d'autres petits objets regardés comme des bijoux par les peuples qui sont encore dans l'enfance de la civilisation. Elles portent des bracelets en argent et des anneaux en fer argenté aux chevilles.

Suivant l'historien arabe Sidi-Ahhmed-Baba, l'origine de Ten-boktoue remonte à l'an 510 de l'hégire (1113 de l'ère chrétienne). Sa fondation est attribuée à une femme de la horde des Touariks, nommée *Boktoue*, qui se serait établie dans une petite oasis près du Djoliba ou Niger. Les tribus voisines l'appelèrent *Ten-boktoue*, c'est-à-dire *propriété de Boktoue*. Dans la suite, quelques unes de ces tribus s'y fixèrent et en firent une ville grande et populeuse. Au quatorzième siècle elle était le centre d'un vaste empire qui comprenait les royaumes d'Agadez, de Kachena, de Gualata, de Kano, de Melli, de Zamfara, et de Zeg-zeg. En 1672, le Tembouctou devint tributaire de l'empire de Maroc ; vers la fin du dix-huitième siècle il le fut tantôt du Bambarra et tantôt du Haoussa ; aujourd'hui il paraît être indépendant, quoiqu'il soit mis souvent à contribution par les Touariks, qui errent sur ses frontières et viennent même pousser leurs excursions jusque dans la banlieue de la capitale.

Le roi de Ten-boktoue est un nègre très respecté de ses sujets et très simple dans ses habitudes. Il n'a pas plus de luxe dans ses vêtements et dans son habitation que les Maures négociants. Lui-même est commerçant, ainsi que ses enfants. Ses ancêtres lui ont laissé un riche patrimoine. Il a quatre femmes et un grand nombre d'esclaves. Il ne perçoit aucun tribut sur son peuple ni sur les marchands étrangers. Il n'a pas de ministre; c'est un père de famille qui gouverne ses enfants. Il est chéri de tous ses sujets. Tous sont prêts à lui obéir; tous, en cas de guerre, courent aux armes lorsqu'il les y appelle. Lorsqu'il s'élève quelques contestations parmi les habitants, ceux-ci se rendent chez le prince qui assemble le conseil des anciens, et prononce le jugement auquel chacun se soumet sans murmure [1].

Dans le bassin du haut Djoliba, contrée presque inconnue, nous citerons les principaux pays qui s'étendent plus ou moins loin sur la rive droite du fleuve. Le plus proche des montagnes de Kong est le *pays de Kaybi*. La rivière de Voura au sud, celle de *Ba-Nimma* à l'ouest, le mont Siboupi au nord-ouest, et peut-être le Melli au nord, en déterminent les limites. Il nourrit un grand nombre d'habitants, de chevaux et d'ânes. Sa capitale, appelée aussi *Kaybi*, est près du mont Bissiri.

Le *Kayri* ou *Kayouerri* est au nord-est du Kaybi. Sa capitale porte le même nom. On assure que ses habitants ne vivent que de brigandage.

Le *royaume de Kong* ou *de Conge*, au sud du Kaybi, couvert par les montagnes du même nom et arrosé par la Voura, est peuplé de nègres mahométans, qui peuvent mettre sous les armes un nombre de soldats plus considérable que le Bambarra. *Kong*, sa capitale, paraît être une ville de 8 à 10,000 âmes, très commerçante, dont les maisons en terre, à toits plats, ont deux étages et sont mieux bâties que celles de Tembouctou. Elle est située au pied d'une montagne appelée *Touile-Sina*. Les habitants se teignent en bleu les sourcils et les paupières. Les forêts des environs renferment beaucoup d'éléphants. Les pâturages nourrissent un grand nombre de chevaux.

A partir de Kong il faut sept jours pour passer les montagnes de Koun-Kouri. C'est de là que les Achantis tirent le plus grand nombre de leurs esclaves. Sur le marché de Coumassie ces esclaves portent le nom de *Dunkos* ou de *Dunkoers*. Cette dénomination a été prise par quelques auteurs pour le nom d'un peuple ou d'un pays; mais c'est une appellation générique par laquelle les Achantis désignent tous les peuples sauvages de l'intérieur de l'Afrique: elle a pour eux la même signification que *barbares*.

On a très peu de renseignements sur le *royaume de Calanna*, situé au nord du Kayri. On sait seulement que *Calanna*, sa capitale, est environnée de riches mines de fer; qu'elle est très peuplée, et qu'un grand nombre d'habitants font le métier de forgerons [1].

Le *Dagoumbah* ou *Degoumbah*, à l'est du royaume de Kong, passe pour être riche en or et en bestiaux. *Yahndi*, sa capitale, qui porte aussi le nom de *Dagoumbah*, est grande et commerçante. On la dit très riche et très peuplée. Des marchands de toutes les contrées de l'Afrique arrivent en foule à ses marchés. Des troupeaux de vaches, de chevaux et d'autres animaux sont les principaux objets de son commerce. Cette ville est le siège d'un oracle qui jouit dans le Soudan d'une grande célébrité.

Le *royaume de Fobi*, au sud de celui de Calanna, n'est pas plus connu. Sa capitale porte le même nom. On connaît imparfaitement le pays de *Mosi*, dont la principale ville est *Koukoupella*. Nous n'avons aucun détail sur les *royaumes de Filladou* et *de Gago*, que l'on dit riches en mines d'or, et qui sont séparés par des déserts du Tembouktou et du vaste empire des Fellans dans lequel nous allons entrer.

Tous les pays que nous venons de parcourir depuis les sources du Djoliba, et tous ceux que nous avons encore à visiter jusqu'à l'extrémité orientale du Dar-four, sont connus des géographes européens sous le nom de *Soudan*, dénomination prise de l'arabe *Beled-el-Soudan* (pays des Nègres), et qui a été donnée à cette contrée comme si elle était habitée exclusivement par la race noire, tandis que la race rouge ou peule y domine. Aussi un géographe qui étudie avec beaucoup de soin tout ce qui se rapporte à l'Afrique [2] a-t-il proposé d'y sub-

---

[1] R. Caillié: Journal d'un voyage à Tembouctou et à Jenné, etc., t. II, p. 307.

[1] Bowdichs. Mission. — [2] M. d'Avezac, auteur de plusieurs Mémoires sur l'Afrique.

stituer le nom de *Takrour*, que lui donnent généralement les peuples de l'Afrique centrale.

Du temps d'Edrisi, toute la Nigritie occidentale, qui comprend la contrée dont nous nous occupons, était partagée en deux royaumes : celui de Takrour et celui de Gana. Dans le premier se trouvait la ville de Takrour, qui n'existe plus, et qui était le centre du commerce de toute la Nigritie; dans le second, Gana, que nous visiterons bientôt, est le *Ta-Gana* de Ptolémée et le Kano de Léon l'Africain. « Il est probable que cet Etat florissait dans le quinzième siècle; car, selon Barros, les ambassadeurs du roi de Benin dirent au roi de Portugal Jean II, « que le royaume de » Benin était en quelque sorte feudataire d'un » prince puissant dans l'intérieur, qui se nom- » mait *O-gane*, et qui était vénéré comme » grand pontife (¹). Ce nom ne rappelle-t-il pas » celui de Gana ? »

Parmi les nègres de l'Afrique centrale on doit distinguer la grande souche des *Fellatah's*. Les tribus de ce peuple qui habitent dans le voisinage du Bournou se disent mahométanes ; les autres sont demeurées idolâtres. Ils sont répandus dans toutes les parties de l'Afrique centrale. Leur armée se compose en grande partie de cavalerie, ce qui a fait supposer au savant géographe allemand Ritter qu'ils sont descendus d'un plateau montagneux; car les chevaux sont généralement très rares dans les basses terres brûlantes du Soudan. Leur arme est un arc en fer très court. Leurs flèches sont empoisonnées, de sorte que la plus légère blessure donne la mort. Eux-mêmes ont toujours soin de se munir d'un contre-poison. M. Ritter pense qu'ils ont une commune origine avec les Peuls ou Poules de la Sénégambie qui portent aussi les noms de Pholeys, Felans et Foulahs, dont l'analogie est frappante avec ceux de Fellans et Fellatah's. Ils descendraient alors, les uns et les autres, d'un haut pays de montagnes qui serait leur commune patrie. Mais peut-être n'est-ce pas encore là leur séjour primitif; il est possible, ajoute M. Ritter, que repoussés antérieurement du nord de la Garamantie et de la Getulie, ils aient trouvé dans les montagnes un accueil hospitalier et qu'ils s'y soient ensuite établis. Ils forment maintenant le peuple le plus nombreux de la haute Afrique centrale (¹).

Un chef Fellatah, le cheikh Othman, plus connu sous le nom de Hatman Danfodio, nouveau prophète conquérant, profitant de l'ascendant qu'il avait su prendre sur ses compatriotes qui avaient jusqu'alors vécu disséminés dans les forêts du Soudan, les rassembla, et s'empara de la province de Kano et de celle du Ghoubir dont il tua le sultan ; il conquit ensuite le Haoussa, le Cobbi, le Yaouri, une partie du Nyffé, le Bournou, le Yarriba, le Raka et l'Elora, et fonda vers la fin du siècle dernier le plus vaste empire du Soudan que l'on proposa d'appeler *empire des Fellans* ou *Fellatah's*. En 1802 il devint fou par suite de son fanatisme religieux. A sa mort, en 1816, son fils Mohammed-Bello lui succéda, et conserva presque toutes les conquêtes de son père, quoiqu'une partie des peuples conquis aient tenté de recouvrer leur indépendance.

Un voyageur récent (²) a publié un manuscrit en arabe par le sultan Mohammed-Bello. Cet ouvrage est précieux par les renseignements qu'il fournit et par un autre fait qui n'est pas sans intérêt : c'est que le rang qu'occupe son auteur indique un certain degré de civilisation parmi le peuple qu'il gouverne. Suivant ce prince littérateur, la province la plus orientale du Takrour est le *Four* ou *Darfour*; à l'ouest de celle-ci se trouvent le *Ouadaï* et le *Begharmy*. Ces pays sont bornés au nord par des déserts. A l'ouest du Begharmy est le *Bornou*, au sud duquel est l'*Achir*. A l'ouest du Bornou est le pays de *Haoussa*; puis enfin le *Mali* et le *Bambarra*.

D'après ce que le major Denham apprit du sultan Bello, le *Mali* ou *Melli* est riche en mines d'or. C'est probablement le même que celui que visita au quatorzième siècle le voyageur maure Abou-Abd-Allah-Mohammed, plus connu sous le nom d'Ebn-Bathouthah. Suivant ce voyageur, personne n'entre dans *Mali*, la capitale de ce pays, sans en avoir obtenu la permission du roi, petit prince despotique devant lequel tous les autres nègres

---

(¹) *Juan de Barros*: Asia, Dec. I, liv. III, chap. IV. — *Léon*, Africa, p. 651. — *Marmol*, tom. III, p. 66.

(¹) *Karl Ritter* : Géographie générale comparée : Afrique, tom. II. — (²) Le capitaine *Clapperton*. Voyez l'ouvrage intitulé : Voyages et découvertes dans le nord et dans les parties centrales de l'Afrique, etc., par le major Denham, le capitaine Clapperton et le docteur Oudney, t. III, p. 194 de la traduction française. — Paris, 1826.

s'humilient. Ils ne jurent que par son nom: « Si quelqu'un d'entre eux, dit-il, est appelé à comparaître devant lui, il quitte sur-le-champ ses vêtements ordinaires, se revêt d'habits usés et d'un sale manteau, et paraît en sa présence comme un mendiant, les vêtements retroussés jusqu'à mi-jambes; il frappe la terre avec ses deux coudes et conserve la posture d'un suppliant. Quand le roi adresse la parole à quelqu'un, celui-ci rejette ses vêtements en arrière et couvre sa tête de poussière; tant que le prince parle, tous les assistants restent la tête découverte. Ce qui dans leurs coutumes me déplaît, ajoute Ebn-Bathouthah, c'est qu'ils laissent leurs enfants des deux sexes entièrement nus de même que leurs esclaves mâles et femelles. Les femmes libres ne se couvrent jamais qu'après le mariage. Enfin la plupart d'entre eux mangent des viandes corrompues, des chiens et des ânes. »

D'après l'opinion du sultan Bello, le Mali est une grande contrée habitée par un peuple qui descend en partie des Coptes d'Égypte; quelques auteurs pensent, au contraire, que ce peuple vient d'une colonie de Serankalés. On y trouve aussi des *Fellatah's*, des *To-routh*, des Arabes, des Juifs, et même des chrétiens.

Le *pays de Sanghi* est vaste et bien peuplé; ses habitants sont un mélange de *Sonhadjâh*, de *Fellatah's* et d'Arabes errants. Tous sont mahométans, et ont un certain degré de civilisation qui a fait dire au sultan Bello qu'on y trouve un grand nombre de personnes pieuses et savantes.

Le *Mouchir*, arrosé par plusieurs rivières, présente une assez belle végétation; il renferme des alluvions aurifères.

Le vaste pays, ou *royaume de Haoussa*, est divisé en 14 provinces gouvernées chacune par un prince; sept sont à l'ouest et sept à l'est.

Dans le Haoussa occidental, le *Zamfara*, ou *Zumfra*, a pour capitale *Zirmie*, dont les habitants passent pour les plus fameux voleurs du pays; c'est là que se réfugient de toutes les parties du Haoussa tous les esclaves fugitifs.

Le *Kabi* renferme des déserts sablonneux, des rivières et des forêts.

L'*Yaouri*, ou *Ya-ori*, est un royaume vaste et florissant, borné à l'est par le Haoussa, à l'ouest par le Borghon, au nord par le cours du Gobbi, et au sud par le Nyffé; il est arrosé par le Djoliba. *Yaouri*, sa capitale, est, suivant les frères Lander, d'une étendue prodigieuse; ses murailles, hautes et en très bon état, bien que construites en terre, ont environ 8 à 10 lieues de circonférence. On y entre par huit portes, qui sont bien fortifiées pour une ville de l'Afrique centrale. Il est difficile d'évaluer d'une manière exacte la population de cette cité, parce que les groupes de cabanes y sont çà et là séparés par des terrains en friche ou en culture.

On voit dans la ville une grande variété d'arbres, tels que des citronniers, des micadanias, des palmiers, des dattiers; mais ces derniers, quoique très vigoureux, ne portent point de fruits. Le palais du sultan est un bâtiment très vaste, ou plutôt un assemblage de maisons à deux étages entourées d'un mur élevé. Les deux voyageurs anglais auxquels nous empruntons ces détails furent étonnés de la quantité de nids d'hirondelles qui étaient attachés au toit de l'appartement d'honneur dans lequel le prince les reçut; elles volaient, disent-ils, dans toutes les directions, et donnaient à manger à leurs petits sans être interrompues; ce qui n'ajoutait pas peu d'ordures à cette salle, qu'on ne balaie jamais. Dans toutes les parties de l'intérieur de l'Afrique, ces oiseaux s'établissent sans être inquiétés par les habitants. Les Yaouriens fabriquent une poudre à fusil grossière et de qualité très médiocre; ils font aussi des toiles et de très jolies selles de chevaux.

« Les femmes les plus distinguées portent leurs cheveux très artistement tressés et teints en bleu avec de l'indigo; leurs lèvres sont également barbouillées de jaune et de bleu, ce qui leur donne un air des plus étranges; elles se noircissent aussi les yeux avec de la poudre d'antimoine, ou quelque autre drogue qui a la même propriété et que l'on apporte d'un pays appelé *Jacoba* (¹). »

Le *Noufé*, ou *Nyffé*, appelé aussi *Tappa*, est habité par un peuple industrieux. Le sol y est bien cultivé et les mines de fer exploitées; chaque village a trois ou quatre forges; on y fabrique des étoffes de coton, des tissus

(¹) Journal d'une expédition entreprise dans le but d'explorer le cours et l'embouchure du Niger, par Richard et John Lander, t. II.

de laine et de la poterie. Il comprend plusieurs villes importantes : ainsi *Tabra*, qui en est le chef-lieu, passe pour avoir 18 à 20,000 âmes, et *Koulfa* 12 à 15,000. Le Niger, qui arrose ce pays, baigne *Bajiébo*, située sur sa rive droite; c'est une cité florissante, grande et populeuse, grâce à son commerce. Des échanges continuels se font ici entre les habitants des deux rives; un grand nombre de canots, d'une dimension considérable, traversent incessamment de l'un à l'autre bord. Au-dessous de Bajiébo, s'élève du milieu du fleuve un rocher appelé *Késa*, ou *Késy*, haut de 90 mètres, dont la base est garnie d'arbres antiques, et dont les flancs escarpés se couvrent çà et là de quelques buissons rabougris. Ce rocher est en vénération chez les Nyfféens; ils croient qu'un génie bienfaisant y a fixé sa demeure. Au-dessous du Késa, on voit l'île de *Bili*, remarquable par son opulence, et, à quelques lieues plus bas, la vaste et populeuse ville de *Rabba*, habitée principalement par des Fellatah's, qui y font un commerce considérable. Un peu au-dessous du confluent du Niger et de la Coudounia, on aperçoit sur la rive droite du fleuve la grande ville d'*Egga*, dont les habitants, presque tous Nyfféens, paient un tribut aux Fellatah's; cette cité est remarquable par son activité commerciale.

Le *Yarba*, ou *Yarriba*, vaste pays couvert de forêts et de montagnes, est arrosé par un grand nombre de rivières; on y élève beaucoup de chevaux. Sa capitale est *Katonga*, bâtie en amphithéâtre sur le penchant d'une colline; elle a environ 5 lieues de circonférence et une population de 8 à 10,000 âmes; elle est environnée d'une muraille haute de 20 pieds et défendue par un fossé. Ses maisons sont bâties en terre et couvertes en chaume; mais des sculptures variées ornent les poteaux qui soutiennent les diverses parties de l'habitation du prince. On trouve dans le Yarriba d'autres villes plus considérables encore; ainsi *Daffou* passe pour avoir 15,000 habitants et *Kouso* 20,000. *Djannah*, *Tchadou* et *Tchaki* sont aussi des cités importantes. *Bohou*, qui est d'une très grande étendue, fut jadis la capitale du royaume de Yarriba.

Enfin le *Gourouma*, ou *Ghourma*, dont le chef-lieu porte le même nom, est moins grand que le Barghou, mais montueux et bien arrosé.

Dans le Haoussa oriental, les provinces ne sont pas moins importantes; suivant le sultan Bello, le *Kachénah* est la plus centrale, le *Zeg-zeg* la plus étendue, le *Ghoubir* la plus belliqueuse, et le *Kanou*, ou *Kano*, la plus fertile. Les autres sont le *Dor*, ou *Daoury*, le *Ranou* et l'*Ÿerim*. Cette partie du Haoussa renferme des forêts, des rivières, des montagnes et des vallées fertiles. S'il faut en croire une tradition répandue dans le pays, il fut gouverné d'abord par une princesse guerrière nommée Aminah, fille d'un prince du Zeg-zeg. Elle conquit toutes ces provinces et étendit même ses possessions jusque sur la côte de l'Océan. Dans cette partie du Haoussa, on trouve des terrains d'alluvions aurifères, des mines de cuivre, de plomb, d'antimoine, d'alun et de sel.

Kachénah, ou *Kachnah*, est une grande ville peu peuplée relativement à son étendue; on trouve dans son enceinte des bois et des champs en culture.

Kano, ou *Kanou*, la même que Ptolémée a nommée Ta-Gana, s'est accrue aux dépens de Kachénah, qui autrefois était la principale ville de commerce du Haoussa; son enceinte, formée de deux fossés et d'un mur en terre de 30 pieds de hauteur, a environ 5 lieues de circonférence. Ses maisons, presque toutes bâties en argile, sont à deux étages; elles n'occupent pas le tiers de la superficie de toute la ville. Un large marais coupe celle-ci de l'est à l'ouest. La maison du gouverneur est tellement grande, qu'elle ressemble à un village entouré de murs. Il y a dans la ville une sorte d'hôpital pour les aveugles et un pour les boiteux. La population permanente est évaluée par Clapperton à 30 ou 40,000 âmes; mais elle est beaucoup plus considérable aux époques des grands marchés qui s'y tiennent. Parmi les coutumes qui distinguent les habitants de Kano, nous citerons celle qui consiste à enterrer les morts sur le seuil de leurs maisons, mais sans monuments et sans inscriptions. Chez le peuple, la maison continue à être habitée par les parents; mais dans la haute classe ceux-ci l'abandonnent. On trouve sur le territoire de Kano d'autres villes importantes, entre autres *Baebaegie*, qui renferme plusieurs maisons en pierres et qui a 20 à 25,000 habitants.

Le chef-lieu du Zeg-zeg se nomme *Zariya*. La vieille ville, ruinée vers l'an 1800, est presque entièrement abandonnée; la nouvelle est très florissante; on estime sa population à 50,000 âmes.

C'est à Sackatou, au nord-ouest de Kano, que réside le chef de l'empire des Fellatah's, le sultan Bello, suzerain de tous les Etats que nous venons de nommer, et de plusieurs autres qui confinent au Bournou et dont nous parlerons bientôt. Pour aller de Kano à Sackatou, on traverse plusieurs villes, dont la plus remarquable est *Ratha*, ou *Ratah*, à 6 lieues au sud-ouest de Kachenah. Elle est, dit le capitaine Clapperton, entourée d'énormes blocs de granit qui s'élèvent comme des tours et forment son unique défense du côté du nord. Quelques maisons sont suspendues comme des cages d'oiseaux à la cime des rochers. Au sud, la ville est entourée par un mauvais mur en terre de 20 pieds de hauteur. La population en est nombreuse, et les femmes y sont plus grandes et plus grasses que dans la plupart des autres pays de cette partie de l'Afrique. La ville de *Kouarra* renferme 5 à 6,000 habitants. Enfin, après avoir traversé un pays boisé et des vallées qui s'élargissent à mesure qu'on approche de la résidence du sultan des Fellatah's, on entre dans *Sackatou*.

Cette ville, dont le nom signifie *halte*, parce qu'elle fut bâtie en 1805 par les Fellatah's après la conquête qu'ils firent du Ghoubir et du Zamfara, est une des plus peuplées de l'intérieur de l'Afrique. Ses maisons, assez bien bâties, forment des rues régulières, au lieu d'être réunies en groupes comme dans les autres villes du Haoussa. Ses murs, de 30 pieds de hauteur, sont percés de 12 portes qu'on ferme régulièrement au coucher du soleil: usage répandu dans presque toute l'Afrique. Il y a 2 mosquées, un marché spacieux au centre de la ville, et une grande place carrée devant la demeure du sultan, et à laquelle viennent aboutir les rues principales. Le palais du prince se compose d'un grand nombre de petits bâtiments, de cinq cours, d'une mosquée et d'un jardin. C'est une sorte de petite ville. Sackatou paraît avoir 70 à 80,000 habitants.

Le *royaume de Mobba*, appelé *Barghou* ou *Borghou* par les Bournouans, et *Ouadaï* par les Fezzanais, est nommé *Dar-Szaleyh* par les indigènes. Il est situé au nord du Yarriba sur la rive droite du Kouarra. Il renferme, dit-on, huit grandes montagnes dont les habitants parlent tous une langue particulière. Ces montagnards forment l'élite de l'armée. On connaît mal l'intérieur de ce pays; ce que l'on en sait nous vient en partie du rapport de deux indigènes.

« Il n'y a point de rivières proprement dites, dit l'un des indigènes (1), mais des torrents d'eau de pluie qui laissent, après qu'ils ont tari, des lacs ou étangs d'eau assez considérables. Le plus grand de ces torrents se trouve entre le Mobba et le Baghermeh, et se nomme *Bahher-el-Zafal*. » L'autre indigène dit « qu'à trois journées de la ville, à l'ouest, on trouve un grand fleuve, allant du sud au nord, plus large que le Nil, et sujet comme ce dernier à des inondations périodiques. Ce fleuve s'appelle, dans la langue du Mobba, *Engy* (l'eau). » Il paraît que c'est le *Misselad* de nos cartes.

« Le pays de Mobba produit du natron, qu'on exporte au Kaire, du sel gemme de différentes couleurs, et un autre sel d'espèce inconnue. On recueille dans le lit des torrents deux espèces de mines de fer, l'une sous la forme de sable, l'autre sous celle de pierre, et dont on fabrique des couteaux et des aiguilles. Il n'y a point d'autres substances métalliques; la pierre calcaire même y est rare. En revanche, le pays est couvert d'arbres, parmi lesquels on remarque plusieurs espèces de sycomores, de palmiers, d'ébéniers, de tamariniers, la *mimosa nilotica*, et l'arbre à beurre. On trouve dans ce pays de la volaille de toute espèce, comme poules, pigeons, oies sauvages, et enfin des scorpions et des sauterelles. Ces dernières servent d'aliment. Il y aussi beaucoup d'abeilles, de chevaux, de chiens, de chats, de buffles, de girafes, d'éléphants, de rhinocéros, de gazelles et de crocodiles dans les grands étangs formés par l'eau de pluie.

» La saison de la pluie dure de sept à huit mois; la bonne saison n'est donc que de quatre à cinq. On n'y connaît point de glace, et la neige est très rare, de même que la grêle. La culture principale est celle du doura et du millet; il n'y a ni froment, ni orge, ni len-

(1) *Annales des Voyages*, etc., XXI, p. 164.

tilles. Le coton y vient en quantité, de même que le riz et les mimoses gommifères.

» La plupart des habitants sont nègres mahométans, dont quelques uns apprennent à écrire et à lire l'arabe. Les enfants des deux sexes sont circoncis. Les femmes vont sans voile. Les armes de ces nègres consistent en sabres, lances, boucliers, flèches et arcs. Les fusils, qui sont en petit nombre, viennent du Kaire, de même que le plomb, la poudre et les cuirasses. La peste est très rare, mais la petite-vérole y cause beaucoup de ravages, et les maladies vénériennes sont assez communes (1). »

Ce prétendu royaume paraît être plutôt une confédération de petits princes soumis à un tribut envers le sultan des Fellatah's. On y trouve plusieurs villes importantes : *Boussa* paraît avoir 10 à 12,000 habitants, et *Kiama* près de 30,000. *Kouka* est une des principales cités du pays par les écoles savantes qu'elle renferme. *Ouara*, la capitale, a 18,000 habitants. On y trouve plusieurs maisons en terre, mais la plupart ne sont que des cabanes coniques construites en roseaux. Le sérail du sultan est vaste et bâti en briques ; il renferme la seule mosquée qui existe à Ouara et qui est toujours éclairée par des lampes.

La ville de *Ouaona*, que les frères Lander nomment *Wowon* (2), est située entre Boussa et Kiama, à 8 ou 10 lieues de la rive droite du Niger. Elle passe pour une des plus jolies du royaume ; sa population est d'environ 18,000 habitants.

A 12 ou 15 lieues au-dessous de Boussa le Niger forme plusieurs îles remarquables, dont une des plus belles, appelée *Patashie*, abonde en chevaux, en ânes, en bœufs, en chèvres, en moutons, etc., et produit une quantité prodigieuse de blé et d'ignames. Les chefs du Borghou regardent comme une noble occupation la chasse aux nègres idolâtres, qui habitent à dix ou quinze journées de marche vers le sud. Parmi les petits pays exposés à ce brigandage, on cite le *Darkoulla*, le *Benda*, le *Djenke*, l'*Yemyem* ou l'*Yam-Yam*, et l'*Oula* ou l'*Ola*, le plus lointain de tous. Plusieurs de ces pays paient au Borghou un tribut en esclaves et en cuivre, pour s'affranchir des invasions dont ils sont fréquemment menacés (1).

Ce que nous avons dit des lumières du sultan Bello et du degré de civilisation auquel est arrivé le peuple de son empire, mérite quelques développements, qui confirmeront l'opinion favorable qu'on doit en avoir. Le prince ne peut réduire aucun de ses sujets en esclavage ; les provinces sont gouvernées par des administrateurs qu'il nomme ou qu'il révoque quand il lui plaît ; lorsque ces fonctionnaires se rendent coupables de concussion, leurs biens sont confisqués au profit de l'Etat. Il peut mettre sous les armes 70,000 hommes de cavalerie et 100,000 d'infanterie. Les troupes sont armées de fusils fabriqués dans le pays. Les Haoussains sont généralement actifs, intelligents et laborieux. Ils traitent leurs esclaves plus humainement que toutes les autres nations du Soudan. Ils sont en grande partie musulmans, mais ils ne connaissent que le cérémonial de l'islamisme : toutes leurs prières et leurs formules sont en arabe, et Clapperton assure que sur mille individus tant nègres que Fellatah's, il n'y en a pas un qui comprenne ce qu'il dit. Cependant on est étonné du degré de civilisation auquel se sont élevés ces peuples au centre de l'Afrique. Clapperton pense que parmi les Fellatah's il y en a un dixième qui sait lire et écrire. Il y a même des écoles pour les esclaves des deux sexes.

Le *Katagoum*, que Burckhardt nomme *Dar-Katakou*, comprend les nouvelles provinces conquises de Sansanig et de Bedigouna. Au sud, il est borné par un territoire indépendant que les habitants appellent Korry-Korry, à l'est par le Bourfou et à l'ouest par la province de Kano. Sa population est considérable, puisqu'il peut équiper 4,000 hommes de cavalerie et 20,000 d'infanterie. *Katagoum*, sa capitale, est une des principales places fortes de l'empire des Fellatah's. Sa forme est celle d'un carré dont les faces regardent les quatre points cardinaux. Elle est défendue par deux murailles en argile rouge et trois fossés sans eau, dont l'un extérieur, l'autre intérieur, et le troisième entre les deux murailles. Celles-ci ont 20 pieds de hauteur et 10 d'épaisseur à leur base, diminuant pro-

---

(1) *Brown*. Voyage au Dar-four. — (2) Journal des frères Richard et John Lander, tom. II.

(1) *Karl Ritter*: Géographie de l'Afrique, tom. II.

gressivement jusqu'au sommet, où elles n'ont que la largeur d'un petit sentier; ses fossés ont 15 pieds de profondeur et 20 de largeur. La ville peut contenir 7 à 8,000 habitants (¹).

Suivant Burckhardt, les Katakous sont des Bédouins mahométans qui ont la peau cuivrée, qui parlent l'arabe et qui se disent venus de l'Arabie; ils élèvent de magnifiques races de chevaux. Ils se sont mélangés depuis leur établissement dans le centre de l'Afrique avec les habitants du Borghou, du Baghermeh et du Bournou. Leurs armes sont des lances; quelques uns ont des épées à deux tranchants et des cuirasses en forme d'écailles.

« Le Soudan ou Takrour est divisé en plusieurs bassins ou plateaux de différentes élévations. Selon Léon l'Africain, il y a des cantons dans l'intérieur où le froid oblige les habitants à se chauffer une partie de l'année; à *Gago*, dit-il, pays qui paraît être au sud-est de Tembouctou, les vignes ne supportent pas le froid, tandis que les environs de Gana sont couverts de cotonniers et d'orangers. »

En nous dirigeant vers l'est, nous entrerons dans le bassin du lac Tchad, bassin qui reçoit les eaux d'une partie du Haoussa à l'ouest, et qui se termine au nord au-dessus du Sahara, à l'est au Dar-four, et au sud par le plateau éthiopien qui occupe le centre de l'Afrique.

A l'est du Haoussa se trouve l'*empire de Bournou*, sur lequel on a des renseignements très précis depuis qu'il a été visité par les voyageurs anglais Denham, Clapperton et Oudney. Resserré dans ses frontières par suite des conquêtes récentes des Fellatah's, cet empire, encore très considérable, comprend, outre le Bournou proprement dit, situé entre le Haoussa et le lac Tchad, le *Kanem* qui occupe les terres comprises entre les bords septentrionaux du lac et le Sahara, une grande partie du *Loggoun* au sud du lac, et le *Mandara* au nord du Loggoun.

« Le territoire de l'empire de Bournou offre à l'orient et au midi quelques montagnes. A environ une lieue de Birnie sa capitale, coule du sud-ouest au nord-est jusque dans le lac Tchad une rivière nommée Yeou, presque aussi large que le Nil et qui porte une grande quantité de navires à voiles et à rames, construits en planches assujetties avec des clous.

» Le sol, composé d'un sable qui dispense de ferrer les chevaux, a besoin d'irrigation. Le long de la rivière on rencontre de la pierre noire, probablement du schiste. Il y a des pyrites et de l'argile qui sert à fabriquer des vases. Selon le Tripolitain Abderrhaman-Aga, le sultan fait recueillir une immense quantité d'or (¹). Léon l'Africain assure qu'à la cour de Bournou, les étriers, les éperons, les plats de vaisselle, et même les chaînes des chiens de chasse, étaient d'or pur (²). Cependant l'indigène Abdallah, qui a fourni sur le Bournou beaucoup de renseignements à M. de Seetzen, affirme qu'on n'y a découvert aucun minerai d'or, d'argent ou de cuivre; mais il y a des mines de fer en exploitation. Il est possible de concilier ces témoignages : l'or, étranger au Bournou proprement dit, peut venir du Ouankarah. On extrait de bon sel des cendres d'une plante épineuse, par le moyen de la lessivation. Un désert fort éloigné produit deux sortes de natron, l'une blanche et l'autre rouge.

» Le règne végétal est très riche. On y trouve beaucoup d'arbres fruitiers, et des forêts entières d'arbres sauvages. Les palmiers dattiers abondent; il n'y a, selon Abdallah, ni citronniers, ni grenadiers, quoique d'autres relations en parlent. Le *szouldih* surpasse tous les arbres en élévation et en grosseur. Son fruit ne peut servir à la nourriture, mais on en tire une huile employée comme remède. « Le pays produit des grains, mais aucun des légumes cultivés en Égypte. Le riz vient naturellement et en quantité après les pluies; « car il y pleut » beaucoup, dit Abdallah, et les hommes en » meurent souvent, ainsi que du froid hu-» mide. » La canne à sucre n'y existe pas. La noix amère de *Ngoro*, peut-être la noix d'aréca, vient de Kanem et d'Affanoh.

» Le Bournou possède tous les animaux domestiques de l'Égypte. Les forêts recèlent une grande quantité de singes. Abdallah assura à M. de Seetzen que souvent les femmes sont insultées et violées dans les forêts par ces animaux, et que, pour prévenir ce traitement brutal, elles ne vont jamais qu'en troupes lorsqu'elles ont à traverser un bois. Les nombreuses girafes broutent les feuilles et les ra-

---

(¹) *Clapperton, Denham* et *Oudney* : Voyages et découvertes dans le nord et les parties centrales de l'Afrique.

(¹) Nouv. Mus. allemand, III, p. 386. — (²) *Léon*, p. 658.

meaux des arbres. Les lions occupent les déserts. Le cuir des hippopotames sert à faire des fouets, et leur suif à faire des chandelles : on fabrique aussi des bougies avec la cire tirée de cet animal. Les cornes du *glembo*, qui paraît être le bouquetin, fournissent des trompettes guerrières. Les rivières fourmillent de crocodiles. Les plumes d'autruche font un article de commerce. Le *matzakweh*, appelé le roi des oiseaux à cause de la beauté incomparable de son plumage diapré; l'*adgunon*, plus grand que tous les autres oiseaux, l'autruche exceptée, qui toutefois le craint; enfin le *kmilodan*, quadrupède carnassier plus fort que le lion et le tigre, attendent tous l'examen et la critique des naturalistes.

» Les sauterelles y volent par bandes nombreuses : il y en a deux espèces, dont l'une, grillée avec du beurre dans une marmite, sert d'aliment. Le miel sauvage se trouve abondamment dans des troncs d'arbres. La chique, *vena medinensis* (*Pulex penetrans*, L.), y est très commune; elle paraît dans toutes les parties du corps. »

Dans le Bournou la chaleur est excessive, sans avoir toujours la même intensité: c'est depuis mars jusqu'à la fin de juin que le soleil a le plus de force. Pendant cette période, qui est en même temps celle des vents étouffants et brûlants du sud et du sud-est, le thermomètre monte quelquefois à 42 degrés (cent.). Les orages violents ont principalement lieu au mois de mai, et sont toujours accompagnés de tonnerre, d'éclairs et de pluie; mais la terre est à cette époque si sèche, elle absorbe l'eau si promptement, que les indigènes ressentent à peine les incommodités d'une saison si humide. C'est alors que l'on prépare la terre pour les semailles qui doivent être terminées avant la fin de juin, époque où les rivières et les lacs commencent à déborder, et couvrent souvent des espaces de plusieurs lieues carrées. A l'approche de l'hiver, qui commence en octobre, les pluies deviennent moins fréquentes; les villageois profitent de cette époque pour rentrer leurs récoltes. Vers décembre et dans les premiers jours de janvier, le thermomètre ne monte pas au-dessus de 23 degrés (¹).

Le pays est très peuplé. Les villes sont en général grandes et bien bâties; elles ont des murailles hautes de 30 à 40 pieds et épaisses d'une vingtaine de pieds. « Les habitations » consistent en plusieurs cours entourées de » murs avec des chambres extérieures pour » les esclaves; puis il y a un passage et une » cour intérieure qui conduisent aux maisons » des femmes. Chacune a sa petite cour close » de murs et une jolie case couverte en chaume. De là un escalier, d'une demi-douzaine » de degrés, mène à la maison du propriétaire: » elle est composée de deux corps-de-logis ressemblant à des tourelles, qui communiquent » entre elles par une terrasse ayant vue sur » la rue par une fenêtre crénelée. » Les murs sont en argile rougeâtre parfaitement unie; les toits sont voûtés avec beaucoup de goût par des branches d'arbres. Des cornes de gazelle et d'autres antilopes fixées dans les murailles servent à y suspendre les carquois, les arcs, les lances et les boucliers du maître de la maison (¹).

« L'ancienne capitale du Bournou, nommée *Akumbo* ou *Birnie*, a été détruite par les Fellatah's. C'était une des plus grandes villes de toute l'Afrique. « On m'a toujours parlé du » Kaire, de ce grand Kaire, dit Abdallah dans » son énergique langage; mais c'est une bagatelle (*harra*) en comparaison de Bournou. » Il assura « qu'un jour ne suffisait » pas pour la parcourir d'un bout à l'autre. » Si un enfant s'égare dans la ville, il a perdu » ses parents à jamais, car il est impossible » de les retrouver. » D'autres témoignages confirment jusqu'à un certain point cette description. Les Tripolitains conviennent que *Bournou* ou *Birnie*, composée de 10,000 maisons, surpasse de beaucoup la capitale de leur patrie (²). Cette ville avait un très grand nombre de portes et de gros murs bâtis de pierre et de glaise, et munis de gradins dans l'intérieur. Les mosquées étaient surmontées de tours fort élevées. Les habitations des grands et des riches étaient très solidement bâties de pierre, et dans le même genre que les maisons du Kaire, mais plus hautes. La grande mosquée renfermait la principale école, qu'Abdallah comparait à l'académie dans la mosquée d'El-Ashar au Kaire; on y trouvait, outre

---

(¹) *Denham, Clapperton* et *Oudney* : Voyages et découvertes, etc. Tom. II, pag. 280 et suivantes. —

(¹) *Karl Ritter* : Géographie de l'Afrique, tom. II. — (²) *Niebuhr*, Nouv. Mus. allemand, p. 981, p. 1000. *Einsiedel*, chez *Cuhn*, III, p. 437.

le Koran, plusieurs ouvrages scientifiques à l'usage des nombreux écoliers qui y apprennent à lire, à écrire et à calculer. »

Le capitaine Clapperton a confirmé ce tableau de Birnie. « Nous arrivâmes, dit-il, sur
» l'emplacement de cette ancienne capitale,
» dont les ruines contribuèrent plus que tous
» les récits qu'on nous avait faits de sa ma-
» gnificence à nous convaincre de la puissance
» de ses anciens sultans. Nous avions vu une
» trentaine de grandes villes que les Fellatah's
» avaient entièrement rasées quand ils détrui-
» sirent Birnie qui couvrait un espace de 5 à
» 6 milles carrées. On dit que sa population
» était de 200,000 âmes. Les restes des murs
» subsistent encore en plusieurs endroits en
» grandes masses fort dures de briques rouges.
» Ils ont de 3 à 4 pieds d'épaisseur sur 16 à
» 18 de hauteur (¹). »

Le nom de *Birnie* équivaut à celui de Medinah des Arabes : il signifie capitale ; aussi a-t-il été conservé à la ville qui remplace l'ancienne, et qui est située au sud-est près du lac Tchad. Elle est entourée de murailles et peuplée de 10,000 habitants. L'empereur y réside dans un palais bâti en terre ; il fait aussi sa résidence à *Kouka*, ville peu étendue, située au nord de la précédente. Mais ce ne sont pas là les plus importantes cités du Bournou : *Angornou* passe pour la plus peuplée ; elle a plus de 30,000 habitants, n'est point environnée de murailles et est mieux bâtie que Kouka ; ses maisons ne sont pas, il est vrai, rapprochées les unes des autres, mais elles sont plus grandes et plus commodes. Il s'y tient tous les mercredis un grand marché où il se réunit quelquefois jusqu'à 100,000 hommes. Angornou est situé entre Kouka et le nouveau Birnie. Au sud de celle-ci se trouve *Yeddie*, cité importante, et environnée de murailles ; et plus au sud *Digoa*, grande ville murée qui renferme près de 30,000 âmes. Plus au sud encore, *Affagay, Sogama, Kindotcha, Masseram* et *Kingoa*, sont des villes d'environ 20,000 âmes.

Tout le pays au sud de Digoa, jusqu'à la frontière de la *province de Mandara*, est couvert de terrains d'alluvions argileuses d'une couleur foncée. Des crevasses larges de plusieurs pouces rendent la route difficile ; pendant la saison pluvieuse l'eau des pluies séjourne plusieurs mois sur la terre. Le Mandara est borné au nord par des montagnes de 700 mètres de hauteur, dont les flancs escarpés et raboteux sont couverts d'arbres. *Delôw* ou *Delô*, jadis capitale de cette province, en est la ville la plus septentrionale et la résidence du sultan ; elle renferme 10,000 habitants. Les vallées environnantes sont remplies de figuiers et d'arbustes odoriférants. *Mora*, à quelques lieues plus loin, est la capitale actuelle de ce petit État qui est plutôt l'allié que le tributaire du Bournou. Les montagnes qui l'entourent forment un rempart naturel qui la met à l'abri des attaques des Fellatah's.

Les montagnes qui s'étendent dans la partie méridionale du Mandara ne paraissent pas avoir plus de 800 mètres de hauteur moyenne ; mais quelques uns de leurs sommets atteignent au-delà de 900 mètres. Elles se prolongent au loin vers le sud dans des régions inconnues habitées par des peuples sur lesquels le docteur Oudney n'a pu se procurer que des renseignements très vagues. « Ces nations,
» dit-il, sont très nombreuses ; elles se pei-
» gnent généralement le corps de diverses cou-
» leurs, et vivent en commun sans égard au
» degré de parenté. On rencontre fréquemment
» de grands lacs très poissonneux ; les man-
» gues, les figues sauvages, les arachides
» abondent dans les vallées. Le fer est très
» commun dans ces montagnes ; il ne paraît
» pas qu'on y ait découvert un autre métal ;
» il l'est également près de Karowa et au sud-
» est de Mandara. »

S'il n'est pas certain que le Mandara dépende du Bournou, il n'en est pas de même du *Kanem*. Ce pays, situé le long des rives septentrionales et orientales du lac Tchad, est une province de l'empire de Bournou ; le territoire en est très fertile, mais peu peuplé. Ses principales villes sont *Lari*, avec 2,000 habitants, dont les maisons ne sont que des cabanes construites en joncs ; *Mabah*, à peu près de la même population, et *Maou*, qui est un peu plus importante ; celle-ci en est la capitale. On y trouve aussi, suivant Burckhardt, une ville assez considérable, appelée *Kanem*, située sur la route de Katagoum à

(¹) *Clapperton, Denham et Oudney : Voyages et découvertes dans les parties centrales de l'Afrique*, tom. II, pag. 10, de la traduction de MM. *Eyriès* et *Larenaudière*.

Bournou; elle est habitée par des Bédouins qui ne connaissent plus l'arabe (¹).

« La dynastie qui régnait sur le Bournou du temps de Léon l'Africain était de la tribu arabe ou berbère de Berdoa. Il paraît que la même famille y domine encore; car « le sul- » tan, selon Abdallah, n'est pas noir, mais » d'un brun foncé; jamais il ne mange de » pain, mais du riz, étant persuadé, en vertu » d'une ancienne prophétie, que l'usage du » pain amènerait sa mort. » Le gouvernement n'est héréditaire qu'en ligne masculine. Le sultan entretient quatre épouses légitimes, qui sont natives de Bournou, et une multitude d'esclaves femelles. »

Le docteur Oudney et le capitaine Clapperton nous apprennent que l'empereur du Bournou n'est souverain que de nom, et que le pays est gouverné par un scheikh appelé *El-Kanemy*, qui a délivré sa patrie du joug des Fellatah's.

« Du temps de Léon, les Bournouais, vivant sans aucune religion positive, ou du moins sans culte, avaient leurs femmes et enfants en commun (²). Aujourd'hui ils professent la religion mahométane, et la circoncision est de règle pour les deux sexes. Il y a cependant aussi des chrétiens libres qui observent quelques jours de fête, mais ils n'ont pas d'églises; on n'y trouve point de juifs. Les nègres et les esclaves abyssiniens y sont en nombre. On emploie un moyen très efficace pour convertir ceux-ci à la religion mahométane, c'est de les frapper jusqu'à ce qu'ils apprennent à répéter: « Il n'y a point de dieu que Dieu, et Mahomet est son prophète. » Cette profession de foi termine l'affaire. Plusieurs esclaves nègres, amenés du pays de *Banda*, ont les dents fort pointues; les plaies de leurs morsures guérissent difficilement; aussi leurs maîtres ont-ils soin de les émousser avec la lime.

» M. de Seetzen ne fut pas médiocrement surpris d'apprendre que le sultan de Bournou avait plusieurs esclaves français, dont quelques uns conservaient même leur costume européen; ils lui ont établi une fonderie de canons de bronze, dont il se sert dans ses guerres avec les nègres païens au sud de l'empire.

» Le commerce de Bournou est très actif,

(¹) *Burckhardt*. Travels app., p. 479. — (²) *Léon*, p. 656.

et on y voit constamment une multitude de négociants étrangers. Les principales affaires se font par les Tunisiens; mais les Tripolitains, les Egyptiens, les Fezzanais et les nègres d'Affanoh y apportent aussi beaucoup de marchandises. On fabrique à Bournou des bagues, ou anneaux d'or, d'argent et de cuivre jaune; des aiguilles, des couvertures de lit et des étoffes. Il y a aussi des graveurs en pierres fines et en cachets. »

On parle dans le Bournou dix dialectes différents de la même langue. Les *Chouaa* y ont apporté un arabe assez pur. Ils sont divisés en tribus qui portent encore les noms de quelques unes des hordes de Bédouins qui parcourent l'Egypte; ils se prétendent doués du don de prophétie. L'une de leurs tribus offre la plus grande ressemblance avec les bandes de bohémiens qui parcourent la terre. Ils fournissent à l'armée du Bournou 15,000 hommes de cavalerie.

Les *Bournouais* proprement dits se donnent le nom de *Kanory*. Ils ont le visage large, le nez gros comme celui des nègres, la bouche très fendue, ornée de belles dents, et le front haut. Leurs manières sont affectueuses et polies, et leur caractère est indolent. Musulmans et scrupuleux observateurs des préceptes de leur religion, ils sont moins tolérants que les Arabes. Les riches Bournouais ont rarement plus de deux ou trois femmes à la fois; les pauvres n'en ont qu'une. Elles sont très propres, mais il en est peu de jolies. Les deux sexes se tatouent en se faisant une vingtaine d'entailles sur chaque joue.

Les *Mandarans* sont mieux partagés sous le rapport du physique que les Bournouais; ils ont le front haut et plat, le nez presque aquilin, de grands yeux brillants et la physionomie expressive. Les femmes sont renommées pour leurs agréments; elles sont très bien faites; leurs mains et leurs pieds sont d'une petitesse charmante. Une protubérance postérieure, presque aussi forte que chez les Hottentotes, est aux yeux d'un Turc une perfection inappréciable dans une esclave mandarane. La religion musulmane est répandue chez tous les Mandarans des villes; ce n'est que dans les montagnes que l'on trouve des idolâtres qu'ils appellent infidèles (*kerdis*).

Les habitants du Kanem portent le nom de *Kanembous*; Hornemann leur donne celui de

Kojam, et prétend qu'ils le reçoivent des peuples voisins parce qu'ils se nourrissent de viande et de laitage. Ils sont en partie mahométans et en partie idolâtres. Ils ont pour armes une lance, un bouclier, et un poignard fixé sur le bras gauche par un anneau qui entoure le poignet. Ce sont eux qui composent la plus grande partie de l'armée du Bournou. Leurs femmes ornent leur tête de petites tresses de cheveux qui tombent tout autour jusqu'à la nuque, et qui sont chargées de petits grains de cuivre ou d'anneaux en argent.

Le *Baghermeh*, appelé aussi *Baghirmah* et *Bégharmi*, s'étend au sud-est du lac Tchad, entre les frontières du Kanem et le cours du Chary, qui va se jeter dans ce lac, et qui est communément appelé *Tchadda* par les indigènes [1]. Mais avant de parler de ce pays très peu connu, il convient de dire un mot du lac Tchad, dont le major Denham nous a fait connaître la forme et l'étendue. Aux détails que nous avons donnés sur cette masse d'eau que l'on décorait avant de la bien connaître du titre de *mer de Nigritie* [2], nous ajouterons que sur ses bords, dans la partie que l'on nomme Hamesé, on voit, au milieu d'une plaine immense, de grands blocs de granit rouge éloignés de toute montagne granitique, et appelés par les habitants *Marchepied de Noé*. Plusieurs de ces masses granitiques sont percées à jour. L'eau du lac est douce et agréable; vers le sud il présente un grand enfoncement, sans lequel il serait de forme ovale; au nord ses rives sont entrecoupées de grandes mares, dont l'eau est fortement saturée de carbonate de soude, que les naturels nomment *trona*. Pendant la saison sèche, ses bords sont couverts de grandes herbes tellement hautes, que les éléphants s'y réfugient; il y croit aussi un arbre appelé *sogo*, dont le bois sert à faire des boucliers. Les îles qui s'élèvent au milieu du lac sont habitées par des *Biddoumah*, nègres cruels et redoutés de leurs voisins.

Le Baghermeh était naguère vassal de l'empereur du Bournou, lorsque celui-ci était dans toute sa puissance, ainsi que le prouve le trait suivant, rapporté par un habitant de Mobba appelé *Hassan*.

Le sultan de Baghermeh avait épousé sa sœur. Une action aussi contraire à la loi ne pouvait rester cachée; elle parvint à la connaissance du sultan de Bournou, qui, outré de colère, lui ordonna de renoncer de suite à cette alliance, et le menaça de la vengeance d'Allah et de la sienne. Le sultan de Baghermeh ne se laissa pas intimider, et renvoya la lettre en écrivant sur le revers « que l'usage » d'épouser sa sœur avait subsisté long-temps » avant la naissance du prophète, et qu'il ne » voyait pas de raison pour qu'il ne subsistât » pas après lui. » Cette réponse laconique de la part d'un vassal mit le sultan de Bournou en fureur. Il ordonna de suite au sultan vassal de Mobba d'entrer avec une armée dans le pays de Baghermeh. Ce prince exécuta la commission, vainquit le sultan rebelle, et l'envoya prisonnier à Mobba.

» Il est très vraisemblable que, dans le commencement du dix-huitième siècle, le sultan de Baghermeh dominait sur les contrées environnantes, et même sur le Bournou, car sa résidence s'appelle *Karna*; or, selon des rapports recueillis par le P. Sicard, la ville de *Karné*, située sur un grand fleuve qui communiquait avec le Nil d'Egypte, était la capitale de l'Etat de Bournou [1]. Le fleuve s'appelait *Bahr-el-Ghazal*, et le canal de communication qui réunit le Niger au Nil, dit le P. Sicard, est le *Bahr-el-Azrak*. »

Nous venons de nommer un fleuve appelé Bahr-el-Ghazal; il paraît qu'il arrose un petit Etat indépendant qui porte aussi le nom de *Bahr-el-Ghazal*, et qui est habité, de même que le Katagoum, ou Katakou, par des Bédouins venus jadis de l'Arabie. Ils se divisent en six tribus, dont l'une, les *Daghana's*, habite près d'un lac d'eau douce appelé Ouadi-Hadaba. Ce lac a deux journées de marche de longueur et une journée de largeur; son bord septentrional, sur une étendue de trois à quatre journées, est habité par des nègres idolâtres, divisés en quatre tribus, et sans cesse exposés aux invasions des Bédouins, qui les transportent comme esclaves à tous les marchés de l'Afrique septentrionale [2].

« D'autres rapports donnent au pays de Baghermeh des habitants de religion chré-

---

[1] Suivant les frères Richard et John Lander, qui visitèrent cette grande rivière en 1830. — [2] Voyez plus haut, Livre CLV, p 391.

[1] Nouv. Mém. de la Compagnie de Jésus dans le Levant, II, p. 186. — [2] Karl. Ritter : Géographie de l'Afrique, tom. II.

tienne(¹); trait qui coïncide avec la tradition des nègres, d'après laquelle, à l'est du Haoussa, au-delà d'un grand lac, il existe une nation de *Nazaréens*. Les habitants du pays d'*Andam* passent aussi pour être chrétiens et pour avoir les dents naturellement pointues. La même forme de dents est commune chez les *Jemjens*, païens et anthropophages. Les *Kendils* ont les cheveux longs. »

Le Baghermeh, dans son état actuel, est indépendant du Bournou. Il est borné à l'ouest par le cours du Chary, ou Tchadda; mais on ne connaît pas ses limites à l'est. *Mesna* paraît être la résidence du souverain.

Les habitants du Baghermeh, bien que musulmans, parlent une langue particulière. Ils habitent des maisons à deux étages, et se distinguent par leurs fabriques de toile de coton, qu'ils teignent en bleu; ils exploitent des mines d'argent, métal très rare dans tout le reste de l'Afrique. En un mot, on doit les ranger parmi les peuples les plus civilisés de l'Afrique centrale (²).

Sur la rive gauche du Chary, s'étend, entre le Baghermeh et le Bournou, le *Loggoun*, pays qui doit son nom à l'une de ses villes les plus méridionales, et qui se termine au bord du lac Tchad, à l'embouchure du Chary, qui s'y partage en plusieurs bras, dont l'un a plus de 1,800 pieds de largeur. Le sultan réside à *Ouillighi*, place forte dont les murs, flanqués de tours, ont près de 50 pieds de hauteur; son palais est une espèce de citadelle à doubles murailles, munies chacune de trois grosses portes renforcées de barres de fer. Cependant la capitale de ce petit État est *Kernok*, dont l'enceinte est baignée par le Chary. La principale rue est large et garnie de maisons bâties avec régularité, et précédées chacune d'une avant-cour entourée de murs, dans laquelle on entre par une porte doublée en fer. Cette ville a 15,000 habitants. Le Loggoun est très peuplé, plus sain et plus fertile que les autres pays qu'arrose le Chary; mais il manque de sel; et les habitants le remplacent par du natron, ou carbonate de soude, malgré l'amertume et la saveur nauséabonde qu'il répand sur les aliments. Les habitants sont plus beaux et plus intelligents que les Bournouais.

(¹) *Niebuhr*, d'après *Abdèrrahman-Aga*. Nouv. Muséum allemand, III, p. 981. — (²) *Burckhardt*: Travels, app. I, p. 485.

Les femmes sont les plus belles négresses que l'on puisse voir, mais aussi de mœurs très dépravées. Les Louggoniens des deux sexes sont très laborieux; il n'est guère de maisons où l'on ne trouve un métier à tisser le coton (¹). Leur langue est un mélange d'arabe et de baghermien.

Le major Denham nous apprend qu'il existe entre le Baghermeh et le Loggoun un petit État indépendant nommé *Kossery*, du nom de sa capitale, ville murée et forte, située sur la rive gauche du Chary. Ce pays paraît avoir une dizaine de lieues de largeur. Au pied des murs de Kossery le Chary est très large et traverse des sites très pittoresques. On n'aborde le sultan de ce pays qu'en lui tournant le dos.

Entre deux bras du Chary, à 50 lieues de son embouchure, se trouve un autre petit pays allié de Bournou et appelé le *Maffatai*; sa capitale porte le même nom. Après celle-ci, la ville la plus importante est *Chowy*, près de la frontière du Kanem. Les habitants de cette cité sont fort indolents et mènent une vie heureuse: ils passent la moitié de la nuit à pêcher, et par là se procurent toute leur subsistance. «Tous les soirs le son du
» tambour les appelle sur la place que leurs
» cases entourent; les hommes se réunissent
» en rond et dansent d'une manière très peu
» gracieuse, mais fort gaie. Les femmes se
» rassemblent dans une partie du cercle; et
» assises à terre, le visage couvert, elles saluent de grands cris d'approbation les danseurs les plus agiles. »

Au sud du Baghermeh et du Loggoun se trouve un pays appelé *Dar-Koulla* ou *Bahar-Koulla* (²), l'un des moins connus de l'Afrique centrale. On le dit marécageux et humide (³). Il occupe, suivant Brown, un grand enfoncement situé près du cours du Misselad.

«Il est arrosé par la *Koulla*, dont les bords, suivant les informations de Brown, abondent en arbres à piment. Les bateaux sont conduits avec des crocs et une double rame. Les arbres sont si gros qu'un seul, creusé en forme de canot, peut contenir dix personnes. Les naturels du Koulla appartiennent à deux

(¹) Relation du major *Denham*, dans les Voyages et découvertes dans le nord et la partie centrale de l'Afrique. — (²) *Dar* signifie *pays*, et *Bahar* eau. — (³) Relation du major *Denham*.

races d'hommes, les uns noirs et les autres cuivrés ou rouges. Ceux qui habitent le nord-est sont soumis à l'autorité d'un roi ; les autres se partagent en petites tribus indépendantes. Le pays est principalement fréquenté par les *djelaby* ou marchands du Barghou et du Dar-four, qui y viennent pour acheter des esclaves ; car la plus légère offense y est punie en vendant le coupable aux marchands étrangers. »

Ce que les Achantis appellent le pays de *Koulla-Raba*, c'est-à-dire *bois de Koulla* n'est, suivant Bowdich, que cette suite de forêts qui occupent la partie marécageuse du Dar-Koulla (1).

Un autre pays encore très peu connu est celui de *Funda* ou *Founda*, qui s'étend sur la gauche du Tchadda, affluent du Niger, qui dans cette partie de l'Afrique prend le nom de *Quorra* ou *Kouarra*. Le Tchadda est plus large que le Niger même, mais il est moins profond ; ses eaux sont aussi plus froides, ce qui semblerait indiquer qu'elles sortent de montagnes qui ne sont pas fort éloignées.

Founda, qui donne son nom à cet État, est une ville importante, située sur la rive gauche du Tchadda. Elle a paru à M. Laird, voyageur anglais, qui y séjourna deux mois en 1833, aussi grande que Liverpool, et sa population peut être évaluée à 60 ou 70,000 âmes. Ses murailles, qui s'élèvent à la hauteur de 6 à 7 mètres, sont défendues par des bastions d'architecture mauresque, et entourées d'un fossé de 9 mètres de profondeur. D'autres ouvrages qui défendent cette ville ont donné lieu au voyageur anglais de conjecturer que le pays de Founda a dû être habité, à une époque peu éloignée, par un peuple fort avancé en civilisation.

Le palais du roi consiste en un groupe de cases de forme circulaire, entourées de palissades. Le sérail de ce prince se compose de 1,500 femmes. M. Laird logea dans une de ces cabanes ; mais il lui fut défendu de communiquer avec les habitants. Ses prières n'ayant pu lui procurer sa liberté, parce que, disait-on, les dieux s'opposaient à sa délivrance, il eut recours à un stratagème pour se tirer de ce mauvais pas. Il annonça qu'il voulait envoyer lui-même un message à ces divinités. Il prit donc une fusée, y mit le feu,

(1) *Bowdich*, Mission., t. II, p. 202.

alluma ensuite une chandelle-romaine bleue, après avoir annoncé que, si les dieux voulaient sa liberté, on verrait briller dans les airs une flamme bleuâtre. A l'aspect du signe annoncé par le prisonnier, on crut que les dieux lui étaient favorables, et la liberté lui fut aussitôt rendue, ainsi que toutes ses marchandises. A une dizaine de lieues au-dessus du confluent du Tchadda et du Niger, et sur la rive droite du premier, s'élève la ville de *Djummahar*, qui devient le port de Founda à l'époque de la sécheresse, parce qu'alors un affluent du Tchadda qui conduit à Founda n'est plus navigable. Djummahar est une petite ville agréablement située sur une colline escarpée. Une ravine qui s'étend entre la ville et la terre est traversée par un mur de 50 pieds de hauteur, très bien construit, à pans obliques : ce qui confirmerait encore l'opinion de M. Laird sur l'établissement d'un peuple civilisé dans cette contrée.

Les habitants de Founda sont en partie mahométans et en partie idolâtres ; le roi observe à la fois les cérémonies des deux religions, et l'on ne remarque aucune trace de fanatisme dans le royaume. Il existe dans le Founda des fabriques d'étoffes grossières en coton, des brasseries où l'on fait d'assez bonne bière, et des forgerons habiles. On y prépare de très bons cuirs, et l'on y fait des pipes en cuivre habilement ciselées.

Un peuple que nous ne connaissons que par ce que nous en apprennent les frères Lander, mérite d'attirer un instant notre attention : il s'agit des *Combries* ou *Cumbriens*, répandus dans les différentes parties du bassin du Niger.

« Les nombreuses villes entourées de murs
» et les villages ouverts qui se pressent sur
» les bords du Niger et sur ses îles, sont,
» pour la plupart, disent les voyageurs que
» nous venons de nommer, habités par les
» Cumbriens, race pauvre, méprisée, injuriée, mais industrieuse et infatigable au travail. Ce peuple est trop souvent opprimé,
» persécuté par ses voisins, plus puissants et
» plus heureux, qui affirment qu'il est invariablement voué par la nature à l'esclavage,
» et qui le traitent en conséquence.

» Les Cumbriens habitent aussi certaines
» parties du Haoussa et d'autres contrées ; ils
» parlent plusieurs idiomes différents, mais

» conservent des mœurs semblables; leurs
» superstitions, leurs amusements sont uni-
» formes, et tous tiennent scrupuleusement à
» des coutumes particulières dont ils ne s'é-
» cartent ni dans la bonne ni dans la mau-
» vaise fortune, en santé ou en maladie, li-
» berté ou esclavage, chez eux ou à l'étranger,
» nonobstant le mépris ou les railleries qu'el-
» les leur attirent. Ils sont connus pour s'at-
» tacher jusqu'à la mort à leurs usages na-
» tionaux, avec autant de constance que les
» Hébreux eux-mêmes en montrent pour leur
» foi et les coutumes de leurs pères. Ayant
» reçu en héritage de leurs ancêtres une na-
» ture paisible, timide, insouciante, ils sont
» une proie facile pour ceux qui veulent les
» exploiter. Ils baissent le cou sous le joug
» sans murmurer, et l'esclavage est pour eux
» un état comme un autre. Il n'y a peut-être
» pas au monde de peuple moins capable de
» sentiments intenses, d'émotions passion-
» nées. Enlevé à ses occupations, à ses amu-
» sements favoris, arraché du sein de sa fa-
» mille, le Cumbrien se résigne à tout sans
» plainte. Des milliers de ce peuple vivent
» dans le royaume de Yaourie et dans la pro-
» vince d'Engarski, qui en fait partie, et la
» plupart des esclaves de la capitale ont été
» pris parmi eux.

» Le tribut, ou plutôt la redevance qu'ils
» paient pour la terre qu'ils cultivent, con-
» siste en une charge d'homme, en blé, pour
» chaque portion de terrain, petite ou grande.
» Cependant, quand la récolte manque, ils
» sont libres de donner un certain nombre de
» kauris à la place de l'impôt ordinaire de
» grains. Si les pauvres ne peuvent payer la
» rente quand elle est échue, le sultan en-
» voie immédiatement un corps de cavalerie
» dans les villages, avec ordre d'enlever au-
» tant d'individus qu'ils le jugeront à propos.
» Cependant il arrive parfois que le sultan
» de Yaourie serre d'une main trop rude les
» rênes de l'oppression. Alors, comme les lâ-
» ches poussés au désespoir donnent souvent
» d'étonnantes marques de courage et de ré-
» solution, ainsi l'impassible, le méprisé Cum-
» brien, se relevant sous le poids d'outrages
» non mérités, se défend avec un courage et
» une fermeté extraordinaires, et fréquem-
» ment sort vainqueur du conflit. »

« Les cabanes des Cumbriens sont, pour la
» plupart, posées sur des piliers en bois, élevés
» d'environ deux pieds, ou sur des plaques de
» pierre de la même élévation, qui n'ont qu'un
» pouce d'épaisseur. Les parois de ces huttes
» ne sont épaisses que de deux à trois pouces.
» Une seule ouverture qui sert de porte est
» fermée par une natte que l'on y suspend in-
» térieurement; il n'y a pas d'escaliers pour y
» parvenir, il faut y grimper comme l'on peut,
» et souvent ce n'est pas sans peine. On fait la
» cuisine dans ces habitations pendant le jour,
» mais jamais pendant la nuit. Elles peuvent
» contenir une demi-douzaine de personnes.
» Elles sont ainsi élevées au-dessus du sol pour
» que l'on n'y soit pas incommodé par les
» fourmis, les serpents, l'humidité de la terre,
» ni attaqué par les crocodiles, qui dans l'obs-
» curité vont à la recherche de leur proie [1]. »

A l'est du Mobba ou Borghou, le *Four* ou
Dar-four est, selon le sultan Bello, un grand
pays qui renferme des forêts, des rivières et
des champs propres à la culture. Ses habitants, dit-il, se composent en partie de voyageurs étrangers qui s'y fixent, et en partie
d'Arabes qui continuent à voyager. On y voit
un grand nombre de pasteurs et de troupeaux.
Le millet et les pois sont la nourriture ordinaire des naturels. L'islamisme s'est étendu
sur la plus grande partie de cette contrée;
beaucoup d'habitants entreprennent le saint
pèlerinage; on respecte les pèlerins et on protège leur voyage [2].

« Ce pays, déjà vaguement connu de Léon
et de Wansleb, a été visité et décrit par Brown.
Un nommé *Mohammed*, habitant du pays,
que M. de Seetzen a rencontré au Kaire, en a
aussi donné une relation curieuse. Les marchands ou *djelaby*, en partant du Kaire, se
rendent d'abord à *Assiouth*, et traversent ensuite un vaste désert, dans lequel on ne trouve
qu'un très petit nombre de contrées cultivées
ou *oasis*. Après avoir quitté Assiouth, les caravanes atteignent, au bout de cinq jours, le
chef-lieu de la grande oasis, appelé *Khard-
jéh*. De là il y a deux journées pour aller à
Beris, puis six pour aller jusqu'à *Cheupp*, trois
jusqu'à *Sélim*, cinq jusqu'à *Legghyé*, et six
jusqu'à *Bir-el-Attroun*, et enfin dix jusqu'au

[1] *Richard et John Lander*: Journal d'une expédition dans le but d'explorer le cours du Niger, t. II.
— [2] Manuscrit arabe du sultan *Bello*, remis par celui-ci au capitaine *Clapperton*.

Dar-four, ce qui fait en tout trente-sept journées (¹).

« Le Dar-four est arrosé par la rivière de *Bahher-Attabah*, qu'on dit se jeter dans le *Nil* ou le Bahr-el-Abiad, et sur laquelle on navigue avec de petites embarcations. Cette rivière, selon la carte de Brown, ne peut se jeter que dans le Misselad; car le pays a une chaîne de montagnes à l'orient. Outre le fer, on y trouve aussi du minerai de cuivre, qui donne une excellente couleur rouge. Selon Brown, le cuivre est acheté vers les sources de l'Abiad. Les carrières donnent du marbre, de l'albâtre, du granit, du sel gemme, du nitre: on n'y connaît pas l'usage de la chaux, ni celui de bâtir en pierres de taille. Suivant l'assertion de Mohammed, il y tombe tous les ans de la neige, qui se fond au moment où elle touche la terre. L'une des montagnes les plus considérables du pays s'appelle *Marra*.

» La pluie commence à la mi-juin et dure jusqu'à la mi-septembre. Alors tout le pays change de face, et les apparences de la stérilité sont remplacées par une riante verdure. Dès que la saison des pluies commence, les propriétaires des champs s'y rendent avec les ouvriers qu'ils peuvent rassembler. Ils font des trous en terre à deux pieds environ de distance, y sèment du millet, qu'ils recouvrent avec les pieds, et le labour ainsi que les semailles sont terminés. On recueille le millet au bout de deux mois, le blé au bout de trois. Le riz vient naturellement et en si grande quantité qu'on en fait peu de cas, quoiqu'il soit d'une qualité supérieure. On s'applique beaucoup, dans le Dar-four, à la culture du doura et du millet; mais celle du froment est négligée. Les femmes et les esclaves y sont chargés de la récolte. Les dattes y abondent; elles servent, ainsi que le froment, à la préparation d'une liqueur spiritueuse. Selon Brown, les productions végétales ne sont pas très nombreuses, et se distinguent surtout par leurs épines et la dureté de leur bois: ce sont le tamarinier, le platane, le sycomore, le *nebbek*, et beaucoup d'autres indiquées et même en partie décrites par ce voyageur; mais le tamarinier, qui d'ailleurs est peu abondant, est le seul arbre dont le fruit mérite d'être cueilli; car même le dattier n'y porte qu'un fruit petit et sans saveur. Dans quelques cantons le tabac paraît indigène.

» Brown, qui n'est guère sorti de la capitale, veut que les animaux soient en petit nombre; toutes les espèces, selon lui, sont connues. Mohammed dit que les montagnes et les forêts fourmillent de gibier. Il indique diverses espèces de gazelles, de sangliers, de buffles, et peut-être de cerfs, qui ne paraissent pas connues (¹). Le Dar-four recèle des éléphants et des rhinocéros, ainsi que beaucoup de girafes, appelées *ourr* dans la langue du pays. » Le lion, la panthère, le léopard et le loup habitent les forêts; le chacal et l'hyène se répandent dans les campagnes, et font de grands ravages dans les villages. Les animaux domestiques y sont peu nombreux: les chevaux et les ânes y sont rares; mais on y nourrit beaucoup de chameaux, de dromadaires, et surtout de chèvres et de moutons.

» Les peaux des éléphants, des rhinocéros et des hippopotames servent à faire des fouets, qu'on apporte en grande quantité au Kaire. Les abeilles et le miel abondent.

» La peau des Dar-fouriens ou plutôt des Fouriens, est, selon les observations de Brown, très épaisse sans être très noire. Leurs fibres musculaires sont d'un rouge éclatant. Ils ont une force de contraction singulière qui paraît résider dans leurs nerfs; la blancheur et le poids de leurs os sont très remarquables; ils ont une excellente vue; on ne voit que peu de myopes parmi eux, et point d'aveugles; ils ont les dents blanches et fortes, ils en souffrent rarement et les conservent jusque dans un âge très avancé. Les traits des nègres du Dar-four sont différents de ceux des nègres de Guinée, mais leurs cheveux sont ordinairement courts et laineux; ils sont peu courageux, malpropres, voleurs et dissimulés. Ils supportent long-temps la faim et la soif. Au lieu de se baigner, ils s'appliquent une pâte grasse sur la peau. Le commerce s'y fait par échanges; ils ne connaissent pas les monnaies. Ils usent avec excès de la polygamie; l'union entre les deux sexes est chez eux illimitée. La circoncision et l'excision sont pratiquées dans le Dar-four. La langue berbère paraît être celle du pays, mais on y entend l'arabe. Selon Mohammed, tous les habitants professent la religion mahométane; ils ont le Koran, et plusieurs d'entre eux font instruire

---

(¹) *Annales des Voyages*, t. XXI.

(¹) *Annales des Voyages*, t. XXI, p. 155 et suiv.

leurs enfants dans la lecture de ce livre, et leur apprennent à écrire l'arabe. Cette langue est la seule qui soit employée dans la correspondance, à la vérité peu fréquente, par lettres. A l'exception du nom de la Divinité, toutes les dénominations d'objets de métaphysique, ainsi qu'en général celles de tout ce qui tient à l'état policé, sont empruntées de l'arabe. Le gouvernement est despotique. Le sultan ou souverain du pays fait le commerce, perçoit des impôts sur toutes les marchandises, et chaque village lui fournit annuellement une quantité de millet qu'il perçoit par ses esclaves. Il n'y a, selon Brown, dans tout le Dar-four, qu'une douzaine de villes, qui ne contiennent pas chacune plus de 5 ou 6,000 âmes. *Kobbeh* est la capitale; elle a plus de deux milles en longueur, mais elle est très étroite, et ne contient pas plus de 6,000 habitants. Mohammed donne à la résidence du sultan le nom de *Tandelty*. Il nomme plus de cinquante villes. »

Nous ajouterons à ces renseignements que le Dar-four est, comme le Kourdofan, un groupe d'oasis entouré de déserts; que sa longueur du nord au sud a été évaluée à 125 lieues, sa largeur à 80 et sa superficie à 9,500 lieues; qu'enfin la population ne paraît pas, suivant Brown, devoir dépasser 200,000 individus. Ce pays a des relations commerciales très actives avec l'Egypte et même avec l'Arabie, par le moyen des caravanes, qui se composent quelquefois de 3 à 4,000 chameaux et de 1,500 à 2,000 hommes. Les arts y sont encore dans l'enfance, bien qu'on y trouve des orfévres, des forgerons, des menuisiers, des maçons, et qu'on y prépare assez bien le cuir, la poudre et d'autres munitions de guerre.

Kobbeh est entourée de palissades, et renferme 2 mosquées et 5 *moctebs* ou écoles publiques. *Souéini*, sur la frontière septentrionale, est une ville très animée à l'époque de l'arrivée des caravanes. *Koubkabeïa* est une autre cité commerçante, à l'ouest; *Ril* est la clef des routes du sud et de l'est. Le souverain, d'après des rapports récents, ne fait pas sa résidence dans la capitale; il habite aux environs un lieu appelé *El-Facher*. Ce prince jouit d'un pouvoir absolu. Le seul corps qui ait le droit de lui faire des remontrances, à la vérité presque toujours sans effet; c'est celui des Foukkaras ou des ministres de la religion, mais le plus redoutable c'est l'armée : s'il a le malheur d'encourir la haine des troupes, il est bientôt étranglé. On porte l'armée à 30,000 hommes répartis en trois corps, la cavalerie, les hommes montés sur des dromadaires et l'infanterie.

Les Dar-fouriens ne sont ni rigoureux observateurs des préceptes du Koran, ni sévères dans leurs relations d'un sexe avec l'autre. Ils s'enivrent fréquemment avec une boisson fermentée appelée *merissah*; ils voient d'un œil indulgent les infidélités de leurs femmes, pourvu qu'ils en retirent quelque avantage. Bien qu'ils puissent avoir autant de femmes qu'ils en veulent, que le souverain en ait plus de 100 et les grands plus de 30, il arrive fréquemment que, sourds à la voix de la morale la plus naturelle, le frère épouse sa sœur et le père sa fille. Enfin chez eux il est permis de tromper ceux avec qui on a des rapports, et de s'emparer du bien d'autrui si l'on peut le faire impunément.

LIVRE CENT SOIXANTE-HUITIÈME.

Suite de la Description de l'Afrique. — Tableau général des mœurs et des usages des peuples de la Sénégambie, du Ouankarah et du Soudan ou Takrour.

« Les nombreuses nations nègres au nord de l'équateur, dont nous venons de parcourir les contrées autant que nous l'a permis l'état actuel des connaissances, présentent dans l'ensemble de leurs mœurs un vaste sujet aux méditations de l'historien.

» La nature du sol perpétue chez toutes ces nations l'indolente légèreté, l'insouciance puérile qui semblent innées au nègre. Vingt jours de travail par an lui suffisent, dans la plupart des contrées, pour assurer la récolte de riz, de maïs, de millet, d'ignames et de manioc, nécessaire à son frugal repas. Le goût peu délicat du nègre ne le laisse jamais sans ressource. La chair d'éléphant, même lorsqu'elle est déjà remplie de vermine, ne repousse pas son robuste appétit (¹). Il aime les œufs du crocodile, et même sa chair musquée. Les singes servent généralement à la nourriture (²). On ne dédaigne ni les chiens morts, ni les poissons gâtés. Un rôti de chien figure même aux grands festins comme un mets exquis. Mais le nègre refuse la salade, pour ne pas ressembler, dit-il, aux animaux herbivores (³). La préparation des bouillies épaisses, succulentes et fortement assaisonnées qui composent sa cuisine, n'exige que peu de soin. Un art facile lui donne le vin de palmier ou de bananier, et la bière de millet, qui forme sa boisson ordinaire. L'Europe fournit aux nègres maritimes ces funestes eaux-de-vie qui les font passer de l'ivresse à l'esclavage. Le soin de s'habiller ne tourmente pas davantage ces peuples; le coton vient sans culture à leurs pieds; les femmes en tirent la quantité d'étoffes nécessaires pour la famille, et les teignent dans le suc de l'indigo, production également indigène. La cabane du nègre ne lui coûte guère plus de soin : quelques troncs d'arbres à peine dégrossis, quelques branches dépouillées de leur écorce, un peu de paille ou quelques feuilles de palmiers, voilà ses matériaux; les réunir en forme de quille, voilà son art. Le climat, la violence des pluies annuelles, lui prescrivent cette simple architecture. Ce n'est que sur la Côte-d'Or ou sur les bords du Niger, que l'exemple des Européens et des Maures a démontré au nègre qu'un toit aplati, mais solide, peut résister à la pluie.

» Les villes ne sont que de grandes réunions de cases semblables. Point d'édifice public, même chez les tribus qui vivent sous une sorte de gouvernement républicain; tout au plus elles possèdent une grande case ouverte de toutes parts et nommée *bourrie,* qui sert aux délibérations publiques désignées sous le nom portugais corrompu de *palaver* (¹). Les palais des princes ne se distinguent que par le grand nombre de cases qui les composent. L'ameublement des pauvres se réduit souvent à deux ou trois calebasses; les riches étalent quelques armes à feu: les souverains, qui ornent leurs demeures de crânes, de mâchoires humaines, ont de la vaisselle et des tapis de fabrique européenne. Mais ces monarques, dont la pompe distinctive consiste à marcher en pantoufle à l'ombre d'un parasol, ont quelquefois pour trône un morceau d'or massif.

» Un trait qui, selon la juste remarque d'Isert, fait ressortir l'indolence du nègre, c'est de ne pas avoir apprivoisé l'éléphant, animal si commun en Afrique, et si susceptible de devenir l'utile et l'intelligent auxiliaire de l'homme. Les seuls habitants de *Dagoumbah,* pays peu connu de l'intérieur du Soudan, dans l'empire d'Achanti, passent pour avoir essayé d'employer l'éléphant. Le nègre, en général, n'est pas un chasseur hardi; il ne fait pas sentir son empire aux nombreux animaux sauvages qui partagent avec lui sa fertile contrée. Il est bien plus actif, plus adroit et plus heureux dans la pêche; à la nage ou à la rame, il brave les flots irrités, et ramène ses filets

(¹) Muller, Descript. de Fetu, p. 163. — (²) Labat, III, p. 302. Atkins, p. 7, p. 152. Moore, p. 77. — (³) Isert, p. 209.

(¹) Isert, p. 77. Rœmer, p. 179.

chargés d'un immense butin ; mais il retombe aussitôt dans sa paresse, et l'abondance même de cette ressource est un obstacle au développement de son talent naturel pour l'industrie (¹). Ce talent se montre dans la fabrication des étoffes, des couvertures, des voiles pour les bateaux, des poteries, des pipes à fumer et des ustensiles en bois, fabrication générale parmi ces peuples; on assure même qu'à Tembouctou, à Bournou et dans le Bambarra, l'art du tisserand est porté à un certain degré de perfection. Le talent industriel des nègres se fait encore remarquer dans l'adresse de leurs forgerons et orfèvres, qui, avec un petit nombre d'instruments grossiers, fabriquent des épées, des haches, des couteaux, des tresses d'or et nombre d'autres objets. Ils savent donner à l'acier une bonne trempe (²), et réduire le fil d'or à une extrême finesse (³). Les habitants d'Ouydah taillent les pierres gemmes (⁴).

» Toute cette industrie reste à la vérité circonscrite par le peu d'étendue des besoins, et le meilleur artisan nègre ne s'avise jamais de travailler plus qu'il ne faut pour gagner sa subsistance journalière. Etrangers à nos sentiments d'avarice ou d'ambition, les Africains regardent la vie comme un court moment dont il faut jouir le plus possible. Ils n'attendent que le coucher du soleil pour se livrer à la danse toute la nuit; les rauques sons de la trompette d'ivoire et les roulements du tambour continuent à se mêler aux accords de diverses espèces de guitares et de lyres; jeunes et vieux, tous prennent part au divertissement. Les chants et les concerts d'un village répondent à ceux d'un autre. Ce tableau pastoral n'étonnera pas ceux qui ont lu les poésies écrites en anglais par plusieurs nègres affranchis; poésies qui ne manquent ni de sentiment ni d'imagination. Le jeu exerce cependant sur l'Africain des charmes plus puissants encore que la danse; mais les ingénieuses combinaisons de l'*ouri*, plus variées que celles de notre jeu de dames, n'intéressent ici que les femmes, tandis que les hommes recherchent les agitations du plus aveugle jeu de hasard, avec autant de fureur que nos jeunes gens.

» Les nègres, quelles que soient les variétés de leur teint et de leur conformation, ont rarement des infirmités; une vie simple, l'exercice, la transpiration, entretiennent leur santé, d'ailleurs, les enfants nés avec quelque défaut de conformation sont mis à mort, du moins chez quelques nations (¹). Les nègres ne paraissent pas avoir hérité du privilége des anciens Macrobiens; la durée de leur vie n'égale pas même la nôtre, surtout dans la Sénégambie et à Sierra-Leone (²). Les exemples de longévité, assez fréquents parmi les nègres transportés aux colonies (³), appartiennent sans doute à quelques tribus mieux partagées de la nature. Les fièvres, la diarrhée, la petite-vérole, la lèpre et une variété de la syphilis, nommée le *pian* et le ver de Guinée, sont les fléaux les plus communs de la vie du nègre.

» La barbe des nègres, peu abondante, prend le caractère laineux de leurs cheveux. Malgré ce signe apparent d'une virilité peu prononcée, ils ont l'avantage dans l'amour physique sur toutes les races humaines : nulle part aussi la polygamie n'est poussée plus loin.

» Il y a des nations qui se rendent les dents pointues en les limant; mais Isert affirme avoir vu des nègres qui avaient les dents de devant naturellement pointues. Quelques uns d'eux se vantent d'être anthropophages, et en donnent la preuve en arrachant un lambeau de chair du bras de leurs camarades (⁴).

» L'usage des incisions dans la peau règne avec des nuances chez toutes les nations nègres qui ont conservé leur caractère primitif. Les *Mandingues* ont des entailles verticales sur toute la figure (⁵). On retrouve le même genre de marque chez les *Akras* ou *Inkrans*, les *Timbous*, les *Eyéos*, nations de la Guinée (⁶), et chez les habitants de Bournou et du Mobba ou du *Barghou* (⁷); mais la place et le nombre des entailles varient: dans le Barghou, c'est la nuque qu'on marque. Chez les Calabaris, les entailles sur le front sont horizontales : les *Sokos* marquent leur front de deux traits croisés. Chez les *Sabalous*, les incisions

---

(¹) *Labat*, II, p. 334; *Isert*, p. 71, p. 206. *Adanson*, etc., etc. — (²) *Labat*, II, 304. — (³) *Muller*, p. 274. — (⁴) *Isert*, p. 177.

(¹) *Muller*, Descript. de Fetu, p. 184. — (²) *Adanson, Bosmann, Curry*, Observations on the windward coast. — (³) *Oldendorp*, p. 407. *Muller*, p. 280. — (⁴) *Isert*, p. 196. *Rœmer*, p. 18. — (⁵) *Schott*, dans *Forster et Sprengel*, Beyträge, I, 56. — (⁶) *Oldendorp*, I, p. 291. — (⁷) *Annales des Voyages*, XXI, p. 184.

courbes et croisées couvrent les joues et même tout le corps (¹). Il y a des tribus vers Sierra-Leone qui savent produire dans la peau des enflures qui imitent les bas-reliefs (²). »

Les habitants du Dagoumbah ont trois légères incisions sur chaque joue, autant au-dessous, et une sous l'œil; ceux de Yahndi ont trois incisions longues et profondes sur le visage; les Mosi's s'en font aussi trois très profondes, et de plus une sous les yeux; les Bournous en ont le front tout cicatrisé; les Fobi's et les Calanna's se percent le nez. Ces incisions sont faites dans la première enfance; une liqueur fétiche ou enchantée est versée goutte à goutte dans la blessure pour préserver la vie de l'enfant et pour le rendre invulnérable. Ce sont tous ces nègres à la peau tailladée qui sur les marchés des Achantis sont désignés sous le nom de Dunkos comme nous l'avons dit précédemment.

« La circoncision, détestée par les Foulahs, consacrée par la religion chez les Mandingues qui l'étendent même aux femmes (³), est admise parmi des nations nègres idolâtres, telles que les Akras sur la côte d'Or, les Dahomeys, les Calabaris, les Ibbos (⁴). Dans le Benin, on raccourcit chez l'autre sexe une partie superflue, tandis que chez les Dahomeys on se donne de la peine pour produire le dégoûtant allongement qui distingue les Hottentotes (⁵).

» Tout ce qui frappe l'imagination déréglée du nègre devient son *fétiche*, son idole. Il adore, il consulte un arbre, un rocher, un œuf, une arête de poisson, un grain de datte, une corne, un brin d'herbe. Quelques peuples ont un fétiche national et suprême. Dans l'Ouydah, un serpent est regardé comme le dieu de la guerre, du commerce, de l'agriculture, de la fécondité. Nourri dans une espèce de temple, il est servi par un ordre de prêtres; des jeunes filles lui sont consacrées; elles lui offrent l'hommage de leurs danses lascives, mais les prêtres remplacent au reste le divin époux. Chaque nouveau roi vient apporter au serpent de riches offrandes (⁶). Dans le Benin, un lézard est l'objet du culte public; au Dahomey, c'est un léopard. Aux environs du cap Mesurado, les offrandes se dédient à une divinité plus bienfaisante, au soleil (¹). Quelques nègres donnent à leurs fétiches une figure approchant de l'humaine. Ils paraissent généralement admettre un bon et un mauvais principe (²).

» Dans leurs funérailles, accompagnées de beaucoup de cris et de chants, il règne un usage superstitieux très singulier; ceux qui portent le corps demandent au défunt s'il a été empoisonné ou ensorcelé, et prétendent recevoir la réponse au moyen d'un mouvement de la bière, provoqué sans doute par le plus audacieux jongleur parmi eux. Malheur au prétendu sorcier que le mort accuse! il est vendu comme esclave. Les enterrements des princes occasionnent des scènes encore plus déplorables. Le sang d'un grand nombre de victimes humaines est versé sur la tombe royale. Cet usage règne chez les Aminas, les Dahomeys, les Beninois et les Ibbos, peut-être plus loin encore (³).

» Le despotisme cependant n'est pas le seul, ni même le principal malheur de l'Afrique. Les Etats de Benin et de Dahomey, ceux des Yolofs et des Foulahs, sous des rois presque absolus, jouissent du moins de la tranquillité intérieure. Dans le Bambouk, aux environs de Sierra-Leone, et sur la côte d'Or, les principaux chefs des villages forment, à côté d'un monarque électif, des aristocraties turbulentes et désastreuses. L'autorité de chacun s'accroissant en raison de la quantité d'or et du nombre d'esclaves qu'il possède, les *cabossiers* cherchent à l'envi à s'enrichir en dévastant les villages de leurs rivaux. De là, ces éternelles petites guerres qui désolent presque toutes les contrées nègres, et qui n'ont pour but que l'enlèvement de quelques malheureux qu'on vend aux Européens. Les lois, conservées de mémoire, punissent avec sévérité tous les désordres; mais leur exécution est précaire dans un Etat anarchique, et les chefs absolus en abusent cruellement pour avoir beaucoup d'esclaves à vendre. Généralement, le moindre vol est puni de cette manière. Les simples particuliers qui réclament une créance ont au contraire beaucoup de peine à se faire rembourser. Des avocats, très bavards et très intrigants, déploient un art étonnant devant les *palavers* ou assemblées judiciaires. Mais

---

(¹) Isert, p. 233. Oldendorp, l. c. — (²) *Matthews*, p. 118. — (³) *Labat*, IV, p. 350. — (⁴) *Oldendorp*, I, p. 297. — (⁵) *Dalzel*, Hist. of Dahomey, p. 91. — (⁶) *Des Marchais*, II, p. 180. Oldendorp. p. 328.

(¹) *Des Marchais*, I, p. 118. — (²) *Muller*, p. 44. *Rœmer*, p. 42. — (³) *Oldendorp*.

un négociant qui ne peut obtenir justice, se paie souvent lui-même en faisant enlever et vendre comme esclaves les enfants ou les parents du débiteur infidèle (¹).

» Il serait heureux pour l'Afrique de voir les grands empires de Bournou et de Fellatah, et les royaumes de Bambarra et de Tembouctou se consolider et devenir les foyers d'une civilisation au moins asiatique. Malheureusement l'état de ces pays paraît avoir peu de stabilité. Les changements de la capitale de Bournou, qui ont causé tant d'incertitudes aux géographes, viennent probablement de ce que parmi un grand nombre de sultans héréditaires, dont chacun est maître d'une province, tantôt l'un et tantôt l'autre arrive, par droit d'élection ou par droit de conquête, à l'exercice du suprême pouvoir. Deux causes particulières empêchent la Nigritie d'arriver à une assiette stable ; c'est d'abord le voisinage des Maures, peuple remuant, peuple adonné au brigandage, peu capable de fonder ou de conserver un empire (²) ; ensuite le grand nombre de tribus nomades arabes qui, dans leur pauvreté pastorale, bravent même l'autorité des puissants monarques de Bournou (³).

» L'orgueil des petits despotes de l'Afrique égale leur barbare et dégoûtante férocité. Nous avons frémi en les voyant s'asseoir sur un trône d'or, au milieu de crânes humains : nous sourirons en écoutant le pompeux discours de ces princes, dont les plus grandes armées ne s'élèvent que rarement à une dizaine de milliers d'hommes.

» Les Danois ont tracé le portrait du roi des Achantis, nommé *Opoccou*. Ce monarque s'asseyait sur un trône d'or massif, à l'ombre d'un arbre dont les feuilles étaient également en or. Son corps, excessivement maigre, et d'une longueur démesurée, était enduit de suif sur lequel on avait jeté une couche de poudre d'or. Un chapeau européen à large galon d'or couvrait sa tête ; une ceinture de drap d'or lui ceignait les flancs, et depuis le cou jusqu'aux pieds, les cornalines, les agates et les lapis-lazuli s'enlaçaient en bracelets et en chaînes ; ses pieds reposaient dans un bassin d'or. Les grands de son royaume étaient couchés par terre, la tête couverte de poussière ; une centaine de plaignants et d'accusés étaient dans la même posture ; derrière eux, vingt bourreaux, le sabre nu à la main, attendaient le signal du roi, qui ordinairement terminait les procès en faisant décapiter l'une et l'autre partie. L'envoyé danois ayant passé à côté de plusieurs têtes sanglantes, récemment abattues, s'approcha du trône. Le *très haut*, le *flamboyant* lui adressa les questions les plus gracieuses. « Je voudrais bien te gar-
» der quelques semaines, afin de te donner
» une idée complète de ma grandeur. As-tu
» jamais rien vu de semblable ? — Non, sei-
» gneur roi, ton pareil n'est pas dans le monde.
» — Tu as raison ; Dieu, dans le ciel, ne me
» surpasse que de très peu. » Le roi but de la bière anglaise dans une bouteille qu'il remit immédiatement au Danois : celui-ci n'en but que peu, et s'excusa en disant que la boisson l'enivrerait. « Ce n'est pas la bière qui t'eni-
» vre, reprit Opoccou, c'est l'éclat de mon
» visage ; il plonge l'univers dans l'ivresse. »
— Ce même roi vainquit le vaillant prince *Oursoué*, chef des Akims, qui se donna lui-même la mort. Il se fit apporter sa tête, l'orna de bracelets d'or, et lui adressa, en présence de ses généraux, le discours suivant : « Le
» voici donc par terre, ce grand homme qui
» n'avait d'égal que Dieu et moi ! Il était
» certainement le troisième. O mon frère Our-
» soué, pourquoi n'as-tu pas voulu te recon-
» naître inférieur à moi ? Mais tu espérais trou-
» ver une occasion de me tuer ; tu pensais
» qu'il ne devait y avoir qu'un seul grand
» personnage dans le monde : ton sentiment
» n'était pas blâmable ; tous les grands rois
» doivent le partager (¹). »

» Les actions féroces de ces petits tyrans ne révoltent pas un peuple aussi sanguinaire qu'eux, et qui, même après leur mort, s'empresse d'assouvir la soif de sang humain dont leurs royales ombres sont censées être dévorées. Les Akims immolèrent sur le tombeau du roi *Freempoung* ses esclaves, au nombre de plusieurs milliers, son premier ministre et 336 de ses femmes. Toutes ces victimes furent enterrées vivantes après qu'on leur eut brisé les os. Le peuple, pendant plusieurs jours, exécuta des danses accompagnées de chants solennels autour du tombeau où ces

(¹) *Isert*, p. 221. *Oldendorp*, p. 304. *Matthews*, p. 81. — (²) Description du Tembouctou, dans les *Annales des Voyages*. — (³) Description de Bournou, dans les *Annales des Voyages*.

(¹) *Rœmer*, Relation de la côte d'Or.

infortunés éprouvaient une lente et horrible agonie.

« Ces traits peuvent faire penser que l'ami des hommes, en condamnant le commerce des nègres, ne doit pas donner pour principal motif de son improbation la funeste influence de ce trafic sur la prospérité des Africains. Il ne peut guère y avoir de bonheur public ni particulier dans une partie du monde où règnent des lois et des mœurs aussi barbares. Les deux tiers de la population nègre vivent déjà chez eux dans un état d'esclavage héréditaire, ou peuvent du moins y être réduits d'un instant à l'autre par le moindre mot de leurs despotes. Peu importe à la majeure partie de ces infortunés quelle contrée ils arrosent de leur sueur et de leurs larmes. Il est vrai que l'aspect de tant d'individus vendus avec une apparence de droit, provoque, de la part des marchands d'esclaves, quelques tentatives pour s'emparer d'hommes libres. On en cite d'affreux exemples. Un de ces marchands, connu sous le nom anglais de *Ben-Johnson*, avait ravi une jeune fille libre, et venait de la vendre à un capitaine anglais. Il s'en retourne avec le prix de son crime; mais près du rivage, d'autres nègres apostés par le prince ou les chefs du village, l'attaquent, le lient, et, en criant *au voleur!* le ramènent au vaisseau et l'offrent en vente. Ben-Johnson eut beau invoquer l'amitié du négrier européen, et lui rappeler qu'il était un homme libre et son plus habile fournisseur d'esclaves. « C'est » égal, répondit l'insensible Anglais, puisque » ces hommes te vendent, je t'achète; » et aussitôt il lui fait mettre les fers. D'autres fois une horrible avidité fait oublier tous les liens du sang. On a vu des mères vendre leurs enfants en bas âge pour quelques boisseaux de riz. Un Africain, robuste et jeune, amenait un jour son fils adolescent pour le vendre aux Européens; celui-ci, plus rusé et plus instruit dans la langue des étrangers, leur démontra que son père, par sa vigueur et sa taille, valait mieux que lui, et les détermina à le garder à sa place, quoique ce dernier ne cessât de crier « qu'un fils n'a pas le droit de vendre » son père. »

« Il est impossible de nier que ces forfaits ne doivent leur origine à l'infâme trafic des nègres. La circonstance la plus funeste, c'est que, pour s'emparer d'une centaine d'hommes, les princes africains en immolent souvent un millier; car, lorsque ces despotes ne trouvent pas des individus qu'ils puissent condamner à être vendus, ils font donner régulièrement la chasse aux habitants d'un village entier comme à une troupe de bêtes fauves ; les uns résistent les armes à la main, les autres se sauvent dans les forêts, dans les antres des lions et des panthères, moins impitoyables que leurs compatriotes. Plusieurs contrées ont été dépeuplées par suite de ces atrocités.

« Mais, dans les mémorables discussions que la traite des nègres a fait naître parmi les hommes d'État de l'Europe, les principaux motifs qui ont provoqué l'abolition de ce commerce sont étrangers au sort malheureux des Africains. Tandis que les Wilberforce invoquaient l'autorité de la religion chrétienne et les sentiments de la douce piété, les Pitt, les Fox, dans le sénat britannique, les Bernstorf, les Schimmelmann, dans le conseil danois, décidaient cette grande question d'après des considérations de haute politique. Le premier de leurs arguments était tiré du dangereux effet que ce commerce avait sur le caractère moral de nos navigateurs. La nécessité d'entasser à bord d'un seul bâtiment plusieurs centaines d'esclaves y produisait trop souvent des scènes plus horribles que celles qu'on vient de décrire. Assiégé par des fièvres pestilentielles, par la famine et la mort, le vaisseau négrier devient en même temps un hôpital, une prison, une école d'inhumanité et de crimes. Plus de la moitié des noirs qui composent la cargaison se donne la mort ou périt de maladie; quelquefois le capitaine, réduit à la disette, les jette vivants dans la mer pour sauver au moins la vie des Européens. Les marins employés dans ce commerce prennent un caractère féroce, et souillent même le sol européen de crimes dignes de l'Afrique. Un seul trait donne la mesure de leur humeur indomptable. Le capitaine Landolphe, Français, avait formé à *Ouary* un bel établissement semblable à celui de Sierra-Leone, et destiné à introduire la culture du sucre dans cette partie de l'Afrique. Trois marchands négriers de Liverpool s'enflamment de rage à l'idée de voir la philanthropie et le commerce français s'établir sur une côte où l'on ne connaissait jusqu'alors que leur affreux trafic; ils arment en pleine paix (¹) une petite escadre, surprennent la colonie française, incendient les maisons, pillent les riches magasins et massacrent les nègres cultivateurs. M. Landolphe échappa seul aux poursuites de ces assassins.

» L'autre motif contre la traite des nègres est tiré de la grande mortalité qui règne parmi les esclaves apportés à si grands frais dans nos colonies. On a calculé que dans vingt ans toute la population nègre de l'Amérique est renouvelée, puisque la diminution ordinaire est de cinq pour cent par année. En suivant cette donnée, et en admettant qu'il existe dans les deux Amériques 3,000,000 de nègres, on peut trouver à peu près la quantité de nègres qu'on a tirés de l'Afrique. Prenons un siècle comme l'espace qu'a duré cette exportation. La masse des nègres américains a dû se renouveler cinq fois ; donc il a dû arriver 15,000,000 d'Africains sur les rivages américains ; mais il en a au moins péri autant dans le passage. L'Afrique a donc perdu 30,000,000 d'habitants. Une aussi forte diminution d'hommes en a dû faire hausser le prix ; et comme bientôt les bénéfices de ce commerce seraient devenus nuls, il eût cessé de lui-même. Mais une semblable cessation, dont la politique législative n'aurait pas prévenu les suites, eût véritablement pu entraîner la ruine des colonies. L'abolition légale, graduée et sagement modifiée de ce commerce ; n'a, au contraire, produit aucune secousse dans les îles britanniques et danoises. Une meilleure police introduite dans l'administration des plantations assure aux colonies la multiplication d'une race de nègres indigènes, seule base solide de ces établissements, jusqu'ici précaires.

» Tel a été le résultat des délibérations calmes et lentes qui, chez la plupart des nations, ont amené l'abolition du commerce des esclaves.

» Dans cet exposé historique d'une révolution si importante pour l'état futur de l'Afrique, nous avons parlé d'après la supposition que les îles d'Amérique doivent continuer à fournir seules ces précieuses productions de la zone torride, dont le luxe a fait des besoins. Mais qui a pu lire le tableau physique et moral de l'Afrique septentrionale que nous venons d'achever, sans penser que cette partie du monde peut devenir elle-même, pour une nation active et éclairée, la plus belle, la plus vaste et la plus avantageuse de toutes les colonies ?

» La race nègre, même en la supposant réellement inférieure en intelligence aux Européens, aux Arabes, aux Hindous, possède néanmoins les facultés nécessaires pour apprécier et pour s'approprier nos lois et nos institutions. Malgré l'horrible peinture que nous venons de tracer de l'état actuel de l'Afrique, le nègre n'est étranger à aucun des sentiments qui honorent et qui élèvent la nature humaine. Si l'on voit quelquefois les parents vendre leurs enfants, généralement les liens de la tendresse domestique sont aussi fortement serrés qu'ils peuvent l'être où la polygamie est permise. « Frappez-moi, mais ne dites pas » de mal de ma mère ! » est un propos habituel parmi les nègres. Un gouverneur danois, sur la côte d'Or, accorda la liberté à un adolescent nègre qui voulait se vendre pour affranchir son père. L'amitié a eu ses héros dans la Guinée comme dans la patrie de Pylade. On a vu des traits d'une reconnaissance généreuse. Vers l'an 1810, un nègre français, devenu un riche négociant, a donné une pension alimentaire à son ancien maître, qui était tombé dans la misère. Il est des colons qui, semblables aux anciens patriarches de l'Orient, vivent au milieu d'une peuplade d'esclaves comme au sein d'une famille unie par un attachement inviolable. Le plus beau trait dans le caractère du nègre, c'est cette héroïque fidélité envers un maître juste et même envers un maître sévère, dont on a cité de nombreux exemples ; le suivant est un des plus authentiques. *Quagié*, nègre inspecteur, avait joui de toute la confiance de son premier maître, qui, en mourant, le recommanda à son fils et successeur : ayant été élevé avec celui-ci, il pouvait espérer la continuation de la même faveur ; cependant il encourut une disgrâce momentanée ; le jeune maître, sévère et violent, le menaça, pour la première fois de sa vie, d'une punition déshonorante. *Quagié* se cache, dans l'intention de faire demander son pardon. Pour son malheur, le maître, en se promenant, découvre le même jour sa retraite : jeune et vigoureux, il s'élance sur l'esclave et le maltraite cruellement. Entraîné de son côté par

(¹) Vers le milieu de l'année 1792.

un premier mouvement, le robuste nègre saisit l'Européen, l'abat sous lui, et tirant de sa ceinture un large couteau : *Massa* (1), dit-il, j'ai été le compagnon de votre enfance, je vous chéris plus que moi-même ; je vous jure que je suis innocent ; mais eussé-je même été coupable, j'aurais dû pouvoir compter sur votre indulgence ; cependant vous m'avez condamné sans m'entendre ; vous voulez me livrer à une peine déshonorante. Non, non ! je m'y soustrairai. A ces mots, il plonge le couteau dans son propre cœur, et tombe baigné dans son sang, sur son maître, qui, trop tard, lui offrait le pardon.

» Ne désespérons donc point de voir un jour le germe de la civilisation se développer chez les nations africaines. »

LIVRE CENT CINQUANTE-NEUVIÈME.

Suite de la Description de l'Afrique. — Description générale et particulière du Congo et de quelques pays limitrophes.

« Dans les régions sauvages ou barbares, le caprice d'un voyageur ou la pédanterie d'un géographe invente et abolit tour à tour les dénominations générales, les unes, pour l'ordinaire, aussi arbitraires que les autres. Le choix entre ces noms ne mérite pas de longues discussions. La côte de l'Afrique occidentale, comprise entre le cap Lopez de Gonzalvo et le cap Negro, est désignée communément dans le commerce sous le nom générique de *côte d'Angola* (2). Elle est nommée *Ethiopie occidentale* par quelques auteurs italiens et français (3) ; elle est comprise dans la *Basse-Ethiopie* des Portugais, grande division qui commençait près du fort de la Mina, au nord de l'équateur (4). Les meilleurs géographes l'ont appelée Basse-Guinée, ou *Guinée méridionale* (5). M. Ad. Balbi la nomme *Nigritie méridionale*. Il semblerait encore plus naturel de donner à cette région le nom de *Congo*, qui est celui d'un royaume dont la domination l'a jadis embrassée presqu'en totalité, et dont la langue paraît être la souche de tous les idiomes qu'on y parle. »

Borné au nord par la région du Ouankarah, dont il est séparé par le cours du Camarones, le Congo confine au sud à la Cimbebasie. Sa longueur du nord-ouest au sud-est est d'environ 600 lieues ; il en a 200 dans sa plus grande largeur de l'est à l'ouest.

« Situé dans la zone torride, mais au sud de l'équateur, le Congo jouit d'un climat semblable à ceux que nous avons décrits dans les deux livres précédents, avec la seule différence que les saisons arrivent dans les mois opposés. On n'y distingue, à la rigueur, que deux saisons, celle de la sécheresse et celle des pluies. Depuis notre équinoxe du printemps jusqu'à la fin d'octobre, il ne tombe ordinairement point d'eau ; mais les vents de sud et de sud-est rafraîchissent l'atmosphère (1), et la chaleur, quoique intense, surtout dans les beaux jours, est néanmoins supportable. Dans les temps brumeux, qui ne sont pas rares, l'humidité de l'air relâche les fibres, gêne la respiration, et au moindre exercice provoque de fortes sueurs qui minent la santé des étrangers et les obligent de se sécher près du feu, ou de changer de vêtements. Pendant l'autre moitié de l'année, le soleil est moins un astre lumineux qu'une fournaise ardente ; ses rayons perpendiculaires tariraient les sources de la vie et frapperaient le sol d'une stérilité absolue, si la nature bienfaisante n'y avait point préparé un remède dans la fraîcheur des nuits, égales aux jours en durée, dans le serein et les rosées, toujours abondantes à cette époque. L'air est encore rafraîchi par des torrents rapides qui

---

(1) *Monsieur*, dans le patois des nègres. — (2) *De Grandpré*, Voyage à la côte occidentale de l'Afrique, introd., p. 13. — (3) *Cavazzi et Labat*, Relation historique, etc. Paris, 1732. — (4) *Marmol*, Afrique, III, 90. — (5) *Bruns*, Africa, IV, 9.

(1) *Lopez*, Relazione di Congo, p. 7. (Édition de 1591, Rome.)

sillonnent les flancs des montagnes, et par les nombreuses rivières qui arrosent les plaines : ajoutons l'effet des vents imprégnés de vapeurs humides, qui, dans cette saison, soufflent périodiquement du nord-ouest, c'est-à-dire du golfe de Guinée, en amoncelant des nuages épais contre les montagnes de l'intérieur. Dès la fin d'octobre, ces réservoirs d'eau versent sur le pays des pluies fréquentes, accompagnées de tonnerre et d'orage, qui ne cessent qu'en avril [1]. Le sol, échauffé à une grande profondeur, boit les eaux du ciel avec avidité ; toute la nature renaît dans peu d'instants ; les guérets se couvrent d'une verdure soudaine, les bourgeons des arbres s'épanouissent, le parfum des jeunes fleurs embaume l'atmosphère [2]. Il y a néanmoins ici, comme partout, des exceptions à la règle : les pluies quelquefois ne viennent qu'après l'époque accoutumée, ou même elles manquent entièrement ; il en tombe aussi dans les mois d'hiver ou de sécheresse. Toujours les mares d'eau stagnantes, qui restent après les pluies, remplissent l'air de méphitisme, et rendent le séjour à la côte dangereux pour les Européens.

Les habitants du Congo divisent l'année en six périodes. Le printemps (*massanza*) commence avec les pluies d'octobre, qui vont en augmentant jusqu'au mois de janvier. Vient ensuite le *n'sasou*; c'est la saison de la première moisson et des secondes semailles, dont le produit est récolté en avril. Les ondées, qui depuis janvier n'étaient que passagères, reprennent au mois de mars, et continuent, quoique faiblement, jusqu'au milieu de mai. C'est dans cet intervalle que tombent l'*écundi* et le *guitombo*. Le *guibsoo* et le *quimbangala* constituent l'arrière-saison et l'hiver ; ce dernier, marqué par une sécheresse destructive qui fait mourir les feuilles des arbres privés de sève, désorganise les plantes et dépouille les campagnes de toute leur parure.

» En commençant la géographie physique du Congo, nous apercevons aussitôt que les deux principaux traits nous manquent ; on connaît aussi peu la direction des chaînes de montagnes que l'origine et le cours des rivières. La plupart de celles-ci prennent leur source sur un plateau ou sur une chaîne de montagnes éloignée généralement de la côte de 150 à 200 lieues. Mais cette chaîne paraît s'ouvrir devant trois grands fleuves qui viennent de l'intérieur du continent, et dont l'origine est inconnue.

» Le fleuve de *Coanza*, quoique le moins considérable, a plus d'une lieue de large à son embouchure ; il charrie ses eaux bourbeuses avec tant de force, que la mer en est colorée jusqu'à trois ou quatre lieues au large. On peut le remonter jusqu'au fort Massangano, qui est à 40 lieues dans les terres ; ses grandes cataractes sont à 60 lieues plus loin. Il paraît venir du sud-est.

» Le fleuve de *Congo* ou de *Coango*, appelé *Zaïre* ou *Zahire* par les indigènes, a plus d'une lieue de largeur à son embouchure, et se jette dans la mer avec tant d'impétuosité, qu'aucun fond de sonde ne peut y être pris, à cause de la violence du courant. Sa profondeur moyenne est de 240 pieds ; dans quelques endroits elle est beaucoup plus considérable : ainsi le capitaine Tuckey a trouvé qu'elle était de 900 pieds et le capitaine Fitz-Maurice de 960. On sent la force de ce courant à une grande distance au large ; l'eau y conserve une teinte noirâtre ; des îlots flottants de bambou, entraînés dans l'Océan, y environnent le navigateur [1]. Les cataractes de ce fleuve, situées à 120 lieues dans l'intérieur, paraissent plus majestueuses que celles du Nil.

» Ce grand fleuve vient sans doute de très loin ; mais est-il raisonnable de supposer qu'il soit identique avec le Niger ou le Djoliba ? Cette conjecture, proposée d'abord par M. de Seetzen [2], a été renouvelée par l'infortuné Mungo-Park [3], et adoptée comme base pour l'expédition anglaise commandée par le capitaine Tuckey. Nous indiquerons brièvement les arguments par lesquels on réfuta dans le temps cette hypothèse peu ingénieuse. Le Ouankarah est un pays très bas ; c'est un marais, et quelquefois un lac. L'intérieur du Congo est, au contraire, montagneux et très élevé. Comment le Niger, en sortant du Ouankarah, trouverait-il une pente suffisante jus-

---

[1] *Proyart*, Histoire de Loango, etc. Trad. allem. de *Memers*, p. 1. — [2] *Labat*, Relation historique, 1, 104.

[1] *Archibald Dalzel*, Instructions nautiques sur la côte d'Afrique. — [2] Correspondance, Géog. et Astron. de M. Zach, V, 260 (Année 1802), Comp. VI, 224, où M. de Seetzen paraît avoir abandonné son idée. — [3] Dernier journal de Mungo-Park.

qu'aux régions où coule le Zaïre? En supposant qu'il se dirige au sud-est, en sortant du Ouankarah, il rencontrerait très vraisemblablement la rivière de Camarones, ou celles de Benin et de Calabar, qui, à en juger par leurs embouchures, doivent être considérables, et par conséquent prendre leur origine très loin dans l'intérieur [1]. Ces raisons s'opposent à l'identité du Niger avec le Zaïre. Ce dernier reçoit d'ailleurs son plus grand affluent,connu du côté du sud-est, sous le nom de *Bancaos*, et il doit l'abondance de ses eaux, d'après les rapports des indigènes, à un grand lac imparfaitement connu, et qu'on nomme *Aquilonda* ou *Achelunda*. Peut-être sert-il d'écoulement à un système entier de lacs semblables à celui des lacs du Canada, et qui pourrait bien comprendre même celui de Maravi. »

Ajoutons que le *Coanza* paraît sortir, comme le Zaïre, d'un grand lac peu connu. Profond et rapide, il forme à 60 lieues de son embouchure une cataracte dont le bruit s'entend à une grande distance. Ce n'est qu'à 15 lieues plus bas qu'il commence à être navigable. Il se jette dans l'Océan après un cours de plus de 200 lieues, entre le cap Ledo et la pointe de Palmerinha.

« L'*Avongo*, le troisième grand fleuve de ce pays, vient d'un lac ou d'un marais situé à peu près à 10 degrés de la côte et à 5 degrés au nord de l'équateur; il s'écoule près du cap Lopez par plusieurs embouchures; les indigènes font un pompeux tableau de la grande chute par laquelle ce fleuve, encore peu connu, descend du plateau des montagnes dans la région maritime, parsemée de lacs et de marais.

» Le sol, en général gras et fertile, offre cependant le long de la côte des terrains sablonneux et marécageux. Les sables composent également toutes les montagnes de Loango, et s'étendent sur toute la surface de Sogno, mais là ils recouvrent un bon terrain. Quant aux autres parties constitutives du sol de la région du Congo, on y distingue de l'excellente terre argileuse [2], des montagnes de granit, de porphyre, de jaspe et de marbres divers [3]. Mais près de la côte la pierre à chaux, qui manque, est suppléée par les co-

quillages entassés sur les bords de la mer. Le sel abonde dans le Loango [1] : il provient des fosses creusées à la côte, où l'eau s'évapore naturellement; les nègres le préparent aussi dans des vases par ébullition [2]. Le royaume d'Angola renferme des puits salés, dont on tire des morceaux de sel longs de deux pieds et larges de cinq à six pouces. Le sel recherché dans les marchés sous le nom de pierre de *guisama* ou *khissama* sert de remède. Suivant Battel [3], c'est un sel gemme dont les couches, situées à trois pieds de profondeur, s'étendent sur une grande partie de la province de Demba.

« Les mines de Loango et de Benguela fournissent en quantité d'excellent fer [4]. Presque toutes les montagnes du Congo en renferment; mais les naturels ne savent pas extraire ce métal. En *Angola*, on trouve de la mine de fer dissoute dans l'eau de la rivière. Pour l'en retirer, les nègres y déposent des bottes de paille et d'herbes sèches, auxquelles les parties métalliques s'attachent [5]. Selon Battel, Lopez et Grandpré, le cuivre et l'argent abondent en Angola, et notamment dans le royaume de Mayomba, où on les trouve à fleur de terre [6]. Il y a aussi plusieurs mines de cuivre dans le pays d'Anziko et dans les montagnes situées au nord du fleuve Zaïre: près de la grande cataracte on en exploite d'un jaune brillant [7]; mais rien n'y atteste avec certitude l'existence de l'or. On connaît ici les aérolithes, appelées, dans la langue du pays, *targia*.

» Du reste, si les richesses du règne minéral ont moins d'éclat que ne le supposèrent les premiers voyageurs, il n'en est pas de même des productions du règne végétal. Rien n'égale l'éclat des pelouses émaillées de mille fleurs. Des graminées, hautes et serrées, recouvrent presque les routes. Les champs et les forêts sont parsemés de lis plus blancs que la neige; partout on admire des bosquets entiers de tulipes des couleurs les plus vives, entremêlées de tubéreuses et de jacinthes. Quelques ornements de nos jardins, tels que la rose, le jas-

---

[1] *Reichard*, dans la Correspondance de Zach, V, p. 409. — [2] *Robertson*, Notes on Africa, p. 334-36. — ( ) *Labat*, Rel. II, p. 63.

[1] *Lopez*, l.c., p. 42. — [2] *Zucchelli*; Voyage et Mission, trad. allem., p. 153 324. *Proyart*, p. 97. — [3] Collection de *Purchas*, II, p. 978. — [4] *Labat*, I, pag. 27-83; II, pag. 59. *Zucchelli*, pag. 250. — [5] *Labat*, I, pag. 71. — [6] *Purchas*, pag. 978; *Lopez*, pag. 23; de *Grandpré*, I, pag. 38. — [7] *Cavazzi* et *Labat*, I, pag. 35.

min, demanderaient le soin de l'arrosement que leur refuse l'Européen, uniquement attaché au commerce, ou livré à la paresse.

» Parmi les plantes alimentaires, nous citerons le *mafringo* ou *masanga*, espèce de millet très agréable au goût et à l'odorat, dont les épis, longs d'un pied, pèsent de deux à trois livres. Tous les *holcus* viennent presque sans culture (¹). Le *luno* ou *luco*, peut-être le *test* d'Abyssinie (²), fournit un pain très blanc, savoureux, et aussi bon que celui de froment; c'est la nourriture ordinaire dans le Congo. Les épis en sont triangulaires, et les grains, couleur gris de fer, avec une petite tache noire, n'ont guère plus de volume que ceux de la moutarde. La graine en fut apportée *des environs du Nil*, peu avant l'époque de Lopez (³). On a vainement essayé la culture du froment européen; ses tiges couvrent un cavalier à cheval, mais elles restent stériles. M. de Grandpré (⁴) cependant l'a vu produire des épis qui contenaient cinquante-deux grains. Le maïs, *mazza manputo*, introduit par les Portugais, sert à engraisser les cochons; il donne deux à trois récoltes. Le blé-sarrasin en donne deux; il résiste mieux que les autres grains à la sécheresse (⁵), et pousse quatre ou cinq tiges hautes de dix pieds. Le riz est abondant, mais n'est point estimé. Toutes les plantes potagères d'Europe, telles que le navet, la rave, la laitue, l'épinard, le chou, la citrouille, le concombre, le melon, le fenouil, réussissent très bien, et atteignent même un plus haut degré de perfection que dans leur pays natal. Les patates, appelées chez les nègres *bala-puta* ou racine portugaise, sont venues d'Amérique, et deviennent plus savoureuses qu'en Europe. On cultive aussi le manioc américain ou la cassave, dont la racine tient lieu de pain; la pistache, surtout en Loango; l'igname ou yams; le *tamba* et le *chiousa*, qui sont de l'espèce du panais. Les *incouba*, ou pois d'Angola, croissent également sous terre. Les *ouvando*, autre espèce de pois, sont recueillis sur un arbuste qui vit trois ans, et offrent une bonne nourriture. M. de Grandpré cite en particulier les *msangui*, dont le goût ressemble à celui de nos lentilles; il file le long des arbres (⁶). Il y a plusieurs sortes de bons haricots, qui, plantés dans la saison des pluies, donnent trois récoltes en six mois. Les *neubanzam* ressemblent en tout à nos noisettes, et exigent peu de soins : ils forment un des aliments ordinaires des naturels du Congo. L'ananas, haut de six empans, et toujours chargé de fruits, vient naturellement dans les endroits les plus déserts (¹), ainsi que la canne à sucre dans les terrains marécageux; celle-ci parvient à une hauteur démesurée : les nègres en sucent le jus, et la portent quelquefois au marché. La réglisse y est parasite, et n'a de saveur que dans la tige. Le tabac paraît indigène. Il est négligemment cultivé, quoiqu'il soit un objet de première nécessité pour les nègres, tant hommes que femmes, qui tous fument en se servant de pipes de terre. Quelques uns d'entre eux le prennent aussi en poudre. La vigne y a été transplantée des îles Canaries et de Madère. On récolte du vin au sud de la rivière Zaïre : celui des capucins est d'une qualité exquise (²). Le coton du Congo ne paraît pas inférieur à celui de l'Amérique. Le piment est d'une âcreté extrême. Les grappes de l'*inquoffo*, qui grimpe aux arbres ou enlace les plantes, offrent une autre espèce de poivre excessivement fort. Le *dondo* a toutes les qualités de la cannelle. Le fruit du *mamao*, arbuste à très grandes feuilles, a de l'analogie avec nos courges. Les autres produits remarquables d'arbustes et arbrisseaux sont : le *mololo*, semblable au citron : il est stomachique; le *mambrocha* : il est d'un jaune pâle, et a de l'analogie avec l'orange; le *mobulla*, fruit aromatique et très salubre, qui vient aux aisselles des feuilles, comme nos figues (³). Outre le pisang, qui forme le pain des riches, et le *bacouve*, fruit du figuier-bananier, le *nicosso*, autre sorte de pisang, vient en grappes de la forme d'une pomme de pin, contenant plus de deux cents fruits délicieux, qui mûrissent toute l'année. Les orangers, citronniers, grenadiers, guayaviers, etc., dont on doit en partie la culture aux Portugais, n'ont point dégénéré (⁴).

» En général, la nature n'a refusé à la Guinée méridionale ou au Congo presque aucun des végétaux qui enrichissent la Guinée pro-

---

(¹) Battel, p. 985. — (²) Ehrmann, Collection des Voyages, XIII, p. 172. — (³) Lopez, p. 40. — (⁴) De Grandpré, I, p. 14. — (⁵) Labat, I, p. 111. — (⁶) De Grandpré, I, p. 6.

(¹) Labat, I, p. 142; Zucchelli, p. 151. — (²) Labat, I, p. 144; Proyart, p. 29-84. — (³) Labat, I, p. 137. — (⁴) Labat, p. 119-138-141; Proyart, p. 25.

pre. Cette contrée possède exclusivement le *conde* (¹) de deux espèces. Son fruit, configuré comme une pomme de pin, renferme une substance blanche, farineuse et rafraîchissante, qui fond sur la langue. Le fruit du *zaffo* a de l'analogie avec la prune; seulement il est plus gros et d'un rouge de feu. Celui de l'*oghohe* est de la même forme, jaune, odorant, savoureux; l'arbre est employé à la charpente. L'*insanda* ou *enzanda*, arbre toujours vert, qui, par ses feuilles, ressemble au laurier, ne porte point de fruits; mais son écorce sert à la confection d'étoffes très estimées. Les branches pendent à terre et y prennent racine : c'est peut-être le *ficus benianina* de Linné (²). Le *mulemba*, qui a beaucoup de rapports avec l'*insanda*, fournit la matière d'étoffes encore plus précieuses. La résine qu'on tire du tronc sert à faire de la glu. Le *mirrone*, du même genre, est un objet d'adoration pour les nègres. Les huiles du *liquieri* ou *luqui*, du *capanano* ou figuier du diable, et du *purgera*, ainsi que les gommes ou résines du *cassanevo* et de l'*almetica*, servent à des usages domestiques ou dans la médecine (³). Le *muchiæ*, arbre qui parvient à la hauteur d'un chêne, donne un fruit piquant, mais agréable. Celui de l'*avasasse* a la grosseur d'une noix et le goût de la fraise. Le jus du *gegero*, qui ressemble à une orange oblongue, est confortatif. Les graines du *colleva*, très grand arbre dont le fruit présente la forme d'un citron énorme, sont rouges, amères et stomachiques.

» Des forêts de mangliers s'étendent sur les côtes marécageuses et le long des rivières. Le bois de sandal, tant rouge que gris, qu'on appelle *chigongo*, et qui est plus estimé, abonde notamment dans le pays d'Anzico. Les tamariniers et les cèdres qui bordent surtout la rivière du Congo, offriraient du bois de construction pour des flottes innombrables (⁴).

» Plusieurs espèces de palmiers parent en outre les champs du Congo; aucun naturaliste ne les a examinées, mais il paraît qu'il y en a de particulières à cette région. Le cotier élève sa tête hardie au-dessus de tous ces arbres utiles; son fruit est ici, comme ailleurs, un des plus grands bienfaits de la nature. Le palmier *matome* (¹) vient dans les terrains marécageux; les côtes des feuilles, prodigieusement larges, servent à faire la charpente des toits, des échelles de trente à quarante échelons, et des perches élastiques pour porter les hamacs des grands (²).

» Le palmier *matoba*, peut-être le *cocos guineensis* de Linné, donne un vin aigrelet; son fruit est plus petit que la noix de coco; les feuilles, plus courtes et plus larges que celles des espèces précédentes, servent à couvrir les habitations ou à faire des paniers et des corbeilles. La sève du palmier nain, le plus petit de tous, offre une boisson malsaine, que l'estomac des nègres seul supporte. On fabrique de très belles étoffes avec les fibres de ses feuilles. Le dattier, dont le fruit est excellent, porte ici le nom de *tamara*, nom que lui donne aussi la sainte Écriture. Cette particularité pourrait faire soupçonner que des Hébreux, des Arabes ou bien des Phéniciens ont pénétré jusqu'au Congo. Le fruit du palmier *coccata* renferme une boisson délicieuse; il est de la grosseur d'un melon, et diffère peu de la noix de coco; le marc épaissi offre un bon aliment.

» Le superbe palmier du Congo embellit de ses touffes les champs et les forêts; ses fruits, très abondants, ne sont en rien inférieurs à ceux des autres palmiers; son vin est doux, piquant, agréable, il a le montant du vin de Champagne. Lorsqu'on ne prive pas l'arbre de sa sève, il produit à la racine de ses feuilles un fruit qu'un homme seul a de la peine à porter; les graines ont la couleur et le goût des châtaignes cuites; elles sont la nourriture des pauvres, et rôties au feu, elles donnent une huile épaisse, employée par les nègres pour l'assaisonnement de leurs mets, et, par les Européens, pour l'éclairage : les fibres des feuilles servent à faire des paniers, des cordes et des nattes (³). Ce palmier, sans doute le même que Lopez cite sous le nom de *cola*, et M. de Grandpré sous celui de *latanier*, comme le plus commun, paraît être l'*elate silvestris* de Linné (⁴).

(¹) *Zucchelli*, p. 152. (Il paraît que *conde* est une dénomination portugaise.) — (²) *Bruns, Afrika*, IV, p. 34; *Labat*, I, p. 122. — (³) *Labat*, I, p. 80, 124, 146. (*Purgera* nous paraît encore un nom portugais.) — (⁴) *Lopez*, p. 42.

(¹) Variété de *borassus flabellifer*, L. — (²) *Labat*, I, p. 128. — (³) *Labat*, I, p. 133. — (⁴) *Lopez*, p. 41; *de Grandpré*, I, p. 13.

» Nous ne saurions terminer le recensement des principaux végétaux du Congo sans rappeler ce puissant colosse de la terre, l'énorme *baobab*, ou l'adansonie digitée, qui porte ici le nom d'*aliconda*, de *bondo* et de *mapou*. Il abonde dans toute la contrée, et il s'en trouve que vingt hommes ne sauraient enlacer de leurs bras [1]; le marc de ses fruits, assez gros pour meurtrir, en tombant, les hommes et les bestiaux, offre un grossier aliment aux nègres, qui, dans le besoin, mangent jusqu'aux feuilles de l'arbre; la coque donne des vases solides; de la cendre du bois on extrait du savon; l'écorce sert à faire des cordes, de la grosse toile, des étoffes utiles aux pauvres, et des mèches de canon. L'arbre étant sujet à pourrir facilement, les nègres se gardent de construire leurs cabanes à son ombre, pour ne pas être écrasés par sa chute; mais le creux qui se forme dans l'intérieur du tronc renferme souvent une quantité d'eau suffisante pour plusieurs milliers d'hommes pendant une journée [2], et les abeilles aiment à s'y établir dans des caisses fixées sur le haut des branches.

» La plupart de ces arbres et arbrisseaux ne portent point, nous dit-on, de fleurs apparentes; ils verdissent toute l'année; les feuilles, qui paraissent comme brûlées pendant la saison sèche, tombent seulement lorsqu'il en pousse de nouvelles au commencement des pluies.

» En remontant des plantes aux êtres animés, nous remarquons d'abord des limaces grosses comme le bras [3]; la grève de la mer est couverte de cauris ou porcelaines; les poissons, tant de mer que de rivière, ne sont presque pas mieux connus aux voyageurs qu'aux habitants, qui ne savent pas les prendre. M. de Grandpré [4] croit que les poissons d'eau douce et ceux que l'on prend à la mer, partout où la profondeur n'excède pas cent brasses, sont à peu près les mêmes que les nôtres. Il y distingue une espèce de petit groudin; l'air l'étouffe moins vite que les autres, et, long-temps après être pris, il pousse encore un cri qui semble articuler distinctement *cro-cro*. En pêchant à la seine on court le risque d'être piqué par la torpille, espèce de raie électrique dont la queue est armée d'un dard. La piqûre de ce poisson est ordinairement suivie d'un gonflement considérable, accompagné de douleurs cuisantes pendant plusieurs jours. Zucchelli et Cavazzi donnent beaucoup de détails sur la femme-poisson ou *pesce donna*, qui paraît être un phoque, peut-être le lamantin (*manatus*). Battel [1] parle d'un cétacé appelé en langage du pays *emboa*, le chien; il a beaucoup de ressemblance avec le *delphinus-orca*, et chasse devant lui, le long de la côte, une quantité de poissons, et s'échoue quelquefois lui-même sur la plage; c'est peut-être le *delphinus-delphis*. On redoute, dans les parages voisins, la scie, peu différente de celles des mers d'Europe; le *pico*, poisson grand et dangereux, et diverses espèces de baleines. M. de Grandpré cite le bécune et le requin, poissons chasseurs qui font la guerre aux hommes en avalant les noirs comme les blancs. C'est une erreur de croire que les nègres de la côte aient le talent et le courage de combattre le requin. Il y a des anguilles d'excellente qualité, des carpes, des squillones et d'autres poissons alimentaires, dans les rivières et dans les lacs.

» Toutes les rivières sont remplies de crocodiles, appelés caïmans par quelques voyageurs; ils ont généralement vingt-cinq pieds de long, suivant Cavazzi [2]; il y en a aussi qui ne vont point à l'eau, et font la chasse aux poules, aux brebis et aux chèvres. Mais dans un autre endroit [3], il nous dit qu'il y a des lézards qui diffèrent peu des crocodiles. Les caméléons sont en grand nombre, et passent pour être très venimeux [4]. L'écureuil volant, ou rat palmiste, joli petit animal, est l'objet d'un culte religieux [5]; les riches le conservent soigneusement et l'exposent à l'adoration du peuple, dont ils reçoivent des cadeaux. Les grenouilles et les crapauds sont d'une grosseur extraordinaire.

» Des serpents monstrueux infestent ces contrées inhospitalières. Le *boa*, long de vingt-cinq à trente pieds et gros de cinq [6], s'élance des arbres sur les hommes et sur les animaux, qu'il avale lentement, mais sans mâcher, et devient à son tour la proie des nègres, qui l'attaquent au moment de la digestion, où le rô-

[1] *Zucchelli*, p. 282. — [2] *Battel*, p. 985. — [3] *Proyart*, p. 35. — [4] *De Grandpré*, I, p. 35.

[1] *Purchas*, II, p. 984. — [2] *Labat*, p. 185-293. — [3] *Ibidem*, p. 422. — [4] *Zucchelli*, p. 147. — [5] *Lopez*, p. 83; *de Grandpré*, I, 34. — [6] *Battel*, p. 995.

tissent en mettant le feu aux savanes à la fin des pluies (¹). Il fait une guerre acharnée aux crocodiles. La morsure d'une autre espèce de serpent tue sans remède dans les vingt-quatre heures. Les voyageurs, amis du merveilleux, le rendent aveugle en lui donnant deux têtes: ils ont probablement voulu parler de l'*amphisbena*, que Lucain et Pline ont décrit parmi les serpents de la Libye. Mais les naturalistes donnent aujourd'hui le nom d'amphisbène à un serpent du Nouveau-Monde.

» Le *mamba*, gros comme la cuisse, a vingt pieds de long et beaucoup d'agilité. Il donne habituellement la chasse au *n'damba*, et le dévore tout vivant. Celui-ci n'a qu'une aune de long, la tête grosse et plate comme la vipère, et la peau panachée de belles taches: son venin est très subtil. Le *n'bambi* est l'un des plus venimeux; on le distingue difficilement des arbres, dont il enlace les troncs pour guetter sa proie. On prétend que le seul attouchement de la *lenta*, vipère bigarrée, est suivi de la mort, mais que la bile de l'animal offre un remède. »

Le serpent le plus remarquable que Merolla ait vu de ses propres yeux est le *Copra*. Il crache une écume qu'il lance de fort loin dans les yeux d'un passant; elle cause des douleurs si vives que si l'on n'a pas du lait de femme pour les apaiser, l'aveuglement est inévitable. Ce reptile est noir et long de 7 à 8 pieds; il entre dans les maisons, grimpe aux arbres et mange les poules et les oiseaux (²). Tout est plein de scolopendres et de scorpions; ceux-ci se glissent dans les maisons et dans les livres (³).

« Nos puces, nos punaises et nos mouches ne se trouvent pas au Congo; mais il y a une quantité d'autres animaux parasites, de cousins et de moustiques, qui sont l'une des calamités du pays. La piqûre du *banzo*, qui ressemble, pour la grosseur, à notre taon, passe pour mortelle. Différentes espèces de fourmis très redoutables attaquent les hommes et les animaux. Les malfaiteurs qu'on leur livre quelquefois liés, sont rongés jusqu'aux os en un jour. Les *insondi* ou *insongongi* entrent dans la trompe des éléphants, et les font mourir avec des accès de fureur terribles. La piqûre des *inzeni*, qui sont noirs et de la plus grande espèce, occasionne des douleurs violentes pendant quelques heures. Les *satales* ou *termites*, petits, ronds, rouges et blancs, sont les plus dangereux: ils s'introduisent partout, et réduisent en poudre les hardes, les marchandises, les meubles et même les maisons, dont ils creusent la charpente en ne laissant que la pellicule extérieure. Selon Grandpré (¹), ils ont l'instinct de remplir de terre glaise ou d'une pâte de terre commune les pieux qui soutiennent les maisons, pour en prévenir la chute. Il n'y a que le fer et le marbre qui résistent à leur dent meurtrière; mais on peut garantir les meubles en plaçant leurs pieds dans des vases pleins d'eau.

» Dans un pays infesté de tant d'insectes incommodes et nuisibles, on est bien aise d'apprendre qu'il en existe un vraiment utile; c'est un scarabée de la grosseur d'un hanneton, qui contribue essentiellement à la salubrité de l'air en creusant des trous profonds sous terre, où il enfouit toutes les immondices: il est d'autant plus précieux, qu'il multiplie avec une fécondité étonnante. De nombreux essaims d'abeilles errent dans les forêts et occupent le creux des arbres, au bas desquels on a seulement la peine d'allumer des feux pour en chasser les industrieux habitants, et s'emparer de leur miel. Les sauterelles sont un mets recherché des naturels, et qui ne déplaît même pas à l'appétit des Européens (²).

» Les autruches et les paons sont estimés par les nègres. En Angola, le roi s'est réservé seul le privilège d'entretenir des paons (³). Il y a des perdrix grises et rouges, qui ont cela de particulier qu'elles perchent sur les arbres. La caille, le faisan, la grive, la veuve, le cardinal, s'y trouvent à foison. Le coucou diffère du nôtre par son chant (⁴). Le coucou-indicateur, répandu par toute la zone torride, porte ici le nom de *sengo*. Les perroquets varient beaucoup pour la grandeur, la couleur et la voix (⁵). Bien différents de ceux que nous voyons en cage, forts, agiles et pleins d'audace, ils fendent les airs d'un vol rapide, et se rendent très redoutables aux autres oiseaux

---

(¹) *Lopez*, p. 32; Carli, Relation de sa Mission, p. 45, trad. allem.; Cavazzi ou Labat, 1, p. 199. — (²) Merolla: Churchill's collection, p. 685. — (³) *De Grandpré*, 1, p. 37.

(¹) De Grandpré, 1, p. 20. — (²) Zucchelli, p. 286; Labat, 1, 184. — (³) Lopez, p. 33. — (⁴) Proyart, p. 33. — (⁵) De Grandpré, 1, 34.

qu'ils attaquent, combattent et déchirent impitoyablement.

» On ne distingue pas bien les diverses espèces de tourterelles, de pigeons, de poules, de canards et d'oies que ce pays possède. L'esprit paresseux des naturels n'a pas deviné les avantages infinis que l'homme prévoyant retire des œufs de poule dans l'économie domestique. La poule, abandonnée à elle-même, pond où elle veut, et court librement les champs avec ses petits pour y chercher sa nourriture. Parmi les oiseaux pêcheurs on distingue le pélican, le plongeon, et les mauves de toute espèce. La peau du pélican, appliquée sur l'estomac, sert, dit-on, à le réchauffer.

» Parmi les quadrupèdes, l'hippopotame offre un mets agréable aux nègres; même les Européens s'en contentent les jours maigres (1). Les sangliers (*engallas*), dont on distingue quelques variétés, sont un fléau du pays. Ils appartiennent au genre *phascochère* (*phascochœrus africanus*). Le cochon, introduit par les Portugais, est remarquable moins par sa taille que par la bonté de sa chair. Les noirs élèvent des cochons d'Inde. L'utilité des chevaux, des ânes et des mules est nulle pour les nègres, qui n'osent pas seulement les monter. Nègres ou Portugais, les habitants trouvent plus commode de se faire porter dans des hamacs. Suivant Lopez et Battel, il n'y aurait même aucun cheval dans tout le Congo. Un missionnaire dit y en avoir vu un seul (2). Ceux que les Européens apportèrent pour en multiplier l'espèce, furent dévorés par les bêtes féroces ou par les nègres, qui en aiment la chair. Le zèbre n'est point rare dans le Congo, en Benguela et en Loango (3). Les nègres lui donnent la chasse pour le manger et pour en vendre la peau aux Européens. On voit souvent des troupeaux de deux à trois cents buffles qui paraissent être de l'espèce de ceux du Cap. On les chasse avec danger. Ils sont continuellement en guerre avec les lions, les panthères et les léopards. Les bœufs sont exempts de travail; les nègres ne savent pas les soigner, et les vaches que les vaisseaux laissent en partant périssent la plupart (4). La taille des brebis apportées de l'Europe s'est rapetissée, et leur laine s'est changée en un poil assez court: mais elles sont d'une grande fécondité.

» Des troupes innombrables de chevreuils, cabris, gazelles ou antilopes, peuplent les contrées voisines de l'eau. La taille de l'*empolanga* ou *impolanca* (1) égale celle du bœuf: il porte le cou droit et la tête haute; ses cornes écartées, longues de trois palmes, tortues, noueuses et terminées en pointes, servent à faire des instruments à vent. Les naturalistes décideront si ce n'est pas l'*empophos* ou l'élan du Cap (2). Cavazzi le distingue des *imparguas*, qu'il compare à des mulets sauvages: on en mange la chair. La plus petite espèce de gazelles s'appelle *n'sofi*. Lopez est le seul voyageur qui parle de lapins, de martres et de zibelines; M. de Grandpré nomme les lièvres; mais la civette (*viverra civetta*) y est indigène; les Portugais, à leur arrivée, en trouvèrent déjà des individus dans l'état de domesticité.

» Les chiens rôdent par troupes et ne font entendre qu'un hurlement lugubre; ceux même qu'on apporte de l'Europe perdent bientôt l'odorat et la faculté d'aboyer (3). Ils ont pour ennemis implacables les loups, dont les nègres mangent la chair. Ces loups, plus vraisemblablement des chacals, aiment beaucoup l'huile de palmier, et ont l'odorat excellent. Trop lâches pour attaquer les hommes qu'ils rencontrent en chemin, ils pénètrent par bandes dans les maisons la nuit, pour en surprendre les habitants livrés au sommeil. Leurs cris sinistres épouvantent l'écho des déserts et répandent la frayeur parmi les caravanes, qui y voient un présage infaillible de la mort. Zucchelli les cite sous le nom de *mebbie*, chiens sauvages, en les distinguant très positivement des loups (4). On nomme encore des chiens sauvages à peau tachetée, qui assaillent avec fureur les troupeaux de moutons, de chèvres, de gros bestiaux, et même les bêtes féroces; ce sont probablement des hyènes.

» Cependant il existe au Congo, comme dans la Sénégambie, un chacal (*canis anthus*)

---

(1) Labat, I, p. 193-197; Battel, p. 984; Zucchelli, p. 145. — (2) Proyart, p. 31. — (3) Labat, I, p. 168; Lopez, p. 30; Carli, Battel, etc. — (4) Labat, I, p. 170.

(1) Lopez, p. 31; Battel, p. 972; Labat et Cavazzi, I, p. 26-160. — (2) Zimmermann, Hist. de l'Homme, II, p. 109 (en allemand). — (3) Battel, p. 982 et 954; Labat, I, p. 168. — (4) Zucchelli, p. 293; Labat, I, p. 167.

à pelage gris, parsemé de quelques taches jaunâtres, qui pourrait bien avoir été désigné sous le nom de chien sauvage.

» Les ravages occasionnés par les léopards et les panthères, nommés, en langage du pays, *engoi*, ne sont pas moins considérables. Il paraît y avoir deux espèces d'*engoi*, dont l'une se tient préférablement dans les champs, tandis que l'autre occupe les forêts : celle-ci est la plus redoutable par ses invasions soudaines dans les lieux habités. Les *n'sofi* et les *gingi* présentent quelque ressemblance avec les chats sauvages et les chats-tigres (¹).

» La variété des singes qui prennent leurs ébats sur les arbres les plus élevés est si prodigieuse, que les voyageurs ont désespéré d'en pouvoir dresser une liste. Ils fourmillent surtout près des bords du Zaïre. Les Européens affectionnent la petite mone à queue longue et figure bleue, remarquable par sa grande douceur et sa gentillesse.

» Le plus grand d'entre les singes du Congo, appelé *chimpanzée* ou *champanzée*, et *kimpézéy* dans le pays (²), *pongo* ou *cujoes* par le voyageur Battel (³), *jocko* par Buffon, et par les naturalistes modernes *simia troglodytes* et *troglodytes niger*, s'éloigne peu de l'équateur (⁴). Il est de la taille de quatre pieds, et sans aucune apparence de queue. M. de Grandpré a eu l'occasion d'en admirer l'intelligence, ayant emmené une femelle à bord de son vaisseau. Cet animal avait appris à chauffer le four; il veillait attentivement à ce qu'il n'échappât aucun charbon qui pût incendier le vaisseau; jugeait parfaitement quand le four était suffisamment chaud, et ne manquait jamais d'avertir à propos le boulanger, qui, de son côté, s'en reposait sur lui, et se hâtait d'apporter sa pelle aussitôt que l'animal venait le chercher, sans que ce dernier l'ait jamais induit en erreur. Lorsqu'on virait au cabestan, il se mettait de lui-même à le pousser avec autant d'adresse qu'un marin. Lorsqu'on envergua les voiles pour le départ, il monta, sans y être excité, sur les vergues avec les matelots, qui le traitaient comme un des leurs. Il se serait chargé de l'*empointure*, partie la plus difficile et la plus périlleuse, si le matelot désigné pour ce service n'avait insisté pour ne pas lui céder sa place. Il amarra les haubans aussi bien qu'aucun matelot; et lorsque le travail étant fini, les matelots se retiraient, il déploya la supériorité qu'il avait sur eux en agilité, leur passa sur le corps à tous, et descendit en un clin d'œil. Cet animal intéressant mourut dans la traversée, victime de la brutalité du second capitaine, qui l'avait injustement et durement maltraité. Il subit la violence qu'on exerçait contre lui avec douceur et résignation, tendant les mains d'un air suppliant pour obtenir que l'on cessât les coups dont on le frappait; mais, depuis ce moment, il refusa constamment de manger, et mourut de faim et de douleur le cinquième jour.

» Les anciens paraissent avoir parfaitement connu ce singe (¹). Il marche ordinairement debout, appuyé sur une branche d'arbre en guise de bâton. Les nègres le redoutent, et ce n'est pas sans raison, car il les maltraite durement quand il les rencontre. Si l'on veut en croire plus d'un missionnaire (²), l'union de ces satyres avec les négresses, pour lesquelles ils ont un goût très vif, aurait réellement produit des espèces de monstres. »

Nous allons tracer l'esquisse chorographique des contrées dont nous venons de décrire en général l'état naturel, en nous bornant d'abord aux pays maritimes et à ceux de l'intérieur qui en dépendent politiquement, et dont on connaît, du moins à peu près, les limites.

« Depuis le cap Lopez jusqu'à la baie de *Sainte-Catherine*, où il y a un port rarement visité, la côte, peu connue, paraît basse et couverte d'arbres. Les naturels sont misérables, et passent pour traîtres; leur chef reconnaît la suzeraineté de Loango. La rivière de *Sette* arrose un pays du même nom, d'où l'on a exporté du bois rouge; aujourd'hui elle n'est pas fréquentée. A l'embouchure de la grande rivière de Banna (³), est la baie de *Mayomba*, où il se fait un peu plus de commerce; les habitants du pays sont doux, hospitaliers et plus intelligents que ceux des autres Etats; ils procurent la majeure partie de l'ivoire qu'on traite dans les ports du voisinage; ils savent travailler le cuivre, et connaissent le gommier; mais c'est par une supposition gratuite qu'on a voulu prétendre que les montagnes

---

(¹) *Labat*, I, p. 177. — (²) *Grandpré*, I, p. 26. — (³) *Zimmermann*, Hist. de l'Homme, II, p. 170. — (⁴) *Purchas*, p. 982.

(¹) *Ælian*, XVI, p. 15; *Galen*, Adm. anat., I, p. 2, et VI, p. 1; *Herod.* IV. — (²) *Lopez*, p. 32; *Labat*, I, p. 174. — (³) *Battel*, p. 981.

du Mayomba recèlent de l'or ; les naturels en exploiteraient les mines. Le chef du Mayomba relève du *Loango Mayomba*. Sa capitale, sur la rivière du même nom, a un port sûr, mais obstrué par un rocher. »

Le *royaume de Loango*, qui s'étend environ de 50 lieues marines du nord au sud, et de 60 de l'ouest à l'est, renferme tout au plus 600,000 âmes avec ses dépendances, tant la traite en a épuisé la population (¹). La côte, autour de la baie de Loango, présente des montagnes rouges assez escarpées, et couvertes de palmiers. Le sol est argileux, fertile, mais mal cultivé : ce sont les femmes qui sont chargées des travaux agricoles. La ville de *Bouali* ou *Boari*, plus connue sous le nom de *Banza-Loango*, capitale du royaume, située à une forte lieue de la côte, dans une grande plaine très fertile, a des rues longues, étroites, propres (²), et 15,000 habitants assez industrieux (³) ; elle se présente très agréablement, à cause des palmiers et des pisangs qui l'ombragent et couvrent le territoire adjacent. L'eau y est excellente ; mais le port n'est pas assez profond pour les grands vaisseaux, et l'entrée est embarrassée d'écueils. On y fait commerce de belles étoffes de feuillage, fabriquées dans la ville, de viandes, poules, poissons, huiles, vins, grains, ivoire, cuivre et bois de teinture inférieur à celui du Brésil ; au surplus, les nègres de Loango ne sont pas très difficiles sur les marchandises qu'on leur apporte, et l'on y passe sans peine celles qui seraient refusées ailleurs. Mais les naturels, par politique et au moyen du poison peut-être, qu'ils savent parfaitement administrer, ont donné à leur territoire une réputation d'insalubrité qui a toujours ôté aux Européens l'idée de s'y fixer, ou seulement de coucher à terre. Les esclaves qu'on amène à ce marché sont Mayombes, Quibongas ou Montéquès : les *Mayombes* sont inférieurs en qualité, mais les plus nombreux ; les *Quibongas* appartiennent à une petite peuplade de l'intérieur ; ce sont les plus beaux nègres que l'on puisse trouver ; bien faits, très noirs, d'une jolie figure, ils ont les dents d'une beauté admirable : les *Montequès* sont beaux, mais ils se gâtent les dents en les limant pour les rendre pointues ; ils se font aussi de longues cicatrices sur les deux joues, et quelquefois sur le corps (¹).

» Mais un fait digne de l'attention des voyageurs, c'est que, selon Oldendorp (²), le royaume de Loango, renferme des juifs noirs, vivant épars dans le pays ; ils sont méprisés des nègres, qui dédaignent même de manger avec eux ; ils s'occupent de commerce, et célèbrent le sabbat si rigoureusement qu'ils n'y parlent même pas ; ils ont un cimetière particulier et très éloigné des habitations. Les tombeaux sont construits en maçonnerie, et ornés d'inscriptions hébraïques dont la singularité excite le rire des nègres, qui n'y voient que des serpents, des lézards et d'autres reptiles. M. Ehrmann, dans l'impossibilité d'expliquer l'origine de ces juifs, doute de la réalité du fait ; mais Busching, Michaelis et Zimmermann n'hésitent point à en admettre l'existence ; Bruns les croit issus des Falasch du Habesch, et Sprengel aime à les regarder comme des descendants de juifs portugais, qui, après avoir quitté leur patrie, n'ont plus craint de professer publiquement la religion de leurs pères (³).

» Le *Quilomba* ou le *Kilongo*, à cinq lieues au nord de Loango, est une rivière d'un accès très difficile, où les bateaux vont quelquefois en traite. »

Le *Mani-Seat*, à l'est du Setté et au nord-est du Mayomba, est un pays peu connu.

« Le royaume de *Cacongo*, chez les marins communément *Malembé*, est renommé pour la bonne qualité des esclaves qu'on en tirait autrefois ; il abonde en fruits et en légumes, en cabris, cochons, gibier et poisson (⁴). Le roi dîne seul en public, entouré d'une suite nombreuse ; mais, dès qu'il s'apprête à prendre le vin de palme, tout le monde est tenu de se jeter à terre, de crainte qu'il ne mourût si quelqu'un de ses sujets le voyait boire (⁵). En exerçant la fonction de juge, les formes veulent aussi que chaque sentence qu'il prononce soit scellée par un coup de vin, pour rafraîchir sa majesté. *Kingélé*, la capitale du pays, à environ trente lieues de la côte, est composée de plusieurs milliers de huttes, au-dessus desquelles les palmiers et d'autres arbres balancent leurs têtes verdoyantes. »

(¹) *De Grandpré*, I, p. 216. — (²) *Battel*, p. 979 ; *Proyart*, p. 204. — (³) *De Grandpré*, I, 68.

(¹) *De Grandpré*, II, p. 13. — (²) *Oldendorp*, Histoire de la Mission, I, p. 287. — (³) Comparez, ci-dessus, page 666, ligne 24. — (⁴) *De Grandpré*, II, p. 22-25. — (⁵) *Proyart*, p. 129.

Mallemba ou *Malembo*, située sur une montagne de 400 pieds de hauteur, au bas de laquelle s'étend une baie très sûre, est la ville du Cacongo la plus importante sous le rapport commercial. Autour d'une grande place sont rangés les comptoirs européens. Il y a peu d'années elle était un des principaux marchés d'esclaves de l'Afrique. On attribue à l'humidité que répand le lac très poissonneux de Loanghilly, situé à une ou deux lieues de la ville, l'insalubrité de l'air qu'on respire dans celle-ci.

« La baie de *Cabinde*, située à cinq petites lieues au sud de Malembo, donne souvent son nom au royaume de *N'Goyo*, autrement *En-Goyo* ou *Goy*. C'est un très bon port, surnommé le Paradis de la côte, et l'endroit le plus riant de tous les environs (¹). La mer y est constamment belle et le débarquement très facile. Les Portugais, après avoir essayé à diverses reprises de s'y établir, en firent la tentative en dernier lieu pendant la guerre d'Amérique, et repoussèrent à coups de canon les premiers vaisseaux qui vinrent traiter en ce port après la paix de 1783. Le gouvernement français envoya une expédition commandée par M. de Marigny, qui détruisit le fort et rendit le commerce libre. Le pays en général est délicieux, de la plus grande fertilité, et offre des sites enchanteurs. *Cabinde*, la capitale, se trouve à deux journées dans l'intérieur des terres.

» La traite de cet endroit se compose de Congues, de Sognes et de Mondongères que les noirs nomment Mondongonès (²). Les *Sognes* ou *Sonhos* sont, pour la plupart, rouges, grands, assez bien faits. Les *Mondongonès* sont beaux et bons, mais ils ont, comme les Montequès, dont ils sont voisins, la coutume de se faire à la figure de larges cicatrices; leurs dents sont pareillement toutes limées. Ils se déchirent encore la poitrine en dessins symétriques, font gonfler les chairs avant de les cicatriser, de manière qu'elles surmontent les bords de la blessure, et forment une broderie dont ils sont très vains. Les femmes surtout se déchirent impitoyablement la gorge pour cette prétendue beauté. Elles ont encore la manie de s'inciser le ventre de trois larges blessures, et de faire renfler les chairs, de manière à former transversalement trois gros boudins sur cette partie. Elles ne cessent de redéchirer et de cicatriser la blessure jusqu'à ce qu'elle ait atteint la grosseur désirée. Beaucoup de noirs, principalement parmi les Mondongonès, sont circoncis, mais ils ne paraissent y attacher aucune idée religieuse.

» En traversant le Zaïre, on entre d'abord dans le royaume de *Congo*, borné au sud par la rivière de Danda, par les déserts sablonneux et les hautes montagnes d'Angola, à l'est par les royaumes presque inconnus de Fungeno et de Matamba, par les montagnes du Soleil et les rivières de Coanza et de Barbeli (¹). »

Sa plus grande longueur paraît être d'environ 200 lieues, et sa largeur moyenne de 80. Les montagnes du Soleil se divisent en plusieurs chaînes appelées *serras de Cristal*, *de Sal* et *de Salnitre*, qui se dirigent du sud au nord, et non de l'est à l'ouest, ainsi qu'on a l'habitude de les dessiner sur nos cartes. L'intérieur de ce royaume s'élève en terrasse, ce qui en rend la température beaucoup moins brûlante que sur la côte, qui est basse et humide.

« Un grand nombre d'îles riantes s'élève dans le lit du Zaïre. Il déborde dans la saison pluvieuse et fertilise le territoire adjacent; cependant, loin de le fréquenter, les vaisseaux l'évitent à cause de l'insalubrité de l'air et des eaux. En continuant vers le sud, on rencontre la rivière d'*Ambriz*, où il y a une petite rade. Le port lui-même, en dedans d'un banc de sable, ne peut recevoir que deux vaisseaux (²). La rivière de *Mapoula* est située encore plus au sud; mais les vaisseaux n'y vont point, pour ne pas s'exposer à des vexations de la part des Portugais, dont les derniers postes se trouvent dans le voisinage.

» Le territoire du Congo est d'une grande fertilité et produit deux récoltes dans l'année, l'une au mois d'avril, et l'autre en décembre (³). Outre les palmiers, qui y sont de la plus grande beauté, on y trouve des forêts de jasmin et des cannelliers sauvages en quantité. Les cochons, les brebis, les chèvres, les poules, les poissons et les tortues y abondent.

» Les Portugais, dont les missionnaires

(¹) *De Grandpré*, II, p. 26. — (²) *De Grandpré*, II, p. 37 et suiv.

(¹) *Labat*, I, p. 22. — (²) *De Grandpré*, II, p. 41 et suiv. — (³) *Labat*, V, p. 160, *Falconbridge*, Account, etc., p. 55.

s'appliquent depuis 1482 à prêcher l'Evangile aux habitants du Congo, sont parvenus à soumettre ce royaume à leur suzeraineté; mais soit faiblesse, soit négligence, ils le laissent en proie aux révolutions intestines. Afin de familiariser les nègres avec les formes de la civilisation européenne, ils ont fait adopter aux grands, en place de l'ancien nom de *mani* ou seigneur [1], les titres de ducs, comtes et marquis, et divisé le royaume en six provinces, savoir: *Sogno, Pemba, Batta, Pango, Bamba* et *Soundi*. Quelquefois on n'y en compte que cinq : San-Salvador, où réside le roi ; Bamba, Soundi, Pemba et Sogno. Bamba et Soundi ont qualité de duché; Sogno est un comté, et Pemba un marquisat. Ces provinces ont chacune une *banza* ou résidence de premier chef [2].

» La capitale du Congo, appelée *San-Salvador* par les Portugais, et *Banza-Congo* par les naturels, forme, avec sa banlieue, un district particulier soumis immédiatement au roi, et borné par Sogno, Soundi et Pemba. Elle est située bien avant dans l'intérieur, sur une haute montagne qui renferme des mines de fer. Sa position est vantée comme l'une des plus saines de l'univers [3]. On peut la considérer comme formée de deux villes : celle des Européens et celle des naturels. La première a des rues larges et plusieurs belles places symétriquement plantées de palmiers, dont la constante verdure contraste d'une manière fort agréable avec la blancheur des maisons peintes de chaux à l'extérieur et à l'intérieur. Sa population est sujette à de grandes variations par suite des tourmentes révolutionnaires presque inséparables de l'avènement d'un nouveau roi. Au commencement du dix-huitième siècle, où Zucchelli la visita, elle ne présentait qu'un monceau de ruines [4]. Le sommet de la montagne est couronné d'un fort que les Portugais y construisirent peu après leur arrivée, et qui renferme aujourd'hui le palais royal avec ses dépendances. On y voit encore quelques restes des premières églises qu'ils y bâtirent. Les Européens dispersés, dont on évalue le nombre à 40,000, ont été s'établir ailleurs, en répandant parmi les naturels l'exercice des arts nécessaires et utiles. Il résulte de cette dispersion que toute la ville ne renferme pas maintenant plus de 20,000 âmes. La partie habitée par des indigènes est un assemblage irrégulier d'habitations construites en roseaux et en paille, garnies de nattes intérieurement.

» L'état de *Sogno* ou *Sonho*, à l'ouest de San-Salvador, entre le Zaïre, l'Ambriz et la mer, a un sol sablonneux et aride, mais très favorable à la végétation des palmiers, et de riches salines à la côte, qui sont d'un grand produit pour le prince. Les temps de disette, assez fréquents, n'ôtent point aux habitants leur gaieté naturelle. Les disettes, jointes à une surabondance de population, en ont déterminé une partie à quitter le pays pour aller s'établir en Cacongo, sur la rive septentrionale du Zaïre. M. de Grandpré les dit querelleurs, hargneux, traîtres et lâches : ce qu'il y a de certain, c'est qu'ils sont mal disposés pour tous les Européens [1].

» Le *Bamba*, également sur la côte entre les rivières d'Ambriz et de Loz, au sud de Sogno, est l'une des grandes et fertiles provinces du royaume. Il y a d'abondantes salines à la côte, et des pêcheries de cauris [2]. Ses montagnes, riches en métaux, tels que l'or, l'argent, le cuivre et le plomb, se prolongent jusqu'en Angola [3]. »

Bamba, capitale de cette province, est une grande ville située dans une plaine fertile à plus de 70 lieues de la côte.

« La province de *Pemba*, située au centre de l'empire, est arrosée et fertilisée par les rivières de Lelunda, Kai et Ambriz. La proximité de la capitale y répand beaucoup d'activité et d'industrie, et met les habitants à l'abri des vexations auxquelles les autres provinces se trouvent exposées de la part de leurs gouverneurs. »

C'est dans le Pemba que les rois du Congo font ordinairement leur résidence, et qu'ils sont ensevelis après leur mort.

« La province de *Batta*, à l'est du Pemba et au nord des montagnes Brûlées, a beaucoup d'étendue. Elle portait autrefois le nom d'Anguirima. On assure que ses habitants, appelés communément *Mosombi* [4], grâce à la bonté naturelle et à la douceur de leur ca-

---

(1) *Lopez*, p. 34. — (2) *Labat*, V, p. 129; *Carli*, p. 36; *Lopez*, p. 39. — (3) *Wadstrom*, Essai sur les colonies. — (4) *Zucchelli*, p. 345.

(1) *Labat*, I, p. 29; *De Grandpré*, II, p. 35. — (2) *Labat*, I, p. 26. — (3) *Lopez*, p. 26. — (4) *Labat*, I, p. 35.

ractère, ont adopté la religion chrétienne avec plus d'empressement que tous les autres Congues. Néanmoins, et peut-être même à cause de ces sentiments, ils sont presque continuellement en guerre avec les païens du voisinage, notamment avec les redoutables Giagues ou *Giagos*. Aussi leur gouverneur a-t-il seul la permission d'entretenir quelques fusiliers pris parmi les naturels, tandis que tous les autres chefs de province sont obligés d'employer des arquebusiers portugais (¹). Les *Mosombi* peuvent mettre, dit-on, 70 à 80,000 hommes sur pied.

» *Pango* est borné à l'ouest par le Batta, au sud par le Dembo et les montagnes du Soleil, à l'est par la rivière de Barbeli, et au nord par le Soundi. *Banza-Pango*, sa capitale, est située sur les bords du Barbeli.

» Le *Soundi*, au nord-est de San-Salvador, est borné au nord par le Zaïre, au sud-est par les provinces de Batta et de Pango, au nord-est par le royaume de Macoco et les monts Cristallins, au pied desquels le Bancoar se jette dans le Zaïre. C'est un pays bien arrosé et riche en métaux, notamment en fer. Les montagnes situées au nord du Zaïre, près de la grande cascade, où les ducs de Soundi exercent un empire incertain, renferment des mines de cuivre qu'on vend à Loanda. La tranquillité de cette province est souvent troublée par l'insubordination des chefs de districts, qui se révoltent contre le duc. Les Giagues et d'autres peuplades sauvages, par leurs fréquentes incursions, y entretiennent la barbarie des mœurs. Les commerçants y font cependant des affaires avantageuses en y apportant du sel, des cauris, et des marchandises de l'Inde et de l'Europe, pour les échanger contre l'ivoire, des peaux et des étoffes. *Banza-Soundi*, la capitale, est éloignée de six lieues de la grande cascade du Bancoar.

» Outre ces six provinces, on en nomme encore d'autres, plus ou moins considérables, telles que *Zuiona* ou *Quiona*, *Zuia-Maxondo* ou *Quia-Maxondo*, *N'Damba*, *N'Susso*, *N'Sella*, *Juva*, *Alombo*, *N'Zolo*, *N'Zanga*, *Marsinga*, *Mortondo* ou *Metondo*, en grande partie incultes, désertes, et occupées par des nations sauvages qui mènent une vie errante au sein des forêts, ou dans des gorges de montagnes inaccessibles.

(¹) *Lopez*, p. 37.

» La province d'*Ovando* ou d'*Ouando*, sur les confins d'Angola, dépendait autrefois du roi de Congo; mais les chefs s'y sont soustraits à l'autorité de leur souverain légitime, pour se mettre sous la protection des Portugais, qui les honorent du titre de duc. Les *Dembi* ont été entraînés également par cet exemple et par les séductions des missionnaires.

» Les divers sens attachés au nom d'*Angola* ont jeté quelque confusion dans les relations des voyageurs sur la contrée du Congo. Souvent ce mot désigne tout le pays situé entre le cap Lopez-Gonzalvo et Saint-Philippe-de-Benguela, c'est-à-dire depuis 0° 44' jusque par 12° 14' de latitude méridionale. Mais comme les Portugais, très jaloux de leur colonie de Loando-San-Paolo, en permettent difficilement l'accès aux étrangers, qui, par conséquent, n'avancent guère vers le sud au-delà d'Ambriz par 7° 20' de latitude, c'est, à proprement parler, depuis ce port jusqu'au cap Lopez que s'étend la côte à laquelle le commerce donne généralement le nom d'Angola (¹).

» Le royaume de *Dongo*, *Angola*, ou *N'Gola*, chez les géographes, est fermé au nord par la rivière de Danda, à l'est par le Mallemba, au sud par le Benguela, et à l'ouest par la mer. Anciennement, avant d'avoir été conquis par les Portugais, ses limites s'étendaient depuis 8° 30' jusque vers 16° de latitude méridionale (²). C'est un pays très montueux et peu cultivé. Depuis le mois de mai jusqu'à la fin d'octobre il n'y tombe point de pluie. Ses montagnes arides et pierreuses manquent de sources, et l'eau fraîche est partout très rare. L'idée de faire des citernes passe l'esprit rétréci des naturels; l'industrie des plus prévoyants d'entre eux se borne à creuser, avec le tronc de l'alicoñda, des auges dans lesquelles ils conservent l'eau de pluie. N'ayant pu les convertir au christianisme, les Portugais se sont contentés de les enrôler pour le service militaire. Les garnisons de la majeure partie de leurs forts sont formées d'Angolais, qu'ils se gardent cependant d'instruire dans l'usage des armes à feu. Pour mieux se les attacher, ils ont accordé aux naturels la jouissance de quelques privi-

(¹) *De Grandpré*, Introd., pag. 23. — (²) *Bruns*, Afrique, IV, p. 156.

léges, dont celui de proposer eux-mêmes leurs gouverneurs ou vice-rois est le plus important. Le sel, la cire et le miel sont les principales productions du pays.

« La province de *Soumbi* est arrosée par les rivières de Nice, Caiba et Catacombole. On y voit de beaux prés occupés par des serpents et des bêtes féroces. Quelques îles, situées à l'embouchure du Catacombole, sont cultivées et bien peuplées. On y élève des troupeaux nombreux de bêtes à cornes. »

La province de *Dembi* ou *Dembo* occupe un vaste plateau élevé de 1,400 toises au-dessus du niveau de l'Océan. Elle appartenait autrefois au Congo. Son sol est peu fertile et sa population peu considérable : elle ne s'élève qu'à 5,000 habitants, répartis dans un millier de cabanes éparses au milieu des domaines de cinq chefs qui paient un tribut aux Portugais. Le *Goloungo*, compris entre le Bengo et le Coanza, est un vaste pays couvert de montagnes, dont la plus considérable, le Mont Muria, haut de 2,600 toises, est le sommet le plus élevé de ceux qui ont été mesurés dans l'Afrique occidentale. Le Dembo en fait, dit-on, partie ; ce qui porte sa population totale à 60,000 habitants. Il existe dans le Goloungo une mine de fer qui est exploitée pour le service du gouvernement portugais.

« En arrivant du nord sur la côte d'Angola, on y rencontre d'abord la ville de *Loanda-San-Paolo*, capitale des établissements portugais dans l'ouest de l'Afrique. Située au fond d'un golfe, à l'embouchure du Bengo, elle possède un bon port, défendu par deux forts, par des batteries, et par une garnison de malfaiteurs. La ville est en partie sur le bord de la mer, et en partie sur une éminence qui domine la plage, et qui fait partie d'un mont escarpé nommé le Morra de San-Paolo. Des brises de mer régulières adoucissent les chaleurs de l'été. Des relations récentes portent le nombre des blancs, des gens de couleur libres et des esclaves à 7 ou 8,000 ; un seul habitant en a quelquefois plus de cent à son service ; sachant presque tous un métier, ils travaillent au profit de leurs maîtres. Le nombre des blancs ne paraît pas devoir dépasser 7 à 800. La garnison se compose de 1,000 hommes d'infanterie, de 300 de cavalerie, et de 200 artilleurs. Il y a un tribunal d'inquisition, un évêque, plusieurs couvents, et des églises à tous égards dignes de la dévotion portugaise. Rien n'égale la magnificence avec laquelle les fêtes des saints y sont célébrées. Les habitants riches ont bâti de superbes maisons de campagne sur les rives du Coanza, du Bengo et du Donda, qui diversifient les sites dans une circonférence de quarante lieues.

» L'île de Loanda abrite le port et fournit de bonne eau à la ville. Il suffit de creuser dans le sable pour trouver des sources abondantes. Elle est plate et basse ; peu cultivée, mais riche en pâturages, qui nourrissent un grand nombre de chèvres et de moutons. On y compte 7 à 8 villages ; les riches propriétaires de la capitale y ont des maisons de campagne. Le fort Ferdinand s'élève à l'extrémité méridionale de l'île. Ce qui la rend surtout remarquable, ce sont les coquillages appelés vulgairement cauris fins, bruns, brillants et très recherchés qu'on y pêche pour le compte du roi de Portugal. Du reste, la jalousie soupçonneuse des Portugais couvre le commerce et l'industrie de cette place d'un voile impénétrable. Il paraît, d'après des données assez positives, que Loanda communique avec Mozambique par terre au moyen de caravanes qui côtoient le fleuve Zambèze [1].

» Le *Benguela*, quoique soumis également au joug des Portugais, a conservé le titre de royaume et quelques priviléges insignifiants. Il s'étend depuis le cap Ledo jusqu'au cap Negro. Sa longueur du nord au sud est d'environ 160 lieues ; sa largeur moyenne, qui n'est pas exactement connue, ne paraît pas devoir être de plus de 120 lieues. Il comprend huit provinces. L'intérieur, montueux et âpre, recèle une quantité prodigieuse d'éléphants, de rhinocéros, de zèbres et d'antilopes. Les bœufs et les moutons y sont d'une grosseur extraordinaire ; mais les bêtes féroces, les sécheresses et les incursions des Jagas en ont considérablement diminué le nombre. Il y a d'excellentes salines.

» Le *Quissama* tient le premier rang parmi les quatre provinces qui le composent. Il est situé à l'embouchure du *Coanza*, fleuve rapide et profond, que les vaisseaux peuvent remonter pendant 40 lieues. Ce fleuve fourmille d'hippopotames.

» La province de *Lubolo*, sur les confins de

[1] *De Grandpré*, I, p. 223. (Voyez ci après à l'article *Mozambique*.)

Quissama, est fertile en palmiers, à l'ombre desquels paissent de nombreux troupeaux de gazelles (¹). Elle donne quelquefois son nom à tout le territoire compris entre les rivières de Congo et *dos Ramos*.

» La province de *Rimba* a un sol fertile en grains et de bonnes pêcheries. *Scela*, à l'ouest de Bamba, est un pays montueux et bien arrosé, riche en pâturages et en fer excellent. Les roches des montagnes servent de support à des champs cultivés avec soin, où les habitants respirent un air pur et salubre.

» Les provinces de haut et bas *Bemba* abondent en bêtes à cornes, tant privées que sauvages; la rivière de *Latano*, appelée par les Portugais *Guavoro* ou *Rio-San-Francisco*, qui les traverse, fourmille de poissons, de crocodiles, de serpents et d'hippopotames. Les *Bembis* parlent un idiome particulier et très difficile. Ils ont beaucoup de propension à l'idolâtrie et à la superstition. Des peaux d'animaux et de serpents, percées d'un trou pour y passer la tête, leur servent de vêtement.

» Le *Tamba*, borné à l'est par le Bamba, a un territoire uni, coupé de rivières et de marécages. Le Congo y prend sa source au pied d'un rocher, surmonté d'un fort portugais qui domine la province. La contrée d'*Oacco* est formée de collines et de riantes vallées.

» L'établissement portugais de *Saint-Philippe-de-Benguela*, sur la rivière de ce nom, dans une position très malsaine, est défendu par une garnison de deux cents déportés (²), et ne renferme que des maisons construites de terre et de paille (³).

La baie est commode et sûre; les vaisseaux qui viennent de l'Inde y relâchent souvent. On voit sur le bord de la mer un grand marais salant. La population de cette capitale n'est que de 2 à 3,000 âmes. Le *Vieux-Benguela*, à 65 lieues au nord, est un poste encore plus insignifiant.

» Le royaume de *Mattemba* ou de *Ginga* s'enfonce entre les limites du Congo et du Benguela; il est formé à l'est par de très hautes montagnes et des forêts épaisses; l'air y est assez tempéré, et les rivières en fertilisent le sol par leurs débordements. Les chefs de Mattemba, jadis tributaires des rois de Congo, se regardent comme indépendants. Les bords et les îles du Congo et du Coanza sont presque les seuls endroits cultivés du pays. Les naturels paraissent avoir peu d'industrie. Ils exploitent le fer de leur territoire, sans savoir travailler avec soin ce métal; car ils achètent des étrangers leurs ustensiles d'agriculture; mais on soupçonne des mines d'or négligées dans les montagnes. Ils ont eu pour reine une femme nommée Zinga, qui s'est rendue célèbre par ses exploits guerriers, et qui a fait donner par les Portugais au peuple de ce pays le nom de Zingas ou Gingas. *Mattemba*, leur capitale, renferme environ 12 à 1,500 habitants.

» Telles sont les contrées connues et en quelque sorte civilisées, ou du moins régulièrement habitées de la Guinée méridionale ou du Congo. Jetons maintenant un coup d'œil sur l'état physique, moral et politique de ces peuples.

» Les nègres du Congo paraissent inférieurs en intelligence à beaucoup d'autres races africaines. On leur accorde cependant une assez bonne mémoire; mais ils n'ont que des sentiments, des instincts et des penchants grossiers, des passions brusques, tumultueuses; leurs mœurs, leurs habitudes et leur manière de vivre en général, dans leur état agreste et primitif, sont si près de l'animalité, qu'il n'y a pas de quoi s'étonner s'ils ont regardé eux-mêmes les singes comme appartenant à leur race. Leur ineptie est telle qu'on n'a jamais pu leur faire comprendre l'usage du moulin. Les femmes, seules chargées de tous les travaux, sont réduites à piler d'abord les grains dans un mortier de bois, et à les moudre ensuite dans une pierre concave, en y tournant avec la main une autre pierre (¹). Ils n'ont pas seulement une idée de l'écriture; leur temps est divisé en jour et nuit, et le jour en trois parties; mais ils ne connaissent pas l'année, et comptent par lunaisons. Leur navigation se borne à la pêche, pour laquelle ils se servent de pirogues creusées à l'aide du feu dans un tronc d'arbre qui n'est même pas façonné en dehors. Leurs filets, qu'ils ont voulu modeler sur ceux des Européens, ne sauraient être plus mauvais. Heureusement la côte est très poissonneuse. Ils réussissent encore moins à

(¹) *Labat*, I, p. 66. — (²) *Zucchelli*, p. 124. — (³) *Labat*, t. V, p. 119.

(¹) *Bruns*, Afrique, t. IV, p. 57.

la chasse, où ils sont de la dernière maladresse; ils n'ont point de chiens dressés, ils ne peuvent aller qu'à l'affût. Le chasseur ajuste long-temps la pièce et tourne la tête, fait feu, laisse tomber le fusil, s'enfuit à toutes jambes, revient long-temps après rechercher son fusil, dont il s'approche en tremblant, et s'il retrouve le gibier, il l'apporte en triomphe. Leur courage ne brille pas davantage dans les guerres qu'ils se font entre eux. Une armée de deux cents hommes est très considérable et très rare (1).

» Nés dans l'abrutissement, mais pétris d'orgueil et de vanité, ces êtres dégradés sont, de tous les maîtres, les plus durs, les plus barbares, les plus capricieux; leurs esclaves ne les approchent qu'à genoux, et les grands, qui seuls portent des pantoufles, traitent avec une morgue extrême le peuple qui courbe dans la poussière un front servile. Tous admirent, comme les plus grands monarques du globe, leurs rois, fiers de la prérogative de chausser des bottes lorsqu'ils en ont, et souvent encore ridiculement affublés de quelques débris d'uniformes européens qui couvrent mal leur dégoûtante nudité. Leur pays, dont des animaux incommodes ou carnassiers leur disputent les vastes solitudes, leur semble le plus beau, le plus riant et le plus fortuné de l'univers.

» La polygamie la plus effrénée règne au Congo, et toute l'influence de la religion chrétienne s'est bornée à faire défendre les unions incestueuses. La sainteté du mariage, l'affection mutuelle des époux, les jouissances d'un bon ménage, sont hors de la sphère d'idées d'un Congue; entouré d'une nombreuse postérité, il ne montre aucun attachement à ses enfants (2). L'ivrognerie, une musique bruyante, des danses grossières et le sommeil, voilà ses jouissances. Les travaux utiles sont délégués aux femmes et à de nombreux esclaves. Un homme riche donne quelquefois un *vingaré* ou dîner public à tout son village; c'est là qu'on avale à grands flots le *melaſſo* ou vin de palmier.

» L'habillement offre diverses bizarreries: les princes et seigneurs de Congo, de Batta et de Sogno, tiennent à honneur de se coiffer d'un bonnet blanc. Les grands de Lubola attachent des sonnettes à leur ceinture. Des habitants des contrées qu'arrosent le *Coango* et le *Coari* effilent leurs dents jusqu'au point de les rendre pointues comme des dents de chien. Quelques uns s'en font arracher quatre. Dans le royaume de Mattemba, on conserve généralement l'ancien usage de se faire des incisions à la peau.

» Parmi les coutumes bizarres qui règnent au Congo, nous ferons remarquer celle qui prescrit aux hommes de se mettre au lit lorsque leurs femmes viennent d'accoucher. C'est Zucchelli qui en rend témoignage. On est d'abord étonné de retrouver cet usage chez tant de peuples différents; les modernes l'ont observé dans le Béarn, dans la Tartarie, dans les Indes, et dans une grande partie de l'Amérique (1). Les anciens en attestent l'existence chez les Cantabres (2), chez les Corses (3), et chez les peuples du Pont-Euxin (4). On serait embarrassé pour expliquer comment un semblable usage aurait pu être porté chez des peuples aussi éloignés et aussi complétement étrangers les uns aux autres. Il est assez facile, au contraire, de s'en expliquer l'origine en observant le caractère des nations sauvages. La naissance d'un enfant est un événement heureux, dont les amis des parents viennent les féliciter. Dans les pays civilisés, c'est la mère qui reçoit les compliments dans une chambre à coucher bien décorée. Chez les peuples barbares, où la femme n'est qu'une esclave, les félicitations s'adressent au mari; afin de les recevoir avec la solennité convenable, il se couche dans son hamac ou sur son lit: il y reste tant que les visites durent, et même, par paresse, quelques jours après. Pour qu'il n'y meure de faim, il faut bien que sa femme le nourrisse et le soigne (5).

» La cour du roi de Congo est une mauvaise copie de l'ancienne cour de Lisbonne: le monarque, assis sur un trône à l'européenne, est servi par des comtes et des marquis noirs, dont le costume étale des ornements grossièrement imités de ceux d'Europe. Les rois païens ont conservé la barbarie de

(1) *De Grandpré*, I, p. 130 et suiv. — (2) *Cavazzi et Labat*, t. II, p. 137.

(1) *Piso*, de Indiæ utriusque re naturali, l. I, p. 14; *Pauw*, Recherches philosophiques sur les Américains, II, 232. — (2) *Strab.*, Géog., III, 250 (Almelov.). — (3) *Diod. Sic.*, l. V. pag. 250 (Wessel). — (4) *Apollon. Rhod.*; t. II, v. 1013; *Valer. Flacc.*, t. V, v. 150. — (5) *Beckmann*, *Boulanger*, *Pauw*. (Voyez les *Annales des Voyages*, II, p. 350.)

leur pompe indigène. Celui de Loango se rendait jadis, une fois par an et en grande cérémonie, à une réunion de toute la nation, pour ordonner solennellement à la pluie d'arroser la terre. Il arrivait quelquefois aux nuages d'obéir, alors le peuple s'en allait, bien convaincu du pouvoir divin de son prince (¹). Cependant, les lumières ayant rendu le peuple moins docile, le roi a cessé de faire la pluie et le beau temps. Un de ses ministres exerce aujourd'hui cette fonction; mais pour mettre à couvert sa responsabilité, il attend prudemment, pour appeler la pluie, qu'il ait commencé à pleuvoir. Tous les rois des provinces situées entre le cap Lopez et le fleuve Zaïre, rendent hommage au roi de Loango et lui paient un tribut en femmes. Ils exercent d'ailleurs un pouvoir despotique, sans que personne leur résiste; ils vendent, dans des accès de mauvaise humeur, leurs premiers ministres aux Européens, et ils fléchissent devant leurs vassaux lorsqu'ils en redoutent la puissance. Ils disposent de la liberté et de la vie de tous leurs sujets; ils les taxent suivant leur bon plaisir. Un noir du pays fut condamné à une contribution exorbitante, pour avoir eu la fantaisie de se servir une fois d'une vieille chaise à porteurs qu'un capitaine lui avait donnée (²). Ces rois se dédommagent par là des privations particulières auxquelles une loi fondamentale de l'État les soumet. Ils sont obligés de se refuser, du moins en public, la douce jouissance de l'eau-de-vie, puisqu'il leur est défendu de recevoir aucune production étrangère, ni de la porter, ni même d'y toucher, les métaux, les armes et les ouvrages en bois exceptés. Leur domaine se compose de tout le terrain qui n'est pas occupé, et de quelques villages.

» Le trône est partout héréditaire, à l'exception du royaume de Loango, où tous les princes-nés des divers États dépendants peuvent aspirer au suprême pouvoir, selon le choix du corps électoral, composé des sept principaux officiers de la couronne, y compris deux seigneurs adjoints, et qui forme en même temps le gouvernement provisoire. Par cette disposition très ancienne, dont la nature compliquée décèle quelque législateur ou conquérant plus profond que ne le sont ordinairement les naturels, les feudataires se trouvent vivement intéressés à la conservation d'un trône auquel ils ont tous droit, et ils ne rompraient pas facilement les liens qui les y rattachent. Pour être prince-né, il faut être issu d'une princesse; c'est la mère qui anoblit, et non pas le père, qu'on n'est jamais sûr de connaître. Aussi les princesses ont-elles le pouvoir de prendre pour mari qui elles veulent, et de le répudier à volonté, pour appeler un autre à l'honneur de leur couche. Les princes font de même, mais leurs enfants n'ont pas qualité, s'ils ne sont pas nés d'une princesse, et ils peuvent être vendus par leurs frères ou sœurs qui jouissent de cet avantage. Le mari d'une princesse est prince tout le temps qu'il vit avec elle, et il conserve toujours son rang si elle meurt dans cet intervalle. Lorsqu'un prince s'unit à une princesse, les époux perdent la faculté de divorcer. Les princes jouissent en général de grandes prérogatives; mais ils ne peuvent remplir aucune charge dans le gouvernement.

» A Loango, les principaux officiers du gouvernement sont, après le roi, le *grand-capitaine* (¹), premier ministre et grand-juge; le *mafouc*, ministre du commerce; le *maquimbe*, inspecteur-général de la côte, ou capitaine de port; le *monibanze*, ministre des finances; le *monibèle*, messager d'État; le *soldat-roi*, généralissime de l'armée et grand-exécuteur. Dans les autres États, l'héritier présomptif du trône est le second personnage; il se nomme *mambouc*; sa position est, à bien des égards, plus agréable que celle du roi même. Après lui viennent le *macage*, premier ministre, dont l'autorité est restreinte par celle du mambouc et des princes-nés; le *mafouc*, le *maquimbe*, le *monibanze*, le *monibèle*, le *grand capitaine*, qui exerce ici les fonctions du soldat-roi de Loango; enfin, les gouverneurs et les suzerains (²).

» Les rangs de la société, sans égard aux charges, se suivent ainsi : le roi et sa famille, les princes-nés, les maris de princesses, les suzerains, les courtiers, les marchands d'esclaves et les clients. Ces derniers constituent la masse du peuple. Ils sont obligés de servir, suivre et défendre leur maître, qui de

---

(¹) *Lopez*, p. 14 ; *Buttel*, p. 980. — (²) *De Grandpré*, 1, 190 et suiv.

(¹) En portugais, *capitano-mor*, d'où, par un gallicisme, les voyageurs français ont fait le *capitaine-mort*!! — (²) *De Grandpré*, 1, 182.

son côté les loge, les vêt et les protège. Les *marchands* composent cette foule immense parcourant toute l'Afrique pour chercher des captifs, qu'ils transmettent aux Européens par l'intermédiaire des *courtiers*. Ceux-ci, quoique de toutes les classes, sont très considérés par suite de la distinction avec laquelle les Européens les traitent. Les seigneurs *suzerains* sont de riches propriétaires, non attachés à la glèbe, quoique serfs du roi et des princes-nés ([1]).

» Le roi est *juge* suprême; mais rarement une plainte parvient jusqu'au trône, puisque les seigneurs s'empressent de faire obtenir justice à leurs vassaux. Les seigneurs des plaignants et des prévenus sont les premiers juges. Selon les circonstances, il faut la décision du *mafouc* ou du *maquimbe*, ou d'un gouverneur, ou même le concours de tous les magistrats réunis. L'audience est publique; les spectateurs, sans armes si l'affaire n'est point criminelle, se rangent en cercle autour d'un tapis sur lequel on dépose, aux frais des parties, une quantité de flacons d'eau-de-vie proportionnée au nombre des assistants; car point d'eau-de-vie, point d'affaires ([2]). Tout le monde a le droit de pérorer, et chaque plaidoyer est accompagné de libations mêlées de chansons. Lorsque la sentence est prononcée, on achève de vider les flacons.

» La tradition et l'usage remplacent les lois écrites. Le coupable a-t-il volé, il faut qu'il paie; a-t-il fait des dettes jusqu'à la concurrence de la valeur d'un esclave, il le devient lui-même, à défaut de paiement; a-t-il commis un adultère, il doit au mari outragé la valeur d'un esclave; a-t-il blessé au sang, il donne un esclave, ou la valeur, pour ne pas être vendu lui-même; a-t-il vendu par fraude un noir sur lequel il n'avait aucun droit, ou commis un homicide, il est mis en pièces sur-le-champ par la multitude, et son corps reste abandonné aux oiseaux. Grâce à l'esclavage commun, *tous les hommes sont égaux en droits*. Les seuls princes-nés ne sont point vendables; les seigneurs suzerains condamnés peuvent aussi livrer un de leurs mainmortables à leur place.

» Lorsque la culpabilité du prévenu ne paraît pas assez claire, on le soumet aux épreuves du poison et du feu, que les prêtres dirigent. Il est probable que ces jongleurs connaissent quelques moyens pour rendre à leur gré mortelle ou innocente la boisson qu'ils présentent à l'accusé, et pour faire en sorte que le fer rouge touche, sans la brûler, la peau de leurs protégés ([1]). Une des épreuves les plus bizarres consiste à faire prendre aux deux parties plaignantes l'infusion d'une racine nommée *imbondo* : ou cette boisson fait évacuer et uriner, ou elle agit sur la tête comme un poison narcotique; le peuple attend lequel de ces deux effets aura lieu; l'individu qui rend promptement la boisson est proclamé vainqueur; l'infortuné qui, après un court laps de temps, ne pouvant la rendre, est saisi de vertiges, passe pour coupable. « Il n'urine pas! » s'écrie la multitude, et aussitôt elle se jette sur lui, l'accable de coups et le met à mort ([2]).

» On est souvent étonné de trouver chez les nations les moins policées des idiomes dont la syntaxe et les formes grammaticales, ingénieusement combinées ou du moins compliquées avec art, indiquent un génie méditatif étranger à l'état habituel de ces peuples. Sont-ce les débris d'une civilisation éteinte et dont tous les autres monuments ont disparu? Sont-ce les fruits du loisir de quelques législateurs supérieurs à leur nation? Sont-ce les restes d'anciennes langues sacrées, devenues la proie de la multitude après la destruction des castes de prêtres, dont elles formaient le lien de communication? Quoi qu'il en soit, la langue de Congo, dont celles de Loango et d'Angola paraissent des dialectes, se distingue par des formes grammaticales très riches et très compliquées. Les divers articles ajoutés à la fin du substantif dont ils déterminent le sens, la formation régulière des mots dérivés, les nombreuses modifications que subissent les prénoms, la grande variété des modes et des temps que présentent les verbes et par lesquels tous les rapports de personne ou de localité s'expriment, le nombre étonnant des verbes dérivatifs ([3]), l'abondance des voyelles

([1]) *De Grandpré*, I, 106 et suiv. — ([2]) *Idem*, I, 124 et suiv.

([1]) *Zucchelli*, p. 215; *Oldendorp*, 296. — ([2]) *Battel*, 983. Voyez ci-après l'article *Madagascar*; description de l'épreuve du tanguin. — ([3]) P. ex. dans le dialecte de Loango on a : *salila*, faciliter un travail; *salisia*, travailler avec quelqu'un; *salisila*, travailler au profit de quelqu'un; *salisionia*, travailler

sonores, l'absence des consonnes les plus dures et la douceur de la prononciation, tout fait de cette langue d'un peuple barbare une des plus belles de l'univers (¹).

» Les armes des Congues sont un mélange ridicule d'arcs, de sabres, faits d'un bois dur, et de quelques mauvais mousquetons. Ils connaissent l'art d'empoisonner les flèches; leurs haches, arrondies en forme de faux, sont redoutables lorsqu'un bras nerveux les conduit. Quelques uns se couvrent d'un bouclier; d'autres se revêtent de peaux d'animaux; il y en a qui cherchent à se donner un aspect terrible en chargeant leur corps de peintures de serpents et d'autres bêtes dangereuses (²). Ceux de Loango, en marchant au combat, se peignent tout le corps en rouge.

» Les superstitions indigènes des Congues sont trop variées pour pouvoir être indiquées toutes. Ils croient à l'existence de quelques divinités qu'ils nomment *Zambi*. Ils ont des images de ces divinités qu'ils appellent des *mokisso* et qu'ils conservent dans des temples (³). Mais les objets de leur culte habituel sont diverses espèces de *fétiches* ou substances censées être remplies d'une vertu divine. C'est tantôt une plume d'oiseau, une dent de requin; tantôt un arbre, un serpent, un crapaud. Les missionnaires capucins virent un bouc qu'on adorait, et que leur pieux zèle fit mourir; les nègres, quoique convertis, furent effrayés de voir les capucins rôtir et manger un dieu (⁴).

» Les prêtres s'appellent *gangas*; leur chef, nommé *Chitomé*, est censé posséder une autorité divine; il reçoit en sacrifice les prémices des fruits, et on entretient constamment un feu sacré dans sa demeure inviolable. Devient-il malade, on lui nomme un successeur, qui aussitôt l'assomme d'un coup de massue, afin de l'empêcher de mourir de mort naturelle; ce qui serait d'un sinistre augure. Bien d'autres pontifes subalternes exploitent la crédulité des nègres: l'un guérit toutes les maladies, l'autre commande aux vents et à la pluie; celui-là sait ensorceler les eaux, et celui-ci prétend conserver la récolte. Les *N'quits* sont membres d'une confrérie sacrée qui, dans les profondeurs des forêts, célèbre d'affreux mystères, mêlés de danses lascives. Une espèce de magiciens, nommés les *Atombala*, prétendent savoir ressusciter les morts; leurs jongleries, exercées sur un cadavre en présence des missionnaires, en imposèrent tellement à ceux-ci qu'ils crurent voir le mort remuer, et qu'ils s'imaginèrent entendre quelques sons inarticulés qui sortaient de sa bouche, et qu'ils attribuèrent au pouvoir des esprits infernaux. Serait-ce une opération galvanique?

» Les missions chrétiennes luttent avec peu de succès contre ces superstitions grossières. Il y eut un temps où les apôtres de la foi s'enorgueillissaient de compter tous les princes du Congo, notamment ceux du royaume de ce nom, parmi leurs ouailles, et d'en rassembler également les sujets autour du signe de la croix. En effet, les nègres, naturellement imitateurs, se conforment aisément à l'exemple de leurs chefs. Ils embrassent la religion que ceux-ci leur ordonnent de suivre; mais ils l'abandonnent dès que le prince, aussi inconstant que le peuple, retourne à son ancien culte (¹). Sogno avait attiré sur lui la préférence des missions apostoliques; et il paraît effectivement qu'il justifia la confiance qu'on avait en ses habitants. A en croire quelques rapports, ils adoptèrent tous le christianisme, et leur exemple fut suivi par le Congo tout entier (²). Toujours fidèles au nouveau culte, ils détestaient encore en 1776 l'idolâtrie. Ils se transmettaient les mystères et les préceptes chrétiens de père en fils, et s'assemblaient régulièrement le dimanche pour entonner des cantiques, quoique à défaut de prêtres ils ne pussent célébrer les saints mystères ni administrer tous les sacrements.

» Quant aux pays situés au nord du Zaïre, des missionnaires français, partis de Nantes pour prêcher le christianisme en Loango, choisirent définitivement, en 1768, Cacongo pour siège principal de leur apostolat. Ils s'attachèrent d'abord à gagner les grands, et furent parfaitement accueillis. Forts de la protection du roi, qui les logea dans sa résidence, ils établirent une chapelle, et eurent la satisfaction de voir des nègres de Sogno, que le

---

l'un pour l'autre; *salangana*, être un travailleur habile, etc., etc.
(¹) *Hyacinthi-Bruscietti à Vetralla* regulæ pro Congensium idiomatis captu, etc; Rome, 1659. Gentilis Angolæ instructus à *P. Coacto*; Rome, 1661. *Mithridates*, par *Adelung* et *Vater*, t. III, pag. 207-224.—
(²) *Cavazzi*, II, 7.— (³) *Oldendorp*, 320.— (⁴) *Zucchelli*, 223.

(¹) *Labat*, t. I, p. 87.— (²) *Proyart*, 210.

commerce avait attirés à Kingale, venir assister à la messe. Mais des maladies obligèrent ces ecclésiastiques, en 1770, de quitter le pays. Trois années après il en arriva d'autres de la France, qui fixèrent leur domicile dans une plaine près du village de Kilonga. En 1775, ils découvrirent dans leur voisinage une commune chrétienne venue de Sogno, qui avait obtenu du roi de Cacongo la permission de s'établir dans ses États, où ils mirent une contrée déserte en exploitation. Cette colonie formait une petite province particulière d'environ 4,000 chrétiens. *Manguenzo* en était le principal village. Les ecclésiastiques français y baptisèrent beaucoup d'enfants, et ils furent largement payés en manioc, maïs, pois, chèvres; déjà ils s'occupaient du projet de former un séminaire de nègres. Don Juan, le chef de la colonie, allait faire bâtir deux églises; ils manquaient de vases sacrés et d'autres objets de première nécessité. Pour comble d'infortune, plusieurs membres de la mission étaient morts et d'autres se trouvaient accablés d'infirmités vers l'an 1776, où les dernières nouvelles furent transmises en Europe.

» Mais un voyageur moderne, très en contradiction avec ces beaux rapports, assure positivement que les Sognos n'ont, en aucune manière, répondu au zèle que l'on avait montré pour leur conversion (1); suivant lui, ces sauvages, naturellement traîtres et lâches, ne se sont fait connaître que par l'empoisonnement et l'assassinat des missionnaires, et leur réputation de perfidie leur a valu d'être mis aux fers lorsqu'ils étaient vendus à quelque Européen. Un prêtre français, dit M. de Grandpré dans un autre endroit (2), remplissait son ministère avec zèle; mais le tableau de la vie éternelle, quelque brillant qu'il pût le rendre, ne séduisait point les Congues; le séjour du paradis leur semblait d'autant plus insipide qu'on ne leur permettait pas d'y boire de l'eau-de-vie; ils s'en plaignaient beaucoup et préféraient le voyage de France, d'où leur venait cette précieuse liqueur; aussi le missionnaire ne faisait point de prosélytes. Enfin, l'un d'eux, vaincu par les instances du prêtre, consentit à entrer en composition, et promit d'aller en paradis en demandant combien cela lui vaudrait de marchandises. « Mais aucune,

(1) *De Grandpré*, t. II, p. 37. — (2) *Idem*, t. I, p. 91.

lui répondit le prêtre. — Entendons nous, répliqua le noir : je te demande combien de marchandises tu me donneras pour le voyage que tu me proposes. » Le missionnaire lui réitéra avec onction sa réponse négative, en l'accompagnant de tout ce qui pouvait le séduire; l'autre lui répondit en son mauvais français : *Haben qui ça. Toi croire, moi va courir pour rien là? baille marchandises.* Le missionnaire insista au moins sur le baptême, mais il n'en put obtenir d'autre réponse que *baille marchandises, baille l'eau-de-vie.* Ce n'est pas là le seul exemple des missions infructueuses, continue M. de Grandpré : il en a vu arriver une de La Rochelle, en 1777; elle était composée de quatre prêtres italiens pleins de zèle, qui se rendaient dans la peuplade des Sognos, bien munis de présents, et de tout ce qui pouvait assurer leurs succès; deux d'entre eux y pénétrèrent en effet, et écrivirent aux deux autres de les joindre. Au bout d'à peu près dix jours, dit notre auteur, je les vis revenir tout épouvantés, doutant encore de leur existence; ils furent plusieurs jours à se remettre de leur frayeur, et nous apprirent qu'à leur arrivée ils avaient trouvé les deux autres empoisonnés, morts et enterrés. Ils s'attendaient à subir le même sort, et l'un d'eux déjà tout résigné, ne songea plus qu'à s'administrer les secours spirituels; mais l'autre, plus jeune, plus éveillé, et qui tenait plus à la vie, imagina de tromper les noirs, en leur persuadant qu'il avait laissé derrière lui la plus grande partie des présents qui leur étaient destinés et qui ne seraient délivrés qu'aux deux missionnaires en personne. Bien résolus de les empoisonner à leur tour, mais avides de posséder auparavant les présents qu'on leur annonçait, les noirs leur fournirent des hamacs pour revenir à la côte. Ainsi finit la mission.

» A bien considérer la chose, les noirs n'ont peut-être pas autant de tort qu'ils paraissent en avoir au premier coup d'œil; les missionnaires s'attirent souvent eux-mêmes un sort funeste. S'ils essayaient d'employer la persuasion; si, laissant aux pères de famille la liberté d'achever leur carrière comme ils le jugeraient à propos, ils s'attachaient uniquement aux enfants, peut-être le temps couronnerait-il leur patience. Mais non; parlant à peine quelques mots de la langue de ces peuples, ne pouvant leur rien expliquer, ne pouvant raisonner avec eux sur rien, ils débutent par leur imposer les privations les plus sensibles, par vouloir les assujettir de prime-abord à toutes les particularités du culte le plus rigide. La polygamie est généralement en usage dans un climat brûlant, où le tempérament des habitants leur fait un besoin des jouissances physiques. On a vu des missionnaires vouloir employer la violence pour leur arracher leurs compagnes; et comme les gens en place donnent l'exemple aux autres, c'est aussi sur ceux-là qu'ils ont prétendu, de préférence, exercer leur zèle apostolique. Quel attachement des hommes guidés par la simple nature peuvent-ils concevoir pour des gens qui ne viennent chez eux que pour les tourmenter, pour leur imposer des pratiques assujettissantes, qui ne leur parlent que pour les gronder, enfin qui veulent à toute force porter le trouble et le désordre dans leurs familles, en les forçant à répudier leurs épouses et priver leurs enfants de leurs mères?

» Il nous reste à jeter un coup d'œil sur les tribus tout-à-fait sauvages qui s'étendent sur les confins du Congo.

» Au nord-est du Loango, les anciens voyageurs placent une nation de nains nommés *Malembas* ou *Bake-Bake*. Ils sont, dit-on, de la taille des enfants de douze ans, mais très épais; ils vivent au sein de leurs forêts inhospitalières, où ils donnent la chasse aux éléphants, dont ils livrent les dents en tribut à un prince nommé *Many Kesock*, demeurant à huit journées à l'est de Mayomba. Leurs femmes vont dans les bois tuer les grands singes pongos avec des flèches empoisonnées (¹). Le nom de *Bake-Bake* mérite une attention particulière; il pourrait sembler identique avec celui de *Vac-Vac* ou *Ouacouac*, que les Arabes Masudi et Edrisi donnent à une contrée qu'ils font toucher à Sofala et au Zanguebar, et qui, par conséquent, a dû embrasser une portion de l'Afrique centrale et australe. Mais nous proposerons plus loin une autre explication de ce dernier nom (²), bien qu'on ne doive pas croire à l'existence de ce peuple de nains.

» Plus à l'est dans l'intérieur des terres, se trouve le pays d'*Anziko*, ou Anzicana, *N'teka* ou *Grand-Angeca* (³), appelé aussi *Mikoko*,

et riche en métaux et en bois de sandal, mais fameux surtout par la barbarie de ses habitants. Suivant quelques rapports, certainement fabuleux ou du moins exagérés, sur ce pays lointain et peu visité, les Anziques ou Anziquois livrent leurs prisonniers invalides aux bouchers, qui en étalent la chair dans les marchés publics. Quelquefois les naturels, dégoûtés de la vie, dit-on, ou égarés par un faux point d'honneur, s'offrent eux-mêmes à la boucherie. Les parents et les fils même se dévorent les uns les autres. M. de Grandpré paraît vouloir révoquer en doute ce fait; il nie même qu'il y ait en Afrique des anthropophages. « Si le voyage de Mungo-Park dans des pays où le mahométisme a pénétré, ne détruit pas sans réplique l'imputation faite aux Africains d'être cannibales, que pourrait-on répondre au témoignage de Levaillant, dont les pas se sont dirigés vers des peuples entièrement sauvages, absolument étrangers à toute espèce de civilisation, et parmi lesquels il n'a rien trouvé qui pût justifier une accusation aussi injuste? Je puis, de mon côté, certifier qu'il est faux que les noirs Congues mangent de la chair humaine : ces peuples sont doux, timides et paresseux; ils ont en général horreur de verser le sang, et celui d'entre eux qui en blesse un autre au sang est condamné à donner un esclave ou la valeur en marchandises, et si l'agresseur n'en a pas le moyen, il est pris lui-même et vendu (¹). »

» Les Anziquois sont excellents archers, et ils manient supérieurement la hache d'armes. Ils sont très agiles, courageux, intrépides. On leur accorde beaucoup de loyauté dans les transactions. Ils apportent quelquefois à la côte de belles étoffes de feuilles de palmier et d'autres matières qu'ils fabriquent, ainsi que de l'ivoire et des esclaves tirés de leur propre pays ou de la Nubie. Les marchandises qu'ils prennent en retour sont les cauris et d'autres coquillages qui leur servent d'ornement, le sel, des soieries, des toiles, des verroteries et d'autres objets de fabrique européenne. Ils pratiquent la circoncision sur les deux sexes, et se cicatrisent la figure pour s'embellir. Les femmes sont vêtues depuis la tête jusqu'aux pieds; les grands portent des robes de soie ou des habits de drap; les gens du commun ont la partie supérieure du corps nue et les che-

---

(¹) *Battel*, p. 983. — (²) Voyez ci-après, liv. CLXXI*, vers la fin. — (³) *Battel*, 981; *Dapper* 568; *Proyart*, 3.

(¹) *De Grandpré*, t. I, p. 211.

veux nattés. Leur langage, d'ailleurs assez dur et difficile, paraît n'être qu'un dialecte de l'idiome général de toute la région du Congo (¹).

» L'étendue et la situation d'Anziko est indiquée d'une manière fort peu satisfaisante. Dapper place *Monsol*, la capitale, à 300 lieues de la côte, et rend le pays limitrophe du *Gingiro*, pays voisin de l'Abyssinie. Le savant missionnaire Cannecattim apprit les mêmes particularités pendant sa mission à *Mahonga*, où il convertit le roi et toute sa famille. Pigafetta fait couler dans l'Anziko une rivière nommée *Umbre* qui se jette dans le Congo; il indique à l'est ou au nord-est le royaume de *Wangue*, dans lequel on pourrait être tenté de retrouver le Ouankarah. Le roi d'Anziko, qu'on appelle le *Makoko*, et, selon d'autres, l'*Anziko*, domine sur treize rois vassaux, parmi lesquels nous remarquerons celui de *Fungeni*, parce que ce nom rappelle les *Fungi* de la Nubie, venus, d'après leurs propres traditions, de l'Afrique méridionale.

» Le missionnaire Oldendorp, en interrogeant les nègres des Indes occidentales, avait appris l'existence d'une nation appelée *Mokko*, voisine des *Ibbos*, et qui pourrait bien être identique avec les habitants de l'Anziko, ou du *Mikoko*. Cette nation vivait en hostilités continuelles avec les *Evos*, qui paraissent être les mêmes que les *Evis* dont Salt entendit parler à Mozambique, comme demeurant plus près de l'océan Atlantique que de l'océan Indien.

» C'est dans ces régions inconnues qu'un marquis d'Estourville, devenu, à la suite d'événements singuliers, médecin principal de l'île Saint-Thomas, a dû errer pendant douze ans comme prisonnier des féroces Giagas. Il a traversé deux grands fleuves et une chaîne de montagnes très escarpées derrière laquelle s'étendait l'empire civilisé de *Droglodo*. Tout ce qu'on fait circuler sur ce voyage est bien confus et bien vague (¹). »

S'il faut s'en rapporter aux récits d'un voyageur qui a été récemment l'objet de bien des attaques dont nous ne nous faisons pas juge(²), l'Anziko, le Mikoko ou le Makoko, comme on voudra l'appeler, serait identique avec le royaume de *Sala* ou le *Mikoko-Sala*, nom que lui donnent les indigènes; *Monsol*, la résidence du roi, serait une ville de 14,000 âmes; *Ambegi*, *Coucapalessa*, *Coutotilessa* et *Gismola*, les autres principales villes, seraient peuplées de 6,000 habitants.

A l'ouest de l'Anziko se trouve le royaume de *Nineanaï*, appelé aussi *Mono-Emougi*, titre que prend son souverain. Il paraîtrait d'après certaines relations que c'est un des États les plus importants de l'intérieur de l'Afrique, et que sa capitale porte le nom de *Bomba*.

Au sud du Nineanaï, que M. Douville nomme royaume de Bomba, se trouve celui des *Molouas*, qui paraît avoir pour tributaires ceux de *Mouchingi* et de *Moucangama*. *Yanvo*, la capitale des Molouas, a plus de 48,000 habitants, dont un tiers d'esclaves. C'est la résidence du roi. *Tandi-a-voua*, où réside la reine, n'a que 16,000 âmes.

En continuant à se diriger vers le sud, on arrive au royaume de *Cassange*, dont la capitale, appelée *Cassanci*, a environ 3,000 habitants.

Le royaume de *Cancobella* a pour capitale une ville du même nom, que l'on dit avoir 4,000 habitants; celui de *Holo ho* est gouverné par un roi, dont la résidence est *Holo-ho*, ville de 2,000 âmes. Enfin, nous nous contenterons de nommer les royaumes de *Humé*, *Ho* et *Bihé*, sur lesquels on n'a aucun renseignement positif et de quelque intérêt.

(¹) *Lopez*, p. 14.

(¹) M. *Bory de Saint-Vincent* nous assure avoir vu et entretenu M. d'Estourville; mais il paraît que ce dernier n'a eu aucun moyen de faire des observations tant soit peu positives. — (²) M. *Douville*, auteur d'un voyage dans l'Afrique centrale en 1827, 1828 et 1830

LIVRE CENT SOIXANTE-DIXIEME.

Suite de la Description de l'Afrique. — La Cimbebasie et la Hottentotie.

« La côte qui s'étend depuis le cap Negro jusqu'à la rivière *Fisch* ou d'*Angra Pequena*, est peu connue, d'un abord dangereux, et presque inhabitée. Les Portugais, en allant du Brésil à Benguela, reconnaissent le cap Negro, sur la pointe duquel on a élevé une colonne d'albâtre portant les armes du Portugal. Au sud du cap, la rivière *Bemba-Roughe*, large d'une demi-lieue, se jette dans la mer; ses deux bords sont habités. Le cap *Rui-Pirez* porte encore le surnom *das Neves* ou des neiges; mais ce sont des collines de sable blanc qui ont donné naissance à cette épithète.

» Le cap *Frio* ou froid, l'*Angra Fria* ou anse froide, enfin la *Praya das Neves*, ou plage des Neiges, doivent également leur nom à des illusions ou à des impressions du moment. Les hautes montagnes se terminent au cap *Serra*. De nombreux pics, peu élevés, bordent la baie *Walvisch* ou des Baleines, qui est l'*Angra do Ilheo* des Portugais. On n'en sait pas davantage sur le petit golfe de Saint-Thomas. Toute cette côte a été visitée en détail vers la fin du dix-huitième siècle, puis, en 1824, par une expédition anglaise chargée d'y choisir un lieu de déportation; on n'y trouva pas un seul endroit qui offrît quelque espoir à la culture, et qui ne parût pas trop affreux pour des criminels. L'eau potable y est très rare; les rivières n'ont à l'embouchure que de l'eau saumâtre; ou ne voit que par-ci par-là quelque trace de verdure [1].

» Derrière cette côte inhospitalière on indique la tribu nomade de *Cimbebas*, qui a fait donner à la contrée le nom de *Cimbébasie*, et qui est gouvernée par un prince appelé *Mataman*; une autre tribu, celle des *Macasses*, ou plutôt *Makosses*, a été visitée par un voyageur français dont la relation est fort rare [2].

L'existence même des Cimbebas repose sur des témoignages équivoques. Ils paraissent cependant être connus des Makosses, sous le nom de *Maquemanès*. Le pays des Makosses a une trentaine de lieues d'étendue; les lièvres y abondent au point de pouvoir être tués à coups de bâton. Le bétail à cornes forme la richesse de ces nomades, qui changent généralement de pâturages tous les deux ans, et qui n'ont pour vêtement qu'une peau de bœuf [1]. Ils pratiquent la circoncision à l'âge de dix-huit ans, ne mangent pas de poisson, et croient aux magiciens, aux empoisonneurs et à un mauvais génie qui leur envoie la pluie, le tonnerre, les tempêtes. Les semences douces d'une plante qui s'élève rapidement à dix ou douze pieds de haut, leur servent à faire une espèce de gâteau. Une autre graine leur fournit une boisson enivrante. Les Makosses paraissent jouir d'une sorte d'aisance; ceux parmi eux qui ont deux à trois mille bestiaux ne passent pas pour être riches. Ils punissent très sévèrement le vol. Dans leur extérieur règne une assez grande décence. Tout porte à croire que cette tribu est une branche des Cafres Koussis, habitants de la côte orientale [2]. »

La Cimbébasie s'étend depuis le cap Frio jusqu'aux îles des Oiseaux sur les limites de la Hottentotie. Sa longueur est d'environ 275 lieues; mais si l'on porte ses frontières jusqu'à la rivière du Poisson, sa longueur sera de 350 lieues. Parmi les découpures que présentent ses côtes, on distingue la baie du Poisson un peu au sud de l'embouchure du Bamba-Roughe.

« En passant la rivière de *Fisch* ou Poisson, nous sommes dans le pays des Hottentots, qui, avec le territoire de la colonie du Cap,

---

[1] Notes communiquées par sir *Home Popham* à M. *Correa de Serra*. Notes de *Wood*, dans les Instructions nautiques de *Dalzel*. — [2] *Lajardière*, traduction allemande. Dans Ehrmann, Bibliothèque des Voyages et de Géographie, t. III. M. Boucher de la Richardière dit, dans sa *Bibliothèque des Voyages*, qu'il n'a pu trouver l'original. Nous n'avons pas été plus heureux.

[1] *Ehrmann*, III, 360. — [2] Voyez encore ci-après, liv. CLXXI.

ne forme qu'une seule *région physique*. Ses limites sont très incertaines au nord et au nord-est ; le tableau que nous en allons tracer s'appliquerait peut-être non seulement à tous les pays au sud du Congo et du Monomotapa, mais encore à tout le plateau de Mocaranga et aux déserts des Jagas ; c'est aux découvertes ultérieures à décider cette question.

» Les parties plus ou moins connues de la Hottentotie sont arrosées par deux grandes rivières, le *Fisch* ou Poisson et le *Gariep* ou Orange ; toutes les deux coulent également de l'est à l'ouest. »

La première paraît sortir d'une chaîne voisine de la côte, et qui n'est probablement que le prolongement du grand plateau dont Campbell a reconnu l'existence sous le tropique. L'étendue de cette rivière est fort incertaine ; on n'en connaît que le cours inférieur, c'est-à-dire jusqu'à 80 lieues au-dessus de son embouchure. L'Orange est sans contredit le plus grand fleuve de la Hottentotie. Il est formé de la réunion de deux rivières importantes ; l'une qui descend du nord et qui porte le nom de *Gariep* ou de fleuve Jaune : c'est l'Orange proprement dit ; l'autre qui vient du sud-est, et que l'on nomme *Nouveau-Gariep* ou *Fleuve-Noir*. Après avoir reçu celui-ci, l'Orange poursuit son cours vers l'ouest. Vers le milieu de sa course il forme une cascade de 400 pieds de hauteur et de 1,500 de largeur. Son principal affluent paraît être le *Ganuna*, que d'autres appellent *Gamma* ou la *Grande-Rivière des Poissons*. Dans la partie supérieure de son cours il est embarrassé par des masses de rochers escarpés, mais ensuite ses bords s'abaissent et se couvrent d'une belle végétation jusqu'à son embouchure dans l'Océan. La rivière de l'*Éléphant* prend sa source au mont *Winterhoek*, arrose la colonie anglaise du cap de Bonne-Espérance, et se jette dans l'Océan après un cours d'environ 60 lieues.

» Quelques autres rivières qui descendent du nord au sud sortent des flancs latéraux des dernières terrasses du plateau ; leur cours n'est pas long. Tel est le rapide *Gaurits*, qui descend des monts Nieuweveld, et qui n'a pas plus de 20 lieues de cours ; tel est le *Camptoos*, auquel on en donne 80 ; tel est encore le *Zondags*, qui descend des montagnes du Rhinocéros, et qui n'en a guère que 50. Le *Grand-Poisson* (*Groote-visch rivier*), qui termine le territoire du Cap, en a cependant 90. Toutes ces rivières, gonflées par les pluies périodiques, roulent avec elles beaucoup de limon et de sable ; repoussées par la mer, ces matières forment des barres à leur embouchure, ou, dans la saison sèche, ces rivières, réduites à un faible volume d'eau, se perdent dans les sables ou parmi les rochers [1]. Des cascades peu pittoresques interrompent le cours de ces fleuves, dont toute l'utilité se borne à fertiliser, en les inondant, une partie de leurs bords.

» Entre les terrasses, mal à propos nommées chaînes de montagnes, s'étendent des plateaux dépourvus de toute eau courante, et qui prennent le nom de *Karro's* ou *Karrou's*. Ces plateaux ne sont pas des déserts absolument stériles, comme ils ont été qualifiés par des voyageurs inexacts. Le plus connu de ces *Karrou's*, celui qui se termine à l'est par les monts *Camdebou*, au nord par les monts *Sneeuwberg*, *Nieuweveld*, *Roggeveld* et *Khamies*, et au sud par les montagnes de *Zwarsberg*, a été décrit par deux observateurs scrupuleux, M. Patterson [2] et M. de Lichtenstein [3]. On le nomme le Grand-Karrou ; il a environ 200 lieues de longueur sur 30 à 40 de largeur. Son sol est une couche d'argile et de sable, coloré en jaune d'ocre par des particules ferrugineuses : à un ou deux pieds de profondeur on trouve le roc solide dont cette couche paraît être une décomposition. Dans la saison sèche, les rayons du soleil réduisent ce sol presqu'à la dureté d'une brique ; les mésembryanthèmes et les autres plantes grasses conservent seules un reste de verdure ; les racines des *gorteria*, les *aster*, les *berkheya*, ainsi que les oignons de lis, armés d'une enveloppe presque ligneuse, vivent sous cette croûte brûlée. Nourries par la pluie dans la saison humide, ces racines se gonflent sous terre ; les jeunes pousses se développant et s'élevant tout-à-coup, et toutes à la fois, couvrent dans un instant la plaine, naguère si aride, d'une verdure éclatante ; bientôt les calices des lis et les couronnes des mésembryanthèmes étalent partout leurs couleurs brillantes, et remplissent l'air des parfums les plus pénétrants et les plus délicieux. Alors, les antilopes agiles, et

---

[1] Lichtenstein, Voyage au Cap, t. I, passim. — [2] Patterson, Voyage trad. de Forster, 40. — [3] Lichtenstein, Voyage au Cap, I, 193.

l'autruche, penchée sur ses pattes élancées, descendent en foule des montagnes voisines. Les colons y amènent de toutes parts leurs troupeaux, qui dans ces riches pâturages prennent des forces nouvelles. Point de dispute sur la jouissance de ces prairies naturelles; elles sont assez vastes pour que tout le monde s'y trouve à l'aise. Les colons cherchent même à se rapprocher pour converser entre eux et pour resserrer les liens d'amitié et de parenté qui unissent souvent des familles séparées en d'autres saisons par de vastes espaces. La vie du *Karrou* est, pour les colons du Cap, l'image du siècle d'or. De légers travaux en interrompent l'uniformité et la rendent même très lucrative; les enfants et les esclaves recueillent les branches de deux arbrisseaux, compris sous le nom de *channa* (¹), et dont on tire de la potasse. Les adultes s'occupent à tanner les peaux de bœufs pour les vêtements et les souliers. Mais la magnificence du *Karrou* ne dure qu'un mois, à moins que des pluies tardives y entretiennent la vie végétale. La longueur croissante du jour au mois d'août donne aux rayons solaires une puissance destructive; les plantes sont desséchées; le désert reparaît de toutes parts. Bientôt les hommes et les animaux abandonnent ces lieux désormais inhabitables. Les végétaux qui résistent, tels que l'*atriplex albicans*, les *polygala*, se revêtent d'une croûte grisâtre; une poudre de la même teinte recouvre les plantes grasses qui continuent à se nourrir d'air. Partout on ne voit que le sol brûlé, parsemé d'une poussière noirâtre, seul reste des végétaux desséchés. C'est ainsi que la vie et la mort se succèdent ici dans une rotation éternelle.

» Les montagnes de cette extrémité du continent africain sont, comme nous l'avons déjà fait observer, des falaises énormes; ce sont les tranchants des terrasses par lesquelles le plateau central descend sur la mer. La direction de ces montagnes est généralement du nord-ouest au sud-est; elles se terminent plus abruptement à l'ouest, et même au sud, que du côté oriental, où, en se prolongeant sous les eaux de la mer, elles forment des récifs dangereux. Le granit, qui, du côté de l'ouest, ne se rencontre qu'à 150 pieds au-dessus du niveau de la mer, se retrouve sur les bords du fleuve Kaïman, à 50 pieds; le schiste sablonneux, qu'il faut chercher à l'élévation de 250 pieds près le Cap, se plonge dans la mer, aux rivages des baies Plettenberg et Algoa (¹). Le grès sablonneux forme des chaînes étendues, entre autres les *monts Piquets*, dans lesquels la couche la plus élevée ayant été brisée et découpée par quelque révolution physique, représente des tours et des murailles crénelées. Le rivage de Table-Bay, sur lequel repose *la montagne de la Table*, est supporté par un lit de schiste ferrugineux, en sillons parallèles dirigés du sud-est au nord-ouest, qu'interrompent des veines granitiques et quartzeuses. Au-dessus des schistes est une couche d'argile ocreuse, contenant des parcelles de mica brun; elle provient de la décomposition du granit, qui s'y trouve enchâssé par blocs immenses, jusqu'à 500 pieds au-dessus du niveau de la mer; là commencent des roches stratifiées qui se composent de différents grès, traversés par des veines d'hématites. Ces couches de grès supportent une masse de quartz de 1,000 pieds de haut, grisâtre, brillant, se réduisant en poudre ou dégénérant en grès, suivant l'exposition. La montagne n'offre aucune trace de coquilles, ni d'empreintes, ni de pétrifications (²). »

La Hottentotie indépendante se termine au nord par des plateaux ou terrasses plutôt que par des chaînes de montagnes. Dans sa partie méridionale on ne connaît qu'une chaîne, c'est celle des *monts Karrée* ou *Karri*, qui s'élève d'environ 1,000 pieds au-dessus d'un plateau qui en a plus de 5,000 de hauteur. Elle est dépourvue de végétation, et les roches dont elle est formée présentent les formes les plus bizarres. On croit que cette chaîne est une branche des monts *Nieuweveld* (nouveau champ), d'où partent les différentes chaînes qui couvrent le vaste territoire de la colonie du Cap.

Dans cette partie nous venons de donner quelques détails sur la montagne de la Table; examinons tout le groupe auquel elle appartient.

Les monts Nieuweveld occupent le centre d'une longue chaîne qui, depuis le plateau de

---

(¹) *Salsola aphylla* et *Salicornia fruticosa*.

(¹) Lichtenstein, t. I, pag. 327. (Il y a dans son texte 1,500 et 2,500 pieds, mais cela doit être une erreur. Voyez ci-après Barrow.) — (²) Barrow, tom. I, chap. I.

la Cafrerie à l'est jusqu'aux environs de l'embouchure de l'Orange à l'ouest, a 3 à 400 lieues d'étendue. Les Nieuweveld proprement dits n'occupent sur cette ligne qu'une longueur d'environ 80 lieues. Leur élévation est de 10,200 pieds. Ils sont couverts de neige pendant 5 à 6 mois de l'année, et passent pour les monts les plus élevés de l'Afrique australe. A l'est ils se joignent aux *montagnes de neige* (*Sneeuwberg*): on y remarque le *Spitzkop* (la Tête pointue) et le *Compassberg* (mont du compas ou de la boussole), qui sert de nœud à cette jonction, et qui, suivant le colonel Gordon, a 5,500 pieds de hauteur. C'est dans les montagnes de neige que se trouve le mont *Rhinocéros*. Au-delà de ces montagnes, et dans la même direction, on voit les *monts Boisés* et les *monts de Grâce*; mais des monts Boisés part vers le sud une chaîne appelée *montagnes d'Hiver* (*Winterbergen*), d'où s'étend vers l'est la chaîne du *Kat-riviersberg* (qui donne naissance au *Kat-rivier*) affluent de la rivière du Grand-Poisson.

A l'extrémité occidentale des monts Nieuweveld commence près des sources de la rivière du Riet le groupe du *Roggeveld* (Champ du Seigle), qui se divise en trois chaînons : le *Klein-Roggeveld* (petit Roggeveld), le *Middel-Roggeveld* (moyen Roggeveld), dont le point culminant, le *mont Komsberg*, a environ 5,200 pieds de hauteur, et l'*Onder-Roggeveld* (inférieur Roggeveld), dont les plus hautes cimes n'ont pas 5,000 pieds. Les monts Roggeveld envoient au nord une branche qui va se joindre au plateau qui borde l'Orange, et au nord-est une chaîne qui prend les noms de *monts Khamies*, *monts de Cuivre*, et *monts des Chameaux*. Les premiers sont hauts de 3 à 4,000 pieds; les suivants sont peu connus.

Des monts Roggeveld part au nord, dans la direction du sud-est, la chaîne du *mont Hantam*, haute de 1,100 pieds au-dessus du plateau d'où elle s'élève, et du mont Komsberg se dirige dans le même sens celle du *Wittenberg*.

Au sud, et parallèlement aux monts Nieuweveld, s'étend une longue chaîne beaucoup moins élevée, dont les principales parties sont, à l'ouest, le *Bokkeveld*, au centre le *Zwart-berg* ou les *montagnes Noires*, dont les pics isolés ont 4 à 500 pieds de hauteur, et l'*Albany* à l'est. Enfin, et dans une direction encore parallèle, se trouve une longue chaîne appelée *Lange-Kloof*, dont les points culminants ont 2,400 pieds de hauteur. Elle se rattache à l'ouest au Bokkeveld, d'où part un groupe de montagnes auquel appartiennent celle de la Table, haute d'environ 3,800 pieds; celle du Diable et celle du Lion, un peu moins élevées. »

Le *Magaaga* ou montagnes de Fer, sont, suivant le voyageur anglais Truter, une rangée de collines au nord du fleuve Orange. On y trouve des masses de fer magnifique et de fer oxidé. Elles se dirigent parallèlement avec les monts Karri et tout le système de terrasses dont nous venons de parler. Non loin de Magaaga s'élève le *Branneisensteinberg* (montagne de pierre ferrugineuse). C'est dans les cavités de cette montagne que les Betjouanas vont chercher les couleurs bronzées avec lesquelles ils se tatouent (¹).

« La pierre calcaire paraît jusqu'ici manquer. La mine de fer est rencontrée en bien des endroits (²); mais on n'en a tiré aucun parti. Dès l'an 1685 on connaissait les riches mines de cuivre, faiblement exploitées par les Hottentots-Damaras, et qui ont donné leur nom aux *Montagnes de cuivre* (³). Les sources de pétrole ne sont pas rares : les terrains les plus gras sont souvent tellement imprégnés de sels nitreux, que l'efflorescence de ces sels les couvrant d'une croûte, les rend impropres à la culture (⁴). Le sel commun, aussi abondant, est plus utile aux habitants : ils appellent *chaudières de sel* (*sout-pan*) les bassins où se réunissent les eaux saumâtres.

» Il y a dans l'intérieur de la colonie du Cap différentes eaux minérales; mais les plus renommées sont celles vulgairement appelées les *Bains-Chauds*; elles se trouvent près des montagnes Noires, à trente lieues de la ville. On y a fait construire un bâtiment spacieux pour ceux qui veulent prendre les bains; il est divisé en deux parties, l'une destinée aux blancs, et l'autre aux nègres (⁵).

Les renseignements que nous venons de

(¹) Lichtenstein, tom. II, p. 448. — (²) *Thunberg*, t. I, p. 129-157; II, 86, trad. allem., *Sparmann*, 124-601, trad. allem. — (³) *Patterson*, 66-123, trad. de Forster. — (⁴) Lichtenstein, I, 108. — (⁵) Notice manuscrite du Cap, par M. *Epidariste Collin*, de l'île de France.

donner étaient autrefois les seuls que l'on possédait sur la géognosie de la Hottentotie. Aujourd'hui que des voyageurs instruits en histoire naturelle ont visité cette contrée, on sait que les hautes montagnes de sa partie méridionale sont composées de granit et de protogyne, particulièrement aux environs de Simon's-town. La ville du Cap repose sur le schiste argileux qui s'étend depuis le rivage de la mer jusqu'au pied de la montagne de la Table. Du milieu du schiste argileux, non loin de la côte, on voit sortir le granit qui constitue la montagne de la Table et celle du Lion. Tout en redressant les couches de schiste qu'il a traversée, le granit s'est ramifié en une multitude de filons dans la voûte qui l'encaisse. Le schiste pénétré par le granit se rapporte, suivant le capitaine Hall, au *Killas* de Cornouailles. Il en résulte, selon nous, qu'il appartient à la formation que les Anglais ont appelée cambrienne.

Dans la partie orientale de la colonie du Cap sur le territoire arrosé par les rivières du Zondag et du Bosjesman, on a recueilli des fossiles appartenant aux terrains crétacés et supercrétacés. Le premier est représenté par des marnes sableuses d'un vert foncé, qui se rapportent à la formation du grès vert. Le second se compose en général de marnes calcaires blanches.

« La région dont nous venons d'examiner le sol jouit d'une température des plus douces sous le rapport de la chaleur, puisque le thermomètre de Réaumur ne s'élève presque jamais au-dessus de 30 degrés ; mais les vents produisent des effets désagréables. La saison qu'on nomme ici été, dure de septembre jusqu'à la fin de mars : le vent souffle du sud-est, et souvent avec une extrême violence. Rien ne peut garantir des sables qu'il entraîne ; ils pénètrent dans les appartements les plus clos, dans les malles les mieux fermées. Alors on ne peut prudemment sortir qu'avec des espèces de lunettes qui mettent les yeux à l'abri de tout danger. Ces vents commencent après que la Table s'est couverte d'un nuage qu'on nomme son manteau ; ils durent ordinairement quatre, cinq jours de suite d'une manière très sensible. Depuis mars jusqu'en septembre règne le vent de nord-ouest ; il amène des pluies qui sont presque continuelles en juin et juillet. Mais la direction et l'élévation des montagnes de l'intérieur font varier de contrée en contrée, les phénomènes météorologiques. Les hautes chaînes attirent les nuages pluvieux [1]. Dans le district de Uitenhagen, sur la côte sud-est, on éprouve souvent, au mois d'octobre, des pluies d'orage, accompagnées de coups de tonnerre épouvantables [2].

» L'enthousiasme des botanistes, exalté par le grand nombre de plantes nouvelles que le Cap leur a fournies, a peint la végétation de ce pays avec des couleurs brillantes ; le savant, il est vrai, y trouve à admirer plus de choses rares que dans aucune autre contrée ; c'est d'ici que nous sont venues les plus magnifiques plantes qui ornent nos serres et nos jardins ; beaucoup d'autres pourtant, qui ne sont pas moins belles, sont demeurées étrangères à la culture européenne. La classe des plantes bulbeuses peut être regardée comme un des caractères particuliers de la flore du Cap ; car nulle autre part elles ne sont en si grande abondance, si diverses et si brillantes. Ici, le botaniste admire les innombrables variétés des *ixia*, leurs belles couleurs, leur parfum exquis ; là, il peut à peine compter les superbes espèces des iris, des morées, des glaïeuls, des amaryllis, de l'*hemanthus* [3], du *pancratium*, dont, après les pluies d'automne, se parent les prairies et le pied des montagnes. Dans les autres saisons, les *gnaphalies*, les *xéranthèmes* [4] étalent leurs fleurs rouges, bleues, ou d'un blanc soyeux ; le *geranium* odorant, et mille autres sortes de plantes et de bruyères, varient cette riche scène. Même au milieu des déserts pierreux s'élèvent les plantes grasses, la stapelie, le *mésembryanthème*, l'euphorbe, la crassule, le cotylet et l'aloès. Quelques unes viennent à la hauteur des arbres, et, mêlées avec le saule pleureur, ou les diverses espèces de *mimoses*, ombragent les bords des torrents produits ou grossis passagèrement par les pluies. Une quarantaine d'espèces du genre *protée* sont originaires du Cap de Bonne-Espérance. Le protée à feuilles argentées donne aux bosquets de ce pays un éclat métallique, tandis qu'une des nombreuses espèces de

---

[1] *Masson*, Transactions philosoph. pour 1766, p. 296. — [2] *Thunberg*, t. I, p. 165. — [3] *H. coccineus* et *puniceus*, Thunberg, I, p. 255. — [4] *X. fulgidum* et *speciosissimum*, I.

bruyères (¹) présente comme un tapis de poils. L'olivier du Cap, la sophore, un arbre semblable au frêne (²), fournissent un peu de bois de menuiserie; mais on manque de bois de construction et de chauffage. « Cependant, » nous mande un Français qui a visité le Cap » quatre fois consécutives, il existe dans l'est » de la baie de False, dans la partie nommée » la Hollande-Hottentote, des forêts de ma» gnifiques chênes. Le constructeur en chef » des Anglais au Cap, et mon ami Camille » Roquefeuil, de qui je tiens ce fait, ont exa» miné ce bois avec une scrupuleuse atten» tion, et l'ont reconnu pour être le même » que le chêne d'Albanie, qui est, comme » on sait, le plus propre et le plus avanta» geux à la construction, par sa qualité et » sa durée. Si quelque jour on exploite ces » forêts, le Cap trouvera facilement un dé» bouché à ces bois; nos îles s'empresseront » sans doute de s'en procurer pour la con» struction et la réparation des navires (³). » C'est surtout à l'est, sur les frontières de l'établissement, que l'on trouve des forêts. Elles n'ont pas encore été bien examinées. Elles fournissent le bois de fer, le bois hassagai, le bois jaune, quelques espèces de zamia ou le palmier sagou (⁴), le gaïac à fleurs d'écarlate, et la *strelitzia reginæ*, d'un éclat incomparable par son calice, dont les trois divisions externes sont d'un jaune de safran, et les trois internes du bleu le plus pur. Enfin, s'il faut en croire des renseignements récents, on y a reconnu jusqu'à 70 sortes de bois de construction, parmi lesquelles se trouvent le chêne et l'orme d'Europe, mais dont le bois ne se conserve pas et n'est bon que pour le chauffage.

« Telles sont les beautés végétales du Cap. Il est certain que chaque passage d'un naturaliste enrichit la science de quelque nouvelle espèce d'arbrisseau ou de plante; mais l'un d'eux convient franchement que la végétation de cette contrée africaine ne satisfait ni les yeux ni le sentiment d'un Européen. Les rochers et les sables dominent généralement. Les champs sont séparés par des déserts; le gazon, épars et menu, n'offre nulle part un lit touffu de verdure; les forêts, pleines d'arbres à formes pointues, n'ont ni fraîcheur délicieuse, ni obscurité solennelle. La nature est ici plus imposante que belle; elle a plus de caprices que de charmes.

» La culture y a introduit quelques plantes européennes. La vigne, qu'on y a apportée originairement de Madère et de Porto, produit un vin capiteux. Les plants de vigne venus du midi de la France ont prospéré, et les vins de Frontignan ou de Lunel, qu'on tire du Cap, sont presque égaux en saveur à ceux dont ils tirent leur origine; enfin, le fameux Constance, que l'on obtient des plants venus de Chiraz en Perse, a un bouquet que l'on ne trouve à aucun de nos vins. » Le pontac de Constance est l'ambroisie pure : il laisse bien loin de lui le pontac de France, dont nos gourmets font pourtant leurs délices (¹). Si les habitants du Cap entendaient mieux leurs intérêts, s'ils voulaient abandonner les routes battues, ils porteraient bien plus loin la renommée de leurs vins, et cette colonie deviendrait, selon le plan de Banks, le grand vignoble de l'Angleterre. » Cependant depuis plusieurs années les Anglais ont favorisé la culture de la vigne par l'envoi de vignerons expérimentés. On compte au Cap plus de 30,000 arpents de vigne, et la récolte est évaluée à près de 1,500,000 hectolitres.

» On est agréablement surpris de voir, dans les nombreux jardins qui environnent la ville du Cap, les fruits d'Europe à côté de ceux d'Asie; le châtaignier, le pommier et les autres arbres des pays les plus froids, avec le bananier, le myrte jambosa, et plusieurs autres arbres de la zone torride. Le savant M. Poivre dit avoir vu au Cap le palmier et le camphrier de Bornéo; il en parle même comme si ces arbres y étaient multipliés; on nous assure qu'il n'en existe aucun, sans nous dire si la culture en a été essayée. Les fruits d'Europe, tels que les cerises, les pommes, ont un peu dégénéré; mais les figues, les abricots, les amandes et les oranges, y sont aussi délicieux qu'en France. Les fruits de l'Inde sont plus rares; la marigue et l'ananas y sont totalement inconnus. Les légumes viennent très beaux; on possède tous ceux d'Europe, et

---

(¹) *Erica tomentosa*, chez Masson, pag. 299. — (²) *Ekebergia capensis*, chez *Thunberg*, t. II. p. 53-95. — (³) Notice manuscrite de M. *Epidariste Collin*, de l'Ile-de-France. — (⁴) *Cycas capensis*, selon *Thunberg*, Acta Societ. Upsal, t. II, p. 283.

(¹) Notes manuscrites de M. *Epidariste Collin*, de l'Il.-de-France.

même l'artichaut, quoique Levaillant prétende ne l'avoir jamais vu. Le blé, l'orge, l'avoine et le maïs s'y cultivent avec succès ; le riz n'y vient point. On a essayé autrefois de le faire prospérer dans les environs de la baie de Sainte-Hélène ; mais les essais ont été infructueux : le manioc n'y est pas non plus connu. La pomme de terre y vient partout, mais dégénère promptement.

» On a transporté des oliviers au Cap ; ils n'ont point d'abord réussi, et les habitants ne les ont plus soignés. On a aussi essayé de cultiver le coton ; mais les vents du sud-est font pénétrer du sable jusque dans les gousses, ce qui rend le coton jaune. Il existe au Cap deux espèces d'indigo sauvage, mais il paraît qu'on n'en a jamais tenté la manipulation : la culture de celui du Bengale y a été entreprise et abandonnée par la suite. Le lin donne deux récoltes par an, et le chanvre y vient abondamment ; mais on n'a pu encore s'imaginer qu'on en pourrait faire de la toile et du cordage. La compagnie des Indes hollandaises, dans son dernier temps, avait tenté la culture du thé, et l'essai avait assez bien réussi ; mais les Anglais en ont fait détruire tous les arbrisseaux, dans la crainte de nuire à leur commerce de Chine.

» Ici, comme partout, les animaux féroces se sont retirés devant l'homme : les lions ne se montrent que vers la rivière de Dimanche (*Zondags*) ; mais les déserts, même voisins du Cap, retentissent du mugissement des loups, des panthères et des hyènes. Le chacal du Cap (¹) et le chat tigre (²) sont aussi communs. On distingue encore une espèce particulière de blaireau (³), la mangouste du Cap (⁴) et la gerboise (⁵), répandues par toutes ces contrées. Les chasseurs poursuivent les nombreuses espèces d'antilopes. La plus belle de toutes, la *pygarga*, ou l'antilope pourpre, est si commune près de la rivière du Poisson, qu'on en voit quelquefois des troupes de plus de 2,000 individus. L'antilope bleue (⁶) est rare ; la gazelle proprement dite (⁷) est une de celles que l'on rencontre le plus fréquemment ; le pazan (*antilope oryx*) habite surtout dans la partie nord-ouest de la colonie : on y trouve encore le gnou, autre espèce d'antilope, la gazelle des bois, le condoma (¹), et autres. Dans les forêts de l'intérieur se promènent plusieurs espèces de singes du genre des babouins. On doit remarquer parmi les animaux de ces contrées l'oryctérope ou le *myrmecophaga capensis* de Gmelin, nommé par les Hollandais cochon de terre : cet animal ne se nourrit que de fourmis et de termites ; il est plus grand que les fourmiliers d'Amérique, dont il diffère assez pour constituer un genre à part. Les zèbres et les couaggas, moins grands, moins robustes que les zèbres, vont par troupes séparées ; ce sont deux espèces distinctes, qui ne se mêlent jamais ensemble. Ils sont devenus fort rares dans la colonie. Les éléphants se sont aussi retirés du pays habité par les Européens, si ce n'est du canton de Sitzikamma : le rhinocéros-bicorne se montre encore moins, et la girafe paisible cherche des déserts plus reculés.

» Les buffles sauvages sont chassés par les Hottentots et les Cafres, dont les troupeaux sont en grande partie composés de buffles apprivoisés, de moutons de Barbarie, et de chèvres ; le bétail est petit et mauvais. Sparmann reconnut le premier une espèce particulière dans le bœuf ou buffle du Cap, qu'il nomma *bos cafer ;* des cornes énormes, une petite tête, un naturel féroce et d'autres caractères la distinguent ; elle est probablement répandue au loin dans l'intérieur de l'Afrique. On connaît, en Abyssinie, une race de bœufs qui a des cornes démesurées (²). La férocité du bœuf cafre rappelle les *taureaux carnivores*, que, depuis Agatharcide, tous les anciens placent dans l'Éthiopie ; et leurs cornes, souvent singulièrement contournées, nous font penser aux bœufs des Garamantes, décrits par Hérodote et par Alexandre de Myndus, comme obligés de marcher à reculons en paissant, à causes de leurs cornes tournées vers la terre. Le sanglier de ces contrées est celui de tout l'intérieur de l'Afrique australe, le *sus œthiopicus* de Linné, le *phascochœrus africanus* de M. F. Cuvier. L'autruche se trouve dans les déserts de l'intérieur, et vient quelquefois par troupes dévaster les champs de froment. M. Barrow assure avoir tué un très grand condor. Les flamengos, qui appartiennent au

---

(¹) *Canis mesomelas*. — (²) *Felis capensis*. — (³) *Hirax capensis*. — (⁴) *Hystrix cristata*. — (⁵) *Dipus cafer*. — (⁶) *Antilope leucophaea*, Pallas. — (⁷) *A. dorcas*. C'est le *harte-beest* des Hollandais.

(¹) *A. strepsiceros*. — (²) *Ludolf*, Comm., lib. I, c. x, et lib. III, c. xi.

AFRIQUE. — HOTTENTOTIE.

sous-genre bouvreuil, étalent partout leur plumage d'écarlate. Nous remarquerons encore les loxies, qui déploient un art admirable dans la construction de leurs nids, et les coucous indicateurs, qui apprennent à l'homme l'asile caché de l'abeille laborieuse. Mais nous ne nous occuperons pas des oiseaux de Levaillant, parce qu'ils passent pour être composés d'imagination. Les volailles, les cochons et les autres animaux d'Europe, qui abondent dans cette colonie, y ont été apportés par les Hollandais. Ils y ont aussi transporté de Perse des chevaux, qui aujourd'hui sont très communs.

» Cette région partage avec le reste de l'Afrique l'inconvénient d'être exposée à l'invasion des sauterelles; le vent du sud chasse ces hôtes destructeurs.

» Les *Hottentots*, habitants originaires de toute cette région, paraissent être une race distincte à la fois des nègres et des Cafres; une couleur brune foncée, ou d'un jaune brun, couvre tout leur corps, mais n'atteint pas le blanc des yeux, qui est pur; leur tête est petite; leur visage, fort large d'en haut, finit en pointe; ils ont les pommettes des joues très proéminentes, les yeux en dedans, le nez plat, les lèvres épaisses, les dents très blanches, la main et le pied petits en comparaison du reste du corps; ils sont droits, bien faits et d'une grande taille; leurs cheveux, de couleur noire, sont ou frisés ou laineux; ils n'ont presque point de barbe. Les femmes ont réellement la difformité connue sous le nom de *tablier*, et déjà décrite par un ancien voyageur trop injustement décrié (¹). Quelques uns de ces traits les rapprochent plus de la race mongole que d'aucune nation africaine connue. La langue hottentote, malheureusement peu étudiée, nous a présenté quelques synonymies très remarquables avec le petit nombre de mots mongols et kalmouks que nous avons eus sous les yeux (²). Cette observation, inattendue et surprenante, pourrait conduire à des conjectures bien singulières. Déjà M. Barrow, qui, de même que M. de Grandpré, avait remarqué les yeux chinois ou mongols des Hottentots, y vit aussitôt une colonie de la Chine; mais avant de former aucune conjecture, il faudrait connaître les tribus du plateau central de l'Afrique méridionale, tribus parmi lesquelles il peut se trouver une race semblable à celle qui nous occupe.

» Les Hottentots sont divisés en plusieurs tribus. Les *Damaras* demeurent le plus au nord; leur pays commence au-delà des *monts de Cuivre*, et s'étend jusqu'au 21ᵉ degré de latitude, ou jusqu'à la contrée des Makosses (¹).

» Les *grands Namaquas*, réunis sous l'autorité patriarcale du missionnaire Anderson, ont remonté les bords du fleuve d'Orange, en se dirigeant au nord-est. Les *petits Namaquas* demeurent au sud du même fleuve, dont les bords, ombragés de mimoses, nourrissent des éléphants, des lions, des girafes en grand nombre (²). Les *Kabobiquas* et les *Geissiquas* paraissent être des branches des *Namaquas*.

» Les *Koranas*, ou *Kora-Hottentots* (³), occupent une contrée centrale, très étendue et riche en pâturages; moins sales que les autres tribus, ils montrent dans leurs constructions, dans leur habillement, quelque tendance à la civilisation. Un vaste désert ou *karrou* protège leur indépendance contre les Européens (⁴. »

Ils ont les traits plus nobles que les autres peuples hottentots qui habitent la même terrasse. Leurs nombreux troupeaux et le bien-être qu'ils leur procurent suffisent pour assurer leur indépendance. Ils vivent sur leur plateau fertile en bonne intelligence avec leurs voisins du nord les Betjouanas qui appartiennent à la race cafre.

Au sud-est, sur les limites orientales de la

Père.....	Aboob......	Abugai, (selon Witsen).
Soleil.....	Sorri......	Souri (étoile), en langue akouscha.
Tête......	Biqua.....	Bek, en trois idiomes caucasiens.

(¹) Kolbe, p. 51. Edit. de 1745. Comp. le Mémoire de M. Péron.

(²) Le ciel.. *Inga*, en hottentot. *Tingri*, en mongol.
Homme.... { *t'Kui* / *t'Kohn* } .... { *Kunnn*, en kalmouk.
Homme (vir). *Kouh*....... *Kouhn*, idem.
Enfant.... *t'Kob*...... *Kœbœn* (fils, adolescent).
Force, empire. *Kouquecton*.... *Kouichin*, idem.

(¹) *Lichtenstein*, dans les Archives ethnographiques de *Vater* et *Bertuch*, t. I, p. 286. (Malgré nos soins, la position de cette tribu a été trop resserrée sur notre carte d'Afrique australe.) — (²) *Patterson*, 62. — (³) Probablement les *Koraquas* de Levaillant. — (⁴) *Barrow*, Voyage à la Cochinchine, t. I, p. 271 et suiv.; traduct. française.

colonie, demeurent les *Gonaquas* ou *Channaquas*, tribu distinguée par des traits plus beaux et un esprit plus étendu. Beaucoup d'autres tribus, nommées avec soin par les anciens observateurs (¹), ont disparu à mesure que la colonie envahissait leurs cantons. Les descendants de ces tribus éteintes vivent parmi les Hollandais dans une sorte d'esclavage, plus ou moins adouci, selon le caprice des maîtres.

« Couvert d'une peau de mouton, de gazelle ou de lion, inondé de graisse mêlée d'une couleur noire ou rouge, armé d'une courte massue, le Hottentot sauvage erre, en chantant et en dansant, au milieu des troupeaux qui forment toute sa richesse. Les mœurs primitives se sont altérées par la proximité des Européens. Ainsi nous pouvons croire, avec Kolbe, que jadis tous les Hottentots privaient leurs enfants d'un testicule (²), quoique aujourd'hui cet usage ne paraisse subsister que parmi les Koranas et les Boschismans (³). Si Kolbe a exagéré en les accusant de manger les insectes dégoûtants dont leur chevelure est peuplée, il paraît du moins certain qu'ils dévorent avec délices un insecte semblable, qui habite entre les crins des chevaux et entre les poils des bœufs (⁴). L'usage le plus bizarre dont le premier historien des Hottentots ait fait mention, c'est la cérémonie dans laquelle un magicien ou jongleur sanctifie l'union des nouveaux époux en les aspergeant d'une eau chaude et malpropre (⁵); cependant les observateurs modernes les plus dignes de foi en avouent la réalité (⁶); c'est par la même opération que les hommes faits initient à leur compagnie l'adolescent parvenu à sa dix-huitième année. Le tempérament des Hottentots les éloigne de la polygamie; ils ont en horreur l'inceste et l'adultère. La veuve qui veut se remarier est obligée de se faire couper une phalange d'un doigt (⁷). On prétend qu'ils n'ont aucune idée d'une divinité; cependant ils se livrent à des opérations de sorcellerie, et ils regardent entre autres une espèce de mante (⁸)

comme un animal sacré, ou même comme un dieu.

» Les *Boschismans* ou *Bosjesmans*, appelés aussi *Houzouanas*, qui, chez les Koranas, portent le nom indigène de *Saabs*, paraissent être une branche très-anciennement séparée des Hottentots.

» Les Saabs se trouvent incontestablement au dernier point de dégradation où l'espèce humaine puisse descendre : un regard farouche, incertain et sinistre; des traits confus, mous et insidieux; un embarras visible dans toute leur manière d'être et d'agir, annoncent, dès le premier abord, la dépravation de leur âme. Leur excessive maigreur fait singulièrement ressortir dans leur figure les caractères propres à la race hottentote. La couleur naturelle jaunâtre de leur peau n'est reconnaissable qu'au-dessous des yeux, où les larmes, provoquées par la fumée du feu, autour duquel ils aiment à se blottir, enlèvent quelquefois l'enduit épais de suif et de cendre qui recouvre leur corps entier. Pourtant, comparés avec leurs femmes, les hommes peuvent en quelque sorte passer pour beaux : celles-ci font vraiment horreur. Des seins flasques, pendants et allongés, un dos creux, rentrant et décharné comme le reste du corps, en contraste avec des fesses gonflées et très éminentes, où, de même que chez les brebis d'Afrique, toute la graisse du corps paraît s'être concentrée, voilà une femme boschismane (¹. La piqûre du scorpion, fort dangereuse dans ce pays pour toute autre personne, n'a aucun effet sur ces sauvages. Munis la plupart du temps d'un arc, d'un carquois rempli de flèches, d'un bonnet et d'un ceinturon, de sandales de cuir, d'une toison de mouton, d'une calebasse ou de la coque d'un œuf d'autruche pour porter de l'eau, de deux ou trois nattes d'herbe, qui, étendues sur des bâtons, forment leurs tentes, et quelquefois suivis de chiens barbets, ces êtres infortunés traînent l'existence la plus déplorable, en rôdant seuls, ou par petites bandes, dans les déserts arides qui, au nord, bornent la colonie. Ils y vivent ordinairement de racines, de baies, d'œufs de fourmis, de larves, de sauterelles, de souris, de crapauds, de lézards, et du rebut de la chasse des colons.

(¹) *Kolbe*, 60. — (²) *Idem*, 147. — (³) *Trutter*, chez *Barrow*, Voyage à la Cochinchine, I, 217-287; traduction française. — (⁴) *Mentzel*, Description du Cap en allem., II, 497. — (⁵) *Kolbe*, 123. — (⁶) *Thunberg*, II, 171; *Sparmann*, 319, et la note de *Forster*. — (⁷) *Mentzel*, Description du Cap, t. II. p. 506. — (⁸) *Mantis fausta*.

(¹) *Lichtenstein*, I, pag. 182 et suiv., 401, etc.

« Tantôt mendiants, tantôt voleurs et brigands, toujours lâches et cruels, sans domicile fixe, sans gouvernement, sans forme sociale, sans aucune espèce d'intérêt commun, et vivant au jour le jour, ils ont fait échouer jusqu'à présent toutes les tentatives d'adoucir leurs mœurs brutales [1]; aussi la haine des peuplades voisines s'appesantissait-elle sur eux long-temps avant l'arrivée des Européens dans le pays : ceux-ci, loin de leur donner régulièrement la chasse, comme on l'a gratuitement supposé, accueillent au contraire ceux d'entre les Saabs qui circulent près des confins de la colonie, et leur font volontiers des largesses en bestiaux, volailles, tabac, eau-de-vie, corail, boutons, pour les engager à la paix. Dans ces dernières années, les colons septentrionaux s'étaient cotisés pour distribuer à une seule troupe de Saabs trente pièces de gros bétail et seize cents brebis; en peu de temps il n'en restait plus une trace, grâce au concours des hordes éloignées, qui, étant accourues pour partager le festin, ne désemparèrent que lorsque tout fut mangé. Ce sont les tribus mêmes d'Hottentots les plus civilisées, et surtout les Cafres, qui leur font sans relâche une guerre à mort; la vue seule d'un Saab les met en fureur [2]. Un Cafre, député d'une petite horde de sa nation, se trouvant en 1804 au Cap, aperçut dans l'hôtel du gouvernement, parmi les autres domestiques, un Saab âgé d'environ onze ans; soudain il s'élança pour le percer d'un coup de hassagaie. Les Saabs sont le seul peuple de l'Afrique australe qui se serve de flèches empoisonnées; c'est avec cette arme qu'ils guettent les passants dans les karrous, en se cachant derrière des roches ferrugineuses, d'avec lesquelles on les distingue fort difficilement. Souvent, après avoir reçu l'espèce de tribut qu'on est forcé de leur payer, ils viennent la nuit aux habitations dont ils ont reconnu les approches, enlèvent le bétail et se sauvent avec la plus grande rapidité dans leurs montagnes inaccessibles. S'il leur arrive d'être atteints dans la fuite, ils n'abandonnent leur butin qu'après avoir tué, ou du moins estropié tous les bestiaux dérobés; quelquefois même ils se contentent de massacrer tout ce qui se trouve dans le parc, chevaux, bœufs, moutons, chiens et berger,

[1] *Barrow*, Voyage à la Cochinchine, t. I, p. 284.
[2] *Lichtenstein*, pag. 457.

sans en tirer le moindre profit [1]. Semblables à l'hyène, la vue du sang et l'odeur des cadavres leur procurent des émotions agréables.

» Les tribus sauvages changent continuellement leur idiome; chaque nouveau chef veut introduire quelques locutions nouvelles. De là une instabilité, une multiplicité de dialectes qui déroute l'étude critique. C'est un phénomène général en Afrique, en Amérique; c'est surtout le cas où se trouvent les divers idiomes hottentots; ils changent continuellement. Les mots rapportés par les anciens voyageurs ne frappent plus l'oreille de l'observateur moderne, et chaque tribu, probablement même chaque famille, crée des termes qui finissent par former un jargon inintelligible à leurs voisins. En général, le langage des Hottentots se fait remarquer, d'après M. Lichtenstein, par une multitude de sons rapides, âpres, glapissants, poussés du fond de la poitrine avec de fortes aspirations, et modifiés dans la bouche par un claquement singulier de la langue. Les diphthongues *eou*, *aao* et *ouou*, y prédominent, et la phrase se termine fréquemment par la finale *ing*, prononcée d'une voix chancelante. Dans ce claquement de langue, il y a surtout trois nuances de force progressive, produites par la manière dont on retire le dos de la langue de la paroi supérieure du palais, ou bien la pointe de la langue, soit des dents incisives, soit des dents molaires supérieures. La construction particulière des organes de cette race facilite beaucoup la formation, d'ailleurs très difficile, de ces sons. L'enveloppe osseuse du palais chez eux est en général plus étroite, plus courte, et à proportion moins cintrée dans la partie postérieure que chez les peuples de l'Europe et de l'Asie.

» La langue de toutes les tribus hottentotes, y compris celle des Bosjesmans, est une; c'est un fait aujourd'hui prouvé par les singularités qu'elles ont en commun, et par la ressemblance d'une quantité de mots. Il faut cependant convenir que l'idiome des Bosjesmans présente des différences bien plus tranchantes qu'on n'en remarque entre les divers dialectes des Hottentots, et même assez fortes pour que les deux peuplades ne puissent communiquer que par signes. Outre cela, le claquement de l'idiome bosjesman est plus fort et plus fréquent, les sons nasaux y sont plus clairs, et

[1] *Lichtenstein*, p. 390.

les finales des phrases beaucoup plus traînantes. »

Les tribus de la Hottentotie sont plus ou moins soumises aux Anglais. On cite sur leur territoire quelques villes que nous ne devons point passer sous silence. A vingt lieues de l'embouchure de l'Orange se trouve *Pella*, dans le pays des *Namaquas*. Chez les *Damaras* qui habitent les bords du fleuve du Poisson, au nord des Kabobiquas, on ne cite aucune ville : ils sont trop grossiers et trop misérables pour en bâtir, bien qu'ils sachent exploiter des mines de cuivre et en extraire le métal. Chez les *Koranas*, qui doivent un certain degré de civilisation aux missionnaires anglais établis parmi eux, on trouve *Klarrwater*, que les indigènes appellent *Criqua*, *Griqua* et *Karrikamma*. Elle est bâtie à 180 lieues au nord-est du Cap de Bonne-Espérance, sur le penchant d'une chaîne de collines schisteuses ; on y voit plusieurs maisons en pierres. Grâce aux soins des missionnaires, le peuple se plaît à cultiver les jardins qui entourent la ville, et sur ses 1,200 habitants, près de 150 fréquentent les écoles qui y sont établies. A *Hardcastle*, on compte un millier d'habitants. Les mêmes missionnaires ont fondé *Konnah*, *Kama*, *Campbell* et *Kloofdorf*.

« La *Colonie du Cap*, sur une étendue plus considérable que celle de la Grande-Bretagne, renferme aujourd'hui une population de 64,000 blancs ou nègres libres ; 32,000 Hottentots et 36,000 esclaves ([1]) : les blancs descendent des Anglais, des Allemands, des Français, mais principalement des Hollandais. »

Les divisions topographiques changent constamment avec les progrès de la population et de la culture. Autrefois la colonie était divisée en quatre districts ; aujourd'hui il y en a sept. Celui du *Cap* est le moins étendu, mais il est le plus peuplé. Il a 45 lieues de longueur sur 10 de largeur. Les montagnes à l'est du Cap forment un district populeux qui

([1]) En 1798 on y comptait. . . 61,947 habitants.
En 1806. 75,145
En 1814. 84,069
En 1819. 99,026
En 1821. 116,011
En 1824. 120,000

Voyez les Tableaux statistiques à la fin de ce livre.

tire son nom de la petite ville de *Stellenbosch*. La partie méridionale de ce district a conservé le nom de *Hollande hottentote*. Elle est baignée par la mer ; c'est un des plus riches cantons de la colonie, et le plus fertile en blé et en vins. Il est traversé par la route qui met la ville du Cap en communication avec la partie orientale de la colonie.

« Le district le plus reculé à l'est était celui de *Graaf-Reynet*, mais on en a détaché le territoire appelé *Zuureveld* ou *Albany*, ou la colonie anglaise, et le district d'*Uitenhagen* avec l'établissement morave de *Betelsdorp*. C'est ici que les colons hollandais, tous pasteurs ou chasseurs, vivent dans un état tout-à-fait patriarcal : les hommes sont d'une taille gigantesque ; les femmes ont le teint le plus frais et les formes les plus majestueuses. On a calomnié leur humanité ; mais les manières polies et les arts de la civilisation leur sont étrangers ; ils commencent à les connaître par les colons anglais que les concessions gratuites ont attirés dans cette région solitaire. Une ferme royale sert de modèle pour les travaux de l'agriculture. Les frères moraves répandent lentement quelques notions des arts parmi les Hottentots ; mais ces districts orientaux sont exposés aux incursions des Cafres. La baie *Algoa* est munie d'un petit fort. Le district *Zwellendam* longe la côte méridionale ; il renfermait les cantons de *Sitzikamma* et d'*Houtiniqua*, avec les baies de *Plettenberg* et de *Mossel* ; mais on en a détaché le pays des Houtiniquas, qui forme à présent le district *Georges-Town*, avec un très joli chef-lieu du même nom, situé à peu près au milieu, entre le Cap et la baie Algoa.

» Dans toute la colonie on ne voit généralement que des fermes isolées : les cultivateurs, appelés en hollandais *boors* ou paysans, transportent le superflu de leurs récoltes à la ville du Cap, sur de pesants chariots attelés d'un grand nombre de bœufs. Leur hospitalité envers le voyageur, résultat nécessaire du manque d'auberges, est quelquefois intéressée et souvent dépourvue de grâce. »

On peut diviser les habitants en trois classes : les fermiers, les vignerons et les pasteurs. Les premiers sont en général dans l'aisance : ils n'ont d'autres droits à payer que ceux d'octroi dans les villes où ils vont vendre leurs céréales. Les vignerons sont les plus civilisés et les plus riches ; chacun d'eux possède une métairie d'environ 48 hectares, dont le produit est de 3 à 4,000 francs net d'impôts. La plupart sont d'origine française, car c'est un Français qui planta les premiers ceps dans ce pays. Les pasteurs se divisent en deux classes : les nomades qui habitent des huttes en paille dans la partie septentrionale de la colonie, et les sédentaires qui vivent dans des cabanes en terre.

« La *ville du Cap*, en hollandais *Kaapstad*, et en anglais *Capetown*, chef-lieu de la colonie, s'étend au pied des montagnes de la Table et du Lion, sur les rivages de la baie de la Table : cette baie est profonde ; mais la mer y est souvent mauvaise, et le mouillage peu sûr ; les vaisseaux n'y viennent que depuis septembre jusqu'à la mi-avril ; ils relâchent le reste de l'année à la baie False, où ils sont à l'abri des vents du nord-ouest. Cette baie, qui porte aussi le nom de *Simon*, devient à son tour dangereuse lorsque, dans la saison opposée, les vents soufflent du sud-est ; de sorte que le Cap, placé entre deux baies et deux océans, n'a pas de véritable port. Toutes les rues sont coupées à angles droits, et dans une d'elles seulement, un canal rappelle un peu la Hollande. Les maisons, bâties en pierres ou en briques, sont ornées de statues et peintes extérieurement de diverses couleurs ; presque toutes ont le toit en terrasse (¹). Les édifices publics ont peu d'apparence : l'*église calviniste* offre dans son intérieur beaucoup d'écussons en relief et en peinture, attachés aux colonnes. Chaque habitant du Cap a des armoiries, et on suspend toujours celles d'un défunt, ainsi que son épée rouillée, à une colonne du temple : il semble, en vérité, que ce lieu de prières renferme la sépulture de tous les preux chantés par l'Arioste. On n'y voit que trophées, cottes de mailles, et autres ornements de guerre, entassés les uns sur les autres. Les véritables armoiries de ces *seigneurs* seraient un canif, une plume et le barême. La ville possède une bibliothèque publique ; mais les livres, richement reliés, ont l'air de n'avoir jamais été ouverts ; et on visite la bibliothèque si rarement, que plusieurs Français qui, avec M. Collin, désiraient la voir, furent obligés de prévenir quelques jours d'avance le conservateur de ce dépôt très inutile. »

(¹) *Épid. Collin*, Notice manuscrite sur le Cap.

Les autres édifices du Cap sont le *palais du gouvernement*, l'*hôtel-de-ville*, les *magasins*, et les *casernes*, qui peuvent loger 3,000 hommes. De ses trois grandes places l'une sert de marché ; la plus belle est la *place d'armes*, ornée d'une double rangée de pins et du beau bâtiment de la *bourse*. Cette ville possède un *jardin botanique* qui sert de promenade, une *ménagerie* peuplée d'animaux rares, un bon *collége* et plusieurs écoles élémentaires. Hors de son enceinte se trouve un *hôpital*, dont les bâtiments magnifiques peuvent recevoir 600 malades. La population de cette capitale est d'environ 20,000 âmes. Dans ses environs on voit un grand nombre de maisons de campagne appartenant à de riches négociants.

C'est à 5 lieues du Cap que se trouve *Constantia* ou *Constance*, village renommé par ses vins délicats. A 7 lieues au sud de la capitale, la petite ville de *Simon's-town* doit son nom à la baie de Simon. Elle est peuplée d'Anglais, de Hollandais et de Hottentots ; c'est l'entrepôt des vins du Cap. Il y a des casernes, un hôpital militaire et un bel arsenal pour les besoins de la marine et des colonies.

Le Cap est une des principales places fortes de l'Afrique ; cette ville, si importante pour les Anglais qui en ont fait le lieu de relâche ordinaire pour les vaisseaux qui vont en Asie ou qui en reviennent, est défendue par une citadelle et par des forts qui s'étendent depuis la montagne de la Table jusqu'au rivage.

« La ville du Cap, fondée en 1652 par Van-Riebeck, fut d'abord peuplée de mauvais sujets exilés de Hollande, de soldats qui avaient obtenu leur congé, de matelots qui, ayant gagné quelque chose à Batavia, avaient pu se dégager du service. Lors de la révocation de l'édit de Nantes, une foule d'infortunés Français, qu'une mère barbare rejetait de son sein, trouvèrent l'hospitalité en Hollande. Un grand nombre de ces Français allèrent s'établir au Cap : ils peuplèrent même un petit canton nommé le *Coin-Français*, que leurs descendants habitent encore ; ils n'ont conservé que les noms français défigurés. Notre langue y est presque oubliée, et leurs usages sont ceux des Hollandais. L'éducation des Hollandais du Cap est très négligée ; les jeunes gens parlent assez facilement le français et l'anglais : d'ailleurs peu instruits ; ils excellent

tous dans les arts d'exercice : quoique très bons écuyers et adroits chasseurs, les trois quarts de leur vie se passent à fumer; ils s'endorment même la pipe à la bouche; ils boivent continuellement du thé, du café et du genièvre. « Les femmes, jusqu'à l'âge de
» vingt à vingt-cinq ans, restent charmantes:
» des yeux bleus, des cheveux d'un châtain
» clair, un teint de rose et leur extrême pro-
» preté, voilà des charmes qui font oublier
» leur mise peu élégante : après cet âge, elles
» perdent ordinairement leur légèreté, un em-
» bonpoint épais remplace la finesse de leur
» taille, elles deviennent alors très dignes de
» leur mari, dont le flegme, l'air gauche et la
» démarche lourde, contrastaient auparavant
» avec leur délicatesse. On trouve au Cap des
» femmes qui, sous un dehors de simplicité,
» sont très aimables et très instruites. Parny,
» qui a peint les mœurs du Cap dans de jolis
» vers, dit dans une note : « Vous êtes accueilli
» avec un air d'intelligence et d'amitié qui,
» parmi nous, signifierait beaucoup. Vos yeux
» peuvent s'expliquer en toute assurance, on
» leur répond sur le même ton. » Ces obser-
» vations étaient très justes dans le temps où
» Parny écrivait (1773). Même à une époque
» plus rapprochée, les demoiselles avaient des
» airs fort libres; un baiser était compté pour
» rien : on le prenait en jouant, en jouant
» on vous le rendait, lors même que le père
» et la mère se trouvaient présents ; ces bon-
» nes gens en riaient de tout leur cœur. Ils
» attachaient peu d'importance à ces libertés
» qui, chez les Français, semblent attaquer
» l'honneur et la vertu : même un étranger ar-
» rivé de la veille pouvait aller le lendemain
» se promener avec la demoiselle de la maison
» où il logeait. Elle avait soin de lui faire re-
» marquer les belles allées du jardin de la Com-
» pagnie, et surtout l'allée couverte ; ils y al-
» laient même ensemble, ils pouvaient s'y
» trouver seuls, s'asseoir l'un près de l'autre,
» rire, folâtrer, et ressortir encore animés de
» leurs jeux, sans que personne ait eu l'i-
» dée d'une réflexion maligne. Aujourd'hui
» cette simplicité de mœurs est un peu alté-
» rée ; les filles sont plus réservées, et les
» mères les veillent de plus près, et cepen-
» dant les aventures fâcheuses sont beaucoup
» plus fréquentes qu'autrefois. »

« Je m'arrête ; la nature de cet ouvrage m'interdit le plaisir de citer un plus long morceau de la relation inédite de M. Collin. Ce voyageur nous apprend que le séjour des Anglais au Cap y a produit un grand changement dans les mœurs. Le Cap, définitivement soumis à la domination anglaise, doit peu à peu perdre le caractère d'une contrée hollandaise. »

Le Cap exporte annuellement des vins, de l'eau-de-vie, du blé, de la laine, pour environ 8 à 9,000,000 de francs. On y importe des draps, des mousselines, des cotonnades, de la quincaillerie, des papiers, des meubles et d'autres objets de fabrication anglaise pour plus de 11 à 12,000,000 de francs.

« Cette colonie est susceptible d'un grand accroissement. Placée sur la route de l'Europe et de l'Inde, les vaisseaux qui franchissent ces mers vont s'y rafraîchir et chercher une nouvelle vie à leurs équipages affaiblis par une longue traversée. Son sol fertile produisant tout ce qui est nécessaire aux besoins de l'homme civilisé, elle peut, à la rigueur, se suffire à elle-même. Mais les Anglais y ont sagement établi des règlements favorables à la liberté des importations, excepté pour ce qui regarde la Chine. Sous un gouvernement éclairé, la population augmentera, le commerce trouvera un débouché facile aux denrées indigènes, dont un intérêt mieux entendu perfectionnera la culture. Des expéditions de découverte bien dirigées mettront le Cap en contact avec l'Afrique centrale, où probablement des richesses inconnues, pour être mises à profit, n'attendent qu'une main active. En temps de guerre, le Cap est le centre d'une station maritime qui, surtout unie aux îles Sainte-Hélène et Mauritius, commande la navigation des Indes orientales. »

Le gouvernement anglais, dit M. Ritter, persuadé que le meilleur moyen de s'assurer de la possession d'une colonie, c'est de la peupler le plus promptement possible, fit des offres très avantageuses aux nouveaux colons. Les personnes aisées déposent en Angleterre 10 livres sterling (230 francs) pour le transport d'une famille et son entretien pendant la route. Tout chef de famille reçoit 100 acres de terre (40 hectares) pour chacun des membres qui la composent. Pendant les dix premières années, les terres des colons sont franches de tout impôt ; après ce laps de temps, elles ne paient pas au-delà de 2 livres sterling (46 fr.).

Dans le cas où des colons abandonnent leurs terres, les 100 acres qu'ils possédaient reviennent au gouvernement. Pour cent familles, le gouvernement s'engage à payer un pasteur.

La contrée du Zuureweld, le long du fleuve du Zondag, et sur le bord de la baie d'Algoa, avait d'abord été fixée pour la nouvelle colonie; depuis que la paix a été conclue avec les Cafres, on n'hésita plus à la préférer à toute autre. La civilisation de ces tribus voisines promet les plus heureux résultats.

Jusqu'à ce jour, l'ancienne constitution hollandaise, garantie par le gouvernement britannique, s'est maintenue sous les gouverneurs anglais; mais la langue anglaise ne tardera pas à devenir dominante.

Il manque une chose à la colonie du Cap, c'est la liberté du commerce. Elle n'est traitée que comme province étrangère, et la compagnie des Indes a encore le monopole des marchandises indiennes et chinoises : ce qui lui donne une influence absolue dans tout le pays et entrave l'échange des productions indigènes, ainsi que tout le système commercial de la colonie.

Nous devons faire encore un reproche aux Anglais : c'est que depuis qu'ils sont en possession du Cap, aucune entreprise scientifique importante n'a encore été dirigée dans le but d'étendre la connaissance des pays et des contrées voisines. Espérons toutefois que le gouvernement britannique encouragera des explorations dans les régions australes de l'Afrique (1).

TABLEAUX STATISTIQUES de la colonie anglaise du Cap.

BLANCS et GENS DE COULEUR libres.		ESCLAVES.		TOTAL.			INDIVIDUS EMPLOYÉS			MOUVEMENT DE LA POPULATION.		
Hommes	Femmes	Hommes	Femmes	Hommes	Femmes	Deux sexes	à l'agriculture.	aux manufactures.	au commerce.	Naissances.	Mariages	Décès.
48,672	44,043	18,128	15,321	67,484	59,364	126,848	»	5,457	4,899	3,482	770	1,922

ÉCOLES PUBLIQUES ET GRATUITES.					ÉGLISES ET CHAPELLES.			
NOMBRE D'ÉCOLES.	ÉLÈVES			DÉPENSES des Écoles.	NOMBRE d'Édifices.	NOMBRE d'individus qu'ils peuvent contenir.	NOMBRE d'individus qui les fréquentent	DÉPENSES du Culte.
	Garçons.	Filles.	TOTAL.					
35	1,030	836	1,866	9,400	36	16,530	8,615	161,000 fr.

IMPORTATIONS				EXPORTATIONS			
De la Grande-Bretagne.	Des Colonies anglaises.	De l'Étranger.	Valeur totale.	Pour la Grande-Bretagne.	Pour les Colonies anglaises.	Pour l'Étranger.	Valeur totale.
fr. 6,500,000	fr. 868,000	fr. 591,000	fr. 7,962,000	fr. 2,900,900	fr. 1,600,000	fr. 333,000	fr. 4,838,000

(1) *Karl Ritter* : Géographie comparée. — Afrique, tom. I.

LIVRE CENT SOIXANTE-ONZIÈME.

Suite de la Description de l'Afrique. — Côtes sud-est de l'Afrique australe, ou la Cafrerie, le Monomotapa et Mozambique.

« Les observations les plus récentes ont démontré que les peuples épars sur la côte du sud-est de l'Afrique, depuis la baie Algoa jusqu'à Quiloa et peut-être au-delà, se ressemblent entre eux par des traits physiques qui les distinguent de la race nègre. Le crâne de ces peuples présente, comme celui des Européens, une voûte élevée; leur nez, loin d'être déprimé, s'approche de la forme arquée; mais ils ont les lèvres épaisses du nègre; ils ont les pommettes saillantes du Hottentot; leur chevelure crépue est moins laineuse que celle du nègre; leur barbe est plus forte que celle du Hottentot; un teint brun ou gris de fer semble encore les séparer de la race nègre [1]. Quoique peu connus, les idiomes de ces peuples offrent des indices de ressemblance. Les esclaves de Mozambique comprennent plusieurs mots de la langue betjouane. Les habitants des environs de Quiloa désignent la Divinité sous le même nom que les Betjouanas. Dans tous ces dialectes on reconnaît des mots empruntés de l'arabe. L'usage de la circoncision s'est également introduit chez toutes ces nations, qui paraissent avoir reçu leur civilisation de l'Abyssinie et de l'Arabie.

» Comment désigner cette race? Le hasard a rendu commune à un assez grand nombre de ces peuples une appellation arbitraire. Après avoir doublé le cap de Bonne-Espérance, les navigateurs lusitaniens trouvèrent les habitants de la côte orientale de l'Afrique plus avancés en civilisation à mesure qu'ils remontaient vers le nord, où les Arabes avaient porté leurs mœurs et leur croyance. Ces mahométans désignaient sous le nom vague de *Cafres* ou *hérétiques* tous les naturels des pays où la religion musulmane n'était pas introduite. Dans le *Cafarah* ou la *Cafrerie*, les géographes arabes comprenaient tout l'intérieur de l'Afrique. La Cafrerie pouvait ainsi toucher à la Nigritie [1], border l'océan Indien depuis Zeïlah jusqu'à Brava [2], et atteindre de nouveau les bords de la mer au sud de Sofala [3]. A mesure que les noms particuliers des royaumes et des peuples ont été connus des Européens, l'étendue de la Cafrerie a été diminuée sur les cartes, et ce nom a fini par disparaître. Cependant, lorsque les Hollandais du Cap, en reculant petit à petit les bornes de leur colonie à l'est, eurent l'occasion de mieux faire connaître leurs voisins, à peu près oubliés, ils adoptèrent la dénomination arabe, transmise par les écrivains portugais, pour l'appliquer particulièrement à la tribu avec laquelle ils étaient en relation immédiate, et dont le véritable nom est *Koussa*.

» Nous pensons que l'on peut provisoirement employer le nom de *Cafres* pour désigner la race dominante et probablement indigène de l'Afrique australe orientale, tandis qu'il y aurait de l'inconvénient à l'appliquer à une peuplade en particulier.

» Les nations cafres occupent une des régions les plus mal connues du globe. Nous y voyons, derrière une côte marécageuse, malsaine, mais fertile, s'élever des chaînes de montagnes imparfaitement examinées, qui paraissent se diriger parallèlement à la côte, c'est-à-dire du sud-ouest au nord-est. Ces chaînes interrompues, traversées par plusieurs rivières, dépendent-elles d'un *plateau* ou d'une *chaîne centrale*? Les fleuves *Mafumo* ou *Lagoa*, *Lorenço-Marquez* et *Zambèze*, prennent-ils leurs sources au milieu des rochers, parmi des précipices, peut-être même au sein des neiges, ou se forment-ils dans de vastes plaines sablonneuses comme celles de l'Asie centrale, ou bien dans de verdoyantes savanes, comme celles de l'Amérique? Rien ne nous aide à résoudre ces questions. Les

---

[1] *Lichtenstein*, Voyages, t. 1, p. 406; *Thunberg*, t. 1, p. 188; *Barrow*, etc.

[1] *Edrisi*, Africa, édit *Hartmann*, 41. — [2] *Idem*, 98-99. — [3] *Barros*, Decadas, passim; *Thomann*, Voyage et Biogra. hic, 55-57.

AFRIQUE. — COTES SUD-EST.

vents brûlants qui viennent de l'intérieur semblent témoigner contre l'existence de cette chaîne centrale, qui, sous le nom assez apocryphe de *Lupata* ou *épine du monde*, est tracée au hasard sur nos cartes. Les historiens portugais n'en parlent que comme d'une forêt épaisse, semée de gros rochers (¹). Les grands lacs, dont on connaît vaguement l'existence, peuvent aussi bien avoir creusé leurs bassins dans des plaines de sable que parmi des rochers et des glaciers. Les marchands portugais, en traversant le Mocarangua, à l'ouest de l'Etat du Monomotapa, n'ont rencontré que des collines couvertes de taillis d'arbustes épineux (²). L'intérieur de l'Ajan ou Acham, à en juger par les productions et les animaux, doit être un plateau aride. Enfin les montagnes de l'Abyssinie ne présentent aucune direction fixe, et par conséquent n'indiquent pas une grande chaîne bien déterminée.

» Dans cette absence de toutes notions positives, de tout indice certain, abstenons-nous de ces vaines et présomptueuses considérations générales, par lesquelles certains géographes croient faire preuve de génie ; décrivons simplement les contrées l'une après l'autre.

» La côte de *Natal* ou *Terre de Natal*, qui s'étend depuis la rivière de Keys-Kamma, limite de la colonie du Cap, jusqu'à la baie de Lorenço-Marquez ou de Lagoa, est arrosée de nombreuses rivières, parsemée de bois et coupée de prairies ou savanes magnifiques (³); mais aucun port, sûr et profond, n'offre ici un asile aux grands navires. Cette terre doit son nom à la découverte qu'en fit Vasco de Gama en 1498, le jour de Noël, ou de la Nativité. Dans l'intérieur s'élèvent des chaînes de montagnes qui paraissent devoir être calcaires, puisque les indigènes y creusent des cavernes où ils demeurent avec leurs troupeaux. Aucune des rivières, parmi lesquelles nous pouvons citer la *Borjie*, ou la *rivière des Pêcheurs*, le *Christian*, le *Natal*, le *Keys-Kamma* et la *Talchaa* ou le *Walkins*, n'est de long cours. »

Le Natal, dont l'embouchure fut découverte en 1498 par Vasco de Gama, paraît avoir un cours de 30 lieues. Il est navigable pour de petits bâtiments. Ses eaux passent pour nourrir beaucoup d'hippopotames. Le Keys-Kamma, la plus méridionale de ces rivières, qui se jette comme les autres dans l'Océan indien, a environ 35 lieues de longueur. Son entrée est large mais obstruée par une barre de sable sur laquelle la vague se rompt avec violence.

Les *houlques*, et principalement le *holcus saccharatus*, le maïs, les troupeaux, forment la richesse des habitants. On tire une espèce de soie d'une plante qui paraît semblable à l'asclépiade de Syrie. Le voyageur Jacob Franck vit aux environs de la baie de Lagoa des limonniers, des cotonniers, des cannes à sucre, une graine appelée *pombe*, qui sert à composer une boisson enivrante (¹). Les animaux, probablement plus nombreux que les hommes, errent en troupeaux immenses ; les plus remarquables sont les éléphants, les antilopes, les rhinocéros, l'hippopotame.

« On a récemment prétendu retrouver ici la licorne, ou le *monocéros* des anciens ; circonstance qui, si elle pouvait être démontrée, jetterait un grand intérêt sur cette région. Un auteur estimable du seizième siècle a rapporté que les premiers navigateurs portugais virent, entre le cap de Bonne-Espérance et le cap Corrientes, un animal qui avait la tête et la crinière d'un cheval, avec une seule corne, mobile (²). C'est précisément dans cette même région que deux bons observateurs modernes ont remarqué un grand nombre de dessins d'un animal unicorne ; tous les rochers de Camdebo et de Bambo en sont couverts (³); les colons hollandais affirment avoir vu de ces animaux vivants, et en avoir tué quelques uns ; ceux-ci ressemblaient à des couaggas ou chevaux sauvages ; la corne était seulement adhérente à la peau (⁴). Ces témoignages positifs, mais malheureusement provenant de témoins peu instruits, sont cependant corroborés par le rapport de Barthema (ou Varteman), qui, dans le quinzième siècle, vit à la

---

(¹) *Jean dos Santos*, la Haute-Ethiopie, liv. II, ch. II. (Il y a *Lupara* dans la traduction française. Nous n'avons pu trouver l'original.) — (²) Notes de M. *Correa de Serra* et de M. *Constancio*. — (³) *Dampier*, Voyage autour du Monde, t. II, p. 141-186.

(¹) *Ehrmann*, Bibliothèque des Voyages, t. III, pag. 112, etc., etc. — (²) *Garcias*, Hist. Arom., l., cap. XIV. — (³) *Sparmann*, Voyage au Cap ; *Barrow*, Voyage à la Cochinchine. — (⁴) *Cloete*, propriétaire de Constantia, près le Cap, dans *L'o.yt*, Journal de physique, 1796 (en allem.).

Mekke deux licornes semblables à des antilopes; elles étaient venues d'*Éthiopie* (¹), envoyées par un prince de ce pays qui y attachait le plus grand prix. Les anciens ont sans doute parlé de leur *monocéros* d'une manière souvent fabuleuse et toujours vague; cependant ils le comparent unanimement à un cheval pour le corps, à un cerf pour la tête (²); ce qui prouve qu'ils ont eu en vue un animal différent du rhinocéros. Outre cet unicorne semblable à un cheval, les anciens nomment encore distinctement l'*âne unicorne*, auquel ils attribuent une grande taille, une corne rayée de blanc, de noir et de brun, une extrême vitesse, l'amour de la vie solitaire (³): ils le font *solipède*, comme le cheval unicorne; circonstance qui répond à l'objection systématique des anatomistes, tirée de l'analogie des animaux à pied bifourchu qui tous ont deux cornes. D'ailleurs cette objection de nos savants infaillibles n'est pas tout-à-fait solide, puisque d'abord il existe des antilopes chez qui les deux cornes sortent d'une base commune élevée de deux pouces au-dessus de la tête (⁴); or, qui peut donc empêcher la nature de prolonger cette unité depuis la base jusqu'à la pointe? En outre, les rapports de ceux parmi les modernes qui prétendent avoir vu la licorne, tranchent cette difficulté en représentant la corne comme adhérente seulement à la peau, à l'instar de celle du rhinocéros.

» L'existence de la licorne n'est donc pas impossible, comme on l'a dit, mais elle n'est pas non plus prouvée, ni même très vraisemblable: cette race, comme tant d'autres, a pu s'éteindre; mais, soit que cet animal existe ou n'existe pas, les peintures qui le représentent sur les rochers de l'Afrique australe n'en sont pas moins des monuments curieux; elles concourent à prouver les anciennes liaisons civiles de la Cafrerie avec l'Asie; car l'image de la licorne était, chez les Perses et chez les Hébreux, le symbole du pouvoir monarchique; c'est comme tel qu'il figure sur les monuments de Persépolis. »

Les Cafres, ainsi que l'a fait judicieusement remarquer le savant Ritter, sont aussi étrangers aux Hottentots qu'aux Nègres et aux Maures ou mahométans de la côte septentrionale qui les ont refoulés de plus en plus dans l'intérieur du pays. Ils se divisent en plusieurs tribus dont les principales sont appelées *Koussas*, *Mamboukis*, *Tamboukis*, *Macquinis*, *Biri* et *Betjouanas*.

« La tribu qui se présente la première, en remontant la côte du sud au nord, est celle des *Koussas*. Nous la connaissons par les observations de deux voyageurs récents, Lichtenstein et Alberti (¹). Le pays des *Koussas* est borné au sud-ouest par la rivière de Keyskamma, au nord-est par celle de Christian, à l'est par la mer, et à l'ouest par une grande chaîne de montagnes qui se projette d'occident en orient, et le sépare du territoire des Bosjesmans. Il est traversé par la rivière du *Buffle*, qui fournit seule de la bonne eau. Le sol est un terrain noir, gras et extrêmement fertile (²). Les bords des rivières et les coteaux sont couverts de mimoses, d'aloès, d'euphorbes et d'autres arbres de haute futaie, ou de halliers presque impénétrables. On nomme, parmi les végétaux, une espèce de roseau très propre à étancher la soif, quoiqu'il croisse dans les eaux saumâtres. Les dunes, à l'embouchure du Keys-Kamma, produisent du pisang sauvage en grande abondance. Il n'est pas rare de rencontrer des rayons de miel dans les fentes des montagnes, dans les creux des arbres, dans les fourmilières abandonnées. Il y a d'excellents pâturages pour le gros et le menu bétail; cependant l'herbe qui croît à l'est du Keys-Kamma contient trop d'acide et durcit en mûrissant: aussi cette rive nourrit-elle plusieurs espèces d'antilopes et d'autres espèces de gazelles, une quantité incroyable de chamois, de nombreux troupeaux de chevreuils, d'élans, de chevaux sauvages, de sangliers, d'autruches, ainsi que des paons, des pintades, des oies, des canards et d'autres oiseaux aquatiques. Ces animaux paisibles y sont poursuivis par des lions, des panthères, des loups, des chacals et une multitude d'oiseaux de proie. Sur la rive orientale, au contraire, jusqu'à la rivière de *Lagoa* ou de *Mafumo*, on ne voit qu'un petit nombre d'élans et de chevaux, mais les éléphants et les hip-

---

(¹) *Barthema*, lib. I; de Arabiá, c. xviii. — (²) *Onesicrit.*, ap. *Strab.*, t. XV, p. 489, édit. Casaub.; *Plin.*, VIII, cap. xxi, etc.— (³) *Ctesias*, p. 1², ap. *Herod.*, édit. Steph.; *Arist.*, Hist. Anim., II, cap. 1; part. III, cap. 11; *Plin.*, XI, 37 46. — (⁴) *Barrow*, l. c.

(¹) *Alberti*, Description des Cafres; Amsterdam, 1811. *Lichtenstein*, Voyage dans l'Afrique australe; Berlin, 1811. — (²) *Patterson*, Voyage au Cap, p. 88.

popotames paraissent habiter cet endroit de préférence.

» L'hiver n'y est pas toujours aussi pluvieux qu'au Cap; le thermomètre de Fahrenheit s'élève rarement à plus de 70 degrés, et ne descend presque jamais au-dessous de 50; pendant tout le reste de l'année, il varie de 70 à 90 degrés : cependant au plus fort de l'été, les orages sont quelquefois annoncés par des bouffées de vents brûlants, qui font monter tout-à-coup le thermomètre à 100 degrés et au-delà.

» Les Koussas ont en général la stature haute, la tête belle, les formes régulières, la taille svelte, les bras musclés, tous les membres parfaitement développés, le port noble, l'attitude vigoureuse, la démarche ferme et assurée. La couleur de leur peau est un gris noirâtre, ou de fer nouvellement forgé, qui ne déplaît qu'au premier abord. Mais pour renchérir sur la nature, ils se peignent encore, non seulement le visage, mais tout le corps, en se frottant d'une couleur rouge délayée dans l'eau, à laquelle les femmes ajoutent souvent le suc de quelque plante odoriférante. Afin de mieux fixer cet enduit, on le recouvre, lorsqu'il est séché, d'une couche de graisse ou de moelle, qui, en le pénétrant, l'attache intimement à la peau, et rend celle-ci plus souple. Le rouge en général est la couleur favorite des Cafres. Leurs cheveux sont noirs, courts, laineux, rudes au toucher et réunis en mèches éparses. Il est rare de voir un de ces Cafres avec une barbe pleine; ordinairement le menton seul est semé de petits flocons : il en est de même des autres parties du corps.

» Les femmes, beaucoup plus petites, atteignent rarement la hauteur d'une Européenne bien faite; mais, à la différence de la taille près, elles sont aussi bien dessinées que les hommes. Tous les membres d'une jeune Cafre ont ce contour arrondi et gracieux que nous admirons dans les antiques. Leur gorge élastique a les plus belles formes; le contentement, la gaieté, se peignent sur leur physionomie. Les deux sexes ont la peau unie et parfaitement saine. Le phénomène découvert d'abord chez les Hottentottes, et qui a donné naissance à tant de contes absurdes, existe de même chez les femmes de la Cafrerie; seulement le prolongement des nymphes y est beaucoup moindre. Du reste, grâce à leur manière de vivre simple et naturelle, on ne voit pas de Cafres contrefaits ou difformes. De nombreux troupeaux de vaches leur fournissent en abondance du laitage, qui fait leur principale nourriture. Ils le mangent toujours caillé, et le conservent dans des paniers de jonc d'un travail admirable. Leurs autres aliments sont la viande, ordinairement rôtie; le millet, le maïs et les melons d'eau, qu'ils apprêtent de plusieurs manières. Ils manquent entièrement de sel, et ne le remplacent par aucun autre assaisonnement. L'eau est leur unique boisson. Ce n'est que rarement qu'ils préparent une boisson enivrante avec de la farine de millet fermentée. Il n'est pas possible de les engager à manger de la chair des cochons domestiques, des lièvres, des oies ou des canards, ni d'aucune espèce de poisson. Leur demande-t-on la raison de cette répugnance, ils répondent que les cochons se nourrissent de toutes sortes d'immondices; qu'après avoir mangé du lièvre on devient fou; que les oies et les canards ont un cri désagréable et ressemblent aux crapauds; enfin que tous les poissons appartiennent à la race des serpents. Tous ont un goût passionné pour le tabac.

» Les *Hambounas*, appelés aussi *Immbos* ou *Mamboukis*, au contraire, près de Rio de Lagoa, ne fument jamais; mais, en revanche, ils prennent beaucoup de tabac en poudre (¹). C'est une tribu qui passe pour très belliqueuse, bien qu'elle ne se compose que de pasteurs et d'agriculteurs.

» Les Koussas sont très actifs. Il n'est pas rare, par exemple, qu'une compagnie s'obstine à poursuivre un éléphant plusieurs jours de suite, même au péril de leur vie; cependant ils n'en mangent pas la chair, et les dents, qui en font la dépouille la plus précieuse, sont la propriété du chef de la horde, et doivent lui être présentées. Ils ont un goût particulier pour les longs voyages, qu'ils entreprennent souvent sans autre motif que d'aller voir leurs amis, ou même uniquement pour voyager et faire quelque chose. Après une course de 30 à 40 lieues, achevée en aussi peu de temps qu'il est possible, ils ne donnent aucune marque de lassitude extraordinaire, et une légère récompense suffit pour les engager encore à danser.

» Leurs habits sont faits de peaux de mou-

(¹) *Alberti*, pag. 12.

tons ou de veaux, qu'ils savent préparer avec beaucoup d'art, qu'ils cousent avec du fil en fibres d'animaux, et qui descendent jusqu'au gras de la jambe. Des anneaux d'ivoire, qu'ils portent au bras gauche, sont leur principal luxe. Toutes les femmes ont le dos, les bras et le milieu de la poitrine sillonnés de lignes parallèles à égale distance. Ces incisions, qui, dans leur opinion, servent à relever la beauté, se font en introduisant un poinçon, en guise de bistouri, sous l'épiderme qui se déchire à mesure qu'on relève le poinçon.

» Il règne beaucoup d'ordre dans les ménages. La pluralité des femmes est permise, mais il n'y a que les gens aisés qui en prennent deux, et rarement davantage. Les femmes en général sont très fécondes; cependant on trouve le plus d'enfants chez celles qui ne partagent pas la possession de leur mari avec une autre, et la polygamie n'y favorise pas la population autant qu'on pourrait le croire. L'habitation de chaque famille consiste en une cabane de forme circulaire et très basse; sa construction est l'ouvrage de la mère et de ses filles. Le bétail tient lieu de tout au Cafre; il est, pour ainsi dire, l'unique objet de ses pensées et de ses affections. Ce sont les vrais Arcadiens de Théocrite. Quelquefois le beuglement particulier d'une vache a quelque chose de si flatteur pour l'oreille d'un Cafre, qu'il n'a pas de repos qu'il n'en ait fait l'acquisition, et que, pour l'avoir, il la paie beaucoup au-dessus de sa valeur. Aussi le chien le mieux dressé n'obéit-il pas plus ponctuellement à son maître que les bêtes à cornes n'obéissent, chez les Cafres, à la voix de leur conducteur. Un coup de sifflet arrête soudain un nombreux troupeau de bœufs; un autre coup de sifflet suffit pour le remettre en mouvement.

» La culture des terres fournit aussi aux Cafres une partie de leur subsistance : les femmes sont chargées de cette besogne.

» A l'âge de douze ans, les enfants des deux sexes reçoivent une sorte d'éducation auprès du chef de la horde. On les partage en bandes qui se relèvent à mesure que le service l'exige. Les garçons sont chargés de la garde des troupeaux, en même temps que les officiers publics les exercent à lancer le javelot et à manier la massue. Les filles apprennent, sous les yeux des femmes du chef, à faire des habits, à préparer les aliments, et, en un mot, à s'acquitter de tous les travaux de la hutte et du jardin.

» La circoncision est généralement en usage chez les Cafres; on la pratique à l'âge où le jeune homme approche de la puberté, sans y attacher aucune idée religieuse (¹).

» Les enfants traitent leurs parents avec beaucoup d'égards, et leur montrent pendant toute la vie une soumission respectueuse. Les femmes ne prennent régulièrement aucune part aux délibérations qui ont pour objet les intérêts généraux de la horde; mais, en temps de guerre, lorsqu'on craint pour la vie des ambassadeurs, on députe des femmes pour transmettre des propositions d'accommodement à la horde ennemie; on est sûr qu'il ne leur sera fait aucun mal.

» Un sentiment universel de bienveillance unit tous ces Cafres, et chaque individu considère le tort fait à un autre comme s'il était fait à lui-même; ils s'entr'aident dans le besoin avec un dévouement sans bornes. Quoique très intéressés, ils mettent la plus grande bonne foi dans le commerce. L'hospitalité est à leurs yeux un devoir sacré qu'ils s'empressent de remplir avec la plus aimable prévenance : tout étranger est accueilli et fêté; on va, dit-on, jusqu'à lui donner une compagne pour la nuit.

» Loin d'être une nation belliqueuse, les Koussas ont un penchant décidé pour la tranquillité et le calme de la vie pastorale; ils ne balancent cependant pas à prendre les armes quand il s'agit de défendre ou de faire valoir certains droits réels ou imaginaires. Leurs armes sont la zagaie ou la hassagaie, espèce de lance longue de 4 à 5 pieds, armée d'un fer de 5 pouces à 1 pied, qu'ils savent lancer jusqu'à la distance de 50 à 60 pieds; le bouclier et la massue, qu'ils manient avec une dextérité surprenante; toutefois ils sont très mauvais tireurs. Un voyageur récent (²) en raconte un exemple. Après avoir distribué de l'eau-de-vie à une troupe de Cafres, on dressa une planche à la distance de 60 pas, en offrant un mouchoir de coton rouge à celui d'entre eux qui le premier atteindrait au but. Ils s'évertuèrent un temps assez considérable avant de remporter le prix; mais la pointe de

(¹) *Alberti*, pag. 71. — (²) *Lichtenstein*, I, p. 354 et suiv.

er de la **zagaie** perçait de part en part la planche, qui pouvait avoir un pouce d'épaisseur. On voit par là combien cette arme est dangereuse entre les mains d'un homme déterminé. Le Cafre tient dans la main gauche un faisceau de zagaies, qu'il lance l'une après l'autre de la droite en courant sur son adversaire; il empoigne la dernière pour frapper à bout portant. « Ce premier exercice étant fini, continue Lichtenstein, ils nous donnèrent spontanément une représentation de leur manière de combattre. Ils se mirent d'abord en ligne, et imitèrent, avec des efforts aussi violents qu'animés, l'action de décocher le javelot en évitant les coups de l'ennemi. A cet effet ils changent continuellement de position, sautent à droite et à gauche en poussant de grands cris, se jettent par moment contre terre, et se relèvent soudain avec une vigueur prodigieuse pour lancer un nouveau trait. L'agilité et la prestesse de leurs mouvements, la variété et la succession rapide des plus belles attitudes, la superbe taille, les formes gracieuses et la nudité des athlètes, rendirent le spectacle aussi neuf qu'intéressant. » Avant de commencer les hostilités, l'agresseur envoie à son adversaire des hérauts d'armes portant devant eux une queue de lion qui indique leur qualité et la nature du message dont ils sont porteurs [1]. Lorsque l'armée de celui qui a déclaré la guerre est arrivée à proximité du camp de l'ennemi, elle fait halte, et envoie de nouveau des hérauts pour l'avertir de son approche. Si celui-ci n'a pas encore rassemblé toutes ses forces, il en informe son adversaire, qui est obligé d'attendre que l'autre ait complété son monde, et soit prêt à le combattre. Ce n'est qu'à leurs voisins du nord-ouest, les Bosjesmans, qu'ils font une guerre perpétuelle; ils traitent ces brigands comme des bêtes féroces, les suivent à la piste, pour en découvrir les repaires, et massacrent impitoyablement ceux qui tombent entre leurs mains, sans distinction d'âge ni de sexe.

» Très passionnés pour la chasse, ils y vont par troupes nombreuses; les filles nubiles et les femmes assistent même quelquefois à ces parties, qui durent jusqu'à deux ou trois mois. Pour forcer un lion, ils commencent par former un cercle autour de lui, et se rapprochent peu à peu du centre. L'animal blessé ne manque pas de se précipiter sur l'un des chasseurs, qui l'évite en se jetant subitement à terre, et en se couvrant de son bouclier; alors les autres accourent et percent l'animal de leurs zagaies. Le vainqueur rentre en triomphe dans son hameau. La chasse des éléphants est la plus pénible. Rarement les Cafres parviennent à les percer assez profondément pour rendre la blessure mortelle.

» Le divertissement qu'ils affectionnent le plus est une danse extrêmement uniforme, roide et bizarre [1]. Ils s'y accompagnent d'un chant fort désagréable. Le seul instrument de musique que l'on ait vu chez eux consistait en une baguette, sur laquelle était tendue une corde de boyau; il est particulier aux Hottentots *Gonaquas* ou *Channaquas*, anciens habitants du promontoire méridional de l'Afrique, qui, depuis l'agrandissement de la colonie européenne, ont cessé de former une peuplade, et se trouvent actuellement disséminés dans la Cafrerie [2].

» Chaque horde de Cafres a ordinairement son chef héréditaire, appelé *inkoossie*. Lorsque plusieurs hordes se trouvent rassemblées dans un même canton, elles ont à leur tête un chef suprême, considéré comme le souverain du canton. Les chefs exercent un pouvoir presque absolu; en cas d'injustice ou d'usurpation, le conseil fait des remontrances au nom du peuple.

» Le droit du plus fort ne règne pas chez les Cafres; il n'est permis à personne d'être son propre juge, le cas excepté où un homme surprend sa femme en adultère. Malheureusement l'exemple de la corruption européenne exerce déjà une influence funeste sur les mœurs de ce peuple pasteur. L'arrogance des colons, les fraudes commises dans le trafic, l'abus de la force, joint aux instigations de quelques mauvais sujets de la colonie et à celle des Hottentots révoltés, ont amené des guerres désastreuses entre les Koussas et les colons; guerres qui ont laissé un ressentiment profond et funeste; cependant rien de plus facile que de traiter avec ces peuples en invoquant leur équité naturelle.

» L'arithmétique des Koussas se borne à l'addition qu'ils font en comptant sur les doigts; ils manquent de signes pour retenir les dizaines. La plus grande mesure du temps est

[1] *Alberti*, pag. 188.

[1] *Lichtenstein*, pag. 356. — [2] *Alberti*, pag. 165.

pour eux le mois lunaire; mais il en résulte bientôt une addition qui outrepasse les bornes de leur arithmétique. Ils sont hors d'état de déterminer, pour le passé comme pour l'avenir, une étendue de temps un peu considérable. Ils réussissent mieux à indiquer avec précision une heure de la journée; c'est en étendant le bras vers l'endroit où le soleil se trouve alors sur l'horizon. C'est à cette ignorance de calcul et à la nullité absolue de chronologie qui en résulte, qu'il faut attribuer le défaut de renseignements sur leur origine et sur l'histoire de leur nation. Tout ce qu'ils en savent se réduit littéralement à ceci : « Dans le pays où le soleil se lève était un autre d'où sont sortis les premiers Cafres, et en général tous les peuples et les premiers animaux de toutes les espèces. En même temps parurent le soleil et la lune pour éclairer la terre; les arbres, l'herbe et les autres végétaux, pour nourrir les hommes et les bêtes. »

» En passant la rivière du Basséh, on entre dans le pays des *Tamboukis*, dont, selon un voyageur récent, le véritable nom est *Ma-T'himba*. C'est d'eux que les Koussas apprennent leurs chansons, composées moins de mots que de syllabes inintelligibles à eux-mêmes (¹). Ils possèdent du fer et du cuivre mêlé d'argent; c'est du moins d'un métal semblable que se composent leurs anneaux (²).

» En passant la Nabagana, on se trouve parmi les *Hambounas*, dont l'identité avec les *Mamboukis*, soutenue par Lichtenstein, n'est pas tout-à-fait incontestable. Le premier nom est celui que les Gonaquas donnent à une peuplade voisine des Tamboukis; le second est le nom que le voyageur Van-Reenen (³) leur entendit donner dans le pays, nom qui a aussi été connu de Sparmann. Selon Lichtenstein les Koussas les nomment *Immbo*. On ne se reconnaît pas dans ces dénominations obscures et incertaines. »

Parmi les peuplades éloignées de la côte, on indique les *Abbatounas* et les *Madouanas*; les premiers habitent près des sources du Mafumo, à l'est des Hambounas; les seconds entre les Khojas et les Mamboukis.

C'est sur une partie du territoire des Tamboukis que les Anglais ont fondé en 1824 une colonie dont le chef-lieu est *Port-Natal*, à l'embouchure même du Natal. Cet établissement a été formé dans le but de commercer avec les indigènes, pour obtenir d'eux des dents d'hippopotame, ce qui prouve que cet animal est très commun dans les rivières de l'intérieur. Le territoire de cette colonie s'étend sur une largeur de 15 lieues sur la côte, et se prolonge jusqu'à la distance de 30 lieues dans l'intérieur. Le sol est très fertile; le port est commode pour les navires qui ne tirent que 9 pieds d'eau; la colonie se compose d'environ 300 individus.

« La côte de Natal se termine par la baie de Lorenço-Marquez, à laquelle un lac maritime, situé sur son bord septentrional, a fait donner le nom portugais de baie *da Lagoa*, c'est-à-dire de la Lagune. On l'a quelquefois confondue avec la baie d'Algoa, située huit degrés plus au sud. Les fertiles rivages de cette belle et grande baie ont souvent tenté l'ambition des Européens; l'établissement qu'on pourrait y former exporterait de grandes quantités d'ivoire. La rivière de Mafumo, ou Lagoa, qui s'y écoule, n'a encore été remontée jusqu'à sa source par aucun voyageur européen. »

Les *Zoulas*, ou *Hollontontes*, qui habitent les environs de la baie de Lagoa, forment une tribu assez importante pour pouvoir mettre 15,000 hommes sous les armes. Leur chef réside, dit-on, dans une petite ville nommée *Zoula*.

« En remontant le Mafumo, on arriverait chez les nombreuses tribus de la nation des *Betjouanas*, qui a été visitée par des voyageurs partis du Cap. Cette nation est nommée *Briquoas* par les Hottentots, dont le désert inhospitalier des Bosjesmans les sépare. Barrow, en écrivant ce nom *Bushwana*, n'a probablement pas commis une erreur grave, car la difficulté de rendre exactement les sons des idiomes africains doit nous faire douter même de l'orthographe présentée avec le plus d'assurance. On nous apprend qu'ils prennent aussi le nom de *Moulitjouanas* et de *Sitjouanas*.

» Le pays de cette nation, situé entre le 20ᵉ et le 26ᵉ degré de latitude, offre un aspect agréable et varié; les forêts de mimoses sont entremêlées de beaux pâturages. Les Betjouanas sont partagés en plusieurs tribus; en entrant dans le pays par le sud, on rencontre d'abord celle des *Matchapings*, ou *Mat-*

(¹) *Lichtenstein*, p. 417. — (²) *Sparmann*, p. 452. —
(³) *Van-Reenen*, cité par *Bruns*, Afrika, III, 70.

chapis, sur la rivière de *Kouroumána*; c'est une des plus faibles. A un degré plus au nord, sur la rivière Sétabi, se trouvent les *Mouroúlongs*; leur nombre s'élève à 10,000. En 1823, ces deux tribus, alors réunies à la source du Takoún, formaient cette jolie ville de *Litakou*, dont Barrow nous a laissé un si brillant tableau, et que le voyageur Thompson a visitée peu de temps après qu'elle eut été abandonnée (¹). Détruite dans une guerre civile, elle a été remplacée par la ville de *Rampanpan*, qu'on nomme aussi *Nouveau-Litakou*. »

L'ancienne ville de Litakou avait 4,000 habitants; la nouvelle en a environ 5,000 occupant 800 huttes circulaires. Celle-ci est située plus bas sur la rivière du Takoún.

« Les *Matsaróquas*, à l'ouest, sur les bords inférieurs du Kouroumána, confinent avec les Hottentots Dammaras; non loin du Nouveau-Litakou, au nord des Mouroúlongs, sont les *Ouanketsis*. Les *Thammákhas*, ou *Tamahas*, autrement nommés Briquous rouges, peuplade fort nombreuse, occupent plusieurs villages au nord-est des Matchapis, au sud-est des Mouroúlongs, et au nord des Kharamankeys, tribu de Hottentots-Coranas, avec laquelle ils vivent dans la plus parfaite intelligence, en s'unissant même par des mariages réciproques pour rendre l'amitié plus étroite. »

Les *Matchapis*, appelés aussi *Bachapins* par un voyageur récent (²), sont une des tribus les moins considérables de la nation betjouana. Leur nombre s'élève à environ 100,000 hommes, femmes et enfants. Chez eux le pouvoir du chef passe du père au fils aîné. Ce chef a droit au poitrail de tout animal tué par un de ses sujets. On prétend même que la peine de mort punit celui qui cherche à enfreindre cet usage. Les Bachapins n'ont aucune idée de la Divinité; cependant ils attribuent les événements fâcheux qui leur arrivent à la maligne influence d'un être malfaisant qu'ils nomment *Moulsimo*.

La peuplade de *Khojas* ou *Gokas*, au nord-est des précédents, est très nombreuse, mais peu connue. A trois grandes journées au nord-est des Ouanketsis, et droit au nord des Khojas, sont fixés les *Moukhouroúzis*,

sous un chef renommé pour sa bravoure.

Au nord-est de ceux-ci, habitent les *Macquinis* ou *Makinis*, la plus puissante, la plus riche et la plus industrieuse des peuplades betjouanas. Leur nom vient probablement de l'arabe *Kana*, qui signifie *forgeron*, parce qu'ils sont habiles à travailler le fer et le cuivre qu'ils tirent de leurs montagnes.

Après les Macquinis, viennent, à ce que l'on croit, les *Biri*, peuple dont le nom nous a été transmis par les voyageurs portugais.

Toutes ces tribus cafres, dit M. Ritter (¹), se distinguent par leurs mœurs hospitalières, leur douceur et leur prudence; si parfois ces Africains se sont montrés inhumains et cruels, c'est à leur commerce avec les Européens qu'il faut seul en attribuer la cause. Les habitants des côtes accueillent les naufragés avec une bonté compatissante, souvent même ils les accompagnent à travers une étendue de plusieurs centaines de milles et les conduisent vers le sud au cap de Bonne-Espérance (²), ou vers le nord, jusqu'à Sofala (³). Les Anglais furent reçus avec la même hospitalité par les Cafres de la côte de Lagoa, qui ne voient que rarement des Européens (⁴). Les habitants des hautes plaines dans l'intérieur du pays firent preuve des mêmes qualités lorsqu'ils virent pour la première fois des Européens; Barrow (⁵) remarqua les mêmes vertus chez les Koussas; Truter, Sommerville et Lichtenstein chez les Betjouanas; Pedro da Anhaya chez les Cafres de Sofala (⁶), et Baretto chez les Cafres de Manica.

Les *Ouanketsis* ou *Wanketzens* habitent un pays montagneux vers le nord et vers l'est, arrosé par de nombreuses rivières dans cette direction, mais manquant d'eau vers le sud et vers l'ouest. Leur roi réside à *Malita*; mais leur ville principale est *Quaqué*, huit fois plus grande qu'aucune de celles des Betjouanas (⁷).

« Le missionnaire Campbell visita en 1820 ce pays; il y trouva chez les *Machdous* une ville nommée *Machdou*, avec 10,000 habi-

---

(¹) Travels and adventures in southern Africa, by George Thompson, etc. Lond., 1827. — (²) J. Burchell: Travels in the interior of southern Africa. Lond. 1824.

(¹) Géographie comparée: Afrique, tom. I. — (²) Al. Hamilton: New account of East Indies. Edinburg, 1727. — (³) Purchas: Pilgr. II, fol. 1535. — (⁴) W. White: Journal of a Voyage performed from Madras to Columbo and da Lagoa Bay. Lond., 1800. — (⁵) Barrow: I, p. 195. — (⁶) Purchas: Pilgr. II, fol. 1536 et 1542. — (⁷) J. Philip: Researches in southern Africa, etc. Lond., 1828.

tants, et plus loin, une autre nommée *Kourritchané*, dont la population s'élevait à 16,000, et où l'on travaillait le fer et le cuivre. La tribu qui habitait cette dernière ville se nommait *Maroutzis*. Ce sont les Maroutzis et les Macquinis qui fournissent aux autres Betjouanas les couteaux, aiguilles, boucles d'oreilles et bracelets de fer et de cuivre que les voyageurs ont été si étonnés de trouver chez ces sauvages. Ils tirent le métal d'une chaîne de montagnes qui se projette entre eux et les Moukhouroûzis. Il paraît probable qu'ils touchent dans l'intérieur des terres aux derniers postes portugais du Monomotapa; car c'est par leurs relations que les autres Betjouanas avaient eu la première notion d'hommes blancs. »

Les Machâous mangent avec délices toutes sortes d'animaux, même en putréfaction; ils divisent le temps par nuits et non par jours. Les Maroutzis se barbouillent le corps d'argile blanche, depuis les pieds jusqu'à la tête; ils portent une sorte de turban fait de peau de sanglier et se couvrent les épaules de peau de panthère. « Nous fûmes, dit Campbell,
» surpris de l'étendue de Kourritchané: chaque
» maison était entourée, à une distance con-
» venable, d'un mur circulaire en pierre;
» quelques unes étaient crépies et peintes en
» jaune à l'extérieur; nous en remarquâmes
» une dont la peinture en rouge et en jaune ne
» manquait pas de goût. Le sol de l'espace
» compris entre la maison et le mur était
» couvert d'argile aussi unie qu'un plancher,
» et balayé très proprement. Nous aperçûmes
» enfin une vaste plaine environnée de mon-
» tagnes, et dont la circonférence pouvait être
» d'une centaine de milles. On nous dit qu'elle
» abondait en buffles et en éléphants, et on
» nous montra plusieurs coteaux à l'est, sur
» lesquels il y avait des villes considéra-
» bles (¹). »

« Ces diverses peuplades, soumises à des chefs particuliers qui souvent se font la guerre, sont unies par la langue, les mœurs et les habitudes. Grands voyageurs, tous les Betjouanas se connaissent très bien; les fils de bonne famille, et principalement ceux des chefs qui prétendent à la succession, sont même tenus de faire des courses lointaines,

(¹) *John Campbell*: Travels in southern Africa, etc. Lond., 1822.

pour former des liaisons d'amitié et des alliances utiles à leur tribu, en cas d'événement. Moins élancés que les Cafres et aussi bien proportionnés, ils ont des formes encore plus élégantes: la teinte brune de leur peau tient le milieu entre le noir brillant des nègres et le jaune terne des Hottentots; la coupe de leur figure ressemble parfaitement à celle des Cafres (Koussas); seulement on y rencontre plus fréquemment des nez arqués et des lèvres à l'européenne; souvent l'expression de leurs yeux, et un je ne sais quoi autour de la bouche, annonce l'homme dont la sensibilité est déjà active sans être encore raffinée; le jeu libre et harmonieux de leurs mines, de leurs gestes, de tous leurs muscles, retrace comme un miroir les mouvements de leur âme; leur langue est sonore, riche en voyelles et en aspirations, bien accentuée; une déclamation voisine du chant, jointe à une grande douceur, lui prête tout le charme de l'italien (¹).

» Avides d'instruction, ils assaillent les étrangers de questions, et les importunent souvent par l'excès de leur curiosité. Pour mieux examiner, ils touchent à tout ce qui leur est nouveau, et, pour peu qu'un objet leur convienne, ils le demandent; mais un refus ne les offense pas. La facilité de leur mémoire se manifeste par la promptitude avec laquelle ils retiennent toutes les dénominations hollandaises, et même des phrases entières, qu'ils prononcent beaucoup mieux que les Hottentots nés dans la colonie. Beaucoup plus éloignés de l'état de nature que les Cafres, ils connaissent l'art de la dissimulation, et savent ménager avec adresse leurs intérêts personnels. Remuants et toujours actifs même sans occupation déterminée, ils ne dorment jamais le jour; en temps de pleine lune, ils passent même souvent les nuits à danser et à chanter. Très bornés dans leurs appétits, ils s'endurcissent à la fatigue, en courant des jours entiers sans prendre d'autre nourriture que celle qui s'offre sous leurs pas dans les plaines incultes et découvertes de quelques contrées arides. Chez eux, ils vivent communément de lait caillé. Les viandes que la chasse fournit sont leur mets favori; ils tuent rarement du bétail. Ils mangent la chair d'hyènes, de loups, de renards, de chats,

(¹) *Lichtenstein*, Archives ethnographiques, cahier I.

de cygnes; mais ils ont une horreur invincible pour le poisson. La cendre dans laquelle ils rôtissent les viandes remplace le sel, dont leur pays manque absolument. Ce n'est qu'au dernier besoin qu'ils boivent de l'eau; ils ne s'en servent pas non plus pour se laver. Ils ignorent l'art que possèdent les Koussas d'extraire des grains une boisson fermentée; mais le vin et l'eau-de-vie, présentés par les Européens, les ont sur-le-champ séduits. L'emploi de certaines herbes en fumée ou en poudre leur était familier long-temps avant l'arrivée des Européens: aussi ils ont conservé au tabac le nom particulier de *montiouko*, tandis que les tribus hottentotes, qui fument également des herbes sauvages, notamment du dakha (*phlomis leonorus*), ont adopté dans leur langue le mot estropié *twak* (¹).

» Leurs vêtements, très propres, sont faits avec les peaux de divers animaux, tels que civettes, chacals, chats sauvages, antilopes. Les hommes assujettissent les parties sexuelles sous un bizarre bandage de cuir comme les Jagas, et les femmes portent plusieurs tabliers les uns au-dessus des autres: elles voilent surtout avec soin la poitrine, en laissant le ventre à découvert.

» Parmi leurs ornements, on remarque surtout les boucles de cuivre jaune, dont six à huit leur pendent à chaque oreille, ainsi que les bracelets élastiques du même métal, et les larges anneaux d'ivoire qu'ils mettent à la partie inférieure du bras. N'ayant pas de scie, ils font amollir l'ivoire dans du lait, et le taillent ensuite péniblement avec le couteau. Ils paraissent posséder l'art de faire du fil d'archal; car le fil fin de cuivre qu'ils entortillent très ingénieusement autour d'une mèche de queue de girafe pour faire leurs bracelets, est d'un métal tout particulier, et cette sorte de marchandise n'entre point dans les objets d'échange qui composent les pacotilles des vaisseaux européens destinés au commerce d'Afrique. Cependant M. Lichtenstein compta jusqu'à soixante-douze de ces bracelets sur les bras d'une seule femme.

» La construction de leurs maisons et des enclos de leurs étables les distingue surtout avantageusement des autres peuples de l'Afrique méridionale; mais les femmes seules

(¹) *Lichtenstein*, Relation sur les Betjouanas, Ann. des Voyages, t. V.

en ont le mérite. La forme de ces maisons est généralement circulaire; la distribution des parties paraît varier selon les localités et les saisons: l'intérieur en est clair, frais et bien aéré. La poterie forme un autre genre d'industrie réservé aux femmes: elles y emploient la même argile ferrugineuse mêlée de mica, qui leur sert pour s'enduire le corps. Les pots, d'une forme exactement hémisphérique et sans pieds, sont très forts malgré leur peu d'épaisseur. Elles font aussi des cruches qui ont le cou très étroit et dans lesquelles le lait se conserve long-temps frais (¹). Les Betjouanas montrent encore beaucoup d'intelligence dans le métier de forgeron. Leurs instruments sont des marteaux et des tenailles de la même forme que les nôtres, seulement un peu plus grossiers; une grande pierre leur sert d'enclume. Ils savent tremper le fer, et quoique mal pourvus d'outils, ils se chargèrent de réparer les voitures et les outils en fer des Hollandais qui étaient venus les voir. Ils attachèrent un grand prix aux scies, aux limes, ciseaux et clous qu'on leur faisait voir, et ils en comprirent sur-le-champ l'usage. L'écorce de plusieurs arbres et les filaments de quelques espèces de joncs leur fournissent de quoi faire des ficelles très fortes. L'art avec lequel ils taillent des figures sur les gaines de leurs couteaux, qu'ils portent au cou, sur leurs hassagaies, sur leurs cuillères et autres ustensiles de bois, prouve qu'ils ne manquent pas de dispositions pour la sculpture.

» Les Betjouanas ont une idée de l'âme, dont ils placent le siége dans le cœur: ils disent d'un homme honnête qu'il a le cœur blanc; ils associent de même les idées de méchant et de noir. La probité, la loyauté et la bravoure sont chez eux les premières vertus; mais les droits de propriété ne leur sont pas très sacrés. Ils croient à un maître invisible de la nature, distributeur suprême des biens et des maux, qu'ils appellent *mourimo*, mot analogue à *mourinna*, roi ou seigneur; le sentiment qu'ils éprouvent à son égard, paraît être plus voisin de la crainte que de l'amour. Le grand-prêtre qui préside aux cérémonies religieuses est le second personnage après le roi. Ces cérémonies sont principale-

(¹) *Lichtenstein*, Ann. des Voyages, t. V, p. 358. *Barrow*, Relation d'un Voyage chez les Boushouanas, à la suite du Voyage à la Cochinchine.

ment la circoncision des garçons et la consécration des bestiaux. Les prêtres sont encore chargés de l'observation des astres et de l'arrangement du calendrier : ils divisent l'année en treize mois lunaires, et distinguent les planètes des autres étoiles, dont quelques-unes, telles que Vénus, Sirius, Acharnar, etc., portent des noms particuliers, connus à peu de personnes. C'est à des idées religieuses que se rapporte sans doute aussi la manie qu'ont les Betjouanas de deviner l'avenir au moyen d'une espèce de dés pyramidaux faits avec des ongles d'antilope. L'œuvre de leur conversion au christianisme a été tentée ; ils ne sont pas intolérants, mais ils ont l'air de rire de nos dogmes et de se moquer de notre culte. Lorsqu'on leur parle du Dieu de la paix, ils répondent : « Qu'il se fâche tant qu'il voudra, nous ne saurions nous empêcher de faire la guerre. » Un seul missionnaire leur a inspiré quelque considération et même quelque attachement, parce qu'il leur fit connaître la charrue. Ils ont pour armes une hassagaie, peu différente de celle des Cafres, et une massue ; M. Lichtenstein ne dit rien du bouclier. Depuis quelques années, ils se servent aussi contre les Boschimans des mêmes flèches empoisonnées qu'ils enlèvent à ces implacables brigands, car ils ne savent pas les faire. La population, au lieu de diminuer par les fréquentes guerres, s'accroît chez les tribus victorieuses du nombre des femmes ennemies qu'on emmène prisonnières, ainsi que les enfants en bas âge. Sans connaître encore la traite des esclaves, les Betjouanas semblent déjà deviner les avantages qu'ils pourraient retirer de la vente de leurs prisonniers. Ils offrirent aux compagnons de M. Lichtenstein d'échanger des enfants de dix ans contre des moutons.

» La disproportion entre le nombre des hommes et des femmes, générale dans les pays qui avoisinent le Tropique, a fait naître et perpétuer la polygamie en même temps qu'elle retient les femmes dans une sorte de servilité. Aussitôt qu'un jeune homme peut penser à s'établir, il emploie une partie de son bien à l'acquisition d'une femme, qui lui coûte ordinairement dix à douze bœufs. La première occupation de la nouvelle mariée est de bâtir une maison, pour la construction de laquelle elle doit elle-même abattre le bois nécessaire ; quelquefois sa mère et ses sœurs l'aident dans ce travail. La construction d'une étable avec son enclos, la culture des champs et tous les soins du ménage font également partie des devoirs serviles d'une femme betjouane.

» Quand le troupeau s'est accru en nombre, le Betjouana pense à augmenter sa famille en achetant une seconde femme, qui est également obligée de bâtir une maison avec étable et jardin. Ainsi le nombre des femmes qu'un homme a, donne la mesure de sa richesse. Les femmes paraissent très fécondes, et un Betjouana, entouré de sa nombreuse famille, ne ressemble pas mal à un patriarche, tel que la Bible nous en offre le tableau [1]. »

Les Betjouanas se distinguent de tous les peuples situés dans leur voisinage par leur probité, la douceur de leur caractère et leur industrie. Une constitution populaire et libre garantit à ce peuple remarquable l'indépendance et la paix, et lui fournit, lorsque le besoin l'exige, le moyen de défendre sa liberté.

« Les *Barrolongs* habitent au nord des Betjouanas, à dix journées de marche [2] ; ils ont de grandes villes ; ils savent fondre le fer et le cuivre ; ils sculptent avec art le bois et l'ivoire ; leur sol fertile est ombragé d'arbres et arrosé de rivières. Voilà ce que les Betjouanas ont appris aux voyageurs européens ; mais ils y ajoutaient des circonstances contradictoires. »

Il paraît que les Barrolongs, dont le territoire est arrosé par le Zambèze, ont été confondus à tort par quelques voyageurs avec les Bororos, puisque les premiers sont à l'ouest du Monomotapa, tandis que les seconds habitent l'est de cet empire et sur la rive gauche du Zambèze, entre les établissements portugais de Séna et de Tête.

» En reprenant la description des pays maritimes, nous passerons rapidement celui d'*Inhambane*, qui s'étend de la baie de Lagoa jusqu'au cap Corrientes, ou des Courans. La baie de Lagoa forme ici la limite méridionale des établissements portugais sur cette côte. Le cap Delgado en est la frontière septentrionale. Toute cette étendue de côtes est nommée le *gouvernement de Séna* ou de *Mozambique*. La côte d'Inhambane est couverte de pâturages et

---

[1] Lichtenstein, l. c. — [2] Barrow, comparé avec Lichtenstein.

dépourvue de bois (¹). Chaque village a son chef indépendant (²). Le pays de *Sabia* n'a rien de particulier. La *Sofala*, rivière de 80 lieues de cours, qui prend sa source dans les monts Beth, donne son nom à toute la côte, depuis son embouchure jusqu'à la baie de Lagoa. »

Le préside de *Lorenzo-Marquez*, misérable établissement que les Portugais possédaient sur le fleuve de ce nom, au fond de la baie de Lagoa, paraît avoir été récemment détruit par les Cafres.

« On nomme souvent le royaume de *Sofala*, mais cet État n'existe plus. Le nom de Sofala dénote, en hébreu et en arabe, *pays-bas* (³). Ce pays est en effet situé près de la côte. Quatre cents bourreaux précédaient habituellement le roi de ce pays, qui prenait les titres de *grand-sorcier* et de *grand-voleur*. Ces mots réveillent peut-être dans l'esprit d'un Africain des idées aussi justes, aussi libérales que les phrases sur la sagesse paternelle et l'auguste magnificence de nos souverains en font naître dans la tête d'un courtisan européen. Quatre ministres parcouraient tous les ans le royaume; l'un représentait la personne du monarque, le second ses yeux, le troisième sa bouche, le quatrième ses oreilles.

» La richesse de ce pays, en or, est devenue un lieu commun chez les géographes arabes; mais ce métal précieux venait sans doute de l'intérieur. Le sol est fertile, le climat tolérable. De nombreux récifs et bancs de sable font redouter les approches de la côte. On prétend que parmi les habitants il y a une race d'une taille gigantesque, qui livre ses prisonniers de guerre à une nation de l'intérieur, pour être dévorés (⁴). Ceux de la côte ont adopté la religion mahométane et en partie la langue arabe. Ils ne savent pas teindre leurs étoffes de coton.

» L'Etat de *Monomotapa*, situé derrière le Sofala, est, comme celui-ci, arrosé par le *Zambèze* ou *Couama*, l'un des grands fleuves de l'Afrique, qui se jette dans la mer par quatre embouchures ou branches, savoir : en allant du nord au sud, le *Quilimane*, le *Couama*, qui paraît la principale, le *Luabo* et le *Luaboel*. Les naturels disent que cette grande rivière sort d'un vaste lac, et reçoit son nom d'un village peu éloigné de sa naissance. Elle est très rapide, et large d'une lieue en quelques endroits. On la remonte jusqu'au royaume de *Sicambé*, au-dessus de Tête, où il y a une cataracte d'une hauteur étonnante, et des chutes continuelles pendant 20 lieues, jusqu'au *royaume de Chicova*, où sont des mines d'argent, de cuivre et de fer. Le *Zambèze* inonde le pays comme le Nil; mais c'est dans le mois d'avril. En naviguant sur ce fleuve, il ne faut plonger dans l'eau ni le pied ni les bras, car on n'est pas sûr de l'en retirer sain et sauf, tant les crocodiles y sont nombreux et audacieux (¹). Le Monomotapa abonde en riz, en maïs, en fruits, en bestiaux; il est cultivé le long des fleuves; mais le reste du terrain, quoique inculte, paraît fertile, puisqu'on y trouve de vastes forêts peuplées d'éléphants, de rhinocéros, de bœufs sauvages nommés *mérous*, de tigres assez forts pour emporter un veau, de zèbres, d'antilopes et de singes (²). Les hippopotames et les tortues parviennent à une grosseur énorme. Les Portugais ont élevé un petit nombre de bêtes à cornes; mais les chevaux manquent tout-à-fait. »

Le *Matouca* confine au sud au haut Monomotapa et comprend la contrée de *Manica*, célèbre par ses mines d'or. Ce pays est montueux, pittoresque et bien peuplé. Les montagnes qui le bornent en partie sont élevées et couvertes de neiges épaisses : il en résulte un froid si violent, que l'on court souvent risque d'y périr. Au printemps, l'air y est si pur et le ciel tellement serein, que plusieurs Portugais aperçurent la nouvelle lune en plein jour (³).

Les mines d'or du Monomotapa consistent principalement en dépôts de transport ou d'alluvion, que les eaux ont entraînés des terrasses que forment les montagnes qui entourent ce pays. Ces dépôts consistent en sables aurifères mêlés à une terre rougeâtre, que l'on exploite par le lavage. L'or y est en paillettes, ou en lingots ou pépites ramifiées ou tuberculeuses.

Dans le pays de Manica on trouve aussi de

(¹) *Ramusio*, Collection des Voyages, t. I, p. 392. — (²) *Bucauoy*, Voyage, trad. all., p. 22. — (³) *Hartmann*, Edrisi Africa, pag. 109; *Reland*, Palæstina, pag. 372. — (⁴) *Bucquoy*, pag. 4 et 6.

(¹) *Thomann*, Voyage, pag. 133. — (²) *Idem*, 118, 119 et 122. — (³) *Dos Santos* : fol. 1537. — Marmol III, p. 115.

l'or natif, mais au milieu d'une gangue de quartz. On en ramasse aussi dans le sable des rivières et des champs. Les *Botangas* sont connus pour être le peuple qui s'occupe le plus à l'exploiter. Ces mines sont à 50 lieues à l'ouest de Sofala ([1]).

Au-delà du pays de Manica, dans la direction du sud, on n'a encore trouvé aujourd'hui aucune trace d'or, mais le fer y est très commun. Les habitants du Monomotapa savent très bien le travailler ; ils en font des haches très tranchantes, des pipes et différents ustensiles.

» Le nom de *Monomotapa* désigne, selon quelques auteurs, le roi de Motapa ; d'autres l'écrivent *Béno-Motapa,* ce qui, d'après une observation ingénieuse, paraît signifier en arabe « les peuples de soldats mercenaires », et par conséquent n'être qu'un appellatif donné à ces nations par les Arabes, qui ont conquis les côtes maritimes ([2]). Quoi qu'il en soit, le souverain, qualifié d'empereur par les Portugais, étendait autrefois sa domination sur un grand nombre de rois vassaux. Les grands édifices de Boutoua, couverts d'inscriptions dans une langue inconnue, semblent les muets témoins d'une ancienne civilisation qui se sera éteinte au milieu des guerres civiles, ou qui aura disparu avec la nation commerçante et conquérante dont ces monuments peuvent être l'ouvrage. »

Par suite de guerres civiles, l'empire se partagea, en 1759, en plusieurs petits États rivaux, où dominent les chefs de plusieurs peuples cafres : les *Bororos,* les *Cazembes,* les *Moviza's,* les *Maravi's,* les *Mongas* et les *Meropoua's.*

Les *Bororos* habitent la partie septentrionale de l'ancien Monomotapa ; ils occupent les deux rives du Zambèze entre les établissements portugais de Sena et de Tète. On les représente comme assez avancés dans la civilisation.

Les *Cazembes* sont très peu connus. On les dit gouvernés par un roi qui paraît être un des princes les plus puissants de l'ancien empire du Monomotapa. Ses soldats sont bien disciplinés, et manœuvrent au moyen de signes : ils sont armés de lances et de couteaux courts, de forme oblongue, fabriqués dans le pays, et se couvrent de boucliers légers faits en écorce d'arbre. La capitale des Cazembes est entourée d'une épaisse haie et d'un fossé profond. Le roi exerce un pouvoir tellement absolu qu'il fixe les heures de divertissement et de repos de son peuple.

Les *Moviza's,* paisibles, industrieux et commerçants, sont tributaires des Cazembes dont ils sont limitrophes.

Les *Maravi's* possèdent la plus grande des différentes parties de l'ancien territoire du Monomotapa. Ils sont gouvernés par un chef qui prend le titre de *Quitevo* ou *Quiteve,* et qui passe pour un des plus puissants de cette partie de l'Afrique. Sa résidence est à *Zimbaoé* ou *Zimbao,* l'ancienne capitale de l'empire. Cette ville est à 60 lieues de la mer, sur la rive droite du Zambèze, au confluent de la Manzora et de ce fleuve. Les Maravi's doivent leur nom au lac de Maravi qui borne leur territoire et dont on ne connaît pas la longueur, mais qui a 4 ou 5 lieues de largeur, et qui est parsemé de nombreuses îles peuplées de nègres. Leur pays abonde en fer dont ils fabriquent les instruments nécessaires à la culture. Une de leurs villes, située au bord du Maravi, porte le nom de ce lac. Plusieurs tribus des Maravi's entravent le commerce des Moviza's avec l'établissement portugais de Tète par les déprédations qu'ils exercent sur les caravanes.

« Parmi les noms de ces tribus, on est frappé de ceux de *Massi* et de *Ruengas* : l'un rappelle les anciens *Massyli* et *Massasyliens;* l'autre paraît identique avec le *Dar-Runga,* situé au sud du *Dar-four ;* or précisément ce dernier peuple parle un idiome tout-à-fait différent de celui de ses voisins, et semble par conséquent être une colonie venue de plus loin. »

Les *Mongas* occupent la rive droite du Zambèze. Ils sont belliqueux, et n'ont jamais été soumis aux empereurs du Monomotapa.

Les *Meropoua's* ne sont pas moins importants, mais ce sont les moins connus de tous les peuples que nous venons de passer en revue.

Tète ou *Tette,* chef-lieu d'un gouvernement portugais, est situé sur un terrain qui s'élève sur la rive droite du Zambèze, à 120 lieues dans l'intérieur et à 50 lieues à l'est de la grande cataracte. Cette ville renferme des maisons en

---

([1]) *De Barros :* Dec. I, lib. X, c. 1, fol. 118 b. —
([2]) *Lichtenstein,* Archives ethnographiques, tom. I, pag. 262.

pierres et une église. Elle est défendue par un fort et quatre bastions. La ville de *Séna*, beaucoup plus bas, est à 90 lieues de l'embouchure du fleuve; elle appartient au même gouvernement que Tête; elle en était autrefois le chef-lieu. On y compte 2,000 habitants. Ses maisons sont construites en briques séchées au soleil, couvertes de roseaux et de chaume. Sa position dans une vallée exposée fréquemment aux inondations du Zambèze en rend le séjour malsain. Cette ville a un fort et un gouverneur particulier qui commande tous les petits établissements sur le fleuve, et qui est lui-même sous les ordres du gouverneur-général de Mozambique.

Les Portugais possèdent encore sur ce fleuve le poste de *Chicova*, jadis célèbre par les mines d'argent situées dans ses environs. Cette ville est à 65 lieues à l'ouest de Tête. Le poste de *Massapa*, près des mines d'or du *mont Foura*, à 50 lieues au sud-ouest de Zimbaoé, n'est qu'un village auquel ces mines donnent de l'importance. On remarque dans ses environs des pierres taillées qui étaient jadis posées les unes sur les autres avec beaucoup d'art, mais sans mortier. Serait-ce encore un exemple de ces monuments dont l'origine se perd dans la nuit des temps et qui rentrent dans la classe de ceux qu'on est convenu d'appeler druidiques? Le poste de *Zumbo*, où des Banians fabriquent de la vaisselle d'or, a pendant quelque temps été enlevé aux Portugais par les indigènes [1], mais il est bientôt retombé en leur pouvoir. Il est situé dans une île du Zambèze.

« Les peuples de cette contrée vont presque nus, comme ceux de la côte d'ouest; ils sont superstitieux, et croient à la magie et aux enchantements. »

En remontant vers le nord, nous ne traverserons que des pays à peu près inconnus: tel est le *Jambara*, contrée montagneuse au sud-est du lac Maravi, et arrosée par une grande rivière appelée *Mangaza*, affluent du Zambèze. A l'ouest se trouve le *Mocanda* habité par des Maravi's. Au nord de ce pays, s'étend le *Mouloua*, Etat puissant et populeux où la civilisation a fait plus de progrès que dans le reste de l'Afrique orientale. Les habitants emploient pour se vêtir des produits de manufactures européennes apportés des comptoirs portugais; ils livrent aux *Cassanges*, situés dans leur voisinage, le cuivre que ceux-ci vendent aux Portugais. La capitale porte aussi le nom de *Mouloua*: elle est grande et propre. Le souverain prend le titre de *Mouloua*: les *Mazavambas* et les *Moujoas* ou *Muaos* lui paient un tribut en sel.

Au nord du Mouloua, les *Monjous* ou *Mondjous*, peuples plus doux que la plupart de leurs voisins, entretiennent des relations commerciales avec Mozambique. Suivant les descriptions de Bruce et de Salt, les Monjous sont une des plus laides races nègres de toute l'Afrique. Ils ont les pommettes saillantes, les lèvres grosses et pendantes, les cheveux courts, crépus et laineux, et la peau très noire. Leurs armes, qu'ils empoisonnent, sont l'arc, la flèche et une courte lance. Chaque Monjou porte toujours sur lui de quoi faire du feu; leur appareil se compose de deux morceaux de bois noir qu'ils savent frotter de manière à les mettre en combustion en très peu de temps. Ce peuple habite la pente méridionale des montagnes de Dyre et de Tégla.

« Une question intéressante, c'est la possibilité qu'il y aurait pour un voyageur européen de traverser le pays inconnu entre le Monomotapa et le Congo. Les marchands d'esclaves portugais et africains ont déjà plusieurs fois conduit des convois de nègres d'Angola à Séna et de Séna à Angola. Les deux postes de *Pedras-Negras* dans l'intérieur du Congo et de *Chicova* dans l'intérieur du Monomotapa, sont les points de départ respectifs; la route est de 325 lieues, et n'est achevée que dans une saison entière; on rencontre des hordes errantes et on traverse des plateaux élevés où l'on recueille de l'or en poudre. Les renseignements tirés des exilés portugais qui ont demeuré à Séna, et qui nous sont transmis par deux savants, M. Corréa de Serra et M. Constancio [1], ne laissent guère aucun lieu à des doutes raisonnables. L'objection qu'on tire d'une déclaration du gouverneur de Mozambique, qui ignorait ces voyages, perd toute sa force, si on considère que ce n'est pas à Mozambique, mais à Chicova, ou du moins à Séna, qu'il fallait s'informer de la vérité du fait. Or, le gouverneur que consulta Salt parut

---

[1] Rapport des missionnaires dominicains, cité dans le *Diario* de Rome; février 1816.

[1] *Observador portuguez*, recueil périodique, cahier IV.

à peine avoir une idée des points généralement connus de la géographie du Monomotapa.

» Repoussés de l'intérieur, notre curiosité va suivre rapidement la partie restante des côtes orientales dominées par les Portugais.

» La *côte de Mozambique* présente partout des récifs dangereux, entremêlés d'un grand nombre d'îlots. Les rivières, quoique très larges à leur embouchure, ne viennent pas de loin; elles ont leurs sources aux pieds d'une longue et haute chaîne de montagnes à laquelle les pics dont elle est hérissée ont fait donner le nom portugais de *Picos Fragosos*.

» Le port de l'île *Mozambique*, quoique d'une entrée difficile [1], est très bon, et peut tenir plusieurs vaisseaux en sûreté. Les Portugais y ont un fort très bien bâti, et tiennent sous leur juridiction les habitants, qui sont Maures, et gouvernés par un schérif. C'est au port de Mozambique que s'arrêtent et séjournent, environ pendant un mois, les vaisseaux portugais qui vont aux Indes; autrefois, ils y prenaient, entre autres marchandises, des esclaves qu'ils transportaient dans leurs possessions indiennes; mais le roi Joseph II, sous le ministère de Pombal, a défendu ce commerce, et depuis, le gouvernement confirma cette défense. Les principaux objets d'exportation sont aujourd'hui l'or et le morfil; ce dernier surtout est très abondant; on le conserve dans de vastes magasins [2]; on en charge au mois d'août tous les ans des vaisseaux qui partent pour Goa. Il existe aussi un commerce très actif entre cette côte et l'île de Madagascar; mais tout le commerce de ces contrées paraît être entre les mains du gouvernement, et se fait pour son compte.

» L'insalubrité qui règne à *Mozambique* a engagé les habitants à bâtir au fond de la baie l'agréable et vaste bourg de *Mesuril* ou *Mossoril* [3]. Le palais du gouverneur s'élève majestueusement au-dessus d'une forêt de cocotiers, de cachous et de mangoustiers. »

La ville de *Mozambique* a 3,000 habitants. Le fort, de forme octogone, défendu par six bastions et 80 canons, est en très mauvais état; l'un des édifices les plus remarquables est le palais du gouverneur. La ville elle-même avec ses habitants présentent un mélange bizarre de mœurs et d'usages indiens, arabes et européens.

La ville de Mossoril est deux fois plus peuplée que celle de Mozambique; quelques voyageurs modernes évaluent même à 10,000 le nombre de ses habitants. Cette ville a pour garnison deux compagnies de Cipayes. Elle est située dans la presqu'île de Caboceiro longue de quatre lieues et large d'un peu plus d'une lieue, qui ne tient au continent que par un isthme d'un tiers de lieue de largeur. Cette presqu'île ferme en partie au nord la baie de Mossoril à l'entrée de laquelle est l'île de Mozambique.

« La principale nation sur cette côte est celle des *Makouas* ou *Macouanas*, peuple dont la peau est très noire, et dont les femmes ressemblent un peu à des Hottentotes. Leur nom semble mériter toute l'attention des géographes. Il nous paraît fournir l'explication d'une ancienne énigme géographique. La terre de *Vakvak* ou d'*Ouakouak* s'étend, selon les Arabes, depuis le Zanguebar jusqu'à Sofala; c'est précisément la situation du pays des Makouas; les deux noms ne seraient-ils pas identiques? un léger changement d'orthographe a pu faire confondre ces noms dans la langue arabe [1]. »

Suivant Salt, les Makouas ont, comme les Monjous, les lèvres grosses et pendantes, et sont généralement très laids. Les femmes ont l'épine dorsale très courbée, et le derrière saillant presque autant que chez les Hottentotes. Dans l'état sauvage, les Makouas sont très féroces; comme esclaves, au contraire, ils sont très soumis; fidèles et braves lorsqu'on les emploie comme soldats. Ils se passent des anneaux dans le nez, et se liment les dents de manière à les rendre aussi aiguës que de grosses dents de scie; enfin ils se défigurent par de fortes incisions sur le front, le nez et le menton.

Comme les Cafres, ils sont robustes et ont les formes athlétiques; comme les Cafres aussi, ils sont toujours prêts à faire des excursions sur les possessions des Portugais, contre lesquels ils nourrissent une haine implacable. « Ils ont pour armes des lances et des javelots
» avec des pointes empoisonnées; cependant
» ils commencent aussi à acheter, des Arabes

---

[1] *Thomann*, p. 54-55. — [2] *Collin*, Notice sur Mozamhique, dans les *Annales des Voyages*, t. IX, p. 313. — [3] *Salt*, deuxième Voyage.

[1] واقواق (ouakouak) ماقواق (makouak).

» et des Portugais, des mousquets et autres
» armes à feu. Ils s'en sont même déjà servis
» pour attaquer les Portugais de la péninsule
» de Caboceiro, qui ne purent leur résister
» qu'avec le secours d'autres Makouas de la
» côte et des troupes portugaises de Mozam-
» bique; celles-ci se composent elles-mêmes en
» grande partie de Makouas qui, vendus d'a-
» bord comme esclaves, passent ensuite dans
» les régiments.

» Les anciennes tribus de Makouas habitant
» les côtes et soumises autrefois aux Arabes,
» forment à présent trois petits États nègres
» dans le voisinage de Mozambique : *Quinta-*
» *gona*, *Saint-Coul* et *Serecma*. Ils sont sou-
» mis à des chefs connus sous le titre arabe
» de *cheikh*, et placés sous la sur-intendance
» des Portugais. Ces trois États réunis, for-
» mant une armée de 9 à 10,000 hommes,
» sont assez puissants pour protéger les Por-
» tugais contre les attaques des Makouas de
» l'intérieur (¹). »

« La partie septentrionale de la côte et du gouvernement de Mozambique prend le nom de *Quérimbe*, ou *Querimbé*, de celui d'une petite île où les Portugais ont un fort et où ils tolèrent le commerce français (²). Les autres principales îles du groupe des Quérimbes sont : *Amice*, *Malongue*, *Matemo*, *Passerau*, *Rogue* et *Oïbo*, ou *Ibo*. Cette dernière est encore un des postes appartenant aux Portugais, et où siègent leurs autorités. Les îles de cette côte obéissent à un cheikh arabe, vassal du Portugal, et dont les possessions se terminent au cap *Delgado*. Ils ont été chassés peu à peu de toutes les villes qu'ils occupaient aux seizième et dix-septième siècles sur les côtes de Zanguebar. Les possessions portugaises, dans cette partie de l'Afrique, se divisent en sept gouvernements ou capitaineries.

La colonie de Mozambique est administrée

(¹) *Karl Ritter* : Géographie comparée. Afrique, t. I. — (²) *Blancard*, Commerce des Indes orientales, pag. 20.

par un gouverneur, dont le conseil se compose de trois personnes : l'évêque, le ministre et le commandant des troupes. Le gouverneur a 12,000 cruzades d'appointements (28,800 fr.), l'évêque 1,500 (3,600 fr.). Les autres employés civils ou militaires sont encore plus mal payés. Un capitaine a 720 réis (430 fr.), un lieutenant 300 (207 fr.), de manière que le cuisinier du gouverneur est payé trois fois plus qu'un capitaine. Il résulte de cette parcimonie du gouvernement portugais qu'une foule d'abus et d'injustices se sont introduits dans la colonie, et que les fonctionnaires civils et militaires n'ayant pas de moyens d'existence suffisants, se voient forcés de s'engager dans des spéculations avec les cultivateurs et les marchands d'esclaves. D'ailleurs presque tous les fonctionnaires, à l'exception du gouverneur, sont des criminels auxquels on a assigné comme lieu d'exil cette insalubre colonie.

Les habitants de Mozambique se divisent en deux classes principales : les Portugais et les descendants des cultivateurs indigènes; leur nombre est évalué à 500 personnes. On y trouve en outre des descendants des anciens Arabes, qui sont presque tous marins, et des Banians, c'est-à-dire des marchands et des artisans indiens qui travaillent les métaux et font le petit trafic comme les juifs : ces deux autres classes forment environ 800 personnes. Le reste de la population se compose de noirs affranchis et de mercenaires indigènes qui composent un total de 1,500 individus.

Le genre de vie déréglée auquel s'abandonnent la plupart des Européens dans cette colonie, fait chez ceux-ci autant de ravages que l'insalubrité du climat. Suivant Salt, on peut admettre que sur 100 soldats européens, il n'en reste que 7 après les cinq ans qu'ils doivent y séjourner; il en est de même des fonctionnaires civils. On peut juger par là du triste état dans lequel se trouve cette colonie. Ajoutons encore que l'abolition de la traite des noirs lui a porté un coup funeste.

LIVRE CENT SOIXANTE-DOUZIÈME.

Suite de la Description de l'Afrique. — Côtes orientales ou Zanguebar et Ajan. — Recherches sur l'intérieur de l'Afrique méridionale

« Les régions les moins connues invitent, par un attrait particulier, les écrivains jaloux de satisfaire aux lecteurs philosophes. Nous allons donc consacrer un livre entier à la description des régions que les géographes expédient ordinairement en deux ou trois pages.

» Le cap Delgado détermine la limite méridionale du *Zanguebar*, ou la côte des *Zangues*, des *Zingues*, ou de *Zindges*, car on écrit de ces trois manières le nom donné par les Arabes aux peuples indigènes. Les relations arabes sont les seules qui paraissent embrasser l'ensemble du Zanguebar continental. Un grand fleuve qui paraît être le cours inférieur du Zebi, rempli de crocodiles; des déserts sablonneux; un climat brûlant; des léopards d'une très grande taille, d'innombrables éléphants, girafes et ânes sauvages ou zèbres; de grands lézards et des serpents monstrueux; des mines de fer dont les habitants tirent leurs ornements favoris; pour toutes plantes alimentaires, le doura et la banane; pour toutes bêtes de somme, des bœufs dont on se sert même dans la guerre : voilà les traits de géographie physique qu'on a pu rassembler dans Ibn-al-Ouardi[1], Massoudi[2], Edrisi[3] et Bakoui[4].

» Le pays des Zingues, ou Zindges, s'étend, selon les Arabes, depuis l'Abyssinie jusqu'au territoire de *Ouakouak*, c'est-à-dire jusqu'au pays des Makouas, ou la côte de Mozambique. Il a 700 *farsangs* de long; probablement il faut entendre milles arabiques, car il y en a juste 700 du cap Delgado à Magadoxo, ou il faut y comprendre toute la côte depuis le détroit de Bab-el-Mandeb jusqu'à Sofala. La capitale, selon les Arabes, était *Kabila*. Le peuple vit sans loi et sans culte fixe; chacun adore l'objet de sa fantaisie : une plante, un animal, un morceau de fer; cependant on reconnaît un Dieu suprême qu'on nomme *Maklandjlou*, mot qui rappelle le *Molungo* des habitants de Sofala, et qui rattache ainsi les Zingues à la race des Cafres. Le roi, qui prend, dit-on, le titre de « *Wakl-Iman*, ou fils du seigneur suprême [1], » marche à la tête de 300,000 guerriers montés sur des bœufs. »

Le Zanguebar se partage en six principaux États, qui sont, en allant du sud au nord, ceux de *Quiloa*, *Zanzibar*, *Mombaza*, *Mélinde*, *Brava* et *Magadoxo*. La population, composée d'Arabes et de peuples indigènes, peut être évaluée à 2,000,000 d'individus.

« Les Européens n'ont visité que les îles et quelques places maritimes du Zanguebar; suivons leurs pas en remontant du sud au nord. »

Au nord du cap Delgado, la rivière appelée *Mongallou* porte bateau jusqu'à une distance considérable, et reçoit à son entrée des navires de toute grandeur. Au fond de la baie de Quiloa, se trouve, suivant un voyageur français, une autre rivière dont il ne nous dit pas le nom, et que M. Sausse, officier de la marine française, a remontée assez loin en une marée. Il assure que les bords en sont couverts d'arbres magnifiques, dont quelques uns, droits, forts et légers, peuvent faire d'excellentes mâtures [2].

» L'île de *Quiloa*, *Kil-Ouah*, avec la ville du même nom, est située à un quart de lieue de la terre ferme, vis-à-vis d'une péninsule formée par deux grandes rivières, dont la plus importante s'appelle le *Coavo*. Cette situation lui donne trois ports sûrs, spacieux et indépendants les uns des autres. Les bords des

---

[1] Not. et Extraits des Manuscrits, II, 38. — [2] *Etienne Quatremère*, Mém. sur l'Égypte, etc., t. II, p. 181 et suiv. — [3] *Hartmann*, Edrisi Africa, 101-104. — [4] Notices, etc., II, 395.

[1] Ce mot *Wakl-Iman*, cité, d'après Massoudi, par M. Etienne Quatremère, paraît être arabe. *Wakil*, gouverneur ou vicaire; *Iman* ou *Imam*, nom des souverains arabes d'Yémen, de Mascate et d'Adel. Le prétendu roi des Zingues pourrait bien n'être qu'un vassal ancien ou actuel de l'imam d'Adel, ou même de celui de Mascate. — [2] Mémoire de M. Albrand sur Zanzibar et Quiloa. — Bulletin de la Société de Géographie. — 1838.

rivières sont garnis de grands arbres et semés de villages soumis à l'autorité du roi de Quiloa. Le continent produit des bois d'une espèce de teck, aussi incorruptible que celui de Surate, de la plus grande beauté et propre à la construction des vaisseaux. La canne à sucre, le cotonnier, l'indigo, y viennent naturellement. On y trouve le baobab, le tamarinier, le cèdre, l'arbre qui produit la gomme-copal, le cafier de Madagascar. Le gibier et les troupeaux de toute espèce d'animaux, principalement de bœufs sauvages, ainsi que les poissons d'eau douce et de mer, y abondent. On voit souvent des éléphants, des rhinocéros, des panthères, des lions, des léopards, des zèbres, venir sur les bords des deux rivières, pour s'y désaltérer. Les fruits et les légumes y sont rares. Il en est de même de la bonne eau. Le mil forme la principale nourriture des indigènes. »

Le royaume de Quiloa est à la fois héréditaire et électif. La couronne ne peut sortir de la famille régnante; mais tous les parents du défunt au même degré y ont également droit, et le choix doit être fait entre eux par les députés des diverses tribus de la côte.

« Le roi est nègre et on lui témoigne beaucoup de respect; mais il est sous la tutelle d'un visir arabe appelé *Malindané*, qui gouverne souverainement au nom de ce monarque titulaire; il peut même le déposséder en conférant la dignité à un autre de son choix [1]. Ce visir est envoyé par le cheykh de Zanzibar, vassal lui-même de l'imam de Mascate, en Arabie. « Les habitants de cette île, dit un » auteur instruit, voyaient avec dépit que Qui-».loa faisait à elle seule tout le commerce de » la côte; ils envahirent cette ville en 1787. » Le roi de Quiloa céda à celui de Zanzibar la » moitié de tous les droits qui se percevaient » annuellement sur le commerce des escla-» ves [2]. » La côte de Quiloa est généralement basse, semée de marais, bordée d'îlots et de récifs; mais elle se termine vis-à-vis de Zanzibar par un grand promontoire élevé. Les Français cherchaient souvent des esclaves à Quiloa; ces noirs ne sont pas très estimés. »

La population de l'île est d'environ 3,000 individus; la ville n'est qu'un assemblage de misérables huttes construites en feuilles de cocotier; les rues sont des sentiers au milieu du maïs, ce qui lui donne un aspect tout particulier. La maison du roi est seule construite en pierre. C'est un édifice à un étage, très vaste et élevé d'environ 11 mètres; il est composé de deux corps de logis séparés par une cour; les appartements sont assez grands, mais mal meublés et fort sales. La ville est défendue par un fort qui domine la mer. Quiloa était, au commencement du seizième siècle, l'établissement le plus florissant de la côte; les relations portugaises du temps font un tableau brillant de son commerce et de son opulence. Des vestiges d'anciennes murailles attestent sa splendeur passée.

« Le langage de Quiloa offre des ressemblances avec celui du Congo. Les femmes cultivent le mil et les patates par habitude et par nécessité; les hommes pêchent, chassent ou dorment; ce sont encore les femmes qui tressent quelques nattes et quelques étoffes grossières pour leur service [1].

» L'île de *Monfia*, gouvernée par un cheykh du temps de Ramusio, n'est aujourd'hui peuplée que de bœufs sauvages que les habitants de Quiloa vont chasser.

» *Zanzibar*, dont le véritable nom est *Souayeli*, se distingue entre toutes ces îles par sa grandeur, sa beauté et son importance; elle a 17 à 18 lieues de long sur 5 de large. On lui donne un port excellent. Les orangers et les citronniers y étalent leurs fruits dorés à côté des cocos et des bananes. Les légumes et le riz y abondent. Les villes sont ornées de mosquées. On porte le nombre des habitants à 60,000, dont 300 Arabes et les autres de race mixte. Le cheykh est vassal de l'imam de Mascate; il a exprimé, dit-on, le désir de se mettre sous la protection de l'Angleterre [2]. Les exportations consistent en esclaves, gomme, ivoire, antimoine et bleu de vitriol. »

La ville de *Zanzibar*, capitale de l'île, est devenue, depuis quelques années, une riche place de commerce. On porte sa population à 10,000 habitants.

« L'île de *Pemba* est encore plus fertile en fruits et en grains. Les habitants, peuple timide, s'habillent d'étoffes de soie et de co-

---

[1] Cossigny, Moyens d'améliorer les Colonies, t. III, p. 247 et suiv. — [2] Blancard, Commerce des Indes orientales, p. 21.

[1] Cossigny, Commerce des Indes orientales, tom. III, pag. 266. — [2] Salt, deuxième Voyage en Abyssinie, etc.

ton, apportées de l'Inde. Comme les autres insulaires, ils se rendent dans leurs frêles barques à Mélinde et à Madagascar. Cette île est partagée entre l'imam de Mascate, le cheykh de Mombaza sur le continent, et un cheykh indigène. »

Près de la côte, à l'embouchure de la rivière de Mombaza, dans une petite île de 4 à 5 lieues de circonférence, appelée aussi *Mombaza* ou *Mombaça*, s'élèvent plusieurs villages arabes dont le plus considérable se nomme *Mombaza* : c'est le chef-lieu d'un petit État. Les Portugais s'en emparèrent en 1529, et y élevèrent quelques petits forts. On dit qu'ils y bâtirent 17 églises ; ce nombre est sans doute exagéré ; il n'en reste du moins qu'une transformée en mosquée. Les Arabes chassèrent les Portugais de cette station en 1720. En 1824, les Anglais en prirent possession et y stationnèrent pour empêcher la traite des noirs, très active alors sur cette partie de la côte d'Afrique; mais en 1826 ils évacuèrent cette île.

A 25 lieues au nord de Mombaza, *Mélinde*, regardée par quelques auteurs comme l'ancienne *Essina*, n'est plus cette cité que les Portugais embellirent et qui devint l'orgueil de ces rivages. Les oranges les plus délicieuses ornent encore ses mille jardins ; mais tombée au pouvoir des Arabes depuis 1698, elle n'est plus fréquentée que par des navires asiatiques et par quelques Européens. Cependant ses mosquées lui donnent toujours un aspect imposant du côté de la mer.

« Les Arabes qui la possèdent, s'habillent-ils encore de soie et de pourpre ? Le roi est-il toujours porté sur les épaules de ses courtisans, et reçu par un chœur de prêtres et de jeunes filles qui lui offrent de l'encens et des fleurs ?

» Qui règne maintenant sur *Lamo*, pays fameux par les grands ânes qu'il produit ? sur *Patta* ou *Patte*, d'où les Arabes de Mascate chassèrent le commerce européen en 1692 ? sur le *Jubo* et sa côte infestée de serpents ? sur *Brava* ou Berua, petite république aristocratique, dont les habitants adoraient des pierres graissées d'huile de poisson et dont *Brava*, la capitale, fait un commerce considérable avec l'Inde et l'Arabie ?

» Voilà des questions qui auraient été résolues par le savant et intrépide Seetzen, si une main ennemie n'eût pas coupé le fil d'une vie aussi précieuse ; car au moment où ce voyageur mourut, empoisonné par l'ordre de l'imam d'Yemen, il se préparait à visiter Mélinde, et à recueillir chez les Arabes de cette ville des traditions et des manuscrits relatifs à leurs connaissances sur l'Afrique.

» Les principaux traits de la géographie n'ont cependant pu changer (1)

» Les villes de Mélinde, de Lamo et de Patte paraissent situées dans le *delta* d'une grande rivière nommée le *Quilimancy*, et qui pourrait bien être la même qui, sous le nom de *Zebée* ou *Zebi*, descend des montagnes de l'Abyssinie. Les bords du fleuve, inondés et engraissés par ses eaux, peuvent répondre aux riantes peintures des Portugais ; plus loin, les sables mouvants, selon un auteur arabe, ont englouti la ville de Lamo (2).

» Derrière ces États maritimes et civilisés, on indique les tribus barbares de *Mosegueyos* ou *Mossegueyos*, riches en troupeaux, et qui, dans l'enfance, se couvrent la tête d'une couche d'argile, en guise de bonnet. Le nom sous lequel cette nation est indiquée ne serait-il pas arabe ? Il ne signifierait alors que gens armés de javelots (3). Plus au nord sont les *Maracatas*, peuple moins grossier et doué d'un extérieur avantageux. Ils observent la circoncision. Les filles conservent le trésor de l'innocence moyennant une couture que l'époux seul a le droit de défaire (4).

» Nous avons des renseignements plus récents sur le *royaume* de *Magadoxo* ou *Makadschou*. Un lascar ou matelot indien, nommé Isouf, et qui y a demeuré seize ans, a fourni les principaux traits du tableau suivant (5). Il occupe sur la côte une longueur d'environ 80 lieues. Le pays, arrosé par une grande rivière, abonde en grains, en riz, fruits, bestiaux, moutons à poil roux, chevaux et chameaux. Les vastes forêts recèlent des *ours*, dit-on, des lions, des panthères, des léopards et des autruches. Le pyon est un

---

(1) Voyez, pour d'autres détails, les *Observations sur la côte de Zanguebar*, par M. Saulnier de Mondevit, dans les *Nouvelles Annales des Voyages*, vol. VI, avec une carte. — (2) *Aboul Mahasen*, chez *Étienne Quatremère*, l. c., p. 188. — (3) مساج (mossage) javelot. — (4) *Lobo*, Voyage, tom. I, pag. 282. — (5) Relation du lascar Isuf, dans *Ehrmann*, Bibliothèque des Voyages, et Mémoires géographiques, III, 75 et suiv. (En all.)

oiseau de dix pieds de haut. La description d'un amphibie, nommé *bozer*, rappelle l'*ornithorynchus* de la Nouvelle-Hollande. La population est formée d'un mélange d'hommes blancs, olivâtres et noirs, qui ont adopté presque généralement l'idiome de leurs maîtres, les Arabes. On y compte quelques Abyssins chrétiens. Le roi et les grands sont vêtus depuis la poitrine jusqu'aux pieds; les gens du peuple vont à peu près nus; la reine porte, pour marque distinctive, une robe de soie ouverte, et des cheveux ornés de plumes de diverses couleurs. Le roi rend justice en public, assisté de quelques conseillers. Les criminels sont livrés aux bêtes féroces, ou assommés avec une masse. Dans les voyages seulement, le roi est accompagné d'une suite: du reste il n'a ni cour, ni garde, et personne ne le salue. La religion mahométane, qui domine, paraît s'allier au paganisme; car on voit différentes idoles dans les temples aussi bien que dans les maisons. Les violences exercées jadis sur cette côte par les Portugais, qui venaient y chercher des esclaves, ont laissé des souvenirs profonds, et l'on n'y accueille plus les Européens qu'avec méfiance et avec beaucoup de réserve.

» La capitale, qui porte le nom du pays, est une grande et belle ville, bâtie à peu de distance du bord de la mer. On y remarque un palais de roi, plusieurs mosquées et des maisons de pierres peintes à fresque, avec des toits en forme de terrasses. Dans le lieu de la sépulture de la famille royale, situé près de *Magadoxo*, les tombeaux sont de marbre noir et blanc, et ornés chacun d'une coupole que surmonte une pyramide magnifique. Les urnes qui renferment les cendres des rois et des reines sont toutes en or et entourées de lampes du même métal. » Une chaîne de récifs de polypiers borde la côte devant cette ville qui se fait reconnaître de loin par les trois mosquées qui dominent ses autres édifices.

» Il est assez probable que les *Machidas*, dont parlent les historiens de l'Abyssinie, ne sont autres que les *Makadschou*.

» La côte d'*Ajan* ne présente à l'aspect du navigateur désolé qu'une masse de rochers et de sables, où de temps à autre on voit errer une autruche; elle s'étend depuis la côte de Zanguebar jusqu'au cap d'*Orfoui*. »

En tournant autour du cap *Guardafoui*, pointe orientale de l'Afrique, la côte prend une teinte de stérilité moins absolue. Mais les Européens fréquentent peu le port du cap *Fellis*, le *Mons Felix*, l'*Elephas promontorium* des Romains, le *Ras-el-Fil* des Arabes, et les côtes du golfe d'Aden. *Fil* signifie éléphant dans les langues éthiopiques; de là le nom de *Tête d'éléphant* que l'on a donné au cap Fellis. On voit sur cette côte deux villes commerçantes: *Barbara* ou *Berbera*, située au fond d'une baie profonde, et regardée par lord Valentia comme l'un des points les mieux placés pour pénétrer de là jusqu'aux sources du Bahr-el-Abiad; *Zeïlah*, l'ancien *Avalites portus*, sur une langue de terre, environnée de rochers et de bancs de sable; toutes les deux, situées dans une contrée qui produit des fruits et des grains.

Le royaume d'*Adel* est le principal État de toute cette côte, depuis le Magadoxo jusque près du détroit de Bab-el-Mandeb; sa capitale est *Zeïlah*, et le souverain prend, comme celui d'Yémen, le titre d'*Imam*(¹). Ce royaume, autrefois célèbre sous le nom d'Adel, que lui donnèrent les Portugais, porte aujourd'hui celui d'*Arrar* ou d'*Hourrour*, du nom d'une de ses principales villes qui sert, dit-on, quelquefois de résidence au chef de l'État. La partie méridionale de l'ancien royaume d'Adel est le *Szomâl* de nos cartes; le nord pourrait être appelé la *Côte des Somaulis*. Berbera est le chef-lieu d'un district particulier. Selon un voyageur récent (²), Zeïlah offre un port assez fréquenté; mais pendant les fortes chaleurs, des insectes, semblables à des moustiques, forcent les habitants de cette ville à la déserter.

» Les peuples de cette côte, nommés *Berbères* par les géographes arabes, et *Somaulis* par les Européens, ont le teint olivâtre, les cheveux longs, et ne ressemblent en rien aux Cafres. Ils sont surtout remarquables par la beauté de leurs traits et par leur coutume de teindre leurs cheveux en jaune. Presque tous sont pasteurs. Les vaches ont des cornes aussi larges que les bois de cerfs. Les brebis offrent aussi quelques particularités; selon Hamilton (³), elles sont blanches, mais elles

---

(¹) *Ludolf*, App. ad Histor. Æthiop., pag. 29.
(²) M. de *Rienzi*. — (³) *Hamilton*, Relat. des Indes orient.

ont la tête d'un noir brillant, avec de petites oreilles, le corps gros et la chair succulente; au bout de leur queue, aussi large que le derrière, et longue de six à huit pouces, se trouve un appendice long d'environ six pouces, et qui ressemble assez à la queue d'un cochon. L'assertion d'Hamilton est confirmée en quelque sorte par Barthema (1), qui rapporte y avoir vu des brebis dont la queue pesait vingt-cinq à vingt-six livres; elles avaient la tête et le cou noirs, et le restant du corps blanc; d'autres, entièrement blanches, avaient la queue longue d'une aune, tournée comme un cep de vigne, et le cou gonflé par une espèce de fanon qui pend à terre, et qui leur est commun avec la brebis d'Angora et quelques autres variétés. M. Walckenaer en a justement remarqué l'identité avec un bélier de marbre antique (2), dont le type vivant existe, dit-on, dans les Alpes; mais l'artiste, ce nous semble, en a plutôt dû voir le modèle dans l'Asie mineure. Le mouton d'Adel porte, au lieu de laine, un poil aussi rude que les soies de cochon. Le climat produit ce même effet dans la Guinée et dans la Barbarie (3). Les anciens connaissaient très bien ces moutons d'Éthiopie, comme ils les nomment (4). Notre race européenne, lorsqu'elle a été transportée dans l'Amérique méridionale, a échangé sa laine contre du poil (5). Ces faits semblent diminuer de beaucoup l'importance qu'on attache à de petits changements de forme, dans une espèce aussi sujette à l'influence des climats.

» Parmi les exportations du pays d'Adel, quelques auteurs grecs et romains du premier et du deuxième siècle nomment la myrrhe, l'encens, la casse et la cannelle (6). Les témoignages des anciens, répétés par Barthema, ont encore été copiés par Bruce. Il ne paraît pas invraisemblable que les forêts ou les bosquets dont se couvrent les montagnes intérieures de l'Adel et de l'Ajan produisent des gommes salutaires, des résines odoriférantes, des écorces aromatiques. Nous avons vu, dans la description de la Guinée, que même la côte occidentale d'Afrique produisait quelques végétaux aromatiques. Nous regardons une grande ressemblance entre la flore de l'Afrique et celle de l'Arabie et de l'Inde comme un résultat probable, non seulement de la similitude des climats, mais encore des communications commerciales entre les habitants. N'a-t-on pas vu fleurir, aux environs de Plymouth, quelques plantes du Brésil, dont la semence aura été transportée par des vaisseaux portugais à Lisbonne, et de là en Angleterre? Des végétaux de l'Allemagne ne se sont-ils pas répandus de la même manière sur les côtes de Berghen en Norvége (1)? Mais il faut avouer que les assertions de Bruce n'offrent pas une garantie suffisante pour admettre le cannellier, le laurier-casse ou même le caféier, au nombre des végétaux de la région centrale d'Adel et d'Ajan. La myrrhe seule est aujourd'hui apportée des ports abyssiniens dans celui de Moka (2).

» Il nous reste à nous enfoncer dans l'intérieur du continent. Malheureusement peu de lignes suffiront pour rappeler les vagues traditions qui sont arrivées jusqu'aux Européens.

» Les *Jayas* parcourent à l'est du Congo d'immenses contrées désertes. On prétend que ces Tatars de la zone torride, après s'être réunis aux *Mou-Zimbes* ou *Mazimbes*, ont paru en conquérants dévastateurs sur la côte de Quiloa. D'un autre côté, le nom de *Mou-Jaco*, porté par Battel et Dapper très loin au nord-est du Congo, semble marquer un établissement temporaire de Jagas. Il nous paraît que les *Zimbes* ou Mou-Zimbes doivent être identiques avec les *Cimbebas*, nomades à l'ouest du Betjouanas. Enfin, les *Mon Gallos* ou *Mou-Gallas*, sur la côte de Quiloa, nous paraissent une émigration des Gallas, voisins de l'Abyssinie. C'est d'après ces données que nous nous figurons l'intérieur de l'Afrique australe comme un vaste plateau où des hordes nomades errent sans frein, sans loi et sans but fixe. Cette hypothèse paraît confirmée par les deux témoignages concordants que nous allons citer.

» D'après les récits du marchand d'esclaves

---

(1) *Ramusio*, I, 121-123. — (2) *Fabroni*, del ariete gutturato. Florence, 1792. — (3) *Shaw*, Travels, 241; *Adanson*, Hist. natur. du Sénégal, 57. — (4) *Strab.*, lib. XVII, p. 1177; Almel. *Diod. Sic.*, III, 8; *Oppian.*, de Venat., II, 326, 379. — (5) *Catesby*, Natur. Hist. of Carolina, préface; *Brown*, Nat. Hist. of Jamaica, 488; *Sloane*, Nat. Hist. of Jamaica, II, 328; Bancroft, Nat. Hist. of Guyana, p. 121. — (6) *Galien*, Dioscor., Plin., cités par *Bochart*, Phaleg. t. II, p. 25.

(1) Notes de M. *Correa de Serra* et de feu M. *Wahl*, communiquées à l'auteur. — (2) *Blancard*, Commerce des Indes orient., 83.

AFRIQUE. — COTES ORIENTALES.

de Mozambique, recueillis par Salt, nous savons que les deux nations appelées les *Eevi* et les *Maravi*, demeurent à 9 milles au moins de la côte orientale, par conséquent au milieu du continent; ces nations, composées d'hommes blancs (on veut sans doute dire olivâtres), font la traite d'esclaves sur la côte occidentale. On met sept mois pour aller de Mozambique dans leur pays, où il se trouve un grand lac d'eau douce. Ce témoignage mérite d'autant plus d'attention que le voyageur anglais, en le rapportant, essaie de le révoquer en doute (1).

» Selon M. Morice, de l'Ile-de-France, qui conclut, en 1776, en son propre et privé nom, pour cent ans, un traité d'alliance et de commerce avec les Maures de Quiloa, il part tous les ans de cette ville une caravane d'Africains qui se rend, par l'intérieur des terres, à la côte occidentale d'Afrique, et revient par le même chemin. Elle se nourrit des végétaux et des fruits qui s'offrent sur la route (2), et surtout de ceux du tamarin. A quelques journées de Quiloa se présente un grand lac, désigné comme une mer d'eau douce: c'est sans doute le Maravi. On le traverse sur des pièces de bois, et on fait station à une île qui se trouve au milieu. Les Africains assurent que le terme de leur voyage est « un lac » d'eau salée. Ils y trouvent des vaisseaux semblables aux nôtres, et des Européens auxquels ils vendent leurs esclaves. Ce récit a été confirmé à M. Morice dans tous les voyages qu'il a faits à Quiloa, par plusieurs habitants qui assuraient avoir fait ce voyage, et la conformité de leurs rapports ne permet aucun doute sur la vérité de ce fait.

» D'après ces récits, on serait presque tenté de croire qu'il n'existe pas à présent de grandes nations, même à demi-civilisées, dans l'intérieur austral de l'Afrique, entre le 10° degré du nord et le 20° du sud. Ce qu'on sait sur les mœurs de quelques tribus confirme cette idée.

» Droit à l'est du Congo sont les régions où errent les tribus nomades et barbares nommées *Jagas*, *Djagas*, *Giagues* ou *Schaggu*, par les voyageurs, et qui se donnent elles-mêmes le nom d'*Agaghi* (3), nom qui paraît

(1) *Salt*, deuxième Voyage. — (2) *Cossigny*, Moyens d'améliorer les Colonies, t. III, p. 246, 250, 269. — (3) *Lopez*, l. c., pag. 77; *Battel*, l. c. 974; *Carli*, Voyage au Congo.

signifier *guerrier*. On est d'accord que les *Cassanges* et les *Jagas* sont identiques. Ce peuple ne cultive point la terre et ne possède d'autres bestiaux que ceux dont il s'empare en guerre; il envahit les contrées fertiles de ses voisins, il y consume les fruits de la terre, et, après avoir tout dévasté, il va chercher une nouvelle proie. Les Jagas dévorent leurs prisonniers; on frotte de graisse humaine le généralissime, qui d'ailleurs porte une ceinture d'œufs d'autruche, et des espèces d'anneaux de cuivre au nez et aux oreilles. Les femmes des Jagas enterrent vifs leurs propres enfants; la nation ne continue son existence qu'en élevant les enfants des nations voisines, ravis à leurs parents à l'âge de douze ans. Le généralissime, dans les grands sacrifices, immole de sa main les victimes humaines. On assure que, dans une certaine fête, ce chef fait lâcher au milieu de ses sujets un lion furieux et affamé; Les Jagas, loin de l'éviter, tiennent à honneur de périr sous ses dents meurtrières. Les vieillards et les malades sont abandonnés sans pitié. Les morts, enterrés vêtus de leurs plus beaux habits dans des tombeaux voûtés, ont pour compagnes deux de leurs femmes qu'on y enferme vivantes. Les Jagas qui n'ont point de chevaux combattent à pied avec une intrépidité extrême; ils retranchent leurs camps avec soin. Cette nation affreuse a eu son Alexandre et sa Sémiramis. Sous les ordres de *Zimbo*, elle a parcouru l'intérieur de l'Afrique méridionale, et est venue dévaster Quiloa et assiéger Mozambique. Arrivée devant Mélinde, l'armée de Zimbo essuya une défaite totale, qui fut suivie de la dissolution de son empire; mais *Temba-Ndamba*, petite-fille d'un de ses généraux, essaya par ses lois ou *quixilles* de relever la puissance de la nation. Pour donner l'exemple de la soumission à ses préceptes inhumains, elle saisit son jeune fils, le jeta dans un mortier, l'écrasa, le pila, et fit ensuite extraire de ces restes horribles un onguent, duquel elle mettait quelques gouttes sur son corps chaque jour de bataille. Les Jagas ont conservé cet onguent, et leurs chefs, dès qu'ils en ont été graissés, se regardent comme invincibles.

» Le nom de *Mono-Emugi*, ou, selon une orthographe plus authentique, *Mou-Nimigi*, désigne le chef du *Ninéanaï*, royaume ou plutôt oasis au nord du lac Maravi. On dit cet état peuplé, montagneux et riche en mines d'or ([1]). Ces mines se trouvent dans la province de *Gorague;* or, nous savons, par M. Seetzen, que dans le Dar-Barghou on connaît un dialecte appelé le *gourangon*, ce qui paraît indiquer une province de ce même nom. Le souverain de Mou-Nimigi prend aussi, dit-on, le titre d'*aceque*, qui rappelle le mot berbère *amazeagh*, seigneur. Ainsi, quelques rayons épars marquent partout une liaison entre les nations de l'intérieur austral et celles de l'Atlas et de la Nigritie. On dit que les Mou-Nimigiens sont *blancs*, sans doute comparativement aux nègres.

» Une seule contrée de cette région intérieure a été visitée par des Européens; c'est le petit Etat de *Gingiro* ou *Zendero*. On en connaît quelques particularités fournies par le jésuite Anton Fernandez, qui avait tenté, en 1613, de passer d'Abyssinie à Mélinde avec une ambassade destinée pour le roi Philippe II d'Espagne ([2]). Le Gingiro passe pour renfermer des mines d'or; sa capitale se nomme *Gingiro* ou *Bocham*. Ce pays est situé sur les bords du *Zebee* ou *Zebi*, qui prend sa source au pied du plateau de Naria, dans le pays des Gallas au sud de l'Abyssinie ([3]), et se fraie avec fracas un passage à travers les montagnes qui séparent les deux pays.

» Cette rivière, qui entraîne un plus grand volume d'eau que le Nil, après s'être pliée presque entièrement autour du Gingiro, qui devient par là une espèce de péninsule, poursuit son cours sans interruption à la mer, où elle débouche sur la côte de Mélinde. Pour la traverser dans leur pays, les Gingirains tuent une vache. Ils enveloppent les bagages dans la peau, et la remplissent d'air en y soufflant avec force. Ensuite ils y attachent deux perches en forme de brancards, s'y accrochent deux à deux de chaque côté pour tenir en équilibre la machine, qu'un bon nageur placé en tête traîne au moyen d'une corde, tandis que deux autres la poussent par derrière.

» Ces peuples ont le teint d'un noir moins foncé que celui des nègres. Ils ont les traits fins et aussi réguliers que les Abyssins et les Européens. Toute la nation est esclave; tout est la propriété absolue du roi. Lorsqu'il veut acquérir quelque objet précieux apporté par des marchands étrangers, il leur donne en échange le nombre d'esclaves qu'ils désirent. A cet effet, il fait tout uniment enlever dans les maisons qu'il plaît à ses gens de choisir, les fils et les filles des habitants. C'est un droit du trône consacré par le temps; et malheur à l'homme qui s'attirerait le soupçon de désapprouver en rien cette barbarie : il serait mis à mort sans rémission. A l'audience de congé, le roi offrit au Père Anton Fernandez la fille d'une des premières maisons du royaume pour esclave, et au refus de l'accepter, il lui donna un esclave mâle et un mulet. La couronne est héréditaire dans la même famille, mais non par ordre de primogéniture. Le successeur est pris de force aux périls de la vie des électeurs, qui passent pour de grands sorciers, et paraissent être une caste de prêtres. Après l'inauguration, le nouveau roi fait comparaître devant lui tous les favoris de son prédécesseur, et ordonne de les envoyer après leur maître chéri dans l'autre monde. La maison du défunt est brûlée avec tout ce qu'elle renferme. On en fait de même après le décès d'un particulier : on brûle même les arbres et les végétaux qui se trouvent dans le voisinage, afin que le mort, habitué à cet endroit, ne soit pas tenté de revenir y faire sa promenade. Avant d'abattre un arbre choisi pour former le pilier qui doit soutenir le trône dans la nouvelle demeure du roi, on coupe le cou au premier homme qu'on rencontre d'une certaine famille du royaume qui, par là, se trouve exempte de toute autre charge, et à laquelle beaucoup d'autres envient cet honneur. Lorsque le roi va être installé dans son palais, on tue, selon le nombre des portes, un ou deux autres hommes de la même famille privilégiée, pour peindre avec leur sang les seuils et les poteaux. Le jour où il prend les rênes du gouvernement, son premier acte est de donner des ordres tendant à faire rechercher dans le royaume entier tous les hommes et toutes les femmes qui ont la teigne, pour empêcher la propagation de leur mal qui pourrait finir par gagner Sa Majesté. Il les guérit en envoyant la troupe entière au-delà du Zebee, où on leur coupe la tête à tous.

([1]) *Jean dos Santos*, la Haute-Éthiopie, liv. III, ch. 1. — ([2]) Voyez *Tellez*, Historia general. de Ethiopia a alta Coimbra, 1660, in-folio, p. 312 à 329. — ([3]) « Le » Zebee est donc probablement le *Wadi Borcha*, qui, » selon *Makrizi*, fait la frontière de l'Abyssinie. » *Water*, Ethnographisch., Archiv., t. I, 242.

» Assis sur son trône, qui a l'air d'un ballon établi en forme de cage au haut de sa maison, le roi porte une robe de soie blanche, de fabrique indienne. Le Père Anton Fernandez dit que *gingiro* veut dire un singe, et il trouve que les attitudes et les gestes du roi dans sa cage lui donnent en effet beaucoup de ressemblance avec cet animal, ajoutant qu'à l'instar de ce que font les singes, le roi, blessé au combat, est tué sur-le-champ par ceux qui l'entourent, ou à leur défaut par ses parents, afin qu'il ne périsse pas d'une main ennemie. Il est considéré comme un être divin, rival du soleil et de sa puissance dévorante. Il ne sort que le matin au clair de l'aurore. Si le soleil est levé avant lui, il se tient toute la journée dans l'intérieur de sa maison, et ne monte point à sa cage, ni ne fait aucune affaire; car, disent les Gingirains, deux soleils ne peuvent luire à la fois, et quand l'autre a pris les devants, la dignité du roi serait compromise s'il s'abaissait jusqu'à le suivre en second.

» Après sa mort, le corps du roi, revêtu des étoffes les plus riches et enveloppé d'une peau de vache, est traîné par-dessus les champs au lieu de sépulture des souverains, et déposé dans une fosse qu'on laisse ouverte : la terre n'est pas jugée digne de couvrir les restes du rival du soleil, qui ne peut avoir que le pavillon du ciel pour mausolée. Mais on inonde le corps du sang d'une quantité de vaches immolées sur le bord de la tombe; et par la suite, on y en tue une chaque jour, jusqu'au décès du roi alors régnant : le sang coule dans la tombe, et la chair revient aux prêtres sacrificateurs.

» Parmi d'autres cérémonies d'inauguration qu'il serait trop long de décrire, le roi nouveau est obligé d'écraser entre les dents un ver qu'on lui apporte, et qui est censé sorti du nez de son prédécesseur.

» Telles sont les mœurs barbares et extravagantes des peuplades de l'Afrique centrale. Elles laissent peu d'espoir de découvertes intéressantes pour l'histoire; mais elles ne supposent pas non plus qu'une petite troupe bien armée trouvât de grands obstacles à traverser ces régions sauvages. »

LIVRE CENT SOIXANTE-TREIZIÈME.

Suite de la Description de l'Afrique. — Iles africaines orientales, ou Socotra, Madagascar, les Mascareignes.

« En quittant le continent de l'Afrique par sa pointe orientale, nous rencontrons d'abord l'île de *Socotra* ou *Socotora*, terre aride, pierreuse, presque entièrement dépourvue d'eau et de végétation : le vent porte le sable du rivage jusque sur le sommet de la chaîne centrale des montagnes. Cependant, dans les vallées abritées, il croît le meilleur aloès que l'on connaisse, ainsi qu'une grande quantité de dattes. Outre le *mosunbrun*, ou la gomme retirée de l'aloès, l'île exporte du cinabre et du sang-dragon [1]. George Andersen, voyageur peu éclairé, dit qu'il y a vu des casoars. La mer y rejette de l'ambre gris. Le corail et les polypiers y sont très communs, et les maisons de *Tamarida*, ville principale, en sont construites. L'île naguère encore était gouvernée par un saïb dépendant de l'imam de Mascate en Arabie. Sa population pourrait être le sujet de longues discussions. On la dit bien peuplée. Philostorge, Edrisi, Hamdoullah, parlent d'une colonie envoyée ici par Alexandre-le-Grand. Du temps de Philostorge, les colons parlaient syrien. Marc-Pol ou Marco-Polo donne aux chrétiens de Socotra un archevêque. Les Portugais y trouvèrent des chrétiens monophysites, dont les prières leur paraissaient écrites en chaldéen. Encore en 1593, il y eut un évêque jacobite [1]; mais la secte des Nestoriens y avait aussi des adhé-

[1] Voyage à Socotra, *Ann. des Voyages*, tom. X, pag. 143.

[1] *Assemanni*, Biblioth. orient., II, 456.

rents sous un évêque particulier (¹). Thomas Roe est celui des voyageurs modernes qui donne les détails les plus positifs sur les habitants, qu'il distingue en quatre classes : les Arabes, dominateurs du pays; leurs sujets ou esclaves musulmans; les *Bediognes*, anciens habitants isolés dans les montagnes, et qui professent la doctrine des chrétiens jacobites; enfin, une tribu sauvage qui, cachée dans les bois, vit sans vêtements et sans maisons. Les habitants actuels ont paru ignorer l'usage du fusil; mais sous les rapports de commerce et d'intérêt, ils partagent les vices des nations civilisées.

» Cette île, qui déjà, dans l'antiquité, servait de station aux négociants, pourrait encore devenir un poste important pour la nation qui voudrait exploiter l'Arabie et l'Afrique orientale. »

Les Anglais ont compris que Socotora pourrait devenir un excellent dépôt de houille si nécessaire pour les steamers qui font le voyage des Indes par la mer Rouge. En 1834, ils chargèrent le lieutenant de vaisseau Wellsted d'explorer cette île dans le but que nous venons d'indiquer. Cet officier reconnut que depuis un demi-siècle elle appartenait au sultan de Kichnah établi sur la côte arabique, et que ce sultan venait une fois par an dans cette île, afin d'y percevoir le tribut des habitants et juger leurs différends.

D'après le rapport du lieutenant Wellsted, Socotora a la forme d'un triangle sphérique; son sommet est couronné par un promontoire appelé Ras-Momé, qui s'étend circulairement à l'est, et présente une barrière aux flots de l'Océan. De ce côté l'île est tout-à-fait inabordable; mais au nord-ouest il y a un grand nombre de petites baies qui présentent un asile sûr aux vaisseaux.

L'intérieur de l'île est hérissé de montagnes; le sol est généralement pierreux et conséquemment peu fertile; mais quelques parties au nord-ouest présentent des caractères de fécondité et sont couvertes d'excellents pâturages. Le climat de l'île est frais et tempéré à cause des fréquentes moussons qui viennent de la mer. Les arbres de haute futaie sont fort rares dans l'île. Les seuls animaux qu'on y trouve sont le chameau, le mouton, la chèvre, l'âne et le chat.

La compagnie anglaise des Indes a acheté en 1835 l'île de Socotora moyennant 500,000 fr. (¹).

« A trois cents lieues marines au sud de Socotora, s'étend une série de petits archipels découverts par les Portugais, mais qui, jusqu'à nos jours, restaient mal déterminés. Sur les cartes antérieures au *Neptune oriental*, de M. d'Apres de Mannevillette, le nom général d'*îles Amirantes* comprend toutes les petites îles situées entre les latitudes 4 et 6 degrés sud, et les longitudes 50 à 54 degrés E. de Paris. Depuis environ cinquante années, plusieurs navigateurs français en ont fait une nouvelle reconnaissance, et en ont changé la nomenclature; ils ont restreint le nom d'*Amirantes* au groupe le plus occidental, composé de douze petites îles peu élevées, fournies d'eau douce, abondantes en cocotiers, et peuplées de tourtereaux que les voyageurs peuvent quelquefois prendre à la main, mais renfermant peu d'habitants. Un groupe plus oriental a reçu le nom d'*îles Seychelles*: il se compose de trente îles et îlots. La plus grande, l'île de *Mahé*, est devenue remarquable par l'établissement que les Français y avaient formé, et où ils cultivaient avec succès le muscadier et le giroflier. Un excellent port rend cette île importante pour la navigation; aussi les Anglais ont-ils eu soin de se la faire céder. *Mahé*, bâtie en bois, est le siége du gouvernement. Ce fut ici que Napoléon, premier consul, exila quelques turbulents amis de la liberté, faussement accusés de complicité avec les auteurs de la machine infernale. Une dissension avec les colons, qui probablement eut des principes politiques pour objet, fit encore chasser ces malheureux. Jetés aux îles Comores, les uns périrent promptement, les autres gagnèrent le continent d'Afrique, sans doute pour y trouver une mort plus lente et plus douloureuse: enfin les rois long-temps humiliés de sa gloire, se vengèrent indignement en faisant conduire également dans une île africaine celui dont les ordres avaient disséminé les victimes de son despotisme jusqu'au milieu des Seychelles. »

(¹) Croze, Histoire du christianisme des Indes, p. 39; *Assemani*, III, 602-780.

(¹) Compte-rendu de la Société Géographique de Londres. — 1835.

Les principes raisonnés de la géographie doivent faire considérer comme un seul archipel, sous le nom de Seychelles, les deux groupes que l'on a voulu distinguer.

« La petite *île des Palmiers* se fait encore distinguer dans cet archipel par une production particulière : c'est l'espèce de palmier qui donne naissance au fruit nommé la *noix maldive*, ou le *coco de mer*. Ce fruit n'a probablement rien de particulier, si ce n'est sa forme, qui présente l'image de deux cuisses. Le noyau, semblable à celui des cocos, est d'un goût amer et astringent[1]. Comme l'arbre croît aux bords de la mer, les noix qui, en s'en détachant, tombent dans l'eau, sont entraînées par le courant jusqu'aux îles Maldives, d'où elles étaient apportées aux Indes. On attribuait à ce fruit les vertus médicales les plus extraordinaires ; il se vendait à un prix très haut : l'empereur Rodolphe II ne put s'en procurer un pour 4,000 florins. Les savants formaient des hypothèses sur l'origine de cette noix, et Rumphias y vit encore le produit d'un arbre *sous-marin*. On n'a trouvé que dans cette île le palmier qui la donne ; mais comme la mer en apporte jusqu'à Sumatra et à Java d'un côté[2], et jusqu'au Zanguebar de l'autre[3], il est probable qu'elles croissent encore dans plusieurs autres îles de l'océan Indien. Les Français et les Anglais en ayant tout-à-coup répandu une grande quantité dans les Indes, ce fruit perdit sa mystérieuse renommée. On a pourtant trouvé profitable de le cultiver à l'Ile-de-France. »

On connaît aussi cet énorme fruit sous le nom impropre de *coco des Maldives* ; Labillardière a fait de l'arbre qui le porte le genre *Lodoïcée* ; sa dénomination spécifique est *Lodoïcea Sechellarum*.

« Une multitude d'îles peu connues, parmi lesquelles on remarque les *Sept-Frères*, *Diego Garcia*, *Adou* et *Candou*, s'étendent à l'est des Seychelles jusqu'aux Maldives et même au-delà du méridien de l'île de Ceylan, dans la direction de Sumatra. Nous les décrirons plus tard. On voit également au sud-ouest des Iles Seychelles un assez grand nombre d'îlots et de récifs étendus, qui lient cet archipel à Madagascar et à l'Afrique. Les îles *Galega*, qui consistent en deux rochers réunis par un récif, et qui sont presque entièrement boisées, ont reçu quelques habitants. »

Les petites îles de la *Providence*, de *Saint-Laurent* et de *Juan de Nova* s'étendent entre les Seychelles et Madagascar. La première, longue de 3 lieues et environnée de rochers, produit le cocotier lodoïcée ; la seconde est encore plus petite ; la troisième, qui n'offre rien d'intéressant, est connue aussi sous le nom de *Saint-Christophe*.

« La partie de l'océan Indien qui s'étend de la côte de Zanguebar à celle du Malabar, et de l'Arabie aux Seychelles et aux Maldives, forme une espèce de mer séparée, ou, si l'on veut abuser de ce terme, une méditerranée.

» L'entrée ordinaire de cette mer est le *canal de Mozambique*, entre Madagascar et l'Afrique. Au nord de ce canal, semé de bancs et de récifs, se montre l'archipel des *îles Comores* ; elles sont au nombre de quatre. Celle d'*Anjouan*, ou *Joanna*, proprement *Hinzouan*, a sur les autres l'avantage de plusieurs rades commodes et d'aiguades faciles. Elle est d'un aspect très pittoresque. Des montagnes ombragées de bois d'une fraîche verdure, variées par de belles clairières et coupées par de profondes vallées, s'élèvent majestueusement les unes sur les autres jusqu'à une hauteur de 5 à 600 toises, et se terminent par un pic beaucoup plus élevé et couvert d'une éternelle végétation. L'île entière paraît avoir subi l'action d'un volcan considérable ; partout on rencontre les traces d'un feu violent. Elle peut avoir maintenant près de 20,000 habitants. La baie de *Makhadou*, où abordent ordinairement les vaisseaux européens, se trouve sur la côte du nord. La ville du même nom, située à une demi-lieue du mouillage, est entourée de murs hauts de 15 pieds et flanqués de tourelles carrées[1]. C'est la résidence d'un sultan ; elle peut avoir 3,000 habitants. Celle de *Johanna*, située sur une baie très belle dans la partie orientale de l'île, a été détruite par les Malgaches en 1790.

» *Angazija*, ou la grande *Comore*, située à 25 lieues au nord-ouest d'Anjouan, est un

---

[1] Sonnerat, Voyage à la Nouvelle-Guinée, p. 4. — [2] *Marsden*, Sumatra, p. 17, première édition ; *Rumph*, Herbar. Amboinense. — [3] *Lobo*, Voyage d'Abyssinie, I, p. 53.

[1] Annales des Voyages, t. XIII, p. 136 (Essai sur les Comores, par *Capmartin et Epidar, Collin*). Notice sur Hinzouan, par *William Jones*, dans les Recherches asiatiques, t. II.

assemblage imposant de montagnes, dont les différents groupes ont leur base très près des bords de la mer, et se réunissent tous en un sommet commun qui peut avoir de 12 à 1,300 toises d'élévation; elle n'a aucune rade, mais plusieurs villages.

» *Mouhilly*, ou *Moëly*, autrement *Mohilla*, à 7 lieues à l'ouest-sud-ouest d'Anjouan, est entourée d'une chaîne de récifs; elle a deux bourgades peuplées d'Arabes.

» L'île de *Mayotte*, la plus petite des quatre, à 7 lieues au sud-sud-ouest de Hinzouan, n'offre qu'un seul mauvais mouillage; elle est montagneuse, et le sommet le plus élevé est le pic Valentin; sa population se trouve réduite à 12 ou 1,500 individus. Les Arabes y ont porté leurs mœurs et leur religion.

» Placées sous un beau ciel, les îles Comores jouissent d'un climat très salubre. Les campagnes étalent partout l'éclat d'une belle végétation. A Hinzouan, chaque gorge de montagne est un jardin arrosé d'un ruisseau limpide. Le sommet des mornes est couvert de bois, le pied est ombragé par des bosquets de cocotiers, des touffes de bananiers, des groupes de manguiers, d'orangers et de citronniers, qu'entrecoupent des champs de patates et d'ignames. Le pignon d'Inde, le goyavier, le tamarinier, et d'autres arbres moins connus, ornent les flancs des collines; l'indigo sauvage et la canne à sucre y abondent.

» Les principaux animaux domestiques sont la chèvre et le zèbre. On rencontre dans les champs des pintades et beaucoup de cailles, ainsi que plusieurs espèces de tourterelles, parmi lesquelles il y en a surtout une qui frappe par sa beauté: elle a le plumage gris cendré, nuancé de bleu, de vert et de blanc; son cou et ses jambes sont d'une extrême longueur, son bec est jaune et fort pointu. Le makis brun paraît être le seul habitant des forêts.

» Des troupes nombreuses d'une espèce d'éperviers voltigent au-dessus de la mer. Cet oiseau, qui pour la taille et le plumage ressemble à l'épervier de France, a cela de particulier, qu'il ne vit qu'à la côte, ne se nourrit que de poisson, et n'a cependant aucun des caractères qui distinguent les oiseaux aquatiques; ses pieds ne sont pas même à demi-palmés. Du reste, les eaux de cet archipel ne sont pas très poissonneuses (¹).

(¹) Annales des Voyages, tom. XIII, pag. 141.

» Les îles Comores ne possèdent aucun des insectes incommodes qui désolent les contrées de l'Inde, la côte d'Afrique et l'île de Madagascar; mais les champs fourmillent de petites souris.

» La population se compose de nègres mélangés avec des Arabes, qui, lors de leurs nombreuses émigrations vers le douzième siècle, vinrent s'établir dans ces îles, de même que sur les côtes d'Afrique et à Madagascar.

» De grosses lèvres et des pommettes avancées rapprochent les gens de la basse classe des noirs de Mozambique; le sultan et les nobles ont conservé la figure belle et spirituelle de leurs ancêtres arabes; de grands yeux, un nez aquilin, une bouche bien dessinée, sont des traits communs à presque tous, et on voit parmi eux des têtes d'un grand caractère. L'idiome vulgaire est un mélange de l'arabe et de la langue de Zanguebar (¹).

» Les Comorois sont en général doux, honnêtes, hospitaliers, très affables et déjà parvenus à un degré de civilisation que l'on ne trouve pas dans les habitants de la partie du continent et de la grande île dont ils sont voisins. Ils ont beaucoup de politesse dans les manières, un excellent bon sens, l'esprit cultivé, et une certaine tournure poétique qui donne à leur conversation une grâce orientale. Mais quoique plusieurs d'entre eux sachent lire et écrire, ils ne tiennent pas note des événements publics ou particuliers, et ce sont les plus anciens qui, dans les disputes, décident de la vérité des faits et de leur date. Les Européens naufragés y ont toujours éprouvé les traitements les plus généreux. Quelques Arabes exercent l'agriculture et possèdent de grandes propriétés dans l'intérieur de l'île; d'autres pratiquent des arts mécaniques, la tisseranderie, l'orfévrerie, etc: l'adresse avec laquelle ils travaillent est aussi étonnante que la médiocrité des outils dont ils se servent; d'autres enfin se livrent à la navigation, et entreprennent des voyages jusqu'à Bombay et Surate. Mais les naturels sont généralement très mauvais soldats, lâches et pusillanimes. Aussi les Madécasses y font-ils

(¹) *Grosse*, Voyage aux Indes, 43. (En all.) *Bruns*, dans son Afrique, conjecture que *Carmouah*, dans Edrisi, est la Comore, et qu'au lieu de *Raneh*, il faut lire *Zaneh*, c'est-à-dire *Zuaneh*, un des noms donnés à l'île Hinzouan.

fréquemment des descentes, enlèvent les troupeaux et réduisent hommes, femmes et enfants dans l'esclavage.

» Leurs habitations sont simples et même misérables. L'appartement des femmes est séparé du corps-de-logis par une petite cour intérieure et inaccessible aux étrangers. La seule apparence de luxe que l'on remarque parmi eux est l'usage immodéré qu'ils font du musc, dont l'odeur infecte les maisons; ils tiennent aussi beaucoup à l'usage oriental de teindre leurs ongles d'une couleur orangée, tirée du *henneh* (*Lausonia inermis*) tant célébré par les poëtes de l'Orient. Le vêtement des hommes n'a rien de remarquable. Le costume d'une femme du haut parage, que M. Collin, de l'Ile-de-France, eut occasion de voir au-dessus de la terrasse d'une maison, se rapprochait beaucoup de celui des Indiens de la côte de Malabar. Elle avait un grand nombre de colliers et de bracelets de corail, de longs pendants d'oreilles et un anneau d'or passé au cartilage du nez; sa chevelure était parsemée de bijoux; elle paraissait jolie, mais son teint était fort brun.

» Le mahométisme est la religion du pays; mais les gens du peuple ont concilié le culte des fétiches avec la fréquentation de la mosquée.

» L'empire que le sultan d'Anjouan exerçait autrefois sur les îles Comores, a cessé à cause de l'épuisement où l'État a été réduit par les guerres que les Madécasses y font depuis l'époque de l'invasion du célèbre aventurier polonais Béniowsky. Les nobles ont part au gouvernement; ils font le commerce et sont les pourvoyeurs des vaisseaux européens. Du reste, on connaît peu la constitution et les lois de ce pays. Le vol est puni par la perte d'un poignet, et la récidive par celle du second (1).

» Nous passons par un court trajet à une des plus grandes îles du monde, et à une contrée encore plus intéressante par la variété d'objets curieux qu'elle présente, que par son étendue et l'importance dont elle pourrait être entre les mains d'une nation active. L'île de *Madagascar*, dont, à ce qu'on prétend, le nom indigène est *Madécasse*, peut réclamer sa part dans les traditions parvenues aux Grecs et aux Romains sur l'immense *Taprobane*, qui, selon le récit des indigènes, se trouvait si reculée au sud, que l'on n'y apercevait ni l'Ourse ni les Pléiades, et « que le soleil y paraissait se lever à gauche. » Ces traits, ainsi que les dimensions et le grand lac, situé au centre de l'île, conviennent à Madagascar, tandis que les latitudes indiquées par Ptolémée s'appliquent à Sumatra, et que toutes les autres circonstances nous ramènent à Ceylan. On croit cependant que c'est cette île qui est indiquée sous le nom de *Menuthias*, dans le périple de la mer Erythrée, et que c'est elle aussi qui, dans Pline, est appelée *Carné*. Les Arabes la visitèrent probablement dès leurs premiers voyages aux Indes et long-temps avant Mahomet. Ils qui donnèrent le nom de *Serendib*, qui est aussi celui par lequel ils désignent Ceylan. Toutefois la première notion certaine nous en a été transmise par Marco-Paulo. Les Portugais qui la découvrirent en 1506, sous les ordres de Lorenzo Almeida, lui donnèrent le nom de *Saint-Laurent*; les Français, sous Henri IV, l'appelèrent île *Dauphine*.

» Longue de près de 350 lieues, large de 85 et dans quelques endroits de 120, cette île peut avoir 25,000 lieues carrées de surface (1). On y remarque quatre caps principaux: le cap d'Ambre à son extrémité septentrionale, le cap Sainte-Marie à l'extrémité opposée, le cap Saint-Félix à l'occident, et le cap Est au point le plus oriental. Quoique comprise presque entièrement dans la zone torride, elle offre, grâce à l'élévation du sol, la plus agréable variété des saisons, et jouit en partie de tous les avantages des climats tempérés. Une chaîne de montagnes hautes de 1,500 à 1,900 toises, la parcourt du nord au sud, en renfermant, selon toute probabilité, une sorte de plateau central, qui sépare deux parties maritimes à peu près égales, et donne naissance à une multitude de rivières poissonneuses, sujettes à des débordements périodiques. Ces montagnes portent, au nord, le nom d'*Ambohistenène* ou d'*Anquiripy*, au centre celui de *Béfour*, et au sud celui d'*Ambotismènes* ou de *Botismènes*. Les cours d'eau les plus considérables

(1) Annales des Voyages, t. XIII, p. 163.

(1) Carte de Madagascar, dans les Annales des Voyages, t. XI.

sont le *Sango*, le *Darmouth* ou *Onglahi*, le *Mansiatro* et le *Boteler* sur le versant occidental ; le *Mananzari* et le *Manangara* sur l'oriental. L'*Andévourante* est navigable pour des pirogues l'espace de 35 lieues. Le *Mangourou*, l'un des plus beaux, sort du lac d'*Antsianaxe*, qui peut avoir 25 lieues de circonférence. La plupart de ces rivières tombent en belles cascades. Quatre autres lacs, le *Rassoi-Bé*, le *Rassoi-Massaie*, l'*Irangue* et le *Nossi-Bé*, prolongent la côte de l'est en communiquant entre eux ; le dernier surtout ferait un excellent port, si l'on pouvait percer la langue de terre qui le sépare de la mer. Mais il est à craindre que la mer ne forme bientôt une nouvelle barre. Ces lacs stagnants y rendent le climat insalubre.

» Plusieurs baies et rades disséminées sur la même côte avaient souvent attiré l'attention du gouvernement français depuis Henri IV, qui, le premier, projeta d'occuper la partie du sud-est, en y construisant, dans l'anse *Dauphine*, le fort Dauphin, aujourd'hui ruiné. Dans le siècle passé, Cossigny, et après lui Béniowsky, avaient tenté des établissements au nord-est de l'île dans la superbe baie d'*Antongil*. Celle de *Sainte-Luce*, au nord de l'anse Dauphine, a été explorée encore en 1787 par M. Lislet Geoffroy [1]. Les places de Foulpoint et de Tamatave, situées presque au milieu de la côte, n'ont jamais cessé d'être fréquentées par les Français, qui en tiraient des objets de première nécessité pour leurs colonies de l'Ile-de-France et de Bourbon. Les vaisseaux anglais ont l'habitude de relâcher dans la baie *Saint-Augustin*, sur la côte occidentale. Le port *Louquèz*, entre la baie d'Antongil et le cap Ambre, est excellent et capable de recevoir des flottes entières ; les Anglais qui l'ont examiné vantent la salubrité du climat des environs où l'on ne connaît pas les ouragans.

» En général, la position de Madagascar à l'entrée de l'océan Indien, et vis-à-vis de la côte sud-est d'Afrique, la fertilité, l'élévation progressive et l'exposition variée du terrain, les différentes modifications de l'air qui, dans une étendue de 14 degrés du nord au sud, permettent la culture de tous les végétaux propres aux zones chaudes et tempérées ;

tout, en un mot, fait de cette grande île l'un des points les plus importants du globe, sous le rapport colonial et commercial [1]. Sa possession est devenue plus précieuse encore depuis la perte de l'Ile-de-France, qui d'ailleurs n'aurait jamais suffi à un grand établissement maritime, indispensable à toute puissance qui voudra se fixer dans l'Inde d'une manière avantageuse et solide. Or, Madagascar abonde en mouillages commodes, en bois de construction et en toutes sortes de vivres.

» Cette belle île offre une richesse de productions si grande, qu'il faudra bien du temps pour les connaître toutes. Elle est parsemée de cristal de roche ; on en rencontre des blocs de la plus grande beauté, qui ont jusqu'à 10 et même 20 pieds de circonférence : les sables de l'île, qui ne sont que des débris de ce quartz, donneraient du verre très blanc ; on y trouve des grenats, de très belles agates noires, et plusieurs autres pierres précieuses de moyenne qualité. Les montagnes renferment de l'étain, du plomb, mais principalement du fer, dont les naturels exploitaient autrefois les mines. Il paraît aussi qu'il y en a de cuivre, d'or pâle, et d'autres métaux [2]. On trouve dans la partie occidentale des bancs de sel gemme. Enfin elle renferme aussi des sources thermales.

» Tout le littoral est riche en bois. Le *ravenala* croît dans les marais et le long des ruisseaux : il ressemble au palmier par le tronc, et au bananier par ses feuilles, disposées en éventail, qui fournissent aux Madécasses des nappes, des serviettes, des plats, des assiettes et des cuillères ; en les perçant à leur naissance, ils en tirent une eau bonne à boire. Ils font aussi de l'huile avec la pellicule qui enveloppe les semences, et de la bouillie avec la farine de ces dernières. Le bois est employé à la construction des maisons. On trouve dans les champs et les forêts beaucoup d'arbres et d'arbrisseaux dont les produits sont utiles aux arts ou à la vie ; tels sont le *hazame*, arbre de la forme d'un peuplier, dont le fruit donne la résine *taca-*

---

[1] Annales des Voyages, t. II, p. 42.

[1] Annales des Voyages, t. XI, p. 5. *Lescalier*, Mém. de l'Institut, Sciences mor. et pol., IV, t. 2. *Bory de Saint-Vincent*, III, 271 et suiv. *Tombe*, I, 91 et suiv. *Cossigny*, I, 233 et suiv. *Blancard*, XXIV introduction. — [2] Annales des Voyages, II, 38 ; XI, 12, etc., etc.

mahaca (¹), le *tanoma*, autre arbre à résine ; le *sagoutier*, qui produit cette substance alimentaire et pectorale connue sous le nom de *sagou*, et dont les feuilles servent à faire des étoffes recherchées ; le *badamier* pyramidal ; l'aromatique *bachi-bachi* ; le *malao-manghit*, qui produit une noix muscade ; le *rharhahorac*, deux espèces de *cafiers* ; la raven-sara (*agatho-phyllum*), ou cannelle-giroflée, arbre précieux dont les noix et les feuilles ont un parfum exquis, et dont on tire une essence et une huile plus estimée que celle du clou de girofle ; le *voaé* ou *voaëne*, arbrisseau sarmenteux qui donne de la gomme élastique ; plusieurs variétés du *cotonnier*, notamment celle de la plus grande espèce ; l'*indigotier-malgache* dans les endroits sablonneux ; des *mimoses*, entre autres le *mimosa-lebbek*, appelé *bois noir*, qui donne une sorte de gomme copal dont la majeure partie se perd sous les arbres. Parmi les plantes, on remarque le gingembre, le poivre, le curcuma ou safran des Indes, du tabac très estimé, du riz et des ignames de plusieurs sortes ; enfin le *sanga-fanga*, qui a beaucoup d'analogie avec le papyrus des anciens. Ce pays fournit en outre quelques bois précieux, tels que le sandal et l'ébène noir, blanc, vert et blanc moucheté. La vigne y prospère, et la canne à sucre vient naturellement. M. Cossigny (²) rapporte une liste détaillée de près de cent végétaux indigènes de Madagascar, qui mériteraient d'être transplantés dans les autres colonies françaises ; et M. Milbert (³) en cite cent soixante-sept que M. Rochon avait déjà apportés à l'Ile-de-France en 1768.

» Le règne animal, comme dans toutes les îles, offre moins de variété. L'éléphant et le lion sont inconnus, mais l'*antamba* paraît être une espèce semblable au léopard. Le *farassa* ressemble au chacal. Les bœufs de Madagascar sont tous des zébus ou bœufs à bosse de graisse ; il y en a qui pèsent 7 à 800 livres. Quelques uns manquent entièrement de cornes ; d'autres n'ont que des cornes adhérentes seulement à la peau, mobiles et pendantes. Cette dernière espèce, révoquée en doute par un scepticisme ignorant, a été observée par Flaccourt (¹) et Bucquoy (²) ; elle se retrouve, selon d'autres témoignages, dans le royaume de Siam (³) et dans le Paraguay (⁴). Un grand nombre d'écrivains grecs et romains en ont parlé dans les termes les plus clairs, de sorte que cette espèce de bœuf a dû vivre autrefois dans les contrées connues des anciens, ou bien y avoir été apportée, soit de Madagascar, soit de Siam (⁵). L'existence simultanée de cet animal dans notre île et dans l'Indo-Chine pourrait être considérée comme une nouvelle preuve de l'émigration des Malais à Madagascar. Les autres animaux remarquables sont les ânes sauvages, aux oreilles énormes, les sangliers, munis, dit-on, de cornes, les chèvres infiniment fécondes, des moutons à grosse queue, le *sandrec*, espèce de hérisson bon à manger, la grosse chauve-souris, dont la chair est fort délicate ; le *makis* et l'*aï*, ou *paresseux* ; animal qu'on a prétendu à tort être particulier à cette île ; Flaccourt y ajoute « le *bréh* ou la chèvre unicorne. » Les forêts recèlent des bandes de poules, de pintades, de faisans, de ramiers, d'oies, de canards, de perroquets. Flaccourt énumère plus de soixante oiseaux peu connus. Les sauterelles obscurcissent quelquefois l'air, et servent de friandise aux naturels. On y trouve quatre espèces de vers à soie qui suspendent leurs cocons aux arbres. Les eaux de Madagascar fourmillent de poissons, mais quelques uns sont venimeux ; d'énormes crocodiles infestent les rivières, surtout à leur embouchure ; la plage abonde en différentes sortes de crustacés et de coquillages qui invitent le

---

(¹) *Milbert*, Voyage à l'Ile-de-France, t. II, p. 125 et 131 ; Annales des Voyages, I, 53. — (²) *Cossigny*, Moyens d'améliorer les Colonies, III, 123. — (³) *Milbert*, II, 129 et suiv.

(¹) *Flaccourt*, Histoire de Madagascar, p. 151. « Des bœufs qui ont des cornes pendantes et attachées à la peau de la tête seulement. » — (²) *Bucquoy*, p. 104. — (³) *Vincent Leblanc*, Voyage, etc., édition de Bergeron, t. I, p. 121 et 210. « Les cornes attachées à la peau et non au sommet de la tête, ayant leur mouvement comme les oreilles. » — (⁴) *Fischer*, Spanische Miscellen, p. 86 (Berlin, 1803). — (⁵) *Aristot.*, Histor. animal., t. III, 9, p. 324, édit. Scalig. « En Phrygie et ailleurs, sont des bœufs qui font mouvoir leurs cornes comme des oreilles. *Oppian.*, Cyneget., II, 90-98. » Il marque qu'ils ont des bosses de graisse : Βοδείαι δ' αὐχένι σαρκός. *Antigon.* Caryst. Histor. mirab. c. 81, p. 129. *Agathach.* ap Phot., p. 1363. *Diod. Sic.*, Biblioth. histor., t. III, 35, p. 201. *Plin.*, Hist. mundi, VIII, 21 (en Ethiopie) ; XI, 37 (en Phrygie). *Elien Solin.*, etc., etc. Beckmann (Litt. des Voyages, I, 566) conjecture, d'après un vers de Claudien, que l'Apis, ou le bœuf sacré d'Égypte, était de cette variété.

passager. Assis sous un citronnier au bord de la mer pendant le reflux, Mandelsloh fit un excellent déjeuner en assaisonnant les huîtres qu'il ramassait à ses pieds avec le jus des citrons qui pendaient sur sa tête. Les baleines qui, dans la saison pluvieuse surtout, c'est-à-dire pendant plus de quatre mois, fréquentent ces parages, forment une espèce particulière (1) : c'est celle de l'océan Indien qu'on retrouve jusque sur la côte du Brésil. On pourrait y en établir d'importantes pêcheries (2). La pêche des requins y serait également d'un bon produit (3).

» Nous allons maintenant décrire les diverses provinces ou régions entre lesquelles cette île est partagée, en descendant d'abord le long de la côte orientale, en passant ensuite aux districts du centre et en terminant par la côte occidentale.

» Le pays des *Antavarts* ou *Antavares*, c'est-à-dire, « peuples du tonnerre, » parce que les orages viennent ordinairement de leur côté, s'étend depuis le cap d'Ambre jusqu'à quelques lieues de Foulpoint, et comprend les grandes baies de Vohémare et d'Antongil, ainsi que l'Ile Sainte-Marie, appelée dans le pays *Nossi-Ibrahim*, et située près de la côte orientale. Il est bien cultivé, et fertile surtout en riz, dont on pourrait exporter 3 millions pesant chaque année. Les Antavarts fabriquent de très belles pagnes renommées dans le commerce, et font de fréquentes excursions dans les Iles Comores, pour enlever des esclaves, depuis que Béniowsky leur en traça la route. Ils connaissent l'usage des armes à feu, et sont des ennemis redoutables (4). On a voulu les regarder comme des descendants de Juifs. Ce qu'il y a de certain, c'est qu'ils conservent des traditions de Noé, d'Abraham ou Ibrahim, de Moïse et de David ; qu'ils pratiquent la circoncision, qu'ils célèbrent le sabbat et qu'ils sacrifient des animaux. »

Le pays des Antavarts comprend toute la partie septentrionale du versant oriental de l'île, jusqu'aux limites des Bestimessaras. On y voit la baie Wohémare, où les Européens font un grand commerce, et la baie Antongil, où les Français possédaient autrefois le port

Choiseul. C'est vis-à-vis de l'île Sainte-Marie que se trouve *Tintingue*, ville avec un port à l'embouchure du Manangouré. Elle était la résidence d'un petit prince dont le successeur, *Mandi-Tsara*, a été élevé en France. En 1829, les Français se sont établis dans cette ville dont ils ont chassé les Ovas. En trois mois ils y ont construit des fortifications propres à arrêter des troupes bien disciplinées, des cabanes pour 400 hommes, et fondé d'autres établissements. Le port de Tintingue est d'une entrée difficile et d'une sortie dangereuse ; mais on y est dans une sécurité parfaite. Des forêts vierges et une terre féconde entourent cette ville, qui pourra devenir le centre d'une colonie importante.

« Le pays des *Bestimessaras* ou *Betsimicaracs*, et aussi *Betimsaras*, ou peuples unis, formés par la réunion des *Zaphi-Dzabais*, des *Zaphi-Dieunisois*, des *Antantsicanes*, des *Anterouibais*, et autres, est le plus fréquenté des Européens. On y achète une grande quantité de riz et de bestiaux. Il y a deux excellentes rades, celle de *Foulpoint*, village appelé par les indigènes *Voulouilou*, où les Français avaient un établissement, et *Tamatave* ou *Tamas*, qui réunit peut-être plus d'avantages. »

C'est une ville bâtie sur une pointe de sable qui s'avance dans la mer. Elle est divisée en deux quartiers ; la population pouvait s'élever à 20,000 âmes lorsqu'elle était la résidence du roi des *Ovas*, ou plutôt du souverain de la plus grande partie de Madagascar. Les Français construisirent autrefois un fort qui dominait et défendait Tamatave ; les Anglais s'en emparèrent ; il passa ensuite aux Ovas, qui en ont été expulsés par les troupes françaises en 1829.

« Les Bestimessaras, gouvernés par des *Malates* ou chefs d'extraction blanche qui les tyrannisent, sont les plus beaux hommes de Madagascar, mais dissimulés, ivrognes, lâches et enclins à la rapine. M. Chapelier (1), qui les peint sous ce jour défavorable, ajoute néanmoins qu'ils sont très industrieux et susceptibles de civilisation.

» Plus loin, on rencontre les *Bétanimènes*, ou peuples de la Terre-Rouge, autrefois Sicouas, bornés à l'ouest par les Bezonzons, et au sud par les Antaximes : gouvernés par les

---

(1) Cossigny, t. III, p. 171 et suiv. — (2) Conquest of Bourbon, p. 32. Londres, 1811. — (3) Cossigny, III, 186. — (4) Fressanges, dans les Annales des Voyages, t. II, p. 12.

(1) Fressanges, XIV, t. II, p. 59.

naturels du pays, ils jouissent d'une grande tranquillité. C'est la plus belle, la plus fertile et la mieux peuplée parmi les provinces du bord de la mer, et ses habitants sont les plus doux et les plus sociables de toute l'île. On la traverse ordinairement pour visiter l'intérieur, parce qu'elle est plus déboisée que les autres. Le voyageur y éprouve partout un accueil parfait, et son œil est continuellement charmé par une variété de sites agréables et champêtres jusqu'aux montagnes majestueuses du lac Nossivée et de Befour, qui terminent le paysage. Le pays doit en partie sa fécondité à la rivière d'Andévourante, dénommée d'après le chef-lieu des Bétanimènes, qui est aussi le plus grand village de Madagascar. Il peut fournir dix mille hommes armés.

» On représente les *Antaximes*, ou peuples du sud, comme pauvres, grossiers et brigands [1], sans industrie et sans commerce. Ils négligent même la culture de leur pays, arrosé par les deux plus belles rivières de Madagascar, le Mangourou et le Mananzari. L'air y est beaucoup plus sain que dans la partie du nord; mais on n'y trouve aucune bonne rade, et les Européens évitent cette côte inhospitalière.

» Les insulaires de cette partie ont le teint très noir et les cheveux crépus. Ils se servent du bouclier, usage que n'ont point les autres Malgaches.

» Les *Antambasses* s'étendent à l'extrémité sud-est de l'île, depuis la baie de Sainte-Luce jusqu'à l'extrémité de la vallée d'Amboule, l'espace d'environ 25 lieues, et autant du nord au sud. *Siangourih* en est la capitale: elle consiste en une cinquantaine de cabanes. Les hommes sont grands, robustes, toujours gais, doux et généreux, mais paresseux à l'excès et dans la plus affreuse misère. Les femmes, en général, n'atteignent pas la taille que la nature semble leur avoir assignée; comme ailleurs, elles sont pour l'ordinaire laides et fort débauchées. L'anse Dauphine est sur la côte [2].

» Il y a des sources d'eau thermale ferrugineuse dans la vallée d'Amboule, d'excellents pâturages, et de belles rivières, mais peu de bois: les montagnes qui l'entourent sont arides jusqu'au tiers de leur hauteur. On peut en tirer annuellement 7 à 800 bœufs et 12 à 15 milliers de riz.

» Les *Antanosses* au sud, et les **Taissambes** à l'ouest, réunis autrefois en un seul corps de nation, avec les Antambasses, sont encore aujourd'hui gouvernés par des chefs de la même famille arabe qui possédait alors toute la partie méridionale de Madagascar.

» Passons aux tribus de l'intérieur. Les *Antambanivouls* ou *Ambanivoules*, c'est-à-dire les habitants du pays des bambous, moins corrompus que les peuples du bord de la mer, passent chez ceux-ci pour grossiers. Pasteurs et cultivateurs, s'ils manquent d'usage, au moins ils n'ont pas de vices. Ils mènent une vie frugale, laborieuse et sont très hospitaliers. Ils vendent à leurs voisins, notamment aux Bestimessaras, qui autrement mourraient de besoin, du riz, de la volaille, du miel et du *toc*, boisson faite avec le jus fermenté de la banane et de la canne à sucre [1].

» Les *Antsianaxes* demeurent depuis les sources du Manangouré jusqu'aux confins du pays des Antavarts. On les faisait passer pour des brigands, parce qu'ils défendaient l'entrée de leur territoire à des brigands blancs; mais des voyageurs pacifiques ont récemment visité leurs villages, bien policés et assez bien bâtis, leurs plantations de riz et leurs montagnes, d'où, à ce qu'il paraît, on tire de l'argent. L'air salubre de ce pays le rendrait éminemment propre à devenir le siége d'une colonie européenne, qui y trouverait des positions d'une défense facile. Les marchands indiens y pénètrent par le pays des Séclaves, situé au nord-ouest [2].

» Les *Bezonzons* ou *Besombsons* habitent un petit territoire voisin de la côte orientale de l'île derrière Foulpoint, comprenant quatorze villages dans une vallée ceinte de hautes montagnes, qui les séparent à l'est des Bétanimènes et à l'ouest des Antancayes. Le voyageur est surpris, en franchissant ces montagnes, de voir à ses pieds des plaines bien cultivées et arrosées d'un grand nombre de ruisseaux, et d'y trouver une réunion d'hommes totalement isolés, vivant en paix, jouissant des douceurs de la vie sans en craindre les vicissitudes, et empressés de les partager avec lui.

---

[1] *Fressanges*, Annales, t. II, p. 17. — [2] *Lislet Geoffroy*, dans les Annales des Voyages, t. II, p. 51.

[1] *Chapelier*, Annales des Voyages, t. XIV, p. 60, *Ep. Collin*, ibid., 88. *Fressanges*, ibid., II, 18. — [2] *Du Maine*, ibid., XI, 46-49.

» Jusqu'à présent nous n'avions vu que des hommes beaux, noirs et bien faits; ici des traits sensiblement altérés annoncent un mélange de peuples, et déterminent la ligne de démarcation entre les races.

» La différence se marque d'une manière plus frappante encore chez les *Antancayes* (¹) qui se rapprochent entièrement des Malais par les traits de leur figure, par la couleur basanée de leur peau, par leurs cheveux plats et rudes, par leur stature basse, par l'habillement, le langage et les mœurs. Comme les Malais, ils font consister la beauté à avoir les dents noires; ils s'arrachent la barbe, s'allongent les oreilles en les perçant de grands trous, et se frottent le corps avec du suif de bœuf, ce qui les rend très sales. Ils sont fourbes et perfides comme les Malais. Leurs chefs, cruels et despotiques, ont droit de vie et de mort sur les sujets; usage inconnu dans le reste de Madagascar, où le criminel doit être jugé dans une assemblée générale.

» Les *Antancayes* occupent une plaine longue de 80 lieues, large de 15, bornée à l'est par les montagnes de Béfour, et à l'ouest par la province de Mángourou, qui baigne le pied des montagnes d'Ancove. Cette plaine immense est couverte d'une quantité innombrable de troupeaux. On y récolte une sorte de riz rouge et très nourrissant.

» Les villages, assis sur les crêtes des montagnes les plus élevées, sont bien fortifiés et presque imprenables.

» Le *pays d'Ancove* ou des *Ovas* occupe l'intérieur de l'île entre le 16ᵉ et le 17ᵉ parallèle. Ce pays jouit d'un ciel pur et sain, mais froid. Il est très déboisé, et les habitants sont obligés de recourir au chaume, à la fiente des bœufs, et à une terre rouge durcie au soleil pour cuire les aliments et pour se chauffer. La population y est prodigieuse; les plaines sont semées de villages, et les crêtes des montagnes en sont couvertes. »

Tanane-Arrivou, ou *Tananerive*, autrement *Tanane-Arrivou* ou *Tananarivo*, la capitale, peut avoir 80,000 habitants en y comprenant sa banlieue. Son nom signifie *mille villages*. C'est un assemblage de petites bourgades entremêlées d'arbres et de vergers : elle est située au centre de la province d'Émirne sur une montagne conique fort élevée,

(¹) *Fressanges*, Annales des Voyages, t. II, p. 20.

qui fait partie d'une grande chaîne et au pied de laquelle coule une petite rivière appelée Kioupia. Elle présente de loin l'apparence d'un labyrinthe entouré de fossés et de palissades. Des redoutes, construites d'après les règles de l'art et garnies de canons fondus en Angleterre, défendent cette ville. Elle a plus de 3,000 maisons, construites la plupart en joncs et couvertes en chaume; mais celles de la noblesse sont en belles pièces de bois, bien bâties et spacieuses. Le palais qu'habitait le roi Radama est situé au centre de la ville, sur la plus haute plate-forme de la montagne, et entouré de palissades et de fossés. C'est une maison construite sur le même plan que celles de la noblesse, mais beaucoup plus grande : on en a exagéré la magnificence; nous devons cependant dire que l'intérieur est décoré à l'européenne, et que l'extérieur est peint de toutes sortes de couleurs et orné de dessins faits soit en clous d'argent, soit en piastres d'Espagne, ce qui lui a valu le nom de *Thranou-voula* ou *Trao-vola*, c'est-à-dire palais d'argent. Il existe un autre palais plus vaste appelé *Bevakane*. Un autre palais mérite de nous arrêter, c'est celui qui fut bâti par Radama et terminé par sa veuve. On l'appelle *Souane-Ranou*, du nom de l'emplacement sur lequel il a été construit par M. Le Gros, architecte français. Ce palais est en pierre; il a 120 pieds carrés. Le premier étage, orné d'une très belle galerie en fer qui en fait le tour, repose sur une colonnade d'un aspect sévère. On y compte quarante-cinq appartements complets, et une salle du trône qui a 60 pieds carrés.

« En faisant construire ce palais au bas de la
» montagne de Tananarivo, et dans une très
» vaste plaine, Radama avait l'intention d'y
» bâtir une nouvelle capitale. Il offrit une
» prime d'encouragement à ceux qui vou-
» draient y demeurer. Plusieurs grands per-
» sonnages de sa cour commencèrent à y
» former des établissements en 1826, et
» maintenant cette nouvelle ville est devenue
» le séjour habituel des principaux de la na-
» tion » (¹). Les autres constructions importantes de Tananarivo sont le *mausolée de Radama*, le dernier roi, et le temple de *Jankar*, ou du bon génie, qu'il fit bâtir par un maçon français. La ville renferme plusieurs établis-

(¹) Notice sur les Ovas, par M. J. P. Jourdain, capitaine de frégate.

sements propres à y faire triompher la civilisation européenne : tel est le *collége* fondé par des missionnaires anglais, et d'où sont sortis plusieurs maîtres qui répandent l'instruction dans le royaume ; telles sont plusieurs *écoles* de garçons et de filles, et une *imprimerie* destinée à répandre la Bible en langue madécasse.

Les habitants du pays d'Ancove ou de la province d'Emirne, que l'on appelle aussi *Emerina*, se nomment eux-mêmes *Ovas* ou *Ambaniandrou*, et par ironie *Amboua-Lambrou*, c'est-à-dire *chien et cochon*, nom qui leur a été donné par les *Séclaves* ou *Saccalavas*, leurs ennemis, et sous lequel ils sont connus dans les colonies. Leur taille, disent deux auteurs récents [1], est la stature moyenne des Européens ; leur couleur varie entre le noir foncé et l'olivâtre tirant sur le brun. Leurs traits sont réguliers, leurs yeux sont beaux et leurs dents bien rangées.

« De toutes les races qui sont dispersées sur la surface de Madagascar, celle des Ovas est la seule qui se rapproche de nous par ses connaissances dans les arts. Ils tirent du sein de la terre plusieurs espèces de fer et du plomb ; ce dernier minéral leur sert pour donner du vernis à leur vaisselle, dont chaque pièce a toujours la forme d'un bocal plus ou moins grand, monté sur un piédestal. Ils travaillent les métaux presque aussi bien que les Européens, et contrefont avec une grande facilité la plupart des objets de fabrique étrangère qu'on leur montre. Ils imitent si bien les piastres, que beaucoup de traitants y ont été trompés. Ils savent faire plusieurs étoffes très belles et d'une longue durée : ce sont eux qui fournissent ces *toiles de calin* si estimées, qu'on les vend dans Madagascar jusqu'à un esclave la pièce. C'est une étoffe à fond bleu, sur les côtés de laquelle on voit des morceaux d'étain très artistement travaillés, et dont la continuité se marie et ne fait qu'un avec la trame, qui est toujours de soie et de coton. Au milieu de ce tissu se trouvent plusieurs fleurs bossées avec de l'étain, qui font un brillant effet. Leurs étoffes, en général, sont très serrées et fortes, avantage que n'ont pas celles qu'on leur apporte de l'Europe : aussi la plupart des habitants s'en soucient-ils fort peu. Du reste, ils sont fourbes, traîtres, rusés ; ils se vendent les uns les autres. Un Européen [1] ayant été traiter des esclaves dans cette province, après en avoir acheté un certain nombre d'un marchand accrédité, fut bien étonné le lendemain d'en voir un autre qui voulut lui vendre celui qui avait complété une partie de sa traite. Le roi a depuis long-temps aboli la traite par une convention conclue avec le gouverneur anglais de l'île Maurice.

« Les Ovas font aussi des esclaves sur les *Andrantsayes*, peuples pasteurs, bruts et lâches, qui les avoisinent au sud, et qui ont assez l'habitude d'acheter la paix en offrant à leurs ennemis des troupeaux à titre de tribut. Tout concourt à faire croire que c'est la nation des *Quimos* dont parlent Commerson, l'abbé Rochon et Raynal, et qu'ils placent précisément au même endroit. M. Fressanges, ayant eu l'occasion de voir un esclave nain de cette province, prit les plus grandes informations pour vérifier le fait. Le vendeur lui affirma que ces êtres disgraciés n'étaient effectivement pas très rares parmi les Andrantsayes ; mais tous les marchands d'esclaves lui assurèrent qu'il n'existait nulle part aucune peuplade de nains ; cependant ces marchands doivent bien connaître Madagascar, puisqu'ils parcourent l'île dans toutes les directions. S'étant adressé au nain pour savoir du moins si son père et sa mère étaient aussi petits que lui, celui-ci répondit positivement que non, et que c'était parce qu'il était si petit qu'on l'avait vendu. M. Fressanges n'a pas seulement entendu prononcer le mot de Quimos dans tout Madagascar ; et quand, par les jeux de la nature, il y naît un nain, ils l'appellent *zaza coute coute*, ou homme enfant. »

L'agriculture est fort peu avancée chez les Ovas. Remuer un peu le sol avec une bêche et jeter quelques graines, c'est tout ce qu'il faut pour qu'ils soient certains de récolter de quoi vivre pendant une année ; aussi voit-on chez ce peuple, qui est le plus industrieux de l'île, de vastes jachères qui pourraient produire d'abondantes récoltes. Le riz, le manioc et les patates forment leur principale nourriture.

---

[1] MM. Hilsenberg et Bojer, naturalistes allemands. Voyez dans le journal intitulé : *Botanical miscellanies*, (Quaterly journal, une notice publiée par eux sous le titre d'*Esquisse de la province d'Emerina*, etc. 1833.

[1] Annales des Voyages, t. II, p. 23.

Il ne faut pas chercher dans le pays des Ovas ces immenses forêts qui embellissent les côtes orientales de Madagascar. Les forêts les plus rapprochées sont à deux ou trois journées de la capitale ; ce qui fait, comme nous l'avons dit plus haut, que le bois est très cher à Tananarivo, et que la plupart des habitants sont obligés de se servir d'herbes, de paille et de fumier desséché pour les usages culinaires et pour se chauffer.

Le pays produit beaucoup de bestiaux remarquables par leur taille et leur graisse; les poules et les dindons y ont été introduits par les Anglais. Les étangs sont souvent couverts de canards sauvages.

Le costume des Ovas est simple : les hommes s'enveloppent dans un drap qu'ils jettent comme un manteau sur leurs épaules ; une autre pièce roulée leur sert de ceinture. Leur chevelure est tressée avec art ; ils ne laissent croître leur barbe que sur le menton et l'épilent avec soin sur le reste du visage. La garde du roi a depuis plusieurs années les cheveux coupés, innovation qui causa une révolution parmi les femmes, désespérées de voir leurs maris privés de leurs ornements naturels ; mais la peine capitale qui fut réservée à sept d'entre elles et à quelques hommes qui avaient pris part à cette révolte, rétablit la tranquillité. La principale parure des femmes consiste à se décorer les pieds, les mains et le cou, de chaînes d'argent, de corail et de pièces de monnaie, formant quelquefois une valeur de 2 ou 300 francs. On laisse ces ornements aux cadavres que l'on enterre. Leur costume ne diffère pas de celui des hommes ; seulement elles arrangent leur draperie d'une autre manière ; elles sont même très coquettes. Leur chevelure est divisée en petites tresses qui exigent beaucoup de soin et de temps ; leurs dents blanches et leurs yeux brillants leur donnent, quoiqu'elles ne soient pas généralement belles, une expression agréable dont elles savent bien tirer parti. Presque toutes aiment les intrigues ; aussi l'ancienne loi qui condamnait la femme adultère à perdre la tête de la main même de son mari n'est-elle plus exécutée ni exécutable.

Les Ovas, bien que sans forme de culte, reconnaissent un Être suprême qui punit ou récompense les hommes après leur mort selon leurs actions. La circoncision se pratique chez eux sur les enfants, et se célèbre par de grandes fêtes de famille [1].

La puissance des Ovas est l'ouvrage du génie entreprenant de leurs deux derniers rois. Dans le courant du siècle dernier, Dian-Ampouine, roi d'Ankova, le plus puissant État de Madagascar, commença par s'emparer de Tananarivo, chef-lieu de la province d'Emirne ; et tout en affectant de vouloir être le protecteur des Madécasses, il étendit par degrés ses conquêtes dans les provinces voisines de ses domaines, et parvint, malgré l'opposition formelle de plusieurs peuples de l'île, à se faire élire roi de Madagascar. La mort vint malheureusement le surprendre au milieu de ses intrigues et de ses victoires ; il succomba avant d'avoir pu réaliser ses vastes projets. Suivant sa dernière volonté, il fut inhumé dans le village d'*Ambohi-Manga*, où il faisait sa résidence, et l'on enterra avec lui son trésor particulier, montant à 300,000 piastres d'Espagne, qui furent marquées à ses armes.

Radama-Manjoka, son fils aîné, lui succéda. Les peuples qui s'étaient soumis à son père, et qui aspiraient au moment où ils pourraient secouer le joug, s'imaginèrent qu'ils n'avaient rien à craindre d'un jeune prince sans expérience ; mais avant qu'ils eussent conçu le moindre soupçon des desseins de Radama, celui-ci parut à la tête d'une armée formidable, marcha successivement contre les provinces révoltées et contre celles que son père n'avait point eu le temps de soumettre, et parvint en quelques années à réduire à l'obéissance la plus grande partie de l'île. Il forma une artillerie et une armée dont près de la moitié, c'est-à-dire environ 20,000 hommes, sont armés de fusils et disciplinés à l'européenne. Un Français, nommé Robin, sergent dans un régiment en garnison à Bourbon, quitta le service à l'époque de la seconde restauration, se rendit à Madagascar, où il fut accueilli avec empressement par Radama, qui le nomma instructeur de ses troupes, et depuis général. Assisté de M. Robin et de M. Coroller, il fit tous ses efforts pour répandre la civilisation chez les Madécasses. Voulant attirer dans sa capitale un certain nombre d'Européens, il s'adressa particulièrement au gouvernement anglais, qui lui envoya des

---

[1] Voyez la notice de MM. Hilsenborg et Bojer.

missionnaires méthodistes et qui amenèrent avec eux des ouvriers de leur secte.

Il autorisa l'établissement de plusieurs écoles et de plusieurs ateliers sous la direction de ces missionnaires, et bientôt on compta 32 écoles, dont plusieurs dans la capitale et les autres répandues dans un rayon d'environ 20 lieues. Il institua dans son palais même une école supérieure qu'il appela Massoundro (le soleil); elle eut pour directeur M. Robin. Le nombre des élèves de toutes ces écoles s'éleva bientôt à plus de 3,000. Deux imprimeries furent établies dans la capitale; l'Evangile et d'autres ouvrages furent traduits en dialecte ova.

Radama fit tous ses efforts pour faire naître chez ses sujets le goût des arts et des sciences. Il comprit ce que la traite des noirs avait de contraire à la morale, et accepta l'indemnité de 40,000 piastres d'Espagne que lui offrit l'Angleterre pour l'abolir dans l'île de Madagascar.

Radama, dont le génie était aussi vaste que son ambition, mourut, le 24 juillet 1828, à la suite d'une longue maladie[1]. Il était âgé de trente-sept ans. Sa mort ne fut rendue publique que le 11 août, parce que la reine Ranavalou, sa veuve, voulut se ménager les moyens d'occuper le trône au préjudice des frères de son mari.

La relation des funérailles de Radama, rédigée par le prince Coroller, pourrait donner une idée du genre de civilisation auquel on est arrivé à la cour de Tananarivo; ainsi qu'on doit s'y attendre, c'est un mélange de cérémonies en usage chez un peuple encore à demi sauvage et de cérémonies empruntées aux Européens. Le palais fut tapissé de toile blanche et bleue; le chemin parcouru par le cortège fut couvert d'une toile noire; les soldats qui formaient la haie avaient leurs armes renversées; les officiers portaient des écharpes de crêpe noir; les tambours en étaient couverts; soixante officiers portaient le cercueil, et les grands dignitaires tenaient les coins du drap, formé d'un velours cramoisi orné de franges et de glands d'or. Les habitants de tout sexe et de tout âge se rasèrent la tête en signe de deuil. Dans la fosse destinée à recevoir le cercueil en argent contenant les restes du roi, on déposa, d'après un ancien usage du pays, tous les effets précieux de Radama. La liste en est assez curieuse : c'était un grand nombre de couverts d'argent soit d'Europe, soit de Madagascar; toute la vaisselle plate et les vases d'or dont le gouvernement anglais avait fait présent au roi; des gobelets de tous genres et en grande quantité; de grands bols en cristal; de beaux vases en porcelaine de la manufacture de Sèvres; de riches poires à poudre; un grand nombre de fusils, d'épées, de poignards, et d'autres armes de luxe; des montres à répétition, des pendules à sonnerie et à musique, des tabatières en or, des chaînes faites du même métal, des bagues, des épingles, et d'autres bijoux enrichis de diamants et d'autres pierres précieuses; des malles remplies d'habits brodés, de chapeaux galonnés, de linge, de bottes et d'éperons; plusieurs portraits à l'huile de différents souverains, tels que Frédéric-le-Grand, Napoléon, Louis XVIII et le roi d'Angleterre; une collection de gravures encadrées, représentant : Napoléon, Kléber, Masséna, Marceau, Desaix, Bernadotte, Eugène Beauharnais, Poniatowski, etc.; une autre suite encore plus nombreuse de tableaux et de gravures coloriées, ayant pour sujets différentes vues d'Europe, des combats sur terre et sur mer, depuis le commencement de la révolution française jusqu'à la déchéance de Napoléon; enfin on y déposa le trésor particulier du roi, composé de lingots et de différentes monnaies d'or et d'argent, présentant une valeur de près de 1,800,000 francs. « Six magnifiques » chevaux, ajoute le prince Coroller, furent » sacrifiés sur le tombeau du monarque, et » 20,020 bœufs furent également sacrifiés » dans la capitale et dans les provinces voi- » sines. »

La reine Ranavalou, après avoir rendu les derniers devoirs à son royal époux, fit trancher la tête aux personnages qu'elle soupçonnait vouloir se révolter. L'un des frères de Radama fut décapité; l'autre, appelé Ramanétak, se réfugia avec 300 hommes chez le

---

[1] Dans les deux éditions précédentes du *Précis*, nous avons répété, à l'égard de M. Robin et de la reine Ranavalou, des bruits mensongers que nous nous empressons aujourd'hui de rectifier. D'abord M. Robin n'a point déserté le bataillon de Bourbon; en second lieu, la reine Ranavalou n'a point, comme on l'avait dit, fait assassiner ou empoisonner son mari pour se livrer à sa passion envers un jeune Africain.

sultan de l'île d'Anjouan, d'où il a tenté, dans ces dernières années, de conquérir le trône de Madagascar [1].

En 1830, la reine expulsa toute la mission anglaise, parce que les méthodistes qui la composaient manifestaient un zèle trop ardent contre les croyances nationales.

« Nous ferons maintenant le tour de la côte méridionale et occidentale. Après la contrée des *Antanosses*, ou *d'Anossi* (*Carc-Anossi*), terminée par la rivière de *Mandrerei*, on trouve sur la côte les trois pays des *Ampatris*, des *Mahafalles* et des *Caremboules*, tous les trois peu cultivés, mais riches en bois et en pâturages. Les cochons et les bœufs sauvages paraissent dominer sur cette contrée. L'arbre *anadzahou* parvient à une élévation gigantesque. Dans l'intérieur des terres habitent les *Machicores*.

» La région, appelée par les navigateurs *province de la baie de Saint-Augustin,* ne nous est pas très connue. Il paraît que du moins la côte, qui est basse et sablonneuse, porte le nom indigène de *Sivéh*. Les habitants sont nommés *Buques*. Leur prince réside à *Tulcar*. Les Européens naufragés ont éprouvé ici tous les soins d'une humanité généreuse; non seulement leurs propriétés ont été respectées, mais les indigènes les ont aidés à se bâtir des cabanes et leur ont fourni abondamment des vivres [2]. Cette dernière circonstance ne coïncide pas avec le tableau que d'autres voyageurs ont tracé de la stérilité du pays, qui, selon eux, ne produit que des tamariniers et quelques racines, aliments ordinaires des indigènes, qui y ajoutent le lait de leurs bestiaux [3]. Le *Darmouth* ou *Ongla*, qui s'écoule dans la baie de Saint-Augustin, descend des montagnes, où il se trouve, dit-on, de l'or, des topazes, des rubis et d'autres pierres précieuses.

» La baie de *Mouroundava*, sur le canal de Mozambique, reçoit la rivière de Ranouminte, mais qu'on appelle aussi *Ménabé*, et, dans les anciennes relations, *Mansiatre*. Cette rivière reçoit du nord et du sud plusieurs affluents considérables; dans les vallées qu'arrosent ces cours d'eau, demeurent plusieurs nations connues, parmi lesquelles les *Eringdranous* sont les plus puissants.

» Toute la côte, depuis la baie de Mouroundava au sud, jusqu'au cap d'Ambre au nord, appartient aujourd'hui au *royaume des Séclaves* ou *Saccalavas*, appelés aussi *Maratis*, qui, en plusieurs endroits du moins, s'étend dans l'intérieur jusqu'à la chaîne des montagnes centrales. Ce pays, rempli de plaines et de prairies, nourrit une quantité prodigieuse de bestiaux [1]. Les terres, généralement d'une médiocre qualité, surtout le long de la côte, sont traversées par des routes régulières où veillent des piquets de soldats. Les rivières manquent de poissons, mais les forêts abondent en gibier, et la côte est semée de bancs d'avicules perlières ou d'huîtres à perles. L'autorité y était exercée, en 1791, par une reine qui résidait à *Bombetoc* ou *Ampampetoca*, ville d'une population considérable, quoique bâtie en forme de village. Elle est très commerçante; son port est fréquenté par les peuples de la côte de Mozambique et de celle de Zanguebar. *Mouzangaye*, ville bien policée, est peuplée de 30,000 habitants, parmi lesquels 6,000 Arabes et Indiens paraissaient n'être que sous la protection du gouvernement. Le port était fréquenté par des vaisseaux de Surate, qui y apportaient des toiles en échange de la poudre d'or [2]. Il y a des mosquées, des maisons d'éducation, des ouvriers en tout genre. Les Séclaves, courbés sous le despotisme, sont moins belliqueux que les Madécasses orientaux, dont ils partagent au reste les idées religieuses et morales. »

Il paraît cependant, au rapport de quelques navigateurs, qu'ils exercent toutes sortes de brigandages sur la côte; qu'ils attaquent les navires européens qui y abordent; qu'ils les pillent et massacrent les gens qui composent l'équipage.

« Dans l'extrémité septentrionale de Madagascar, on indique des volcans en activité; mais ces cantons n'ont pas encore été examinés en détail. »

Il paraît toutefois qu'il en existe un qui semble avoir dû brûler pendant les temps historiques [3].

---

[1] Notice sur les *Ovas*, par M. J.-P. Jourdain, capitaine de frégate. — Nouvelles Annales des Voyages, 1839. — [2] Naufrage de *Winterton*, dans *Gentleman's Magazine*, p. 377; avril 1814. — [3] Mac'kintosh, *Voyages*, etc.; lettre 70.

[1] *Du Maine*, dans les Annales des Voyages, t. XI, p. 29. — [2] *Du Maine*, XI, 26. — [3] *Voyez* notre article *Volcans* dans la Géographie physique de l'Encyclopédie méthodique.

J. H.

» La population totale de Madagascar s'élève à un million et demi, selon ceux qui l'évaluent au plus bas, et à 4 millions, selon ceux qui la portent au plus haut. Elle se compose de plusieurs races. Quelques tribus, ou plutôt castes peu nombreuses, sont évidemment d'origine arabe. Les *Zaffe-Ramini* prétendent descendre d'Imina, la mère de Mahomet. C'était le chef de cette famille qui était reconnu souverain de la plus grande partie de l'île, mais la ligne directe de ces princes est éteinte. Les *Rhoandriens* sont leurs descendants les plus proches et nés sans aucun mélange. Les *Anacandriens* et les *Ondzassis* proviennent d'un mélange avec les indigènes. Le teint olivâtre de ces descendants d'Arabes leur vaut le titre de blanc ou *malate*. Les *Zaffe-Ibrahim* descendent, soit des Juifs, soit des Arabes, sortis de leur patrie antérieurement à Mahomet. Dans le district de Matatane, une troisième caste moins belliqueuse, mais lettrée et bien faite de corps, est venue s'établir à une époque plus récente ; elle se nomme *Kassi-Mambou*, et reçoit des indigènes le nom d'*Anta-Mahouri*, qui, selon M. Collin, signifie habitants du pays des Maures. Leur teint, plus rapproché du noir, et la nature un peu laineuse de leurs courts cheveux, indiquent les colonies arabes du Zanguebar comme leur patrie. Mais toutes les tribus, vraiment considérables et qui forment la presque totalité des habitants, ont ou le teint basané et les cheveux plats des *Indiens,* ou la peau noire et les cheveux crépus des *Cafres*. Il paraît que des émigrations très anciennes de la Cafrerie et du Malabar ont peuplé cette île, que sa situation rapproche de l'Afrique, mais que les vents périodiques et une chaine d'îles lient à l'Asie. Le nom de *Malegaches*, que les anciens habitants se donnent, ceux des *Mal-Dives*, de *Male-Bar* et autres, indiquent cette filiation, qui, à l'égard de l'émigration asiatique, est encore parfaitement démontrée par la composition de la langue générale de Madagascar.

» Cette langue présente quelques mots arabes et d'autres qui se rapprochent des idiomes des Cafres ; mais ses principales racines se retrouvent dans le malais ou dans les dialectes dérivés de cette langue, et parlés à Java, à Timor, aux Philippines, aux îles Mariannes, et dans tous les archipels de l'Océanie boréale et australe. Les objets naturels les plus marquants, les nombres, du moins en grande partie, et les jours de la semaine, se nomment de même dans les deux langues (¹). C'est la même absence de déclinaisons et de flexions, la même manière de lier les mots, la même abondance de voyelles. Quoi qu'en ait avancé le savant continuateur du *Mithridates* allemand, nous pouvons affirmer que le madécasse paraît intimement lié aux langues malaises, surtout au javanais et au timorien. Dans quelle proportion sont les mots cafres ou zanguebariens ? Sont-ils assez nombreux pour faire considérer la population primitive comme une colonie africaine, subjuguée et

(¹) Le ciel, *danghitsi* ou *langhits*, mad. ; *languit*, aux îles Mariannes et Philippines ; *élandchi*, aux îles des Amis.
La terre, *tane*, mad. ; *tana*, malai, tagal.
La lune, *voulau*, mad. ; *woulau*, javan.
Etoile, *quintané*, mad. ; *vintané*, malai.
Feu, *afe*, mad. ; *afi*, mal. tagal.
Ile, *nossa*, mad. ; *noussa*, timor.
Montagne, *vohits*, mad. ; *woukir*, haut-javanais.
Jour, *anto* ou *anrou*, mad. ; *arri*, mal. ; *ao*, aux îles des Amis.
Père, *baba* et *amproi*, mad. ; *bapa*, mal. ; *amai*, tagal.
Mère, *nène*, mad. ; *nène*, mal.
Fils, *ana* ou *zanu*, mad. ; *onax*, mal.
Homme, *ouroun* et *ouloun*, mad. ; *orang*, mal.
Epoux, *lahe*, mad. ; *lauaug*, jav.
Femme, *vayavé*, mad. ; *vabai*, mal.
Tête, *loha*, mad. ; *holo*, javan. ; *olo*, tagal.
Œil, *massou*, mad. ; *matta*, javan.
Nez, *orung*, mad. ; *hiroung*, jav.
Langue, *lela*, mad. ; *leda*, javan.
Main, *tangham*, mad. ; *taugan*, javan.
Dent, *niffi*, mad. ; *niphin*, aux îles Mariannes.
Boire, *minum*, mad. ; *minam*, mal.
Un, *isse* ou *essou*, mad. ; *essa*, timor.
Deux, *roua*, mad. ; *noua*, timor.
Trois, *telloo* et *toullo*, mad. ; *telou*, haut-javan. ; *tolla*, bas-javan.
Quatre, *effais*, mad. ; *opat*, jav.
Cinq, *limi*, mad. ; *lima*, mal., javan. ; *rima*, polynes.
Six, *enem*, mad. ; *minam*, haut-javan.
Sept, *filou*, mad. ; *itou*, timor. ; *peti*, haut-javan.
Huit, *valou*, mad. ; *wolo*, haut-javan.
Neuf, *sini*, mad. ; *senaw*, timor.
Dix, *poulou*, mad. ; *sapoulou*, mal., javan., etc.
Jours de la semaine (à commencer par lundi), en malai, *senene, telassa, robo, camisse, zouma, saplou, lahati* ; en madécasse, *sinine, talate, roubia, camisse, zouma, saboutsi, lahadi.*

Cette liste est tirée, pour le madécasse, de Flahault, Mégiser, du Catéchisme madécasse, et des notes manuscrites de MM. Collin, Chapelier, etc. Elle est fondée, pour les mots javanais et timoriens, sur sur des vocabulaires imprimés à Batavia.

civilisée par les Malais? Quelle influence faut-il attribuer aux Arabes, et depuis quand? Ce sont des questions pour la solution desquelles les matériaux ne sont pas encore suffisants. »

« La langue ova, dit un Français [1] qui
» acquit un grand crédit chez les Madécasses,
» rivalise avec bien des langues anciennes et
» modernes, entre autres l'hébreu et le grec,
» par la composition de ses verbes et par la
» flexibilité, les grâces, la douceur, la force
» et l'énergie de ses mots, qui se terminent
» tous par des voyelles liquides, et qui tien-
» nent plus de l'arabe et du malais que des
» autres. Elle abonde en toutes sortes de ter-
» mes et d'expressions du même sens; elle
» est plus mélodieuse que la langue italienne,
» parce qu'elle n'a presque point de triples
» consonnantes; elle hait les terminaisons
» efféminées et les *diminutifs* fades qui plai-
» sent tant à d'autres.

» Il n'existe peut-être pas de langue qui
» s'écarte plus qu'elle de l'affectation et du
» clinquant: claire, concise, sonore, elle con-
» serve toujours, même en poésie, une sorte
» de sévérité heureusement tempérée. Elle est
» seule usitée dans toute l'île, si l'on excepte
» toutefois la langue des Vagimba's, descen-
» dants des premiers habitants de Madagas-
» car, appelés Kimoss. »

« Les Madécasses ou Malegaches vivent généralement dans une liberté turbulente. Les Séclaves, les Antancayes et les Ovas gémissent pourtant sous le joug d'un gouvernement tyrannique. Hors de ces Etats, le Madécasse ne reconnaît d'autorité suprême que dans les *cabares*, ou assemblées publiques; c'est là que se décident les affaires publiques et que se jugent les procès. Les discours qui y sont prononcés brillent souvent d'une éloquence naturelle et énergique. Chez plusieurs tribus on reconnaît des classes héréditaires, dont les priviléges ne sont pas bien déterminés. Les *Voadrisi* sont les seigneurs suzerains indigènes, subjugués en quelques cantons par les Arabes. Les *Lohavohits* sont des seigneurs qui commandent dans leurs villages. Les *Oudzoa* forment le peuple. Il y a en outre de nombreux esclaves. Comme dans les îles de la mer du Sud, le droit de tuer certains animaux et de manger certaines viandes, est réservé aux classes supérieures.

» Les déplorables superstitions auxquelles le Madécasse est livré sont mêlées avec quelques notions sur de bons et de mauvais anges, empruntées des Arabes. Les prêtres, appelés *Ombias*, s'occupent de médecine, de sorcellerie, et possèdent quelques livres en langue madécasse, écrits en caractères arabes. On ne parle d'aucune cérémonie qui puisse être considérée comme faisant partie d'un culte public.

» La circoncision que nous avons signalée chez les Ovas est en usage dans toute l'île, quoique les Malegaches ne connaissent pas le culte de Mahomet. Aussi on la pratique avec des cérémonies particulières qui ne donnent aucun indice de tradition arabe. Le jour déterminé pour cette fête, les travaux cessent dans le village. Les parents amènent, chargés d'une grande quantité de liqueurs fortes, autant de bœufs qu'ils ont d'enfants à circoncire. Après avoir immolé les bœufs, on en place les cornes sur des poteaux entaillés. Les danses, les festins et les simulacres de combats, annoncent l'ouverture de la cérémonie. L'*empananguin*, armé du fatal couteau, demande ses victimes. Alors les jeux cessent, les pères s'empressent de présenter leurs enfants, et, pendant qu'on amuse ces innocents, l'empananguin retranche ce qu'il croit de trop, range les dépouilles sur une planche, et applique des poudres astringentes pour arrêter l'hémorrhagie de la partie blessée. On charge les fusils, en introduisant dans chaque arme, au lieu de balle, un morceau de la peau retranchée, et on en fait une décharge générale. L'ancienne coutume était que l'empananguin avalât les dépouilles. Les festins et les danses recommencent pour ne finir que lorsqu'il n'y a plus de liqueurs fortes.

» Le jugement par le poison ou le *tanguin* est une des superstitions les plus atroces de ce peuple. L'arbre qui fournit le *tanguin* est très répandu à Madagascar; les oiseaux en évitent le feuillage, les reptiles en redoutent l'ombre; une espèce de crabe seule en approche [1]. C'est le fruit, en forme de noix, qui,

---

[1] *Coroller*, fils naturel d'un Français de Lorient. Il devint prince héréditaire de la province des Bétanimènes, et l'un des premiers généraux de la reine Ranavalou-Manjaka. — Nouvelles Annales des Voyages, octobre 1830.

[1] « Le *tanguin* (pentandrie monogynie), fleurs terminales et paniculées, corolles infundibuliformes,

pris en une certaine quantité, donne la mort en moins d'une heure, à moins qu'une évacuation violente n'en débarrasse l'infortunée victime, qui même alors conserve ordinairement, pour le reste de ses jours, des douleurs cruelles. Cette terrible épreuve est ordonnée contre ceux que la haine ou la jalousie populaire accuse d'avoir été la cause de la mort de quelqu'un de leurs compatriotes. C'est une sorte de *jugement de Dieu*, auquel on remet la décision d'un procès criminel. Le *cabare*, où l'assemblée du peuple, est consulté avant d'en venir à cette extrémité; les parents et les amis du mort et ceux de l'accusé surveillent les cérémonies qui précèdent et qui accompagnent l'opération du tanguin. Si l'accusé survit (ce qui arrive à peu près à un sur cinq), les accusateurs deviennent ses esclaves ([1]).

» Le *dine* est une imprécation qu'on met en forme de serment, sur la tête d'un ou de plusieurs chefs. La formule de ce serment singulier consiste à dire : « Je jure que je ne suis point coupable de ce dont on m'accuse. Si je mens, que *tel* chef soit écrasé par la foudre, ou changé en *tel* ou *tel* animal, par la puissance de l'Être suprême. » L'accusé atteint et convaincu de parjure est condamné à l'esclavage par le chef sur lequel il a mis le serment.

» Un usage plus digne de la nature humaine, est le *serment du sang*, ou l'alliance solennelle contractée entre deux personnes qui s'obligent à se rendre mutuellement toute espèce de services dont elles sont capables, et acquièrent par là tous les droits de la parenté.

Pour célébrer cette cérémonie, on assemble les principaux personnages de l'endroit. Les nouveaux amis se font une légère incision au creux de l'estomac; puis on imbibe deux morceaux de gingembre du sang qui en découle, et chacun mange le morceau teint du sang de l'autre. Celui qui s'est chargé de faire la cérémonie, mêle dans un vase de l'eau douce, de l'eau salée, du riz, de l'argent et de la poudre; c'est ce qu'on nomme les témoins du serment; il trempe deux sagaies dans ce mélange, et, les frappant avec l'instrument qui a servi à faire la blessure, il prononce des imprécations terribles dont la formule est ordinairement conçue en ces termes : « Grand Dieu! maître des hommes et de la terre, nous te prenons à témoin du serment que nous jurons; que le premier de nous qui le faussera soit écrasé par la foudre; que la mère qui l'aura engendré soit dévorée des chiens; » et repoussant le mauvais génie qu'ils croient toujours prêt à s'opposer aux bonnes intentions, ils lancent leurs sagaies aux quatre points cardinaux. On atteste la terre, le soleil et la lune, et l'on boit un peu du breuvage préparé par le maître de cérémonie, en priant toutes les puissances de le faire tourner en poison pour celui qui ne fait pas le serment de bonne foi.

» En naviguant 145 lieues à l'est de Madagascar, on arrive aux îles *Mascareignes*, car c'est ainsi qu'il faut appeler collectivement, d'après le navigateur portugais Mascarenhas qui les découvrit en 1545, l'île de *Bourbon* ou la *Mascareigne* proprement dite; l'*île de France*, nommée *Cerne* par les Portugais, et *Mauritius* ou Maurice par les Hollandais et les Anglais, l'île *Rodrigue* et l'île *Cargados* qui complète cet archipel.

» L'île de Bourbon tout entière semble composée de deux montagnes volcaniques, dont l'origine, dit M. Bory de Saint-Vincent, remonte sans doute à deux époques éloignées l'une de l'autre. Dans la partie méridionale, la plus petite, les feux souterrains exercent encore leurs ravages : celle du nord est bien plus vaste; les éruptions volcaniques qui l'ont jadis bouleversée ne s'y font plus ressentir : des espèces de bassins ou de vallons, des rivières rapides cernées par des remparts perpendiculaires, des monticules jetés dans ces vallons, dont ils embarrassent le cours; des

---

« à cinq divisions obliques et roses; gorge fermée par
« cinq écailles, garnies d'un duvet blanchâtre; tube
« très long, cannelé et velu intérieurement; étamines
» sessiles; anthères portées sur des espèces de filets
» qui font corps avec le tube de la corolle, et ayant
» à leur sommet une saillie en forme de crochet, sur
» laquelle le stigmate est soutenu; style grêle et de
» la longueur de la corolle; stigmate en tête et velu
» à son sommet; calice à cinq divisions blanchâtres,
» pointues, dont trois extérieures grandes et deux in-
» térieures plus petites; pédoncule long et verdâtre;
» chaque bifurcation de la panicule enveloppée à sa
» base d'une bractée concave et blanchâtre. Feuilles
» épaisses, pétiolées, oblongues, entières et bordées
» d'un cartilage. » Note manuscrite de M. *Chapelier*.
Du Petit-Thouars a fait de cette plante, qu'il classe
dans la famille des apocynées, le genre *tanghinia*.
Suivant ce botaniste, c'est un arbre qui ne manque
pas d'élégance. J. H.

([1]) Mém. manuscrit de M. *Collin*.

prismes basaltiques souvent disposés, comme dans l'île de Staffa, en colonnes régulières ; des couches de laves les plus variées, des fissures profondes, des indices d'un fracassement général, tout rappelle d'anciennes et terribles révolutions physiques. La plage étroite, interrompue en quelques endroits, n'est composée, comme à Ténériffe, que de galets basaltiques ou d'autres laves roulées ; ces galets sont entraînés à la mer par les pluies : on ne trouve nulle part de vrais sables : ce qu'on désigne improprement par ce nom est composé de débris calcaires et de corps marins jetés au rivage par les vagues, ou présente en petit la collection de toutes les laves de l'île que le roulement des flots a réduites en parcelles arrondies très petites, d'un aspect bleuâtre et ardoisé (¹).

» Ce qu'on nomme la partie du *vent* s'offre aux regards lorsqu'on approche de Saint-Denis par mer : c'est la plus riante ; celle dite *sous le vent* passe pour la plus riche ; mais elle est un peu sèche ; les sources y sont rares. La première, plus égale, s'élevant de la mer au faîte de l'île, en pente douce, tempérée par des brises continuelles et cultivée avec soin, retrace souvent l'Europe, et particulièrement le Languedoc, lorsque de loin on ne distingue pas la nature de la végétation. Des plantations de girofliers, qui ressemblent à des bosquets d'agrément, des caféyères immenses, et des champs d'épis dorés, agités par un mouvement de fluctuation continuel, parent cette terre dont ils sont la richesse.

» Le débarcadère, à *Saint-Denis*, offre seul un accès pour pénétrer dans cette île ; c'est une rade ouverte. Le môle que M. de La Bourdonnaye avait fait construire a été emporté par les vagues. Saint-Denis n'était pas, à proprement parler, une ville il y a peu d'années encore ; c'était un véritable bourg, dont les rues, bordées de palissades ou de murs d'entourage, ressemblaient à des chemins de campagne. »

Des travaux ont été faits dans ces dernières années pour la fondation d'un port dans l'anse de *Saint-Gilles*. Une rade sûre, des côtes d'un abord facile, une profondeur suffisante dans la passe et dans les bassins pour recevoir des frégates du second rang, tels sont les avantages qui ont déterminé le choix de l'anse de Saint-Gilles.

« L'établissement français dans cette île remonte à l'an 1654. M. Poivre, auteur du *Voyage d'un Philosophe,* intendant de ces îles en 1776, y a introduit la culture du clou de girofle avec beaucoup de succès. On lui doit en partie celle de l'arbre à pain, de la muscade et de la cannelle. Le sol de l'île est en général excellent ; mais, comme elle forme presque tout-à-fait une grande montagne, les pluies qu'elle attire portent vers son soubassement la terre végétale ; de sorte que, sans l'industrie qui a su maîtriser cet inconvénient, le sommet de la montagne ne formerait qu'une roche nue et désolée, tandis que le territoire devient meilleur à mesure qu'il s'approche des côtes de la mer. Les cantons situés sous le vent jouissent d'un climat et d'une température très favorables à la perfection du caféier ; mais malheureusement l'effet qui produit cet avantage contribue aussi à la multiplication des insectes qui détruisent la plante. On en estime le produit à 30,000 balles de 100 livres.

» La culture des clous de girofle est la première qui, par son étendue, suit celle du café ; mais le cultivateur ne peut jamais compter sur cette récolte avec assurance ; elle est très abondante dans une année, et nulle dans une autre. Dans l'état actuel de cette culture, ou estime la récolte à 2 ou 300,000 livres. Le coton est aujourd'hui moins cultivé qu'il ne l'était autrefois, surtout depuis qu'une maladie a ravagé les plantations. Cette maladie, dont on n'a pu deviner la nature, ne nuit point à la vigueur de la plante, mais elle empêche le développement de la semence, et réduit le produit presqu'à rien. Cet inconvénient, joint à l'interruption prolongée du commerce, engagea la plupart des planteurs de coton à convertir insensiblement leurs terres en plantations de grains ou de café. Aussi le produit total de l'île en coton ne s'élève-t-il qu'à environ 40 à 50,000 livres. La récolte des blés donne environ 14 millions de livres pesant. Elle formait la principale ressource de l'Ile-de-France ; car l'île de Bourbon n'en consomme guère plus de 2 millions de livres par année. Le produit en sucre est d'environ 12 millions de livres, celui du cacao de 30 à 40,000, et celui de la muscade de 6 à

(¹) Bory de Saint-Vincent, Voyage aux îles d'Afrique, t. I, p. 264 ; II, 372 ; III, 147.

700 livres. On cultive aussi le maïs et la pomme de terre. »

Cette île a été enrichie depuis plusieurs années de quelques végétaux précieux, tels que le dolic bulbeux (*dolichos bulbosus*), l'*erythrina indica*, tous deux de la famille des légumineuses, et le vanillier.

« Dans l'île de Bourbon, les concessions de terrain sont très mal déterminées. Au lieu d'en fixer l'étendue d'après une mesure donnée, elles spécifient vaguement que les terres situées entre telles rivières ou tel ravin, et celles qui s'étendent depuis la mer jusqu'à la pente de la montagne, forment la propriété d'un tel. Mais ces rivières, qui, dans la saison pluvieuse, sont sujettes à changer de lit, ruinent souvent par leurs débordements une grande partie des terres, et causent par ce bouleversement une dépréciation considérable dans les métairies. Pour apprécier l'utilité d'une limitation exacte, il faut faire observer que les terres qui ont été arpentées et entourées de bornes indiquant leurs limites, sont toujours payées le double, le triple et même le quadruple de ce qu'elles valaient avant cette opération.

» Les revenus que le gouvernement prélève sur cette île consistent dans la capitation imposée sur les nègres, dans les taxes directes qui sont mises sur les voitures, sur les palanquins et sur les chevaux; dans les droits de l'enregistrement et du timbre, et dans les licences pour la vente de l'arack ([1]).

» Le droit sur l'importation et l'exportation des marchandises est peu productif. La totalité des revenus publics peut être estimée à 1,500,000 francs ([2]). Les domaines royaux sont d'une belle étendue, mais en grande partie occupés par des nègres marrons ou rebelles. Il y en a aussi une partie considérable sur la côte, qui consiste en terres d'une bonne qualité. En 1811, la population se composait d'à peu près 80,350 habitants; savoir: 16,400 blancs, européens ou créoles; 3,496 nègres libres, et 60,454 esclaves. La force armée s'élevait à 4,493 combattants et 145 pièces d'artillerie. »

([1]) Conquest of the island of Bourbon, in-8o (London, 1811). — ([2]) Voyez l'*Essai de statistique de l'île de Bourbon*, par M. Thomas, ancien commissaire de la marine. Paris, 1828. Ouvrage qui a été couronné par l'Académie des sciences de l'Institut.

L'île de Bourbon est une trop importante colonie française pour que nous n'ajoutions pas de nouveaux détails propres à en faire mieux connaître l'histoire et les ressources.

Cette île a environ 20 lieues de longueur sur 15 de largeur et 48 de circonférence. La partie *du vent* est abritée par une haute chaîne de montagnes, qui lie les *salazes*, le *volcan*, et le *Piton des Neiges*, dont les sommets ont 1,700 à 1,800 toises de hauteur; le dernier est le plus élevé. Le Piton de Fournaise vomit encore de la lave; mais la bouche du volcan change presque chaque année de place, sur une étendue d'environ 2 lieues. C'est aux pieds de ces montagnes que s'étend la partie *sous le vent*, véritable étuve où tout est desséché. L'île de Bourbon fut acquise à la France en 1642; ce fut en 1649 qu'elle reçut le nom qu'elle porte aujourd'hui. Sous le régime républicain, elle prit celui d'île de la Réunion; plus tard celui d'île Bonaparte. Tombée en 1810 au pouvoir des Anglais, elle fut restituée à la France en 1815, et reprit alors le nom d'île de Bourbon.

Ce fut un propriétaire nommé M. Lemarchand qui conçut en 1789, et exécuta à grands frais, l'idée de fertiliser le sol de la région montagneuse, naturellement si stérile, qu'aucune plante n'y pouvait végéter, qu'aucun animal n'y pouvait vivre. Aujourd'hui elle est aussi productive que les parties les plus fertiles de l'île; elle était privée d'eau pendant la moitié de l'année, et maintenant elle est arrosée par des sources abondantes.

L'île comprend 11 communes administrées comme en France, et formant autant de paroisses dont tous les curés ont pour chef un préfet apostolique. Sous le rapport judiciaire, elle forme quatre justices de paix qui dépendent d'un tribunal de première instance et d'une cour royale. La ville de *Saint-Denis* est le chef-lieu, la résidence du gouverneur et le siége des principales autorités. Sa position entre la mer et le pied d'une montagne est fort agréable; ses maisons, quoiqu'en bois, sont construites avec élégance. Elle a une église, un collége, des casernes, un beau jardin botanique qui sert de promenade, 10,000 habitants dont environ 2,000 blancs, 1,200 affranchis et 6,800 nègres esclaves. Elle a un petit port défendu par quelques batteries; mais sa meilleure défense est la difficulté d'aborder dans l'île autrement qu'avec des barques du pays. Ce que l'administration y a fait de plus utile, ce sont des fontaines qui répandent dans chaque quartier une eau vive et limpide; ce sont des étuves pour la dessiccation des graines et des farines, et un canal de dérivation, de la rivière de Saint-Denis, pour donner le mouvement aux moulins de la boulangerie du gouvernement et à des usines appartenant à des particuliers.

Nous venons de voir l'état de la population en 1811; en 1823, elle avait diminué de 12,779 individus : elle se composait de 17,037 blancs, 5,159 affranchis, et 45,375 noirs esclaves : en tout 67,571 habitants. Mais cette diminution porte seulement sur la population noire : ce qui tient uniquement aux maladies qui déciment cette population. Ainsi, en 1823, le nombre des naissances parmi les esclaves était de 290, tandis que les décès s'élevaient à 1,600.

En 1837 la population était de 108,000 individus, parmi lesquels on comptait environ 69,500 esclaves. Il y avait eu dans le courant de l'année 1836, 284 mariages, 2,626 naissances et 3,294 décès.

En 1834 on a affranchi dans cette colonie 724 esclaves, et en 1836, le nombre des noirs libérés a été de 876.

En 1825, la valeur des produits mis dans la consommation ou le commerce était de 15,996,000 francs, et les exportations seules se sont élevées à plus de 9,500,000 francs. On comptait à la même époque, dans l'île, 3,700 chevaux, 1,800 mulets, 500 ânes, 4,300 bêtes à cornes et 2,900 moutons.

En 1836, la valeur des importations a été de 13,769,000 francs, et celle des exportations de 18,109,000 francs.

Une observation judicieuse que nous tirons de la statistique de l'île de Bourbon, c'est qu'il est à craindre, si le gouvernement n'y met ordre, qu'elle ne se déboise entièrement. Lors de sa découverte, elle était en grande partie couverte de bois; leur destruction a été rapide, et si l'on n'en règle pas l'exploitation, avant vingt ans on ne pourra peut-être plus en tirer les bois nécessaires à la construction des navires et des bâtiments civils [1].

« L'*Ile-de-France*, moins fertile et moins étendue que celle de Bourbon, doit à ses ports et rades une grande importance commerciale et militaire; c'était le centre de la navigation française dans les Indes orientales; c'était le point d'où s'élançaient ces infatigables corsaires, la terreur de l'opulent Anglais. Conquise en 1810 par une armée anglaise formidable, cette île riche et belliqueuse a été cédée quatre ans après à un ennemi qui saura sans doute apprécier la valeur, l'esprit public et les talents de cette petite nation, digne d'une meilleure fortune. Le nom de *Mauritius* ou *Maurice* est à présent substitué officiellement à celui d'île de France, qui cependant pourrait bien se conserver.

» Les Portugais ne virent dans cette île qu'une place pour faire de l'eau. Les Hollandais, qui s'y établirent en 1639, en firent connaître la fertilité [1]; mais, attirés au Cap par la perspective d'une fortune plus rapide, les habitants l'abandonnèrent en 1712. Ce ne fut que vers 1734, sous le gouvernement de M. de La Bourdonnaye, que l'établissement français commença à y prendre quelque consistance. On y fait chaque année deux récoltes de froment et de maïs, mais elles ne suffisent pas à la consommation. Le café y est d'une qualité excellente, le giroflier y conserve tout son parfum; le cotonnier et l'indigotier y trouvent beaucoup de terrains favorables; mais l'esprit mobile des habitants, toujours à l'affût de nouveautés et de gains, les fait passer rapidement d'une culture à l'autre.

» Il y a dans cette île une grande quantité de singes de la petite espèce, qui font beaucoup de tort aux plantations. Le jacquier et le rima, autre arbre d'un port un peu différent, y sont cultivés sous le nom d'*arbres à pain*; mais le véritable arbre à pain, tant célébré par les voyageurs, n'a été introduit que récemment dans la colonie : il y est encore rare, parce qu'il est difficile à multiplier.

» La forme de cette île, dit M. *Bory de Saint-Vincent*, est irrégulièrement ovale : elle a un peu plus de 11 lieues dans sa plus grande longueur, qui s'étend du nord-est au sud-ouest, et un peu plus de 8 lieues dans sa plus grande largeur, qui se prolonge de l'est à l'ouest. Les récifs en rendent l'abord généralement dangereux. En suivant les divers

---

[1] *Essai de statistique de l'île de Bourbon*, par M. Thomas, ancien commissaire de la marine.

[1] *Valentyn*, Ostindien, t. VIII. Kaapsche zaaken, p. 155.

AFRIQUE. — ILES AFRICAINES ORIENTALES.

contours de l'île, on trouve que sa circonférence est d'environ 45 lieues. Le sol va toujours en s'élevant depuis la côte ; le milieu de l'île est un coteau boisé de 200 à 250 toises d'élévation : au centre de ce plateau s'élève une montagne conique et très pointue, que sa situation a fait nommer le *Piton du milieu de l'île*, et qui a 302 toises d'élévation. Parmi les autres montagnes, celle de la rivière Noire a 480 toises de hauteur ; celle de *Pieter-Both* porte sur son sommet conique une masse semblable à un bonnet, et qui menace en apparence les environs de sa chute.

» De la cime du Pouce, on distingue au nord de petites îles volcaniques qui semblent appartenir à un cratère sous-marin. Entre ces rochers et la montagne s'étend une plaine basse, unie, où l'on ne trouve que quelques fragments de laves qui ont appartenu à d'antiques courants ; tout le reste est calcaire, ce ne sont que des madrépores et des coquilles formées autrefois au fond des mers (¹).

» Le *Port-Nord-Ouest*, ou *Port-Louis* (c'est le nom de la ville où l'on débarque), a plus que doublé depuis l'administration anglaise : on y compte 8,000 blancs et 16,000 nègres et hommes de couleur, en y comprenant les habitants de la banlieue. Les maisons sont presque toutes en bois, mais dans des formes élégantes. Les édifices publics sont d'une très bonne architecture. La salle de spectacle, construite en bois, rappelle par son péristyle l'Odéon de Paris. La place du marché est entourée d'un double rang de galeries. Les principales rues sont plantées de bois noir, assez bel arbre du genre des *mimoses*, dont les houppes de fleurs, au printemps, contrastent agréablement par leur couleur blanche, jaune et rose tendre, avec une verdure nouvelle et épaisse ; mais cet arbre perd bientôt ses feuilles, et se charge de gousses desséchées (²). Cette ville n'est pas étrangère aux études scientifiques et littéraires : on y publie deux journaux ; la *Société d'émulation* qui s'y réunit, a enrichi les *Annales des voyages* de Mémoires très intéressants.

» En traversant l'intérieur pour aller au *Port-Bourbon*, seconde ville, on passe d'abord par de riantes cultures où les demeures des colons sont autant de temples élevés à la gaieté et à l'hospitalité ; bientôt on s'enfonce dans des forêts humides, tapissées de mousses ; on franchit, en sautant de rochers en rochers, le torrent rapide et écumeux ; on se repose au bruit des cascades, au murmure des zéphyrs parfumés d'odeurs les plus suaves ; on jouit de ces scènes pastorales, si éloquemment retracées par la plume de l'auteur de *Paul et Virginie*, et qu'a su reproduire avec grâce le crayon spirituel de M. Milbert. Dans une direction septentrionale, le romantique *quartier des Pamplemousses* présente aux amateurs de la botanique le célèbre *Jardin de l'État*, où fleurissent les richesses végétales de tout l'Orient. Mais ces détails sont trop connus pour figurer dans cet ouvrage ; nous devons seulement indiquer à nos lecteurs la carte de l'île, par Hubert Brué (¹), comme la plus exacte où ils puissent suivre dans leurs excursions les nombreux voyageurs qui ont décrit cette colonie, jadis pour les Français le sujet de tant d'orgueil, aujourd'hui le sujet de tant de regrets. » Terminons cette esquisse par quelques données statistiques. La population de l'île était en 1806, d'après un recensement, de 13,952 individus libres, et 60,666 esclaves ; total, 74,618. On croit qu'au moment de la conquête elle s'élevait à 90,000 âmes. D'après le recensement de 1822 elle renfermait 87,605 habitants ; savoir : 10,360 blancs, 13,475 noirs, et 63,770 esclaves. Les troupes anglaises sont au nombre de 1,310 hommes. Les revenus étaient évalués, pour l'année 1810, à 1 million 6 à 700,000 francs ; ils provenaient principalement des douanes. Parmi les dépenses qui absorbaient les revenus, l'achat des blés et des farines figurait en première ligne (²).

En 1823 les importations s'élevaient à la valeur de 31,200,000 francs, et les exportations à celle de 24,178,000 francs.

« L'île de *Diego-Ruys* ou *Rodriguez*, qui fournit à l'Ile-de-France plusieurs milliers de tortues, nourrit maintenant 125 habitants. Auparavant un nombre incroyable de crabes en formait la seule population (³). »

L'île de *Chagos* ou de *Diego-Garcia* a été aussi occupée par quelques colons de l'Ile-de-

---

(¹) *Bory de Saint-Vincent*, t. I, p. 211, etc., etc. Comp. *Bailly*, dans le Voyage de *Milbert*, II, 92. — (²) *Milbert*, Voyage à l'Ile-de-France, t. I, p. 129.

(¹) Dans l'Atlas des Voyages de M. *Milbert*.—(²) *Milbert*, t. II, pag. 232-241. — (³) *Leguat*, Voyage des Indes.

France. Elle forme avec quelques îlots un petit archipel ; elle ne paraît être qu'un banc de madrépores, recouvert d'une légère couche de terre.

« En se dirigeant au sud-est de cette île, vers celles de *Saint-Paul* et d'*Amsterdam*, on s'approcherait peut-être de la fameuse île de *Juan de Lisboa*, dont l'existence douteuse a tant occupé les navigateurs et les géographes, sans que leurs recherches aient, jusqu'à ce jour, produit un résultat satisfaisant.

» *Hugues de Linschot*, dans sa carte de la mer des Indes, publiée en 1638, marque deux îles, aujourd'hui inconnues, l'une au sud des Mascarenhas, par 26° de latitude méridionale, appelée *Juan de Lisboa*, et l'autre au sud-est de Rodriguez, par 28° de latitude, qu'il nomme île *dos Romeiros* : elles sont éloignées l'une de l'autre d'environ 240 lieues.

» La carte de *Robert Dudley*, auteur de l'*Arcano del mare*, publiée en 1647, présente, dans le sud-ouest de *Maurizio*, deux îles nommées, l'une *Santa Apollinia*, l'autre *Dascaenhas*, et dans l'est, à la distance de 3 à 4°, deux autres petites, désignées simplement comme des découvertes anglaises. Aucune île n'est figurée dans les parages où l'on cherche Juan de Lisboa, mais on y trouve cette note : *La longitude de l'île Romeras de Castelhanus* (en comptant du pic des Açores) *est de 98° et demi, et la latitude de 28° 20'*.

» Le carte de *Texeira*, imprimée en 1649, indique au sud de Mascarenhas, par 26° de latitude, l'*île dos Romeiros, dos Castelhanos*, et dans le sud-est de Rodriguez, une autre île nommée *dos Romeiros*, éloignées l'une de l'autre de plus de 290 lieues.

» *Pieter Goss*, dans la carte publiée par *van Keulen*, en 1680, place l'île de *Juan de Lisboa* au sud de celle de Mascarenhas, par 26° et demi de latitude, et l'*île dos Romeiros*, *dos Castelhanos*, par 28° et demi de latitude et 15° à l'est du méridien de Mascarenhas. Mais dans une autre carte de *van Keulen*, beaucoup plus moderne, on ne trouve plus que l'île dos Romeiros, située par la latitude de 28° et 11° et demi à l'est du méridien de Mascarenhas ou Bourbon (¹).

» Les variations des hydrographes postérieurs, comme fondées sur de simples opinions, offrent moins d'intérêt.

» *D'Anville*, en 1727, réunit les deux îles Juan de Lisboa et Romeiros en une seule, et la porte directement au sud de Bourbon, sous le nom d'île dos Romeiros dos Castelhanos, ou de Juan de Lisbonne ; mais il la supprime entièrement en 1749. *D'Après de Mannevillette* n'en fait plus aucune mention dans son *Neptune oriental*.

» Ainsi, après avoir prolongé pendant environ un siècle son existence incertaine et errante dans les cartes, tantôt seule, tantôt accompagnée d'une ou deux îles dos Romeiros, ou même sous ce nom, l'île Juan de Lisboa paraissait s'être abîmée dans les profondeurs de la mer, comme les prétendues terres australes. Néanmoins la tradition de son existence, conservée parmi quelques descendants de corsaires fixés à l'île de Bourbon, gagna un nouvel intérêt il y a plus de 60 ans. On distribua, à l'Ile-de-France, des notes et extraits de journaux obscurs, incohérents, contradictoires, mais auxquels des géographes européens donnèrent quelque consistance par leurs commentaires. Ces notes, ajoutées à un Mémoire sur l'île de Bourbon, fait au bureau général de la compagnie des Indes, le 11 février 1771, établissent en principe « que » l'île de Juan de Lisbonne ne paraît imagi- » naire qu'aux navigateurs qui ne l'ont point » reconnue. » Elles affirment pour preuve « qu'un *flibustier* y a descendu, *il n'y a pas* » *six ans*, et tué, lui second, 12 ou 15 bœufs » en moins de deux heures. » Elles invoquent enfin le témoignage d'un certain M. Boynot qui « assure l'avoir reconnue et tournée à la » fin de l'année 1707, en retournant de l'île » de Bourbon à Pondichéry. » Comment douter de sa véracité, puisqu'il a la modestie de « convenir qu'il est redevable de cette décou- » verte à des flibustiers qui se trouvaient à » bord de son vaisseau, et a soin de nous ap- » prendre qu'en passant par le sud de Mada- » gascar, il abrégea sa route de beaucoup, » quoique le fait soit en opposition avec tout ce que l'on sait sur les vents et les courants dans le canal de Mozambique, que M. Boynot aurait pris. Au surplus, ce compagnon de flibustiers « a observé son île exactement, comme » Texeira représente celles dos Romeiros ; » et pourtant il n'avait point encore vu la carte de

---
(¹) Mémoire de M. *Buache*, parmi ceux de l'Institut, Sciences morales et politiques, t. IV, pag. 91 et suiv.

ce Portugais ni celle de van Keulen, quand, *par conversation*, on lui a parlé de l'île de Juan de Lisboa. « Cette circonstance fait croire, » ajoute naïvement la note, que ce que le sieur » Boynot rapporte *est exact*, attendu qu'on ne » saurait penser qu'il ait voulu en imposer. »

» On appuie davantage sur la découverte authentique faite par le capitaine Sornin, en passant du cap de Bonne-Espérance à l'Ile-de-France. Ce fut le 1er mai 1772, par 26° 30′ de latitude sud, et par 63° 50′ à l'est de Paris. « Depuis la veille à midi, dit l'extrait de » son journal, les vents avaient fait le tour du » compas, par grains, pluie, tonnerre et » éclairs ; la mer très grosse, l'air enflammé. » A dix heures du matin, il voit la terre très distinctement dans le nord-ouest. Aussitôt il vire de bord pour aller la reconnaître, s'en assure à onze heures, fait virer vent arrière, court dans l'est, « voyant que ce peut être la pointe » *du sud de Madagascar,* » et relâche le 12 à Rodrigue, où il trouve trois lieues de différence à l'est, et juge que ces terres, suivant son point, « *restent dans le S.-S.-E du monde* » *de Rodrigue,* distantes de 142 lieues. » Quelle confusion! Comment trouver raisonnablement dans cette rencontre d'un vaisseau battu par la tempête, une confirmation de l'existence de Saint-Jean de Lisbonne ? Le vice-amiral Thévenard, qui paraît y croire (¹), s'appuie du capitaine Donjon, officier en second d'un bâtiment qu'il ne nomme pas, mais qui est vraisemblablement celui du capitaine Sornin. D'après le journal de cet officier, il a vu la terre le 27 avril 1772, à neuf heures et demie du matin, « avec un orage très violent, » pluie très abondante, éclairs et tonnerre » tombant fréquemment, » à la distance de dix à douze lieues dans l'ouest par 76° 34′ de longitude est, et par 27° 26′ de latitude sud, observée à midi. Il ne cessa de voir la terre depuis onze heures jusqu'à la nuit, en continuant la bordée de l'E. S. E., et arriva le douzième jour à Rodrigue, avec 47 lieues de différence à l'est, ce qui lui fit croire que cette terre existe dans les parages de 76 à 80° de longitude, et par 27° 30′ de latitude. Mais dans une lettre particulière adressée à d'Entrecasteaux, avec un extrait de son journal et une vue de la terre, le capitaine Donjon, après avoir sans doute complété ses observations dans le cabinet, réduit à 73° 36′ la longitude estimée de sa prétendue découverte, que dès lors il n'hésite plus à désigner sous le nom de Saint-Jean de Lisbonne (¹).

» Quelque insipides et futiles que soient ces renseignements, le gouvernement de l'Ile-de-France en a plusieurs fois ordonné la vérification officielle. Les recherches de M. de Saint-Félix, en 1773, et de M. Corval de Grenville, en 1782 et en 1783, ont été infructueuses ; mais il paraît aussi qu'elles n'ont pas été poussées assez à l'est, dans l'espace qui sépare Saint-Paul des Maldives. M. Rochon ajoute au bas d'un extrait du journal de M. Sornin, inséré dans son *Voyage aux Indes-Orientales :* « En revenant de Madagascar, nous crûmes un moment nous apercevoir l'île de Saint Juan de Lisboa, mais c'étaient des nuages qui occasionnaient cette illusion, à laquelle les plus habiles marins ne sont que trop souvent exposés. » Kerguelen et Marion l'ont aussi cherchée en vain (²). Malgré tous ces témoignages négatifs, divers capitaines-marchands ont de nouveau soutenu avoir visité Juan de Lisboa.

» Cette île est donc un véritable revenant. Elle paraît comme un fantôme à de certains élus, et se dérobe aux regards des profanes dès qu'ils en approchent.

» Une nouvelle hypothèse a été proposée par M. Collin ; il croit que le nom de Juan de Lisboa, dans les anciennes cartes, désigne l'Ile-de-France.

» Cependant le secrétaire du gouvernement de Mozambique lui a assuré qu'il y existe, parmi les chartes déposées dans les archives, le procès-verbal d'évacuation de la colonie portugaise de Juan de Lisboa, et l'inventaire des effets transportés de cette île à la côte d'Afrique. Tous les efforts de M. Collin pour en prendre connaissance ont été infructueux. On ignore si c'était un établissement solide, un poste ou une simple tentative. On ignore l'année et même le siècle ; on ignore surtout la côte ou l'île qui aurait porté momentanément un nom. que le Portugais Texeira ne juge pas digne de figurer dans sa carte. Il paraît manifeste que ce ne pouvait

(¹) *Mémoires relatifs à la marine*, t. IV, p. 428.

(¹) Mémoire de M. Buache, 296-308. — (²) *Collin*, Mém. sur Juan de Lisboa, Annales des Voyages, t. X, p. 364.

être l'Ile-de-France, très connue alors chez les Portugais sous le nom de *Cerne*.

» Les Iles *Saint-Paul* et *Saint-Pierre*, dont la dernière a aussi pris le nom d'*Amsterdam*, ont été l'objet d'une confusion singulière. D'après le navigateur qui les a le premier examinées avec soin, celle d'Amsterdam ou de Saint-Pierre est la plus septentrionale. Elle est formée d'une montagne conique, dont le sommet paraît la cheminée d'un cratère éteint. Une couche de tourbe de trois pieds de haut couvre la pierre ponce ou la lave ancienne. D'épais bosquets rendent l'accès de l'intérieur très difficile; mais ne pouvant pousser des racines profondes, les arbres restent très petits. On y crut voir des lézards et la trace d'un renard. L'île *Saint-Paul*, la plus méridionale, se présente sous la forme d'une montagne circulaire, creusée au milieu en forme de cratère; la mer, après l'écroulement d'une des parois, a pénétré dans ce bassin. L'étang, ou la lagune qui en remplit le fond, est peuplé d'une immense quantité de poissons, surtout d'excellentes perches. Des eaux thermales et des eaux ferrugineuses coulent parmi les laves parsemées de quelques carreaux d'un beau gazon (¹). Cette description si satisfaisante et si digne de l'habile observateur auquel nous la devons, a été bouleversée par les présomptueux caprices de quelques navigateurs modernes. M. Barrow, égaré par l'auteur des cartes du voyage de Cook, a décrit fort au long l'île Saint-Paul sous le nom d'Amsterdam, et s'est étonné des prétendus changements qu'il a cru y observer et qu'il attribue à des révolutions physiques (²). M. Beautems-Beaupré, dans l'atlas de d'Entrecasteaux, est allé plus loin; il a donné six vues de la prétendue île d'Amsterdam, qui n'est réellement que celle de Saint-Paul, ainsi que le prouve la comparaison des dessins qui se trouvent dans l'ouvrage de Valentyn. Au moment où les Français y passèrent, le volcan jetait des flammes et de la fumée; mais on reconnaît toutes les formes de l'île et jusqu'au rocher isolé qui, selon Barrow, est de basalte. M. Rossel, rédacteur du Voyage, discute avec soin la position géographique, sans s'être aperçu de la confusion des noms, qui est cependant prouvée par la latitude où il place l'île (¹).

» Dix degrés plus au sud, la *terre de Kerguelen*, nommée *île de la Désolation* par le capitaine Cook, présente ses stériles rochers environnés de glaçons et habités par les phoques. Elle a environ 40 lieues de longueur et 20 de largeur. L'absence presque totale de végétation sur cette île considérable ne saurait provenir uniquement de la rigueur du climat; elle est due à l'éloignement de toute terre assez grande pour voir se développer dans son sein la force végétative. Plusieurs excellents ports rendraient cette station utile à des baleiniers entreprenants. » Des phoques qui viennent y déposer leurs petits, des canards, des pétrels, des albatros et des mouettes sont les seuls animaux qui la fréquentent.

» Plus à l'ouest, les quatre petites îles *Croizet*, ou *Marion*, et celles de la *Caverne* et du *Prince Edouard*, n'offrent également que l'affreuse nudité d'un rocher dépourvu de végétation.

» Nous avons terminé la description des îles africaines de l'est; car celles que plusieurs cartes marquent sous le nom de *Dina* et *Marseveen* n'ont pas d'existence. On ne connaît aucune relation, aucune description de ces îles; on ne sait à quelle époque ni par qui elles auraient été découvertes; personne ne les a vues; elles ont échappé aux recherches des capitaines Marion et Cook. On a dit que les Hollandais du Cap en ont connaissance, et vont même y chercher du bois; mais ni Valentyn ni Mentzel, dans leurs prolixes relations du Cap, n'en font mention. Pour quel motif les Hollandais cacheraient-ils à l'Europe la position de deux îles insignifiantes, quand ils ont donné la plus franche publicité à toutes leurs autres découvertes, bien autrement importantes, et qui auraient, en effet, pu exciter l'envie des puissances jalouses de leur commerce? Il paraît bien plus simple de croire avec Buache que ces îles se sont glissées dans nos cartes, comme tant d'autres qui y ont long-temps occupé et occupent même encore en partie une place que la saine critique leur dispute.

» En examinant une ancienne carte de *Nicolas Carnerio*, Génois, nécessairement faite peu de temps après les premières navigations

---

(¹) *Van Vlaming*, dans *Valentyn*, Ostindien, III° partie ou t. IV, sect. 2, p. 68-70. — (²) Voyage à la Cochinchine, etc.

(¹) *D'Entrecasteaux*, Voyage, t. I, 44.

des Européens aux Indes et en Amérique, ce savant fut frappé du nom de *Dina Margabin*, qu'y porte une île placée dans les mêmes parages qu'on assigne maintenant aux îles Dina et Marseveen (¹). La carte de Carnerio représente avec assez de détail et de précision les côtes occidentales et méridionales d'Afrique jusqu'à la hauteur de Mélinde; mais tout le reste n'est tracé que d'une manière vague et grossière. L'île de Madagascar s'y étend du 30ᵉ degré au 40ᵉ de latitude sud; les îles Comores, reconnaissables par les noms de *Iana* et de *Callenzuan*, se trouvent à 18° dans l'est de la pointe septentrionale de Madagascar. Trois autres îles, nommées *Dina Margabin*, *Dina Moraze* et *Dina Arobi*, et placées à l'est de la pointe méridionale de Madagascar, à la même latitude qu'on assigne aux deux îles perdues, ne peuvent être que les îles de Bourbon, de Rodrigue et de France ou Maurice. Sans rapporter toutes les raisons qui militent en faveur de cette opinion, nous nous bornerons à faire observer ici que *Dina Margabin*, la plus occidentale, la plus rapprochée de Madagascar et la plus grande, porte une enluminure d'or, qui la distingue des autres comme la principale du groupe. Le nom de *Margabin* présente beaucoup d'analogie avec le mot arabe *mogrebin*, qui signifie occidentale; quant au mot *dina*, joint au nom des trois, ce ne saurait être qu'un nom générique, assez semblable, du moins dans les manuscrits, au mot arabe *diva*, qui signifie une île, et qu'on retrouve dans les noms de Diu, Maldives, etc. Ainsi, *Dina Marseveen* ne serait qu'un seul et même nom, corrompu et postérieurement séparé en deux par des voyageurs ou des géographes superficiels qui savaient peut-être qu'il y avait plusieurs îles aux environs de Dina Margabin, en oubliant qu'elles étaient plus généralement désignées par le nom de la principale d'entre elles. La différence de leur position sur la carte de Carnerio, avec celle que les îles Mascareignes ont réellement, ne prouve rien contre leur identité, puisque la grande île de Madagascar a incontestablement servi à les orienter toutes, dans un temps surtout où l'on ne connaissait encore ces mers que par les rapports des Arabes, avec qui les Portugais conféraient à la côte sud-est de l'Afrique. Les soi-disant géographes ou copistes de cartes, en voyant les îles Mascareignes mieux explorées et autrement dénommées, ont cru devoir conserver ou replacer un peu plus à l'ouest les noms de Dina Margabin, Marseveen, ou même Dina et Marseveen, afin de ne point laisser la place vide.

» Nous avons cherché avec soin ce qui pourrait encore s'opposer à l'adoption de cette ingénieuse hypothèse. Un seul fait s'est présenté; c'est l'existence d'un vaisseau des Indes hollandais, portant précisément le nom de *Marseveen*, dans les années mêmes où ces îles semblent avoir commencé à paraître sur les cartes (¹). Cette circonstance, toute minutieuse qu'elle semble, pourrait nécessiter de nouvelles recherches dans les archives hollandaises, avant que d'admettre l'hypothèse de Buache. Mais en supposant même que l'île *Marseveen* existe, elle est probablement identique avec l'île Gough, ou Diego-Alvarez, située beaucoup plus à l'ouest. Les *Ephémérides de Coïmbre*, de 1807, placent une île *Denia*, ou *Dina*, à 40° 32' latitude sud, et à 18° 49' 7" est de Paris.

(¹) *Buache*, Mém. sur Dina et Marseveen, dans les Mémoires de l'Institut. Sciences morales et politiques, t. IV, p. 367.

(¹) *Valentyn*, Ostindiën, t. I, p. 236. Liste des vaisseaux.

LIVRE CENT SOIXANTE-QUATORZIÈME.

Suite de la Description de l'Afrique. — Iles africaines occidentales.

« A l'ouest du cap de Bonne-Espérance s'étend l'océan Atlantique austral, qu'on devrait peut-être nommer *océan Africain*, puisque l'épithète d'*Ethiopien* fait naître de fausses idées. L'Amérique méridionale le borne à l'ouest; le cap Saint-Roch (Saint-Roque) le termine au nord-ouest. Le *golfe de Guinée* en forme l'enfoncement le plus avancé au nord-est. Presque dépourvue d'îles, cette partie de l'Océan éprouve l'effet très régulier des vents alizés et du courant général qui portent l'air et les eaux vers l'occident. Le vent alizé cesse cependant de régner à 1 ou 2 degrés au nord de l'équateur, où il est remplacé par des vents d'ouest et de sud-ouest qui retiennent les vaisseaux dans le golfe de Guinée, si redouté des navigateurs.

» La première île à l'ouest du cap de Bonne-Espérance est celle de la *Circoncision*, découverte en 1739 par le capitaine Bouvet, et retrouvée en 1808 par deux vaisseaux anglais. Elle porte aussi le nom d'île *Bouvet*. Depuis la recherche infructueuse du capitaine Cook, on avait cru que Bouvet n'avait vu qu'un amas de glaces ([1]).

» Sous un climat plus doux, on rencontre les îles *Diego-Alvarez* et *Gough*, qui paraissent identiques avec *Gonzalo-Alvarez*. L'île Diego-Alvarez a 4,380 pieds d'élévation; de belles cascades y arrosent un sol couvert de gazon, et où quelques arbustes croissent parmi des rochers ([2]).

» On connaît mieux les îles *Tristan-d'Acunha*, qui sont au nombre de trois. L'île principale, qui a 8 lieues de circonférence, montre de loin son piton, élevé de 8 à 9,000 pieds, revêtu de verdure jusqu'à moitié, et qui se couvre de neiges pendant plusieurs mois de l'année. Des arbustes du genre *phylica* ombragent de leur feuillage touffu des sources limpides ([3]). »

Les deux autres îles de ce groupe sont celle de *Nightingale* ou du *Rossignol* et celle que l'on a appelée *Inaccessible*. L'île Tristan-d'Acunha était habitée, en 1829, par 7 hommes, 6 femmes et 14 enfants, tous Anglais. Voici quelle fut l'origine de cette petite colonie : une compagnie d'artillerie fut envoyée en 1816 dans l'île pour l'occuper durant le séjour de Napoléon à Sainte-Hélène. Après la mort de l'illustre captif, cette garnison se retira; mais un caporal, nommé Glass, fut autorisé à rester pour surveiller le château et les points de débarquement. Et cet homme a su tirer un tel parti de l'île, qu'aujourd'hui elle renferme plus de 300 acres de terre en culture, 70 têtes de bétail, 100 moutons, un grand nombre de cochons, de sangliers et de chèvres sauvages, et que les navires qui y relâchent sont sûrs d'y trouver les rafraîchissements nécessaires.

« Une immense solitude aquatique s'étend de ces îles jusqu'à celle de *Sainte-Hélène*. Point imperceptible dans l'Océan Atlantique, elle est à 450 lieues du cap Negro en Afrique, et à 750 du cap Saint-Augustin, pointe la plus orientale du Brésil; elle a 3 à 4 lieues de longueur, 2 ¼ de largeur, 10 de circonférence et 9 de superficie. Des rochers escarpés lui forment un rempart naturel et presque inexpugnable, dont la hauteur varie de 900 à 1,200 pieds. Elle est partagée en deux parties inégales, séparées par des montagnes coupées de vallées profondes, et qui présentent trois sommets coniques annonçant de loin une origine ignée. Le pic de Diane, à l'extrémité orientale de la grande chaîne, a 2,468 pieds d'élévation au-dessus du niveau de la mer : c'est le point culminant de l'île. Dans ses environs naissent les trois principaux ruisseaux : celui de la vallée de la Nymphe ou du Silence, celui de la vallée de Rupert et celui de la vallée de James. Le plateau le plus élevé est celui de

---

([1]) *Oriental Navigator*, Londres, 1816; et ci-après la *Table des Positions*. — ([2]) *Heywood*, cité dans l'*Orient. Navig.*, p. 18. — ([3]) *Du Petit-Thouars*, Description des îles Tristan d'Acunha, broch. in-8, avec une carte, *Heywood*, *Patten*, etc., etc.

Longwood dans la partie orientale : il est à jamais célèbre par le séjour qu'y fit Napoléon. Le basalte constitue la base de l'île; mais une quantité de laves et de scories dispersées partout en atteste la nature volcanique. Il y a de la chaux d'excellente qualité, des pierres qui prennent un très beau poli, et des argiles de diverses couleurs. On y soupçonne des mines de fer, que l'on pourrait peut-être exploiter avec d'autant plus d'avantage que, dans la partie occidentale, on utilise depuis plusieurs années une mine de houille assez considérable. La terre, généralement grasse et profonde, contient beaucoup de parties salines. La côte présente l'image de la stérilité; mais une riche verdure couvre l'intérieur de l'île jusqu'aux sommets des montagnes, dans lesquelles des sources d'eau saine et limpide jaillissent de tous côtés. La *vallée sablonneuse* n'est pas le seul point de vue pittoresque qui ait occupé le crayon des dessinateurs. Outre une dizaine d'arbres ou arbustes indigènes, encore mal connus, parmi lesquels se trouvent trois espèces de gommiers, on y voit les plus belles fleurs d'Europe et d'Afrique étaler leurs couleurs brillantes à côté des plantes antiscorbutiques, vantées par les marins. La culture de presque tous les fruits et de toutes les denrées de l'Europe et de l'Asie y réussit. Les pâturages nourrissent un grand nombre de bœufs, de moutons et de chèvres, ressource chérie du navigateur.

» La population se compose d'environ 4 à 5,000 personnes, dont environ 1,000 blancs et 3,000 nègres, non compris la garnison. *James-Town*, sur la côte du nord-ouest, est la seule ville et le seul port de Sainte-Hélène. De bonnes fortifications en défendent les approches. »

Cette ville, composée d'une centaine de maisons, presque toutes à deux étages, blanchies et couvertes en tuiles rouges, possède une église bâtie dans le goût moderne, un vaste hôtel du gouvernement dans lequel on remarque un riche cabinet d'histoire naturelle, un hôpital, de belles casernes, enfin un jardin botanique ou plutôt une pépinière publique appartenant à la compagnie anglaise des Indes. James-Town n'est habitée que lorsqu'il s'y tient des foires, c'est-à-dire lorsqu'un navire y aborde pour y faire des échanges contre les productions de l'île; alors elle cesse d'être une jolie solitude pour devenir un marché brillant et animé. Dans les intervalles de ces arrivages, les habitants se retirent presque tous dans leurs maisons de campagne.

« Lors de sa découverte, en 1502, l'intérieur de Sainte-Hélène ne formait qu'une grande forêt, et le gommier croissait même sur le bord des rochers suspendus au-dessus de la mer. Fernando Lopez, renégat portugais, qui obtint en 1513 la grâce d'y vivre dans l'exil, la peupla le premier de chèvres, de cochons, de pintades, de coqs d'Inde, de perdrix, de faisans, de paons, et d'autres espèces d'oiseaux; il y planta des racines, des herbes potagères et des arbres fruitiers. Les Portugais l'ayant oubliée à la longue pour leurs établissements sur la côte sud-est d'Afrique, elle fut occupée par les Hollandais, puis encore abandonnée par ceux-ci en 1651, pour le cap de Bonne-Espérance. Alors les Anglais s'y fixèrent. Depuis ce temps, jusqu'à l'époque où ils prirent à leur tour le cap de Bonne-Espérance, ce fut la seule relâche que les vaisseaux de la compagnie anglaise des Indes orientales eussent dans l'océan Atlantique. »

Associée aux destins du monde, cette île étroite a recélé pendant vingt ans les cendres de celui dont le génie ébranlait l'univers ([1]).

L'intérêt que le tombeau de Napoléon donne à la petite vallée du Geranium (*Geranium-Valley*) où il a été placé d'après ses dernières volontés, si toutefois ses restes ne pouvaient être transportés en France; les saules qui ombragent sa tombe; la source qui coule auprès et à laquelle il aimait à se désaltérer, la demeure enfin de Longwood qui domine ce vallon solitaire, attirent dans l'intérieur de l'île les étrangers qui autrefois ne dépassaient pas l'enceinte de James-Town. Mais on est étonné que ce sentiment si naturel à l'homme, qui le porte à la conservation des objets auxquels de grands souvenirs de gloire et de malheurs sont attachés, n'ait point engagé les habitants de Sainte-Hélène, où les agents de la compagnie des Indes, à entretenir l'habitation de Longwood. « Cette maison consiste en un rez-de-chaussée très bas; les pièces en petit nombre dont elle se compose sont étroites, sombres,

---

([1]) *Brookes*, Description de l'île de Sainte-Hélène, Londres, 1808; trad. franç., par M. Cohen, avec des Notes par *Malte-Brun*. Voyage de *Forster*, de *Valentia*, etc., etc.

humides ; leur aspect n'était guère plus riant quand elles étaient meublées et que l'empereur y résidait. Aujourd'hui l'habitation est complètement dévastée. La chambre où le grand homme rendit le dernier soupir n'est plus qu'une grange ; son cabinet de repos un grenier ; cette bibliothèque où il passait presque toutes ses heures, où il dictait les Mémoires immortels qu'il a légués à l'univers est convertie en volière ; sa chambre à coucher et les deux pavillons de ses fidèles aides de camp ne sont plus que des étables ([1]). »

« L'île de l'*Ascension*, rocher qu'on a cru dépourvu d'eau et presque de végétation, attirait les navigateurs par l'immense quantité de tortues qui viennent se reposer sur ses rivages, couverts de laves et de scories volcaniques. Les Anglais y ont formé un établissement et construit un fort ; ils y ont découvert une source.

» Au fond du golfe de Guinée, une chaîne d'îles semble indiquer la continuation de quelque chaîne de montagnes du continent voisin.

» L'île de *Fernando-Po*, ou plus exactement de *Fernuo-do-Po*, située, dans le golfe de Biafra, à 12 lieues des côtes de l'Afrique, tire son nom d'un gentilhomme du roi Alphonse V, de Portugal, qui la découvrit en 1472, et l'appela lui-même *Formosa* ou Belle-Ile. Elle a 15 lieues de long du nord-est au sud-ouest, sur environ 3 de large. On la dépeint comme très haute, boisée, souvent couverte de nuages, bien fertile en cannes à sucre, coton, tabac, manioc, patates, fruits et autres denrées qu'on y achète contre des barres et du fil de fer. Le Portugal, après l'avoir abandonnée antérieurement, la céda en 1778 à l'Espagne : la population est un mélange de mulâtres et de nègres qui ne jouissent pas d'une très bonne réputation. Dalzel dit que les Espagnols ont été chassés par les indigènes du fort qu'ils avaient tenté d'y bâtir pendant la guerre d'Amérique ([2]). Il semble néanmoins que leur colonie s'est élevée à un état florissant, puisque Wadstrom rapporte que tous les vaisseaux de Camerones, de Del-Rey et de Calabar y trouvent constamment d'amples provisions de toute espèce ([1]). Le mouillage ordinaire, où l'on va faire de l'eau et du bois, n'est qu'une rade ouverte sur la côte du nord. »

En 1814, l'Espagne autorisa les Anglais à former dans l'île de Fernando-Po un établissement auquel ils ont donné le nom de *Clarence*. Cette ville compte 400 habitants. Il est fort difficile de se procurer des provisions dans cette île ; leur prix y est excessif. L'administration de cette colonie a fait de vains efforts pour engager les naturels du pays à prendre part aux travaux d'exploitation qu'elle dirige, et elle a été forcée de recruter ailleurs. Aujourd'hui elle emploie 2 ou 300 Krahmen's, nègres très industrieux et fort intelligents qui font aussi le cabotage avec toutes les rivières qui avoisinent Clarence, pour se procurer de l'huile de palme, du bois d'ébène et de teinture et de l'ivoire. Les Anglais tirent de l'île des bois de construction pour les bâtiments de guerre.

« L'*île du Prince*, ou *ilha do Principe*, à 45 lieues au sud-sud-ouest de Fernando-Po, a 4 lieues de long sur 2 de lange. C'est le rendez-vous ordinaire des vaisseaux négriers, le havre étant regardé comme le meilleur de ce groupe d'îles. L'air y est sain et agréable, l'eau excellente. Plusieurs ruisseaux frais et limpides descendent à la côte ; un petit lac occupe le sommet d'une haute montagne au milieu de l'île, et fournit aussi plusieurs ruisseaux. Elle abonde en bois, en noix de coco, oranges, citrons, figues, patates, ignames, riz, millet, maïs, manioc, animaux domestiques et volailles. La ville de *San-Antonio* ou *Antào*, bâtie près de la pointe du nord-est, contient 200 maisons à un étage, deux églises et un couvent ([2]) ; on y compte environ une centaine de blancs sur un millier d'habitants : le restant de la population se compose de mulâtres et de nègres libres, qui entretiennent un grand nombre d'esclaves. Un fortin, gardé par des Portugais exilés, défend l'entrée du port.

» A 20 lieues dans le sud-ouest de l'île du Prince, sous l'équateur, est l'île de *Saint-Thomas*, ou *San-Thomé* : elle a 12 lieues de long sur 7 dans sa plus grande largeur, et 15 à 20,000 habitants, la plupart nègres ou mulâtres ([3]). Elle est composée de basalte

---

([1]) Voyez ce que disent sur Sainte-Hélène deux voyageurs récents ; *Revue britannique*, n° 4, nouvelle série. — ([2]) *Dalzel*, Instructions nautiques sur la côte d'Afrique.

([1]) *Wadstrom*, Essai sur les Colonies, p. 37. — ([2]) *Marchais*, t. III, pag. 30. — ([3]) *Pommeyorge*, Descript. de la Nigritie, p. 249.

compacte et d'autres produits volcaniques. La partie septentrionale est couverte de hautes montagnes terminées en pics, toujours enveloppés de nuages qui, de loin, paraissent comme de la fumée et que des voyageurs ont pris pour de la neige perpétuelle. Le pic *Santa-Anna* s'élève à 6,600 pieds. Au surplus, la chaleur brûlante et continuelle du climat provoque dans les vallons des brouillards épais et fétides, qui couvrent fréquemment l'île entière, et deviennent, surtout pendant les mois de décembre, janvier et février, la cause de maladies nombreuses. En juillet et août, les vents de sud-est et de sud-ouest raniment les forces défaillantes des Européens; mais ils sont très pernicieux aux naturels. On prétend néanmoins que les gens de couleur et les noirs atteignent souvent un siècle et au-delà, tandis que les blancs y vivent à peine 50 à 60 ans (¹). Quoi qu'il en soit, l'étonnante fertilité du sol fait braver tous les inconvéniens du climat. Le produit en sucre brut s'élève à 3 millions de livres pesant par an. La culture de la vigne y a réussi. Le maïs, le millet, le manioc, les patates, les ignames, les noix de coco, les bananes, les oranges, les citrons, les dattes et les melons abondent partout. La cassave tient lieu de pain. Le cannellier y a été découvert récemment (²). Les brebis et les chèvres ont la chair excellente; mais les bœufs sont plus petits et moins gras qu'en Europe. Les cochons, qu'on élève en très grande quantité, sont engraissés avec de la canne à sucre concassée dans des moulins. Les volailles multiplient prodigieusement, et toutes les rivières fourmillent de poissons. *Saint-Thomé* ou *Panoasan* (³), appelée aussi *Chaves*, en est la capitale; elle a 3,000 habitans et 500 maisons, la plupart de bois, 3 ou 4 églises et 2 couvens : elle est défendue par un fort bâti sur une langue de terre. La rade sert de relâche aux vaisseaux que les vents contraires ont empêché d'atterrir à l'île du Prince (⁴). On peut s'y procurer facilement toutes sortes de provisions pour des vieux habits et du vieux linge. L'île de San-Thomé est commandée par un gouverneur mulâtre, et administrée par un conseil de douze indigènes. Tout y respire le plaisir et la mollesse. Les esclaves ne connaissent point la servitude, et travaillent à peine deux ou trois jours par semaine. Des prêtres noirs desservent les églises ou chapelles, disséminées au nombre de 8 à 9 dans l'île (¹). La plupart ne savent pas seulement lire; mais ils ont chacun deux ou trois concubines. Quelques capucins blancs ou mulâtres, fixés dans un petit couvent, n'ont pas des mœurs plus rigides. Des évêques que la cour de Lisbonne avait résolu d'y envoyer à plusieurs reprises pour rétablir la discipline, moururent tous en peu de jours.

» Parmi les îles voisines de San-Thomé, celle de *Rolas* a 2 lieues de longueur.

» L'île d'*Annobon* ou *Bonanno*, découverte par les Portugais le premier jour de l'an 1473, a été cédée à l'Espagne avec celle de Fernando-Po. Elle est à 29 lieues au sud-ouest de l'île de Rolas, et peut avoir 7 à 8 lieues de circonférence (²). C'est une haute terre, d'un climat salubre, et sillonnée de vallons riants que bordent des montagnes parées d'une riche verdure, et couronnées de brumes qui ne nuisent point à la santé. On en tire des oranges délicieuses et très grosses, du coton, du tamarin, des pommes grenades, et toutes les denrées des trois îles précédentes, contre du sel et de vieux effets d'habillement. La population est de 8 à 900 habitants qui sont les descendants d'esclaves jetés sur cette île dans un voyage au Brésil. Dalzel rapporte qu'au moment d'en prendre possession, les Espagnols furent repoussés par les indigènes, indisposés déjà contre les Portugais. Il n'y a qu'un mauvais mouillage à la côte du nord. »

On a dans ce dernier temps révoqué en doute l'existence de l'île *Saint-Matthieu*; on a même été jusqu'à prétendre que c'était celle d'Annobon, placée sous une fausse longitude. Cependant on trouve dans quelques relations que cette île fut découverte en 1516 par les Portugais qui y formèrent un établissement, et qu'elle est située à 160 lieues du cap de Palmas par 2 degrés de latitude sud, et 11 de longitude ouest. Depuis long-temps il n'en est plus question parmi les possessions des Portugais.

« Au sortir du golfe de Guinée, et en s'é-

(¹) *Marchais*, III, 3. — (²) *Wadstrom*, p. 241. — (³) Peut-être *Panoasan* n'est qu'une corruption de *Povoaçao*, mot portugais qui signifie ville. — (⁴) *Rœmer*, p. 280; *Bosman*, p. 442.

(¹) *Ramsay*, Inquiry, etc., p. 38. — (²) *Bruns* et *Dalzet*.

levant directement aux îles du Cap-Vert, par les méridiens de ces îles mêmes, on traverserait ces parages, funestes au navigateur, où de longs calmes tiennent les vaisseaux enchaînés sous un ciel chargé de nuages électriques, versant tour à tour des torrents de pluie et des torrents de feu. On évite autant qu'on peut cette *mer de tonnerre*, foyer de maladies mortelles, soit en serrant les côtes d'Afrique, soit en cherchant celles d'Amérique.

» L'archipel des *îles du Cap-Vert*, appartenant aux Portugais, comprend dix îles, outre les îlots et les rochers. La principale est celle de *Sant-Iago*. Sa longueur est de 13 lieues et sa plus grande largeur de 5 à 6. Le premier aspect de cette île rebute l'œil par l'image de l'aridité; on dirait qu'elle sort d'un incendie. Des rochers nus, jetés en désordre l'un sur l'autre, découpés, brisés par des fractures bizarres, s'élèvent du sein de la mer et s'élancent jusque dans les nues (¹). Au centre, le mont San-Antonio a environ 6,950 pieds. A terre, le déplorable état des habitants attriste l'âme; ils ont le teint si foncé, que l'on ne soupçonnerait guère dans leurs veines le moindre mélange du sang européen, s'ils ne se vantaient pas eux-mêmes d'être Portugais (²). Le clergé est composé de gens de couleur et même de nègres. La misère générale dérive, partie de la mauvaise administration, partie des sécheresses qui quelquefois accablent l'île pendant plusieurs années de suite. La principale production est le sel, dont la vente exclusive pour le Brésil se fait au bénéfice du gouvernement. Le long des coteaux et dans les vallées où la rosée et l'humidité de l'air maritime entretiennent la végétation, les cocotiers, les bananiers, les papayers, brillant d'une éternelle verdure, offrent leurs fruits salutaires. Les tamariniers et les adansonies y étalent un large ombrage. Rien n'égale la beauté des oranges et des citrons du pays. Les goyaves, les figues, ainsi que les patates douces, les citrouilles et les melons d'eau sont d'une excellente qualité. La vigne et la canne à sucre réussissent. L'indigotier et le cotonnier, quoique abandonnés à eux-mêmes, ont la croissance la plus vigoureuse. Le duvet soyeux des asclépiades, qu'on voit fleurir partout, sert à rembourrer les oreillers et les matelas. Le riz et le maïs forment la nourriture ordinaire du peuple; mais lorsque les pluies périodiques manquent, le sol, calciné par un soleil dévorant, résiste à la bêche, et le pauvre est exposé à périr d'inanition : car le thermomètre de Fahrenheit ne descend guère au-dessous de 80°, et monte souvent au-dessus de 90°.

» Les montagnes de l'île sont remplies de chèvres, de chevreuils, de civettes et de singes. Les paysans donnent la chasse aux oiseaux de Guinée, aux ramiers, aux tourterelles, aux mouettes, aux perdrix et aux pintades; ils y élèvent des bœufs, des porcs et des chevaux. Le seul poisson passable de la mer est une espèce de mulet; mais les tortues de terre, qui fourmillent dans les vallées, fournissent un mets délicieux. L'eau potable est rare. La ville de *Puerto-Praya*, où abordent les navigateurs, est formée de deux rangées d'humbles maisons rustiques, mêlées de quelques cabanes encore plus misérables, et renferme à peine 1,200 habitants. Une redoute, tombée en ruines, défend mal le mouillage. *Sant-Iago* ou *Ribeira-Grande*, ancienne résidence des autorités, ne renferme plus qu'une soixantaine de familles depuis que l'autre ville est le siège du gouvernement.

» L'île de *Mayo*, montagneuse, fertile, riche en sel, en bestiaux et en coton; l'île de *Fuego* ou *Fogo* (du Feu), appelée aussi *Saint-Philippe* qui, malgré l'eau qui lui manque, son volcan très actif, haut de 7,400 pieds, produit de bons fruits, et renferme 4,000 habitants; l'île *Brava* ou *Saint-Jean*, qui donne de l'excellent vin et du salpêtre, constituent, avec celle de Sant-Iago, une chaîne dirigée de l'E. à l'O.

» L'île *Boa-Vista* (Bonne-Vue), remarquable par un sol moins élevé, très fertile en coton et en indigo, et une population de 8 à 10,000 âmes, forme une ligne du nord au sud avec l'île du *Sel* ou *do Sal*, que le pic de Martinez, haut de 1,300 à 1,400 pieds, fait reconnaître à 20 lieues de distance, et qui, habitée seulement par des tortues, offre un sol couvert d'efflorescences salines.

» Les quatre îles restantes font partie d'une chaîne dirigée du S.-E. au N.-O., et se succèdent dans l'ordre suivant. *Saint-Nicolas* ou *San-Nicolao*, est une des plus grandes et la mieux policée de tout l'archipel, et renferme une ville du même nom où l'on fabri-

---

(¹) *Wurmb*, Voyage aux Indes, p. 58. — (²) *Barrow*, Voyage à la Cochinchine, t. I, p. 87.

que de très bonnes étoffes de coton : elle est peuplée de 1,500 âmes et sert de résidence à l'évêque de l'archipel. L'île a un sol montueux et fertile en fruits, mais on n'y récolte qu'un vin aigrelet. On lui donne 6,000 habitants. *Santa-Lucia*, élevée, boisée et inhabitée, n'a que des eaux saumâtres. *San-Vincente*, également inhabitée, est, de même que la précédente, riche en bois et en tortues. On y trouve beaucoup de chèvres. Quoiqu'elle n'ait que 6 lieues de longueur, elle renferme deux chaînes de montagnes, hérissées d'un grand nombre de pics. *San-Antonio*, dont les montagnes égalent, dit-on, le pic de Ténériffe en élévation, nourrit, dans ses vallées bien arrosées, l'indigotier et le dragonnier, l'oranger et le citronnier. Sa population est de 4,000 âmes.

» Malgré les sécheresses auxquelles ces îles sont exposées, leur produit naturel en coton, indigo, fruits, sel, peaux de chèvres et huile de tortue, pourrait leur donner une certaine valeur sous une administration plus intelligente. Leur population actuelle est estimée à 80,000 âmes.

» Au nord des îles du Cap-Vert, les eaux de l'Océan disparaissent sous une couche épaisse de varec qui, semblable à une prairie flottante, s'étend jusqu'au 25e parallèle, et occupe un espace de 60,000 lieues carrées; les navires s'en dégagent avec difficulté. On voit d'autres amas de varec dans des parages plus au nord-ouest, presque sous le méridien des îles Açores *Cuervo* et *Flores*, entre les 23e et 35e parallèles nord. Les anciens connaissaient ces parages, semblables à des prairies. « Des navires phéniciens, dit Aristote ([1]), » poussés par le vent d'est, arrivèrent, après » une navigation de 30 jours, dans un endroit » où la mer était couverte de roseaux et de » varecs. » Quelques personnes ont pensé que cette abondance de varec était un phénomène qui prouvait l'ancienne existence de l'Atlantide engloutie. Il paraît que du temps de Christophe Colomb ces faits étaient oubliés ; car ses compagnons furent saisis d'effroi en voyant si abondante en plantes cette partie de la mer que les Portugais appelaient *mar de Sargasso*. Les parages couverts de varec aux environs des îles du Cap-Vert, sont encore décrits dans le périple de Scylax ([1]). « La mer, » au-delà de Cerne, n'est plus navigable à » cause de son peu de profondeur, des marécages et des varecs. Le varec a une coudée » d'épaisseur, et son extrémité supérieure est » pointue et piquante. »

» Ces passages des anciens paraissent démontrer que leurs navigations ne se terminaient que vers le cap Blanc, comme nous l'avons admis, et non pas au cap Bojador, comme le savant Gossellin le suppose. Car la situation de la *mer du Sargasse* n'a pu changer considérablement, attendu qu'elle est déterminée par les vents et les courants, éternels agents de l'immuable nature. Tout au plus les limites de ces bancs de plantes marines ont pu être autrefois un peu moins étendues.

» Le célèbre archipel des *îles Canaries* nous ramène vers l'empire de la civilisation. C'est presqu'une partie de l'Europe. Que n'a-t-on pas écrit sur la douce température de ces îles et sur les riants paysages que renferme leur enceinte de rochers ?

» *Lanzarota* ou *Lancerote* commence la chaîne à l'est. Dépouillée de ses forêts, elle éprouve, comme le continent voisin, des sécheresses destructives ; cependant elle nourrit des chameaux en grand nombre, et exporte du blé, de l'orge, des légumes. On y compte quatre volcans en activité. La vigne y croît avec force dans les cendres volcaniques ([2]). *Téguise* en est la capitale. Trente autres lieux habités y forment 8 paroisses, dont la population totale est de 16,000 âmes. Lancerote possède les deux meilleurs ports de l'archipel. Dans cette île, que les indigènes appelaient *Titeroygotra*, il régnait une civilisation plus avancée que dans les îles situées plus à l'occident. Les habitants demeuraient dans des maisons bâties en pierre de taille, tandis que les Guanches de Ténériffe se logeaient dans des cavernes. On retrouva ici l'usage singulier qui existe aussi dans le Thibet, et qui permet à une femme d'avoir légalement plusieurs maris ([3]). Ces traits de mœurs semblent prêter une nouvelle force à notre opinion, d'après laquelle

---

([1]) *Aristot.* de mirabilibus, p. 1157, ed. Duval; Paris.

([1]) Ed. de Gronovius, p. 126. — ([2]) *Tessier*, État de l'agriculture aux îles Canaries, dans les *Mém. de l'Institut*, sciences phys., an VI, t. I. — ([3]) *Viera de Clavijo*, Noticias di la Historia de las Islas Canarias, t. I, p. 150, 171, etc.

les îles de Lancerote et de Fortaventure auraient été les seules connues des anciens peuples civilisés.

» *Fuerteventura* ou *Fortaventure*, dont le nom indigène était *Erbania*, n'offre qu'une continuation du sol de Lancerote. Cette île a environ 23 lieues de longueur sur 12 de largeur. L'eau de citerne fournit presque seule aux besoins des habitants. Dans les bonnes années elle exporte néanmoins du blé et de l'orge. On y recueille aussi de la soude, du coton et du vin de médiocre qualité. *Santa-Maria de Betancuria*, le chef-lieu, conserve le nom du premier conquérant moderne des Canaries, de ce Jean de Bethencourt, chambellan de Charles VI, à qui le roi d'Espagne Henri III conféra, en 1403, le titre et les prérogatives de seigneur des Canaries.

» Les quatre îles de la *Grande-Canarie*, de *Ténériffe*, de *Gomère* et de *Palma* forment une chaîne de montagnes très élevées et qui se dirigent de l'est à l'ouest. *Canaria*, ou *Canarie*, douée d'un sol très fertile, arrosée de ruisseaux limpides, jouissant d'une température modérée, serait la plus importante de cet archipel si elle avait une meilleure rade et si 150 terres érigées en *majorats* n'y restaient pas incultes (¹). Elle produit du maïs, du blé, de l'orge, du vin, du sucre très estimé, des olives et de la soie. La ville de *Las-Palmas*, avec 9,000 habitants, est le siège des autorités ecclésiastiques et civiles; l'archipel des Canaries forme un évêché et une *audiencia*. Le village de *Gualdar* se compose de grottes, taillées dans les rochers par les anciens indigènes. Sur le mont *Daremas*, le parfum des bosquets, le murmure des eaux et le chant des serins rappellent tout ce que les poëtes ont écrit sur les îles Fortunées.

» *Ténériffe*, la plus peuplée et la plus grande de ces îles, portait chez les indigènes le nom de *Chinérife*. Les montagnes basaltiques dont sa masse est formée s'élèvent généralement à 600 toises au-dessus du niveau de la mer. La partie méridionale renferme le fameux *pic de Teyde*, ou plus exactement d'*Echeyde*, c'est-à-dire de l'Enfer. Il portait encore chez les Guanches le nom d'*Aya-Dyrma*; c'est peut-être celui de tous les monts volcaniques dont la renommée se soit

(¹) *Viagero universal* de *P. Estalla*, t. XI, p. 207. *Bory de Saint-Vincent*, Essai sur les Îles Fortunées.

le plus occupée dans les temps modernes. Cependant ce n'est que depuis peu qu'on en a déterminé avec exactitude l'élévation, qui est de 1,858 toises, ou 11,148 pieds (¹). Les deux tiers du cône formé par cette montagne sont recouverts d'une belle végétation, au milieu de laquelle il se montre peu de laves modernes; on traverse des bosquets de lauriers, souvent environnés de nuages. Dès qu'on a dépassé la région des nuages, le sol aride et désert commence à se couvrir de pierres ponces et de laves obsidiennes ou vitreuses. Cette région stérile occupe un espace de 10 lieues carrées de superficie (²). Un vaste et profond réservoir contient de l'eau glaciale, qui, au mois de septembre, est gelée. Le cône volcanique, proprement dit, offre une déclivité si rapide, qu'il n'est possible d'y monter qu'en suivant un ancien torrent de lave. Le cratère lance de temps à autre des fumées, et le sol qui l'environne est en plusieurs endroits assez échauffé pour qu'en y marchant on s'expose à avoir ses souliers calcinés. Ce volcan paraît cependant agir plutôt par les flancs que par le sommet; d'énormes éruptions latérales ont attesté, en 1798, la violence continuelle du feu souterrain. Plusieurs indices prouvent qu'il s'amasse dans les cavernes intérieures du pic de grands dépôts d'eau, qui s'exhale en vapeurs par divers soupiraux, dont les deux plus remarquables portent le nom de *narines*. »

Le célèbre géologue M. Léopold de Buch regarde le pic de Ténériffe comme un énorme dôme de trachyte, roche feldspathique ignée, qui a été soulevé et qui est recouvert d'une nappe de basalte. C'est une sorte de tour gigantesque environnée de son fossé et de son bastion.

» Au pied de ce mont ignivome s'étend une des plus belles contrées du monde. Les coteaux, cultivés en plusieurs endroits avec autant de soin qu'un jardin, produisent les fruits les plus délicieux et les vins les plus exquis. Le vin de Ténériffe est de deux espèces, le *malvoisie*, et le *vidogne*, ou *viduena*;

(¹) Selon *Borda*, *Pingré* et *Cordier*, les anciennes estimations l'élevaient davantage. Selon *Cassini*, il avait 2,634 toises; selon *Heberden*, 2,409; selon *Feuillée*, 2,213; selon *Bouguer*, 2,062. Un Espagnol, D. *Manuel Hernandez*, le rabaisse à 1,742. — (²) *A. de Humboldt*, Voyage, Relation historique, t. I, liv. I, ch. 2.

AFRIQUE. — ILES AFRICAINES OCCIDENTALES.

Il s'en récolte environ 25,000 pipes dans les années abondantes[1]. La flore de Ténériffe peut donner une idée de celle de toutes les Canaries. Le bananier, le papayer et la magnifique poincillade ornent les jardins; le trichomane des Canaries, jolie fougère, tapisse les murs[2]. Les cactus, les cacalies, les euphorbes rappellent par leurs formes roides et pointues l'aspect végétal de l'Afrique. Le sucre de Ténériffe est une graminée particulière à cet archipel. L'orseille de cette île est recherchée. Tous les voyageurs ont admiré un arbre à sang-dragon, d'une dimension gigantesque, que l'on conserve dans un jardin de la charmante ville d'Orotava. « En juin 1799, » dit M. de Humboldt, lorsque nous gravîmes le pic de Ténériffe, nous trouvâmes » que ce végétal énorme avait 45 pieds de » circonférence un peu au-dessus de la ra-» cine[3]. » M. G. Staunton prétend qu'à 10 pieds de hauteur il a 12 pieds de diamètre; sa hauteur est de 60 pieds. La tradition rapporte que ce dragonnier était révéré par les Guanches, comme l'orme d'Éphèse par les Grecs; et qu'en 1402, lors de la première expédition de Béthencourt, il était aussi gros et aussi creux qu'aujourd'hui. En se rappelant que le dragonnier a partout une croissance très lente, on peut conclure que celui d'Orotava est extrêmement âgé. Il paraît avec raison singulier à M. de Humboldt que le dragonnier ait été cultivé depuis les temps les plus reculés dans les îles Canaries, dans celles de Madère et de Porto-Santo, quoiqu'il vienne originairement des Indes. Ce fait semble contredire l'assertion de ceux qui représentent les Guanches comme une race d'hommes entièrement isolée, et n'ayant eu aucune relation avec les autres peuples de l'Asie et de l'Afrique.

» Les villes de Ténériffe, auberges des navigateurs, ont été vingt fois décrites avec plus de soin que celles de plusieurs contrées européennes[4]. »

Santa-Cruz, ou *Sainte-Croix*, qui en est la principale et qui compte 8 à 10,000 habitants, sert de siège au gouvernement des Canaries. Les rues en sont larges, droites, garnies de trottoirs et de maisons assez bien bâties, ce qui lui donne un aspect de tristesse; ses édifices contrastent par leur blancheur éclatante avec les noirs rochers de lave contre lesquels la ville est adossée; ses églises et plusieurs de ses fontaines sont belles; sa principale place publique est ornée d'un monument en marbre blanc dédié à Notre-Dame de la Candelaria. *Laguna*, ancienne capitale de l'île, vante son climat délicieux. Elle a perdu son importance commerciale depuis l'éruption volcanique de 1705, qui détruisit la ville maritime de Guaradino; cependant elle compte encore 8 à 9,000 habitants; un évêque y fait sa résidence. *Orotava*, qui portait précédemment le nom d'*Aurotopala*, et chez les Guanches celui de *Taoro*, rivalise avec les plus beaux sites du monde. Le quartier qui avoisine le port, et qui forme une autre ville à part sous le nom de *Puerto de la Paz*, est le mieux bâti. La population réunie de ces deux quartiers est de 11 à 12,000 âmes. Dans le jardin de botanique établi près de cette ville, les végétaux de l'Ancien et du Nouveau Monde entremêlent leur feuillage.

« *Gomère*, petite île très fertile et bien arrosée, peut se suffire presque à elle-même. Les montagnes de granit et de schiste micacé[1] sont couvertes de forêts et entrecoupées de vallées délicieuses où croissent des lauriers, des dattiers, des citronniers, des figuiers, des noyers, des mûriers. Les herbes potagères, les légumes, les grains, les fruits, les poires de serre, les patates, les ignames, le vin, le miel, les bêtes à cornes et à laine, les mulets, les volailles, le gibier, y abondent[2].

» *Saint-Sébastien*, le chef-lieu, a un bon port, où Christophe Colomb fit radouber ses vaisseaux en 1492, avant d'aller chercher un Nouveau Monde. Il y a des fabriques de laine et une sucrerie.

» *Palma* a le sol plus élevé que Ténériffe, montueux, coupé de ravins, rempli de cavernes, renfermant un cratère en activité; son sol est assez aride dans la partie du sud. Elle n'est en général fertile et peuplée que sur les

---

[1] *Ledru*, Voyage à Ténériffe, etc., t. I, p. 126.—
[2] *La Billardière*, Voyage, I, 8-21. — [3] Tableau de la Nature, I, p. 109; traduct. franç. de M. *Eyriès*. — [4] *Bory de Saint-Vincent*, Essai sur les îles Fortunées, 230. *Ledru*, I, 37. *Macartney*, *Barrow*, *Milbert*, etc., etc.
V.

[1] *Broussonet*, cité par *A. de Humboldt*, Voyage, I, 168. — [2] Selon *Milbert*, t. I, p. 96, c'est la seule des Canaries où il y ait des cerfs et des chevreuils, trait que M. *Ledru* transporte à Ferro.

côtes, où l'on recueille des légumes, du bon vin, beaucoup de sucre, employé principalement à confire les fruits dont l'île abonde, et une grande quantité d'amandes. La récolte en blé ne suffit pas à la consommation des habitants. Dans les années de disette, le peuple se nourrit, comme à Gomère, de racines de fougère. Selon Clavijo, on n'y trouve ni bêtes fauves, ni perdrix, ni lièvres; mais les lapins, très nombreux, détruisent les jeunes tiges d'arbres sur les flancs des montagnes. La région des nuages seule est richement boisée, et donne à l'île, vue de loin, l'air d'une forêt. On y trouve une sorte de bois d'aloès [1]; l'*ilex perado*, le *laurus indica*, le *laurus nobilis*, et le *myrica faya*, ombragent les crêtes qui entourent le cratère central.

» *Santa-Cruz de las Palmas*, la capitale, a un bon port.

» *Hierro*, ou *Ferro*, plus connue sous le nom d'*île de Fer*, parce qu'elle a servi longtemps à fixer le premier méridien chez les différents cartographes de l'Europe, usage qui s'est conservé en Allemagne, est la plus occidentale des sept Canaries; son sol volcanisé est peu fertile. Après avoir gravi un talus de plus d'une lieue qui s'élève du bord de la mer, on y trouve des guérets fleuris, où de nombreuses abeilles ramassent du miel. *Valverde* est le chef-lieu de cette île. Elle n'a que peu de sources; mais l'humidité du sol est entretenue par de fréquents brouillards, qui l'ont fait surnommer par les Canariens *terre noire*. On y recueille peu de grains, beaucoup d'orseille, et on y fabrique annuellement pour 80 à 100,000 réaux d'eau-de-vie, qu'on tire du vin et des figues [2]. Les pâturages nourrissent une grande quantité de bestiaux, dont la chair est du meilleur goût, et les forêts renferment des cerfs et des chevreuils. L'*arbre saint*, de l'île de Fer, objet de tant de récits fabuleux, paraît avoir été un *laurus indica*; il ne fournissait pas l'île entière d'eau fraîche, mais les vapeurs condensées sur ses feuilles en donnaient néanmoins une quantité considérable, et qui, dans les sécheresses, était une véritable ressource. Cet arbre, gardé avec soin, fut détruit en 1612 par un ouragan terrible; son existence, en vain révoquée en doute par le célèbre critique *Feyjoo*, a été juridiquement constatée [1].

» Les aperçus qui auraient rendu cette topographie des Canaries trop aride ont été réunis dans le tableau suivant :

Noms des îles.	Surface en lieues marines carrées [2].	Population en 1828.	Produit de froment et d'orge en *fanégas* [3].
Ténériffe...	73....	76,000....	89,556
Fortaventure.	63....	12,500....	150,000
Canarie...	60....	56,000....	70,653
Palma...	27....	28,500....	44,350
Lancerote..	26....	15,600....	155,461
Gomère...	14....	8,000....	13,000
Fer.....	7....	5,400....	7,000
	270 l. c.	202,000 hab.	530,790 fan.

Ces îles, ainsi que celle d'Annobon et celle de *Fernando-Po*, appartiennent à l'Espagne.

« Les habitants des Cañaries, connus sous le nom d'*Islenos* (les Insulaires), émigrent en grand nombre à la côte de Caraccas et aux Philippines. Vifs et spirituels comme des Andalousiens, ils aiment l'instruction et le travail comme des Biscayens; ils prononcent l'espagnol avec une douceur particulière [4]. Des philosophes, comme Clavijo; des poëtes, comme Yriarte, ont illustré cette peuplade, qui compte encore dans son sein quelques savants estimables, et chez laquelle les bons livres français ne sont rien moins qu'inconnus. Les Canaries, le Cap et l'Ile-de-France, forment en Afrique presque tout le domaine de la civilisation. Les droits féodaux, les majorats et l'étendue des terres domaniales en friche, arrêtent cependant aux Canaries les progrès de la culture et de la prospérité publique.

» Que sont devenus les *Guanches*, dont les momies seules, enfouies dans des cavernes, ont échappé à la destruction ? Au quinzième siècle, quelques nations commerçantes, surtout les Espagnols et les Portugais, cherchaient des esclaves aux îles Canaries, comme on en cherchait dernièrement sur la côte de Guinée. Sous les Guanches, l'archipel des Canaries était divisé en plusieurs petits États, ennemis les uns des autres, et la cupidité des Européens entretenait les guerres intestines pour acheter les prisonniers; plusieurs préférèrent la mort à la servitude, et se tuèrent eux et leurs enfants. C'est ainsi que la popu-

---

[1] Viagero universal, XI, 211. — [2] Ledru, t. I, p. 40.

[1] Viagero universal di *P. Estala*, t. XI, p. 139-143. — [2] Mesuré d'après les cartes de Borda et de Varela par M. *Oltmans*. — [3] Recensements officiels cités par *Ledru*. La *fanéga* est de 100 livres de poids. — [4] Viagero universal, t. XI, p. 227.

lation des Canaries avait déjà considérablement souffert par le commerce des esclaves, par les enlèvements des pirates, et surtout par un carnage prolongé, lorsque Alonzo de Lugo en acheva la conquête. Ce qui restait des Guanches périt, en 1494, dans la fameuse peste appelée *modorra*, que l'on attribuait à la quantité de cadavres que les Espagnols avaient laissés exposés à l'air après la bataille de la Laguna. Cette belle nation des Guanches était à peu près éteinte au commencement du dix-septième siècle ; on n'en trouvait plus que quelques vieillards à la *Candelaria* et à *Guimar*, dans l'île de Ténériffe. Aujourd'hui, il n'existe dans tout l'archipel aucun indigène de *race pure*. Quelques familles de Canariens se vantent de leur parenté avec le dernier roi-pasteur de Guimar ; mais ces prétentions ne reposent pas sur des fondements très solides : elles se renouvellent de temps en temps, lorsqu'il prend envie à un homme du peuple, plus basané que ses concitoyens, de solliciter un grade d'officier au service du roi d'Espagne (¹).

» Les Guanches, célèbres par leur taille élancée, et souvent remarquables par une belle chevelure blonde, ont fourni de superbes traits au pinceau d'historiens mécontents de leur siècle, et peu de temps après la découverte de l'Amérique, on se plaisait à signaler les généreuses vertus des Guanches, comme on a célébré de nos jours l'innocente douceur des insulaires d'Otaïti, ou comme Tacite a tracé le tableau séduisant des peuples germaniques. En effet, si les Guanches offrent quelque analogie physique avec les colosses de l'ancienne Germanie, ils paraissent avoir ressemblé sous d'autres rapports aux Otaïtiens. Nous les voyons gémir, les uns et les autres, sous le joug du gouvernement féodal. Chez les Guanches, cette institution, qui facilite et perpétue les guerres, était sanctionnée par la religion. Les prêtres disaient au peuple : « Le grand esprit, *Achamas*, a créé d'abord les nobles, les *Achimenceys* ( ), auxquels il a distribué toutes les chèvres qui existent sur la terre. Il créa ensuite les plébéiens, les *Achicaxnas*. Cette race, plus jeune, eut la hardiesse de demander aussi des chèvres ; mais l'Être suprême répondit que le peuple était destiné à servir les nobles et qu'il n'avait besoin d'aucune propriété. » Le *faycas*, ou grand-prêtre, exerçait le droit d'anoblir, et une loi portait que tout Achimencey qui s'avilirait jusqu'à traire une chèvre de ses mains perdrait ses titres de noblesse. Cette loi ne rappelle point la simplicité des mœurs du siècle homérique.

» Les momies de cette nation qu'on voit dans les cabinets de l'Europe proviennent de cavernes sépulcrales taillées dans le roc, sur la pente orientale du pic de Ténériffe. Les anciens Guanches, lorsqu'ils avaient déposé dans ces catacombes une quantité suffisante de corps, prenaient la précaution d'en fermer l'entrée, et on prétend que la connaissance des lieux de sépulture était un secret qui se transmettait exclusivement à de certaines familles (¹). Ces momies, maintenant très rares aux Canaries même, sont dans un état de dessiccation si extraordinaire, que les corps entiers, munis de leurs téguments, ne pèsent souvent que six à sept livres, c'est-à-dire un tiers de moins que le squelette d'un individu de la même grandeur, dépouillé récemment de la chair musculaire. Le crâne offre, dans sa conformation, quelques légers rapports avec celui de la race blanche des anciens Egyptiens, et les dents incisives sont émoussées chez les Guanches comme dans les momies trouvées sur les bords du Nil. Mais cette forme des dents est due à l'art seul ; et, en examinant soigneusement la physionomie des anciens Canariens, des anatomistes habiles (²) ont reconnu dans les os zygomatiques et à la mâchoire inférieure des différences sensibles avec les momies égyptiennes. Au surplus, il paraît que la découverte de ces cadavres desséchés a prouvé l'existence de deux races distinctes chez les anciens Canariens : l'une aux traits réguliers, qui rappellent le beau type grec ; l'autre, qui offre une grande analogie avec la race kalmouke. En ouvrant les momies des Guanches, on y trouve des restes de plantes aromatiques, parmi lesquelles on distingue constamment le *chenopodium ambrosioides*, espèce d'ansérine originaire de l'Amérique, et qui porte le nom vulgaire de thé du

---

(¹) *A. de Humboldt*, Voyage, tom. I, pag. 190. — (²) Oa *Achamanacres*. Ce mot guanche rappelle la famille des *Achéménides* en Perse, et les *Atamans* ou chefs des hordes tatares.

(¹) *Milbert*, t. I, p. 59. — (²) *Blumenbach*, Decas Craniorum, t. V, p. 7.

Mexique. Souvent les cadavres sont ornés de bandelettes auxquelles sont suspendus de petits disques de terre cuite, qui paraissent avoir servi de signes numériques, et qui ressemblent aux *quippos* des Péruviens, des Mexicains et des Chinois (1).

» Le seul monument propre à répandre quelque lumière sur l'origine des Guanches est leur langue; mais malheureusement il ne nous en est resté à peu près que 150 mots, dont plusieurs expriment les mêmes objets, selon le dialecte des différentes îles. Outre ces mots, il existe encore des fragments précieux dans les dénominations d'un grand nombre de hameaux, de collines et de vallons.

» On avait pensé long-temps que la langue des Guanches ne présentait aucune analogie avec les langues vivantes; mais depuis que le Voyage de Hornemann et les recherches ingénieuses de MM. Marsden et Venture ont fixé l'attention des savants sur les *Berbers* ou *Chillouhs*, qui occupent une immense étendue de terrain dans l'Afrique boréale, on a reconnu que plusieurs mots guanches ont des racines communes avec les dialectes *chilla* et *gebali* (2).

» Si cette analogie ne prouve pas une communauté d'origine, elle indique du moins des liaisons anciennes entre les Guanches et les Berbers, dans lesquels se trouvent refondus les Numidiens, les Gétules et les Garamantes.

» A l'ouest des îles Canaries, une tradition très répandue, mais très obscure, place une île nommée *Saint-Brandon* ou *Saint-Borondon*. On prétend même qu'elle était visible des rivages de l'île Palma. Un saint évêque y avait conduit une colonie de chrétiens lors de l'irruption des Maures en Espagne. Ces traditions peuvent avoir pour fondement une de ces illusions optiques, par lesquelles l'image d'une côte réelle est répétée dans les nuages. Peut-être aussi quelque volcan sous-marin, existant à l'ouest des Canaries, fait-il tour à tour paraître et disparaître les parois de son cratère.

» En passant devant le groupe de rochers appelés les îles *Salvages* ou Sauvages, dont il est dangereux d'approcher, nous arrivons, par une navigation de 80 lieues marines, à l'île de *Madère*, qui, avec celle de *Porto-Santo* et avec quelques îlots déserts, forme un groupe particulier, et un gouvernement appartenant au Portugal. »

Le sol montueux de Madère s'élève de toutes parts vers une chaîne de montagnes, dont le sommet s'appelle le *pic Ruivo*, élevé, suivant M. de Buch, de 5,484 pieds au-dessus du niveau de la mer. On y remarque sur le sommet un enfoncement, appelé par les habitants *Val*, et qui paraît être la bouche d'un ancien cratère, idée confirmée par les laves, la plupart légères et bleuâtres, qu'on y voit disséminées, et dont la mer jette même de temps à autre des débris dans les baies du sud; mais on n'y trouve point de pierre ponce, et tout porte à admettre, avec Bowdich, que l'île ne doit pas son origine à l'action d'un volcan sous-marin, puisqu'on y trouve des roches de sédiment inférieur ou de transition; ainsi, par exemple, c'est sur un calcaire de cette époque, de 700 pieds d'épaisseur, que repose le basalte. Une autre cime importante est celle de Torinhas, haute de 5,160 pieds. Les parties constitutives des montagnes sont principalement le quartz et le schiste granulaire, dont les fentes renferment généralement du fer et de l'ocre. L'île est sujette à des tremblements de terre assez fréquents. Rathke, naturaliste danois, en a rapporté du plomb natif, engagé dans une lave tendre comme au Vésuve. Les côtes, généralement escarpées, sont d'un abord difficile; les vagues s'y brisent avec violence.

« Le climat est doux, tempéré et fort agréable; on y jouit d'un printemps presque perpétuel. Dans la saison froide, le thermomètre marque régulièrement 12 à 15° de Réaumur; il est rare de le voir tomber à 10. Pendant l'été, il se tient entre 15 et 20°. Les vents brûlants apportés d'Afrique le font monter à 25 ou 28. Cette chaleur extraordinaire est promptement rompue par des orages qui lui succèdent. Le vent de nord-est règne dans l'intérieur de l'île. A la côte méridionale, on ressent le matin, pendant neuf mois de l'année, une douce brise d'est, qui tourne à l'ouest vers midi. Le soir, et pendant la nuit, elle est remplacée par le vent de terre ou par des calmes.

---

(1) *Viera y Clavijo*, noticias, tom. I, pag. 175. —
(2) Voici quelques exemples : *Tigo*, ciel; en berbée, *tigot*. *Aho*, lait; en b., *aeho*. *Tomasen*, orge; en b., *tomzeen*. *Tumogameen*, maisons; en b., *tigameen*. *Carianas*, panier; en b., *carian*. *Aënum*, eau; en b., *anan*. Voyez le *Mithridates*, par *Adelung* et *Vater*, t. III, p. 60.

L'équinoxe d'automne amène des vents forts du sud, qui alternent par la suite jusqu'à la fin de l'année avec des vents d'ouest, souvent orageux. Les pluies qui tombent depuis novembre jusqu'à la fin de février ne sont ni fortes, ni abondantes : dans l'espace de sept années, on y a compté 462 jours pluvieux (¹). L'humidité naturelle de la terre est entretenue par la neige, qui couvre assez long-temps les plus hautes montagnes, et par les nuages qui en enveloppent les cimes pendant le jour, et s'abaissent, au soleil couchant, dans les vallons, où la première aurore les fait disparaître.

» L'île est riche en sources, et arrosée par une quantité de petites rivières qui descendent des montagnes, et forment souvent dans les ravins des cascades très pittoresques : la plus remarquable se trouve à 3 lieues de Funchal. On distribue les eaux des rivières et des ruisseaux sur le sol souvent pierreux des jardins et des vignes, au moyen de digues et de fossés soumis à l'inspection d'officiers particuliers.

» L'abondance des bois dont elle était autrefois couverte lui avait fait donner le nom de *Madeira* (bois de construction). Pour en faciliter le défrichement, on y mit le feu, qui, dit-on, dura sept ans. Aujourd'hui, les jardins et les vergers sont ornés d'une grande variété d'arbres fruitiers, tant de l'Europe que des tropiques. Mais les forêts, la plupart composées de châtaigniers et de noyers, ne s'étendent que sur les flancs supérieurs des montagnes. On y trouve aussi des cèdres, des cyprès, du bois de fer et plusieurs espèces de lauriers, parmi lesquels on distingue surtout le *laurus indica* qui donne l'acajou de Madère. Plus haut croissent des pins; mais les dernières sommités ne présentent plus que des arbustes rabougris et quelques broussailles qui suppléent au manque de bois à brûler. Les champs sont ornés de genêts, de cytises, de myrtes, de figuiers d'Inde, d'euphorbes, de framboisiers, de rosiers, de jasmins, de limoniers aquatiques (²), de phillyrées, de dragonniers (³).

« Le *sucre* de Madère était autrefois très estimé pour son odeur de violette et son goût aromatique; de nos jours, on n'y prépare plus qu'une petite quantité de mélasse et de sirop. La culture de la canne a été entièrement sacrifiée à celle de la vigne, qui forme en effet la grande richesse de l'île. Les vignobles, pour lesquels on a ménagé avec soin des moyens d'irrigation, s'élèvent sur les coteaux méridionaux des montagnes à une hauteur d'à peu près 2,400 pieds. Les raisins mûrissent à l'ombre des treilles, et sont récoltés après s'être à moitié séchés sur pied; ils sont presque tous blancs. Le précieux vin de Malvoisie provient de ceps apportés de Candie en 1445. On en distingue trois qualités, dont on récolte annuellement 500 pipes. L'autre sorte, plus abondante, est célèbre sous le nom de Madère sec. La récolte annuelle varie entre 15,000 et 25,000 pipes, et l'exportation se monte à 12 ou 15,000. Il en passe 5,500 en Angleterre, 5,500 aux Indes orientales, 3,000 aux Indes occidentales, et 2,000 aux Etats-Unis d'Amérique, où on prend les qualités inférieures (¹). On a commencé, il y a plusieurs années, à cultiver l'olivier, par ordre du gouvernement. Les pêchers et les mûriers y acquièrent une hauteur considérable; le ricin commun y parvient aux dimensions d'un arbre; le galanga de l'Inde (*maranta indica*) y réussit parfaitement. Les grains de l'île, le froment surtout, et l'orge sont excellents; mais elle n'en produit que pour une consommation de quatre mois. Les oignons, les courges, l'arum égyptien, les yams et les châtaignes forment la principale nourriture. »

Les lapins abondent dans les montagnes; les espèces d'oiseaux y sont nombreuses; le serin gris y est indigène. Les abeilles des vallées donnent un miel délicieux. Les lézards s'y sont multipliés à tel point qu'ils font beaucoup de tort aux raisins. Les bêtes à cornes et les moutons qu'on y a importés sont de petite taille; les chèvres s'y sont considérablement multipliées, et les cochons y sont en partie à l'état sauvage. Aucun mammifère n'est indigène de Madère; tous y ont été importés. Le rat commun et la souris s'y sont considérablement multipliés. Le furet y est devenu sauvage; mais il n'y a ni lièvres, ni renards, ni taupes, ni belettes, ni musaraignes. Le veau marin se présente souvent sur la côte. La mer offre des truites, des soles, des sardines, des albacores, espèce de thon,

---

(¹) *Heberden*, Transact. philos., t. XLVII, p. 357 et suiv.; t. XLVIII, p. 617. — (²) Passiflora laurifolia, L. — (³) *Sloane*, p. 9-14. *Banks, Forster*.

(¹) *Barrow*, Voyage à la Cochinchine, ch. I.

et d'autres poissons en abondance. Néanmoins, pour les temps de carême et les jours maigres, les insulaires ont recours à la morue importée par des vaisseaux étrangers.

Madère renfermait, en 1767, une population de 64,000 âmes. Les registres d'églises offrent, dans un espace de huit ans, un accroissement annuel de 907 âmes, et ne portent la mortalité qu'à 1 sur 49 (¹). De nos jours, Staunton estime la population totale à 80,000 âmes, et Barrow la porte à 90,000. En 1826, on l'évaluait à 100,000. Elle se compose d'un mélange de Portugais, de mulâtres et de nègres. Les créoles ont le teint basané, la stature petite, sont malpropres et mal vêtus. Le peuple y mène en grande partie une vie misérable, et l'étranger boit la majeure partie du vin qu'il récolte. Les femmes, douées de beaucoup d'avantages naturels, sont accablées de peines et de fatigues, puisque la loi défend d'employer les nègres esclaves aux travaux champêtres. Parmi les classes moyennes, les mœurs ne sont pas très pures. Les gens de qualité promènent leur indolence dans des maisons de campagne ou *quintas*, dont les jardins n'ont rien d'attrayant, mais qui ont chacune leur chapelle, ordinairement desservie par un chapelain particulier. Les seuls véritables riches sont les négociants anglais et les Irlandais catholiques établis dans la capitale.

Le territoire de l'île appartient, comme propriété foncière, aux descendants des capitaines Tristan Vaz et Joao Gonsalvez Zarco, auxquels le roi de Portugal en avait accordé la suzeraineté pour récompense de leurs services. Elle est divisée politiquement en deux capitaineries. Celle de *Funchal*, la plus fertile et la mieux peuplée, comprend la capitale du même nom, ville très agréablement située, sur la côte du sud, au pied de hautes montagnes, et défendue par quatre forts. Du côté de la mer, elle n'a qu'une simple enceinte de murailles. Elle renferme 2,000 maisons, et plus de 15,000 habitants (²). Ses rues sont étroites, tortueuses, mal pavées et malpropres, quoiqu'elles soient arrosées par des eaux courantes qui descendent des montagnes environnantes. Elle est la résidence du gouverneur et d'un évêque. Dans l'église des Franciscains, une chapelle a les croisées en argent massif, tandis que les murs d'une autre sont couverts de crânes humains, qui forment également tous les ornements de l'autel. La rade n'est pas tenable en hiver.

« La capitainerie de *Maxico*, autrefois fertile en sucre, et qui produit encore le meilleur vin de Malvoisie, renferme le bourg du même nom, situé sur la côte d'est, pourvu d'une mauvaise rade, et peuplé de 2,000 habitants.

» Les revenus de l'île ne sont pas connus avec certitude. M. *Lundby* porte le seul produit de la douane à 320,000 cruzades, et, dans les bonnes années, à 400,000. Il faut y ajouter la dîme et le monopole du tabac. Cependant il paraît que, les frais d'administration prélevés ainsi que l'entretien des troupes, le revenu net s'élève à 250,000 francs.

» L'île de *Porto-Santo*, située dans le nord-est de Madère, fut donnée, en 1446, à Bartholomeo Serestrello, qui le premier y avait conduit des colons. Ce n'est qu'une montagne rapide, souvent enveloppée de nuages, bordée d'une lisière de terres basses, et peuplée d'environ 6,000 habitants. Le territoire assez fertile produit de bons vins, des oranges, de l'orge, du seigle, du froment. On y trouve beaucoup de lapins et de chèvres, des perdrix, des pigeons et des tourterelles sauvages, des abeilles qui donnent un beau miel, des bœufs, des moutons, des cochons, et même quelques chevaux et mulets. Le bourg de *Porto-Santo*, sur la côte méridionale, offre un assez bon mouillage. »

Si nous avions suivi l'usage adopté par presque tous les géographes, nous aurions terminé la description de l'Afrique par celle des îles Açores ; mais par les mêmes raisons qui doivent faire rejeter l'Islande hors de l'Europe pour la ranger parmi les îles américaines, nous avons dû placer les Açores parmi les îles européennes, puisqu'elles sont plus près de l'Europe que de l'Afrique (¹).

(¹) Transact. philos., c. 57, pag. 461 et suiv. —
(²) *Lundby*, voyageur danois, dit 20,00

(¹) M. Ad. Balbi est le premier qui ait placé avec raison les îles Açores en Europe : c'est une justice que nous nous empressons de lui rendre. Mais nous devons à la mémoire du savant géographe dont nous avons terminé et dont nous complétons l'ouvrage, de dire que ce n'est point à M. Balbi, qui semble se l'attribuer, mais à Malte-Brun que l'on doit le principe, qu'il faut considérer les îles comme appartenant au continent ou à la partie du monde dont elles sont

TABLEAUX STATISTIQUES
DE
QUELQUES UNES DES ILES AFRICAINES.

COLONIE FRANÇAISE DE BOURBON.
Population au 1er janvier 1837.

	NOMBRE D'HABITANTS					TOTAL	MOUVEMENT DE LA POPULATION EN 1836.		
	au-dessous de 14 ans.	de 14 ans à 60.	au-dessus de 60 ans.	Hommes.	Femmes.		Mariages.	Naissances.	Décès.
Population libre, non compris la garnison et les fonctionnaires non propriétaires.	13,420	22,139	1,244	18,955	17,848	36,803	284	1,495	847
Population esclave.	13,141	51,729	3,426	45,088	24,208	66,296	»	1,131	2,447
TOTAUX.	27,561	73,868	4,670	64,043	42,056	106,099	284	2,626	3,294
Indiens engagés.						1,346	»	»	»
Atelier colonial. { Noirs libérés en exécution de la loi du 4 mars 1831.						876	»	»	»
{ Esclaves.						217	»	»	»
TOTAL GÉNÉRAL.						108,538	284	2,626	3,294

Culture (année 1836).

ESPÈCES DE CULTURES.	NOMBRE			PRODUITS DES CULTURES.	
	d'hectares en culture.	d'habitations rurales.	d'esclaves employés aux cultures.		
Canne à sucre.	14,530	156	23,588	Sucre brut.	23,384,116 kil.
				Sirop et mélasse.	1,658,840
				Tafia.	535,842 litr.
Café.	4,179	638	5,753	Café.	928,200 kil.
Girofle.	9,980			Girofle.	193,500
Cacao.	28	3,095	28,005	Cacao.	10,000
Tabac.	471			Tabac.	82,000
Vivres.	43,702			Vivres (valeur).	2,656,947 fr.
TOTAUX.	65,702	3,889	57,346		

Le nombre des moulins employés dans les sucreries s'élève à 144, savoir :

Moulins { à vapeur. 94
{ à eau. 29
{ à vent. 9
{ à manége. . . . 12

TOTAL. . . 144

le plus près. Si, après l'avoir appliqué à l'Islande, Malte-Brun s'en départit relativement aux Açores, c'est que probablement il ne consulta que des cartes à petits points, sur lesquelles en effet ces îles paraissent être plus près de l'Afrique que de l'Europe, non parce que leur position géographique est fautive, mais parce que les côtes africaines n'y sont pas représentées avec l'exactitude désirable. Dans les cartes marines, soit que l'on mesure la distance qui sépare la pointe de Lisbonne de l'île de Saint-Michel, qui est celle de toutes les Açores qui est la plus près ; soit que l'on mesure l'espace qui s'étend entre le cap Bojador et l'île de Sainte-Marie, la plus proche des côtes africaines, on reconnait que la première est beaucoup plus près de l'Europe que la seconde de l'Afrique. Et pour choisir un point fixe et presque central, surtout à cause de son importance, il suffit de dire que Tercère est à 115 ou 120 milles plus près de la pointe de Lisbonne que du cap Bojador.

Commerce (Année 1836).

IMPORTATIONS.

Denrées et marchandises françaises importées par navires français.	De France. . . . . 7,671,400 Des colonies et pêcheries françaises. 2,133,400	9,804,800		
Denrées et marchandises étrangères importées.	Par navires français. . . . 3,616,500 Par navires étrangers. . . 348,000	3,964,500	13,769,300(¹)	

EXPORTATIONS.

Denrées et marchandises de la colonie exportées.	Pour la France. . . . . 16,167,500 Pour les colonies françaises. 64,400 Pour l'étranger. 511,800	16,743,700	
Denrées et marchandises provenant de l'importation.	Françaises. . . . . . . 1,192,500 Étrangères. 173,272	1,365,800	18,109,500(²)

TOTAL. 31,878,800

Mouvement de la navigation en 1836.

		BATIMENTS ENTRÉS.			BATIMENTS SORTIS.		
		NOMBRE de navires.	TONNAGE.	NOMBRE d'hommes d'équipage.	NOMBRE de navires.	TONNAGE.	NOMBRE d'hommes d'équipage.
Français	De France.	78	23,665	1,230	68	21,177	1,082
	Des colonies françaises.	15	4,105	222	21	6,385	328
	De l'étranger.	63	16,060	876	60	15,921	858
Étrangers.		45	»	»	36	»	»

COLONIE ANGLAISE DE L'ILE DE FRANCE OU MAURICE.

Population au commencement de 1831.

BLANCS ET GENS DE COULEUR LIBRES.		ESCLAVES.		TOTAL.		TOTAL GÉNÉRAL des deux sexes.	MOUVEMENT DE LA POPULATION EN 1830.		
Hommes.	Femmes.	Hommes.	Femmes.	Hommes.	Femmes.		Mariages.	Naissances.	Décès.
12,666	13,039	44,393	28,107	57,059	41,146	98,205	104	2,251	2,442

ÉCOLES PUBLIQUES OU GRATUITES.					ÉGLISES ET CHAPELLES.			
NOMBRE D'ÉCOLES.	ÉLÈVES.			DÉPENSES en francs.	NOMBRE d'édifices consacrés au culte.	NOMBRE d'individus qu'ils peuvent contenir.	NOMBRE d'individus qui les fréquentent.	DÉPENSES en francs.
	Garçons.	Filles.	TOTAL.					
18	841	275	1,116	42,600	8	3,350	880	77,000

(¹,²) Dans le chiffre des importations, comme dans celui des exportations, il se trouve pour environ 1,144,000 fr. de marchandises françaises et étrangères qui n'ont fait que transiter à Bourbon, en y acquittant seul + les droits d'entrepôt et de transbordement.

Commerce en 1830.

IMPORTATIONS.				EXPORTATIONS.				PRINCIPAUX ARTICLES D'EXPORTATION.		
De la Grande-Bretagne en francs.	Des colonies anglaises en francs.	De l'étranger en francs.	Valeur totale en francs.	Pour la Grande-Bretagne en francs.	Pour les colonies en francs.	Pour l'étranger en francs.	Valeur totale.	Café.	Riz.	Sucre.
4,676,000	5,151,000	6,400,000	16,227,000	8,682,000	1,964,000	3,300,000	13,946,000	livr. 1,100	liv. 1,450,000	quint. 611,000

COLONIE ANGLAISE DE SAINTE-HÉLÈNE.

Tableau *des revenus et des dépenses pendant les années* 1828, 1829, 1830 *et* 1831.

ANNÉES.	REVENUS EN FRANCS.	DÉPENSES EN FRANCS.	EXCÉDANT des revenus sur les dépenses.
1828-1829.	26,109,000	2,600,000	23,509,000
1829-1830.	28,373,000	2,139,000	26,234,000
1830-1831.	47,830,000	1,979,000	45,851,000

Tableau *des principales positions géographiques de l'Afrique, à l'exception de l'Égypte.*

NOMS DES LIEUX.	LATITUDE N.			LONGITUDE E. DE PARIS.			SOURCES ET AUTORITÉS.
CÔTES SEPTENTRIONALES.	deg.	min.	sec.	deg.	min.	sec.	
Cap Razal.	33	4	»	19	27	43	Bureau des longitudes, dans la Connaissance des Temps.
Tripoli, ville.	32	53	40	11	1	7.	Idem.
Cap Bon.	36	3	45	8	48	15	M. Chabert. Carte de la Méditerranée, par M. Lapie.
Tunis, ville.	36	37	»	7	46	48	Wurm.
Idem.	36	43	»	7	44	»	Connaissance des Temps.
Cap Blanc du Nord.	37	22	30	7	23	15	Chabert. Lapie.
Cap Serrat.	37	9	30	6	48	40	Idem. Idem.
Cap Tedeles.	36	57	»	1	53	48	Connaissance des Temps.
Bona *ou* Bonne.	8	33	40	5	28	45	Purdy.
Alger, ville.	36	48	36	»	41	5	Idem.
Idem.	36	49	30	1	8	»	De Grandpré.
				LONGITUDE O.			
Oran, le château.	35	44	27	2	59	45	Tofino.
Melilla.	35	18	15	5	17	35	Idem.
Cap Tres Forcas.	35	27	55	5	17	25	Idem.
Ceuta, la ville.	35	48	50	7	36	24	Connaissance des Temps.
Idem, Mont del Acho.	35	54	4	7	36	30	Idem.
Tanger, ville.	35	46	30	8	18	40	Wurm.

NOMS DES LIEUX.	LATITUDE N.			LONGITUDE O. DE PARIS.			SOURCES ET AUTORITÉS.
	deg.	min.	sec.	deg	min.	sec.	
CÔTES OCCIDENTALES.							
Cap Spartel	35	48	40	8	14	25	Vincent Tofino.
Idem		Idem.		8	13	25	Connaissance des Temps.
Idem	36	45	»	8	17	12	Requisite Tables.
Rabat, entrée de la rivière	34	5	»	9	3	»	Borda et Desoteaux.
Fedal, île	33	47	»	9	30	45	Fleurieu.
Cap Cantin	32	33	»	11	31	»	Borda.
Saffi, ville, pointe N.	32	22	»	11	30	»	Idem.
Idem, pointe S.	32	12	»	11	29	»	Idem.
Mogador, l'île	31	27	»	11	50	»	Fleurieu, Borda.
Cap Geer	30	38	»	12	12	»	Borda.
Cap Bojador	26	6	57	16	50	34	Roussin.
Cap das Barbas	22	19	53	19	»	50	Idem.
Cap Blanc	20	46	55	19	22	»	Idem.
Pointe de Barbarie	15	53	»	18	51	30	Borda (¹).
Fort Saint-Louis	16	»	48	18	53	6	Roussin.
Cap-Vert, les Mamelons	14	43	45	19	50	45	Idem, calculée par L. Bureau D. L.
Idem, Idem	14	46	7	19	52	57	Voyages de Fleurieu, Borda, etc.
Idem, pointe N.-O.	14	47	13	19	53	16	Requisite Tables.
Ile Gorée	14	40	10	19	45	»	Idem.
Idem	14	39	»	19	44	58	Capitaine Hallowel, par chronomètre.
Cap Sainte-Marie (Gambie)	13	23	»	»	»	»	Capitaine Billinge.
Cacheo	12	10	»	18	30	»	?
Ile Bissao (dans les Bissagos)	11	50	58	17	54	7	Roussin.
Entrée du Rio Nunnez, pointe sud	10	30	»	16	18	»	Wesley et Mac Clure.
Iles des Idoles ou de Loss (mouillage de l'île orientale)	9	27	»	15	36	»	Pontevez Gien, p. la latit. Woodwill. p. la longit. (²).
Cap Sierra-Leone	8	30	»	14	53	47	Capit. Young. 1774.
Idem	8	29	»	15	32	»	Les officiers du sloop anglais l'Argo, en 1802.
Idem	8	29	30	15	29	17	Requisite Tables.
Cap Sainte-Anne	7	7	30	14	42	»	Idem.
Cap Mesurado	6	27	»	12	55	»	Les officiers de l'Océan, vaisseau de la compagnie des Indes, en 1802.
Grand Sestros	4	39	»	10	31	»	Royal Charlotte, vaisseau de la compagnie des Indes, en 1793, par chronomètre.
Cap das Palmas	4	30	»	10	1	»	Cap. Young. Requisite Tables. Royal Charlotte.
Cap Apollonia	4	59	12	5	30	11	Requisite Tables.
Cap Tres Puntas	4	40	30	5	3	32	Idem.
Saint-George della Mina	5	1	38	4	20	12	Idem.
Quitta, le fort	5	49	»	1	16	30	Hallowel, par chronomètre.
Ouydah, la rade	6	14	»	»	15	»	Idem.
				LONGITUDE E.			
Cap Formoso	4	18	»	»	»	»	Capitaine Matthew.
Ile Fernando-Po, baie nord-ouest	3	28	»	5	16	»	Oriental Navigator (³).
Ile du Prince	1	37	»	5	20	»	Connaissance des Temps.
Idem		Idem.		5	7	»	Oriental Navigator (⁴).
Ile Saint-Thomas	»	27	»	4	28	»	L'Argo, p. la latit.
Annobon, la rade	1	25	»	3	25	»	Don Varelo, 1779. Le vaisseau des Indes Queen, en 1796.
Cap Lopez	»	50	»	6	20	»	Oriental Navigator (⁵).
Idem	»	56	»	5	44	»	De Grandpré.
Cap Yomba	3	30	»	8	6	»	Oriental Navigator.
Malemba	5	22	»	9	54	»	Idem.
Baie Loango	4	36	»	9	59	45	Riddle.
Cap Padraon	6	11	»	10	5	»	Capitaine Wood, en 1798, p. la latit.
Baie d'Ambriz	7	53	»	10	58	»	Oriental Navigator.
Idem	7	5	»	10	44	»	De Grandpré.
Loanda-San-Paolo	8	50	»	11	26	»	Dalzel, pour la latit.; Oriental Navigator pour la longitude.

(¹) Young, capitaine anglais, l'a trouvée exactement la même en 1774. — (²) Woodville venait de Sierra-Leone, éloigné de vingt-trois milles, où il avait rectifié sa longitude. — (³) Cet ouvrage, qui nous a été communiqué par notre savant ami M. Langlès, cite des observations et des cartes manuscrites. — (⁴) On convient que le vaisseau le Glatton a trouvé la longitude plus occidentale. — (⁵) La longitude est conclue de celles d'Annobon, de Saint-Thomas, etc., etc.

TABLEAUX.

NOMS DES LIEUX.	LATITUDE S.			LONGITUDE E. DE PARIS.			SOURCES ET AUTORITÉS.
	deg.	min.	sec.	deg.	min.	sec.	
Cap Ledo.	9	48	»	11	7	45	Ducom.
Saint-Philippe de Benguela.	12	29	»	11	6	30	Capit. Heyw., 1811.
Cap Negro.	16	3	»	9	34	»	Idem.
Cap Frio.	18	40	»	10	45	45	Ducom.
Cap Sierra.	21	53	51	12	20	»	Oriental Navigator.
Baie Walwich.	22	53	57	12	25	»	Idem.
Porto do Ilheo.	23	30	»	12	29	»	Idem.
Angra Pequena.	26	36	50	12	56	30	Idem.
Cap Volta.	28	42	»	14	»	»	Purdy.
Cap de Bonne-Espérance.	34	23	40	16	12	10	Moyenne des observations de La Caille, Masson, Dixon, Heywood, etc. (¹).
Idem, la ville.	33	55	15	16	3	45	La Caille.
Idem.	34	29	»	»	»	»	Requisite Tables.
Cap des Aiguilles.	34	57	»	17	58	»	Oriental Navigator.
CÔTES ORIENTALES.							
Cap Saint-Blaise.	34	10	»	19	58	»	Lieutenant W. Rice, 1797.
Baie Algoa, pointe sud.	34	1	»	24	20	»	Idem.
Port Natal, pointe sud.	29	55	»	29	8	»	Vaisseaux de Chine, par chronomètre. Oriental Navigator.
Cap Sainte-Marie, baie d'Alagoa.	25	58	»	30	55	»	Capit. D. Inverarity, 1802, par observations lunaires.
Cap Corrientes ou des Courants.	24	1	30	33	31	30	Idem.
Baie d'Inhambane.	23	47	»	33	32	»	Idem.
Bassas de India.	22	28	»	38	31	»	Spears et D. Scott, 1804.
Ile Bazarouto.	21	30	»	34	5	»	?
Sofala, le fort.	20	15	15	32	25	»	Le vaisseau India, observations lunaires, 1802.
Quilimane ou Zambèze, fleuve.	18	15	»	35	»	»	D'Après de Mannevillette.
Idem.	18	10	»	35	10	»	Oriental Navigator.
Mafamede.	16	21	30	38	5	30	Capitaine Huddart, en 1784, par chronomètre.
Mozambique, le fort.	15	9	»	38	26	»	Weatherhead, et d'autres officiers anglais, 1809.
Idem.	15	15	»	37	56	»	Epid. Collin. Annales des Voyages.
Idem.	15	2	»	37	58	»	D'Après de Mannevillette.
Querimba, île.	12	31	»	38	36	»	Carte portugaise, dans le Voyage de Salt.
Cap Delgado, pointe sud.	10	9	»	38	41	»	Oriental Navigator et la carte précitée.
Quiloa, île.	8	27	»	37	21	»	Oriental Navigator.
Ile Monfia.	8	1	»	38	10	»	D'Après de Mannevillette.
Zanzibar. pointe N.	5	40	»	37	53	»	Oriental Navigator.
Zanzibar. pointe S. E.	6	26	»	38	2	»	Idem.
Ile Pemba.	4	47	»	37	18	»	De Clerval.
Mombaza, port.	4	4	»	38	12	»	Oriental Navigator.
Baie Formosa. pointe N.	3	»	»	39	11	»	Idem.
Baie Formosa. pointe S.	2	39	»	39	28	»	Idem.
Juba, village.	»	12	»	41	8	»	Idem.
	LATITUDE N.						
Berua ou Brava.	1	10	»	42	20	»	Idem.
Magadoxo.	2	6	»	43	10	»	Idem.
Cap Bassas.	4	57	»	45	45	»	Idem.
Cap Orfui ou Hafoûn.	»	30	30	49	1	»	Capitaines Wheatherhead, Butler, Moffat, etc.
Cap Guardafoui.	11	50	»	49	10	35	Idem.
Socotra, baie Tamarida.	12	30	»	51	31	»	Oriental Navigator.
Idem. Idem.	12	30	»	51	3	30	Capit. Tait.
Zeila.	11	18	33	40	45	»	Carte de sir H. Popham, incertaine.
Ile Perim ou Bab-el-Mandeb.	12	35	30	41	8	»	Moffat et Popham.
Baie Amphila, le mouillage.	14	42	40	38	42	30	Salt et Wheaterhead, par chronomètre.
Ile Dahalac, pointe sud.	15	32	30	37	55	»	Cap. Court, 1801.

(¹) Cette position combinée est encore confirmée par Flinders.

NOMS DES LIEUX.	LATITUDE N.			LONGITUDE E. DE PARIS.			SOURCES ET AUTORITÉS.
	deg.	min.	sec.	deg.	min.	sec.	
Arkiko.	15	34	45	37	17	15	Salt, R. Stuart, etc.
Port Mornington, l'entrée	18	14	»	36	12	»	Cap. Court. Cartes du *Voyage de lord* Valentia.
Souaquen.	19	4	38	35	12	»	*Idem*.
Razal Gedid, cap	22	7	»	34	51	»	Expédition de sir Popham.
ÎLES ORIENTALES.							
MADAGASCAR.	LATITUDE S.			LONGITUDE E.			
Cap Ambro	12	2	»	47	31	»	D'Après de Mannevillette.
Idem.	*Idem*.			47	5	»	Capit. Stephens, en 1803, par 200 observations lunaires et par chronomètre.
Nossé, mouillage.	13	12	»	47	53	15	*Annales des Voyages*.
Passandava, ville.	13	45	»	46	3	»	Capit. David Inverarity.
Ile Sancassé, baie Naranda.	14	31	»	45	25	»	*Idem*.
Rade de Mourangaye.	15	3	»	»	»	»	*Annales des Voyages*.
Baie Bombetoc, entrée	15	43	»	44	8	»	*Idem*.
Idem, port.	16	25	»	44	35	»	De Mannevillette.
Cap. Table.	15	43	»	43	46	»	Cap. Inverarity.
Entrée de Chesterfield.	16	20	10	41	47	45	M. Hall Gower, par des observations lunaires nombreuses.
Ile Jean-de-Nova.	17	2	45	40	45	30	Divers observateurs (1).
Baie Mouroundava.	21	10	»	42	40	»	*Idem* (2).
Baie Saint-Augustin.	23	36	25	41	43	»	Divers observateurs. *Orient. Navig*.
Idem.	23	23	»	41	34	»	*Annales des Voyages*.
Cap Sainte-Marie.	25	42	»	42	55	»	*Oriental Navigator*.
Idem.	25	40	30	43	4	»	De Mannevillette.
Fort Dauphin.	25	5	»	44	52	»	*Idem*.
Idem.	25	1	4	44	18	»	*Oriental Navigator* (3).
Baie Sainte-Luce	24	44	»	45	35	»	Lislet-Geoffroy. *Ann. des Voyages*.
Tamatave.	18	12	»	47	20	»	*Oriental Navigator*.
Foulpoint.	17	40	14	47	33	»	*Connaissance des Temps*.
Idem.	*Idem*.			47	32	30	*Requisite Tables*.
Ile Ibrahim ou Sainte-Marie, pointe N. E.	16	33	»	47	57	»	*Oriental Navigator*.
Baie Anton-Gil, la pointe.	15	27	»	48	4	»	*Annales des Voyages*.
Port Louquez, entrée.	12	43	»	47	35	»	*Oriental Navigator* (4).
ÎLES COMORES, SEYCHELLES, ETC.							
Grande Comore, mouillage N. O.	11	18	»	40	56	»	*Oriental Navigator*.
Mohilla, mouillage E.	12	22	»	41	49	»	*Idem*.
Joanna, le pic.	12	15	»	42	14	»	*Idem*.
Idem, pointe S.	12	27	30	42	14	30	*Idem*.
Mayotta, le pic Valentin.	12	54	»	42	57	»	*Idem*.
Ile Alphonse.	7	3	31	50	»	30	Capit. Inverarity.
Groupe Cosmoledo.	9	50	»	46	»	»	*Oriental Navigator*.
Ile Galega.	10	25	30	54	18	48	Les officiers de *la Clorinde*, etc., en 1811.
Ile Coetivy.	7	12	»	54	13	»	M. de Coetivy.
Ile Plate.	5	51	»	53	11	»	*Oriental Navigator* (5).
Ile Marie-Louise	6	12	»	52	19	»	*Idem*.
Ile Mahé, côté N. E.	4	38	»	53	15	»	*Idem*.
Ile Praslin.	4	19	»	53	26	30	*Idem*.
Ile Chagos ou Diego Garcia.	7	29	»	70	7	»	Capit. Heywood et Blair.
LES MASCAREIGNES.							
Ile-de-France, Port-Louis.	20	9	39	55	9	15	De Mannevillette et Flinders; terme moyen.
Bourbon (Saint-Denis).	20	51	30	53	7	30	De Mannevillette.
Rodrigue, le milieu.	19	41	»	60	50	»	*Idem*.
Ile Cargados ou Garajos.	16	28	»	57	11	»	La frégate *la Sémillante*.

(1) D'après de nombreuses observations, l'île Jean-de-Nova ou Juan-de-Nova est la même que l'île Saint-Christophe. — (2) C'est probablement par une erreur de copiste ou par quelque défaut de clarté dans le manuscrit envoyé de l'Ile-de-France, que dans les ANNALES DES VOYAGES cette baie a été mise à 20° 10'. — (3) C'est un terme moyen entre de Mannevillette et plusieurs observateurs anglais. — (4) Les longitudes anglaises paraissent trop occidentales. — (5) Ces positions résultent d'un terme moyen entre diverses observations anglaises et françaises.

TABLEAUX. 765

NOMS DES LIEUX.	LATITUDE S.	LONGITUDE E. DE PARIS.	SOURCES ET AUTORITÉS.
ÎLES DE L'OCÉAN AUSTRAL.	deg. min. sec.	deg. min. sec.	
Amsterdam	37 51 »	75 27 »	*Oriental Navigator.* Terme moyen de plusieurs observations (¹).
Saint-Paul.	38 42 »	75 28 »	*Idem.*
Terre Kerguelen, cap Bligh. . .	48 29 30	66 18 45	Cap. Cook.
Idem, cap Louis.	49 3 »	66 » »	*Idem.*
Ile du prince Édouard. . . .	46 40 »	35 46 »	*Idem.*
Ile Marion.	46 52 »	35 26 »	*Idem.*
Ile Bouvet ou cap *Circoncision* (²).	54 20 »	4 3 »	Les vaisseaux *le Swan* et *l'Otter*, en 1808.
		LONGITUDE O.	
Ile Tristan d'Acunha.	37 6 9	14 12 »	Cap. Heywood.
Ile Gough.	40 19 »	11 54 »	*Oriental Navigator.*
ÎLES OCCIDENTALES.			
Sainte-Hélène (James-Town) . .	15 55 »	7 56 30	Capit. Horsburgh (³).
Idem.	*Idem.*	8 9 »	Maskelyne, en 1761.
Idem.	*Idem.*	8 3 30	*Requisite Tables.*
Ascension.	7 55 30	16 35 30	Grand nombre d'observations chronométriques.
Idem.	*Idem.*	16 41 15	*Requisite Tables.*
Idem.	*Idem.*	16 19 »	La Caille.
Saint-Matthieu	1 53 »	9 43 »	Éphémérides de Coïmbre (⁴).
ÎLES DU CAP-VERT.	LATITUDE N.		
Ile du Sel, pointe N. O. . . .	16 50 »	25 16 »	Cap. Keilor, en 1782.
Bonavista, rade anglaise. . .	16 4 35	25 10 15	Fleurieu, Heywood.
Mayo, rade anglaise.	15 6 »	25 32 19	Fleurieu.
Saint-Yago, mouillage de Port Praya.	14 53 40	25 50 34	Terme moyen. *Oriental Navigator.*
Fuego, le pic.	14 56 »	26 44 3	*Idem.*
Brava, race occidentale. . .	14 50 58	27 5 55	Fleurieu, corrigé. *Orient. Navig.*
San-Nicolao, pointe S. E. . .	16 25 »	26 30 »	Capit. Keilor, etc.
San-Antonio, pointe N. O. . .	17 12 »	27 32 47	*Idem.*
ÎLES CANARIES.			
Lancerote, port de Naos. . .	28 58 30	15 53 »	Borda.
Allegranza, îlot.	29 25 30	15 51 »	*Idem.*
Forteventura, port Handia. .	28 4 »	16 51 30	*Idem.*
Lobos, îlot.	28 45 »	16 9 »	*d em.*
Grande Canarie, pointe N. E. .	28 14 »	17 55 »	*Idem.*
Idem, pointe sud	27 45 »	17 58 30	*Idem.*
Idem, pointe ouest.	28 1 20	18 11 »	*Idem.*
Ténériffe, le pic.	28 17 »	19 » »	*Idem.*
Idem, idem.	*Idem.*	19 5 35	*Requisite Tables.*
Idem, idem.	*Idem.*	18 48 »	Dalrymple, par chronomètres.
Idem, Mole de Santa-Cruz. .	28 27 30	18 36 30	La Pérouse.
Idem.	*Idem.*	18 33 5	A. de Humboldt.
Idem.	28 28 30	18 37 »	*Connaissance des Temps.*
Idem, Orotava	28 25 »	18 55 »	Borda.
Gomère, le port.	28 5 40	19 28 »	*Idem.*
Palma, Sainte-Croix. . . .	28 42 30	20 7 »	*Idem.*
Ferro (île de Fer), ville de Valverde.	27 47 20	20 17 »	*Idem.*
Idem, pointe ouest.	27 44 »	20 20 »	*Idem* (⁵).
Idem, pointe est.	» » »	20 17 »	*Idem.*
Idem, pointe nord.	27 50 30	» » »	*Idem.*
Idem, pointe sud.	27 39 »	» » »	*Idem.*

(¹) L'ORIENTAL NAVIGATOR, comme la plupart des écrivains anglais, applique à l'île Amsterdam ce qui appartient à l'île Saint-Paul (*et vice versa*). Les REQUISITE TABLES donnent les noms dans leurs sens véritable et originaire. — (²) La différence de 4 degrés de longitude est trop peu de chose à cette latitude, et dans une mer aussi brumeuse, pour laisser subsister aucun doute sur l'identité de cette île avec le cap Circoncision de Lozier de Bouvet. — (³) L'ORIENTAL NAVIGATOR assure que cette longitude, déterminée par trente-deux séries de distances lunaires, est regardée comme la plus exacte. — (⁴) Voyez plus haut, p. 749. — (⁵) On soupçonne cependant que l'île de Fer est placée quelques minutes trop à l'Est, et que son milieu est par 20 degrés ouest de Paris, ou sous l'ancien premier méridien.

NOMS DES LIEUX.	LATITUDE N.	LONGITUDE O. DE PARIS.	SOURCES ET AUTORITÉS.
ÎLES MADÈRES.	deg. min. sec.	deg. min. sec.	
Les Salvages ou Sauvages.	30 8 30	18 15 »	Borda.
Idem.	» » »	18 8 »	Vaisseaux d'Inde anglais.
Madère, Funchal.	22 37 40	19 15 24	Cap. Flinders, 1801.
Porto Santo.	33 3 »	18 37 30	Connaissance des Temps.

Positions géographiques *des principaux lieux plus ou moins éloignés des côtes.*

NOMS DES LIEUX.	LATITUDE.	LONGITUDE.	NOMS DES LIEUX.	LATITUDE.	LONGITUDE.
Nubie.			*Sénégambie.*		
	deg. min. sec.	deg. min. sec.		deg. min. sec.	deg. min. sec.
Ad-Damer.	17 36 13 N.	» » »	Barraconda.	14 20 » N.	16 36 » O.
Chendy.	16 41 26 N.	31 15 8 E.	Canef.	15 20 » N.	14 36 » O.
Derr.	22 44 » N.	29 55 » E.	Galam.	15 33 » N.	12 18 » O.
Halfay.	15 44 50 N.	30 22 15 E.	Timbo.	9 50 » N.	13 19 » O.
Korti.	18 4 30 N.	29 29 » E.			
Marakah ou Nouveau Dongolah.	19 9 54 N.	28 25 15 E.	*Ouankarah.*		
Sennar.	13 36 51 N.	31 24 30 E.	Ahomey.	7 12 » N.	» » »
Bassin du Bahr-el-Abiad.			Ankran.	5 30 30 N.	2 30 15 O.
Adassi.	11 15 45 N.	32 34 10 E.	Benin.	6 12 » N.	3 24 45 E.
Abyssinie.			Biafra.	6 10 » N.	15 50 » E.
Adova.	14 17 57 N.	36 30 » E.	Coumassie.	6 34 50 N.	4 32 » O.
Aksoum.	14 30 » N.	34 » » E.	Sallagha.	7 56 » N.	2 20 24 O.
Gondar.	12 34 30 N.	35 10 » E.	*Soudan ou Takrour.*		
Pays de Barkah.			Kobbeh.	14 11 » N.	25 21 » E.
Ben-g'hazy.	32 6 50 N.	17 42 31 E.	Kachenah.	12 59 » N.	» » »
Dernah.	32 45 59 N.	20 20 30 E.	Kouka.	12 51 » N.	12 8 » E.
Fezzan.			Sackatou.	13 4 52 N.	3 31 45 E.
Mourzouk.	25 54 » N.	13 31 45 E.	Tenboctoue.	17 50 » N.	6 » » O.
Royaume de Tripoli.			Yahndi.	8 38 » N.	1 25 15 O.
Ghadamès.	30 41 » N.	8 5 » E.	*Congo.*		
Empire de Maroc.			Cabinde.	5 33 » S.	13 20 » E.
Aghmat.	30 56 » N.	9 52 » O.	Bamba.	7 2 » S.	7 16 » E.
Fez.	34 6 3 N.	7 21 34 O.	*Cafrerie.*		
Maroc.	30 32 » N.	9 30 » O.	Litakou.	26 6 » S.	22 15 » E.

FIN DU CINQUIÈME VOLUME.

TABLE DES MATIÈRES
CONTENUES DANS CE CINQUIÈME VOLUME.

LIVRE CENT TRENTE-QUATRIÈME. — Suite de la Description de l'Asie. — Sibérie ou Russie d'Asie septentrionale. — Tableau physique général. 1

Limites. — Étendue. — Montagnes. — Constitution géognostique. 3
Description physique du Kamtchatka. — Volcans. 10
Précis historique sur l'origine et les progrès de la richesse minérale. 11
Ossements de grands animaux fossiles. 21
Steppes. 23
Fleuves. 24
Lac Baïkal. 26
Lacs dispersés dans les steppes. — Lacs salés. 27
Eaux minérales. 28
Climat. 29
Règne végétal. 30
Règne animal. 34

LIVRE CENT TRENTE-CINQUIÈME. — Suite de la Description de l'Asie. — Nations, provinces, districts et villes de la Sibérie. 39

Colons d'Europe. — Peuplades tatares — Biriouses. — Katchinzi. — Beltyres. 40
Téléoutes. — Abintzi — Barabintzi. — Tatars d'Obi. — Sagaïtzi. 41
Tatars Sayansk. — Tatars Tchari. — Touralinzi. — Kisilzi. — Bouriates. 42
Toungouses. 43
Iakoutes. 45
Vogouls. — Ostiaks. 46
Samoyèdes. 47
Ostiaks de Narym, du Ket, du Tim, du Ienisei, etc. — Ioukaghirs. — Koriaks. — Tchouktchis. 49
Kamtchadales. — District de Verkhotourié. 50
District d'Irbite. — Iekaterinebourg. — Gouvernement de Tobolsk. 51
Arrondissement de Bérézof. — Idem de Tourinsk. — Idem de Tioumen. 53
Arrondissements d'Ialoutorovsk, de Tara, de Kourgan et d'Ichim. 54
Province d'Omsk. — Arrondissement de Semipolatinsk. — Gouvernement de Tomsk. 55
Arrondissements de Tomsk, de Kaïnsk, de Barnaoul, de Kolyvan et de Koutznetzk. 56
Gouvernement d'Ieniseïsk, arrondissements d'Atchinsk et de Krasnoïarsk. 57
Monuments antiques. 58
Arrondissements de Kansk et d'Ieniseïsk. — Gouvernement d'Irkoutsk. 59
Arrondissements de Nijné, Oudinsk, de Kirensk et de Verkhné-Oudinsk. 61
Arrondissement de Nertchinsk. — Province d'Iakoutsk. 63
Arrondissement d'Olekminsk et de Verkhné-Viliouïsk. — Îles qui bordent la Sibérie. 64
Province d'Okhotsk. 65
Pays des Tchouktchi. — Kamtchatka. 66

Villes. — Poste aux chiens. 67
Îles Bering et de Cuivre. — Îles Kouriles. 68
Commerce de la Sibérie. 69
Tableau synoptique des provinces et des nations de la Sibérie. 71
Tableau des distances de quelques villes de Sibérie. 72
Tableau des positions géographiques de la Sibérie. 73
Tableau des produits de l'agriculture dans quelques parties de la Sibérie. — *Tableau chronologique* des découvertes faites en Sibérie. 74
Tableau des points culminants de la partie méridionale des monts Ourals. 76

LIVRE CENT TRENTE-SIXIÈME. — Suite de la description de l'Asie. — Région centrale. — Description de l'Empire chinois. — Première section. — La Petite-Boukharie ou Turkestan chinois, appelé aussi *Thian-chan-nan-lou*, et la Kalmoukie ou Dzoungarie, nommée *Thian-chan-pe-lou*. 76
De cette partie de l'Asie chez les anciens. *ib.*
De la *Tatarie*. 77
Turkestan chinois. — Rivières. — Richesses métalliques. — Climat. 78
Règne animal. 79
Habitants. — Capital. — Principauté de Kachghar. 80
Idem de Yarkiang. 81
Idem de Khotan. — Idem de Koutché. 82
Province de Kharachar. 83
Mœurs des habitants. — Dzoungarie. 85
Division d'Ili. — Rivières. — Montagnes. 86
Ville d'Ili ou Gouldja. 87
Division de Kour-khara-oussou. — Division de Tarbagataï. 88

LIVRE CENT TRENTE-SEPTIÈME. — Suite de la Description de l'Asie. — Région centrale. — Description de l'Empire chinois. — Deuxième section. — La Mongolie avec le pays des Khalkha et celui des Mongols du Khoukhou-noor. 39

Pays des Khalkha. — Végétation. — Climat. — Montagnes. 90
Désert de Kobi ou Gobi. 91
Villes de la Mongolie. 92
Charra-Mongolie. — Tribus. 94
Eleuthes ou Kalmouks. 95
Langue des Eleuthes. 97
Industrie. — Religion. — Mœurs. 98
Intronisation d'un hhoutoukhtou. 101
Khans ou prince mongols. 102

LIVRE CENT TRENTE-HUITIÈME. — Suite de la Description de l'Asie. — Description de l'Empire chinois. — Troisième section. — Description de la Mandchourie. 103
Le fleuve Amour ou Sakhalien. 105

TABLE DES MATIÈRES.

Lacs. — Montagnes. — Sol. — Pâturages. — Département de Ching-King. 104
Archipel Liao-Toung ou de Jean Potocki. 105
Ville de Moukden. — Département de Ghirin. - Département de Sakhalien-oula. 106
Mandchoux. — Tribus. — Langage, etc. 107

LIVRE CENT TRENTE-NEUVIÈME. — Suite de la Description de l'Asie. — Empire chinois. — Quatrième section. — Etats tributaires. — Royaumes de Corée et de Lieou-Khieou. 109

Climat. — Montagnes. 109
Noms de la Corée. — Provinces et villes. 110
Mœurs des Coréens. 111
Royaume de Lieou-Kieou. 113

LIVRE CENT QUARANTIÈME. — Suite de la Description de l'Asie. — Empire chinois. — Cinquième section. — Le Tibet et le Boutan. 117

Limites du Tibet. 117
Superficie. — Montagnes. 118
Fleuves. 119
Lacs. 120
Climat. — Végétation. 121
Règne animal. — Règne minéral. 122
Province du Ngari ou Lodak. 123
Province de Zzang. 124
Province d'Ouei ou d'Ouï. — Description de H'lassa ou Lhassa 125
Province de Kam. 126
Faits à l'appui de l'existence de la licorne dans les montagnes du Tibet. — Mœurs des Tibétains. 127
Population. — Tribus du Tibet. 133
Description des principautés et des villes du Boutan. 134
Exposé du bouddhisme et vie de Chakia-mouni, son fondateur. 138

LIVRE CENT QUARANTE-UNIÈME. — Suite de la Description de l'Asie. — Empire chinois. — Sixième section. — Chine proprement dite. — Description générale. 147

Dimensions de l'empire chinois. — Superficie de cet empire et de la Chine proprement dite. 147
Montagnes. 148
Fleuves. 150
Lacs. — Canaux. 151
Climat. 152
Richesse végétale et agricole. 153
Animaux. 156

LIVRE CENT QUARANTE-DEUXIÈME — Suite de la Description de l'Asie. — Empire chinois. — Septième section. — Chine proprement dite. — Topographie des provinces et villes. 157

Nombre de villes, de temples, de ponts, d'édifices. — Description de la province de Pe-tchy-li ou Tchy-li. — Péking. 157
Autres villes. 161
Province d'An-hoei. 164
Ile Formose. 166
Iles des Pêcheurs. — Province de Kouang-toung. — Description de Canton. 167
Macao. 169
Ile des Larrons. — Ile d'Haï-nan 170
Province de Kiang-si. 171
Provinces de Hou-nan, de Hou-pe et de Ho-nan. 172
Provinces de Chan-si et de Chen si. 173
Provinces de Szu-tchoüan ou Sse-tchoüan et de Kouei-tcheou. 175
Provinces de Kouang-si et d'Yun-nan. 176

LIVRE CENT QUARANTE-TROISIÈME — Suite de la Description de l'Asie. — Empire chinois. — Tableau politique de la Chine. 177

Caractères physiques des Chinois. 177
Gouvernement. — Procédure. — Supplices. 178
Langue chinoise. 179
Sciences chez les Chinois. 181
Monuments. — Grande muraille 182
Mœurs des Chinois. 183
Mariages. 184
Sépultures. — Religions. 185
Ministères. — Administration. — Commerce. 187
Force armée. — Revenus. — Population. 188
Recensements. — Mouvements de la population. 189
Antiquité de l'empire. 192
Tableau de la division et de l'étendue de la Chine propre. 194
Tableau de la population et des revenus. 197
Dénombrements anciens et modernes de la Chine. 199
Tableau des impôts prélevés en argent, etc. 200
Tableau des taxes payées en grains et en riz. — *Tableau* de la quantité de grains et de riz que l'on conserve dans les magasins de chaque province. — *Tableau* de la population de quelques unes des principales villes. — *Tableau* des troupes réparties dans l'empire. 202
Tableau des dépenses annuelles de la Chine. 203
Tableau les positions géographiques des principaux lieux, etc. 204
Tableau synoptique des nations du nord, du centre et de l'est de l'Asie, vulgairement confondues sous le nom de Tatars. 206

LIVRE CENT QUARANTE-QUATRIÈME. — Suite de la Description de l'Asie. — Empire du Japon avec les îles d'Yeso et les Kouriles méridionales. — Recherches critiques sur l'Yeso. 207

Mer du Japon. 207
Ile de Saghalien ou Sakalian. 208
Ile de Matsmaï ou terre d'Yeso. — Aïnos. 209
Kouriles méridionales. 211
Nipon ou Niphon. 212
Ile de Kiou-siou ou de Ximo. — Sikokf ou Siko-ko. 213
— Climat des îles du Japon. 213
Végétation. 214
Animaux. — Métaux. 215
Description d'Yedo et des principales villes de Niphon. 216
Villes des îles Sikokf et Kiou-siou. — Iles Firando, Ama-Kousa, Tsou-sima, etc. — Caractères physiques des Japonais. 216
Notions historiques sur les Japonais. 219
Lois et civilisation des Japonais. 220
Population. 221
Armée. — Marine. — Revenus. 222
Religions. 223
Langue japonaise. — Sciences. 224
Coutumes. 225
Tableau des divisions administratives de l'empire du Japon. 227
Tableau des positions géographiques observées sur les côtes des îles Sakhalian, d'Yeso, de Niphon, etc. 228

LIVRE CENT QUARANTE-CINQUIÈME. — Suite de la Description de l'Asie. — Description générale physique de l'Inde ou de l'Hindoustan. 229

L'Inde chez les anciens 229
Régions de l'Inde. — Limites. — Superficie. 230
Montagnes. 231
Fleuves. 233

TABLE DES MATIÈRES.

	Pages.
Climat.	239
Maladies. — Végétation.	240
Minéraux.	243
Animaux.	244

LIVRE CENT QUARANTE-SIXIÈME. — Suite de la Description de l'Asie. — Description topographique spéciale de l'Afghanistan oriental, comprenant le Bédestan, le Lahor, le Pendjab, le Kouhistan, le Kachemir, l'Afghanistan, le Moultan et le Sindhy. . . . 249

Afghans. — Bédestan.	249
Nation des Seichs ou Sikhs.	250
Le Lahor. — Vallée de Kachemir.	251
Ville de Kachemir.	253
Autres villes de Kachemir. — Kouhistan. — Ses villes. — Pendjab, ou pays des cinq rivières.	254
Ville de Lahor. — Autres villes. — Ruines de Sangal.	255
Afghanistan oriental proprement dit. — Villes.	257
Le Moultan. — Ville de Moultan.	258
Autres villes. — Population, revenus, armée. — Description du Sindhy.	259
Haïder-Abad, capitale. — Autres villes.	260
Population.	262
Vêtements. — Mœurs. — Tchinganes.	263
Tableau de la superficie, de la population et des divisions administratives du royaume de Lahor et des États de Sindhy.	264

LIVRE CENT QUARANTE-SEPTIÈME. — Suite de la Description de l'Asie. — Description de l'Hindoustan. — Provinces de Kotch, de Goudjérate, de Malvah, de Delhi, de Bahar, du Bengale, du Neypal, etc. 265

Le Kotch. — Le Goudjérate. — Le royaume de Baroda.	265
Djattes. — Radjepoutas.	266
Pays des Bhattis. — Djeypour. — États de Beykanir, Djoudpour, Odeypour.	267
Chitare, Saraouy, Kotah, etc.	268
Province de Malvah.	269
Ville d'Agrah.	270
Autres villes de la province d'Agrah.	272
Province de Delhy.	273
Royaume d'Aoudh.	276
Pays des Rohillas. — Province d'Allah-Abad.	277
Bandelkhand.	278
Province de Bahar. — Royaume de Benarès.	279
Province et ville de Benarès.	280
Le Bengale.	282
Calcutta.	283
Chandernagor. — Bardouan.	284
District de Gorval.	285
Royaume de Neypal.	286
Pays des vingt-quatre radjahs. — Des vingt-deux radjahs. — Des Kiràts. — Makwampour, etc.	287
Porbottis. — Principauté de Sekkim.	288

LIVRE CENT QUARANTE-HUITIÈME. — Suite de la Description de l'Asie. — Inde ou Hindoustan. — Description spéciale du Dékhan, ou de la presqu'île en-deçà du Gange. 289

Nations de Dekan. — Provinces.	289
Mahrattes.	290
Villes.	291
État du Bérard.	292
Bohémiens ou Tzengaris.	293
Royaume de Nagpour, province d'Orissa. — Le Kattak.	295
Serkars du Nord.	296
Coromandel proprement dit. — Madras.	297

	Pages.
Autres villes du Karnatik.	298
Royaume de Tandjaour.	299
Royaume de Madouré.	300
Empire de Maïssou ou Mysore.	301
Districts de Surate. — De Baglana. — De Bombay.	302
Iles de Salsette et d'Elephanta. — Konkan ou côte des pirates. — Goa. — Royaume du Kanara.	303
Malabar.	304
Juifs blancs. — Juifs noirs. — Chrétiens de Saint-Thomas.	305
Royaume de Cochin et de Travancore.	306
Cap Comorin.	307

LIVRE CENT QUARANTE-NEUVIÈME. — Suite de la Description de l'Asie. — Description spéciale de l'île de Ceylan et des îles Maldives et Laquedives. 308

Divers noms de Ceylan. — Montagnes.	308
Climat. — Productions.	309
Insulaires. — Les Veddahs. — Les Chingalais.	310
Cases des Chingalais ou Ceylanais. — Antiquités.	312
Notions historiques.	313
Villes. — Iles et bancs de sable.	314
Royaume de Kandy. — Districts de Pottam et de Calpentyn. — Pic d'Adam.	315
Laquedives. — Maldives.	316
Végétaux des Maldives. — Insulaires.	317
Tableaux statistiques de l'Hindoustan.	318

LIVRE CENT CINQUANTIÈME. — Suite de la Description de l'Asie. — Tableau historique et moral de l'Inde. 324

Antiquité de la civilisation dans l'Inde.	324
Principales nations.	326
Caractères physiques et moraux des Hindous. — Langues.	327
Castes ou Dchadi.	329
Religion. — Mythologie.	330
Mœurs.	332
Commerce. — Monnaies.	333
Industrie.	334
Notions historiques sur les Hindous.	335
Cruautés des Anglais.	337
Puissance de la compagnie anglaise.	338
Germes de décadence de cette puissance.	339

LIVRE CENT CINQUANTE-UNIEME. — Suite de la Description de l'Asie. — Description générale de l'Inde orientale ou de l'Indo-Chine. — Description de l'Empire birman. — Possessions anglaises. — Iles Andamar et Nikobar. 341

Différents noms donnés à cette partie de l'Inde. — Fleuves.	341
Montagnes. — Climat. — Végétation.	342
Animaux. — Minéraux.	343
Races. — Religions. — Gouvernement.	344
Notions historiques sur les Birmans.	345
Description du pays.	346
Mines. — Provinces. — Villes.	347
Royaume de Pégou.	348
Les Chanouas. — Les Kaïns, les Karyans. — Mœurs des Birmans.	351
Civilisation. — Industrie. — Lois, etc.	352
Population.	353
Possessions anglaises. — Assam. — Arakan, etc.	354
Province de Garow. — Le Djyntiah.	355
L'Hiroumba. — Les Koukis.	356
Le Kassay. — L'Arakan, etc.	357
Province de Tenasserim. — Archipel Mergui. — Malacca.	358

TABLE DES MATIÈRES.

	Pages.
Singapour. — Iles Andamen.	359
Iles Nikobar.	360

LIVRE CENT CINQUANTE-DEUXIÈME.—Suite de la Description de l'Asie. — Description de l'Inde orientale ou de l'Indo-Chine. — Description du royaume de Siam. 361

Divers noms du royaume de Siam. — Le Meïnam.	361
Climat. — Végétaux.	362
Animaux. — Minéraux. — Villes. — Bangkok.	363
Siam. — Louro, etc.	364
Royaume de Zimé. — Province de Chantabury.	365
Les Tchongs. — Possessions insulaires des Siamois.	366
Le Patani. — Le Kedah. — Le Kalantan. — Langue, littérature, mœurs des Siamois.	367
Religion. — Gouvernement.	369
Histoire des Siamois.	370
Presqu'île de Malakka.	371
Royaume malais.	372

LIVRE CENT CINQUANTE-TROISIÈME.—Suite de la Description de l'Asie.—Empire d'An-nam. Première section. — Description du royaume de Tonking avec le Laos. 372

Division de l'empire d'An-nam. — Pays de Lac-tho.	372
Description du royaume de Laos.	373
Tonking. — Division. — Climat.	374
Fleuves. — Végétaux. — Animaux. — Minéraux. — Villes.	375
Précis historique sur le Tonking.	376
Langue. — Écriture. — Armée. — Mœurs.	377
Industrie. — Relations commerciales des Tonkinois.	378

LIVRE CENT CINQUANTE-QUATRIÈME. — Suite de la Description de l'Asie. — Empire d'An-nam. — Deuxième section. — Description des royaumes de Cochinchine, de Kambodje, etc. 378

Cochinchine. — Province de Hué.	378
Quang-Binh et autres provinces. — Géographie. — Productions.	379
Climat. — Caractères physiques. — Mœurs.	380
Religion. — Costumes. — Cérémonies. — Précis historique.	381
Gouvernement de la Cochinchine. — Pays de Tsiampa. — Kambodje. — Sa description. — Ses villes. — Ile de Poulo-Condor.	383
Montagnes. — Productions. — Archipel de Paracels.	384
Tableau statistique des principaux États de l'Indo-Chine.	385
Tableau des principales positions géographiques de l'Indo-Chine.	387
Tableau de la population et des divisions politiques de la péninsule arabique.	388

LIVRE CENT CINQUANTE-CINQUIÈME. — Description de l'Afrique. — Considérations générales sur cette partie du monde et sur ses habitants. 390

Forme physique. — Limites.	390
Fleuves. — Lacs.	391
Montagnes.	392
Système de montagnes.	393
Intérieur de l'Afrique. — Direction de ses fleuves. — Climat.	394
Végétation.	395
Animaux.	396
Races africaines	397
Langues, civilisation.	398

	Pages.
Notions historiques.	399
Tableau de l'élévation absolue des principales montagnes de l'Afrique.	400

LIVRE CENT CINQUANTE-SIXIÈME. — Suite de la Description de l'Afrique. — Description générale physique de l'Égypte. 401

Le Nil.	401
Vallée du Nil.	402
Bouches du Nil, sa profondeur. — Crue de ses eaux. — Leur influence salutaire.	403
Analyse du limon du Nil. — Longueur de son cours. — Nature géognostique des terrains qu'il parcourt.	404
Montagnes. — Lacs.	406
Canaux	407
Climat.	409
Végétaux.	410
Vignobles.	412
Animaux.	415

LIVRE CENT CINQUANTE-SEPTIÈME.—Suite de la Description de l'Afrique. — Recherches sur l'isthme de Suez et sur l'extrémité du golfe Arabique. 417

Description de l'isthme de Suez.	ib.
Discussion relative à la position d'Héroopolis.	418

LIVRE CENT CINQUANTE-HUITIÈME.—Suite de la Description de l'Afrique. — Description topographique et politique de l'Égypte. 424

Nations qui ont dominé sur l'Égypte.	424
Divisions anciennes et modernes de l'Égypte.	425
Administration. — Revenus. — Mamelouks.	426
Divisions administratives.	427
Système judiciaire.	428
Impôts.	429
Description d'Alexandrie.	430
Aboukir.	432
Rosette. — Damiette.	433
Menzaléh. — Son lac. — Mansourah.	434
Mit-kamar et villes du Delta.	435
Mont Mokattan. — Gizéh. — Vieux et nouveau Kaire.	436
Pyramides de Gizéh.	441
Sphinx. — Pyramides de Sakkarah.	442
Province de Fayoum. — Ses villes.	443
Syouth. — Grottes de la Thébaïde. — Menchiez. — Ruines de Ptolémaïs.	444
Denderah. — Kenéh. — Koft.	445
Karnack — Louqsor. — Enlèvement de l'obélisque.	446
Ruines de Thèbes.	447
Esné (l'ancienne Latopolis).	449
Edfou. — Ruines d'Ombos. — Assouan.	450
Ruines de Syène. — Jardins du Tropique.	451
Ile d'Éléphantine.	452
Cataracte du Nil. — Monts Zabarab. — Koseir.	453
Suez ou Souëys. — Arabes des déserts de l'Égypte orientale.	454
Oasis. — Grandes oasis.	455
Oasis de Dakel. — De Farâfreh.	456
Petite oasis.	457
Ruines romaines.	458
Oasis de Syouah ou d'Ammon.	459
Ruines du temple de Jupiter.	460
Coptes.	462
Arabes. — Turcs. — Grecs. — Juifs.	464
Bédouins. — Mœurs des Égyptiens.	465
Améliorations introduites par Méhémet-Ali.	466
Industrie. — Fabriques.	467
Caravanes.	468

TABLE DES MATIERES.

Population. — Armée. — Marine. 470
Tableaux statistiques de l'Egypte. 471
Tableau des positions géographiques, etc. 475

LIVRE CENT CINQUANTE-NEUVIÈME. — Suite de la Description de l'Afrique. — Description de la Nubie. 476

Dimensions et superficie de la Nubie. — Nil-bleu. 476
Climat. — Désert de Nubie. — Animaux. 477
Végétaux. — Tribus nomades. 478
Déserts situés à l'orient du Nil. 479
Ville de Derr. — Temple de Sésostris. 480
Ouady-Halfah. — *Ouady-el-Hadjas*. — Oasis de Sélîmèh. 481
Sokkot. — Mahas. — Dongolah. — Marakah. 482
Province de Chaykiah. — Korti. — Mont Barkél. 483
Provinces de Monassyr. — Pays de Robâtat. — Barbars. 484
Damer. — Chendy. 485
Pays de Matammah et d'Halfay. 486
Province d'El-Ayze. — Désert de Bahlouda. — Sennaar. — Mœurs des Sennaariens. 487
Ville de Sennaar. — Le Dâr-el-Bouroum. 489

LIVRE CENT SOIXANTIÈME. — Suite de la Description de l'Afrique. — Description des pays qui dépendent de bassin du Bahr-el-Abiad. — Le Bertât, le Denka, le Chelouk, le Donga, le Fertit, le Cheiboun, le Touklavi et le Kourdofan. 490

Le Bertât. 490
Le pays de Donka 491
Le Dâr Chelouk. — Le Donga. — Le Fertit. — Le Cheibon. — Le Touklavi. — Le Louca. — Le Kourdofan. 492
Obeid. — Races du Kourdofan. 493
Commerce. 494

LIVRE CENT SOIXANTE-UNIÈME. — Suite de la Description de l'Afrique. — Description de l'Abyssinie. 494

Etendue de l'Abyssinie. — Ses divers noms. — Montagnes. 495
Rivières. — Lacs. 496
Sol. — Climat. — Minéraux. 497
Végétaux. 498
Animaux. 499
Divisions administratives et politiques. 500
Aksoum, capitale de l'ancien royaume de Tigré. 501
Autres provinces. — Colonie des Falasjan. — Province de Lasta. — Royaume d'Amhara. 502
Royaume d'Ankober ou de Choa. 504
Royaume d'Angot. — De Narca. — Le Guragué. — Abyssiniens. — Leurs langues. 505
Coup d'œil historique sur l'Abyssinie. 506
Religion. 507
Gouvernement. — Armes. — Mœurs. 508
Mœurs des Gallas. 509
Leur origine. — Changallas. — Agaouys. 510
Gafates. — Guragues. — Falasjan. 511
Population de l'Abyssinie. — Côtes d'Habesch. 512
Habitants. — La baie Sale. — Port des Abyssiniens. — Bedjabs. 513
Port d'Aïdab. — Suakem. — Ile Dahalac. 514
Massaouah. — Danakils. — Arkiko, etc. 515
Le Samhar. — Les Danâkyls. — Gouvernement des côtes. — Les Nébaras, etc. 516
Adal-Gallas. — Iton-Gallas, etc. 517
Tableau des différentes divisions que présente aujourd'hui l'Abyssinie. 518

LIVRE CENT SOIXANTE-DEUXIÈME. — Suite de la Description de l'Afrique. — Description générale du Maghreb ou de la région comprenant le mont Atlas et le Grand Désert ou Sahara. 520

Le Maghreb. — L'Atlas. — Ses parties. 520
Elévation de l'Atlas. — Nature de ses roches. 521
Connaissances des anciens sur l'Atlas. 523
Végétation de la Barbarie. 524
Animaux. 525
Habitants. — Maures. 527
Arabes. — Berbers. 528
Ravages de la peste. 529

LIVRE CENT SOIXANTE-TROISIÈME. — Suite de la Description de l'Afrique. — Description spéciale de la Barbarie. — Première division. — Le pays de Barkah. — L'oasis d'Audjélah. — Le Fezzan. — Le royaume de Tripoli proprement dit. — Celui de Tunis. 530

Pays de Barkah. — Ville de Ben-G'hazy. — Marxa-Soura. — Ruines de Cyrène. 530
Dernah. — El-Medineh. 531
Ancienne contrée Pentapole. — Oasis d'Audjélah. — trois autres oasis. 532
Fezzan. — Moursouk, et autres villes. 533
Climat, productions. — Populations. 534
Royaume de Tripoli. — Climat. — Villes. 535
Lébida. — Oasis de Ghadamès. 536
Population du royaume. — Précis historique. — Commerce. 537
Royaume de Tunis. — Climat. — Limites. — Productions végétales et minérales. 538
Ville de Tunis. — Ruines de Carthage. 539
Villes maritimes. 540
Villes de l'intérieur. — Population. — Administration. 541
Tableaux statistiques. 542

LIVRE CENT SOIXANTE-QUATRIÈME. — Suite de la Description de l'Afrique. — Description spéciale de la Barbarie. — Deuxième division. — L'ancienne régence d'Alger ou l'Algérie. 543

Limites. — Rivières. 543
Description géologique. 544
Ville d'Alger. 546
Détails historiques depuis l'occupation française. 548
Environs d'Alger. 550
Koléah. — Blidah. — Camps. 551
Plaine de la Metidja. — Médéah. — Miliana. — Bougie. 552
Djidjel. — Le Collo. — Stora. 553
Bone. — Ruines d'Hippone. 554
Constantine. — Ghelma. — Milbah. 555
Biben, ou Porte-de-Fer. — Cherchell. 556
Mostaganem. — Oran. 557
Tlemsen. 558
Maskarah. 559
Etablissement d'Abd-el-Kader. — Pays de Zab. 561
Alu-Madhy. — Différents peuples d'Algérie. 562
Aghaliks soumis à Abd-el-Kader. 565
Tribus. — Leur organisation. 567
Population européenne. — Cadastre. — Commerce. — Spahis auxiliaires. 569
Climat. 570
Population générale. 571
Tableaux statistiques de l'Algérie. 572
Tableau statistique de l'instruction publique en 1839. 574

TABLE DES MATIÈRES.

LIVRE CENT SOIXANTE-CINQUIÈME. — Suite de la Description de l'Afrique. — Description spéciale de la Barbarie. — Région du Maghreb. — L'empire de Maroc. — L'État de Sydy Héscham ou des Maures indépendants. — Le Grand Désert de Sahara. ... 583

Origine de l'Empire de Maroc. ... 583
Montagnes. — Rivières. — Climat. ... 584
Fertilité. — Industrie pastorale. ... 585
Population. — Peuples. — Division. ... 586
Villes. — Fez. — Miknès. — Teja, etc. ... 587
Mellila. — Alhucemas, etc. ... 588
Ceuta. — Tanger. ... 589
Tétouan. ... 590
Mahmore. — Salé. — Arbath. — Mazagran. ... 591
Ville de Maroc. — Tamena. — Sydy-Abdallah. ... 592
Royaume de Souze. — Pays de Darah. — Gouvernement. — Justice. — Administration. ... 593
Religions. ... 594
Revenus. ... 595
Armée, forteresses, etc. — État de Sydy. — Hescham. — Villes. — Talent. — Tagavost. ... 596
Sahara. ... 597
Végétation du désert. — Ports. — Territoire des Trarzas et autres tribus. ... 598
Mœurs des tribus du désert. ... 599
L'akkabah (caravane). ... 600
Touariks. — Tibbous. ... 601
Tableau statistique de l'empire de Maroc. ... 602

LIVRE CENT SOIXANTE-SIXIÈME. — Suite de la Description de l'Afrique. — Description de la Sénégambie et du Ouankarah, comprenant la contrée que l'on a appelée Guinée. ... 603

Climat. ... 603
Montagnes. — Rivières. — Sénégal. — Gambie. ... 604
Rio-Grande. — Rokelh. — Comoranca. — Végétation. Boabab. ... 605
Animaux. ... 607
Règne minéral. ... 608
Colonie française. — Les Escales. ... 609
Gorée. — Établissements anglais. — Établissements portugais. — Royaume d'Oualo. ... 610
Iles du lac N'gher. — Royaume de Dacar. ... 611
Royaume de Kayor, de Baol, de Syn, etc. ... 612
Les cinq nations des Peules. ... 613
Mœurs et caractères physiques des Peules. ... 614
Etats mandingues. — Le Bambouk. ... 615
Le Dentilia. — Le Oulli. — L'Yani, etc. ... 616
Biaffares. — Iles de Bissagos. — Le Fouini. — Feloups. — Mandingue. ... 617
Royaume de Galam. — Serrawoulis. ... 618
Le Ghialonkadou. — Soussous. — Nalivos. — Bagos. Guinée. ... 619
Côte de Sierra-Leone. ... 620
Freetown. — Iles de Loss. — Ile Cherbro. ... 621
Côtes. — Colonie de Libéria. — Le Timmani. ... 622
Le Limba. — Le Kouranko. — Le Soulima. — Le Sanguin. ... 623
Pays de Manou. — Côte d'Ivoire. — Côte d'Or. — Côte des Esclaves. — Côte de Calabar. — Etablissements anglais et hollandais. ... 624
Etablissements danois. — Etat d'Apollonia. ... 625
Pays de Fantis. — Aminas. — Achantis. ... 626
Accra. — Sallagha. — Etats de la côte des Esclaves. ... 627
Royaume de Dahomey. — Royaume d'Adou. ... 628
Royaume de Lagos. — D'Ouary. — Calabar. ... 629
Royaume de Qua. — De Bjafra. — Pays des Calbonços. Rivière de San-Benito. — Cap das Sarras. — Rivière de Gabon. ... 630

Iles Pongos. Côte de Gabon. *Tableaux statistiques*:
1º De la colonie française du Sénégal. ... 631
2º De la colonie anglaise de Sierra-Leone. ... 632

LIVRE CENT SOIXANTE-TROISIÈME. — Suite de la Description de l'Afrique. — Recherches sur le cours du Niger. — Quelques détails sur l'Afrique centrale, appelée Soudan et Takrour. ... 633

Opinion des anciens et des Arabes sur le Niger. ... 635
Renseignements fournis par des voyageurs nègres. ... 635
Prétendue identité du Nil et du Niger. ... Ib.
Bassin du Djoliba (Niger). — Le Kankan. — Le Ouassoulo. — L'Amana. — Le Bouré, etc. ... 636
Bambarra. — Jenné. — Massina. ... 637
Ludamar, royaume de Birou. — Terre de Banar. — Dirimans. — Sargous. — Kabra. — Ten-boktoue. ... 638
Sa population. — Son origine. ... 639
Bassin du Haut-Doliba. — Kaybi. — Kayri. — Kong. — Colonna. — Dagaumbah. — Fobi. ... 640
Nègres. — Empire des Fellatah's. — Le Mali. ... 641
Le Sanghi. — Le Mouchir. — Royaume de Haoussa. — Le Kabi. — L'Yaouri. — Le Nyffé. ... 642
Le Yarba. — Le Gourouma. — Provinces et villes du Haoussa oriental. ... 643
Zeg-zeg. — Pays de Mobba. ... 644
Iles du Niger. — Civilisation des Haoussains. — Le Katagoum. ... 645
Le Soudan. — Sa division. — Empire de Bournou. — Ses productions. ... 646
Climat du Bournou. — Population. — Villes. ... 647
Le Mandara. ... 648
Mœurs, langues des Bournouais et des Mandarans. — Kanembous. ... 649
Le Baghermeh. ... 650
Le Loggoun. — Le Maffataï. — Dar-koulla. ... 651
Pays de Founda. — Habitants. — Combries. ... 652
Mœurs des Combries. — Le Four. ... 653
Montagne de Marra. — Mœurs et caractères physiques des Fouriens. ... 654
Etendue du Dar-four. — Population. — Capitale. — Religion. ... 655

LIVRE CENT SOIXANTE-HUITIÈME. — Suite de la Description de l'Afrique. — Tableau général des mœurs et des usages des peuples de la Sénégambie, du Ouankarah et du Soudan ou Takrour. ... 656

Caractère et nourriture des nègres. — Villes. ... 656
Barbe. — Dents. — Incisions. — Industrie. — Mœurs. — Maladies. ... 657
Circoncision. — Culte. — Funérailles. — Despotisme. ... 658
Traite des nègres. ... 660

LIVRE CENT SOIXANTE-NEUVIÈME. — Suite de la Description de l'Afrique. — Description générale et particulière du Congo et de quelques pays limitrophes. ... 662

Situation, climat. ... 662
Fleuve Coanza. — Fleuve Congo ou Coango. ... 663
Lac Aquilonda. — Avongo. — Richesse minérale. — Végétaux. ... 664
Animaux. ... 667
Mayomba. ... 670
Royaume de Loango. — Le Quilomba. — Le Mani-Seat. — Le Cacongo. ... 671
Maltemba. — Le royaume de N'Goyo. — Les Sognes. — Les Mondogonés. — Le royaume de Congo. ... 672
Le Sogno. — Le Bamba. — Province de Pamba. — Province de Batta. ... 673

TABLE DES MATIERES.

	Pages.
Province de Pango. — Soundi. — Province d'Ouando. Royaume d'Angola.	674
Le Goloungo. — Ville de Loanda-San-Paolo. — Ile de Loanda. — Le Benguela.	675
Royaume de Mattemba. — Nègres du Congo. — Mœurs.	676
Nation des Malembas. — Pays d'Anziko.	682
Niueanaï ou Bomba. — Pays des Molouas. — Royaumes de Cassange, de Cancobella, de Holo-ho, de Humé, de Ho et de Bihé.	683

LIVRE CENT SOIXANTE-DIXIÈME. — Suite de la Description de l'Afrique. — La Cimbebasie et la Hottentotie. 684

Description des côtes. — Cimbebas.	684
Hottentotie. — Cours d'eau. — Plateaux appelés Karrou's.	685
Montagnes.	686
Richesse minérale.	687
Climat. — Végétation.	688
Culture.	689
Animaux.	690
Hottentots. — Langue. — Tribus.	691
Bojesmans.	692
Villes. — Colonie du Cap. — Divisions topographiques. — Cultivateurs, vignerons, pasteurs.	694
Ville du Cap. — Mœurs des habitants.	695
Commerce. — Tableaux statistiques de la colonie anglaise du Cap.	697

LIVRE CENT SOIXANTE-ONZIÈME. — Suite de la Description de l'Afrique. — Côtes sud-est de l'Afrique australe, ou la Cafrerie, le Monomotapa et Mozambique. 698

Cafrerie. — Cours d'eau.	698
Côte de Natal. — Végétation; animaux. — Licorne.	699
Pays des Koussas.	700
Mœurs.	701
Tamboukis. — Hambounas. — Betjouanas.	704
Matsaróquas. — Matchapis. — Khojas. — Ouanketsis. Machâous.	705
Mœurs.	706
Barroulonys. — Pays d'Inhambane.	708
Royaume de Sofala. — Etat de Monomotapa.	709
Partage de cet ancien empire en plusieurs Etats.	710
Côte de Mozambique.	712

LIVRE CENT SOIXANTE-DOUZIÈME. — Suite de la Description de l'Afrique. — Côtes orientales ou Zanguebar et Ajan. — Recherches sur l'intérieur de l'Afrique méridionale. 714

Zanguebar. — Ile de Quiloa	714
Langage de Quiloa. — Ile Monfia. — Zanzibar. — Pemba.	715
Ile de Monbaza. — Tribus de Mosegueyos et de Maracatas. — Royaume de Magadoxo.	716
Côte d'Ajan. — Royaume d'Adel.	717
Coup d'œil sur l'intérieur du continent.	718

LIVRE CENT SOIXANTE-TREIZIÈME. — Suite de la Description de l'Afrique. — Iles africaines orientales, ou Socotra, Madagascar, les Mascareignes. 721

Ile de Socotra.	721
Iles Amirantes. — Iles Seychelles.	722
Iles des Palmiers. — Iles des Sept-Frères, Diego-Garcia, Adou, Condou, la Providence, îles Comores.	723
Comorois.	724
Ile de Madagascar.	725
Langue des Madécasses.	735
Mœurs des Madécasses.	736
Iles Mascareignes. — Bourbon.	737
Ile-de-France ou Maurice.	740
Iles Rodriguez, Chagos, etc.	741
Iles Saint-Paul et Amsterdam.	742
Terre de Kerguelen. — Iles Croizet, Marion, du Prince Edouard.	744

LIVRE CENT SOIXANTE-QUATORZIÈME. — Suite de la Description de l'Afrique. — Iles africaines occidentales. 746

Iles Bouvet, Diego-A'varez. — Iles Tristan-d'Acunha. — Ile Sainte-Hélène.	746
Ile de l'Ascension. — Ile de Fernando-Po. — Ile du Prince.	748
Ile d'Annobon. — Ile Saint-Matthieu.	749
Iles du Cap-Vert.	750
Iles Canaries.	751
Fortaventure; Canarie; Ténériffe. — Pic de Ténériffe.	752
Villes de Ténériffe. — Gomère. — Saint-Sébastien. — Palma.	753
Hierro ou Ferro. — *Tableau* de la superficie, de la population et des produits en céréales des Canaries. — Habitants anciens et modernes.	754
Saint-Brandon. — Salvages. — Madère.	756
Population. — Mœurs. — Funchal. — Mexico. — Revenus de Madère. — Ile Porto-Santo.	758
Tableaux statistiques de l'île Bourbon.	759
Tableaux statistiques de l'île de France.	760
Tableau statistique de Sainte-Hélène.	761
Tableau des principales positions géographiques de l'Afrique.	ib.
Positions géographiques des lieux éloignés des côtes.	767

FIN DE LA TABLE DU TOME CINQUIÈME.